2020年5月9日，国家防总副总指挥、水利部部长鄂竟平（右二），海河防总总指挥、河北省长许勤（左二）到雄安新区新安北堤防洪治理工程调研检查汛前准备工作（赵瑞　摄影）

2020年8月18日，四川省省委书记彭清华（左二），三峡集团党组书记、董事长雷鸣山（右一）一行到白鹤滩水电站进行调研（潘峰　摄影）

2020年9月17日，水利部副部长陆桂华（前排左二）到西藏湘河水利枢纽工程调研指导工作（邓健　摄影）

2020年9月3日，全国政协农业和农村委员会副主任、政协委员陈雷（左三）调研西藏水利工作，参观考察拉萨河河势控导工程（洛云飞　摄影）

2020年12月、6月，江苏溧阳6×250MW抽水蓄能电站工程分别荣获“国家优质工程金质奖”及“2020年度中国电力优质工程奖”（中国水利水电第十二工程局有限公司　供稿）

2020年12月1日，浙江国电舟山普陀6号海上风电场2区工程获“国家优质工程金奖”（中国电建集团华东勘测设计研究院有限公司　供稿）

2020年9月22日，四川大渡河大岗山水电站荣获“第十七届中国土木工程詹天佑奖”（中国电建集团成都勘测设计研究院有限公司　供稿）

2020年12月、6月，我国首座城市内的大型水电站——深圳4×300MW抽水蓄能电站工程分别荣获“国家优质工程奖”和“2020年度中国电力优质工程奖”（中国水利水电第一工程局有限公司　供稿）

2020年6月12日，江西省吉安市华能永丰高龙山风电场80MW工程荣获中国电力建设企业协会“2020年度中国电力优质工程奖”（蔡豪　摄影）

2020年8月2日，白水江流域玉瓦水电站项目荣获四川省建设工程“天府杯”金奖（中国电建集团成都勘测设计研究院有限公司　供稿）

向家坝水电站全貌（中国长江电力股份有限公司　供稿）

2020年6月18日，黄河龙羊峡水电站水库水位达到2589.93m，于当日18时开闸泄水（张勇　摄影）

向家坝水电站升船机（中国长江电力股份有限公司　供稿）

2020年7月8日，新中国第一座自己设计、自制设备、自行施工的浙江新安江水电站，史上首次开启9孔泄洪道泄洪（中国水利水电第十二工程局有限公司　供稿）

2020年6月29日，装机规模中国第四、世界第七的“巨无霸”工程——乌东德水电站首批机组正式投产发电（中国水利水电第七工程局有限公司　供稿）

2020年4月30日，广西大藤峡水利枢纽工程首台机组投产发电（何雯莉　摄影）

2020年12月29日，吉林丰满水电站全面治理（重建）工程全面投入运行（徐月明　摄影）

2020年7月25日，江坪河水电站投产发电，江坪河大坝最大坝高219m，是目前世界已建第三高面板堆石坝（王国辉　摄影）

2020年10月13日，世界最大钢结构气垫式调压室水电站、新疆阿克苏地区最大水电站——亚曼苏水电站4台机组全部投产发电（李宗宗　摄影）

2020年6月22日，世界首座堰塞坝综合水利枢纽工程——云南鲁甸红石岩水电站首台机组正式投产发电（刘星　摄影）

2020年5月26日，中国电建水电七局承建的世界第二、国内在建最大的灯泡贯流式机组群——岷江犍为航电枢纽工程首台机组并网发电（中国水利水电第七工程局有限公司　供稿）

2020年7月5日，长江大保护首个水利工程——江西省九江市八里湖赛城湖控制枢纽工程成功投入使用（汤伟　摄影）

2020年10月5日，世界最大白鹤滩左岸地下厂房全线封顶（中国水利水电第七工程局有限公司　供稿）

2020年11月26日，世界在建规模最大水电工程——金沙江白鹤滩水电站首批坝段浇筑到顶（中国电建集团华东勘测设计研究院有限公司　供稿）

2020年12月7日，国家重点水电项目金沙江拉哇水电站上游围堰地基处理振冲碎石桩二期工程正式开工（牟毓　摄影）

2020年9月16日，硬梁包水电站举行首部枢纽大坝防渗墙开工仪式（中国电建集团成都勘测设计研究院有限公司　供稿）

2020年4月6日，世界第三高坝、中国藏区最大的建设项目两河口水电站大坝心墙填筑提前达到既定高程（中国电建集团成都勘测设计研究院有限公司　供稿）

2020年4月26日，中国电建水电七局承建世界第一高坝（315米）——双江口水电站全面启动大坝填筑（何志宏　摄影）

2020年12月17日，国内首个采用EPC建设模式的百万千瓦级大型水电工程——四川杨房沟水电站大坝全线浇筑到顶（中国电建集团华东勘测设计研究院有限公司　供稿）

2020年11月16日，西藏在建最大水电工程——西藏DG水电站大坝主体碾压混凝土浇筑全线到顶（韩迪　摄影）

2020年10月14日，世界在建海拔最高面板堆石坝——四川乡城古瓦水电站大坝下闸蓄水，并顺利通过蓄水验收（郑印　摄影）

2020年6月18日，全球在建最大装机抽水蓄能电站——丰宁抽水蓄能电站首台（1号）机座环蜗壳就位（中国水利水电第七工程局有限公司　供稿）

2020年11月15日，浙江省安吉县长龙山抽水蓄能电站上水库主副坝面板混凝土浇筑顺利完成（中国水利水电第十二工程局有限公司　供稿）

2020年7月14日，山东沂蒙抽水蓄能电站下水库工程通过蓄水验收（中国电建集团北京勘测设计研究院有限公司　供稿）

2020年12月8日，海南琼中抽水蓄能电站通过工程竣工验收（田正海　摄影）

2020年8月29日，张家口张北风光热储输多能互补集成优化示范工程项目150MW风电发电项目投运（上海电力设计研究院有限公司　供稿）

2020年12月16日，国家首批光热发电示范项目中船新能乌拉特中旗槽式100MW 10小时储能光热发电项目实现满负荷发电（中国电建集团山东电力建设第三工程局有限公司　供稿）

2020年11月28日，国家首批光热电站示范项目青海共和项目通过240小时试运行（中国电建集团核电工程有限公司　供稿）

2020年12月15日，大唐江西抚州临川区260兆瓦渔光互补光伏项目顺利并网，实现全容量发电（谭剑　摄影）

2020年12月20日，江苏如东H5#海上风电场首批风机成功并网发电（中国电建集团华东勘测设计研究院有限公司　供稿）

2020年12月25日，华中地区第一个水面漂浮式光伏电站——华能岳阳电厂三灰湖水面光伏电站竣工（徐昌　摄影）

2020年5月13日，中国水电企业中标承建世界最高（坝高272米）最大碾压混凝土大坝——巴基斯坦巴沙水电站（中国水利水电第七工程局有限公司　供稿）

2020年6月2日，由中国水电企业承建的厄瓜多尔美纳斯水电站土建工程完成最终移交（刘超　摄影）

2020年9月26日，由中国水电企业投资开发的南欧江梯级水电项目一级水电站4号机组成功并网发电，至此，该电站4台机组全部并网发电（安芳科　摄影）

2020年11月18日，由中国水电企业承建的赞比亚下凯富峡水电站蓄水成功，为电站首台机组顺利发电奠定了基础（中国电建集团国际工程有限公司　供稿）

2020年12月12日，由中国水电企业投资的老挝南欧江二期项目成功实现“一年九投”发电目标（刘永强　摄影）

全国2020年装机容量和年发电量

项目	总量	水电	火电	核电	风电	太阳能发电
装机容量（万 kW）	220204	37028	124624	4989	28165	25356
年发电量（亿 kW·h）	76264	13553	51770	3662	4665	2611

注 1. 资料来源于中国电力企业联合会。
2. 总量数中还包括其他能源发电的装机容量、发电量。
3. 风电、太阳能发电为并网的装机容量、发电量。
4. 未含中国台湾、香港、澳门数据。

2020年装机容量结构图

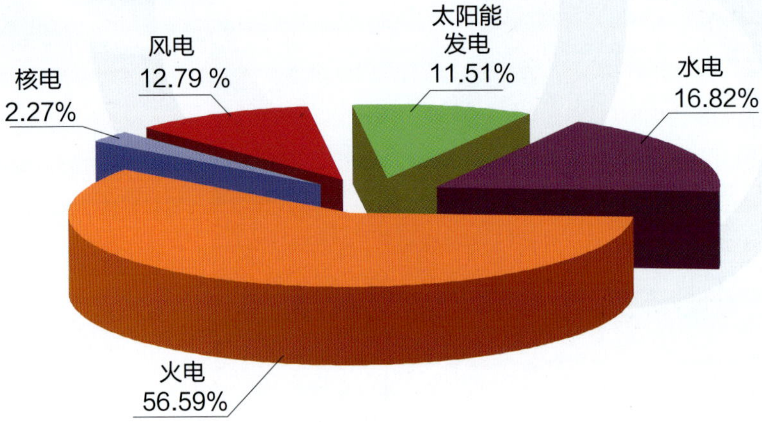

2020年年发电量结构图

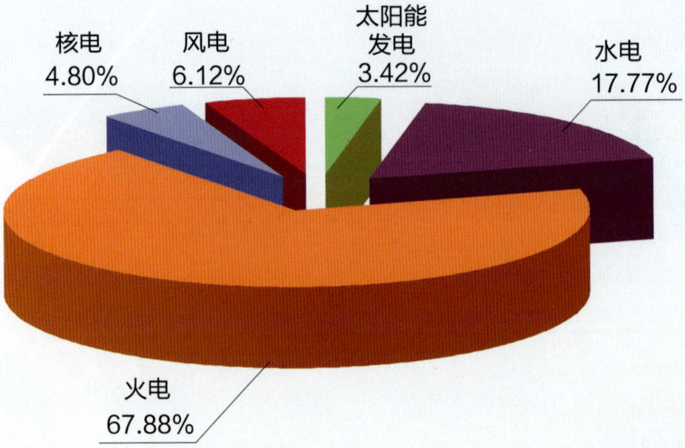

2020

中国水力发电年鉴

李锐

第二十五卷

中国水力发电工程学会 主办
中国水力发电年鉴编辑部 编纂

中国电力出版社

二〇二一年·北京

图书在版编目（CIP）数据

中国水力发电年鉴．第二十五卷/中国水力发电工程学会主办．—北京：中国电力出版社，2022.2
ISBN 978-7-5198-6269-5

Ⅰ.①中…　Ⅱ.①中…　Ⅲ.①水利电力工业—中国—年鉴　Ⅳ.①F426.61-54

中国版本图书馆 CIP 数据核字（2021）第 251919 号

出版发行：中国电力出版社
地　　址：北京市东城区北京站西街 19 号（邮政编码 100005）
网　　址：http：//www.cepp.sgcc.com.cn
责任编辑：安小丹（010－63412367）　姜　萍　孙建英
责任校对：黄　蓓　常燕昆　朱丽芳　王海南　马　宁　于　维
装帧设计：张俊霞
责任印制：吴　迪

印　　刷：三河市万龙印装有限公司
版　　次：2022 年 2 月第一版
印　　次：2022 年 2 月北京第一次印刷
开　　本：787 毫米×1092 毫米　16 开本
印　　张：50.75　插页 12 张
字　　数：1882 千字
定　　价：450.00 元

《中国水力发电年鉴》第二十五卷

编纂委员会

吴大海	何小龙	余小波	余圣刚	余卓憬
邹　君	张玉彬	张敏娟	张鸿琴	陈　萌
陈天红	陈立秋	陈伯智	陈维维	陈媛媛
邵增富	苗维阳	岳文亭	周雪琼	郑宗旺
赵　君	赵　虹	赵正西	赵英林	赵建达
赵翠云	胡万雨	姜　薇	娄　萱	祝为平
祝爱华	祝培华	袁　帅	袁幸朝	耿东君
高　鹏	高云鹏	唐　勇	唐成书	梅　毅
曹　娅	寇立夯	续继峰	程志华	靳坤坤
雷永红	鲍玉征	廖丽莎	魏立军	魏运水

《中国水力发电年鉴》第二十五卷
编辑出版工作人员

主　　　编	吴义航
执 行 主 编	程运生
技 术 编 辑	黄景湖　张志良　刘春宇　孙　卓 王立涛　殷利利　由　洋　宁传新
编　　　务	李　明　雷定演　胡丹蓉　徐海英
终　　　审	张运东
复　　　审	杨伟国
责 任 编 辑	姜　萍　安小丹　孙建英
美 术 设 计	张俊霞
版 式 设 计	赵姗姗
责 任 校 对	黄　蓓　常燕昆　王海南　朱丽芳 马　宁　于　维
出 版 印 刷	吴　迪

编 辑 说 明

（一）《中国水力发电年鉴》属专业性行业年鉴，主要面向全国水电行业从事规划、勘测、设计、施工、科研、咨询、建设管理、设备制造、生产运行、院校教育的工程技术人员、师生和各级有关领导与专家。

（二）本卷年鉴的资料时段为2020年，按序排列为第二十五卷。框架结构由篇目、栏目、条目三个层次组成，共编列17个篇目、52个栏目、617个条目。每个篇目均以隔页列出，栏目、条目名称分别用通栏、双栏并铺以不同的网底印出，以示醒目。

（三）本卷年鉴的编辑工作，在习近平新时代中国特色社会主义思想指引下，按照国家“积极发展水电，大力发展新能源”的方针，力求全面、真实地反映2020年度我国水电行业各方面所取得的成就和技术进步，努力做到“大事不漏、小事不上”，更好地服务于水电行业。

（四）本年鉴实行文责自负，各条目的内容、数据、插图等均由撰稿人核对无误并由单位有关部门审定、核实。

（五）本卷年鉴编辑实行主编负责制。主编负责总体框架结构设计、征询意见、稿件征集、组稿编排与初审等工作；各篇目的责任编辑负责稿件的修改、审定、编排、整理。

“工程勘测”篇目的责任编辑为刘春宇；“水工设计”“土建施工”篇目的责任编辑为张志良；“大中型水电工程”“机电及金属结构”“科学研究与技术创新”“水电站生产运行”“环境保护与水库移民”“机构与学术团体”篇目的责任编辑为黄景湖；“特载”“水能及新能源开发与消纳”“国际合作与技术交流”“技术标准与图书”“水电建设管理”“农村水电及电气化”“统计资料”“大事记”篇目的责任编辑为程运生。英文目录由由洋翻译。

（六）《中国水力发电年鉴》始终坚持政治的严肃性，资料的准确性，内容的全面性、科学性、实用性和连续性，对历史负责，对后人负责。编辑过程中力求资料翔实、语言规范、文字精练。但由于水平所限，不妥、疏漏甚至错误之处在所难免，敬请广大读者批评指正。

联系地址：北京市海淀区车公庄西路22号海赋国际大厦A座11层　中国水力发电工程学会《中国水力发电年鉴》编辑部，邮编：100048。

《中国水力发电年鉴》主编

吴义航

2021.11.18

篇　　目

目　　录

编辑说明

1 特　载

2 水能及新能源开发与消纳

3 大中型水电工程

4　工程勘测

5 水工设计

6 土建施工

7 机电及金属结构

8 科学研究与技术创新

9 国际合作与技术交流

10 技术标准与图书

11 水电建设管理

12 水电站生产运行

13 环境保护与水库移民

14 农村水电及电气化

15 机构与学术团体

16 统计资料

17 大事记

CONTENTS

Chapter 1　Specials

Chapter 2 Development and Power Dissolved of Hydropower and New Energy

Chapter 3 Large and Medium-sized Hydropower Project

Chapter 4 Project Investigation

Chapter 6 Civil Engineering Construction

Chapter 7 Electrical-Mechanical and Metal Structure

Chapter 8 Scientific Research and Technological Innovation

Chapter 9 International Cooperation and Technology Exchange

Chapter 10 Technical Norms and Books

Chapter 11 Management of Hydropower Construction

Chapter 12 Production and Operation of Hydropower Stations

Chapter 13 Environment Protection and Resettlement of Reservoir Area Residents

Chapter 14 Rural Hydropower and Rural Electrification

Chapter 15 Agencies and Academic Groups

Chapter 16 Statistical Data

Chapter 17 Chronicle of Events

彩色插页目录

的百万千瓦级大型水电工程——四川杨房沟水电站大坝全线浇筑到顶（中国电建集团华东勘测设计研究院有限公司　供稿）

2020 年 11 月 16 日，西藏在建最大水电工程——西藏 DG 水电站大坝主体碾压混凝土浇筑全线到顶（韩迪　摄影）

2020 年 10 月 14 日，世界在建海拔最高面板堆石坝——四川乡城古瓦水电站大坝下闸蓄水，并顺利通过蓄水验收（郑印　摄影）

2020 年 6 月 18 日，全球在建最大装机抽水蓄能电站——丰宁抽水蓄能电站首台（1 号）机座环蜗壳就位（中国水利水电第七工程局有限公司　供稿）

2020 年 11 月 15 日，浙江省安吉县长龙山抽水蓄能电站上水库主副坝面板混凝土浇筑顺利完成（中国水利水电第十二工程局有限公司　供稿）

2020 年 7 月 14 日，山东沂蒙抽水蓄能电站下水库工程通过蓄水验收（中国电建集团北京勘测设计研究院有限公司　供稿）

2020 年 12 月 8 日，海南琼中抽水蓄能电站通过工程竣工验收（田正海　摄影）

2020 年 8 月 29 日，张家口张北风光热储输多能互补集成优化示范工程项目 150MW 风电发电项目投运（上海电力设计院有限公司　供稿）

2020 年 12 月 16 日，国家首批光热发电示范项目中船新能乌拉特中旗槽式 100MW 10 小时储能光热发电项目实现满负荷发电（中国电建集团山东电力建设第三工程局有限公司　供稿）

2020 年 11 月 28 日，国家首批光热电站示范项目青海共和项目通过 240 小时试运行（中国电建集团核电工程有限公司　供稿）

2020 年 12 月 15 日，大唐江西抚州临川区 260 兆瓦渔光互补光伏项目顺利并网，实现全容量发电（谭剑　摄影）

2020 年 12 月 20 日，江苏如东 H5＃海上风电场首批风机成功并网发电（中国电建集团华东勘测设计研究院有限公司　供稿）

2020 年 12 月 25 日，华中地区第一个水面漂浮式光伏电站——华能岳阳电厂三灰湖水面光伏电站竣工（徐昌　摄影）

2020 年 5 月 13 日，中国水电企业中标承建世界最高（坝高 272 米）最大碾压混凝土大坝——巴基斯坦巴沙水电站（中国水利水电第七工程局有限公司　供稿）

2020 年 6 月 2 日，由中国水电企业承建的厄瓜多尔美纳斯水电站土建工程完成最终移交（刘超　摄影）

2020 年 9 月 26 日，由中国水电企业投资开发的南欧江梯级水电项目一级水电站 4 号机组成功并网发电，至此，该电站 4 台机组全部并网发电（安芳科　摄影）

2020 年 11 月 18 日，由中国水电企业承建的赞比亚下凯富峡水电站蓄水成功，为电站首台机组顺利发电奠定了基础（中国电建集团国际工程有限公司　供稿）

2020 年 12 月 12 日，由中国水电企业投资的老挝南欧江二期项目成功实现“一年九投”发电目标（刘永强　摄影）

全国 2020 年装机容量和年发电量

2020 年装机容量结构图

2020 年年发电量结构图

全国历年水电装机容量增长情况表

全国历年水电年发电量增长情况表

1

特　　载

重 要 文 件

国家科学技术奖励条例

中华人民共和国国务院总理李克强2020年10月7日签署第731号令，公布修订后的《国家科学技术奖励条例》，自2020年12月1日起施行。

国家科学技术奖励条例

（1999年5月23日中华人民共和国国务院令第265号发布　根据2003年12月20日《国务院关于修改〈国家科学技术奖励条例〉的决定》第一次修订　根据2013年7月18日《国务院关于废止和修改部分行政法规的决定》第二次修订　2020年10月7日中华人民共和国国务院令第731号第三次修订）

第一章　总　　则

第一条　为了奖励在科学技术进步活动中做出突出贡献的个人、组织，调动科学技术工作者的积极性和创造性，建设创新型国家和世界科技强国，根据《中华人民共和国科学技术进步法》，制定本条例。

第二条　国务院设立下列国家科学技术奖：

（一）国家最高科学技术奖；

（二）国家自然科学奖；

（三）国家技术发明奖；

（四）国家科学技术进步奖；

（五）中华人民共和国国际科学技术合作奖。

第三条　国家科学技术奖应当与国家重大战略需要和中长期科技发展规划紧密结合。国家加大对自然科学基础研究和应用基础研究的奖励。国家自然科学奖应当注重前瞻性、理论性，国家技术发明奖应当注重原创性、实用性，国家科学技术进步奖应当注重创新性、效益性。

第四条　国家科学技术奖励工作坚持中国共产党领导，实施创新驱动发展战略，贯彻尊重劳动、尊重知识、尊重人才、尊重创造的方针，培育和践行社会主义核心价值观。

第五条　国家维护国家科学技术奖的公正性、严肃性、权威性和荣誉性，将国家科学技术奖授予追求真理、潜心研究、学有所长、研有所专、敢于超越、勇攀高峰的科技工作者。

国家科学技术奖的提名、评审和授予，不受任何组织或者个人干涉。

第六条　国务院科学技术行政部门负责国家科学技术奖的相关办法制定和评审活动的组织工作。对涉及国家安全的项目，应当采取严格的保密措施。

国家科学技术奖励应当实施绩效管理。

第七条　国家设立国家科学技术奖励委员会。国家科学技术奖励委员会聘请有关方面的专家、学者等组成评审委员会和监督委员会，负责国家科学技术奖的评审和监督工作。

国家科学技术奖励委员会的组成人员人选由国务院科学技术行政部门提出，报国务院批准。

第二章　国家科学技术奖的设置

第八条　国家最高科学技术奖授予下列中国公民：

（一）在当代科学技术前沿取得重大突破或者在科学技术发展中有卓越建树的；

（二）在科学技术创新、科学技术成果转化和高技术产业化中，创造巨大经济效益、社会效益、生态环境效益或者对维护国家安全做出巨大贡献的。

国家最高科学技术奖不分等级，每次授予人数不超过2名。

第九条　国家自然科学奖授予在基础研究和应用基础研究中阐明自然现象、特征和规律，做出重大科学发现的个人。

前款所称重大科学发现，应当具备下列条件：

（一）前人尚未发现或者尚未阐明；

（二）具有重大科学价值；

（三）得到国内外自然科学界公认。

第十条　国家技术发明奖授予运用科学技术知识做出产品、工艺、材料、器件及其系统等重大技术发明的个人。

前款所称重大技术发明，应当具备下列条件：

（一）前人尚未发明或者尚未公开；

（二）具有先进性、创造性、实用性；

（三）经实施，创造显著经济效益、社会效益、生态环境效益或者对维护国家安全做出显著贡献，且具有良好的应用前景。

第十一条　国家科学技术进步奖授予完成和应用

推广创新性科学技术成果，为推动科学技术进步和经济社会发展做出突出贡献的个人、组织。

前款所称创新性科学技术成果，应当具备下列条件：

（一）技术创新性突出，技术经济指标先进；

（二）经应用推广，创造显著经济效益、社会效益、生态环境效益或者对维护国家安全做出显著贡献；

（三）在推动行业科学技术进步等方面有重大贡献。

第十二条 国家自然科学奖、国家技术发明奖、国家科学技术进步奖分为一等奖、二等奖 2 个等级；对做出特别重大的科学发现、技术发明或者创新性科学技术成果的，可以授予特等奖。

第十三条 中华人民共和国国际科学技术合作奖授予对中国科学技术事业做出重要贡献的下列外国人或者外国组织：

（一）同中国的公民或者组织合作研究、开发，取得重大科学技术成果的；

（二）向中国的公民或者组织传授先进科学技术、培养人才，成效特别显著的；

（三）为促进中国与外国的国际科学技术交流与合作，做出重要贡献的。

中华人民共和国国际科学技术合作奖不分等级。

第三章 国家科学技术奖的提名、评审和授予

第十四条 国家科学技术奖实行提名制度，不受理自荐。候选者由下列单位或者个人提名：

（一）符合国务院科学技术行政部门规定的资格条件的专家、学者、组织机构；

（二）中央和国家机关有关部门，中央军事委员会科学技术部门，省、自治区、直辖市、计划单列市人民政府。

香港特别行政区、澳门特别行政区、台湾地区的有关个人、组织的提名资格条件，由国务院科学技术行政部门规定。

中华人民共和国驻外使馆、领馆可以提名中华人民共和国国际科学技术合作奖的候选者。

第十五条 提名者应当严格按照提名办法提名，提供提名材料，对材料的真实性和准确性负责，并按照规定承担相应责任。

提名办法由国务院科学技术行政部门制定。

第十六条 在科学技术活动中有下列情形之一的，相关个人、组织不得被提名或者授予国家科学技术奖：

（一）危害国家安全、损害社会公共利益、危害人体健康、违反伦理道德的；

（二）有科研不端行为，按照国家有关规定被禁止参与国家科学技术奖励活动的；

（三）有国务院科学技术行政部门规定的其他情形的。

第十七条 国务院科学技术行政部门应当建立覆盖各学科、各领域的评审专家库，并及时更新。评审专家应当精通所从事学科、领域的专业知识，具有较高的学术水平和良好的科学道德。

第十八条 评审活动应当坚持公开、公平、公正的原则。评审专家与候选者有重大利害关系，可能影响评审公平、公正的，应当回避。

评审委员会的评审委员和参与评审活动的评审专家应当遵守评审工作纪律，不得有利用评审委员、评审专家身份牟取利益或者与其他评审委员、评审专家串通表决等可能影响评审公平、公正的行为。

评审办法由国务院科学技术行政部门制定。

第十九条 评审委员会设立评审组进行初评，评审组负责提出初评建议并提交评审委员会。

参与初评的评审专家从评审专家库中抽取产生。

第二十条 评审委员会根据相关办法对初评建议进行评审，并向国家科学技术奖励委员会提出各奖种获奖者和奖励等级的建议。

监督委员会根据相关办法对提名、评审和异议处理工作全程进行监督，并向国家科学技术奖励委员会报告监督情况。

国家科学技术奖励委员会根据评审委员会的建议和监督委员会的报告，做出各奖种获奖者和奖励等级的决议。

第二十一条 国务院科学技术行政部门对国家科学技术奖励委员会做出的各奖种获奖者和奖励等级的决议进行审核，报国务院批准。

第二十二条 国家最高科学技术奖报请国家主席签署并颁发奖章、证书和奖金。

国家自然科学奖、国家技术发明奖、国家科学技术进步奖由国务院颁发证书和奖金。

中华人民共和国国际科学技术合作奖由国务院颁发奖章和证书。

第二十三条 国家科学技术奖提名和评审的办法、奖励总数、奖励结果等信息应当向社会公布，接受社会监督。

涉及国家安全的保密项目，应当严格遵守国家保密法律法规的有关规定，加强项目内容的保密管理，在适当范围内公布。

第二十四条 国家科学技术奖励工作实行科研诚信审核制度。国务院科学技术行政部门负责建立提名专家、学者、组织机构和评审委员、评审专家、候选者的科研诚信严重失信行为数据库。

禁止任何个人、组织进行可能影响国家科学技术奖提名和评审公平、公正的活动。

第二十五条 国家最高科学技术奖的奖金数额由国务院规定。

国家自然科学奖、国家技术发明奖、国家科学技术进步奖的奖金数额由国务院科学技术行政部门会同财政部门规定。

国家科学技术奖的奖励经费列入中央预算。

第二十六条 宣传国家科学技术奖获奖者的突出贡献和创新精神，应当遵守法律法规的规定，做到安全、保密、适度、严谨。

第二十七条 禁止使用国家科学技术奖名义牟取不正当利益。

第四章 法律责任

第二十八条 候选者进行可能影响国家科学技术奖提名和评审公平、公正的活动的，由国务院科学技术行政部门给予通报批评，取消其参评资格，并由所在单位或者有关部门依法给予处分。

其他个人或者组织进行可能影响国家科学技术奖提名和评审公平、公正的活动的，由国务院科学技术行政部门给予通报批评；相关候选者有责任的，取消其参评资格。

第二十九条 评审委员、评审专家违反国家科学技术奖评审工作纪律的，由国务院科学技术行政部门取消其评审委员、评审专家资格，并由所在单位或者有关部门依法给予处分。

第三十条 获奖者剽窃、侵占他人的发现、发明或者其他科学技术成果的，或者以其他不正当手段骗取国家科学技术奖的，由国务院科学技术行政部门报国务院批准后撤销奖励，追回奖章、证书和奖金，并由所在单位或者有关部门依法给予处分。

第三十一条 提名专家、学者、组织机构提供虚假数据、材料，协助他人骗取国家科学技术奖的，由国务院科学技术行政部门给予通报批评；情节严重的，暂停或者取消其提名资格，并由所在单位或者有关部门依法给予处分。

第三十二条 违反本条例第二十七条规定的，由有关部门依照相关法律、行政法规的规定予以查处。

第三十三条 对违反本条例规定，有科研诚信严重失信行为的个人、组织，记入科研诚信严重失信行为数据库，并共享至全国信用信息共享平台，按照国家有关规定实施联合惩戒。

第三十四条 国家科学技术奖的候选者、获奖者、评审委员、评审专家和提名专家、学者涉嫌违反其他法律、行政法规的，国务院科学技术行政部门应当通报有关部门依法予以处理。

第三十五条 参与国家科学技术奖评审组织工作的人员在评审活动中滥用职权、玩忽职守、徇私舞弊的，依法给予处分；构成犯罪的，依法追究刑事责任。

第五章 附 则

第三十六条 有关部门根据国家安全领域的特殊情况，可以设立部级科学技术奖；省、自治区、直辖市、计划单列市人民政府可以设立一项省级科学技术奖。具体办法由设奖部门或者地方人民政府制定，并报国务院科学技术行政部门及有关单位备案。

设立省部级科学技术奖，应当按照精简原则，严格控制奖励数量，提高奖励质量，优化奖励程序。其他国家机关、群众团体，以及参照公务员法管理的事业单位，不得设立科学技术奖。

第三十七条 国家鼓励社会力量设立科学技术奖。社会力量设立科学技术奖的，在奖励活动中不得收取任何费用。

国务院科学技术行政部门应当对社会力量设立科学技术奖的有关活动进行指导服务和监督管理，并制定具体办法。

第三十八条 本条例自 2020 年 12 月 1 日起施行。

国家发展改革委关于 2020 年光伏发电上网电价政策有关事项的通知

国家发展改革委 2020 年 3 月 31 日以发改价格〔2020〕511 号文发布《关于 2020 年光伏发电上网电价政策有关事项的通知》，该“通知”全文如下。

各省、自治区、直辖市及计划单列市、新疆生产建设兵团发展改革委、物价局，国家电网有限公司、南方电网有限责任公司、内蒙古电力（集团）有限责任公司：

为充分发挥市场机制作用，引导光伏发电行业合理投资，推动光伏发电产业健康有序发展，现就 2020 年光伏发电上网电价政策有关问题通知如下。

一、对集中式光伏发电继续制定指导价。综合考虑 2019 年市场化竞价情况、技术进步等多方面因素，将纳入国家财政补贴范围的Ⅰ～Ⅲ类资源区新增集中式光伏电站指导价，分别确定为 0.35 元/(kW·h)（含税，下同）、0.4 元、0.49 元。若指导价低于项目所在地燃煤发电基准价（含脱硫、脱硝、除尘电价），则指导价按当地燃煤发电基准价执行。新增集中式光伏电站上网电价原则上通过市场竞争方式确定，不得超过所在资源区指导价。

二、降低工商业分布式光伏发电补贴标准。纳入2020年财政补贴规模，采用“自发自用、余量上网”模式的工商业分布式光伏发电项目，全发电量补贴标准调整为0.05元/(kW·h)；采用“全额上网”模式的工商业分布式光伏发电项目，按所在资源区集中式光伏电站指导价执行。能源主管部门统一实行市场竞争方式配置的所有工商业分布式项目，市场竞争形成的价格不得超过所在资源区指导价，且补贴标准不得超过0.05元/(kW·h)。

三、降低户用分布式光伏发电补贴标准。纳入2020年财政补贴规模的户用分布式光伏全发电量补贴标准调整为0.08元/(kW·h)。

四、符合国家光伏扶贫项目相关管理规定的村级光伏扶贫电站（含联村电站）的上网电价保持不变。

五、鼓励各地出台针对性扶持政策，支持光伏产业发展。

本通知自2020年6月1日起执行。

国家发展改革委发布《承装（修、试）电力设施许可证管理办法》

国家发展和改革委2020年9月11日发布的第36号令指出，《承装（修、试）电力设施许可证管理办法》已经2020年8月23日国家发展改革委第10次委务会议审议通过，现予公布，自2020年10月11日起施行。原国家电力监管委员会于2009年12月18日公布的《承装（修、试）电力设施许可证管理办法》（国家电力监管委员会令第28号）同时废止。

承装（修、试）电力设施许可证管理办法

第一章 总 则

第一条 为了加强承装（修、试）电力设施许可管理，规范承装（修、试）电力设施许可行为，维护承装、承修、承试电力设施市场秩序，促进电力安全，根据《中华人民共和国行政许可法》《电力供应与使用条例》《电力监管条例》和国家有关规定，制定本办法。

第二条 承装（修、试）电力设施许可证（简称许可证）的申请、受理、审查、颁发、管理和监督，适用本办法。

第三条 国家能源局负责指导、监督全国许可证的颁发和管理。

国家能源局派出机构（简称派出机构）负责辖区内许可证的受理、审查、颁发和日常监督管理。

第四条 在中华人民共和国境内从事承装、承修、承试电力设施活动的，应当按照本办法的规定取得许可证。除国家能源局另有规定外，任何单位或者个人未取得许可证，不得从事承装、承修、承试电力设施活动。

本办法所称承装、承修、承试电力设施，是指对输电、供电、受电电力设施的安装、维修和试验。

第五条 取得许可证的单位依法开展活动，受法律保护。

第二章 分类分级与申请条件

第六条 许可证分为承装、承修、承试三个类别。

取得承装类许可证的，可以从事电力设施的安装活动。取得承修类许可证的，可以从事电力设施的维修活动。取得承试类许可证的，可以从事电力设施的试验活动。

第七条 许可证分为一级、二级、三级、四级和五级。

取得一级许可证的，可以从事所有电压等级电力设施的安装、维修或者试验活动。

取得二级许可证的，可以从事330kV以下电压等级电力设施的安装、维修或者试验活动。取得三级许可证的，可以从事110kV以下电压等级电力设施的安装、维修或者试验活动。取得四级许可证的，可以从事35kV以下电压等级电力设施的安装、维修或者试验活动。

取得五级许可证的，可以从事10kV以下电压等级电力设施的安装、维修或者试验活动。

第八条 申请许可证应当具备法人资格及健全有效的安全生产组织和制度，并符合下列条件：

（一）净资产

具有与开展承装（修、试）电力设施活动相适应的净资产，其所占总资产比例不低于15%。

（二）技术负责人、安全负责人

1. 申请一级至三级许可证的，分别拥有5年以上与所申请许可证类别相适应的电力设施安装、维修或试验管理工作经历，具有电力相关专业中级以上职称；其中申请一级许可证的，应具有电力相关专业高级职称；

2. 申请四级至五级许可证的，分别拥有3年以上与所申请许可证类别相适应的电力设施安装、维修或试验管理工作经历，具有电力相关专业初级以上职称。

（三）专业技术及技能人员

1. 申请一级至三级许可证的，电力相关专业技术人员分别不少于 50 人、30 人和 15 人，其中具有中级以上技术任职资格的分别不少于 30 人、15 人和 5 人；电力相关专业技能人员分别不少于 60 人、30 人和 20 人，其中高压电工分别不少于 30 人、15 人和 10 人。

2. 申请四级至五级许可证的，电力相关专业技术人员分别不少于 10 人和 5 人；电力相关专业技能人员分别不少于 15 人和 5 人，其中高压电工分别不少于 8 人和 3 人。

前款第（二）项、第（三）项规定的各类人员均不得同时在其他单位任职；技术负责人可由本单位专业技术人员兼任，安全负责人应专人专岗。

第九条 申请一级至三级许可证的，除具备本办法第八条规定的相应条件外，还应具有下列与申请的许可证类别和等级相适应的业绩：

（一）申请一级至三级承装类许可证的，最近 3 年内应分别具有从事 330（220）kV、110（66）kV、35kV 以下 10kV 以上电压等级变（配）电及线路设施的安装活动业绩，且质量合格；在此期间从事电力设施安装业务的最高年度工程结算收入分别不少于 2 亿元、1 亿元和 3000 万元；

（二）申请一级至三级承修类或承试类许可证的，最近 2 年均应分别具有从事 330（220）kV、110(66)kV、35kV 以下 10kV 以上电压等级变（配）电及线路设施的维修或试验活动业绩。

第三章 申请、受理、审查与决定

第十条 申请许可证，应当向申请人所在地的派出机构提出，并提交申请表；申请一级至三级许可证的，还需要提交相关业绩材料。

第十一条 取得许可证的单位合并或分立后新设单位申请许可证的，应当提交申请表以及合并或分立相关材料。

分立后至多一个单位可承继分立前单位从事同类活动的业绩；其他新设单位同时申请该类别许可证的，按首次申请办理。

第十二条 派出机构收到申请，应当对申请材料是否齐全、是否符合法定形式进行审查。派出机构有权要求申请人就申请事项做出解释或者说明。

第十三条 派出机构对申请人提出的申请，应当根据下列情况分别做出处理：

（一）申请材料存在可以当场更正的错误的，应当允许申请人当场更正；

（二）申请材料不齐全或者不符合法定形式的，应当当场或者五日内向申请人发出申请材料补正通知书，并一次告知需要补正的全部内容；

（三）申请材料齐全并符合法定形式的，或者申请人按照派出机构的要求提交全部补正申请材料的，应当向申请人发出受理通知书。

第十四条 派出机构应当自受理之日起十五日内完成申请审查，并按下列规定做出是否许可的决定：

（一）经审查，申请人的条件符合法定条件、标准的，派出机构应当依法做出准予许可的书面决定，并自做出决定之日起五日内向申请人颁发、送达许可证；

（二）经审查，申请人的条件不符合法定条件、标准的，派出机构应当依法做出不予许可的决定，以书面形式通知申请人，通知书中应当说明不予许可的理由。

第十五条 派出机构在审查过程中认为需要对申请材料的实质性内容进行核实的，应当指派两名以上的工作人员进行现场核查。

第十六条 派出机构自受理通知书发出之日起十五日内不能做出决定的，经派出机构负责人批准，可以延长十日，并将延长期限的理由告知申请人。

第十七条 派出机构应当按照国家有关规定建立信息公开工作制度，向社会公开承装（修、试）电力设施许可的依据、条件、程序、期限、办理情况以及申请材料目录、申请材料示范文本等信息。

第四章 变更与延续

第十八条 许可证的变更分为许可事项变更和登记事项变更。

许可事项变更是指许可证类别和等级的变更。

登记事项变更是指承装（修、试）电力设施单位名称、住所、法定代表人等事项的变更。变更后的许可证，有效期限不变。

第十九条 申请许可事项变更，应当提交本办法第十条规定的相关材料；派出机构按照本办法第三章规定的程序予以办理。

申请增加许可证类别或者提高许可证等级的，在申请之日起前一年内未出现下列情形的，应予受理：

（一）发生较大以上生产安全事故或者二次以上一般生产安全事故的；

（二）发生重大质量责任事故的；

（三）超越许可范围从事承装（修、试）电力设施活动的；

（四）涂改、倒卖、出租、出借许可证，或者以其他形式非法转让许可证的；

（五）违反国家有关规定将本单位承包的承装（修、试）电力设施业务转包或者分包的。

第二十条 承装（修、试）电力设施单位名称、住所或者法定代表人发生变化的，应当自市场监督管理部门依法办理变更登记之日起三十日内，提出登记事项变更申请，并提交登记事项变更申请表。

变更后的住所与原住所属于不同派出机构管辖的，应当向变更后住所地的派出机构提出登记事项变更申请。

派出机构应当自收到登记事项变更申请之日起十日内，办理变更手续。

第二十一条 许可证有效期为六年。

有效期届满需要延续的，应当在有效期届满三十日前提出申请，并提交申请表；申请一级至三级许可证有效期延续的，还应分别提供在其许可范围内的330(220) kV以上、110(66) kV以上、10kV以上电压等级相关业绩材料。

派出机构应当在许可证有效期届满前做出是否准予延续的决定。逾期未做出决定的，视为同意延续并补办相应手续。

第二十二条 许可证损毁或遗失的，应当及时向颁发许可证的派出机构申请补办，并提交下列材料：

（一）许可证补办申请表；

（二）损毁许可证原件或者许可证遗失声明。

派出机构应当自收到许可证补办申请之日起三日内补发许可证。

第五章 监督检查

第二十三条 国家能源局对派出机构实施承装（修、试）电力设施许可工作进行监督检查，及时纠正工作中的违法行为。

第二十四条 派出机构依法对辖区内从事承装（修、试）电力设施活动的单位或者个人的下列事项实施监督检查：

（一）依法取得许可证的情况；

（二）在许可范围内从事承装（修、试）电力设施活动的情况；

（三）依法使用许可证的情况；

（四）符合许可证法定条件的情况；

（五）遵守国家有关转包或者分包承装（修、试）电力设施业务规定的情况；

（六）遵守国家其他有关规定的情况。

第二十五条 承装（修、试）电力设施单位有下列情形之一的，应当按照规定向有关派出机构报送信息：

（一）人员、资产等情况发生重大变化，已不符合许可证法定条件、标准的，应当自发生重大变化之日起三十日内向颁发许可证的派出机构报告；

（二）解散、破产、倒闭、歇业、合并或者分立的，应当自市场监督管理部门办理相关手续之日起十日内向颁发许可证的派出机构报告；

（三）发生生产安全事故的，应当按照国家有关规定向事故发生地派出机构报告；

（四）发生重大质量责任事故的，应当自有关主管机关做出事故结论之日起十日内，向事故发生地派出机构报告。

前款第（三）项、第（四）项规定事项，事故发生地不属于颁发许可证的派出机构管辖的，事故发生地派出机构应当及时将有关情况通报颁发许可证的派出机构。

第二十六条 派出机构对电力企业遵守承装（修、试）电力设施许可制度的情况实施监督检查。

电网企业对用户受电工程依法实施检查及竣工检验，应当查验施工企业是否具有许可证；对未经许可或者超越许可范围承揽用户受电工程的，应当立即向派出机构报告。

第二十七条 派出机构履行监督检查职责，可以采取下列措施：

（一）进入被检查单位的生产经营场所进行检查；

（二）询问被检查单位的工作人员，要求其对有关检查事项做出说明；

（三）查阅、复制与检查事项有关的文件、资料，对可能被转移、隐匿、损毁的文件、资料予以封存；

（四）对与检查事项有关的业务组织技术鉴定；

（五）对检查中发现的违法行为，有权当场予以纠正或者要求限期改正。

派出机构实施监督检查，被检查单位应当依法予以配合。

第二十八条 国家能源局及其派出机构应按照国家关于加快构建以信用为基础的新型监管机制的要求，依法组织实施承装（修、试）电力设施单位信用监管，并与“双随机、一公开”监管相结合，采取差异化监管措施，不断提升信用监管效能。

第二十九条 承装（修、试）电力设施单位的人员、资产等情况发生重大变化，已不符合相应许可证条件、标准的，派出机构应当责令其限期整改；逾期不改或整改后仍不符合许可证条件的，派出机构应根据其实际具有的条件，重新核定许可证的类别和等级。

第三十条 有下列情形之一的，国家能源局及其派出机构可以依法撤销承装（修、试）电力设施许可：

（一）派出机构工作人员滥用职权、玩忽职守做出准予许可决定的；

（二）超越法定职权做出准予许可决定的；

（三）违反法定程序做出准予许可决定的；

（四）对不具备申请资格或者不符合法定条件的申请人准予许可的；

（五）依法可以撤销许可的其他情形。承装（修、试）电力设施单位以欺骗、贿赂等不正当手段取得许可的，应当予以撤销。

依照本条第一款的规定撤销许可，承装（修、试）电力设施单位的合法权益受到损害的，派出机构应当依法给予赔偿。依照本条第二款的规定撤销许可的，承装（修、试）电力设施单位基于许可取得的利益不受保护。

第三十一条　有下列情形之一的，派出机构应当依法办理承装（修、试）电力设施许可注销手续：

（一）许可有效期届满未按照本办法规定申请延续或者延续申请未批准的；

（二）承装（修、试）电力设施单位因解散、破产、倒闭、歇业、合并、分立等原因依法终止的；

（三）许可依法被撤销、撤回，或者许可证被依法吊销的；

（四）法律、法规规定的应当注销许可的其他情形。

第六章　法律责任

第三十二条　申请人隐瞒有关情况或者提供虚假申请材料申请承装（修、试）电力设施许可的，派出机构不予受理或者不予许可，并给予警告；情节严重的，一年内不再受理其许可申请。

第三十三条　承装（修、试）电力设施单位采取欺骗、贿赂等不正当手段取得许可的，由派出机构撤销许可，给予警告，处一万元以上三万元以下罚款；情节严重的，三年内不再受理其许可申请；构成犯罪的，依法追究刑事责任。

第三十四条　承装（修、试）电力设施单位转包或违法分包承装（修、试）电力设施业务，涂改、倒卖、出租、出借许可证，或者以其他形式非法转让许可证的，《建设工程质量管理条例》等法律法规对上述违法行为有相关行政处罚规定的，依照其规定执行；未作规定的，由派出机构责令其改正，给予警告，并处一万元以上三万元以下罚款。

第三十五条　违反本办法规定未取得许可证或者超越许可范围，非法从事承装、承修、承试电力设施活动的，《无证无照经营查处办法》《建设工程质量管理条例》等法律法规对上述违法行为有相关行政处罚规定的，依照其规定执行；未作规定的，由派出机构责令其停止相关经营活动，给予警告，并处一万元以上三万元以下罚款。

第三十六条　承装（修、试）电力设施单位在从事承装、承修、承试电力设施活动中发生重大以上生产安全事故或者重大质量责任事故，由派出机构依法降低许可证等级；情节严重的，依法吊销许可证。

第三十七条　承装（修、试）电力设施单位未按照本办法规定办理许可证登记事项变更手续的，由派出机构责令其限期办理；逾期未办理的，处五千元以下罚款。

第三十八条　电力企业违反国家有关规定，将承装（修、试）电力设施业务发包给未取得许可证或者超越许可范围承揽工程的单位或者个人的，由派出机构责令其限期改正，给予警告，并处一万元以上三万元以下罚款。

电网企业发现未取得许可证或者超越许可范围承揽用户受电工程的单位或者个人，未按照本办法规定及时报告的，由派出机构给予警告，处一万元以上三万元以下罚款。

第三十九条　违反本办法第二十四条、第二十五条、第二十六条、第二十七条规定，向派出机构提供虚假或隐瞒重要事实的文件、资料，或者拒绝、阻碍派出机构及其从事监管工作的人员依法履行监管职责的，依照《电力监管条例》有关规定追究其责任。

第四十条　国家能源局及其派出机构工作人员玩忽职守、滥用职权、徇私舞弊、收受贿赂的，对直接负责的主管人员和其他直接责任人员依法给予处分；构成犯罪的，依法追究刑事责任。

第七章　附　　则

第四十一条　本办法中所称“以上”“以下”“不低于”“不少于”均包含本数。

第四十二条　许可证由国家能源局统一印制，分为正本和副本，具有同等法律效力。

第四十三条　本办法自2020年10月11日起施行。原国家电力监管委员会于2009年12月18日公布的《承装（修、试）电力设施许可证管理办法》（国家电力监管委员会令第28号）同时废止。

国家发展改革委、水利部关于金沙江流域水量分配方案的批复

国家发展改革委、水利部于2020年8月10日以发改农经〔2020〕1269号文，印发《关于金沙江流域水量分配方案的批复》，该“批复”全文如下。

依据《中华人民共和国水法》，水利部长江水利委员会商四川省、贵州省、云南省、西藏自治区、青

海省人民政府制定了《金沙江流域水量分配方案》。根据国务院的授权，现批复如下：

一、原则同意《金沙江流域水量分配方案》（简称《方案》），请认真组织实施。

二、《方案》实施要以习近平新时代中国特色社会主义思想为指导，全面贯彻党的十九大和十九届二中、三中、四中全会精神，牢固树立新发展理念，坚持“节水优先、空间均衡、系统治理、两手发力”的治水思路，共抓大保护、不搞大开发，全面加强水资源节约保护与高效利用，促进流域生态保护和高质量发展。

三、要加强组织领导，将《方案》实施纳入地方经济社会发展规划和最严格水资源管理制度考核内容，按照《方案》确定的水量份额，合理配置水资源，实行水资源消耗总量和强度双控，确保不超过水资源承载能力。加强水资源保护，优化水利工程调度，确保主要断面控制指标满足要求。

四、水利部长江水利委员会要组织制订金沙江流域水量调度方案，并根据水量调度方案逐年制定年度调度计划，加强流域水资源统一调度管理，强化《方案》的组织实施和监督检查。

金沙江流域水量分配方案

金沙江流域涉及青海、西藏、四川、云南和贵州5个省（自治区），干流全长约3500km，流域面积约50万km^2，多年平均水资源总量1565亿m^3。为合理配置水资源，维系良好生态环境，促进水资源可持续利用，保障流域经济社会可持续发展，依据《中华人民共和国水法》，制定本方案。

一、分配原则

（一）公平公正、科学合理。
（二）节水优先、保护生态。
（三）优化配置、持续利用。
（四）因地制宜、统筹兼顾。
（五）民主协商、行政决策。

二、分配意见

2030水平年，金沙江流域地表水多年平均来水条件下，向本流域分配的河道外总水量116.04亿m^3，其中：青海省0.56亿m^3、西藏自治区1.16亿m^3、四川省40.45亿m^3、云南省72.04亿m^3、贵州省1.83亿m^3。

不同来水条件下，金沙江流域河道外地表水2030水平年水量分配方案见表1。

表1 金沙江流域水量分配方案

省级行政区	来水频率	分配水量（亿m^3）
青海	50%	0.56
	75%	0.59
	95%	0.50
	多年平均	0.56
西藏	50%	1.18
	75%	1.23
	95%	0.94
	多年平均	1.16
四川	50%	41.76
	75%	44.64
	95%	40.76
	多年平均	40.45
云南	50%	72.95
	75%	75.80
	95%	63.83
	多年平均	72.04
贵州	50%	1.84
	75%	1.92
	95%	1.64
	多年平均	1.83
合计	50%	118.30
	75%	124.18
	95%	107.67
	多年平均	116.04

注：1. 分配的水量是指分配给本流域可以使用的水量，不含向流域外的调出水量。
2. 云南省分配水量中，含跨流域调入水量0.66亿m^3。

三、主要控制断面及控制指标

（一）主要控制断面

确定36个断面为金沙江流域水量分配控制断面：其中，直门达、生达青川藏、羊拉、夺通川滇、攀枝花、向家坝、中岩曲藏滇、硕曲川滇（上游）、硕曲滇川、上桥头、水洛河川滇、洛吉、石龙坝、呷衣、唐勒、中梁子、庄房、惠民、横江、马路村20个断面为省界控制断面；当曲、雁石坪、曲麻河、石鼓、乌东德坝下、白鹤滩坝下、溪洛渡坝下、古学、雅江、锦屏一级坝下、锦屏二级坝下、桐子林、鲜水河、理塘河、撒连、海口16个断面为重要水系节点、重要水利工程和重要城市等其他控制断面。

（二）下泄水量控制指标

多年平均及不同来水频率下金沙江流域主要断面下泄水量控制指标见表2。

青海省出境水量以直门达、生达青川藏、呷衣、唐勒等4个断面实测径流量核定；西藏自治区出境水量以羊拉、中岩曲藏滇2个断面实测径流量核定；四川省出境水量以夺通川滇、硕曲川滇（上游）、上桥头、水洛河川滇等4个断面实测径流量核定；云南省出境水量以攀枝花、硕曲滇川、洛吉、石龙坝、中梁子、庄房、惠民、横江等8个断面实测径流量核定；贵州省出境水量以马路村断面实测径流量核定。金沙江流域出境水量以向家坝断面实测径流量核定。

表2 金沙江流域主要断面下泄水量控制指标 亿 m^3

序号	断面名称	所在河流	2030水平年			
			50%	75%	95%	多年平均
1	当曲	当曲	57.81	49.34	38.79	58.73
2	雁石坪	当曲—布曲	7.93	6.77	5.32	8.06
3	曲麻河	楚玛尔河	1.75	0.95	0.31	2.14
4	直门达	通天河	121.11	98.65	71.76	124.34
5	生达青川藏	金沙江干流	127.76	104.27	75.86	131.36
6	羊拉	金沙江干流	321.18	283.46	235.23	320.23
7	夺通川滇	金沙江干流	359.00	316.80	263.00	357.88
8	石鼓	金沙江干流	384.99	341.04	284.27	388.95
9	攀枝花	金沙江干流	532.33	469.47	393.38	538.57
10	乌东德坝下	金沙江干流	1080.28	950.12	799.83	1096.09
11	白鹤滩坝下	金沙江干流	1158.93	1018.80	862.03	1176.19
12	溪洛渡坝下	金沙江干流	1274.09	1123.86	956.33	1291.99
13	向家坝	金沙江干流	1290.88	1138.07	968.83	1309.83
14	中岩曲藏滇	中岩曲	9.21	7.98	6.44	9.34
15	吉学	定曲	47.95	41.59	33.58	48.65
16	硕曲川滇（上游）	定曲—硕曲	21.28	18.46	14.91	21.57
17	硕曲滇川	定曲—硕曲	25.51	22.12	17.88	25.87
18	上桥头	格咱河—翁水河	11.60	10.11	8.22	10.61
19	水洛河川滇	水洛河—尼汝河	60.04	52.03	42.43	54.78
20	洛吉	水洛河—尼汝河	4.77	4.16	3.33	4.34
21	石龙坝	新庄河	6.01	4.50	2.75	6.35
22	雅江	雅砻江	149.53	123.64	90.23	152.11
23	锦屏一级坝下	雅砻江	346.12	297.80	237.53	350.78
24	锦屏二级坝下	雅砻江	346.31	298.29	237.84	351.08
25	桐子林	雅砻江	485.22	423.75	347.57	491.32
26	呷衣	雅砻江—扎曲	10.65	9.34	7.63	10.78
27	鲜水河	雅砻江—鲜水河	43.41	37.34	29.63	44.17
28	唐勒	雅砻江—鲜水河—尼曲	7.40	6.29	4.91	7.53
29	理塘河	雅砻江—理塘河	38.28	31.81	24.90	37.53

续表

序号	断面名称	所在河流	2030水平年			
			50%	75%	95%	多年平均
30	中梁子	雅砻江—理塘河—卧罗河—前所河	2.21	1.75	1.20	2.29
31	庄房	雅砻江—理塘河—卧罗河—前所—宁蒗河	2.56	2.02	1.39	2.65
32	惠民	雅砻江—乌木河	2.27	3.03	1.91	4.23
33	撒连	雅砻江—安宁河	70.31	60.45	49.15	71.53
34	海口	普渡河	4.59	3.03	2.26	4.78
35	横江	横江	78.39	67.84	55.50	79.66
36	马路村	横江—洛泽河	15.82	13.12	10.07	16.19

（三）最小下泄流量控制指标

考虑生态和下游生活、生产和航运等用水需求，确定金沙江流域主要断面最小下泄流量控制指标，见表3。

表3　金沙江流域主要断面最小下泄流量控制指标　m^3/s

序号	断面名称	最小下泄流量	序号	断面名称	最小下泄流量
1	当曲	14.6	19	水洛河川滇	36.4
2	雁石坪	2.61	20	洛吉	5.32
3	曲麻河	0.799	21	石龙坝	2.30
4	直门达	46	22	雅江	125
5	生达青川藏	60.8	23	锦屏一级坝下	88（12～5月） 122（6～11月）
6	羊拉	182	24	锦屏二级坝下	
7	夺通川滇	281	25	桐子林	422
8	石鼓	298	26	呷衣	4.43
9	攀枝花	439	27	鲜水河	20
10	乌东德坝下	900（8～2月） 1160（3～7月）	28	唐勒	3.95
11	白鹤滩坝下	1160（8～2月） 1260（3～7月）	29	理塘河	26.8
12	溪洛渡坝下	1200	30	中梁子	0.78
13	向家坝	1200	31	庄房	0.65
14	中岩曲藏滇	2.89	32	惠民	1.97
15	古学	31	33	撒连	23.8
16	硕曲川滇（上游）	14.5	34	海口	1.75
17	硕曲滇川	16.8	35	横江	27.5
18	上桥头	11.2	36	马路村	5.5

注：1. 日均最小下泄流量保证率为90%。
2. 锦屏一级坝下、锦屏二级坝下最小下泄流量指标3～6月应满足环评要求的生态调度要求。

四、保障措施

（一）加强领导，落实责任。将水量分配方案实施作为最严格水资源管理制度重要内容，实行水资源管理行政首长负责制，明确责任，加强管理，完善措施，强化监督管理和绩效考核。

（二）强化水资源节约利用。将水量分配方案的实施纳入地方经济社会发展规划，按照确定的水量份额，调整经济结构和产业结构，合理配置水资源，实行用水总量控制，确保不超水资源承载能力。落实节水优先方针，强化用水需求管理，加大农业节水力度，提高用水效率；强化工业节水减排和服务业节水，提高公众节水意识，促进水资源高效利用，建设节水型社会。

（三）加强流域水资源统一调度管理。要将强化水资源统一调度管理作为落实水量分配方案的重要举措。水利部长江水利委员会负责金沙江流域水资源统一调度管理，组织制定流域水量调度方案、年度水量分配方案和调度计划，组织实施水量统一调度、流域用水总量控制和主要断面下泄流量水量控制。将对省际以及流域用水影响较大的水库纳入流域水量统一调度。加强控制断面监控设施建设，全面提高水资源监控管理能力。

国家发展改革委、水利部关于西江流域水量分配方案的批复

国家发展改革委、水利部于2020年8月10日以发改农经〔2020〕1270号文，印发《关于西江流域水量分配方案的批复》，该“批复”全文如下。

依据《中华人民共和国水法》，水利部珠江水利委员会商湖南省、广东省、广西壮族自治区、贵州省、云南省人民政府制定了《西江流域水量分配方案》。根据国务院的授权，现批复如下：

一、原则同意《西江流域水量分配方案》（简称《方案》），请认真组织实施。

二、《方案》实施要以习近平新时代中国特色社会主义思想为指导，全面贯彻党的十九大和十九届二中、三中、四中全会精神，牢固树立新发展理念，坚持“节水优先、空间均衡、系统治理、两手发力”的治水思路，全面加强水资源节约保护与高效利用，促进流域生态保护和高质量发展。

三、要加强组织领导，将《方案》实施纳入地方经济社会发展规划和最严格水资源管理制度考核内容，按照《方案》确定的水量份额，合理配置水资源，实行水资源消耗总量和强度双控，确保不超过水资源承载能力。加强水资源保护，优化水利工程调度，确保主要断面控制指标满足要求。

四、水利部珠江水利委员会要组织制订西江流域水量调度方案，并根据水量调度方案逐年制定年度调度计划，加强流域水资源统一调度管理，强化《方案》的组织实施和监督检查。

附件：西江流域水量分配方案

西江流域水量分配方案

西江为珠江主干流，发源于云南省曲靖市乌蒙山余脉马雄山东麓，流经云南、贵州、湖南、广西、广东5个省（自治区），主要一级支流有黄泥河、北盘江、柳江、郁江、桂江、贺江等，干流全长2075km，流域面积35.31万km^2，多年平均水资源总量2302亿m^3。为合理配置水资源，维系良好生态环境，促进水资源可持续利用，保障流域经济社会可持续发展，依据《中华人民共和国水法》，制定本方案。

一、分配原则

（一）公平公正、科学合理。

（二）节水优先、保护生态。

（三）优化配置、持续利用。

（四）因地制宜、统筹兼顾。

（五）民主协商、行政决策。

二、分配意见

2030水平年，西江流域地表水多年平均来水条件下，向本流域分配的河道外总水量345.59亿m^3，其中云南省39.13亿m^3、贵州省36.31亿m^3、湖南省0.73亿m^3、广西壮族自治区238.40亿m^3、广东省31.02亿m^3。不同来水条件下，西江流域主要跨省支流右江、桂江和贺江流域河道外地表水2030年水量分配方案见表1～表3；黄泥河、北盘江、柳江流域河道外地表水量分配方案已另行制定。

表1 右江流域水量分配方案

省级行政区	来水频率	分配水量（亿m^3）
云南	50%	2.39
	75%	2.47
	90%	2.47
	多年平均	2.32
广西	50%	24.58
	75%	25.42
	90%	25.51
	多年平均	24.05
合计	50%	26.97
	75%	27.89
	90%	27.98
	多年平均	26.37

表 2 桂江流域水量分配方案

省级行政区	来水频率	分配水量（亿 m^3）
湖南	50%	0.39
	75%	0.40
	90%	0.41
	多年平均	0.39
广西	50%	29.94
	75%	31.22
	90%	32.34
	多年平均	29.87
合计	50%	30.33
	75%	31.62
	90%	32.75
	多年平均	30.26

表 3 贺江流域水量分配方案

省级行政区	来水频率	分配水量（亿 m^3）
湖南	50%	0.11
	75%	0.12
	90%	0.12
	多年平均	0.11
广西	50%	11.27
	75%	11.76
	90%	12.18
	多年平均	11.25
广东	50%	3.17
	75%	3.34
	90%	3.48
	多年平均	3.17
合计	50%	14.55
	75%	15.22
	90%	15.78
	多年平均	14.53

三、主要控制断面及控制指标

（一）主要控制断面

确定八大河、天生桥、天峨、迁江、瓦村、西洋街（洞巴）等16个断面为西江流域水量分配控制断面。其中，八大河、瓦村、西洋街（洞巴）、龙虎、大宁、木双、信都（白沙）、桂粤8个断面为省界控制断面；天生桥、天峨、迁江、隆安、贵港、京南、梧州、高要8个断面为西江主要干支流的控制断面。

（二）下泄水量控制指标

多年平均及不同来水频率下西江流域主要断面下泄水量控制指标见表4。

流域内各省（自治区）出境水量以省际交界断面实测径流量核定，西江流域出口水量以高要站实测径流量核定。

表 4 西江流域主要断面下泄水量控制指标

断面名称	来水频率	下泄水量（亿 m^3）
南盘江八大河（滇桂交界）	50%	150
	75%	123
	90%	79.7
	多年平均	149
南盘江干流天生桥	50%	162
	75%	134
	90%	86.5
	多年平均	162
红水河干流天峨	50%	442
	75%	366
	90%	305
	多年平均	451
红水河干流迁江	50%	609
	75%	507
	90%	424
	多年平均	622
驮娘江瓦村（桂滇交界）	50%	34.5
	75%	25.2
	90%	18.3
	多年平均	36.4
西洋江西洋街（洞巴）（滇桂交界）	50%	9.7
	75%	7.5
	90%	5.9
	多年平均	10
右江干流隆安	50%	140
	75%	115
	90%	94.5
	多年平均	144

续表

断面名称	来水频率	下泄水量（亿 m^3）
郁江干流贵港	50%	415
	75%	336
	90%	278
	多年平均	429
恭城河龙虎（湘桂交界）	50%	6.5
	75%	5.3
	90%	4.2
	多年平均	6.5
桂江干流京南	50%	161
	75%	133
	90%	109
	多年平均	164
大宁河大宁（粤桂交界）	50%	15.1
	75%	11.9
	90%	9.5
	多年平均	15.6
东安江木双（桂粤交界）	50%	20.8
	75%	16.4
	90%	13.0
	多年平均	21.5
贺江信都（白沙）（桂粤交界）	50%	65.3
	75%	51.5
	90%	40.9
	多年平均	67.4
浔江梧州	50%	1916
	75%	1680
	90%	1484
	多年平均	1941
西江桂粤（桂粤交界）	50%	1976
	75%	1717
	90%	1508
	多年平均	2008
西江干流高要	50%	2072
	75%	1801
	90%	1582
	多年平均	2106

（三）最小下泄流量控制指标

考虑生态和航运等用水需求，确定西江流域主要断面最小下泄流量控制指标，见表5。

表5 西江流域主要断面最小下泄流量控制指标

断面名称	月均最小下泄水量（m^3/s）
南盘江八大河（滇桂交界）	90.9
南盘江干流天生桥	98.7
红水河干流天峨	404
红水河干流迁江	494
驮娘江瓦村（桂滇交界）	16.0
西洋江西洋街（洞巴）（滇桂交界）	5.0（10.0）
右江干流隆安	56.0
郁江干流贵港	400
恭城河龙虎（湘桂交界）	2.0
桂江干流京南	60.0
大宁河大宁（粤桂交界）	5.9
东安江木双（桂粤交界）	7.9
贺江信都（白沙）（桂粤交界）	41.0（45.5）
浔江梧州	1800
西江桂粤（桂粤交界）	1880
西江干流高要	1980

注：1. 月均最小下泄流量保证率为90%。
2. 当枯水期咸潮上溯影响严重时，梧州断面下泄流量应达到2100m^3/s。
3. 西洋江洞巴为规划的滇桂省界水文站，建成之前暂用西洋街站作为控制断面；贺江白沙断面为规划的桂粤省界水文站，建成之前暂用信都站作为控制断面。

四、保障措施

（一）加强领导，落实责任。将水量分配方案实施作为最严格水资源管理制度重要内容，实行水资源管理行政首长负责制，明确责任，加强管理，完善措施，强化监督管理和绩效考核。

（二）强化水资源节约利用。将水量分配方案的实施纳入地方经济社会发展规划，按照确定的水量份额，以水定需、量水而行，实行用水总量控制，确保不超水资源承载能力。落实节水优先方针，推广农业节水灌溉技术，发展高效节水灌溉；强化工业和服务业节水技术改造，提高公众节水意识，促进水资源高效利用，建设节水型社会。

（三）加强水资源统一调度管理。将强化水资源统一调度管理作为落实水量分配方案的重要举措。珠江水利委员会负责组织实施西江流域水资源统一调度，组织制定流域水量调度方案、年度水量分配方案和调度计划，组织实施水量统一调度、流域用水总量控制和主要断面下泄流量水量控制。将省际和流域用水产生重大影响的天生桥一级、光照、龙滩、岩滩、百色、大藤峡等水库工程纳入流域统一调度。加强控制断面监控设施建设，全面提高水资源监控管理能力。

国家发展改革委、国家能源局关于做好2021年电力中长期合同签订工作的通知

国家发展改革委、国家能源局2020年11月25日以发改运行〔2020〕1784号文印发《关于做好2021年电力中长期合同签订工作的通知》，该“通知”全文如下。

为深入学习贯彻习近平新时代中国特色社会主义思想，全面贯彻党的十九大和十九届二中、三中、四中、五中全会精神，加强电力产供储销体系建设，推进电力市场化改革，更好发挥中长期交易“压舱石”作用，保障电力市场高效有序运行，现对2021年电力中长期合同签订工作有关事项通知如下：

一、抓紧签订2021年电力中长期合同

各地政府主管部门、电力企业、交易机构要高度重视2021年电力中长期合同签订工作，做好省内和跨省跨区电力中长期交易（含优先发电）合同签订的组织协调，努力在2020年12月底前完成年度中长期合同签订工作。

二、保障足量签约

（一）充分发挥电力中长期合同的规避风险作用。各地政府主管部门要鼓励市场主体签订中长期合同特别是年度及以上中长期合同，结合实际确定2021年年度及以上中长期合同签订工作目标，力争签约电量不低于前三年用电量平均值的80%，并通过后续月度合同签订保障中长期合同签约电量不低于前三年用电量平均值90%～95%。未参与市场的经营性电力用户、优先发电企业也需参照中长期合同签约的相关要求，由电网企业与用户或发电企业签订合同。

（二）鼓励市场主体及时、高比例签约。建立和完善中长期合同签约履约的激励机制，对2020年度中长期交易履约比例以及2021年度中长期交易签约比例达到要求的用户侧市场主体，可优先安排合同转让、调整，部分减免偏差考核费用等。

（三）保障未参与电力市场交易的经营性电力用户用电。未参与电力市场交易的经营性电力用户由电网企业承担保底供电责任，仍执行目录销售电价。退出市场的电力用户在重新参与市场交易前，由电网企业承担保底供电责任，执行规则确定的电价。

三、推动分时段签约

（一）结合各地实际合理划分时段。鼓励参与交易的市场主体通过协商，分时段约定电量电价，签订电力中长期合同。电网企业应为符合条件的市场主体提供历史用电数据查询服务，并不断扩大市场主体范围，公布更加详尽的历史用电曲线。各地政府主管部门应根据本地区历史发用电曲线，制定并公布时段划分标准。起步阶段，对时段划分数量不做强制要求，区分为峰、平、谷段签订即可，也可以分成六段到十段，随着市场机制的不断完善逐步细化时段划分。有条件的地区可考虑按照季节性差异将一年各月划分高峰月、平段月和低谷月。

（二）提高分时段签约服务水平。各地政府主管部门会同电网企业，在本地区2020年典型工作日、节假日电力负荷曲线（见附件）的基础上，积极提供省内更多行业或地区的电力负荷曲线，加快建立电力用户历史用电信息查询机制，供市场主体签约时参考。鼓励电力用户自行提供电力负荷曲线，签订电力中长期合同；鼓励售电公司、综合能源服务机构等提供更细更精准的电力负荷曲线，帮助市场主体更好地参与市场交易。

（三）赋予中小用户自主选择是否签订分时段合同的权利。对具备条件的、年购电量500万kW·h以上的电力用户及售电公司，鼓励签订分时段电力中长期合同；年购电量500万kW·h以下的电力用户及售电公司，可自主选择是否签订分时段电力中长期合同。

（四）明确优先发电计划分时段电量。各地政府主管部门在制定本地区年度优先发电计划时，鼓励根据本地区中长期交易时段划分，确定优先发电分时段电量，实现优先发电与市场的衔接。对于风电、光伏发电和水电等较难精准预测的电源，可适当放宽要求，但应在分月生产计划安排之前完成时段电量分解。跨省跨区的优先发电计划和市场化送电，也鼓励通过送受双方协商，确定分时段电量。

四、拉大峰谷差价

交易双方签订分时段合同时，可约定峰谷时段交

易价格，也可参考上一年平均交易价格确定平段电价，峰谷电价基于平段电价上下浮动。上下浮动比例由购售电双方协商确定，也可以执行政府主管部门推荐的相关标准。峰谷差价作为购售电双方电力交易合同的约定条款，在发用电两侧共同施行，拉大峰谷差价。市场初期，为保证市场平稳健康有序，各地政府主管部门可根据需要制定分时段指导价，指导价的峰谷差价应不低于已有目录电价的峰谷差价。

五、鼓励签订多年电力中长期合同

各地可结合市场规则，对一年期以上长期交易合同予以优先安排、优先组织落实、优先执行。

六、实现信用机构见签和信用信息共享

引入信用机构见签电力中长期交易合同。提高电力市场交易信用信息的归集和应用水平，各地应明确公共信用信息中心，通过电力交易机构的电力交易平台见签电力中长期交易合同，由电力交易机构提供其所见签合同的相关信息，并归集至全国信用信息共享平台，加强电力信用监管，促进电力中长期合同签约履约。

七、规范签订电力中长期合同

各地可参考已有规则签订中长期合同，确保不因交易规则影响12月底前完成2021年中长期合同签订工作。已有规则需要修订的，各地政府主管部门、国家能源局派出机构要根据职责分工抓紧修订。各地政府主管部门要切实发挥组织协调作用。合同各方应根据推荐的电力中长期交易合同示范文本，考虑不同市场主体、不同交易类型，积极推广应用，做到规范签约。各地政府主管部门要指导电力交易机构和有关企业，抓紧完成交易平台的适应性技术改造，保障合同签订工作顺利实施。

八、鼓励签订电力中长期电子合同

全面推进电力中长期合同签订平台化、电子化运转。完善各地交易平台功能和技术手段支撑，鼓励市场主体利用交易平台签订要素齐全的电子合同，简化工作流程、提高工作效率、降低流转成本。

九、建立健全电力中长期合同签订配套机制

（一）完善电力中长期合同市场化调整机制。各地原则上要按月以双边协商、集中交易等方式组织开展合同转让交易，并逐步缩短交易周期、增加交易频次，为市场主体调整合同电量及负荷曲线提供市场化手段。在合同方事先约定或委托的前提下，可在市场规则范围内对电力中长期合同负荷曲线进行灵活调整，为提升年度中长期合同签约比例提供必要的保障。

（二）建立偏差电量结算机制。各地市场规则中，应对合同电量与实际执行的偏差建立偏差结算机制。偏差结算机制应有利于鼓励市场主体按照合同电量安排发用电计划，偏差结算价格机制应在市场规则中予以明确并提前向市场主体发布。对分时段签订的中长期合同，充分考虑市场主体市场经验不足的实际，适当放宽分时段偏差电量考核要求。

（三）理顺中长期交易价格机制。各地应严格执行政府核定的输配电价。电力交易原则上采用顺价方式，即市场用户的用电价格由电能量价格、输配电价格、辅助服务费用、政府性基金及附加构成。暂不具备条件的地区应明确过渡期，尽快由价差方式转为顺价方式。

十、保障电力中长期合同签订工作落实

（一）建立合同签订进展跟踪机制。各地政府主管部门应会同国家能源局派出机构，及时向国家发展改革委、国家能源局报送中长期合同签订情况，反映有关问题，统筹做好中长期合同签订与电力现货衔接工作。电力交易机构要建立中长期交易跟踪机制，按月跟踪并向政府有关部门、监管机构报送各类市场主体电力中长期合同签订与履约情况，做好向市场主体的信息披露。

（二）完善合同签订工作保障机制。各地政府主管部门抓紧制定中长期交易方案，做好组织实施；电力交易机构按照交易规则和方案组织做好中长期市场运营组织工作；电力调度机构做好中长期交易安全校核、计划执行和偏差调整说明等工作；信用机构做好合同见签；市场主体应依法依规做好中长期合同签订和履约。各地政府主管部门应尊重市场主体意愿，严禁出现指定交易价格、交易规模和市场主体等影响市场公平竞争的行为，保障市场规范运行。

附件：各省级电网典型电力负荷曲线（略）

国家能源局关于2020年风电、光伏发电项目建设有关事项的通知

国家能源局2020年3月5日以国能发新能〔2020〕17号文印发《关于2020年风电、光伏发电项目建设有关事项的通知》，该“通知”全文如下。

为全面贯彻习近平总书记“四个革命、一个合作”能源安全新战略，建设清洁低碳、安全高效的能源体系，实现风电、光伏发电高质量发展，现就做好2020年度风电、光伏发电项目建设工作有关要求通

知如下：

一、省级能源主管部门要根据国家可再生能源发展“十三五”相关规划和本地区电网消纳能力，按照2020年风电和光伏发电项目建设工作方案要求，规范有序组织项目建设；严格落实监测预警要求，以电网消纳能力为依据合理安排新增核准（备案）项目规模；按月组织风电、光伏发电企业在国家可再生能源发电项目信息管理平台填报、更新核准（备案）、开工、在建、并网等项目信息；加大与国土、环保等部门的协调，推动降低非技术成本，为风电、光伏发电建设投资营造良好环境。

二、国家电网有限公司、南方电网公司、内蒙古电力公司要会同新能源消纳监测预警中心及时测算论证经营区域内各省级区域2020年风电、光伏发电新增消纳能力，报国家能源局复核后于3月底前对社会发布；做好新建风电、光伏发电项目与电力送出工程建设的衔接并落实消纳方案；发挥电网并网关口作用，严格按照规划和消纳能力合理安排项目并网时序。

三、风电、光伏发电投资企业要综合考虑项目所在地区可再生能源“十三五”相关规划执行情况、电网消纳能力等，理性投资，防范投资风险；按照核准（备案）文件要求，落实各项建设条件，有序组织项目开工建设；加强工程质量管控，确保建设安全和生产安全。

四、各派出机构要加强对辖区内风电、光伏发电规划落实、消纳能力论证、项目竞争配置、电网送出工程建设、项目并网消纳等事项的监管，及时向国家能源局报送有关情况。

请各有关单位按照上述要求，完善有关工作机制，切实做好风电、光伏发电项目建设有关工作，推动风电、光伏发电产业持续健康发展。具体要求详见附件1、2。

附件1

2020年风电项目建设方案

为推动风电建设稳中有进、稳中提质，促进风电持续健康发展，现就做好2020年风电建设管理工作有关要求通知如下。

一、积极推进平价上网项目建设。各省级能源主管部门按照《国家发展改革委 国家能源局关于积极推进风电、光伏发电无补贴平价上网有关工作的通知》（发改能源〔2019〕19号）有关要求，在落实电力送出和消纳等各项建设条件的基础上，积极组织、优先推进无补贴平价上网风电项目建设。重点支持已并网或在核准有效期、需国家财政补贴的风电项目自愿转为平价上网项目，执行平价上网项目支持政策。项目必须在2020年底前能够核准且开工建设。项目信息于2020年4月底前报我局并抄送所在地派出机构，我局将及时统计并适时公布。对2019年印发的第一批项目名单，如需调整一并报送。有关地方政府部门、电网企业积极做好平价上网项目支持政策落实工作。

二、有序推进需国家财政补贴项目建设。各省级能源主管部门要按照规划和消纳能力，有序规范组织需国家财政补贴的风电项目建设。《风电发展“十三五”规划》中各省级区域2020年规划并网目标减去2019年底已并网和已核准在有效期并承诺建设的风电项目规模（不包括平价上网风电项目和跨省跨区外送通道配置项目），为本省（区、市）2020年可安排需国家财政补贴项目的总规模，各省级能源主管部门要及时向社会公布剩余容量空间。其中，集中式陆上风电项目和海上风电项目按《风电项目竞争性配置指导方案（2019年版）》组织竞争性配置，分散式风电项目可不参与竞争性配置，按有关管理和技术要求由地方政府能源主管部门核准建设。对核准两年仍未开工也未按规定办理延期或不具备开工条件的项目，核准文件由项目核准机关依法予以撤销并向社会公布。积极发挥电网并网关口作用，严格按照规划和消纳能力合理安排项目并网时序。

三、积极支持分散式风电项目建设。鼓励各省（区、市）创新发展方式，积极推动分散式风电参与分布式发电市场化交易试点。各省级能源主管部门和派出机构要协调电网企业简化分散式风电项目并网申请程序，做好并网方案制定和咨询服务，并及时向社会公布配电网可接入容量信息。同时，积极落实项目核准承诺制，建立多部门联动机制，构建“一站式”服务体系，创新项目打包核准等管理模式。有关标准化管理机构要加快研究制定分散式风电设备、并网运行等方面的技术规范，尽快发布相关技术标准。

四、稳妥推进海上风电项目建设。有关省级能源主管部门要按照《风电发展“十三五”规划》和国家能源局审定批复的海上风电规划目标组织海上风电开发，并网容量、开工规模已超出规划目标的省份暂停2020年海上风电项目竞争性配置和核准工作。对照已公示的2020年底前可建成并网、2020年底前可开工建设、2021年底前可建成并网的三类项目清单，合理把握节奏和时序，有序组织建设。对规划为储备场址的，可做好开发论证，落实建设条件，做好在“十四五”期间有序开发建设的前期准备工作。

五、全面落实电力送出消纳条件。及时发布2020年风电投资监测预警结果。国家电网有限公司、南方电网公司、内蒙古电力公司会同新能源消纳监测预警中心及时测算论证经营区域内各省级区域 2020 年风电新增消纳能力，报国家能源局复核后对社会发布，引导开发企业理性投资，防范投资风险，促进合理布局。各省级能源主管部门会同各派出机构指导督促省级电网企业（包括省级政府管理的地方电网企业）做好新建风电项目与电力送出工程建设的衔接并落实消纳方案。

六、严格项目开发建设信息监测。严格执行可再生能源发电项目信息报送要求，各省级能源主管部门按月及时组织风电项目企业在国家可再生能源发电项目信息管理平台填报、更新核准、开工、在建、并网等项目信息。国家可再生能源信息管理中心建立与有关电网企业新能源发电项目信息平台共享机制，按季度统计各省项目开发建设信息，及时报送国家能源局，抄送相关派出机构，有关情况适时纳入风电投资监测预警指标体系。

七、认真落实放管服改革。国家能源局继续抓好风电行业“放管服”，积极发挥市场配置资源的决定性作用。各派出机构要加强对辖区内风电规划落实、消纳能力论证、项目竞争配置、电网送出工程建设、项目并网消纳等事项的监管，及时向国家能源局报送有关情况。地方能源主管部门要加大与国土、环保等部门的协调，推动降低非技术成本，为风电发展营造良好环境。

附件 2

2020 年光伏发电项目建设方案

为建设清洁低碳、安全高效的能源体系，促进光伏发电技术进步和成本降低，实现高质量发展，现就做好 2020 年光伏发电建设管理有关要求通知如下。

一、积极推进平价上网项目建设。积极支持、优先推进无补贴平价上网光伏发电项目建设，平价上网项目由各省级能源主管部门按照《国家发展改革委国家能源局关于积极推进风电、光伏发电无补贴平价上网有关工作的通知》（发改能源〔2019〕19 号）有关要求，在落实接网、消纳等条件基础上组织实施，项目信息于 2020 年 4 月底前报我局并抄送所在地派出机构，我局将及时统计并适时公布。项目应在 2020 年底前能够备案且开工建设。对 2019 年印发的第一批项目名单，如需调整一并报送。

二、合理确定需国家财政补贴项目竞争配置规模。需国家财政资金补贴的光伏发电项目按照《国家能源局关于 2019 年风电、光伏发电项目建设有关事项的通知》（国能发新能〔2019〕49 号）有关要求执行。

2020 年度新建光伏发电项目补贴预算总额度为 15 亿元。其中：5 亿元用于户用光伏，补贴竞价项目（包括集中式光伏电站和工商业分布式光伏项目）按 10 亿元补贴总额组织项目建设。竞争配置工作的总体思路、项目管理、竞争配置方法仍按照 2019 年光伏发电项目竞争配置工作方案实行。竞争指导价按照国家有关价格政策执行。

户用光伏纳入国家财政补贴范围的建设规模（即当年可安排的新增项目年度装机总量）按照年利用小时数 1000h 和国家有关价格政策测算并按照 50 万 kW 区间向下取整确定。当截至上月底的当年累计新增并网装机容量超过当年可安排的新增项目年度装机总量时，发布户用光伏信息时的当月最后一天为本年度可享受国家补贴政策的户用光伏并网截至时间。

三、全面落实电力送出消纳条件。各省级能源主管部门会同各派出机构指导省级电网企业（包括省级政府管理的地方电网企业），在充分考虑已并网项目和已备案项目的消纳需求基础上，做好新建光伏发电项目与电力送出工程建设的衔接并落实消纳方案。

四、时间安排与报送要求。请各省（区、市）能源主管部门按上述要求尽快组织开展相关工作，对企业自愿申报国家补贴项目进行审核等工作基础上，于 2020 年 6 月 15 日（含）前按相关要求将 2020 年拟新建的补贴竞价项目、申报上网电价及相关信息报送国家能源局。通过国家能源局门户网站（网址：http：//www. nea. gov. cn）登录国家可再生能源发电项目信息管理系统填报相关信息，并上传各项支持性文件。

五、加强后续监管工作。国家能源局各派出机构要加强对辖区内电网消纳能力论证、项目竞争配置、电网送出工程建设、项目并网和消纳等事项的监管，及时向国家能源局报送有关情况。地方能源主管部门要加大与国土、环保等部门的协调，推动降低非技术成本，为光伏发电发展营造良好环境。

国家能源局决定废止 100 件规范性文件

国家能源局 2020 年 4 月 10 日发布的 2020 年第 1 号公告指出：为深入贯彻落实国务院有关优化营商环境的要求，决定对 2019 年 11 月 8 日印发的 2019 年第 7 号公告进行订正。现予公告。

国家能源局公告（2019 年第 7 号）

为贯彻落实党中央国务院关于加强法治政府建设和推进简政放权、放管结合、优化服务的要求，营造良好营商环境，对国家能源局和原国家电力监管委员会印发的规范性文件进行了清理，决定废止文件100件，保留文件342件，并对原国家电力监管委员会印发的文件67件进行修订。现将废止的规范性文件目录、保留的规范性文件目录和拟修订的规范性文件目录予以公告。

附件：1. 国家能源局决定废止的规范性文件目录

2. 国家能源局决定保留的规范性文件目录（略）

3. 国家能源局拟修订的规范性文件目录（略）

国家能源局

2019年11月8日

附件1

国家能源局决定废止的规范性文件目录（100件）

序号	文件名称	文号
1	国家电力监管委员会办公厅关于印发《电力稽查工作的职责、法律依据和工作思路》的通知	办稽查〔2005〕37号
2	国家电力监管委员会关于跨地区电能交易价格监管有关事项的通知	电监价财〔2006〕6号
3	国家电力监管委员会办公厅关于印发电石铁合金焦化行业结构调整有关文件的通知	办稽查〔2006〕32号
4	国家电力监管委员会办公厅关于依法对部分涉铅企业采取停、限电措施的通知	办稽查〔2006〕76号
5	国家电力监管委员会办公厅关于加强火电厂贮灰场安全管理的紧急通知	办安全〔2006〕35号
6	国家电力监管委员会办公厅关于加强火电厂电除尘器安全管理的通知	办安全〔2006〕68号
7	国家电力监管委员会办公厅关于加强在建及运行电厂高温高压管道安全管理的通知	办安全〔2006〕69号
8	国家电力监管委员会办公厅关于加强冬季大负荷期间供电供暖安全工作的紧急通知	办安全〔2006〕77号
9	国家电力监管委员会办公厅关于转发认真学习贯彻《安全生产领域违法违纪行为政纪处分暂行规定》的通知	办安全〔2006〕80号
10	关于严格承装（修、试）电力设施市场准入的通知	电监资质〔2006〕45号
11	国家电力监管委员会办公厅关于加强电力安全突发事件信息报告工作的通知	办安全〔2007〕1号
12	国家电力监管委员会办公厅关于印发《国家电力监管委员会课题管理办法（试行）》的通知	办政法〔2007〕10号
13	关于开展承装（修、试）电力设施许可证使用情况及新建发电机组申领许可证情况检查工作的通知	办资质〔2007〕26号
14	关于电力业务许可证（发电类）变更工作有关事项的通知	办资质〔2007〕61号
15	关于进一步加强电力许可监督管理工作的指导意见	电监资质〔2008〕5号
16	国家电力监管委员会关于加强抢修电网工程质量和安全管理有关问题的紧急通知	电监发〔2008〕12号
17	国家电力监管委员会办公厅关于转发国务院办公厅关于进一步加强安全生产工作的通知	办安全〔2008〕23号
18	国家电力监管委员会关于印发《规范电力行业协会服务和收费行为专项治理工作方案》的通知	电监办〔2008〕40号
19	国家电力监管委员会关于印发《关于加强重要电力用户供电电源及自备应急电源配置监督管理的意见》的通知	电监安全〔2008〕43号
20	关于电力业务许可证（输、供电类）变更工作有关事项的通知	办资质〔2008〕55号
21	国家电力监管委员会办公厅关于贯彻落实国务院办公厅文件精神 切实做好学校及周边电力建设安全生产工作的紧急通知	办安全〔2008〕62号

续表

序号	文件名称	文号
22	国家电力监管委员会关于印发《水电站大坝安全监测工作管理办法》的通知	电监安全〔2009〕4号
23	国家电力监管委员会关于进一步做好电力稽查工作的意见	电监稽查〔2009〕9号
24	国家电力监管委员会办公厅关于进一步加强在建及运行电厂高温高压管道安全管理的通知	办安全〔2009〕11号
25	国家电力监管委员会办公厅关于进一步加强电力企业财务经营信息报送工作的通知	办价财〔2009〕35号
26	关于进一步加强资质管理工作的意见	电监资质〔2009〕48号
27	国家电力监管委员会办公厅关于印发《供电企业可靠性评价实施办法（试行）》的通知	办安全〔2010〕1号
28	国家电力监管委员会办公厅关于防范山火影响电力系统安全运行的通知	办安全函〔2010〕98号
29	国家电力监管委员会办公厅关于切实加强风电场安全监督管理 遏制大规模风电机组脱网事故的通知	办安全〔2011〕26号
30	国家电力监管委员会办公厅关于印发《电力安全生产标准化达标评级实施细则（试行）》的通知	办安全〔2011〕83号
31	关于进一步做好资质管理工作的通知	办资质〔2011〕87号
32	国家电力监管委员会办公厅关于做好电力安全信息报送工作的通知	办安全〔2012〕11号
33	国家电力监管委员会办公厅关于开展电力交易与市场秩序约谈约访工作的通知	办市场〔2011〕99号
34	国家电力监管委员会办公厅关于进一步健全监管工作机制的通知	电监办〔2012〕23号
35	国家电力监管委员会关于做好电力监管行政复议工作有关问题的通知	电监办〔2012〕34号
36	国家电力监管委员会办公厅关于防范山火影响电力系统安全稳定运行的通知	办安全〔2013〕55号
37	国家电力监管委员会办公厅关于加强电网运行管理防范大面积停电事故的紧急通知	办安全〔2012〕83号
38	国家电力监管委员会办公厅关于进一步规范现场检查行为的通知	办监察〔2012〕110号
39	国家电力监管委员会办公厅关于进一步加强电力监管国际合作交流的意见	办国际〔2012〕123号
40	国家电力监管委员会办公厅关于加强涉电重大突发事件研判预警和防范应对工作的通知	办发〔2013〕22号
41	国家能源局关于开展能源行业标准工作的通知	国能局科技〔2008〕64号
42	国家能源局关于印发《能源领域行业标准化管理办法（试行）》及实施细则的通知	国能局科技〔2009〕52号
43	国家能源局能源科技发展指南编制大纲和编制要求	国能科技〔2009〕190号
44	国家能源局关于印发《国家级能源科学技术进步奖励管理办法（试行）》的通知	国能科技〔2009〕341号
45	国家能源局关于规范风电建设和市场秩序的通知	国能新能〔2009〕218号
46	国家能源局关于印发AP1000核电技术装备自主化第二次工作会议工作部署的通知	国能科技〔2010〕240号
47	国家能源局综合司关于印发核电站关键仪表国产化第三次工作会议纪要和核电站关键仪表国产化实施方案的通知	国能综科技〔2011〕211号
48	国家能源局关于印发民用核安全设备无损检验人员考试大纲的通知	国能电力〔2011〕348号
49	国家能源局关于印发分散式接入风电项目开发建设指导意见的通知	国能新能〔2011〕374号
50	国家能源局关于印发电力工程质量监督体系调整方案的通知	国能电力〔2012〕306号

续表

序号	文件名称	文号
51	国家能源局关于发布核电重大专项项目（课题）验收管理制度等三个实施细则文件的通知	国能电力〔2012〕387号
52	国家能源局关于规范风电开发建设管理有关要求的通知	国能新能〔2012〕47号
53	国家能源局关于河北等省（区、市）已核准风电项目有关事项的通知	国能新能〔2012〕266号
54	国家能源局关于落实简政放权加强后续监管工作的若干意见（试行）	国能综合〔2013〕234号
55	国家能源局综合司关于电力安全生产标准化达标评级修订和补充的通知	国能综电安〔2013〕210号
56	国家能源局关于颁布2013版电力建设工程定额和费用计算规定的通知	国能电力〔2013〕289号
57	国家能源局综合司关于开展电力工程造价信息统计分析工作的通知	国能综监管〔2013〕334号
58	国家能源局关于试行农网还贷资金征收使用情况报告制度的通知	国能新能〔2013〕391号
59	国家能源局关于近期重点专项监管工作的通知	国能监管〔2013〕432号
60	国家能源局关于防范自然灾害影响进一步加强迎峰度夏期间安全生产工作的紧急通知	国能安全〔2013〕269号
61	国家能源局综合司关于开展电力工控PLC设备信息安全隐患排查及漏洞整改工作的通知	国能综安全〔2013〕387号
62	国家能源局综合司关于进一步做好脱硫脱硝除尘改造工程施工安全专项监管的通知	国能综安全〔2013〕653号
63	国家能源局 中国石油天然气集团公司 中国石油化工集团公司 中国海洋石油总公司关于配合做好油气监管工作的通知	国能科技〔2014〕52号
64	国家能源局关于印发《核电厂场内应急计划审批管理办法》的通知	国能核电〔2014〕414号
65	国家能源局综合司关于做好台风多发季节核电厂安全管理工作的通知	国能综核电〔2014〕433号
66	国家能源局综合司关于印发核电防台风安全检查报告的通知	国能综核电〔2014〕719号
67	国家能源局 环境保护部关于开展生物质成型燃料锅炉供热示范项目建设的通知	国能新能〔2014〕295号
68	国家能源局关于进一步落实分布式光伏发电有关政策的通知	国能新能〔2014〕406号
69	国家能源局关于做好春季防火工作保证电力系统安全稳定运行的通知	国能安全〔2014〕88号
70	国家能源局关于印发《新建电源接入电网监管暂行办法》的通知	国能监管〔2014〕107号
71	国家能源局综合司关于印发《电网企业相关负责人、安全生产管理人员及安全培训教师培训大纲和考核要求》的通知	国能综安全〔2014〕232号
72	国家能源局综合司关于印发《发电企业相关负责人、安全生产管理人员及安全培训教师培训大纲和考核要求》的通知	国能综安全〔2014〕233号
73	国家能源局综合司关于加强风电场安全管理防范风机火灾事故的通知	国能综安全〔2014〕260号
74	国家能源局综合司关于深刻吸取近期事故教训进一步加强电力建设工程施工安全工作的紧急通知	国能综安全〔2014〕392号
75	国家能源局综合司关于报送跨区跨省输电线路损耗数据的通知	国能综监管〔2014〕762号
76	国家能源局关于印发突破煤层气勘探开发行动计划的通知	国能煤炭〔2015〕34号
77	国家能源局综合司关于做好当期电力安全生产工作 坚决遏制电力事故发生的紧急通知	国能综安全〔2015〕115号
78	国家能源局综合司关于开展电力建设工程落实施工方案专项行动的通知	国能综安全〔2015〕163号
79	国家能源局综合司关于印发深入开展电力行业“六打六治”打非治违专项行动工作方案的通知	国能综安全〔2015〕433号

续表

序号	文件名称	文号
80	国家能源局综合司关于印发电力行业安全生产大检查工作方案的通知	国能综安全〔2015〕435号
81	国家能源局综合司关于深刻吸取天津“8·12”火灾爆炸事故教训认真做好当前安全生产工作的紧急通知	国能综安全〔2015〕466号
82	国家能源局综合司关于做好安全生产大检查深化“打非治违”和专项整治工作信息统计报送的通知	国能综安全〔2015〕497号
83	国家能源局综合司关于深刻吸取近期事故教训切实做好安全生产大检查和专项整治工作的通知	国能综安全〔2015〕507号
84	国家能源局综合司关于印发《大型先进压水堆及高温气冷堆核电站重大专项资金管理实施细则（试行）》的通知	国能综核电〔2016〕47号
85	国家能源局综合司关于贯彻落实中央领导同志指示批示精神加强汛期极端自然灾害应对工作的紧急通知	国能综安全〔2016〕283号
86	国家能源局综合司关于做好电网安全运行的紧急通知	国能综安全〔2016〕369号
87	国家能源局综合司关于进一步做好电力行业山洪和地质灾害防御工作的通知	国能综安全〔2016〕390号
88	国家能源局综合司关于切实做好当前能源安全生产工作的紧急通知	国能综安全〔2016〕450号
89	国家能源局综合司关于切实做好防灾避险和受灾群众转移安置电力保障工作的紧急通知	国能综安全〔2016〕487号
90	国家能源局综合司关于突出抓好当前电力安全生产工作的紧急通知	国能综安全〔2016〕496号
91	国家能源局综合司关于印发电力安全生产隐患排查治理专项行动方案的通知	国能综安全〔2016〕701号
92	国家能源局综合司关于深刻汲取事故教训 切实做好电力建设安全工作的紧急通知	国能综安全〔2016〕780号
93	国家能源局综合司关于废止《关于公布电力安全培训机构名单的通知》的通知	国能综安全〔2016〕929号
94	国家能源局综合司关于开展油气管道保护信息报送工作的通知	国能综字〔2017〕130号
95	国家能源局综合司关于开展强制性标准整合精简后续工作的通知	国能综科技〔2017〕126号
96	国家能源局综合司关于印发《2017年能源领域行业标准化工作要点》的通知	国能综科技〔2017〕216号
97	国家能源局综合司关于进一步加强电力安全生产监督管理 防范电力安全生产人身伤亡事故的通知	国能综通安全〔2017〕38号
98	国家能源局综合司关于调整全国电力安全生产委员会成员单位组成人员的通知	国能综安全〔2017〕119号
99	国家能源局综合司关于抓紧落实省级大面积停电事件应急预案编修及备案工作的函	国能综函安全〔2017〕237号
100	国家能源局综合司关于完善承装（修、试）电力设施许可管理“黑名单”退出机制等有关工作事项的通知	国能综通资质〔2017〕33号

国家能源局印发《2020年能源工作指导意见》

为全面落实党中央、国务院的决策部署，扎实做好“六稳”工作，落实好“六保”任务，在常态化疫情防控中做好能源发展改革工作，保障能源安全，推动能源高质量发展，国家能源局研究制定了《2020年能源工作指导意见》，并于2020年6月5日印发通知，予以发布。

2020年能源工作指导意见

2020年是全面建成小康社会和“十三五”规划收官之年，也是为“十四五”良好开局打下坚实基础的关键之年。为深入贯彻落实党中央、国务院关于统筹做好新冠肺炎疫情防控和经济社会发展的决策部署，顺应国内外发展环境和形势变化，妥善应对面临的问题和挑战，在常态化疫情防控中做好能源发展改革工作，保障能源安全，推动能源高质量发展，制定本指导意见。

一、总体要求

（一）指导思想

以习近平新时代中国特色社会主义思想为指导，坚持稳中求进工作总基调，深入践行新发展理念，遵循“四个革命、一个合作”能源安全新战略，坚决贯彻落实党中央、国务院决策部署，紧紧围绕“六稳”工作和“六保”任务，着力加强煤电油气产供储销衔接，保持能源产业链和供应链稳定；着力加大补短板、强弱项力度，提升能源安全底线保障能力；着力深化改革、扩大开放，增强创新驱动能力，培育壮大新产业新业态新模式，持续推动能源发展质量、效率和动力变革，为全面建成小康社会和建设现代化经济体系提供坚强能源保障。

（二）主要目标

2020 年主要预期目标如下：

能源消费。全国能源消费总量不超过 50 亿 t 标准煤。煤炭消费比重下降到 57.5%左右。

供应保障。石油产量约 1.93 亿 t，天然气产量约 1810 亿 m^3，非化石能源发电装机达到 9 亿 kW 左右。

质量效率。能源系统效率和风电、光伏发电等清洁能源利用率进一步提高。西部地区具备条件的煤电机组年底前完成超低排放改造。

惠民利民。新增清洁取暖面积 15 亿 m^2 左右，新增电能替代电量 1500 亿 kW·h左右，电能占终端能源消费比重达到 27%左右。光伏扶贫等能源扶贫工程持续推进，完成“三区三州”和抵边村寨农网改造升级。

改革创新。深入推进电力现货市场连续结算试运行，具备条件的地区正式运行。电网主辅分离改革进一步深化。完善油气勘查开采管理体制，健全油气管网运营机制。能源革命试点深入推进。稳妥有序推进能源关键技术装备攻关，推动储能、氢能技术进步与产业发展。

（三）政策取向

——坚持以保障能源安全为首要任务。增强忧患意识，强化底线思维，着眼能源发展面临的内外部环境变化和风险挑战，建立健全能源供需联动等工作机制，着力补强能源供应链的短板和弱项，抓紧抓实抓细保供措施，切实提高能源安全保障能力和风险管控应对能力。积极推动能源领域军民融合发展。

——坚持以惠民利民为根本宗旨。牢记初心使命，以满足人民群众美好生活需要为出发点和落脚点，深入推进贫困地区能源资源开发利用，加大民生用能基础设施投入，加快能源惠民利民工程建设，推动能源公共服务向农村延伸、向贫困地区延伸，统筹做好能源领域脱贫攻坚和乡村振兴各项工作。严格执行阶段性降电价、气价政策，降低社会用能成本。

——坚持以清洁低碳为发展目标。牢固树立绿水青山就是金山银山的理念，坚持清洁低碳战略方向不动摇，加快化石能源清洁高效利用，大力推动非化石能源发展，持续扩大清洁能源消费占比，推动能源绿色低碳转型。

——坚持以质量效益为主攻方向。持续深化能源供给侧结构性改革，优化存量资源配置，扩大优质增量供给，集中力量突破能源技术装备短板，推动能源改革不断取得新进展，持续提升能源系统质量和运行效率。

二、全力以赴，做好疫情防控能源供应保障

抓紧抓实抓细保供措施。建立健全重点突出、涵盖全国、运转高效的能源供给保障体系，支撑经济社会秩序全面恢复。密切关注煤炭供需变化，及时组织产运调度，确保港口、电厂库存保持在合理水平。优化电网调度运行，重点满足民生、医疗和应急物资生产企业等用电需求。妥善应对油气市场形势变化，保持油气产供储销衔接有序、供应稳定。

密切跟踪供需形势变化。进一步完善能源统计、信息共享、分析会商等工作机制。密切关注境外疫情对全球和我国能源供应链产业链的影响，加强能源监测预测预警，早做预案，适时启动分级动用和应急响应机制。建立能源形势监测日报制度，监测全国和重点地区煤电油气供需变化，重点关注苗头性、倾向性、潜在性问题，及早应对，妥善解决。

压实保供和安全生产责任。严格落实能源保供属地责任，加强组织协调，推动解决能源供应问题，保障可供能源资源充足稳定。密切关注能源企业经营情况，针对行业反映集中、影响较大的问题，适时研究出台支持政策措施予以有效解决。落实企业安全生产主体责任，积极采取针对性防控措施，避免发生影响能源安全的重大事故。组织能源企业做好高峰时段用能供应保障预案。

三、多措并举，增强油气安全保障能力

加大油气勘探开发力度。大力提升油气勘探开发力度保障能源安全，狠抓主要目标任务落地，进一步巩固增储上产良好态势。重点做大渤海湾、四川、新疆、鄂尔多斯四大油气上产基地，推动常规天然气产

量稳步增加，页岩气、煤层气较快发展。探索湖北宜昌等地区页岩气商业化开发。加快推进煤层气（煤矿瓦斯）规模化开发利用，落实低产井改造方案。推动吉木萨尔等页岩油项目开发取得突破。

加快天然气产供储销体系建设。加快管网和储气设施建设，补强天然气互联互通和重点地区输送能力短板，加快形成“全国一张网”。压实上游供气企业和国家管网公司储气责任，加快储气库基地及储气设施重点项目建设。有序推进液化天然气（LNG）长期协议落实和现货采购。健全项目用海、用地、环评等协调机制，积极创造条件推动项目建设。

专栏一：油气储运重点工程

在建油气管道重点工程：中俄东线中段、新疆煤制气外输管道（潜江—郴州段）、神木—安平煤层气管道、青宁天然气管道等；日照—濮阳—洛阳原油管道等；唐山 LNG 外输管线（宝坻—永清）、粤东 LNG 项目一期配套管线等；部分区域管网及互联互通管道等。

在建储气库重点工程：雷 61、双台子储气库群、吉林双坨子储气库、大庆四站、西南相国寺储气库（扩容达产）、呼图壁储气库（扩容达产）、苏桥储气库（扩容达产）、驴驹河储气库、中石油文 23 储气库、苏东 39-61 储气库、中原文 23 储气库等。

在建 LNG 接收站重点工程：广西北海、浙江二期、唐山三期等。

增强油气替代能力。有序推进国家规划内的内蒙古、新疆、陕西、贵州等地区煤制油气示范项目建设，做好相关项目前期工作。健全燃料乙醇政策体系，稳妥扩大生物燃料乙醇生产和车用乙醇汽油推广使用。启动生物天然气项目建设，研究加大政策支持力度，推动生物天然气产业化发展。

专栏二：煤制油气重点项目

在建项目：伊泰鄂尔多斯 200 万 t/年煤炭间接液化示范项目、伊泰伊犁 100 万 t/年煤炭间接液化示范项目、内蒙古汇能 16 亿 m^3/年煤制天然气项目（二期工程）。

前期工作项目：兖矿集团榆林 400 万 t/年煤炭间接液化项目、贵州渝富毕节（纳雍）200 万 t/年煤炭间接液化示范项目、内蒙古华星 40 亿 m^3/年煤制天然气示范项目。

四、深化供给侧结构性改革，不断提升能源发展质量

优化煤炭煤电产能结构。坚持煤炭产能置换长效机制，不断完善产能置换政策。推动煤炭行业“上大压小、增优减劣”，落实年产能 30 万 t 以下煤矿分类处置工作方案，加快淘汰落后煤矿产能。按照煤炭发展规划和产业政策，有序建设大型现代化煤矿，推动释放煤炭先进产能。统筹推进现役煤电机组超低排放和节能改造，西部地区具备条件的机组年底前完成超低排放改造。在确保电力、热力供应的基础上，继续淘汰关停不达标的落后煤电机组。从严控制、按需推动煤电项目建设。

推动煤炭绿色开发利用。继续实施煤矿安全技术改造，推进煤矿智能化发展，加强矿区瓦斯、煤矸石、煤泥等煤炭开采伴生资源综合利用，发展矿区循环经济。推进散煤治理和煤炭清洁化利用，着力提高电煤消费比重。研究完善煤炭绿色开发政策措施，推广应用绿色开采技术，进一步提高原煤入选比例，促进资源开发与生态环境保护协调发展。

提升电网安全和智能化水平。有序建设跨省跨区输电通道重点工程，合理配套送出电源，优化调度，提高通道运行效率和非化石能源发电输送占比。调整优化区域主网架建设规划，加快重点工程建设，提升电力供应保障能力。推进长三角、粤港澳大湾区、深圳社会主义先行示范区、海南自贸区（港）等区域智能电网建设。加强充电基础设施建设，提升新能源汽车充电保障能力。增强系统储备调节能力。积极推进抽水蓄能电站建设和煤电灵活性改造。加强需求侧管理，充分挖掘用户端调节潜力。完善电力系统调峰、调频等辅助服务市场机制和煤电机组深度调峰补偿机制。

提高炼油行业发展质量。研究建立炼油行业“能效领跑者”机制，促进节能技术创新及推广应用。建立健全全国炼油行业综合信息监测系统，加强数据分析评估，引导行业健康发展。着力化解炼油产能过剩风险，稳步提升产能利用率。

五、壮大清洁能源产业，推进能源结构转型

持续发展非化石能源。落实《关于 2020 年风电、光伏项目建设有关事项的通知》，保持风电、光伏发电合理规模和发展节奏。有序推进集中式风电、光伏和海上风电建设，加快中东部和南方地区分布式光伏、分散式风电发展。积极推进风电、光伏发电平价上网。积极稳妥发展水电，启动雅砻江、黄河上游、乌江及

红水河等水电规划调整，加快龙头水库建设。安全发展核电，稳妥推进项目建设和核能综合利用等。

提高清洁能源利用水平。明确2020年各省（区、市）可再生能源电力消纳责任权重。鼓励可再生能源就近开发利用，进一步提高利用率。完善流域水电综合监测体系，开展重点流域水能利用情况预测预警。继续落实好保障核电安全消纳暂行办法，促进核电满发多发。

专栏三：水电、核电重大工程
在建水电项目：金沙江乌东德、白鹤滩，雅砻江两河口，大渡河双江口等水电站。 前期工作水电项目：金沙江旭龙等水电站。 在建核电项目：高温气冷堆示范工程，红沿河（5、6号），福清（5、6号），田湾（5、6号），防城港红沙（3、4号），漳州（1、2号），惠州（1、2号）等。

六、突出重点，强化能源民生服务保障

助力打赢脱贫攻坚战。坚决落实能源行业扶贫责任，大力支持贫困地区能源资源开发，促进资源优势尽快转化为经济发展优势。狠抓民生工程，集中力量推进“三区三州”、抵边村寨农村电网改造攻坚，确保上半年完成。加强对农村电网建设的监测评价，提高农村电力服务水平。配合国务院扶贫办做好光伏扶贫“收口”工作，开展集中式光伏扶贫电站验收评估。

稳妥推进北方地区清洁取暖。提前部署2020～2021年取暖季清洁取暖工作，统筹能源供应和配套设施建设，明确各地年度目标任务和实施进度，确保按期完成。坚持“以气定改、先立后破”，压实地方政府和企业责任，稳步推进北方重点地区“煤改气”工作。量力而行、尽力而为，因地制宜选择清洁供暖技术路线，支持发展背压式热电联产供暖，积极推动风电、地热能、生物质能技术应用。研究完善清洁取暖支持政策，建立健全长效机制。探索推动分户计量供热，加强建筑保暖和节能，营造节约用能社会新风尚。

降低社会用能成本。落实阶段性降电价政策，采取“支持性两部制电价”，降低企业用电成本。阶段性降低非居民用气成本，以基准门站价格为基础适当下浮。加快推广北京、上海等地“获得电力”典型经验，持续优化我国用电营商环境。

七、促创新补短板，培育增强新动能

加大能源技术装备短板攻关力度。加强能源技术创新平台建设，组织评选一批首台（套）重大技术装备并推进示范。加强组织协调、资源配置、政策保障和评估调整，确保各项技术装备短板“攻关有主体、落地有项目、进度可追踪”。

专栏四：科技创新重点任务
实施燃气轮机自主创新发展示范项目。 依托示范项目建设，推动火电DCS控制系统、特高压交直流套管、超超临界发电机组高温材料、大功率电力电子器件等自主创新示范应用。结合大力提升油气勘探开发力度、天然气互联互通重点工程设备保障等工作，推动深水和非常规油气、天然气长输管线和LNG接收站等领域技术装备短板攻关和示范应用。

加大储能发展力度。研究实施促进储能技术与产业发展的政策，开展储能示范项目征集与评选，积极探索储能应用于可再生能源消纳、电力辅助服务、分布式电力和微电网等技术模式和商业模式，建立健全储能标准体系和信息化平台。

推动新技术产业化发展。制定实施氢能产业发展规划，组织开展关键技术装备攻关，积极推动应用示范。继续做好“互联网+”智慧能源试点验收工作。加强国家能源研发中心日常管理和考核评价。积极探索区块链等新兴技术在能源领域的融合应用。

八、完善能源治理体系，提高治理效能

抓好能源规划编制实施。深入推进能源“十三五”规划实施，确保各项约束性指标如期完成，预期性指标保持在合理区间。按照“十四五”能源规划工作安排，结合疫情对能源供需形势的影响，尽快研究编制“十四五”综合能源规划、分领域能源规划和重点区域发展规划，做好国家规划和省级规划的统筹衔接。

深入推进能源体制机制改革。抓好山西能源革命综合改革试点和海南能源综合改革。有序推动电网企业辅业市场化改革。推动电力交易机构独立规范运行，优化电力调度、交易机构间的工作协调机制。稳步推进电力中长期、现货、辅助服务市场建设，健全清洁能源消纳市场化机制。深化输配电价改革，完善增量配电价格形成机制。健全油气管网运营机制，完善主干管网与地方管网统筹协调发展长效机制，推动管网设施公平开放。进一步推进非居民用气价格市场化。

持续推进能源法治建设。加快《能源法》立法进程。研究制修订《电力法》《煤炭法》，以及《核电管理条例》《能源监管条例》《天然气管理条例》《国家石油储备条例》等一批法律法规。推进能源普法工作，全面提升依法行政水平。

健全完善能源行业标准体系。围绕能源转型变革需求，聚焦关键技术标准，强化标准制修订及实施。加强标准化管理工作，研究组建页岩油、电力气象应用、综合能源服务等领域标准化技术组织，稳步推进标准国际化。研究推动标准化信息管理平台建设，着力提升标准化工作质量和效率。

强化能源行业和市场监管。加强对国家能源规划、政策、重大项目落实情况的监管。加大电力市场准入、电力调度、市场交易、价格成本、油气管网设施公平开放监管力度，持续优化营商环境。加大能源行政执法力度，推进能源行业信用体系建设，探索构建以信用为基础的新型能源监管机制，严肃查处违法违规行为，有效维护市场秩序。

加强电力安全生产监管。巩固“齐抓共管”既有成果，建立电力企业安全生产情况排序公布制度和典型事故分析通报制度。制定实施《电力建设工程施工安全五年行动计划》，进一步加强施工安全和工程质量监督管理。制定实施《电力安全文化建设指导意见》，推动建立教育培训体系。强化发电机组并网安全性评价，推进安全生产标准化建设。加强水电站大坝重大工程缺陷和事故隐患治理。防范化解特高压输电安全隐患，开展电力行业网络安全责任暨电力监控系统安全防护落实情况专项监管。做好重大活动保电工作，加强突发事件应对处置。

九、加强能源国际合作，拓展开放发展新空间

推进产能合作和设施联通。坚持“开放、绿色、廉洁”和“高标准、惠民生、可持续”发展理念，推动“一带一路”能源合作。深化能源基础设施互联互通。

深化技术合作与政策协调。深化高效低成本新能源发电、先进核电、清洁高效燃煤发电等先进技术合作。发挥各地区位优势，深化区域和次区域合作，加强与能源国际组织交流合作，加强联合研究，拓展对外培训交流。

防范化解重大风险。根据疫情防控和全球能源供需形势变化，加强国际能源市场分析和预测，适时研究提出应对举措，化解重大风险，维护投资整体安全。

各省（区、市）能源主管部门和有关能源企业，要依据本指导意见，结合本地区和企业的实际情况，采取有力有效措施，全力抓好各项任务落实，推动能源高质量发展，为全面建成小康社会提供稳定可靠的能源保障。

国家能源局关于进一步明确电力建设工程质量监督机构业务工作的通知

国家能源局 2020 年 6 月 15 日印发“关于进一步明确电力建设工程质量监督机构业务工作的通知”，该“通知”全文如下。

各派出机构，全国电力安委会各企业成员单位，水电水利规划设计总院，中国电力企业联合会，各电力建设工程质量监督机构，各有关单位：

为进一步完善电力建设工程质量监督体系，保证电力工程质量，我局对各电力建设工程质量监督机构（简称电力质监机构）业务范围进行了优化调整，有关事项通知如下。

一、电力质监机构业务范围

建立“专业质监站＋质监中心站”的电力质监机构体系。国家能源局电力可靠性管理和工程质量监督中心（简称可靠性和质监中心）受国家能源局委托，负责全国电力质监机构业务指导和监督工作。

（一）专业质监站

1. 电力工程质量监督站。设在中国电力企业联合会，负责国家电力试验示范工程、跨区域电网工程质监工作，兜底负责全国火电工程、农林生物质发电工程、太阳能热发电工程质监工作（内蒙古区域和中国华能投资的工程除外）。

2. 可再生能源发电工程质量监督站。设在水电水利规划设计总院，负责国务院或国务院投资主管部门审批、核准的水电工程质监工作，兜底负责全国水电工程质监工作，兜底负责风力、光伏发电工程和电源、电网侧储能电站质监工作（内蒙古区域和中国华能投资的工程除外），可承担农林生物质、太阳能热发电工程质监工作。

3. 核电中心站更名为核电常规岛工程质量监督站。设在中国核工业集团有限公司，负责全国核电（核岛除外）工程质监工作。

（二）质监中心站

1. 南方电力建设工程质量监督中心站。设在中国南方电网有限责任公司，负责南方电网区域内跨省电网工程质监工作。

2. 省电力建设工程质量监督中心站。设在国家电网有限公司各省级电力公司和中国南方电网有限责任公司各省级电力公司，负责辖区内电网工程质监工作，可承担火力发电工程和风力、光

伏、农林生物质、太阳能热发电等可再生能源工程质监工作。

3. 内蒙古电力建设工程质量监督中心站。设在内蒙古电力（集团）有限责任公司，负责蒙西区域内电网工程和内蒙古区域内电源工程质监工作（水电、核电工程和中国华能投资的工程除外）。

4. 华能电力建设工程质量监督中心站。设在中国华能集团有限公司，负责中国华能投资的电源工程质监工作（水电、核电工程除外）。

5. 贵州水电工程质量监督站。设在中国电建集团贵阳勘测设计研究院有限公司，受贵州省能源局委托，负责贵州省能源局审批、核准或备案的水电等工程质监工作。

二、有关要求

（一）各电力质监机构应加强能力建设，保证质监工作的正常开展，不得拒绝本机构业务范围内符合质监条件的电力建设工程质监申请，不得将质监工作委托给其他质监机构实施，开展质监工作不得收取质监费用。未经核准（审批、备案）的电力建设工程，电力质监机构不得受理其质监申请。未通过电力质监机构监督检查的电力建设工程，不得投入运行。

（二）2020 年 7 月 1 日至 2020 年 12 月 31 日为过渡期。过渡期内，对于实施质监工作确有困难的电力建设工程，专业质监站可申请并经可靠性和质监中心审核同意后，由原业务范围确定的质监中心站实施质监工作。过渡期后，各电力质监机构严格按本通知明确的业务范围实施质监工作。

（三）本通知自 2020 年 7 月 1 日起执行，已完成质监注册的电力建设工程仍由受理质监注册的原电力质监机构负责质监工作。

（四）2020 年 7 月 1 日前，各电力质监机构将举办单位名称和本单位名称、主要负责人、法定代表人、当前业务范围、专职质监管理人员数量等信息书面报送国家能源局电力安全监管司。

国家能源局印发《电力安全文化建设指导意见》

为深入贯彻落实党中央、国务院关于安全生产工作的各项决策部署，提升广大电力员工的安全文化素养，营造电力行业和谐守规的安全文化氛围，国家能源局制定了《电力安全文化建设指导意见》，并于 2020 年 7 月 1 日以国能发安全〔2020〕36 号文印发。该“意见”，全文如下。

电力安全文化建设指导意见

为深入贯彻落实党中央、国务院关于安全生产工作的各项决策部署，提升广大电力员工的安全文化素养，营造电力行业和谐守规的电力安全文化氛围，特制定本指导意见。

一、指导思想、基本原则和主要目标

（一）指导思想

以习近平新时代中国特色社会主义思想为指导，以总体国家安全观和能源安全新战略为指引，全面贯彻落实党中央、国务院关于安全生产工作的决策部署，牢固树立安全发展理念，秉承“安全是文化”的思路，以强化安全意识、规范安全行为、提升防范能力、养成安全习惯为目标，创新载体、注重实效，推动构建自我约束、持续改进的安全文化建设长效机制，全面提升电力行业安全文化建设水平，充分发挥安全文化的引领作用，全力打造和谐守规的电力安全文化。

（二）基本原则

全面系统。从行业监管、属地管理、企业管理和员工教育培训等方面入手，全面推进文化建设，通过加强法制建设、强化责任落实、完善标准规范、创新技术措施、保障安全投入等手段，形成系统合力。

开放包容。传承弘扬优秀文化，学习借鉴新兴文化，促进文化交流融合，广泛吸纳新思想、新观念、新技术，结合实际、取长补短，为电力安全文化建设注入新动力。

整体协同。凝聚政府、企业、协会以及社会各界力量，形成安全文化建设联动机制，实现政府引导、企业自律、社会参与、员工全覆盖的电力安全文化建设格局。

形式多样。创新宣传形式，丰富传播载体，结合行业、地域、企业实际，因地制宜，打造电力安全文化，建立长效机制，形成品牌效应。

（三）主要目标

行业层面：通过开展电力安全文化建设，促进电力行业安全生产形势持续稳定向好，确保电力系统安全稳定运行和电力可靠供应。

企业层面：逐步建立电力安全文化建设责任体系、培训教育体系、管理监督体系、考核评价体系等，把安全文化作为企业文化的一项重要内容，为企业安全生产奠定基础。

员工层面：通过宣传教育、学习培训，使安全理念转化为行动自觉，使安全技能得到有效提升，充分发挥安全文化的引领、凝聚、辐射作用，为家庭幸福和社会和谐提供保障。

通过开展电力安全文化建设，使和谐守规的电力安全文化深入人心，电力安全文化体系日趋完善，电力员工安全文化素养稳步提升。

二、实施路径

（一）重点工程

1. 电力安全文化体系建设工程。坚持习近平新时代中国特色社会主义思想，坚持社会主义核心价值观，提出符合新时代鲜明特征、符合电力行业发展实际的安全文化理念和载体。

2. 电力安全文化组织机构建设工程。根据发展战略、工作实际和员工需求，推动完善行业、企业、社会等层面的电力安全文化组织机构，实施安全文化建设、评估、宣传等工作。

3. 电力安全文化传播体系建设工程。搭建传播平台，完善交流机制，促进安全文化融合与创新，积极拓展国际交流通道，让先进安全文化“走进来”，也推动优秀安全文化“走出去”。

4. 电力安全文化产业发展机制建设工程。鼓励创建安全文化示范基地，引导社会资本推动安全文化产业化发展，依托大数据、云计算、区块链等新技术，孵化安全文化创新产品，促进成果转化。

5. 电力安全文化教育培训体系建设工程。凝聚专业机构力量，加强安全文化专业人才培养；推动安全文化智库建设，加强电力安全文化理论研究；构建学习交流平台，健全教育培训机制。

6. 电力安全文化建设品牌企业创建完善工程。探索建立电力安全文化建设评价标准和管理办法，鼓励电力企业打造一批安全文化建设品牌，树立行业标杆，创建安全品牌。

（二）主要任务

1. 构建电力安全文化体系。鼓励电力企业制定安全文化建设基本规范，以和谐守规为核心探索电力安全文化体系建设发展路径，健全完善安全理念、制度、行为文化及评价体系等。

2. 加强电力安全文化建设保障。鼓励电力企业设立专门的组织机构和保障必要的经费，按照统筹规划、自上而下、整体推进的模式开展安全文化建设工作。

3. 开展电力安全文化建设评估。推动建立融合企业安全生产、人才培养、可靠性管理等指标的安全文化发展指数，鼓励建立安全文化监督评估机制，出台评估标准，提高评估质量。

4. 开展电力安全文化建设交流。征集电力安全文化建设先进经验和优秀成果，组织专家系统梳理研究、总结推广，搭建电力安全文化交流平台，助力电力企业安全文化建设。

5. 开展电力安全文化宣传教育。以主题宣讲、知识竞赛、文艺创作、文化论坛、榜样选树、阵地建设、警示教育等为载体，广泛开展宣传教育、学习培训，推动电力安全文化发展。

6. 强化电力安全文化技术支撑。充分挖掘 5G、区块链等前沿技术，汇集安全文化制度数据库、教育数据库，畅通分享渠道，优化安全文化生态环境，打造电力安全文化大数据平台。

7. 加强电力安全线上培训。发挥新媒体传播优势，建立电力安全文化培训云课堂，为广大员工提供内容具体、形象生动的精品课程，有效利用“排行榜”等手段，激发学习热情。

8. 建设电力安全文化信用体系。明确信用体系的内容维度、衡量标准和应用范围，通过社会舆论、价值取向、道德评判、信息共享等方式规范信用活动，探索建立电力安全文化信用机制。

9. 加快电力安全文化成果孵化。推动建设一批专业化程度高、科技创新力强的电力安全文化产业基地，完善激励政策，促进产业优化与成果转化。

10. 促进电力安全文化资金投入。鼓励电力企业通过设立安全文化公益基金等形式，充分调动各方资源，引导社会力量广泛关注和积极参与，着力提升全行业安全文化管理能力和创新能力。

三、保障措施

（一）加强组织领导。高度重视电力安全文化建设工作，可根据工作需要设置组织机构，制定总体目标和具体措施，将安全文化建设与生产经营工作同部署、同推进。

（二）加强资金保障。拓宽投入渠道，形成行业、企业和社会共同支持的多元化投入机制，为安全文化发展提供必要的经费保障，确保安全文化研究、教育、传播活动有序进行。

（三）加强宣传引导。对电力安全文化建设进行不定期主题宣传、典型宣传，保持全社会对于安全文化的“关注度”，营造和谐守规的电力安全良好氛围。

国家能源局关于印发对取消和下放行政审批事项加强后续监管的指导意见（2020 年版）的通知

国家能源局 2020 年 8 月 24 日以国能发法改〔2020〕42 号文印发“关于对取消和下放行政审批事项加强后续监管的指导意见（2020 年版）的通知”，通知指出，《国家能源局关于对取消和下放行政审批事项加强后续监管的指导意见（2020 年版）》已经局长办公会议审议通过，现印发你们，请遵照执行。《国家能源局关于对取消和下放行政审批事项加强后续监管的指导意见》（国能法改〔2015〕188 号）同时废止。该“通知”全文如下。

关于对取消和下放行政审批事项加强后续监管的指导意见（2020 年版）

为深入贯彻落实党中央、国务院“放管服”改革决策部署，围绕《优化营商环境条例》《国务院关于加强和规范事中事后监管的指导意见》（国发〔2019〕18 号）和《国家能源局进一步加强和规范能源监管工作的意见》（国能发监管〔2019〕83 号），促进能源行业高质量发展，现就能源领域取消和下放行政审批事项进一步加强后续监管提出如下意见。

一、总体要求

以习近平新时代中国特色社会主义思想为指导，全面贯彻党的十九大和十九届二中、三中、四中全会精神，按照党中央、国务院决策部署，牢固树立新发展理念，促进能源行业高质量发展，持续深化能源领域“放管服”改革，坚持放管结合、并重，落实监管责任，健全监管规则，创新监管方式，加快构建权责明确、公平公正、公开透明、简约高效的事中事后监管体系。

二、基本原则

（一）依法监管。坚持权责法定、依法行政，严格按照法律法规规定履行监管责任，规范监管行为，推进事中事后监管法治化、制度化、规范化。省级能源主管部门（或省级投资项目核准备案机关）依法对承接的能源行政审批事项进行核准。

（二）公平公正。对各类市场主体一视同仁，坚决破除妨碍公平竞争的体制机制障碍，依法保护各类市场主体合法权益，确保权利公平、机会公平、规则公平。

（三）公开透明。坚持以公开为常态、不公开为例外，全面推进政府监管规则、标准、过程、结果等依法公开，让监管执法在阳光下运行，给市场主体以稳定预期。

（四）协同监管。建立国家能源局与派出机构、省级能源主管部门（或省级投资项目核准备案机关）之间上下联动、横向协同、相互配合的监管机制。积极探索规划、政策、规则、监管“四位一体”的能源管理新机制，切实提高监管效率。

三、明确监管任务

（一）加快制定完善能源规划和政策。对已明确的取消下放审批事项，国家能源局要根据国家能源战略和国家综合能源规划，抓紧制定完善有关发展规划、产业政策、总量控制目标和技术政策。省级能源主管部门（或省级投资项目核准备案机关）核准属于下放事项的能源项目，应当符合国家能源规划确定的总量规模，以及国家有关产业政策。

（二）健全监管规则和标准。国家能源局要围绕服务能源企业发展，分领域制订全国统一、简明易行的监管规则和标准，并向社会公开，以科学合理的规则标准提升监管有效性，降低执法成本。加快建立完善国家标准和行业标准，及时修订调整已有标准，加快新产业新业态标准的研究制定，严格依照标准开展监管。

（三）加强对取消审批事项的分类监管。对于取消的能源审批事项要加强分类指导，落实《国家能源局取消行政审批事项后续监管措施（2020 年版）》（见附件 2）明确的各项监管措施；改为备案制的，国家能源局要提出总体要求，明确备案范围、办理依据、申报材料、办理方式、办理时限和流程图等。对未依法将项目信息或者已备案项目信息变更情况告知备案机关的，要依法予以查处。

（四）强化对下放审批事项的重点监管。国家能源局及派出机构要落实《国家能源局下放行政审批事项后续监管措施（2020 年版）》（见附件 1）确定的各项监管措施，加大对下放审批事项涉及的规划、计划、政策、总量控制目标执行情况的监管力度。派出机构针对辖区内存在的典型问题，适时组织开展重点监管，确保市场运行公平。

四、完善监管措施

（一）依托在线系统加强非现场监管。省级能源主管部门（或省级投资项目核准备案机关）办理取消下放审批项目的核准或备案，都要依托全国投资项目在线审批监管平台进行。省级能源主管部门（或省级投资项目核准备案机关）定期汇总项目进展情况信息，并与国家能源局在线办事系统和派出机构信息系统相衔接。国家能源局相关职能司要依托国家发展改革委、国家能源局在线办事系统，及时汇集项目核准和建设的相关信息。

（二）因地制宜抓好有关专项监管。国家能源局牵头负责对规划、政策、标准、项目等落实情况的监督检查。针对特定地区、特定政策执行中的突出问题，组织派出机构或地方有关部门开展行业专项监管。

（三）创新监管方式提升服务水平。根据各地探索实践和能源监管工作实际，不断创新监管方式。国家能源局和省级能源主管部门（或省级投资项目核准备案机关）要依托国家“互联网＋监管”系统，加强监管信息归集共享，充分运用大数据等技术，加强对风险的跟踪预警。全面实施“双随机、一公开”监管，除特殊行业、重点领域外，原则上所有日常涉企行政检查都应通过“双随机、一公开”的方式进行。

（四）发布监管报告提升监管效力。国家能源局及派出机构要将取消下放审批事项的有关信息纳入日常信息报送系统，定期发布监管报告，及时准确地反映能源规划、政策落实情况及存在的问题，依法提出意见建议，并通过国家能源局门户网站等形式公开。

五、加强组织领导

（一）强化组织协调。国家能源局相关职能司、各派出机构、相关直属事业单位和省级能源主管部门（或省级投资项目核准备案机关）要高度重视，提高认识，把思想统一到党中央、国务院关于“放管服”改革各项要求上来，各司其职，形成合力，确保各项监管工作落实到位。要加强部门联动、政策联动和业务联动，协同发力，充分发挥整体工作效能。

（二）抓好责任落实。各单位要切实负起责任，按照本意见提出的各项措施和要求，落实和强化监管责任，细化实化监管措施，切实维护公平竞争秩序。

（三）加强监管能力建设。加快建设高素质、职业化、专业化的监管执法队伍，扎实做好技能提升工作，大力培育“一专多能”的监管执法人员。继续推进装备标准化建设，提高现代科技手段在执法办案中的应用水平。

本指导意见自发布之日起施行，有效期5年。

附件：1. 国家能源局下放行政审批事项后续监管措施（2020年版）（略）

2. 国家能源局取消行政审批事项后续监管措施（2020年版）（略）

国家能源局、国家标准化管理委员会关于加快能源领域新型标准体系建设的指导意见

国家能源局、国家标准化管理委员会2020年9月29日以国能发科技〔2020〕54号文，印发《关于加快能源领域新型标准体系建设的指导意见》，该“意见”全文如下。

持续深化能源标准化工作改革，建立政府主导制定的标准与市场自主制定的标准协同发展、协调配套的新型标准体系，是推动能源高质量发展的重要举措。近年来，能源领域新型标准体系建设取得显著进展，但依然存在着各级政府推荐性标准界限不清，行业标准聚焦支撑能源主管部门履行行政管理、提供公共服务的公益属性不够突出，团体标准的发展空间和活力有待进一步释放等问题。为落实国务院标准化协调推进部际联席会议精神和《关于进一步加强行业标准管理的指导意见》，加快能源领域新型标准体系建设，推进能源治理体系和治理能力现代化，支撑引领能源高质量发展，根据《中华人民共和国标准化法》等有关法律法规和能源标准化工作实际，现提出以下意见。

一、明确目标导向，深化能源标准化工作改革

（一）能源领域新型标准体系建设及标准制修订要按照需求导向、先进适用、急用先行的原则，紧密围绕落实“四个革命、一个合作”能源安全新战略和构建清洁低碳、安全高效能源体系的需要，系统梳理现有标准并科学谋划应有和预计制定标准的蓝图，加快健全能源新兴领域的标准，提升能源传统领域的标准，积极推进标准国际化，切实发挥标准在推动能源高质量发展中的支撑和引领作用。

（二）深入贯彻标准化工作改革精神，找准政府与市场在能源标准化工作中的角色定位，厘清政府主导制定的标准与市场自主制定的标准范围。坚持目标导向、问题导向和结果导向，紧密结合电力、核电、煤炭、油气、新能源与可再生能源、电工装备等行业发展及标准化实际，因行施策、因业制宜，科学确定本领域新型标准体系的范围、边界及标准层级，持续推进标准体系优化。

二、厘清标准定位，科学谋划能源标准体系层级结构

（三）突出保安全、兜底限的定位，将能源行业执行的强制性标准严格限定在保障人身健康和生命财产安全、国家安全、生态环境安全和满足社会经济管理基本需要的技术要求范围之内，主要包括电力安全、石油产品和涉及能源的环保、能效、单位产品能耗限额、工程建设等标准。

（四）突出推荐性标准的公益属性。推荐性国家标准主要制定跨能源和其他行业的术语、图形符号、分类编码等基础通用标准，与强制性标准相配套、满足强制性标准实施需要的测试方法、计量等标准，以及对各行业起引领作用的标准。没有国家标准而又需要在能源行业范围内统一的，涉及重要产品、工程技术、服务和行业管理需求的技术要求制定能源行业

标准。

（五）坚持团体标准由市场自主制定、侧重于提高竞争力的属性定位，聚焦能源新技术、新产业、新业态和新模式，配合国家标准、行业标准的实施应用，培育发展团体标准。发挥团体标准快速反映市场和创新需要的优势，增加能源领域标准的有效供给。

（六）在厘清国家标准、行业标准、团体标准等各级标准定位的基础上，科学界定基础通用标准，以及产品、服务、工艺、管理等标准的层次，统筹兼顾标准国际交流合作需要，使标准体系层级适当、划分清楚。

三、强化标准管理，夯实标准体系基础

（七）严格规范电力安全、石油产品等强制性国家标准的项目提出、组织起草、征求意见、技术审查、复审修订等工作。积极支持有关部门制定涉及能源的环保、能效、单位产品能耗限额、工程建设等强制性标准。全面梳理能源行业执行的强制性标准，强化组织实施和监督。

（八）坚持能源标准化与能源技术创新、工程示范一体化推进，夯实标准的技术基础，探索完善标准的终身维护机制，强化标准全生命周期管理和实施监督，切实提升能源领域标准的质量。提升单项能源行业标准的覆盖面，推进标准的系列化，控制新增能源行业标准的数量，为市场自主制定的标准留下空间。在电力、煤炭、油气及电工装备等行业持续推进推荐性国家标准与能源行业标准的统筹整合及优化。大力推进能源行业核电标准技术路线统一和实施应用，加快建设自主、统一、协调、先进的核电标准体系。

（九）在新能源和电力与电工装备新技术领域，以及互联网、大数据、人工智能、区块链等数字技术与能源融合发展领域，积极推动团体标准扩量提质。着力通过市场竞争实现团体标准的优胜劣汰。研究建立实施效果良好且符合国家标准或行业标准制定要求的团体标准转化为国家标准或行业标准的机制。根据促进团体标准规范发展的需要，依法依规对团体标准进行必要的引导和监督。建立团体标准投诉和举报机制，鼓励国家能源局确立的能源领域行业标准化管理机构和有关的全国、行业标准化技术委员会（简称“能源标准化技术组织”）作为第三方开展团体标准良好行为评价。

四、坚持积极稳妥，树立能源标准体系权威

（十）在智慧能源、能源互联网、风电、太阳能、地热能、生物质能、储能、氢能等新兴领域，率先推进新型标准体系建设，发挥示范带动作用。稳妥推进电力、煤炭、油气及电工装备等传统领域标准体系优化，做好现行标准体系及标准化管理机制与新型体系机制的衔接和过渡。

（十一）能源各领域标准化工作的开展应以本领域标准体系为指导，有关标准化技术委员会的建设及管理，标准制修订规划和计划的编制等工作原则上要以本领域的标准体系为依据。

五、明确主体责任，鼓励社会广泛参与

（十二）国家能源局、国家标准化管理委员会负责组织推动能源领域新型标准体系建设。能源标准化技术组织按照职责范围负责本领域国家标准、行业标准起草、技术审查及标准体系建设，编制和维护标准体系表。能源各领域标准体系应相互协调，对能源领域标准体系建设工作中出现的范围交叉等矛盾，由能源行业标准化管理机构负责组织协商，未协调一致的，由国家能源局、国家标准化管理委员会负责组织协商。

（十三）鼓励企业、社会团体、教育、科研机构等加强能源标准化人才培养、参与能源标准化工作，对能源领域新型标准体系的建设提出意见建议。制定能源团体标准的社会团体，应遵守有关规定，保证标准体系的协调统一，做好团体标准与本领域国家标准、行业标准的衔接。

六、强化动态维护，做好信息公开及服务

（十四）根据能源技术及行业发展情况，统筹继承与发展，在保持标准体系连续性、稳定性的基础上，能源标准化技术组织原则上要每年对本领域标准体系表进行论证及修订，并发布修订情况，具备公开条件的应予以公开；每5年组织专家进行一次集中研究论证及修订，并作为新版本发布。

（十五）坚持公开为常态、不公开为例外，持续推进能源领域推荐性国家标准、行业标准公开。能源标准化技术组织应根据工作需要将本领域标准体系表相关信息在本领域标准化信息平台及时公开，并组织开展宣贯服务。

本意见自发布之日起实施，有效值10年。

国家能源局关于印发《电力企业应急能力建设评估管理办法》的通知

为深入贯彻落实习近平总书记关于应急管理的重要论述，积极推进电力应急管理体系和能力现代化，全面加强电力行业应急能力建设，进一步规范电力企业应急能力建设评估工作，国家能源局组织编制了《电力企业应急能力建设评估管理办法》，并于2020年12月1日以国能发安全〔2020〕66号文发布通知，要求遵照执行。该“办法”全文如下。

电力企业应急能力建设评估管理办法

第一章 总 则

第一条 为加强电力应急管理制度化、规范化和标准化建设，提高电力突发事件应对能力，依据《中华人民共和国安全生产法》《中华人民共和国突发事件应对法》《电力安全事故应急处置和调查处理条例》等法律、行政法规，制定本办法。

第二条 电力企业应急能力建设评估（简称应急能力建设评估）是指以电力企业为评估主体，以应急能力建设和提升为目标，对突发事件综合应对能力进行评估，查找应急能力存在的问题和不足，指导电力企业建设完善应急体系的过程。

第三条 本办法原则上适用于省级及以上区域发电集团公司、300MW及以上火力发电企业、50MW及以上水力发电企业，各省（自治区、直辖市）电力（电网）公司、各市（地、州、盟）供电公司以及电力建设企业。其他类型电力企业可参照本办法自行开展评估。

第四条 应急能力建设评估工作遵循行业指导、企业自主、分类量化、持续改进的原则。对涉及国家机密的，应当严格按照国家保密规定进行管理。

第五条 国家能源局负责组织制修订应急能力建设评估标准规范，对应急能力建设评估工作进行监督和指导。国家能源局派出机构、地方电力管理部门负责对辖区内应急能力建设评估工作进行监督和指导。电力企业应当制定完善应急能力建设评估规章制度，明确管理部门、职责和目标考核要求，保障工作有效落实。

第六条 电力企业应当滚动开展应急能力建设评估工作，原则上评估周期不超过5年。电力企业应急预案修订涉及应急组织体系与职责、应急处置程序、主要处置措施、事件分级标准等重要内容的，或重要应急资源发生重大变化时应当及时开展评估。

第二章 评估内容和方法

第七条 应急能力建设评估内容参照最新有效的《电网企业应急能力建设评估规范》《发电企业应急能力建设评估规范》《电力建设企业应急能力建设评估规范》。

第八条 应急能力建设评估应当以应急预案和应急体制、机制、法制为核心，围绕预防与应急准备、监测与预警、应急处置与救援、事后恢复与重建四个方面开展。

第九条 预防与应急准备方面包括法规制度、规划实施、组织体系、预案体系、培训演练、应急队伍、指挥中心等。监测与预警方面包括事件监测、预警管理等。应急处置与救援方面包括先期处置、应急指挥、现场救援、信息报送和发布、舆情应对等。事后恢复与重建方面包括后期处置、处置评估、恢复重建等。

第十条 应急能力建设评估应当以静态评估和动态评估相结合的方法进行。静态评估应当对电力企业应急管理相关制度文件、物资装备等体系建设方面相关资料进行评估，主要方式包括检查资料、现场勘查等。动态评估应当重点考察电力企业应急管理第一责任人及相关人员对本岗位职责、应急基本常识、国家相关法律法规等的掌握程度，主要方式包括访谈、考问、考试、演练等。

第三章 评 估 组 织

第十一条 电力企业应当在评估前制定评估工作方案。评估工作方案的内容至少应当包括评估内容、评估组专家信息、评估期间日程安排、电力企业参与评估及配合人员安排等。

第十二条 电力企业可自行或委托第三方机构组建评估工作组，工作组由不少于5名评估人员（含1名组长）组成。评估工作组中应当至少包含1名电力安全应急专家库中的专家，且选用专家须为非被评估单位人员。

第十三条 评估工作应当严格依据评分标准对各项指标进行评分，逐级汇总并转化为得分率。评估工作组应当对评估结果的真实性负责。

第十四条 评估结果应当根据评估得分率确定，分为合格、不合格。评估得分率在80%以上的为合格，得分率在80%以下的为不合格。

第十五条 评估工作结束后，电力企业应当及时组织编制应急能力建设评估报告。评估结果为合格的，电力企业应当在30日内将评估报告直接报送国家能源局派出机构和地方电力管理部门；评估结果为不合格的，电力企业应当根据专家组意见进行整改并重新组织评估，合格后再将评估报告和整改计划一并报送国家能源局派出机构和地方电力管理部门。

第四章 评估结果应用

第十六条 全国电力安委会企业成员单位、国家能源局派出机构、地方电力管理部门应当于每年1月底前，将本系统、本地区上一年度应急能力建设评估工作情况报送国家能源局。

第十七条 国家能源局研究推进应急能力评估信息化平台建设、应用及数据共享工作。国家能源局派出机构、地方电力管理部门根据评估工作情况，可以选择应急能力评估得分率较高的电力企业推广交流经验，促进提高应急能力建设水平。

第十八条 电力企业应当总结评估工作经验，发现问题及时整改，强化闭环管理，完善制度体系，将应急能力建设评估与安全生产标准化、风险分级管控和隐患排查治理等有机结合，不断强化电力安全生产与应急管理工作。

第五章 监 督 管 理

第十九条 国家能源局派出机构、地方电力管理部门应当将应急能力建设评估情况纳入安全生产监管范围，重点对评估结果不合格的电力企业应急能力建设工作加强监督管理。根据电力应急管理工作需要，可将其他电力企业纳入本办法适用范围。

第二十条 国家能源局及其派出机构、地方电力管理部门应当不定期对应急能力建设评估报告进行抽查与复核。经抽查与复核发现评估报告与实际不符，应急能力未达到有关规定的要求，相关电力企业应当限期改正或者重新评估，并在 30 日内提交整改报告。

第二十一条 国家能源局及其派出机构、地方电力管理部门对评估报告弄虚作假、评估工作不按规定开展的电力企业，应当采取约谈、通报等方式督促整改；情节严重的，应当按照相关规定给予处理。

第六章 附 则

第二十二条 本办法由国家能源局负责解释。

第二十三条 本办法自 2021 年 1 月 1 日起施行。

国家能源局关于印发《发电企业与电网企业电费结算办法》的通知

国家能源局 2020 年 12 月 30 日以国能发监管〔2020〕79 号文，印发《发电企业与电网企业电费结算办法》，该“办法”全文如下。

为维护电力市场秩序，保障电力企业合法权益，规范发电企业与电网企业之间电费结算行为，根据《电力监管条例》（中华人民共和国国务院令第 432 号）及相关法律法规，我局对原国家电力监管委员会《发电企业与电网企业电费结算暂行办法》（电监价财〔2008〕24 号）进行了修订，现将修订后的《发电企业与电网企业电费结算办法》印发给你们，请遵照执行。

发电企业与电网企业电费结算办法

第一章 总 则

第一条 为维护电力市场秩序，保障电力企业合法权益，规范发电企业与电网企业之间电费结算行为，根据《电力监管条例》（中华人民共和国国务院令第 432 号）及相关法律法规，制定本办法。

第二条 本办法适用于发电企业与电网企业（包括地方电网、增量配网）按照购售电合同开展的电费结算。电网企业在电力市场交易中承担代收代付电费职责的，与发电企业电费结算参照执行。

第三条 本办法所称的发电企业是指依法取得电力业务许可证（发电类）或符合许可豁免条件，从事发电业务的企业；电网企业是指依法取得电力业务许可证（输电类或供电类），从事输电或供电业务的企业，包括增量配电网企业；电费结算是指发电企业与电网企业就购售电业务相关的电量计量、电费确认、发票开具和资金收付等行为的总称。

第四条 发电企业与电网企业电费结算应当遵循依法依规、公平公正、诚实守信的原则。任何一方不得利用电费结算扰乱社会经济秩序，损害社会公共利益。

第五条 国家能源局及其派出机构（统称能源监管机构）依据《电力监管条例》和本办法对发电企业与电网企业电费结算行为进行监管。

第二章 电费结算要求

第六条 发电企业与电网企业应当按照有关要求签订购售电合同，未签订购售电合同的，不得进行电费结算。

第七条 电网企业代理优先用电用户的年度、月度、月内（多日）省内及跨省跨区电力中长期交易需签订购售电合同。

第八条 电费结算有关事项应当在购售电合同中予以明确，包括但不限于：计量装置及其设置，上网电量的抄录、计算、核对和确认，上网电费的计算、核对、修正和确认，基准电价、市场交易电价、超低排放电价、环保电价等各类价格水平，可再生能源补贴结算，上网电费发票开具，上网电费支付方式，发电企业收款账号，以及违约处理等。

第九条 发电企业、电网企业应当按照有关要求安装符合技术规范的上网电量计量装置，确保计费电量真实、准确。

第十条 发电企业、电网企业应当严格执行国家电价政策和市场规则，不得自行变更电价水平或电价机制进行电费结算。

第十一条 电费结算原则上以月度为周期（结算周期应当为每个自然月）。新建发电机组调试电费自并网运行后以月为周期进行结算。燃煤发电企业超低排放电费原则上以季度为周期进行结算，电网企业自收到环保部门出具的监测报告之日起十个工作日内向燃煤电厂兑现电价加价资金。

第十二条 电网企业应当及时足额向纳入国家补贴范围的可再生能源发电企业转付中央财政等补贴。原则上电网企业在收到中央财政补贴资金十个工作日内，按照有关要求及时兑付给可再生能源发电企业。电网企业转付地方财政补贴有明确规定的，按照有关规定执行；没有明确规定的，电网企业在收到地方财政补贴资金十个工作日内，及时兑付给可再生能源发电企业。

第十三条 发电企业上网电量根据相关地区交易结算有关规定进行抄录和确认，逐步实现发用双方抄表日历同期，原则上应当在次月初五个工作日内完成。

第十四条 发电企业上网电费应当严格按照购售电合同的约定进行计算，按规定进行核对、修正和确认，原则上应当在上网电量确认日后五个工作日内完成。

第十五条 发电企业应当根据厂网双方确认的电费结算单（结算依据）及时、足额向电网企业开具增值税专用发票，原则上应当在上网电费确认日后五个工作日内完成。电费结算单（结算依据）应当详细列明交易品种、交易电量、交易金额、辅助服务考核项目及金额。实行分时电价机制的应当详细列明分时电量、电费等内容。

第十六条 跨省跨区交易结算由相应电力交易机构统一出具结算依据，由电网企业负责电费收取，向输电方支付输配电费及线损折价，向发电企业支付购电费。

第十七条 电网企业根据结算双方确认的电费结算单（结算依据），及时足额支付电费。

电费原则上一次性支付，在电费确认日后十个工作日内，由电网企业将当期电费全额支付给发电企业。电网企业经与发电企业协商一致后，也可分两次支付。第一次支付不低于该期电费的百分之五十，付清时间不得超过电费确认日后五个工作日，第二次付清时间不得超过电费确认日后十个工作日。

第十八条 电费结算采取国家规定的结算方式，由发电企业与电网企业协商一致，在购售电合同中做出明确、合理约定。

从用户侧收取电费中承兑汇票占比较高且经营效益较差的电网企业，向发电企业支付的承兑汇票，不得高于当期从用户侧收取承兑汇票的百分之五十，且应当在发电企业间进行合理分摊。经双方协商一致，电网企业与发电企业结算电费中使用承兑汇票的比例，应当在购售电合同中明确。电网企业不得使用承兑汇票兑付可再生能源发电企业中央财政补贴。

第十九条 电网企业应当采取有效措施从用户侧收取电费，不得以用户侧欠费为由停止或者减少向发电企业支付上网电费。电网企业如不能按合同约定期限支付上网电费（不可抗力因素除外），应当向发电企业支付违约金。违约金由双方协商约定，由电网企业支付至发电企业电费结算账户。

第二十条 电网企业代理的优先用电用户电量（包括跨省跨区交易电量）应当合理分摊辅助服务费用。

第二十一条 发电企业、电网企业应当保存各自电费结算的原始资料与记录。

第二十二条 发电企业、电网企业在电费结算过程中发生争议，双方可自行协商解决。无法达成一致的，可向能源监管机构申请调解，争议和调解不得影响无争议电费的结算。

第三章 电费结算监管

第二十三条 能源监管机构可采取信息统计、座谈交流、查阅资料、现场监管等方式进行监管，并适时在一定范围内发布监管报告。

第二十四条 发电企业、电网企业应当按照电力企业信息报送有关规定，向能源监管机构报送电费结算情况。

第二十五条 能源监管机构按照《国家能源局能源争议纠纷调解规定》（国能监管〔2017〕74号）对电费结算争议进行调解。经调解仍无法达成一致的，发电企业、电网企业可按照司法程序解决。

第二十六条 电网企业无正当理由未按合同约定支付上网电费的，能源监管机构可责令改正；恶意拖欠电费的，能源监管机构可依据《电力监管条例》有关规定进行处罚，并公示处理结果。

第二十七条 发电企业、电网企业进行电费结算时如有不执行国家电价政策、不执行市场规则、擅自改变电价水平和电价机制等行为，能源监管机构有权制止，责令其限期改正，并公示处理结果。

第二十八条 发电企业和电网企业如有拒绝或者阻碍能源监管机构工作人员依法依规履行监管职责、不按要求向能源监管机构提供有关信息等行为，能源监管机构可依据《电力监管条例》以及电力企业信息报送和披露等有关规定对其进行处罚。

发电企业、电网企业在电费结算过程中扰乱社会经济秩序，损害社会公共利益构成犯罪的，按照司法程序依法追究刑事责任。

第四章 附 则

第二十九条 本办法由国家能源局负责解释。

第三十条 本办法自 2021 年 1 月 1 日起施行，有效期三年，原国家电力监管委员会《发电企业与电网企业电费结算暂行办法》（电监价财〔2008〕24 号）同时废止。

国家能源局综合司、应急管理部办公厅、国家市场监督管理总局办公厅关于印发《关于加强储能标准化工作的实施方案》的通知

为落实国家发展改革委、财政部、科学技术部、工业和信息化部、国家能源局等五部委 2017 年 9 月 22 日发布的《关于促进储能技术与产业发展的指导意见（发改能源〔2017〕1701 号）》，加强储能标准化建设工作，发挥标准的规范和引领作用，国家能源局综合司、应急管理部办公厅、国家市场监督管理总局办公厅结合实际，制定了《关于加强储能标准化工作的实施方案》，并于 2020 年 1 月 9 日发布通知，要求认真贯彻执行。该“方案”全文如下。

关于加强储能标准化工作的实施方案

为落实《关于促进储能技术与产业发展的指导意见》（发改能源〔2017〕1701 号），加强储能标准化建设工作，发挥标准的规范和引领作用，促进储能产业高质量发展，制定本实施方案。

一、总体要求

（一）指导思想。以习近平新时代中国特色社会主义思想为指导，深入贯彻落实党的十九大和十九届二中、三中、四中全会精神，坚持新发展理念，深入贯彻能源安全新战略，强化顶层设计和工作统筹，科学建设储能标准体系，有力支撑储能技术与产业发展。

（二）工作目标。到 2021 年，形成政府引导、多方参与的储能标准化工作机制，推进建立较为系统的储能标准体系，加强储能关键技术标准制修订和储能标准国际化。

二、重点任务

（一）建立储能标准化协调工作机制。国家能源局会同应急管理部、市场监管总局（标准委）等建立储能标准化协调工作机制，指导储能标准化建设，协调解决储能标准化工作中的重大问题。加强储能标准化技术组织体系建设，促进协调相关行业标准化管理机构，以及储能领域相关标准化技术组织间的沟通及协作。

（二）建设储能标准体系。跟踪储能技术与产业发展，针对储能设施在能源系统的应用，建立涵盖储能系统与设备及其应用，相互支撑、协同发展的标准体系。积极推进关键储能标准制定，鼓励新兴储能技术和应用的标准研究工作。

（三）推动储能标准化示范。推进储能技术创新与标准研制有效结合，鼓励在储能工程示范项目中开展标准应用、验证、研制，将成功的工程应用经验转化为标准。开展储能标准化试点示范，促进企业运用标准化方式组织储能工程应用，发挥标准化对储能产业的支撑和引领作用。

（四）推进储能标准国际化。积极承担储能技术国际标准制修订任务，实质性参与储能技术领域的国际标准化工作。在国际标准研究和验证的基础上，进一步提升储能国际标准的转化率。通过双边、多边能源国际合作，促进储能标准国际化。

三、保障措施

（一）加强组织协调。国家能源局会同有关部门每年定期组织储能有关标准化管理机构、标准化技术组织、学协会召开储能标准化工作联席会议，研究解决储能领域标准的重大问题，统筹部署储能领域标准化工作计划。

（二）加强信息共享。建立储能标准信息平台，共享储能标准化工作动态信息。相关标准化技术组织按职责分工，定期将标准制修订成果和工作信息在平台上共享。

（三）加强技术交流。发挥相关标准化管理机构、标准化技术组织、学协会的平台作用，加强储能标准宣贯，促进储能重点标准贯彻落实。积极开展储能标准技术交流，推动储能标准应用实施和技术进步。针对储能领域热点、难点问题，组织专题研讨。

（四）加强监督管理。国家能源局会同有关部门对在工程中实施效果良好的储能标准加强推广应用；对内容滞后、交叉重复、使用率低的国家标准和行业标准，及时推进标准修订、整合或废止。

国家能源局综合司关于印发《国家能源局 2020 年资质管理和信用工作要点》的通知

为贯彻落实全国能源工作会议、能源监管工作会议精神和国家能源局党组有关工作部署，扎实做好2020年资质管理和信用工作，国家能源局综合司2020年4月14日以国能综通资质〔2020〕31号文印发《国家能源局2020年资质管理和信用工作要点》。并要求结合工作实际，认真组织实施。

国家能源局2020年资质管理和信用工作要点

国家能源局2020年资质管理和信用工作总体思路是：坚持以习近平新时代中国特色社会主义思想为指导，全面贯彻党的十九大和十九届二中、三中、四中全会精神，落实全国能源工作会议、能源监管工作会议决策部署，紧紧围绕资质管理和信用体系建设两条主线，简化许可、深化信用、强化监管、优化服务，为落实能源安全新战略、助推能源治理体系和治理能力现代化贡献力量。突出抓好以下重点工作。

一、简化许可，助力营商环境改善

（一）进一步降低市场准入门槛。制定出台《国家能源局关于贯彻落实“放管服”改革精神 优化电力业务许可管理有关事项的通知》，在对装机容量6MW以下新能源和可再生能源发电项目实施豁免政策的基础上，进一步扩大豁免范围、简化申请材料，做好豁免政策的落实和豁免企业许可证注销工作。

（二）推进证明事项清理工作。公布证明事项清理清单，取消审计报告、法人营业执照、注册建造师等证明事项，修改相关规章、规范性文件涉及条款，切实减轻市场主体负担，激发市场主体活力。

（三）创新许可审批方式。在深圳社会主义先行示范区、海南自由贸易港、浙江等地试点实施许可办理告知承诺制，规范开展事前信用承诺，探索推广至更大范围，助力优化营商环境。参考国际国内通行做法，创新资质采信机制，在粤港澳大湾区探索推进对具有同等电力工程施工资格的港澳地区企业进行资质采认试点工作，推动电力建设市场更大范围的公平开放。

（四）落实“证照分离”改革要求。按照《国家能源局在自由贸易试验区开展“证照分离”改革全覆盖试点实施方案》要求，在全国自由贸易试验区全面推开电力业务许可、承装（修、试）电力设施许可“证照分离”改革工作。对照措施清单，优化审批服务，严格落实全程网上办理要求，压减审批要件，压缩审批时限，减少审批环节。在试点基础上，形成可复制可推广的制度创新成果，进一步扩展到其他地区，2020年底实现全国全覆盖。

（五）修改完善许可规章制度。按照《优化营商环境条例》有关要求，修改完善电力业务许可规章制度。完成《承装（修、试）电力设施许可证管理办法》（电监会28号令）及配套文件的修订工作。按照“放管服”改革精神，进一步放宽有关人员、机具设备、工程业绩等许可条件，加强政策宣贯，促进承装（修、试）电力设施企业健康发展。

二、深化信用，推动监管机制创新

（六）深入推进信用监管。按照《国家能源局关于实施电力业务许可信用监管的通知》及配套应用措施清单要求，在许可审查、事中事后监管等方面积极应用分类监管措施，实施许可信用监管，提高监管针对性；建立健全沟通机制，全面准确反映许可信用监管实施情况和具体效果，及时总结工作经验，推动构建以信用为基础的新型监管机制。

（七）打牢信用数据和平台基础。优化信用信息归集类别，完善能源行业市场主体信用数据清单和行为清单。建立数据抽查比对机制，加强信用信息归集共享、日常数据更新和管理，提高数据归集质量。优化信用信息平台，完善黑名单管理、信用修复、统计分析和信用预警等功能。扎实做好“云”运维服务工作，保障系统安全稳定运行，为信用监管提供基础支撑。

（八）强化信用信息统计分析和监测预警。形成能源行业信用年度报告和失信联合惩戒对象统计分析月度报告，提供信源单位共享，为相关业务司、派出机构开展资金审批、项目核准、市场监管、安全监管等工作提供数据支撑。继续跟踪工商营业执照吊销企业的许可管理工作，形成监管闭环。

（九）规范信用修复和失信联合惩戒工作。准确界定信用信息边界，依法规范失信行为和失信联合惩戒的认定范围、标准和程序，完善工作机制，进一步推动信用修复、异议处理和失信联合惩戒等工作。

（十）组织能源行业协会和相关市场主体加强信用建设。围绕信用承诺、信息共享与预警、信用评价、信用修复和失信联合惩戒等重点内容，组织指导能源行业协会和相关市场主体开展信用培训和信用建设等活动，及时总结各单位工作经验，做好宣传报道，营造良好的信用氛围。

三、强化监管，维护市场公平公正

（十一）加强燃煤发电企业许可准入监管。加强与我局相关部门工作的衔接，贯彻深化供给侧结构性改革精神，落实国家煤电发展政策的要求，充分发挥许可证功效，持续加强煤电机组许可管理，严把准入退出关。

（十二）开展许可制度执行情况专项监管。在吉林、内蒙古（蒙西地区）、广西、甘肃、江苏和湖南开展以信用为基础的电力业务许可制度和承装（修、试）电力设施许可制度执行情况专项监管。专项监管以持证企业信用信息为基础、以信用评价等级为指引、以信用分类监管措施为主要手段，对2019年以来电力业务资质许可制度执行情况开展精准监管，查处各类违反许可制度的行为，切实提升监管成效，推动许可监管向以信用评价、信用约束和信用激励为主要措施的新型监管机制转变，促进监管对象依法诚信经营，进一步维护市场秩序，优化营商环境。

四、优化服务，提升行政许可效能

（十三）建设全国统一的资质和信用信息系统。加快推进资质许可信息系统整合，按照统一的业务规范和数据标准，完成资质许可系统开发和升级完善，实现全国电力业务许可申请、受理、审查、决定、变更、延续、注销等业务“一网通办”，实现信用与许可信息系统的深度融合。配合“证照分离”改革、证明事项清理等业务，开发配套功能，完善系统流程。积极推进信用分类监管、许可信息统计分析、许可质量监督、电子证照等功能开发应用，不断提升资质管理和信用工作的信息化水平。

（十四）主动服务增量配电企业。在持续做好增量配电改革试点项目动态跟踪、统计分析、信息共享和许可证审发工作基础上，对增量配电业务改革及许可工作进展较慢的地区开展调研，主动靠前服务、化解企业疑难，为增量配电项目运营企业依法持证经营创造良好条件。

（十五）提高许可工作质量和服务水平。依托资质和信用信息系统，进一步深化许可审发标准化管理，加强许可颁发流程监控及证后管理工作监督，推动许可办理“最多跑一次”逐步向“一次不用跑”过渡，提高许可工作质量。建立电力业务资质许可服务“好差评”机制，加强对“放管服”改革工作落实情况的监督，提升许可服务水平。

（十六）开展资质管理干部业务培训。围绕新形势、新任务，开展资质管理和信用工作业务培训，促进资质管理干部业务能力进一步提升，共同推动资质管理和信用工作迈上新台阶。

国家能源局综合司关于电力工程项目造价信息报送及统计分析工作有关问题的通知

国家能源局综合司2020年12月28日以国能综通监管〔2020〕141号文，印发《关于电力工程项目造价信息报送及统计分析工作有关问题的通知》，该“通知”全文如下。

为进一步加强电力工程项目造价监管，增加造价信息透明度，促进造价信息报送工作的规范化、制度化，现将电力工程项目造价信息报送及统计分析工作的有关事项通知如下。

一、信息报送范围

造价信息报送的范围为上一年度投产的电源工程和电网工程项目。其中，电源工程包括所有火力发电工程（含生活垃圾焚烧、农林生物质发电工程）及核能发电工程，单机1万kW及以上水力发电工程（含抽水蓄能、水利枢纽工程），单机0.15万kW及以上风力发电工程（含海上风电），总规模1万kW及以上光伏发电工程等；电网工程包括电压等级110kV及以上的交（直）流输电线路工程（含电缆工程）、变电站工程（含串补站、开关站工程）、直流换流站工程、调相机工程等。

二、信息报送内容及方式

造价信息报送的内容包括工程概况、主要工程造价、主要设备材料价格及技术经济指标等。

造价信息报送采用网上填报方式。对于火力发电、核能发电等电源工程和电网工程项目，数据填报平台为：http：//www.eppei.com＞专题专栏＞投产电力工程造价；对于水力发电、风力发电、光伏发电等电源工程项目，数据填报平台为：http：//www.creei.cn＞专题专栏＞投产电力工程造价。

三、信息报送统计分析

造价信息统计分析工作由电力规划设计总院（简称电规总院）牵头，和水电水利规划设计总院（简称水电总院）共同负责。电规总院负责火力发电、核能发电等电源工程和电网工程项目造价信息的统计分析工作，并牵头汇总形成造价情况分析报告；水电总院负责水力发电、风力发电、光伏发电等电源工程项目造价信息的统计分析工作。

四、有关要求

1. 造价信息应填报批（核）准概算、竣工决算数据，其中主要设备材料价格信息应填报合同价格。未完成竣工决算的项目，应填报上报决算或完工结算数据，并在竣工决算批复后的当年或下一年度完成更新。具体填报要求详见网上数据填报平台。

2. 请各电力企业按照真实、及时、完整的原则做好造价信息报送工作，于每年 7 月 15 日前通过网上数据填报平台完成上一年度投产的电力工程项目的造价信息报送工作。

3. 请电规总院与水电总院认真做好造价信息的统计分析工作，汇总核实数据资料，科学分析造价趋势，按要求形成造价情况分析报告报国家能源局市场监管司。

五、其他事项

1. 国家能源局对电力企业造价信息报送的情况将不定期进行抽查，对于未按规定报送信息的，责令其改正；情节严重的，给予通报批评。

2. 本通知印发后，原国家电力监管委员会办公厅《关于电力工程项目造价信息报送有关问题的通知》（办输电函〔2012〕177 号）同时废止。

水利部印发《水利工程勘测设计失误问责办法（试行）》

水利部 2020 年 3 月 4 日以水总〔2020〕33 号文发布《关于印发水利工程勘测设计失误问责办法（试行）的通知》，"通知"指出，为贯彻落实"水利工程补短板、水利行业强监管"水利改革发展总基调，进一步规范水利行业勘测设计行为，强化勘测设计责任，保障水利工程勘测设计质量，我部组织编制了《水利工程勘测设计失误问责办法（试行）》，已经部长办公会议审议通过。现印发给你们，请遵照执行。该《水利工程勘测设计失误问责办法（试行）》全文如下。

水利工程勘测设计失误问责办法（试行）

第一章　总　　则

第一条　为规范水利行业勘测设计行为，强化勘测设计责任，保障水利工程勘测设计质量，实现问责的制度化、科学化，依据《建设工程质量管理条例》《建设工程勘察设计管理条例》等相关法律、法规、规章，结合水利工程勘测设计实际，制定本办法。

第二条　本办法适用于初步设计批复后的水利工程勘测设计失误问责。

第三条　本办法所称水利工程勘测设计失误是指勘测设计行为与成果存在以下情形之一：

（一）不符合相关法律、法规、规章；

（二）不符合强制性标准；

（三）不符合推荐性技术标准又未进行必要论证；

（四）不符合批准的项目初步设计和重大设计变更；

（五）降低工程质量标准、影响工程功能发挥、导致工程存在安全隐患或发生较大程度的投资增加。

第四条　水利部负责对全国水利工程勘测设计质量实施统一监督管理，组织水利工程勘测设计质量监督检查，对勘测设计失误进行调查、认定和问责。流域管理机构受水利部委托开展相应工作。

省级水行政主管部门负责对本行政区域内具有管辖权的水利工程勘测设计质量实施监督管理，组织水利工程勘测设计质量监督检查，对勘测设计失误进行调查、认定和问责。

地市级、县级水行政主管部门负责对本行政区域内具有管辖权的水利工程勘测设计质量实施监督管理，组织水利工程勘测设计质量监督检查，协助省级及以上水行政主管部门对勘测设计失误的调查、认定和问责。

第五条　水利工程勘测设计失误认定和问责应坚持依法依规、科学严谨、公平公正、实事求是的原则。

第六条　水利工程勘测设计失误认定依据：

（一）法律、法规、规章；

（二）强制性标准；

（三）推荐性技术标准；

（四）批准的项目初步设计和设计变更文件。

第七条　问责对象为造成水利工程勘测设计失误的责任单位和责任人。责任单位包括勘测设计单位（含勘测设计成果签章的联合单位）、技术审查单位、项目法人和监理单位。责任人包括直接责任人和领导责任人。

勘测设计单位的直接责任人为被问责项目的专业负责人；技术审查单位的直接责任人为专业主审人；项目法人的直接责任人为相关部门负责人；监理单位的直接责任人为总监理工程师和专业监理工程师。领导责任人为责任单位的主要负责人、分管负责人和项目技术负责人。

第二章 单位责任和义务

第八条 勘测设计单位对水利工程勘测设计质量的主要责任和义务为：

（一）在资质等级及业务范围内承担勘测设计任务；

（二）建立健全质量管理体系，控制水利工程勘测设计行为与成果质量；

（三）提供满足以下要求的勘测设计文件：

1. 依据的基础资料真实、完整、准确；

2. 符合法律、法规、规章、强制性标准和推荐性技术标准的要求；

3. 符合设计阶段的工作深度要求。

（四）对拟采用的新技术、新工艺、新材料、新设备进行技术论证；

（五）按合同约定设立现场设计代表机构，派驻设计代表；

（六）提供施工图纸，完成设计交底，掌握施工现场情况，按规定进行设计变更；

（七）参与质量问题及质量事故处理；

（八）参与工程验收相关工作；

（九）合同约定的其他责任和义务。

第九条 技术审查单位对水利工程勘测设计质量的主要责任和义务为：

（一）建立项目审查质量管理机制，落实审查质量责任制；

（二）审查勘测设计成果是否符合法律、法规、规章；

（三）审查勘测设计成果是否符合强制性标准和推荐性技术标准；

（四）审查勘测设计成果是否满足相应设计阶段工作深度的要求；

（五）与委托单位约定的其他责任和义务。

第十条 项目法人对水利工程勘测设计质量的主要责任和义务为：

（一）履行水利工程建设程序；

（二）执行法律、法规、规章、强制性标准和推荐性技术标准；

（三）建立工程质量管理制度，开展勘测设计质量管理工作；

（四）对确需变更的项目组织完成设计变更程序；不得要求勘测设计单位违反法律、法规、强制性标准变更设计。

第十一条 监理单位对水利工程勘测设计质量的主要责任和义务为：

（一）组织召开设计交底会议；

（二）核查、签发施工图；

（三）按规定执行设计变更管理程序。

第三章 勘测设计失误的发现、分级和认定

第十二条 水利工程勘测设计失误通过巡查、稽察、监督检查和调查等方式发现。

第十三条 有下列情形之一的，省级及以上水行政主管部门应按照管辖权限及时启动勘测设计失误调查：

（一）水利工程主要设计功能发挥受到影响或不能正常运用；

（二）水利工程发生可能与勘测设计有关的质量问题；

（三）投诉、举报、媒体报道等反映水利工程存在勘测设计质量问题；

（四）其他需开展专项调查的情形。

第十四条 任何单位和个人均有权向水行政主管部门投诉或举报水利工程存在的勘测设计质量问题。

第十五条 巡查、稽察、监督检查、调查发现勘测设计问题后，监督检查组应与责任单位充分沟通，听取陈述，提出勘测设计失误初步认定结论，由省级及以上水行政主管部门认定。

第十六条 水利工程勘测设计失误按照对工程的质量、功能、安全和投资的影响程度，分为一般勘测设计失误、较重勘测设计失误和严重勘测设计失误三个等级。

第十七条 水利工程勘测设计失误按照《水利工程勘测设计失误分级标准》（见附件 1，略）进行定级。

第十八条 对认定结论有异议的，责任单位有权向认定单位或其上一级单位申诉。水利部为申诉的最终受理单位。省级及以上水行政主管部门受理申诉后，研究提出复核结论。必要时委托具有相应专业技术能力的单位进行复核，结合复核意见做出结论。

第十九条 水利工程勘测设计质量监督检查和勘测设计失误认定应实行回避制度，执行《水利监督规定（试行）》相关规定。

第四章 勘测设计失误的问责

第二十条 对责任单位的问责方式包括：

（一）责令整改；

（二）警示约谈；

（三）通报批评；

（四）建议责令停业整顿；

（五）建议降低资质等级；

（六）建议吊销资质证书。

第二十一条 对责任人的问责方式包括：

（一）书面检查；

（二）警示约谈；

（三）通报批评；

（四）留用察看；

（五）调离岗位；

（六）降级撤职。

第二十二条　对造成水利工程勘测设计失误的责任单位和责任人应依据相关规定进行经济处罚。

第二十三条　省级及以上水行政主管部门应按照《水利工程勘测设计失误责任单位问责标准》（见附件2，略），确定勘测设计失误责任单位的问责方式，按照行政隶属关系实施问责或向有关主管部门、主管单位提出问责建议。涉及行政处罚的，依照《中华人民共和国行政处罚法》等法律、法规的规定查处。

第二十四条　同一项目的单次检查或调查中，发现问题为单一等级的，按照附件2-1（略）确定问责方式；发现问题为多个等级的，将较重问题和严重问题按照附件2-2（略）折算到一般问题后确定问责方式，并与按附件2-1（略）确定的问责方式相比较，选取最高问责方式。

第二十五条　对技术审查单位、项目法人和监理单位的问责由省级及以上水行政主管部门按照问题性质提出处理建议。

第二十六条　责任单位的问责由省级及以上水行政主管部门实施；责任人的问责由责任单位按照《水利工程勘测设计失误责任人问责标准》（见附件3，略）和干部管理权限实施，并将追究结果报对责任单位实施问责的水行政主管部门。

第二十七条　问责应以“一项一单”形式，明确勘测设计失误事实、认定结论及问责方式。

第二十八条　实施通报批评及以上的问责，在全国水利建设市场监管服务平台公示。按照《水利建设市场主体信用信息管理办法》《水利建设市场主体信用评价管理办法》规定，问责结果作为“重点关注名单”“黑名单”认定和水利行业信用评价的重要依据。

第二十九条　责任单位应按要求对勘测设计失误进行整改，并及时报告整改结果。

第三十条　有下列情况之一的，予以从重一级问责：

（一）隐瞒设计质量问题的；

（二）未按规定时限完成整改或整改不到位的；

（三）拒不整改的；

（四）其他依法依规应予以从重问责的。

第三十一条　法律、法规对工程质量事故等事项的问责已有规定的，从其规定。

第五章　附　　则

第三十二条　省级水行政主管部门可依据本办法，结合当地实际制定实施细则。

第三十三条　本办法自印发之日起施行。

水利部关于做好河湖生态流量确定和保障工作的指导意见

水利部2020年4月17日以水资管〔2020〕67号文，印发《关于做好河湖生态流量确定和保障工作的指导意见》，该“意见”全文如下。

河湖生态流量是指为了维系河流、湖泊等水生态系统的结构和功能，需要保留在河湖内符合水质要求的流量（水量、水位）及其过程。保障河湖生态流量，事关江河湖泊健康，事关生态文明建设，事关高质量发展。近年来，我国河湖生态流量保障工作不断加强，水生态状况得到初步改善。但也要看到，受自然禀赋条件限制、不合理开发利用以及全球气候变化等影响，部分流域区域生活、生产和生态用水矛盾仍然突出，河湖生态流量难以保障，河流断流、湖泊萎缩、生物多样性受损、生态服务功能下降等问题依然严峻。为大力推进生态文明建设，切实依法加强河湖生态流量管理，现就做好河湖生态流量确定和保障工作，提出如下意见。

一、总体要求

（一）指导思想

全面贯彻习近平生态文明思想和习近平总书记关于治水工作的重要论述精神，积极践行“节水优先、空间均衡、系统治理、两手发力”的治水思路，紧紧围绕“水利工程补短板、水利行业强监管”水利改革发展总基调，以维护河湖生态系统功能为目标，科学确定生态流量，严格生态流量管理，强化生态流量监测预警，加快建立目标合理、责任明确、保障有力、监管有效的河湖生态流量确定和保障体系，加快解决水生态损害突出问题，不断改善河湖生态环境。

（二）基本原则

——人水和谐绿色发展。坚持人与自然和谐共生，把水资源作为最大的刚性约束，严格控制河湖开发强度，维系河湖生态系统功能，推动形成绿色发展方式和生活方式。

——合理统筹三生用水。根据流域水资源条件和生态保护需求，统筹生活、生产和生态用水配置，因地制宜，科学合理确定生态流量目标。

——分区分类分步推进。针对河湖自然状况、生态功能、保护需求和开发现状，以问题为导向，统筹需要与可能、近期与远期，分类施策，有序推进河湖生态流量保障工作。

——落实责任严格监管。建立健全生态流量保障责任体系，严格实施监管、强化监督考核，做到目标明确、监管到位，确保河湖生态流量保障工作落到实处。

（三）主要目标

到2020年底，重要河湖生态流量目标基本确定，生态流量监管体系初步建立，推进过度开发的重要河湖分阶段生态流量目标研究确定工作。

到2025年，生态流量管理措施全面落实，长江、黄河、珠江、东南诸河及西南诸河干流及主要支流生态流量得到有力保障，淮河、松花江干流及主要支流生态流量保障程度显著提升，海河、辽河、西北内陆河被挤占的河湖生态用水逐步得到退还；重要湖泊生态水位得到有效维持。

二、制定河湖生态流量目标

（四）明确生态流量目标确定事权。依据水资源管理权限，分级组织开展河湖生态流量确定工作。跨省（自治区、直辖市）江河湖泊生态流量目标，由流域管理机构商相关部门拟定并报水利部审定。其他跨行政区的河湖生态流量目标，由共同的上一级水行政主管部门商相关地方人民政府有关部门拟定，报共同的上一级人民政府或其授权的部门审定，并报省级水行政主管部门和流域管理机构备案。

（五）明确河湖生态保护对象。确定生态流量应以保障河湖生态保护对象用水需求为出发点。生态保护对象主要包括河湖基本形态、基本栖息地、基本自净能力等基本生态保护对象，以及保护要求明确的重要生态敏感区、水生生物多样性、输沙、河口压咸等特殊生态保护对象。

（六）确定河湖生态流量控制断面。根据河湖生态保护对象，选择跨行政区断面、把口断面（入海、入干流、入尾闾）、重要生态敏感区控制断面、主要控制性水工程断面等作为河湖生态流量控制断面。控制断面的确定，应与相关水利规划、相关生态环境规划、水量分配方案确定的断面相衔接，宜选择有水文监测资料的断面。

（七）合理确定河湖生态流量目标。应按照河湖水资源条件和生态保护需求，选择合适的方法计算并进行水量平衡和可达性分析，综合确定河湖生态流量目标。一般河流应确定生态基流；具有特殊生态保护对象的河流，还应确定敏感期生态流量；天然季节性的河流，以维系河流廊道功能确定有水期的生态水量目标；水资源过度开发的河流，可结合流域区域水资源调配工程实施情况及水源条件，合理确定分阶段生态流量目标；平原河网、湖泊以维持基本生态功能为原则，确定平原河网、湖泊生态水位（水量）目标。

（八）做好已建水工程生态流量复核。对已确定生态流量目标的水库、水电站、航电枢纽等水工程，建设项目批复文件、取水许可审批文件、环评审批文件等规定生态流量目标一致的，按照相关审批文件执行；对于规定不一致的，根据河湖水资源演变和开发利用状况，由水行政主管部门商同级生态环境主管部门，重新核定生态流量目标。对需要确定生态流量目标，但建设年代较早且下泄水量明显不能满足生态需求的水工程，由有管辖权的水行政主管部门商同级生态环境主管部门，合理确定生态流量目标。

三、落实河湖生态流量管理措施

（九）强化流域水资源统一调度管理。流域管理机构或地方各级水行政主管部门应把保障生态流量目标作为硬约束，合理配置水资源，科学制定江河流域水量调度方案和调度计划。对控制断面流量（水量、水位）及其过程影响较大的水库、水电站、闸坝、取水口等，应纳入调度考虑对象。有关工程管理单位，应在保障生态流量泄放的前提下，执行有关调度指令。对于因过量取水对河湖生态造成严重影响，导致生态流量未达到目标要求的，流域管理机构或地方水行政主管部门应采取限制取水、加大水量下泄等措施，确保达到生态流量目标。

（十）改善水工程生态流量泄放条件。新建、改建和扩建水工程，应按照水利等相关部门审批文件规定，落实生态流量泄放条件。已建水工程不满足生态流量泄放要求的，应根据条件，经科学论证，改进调度或增设必要的泄放设施。

（十一）加强河湖生态流量监测。流域管理机构及地方各级水行政主管部门应根据河湖生态流量管理需要，按照管理权限，建设生态流量控制断面的监测设施，对河湖生态流量保障情况进行动态监测。水库、水电站、闸坝等水工程管理单位应按国家有关标准，建设完善生态流量监测设施，并按要求接入水行政主管部门有关监控平台。

（十二）建立河湖生态流量预警机制。流域管理机构和地方各级水行政主管部门应根据河湖生态流量目标要求，确定河湖生态流量预警等级和预警阈值。针对不同预警等级制定预案，明确水利工程调度、限制河道外取用水和应急生态补水等应对措施。根据生态流量监测情况，及时发布预警信息，按照预案实施动态管理。

四、保障措施

（十三）制定工作方案。流域管理机构和地方各级水行政主管部门按照河湖管理权限，提出生态流量管理重点河湖名录，征求有关部门、利益相关单位意见，抓紧研究制定河湖生态流量保障实施方案，明确河湖生态流量目标、责任主体和主要任务、保障措施。

（十四）强化监督考核。采用信息化等手段，加强生态流量保障情况监督检查，对发现的问题进行处置。建立河湖生态流量评估机制，将河湖生态流量保障情况纳入最严格水资源管理制度考核。

（十五）推进科技支撑。深入开展生态流量确定方法、监管措施、监测预警、风险防控、效果评价等方面的科学研究，健全河湖生态流量确定和保障的技术体系。推动河湖生态流量保障制度建设，推广河湖生态流量保障典型经验做法。

水利部决定废止 87 项水利行业标准

水利部 2020 年 5 月 7 日发布 2020 年第 4 号公告，决定废止《水电新农村电气化规划编制规程》等 87 项水利行业标准。公告指出，为贯彻落实国务院《深化标准化工作改革方案》，我部对现行水利技术标准进行了全面评估和复审。经研究，决定废止《水电新农村电气化规划编制规程》等 87 项水利行业标准，自本公告发布之日起停止执行。

附件　　水利行业标准废止目录

序号	标准编号	标准名称
1	SL 145—2009	水电新农村电气化规划编制规程
2	SL/T 147—1995	水位测针
3	SL/T 148—1995	水文仪器产品质量分等
4	SL 15—2011	水利水电专用混凝土泵技术条件
5	SL 152—2011	透水板
6	SL 167—2014	水库渔业资源调查规范
7	SL/T 177—1996	水库施肥养鱼技术规程
8	SL/T 178—1996	水库拦库湾养鱼技术规程
9	SL/T 181—1996	水文自动测报系统设备　中继机
10	SL/T 182—1996	水文自动测报系统设备　前置通信控制机
11	SL 199—1997	水文自动测报系统通信电路设计规定
12	SL 202—2013	往复式水下割草机
13	SL/T 217—1998	水库大银鱼移植增殖技术规程
14	SL 218—1998	水库渔业营养类型划分标准
15	SL 22—2011	农村水电供电区电力发展规划导则
16	SL/T 220—1998	水中痕量铜、锌、镉、铅的测定——流动注射原子吸收分光光度法
17	SL 222—2013	农村水电供电区电力系统设计导则
18	SL 237—1999	土工试验规程
19	SL/T 241—1999	水利水电建设用起重机技术条件
20	SL/T 273.1—2001	水中有机物分析方法　痕量硝基苯类化合物的测定　树脂吸附/气相色谱法
21	SL 255—2000	泵站技术管理规程
22	SL 271—2001	水质　总汞的测定　硼氢化钾还原冷原子吸收分光光度法
23	SL 294—2003	农村水电站开发规划选点导则
24	SL 30—2009	水电新农村电气化标准
25	SL 308—2004	村镇供水单位资质标准
26	SL 312—2005	水土保持工程运行技术管理规程

续表

序号	标准编号	标准名称
27	SL 322—2013	建设项目水资源论证导则
28	SL 344—2006	水利水电工程电缆设计规范
29	SL 35—2011	水工金属结构焊工考试规则
30	SL 353—2006	沙棘原果汁
31	SL 356—2006	小型水电站建设项目建议书编制规程
32	SL 358—2006	农村水电站施工环境保护导则
33	SL 366—2006	水质　石油类的测定——分子荧光光度法
34	SL 369—2006	大坝监测仪器　集线箱
35	SL 370—2006	土工试验仪器　环刀
36	SL 371—2006	农田水利示范园区建设标准
37	SL 374—2017	预冷混凝土片冰库
38	SL 382—2007	水利水电工程清污机型式基本参数技术条件
39	SL 417—2016	全国水利通信网自动电话编号
40	SL 420—2007	水利地理空间信息元数据标准
41	SL 421—2008	斗轮式挖泥船技术条件
42	SL 425—2017	水利水电起重机械安全规程
43	SL 434—2008	水利信息网建设指南
44	SL 445—2009	漏电保护器农村安装运行规程
45	SL 459—2009	城市供水应急预案编制导则
46	SL 469—2009	小水电代燃料工程规划编制规程
47	SL 472—2010	水利工程设备制造监理规范
48	SL 477—2010	水务统计技术规程
49	SL 493—2010	沙棘籽油
50	SL 498—2010	锥形阀参数、型式与技术条件
51	SL 500—2013	水利规划计划项目代码编制规定
52	SL 509—2012	灌浆记录仪校验方法
53	SL 522—2010	小水电站接入电力系统技术规定
54	SL 528—2018	小水电电网技术管理规程
55	SL 53—2013	小水电电网调度自动化技术规范
56	SL 538—2011	水利信息处理平台技术规定
57	SL 542—2011	水利水电建设用门座起重机
58	SL 543—2011	水工金属结构术语
59	SL 544—2011	水利工程设备制造监理技术导则
60	SL 563—2011	水库鱼产力评价标准
61	SL 576—2012	水工金属结构铸锻件通用技术条件
62	SL 578—2012	湿磨细水泥浆材试验及应用技术规程
63	SL 583—2012	泵站计算机监控与信息系统技术导则

续表

序号	标准编号	标准名称
64	SL/Z 589—2013	水利信息化业务流程设计方法通用指南
65	SL 593—2013	小水电代燃料生态效益计算导则
66	SL 594—2013	水利水电起重机试验方法
67	SL 598—2012	周期式混凝土搅拌楼（站）计量系统校验方法
68	SL 607—2013	水利文献数据库表结构与标识符
69	SL 608—2013	水利文档分类
70	SL 611—2012	防台风应急预案编制导则
71	SL 626—2013	小型水电站施工安全规程
72	SL 628—2013	水土保持元数据
73	SL 63—1994	地表水资源质量标准
74	SL 646—2014	爬行式水陆两用清淤机技术规范
75	SL 65—2012	浮箱履带式挖掘机技术条件
76	SL 658—2013	小水电电网调度规程
77	SL/T 67.1—1994	微灌灌水器——滴头
78	SL/T 67.2—1994	微灌灌水器——微灌管、微灌带
79	SL/T 67.3—1994	微灌灌水器—微喷头
80	SL/T 68—1994	微灌用筛网过滤器
81	SL 717—2015	水土流失重点防治区划分导则
82	SL 726—2015	区域供水规划导则
83	SL 735—2016	大中型水库库区和移民安置区基础设施建设和经济发展规划编制规程
84	SL 92—1994	锑的测定（5-Br-PADAP 分光光度法）
85	SL 93.1—1994	油的测定（重量法）
86	SL 93.2—1994	油的测定（紫外分光光度法）
87	SL 95—1994	水库渔业设施配套规范

水利部印发《汛限水位监督管理规定（试行）》

水利部 2020 年 5 月 29 日以水防〔2020〕99 号文，印发《关于修订印发汛限水位监督管理规定（试行）的通知》，“通知”指出，修订后的《汛限水位监督管理规定（试行）》已经部长办公会议审议通过，现予印发，请遵照执行。《汛限水位监督管理规定（试行）》全文如下。

汛限水位监督管理规定（试行）

第一章 总 则

第一条 为加强汛限水位监督管理，明确监督管理事项、职责和措施，确保防洪安全，根据《中华人民共和国水法》《中华人民共和国防洪法》《中华人民共和国防汛条例》《水库大坝安全管理条例》和《水利监督规定（试行）》等法律法规规章制度制定本规定。

第二条 本规定所称汛限水位是指所有具有防洪功能的水库、水电站和湖泊（以下统称水库）设置的防洪限制水位或汛期限制水位。

第三条 本规定适用于汛限水位复核、调整和控制运行的监督管理。

第四条 汛限水位监督管理坚持依法依规、属地管理、分级负责的原则，分为监督管理单位对水库运行管理单位及其主管部门（单位）或业主的监督管理，以及上级单位对下级单位的监督管理。

第五条 各级水行政主管部门和流域管理机构是监督管理单位，按照管理权限分级负责汛限水位的监督管理，组织开展监督检查，对发现的问题提出整改要求并督促整改，对责任单位和责任人实施问责或提出责任追究建议。

第六条 水库运行管理单位及其主管部门（单位）或业主，地方各级水行政主管部门和流域管理机构是汛限水位监督管理的责任单位。

第七条 汛限水位监督管理以问题为导向，对超汛限水位运行的水库进行重点监督检查。

第二章 汛限水位复核与调整

第八条 所有具有防洪功能的水库应设定汛限水位，汛限水位在工程规划设计审批等文件中确定。

第九条 水库主管部门（单位）或业主汛前应对汛限水位进行复核。

对设计洪水、工程状况、工程运行条件等发生变化需要调整汛限水位的水库，应组织规划设计单位研究提出汛限水位调整意见，报有审批权限单位批准。

对经安全鉴定为病险水库的，应组织论证提出降低运行水位等措施的意见，报主管部门批准。

第十条 汛前，水库主管部门（单位）或业主应向有管辖权的监督管理单位上报经审定的汛限水位。地方各级水行政主管部门和流域管理机构按照管理权限汇总上报的汛限水位，并负责录入信息系统，报上一级水行政主管部门备案。

省级水行政主管部门汇总大型和重要中型水库、水电站及重要湖泊的汛限水位报水利部和相关流域管理机构备案。

第三章 监督管理职责

第十一条 水利部履行以下监督管理职责：

（一）依据有关法律法规规章制度，制定汛限水位监督管理的规定；

（二）组织指导实施汛限水位监督管理工作；

（三）对全国大型和重要中型水库、水电站及重要湖泊实施在线监管；

（四）组织对汛限水位监督管理情况开展现场检查，对发现的问题提出整改要求，检查整改落实情况；

（五）对责任单位和责任人实施责任追究或提出责任追究建议。

第十二条 流域管理机构履行以下监督管理职责：

（一）指导实施本流域片区内水库汛限水位监督管理工作，对直管水库汛限水位的监督管理负直接责任；

（二）对本流域片区内的大型和重要中型水库、水电站及重要湖泊实施在线监管，开展现场检查；

（三）对发现的问题提出整改要求；

（四）督促问题整改并检查整改情况；

（五）对责任单位和责任人实施责任追究或提出责任追究建议；

（六）按照水利部授权或要求开展汛限水位监督管理有关工作。

第十三条 地方各级水行政主管部门履行以下监督管理职责：

（一）按照管理权限负责本辖区内水库汛限水位监督管理工作，对本级直管水库汛限水位的监督管理负直接责任；

（二）对下级水行政主管部门、水库运行管理单位及其主管部门（单位）或业主负监督责任；

（三）对下级水行政主管部门、水库运行管理单位及其主管部门（单位）或业主开展检查，对发现的问题提出整改要求，督促完成整改，并检查整改情况；

（四）对下级水行政主管部门、水库运行管理单位及其主管部门（单位）或业主实施责任追究或提出责任追究建议；

（五）下级水行政主管部门接受上级水行政主管部门和流域管理机构的监督管理，按整改要求整改，报告整改情况。

第十四条 水库主管部门（单位）或业主负责汛限水位复核、调整、上报，组织、督促水库运行管理单位按要求整改，接受水行政主管部门和流域管理机构的监督。

水库运行管理单位负责执行经批准的汛期调度运用计划、防洪调度指令，按规定报送水情工情信息，接受有管辖权单位的监督管理，负责问题整改。

水库运行管理单位及其主管部门（单位）或业主对汛限水位执行负直接责任。

第四章 监督管理事项

第十五条 汛限水位监督管理包括以下事项：

（一）按相关规定复核、调整、上报汛限水位情况；

（二）汛期按批准的汛限水位运行情况；

（三）按规定或防洪调度指令执行情况；

（四）按规定报送实时水情、工情信息情况；

（五）汛期其他涉及汛限水位调度运行管理事项。

第十六条 水库运行管理单位应严格执行批准的汛期调度运用计划，不得擅自在汛限水位以上蓄水运行。汛限水位以上防洪库容调度运用，应按照水行政主管部门或流域管理机构下达的防洪调度指令执行。

第十七条 调洪过程的退水阶段，水行政主管部门或流域管理机构应依据雨水情预测预报、洪水调度方案、汛期调度运用计划、水库调度规程，结合洪水过程、水库工程状况、泄洪能力、保护对象等，在确保水库自身安全和下游防洪安全前提下，下达调度指令，将水位降至汛限水位。

水库应按以下原则降至汛限水位：

（一）当预报后期无降雨过程，在确保群众生命财产安全的前提下，按照下游河道安全行洪流量或警戒水位对应的流量下泄，降至汛限水位；

在下列情况下，可调整下泄流量：

1. 水库大坝安全有水位消落幅度要求；

2. 水库库区安全有水位消落幅度要求；

3. 水库下游河道有错峰调度需求；

4. 水库下游应对突发事件需求；

5. 水库上下游有其他特殊需求。

（二）当预报后期有降雨发生标准内洪水，水库水位将明显上涨时，在确保群众生命财产安全和下游防洪工程安全的前提下，按照不小于下游河道安全行洪流量或警戒水位对应的流量，且不大于保证水位对应的流量下泄，降至汛限水位或以下。

（三）当预报后期有强降雨发生超标准洪水，有可能危及水库安全时，应发布预警信息，提请落实人员转移、紧急抢护等措施，可启用正常溢洪道或非常溢洪道，必要时还应采取非常规措施，加大下泄流量降低水库水位，确保水库大坝安全和人民群众生命安全。

遇特殊情况，需报上一级水行政主管部门或流域管理机构批准。

各级水行政主管部门或流域管理机构应根据管理权限监督水库调度过程和执行情况。

第十八条 汛期，当水库发生险情影响防洪安全时，应降低水位乃至空库运行。水库主管部门（单位）或业主应及时组织安全鉴定，提出降低运行水位意见，按管理权限报水行政主管部门或流域管理机构批准。

第五章 监督管理程序和方式

第十九条 汛限水位监督管理工作程序：

（一）制定汛限水位监督管理工作方案；

（二）组织开展汛限水位监督管理；

（三）发现并确认问题；

（四）提出问题整改意见；

（五）督促问题整改；

（六）提出责任追究意见；

（七）实施责任追究。

第二十条 监督管理单位采取“线上线下”方式开展监督管理。

“线上”方式是指监督管理单位利用实时水雨情系统，通过比对已录入信息系统的汛限水位与水库实时水位，对水库进行24小时在线监控。

“线下”方式是指监督管理单位实施现场监督管理。主要采取“四不两直”方式开展。检查完成后，现场监督检查组应按要求及时提交监督检查报告。

第六章 问题确认和整改

第二十一条 通过在线监控和现场检查，超汛限水位运行的水库应列为重点监督对象。

以下情况属于违规行为：

（一）设计洪水、工程状况或运行条件发生变化，水库主管部门（单位）或业主未组织规划设计单位研究提出汛限水位调整意见，并报有审批权限单位批准的；

（二）汛前，水库主管部门（单位）或业主未复核汛限水位的；

（三）汛前，水库主管部门（单位）或业主未向有管辖权的监督管理单位上报经审定的汛限水位的；

（四）未按照管理权限汇总上报水库汛限水位，并录入信息系统，报上一级水行政主管部门或流域管理机构备案的；

（五）水库运行管理单位及其主管部门（单位）或业主未按规定上报实时水情、工情信息的；

（六）无调蓄洪水过程擅自超汛限水位运行的；

（七）汛限水位以上防洪库容调度运用，未按照防洪调度指令执行的；

（八）调蓄洪水过程长时间在汛限水位以上运行，经分析论证水库水位回落过程不合理的；

（九）汛期，当水库发生险情影响防洪安全时，水库主管部门（单位）或业主未降低水位运行的；

（十）拒不整改，推诿、阻碍、拒绝监督检查，造假或隐瞒问题的；

（十一）如有其他情况超汛限水位运行，根据实际情况分析论证认定。

第二十二条 对监督管理发现的汛限水位违规问题，按照严重程度分为一般问题、较重问题和严重问题三个等级。违规问题分类标准见附件1。

监督管理单位按前款规定对发现问题的严重程度进行确认。违规问题确认清单（式样）见附件2。本办法未做出规定的，由监督管理单位根据实际情况依法依规对问题严重程度进行认定。

第二十三条 监督管理单位确认问题后应及时向责任单位发出整改通知，督促整改落实。

第二十四条 责任单位接到整改通知后，应明确整改责任人，制定整改措施，按要求完成整改，并向监督管理单位报告。对确认的问题有异议的，在执行整改的同时，可向本级或上一级监督管理单位提出申诉。

第七章 责 任 追 究

第二十五条 监督管理单位按照管理权限，根据发现问题的数量、性质和严重程度，对有关责任单位和责任人实施责任追究或提出责任追究建议。

第二十六条 责任追究包括对责任单位的责任追究和对责任人的责任追究。责任追究分类标准见附件3、附件4。

对责任单位的责任追究包括对直接责任单位和监督管理责任单位的责任追究。

对责任人的责任追究包括对责任单位的直接责任人、分管领导及主要领导等责任人的责任追究。

第二十七条 对责任单位的责任追究方式按等级分为：

（一）责令整改；

（二）约谈；

（三）通报批评（含向省级人民政府水行政主管部门通报、水利行业内通报、向省级人民政府通报等，下同）；

（四）其他相关法律法规、规章制度规定的责任追究。

第二十八条 对责任人的责任追究方式按等级分为：

（一）责令整改；

（二）约谈；

（三）通报批评；

（四）建议停职或调整岗位；

（五）建议降职或降级；

（六）建议开除或解除劳动合同；

（七）其他相关法律法规、规章制度规定的责任追究。

第二十九条 有以下情形之一的，从重认定问题等级、从重实施责任追究：

（一）两次（含）以上违规超汛限水位的；

（二）违规超汛限水位运行造成水库严重损毁、河道重大险情、群众生命财产严重损失的。

第八章 附 则

第三十条 地方各级水行政主管部门或流域管理机构可根据本规定制定实施细则。

第三十一条 本规定自发布之日起施行。

附件：1. 汛限水位违规问题分类标准

2. 汛限水位违规问题确认单（式样）

3. 责任单位责任追究分类标准

4. 责任人责任追究分类标准

（以上附件略，详情请登录水利部网站）

水利部决定废止50件原国务院南水北调工程建设委员会办公室文件

水利部2020年8月6日发布2020年第13号公告，决定废止50件“原国务院南水北调工程建设委员会办公室文件”，公告指出，2018年党和国家机构改革以来，水利部对原国务院南水北调工程建设委员会办公室出台的制度文件进行了全面清理，决定废止已不适用的50件文件（见附件）。废止的文件自本公告印发之日起停止执行，不再作为行政管理的依据。

附件

废止文件目录

序号	文件字号	文件名称
1	国调办监督〔2004〕66号	关于印发《南水北调工程建设稽察办法》的通知
2	国调办建管〔2004〕78号	关于印发《南水北调工程代建项目管理办法（试行）》的通知
3	国调办建管〔2004〕79号	关于印发《南水北调工程委托项目管理办法（试行）》的通知
4	国调办投计〔2004〕8号	关于印发《南水北调工程建设重大专题和特性项目管理办法（试行）》的通知
5	国调办投计〔2004〕9号	关于印发《南水北调办基础设施和能力建设项目管理办法（试行）》的通知
6	国调办投计〔2004〕90号	关于印发《南水北调工程建设投资统计报表制度》的通知
7	国调办监督〔2004〕52号	关于印发《南水北调工程项目举报受理及办理管理办法》的通知
8	国调办经财〔2005〕68号	关于南水北调各项目法人申请办理国债专项资金基建拨款财政直接支付有关手续的通知
9	国调办经财〔2005〕78号	关于印发《南水北调工程建设质量监督费管理办法》的通知
10	国调办环移〔2005〕58号	关于印发《南水北调工程建设征地补偿和移民安置监理暂行办法》及《南水北调工程移民安置监测暂行办法》的通知
11	国调办经财〔2006〕141号	关于贯彻执行《中央预算内基建投资项目前期工作经费管理暂行办法》的通知
12	国调办经财〔2007〕128号	关于印发《南水北调工程会计基础工作指南》的通知

续表

序号	文件字号	文件名称
13	国调办投计〔2007〕64号	关于印发《南水北调工程建设重大专题和南水北调办基础设施、能力建设项目管理办法》的通知
14	国调办经财〔2008〕120号	关于规范项目法人申请支付南水北调工程财政性资金有关事项的通知
15	综经财〔2009〕58号	关于贯彻落实《财政部、国家发展改革委关于进一步加强中央建设投资项目预算管理等有关问题的通知》的通知
16	综环移〔2009〕27号	国务院南水北调办关于维护丹江口库区社会稳定促进移民安置工作的通知
17	综征地〔2009〕60号	国务院南水北调办关于进一步做好丹江口库区移民搬迁安置后的生产生活后续工作和有关稳定工作的通知
18	综征地〔2009〕94号	国务院南水北调办关于进一步做好南水北调工程征地移民有关工作的通知
19	综征地〔2009〕62号	国务院南水北调办关于开展南水北调工程丹江口库区移民工作领域专项治理工作的通知
20	国调办投计〔2009〕82号	关于加强南水北调工程投资静态控制和动态管理工作的通知
21	综征地〔2010〕10号	国务院南水北调办关于建立南水北调干线工程征迁安置实施协调制度的通知
22	综征地函〔2010〕37号	国务院南水北调办关于定期报送丹江口水库移民安置实施进展情况的通知
23	综投计〔2010〕118号	关于进一步加强南水北调东、中线一期工程设计变更管理工作的通知
24	综投计函〔2010〕3号	关于其他行业穿（跨）越南水北调中线总干渠设计方案审查审批有关事宜的函
25	国调办经财〔2011〕226号	关于加强南水北调工程建设资金供应管理有关事项的通知
26	国调办经财〔2011〕87号	关于建立审计整改责任追究制度有关事项的通知
27	综经财函〔2011〕170号	关于控制南水北调系统各单位账面资金余额有关事项的通知
28	国调办投计〔2011〕215号	关于建立南水北调工程设计变更快速处理机制和控制性工程设计变更现场处理机制的通知
29	国调办投计〔2011〕219号	关于抓紧开展南水北调工程价差调整工作的通知
30	国调办投计〔2011〕171号	关于成立南水北调中线干线铁路交叉工程协调小组的通知
31	国调办征移〔2011〕260号	关于对南水北调工程丹江口库区移民安置工作实施奖励有关事宜的通知
32	国调办监督〔2012〕199号	关于加强南水北调中线干线高填方渠段工程质量监管工作的通知
33	国调办建管〔2012〕30号	关于印发《2012年度南水北调工程建设进度目标考核实施办法》的通知
34	国调办经财〔2012〕14号	关于南水北调设计单元工程完工财务决算编报和投资控制奖惩考核问题的补充通知
35	国调办监督〔2012〕240号	关于印发《南水北调工程合同监督管理规定》的通知
36	国调办综〔2012〕257号	关于印发《南水北调工程建设管理典型案例管理办法（试行）》的通知
37	国调办环保〔2013〕151号	关于印发丹江口库区及上游水污染防治和水土保持“十二五”规划实施考核办法的通知
38	国调办建管〔2013〕79号	关于印发《2013年度南水北调工程建设进度目标考核实施办法》的通知
39	国调办经财〔2013〕170号	关于进一步做好设计单元工程完工财务决算编制工作的通知
40	综监督〔2013〕29号	关于印发《南水北调东线一期工程2013年通水质量检查工作方案（大纲）》的通知
41	综监督〔2013〕71号	关于印发南水北调跨渠桥梁工程质量监管工作计划方案的通知
42	综经财〔2013〕65号	关于规范编制完工财务决算中待运行期管理维护费的通知
43	国调办监督〔2013〕25号	关于印发《南水北调工程建设信用管理办法（试行）》的通知
44	国调办建管〔2014〕102号	关于印发《2014年度南水北调工程建设进度目标考核实施办法》的通知
45	国调办经财〔2014〕62号	关于印发《南水北调设计单元工程投资控制奖惩考核实施细则》的通知

续表

序号	文件字号	文 件 名 称
46	国调办监督〔2015〕105号	关于印发《南水北调工程运行管理问题责任追究办法（试行）》的通知
47	国调办综〔2015〕51号	关于印发《南水北调工程运行管理典型案例管理办法》的通知
48	国调办监督〔2016〕92号	关于印发《南水北调工程运行管理举报受理管理办法（试行）》的通知
49	国调办环移〔2005〕110号	关于南水北调工程文物保护资金管理有关问题的通知
50	国调办监督〔2017〕181号	关于印发《 南水北调工程运行管理特定飞检工作规定（试行）》的通知

水利部办公厅关于进一步加强河湖管理范围内建设项目管理的通知

水利部办公厅2020年8月13日以办河湖〔2020〕177号文，印发《关于进一步加强河湖管理范围内建设项目管理的通知》，“通知”指出，加强河湖管理范围内建设项目（简称涉河建设项目）管理，关系到防洪安全、河势稳定、生态安全，是全面推行河长制湖长制、加强河湖管理保护的重要内容。近年来，在河湖“清四乱”工作中，一些地方未批先建、违规审批涉河建设项目等问题不同程度存在，今年汛期，新闻媒体对一些违法违规涉河建设项目也有报道，引发社会各界广泛关注。为进一步加强涉河建设项目管理，依据《中华人民共和国水法》《中华人民共和国防洪法》《中华人民共和国河道管理条例》，现就有关要求明确如下：

一、总体要求

以习近平新时代中国特色社会主义思想为指导，全面贯彻党的十九大和十九届二中、三中、四中全会精神，积极践行“节水优先、空间均衡、系统治理、两手发力”的治水思路，紧紧围绕“水利工程补短板、水利行业强监管”水利改革发展总基调，坚持依法依规，严格河湖水域岸线管控，规范涉河建设项目行政许可和实施监管，健全源头预防、过程控制、损害赔偿、责任追究的管理体系，进一步推进涉河建设项目管理有序规范，为建设幸福河湖提供有力保障。各流域管理机构、地方各级水行政主管部门要高度重视涉河建设项目管理，完善制度标准，严格许可程序，加强实施监督，各省级河长制办公室要将清理整治违法违规问题作为河长制湖长制的重要任务，纳入日常工作和考核问责。

二、进一步规范涉河建设项目许可

（一）规范许可范围。在河湖管理范围内建设跨河、穿河、穿堤、临河的桥梁、码头、道路、渡口、管道、缆线等工程设施，要依法依规履行涉河建设项目许可手续。禁止在河湖管理范围内建设妨碍行洪的建筑物、构筑物，倾倒、弃置渣土。禁止围垦湖泊，禁止违法围垦河道。严禁超项目类别进行审批许可，不得以涉河建设项目名义许可尾矿库、永久渣场，不得以桥梁、道路、码头等为名，对开发建设房屋建筑、风雨廊桥、景观工程、别墅等进行许可。对光伏发电、风力发电等建设项目，要符合相关规划，进行充分论证，严格控制，严重影响防洪安全、河势稳定、生态安全的，不得许可。

（二）明确许可权限。各流域管理机构、地方各级水行政主管部门要按照规定的权限进行涉河建设项目许可，对许可行为的依法合规性负直接责任。各流域管理机构涉河建设项目许可权限由水利部确定，其他涉河建设项目许可权限由省级水行政主管部门确定，严禁越权许可。省级水行政主管部门要根据河湖重要程度、项目规模等情况，合理确定省级及以下地方水行政主管部门的许可权限，并指导监督市、县级水行政主管部门的许可工作。流域管理机构许可重要建设项目时，应征求有关省级水行政主管部门的意见，省级的许可文件应抄送有关流域管理机构备案。

（三）严格许可要求。各流域管理机构、地方各级水行政主管部门要依据相关法律法规、技术标准和规划，严格涉河建设项目许可，不仅要维护防洪安全、河势稳定，也要维护河湖空间完整、功能完好、生态安全。对于重要涉河建设项目，要告知建设单位组织编制专门的防洪评价报告，充分论证涉河建设项目对防洪的影响，以及涉河建设项目自身防洪安全。

（四）提高许可效率。各流域管理机构、地方各级水行政主管部门要按照精简、便民、高效的原则，规范审批流程，精简审批手续，依法依规向社会公开有关许可情况，接受社会监督。要主动与发展改革、交通运输等相关部门和建设单位沟通，在桥梁、港口、铁路等重大项目规划、前期立项等环节提前介入，将相关水法律法规、水利规划、防洪等要求落实到设计方案中。

三、切实加强涉河建设项目实施监管

（一）明确监管责任主体。各流域管理机构、地方各级水行政主管部门要按照“谁审批、谁监管”要求，在许可文件中，明确涉河建设项目监管责任单位和责任人，提出监管要求。

（二）加强项目实施监管。监管责任单位要强化事中事后监管，指导督促涉河建设项目按照批准的工程建设方案、位置界限、度汛方案等实施。加强对防洪补救措施的实施监管，防洪补救措施需与涉河建设项目主体工程同步实施，同步验收，同步投入使用。

（三）建立日常巡查制度。各流域管理机构、地方各级水行政主管部门要建立健全河湖日常监管巡查制度，并结合水利工程巡查管护、防汛检查等工作，加强对涉河建设项目的巡查检查，对违法违规问题早发现、早处理。地方各级河长制办公室要提请河长在巡河时加强对涉河建设项目的巡查检查。河道管理单位或水利工程管理单位在日常巡查中，发现问题要立即制止，并及时报告有关水行政主管部门依法处理。

（四）加大行政执法力度。各流域管理机构、地方各级水行政主管部门要加强对涉河建设项目许可、建设等环节的监督，严厉查处违法侵占河湖的行为，对违法违规的责任主体要依法依规进行处罚，对有关责任单位和责任人要依法依纪严肃问责。同时，鼓励有条件的地方探索对涉河建设项目实施、防洪评价报告编制等实行信用管理，将存在未批先建、批建不符、弄虚作假等突出问题的市场主体纳入失信惩戒对象名单。

四、加强涉河建设项目管理的保障措施

（一）依法划定河湖管理范围。划定河湖管理范围是加强涉河建设项目管理的基础。有堤防的河湖，管理范围包括两岸堤防之间的水域、沙洲、滩地、行洪区和堤防及护堤地，堤防背水侧护堤地宽度，根据《堤防工程设计规范》（GB 50286—2013）规定，按照堤防工程级别确定，1级堤防护堤地宽度为30～20m，2、3级堤防为20～10m，4、5级堤防为10～5m，大江大河重要堤防、城市防洪堤、重点险工险段的背水侧护堤地宽度可根据具体情况调整确定；无堤防的河湖，管理范围为历史最高洪水位或者设计洪水位之间的水域、沙洲、滩地和行洪区，历史最高洪水位或设计洪水位要根据有关防洪规划、技术规范和水文资料核定。各流域管理机构、地方各级水行政主管部门要严格依照相关法律法规，加快划定河湖管理范围，严禁为避让违法违规建设项目故意缩小河湖管理范围。

（二）落实岸线保护与利用规划约束。各流域管理机构、地方各级水行政主管部门要按照河湖岸线保护与利用规划编制指南要求，加快规划编制工作，突出保护优先，合理划分岸线保护区、保留区、控制利用区和开发利用区，明确分区管理和用途管控要求，并主动与发展改革、自然资源主管部门对接，将规划成果纳入发展规划和国土空间规划。要以河湖岸线保护与利用规划为依据严格涉河建设项目管理，与规划要求不符的，新建项目一律不得许可，已建项目要因地制宜、有计划地调整或退出。

（三）加强涉河建设项目信息化管理。各流域管理机构、各省级水行政主管部门要组织对管辖范围内的涉河建设项目进行排查，逐步建立完善涉河建设项目台账，并积极利用卫星遥感、视频监控、无人机等技术手段，动态采集河湖水域岸线、涉河建设项目变化情况，实行动态跟踪管理。要依托全国河长制湖长制管理信息系统，逐步将河湖岸线功能分区、涉河建设项目信息纳入“水利一张图”，推进信息化管理。

（四）广泛宣传涉河建设项目法规政策。各流域管理机构、地方各级水行政主管部门要通过报纸、电视、网络、新媒体、宣传册、讲座等多种方式，向河长湖长、有关行政主管部门、建设单位、设计咨询单位、施工企业、社会群众广泛宣传水法律法规和有关政策、涉河建设项目管理知识，要结合河湖“清四乱”常态化规范化，加大对违法违规典型案例的曝光和宣传力度，搭建公众知情平台，畅通公众知情渠道，提升全社会对加强涉河建设项目管理的理解和支持，推动形成知法守法、保护河湖的浓厚氛围。

水利部、司法部关于开展黄河流域水行政执法专项监督的通知

水利部、司法部2020年8月21日以水政法〔2020〕172号文，印发《关于开展黄河流域水行政执法专项监督的通知》，“通知”指出，为深入贯彻落实习近平总书记关于黄河流域生态保护和高质量发展的重要指示精神，按照中央全面依法治国委员会部署和《国务院办公厅关于全面推行行政执法公示制度执法全过程记录制度重大执法决定法制审核制度的指导意见》（国办发〔2018〕118号）要求，水利部、司法部决定在黄河流域开展水行政执法专项监督，并研究制定了《黄河流域水行政执法专项监督实施方案》。现印发给你们，请认真贯彻执行。《黄河流域水行政执法专项监督实施方案》全文如下。

黄河流域水行政执法专项监督实施方案

为深入贯彻习近平总书记在黄河流域生态保护和

高质量发展座谈会、中央财经委员会第六次会议上的重要讲话精神，切实解决执法不作为、乱作为等问题，全面提升水行政执法工作效能，根据中央全面依法治国委员会的决策部署，水利部、司法部决定联合开展黄河流域水行政执法专项监督，特制定如下实施方案。

一、总体要求

坚持以习近平新时代中国特色社会主义思想为指导，全面贯彻党的十九大和十九届二中、三中、四中全会精神，深入落实习近平总书记全面依法治国新理念新思想新战略和治水工作的重要论述，紧扣“让黄河成为造福人民的幸福河”，坚持新时代治水思路，积极践行水利改革发展总基调，全面推行水行政执法“三项制度”，加强黄河流域水行政执法监督工作，促进严格规范公正文明执法，推动《中华人民共和国行政处罚法》《中华人民共和国行政许可法》《中华人民共和国行政强制法》《中华人民共和国水法》《中华人民共和国防洪法》《中华人民共和国水土保持法》《中华人民共和国河道管理条例》等法律法规全面有效实施。

二、监督内容

（一）习近平总书记重要指示精神贯彻落实情况。深入贯彻落实习近平总书记在黄河流域生态保护和高质量发展座谈会、中央财经委员会第六次会议上的重要讲话精神情况，是否结合实际研究确定了加强水行政执法的工作思路、重点任务和保障措施。

（二）全面推行行政执法“三项制度”情况。主要包括水行政执法公示、执法全过程记录、重大执法决定法制审核等制度建设及执行情况，是否做到水行政执法事前事中事后信息依法及时主动公开，是否做到水行政执法全过程记录和可回溯管理，是否制定重大执法决定法制审核目录并做到法制审核全覆盖等情况。

（三）水事违法行为立案查处情况。主要包括违法涉河建设、非法取水、非法采砂、人为造成水土流失、破坏水利工程和水文设施等水事违法行为立案查处情况，是否存在有案不立、立案不查等情况；是否存在有案不移、以罚代刑等情况；是否存在执法不公、执法一刀切、滥用执法裁量权等情况；是否存在过度执法、执法不文明、粗暴执法等情况；行政执法案件被复议、诉讼纠错情况。

（四）执法队伍建设和执法保障情况。主要包括水行政执法队伍（机构）设置、人员编制、经费财政预算保障情况，执法装备配备管理情况，以及执法人员资格证件管理、执法培训考试、辅助执法人员管理等情况；执法巡查和执法责任制落实情况；水利综合执法推进情况；实行综合执法改革有关水行政执法职责划转至综合执法部门的，水利部门与综合执法部门职责边界划定情况，协作机制建立情况，水利行业监管职责履行情况；流域与区域、区域与区域、水利部门与其他部门联动协作执法情况；上级水行政主管部门对承担水行政执法职能的下级综合执法部门或机构指导情况等。

（五）中央及水利部有关执法重点任务落实情况。主要包括扫黑除恶专项斗争组织领导、水行政执法中涉黑涉恶线索摸排及移送、长效监管机制建立完善等情况；水利部《河湖执法工作方案（2018～2020年）》、河湖执法陈年积案“清零”行动等目标任务完成情况。

三、时间安排

（一）自查阶段（2020年8月25日～9月30日）。为做好专项监督工作，各有关部门和单位要做好自查工作。黄河水利委员会和9个省一级水行政主管部门要会同本级司法行政机关，按照本次监督重点和有关要求，组织制定并实施水行政执法监督自查工作方案。黄河水利委员会所属管理机构和9个省区各级水行政主管部门按照自查工作方案开展自查，列出问题清单，建立整改台账，落实整改措施，狠抓整改落实。9省区各级司法行政机关加强对自查工作的指导。

9月20日前，将自查报告（包括组织发动、自查问题、整改情况、下步打算和意见建议等）提交水利部政策法规司。其中黄河水利委员会分省区提交所属管理单位的自查报告。

（二）实地监督（2020年9月20日～10月31日）

1. 成立监督组

水利部和司法部组成6个监督组，具体由水利部政策法规司、司法部行政执法协调监督局负责统筹协调。每个组7～9人，司局级干部任组长，成员包括从司法部有关厅局单位、有关省级司法行政机关和水利部机关有关司局、流域管理机构、有关省级水行政主管部门抽调的业务骨干，长期从事水行政执法工作的专家。从流域管理机构抽调无人机设备及飞手，提供技术支撑和保障。每个组负责1～2个省份及黄委在其省内有关单位的实地监督工作。

2. 实地工作方式

一是对标对表。对黄河水利委员会及其有关单位和9个省份水行政主管部门，2018年以来出台的贯彻落实有关法律法规规定及水利部部署要求的配套措施、执法巡查、执法案卷和执法队伍建设等情况，进行对标对表式检查。

二是明察暗访。根据水利部政策法规司提供的黄河水利委员会及所属管理单位、9个省份的案件情况，结合舆情信息等，对黄河水利委员会在其省份的有关单位和每个省份，采取“四不两直”方式现场监督2～3个水行政执法任务较重的县（市、区）或河段。每个县或每段河段，随机抽取3～5个已完成查处整改的水事案件进行现场复核、3～5个未完成查处整改的水事案件进行重点剖析。通过无人机等手段，抽查是否存在“应立未立”的违法行为，评估、检测、勘验已完成查处整改的水事违法案件。现场随机抽查复核的案件类型，要重点突出水资源管理、河湖管理、采砂管理、水土保持等。

三是访谈座谈。采取一对一访谈或小范围座谈形式，与司法行政主管部门有关人员、水行政执法人员、行政相对人和其他相关人员等交流，听取他们反映水行政执法的突出问题以及意见建议，并制作座谈记录。

四是监督考核。对明察暗访到的省市县水行政主管部门，随机抽取20%持有行政执法证件或水政监察证件的执法人员，进行法律知识和水利专业知识的网上闭卷测试考核，网上测试保障由水利部发展研究中心负责。

（三）监督反馈（2020年9月20日～10月31日）。以“一省一单”方式，向黄河水利委员会和9个省一级水行政主管部门反馈监督情况，包括监督整改清单、监督问责建议和通报表扬等。

（四）总结提升（2020年11月1日～11月30日）。对本次监督情况进行认真总结，提炼经验，分析问题，落实整改，对照严格规范公正文明执法要求，补短板、强弱项、堵漏洞，健全完善长效机制，为“让黄河成为造福人民的幸福河”提供法治保障。

四、工作成果

（一）分省监督情况报告。监督组根据实地监督情况形成各省区和黄河水利委员会的监督工作情况报告。

（二）总体监督情况报告。水利部政策法规司会同司法部执法协调监督局梳理汇总整体监督工作和实地监督情况，形成黄河流域水行政执法专项监督报告，报中央全面依法治国委员会执法协调小组。

（三）三张监督结果清单。逐一梳理各组的监督情况，形成监督发现的问题清单、提出的意见建议清单、典型经验做法和典型案例清单。

五、有关要求

（一）黄河水利委员会、9个省一级水行政主管部门和司法行政机关、各有关单位要高度重视黄河流域水行政执法专项监督工作，精心组织，积极配合，狠抓落实，确保效果和质量。

（二）各监督组要注重发掘和总结黄河水利委员会、9个省一级水行政主管部门在水行政执法中探索积累的好经验好做法，黄河水利委员会和每个省份挖掘2～3个典型案例或典型经验做法。工作结束后10日内将分省监督情况报告、三张监督结果清单和工作情况统计表提交水利部政策法规司，电子版同步发至zfsjcc@mwr.gov.cn。

（三）现场监督工作中要严格遵守中央八项规定及其实施细则精神。

水利部印发《水利工程设计变更管理暂行办法》

水利部2020年12月23日以水规计〔2020〕283号文，发布《关于印发〈水利工程设计变更管理暂行办法〉的通知》，通知指出，为适应当前水利建设新形势，落实好水利改革发展总基调，进一步规范设计变更管理，我部对现行《水利工程设计变更管理暂行办法》（水规计〔2012〕93号）进行了修订完善。现予以印发，请遵照执行，原办法自行作废。执行中发现问题请及时反馈我部。《水利工程设计变更管理暂行办法》全文如下。

水利工程设计变更管理暂行办法

第一章　总　则

第一条　为加强水利工程建设管理，严格基建管理程序，规范设计变更行为，保证工程建设质量，控制工程投资，提高工程勘察设计水平，依据《建设工程勘察设计管理条例》《建设工程质量管理条例》等有关规定，制定本办法。

第二条　本办法适用于新建、改（扩）建、加固等大中型水利工程的设计变更管理，小型水利工程的设计变更管理可以参照执行。

第三条　本办法所指设计变更是自水利工程初步设计批准之日起至工程竣工验收交付使用之日止，对已批准的初步设计所进行的修改活动。

第四条　各级水行政主管部门、流域管理机构应加强初步设计文件实施的监督管理。项目法人应提升管理水平，严格执行基本建设程序和批复的初步设计文件，加强设计变更管理。勘察设计单位应着力提高勘察设计水平，控制重大设计变更，减少一般设计变更。

第五条 水利工程设计变更应按照本办法规定的程序进行审批。建设征地和移民安置、水土保持设计、环境保护设计变更按国家有关规定执行。任何单位或者个人不得擅自变更已经批准的初步设计，不得支解设计变更规避审批。

第六条 水利工程的设计变更应符合国家有关法律、法规和技术标准的要求，严格执行工程建设强制性标准，符合工程建设质量、安全和功能的要求。

第二章 设计变更划分

第七条 水利工程设计变更分为重大设计变更和一般设计变更。

第八条 重大设计变更是指工程建设过程中，对初步设计批复的有关建设任务和内容进行调整，导致工程任务、规模、工程等级及设计标准发生变化，工程总体布置方案、主要建筑物布置及结构型式、重要机电与金属结构设备、施工组织设计方案等发生重大变化，对工程质量、安全、工期、投资、效益、环境和运行管理等产生重大影响的设计变更。主要包括以下方面：

（一）工程任务和规模

1. 工程任务

工程防洪、治涝、灌溉、供水、发电等主要设计任务的变化和调整。

2. 工程规模

（1）水库总库容、防洪库容、死库容、调节库容的变化；

（2）正常蓄水位、汛期限制水位、防洪高水位、死水位、设计洪水位、校核洪水位，以及分洪水位、挡潮水位等特征水位的变化；

（3）供水、灌溉及排水工程的范围、面积、工程布局发生重大变化；干渠（管）及以上工程设计流量、设计供（引、排）水量发生重大变化；

（4）大中型电站或泵站的装机容量发生重大变化；

（5）河道治理、堤防及蓄滞洪区工程中河道及堤防治理范围、治导线形态和宽度、整治流量，蓄滞洪区及安全区面积、容量、数量，分洪工程规模等发生重大变化。

（二）工程等级及设计标准

1. 工程防洪标准、除涝（治涝）标准的变化；

2. 工程等别、主要建筑物级别的变化；

3. 主要建筑物洪水标准、抗震设计等安全标准的变化。

（三）工程布置及建筑物

1. 水库、水闸工程

（1）挡水、泄水、引（供）水、过坝等主要建筑物位置、轴线、工程布置、主要结构型式的变化；

（2）主要挡水建筑物高度、防渗型式、筑坝材料和分区设计、结构设计的重大变化；

（3）主要泄水建筑物设计、消能防冲设计的重大变化；

（4）引水建筑物进水口结构设计的重大变化；

（5）主要建筑物基础处理方案、重要边坡治理方案的重大变化。

2. 电站、泵站工程

（1）主要建筑物位置、轴线的重大变化；

（2）厂区布置、主要建筑物组成的重大变化；

（3）电（泵）站主要建筑物型式、基础处理方案的重大变化；

（4）重要边坡治理方案的重大变化。

3. 供水、灌溉及排水工程

（1）水源、取水方式及输水方式的重大变化；

（2）干渠（线）及以上工程线路、主要建筑物布置及结构型式，以及建筑物基础处理方案、重要边坡治理方案的重大变化；

（3）干渠（线）及以上工程有压输水管道管材、设计压力及调压设施的重大变化。

4. 堤防工程及蓄滞洪区工程

（1）堤线及建筑物布置、堤顶高程的重大变化；

（2）堤防防渗型式、筑堤材料、结构设计、护岸和护坡型式的重大变化；

（3）对堤防安全有影响的交叉建筑物设计方案的重大变化；

（4）防洪以及安全建设工程型式、分洪工程型式的重大变化。

（四）机电及金属结构

1. 水力机械

（1）水电站水轮机型式、布置型式、台数的变化；

（2）大中型泵站水泵型式、布置型式、台数的变化；

（3）压力输水系统调流调压设备型式、数量的重大变化。

2. 电气工程

（1）出线电压等级在110kV及以上的电站接入电力系统接入点、主接线型式、进出线回路数以及高压配电装置型式变化；

（2）110kV及以上电压等级的泵站供电电压、主接线型式、进出线回路数、高压配电装置型式变化；

（3）大型泵站高压主电动机型式、起动方式的变化。

3. 金属结构

（1）具有防洪、泄水功能的闸门工作性质、闸门门型、布置方案、启闭设备型式的重大变化；

（2）电站、泵站等工程应急闸门工作性质、闸门门型、布置方案、启闭设备型式的重大变化；

（3）导流封堵闸门的门型、结构、布置方案的重大变化。

（五）施工组织设计

1. 水库枢纽和水电站工程的混凝土骨料、土石坝填筑料、工程回填料料源发生重大变化。

2. 水库枢纽工程主要建筑物的导流建筑物级别、导流标准及导流方式的重大变化。

第九条 重大设计变更以外的其他设计变更，为一般设计变更，包括并不限于：水利枢纽工程中次要建筑物的布置、结构型式、基础处理方案及施工方案变化；堤防和河道治理工程的局部变化；灌区和引调水工程中支渠（线）及以下工程的局部线路调整、局部基础处理方案变化，次要建筑物的布置、结构型式和施工组织设计变化；一般机电设备及金属结构设备型式变化；附属建设内容变化等。

第十条 涉及工程开发任务变化和工程规模、设计标准、总体布局等方面的重大设计变更，应征得可行性研究报告批复部门的同意。

第三章 设计变更文件编制

第十一条 项目法人、施工单位、监理单位不得修改建设工程勘察、设计文件。根据建设过程中出现的问题，施工单位、监理单位及项目法人等单位可以提出设计变更建议。项目法人应当对设计变更建议及理由进行评估，必要时，可以组织勘察设计单位、施工单位、监理单位及有关专家对设计变更建议进行技术、经济论证。

第十二条 工程勘察、设计文件的变更，应委托原勘察、设计单位进行。经原勘察、设计单位书面同意，项目法人也可以委托其他具有相应资质的勘察、设计单位进行修改。修改单位对修改的勘察、设计文件承担相应责任。

第十三条 涉及其他地区和行业的水利工程设计变更，必须事先征求有关地区和部门的意见。

第十四条 重大设计变更文件编制应当满足初步设计阶段的设计深度要求，有条件的可按施工图设计阶段的设计深度进行编制。设计变更报告内容及附件要求如下：

（一）设计变更报告主要内容

1. 工程概况

2. 设计变更的缘由、依据

3. 设计变更的项目和内容

4. 设计变更方案比选及设计

5. 设计变更对工程任务和规模、工程安全、工期、生态环境、工程投资、效益和运行等方面的影响分析

6. 变更方案工程量、投资以及与原初步设计方案变化对比

7. 结论及建议

（二）设计变更报告附件

1. 项目原初步设计批复文件

2. 设计变更方案勘察设计图纸、原设计方案相应图纸

3. 设计变更相关的试验资料、专题研究报告等

第十五条 一般设计变更文件的编制内容，可根据工程具体情况适当简化。

第四章 设计变更的审批与实施

第十六条 工程设计变更审批采用分级管理制度。重大设计变更文件，由项目法人按原报审程序报原初步设计审批部门审批。报水利部审批的重大设计变更，应附原初步设计文件报送单位的意见。

第十七条 一般设计变更文件由项目法人组织有关参建方研究确认后实施变更，并报项目主管部门核备，项目主管部门认为必要时可组织审批。设计变更文件审查批准后，由项目法人负责组织实施。

第十八条 特殊情况重大设计变更的处理：

（一）对需要进行紧急抢险的工程设计变更，项目法人可先组织进行紧急抢险处理，同时通报项目主管部门，并按照本办法办理设计变更审批手续，并附相关的资料说明紧急抢险的情形。

（二）若工程在施工过程中不能停工，或不继续施工会造成安全事故或重大质量事故的，经项目法人、勘察设计单位、监理单位同意并签字认可后即可施工，但项目法人应将情况在5个工作日内报告项目主管部门备案，同时按照本办法办理设计变更审批手续。

第五章 设计变更的监督与管理

第十九条 水利部负责对全国水利工程的设计变更实施监督管理。水利部流域管理机构和地方各级水行政主管部门按照规定的职责分工，负责对其有管辖权的水利工程设计变更进行监督管理。由于项目建设各有关单位的过错引起工程设计变更并造成损失的，有关单位应当承担相应的责任。

第二十条 各级水行政主管部门要强化设计变更责任管理。有以下行为和问题的，应当责令其改正，并按照“谁主导，谁负责”的原则，依据相关法规追究相关责任单位和责任人的责任：

（一）未按照规定权限、条件和程序审查、报批工程设计变更文件的；

（二）将工程设计变更支解规避审批的；

（三）未经审批，擅自实施设计变更的；

（四）编制的设计变更文件不符合法律、法规或工程建设强制性标准的；

（五）工程参建单位借设计变更变相调整工程建设规模和建设内容的；

（六）项目法人管理不当、勘测设计单位前期勘察设计深度不足、施工单位不具备投标承诺的施工能力，导致重大设计变更的。

第二十一条 项目法人、施工单位不按照批准的设计变更报告施工的，水行政主管部门、流域管理机构应当责令改正。

第二十二条 各类水利项目评奖评优时应将项目重大设计变更情况纳入考核要素。

第二十三条 项目法人负责工程设计变更文件的归档工作。项目竣工验收时应当全面检查竣工项目是否符合批准的设计文件要求，未经批准的设计变更文件不得作为竣工验收的依据。

第六章 附 则

第二十四条 省级水行政主管部门可依据本办法，结合当地实际制定实施细则。

第二十五条 本办法自发布之日起施行。

财政部关于印发《清洁能源发展专项资金管理暂行办法》的通知

财政部 2020 年 6 月 12 日以财建〔2020〕190 号文，印发《关于印发〈清洁能源发展专项资金管理暂行办法〉的通知》，“通知”指出，为促进清洁能源开发利用，优化能源结构，保障能源安全，根据《中华人民共和国预算法》《中华人民共和国可再生能源法》等有关法律法规规定，我部制定了《清洁能源发展专项资金管理暂行办法》。现予印发，请遵照执行。《清洁能源发展专项资金管理暂行办法 》全文如下。

清洁能源发展专项资金管理暂行办法

第一条 为规范和加强清洁能源发展专项资金管理，提高资金使用效益，根据《中华人民共和国预算法》《中华人民共和国可再生能源法》等有关法律法规规定，制定本办法。

第二条 清洁能源发展专项资金（简称专项资金），是指通过中央一般公共预算安排，用于支持可再生能源、清洁化石能源以及化石能源清洁化利用等能源清洁开发利用的专项资金。

第三条 专项资金实行专款专用，专项管理。

第四条 专项资金实施期限为 2020～2024 年。到期后按照规定程序申请延续。

第五条 专项资金由财政部会同有关主管部门管理。

第六条 财政部主要职责如下：

（一）会同相关部门制订专项资金管理制度以及相关配套文件；

（二）负责编制专项资金预算，根据部门提出的资金安排建议和年度预算规模，统筹确定专项资金安排方案；

（三）及时拨付专项资金并组织实施全过程绩效管理。

第七条 国务院有关部门主要职责如下：

（一）按照有关法律规定，制订清洁能源相关行业工作方案；

（二）根据清洁能源发展实际情况，提出资金年度安排建议；

（三）组织实施清洁能源开发利用工作，负责监督检查工作执行及完成情况；

（四）按照预算绩效管理要求做好绩效管理工作。

第八条 地方财政部门和相关主管部门主要职责如下：

（一）负责本地区专项资金的分配、拨付并制定具体操作规程；

（二）组织申报专项资金，核实并提供相关材料；

（三）负责对相关工作实施、任务完成以及专项资金使用情况进行监督检查；

（四）按照预算管理绩效要求对本地区专项资金实施全过程绩效管理，强化绩效目标管理，做好绩效运行监控，开展绩效自评及项目的绩效评价，加强绩效结果应用。

第九条 专项资金支持范围包括下列事项：

（一）清洁能源重点关键技术示范推广和产业化示范；

（二）清洁能源规模化开发利用及能力建设；

（三）清洁能源公共平台建设；

（四）清洁能源综合应用示范；

（五）党中央、国务院交办的关于清洁能源发展的其他重要事项。

第十条 专项资金分配结合清洁能源相关工作性质、目标、投资成本以及能源资源综合利用水平等因素，可以采用竞争性分配、以奖代补和据实结算等方式。采用据实结算方式的，主要采用先预拨、后清算的资金拨付方式。

第十一条 使用专项资金对“十三五”期间农村水电增效扩容改造给予奖励，采用据实结算方式，按照改造后电站装机容量（含生态改造新增）进行奖励，标准为东部 700 元/kW、中部 1000 元/kW、西部 1300 元/kW。以河流为单元的给予奖励资金不得超过总投资（生态改造费用纳入改造总投资）的 50%。奖励资金可以由地方统筹使用。

第十二条 使用专项资金对煤层气（煤矿瓦斯）、页岩气、致密气等非常规天然气开采利用给予奖补，按照“多增多补”的原则分配。超过上年开采利用量的，按照超额程度给予梯级奖补；未达到上年开采利用量的，按照未达标程度扣减奖补资金；对取暖季生产的非常规天然气增量部分，按照“冬增冬补”原则给予奖补。

第十三条 计入奖补范围的非常规天然气开采利用量按照以下方式确定：非常规天然气开采利用量＝页岩气开采利用量＋煤层气开采利用量×1.2＋致密气开采利用量与 2017 年相比的增量部分。

第十四条 非常规天然气开采利用奖补资金计算公式如下：某地（中央企业）当年奖补气量＝上年开采利用量＋（当年取暖季开采利用量－上年取暖季开采利用量）×1.5＋（当年开采利用量－上年开采利用量）×对应的分配系数某地（中央企业）当年奖补气量≤0 时，按 0 计算。某地（中央企业）当年补助资金＝当年非常规天然气奖补资金总额/全国当年奖补气量×某地（中央企业）当年奖补气量。

第十五条 非常规天然气开采利用奖补资金分配系数按照以下方式确定：

（一）对超过上年产量以上部分，按照超额比例确定分配系数：对超过上年产量 0～5%（含）的，分配系数为 1.25；对超过上年产量 5%～10%（含）的，分配系数为 1.5；对超过上年产量 10%～20%（含）的，分配系数为 1.75；对超过上年产量 20%以上的，分配系数为 2。

（二）对未达到上年产量的，按照未达标比例确定分配系数：对未达标部分为上年产量 0～5%（含）的，分配系数为 1.25；对未达标部分为上年产量 5%～10%（含）的，分配系数为 1.5；对未达标部分为上年产量 10%～20%（含）的，分配系数为 1.75；对未达标部分为上年产量 20%以上的，分配系数为 2。

（三）每年取暖季（每年 1～2 月，11～12 月）生产的非常规天然气增量部分，分配系数为 1.5。

第十六条 非常规天然气开采利用奖补资金采取先预拨、后清算的方式。地方和中央企业按照有利于非常规天然气开采的原则统筹分配奖补资金，并用于非常规天然气开采利用的相关工作。

第十七条 其他符合本办法第九条的支持事项，具体资金分配办法由财政部会同有关主管部门另行确定。

第十八条 财政部会同中央有关主管部门组织地方和中央企业申请专项资金。

第十九条 各省、自治区、直辖市（统称各省）水利、财政部门汇总本地区农村水电增效扩容改造奖励资金申请，按照规定时间向财政部和水利部报送相关申请材料和数据，并对报送材料和数据的真实性、准确性负责。水利部根据各省报送的材料和数据以及奖励标准，向财政部提出资金拨付建议。财政部依据水利部提出的资金拨付建议，按照预算管理有关规定下达预算。

第二十条 地方企业向各省财政部门申请非常规天然气开采利用奖补资金，并报送相关材料和数据。各省财政部门审核报送的材料和数据，汇总企业上年实际开采量和当年预计开采量，其中上年实际开采量由财政部当地监管局签署意见后，按照规定时间一并上报财政部、国家能源局。中央企业汇总所属企业上年实际开采量和当年预计开采量，其中上年实际开采量由财政部当地监管局签署意见后，按照规定时间上报财政部、国家能源局。申报企业应当对报送数据的真实性、准确性负责。国家能源局按职责分工对各省和中央企业申报数据进行审核，并将审核结果函告财政部。财政部依据国家能源局、财政部各地监管局和申请企业提供的数据测算，按照预算管理有关规定下达预算。

第二十一条 专项资金支付应当按照国库集中支付制度有关规定执行。涉及政府采购的，应当按照政府采购有关法律制度规定执行。

第二十二条 省级财政部门会同有关部门按照职责分工，将本年度专项资金安排使用和项目实施情况及时报财政部和中央有关主管部门备案。

第二十三条 财政部各地监管局应当按照工作职责和财政部要求，对专项资金实施监管。

第二十四条 财政部会同有关主管部门对专项资金开展全过程绩效管理，强化绩效目标管理，组织开展绩效评价，加强评价结果应用。

第二十五条 任何单位或个人不得截留、挪用专项资金。各级财政、水利、能源等部门及其工作人员在专项资金审核、分配工作中，存在违反规定分配资金、向不符合条件的单位（个人）分配资金、擅自超出规定的范围或者标准分配或使用专项资金等，以及其他滥用职权、玩忽职守、徇私舞弊等违法违纪行为的，按照《中华人民共和国预算法》《中华人民共和国公务员法》《中华人民共和国监察法》《财政违法行为处罚处分条例》等有关规定追究责任。构成犯罪的，依法追究刑事责任。

第二十六条　本办法由财政部商有关主管部门按职责分工负责解释。

第二十七条　本办法自发布之日起施行。财政部印发的《可再生能源发展专项资金管理暂行办法》（财建〔2015〕87号）、《关于〈可再生能源发展专项资金管理暂行办法〉的补充通知》（财建〔2019〕298号）同时废止。

领　导　讲　话

在2020年中国水电发展论坛暨水力发电科学技术奖颁奖典礼的讲话

水利部副部长　蒋旭光

［编者按：此文乃水利部副部长蒋旭光2020年1月7日在2020年中国水电发展论坛暨水力发电科学技术奖颁奖典礼上的讲话。］

今天，中国华能集团有限公司和中国水力发电工程学会在这里举办“2020年中国水电发展论坛暨水力发电科学技术奖颁奖典礼”，水电行业的领导和专家群贤毕至，共聚一堂，交流经验，展望未来，共谋行业创新发展。受鄂竟平部长委托，我代表水利部向此次论坛和颁奖活动的举办表示热烈的祝贺！向获得奖励的单位和个人表示崇高的敬意！向长期关心和支持水利工作的各位领导、专家和各界朋友表示衷心的感谢！

刚刚过去的一年，是不平凡的一年，我们迎来了新中国成立70周年，也迎来了水利水电事业的蓬勃快速发展。一年来，中国水力发电工程学会在以张野同志为理事长的第八届理事会的团结带领下，围绕“礼赞共和国、追梦新时代”主题，学会全体理事监事履职尽责、共谋发展，秘书处和各专业委员会聚焦“世界一流学会建设”目标任务及学会中心工作，积极为党和政府科学决策服务、为水电事业创新发展服务，凝聚引领广大会员坚持守正创新，深化改革治理，推动学术繁荣，促进科技进步，培育创新人才，科学引导舆情，积极建言献策，展现了新时代科技社团的新气象、新作为，塑造了学会发展的新格局、新风貌。

党中央、国务院高度重视水利工作。习近平总书记亲自主持召开黄河流域生态保护和高质量发展座谈会，发出了让黄河成为造福人民的幸福河的伟大号召，为做好新时代治水管水工作提供了根本遵循。李克强总理专门召开南水北调后续工程工作会议，强调要把水利工程及配套设施建设作为当前扩大有效投资的突出重点。一年来，在习近平新时代中国特色社会主义思想指引下，各级水利部门认真贯彻落实党中央、国务院决策部署，积极践行“水利工程补短板、水利行业强监管”的水利改革发展总基调，坚持目标导向、问题导向、结果导向，真抓实干、克难攻坚，推动各项水利工作取得了明显成效。

水利工程补短板提质提速。全国落实水利建设投资7260亿元，创历史最高水平。新开工珠江三角洲水资源配置等重大水利工程23项，河南出山店水库等一批工程相继建成并发挥效益。实施防汛抗旱水利提升工程，大江大河大湖防洪治理、病险水库除险加固、主要支流和中小河流治理全面加快。农村水利建设全面提速，农村饮水安全巩固提升超额完成年度任务。华北地区地下水超采综合治理、水土保持生态建设等水生态修复工程成效明显。农村水电增效扩容改造稳步实施，累计完成1067条河流、1900多个生态改造项目，修复减水脱水河段2500km，创建173座绿色小水电示范电站。通过一年来的不懈努力，水利基础设施体系加快完善，充分发挥了水利建设的有效投资拉动作用，进一步增强了水安全支撑保障能力。

水利行业强监管有力有效。紧紧抓住调整人的行为、纠正人的错误行为这条主线，坚持以问题为导向，以整改为目标，以问责为抓手，加快完善法制体制机制，大力开展专项监督检查，实现了水利行业强监管的平稳起步和重点突破。启动实施国家节水行动，加快落实节水评价制度，跨省江河水量分配、河湖生态流量确定等工作取得积极进展，水资源节约保护和管理水平进一步提升。推动河长制湖长制工作从“有名”到“有实”转变，河湖“清四乱”专项行动成效明显，全国河湖面貌显著改善。全面加强水利建设市场监管，不断提高水利工程标准化规范化管理水平，长期以来“重建轻管”的状况正在加快扭转。水旱灾害防御夺取重大胜利，最大程度减轻了洪涝干旱灾害损失，有力保障了人民群众生命财产安全。

2019年也是三峡工程完成初步设计任务十周年、

南水北调东中线一期工程全面通水五周年。三峡工程连续10年达到175m正常蓄水位，汛期累计拦蓄洪量1533亿m^3，枯水期累计为下游补水2665亿m^3，三峡电站累计发电12874亿kW·h。南水北调工程东线连续6年完成调水任务，中线不间断安全供水1800余天，东中线累计调水超过300亿m^3，水质分别稳定保持地表水Ⅲ类和Ⅱ类以上标准，直接受益人口超过1.2亿，从根本上改变了受水区的供水格局，为实施国家重大战略、改善华北地区生态提供了可靠保障。作为大国重器，三峡和南水北调工程发挥了巨大的经济、社会和生态效益，充分彰显了中国特色社会主义制度的显著优势。

2020年是全面建成小康社会和“十三五”规划收官之年。水利部即将召开全国水利工作会议，全面部署2020年水利工作。水利系统将继续深入学习贯彻习近平新时代中国特色社会主义思想，全面落实“节水优先、空间均衡、系统治理、两手发力”的治水思路，主动担当作为，持续攻坚克难，推动水利工程补短板再掀新高潮、水利行业强监管再上新台阶，为全面建成小康社会提供坚实的水利支撑。

2020年，也是中国水力发电工程学会成立40周年。40年来，学会上下求索、矢志创新，发展成为推动我国水利水电事业蓬勃发展的一支重要力量。站在新起点上，希望水电学会不忘初心、牢记使命，继往开来、勠力同心，奋进新征程、展现新作为，推进水利水电事业不断开创新局面。水利部将一如既往地关心支持中国水力发电工程学会的工作，也衷心希望学会以及各位领导、专家、社会各界朋友继续关心、支持水利工作，推动我国水利事业高质量发展。

在2020年中国水电发展论坛暨水力发电科学技术奖颁奖典礼上的致辞

中国水力发电工程学会理事长 张野

［编者按：此文为原国务院南水北调工程建设委员会办公室副主任，中国水力发电工程学会理事长张野2020年1月7日在2020年中国水电发展论坛暨水力发电科学技术奖颁奖典礼上的致辞。］

一元复始山河美，万象更新锦绣春。今天我们迎来了一年一度的水利水电盛会，各位领导嘉宾、水电前辈后生齐聚一堂，畅叙深情厚谊、分享成就经验、共谋发展新篇。在此，我代表中国水力发电工程学会，向莅临大会的领导和来宾，向精心办会的中国华能集团，向多年来为水利水电事业精诚奉献的广大水电同仁致以诚挚的感谢和美好的祝愿。

刚刚过去的一年，党的十九届四中全会胜利召开，勾画了国家治理现代化的宏伟蓝图；各族儿女热烈庆祝新中国成立70周年，满载喜庆和荣光昂首砥砺新征程。70年来，在几代党中央领导集体的坚强领导下，一辈辈水电工作者锐意改革、矢志创新、艰苦奋斗，有力推动了我国水电从小到大、从弱到强、从学习跟跑到全面超越，至2019年底全国水电总装机容量约3.56亿kW、年发电量逾万亿kW·h，均居世界第一。在“一带一路”倡议指引下，凭借先进的设计和创新理念、领先的筑坝和施工技术、优质的管理和服务水平，中国水电以全产业链一体化的优势阔步走出国门迈向世界，与140多个国家和地区建立了水电开发多种形式的合作关系，承接了60多个国家的电力和河流规划，拥有70%以上的海外水电建设市场份额，成为闪耀在国际能源领域和“一带一路”基建舞台的“中国名片”，为推动构建人类命运共同体做出了积极贡献。

科技兴则民族兴，科技强则国家强。以习近平同志为核心的党中央坚持建设世界科技强国的奋斗目标、坚持走中国特色自主创新道路、坚持以深化改革激发创新活力，我国科技事业密集发力、加速跨越，实现了历史性、整体性、格局性重大变化，重大创新成果竞相涌现，科技实力正处于从量的积累向质的飞跃、点的突破向系统能力提升的重要时期，我国水电创新发展也迎来了又一个重要战略机遇期，以大电站、大机组、自动化、智能化为主要特征的新时代水电事业迈入高质量发展新阶段。

当前，我国水电建设逐步转向综合条件更加复杂的西部、中国企业广泛参与全球水电和新能源开发与治理、水风光多能互补运行优化调度、新能源的高效转化和存储、老机组改造扩容升级等面临着一系列核心关键技术问题和高精尖的世界级科技难题，大力构建清洁低碳安全高效现代能源体系、推进生态文明建设筑牢国家生态安全屏障对新时代水电提出了新的更高要求，这些都需要我们竭力发挥科技创新的支撑引领作用，强化实施创新驱动发展战略，努力在关键共性技术、现代工程技术、“卡脖子”技术等方面取得新突破，以不断创新的前沿技术和不断革新的管理手段促进水电和新能源事业可持续发展。

水电学会作为我国水电行业影响广泛的科技社团，始终主动担负起在推动建设创新型国家和世界科技强国中的重要使命。2019年在有关部门、行业单位和新老领导的关心支持以及理事会的正确领导下，积极履行“四服务”职能，加强党的政治引领和政治吸纳，继续深化改革治理，搭好学术交流和科技创新平台，调研西藏水电情况并通过中国科协向国务院和有关部委建言献策，大力开展科普工作并获科协通报表扬，合力筹建中国水电科技博物馆，扎实推进“世界一流学会”建设。2020年是全面建成小康社会收官之年，是实现第一个百年目标的关键之年，学会也迎来成立40周年。我们要遵循党的十九届四中全会的战略部署，突出治理体系和治理能力建设，持续提升学会治理能力和水平；要坚定不移地以习近平新时代中国特色社会主义思想武装头脑、指导水电科技创新和学会全面深化改革实践，团结和引领广大水电科技工作者积极推进“双创”工作，参与开展创新争先行动，推动水电科技学术繁荣发展，促进水电科学普及和推广，共同为推动水电和新能源事业高质量发展、为建设世界科技强国和美丽中国做出新的更大贡献。

践行能源安全新战略 为“六稳”“六保”注入新动能

中国华能集团有限公司党组书记、董事长，
中国工程院院士，国际电工委员会主席，
全国政协委员 舒印彪

[编者按：2020年7月9日，中国华能集团有限公司党组书记、董事长舒印彪撰写了署名文章《践行能源安全新战略 为“六稳”“六保”注入新动能》，求是杂志社《红旗文稿》节选刊登了该文。本文转载自中国社会科学院主办的《中国社会科学网》。]

以习近平同志为核心的党中央统筹做好新冠肺炎疫情防控和经济社会发展工作，做出了“六稳”“六保”决策部署，将“保能源安全”和“保产业链供应链稳定”摆在更加重要的位置。我们要坚决落实党中央国务院的决策部署，深入贯彻新发展理念，践行“四个革命、一个合作”能源安全新战略，紧紧围绕“六稳”工作和“六保”任务，积极应对内外部环境变化带来的新挑战，在变革中寻新机，在变局中开新局，构建清洁低碳、安全高效的能源体系，为全面建成小康社会和建设现代化经济体系提供坚强的能源支撑。

（一）认清能源安全新战略的核心要义和本质内涵

2014年6月13日，在中央财经领导小组第六次会议上，习近平总书记发表重要讲话，做出推动能源消费、能源供给、能源技术和能源体制革命以及全方位加强国际合作、实现开放条件下的能源安全的重要论述。“四个革命、一个合作”能源安全新战略的提出，代表了我国能源战略理论创新的新高度，是新时代指导我国能源转型发展的行动纲领。

能源安全新战略是实现我国能源安全的根本遵循。我国是世界上最大的能源生产国和消费国，如何确保国家能源安全、保障经济社会发展，始终是能源事业发展面临的首要问题。“四个革命、一个合作”的能源安全新战略，揭示了新时代我国能源发展的特点规律和发展方向，对于我们在新时代做好能源工作、推动能源事业高质量发展具有重大指导意义。我国能源行业正处在优化发展结构、提升发展质量、转换增长动力的攻坚期，既存在一些长期积累的结构性矛盾，也出现不少转型过程中的新情况新问题。今年新冠肺炎疫情暴发以来，国际能源需求短期急剧下滑，相对过剩的能源供应导致能源价格大幅下跌，同时产业链韧性和供应链柔性不足的问题进一步暴露。为此，我们必须把握国际能源发展大趋势，深刻理解和把握习近平总书记关于能源安全新战略的重要论述精神，毫不放松抓紧抓实抓细能源安全保障工作，筑牢我国经济社会可持续发展的能源根基。

能源安全新战略是引领能源高质量发展的坚强保障。党的十九大提出，要构建清洁低碳、安全高效的能源体系。进入新世纪以来，全球能源格局深度调整，新一轮能源革命蓬勃兴起，转型进程显著加快，能源生产和消费继续向清洁化、低碳化、高效化、电气化和智能化的方向发展。总的来看，我国能源发展取得了巨大成绩，但是在能源供给、能源消费、生态环保、网络安全等方面还存在不少制约因素，在“卡脖子”技术上受制于人，能源体制机制还有待完善。面对新冠肺炎疫情对我国能源高质量发展带来的冲击，我们要坚持问题导向、目标导向、结果导向，推动能源发展的质量变革、效率变革、动力变革，大力实施能源产业链提升工程，带动我国能源及相关产业升级，走出一条具有中国特色能源工业高质量发展之路。

能源安全新战略是满足人民群众对美好生活向往的重要路径。中国特色社会主义进入新时代，我国社会主要矛盾已经转化为人民日益增长的美好生活需要和不平衡不充分的发展之间的矛盾。随着工业化、城镇化的快速推进，人民群众对能源的依赖程度越来越大，对高质量用能的要求也越来越高。当前的能源资源环境状况和全球二氧化碳排放水平表明，发展中国家不可能再沿袭西方发达国家在工业化过程中高消耗、高污染的传统模式，必须开拓一条以较低能耗强度支撑美好生活的绿色能源之路。为了决战决胜全面建成小康社会，实现“两个一百年”奋斗目标，我们要坚持以人民为中心的发展理念，紧紧围绕能源安全新战略，把实现好、维护好、发展好广大人民群众的根本利益作为能源发展的根本目的，大力提升能源惠民利民工程，不断提高绿色发展水平，着力解决好能源普遍服务不平衡不充分问题，打好能源领域精准脱贫和污染防治攻坚战，让广大人民群众不断提升获得感，共享能源高质量发展的成果。

能源安全新战略是我国深度参与全球能源治理的重大实践。当前，全球化遭遇逆流，全球能源供应链体系受到较大影响。由发达国家主导的全球能源治理体系已难以平衡新老能源生产国和消费国的利益诉求。推动构建新的全球能源治理机制和自主可控的全球能源供应链，是能源安全新战略的应有之义。习近平总书记关于能源安全新战略的重要论述，全面阐述了共同构建全球能源治理格局、共同推动绿色发展合作等一系列重大问题，为统筹利用好国内国际两个市场两种资源，形成国内国际双循环相互促进的新发展格局指明了方向，是我国在更加“不确定不稳定的世界”中谋求发展的行动指南。我们既要把满足国内需求作为发展的出发点和落脚点，维护产业链供应链安全，同时又要在更大范围、更宽领域、更高层次参与国际能源合作，坚定不移推动经济全球化朝着开放、包容、普惠、平衡、共赢的方向发展，做好新时代国际能源合作这篇大文章。

（二）践行“四个革命、一个合作”能源安全新战略

能源行业要在“十四五”及更长一个时期继续深入贯彻能源安全新战略，加快“再电气化”进程，积极推动能源科技革命，系统研究解决能源体制机制等问题，稳步推进能源国际合作，提高能源产业链韧性与柔性，构建有中国特色的能源转型和新能源发展模式，助力我国由电力大国迈向电力强国。

推动“再电气化”进程。“再电气化”已经成为推动清洁能源快速发展、实现能源转型的必由之路。“再电气化”指的是在传统电气化基础上，充分利用新能源、新材料和数字技术，大规模开发利用清洁能源并替代化石能源，最终实现以清洁能源为主体的高度电气化社会的过程。在能源生产环节，发展新能源，推动煤炭清洁高效利用，实施能源电力产业链提升工程，构建起多渠道、多元化的能源供应体系；在能源消费环节，提高电能在终端能源消费中的比例，优化能源消费结构，通过发展战略性新兴产业，打造更多新的增长点、增长极。高比例可再生能源和高度电气化社会，不仅是本轮能源革命的特征之一，更是全球应对化石能源枯竭、降低碳排放、减少环境污染的必然选择。加快清洁能源发展，牢固树立绿水青山就是金山银山的理念，坚持清洁低碳战略方向不动摇。推动煤炭清洁高效利用，把更多的煤转化为电，提升煤电的清洁高效利用水平。提高电能在终端能源消费中的比例，更加关注交通、商业、公共服务和居民生活等领域的节能和提高能效。

以科技创新为第一动力。能源科技革命是能源生产与消费革命的重要支撑，是抢占科技发展制高点、确保我国能源长远安全的战略保障，是当前我们摆脱路径依赖、掌握能源安全主动权的重要抓手。我们要深入实施创新驱动发展战略，推动能源技术革命，不断提升能源技术自主创新能力和重大装备国产化水平。加大先进能源技术研究应用。立足于增强能源产业核心竞争力，加大基础领域和前沿领域研究。聚焦“卡脖子”技术加快攻关步伐。紧紧抓住全球产业链重构战略机遇期，补链扩链，加速完成我国能源技术和装备制造转型升级，实现更多核心技术的“中国引领”。大力探索发展新模式新业态，顺应数字时代要求，加快建设新型能源工业互联网基础设施，研发并掌握核心技术，打牢能源安全基础。

以体制机制改革为活力源泉。《关于新时代加快完善社会主义市场经济体制的意见》指出，必须进一步解放思想，坚定不移深化市场化改革，扩大高水平开放，不断在经济体制关键性基础性重大改革上突破创新。具体到能源行业，就是要充分发挥市场在资源配置中的决定性作用，更好发挥政府宏观调控作用，最终形成竞争充分、开放有序、健康发展的市场体系，以精准的政策导向和有效的市场机制保障能源安全。充分发挥市场配置资源的作用。推进电力中长期、现货和辅助服务市场建设，完善电力市场化交易机制，以价格准确反映资源成本、供求关系和环境成本，引导资源有效开发；以建设统一、开放、公平的全国电力市场为目标，打破省际壁垒，推进跨省跨区电力市场交易，赋予包括用户在内的市场主体自由选择权，促进电力资源在更大范围的优化配置。继续优化清洁能源发展模式，实现清洁能源能用尽用。进一步完善有利于煤电清洁高效发展的产业政策，发挥更大的兜底保供作用。

以国际合作为重要途径。目前，全球还有约10亿人没有完全解决用电问题。我们要充分把握国际能源合作的新趋势新变化，坚定“走出去”战略，合理配置利用全球能源资源，持续深化能源领域对外开放。深入开展“一带一路”能源合作，拓展延伸“一带一路”能源合作的广度和深度，加强电力等基础设施互联互通，并在高效低成本新能源发电、清洁高效燃煤发电等先进技术领域深化合作。积极参与全球能源治理，推动构建新的全球能源治理机制和自主可控的全球能源供应链，为构建开放竞争、高效稳定的能源市场，建设更加有序、更加包容的全球能源治理架构提供中国方案，贡献中国智慧。

（三）以保促稳、稳中求进，全力落实“六保”任务

突如其来的新冠肺炎疫情对我国能源行业是一次大考。习近平总书记高度重视能源保供工作，多次做出重要指示，要求保障煤电油气供应、切实维护正常

经济社会秩序。我国能源行业反应迅速，全力以赴保障能源供应，扎实推动企业复工复产，为疫情防控持续向好、生产生活秩序加快恢复打下坚实基础。作为国有重要骨干企业，中国华能以央企大国重器和“顶梁柱”的担当，推进“两线”“两化”战略，推动一体化大型清洁能源基地建设，加快绿色发展步伐，促进企业转型升级，努力将疫情造成的损失降到最低。同时，把支持湖北经济社会发展作为一项重大政治任务来抓，研究制定疫情防控、能源投资、物资采购等一揽子工作方案，全方位加大湖北疫后重振支持力度。

在疫情防控进入常态化的背景下，能源企业落实“六稳”“六保”任务更加艰巨。必须密切关注境外疫情对我国能源供应链产业链的影响及国内电力供需变化，落实安全生产责任，全力以赴保障能源供应。进入全面复工复产后，还要促创新补短板，培育增强新动能，充分发挥能源投资对经济发展的拉动效应，最大限度降低疫情造成的不利影响。在“保”的基础上，以保促稳、稳中求进、行稳致远，推动实现更高质量、更有效率、更可持续的发展。

保障能源安全供应。在国内经济稳步复苏的阶段，保障能源安全供应事关全局，意义重大。能源电力企业要牢固树立安全发展理念，进一步压实各级安全责任，完善应急体系建设，确保电力、热力、煤炭稳定安全供应，为经济社会发展筑牢能源保障。要加强重点地区和企业供电服务保障。按照各地政府要求和疫情防控实际需求，强化电力用户分类管理，健全能源应急保障体系，增强应急保障能力，确保电力可靠供应。要着眼用能需求逐步回升的新特点，夯实能源安全生产基础，加强供需形势的密切跟踪研判，不断增强保障能源供应安全的主动权。要树牢红线意识和风险意识，坚持不懈抓实安全风险防控工作，积极防范化解复工复产过程中的安全风险，推动保障能源运行安全，不断提高安全发展水平。

全力支持产业链复苏。在当前经济增速下降之时，能源企业须充分发挥引领和带动作用，通过自身创新发展带动产业链上下游共同发展，着力扩大有效投资，拉动经济发展。响应《政府工作报告》扩大有效投资、加快“两新一重”建设的号召，推进能源设施与交通、通信设施融合协同发展，积极探索数字技术在能源生产、输配、交易、消费等场景的应用，大力培育新技术、新业态、新模式，为促进经济发展提供新动能。认真贯彻落实党中央关于支持湖北省经济社会发展的决策部署，保热保电稳定产业链，布局战略性新兴产业，加大对湖北的采购力度，用实际行动助力湖北经济社会发展。加快重大工程建设，加强分类指导和精准施策，推动能源领域基础设施高质量发展，充分发挥能源产业对经济运行的基础性托底作用。

在共抓大保护中实现高质量发展

中国长江三峡集团有限公司
党组书记、董事长 雷鸣山
中国长江三峡集团有限公司
党组副书记、总经理 王琳

[编者按：此文原刊登于 2020 年 2 月 25 日的《人民日报》上，本刊登载时做了删减。]

推动长江经济带发展是党中央做出的重大决策，是关系国家发展全局的重大战略，对实现“两个一百年”奋斗目标、实现中华民族伟大复兴的中国梦具有重要意义。中国长江三峡集团有限公司（简称三峡集团）是生于长江、长于长江、扎根于长江的中央企业，在共抓长江大保护中更好发挥作用是我们义不容辞的责任。习近平总书记要求，“三峡集团要发挥好应有作用，积极参与长江经济带生态修复和环境保护建设”。我们深入学习贯彻习近平总书记重要指示精神，进一步提高政治站位，坚决把思想和行动统一到党中央决策部署上来，努力在共抓长江大保护中发挥骨干主力作用、实现企业高质量发展。

（一）共抓长江大保护是习近平生态文明思想的生动实践

习近平生态文明思想是习近平新时代中国特色社会主义思想的重要组成部分，是我们保护生态环境、推动绿色发展、建设美丽中国的强大思想武器。以共抓大保护为导向推动长江经济带发展是习近平生态文明思想的生动实践。

坚持生态优先、绿色发展。习近平总书记指出，绿水青山就是金山银山；保护生态环境就是保护生产力，改善生态环境就是发展生产力。这些重要论述深刻阐明了生态环境保护与经济发展不是矛盾对立的关系，而是辩证统一的关系。长江流域生态地位突出，自然生态系统完整，山水林田湖草浑然一体，是我国重要的生态安全屏障，更是子孙后代生生不息、永续发展的重要支撑。必须坚持生态优先、绿色发展，在发展中保护、在保护中发展，实现经济社会发展与人口、资源、环境相协调，使绿水青山产生巨大生态效益、经济效益、社会效益。

坚持共抓大保护、不搞大开发。习近平总书记指出，推动长江经济带发展必须从中华民族长远利益考虑，把修复长江生态环境摆在压倒性位置，共抓大保护、不搞大开发。当前，长江生态环境已经到了必须下决心治理、也有条件和能力治理的窗口期。要坚定不移以共抓大保护、不搞大开发为导向推动长江经济带发展，把修复长江生态环境摆在压倒性位置，逐步解决长江生态环境透支问题。要努力把长江经济带建设成为生态更优美、交通更顺畅、经济更协调、市场更统一、机制更科学的黄金经济带，探索出一条生态优先、绿色发展新路子。

（二）攻坚克难、开拓创新，确保共抓大保护取得成效

三峡集团把贯彻落实习近平总书记重要指示作为最重要的政治任务抓紧抓实，在国家发展改革委等有关部委指导支持下，成立了长江生态环保集团有限公司，作为推动长江大保护的实施主体；发起设立了长江绿色发展投资基金，引导推动社会资本聚焦生态环境保护；成立了长江生态环境工程研究中心，培育形成生态修复和环境保护专业技术能力；组建了长江生态环保产业联盟，打造共抓长江大保护合作平台；设立了长江生态环保专项资金完善资金保障体系，确保共抓大保护取得成效，努力在共抓大保护中实现高质量发展。

加快先行先试，同护“一江清水”。三峡集团在长江中游城市开展城镇污水处理先行先试工作，推动江西九江、安徽芜湖、湖北宜昌、湖南岳阳四个试点城市取得突破性进展。已开工先导工程55个，落地总投资近600亿元，实现了水环境治理项目“开工一批、谋划一批、储备一批”，推动城镇污水处理实现由单点项目建设向规划引领、综合治理、流域统筹转变。在此基础上，围绕长江干流、重要支流以及重点生态功能区域推进第二批合作城市重点项目，并努力将试点范围拓展到长江沿线其他重点城市，着力推动长江流域城镇污水处理进入全面铺开、重点突破、纵深推进的新阶段，实现从污水处理拓展至“三水共治”，全面参与实施水污染治理、水生态修复和水资源保护。

探索城镇污水治理新模式新机制。三峡集团坚持流域统筹、区域协调、系统治理、标本兼治原则，提出城镇污水治理综合解决方案，通过实施“厂网河（湖）岸一体”“泥水并重”等城市水环境综合治理，促进城镇污水全收集、收集全处理、处理全达标及其综合利用，努力实现城市水环境质量整体根本改善。充分发挥国有资本的引领带动作用，吸引各类社会资本共同投资，形成多元化投融资渠道。推动以价格为中心的污水处理收费机制改革，探索建立城市污水管网运营维护的市场化运作机制。践行绿水青山就是金山银山的理念，探索创新生态产品价值实现路径，形成可推广、可复制、可持续的污水治理新模式新机制。

推动构建共抓长江大保护工作机制。共抓长江大保护涉及面广、责任主体多，需要构建必要的共抓工作机制。为此，三峡集团积极加强与沿江省市、环保产业上下游相关中央企业、地方国有和民营及外资龙头企业、科研院所等的交流合作，与重庆、湖北、湖南、江西、安徽、江苏、上海等省市签署战略框架协议，与22个市（区）县签订合作协议，着力构建共抓长江大保护工作格局。

协调推进绿色水电建设与生态环境保护。三峡集团坚持绿色发展理念，将绿色发展、产业优化升级、绿色技术创新、节能环保产业发展等纳入集团发展战略规划，坚持在保护生态环境的前提下发展水电，探索水电项目绿色发展之路。实施水库群联合调度、生态调度、下泄生态流量保证，采取珍稀特有鱼类栖息地保护、人工增殖放流等水生生物保护措施，改善长江流域生态环境，提升长江流域生态系统的稳定性。

专　家　论　坛

大力推进水电建设　破解发展的“水制约”难题

国务院发展研究中心资源与环境政策研究所研究员　王亦楠

［编者按：在乌东德水电站首批机组安全准时投产发电之际，《中国三峡工程报》全媒体特约记者喻清卿采访了国务院发展研究中心资源与环境政策研究所研究员王亦楠教授。她指出，以乌东德、白鹤滩水电站为代表的西南水电开发，对于我国维护经济发展和社会稳定大局、推进“两新一重”建设、打好三大攻坚战等方面具有“牵一发而动全局”的重要意义和作用。采访全文如下。］

（一）水库大坝是解决“人水矛盾”的最重要手段

今年以来，世界经济下行风险加剧，不稳定、不确定因素显著增多，我国经济社会发展面临的挑战前

所未有，要在困局中谋发展，必须充分评估我们所面临的困难和风险。王亦楠呼吁应尽快在全社会形成广泛共识，重视“水安全”问题，打破我国经济社会发展的“水制约”。

王亦楠介绍说，作为世界上人口最多的发展中国家，中国要用仅占世界6%的水资源养活世界20%的人口，人均水资源量仅为世界平均水平的1/4。按照国际标准，未来10年我国设定的人均用水量指标属于“极度缺水”状态，另一方面，我国水资源时空分布严重不均，导致洪旱灾害特别严重。水资源严重短缺再叠加上洪涝灾害频发，成为我国经济社会发展一直以来面临的严重制约，“人水矛盾”已经尖锐到严重危及国家安全和粮食安全的程度。

王亦楠说，自从人类掌握了筑坝工程技术后，古今中外，任何一个国家，如果没有天然水资源的充分保证，无一不是依靠水库大坝蓄水、跨流域调水来解决水资源供应问题，因为目前除了修建水库大坝，人类还没有其他手段来解决天然水资源时空分布不均的矛盾，水库大坝由此也成为现代社会必不可少的重要基础设施。

纵观世界发展史，王亦楠认为，正是因为有了充足的水库库容和调蓄能力（蓄丰补枯），欧美发达国家才可以做到水旱从人，不必再听天由命。而我国目前的人均库容水平仅为发达国家平均水平的22%，这一巨大差距，正是我们几乎年年都要遭受洪旱灾害威胁的最根本原因，我国具备水资源调控能力的大型水库不是太多，而是太少。鉴于国际社会的发展经验，她指出，我国亟需建设一批类似三峡工程这样的大型调蓄水库，尽快提升我国水资源调控能力，从而大大增加我国可利用的水资源总量，从根本上治理严重洪旱灾害对人民生命财产的威胁。

在她看来，包括乌东德、白鹤滩在内的金沙江四座大型水电站的梯级开发，使我国总库容增加了460亿m^3，防洪库容增加约155亿m^3，对长江流域防洪抗旱能力的提升，确保能源安全，都具有举足轻重的作用。

（二）立足水电开发打造中国版“田纳西奇迹”

王亦楠介绍说，田纳西州曾经是美国最贫穷落后的地区之一，20世纪40、50年代，正是借助于田纳西河梯级水电的大开发，一直被浪费且不断造成洪灾泛滥的水能资源成功转化成经济社会和环境福祉（水电开发实现了防洪、发电、航运、土地森林综合利用等多重社会效益），一跃成为美国生态环境最优美、经济最富裕的地区之一。王亦楠说，“田纳西奇迹”对我国如何将西南地区最富集的水能资源，转化为脱贫攻坚和生态保护的重要产业支撑，是非常宝贵的历史镜鉴。

她指出，与田纳西河流域水电开发前的处境非常相似的是，我国四川凉山、云南怒江等集中连片的深度贫困地区，恰恰是水能资源尚未充分开发的“富矿”所在。以水电开发为龙头，全面带动当地交通、航运、农业、旅游产业同步发展，是“实现绿水青山和金山银山有机统一”“让脱贫成效真正经得起实践和历史检验”的最根本出路。

王亦楠高度评价了乌东德、白鹤滩水电站建设在助力西南地区打赢脱贫攻坚战中发挥的重要作用。她说，乌东德、白鹤滩水电站的建设，使得库区基础设施和区县城乡集镇面貌都发生了巨大变化，库区教育、医疗等公益事业得到快速发展，极大拉动了当地就业和地方财政收入，帮助贫困地区实现了从“单纯依靠国家输血”到“逐渐提升自我造血能力”的良性转变，再次为水电综合开发如何带动整个地区实现跨越式发展、推进新型城镇化提供了样板。

（三）优先和充分发展水电是清洁能源转型的重要基础

当前，大力发展清洁可再生能源，推动能源结构转型，已成为国际社会的广泛共识和共同行动。在王亦楠看来，优先和充分开发水电，是风电、光伏大发展的重要基础，今日发达国家的“风光”大发展也正是建立在优先和充分开发水能的基础之上，它们的水能资源早已在20世纪60、70年代就开发完毕。相比之下，目前我国水能资源的开发程度仅为发达国家平均水平的60%左右。我国推动清洁能源发展，需要高度重视“可再生能源开发的科学顺序”问题。

她认为，稳定的水电是风光的“绝好搭档”，可以为风光发展提供“超级蓄水（电）池”，弥补风光自身的“间歇性”缺陷，将其变为稳定的优质能源。

据统计，2019年我国人均用电量大约5100kW·h，比用电水平最低的发达国家（人均6000～8500kW·h）还低很多。王亦楠说，要实现工业化，我国电力需求必然还要经历一个显著的增长过程，她认为目前我国出现的“电力过剩”现象，仅属于低层次的供应饱和，并不意味着我国经济社会全面发展所必需的电力需求已经达到峰值。

她指出，当前经济增速放缓、电力供需宽松，正是大力发展以水电为主导的清洁可再生能源、推动能源产业“调结构、转方式”的大好机会。从体制机制上来看，亟需国家调控这只“有形的手”，立足国家整体利益和长远利益进行统筹部署，防止局部利益相互掣肘，为清洁能源的发展和消纳创造良好环境。

引领水电建设 传承奋斗精神

中国工程院院士 张超然

[编者按：此文乃《中国三峡工程报》全媒体记者但棣瑶对中国工程院院士张超然的访谈，2020 年 6 月 30 日刊登在中国长江三峡集团有限公司网站。本刊登载时做了删减。]

张超然院士与乌东德水电站工程结缘是在 1995 年工程前期踏勘时，那时的他还在成都勘测设计研究院工作。2003 年，国家授权由中国长江三峡工程开发总公司（三峡集团前身）对金沙江下游乌东德、白鹤滩、溪洛渡和向家坝四座水电站开发建设后，时任公司总工程师的张超然开始牵头主持乌东德水电站预可行性研究勘测设计招标的技术工作，揭开了乌东德水电站工程建设的序章。如今，乌东德水电站首批机组顺利投产发电，二十五载时光飞逝，从规划构想到画成图纸，从工程建设到投产发电，乌东德水电站的孕育和诞生，张超然全程见证，亲身经历。

对于金沙江下游四座巨型电站的第一个梯级，张超然评价，“乌东德水电站是我国‘西电东送’的骨干电源点，它的全面建成将对全国范围的能源优化配置起到重要作用，对三峡集团建设世界一流清洁能源集团具有重要意义。同时，工程建设过程中实现的科技创新与产业升级将推动我国水电工程建设水平再上一个台阶，继续引领世界水电建设的发展。”

（一）从水电大国到水电强国

张超然告诉记者，乌东德水电站工程选址在金沙江下游一段非常狭窄的河段，适合修建特高拱坝，但是也面临着复杂地质条件和恶劣气候环境的严峻挑战。不过也正是在解决这些难题的过程中，三峡集团与各参建单位、科研院所联合攻关，实现了在工程技术、施工工艺、工程材料、智能建造等领域中能力与水平的全面提升和突破，拉动了我国水电行业全产业链的发展进步。谈起乌东德水电站工程在科技创新与技术突破上的成绩，张超然无比自豪，如数家珍。

2017 年 3 月，乌东德水电站工程大坝浇筑启动前夕，77 岁的张超然在施工现场参与了大坝混凝土浇筑前最后的检查验收。经历十几年的研究和探索，低热硅酸盐水泥混凝土终于在乌东德水电站工程得到全面使用，也是世界上首次将低热水泥混凝土在高坝建设上全坝使用，推动了我国坝工技术进入一个新的阶段。乌东德水电站工程的泄洪洞工程采用低热水泥混凝土，做成了“尺寸精准、光滑平整、严控裂缝、抗冲耐磨的“镜面工程”。

乌东德水电站工程建设过程中克服了恶劣自然条件下工程建设的一系列困难。比如，乌东德水电站工程坝址区两岸边坡高达 1000 余米，施工中面临高危自然边坡和特高工程边坡带来的施工难度和安全隐患，最终建设者们克服了边坡范围宽、高差大、地质复杂、处理难、隐患多、工期紧等开挖和支护难题，保障了大坝主体工程顺利施工。乌东德水电站工程导流洞的开挖断面达到 27.2m 高、19.9m 宽，为世界上最大的导流洞，同样面临复杂的工程地质和水文地质条件难题，最后都被建设者们一一攻破。

除此之外，乌东德水电站工程在溪洛渡水电站建设的基础上，深化和推进了智能大坝建造技术，使智能温控、智能通水、智能振捣、智能喷雾、智能灌浆等建造技术进一步改造升级和再创新，使得施工工艺更精细、质量控制更到位，问题处理更及时。在特大型地下厂房洞室群开挖支护中采用三维数字化模型、实施动态监测跟踪、仿真反馈分析，快速决策处置技术，确保洞室群的安全施工和围岩稳定。两岸地下厂房安装的 85 万 kW 水轮发电机组是目前世界上已投产的单机容量最大水轮发电机组。

从能源开发到工程建设，从产业提振到绿色发展，这样一个备受瞩目的超级工程，它所产生的影响必然是强大而持久的，它的质量安全保障关系到方方面面。张超然说，“在工程建设的全过程我们始终把工程质量放在第一位，建立了完整的质量保证体系和庞大的自动化安全监测体系，我们充满信心能确保乌东德水电站工程的长期、安全、可靠运行。”

“发展水电，中国有需求、有条件，也有实力。到了乌东德水电站，中国已经从水电大国稳步进入水电强国了。”张超然说。

（二）乌东德水电站工程还是红色工程

回顾乌东德水电站工程的建设历程，张超然表示，乌东德水电站工程的建设深刻践行新发展理念和“五大工程”要求，体现了以“科学民主、求实创新、团结协作、勇于担当、追求卓越”为主要内涵的“三峡精神”的传承与发扬。

“除此之外，乌东德水电站工程还是‘红色工程’，乌东德水电站是有红色基因的，皎平渡就在库区。”张超然说。

皎平渡，一个距离昆明市 200 多公里的金沙江渡口，是当年红军长征时巧渡金沙江的地方，正是在这里，红军主力跳出了敌人的包围圈，“金沙水拍云崖暖”，取得了战略转移中具有决定性意义的胜利。现在，皎平渡再次见证了又一个历史时刻，距离不远处的乌东德水电站工程拔地而起，屹立河谷，联通两岸，全面投产发电后将为新时代推动西部大开发形成新格局，为构建清洁低碳、安全高效的能源体系注入新的强大动力。

精神的传承在于人，张超然自进入水电行业就深知这项事业需要吃苦。他说，“干水电就得不怕艰苦，像革命先辈一样，还要发挥集体的力量，因为这样一个大型工程不是一个人能干得下来的，必须要团结协作、科学民主，这些最后汇聚起来就是三峡精神”。张超然说，“三峡集团从三峡工程开始，通过溪洛渡、向家坝、乌东德水电站等大型水电站的建设，锻炼培养了一大批建设人才，这些人所练就的学习能力、思维方式、管理能力将在清洁能源和生态环保等领域的工作中发挥重要作用。”

精神的传承就是这样，通过一批又一批三峡人在艰苦实干中发出耀眼的光芒，照亮着一代又一代奋勇前行的建设者，打造出一个又一个造福人民的超级工程。

科学应对气候变化　夯实水生态保护基础

中国工程院院士　张建云

[编者按：此文为在纪念第二十八届“世界水日”和第三十三届“中国水周”之际，围绕“坚持节水优先，建设幸福河湖”主题，《中国水利》记者吕彩霞、韦凤年对中国工程院院士张建云的访谈，刊于《中国水利》2020 年第 6 期。]

中国水利：2020 年“世界水日”的主题是“水与气候变化”。请您谈谈气候变化及其影响，特别是气候变化对我国水安全有什么影响？我们应该如何应对？

张建云：2020 年“世界水日”的主题是“水与气候变化”，重点是以更协调、更可持续的方式管理气候和水资源，因为水和气候密不可分，它们都处于可持续发展、气候变化和减少灾害风险等全球目标的核心位置。毋庸置疑，水是 21 世纪最珍贵的商品之一。气候变化也已是不争的科学事实，其对水资源等自然系统产生了重要的影响。

尽管气候变化在学术界存在一些争论，但地表温度持续上升、海平面升高和极端事件增加等方面取得普遍的共识。根据中国《第三次气候变化国家评估报告》，过去百年（1901 年以来）中国地表温度上升 0.9～1.5℃，特别是过去 60 年全国平均温度上升 1.38℃，平均 0.23℃/10a，高于全球平均水平。根据联合国政府间气候变化专门委员会（IPCC）第五次评估报告，即使各国加强温室气体减排，气温仍将保持上升过程相当长一段时期，到 21 世纪末气候增温能否控制在 2℃以内是当前各国政府碳排放控制的目标，也是国际学术界讨论的热点问题。20 世纪 80 年代以来，全国多年平均降水量无明显的变化趋势，但降水分布发生了显著性变化，特别是我国北方缺水地区的海河流域、辽河流域、山东半岛等地减少了约 10%左右。在全球气候变化的大背景下，我国海平面过去 30 多年呈现波动性上升趋势，1980 年以来全国海平面平均上升 3.2mm/a，高于全球平均 2.6mm/a 的水平。

气候变化对我国水安全带来了更大风险和多方面挑战：

一是我国北方水资源短缺的问题更加突出。一方面，根据 1980 年前后两个水文序列的对比分析，我国北方江河实测河川径流量总体呈下降趋势，海河流域、辽河流域减少了 35%～80%。根据全国第二次水资源调查评价结果，海河、辽河、黄河、淮河流域的地表水资源分别减少 47.2%、13.4%、15.4%和 11.0%。另一方面，随着温度的上升，农业、工业、生活和生态的用水量都会不同程度地增加。因此，气候变化进一步加剧了我国北方地区水资源的短缺。

二是全球变暖将加速水循环。由于大气温度升高、大气持水能力提升，大气稳定性降低，易发生极端天气，局地强降水多发，并随着城市化产生的城市热岛效应，使得城市暴雨趋多趋强，城市洪涝问题愈来愈突出。

三是海平面的上升。一方面将降低沿海防洪防风暴潮工程的防御能力，明显增加沿海地区防洪防风暴潮的风险，另一方面还将对海滨带及河口地区的生态系统产生重要影响，使得有盐的范围扩大，河口地区含盐度增加，同时还增加沿海地区海水对地下水的侵蚀。此外，还会影响到沿海地区水源地的避咸蓄淡，影响淡水资源的保障。因此，气候变化对我国水安全的影响是多方面、系统、显著和复杂的。

气候变化需要科学应对：

一是要减缓这种变化。IPCC 评估报告认为，人类活动产生的温室气体浓度升高导致了地表温度上升，各国都将控制温室气体排放作为减缓气候变化的长期措施。中国政府把节能减排作为优化经济结构、推动绿色循环低碳发展、加快生态文明建设的重要抓手和突破口，制定了《“十三五”节能减排综合规划》，发布了一系列有关政策，采取了一系列行动。建设节约型社会，要从点滴做起，人人有责。

二是科学应对，提高适应变化的能力。在水资源保障方面，一方面加强需求侧管理，加快节水型社会建设，降低水资源刚性需求。另一方面，提高系统承载能力，建立以跨流域调水为基本框架的国家水网，优化水资源配置，解决我国水资源空间分布不均问题；通过水资源工程的调节，解决水资源时间分布不均匀问题；加强非常规水资源利用和风险调控，包括海水淡化、污水资源化、洪水资源化和低劣质水处理应用等，提高系统的供给能力。在防洪减灾方面，要加强非工程措施建设，加强多尺度全要素信息的监测与预警，提高决策的科学性，加强洪涝的应急管理和社会管理，提升减灾能力。要加强工程措施建设，特别对变化环境下的工程防御标准进行全面评估和达标建设，提高系统的抗灾能力。在生态环境方面，要坚持绿色发展、生态优先的道路。

中国水利：习近平总书记高度重视流域的生态保护，在重庆和武汉座谈会上提出了“共抓大保护，不搞大开发”的要求，在郑州座谈会上发出“生态保护与高质量发展”和“让黄河成为造福人民的幸福河”的号召，请您谈谈学习体会和认识。

张建云：习近平总书记从中华民族伟大复兴和永续发展的千秋大计出发，精辟阐释了长江流域、黄河流域生态保护的重要性，明确提出了流域生态保护和高质量发展的目标任务。总书记讲话高屋建瓴、内涵丰富，为做好新时代长江、黄河的治理和保护指明了方向、提供了根本遵循。认真学习后，有以下几点深刻的认识：一是总书记对长江和黄河的重要讲话，是对整个水利工作提出的要求，我们应该全面学习其丰富内涵。由于不同的地理、气候和社会条件，每个流域都有各自的特点和问题，随着全球气候变化和经济社会发展，各个流域均面临新的水安全问题和挑战，不仅长江、黄河的生态系统需要保护，其他流域也都需要保护和修复。总书记关于“让黄河成为造福人民的幸福河”的号召，也是对每一条江河的希望。二是水是生态之基，是生态系统最活跃的控制性因素，是森林、湿地、草原、荒漠等不同生态格局的决定性要素。水是生物链中物质与能量传递的核心媒介，水支撑陆地生态系统的光合作用、能量与物质转换，也是湿地生物系统的最基本要素。水资源的调控和保障则是水生态系统保护与修复的必要手段和重要措施。因此要科学确定流域生态流量，提高生态流量的保障率。三是流域生态保护是流域水安全的重要组成部分，流域的治理是复杂的系统工程，要以问题为导向，需全面考虑、综合治理。习近平总书记在长江、黄河座谈会的讲话中，强调了流域防洪的重要性，指出洪水仍是流域最大的风险；强调了流域水资源保障的重要性，指出“以水定城、以水定地、以水定人、以水定产，把水资源作为最大的刚性约束”；强调了生态环境问题，提出“重在保护，要在治理”的方针，阐明了生态保护与修复的目标与举措。流域的生态环境问题，根本原因是水资源保障能力不足导致的。四是流域的生态保护与修复不仅需要先进科学技术的支撑，还需要流域发展和管理理念的创新。

中国水利：请您谈谈流域生态保护的科技需求及相关建议。

张建云：就流域生态保护与修复的科技要求，我认为主要有以下几个方面：一是基础理论研究需要加强。要加强流域生态退化机理与驱动因素，陆面水文过程与生态过程的耦合作用，流域生态退化成因分析，流域生态系统服务功能评价理论，水资源—能源—粮食—生态互馈关系，资源承载能力分析，系统承载能力、脆弱性及韧性分析等基本认知、基本原理和基本理论的研究。二是关键技术亟须突破。流域不同生态系统的保护技术与修复技术，生态系统检测技术与仪器设备，生态系统诊断分析与预警平台，系统韧性提升途径与技术，涉水工程生态效应减缓与补偿技术等。三是应用与管理需要创新。流域生态保护首先要厘清保护什么、保护的重点在哪里、保护与修复的目标是什么。习总书记强调流域生态保护“重在保护，要在治理”，因此要加强流域的综合治理及适应性管理、流域绿色发展模式和治理模式、生态补偿机制与政策、生态保护与修复成本分析与效益评价等。如前所述，水是生态之基，是流域生态保护与修复不可或缺的重要物质，水生态保护是流域水安全的重要组成部分。因此在重视流域生态保护与修复相关研究的同时，还要加强水资源的高效利用与保护、流域水安全保障等重大科技问题的研究，为流域生态保护和高质量发展提供科技支撑。

全球水电开发现状及未来趋势

中国电力建设股份有限公司 周建平
水电水利规划设计总院 杜效鹄 周兴波

[此文发表在 2020 年 8 月 14 日《中国电力报》。]

受地理环境和气候条件影响，全球水能资源分布很不均匀。从技术可开发量分布来看，亚洲占比为 50%，南美洲 18%，北美洲 14%，非洲 9%、欧洲 8%和大洋洲 1%。据 IHA2020 年报告，截至 2019 年底，全球水电装机容量 1308GW，其中抽水蓄能电站装机容量 158GW，全年发电量 4306TW·h。2019 年新增装机容量 15.6GW，新增发电量 106TW·h，其中，亚洲的中国、老挝、巴基斯坦，南美洲的巴西，非洲的安哥拉、乌干达和埃塞俄比亚，欧洲的土耳其等国的新增贡献最大。

全球水电开发程度按照年均发电量计算，约占技术可开发量的 27.3%。分地区看，欧洲、北美洲国家水电开发程度较高，增长潜力有限。非洲、除中国之外的南亚及东南亚地区水电开发程度较低，开发潜力大。南美洲基本与全球平均水平持平。总体而言，全球水能资源开发程度不高，未来还有很大的发展空间。

（一）全球水电开发不会止步不前

随着全球人口增长、城市化进程加快和经济社会持续发展，人类社会对水与电力的需要提出了更高要求。同时，应对全球气候变化和增强防灾减灾能力，也为河流水电开发创造了良好机遇和发展空间。

继联合国千年发展目标之后，2015 年 9 月联合国又提出了 17 项可持续发展目标，同年，巴黎气候变化协议、"一带一路"倡议行动愿景也得到国际社会广泛认可。尤其是"一带一路"沿线国家人口占全球的 2/3，而 GDP 不足全球 1/3；大多数国家属于中等收入的发展中国家，一些国家尚处于相当贫困状态，基础设施条件差，洪涝干旱灾害频发、水资源短缺，饮水安全没有保障，过度开采地下水导致的生态破坏日益加剧。全球缺电人口仍超 10 亿，缺电最严重的正是亚洲和非洲欠发达地区，而这些地区发展空间较大，对电力的需求尤为迫切。

目前，世界上 100 多个国家已经明确将继续发展水电。受洪水、干旱、电力短缺、水生态环境恶化等的困扰，"一带一路"沿线国家大多将水资源和水电开发作为当前发展的首要任务。因此，水电开发仍然具有广泛的国际合作基础和发展前景。

一些国际组织、咨询机构和电力企业基于各国经济发展趋势和应对气候变化减排温室气体的需要，对全球水电发展进行了多目标场景的预测和分析。综合各研究机构的成果，以 2018 年为基准略偏保守估计，2050 年全球水电技术可开发利用程度将达 50%，届时年发电量约为 7890TW・h。

预计到 2035 年，全球水电装机容量将达到 1750GW，年发电量 6100TW・h。全球新增水电装机约 480GW，开发率达 38.6%；2050 年，水电装机容量将达 2050GW，2035～2050 年，新增装机容量 300GW。要实现 2050 年的目标，水电装机容量年均增长估计将达到 2.0%。在 2015～2019 年的五年里，装机容量的年均增长率为 2.1%，而 2019 年的年均增长率仅为 1.2%。然而，装机容量的年增长率可能存在很大差异，这取决于需要数年施工的大型水电项目何时投产。尽管如此，这凸显出在未来 10 年或更长的时间里，全球水电开发仍将大有可为。

截至 2019 年底，全球在建水电规模约 150GW。受诸多因素影响，尤其是中国国内水电开发增速放缓，与过去同期比较，预计全球未来水电装机容量的增速将有所减少。2030 年之前，全球年均投产规模为 20GW 左右。2030 年之后，年均投产规模约为 15GW。预计 2030 年之前的水电装机容量的增量，除中国外，增加最大的区域排名依次为拉美地区、亚洲其他地区和非洲。

从水电技术可开发资源潜力、经济社会发展水平和能源电力发展需求等因素综合分析，未来水电开发重点开发的河流（包括界河或国际河流）涉及印度河（印度、巴基斯坦等国），尼罗河（埃塞俄比亚、埃及等国），赞比西河（赞比亚、莫桑比克等国），尼日尔河（尼日尔、贝宁、尼日利亚、科特迪瓦、喀麦隆和乍得等国），刚果河（赞比亚、扎伊尔、中非、刚果、喀麦隆、安哥拉），东南亚国家的伊洛瓦底江、怒江—萨尔温江（中国、缅甸、泰国等）和澜沧江—湄公河（中国、老挝、缅甸、泰国、柬埔寨和越南）。

加快开发要促进广泛共识任何事物均有其两面性，开发水电也不例外。除发电、防洪、灌溉、水资源优化配置等对生态有利的影响之外，也存在不利的影响，包括水库淹没、移民安置、河流泥沙、水文情势变化的影响，尤其是筑坝修库对洄游性鱼类生境产生不利影响。加快水电开发，需要增强认知，促进更广泛的共识和获得政策支持。水电是清洁可再生能源，技术成熟；对节能减排、应对气候变化作用显著；多功能水库大坝（高坝大库）在防范洪旱灾害和综合利用方面的作用具有不可替代性。加强环境保护措施和优化水库运行调度管理，有助于减免对环境的不利影响。

人类社会的发展史本质上就是一部与洪水不断斗争的历史，也是一部资源开发利用的历史。人类文明的强盛与它所能利用的资源总量是密切相关的。每一次资源开发利用总量的提升，都是一次文明的进步。当今世界，人类社会的发展和文明进步越来越依赖可持续的自然资源。因此在自然资源的开发中，也必须加强对自然生态环境的保护。

虽然可燃冰、核聚变、太阳能发电的大规模开发利用均可以期待，但是，地球淡水资源短缺、时空分布不均，以及人口增长和经济发展，水资源形势日益严峻，加上水库淤积、大坝老化等，为应对气候变化，更需要建设具有调节功能的水库大坝。

印度、巴基斯坦、土耳其、秘鲁等国具有后发优势，已纷纷制定高坝大库发展计划；美国、瑞士、奥地利等国家正在研究对已有大坝的加高，以增加库容、弥补泥沙淤积损失和提高应对气候变化的能力。

根据规划，未来中国西南诸河上游及其支流还需兴建一些龙头水库和控制性水库，水库大坝的高度在 100m 以上，有的超过 200m。预计未来 15 年，全球规划建设 100m 及以上高坝 200 余座，200m 及以上特高坝 20 余座。

（二）让利益相关者分享开发成果

即便在达成开发水电共识的基础上，水电开发方案和利益分配机制对各个利益相关者的有利影响和不利影响还存在较大差异。水电开发是否能够顺利推进并获得预期效益，取决于能否在公共利益和个体利益之间取得平衡，取决于能否在土地、资源、环保、价格、成本和效益等方面具有竞争性。

水电开发涉及诸多不同利益主体及其利益分配分享问题。利益相关者包括土地所有者、移民、开发商、融资机构、电力公司，还包括设计者、承包商、材料和设备供应商、建设管理者和运行管理者，以及受水电开发影响的渔业、农业、种植业和环境保护机构等等。

从更加宏观的时空角度来看，水电开发的影响涉及上下游、左右岸、当前与长远，局部与全局、受益区和受损区等。协调各方立场，获得对开发水电的支持，需要开展深入调查和方案研究论证，确保“水电开发利大于弊”。水电开发不仅要让受到不利影响的利益相关者从水电开发中得到应有的补偿，而且也应该使其分享水电开发的利益。

河流水电开发要以问题、市场、效益为导向，根据经济社会发展需求和河流水资源和水能资源特点，制定河流开发计划和方案，让水电开发成果更公平地惠及利益相关者。为此，需要坚持科学发展观，遵循“创新、协调、绿色、开放、共享”的发展理念，促进生态环保、综合开发、利益分享，共同发展。只有这样，水电开发方案才能得到绝大多数利益相关方的支持。

在国际河流开发和境外水电工程开发中，水电开发企业尤其需要广泛听取意见、畅通协商管道、遵守项目所在国法律法规、国际惯例和技术标准的要求，遵循“为项目所在国创造财富、与合作方共同发展”的理念，与利益相关者形成全面广泛的国际合作和紧密关系，共同促进水电开发可持续发展。

在当前全球能源治理体系加速重构的重要历史时期，以“一带一路”为依托，通过与周边国家的能源电力互联互通建设，促进全面合作和共同发展，打造国际能源电力合作的利益共同体、责任共同体和命运共同体是未来我国能源电力发展的重要方向。

（三）水电可持续发展至关重要

水电可持续发展至关重要。就水资源和电力供应短缺的一些国家而言，在当前经济社会发展需求急迫的情况下，难免出现“又快又省”的“大跃进”发展模式；对于刚刚“走出去”谋求海外发展的中国电力企业而言，也难免出现追求“超额利润”的冲动和做法。确保水电工程安全可靠、经济合理、成本电价适当，环境友好和资源节约并实现可持续发展，其实才是最重要的课题。

在水电开发中，工程安全首当其冲。只有安全的发展，才有可持续的发展，安全是水电可持续发展的基石。然而由于内外部因素影响，最近全球范围内发生的一些事故（大坝开裂、漏水、溢洪道破坏、溃坝、洪水、地震、地质灾害等）突显了水库大坝安全隐患，尤其是溃坝事故。大坝事故不仅会损害水电设施及当地环境，更会造成对下游区域生命财产的严重损失。对此，所有与水电开发相关的企业和机构，都必须深植安全意识，专业和规范地组织开展工程规划、勘测、设计、建设、运维等工作，防范人为失误和重大安全隐患，加强全生命期的风险评估和应对处置。

其次是水电工程运行的可靠性，包括发电、防洪、灌溉和供水等功能的正常发挥，确保实现设计预期的发电效益及其他综合利用效益。通常而言，开发条件好的坝址往往早已开发或已经开发，剩下的坝址或具有一定的开发难度或远离负荷中心，输电成本较高，导致水电建设成本增加或电价缺乏竞争力，投资效益降低。加强流域梯级联合运行调度，有助于提高工程运行可靠性和经济性。

降低水电开发的成本，关键是选择“好”的项目，并将项目做“好”。要按照经济社会发展对能源电力和水资源的需求，基于河流水电开发规划，选择“好”的项目；要遵循基本建设程序的要求，通过规划、勘测、设计，充分论证开发规模、开发方式和合理时机，规避投资风险；要吸取类似工程经验，采用先进技术，在确保安全质量前提下，优化技术方案；要加强项目建设管理，优化资源配置，严格过程管控，确保按计划有序推进工程进度，按期投产发电。

总之，促进水电可持续发展需要根据项目所在区域经济社会发展的需求，结合流域水资源水能资源特点和工程具体情况，开展重大关键技术研究，在建设过程中解决好工程建设的可行性、可靠性、经济性和协调性问题。在工程运行中，要通过梯级联合调度，最大限度发挥工程的作用，取得预期的工程效益。加强安全监测评估、设施设备运行管理及维护，解决好水库泥沙淤积、大坝健康状态诊断及消缺补强修复，延长其使用寿命，确保其永续利用。

当前，生态环境问题也是制约水电开发的主要因素之一，要依靠科技创新破解绿色发展难题，利用现代信息技术，长期、系统、全过程监测工程建设和运行可能带来的影响，积累相应的数据资料，结合大数据、云计算、人工智能技术，形成数据共享和应用的智慧平台，为工程安全运行提供支撑。

在当前全球能源治理体系加速重构和可再生能源蓬勃发展的重要历史时期，水电开发面临新的机遇和挑战。作为清洁可再生能源电力和具有防洪，航运、灌溉、供水和生态保护功能的水电工程，当前和未来一个时期仍将需要大力开发，大有作为。

近些年，中国水电新增开工规模放缓，但不会止步不前，且未来开发潜力主要集中在西南诸河。“一带一路”沿线水能资源丰富的国家以及非洲和南美洲其他一些国家将加快水电开发，促进可再生能源电力发展。发展中国家的一些国际河流或界河，或将成为水电集中开发的重点。这为中国水电企业走出去开展国际合作和境外业务提供了宝贵的机会。

开发水电涉及面广，影响深远，利益关系十分复杂，如果没有国家及其政府层面的坚定支持和协调管理，水电开发过程中难免遭遇许多波折，造成非技术成本增加，甚至可能导致工程停工下马。水电开发企业开发水电要选择“好”的项目，把项目做“好”；要遵循“价值创造”理念，为社会创造财富，与合作方共同发展，让水电开发成果惠及所有利益相关者；要进一步促进水电开发与环境保护协调发展，加强工程建设管理、运行维护和调度管理，优化方案，降低成本，让水电发挥更大作用，并保障其永续利用。

央　企　工　作

中国长江三峡集团有限公司 2020 工作情况

截至 2020 年底，中国长江三峡集团有限公司（简称三峡集团）拥有二级公司和分公司共 31 家（其中控股上市公司 2 家），现有境内从业人员 2.55 万人。资产总额 9671 亿元，资产负债率 50.84%，可控、权益和在建总装机规模达到 1.4 亿 kW，其中可控装机容量 8760 万 kW，在建装机容量 2673 万 kW，权益装机容量 2619 万 kW，96%为清洁可再生能源。2020 年，全年完成发电量超 3300 亿 kW·h，实现营业收入 1117 亿元，实现利润总额 556 亿元，净利润 456 亿元，信用评级继续保持国家主权评级，连续 3 年在中央单位定点扶贫考核中获得“好”的评价，经营业绩考核连续 13 年为 A。

历经 20 多年持续健康发展，三峡集团围绕清洁能源和长江生态环保主业形成了工程建设与咨询、电力生产与运营、流域梯级调度与综合管理、国际能源投资与承包、生态环保投资与运营、新能源开发与运营管理、资本运营与金融业务、资产管理与基地服务八大业务板块。业务遍布国内 31 个省、自治区和直辖市，以及全球 40 多个国家和地区，已经实现从三峡走向长江、从湖北走向全国、从内陆走向海洋、从中国走向世界的跨越式发展。

三峡集团正按照中央赋予的新发展战略定位，奋力实施清洁能源和长江生态环保“两翼齐飞”，积极践行在促进长江经济带发展中发挥基础保障作用，在共抓长江大保护中发挥骨干主力作用，在带领中国水电“走出去”中发挥引领作用，在促进清洁能源产业升级中发挥带动作用，在深化国有企业改革中发挥示范作用，在履行社会责任方面发挥表率作用，加快建设具有全球竞争力的世界一流企业。

（一）全力以赴迎大战、应大考，关键时刻展现新作为

疫情防控担当关键使命。党中央做出部署后，三峡集团第一时间成立疫情防控工作领导小组并启动一级应急响应，依法有力有序有效推进疫情防控工作。举全集团之力支持打赢武汉保卫战、湖北保卫战，在中央企业率先向湖北捐款 3000 万元，累计捐赠 1.7 亿元。随着境外疫情持续蔓延，境外业务单位负责人逆行出征、靠前指挥，发挥了“稳住人心、稳在当地”的关键作用，得到国务院国资委充分肯定。防汛救灾发挥关键作用。长江干流及清江梯级水库累计拦洪 388 亿 m^3，占长江中上游水库群拦洪总量 60%以上。成功应对三峡建库以来最大洪峰（峰值 75000m^3/s）过境，全力保障长江防洪安全和人民群众生命财产安全。脱贫攻坚贡献关键力量。全年投入扶贫资金超 17 亿元，实施帮扶项目 275 个，帮扶重庆巫山和奉节、江西万安、内蒙古巴林左旗按期脱贫摘帽，帮扶四川和云南两省四个直过少数民族实现整族脱贫。

（二）全力以赴保工期、铸精品，国内重大工程建设取得新成果

乌东德水电站首批机组 6 月 29 日投产发电，全年累计 8 台机组投产发电，创造半年投产 8 台 85 万 kW 巨型水轮发电机组的优异成绩。推动国家能源局建立白鹤滩水电站工程调度协调机制，工程建设和移民工作取得关键性进展，为 2021 年首批机组发电打

下坚实基础。溪洛渡、向家坝水电站经济问题处理稳妥推进，劳动安全与工业卫生、工程档案等专项验收顺利通过，竣工决算（枢纽工程部分）基础工作基本完成。浙江长龙山抽水蓄能电站上下水库大坝封顶，开始下闸蓄水，首台发电机组具备无水调试条件。

（三）全力以赴稳增长、增效益，主要业务板块实现新发展

梯级枢纽综合效益全面发挥。三峡工程完成整体竣工验收全部程序，转入正常运行新阶段。长江干流梯级电站全年发电2403亿kW·h，创历史新高；三峡电站全年发电1118亿kW·h，创造单座水电站年发电量世界纪录，圆满实现“三峡创纪录、流域创新高”目标。新能源业务快速发展。全年新增投产装机容量528万kW，创历史新高；累计装机容量达1724万kW。亚太单机容量最大1万kW海上风机在福建福清兴化湾并网发电。国际业务稳健发展。圆满完成秘鲁路德斯公司股权交割（交易金额35.9亿美元），成功发行长江电力“沪伦通”全球存托凭证(GDR)，首次实现控股核心子企业境外上市，募集资金19.63亿美元。区域综合能源业务逆势增长。湖北能源总装机突破1000万kW，达1055万kW，湖北省能源保障平台作用充分彰显。

（四）全力以赴抓落地、创模式，共抓长江大保护取得新成效

实现业务布局沿长江11省（市）全覆盖。截至2020年底，累计落地项目投资规模1353亿元，惠及2300万人。三峡城镇污水处理和水环境综合治理方案深化应用。国家部委、沿江省市、行业单位以及集团内部共抓格局持续巩固提升，治水示范体系加快形成。溪洛渡、向家坝水电站荣获“国家水土保持生态文明工程”称号。“农业农村部宜昌中华鲟保护基地”正式授牌。长江珍稀鱼类保育中心投入运行。

（五）全力以赴育先机、开新局，高质量发展集聚新动力

战略布局不断拓展。深化对“十四五”发展重大问题研究，在广泛征求意见基础上，基本形成集团公司“十四五”规划。体制机制改革持续深化。将国企改革三年行动部署逐条分解为43个方面128条具体举措。全面启动对标世界一流管理提升行动，明确“123456”总体思路，制定57条重要措施和39项对标提升清单，审定45项管理创新成果。自主创新深入推进。数字化转型加快推进。

（六）全力以赴补短板、强弱项，企业管理得到新加强

风险防控工作扎实有效。完善风控体系顶层设计，制定《风险管控清单》，重大风险可控在控。提质增效成果显著。全年成本费用总额占营业收入比重61.79%，同比下降4.3个百分点。电力生产与营销工作不断加强。电力生产管理体系进一步理顺，发电量、电力可靠性、能耗等指标均创历史最好水平。质量安全形势总体稳定。

（七）全力以赴守初心、担使命，党的建设开创新局面

党的政治建设不断加强。认真学习贯彻习近平总书记对乌东德水电站首批机组投产发电重要指示精神，自觉用党的创新理论武装头脑、指导实践、推动工作。基层党建工作巩固深化。扎实开展“中央企业基层党建巩固深化年”专项行动，推动党建工作提质增效升级，在中央企业党建考核中被评为“优秀”。党风廉政建设深入推进。全年对8家二级单位党委开展常规巡视，督促指导二级单位党委深入开展政治巡察，构建内部巡视巡察上下联动监督格局。组织人才工作全面加强。宣传思想工作亮点纷呈。职工权益得到有效保障。

（中国长江三峡集团有限公司）

中国电力建设集团有限公司 2020年改革发展情况

中国电力建设集团有限公司（简称中国电建）致力成为能源电力、水资源与环境、基础设施领域具有国际竞争力的质量效益型世界一流综合性建设投资集团。2020年，中国电建完成营业收入5416亿元，实现净利润139亿元，新签合同8560亿元。在2020年《财富》世界500强企业排名中位列第157位；位居2020年ENR（美国《工程新闻记录》）全球工程设计公司150强第1位，位居全球工程承包商250强第5位。

（一）“双线”作战取得“双胜利”

1. 疫情防控取得阶段性胜利　中国电建坚决把职工群众生命健康安全摆在各项工作首位，科学快速建立健全疫情防控的组织、实施和保障体系，公司国内疫情防控取得重大战略成果；果断处置海外项目聚集性疫情，实现海外项目疫情防控“两稳两争两保”目标。公司领导靠前指挥、干部冲在一线、职工群众群策群力、医护人员主动请缨，涌现出了一大批先进集体和个人，公司1个集体荣获“中央企业抗疫先进集体”称号，4人次获得“全国抗击新冠肺炎疫情先进个人”等国家级和省部级荣誉。公司积极捐款捐物驰援湖北武汉等重点地区，参与“两山”医院等重要医疗设施电力供应保障，全球采购紧缺抗疫物资设备支援国内，减免高速公路收费9亿元，减免缓收中小微企业租金1.74亿元。

2. 经营发展取得决定性胜利 中国电建提出“目标不变、任务不减、标准不降”总要求，两手抓、两手硬，特别是在第四季度，坚决开展“奋战60天，决胜收官年”活动，把疫情造成的损失补回来，较好实现了“两个力争”目标。①全年完成新签合同8560亿元，同比增长15.2%；实现净利润同比增长13.91%；利润总额达到178亿元，同比增长12.71%；完成营业收入同比增长16.36%；年末合同存量15491亿元，同比增长10.2%；资产负债率74.34%，较年初下降1.67个百分点；研发投入强度达到3.26%；全员劳动生产率42.77万元/人，同比增长9.5%。“十三五”规划各项经营指标顺利实现。②白鹤滩水电站大坝首批坝段封顶；公司首个地铁PPP项目——成都地铁18号线正式开通运营；深圳地铁7号线同时荣获国家优质工程金奖和詹天佑奖的地铁项目；雅万高铁、中老铁路等“一带一路”标志工程重要节点目标顺利实现。

（二）市场开发跑出“加速度”。

1. 市场布局优化完善取得重要进展 ①中国电建与四川、湖北、重庆、天津、西藏、贵州、福建等省区市政府以及航天科工、华侨城、安徽引江济淮集团等知名企业签订具有实质性合作项目的战略合作协议近20项。②制定分批成立西部、南方、北方、华东、华中五大国内区域总部方案，先期成立西部、南方、北方投资公司，织密国内重点区域、重要城市群和都市圈营销网络，与政府沟通、对接、合作渠道进一步顺畅。③中国电建母子品牌全部被列入中国对外承包商会59个重点国别布局，调整40余家子企业在100个国家的市场布局。④按照“做实国别、一国一策”原则稳步推进属地试点，增资泰国子公司，成立印尼PMA合资子公司，设立阿尔及利亚公司，在肯尼亚、安哥拉等国探索实现机构、资源、决策属地化，国际营销能力水平有力提升。

2. 产业结构调整取得积极成效 ①全力做好国家150项重大水利工程专项策划，中标110亿元渝西水资源配置工程；签约陕西斗门水库、滇中引水石鼓水源工程、琼西北供水工程等重点水利项目；中标125亿元江苏如东海上风电场项目、55亿元三峡新能源牟平3万kW海上风电等项目。②全年新签水环境治理等项目共计330亿元；开辟“水生态＋”新模式，中标100亿元长沙大泽湖生态智慧城综合开发建设项目。③中标川藏铁路雅林段先期开工最大标段；签约深圳地铁12号线、郑州轨道交通8号线一期、西安地铁1号线三期、穗莞深城际铁路、山东潍烟及莱荣高速铁路、甬台温高速公路等重点交通项目；摘牌雄安容东片区1号地块，首次试水城市片区综合开发业务。④中标93亿元南水北调中线雄安调蓄库骨料加工工程，获得河南、陕西两个砂石料采矿权，砂石年产能突破1亿t；地热公司正式挂牌成立。

3. 国际经营保持平稳发展 ①签约并开工巴基斯坦巴沙大坝及唐吉尔水电项目，合同金额达到27.52亿美元。②签约并开工世界第三大单体光伏项目，全年新能源新签合同额达到329.66亿元。③签约中资企业首条欧盟资金铁路项目，深度融入非洲“三网一化”航空网建设，接续中标沙特保障房四期项目。④签订5.3亿美元沙特海水淡化项目EPC合同，成为中东北非地区最大EPC总承包商。⑤采矿业务不断扩展，新签项目合计9.3亿美元。⑥基于中信保融资性担保，签约5.85亿美元尼日利亚燃气电站EPC总承包合同；顺利实现孟加拉国达卡机场快速高架项目融资关闭并获得实际控制权；通过“建设期控股＋COD后回购”“日本出口信保＋买方信贷”等模式解决柬埔寨菩萨水电站项目融资。⑦与GE共同推动赞比亚、津巴布韦巴图凯水电站开发前期工作，完成终版可研并报送业主；与印度公司合作中标阿联酋阿提哈德铁路二期货运设施标段；与埃及和意大利公司合作承建布隆迪水电项目；与丸红、道达尔等产业投资人在中东、拉美等市场开展新能源合作；与沙特、法国等多个国家的大型开发商继续深化全球电力、港口、路桥等领域项目合作。

（三）深化改革按下“快进键”。

1. 战略引领有效强化 “十三五”规划顺利收官，“12358”战略得到较好贯彻；制定印发公司全面深化改革三年行动实施方案；“十四五”发展规划支撑性课题研究进展顺利，规划编制取得初步成果。

2. 专项改革有序推进 提前完成全民所有制企业公司制改制、厂办大集体改革等重点任务，按时完成混合所有制改革评估、“总部机关化”专项治理，退休人员社会化管理完成率达到98.77%。29家试点子企业推进“科改示范行动”“双百行动”等专项改革落实落地；水电六局成功引入建信投资实现增资扩股；7家子企业兑现了岗位分红激励，科技型企业股权激励政策在江西院率先落地，首批145名员工正式成为企业股东。

3. 管控体系精简优化 总部层面对备案管理类和审批管控类事项进行了全面清理，其中，备案管理类事项减少47项，审批管控类事项减少145项，压减幅度分别达到37.3%、52.9%；累计压减法人企业243户，回收资金27.3亿元，压缩管理费用2.5亿元；392家三级以上企业全部完成党建进章程。

（四）提质增效打出“组合拳”。

1. 提质增效专项行动取得显著成效 围绕“五升两降”和“现金为王”策略建立健全价值创造型财务管理体系，从疫情防控、降本节支、瘦身健体、科技创新、深化改革、政策支持等6方面提出可行措施23项，全面支撑公司经营业绩企稳回升、好于预期。公司营业成本增幅低于营业收入增幅0.13个百分点，销售费用同比下降4.2%，管理费用同比下降1.3%，利息支出同比下降1.8%，研发经费投入及经营活动现金净流量创历史新高。

2.“降减防”攻坚扎实推进　与子企业签订年度资产经营考核责任书，全年完成投资项目资产经营17项，盘活资产405亿元，电建路桥公司渝蓉高速、电建水电开发公司毛尔盖水电站等重大项目顺利实现转让盘活。从源头上防“两金”、过程中控“两金”、确权后降“两金”，“两金”压降完成年度目标的96.8%。通过综合施策，公司年度“降减防”各主要指标基本如期完成，年末资产负债率较国资委下达指标降低0.65个百分点。

3.投资创效水平持续提升　竞争性投资项目决策流程简化为投标投资一段式，全年完成投资1103.63亿元，投资资产运营收入527.18亿元，实现利润52.02亿元。年末控股运营电力装机容量1646.85万kW，其中清洁能源占比80.8%。

4.集中采购能力明显增强　全年设备物资采购总额1798亿元，同比增长16.4%。其中，集中采购金额1736亿元，集中采购率达到96.6%，综合节资率达8%。

（五）科技创新呈现新亮点

1.重点攻关统筹推进　承担4项国家级核心攻关任务；主动超前开展川藏铁路建设重大科技专项研究，中标川藏铁路先期开工最大标段并顺利开局；强化战略引领和资源整合，新业务和数字技术应用研究类项目立项数占年度立项总数一半以上。

2.支撑体系加速搭建　成功举办科技创新工作会议暨院士论坛，成立了由33位行业知名院士领衔的科学技术高级顾问委员会；设立水环境、太阳能发电和智慧城市轨道三家集团级研发平台，为相关领域资源整合、专项技术持续攻关和专业人才培养提供平台支撑。

3.科技成果不断涌现　新增授权专利3552项、发明专利236项；累计主持或参与制修订国家、行业标准832项，获得行业和省级工法982项；新增国家级重大技术攻关项目12项，完成国家级科技课题2项。4个项目入选工信部年度物联网示范项目。

（六）加强管理练好“基本功”。

1.项目管理持续改进　加大国家重点项目履约督导，做好疫情索赔指导，实现项目履约总体受控。27项工程获评“国优”“鲁班”。强化项目分包管理，及时发布不合格分包商黑名单，组织分包专项检查。统筹做好资质管理和新旧资质政策过渡，新增水利水电特级资质2项，水电工程局实现水利水电特级资质全覆盖。

2.法治建设持续加强　法律风险防范体制机制不断完善，重大经营风险项目管控处置、运用法律手段催收应收账款、妥善处置重大法律纠纷案件等工作扎实有效开展。2020年，公司通过采取法律手段维护企业权益、避免或挽回经济损失36.94亿元。

3.安全环保形势持续好转　强力推进“安全生产专项整治三年行动”，在复杂严峻形势下，全年未发生较大及以上生产安全事故，生产安全事故死亡人数创下公司重组成立以来新低，未发生有重大违规的职业健康、突发环境事件。

4.数字应用持续拓展　智慧能源、智慧水务、智慧城市、智慧生态等数字化成果成功应用于雄安、珠海横琴等地。大力推广，新开工项目PRP系统覆盖率99.05%，以项目管理信息化助力履约规范化。持续加强人、财、物、电商、金融等核心资源的信息化支撑。

（中国电力建设集团有限公司）

中国葛洲坝集团股份有限公司
2020年工作情况

历经50年的风雨洗礼，中国葛洲坝集团股份有限公司（简称葛洲坝集团）已成长为集工程建设、投资运营、工业制造、金融贸易为一体的跨国经营企业集团，是世界500强企业——中国能源建设集团有限公司的核心子企业。拥有总数超过4万人的职工队伍，在建合同达6700亿元，储备合同超3900亿元，年市场签约突破2700亿，授信额度超3000亿元，资产总额达2600亿元，年投资能力近千亿元，年营业收入站稳千亿平台，营业收入利润率多年保持在7%。

（一）疫情防控

2020年，面对突如其来的新冠疫情，身处湖北疫情中心，葛洲坝集团始终将职工生命安全和身体健康放在第一位，第一时间启动应急响应，完善组织领导，压实防控责任，强化联防联控，加强人员流动管理，积极协调医疗资源，建立常态化疫情防控机制。广大干部职工闻令而动、主动担当，组建了150支突击队、志愿者服务队冲锋在抗疫一线，全年参与抗疫人员累计超过25万人次。积极应对疫情全球大流行，出台国际疫情防控72项措施，创新实施网格化管理，高标准加强防疫物资储备，建立远程医疗平台，为海外员工提供医疗服务和心理咨询，组建国际医疗队赴重点国别指导疫情防控工作，实现了稳住人心、稳在当地的“双稳”目标，国际疫情总体保持了可控在控。仅用23天就实现了公司所有确诊病例清零，再未出现新增确诊、疑似病例或无症状感染者，确诊在职职工未出现危重症和死亡病例，为打赢疫情防控宜昌保卫战、武汉保卫战、湖北保卫战做出了重要贡献。公司13个集体、40名个人先后荣获国家级、省市级、中央企业抗疫先进集体和先进个人称号。

为支持湖北疫情防控工作，葛洲坝集团积极捐款捐物，疫情中向武汉市捐款1000万元，向宜昌市捐赠1000万元，公司干部、职工自发捐款600余万元，另向湖北省慈善总会直接捐赠7000套防护服。所属单位积极作为，提供防疫场所。宜昌葛洲坝平湖大酒店按宜昌市政府统一部署，作为医学观察人员的集中隔离观察点；武汉葛洲坝美爵酒店、宜昌葛洲坝宾馆作为地方政府指定的抗击疫情医务人员接待酒店，接待医护人员超过500人。公司充分动员内部力量，3000余名志愿者走上一线，下沉社区开展服务，武汉、宜昌共成立51个工作队，1480名干部和职工脱产投入社区疫情防控工作，成为最美“逆行者”。

（二）复工复产

葛洲坝集团全力推动高质量发展。坚持“一手抓疫情防控，一手抓复工复产，两手抓两手都要硬”总体思路，克服重重困难，科学有序推动复工复产，在2月底迅速实现了湖北省外项目经理100％全到位、省外生产单元100％全复工目标，6月底总体复工复产率已达到97％，高效实现应复尽复、达产稳产。

在抗疫情、战洪涝、化风险的情况下，资产总额、市场签约、营业收入等指标依然实现了逆势上扬，同比分别增长10.64％、7％、2.42％，再创历史新高；资产负债率下降至70％以下，经营性现金流连续三年保持净流入。

面对严峻的疫情形势，葛洲坝集团机电建设有限公司积极应对疫情防控、复工复产和防洪度汛等多重压力挑战，加快现场资源配置和施工组织。在疫情影响项目直线工期长达55天的情况下，提前实现“5台机组投产发电、1台机组成功并网”目标，创下首台机组并网发电前厂房主体工程全部浇筑至发电机层；6台机组定子组装完成低于60天，转子组装完成低于50天，定子安装调整验收低于5天，转子吊装到盘车完成低于10天，定子下线50天完成，一年实现“五投一并”7项业界施工纪录，被誉为“行业最快速度”。

（三）科技创新

葛洲坝集团强化“科技兴企、创新强企”理念，坚持面向市场开发、面向生产经营、面向转型升级，抓实科技攻关、工艺革新、装备研发、技术升级，提高科技创新引领发展作用。重点扶持了有利于提升专业能力的重大科研项目，集中攻关共性技术和重大关键技术难题，推动一批重大科研成果转化运用，鼓励广大科技工作者积极参与技术创新和核心产品研发；依托高端智力团队力量，提升院士专家工作站、博士后科研工作站、重点实验室等科研机构的研发能力，在基础设施建设、智能建造、装备制造等领域通过资源整合、技术集成、成果应用，形成了一批具有自主知识产权的核心技术；注重科研人才培养，进一步畅通科研人才成长通道，完善科研激励机制，大力营造尊重科研人才的氛围，培养了一批热爱科研、业务过硬的科研人才；加快推进所属单位专业化改造，培育所属单位专业技术核心优势，倡导技术协同，大力开展联合研发、共同攻关等活动，不断提升产业链的技术优势。

2020年，累计授权专利3219项，其中国际专利6项；2020年新增授权专利407项，其中授权发明专利40项。获得行业及省部级以上奖项47项，其中省部级6项。“巨型水轮发电机组安装工程精密测量智能系统开发与应用”荣获中国施工企业管理协会“十大创新技术”荣誉称号，该项技术在乌东德、白鹤滩等水电工程中成功推广应用。

（四）安全生产

葛洲坝集团始终坚持“以人为本”的安全发展理念和承（分）包商管理“五同”原则，将正式职工和劳务派遣工纳入职工体系统一管理，提供同等的职业健康管理，个人安全防护和现场安全保护措施。同时，严格按照安全管理协议，督促分包商认真履行国家职业健康安全的有关法律法规、规程规范要求，保障员工生产、生活安全。

2020年，葛洲坝集团修编完善“1＋16＋N”应急预案体系，持续加强应急能力建设，提高应急处置能力。在春夏之交，长江中下游等地区发生流域性大洪水，及时组织召开防汛工作专题会议，多措并举，防早汛、防大汛，并全面摸排，核准462个防汛单元，确定重点单元79个；制定防汛安全“对标对表”检查表，用于指导和检查各生产、非生产单元的防汛工作。安全生产监督部汛期实行24小时值班，及时督促各单位开展防汛应急，指导受灾单元做好撤离自救，确保了所有生产单位汛期安全。同时，公司顺利通过了水利安全生产标准化一级企业复核和交通运输行业安全生产标准化年度核查工作；结合国家法律法规和行业领域要求，编制发布了公司安全生产标准化指导图册，并开展安全生产示范项目建设和评比工作。

（五）采购管理

2020年，葛洲坝集团深入推进集中采购管理体制改革，理顺采购管理关系，优化采购管理程序，充分发挥集中采购的资源配置和支撑保障作用。重构供应商准入流程，加强供应商准入考察，优化分类分级，进一步完善供应商信用评价体系，建立完善绿名单激励、黄名单预警、黑名单惩戒信用管理机制，公司全年共发布供应商黑名单 4 期，对 51 家严重失信的供应商实行市场禁入惩戒。持续优化供应商资源库质量，培育同舟共济、荣辱与共的长期合作伙伴，继续开展绿名单供应商评选活动，2020 年评选并发布了第 4 期分包商绿名单，专业优势和履约能力突出的分包商被授予绿名单分包商，推荐在公司范围内优先选用。

着力打造"责权清晰、公平公正、规范高效、监督到位、保障有力"的集中采购管理体系，构建"供应商库、评标专家库、采购文件、限价采购、评标办法、监督考核"六位一体的集中采购管理工作机制，提升采购管理能力与水平。

葛洲坝集团加强与各级政府、各类企业和咨询机构的交流互动，建立维护好重要客户公共关系，推动国内在建项目良好履约。公司建立了客户分类管理机制，主动回访重要客户，及时处理客户反馈意见、来函投诉，形成了良好的客户关系管理局面，起到了很好的品牌推介作用。2020 年客户满意度较去年提高 6.33 个百分点，受表彰项目较 2019 年增长 8.8%，来函、投诉较 2019 年降低 28.6%。

（中国葛洲坝集团股份公司　程志华）

中国三峡建设管理有限公司 2020 年工作情况

中国三峡建设管理有限公司（简称三峡建设）是中国长江三峡集团有限公司（简称集团公司）的二级子企业，是集团公司大型水电工程开发建设的实施主体，全面承揽集团公司国内、国际水电工程开发建设业务。开发建设乌东德、白鹤滩、溪洛渡、向家坝、长龙山、科哈拉、卡洛特等国内外水电工程。公司为国有独资公司，设立董事会和监事会，拥有重庆分公司、浙江分公司、安徽分公司三家分支机构；拥有中国华水水电开发有限公司（100%股权）、浙江长龙山抽水蓄能有限公司（85%股权）两家所属公司。截至 2020 年底，公司在岗职工共 1365 人，本科及以上学历占 95.6%，高级职称占 84.9%，工程技术类专业占 70%以上，女性干部占 8.6%。

（一）生态环保

1. 坚持绿色发展理念　三峡建设严格按照"三同时"原则落实各项生态环境保护措施。顺利完成黑水河生态修复工程松新水电站鱼道、松新水电站减水河段及老木河河段生境修复施工；乌东德库尾水环境保护项目于 2020 年 6 月完成新建污水厂运行调试工作，2020 年 9 月，该项目通过攀枝花市政府组织专项验收，2020 年 11 月，乌东德库尾水环境保护措施效果评估专题报告通过四川省环境工程评估中心组织的专家论证会；2020 年 11、12 月，白鹤滩水电站顺利通过蓄水阶段水土保持设施、环境保护预验收；2020 年 12 月，乌东德水电站蓄水试验专题报告顺利通过了生态环境保护部环境工程评估中心组织的技术论证；完成金沙江下游流域生态环境管理信息系统建设，并通过竣工验收，正式上线运行；各建设部环保设施均已按照"三同时"要求落实到位，环保设施运行正常，污染物排放达标，环境质量达标。

2. 提升强化环保管理　①紧密跟踪国家法律法规的最新变化，认真总结与评估各项环保制度执行情况，针对性的开展制度修订工作；②持续开展生态环境监测，及时分析监测数据，定期编制报送环境保护简报；③加强现场环保监督检查力度，对乌东德、白鹤滩、向家坝、溪洛渡水电站及长龙山电站开展各类环保水保检查 12 次，对检查中发现的问题及时沟通并提出整改要求，并督促各相关方按期整改到位。同时，为了进一步检查环保工作落实情况，先后开展 2 次环境保护自查自纠工作，对自查发现的问题及时整改并跟踪进度，确保及时整改到位。

（二）科技管理

2020 年，三峡建设进一步完善科技管理体系。全年组织实施 86 项科研项目，依托乌东德、白鹤滩等国家重大工程，会同科研院所开展产学研深度合作，产出了一批优秀创新成果，为白鹤滩水电站顺利建设和乌东德水电站按期蓄水发电提供了坚实的科技保障。

1. 协同创新情况　坚持创新驱动发展理念，将创新作为提升水电核心竞争力、实现公司可持续发展的重要支撑。在乌东德、白鹤滩智能建造和科研过程中，持续强化产学研用联合创新体系，以现场工程建设管理部门为项目管理中心，以科研单位和咨询专家为技术支撑，以设计、施工、监理单位为工程建设支柱的"123 项目管理模式"和"4＋1＋N 的执行模式"，水电建设与科技精英团队深度融合、共同研发，产学研用创新优势资源要素加速聚集，为工程建设顺利推进发挥了重要作用。

2. 科技成果情况　2020 年三峡建设获得行业学会协会科技奖 12 项，其中科技进步特等奖 1 项、一等奖 7 项、二等奖 2 项，能源创新奖 1 项、质量技术优秀奖 1 项。主持、参与制定国家标准 2 项、行业标准 37 项、企业标准 38 项，其中 1 项国家标准、5 项行业标准和 15 项三峡标准已发布。申请知识产权 58

件（其中发明专利36件、软件著作权10件），年内78件知识产权（其中发明专利25件、软件著作权4件）获得国家授权。

3. 科技成果转化 面向工程实际问题开展技术攻关和科技创新工作，创新成果在示范、应用中转化现实生产力。①“白鹤滩水电站高水头大泄量泄洪洞镜面混凝土关键技术”研发的薄壁结构衬砌混凝土智能化温控技术、衬砌混凝土一条龙施工新型装备、衬砌混凝土标准化施工工艺等，确保了白鹤滩泄洪洞混凝土施工各项检测指标值均优于设计要求，混凝土达到镜面效果。②“特高拱坝混凝土浇筑全过程智能管控关键技术”研发的复杂环境高精度融合定位技术、关键节点识别技术，和集混凝土浇筑全过程效率、质量、安全即时分析、综合评估、预警预报于一体的耦合智能分析技术体系及智能管控平台等，实现了乌东德、白鹤滩大坝混凝土浇筑全过程监控与分析，缆机群调度利用率提高30%，振捣深度与时间达标率提高50%，混凝土施工质量优良，工效提升、进度提前。③“乌东德水电站水库运用与电站运行调度规程”制定的蓄水计划、调度方案和枢纽防洪、发电、航运、生态调度及泄洪建筑物运行方式，在乌东德水电站2020年蓄水、防洪、发电等调度实践中成功应用，为工程按期蓄水发电、水库运用和电站运行调度提供了必要技术支撑。

4. 双创工作开展 围绕三峡建设业务及创新人才培养需要开展万众创新活动。各项目技术人员自发组织Python和OracleP6学习运用先进管理工具实现管理创新；科技人员立足岗位积极开展技术创新，成立多个科技创新工作小组开展智能建造、混凝土质量提升等创新活动，在工程实践中锻炼和培养科技人才。

5. 国家重大科技项目 2020年三峡建设承担、参与国家重点科研共3项，年度国拨经费使用57万元。①《基于河流健康的梯级电站规划设计理论与关键技术示范》，完成了黑水河鱼类栖息地规划和阶段性措施实施，形成了梯级电站开发水生态完整性诊断与水生态修复阈值辨识关键技术，建立了梯级多目标生态友好调度模型；课题研究成果在金沙江下游梯级联合生态调度工作中示范应用。②《特高坝抗震安全风险评估体系与应急对策》，完成了高坝地震易损性高性能计算方法、特高坝强震监测指标快速反馈评价分析软件、大坝强震动快速分析软件等研发，建设了白鹤滩特高坝地震自动化监测系统，提出了白鹤滩水库紧急调度和强震应急保障措施，完成了300m级高坝抗震调研总结。目前正在编写专著和研究成果汇总、整编。③《深孔泄水建筑物疏堵与闸门修复技术及装备》，研发形成了深孔板结淤堵物破碎与抽取成套技术、深水失效闸门精准爆破及切割拆除技术、深水金属结构修复及表面保护技术等；研制了深孔自推进疏堵水下机器人“达诺1号（DreRo-Ⅰ）”，并在黄河小浪底工程顺利完成水下深孔清淤工程示范应用。该项技术填补了相关技术领域的空白。

（三）国际业务开展情况

1. 卡洛特水电站 为落实国务院国资委“两稳”要求，确保卡洛特水电站疫情防控与工程建设平稳高效，按照集团公司要求，三峡建设秉持全集团一盘棋的大局意识和责任担当，考虑卡洛特工程建设已经到了决战决胜的关键时期，克服境外疫情不断增长的困难，成立卡洛特指挥部工作小组，派出8位具有丰富海外工作经验的同志随王毅总指挥长一道赴巴，参与疫情防控、防洪度汛、工程建设和电力生产筹备等各项工作，保障工程有序推进。

2. 科哈拉水电站 科哈拉水电站是集团公司在海外投资建设的第一座百万千瓦级水电站，三峡建设严格执行集团公司决策，主导开展科哈拉水电站建设管理相关工作，后因受同流域“*N-J* 项目”生态流量事件影响，应业主要求，逐步暂停现场所有工作，并封存现场设施设备，设计、施工和管理人员陆续撤离现场。

3. 国际市场开发 三峡建设积极加强国际业务市场开发。一是与三峡发展公司签订《卡洛特项目建设管理技术咨询服务协议》，并针对卡洛特项目特点，抽调技术骨干与财务管理人员，组成总工程师团队与总会计师团队驻现场履职，为项目建设管理提供有力的支持。总工程师团队围绕工程建设中心任务，积极研究解决项目重大技术难题，推进项目技术方案审批，为项目按期投产发电扫清内外部障碍。总会计师团队承担了项目现场的核算、资金、税务、预算等财务管理工作，在保证现场财务管理合规、有效运行的基础上，控制资金回收风险，充分保障参建各方正常资金需求，为工程建设提供财力支持。二是与中国水利电力对外公司签订《鲁凯威项目建设管理委托咨询服务协议》，并结合公司自身优势派出项目建设管理团队赴智利加入鲁凯威能源公司团队，与中国水利电力对外公司形成优势互补。派出人员深度参与工程建设生产准备组织、公司管理、制度体系建设、成本分析与管控和项目招投标管理等工作，积极发挥公司在组织体系、专业技术等方面优势，为项目提供工程技术服务，推进项目按期开工。

（中国三峡建设管理有限公司）

2

水能及新能源开发与消纳

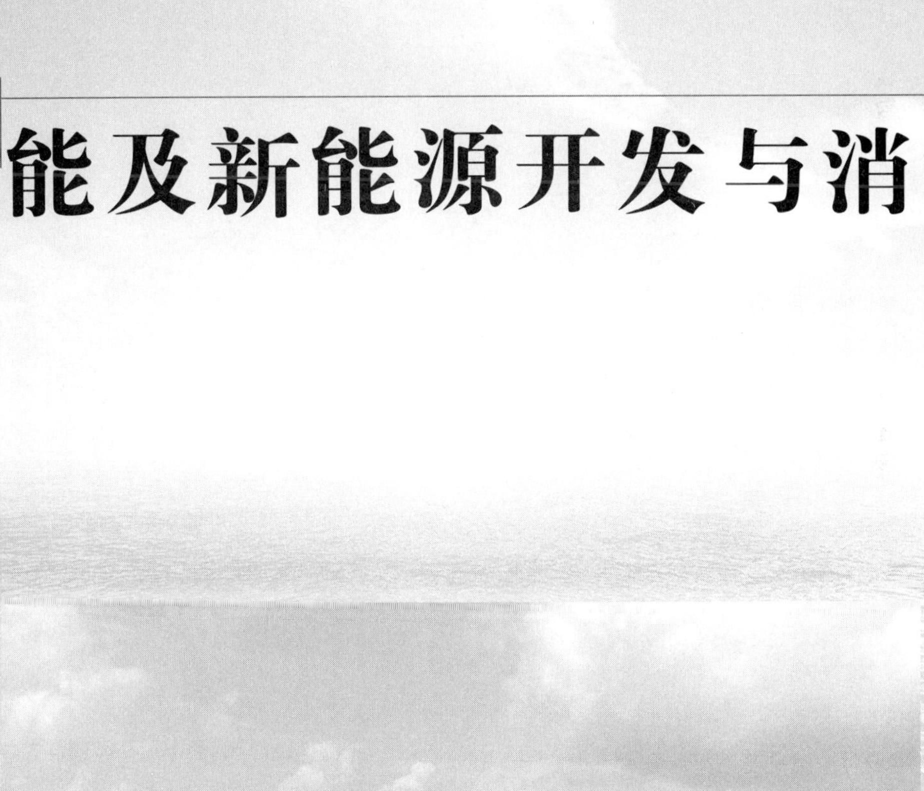

水　能　开　发

国家能源局关于河北抽水蓄能电站选点规划调整成果的复函

国家能源局2020年6月10日以国能函新能〔2020〕36号文，复函《河北抽水蓄能电站选点规划调整成果》，该“复函”全文如下。

河北省发展改革委、能源局，水电水利规划设计总院：

报来《关于恳请批复河北省抽水蓄能电站规划调整站点的请示》（冀发改能源〔2019〕1630号）、《关于对我省抽水蓄能电站规划调整站点批复问题的补充请示》、《关于将灵寿抽水蓄能电站补充纳入我省抽水蓄能电站规划调整站点的请示》（冀发改能源〔2020〕374号）和《关于批准河北省抽水蓄能电站选点规划调整报告的请示》（水电规规〔2019〕45号）、《关于报送〈河北灵寿抽水蓄能电站规划研究报告技术评审意见〉的函》（水电规规〔2020〕10号）收悉。经研究，现函复如下。

一、为做好河北抽水蓄能电站的规划建设，规范项目前期工作，确保抽水蓄能电站有序开发和电网安全经济稳定运行，原则同意河北抽水蓄能电站选点规划调整成果及审查意见。

二、同意在初选尚义、滦平、迁西、赤城、徐水、邢台、阜平7个站点作为比选站点的基础上，确定尚义（拟装机容量140万kW）、徐水（拟装机容量60万kW）、滦平（拟装机容量120万kW）站点为河北抽水蓄能规划调整推荐站点，规划水平年为2030年。

三、灵寿站点（拟装机容量120万kW）补充纳入规划调整站点，下一步要统筹考虑电力系统需求及区域内站点资源情况，按照技术审查意见进一步开展论证工作。

四、邢台站点（拟装机容量120万kW）涉及生态保护红线调整，下一步按我局《关于在抽水蓄能电站规划建设中落实生态环保有关要求的通知》（国能综发新能〔2017〕3号）落实有关工作后纳入规划。

五、请有关单位抓紧开展工作，做好站点资源保护，综合考虑区域抽水蓄能电站合理配置和电力系统实际需求，科学安排推荐站点建设时序，保障选点规划科学实施。

国家能源局关于湖北省抽水蓄能电站选点规划调整成果的复函

国家能源局2020年9月15日以国能函新能〔2020〕59号文，复函“关于湖北省抽水蓄能电站选点规划调整成果”，该“复函”全文如下。

湖北省能源局、水电水利规划设计总院：

报来《关于湖北省抽水蓄能电站选点规划调整建议的请示》（鄂能源新能〔2020〕17号）、《关于批准湖北省抽水蓄能电站选点规划调整报告的请示》（水电规规〔2020〕17号）收悉。经研究，现函复如下。

一、为做好湖北省抽水蓄能电站的规划建设，规范项目前期工作，确保抽水蓄能电站有序开发和电网安全经济稳定运行，原则同意湖北省抽水蓄能电站选点规划调整成果及审查意见。

二、同意在初选大幕山、上进山、紫云山、平坦原、宝华寺、清江6个站点作为比选站点的基础上，确定大幕山（拟装机容量120万kW）、紫云山（拟装机容量140万kW）、平坦原（拟装机容量140万kW）站点为湖北省抽水蓄能选点规划调整推荐站点，规划水平年为2030年。

三、上进山站点（拟装机容量120万kW）涉及生态保护红线调整，下一步按我局《关于在抽水蓄能电站规划建设中落实生态环保有关要求的通知》（国能综发新能〔2017〕3号）要求，落实有关工作后纳入规划。

四、北山（拟装机容量20万kW）、清江（拟装机容量120万kW）、宝华寺（拟装机容量120万kW）站点作为备选站点，在下一轮抽水蓄能选点规划中进一步研究。

五、请有关单位抓紧开展工作，做好站点资源保护，综合考虑区域抽水蓄能电站合理配置和电力系统实际需求，科学安排推荐站点建设时序，保障选点规划科学实施。规划实施过程中要坚持生态优先、确保底线，严格依法推进规划内项目建设，确保抽水蓄能电站遵循生态文明建设要求有序规划建设。对于建设条件发生较大变化，存在重大生态环境敏感制约因素，不再具备建设条件的站点，要按照国能综发新能

〔2017〕3号文的要求及时调出规划。

四川省发展改革委关于雅砻江卡拉水电站项目核准的批复

四川省发展改革委2020年6月17日以川发改能源〔2020〕323号文发布《关于雅砻江卡拉水电站项目核准的批复》，该“批复”全文如下。

凉山州发展改革委，雅砻江流域水电开发有限公司：

凉山州发展改革委《关于请求对四川雅砻江卡拉水电站项目核准的请示》（凉发改能源〔2020〕129号）、雅砻江流域水电开发有限公司《关于恳请核准雅砻江卡拉水电站项目的请示》（雅砻江工程〔2020〕232号）收悉。经报请省政府第49次常务会议审议同意，现将卡拉水电站（项目代码：2020-510000-44-02-421387）项目核准有关事项批复如下：

一、卡拉水电站位于凉山州木里县境内，为已审批的雅砻江中游（两河口至卡拉河段）水电规划中的最后一级。电站采用坝式开发，主要任务为发电，并兼顾下游生态用水要求。按照省政府《关于进一步加强和规范水电建设管理的意见》（川府发〔2016〕47号）要求，为增加清洁能源供应，促进民族地区经济社会发展，同意建设雅砻江卡拉水电站。

二、电站安装4台25.5万kW立轴混流式水轮发电机组，总装机容量102万kW，单独运行时多年平均年发电量39.97亿kW·h，与上游两河口水库电站联合运行时多年平均年发电量45.24亿kW·h。工程建设总工期为83个月。

电站枢纽由河床碾压混凝土重力坝、坝身泄水及右岸地下引水发电等建筑物组成，河床碾压混凝土重力坝最大坝高126m。水库正常蓄水位1987m，相应库容2.378亿m^3，调节库容0.365亿m^3，具有日调节能力。

电站建成后以500kV一级电压接入四川主网运行，保证四川省用电需求，多余电量由国网四川省电力公司通过四川主网参与川电外送，并合理分担外送新增的输配电成本。

三、电站建设征地涉及凉山州木里县的2个乡8个行政村17个村民组。工程在采用防护措施后，电站建设征地总面积16333亩，其中永久征收占用土地13267亩，临时征用土地3066亩；人口1006人，各类房屋面积7.66万m^2；淹没影响雅砻江集镇1座等；至规划设计水平年（2024年），共涉及农村生产安置人口610人，农村搬迁安置人口1123人。推荐对雅砻江集镇采取垫高防护措施复建处理方案，集镇迁建人口规模按476人考虑。建设征地移民安置补偿总费用（不含贷款利息）为89038.82万元。

四、按2019年四季度价格水平测算，工程静态投资133.88亿元，工程总投资为171.21亿元。项目资本金约为34.24亿元，占工程总投资的20%。

项目单位为雅砻江流域水电开发有限公司（统一社会信用码：91510000201870221H）。股东构成及出资比例情况为：国家开发投资公司52%、四川省投资集团有限责任公司48%。

五、要高度重视电站建设的生态环境保护和移民安置工作，将帮助移民群众脱贫致富和促进库区生态环境建设作为水电开发的重要目标，制定切实可行的生态保护和移民安置措施，加强与移民的沟通，充分尊重少数民族的宗教、文化、习俗，采取多种措施尽可能增加移民收入。

六、招标事项核准意见见附件（略），严格按照《招标投标法》《四川省国家投资工程建设项目招标投标条例》等规定和本核准要求进行招投标活动。

七、项目核准的相关文件是：自然资源厅《建设项目用地预审与选址意见书》（用字第513422-2020-00011号）等。

八、请项目单位在项目开工建设前，依据相关法律、行政法规的规定，完成项目开工建设所需相关手续；电站投产前请按照雅砻江工程〔2020〕232号相关承诺，及时按有关规定与国网四川省电力公司正式签订《购售电合同》等，确保卡拉水电站顺利投产发电。

九、如需对本项目核准文件所规定的有关内容进行调整，请按照《四川省企业投资项目核准和备案管理办法》（川办发〔2018〕23号）的有关规定，及时以书面形式向我委提出调整申请，我委将根据项目具体情况，出具书面确认意见或者重新办理核准手续。

十、我委出具项目核准文件或同意项目变更决定2年内未开工建设，如需要延期开工建设，项目单位应当在2年期限届满的30个工作日前，向我委申请延期开工建设。项目在2年期限内未开工建设也未按照规定向我委申请延期，项目核准文件或同意项目变更决定自动失效。项目在2年期限内，或者在我委同意的延长期限内开工建设的，项目核准文件或同意延期开工决定不再有时间限制。

十一、请凉山州发展改革委加强卡拉水电站建设过程中协调服务工作，保障工程建设环境；督促项目单位加强工程建设管理，确保工程质量、施工安全，以及环保、水保措施的落实。按照《关于进一步加强四川省水电工程质量监督管理工作的通知》（川发改能源函〔2016〕319号）和《关于进一步加强全省水电及新能源项目投资情况报送工作的通知》（川发改能源函〔2015〕437号）的要求，及时委托质量监督单位开展质量监督工作，及时报送工程建设投资和施工进展情况等有关信息。

山西省发展改革委关于山西浑源抽水蓄能电站项目核准的批复

山西省发展改革委2020年9月30日以晋发改审批发〔2020〕481号文，发布《关于山西浑源抽水蓄能电站项目核准的批复》，该“批复”全文如下。

山西省能源局：

报来《关于申请核准山西浑源抽水蓄能电站项目的报告》（晋能源规字〔2020〕486号）及有关材料收悉。经研究，现就该项目核准事项批复如下：

一、依据《国家能源局关于山西省抽水蓄能电站选点规划的复函》（国能新能〔2013〕309号）、《可再生能源发展“十三五”规划》、《水电发展“十三五”规划（2016～2020年）》，该项目已列入国家“十三五”抽水蓄能电站重点开工项目。为解决山西电网日益严重的调峰问题，改善电网运行条件，促进新能源和地方经济发展，依据《行政许可法》《企业投资项目核准和备案管理条例》《山西省企业投资项目核准和备案管理办法》，同意建设山西浑源抽水蓄能电站项目。

项目单位为山西大同抽水蓄能有限公司。

二、项目建设地点位于大同市浑源县东坊城乡、官儿乡。

三、项目建设内容：山西浑源抽水蓄能电站装机容量150万kW，采用4台37.5万kW立轴单级定速混流可逆式水泵水轮发电机组。电站额定水头649m，设计年发电量19.22亿kW·h，年抽水耗电量25.63亿kW·h。建设规模为一等大（1）型工程，主要由上水库、下水库、输水系统、地下厂房和地面开关站等组成。上水库位于佛耳朵山主峰西侧主沟沟脑部位，正常蓄水位2057m，相应库容637万m^3。下水库位于凌云口峪，正常蓄水位1389m，相应库容951万m^3。输水系统采取2洞4机方式布置。地下厂房开挖尺寸173×25.8×57.3m（长×宽×高）。电站建成后拟以2回500kV出线接入山西电网。

四、项目总投资为892341万元。其中，项目资本金为178453.6万元，项目资本金占项目总投资的比例为20%。

项目的股东构成及出资比例情况为：国网新源控股有限公司占55%，黄河小浪底水资源投资有限公司占35%，国网山西省电力公司占10%。

五、依据《国家发展改革委关于印发〈不单独进行节能审查的行业目录〉的通知》（发改环资规〔2017〕1975号）规定，抽水蓄能电站不再单独进行节能审查，应按照相关节能标准、规范建设，采用节能技术、工艺和设备，加强节能管理，不断提高项目能效水平。

六、按照《中华人民共和国招标投标法》和《山西省工程建设项目招标投标条例》等有关规定，须严格按照批复的招标方案组织实施（详见附件）。

七、按照相关法律、行政法规的规定，核准项目应附前置条件的相关文件是山西省自然资源厅核发的《中华人民共和国建设项目用地预审与选址意见书》（用字第140000202000027号）等。

八、如需对本项目核准文件所规定的有关内容进行调整变更，请按照《企业投资项目核准和备案管理条例》《企业投资项目核准和备案管理办法》和《山西省企业投资项目核准和备案管理办法》的有关规定，及时提出变更申请，我委将根据项目具体情况，做出是否同意变更的书面决定。

九、请山西大同抽水蓄能有限公司在项目开工建设前，依据相关法律、行政法规规定办理规划许可、土地使用、资源利用、安全生产、环评等相关报建手续。

按照《企业投资项目核准和备案管理条例》（国务院令第673号）规定，企业应当通过在线平台如实报送项目开工建设、建设进度、竣工的基本信息。

十、项目予以核准决定之日起2年未开工建设，需要延期开工建设的，在2年限期届满的30个工作日前，向我委申请延期开工建设。开工建设只能延期一次，期限最长不得超过1年。国家对项目延期开工建设另有规定的，依照其规定。

附件：山西省建设项目招标方案和不招标申请核准表（略）

西藏自治区发展改革委关于玉曲河扎拉水电站项目核准的批复

西藏自治区发展改革委2020年12月3日以藏发改能源〔2020〕565号文发布《关于玉曲河扎拉水电站项目核准的批复》，该“批复”全文如下。

大唐玉曲河水电开发有限公司：

《大唐玉曲河水电开发有限公司关于西藏玉曲河扎拉水电站项目核准的请示函》（大唐玉电函〔2020〕4号）收悉。根据习近平总书记2019年7月8日关于藏区水电开发的重要讲话精神以及党的十九大和十九届二中、三中、四中、五中全会和中央第七次西藏工作座谈会精神，依据《西藏自治区人民政府办公厅关于加强水电资源管理规范水电项目前期工作程序的通知》(藏政办发〔2012〕58号)、《西藏自治区人民政府办公厅关于印发〈西藏自治区企业投资项目核准和备案管理办法〉的通知》(藏政办发〔2018〕13号)、《西藏自治区人民政府办公厅关于深入贯彻习近平总书记7·8重要讲话精神做好自治区水电项目审批核准的意见》(藏政办发〔2019〕60号)等文件规定，并报请自治区人民政府同意，现就该项目核准事项批复如下：

一、为合理开发利用玉曲河流域水能资源，增加可再生能源供应，促进地区经济和社会发展，同意建设玉曲河扎拉水电站。

二、项目坝址位于昌都市左贡县碧土乡，厂址位于林芝市察隅县察瓦龙乡，是玉曲河干流规划七级开发方案中的第六级。

三、电站安装4台单机容量25万kW的冲击式水轮发电机组和3台单机容量0.5万kW的泄放生态流量机组，总装机容量101.5万kW，年均发电量39.46/41.03亿kW·h（单独/联合）。

枢纽工程主要由首部枢纽建筑物（混凝土重力坝、坝身泄洪设施，右岸坝后生态电站、鱼道）、右岸引水系统、地面厂房等组成。最大坝高67m。

水库正常蓄水位2815m，死水位2811.5m，总库容914万m^3，调节库容136万m^3，具有日调节能力。

电站拟以500kV一级电压接入系统。

四、项目工程建设不涉及风景名胜区、世界自然遗产地以及自然保护区，不存在特别敏感的环境保护目标。

五、水库建设征地涉及西藏昌都市左贡县和林芝市察隅县，共计2乡3个行政村。涉及建设征地总面积4708.15亩（左贡县2205.96亩，察隅县2502.19亩），其中永久征收占用土地2848.71亩（左贡县1283.64亩，察隅县1565.07亩）、临时征用土地1859.44亩（左贡县922.32亩，察隅县937.12亩）；涉及人口122人（左贡县82人，察隅县40人）、各类房屋11549.91m^2（左贡县7064.45m^2，察隅县4485.46m^2）；四级公路8.1km（左贡县2.5km，察隅县5.6km）、10kV输电线路6.3km（左贡县3.2km，察隅县3.1km）、通信线路9.65km（左贡县3.95km，察隅县5.7km）、文物古迹4处（左贡县3处，察隅县1处）等，不涉及重要矿产资源压覆。移民采取逐年货币补偿安置、自主安置的生产安置规划方案。建设征地及移民补偿投资24095万元（静态）。

六、项目通过采取风险防范和化解措施后的社会稳定整体上为低风险等级。

七、项目工程动态总投资1190689万元，其中项目资本金为238138万元，项目资本金占项目总投资的比例为20%。

八、项目单位为大唐玉曲河水电开发有限公司。大唐玉曲河水电开发有限公司是中国大唐集团有限公司独资的法人公司，公司股东为大唐四川发电有限公司。

九、要高度重视电站建设的生态环境保护和移民安置工作，将帮助移民群众脱贫致富和促进库区生态环境建设作为水电开发的重要目标，制定切实可行的生态保护和移民安置措施，加强与当地群众的沟通，充分尊重少数民族的宗教、文化、习俗，采取多种措施，尽可能增加生产安置人口的收入。

十、按照《招标投标法》的有关规定，本项目勘察设计、工程建设和设备采购全部采取公开招标的招标方式和委托招标的组织形式，具体见附件。

十一、项目核准的相关文件分别是《建设项目用地预审与选址意见书》(西藏自治区自然资源厅用字第540000202000032号)、《关于西藏玉曲河扎拉水电站环境影响报告书的批复》(环审〔2018〕137号)、《西藏自治区水利厅关于玉曲河扎拉水电站水土保持方案报告书的复函》(藏水保〔2017〕37号)等。

十二、如需对本项目核准文件所规定的有关内容进行调整，请按照《西藏自治区人民政府办公厅关于加强水电资源管理规范水电项目前期工作程序的通知》(藏政办发〔2012〕58号)、《西藏自治区人民政府办公厅关于印发〈西藏自治区企业投资项目核准和备案管理办法〉的通知》(藏政办发〔2018〕13号)等有关规定，及时以书面形式向我委提出变更申请，我委将根据项目具体情况，出具书面确认意见或者重新办理核准手续。

十三、本核准文件自印发之日起有效期限2年。在核准文件有效期内未开工建设项目的，项目单位应在核准文件有效期届满30个工作日之前向我委申请延期开工建设。项目在核准文件有效期内未开工建设也未申请延期的，或虽提出延期申请但未获批准的，本核准文件自动失效。

附件：核准部门招标核准意见（略）

四川省发展改革委关于大渡河沙坪一级水电站项目核准的批复

四川省发展改革委2020年12月30日以川发改能源〔2020〕685号文发布《关于大渡河沙坪一级水电站项目核准的批复》，该“批复”全文如下。

乐山市发展改革委，国电大渡河流域水电开发有限公司：

乐山市发展改革委《关于核准四川大渡河沙坪一级水电站项目的请示》（乐发改〔2020〕568号）和国电大渡河流域水电开发有限公司《关于审查核准四川大渡河沙坪一级水电站项目申请报告的请示》（国电大开建〔2020〕37号）收悉。经研究，现将沙坪一级水电站（项目代码：2019-510000-44-02-386875）项目核准有关事项批复如下：

一、沙坪一级水电站位于乐山市金口河区境内，为已审批的大渡河沙坪河段水电开发方式研究报告中的电站。电站采用堤坝式开发，主要任务为发电，并兼顾下游生态用水要求。按照省政府《关于进一步加强和规范水电建设管理的意见》（川府发〔2016〕47号）要求，为增加清洁能源供应，促进地区经济社会发展，同意建设大渡河沙坪一级水电站。

二、电站安装6台6万kW灯泡贯流式水轮发电机组，总装机容量36万kW，多年平均年发电量16.35亿kW·h。工程建设总工期为64个月。

电站枢纽由河床右侧泄洪闸、河床左侧河床式厂房、左右岸混凝土重力坝和鱼道等建筑物组成，最大坝高63m。水库正常蓄水位577m，相应库容0.186亿m^3，调节库容0.049亿m^3，具有日调节能力。电站建成后以500kV一级电压出线接入四川电网。

三、电站建设征地涉及乐山市金口河区的3个乡（镇）5个行政村18个村民小组。涉及土地2931亩，其中永久征收占地2595亩，临时用地336亩；涉及人口735人，各类房屋面积5.33万m^2；涉及个体工商户27个；涉及企事业单位8家以及G245（二级公路）3.06km、汽车便道2.7km、机耕道2.6km、水文站1座等。至规划设计水平年（2025年），生产安置人口348人，搬迁安置人口757人。建设征地移民安置补偿费用为29421.17万元。

四、按2020年3季度价格水平测算，工程静态投资42.03亿元，工程总投资为48.33亿元。项目资本金约为9.67亿元，占工程总投资的20%。

项目单位为国电大渡河流域水电开发有限公司（统一社会信用码：91510100725361022N）。股东构成及出资比例为：国电电力发展股份有限公司69%、中国国电集团有限公司21%、四川川投能源股份有限公司10%。

五、高度重视电站建设的生态环境保护和移民安置工作，将帮助移民群众脱贫致富和促进库区生态环境建设作为水电开发的重要目标，制定切实可行的生态保护和移民安置措施，加强与移民的沟通，充分尊重少数民族的宗教、文化、习俗，采取多种措施尽可能增加移民收入。

六、招标事项核准意见见附件，严格按照《招标投标法》《四川省国家投资工程建设项目招标投标条例》等规定和本核准要求进行招投标活动。

七、项目核准的相关文件是：自然资源厅《建设项目用地预审与选址意见书》（用字第511113-2020-00064号）等。

八、请项目单位在项目开工建设前，依据相关法律、行政法规的规定，完成项目开工建设所需相关手续。

九、如需对本项目核准文件所规定的有关内容进行调整，请按照《四川省企业投资项目核准和备案管理办法》（川办发〔2018〕23号）的有关规定，及时以书面形式向我委提出调整申请，我委将根据项目具体情况，出具书面确认意见或者重新办理核准手续。

十、我委出具项目核准文件或同意项目变更决定2年内未开工建设，如需要延期开工建设，项目单位应当在2年期限届满的30个工作日前，向我委申请延期开工建设。项目在2年期限内未开工建设也未按照规定向我委申请延期，项目核准文件或同意项目变更决定自动失效。项目在2年期限内，或者在我委同意的延长期限内开工建设的，项目核准文件或同意延期开工决定不再有时间限制。

十一、请乐山市发展改革委加强沙坪一级水电站建设过程中协调服务工作，保障工程建设环境；督促项目单位加强工程建设管理，确保工程质量、施工安全，以及环保、水保措施的落实。按照《关于进一步加强我省水电工程质量监督管理工作的通知》（川发改能源函〔2016〕319号）和《关于进一步加强全省水电及新能源项目投资情况报送工作的通知》（川发改能源函〔2015〕437号）的要求，及时委托质量监督单位开展质量监督工作，及时报送工程建设投资和施工进展情况等有关信息。

四川省发展改革委关于大渡河枕头坝二级水电站项目核准的批复

四川省发展改革委2020年12月30日以川发改能源〔2020〕686号文发布《关于大渡河枕头坝二级水电站项目核准的批复》，该“批复”全文如下。

乐山市发展改革委，国电大渡河流域水电开发有限公司：

乐山市发展改革委《关于核准四川大渡河枕头坝二级水电站项目的请示》（乐发改〔2020〕569号）和国电大渡河流域水电开发有限公司《关于审查核准四川大渡河枕头坝二级水电站项目申请报告的请示》（国电大开建〔2020〕36号）收悉。经研究，现将枕头坝二级水电站（项目代码：2019-510000-44-02-386878）项目核准有关事项批复如下：

一、枕头坝二级水电站位于乐山市金口河区境内，为已审批的大渡河枕头坝河段水电开发方式研究报告中的电站。电站采用堤坝式开发，主要任务为发电，并兼顾下游生态用水要求。按照省政府《关于进一步加强和规范水电建设管理的意见》（川府发〔2016〕47号）要求，为增加清洁能源供应，促进地区经济社会发展，同意建设大渡河枕头坝二级水电站。

二、电站安装6台5万kW灯泡贯流式水轮发电机组，总装机容量30万kW，多年平均年发电量15.03亿kW·h。工程建设总工期为64个月。

枢纽由河床左侧泄洪闸、河床右侧河床式厂房、两岸混凝土重力坝和鱼道等建筑物组成，最大坝高54m。水库正常蓄水位592m，总库容0.122亿m^3，调节库容0.041亿m^3。电站建成后以500kV一级电压出线接入四川电网。

三、电站建设征地涉及乐山市金口河区的3个乡（镇）5个行政村9个村民小组。涉及土地2432亩，其中永久征收占地1706亩，临时用地726亩；涉及人口663人，各类房屋面积6.55万m^2；涉及个体工商户34个、农民专业合作社6个；涉及企事业单位22家以及二级公路0.68km、城市次干道0.95km、汽车便道2.01km、红华厂区道路1.27km、道班1处、公交站台1处、小型水电站2座等。至规划设计水平年（2025年），生产安置人口46人，搬迁安置人口679人。建设征地移民安置补偿费用为60339万元。

四、按2020年3季度价格水平测算，工程静态投资39.07亿元，工程总投资为45.46亿元。项目资本金约为9.09亿元，占工程总投资的20%。

项目单位为国电大渡河流域水电开发有限公司（统一社会信用代码：91510100725361022N）。股东构成及出资比例为：国电电力发展股份有限公司69%、中国国电集团有限公司21%、四川川投能源股份有限公司10%。

五、高度重视电站建设的生态环境保护和移民安置工作，将帮助移民群众脱贫致富和促进库区生态环境建设作为水电开发的重要目标，制定切实可行的生态保护和移民安置措施，加强与移民的沟通，充分尊重少数民族的宗教、文化、习俗，采取多种措施尽可能增加移民收入。

六、招标事项核准意见见附件（略），严格按照《招标投标法》《四川省国家投资工程建设项目招标投标条例》等规定和本核准要求进行招投标活动。

七、项目核准的相关文件是：自然资源厅《建设项目用地预审与选址意见书》（用字第511113-2020-00059号）等。

八、请项目单位在项目开工建设前，依据相关法律、行政法规的规定，完成项目开工建设所需相关手续。

九、如需对本项目核准文件所规定的有关内容进行调整，请按照《四川省企业投资项目核准和备案管理办法》（川办发〔2018〕23号）的有关规定，及时以书面形式向我委提出调整申请，我委将根据项目具体情况，出具书面确认意见或者重新办理核准手续。

十、我委出具项目核准文件或同意项目变更决定2年内未开工建设，如需要延期开工建设，项目单位应当在2年期限届满的30个工作日前，向我委申请延期开工建设。项目在2年期限内未开工建设也未按照规定向我委申请延期，项目核准文件或同意项目变更决定自动失效。项目在2年期限内，或者在我委同意的延长期限内开工建设的，项目核准文件或同意延期开工决定不再有时间限制。

十一、请乐山市发展改革委加强枕头坝二级水电站建设过程中协调服务工作，保障工程建设环境；督促项目单位加强工程建设管理，确保工程质量、施工安全，以及环保、水保措施的落实。按照《关于进一步加强我省水电工程质量监督管理工作的通知》（川发改能源函〔2016〕319号）和《关于进一步加强全省水电及新能源项目投资情况报送工作的通知》（川发改能源函〔2015〕437号）的要求，及时委托质量监督单位开展质量监督工作，及时报送工程建设投资和施工进展情况等有关信息。

黄河上游（龙羊峡—青铜峡河段）水电规划调整进展情况

黄河上游干流是我国能源发展规划的十三大水电基地之一，规划的梯级水电站总装机容量约1700万kW，目前已建梯级电站22个，装机容量1511万kW。由于规划工作起始于20世纪50年代，最早的梯级电站建成于60年。随着地区经济社会的发展，对河段水电的开发利用要求已发生了根本性的变化，特别是近年来随着新能源的大规模开发利用，对水电开发及运行的要求越来越高，为适应电网要求以及配合新能源运行的需要，研究已实施建设河段水电的深度开发利用，开展黄河上游龙羊峡至青铜峡河段水电规划调整十分必要。

2018年5月，国家发展改革委下达了水电前期工作2018年中央预算内投资计划（发改投资〔2018〕762号），批准立项开展黄河上游（龙羊峡—青铜峡河段）水电规划调整。按照水电前期工作管理的有关规定，水电水利规划设计总院于2018年8月通过招标选定中国电建集团西北勘测设计研究院有限公司院承担本项规划工作。

2019年7月完成《黄河上游（龙羊峡—青铜峡河段）水电规划调整扩机需求及规模论证专题报告》，9月中国水利水电建设工程咨询有限公司在北京组织召开了黄河上游（龙羊峡—青铜峡河段）水电规划调整扩机需求及规模论证专题报告咨询会议。

2020年7月完成《黄河上游（龙羊峡—青铜峡河段）水电规划调整报告（咨询稿）》，8月中国水利水电建设工程咨询有限公司在北京组织召开了黄河上游（龙羊峡—青铜峡河段）水电规划调整报告咨询会议，11月水电水利规划设计总院组织开展了黄河上游（龙羊峡—青铜峡河段）水电规划调整现场查勘。

黄河上游（龙羊峡—青铜峡河段）水电规划调整（初步成果）扩建常规机组总规模为778万kW，扩建可逆机组总规模为130万kW、扩建储能泵站规模为100万kW。黄河上游干流梯级水电调节性能好、优化利用潜力大，深化、优化开发利用龙青段存量水电，可较好地满足电力系统调峰、保障促进电力系统安全稳定运行、促进新能源消纳及外送的要求，实现水风光一体化运行，对生态文明建设、清洁能源发展具有重要意义。

（中国电建集团西北勘测设计研究院有限公司 董闯）

那曲河水电开发规划情况

那曲河发源于青藏高原唐古拉山脉南麓安多县境内，流经那曲市色尼区、比如县、索县后进入昌都市边坝县，汇入右岸姐曲后始称怒江。那曲河流域面积约4.87万km^2，自错那湖出口至姐曲汇入口，干流河段长约515km，天然落差约969m，平均比降1.9‰，末端断面多年平均流量478m^3/s，河段水能资源理论蕴藏年电量约135.0亿kW·h。通过技术经济综合比较，推荐查龙（已建）、如鲁、拉热、吉前（已建）、比如（已建）、江达、东宗、沙丁8个梯级作为那曲河梯级布局和资源规划方案，规划梯级总装机容量222.84万kW，年发电量87.71亿kW·h，其中江达为年调节水库；推荐近期实施梯级为江达和东宗。

根据国家发展改革委水电前期工作管理办法，那曲河水电规划勘察设计于2009年12月通过国家发展改革委批准，中国电建集团西北勘测设计研究院有限公司于2010年1月正式启动规划工作。2012年1月编制完成《那曲河水电规划报告》（初稿）和《那曲河水电规划环境影响报告书》（初稿），2016年编制完成《那曲河水电规划》（咨询稿）和《那曲河水电规划环境影响报告书》（咨询稿）。

2020年是那曲河水电规划具有里程碑的一年，也是那曲河水电规划圆满收官的一年，其中：2020年4月，《那曲河水电规划环境影响报告书》通过西藏生态环境厅的审查；2020年7月，《那曲河水电规划报告》通过水电水利规划设计总院的审查；2020年10月，西藏自治区人民政府正式批复那曲河水电规划。

那曲河水电规划自2010年启动，2020年圆满收官，历时11年。那曲河规划的批复将加快梯级水电站的实施，尤其是规划的年调节水库建成后将有利于优化电力系统电源结构、改善电网“丰盈枯缺”特性，同时，带动新能源的开发，促进地方经济社会发展。

（中国电建集团西北勘测设计研究院有限公司 董闯）

乌江干流水电规划调整勘察设计情况

2020年7月，国家发展改革委下达了水电前期工作2020年中央预算内投资计划，批准立项开展乌江干流水电规划调整工作。主要内容包括：在深入调研梯级水电站设计运行状况，分析社会经济发展、电力系统需求、综合利用等对河段水电开发新要求的基础上，深入研究技术、经济、生态环境保护等可行的工程规划方案，优化挖掘梯级水电深度开发的潜力，提出乌江梯级水电系统性调整方案。

按照水电前期工作管理的有关规定，水电水利规划设计总院（简称水电总院）于2020年8月通过招标选定中国电建集团贵阳勘测设计研究院有限公司院承担该项规划工作。为指导乌江干流水电规划调整，加强项目管理，顺利推进项目勘察设计工作，依据工作合同，根据相关规程规范，2020年12月底编制完成《乌江干流水电规划调整勘察设计工作大纲》并通过水电总院评审。

根据我国2030年前碳达峰、2060年前碳中和发展目标需要，构建以新能源为主体的新型电力系统急需调峰电源和储能设施。依托已建有调节能力的大型水电基地进行水电扩机和混合式抽水蓄能电站开发，是快捷而经济地为系统提供调峰电源和储能设施的有效手段。乌江是我国能源发展规划的十三大水电基地之一，目前已基本开发完毕，梯级水库已经形成。乌江干流水量丰沛、落差集中、资源丰富、地形地质条件良好，梯级水电站装机规模大，调节性能好，是电网主力调峰电源。在能源革命新时代背景之下，为了建设高比例可再生能源体系、促进新能源消纳、优化能源结构、保障电力系统安全稳定经济运行，建设贵州全国重要能源基地，对乌江干流开展以扩机为重点的水电规划调整工作十分必要。乌江干流水电规划调整扩机规模在500万kW以上，可与流域风电、光伏一起为电力系统新增千万千瓦以上的清洁可再生能源，再造一条乌江梯级，打造乌江成为我国重要的清洁可再生能源综合基地。

（中国电建集团贵阳勘测设计研究院有限公司 龚兰强）

新能源开发

中国长江三峡集团有限公司2020年新能源项目开展情况

2020年，中国长江三峡集团有限公司（简称三峡集团）在广东、江苏等地25个新能源项目开工建设，总装机规模392万kW、总投资580亿元。见表1。

（一）25个新能源项目开工建设

表1 中国长江三峡集团有限公司2020年开工的25个新能源项目情况表

序号	项目组成	省份	类型	装机规模（万kW）	年减少CO_2排放（万t）	年均税收（亿元）	年产值（亿元）
1	广东阳江沙扒二期海上风电	广东	海上风电	40	90.7	1.8	9.25
2	广东阳江沙扒三期海上风电	广东		40	80.7	1.8	9.78
3	广东阳江沙扒四期海上风电	广东		30	59.5	1.2	6.79
4	广东阳江沙扒五期海上风电	广东		30	68.5	1.2	6.77
5	福建长乐外海A区海上风电	福建		30	85.67	1.5	8.17
6	江苏如东H6和H10海上风电	江苏		80	185	2.8	20
7	宁夏红寺堡竞价风电	宁夏	陆上风电	5	9.41	0.076	0.5
8	宁夏利通区五里坡风电	宁夏		7	11.21	0.091	0.64
9	青海都兰诺木洪风电	青海		5	11.94	0.085	0.6
10	安徽颍上黄坝风电	安徽		5	9.26	0.072	0.56
11	河南确山县马尾山风电	河南		5	11.08	0.097	0.55
12	山东滨州沾化一期风电	山东		5	11.24	0.098	0.76
13	山东巨野一期风电	山东		5	11.53	0.084	0.66
14	山东润莱二期风电	山东		2	3.12	0.04	0.26
15	新疆布尔津风电	新疆		10	28.83	0.3	1.6
16	河北康保风电	河北		15	32.33	0.31	1.7
17	贵州清镇风电	贵州	陆上风电	4	7.9	0.1	0.75
18	重庆巫山青山头风电	重庆		4.25	8.29	0.1	0.47
19	湖南道县一期风电	湖南		5	8.433	0.1	0.64
20	湖南道县二期风电	湖南		5	9.82	0.1	0.74

续表

序号	项目组成	省份	类型	装机规模（万 kW）	年减少 CO_2 排放（万 t）	年均税收（亿元）	年产值（亿元）
21	河北曲阳 4-3 期光伏	河北	光伏	5	5.7	0.04	0.26
22	河北青龙平价光伏	河北		15	16.5	0.1	0.72
23	内蒙古达拉特光伏领跑奖励基地	内蒙古		10	18.16	0.098	0.46
24	江苏泗洪光伏领跑奖励	江苏		10	9.49	0.106	0.46
25	宁夏吴忠利通光伏	宁夏		20	26.03	0.27	1.27
合　计				392	820	12.567	74

（二）现代能源产业园开工建设

2020 年 10 月 31 日，三峡现代能源产业园在内蒙古乌兰察布市开工建设。该项目是全球规模最大的源网荷储示范项目，也是三峡集团在全国范围内统筹规划的新能源大基地项目之一。该“源网荷储”示范项目总装机容量 310 万 kW，其中风电 280 万 kW、光伏 30 万 kW，配套储能设施 88 万 kW×2h，是国内首个“源网荷储”示范项目。项目建成投运后，可以有效解决电力系统综合效率不高、“源网荷”等环节协调不够、各类电源互补互济不足等问题，大幅提高清洁能源消纳水平，增强地区电力电网尖峰负荷保障能力，探索电网侧储能和绿色电力直供等新模式。

该现代能源产业园规划总建设用地约 1687.4 亩，是以“风、光、储、氢”产业为核心的“制、研、检一体化”综合产业园，同时还融合了现代能源技术、物联网技术和云计算等新一代信息技术，利用分布式电源和储能设备构建多种绿色能源互补、多类型储能综合利用的智能微网园区。

（中国长江三峡集团有限公司　袁娜）

中国水电工程顾问集团有限公司 2020 年新能源投资开发项目情况

中国水电工程顾问集团有限公司（HYDROCHINA，简称水电顾问公司）是中国电力建设股份有限公司（简称电建集团）旗下引领可再生能源投资业务和水务、环境等战略新兴业务的重要子企业，是“HYDROCHINA”（中国水电顾问）品牌的持有、维护和管理者。公司的主要业务包括国内国际风电、太阳能发电、水电等可再生能源项目的投资开发，兼顾水利水务、环境保护等新兴业务市场拓展，服务电建成员企业开展境外工程总承包。2020 年 12 月 31 日，水电顾问公司注册资本 24 亿元人民币，累计实现上网电量 181.68 亿 kW·h。累计投产和已通过电建集团立项批复在建（筹建）项目 38 个，装机容量 222.37 万 kW，其中投产项目 32 个，装机容量 186.37 万 kW。2020 年主要新能源投资开发项目情况如下。

（一）光明风电场

光明风电场位于湖南郴州市桂阳县内（距离县城 56.2km），与常宁市交界，位于莲塘风电场北部和东部，地理坐标界于北纬 26°2′～26°10′，东经 112°27′～112°33′之间，总面积约为 25.2km²，海拔高度在 290～1000m 之间。该项目总投资 69010 万元，于 2016 年 11 月 30 日取得桂阳县发展和改革局核准，由中国水电顾问集团桂阳新能源有限公司建设。该项目安装 36 台单机容量为 0.22 万 kW 风力发电机组，总装机规模为 7.92 万 kW，设计年上网电量为 16705 万 kW·h，年等效满负荷小时数为 2088h。该项目于 2018 年 11 月 25 日开工建设，2020 年 1 月 17 日首台机组并网发电，12 月 31 日实现 36 台机组全投并网发电。

（二）睢县风电场

睢县风电场位于河南商丘市睢县境内（距离县城 8km），其中心坐标为北纬 114°32′4.32″，东经 114°59′42.29″，场区海拔约 50～70m。该项目总投资 3.9 亿元，于 2018 年 12 月 28 日取得商丘市发展和改革委员会的核准，由睢县新能源有限公司建设，共安装 20 台单机容量为 0.25 万 kW 的风力发电机组，总装机容量为 5 万 kW。设计年上网电量 12281 万 kW·h，年等效满负荷小时数 2456.2h。该项目于 2019 年 12 月 31 日开工建设，2020 年 12 月 15 日升压站设备反送电完成，12 月 16 日首批机组并网发电，12 月 25 日实现 20 台机组全投并网发电。

（三）罗家山风电场

罗家山风电场位于湖北省咸宁市崇阳县东北部，场址北部与咸宁市的赤壁市交界，地理坐标介于北纬 29°35′52″～29°41′7″，东经 114°4′44″～114°15′46″之间，场址距离崇阳县公路里程约 16.5km，距离咸宁市公路距离为 26.5km，海拔高度在 580～770m 之间。该工程于 2017 年 3 月 27 日取得湖北省发展和改革委员会核准，由中国水电顾问集团崇阳新能源有限公司建设。工程总装机规模为5.4万kW，设计安装27台单机容量为0.2万kW的风力发电机组，设计年上网电量为10109万kW·h，年等效满负荷小时数为1872h，容量系数为0.214。该项目于2020年8月14日完成首批机组并网发电。2020年12月20日，全部机组并网发电。

（四）宝莲风电场扩容项目

宝莲风电场扩容项目位于湖南省邵阳市隆回县西北部的麻塘山乡境内（距离县城100km），位于宝莲风电场南部，地理坐标界于北纬27°24′～27°26′，东经110°42′～110°46′之间，海拔高度在1600～1780m之间。该项目总投资8396万元，于2015年12月3日取得隆回县发展和改革局核准，由中国水电顾问集团风电隆回有限公司建设。该项目安装5台单机容量为0.2万kW风力发电机组，总装机规模为1万kW，设计年上网电量为2008万kW·h，年等效满负荷小时数为2008h。该项目于2018年12月1日开工建设，2020年12月30日实现5台机组全投并网发电。

（中国水电工程顾问集团有限公司）

中国电建集团北京勘测设计研究院有限公司2020年勘察设计的75个新能源电站投产发电

2020年是新能源行业补贴项目的“抢装”年，是“十三五”收官之年，也是全球“新冠抗疫”年。中国电建集团北京勘测设计研究院有限公司（简称北京院）为确保承接的新能源项目如期投产发电，为赢得这场与时间的赛跑，北京院精心组织、统筹安排、齐心协力、攻坚克难。通过新能源项目管理系统、线上校审系统、文档协同编辑系统等数字化手段的应用，截至2020年12月31日，勘察设计的75座新能源电站顺利投产发电，投产项目遍布全国18个省、自治区、直辖市，装机容量共计521.18万kW。根据国家能源局公布的2020年全国风电新增并网装机容量达7167万kW，北京院2020年度投产项目总容量占全国新能源市场的7.3%。全年累计发行图纸2万余张、图册900余份。

（一）河曲风电场一期工程

该项目是北京院历史上第一个自主规划设计、投资建设、EPC总承包和发电运营一体化的新能源项目，装机容量为10万kW，该工程场址位于山西省忻州市河曲县境内，安装50台单机容量为0.2万kW的风电机组，其中48台轮毂高度85m，2台轮毂高度100m。该项目已于2020年12月全容量并网发电，建成后预计每年可为电网提供电量2.20亿kW·h，与燃煤电厂相比，以发电标准煤煤耗330g/(kW·h)计，发电煤耗原煤按标煤的1.4倍计，每年可节约原煤10.26万t，并可减少大量大气污染物的排放。该项目荣获中国电力规划设计协会组织的“2020年度电力行业（火电、送变电）优秀工程设计一等奖”，除此之外，依托该项目建设，结合工程特点开展的“风机桩基础倒圆台型承台技术及施工方法研究”先后获得2020年电力建设科学技术进步奖一等奖、2020电力规划协会科技进步奖、2020年度中国电建科技进步二等奖，同时获得国家授权《风力发电机基础与基础环下法兰结合处混凝土的局部受压验算方法》发明专利及《带有预埋压浆管的基础环型式的风力发电机基础结构》《一种提高桩抗拔承载力的风机承台组件》实用新型专利，以及《风力发电机组基础参数化设计平台（简称：QuickWTF）V1.1.1》软件著作权。

（二）沽源太平沟风电工程

该项目位于河北省张家口市沽源县，安装40台单机容量为0.3万kW风电机组，轮毂高度90m，总装机容量12万kW，场区内涉及其他规划风电场、高压输电线路、公益林地、文物保护、矿区、军事、生态红线、自然保护区、行政区域界线等敏感因素，场址区属山地地形，海拔高程为1400～1850m。该项目于2017年8月11日开展可研设计工作，2020年4月24日完成初步设计收口工作并开展施工图勘察设计，2020年6月28日开工建设，11月28日全容量并网发电，仅用154天。创造了开工最晚、工期最短、并网最早的山地风电场建设记录。获业主单位“重质量、讲信誉”优秀设计单位。

（三）单县东沟河一期50MW工程

该风电场工程位于山东省菏泽市单县，安装15台单机容量为0.32万kW风电机组。该项目为国内首个承载0.3万kW级风机的140m混塔风电项目。在该项目建设中，采用塔架下部混凝土段高108m，上部钢塔段高32m，项目年均利用小时数比采用120m塔架方案增加208h，首台机组于2020年初吊装成功，经济效益明显提升。

（四）临漳50MW风电场工程

该风电场工程位于河北省邯郸市临漳县，安装20台单机容量为0.25万kW的风电机组，总装机容量为5万kW，一次建成。该项目轮毂高度140m。异形偏心风机基础由北京院自主设计，解决了在河道两侧狭长地带建设风电项目的难题。

（中国电建集团北京勘测设计研究院有限公司　刘思）

贵州省光照、董箐水光互补农业光伏电站项目建设情况

（一）光照水光互补农业光伏电站项目

光照水光互补农业光伏电站项目位于贵州省关岭布依族苗族自治县岗乌镇，该光伏电站场址距关岭县城直线距离约 31km，距岗乌镇直线距离约 5.0km，光伏场区附近有镇胜高速（G60）、县道（X474）及部分乡道从场区通过，场区整体对外交通运输条件较便利。

该项目规划装机容量为 30 万 kW，采用 515Wp 单晶硅光伏组件。该光伏电站在运行期 20 年内的总上网电量为 615072.73 万 kW·h，平均年上网发电量为 30753.64 万 kW·h，平均等效满负荷年利用小时数为 1015.72h。该项目光伏电站建设工期为 5 个月，工程建设投资 108875.95 万元，单位千瓦静态投资为 3596 元/kW。由于该光伏电站与光照水电站相距较近，与光照水电站采用 500kV 电压等级联合送出接入南方电网。

该项目可行性研究报告已于 2020 年 6 月通过专家审查，光伏组件、逆变器、箱式变电站、升压站内主要电气设备、场内道路等施工主要标段的招标工作已经完成。首批光伏方阵已于 2020 年 12 月并网，计划 2021 年中全容量投产发电。

（二）董箐水光互补农业光伏电站项目

董箐水光互补光伏电站位于镇宁县良田乡，场址距董箐电站坝址直线距离约为 5km。区域地质条件稳定，对外交通较为便利。

该项目规划装机容量为 15 万 kW，采用 480Wp 单晶硅光伏组件。该光伏电站运行期 20 年内的总上网电量为 345196.96 万 kW·h，平均年上网发电量为 17259.85 万 kW·h，平均等效满负荷年利用小时数为 1031.19h。该项目光伏电站建设工期为 5 个月，工程建设投资 61303.86 万元，单位千瓦静态投资为 3663 元/kW。由于该光伏电站与董箐水电站相距较近，与董箐水电站采用 500kV 电压等级联合送出接入南方电网。

该项目可行性研究报告已于 2020 年 6 月通过专家审查，光伏组件、逆变器、箱式变电站、升压站内主要电气设备、场内道路等施工主要标段的招标工作已完成。首批光伏方阵已于 2020 年 12 月并网，计划 2021 年中全容量投产发电。

（中国电建集团贵阳勘测设计研究院有限公司
古婷婷　吕全伟）

龙羊峡水光互补协调运行关键技术研究综述

龙羊峡水光互补工程实践证明，水光互补协调运行可充分利用水轮发电机组的快速调节能力和水库储能功能，能够调节光伏电站的有功出力，达到平滑光伏发电曲线、提高光伏发电电能质量的目的，通过龙羊峡水光互补项目建设，龙羊峡水电站送出线路年利用小时由原来设计的 4641h 提高到 5019h，增加了电网的经济效益。

（一）工程概述

龙羊峡水电站位于青海省共和县和贵南县交界处的黄河干流上，电站总装机容量 4×32 万 kW，年利用小时 4641h。水库正常蓄水位 2600m，相应库容为 247 亿 m^3，调节库容为 193.5 亿 m^3，具有良好的多年调节性能。电站以 330kV 一级电压送出，出线 5 回，备用 1 回（用于光伏电站接入），1989 年 6 月全部机组投产发电。

龙羊峡水光互补并网光伏电站位于龙羊峡水库左岸的青海省海南州共和县恰不恰镇西南的塔拉滩上，距离龙羊峡水电站约 50km；规划容量 85 万 kW。一期建设 32 万 kW，于 2013 年 12 月并网发电。年平均上网电量为 4.82 亿 kW·h，年利用小时 1508h，电站以一回 330kV 线路送入龙羊峡水电站，利用龙羊峡水电站已建的 5 回送出线路接入系统。

（二）光电输出功率预测

龙羊峡水电站运行调度采用“以水定电，以电调水”的方式，日发电量指标和日出力曲线由调度部门下达。水光互补以日内补偿为主，基本不改变龙羊峡水电站的日出库总水量。因而对光电输出功率预测的准确率是影响水光互补运行的重要因素。影响光电输出功率的因素除设备质量外主要有气象、地理和日天气类型；采用相关分析法对影响因素进行分析，得出影响程度排序由大到小依次为日照时数、最低相对湿度、平均相对湿度、日平均气温、日最高气温和日最低气温，其相关系数最大值依次为 0.94、－0.90、－0.70、0.56、－0.49、－0.47，6 月日照时数相关系数最大值达 0.94；在分析影响光电输出功率的因素基础上，通过建立多种预测模型，结合龙羊峡水光互补光伏电站实际情况，分别对中长期、短期、超短期预测模型进行验证，结果表明，项目中长期月出力预测采用多元线性回归出力预测模型，短期、超短期出力预测采用自适应 Elmen 神经网络出力预测模型。

（三）水光互补理论分析

1. 水电、光伏发电特性　不同水电站和光伏电

站其发电特性都有差别，要使水光互补项目取得好的效能，需充分研究了解项目水电站、光伏电站发电特性，尤其要找出光伏电站不同季节，不同天气类型的典型出力曲线。水电站发电通用特性：①储存和调节性。②机组启停方便、调节迅速。③水轮发电机组在一些特定出力范围运行时，应避免在振动区域。④来水量对水电站的运行方式有较大影响。光伏电站发电通用特性：①间歇性。②不稳定性。③波动性和随机性。④不可储存。

2. 水电与光电互补性　水光互补就是充分利用水电的储存和调节性能，实现水电以容量支持光电，光电以电量支持水电，优化光伏发电出力曲线，为电网提供优质电能。①水电以容量支持光电。龙羊峡水光互补光伏电站典型天气下出力过程为：晴天时，出力曲线为光滑的开口朝下的抛物线形；多云、阴天、阵雨、小雨、小雪、沙尘等其他天气类型时，出力曲线均呈波动频繁且波动幅度较大的锯齿形。水电利用机组的快速调节能力，对光电出力的锯齿形波动进行实时补偿，使光电出力曲线平滑。水电站调节使水光互补后的总出力曲线满足电网对出力曲线和波动范围要求，提高了电网运行稳定性。水电在白天可减少出力，在夜间多发，弥补光伏夜间不能发电给电网造成的功率缺额。②光电以电量支持水电。中长期光电对水电电量的支持利于调度运行。水电站有丰水年、枯水年，有丰水期、枯水期，普遍具有冬春季电量少，夏秋季电量多的特点；而光伏年发电量平稳，冬春季发电量大，夏秋季发电量小；因而光电在枯水期可以补偿水电电量，在季节上也能与水电形成互补。水电可在早、晚高峰时的调峰电量，延长调峰运行时间。③水光互补项目光伏运行在基荷，可减少弃光。④枯水期和汛期有不能完全互补状况。枯水期，当水电站承担电网低谷负荷，且光伏出力较大时，水电机组为避开小开度振动区运行，会出现不能完全互补情况；汛期，水电站满出力运行时，水电对光电没有补偿能力。

3. 水光互补电源的调峰能力　光伏电站没有储能能力，调峰能力通常不予考虑；而水电是优质的调峰电源，通常因为来水量问题影响其调峰能力，特别是枯水期，其容量不能充分利用进行调峰；水光互补协调运行，光电为水电提供电量，提高其调峰能力。水光互补对水电调峰能力的增强表现为调峰幅度增高和时间延长。以龙羊峡水光互补项目一期为例，经分析计算：西北电网存在两个负荷高峰，第一个在上午11:00左右，第二个在晚上20:00左右。光伏电站在上午11:00晴天时出力为15万～22.5万kW（不同季节），互补后，与龙羊峡水电站相比调峰容量增幅为11.7%～18%；阴天最大增幅可达9%，雨天最大增幅可达5%，调峰容量平均增幅10%左右。晚高峰时，水光互补对调峰的贡献是增加调峰电量，若需要，白天水电所能补偿的全部光伏所发的电量均能转换成晚高峰的调峰电量。

（四）水光互补协调运行

1. 协调运行调度方式　龙羊峡水电站运行调度的基本原则为：年际及年内各月以水定电，月内日运行以电调水。水光互补调度原则维持龙羊峡水电站运行调度原则；每日向调度中心上报光功率预测系统预测的第二日光伏电站的发电量，调度中心在龙羊峡水电站调度发电量的基础上加光伏电站预测的发电量下达水光互补组合电源的日发电出力曲线。

2. 协调运行控制方式　龙羊峡水光互补协调控制方式为：将光伏电站作为水电厂的一台不可调节的机组对待，由此提出了“虚拟水电”的概念。“虚拟水电”：新能源电站与水电站互补运行状态下，电网可将其作为一个电源点按水电调度模式进行调度，新能源电站将被视为水电站的一台带基荷运行的机组参与系统的负荷平衡和调峰工作，不再需要电网为其设置备用容量。

3. 协调运行控制策略　龙羊峡水光互补协调控制是在保证水电机组和光伏电站安全、可靠运行的前提下，综合考虑光伏发电预测、水库调度、机组容量、机组运行工况、机组能耗特性等因素，根据调度部门下达的负荷曲线，实现经济运行。①有功控制原则：在光伏电站带基荷按最大能力发电，龙羊峡水电日总电量不变的状况下，优化分配水电机组负荷，利用水电机组调节能力，达到消峰填谷，输出平滑出力。②有功控制不同于水电的是对光伏发电波动性补偿控制，需要水电机组在不良天气下频繁调节，因而需选定调节副值和时间步长。确定调节副值和时间步长与机组性能、调速器性能、AGC的控制性能、电网对水电机组一次调频运行规定、网调对出力调节精度和调节速度的要求等因素有关，应充分研究、试验确定。龙羊峡水光互补项目在对相关设备性能试验的基础上，考虑调度目标不变的情况下，进行龙羊峡水光互补协调运行试验。

4. 协调运行试验　试验采用的光伏出力曲线为光伏电站小雨天气和阵雨天气的模拟曲线，小雨天气试验采用单机调控方式，阵雨天气试验采用双机调控方式。①模拟小雨天气试验结果：采用光伏有功变化最短响应时间间隔取30s，最小响应功率取5万kW，试验结果为有功调节较为迟缓，偏差较大；采用光伏有功变化最短响应间隔取8s，最小响应功率取1万kW，试验结果为有功偏差1万kW以内。②模拟阵雨天气试验结果：采用光伏有功变化最短响应间隔取8s，最小响应功率取1万kW，试验结果为有功偏差

1万kW以内。③试验结论：光伏有功变化最短响应间隔设置8s，最小响应功率设置1万kW，协调运行有功偏差1万kW以内，满足网调对出力调节精度和调节速度的要求，机组调节性能优良。

（五）水光互补协调运行的水量平衡及对下游影响

1. 水量平衡　龙羊峡水电站水量调度按月度水量控制；水光互补后水量调度偏差主要原因是光伏日发电量预测偏差导致水电补偿调节水量偏差，该偏差可在夜间或后续运行中予以修正，因此水光互补对水量调度无影响。龙羊峡水电站对水光互补引起的水量偏差进行了试验，除冬季典型出力曲线试验水量偏差为5.2%（光伏日发电量预测误差偏大），其余两次水量偏差均在3%以内。随着预测经验积累，光伏日发电量预测误差将逐步减小。

2. 水光互补对下游梯级电站的影响　龙羊峡下游是拉西瓦水电站，水光互补运行对拉西瓦水电站水位影响，经计算分析表明，水光互补运行对拉西瓦下游电站没有影响。

（中国电建集团西北勘测设计研究院有限公司　康本贤）

海上风电风机安装施工工艺与质量控制

（一）风机分体安装施工工艺

1. 安装概述　①风机分体安装是将风力发电机组的各个部件完成自身的组装工作后，运到风电场预定安装位置，依次在现场进行塔架、机舱、轮毂、叶片的吊装作业，完成风力发电机组整机的安装工作。风机海上分体安装时多采用半潜式可坐底起重平台（船）和带自升式桩腿的起重作业平台（船）。②在水深较小的海域，半潜式可坐底起重平台（船）可以实现坐底作业，保证风机安装的稳定性。浅水型坐底起重平台（船）可在水深5m以下海域坐底作业，已在江苏沿海潮间带风电场得到广泛应用；大型半潜式可坐底起重平台（船）可在水深0～22m海域坐底作业，有较为广泛的适应性，已在江苏、河北等海上风场安装得到成功应用。坐底船只的选用需严格进行吊重吊高校核，并进行合理的船机平面布置，确定吊机回转半径，在该回转半径下满足吊重要求，并且在该回转半径下还应校核在最大水深机位处主吊机的吊高满足风机吊装要求。同时需对坐底船只进行坐底可行性论证，在不同的水文地形条件下，分析在坐底工况下船只的坐底强度，保证船只坐底作业安全。③在一定深度海域，自升式作业平台（船）的桩腿可将作业平台（船）顶高，平台底部抬高至脱离水面，以免受波浪与海流的作用，从而保证风机安装过程的稳定性。自升式作业平台（船）能适应我国大部分近海海域，满足大部分风电场的风机安装作业。支腿船只也要严格进行吊高、吊重和水深校核，合理进行船机平面布置。

2. 工艺流程　风机分体安装主要分为风机吊装部分和电气部分，两个部分内容存在交叉施工作业情况，更需要精细化管理。施工准备阶段主要包括人力资源组织、船机配置、施工物资准备、临时设施筹建、技术准备、施工海域清理和施工手续办理等。风机各个部件由建设单位、监理单位、风机设备厂家和施工单位4方共同验收，针对风机各个部件的不同特点，需安排不同场地进行存放。在分体安装工艺中，风机主体在海上现场进行安装，但是底塔、箱变单元（TU）和动力单元（PU）的预组拼可以在陆域完成，减少海上工作时间，而机舱和轮毂的预组拼一般仍在海上完成。海上分体吊装流程为：①风机底塔吊装，②风机中塔吊装，③风机顶塔吊装，④机舱轮毂吊装，⑤三枚叶片依次吊装。电气施工主要分为底塔电气柜接线和机舱轮毂电气接线，均配合吊装过程同步进行，其中主动力电缆布设在风机顶塔吊装完成后进行。在风机主体吊装完成以后，风机厂家还需完成对中操作，机械完成也与螺栓紧固、叶片拉伸、电气施工同步进行。在完成风机静态调试、消缺、整体验收后，进行送电前检查，在具备发电条件后，可申请并网发电。

（二）风机整体安装施工工艺

1. 安装概述　①风机整体安装是一种“陆域整体预拼装、专用运输驳海上整机运输、大型起重船海上整机吊装、兼有软着陆及定位功能吊装体系（FIS）缓冲着陆定位安装”风机安装工艺。②FIS体系由平衡梁及索具系统、上部吊架系统、缓冲系统、下部就位系统（包括同步升降系统、精定位自动对中系统）以及中央控制系统等组成，其中平衡梁及索具系统、上部吊架系统用于完成风机的陆上组拼，海上运输及吊装；缓冲系统、下部就位系统实现风机在海上的安装，完成对上部吊架系统的导向、缓冲、同步升降以及精确定位和自动对中，使风机顺利地安装于海上基础上；中央控制系统则通过监测和控制来实现风机海上安装的自动化。③风机整体安装具有海上工序少、海上安装作业时间短；作业面可充分利用，陆域组装和整体吊装可同时进行的优势。

2. 工艺流程　风机整体安装主要分为运输驳上风机组拼和海上整体吊装两部分。运输驳上风机组拼阶段主要分为以下步骤：①TU、PU、下塔筒预组拼；②机舱轮毂预组拼；③下塔筒吊装至运输驳，确保塔筒门方向与海上整体安装方向一致；④上部吊架系统安装；⑤中塔筒吊装；⑥平衡梁及主吊钢丝绳安装；⑦上塔筒吊装；⑧机舱轮毂吊装；⑨三枚叶片依次吊装。在海上整体吊装之前，首先要做好基础交接工作，包括风机基础中心点复核、风机基础顶面标高复核、风机基础连接法兰水平度复核，然后进行过渡段及下部就位系统的安装。确认无误后将运输驳拖航至海上指定位置，利用吊点中心GPS定位系统，提高风机吊装时的定位精度，缩短安装时间，提高施工效率。并采用软着陆和精定位安装体系，实现平稳、安全、精确地安装就位。

（三）风机安装质量控制

1. 风机安装完成前质量控制　风机吊装作业施工难度大，精度要求高，吊装过程必须严格按照吊装专项施工方案进行。在风机安装施工过程中，风机部件保护不当和螺栓力矩不达标是常见质量问题，电气设备交接试验是质量控制的重点。①风机部件保护。②螺栓力矩验收。③电气交接试验。

2. 风机安装完成后的质量控制　风机吊装完成后，在风机调试和并网发电前，需对风机进行整体验收，检查风机各个部位的质量情况。例如在国华东台风电项目中，质量控制内容包括：塔架外平台、塔底、TU平台、PU平台、塔架（底塔-中塔、中塔-上塔）、马鞍桥层、扭缆层、偏航层、机舱和风轮等。

3. 风机安装质量优化控制策略　风机安装阶段容易出现的质量问题繁多，现阶段仅能做到闭环处理，建立质量台账，很多质量问题循环往复出现，吊装时产生的问题大多遗留到后续消缺环节，无法及时解决。针对这种现象，此文提出一种提高风机安装质量的优化控制策略。①罗列出风机安装阶段经常出现的质量问题，根据质量问题的不同种类和发生的部位建立风机安装质量查验单；②列出最近10台风机安装质量问题出现的频次，做出风机安装质量问题排列图，结合质量问题的重要程度将质量问题分为A类（赋分3分）、B类（赋分2分）、C类（赋分1分），D类（赋分0分），总分值为100分；③风机安装完成后，在风机预验收时对照风机安装质量查验单，依据技术要求和赋分原则打分，得出预验收总分；④风机消缺完成后，在风机整体验收时仍然按照相同原则打分，得出整体验收总分；⑤单台风机安装完成后召开安装总结会，依据两个阶段的分数对安装质量问题进行分析；⑥定时对风机质量查验单进行修正，新出现的质量问题及时补充，质量问题出现频次明显变化时重新制作排列图，质量问题分类信息也要及时更新，对于多次验收中均未出现的质量问题可以降为D类，确保总分值为100分。

（中国电建集团华东勘测设计研究院有限公司
周晓天　周茂强　张强）

灌云海上风电场项目工程设计情况

（一）工程概况

灌云海上风电场项目位于江苏省连云港市灌云县灌河口海域，考虑岸线、周边港口发展等因素，避开周边航道、港区等相关规划，场址南北宽约7.3km，东西长约8.5km，场址中心距岸线约14km，场址东侧距燕尾港出港航道约2.5km，整个场址面积约为62km²，水深约5～11m。该工程总体规划容量为40万kW，分两期建设，一期建设规模为30万kW，二期扩容10万kW。项目投产后，预计年等效利用小时数2724h，年发电量8.26亿kW·h，每年可节约原煤23万t。该工程由中国华能集团出资建设，上海勘测设计研究院设计。

（二）工程设计

1. 风能资源　该风电场风能资源较为丰富。风机轮毂高度有3种，分别为92m、105.5m和112m。测风塔112m、105.5m和92m高度长序列平均风速依次为7.15m/s、7.12m/s和7.06m/s，风功率密度依次为392W/m²、386W/m²和373W/m²。参照50m高度的风功率密度等级为3级，具有一定的开发价值。

风电场100m高度有效风速小时数（3～25m/s）为8208h。风电场100m高度主风向为N方向（占10.7%）和E方向（占9.7%）。风电场主风能为N方向（占18.9%），NNW方向（占12%）。风电场100m高度主风向比较稳定，风能集中，与主风向基本一致，有利于风机布置，能减少风机间尾流影响引起的电量损失。历史上台风从连云港海域直接正面登陆的很少，对风电场影响有限。灌云地区风电场属于IEC IIIC类，所以该风电场采用IEC IIIC类及以上安全等级的风机。

2. 海洋水文　工程海域属正规半日潮海区，潮汐类型主要受旋转潮波系统控制，潮差相对较大，平均水深5～11m。风电场工程海域场址$P=2\%$设计极端高潮位3.68m，$P=2\%$设计极端最低潮位−3.28m。场址处高潮累积频率10%设计高潮位为2.58m，低潮累积频率90%设计低潮位为−2.08m。工程区50年一遇极端高潮位$H_{13\%}$为4.56m，$H_{1\%}$为6.18m，见表1。

表1　极端潮位与设计潮位数据表

平均海平面（m）	设计高潮位（m）	设计低潮位（m）	极端高潮位（m）	极端低潮位（m）
0.11	2.58	−2.08	3.68	−3.28

3. 工程地质　①拟建场区Ⅱ类场地基本地震动峰值加速度为0.05g，相应地震基本烈度为Ⅵ度，基本地震动加速度反应谱特征周期为0.45s，设计地震分组为第三组。拟建场区F1、F3、F5～F9、F11、F18、F24、F26、F27、F30～F32、F35～F37、F48风机场地类别为Ⅲ类，其余风机场地类别为Ⅳ类。该工程区抗震设防烈度为6度，可不考虑地基土液化问题，亦可不考虑软土震陷问题。②工程区未发现全新活动断裂通过，海平面平缓，无冲沟、深槽分布，未发现浅层气分布，不存在导致崩塌、滑移等不良地质条件，为抗震不利地段。场地基本稳定，采取桩基础等工程措施后，可进行工程风场建设。③按Ⅱ类场地环境类型进行综合判定，场区海水对混凝土结构有弱腐蚀性，对钢筋混凝土中钢筋在长期浸水条件下有弱腐蚀性，在干湿交替条件下有强腐蚀性，对钢结构有中等腐蚀性。地基土在Ⅱ类场地环境下对混凝土结构有弱腐蚀性，对混凝土结构中的钢筋有中腐蚀性。地基土对钢结构有强腐蚀性。④Ⅳ2层上部土层或因土性差或因埋深浅，皆不可作为桩基持力层。设计可根据土层性质和埋深选择合适的桩基持力层。⑤钢管桩穿越Ⅲ3t灰色黏质粉土层（稍密～密实状）、Ⅳ1灰黄～灰色砂质粉土层（中密～密实状）、Ⅳ2灰黄～灰色粉细砂层（密实状）、进入或穿透Ⅴt灰～灰黄色粉细砂层（密实状）、Ⅶ灰黄～灰色粉细砂层（密实状）时，虽然沉桩有一定的阻力，但只要选用相应的工艺和沉桩设备，沉桩是可行的。沉桩过程中应注意浅部流塑状淤泥质土、流塑～可塑状黏性土及松散～稍密粉土层、砂土层易发生溜桩，施工单位应根据地层分布、土层性质选择沉桩锤击能，避免发生溜桩。

4. 机组选型及布置　根据该工程主机设备招标结果，微观选址按照15台金风GW 171-6.45MW、31台金风GW 184-6.45MW、2台金风GW 140-3.3MW开展设计工作。

一期范围内西侧沿边界线布置8台机组，间距约858m，南侧沿边界线布置9台机组，间距约855m，中部整体考虑垂直于岸线行距1100m～列距1100m的梅花型布置方案，局部考虑避让试桩机位、升压站及主海缆路由的位置进行微调。

5. 电气设计　风电机组通过10回35kV海底电缆汇集送至220kV海上升压站，升压至220kV后，通过2回HYJQF 41-127/220-3x500的海底电缆（单回长度约13km）于风场区域边线西南侧约8km处登陆并敷设至220kV陆上开关站，再以1回220kV线路接入灌西变电站220kV侧，架空线路长约10km。220kV升压变电站按无人值班（少人值守）常规变电站设计，工程采用综合自动化系统，包括风力发电机组监控系统和升压变电站计算机监控系统。风电机组监控系统与220kV升压站监控系统通过安装在陆上开关站的OPC通信服务器进行信息交换。

6. 土建工程　该工程一期建设300MW。按照NB/T 10101—2018《风电场工程等级划分及设计安全标准》：确定工程规模为大型；风电机组地基基础设计等级为甲级，其潮水设计标准为重现期50年。风电机组基础结构安全等级为一级。海上升压站建筑物级别取与风机基础相同为1级，结构安全等级为一级。陆上开关站建筑物级别为2级，结构安全等级为二级。根据NB/T 10101—2018标准：确定风电场风机基础、海上升压站、陆上开关站结构的抗震设防类别为丙类。①风机基础。该项目48台机位，其中15台金风GW 171-6.45MW机型基础直径D7000～7600mm，桩长68～78m；31台金风GW 184-6.45MW机型基础直径D7000～8000mm，桩长71～80m；2台金风GW 140-3.3MW机型基础直径D5500～6100mm，桩长65～73m。全部基础均为单桩型式，桩外表面设置集成式套笼结构。②海上升压站。海上升压站主要包括上部组块与下部结构，上部结构通过4个插尖插入下部4根主导管架竖管内固定连接。上部组块结构采用框架-支撑体系。下部结构采用导管架嵌套桩基础结构；4根主导管架竖管间采用横撑、斜撑相互连接组成空间桁架，上下部结构连接后形成多层空间整体桁架。底层甲板顶高程为13.00m，总高度（至主屋面）约16m，分4层。底层主要为电缆层，还布置有事故油罐、储藏室和备件室、细水雾泵房、35kV开关柜电缆室；一层布置主变压器室、35kV开关柜室、站用配电屏室、二次电源屏室、应急配电屏室、电缆室、蓄电池室、临时休息室、配电间、储藏室等；二层布置220kV GIS室、主变压器散热器、继电保护室、通风机房、配电间、柴油发电机室等及主变压器室；顶层布置吊机，局部区域布置部分暖通设备及其他辅助设施。③陆上开关站。陆上开关站考虑海上风电场接入，设置220kV配电装置一套，无远期规划。陆上开关站占地13200m^2，站内设置一幢控制楼、一幢辅房、一幢GIS设备室、一幢35kV开关柜及SVG设备室、一幢生活楼、一幢门卫，总建筑面积3960.40m^2。站址位于灌云县临港产业区海滨大道南侧的海堤内，距离北侧的海滨大道中心线约80m，站区入口从南侧出入，厂区内部道路环通，道路宽度4.5m，转弯半径9m，满足消防车及大型车辆进场需要。

（上海勘测设计研究院有限公司）

灌云海上风电场项目工程施工情况

（一）工程概况

中国华能集团有限公司投资建设的灌云海上风电场项目位于江苏省连云港市灌云县灌河口海域，工程总体规划容量为40万kW，分两期建设。该工程主要建设内容包括48台单桩风机基础（包括15台GW171-6.45MW、31台GW184-6.45MW和2台GW140-3.3MW机型）、1座220kV海上升压站和1个陆上开关站。总工期20个月，首批机组发电工期11个月。

该工程项目是连云港市第一个规划的海上风电场，是国内首个旋转流潮汐海域风电场。项目的建设对连云港市科学开发海上风电、大力发展海洋经济、改善连云港地区电网结构，助力灌云经济高质量发展具有重要意义，亦可为未来旋转流潮汐区域海上风电建设大型机组吊装并网积累经验。

（二）工程设计施工难点

1. 海缆穿堤　海滨大道道路下及两侧分布较多的电力、通信管线，且道路下分布双向搅拌桩，增加了穿堤电缆保护管引孔工程施工难度，此项施工必须减少对已建管道等地下构筑物的影响，需要充分了解其分布范围和埋深，进一步查明地下障碍物情况。220kV海缆穿堤定向设计保护钢管最终总长约337.5m，弯曲半径不小于600m，最大埋深24m，目前，为业内最长最深穿堤保护钢管。

2. 基础防冲刷　该项目海床表面为易冲刷的粉土，海床表面的冲刷不仅显著降低桩基础（尤其是单桩基础）的承载力，而且会导致海底电缆J型管喇叭口的悬空，增加海缆破坏的风险。

风电场投入运行后必须加强对风机基础局部冲刷的监测，若发生局部冲刷大于预留深度的情况，应采取防冲刷措施进行处理。因单桩基础刚度小，泥面处变形大，桩径桩长设计主要受变形控制，对泥面的冲刷较敏感，所以需对桩周围泥面进行防冲刷保护。基础防冲刷措施采用港口工程中常用的砂被＋砂袋的方式，防冲刷范围30m×30m。在单桩沉桩完成后立即进行4m宽环形砂被铺填施工，在10天内完成上覆砂被的施工，两层砂被之间用砂袋填平。运行期对防冲刷设施定期监测，若发现破损，应及时更换。

3. 设备运输和航道　该工程风机设备、基础钢结构及海上升压平台等均为超常规件，尺寸大、重量重，施工交通运输船机配置、组织难度大。①工程周边航道较多。灌河口外航道、连云港——射阳港航线及徐圩港区航道等距离本工程较近，各航道距离工程边缘风机约3～15km不等，该工程对沿该航道内航行的船舶安全有一定影响。此外，该工程附近水域的小型船舶、采沙船渔船等，航行的随意性较大，应做好协调工作。②工程风机设备零部件及底塔筒电气设备在江苏大丰港进行预拼组装后运输至施工海域，常规物资采用公路运输到灌河口附近码头再通过海运运输至施工现场。由于项目拟安排工期较紧，该阶段风机基础钢结构选择分布在江苏盐城、江苏南通以及山东蓬莱等地区的3家以上大型钢结构加工厂或造船厂制作，海上运输至风电场；海上升压站基础及上部组件在青岛地区加工建造，舾装完成后，直接由建造场地装船海运至施工现场。

4. 风机安装　该工程风机数量（48台）及种类相对较多，安装强度大，需做好风机基础结构物资及风力发电机组设备供货规划，使风机设备、物资供应与工程进度面貌相协调，确保工程顺利实施。风场部分机位水深较浅，且采用大直径单桩基础为主，适用船舶数量少，需比选合适的船机设备和施工方案。

5. 风机基础打桩　根据地勘资料，风场区域表层土为Ⅲ1t砂质粉土、Ⅲ1层淤泥质黏土，土层承载力较低。风机基础钢管桩穿透Ⅲ2粉砂（N为12～26）后进入Ⅲ2t层黏质粉土（N为5～8击）、Ⅲ3层黏质粉土（N为4～9击），土层承载力较弱，土壤对桩体的阻力急剧减少，土壤承载力小于桩基础和液压锤的自重总和，发生溜桩的风险大。该工程风机数量及种类相对较多，需做好施工及设备供货规划，与工程进度面貌相协调。风场部分机位水深较浅，且采用大直径单桩基础为主，需比选合适的船机设备作为主作业船。

（三）工程建设进度

该海上风电项目于2017年10月核准。2018年6月底项目开工。2019年8月，首根基础钢管桩沉桩完成。2019年12月，首台风机吊装完成。2020年1月整个升压站平台建造安装顺利完成。2020年4月首批0.645万kW大功率机组成功并网投产。

（上海勘测设计研究院有限公司）

普格甘天地二期风电场工程建设情况

普格甘天地二期风电项目位于四川省凉山彝族自治州普格县境内高原山区，是四川省能源局批准的省内第一个高原山地试验风电场项目，是中国大唐集团有限公司2020年度“保电价”重点风电项目。场址区由一条南北向山脊及其支脉组成，总山脊长度约13km，海拔在3530～3950m，总面积约40km²。该项目总装机规模13.111万kW，其中常规区23台风机，容量8.211万kW，试验区14台风机，容量4.9万kW。新建220kV升压站一座，6条35kV集电线路。该项目由中国大唐凉山新能源有限公司投资，中国安能集团第二工程局有限公司承建。

由于疫情影响，且高原高寒恶劣的气候条件，为确保年底投产目标，公司从组织策划、人员管理、资源配置多方面入手，严控工程安全、质量、进度，确保工程同步整体推进。6月20日，首台36号风机混凝土基础浇筑完成；9月27日，升压站主体结构完成；11月11日，首台36号风机成功吊装完成；12月23日，首回路4台风机全部吊装完成；12月27日，风场220kV升压站成功倒送电；12月30日，历时半年，首回路4台机组成功并网发电，圆满完成年底并网发电目标。实现首回路机组成功并网发电。

该风电场全部并网发电后，每年可提供清洁电力36070.9万kW·h，与目前的燃煤火电场相比，每年可节约标准煤约11.54万t，二氧化硫排放量约2.54万t，氮氧化物排放量约1.25万t，二氧化碳排放量约42.82万t，经济效益和环保效益显著，对调整四川省能源结构、促进节能减排、完善电网结构具有重要意义。

（中国安能集团第二工程局有限公司
齐建飞　姚镇勇）

风机桩基础倒圆台型承台技术研究及应用

目前在风电产业的飞速发展过程中，风机桩基础的设计思路、方法及形式有了较大的进步，但主要思路还仍延用建筑桩基设计思路，承台较为高厚，基础自重较大，桩基受力以抗压为主，抗拔作用得不到充分利用，桩基础结构不合理，经济性差。

中国电建集团北京勘测设计研究院有限公司（简称北京院）在总结国内外相关风机桩基础研究成果的基础上，提出一种设计合理、施工简单、适用性强的风机桩基础倒圆台型承台形式，如图1所示。通过减少覆土体厚度，较大幅度的减少承台地基土开挖量和回填量，减少桩的竖向压力，增加桩的上拔力。使风机基础的桩基的抗拔力得到充分发挥，并且承台上表面水平，有效减少传统承台形式上表面堆坡施工的难度。无论从提高风电场工程建设技术水平还是提高资源利用率上促进风电产业的技术进步，均具有现实意义。

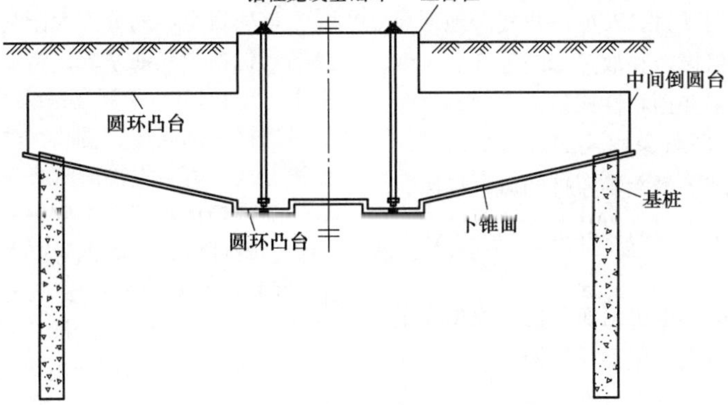

图1　风机桩基础倒圆台型承台体型图

风机桩基础倒圆台型承台与同类技术传统承台相比，桩基优化约16%，开挖和回填土方量优化约50%，混凝土用量减少3.3%～4.0%，经济效应明显（见表1）。风机桩基础倒圆台型承台已应用于山西河曲风电场10万kW一期工程等风电项目，在风机基础选型、优化中起到了显著作用，累计节约工程直接投资约383.85万元，缩短工期约3个月，提前发电效益2280万元，取得了显著的经济效益。

表1　倒圆台风机基础工程量优化和项目造价优化

项目	开挖量	回填量	主体混凝土	钢筋量	桩数	锚栓
工程量优化比例（%）	51	59	3	4	16.60	3.50
项目造价优化（元）	1232.6	16745	9660	10274	45000	22500

针对风机桩基础倒圆台型承台结构，北京院自主研发了“风机桩基础倒圆台型承台参数化绘图软件”(DPC-CAD)，实现新型风机基础施工图高效参数化设计绘图及工程量的统计功能。可自定义钢筋、图纸布局及标注，配筋、图纸布局及标注均随基础体型参数的变化实时更新，采用公式参数及设计模板结合的方法，直接转至CAD，可实现风机基础的参数化设计绘图。此次开发实现了风机桩基础倒圆台型结构施工图高效及灵活的参数化设计和绘图，方便了工程设计及推广应用。

目前风机桩基础倒圆台型承台创新技术成熟，获得国家“风力发电机组基础参数化设计平台软件”计算机软件著作权及“一种提高桩抗拔承载力的风机承台组件”发明专利受理通知书，且已在依托工程得到成功验证，可在类似工程设计中推广应用。

（中国电建集团北京勘测设计研究院有限公司 杨海霞）

风电场设计优化及运行维护管理关键技术

四川省科技支撑计划项目，对凉山州复杂地形风电场风能资源评估、数值模拟和故障诊断等开展了深入系统研究，取得以下主要创新性成果：

（1）建立了基于WRF气象模式的虚拟测风塔风资源评估技术，提出了基于最大熵原理的风电场风频分布拟合方法；研发了基于多断面分析的测风塔设立方案定量分析方法。

（2）建立了高精度的风电机组实时仿真模型库及并行实时仿真等值建模风电场模型库，构建了针对风电机组控制系统的全工况硬件在环性能检测及测试验证平台，解决了风电机组全实物并网测试环境下工况难模拟、测试效率低等问题。

（3）构建了基于小波变换消噪算法、时/频域统计指标、智能共振解调技术等多维度的风电机组状态监测与预测算法及模型。

该成果获得发明专利3项，SCI论文2篇，专著1本。已在德昌茨达、德昌铁炉、盐源银头山等多个风电工程勘察设计工作中成功应用，成果总体达到国内先进水平。

（中国电建集团成都勘测设计研究院有限公司 胡万雨）

10万kW槽式太阳能光热发电项目建设情况

内蒙古乌拉特中旗导热油槽式10万kW光热发电项目为国家首批光热发电示范项目，位于巴彦淖尔市乌拉特中旗境内，距离旗政府所在地海流图镇东南约8km，场址东西宽约1970m，南北长约2505m，项目场地北高南低，自然坡度在0.9%～1.6%，东高西低，自然坡度在0.9%～1.2%，场地自然地形情况较为平整规则，占地面积约493.5hm^2。

该区域太阳能资源丰富，土地广袤，非常适合开展太阳能热发电项目，该项目目前为国内装机容量最大的槽式光热电站，采用槽式导热油聚光集热、双罐融盐储热、中温高压一次再热汽轮发电机组。

该项目由内蒙古中核龙腾新能源有限公司、南京中核能源工程有限公司、中国船舶重工集团新能源有限责任公司共同投资建设，中国船舶重工集团新能源有限责任公司EPC总承包，中国能源建设集团黑龙江省电力设计院有限公司承担常规岛工程设计，中船重工海鑫工程管理（北京）有限公司承担施工监理，山东电力建设第三工程有限公司负责常规岛系统、热传储热岛的建筑安装。

该项目全厂划分为太阳岛（简称SOF）、热传储热岛（包括导热油系统、蒸发系统、储热系统等，简称HTF/TES）、常规岛系统（简称BOP）三个界区。项目选择中温高压、再热、轴向排汽机组，采用轴向排汽方式、直接空冷凝汽式汽轮机，由西门子设计供货，随汽轮机供配全套完整的汽轮机本体附属系统、设备、附件等；发电机为东方发电机厂设计制造。发电机组采用发电机—变压器组单元接线方式，经110kV主变压器升压后以单回110kV线路接入110kV系统，110kV配电装置采用线路—变压器组接线方式。

该项目还包括导热油系统、蒸汽发生系统、10h熔融盐储热系统及配套的辅助工程组成。其中导热油系统主要包括6台导热油循环泵，3台防凝泵，以及导热油膨胀系统、导热油防凝及补燃系统、导热油再生系统及氮气定压系统、冷却水系统；蒸汽发生系统包括预热器、蒸汽发生器、过热器和再热器以及再热器前加药系统、取样系统及排污系统等辅助系统；熔盐储热系统主要由冷热熔盐储罐各两个、6台油盐换热器、6台冷熔盐泵、6台热熔融盐泵、化盐系统、氮气保护系统等设备组成，储热容量262.5万kW·h。辅助系统包括LNG储存和气化系统、压缩空气系统、氮气系统、含油废水处理系统、采暖通风系统、消防和冷却水系统等。

该项目于2018年6月开工建设，2018年7月21日主厂房浇筑第一方混凝土，2019年4月18日实现主厂房封顶，2019年11月23日厂用电受电完成，2019年12月3日化学水制出合格水，2019年12月31日汽轮机首次实现进汽冲转，2020年1月8日机组首次并网发电，2020年5月14日导热油首次注油，2020年12月16日实现满负荷发电，2021年6月5日完成7万t熔盐注盐工作，预计2021年6月30日实现储热系统运行发电目标。

（山东电力建设第三工程有限公司　肖伟杰）

消　纳

2020年国家电网清洁能源运行消纳情况

（一）清洁能源装机概况

2020年，国家电网有限公司经营区清洁能源装机仍然快速增长，但发展态势有所变化。从装机增速上看，仍然保持快速增长态势。公司经营区年内新增清洁能源装机容量10616万kW，占新增总装机容量的72%，累计装机容量达6.8亿kW，同比增长18.4%；清洁能源在总装机容量中的占比达40%，比年初增加3个百分点。从装机类型看，风电、光伏持续快速增长、水电增速平稳。公司经营区年内风电、光伏、水电分别新增装机容量6281万kW、3941万kW、391万kW，同比增加170.8%、增加62.6%、增加59.0%。从地域分布看，新能源新增装机向中东部地区转移，水电新增装机主要集中在华东地区。华北、华东、华中地区新增新能源装机容量6352.2万kW，同比增加104.1%，占全网的62.1%；三个地区风电和光伏新增装机容量占全网的比例分别为60.1%和65.3%。

2020年国家电网有限公司经营区域内水电累计装机容量达到2.33亿kW，同比增长1.71%，占全网总装机容量的13.7%。其中，华中、西南地区水电装机容量15205.9万kW，同比增长0.9%，占全部水电装机容量的65.3%。

2020年国家电网有限公司经营区域内风电累计装机容量达到2.32亿kW，同比增长37.1%，占全网总装机容量的13.6%。华北、东北、西北（简称三北）地区风电装机容量1.68亿kW，同比增长32%，占全部风电装机容量的72.4%。其中，“三北”地区风电装机分别为6066万kW、4026万kW和6720万kW，同比分别增加40.3%、29.8%和27.3%。风电装机占总装机容量比例超过20%的省级电网有6个，依次为蒙东、冀北、甘肃、宁夏、新疆、青海。目前，有10个省级电网风电成为其第二大装机电源，分别为新疆、甘肃、冀北、宁夏、蒙东、山西、辽宁、黑龙江、青海和吉林。

2020年国家电网有限公司经营区域内光伏累计装机容量达到2.16亿kW，同比增长22.3%，占全网总装机容量的12.7%。其中，“三北”地区光伏装机容量1.33亿kW，同比增长18.6%，占全部光伏装机容量的61.4%。目前，光伏成为第二大装机电源的省份（地区）有11个，分别为江苏、浙江、安徽、青海、江西、冀南、陕西、西藏、天津、山东和上海。

（二）清洁能源运行与消纳情况

1. 清洁能源消纳成效显著　2020年，国家电网有限公司经营区清洁能源发电量1.46万亿kW·h，同比增加1211亿kW·h、增长0.9%；清洁能源发电量占总发电量的比例达到25.4%。公司经营区水电利用小时数3793h，同比增加146h；风电利用小时数1986h，同比减少44h；光伏利用小时数1189h，同比减少8h。从水电消纳情况看，公司经营区水电消纳总量为8739亿kW·h，同比增长5.3%，全网消纳的水电占用电量的比例约15.2%。从新能源消纳情况看，公司经营区风电光伏消纳总量为5872亿kW·h，同比增长15.2%，占总发电量比例达10.2%。

2. 弃电情况得到有效缓解　2020年，国家电网有限公司经营区弃水损失电量223.8亿kW·h，同比减少101.9亿kW·h，下降31.3%，利用率同比提升1.3个百分点。弃水主要发生在四川省，四川省全年弃水电量为170.8亿kW·h，占全网弃水电量的73%，较上一年减少99亿kW·h，同比减少36.7%，利用率为95.4%，同比下降2.9个百分点。受黄河上游来水偏丰影响，青海省弃水损失电量35.0亿kW·h，同比减少11.4亿kW·h，利用率提高2.2个百分点。

2020年，国家电网有限公司经营区弃风弃光电量178亿kW·h，同比增加9.4亿kW·h，利用率97.1%，同比增加0.3个百分点。弃风电量131亿kW·h，同比增加4.1%；弃光电量47亿kW·h，同比增加9.9%。从利用率看，风电提升、光伏持续增加。公司经营区风电利用率为96.5%，同比上升0.4个百分点；光伏利用率为97.9%，同比上升0.1个百分点。青海、新疆、西藏3省利用率低于95%，其他地区均不弃电。

（三）促进清洁能源发展与消纳的相关措施

一是落实中央决策部署。贯彻落实国家清洁消纳要求，制定服务清洁能源发展消纳6方面32项及提升四川水能利用率4方面12项工作，确保目标落实。按照国家能源局“能并尽并”决策要求，发文要求合规、高效开展年末新能源集中并网工作，确保具备条件的场站及时并网。

二是优化电网运行方式。统筹全网调节资源，开展跨省区备用共享，根据清洁能源预测合理安排火电开机，优化梯级、流域间水库调度。开展国调、网调、省调三级电网停电检修计划年、月集中编制工作，根据清洁能源资源状况和发电特点确定检修窗口期，优化停电检修，尽力减少因停电检修造成的弃电损失。

三是推进电力市场建设。协同交易中心开展中长期交易组织，全年完成跨省区清洁能源送电4949亿kW·h。组织跨区富余可再生能源现货交易，累计完成38.8亿kW·h。积极推进电力现货试点，完善辅助服务市场建设，以市场方式促进资源高效配置，全力提高清洁能源利用水平。

四是提高专业管理能力。提出分省装机建议及消纳控制目标，并纳入企业负责人年度业绩考核。成立涵盖公司8部门及国调分省的联合工作组，建立“月统筹、周督导、日跟踪”协调机制，确保四川水电消纳。持续完善清洁能源运行和消纳工作体系，滚动开展量化分析，促进多级调度协同快速响应，确保清洁能源高效利用。

五是提升安全技术水平。实施特高压直流送端超5000万kW风电高电压穿越改造，具备1.3倍耐压能力。1940万kW新能源机组完成快速频率响应及电压调节能力改造，具备一次调频、调压等主动支撑功能。开展华东电网全部分布式电源（含220/380V）涉网参数专项核查和整改工作。新能源涉网性能指标逐步向常规电源靠拢，电网安全运行水平显著增强和提升。

（国家电网公司国家电力调度控制中心 周才期）

2020年南方电网清洁能源运行消纳情况

（一）清洁能源装机概况

2020年，中国南方电网有限责任公司（简称南方电网公司）经营区（广东、广西、云南、贵州、海南）清洁能源装机保持快速增长，年内新增清洁能源装机容量2266万kW，占新增总装机容量的64%。其中，水电新增装机容量816万kW，主要集中在云南；风电、光伏新增装机容量1450万kW，主要集中在广东、广西和贵州三省区。

2020年，南方电网公司经营区非化石能源累计装机容量达2.1亿kW，同比增长10.9%；非化石能源装机容量在总装机容量中占比达56%，同比提高0.4个百分点。其中，水电累计装机容量达1.3亿kW，同比增长6.5%，占总装机容量34.9%；核电累计装机容量达1961万kW，与2019年持平，占总装机容量5.1%；风电累计装机容量达2695万kW，同比增长29.6%，占总装机容量7.1%；光伏累计装机容量达2577万kW，同比增长47.8%，占总装机容量的6.8%。

（二）清洁能源运行与消纳情况

2020年，南方电网公司经营区非化石能源发电量7089亿kW·h，占总发电量的53%。2017年起，南方电网公司连续4年扎实开展清洁能源消纳专项行动，全力推动各项重点措施落实落地，清洁能源消纳取得显著成效。

弃水问题基本解决。2020年云南全年弃水电量24.1亿kW·h，较年度弃水预控目标减少约31亿kW·h；全网水能利用率99.4%、云南水能利用率99.1%，其他省区水能利用100%。全面完成国家发展改革委、国家能源局《清洁能源消纳行动计划（2018～2020年）》以及《南方电网公司2020年清洁能源消纳专项行动方案》明确的水电清洁能源消纳任务。

风光基本实现全额消纳。2020年南方电网公司经营区总弃风电量1.77亿kW·h，弃风率为0.33%；总弃光电量为0.53亿kW·h，弃光率为0.33%。弃风弃光电量远低于国家发展改革委、国家能源局印发的《解决弃水弃风弃光问题实施方案》中所定弃风率低于10%、弃光率低于5%的目标。除云南、贵州发生局部新能源限电情况以外，其他省区基本实现新能源全额消纳。

（三）保障清洁能源发展与消纳的相关措施

1. 提前谋划、统筹研究制定专项方案　南方电网公司高度重视清洁能源消纳工作，2019年12月召开专题讨论会，研究制定2020年重点工作举措，2020年1月正式印发《南方电网公司2020年清洁能源消纳专项行动方案》，从加强电网平台建设、推进清洁能源调度、发挥市场调节功能等6方面提出24项重点举措，并逐月进行督查督办、推动各项关键举措落实落地，全力促进清洁能源消纳。

2. 全力加快西电东送工程及调峰电源建设 扎实做好“六稳”工作、落实“六保”任务，全面打赢昆柳龙直流工程、云贵互联通道工程两大重点工程攻坚战，昆柳龙直流工程云南至广东双极低端、云贵互联通道工程分别提前30天和19天投产，并利用两大工程提前投产有利契机增送云贵电量39亿kW·h。同时，为提升系统灵活调节能力，全面建成海南文昌燃气调峰电站一期项目。

3. 实施科学调度、积极构建清洁能源调度体系 坚持将“最大化消纳清洁能源”列为仅次于电网安全的最优先调度约束，通过科学调度提升西电东送能力，最大限度消纳清洁能源。特别是针对年初水电蓄能同比大幅减少，叠加疫情影响导致西部电煤供应下降明显、东部负荷增长乏力的严峻形势，动态跟踪电煤供应和来水情况、电力供需形势，及时调整措施、编制方案，统筹优化送电曲线，灵活调整送电安排，全力促进清洁能源消纳。

4. 全力保障西电东送通道安全稳定运行 加强输变电设备差异化运维，健全完善与疫情防控相适应的安全生产工作秩序，滚动优化检修计划，做好运行方式安排，确保了高效完成直流年度检修、重点设备隐患整治等重点任务，全年直流综合能量可用率达到96.47%，其中迎峰度夏期间有8回直流通道综合日均利用小时数高达23.5h，通道利用率达到98%，创造了主网架多回直流长时间满负荷送电的新纪录，西电东送电电力、日送电量、月送电量等多项指标均创新高。

5. 持续完善跨省区电力交易机制 推动市场发挥配置资源的决定性作用，构建“协议+市场”的跨省跨区电力交易模式，在保障协议优先发电计划电量充分消纳基础上，首次建立了“基准+浮动”价格机制开展增量交易，同时积极开展两广互送、云电入琼等交易，千方百计促进清洁能源消纳。

6. 大力拓展电能替代的广度和深度 加大力度在电锅炉、电蓄冷空调、电动汽车、轨道交通等领域推动实施电能替代，不断拓宽电能替代的广度和深度，做好港口岸电用电报装服务，及时满足岸电用电需求。2020年实现电能替代电量314亿kW·h，同比增长19.4%。

7. 积极推动新能源消纳长效机制建设 按照国家能源局要求，完成南方电网公司经营区2020年风电、光伏发电新增消纳能力测算，并首次向社会公开发布，引导电源企业合理安排项目建设规模和投产计划。积极配合国家能源主管部门制定各省区可再生能源电力消纳责任权重年度考核指标，配合各省区政府编制消纳实施方案，推动清洁能源消纳长效机制的落地。

（南方电网能源发展研究院 黄豫）

2020年华北电网积极消纳清洁能源情况

（一）新能源发展情况

1. 新能源资源分布总体情况 华北电网新能源资源丰富，其中京津唐、山西、山东及蒙西电网分布较多。京津唐电网风光资源主要在张家口、承德地区。河北南网风光资源主要在石家庄、保定、邯郸、沧州地区。山西电网新能源主要在大同和忻朔地区。山东电网风光资源主要在东部、北部沿海地区和潍坊、泰安、济宁、菏泽地区。蒙西电网新能源主要在巴彦淖尔、鄂尔多斯、包头、呼和浩特、乌兰察布及锡林郭勒地区。

2. 新能源装机情况 2020年，华北电网新能源保持高速增长态势。截至2020年底，华北电网新能源装机容量突破15000万kW，达到15445万kW。其中，风电装机容量8706万kW，光伏（含分布式光伏）装机容量6739万kW。各省电网新能源装机情况：京津唐（含锡盟特高压配套风电）3738万kW，河北南网1665万kW，山西3233万kW，山东3972万kW，蒙西2837万kW。

（二）新能源发电情况

1. 新能源最大电力情况 2020年，华北电网新能源最大电力（含分布式光伏）达到7653万kW，其中风电最大电力4517万kW，光伏（含分布式光伏）最大电力4081万kW。各省网风电最大电力情况：京津唐（含锡盟特高压配套风电）967万kW、河北南网317万kW、山西1221万kW、山东1291万kW、蒙西1420万kW。光伏（含分布式光伏）最大电力情况：京津唐681万kW、河北南网643万kW、山西879万kW、山东1388万kW、蒙西706万kW。上述均创历史新高。

2. 新能源发电电量情况 2020年，华北电网新能源发电量（含分布式光伏）为2066亿kW·h，风电发电量1349亿kW·h，光伏（含分布式光伏）发电量717亿kW·h。各省网新能源发电量情况详见表1。

表1 2020年华北电网新能源发电量情况统计表 亿kW·h

电网	华北	京津唐	河北	山西	山东	蒙西
新能源发电量	2066	452	175	407	460	572
风电发电量	1349	327	70	260	254	438
光伏发电量	717	125	105	147	206	134

2020年，华北电网（国家电网经营区域）新能源弃电量36.2亿kW·h，同比增加14.7亿kW·h；弃电率2.4%，同比增加0.8个百分点。新能源弃电量中网架原因弃电占比58%，调峰原因弃电占比42%。受新冠肺炎疫情影响，调峰弃电集中发生在一季度。京津唐电网以网架弃电为主的特征最为明显，网架弃电占比达到了92.1%。

3. 清洁能源外受电情况 华北电网通过多条跨区联络线消纳区域外部清洁能源。2020年，华北电网共计消纳跨区跨省清洁能源393.8亿kW·h，同比增长17%，积极践行了国家电网有限公司消纳新能源的战略部署。

（三）促进新能源消纳主要措施

1. 充分发挥区域电网统筹优化作用 ①组织各省积极参与富余可再生能源跨区现货市场，根据区域内各省高峰、低谷备用情况，统筹开展电力及调峰资源安排；②充分发挥华北调峰市场全网统一优化配置调峰资源的作用，自2020年10月新规发布后，实现了市场运行时段全覆盖、机组广参与、交易高频次、资源深挖掘；三是以全力保障新能源消纳作为工作主线，统筹安排华北电网运行方式，有效缓解新能源反调峰特性与电网低谷新能源消纳、高峰电力平衡之间的矛盾。

2. 电磁暂态仿真技术支撑新能源安全高效外送 建设专业化电磁暂态仿真分析队伍，攻关电磁暂态建模核心关键技术，协同中国电科院提出可跨平台的新能源电磁封装模型统一接口技术，并首次基于新能源机组全电磁暂态实测模型，深入开展了锡盟特高压风火打捆送出系统的暂态过电压分析、宽频振荡评估、无功控制策略优化等工作，为锡盟特高压近区新能源的安全可靠消纳提供了技术保障，并持续推广电磁暂态实测建模和仿真工作经验，对华北区域电磁建模仿真工作进行统一部署。

3. 加强恶劣天气下新能源预警预测 针对寒潮、大风等恶劣天气造成新能源大范围停运、电力平衡严重不足的风险，加强恶劣天气下新能源功率预测管理：①开展机组低温切机、大风切机参数台账管理，完善场站端和调度端预测模型，提升针对恶劣天气的新能源预测能力；②建立场站端—调度端预测结果校验机制，充分利用168h数值天气预报和功率预测，提前会商研判可能产生的极端天气和功率预测偏差影响；③建设完善新能源现场运行感知能力，引入新能源单机、测风塔实时信息，及时感知新能源场站现场气象信息和电力运行信息。

（国家电网华北电力调控分中心 杨健）

2020年华东电网积极消纳清洁能源情况

（一）清洁能源消纳概况

1. 装机情况 2020年底，华东全网调度口径装机容量39617.5万kW（含阳城），其中清洁能源装机容量11496.7万kW，占29.02%。主要包括：常规水电装机容量2041.1万kW，占5.15%；抽水蓄能机组装机容量1156.0万kW，占2.92%；核电装机容量2330.6万kW，占5.88%；风电装机容量2683.0万kW，占6.77%；光伏装机容量3286.0万kW，占8.29%。

2. 发电情况 2020年，华东电网区内常规水电累计发电量463.20亿kW·h，同比减少26.80%，主要原因为2020年华东地区总体来水同比仍然偏少32.7%。调度口径新能源发电量767.22亿kW·h，同比增加112.31亿kW·h，增长17.15%，占全网总发电量的5.62%。其中，风电发电量453.67亿kW·h，同比增加96.27亿kW·h，增长26.94%；光伏发电量313.56亿kW·h，同比增加16.04亿kW·h，增长5.39%。华东网内新能源最大出力3372.1万kW（2月17日），风电最大出力1702.1万kW（12月30日）、光伏最大出力2091.1万kW（4月13日）。尽管受疫情、春节、国庆等节假日等多重不利因素叠加影响，安徽电网新能源消纳面临较大压力，但经过各级调度共同努力，2020年华东区域实现新能源全额消纳。

3. 区外来电消纳情况 2020年华东电网接入跨区直流达到11回，年度最大区外来电电力5063万kW（7月26日），占当日华东最高用电负荷的22.07%；累计消纳电量2649.11亿kW·h，同比增长20.99%。全年累计组织跨区域富余可再生能源现货交易2484笔，合计消纳电量20.63亿kW·h。

（二）清洁能源消纳工作措施及成效

1. 成功应对新安江流域史上最大梅汛期洪水 积极发挥专家作用，每年两次气象会商，提前掌握汛期降雨形势。结合多年运行经验，按来水偏多安排新安江电厂发电计划，持续削落水位。同时，优化电厂设备检修计划，安排新安江电厂3月开展汛前防汛检查，对重要设备开展防汛应急演练，确保发电及泄洪设施保持良好状态。4～5月，在来水偏枯、水库运行水位比2019年同期还低、下半年可能低水头运行的情况下，坚持发电不动摇，在较常年提前15天入梅的异常形势下，实现入梅后水库水位从99.05m起调（低于近10年平均入梅水位约1m），比近10年均值多腾出4.6亿m^3防洪库容（折合减弃增发电量8000万kW·h），为水库上下游以及钱塘江流域防汛安全做出重要贡献。

入梅后，在水库水位相继突破101m、103m等水位后，6月9日起果断安排电厂峰腰时段满发，6月22日起坚决执行机组24h满发，有效遏制水位上涨幅度。当水位突破104.5m后，组织电厂再次安排对9扇溢洪门开展提门操作，确保万无一失。7月2日，在流域遭遇606mm梅雨（多年373mm），距离常规出梅仅剩8天时间，水库水位一度回落至104.51m，防汛形势大好。7月6日，新安江水库水位突破106.5m汛限水位后，调度权移交浙江省水利厅。7月7日流域单日雨量达到158mm，7日14时出现22100m^3/s洪峰，位居历史第二；最大7日洪量41.28亿m^3，超50年一遇洪水标准。7月7日10时水库水位107.3m，开闸3孔泄洪，此后逐次增加泄洪孔数至5孔、7孔。8日9时库水位达108.39m，突破1999年最高值108.37m，创历史最高纪录，新安江水库建库以来首次9孔泄洪。9日19时开始逐步关闭水库闸门，至14日15时库水位106.34m，水库闸门全关，共历时173h，总溢洪水量23.46亿m^3。

整个梅汛期间（5月29日～7月17日）新安江累计总雨量1120mm，是历年均值的3倍，梅汛期来水量99.44亿m^3，接近水库全年平均入库水量（102亿m^3），均创历史极值。华东分中心统筹做好新富水库联调和水电消纳工作，全力保障水库大坝安全，并充分发挥水库防洪效益，圆满完成了水库调度工作和移交期间的协助配合工作。2020年新安江水库实现了最大限度的增发减弃，经济效益显著。

2. 顺利完成分布式电源涉网保护定值核查　按照2019年总体安排继续推动华东各省市光伏电站涉网频率保护专项核查和整改工作。2020年，由于B类（380V）分布式光伏点多面广，整改工作涉及到的部门和单位较多，经华东分部和省市公司共同努力，共对192726座B类（380V）分布式光伏的涉网频率保护进行了核查，并对不满足涉网频率技术要求的29668座分布式光伏进行整改，B类（380V）顺利完成分布式光伏涉网频率专项核查和整改工作。至此，华东区域分布式光伏的涉网频率专项核查整改工作历经两年全面完成，消除了大功率直流闭锁时大规模分布式光伏无序脱网的风险，为区内外清洁能源的安全消纳创造了更好条件。

3. 克服低负荷高出力多重矛盾实现区内全消纳　2020年春节以来，华东地区受疫情防控因素影响，负荷与用电量较历史同期恢复乏力，华东电网用电负荷在1月28日（大年初四）创下春节期间最高负荷1.58亿kW后一路回落、屡创新低，直至2月17日才恢复至大年初四的负荷水平。同日，华东新能源最大出力达3372.1万kW（2月17日），创历史新高，同比增长145%，创新高当日新能源出力占全网负荷达27%，新能源消纳压力极大，安徽、浙江相继发布新能源消纳预警。

华东分中心克服重重困难，通过一系列举措，并于2月日均用电量下降23%的不利情况下，大力支援华中电网抗疫及保供电工作，从2月20日开始，无偿支援华中电网低谷负备用最大110万kW，高峰正备用最大50万kW；同时，充分利用西南水电枯水期和西北、华北风光大发期的季节性差异，加大对西北、华北新能源消纳力度，2月新冠疫情期间，华东电网在全额消纳区内清洁能源171.39亿kW·h的情况下，消纳西北、华北电量合计超过70亿kW·h，同比增长接近130%，积极参与跨区现货交易电量1.47亿kW·h。

4. 全力支援四川水电达成消纳目标　认真落实国家电网有限公司关于提升四川地区水能利用率的专项工作要求，在国调中心的统一领导下，确保四川年度水能利用率达到95%。①滚动开展电力电量分析。2020年上半年，华东电网用电增速趋缓，通过协调开机安排等，积极挖潜扩大西南水电消纳空间。②优化停电计划安排。在保障安全的前提下将浙西南线路改造重点工程（江丹5456线、龙江5462线增容改造）工期压缩14天，最大程度减少停电安排对宾金直流送电的影响。③积极做好西南水电满功率安全送电的各项准备。按期完成257个500kV及以上开关防拒动排查治理工作；推进宾金、政平调相机按时投产；针对新版稳定导则实施后部分直流关键疏散通道输送能力下降问题，推进关键工程进度，优化近区运行方式和控制方法，为汛期直流安全满送打下基础。④助力提高四川水能利用率。迎峰度夏期间，华东地区遭遇史上超长梅雨期，新安江水库建库61年来首次全开9孔泄洪，部分时段省市调峰压力显著。华东分中心合理安排，为区外直流送电腾出空间。同时，以直流转送方式深挖通道潜力消纳西南水电。出梅后，抓住大负荷用电窗口期，尽全力消纳西南水电，区外直流持续接近最大能力送电。

（国家电网华东电力调控分中心　陆建宇）

2020年华中电网积极消纳清洁能源情况

（一）清洁能源运行消纳概况

1. 清洁能源装机情况　截至2020年底，华中电网调度口径清洁能源总装机容量11866万kW，同比增长15.2%，占全网总装机容量的44.7%。其中，水电装机容量6472万kW，同比增长1.4%，占全网总装机容量的24.4%；风电装机容量3090万kW，同比增长65.2%；光伏装机容量2304万kW，同比增长12.8%。

2. 清洁能源发电情况　2020年，华中电网调度口径清洁能源发电量2939亿kW·h，同比增长16.8%，占全网总发电量的35.7%。其中水电发电量2369亿kW·h，同比增长15.6%，占全网总发电量的28.8%；风电发电量372亿kW·h，同比增长35.5%；光伏发电量197亿kW·h，同比增长5.8%。

（1）水电消纳。2020年，华中地区降水严重偏多，时空分布严重不均。1、2、3、6、7、9月降水明显偏多，其中1、7、9月偏多0.7～1倍。与常年同期相比，总体呈现“南北少、中间多”，河南北部、湖南南部、江西南部正常或偏少，河南东北部、湖北大部、湖南西北部、江西西北部偏多4～8成。网内重点流域水库总体来水比多年均值偏多2成，重点流域清江、沅水、黄河中下游来水特丰，比多年均值偏多5～6成；分省看，河南、湖北、湖南来水比多年均值偏丰5～6成，江西偏少2成。华中全网水电、湖北水电、湖南水电年累计发电量创同期新高。全网年累计调峰弃水2678万kW·h，发电能力弃水48748万kW·h，水电年水能利用率99.79%。水电优化调度节水增发电量73.35亿kW·h，同比增长146%。

1月底～2月初，湖南西北部迎来少见冬汛，局部降水偏多1～2倍。6月8日～7月20日，长江中下游遭遇长达43天的超长梅雨期，先后遭遇11轮强降雨，长江发生流域性特大洪水，流域平均降水量479.5mm，其中中下游降水量554.6mm，均为1961年以来同期最多。长江中下游监利以下江段长期超警戒水位运行。直调清江梯级水电厂来水较多年均值偏多1.5倍，流域发生10次超3000m^3/s以上的洪水过程，最大洪峰12200m^3/s，为同期40年一遇洪水；直调沅水梯级三板溪来水较多年均值偏多8成，遭遇连续两次5000m^3/s洪水，为同期10年一遇；沅水梯级五强溪来水较多年均值偏多6成，最大洪峰26264m^3/s。

9月初至中旬，湖南沅水出现全流域性的秋汛过程，三板溪流域区间降雨量创1961年以来同期新高。三板溪、五强溪最大入库分别为4700、22000m^3/s，均创建库以来同期最高，直调沅水梯级电厂均开闸泄洪。10月初，清江梯级迎来少见秋汛，来水较多年均值偏多2.4倍，较2019年同期偏多33倍，水布垭、隔河岩库水位最高分别至399.49m、199.72m，距离正常蓄水位分别仅0.51m、0.28m，没有开闸泄洪。

（2）新能源消纳。2020年华中电网新能源继续保持快速增长，发电量继续增长。全网新能源发电量占比6.9%，同比提升1.3%个百分点。全网新能源最大发电电力2162万kW（12月30日），风电最大发电电力1485万kW（11月18日），光伏最大发电电力1354万kW（4月12日）。2020年华中电网因调峰及通道受阻原因，发生新能源弃电量4.38亿kW·h，华中全网新能源利用率99.2%，高于年度指标。

（二）保障清洁能源消纳采取主要措施

1. 坚定社会责任，确保防洪安全　2020年长江中下游和两湖流域防汛期，为拦蓄洪水，华中电网直调各水电于7月保持较高水位运行。7月21～22日，按防汛调令，五强溪水电厂从满发125万kW调至机组全停；7月28～30日，湖南柘溪、凤滩、五强溪、江垭、皂市水电厂陆续停止发电减少下泄，影响水电出力近400万kW，华中电网紧急启用备用电源，开展跨省支援，确保了防汛安全和电力电量平衡。通过重复利用防洪库容，累计拦蓄洪水68亿m^3，有效减轻洞庭湖和长江中下游防洪压力。

2. 做好重点水电优化调度工作　①加强与气象及防汛部门的沟通联系，多渠道信息助力水电运行分析。②提前开展水位消落。根据气象部门2020年1季度降水可能偏多的预测意见，提前开展三板溪、水布垭等重点水库消落工作。积极配合托口水毁工程、三板溪下游防洪堤等施工。汛前华中电网将直调水电消落至死水位附近，腾出库容296.39亿m^3。③重复利用水库，做好水电运行与消纳。开展跨流域水库和流域梯级水库优化调度，发挥三板溪、水布垭等龙头水库调蓄能力，主汛期，三板溪重复利用库容3.85亿m^3，水布垭重复利用库容8.81亿m^3。在清江流域遭遇秋汛前，依据中短期天气预测趋势，提前加大出力降低库水位，水布垭、隔河岩分别腾库0.46亿m^3、0.39亿m^3；洪水期间，水布垭、隔河岩最高水位至399.47m和199.72m，拦蓄洪水4.84亿m^3、1.36亿m^3，清江梯级水电未发生弃水。④关键节点坚持调度机构与发电企业协调会商机制。2020年汛期就清江梯级、沅水梯级重要节点方式、重大检修安排等，召开4次会商会，为后期工作顺利开展提供决策支持。⑤建立同流域不同业主信息共享机制。为做好溇水流域梯级水库优化调度工作，国网华中电力调控分中心组织国网湖南电力调度控制中心、湖南澧水流域水利水电开发有限责任公司、湖北能源集团溇水水电有限公司、湖南江垭水电站、湖南三江口水电站等单位召开了溇水流域梯级水库调度工作规范讨论会。

3. 促进新能源运行管理水平提升　①积极参与《华中区域并网发电厂辅助服务管理实施细则》和《华中区域发电厂并网运行管理实施细则》的修订工作，新增了新能源参与辅助服务及运行管理相关考核条款。②加强新能源功率预测及分析，督促省调确保新能源预测与新能源发电的统计规模一致，确保报送上级调度的功率预测数据准确有效。③积极参与清洁能源运行消纳评价指标体系建设，对照指标体系，督导省调开展自查及整改工作。督导省调开展新能源装机及弃电专项核查、分布式光伏耐频耐压等能力核查整改、分布式电源调度运行管理、新能源功率预测延展到7天等工作，督导省调开展集中式新能源场站基础数据完整性核查及装机容量统计核查等，确保能完成全年新能源发展目标。

4. 发挥治网合力，消纳清洁能源　①提升主网输电能力。通过增容改造，将斗山线、斗孝Ⅱ线功率之和限额从280万kW提升至310万kW。根据环境温度变化动态调整兴咸断面稳定限额，最大提升输送能力40万kW。②优化电源运行方式，提升消纳水平。统筹全网备用安排，组织省间电力调峰互济近百次，省间调峰支援最大电力160万kW。加大火电调峰力度，主汛期，全网火电机组停机25台、1170万kW，火电最大深度调峰电力达650万kW；开展火电省间调峰交易，交易电量73.5万kW·h，最大调峰电力19.6万kW，河南省内调峰市场火电深调电量4.3亿kW·h。充分发挥抽蓄电站作用，创新采用抽蓄机组替代湖南负荷中心火电开机，释放了电网低谷消纳空间40万kW，特殊时段直调抽蓄每日“两抽两发”运行，最多时16台机全开抽水或发电运行，进一步发挥直调抽蓄调峰、顶峰和电力电量供应能力。③坚持多级调度协调机制，优化区间联络线方式。坚持国、分、省三级调度会商协调机制，优化调整区间、省间联络线运行方式，最大安排祁韶直流调峰幅度达80%（高峰400万kW，低谷80万kW）。鄂豫、鄂赣省间通道保持满送，对湖南实施电力“高峰进、低谷出”两头支援，高峰支援湖南最大电力180万kW，低谷组织湖南富余电力外送最大140万kW。组织湖南富余水电应急外送5.06亿kW·h。

（国家电网华中电力调控分中心　彭利鸿）

2020年东北电网积极消纳清洁能源情况

2020年，东北电网依托辅助服务市场，通过跨省支援、现货交易、有偿调峰等措施，拓展新能源接纳空间，提高新能源消纳能力；通过超前预测、提前调控，各大水库成功应对台风三连击，清洁能源消纳工作取得历史最好成绩。

（一）清洁能源消纳情况

截至2020年底，东北电网清洁能源装机总容量6217.81万kW，其中风电3431.47万kW，光伏1381.88万kW，水电956.94万kW，核电447.52万kW。

清洁能源发电量1435.99亿kW·h，同比增长9.80%，其中风电727.76亿kW·h，同比增长7.78%；光伏187.67亿kW·h，同比增长20.93%；水电193.54亿kW·h，同比增长31.38%；核电327.02亿kW·h，同比减少0.09%。风电平均利用小时数2308h，同比增长3h；光伏平均利用小时数1492h，同比增长22h；水电平均利用小时数2108h，同比增长349h；核电平均利用小时数7307h，同比下降7h。

清洁能源弃电量12.79亿kW·h，其中弃风电量12.01亿kW·h，弃光电量0.78亿kW·h，无弃水、弃核电量。弃风率1.62%，弃光率0.41%，新能源弃电率1.38%。新能源弃电调峰原因占比25%；网架原因占比75%。网架制约成为新能源弃电主要原因。

（二）清洁能源消纳措施及成效

1. 依托市场、有偿调峰，拓展新能源消纳空间

2020年，东北电网90家火电厂参与有偿调峰辅助服务，为新能源及核电提供受益电量共计337亿kW·h，占新能源及核电发电量的30.23%。其中为风电提供受益电量共计219.71亿kW·h，占风电发电量的33.39%。风电分摊费用为33.66亿元，折合风电为每度受益电量分摊费用为0.153元/kW·h。为光伏提供受益电量共计40.52亿kW·h，占光伏发电量的31.18%。光伏分摊费用为2.74亿元，折合光伏为每度受益电量分摊费用为0.068元/kW·h。

2. 跨省支援、现货交易，提高新能源接纳能力

2020年，东北电网积极组织各省（区）公司开展跨省调峰支援，全网跨省支援次数共计700次，共计支援1542h。全网跨省调峰辅助服务支援电量19.54亿kW·h。其中：无偿调峰支援电量11.49亿kW·h，占比58.81%；有偿调峰支援电量8.05亿kW·h，占

比 41.19%。同时积极开展跨区域省间富余可再生能源电力现货交易，组织 700 次省间新能源接纳支援和 236 笔弃风弃光电量跨区送华北现货交易，分别多接纳风电 19.4 亿 kW·h 和 2.44 亿 kW·h。

3. 精细分析、精准控制，挖掘新能源接纳能力 针对黑龙江东部、赤峰等能源基地外送通道能力不足问题，优化地区安全稳定控制策略，采取风火联合控制模式对地区外送能力进行细化分档，实现地区外送断面限额与新能源、火电运行方式分级分档匹配，最大化提升地区安全稳定性能和送出能力，累计提升外送通道送出能力 40 万 kW。结合 500kV 阜新变联网工程全部投运，组织辽宁省调开展阜新地区安全稳控系统进行升级改造，覆盖站点从 11 个增加至 20 个，提升阜新电网新能源外送能力 40 万 kW。新建朝阳地区安全稳控系统投运，覆盖站点 9 个，提升朝阳电网新能源外送能力 30 万 kW。

4. 超前预测、提前调控，成功应对台风三连击 ①根据长期来水会商预测结论，制定了 6 月底白山、丰满水位分别按不超过 400m、253m 控制（可防 400 年一遇洪水）；云峰、水丰水位分别按不超过 300m、100m 控制（可防 20～25 年一遇洪水）的调度计划，成功应对了 8 月 26 日～9 月 8 日两周内，东北地区史无前例的台风三连击，确保了东北电网主要水库 2020 年安全度汛，汛末满蓄水库目标。②积极向松辽水利委员会提出水库防洪调度工作建议，确保二松流域白山、丰满水库安全度汛。丰满、白山水库洪水期间共拦蓄洪水 55.8 亿 m^3，削峰率达 77.5%，将 30 年一遇的入库洪水削减至不足 5 年一遇，控制第二松花江干流全线不超警，保护了河道内围堤防洪安全，减淹下游 40 万亩河滩地，避免人员转移 1.09 万人。白山、丰满汛末蓄满水库，同时没有产生弃水，创造了极大的防洪和发电效益。③配合松辽水利委员会做好尼尔基水库调度工作。尼尔基水库夏伏旱期间为下游应急补水 3.09 亿 m^3，有效解决了下游沿江灌区取水困难；洪水期间累计拦蓄洪水 33.6 亿 m^3，削峰率达 30%，降低了嫩江干流齐齐哈尔江段水位 0.44m，保护了河道内围堤防洪安全，避免 1.16 万人转移，减淹 30 万亩耕地。安排尼尔基电厂 8 月 18 日～10 月 20 日一直满发，尼尔基电厂年发电 9.43 亿 kW·h，居历史第二位。④积极与朝方沟通，及时加大鸭绿江界河电厂发电、科学安排闸门放流时序，最大限度做到了水库合理经济运行。一是通过云峰中方机组提前满发，精细化控制闸门开启时序，减轻了集安市防洪压力，延长了水库溢流期，收获了大量溢流期电量；二是推迟云峰 1 号机组 A 修至汛后，确保了 9 月 5 日起鸭绿江梯级电站中方 15 台机组全部满发运行，避免了不必要的经济损失；三是坚决拒绝朝方长甸停机的错误调度建议，长甸四台机组坚持带最大出力运行，减少了水丰水库弃水，同时获得了大量溢流期电量。2020 年水库溢流期间，界河电厂不参加平衡的电量达 1.58 亿 kW·h，为东北分部创造了巨大的经济效益。

（国家电网东北电力调控分中心　郭希海）

2020 年西北电网清洁能源消纳情况

2020 年，突发的新冠疫情造成西北地区用电增长放缓、外送直流受端需求低迷，为全网清洁能源消纳造成较大困难；黄河来水首次连续第三年偏丰五成以上，新能源装机规模大幅增长，加剧了清洁能源统筹消纳的难度。西北电网攻坚克难，多措并举深挖消纳空间，加强水电与新能源统一调度，全力保障清洁能源消纳，在保障新能源利用率圆满完成公司下达指标任务的前提下，实现了黄河各梯级水电和直调水电厂发电量再创历史新高，取得新佳绩。

（一）清洁能源消纳整体情况

2020 年，黄河流域上游来水较多年偏丰八成，连续第三年来水偏丰超过五成，为历史首次。西北分中心防汛期间与黄河水利委员会和地方防汛部门积极沟通，经过多方共同努力，圆满完成 2020 年度黄河梯级水库防洪、防凌调度任务，保障了黄河流域人民生命财产安全；西北分中心直调水电厂年发电量 548 亿 kW·h，同比增长 9.38%，再创历史新高。龙羊峡水库连续三年蓄至正常库水位 2600m，创造了 2600.9m 的历史新高。

2020 年，西北新能源装机容量达到 12466 万 kW，实现亿级装机水平的历史性突破，新能源占总装机容量比例 4 成，其中风电 6734 万 kW，光伏 5732 万 kW。西北新能源发电量 1691.89 亿 kW·h，同比增长 10.42%，保持两位数快速增长；利用率 94.24%，同比增长 1.9 个百分点，超额完成公司下达消纳任务指标；发电量占比 18.21%，同比增加 0.19 个百分点，接近欧盟（19.6%），达到国际领先水平。新能源消纳水平再上新台阶。

（二）西北电网清洁能源消纳工作开展情况

1. 守好“生命线”，筑牢安全堤坝　西北分中心始终坚持“安全为基”的工作理念。①面对史上首次连续三年来水特丰的防汛形势，水调办入汛前细心“体检”，组织各直调厂对泄水设施及有关水工建筑物开展全面排查，确保零缺陷、零隐患入汛；汛期精心调度，共应对 6 次编号洪水，为历史同期最多，日均调整泄水闸门 11 次，拦截洪水 30 亿 m^3，确保了河道流量平稳和沿黄流域人民生命财产安全。②充分发挥龙、刘两库联合调节作用，根据河道情况分月甚至分旬控制龙羊峡、刘家峡出库流量，做好凌前腾库、大流量封河、平稳开河等工作，不断提升水量调度精益化水平，确保了20多年黄河无凌灾。③充分发挥专业管理职能，全力做好西北地区新增新能源并网接入工作，协同相关处室完成新能源场站信息接入、推广应用新能源全景监控、暂态性能提升、快速频率响应等技术，实现新能源场站频率、电压等调节支撑能力全面升级。

2. 打好“金算盘”，助力提质增效　抢抓西北地区清洁能源高速发展契机，充分挖掘清洁能源内消外送能力，实现清洁能源利用效益最大化。①多措并举，着力提升西北地区清洁能力消纳水平。新能源利用率和发电占比连续四年提升，圆满完成国家清洁能源消纳行动计划（2018～2020）及公司2020年新能源消纳目标；西北分中心直调水电发电量连续三年三创新高，水电利用率93.74％，同比提高2.72个百分点，装机弃水电量同比降低25.90％。②积极协商黄河水利委员会，促成大流量封河，有效提升黄河水电冬季发电能力；充分发挥刘家峡水库调蓄作用，11月12日将刘家峡防凌前水位降至1716.24m，创近30年最低。通过大流量封河、深挖防凌库容，青海水电较往年多释放21亿kW·h发电空间，保障了青海冬季不缺电，有力支撑了青豫直流外送。③全年西北地区新能源同比增发159.66亿kW·h，分中心直调水电同比去年增发47.49亿kW·h，对比火电标杆价，节省公司购电成本14.54亿元。

3. 耕好“实验田”，积极开拓创新。深化柔性调度机制　通过多源化气象数据信息等技术手段，持续提升新能源预测准确率，构建以新能源168h预测为基础的生产效能管理体系，累计减弃增发新能源15.2亿kW·h。①结合电网运行中风电、光伏消纳需要，创新开展泄水闸门随电网需求“朝起晚落”的调度运行机制，实现新能源与水电协同发展，提升系统运行的可靠性和经济性。②摆脱水电调频传统思维，探索“水火电灵活切换调频”的新型调度模式，投运以来实现减弃增发水电量近1亿kW·h。③完善Ⅰ-GO平台梯级水电联合优化、水电机组自动启停等功能建设，实现直调大型水库水位、流量和调峰协调控制，在确保设备安全的基础上大幅降低水耗，促进新能源消纳，提升经济效益。

4. 做好“服务者”，履行社会责任。做好年底新能源并网管理工作　按照国家能源局和国调要求，“能并尽并”，切实采取有效措施，保障具备并网条件的新能源按期并网，全年新增新能源2588万kW，实现新能源装机达到亿级水平。①充分发挥龙羊峡龙头水库调蓄作用，大幅提高黄河下游地区用水保证度，实现黄河流域连续20年不断流，推动地方经济发展。②充分发挥大电网资源优化配置能力，助力青海公司开展“绿电三江源”百日全清洁能源供电活动，刷新并保持全清洁能源供电的世界纪录至30日，为黄河源头护好绿水青山，保障黄河水源源不断。

（国家电网西北电力调控分中心　向异）

2020年西南电网清洁能源消纳情况

（一）清洁能源运行概况

截至2020年底，西南电网调度口径水电装机容量8467.18万kW，风电装机容量523.22万kW，光伏装机容量378.98万kW，占全网总装机容量的比重分别为70.20％、4.34％、3.14％。全年水电新增装机容量100.45万kW，增幅1.20％；新能源装机继续保持快速增长，增幅20.08％。

2020年，西南电网调度口径水电发电量3774.74亿kW·h，同比增加316.53亿kW·h，增幅9.15％。其中，丰平期（5～11月）水电发电量2750.52亿kW·h，同比增加294.95亿kW·h，增幅12.01％。水电年平均利用小时数4492h，同比增加348h。

2020年，西南电网调度口径新能源发电量146.54亿kW·h，同比增加20.94亿kW·h，增幅16.67％。其中，风电和光伏分别为100.58亿kW·h、45.96亿kW·h，同比分别增长23.41％和4.22％。

（二）清洁能源消纳情况

1. 不利因素　2020年，新冠疫情、极端暴雨、异常来水等不确定因素，叠加通道能力不足、负荷峰谷差大、西藏网架制约等问题，给清洁能源消纳带来了不利影响。①极端暴雨和次生灾害频发，影响水电送出及电力电量平衡。7月20日220kV孟汶双回紧急停运，阿坝州部分地区与主网解列，8月中旬四川多条流域水电同时全停避峰，最大规模超900万kW，创历史之最。②来水偏丰，水电发电能力大幅增长。全年来水较多年偏多25％，其中丰期来水异常偏丰3成，水电发电能力同比增加超200亿kW·h。③重要通道投运滞后，网内受阻严重。列入“十三五”规划的雅中—江西特高压直流未能按期建成，减少四川水电外送能力800万kW。丰水期康甘、攀西断面超500万kW水电受阻，沐叙双回、谭龙十景部、坡彭双回等断面卡口制约了四川水电跨区外送消纳的能力。④负荷峰谷差大，低谷调峰困难。丰水期全网日均峰谷差1749万kW，最高达2656万kW，平均峰谷差率86％。低谷负荷降低，水电被迫调峰弃水，全年70%以上的弃水集中在低谷时段。⑤受端市场接纳能力不足，外送组织难度大。受新冠疫情影响，华东、华中等受端地区用电量增速放缓，低于年初预计2～4个百分点，丰水期跨省区外送协调难度大。⑥西藏网架薄弱，光伏消纳能力受到制约。西藏光伏消纳能力与水电机组开机方式和联络线断面潮流耦合，光伏消纳全年受限。

2. 工作成效　围绕“重点工程、优化调度、市场交易、电力扶贫”促消纳工作思路，多措并举、度电必争，取得“一创、两降、两提升”成效。①一创：水电和新能源发电量均实现较大幅度增长，消纳规模继续创历史新高。②两降：弃水电量减少近百亿kW·h，降幅达33.58%；弃光电量减少1.67亿kW·h，同比减少41.14%。③两提升：水能利用率达95.27%，提升2.81个百分点，为“十三五”以来最高水平，其中四川地区水能利用率95.40%，圆满完成国家清洁能源消纳三年行动计划目标；新能源利用率达98.40%，提升1.52个百分点，超额完成国家电网有限公司下达的年度消纳目标。

（三）促进清洁能源消纳措施

1. 加强组织管理，完善工作保障机制　制定专项工作行动方案，为水电消纳工作提供行动指南；建立气象、水利、发电、电网跨部门定期会商机制，组织周会商19次，群策群力研究水情形势及消纳措施；下发通知、纪要等12项，全面督导西南三省（市、区）公司做好清洁消纳工作。

2. 加快工程建设，提升通道输送能力　加强组织保障和工期管控，确保康蜀串补、铜梁SVG工程6月30日按期投运，提升200万kW输电能力，增加外送36.3亿kW·h；创新开展坡彭、天坡、沐叙、景郝、谭龙等重点断面限额按环境温度分档控制工作，增加外送12.4亿kW·h；完成遂宁、资阳等主变压器扩建工作，缓解高峰时段局部电网“卡脖子”问题。

3. 优化运行方式，全力挖掘消纳空间　统筹优化重大停电计划22项，保障丰期电网全接线运行、满功率输送；严格管控火电开机方式，优化发电计划和联络线安排，丰期启停火电机组285台次，为水电消纳腾出9.4亿kW·h空间；运行调峰辅助服务市场，以市场化手段引导火电机组参与调峰，深调电量0.2亿kW·h；创新实施“电量库”机制，开展风光水火多源互补优化运行，保障了四川、重庆新能源全额消纳，增加西藏光伏消纳0.92亿kW·h。

4. 细化水库调度，提升资源利用水平　统筹考虑来水、负荷、外购电、消存煤等因素，圆满完成汛前腾库任务，同比增加23亿kW·h消纳空间；开展水库库容重复利用、汛限水位动态控制、发电水头和泄洪优化，减少弃水4.2亿kW·h；加频加密水情预测及来水发电能力滚动分析，充分利用梯级及不同流域互补特性，加强水库群联合优化调度，提高水资源利用率。

5. 加强协同配合，多级调度同舟共济　建立水电消纳快速响应机制，坚持多级调度月统筹、周督导、日会商，保障水电最大化消纳；积极协调高峰时段电力支援，灵活调用跨区备用，国调中心、华中、华东和西北电网等最大支援电力534万kW，增加水电消纳7.2亿kW·h；实时关注通道运行情况及清洁能源发电能力，日内调度台协调跨省区计划外增送312笔，增加消纳5.1亿kW·h。

6. 积极组织交易，全力扩大外送规模　促成华东、华中、西北以及10家省公司与西藏公司签订了总计16亿kW·h藏电外送意向性协议；发挥220kV及以下线路“毛细血管”功效，开辟水电外送贵州、重庆新路径；创新开展西南西北打捆外送、绿电交易，见缝插针组织各类短期交易，在月度计划基础上增加清洁能源消纳63.5亿kW·h。

（国家电网西南电力调控分中心　王靖）

2020年山西电网积极消纳清洁能源情况

（一）新能源消纳情况

2020年，山西电网新能源实际并网装机容量3274.71万kW，同比增长38.12%，年累计发电量421.75亿kW·h，同比增长20.32%；年累计弃电量12.92亿kW·h，同比增加10.16亿kW·h，增长368.24%；新能源消纳率97.03%，同比降低2.19个百分点。新能源最大出力发生在12月30日11:48，为1849.06万kW，占直调发电负荷比例为45.73%，占直调用电负荷的比例为62.86%。

1. 风电运行情况　全网集中式风电实际并网装机容量1955.09万kW，同比增长59.54%。年累计总发电量262.88亿kW·h，同比增长18.01%；年累计利用小时数为1871.75h，同比降低5.04%；弃风电量年累计8.09亿kW·h，同比增加5.53亿kW·h，增长215.95%，年风电利用率97.01%，同比降低1.85个百分点。风电最大出力为12月29日16:35的1214.34万kW，占当时并网风电装机容量的87.04%，占直调发电负荷比例为30%，占直调用电负荷的比例为39.52%。

2. 集中式光伏运行情况　全网集中式光伏并网装机容量955.84万kW，同比增加133.42万kW，同比增长16.22%。实际并网装机容量937.80万kW，同比增长22.96%。年累计总发电量116.02亿kW·h，同比增长26.21%；年累计利用小时数为1338.91h，同比降低4.87%，光伏弃光电量年累计4.83亿kW·h，同比增加4.63亿kW·h，增长2335.03%，弃光率3.99%，同比增长3.77个百分点。光伏最大电力为10月17日12:10的692.18万kW，占当时并网光伏装机容量的77.37%，占直调发电负荷比例为25.05%，占直调用电负荷的比例为31.26%。

3. 分布式电源运行情况　2020年，分布式新能源发电稳步发展，全省分散式风电场11座，装机容量15.7万kW，同比增长达190.74%，年累计完成发电量1.84亿kW·h，年累计利用小时数为2723.03h。分布式光伏装机容量达到348.078万kW，同比增长达16.66%，其中，地调管辖10～35kV分布式光伏170座，装机容量129.429万kW，低压380/220V分布式光伏103039户，装机容量218.649万kW。分布式光伏年累计完成发电量41.00亿kW·h，年累计利用小时数为1297.05h。

（二）新能源特性分析

1. 新能源波动性日益增大　新能源全年出力最大偏差1666万kW，风电最大偏差1211万kW，光伏689万kW。2020年新能源日波动超过600万kW的天数达到148天，占全年的40.44%。最大变化幅度达1142.5万kW，发生在5月27日，当日最大出力达到1225.04万kW，最小仅为82.54万kW。新能源的波动性随着装机的日益增大，波动更为明显。全年新能源最大最小出力及时刻见表1。

表1　全年新能源最大最小出力及时刻表

万kW

项目	最大出力	时刻	最小出力	时刻
新能源	1671.8	12月30日12:30	4.6	2月13日5:39
风电	1214.3	12月29日21:14	3.4	2月13日15:33
光伏	692	10月17日12:00	2.8	7月15日9:48

2. 新能源出力与负荷特性不匹配程度越发明显　2020年全年新能源出力低于400万kW（占年平均装机15%）出现概率达到55%以上。风电出力低于200万kW（占年平均装机13%）出现概率达到45%以上。午间光伏出力相对稳定，出力在400万～600万kW出现概率达到51%以上。晚高峰新能源出力贡献明显不足尤为突出。冬季晚高峰风电出力低于400万kW出现的概率占60%以上。迎峰度夏期间风电出力低于200万kW出现的概率53%以上，200万～400万kW出现概率35%以上。整体新能源出力贡献能力与负荷相关性较差。

2020年山西电网新能源最大逆调峰幅度为810.19万kW（发生在2020年11月6日4:00），当日凌晨低谷期风电达1085.38万kW，高峰期只有275.19万kW。晚高峰用电支撑能力不足，逆调峰幅度日趋增大，对电力平衡的影响越来越大。

3. 新能源受极端气候影响极大　以2020年11月18～24日，山西省全境受低温寒潮影响为例。①11月18日开始，山西电网风电机组由于覆冰原因陆续停机2770台，停机容量554万kW，涵盖70多家风电场，主要集中在忻州、朔州、大同、临汾、运城等地。全省风电实际出力最大降幅达到372万kW，覆冰影响出力直到24日逐步恢复。11月19日以来，受省内暴雪严寒天气影响，统配用电负荷连续5天创新高，从3243万kW增长3487万kW，导致20～25日山西电网5天内7次向华北网调申请支援降低外送电力，日前、日内总计最大减供电力180万kW，影响了华北电网总体电力平衡。②以2021年1月6日，山西晋北地区低温停机影响为例。1月6日，山西全省大风降温，北部平均最低气温－31℃，山区局部最低气温达到－43℃。由于大部分风电机组低温保护启动值设置在－30℃，山西大同、朔州、忻州风电场陆续出现低温保护停机现象。1月6日8:00左右至1月7日凌晨，共有81座风电场因低温停机，停机容量约467万kW，损失出力约410万kW。停机时风场环境温度在－43～－28℃，平均风速6.63～22m/s，风速达10m/s以上场站60座，占比74%。1月7日10:00左右逐步恢复运行。

近三年山西电网负荷创新高总是出现在极冷无风的情况下。极冷无风情况下一方面用电负荷大幅增长，另一方面火电顶替风电高出力运行厂用电增加，也进一步推高了负荷增幅。

（三）保证清洁能源消纳采取的措施及成效

1. 积极沟通，争取能源主管部门政策支持　多次赴山西省能源局、能监办等主管部门汇报省新能源发展及消纳形势，提出工作建议，配合制定《山西煤电机组灵活性改造规划方案》《山西独立储能和用户可控负荷参与电力调峰市场交易实施细则》等文件，促进全省1325万kW火电机组完成灵活性改造。

2. 主动帮扶，确保新能源项目“能并尽并”　建立了新能源抢装项目重点帮扶清单，滚动跟踪项目建设进度，线上解读并网政策法规及技术规范要点，开展远程视频风险管控，实现新能源并网流程只跑一遍。助力903万kW新能源项目在年内顺利并网。

3. 内部挖潜，释放省内新能源消纳能力　参与搭建公司源网荷储智慧共享平台，聚合44万kW电动汽车充电负荷参与电网实时平衡；优化创新探索现货与调峰市场融合机制，释放新能源消纳空间230万kW。全年新能源利用率达到97.03%，超出目标2

个百分点。

4. 外拓市场，拓宽新能源消纳空间　积极协调上级调度与兄弟省份，通过日前优化外送曲线全天直线不调峰，日内争取全网有限调峰资源优先支援山西省等方式，消纳富余新能源约15亿kW·h。

5. 探索创新，推动储能产业科学发展　牵头编制《电厂侧储能系统调度运行管理规范》《储能配置原则及测算分析导则》等行业、企业标准，编写《山西电网储能配置专项报告》，并向能源主管部门汇报，引导山西省储能产业科学发展。

6. 数字赋能，提升新能源功率预测水平　组织建设新能源数据分析平台，归纳山西省新能源运行规律，优化功率预测模型，巩固新能源功率预测水平，有效平抑新能源发电随机性对电力平衡造成的影响，确保全省电力稳定供应。

（山西省电力公司电力调度控制中心
杨超颖　王越）

2020年安徽电网积极消纳清洁能源及光伏扶贫情况

（一）新能源运行情况

1. 新能源继续保持全额消纳　2020年安徽省新能源保持较快增长，年度总装机规模达到1781万kW，新能源最大发电电力878万kW，占当时负荷比例超48%，占比位于华东地区首位，消纳压力接近极限。安徽省调通过积极争取省外调峰资源、深度挖掘省内调峰潜力、试点拓展新的调峰手段；克服困难，实现了新能源全额消纳。年度清洁能源消纳利用率100%，超过国家电网有限公司下达的98%的任务指标。

2. 消纳责任权重全面完成　安徽电网在保障省内新能源全额消纳的同时，积极争取消纳省外可再生能源电力。在完成吉泉直流配套新能源、三峡水电年度电量的基础上，协同交易中心通过省间合同交易、发电权替代等多种方式，增加可再生能源消纳权重。全年可再生能源总量消纳权重17.6%，非水消纳权重13.6%，完成并超过国家能源局下达的15%总量权重与12.5%的非水权重考核指标。

3. 新能源调度运行管理体系　初步完成新能源并网合规管理系统建设，实现省调新能源发电企业并网手续在线办理。通过多气象源分析，优化新能源预测，实现整体预测精度显著提升。依托配网图模，实现全省主、配网所有新能源的可观、可测。完成新能源场站AGC、一次调频管理规定的编制，省调新能源场站AGC功能全部实现闭环控制，6个新能源电站试点完成新能源一次调频功能改造。

（二）消纳措施及成效

1. 主动服务，引导新能源合理布局　安徽公司建立分级消纳预警机制，引导项目合理布局和有序建设。按照国家电网有限公司有关要求，实行新能源接网分级管理，接入110kV及以上电压等级的新能源接网由省公司管理，市公司负责35kV及以下新能源接网管理，项目在完成接入方案初审、送出线路可研和接入方案正式审查后，及时出具正式评审意见，印发接入系统方案，按照审定的可消纳时间安排并网时序。主动向业主宣介新能源送出线路投资相关政策，开辟投资“绿色通道”，全力加快公司投资送出工程建设进度，依法合规推进业主自建送出工程回购工作。

2. 优化运行，全力促进新能源消纳　省调在保证电网运行安全的前提下优先消纳新能源。在新能源大发时，多措并举优化运行促进新能源消纳：①优化安排电网机组开机方式，在重要节假日等新能源消纳困难日子，通过增加晚峰电力购入、安排火电机组最小开机方式等手段增加安徽电网午间新能源消纳能力。同时组织各地、县公司加强对辖区内小电源参与电网调峰。②启动安徽电力调峰辅助服务市场，安徽公司建成了安徽电力调峰辅助服务市场。自2019年10月试运行以来，安徽调峰辅助服务市场共启动166天次的全网深度调峰、158天次的局部深度调峰、1台次的机组应急停机调峰，合计补偿费用1.38亿元，促进安徽新能源消纳4.96亿kW·h。③利用大电网互联优势，在华东网调的支持下，利用各省负荷特性和互联大电网优势，与上海公司开展优化抽蓄机组权益置换，优化琅琊山、响水涧等抽蓄机组的发电曲线和抽水曲线。此外，在午间新能源大发时段还通过临时增加短时交易的方式，促进新能源消纳。④积极争取国调支援，在新能源消纳困难时段争取区外吉泉直流参与调峰。

3. 加强管控，新能源纳入全省发电计划　自2020年1月，安徽公司将省调新能源场站全面纳入华东“两个细则”考核管理，实现对新能源场站一次调频、AGC性能、新能源功率预测开展考核。在考核机制的促进下，新能源场站发电功率预测准确率由不足90%提升至93%，实现了将新能源功率预测直接纳入次日发电计划和电力电量平衡。省调管辖新能源场站全部完成AGC改造及调试工作，龙源、中广核等集团公司完成试点场站一次调频试点改造工作。促进了省调新能源参与电网电力电量平衡和调节能力。

4. 拓展手段，将电化学储能系统纳入调峰管控　2020年下半年以来，安徽电网已投运16家风电场配套储能电站，合计储能容量 18.5 万 kW，在新能源消纳困难时段，安徽省调试点组织储能系统午间充电运行，最大充电电力 8.3 万 kW。为有效利用市场机制促进储能参与电网调节，鼓励企业投资储能设备，按照华东能监局组织修订的“两个细则”及调峰辅助服务市场条款，将储能电站纳入市场参与主体。

（三）光伏扶贫保障措施

安徽光伏扶贫并网容量位于全国前列，省调始终把扶贫光伏电站作为重点服务对象，在并网、运行、消纳的各个环节做好服务，全力保障扶贫电站的安全稳定运行和全额消纳，促进贫困群众获得更多收益。

1. 简化并网服务流程，促进扶贫光伏高效并网　省调组织各地市调度部门全力做好光伏扶贫电站的并网服务，按照省调《关于加强新能源并网管理的通知要求》加快开展并网资料审核、现场验收流程等工作，按照《国网安徽省电力公司光伏扶贫并网服务工作指南》扎实开展并网全过程管控，确保并网及时性及规范性。截至 2020 年底，全省扶贫光伏并网容量达到 242.3 万 kW。

2. 建成全时空调度系统，保障扶贫光伏全额消纳　为应对新能源装机不断增大造成的电网调峰困难，主导建成了“新能源消纳全时空调控平台”，依托功率预测、配网模型优化等技术，动态协调电网运行方式优化和调峰电源出力控制，优先保障扶贫光伏实现全额消纳。截至 2020 年底，全省扶贫光伏发电量达到 75.3 亿 kW·h，累计支付电费 28.6 亿元，累计转移补贴 39.05 亿元，发电利用率始终保持 100%。

3. 加强电站运行指导，服务扶贫光伏健康运行　针对扶贫光伏站点分散、运维力量薄弱等难题，省调统筹力量，协助扶贫光伏信息上传、检修服务等工作。沟通省扶贫办及国网电子商务有限公司，完成全部扶贫光伏电站接入“全国光伏扶贫信息监测中心”；常态化开展扶贫光伏故障、发电效率偏低分析，指导扶贫电站加强运维，提高发电能力；在 2020 年夏季洪水发生后，第一时间组织力量摸排扶贫光伏受灾情况，指导电站灾后检修并第一时间恢复发电。

（安徽电力调度控制中心　李智）

2020 年湖南电网防洪及发电调度情况

2020 年湖南遭遇了本世纪以来最大的洪水，澧水、沅水和资水流域多次发生洪水，并与长江洪水遭遇，洞庭湖区全线长时间超警，防汛形势十分严峻。但是，通过防汛与发电的协同调度，“未垮一库一坝、未溃一堤一垸、未发生群死群伤”，水电发电量全年创历史新高。

（一）天气与发电概况

1. 天气情况　2020 年，湖南全省四水流域平均降水量为 1720mm，雨水总体偏多近三成，为历史第三多，但时空分布极不均匀。①时间分布上呈现涝旱相间。一季度四水流域累计降雨达到 358mm，为有历史记录以来的第二多。4～5 月，降雨较常年同期偏少 2 成，全省在主汛期出现了一次区域性的干旱过程，致使除湘江外其他流域雨季开始时间推迟了 15～20 天；6 月降雨较常年偏多 33%，7 月较常年偏多了 86%，属于异常偏多，直接导致了沅水、澧水暴发全流域性的大洪水；8 月降雨较常年基本持平；9 月偏多 2 倍以上，为同期历史新高；10 月基本持平，11 月偏少 4 成，12 月偏少 6 成。11 月以后湘南又发生一次气象干旱。②空间分布上呈现北多南少。降雨主要集中在湘西、湘北，其中沅水、澧水均较常年偏多 5～6 成，湘江与常年基本持平，资水较常年略偏多。

2. 发电情况　2020 年，湖南电网调度口径水电发电量为 565.50 亿 kW·h，同比增多 15.2%，创历史新高。1～12 月，湖南电网水能利用提高率为 8.58%，节水增发电量为 18.41 亿 kW·h。

（二）水库调度过程情况

1. 水库调度过程　①第一阶段（1～3 月）。受新冠疫情影响负荷大幅下降以及风电重合降雨大幅增加的三重困难，湖南公司坚持“水电优先，按期消落”汛前发电原则，将影响水电消纳的工作纳入三会（月计划、周协调、日碰头）管控，保障了水库消落措施的落实，3 月 20 日全面完成了汛前水库消落目标。②第二阶段（4～6 月中旬）。根据雨季前的会商结论，及时调整了运行策略：一是继续维持水库较低水位运行，为集中来水预留足够库容。二是利用降雨间歇期，重新梳理和排查了影响水电大发的设备隐患，有序安排工期消缺检修，6 月中旬前全面完成所有设备的检修和消缺。③第三阶段（6 月下旬～7 月中旬）。根据雨季集中期的会商意见，迅速组织力量，多措并举挖掘水电消纳空间：一是开展跨流域优化调度，充分利用流域间降雨时空差异和水库间调蓄库容差异，避免了三条以上流域的同时大发，充分利用消纳空间优化水电发电曲线。二是发挥火电深度调峰的作用，从时间、空间安排上最大限度地为消纳清洁能源服务。6 月下旬全天火电机组大部分时间深度调峰运行，日发电负荷率仅 49.55%，比前期降低了 4.41 个百分点。三是发挥抽水蓄能和电化学储能削峰填谷作用，为清洁消纳增加发电空间，调峰困难的负荷低谷时段，维持满负荷抽水和充电运行。四是优化联络线送电方式。在调峰困难时段，优化安排祁韶直流参与调峰，在湖南弃水时段协调祁韶直流减至最小方式运行和调减鄂湘联络线净送湘为零，有效保障了省内的清洁能源消纳。6月下旬至7月中旬的雨水集中期，水电基本实现了全额消纳（仅发生弃水调峰电量740亿kW·h)。④第四阶段（7月下旬～8月）。考虑后期供电紧张形势，7月下旬启动拦洪蓄水工作，一方面分流域分水库编制了拦洪蓄水调度方案，另一方面加强与省防指沟通协调，及时掌握防汛形势和要求。在确保大坝安全的前提下，充分发挥所有大小水库的调蓄能力，7月末各骨干水库均超过汛限水位，蓄满率达到了90%以上。

2. 经验总结　①坚决执行优化调度策略。湖南公司制定了“汛前提前腾库、汛中跨流域错峰、汛末分阶段蓄水”的水库调度策略。一季度公司上下坚持消落水位。二季度依然坚持较低水头运行，为后期集中降雨及拦洪错峰留足库容。6月末根据雨季会商结论开始汛末蓄水，但7月上中旬仍然持续强降雨，各水库抬高水位必然会增大弃水风险，为了确保度夏和度冬供电能力，坚持蓄水目标不动摇，最终超额完成了蓄水任务。②按期开展气象会商。2020年气象异常，通过三次气象会商（雨季开始、雨季集中、雨季结束)，为水库调度策略运用提供科学支撑。③坚持三会管控。为保证水电优先消纳，公司建立三会机制（月计划、周协调、日跟踪），将影响水电消纳因素纳入三会管控，确保水电优化调度管理措施落到实处。④加强防洪优化调度是战略。在汛期湖南各流域大型水库，开展统筹防洪安全和水资源优化配置，实现水库综合利用效益最大化。以“确保防洪安全、确保用水安全、确保供电安全”为目标，最大限度的利用雨洪资源。

（三）成效显著

1. 防洪效益显著　通过发电提前腾库，增加可调节库容。其中五强溪、柘溪等11座大型水库在6月下旬洪水发生前最大预留调洪库容87亿m^3，较额定防洪库容增加36.15亿m^3。按省防指统一指挥，积极应对长江1、2号洪峰，安排柘溪、江垭、皂市全停，五强溪减半出库，共计为下游拦洪削峰6300m^3/s。为应对长江3号洪峰，按照要求四水入湖日均不超过4000m^3/s控制。为最大化利用大、小水库库容的调节性能，合理安排四大流域发电方式，制定了“上游优先，水耗低优先”的策略。通过积极协调，确保了洞庭湖水位持续下降。

2. 供电保障有力　在电网迎峰度夏的关键阶段，克服高温、暴雨交替发生、疫情影响、祁韶大规模送电、负荷峰谷差继续加大等不利因素，密切关注天气、水情变化，优化水库调度，在拦洪减发时安排区外送电等手段保供电，在大发腾库时优化开机组合消纳清洁能源。在持续高负荷情况下，加大小水电顶峰力度，日均顶峰负荷在50万kW以上。特别8月4日全省负荷创下3332万kW历史纪录时，小水电高峰出力279万kW，顶峰负荷82万kW。

3. 经济效益明显　2020年，湖南电网水能利用提高率为8.58%，累计节水增发电量达18.41亿kW·h。①根据预报信息，提前将三板溪、江垭、柘溪等水库消落至死水位附近，最大化地利用调蓄库容，其中柘溪水库滴水未弃。②凤滩所在的酉水流域6月中旬遭遇罕见强降雨过程，最大洪峰流量达到9850m^3/s，积极实施跨三省四库联合调度，洪水全部拦蓄，拦洪增发电量0.74亿kW·h。③加强与省防指、省水利厅、省气象局的沟通协调，在保证防洪安全的前提下，开展汛限水位动态控制，累计增发电量3.51亿kW·h。

4. 协同组织经验增加　协同组织气象及相关部门，召开汛前雨季、雨季集中期和雨季结束会商会，并适时调整调度策略，为各个阶段水电运行提供了有力的决策支持。加强与省防指沟通协调，及时掌握防汛形势和要求；召开酉水、澧水、溇水等流域优化调度座谈会，推进流域水情信息共享，提高水能利用率。

（湖南省电力公司电力调度控制中心　胡斌奇）

2020年辽宁电网积极消纳清洁能源情况

2020年，面对清洁能源消纳的不利形势，国网辽宁省电力有限公司（简称国网辽宁电力）全面落实政府各项工作部署，千方百计服务清洁能源发展和消纳。截至12月底，累计消纳清洁能源726.24亿kW·h（省内清洁能源发电量653.42亿kW·h+联络线净受入72.82亿kW·h)，同比增长8.08%，有力推动能源清洁低碳安全高效利用。风电利用率99.01%，光伏利用率100%，新能源利用率99.22%。

（一）清洁能源发展情况

①总装机向绿色低碳方向发展。截至12月底，清洁能源装机容量2177.40万kW，占全网总装机容量37.70%，同比提高1.86个百分点。②清洁能源发电量占比稳步增长。清洁能源发电量653.42亿kW·h，同比增加7.16%；占全网总发电量的32.05%，同比提高1.43个百分点。③新能源综合利用水平保持领先。风电未利用电量1.93亿kW·h，风电利用率99.01%。2020年，未发生弃光情况，光伏利用率保持100%。

（二）促进清洁能源消纳的主要措施

1. 深化和谐政企协调机制，保障新能源科学发展　多次召开新能源接入系统前期专项工作领导小组会议。按照电源规划“政府主导、电网配合”的原则，统筹负荷增长、常规电源建设、电网网架补强等边界因素，建立新能源规划长效机制。针对辽宁“十四五”风电、光伏装机容量达到3000万kW的新发展战略目标要求，编写了《关于落实我省“十四五”清洁能源发展目标有关情况的报告》并报省政府，获得省长重要批示。

2. 落实考核目标引导机制，促进清洁能源消纳　加快电网工程投运，对于清洁能源送出工程开通绿色通道，充分发挥大电网资源配置作用；精细化发供电平衡，统筹热电、风电、光伏、核电运行，实现清洁能源消纳统筹最优；深化辅助服务市场运营，引导火电机组开展灵活性改造，增加电网调峰能力484万kW，改造容量及进度均居全国前列，实现煤电与清洁能源共赢发展。

3. 持续优化调度营商环境，提升服务新能源能力　科学开展新能源运行及检修管理，提升设备可用水平及发电上网效率，电网与新能源场站的协同控制能力进一步提升；加强宣传与公开，打造清洁能源“透明”调度模式，依规公开清洁能源运行信息，合规公开清洁能源运行关键过程信息，营造网源和谐互动的良好氛围；深化“一站式”服务等制度，按照新能源并网服务指南相关要求，实现新建新能源项目应补尽并。

4. 加强源网荷协调运行，拓展新能源消纳空间　建设多能源协调发电控制（MEGC）系统，实现“风—光—水—火—核—储多能源实时协同控制”和“常规化石能源、新能源、核能、热能综合优化利用”，有效提升电网接纳清洁能源能力。其中，国网辽宁电力承担的示范项目“电制热储热提升电网消纳风电能力的关键技术与规模化应用”获得2019年度国家科技进步二等奖，在提高电网安全运行水平的基础上，为清洁能源消纳、低成本清洁供暖提供了新思路。

5. 优化直调水电运行方式，实现水资源高效利用　2020年8月之前，浑江流域来水极枯，7月25日～8月11日，考虑全省已出现干旱情况，省防启动大伙房抗旱应急调水。8月中旬开始，受降雨带北抬影响，桓仁遭遇台风三连击，库区旱涝急转，桓仁水库水位最高跳涨至302.82m，给水电调度运行带来较大压力。国网辽宁电力密切联系省防及桓仁水电站，加强气象会商和重大天气过程跟踪，科学制定水电发电计划，合理安排电网运行方式，确保了直调电站安全度汛和综合效益最大化。

（三）新能源参与辅助服务市场情况

2020年，受疫情影响辽宁用电负荷持续偏低，加之火电、新能源装机增长等多种因素影响，电网调峰需求大幅增加，辽宁电网深度调峰补偿总费用达到17.11亿元，同比增加11.5%，其中清洁能源分摊14.34亿元，同比增长32.7%。

1. 市场运营持续深化，清洁能源受益电量不断增长　国网辽宁电力深入推进电力调峰辅助服务市场建设，通过增加火电深度调峰时长及力度等方式，极大促进清洁能源消纳，清洁能源受益电量133.66亿kW·h，同比增长32.92%，占清洁能源发电量的21.27%。尤其上半年在全网供电量同比下降4.15%的情况下，得益于调峰辅助服务市场的深化运营，新能源发电量增加11.2亿kW·h，受限电量仅增加0.07亿kW·h。

2. 市场机制有效引导，火电调峰潜力不断释放　截至2020年底，在调峰辅助服务市场的引导下，辽宁电网火电灵活性改造机组容量1232万kW，增加电网调峰能力484万kW，改造容量及进度均居全国前列。累计投运8座电蓄热装置，供暖期再增加调峰能力220.5万kW，实现煤电与清洁能源共赢发展。

3. 火电积极参与调峰，市场竞争格局有效形成　2020年直调火电在调峰市场全部实现盈利，净收益合计16.64亿元，同比增长16.12%。火电转入全面盈利后，调峰市场已经呈现出充分竞争态势。一是调峰均价逐步下降，火电有偿调峰电量37.09亿kW·h，折合有偿调峰电价0.46元/(kW·h)，同比降低0.01元/(kW·h)。二是大风期报价竞争激烈，三季度，有10座电厂在第一档中报价0.2元/(kW·h)以内；在二档中报最低价0.4元/(kW·h)。火电在调峰市场的充分竞争，对降低清洁能源分摊、促进清洁能源发展有着积极意义。

4. 清洁能源持续受益，度电分摊维持较低水平　虽然清洁能源分摊费用同比增长32.7%，但分摊费用增速与电量增速基本相当。清洁能源分摊总费用有所增加，但是其受益电量的度电分摊成本仅为0.11元/(kW·h)，同比基本不变。若按照全电量调峰成本计算，清洁能源总体发电成本为0.03元/(kW·h)，远远低于其发电收益，这主要受益于火电机组提供的99.57亿kW·h无偿调峰电量，电力调峰辅助服务市场对提升新能源消纳空间的作用更加明显。

（国网辽宁电力调度控制中心　孙明一）

2020年甘肃电网积极消纳清洁能源情况

（一）清洁能源运行情况

2020年，甘肃电网炳灵、刘家峡、刘右岸、盐锅峡、八盘峡、河口、柴家峡、小峡、大峡、乌金峡、九甸峡、碧口及西流水等大中型水电厂发电量共完成236.1亿kW·h，同比增加0.4%，完成年初计划的102.7%。其他地区中小水电共完成发电量215.4亿kW·h，同比减少1.9%。新能源总发电量385.40亿kW·h，同比增长9.35%。新能源发电量占总发电量的比例21.56%，同比提高0.32个百分点。新能源利用率95.28%，同比提高1.63个百分点，风电利用率93.89%，同比提高1.51个百分点，光伏年累计利用率97.97%，同比提高2.08个百分点。圆满完成2020年度新能源消纳目标任务。

（二）清洁能源消纳采取的措施

1. 全力加强电网改造，提升断面输电水平　通过优化直流运行控制原则、优化稳控装置策略、优化电网运行方式等措施，提升新能源输电断面能力共计311万kW，增加新能源外送电量37.4亿kW·h。

2. 依托网源荷储联动，深挖电网调峰能力　充分利用西北全网资源，甘肃电网常态化留取负备用200万kW，为新能源消纳腾出空间。通过跨省区交易增发新能源54亿kW·h，自备电厂发电权替代增发新能源69亿kW·h，深挖水电调峰潜力增发新能源5亿kW·h。省内火电深调辅助服务市场增发新能源11亿kW·h，为火电企业创收4.98亿元。2020年3月21日，甘肃电网需求侧辅助服务市场作为西北首家正式运营，增加调峰电力35万kW，为参与企业创收696万元。

3. 积极拓展省外市场，大力推进跨省消纳　充分发挥甘肃电网区位优势，利用大电网互联优势，通过常规能源与新能源打捆，向北京、湖南、广东等20个省（市）外送电520亿kW·h，同比增加98.05亿kW·h，其中新能源外送电量148.07亿kW·h，同比增加8.16%。

4. 分析电网“双高”特性，量身定做现货市场　深入分析甘肃电网高比例新能源、高比例电力电子化的“双高”特征，以市场化机制促进新能源消纳为首要目标，通过分时价格信号，引导各类电源主动参与电网调峰并获得调峰收益，增加调峰能力180万kW。新能源通过价格优势获得优先发电权，实现了最大化消纳。

（三）清洁能源消纳工作亮点

1. 建立基于高比例新能源的电力现货市场　现货市场建设中，公司以促进新能源消纳为核心，基于“集中式市场模式＋全电量优化”，引入“新能源二次报价”机制，保证新能源消纳空间。试运行期间，新能源发电出力首次突破1200万kW，发电量首次突破2亿kW·h。

2. 形成网厂弃电数据一致性管理机制　①通过弃电统计、计算、发布、评估、改进全过程闭环管理，做到网厂数据源一致、统计方法一致、发布结果一致。②通过日跟踪、周分析、月发布的常态管理措施，动态管理弃电数据，保证弃电数据长周期的准确有效。③持续开展功率预测的科学研究工作，在按监管要求采用样板机法的同时，做好机舱风速法的维护、统计、分析，为进一步提升弃电统计的科学性、准确性积累数据和经验。

3. 持续加强新能源预测源端管控　①对数据上传质量进行实时监督管理，实现闭环管理。②要求场站必须根据实际限电情况对场站理论功率和可用功率进行修正。③要求各场站应具备自动判断限电功能，电网限电量数据误差不超过±3%。

4. 开展风电中长期电量预测研究与应用分析　甘肃公司经过两年多的调研和潜心研究，提出了中长期风电功率预测技术思路，根据数据模型进行迭代优化，形成了现有的中长期预报方案，用于指导中长期市场与现货市场的衔接、月度外送计划的编制。

（四）新能源参与现货市场情况

甘肃公司积极落实国家电网有限公司全国统一电力市场建设方案要求，开展了中长期交易及现货市场建设。2017年甘肃被列为首批八个电力现货市场建设试点省份，2019开展结算试运行，2020年开展了长周期试运行。基于已开展的大用户直购电等中长期交易，结合不断扩大的外送交易，公司设计了适合该省的电力现货市场建设方案，为其他高比例新能源省份建设现货市场提供了有益借鉴。

1. 加强组织机构建设，全面优化业务模式　针对电力市场的建设给电网运行及管理工作带来的变化，横向建立调控中心与交易公司及公司其他部门的分工协作机制，纵向建立省调与国调的贯通配合，使电力市场成为公司运营管理整体中的一个链条，使省电力市场 有效的融合到全国电力市场之中。

2. 率先建设现货市场，实现资源优化配置　甘肃省内电力市场可划分为中长期市场和现货市场。中长期市场以年度、季度、月度交易为主。中长期交易以电量交易为主，省内大用户直购电市场化电量交易按照全年组织开展年度电量交易，跨省区外送中长期交易签订联络线计划曲线。现货市场开展日前及实时市场。在日前、实时市场同时开展深度调峰辅助服务和调频辅助服务市场。

3. 优化不同市场衔接，全面提升市场效率　为实现最大限度消纳新能源、保证电网安全稳定运行、保证各市场主体的利益，甘肃电力市场在建设过程中设置了不同时序和品种的电力市场。如中长期市场与现货市场、电量市场与辅助服务市场、省内市场与省间市场，只有做好以上市场的有效衔接，才能避免不同市场的失配，并充分发挥各市场的最大价值。

4. 有效利用市场手段，促进清洁能源消纳　立足甘肃省情和电网实际，用足用好甘肃电网的区位优势、能源资源优势，借助全国统一电力市场这个平台，深挖内需和外送潜力，加快新能源消纳，将是破解甘肃能源问题的不二之策。公司不断深化电力市场化改革，开展跨省区中长期外送、现货交易，新能源与自备电厂发电权替代、省内大用户及增量用户直接交易，市场化消纳占比达 56.37%。在现货市场中，公司通过全电量优化和新能源“二次报价”机制最大限度的促进了新能源的消纳，同时通过“钓鱼法”解决功率预测的偏差，通过“合同继承法”确保了新能源参与方的市场利益。

（甘肃省电力公司电力调度中心　张鹏远　易致宏）

2020 年四川电网积极消纳清洁能源情况

2020 年，四川公司高度重视，全力做好四川地区水电消纳工作。通过各方不懈努力，在全网来水偏丰 40%，汛期负荷骤升骤降且无新增外送通道的不利情况下，全年水能利用率达 95.4%，同比提高 3.2 个百分点，圆满完成国家清洁能源消纳三年行动计划目标。

（一）高度重视，多措并举，凝心聚力促进水电消纳

四川公司紧紧围绕“建机制、提能力、增外送、强优化、促增长、保安全”6 大方面制定 18 项具体落实措施，多措并举、综合施策，建机制、出真招、抓落实，全面推进水电增发减弃工作落地实施，最大化消纳富余水电。

1. 强化组织协调，建立水电增发减弃会商联动协调机制　①成立公司董事长任组长，调控中心等相关部门参与的水电增发减弃工作领导小组。严格“月统筹、周督导、日跟踪”的滚动分析和协调机制，月统筹协调 6 次，周督导 15 次，日会商 80 余次。②针对极端天气、重要节假日、重要检修、负荷波动等特殊情况，利用线上、线下等多种方式开展消纳集中研讨，紧盯 95%水电消纳目标。特殊时期放弃节假日休息，确保完成年度水能利用率目标。③积极向国家能源局、四川能源局和四川省能监办汇报水电消纳情况，主动配合国家可再生能源信息管理中心对弃水电量及其产生原因进行合理性核对，确保数据的合规性和一致性。④编制《2020 年四川电网统计水电弃水损失电量细化方案》等制度及方案，最大化促进水电消纳及保证弃水统计结果合规性。通过新闻媒体多次对四川水电消纳工作的背景、采取措施及成效进行全面宣传和报道，营造四川水电消纳良好环境。

2. 提升通道输送能力，保障输电线路可靠运行　①克服疫情影响，积极推进电网建设，提升断面能力。按期投产四川 500kV 康定—蜀州串补、重庆 500kV 铜梁 SVG 等重点工程，提升电网输送能力 200 万 kW。投产 500kV 遂宁、资阳第三台主变压器等省内输变电设备，缓解高峰时段局部电网受限问题。②按期完成输电线路运维保障，保障线路可靠运行。完成锦屏、复龙、宜宾、德阳换流站等重要设备检修、预试和改造工作，强化川渝、洪泸+沐叙、景邡+谭龙等关键输电断面的运维保障力度，确保了四川电网重要水电送出通道以及跨省区联络线长时期满功率安全可靠运行，三大直流送电能力得以充分发挥。

3. 优化电网运行方式，集全网之力增发减弃　①滚动开展来水预测，加大水库群联合优化调度。密切跟踪天气及来水变化，围绕水电发电全面感知、多能互补调度深入推进、消纳全过程跟踪评估等水电消纳技术，滚动测算水电发电能力。汛前腾空库容，有效降低丰水期弃水压力；主汛期充分发挥全网水库群联合调度优势，充分发挥水库拦蓄作用，提高整体水能利用率；汛末加大各水库蓄水，至汛末各水库蓄至高水位运行，有效减少汛末弃水。②积极应对极端气候灾害，最大化增发水电。积极配合汛期防灾减灾，保障厂网及流域安全度汛，按照“电调服从水调”原则，受 8 月中下旬持续强降雨，全网最大停机避峰装机容量达 910 万 kW，主动服务受灾、受损电厂，全力协助电厂恢复并网发电，最大化增发水电电量。③统筹严控电网停电检修方式安排，安全与消纳成效兼顾。多轮滚动协商调整，优先安排重点工程停电项目，严控涉及影响到水电消纳的项目，取消或调整 500kV 停电计划 117 项、220kV 停电计划 195 项。通过优化停电检修方式安排，合计减少弃水损失电量约 31.1 亿 kW·h。④优化火电开机方式，减少低谷弃水。精准预判全网供需形势及局部电网卡口情况，分区域科学有序安排火电机组并网运行。丰水期，燃煤机组累计启停 39/42 台次、开机容量累计 1568 万 kW，停机容量累计 1628 万 kW，燃气机组（装机容

量70万kW）日启停累计71台次、装机容量70万kW，最大化腾让发电空间约2.3亿kW·h。⑤促请政府出台省内火电深调政策，强力推进燃煤火电提升基本调峰能力。着手开展《四川省燃煤火电机组调峰替代辅助服务交易实施细则》编制工作。同时，开展并网在运燃煤火电机组基本调峰能力核查工作，在此基础上，组织电源技术中心开展现场核查。依据核查结果，增加调峰能力15.1万kW，有效增加水电消纳约2亿kW·h。⑥创新性建立运行运维协同联动动态限额控制机制。按环境温度分档细化控制500kV坡彭、沐叙、景加等主要水电外送通道限额，全年累计上调限额10068h，减少弃水电量6.3亿kW·h。⑦开发实时弃水电力计算功能，实时监视水电外送能力。建设水电外送能力动态监视系统，提升水电消纳空间感知能力，实时开展跨区水电外送。累计调整联络线869次，调整电量12.89亿kW·h。

4. 促进省内用电增长，扩大省内用电规模　配合政府建设四川水电富集地区消纳产业示范区，合计引导135户用户参与水电消纳示范园区，通过开展丰水期低谷弃水电量交易，合计成交22.15亿kW·h。综合运用环保约束、财政补贴、市场交易等电能替代支撑政策，全力推进“以电代煤、以电代油、以电代气”等电能替代工作。重点拓展燃煤自备电厂清洁替代，燃煤（气、油、柴）锅炉窑炉改造，火锅“气改电”等重点替代领域，全年完成替代电量130.34亿kW·h。

5. 保障电网安全可靠运行，促进水电最大化消纳　①深化网源协调管理，促进厂网共赢发展。规范和治理违规厂用电，开展专项检查和督导，强化政策宣传，引导大数据企业合规并网，有效增加水电发电量约31.4亿kW·h。②加强精益化管控，持续提升配网供电可靠性。按照“能带不停、一停多用”原则，指导各单位做好配网停电计划统筹平衡。共执行合环转负荷8383次，减少电量损失0.7亿kW·h。

（二）加大沟通汇报，发挥大电网优势，促进四川水电消纳

1. 灵活交易组织方式，发挥市场配置资源作用　①充分发挥市场配置资源，最大限度组织外送。制定并落实水电外送中长期交易电量。密切跟踪用电负荷与流域来水变化，确保外送交易电量足额落实。同时积极组织省间现货交易，提高现货交易组织频次，促进富余水电多渠道外送。2020年全口径外送1364.43亿kW·h，同比增长3.06%；其中四川公司外送316.18亿kW·h，同比增长3.88%。②充分做好省内电力电量平衡，灵活策略增加外送。灵活调整德宝、复奉、宾金方向外送功率，与交易月度计划相比累计增送电量16.8亿kW·h。充分利用外送通道空闲容量组织富余水电跨省区现货交易，共成交跨省区现货交易53笔，总成交量为0.44亿kW·h。

2. 充分发挥大电网电力互济支援能力，腾让火电发电空间　充分调用大电网跨区支援能力，成功应对夏季高温大负荷及罕见强降雨考验，确保了水电最大化增发减弃。8月，在四川用电负荷持续创历史新高及水电大规模停机避峰期间，增开川内火电机组前优先调减四川跨省区外送通道高峰功率，最大支援高峰电力671万kW，抵御了连续高温天气及水电停机避峰910万kW带来的平衡风险。主汛期通过积极争取高峰电力互济支援，减少火电电量19亿kW·h，为水电腾挪低谷发电空间7.5亿kW·h。

3. 建立跨区直流柔性调度机制，优化受端消纳空间　精心做好负荷预测及电力平衡，统筹送受端区域电网消纳空间，优化西南、西北、华东电网运行方式，最大化挖掘德宝、复奉、宾金直流增送空间。优化渝鄂柔直南、北通道功率分布，确保川渝等关键断面能力充分发挥。

（四川电力调度控制中心　王穹跃）

2020年山西电网新能源参与现货市场情况

（一）山西电网新能源参与现货市场规则

1. 日前现货市场组织方式　新能源机组申报的次日96点发电预测曲线，在满足系统安全、网络约束和电力平衡的基础上，作为日前省内现货市场组织的边界条件，保障新能源优先消纳。同时，优化调整日前省内现货市场组织时序，基本可以在D-1日的10:30前完成省内市场预出清，满足国调中心“三级调度、两级市场”衔接的时序要求。

2. 日内现货市场组织方式　实时运行时，调度员基于日前电能量市场封存的发电机组申报信息，根据超短期负荷、新能源发电预测，日内省间现货交易结果、日内华北跨省调峰交易结果等边界条件，通过实时现货市场调节省内发用电偏差，并预测未来4h电力平衡、新能源消纳情况。若存在新能源消纳缺口，省调提前2h申报参与华北电力调峰辅助服务市场，出清后若仍存在新能源消纳缺口，提前1h组织新能源场站参与跨区富余新能源现货市场，跨区现货出清后仍存在消纳缺口时，按照新能源调度控制梯次进行弃限电。

3. 保障性收购电量与现货市场衔接机制　新能源机组参与省内现货交易，采取“报量不报价”的方式，保证优先出清。为减小新能源功率预测偏差造成

的购售差额不平衡资金，创新设计“以用定发”模式，实现非市场用电与非市场发电的有序平衡。主要方法为：省调预测非市场化用电曲线，以15min为周期，优先给新能源企业分配，剩余电力再向省内常规火电进行分配。若新能源预测曲线超出非市场化用电曲线时，则按比例缩减新能源预测曲线，超出部分参与现货市场。

4．深度调峰市场运行原则　日前现货市场根据预测等边界条件判断存在弃风、弃光时，启动深度调峰交易出清计算，经安全校核后形成考虑深度调峰的安全约束日前发电计划。调峰市场日前组织顺序为先省内调峰市场、后华北跨省调峰市场。

5．现货市场与深调市场原则　按照国家发展改革委、国家能源局关于探索现货市场与调峰辅助服务融合机制的要求，山西第六次试运行期间，停止省内日前、实时深度调峰辅助服务市场，在现货市场中由火电机组自行申报运行下限。为引导在线运行的火电机组主动释放向下调节能力，①改造完成31台、1253万kW机组，新增向下调节能力227万（纯凝工况），具备引导火电机组调峰的物理条件。②不断拓宽现货市场申报和出清价格范围，现货价格上限332元/(MW·h)拓宽1500/(MW·h)，峰谷价差不断拉大，具备引导火电机组调峰的价格条件。③允许火电机组在现货市场中自行申报运行下限，配合以3～10段自由选择的量价曲线申报方式，给予火电企业在分配发电容量时更多的自由选择权，具备引导火电机组调峰的机制条件。④创新开展分时段调频交易，火电机组可自由选择在全天三个交易时段申报不同的运行下限，可以仅在后夜或中午新能源消纳困难时降低运行下限，实现向下调节和提供调频的自由选择，精细化引导火电机组在不同时段释放不同向下调节能力。

（二）迎峰度冬期山西第六次现货市场试运行成效

2020年11、12月，山西电网开展连续两个月的现货市场结算试运行，重点检验省内现货与深度调峰辅助服务市场的融合、省内现货与跨区富余新能源现货市场和华北跨省调峰辅助服务市场的衔接等新内容的适应性。

1．新能源发电情况　11月中上旬，山西正处于供热初期，同时新能源持续大发，7日12时19分，全省风光叠加出力达到1563万kW，创历史新高。

晚高峰风电出力在10万～980万kW之间，风光叠加最大出力在211万～1563万kW之间。一天内新能源出力波动在229万～1015万kW之间。

2．现货与启停调峰融合　11月，通过现货市场，实现机组启停调峰133台次，最多一天停机19台次，释放新能源发电空间770万kW。试运行结果显示，火电机组在原有深度调峰能力的基础上进一步得到释放向下调节能力约150万～200万kW，拓展了新能源消纳空间，现货与深度调峰市场融合初见成效。图1为火电释放深调能力示意图。

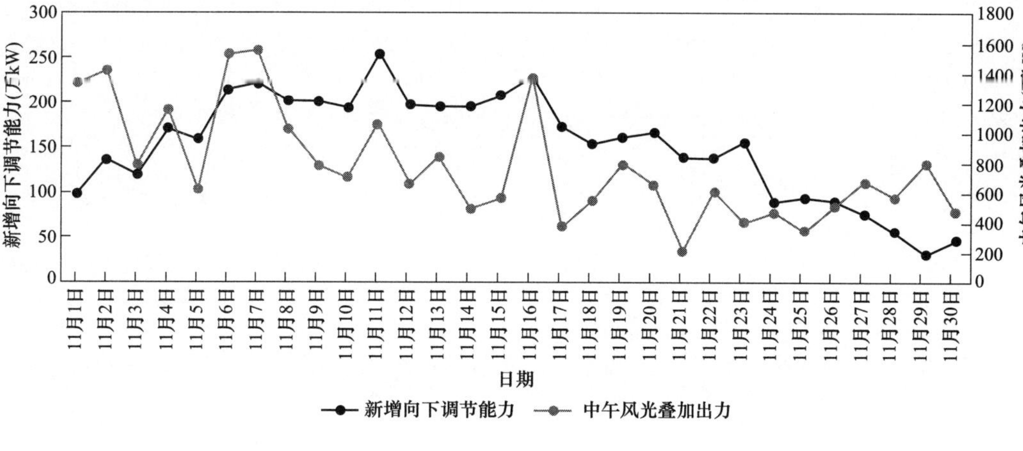

图1　2020年11月火电释放深调能力示意图

3．火电机组深调能力进一步释放原因分析　①非供热机组降低下限避免停机。冬季供热期间，省内约70%的火电机组属于供热必开机组。当新能源大发时，非供热机组存在较大停机风险，为避免机组频繁启停增加设备安全隐患，申报降低运行下限争取保持在线运行。②低谷时段中长期电量少的机组降低下限减少亏损。火电企业的中长期合约曲线是与售电公司协商确定的。在山西电力供大于求的形势下，售电公司在曲线约定时拥有比较大的话语权，为购入更多的现货低价电量，往往要在低谷时段压低中长期电量，这使得一部分火电企业在低谷时段需要按现货低价进行结算。因此，为少发现货低价电，减少亏损，这些火电企业会降低运行下限。③低谷时段中长期电量多的机组降低下限增加收益。部分拥有长协合同或外送电量较多的火电企业，在低谷时段也有一定的中长期电量。这些火电企业会主动降低运行下限，在现货低价时段卖出中长期电量，以赚取差价、增加收益。

（山西省电力公司电力调度控制中心
杨超颖　王越）

中國水力發電年鉴

3

大中型水电工程

常规水电工程

乌东德水电站工程 2020 年建设情况

2020 年，乌东德水电站工程大坝实现全线到顶，顺利实施三阶段蓄水，8 台机组安全投产发电，圆满达成“零质量事故、零安全事故、零工期延误、零疫情报告”控制目标。6 月 28 日，习近平总书记对乌东德水电站首批机组投产发电做出重要指示，希望将乌东德水电站打造成精品工程，保护好金沙江，更好造福人民。

（一）投资与工程量完成情况

2020 年，乌东德水电站工程完成投资 23.02 亿元（不含征地移民、贷款利息与所有分摊费的固定资产部分），占年计划 24.08 亿元的 95.60%，其中建筑安装工程 17.82 亿元，其他费用 5.20 亿元。

全年完成土石方开挖 77.82 万 m^3、混凝土浇筑约 74.3 万 m^3、接缝灌浆 1.79 万 m^2、固结灌浆 13.72 万 m、钢筋制作安装 2 万 t、帷幕灌浆 5.52 万 m、金属结构安装 1.2 万 t。

（二）主要工程形象进度

1. 大坝工程　①5 月 4 日坝体浇筑到 987.8m 高程，全面到顶、全线贯通，累计浇筑混凝土 270 万 m^3。②接触灌浆于 8 月 15 日完成，接缝灌浆于 9 月 1 日完成最后一层，坝基固结灌浆于 9 月 28 日全部完成；③10 月，大坝门机及轨道形成，表孔检修门完成下闸；④水垫塘左、右岸分别浇筑至高程 876.58、870.50m，全年累计浇筑 2.31 万 m^3；⑤二道坝下游护岸左、右岸分别浇筑至高程 870.50、866.00m，全年累计浇筑 2.93 万 m^3；

2. 地下电站工程　①尾水系统，2、5 号尾水导墙结合段改建完成，1、6 号尾水导墙结合段改建总体完成 80%；②完成出线场、集控楼和集鱼站的施工；③6、7 号机组分别于 6 月 27、28 日完成 72 小时试运行，8、5 号机组分别于 7 月 11、13 日完成 72 小时试运行，9、4 号机组分别于 11 月 24、30 日完成 72 小时试运行，10、3 号机组分别于 12 月 18、19 日完成 72 小时试运行，全面实现年度“保六争八”投产发电目标。

3. 泄洪洞工程　5 月，完成洞内混凝土全部浇筑、全部固结灌浆以及出口尾渠护底、高程 835m 以下护坡，满足度汛要求；7 月 19 日，完成有水调试；汛期，2 号泄洪洞经过 6 次共计 138h 泄洪过流考验。

4. 导流洞封堵工程　1～5 号导流洞下闸封堵，4 月完成永久堵头封堵，较计划提前 1 个月。1 月 15 日，电站下闸蓄水；5 月，开始第二阶段蓄水；8 月，第三阶段蓄水验收完成，水位提前 2 个月蓄到高程 965m。

（三）质量与安全管理

2020 年，全年评定主要项目单元工程 6046 个、合格 6046 个、合格率 100%；优良 5938 个，优良率 98.2%，圆满完成年度质量管理目标。连续三年实现年度安全生产“零事故”目标，至 2020 年 12 月 31 日连续安全生产突破 1390 天。

（四）科研工作

2020 年，共申请专利 33 件，其中发明 21 件，实用新型 12 件；获专利授权 56 件，其中发明 15 件，实用新型 41 件。取得软件著作权登记证书 9 项；论文发表 18 篇。

积极组织拱坝 12 项智能建造项目和灌浆工程三维可视化、NPR 锚杆/索支护原理及应用、深孔泄水建筑物疏堵与闸门修复技术与装备等 27 项已签外联及外部科研项目的实施。完成 9 项科研项目成果评审和合同验收工作，其中“深孔泄水建筑物疏堵与闸门修复技术及装备”课题成果总体达到国际领先水平。

组织申报了三峡集团第三届科技进步奖和技术发明奖项目，其中获得技术发明奖特等奖 1 项、三等奖 1 项，科技进步奖三等奖 3 项；组织三峡集团第七届职工技术创新成果申报，其中获得一等奖 1 项、三等奖 3 项；获行业协会科技成果奖励项目特等奖 1 项、一等奖 5 项、二等奖 2 项、三等奖 2 项，其中“特高拱坝基础适应性开挖与整体加固关键技术”获得第十一届中国岩石力学与工程学会科学技术进步奖特等奖，“乌东德高拱坝低热水泥混凝土温控防裂和高效施工关键技术”获中国大坝工程学会科技进步奖一等奖。

（五）生态环境保护

按照环境影响报告书和水土保持方案报告书的要求，委托监测单位开展 3 次干流水质监测、6 次地下水监测、4 次施工区环境监测、12 次人群健康保护与监测、13 次水土保持监测，监测结果满足相关标准要求。

通过精心组织筹划，9月1日首次在库尾攀枝花江段开展鱼类增殖放流活动，中央电视台、人民日报、新华社等权威媒体进行了宣传报道；9月22日在施工区组织开展本年度第二次放流活动，共计放流珍稀鱼苗485439尾，满足环境影响报告书提出的近期年度放流45万尾的规模要求。

（中国长江三峡集团有限公司　袁娜
中国三峡建设管理有限公司　李华　刘显龙）

白鹤滩水电站工程2020年建设情况

2020年，白鹤滩水电站工程超额完成年度计划，大坝工程11个坝段浇筑到顶，地下厂房土建全部向机电交面，机电安装圆满完成5台转子吊装，泄洪洞主体结构完工，1、5号导流洞封堵完成，2～4号导流洞下闸开始封堵，工程形象满足蓄水发电目标要求，安全总体受控，工程全面精品，生态环境良好，坝区和谐稳定。

（一）投资及工作量完成情况

全年建筑安装工程投资66.3亿元；土石方明挖439.01万m^3，洞挖16.86万m^3，混凝土浇筑357.26万m^3，支护锚杆8.32万根，钢筋制作安装11.72万t，固结灌浆40.6万m，帷幕灌浆22.52万m，金属结构制作安装2.43万t。

（二）工程施工进度

1. 大坝工程　大坝全年浇筑202万m^3，连续三年超过200万m^3，累计浇筑772万m^3，11个坝段（共31个）浇筑到顶（高程834m），最低坝段浇筑至高程811m，帷幕灌浆至高程790m；水垫塘于4月完工，6月充水；1、5号导流洞于5月封堵完成，大坝导流底孔于8月首次过流。

2. 引水发电系统工程　进水塔塔顶门机、液压启闭机及闸门、拦污栅安装均基本完成，引水压力钢管安装及混凝土浇筑完成；左右岸地下厂房机组段土建全部向机电安装交面，全面开展精装修施工；主变压器GIS室及1～4号、11～16号变压器室向机电安装交面；尾水系统满足节点目标，尾水管检修闸门室混凝土浇筑基本完成，尾调井、尾水洞混凝土浇筑均进入收尾阶段。

3. 泄洪洞工程　泄洪洞主体结构全部完工，实现全面精品；泄洪洞出口右岸冲坑消能区完成土石方开挖完成195万m^3（完成47%）。

4. 机电工程　高质量完成6台机转轮制造、8台机下机架制造，完成5台机（1、2、3、14、15号）转子吊装，6台机转轮吊装，7台机定子铁芯磁化试验；完成6台套550kV主变压器安装。

5. 辅助工程　旱谷地料场总体开挖至高程1360m，全年开采有用料208.9万m^3，生产砂石骨料560万t；三滩系统生产混凝土79.2万m^3，荒田系统生产混凝土94.7万m^3；全年供电量约2.25亿kW·h，供水1975.2万m^3，生活污水全部回收处理；全厂控制管理楼完工。

（三）质量管理

大坝已浇筑混凝土性能优良，无温度裂缝。引水发电系统工程围岩安全稳定、变形受控，进水塔混凝土外光内实、体形精准、无裂无缺，金属结构制作安装精准、焊缝优质；泄洪洞衬砌混凝土体形平均偏差低于6mm，2m靠尺平均不平整度1.1mm，过流面全部呈现镜面效果。全国产百万千瓦机组出厂设备验收均达到精品机组制造标准，转轮制造达到零配重，现场安装设备验收均达到精品机组安装要求。单元优良率达99%，再创历史新高。政府质量监督给予高度评价。

（四）安全管理

创新安全生产网格化管理体系，以“划片区、分专业、全时段”为原则，将工程现场划分251个网格单元，设置88名网格长、418个网格员，建立工作机制，实现安全管理扁平化、垂直化。全年累计开展安全生产89次大检查，排查治理隐患1121条；按照“四不放过”原则，对50余项典型隐患开展调查处理。汛前排查治理50项防汛防灾项目，梳理防汛重点部位120个；成功应对“6·30”“9·6”两次强降雨和筹建期至今最大17800m^3/s洪峰过境，顺利实现安全度汛任务。

（五）科研工作

全年开展科研项目34项，其中外部科研项目1项、外委科研项目32项、员工科研项目1项。2020年，获得授权发明专利9件、实用新型专利16件，取得软件著作权登记证书11项，参编国家标准1项，主编企业标准3项，发表论文18篇；获得行业科技进步奖励4项，其中，“白鹤滩复杂地质环境特大穹顶式圆筒调压室建设关键技术”荣获中国岩石力学与工程学会科技进步奖一等奖，“白鹤滩水电站高水头大泄量泄洪洞镜面混凝土关键技术”获得三峡集团科技进步奖一等奖。实施信息化项目共6项，申报优秀信息化成果5项，其中，“白鹤滩特高拱坝智能建造信息管理平台”获得2020年度三峡集团优秀信息化成果一等奖。

（六）生态环境保护

完成垃圾填埋场、海子沟等营地污水处理站排污许可证办理；按季度开展施工区环保税税额测算和申报工作。积极推动环水保技术创新，构建施工区各污水处理厂进出口水质实时在线监测系统，实现污水处理厂运行自动化、智能化。组织修订《白鹤滩水电站工程环境保护与水土保持考核管理办法》《金沙江白鹤滩水电站工程突发环境事件应急预案》，建立健全环水保问题巡查整改闭合工作机制，全年环水保整改问题共76项，整改完成率达94.73%。重点环保工程实现突破式进展，下游固定式集鱼站全面实现土建向金属结构安装交面；有序推进各项工作，蓄水阶段环水保验收顺利通过。

（中国长江三峡集团有限公司
中国三峡建设管理有限公司　王霄）

两河口水电站工程2020年建设进展情况

2020年，两河口水电站工程建设克服新冠疫情不利影响，进展顺利，安全、环保、质量、进度总体可控，12月，实现第一阶段下闸蓄水。

（一）枢纽工程进展情况

1. 大坝工程

（1）大坝填筑：大坝心墙、反滤及过渡区填筑至2828m高程（累计高度248m），上游堆石区最高填筑至2824.1m高程，下游堆石区最高填筑至2825.1m高程。开工以来累计填筑3848万m^3，占总方量的90.9%。

（2）灌浆工程：大坝心墙盖板基础固结灌浆已全部完成。大坝2837m高程以下三角区帷幕灌浆已施工完成。开工以来累计完成回填灌浆21991.87m^2（含探洞回填），其他各类型灌浆累计完成683734.72m，完成设计总灌浆量的91.3%。其中固结灌浆完成123502.04m（含探洞及平洞固结灌浆），左右岸固结灌浆已全部完成；帷幕灌浆完成585592.86m，化学灌浆完成33192.54m；2820m高程以下各平洞及厂区各灌浆廊道水泥灌浆已全部完成。

（3）土石料场开采：瓦支沟石料场山顶边坡开挖最高平台高程2988m，前缘最低平台高程2875m；两河口石料场山顶边坡开挖最高平台高程2700m，最低平台高程2655m。西地土料场开采与支护，B1区锚索已张拉完成，高程2910～2925m已完成喷混凝土；B4区锚筋束已施工完成，C2区挂网施工中。

2. 引水发电系统工程

（1）电站进水塔及引水隧洞：1～6号进水塔已全面浇筑至塔顶（2875m高程），拦污栅槽、叠梁门槽、快速门槽二期混凝土全部浇筑完成；1～6号引水竖井滑模混凝土浇筑及固结灌浆全部完成；1、2、6引水隧洞上平段及上弯段混凝土浇筑完成，1～5号下平段混凝土回填完成，1～6号下弯段混凝土浇筑全部完成。

（2）主副厂房及安装间：主厂房各机组全线浇筑至发电机层；3～6号机组发电机层以上梁柱完成；第一副厂房封顶。

（3）主变压器室及母线洞：主变压器室顶棚和母线洞混凝土施工完成，第二副厂房封顶。

（4）出线系统：1、2号出线竖井混凝土浇筑完成；出线上平洞边顶拱浇筑完成。GIS楼和地面副厂房混凝土浇筑完成。

（5）尾水系统：尾水调压室1～6号闸室、工作桥、边墙（含端墙）混凝土全部浇筑完成；尾水洞除岩塞段及岔洞段外，衬砌已基本完成。

（6）封堵工程：2号导流洞于2020年11月1日下闸，1号导流洞于2020年12月3日下闸，已完成闸门后混凝土临时封堵。

3. 泄水系统工程

（1）导流洞：3号导流洞塔体土建及金属结构完工，洞身边墙及顶拱浇筑全部完成；5号导流洞2020年11月25日完成单位工程验收，12月11日开始过流。

（2）洞式溢洪道：边墙施工完成，进口引渠底板混凝土浇筑完成，泄槽混凝土浇筑完成约26%，5、6号冲沟混凝土已浇筑完成，出口混凝土浇筑完成约83%。

（3）放空洞：开挖支护均已完成；塔体已浇筑至顶（2875m高程），洞身边墙及顶拱浇筑全部完成；底板标准段浇筑770.5m，完成2、3、4、7号掺气坎混凝土浇筑及5、6号掺气坎边墙混凝土浇筑，完成出口挑坎2块左边墙、3块右边墙、4块底板的浇筑。

（4）漩流竖井泄洪洞：3号导流洞非结合段长213.83m开挖支护全部完成，闸室浇筑至2867.5高程；上平段完成钢筋边墙绑扎50m、边墙混凝土浇筑20m、底板清基填塘；下平段完成全部标准段边墙顶拱衬砌，底板标准段浇筑582.45m，完成1、2、3、5号掺气坎混凝土浇筑；完成出口挑坎5块左边墙、4块右边墙、4块底板的浇筑。

（5）深孔泄洪洞：进口闸室已浇筑至顶（2875m高程）；洞身边墙标准段浇筑1257.54m，顶拱标准段浇筑1233.54m，底板标准段浇筑120m；完成8、9号掺气坎混凝土浇筑，完成1、2、5、6、7号掺气坎边墙混凝土浇筑；出口明洞累计完成5段。

4. 消能雾化工程　右岸消能区贴坡混凝土及锚索已全部完成；无名沟雾化区贴坡混凝土累计完成209仓，锚索215束；右岸低线公路以下贴坡混凝土已全部完成，低线公路以上贴坡混凝土累计完成125

仓，锚索150束；左岸消能区贴坡混凝土浇筑及锚索张拉全部完成。

5. 机电安装标

（1）主机：6号机主轴密封安装完成，水导轴承装配完成50%，发电机风罩已经就位。5号机转子磁极挂装、调整完成，上机架组装完成，定子线棒安装完成并整体耐压结束，技术供水系统安装完成。4号机水轮机顶盖、筒阀套装完成，定子下层线棒嵌装完成并耐压结束，转子副立筋安装完成正在进行调整和焊接。3号机水轮机座环加工完成，定子工装平台就位，测圆架安装调整完成。2号机锥管凑合节焊接完成；1号机水轮机辅机埋管及电气埋管已经完成。

（2）主变压器：5、6号安装完成，4号就位调整完成。

（3）输配电：GIS室1、2、3号进线设备已经安装完成，500kV电抗器安装完成并开始真空注油，1号竖井500kV电缆已经敷设9根。

（4）金属结构：6号塔1～3号孔和5、4号塔1～4号孔的拦污栅、叠梁门门槽安装完成；4号塔检修门、快速门门槽轨道安装完成；1～3号塔拦污栅栅槽、叠梁门门槽安装完成；塔顶2台门机已经安装调试完成。5号导流洞闸门已经安装完成并已经投入运行，3号导流洞工作门安装完成已经具备调试，4号导流洞闸顶双向门机安装调试完成。深孔泄洪洞75t桥机轨道安装完成。

（二）库区移民代建工程进展情况

雅道路密瓦段完成路面工程，洛下连接线上瓦然隧道开挖支护完成80%，明线路基成型并分段转序；木绒特大桥实体工程完工；乙扎连接线工程完工，木茹连接线明线路基成型，木茹大桥T梁架设及桥面铺装完成。

（三）建设征地移民安置进展情况

藏区移民人口最多（1455户7569人）、搬迁范围最广、难度最大的两河口水电站搬迁安置工作圆满完成。2020年7月高标准完成了州、县两级蓄水阶段移民专项验收，8月高质量通过了蓄水阶段移民专项省级验收。

（四）工程建设管理情况

（1）全年安全生产平稳受控，未发生人员伤亡事故、未发生职业病危害事件、未发生不良社会影响的公共安全事件、未发生疫情输入事件。

（2）未发生一般及以上质量事故，各工程项目验评优良率满足年度目标要求，工程实体质量水平不断提升。

（3）全年未发生环保水保事故和投诉事件，水土保持监测提出问题整改率达到90%以上，长江委水土保持信息化监测问题整改率达到100%。

（4）大坝智能无人碾压系统全面投入应用，实现了多种坝料、多种机型的规模化、常态化、规范化作业，年度无人碾压填筑量超过150万m^3。

（雅砻江流域水电开发有限公司　岳攀
中国电建集团成都勘测设计研究院有限公司
侯东奇）

丰满水电站全面治理（重建）工程2020年进展情况

2020年是丰满水电站全面治理（重建）工程全面投产发电、工程收尾攻坚之年，至年底，当年还有施工任务的工程主要进展形象如下：

1. 大坝工程　2020年完成坝顶防浪墙、路面铺装层、栏杆施工，仅剩大坝电梯井踏步铺装层等零星工程未施工。

2. 发电厂房工程　2020年8月28日完成发电厂房土建及金属结构安装工程合同工程验收。该合同项目共完成单元质量评定2231个，优良率98.7%；项目部2020年获得国家知识产权局授权实用新型专利5件。

3. 机电工程　4、5号机组于2020年4月25日、7月15日完成72小时试运行，末台机组（6号机）于9月16日完成72小时试运行；至此，6台机组全部投产发电。

4. 大坝过鱼设施　新、老坝间运鱼轨道基础混凝土挡墙浇筑全部完成，新坝和老坝运鱼箱固定启闭机全部安装完成，升鱼机系统自动导引运鱼车轨道全部安装完成，机电设备全部安装完成，仅剩金属结构设备及机电设备调试未完成。

5. 鱼类增殖放流站　亲鱼池、苗种鱼池及观赏鱼池已全部完成，并开始初期试运行。

6. 交通工程　左岸上坝公路改建工程于2020年10月31日全部完成。

7. 其他工程　厂区的办公楼、安保楼、仓库、地下车库等房屋主体建筑工程已完成，剩余室内外装修工程尚未完成。厂区整治绿化美化工程尚未施工。

（中水东北勘测设计研究有限责任公司　李润伟
中国水利水电第六工程局有限公司　王须）

杨房沟水电站工程2020年建设进展情况

（一）工程进展情况

1. 大坝及泄洪系统工程　2020年，大坝进行全坝段混凝土浇筑，全年累计浇筑混凝土330仓（共46.9万m^3），12月17日全线浇筑到顶。杨房沟水电站混凝土双曲拱坝坝高155m，坝顶高程2102m，共17个坝段，首仓混凝土于2018年10月30日开始浇筑；尽管受到新冠肺炎疫情的不利影响，总承包项目部充分发挥EPC模式下设计施工一体化的优势，高效联动，于2020年12月17日大坝全线浇筑到顶，累计完成大坝混凝土约90万m^3；大坝混凝土浇筑上升速度仍达到了6.5m/月，创“杨房沟速度”。

截至2020年底，大坝中孔闸门、生态泄放孔闸门安装调试完成，表孔检修门储门槽正在安装；水垫塘2002m高程以下混凝土全部浇筑完成，二道坝混凝土全部浇筑完成。

2. 灌浆工程　截至2020年底，大坝坝基无盖重固结灌浆全部完成，大坝接缝灌浆至第十三层（2066m高程）；帷幕灌浆累计完成13.6万m，完成总量的97.5%，除2045m高程以上三角区外全部完成。

3. 引水发电系统工程　截至2020年底，引水发电系统混凝土全部浇筑完成，开关站GIS楼装修基本完成，进水口快速闸门和检修闸门安装完成，尾闸室检修闸门安装完成；尾水调压室检修闸门正在安装。

1号机水轮机和发电机正在进行总装，2020年10月18日，转子吊装成功。2号机完成定子下线，3号机导水机构预装完成，4号机水轮机座环加工完成。

4. 下闸蓄水　2020年11月5～6日，受四川省能源局的委托，水电水利规划设计总院组织相关单位和部门在成都召开了雅砻江杨房沟水电站工程蓄水验收会议。经会议审议，工程蓄水验收委员会一致同意杨房沟水电站工程于2020年11月上旬2号导流洞下闸和2020年12月下旬1号导流洞下闸、水库开始第一阶段蓄水。11月8日10时8分，2号导流洞两孔闸门开始下闸，至10时28分封堵闸门正常就位；12月30日10时整，1号导流洞两孔闸门缓缓落下，至10时8分封堵闸门顺利就位，水库正式开始蓄水，生态泄放孔正常过流。

5. 其他工程

（1）金波料场：开挖至2130～2145m高程，砂石骨料生产满足施工需要。

（2）近坝岸坡：旦波崩坡积体开挖减载及支护工作全部完成。

（二）主要管理亮点

1. 安全生产管理　全年未发生安全生产事故及职业病危害事件，工程区域新冠肺炎疫情可控在控，未发生火灾事故、交通事故、公共安全事件，未发生防洪度汛及应急抢险人身伤亡事故，未受到政府相关部门的约谈或处罚，连续保持电力安全生产标准化一级水平，“大型水电工程建设安全生产风险智能化管理”成果获四川省电力行业协会管理创新一等奖。

2. 工程质量管理　全年未发生工程质量事故，未留下工程隐患；单元工程合格率达到100%，土建工程优良率达97.3%，机电及金属结构安装工程全部优良；地下厂房清水混凝土质量国内领先，大坝混凝土各项温控指标均好于设计要求且大坝未出现温度裂缝；帷幕灌浆一次验收合格率100%；获得省部级科技创新奖5项，其中“基于总承包模式的大型水电工程设计管理研究与应用”成果获得中国电力企业联合会电力科技创新奖一等奖，“基于本质质量理念的大型水电站工程总承包管理研究与实践”成果获得中国质量协会质量技术奖二等奖。

3. 环保水保管理　全年未发生环境污染与生态破坏事故、水土流失危害事件，未受到相关行政主管部门处罚、未发生公众投诉及个人投诉事件，各项环水保工作合法合规，获得凉山州农业农村局颁发的2020年度水生生物保护先进集体荣誉称号。

4. 进度管理　2020年克服了新冠肺炎疫情对工程建设影响工期2个月的困难，超前完成了年初下达的工程建设目标，厂房机组段混凝土于2020年8月6日全部浇筑封顶，大坝混凝土于2020年12月17日全线浇筑到顶，第一条导流洞于2020年11月8日下闸，较疫情调整后的进度计划均略有提前，较合同工期分别提前1年、2.5个月、1年，为2021年7月1日首台机组投产发电奠定了坚实的基础。

5. 智能建设　首次研发了大型水电工程EPC模式大坝智能建造质量智慧管理系统，实现了对拱坝施工从原材料、振捣、温控、灌浆等全方位、全过程质量的有效管控，为拱坝施工保驾护航，获得第四届全国质量创新大赛QIC-V级（最高级）技术成果。2020年，杨房沟水电站智能建设水平又有新突破，基于BIM系统的智能建造平台实现电子档案单轨单套制运行管理，“杨房沟水电站EPC工程数字化技术综合应用”成果获得中国电力规划设计协会主办的第四届中国电力数字工程（EIM）大赛唯一的特等奖；研发的基于泛在物联网及多维仿真技术的智能灌浆系统获得中国工程院王复明院士担任组长的咨询专家组的充分肯定。

6. 工程蓄水验收　2020年，杨房沟水电站高标准、高质量、高水平通过了工程下闸蓄水涉及的档案验收、环保水保验收、安全鉴定、质量监督、验收委员会专家组现场检查及技术预验收、工程蓄水验收。杨房沟水电站总承包创新实践得到了各界专家的高度评价。

（雅砻江流域水电开发有限公司　李啟常
中国电建集团华东勘测设计研究院有限公司
殷亮　徐建军）

大石峡水利枢纽工程 2020年建设情况

（一）工程概况

大石峡水利枢纽工程位于新疆塔里木河流域阿克苏河源流之一的库玛拉克河上（另一源流为托什干河），坝址位于阿克苏地区温宿县与乌什县交界的大石峡峡谷出山口处，距中国与吉尔吉斯坦共和国国境线约37km、距阿克苏市约100km，控制流域面积1.27万km^2，多年平均径流量48.7亿m^3。该工程是《阿克苏河流域规划要点报告》《塔里木河流域近期综合治理规划》和《新疆阿克苏河支流库玛拉克河河段水电规划报告》确定的具有灌溉、防洪和发电任务的控制性枢纽工程，已列入《全国大型水库建设安排总体意见（2013～2015年）》和国务院批准近期实施的172项重大水利工程建设项目。

该枢纽工程是阿克苏河流域控制性工程，建成运行后，在保证阿克苏河多年平均下泄塔里木河34.2亿m^3水量的前提下，可有效调蓄径流，缓解灌区农业春、秋灌缺水问题，还可替代下游平原水库，减少蒸发渗漏损失，增加灌区用水量，通过与堤防工程联合运用，可提高下游城镇和乡村的防洪标准，并可结合灌溉发电提供清洁能源，工程建设对促进地区经济发展和维护边疆稳定具有重要作用，该工程建设是必要的。

大石峡水利枢纽为一等大（1）型工程，枢纽总布置为河床混凝土面板砂砾石坝、左岸依次布置永久生态放水孔、排沙放空洞、泄洪排沙洞、发电引水隧洞进水口和开敞式岸边溢洪道，发电引水洞后接岸边地面厂房。拦河坝最大坝高247m，水库正常蓄水位1700m，总库容11.7亿m^3，调节库容7.11亿m^3，防洪库容0.79亿m^3；电站装机容量为750MW，保证出力44.8MW，多年平均年发电量18.93亿kW·h，装机年利用小时数2524h。

工程总工期为102个月，静态总投资为825131万元，总投资为899721万元。

（二）工程特点

大石峡工程为在建世界最高砂砾石面板坝，主要工程特点如下：

（1）作为世界最高砂砾石面板坝，填筑材料的选择、质量、填筑方式等要求高，以及左岸古河床形成的偏“V”形地形可能导致的坝体不均匀沉降变形，都需要深化研究。

（2）坝体分区填筑要求高。从应力变形安全、渗透稳定安全、坝坡稳定安全和抗震安全等方面需重点研究，并配合经济性比较。

（3）边坡高陡。左岸联合边坡高达300余米（含临时边坡），又是顺层边坡，开挖切脚不可避免，安全问题较突出，边坡的稳定安全和开挖支护方案设计要求较高。

（4）左岸联合进水口高耸结构的水力振动、抗震安全问题突出。

（5）高水头运行工况下，泄水建筑物设计要求较高。深孔排沙洞检修门、工作闸门作用水头达130余米，属特高水头超大型闸门，为避免门槽空蚀、减少闸门振动，其门槽体型、闸门底缘型式、补气方式均需开展专题研究。表孔溢洪道也存在冬季运行的工况，弧门在冬季会因闸门漏水或流道渗水导致底侧水封与门槽结冰，为保证其冬季正常开启运行，也须进行闸门防冰冻专门设计。

（三）建设进度

截至2020年12月31日，项目主要形象面貌如下：

（1）导流洞及上下游围堰，已完工投运。

（2）场内永久进厂路（2号路）、左右岸连接路（0号路）、左岸永久上坝路（1号路、11号路）、左岸低线过坝交通洞、左坝头块石料场开采路（7号路）、左岸3号高线洞、左岸低线坝体填筑路（9号路）、右岸10号路、弃渣路（6号路）、右岸中线坝体填筑路（12号路）、右岸上游8号路已具备通车条件，永久跨河大桥现已基本建成。

正在施工支洞：引1号施工支洞开挖已完成（全长316.54m）；联合进水口施工交通洞开挖完成（全长223.90m）。引2号施工支洞，累计进尺255.0m（全长316.25m）；上游3号施工支洞，累计进尺4.0m（全长326.03m）；左岸中线大坝填筑道路，累计进尺24.5m（全长630m）；左岸高线大坝填筑道路，累计进尺3m（全长461m）。

（3）左岸边坡：1号变形体已开挖至1700m高程；溢洪道引渠段开挖至1700m高程；联合进水口开挖至1700m高程；左岸趾板边坡已开挖至1660m高程。

（4）右岸边坡：坝肩以上边坡开挖至1707m高程，古河槽开挖至1595m高程。

（5）初期生态放水孔累计进尺80.3m（全长158.45m）。

（6）下游出口边坡：泄洪洞、放空洞出口洞脸1575m高程以上边坡支护完成；鼻坎部位大面积开挖至1545m高程附近；消能塘开挖至1504m高程。

（7）左岸混凝土拌和系统，已经建成。

（8）施工承包商营地，已经建成。

（中国电建集团西北勘测设计研究院有限公司　刘万林）

苏洼龙水电站工程 2020 年建设进展情况

苏洼龙水电站位于金沙江上游，装机容量 120 万 kW；枢纽由沥青混凝土心墙堆石坝、坝肩开畅式溢洪道、泄洪放空洞、引水隧洞及地面厂房组成。工程于 2017 年 11 月实现大江截流，2018 年遭受白格堰塞湖溃堰洪水造成严重破坏，2019 年底施工全面恢复。

2020 年初，突如其来的新冠疫情给工程建设带来了很大不利影响；3 月，工程积极组织承包商有序安排施工人员进场复工；到 5 月，经参建各方共同努力，已克服疫情影响，工程全面进入施工高潮。大坝沥青混凝土心墙填筑到 2386m 高程，溢洪道控制段、泄槽段混凝土浇筑全面开展，电站进水口混凝土浇筑、引水隧洞衬砌、厂房混凝土浇筑进度也在不断加快。

截至 2020 年底，主要标段工程进展如下：

（1）大坝标。拦河坝填筑到 2454m 高程，坝体累计填筑量为 642.59 万 m^3，完成率 90.2%，帷幕灌浆完成 12146.7m，混凝土基座固结灌浆 3900m；溢洪道二期开挖土石方 250 万 m^3，溢洪道引渠、控制段、泄槽和消力池混凝土浇筑全面展开，累计完成混凝土浇筑 41.6 万 m^3，帷幕灌浆 2220m，固结灌浆 12984.0m。

（2）引水发电标。电站进水口主体混凝土基本浇筑完成，塔顶浇至设计高程 2480.0m；引水隧洞全面进入衬砌混凝土浇筑施工；电站厂房 4 号机组土建基本完成，1～3 号机组土建施工也在加紧进行，厂前尾水平台浇筑到 2388.00～2399.00m 高程，完成混凝土 22.9 万 m^3、金属结构安装 790t、钢筋制作安装 1.4 万 t、压力钢管组圆安装 1617t，回填灌浆 6112 m^2，固结灌浆 2835m。

（3）导流洞和旁通洞闸门固定卷扬机、电站 4 号机组水轮发电机等按计划安装。

（中国电建集团北京勘测设计研究院有限公司　龙文）

五强溪水电站扩机工程 2020 年建设情况

（一）工程概况

五强溪水电站扩机工程是利用原电站大坝及水库，从右岸增加两条引水隧洞，新增装机容量 500MW（2×250MW），多年平均发电量 5.583 亿 kW·h，年利用小时数 1117h。该工程总体布置为引水隧洞岸边式地面厂房，引水发电系统在平面上呈弧形布置，采用单机单洞布置形式，地面厂房内安装 2 台水轮发电机组；引水建筑物由进水口、引水隧洞、调压室和压力管道组成，厂区建筑物主要有主厂房、下游副厂房、主变压器场和尾水渠；利用现有电站的出线设施外送扩机电量。

岸塔式进水口布置于大坝右岸上游，距离大坝直线最小距离约 80.0m，塔体尺寸为 79.0m×21.0m×49.0m（长×宽×高）。两条引水隧洞洞径 12.60m，长度分别为 738.652m 和 830.456m。主厂房平面尺寸（长×宽）146.50m×38.50m，其中主机间长 78.00m，安装间长 68.50m。

（二）工程进展情况

（1）场内交通系统、砂石料加工系统、混凝土系统等施工准备工作全部完成。

（2）进水口施工采用预留岩坎＋混凝土围堰挡水。2020 年 4 月 18 日开工，全年完成开挖量 16.59 万 m^3，大面积开挖至高程 106m，边坡 114m 高程以上支护已全部完成。

2020 年完成 6 号机引水隧洞开挖 249.5m，完成 7 号机引水隧洞开挖 66.5m，包括两机的压力管道段开挖各 22.5m，并完成混凝土洞室支护 901m^3。

（3）厂房及尾水渠围堰工程于 2019 年 12 月 26 日开工，2020 年 4 月 29 日全线达到设计度汛高程；围堰施工完成开挖量 6.98 万 m^3，混凝土浇筑量 2.53 万 m^3。厂房基坑开挖已基本完成，2020 年完成开挖量 58.73 万 m^3，混凝土支护 1015.75m^3，锚杆 1065 根。厂房主体结构于 2020 年 11 月 29 日开始首仓混凝土浇筑，全年完成混凝土浇筑 3729.5m^3。

（三）质量管理情况

2020 年累计完成单元质量验评 566 个单元，合格单元数 566 个，合格率 100%，其中优良单元数 514 个，优良率 90.81%。全年累计进行锚杆注浆密实度及长度检测 55 组，共 428 根，均满足质量要求。

工程开工至今未发生质量事故，工程质量处于可控状态。

（四）安全管理情况

加强隐患排查危险源辨识，全年辨识 20 项危险源，共采取 141 项控制措施，落实危险源可控在控。选用品质安全的施工设备，严格落实民技工准入，定期组织安全培训和应急演练，提高全体施工人员安全素养和应急能力。

2020 年全年，五强溪水电站扩机工程安全经费投入共计 200.8 万元。工程开工至今未发生安全事故，安全管理处于可控状态。

（五）新技术运用：水电工程数字化管控平台

集成应用5G、云、BIM、GIS、IOT等新型技术搭建的水电工程数字化管控平台，业务功能包括设计、安全、质量、信息、投资、进度和环保等方面，通过数字化手段实现工程“四控制两管理一协调”的线上协同管控。数字化管控平台已在工程建设各个领域深入使用并不断优化，助力打造“安全、精品、生态、示范、智慧”的五型工程。

（五凌电力有限公司　姜魁胜　张林卓）

加查水电站工程2020年建设情况

2020年8月11日，加查水电站首台机组（1号机组）顺利完成72小时试运行，正式投产发电；9月27日，2号机组顺利完成72小时试运行，正式投产发电；12月28日，3号机组顺利完成72小时试运行，正式投产发电，至此，圆满实现了“一年三投”和机组全部投产发电的既定目标任务。

加查水电站是雅鲁藏布江干流中游桑日至加查峡谷段河段规划5级电站的最后一级，位于西藏自治区山南市加查县境内，上游为藏木水电站，下游为冷达水电站，距加查县城5km，处于西藏中部电网负荷中心位置。电站采用河床式开发方式，坝址控制集水面积158031km^2、多年平均流量1020m^3/s；在左侧河床布置河床式厂房，主河床布置泄洪建筑物，两岸布置挡水建筑物；坝顶高程3249.00m，最大坝高84.5m；正常蓄水位3246.00m，相应库容为0.266亿m^3，调节库容0.052亿m^3。电站总装机容量360MW，共安装3台轴流式机组，发电量17.05亿kW·h。

加查水电站拦河大坝总长624.84m，共分为24个坝段，其中1～8号为左岸挡水坝段，长177m；9～10号坝段为厂房安装间坝段，长50m；11～13号坝段为主厂房坝段，长106.35m；14号为冲砂底孔坝段，长27m；15～19号为溢流坝段，长103m；20～21号为导流明渠改建坝段，长50.245m；22～24号为右岸挡水坝段，长72.245m；24号坝段右侧布置有39m长的混凝土截水墙。

加查水电站于2012年9月开始开展前期工作；2012年12月完成预可行性研究报告审查；2014年完成可行性研究报告审查；2015年12月30日大江截流，主体工程开始施工；2017年3月16日，大坝主体首仓混凝土浇筑；2019年11月15日，顺利实现三期截流；2020年7月7日，加查水电站下闸开始蓄水。

（华能西藏雅鲁藏布江水电开发投资有限公司
加查水电建设分公司　王世军）

托巴水电站2020年建设情况

托巴水电站位于云南省迪庆藏族自治州境内，为澜沧江干流上游河段（云南省境内）规划的第四个梯级，装机容量1400MW，总投资为200.29亿元；2019年7月28日正式开工建设，计划2025年5月首台机组投产发电，2026年12月工程完工。

2020年全年累计完成投资239243.16万元，占计划投资的98.11%，其中建筑安装及设备费用8.6亿元，占年计划的99.2%。

（一）工程建设进度

1. 导流洞工程　两条导流隧洞断面均为11.50m×15.00m（宽×高）的城门洞形，洞身长度分别为1359.674、1484.486m，全长全断面采用钢筋混凝土衬砌。工程于2020年2月29日正式开工，至2020年11月1日全线贯通，12月底开挖支护全部完成，底板和边顶拱混凝土浇筑分别完成504、360m。

2. 地下厂房工程　2020年7月16日开工，主厂房尺寸178.60m×25.50m×68.88m（长×宽×高），分九层开挖；至2020年底，主厂房Ⅰ层开挖（开挖高度9m）和主变压器室Ⅰ层开挖完成，主厂房Ⅱ层开挖完成30%。

3. 坝肩开挖　大坝坝址地形为深“V”河谷，设计开挖边坡陡峻，高程1770m以上开挖坡度为1∶0.5、以下开挖坡度为1∶0.3～1∶0.2，在左岸1810m高程及右岸1805m高程布置缆机平台。坝肩开挖于2020年3月1日正式开工，至2020年底大坝左岸岸坡开挖支护至1770m高程，开挖高度90m；右岸岸坡开挖支护至1775m高程，开挖高度92m。

4. 智能建造　2020年10月底托巴水电站绿色智能建造系统管理平台开发完成上线运行；年底人员管理系统、设备管理系统、智慧物流系统、有用料管理系统、质量验评系统、试验检测管理系统、进度计划管理系统、生态环保系统、档案管理系统、智能监控系统等10个通用管理系统上线运行，厂房智能通风系统投入运行。

（二）质量安全管理与环境保护情况

（1）开工以来累计完成主体项目单元工程评定1851个，合格1851个，合格率100%，优良1719个，优良率92.9%，未发生质量事故。

（2）全年未发生较大以上安全生产责任事故，未发生重大群体性事件。

（3）全年未发生一般环境污染与破坏事故或者较大环境事件，未发生省级及以上主管部门通报批评处罚的环保违法违规行为。

（三）技术管理及科技创新情况

全年有 2 项科研项目及职工众创项目完成华能集团立项，11 件发明专利、11 件实用新型专利及 1 件外观设计专利取得受理通知书，1 个项目进入国务院国资委举办的中央企业熠星创新创意大赛决赛。

大范围应用三维设计，推行动态设计，设计优化工作成果显著。①通过料源优化，取消科研阶段规划的古松石料场，采用工程开挖有用料作为混凝土骨料；②通过施工总布置优化，将砂石加工系统、拌和系统布置在托巴沟及右岸下游场地；③将地面出线场位置由尾水出口开挖边坡顶部向上游移至上坝公路内侧，减少地面出线场道路、降低电缆竖井、缩短电缆平洞及高压电缆等；④对导流隧洞支护进行优化；⑤优化了左岸坝顶以上边坡开挖体型，采用“陡开挖、强支护”方案，降低开挖坡高约 110m；⑥取消拱形支撑，优化坝基缺陷处理、下游岸坡防护及河道治理措施；⑦取消 13 号古松料场开采道路、6 号出线平台公路（永久公路）、17 号至托巴沟道路，减少场内道路里程 2.87km；⑧BT1 堆积体治理方案由“2 排抗滑桩＋预应力锚索＋2 层排水洞”优化为“1 排抗滑桩＋预应力锚索＋1 层排水洞”，减少深层抗滑桩 27 根。通过优化共计节省工程投资约 4.9 亿元。

（四）征地移民工作开展情况

坚持“移民先行”，克服疫情影响，启动并完成鲁母底、比独两个组共 42 户 219 人的移民搬迁安置；积极推动围堰截流移民搬迁安置，截流淹没影响区累计签订搬迁安置协议 136 户 558 人（占规划安置的 64%）；完成兰永安置点 143 户、小谷田安置点 56 户、苍浦底安置点 104 户移民搬迁入住；白济汛集镇安置点完成实物指标调查、公示、复核。加强用地管理，电站使用林地获国家林草局批准，施工区临时用地依法合规；电站建设征收土地社会稳定风险评估报告通过评审。积极履行社会责任，坚持将电站移民与脱贫攻坚相融合，提前完成小谷田、苍蒲底移民安置点搬迁安置，助力维西如期脱贫摘帽；征地移民及搬迁安置工作满足工程截流形象要求。超额完成消费扶贫任务，援建“百千万工程”切实解决地方百姓生产生活问题，构建企地和谐关系。

（华能澜沧江水电股份有限公司托巴水电工程建设管理局　曾伟　李志）

硬梁包水电站工程 2020 年建设情况

硬梁包水电站为四川省大渡河干流最新规划 28 级方案的第 14 级，总装机容量 111.6 万 kW，采用混凝土闸和面板堆石坝＋左岸引水系统＋地下厂房的枢纽总布置方案。

（一）工程的技术难点

（1）电站河床覆盖层最大厚度为 129.7m，粗细相间分布，组成复杂，存在局部基础承载力低、不均匀变形、坝基抗滑稳定、砂层液化、渗漏及渗透稳定等工程地质问题。

（2）工程引水隧洞规模居世界前列（长度近 15km、净断面直径 13.1m），是工程的施工关键线路，设计及施工技术难度均较大，技施阶段隧洞支护设计优化、施工方案及施工安全等问题均十分突出。

（3）地下厂房厂区地质条件复杂，厂区发育多条次级断裂，岸坡岩体卸荷较强，地下厂房洞室群支护设计及施工期围岩稳定问题突出。

（4）工程紧邻海螺沟贡嘎山风景名胜区，长引水开发，减水河段生态环保问题突出，工程拟设置有仿自然鱼道和鱼类增殖放流站，其设计要求高、难度大。

（二）工程建设进展情况

硬梁包水电站主体工程于 2019 年 10 月开工，2020 年 3 月引水Ⅰ、Ⅱ、Ⅲ标进场，5 月初厂区枢纽标进场，至此，电站主体工程全面开工建设。截至 2020 年底，电站主要工程形象面貌如下：

1. C1 标　首部枢纽一期围堰汛前建成。导流明渠开挖基本结束，占压段振冲碎石桩基础处理全部完成，开挖完成 74.4 万 m^3，累计完成 83.52%，剩余 14.68 万 m^3。明渠边坡及底板混凝土浇筑完成 66 仓共计 $18878m^3$，完成比例 23.24%，剩余 $62343m^3$。明渠出口框格式地连墙施工造孔累计完成 $13988m^2$（72.48%），剩余 $5312m^2$；槽段累计完成 51 个，剩余 60 个。明渠出口防淘墙施工造孔累计完成 $3595m^2$（70.45%），剩余 $1508m^2$；槽段累计完成 23 个，剩余 7 个。

Z1 区振冲桩 11 单元和 3 单元引孔累计完成 374 根（61.92%），振冲累计完成 364 根（60.26%）；悬挂式防渗墙造孔完成 $4596.7m^2$（45.19%），浇筑完成 17 个槽段（51.52%）。

2. C2 标　1、2 号施工支洞控制的引水隧洞总长 7890m，上层开挖完成开挖 3000m，累计完成率 38%。

3. C3 标　3、4 号施工支洞控制的引水隧洞总长 8990m，上层开挖已贯通，完成开挖 6154.1m，累计完成率 68.5%。

4. C4 标　5、6 号施工支洞控制的引水隧洞总长 9040m，至 11 月底，上层开挖完成开挖 569.9m，累计完成率 6.3%。

5. C5 标　7 号施工支洞控制的引水隧洞总长 2718m，上层开挖完成开挖 1044.5m，累计完成率

38.2%。主厂房完成2层开挖支护，调压室、主变压器室、尾水闸门室完成1层开挖支护，各辅助洞室全面完成。

6. 施工工程ZⅠ-ZⅣ标　施工完成，正在进行收尾工作。

（三）其他

（1）已建工程质量总体优良，单元工程优良率达90.58%。2020年5月3日，电站首部枢纽对进口围堰混凝土防渗墙进行检测钻探取芯，成功取得直径150mm、长度18.21m芯样，刷新了国内混凝土防渗墙150mm级口径取芯长度纪录。

（2）征地移民有序推进，店子安置点通过竣工验收，41户128人全部搬迁入住。林地使用情况获国家林草局驻成都专员办认可，48个地块临时用地全部获得县国土部门批复，土地报件组卷工作基本完成。

（3）主机设备、桥式起重机设备招标采购和设计联络会顺利召开，确定了主要控制参数；开展主变压器、启闭机、闸门等主要设备选型、技术规范编制以及油气水系统、厂用电系统的设计审查，两座新建35kV施工变电站成功投运。

（4）《四川省大渡河硬梁包水电站工程设计优化研究报告》获2020年度电力行业优秀工程咨询成果三等奖。华能四川泸定水电有限公司主导研发的“引水隧洞施工支洞结构”获得国家知识产权局颁发的实用新型专利授权证书，取得了硬梁包水电站开建以来专利“零的突破”。

（中国电建集团成都勘测设计研究院有限公司
王锋　华能四川泸定水电有限公司）

孟底沟水电站工程建设进展情况

（一）工程概况

孟底沟水电站是雅砻江中游7级开发方案中的第5个梯级，上游与楞古梯级衔接，下游与杨房沟梯级衔接，枢纽区位于四川省甘孜州与凉山州交界的雅砻江干流上，水库区涉及到甘孜州的九龙县、康定市、雅江县和凉山州的木里县。电站经九龙县、大沱，沿锦屏对外交通专用公路至漫水湾转运站里程约311km，电站经九龙县、康定、雅安到成都公路里程约602km。

坝址位于孟底沟沟口下游约0.3km处，水库长约54.5km，坝址集水面积79564km^2，多年平均流量887m^3/s，多年平均径流量279.72亿m^3。采用坝式开发，坝型为混凝土双曲拱坝，最大坝高198.00m。水库正常蓄水位2254.00m，死水位2248.00m，总库容8.85亿m^3，调节库容0.860亿m^3，具有日调节性能。电站装机2400MW，安装4台混流式水轮发电机组，单机容量600MW；与两河口水电站联合运行枯水年枯期平均出力840.9MW，多年平均年发电量104.05亿kW·h。

工程筹建期占直线工期18个月，准备期22个月，主体工程施工期74个月，完建期9个月；首台机组发电工期96个月。

（二）工程进展情况

2012年5月，工程预可行性研究报告通过审查。可行性研究阶段，中国电建集团成都勘测设计研究院有限公司（简称成都院）继续开展本工程的勘察、试验和设计研究工作，先后完成了大量专题设计研究报告，其中正常蓄水位选择、施工总布置规划、工程防震抗震、防洪评价、水土保持方案、环境影响报告书、建设征地移民安置规划等专题先后通过有关部门的审查或批复。在上述勘测设计研究成果基础上，2020年11月编制完成了《四川雅砻江孟底沟水电站可行性研究报告（送审稿）》。

2020年11月10～12日，水电水利规划设计总院在成都主持召开了四川雅砻江孟底沟水电站可行性研究报告审查会议。会议听取了主要勘测设计成果的汇报，并分专业组进行了讨论和审议，形成了审查意见（初稿）和报告修改完善意见。会后，成都院按照审查意见（初稿）的相关要求，对报告进行了修改和完善，于2020年11月提交了报告审定本。水电水利规划设计总院对报告审定本进行了复核、审定。审查认为，报告基本达到了可行性研究阶段勘测设计工作内容和深度的要求，基本同意该报告。水电水利规划设计总院于2020年12月18日以《关于报送〈四川雅砻江孟底沟水电站可行性研究报告审查意见〉的函》印发了审查意见。

（中国电建集团成都勘测设计研究院有限公司
张敬）

旬阳水电站工程2020年建设进展情况

旬阳水电站是汉江上游干流陕西境段第5个梯级电站，装机容量320MW，2020年12月完成二期截流，至年底，主要工程建设进展如下：

（1）厂房坝段：厂房1～4号机组坝段、坝上0+013.00m～坝下0+012.00m段，最高浇筑至246.90m高程；坝下0+012.00m～坝下0+036.00m段，最高浇筑至210.54m高程；坝下0+036.00m～坝下0+063.50m段，最高浇筑至245.20m高程。

（2）左、右导墙坝段：已经浇筑至坝顶高程。

（3）左五孔冲砂泄洪闸坝段：已经浇筑至坝顶高程。

（4）鱼道及鱼类增殖站：鱼道工程下游段最高浇筑至224.00m高程。鱼类增殖站工程全面完工，并通过外部验收。

（5）二期围堰：二期截流上游围堰进占施工完成，正在进行高压旋喷桩施工。

（中国电建集团北京勘测设计研究院有限公司 王佳林）

波罗水电站工程建设情况

（一）工程概况

波罗水电站位于四川白玉县与西藏江达县境内的金沙江干流上，为金沙江上游规划13级开发方案中的第6级，上游为岩比水电站，下游为叶巴滩水电站。坝址控制流域面积为160519km^2，多年平均流量683m^3/s；水库正常蓄水位2989.00m，相应库容6.22亿m^3，调节库容0.857亿m^3，具有日调节能力；电站装机容量1000MW，年发电量（联合运行）45.23亿kW·h。

波罗水电站为二等大（2）型工程，挡水建筑物为碾压混凝土重力坝，坝顶高程2994.00m，最大坝高134.00m。电站泄洪采用“全坝身泄洪、空中无碰撞”的设计方案，坝身布置3个表孔、1个深孔、1个生态表孔，设计泄量为7210m^3/s，校核泄量8170m^3/s，最大泄洪水头100.00m。地下引水发电系统洞室群规模巨大，采用右岸首部式厂房＋长尾水的布置方案，厂内安装3台单机容量为333.3MW的混流式机组。

波罗水电站地处高山峡谷地带，地形地质条件较好，装机规模大，工程技术条件成熟，水库淹没损失小，环境方面也不存在制约工程开发的因素，工程开发建设条件优良。

（二）工程进展情况

（1）2011年11月9～11日，国家发展改革委在北京主持召开并通过了《金沙江上游水电规划报告》审查。

（2）受华电四川发电有限公司委托，中国电建集团成都勘测设计研究院有限公司于2015年5月启动预可行性研究设计报告重编工作，2017年9月提出了《金沙江上游波罗水电站预可行性研究报告》并通过审查。

（3）2017年9月启动可行性研究设计，2019年12月通过了《金沙江上游波罗水电站可行性研究阶段正常蓄水位选择专题报告》审查和《金沙江上游波罗水电站可行性研究阶段坝址坝型坝线及枢纽选择专题报告》咨询，2020年5月通过了《金沙江上游波罗水电站可行性研究阶段施工总布置规划专题报告》和《金沙江上游波罗水电站可行性研究阶段建设征地实物指标调查细则及工作方案》审查，至2020年底，还在开展可行性研究阶段相关设计工作。

（4）受2018年“10·11”和“11·03”白格堰塞湖影响，可行性研究现场勘探工作被迫停工，2019年10月才恢复。2019年，在经历白格堰塞湖事件后，完成了《金沙江上游梯级风险评估报告》，系统评估后续不良地质体灾变可能性及对梯级水电开发的风险。

（中国电建集团成都勘测设计研究院有限公司 杨敬）

巴塘水电站工程建设情况

（一）工程概况

巴塘水电站坝址位于川藏交界的金沙江干流上，是金沙江上游河段13个规划梯级电站的第9级，上游是拉哇水电站，下游是苏洼龙水电站；水库正常蓄水位为2545m，总库容1.41亿m^3；装机容量750MW，采用3台单机容量250MW混流式水轮发电机；单独运行时，多年平均年发电量30.04亿kW·h；与上游梯级联合运行时，多年平均年发电量33.75亿kW·h。

巴塘水电站采用坝式开发，以发电为主，为一等大（2）型工程，枢纽主要由沥青混凝土心墙堆石坝、左岸溢洪道、左岸明管引水系统及地面发电厂房、左岸泄洪放空洞、巴楚河鱼道等建筑物组成。

挡水建筑物采用沥青混凝土心墙堆石坝，坝顶长348m，拦河坝坝顶高程2549m，最大坝高69m，坝顶宽度10m。

泄水建筑物均布置在左岸，包括3孔溢洪道、1条泄洪放空洞。溢洪道右侧紧靠拦河大坝，左侧布置引水发电系统，泄洪放空洞设在引水发电系统的左侧。溢洪道堰闸段沿水流方向长50m，上游迎水面前沿总宽58m，分三孔，每孔净宽14m，中墩厚4.5m，边墩厚3.5m，均为预应力混凝土闸墩。泄洪放空洞由进水塔、有压洞段、工作闸室、出口泄槽、消力池与下游护坦组成，施工期参与导流，工作闸室在后期建成。进水塔设2孔进水口，孔口尺寸6m×14m（宽×高），底板高程2497.00m。泄洪放空洞为有压洞，总长651.65m，为圆断面，过流断面直径为 14.2m。

引水发电系统设在左岸，包括引水明渠、坝式进水口、压力管道、发电厂房、尾水渠。电站采用单机单管引水，单机引用流量 514.4m³/s。引水渠宽 76m，底板高程 2510m，混凝土衬砌长 30m，厚 0.5m。进水口在泄洪闸左侧，底板高程 2515m，坝顶高程 2549m，长 76m、高 47m、宽 40m；共 3 个进口坝段，每个进口设主（副）拦污栅［(3～6.1)m×38m］、检修闸门（11m×14m）和快速闸门（11m×13m）。进水口坝段后接三条压力钢管，管径 11m，采用 Q345C 钢板，明管外包混凝土。

发电厂房为地面厂房，主机间长 96m，安装间长 60m，全长 156m，净跨度 29m，最大高度 71m；安装 3 台单机容量为 250MW 的混流式水轮发电机，水轮机安装高程 2478m。主变压器及 GIS 室布置在主厂房上游侧，开关站布置在其房顶。

（二）电站勘测设计过程

2006 年 5 月受华电金沙江上游水电开发有限公司委托，开展巴塘水电站预可行性研究阶段的勘测设计工作。2010 年 5 月完成《金沙江巴塘水电站工程预可行性研究报告》，2013 年 9 月，该报告通过水电水利规划设计总院审查。随后启动可行性研究阶段勘测设计工作，提出了《金沙江上游巴塘水电站可行性研究报告》，经会议审查，2017 年 5 月 3 日水电水利规划设计总院印发“关于印发《金沙江上游巴塘水电站可行性研究报告审查意见》的函”。

2017 年 10 月，金沙江巴塘水电站项目通过国家发展改革委核准。

（三）工程建设进展

2018 年 1 月，巴塘水电站工程开工建设。主体工程分 7 个标，即左岸开挖工程施工、引水发电及导流泄洪系统、大坝、鱼道系统、机电设备安装、枢纽建筑物安全监测设备采购、枢纽建筑物安全监测施工。2020 年主体工程施工全面展开，主要工程形象如下：

（1）导流洞、泄洪放空洞，进口边坡开挖支护完成；出口边坡开挖完成，支护工程除少量预应力锚索外，其余均已完成。

（2）导流洞洞身开挖、支护、衬砌、灌浆等全部完成，12 月 26 日开始过流。

（3）12 月 28 日，工程顺利实现大江截流。

（4）上下游围堰防渗墙施工完成，上游围堰填筑至 2520m 高程。

（5）泄洪放空洞开挖完成，计划 2021 年 4 月底全部施工完成具备过水条件。

（6）电站进水口，边坡已开挖支护完成，坝段、溢洪道堰闸段已开挖到设计高程。

（7）厂房基坑开挖至 2480m 高程，下部剩余约 20m。

（中国电建集团西北勘测设计研究院有限公司 张华明）

鋆高水电站工程建设情况

鋆高水电站位于新疆喀什地区莎车县霍什拉甫乡境内叶尔羌河上，是《新疆叶尔羌河阿尔塔什水库回水至喀群引水枢纽河段水力发电规划报告》推荐的近期工程；其上游为阿尔塔什水利枢纽，下游为恰木萨水电站；为径流式，采用引水式开发，开发任务是水力发电，并承担阿尔塔什水利枢纽工程的发电反调节。电站总装机容量 185MW，多年平均年发电量 5.653 亿 kW·h，其中主电站装机容量 180MW，多年平均年发电量 5.25 亿 kW·h，发电设计流量 375.6m³/s；生态电站装机容量 5MW，多年平均年发电量 0.4 亿 kW·h，下泄生态流量 41m³/s。

该电站为三等中型工程，由拦河引水枢纽、输水建筑物、前池、压力管道及电站厂房等建筑物组成。拦河引水枢纽采用闸坝布置型式，自左至右岸依次布置左岸混凝土坝、无闸门溢流坝、18 孔泄洪冲沙闸、鱼道、生态电站、2 孔泄洪冲沙闸和发电引水闸，总长 520m，最大坝高 21.3m；水库正常蓄水位 1611m，相应库容 1656.1 万 m³，调节库容 611 万 m³。输水建筑物由输水渠道和输水隧洞组成。输水明渠长 7.623km，为梯形断面，纵坡 1/5000，渠深 9.4m，岩石段、砂砾石段的底宽分别为 15.3、5m，内边坡系数分别为 0.5、2.0；输水隧洞长 1.002km，明流洞，城门洞形断面，宽 9.9m、高 11.4m，纵坡 1/1000。前池与渠道夹角为 76.09°，采用侧向排冰、侧向引水布置型式，主要由水平段、连接段、前室、进水室、冲沙闸、排污道、泄水排冰闸、泄水陡坡及侧堰等建筑物组成，正常水位 1608.0m。压力管道采用正面进水单机单管布置、浅埋式钢内衬外包混凝土结构，管径均为 5m，长 173m；管道前设有拦污栅、事故检修闸门。发电厂房为引水式地面厂房，位于拦河引水枢纽下游约 8.8km 的叶尔羌河右岸边，由主厂房、副厂房、主变压器场、尾水建筑物等组成，主厂房平面尺寸 99.28m×21.9m（长×宽），副厂房位于主厂房上游侧，包括一次副厂房、二次副厂房及户内开关站，平面尺寸 99.28m×12.5m（长×宽）。户内式 GIS 开关站布置在副厂房内，220kV 出线场布置在副厂房屋顶层；4 台主变压器布置于副厂房上游侧，其安装平台与厂区地坪同高程为 1559.00m。

主电站选用 4 台 45MW 机组，水轮机的型号为

HLY251-LJ-350，额定流量 91.8m^3/s，额定出力 46.16MW；发电机型号为 SF45-36/6900，转动惯量 4200t·m^2；调速器采用数字微机调速器，型号 WDT-80-6.3，配套油压装置 HYZ-2.5-6.3。生态电站选用 2 台 2.5MW 机组，水轮机的型号为 ZZHT135-LH-210，额定流量 23.97m^3/s，额定出力 2.636MW；发电机型号为 SF2500-26/3300，转动惯量 90t·m^2；调速器采用数字微机调速器，型号 WZT-25-16，配套油压装置 HYZ-0.3-16，系统操作油压采用 16MPa。

主电站以 220kV 一级电压接入系统，出线 3 回：1 回至阿尔塔什水电站，线路长度约 15km；1 回至恰木萨水电站，线路长度约 22km；1 回至依扎克水电站，线路长度约 40km。本期出线 1 回至阿尔塔什水电站。生态电站采用 35kV 一级电压送至主电站，出线 1 回，线路长度约 10km。

金属结构设备，设置各类闸门和拦污栅 81 扇（总重约 1081t，埋件总重约 1180t）；各类启闭设备和防冰冻设备共 61 台（套），启闭设备总重约 904t。

工程总工期为 40 个月，其中施工准备期 2 个月，主体工程施工期 36 个月，完建期 2 个月。

工程于 2019 年 3 月开工，至 2020 年底，工程主要形象面貌为：拦河引水枢纽已具备二期导截流条件；输水明渠及隧洞开挖已完成，正进行土工膜铺设及混凝土衬砌工作；前池、泄水陡坡、压力管道完成 75%；主电站主机间已封顶，正进行副厂房混凝土施工及机组安装工作。计划 2021 年 10 月生态电站首台机组发电，2021 年 12 月主电站首台机组具备发电条件。

（新疆水利水电勘测设计研究院　邓理想）

木扎提河三级水电站 2020 年建设进展情况

木扎提河三级水电站位于新疆维吾尔自治区阿克苏市拜城县境内，是木扎提河干流上游段水电规划中的第 3 个梯级电站，首部枢纽距离拜城县、阿克苏市公路里程分别为 129、132km；工程开发以发电为主，装机容量 160MW，多年平均发电量 5.424 亿 kW·h。电站为引水式开发，枢纽由渠首、引水系统、岸边厂房及尾水建筑物等组成。渠首建筑物包括进水闸、引水明渠、泄洪冲沙闸、泄水明渠和侧堰，总长 298.6m。引水系统布置在河床左岸，由分水渠、进水口、引水暗涵、漏斗式冲砂池、压力前池、引水隧洞、调压室、压力管道等建筑物组成，全长约 15.8km（沿 4 号机）。厂房采用岸边式地面厂房，主机间尺寸 57.5m×21.5m×40.3m（长×宽×高），安装 4 台（2 台单机容量 70MW、2 台单机容量 10MW）立轴混流式水轮发电机组。该电站于 2015 年 10 月进入主体工程施工期。

2020 年，木扎提河三级水电站工程主要施工项目有鱼类增殖站、排沙漏斗、引水隧洞、调压井、压力管道和机电安装等，至 2020 年底，首部枢纽左岸进水闸、泄洪冲沙闸、分水渠、进水口等建筑物已全部完成并过水运行；鱼类增殖站已施工完成；排沙漏斗已施工完成，并编制了智能型排沙漏斗运行方式和科技专题研究的工作大纲；无压暗涵、压力前池和引水隧洞、调压井、压力管道等均已完成并通水运行；厂区建筑物和 4 台机组机电安装均已完成，2020 年 12 月 26 日，实现首台机组并网调试。预计 2021 年汛期水量足够后，4 台机组全部投产运行。

（中国电建集团北京勘测设计研究院有限公司
杨健　关李海）

亚曼苏水电站工程 2020 年实现“一年四投”

2020 年，亚曼苏水电站首台机组（4 号机）于 9 月 7 日通过 72 小时试运行，9 月 21 日和 10 月 2 日，3 号机组和 2 号机组分别通过 72 小时试运行，10 月 13 日，最后一台机组（1 号机）通过 72 小时试运行；至此，4 台机组全部投产发电，实现了“一年四投”。

亚曼苏水电站是托什干河流域水电规划“2 库 11 级”中的第 9 级和第 10 级两级水电站经过优化合并的一级水电站，位于阿克苏地区乌什县亚曼苏乡境内，为径流式；采用引水式开发，引水明渠接别迭里二级水电站尾水，由进水闸、引水渠、压力前池、压力管道、气垫式调压室、厂房、泄水槽、尾水渠及防洪堤等组成；安装 3 台单机容量为 70MW 和 1 台单机容量为 34MW 的水轮发电机组，总装机容量 244MW。

该电站厂区枢纽工程由中国水利水电第十工程局有限公司承建，建筑物主要包括地面厂房、尾水渠及交叉建筑物、泄水槽、防洪堤、临时进场公路、永久公路等；2016 年 3 月 1 日开工。

亚曼苏水电站厂址布置于天山南麓、托什干河北岸的冲洪积阶地上，基础透水性好，地下水丰富，尾水渠存在大量深厚淤泥，施工降排水和淤泥开挖难度大。工程建设采用了新技术、新工艺、新方法，主要如下：

（1）大范围深厚淤泥开挖施工技术。采用在挖掘机行走装置上安装浮箱，改造成一种适用于陆地、沼地、淤泥及浅水工作的湿地挖掘机，并利用这种湿地挖掘机在整个作业面开挖出“网格状”排水沟，以加快淤泥整体泌水排水速度；根据挖掘机的工作特性和控制范围布设“鱼刺状”施工道路，以达到节省填筑附加量的前提下加快淤泥开挖效率和速度的目的。

（2）化学泥浆在砂卵砾石地层防渗墙施工中的应用技术。基于常规膨润土在偏远地区市场供应匮乏，在薄壁防渗墙施工过程中采用化学泥浆作为替代品，取得了应用要点和经验数据，包括与“三钻两抓”法工艺结合时工艺流程和应用参数的调整成果，化学泥浆浓度、配比、使用时间的最佳参数试验成果，以及采用接头管法搭接时相应施工方法的应用，能够实现快速有效施工，为未来砂卵砾石层超深薄防渗墙工程设计施工提供了依据，在水电站防渗墙及类似工程施工建设领域，将产生广泛、深远的实际指导意义。

（3）大风沙高温条件下薄板混凝土施工技术。用一种轻型拉模进行混凝土施工，对混凝土配合比设计和浇筑过程进行严格控制，用高分子混凝土养护剂进行混凝土养护，以此来达到在新疆大风沙高温条件下能够快捷高效、保质保量完成贴坡薄板混凝土施工的目的。

（4）BIM＋智慧工地在水利水电工程中的应用。包括水工建筑物的三维建模和五维项目管理应用，以及智能安全帽、无人机、智能摄像头在施工管理中的应用等内容，提高了项目管理水平和信息化程度，具有较好的推广价值和应用前景。

工程建设形成的《大范围深厚淤泥开挖施工工法》《砂卵砾石地层薄壁防渗墙化学泥浆护壁、钻抓成槽施工工法》《大风沙高温条件下薄板混凝土施工工法》被评审为四川省工法；“化学泥浆在砂卵砾石地层防渗墙施工中的应用”获得 2019 年中国电力建设企业协会科技进步三等奖；“大范围深厚淤泥开挖技术创新”获 2018 年四川省工程建设系统优秀 QC 成果二等奖，“提高大量渗水部位基础混凝土一次验收合格率”获中国电力建设企业协会 2018 年度电力建设优秀质量管理 QC 成果三等奖，“降低清水混凝土成品色差偏差率”获中国电力建设企业协会 2019 年度电力建设优秀质量管理 QC 成果三等奖，“降低水电站厂房施工习惯性违章频次”获 2020 年度四川省工程建设系统优秀 QC 小组活动交流成果二等奖。

（华能新疆托什干河水电分公司　仝国连）

花桥水利枢纽工程 2020 年建设情况

花桥水利枢纽工程位于江西鹰潭贵溪市文坊镇信江流域罗塘河支流上游，坝址距贵溪市中心城区 49km，控制流域面积约 163km^2；水库总库容 1.09 亿 m^3，是一座以供水灌溉为主、结合防洪、兼顾发电等综合效益的大（2）型水利枢纽工程。

大坝枢纽工程主要由混凝土重力坝、供水发电取水口、电站厂房等建筑物组成。混凝土重力坝布置于主河床，建基面高程 95m，坝顶高程 134m，最大坝高 39m，坝顶宽度 6m；从左到右布置左岸非溢流坝段、溢流坝段、供水发电取水口坝段、右岸非溢流坝段，坝轴线总长 165m。电站厂房布置在右岸非溢流坝后，建基面高程 97.5m，主厂房内布置有 2 台混流式水轮发电机组，单机容量 1000kW。发电厂房后设置尾水池，副厂房及户内开关站设置在尾水池上。

输水管线从电站尾水池取水，双管供水，途经虹桥村—文坊镇—斗楼村—焦坑村—高公村—金屯镇—横路村—雷溪乡—张家桥—石泉金家—配水站（罗塘河口），全长 37.86km；管道直径，前 32.5km 为 1400mm、后 5.36km 为 1200mm；采用球墨铸铁管，局部跨河、跨道路等障碍物采用钢管；设计流量 3.39m^3/s，供水 22.5 万 m^3/d，年供水量 8200 万 m^3。

工程于 2019 年 9 月 27 日开工。2020 年施工进展如下：

（1）临时导流工程。导流隧洞于 2020 年 1 月 14 日全线贯通，4 月 23 日洞身衬砌完成，7 月 11 日验收完成。上下游围堰于 2020 年 8 月 15 日开始预进占，9 月 2 日大坝截流，10 月 2 日，大坝围堰填筑完成。

（2）大坝工程。坝肩开挖及支护于 2020 年 3 月 1 日开始施工，9 月 24 日完成。河床坝段开挖于 2020 年 8 月 20 日开始，于 10 月 19 日完成。大坝混凝土总方量 7.4 万 m^3，2020 年 10 月 29 日开始浇筑，当年年底已完成 1.25 万 m^3。

（3）交通工程。进厂公路于 2019 年 11 月 7 日开始施工，2020 年 11 月 8 日完成；上坝公路于 2019 年 11 月 7 日开始施工，2020 年 6 月 14 日完成。

（4）输水管线工程。2020 年 5 月 15 日开始施工，至当年年底已完成管道埋设 5.5km。

（中国安能集团第二工程局有限公司
齐建飞　陈新）

老木孔航电枢纽工程建设情况

（一）工程概况

老木孔航电枢纽工程是一座以航运为主，结合发电，兼顾防洪，同时还具有促进地区经济发展等综合效益和作用的大型航电枢纽工程，是岷江乐山—宜宾河段规划的4级航电工程的第1级，下游为东风岩航电枢纽。坝址位于乐山市五通桥区牛华镇下游约0.7km的杨花渡口附近，上游距乐山大佛约11.7km，下游距五通桥区约3.5km；控制流域面积为135811km^2，多年平均流量2470m^3/s。水库正常蓄水位358.00m，相应库容1.421亿m^3，调节库容0.11亿m^3，具有日调节能力。电站总装机容量405.40MW，年发电量（联合运行）16.51亿kW·h。

枢纽总布置由拦河闸坝、库区防洪堤、生态电站组成。拦河闸坝采用一字形布置，从左至右依次为：左岸连接坝段（30m）、左岸挡水坝段（50m）、左岸泄洪闸坝段（567.00m），厂房段253.20m（副安装间25.4m、主安装间47.8m、主机间180.0m），泄洪闸坝段（567.0m），船闸段（70.0m），右岸连接坝段（50.0m），坝顶总长1020.20m，坝顶高程为363.00m。泄洪闸为宽顶堰泄洪闸，最大闸高34m，孔口尺寸20m×16m（宽×高），单宽最大泄量148.47m^3/s。船闸有效尺度为220m×34m×5.5m（有效长度×有效宽度×门槛水深）。发电厂房为河床式厂房，主厂房尺寸253.2m×86.0m×61.5m（长×宽×高），厂内安装400MW（8台单机容量50MW）的灯泡贯流式水轮发电机组，机组安装高程为331.50m，电站总引用流量4339m^3/s。鱼道布置在电站右岸侧，全长为1493m，主要由鱼道进口、明渠段、穿船闸段、鱼道出口等组成，型式为钢筋混凝土结构，运行水深1.5～2.0m，断面采用矩形断面，尺寸为4.00m×3.50m（宽×高），底坡纵坡为$i=1\%$，共设置有4个进口、两个出口和1个观测室。

库区两岸新建防洪堤均起于库尾附近，至下游与本工程闸坝岸坡坝段以及船闸上引航道右边墙衔接。左岸堤线全长9.805km，右岸堤线全长7.956km。

涌斯江生态电站布置在涌斯江入口处，枢纽采用河床式布置，从左至右依次布置宽48m的挡水坝段、宽42m的河床式厂房、总宽82m的1孔冲沙闸和4孔泄洪闸，电站装机5.4MW。

（二）工程进展情况

(1) 受中国水电建设集团四川电力开发有限公司委托，中国电建集团成都勘测设计研究院有限公司于2009年初开始开展老木孔航电工程预可行性研究阶段勘测设计工作，2010年5月提出了《老木孔航电枢纽工程预可行性研究报告》并通过了水电水利规划设计总院审查。

(2) 2010年5月启动可行性研究设计，陆续通过枢纽布置格局专题报告、正常蓄水位专题报告、施工总布置专题报告、水土保持方案报告书、移民安置规划大纲、工程安全预评价、防震抗震专题报告、移民安置规划报告、防洪评价报告、水资源论证报告书审查，

(3) 2011年项目又由电口改交通口，于2011年5月编制完成岷江乐山～龙溪口段渠化整治工程项目建议书。

(4) 2016年12月编制完成《老木孔航电枢纽工程可行性研究报告》并通过四川省交通运输厅行业审查。

(5) 2017年9月《老木孔航电枢纽工程工程可行性研究报告》通过四川省发展改革委的审查。2018年8月31日，四川省发展改革委出具了《四川省发展和改革委员会关于岷江老木孔航电枢纽工程可行性研究报告的批复》（川发改基础〔2018〕423号）。

(6) 2018年9月开始开展老木孔航电工程初步设计阶段勘测设计工作，2018年12月提出了《老木孔航电枢纽工程初步设计报告》并于2020年8月通过了四川省交通运输厅的审查。

(7) 2020年11月，《老木孔航电枢纽工程项目环境影响报告》通过了乐山市环保局的预审查。

(8) 2020年11月27日，老木孔航电枢纽工程在乐山召开了开工仪式，工程全面进入筹建阶段。

（中国电建集团成都勘测设计研究院有限公司 石太军）

凤山水库工程2020年建设情况

（一）工程概况

凤山水库位于贵州省黔南布依族苗族自治州福泉市境内鱼梁江（沅江水系清水江支流）上游，是一座大（2）型水库，总库容1.04亿m^3，右岸坝后电站装机容量5.0MW。该水库是贵州省唯一一座列入全国172项节水供水重大水利工程，总投资42.7亿，总工期48个月。

凤山水库工程由水库工程和输水工程两部分组成。水库工程由拦河坝、右岸坝后式电站以及集鱼建筑物等组成；输水工程由引水隧洞、输水管道、3座泵站、1座管桥、5座跨路顶管以及管道附属建筑物组成。拦河坝采用碾压混凝土重力坝，由挡水坝段、表孔坝段、进水口坝段和电站坝段组成，共分11个坝段；坝顶长281.0m，坝顶高程912.00m，最大坝高90.0m。表孔坝段布置于河床中部，共设2个溢流表孔，消力池出口正对下游河床。表孔净宽8.0m，堰顶高程898.0m，堰上安装弧形工作闸门，液压启闭机启闭，工作闸门上游设一道叠梁式检修闸门。表孔消能方式采用底流消能，消能工采用综合式消力

池，池底高程838.00m，池长90.0m、宽19m、深5.5m。

坝后式电站布置在6号坝段坝后，生态电站设计流量8.73m^3/s，引水（动能回收电站）设计流量2.9m^3/s。主厂房内布置3台卧式水轮发电机组，安装间布置在中间。左侧利用生态基流发电的机组2台（单机容量1.5、2.5MW各一台），总装机容量4.0MW；动能回收机组1台，布置在安装间右侧，装机容量1.0MW。

中国水电基础局有限公司中标承担该水库工程的大坝土建及安装工程施工（三）标，主要工程量有土石方开挖73.26万m^3，坝体碾压混凝土填筑40.96万m^3，现浇混凝土12.68万m^3，钢筋制作安装0.68万t，金属结构安装654t，机电设备安装164台套，回填灌浆0.25万m^2，固结灌浆1.16万m，帷幕灌浆2.57万m。

（二）2020年工程进展情况

大坝土建及安装工程施工（三）标段于2020年5月组织人员和设备进场，开展前期准备工作；7月，坝肩高边坡处理分部工程开工。

截至2020年底，完成的主要工程量有左岸坝肩土方开挖1.94万m^3、石方开挖12.83万m^3、喷锚支护0.56万m^2、挂网钢筋26.54t，右岸坝肩土方开挖6.56万m^3、石方开挖24.52m^3、喷锚支护3.5万m^2、挂网钢筋118.48t。主要形象面貌如下：

（1）左岸坝肩已开挖至高程852m，边坡支护至高程866.5m；右岸坝肩已开挖至高程854m，边坡支护至高程866.5m。

（2）临时工程建设基本完成，其中，料场加工系统的设备已安装并完成调试，具备运行条件；混凝土拌和系统的常态混凝土拌和站已投入使用；碾压混凝土拌和楼主楼设备及附属设施已安装完成，基本具备运行条件。

（中国水电基础局有限公司　嵇红光）

东台子水库大坝工程2020年建设进展情况

东台子水库位于内蒙古赤峰市林西县西拉木伦河中上游，其建设任务以防洪、供水为主，兼顾灌溉和发电等综合利用，是国家“十三五”172项重大水利工程建设项目之一；枢纽工程主要建筑物包括沥青心墙堆石坝、混凝土坝（含挡水坝段、底孔及溢流表孔坝段、引水坝段）、电站和鱼道等，坝长1415m，最大坝高45.8m，总库容3.21亿m^3；电站装机容量8MW，多年平均发电量1834万kW·h。该水库为二等大（2）型工程，2018年7月12日开工。

中国水利水电第一工程局有限公司承建的标段主要施工内容为沥青混凝土心墙堆石坝、右岸泄洪建筑物、引水建筑物、电站和鱼道等土建施工（不包括大坝基础防渗工程），以及机电设备及金属结构安装，建设进展情况如下：

1. 土石方开挖工程　泄槽、进水渠、混凝土坝等部位按节点要求于2019年8月31日实现全线贯通，累计土方开挖完成21.1万m^3，石方开挖完成100.4万m^3。

2. 边坡支护　2020年6月10日进水渠、泄槽边坡支护施工全部完成，本年度施工完成0.8万m^2，累计施工完成2.6万m^2。

3. 泄槽混凝土　2020年7月14日泄槽边墙、底板混凝土施工完成，本年度完成混凝土0.8万m^3，累计施工完成混凝土浇筑1.3万m^3。

4. 混凝土坝段　2020年10月8日进入冬季停工间歇阶段，本年度共浇筑完成混凝土2.9万m^3，固结灌浆4000m，坝基锚筋桩431根；累计混凝土浇筑3.2万m^3，固结灌浆4210m，坝基锚筋桩431根。

5. 连接坝段　连1、连2混凝土浇筑施工完成，连3浇筑至高程653.0m，连4、连5浇筑高程660.5m，连6、连7、连10、连11浇筑至高程648.0m，连8浇筑至高程650.5m，连9浇筑至高程646.0m。累计浇筑混凝土1.7万m^3。

6. 鱼道工程　鱼道坝上游段及坝下游段混凝土垫层、部分段底板混凝土累计完成混凝土浇筑770m^3。

7. 沥青混凝土心墙堆石坝　2020年10月19日开始填筑，堆石坝填筑至高程655.0m开始进入冬季停工间歇阶段；本年度坝体堆石料（混合）填筑完成6.6万m^3，下游坝基反滤料填筑完成1.1万m^3。累计堆石坝填筑施工完成7.7万m^3。

8. 金属结构安装工程　2020年7月20日正式开工，本年度主要进行了引水坝段、挡水坝段坝体内压力钢管安装施工。

（中国水利水电第一工程局有限公司）

大渡河沙坪一级水电站正式核准

2020年12月30日，四川省发展改革委印发《关于大渡河沙坪一级水电站项目核准的批复》（川发改能源函〔2020〕685号），同意建设大渡河沙坪一级水电站。

大渡河沙坪一级水电站位于四川省乐山市金口河区境内，距成都直线距离约176km，是大渡河干流水电梯级规划22级开发方案的第20级电站的第一级。电站为二等大（2）型工程，总库容 2123 万 m^3，总装机容量 360MW，多年平均发电量 16.35 亿 kW·h。枢纽主要由泄洪闸、河床式厂房、鱼道等建筑物组成。

开敞式泄洪闸布置在主河床右侧滩地，共 5 孔、总长 109m；闸顶高程 581.00m，闸孔尺寸 15m×23m（宽×高），最大闸高 31m；溢流堰采用平底宽顶堰型式，堰顶高程 554.00m；闸室沿河流向长 50m。泄洪闸采用弧形钢闸门挡水，弧门尺寸为 15m×23.5m（宽×高），采用液压启闭机启闭。

发电厂房布置在主河床，厂内布置 6 台单机容量为 60MW 的灯泡贯流式机组，总装机容量 360MW。厂区主要建筑物包括主机间、安装间、装卸间、副厂房、中控楼等几部分，电站大件设备由装卸间下游侧进厂后倒运至安装间。主机间段沿水流方向依次布置拦沙坎、进水渠、拦污栅、坝顶交通、检修闸门、主机间、下游副厂房、尾水平台、事故闸门、尾水渠和下游拦沙坎。主厂房总长为 175.10m，其中主机间段长为 126.60m，安装间长 36.00m，装卸间长 12.50m。副厂房布置在主厂房下游侧及安装间底部，主变压器及 GIS 室布置在副厂房尾水平台及以上的两层内，GIS 室屋面布置出线场。中控楼布置在安装间下游侧。

鱼道采取连续“绕弯”方式沿左岸布置，全长 1137m，平均坡降为 2%，采用竖缝式鱼道结构型式，净宽 2m。鱼道由进口、池室、休息池、观测室、调节池和出口等组成，其中进口布置于安装间下游电站尾水渠内，出口布置于厂房进水渠左岸上游侧。

工程建设征地涉及 3 个乡（镇）5 个行政村 18 个村民小组，涉及各类土地面积 2931 亩，其中：永久征收 2595 亩，临时征用 336 亩，主要地类为水域及水利设施用地和林地，不涉及基本农田和Ⅰ级、Ⅱ级保护林地。影响农村部分各类房屋面积 53304m^2，涉及搬迁安置人口 182 户 735 人，其中生产安置人口为 348 人，分别采用养老保障、自谋出路和自谋职业 3 种方式进行安置。

电站静态投资 42.03 亿元，总投资 48.33 亿元，由国能大渡河流域水电开发有限公司出资建设，工程施工总工期 64 个月，首台机组投产发电工期 52 个月。电站单位千瓦静态投资 11675 元/kW，单位千瓦总投资 13425 元/kW，单位电量投资 2.96 元/(kW·h)。

中国电建集团华东勘测设计研究院有限公司承担了沙坪一级水电站的勘测设计工作。2019 年 1 月，电站预可行性研究报告通过审查；4 月，可行性研究阶段正常蓄水位选择专题报告和施工总布置规划专题报告通过审查；12 月，四川省人民政府发布“封库令”。2020 年 10 月，可行性研究报告通过审查。

（中国电建集团华东勘测设计研究院有限公司
田建海　涂承义　王婧）

雅砻江卡拉水电站工程项目获得正式核准

2020 年 6 月 17 日，四川省发展改革委印发《四川省发展和改革委员会关于雅砻江卡拉水电站项目核准的批复》（川发改能源〔2020〕323 号），同意建设雅砻江卡拉水电站。

卡拉水电站位于四川省凉山彝族自治州木里藏族自治县境内，是雅砻江中游两河口—卡拉河段水电开发规划 1 库 7 级的第 7 级水电站，其上游为杨房沟水电站，下游为锦屏一级水电站。工程场址位于木里县卡拉乡下田镇村上游约 4km 处，上距杨房沟水电站 33km，下距锦屏一级水电站 60km。卡拉水电站的开发任务为发电；坝址控制流域面积 81762km^2，多年平均流量 905m^3/s；电站单独运行时为日调节性能，与中游河段“龙头”梯级水库两河口联合运行可发挥多年调节作用；电站装机容量为 1020MW，保证出力 350MW，装机年利用小时数 4435h，多年平均发电量 45.238 亿 kW·h。建设卡拉水电站对改善四川电网枯期水电出力不足、优化四川电网电源结构具有较大作用。

卡拉水电站为二等大（2）型工程，水库正常蓄水位 1987.0m，死水位 1982.0m，正常蓄水位以下库容 2.378 亿 m^3，调节库容 0.365 亿 m^3。枢纽主要建筑物由拦河坝、泄洪消能设施及引水发电系统等组成。拦河坝为碾压混凝土重力坝，坝顶高程 1995.0m，最大坝高 126.0m，坝顶长度 248.0m；坝身布置 5 个开敞式溢流表孔，堰顶高程 1970.0m，孔口尺寸 11m×17m（宽×高）；2 个中孔对称布置于表孔两侧，孔底高程为 1930.0m，孔口尺寸 5m×7m（宽×高）。坝下设置有底流消力池消能，为避免出池水流冲刷淤积发电尾水洞出口，池后一定范围设护底护坡。

引水发电建筑物布置在右岸地下，采用首部开发方式，布置 4 台单机容量为 255MW 的水轮发电机组。主副厂房洞开挖尺寸 234m×27m×75.77m（长×宽×高）；主变压器洞平行布置在主副厂房洞室的下游侧，开挖尺寸 180m×18m×36.8m（长×宽×高）。GIS 布置在主变压器洞内，地面仅布置出线场。地面出线场结合尾水出口场地后边坡布置。

引水系统按单机单洞布置，4 条压力管道平行布置，引水道长 320.2～403.6m，钢筋混凝土衬砌段内径 11.7m，钢衬段内径 9.7m。主变压器洞下游设长廊形阻抗式尾水调压室，调压室尺寸为

255.8×25×60m（长×宽×高）。尾水系统按一洞两机布置，共2个水力单元，尾水主洞长433.0～535.0m，圆形断面，衬后直径17.0m。1号尾水隧洞为专用尾水洞，2号尾水隧洞与2号导流隧洞结合布置。

工程建设征地影响涉及凉山州木里县的2个乡8个行政村17个村民小组；调查基准年（2012年）建设征地影响涉及搬迁人口218户1006人；影响各类房屋76652.37m²；影响各类土地16333亩，其中水库淹没影响区淹没影响各类土地11618亩，枢纽工程建设区永久征收各类土地1781亩，临时征用各类土地2884亩，集镇新址征收各类土地49亩；淹没影响雅砻江镇集镇1座；影响涉及的专业项目主要有汽车便道35.8km、10kV输电线路2km、架空光缆线路36km、基站1个，水电站1座110kW，企事业单位3个。另外，本工程建设征地区内涉及3处文物。

电站总投资171.21亿元，工程总工期83个月，首台机组投产发电工期72个月。

中国电建集团华东勘测设计研究院有限公司承担了雅砻江卡拉水电站的勘测设计工作。2008年6月，电站预可行性研究报告通过审查；7月，电站可行性研究工作开始。2012年5月，四川省人民政府发布“封库令”。2015年10月，建设征地移民安置规划报告通过审查；11月，可行性研究报告通过审查。

建设卡拉水电站，可替代火电年均发电量约47.5亿kW·h，相应每年可节约原煤约142.5万t，减少排放二氧化碳（CO_2）约304万t、氮氧化合物（NO_x）约1.0万t、二氧化硫（SO_2）约2.2万t，为我国实现“碳达峰、碳中和”目标提供有力保障。

卡拉水电站是国内第一个全过程EPC建设水电工程项目，前期准备工程与主体工程交叉、搭接施工干扰大、工期紧，对工程管理要求高；工程坝址区山高坡陡，施工场地狭窄，施工区分布范围广、布置难度大；危岩体、泥石流沟分布广，工程建设安全风险大；地下厂房有效埋深浅，节理裂隙发育，地质条件复杂；要求研发并全面应用全过程、全要素的智能建设系统，信息化程度高。

（中国电建集团华东勘测设计研究院有限公司　吴伟伟
雅砻江流域水电开发有限公司　李啟常）

国能大渡河流域水电开发有限公司2020年工程建设情况

（一）金川水电站

该电站是大渡河干流水电调整规划的第6级电站，位于四川省阿坝州金川县境内。电站总装机容量86万kW，多年平均年发电量34.86亿kW·h；枢纽建筑物由混凝土面板堆石坝、右岸溢洪道和泄洪洞、左岸输水建筑物及地下厂房等组成。2018年12月，电站项目取得四川省发展改革委核准批复。2019年9月，导流洞工程和泄洪放空洞工程开工。2020年12月，截流关键项目导流洞工程和泄洪放空洞工程洞身Ⅰ层贯通，洞身Ⅱ层和Ⅲ层开挖支护跟进，启动底板浇筑。

（二）双江口水电站

该电站是大渡河干流水电调整规划的第5级电站，位于四川省阿坝州马尔康县、金川县境内，是大渡河干流上游控制性龙头水库电站。电站总装机容量200万kW，多年平均年发电量77.07亿kW·h；枢纽工程由拦河大坝、泄洪建筑物、引水发电系统等组成。拦河土质心墙堆石坝，最大坝高312m，坝顶高程2510m。2015年4月，电站项目获得国家发展改革委核准，同年7月正式开工。2016年10月，枢纽主体工程标承包人全面进场。2019年3月，启动大坝河床盖板首仓混凝土浇筑。2020年，全面启动大坝填筑；12月，大坝心墙、反滤层、过渡层及堆石区填筑至2220m高程。

（三）枕头坝二级、沙坪一级水电站通过核准

枕头坝二级水电站和沙坪一级水电站位于四川省乐山市金口河区境内，枕头坝二级水电站设计装机容量30万kW，多年平均发电量15.03亿kW·h；沙坪一级水电站设计装机容量36万kW，多年平均发电量16.35亿kW·h。2019年3月，两项目取得四川省能源局印发的预可行性研究审查意见。2019年12月，完成可行性研究报告（枢纽部分）审查。2020年12月，取得项目核准批文。

（国能大渡河流域水电开发有限公司　柳玉兰）

中国电力建设集团有限公司承建的重点水电工程项目2020年进展情况

（1）2020年4月26日，由中国电建集团成都勘测设计研究院有限公司（简称成都院，其他同类公司简称相似）勘测设计、中国水利水电第七工程局有限公司（简称水电七局，其他同类公司简称相似）承建的双江口水电站全面启动大坝填筑，标志着这座大渡河控制性高坝大库的龙头水电工程，全面进入主体工程建设新阶段。

（2）4月30日，由水电八局承建的广西大藤峡水利枢纽工程首台机组（8号机）通过72小时试运

行，正式投入商业运行。枢纽左岸 7、6 号机组分别于6月22日、7月31日投产发电，圆满完成“百日三投，百日三接”的攻坚任务。

(3) 5月26日，由水电七局、水电五局承建的犍为航电枢纽工程首台机组并网发电。同年12月，第7台机组（1号机）并网发电，实现了“1年7投”的目标。

犍为航电枢纽工程位于岷江下游河段，以航运为主，Ⅲ级船闸（单级）通航可达1000t级船舶，结合发电，兼顾供水、灌溉功能。该项目属目前亚洲在建的最大贯流式机组群，是首批列入国家长江经济带综合立体交通走廊规划的项目，同时也是国家和四川省委省政府融入“一带一路”建设和长江经济带发展战略的重要举措。该工程安装9台贯流式水轮发电机组，单机容量5.56万kW，总装机容量500MW，于2017年4月开工建设。

(4) 6月22日，由昆明院设计，水电基础局、水电十四局、水电七局参建的世界首座堰塞坝综合水利枢纽工程——云南鲁甸红石岩水电站首台机组正式投产发电。

2014年8月3日，云南省鲁甸县发生6.5级地震，在鲁甸县火德红乡李家山村和巧家县包谷垴乡红石岩村交界的牛栏江干流上形成库容2.6亿m^3的大型堰塞湖，堰塞湖风险等级为Ⅰ级（最高级别）。经采用堰塞体顶部开挖泄流槽、爆破调压井施工支洞检修门、新建应急泄洪洞等处置措施于10月4日放空了堰塞湖，解除了溃堰风险。基于堰塞坝的独特性，在应急抢险和后续处置完成后，创新性提出“减灾兴利、开发利用”的综合治理理念，将红石岩堰塞湖改造成集防洪、供水、灌溉、发电等功能的大型综合水利枢纽，为世界首座堰塞坝“应急抢险—后续处置—整治利用”一体化水利枢纽工程。

红石岩堰塞湖整治工程由堰塞坝整治、高边坡治理、右岸溢洪洞、右岸泄洪冲沙放空洞、右岸引水发电建筑物、下游供水及灌溉建筑物等组成。总库容1.85亿m^3，防洪标准2000年一遇；供水8.08万人；灌溉6.62万亩；装机容量20.1万kW，年发电8亿kW·h，工程总投资37亿元。

(5) 6月28日，由中国电力建设集团有限公司承建乌东德水电站首批单机容量为85万kW的水轮发电机组正式投产发电，习近平对金沙江乌东德水电站首批机组投产发电做出重要指示。

(6) 12月17日，由水电七局、华东院承建的、国内首个采用EPC建设模式的百万千瓦级大型水电工程——杨房沟水电站大坝全线浇筑到顶，为首台机组发电奠定了基础。

(7) 7月14日，由北京院勘测设计，水电一局、水电二局、水电四局、水电十四局、水电十六局承担施工任务的沂蒙抽水蓄能电站下水库通过蓄水验收，正式开始蓄水。

沂蒙抽水蓄能电站位于山东省临沂市费县沂蒙山区，安装4台单机容量为30万kW的混流可逆式水泵水轮机发电电动机机组。

(8) 由华东院设计，水电四局、水电五局、水电六局、水电七局、水电八局、水电十四局等单位承建的白鹤滩水电站，2020年6月启动基坑进水，大坝具备挡水度汛条件，同时首台百万千瓦机组转轮吊装成功。该电安装有全国产化世界最大单机容量为100万kW的水轮发电机组，总装机容量达1600万kW，年均发电量624.43亿kW·h。

(9) 由成都院勘测设计、水电十二局与水电五局组成的“一二·五联合体”承建的两河口水电站，10月19日，通过工程蓄水验收委员会验收；11月，1、2号导流洞下闸封堵、开始第一阶段水库蓄水；12月17日，大坝心墙填筑至高程2826m，提前14天完成年度填筑目标。

(10) 12月8日，由中南院勘测设计，水电七局、水电十二局、水电十四局、水电十五局、广东水电二局等企业承担施工任务的海南琼中抽水蓄能电站通过工程竣工验收。

（中国电力建设集团有限公司）

国能大渡河流域水电开发有限公司2020年前期项目筹建情况

（一）安宁、巴底水电站

安宁、巴底两个梯级水电站坝址相邻，安宁水电站位于大渡河上游阿坝州境内，巴底水电站位于甘孜州境内，规划总装机容量110万kW，两个电站均已完成预可行性研究设计，可行性研究设计正有序推进。2020年，安宁水电站按照深挖潜力、做优指标，尽快实现经济可开发的要求，继续深入开展设计优化；巴底水电站完成水库影响区地质专题报告、施工总布置规划专题报告（重编）、建设征地实物调查细则及工作方案等相关专题报告并取得了评审意见，启动了《停建通告》申报工作。

（二）丹巴水电站

该电站位于四川省甘孜藏族自治州丹巴县境内，规划装机容量113万kW。2020年，项目完成水库影响区地质专题报告、施工总布置规划调整专题报告（重编）和建设征地实物指标复核调查细则及工作方案，并取得审查意见，启动了《停建通告》申报工作。

（三）老鹰岩水电站

老鹰岩水电站坝址位于大渡河中游雅安市石棉县境内，分两级开发，规划总装机容量 72 万 kW。2020 年，老鹰岩一级水电站、老鹰岩二级水电站正式开展可行性研究勘测设计工作。2020 年 8 月，两项目完成正常蓄水位选择专题报告编制及审查，11 月完成水库淹没区地质专题报告编制及审查，12 月完成施工总布置专题报告编制及审查。2020 年 12 月，老鹰岩两级水电站基本具备《停建通告》申报条件。

（四）帕隆藏布流域

2020 年 9 月，完成帕隆藏布水电规划加深工作的 7 个专题报告。根据西藏自治区区域空间生态环境评价暨“三线一单”编制报告最新成果，帕隆藏布流域规划梯级从禁止类开发河段调整为重点管控类可开发河段。2020 年 12 月，结合国家能源“碳达峰、碳中和”等新战略，初步确定了帕隆藏布流域水电开发功能定位。

（国能大渡河流域水电开发有限公司　柳玉兰）

中电建水电开发集团有限公司 2020 年重点工程项目建设情况

（一）夏特水电站

夏特水电站工程位于新疆柯尔克孜自治州乌恰县吾合沙鲁乡的克孜河中游河段上，总装机容量 24.8 万 kW（4×6.2 万 kW），属三等中型工程。项目于 2016 年 1 月核准，同年 7 月 15 日主体开始施工。

2020 年，夏特水电站工程主要开展引水明渠、前池、埋管段开挖填筑和混凝土浇筑、引水隧洞混凝土衬砌和灌浆、调压井下井室及连通段衬砌、竖井开挖支护和压力钢管安装、厂房混凝土浇筑及灌浆等工作。本年度三轮疫情对施工有影响，建设进度有所滞后。截至 2020 年底，主要项目引水渠面板完成率 58%；引水隧洞衬砌累计完成率 78.5%；竖井直线段安装浇筑完成；主、副厂房土建主体工程已结束，1 号机组定子吊装已完成。

（二）巴拉水电站

巴拉水电站位于阿坝藏族羌族自治州马尔康县境内，工程采用混合式开发，电站总装机容量 73.86 万 kW，其中主体电站 3×24 万 kW、生态电站 2×0.93 万 kW。该项目于 2018 年 3 月获得四川省发展改革委核准；2020 年 11 月 20 日正式获得中国电力建设股份有限公司投资建设的批复，12 月 29 日电站主体工程开工令正式下达，施工道路、施工支洞和生活、生产辅助系统紧锣密鼓进行。该电站工程生态保护和环境保护与施工生产矛盾突出，中电建水电开发集团有限公司和足木足河流域开发公司高度重视，对生态环保问题专题论证，制定针对性措施，在施工中保护生态环境，在生态环境保护中施工。计划 2021 年 11 月截流。

（中电建水电开发集团有限公司　葛静）

抽水蓄能工程

丰宁抽水蓄能电站工程 2020 年建设进展情况

丰宁抽水蓄能电站位于河北省承德市丰宁满族自治县四岔口乡，安装有 12 台单机容量为 300MW 的抽水蓄能机组，其中 2 台为变速机组。

截至 2020 年底，上、下水库主体工程基本完成，剩余部分坝顶结构、环库路、灌浆洞及部分启闭机房混凝土施工；下水库已经蓄水。一、二期引水系统主体工程基本完成，剩余下平段部分钢管安装及施工支洞封堵；一、二期尾水系统开挖支护全部完成，剩余部分尾水系统洞段衬砌、尾水支管安装；地下厂房1～12 号机组机电安装有序进行，其中 1、6、10 号机组混凝土已浇筑至发电机层。具体情况如下：

1. 上、下水库土建及金属结构安装工程（一、二期）　上水库面板堆石坝坝顶防浪墙完成，仅剩面板表面止水及聚脲施工；一、二期上水库进出水口、平洞和闸门竖井混凝土浇筑完成；上水库库周帷幕灌浆正在有序开展。下水库主要建筑物已施工完成，并通过蓄水验收；2020 年 10 月 18 日拦沙库下闸蓄水，11 月 12 日蓄能库开始蓄水，至年底已蓄水至 1048m（正常蓄水位为 1061m）。

2. 引水系统土建及金属结构安装工程（一期）　1、2、3 号引水隧洞钢筋混凝土衬砌完成；1、2、3 号引水调压室结构混凝土及灌浆全部完成，正在进行顶部钢盖板安装；1、2、3 号高压管道上平段、上斜井、中平段、下斜井、下平段、支管的钢管和岔管安装基本完成，仅剩余中平段和下平段部分凑合节合拢及支洞封堵工作。

3. 地下厂房及尾水系统土建及金属结构安装工程（一期） 地下厂房及附属洞室开挖及衬砌全部结束，并已经向机电安装标交面。尾水隧洞、尾水调压室、尾水闸门洞及尾水支管正在进行混凝土浇筑及钢管安装，1号尾水系统基本完成，正在进行灌浆及混凝土缺陷处理。

4. 引水系统土建及金属结构安装工程（二期） 4、5、6号引水隧洞钢筋混凝土衬砌完成；4、5、6号引水调压室结构混凝土及灌浆全部完成，正在进行顶部钢盖板安装；4、5、6号高压管道上平段、上斜井、中平段、下斜井、下平段、支管的钢管和岔管安装基本完成，仅剩余、上平段、中平段和下平段部分凑合节合拢及支洞封堵工作。

5. 地下厂房及尾水系统土建及金属结构安装工程（二期） 地下厂房及附属洞室开挖及衬砌已完成，并向机电安装标交面。尾水隧洞、尾水调压室、尾水闸门洞及尾水支管正在进行混凝土浇筑及钢管安装，5、6号尾水系统基本完成，正在进行灌浆及混凝土缺陷处理。4号尾水隧洞正在进行混凝土浇筑和灌浆施工。

6. 机电安装工程（一、二期） 1、6、10号机组混凝土已浇筑至发电机层，1号定子、转轮、顶盖、球阀完成吊装，10号定子完成吊装；2、3、6号机组浇筑至母线层；9号机组浇筑至水轮机层；4、5、7、8号完成蜗壳外包钢筋安装；11、12号机组完成蜗壳层底板混凝土浇筑。

（中国电建集团北京勘测设计研究院有限公司
何敏）

敦化抽水蓄能电站工程2020年建设进展情况

敦化抽水蓄能电站于2013年7月开工建设。2020年主要进行上、下水库土建及金属结构安装工程标、引水发电系统土建及金属结构安装工程标、地下厂房及尾水系统土建及金属结构安装工程标、机电设备安装及厂房混凝土工程标等工程施工。至2020年底，主要工程形象如下：

1. 上、下水库土建及金属结构安装工程标（C1标） 上水库大坝坝体填筑、沥青混凝土心墙施工至1393.5m高程，已完成52.5m，剩余1.5m坝顶结构；上水库进出水口混凝土施工完成。下水库沥青混凝土心墙堆石坝、泄洪放空洞、溢洪道、进出水口施工完成并投入使用；下水库蓄水至正常蓄水位717m。

2. 输水发电系统土建及金属结构安装工程标（C2标） 1号引水隧洞施工全部完，2号引水隧洞完成90%；引水调压井洞混凝土衬砌、固结灌浆已全部完成；1号高压管道钢衬施工全部完成。

3. 地下厂房及尾水系统土建及金属结构安装工程标（C3标） 主副厂房及安装间工程开挖支护已全部完成，并移交EM1标。主变压器洞工程开挖支护已全部完成，并移交EM1标。尾水事故闸门井安装完成，尾水调压室施工完成，尾水隧洞施工全部完成。排水廊道工程厂房上层、中层、下层排水廊道开挖支护全部完成。

4. 机电设备安装及厂房混凝土工程标（EM1标） 2017年5月，机电安装标进场开工。生产辅助区房屋建筑工程的恒温恒湿库、封闭仓库、中控楼、开关站GIS楼、消防站施工完成。1～4号机组发电机层均浇筑完成；主副厂房主体结构完成，砌体施工完成，地砖铺设完成；主变压器室及主变压器副厂房混凝土结构施工完成，砌体、墙面涂料施工完成；1号母线洞施工完成，2～4号母线洞主体结构完成，正在进行装修施工。1号机组安装完成，具备有水调试条件；2号机主要机电设备完成；3～4号机定子吊装完成，主变压器安装就位。

（中国电建集团北京勘测设计研究院有限公司
王兆辉）

沂蒙抽水蓄能电站工程2020年建设进展情况

沂蒙抽水蓄能电站位于山东省临沂市费县，安装4台单机容量为300MW的单级混流可逆式水泵水轮机发电电动机机组。工程建设分11个标段，截至2020年12月31日，形象进度如下：

1. 场内道路工程（YM/Q1） 1号路、鲁峪沟隧道、2号路所有施工项目已全部完工，投入使用。

2. 引水系统准备工程（YM/Q2） 排风上平洞工程、引水上平洞施工支洞工程已完工并移交地下厂房标；4号路一期工程边坡开挖支护及路面工程已全线完工。

3. 永久补水及施工供水工程（YM/Q3） 一级至五级泵站管线、水泵正常运行，可满足各单位供水需求。

4. 施工供电工程（YM/Q4） 施工供电系统完工投运。

5. 业主营地工程（YM/Q5） 业主营地工程施工完成。

6. 施工期污水处理标（YM/Q6） 地下排水处

理站、砂石废水处理站土建装修及水电设备安装已全部施工完成。

7. 进厂交通洞和通风兼安全洞工程（YM/Q8） 通风兼安全洞和进厂交通洞已施工完成并移交工作面。

8. 上水库工程（YM/C1） 库岸、库盆工程开挖已完成；主坝、库底回填区已填筑完成，坝后干砌石护坡施工完成；环库公路及以上边坡开挖支护、库岸边坡开挖支护施工已完成；进出水口1、2号竖井混凝土浇筑完成；库底排水廊道开挖及衬砌施工完成，沥青混凝土整平胶结层、防渗层正在摊铺。

9. 输水发电系统工程（YM/C2）

（1）引水系统：1号引水事故闸门井井前渐变段衬砌浇筑完成，井后渐变段钢筋制作安装完成60%；2号引水事故闸门井井前渐变段底板衬砌浇筑完成，边墙及顶拱完成钢筋制作安装。1号引水事故闸门井滑模衬砌70.5m；完成2号引水事故闸门井滑模衬砌施工准备。1号高压管道竖井钢管安装32节，钢管外回填169m；竖井下弯段压力钢管安装8节。1号引水下平段压力钢管安装21节，1号引水隧洞完成12m洞段的固结灌浆。

（2）地下厂房系统：厂房、主变压器室、母线洞开挖支护完成，排风竖井扩挖、衬砌全部完成，出线平洞开挖支护、混凝土衬砌施工完成，厂房排水廊道已施工完成，地面开关站边坡贴坡混凝土施工完成。

（3）尾水系统：1号尾水调压井大井及井口底板、下部连通管直段衬砌浇筑完成，1号尾水事故闸门井门槽及腰箱安装完成；2号尾水事故闸门井钢衬回填及闸门拼装完成；尾闸室集水井板梁柱混凝土浇筑完成。1号尾水隧洞完成99m衬砌浇筑，2号尾水隧洞完成77m衬砌浇筑。1号尾水隧洞完成157m洞段的回填灌浆、195m的固结灌浆，2号尾水隧洞完成664m洞段的固结灌浆。1号尾水支管完成回填灌浆64.3m，完成接触灌浆72m，完成固结灌浆34.2m。1号尾水隧洞完成224m洞段的衬砌缺陷处理。

10. 下水库工程（YM/C4） 下水库已于2020年7月下旬开始蓄水，坝顶结构及右岸巡视便道路面正在施工。

11. 机电安装工程标（YM/EM1） 1号机发电机层以下墙面腻子完成，发电机层下游侧砌体施工完成。2号机锥管二期混凝土浇筑完成，发电机层下游侧砌体施工完成100%。3号机发电机层风罩和上下游边墙、柱混凝土浇筑完。4号机蜗壳回填及尾水管接触灌浆完成，水轮机层板梁柱浇筑完成。排风机房内装修施工完成。1号出线场侧出线架设备基础开挖、浇筑完成，透水混凝土浇筑完成；2号出线场场地开挖、平整完成，电缆沟及出线支架基础混凝土浇筑完成。通风洞内电缆支架安装完成。1号机组转子组装完成，导叶端面间隙、立面间隙调整完成，导叶拐臂与控制连接完成，推力轴承及下端轴安装完成，转子吊装联轴完成，上端轴吊装联轴完成，上机架安装完成，定子空冷器安装完成。2号机组定子下线完成，座环研磨完成，进水球阀地脚螺栓、地板安装完成。3号机组底环预装完成，机坑里衬上段安装完成。4号机组接力器基础安装完成。空气压缩机设备安装完成。1号机主变压器安装完成。GIS开关楼10t桥机负荷试验完成，断路器单元安装完成，母线安装完成。

（中国电建集团北京勘测设计研究院有限公司 杨子强）

文登抽水蓄能电站工程2020年建设进展情况

文登抽水蓄能电站于2015年12月15日开工建设，2017年7月土建主体工程开工，2019年10月机电安装标进场。

该电站在国内水电工程中首次大规模采用全强风化料作为混凝土面板堆石坝的坝料（占整个坝体的填筑量约37%），在国内首次将硬岩全断面隧道掘进机（TBM）工法引入抽水蓄能电站工程建设领域。为项目量身定做的世界首台紧凑型超小转弯半径硬岩TBM“文登号”，应用于引水管道上层排水廊道和地下厂房中下层排水廊道。引水管道上层排水廊道于2019年10月13日始发，于2020年4月14日掘进完成。地下厂房中下层排水廊道于2020年5月7日始发，于2020年9月30日掘进完成。

截至2020年底，该工程完成形象如下：

1. 上、下水库土建及金属结构安装工程标（C1标）

（1）上水库：进/出水口610m高程以上边坡基本开挖完成；1、2、3号引水事故闸门井（高64m）开挖各完成17、18、57m；环库路628.3m高程以上边坡开挖部分完成；大坝次堆石填筑至567m高程，主堆石填筑至551m高程，共填筑175万m^3。

（2）下水库：进/出水口115m高程以上边坡基本开挖完成，三个尾水检修闸门井井身混凝土浇筑完成；大坝已填筑至120m高程，共填筑75万m^3。

2. 输水发电系统土建及金属结构安装工程标（C2标）

（1）高压管道：1号引水全部开挖完成；2号引水（总长1140m）开挖完成890m；3号引水（总长

1143m）开挖完成838m；1～6号高压支管全部开挖完成；高压管道上层排水廊道TBM开挖完成，下层排水廊道也开挖完成。

（2）地下厂房系统：通风洞、交通洞、主厂房、上层排水廊道开挖完成，中层排水廊道TBM开挖完成；主变压器洞开挖完成；尾水闸门室42.3m高程以上开挖完成，集水井开挖至20m高程；尾水调压室上室开挖完成；排风竖井开挖完成；出线竖井开挖完成，滑模到117.0m高程；母线洞1～6号开挖完成，1、2号浇筑完成。

（3）尾水隧洞：1、2、3号尾水隧洞均已开挖完成；1、2号尾水隧洞混凝土各衬砌16、18仓。1～6号尾水支管开挖完成。

3. 机电安装工程标（EM1标） 1、2号尾水肘管正在安装。副厂房、变压器副厂房、开关站正在混凝土浇筑。

4. 场区道路标（Q1标） 1、2、3号公路和复建路已施工完成，正在进行交安工程及尾工缺陷处理。

5. 筹建期洞室标（Q2标） 泄洪放空洞开挖完成，混凝土衬砌完成230.2m；进水塔完成141m高程以下混凝土浇筑。

6. 施工供电标（Q4标） 35kV施工变电站已投运；蓄能Ⅰ、Ⅱ回线塔基、挂线全部完成；文界线累计完成14塔基（共54个）；厂内10kV线路上下水库均已用电。

7. 施工供水标、砂石骨料加工系统标 全部完成。

（中国电建集团北京勘测设计研究院有限公司
吕典帅）

荒沟抽水蓄能电站工程2020年进展情况

荒沟抽水蓄能电站主体工程于2015年5月开工。截至2020年12月底，主要工程形象进度如下：

（一）上水库土建及金属结构安装（C1标）

（1）主坝工程：填筑至653m高程，面板全部完成施工，高程610m以下趾板、面板混凝土裂缝处理及面层止水全部完成，帷幕及固结灌浆全部完成，坝后干砌石完成95%，坝前辅助防渗体填筑至558m高程。

（2）进/出水口工程：1、2号闸门井排架柱混凝土浇筑至680.60m高程，结构混凝土完成100%，砌砖完成20%；配电房混凝土浇筑至665.40m高程，完成96%；贴坡混凝土全部完成，拦沙坎、集渣坑混凝土浇筑全部完成，进/出水口灌浆全部完成；启闭机、闸门安装调试完成，拦污栅安装完成。

（3）副坝工程：上下游干砌石护坡全部完成。

（4）库岸工程：土石方明挖完成98%，环库路以上贴坡混凝土完成80%，挡墙混凝土全部完成，护岸干砌石完成82%，喷锚支护完成87%。环库公路路基开挖完成，路面混凝土完成50%，库底检修公路完成66%；灌浆洞洞挖及库周帷幕灌浆全部完成。

（二）输水发电系统土建及金属结构安装工程（C2标）

（1）引水系统：1、2号引水调压井及底部平洞混凝土和固结灌浆全部完成，上平洞开挖（含岩塞段）支护及混凝土衬砌、回填、固结灌浆全部完成，化学灌浆基本完成。1、2号引水上斜井（含上下弯段）开挖支护、混凝土衬砌、回填及固结灌浆（2号为上弯段）完成，化学灌浆各完成约49、16m。1、2号引水中平洞开挖支护完成，散拼混凝土衬砌各剩余1仓。1号引水下斜井直线段及下弯段回填、固结灌浆及化学灌浆完成，2号引水下斜井（含上下弯段及直线段）开挖支护完成，直线段及上弯段混凝土衬砌完成，上弯段灌浆完成，直线段完成4个单元。1、2号引水下平洞开挖支护完成，1号引水下平洞桩号引Ⅰ1+150.43～引Ⅰ+042.43m混凝土衬砌完成。1、2、3、4号引水压力钢管制作安装完成，1、2号压力钢管回填、固结及帷幕灌浆完成。引水岔管混凝土浇筑完成。

（2）主厂房、主变压器洞、尾水闸门洞及附属洞室全部开挖支护完成，岩壁梁及吊顶支座梁混凝土浇筑完成。

（3）尾水系统：1、2号尾水调压井开挖支护及混凝土衬砌完成，1号尾水调压井升管灌浆及大井灌浆完成，2号尾水调压井升管段灌浆完成、大井灌浆完成4个单元（共分6个单元）。1、2号尾水隧洞开挖支护及混凝土衬砌完成，除尾水小桩号0+03m～0+54m外其他部位回填灌浆完成，1号尾水隧洞缺陷处理化学灌浆完成474m。尾水支洞开挖支护及混凝土衬砌完成，1、2号尾水支管回填及固结灌浆、尾水岔管混凝土浇筑均完成。

（4）封堵施工系统：1号施工支洞封堵裸岩固结灌浆完成，1、2号尾水主洞间封堵下半拱混凝土浇筑完成，1号施工支洞封堵垫层混凝土完成。2号施工支洞封堵段Ⅰ衬砌期混凝土全部完成。4、5号施工支洞封堵段裸岩灌浆完成，封堵混凝土垫层完成。6号施工支洞封堵段裸岩固结灌浆完成，1、2号尾水小桩号主洞间封堵下半拱混凝土浇筑完成。

（三）下水库进/出水口土建及金属结构安装工

程（C3标）

(1) 1～9号拦污栅墩浇筑至225.20m高程，拦污栅轨道支立至218.0m高程。拦污栅防涡梁段水下清理完成。

(2) 0～3号桥墩新建混凝土结构全部完成。水下混凝土浇筑方量累计857.68m³，水上混凝土浇筑方量累计1153.43m³。

(3) 1、2号闸门井体混凝土结构全部完成，水下混凝土浇筑方量累计1762.56m³，水上混凝土浇筑方量累计1090.96m³。闸门井排架及联系梁229.2～239.5m高程（含启闭机室平台）钢筋绑扎完成60%。

(4) 启闭机室边墙及顶板混凝土全部完成，启闭机安装完成。

(5) 交通桥墩结构面聚脲刮涂全部完成，2号闸门井桥墩侧与岸边侧外壁结构面聚脲刮涂全部完成，1号闸门井左侧外井壁225.2m高程以下聚脲刮涂全部完成。

(6) 交通桥第1、2、3、4、5、6联钢梁及全桥52块桥面板预制、吊装全部完成。

(7) 配电房及柴油发电机房基础坑开挖完成，独立基础、电缆沟和地梁混凝土浇筑完成，框架结构混凝土浇筑完成，砖砌体砌筑完成。配电房柴油发电机房除地砖铺设外其他装修全部完成。

(8) 生产营地段对外公路混凝土挡墙开挖及混凝土浇筑完成；电缆沟浇筑完成。

(9) 生产营地段对外公路上边坡支护全部完成。

（四）机电安装工程（EM1标）

(1) 混凝土砌体及装修工程：1、2号机发电机层混凝土浇筑完成。3号机蜗壳灌浆完成。4号机蜗壳腰线138～140m高程混凝土浇筑完成。主机间副厂房170m高程楼板混凝土浇筑完成。1号母线洞顶拱混凝土浇筑完成，2、3号母线洞顶拱混凝土各完成2、1仓（共3仓），4号母线洞边墙混凝土完成第一仓（共3仓）。尾闸室1～4号机组段墙体完成50%，液压泵房砌体完成。1、2号尾水闸门安装完成，尾闸电缆洞混凝土浇筑完成。地面开关站竖井506.8m高程混凝土浇筑完成。

(2) 水泵水轮机设备及附属设备安装：1号机顶盖导水机构安装完成，1号机球阀就位调整、基础固定、尺寸测量完成。2号机底环安装完成，锥管焊接完成50%。3、4号号机接力器基础安装完成。

(3) 发电电动机附属设备安装：1号机转子热加垫完成，制动环安装完成，下机架调整完成。2号机定子下层线棒下线完成。3号机定子普通定位筋调整完成。

(4) 水力机械辅助设备安装：空气压缩机设备、全厂检修排水系统、油系统透平油罐安装完成。1号机公用滤水器明设管路安装完成80%，排水、取水总管明设管路安装完成，滤水器、排污系统设备就位，蜗壳层技术供水泵安装完成50%。引水隧洞充水泵安装完成。充气压水气罐明设管路安装完，1、2号机压水气罐安装就位。500kV开关站GIS室采暖系统、通风系统设备安装完成。

(5) 电气设备安装：1号母线洞18kV发电电动机电压配电装置设备基础安装完成。1～4号主变压器就位，1～2号主变压器附件安装、真空注油、冷却器控制柜配线完成。500kV地面GIS设备整体安装、出线场设备构架安装完成，地下1～2号联合单元GIS设备基础安装完成25%，500kV电力电缆敷设完成。500kV开关站厂用电系统设备安装完成，电缆敷设完成80%；下水库配电房厂用电设备安装完成，保安电源系统柴油发电机安装完成；主副厂房147m高程厂用变压器安装完成，153m高程厂内公用电系统低压配电屏安装完成，生产综合楼10kV电源电缆敷设完成。500kV开关站、主机间副厂房、主变压器洞副厂房、机组段4台机管道廊道等的电缆桥架安装完成，高压电缆平洞、通风洞电缆桥架安装完成90%，电缆兼通风竖井低压电缆桥架、下水库户外电缆沟桥架安装完成，主变压器洞160m高程下游墙、尾水闸门室及其渗漏集水井的电缆桥架安装各完成20%、90%。全厂接地系统施工完成95%。主副厂房楼梯间照明安装完成80%，主变压器洞160m高程GIS室照明穿线完成，下水库配电房电热插座、照明穿线完成。

（中水东北勘测设计研究有限责任公司
栾宇东　景建伟）

金寨抽水蓄能电站工程2020年建设进展情况

安徽金寨抽水蓄能电站工程于2015年6月开工，主体工程于2017年2月开工，截至2020年底，筹建期工程全部建成投运，上、下水库大坝填筑完成，上、下水库钢筋混凝土面板施工完成，下水库大坝帷幕灌浆完成；引水系统上平洞、中平洞、下平洞、引水上下斜井开挖支护全部完成，下斜井裸岩灌浆完成；尾水系统开挖完成，进行混凝土衬砌；主厂房、主变压器洞开挖支护全部完成，尾水闸门洞开挖支护完成，边墙混凝土衬砌完成。各标2020年施工项目的形象进度完成情况如下：

1. 上、下水库工程标　上水库进出水口及闸门井混凝土浇筑完成30380m³，完成设计总量的

98.19%；下水库进出水口及闸门井混凝土浇筑完成 $40159m^3$，完成设计总量的 86.41%；下水库大坝面板混凝土完成 $16800m^3$，完成设计总量的 100%；下水库溢洪道混凝土完成 $25609m^3$，完成设计总量的 89.37%。

2. 输水发电系统工程标　500kV 出线洞衬砌混凝浇筑完成 $2929.44m^3$，完成设计总量的 47.29%；主副厂房排水廊道混凝土衬砌浇筑完成 $1337.46m^3$，完成设计总量的 55.08%；引水上平洞衬砌混凝土浇筑完成 $64763.13m^3$，完成设计总量的 82.93%；引水调压井完成 $9552.64m^3$，完成设计总量的 69.2%；引水上斜井浇筑 $5756.26m^3$，完成设计总量的 58.42%；尾水叉管浇筑完成 $1357.08m^3$，完成设计总量的 52.49%。金属结构安装工程：尾闸洞 1 号尾水闸门底板安装完成；2 号下斜井轨道安装 150m；1 号下斜井钢管安装 9 节；1 号下平洞钢管安装 1 节；1 号尾水支管安装焊接 9 节。

3. 机电安装工程　厂房主机间正在进行混凝土施工和机电安装，副厂房混凝土浇筑完成 83.64%，主变压器洞混凝土浇筑完成 65.51%，开关站混凝土完成 66.83%。1 号机组蜗壳层、水轮机层排架拆除、建筑垃圾清理，发电机层孔洞及临边防护制作安装，小吊物孔及球阀吊物孔盖板制作安装。2 号机组中间层浇筑累计方量 $1500m^3$。3 号机组蜗壳层立柱钢筋绑扎。4 号机组座环支墩混凝土浇筑 $751m^3$，基础环上环板灌浆完成。变压器副厂房混凝土浇筑 $364.5m^3$。1 号主变压器段混凝土浇筑 $510m^3$。3 号主变压器段电缆廊道混凝土浇筑 $227m^3$，开关站继保楼混凝土浇筑 $211m^3$；开关站 GIS 楼下柱及联系梁混凝土浇筑 $113m^3$，电缆廊道边墙及楼板混凝土浇筑 $492.5m^3$。中控楼完成三层顶部照明管路安装。1 号机组座环打磨完成、发电机定位筋及下压指安装完成，具备铁芯叠装条件。

（安徽金寨抽水蓄能有限公司　罗国虎　刘玉成）

清原抽水蓄能电站工程 2020 年建设进展情况

清原抽水蓄能电站位于辽宁省抚顺市清原满族自治县北三家镇境内，工程总投资为 109 亿元，采用设计牵头的 EPC 总承包模式进行工程建设。EPC 总承包联合体由中国电建集团北京勘测设计研究院有限公司、中国水利水电第六工程局有限公司、中国水利水电第八工程局有限公司组成。其中，中国水利水电第六工程局有限公司主要承担上水库建筑物工程、输水发电系统主厂房下游边墙以上建筑物工程、机电设备安装工程的施工，中国水利水电第八工程局有限公司主要承担下水库建筑物工程、输水发电系统主厂房下游边墙以下建筑物工程的施工。电站于 2017 年 7 月开工建设，2019 年 5 月土建主体工程开工。2020 年主要进行上水库、下水库、地下厂房、引水隧洞、尾水隧洞、场内道路等部位的施工。至 2020 年底，主要工程形象如下：

（1）上水库混凝土面板堆石坝坝基开挖基本完成，并填筑至 664m。

（2）下水库混凝土面板堆石坝填筑完成，趾板混凝土浇筑完成。泄洪放空洞闸门井启闭机房浇筑完成，溢洪道泄槽段及坝顶公路段、导墙段、溢流堰混凝土浇筑完成。

（3）主厂房洞开挖至 244m 高程（发电机层为 239m），岩壁吊车梁混凝土浇筑基本完成；主变压器洞开挖至 238.5m 高程；1～6 号母线洞Ⅰ期开挖完成，至 236m 高程；出线洞总长 1198m，洞挖完成。

（4）上水库进/出水口边坡开挖支护完成；1 号引水隧洞总长 1264m，完成洞挖 31%；2 号引水隧洞总长 1303m，完成洞挖 30%；3 号引水隧洞总长 1341m，完成洞挖 11%。1～3 号压力管道中平段洞挖完成。1 号尾水隧洞总长 1006m，完成洞挖 28%；2 号尾水隧洞总长 999m，完成洞挖 26%；3 号尾水隧洞总长 993m，完成洞挖 26%。下水库进/出水口边坡开挖完成 85%。

（5）Y1 路（上下水库连接路）全长 9.5km，7 个隧洞全部贯通，混凝土路面基本施工完成。

（中国电建集团北京勘测设计研究院有限公司　张建富）

抚宁抽水蓄能电站工程 2020 年建设进展情况

抚宁抽水蓄能电站位于河北省秦皇岛市抚宁区境内，安装 4 台单机容量为 30 万 kW 的可逆式抽水蓄能机组，于 2019 年 1 月 8 日开工建设。

（一）工程特点及难点

（1）该工程泄洪建筑物包括溢洪道和泄洪放空洞，均布置在右岸。溢洪道采用开敞式无闸门侧槽溢洪道；泄洪放空洞采用短有压进口布置型式，布置在山体内。溢洪道和泄洪放空洞均采用底流消能，受地形条件影响，两者出口距离较近，为充分减少开挖及混凝土工程量，出口采用共用一个消力池的联合消能工方案。通过水力学计算及水工模型试验验证表明：泄洪放空洞和溢洪道单独泄流和联合泄流均满足设计要求。

（2）工程地处秦皇岛市抚宁区，地理位置特殊，暑期及重大会议期间禁止爆破、夜间禁止施工，对受炸药供应影响的地下洞室钻爆法开挖干扰较大，因此工程对采用新型设备施工的可能性进行了专门研究，地下洞室交通洞、通风洞和排水廊道拟采用TBM进行开挖。

（二）工程建设情况

工程建设土建及安装工程共分6个标段，上、下水库及厂道系统土建及金属结构标正在进行招标工作，现场开工的标段为筹建期洞室、道路及业主营地工程标（FUN/Q1）。该标2020年5月进场、11月19日正式开工。截至2020年底，正在进行厂区内施工场地的场平、施工营地建设、砂石骨料加工系统建设和Y1路路基施工。

（中国电建集团北京勘测设计研究院有限公司 刘勇）

尚义抽水蓄能电站工程2020年建设进展情况

尚义抽水蓄能电站位于河北省张家口市尚义县南部小蒜沟镇境内，安装4台单机容量35万kW的可逆式抽水蓄能机组。电站额定水头449m，按照日发电小时数6h计，年设计发电量15.4亿kW·h，年抽水用电量20.53亿kW·h。

上水库大坝为钢筋混凝土面板堆石坝，坝顶高程1396.00m，最大坝高115m，正常蓄水位为1392.00m，死水位为1362.00m，调节库容831万m^3。下水库拦沙坝、拦河坝坝型均为碾压混凝土重力坝，拦河坝最大坝高60m，拦沙坝最大坝高48m，正常蓄水位为934m，死水位为896m，调节库容877万m^3。

2020年6月，国家能源局以《国家能源局关于河北抽水蓄能电站选点规划调整结果的复函》（国能函新能〔2020〕36号），批复确定尚义（拟装机容量140万kW）站点为河北抽水蓄能规划调整推荐站点，规划水平年为2030年。工程总投资为951409万元。该工程筹建期24个月，施工总工期72个月，其中准备期6个月，主体工程施工期57个月，完建期9个月，首台机组发电工期63个月。

2019年9月27日，召开尚义电站开工仪式。2020年9月11日，筹建期工程包括场内道路工程、尾水隧洞工程、进厂交通洞及通风兼安全洞工程正式开工。

截至2020年底，工程已有7个标段开工建设，形象进度如下：

1. 通风兼安全洞工程（SY/Q1-1） 洞口边坡开挖已完成，支护基本完成；2020年10月28日进洞开挖，年底开挖并初期支护至桩号K0+256.5m。

2. 交通洞及Y2公路工程（SY/Q1-2） 进厂交通洞：洞口边坡开挖已完成，支护工作基本完成，2020年10月20日进洞开挖。Y2号公路：1号隧道进洞口边坡支护完成，管棚施工完成，2020年11月12日进洞开挖；进口段仰拱初期支护K0+80.5～K0+116.0m，仰拱混凝土衬砌及回填K0+70～K0+116.0m；1号隧道出口，右侧边坡已开挖至K0+360～405、高程995.6～1001m，左侧边坡已开挖至K0+365～380、高程986.5～991m，仰坡已开挖至轴−13.4～8、高程988～991m。

3. 道路工程（SY/Q2） Y1号公路已完成路基开挖及填筑。

4. 尾水隧洞工程（SY/Q3-1） 2号施工支洞洞口边坡开挖支护完成，2020年11月15日进洞开挖。

5. 业主营地场平工程（SY/Q4-1） 35kV变电站，场平与边坡开挖完成，设备安装调试完成，2020年11月24日试运行，12月2日正式供电。

6. 砂石加工系统工程（SY/Q5） 场地平整已完成，设备已安装并试运行，正在进行成品料仓施工。

7. 混凝土生产系统 场地平整、成品料场已基本完成，设备基础施工基本完成，已安装1台搅拌机并生产混凝土。

（中国电建集团北京勘测设计研究院有限公司 李阳）

潍坊抽水蓄能电站工程2020年建设进展情况

2020年，潍坊抽水蓄能电站处于筹建期工程施工阶段，主要工程项目有道路工程标（WF/Q1），洞室及管理区营地工程标（WF/Q2）以及施工供电系统工程标（WF/Q3）。2020年10月8日，工程现场举行开工仪式，WF/Q2标正式开工建设。截至2020年12月底，该电站前期标工程进展如下：

1. 筹建准备期道路工程标（WF/Q1标） 未施工，地方政府正在进行招标工作。

2. 筹建准备期洞室及管理区营地工程标（WF/Q2标）

（1）通风兼安全洞与交通洞洞口边坡正在开挖，部分完成支护，洞前平台已部分形成。

（2）业主营地正在场地平整和表土收集。

（3）暂存场已完成大部分清表，挡墙基础已浇筑一部分；表土收集正在进行。

（4）表土堆存场正在堆土，截水沟和挡墙基础已完成开挖验收。

（5）围堰备料场石渣回填已经施工完成，清表未完成，正在堆料。

3. 施工供电系统工程标（WF/Q3 标） 由地方电力公司实施施工，正在协商谈判。

（中国电建集团北京勘测设计研究院有限公司 谭红强）

易县抽水蓄能电站工程 2020 年建设进展情况

易县抽水蓄能电站位于河北省保定市易县境内，安装 4 台单机容量 300MW 的可逆式抽水蓄能机组。工程于 2019 年 11 月开工建设。截至 2020 年底，筹建期工程标 Y1 号路、Y2 号路、Y3 号路、通风兼出线洞、进厂交通洞、泄洪放空洞等工作面均处于施工高峰期，主体土建标刚完成招标工作，施工单位计划 2021 年 1 月进场，工程完成形象如下：

1. 筹建准备期洞室及道路工程标（YX/Q1）

（1）Y1 号公路：完成填筑 154600m^3，土石方开挖 383680m^3，挡墙浇筑 19267m^3；1 号桥地系梁承台施工全部完成；4 号隧道上台阶洞挖累计进尺 245m，3 号隧道累计进尺 22m。

（2）Y2 号公路：土石方开挖 242814m^3，填筑 15000m^3，衡重式路肩挡土墙混凝土浇筑完成 5268m^3；完成路面混凝土浇筑 240m，完成道路排水沟 150m。1 号桥脚手架拆除完成，2 号桥箱梁浇筑完成。

（3）Y3 号公路：3 号桥灌注桩完成浇筑 4 根，1 号桥墩系梁、墩柱混凝土施工完成；衡重式路肩挡土墙混凝土浇筑完成 2484m^3。

（4）通风兼出线洞：完成洞口土石方明挖 393740m^3；施工支洞累计进尺 86m，主洞洞挖进尺 578.5m。

（5）进厂交通洞：洞挖进尺 524m，土石方开挖累计 85600m^3，边坡锚杆支护完成 2007 根，网格梁混凝土浇筑 710m^3。

（6）泄洪放空洞：累计土石方明挖 204280m^3，洞室开挖及支护 251.17m。

（7）排风机房土石方开挖 39200m^3，溢洪道平台土石方开挖 114100m^3，业主营地土石方开挖 190880m^3。

2. 施工供电系统工程标（YX/Q2 标） 新建 35kV 线路（西后线 T 接点至场内施工变电站）铁塔基础开挖累计完成 53 基，混凝土浇筑累计完成 46 基，铁塔组立累计完成 39 基。

（中国电建集团北京勘测设计研究院有限公司 王春生）

芝瑞抽水蓄能电站工程 2020 年建设进展情况

芝瑞抽水蓄能电站位于内蒙古自治区赤峰市克什克腾旗芝瑞镇，安装 4 台单机容量为 300MW 的可逆式抽水蓄能机组。

（一）工程主要特点和技术难点

（1）泥沙问题突出。下水库百岔河平均输沙率为 13.6kg/s，多年平均含沙量 14.0kg/m^3。因此，设置拦沙坝，将下水库分隔为拦沙和蓄能两专用库，拦沙坝双向挡水。

（2）地处严寒地区。下水库极端最低气温 −36.7℃，最冷月平均气温 −16.6℃，工程区属严寒地区，存在冰冻和混凝土建筑物冻融破坏问题。

（3）下水库河床覆盖层发育、河谷宽阔。覆盖层厚度一般 8.0～16.0m，最大厚度 25.0m，河床宽度 400～530m。对于重力坝方案，需建基在弱风化基岩上，坝基开挖及回填混凝土量大。对于当地材料坝，需研究利用覆盖层建坝。

（二）工程进展情况

2020 年工程完成形象进度如下：

1. 筹建准备期洞室及道路工程标（ZR/Q1）

（1）进厂交通洞洞脸开挖和支护完成，洞身段开挖至 K1＋034.0m，累计完成 70.64%。

（2）通风兼安全洞进行洞身段开挖，已开挖至 K0＋450.0m，累计完成 32.7%。

（3）泄洪排沙洞进口 1116.50m 高程以上边坡开挖支护完成；1 号洞洞身开挖完成 86.9%；2 号洞洞身开挖完成 74.0%；泄洪排沙洞出口段洞口及高程 1100.69m 以上边坡开挖支护完成。

（4）Y1（下库路）公路 K0＋088m－K0＋280m 段衡重式挡墙混凝土浇筑完成；1 号隧洞出口至 K3＋351m 段挡墙混凝土完成 60%。

（5）Y2 公路（上、下水库连接公路）K6＋800m 至终点段开挖填筑至路基。

（6）施工供水系统一级泵站基础、集水井、水池底板及墙体混凝土浇筑完成；二级泵站第二座水池混凝土施工完成；表土堆存场挡墙混凝土完成；2 号施工场地挡墙混凝土浇筑完成。

2. 施工供电系统工程标（ZR/Q2） 66kV 线路 T1-T18 基铁塔基础开挖、浇筑及回填完成。T1-T18 铁塔组立、铁塔架线、铁塔保护帽浇筑、铁塔接地完成。66kV 变电站土建工程完成。

3. 电站永久管理区营地工程标（ZR/Q3） 办公综合楼五层坡屋面混凝土浇筑完成。地下车库地下室墙、柱、梁、板混凝土浇筑完成。消防站主体结构施工完成。锅炉房主体结构混凝土施工完成。设代监理宿舍一层主体混凝土已浇筑完成。设代监理办公楼一层主体结构模板支设完，钢筋绑扎完成。1、2、3号宿舍基础施工完成。

4. 主体土建标（ZR/C1） 2020年11月，施工单位进场。

（中国电建集团北京勘测设计研究院有限公司 李伟）

天池抽水蓄能电站工程2020年建设情况

天池抽水蓄能电站位于河南省南阳市，总装机容量1200MW。上水库混凝土面板堆石坝最大坝高118.40m，正常蓄水位为1063.000m，相应库容1405万m^3，调节库容1205万m^3。下水库混凝土面板堆石坝最大坝高100.60m，正常蓄水位为537.500m，相应库容1634万m^3，调节库容1203万m^3。

截至2020年底，由中国水利水电第十一工程局有限公司承担的上、下水库土建及金属结构安装工程（TCP/C1标）的主要形象进度情况如下：

（1）完成上水库大坝1022m高程以下坝体填筑及990m高程以下固结、帷幕灌浆。

（2）完成范家沟左岸扩库区高程1060m以上土石方开挖约100万m^3、锚杆8000根、喷混5000m^3、挂网钢筋80t、排水孔38000m，完成右岸扩库区土石方明挖及边坡支护。

（3）完成上水库溢洪道二期泄槽段及出水渠段开挖支护，开挖量约8万m^3、锚杆2400根、喷混900m^3、挂网钢筋14t、排水孔5800m，完成闸室段墩墙及溢流堰混凝土施工，完成消力池段无盖重灌浆800m。

（4）完成上水库进/出水口明挖、1号洞洞挖及1号竖井导井开挖。

（5）完成下水库泄洪排沙洞进口段结构混凝土施工及出口段底板、洞门墙混凝土浇筑。

（6）完成下水库大坝坝体填筑施工，完成左、右岸岸坡趾板帷幕灌浆与固结灌浆及高程500m以下面板混凝土浇筑8块。

（7）完成下水库溢洪道二期闸室段、泄槽段开挖支护施工，完成引渠段底板结构混凝土浇筑及闸室段高程526m以下闸墩混凝土浇筑。

（8）完成下水库进/出水口开挖支护施工，完成2号闸门井高程523m以下及4号闸门井高程537.9m以下混凝土浇筑，完成护脚挡墙混凝土浇筑及块石回填，完成1号拦污栅防涡梁以下混凝土浇筑及2号拦污栅底板混凝土浇筑。

（9）完成地面开关站边坡、基坑开挖支护施工。

（10）完成输沙槽左、右岸边坡高程475m以上开挖支护施工。

（11）完成右岸灌浆洞衬砌混凝土浇筑及左岸灌浆洞找平混凝土浇筑。

（中国水利水电第十一工程局有限公司 段永茂）

垣曲抽水蓄能电站工程开工建设

2020年2月18日，山西垣曲抽水蓄能电站正式开工建设。由于新冠疫情，项目开工动员大会采用视频会议形式召开，北京设置主会场，太原、运城设置分会场。

垣曲抽水蓄能电站位于山西省运城市垣曲县境内，距太原公路里程420km，距运城公路里程150km，距垣曲县公路里程46km。电站安装4台单机容量为30万kW的可逆式抽水蓄能机组，总装机容量120万kW，设计年发电量12.01亿kW·h；建成后以500kV电压接入山西省电网，主要承担山西电网调峰、填谷、调频、调相及紧急事故备用等任务。

上水库位于垣曲县东坪村所在的关家沟沟首，坝址控制流域面积0.586km^2，多年平均流量0.002m^3/s；采用沥青混凝土面板全库防渗，大坝采用沥青混凝土面板堆石坝，最大坝高111.2m，坝顶宽度10m，坝轴线长425m，环库公路长2148m；正常蓄水位965.00m，死水位935m，总库容775万m^3，调节库容700万m^3。

下水库位于垣曲县院后村下游约0.5km清水河主河道上，距上游已建的温峪水库17km，坝址控制流域面积139km^2（其中温峪—下水库区间的流域面积为61.5km^2），多年平均流量0.608m^3/s（其中温峪—下水库区间多年平均流量0.226m^3/s）；采用碾压混凝土重力坝，最大坝高81.3m，坝长215.00m；正常蓄水位为494.50m，死水位460m，总库容1059万m^3，调节库容867万m^3；泄洪系统布置于坝身，由河床坝段的2个溢流表孔（孔口尺寸10m×14.5m）和1个冲沙底孔（孔口尺寸3.5m×5m）联合泄洪，最大泄洪流量2520m^3/s，采用宽尾墩+底流消能方式。

输水系统布置在下水库左岸麻沟和岭沟之间的山

体内，距高比为6.7。引水、尾水系统均采用二洞四机布置，设置引水、尾水调压室。输水系统（沿1号机）总长3467.53m。其中引水系统长2357.72m，尾水系统长1109.81m，引水系统采用上斜井下竖井布置方式。两条引水隧洞平行布置，洞径6.8m，采用钢筋混凝土衬砌，衬砌厚0.6m；引水调压室后为压力管道，采用钢板衬砌，内径为5.8～5.2m，外包素混凝土厚0.65m；引水岔管采用对称“Y”形月牙肋钢岔管，主管管径5.2m，支管管径3.6m，外包素混凝土厚0.8m；引水支管采用钢板衬砌，内径3.6m，外包素混凝土厚0.65m。尾水支洞采用钢板衬砌和钢筋混凝土衬砌，内径4.7m，外包素混凝土和钢筋混凝土衬砌厚度0.65m；尾水隧洞内径6.8m，钢筋混凝土衬砌，衬砌厚0.6m。

地下厂房采用中部式布置方式，机组中心线距上水库进/出水口闸门井约2000m；进出水方式采用斜进斜出，进水方向与机组纵轴线线夹角为60°，出水方向与机组纵轴线夹角为85°。机组安装高程385.00m。主副厂房洞、主变压器洞及尾水闸门洞三大洞室从上游向下游依次平行布置，相应洞室净距离分别为41.90、40.00m。主副厂房洞开挖尺寸170.0m×24.5m×54.5m（长×宽×高，下同），主变压器洞开挖尺寸164×21.2×23.9m，尾水闸门洞开挖尺寸为103m×10.2m×20.8m。进厂交通洞全长1787m，断面净尺寸为8.0m×8.5m（宽×高），平均纵坡为5.8%；厂房通风洞全长1276m，断面净尺寸8.0m×7.8m（宽×高），平均纵坡为7.6%。厂房采用自流排水，自流排水洞长2920m，采用小断面TBM施工，断面尺寸为圆形，洞径3.5m，平均纵坡0.43%。地面开关站紧邻下水库进/出水口上游布置，地面高程520.3m，场地平面尺寸86.5m×58m（长×宽）。

工程建设征地涉及垣曲县解峪乡等4个乡镇和中条山国有林管理局皋落林场、祁家河林场，征用各类土地5724.75亩，永久征收3408.07亩，临时用地2316.68亩，征地类别基本为林地；不涉及直接搬迁人口，至规划设计水平年，生产安置人口18人。

该电站为一等大（1）型工程，总投资79.6亿元，由国网新源控股有限公司、国网山西省电力公司按70%、30%比例投资建设，计划于2029年全部投产。

中水东北勘测设计研究有限责任公司负责垣曲抽水蓄能电站勘测设计工作。2017年12月，可行性研究阶段正常蓄水位选择专题报告、施工总布置规划专题报告通过审查；2018年3月山西省人民政府发布“封库令”；6月征地移民安置规划大纲通过评审，8月获得批复；11月，可行性研究报告通过审查；2019年12月，项目获得山西省发展改革委核准的批复。

（中水东北勘测设计研究有限责任公司
栾宇东　张建辉）

五岳抽水蓄能电站主体工程开工建设

2020年12月10日，五岳抽水蓄能电站主体工程开工仪式在河南省光山县工程建设现场举行，主体工程正式开工建设。

五岳抽水蓄能电站位于河南省光山县殷棚乡和罗山县定远乡，总装机容量100万kW，安装4台单机容量25万kW可逆式抽水蓄能机组，设计年发电量8.57亿kW·h。电站主要由上水库、下水库、输水系统、地下厂房和地面开关站组成。工程总投资65.62亿元，总工期72个月。其中输水发电系统工程由中国水利水电第十一工程局有限公司承建，合同工期为1536天，总投资额约8.76亿元。

项目于2018年11月23日获得河南省发展改革委核准批复，2019年5月28日前期工程开工建设，输水发电系统工程于2020年11月18日开工建设。电站首台机组计划于2025年5月投产发电，2026年5月实现全部机组投产运行。电站建成后，将以500kV线路接入河南电网，主要承担河南电网的调峰、填谷、调频、调相及紧急事故备用等任务。

输水发电系统布置于牢山寨与五岳水库西支沟库尾之间的山体内，总体呈西东向。上、下水库进/出水口间水平距离约1845.00m，距高比为7.7。引水系统和尾水系统均采用两洞四机布置方式，其中引水隧洞采用斜向进厂布置，尾水隧洞采用垂直出厂布置。输水系统建筑物主要包括上水库进/出水口、引水主洞、引水岔洞、引水支管、尾水支管、尾水闸门室、尾水岔洞、尾水调压室、尾水主洞、下水库进/出水口、进/出水渠等。地下厂房采用首部式布置方式。

输水发电工程施工重点和难点：

（1）主厂房最大开挖尺寸长168.60m、宽26m、高56.40m，主变压器洞开挖尺寸长185.95m、宽20.00m、高21.91m，尾水调压井开挖最大直径18.3m，高度119.3m；地下厂房、主变压器室一带发育的断层主要为f_1、f_6、f_7、f_8，洞室区存在的可能失稳的楔形体，顶拱部分块体有可能坠落。

（2）岩壁梁开挖成型质量和爆破后岩体的完整性、岩壁梁的锚固体系，岩壁梁混凝土质量直接影响到厂房桥机的运行安全，岩壁梁施工工艺复杂、质量要求高。

（3）地下厂房洞室群规模大、岔口多、线路长、出口少、埋深大、湿度大，通风散烟、施工通风布置是否合理及通风效果良好与否将直接影响工程进度、质量、安全和员工的身体健康。

（4）该标段大断面竖井有5个，其中引水系统竖井2个，开挖深度274m，Ⅲ类围岩开挖直径9.2m；电缆竖井一个，开挖深度61m，开挖断面直径12.2m；尾水调压室竖井2个，开挖深度117.6m，最大开挖直径15.9m，深竖井施工安全风险高。

（5）尾水主洞下穿居民区，最小距离仅40m，为避免爆破对居民区造成影响，部分洞段禁止采用钻爆法开挖，须采用悬臂式掘进机进行开挖，单洞开挖长度约1100m，其中Ⅲ类围岩约占33%，硬岩掘进效率低。

（6）该工程引水岔管开挖直径从10.0m变化到7.2m，混凝土衬砌厚度1.0m；尾水岔管开挖直径从10.0m变化至8m，混凝土衬砌厚度1.0m，体型结构复杂，该结构运行期间受力复杂，开挖对抑制围岩变形要求高，混凝土衬砌存在空间异性变截曲面，钢筋加工、模板制作和现场安装难度大。

截至2020年12月31日，主厂房中导洞累计开挖及支护完成61.9m，下水库进/出水口土方开挖完成166780m^3，围堰填筑8300m^3。

（中国水利水电第十一工程局有限公司
全书琴　李闯）

浑源抽水蓄能电站工程开工建设

2020年12月23日，浑源抽水蓄能电站工程开工建设。其开工动员大会与同时开工的浙江磐安、山东泰安二期两个抽水蓄能电站一起在北京举行。

浑源抽水蓄能电站位于山西省大同市浑源县境内，站址距太原市、大同市、浑源县的直线距离分别约210、65、15km；电站安装4台单机容量为375MW的可逆式抽水蓄能机组，总装机容量为1500MW，额定发电水头649m。该工程的供电范围为山西电网，重点服务于山西北部电网，并且可为华北电网提供灵活调度和网间优势互补服务。电站建成后在系统中承担调峰、填谷、调频、调相和紧急事故备用等任务，同时根据系统需要配合新能源电源运行、适时储能。

电站枢纽由上水库、下水库、输水系统和地下厂房系统组成。

上水库位于佛耳朵山主峰西侧的冲沟沟脑部位，坝址以上控制流域面积0.59km^2；水库正蓄水位为2057m，相应库容634万m^3，死水位为2017m，死库容13万m^3，调节库容621万m^3。上水库采用沥青混凝土全库防渗方案，大坝采用沥青混凝土面板堆石坝，大坝坝顶宽度10m，坝轴线长515m，最大坝高102m。上游坝坡均为1：1.75，下游坝坡均为1：1.5。

下水库利用红岭村下游凌云口峪上一个天然弯道筑拦河坝建库，并在拦河坝上游设置拦沙坝及左岸泄洪排沙洞形成拦沙库。拦沙坝、拦河坝坝型均为碾压混凝土重力坝。下水库采用局部防渗方案，在拦沙坝及拦河坝坝基及坝肩采用帷幕防渗；正常蓄水位1389.00m，相应库容925万m^3，死水位1364.00m，死库容295万m^3，调节库容630万m^3。拦河坝坝顶长226m，坝顶高程1392m，最大坝高102m；两个底孔及一个表孔坝段布置在主河床。拦沙坝位于拦河坝上游约1.6km处，坝顶轴线长158m，中间为溢流坝段，两岸为非溢流坝段；坝顶高程为1397.00m，坝顶宽度6.0m。泄洪排沙洞采用有压短进口接明流泄洪隧洞的型式，由引水渠、进水塔段、无压隧洞段、挑流鼻坎段、护坦段和出水渠组成，其进水塔进口底板高程为1369.00m。

输水系统由引水系统和尾水系统两部分组成。引水、尾水系统均采用一洞两机的布置形式，共有两套独立的输水系统。引水系统建筑物包括上水库进/出水口、引水事故闸门井、高压主管、高压钢岔管和高压支管。尾水系统建筑物包括尾水支管、尾水事故闸门室、尾水混凝土岔管、尾水调压室、尾水隧洞、尾水检修闸门井和下水库进/出水口等。输水系统总长2801.55m，其中引水系统长1643.57m，尾水系统长1157.98m。

地下厂房位于输水系统的中部，厂区建筑物主要由地下厂房、主变压器洞、母线洞、交通电缆洞、交通洞、通风兼安全洞、出线平洞、出线竖井、排风下平洞、排风上平洞、排风竖井、排水廊道、地面排风机房及地面开关站等建筑物组成。地下厂房由主机间、安装间和副厂房组成，呈“一”字形布置。总开挖尺寸为173m×25.8m×55.3m（长×宽×高，下同）。主变压器洞和地下厂房平行布置，两洞间净距40m，其开挖尺寸158.5m×21.0m×23.5m，一机一变，与地下厂房之间设4条母线洞和1条交通电缆洞。地下厂房及主变压器洞采用柔性喷锚支护为永久支护结构。交通洞全长1693.15m，平均坡度为6.6%，断面净尺寸为8.0m×8.5m。通风兼安全洞全长1511m，平均坡度为6.9%，断面净尺寸为7.5m×6.5m。

工程建设征地涉及浑源县2个乡6个行政村，建设征地总面积5302.17亩，其中水库淹没影响区面积904.14亩，枢纽工程建设区永久占地2567.79亩，临时用地1830.24亩。建设征地涉及农村居民生产性房屋 718.56m²。建设征地涉及 1 家企业和 2 家林场；涉及汽车便道 5.7km；10kV 输电线路 0.7km、变压器 1 台；水利设施 1 处等。不涉及Ⅰ级保护林地和基本农田，不涉及搬迁安置任务及生产安置任务。

该电站为一等大（1）型工程，总投资为 89.2 亿元，由国网新源控股有限公司、黄河小浪底水资源投资有限公司、国网山西省电力公司按 55%、35%、10%比例出资建设，计划于 2029 年全部投产。

中国电建集团北京勘测设计研究院有限公司（简称北京院）承担了浑源抽水蓄能电站的勘测设计工作。2012 年 8 月，浑源抽水蓄能电站被国家能源局确定为山西电网 2020 年新增抽水蓄能电站的推荐站点。2018 年 2 月，电站预可行性研究报告通过审查。2016 年 6 月，国网新源控股有限公司与北京院签订了山西浑源抽水蓄能电站可行性研究阶段勘察设计合同，电站可行性研究工作开始；2018 年 3 月，可行性研究阶段正常蓄水位选择专题报告和施工总布置规划专题报告通过审查。2018 年 7 月，山西省人民政府发布“封库令”；2019 年 6 月，建设征地移民安置规划大纲通过评审；12 月，可行性研究报告通过审查；2020 年 9 月，项目获得山西省发展改革委核准。

（中国电建集团北京勘测设计研究院有限公司
梁健龙）

磐安抽水蓄能电站工程开工建设

2020 年 12 月 23 日，磐安抽水蓄能电站工程开工建设。其开工动员大会与同时开工的山西浑源、山东泰安二期抽水蓄能电站一起在北京举行。

磐安抽水蓄能电站位于浙江省金华市磐安县境内，距金华市、绍兴市和杭州市的直线距离分别为 95、116、150km。电站安装 4 台单机容量为 30 万 kW 的可逆式抽水蓄能机组，总装机容量 120 万 kW，设计年发电量 12 亿 kW·h。电站建成后以 500kV 电压接入华东电网，主要承担华东电网的调峰、填谷、调频、调相及事故备用等任务。

电站枢纽由上水库、下水库、输水系统和地下厂房系统组成。

上水库位于磐安县境内大盘镇园塘林场，利用汇丰沟筑坝成库，库周北、西、南三面环山，为湖泊型水库；坝址控制面积 0.81km²，多年平均流量 0.0247m³/s，库盆采用帷幕防渗；正常蓄水位 859.00m，相应库容 838 万 m³，死水位 827.00m，调节库容 775 万 m³。主坝及副坝均采用钢筋混凝土面板堆石坝，坝顶高程 863.00m，防浪墙顶高程 864.20m，主坝最大坝高 75.00m，坝顶长 247.50m，副坝最大坝高为 26.00m，坝顶长 375.0m，坝顶宽 8.00m。

下水库位于灵江支流始丰溪上游河段，坝址控制面积 37.8km²，多年平均流量 1.153m³/s，库盆采用局部防渗处理措施；正常蓄水位 426.00m，相应库容 987 万 m³，死水位 403.00m，调节库容 748 万 m³。下水库大坝采用碾压混凝土重力坝，坝顶高程 431.50m，最大坝高 68.50m，坝顶长 263.60m，坝顶宽 9.0m。泄水建筑物采用泄洪底孔和溢流表孔联合泄洪方式。泄洪底孔为坝身有压泄水孔，有压孔控制断面尺寸 4.5m×3.5m（宽×高）；坝身溢流表孔布置在河床中央位置，采用自由溢流方式。

输水系统总长约 2371.60m（1 号机），其中引水系统长约 1174.4m，尾水系统长约 1197.20m。引水系统采用两洞四机方式，从上斜井上弯段末端起采用钢板衬砌，引水上平洞、上斜井、中平洞直径均 6.40m，下斜井直径 5.60m，下平洞直径 4.80m；钢岔管主管直径 6.20m，下斜井直径 5.6m，下平洞直径 5.6～5.0m；引水支管直径为 3.50m，到厂前减缩为 2.4m。尾水系统也采用两洞四机方式，尾水支管直径 5.20m，采用钢板衬砌，长 110.00m；尾水隧洞直径 7.50m，采用钢筋混凝土衬砌，衬砌厚度 0.60m。

地下厂房位于输水系统的中部，厂房机组中心距上、下水库进/出水口分别约为 950m 和 1215m；机组安装高程 336.00m。主副厂房洞、主变压器洞两大洞室平行布置，两洞间净距离为 40.00m；主副厂房洞开挖尺寸 171.8m×24.5m×54.7m（长×宽×高），主变压器洞开挖尺寸 167.0m×20.0m×23.0m（长×宽×高）。进厂交通洞全长 1505.0m，宽 7.80m、高 7.80m。通风洞全长 1052.0m，宽 7.00m、高 6.50m。地面开关站，场地高程 480.00m，场地尺寸 180.00m×40.00m（长×宽）。

工程建设征地涉及磐安县 1 个镇 10 个行政村，征占用各类土地 4352.70 亩，其中永久占地 3198.60 亩，临时用地 1154.10 亩，房屋拆迁面积 28729.15m²；至规划设计水平年（2019 年），生产安置人口 366 人。

该电站为一等大（1）型工程，总投资 76.08 亿元，由国网新源控股有限公司和国网浙江电力有限公司按 70%、30%的比例共同出资建设，计划于 2028 年全部投产。

中国电建集团华东勘测设计研究院有限公司承担了磐安抽水蓄能电站勘测设计研究工作。2013 年 4 月，磐安抽水蓄能电站被国家能源局确定为浙江省 2020 年新建抽水蓄能电站的推荐站点。2015 年 1 月，电站预可行性研究报告通过审查。2016 年 6 月，电站可行性研究工作开始。2017 年 5 月，可行性研究阶段正常蓄水位选择专题报告和施工总布置规划专题报告通过审查；12 月，浙江省人民政府发布“停建通告”；2018 年 9 月，磐安抽水蓄能电站被国家能源局确定为浙江 2025 水平年选点规划调整推荐站点；10 月，建设征地移民安置规划大纲通过评审；2019 年 1 月，可行性研究报告通过审查；12 月 24 日，项目获得浙江省发展改革委核准。

（中国电建集团华东勘测设计研究院有限公司
姚敏杰　汪剑国）

泰安二期抽水蓄能电站工程开工建设

2020 年 12 月 23 日，泰安二期抽水蓄能电站开工建设。其开工动员大会与同时开工的山西浑源、浙江磐安两个抽水蓄能电站项目一起在北京举行。

泰安二期抽水蓄能电站位于山东省泰安市徂徕山汶河风景名胜区徂徕镇境内，距泰安市区公路里程约 20km，距济南、济宁、青岛的直线距离分别为 70、105、260km。电站为日调节纯抽水蓄能电站，安装 6 台单机容量 300MW 的可逆式抽水蓄能机组，总装机容量 1800MW，设计年发电量 18 亿 kW·h。建成后承担山东电网的调峰、填谷、调频、调相及紧急事故备用等任务。

上水库位于徂徕山主峰太平顶西北约 3km 龙湾沟源头，坝址以上流域面积 2.75km^2，多年平均流量 0.020m^3/s；正常蓄水位 681.00m，死水位 640.00m，总库容 1342 万 m^3，调节库容 1066 万 m^3；主坝采用混凝土面板堆石坝，坝顶高程 686.50m，最大坝高 109.5m，坝顶长 458m，坝顶宽 10.0m；副坝采用混凝土重力坝，坝顶高程 685.50m，最大坝高 16.5m，坝顶长 416.0m，折线形布置，坝顶宽度 4.5m。

下水库位于龙湾沟沟口洪积扇上，坝址以上流域面积 11.2km^2，多年平均流量 0.077m^3/s；正常蓄水位 207.50m，死水位 182.00m，总库容 1577 万 m^3，调节库容 1256 万 m^3；主坝采用混凝土面板堆石坝，坝顶高程 214.50m，最大坝高 60.5m，坝顶长 1010.0m，折线形布置，坝顶宽度 8.0m；副坝亦采用混凝土面板堆石坝，坝顶高程 214.50m，最大坝高 29.5m，坝顶长 285.0m，坝顶宽度 8.0m；溢洪道位于主坝右坝肩，为侧堰自由溢流式；导流泄放洞位于溢洪道下方，出口设工作弧门，采用底流消能后汇入与溢洪道共用的出水明渠。

输水系统布置在龙湾沟左岸，总长约 2952.4～3006.2m，其中引水系统长 1381.4～1406.8m，尾水系统长 1570.9～1599.4m，均采用三洞六机布置，距高比为 6.1。引水隧洞立面上采用两级斜井布置，洞径 6.2～5.0m，从上斜井首部开始采用钢板衬砌；厂房上游设对称“Y”形钢岔管，分岔角 75°。尾水支洞长 102.40m，内径 5.0m，尾水闸门上游段设置钢衬。尾水岔管采用对称“Y”形钢筋混凝土岔管，分岔角 70°。尾水隧洞采用“一坡到底”布置，直径 6.8m；尾水调压室采用阻抗＋上室式，大井直径 10m，小井直径 4.5m。

地下厂房位于输水系统中部偏上游，其中心线距上、下水库进/出水口分别约为 1170、1590m，机组安装高程 107.0m。主副厂房洞、主变压器洞、尾水闸门洞三大洞室平行布置，相应洞间净距离分别为 40.0、30.0m；主副厂房洞开挖尺寸 223.0m×24.5m×55.7m（长×宽×高，下同），主变压器洞开挖尺寸 216.0m×20.0m×22.3m，尾水闸门洞开挖尺寸 185.0m×7.8m×19.2m。进厂交通洞全长约 1718m，宽、高均为 7.8m。通风兼安全洞全长约 1645m，宽 7.0m、高 6.5m。地面开关站场地高程 179.0m，场地为“L”形，尺寸为 105.0m×88.5（51.0）m。

工程建设征地涉及徂徕山汶河风景名胜区徂徕镇的 6 个行政村、1 个国有林场和 1 个国有苗圃；征占用各类土地 4454.74 亩，其中永久占地 3961.28 亩，临时用地 493.46 亩，房屋拆迁面积 59230.56m^2；至规划设计水平年（2019 年），搬迁安置人口 502 人，生产安置人口 1221 人。

电站为一等大（1）型工程，总投资 101.86 亿元，由国网新源控股有限公司、国网山东省电力公司和泰安市泰山投资有限公司按 50.29%、43.39%、6.32%的比例出资建设，施工总工期 73 个月，计划于 2029 年 6 月全部机组投产发电。

电站设计单位为中国电建集团华东勘测设计研究院有限公司，施工监理单位为中国水利水电建设工程咨询中南有限公司，筹建期工程施工单位为中国水利水电第六工程局有限公司。

（中国电建集团华东勘测设计研究院有限公司
杨经卿）

绩溪抽水蓄能电站 2020 年实现“五投一并”

2020 年，绩溪抽水蓄能电站首台机组于 1 月 1 日投入商业运行；2～5 号机组分别于 5 月 18 日、8 月 20 日、10 月 18 日、12 月 8 日投入商业运行；12 月 16 日，6 号机组成功并网发电，至此，首次实现了高水头（650m）、大容量（300MW）、高转速（500r/min）抽水蓄能机组一年“五投一并”的佳绩！

绩溪抽水蓄能电站位于安徽省绩溪县伏岭镇，安装6台单机容量300MW的混流可逆式抽水蓄能机组。

上水库大坝、下水库大坝及泄洪设施均为200年一遇洪水设计，2000年一遇洪水校核；下水库泄洪消能防冲建筑物按100年一遇洪水设计；输水系统、地下厂房、开关站等主要永久性建筑物的洪水标准均按200年一遇洪水设计，1000年一遇洪水校核。

上水库正常蓄水位961.00m，死水位921.00m，调节库容867万m^3，不设溢洪道。下水库正常蓄水位340.00m，死水位318.00m，调节库容903万m^3；溢洪道采用竖井式，自由溢流，布置在右库岸，全长423.16m；导流泄放洞布置在右岸，进口位于坝轴线以上约160m，全长224.4m，中部设一道事故闸门，出口设一个套筒阀。

输水系统布置在赤石坑沟北侧，引水及尾水系统均采用三洞六机布置，分三个水力单元；压力管道采用两级斜井布置，在两级斜井中部设置中平段；尾水系统“一坡到顶”布置。上、下水库进/出水口均采用侧向闸门竖井式。

主副厂房洞、主变压器洞、尾水闸门洞三大主洞平行布置，主变压器洞位于主副厂房洞下游，两洞间距39.7m；尾水闸门洞位于主变压器洞下游，两洞间距30.5m。

地面开关站场地平面尺寸200m×60m，高程为360.00m；场内建筑物有GIS室、500kV出线场及继保楼。

筹建期工程于2013年6月20日开工，主体土建工程于2014年12月29日开工，机电安装工程于2016年8月8日开工。下水库于2018年6月29日下闸蓄水，上水库于2019年6月6日下闸蓄水。

电站建成后主要服务于华东电网（江苏、上海和安徽），在电网中承担调峰、填谷、调频、调相和事故备用等任务，对保障“皖电东送”、促进长三角地区能源设施互联互通具有重要意义。

（中国电建集团华东勘测设计研究院有限公司
徐文仙　赵瑞存）

南方电网调峰调频发电有限公司2020年电源建设情况

（一）总体规划

截至2020年底，南方电网调峰调频发电有限公司已建成投运的电厂有8座，总装机容量1072万kW，包括天生桥二级水电站132万kW（6×22万kW）、鲁布革水力发电厂60万kW（4×15万kW）、广州蓄能水电厂240万kW（8×30万kW）、惠州蓄能水电厂240万kW（8×30万kW）、清远蓄能水电厂128万kW（4×32万kW）、深圳抽水蓄能电站120万kW（4×30万kW）、海南琼中抽水蓄能电站60万kW（3×20万kW）、海南文昌燃气—蒸汽联合循环电厂92万kW（2×46万kW）。拥有国内首个兆瓦级电池储能站——深圳宝清电池储能站，2020年底已投运10MW。

在建抽水蓄能电站有2座，总装机容量240万kW，包括梅州抽水蓄能电站120万kW（4×30万kW）、阳江抽水蓄能电站120万kW（3×40万kW）。正在开展前期工作的项目装机容量共572万kW，包括：广西南宁抽水蓄能电站120万kW（4×30万kW），肇庆抽水蓄能电站120万kW（4×30万kW），惠州中洞抽水蓄能电站120万kW（3×40万kW），海南琼海燃气调峰电厂92万kW（2×46万kW）。

（二）项目前期工作

1. 抽水蓄能电站项目

（1）南宁抽水蓄能电站项目：完成可行性研究阶段枢纽布置格局、正常蓄水位选择、施工总布置规划三大专题审查，开展核准及开工支持性文件报批工作，开展实物指标调查；进场道路于2020年8月取得地方核准，12月启动建设。

（2）肇庆抽水蓄能电站项目：2020年7月，与肇庆市政府签订开发协议。进场道路于2020年10月取得地方核准，12月启动建设。

2. 电池储能业务　东莞110kV杨屋站储能项目完成可行性研究报告编制，南方电网数字产业基地储能项目、东莞220kV黎贝站储能项目于2020年11月完成可行性研究报告编制。

（三）在建工程管理

1. 文昌气电项目　在确保安全、质量的前提下，克服疫情影响，2020年6月24日实现了全面投产发电，从主体工程开工至首台机组发电用时1年零7天，两台机组投产工期较定额工期提前3个月，打破了我国同类项目进度纪录，创造了新的“自贸港速度”。

2. 梅州抽水蓄能电站项目　上水库主坝于2020年9月完成堆石体填筑；下水库主坝于12月浇筑至坝顶高程；输水发电系统完成约50%；完成BOP设备采购、二次接入系统设计等合同签订。2020年5月21日完成首台机尾水管吊装，10月23日首台机组蜗壳座环吊装完成。

3. 阳江抽水蓄能电站项目　上水库大坝浇筑完成约30%；下水库导流洞开挖完成，下水库大坝防渗墙施工浇筑 51 个槽段（共 155 个）。输水发电系统总体完成约 70%。完成 BOP 设备采购、二次接入系统设计等合同签订。2020 年 1 月 25 日完成首台机尾水管吊装，10 月 24 日首台机组蜗壳座环吊装完成。

（南方电网调峰调频发电有限公司　曹娅）

河北省抽水蓄能电站选点规划项目调整情况

为更好适应河北省、京津冀一体化、雄安新区开发建设以及华北电网电力系统安全经济运行和新能源快速发展需要，推动抽水蓄能电站科学有序建设，2017 年 11 月，河北省发展改革委以冀发改能源〔2017〕1464 号向国家能源局提出了开展河北省抽水蓄能电站选点规划工作的申请。2017 年 12 月，国家能源局以国能综函新能〔2017〕459 号复函同意开展河北省抽水蓄能电站选点规划调整工作。项目于 2018 年 1 月正式启动，2020 年 5 月完成。

（一）项目背景

2009 年全国抽水蓄能电站选点规划工作距今已近 8 年，河北省抽水蓄能电站也迎来了建设的高潮，丰宁和易县项目已经顺利开工建设，尚义和抚宁站点已完成可行性研究阶段枢纽布置格局专题、正常蓄水位选择专题及施工总布置专题工作，抽水蓄能电站建设形势和一些规划站点外部条件发生了一定变化，需要对原规划进行调整补充工作，以满足未来抽水蓄能电站建设的需要。

在工作深入开展的过程中，需要进一步的论证复核，同时 2025 年负荷有所变化，因此需要对前一次规划进行调整，以满足 2025 年电网对抽水蓄能电站的需求。

1. 上一轮推荐规划站点执行情况　2011 年中国电建集团北京勘测设计研究院有限公司（简称北京院）完成了《河北省抽水蓄能电站选点规划报告》，并于 2011 年 6 月 29～30 日经水电水利规划设计总院会同河北省发展改革委、能源局审查，同意该报告的主要结论。原规划设计水平年为 2020 年，推荐规划站点中丰宁抽水蓄能电站于 2013 年 5 月开始建设，预计 2021 年首台机组发电，此后每 4 个月一台机组投产发电。易县抽水蓄能电站于 2017 年 12 月开工建设，而抚宁抽水蓄能电站目前处于可行性研究阶段，预计 2018 年年底开工建设。抽水蓄能电站建设时间较长，一般都在 6～9 年时间，不能如期建成发挥作用，将会影响电网的安全运行。

2. 规划调整的必要性

（1）需进一步开展河北省抽水蓄能电站规划调整工作，以满足京津唐电网、河北南网对抽水蓄能电站的需求，指导河北省“十四五”期间抽水蓄能电站的建设。

（2）适应新能源快速发展需要，保障电网安全稳定经济运行。抽水蓄能电站是解决电网调峰困难最为有效的方式，特别是配合今后大规模风电运行，是一种最有效、大规模的储能电源，解决电网调峰电源缺乏、调峰途径单一这一安全隐患的迫切需要，保证电网安全稳定经济运行。

（3）紧抓京津冀协同发展、雄安新区等重大历史机遇，推动河北省抽水蓄能电站科学有序建设，着力转变电力发展方式，对于提高电网调峰能力，优化电源结构，保障电力安全可靠运行，服务雄安新区建设，夯实雄安新区“零碳”电力保障基础，提升清洁能源消纳空间，适应新能源快速发展需要，促进地方经济发展发挥重要作用。

（4）尚义抽水蓄能电站已列入《水电发展“十三五”规划（2016～2020 年）》重点开工项目，因此需要进一步谋划抽水蓄能站点选址，做好项目储备工作。

（二）研究内容

根据国家能源局《关于抽水蓄能规划工作座谈会议纪要》的精神，河北省发展改革委向国家能源局提出了《关于申请开展我省抽水蓄能电站选点规划的请示》（冀发改能源〔2017〕1464 号）。2017 年 12 月 18 日，国家能源局综合司以《国家能源局综合司关于河北省抽水蓄能电站选点规划调整工作有关事项的复函》（国能综函新能〔2017〕459 号）批复同意开展河北省抽水蓄能电站选点规划调整工作。据此，北京院迅速组织开展本次抽水蓄能选点规划调整工作，主要工作内容包括：

（1）开展京津唐电网及河北南网对抽水蓄能电站需求及合理布局专题研究。

（2）开展河北省境内抽水蓄能电站规划选点的勘察设计工作，编制完成选点规划调整报告。

（3）对河北省抽水蓄能站址进行优化布局，调整存在制约问题的站址，推荐几个近期开发站址（2025 年），并对 2030 年的需求进行分析。

（三）主要成果及应用

按照《国家能源局综合司关于河北省抽水蓄能电站选点规划调整工作有关事项的复函》（国能综函新能〔2017〕459 号）要求，结合京津冀一体化、雄安新区建设及京津冀电网安全经济运行和新能源快速发展需要，北京院开展了抽水蓄能电站选点规划调整工作。经多次研究和修改完善，形成了《河北省抽水蓄能电站选点规划调整报告》。项目成果于2020年6月10日获得《国家能源局关于河北抽水蓄能电站选点规划调整成果的复函》(国能函新能〔2020〕36号)。项目取得的主要成果如下：

(1) 为做好河北抽水蓄能电站的规划建设，规范项目前期工作，确保抽水蓄能电站有序开发和电网安全经济稳定运行，原则同意河北抽水蓄能电站选点规划调整成果及审查意见。

(2) 同意在初选尚义、滦平、迁西、赤城、徐水、邢台、阜平7个站点作为比选站点的基础上，确定尚义（拟装机容量140万kW)、徐水（拟装机容量60万kW)、滦平（拟装机容量120万kW）站点为河北抽水蓄能电站规划调整推荐站点，规划水平年为2030年。

(3) 灵寿站点（拟装机容量120万kW）补充纳入规划调整站点，下一步要统筹考虑电力系统需求及区域内站点资源情况，按照技术审查意见进一步开展论证工作。

(4) 邢台站点（拟装机容量120万kW）涉及生态保护红线调整，下一步按《关于在抽水蓄能电站规划建设中落实生态环保有关要求的通知》(国能综发新能〔2017〕3号）落实有关工作后纳入规划。

项目对河北省做好站点资源保护、综合考虑区域抽水蓄能电站合理配置和电力系统实际需求、科学安排推荐站点建设时序、保障选点规划科学实施、积极推进项目核准及建设等方面具有重要作用。

（中国电建集团北京勘测设计研究院有限公司 孙平）

南水北调中线雄安调蓄库工程项目核准

南水北调中线雄安调蓄库工程位于河北省保定市徐水区境内、南水北调中线总干渠（简称总干渠）西黑山分水口附近，距新区约50km。工程由调蓄上水库、调蓄下水库、联通工程、徐水抽水蓄能电站和环境整治工程等组成。调蓄上水库利用天然沟谷筑坝成库，调蓄下水库紧临总干渠，利用崖儿峪山下挖成库。调蓄下水库通过联通工程与总干渠联通，不仅实现调蓄库与总干渠之间的自流补水和放水，同时还实现总干渠在线沉藻。调蓄库建成后，将发挥调蓄和应对检修、冰期和应急备用的供水作用，与其他水源联合供水、相互补充，共同满足新区供水需求，保障供水安全，提升供水水质。工程结合扬水及泄水过程，依势修建装机容量600MW的抽水蓄能电站，不仅能实现调蓄库的补水和放水，更可进一步增加新区外来绿色电力的消纳，为新区供电安全提供有力保障。工程建设后，山体通过蓄水形成的5000余亩水面可以形成良好的区域生态小环境。结合当地“釜山合符”历史文化，发展生态旅游产业，促进经济发展。

2019年5月27日，京津冀协同发展领导小组办公室第10号《关于印发〈雄安新区2019年重点建设项目〉的通知》，将南水北调中线雄安调蓄库列为67个重点项目之一，要求抓紧推进项目前期工作和工程建设进度；8月，河北省发展改革委下发《关于同意开展南水北调雄安调蓄库工程前期工作的函》，明确项目法人为南水北调中线建管局；10月23日，南水北调中线实业发展有限公司与北京院—长江院勘察设计联合体签订南水北调中线雄安调蓄库工程可行性研究阶段勘察设计合同，委托北京院—长江院勘察设计联合体进行南水北调中线雄安调蓄库工程可行性研究阶段勘察设计工作；11月，河北省自然资源厅下发《关于南水北调中线雄安调蓄库工程项目的选址意见》(冀自然资深〔2019〕341号)，徐水区发展改革局下发《关于南水北调中线雄安调蓄库工程项目社会稳定风险评估意见的函》(徐水发改〔2019〕171号)；12月5日，河北省水利厅组织对《南水北调中线雄安调蓄库工程方案设计报告》进行审查，并于次日印发《关于南水北调中线雄安调蓄库工程设计方案审查意见的函》(冀水规计〔2019〕130号)。

2020年3月，自然资源部下发《关于南水北调中线雄安调蓄库项目用地的预审意见》；6月10日，国家能源局以国能函新能〔2020〕36号《国家能源局关于河北抽水蓄能电站选点规划调整成果的复函》同意在初选尚义、滦平、迁西、赤城、徐水、邢台、阜平7个站点作为比选站点的基础上，确定尚义（拟装机容量140万kW)、徐水（拟装机容量60万kW)、滦平（拟装机容量120万kW）站点为河北抽水蓄能规划调整推荐站点，规划水平年为2030年；12月，南水北调中线干线建设管理局组织对《南水北调中线雄安调蓄库可行性研究报告》进行审查，并下发《关于印发南水北调中线雄安调蓄库工程可行性研究报告审查意见的通知》(中线局总工办〔2021〕1号)，河北省水利厅下发《关于南水北调中线雄安调蓄库工程建设征地移民安置规划报告的审核意见》(冀水审〔2020〕9230号)。

2020年12月30日，河北省发展改革委下发《关于南水北调中线雄安调蓄库项目核准的批复》。

（中国电建集团北京勘测设计研究院有限公司 赵旭润 吴彦）

阜康抽水蓄能电站工程的钢管加工厂建成

新疆阜康抽水蓄能电站是国网新源控股有限公司在国内首个采用EPC方式建设的抽水蓄能电站项目，也是新疆地区首个抽水蓄能电站项目。该电站引水及尾水系统压力钢管，材质为500、600、800MPa级三种钢板，最大直径6.2m，最大厚度62mm；制作安装工程量为1.4万余吨，全部由中国水利水电第三工程局有限公司（简称水电三局）承担。

水电三局进入阜康抽水蓄能电站工地后，克服地域偏远、任务紧等困难，通过前期策划，于2019年5月开始建厂施工，当年11月底安全顺利完成了的各项临建工作。2020年初，建厂工作受到新冠疫情影响；3月底，克服诸多不利因素，项目人员陆续返回，积极复工复产；通过不断优化资源配置和施工技术方案，经近1个半月时间努力，完成了投产前的各项技术和生产准备工作，并顺利通过监理和业主的验收；5月28日，该钢管加工厂正式投产。

该钢管加工厂月平均产能达750t，它的投产标志着阜康抽水蓄能电站引水及尾水系统压力钢管制作正式拉开序幕。

2020年10月10日，业主新疆阜康抽水蓄能电站有限公司组织监理单位、第三方金属实验室、EPC总承包部和项目部相关人员，对该厂压力钢管制作工艺和已生产的成品进行联合验收和评审。验收组一致认为该钢管加工厂钢管制作工艺优良，产品质量高，符合标准工艺示范区验收标准，同意挂牌。由此，水电三局新疆阜康抽水蓄能电站项目部钢管加工厂获得业主颁发的压力钢管制作标准化工艺实体示范区称号。

（中国水利水电第三工程局有限公司
廖钧　李文亮）

中國水力發電年鉴

4

工程勘测

工程地质勘测与评价

澜沧江乌弄龙水电站工程地质条件与评价

（一）工程概况

乌弄龙水电站位于云南省迪庆州维西县巴迪乡与德钦县燕门乡交界的澜沧江上，大坝为碾压混凝土重力坝，水库的正常蓄水位为 1906.0m，总库容为 2.84 亿 m^3，日调节水库。电站枢纽为二等大（2）型工程，电站总装机容量 990MW。枢纽工程由碾压混凝土重力坝、坝身泄洪表孔和底孔及右岸地下厂房系统等主要建筑物组成。

（二）区域地质条件

工程区属滇西纵谷山原区地貌单元，总体地势北高南低，山脉总体呈北北西或南北向展布。在大地构造上，工程区位于唐古拉—兰坪—思茅地槽褶皱带（三江地槽褶皱系）Ⅰ级构造单元，兰坪—思茅坳陷Ⅱ级构造单元中。三江地槽呈近南北向展布，总体控制着工程区的区域地质环境。近场区不存在晚更新世以来活动断裂，也无历史中强震发生，属区域构造稳定性较好的地区。根据地震安全性评价成果，场址地震基本烈度为Ⅶ度。

（三）水库区工程地质条件

正常蓄水位 1906m 时，坝前水位壅高 85m，库长约 34.6km。水库区河谷狭窄，以陡坡地貌为主。水库区主要出露有二叠系、三叠系、侏罗系地层，基岩中有石英闪长岩脉、花岗闪长岩脉、石英斑岩岩脉、超基性岩脉等侵入岩分布，地表有第四系堆积物覆盖。水库区断裂发育，主要构造线多呈北北西～南北走向。地下水类型有第四系孔隙水和基岩裂隙水，孔隙水主要赋存于谷底透水性好的砂卵砾石和块碎石中，水量丰富；基岩裂隙水赋存运移于基岩裂隙中，接受大气降水补给，排泄于澜沧江及沟谷中。库盆及两岸为相对隔水的岩层组成，岩溶不发育，不存在永久性渗漏问题。两岸阶地不甚发育，浸没问题不突出。水库区发育滑坡、不稳定斜坡及堆积体，多数自然条件下稳定，个别滑坡、堆积体蓄水后前缘局部坍塌及蠕变变形，但变形已趋于收敛，整体失稳可能性不大，对水库及大坝正常运行影响很小。

（四）枢纽区工程地质条件

坝址区河道顺直，江水流向为 SE113°～SE120°，河谷为斜向谷，两岸山势陡峻，河谷深切，呈不对称的“V”字形。两岸基岩出露较好。两岸阶地不甚发育，仅在局部小块残留Ⅰ级阶地。坝址区主要发育二叠系下统（P_1）、上统下段（P_2^a）以及第四系（Q）地层，其中二叠系下统（P_1）岩性为灰～青灰色薄层状砂质板岩、泥质板岩夹变质石英砂岩；二叠系上统下段（P_2^a）为灰色、灰黑色薄层状砂质板岩、泥质板岩夹中厚层变质石英砂岩及少量英安质凝灰岩。坝址岩层为单斜构造，岩层总体走向为 NW355°～NE10°，倾向 NE～SE，倾角 75°～88°，与澜沧江河谷走向近似正交。河床和两坝肩岩体透水性随深度的增加逐渐减小，微透水层顶板埋深河床为基岩面以下 8～44m，左岸为 44～110m，右岸为 33～113m。坝址区岩体无全风化层，左岸坝顶以下强风化水平深度 0～15m，弱风化水平深度一般 36～50m，河床无强风化，右岸强风化 0～12m，弱风化水平深度一般 28～57m。坝址区岩体卸荷呈随高程增高加深的局势，左岸无强卸荷岩体，弱卸荷水平深度 5～20m；弱卸荷带水平深度为 8～53m。右岸坝顶以上强卸荷水平深度 0～72m，弱卸荷水平深度 47～104m，坝顶以下弱卸荷带水平深度为 8～53m。

（五）主要建筑物工程地质条件

1. 坝基工程地质条件及建基面优化　拦河坝为碾压混凝土重力坝，最大坝高 130.5m，分为左岸挡水坝段、泄流坝段、右岸挡水坝段。左岸挡水坝段坝基岩体岩性为板岩夹变质砂岩为主，坝基岩体断层发育较少，坝基岩体属Ⅲ级岩体，接近坝顶部分为Ⅲ2 级岩体。右岸挡水坝段坝基岩性为薄层状板岩夹中厚层状变质砂岩为主，发育少量的顺层陡倾的小断层，开挖中与局部发育的陡倾坡外结构面组合形成小范围坍塌，缓倾角裂隙不发育坝基岩体以Ⅲ1 类为主，局部为Ⅲ2 类。河床坝基基岩为灰～青灰色砂质、泥质板岩夹中厚层变质石英细砂岩，坝基利用弱风化下部～微风化岩体，岩体属质量较好的Ⅱ级～Ⅲ级岩体，岩体抗滑及抗变形能力较好，坝基断裂主要以顺层向发育的裂隙为主，缓倾裂隙发育也较少。施工开挖期间，坝基优化及时调整并抬高坝基建基面开挖深度，减少了大坝基础开挖量及混凝土量，节省了工程投资，缩短了建设周期。

2. 地下厂房洞群工程地质条件及轴线方向选择

地下厂房洞群位于右岸山体中，其中主厂房垂直方向埋深129～331m。地下厂房洞室围岩岩性主要为板岩夹变质细砂岩、变质石英砂岩及少量的英安质凝灰岩等。围岩断层不发育，多顺层发育，与洞室大角度相交，宽度20cm以下，充填挤压片状岩、碎裂岩、石英脉等，连通性较好，贯穿洞壁。其中f_3为中陡倾角的夹泥断层，与裂隙切割形成组合，对主厂房下游拱角稳定有影响，经加强支护处理稳定。由于缓倾角和陡倾角裂隙均有发育，顶拱和边墙局部存在小型不稳定组合块体，开挖过程除系统支护外加强了随机支护措施。实测的最大主应力σ_1最大值为9.6MPa，最大主应力方位为NW350°，为中—低应力区。当厂轴方向为SW230°时，最大限度地保持了与各组结构面走向夹角较大的关系，组合块体数量较少，有利于洞室围岩稳定，因此地下厂房洞室群长轴方位选择SW230°。地下厂房洞室群岩体完整性好，普遍以Ⅲ类围岩为主，少量Ⅱ类或Ⅳ类。开挖揭露的地质情况与前期预测基本一致。

（中国电建集团西北勘测设计研究院有限公司
胡华）

夏曲水电站工程地质条件与评价

（一）工程概况

夏曲水电站位于西藏自治区林芝市波密县八盖乡的易贡藏布干流上，水库正常蓄水位2493m，电站装机容量1000MW，为Ⅱ等大（2）型工程。枢纽工程由首部枢纽（闸坝）及引水发电系统组成。

（二）区域地质条件

工程区大地构造上位于冈瓦拉古陆的冈底斯—腾冲微陆块，新构造上位于东构造结北侧，地貌分区属藏东南山地河谷区，现今构造活动强烈。新构造活动主要以间歇性的大面积整体隆升以及伴随断裂走滑运动为主。近场区发育规模不等、性质各异的断层或断层组共12条，嘉黎主断裂（F_5）为全新世活动断裂，距中坝址最近约0.7km。工程各坝址下方没有活动断裂通过，不存在断层位错的潜在危害。工程区场地基本烈度为Ⅷ度。

（三）水库区工程地质条件

水库区库盆封闭条件好，库区不存在永久性渗漏问题；正常蓄水位为2493m时，库水位主要在河谷低处的现代河床，库区存在一定淹没问题，无浸没问题；水库蓄水后，由第四系松散体构成的岸坡局部将产生坍塌破坏，对水库正常运行影响较小；固体径流物质主要来源于易贡藏布上游、支流夏曲藏布、泥石流沟及两岸松散堆积物的坍塌，对以后水库正常运行有一定影响；夏曲为低坝小库，且无区域性长大断裂穿过库区，不存在大的渗漏通道，水库诱发地震的可能性小。总体上，水库工程地质条件相对较好。

（四）枢纽区工程地质条件

坝址位于八盖乡塔鲁村下游，上游河流以NW310°流入，在坝前转为NE60°，并以该方向流出。河谷呈不对称的“V”字形，谷宽145～205m。正常蓄水位2493m时，河水面宽272m。坝址右岸上游发育6号冲沟沟长2.2km，切割深度350～400m，沟内基岩裸露，沟口为冰川堆积物；下游发育8号冲沟。坝址区出露地层主要为前奥陶系雷龙库岩组（AnOl）炭质板岩、变质砂岩和第四系堆积物。坝址区边坡陡峻，两岸基岩裸露，组成岩性主要为岩石，属中硬岩。坝址区地下水按埋藏类型有孔隙性潜水和基岩裂隙水，孔隙性潜水水量较丰富，二者均排泄于易贡藏布。坝址区未发现滑坡、泥石流等，物理地质现象主要有岩体倾倒、崩塌及风化作用。坝址左岸风化深度要略大于右岸。左岸倾倒变形体最大厚度约30m，总方量约48×10^4 m^3，岩体较破碎，但整体稳定性较好。

（五）主要建筑物工程地质条件

1. 坝基工程地质条件 ①左副坝1、2号坝段、3号部分坝段基础置于第Ⅵ层砂卵砾石层上，基础下部砂卵砾石层厚4.5～7.0m，为强透水层，存在渗透破坏及渗透稳定问题；下伏粉质黏土层及粉细砂层，存在液化及沉降变形问题，需要进行桩基处理，桩端要求置入基岩，亦可选择其他形式进行基础加固，并做好防渗处理。左坝肩覆盖块碎石土，全部清除；边坡为薄层状砂质板岩，整体稳定性较好。自然边坡受风化、裂隙组合切割影响，表部岩体完整性较差，表部风化岩体进行清除。②右副坝1号坝段、2号坝段基础同左副坝类似，需要换填加桩基进行处理，桩端要求置入基岩，并做好防渗处理。右坝肩边坡高陡，岩性为薄层状炭质板岩，边坡整体稳定性较好。受风化、裂隙组合切割影响，自然边坡表部岩体完整性差，可见多处小的楔形体，需清除表部的风化岩体，并喷锚支护处理。

2. 输水洞线工程地质条件 右岸引水隧洞长度12.88km，沿线地表地形起伏，沿线地层岩性主要为奥陶系板岩、变质砂岩及古近系侵入角闪黑云二长花岗岩，隧洞围岩以Ⅲ类为主，少量Ⅱ类围岩，断层及影响带、裂隙密集带以Ⅴ类为主，过沟段及埋深较浅段围岩以Ⅳ类为主。隧洞沿线主要断裂构造包括嘉黎主断裂、日卡—索通断裂。断层及影响带、过沟段涌水、突泥可能性较大，埋深较大的花岗岩洞段存在轻微岩爆的可能。其余洞段开挖以内鼓、弯折变形为主。

3. 地面厂房工程地质条件　厂房为岸边地面式，布置于峡谷出口河道右岸。主厂房、安装间、尾水副厂房、尾水平台基础置于微新岩体，建基条件较好；尾水渠、中控楼、开关站等建筑物建基于砂卵砾石层、粉细砂层上，原状基础不满足厂房建基要求，需对厂房基础进行加固处理。①深基坑问题。主长房开挖后形成近34m深基坑，基坑底板高程低于正常河水位约27m。厂房基础开挖需清除坡脚崩坡积块碎石土，部分Q4al砂卵砾石层、粉细砂层。存在渗透破坏、渗透稳定问题。因此基坑开挖应加强支护并做好基坑防、排水工作。②砂土液化问题。中控楼、开关站基础置于砂卵砾石层上，砂卵砾石层厚度约8～10m，物质组成偏细，承载力基本满足要求。下伏粉细砂层厚度约12～15m，埋深浅，存在砂土液化问题，需进行工程加固处理。③边坡稳定问题。厂房边坡开挖会形成近90m的永久岩质边坡，岩层产状与岸坡坡向小角度相交，为斜向坡，边坡整体稳定性较好，局部受风化、裂隙切割组合影响会形成小范围结构体，要针对性加强边坡支护处理。④泥石流。安装间、中控楼、开关站位于1、2号冲沟沟口堆积区。雨季新的堆积物覆盖于老的洪积扇上，方量较小，不会形成大规模的泥石流；沟道坡降较大，形成的小规模泥石流仍具有一定的危害性。因此，要做好安全防护措施，并对两条冲沟进行工程处理。

（中国电建集团西北勘测设计研究院有限公司
王群）

白河水电站工程地质条件与评价

白河水电站位于陕西省白河县及湖北省郧西县境内的汉江干流与金钱河交汇处上游。枢纽建筑物包括两岸非溢流重力坝、电站厂房、泄洪闸、船闸等，库容2.67亿m^3，电站装机容量180MW，为Ⅱ等大（2）型工程。

（一）区域地质条件

工程区位于秦岭褶皱系南秦岭印支褶皱带镇安—旬阳褶断束与赵川—淅川褶断束结合地带，近场区无活动断裂分布，历史地震活动水平较低。坝址地震基本烈度为Ⅵ度。

（二）水库区工程地质条件

水库区两岸山体雄厚，为U形峡谷地貌，主要出露古生界的一套浅变质岩，库盆基岩透水性弱，地下分水岭高程远高于库水位，封闭条件好，水库不存在向邻谷渗漏。库区滑坡共36处，其中体积大于100万m^3的大型滑坡有3处，库区滑坡在蓄水后处于稳定或基本稳定状态小。近坝7个滑坡在最不利的工况下除康银村滑坡基本稳定、安全系数靠近临界稳定状态外，均为稳定状态，近坝滑坡对工程影响较小，但在库水的作用下前缘可能产生坍岸。水库固体径流总量相对较少，不影响水库正常运行。水库区不存在浸没影响。水库不具备发生水库诱发地震的地质条件，产生水库诱发地震的可能性小。

（三）主要建筑物工程地质条件及评价

1. 两岸边坡　①左岸坝肩边坡岩体主要为结晶灰岩，下游引航道边坡岩体主要千枚岩，为斜交顺向坡，不利结构面组合切割形成的小规模不稳定块体塌落为边坡典型破坏模式，局部存在滑坡稳定问题。边坡整体稳定条件较好，对滑坡及不稳定块体均进行了相应的工程处理。安全监测结果显示边坡变形量小，整体稳定。②右岸坝肩边坡岩体主要为千枚岩，以斜交逆向坡为主，局部呈顺向，受发育规模较大、性状差的F_{25}断层影响，一度沿断层垮塌严重，高陡软岩边坡稳定问题较突出。边坡稳定条件较差，及时采取了相应的加固处理措施。安全监测结果显示边坡岩体深层累积位移很小，变形趋势平缓，边坡处于稳定状态。

2. 两岸非溢流重力坝　①左非溢流重力坝建基岩体为结晶灰岩，微风化状。坝基主要发育缓倾上游断层，断层带宽2～30cm，主要为碎裂岩和石英组成，沿断层相间溶蚀呈窄缝，充填黄色黏性土夹碎石，此外建基岩体完整性一般较好，具有微～弱透水性，沿断层局部弱渗水。建基岩体为Ⅲ类。坝基开挖对断层进行了相应的工程处理，断层处理后岩体整体完整性及抗变形能力增强，满足大坝承载力和稳定要求。②右非溢流重力坝建基岩体为千枚岩，属软岩，除边坡上部局部呈弱风化状外，岩体主要为微风化状。坝基发育5条微～弱切层断层，其中以F_{25}断层规模最大，带宽1～3m，由挤压破碎的炭质千枚岩组成，性状极差，边坡沿其垮塌较严重。建基岩体主要为微～弱透水性，沿断层、裂隙及片理面局部微渗水，雨季渗水量增大。建基岩体为Ⅳ类。坝基开挖对F25断层进行了相应的工程处理，断层处理后岩体整体完整性及抗变形能力增强，建基岩体满足大坝承载力和稳定要求。

3. 厂房及安装间坝基　建基岩体由千枚岩和结晶灰岩组成。其中千枚岩为软岩，分布于安装间和厂房坝基右上游段，层结晶灰岩分布于厂房坝基左下游段，岩性分层界面结合较紧密。建基岩体主要为微风化～新鲜岩体，具微～弱透水。千枚岩为Ⅳ类岩体，结晶灰岩主要为Ⅲ类岩体。坝基主要发育5条断层，其中以微切层的f_{10}断层规模最大，断层带宽0.3～2.0m，主要由结晶灰岩碎裂岩组成，分布于厂房坝基左下游段及渗漏集水井部位。坝基开挖对断层进行了相应的工程处理，断层处理后，岩体整体完整性及抗变形能力增强，建基岩体满足建筑物的承载力和稳定要求。坝基变形监测显示基岩变形量很小。

4. 泄洪闸坝基 建基岩体为结晶灰岩，微风化状～新鲜状。坝基主要发育6条断层，其中3条为缓倾角断层，其中沿缓倾上游的 f_8 断层及近南北走向裂隙渗水严重。建基岩体主要为微～弱透水性，主要为Ⅲ类。坝基开挖对断层进行了相应的工程处理；针对缓倾角结构面进行了坝基抗滑稳定分析，并提出了相应的处理措施建议；对沿结构面渗水进行了专门的分析、研究和处理。处理后建基岩体整体完整性、抗变形及抗滑能力增强，满足建筑物承载力和稳定要求。

5. 船闸坝基 建基岩体为结晶灰岩，微风化状～新鲜状。岩体中主要发育7条断层，其中上闸首发育缓倾上游断层，沿断层局部溶蚀呈窄缝。建基岩体完整性一般较好，具微～弱透水性，属Ⅲ类岩体。闸基开挖对断层均进行了相应的工程处理，处理后岩体整体完整性、抗变形及抗滑能力增强，满足建筑物承载力和稳定要求。

（长江岩土工程有限公司 刘高峰）

旭龙水电站工程地质条件与评价

金沙江旭龙水电站位于云南省德钦县与四川省得荣县交界的金沙江干流上部位，正常蓄水位2302m，库容8.47亿m^3，装机容量2400MW，为Ⅰ等大（1）型工程，主要由高213m的混凝土双曲拱坝、泄洪消能建筑物、引水发电建筑物组成。

（一）区域地质条件

旭龙水电站地处滇西北横断山山地，坝址位于金沙江褶皱束（Ⅲ12）内，区域断裂构造发育，无活动断裂及规模较大断裂穿过坝址，不存在大坝断层抗滑稳定渗漏问题；坝址位于德仁多—地巫稳定性较差区。坝址区地震基本烈度为Ⅷ度。

（二）水库工程地质条件及评价

水库区为峡谷型水库，基岩有变质岩与侵入岩，第四系零星分布。地质构造复杂，主要以南北向断裂构造为主。岸坡以稳定性好及较好岩质岸坡为主，库区分布一定规模的堆积体、危岩体，水库蓄水后有4处堆积体将受到库水影响，堆积体潜在破坏模式均为塌岸，变形破坏不会影响水库正常运行。库区不会发生向邻谷和坝下游的集中渗漏问题，不存在浸没问题。库区曾发生过泥石流冲沟有13条，暴发泥石流的可能性及频率均很小。水库诱发地震最大影响烈度低于坝址地震基本烈度（Ⅷ度），对库区环境整体稳定影响不大。

（三）枢纽区工程地质条件

坝址河段金沙江河势较顺直，河谷横断面为“V”字形，两岸对称性较好。河谷宽高比为1.82。坝址区主要为印支期侵入花岗岩（γ_5^1）、中元古界雄松群三段（Pt_{2X}^3）混合岩与斜长角闪片岩，均为坚硬岩石，岩体多呈弱风化至微新状。坝址区断层较发育，规模多较小，断层走向以与河流近正交为主，地应力总体属中等地应力水平。高处陡崖发育有强卸荷带，低高程两岸边坡除浅表部及地形突出部位外其他岩体主要表现为弱卸荷，水平卸荷深度15～35m。主要建坝岩体质量以$Ⅱ_A$类为主，部分为$Ⅲ_{1A}$类；局部片岩接触带为Ⅳ类。

坝址区自然边坡大部分基岩裸露，以花岗岩、混合岩、斜长角闪片岩等坚硬岩为主，岸坡岩体风化、卸荷总体较弱，河谷自然岸坡总体稳定。岸坡浅表部的危岩体、第四系松散堆积体、强烈卸荷松弛区等使边坡的局部稳定问题突出。人工边坡包括大坝拱肩槽边坡、电站进出口边坡、导流洞进出口边坡、天然建材料场边坡等，开挖最大高度近300m，人工边坡总体稳定，主要问题为各类结构面组合形成的块体稳定问题及小角度相交陡倾小断层局部变形稳定问题，导流洞出口左侧边坡顺向坡存在开挖切脚顺片理面的变形稳定问题。地下三大洞室主要布置于相对完整的花岗岩中，围岩以Ⅱ类为主，少量为Ⅲ类，围岩稳定条件较好，厂房区地应力总体以中等应力为主，局部地段应力集中达到高地应力水平，存在各类结构面组合形成的块体稳定问题，局部高地应力区域可能存在片帮、剥离、岩爆等。

（四）主要建筑物工程地质条件及评价

大坝建坝岩体主要为花岗岩，断层和裂隙较发育，在2300m高程以下强卸荷不发育，主要以弱卸荷为主，弱卸荷岩体以$Ⅲ_{1A}$类为主，未卸荷岩体以$Ⅱ_A$类为主；河床垂直卸荷岩体质量较差，属$Ⅲ_{1A}$类岩体，未卸荷岩体以$Ⅱ_A$类为主。两岸拱端宜利用未卸荷岩体，中高高程可利用部分弱卸荷岩体，河床宜利用未卸荷岩体，河床建基面最低高程2095m。坝基岩体以$Ⅱ_A$类为主，占90.8%，$Ⅲ_{1A}$及$Ⅲ_{2A}$类占9.2%。左岸拱座L5号块体的结构抗力与作用效应比值不满足设计要求，通过降低块体扬压力，设置抗剪洞，能够提升块体的抗滑稳定性。两岸拱肩槽边坡岩质坚硬、岩体质量以Ⅲ级与Ⅱ级为主，无大规模控制边坡整体稳定的断层，边坡整体稳定；人工边坡主要存在结构面组合形成的半定位块体及随机块体块体、小角度相交陡倾角断层、片岩条带等变形稳定问题。防渗帷幕端点接弱透水岩体（$q<3Lu$），帷幕下

限河床及近岸段接微透水岩体（$q<1Lu$）顶板，远岸段接弱透水岩体顶板。

地下厂房上覆岩体厚度260～410m；围岩为微新与未卸荷花岗岩及少量混合岩等；断层不发育，规模皆小，裂隙总体不发育；围岩稳定性较好，中等地应力水平，局部高地应力；主厂房Ⅱ、Ⅲ类围岩分别占83.3%、16.7%；主厂房、主变压器室与尾水调压室主要存在半定位块体及随机块体稳定问题。主厂房区中等地应力为主，调压室局部应力集中，为中等～高应力水平；最大主应力方向与厂房轴线方向小角度相交，有利于洞室围岩稳定，存在局部地应力集中引起的围岩稳定问题，局部高地应力引起轻微岩爆水平为主，尾调室轻微～中等岩爆水平，局部高地应力区域围岩存在片帮脱落、剥离、岩爆等问题。大部分洞室位于地下水位以下，主要为裂隙水，局部形成脉状涌水。引水隧洞Ⅱ、Ⅲ类围岩分别占87%、13%；尾水洞隧洞Ⅱ、Ⅲ、Ⅴ类（F_1断层带）围岩分别占70%、25%、5%。进水口与尾水出口边坡岩质坚硬、弱卸荷与未卸荷岩体，岩体质量以Ⅲ级与Ⅱ级为主，进水口上游侧面坡局部强卸荷Ⅳ级岩体，无大规模控制边坡整体稳定的断层；人工边坡主要存在结构面组合形成的块体及开口线附近强卸荷岩体、小断层等局部稳定问题。

（五）天然建筑材料

徐龙花岗岩骨料场符合混凝土人工骨料质量指标要求，花岗岩具有危害性反应的碱活性，通过添加15%～35%粉煤灰后，混凝土的碱活性反应可得到有效抑制。料场勘察储量1172.8万m^3。坝址区开挖料可作为混凝土骨料的洞挖花岗岩料有135万m^3。

［长江三峡勘测研究院有限公司（武汉） 刘冲平］

忠玉水电站工程地质条件与评价

（一）工程概况

忠玉水电站位于西藏自治区那曲市嘉黎县境内的易贡藏布干流上，水库正常蓄水位为3250m，天然库容16.63亿m^3，总装机容量（960＋70）MW，电站枢纽为Ⅰ等大（1）型工程。枢纽工程由混凝土双曲拱坝（坝高近300m）、坝身泄洪表孔和中孔及右岸地下厂房系统等主要建筑物组成。

（二）区域地质条件

工程区大地构造上位于冈瓦拉古陆的冈底斯—腾冲微陆块，新构造上位于东构造结北侧，地貌分区属藏东南山地河谷区，现今构造活动强烈。近场区主要断裂是嘉黎断裂带，具有强烈的右旋走滑活动特征。忠玉坝址下方没有活动断裂通过，不存在断层位错的潜在危害。忠玉水电站场址区基本地震烈度Ⅷ度，5km以内无活断层、存在震级小于5级的发震构造。总体区域构造稳定性评定为较差。

（三）水库区工程地质条件

库区库盆封闭条件总体较好，日卡—索通断裂带从库区延伸至坝下游，但该断裂为扭压型断裂带，沿该断裂形成渗漏通道的可能性不大，水库蓄水后基本不存在向邻谷产生永久性渗漏问题。第四系土质岸坡存在局部蓄水后库岸再造、塌岸问题，上坝址下游铁桥以下约1.30km段由于右岸发育有花岗岩倾倒变形体（BX01）和左岸发育的松散堆积体（DJ01）导致库岸整体稳定性差外，其他段库岸整体稳定性好或较好。库区上游流域的冰湖短期内将会继续扩张，冰湖溃决的风险也相应存在。总体来说，忠玉水库工程地质条件较好。

（四）枢纽区工程地质条件

下坝址区为河流拐弯至10号冲沟段，呈高山峡谷地貌特征，河流整体呈弧形弯曲，在坝轴线处流向NE41°，以河谷呈U形，水面宽30～35m。正常蓄水位3220m时，河谷宽度约307m。下坝址区左岸主要发育5、7、9号较大冲沟，右岸发育6、8、10号较大冲沟；右岸冲沟均为冰川碎屑流沟，发育冰川碎屑流地质灾害；左岸冲沟大多堆积崩坡积块碎石土层。坝址区以早白垩系的花岗岩（K1ηγa）和第四系（Q）地层为主。坝址区孔隙性潜水赋存并运移于第四系松散堆积物的孔隙中，水量较丰富，基岩裂隙水赋存于基岩裂隙中，均排泄于易贡藏布。坝址区的物理地质现象主要有岸坡岩体的风化、卸荷及崩塌等方面。崩塌主要发生在两岸高陡岸坡，两岸均有不同程度的岩体卸荷带，坝址区无强风化岩体发育，弱风化岩体发育。

（五）主要建筑物工程地质条件

1. 坝基工程地质条件　河床坝基位于吊桥下游16m至下游71m范围内，大坝河床坝基部位地表为现代河床及左岸堆积台地，河水面宽度35～60m；覆盖层深度4.5～96.6m，坝基及下游基岩顶板主槽偏左岸。河床坝基基岩为黑云母二长花岗岩，河床弱下风化岩体厚度6～12m。河床段断裂构造不发育，坝基结构面不发育，断层均属Ⅲ级结构面，充填物性状较好。坝基岩体透水性微弱，相对隔水层（$q<1Lu$）埋深在河床基岩面以下35m。

2. 坝肩工程地质条件　①左岸坝肩断裂较发育，坝基主要发育F_7、F_{17}、F_{19}、F_{21}及F_{45}、F_{49}等，主要为NWW向、陡倾SW/NE组，断层带宽度一般5～20cm，组成物质主要为断层角砾、碎裂岩块、挤压片状岩等，断面粗糙较平直，断层主要表现为以硬性结构面为主。左岸坝肩弱卸荷、弱风化岩体内结构面较发育，裂隙间距0.28～0.38cm，岩体完整性相对较差，波速值相对较低，对于高拱坝坝基而言，该层为不可利用岩体。②右岸坝肩断裂结构不发育，坝基主要发育F_{54}、F_{56}、f_{14}、f_{16}及f_{18}等，主要为NWW向、陡倾SW/NE组，断层带宽度一般5～10cm，组成物质主要为断层角砾、碎裂岩块、挤压片状岩等，断面粗糙较平直，断层主要表现为以硬性结构面为主。右岸坝肩弱卸荷、弱风化岩体内结构面较发育，裂隙间距0.22～0.35cm，岩体完整性相对较差，波速值相对较低，对于高拱坝坝基而言，该层为不可利用岩体。③左、右岸坝肩弱下风化岩体内结构面不发育，裂隙间距较大，岩体完整性大多较完整，可作为高拱坝坝基岩体；左、右岸坝肩微新岩体裂隙间距大于0.6m，局部大于1m，岩体完整性较好，可作为高拱坝坝基。左右岸坝基岩体透水性微弱，相对隔水层（微透水层$q<1Lu$）埋深较浅。

3. 特高拱坝主要工程地质问题初步评价

（1）坝基岩体初步评价与建基面选择　坝址坝基、坝肩为坚硬花岗岩，浅表部弱上风化、弱卸荷岩体，类别为Ⅲ$_2$～Ⅳ类岩体，不能满足拱坝建基要求，应予以挖除；弱下风化岩体类别为Ⅲ$_1$类，岩体强度、变形模量均可满足高拱坝上部拱端建基要求，可作为高程3170m以上拱端基础；微新岩体主要为Ⅱ～Ⅰ类岩体，岩体完整性好，岩体强度高，变形模量多大于18GPa，可满足高拱坝建基面要求，可作为高程3170m以下拱端基础。由此，设计拟选建基面：河床坝基建基面高程2957.00m，建基于微新风化、无卸荷、块状结构的Ⅱ类岩体上；左右岸坝肩高程3200.00m以下均建基于微新、块状的Ⅱ类岩体上，局部为整体块状的Ⅰ类岩体；3200～3255m高程建基于弱下风化、无卸荷的次块状Ⅲ$_1$类较完整岩体。

（2）大坝抗滑稳定初步分析　左岸结构面与岸坡组合后，基本不能组合成坝肩潜在不稳定块体，右岸存在F_{10}、F_{11}、f_{22}与缓倾角结构面组合成的确定性潜在不稳定块体，陡倾角裂隙与缓倾角结构面组合成的随机性潜在不稳定块体，陡倾角结构面与F_{11}或f_{22}形成的潜在不稳定楔形体。

（3）岩体渗漏及渗透稳定初步分析评价　两坝肩岩体透水性随深度增加而减弱，相对隔水层（微透水层$q<1Lu$）埋深较深，相对隔水层水平埋深约120～150m，河床埋深相对较浅，为基岩面以下约35m。岩体中裂隙结构面连通性相对较好，有利于地下水的快速富集及流通。水库蓄水后，左岸向下游渗透通道有限，基本不存在沿结构面的渗透破坏和较大的渗透通道；右岸地形破碎，沟槽发育，沿结构面组合易形成渗透，可能存在绕坝渗漏问题；渗流对结构面强度破坏有限，基本不存在沿结构面的渗透破坏问题。绕坝渗漏问题可通过灌浆等防渗措施予以治理。总体认为两坝肩总体抗渗性好，常规帷幕防渗即可满足渗控要求。

（4）边坡稳定性初步分析评价　①左岸天然岸坡稳定性较好，岸坡破坏以结构面组合的楔形体为主，不存在大面积的岸坡失稳破坏的可能性。②右岸天然岸坡整体稳定性较好，主要为局部在自重应力及结构面组合切割形成的局部掉块、崩塌为主。③左岸人工开挖岸坡受结构面组合切割，极易形成不稳定楔形体等，边坡稳定问题比较突出。需对边坡关键部位，关键结构面进行锚固，对开挖后山坡面进行系统性防护加固。④右岸人工开挖岸坡受结构面组合切割，可能形成不稳定楔形体、块体，但边坡稳定问题不突出。但仍需和坡左岸一样，进行不同的支护处理。

4. 地下厂房洞群工程地质条件及轴线方向选择

地下厂房洞室群上覆岩体埋深约300～400m，围岩为新鲜的二长花岗岩，岩体较完整～完整，结构面不发育，以NNW向陡倾角结构面为主。厂围岩类别以Ⅱ类为主，少量Ⅲ类，局部裂隙密集及断层破碎带及结构面蚀变带为Ⅳ～Ⅴ类，需加强支护。厂房轴线与主要结构面（岩层层面）夹35°～45°，对洞室稳定较有利。实测最大主应力σ_1与厂房轴线夹角小于10°，对洞室稳定较有利。

（中国电建集团西北勘测设计研究院有限公司
王群）

银江水电站工程地质条件与评价

银江水电站位于金沙江中游攀枝花河段末端——金沙江和雅砻江汇合口上游约3.6km。水库正常蓄水位998.5m，大坝为混凝土重力坝，坝顶高程1008m，最大坝高73m，电站装机容量390MW，为Ⅱ等大（2）型工程。

（一）区域构造稳定性

坝址地处扬子准地台之康滇地轴中部，区域构造稳定性评价分区属稳定性较好区。坝址区工程场地地震基本烈度为Ⅶ度。

（二）水库区工程地质条件

银江水电站水库回水至金沙水电站坝址，干流库段全长21.4km。水库区分布9处堆积体，整体稳定性均较好，蓄水后主要存在坍岸问题。库岸总体以稳定性好、稳定性较好的库岸为主，约占81%，稳定性较差的岸坡占库岸总长的19%。水库区不存在库水外渗的地形地质条件。库坝区区域构造稳定性较好，产生水库诱发地震的可能性小。

（三）主要建筑物工程地质条件及评价

1. 大坝与厂房　银江水电站大坝轴线长366.5m，底宽46.5～85.8m，建基岩体为黑云母闪长岩和绿泥石化闪长岩，岩体质量Ⅱ类占1%，$Ⅲ_{1A}$和$Ⅲ_{2A}$类占68%，$Ⅳ_A$类占25%，Ⅴ类占6%。总体以Ⅲ类岩体为主，基本满足坝基承载和变形要求。$Ⅳ_A$类主要分布在安装场坝段及厂房3～6号机组段，岩体破碎，抗变形性能差，变形和不均匀变形问题较严重，Ⅴ类主要为断层破碎带，规模较大的主要有F_3、F_9、F_{24}等，需采取专门处理。

鱼道坝段建基岩体破碎，岩体质量属Ⅴ类，需对基础进行必要的加固处理。厂房安装场坝段和机组坝段建基岩体主要为弱风化绿泥石化闪长岩、黑云母闪长岩，岩体质量主要为$Ⅲ_A$类和$Ⅳ_A$类，其中$Ⅳ_A$类、Ⅴ类主要分布在3～6号机组段，岩体质量较差，坝高度大，且建基面下$Ⅳ_A$类岩体深度较大，变形和不均匀变形问题较严重，建议降低建基面或采取加固措施处理。左岸及河床左侧坝基绿泥石化闪长岩岩体破碎，完整性较差，应采取适当的开挖保护措施。河床溢流坝段、纵向围堰坝段、右岸溢流坝段及右岸非溢流坝段建基岩体为黑云母闪长岩，建基面大部分位于弱风化下带，以镶嵌结构的$Ⅲ_{1A}$类岩体为主，局部为微风化带、Ⅱ类岩体，满足坝基要求。但岩体内断层破碎带、加剧风化带等随机分布，对局部变形不利，须进行处理。

坝址区内缓倾角裂隙总体不发育，坝基抗滑稳定问题不突出。其中厂房4号机组段钻孔缓倾角裂隙有集中发育现象，可能存在抗滑稳定问题；另外安装场、3、4号机组段可能存在浅层抗滑稳定问题，需做抗滑稳定性计算以确定处理方案。

大坝基坑深30～50m，上、下游边坡覆盖层厚25～40m，以粉质黏土为主，顶、底部各分布2～8m卵砾石层。粉质黏土水理性质差，对边坡稳定不利，需采取适宜的开挖工艺和防护措施。河床底部卵石层有承压水，基坑开挖时避免发生突涌，同时加强基坑排水。

两岸边坡基岩裸露，自然山坡整体稳定性好。坝肩开挖边坡高60～80m，整体稳定性较好，但局部稳定问题较严重。其中左坝肩坝顶以下临时边坡设计有高23.2m的直立坡，边坡岩体以强风化为主，成坡难度较大，需采取针对性的开挖手段并及时支护；坝顶以上强风化岩体永久边坡较陡，成坡有一定难度，需采取应对措施。右坝肩坝顶以下至明渠底板设计为高38m的临时边坡，局部稳定问题较突出，需做好临时支护。

坝址区弱、微风化岩体透水性总体以弱透水性为主，$q<3$Lu弱透水岩体顶板分布在设计建基面以下10～44m，防渗条件总体较好。两岸强风化岩体，透水性强，需加强防渗措施，顺河向断层破碎带透水性较强，需注意加强防渗。

2. 纵向围堰　纵向围堰长534m，设计堰高18～48m。建基岩体岩体质量为$Ⅳ_A$类和$Ⅲ_{1A}$类，基本满足堰基的要求。其中$Ⅳ_A$类岩体破碎，抗变形及抗滑能力较差，建议采取加固处理。另外纵向围堰坝身至转沱沟段临江侧覆盖层厚20～30m，存在基坑边坡稳定问题和涌水问题，需采取应对措施。明渠底板宽43.0m，大部分位于弱风化下带，岩体质量以$Ⅲ_{1A}$类为主，抗冲能力较强；明渠底板分布有黑云母闪长岩与斜长角闪岩接触段，岩体风化加剧，为$Ⅳ_A$类岩体，抗冲刷性能差，需采取防冲处理。导流明渠右侧开挖边坡高30～108m，边坡整体稳定性较好，但存在局部稳定问题，如黑云母富集带、结构面易组合形成不利块体、全强风化岩体边坡易产生垮塌，须采取相应措施处理。

3. 一期土石围堰　主要坐落于覆盖层上，覆盖层厚度一般20～30m，表层为厚2～10m的冲积粉细砂、卵石层，中部为厚10～20m的粉质黏土，底部为2～6m卵砾石层。覆盖层底部分布透水性强的卵石，建议将防渗深入透水性弱的弱风化下带岩体内一定深度。

4. 二期上下游土石围堰　二期上、下游土石围堰堰基覆盖层厚度25～30m，表部、底部为厚2～8m卵石、卵砾石，中部为厚10～25m粉质黏土。因覆盖层底部为强透水性的卵砾石，选择基岩面下5～15m以下透水率小于5Lu的岩体，可作为防渗依托。断层F_3、F_9破碎带透水性较强，需加强防渗。

［长江三峡勘测研究院有限公司（武汉）　刘培培］

滇中引水工程地质条件与评价

滇中引水工程为Ⅰ等大（1）型工程，由石鼓水源和输水总干渠两部分组成。水源工程为石鼓大同取水、一级泵站提水，设计抽水流量135m^3/s，最大提水净扬程219.16m，总装机容量480MW，工程多年平均引水量34.03亿m^3。输水总干渠全长664.236km，由输水隧洞、渡槽、倒虹吸、暗涵等输水建筑物，分水闸（阀）、节制闸、退水闸、工作闸、事故闸、检修闸等控制建筑物，以及消能建筑物、检修支洞和退水设施等组成。

（一）区域地质条件

滇中引水工程区大地构造跨松潘—甘孜褶皱系、扬子准地台及华南褶皱系等3个一级构造单元。石鼓水源近场区25km范围内分布有规模较大断裂10条，其中全新世活动断裂为龙蟠—乔后断裂（F_{10}）、丽江—剑川断裂（F_{11}）、丽江—大具断裂；场址区 5km 范围内主要发育拖顶—开文断裂（F_5）、大栗树断裂（F_9）、黎明村断裂（$F_{Ⅱ-32}$），属早～中更新世活动断裂，场址区无工程活动断裂穿过。输水线路发育相交的断裂多为早～中更新世活动断裂，全新世活动断裂 5 条，分别为龙蟠—乔后断裂、丽江—剑川断裂、鹤庆—洱源断裂、曲江断裂及建水盆地东缘断裂。滇中引水工程总体位于青藏地震区的鲜水河—滇东地震带内，带内强震多沿活动断裂展布。根据地震安全性评价成果，石鼓水源工程区场地地震基本烈度为Ⅷ度；输水线路沿线场地地震基本烈度为Ⅶ～Ⅷ度。

（二）石鼓水源工程地质条件及评价

石鼓水源取水口位于石鼓上游约 1.5km 处金沙江右岸，经长 1.27km 引水渠沉沙后，经长 3.0km 隧洞和 0.8km 涵管输水至地下泵站，一级提水至香炉山隧洞进口。

石鼓水源地下泵站系统布置于冲江河右岸竹园村上游约 1.2km 斜坡中下部，洞室群包括进水隧洞、调压室、进水检修阀室、主变压器洞、主泵房、出水系统、交通洞等。主泵房开挖尺寸 217.0m×23.4m×48m（长×宽×高），埋深 276～376m，为大型地下洞室，其他洞室规模相对较小。地下泵站区洞室围岩主要为泥盆系中统穷错组第一段（D_2q^1）灰岩类夹绢云石英片岩、绿泥石英片岩等及冉家湾组第四段（D_1r^4）片岩类夹灰岩。构造形迹总体呈北北东至近南北向，岩层走向与泵房长轴呈中等至大角度（51°～83°）相交；灰岩类岩溶主要沿断层 f_2 发育，呈现地下水位低槽特征。主泵房区最大水平主应力方向与主泵房夹角 29°～63°，属低至中等地应力水平，对主泵房洞室稳定影响较小。

主泵房围岩主要为微（溶蚀）风化灰岩类夹片岩，围岩以Ⅲ类为主，少量Ⅱ类（Ⅱ、Ⅲ类围岩总占比约 81.1%～87.8%），洞室开挖后在二次应力场作用下存在较大整体变形问题；主泵房区地形坡度较陡，洞室对应地表有约 100m 高差，存在一定程度"偏压"问题。建议对主泵房洞室群布置系统喷锚支护措施（包括系统锚杆、系统预应力锚索）；主泵房Ⅳ、Ⅴ类围岩部位、洞室交叉口等局部洞段或部位围岩稳定问题较为突出，需采取置换、固灌或加强锚固等工程处理措施。调压室、主变压器洞、进水检修阀室、出水阀室洞室规模相对较大，局部洞段或部位围岩稳定条件较差，需针对性布置系统支护、局部加强支护措施。应注意随机块体、洞室交叉口洞段围岩稳定问题等。

（三）输水线路工程地质条件及评价

输水总干渠渠首位于石鼓，渠末终于红河蒙自，线路自西北向东南，由高至低，顺地势布置。总干渠沿途向两侧受水区分水，并利用总干渠空闲容量相机向滇池、杞麓湖、异龙湖生态补水。工程采用无压自流输水方式，线路总长 664.236km，划分为大理Ⅰ段、大理Ⅱ段、楚雄段、昆明段、玉溪段及红河段等 6 段。输水总干渠跨金沙江、澜沧江、红河、南盘江四大水系，穿越横断山系高、中山地貌区及滇中、滇东南盆地山原区。工程区地层从元古界至新生界均有出露，70.60%为沉积岩。输水总干渠沿线碳酸盐岩分布广，前述 6 段干渠隧洞穿越碳酸盐岩比例分别为 34.34%、15.74%、2.01%、41.43%、27.55%、42.36%，涉及 33 个主要岩溶水系统，部分发育规模较大的地下暗河，隧洞穿越岩溶发育洞段涌突水突泥风险高，存在巨大的工程风险。输水隧洞总长约 612km，其中Ⅳ、Ⅴ类围岩占 65.88%，主要存在洞室围岩稳定、穿越活动断层抗震与抗断、突水突泥及水环境影响、深埋隧洞高地应力与硬岩岩爆、软岩塑性大变形、高外水压力等问题。渡槽、倒虹吸、暗涵等建筑物主要存在跨越活动断层抗震与抗断、岩溶地基稳定问题、深厚软土地基承载力低与不均匀变形、边坡稳定、基坑涌水（砂）、砂（粉）土地基地震液化等问题。此外，输水工程还存在穿越少量含煤、膨胀岩（土）及膏盐岩等特殊岩土、有毒有害气体及腐蚀性地下水问题等。上述工程地质问题均需采取稳妥、可靠的工程处理措施，研究制定应对突发事件的技术和管理措施，做好超前地质预报和实时监控，开展现场试验和专项监测，保障施工安全和工程安全。

（四）天然建筑材料

石鼓水源及输水线路天然建筑材料料源质量与储量总体满足工程用料需求。石鼓水源地下洞室开挖的灰岩、大理岩可用于加工混凝土骨料；引水渠、涵管开挖的砂卵砾石料用于混凝土骨料时，具有碱活性，通过掺加粉煤灰可有效抑制。输水线路隧洞开挖灰岩、白云质灰岩等可用于加工混凝土骨料；大理Ⅱ段后段、楚雄段及昆明城区段部分料场存在料源质量较差、开采分离难度较大或运距较远等问题。

[长江三峡勘测研究院有限公司（武汉）
王旺盛 陈长生)]

阜康抽水蓄能电站工程地质条件与评价

（一）工程概况

新疆阜康抽水蓄能电站位于新疆昌吉回族自治州阜康市境内，距阜康市约 70km，距新疆负荷中心乌鲁木齐市约 130km。上水库正常蓄水位 2271m，调节库容 662×10⁴m³，下水库正常蓄水位 1775m，调节库容 665×10⁴m³，额定水头 484m，距高比 3.75。电站装机容量 1200MW。本工程为Ⅰ等大（1）型，枢纽建筑物主要由以下部分组成：上水库混凝土面板堆石坝、库盆防渗结构；下水库混凝土面板堆石坝、库尾拦沙坝；下水库泄洪排沙洞及放空洞、补水系统；上、下水库电站进/出水口、输水隧洞、地下厂房和地面开关站、上、下水库沟谷泥石流拦挡设施等建筑物组成。

（二）区域地质条件

工程区白杨河发源于天山东段北坡的博格山脉北麓，流域内地势南高北低，并自东南向西北倾斜，海拔高度 3300m 以上的河源区为现代冰川和永久性积雪区。河流流经南部山区及山前倾斜平原区，消失在北部沙漠之中。工程区地貌类型主要有侵蚀构造中山地貌，构造剥蚀低山丘陵地貌，冲洪积倾斜平原地貌。工程区位于天山褶皱系乌鲁木齐山前拗陷东部，区域地质构造背景复杂，近场区断裂较发育，场地地震危险性主要受近场和中远场强震影响。上、下水库工程场地地震基本烈度为Ⅶ度，工程场地区域构造稳定性差。

（三）上水库区工程地质条件

上水库位于白杨河左岸的西岔沟内，沟谷深切，谷底宽约 20～50m。两岸山体高陡，坡脚一般 30°～50°，局部达 70°～80°。山顶高程 2450～2600m，相对高差 300～400m，沟谷呈基本对称的“V”形。库区主要岩性为石炭系砂岩、砾岩类。地下水类型主要有第四系孔隙潜水和基岩裂隙水两类。孔隙潜水赋存于沟底洪积层和坡脚崩坡积块碎石层孔隙中，水量不丰，接受上游沟水及降水补给。基岩裂隙水赋存运移于基岩断层带及裂隙中，接受降水及上游沟水补给，排泄于西岔沟及白杨河。

库（坝）址两岸高陡，断裂构造发育，在风化、冻融、冻胀及卸荷和重力等作用下，边坡变形主要表现为浅表层岩体松动、拉裂变形，并形成松动岩体和危石。库坝区主要发育较大规模的 0 号变形体和少量松动岩体，计算结果表明：不同工况条件下变形体均处于稳定状态。上水库西岔沟、西支沟发育泥石流，泥石流活动为稀性、水石流类，因此建议库尾进行拦沙排洪设计。上水库除南库岸（西岔沟上游方向）外不同程度存在向东、西、北三个方向的渗漏问题，且库盆基岩小于 1Lu 相对不透水层埋藏深，设计综合分析后确定采用全库盆防渗形式，采取防渗措施后上水库不存在水库渗漏问题。

（四）下水库区工程地质条件

下水库位于白杨河上，库区河道较顺直、宽阔。两岸岸坡坡角一般 30°～40°，总体上缓下陡，河谷呈基本对称的“U”形，谷底宽度 100～200m。库区两岸基岩裸露，岩性为相对不透水的砾岩、砂岩类。岩层走向及主要断裂走向与库岸夹角多大于 60°，中陡倾角或陡倾角，两岸未发现有大的不利结构面组合或大的变形体和崩塌体分布，库岸稳定条件较好。库区两岸山体雄厚，无深切邻谷和大的构造破碎带通向库外，无低于正常蓄水位高程的垭口，地形封闭条件好，水库不存在永久性渗漏问题。坝基河床覆盖层较厚，两岸坝肩上、下游均发育小冲沟，山梁较单薄，尤其右岸坝后雨水沟切割较深，左岸为一孤立的山梁，两岸发育一组顺河向断层，存在坝基及绕坝渗漏问题，需进行防渗处理。

（五）输水发电系统工程地质条件

输水发电系统处于西岔沟与白杨河之间约 2km 的雄厚山体中，沿线地形较完整，无深切冲沟横切，线路两侧均有小冲沟发育。输水洞沿线出露地层主要有为石炭系地层，输水洞沿线地下水类型主要为基岩裂隙水，赋存运移于基岩断层带及裂隙中，接受降水、西岔沟及上游河水补给，排泄于白杨河及下游。

上水库进/出水口强风化岩体厚度 3～5m，弱风化 20～50m；输水洞沿线强风化岩体厚度 3～10m，弱风化 40～60m，局部可达 80～100m；下水库进/出水口强风化岩体厚度 3～5m，弱风化 30～60m。输水洞及地下厂房埋深大，基本处于微风化岩体中，局部断层带为强～弱风化。进/出水口及输水洞沿线边坡岩体变形主要表现为浅表层岩体松动、拉裂和倾倒变形，形成松动岩体和危石，但未见大的变形体、崩塌体分布。沿线浅部岩体存在卸荷松动现象，强卸荷带深度一般 3～5m，局部 10m 左右。

地下厂房部位出露岩性为灰黑色、灰绿色硅质岩夹砂岩，中厚层为主，岩层产状为走向 NW270°～275°，倾 NE，倾角 30°～40°，岩体微风化～新鲜，断层影响带附近强～弱风化。岩体总体较完整，呈中厚层～次块状结构，局部断层影响带、节理密集带呈碎裂状结构。根据围岩分类结果，地下厂房各洞室围岩以Ⅲ类为主，约占 70%，部分Ⅱ类，占 20%～30%，少量Ⅳ类，占 5%～10%。地下厂房洞室群工程地质条件较好，不存在大的围岩稳定问题，采取合理的开挖支护方式及排水后，可满足大跨度地下洞室的要求。

（中国电建集团西北勘测设计研究院有限公司　王飞）

绩溪抽水蓄能电站地下厂房洞室群围岩稳定性分析

抽水蓄能电站地下厂房具有埋深大、水头高、围岩稳定要求高等特点，地下厂房洞室群围岩稳定及支护设计等研究具有至关重要的意义。采用FLAC^3D^程序建立地下厂房洞室群数值分析模型，研究洞室群围岩开挖后的位移场、应力场和塑性区的分布特征，揭示了应力集中部位和围岩潜在破坏部位的分布规律。

（一）工程概况

安徽绩溪抽水蓄能电站位于安徽省绩溪县伏岭镇境内，距绩溪县城29km。地下厂房洞室群由三大主洞（主副厂房洞、主变压器洞、尾闸洞）、母线洞和出线洞、进厂交通洞、通风兼安全洞、排水廊道等附属洞室组成。地下厂房洞室群推荐方案置于输水系统中部偏尾部山脊的深部，厂房区围岩为新鲜（似）斑状花岗岩，断层较发育，节理较发育～发育，岩体较完整～完整，局部完整性差，块状～次块状结构，局部为镶嵌结构，围岩为Ⅱ～Ⅲ类，局部为Ⅳ类，断层破碎带为Ⅳ～Ⅴ类，地下厂房洞围岩基本稳定，局部稳定性差。受断层及节理切割组合影响，西北角顶拱及端墙、南部断层 f_{228} 至 f_{240} 之间的顶拱和上、下游边墙为Ⅲ类。

（二）数值计算条件

1. 几何数值模型及边界　根据绩溪抽水蓄能电站地下厂房洞室群的布置情况，结合洞室围岩地质条件，采用FLAC^3D^程序建立数值分析模型。计算模型中包括以下洞室：主副厂房洞、主变压器洞、尾闸洞、引水洞、尾水洞、母线洞、主变压器运输洞、交通电缆洞等，模型考虑 f_{228}、f_{240} 两条断层，计算原点位于副厂房右端墙，高程0m处，X 轴范围为（－350，471.3），Y 轴范围为（－350，558）。共划分单元599263个，节点103427个。

2. 岩石力学参数及屈服准则　地下厂房区岩体物理力学参数表采用地质报告中的岩体物理力学参数建议值，计算时取平均值。对地下洞室岩体力学行为进行三维弹塑性分析，采用Mohr-Coulomb屈服准则。

3. 支护结构模拟　地下厂房主要支护形式为普通砂浆锚杆和喷混凝土衬砌，故数值计算中分别采用了Cable杆单元和Shell壳单元加以模拟。

4. 分层开挖方案　地下洞室采取分层开挖，边开挖边支护，主厂房、母线洞、主变压器洞及尾闸洞分七期进行开挖，在仿真计算中也采用相应方案。

（三）初始地应力场分析

输水发电系统三维地应力测试共完成3组孔，试验采用水压致裂法，根据三维地应力成果，地下厂房区域最大主应力约为－10～－13MPa，第二主应力约为－9～－11MPa，最小主应力约为－7～－8MPa。受断层 f_{240} 及 f_{228} 影响（特别是 f_{240}），厂房机窝及尾水部分存在应力集中，在开挖支护过程中应引起重视。

（四）计算结果分析

1. 位移场与岩体变形分析　在洞群分期开挖过程中，地下洞室群岩体整体向洞内临空面移动，顶拱向下下沉、底板向上隆起、边墙向内移动，并且边墙移动量均大于顶拱和底板移动量。从位移的时间特点来看，洞室拱顶及边墙位移一般随开挖期逐渐增加。计算表明主厂房第4和第5期的开挖引起整个厂房围岩的位移的增量较大，是洞群开挖工程的关键期。综合比较三大洞室位移可以看出，就位移值而言，主厂房＞主变压器洞＞尾闸洞。

2. 围岩应力成果分析　第一分层开挖时，主厂房、主变压器室和尾闸洞的拱座处都存在不同程度的压应力集中，随着洞室不断地开挖和高边墙的形成，洞室围岩的应力增长较快。洞室开挖完成后，围岩应力场重新分布，主厂房上下游边墙出现一定的应力松弛，尾水管附近存在应力集中；主变压器洞下游拱座附近存在一定的应力集中；尾闸洞下游拱座及上游底板角点存在应力集中，上下游边墙存在一定的应力松弛；母线洞与厂房交汇处存在应力松弛，对以上区域有必要通过加强支护等工程措施来控制。

3. 围岩的塑性区分析　厂房全部开挖后，洞周基本为剪切塑性区，在下游边墙与母线洞交汇处有少量张拉剪切混合塑性区，塑性区深度一般7～8m；但断层影响区域深度可达10m。主变压器室开挖后，洞室围岩塑性区一般约5m左右，受断层和挤压破碎带影响区域的塑性区可能较大；母线洞靠厂房侧与厂房交叉口围岩塑性区相对较大，可能达到10m。

4. 锚杆应力分析　至厂房开挖结束，达到屈服状态的锚杆比例为1.71%，锚杆应力超过200MPa的比例为4.67%，绝大部分锚杆的应力值均不大。处于屈服状态的锚杆主要集中于各洞室 f_{240}、f_{228} 断层出露处，三大洞室在该处均出现锚杆屈服。总体来说，支护设计方案基本能满足要求，但对 f_{240}、f_{228} 断层影响部位需进行加强支护。

（五）结论

厂址区域总体而言，应力水平介于－7～－13MPa之间。地下厂房洞室群在开挖完成后，围岩向临空面方向发生移动，顶拱下沉、底板向上隆起、边墙向内移动，且边墙移动量均大于顶拱和底板移动量。就位移值来比较，主厂房＞主变压器洞＞尾闸洞。洞室开挖完成后，围岩应力场重新分布，主厂房上下游边墙出现应力松弛，尾水管附近存在应力集中，母线洞与厂房交汇处存在应力松弛，对以上区域有必要加强支护等工程措施。f_{240}、f_{228} 断层增大了主厂房上、下游墙的位移量和应力松弛范围，对厂房的稳定性存在不利影响。

（中国电建集团华东勘测设计研究院有限公司
孙金辉　刘建峰　吴喜艳）

丰满水电站重建充（蓄）水期间渗流渗压监测成果分析

丰满水电站重建工程是按恢复电站原任务和功能，在原丰满大坝下游 120m 处新建一座大坝，并利用原丰满三期工程。工程以发电为主，兼有防洪、灌溉、城市及工业供水、养殖和旅游等综合利用。工程正常蓄水位 263.50m，水库总库容 103.77 亿 m^3。大坝于 2019 年 5 月 20 日开始充水，于 2019 年 10 月 29 日达到正常蓄水位 263.5m。新坝充（蓄）水期间，大坝渗流监测项目有扬压力、坝头渗透压力、绕坝渗流、渗漏量。

（一）监测布置情况

1. 坝基扬压力　扬压力观测设 1 个纵向监测断面和 8 个横向监测断面，纵断面设于排水幕线之后，设 52 根测压管，共计 52 支渗压计。横向扬压力每个断面沿上下游方向分别布设 4 个测点，第一个测点在灌浆帷幕之前设渗压计，第二个测点与纵向扬压力共用，第三个在观测廊道设测压管，每个孔内布设渗压计，第四个测点在坝趾处设渗压计。8 个监测断面布置 11 根测压管，渗压计 16 支。纵、横向扬压力观测共布置 63 根测压管，渗压计 79 支。

2. 坝体渗透压力　9、26、32、29、40 号坝段分别在防渗混凝土与碾压混凝土结合处埋布设 1 支渗压计，碾压混凝土分层浇注不同层面间增设 1 支渗压计，5 个监测断面共布设 25 支渗压计。13、19 号溢流坝段分别在防渗混凝土与碾压混凝土结合处布设 1 支渗压计，碾压混凝土不同层面间布设 1 支渗压计，2 个监测断面共布设 6 支渗压计。23 号引水坝段在防渗混凝土与碾压混凝土结合处布设 1 支渗压计，碾压混凝土不同层面间布设 1 支渗压计，共布设 3 支渗压计。8 个监测断面共布设 34 支渗压计。

3. 绕坝渗流　根据可能产生渗流的流线和梯度方向布设渗流监测孔，在灌浆帷幕前后各设 1 孔，其他测孔沿流线和梯度方向上布设。左坝肩布置 9 个测孔，右坝肩布置 10 个测孔，共计 19 孔。人工监测采用平尺水位计观测，自动监测采用测压管内放置渗压计的方法实现，共设渗压计 19 支。

4. 渗漏量　在基础和检查廊道的排水沟内共布设 12 座量水堰，分区进行渗漏量的观测。量水堰的堰上水头人工观测用水位测针量测，自动观测采用量水堰液位传感器。

（二）监测资料成果分析

1. 坝基扬压力　扬压力是由上、下游水位之差产生的渗流压力和下游水深产生的浮托力两部分组成。根据帷幕前渗流监测资料显示，帷幕前各测点水位与上游水位呈现极强相关性，帷幕后坝址处测点水位受上游水位影响较小。横向扬压水位随横断面呈现递减趋势，新坝在充（蓄）水期间，坝前水位变幅大，而幕后渗压计测值显示变幅小，扬压水位上升趋势小，表明坝基帷幕灌浆、固结灌浆质量良好，防渗效果明显。

纵向扬压力监测结果显示，大坝开始蓄水后，坝基扬压力各测点测值随着库水位升高逐渐增大。库水位于 2019 年 10 月 29 日达到最高水位 263.50m。在此期间，扬压力测值在 173.58～250.90m，幕后扬压水位随上游水位变幅最大为 25.62m，发生在 15 号坝段。幕后扬压水位测值最大为 250.90m，发生在 53 号坝段，扬压水位变幅为 5.40m。对 10 月 29 日扬压水位测值计算坝基帷幕折减系数，得到各坝段帷幕后折减系数在 0～0.39 之间，超过规范要求的一共有 4 个测点，分别为 15UW1(0.32)、34UW1(0.29)、42UW1(0.30) 和 53UW1(0.39)。整体表明坝后坝基帷幕总体防渗效果较好，坝后排水管排水效果明显，有效降低了帷幕后的扬压水位。

2. 坝体渗透压力　对坝体渗透压力监测数据进行粗差处理分析，数据显示充（蓄）水期间各测点测值基本稳定，变幅介于 0.12～1.81m，渗压系数在 0.00～0.10 之间。

3. 绕坝渗流　绕坝渗流监测数据经过粗差处理，数据显示蓄水初期地下水位随库水位升高而升高。库水位达到 263.5m 时，右岸绕坝渗流换算水位在 209.3～259.8m 之间，左岸绕坝渗流换算水位在 197.7～223.3m 之间。蓄水期间变幅最大测点位于右岸下游，变幅最大为 23.3m，蓄水后换算水位最大测点位于右岸坝头，换算水位为 259.8m。右岸绕坝渗流换算水位整体高于左岸，蓄水后绕坝渗流测值相对稳定。

4. 渗漏量　（充）蓄水期间，监测数据经过粗差处理，数据显示渗流量随库前水位升高而增加，与上游水位呈相关性，施工期渗流量监测受施工用水影响较大，后期随着库水位相对恒定，总渗流量基本稳定在 8L/s 以下，当前渗漏量为设计警戒值的 25%左右，远低于设计警戒值。

（三）结论

（1）当库水位达到正常蓄水位时，有 4 个测点折减系数超过设计警戒值，其他坝段坝基扬压力折减系数整体低于设计警戒值，后期扬压力基本稳定。监测成果表明，坝基帷幕总体防渗效果较好，坝后排水管排水效果明显，有效降低了帷幕后的扬压水位。

（2）坝体渗透压力监测成果表明，各测点测值基本稳定，渗压系数在0～0.10之间。

（3）绕坝渗流地下水位随水库蓄水升高，右岸地下水位整体高于左岸地下水位，地下水位与库水位具有一定相关性，测值较为平稳。

（4）坝体和坝基总渗漏量随库水位升高而增大，渗漏量未超过设计警戒值。

（中国水利水电第三工程局有限公司勘测设计研究院 向兴文 南大伟 孙林 孟凡胜）

公伯峡水电站水库塌岸验证与复核评价

公伯峡水库盆地段位于尖扎川（盆）地内，全长约43km，盆地段两岸广泛分布着居民和耕地、园林及相应的生活设施，从2004年8月下闸蓄水后，塌岸使库边大片的农田、村镇、道路、民房等不同程度的受到破坏，本文着眼于及时有效防治库区地质灾害的发生，预测了水库坍岸范围，同时对两岸库岸全面进行稳定进行评价。

（一）实测塌岸与原预测范围的对比分析

通过对库区两岸进行全面复核，存在塌岸的库岸共38段，就本次调查的情况及实测结果来看，库岸的地质结构类型对塌岸的发展起着决定性作用。

1. 粉质黏土库岸　此类库岸坍塌再造速度最快，坍塌范围最大，水位的涨落及风浪等的掏蚀，引起库岸坍塌，同时微弱活动的库水将其塌方的细颗粒物质搬移，使得库岸很难形成稳定的休止角，因此蓄水近10年后，库岸坍塌仍在继续。受农水灌溉影响，不断加剧和促使着塌岸的发生。此类库岸属不稳定库岸。

2. 二元结构库岸　表部粉质黏土，下部为黄河冲积砂卵砾石层，库水起落浮动影响及波浪冲刷的范围均在砂卵砾石层中。水位浮动附近形成较稳定的坡脚，库岸趋于稳定，大部分新近塌岸由地表雨水或灌溉水冲刷引起的，该类库岸为稳定性稍差库岸。

3. 混合库岸　混合库岸发育较少，塌岸较少，大多都是地表水冲刷形成的库岸坍塌，考虑其库岸分布的特殊位置及近10年的塌岸速度，此段库岸需进行必要的防护。这类库岸要重点保护库岸边植被，尽量防止漫灌等地表水长时间冲刷。

4. 碎石土库岸　碎石土库岸岩层结构主要为块碎石夹粉质黏土，粉土随库水冲刷搬移，碎石很容易形成稳定库岸，通过本次调查发现这类库岸中基本不存在塌岸。

5. 基岩库岸　基本不产生塌岸，库岸基本与原库岸一致。

对两岸存在塌岸的库区段蓄水后近10年期间已塌部位进行实测，对已塌范围、坍塌速度进行统计分析，已发生坍塌均未超出前期的预测范围，粉质黏土库岸已坍塌库岸占预测坍塌库岸的18%～24%；二元结构库岸占预测库岸的5%～34%，主要受地表灌溉影响，库岸不断塌滑，目前仍在持续。

（二）塌岸预测

根据环境和库岸岩土体物理力学性质的相似性，公伯峡水电站岸坡模型简化为均质黄土类岸坡、二元结构岸坡、混合库岸，总结已有相似条件水库经验及本次现场对已经较稳定库岸坡脚的实测，选定水库塌岸计算参数。根据库水动力条件和已选塌岸参数，选取库岸段相应的工程地质剖面运用图解法或者卡丘金法进行塌岸范围预测。

（三）影响库岸稳定的因素分析

1. 岸坡地形地质条件　库岸地质条件对库岸稳定性起决定作用，岸坡结构、地层岩性是影响库岸稳定的最主要因素，尤其是黄土和黄土状土库岸塌岸明显。岸坡的地形地貌条件与塌岸关系密切，地形越陡，河流切割强烈，越容易产生塌岸。岸坡岩土体越松散，库岸再造将越强烈。裂隙越发育，岩体完整性越差，对库岸稳定性影响就越大。岸坡上植被越发育，库岸稳定性就越好。

2. 外部因素　①风浪作用。来自水库水位涨落变动和随之而起的风浪及游艇高速行驶引起的冲浪，是水库塌岸发展的主动力。风浪冲击岸壁，形成浪蚀龛，其上的岸坡立即崩滑、塌落；冲击岸坡后顺底部产生回流，对水下浅滩进行冲刷夷平；波浪将塌落物击碎，并搬运至深水处。②强暴雨作用。短时的高强度的暴雨和长期的浸泡软化，将加速库岸边坡的塌岸进程。③冻融作用。冻结或融化局限于季节性冻土深度以内，对公伯峡库区塌岸的影响小。④水库运作方式。水库运作方式对塌岸的影响，主要表现在水库水位的变化。根据观测资料，24小时之内水位的变动幅度在0.5m上下，频繁水位变动对以粉砂质黏土层为主的库岸段造成冲刷掏蚀，直立岸坡坡脚被掏空而形成塌岸是公伯峡库岸坍塌的主要模式。公伯峡水库设计正常高水位与消落水位之间最大变幅仅为4m，引起地下水位变幅较小，对库岸的稳定性影响不大。

3. 人类工程活动　不良人类工程活动是影响库岸稳定性的重要因素，不合理的开挖和堆载极易造成塌岸。

（四）结语

（1）塌岸调查与塌岸预测应考虑岸坡趋于稳定状态所需要的年限或塌岸速率随着水库蓄水年限的变化趋势。粗颗粒库岸坡脚，通过10年的库区塌岸改造，均不同程度形成稳定休止坡脚，但粉质黏土库岸在波浪的掏蚀下仍在继续塌岸，很难形成稳定的休止坡脚，挡防处理是必要的。

(2) 岸坡土体流失量与岩土体材料的粒度关系曲线近似于正态分布，此外，岸坡表部的植被、不良人类工程活动等也是影响库岸稳定性的重要因素。

(3) 在塌岸调查预测和人文经济指标统计的基础上，对塌岸灾害产生的可能性大小和可能带来的经济损失和环境改变等进行综合的灾害危险性评价是必要的。

(4) 库岸塌岸是各种因素共同作用的结果，抓住影响库岸稳定的主要因素，综合分析、客观评价，才能为库岸岸坡的后期整治提供合理的依据。

（中国电建集团西北勘测设计研究院有限公司
王启鸿　齐景瑞
中国水利水电第四工程局有限公司　景小青
中电建水环境治理技术有限公司　余瑾）

玛尔挡水电站坝前泥石流沟特征研究

玛尔挡水电站由于受地质环境的控制，容易受到泥石流的影响。泥石流暴发时不仅可能直接冲毁和淤塞水电站的工程建筑，而且冲出的大量固体物质，将淤积在水库，抬高河床，给水电站的运行带来严重的不利影响。该文所述泥石流沟位于在建电站坝前，可作为一个典型实例。

（一）泥石流形成条件

1. 地形地貌　该冲沟为黄河的一级支流冲沟，距玛尔挡水电站坝轴线约 410m。流域总体走向为 SE179°，流域面积约 10.9km^2，流域地势北高南低，形态呈细长的条带状，整体呈“S”形。沟脑高程约 4370m，相对高差 1290m。主沟长约 10.7km，沟内有常年性流水。谷底高程 3300～3600m 段沟谷形态呈“U”形，谷宽约 20～120m；其他段沟谷形态呈“V”形。主沟两侧岸坡冲沟不甚发育。

2. 地层岩性　该区域出露地层主要为第三系红层、三叠系变质砂岩夹砂质板岩、中生代二长岩及沟道底部两侧堆积第四系全新统，包括冲洪积砂卵砾石、崩坡积块碎石，以及人工回填土等。

3. 固体物质补给　流域内松散固体物源主要来源于河道堆积物、沟坡两侧堆积物及人工堆渣等。早期洪积物及泥石流物质在搬运过程中沿沟道停积，沟床堆积物总量约 31.05×10^{4}m^3。人工活动产生的石渣等物源量约 2.07×10^{4}m^3。总体流域可作为泥石流固体物质补给的物源总量为 37.90×10^4～38.43×10^{4}m^3。

4. 降水　流域所在的青藏高原东北部属典型的大陆性气候，冬季寒冷干燥，夏季凉爽，日照充足，雨量集中。降雨量年内和年际变化均很大，年降雨量 272.5～540.7mm。年内降水主要集中于 6～8 月，占全年降水的 65.6%～79.0%，而冬春季节基本无有效降水。暴雨为泥石流的发生提供了充分的水动力条件。

（二）发育特征

1. 流域特征　该沟由一条主沟和二条支沟构成，沟内植被覆盖良好。主沟沟床比降较陡，平均比降 113‰，整个沟谷的比降相对变化较小，呈随沟口距离增加而逐渐增长趋势。沟内清水区、形成及流通区和堆积区三个沟段形态特征明显。清水区岩性为三叠系变质砂岩及砂质板岩，沟谷两侧坡度较陡，一般在 40°～65°，植被较发育，两岸坡体稳定性较好，主要为山洪泥石流提供动力条件。形成及流通区两岸坡度一般在 30°～55°，岩性为变质砂岩、砂质板岩及第三系泥质粉砂岩，岩体风化较强烈，沟谷两岸崩坡积物发育，且该段支沟较发育，支沟沟口均有一定数量的山洪泥石流堆积扇，是该沟物源的主要提供区。堆积物区沟谷两侧坡度较陡，局部地段近直立，沟底高程 3120m 处沟道变窄，巨石在此堆积，阻塞沟道，使得泥石流携带的物质主要堆积于 3120m 高程以上宽阔地段。

2. 活动特征　该沟在谷底高程 3215m 附近有早期泥石流活动的痕迹，同时在形成与流通区沟谷内存在具有显著特征的阶地堆积，泥痕表明至少发生过两次较大的泥石流过程。在沟口处取试样进行试验，根据实验结果，试样 C_u 为 28.27，且曲率系数 C_c 值大于 3，总体为级配不良的碎石土。根据堆积物粒径组成判断，该沟总体为无明显结构的稀性泥石流。

（三）动力学参数特征

1. 流体流速　根据前述分析，该沟性质为稀性泥石流。利用陈光曦等在 1983 年根据云南蒋家沟泥石流资料归纳的经验式以及铁道部第一勘测设计研究院（1965 年）建立的青海扎麻隆峡泥石流沟经验式进行计算，泥石流流速在 2.583～4.011m/s 之间，取其平均值为 3.297m/s。

2. 流量　本文采用雨洪法，假设泥石流与暴雨同频率、同步发生，计算断面的暴雨洪水全部转化为泥石流。根据《青海省水文手册》，采用推理式计算的最大洪水流量，计算出不同洪水条件下的泥石流流量。

3. 冲击力　泥石流整体冲击力采用原铁道部铁道第二勘察设计院公式计算式，冲击力的计算均考虑最危险情况，即有关参数采用冲击力最大的数值，并只考虑正面撞击，根据前面的流速值，计算的该沟的泥石流冲击力为 0.72×10^{3}N/m^2。

4. 一次过流计算 泥石流的发生具有暴涨暴落的特点，根据泥石流的历时和最大流量，计算获得通过沟谷断面的一次泥石流过程总量。一次泥石流过程中冲出的固体物质总量不仅与泥石流规模有关，而且与泥石流性质、固体物物理特征等有关。由此，可以计算得出一次泥石流冲出固体物质体总量。

（四）结语

根据沟谷特征和堆积物判断，该泥石流沟总体为无明显结构的稀性泥石流。沟内堆积物的固体物质主要来源于河道堆积物、沟坡两侧堆积物及人工堆渣等。泥石流流速在 2.583～4.011m/s 之间，平均值为 3.297m/s。50 年一遇流量 $Q_c=31.9m^3/s$。泥石流固体物质总量陡倾地段 $6.74\times10^3m^3$；缓倾地段 $4.68\times10^3m^3$。

（中国电建集团西北勘测设计研究院有限公司
王立志 巨广宏 杨伟强）

乌江渡水电站大坝绕坝渗流监测与分析

乌江渡大坝绕坝渗流采用地下水位观测孔进行测量，自动化监测之前均采用导绳法进行人工观测，2009 年后安装渗压计纳入自动化监测。根据数据分析，孔内埋设渗压计所测数据相对较好，多数能够反映乌江渡大坝两岸地下水位的变化规律。

（一）工程概述

乌江渡水电站位于乌江中游，大坝为混凝土拱形重力坝，设计正常蓄水位 760.00m。如果大坝与岸坡连接不好，岸边坡过陡产生裂缝或岸边坡中有强透水层，就有可能造成集中渗流，引起变形漏水，威胁坝的安全和蓄水效益。因此需要进行绕坝渗流观测，了解渗流变化情况，判明防渗与排水效果。

（二）长观孔布置

为监测水库库水绕坝渗流和两岸灌浆帷幕运行情况，在两岸防渗帷幕线下游侧共布置了 52 个地下水位长期监测孔，其中左岸玉龙山灰岩地下水位低槽区及脊岭散流区设置有 16 个观测孔，右岸玉龙山灰岩、长兴灰岩地下水位低槽区及脊岭散流区设置有 24 个观测孔，右岸乐平煤组设置 12 个观测孔，通过导线测绳法监测孔内地下水位变化情况，1979 年开始长观孔观测工作。

根据安全监测需要，2006 年 11 月至 2007 年 2 月对其左岸 9 个长观孔进行疏通、安装渗压计作集中观测改造，2004 年 11 月至 2005 年 5 月对其右岸 19 个长观孔进行疏通、安装渗压计作集中观测改造。右岸长观孔Ⅰ期改造，在 17 个孔内安装 GK-4500S 型渗压计进行地下水遥测，通过人工监测和自动化比测表明，改造工程是比较成功的。为巩固大坝安全运行，又对右岸剩余的 15 个长观孔进行改造（Ⅱ期）。

（三）长观孔自动化观测

1. 长观孔疏通及自动化改造 对长观水位孔 G1 号至 G16 号共 16 个重要监测孔进行扫孔疏通，若不能疏通，重新钻孔。检查合格后安装测压管，安装完毕后进行管口处理，恢复到原来的管口高程并浇筑保护墩，将不锈钢孔口附件安装到原测管上，将 4 颗固定螺丝拧紧，在测管外修建长宽高为 40cm×40cm×60cm 测点保护墩。

2. 渗压计的安装 现场无压孔渗流计的安装方式为：①依照设计及现场放样，确定渗压计的接长电缆，接头处做好绝缘处理；②电缆头部标记应醒目、牢固、耐久、不易损坏；③根据设计情况确证渗压计的安装位置；④安装前确证测压管的测值变化情况，保证设计的仪器安装位置与实际情况相符；⑤仪器安装到位后进行测量，同时测读测压管内水位或压力表读数等初始安装参数。

3. 数据采集装置安装 数据采集装置的安装位置按安装图施工，一般在观测站高度 1.5m 左右，用 4 个地脚螺栓连接，安装后机箱平整，仪器进线整齐、标识明确。

4. DAU 保护箱 在左岸坝顶、右岸坝顶、右岸一号机启闭机室各布置一个 DAU 保护箱，仪器进线整齐、标识明确。渗流监测仪器电缆全部引至相应观测站，接入手动集线箱，采用数字电桥进行人工观测。

安装进口基康渗压计实施自动化监测，其电缆引至测站内原 DAU 采集箱模块多于通道中。①当整个系统通信呼叫不通时，应检查系统电源、中继模块是否正常；②发生单个 NDA 模块呼叫不通时应及时检查接通信端子是否松脱，保险管是否熔断，重新拔插模块通信端，并检查输入、输出电流是否正常；③当加热器不发热时，检查负载端保险丝、加热器保险管是否熔断；④分析每天接收的数据判断各测点是否正常，如有报警值出现应及时处理，同时将正常数据及时入库；⑤维护人员须熟知各传感器类型及对应的测量模块型号，以及各测点所处的位置及对应的箱点号；⑥当某个测点出现测值异常时，先检查电缆线头接触是否正常，然后该端子插入正常通道中，检查仪器是否正常，如果测值依然异常说明该测点仪器有问题，最后将正常测点端子插入测点出现异常的通道中，如果测值依然异常说明该通道有问题。

（四）观测资料分析

选取代表意义的长观孔近 10 年水位变化情况进行分析比较，左岸玉龙山灰岩区靠近防渗帷幕的地下水位较高，并受到库水位的影响，其余远离防渗帷幕的地下水位较低，且基本不受库水位影响。右岸玉龙山灰岩区的地下水位变化情况和左岸相似，右岸长兴灰岩区靠近帷幕的地下水位较高。两岸玉龙山灰岩区地下水位出现上述现象的主要原因是采用高压帷幕灌浆，穿透性较强，水泥浆填充或封堵了岩层中地下水渗透裂隙或岩溶，使其透水性明显减弱，靠近帷幕部位的地下水位受高压帷幕灌浆及库水位压力效应的顶托而大幅度升高，并沿帷幕中心线形成地下水高水位带；而离帷幕较远的部位受高压帷幕灌浆的影响不大，其透水性保持天然状态，库水又不能穿过帷幕向下游泄露，地下水位也就无明显变化。

（乌江渡发电厂　涂茜）

天花板水电站库区左岸田坝村堆积体稳定性分析评估

天花板水电站坝址位于云南省鲁甸县与巧家县交界的牛栏江上，大坝为碾压混凝土双曲拱坝，最大坝高 107m。田坝村堆积体位于牛栏江左岸，距天花板水电站坝址约 1.0～2.3km，若产生塌滑破坏，涌浪可能对大坝工程以及对岸可能设施产生影响，因此对田坝村堆积体稳定性分析评估及其对工程和岸坡影响的研究尤其重要。

（一）田坝堆积体的基本地质特征

田坝村堆积体顺河岸最大宽度约 1000m，分布高程 1020～1662m 之间，堆积体总体积约 $4295\times10^4m^3$，主要由碎块石土夹孤石组成，当水库水位达到正常蓄水位高程 1071m 后，前缘约 50m 位于水位线以下。堆积体地形复杂，由高处到低处整体上表现为顶部平缓、中部较陡、下部较缓的阶梯状地形。根据地形地貌特征、地表裂缝形态特征、地表变形特征以及坡体稳定情况等将田坝村堆积体大致划分为Ⅰ区、Ⅱ区和Ⅲ区。其中Ⅰ区分为两个亚区，Ⅱ区分为四个亚区。地层主要包括上部的第四系堆积物碎石混合土、混合土碎石、碎块石等；下伏基岩主要为粉砂岩、砂岩、灰岩等。

（二）成因机制分析

1. 堆积体成因分析　根据地形地貌特征、堆积体的物质组成及地表变形特征，分为塌滑堆积体（Ⅰ、Ⅱ区）和崩塌堆积体（Ⅲ区）两大成因类型。其中Ⅰ区堆积体以崩塌为主，其次为沿层面的滑动破坏；Ⅱ区堆积体以滑动为主，其次为崩塌。

2. 堆积体的变形机制分析　田坝村堆积体在蓄水前是稳定的，蓄水后不会发生整个堆积体的大规模滑动破坏，但随着库水位的升降，发生了岸坡裂缝和大幅变形。Ⅰ区、Ⅱ-1 区、Ⅱ-2 区变形模式为岸坡下部受库水升降影响首先变形或产生圆弧形破坏，进而牵引上部产生较大变形；Ⅱ-3 区、Ⅱ-4 区变形模式是在Ⅱ-1 区、Ⅱ-2 区出现较大变形时，失去顶托作用，沿基覆界面（基岩层面）产生向上游偏坡外的变形滑动破坏；Ⅲ区崩塌堆积体底面平缓，但不受库水影响，不会发生较大规模的破坏。

（三）稳定性分析

1. 定性分析　田坝村堆积体变形，以蠕滑变形为主，变形模式以牵引式蠕动变形、解体式塌滑的形式为主。在水库蓄水初期由于库水位升降造成库岸坍塌，进而引起堆积体下部产生变形，使表面产生拉裂缝或局部塌滑现象，变形量对库水位骤降比较敏感。经过多年的水库运行，边坡变形可逐渐趋于平稳和收敛。

2. 稳定性计算　①二维稳定性计算分析。计算采用 GeoStudio 系列软件中的 SEEP 模块和 SLOPE/W 模块。建立模型时仅考虑Ⅰ、Ⅱ区部分，计算分析成果表明：降雨对斜坡稳定性的影响较小，水库水位变动对堆积体稳定性的影响较大。②三维数值模拟。借助 AUTOCAD 和 ANSYS 完成模型建立，将地质模型导入 $FLAC^{3D}$ 中进行计算。计算成果表明：天然工况、降雨工况下，整个堆积体边坡处于稳定状态；地震工况下，变形从松散堆积体前缘逐渐向后缘和中部发展，堆积体前缘局部处于基本稳定；水库高水位运行工况下，堆积体整体能保持基本稳定状态，前缘局部处于基本稳定状态；水库高水位快速降至低水位工况下，整体能保持基本稳定状态，前缘局部处于临界稳定状态。

（四）监测成果分析

从表面变形监测以及深部水平位移监测数据看，当水库水位骤降时，导致变形剧增，水位恢复后，各变形观测点变形趋缓。截止到 2018 年 5 月 25 日最大变形为：垂直山坡方向为 5284.3mm，平行山坡方向为－3746.7mm，铅直方向为 5067mm。

（五）变形失稳型式

堆积体整体性滑动的可能性不大，以局部塌滑的型式为主。其失稳型式以前缘牵引式分散解体蠕滑为主。目前Ⅰ区库岸处于临界稳定状态，变形模式以牵引式蠕动变形、解体式塌滑的形式为主。Ⅱ区下存在局部滑坡的可能性，变形模式以牵引式为主，滑动方向为向坡外偏上游方向。Ⅲ区边坡处于稳定状态。

（六）对工程影响分析

1. 滑坡涌浪影响分析　①堆积体前缘的破坏形式主要为分散渐进后退式滑动破坏，前缘滑块同时下滑产生大规模失稳可能性很小。②即使按最大失稳体积计算时，涌浪至对岸波浪爬高低于对岸公路高程，对对岸坡上公路及建筑设施等威胁较小。③涌浪至坝址波浪爬高最大高程低于大坝坝顶高程，对下游大坝影响不大；也不会翻越表孔闸门顶部。④涌浪爬高最大高程低于公路隧道进口高程，对公路隧道影响较小。

2. 塌岸影响分析　假设局部临界稳定堆积体完全滑入牛栏江，估计会分散于顺江长度大于470m江段，且局部临界稳定体物质不会完全滑入江面以下，不会造成堵江。堆积体前缘局部滑动不会淤堵电站进水口及泄洪中孔，不会对大坝正常运行产生影响。

（七）结语

田坝村堆积体变形的主要诱因是库水位变化，尤其是库水位骤降时，堆积体变形增加显著；堆积体整体已稳定，产生整体滑动失稳的可能性小，主要为前缘局部失稳，其失稳型式以牵引式分散解体蠕滑为主。为掌握堆积体的变形趋势，还需采取变形监测预警工作及应急预案、截排水措施、运行管理要求等应对措施。

（中国电建集团昆明勘测设计研究院有限公司
汪志刚　袁红）

如美水电站库区容松堆积体涌浪分析研究

如美水电站位于西藏自治区芒康县境内的澜沧江上游河段干流上，工程以发电为主，电站总库容38.14亿m^3，大坝采用砾石土心墙堆石坝，最大坝高315m。容松堆积体位于澜沧江左岸，距如美水电站坝址约5.4km。堆积体顺河向长约1.4km，垂直河向宽约700m，自然坡度32°～37°之间，堆积体深度10～100m，方量约4700×$10^4$$m^3$。

考虑库区在电站下闸蓄水后及库水位变动情况下可能发生库岸再造，应对容松堆积体进行库区滑坡涌浪特征及传播评估研究。涌浪产生使用基于SPH方法的全三维N-S方程求解，涌浪的传播使用采用了自适应加密技术和Godunov型格式的二维浅水模型求解，两者之间通过初始条件、边界条件匹配的方法建立传递关系。为检验和印证数值计算结果，同时采用了SPH首浪+潘家铮传播等多种经验方法进行分析计算。

（一）滑坡涌浪产生过程的数值模拟计算

1. 计算工况及参数　容松堆积体位所处河段在正常蓄水位时，水面宽800m，水深250m。本模拟计算的基本工况条件为：大坝竣工，上游水位为正常蓄水位2895m。根据容松堆积体的有限元稳定性分析成果，选取安全系数最小的三种滑动形式，进而匹配为三种圆弧滑动面。即：①整体滑动（滑况1），②底层滑动（滑况2），③上层滑动（滑况3）。计算假定滑坡体沿着圆弧面刚性滑动。滑坡体采用刚体模型，根据滑动形式，选取不同的岩土体物理力学参数及滑动圆弧半径。

2. 计算模型　根据堆积体及周边区域的地质资料，以南北11000m、东西9500m为参考区域，建立三维模型，模拟滑坡涌浪的滑动及产生过程所需的计算区域较小，从上述模型中截取相关区域用于问题模拟计算，截取区域为南北4500m、东西4000m，经过试算此区域大小完全足够模拟涌浪的产生及近场演化过程。

3. 滑速估计　计算滑坡体最高滑速过程中采用了Heller法、ASCE法、A. E. Scheidegger法和Vacondio法四种方法，计算估计的滑速值均在10～30m/s的范围内，这符合多年滑坡涌浪研究成果以及实际涌浪事件的反演，但具体数值有一定的差异。因此本次计算时选择一个与各方法最接近的众值，再额外补充一个最大的滑速值，因此得到了五种滑速结果。

4. 计算结果　根据计算得到的滑速结果，进行容松堆积体滑坡涌浪不同滑动工况下的模拟计算，得出首浪最高值出现时间、首浪最高值、爬升最大出现值时间和爬升最大值计算结果。

（二）涌浪传播的模拟

1. 计算模型和参数　涌浪传播的计算以上节通过SPH求解N-S方程得到的首浪高度及范围作为初始条件，以上下游可传播涌浪时间过程作为边界校准条件，在库区范围内求解浅水方程得到涌浪的传播过程。经计算可知，以滑况1作为最危险工况，即库水位2895m条件下，容松堆积体发生最不利滑动形态（滑况1，滑速为27m/s），在容松堆积体上下游产生7.17m高的可传播涌浪。在模型参数取值方面，基本物理过程均按照实际条件确定，阻力采用Manning阻力公式，阻力模型参数以及湍流黏性系数参考荒田滑坡涌浪的结果，Manning系数取为0.06，湍流黏性系数取为100。

2. 计算结果与分析

（1）涌浪传播过程空间分布。计算结果显示，容松堆积体距离坝体较近（约5.4km），且库内水深较大、库区顺直，涌浪在水库中传播时浪高衰减较小；同时由于库区水深较大，涌浪波传播速度较快，能量传播速度显著大于质量传播速度。首浪仅约3min即到达坝前位置。当涌浪传播到坝前时，在坝体1：2的坝坡上产生了浅水波能量集中效应，波浪沿坝体爬升，产生了较大的浪头。这种最不利条件下，涌浪水位在坝顶附近会达到5.14m的超高，在未设计防浪

墙的情况下会翻过坝体。

(2) 首浪估计的不确定性影响分析。在不同滑动条件下可能产生不同规模的首浪。本次计算专门分析了可传播浪分别为7.17m和5.25m两种条件下的库区涌浪传播过程。计算显示库区各测点最大波高比值与可传播浪的比值基本相同，两者成比例增减。在5.25m可传播浪条件下，坝顶最大水位超过2895m高程8.69m，无防浪墙条件下超过坝顶1.69m。

(三) 结语

(1) 各研究工况中容松堆积体滑坡产生区首浪最高为29.8m，最小26.8m；爬升最大29.2m，最小25.6m，可供设计和校核使用。可传播浪大小与滑速有关，10m/s滑速条件下可传播浪5.73m，5m/s滑速条件下可传播浪3.66m。

(2) 通过二维浅水方程求解涌浪传播，容松堆积体滑坡涌浪在水库蓄水至2895m时，产生首浪29.8m，可传播浪7.17m的条件下，传播至坝前的浪高约5.42m，在坝坡爬升后在坝顶附近浪高12.14m，无防浪墙条件下将翻过坝顶5.14m，翻坝将在涌浪首浪形成后170s左右发生，此后次生小浪无翻坝能力。

(3) 容松堆积体与坝体间的库区顺直、波能损耗较小，容松堆积体规模很大、可能产生较大首浪，土石坝坝坡具有波能积累效应，对涌浪的不利条件较多，应考虑建设较高的防浪墙或设计波能耗损结构物，同时需注意施工期或试蓄水期的涌浪安全问题。

（中国电建集团贵阳勘测设计研究院有限公司
王园栋　纵霄　张庆　单承康）

引汉济渭工程枫筒沟堆渣体稳定性分析

枫筒沟堆渣体土石来源于引汉济渭三河口水利枢纽工程道路、水工建筑物基础开挖料，经平整后将作为三河口水利枢纽现场管理营地，场地变形和边坡抗滑稳定将直接影响建筑物的结构安全。根据堆渣体的监测资料反馈分析，采用三维有限元强度折减法计算分析堆渣体的抗滑稳定性，为安全运行、管理提供科学依据。

(一) 工程概况

枫筒沟场坪区位于三河口水利枢纽左岸下游约1km枫筒沟内。枫筒沟开始作为弃渣场使用，实施完成后枫筒沟堆渣堆积方量为$4.9\times10^5m^3$，堆渣综合坡度为1∶1.91，最大坡高为78.0m。堆渣体从沟口开始，东西长约450m，南北最宽处约110m，中间宽、两头较窄，最大垂直厚度约45m。堆渣体坡脚设C25混凝土重力式挡渣墙，总长14.0m，挡渣墙基础位于强风化基岩，最大高度5.8m。据现阶段枢纽区工程规划，将枫筒沟堆渣体场坪区作为引汉济渭工程三河口水利枢纽现场管理营地，主要建筑物为办公楼。

(二) 场坪区堆渣体工程地质条件

根据现场勘察资料，拟建场地地层自上而下由第四系全新统人工堆渣（Q_4^{ml}）、坡洪积土（Q_4^{dl+pl}）、志留系下统梅子垭组变质砂岩（S_m^{ss}）等组成。①人工堆渣，主要为块、碎石、夹有风化岩屑及砂土，块石块径一般20～50cm，大小混杂。办公楼部位回填深度一般15～25m，最大达34m。②坡洪积土，褐黄色，松散，稍湿，成分不均，为含砾粉质黏土、砂土，局部夹碎石及砾石，块径一般2～8cm，最大可达25cm，主要分布在沟谷两侧斜坡表面及人工填土以下。③变质砂岩，浅黄～灰褐色，变质砂状结构，夹有层状伟晶岩脉及石英岩脉。

冲沟内常年流水，大枫筒沟堆渣前两岸地形大于27°，沟谷受河流侵蚀及搬运作用，大部分基岩出露。孔隙水主要受降水和地表径流补给，排泄于沟谷及下部基岩裂隙中，基岩裂隙分布于强、弱风化岩体中，受大气降水及上覆松散岩层潜水补给，以泉形式向河谷排泄。

根据试验成果，结合野外特征和性状，通过工程类比，确定覆盖层地基土的物理力学参数。

(三) 场坪区堆渣体工程安全标准

根据《水利水电工程水土保持技术规范》（SL 575—2012）相关规定，将枫筒沟场坪（堆渣场）级别定为3级。参考《滑坡防治工程设计与施工技术规范》（DZ/T 0219—2006）确定枫筒沟场坪（堆渣场）级别定为Ⅲ级。根据上述标准，并综合考虑堆渣体稳定的重要性，确定堆渣场稳定分析正常运用、非常运用工况及允许安全系数为1.20和1.05。

(四) 场坪区堆渣体变形监测反馈分析

1. 堆渣体变形监测断面布置　边坡上呈十字布设沿顺坡向方向和垂直顺坡向方向的2个监测断面，坡顶上布置3个观测墩，每阶马道各布置1个观测墩，共7个观测墩。

2. 堆渣体变形规律反馈分析　2018年5月25日之前变形基本呈现缓慢增长趋势，之后变形基本呈收敛趋势，并且呈起伏振荡状态。2019年8月13日以后，斜坡沿沟谷上下游水平方向变形基本处于收敛状态。从目前地表外观监测变形趋势来看，堆渣体边坡水平变形矢量方向是指向沟谷下游，近3个月变化内，月平均增幅小于2.0mm，总体变形收敛近80.0%，可以认为水平变形和沉降变形基本处于收敛或较稳定状态。

（五）堆渣体稳定性分析

1. 有限元强度折减法　有限元强度折减法的基本原理是将岩体强度参数黏聚力 c 和内摩擦角 φ 值同时除以一个折减系数，得到一组新值，然后作为新的材料参数输入，再进行试算。当计算不收敛时，对应的折减系数就被称为坡体的最小稳定安全系数，此时坡体达到极限状态，发生剪切破坏，同时可得到坡体的破坏滑动面。依据枫筒沟原始地形和堆渣体场坪图，建立三维有限元数值分析模型，渣场周边到计算边界的最小距离为 80.0m，堆渣体和场地岩土体用 Solid 单元模拟。各种工况下，强度折减法计算的堆渣体整体最小安全系数均大于允许安全系数，拟建办公楼对堆渣体的稳定性基本没有影响。最危险滑弧均位于斜坡面浅层，厚度为 5.0～12.0m，安全系数最小的滑动面在坡顶面水平出露点约为 8.0m，到办公楼距离大于 50m。

2. 与极限平衡法对比分析　用极限平衡法的简化毕肖普法进行了堆渣体的抗滑稳定分析作为比对，最小安全系数值为 0.97，对应的滑弧均位于斜坡面浅层，厚度约 2.0～6.0m，离办公楼约 60m 处的滑弧安全系数均大于 2.0，分析结论基本与有限元强度折减法一致。

（六）结论

（1）近两年的监测资料分析表明，堆渣体在沟谷上下游水平方向上的变形是指向下游即指向斜坡外，堆渣体水平变形和沉降变形基本趋于收敛或较稳定状态。

（2）堆渣体三维有限元强度折减法计算分析结果表明，边坡整体最小计算安全系数均大于允许安全系数。堆渣体边坡最危险滑弧均位于边坡面浅层，其滑动面在坡顶面出露点的位置到办公楼距离大于 50m，边坡表层局部失稳对办公楼安全影响很小。

（3）鉴于斜坡面浅层滑弧安全系数在极限平衡法计算时低于规范允许值，建议加强堆渣体的斜坡面防排水措施、变形观测以及表面防护。

（陕西省引汉济渭工程建设有限公司　曹双利
西安建筑科技大学　石广斌
中国电建集团西北勘测设计研究院有限公司
连阳阳）

红石岩堰塞湖整治工程枢纽区左岸古滑坡体稳定性分析

云南省昭通市鲁甸县“8·3”鲁甸地震发生后，在鲁甸县火德红乡李家村和巧家县包谷垴乡红石岩村交界的牛栏江上，右岸山体产生大规模崩塌，在河床处形成堰塞体。经研究分析论证，红石岩堰塞湖整治工程保留堰塞体作为拦河大坝，形成 1.85 亿 m^3 库容的水库。考虑到余震、降雨及蓄水等综合影响下，整治工程枢纽区左岸古滑坡体的稳定性可能逐渐降低而产生局部的滑移变形，故需对滑坡体稳定性进行定量评价，并提出相应处理建议。

（一）枢纽区左岸古滑坡体基本地质特征

红石岩堰塞湖整治工程左岸山坡陡峭，主要为灰岩、白云岩、页岩及砂泥岩的层状结构岩体，岩层产状多平缓。古滑坡体为大范围山体滑移并覆盖原河床，后缘形成圈椅状地形，陡壁绝对高度达 330m。该滑坡底部最大宽度约 1200m、自堆积体顶部至坡脚的最大投影长度约 900m、面积约 $81\times10^4 m^2$，平均厚度估计约 70m，最大厚度 138.4m，滑坡方量约 $5670\times10^4 m^3$，地形下陡上缓，高程 1400m 以下地形坡度约 36°，以上地形坡度约 18°。该滑坡体物质分上、下两层，上层为灰色孤石、块石夹碎石及粉土，厚度 24～60m，是后期陡崖崩塌的产物，下层主要由碎石土夹孤石、块石，最大厚度大于 100m。滑坡体已坐落于坡脚，底面与河床高程齐平。

（二）古滑坡体稳定性分析

1. 计算参数的选取　根据规范建议值、类似工程参数取值经验并结合室内外试验数据，提出场内各岩（土）层稳定计算物理力学参数建议值。采用 GEO-SLOPE 软件对红石岩左岸古滑坡体的稳定性进行评价，对工程地质剖面采用给定剪出口对岸坡稳定性进行计算。整体稳定性分析时，假定滑坡沿滑带整体滑动，滑动面为折线型。对于土质边坡和呈碎裂结构、散体结构的岩质边坡，当滑动面呈非圆弧形时，宜采用 Morgenstern-Price（M-P）为准对岸坡边坡进行整体及局部稳定性计算分析，Bishop 法、Janbu 法、Ordinary 法进行校核，主要考虑持久工况、短暂工况、偶然工况三种类型。①持久工况：主要为岸坡正常运行时的天然工况以及水库蓄水后的蓄水工况。②短暂工况：主要考虑暴雨工况，考虑高地下水位产生的静水压力及对坡体的浮托力的影响。③偶然工况：主要考虑地震的影响。

并根据《水利水电工程边坡设计规范》（SL 386—2007）相关规定结合相关地质资料分析判断，属 B 类水库边坡Ⅱ级，确定不同工况下的设计安全系数。

2. 整体稳定性　选取红石岩左岸古滑坡体典型剖面对整体稳定性进行分析计算，计算结果表明，滑坡体整体在各种工况下处于稳定状态，只有在暴雨条件下稳定性相对较低，但都处于稳定状态，与自 2014 年 9 月以来的位移监测数据以及鲁甸地震作用下古滑坡体的稳定情况相符。通过对红石岩左岸古滑坡体整体稳定性分析，滑坡体地形总体较缓，块石又多由坚硬的大块灰岩组成，经长期沉降固结密实，堆积物强度较高，并且滑坡体分布位置低，前缘覆盖于古河床之上，并抵达右岸坡脚，上部又被2014年鲁甸地震产生的红石岩大型崩塌"压脚"，增加了坡脚压重，起到了稳定古滑坡体的作用，坡体并无进一步滑动的空间。

3. 局部稳定性　选取红石岩左岸古滑坡体典型剖面对局部稳定性进行分析计算，计算成果表明，在暴雨工况、水位骤降（1200m降至1180m）工况处于欠稳定状态，局部可能会产生塌滑，虽然在正常蓄水位＋地震工况下稳定性系数最低，但其值在偶然工况下的设计安全系数1.05～1.00之间，处于稳定状态。

（三）处理措施

由于正常蓄水位＋地震工况下，古滑坡体局部稳定性属于稳定状态，但由于其局部稳定性系数最低而且涉及的潜在不稳定坡体的面积最大，且一旦在地震作用失稳，将具备很高的动能，具备堵塞溢洪洞入口的可能性，因此需对坡脚进行一定的支护和压脚处理，以增大蓄水工况中的稳定性，以此降低坡体在正常蓄水位＋地震工况下失稳的可能性，并且降低库水位变化的速率，做到缓增慢降，进一步降低蓄水对坡体稳定性的影响，降低坡体堵塞溢洪洞入口的可能性。在滑坡体上布设表面变形监测点以及深部监测等，以观测其变形。

（四）结论

红石岩左岸古滑坡体堆积体地形总体较缓，块石又多由坚硬的大块灰岩组成，堆积物强度较高，并且滑坡体分布位置低，前缘覆盖于古河床之上，上部又被红石岩大型崩塌"压脚"，坡体并无进一步滑动的空间，具有较好的整体稳定性。

正常蓄水位＋地震工况下，为防止古滑坡体局部稳定性属于稳定状态，由于其局部稳定性系数最低，为防止局部因地震作用失稳而堵塞溢洪洞入口，要对坡脚进行一定的支护和压脚处理，以增大蓄水工况中的稳定性。降低库水位变化的速率，做到水库水位缓增慢降，进一步降低蓄水对坡体稳定性的影响。

（中国电建集团昆明勘测设计研究院有限公司
汪志刚　何兴东）

工程地质问题处理

白鹤滩水电工程层间错动带影响下巨型地下洞室围岩变形及支护措施研究

白鹤滩地下洞室群规模宏大且围岩地质条件复杂，软弱层间错动带影响下的地下洞室群开挖围岩稳定性及支护设计难度成为白鹤滩水电工程建设当中的关键技术问题。层间错动带C4、C5对右岸7、8号尾调室穹顶稳定影响突出，在层间错动带影响下尾调室穹顶开挖稳定性成为工程建设的重大挑战之一。以右岸7号尾调室受层间错动带斜切影响为例，采用3DEC数值分析软件对其在不同支护方案下围岩和层间错动带变形的控制效果进行分析，探讨层间错动带分布位置对系统支护方案和局部加强支护方案的影响。

（一）工程概况

1. 地质条件　右岸尾调室主要置于由P2β34、P2β36、P2β41层隐晶质玄武岩、斑状玄武岩等组成，其水平埋深1200m，垂直埋深300m。层间错动带C4、C5对7、8号尾调室穹顶稳定影响突出，其中层间错动带C4产状的走向为N75°E、SE∠15°，带宽为10～20cm，带内为劈理化构造岩，错动带及其影响带岩体呈碎裂结构。层间错动带C5产状的走向为N40°E、SE∠20°，错动带宽为3～5cm，呈泥状。

2. 系统支护方案　右岸7号尾调室穹顶和边墙均采用喷层、系统锚杆＋长锚索间隔布置的支护形式。尾调室穹顶支护参数：厚20cm喷层，系统锚杆＋预应力锚杆＋系统锚索＋对穿锚索。尾调室边墙支护参数：厚20cm喷层，系统锚杆＋系统锚索。

3. 加强支护方案　拟订开挖置换混凝土塞加强支护方案，置换方式要求在出露位置洞周4m范围内逐段槽挖并回填置换混凝土，并将置换混凝土通过预应力锚杆和周围岩体相连接，以形成支护系统的整体性。

（二）计算模型的建立及参数的选取

1. 计算模型的建立　在本次分析中采用离散元3DEC软件，不连续介质被处理成离散块体的集合体，不连续面被视为块体的界面，不连续面可以产生滑动和张开，块体可以产生转动变形。建立右岸7号尾调室开挖工序及系统支护的数值模型，按照设计要求，顶拱对穿锚索预应力值采用设计值的70%进行模拟，顶拱压力分散型锚索预应力值采用设计值的80%进行模拟，预应力锚杆直接按照设计值进行初始张拉。

2. 本构与参数　数值模拟中岩体采用Mohr-Coulomb应变软化模型，结构面采用Coulomb-slip本构模型。数值模型中除了考虑影响最为突出的层间错动带C4、C5外，同时还模拟了确定性小断层F_{20}、f_{816}、f_{817}等结构面。

3. 岩体应力条件　现场实验数据表明，厂房区第一和第二主应力基本水平，最大主应力σ_1方向约为N40°W，倾角2°～11°，最大主应力量值一般在18～26MPa，7号尾调室初始地应力特征应力比为24MPa∶20MPa∶16MPa。

（三）数值计算结果分析

1. 层间错动带出露于拱肩的加强支护效果比较　开展无支护、系统支护、系统支护＋加强支护共3种工况的数值模拟分析。计算结果显示，实施系统支护后，层间错动带C4控制区域内的围岩变形及沿C4的错动变形均有所减小，但C4下盘局部岩体变形仍然较大，该区域内的岩体有必要进行局部的开挖置换；采用系统支护＋层间错动带加强支护后，局部岩体沿C4的错动变形值明显减小，最大错动变形约16mm，同时C4对岩体变形影响程度和范围明显减小。研究成果显示通过围岩系统支护＋层间错动带局部加强支护，尾调室穹顶围岩变形、层间错动带出露部位局部变形及错动变形均能够得到有效控制。

2. 层间错动带出露于边墙的加强支护效果比较　开展无支护、系统支护、系统支护＋加强支护共3种工况的数值模拟分析。计算结果显示，层间错动带C5对于穹顶围岩稳定性的影响明显小于C4，因此，对C5实施加强支护的必要性相对较小。实施系统支护后，C4控制区域内的围岩变形及沿C4的错动变形均有所减小，但是，C4浅层5m范围内的错动变形大于20mm，特别是在f_{814}影响部位，错动变形深度较大。采用系统支护＋层间错动带加强支护后，沿C4的错动变形范围明显减小，最大错动变形约16mm。

计算结果同时说明，混凝土塞置换对于改善C5的错动变形不具备明显效果，原因在于C5的错动变形量本身较小，进行开挖置换的深度相对较大，开挖过程中可能加大围岩的松弛变形。综合分析显示，针对层间错动带C4进行浅层的开挖置换能够起到一定的效果。但是，针对C5进行开挖深度较大的置换效果并不明显。

（四）结论

研究结果表明，尾调室开挖围岩整体稳定性良好，系统支护基本满足维持整体稳定要求。但在C4、C5局部影响范围内，需进一步采取针对性的加强支护措施。

（1）层间错动带C4出露于拱肩和边墙两种类型，采用拟定的开挖置换方案，可以明显减小出露部位的局部变形及层间错动带本身变形，从而提高局部围岩的安全储备。

（2）层间错动带C5对于穹顶围岩稳定性的影响明显小于C4，对C5实施加强支护的必要性相对较小。

（3）针对层间错动带的开挖混凝土塞基本在开挖后完成，对控制层间错动带错动变形的作用有限。但混凝土置换可以封闭层间错动带以增强软弱带抗风化能力和长期稳定性。

（中国电建集团西北勘测设计研究院有限公司　苏锋）

小湾水电站6号山梁边坡变形分析及支护措施研究

小湾水电站6号山梁边坡是左岸拱座抗力体的下游部分，边坡上分布有左岸高线路、上线和低线三条公路通过；从上游向下游依次布置有水垫塘、二道坝、下游围堰和导流洞等水工建筑物。该边坡的稳定对工程水工建筑物尤其重要，其工程稳定性要求较高。使用二维有限元分析方法对6号山梁边坡进行数值模拟分析，揭示该边坡的变形破坏特征，为预测其稳定性提供依据及支护方案优化提供地质依据。

（一）6号山梁边坡基本工程地质条件

1. 地形地貌及开挖形态　6号山梁边坡总体走向NWW向，北侧为F_5沟（浅沟），顶部与南侧的8号山梁相接，在6号梁山脊附近，坡面走向近SN向，向下游坡面转为N30°W～NW向，边坡高陡，局部呈陡壁。边坡开挖主要为清坡，仅局部有切坡开挖，如左岸上坝公路、导流洞出口等。

2. 地层岩性　6号山梁边坡主体由黑云花岗片麻岩夹角闪斜长片麻岩组成，岩层产状为NWW向，陡倾上游。山脊附近边坡结构总体上属陡倾横向坡；向下游总体为陡倾斜向坡。

3. 地质构造　边坡内软弱结构面包括F_5、F_{19}、F_{23}等断层及一系列顺层挤压面，软弱结构面间距较大，边坡岩体结构类型属块状结构。边坡区节理主要有三组：N20°～30°W～SN向中等倾角节理、SN向陡倾角节理、NWW中陡倾角节理（层面节理）。

4. 水文地质条件　地下水类型主要为基岩裂隙水，局部为第四系堆积物中的孔隙潜水。总体上由于边坡地处山梁部位，南北两面临空，汇水条件较差，地下水排泄条件较好，地下水位埋藏较深。

（二）6号山梁边坡主要变形破坏方式

坡主要变形破坏方式为平面滑移—张裂变形和阶梯状滑移—张裂变形。

1. 平面滑移变形　这种失稳模式主要发育在6号山梁边坡见于山脊的局部地段。该变形破裂岩体，平面展布呈条形（走向NWW向），EW方向长约25～30m。后缘被陡倾角节理切割，底部滑面呈折线形。变形岩体后缘有明显的拉裂（宽10～15cm），中部发育一宽约30cm的横向张裂缝。

2. 阶梯状滑移变形　根据结构面的组合特点，6号山梁边坡浅表部的阶梯状滑动有两种表现形式：① SN向（或NNW向）陡、缓节理组合而成的阶梯形滑动；②NNW-NW向中倾节理、NWW向层面节理组合而成的阶梯形滑动。在这种滑动失稳模式中，边坡岩体沿NWW向层面节理拉裂形成宽缝，沿NNW-NW向中倾节理滑移，而SN向陡节理则作为侧缘切割面。

3. 边坡变形特征分析　根据6号山梁边坡的地质结构情况及其岩性特征，可以得出6号山梁边坡卸荷现象十分明显，风化作用强烈，节理裂隙特别发育。边坡坡面上节理、裂隙和连通性较好的结构面一般都处于边坡的浅表层部位，因此边坡整体上基本上是稳定的。6号山梁边坡曾经发生塌滑，使得边坡岩体应力释放与调整，边坡岩体中既存的裂隙、节理发生不同程度的扩展，岩体中不同部位的节理、裂隙连通程度进一步提高，导致山梁边坡的表层岩体的稳定性发生变化。

（二）6号山梁边坡模拟计算分析

利用二维线弹性有限元方法进行边坡二维数值模拟分析。

1. 计算模型　本计算模拟采用线弹性有限元模型，模拟在重力场作用下的常态工况下的变形，采用$X-Y$两方向约束。模型中主要考虑强风化、弱风化、微新岩体等几种材料，模型中略去断层等软弱结构面，不考虑支护结构的影响。

2. 模型分析结果　①由应力集中分布等值线图可以得出：6号山梁边坡总体上变形不大，在边坡坡脚和边坡的中上部出现了应力集中现象，坡脚处更为突出，达到应力集中时的最大值接近3MPa；②边坡在水平方向上的位移总体不大，以坡脚和边坡中上部的位移值为最大，而坡脚处又普遍大于边坡中上部；③边坡整体剪应变不大，有两个比较明显的剪应力分布带，一个在坡脚处，另一个在坡中上部；④在坡脚处存在着一个应变的集中带，显示出在水平方向的应变很大，几乎要达到或者超过边坡岩体本身的承受极限；再次可以预测，坡脚相对于边坡中上部来说更加危险。

（四）支护措施建议

边坡整体基本上是稳定的，变形破坏发展及其趋势主要还是集中在浅表层部位，变形不大，还处于变形发展阶段；边坡变形和应变以水平方向为主，均大于垂直方向上岩体的变形和应变，应加强坡脚部位的支护；该边坡的上部距顶部约20～30m区域处于塑性变形破坏阶段，边坡底部因开挖卸荷产生应力集中带并发生水平方向的位移变形，也处于塑性变形阶段；对处于不稳定阶段的浅表部（中上部，底部切脚处）应加强支护措施，抑止其变形发展；停止对坡脚部位开挖，采取填土压重方法遏止其变形破坏；应建立监测系统，关注边坡的变形发展过程，为更好地处理边坡提供参考数据。

（中国电建集团昆明勘测设计研究院有限公司　蒋正伟）

拉西瓦拱坝坝前断层处理措施及效果分析

（一）工程概述

拉西瓦水电站枢纽混凝土双曲拱坝最大坝高250m。F_1断层出露于双曲拱坝坝前，斜切河谷发育，在左岸出露最大高程高出坝基面约220m，向下延伸至紧邻河床坝基坝前部位，到达右岸后向上延伸高出坝基面约200m。F_1断层河床坝基附近断层带宽1.5～2.0m，主要由同组裂隙密集带组成，裂隙约10～12条，间距5～20cm不等。裂隙宽一般为2～5mm，最大可达1～2cm，主要充填方解石脉及岩屑，未见夹泥。上盘岩体完整，下盘影响带1～2m，下盘岩体呈次块状，局部碎裂。下盘面宽一般5～8cm，主要充填为糜棱岩化物质，成灰绿色，挤压紧密，胶结好。

（二）断层应力、应变分析

采用ANSYS有限元计算方法进行模拟计算分析F_1断层应力、变位情况。计算模拟拱坝运行期情况，对F_1断层处理方案提供依据。

1. 三维有限元分析　采用三维有限元建立模型，F_1断层的计算产状采用走向NW351°（即与拱坝参考面方向垂直），倾角65°，破碎带宽度1.5m。计算可知，在断层整个结构面上，顺河向应力σ_x按发育由浅至深逐渐增大，分布均匀。最重要的是，除河床以下有较小范围的拉应力区外，全部处于压应力作用下。从F_1断层的产状可知，F_1断层的走向接近垂直水流方向，故初步判断：F_1断层除局部外（河床F_1

断层出露点附近有拉应力区，有微小张开）在顺流方向处于压紧状态。

2. 有限元分析结论　①正常运行期，F_1 断层只在河床基础部位存在范围很小和深度较浅的拉应力作用范围区，河床表部 F_1 断层出露点附近出现微小张开，但张开趋势随深度很快减灭，建基高程以下十几米则完全压紧。不存在出现沿 F_1 断层发育水力劈裂的情况，断层处理应以防渗为主要目的；②F_1 断层与防渗帷幕交汇处（建基高程以下约 47m）处于压应力区，变位表现为压紧，不会对防渗帷幕产生拉开等破坏性影响；③F_1 断层处理应采取可适应变位的"柔性"处理措施为宜。

（三）处理措施研究

根据计算分析，在运行情况下 F_1 断层表部拉裂深度最大在 5～10m 范围，不致危及帷幕安全被拉裂，不会产生集中渗漏问题。因存在拉应力区，考虑到其位置的特殊性和拱坝长期运行的安全，应以防渗为主并表部采用"柔性"结构处理和局部帷幕加强的综合处理措施，以适应变位和防止集中渗流及渗透破坏的要求。表部在 2240m 高程以下河床断层出露部位设置断层塞处理，且为了适应变形，在断层塞的中间设置永久缝，永久缝设铜止水。同时结合坝基固结灌浆加强处理，起固结和防渗作用。在 2235m 高程以下对 F_1 断层进行水泥灌浆和化学灌浆，起固结和防渗作用。F_1 断层灌浆处理分浅部处理和深部处理两个方面，浅部处理自上游开始布置一排水泥灌浆孔，两排化学灌浆孔，深度为过 F_1 断层 10m；深部处理是在断层与帷幕交汇部位进行环氧化学灌浆，在河床两排帷幕之间布置一排化学灌浆孔，化学灌浆范围为交汇点上下盘各 10m。

（四）处理效果分析

1. 典型坝段化学灌浆单位注入量分析　根据浅部化学灌浆施工典型坝段注入量成果来看，Ⅰ、Ⅱ、Ⅲ序孔综合单位注入量分别为 65.16kg/m、73.56kg/m、74.87kg/m，集中在 50～100kg/m 区间，与压丙酮吸水率相符。

2. 典型坝段灌浆结石分析　通过钻孔可知，F_1 断层经过浅部一排水泥灌浆和两排化学灌浆处理后，在典型坝段部位结石明显，胶结良好，微小裂隙亦有浆液充填。宏观判断该部位处理效果明显，可以满足设计要求。

（五）结论

通过对 F_1 断层三维有限元分析确定该断层在河床部位的处理措施，经过对该断层的系统处理，并经典型坝段浅部化学灌浆成果初步分析可知：

（1）经过对 F_1 断层浅部水泥灌浆和化学灌浆后能有效提高坝基防渗安全储备，其自身的处理效果较为明显。

（2）为防止 F_1 断层浅部灌浆处理失效，在进行河床坝段固结灌浆设计时对上游侧设计了 5 排、间排距 3.0m、入岩孔深为 30m 的深孔固结灌浆，以提高大坝上游受 F_1 断层影响范围内的基岩的完整性。

（3）经过坝基加强固结灌浆以及河床帷幕施工，即使 F_1 断层在河床部位的灌浆处理失效，河床主、副帷幕及加强固结灌浆后的基岩会完成对坝基渗漏量的控制，避免坝基渗漏的产生。

（中国电建集团西北勘测设计研究院有限公司
石立　王强华）

周公宅水库双曲拱坝坝基工程地质问题及处理

周公宅水库位于浙江省宁波市鄞州区章水镇北大皎溪干流上，挡水建筑物为抛物线变厚混凝土双曲拱坝，最大坝高 126.5m，整个枢纽工程由拦河坝、水垫塘、二道坝、引水建筑物、发电厂房和变电所等建筑物组成。

（一）坝基工程地质

1. 地层岩性　坝址出露主要地层为中生界侏罗系上统流纹质晶屑玻屑熔结凝灰岩（简称熔结凝灰岩）（J3d）、蚀变凝灰岩［J3d(s)］，局部燕山期岩脉侵入，以及少量第四系冲洪积和残坡积物。熔结凝灰岩（J3d），新鲜岩石致密坚硬，力学强度高，是坝址区及坝基的主要地层岩性。蚀变凝灰岩［J3d(s)］，为蚀变熔结凝灰岩，岩体中多夹杂粉红、浅紫色熔结凝灰岩，呈渐变交互混杂状，河床地段蚀变凝灰岩分布较少。第四系覆盖层有：①残坡积含碎石黏土，分布于两岸局部缓坡地段，结构松散，厚度 0.3～0.5m，局部达 3.0m。②冲洪积漂卵砾石，分布于河床及左岸小学校舍，主要漂石卵石，成分以熔结凝灰岩为主，厚度 1.0～7.5m。

2. 地质构造　坝址两岸高程 180m 以下地段断层较发育，高程 180m 以上不发育～较不发育，坝址断层规模均较小，产状以走向 N30°～50°E 向为主，少量 NW 向，均为中高倾角，压扭性为主，未发现有缓倾角断层；断层带宽度一般 5～40cm，少数达 70～100cm。主要岩脉有：①燕山晚期花岗斑岩，岩石极坚硬，与围岩呈混熔接触，宽 10～25m，规模较大，分布于左坝头高程 240m 以上山坡。②辉绿岩脉，岩质坚硬，细条带状，与围岸呈裂隙接触，宽 0.6～2.0m，分布于坝右岸。坝基岩石节理裂隙较发育，两岸各有两组裂隙发育，均多为压性或压扭性节理，延伸长度 5～30m，节理面多闭合或微张，胶结情况较好。

（二）坝基水文地质

坝址水文地质条件简单，地下水类型主要为基岩裂隙性潜水，分布于基岩风化带，节理密集带和断层破碎带中。地下水受大气降水补给影响明显，以下降泉形式向两岸冲沟或坡脚排泄。岸坡地下水位埋藏深度左岸一般为孔深 9.60～35m，局部 ZK6 孔深 50m，右岸为孔深 16～33m，局部达 46.50m（ZK32）。

基岩透水性以微～弱透水为主，局部受断裂影响地段为中等透水。相对隔水层顶板（$q \leqslant 1Lu$）埋藏一般较浅，局部受断层影响埋藏较深，左岸埋深一般 30m 左右，局部较深达 50.78m（ZK6），河床埋深 25～44m，右岸埋深 26～63m。

（三）坝基主要工程地质问题及其处理措施

1. 坝基主要工程地质问题　坝基主要工程地质问题包括坝基稳定问题、坝基渗漏及绕坝渗漏问题。①坝基稳定问题。坝基主要为新鲜熔结凝灰岩，局部为微风化蚀变凝灰岩，可满足建坝要求。但小局部由于沿断层、岩脉及缓倾角软弱夹层的影响，存在坝基压缩变形和不均匀变形问题。②坝基渗漏及绕坝渗漏问题。坝址区顺河向断层较发育，性质大部分为压扭性，规模均较小，一般厚度 0.1～0.5m，渗漏量不大，不会产生大的集中渗漏，但对坝基防渗不利。两坝头未发现有大的横切上下游的断层，岩体节理裂隙不发育，不会产生较大绕坝渗漏。

2. 坝基处理　坝基工程地质处理包括清基开挖、不稳定岩体、松动或风化岩层、断层、固结灌浆和帷幕灌浆等处理。①清基开挖处理。以微风化岩体作为建基面，并定下坝基垂直开挖深度。河床段坝基清基开挖深度 1.8～2.1m。左岸坝基开挖深度 4～8m，蚀变岩带 8～11m；右岸坝基开挖深度 4～6m，蚀变岩带 10～15m。②不稳定岩体、松动或风化岩层处理。对松动岩体及明显张开分离的岩体采用人工撬挖或者凿岩机进行清除，对未明显松动张开的岩体采取锚杆加固处理，并进行固结灌浆处理。对坝基两侧边坡的不同风化岩质确定了不同的削坡比，根据边坡高度分级设马道。③断层处理。对一般宽 0.05～0.5m，倾角较陡，走向与坝线交角较大，对坝基稳定影响小的断层，进行槽挖，并用高压水冲洗干净后采用混凝土塞回填处理，且在断层上、下盘一定范围加强固结灌浆处理。对 F_1 断层，宽 0.05～0.80m，其下盘与 F_{20} 断层交汇处岩石风化强烈，岩体较破碎，进行槽挖与加强固结灌浆处理。蚀变岩风化破碎强烈地段局部加深开挖清理并加强固结灌浆处理。槽挖深度为断层带加影响带宽度的 1～1.5 倍。④固结灌浆和帷幕灌浆。基础开挖后进行了全面固结灌浆，对性状较差的蚀变凝灰岩和断层带加强固结灌浆。帷幕灌浆设一排，帷幕起孔线距上游坝踵 3.5～6.9m，坝基帷幕灌浆深度采用进入相对隔水层顶板 $q \leqslant 1Lu$ 深度，两坝肩帷幕延伸以正常蓄水位与相对抗水层顶板 $q < 1Lu$ 线交点控制。灌浆后坝基压水试验透水率 $\leqslant 3Lu$。

（四）结语

坝基微风化岩体致密坚硬，完整性较好，力学强度高，微风化蚀变凝灰岩的物理力学性质与熔结凝灰岩相比差异较小，局部蚀变严重地带力学强度较低，采取加深槽挖加固处理。坝址地质构造简单，断层规模小，易处理，对坝基稳定影响小。左坝头基槽开挖形成高边坡可能出现失稳现象，采取削坡和支护措施，效果良好，可满足稳定性要求。坝基岩体透水性弱，相对隔水层埋藏大多较浅，但两坝肩顺河向断层较发育，已做好防渗处理。

各项处理措施后，效果良好。至今大坝运行正常。

（福建建瓯市水利局　郑其华）

安昌河水电站调压井边坡稳定性分析与工程治理

安昌河水电站调压井总高度 53.88m，调压井内径 4.5m，下部开挖井径 6.5m，上部开挖井径 7.7m。调压井建成运行后，平台外边坡多次发生冲坏、变形调整，2011～2012 年间调压井筒内出现了倾向坡外的裂缝，总体边坡和调压井变形发展明显加快。为此及时进行地勘工作，根据地质勘察及稳定性分析结果，制定方案实施工程治理、设置变形监测设施，到 2013 年底完成整个边坡的增稳整治工作。

（一）边坡工程地质环境

1. 基本地质条件　调压井边坡位于两冲沟之间，山坡表部被厚 10～25m 的块碎石土覆盖，总体坡度 36°，下伏岩体为已发生倾倒的灰黑色薄层板岩、千枚岩。调压井边坡变形体自 1425m 高程的后缘至 1140m 高程坡脚，宽度渐大，总体形态呈三角形。平面规模上，边坡长 420m，顶宽 30～60m，中部平台 1230m 高程处宽 180m，坡脚处宽 190m。调压井坡体区内有规模不大的层间夹层和 EW 向倾 N 的高倾角断层发育。物理地质现象普遍发育，薄层板岩及千枚岩区多形成倾倒体、滑坡，调压井即位于由板岩和千枚岩组成的倾倒变形体区。

2. 边坡变形调查　现场调查发现，调压井后边坡、调压井平台、井筒壁内、平台以下边坡等部位均有裂缝发育或局部坍塌、鼓胀，调压井边坡上由高到低分布有 6 个小型滑塌体，滑塌深度一般 1～3m，滑塌方量 300～1200m^3。说明整个坡体不同部位均有变形。

3. 边坡分区　根据现场地质调查、测绘及钻孔勘探资料，按照边坡稳定性现状，将调压井边坡变形体分为Ⅰ、Ⅱ、Ⅲ三区。Ⅰ区位于边坡中下部，坡体上滑塌体发育，裂缝遍布，微冲沟发育，变形破坏特征明显，为松散覆盖层变形区，体积 11.2 万 m^3。Ⅱ区位于Ⅰ区上部，坡体较完整，坡面植被发育，受Ⅰ区滑塌牵引，坡体内部已存在蠕变、拉裂，体积约 63.4 万 m^3。Ⅲ区位于Ⅰ区和Ⅱ区之下，其中调压井平台及以下厚度较大，达 70m 以上，主要为倾倒变形板岩和动力地质构造层，体积约 136.9 万 m^3。

（二）边坡稳定性分析及工程治理

1. 变形破坏成因机制及影响因素　Ⅰ、Ⅱ区浅表松散层由坡积含碎石土层及崩坡积块碎石土层组成，破坏形式主要为浅表的滑塌和在与Ⅲ区板岩接触面的蠕滑。其成因主要为排水不畅，在降雨季节，水体入渗，土体有效应力减小，抗剪强度降低，在自重应力的作用下，产生滑塌或蠕滑。Ⅲ区板岩的变形是由风化、卸荷、倾倒、区域地质构造、地震等各因素共同作用而成的，以倾倒变形及地震作用为主。

2. 边坡稳定性分析计算　根据各区宏观变形程度和结构特点，并结合极限平衡法中的简化 Bishop 法以典型剖面对土体强度参数进行反演后，再经工程类比确定计算参数。对各区进行稳定计算分析时，采取 Morgenstern-Price、简化 Bishop、Ordinary、Janbu 等二维极限平衡法模拟各种工况，计算其相应的安全系数。计算表明，浅层Ⅰ、Ⅱ区稳定性差，地震及暴雨时期不稳定，而Ⅲ区稳定性较好，基本可满足调压井正常运行，为此Ⅲ区亦可作为边坡浅层Ⅰ、Ⅱ区加固的母体。

3. 工程处理原则　Ⅰ区进行适当清坡整治，并在坡脚部位设置挡墙、填方压脚或适当的护坡处理，并设置畅通的排水通道道；在Ⅰ、Ⅱ区结合部位及调压井开挖边坡裸露部位进行护坡处理，预留排水孔，调压井平台后坡及平台前缘下部斜坡上进行必要的深层锚固，填埋夯实边坡上部的拉裂缝，避免地表水入渗，对调压井筒裂缝段上下约 20m 段进行防渗和补强加固。建立必要的地表、深部观测设施，并进行观测。

边坡处理主要措施为：地表松散层清挖后网格梁及局部挡墙防护，网格梁节点锚索，设置地表及坡体排水，设置观测装置进行观测。

4. 加固措施　以调压井平台为界，主要分下部及上部两个大区域。上部边坡清坡后扇形面采用格构梁加 1000kN 预应力锚索 24 根，整个坡面挂网喷护，设排水渠；下部边坡清坡后采用格构梁加 1000kN 预应力锚索 24 根，整个面挂网喷护，设排水渠；深部的Ⅲ区作为锚固端。处理后的边坡在不同高程位置设地表观测桩及深部应力计观测设施进行观测。

（三）变形观测

①地表观测成果可知，桩点水平变位值不大，亦无加速变形迹象，而垂直变形在边坡处理时变形较快，高程降低了 5mm，之后随着边坡工程处理，变形基本停止。②深部应力计观测结果显示，应力变化值均在合理区间，初始阶段变化量较大，随着施工进行，应力变化值趋于平缓。③深部多点变位计观测成果看，3 组观测成果总量值都不大，在施工尾声阶段，各观测点基本无变形加速迹象。

（四）工程边坡治理效果分析

该边坡设计采用清坡后加固、排水的措施，边坡增稳整治设计方案合理可行。网格梁施工基本满足要求，锚固效果可靠，坡体排水设施修建达到设计要求。设置的观测设施能正常运行，初步可满足该边坡变形监测要求。监测数据显示，锚索应力值在合理的范围，多点变位计观测值最大值在 2mm 左右，说明目前的边坡变形在趋缓，边坡加固效果好，边坡稳定性得到有效增加，调压井可正常运行。

（中国电建集团西北勘测设计研究院有限公司　苟富民）

勘测技术与设备

工程勘测新技术及工程应用

随着科学技术与信息技术加速发展，基建规模日益宏大、建筑类型趋于多样、新技术方法突飞猛进，新的形势对工程勘测、检测技术提出了更高要求。围绕清洁能源开发、水生态环境治理、基础设施建设三大领域，中国电建西北勘测设计院有限公司工程勘测技术深度与业务广度均取得了较大进步。

（一）工程测绘新技术

依托业务发展新技术，涉及业务主要有：清洁能源建设领域规划测量、各类地形图测量、紧密工程测量、施工控制网测量及变形监测、水下地形测量、工程勘测定界、库区淹没调查、管网摸排、暗涵检测、管廊、桥隧和城市轨道交通监测、航空摄影与遥感、三维数字化测绘产品、工程地理信息系统建设等业务。

1. 高精度工程变形监测　在大坝变形监测、高危边坡、高铁、城市轨道、大型建筑物及其他变形体监测方面，可系统提供自动化监测整体解决方案。在传统监测、GNSS监测、三维激光扫描，测量机器人监测等方面具有多项专有技术。完成多项软件专著、星历预报、测前规划及精度评估，可对测区观测计划开展优化，指导技术设计与数据采集工作。

2. 低空无人机航摄应用技术　在风光电新能源领域，采用航空摄影和低空无人机技术，完成甘肃瓜州、新疆哈密、新疆准东、内蒙古乌兰察布千万千瓦级风电基地，以及其他风电场地形图测量，有效解决了项目面积大、任务急、周期短、费用低等系列问题。

3. 卫星遥感影像应用技术　在空域管控严格、政治局势不稳定的国际工程项目，以及大区域、高海拔、大起伏不利于航空摄影手段的项目成功应用卫星遥感影像技术，完成刚果（金）卢武阿河流域规划测量、吉布提微电网、内蒙古二连浩特风电、新疆奇台风电等 4000km^2 卫星影像采集，制作完成 DLG、DOM、DEM、三维场景等测绘产品。

4. 倾斜摄影测量　从一个垂直、四个倾斜等五个不同角度采集影像，涵盖了顶视和侧立面信息，实现了对地位目标的全面覆盖，将用户引入了真三维的实景世界，提供更丰富的地形模型。完成稀少像控的高精度 GNSS 差分技术，在高陡立壁、植被覆盖、像控点布设困难的特殊区域取得良好的质量效果，在保证精度的情况下大力提高了工作效率。

5. 三维激光扫描技术　在 60 多项大型水利水电工程、新能源工程、市政工程、海洋工程、建筑工程等多个领域中进行了深入应用，广泛应用于 3D 产品制作、水生态环境治理、暗涵监测、滑坡监测、桥隧检测、建筑平立剖测绘、风机垂直度检测、地质测绘编录、建（构）筑物质量核查、三维辅助设计等方面，取得了丰富实践经验。

6. 水下多波束、无人船测量技术　引进智能无人船测量系统，在浅水、黑臭水体、高浓度污染水体等项目，减少人员受损伤风险，提升安全生产。引进多波束扫描系统，采集高密度水下地形点云，构建的点云图形细腻，表现丰富，谷底的冲刷痕迹，河口的冲积扇，库岸的塌滑堆积体清晰可辨，精细地反映了水下地形地貌。

7. 三维地理信息数据产品　基于地理信息系统有效服务于农村土地确权、河湖划界、自然保护区、生态管理区勘界、山洪灾害调查评价、油气管线勘界、土地及林业资源调查等各行业的勘测调查。

（二）工程物探新技术

通过工程应用与实践，消化、吸收、总结并自我创新，掌握物探新方法、新技术。从地震勘探折射波法、直流电法、声波等少数几个专业方法，逐步发展到目前的地震波全波应用、高密度电法、大地电磁测深法、瞬变电磁法、地质雷达法、钻孔全景成像法、声波法、层析成像（CT）法、地质超前预报、电磁感应法（管线探测）、管道内窥（QV）、管道电视检测（CCTV）、管道声呐等多种探测方法。

1. 高分辨率探测技术　物探方法的综合应用，认真分析目的物的电性、弹性、磁性物理特征，合理科学组合多种物探方法，在大坝安全评价和病险库坝渗漏探测中取得了良好效果，探测精度达厘米级。

2. 深覆盖大埋深探测技术　通过观测地层电性参数在纵向及横向上的变化特征，确定地层岩性结构、岩溶发育带、岩石破碎位置，预测地下水水质变化规律，是一种先进的频率域电磁法勘查技术，高频资料主要反映浅部介质电性特征，低频资料主要反映深部介质电性变化特征，探测深度可达上千米，属±1000m范围内电法勘探的新手段。

3. 复杂工况管道（涵）内窥智能检测技术　复杂工况管道（涵）难以实施检测，2019 年自研了一套船舶式 CCTV 检测系统，在西安、深圳水环境治理项目应用，解决了排污口排查、定位，评价管涵功能性、结构性缺陷的难题。

（三）水文测报进展

主要业绩有：自行设计、建造、运行管理西藏地区体积流域梯级 6 个水文气象观测站，设计建造 4 个水位监测站；自行设计、建造抽水蓄能电站水情测报站；承担甘肃、新疆山洪灾害调查；承担西安、深圳市污水处理厂污水管道流量测验；承担水电站库区泥沙测验与水质分析、水电站水下地形测量、大坝环境水质监测及析出物化学成分监测、城市水质水量监测等工作。

（四）结束语

大型基础设施规模扩大、城镇化速度加快，以及宜居环境要求提高、绿水青山目标推进，必将给工程勘测带来新的机遇和挑战。应智慧化信息化大数据的时代要求，工程测绘专业将在新型测绘、激光雷达、三维建模、多源遥感数据融合、三维 GIS、智慧城市等方面，工程物探专业在地空高精度瞬变电磁法技术、管涵缺陷的 AI 快速识别技术、多方位联合地震（声）波层析成像（CT）技术等方面，水文测报在引进先进技术设备、提高泥沙测验自动化程度等方面，需进一步深化研究、拓展研究，并将研究成果应用于工程、转化为生产力。

（中国电建西北勘测设计研究院有限公司
巨广宏 申恩昌 薛有平
刘海潮 许鑫 吕宝雄）

利用伪随机流场法检测岩溪水库坝址渗漏问题研究

在地质条件复杂的岩溶地区，水库在运行过程中可能存在因设计和施工的不足而产生不同程度的渗漏。在工程实践中对渗漏部位、渗漏原因的识别以及方案的选择为对其处理成败的重点。结合岩溪水库工程实例，采用伪随机流场法同时结合地质调查，了解和掌握该区域的工程地质、水文地质资料进行综合分析，最后以钻探手段加以验证并采取帷幕灌浆进行处理。各手段取长补短、相互补充，可以较准确的确定渗漏位置及影响范围，并能有效解决其渗漏问题，为本地区类似工程提供借鉴。

（一）工程概况

岩溪水库大坝为混凝土面板堆石坝，坝顶高程782.5m，最大坝高60.0m，正常蓄水位778.0m。坝址区及近坝库岸出露为白云岩、泥质白云岩，为中等岩溶含水岩组，且右岸近坝基、肩一定范围内发育有断层，岩体风化破碎。水库蓄水后发现下游量水堰渗漏量随库水位升高而增大，且在放水过程中发现同一水位较蓄水时所测渗漏量明显增加。水位下降后在左、右岸趾板上游侧地表均发现大小不等可能因渗漏形成的孔洞，其中左岸分布于747.4～755.0m高程左右，洞口直径约30cm。右岸分布于趾板上游边坡马道750.0m高程附近，洞口直径约3cm。

（二）渗漏检测

目前针对水库渗漏的物探检测方法主要有声呐法、高密度电法、温度场检测法、伪随机流场法等。各有其优势及缺点，考虑到该水库死水位较高，渗漏量较大，且地表有孔洞，库水很可能在高水头作用下击穿帷幕形成渗漏通道。选择伪随机流场法通过间接测量入水口集中渗漏产生微弱电流场，利用测量电流场的变化规律来分析渗漏场的变化规律，达到查找渗漏通道的目的。该方法在水利水电工程大坝渗漏检测、帷幕线上渗漏通道的查找方面已成功运用。根据本工程实际情况，结合已有工程经验，同时辅以钻探方式综合检测，以达到更好效果。

根据现场地形地质条件及坝后出水点情况，本次采取在趾板中心线下游14m至趾板中心线上游36m范围及左岸、右岸岸坡一定范围以2m×2m的间距进行测试；右岸在右岸斜坡帷幕线至库区以上400m范围以2m×2m的间距进行测试；即建立两种不同的电流场，分别为左岸至坝后电流场、右岸至导流洞电流场。由电流场测试规律得出：伪随机流场值小于10为测试的背景值，该区域不渗漏或渗漏较微。伪随机流场值≥10为测试异常区域，为可疑渗漏区域。测试时库水位高程在778.0m左右。

根据左岸—坝后电流场测试成果，在坝趾左岸帷幕转角上游出现明显异常，其坐标为高程752.00～773.00m，伪随机流场值为10～50，为渗漏的可疑入渗点。根据右岸—导流洞电流场测试成果，在右岸分布主要4个异常区域（流场值>10的区域），为导流洞渗漏的可疑入渗点。4个异常区域的坐标高程为753.00～776.00m、737.00～747.00m、746.00～748.00m、748.00～751.00m。

（三）渗漏分析

结合该区域地质条件分析：左岸出露地层为薄层为主夹中厚层白云岩、泥质白云岩，无构造发育，岩层产状整体为N8°～12°E/NW∠13°，地表发现孔洞分布位置与伪随机流场法检测异常区域大致吻合，初步判定为在高水头作用下库水顺层间软弱夹层击穿帷幕向下游产生渗漏；右岸出露地层与左岸基本相同。但有f_2发育于取水兼放空隧洞进口，斜切右岸，止于下游冲沟，产状为N35°～70°E/NW∠70°～80°，长度约350m，断距1～3m，破碎带宽0.2～0.5m，影响带宽1～3m，断层附近岩体极为破碎，且岩层产状变化较大，为陡倾角的正断层。右岸渗漏点分布于f_2断层附近，初步判定右岸渗漏与f_2断层破碎带、岩体风化引起的破碎岩体及基岩裂隙有关联。

（四）处理方案

针对地表可见渗漏孔洞进行自流灌注封堵处理后对右岸趾板区至灌浆平硐帷幕质量进行检查，并根据压水试验情况作补强灌浆处理。溢洪道及两侧，隧洞两侧附近为重点区域；左岸趾板区灌浆质量进行检查，其中747.4～755.0m高程渗漏孔洞附近为重点区域并根据压水试验情况作补强灌浆处理。

（遵义水利水电勘测设计研究院 陈黎）

综合超前地质预报在隧道工程裂隙水探测中的研究

随着我国地下工程建设规模的不断扩大，深长隧道施工过程中可能遇到的突水、突泥等地质灾害给施工安全带来了重大隐患。因此，需要研究一种综合有效的方法，开展隧道裂隙水的超前地质预报，对确保隧道工程施工的顺利进行有重要的现实意义。

（一）隧道裂隙下水探测方法

国内外对隧道施工前方含水情况十分重视，已有许多探测岩溶和裂隙水的方法。

1. 地质调查法　在充分收集、分析、利用已有区域地质和工程地质资料的基础上，辅以地质补充调绘，分析研究工程的地质与水文地质条件，分析地下水发育的规律，宏观掌握区域地质条件，指导超前地质预报工作。

2. 超前钻探法　用钻探设备向开挖面前方钻探，从而直接揭示前方地层岩性、构造、地下水、岩溶洞穴充填物及其性质、岩石的可钻性、岩体完整程度等。

3. 瞬变电磁法（TEM）　针对隧道富水区域进行探测，水体一般表现低阻特征。对低阻含水体反应灵敏，受体积影响小，纵横向分辨率高且施工灵活轻便，工作效率高。

4. TRT层析扫描成像法　TRT层析扫描成像法是通过岩体声学阻抗差异来判断隧道工作面前方地质体的性质（软弱带、破碎带、断层、含水等）、位置、形状、大小。反射的地震信号被高灵敏地震信号传感器接收，声学阻抗差别越大，越容易探测到。

5. 地质雷达法　利用电磁波在隧道开挖工作面前方岩体中的传播及反射，根据传播速度和反射波形特性进行超前地质预报的一种物探方法。由于岩石和水电性差异较大，当电磁波遇到水时会形成强反射波，是目前预报掌子面前方水体的较好方法。

6. 红外探测法　地下岩体、水体每时每刻都在向外界发射红外波段的电磁波，当探测前方存在不良地质情况（断层水、岩溶水、瓦斯）时，其与周围围岩的温度有一定的差异，红外探测仪就是依据红外辐射能量的差异来推断前方不良地质的情况。

7. 高分辨直流电法　以岩石的电性差异为基础，建立全空间稳定电场，通过研究电场或电磁场的分布规律预报开挖工作面前方储水、导水结构分布和发育情况。

（二）综合超前地质预报探水流程图

针对各种地质预报方法的特点，结合南平至龙岩铁路客用专线Ⅵ标段区域性的地质情况，制定隧道施工综合超前地质预报探水方法流程。首先熟悉已有地质勘察资料，找出其中的可能存在的裂隙水区域；其次，在隧道开挖过程中采用TRT6000型超前地质预报系统进行全程预报；对TRT6000预报结果中可能存在裂隙水的区域，采用瞬变电磁仪进行进一步确定；在临近裂隙水区域10～20m时，采用地质雷达进行更精确的短距离预报；再次，对雷达确定的裂隙水区采用超前钻探进行准确定位，并通过隧道地质编录结果对预报结果进行验证；最后对出现的偏差进行分析，总结经验。

（三）应用实例

1. 隧道地质　九鹏溪隧道全长5662延米，自然坡度为25°～30°。研究段围岩为侏罗系上统兜岭群下亚群凝灰岩，青灰色，弱风化，岩质较硬，岩体较完整～完整。基岩弹性波波速为3.8～4.2km/s。以基岩裂隙水为主，地下水不发育。

2. 里程DK178＋607～DK178＋456预报

①TRT6000超前地质预报结果。使用TRT6000超前地质预报系统对里程DK178＋607～DK178＋456预报，采集地震波数据，通过后处理软件进行处理，对不同方向的TRT6000层析扫描成像分析，在里程DK178＋607～DK178＋571段出现明显的低阻抗区域，结合设计地质情况，推断该段裂隙水发育。②瞬变电磁仪预报结果。针对TRT6000超前地质预报结果，采用瞬变电磁仪对道里程DK178＋606～DK178＋486前向的裂隙水情况进行探测。在隧道中心线右侧正前方35m以内，视电阻率值较低，且范围是上10°范围较广，水平前方范围小，结合现场掌子面滴淋水情况，认为1号区是目前F_1断层伴生裂隙带含水的延续。③超前地质钻探结果。DK178＋604～DK178＋592.5为断层影响带，DK178＋592.5～DK178＋582.5为断层带，岩体极破碎，断层走向与隧道轴向夹角约为50°；DK178＋582.5～579为断层破碎影响带；钻孔有大股状水流出。

3. 掌子面地质编录　隧道掘进至DK178＋593处，拱部右侧突然发生坍塌，坍塌物以大块石为主，并伴有不间断的小坍塌和掉块，随着坍塌范围的不断扩大，坍塌口、右拱腰、右边墙、掌子面右下脚出现大股状水流涌出，最大涌水量达5000m^3/d，涌水量逐渐衰减至3000m^3/d。

（四）结论

隧道超前地质预报探测裂隙水的方法有多种，要根据仪器的特点及现场的地质、工程条件选择适合现场施工条件的方法。通过综合运用TRT层析扫描成像法、瞬变电磁法、地质雷达法及地质钻探法等各类超前地质预报方法对裂隙水进行预报，实践证明这种综合预报技术可以较好地对裂隙水进行的预报，有利于提高预报的准确率的发生，为施工提供可靠的地质资料，从而有效地减少涌水、突泥和塌方等灾害。

（中国水利水电第三工程局有限公司勘测设计研究院　董栋　李磊）

三维地质建模技术在镇安抽水蓄能电站中的应用

（一）工程概述

地质内业工作从传统的二维转向三维过程中，如何利用地质勘探和空间分析获取的一系列离散数据来快速高效客观地反映地质构造的展布情况，成为复杂地质体三维建模的关键问题。ItasCAD软件便是基于互联网和云技术，通过数据库、三维地质建模与数据处理、应用与成果输出三大模块建立的针对岩土地质体的专业性BIM平台。它将外业采集的各类地质数据存储于平台的数据库中，以数据库为基础建立起不仅包含地质体空间几何形态特征，还包含岩土工程分析和设计所需信息的三维地质模型。通过三维地质模型的建立，可在平台中实现二维地质图件的生成、岩土体专题问题的分析、岩土工程设计等应用。基于ITasCAD三维地质建模技术在镇安抽水蓄能电站上水库库盆开挖料复核计算中得到了应用。

（二）上水库工程地质概况

镇安抽水蓄能电站上水库位于金盆沟中段，库周东、南、西三面均由山梁组成，山顶高程1402～1618m，南面黑山最高，山顶高程2000.90m。库周地形封闭条件较好，除左右岸坝头和东面山梁较单薄外，其余地段山体雄厚。上水库（坝）区出露地层主要为花岗闪长岩地层，第四系覆盖层以崩积为主。随着上水库开挖，需对不同岩性、工程特性开挖料进行分类复核，以用于不同工程部位的填筑。复核库盆范围：环0+000～环1+963.64，上限为设计边坡开口线，下限为库底高程1366m，边坡开挖坡比为上水库库盆开挖设计坡比。

（三）上水库三维地质建模

1. 地形面建模　地形面的建立基于AutoCAD中等高线，其模型精度取决于地形线（等高线）测量精度。将所需格式的等高线文件导入ItasCAD软件，该软件可识别等高线的坐标和高程属性，并可从等高线中提取出若干等高点。将在ItasCAD软件中新建等高点的中值面通过点集约束的方式约束至从等高线中提取的等高点上，边界约束将边界点仅在垂直方向变化，再经过若干次网格加密和离散光滑插值运算便可完成地表面的建模。

2. 覆盖层建模　根据已知资料选择覆盖层参考面或导入勘测的覆盖层露头线，将钻孔揭露界限作为精确约束，根据地质人员推测覆盖层深度定义最大、最小厚度值作为模糊约束建立覆盖层界面，执行离散光滑插值运算构建覆盖层面模型。建模中还可以人工干预。

3. 基岩顶板面建模　基岩顶板是覆盖层底面与基岩地形面合并起来的一个面，即地形面扣除覆盖层后的基岩表面，将为建立岩层各岩性分界面做准备。把覆盖层底面线边界取出合并为一个线集，将地形面用“被折线裁剪”命令被覆盖层底面进行逐一裁剪，得到裁剪后的地形面。再把裁剪后地形面与覆盖层底板面合为一个面集。最后将地形面与合并面集进行约束，边界为模糊约束，厚度约束为零，并进行离散差值，即可得到基岩顶板面。

4. 单一岩层建模　将数据库中钻孔、平硐、地质点等数据导入ItasCAD中，结合地形测绘资料定义建模范围并创建勘探资料中值面，以测绘数据为模糊约束、勘探点数据为精确约束进行离散光滑插值运算，构建如地层、风化、地下水等地质界面的基本形态，对比参考面进行局部修改并裁剪处理建立单一界面。

5. 包络体建模　上水库库盆开挖范围内的面全部建模完成后，可通过上下地面及四个方向的侧面共6个面进行合并、缝合形成包络体，如覆盖层、各种岩性强风化、弱风化及微风化包络体。

6. 开挖体建模　将上水库库盆四周的设计开挖面导入ItasCAD中，分别对开挖范围内的覆盖层体、强—微风化体进行剪切、缝合可得到开挖范围内各种开挖料的储量。

（四）三维地质模型储量计算

在建成的上水库开挖料三维地质模型中，通过查询即可得到不同部位各种岩性体积。同时，可更直观地查看各区域不同岩性料的分布情况，以便于结合开挖料的质量指标对整个上水库库盆进行合理分区，进一步规划优先开采区域，以满足现场填筑需求。另外，已建成的三维地质模型还可直接生成块石料场范围内任意剖面的剖面图，便于地质图的整理与地质成果输出。通过查询，上水库库盆开挖范围内覆盖层总量76.76万m^3；结晶灰岩中强风化30.04万m^3，强风化块石24.76万m^3，弱微风化总量299.15万m^3；花岗闪长岩强风化43.45万m^3，弱风化上部岩体51.21万m^3，弱风化下部及微风化202.69万m^3；大理岩强风化1.26万m^3，弱微风化3.73万m^3；透闪石大理岩强风化20.12万m^3，弱微风化58.14万m^3。其中，强风化岩体总量94.87万m^3，结晶灰岩强风化块石24.76万m^3，花岗闪长岩弱风化上部51.21万m^3，弱微风化岩体总量563.71万m^3，岩石总量为734.55万m^3，开挖总量为772.4万m^3。

（五）平行断面法储量计算

建立三维地质模型同时，也采用平行断面法计算上水库库盆范围内开挖料储量并复核，结果与三维地质模型的开挖范围完全一致。与三维地质模型计算储量不同，平行断面法计算块石料场储量需在料场范围内平行剖切若干剖面，对剖面线上无勘探点的剖面需根据勘探点投影或合理的推测确定相关界线。储量计算精度取决于平行断面间距与相关界线的推测合理度。上水库库盆平行断面间距为10～20m，其计算结果与三维计算基本一致。

（中国电建集团西北勘测设计研究院有限公司
冯磊）

中國水力發電年鑒

5

水　工　设　计

大　坝　设　计

黄河青海段中型水电站枢纽布置及技术发展

（一）河段中型水电站开发概况

黄河上游在高山峡谷段规划的龙羊峡等高坝大库之间，在青海段相间规划布置了尼那、山坪、直岗拉卡、康扬、苏只、黄丰、大河家、中川等梯级。大型工程的陆续建成，有利于减少中型水电站导流和泄洪排沙建筑物的规模，降低工程投资，缩短施工工期，有力地带动了梯级中型电站建设。1990 年代末尼那水电站开工至 2017 年大河家水电站蓄水发电，经过近二十年建设，除山坪、中川梯级尚待开发外，其余六座中型电站陆续建成发电（见表 1），为黄河上游水电基地建设，促进少数民族地区发展，节能减排等发挥了重要作用。

表 1　　青海段已建中型电站主要技术指标表

电站名称	装机容量（MW）	年发电量（亿 kW·h）	额定水头（m）	机组型式	备注
尼那	16	7.63	14.0	灯泡贯流	2003 年发电
直岗拉卡	19	7.62	12.5	灯泡贯流	2005 年发电
康扬	283.5	9.92	18.7	灯泡贯流	2007 年发电
苏只	225	8.79	16.0	轴流转浆	2005 年发电
黄丰	225	8.65	16.0	灯泡贯流	2013 年发电
大河家	142	5.59	9.3	灯泡贯流	2017 年发电

（二）枢纽布置

枢纽建筑物主要为电站厂房、泄洪闸及与两岸连接坝段。其布置通过技术经济比较选定，主要考虑发电厂房和泄洪（导流）布置、利用原河床和泄洪闸分期导流、施工期长短。

（1）电站厂房位置一般进行主河床（河床厂房）或一岸的滩地（河滩厂房）布置型式的比较。几座电站的方案各具特色，较好协调了地形条件、导流分期、施工进度等关系。

河床厂房：尼那水电站位于拉西瓦峡谷出口处，河床相对窄，两岸与河床高差大，电站厂房及泄洪闸均布置在主河床。一期土石围堰围护左岸，泄洪闸施工，右侧河道导流；二期围堰护右岸，电站厂房施工，平底泄洪闸导流。

河滩厂房：大河家、直岗拉卡等厂房设在相对平缓的岸边阶地，泄洪闸紧邻厂房靠河边布置。一期进行电站厂房及泄洪闸施工，河床导流，二期围堰围护河床，土石坝施工。

工程设计及建筑物运行情况表明，河床厂房泄洪闸上下游水流衔接平顺，水库排沙拉沙效果好，开挖工程量少；河滩厂房泄洪闸上下游水力衔接稍差，开挖量有所增加，泄洪排沙无突出问题，可缩短施工直线工期，工程进度有优势，能明显提升工程的经济性。

康扬水电站充分利用了河道弯曲的地形条件，裁弯取直布置河床式厂房，原河道布置泄洪闸兼施工期导流，枢纽布置有利于水头利用，加快施工进度，提升了电站的经济性。

（2）高坝大库减缓了下游中型电站泥沙淤积，但中型电站水库容量不大，库内支沟多有区间泥沙淤积，需设置拦排沙设施。

一是利用施工围堰，水库蓄水前将围堰部分拆除改为拦沙坎，在厂房前形成拦沙屏障；二是厂房坝段设排沙孔，泄量 $100m^3/s$，启闭方便，可减少粗砂过机；三是汛期发生一定频率洪水时，泄洪闸及排沙孔敞泄，减少库区泥沙淤积。

（3）与两岸连接的挡水建筑物为当地材料坝，因其高度是几米至 20 多米，坝基为软岩或砂砾石，坝区土料和砂砾石料储量丰富，采用当地材料坝较合适。

尼那水电站左岸挡水坝为均质土坝，防渗效果可靠。但土料天然含水量偏低，需掺水上坝，施工程序较复杂，且受冬季寒冷影响较大。此后电站连接坝段改为堆石坝或砂砾石坝，坝体与围堰结合，土工膜斜墙或心墙防渗，填筑便利，受自然条件影响小，更经济。

正常蓄水位大多超过了两岸基岩顶板，需采取防渗措施，一般用旋喷防渗墙。

（三）关键技术研究及应用

1. 尼那水电站　该电站是青海段首座建成发电的中型电站，对后续电站开发有示范作用。

主要成果：通过第三系黏土岩工程地质特性及处理措施研究，提出了相应的防护和工程措施；通过高海拔寒冷地区大容量（单机40MW）灯泡贯流式机组研究，采用合理、先进的技术参数，首次采用一次冷却方式，保证了机组安全稳定运行；左岸均质土坝湿陷性黄土地基采用强夯处理，满足了地基设计要求；摸索出适合黄河上游贯流式河床厂房设计的方法；采取了加快施工进度的设计措施。

2. 大河家水电站　疏挖尾水河道1.23km，增加水头约1.7m，提高了发电效益。

3. 黄丰水电站　通过优化取消了消力池底板排水管网和排水廊道，替代方案为检修消力池时，在消力池内铺设砂砾石，使底板满足抗浮稳定要求。通过渗压计观测扬压力消散情况，至满足要求时清除消力池内砂砾石，对消力池底板进行检修。临时处理方案简易可行，既满足了消力池检修的短期要求，又消除长期运行产生渗漏隐患，同时有利于黏土岩地基的保护，节省了工程投资。此研究成果为后续大河家水电站消力池所采用。

（中国电建集团西北勘测设计研究院有限公司
吴峻峰　焦健　孙海涛）

桃源水库工程沥青混凝土心墙堆石堆渣坝设计

桃源水库工程分为枢纽水库和灌区两部分。枢纽主要建筑物由沥青混凝土心墙堆石堆渣坝、竖井式溢洪道和岸塔式引水隧洞组成。

（一）坝址及料场地质条件

1. 坝址地质条件　岩层以细砂岩与千枚状板岩互层为主，节理裂隙发育，左岸强风化埋深18～27m，河床覆盖层薄，下伏弱风化基岩，右岸高程362m以下至河床为弱风化岩体，以上强风化岩体埋深14～24m。

2. 石料场地质条件　欧菜园料场地层岩性为厚层细砂岩夹千枚状板岩，约占30%左右，微风化至新鲜千枚状板岩夹层单轴饱和抗压强度28～38MPa，为软岩；细砂岩单轴饱和抗压强度76～140MPa，为坚硬岩。料场岩性均一性差，作为筑坝料源剥离堆存难度较大。

桃源水库坝址料场为弱风化砂岩、板岩，全风化埋深一般厚2m，山顶全风化埋深2～5m；左岸强风化埋深18～27m，强风化岩体埋深14～24m。板岩弱风化饱和抗压强度15～25MPa，微风化、新鲜岩石25～30MPa，为软岩。砂岩强风化岩石饱和抗压强度10～15MPa，弱风化岩石饱和抗压强度510～70MPa。

坝址15km范围内，只有距坝址约0.3km有层厚0.5～5m、剥离层平均厚0.5m的粉质黏土夹碎石，储量$1.2\times10^4m^3$。

3. 土料场地质条件　以全风化土为主，为砂质低液限黏土，干密度$1.67g/cm^3$，含水率19%，压缩模量6MPa，中等压缩性，渗透系数1.43×10^{-6}～2.1×10^{-7}，渗透性微弱。

4. 混凝土骨料场地质条件　当地缺乏天然砂砾料，骨料需采石轧制。距坝址约11km下阳村石料场作为骨料场。地层岩性为灰黑色灰岩夹白云质灰岩、页岩，局部沿陡倾角节理发育溶蚀节理及宽缝，有少量次生泥充填，未见大型落水洞、岩溶洞穴发育。

（二）坝型选择与坝体结构

综合考虑坝址处岩石特性，坝体用料要求，料场的储量、运距和征地移民费用，静态投资等因素，经多种坝型比选，选取沥青混凝土心墙堆石堆渣坝为桃源水库筑坝坝型。

沥青混凝土心墙堆渣坝坝顶高程391.5m，坝顶设“U”形防浪墙，墙顶高程392.7m，坝顶宽度9m，坝轴线长300m。最低建基面高程331m，最大坝高59.5m。365m高程以下为堆渣料，365高程以上为堆石料。上游堆石区坝坡1∶2.15，堆渣区坝坡1∶2.3；下游堆石区坝坡1∶1.9，堆渣区1∶2.15在下游332m高程，设置排水条带。堆石区上下游护坡干砌石1m。

（三）大坝运行情况

桃源水库工程2017年6月下闸蓄水，2019年11月竣工验收。下闸蓄水运行至今，大坝监测成果显示：大坝水平位移和沉降均在正常范围内，坝基渗水清澈，无渗透不稳现象。

（四）大坝设计注意事项

沥青混凝土心墙已广泛应用于堆石坝中，但其与堆石堆渣结合尚属首例。通过桃源水库沥青混凝土心墙堆石堆渣坝的设计实践，提出几点注意事项。

（1）因堆石堆渣坝无级配要求，故除土以外的材料均能上坝。坝体渗透性低于堆石坝但高于土坝。为减小坝体断面，节省工程投资及保证坝体渗透稳定，要求沥青混凝土心墙上下游过渡料除控制最大粒径外，其渗透性应保持在 $n \times 10^{-3}$ cm/s 以上并具备一定的反滤性能。

(2) 下游建基面反滤料同下游过渡料相接，构成完整的排水通道。在河床坝段，在基面反滤层上增加排水条带，加速坝体渗水排出坝内，保持坝坡稳定和坝体渗透稳定。

(3) 沥青混凝土心墙施工时，要按规程规范严格控制原料品质、加工拌和成品的质量及规范施工工艺。原料的摊铺、层面处理及其与混凝土基座处理应严格按照施工规范进行，任何一个不合格面都要返工整改，直至合格为止。

(4) 为加强沥青混凝土心墙和混凝土基座的连接，保留沥青心墙和基座间的"Z"形铜止水。

沥青混凝土心墙和堆石堆渣坝两者完美的结合，克服了以往堆石堆渣坝防渗能力差的缺点，使其可抵挡更高的水头，适应范围更广。桃源水库工程的成功建设，给该种坝型积累了实践经验。

（中国电建集团中南勘测设计研究院有限公司
唐润宇）

新疆莫莫克碾压式沥青混凝土心墙坝设计

新疆莫莫克水利枢纽大坝为沥青混凝土心墙坝，坝顶长 370.0m，坝顶高程 1896.8m，最大坝高 75.0m，大坝上游坝坡 1∶2.2，下游坝坡 1∶2.0～1∶1.8。

（一）坝体结构设计

坝体结构设计主要是确定坝顶高程、坝顶宽度及坝顶结构布置、坝体上下游护坡设计等。坝顶高程由特征水位加超高确定，超高包括波浪爬高、最大风壅水面高度和安全加高。坝顶宽度应由运行、坝顶设施和施工要求确定，坝顶上游设防浪墙。坝体上游护坡采用现浇混凝土板，混凝土板边长大于 3m、厚度不小于 20cm。下游护坡选用干砌石、堆石、混凝土网格梁等形式，坝顶附近局部采用钢筋混凝土板。

（二）坝料选择及设计

根据地质勘察成果，分析各料场特点，在土石方平衡计算基础上结合开挖和取料难度、可用时间和运距等因素，分析各料场优劣，在保证土料质量满足设计要求的前提下优选料场。

初步确定料场后，结合土工试验成果绘制料场全料、过渡料、坝基覆盖层（如有）、反滤料（如有）等不同分区颗粒级配曲线上、下包络线，根据渗流方向分别计算Ⅰ型、Ⅱ型反滤是否满足要求。新疆地区近 30 年来建设经验，沥青混凝土心墙坝筑坝材料一般采用砂砾石，为非黏性土。根据土料不均匀系数分两种计算工况：土料不均匀系数 C_u 在 5～8 时，以全料 d_{85}、d_{15} 作为计算粒径；土料不均匀系数 C_u 大于 8 时，取 C_u 在 5～8 时，部分 d_{85}、d_{15} 作为计算粒径。对被保护土应取级配曲线平段以下（一般 1～5mm 粒径）细粒部分的 d_{85}、d_{15} 作为计算粒径，此时必须控制小于 5mm 颗粒含量大于 60%，选用 5mm 以下部分的 D_{15} 作为计算粒径。实践表明如果土料渗透性自上游至下游呈增大趋势，其层间关系是满足工程实际的。

（三）防渗体设计

沥青混凝土心墙坝防渗体设计遵循以下准则：①防渗体能较好地适应大坝的位移和筑坝时的振动，不致造成裂缝；②防渗体在任何水平截面上的垂直正应力，加上沥青混凝土的极限拉应力，应大于该处水压力；③防渗体与基础的连接应精心设计，确保连接部位安全；④防渗体渗透系数应小于 10^{-8} cm/s 量级，心墙必须具有水稳定性，水稳系数不小于 0.9。

沥青混凝土心墙墙体轴线一般布置略偏上游侧，竖向有垂直式、倾斜式和下部垂直上部倾斜三种。倾斜式或下部垂直上部倾斜可增大大坝整体稳定性，下游坝坡变陡，可减少工程量。但两者与垂直式比会出现更大的剪切应变，且比垂直心墙技术要求高、施工复杂。垂直式布置面积较小，工程量小，施工简单，心墙对坝体沉降引起的变形反应比倾斜式好。

沥青混凝土心墙的厚度根据坝高、工程级别、抗震要求和施工条件等选定，结合应力应变计算参考已建工程和施工要求确定。初步估算底部厚度一般为坝高的 1/70～1/110。心墙底部宜采用渐变式或阶梯式。采用 GEODYNA-三维非线性有效应力分析软件对沥青混凝土心墙受力情况进行有限元模拟计算。由计算结果可知，整个心墙大部分区域的竖向应力和坝轴向应力均大于水压力，相对于黏土心墙而言，沥青混凝土心墙发生水力劈裂的可能性较小，黏土心墙常用的水力劈裂评判标准（水压力小于竖向应力或坝轴向应力）用来评价沥青心墙也是偏于保守的，故可判定沥青混凝土心墙不会发生水力劈裂。

沥青混凝土按骨料性质分为碱性骨料和酸性骨料，采用酸性骨料时需添加抗剥落剂以保证骨料与沥青黏附性和耐久性。新疆奴尔水利枢纽工程、新疆五一水库，其工程区附近没有碱性骨料，故采用酸性骨料沥青混凝土，并添加 R-EASA100 型、XT-2 型沥青抗剥落剂。虽工程取得了成功，但考虑到酸性骨料在施工工序、质量控制、现场管理等方面难度较高，且酸性骨料沥青混凝土的防渗性、耐久性能等性能较差，故推荐碱性骨料。

沥青型号的选择对工程质量及耐久性有至关重要的影响。根据工程等级、运用条件及地域等特点，该工程选用重交通道路石油沥青（标号 AH-90）。

（四）坝基处理

坝基为深厚覆盖层时，防渗处理可采用混凝土防渗墙、帷幕灌浆、高喷防渗墙或水泥搅拌桩等。无覆盖层或覆盖层较薄时，可大开挖将心墙基础直接坐落于基岩上。覆盖层厚度为 10～30m 时，从施工工艺、结构形式、工程投资等方面综合比选处理设计方案。

如遇断层、软弱夹层或破碎带，应根据产状、宽度、组成物质性质、延伸长度及所在部位，可采用灌浆、混凝土塞和盖板、混凝土防渗墙、铺盖和放缓坝坡等方式处理。设置混凝土塞和盖板可有效延长渗径，经济且有效。断层或破碎带与坝轴线交汇部位设混凝土塞，其深度按断层平均带宽的 2 倍设计，宽度可与新区基座同宽或适当加宽，沿断层走向设混凝土盖板，盖板厚度取 0.15～0.25m，宽度按断层平均带宽左右两侧各加 0.2～0.5m 设计，盖板长度根据断层内组成物质允许渗透比降按帷幕厚度计算公式确定，适当延长。

（新疆水利水电勘测设计研究院　李劲飞）

绩溪抽水蓄能电站下水库大坝设计

（一）工程概况

绩溪抽水蓄能电站总装机容量 1800MW，安装 6 台单机容量为 300MW 的可逆式水轮发电机组，单机额定流量为 $57.8m^3/s$，额定水头 600m。枢纽由上水库、下水库、输水系统和地下厂房系统等组成。下水库坝址以上控制流域面积 $7.8km^2$，正常蓄水位 340m 高程以下库容 1080 万 m^3。下水库建筑物有水库大坝、溢洪道、导流泄放洞、库岸防护、库岸公路等。

坝址区地形开阔，横剖面呈宽阔 U 形，谷底高程 286～293m，正常蓄水位 340m 处谷宽 430m。两岸为伸入盆地的舌形山脊，其上下游有小冲沟发育。坝址出露基岩为粗粒花岗岩，局部有花岗细晶岩脉。第四系覆盖层为粉质黏土夹碎（块）石和冲洪积漂卵砾石夹中粗砂，前者厚 0.5～1.0m，局部大于 2.0m，稍密；后者稍密～松散，厚 0～5.0m，局部大于 5.0m。

（二）坝体布置

下水库混凝土面板堆石坝最大坝高 59.1m，坝顶长 443.69m，宽 8.0m，左坝头与进场公路和库岸公路连接。坝顶高程 345.1m，坝顶上游侧设防浪墙，防浪墙顶高程 346.30m。

下水库西库岸右坝头约 400m 山脊，山体单薄，强风化岩体较厚。该岩体可灌性差，故此段库岸采用钢筋混凝土面板表面防渗。右库岸防护长度 390.65m，上游坡比为 1∶1.5，沿库岸公路以下设混凝土面板，下部设趾板，设计参数（厚度、混凝土标号）同大坝。面板下设水平宽均为 2m 的垫层料和过渡料。库岸面板左侧与大坝面板以连接板相连，形成完整的表面防渗体系。趾板下游侧槽开挖后设排水（兼观测）廊道，廊道从右坝肩 XB_6 点坝顶公路下游起，沿右坝肩库岸段趾板布置，并延伸至大坝下游坡约高程 289.60m 处。

（三）坝体分区设计

坝体填筑分垫层区、特殊垫层区、过渡区、上游堆石区、下游堆石区及上游大坝辅助防渗区。垫层区及过渡区坡比均为 1∶1.5，两者水平宽度分别为 2、4m。趾板下游设特殊垫层区。过渡区下游侧为上游堆石区，上游坡比 1∶1.5。坝体下游设下游堆石区，其下游坡比 1∶2。下游堆石区 293m 高程以下设堆石排水区。上游堆石区和堆石排水区均采用上水库库尾石料场开采的新鲜或弱、微风化粉砂岩填筑，下游堆石料采用下水库建筑物开挖的强风化粗粒花岗岩料填筑。

（四）方案比选

按上下游堆石区范围和过渡方式不同，拟订四种坝体分区方案（见图 1），前三种分区中交叠混合区根据软硬岩填筑比例又分 A、B、C 三个方案，对大坝进行三维有限元计算，研究坝体静力状态下的应力变形特性。计算范围包括大坝及右库岸边坡，大坝堆石体、趾板、面板、防浪墙等。坝体各区堆石体材料本构模型使用 Duncan-Chang E-B 模型，面板、趾板等混凝土结构采用线弹性模型，面板与堆石体之间的接触面采用接触面单元模型。

分析结果表明，不同方案间应力差异较小，主要差异表现在坝体沉降和面板变形方面。各方案竣工期坝体最大沉降量，方案一最小，方案二和方案四次之，方案三最大。从每一种分区不同混合比方案看，C 方案（上游 75%下游 25%）沉降最小，B 方案（上游 50%下游 50%）次之，A 方案（上游 25%下游 75%）最大，但各方案间差异较小。所有方案竣工期坝体最大沉降值大小排序为：1C＜1B＜1A＜2C＜新方案 4＜2B＜2A＜3C＜3B＜3A，方案间沉降最大差值为 6.7cm。

各方案坝体最大沉降分布位置，方案一最大沉降值距坝轴线最远，方案二次之，方案三最近。除方案 2C 与 2A、2B 差异较大之外，相同分区不同混合区材料方案间差异较小。

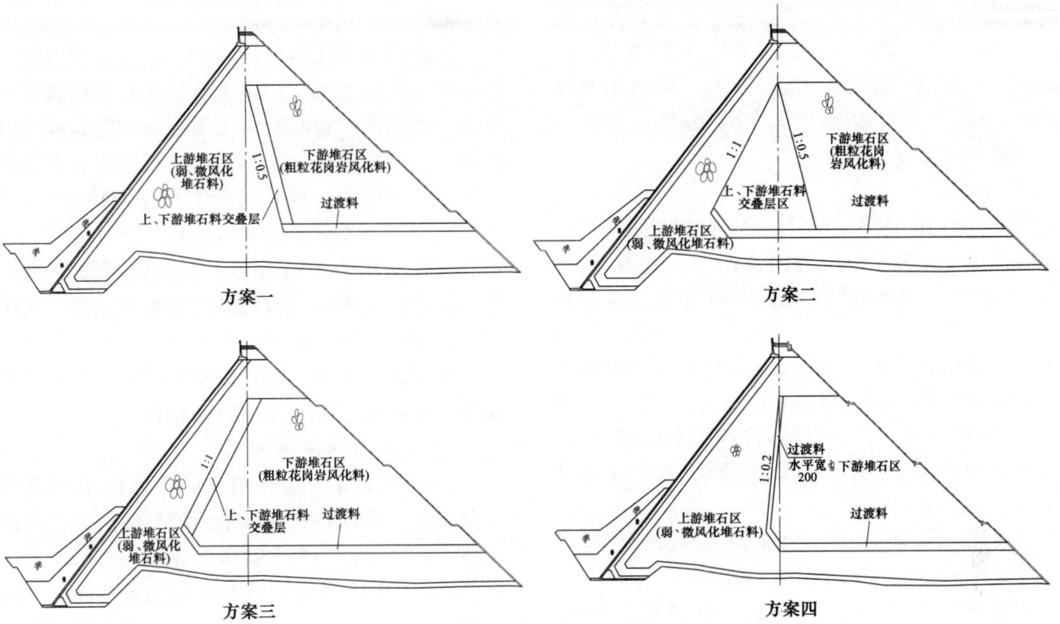

图1　四种坝体分区比选方案

坝料分区会对坝体沉降产生显著影响，随软岩用料范围增大，坝体沉降量逐渐增大，最大沉降位置也逐渐向坝轴线附近靠近。最大沉降点在大坝断面上的水平位置是沉降分布特征的表征点，离坝轴线的距离反映了坝体沉降分布与坝体分区的对应关系。过渡带配合比（各方案的A、B、C）对沉降分布影响较小。4个坝体分区方案最大沉降位置都在坝轴线偏向下游一侧，偏离距离取决于软硬岩分界线离开坝轴线的距离。最大沉降点距坝轴线最近的是方案三，最远的是方案一，方案二和方案四相近，但最大沉降量方案四略小。从面板稳定角度看，最大沉降位置偏向下游越远，沉降分布越有利于面板稳定，意味着软岩断面越小。因此，最佳方案应是在面板可接受的沉降条件下，尽可能地扩大软岩断面面积。

断面上最大沉降点偏向下游对面板协调变形有利，方案三最大沉降点最靠近上游，方案一最靠近下游，方案二、方案四相当。方案一软岩利用最少，方案三软岩利用最多，方案二、方案四相当，方案四施工工艺相对其他方案简单。经综合比较，坝体分区最终选择方案四。

（中国电建集团华东勘测设计研究院有限公司
符晓　徐文仙　郎玲芳　赵瑞存）

下凯富峡水电站碾压混凝土重力坝设计

赞比亚下凯富峡水电站位于赞比西河左岸一级支流凯富河上，电站最高运行水位高程579m，最低运行水位530m，总装机容量750MW（5×150MW）。下凯富峡水库为日调节水库，主要建筑物洪水设计标准为PMF洪水，相应流量7228m³/s。

（一）坝基工程地质及水文地质条件

下凯富峡水电站坝址位于右岸Kesya沟沟口下游约1.2km处，坝址区河谷呈不对称“V”形谷。大坝建基岩体主要为中风化～微新的黑云母片麻岩，岩体强度较高，完整性较好，整体以Ⅲ类为主。

坝址区地下水类型分为第四系洪冲积层孔隙潜水和基岩裂隙水。根据坝址两岸钻孔压水试验资料，左岸相对不透水层埋深较浅，相对不透水层埋深在基岩面下20～30m；右岸相对不透水层埋深在基岩面下20～35m，河床段在基岩面下20m。

坝址区基本运行地震（OBE，500年一遇地震）动峰值加速度为0.18g，最大可信地震（MCE）动峰值加速度为0.25g。

（二）大坝布置

下凯富峡水电站主要建筑物包括大坝（含挡水坝段、表孔溢洪道、生态放水孔坝段）、引水发电系统、厂房及开关站。

挡水大坝为碾压混凝土重力坝，最大坝高130.5m，坝顶长374.5m，坝顶宽8m，坝顶高程581m，正常蓄水位579m，总库容0.83亿m³。

大坝从左岸向右岸依次布置为：左岸非溢流坝段、河床非溢流坝段（门库坝段）、表孔溢洪坝段、生态放水孔坝段和右岸非溢流坝段。

溢洪坝段位于河床中部，溢洪道分3孔，孔口尺寸15m×20m（宽×高）。溢流堰采用WES实用堰，堰顶高程561m，溢流前沿总宽度62m（包括闸墩及溢流堰），中墩宽5m，边墩宽3.5m，分缝位于孔口中心，泄槽两侧设有边墙。

（三）坝体设计

大坝下游坡比1V∶0.75H，上游坝坡为折线。非溢流坝段530m高程以上为铅直面，以下为1V∶0.2H。溢流坝段560m高程以上为铅直面，以下坡比1V∶0.2H。

大坝上游侧沿高度方向共设3层廊道，其中基础灌浆排水廊道1层，底板高程455m，矩形断面，断面尺寸3m×4m（宽×高）；坝体检查排水廊道2层，底板高程分别为494m和539m，矩形断面，断面尺寸3m×3.5m（宽×高）。

大坝采用全断面防渗，除坝顶（579m高程以上）和坝基找平层（451m以下）采用C20常态混凝土外，其余部位均采用准三级配（骨料最大粒径63mm）碾压混凝土。碾压混凝土沿坝高方向分两个区，510m以下为R12碾压混凝土，设计强度12MPa（圆柱体强度），设计龄期365天；510m以上采用R8碾压混凝土，设计强度不低于8MPa（圆柱体强度），设计龄期180天；大坝上、下游坝面采用准三级配变态碾压混凝土，最小厚度0.5m。

（四）设计优化

1. 大坝分区优化 取消大坝上游面二级配富浆碾压混凝土防渗区，大坝采用全断面准三级配碾压混凝土防渗，同一碾压层采用一种级配的碾压混凝土，简化了施工，提高了施工效率。

整个大坝碾压混凝土采用一种配合比，碾压混凝土沿坝高方向分两区，510m以下为R12碾压混凝土，设计强度12MPa（圆柱体强度），设计龄期365天；510m以上采用R8碾压混凝土，设计强度8MPa（圆柱体强度），设计龄期180天。

2. 大坝建基面优化 坝基开挖中，根据揭露岩体质量情况，对大坝建基面进行优化。河床部位大坝建基面抬高了8.5m，两岸大坝建基面也有不同程度抬高。优化后使大坝最大高度减小8.5m，即由原设计的139m减小至130.5m，节省大坝混凝土量17.3万m^3，由原设计143万m^3减少到125.7万m^3。

（中国电建集团西北勘测设计研究院有限公司 张利平）

米岔沟水库工程拦河闸坝设计

（一）枢纽布置

米岔沟水库工程是水源应急工程，主要解决环县东丰灌区供水量不足问题。

米岔沟水库工程枢纽采用全闸型布置方式，主要建筑物为拦河水闸。河道上布置2孔开敞式无底坎宽顶堰式拦河闸，每孔闸采用弧形钢闸门，液压启闭机控制。拦河闸闸室上游端两侧各设一道直立式刺墙嵌入两岸基岩弱分化层，与闸室段共同构成拦河枢纽。为方便调水，左闸墩上布置“U”形引水管，引水管进出口均垂直于水流方向。在左侧闸墩外侧设一阀井，阀井内设流量调节阀控制引水管流量，闸阀井与刺墙、闸室呈整体结构。

管理区设在闸（坝）左岸阶地上，闸墩顶部下游端设板梁式交通桥与右岸公路相连。

（二）拦河闸设计

1. 闸顶高程 水闸闸顶高程由挡水和泄水两种工况确定。水库校核洪水位1255.31m，水库设计洪水位1252.50m，设计最高蓄水位1255.31m。挡水时，闸顶高程＝正常蓄水位＋波浪计算高度＋相应安全超高；泄水时，闸顶高程＝校核洪水位＋相应安全超高。经计算挡水工况闸顶高程1256.26m，泄水工况为1255.71m，最终确定闸顶高程为1256.30m。

2. 闸室布置 为获得较大泄流能力，便于排除漂浮物，选用不设胸墙的开敞式水闸。根据水闸运行方式，为便于排除淤沙，采用无底坎平底板，底板高程与河床底高程齐平。为抵抗地下水对钢筋混凝土的腐蚀，闸底板下层50cm用C25抗硫酸混凝土，表层30cm用C40抗冲耐磨混凝土，其余为普通C25混凝土。

拦河闸孔口须满足30年一遇洪水泄流要求。枢纽布置采用无坎宽顶堰。根据相关公式计算闸孔净宽12.4m。受地形限制，河槽最多布置2孔孔口净宽6.5m，中墩厚2m拦河闸或3孔孔口尺寸4m，中墩厚1.5m的拦河闸。2孔闸泄洪能力大，在校核洪水下3孔闸雍高水位高，超过了最高设计水位，不满足设计要求。根据工程特点，拦河闸长期运行工况仅汛前开闸迎汛，泄洪排沙，后汛期下闸蓄水，无单孔运行工况，故选用2孔闸方案。

闸门形式选取液压弧形闸门及液压平板钢闸门比较，两方案均可取消上部启闭机排架，结构简单，节省投资。蓄水闸要求主控制设备操作灵活可靠，能适应汛期频繁调节开度。为此，采用泄流时边界水力学条件较好，开度调节灵活，所需启闭力相对较小的弧形钢闸门。一门两缸，缸体上端挂在闸墩侧墙上，下端与弧门下主梁连接。2台启闭机用一个液压站，液压站设在流道左岸平台启闭机房，其动力采用双电源给予保证。

拦河闸顶布置有交通桥及液压启闭机室。交通桥桥面净宽4m，两侧设防护栏。液压弧形钢闸门每孔一扇工作闸门，工作闸门为露顶式直支臂弧形闸门。

3. 消能防冲设计　水库工程枢纽运行方式为汛期行洪、排沙，非汛期拦蓄调节供水。供水期由东丰灌区需水量控制，下泄水量小，行洪期过闸水量较大。为保证枢纽安全运行，防止严重冲刷河床，设底流式消能设施。

消力池设计时，选用跃后水深与下游水深差最大值1.85m对应流量116.2m^3/s，作为其深度控制条件，最大流量238m^3/s作为其长度控制条件。经计算，消力池深1.8m，长20m，底板厚70cm，下挖式消能。消力池与闸底板表面以反弧面衔接，底部以1∶4斜坡面连接。池底板上层30cm抗冲耐磨混凝土，底部C25抗酸混凝土，消力池末端设齿墙。

消力池后设海漫，以提高抗冲能力，保证拦河闸主体建筑物的安全。经计算，设计成长21m厚0.6m的铅丝笼海漫。海漫起始段为5m长的水平段，其顶面高程为消力坎以下0.5m，水平段后做成1∶10的斜坡。

防冲槽采用宽浅式，底宽4m，深度2m。下游以坡率为2的斜坡与河床相连。

4. 上下游连接段布置　闸室上游设水平铺盖，顺水流方向长16.5m，厚0.4m，上游趾墙深入基岩0.5m，铺盖高程与闸室底板一致。上游两岸设顶宽为0.3m，背水面坡比为1∶0.2的C25混凝土斜坡式护岸，用锚杆加固，基础底面设置凸榫。护岸顶高程为1256.30m，保护范围自铺盖向上游延伸5m。下游护岸采用背水面坡比为1∶0.5的C25钢筋混凝土斜坡式护岸，护岸顶高程为1252m，保护范围自防冲槽末端向下游延伸5m。

5. 闸基处理　枢纽处河床覆盖层为冲洪积含泥砂碎石层，砂碎石结构松散，偶含粒径较大的块石，覆盖层厚度较薄。闸址段基岩表面差异风化强烈，透水性强，遇水软化、泥化，失水干裂、崩解。开挖至建基面后及时浇筑混凝土覆盖，防止基岩失水干裂后性能降低。在建基面如有裂隙密集带，采用超挖换填处理。闸基处理主要是清除河床砂砾石，下挖0.5m厚基岩表面强风化层，使闸基础置于基岩上；基础上下游均设齿墙，左右岸均设刺墙，齿墙及刺墙均嵌入弱风化层相对不透水的基岩中，控制渗透率均不大于10Lu。

（甘肃省水利水电勘测设计研究院　李晓璐）

灵江大闸枢纽设计

（一）工程概况

椒灵江水资源占台州全市水资源量的70%，台州南片人口密集、经济发达，水资源紧缺。在椒灵江八仙岩建闸，挡潮蓄淡，并通过隧洞向台州引水，可解决水资源紧缺问题。

椒（灵）江是浙江省第三大河，流域面积6603km^2。椒江河口属强潮河口，为不规则半日潮，感潮河段往上延伸至大闸上游27km左右。实测资料显示，流域多年平均输沙量122万t/a，灵江、椒江垂线平均含沙量3kg/m^{3}以上，台州湾海域在0.3kg/m^{3}以下。

灵江大闸枢纽工程闸址选在椒（灵）江干流感潮河段的中上游，属国内首创。

（二）大闸选址

1. 选择原则　主要考虑：尽可能在潮流影响带末端；航道通航船舶500t级，兼顾1000t级海轮，要有较长的顺直河段；避开规划中的高铁、高速公路，少占基本农田；满足枢纽和导流布置，尽量减少对上游水位壅高、防洪、冲刷及下游淤积影响；选择城区段下游。

2. 闸址选择　闸址上游起点在临海城区段以下，下游终点在三江口以上涌泉附近江段。初拟上闸址庙龙港、中闸址八仙岩和下闸址涌泉。经比选八仙岩闸址为灵江大闸闸址。该段河道平顺且宽度适中，左岸滩地面积大，便于有利于工程布置；闸上水库容适中，河道较宽，利于泄洪；可改善钓鱼亭、汛桥片区水环境，带动城市发展；投资优于上、下闸址。

3. 大闸枢纽布置　枢纽建筑物包括大闸、鱼道（生态泄放孔）、船闸、管理区。根据船闸位置和导流方式不同，拟将方案一15孔泄洪闸＋左岸船闸，方案二15孔泄洪闸＋右岸船闸，方案三13孔泄洪闸＋3条分洪隧洞，加以比较。综合比选推荐方案一。

大闸闸址位于钓鱼亭段“几字形”弯道上游钓鱼亭镇。枢纽布置从左岸到右岸分别为左岸连接段土坝、船闸、泄洪闸、生态泄放孔、鱼道，总宽567m，其中船闸宽32m、泄洪闸宽450m、鱼道和生态泄放孔宽14m，左岸连接土坝段71m。泄洪闸设15孔，每孔净宽26m。船闸上闸首与挡潮闸呈一轴线布置，共同构成挡水建筑。船闸尺度：180m×16m×4.0m/6.9m（有效长度×有效宽度×内河500t级门槛水深/1000t级海轮门槛水深）。

施工组织设计采用一次拦断河床围堰，左岸明渠导流方案。受船闸布置于左岸的影响，导流明渠长度需相应增加。工期52个月，工程总投资40.12亿元。

（三）大闸建筑物设计

1. 孔口尺寸　八仙岩闸址原河道宽约400m，大闸设计泄洪总净宽初选390m。采用平板直升门为工作闸门。考虑运行调度灵活性及安全可靠性，对单孔泄洪3个净宽方案进行技术经济比较后，推荐26m

净宽×15孔方案。

2. 底板高程 八仙岩闸址河床部位原始高程−5.3～−4.1m。选择−5.0、−4.5、−4.0m三个底板高程进行比选。在考虑闸下泥沙淤积情况下，三个高程在闸址处水位壅高分别为0.72、0.75、0.77m，水位壅高幅度接近。综合模型试验和投资概算成果，底板顶高程采用略高于河道现状高程的−4.5m。闸址上游河道冲刷计算成果表明：对于闸址直线段河道，其冲淤总体表现为轻微冲刷，说明选择闸底板略高于现状河道高程的−4.5m是合适的。

3. 建筑物耐久性设计 工程主要建筑物为1级，处在强感潮地区，氯离子含量较高。建筑物合理使用年限100年，须保证混凝土及钢筋的耐久性。采用抗侵蚀性水泥和优质掺合料，同时采用特殊的表面涂层，并在混凝土中加入阻锈剂。受力钢筋宜采用环氧树脂层带肋钢筋，预应力筋、锚具及连接器采用专门防护措施，重要钢结构可采取阴极保护措施。

4. 基础处理 大闸基础坐落在20多米厚软基上，透水性差。选用C30钢筋混凝土钻孔灌注桩和C80预应力钢筋混凝土管桩（PHC管桩）进行比较。钻孔灌注桩对淤泥质黏土适应能力较强，整体成桩，抗水平能力较好，推荐采用钻孔灌注桩。

灌注桩桩端深入相对密实的卵石层中两倍桩径长度，平均桩长18.5m，桩径0.8m。每孔闸底板基础设240根钻孔灌注桩，间排距为2.5m。

上游铺盖和下游消力池地基下覆粉砂层实测孔隙比达0.898。为防止产生震动沉陷，采用水泥搅拌桩对闸基桩间土、上游铺盖基础及下游消力池基础进行浅层地基处理。

5. 鱼道设计 灵江大闸枢纽工程设置鱼道以缓解枢纽工程对鱼类的阻隔影响。椒江水系有洄游鱼类14种，过鱼鱼类感应流速约0.2m/s，喜好流速0.3～1.0m/s，极限流速不超过2.0m/s。鱼道设在大闸右侧，远离通航建筑物，避免泥沙淤积，并与河床平顺衔接。

鱼道的结构设计：进出口设渐扩过渡段；鱼道上游取近期正常水位3.5m，下游取多年平均低潮位−1.61m。上下游水位差最大达5.11m，为尽量延长鱼道在一年中的过鱼时间，鱼道进口在保证其流量、流速及水深基础上，尽可能适应闸坝下游的水位变化，将鱼道进口底高程降低布置，设置−1m和−3m高低两个进口，以适应不同水位过鱼要求；为满足鱼道出口水深大于1m的要求，考虑鱼道上游正常水位为3.5m，取鱼道出口高程1.5m。

根据模型试验结果，在各流量下，鱼道流速在允许范围内。

由于鱼道进口流速小，流速影响范围较小，将生态泄放孔布置于鱼道下游入口附近，利用生态水流，作为鱼道进口的诱鱼措施。

（中国电建集团华东勘测设计研究院有限公司
郑永明 欧阳丽 高礼洪 孙来）

积石峡水电站坝下埋管混凝土面板堆石坝关键技术

（一）工程概况

积石峡水电站在左岸坝下埋设引水钢管。电站进水口与面板间设周边缝相接，坝下引水钢管与河床相接部位的张性缝范围，垂直缝间距均为6m。垂直缝从坝顶沿坝坡一直延伸到周边缝，且与坝轴线垂直，不设永久水平缝，面板一次浇筑。面板厚0.30～0.59m，单层双向钢筋。坝下压力钢管直接敷设在岩基上，钢管直径11.5m，外包厚2mC25混凝土。3条钢管放射形布置，长度分别为253.4、250.5、248.7m，钢管上平段掩埋在面板堆石坝中。正常蓄水位含水锤压力在内的作用水头H为105m，HD值达1207.5m^2，属巨型钢管。钢管大部分采用Q345C低合金钢，厚24～30mm，垫层管部位采用国产WDB620C高强钢材，厚30mm。

（二）坝下埋管筑坝关键技术

积石峡水电站混凝土面板堆石坝坝内布置压力管道，需研究如下内容。

1. 坝下埋管结构 坝下埋管采用钢衬钢筋混凝土压力管道，钢管外壁设止水环，与混凝土连接部位设ϕ100mm排水管至渗漏集水井，采取措施防止管内压力水渗漏到坝内。钢管直径1.5m，管内流速5.5m/s。3条压力管道基础共设90根锚索，满足抗滑稳定要求。

埋管平面有限元计算分析中，正常运行工况下，混凝土结构最大环向拉应力只有0.85MPa，钢衬最大Mises应力为7.1MPa，在管顶附近；检修工况，外包混凝土结构在管顶内缘、管腰外缘、管底内缘出现环向拉应力区，拉应力沿径向最大延伸深度分别为1.7、0.4、0.7m，管顶内缘环向拉应力最大为2.14MPa，管腰外缘拉应力最大值为0.50MPa，钢衬最大Mises应力为30.1MPa，在管腰附近，小于允许应力188MPa。

2. 混凝土面板堆石坝 坝下埋管坝段坝高26m，主河床最大坝高103m。埋管坝段填筑料选择硬岩爆破料，坝内渗透压力较小，渗漏水直排下游坝体外，不会产生渗透破坏。主河床坝段填筑共分10个区，坝下埋管段填筑共分7个区。在压力管道和坝体连接周边专门设过渡区，层厚160cm，过渡区和主堆石区

Ⅰ具有反滤作用，万一管道漏水不会引起渗透破坏。左岸台地与河床段坝体建基面有 77m 高差，大坝填筑前对台地边坡和压力管道右侧按不陡于 1∶0.5 比坡进行补坡混凝土处理。坝下埋管与主河床连接的面板缝设三道止水，表层 SR 填料、波纹板、下部 W 铜止水。在适当部位埋设位移计、测缝计和渗压计进行监测。

3. 大坝应力应变分析　清华加载模型静力计算结果表明，河谷坝段与埋管坝段竣工后最大沉陷量分别为 43、8cm，蓄水后最大沉陷 46、10cm，小于坝高 0.5%。坝体水平位移不大，应力水平较小，不会发生剪切破坏。面板顺坡向应力在中上部以压应力为主，最大值 2.5MPa；下部及周边有一定值拉应力，最大 1.7MPa；蓄水期面板最大挠度 14cm；周边缝位移最大值为张开 16mm、沉陷 42mm、错动 10mm，设计值张开 23mm、沉陷 65mm、剪切 24mm，河谷坝段周边缝变位未超出设计标准值，埋管段变位更小。南科院坝体三维有限元动力分析计算结果表明，发生设计和校核地震时，坝下埋管混凝土面板堆石坝下游坡整体稳定。

4. 渗流量和渗透稳定性　清华大学针对混合料筑坝进行三维稳定渗流有限元分析，结果表明，等水头线主要集中大坝上游面附近基岩处，浸润线处于排水体内，主、次堆石区处于浸润线以上，堆石区等水头线很稀疏，渗透坡降很小，堆石体具有良好渗透稳定性。

5. 施工方法　填筑分五期。①填筑河床以下深槽；②压力管道顶部高程以下坝体，全断面均匀上升；③主河床防浪墙以下坝体，压力钢管外包混凝土边缘为界，右侧坝段按 1∶3～1∶5 坡比填筑到防浪墙底高程，留 7 个月沉降期；④压力钢管外包混凝土顶部至防浪墙以下坝体，埋管坝段坝高 26m，其顶部 6m 按薄层静压，其余振动碾压实，至防浪墙底高程，留 5.5 个月沉降期；⑤面板及防渗墙完成后防浪墙底部至坝顶高程最后再填筑 3BⅠ料。

6. 堆石坝预沉降　填筑基本完成后面板施工前，进行坝前浸水预沉降，使大坝蓄水后湿化变形在面板施工前完成。浸水分坝前基坑充水、坝体充水、坝体浸泡、坝体及坝前基坑排水。浸水前坝体沉降随填筑高程升高逐渐增大，最大沉降 33.6cm，最大沉降速率 121mm/月；浸水期最大沉降 12.2cm，最大沉降速率 60mm/月；浸水后面板施工前，最大沉降 1.7cm，最大沉降速率 4mm/月。有限元计算湿化变形最大沉降 8cm，比实测 12.2cm 略小。

（三）监测资料分析

电站运行 9 年来监测成果如下。坝内埋管段 1837m 高程 0～15m 内过渡料内部测点错动 5～20mm，1835m 和 1830m 高程 0～15m 内坝体内部错动分别为 40、24mm。目前测点变形趋稳、变形量小。坝体埋管处周边缝变形均小于 1mm，测值平稳。上游水平周边缝与进水口右侧交点处首次蓄水后各向变形值均在 3mm 内，之后张开和错动变形不变，总体较小。垂直缝测缝计测值都不大，大部分测点变形小于 1mm。下闸蓄水至今，坝内埋管处周边缝后渗压计测值基本为零，周边缝及相应垂直缝止水良好，管道未渗漏。

主河床坝体，蓄水后大坝表面综合水平位移 15～40mm，坝体内部水平位移各高程受蓄水影响不明显，蓄水后最大沉降增幅 38mm；蓄水后，渗压计测点有增大趋势，之后测值稳定；量水堰渗流量 5～8L/s。蓄水后，周边缝变形值 10mm，小于设计标准；垂直缝测缝计测值都不大，大部分变形小于 1mm；靠近河床部位测点呈压缩状态，呈稳定的年周期变化。

（中国电建集团西北勘测设计研究院有限公司
王康柱　张曼曼　陈树联　雷艳
武汉大学　伍鹤皋　清华大学　张建民）

大石峡面板砂砾石坝坝体分区安全性分析

（一）坝体分区设计方案

1. 筑坝材料特性　试验结果表明，料场砂砾料和灰岩料均有高压缩模量和低压缩特性，砂砾料压缩模量明显高于灰岩料，灰岩料抗剪强度高于砂砾料，渗透性也好于砂砾料。砂砾料置于坝体上游和中间有利于超高坝变形控制，堆石料设在坝顶和下游坝坡能提高抗滑稳定性。

2. 坝体分区设计　拟订三种方案对混凝土面板砂砾石坝分区进行研究。

（1）方案一：上游为砂砾料区、下游为灰岩堆石区，即上游防渗补强区、防渗面板、垫层区、特殊垫层区、排水料区、主砂砾石区、下游堆石料区、下游块石护坡。排水区分竖向和水平排水，水平排水上游与竖向排水连接，下游延伸到下游堆石区。

（2）方案二：在坝体上游坝坡附近设堆石区，并放陡上游坡比，形成方案二。其与方案一区别：将 L 形排水体上游、底部和顶部由砂填筑砾石改为填筑块石体，取消 L 形排水分区；上游坝坡坡比由 1∶1.60 调整为 1∶1.55；垫层下部增设水平宽度 5m 的过渡料区。

（3）方案三：排水体上游 1590m 高程以下仍采用砂砾料，但从 S4 料场优选渗透性较强砂砾料填筑；

1590m以上直至坝顶采用透水强堆石料填筑，上游坝坡坡比确定为1：1.60。

3. 分区方案坝体变形和渗流控制条件分析

（1）方案一砂砾料占坝体总填筑量70%，堆石料约占20%。利用开挖料，采用压缩模量大、抗变形能力强砂砾料作为堆石体主体，坝体变形控制条件较好。砂砾石设在上游坝壳，堆石料在下游坝壳，坝体变形和防渗结构变形较小。砂砾料级配不均一、渗透性弱，故在砂砾石体内设竖向和水平排水区，将渗水排至坝外，保持砂砾石主体处于干燥状态。

（2）方案二砂砾料占坝体总填筑量50%，堆石料约占40%，用渗透性强的堆石料设在上游迎水面和底部排水通道上，将渗水快速排至坝外，保持大坝主体处于干燥状态，渗流控制安全条件较好。但堆石靠近面板布置其压缩模量小于砂砾料，防渗结构变形略大。

（3）方案三砂砾料占坝体总填筑量60%，堆石料约占20%，上游坝坡死水位以下为砂砾料，死水位以上为堆石料，加强了死水位以上水位变幅区的透水性，使其坝体在各种运行工况包括极端情况下处于干燥状态，死水位以下坝体也能保持干燥状态。上游坝坡死水位下采用压缩模量大、抗变形能力强的砂砾料，防渗结构变形相对于方案二将有所改善。

三种分区方案均可行，方案三坝体变形和渗流控制的综合安全性能略优。

（二）坝体稳定变形安全性分析及评价

1. 坝坡稳定计算及评价　三种方案在各工况下坝坡抗滑稳定安全系数均大于规范要求的安全系数允许值，不会发生失稳破坏且有一定安全储备。

坝坡抗滑稳定计算成果表明，灰岩堆石料静动抗剪强度参数均大于砂砾料，且方案二和方案三坝顶附近堆石料分布范围基本相同，故其上下游坝坡的抗滑安全系数基本相同，且都大于方案一，也即坝顶一定范围采用堆石料的面板坝其抗滑稳定安全性要高于方案一。

2. 大坝变形性状安全性分析及评价　三维有限元计算结果表明，三个方案坝体总沉降量分别为116.3、116.8、116.5cm，约占最大坝高0.47%；考虑流变后各方案坝体总沉降量分别为144.6、146.7、145.8cm，沉降变形增大，约占最大坝高0.59%。三种方案坝体沉降变形基本相当，均小于经验控制沉降率1%，且变形分布也符合规律。

三个方案面板挠度分别为37.1、49.6、41.6cm，考虑流变后面板挠度分别为78.9、92.7、87.0cm，极值基本位于1/2坝高以下。方案一上游坝壳均为砂砾料面板挠度最小，方案二坝壳为堆石料，挠度最大，方案三坝壳顶上部为堆石料、下部砂砾料，挠度介于两方案间。

岸坡地形及低部位作用水头较大，周边缝变位极值发生在右岸古河槽以下低高程位置，在1/2坝高以下。方案一、三上游坝壳靠近面板1/2坝高以下为砂砾料，方案二上游坝壳靠近面板均为堆石料，故方案一、三周边缝接缝变形基本相当（方案一略小），方案二接缝变形较大。经分析各分区方案接缝变位均能适应目前止水结构的变形要求。

（三）坝体渗流变形稳定安全性评价及分析

对各方案进行三维渗流分析，计算工况包括稳定渗流、面板局部破损和垫层直接挡水，从防渗系统水头削减、坝体渗流量、各分区渗透坡降等对比分析各坝型的渗流安全性。

1. 渗控措施有效性分析　国内外面板坝渗漏量统计平均值为65.7L/s，大石峡面板坝三个方案正常情况下渗漏量分别为70.3、75.0、73.7L/s，表明渗流控制措施合理可行。

方案一竖向排水分区宽度小、排水能力受限，渗流量最小。方案二上游坝壳均为堆石料，排水能力最强渗流量最大。方案三死水位以上排水体为堆石料、以下为竖向排水体，排水能力介于方案一、二间。上游渗流水排出坝体速度的排序为方案二、三、一。

2. 渗透稳定性评价　计算结果表明，在渗控措施有效及周边缝止水失效情况下，三个方案渗透坡降和出逸坡降均小于允许坡降，大坝渗透稳定性满足要求。

方案一、三对控制渗流量、垫层渗透坡降有利，方案二、三对控制被保护主堆砂砾料渗透坡降有利。为减小坝体渗流量，减小第二道防渗线垫层料、被保护主堆砂砾料和下游坝坡的渗透（出逸）坡降，方案三防渗、排水综合效果最优。

（四）坝体抗震安全性分析及评价

进行三种方案地震动力计算，计算成果如下：

（1）大坝动力反应随高程增加反应增大，4/5坝高以上坝体动力反应较大。三种分区坝高相同，故坝顶动力反应基本相当。设计地震坝轴线加速度放大倍数2.31～2.33，顺河向加速度放大倍数2.63～2.91，垂向加速度放大倍数2.57～2.88。因砂砾料相较堆石料有较高的动模量、较小的阻尼比，故方案一动力反应最强烈，方案二、三略小且基本相当。

（2）砂砾料残余变形参数低于堆石料，故坝体中部砂砾石多的残余变形小、堆石料厚度大的残余变形必然大。3个方案地震残余变形分别为89.3、99.2、94.1cm。方案二比方案一大11%，比方案三大5.4%。灰岩堆石料完全包裹砂砾料的方案二使上游坝体地震残余变形最大，该变形方式对上游防渗体系应力变形影响较大，而上游坝壳顶部是堆石、底部是砂砾料的方案三的坝体地震残余变形有所改善，方案一残余变形最小。

(3) 设计地震作用引起的面板增量挠度与坝体分区关系密切。方案二为灰岩堆石料完全包裹砂砾料，面板增量挠度最大，达97.7cm。方案一上游坝壳全部为砂砾料，面板增量挠度最小，为87.9cm。方案三上游坝壳上部为堆石料、下部为砂砾料，计算值介于方案一、二间，为92.7cm，比方案二有很好的改善。

(4) 地震作用下面板接缝位移大小与坝体残余变形大小正相关，设计地震作用下三个方案周边缝剪切位移分别为46.7、49.0、47.8mm。灰岩堆石料完全包裹砂砾料的方案二接缝位移最大，上游坝壳全为砂砾料的方案一接缝位移最小，上游坝壳顶部是堆石、底部是砂砾料的方案三介于其中。各方案周边缝接缝各向位移均能适应目前止水结构变形要求。

（中国电建集团西北勘测设计研究院有限公司
李学强 苗喆
西安理工大学岩土工程研究所 邓成进）

楼庄子水库坝料设计

楼庄子水库大坝为黏土心墙坝，坝断面以黏土心墙防渗体为中心，布置有上下游反滤料、坝壳砂砾料区、下游排水料区。

（一）黏土心墙料设计

1. 三个土料场　T1、T2土料的黏粒含量均大于20%，塑性指数均大于10，满足规范要求，物理力学性能较好，运距偏远。T3土料黏粒含量偏低，为11.5%～23%，塑性指数偏低，平均值8.2，适应变形的能稍差，对抗冲蚀及抗裂不利，运距较近。T3土料场位于坝址左岸阶地上，采用土料后，可减少施工弃渣量。

2. 土料方案及坝体结构　方案一心墙土料全坝段选择T1、T2，心墙边坡为1∶0.25，两侧反滤层宽3m，坡度1∶0.25。心墙防渗土料选自T1、T2料场的土料，反滤料由C2料场人工破碎制备，最大粒径20mm，小于0.075mm的含量不大于5%。相对密度$D_r \geqslant 0.85$。

方案二土料选择T1、T2、T3。坝段0+400.00～0+500.00用T3土料填筑，心墙边坡1∶0.35。两侧反滤层宽3m，填筑坡度1∶0.35。上、下游过渡层水平宽度3m，过渡层填筑坡度1∶0.35。其余坝段用T1、T2料，坝体断面设计同方案一。反滤料C2料场人工破碎制备，最大粒径20mm，小于0.075mm含量不大于5%，相对密度$D_r \geqslant 0.85$。过渡层C1料场筛除80mm以上粒径砂砾料获得，并水洗一次，小于0.075mm含量不大于5%，相对密度$D_r \geqslant 0.85$。

针对方案一、方案二，考虑坝壳料的不均匀性，也为了加强下游坝体的排水，故在1330.0m高程以下设排水料区，采用C1料场砂砾料，平均渗透系数1.7×10^{-2}cm/s，为强透水材料。同时在坝体下游坡脚设置棱体排水。

3. 比选结果　两方案土料场储量均满足坝体填筑需要。方案二选择T3土料时，为增加抗变形及抗冲蚀能力，需放缓心墙上下游坡度及加强心墙上下游保护。方案二坝基土石方开挖量、心墙土料、反滤料、过渡料用量较方案一大，坝体填筑量较方案一小，减少弃渣量；方案一坝体直接投资较方案二少186.95万元。故黏土心墙土料用T1、T2土料场。

4. 土料设计干密度　根据土料场试验结果，按公式计算得到T1、T2土料场的土料设计干密度为1.81g/cm^3。依据以往工程经验及现场碾压试验结果，该设计干密度偏低。

5. 土料填筑含水量　黏土最优填筑含水量通常控制在−2%～3%。

T1料场黏土料的平均最优含水量13.37%。土料的填筑含水量为11.37%～16.37%。

T2料场黏土料的平均最优含水量13.75%。土料的填筑含水量为11.75%～16.75%。

初拟心墙黏土料每层铺厚0.3m，22t振动碾碾8遍。最终心墙黏土料的设计压实干密度和设计填筑含水量等指标通过专门的碾压试验进行校核，并确定碾压参数。

（二）坝壳砂砾石料设计

1. 料场选择　初设阶段选定坝壳砂砾料场有C1、C2、C3、C1位于坝址上游左岸1～2km的四级阶地上，为冲洪积砂砾石层，勘探深度内无地下水。储量475m^3，料场蛮石（>150mm）占9.20%，砾石（5～150mm）占64.82%，砂粒（<5mm）占25.98%，以砾石为主，不均匀系数$C_u = 64.56$，曲率系数$C_c = 2.51$，有效粒径为0.50mm，天然密度2.14g/cm^3，紧密密度2.24g/cm^3，含泥量3.7%。受X125改道影响占压105×10^4 m^3，可利用量约370×10^4 m^3，卵砾石磨圆度较好，最大可见粒径350mm。

C2料场距坝址3～4km的三级阶地上，为冲洪积砂砾石层，储量丰富，勘探深度内无地下水。蛮石占6.78%，砾石占60.24%，砂粒占32.98%，以砾石为主，不均匀系数$C_u = 75.96$，曲率系数$C_c = 2.86$，有效粒径0.25mm，天然密度2.10g/cm^3，紧密密度2.26g/cm^3，含泥量为7.3%。该料场可利用量500万m^3。卵砾石磨圆度较好，最大可见粒径 350mm。

C3 填筑料场（兼混凝土骨料场）位于坝址上下游 2km 河床内，平均开采深度 3.5m 左右，高程 1295～1358m。蛮石占 11.80%，砾石占 67.80%，砂粒占 20.40%，以砾石为主，不均匀系数 C_u = 76.50，曲率系数 C_c = 3.60，有效粒径 0.63mm，天然密度 2.16g/cm³，紧密密度 2.26g/cm³，含泥量 0.8%。该料场填筑砂砾石可利用量 80 万 m³。

试验资料表明，3 个料场颗粒级配良好，均可作为砂砾料填筑。

2. 砂砾石设计干密度　经室内试验和计算，坝壳砂砾料的设计干密度分别为：采用 C1 砂砾料为 2.18g/cm³，采用 C2 砂砾料 2.16g/cm³，采用 C3 砂砾料 2.18g/cm³。

依据以往工程经验及现场碾压试验结果，室内砂砾石料设计干密度偏低。初步拟订坝壳砂砾石料每层铺土厚度 0.8m，26t 振动碾碾压 8 遍。坝壳砂砾石的设计压实干密度等指标通过专门的碾压试验进行校核，并确定碾压参数。

（新疆水利水电勘测设计研究院　张军）

大石峡天然砂砾石料碾压试验研究

（一）工程概况

大石峡水利枢纽工程混凝土面板砂砾石坝最大坝高 247m，坝顶长度 584m。大坝上游坝坡 1∶1.6，下游综合坡比 1∶1.76。面板坝筑坝料以天然砂砾石料为主，其次块石料和建筑物开挖料，总填筑量 2198 万 m³，其中砂砾石料量 1296 万 m³，堆石量 755 万 m³。

大石峡面板坝坝高较水布垭面板坝超出 14m，是目前国内外在建最高的面板坝。大石峡面板坝的关键问题是坝体变形控制，包括筑坝料适用性、压实标准、施工工艺。

（二）碾压试验方法及布置

通过试验，对压实机械、加水量、铺料厚及碾压遍数的比选，获得碾压参数及工艺。试验场地和取料点在 S3 料场中心区，场地面积 2700m²，试验单元尺寸 6m×10m。质量检测用“挖坑法”，项目有含水率、干密度、颗粒分析、原位渗透试验，每单元设 6 个检测点。

试验料取料时清除表部 1m 覆盖层，取料深 1.0～2.5m。根据碾压后试验料颗分试验获得的级配曲线，试验料级配均在设计包线范围内，取样点砂砾石料的级配具有足够代表性。

砂砾石料碾压试验流程：试验场地基础处理→试验单元布置及测量放线→上料、铺料、整平→测量虚铺厚度→洒水→碾压→测量压实厚度，计算沉降量→试坑取样试验→结果分析→绘制成果图表→初步确定施工参数→校核试验。

（三）碾压试验

1. 压实机械比选　采用中大 YZ 32t 和 YZ 36t 自行式振动碾，铺料厚度 85cm、洒水 10%、碾压遍数 8、10 遍，进行压实机械比选，共 4 个单元。两种振动碾的振动频率、振幅、行走速度相同，YZ36、YZ32 激振力分别为 800、680kN，YZ36 激振力多 15%、自重多 12%。两种振动碾最大累计沉降量分别为 5.1、4.6cm，36t 碾累计沉降量大于 32t 碾。32t 碾碾压 8、10 遍平均干密度为 2.37、相对密度分别为 0.94、0.96；36t 碾压 8、10 遍平均干密度 2.37、2.40g/cm³，平均相对密度为 0.96、0.98。36t 振动碾碾压 8 遍渗透系数为 2.7×10^{-3}～4.2×10^{-3}，碾压 10 遍为 2.9×10^{-3}～4.1×10^{-3}；32t 振动碾碾压 8 遍渗透系数为 2.4×10^{-3}～3.8×10^{-3}，碾压 10 遍为 3.3×10^{-2}～4.6×10^{-3}。从沉降量等参数比选结果，36t 碾压实效果优于 32t 碾，推荐 YZ36 自行式振动碾。

2. 加水量比选　用 32t 振动碾，加水量 10%、12%，虚铺厚度 65cm，碾压 8、10、12、14 遍，在 8 个单元进行砂砾石料加水量比选。随碾压遍数增加沉降量增加，沉降差逐渐减小，加水量 10%、12%最大累计沉降量分别为 5.1、4.99cm，加水量 10%最大累计沉降量大于 12%。加水量 10%，碾压 8、10、12、14 遍各单元平均相对密度分别为 0.92、0.93、0.94、0.93，平均干密度 2.36、2.38、2.39、2.36 g/m³；加水量 12%相对密度分别为 0.91、0.92、0.93、0.92，平均干密度 2.38、2.35、2.35、2.38g/m³。加水量 10%和 12%碾压后各单元平均渗透系数变化不大，加水量 10%渗透系数 3.6×10^{-3}～4.7×10^{-3}；加水量 12%渗透系数 3.6×10^{-3}～5.1×10^{-3}。两种加水量，随碾压遍数增加各单元测点沉降量增大，加水量 10%沉降量略大于 12%的沉降量；相对密度总体随碾压遍数增加而增加，且加水量 10%的相对密度大于 12%相对密度。各测点干密度和渗透系数变化不明显。碾压试验推荐 10%加水量。

试验加水用水车在仓面直接洒水，在保证流量前提下控制加水时间，并由专人均匀洒水 3～4 遍。第一遍加水后表面的水会很快下渗，以后几遍料层表面有积水，需等待 2～3h 才下渗。这是由于砂砾石料 5mm 以下颗粒含量 30%左右，0.075mm 颗粒含量 2%～10%，透水性差造成的。为此，建议分别在砂砾石料场、运输中、铺料后，分 2～3 次加水。

3. 铺料厚度比选　虚铺厚度 65、85cm，36t 振动碾，加水10%，碾压8、10、12、14遍，在8个单元进行铺料厚度比选。随碾压遍数增加累计沉降量增加、沉降差减小，最大沉降量5.8cm，虚铺厚65、85cm碾压12遍、14遍时沉降基本无变化，说明第12遍后压实效果不明显。两种虚铺厚度各单元碾压12遍时相对密度达最大为0.96～0.97，14遍时0.96不再增加，略有减小；两种虚铺厚度碾压8遍时各单元测点相对密度均大于0.9，单元平均相对密度为0.93（干密度2.37g/m^3）、0.95（干密度2.38g/m^3）。铺料厚65cm碾压12遍干密度2.41g/m^3，铺料厚85cm碾压10遍干密度2.39 g/m^3，前者压实效果好。比选试验共进行26组渗透试验。每个单元3组，其中9组测试深度为铺料厚度的1/2深度处，渗透系数$1.2\times10^{-2}\sim6.8\times10^{-3}$cm/s内。2组表面检测，渗透系数$4.4\times10^{-3}$、$4.4\times10^{-3}$cm/s。虚铺厚65cm渗透系数$2.9\times10^{-3}\sim5.6\times10^{-3}$cm/s，其中一组偏大为$1.2\times10^{-2}$cm/s；虚铺厚85cm渗透系数$2.3\times10^{-3}\sim6.8\times10^{-3}$cm/s。总体看渗透系数在$10^{-3}$量级内，铺料厚度对渗透系数影响不大。从铺料厚度比选成果看，选择铺料厚度80cm（虚铺厚度85cm）。

4. 压实标准及碾压参数　通过前述几个参数的比选，且考虑大石峡面板堆石坝坝高为247m，为控制坝体变形，确定砂砾石料的压实标准相对密度$D_r\geqslant0.92$，压实参数：36t振动碾、加水量10%、铺料厚度85cm、碾压10遍为施工控制参数。然后进行了1个单元的复核试验，检测结果为相对密度$D_r=0.95\sim0.98$，干密度2.36～2.42g/cm^3，渗透系数$1.2\times10^{-2}\sim9.0\times10^{-3}$cm/s，满足相对密度$D_r$大于0.92的控制标准。

（新疆大石峡水利枢纽工程建设管理局　何伟
中国电建集团西北勘测设计研究院有限公司
翟迎春　邓成进）

高混凝土面板堆石坝河谷中部面板压性破坏

21世纪以来，国内外已建的几座高混凝土面板坝河谷中部面板相继出现了压性破坏，笔者结合自己的工作实践，对此进行了思考和探讨。

（一）河谷中部面板产生压性破坏的原因

1. 产生的原因　数值计算结果与工程实践都可证实，无论坝体高低，河谷宽阔或狭窄，堆石体沿坝轴线方向，由两岸向河谷中部或由高高程向低高程移动，形成河谷中部的强压性变形区和靠近两岸的弱压性变形区。即两岸堆石体存在压应力降低区域，这些区域的大小随填筑过程和蓄水过程变化，直至最终达到稳定状态。但河谷中部的强压性变形区和两岸弱压性变形区的分布特征不会改变。这是由堆石体材料即散粒体材料的特性和河谷形状共同作用决定的。

与之对应，面板在堆石体拖曳作用下，由两岸向河谷中部移动。只要堆石体向河谷中部的移动持续，面板向河谷中部的移动就不会停止。面板变形则表现为河谷中部压性区和两岸张性区。

在河谷中部，当相向移动的面板位移受到彼此阻碍，面板混凝土就会产生压应变和压应力，一旦两者超过了混凝土材料的承载能力，就产生面板的压性破坏。

坝顶防浪墙的位移发生机理及其分布特征与面板类似。通过观测坝顶防浪墙的位移可以大致了解面板的位移情况。

2. 主导因素——压应变和压应力　宏观上知道了河谷中部面板产生压性破坏的原因，但未找到有效解决方案。中低面板堆石坝很少发生河谷中部面板压性破坏。并非不存在挤压，只因面板混凝土的压缩变形未达到产生压性破坏的程度。

进而分析可知，随坝体高度增加，堆石体变形和河谷中部面板混凝土压缩变形随之增加。在某一高度上，无论面板垂直缝间距、厚度和混凝土强度多大，只要堆石体变形足够大，在不采取有效措施的条件下，面板混凝土的压缩变形必将达到其极限值，即混凝土达到其极限压应变的状态。因此，要解决河谷中部面板的压性破坏问题，混凝土压应变是设计者需要考虑的首要因素。其次，也应当认识到，即便河谷中部面板混凝土的压缩变形没有达到极限状态，其压应力也可能超过抗压强度导致压性破坏的发生。这与面板的厚度和混凝土的强度直接相关。

（二）防止河谷中部面板压性破坏的设计措施

笔者建议采用的方法如下：在河谷中部一定范围内的面板中设宽缝（见图1），其范围及宽度取决于具体项目，目的是吸收堆石体沿坝轴线方向的变形。

理论上如宽缝适宜，吸收了大部分变形，使混凝土压应变降至低水平，河谷中部面板压性破坏基本解决。实践中，受多种因素影响，准确预测堆石体变形及面板变形和应力很困难，因而宽缝范围、特别是缝宽取值无法完全对应堆石体和面板变形的实际状态。这个单一措施不能完全防止压性破坏的发生。

为此在面板混凝土压应变得到控制下，仍需避免面板混凝土压应力大于材料设计允许值，这与面板厚度和混凝土强度有关，对应的措施是增加混凝土面板厚度或提高混凝土强度或二者兼之，同时在接缝处增加抗挤压钢筋。

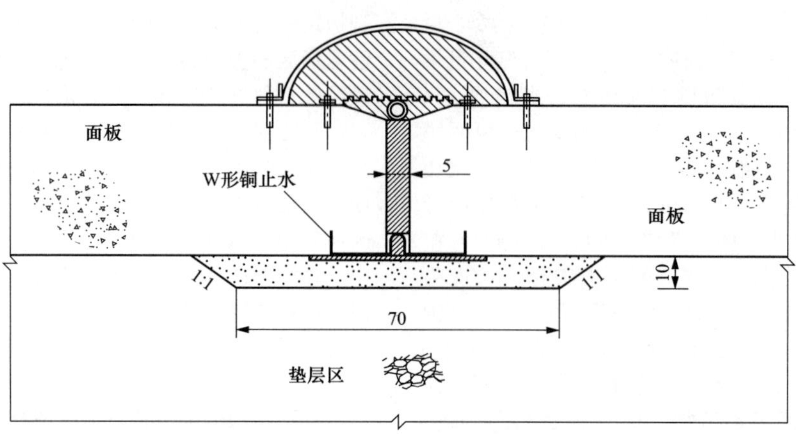

图1 在建高混凝土面板坝河谷中部面板宽缝（坝高210m）（单位：cm）

（三）与河谷中部面板压性破坏相关的几个问题

1. 设置宽缝的影响 周边缝位移和垂直缝位移取决于堆石体变形。不是设置宽缝对周边缝位移及垂直缝位移产生了影响，而是这些接缝位移都是面板位移的结果，本质上都是由堆石体变形所决定的。

2. 河谷宽窄与堆石体变形 堆石体变形机理取决于材料特性，不会因河谷形状不同而改变。相对于宽河谷高面板堆石坝，建在窄河谷的高面板堆石坝在河谷中部面板设置宽缝的必要性更明显。

3. 两岸坝肩设特殊垫层区或高模量区 其结果是减少了两岸坝肩局部堆石体变形，可减少面板轴向位移和压应力。但难以解决河谷中部面板的压性破坏。

4. 提高堆石体压实度的局限性 对硬岩堆石料来说，碾压密实度达到某一数值后就不再增长。提高堆石体压实度是减少变形最可靠的措施，但堆石体压实度是有最高限值的，因而避免河谷中部面板产生压性破坏，也存在着不确定性。

毋庸讳言，当面板堆石坝向更高方向发展时，由于堆石体变形更大，河谷中部面板的压性破坏问题会更加突出。

（中国电建集团西北勘测设计研究院有限公司
范建朋）

下凯富峡水电站碾压混凝土重力坝温控设计

（一）工程概况

赞比亚下凯富峡水电站挡水建筑物为碾压混凝土重力坝，泄洪建筑物设在主河床，最大坝高130.5m，坝基最大底宽125.1m。碾压混凝土施工时，控制最大仓面面积8000m^2，坝基混凝土458m高程以下自卸汽车直接入仓，458m以上用皮带机入仓。电站处于非洲炎热地区，坝址区年平均气温24.4℃，最低月平均气温19.6℃，年蒸发量2140mm，坝区平均气温高、气候炎热干燥、蒸发量大，对碾压混凝土大仓面施工温控防裂不利。

（二）仿真计算

选取溢流坝段作为仿真计算模型。根据工程区附近气象站观测资料及工程开工后实测一年的气象资料，拟合出用于仿真计算的坝址区气温，天然河水温度采用开工一年内实测水温值。仿真计算采用气象要素成果见表1。

表1 气象要素统计成果 ℃

月份	1月	2月	3月	4月	5月	6月	7月	8月	9月	10月	11月	12月	年平均
水温	24.2	22.8	22.5	23.5	20.3	17.8	15.5	16.8	22.7	25.9	24.8	25.1	21.8
气温	26.0	25.7	25.3	24.1	21.7	19.7	19.6	22.1	25.7	28.1	27.6	26.4	24.4

1. 温控标准 根据仿真计算成果，设计允许坝体基础约束区温差控制在15℃以内，非约束区混凝土内外温差按20℃控制；入仓温度小于23℃，控制基础强约束区混凝土最高温度小于40℃，弱约束区混凝土最高温度小于42℃，非约束区混凝土最高温度小于45℃。

2. 坝体稳定温度场计算 以溢流坝段基本体形为计算模型，考虑运行期库水温、气温、地温变化，采用三维有限元程序计算溢流坝段的稳定温度场。

由计算结果可知，大坝基础约束区混凝土稳定温度在 22.5～26.5℃间变化，内部平均稳定温度 24.5℃；非约束区混凝土稳定温度在 23.5～27℃间变化，内部平均稳定温度 25℃。

3. 坝体施工期温度场及温度应力计算　根据现场实际施工安排，选取三个方案对河床溢流坝段施工期进行温度场仿真计算。

计算结果表明：方案 1 为河床坝段 6 月开浇时，采用短间歇薄层连续浇筑，浇筑层厚 3.0m，间歇 7～10 天，控制浇筑温度不大于 23℃。6 月环境温度较低，不采取一期通水冷却措施，强约束区最高温度为 39.4℃，弱约束区最高温度小于 41.2℃，约束区最大应力 1.003MPa，基本满足设计要求（允许应力 $\sigma=1.02$MPa）。

方案 2 为河床坝段 6 月开浇，但 9 月至次年 4 月高温季节采取天然河水进行一期冷却。其混凝土最高温度为 39.4℃，约束区大应力 0.96MPa，约束区和非约束区混凝土最高温度和最大应力均满足设计要求。

方案 3 为大坝碾压铺料厚度 30cm 一层连续上升，最大上升高度控制 10m 左右，不采取一期埋设冷却水管措施时，强约束区最高温度 42.6℃，弱约束及非约束区最高温度 42.8℃，约束区最大应力为 1.28MPa，不满足允许应力要求，因此需要埋设冷却水管，采取一期通水冷却措施。

（三）温控措施及监测成果分析

根据坝体施工期温度场及应力仿真分析，考虑冷却水管敷设对碾压混凝土大仓面快速施工影响较大，因此取消一期冷却措施。下凯富峡水电站大坝浇筑实际采取加冷水、加冰屑配合风冷骨料等措施降低混凝土出机口温度，并在混凝土运输过程中采取遮阳防晒措施减少温度回升，仓面采用喷雾降低环境温度，仓面保温保湿减少外界气温倒灌等措施降低入仓浇筑温度。

电站溢流坝段共布置温度计 27 个，其中强约束区 11 个，弱约束区 9 个，非约束区 7 个，施工期对各个监测设备数据进行收集。实测资料表明，混凝土浇筑后坝体强约束区最高温度为 41.1℃，弱约束区坝体最高温度 41.2℃，非约束区坝体最高温度 41.2℃，坝体强约束区最高温度略高设计允许最高温度 1.1℃，目前施工质量良好。

（中国电建集团西北勘测设计研究院有限公司
张利平　朱颖儒　石昊　屈洁）

茨哈峡水电站砂砾石筑坝料水平渗透变形特性试验研究

拟建的世界最高的茨哈峡混凝土面板坝坝高 257.5m，采用天然砂砾石料筑坝。

（一）渗透变形试验

1. 试验设备　渗透变形试验采用茨哈峡水电站填筑料设计级配平均级配，试验采用西北勘测设计研究院有限公司自主研制的高水头原级配大型渗透仪。试验主要性能参数：恒压水源控制系统在 0～300m 试验水头连续调频稳压供给，最大供水量 $42m^3/h$；水头压力测量采集系统使用压力传感器，测压断面多通道压力自动实时采集，精度±0.25%F.S；流量测量采集系统按流量分梯度自动测量，小流量用液位计测量，大流量用电磁流量计测量；组合式渗透仪，箱体为矩形断面，有效截面尺寸为 1m×1m，首节箱体设两套进水口及排气装置，单节试样段长 2m，设备垂直安装可进行垂直渗透试验，箱体可承受分级施加的最大水头为 300m 的水压荷载。试验段箱体两侧各设置水压观测接口孔，试样段箱体可根据试验要求长度进行组合，然后用法兰紧密相连。

2. 试验方案　对三种设计级配曲线平均级配填筑料进行原级配填筑料渗透变形试验。制样标准：垫层料干密度 $2.32g/cm^3$，相对密度 $D_r=0.95$；过渡料干密度 $2.36g/cm^3$，相对密度 $D_r=0.95$；上游堆石区料干密度 $2.36g/cm^3$，相对密度 $D_r=0.92$。茨哈峡水电站原级配填筑料 D_{85} 最大粒径均小于 250mm，故 1m×1m 组合式渗透仪满足规程中渗透特性试验要求。

水平渗透变形试验渗流方向平行于制样分层面，试验时渗透仪箱体水平放置，透水板垂直于水平面，前后透水板直接接触试样，渗流出水口略高于试样顶面。透水板开孔率为 18%，孔径 1cm。分别对三种填筑料的水平渗透变形试验现象及试验数据进行分析研究。

水平渗透变形试验对试样各测压断面两侧分别安装测压传感器。除 23 号传感器外其余相邻传感器间试样渗径为 25cm，其中 20～23 号间渗径 35cm，23 号传感器距出水口透水板 3cm，水平渗透变形试样长 2m。填筑料水平渗透变形试验可测量的有效渗径长 1.85m。

3. 试验方法　渗透变形试验在执行试验规程的基础上做了优化改进：箱体内壁表面涂抹聚脲涂层；表面振动器选用可变频振动电机，夯板为 0.5m×0.5m 厚 2.5cm 方形钢板；试样内部水压采用延伸测管将水头压力传感器测点伸入试样内部测试。

（二）渗透变形试验成果分析

试验中渗透变形破坏的鉴定以 $\lg i\sim\lg v$ 曲线为主，并结合试验中观测的现象，确定临界坡降 i_k、破坏坡降 i_F 等。试验过程中各测压传感器读数值分析表明，同一测压断面不同传感器读数十分接近，故

2、5、8、11、14、17、20、23号传感器读数作为试验水头观测数据，6、12、15、18、21、24号传感器读数为辅助观测数据。

三种填筑料水平渗透变形试验成果分别选取2～17号和2～23号测压断面试样段的数据绘制 $\lg i \sim \lg v$ 关系曲线。分析可知，三种试样 $\lg i \sim \lg v$ 关系曲线演变规律基本一致。水平渗透变形试验成果为：垫层料渗透系数 2.91×10^{-3}cm/s，临界坡降1.58，破坏坡降9.95、过渡料渗透系数 8.88×10^{-3}cm/s，临界坡降0.95，破坏坡降13.10、上游堆石区料渗透系数 2.41×10^{-2}cm/s，临界坡降0.41，破坏坡降14.65。

选取2～17号传感器间的试样段进行渗透特性分析，试样渗径长1.25m，下游段17号传感器距出口刚性透水板约60cm。从该试样段水平渗透变形试验 $\lg i \sim \lg v$ 曲线分析可知，随试验水头的提升，2～17号间试样段承受的坡降不断增大。当试验水头提高至一定值后，2～17号试样段水头损失逐步降低，坡降值迅速变小，$\lg i \sim \lg v$ 曲线明显转折。继续提升试验水头，2～17号间试样段水头损失趋于零，表明2～17号传感器之间试样段逐步贯通。

选取2～23号传感器间试样段进行渗透特性分析，23号传感器贴近刚性透水板。随试验水头提升，2～20号试样段逐步贯通，而23号传感器始终保持出水口自由液面高度的水头值，使20～23号测压断面试样段水头差不断增大，其坡降值不断升高。此时渗透出流量无明显增大，出水口水色浑浊，呈泥水色。水平渗透变形试验 $\lg i \sim \lg v$ 关系曲线中表现为向左偏移折线上升的形态，$\lg i \sim \lg v$ 关系曲线斜率不断增大，其渗透系数逐步降低。

以下面对垫层料水平渗透变形试验演变过程分析。从垫层料各测压传感器读数动态变化图分析得知：试验水头在3m以下时，沿试样水流方向，各观测断面测压传感器水头值读数呈等差递减趋势。加压水头3～20m时，沿试样水流方向，各测压传感器水头值读数整体分布呈离散性较大递减分布；期间随试验水头增大，试样前端2、5号测压管水头值读数同步增大，试样中部各观测断面水头读数呈离散性较大增长趋势分布，各相邻观测断面最大水头差值逐步向试样后部转移，后部20、23号传感器水头值读数增加缓慢。表明试样内部不同断面间出现粒料调整，试样段渗透特性出现差异。试验水头20m时，渗透曲线首次发生明显转折，此处坡降即试样临界坡降。继续提升试验水头，随水头不断增大，试样各断面压力传感器读数也以不同增幅相继增大。当后部20号传感器水头读数递增值急剧变大，除测压传感器23号外，所有传感器水头读数逐渐接近，说明试样各断面间渗透通道已贯通，试样逐渐破坏。继续提高试验水头，渗透曲线出现多次转折，至试验水头145.17m时，整体试样渗透曲线仍呈现折叠上升趋势，试样承担的坡降为87.42。此时20号传感器之前的试样段已基本贯通，故此时20号与23号传感器间所承担坡降为414.28。

（中国电建集团西北勘测设计研究院有限公司　崔家全　马凌云
青海黄河上游水电开发有限责任公司　段军邦　张路）

胶结砂砾石在大石峡面板坝增模区中的应用

（一）工程概况

大石峡水利枢纽工程由拦河大坝、泄水、发电引水系统及地面厂房组成。大坝为混凝土面板砂砾石坝，最大坝高247m，为世界第一高混凝土面板坝，水库总库容11.7亿 m^3，装机容量750MW，Ⅰ等大（1）型工程，大坝填筑总量2200万 m^3，其中砂砾料1300万 m^3。

坝址区为典型峡谷地形，河道弯曲，左侧岸坡为向外凸出馒头型地形，右岸为发育古河槽复式地形。河谷总体呈不甚对称“V”形，右岸坝顶高程以下呈阶梯状（发育两级阶地），左岸近乎一坡到顶。两岸均为基岩边坡，自然边坡45°～75°，局部近直立。坝址区左岸山顶高程1800～1880m，相对高差400m，右岸山顶高程约2725m，相对高差约1200m。

坝址区出露地层主要为灰岩、砾质灰岩、角砾灰岩和砂卵砾石、碎石土等。

Ⅰ号变形体位于左岸坝轴线上游约350m，为大型潜在不稳定岩质斜坡，后缘高程1875m（高于坝顶170m），前缘高程1480m（位于水下120m），需采取工程处理措施，且趾板槽开挖不宜扰动。坝轴线上游右岸1/2坝高附近岸坡发育宽约260m古河床斜坡平台，古河床滑坡堆积体厚达60余m，古河床上、下岸坡基岩裸露，边坡坡度约40°～65°。

（二）问题的提出

为避免河床左岸趾板槽开挖对坝前左岸Ⅰ号变形体坡脚切角影响其稳定，在主河床设混凝土高趾墩。高趾墩为混凝土重力式墩墙，轴线平行坝轴线，建基于弱风化基岩，墙高35m，顶宽25m，上游坡度1∶0.1，下游坡度1∶0.9。此时河床混凝土面板搭在高趾墩顶部，面板下游堆石体厚度不像常规河床面板一样仅是底部水平、开口向上渐变，而是底部也向下开口喇叭形双向渐变。如不提高高趾墩下游侧堆石变形模量，河床面板部位堆石沉降变形梯度比常规增加较大，使河床周边缝变形和面板底部法向变形增大，对防渗结构应力变形安全不利。为减小高趾墩下游侧附近堆石沉降变形梯度协调变形，进而减小河床周边缝接缝变形和面板的挠曲，有必要在高趾墩下游侧一定范围内设压缩模量较高的增模材料。

根据设计规范规定，在坝轴线上游两岸岸坡坡度很陡且开挖不满足坡比要求，可在岸坡处设置增模区，以减小陡岸坡附近堆石体的变形梯度。

（三）堆石坝增模方式和胶结砂砾石增模

1. 堆石坝增模的主要方式　从已建面板坝的经验看，堆石坝增模方式有：提高填筑料密实度增加其压缩模量；堆石体中注浆提高堆石密实度和压缩模量；采用干贫混凝土或胶结砂砾石材料增模，干贫混凝土相当于现在的胶结砂砾石材料，均取得较好效果。

2. 胶结砂砾石增模　大石峡面板砂砾石坝主要填筑料为砂砾料，在现有设计标准和重型碾压机具大量采用条件下，砂砾料相对密度达 0.90 以上，压实干密度已非常高，很难进一步提高。且碾压试验成果表明，碾压遍数达 12 遍后压实干密度有所降低。故通过单一增加碾压遍数提高碾压密实度增模有一定限度。洪家渡、察汗乌苏和宜兴抽蓄等面板坝，采用砂砾料或石渣料掺水泥湿拌成干贫混凝土摊铺碾压均获得较高的材料模量。

大石峡面板砂砾石坝，在高趾墩下游侧设倾向下游坡度 1∶2 的压缩模量较高的胶结砂砾石（CSG）。在坝轴线上游两岸岸坡坡度陡于 1∶0.5 缓于1∶0.25 的部位，为了减小此处堆石体的变形梯度和不均匀沉降变形，在陡岸坡处设宽 5m 外坡 1∶0.5 的胶凝砂砾料增模区。

3. 大石峡面板坝增模效果　南京水利科学研究院对胶凝砂砾石开展了静力大三轴试验，试样尺寸 ϕ300×700mm，养护 28d，试验围压最大 3000kPa。胶凝砂砾石中掺胶凝材料 80kg/m^3，水泥与粉煤灰各 40kg/m^3，水胶比 1.1。胶结砂砾料与常规碾压密实砂砾料（D_r＝0.90）相比，抗剪强度高，应力变形参数高，模量系数 K＝3929，约为不掺胶凝材料砂砾料 K＝1294 的 3 倍，指数 n 基本相当略大。从应力变形参数比较看，胶结砂砾料的增模效果非常明显。

大连理工大学对河谷底部采用胶结砂砾石料（上游延伸至高趾墩，下游延伸至坝轴线，长约 330m）与否进行了敏感性分析。底部采用胶结砂砾石料，蓄水期坝体沉降可减少 2%，混凝土面板挠度可减少 11.4%，面板压应力可减小 4%～7%，面板挠度和应力改善明显。

南京水利科学研究院也对高趾墩下游采用胶结砂砾料方案进行敏感性分析。坝底采用胶凝砂砾石料后，竣工期、蓄水期面板挠度减幅约 4.2%、5.6%，面板轴向压应力减幅约 7.6%、3.5%，顺坡向压应力减幅约 7.3%、8.8%，面板拉应力也有一定程度减小；运行期河床部位周边缝三向变位（错动、沉陷、张拉）减幅约 26.7%、36.7%和 31.7%。总体结论胶凝砂砾石变形模量较碾压密实天然砂砾石料显著增大，因坝体最大变形发生在坝体中下部，虽底部采用胶结砂砾料对坝体最大变形影响不大，但对底部面板应力变形和河床部位面板接缝变形有较大影响。

从有限元分析成果看，在高趾墩下游设胶结砂砾料能减小该部位的变形总量和变形梯度，直接改善了其顶部的面板挠度和应力、周边缝接缝变形状况。说明大石峡面板坝在特定范围设胶结砂砾石分区，对改善面板应力变形和接缝变形作用较大，也验证高模量材料的增模效果是合理可行的。

（新疆塔里木河流域大石峡水利枢纽工程建设管理局　葛方勇）

引水发电建筑设计

象鼻岭水电站引水系统优化设计研究

象鼻岭水电站引水系统布置于右岸，由进水口、引水隧洞、压力钢管等组成，一洞一机，共 2 台机，单机引用流量 131.8m^3/s，采用平行布置方式。引水系统采用有压短隧洞，最大水头 146m。引水系统所处地层为灰黑色块状玄武岩及凝灰质玄武岩，围岩多为Ⅱ类，有少量Ⅲ类，成洞条件好，稳定性高。

（一）引水系统布置限制因素及可研设计结果

1. 引水系统设计原则　在满足枢纽总布置要求基础上力求最短且经济合理；洞线尽可能避开不良地质条件地段，选择地质构造简单、岩体完整稳定、岩石坚硬、上覆厚度大、施工方便的地段；隧洞沿线与

岩层、构造断裂面及主要软弱带交角不小于30°；有压隧洞洞顶至少有0.02MPa余幅水头；洞室壁间厚度及垂直山岩厚度不小于1.0～1.5倍洞径。

2. 引水系统设计影响因素　影响因素：隧洞上平段洞顶水头满足规范要求；大坝防渗帷幕线位置对引水隧洞和压力钢管结构稳定的影响；为节省工程投资，水力学满足不设上游调压室的条件；岩层的走向。

（二）可研设计结果和特点

1. 引水系统设计结果　进水塔顺水流方向总长30.1m，塔顶最大宽度40.8m，塔高55.5m。底板高程1356.00m，顶高程1409.50m。

引水隧洞长206.2m，包括高82.5m、洞径6.8m的竖井段和长12m由方（5.6m×6.8m）变圆（D=6.8m）的渐变段及长12m圆形渐变段（由D=6.8m渐变为D=5.5m）。引水隧洞洞径6.8m，洞内流速3.629m/s，满足经济流速的要求。经水力计算，根据规范要求不需设上游调压井。

压力钢管长82.53m，内径5.5m，管内流速5.548m/s，满足经济流速要求。钢衬始于引水道下平段渐变段末端，压力管道为双层组合式衬砌，内衬16MnR钢板，平均钢板厚28mm，回填0.6m厚C20素混凝土。

2. 布置特点　优点：隧洞竖井段位于大坝防渗帷幕线上游，帷幕底线与下平段压力钢管相交，压力管道下平段外水压力较小。缺点：隧洞竖井段和下平段位于帷幕线上游，外水压力较大，检修期对结构不利；压力钢管段较长，钢材工程量多，投资大。

（三）施工图阶段引水系统优化设计

1. 优化设计的目的　减小隧洞竖井段和下平段的外水压力，减少结构工程量，节约投资；减小帷幕线上游压力钢管段外水压力，保证压力钢管结构安全；节约工程投资。

2. 优化设计结果　进水塔与可研阶段基本相同，引水隧洞和压力钢管布置差异较大。

引水隧洞总长191.94m，其中包括高77.35m、洞径6.8m竖井段和长12.6m由方（5.6 m×6.8m）变圆（D=6.8m）渐变段及长12m圆形渐变段（由D=6.8m变为D=5.5m）。引水隧洞洞径和流速与可研设计阶段一致。经水力计算，根据规范要求不需设上游调压井。

压力钢管长48.23m，内径和流速与可研设计阶段一致。钢衬始于引水道下平段渐变段末端，压力管道为双层组合式衬砌，内衬16MnR钢板，平均钢板厚26mm，回填0.6m厚C20素混凝土。

3. 施工图阶段（优化后）布置特点　优点：大坝防渗帷幕线贯通隧洞上平段，竖井段和下平段外水压力降低，对结构有利；压力钢管长度大幅减少，降低了投资；缺点：存在压力钢管受隧洞内水外渗影响，外水压力增大，需安排处理措施。

（四）引水系统方案优化设计对比

1. 设计方案的优缺点分析　从两个阶段方案看，优化前（可研阶段）引水隧洞和压力钢管长度较长，但在帷幕线下游压力钢管下平段外水压力较小，有利于外压稳定。

优化后压力钢管长度减少较多，隧洞竖井段和下平段外水压力降低。但引水隧洞内水外渗后可能引起的压力钢管外水压力增大。通过在压力钢管与隧洞相接部位进行灌浆处理，以降低隧洞内水外渗的影响。

2. 工程量投资比较　引水隧洞和压力钢管两个阶段的投资看，引水系统优化设计后，施工图阶段投资较可研阶段节省1156.14万元，占可研阶段引水隧洞和压力钢管投资的36.7%，其中引水隧洞投资节省69.25万元、压力钢管投资节省1086.89万元。

（五）引水系统运行情况

引水隧洞和压力钢管共布置三点式多点位移计6套，测缝计12支，钢筋计18支，钢板计4支，渗压计4支。运行至今的监测成果如下。

多点位移计累计位移−1.22～1.61mm，无明显向洞身变形，隧洞围岩稳定；测缝计开合度−1.05～1.77mm，接触缝接触良好；钢筋应力量值较小，无异常受拉或受压现象；钢板计应变变化值较小，钢板变形无异常；渗压计渗压水头无异常。

通过象鼻岭水电站引水系统设计获得的经验是：对高水头、大流量短引水系统，当引水隧洞上平段布置不能满足洞顶最小压力要求时，可通过在隧洞上平段设坡度的方式来满足，坡度满足施工期出渣要求；在引水隧洞轴线距离大坝较近时，引水隧洞布置有竖井或者斜井，其上部起弯点尽量设在大坝帷幕线之后，使隧洞承受高水头的压力段减少，从而压力钢管长度也会减短，可节省工程投资；在工程设计中可通过固结灌浆提高围岩承载力，防止“内水外渗”产生的不利影响。

（中国电建集团贵阳勘测设计研究院有限公司
王荣荣　苏鹏　陈毅峰　崔进）

大古水电站引水系统进口段结构抗震性能研究

（一）工程概况

西藏大古水电站混凝土重力坝坝高118m，坝后浅埋管为钢衬钢筋混凝土结构，包括上弯段、斜直段、下弯段及下平段。上弯段、斜直段、下弯段钢管内径 8.5 m，近厂房段直径渐变为 7.6m。上、下弯段转弯半径分别为 18、22m，斜直段坡度与下游坝面同为 1：0.75，钢管外包混凝土表面与下游坝面齐平。下平段钢管中心线与机组安装高程相同。钢管在厂坝分界缝部位不设伸缩节，设弹性垫层管。钢管均采用 Q345R 钢板，渐变段、上弯段和斜直段厚 20～26mm，下弯段和下平段厚 28mm。需考虑地震工况下进口段的钢衬和流道周边外围混凝土的应力及位移情况。

（二）计算模型

进口段结构静动力计算一般采用线弹性有限元法。选取大古水电站重力坝引水系统进口段 11 号坝段建模，有限元模型由压力管道、进水口拦污栅支撑结构、坝体、厂坝分缝上游侧副厂房及地基组成。计算时，模型绝大部分用八结点块体单元，少量用四面体单元；钢管用壳单元模拟。地震工况库水动水压力按规范附加质量公式计算，钢管内动水压力折算成钢管密度考虑。

为研究进水口渐变段钢衬（含上游矩形段）在管道放空情况下的抗外压性能，建立了进口段钢衬（包括加劲环）的单体模型。单体模型边界约束条件为：钢衬上游端直边固定约束，下游侧圆周弹簧约束（按钢材弹性模量考虑弹簧刚度），因不考虑混凝土作用，加劲环外边缘固定约束。

（三）进口段计算成果与分析

基于管坝整体结构的进水口静、动力计算分析包括两个工况，即正常运行工况和地震工况，计算工况与荷载整体结构计算时考虑拦污栅前后 4m 水头差。外压荷载取 0.2MPa。计算分析可得到渐变段钢衬等效应力分布云图，由云图可知，正常运行工况和地震工况钢衬等效应力均不突出，前者最大等效应力 27.2MPa，后者为 19.1MPa（考虑设计状况系数及荷载组合的不同）。

运用线弹性有限元法计算引水系统进口段外围混凝土特征截面典型轴向环向应力。根据计算成果按承载能力极限状态设计计算，正常运行工况进口段各截面轴向以压应力为主。进口处截面与拦污栅支撑结构纵梁连接处有应力集中，出现局部拉应力。地震工况下，截面轴向拉应力区范围增大，较大拉应力范围很小。正常运行工况，各典型截面均在管道内侧顶、底部出现较大拉应力，管道内侧腰部为压应力区，靠外侧混凝土应力较小；地震工况，孔口周边环向应力分布与正常运行工况不同，横河向地震作用对管道横截面为非对称荷载，截面应力非对称分布。进口断面拉应力较后者有一定增大，增大 0.9 MPa，其他断面拉应力计算值总体较小。

（四）渐变段抗外压计算成果

1. 渐变段抗外压加劲环位移　通过计算渐变段钢衬与加劲环在 0.2MPa 外压作用下，结构最大径向位移 1.895mm，指向管道内侧。较大径向位移在方变圆段第一、第二道加劲环间的侧面。矩形段和方变圆段的圆壳部分径向位移较小，最大 0.6mm，圆管段径向位移很小，不超过 0.5mm。

2. 渐变段设加劲环钢衬应力　设加劲环后，钢衬应力基本为弯曲应力，内外侧拉、压应力值基本相当；对环向应力，最大拉应力 74.9MPa，最大压应力 71.6MPa。与加劲环连接处钢衬外侧受拉、内侧受压，应力值最大 35MPa。加劲环间区域钢衬内侧受拉、外侧受压，应力值最大 23MPa；对轴向应力，与加劲环连接处钢衬外侧受拉、内侧受压，应力值最大 118MPa。加劲环间区域内侧受拉、外侧受压，应力值最大 78MPa；对整个渐变段钢衬等效应力，最大 127MPa。从等效应力看，方变圆段上游侧应力最突出，随着钢衬由平板向圆柱壳过渡过程中，应力值呈渐降趋势；总体而言，放空工况下渐变段钢衬满足 Q345R 钢材强度要求（强度限值 250MPa）。

3. 加劲环应力　最大环向应力 65MPa，最大径向应力 2MPa。最大等效应力 104MPa，出现在矩形段最下游侧加劲环末端。

（五）配筋

引水系统各管段钢衬厚度及外包混凝土配筋计算结果见表 1。钢衬型号均为 Q345R。

表 1　　各管段钢衬厚度及配筋计算结果

断面位置	渐变段末端	上弯段出口	斜直段 1/2 处	斜直段出口处	下弯段和下平段
环筋配置	3 层 ϕ25@200	3 层 ϕ32@200	3 层 ϕ32@200	3 层 ϕ36@200	3 层 ϕ36@200
纵筋配置	3 层 ϕ20@330	3 层 ϕ20@330	3 层 ϕ20@330	3 层 ϕ22@250	3 层 ϕ22@250
钢衬厚（mm）	20	24	24	26	28

管道渐变段环向配筋计算结果见表 2，其剖面见图 1。由表 2 可知，地震工况为配筋控制工况，每延米至少配筋面积为 3503mm^2，设置 2 层 ϕ22@200（3800mm^2）钢筋能够满足承载力安全要求。

表 2 管道渐变段环向配筋计算结果 mm

断面	A-A 配筋面积	B-B 配筋面积	C-C 配筋面积	D-D 配筋面积	E-E 配筋面积
正常工况	780	2933	1411	1969	0
地震工况	864	3503	1415	1563	621

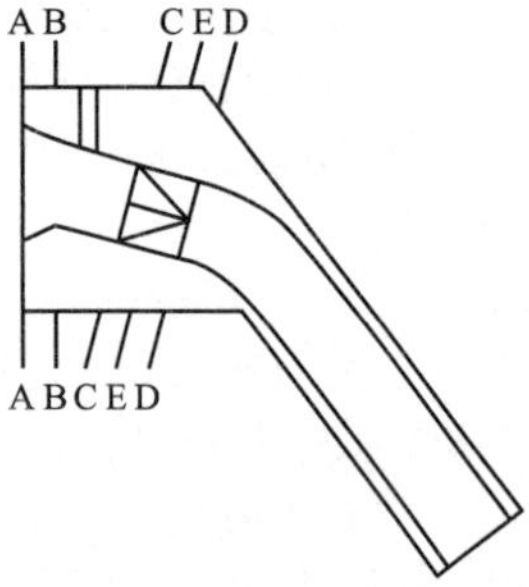

图 1 管道渐变段剖面

（中国电建集团中南勘测设计研究院有限公司
陈军伟 王志 王宇航 隆怿）

柳树沟水电站滑动悬挂式拦污排的研究与应用

（一）工程概况

柳树沟水电站正常蓄水位 1494.5m，电站引水建筑物全部布置在左岸，从坝轴线向水库方向依次是发电引水洞、溢洪洞和泄洪洞。发电引水洞进口底板高程 1470m，引水洞前段喇叭口顶端高程 1483.5m。2013 年 7 月机组全部投产发电。2018 年初发现引水洞进口拦污栅前后水位相差 3.6m，初步判定是拦污栅被堵塞导致前后水位差。2018 年 9 月水库水位降至 1470m，水位下降过程中观察到引水洞进口 4 孔拦污栅上半部分都堵塞大量树枝等杂物，最严重是左边第一孔，依次是左边第二孔、右边第一孔，右边第二孔堵塞较轻。

（二）拦污排设计

1. 堵塞原因分析左侧　拦污栅上部堵塞严重，引水洞进口正前方经常堆积浮木，左侧山窝里常常堆积漂浮物，且常出现小漩涡（旋涡离进水塔约 3m），旋涡附近小块漂浮物被旋涡吸入水面以下，最终沿流线走向拦污栅。引水洞正前方紧邻进水塔 3m 范围内经常堆积漂浮物，3m 以外基本无漂浮物。引水洞进口堆积的浮木，在进口流场流线的作用下向下流动进入拦污栅。

2. 拦污排设计方案及参数　根据拦污栅堵塞情况和引水洞进口漂浮物堆积范围，可将拦污排设计成滑动悬挂式。拦污排卡套在引水洞进水塔前端 3m 处（见图 1），在进水塔边墙安装滑道，将拦污排固定点套在滑道上，拦污排可以上下自由滑动，拦污排下部 3m 范围内安装不锈钢拦网，拦截向下流动的悬浮物。拦污排在坝顶平台分块焊接制作，单块拦污排焊接后吊装下水，在水下组装。

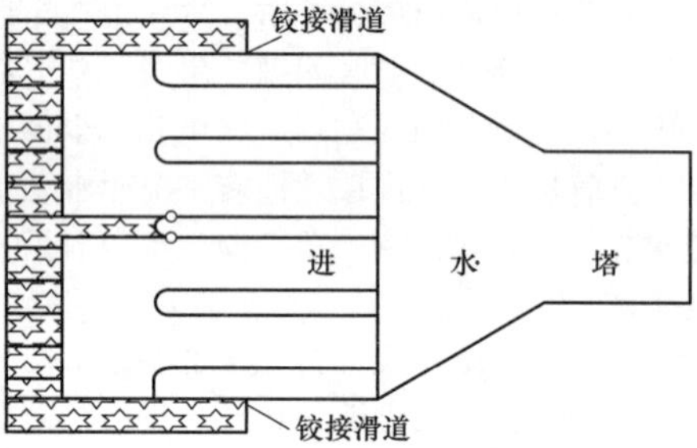

图 1 拦污排布置形式

（1）拦污排主要参数：根据拦污排布置形式确定长度，经现场测量拦污排总长 67m，分为 17 块，每块尺寸 2m×4m，拦污排下部安装不锈钢材质拦网，拦网深 3m，网孔孔径小于 3cm。

（2）拦污排主要材料：拦污排承载结构上部为组装浮筒，浮筒为聚氯乙烯材质，单个尺寸 50cm×50cm×40cm（长×宽×厚），浮筒自带连接扣件，可组装成任意尺寸。

单块拦污排尺寸 2m×4m，需 32 个浮筒，单块拦污排周边焊接 5cm 等边角钢边框，边框将组装好的浮筒紧紧包围在内部，然后在拦污排框架下部焊接不锈钢拦网结构，拦网结构周边框架为 4cm 等边角钢，不锈钢拦网与框架之间利用燕尾丝连接。

3. 浮力验算　根据单块拦污排使用的钢材及其他材料总质量计算整块拦污排的吃水深度 h，经计算得 h=6.75cm。浮筒厚度 40cm，远大于拦污排吃水深度。

（三）拦污排安装

1. 拦污排组装　单块拦污排焊接完成后开始组装整个拦污排。现场配备一台随车吊（臂长大于 4m），单块拦污排吊入水库后在水面进行组装。相邻两块之间设两个连接点。为防止水面上下波动产生应力集中而破坏连接件，使用软连接方式（ϕ10 钢丝绳和扣件组合连接）连接相邻的两块拦污排。为确保整个拦污排系统有足够的自由度应对水面波动，并确保拦污排整齐，相邻两块拦污块之间留有 5cm 间距。

2. 滑动装置安装　滑动装置安装在进水塔边墙上，滑道为一根竖向 $\phi 50\delta 3$ 钢管，其两端固定高程为 1494.5、1491m，固定点处有一块方形钢板（50cm×50cm，δ10mm），滑道固定在钢板上，4 根 ϕ20 插筋入岩 30cm，将钢板固定在进水塔边墙上。

拦污排与滑道间用钢丝绳连接，钢丝绳有效长度 1.5m，确保冰冻期滑道运行不被拉坏。

（四）运行效果分析

柳树沟水电站发电引水洞进口滑动悬挂式拦污排，经 5 天水下组装，于 2019 年 11 月 18 日完成安装。安装前通过浮力验算，拦污排吃水深 6.75cm，安装后实测吃水深 6.9cm。

柳树沟水电站 11 月下旬至次年 3 月下旬为 4 个月冰封期，发电引水洞进口冰封期为 12 月 10 日至 3 月 10 日，冰层较薄约 8cm。冬季水库结冰后整个拦污排在冰冻过程中上浮，底部边框微露冰面。冬季运行中拦污排底部钢框架抵挡掉大部分的冰冻挤压力，中部组装浮筒不会造成挤压破坏。冰冻期水库水位降至 1492.5m，在水位最低时拦污排滑道及固定点未被拉坏。至 2020 年 3 月 10 日发电引水洞进口薄冰全部融化后，拦污排运行正常。

（国家能源集团新疆开都河流域水电开发有限公司
魏祖涛　李璞　张佳）

鲁德巴水电站镇墩三维有限元开裂非线性分析

在水电站明钢管镇墩设计过程中，由于考虑到钢衬按钢管单独承载设计，镇墩往往按构造配筋。施工时钢衬与镇墩混凝土间的缝隙难以精确控制，基于变形相容原理，钢管充水后，钢衬产生变形，当钢衬与镇墩混凝土接触后，二者联合承载，此时钢衬并未完全发挥承载能力，而镇墩开始承受部分内水压力，则按构造配筋不足以保证镇墩整体性。

（一）设计方法

要使镇墩在内水压力下保证整体性，需设置足够厚度的混凝土和钢筋。建立镇墩结构（混凝土、钢衬、环向钢筋）三维模型，进行运行期开裂非线性分析，以掌握其受力特点，

1. 初始缝隙值的模拟　考虑到初始缝隙值和模型的尺寸相差过大，故建模时不模拟缝隙，而将钢衬与混凝土按共节点进行处理。

初始缝隙值按如下方式处理：钢衬变形到填满初始缝隙之前（钢衬与混凝土接触前），内水压力由钢衬单独承担，该部分内水压力为 P_0；钢衬与混凝土接触后，两者联合承载，承担的内水压力由总内水压力 P 减去钢衬单独承担的内水压力 P_0，即 $P-P_0$。

2. 内水压力计算　钢衬与混凝土接触时的径向变形为 δ_1，则钢衬在环向上的应变为

$$\varepsilon_\theta = (2\pi\delta_1)/2\pi r = \delta_1/r \tag{1}$$

式中：r 为钢衬半径。

假定该处钢衬不产生轴向位移，则轴向应变为 $\varepsilon_x=0$，则按平面问题计算时，钢衬的环向应力为

$$\begin{aligned}\sigma_\theta &= E/(1-\mu^2)\times(\varepsilon_\theta+\mu\times\varepsilon_x)\\ &= E/(1-\mu^2)\times\varepsilon_\theta\end{aligned} \tag{2}$$

式中：E 为钢材弹性模量，取 206000MPa；μ 为钢材泊松比，取 0.3。将式（2）代入锅炉公式（3）中

$$P_0 = \sigma_\theta\times t/r = E/(1-\mu^2)\times\varepsilon_\theta\times t/r \tag{3}$$

将式（1）代入式（3），求出钢衬单独承担的内水压力

$$P_0 = E/(1-\mu^2)\times\delta_1\times t/r^2 \tag{4}$$

（二）非线性分析实例

1. 工程概况　伊朗鲁德巴水电站为引水式电站，装机容量 450MW。引水系统为 1 洞 2 机布置，长 1377m 引水隧洞经埋藏式钢岔管对称分岔引出两条设在隧洞内及山坡上 2.3km 长的压力明钢管，支管上各设一个调压井，尾水系统单机单洞。输水系统短隧洞段钢管设计内压最大 N4 与 S2 号镇墩，为约束钢衬，镇墩内外各配置一层 HRB400 级环向主筋。

2. 计算模型　计算范围：顺水流向按平面应变原理，取 1m 范围计算；铅直向和垂直水流向按镇墩实际体形尺寸建模计算。

整个计算模型规模：镇墩混凝土衬砌采用三维 8 节点 SOLID65 单元模拟，采用 William-Warnke 五参数破坏准则；钢衬采用 SHELL63 壳单元模拟，钢筋采用 LINK10 杆单元模拟，均为线弹性模型。

边界条件：计算模型底面和两侧底部 2.75m 范围施加法向链杆，顺水流向两端施加法向链杆。

3. 材料参数　钢管按明管设计，N4 与 S2 号镇墩内压力钢管管壁采用 Q345R 钢材，壁厚 32mm，加劲环为 Q345C 钢材，尺寸 30mm×300mm（厚×高），间距 1.25m。镇墩混凝土强度等级 C30/37（强度等级为欧标 C30，相当于国内标准 C37），外包混凝土最小厚度 0.8m。

4. 计算荷载　有限元计算中主要包括：①自重 G，由计算程序本身考虑；②正常运行情况最高内水压力 H_1（包括静水压力和水击压力）。钢管中心高程处最高内水压力：内水压力标准值 H_1 按 1.93MPa 取值，其中静水头 1.16MPa，水锤 0.77MPa。

5. 计算方案　对运行期三个方案进行计算分析（见表 1），均为正常运行工况。方案 1 考虑施工缝隙＋钢管冷缩缝隙＋混凝土徐变缝隙；方案 2 不考虑钢管冷缩缝隙，只考虑施工缝隙和混凝土徐变缝隙；方案 3 不考虑初始缝隙，主要用来观察钢筋应力变化趋势。

表1 计算方案

方案	总内水压（MPa）	初始缝隙值（mm）	钢衬单独承担的内水压力（MPa）	钢衬与混凝土联合承担的内水压力（MPa）	钢衬厚度（mm）	钢筋参数（mm）
方案1	1.93	0.68	0.955	0.975	32	C20@200
方案2	1.93	0.33	0.463	1.467	32	C20@200
方案3	1.93	0	0	1.93	32	C20@200

6. 成果分析 运行期内水压力下，各方案钢筋应力和相应的裂缝宽度见表2。

表2 各方案最大钢筋应力和宽度对比表

方案	镇墩最大变形（mm）	最大钢筋应力（MPa）		最大裂缝宽度（mm）	
		内侧	外侧	内侧	外侧
方案1	0.85	120	133.5	0.08	0.12
方案2	1.30	135.7	163.3	0.12	0.18
方案3	1.80	140	181.6	0.13	0.23

内水压力作用下，各方案钢管周边混凝土均产生裂缝，随着初始缝隙值变小，混凝土开裂范围逐渐增大，最先开裂部位为临空侧腰部，然后顶部、围岩侧腰部也依次开裂，并裂缝内外侧贯通。同时，镇墩混凝土上部变形也逐渐增加，但是变形值较小，即使初始缝隙值为零，钢管临空侧腰部混凝土变形也只有1.8mm。相应的，随着初始缝隙值减小，钢筋应力和裂缝宽度基本呈增加趋势，不过内侧钢筋应力均不超过140MPa，外侧钢筋应力均不超过182MPa。根据《水工混凝土结构设计规范》(DL/T 5057—2009）中公式（10.2.2-1)，计算得到钢管顶部和两腰部位内、外侧混凝土裂缝宽度最大值均未超过规范允许值0.3mm。

（中国电建集团中南勘测设计研究院有限公司
李冲 王小江 孙云峰 王健姣）

绩溪抽水蓄能电站地下厂房蜗壳外包混凝土结构设计

安徽绩溪抽水蓄能电站总装机容量1800MW，安装6台300MW立轴单级混流可逆式水泵水轮发电机组。水轮机额定水头600m，最大净水头642.9m，最小净水头565.1m，

（一）蜗壳外包混凝土结构

绩溪抽水蓄能电站水轮机钢蜗壳外包混凝土结构采用不设弹性垫层，对金属蜗壳预加内压浇筑蜗壳外包混凝土，即充水保压蜗壳。蜗壳外包混凝土结构设计最大尺寸17.1m×15.1m×8.2m（长×宽×高)，上游左侧采用圆形转角设计，半径6.8m，结构平面最小厚约2m，采用垂直进厂方式。蜗壳外包混凝土结构分两期设计，一期结构下游侧紧靠围岩布置，以提高其结构刚度。一期混凝土结构上游左侧设尾水管进人廊道，二期混凝土结构直径5.7、7.3m。

（二）蜗壳外包混凝土结构有限元分析

1. 有限元模型 有限元模型以中间标准机组段为对象，长22.5m，宽24.3m，高度自发电机层楼板顶部至尾水管结构底部高程，高29.0m，还考虑尾水管混凝土结构底部以下5m范围岩石。范围内厂房各结构按实际尺寸模拟。模型上下游与围岩连接的边界节点加法向弹性链杆以模拟围岩约束作用，链杆刚度与围岩单位抗力系数成正比；机组段间设永久分缝，故模型两侧混凝土边界按自由面考虑。围岩各边界施加法向约束，底部施加全约束。

《水电站厂房设计规范》(SL 266—2014）建议蜗壳充水加压的压力控制在机组最大静水头的0.5～1.0倍。为保证在最小水头运行时外包混凝土结构与钢蜗壳仍可紧密接触，以保证整体结构具有较高的刚度，减小结构振动，充水保压值不宜过高。绩溪抽水蓄能电站蜗壳最大设计内水压力为10.0MPa（包括水击压力)，最大静水压力7.3MPa，故取保压值3.65MPa和5MPa进行分析。

2. 材料参数 厂房蜗壳外包C30混凝土（模型中为C30)，弹性模量10GPa，泊松比0.250，重度26.7kN·m^{-3}。围岩Ⅲ类，单位弹性抗力系数70MPa/cm，弹性模量30GPa，泊松比0.167，重度25.0kN·m^{-3}。钢蜗壳、座环及尾水管，弹性模量206GPa，泊松比0.270，重度77.32kN·m^{-3}。

3. 计算工况 计算时第一步施加水荷载作用前的荷载，包括结构自重、机组设备荷载和各楼层活载；第二步施加水荷载作用后的荷载，包括蜗壳内水压力、尾水管内水压力。第二步减去第一步计算结果，代表单纯蜗壳内水压力作用的结果，用以分析机组运行时定子和下机架基础等处的位移变化及对机组运行影响。计算方案中A1、A2充水保压值为3.65MPa，内水压力分别为7.3、10MPa。A3、A4

充水保压值为 5.0MPa，内水压力分别为 7.3、10MPa。四种方案作用荷载为结构自重和机墩传来荷载。方案 A5（检修工况）作用荷载除结构自重和机墩传来荷载外，另有水轮机层地面活载。计算中均不考虑温度作用。

4. 有限元计算结果分析 正常运行工况下，A1～A4 方案蜗壳外包混凝土应力分布相似，应力分布相对较均匀。钢蜗壳与外包混凝土联合承受的水压力较高，各断面环向应力和蜗向应力以受拉为主。直管段 1～4 号断面管径相对较大，环向应力比其他断面大。随钢蜗壳和混凝土联合承受水头增加，混凝土拉应力也增大。机组检修工况 A5，蜗壳外包混凝土拉应力水平较小，整体未现超混凝土抗拉强度标准值的拉应力，拉压应力均未超设计强度。A2 方案联合承载水压力最大（6.35MPa），A2 下各断面环向最大拉应力为 6.16MPa，在 5 号断面顶部内缘点。蜗向应力以受拉为主，各方案应力数值均不大。

正常运行工况 A3、A1、A4、A2，钢蜗壳和混凝土联合承载内水压力分别为 2.30、3.65、5.00、6.35MPa。随内水压力不断增大，蜗壳外包混凝土开裂范围增大。A3 联合承载内水压力最小，蜗壳外包混凝土基本未现开裂区，A1、A2、A4 外包混凝土开裂范围较大，可能开裂区集中在钢蜗壳一定范围外包混凝土、上下座环附近混凝土、尾水锥管附近混凝土。

根据计算的蜗壳外包混凝土应力，按设计规范配筋。经计算，直管段最大配筋截面面积 17928mm²/m，直管段后最大配筋截面面积 8820mm²/m。蜗线方向根据构造要求配置钢筋。参考同类工程经验确定配筋方案，环向自进口段至蜗壳 180°断面，3 排⌀32@200，外侧配 2 排 28@200，蜗壳 180°断面后内侧配 1 排⌀32@200 和 2 排⌀28@200，外侧配 2 排⌀28@200；水流向内侧配 3 排⌀22，外侧配 2 排⌀25@200（水平向）；径向配⌀16@400×400 构造分布筋。

（三）座环支墩和蜗壳支墩结构设计

蜗壳安装前，需完成座环和蜗壳支墩浇筑。在机组安装高程下 1.8m 处设施工缝，其上设环形座环支墩及 16 个蜗壳支墩。并在施工缝面设深 200～300mm 键槽。座环支墩宽 750mm，高 420mm；蜗壳支墩 P1～P12 平面尺寸 450mm×450mm，P13～P16 为 350mm×350mm，高 400～950mm，高度随金属蜗壳截面半径减小而增大。两种支墩采用非收缩 C60 混凝土。

蜗壳外包混凝土结构复杂，预埋件众多，为确保蜗壳底部和阴角处混凝土浇筑密实，避免产生空腔，需在所有蜗壳外包混凝土浇筑完成后，利用预埋灌浆管进行回填灌浆。

回填灌浆采用纯压式灌浆，分两序进行，灌浆管为 ϕ48×3，两序管中心距 150mm。Ⅰ序管端距一二期混凝土施工缝及座环底部 200mm，Ⅱ序管端距蜗壳外壁不小于 200mm。Ⅰ序灌浆即可达较密实效果，Ⅱ序灌浆可确保结构混凝土更密实。灌浆压力 0.2～0.3MPa，水灰比 0.5∶1，结石强度不低于 M30 水泥砂浆。外包混凝土需浇至水轮机层以上，且至少 7 天后才能灌浆。灌浆完成前，机坑模板不得拆除。灌浆管严禁与蜗壳焊接，管路引出后即封堵。灌浆检查合格后蜗壳方卸压。回填灌浆须在蜗壳充水保压状态下进行，严禁蜗壳卸压后进行灌浆。灌浆时对钢蜗壳等处进行变形监测，发现异常及时处理以防蜗壳失稳。

（中国电建集团华东勘测设计研究院有限公司
王锦锋 孙金辉 陈鹏）

黑麋峰抽水蓄能电站地下厂房排水设计

（一）厂区排水设计

地下厂房、主变压器洞距下水库库岸水平距离最近约 260m，两者规模较大，拱顶高程均低于下水库正常蓄水位 50 余米。为此，在主厂房洞室周边和厂房内设渗漏水排水系统。

环绕主厂房和主变压器洞外围设三层排水廊道。顶层排水廊道包括外围排水廊道和主厂房与主变压器洞中间排水廊道，底板高程 58.85～62.00m，坡度 0.5%～2.5%，廊道断面为城门洞形，净尺寸 2.5m×3.3m（宽×高）。中层排水廊道绕主厂房、主变压器洞外围一圈，底板高程 30.45～28.50m，断面为城门洞形，净尺寸 2.5m×3.3m（宽×高）。中层排水廊道分别在主厂房和主变压器洞右端设与主厂房和主变压器洞联系通道。中层排水廊道还与进厂交通洞、主厂房排风洞相连。交叉口设有封闭门。底层排水廊道包括主厂房上游侧和主厂房右端排水廊道及安装间左端排水廊道。沟底高程 5.6～4.0m 和 16.2～4.0m，坡度 0.5%～15%，断面 2.50m×3.30m，城门洞形。底层排水廊道还与施工支洞相连作为进出口。底层排水帷幕内渗水排入渗漏集水井由水泵抽至顶层排水廊道，经自流排水廊道自流排出厂区外部。

原上下各层排水廊道间设排水幕孔。顶层排水廊道在主厂房和主变压器洞上下游均设 30°斜向上排水幕孔，两端垂直向上设排水幕孔，排除洞室顶部渗漏水。后决定不设防渗帷幕。

厂房上游侧四条引水钢支管间设两条高压钢管排水廊道，另在距高压混凝土岔管下游约 5m 处高压钢支管排水廊道端头布置一条高压岔管排水廊道（与高压钢支管轴线垂直）。高压岔管排水廊道沟底高程

65.40～65.00m，与高压岔管竖向距离45m左右。高压岔管排水廊道内设向上倾斜10°的斜排水孔（往上游岔管方向倾斜）。钢管排水廊道两侧布置有向上倾斜10°的斜排水孔。高压钢支管排水廊道和厂房顶层排水廊道连通。

厂房中层排水廊道汇集渗漏水经主厂房安装场上游侧6个直径170mm的排水孔流入底层，厂房渗漏水经底层排水廊道汇集至渗漏集水井，集水井上游侧设排水支洞与底层排水廊道相接，再经主厂房安装场上游侧设在直径1.5m竖井内的4根排水钢管用水泵抽至顶层排水廊道。

抽至顶层排水廊道的渗漏水、顶层排水廊道渗水及机组检修时抽至顶层排水廊道的检修水，由自流排水廊道自流排出。自流排水洞出口位于进厂交通洞口下游侧，洞口高程54m，在山体内与厂房顶层排水廊道左端相接，高程58m，洞长939m，城门洞形，尺寸2.5m×3m（宽×高），平均纵坡约0.5%。外接排水明渠，将地下水引排至湖溪冲沟。

厂房渗水内有少量油污，在自流排水廊道出口，经油水分离处理后再排至排水沟。

（二）厂内排水设计

包括检修排水系统和渗漏排水系统设计。机组检修排水采用直接排水方案。厂房底部检修排水廊道设一根DN500mm检修排水总管。每台机组尾水管设盘形排水阀，并在检修排水廊道另设一道阀门，保证厂房安全。每台机组检修排水管与检修排水总管相连，检修排水廊道作为机组检修排水的操作廊道，排水廊道同层设检修排水泵房。机组检修时关闭上游侧球阀和尾水事故闸门，通过尾水管盘形排水阀和检修排水廊道的球阀，与检修排水总管相连，通过检修排水泵房和检修排水总管，沿厂房顶层排水廊道、自流排水洞排出厂外。

渗漏排水系统设计，先确定厂房渗漏量和集水井结构尺寸。渗漏水包括厂房渗漏水，迷宫环漏水、空压机冷却水、SFC变频器冷却水，冲污水及生活用水。经估算渗漏排水总量325.1m^3/h，集水井有效容积按60min渗漏量体积考虑，另考虑厂房布置和施工初期排水量较大等因素，有效容积定为660m^3。根据有效容积确定其平面开挖尺寸25m×7.9m，井筒内尺寸22.55m×5.9m，顶部高程9.5m，顶板厚1.17m。集水井四面均为岩体，上、下游混凝土墙厚分别为1250、1200mm，两侧1000mm混凝土墙，底板厚1500mm。垂直井筒长边设厚500mm三道隔墙，将集水井分成四个小井，隔墙底高程－3.5m，渗漏集水井底高程－5m，渗漏集水井泵房地面高程为9.5m。厂房渗漏水排至厂房顶层排水廊道（高程62.0～58.85m），再自流排出厂外。主厂房水泵水轮机层和主变压器洞主变压器室层以上洞室周边均设250mm厚防潮隔墙，内设排水沟，引排岩壁渗漏水至渗漏集水井内。主厂房、主变压器洞洞室周边根据开挖中渗水部位设D56mm排水孔，孔深5m，间排距2m×2m。主厂房水轮机层上下游侧及主变洞主变层下游侧均设排水沟，排水孔渗漏水引至排水沟，再引至安装场下部渗漏集水井，由水泵抽排至顶层排水廊道，经自流排水廊道自流排出厂外。

（三）厂区排水与厂内排水的关系

厂区排水主要设计排水廊道及排水幕的"排"为主。厂区渗漏水，尽量采用自流排水方式。厂内排水主要排除生产废水、检修积水、生活污水，避免厂房内部积水受潮。对中小型水电站，可把两个排水系统合在一起，提高系统的经济性。

（四）排水系统效果

黑麋峰抽水蓄能电站采取针对性的地下厂房洞室群防渗排水设计，有效降低了地下水对地下厂房洞室群的稳定等影响，厂内直接排水克服了间接排水的安全隐患，也节约设备投资，提高了系统的经济性。运行实践表明，厂房内干燥、无渗水，证明地下厂房防渗排水系统设计完全能满足渗流控制要求，是安全、合理的。

（中国电建集团中南勘测设计研究院有限公司　杨辉
国网河南省电力公司南阳供电公司　史良）

泄水建筑物设计

里底水电站泄洪消能建筑物设计

（一）工程枢纽布置

里底水电站枢纽包括厂房、溢洪道、泄洪底孔、排沙孔、左右岸非溢流坝段、中控楼及开关站。大坝为混凝土重力坝，分16个坝段，坝顶高程1820.5m，最大坝高76.6m，坝顶长351.9m，上游坝面为垂直面，下游坝坡1∶0.75。从左到右依次为左岸非溢流坝段（14～15）、溢流坝段、纵向导墙坝段、河床式厂房坝段、底孔坝段、右岸非溢流坝段（1～6）。

左岸边溢洪道由导流明渠改建，2孔宽14m，WES溢流堰，堰顶高程1795.50m，最大泄量6382m^3/s，闸室长52m，设一道检修门、一道弧形工作门，2孔溢洪道消力池共池，宽33m，底板高程1762.20m，长107m。

泄洪底孔进口底板高程1778m，出口1775.02m，孔口尺寸7.0m×8.5m，最大泄量4118m^3/s，底流消能，3孔泄洪底孔消力池共池，宽35m，长67.50m，底板高程1764.50m。

主河床设3个机组坝段，总宽度85.80m，顺流向长76m，厂房最大高度78.30m。机组进水口下部设3孔排沙孔，孔口尺寸4.0m×2.5m，进口底板高程1763m，出口底板高程1766m，校核洪水下泄流量533m^3/s。电站进水口底板高程1774.40m。

（二）工程特点与泄水建筑物布置

1. 工程特点　洪水量大，校核洪水Q=11000m^3/s；单宽流量大（大于200m^3/s），弗劳德数低（闸室末端2.7），这是水工设计难以解决的问题；消力池池首水流集中，需在消力池中布置辅助消能工；下游水位变幅大，高水位时下游回水淹没闸室；底孔水流入池不对称，消力池内易形成立轴漩涡；底孔消力池右侧设有GIS开关站和进场道路，要求雾化影响小。

2. 泄水建筑物布置　拟订左岸溢洪道＋左岸底孔和左岸溢洪道＋右岸底孔两个方案。

根据里底电站工程特点，溢洪道和底孔集中在左岸，不但加重左岸消能防冲布置的难度，对下游河道消能防冲不利，且河道回流较强，回淤对厂房运行不利。底孔布置于右岸古河槽部位，底孔右边墙开挖以右边坡坡积物为主，未触及岩体。底孔布置于右岸岸边，也有利于消力池检修。厂房坝段设在主河床有利于排沙。故选择左岸溢洪道＋右岸底孔布置格局。

（三）消能方式的选择

泄水建筑物包括溢洪道、泄洪排沙底孔、排沙孔。溢洪道和底孔消力池的最大单宽流量分别为194、118m^3/(s·m)，相应收缩水深处的弗劳德数分别为3.74、4.42，两者弗劳德数均较低，加之大单宽流量将造成消能率较低，给下游消能防冲带来较大的困难。

1. 溢洪道消能　比选底流消能、戽式消能、宽尾墩＋底流消能、宽尾墩＋戽式消能。

从与导流建筑物结合考虑，宜采用底流消能，但从开挖工程量、投资、淹没度等考虑，溢洪道不适合常规底流消能、戽流消能。采用宽尾墩＋底流消能，按收缩比为0.5设宽尾墩时，溢洪道可满足各种洪水标准情况下消能要求。为此溢洪道采用宽尾墩＋底流消能。

2. 底孔消能　与比选溢洪道4种消能方式相同。底孔用戽流消能，考虑1.05～1.1淹没度系数，无论考虑宽尾墩与否，下游水深均难满足要求，不适用戽式消力池。因地形地质条件要求，为减少消力池底板衬砌厚度，底流消能底板高程为1764.5m时，无论是底流消能还是收缩比为0.42宽尾墩＋底流消能，均能满足各种洪水标准下消能要求。综合考虑，底孔采用底流消能，并结合宽尾墩、分流墩等调整流态、改善消力池相关水力参数。

（四）选定消能工试验研究

通过整体水工模型试验、单体水工模型试验等，确定泄洪消能建筑物体型参数。

1. 整体水工模型试验　试验验证了枢纽总体布置合理，电厂设在河道中部，泄水建筑物在左右两岸，有利下游泄洪消能。泄水建筑物进流条件好，枢纽下游水流流态好。总泄流能力与设计值基本吻合，校核洪水试验率定值11283m^3/s，较相应设计值11000m^3/s大2.6%。溢洪道、底孔及排沙孔试验率定的泄流能力均略大于相应的设计值，满足设计要求。

溢洪道堰面局部存在负压，但负压点水流空化数0.38>0.3，发生空蚀破坏的可能性小。底孔各部位压力均为正，且最小压力点水流空化数为0.48>0.3，发生空蚀破坏的可能性小。

溢洪道经10多组X型、Y型、坎式宽尾墩比较试验发现：坎式宽尾墩使水流形成挑流与底流相结合，较好解决了消力池水面波动较大的问题；底孔宽尾墩结合分流墩方案也较好地解决了消力池首部水流集中、流速分布不均匀及消力池水面波动较大的问题。

2. 单体及减压模型试验　整体水工模型及单体试验过程中，溢洪道消力池底板脉动压力较大（均方根值39.44kPa），池面波动大，在闸墩末端设坎式宽尾墩。坎式宽尾墩使两侧水流经宽尾墩后形成挑流出流，中部水流则仍沿原坝面流向消力池，形成底流出流；池内形成底流和挑流混合消能，效率较高，水面波动较大；消力池以下明渠水面平稳，波动较小。但堰面局部负压－2.5×9.8kPa，宽尾墩侧面局部负压－1.7×9.8kPa。宽尾墩侧面从平面调整为椭圆曲面水流更贴合，减少了两处的负压。体型优化后水流空化噪声均方根值明显减小（原最大值30Pa，优化后18Pa，闸门全开7Pa以下），峰值出现频率明显降低。

底孔闸室出流较集中，消力池首部底板设3个分流墩调整流态。经圆弧曲面、椭圆曲面等试验，优化后分流墩高4m，顺流向长11m，墩头为1/2椭圆曲面，下游1∶1斜面，通过设减蚀设施，达到空蚀空化的控制。通过试验，设分流墩后消力池流态平稳、流速横向分布均匀，有所减小。分流墩上的减蚀设施，较好地避免了分流墩空蚀、空化突出问题。

（中国电建集团西北勘测设计研究院有限公司
朱展博　陈念水　李玉洁　卞全）

有压泄洪洞突扩突跌式非对称消力池水力特性研究

根据前端连接的不同形式，消力池可分为矩形二元消力池、渐扩式消力池及突扩式消力池，不同类型消力池对应的水流特性会有显著不同。现有消力池的研究成果许多是建立在对称结构的基础上，非对称消力池结构的研究还不多见。本文对非对称突扩突跌式消力池及其前端的不同出口体型进行实验研究，分析消力池内不同边墙及底板处的水力特性。

（一）试验方案设计

重点研究消力池前端四种不同连接形式对消力池水力特性的影响（见表1）。T1 渐变式矩形出口，矩形渐变段长 20m，从 4m×6m（宽×高）渐变到 8m×2.5m（宽×高），顶部 1∶5.714 压坡出口。T2、T3、T4 在 T1 基础上，把出口形状均改为等面积方变圆出口，L_1 为方变圆段长，L_2 为等面积圆管段长，出口总长 $L=L_1+L_2$。

表1 设计方案体型参数 m

设计方案	出口形状	方变圆段 L_1	圆管段 L_2	总长度 L	跌坎高度 S	表面流速测点距底板高度
T1	渐变式矩形		20	5	7.5	
T2	方变圆加等直管	15	5	20	5.5	7.5
T3	方变圆加等直管	15	5	20	4	6.5
T4	方变圆	20	0	20	4	7.5

（二）水力特性分析

1. 出口形状对消力池水力特性的影响 对比 T1、T2 试验数据可知：矩形出口的消力池由于采用顶部压坡，使高速主流经 20m 后逐渐潜底，到底板时最大临底流速位置距离跌坎 30m 左右，其后沿水深方向流速渐趋均匀。但消力池内水流掺气不充分，消能效果较差，T1 消力池前 2/3 长度范围水流均强烈掺气，水流掺混剧烈。相比于矩形出口，圆形出口消力池尾坎处水面波动显著减小。

矩形出口与消力池等宽连接，故直边墙与斜边墙流速沿程分布基本保持一致，均较大，最大值出现在出口附近直边墙处，约 36m/s。改为方变圆加等截面圆管出口后，出口段与消力池不等宽，为突扩式出口，流速较原矩形出口显著减小，最大临底流速降低为 15.6m/s。T1 结构下出口段后 20～70m 范围内临底流速较大，均在 20m/s 以上，存在较大冲刷风险，T2 有效降低了沿程流速分布，避免了冲刷冲蚀的可能。

T2 最大边墙流速由 T1 的 45.5m/s 降至 14.3m/s，最大流速点向消力池后方推移了 50m。水流到达直边墙附近未出现扩散趋势，而斜边墙处会随边墙逐渐扩散，故直边墙流速较大。消力池后半段流速逐渐减小是沿程增加能量逐渐衰减，直边墙流速衰减速率更快一些。

2. 跌坎高度对消力池水力特性的影响 对比 T2、T3 方案，可研究不同跌坎高度对消力池内水力特性的影响。实验表明：T2、T3 流态基本相似，混掺长度由消力池前 2/3 增加至 3/4，水流均强烈掺气，掺混剧烈，且在有压出口四周大量掺气，在出口与消力池底板和边墙间形成一层高浓度掺气水流，起到了有效减免过流壁面发生空蚀破坏的重要作用。

当跌坎高度减少 1.5m 后消力池临底流速最大点由原直边墙处转移至中轴线处，最大值由 15.6m/s 降至 14.1m/s，且直边墙、中轴线及斜边墙上流速分布趋势一致，最大值几乎均发生在距有压出口 30m 附近消力池横断面处。高跌坎时只有直边墙流速较大，中轴线与斜边墙沿程流速值均较小。可能因为跌坎高度较小时，水流潜入消力池底部的跌落势能减小且沿四周散开得较均匀，不会对直边墙有较大流速冲撞，故直边墙与其他位置的流速分布较一致。当跌坎高度下降 1.5m 后，水面最大流速发生点依旧在直边墙上，由 14.3m/s 减至 12.5m/s，位置前移约 30m，这是因为跌坎高度的降低使水流潜入点前移进而对直边墙冲刷流速点前移。此外，斜边墙流速相对于高跌坎斜体型的流速明显降低，且沿程呈逐渐减小趋势，对边墙抗冲刷性有明显提高。跌坎降低以后消力池前半部分水面波动均较大，均值为±3.2m 左右，但整体趋势一致，都在沿程逐渐减小。

3. 渐变段长度对消力池水力特性的影响 对比 T3、T4 方案，分析不同方变圆渐变段长度对消力池内水力特性的影响。T3、T4 流态混掺长度，由消力池前 3/4 缩短至 2/3，但水流均强烈掺气，掺混剧烈。相比方变圆渐变段较短的 T3 方案，T4 有压出口淹没度稍有增加，消力池首部水面波动略微增大，而消力池末端水面波动较小。

T3、T4 消力池底部流速分布趋势基本一致，但增加渐变段长后消力池临底流速普遍降低，这是因为渐变段长度增加，使淹没度稍有增加进而临底流速有所降低。T4方案最大临底流速出现在直边墙距离有压出口43m左右，为7.4m/s，出现最大值的位置依次是斜边墙、底板中轴线、直边墙，相对于T3直边墙有一个延后。T4相对于T3最大边墙流速都出现在直边墙，最大值从12.5m/s降至8.9m/s，这与淹没度增加有关，而斜边墙流速分布几乎无变化。流态水面分析可知T3、T4水面波动基本一致，但T4较T3在消力池前端波动较大些。

T3、T4工况有压出口末端压强均为140kPa的正压，故不会出现出口水流脱空，计算T3有压段出口最小水流空化数为0.35，因此渐变段及其下游有压段光滑壁面不会出现空化。

4. 研究结果　等面积圆形出口较矩形出口能有效降低消力池的临底流速和边墙流速；降低跌坎高度，使消力池内掺气效果有所提升，掺气长度稍有增加，降低了消力池内空化空蚀的风险，采用合适的跌坎高度既能降低成本又有较好效果；适当增加渐变段长度有利于消力池内的结构稳定，且有压出口段均为正压渐变段与下游段不会出现空化现象。

（中国电建集团中南勘测设计研究院有限公司
刘要来　张永涛　四川大学　彭勇）

牛都水电站工程大坝泄洪消能设计

（一）工程概况

牛都水电站工程位于乌江左岸一级支流芙蓉江上游河段，工程总体布置：拱坝＋坝顶表孔泄洪＋右岸发电引水系统＋右岸地面厂房＋GIS楼。大坝为常态混凝土拱坝，坝顶高程613.50m，坝顶宽5m，最大坝高53.5m，坝底厚12.0m，水库总库容3720万m^3，中型水库，Ⅲ等工程。大坝设计洪水标准为50年一遇，最大下泄流量3710m^3/s，校核洪水标准为500年一遇，最大下泄流量5580m^3/s，消能防冲标准为30年一遇，最大下泄流量3310m^3/s。

（二）泄洪方案选择

根据坝址处地形地质条件和常态混凝土拱坝大坝结构设计体型特点，河段为窄河谷、大泄量，水库为日调节，故考虑采用洪水全部通过坝身表孔＋泄洪洞（导流洞改建）联合泄洪的布置方案。

结合大坝下游消能防冲影响，拟定三种泄洪方案进行比较。方案1表孔（3孔）泄洪，溢流净宽42m，堰顶高程596.40m；方案2表孔（5孔）泄洪，溢流净宽50m，堰顶高程598.00m；方案3表孔（3孔）＋泄洪洞泄洪，表孔溢流净宽36m，堰顶高程595.40m，泄洪洞6m×8.1m（宽×高），进口底板高程572.60m。

三种泄洪方案洪水均主要通过表孔下泄，经水力学模型试验，调整和优化泄洪建筑物的布置型式及结构尺寸，检验泄洪消能下游对坝基、坝肩的影响，确保大坝抗洪能力、溢洪道泄洪能力和坝身结构安全。为了减小冲坑深度，并尽可能让冲坑远离大坝，各工况下均确保大坝安全，溢流表孔出口采用滑雪道＋小挑坎面流消能方案，水流出溢流堰后，均以面流状态与下游河道衔接，水流未下潜直冲河床，使冲坑较浅且远离大坝，可取消下游消能防冲工程措施。

三种泄洪方案总投资分别为945.28万元、1218.90万元、1382.07万元。方案1优点是坝身结构较简单，施工干扰小，水库运行管理方便，工程投资省；缺点是表孔泄洪单孔尺寸偏大，下泄洪水能量较集中，单宽流量大。方案2优点是坝身结构较简单，表孔泄洪单孔尺寸较小，下泄洪水能量较分散，下游消能防冲易解决；缺点是大坝下游冲坑深度并未明显减小，对坝脚左右岸坡冲刷影响范围较大。方案3优点是表孔泄洪单孔尺寸相对偏小，导流洞与泄洪洞结合使用；缺点是泄洪洞龙抬头段结构和金属结构复杂，且表孔下泄单宽流量仍较大，大坝下游冲坑深度的减轻效果不明显，施工干扰大，投资较大。经综合比较，方案1溢流表孔出口采用滑雪道＋小挑坎面流消能，减轻对下游河道冲刷，不危及大坝安全，且坝身结构较简单，投资省，施工干扰小，有利于混凝土坝施工，故推荐方案1。

（三）溢洪道结构设计

溢洪道布置于大坝中段，采用设闸控制开敞式表孔泄洪，堰型为WES实用堰，幂曲线方程为$y=0.0657x^{1.85}$。经多方案比较，结合水力学模型试验，满足泄洪能力和下游消能防冲要求，确保大坝安全，拟定溢流净宽42m，堰顶高程596.40m，设3扇14m×12m（宽×高）弧形工作钢闸门。

表孔出口采用滑雪道＋小挑坎面流消能方案（下部设支墩拱），挑坎反弧半径为10m，挑射角为15°，反弧段末端接1∶3.75斜线，长3m，挑流鼻坎顶高程为576.80m。挑流鼻坎下部共设3孔支墩拱，1、3号支墩拱跨度14.2m，2号支墩拱跨度14.0m，支墩头部宽2.72～2.81m，尾部宽1.3m，支墩基础高程561.00～567.50m。

（四）水力学计算及模型试验成果

1. 泄流能力　表孔堰顶高程596.40m，堰型为WES实用堰，单孔溢流宽度14m，泄流公式为：$Q=m\varepsilon\sigma B\sqrt{2g}H_0^{3/2}$。过流能力计算和水力学试验均有3种洪水频率（0.2%、2%、3.33%）和3个上游水位（612.69m、608.89m、608.40m），两者成果比较可知，在相同水位情况下，水力学模型试验下泄流量值略大于理论计算值，溢洪道泄洪能力满足相应标准时洪水的下泄要求。

2. 下游消能　水力学模型试验计算工况：设计洪水工况（$p=2\%$）、校核洪水工况（$p=0.2\%$）、消能工设计工况（$p=3.33\%$）。

在各种工况下，其模型试验的冲坑后坡比均大于3，岩层倾角远远大于该后坡比，满足规范要求。虽冲坑底部高程低于大坝建基面560.00m高程，但冲坑位置远离大坝坝脚，冲坑最深点距坝趾距离80～100m，且冲坑影响范围均在河床，对下游两岸坡未产生破坏，不会危及大坝安全运行。

［遵义水利水电勘测设计研究院　陈清松　贵州省水利投资（集团）有限责任公司　苏艳菲］

河沟头水库溢洪道布置

河沟头水库位于贵州省普安县格那河上游河段，格那河属珠江流域北盘江水系二级支流。工程等别为Ⅳ等，小（1）型工程，由水库枢纽和供水工程组成。主要建筑物包括混凝土面板堆石坝、溢洪道、取水兼放空隧洞、供水管道等。工程任务是给集镇和农村供水。

（一）溢洪道布置

1. 溢洪道布置选择　根据可研选定的坝址及坝型，大坝为混凝土面板堆石坝。面板堆石坝一般采用岸边泄洪或低洼垭口地形开凿溢洪道。根据库区建库河段地形，坝址以上两岸无较低垭口可供布置岸边溢洪道，仅可考虑左、右岸布置方案。分析如下。

（1）左岸地形坡度15°～50°，第四系覆盖层广布，为残坡积黏土夹碎石，下伏基岩为炭质泥岩夹薄层泥灰岩，属较软岩类。据钻孔资料，覆盖层下限铅直深度0～8m，强风化下限铅直深度11～22m。左坝肩在正常蓄水位附近山体雄厚，开挖量大、边坡较高，溢洪道进出口方向交角较大，泄槽布置难以使水流平顺连接，水力条较差。

（2）右岸地形坡度10°～37°，第四系覆盖层广布，为残坡积黏土夹碎石，下伏基岩为泥灰岩与薄层钙质泥岩互层，属较软岩类。据CZK1、CZK5钻孔资料，覆盖层下限铅直深度11～52m，强风化下限铅直深度10～15m。右坝肩处在正常蓄水位附近山体低矮单薄，利于布置溢供道引渠段，稍做转弯可减小对右岸较大面积的开挖破坏，泄槽轴线顺直，水力条件较好。泄槽轴线与地形等高线相交70°～90°，泄槽横向开挖深度5～8m，基础开挖和边坡处理工作量小，出口直接接入下游河道，水力条件较好。所以最终选定右岸溢洪道。

2. 溢洪道型式选择　开敞式溢流堰有较大的超泄能力，宜优先采用。开敞式溢洪道分为薄壁堰、实用堰和宽顶堰。本工程因地质条件较差，不适应建薄壁堰。

宽顶堰流量系数为0.32～0.385，实用堰流量系数为0.425～0.51。对山区型河流，洪水起伏大，需较大泄洪能力，保证大坝安全，且实用堰整体稳定性和断面应力情况较好，所以实用堰较合适。实用堰常用有驼峰堰和WES实用堰，前者比后者投资较省，但前者的水力条件较后者差，且本工程不存在制约采用WES实用堰的因素。在溢洪道同等宽度的情况下，采用WES实用堰时校核水位比驼峰堰要低，坝体量及投资更省。最终选WES实用堰。

溢洪道分正槽和侧槽溢洪道。正槽溢洪道5m宽控制段和溢洪道的投资为251.8万元，大坝投资2793.84万元。本次采用侧槽式溢洪道与之比较，侧槽溢洪道堰顶宽度31m，采用实用堰。采用侧槽溢洪道时，大坝减少1m坝高，但由于侧槽段长度较长，进口开挖量大，基础混凝土多，所以投资比正槽溢洪道多出7.26万元，故本方案溢洪道采用正槽溢洪道。

3. 溢洪道堰宽选择　溢流宽度减少，则坝顶增高，但溢洪道相应投资也减小。初似5个溢洪宽度3、4、5、6、7m，并分别计算出大坝与溢洪道投资关系。计算结果表明，溢洪宽度为5m时，大坝和溢洪道投资总和最小。最终推荐泄洪建筑物泄洪净宽5m的开敞式自由泄洪溢洪道方案。

（二）溢洪道结构

本工程溢洪道布置靠近大坝右岸，堰顶高程1633m，溢流净空为5m。实用堰溢流堰溢流面曲线为WES幂曲线。进口为引水平台，控制段后接泄槽段。泄槽总长80.62m，宽度5m，坡比1∶3.5。泄槽后接消力池，消能方式为底流消能。消力池后接出口渠道段，最后与天然河道顺接。溢洪道由进口引水段、控制段、泄槽段、消能段和出口渠道段组成，溢洪道全长155.65m。

（1）进口引水段（溢0－045.49～溢0＋000.00）：进口段开挖成一个高程为1629m的平台，平台边墙坡度1∶1.0，高6m，边墙厚0.5m，边墙和底板均为C20混凝土。开挖边坡采用挂网喷C20混凝土处理，厚10cm，边坡设$\phi 25$水泥砂浆锚杆，长4.5m和9m，间排距3m。

（2）控制段（溢0＋000.00～溢0＋007.60）：控制段为正槽式WES幂曲线实用堰，堰顶高程1633.00m，堰高4m，堰总宽5m。上游堰面采用3圆弧曲线，$R_1=0.5H_d=0.64m$，$R_2=0.2H_d=$

0.26m，$R_3=0.04H_d=0.05$m，堰面定型设计水头为 $H_d=1.275$m。下游堰面 WES 幂曲线方程为 $y=0.4067x^{1.85}$，下接半径为 1m 的圆弧连接泄槽，堰面和边墙均采用 C25 钢筋混凝土，基础和堰体采用毛石混凝土。溢洪道堰顶处采用 T 形梁板结构跨过溢洪道，单跨 6m，桥板下设 40cm 主梁 2 根，板厚 20cm。

（3）泄槽段（溢 0＋007.60～溢 0＋088.22）：泄槽底板坡度为 1∶3.5，泄槽宽度为 5m 的矩形断面，边墙高度 1m，边墙厚 0.5，边墙和底板均采用 C25 钢筋混凝土。溢洪道开挖后基础和边坡每隔 3m 打 ϕ25 锚杆，梅花形布置。底板每 15～20m 设伸缩缝，缝间设沥青砂浆嵌缝，缝下设纵横排水沟（孔）。

（4）消能段（溢 0＋088.22～溢 0＋104.22）：消力池长 16m，底板采用 1m 厚 C25 钢筋混凝土衬砌，净空 5m，池深 1m，边墙采用 C25 钢筋混凝土衬砌，边墙宽 0.5m，高 3.2m，消力池尾坎高 2m，尾坎厚 1m。消力池底板设 $L=3$m、间排距为 2m×2m 的 ϕ25 锚杆，矩形布置。同时设排水孔，排水管材料 PVCΦ200@3000 梅花形布置。

（5）出口渠道段（溢 0＋194.22～溢 0＋119.16）：出口渠道段为矩形断面，渠道底宽 5m，底板厚 30cm，渠道边墙厚 50cm，高 1.2m，均为 C20 混凝土浇筑，渠道出口连接河道。

（中国水利水电第九工程局有限公司勘测设计公司
陈雪松）

鱼枧水库溢洪道闸室有限元计算分析

鱼枧水库溢洪道闸室底板顶高程 700m，段长 20m，堰顶高程 704m，设 2 孔 6.5m×7.0m（宽×高）弧形工作门。溢流净宽 13m，溢流堰为 4m 高 WES 曲线型低实用堰。

（一）计算参数

（1）物理力学参数：水容重 9.81kN/m^3；地基弹性模量 2.70GPa，泊松比均值 0.27；钢筋混凝土容重 25kN/m^3，弹性模量 30GPa，泊松比 0.167；牛腿支座预埋钢构件材料为 Q235，容重 78.5kN/m^3，弹性模量 206GPa，泊松比 0.26。

（2）特殊荷载：正常蓄水位工况，弧门开度零时，弧门承受的水推力为 1790.19kN，与水平面夹角 9.747°。按实际计算启闭力，闸门瞬间开启，单个吊头荷载 237.7kN，与水平面夹角 52°；闸门全开，单个吊头荷载 372.98kN，与水平面夹角 4°。地震设防烈度Ⅵ度。防渗帷幕处扬压力折减系数为 0.5。

（二）力学模型

1. 边界条件及基本假设　为了使有限元分析力学模型在符合荷载及边界条件下简化计算，确保计算结果的可靠性和计算精度，作如下基本假定：①闸室混凝土及基础结构材料按线弹性理论进行结构体的有限元计算分析；②基础结构为均质、连续、正交各相向同性材料；③闸室结构非对称，作用荷载也不完全对称，选取整体结构计算；④基础深度取 2.5 倍建筑物高度，为 50m，底面按竖向链杆刚性约束，基础上下游长度取 2.5 倍建筑物高度，为 50m，边界按水平链杆刚性约束；⑤闸室周边为自由边界，不考虑闸室段四周两侧山岩、进水渠右导墙等的侧限作用，需考虑大坝堆石体对闸室作用；⑥牛腿支座预埋钢构件和支铰底座有一定刚度，按钢印理论将压力作用于牛腿上。

2. 有限元计算模型　采用大型有限元计算程序——ANSYS 软件进行建模计算。溢洪道建筑物和地基采用 SOLID45 单元模拟，地基为无质量地基。单元布置充分考虑应力梯度大小变化，闸墩和牛腿结合处、闸墩根部与溢流坝连接处、启闭机吊点等处，网格划分较密，基岩等处逐渐变疏。整体模型材料共 4 种，节点 22086 个，单元数 18168 个。模型坐标，X 轴沿溢洪道水流流向指向下游为正，Y 轴竖直向上为正；Z 轴自左岸指向右岸为正。

3. 计算工况　6 种工况：GK1 完建空库、GK2 正常蓄水位挡水、GK3 正常蓄水位单孔泄洪、GK4 设计洪水位瞬间开启、GK5 校核洪水位闸门全开、GK6 正常蓄水位有侧限。

（三）计算结果与分析

1. 位移计算　计算结果如下。

工况 1（GK1）：结构体有自重及堆石土压力荷载。闸室下游段体积比上游段大，使闸室向下游倾斜下沉变形。X 向最大变形 0.17mm，在右边墩顶部；Y 向最大变形为－1.39mm，在右边墩顶部。堆石土压力使右边墩向内侧位移，最大位移－1.29mm，在右边墩顶部。

工况 2（GK2）：除各种自重外，还受弧门前上游内水压力、堆石土压力。自重荷载使闸室垂直向下变形，弧门推力下闸室整体向下游方向水平变形。X 向最大变形 0.95mm，在右边墩顶部；Y 向最大变形－1.46mm，在左边墩顶部。内水压力使左边墩向外变形，其顶部最大 Z 向位移－0.91mm，因未考虑山岩侧限，实际不可能发生。右边墩在上游内水压力和堆石体压力作用部分抵消，但下游段顶部位移仍较大，最大－1.13 mm。

工况 3（GK3）：正常蓄水位左孔全关右孔全开。自重荷载使坝体闸墩垂直向下变形，最大 Y 向变形

-1.44mm，在右边墩顶部；工作门水推力及静水压力使结构整体向下游水平变形，最大 X 变形 0.72mm，在中墩顶部；单孔开启边墩出现相对较大的横河向变位，最大 Z 向位移 -1.23mm，在右边墩顶部。

工况 4（GK4）：自重荷载使闸墩垂直向下变形，最大 Y 向位移 -1.45mm，在右边墩顶部；工作门水推力及静水压力使结构整体向下游方向水平变位，与 GK2 变形规律相同，最大 X 向位移 0.94mm，在右边墩顶部；最大 Z 向位移 -1.14mm，在右边墩顶部。

工况 5（GK5）：自重荷载使坝体闸墩垂直向下变形，最大 Y 向位移 -1.18mm，在右边墩顶部；静水压力等使结构整体向下游方向水平变位，最大 X 向位移 0.57mm，在右边墩顶部；最大 Z 向位移 -1.24mm，在右边墩顶部。

工况 6（GK6）：荷载同工况 2。但左边墩受山岩侧限作用，外表面各点有水平链杆约束，故几乎无侧向水平位移。右边墩变形同工况 2。闸墩最大 Y 向位移 -1.47mm，在右边墩顶部；X 向最大位移 0.92mm，在右边墩顶部；Z 向最大位移 -0.88mm，在右边墩顶部。

综上所述，最大 Y 向位移在工况 6 右边墩顶部；最大 X 向位移在工况 2 右边墩顶部；最大 Z 向位移在工况 6 右边墩顶部。各项位移均不会影响坝体结构的正常运行。

2. 应力计算　计算结果如下。

（1）闸墩混凝土应力：左边墩第一主应力 σ_1 最大值 0.67MPa，出现在工况 5 吊头下游侧，极值点在吊头，局部有应力集中，很快衰减；中墩第一主应力 σ_1 最大值 0.66MPa，出现在工况 5 吊头下游侧；右边墩第一主应力 σ_1 最大值 1.12MPa，出现在工况 3 吊头下游侧。

（2）溢流堰第一主应力 σ_1 最大值 0.91MPa，出现在工况 4 溢流堰顶部与左边墩连接处。

（3）吊头周边混凝土第一主应力 σ_1 最大值 1.12MPa，出现在工况 3 右吊头孔内下游端。

（4）牛腿部位最大拉应力为 1.24MPa，出现在工况 4 右牛腿上游与右边墩连接处。

（中国电建集团中南勘测设计研究院有限公司
兰钦　辛利春　赵喆）

东萨宏水电站尾水闸门联动控制的泄洪模式研究

（一）工程概况

东萨宏水电站位于老挝巴色市以东大约 150km 处，位于湄公河流域占巴塞省境内。电站室外平均环境温度 30℃，湿度 100%，属热带雨林气候。电站采用堤坝式开发，明渠引水发电，额定水头 17.8m，最大水头 20m。电站是老挝国最南端的最大水电站，设计总装机 4 台套，单机 65MW，目前为全亚洲单机容量最大的贯流式机组。

根据电站的河水动力学研究报告，当 1 台机组紧急停机 4h 之后，进水口附近村庄的水位上涨约 0.5m。以此类推，当 2 台机组紧急停机 4h 后，进水口附近村庄的水位上涨约 1m。考虑到老挝电网的不确定性，在极端情况下，造成 4 台机组全部紧急停机，进水口附近的村庄水位将在 4h 内上涨约 2m。由于附近村民以打鱼为生，快速上涨的水位会对渔民的生命及财产造成威胁。

受地域条件限制，电站未设计冲砂泄洪闸，汛期泄洪水只有流经机组流道通过机组泄洪。为了实现机组过流泄洪，尾水快速事故闸门需配合机组泄洪，操作系统为液压启闭机式。利用灯泡贯流式机组与尾水闸门配合控制达到机组泄洪目的的理论，是由法国阿尔斯通于 20 世纪 60 年代根据河道航运的需求研究提出，主要用于电站在不发电情况下保障下游河道航运正常。在东萨宏水电站之前，全球仅法国和巴西各有一个电站使用了灯泡贯流式机组泄洪模式设计，但在使用过程中均存在一些问题和不足。

（二）泄洪模式关键技术

为避免河水水位上升过快造成的危险，东萨宏水电站的尾水门需具备泄洪模式功能，以便尾水闸门参与机组的联动控制。控制系统新增了泄洪模式流程，并根据不同运行工况，自主选择是否进入机组泄洪模式的功能。泄洪模式技术要点如下。

（1）机组电气事故、紧急停机、控制流程超时、蠕动等异常工况时，控制系统自动关闭尾水闸门，截断机组过机流量，保证机组的安全。

（2）东萨宏水电站的电气事故分为“停机 1”和“停机 2”两类，根据不同的事故类型，自主选择尾水闸门的操作方式。当机组出现“停机 1”时，控制系统自动关闭对应的尾水闸门；当一台机组出现“停机 2”，或多台机组间歇性（大于 5s）的出现“停机 2”时，控制系统也会自动关闭对应的尾水闸门。

（3）当 2 台及以上机组，在 5s 内同时出现“停机 2”时，事故机组会自动进入泄洪模式；当上游水位暴涨，危及厂房及水工建筑安全时，机组可通过控制系统的泄洪流程，进入泄洪模式。在此模式下，机组导叶与桨叶全开，完全依靠调节尾水闸门的开度，控制过机流量，保证机组的转速维持在 66%～77%

额定转速之间，进行上游水库泄洪。

(4) 尾水闸门通过液压系统的调节，具备分3段关闭功能，以满足机组泄洪模式。

通过真机泄洪模式试验，从机组各种工况进入泄洪模式的各项运行曲线中可以总结出，机组的转速因甩负荷转速先上升，在进入泄洪模式的过程中，由于尾水闸门的开度调节，过机流量减少，转速逐渐降低。当机组进入到泄洪模式工况后，机组的运行情况如下：

1）尾水闸门水平和垂直振动趋于稳定，水导轴承以及发电机导轴承振动趋于稳定。

2）水导轴承以及发电机导轴承摆度趋于稳定。

3）进水压力脉动和尾水压力脉动趋于稳定。

4）机组转速稳定在66%～77%额定转速，机组的频率稳定在33～35Hz。

（三）实施效果

东萨宏水电站基于尾水闸门联动控制的泄洪模式，成功地实现了单机或多机过流泄洪。液压启闭机式尾水事故快速闸门配合机组泄洪的研究和成功应用弥补了国内该领域的空白。液压启闭机式快速尾水闸门的安装和试验的成功实践，机组与尾水闸门在不同工况下切换到泄洪模式的联动试验的成功，满足了电站在极端洪水位下的泄洪需求，保证了电站及流域人员财产安全，利用该泄洪模式减少了电站泄洪溢洪道的建设投资，也减小两台及以上机组同时甩负荷停机时，形成的上游库区的涌浪，减小对水工建筑物等的冲击，同时也确保上游水位稳定在安全范围内。作为EPC总承包方，泄洪模式的成功应用减少了项目建设的总投资。

（中国水利水电第十工程局有限公司
刘星星　胡细波）

施工导流与围堰设计

杨房沟水电站大坝上游围堰设计

（一）工程概况

杨房沟水电站由混凝土双曲拱坝、泄洪建筑物、引水系统、地下厂房、尾水建筑物，过鱼设施等组成，拱坝坝高155m，坝顶高程2102m。坝址多年平均流量900m³/s，工程选用全年断流围堰挡水，在右岸两条城门洞形导流隧洞导流，隧洞断面净尺寸13m×16m。

围堰左岸1990m高程以上岸坡裸露弱风化花岗闪长岩，局部分布0.5～3m覆盖层，1990m高程以下为漫滩及河床覆盖层，厚度6～23.5m。围堰右岸2010m高程以上岸坡为弱风化变质粉砂岩，2010m高程以下为漫滩及河床覆盖层，厚度16.95～23.5m。河床地面高程1979～1982m，覆盖层厚度19～25m，为混合土卵石层，结构中密，呈较强透水性。

截至2020年3月底，杨房沟大坝混凝土浇筑最低高程已超过2030m，即大坝顶部高程全部超过了围堰顶过程。从度汛角度上游围堰已完成使命，但只要来流量小于20年一遇洪水，围堰仍将继续发挥挡水作用。

（二）上游围堰设计

围堰的布置下游受限于左岸上游年公沟，上游受限于右岸导流洞进口位置，布置紧凑。

1. 围堰堰型选择　根据本工程导流方案和工程条件，比较了碾压混凝土围堰和土石围堰方案。混凝土围堰挡水标准 $p=10\%$，$Q=5780m^3/s$，堰顶高程2022.50m，最大堰高72m。土石围堰挡水标准 $p=5\%$，$Q=6460m^3/s$，上游围堰堰顶高程2027m，最大堰高47m。

为建上游碾压混凝土围堰须先建土石子围堰，土石子围堰挡水设计标准枯水期11月至次年4月，$p=20\%$，$Q=965m^3/s$，子堰前水位1003.82m，子堰顶高程1995m。导流程序与土石围堰一致。鉴于上游土石围堰的地形条件，选用心墙土石围堰。

从建筑物布置与规模、施工进度等分析，混凝土围堰和土石围堰方案均可行。在工程造价、施工进度、施工道路布置等方面，土石围堰方案有一定优势，故推荐土石围堰方案。

2. 土石围堰断面设计

(1) 堰顶高程：围堰挡水标准为全年20年一遇洪水，相应流量 $Q=6460m^3/s$ 时，经调洪后上游静水位2023.87m。坝顶高程等于静水位加坝顶超高，经计算确定上游围堰顶高程为2027m。

(2) 围堰防渗形式：将高喷灌浆和塑性混凝土防渗墙进行比选。本工程堰基处卵砾石含量比例高，局部有大块石和孤石，围堰挡水水头较高，高喷灌浆钻进难度大，质量难以保证，故推荐塑性混凝土防渗墙防渗。

防渗墙施工平台设计标准洪水流量为枯期10年

一遇洪水流量 $1090m^3/s$，防渗墙施工平台高程1996m。堰体 1996m 高程以上用土工膜心墙防渗，土工膜心墙防渗体高 30m，土工膜上下游两侧设垫层及过渡层；1996m 高程以下堰体及基础采用塑性混凝土防渗墙防渗，墙厚 1m，最大墙深 37m。截流戗堤布置于下游侧堰体内，以减少截流大块石对防渗墙施工的影响。上戗堤顶宽 20m，戗堤轴线位于围堰轴线上游 50m；下戗堤顶宽 20m，戗堤轴线位于围堰轴线下游 40m。

土石围堰堰顶高程 2027m，顶宽 10m，1996m 高程以上上游面坡比 1∶1.8，下游面面坡比 1∶1.7；考虑水下抛填自然休止角的因素，1996m 高程以下上下游坡比均为 1∶1.5。

（三）围堰监测

1. 围堰监测设计　围堰安全监测的重点是其整体的变形稳定及防渗体系的渗透安全。

在上游围堰堰顶下游侧设 4 个表面变形测点（观测墩＋水准标芯）。水平位移采用交会法观测，垂直位移采用几何水准法观测，垂直位移工作基点与水平位移工作基点在同一个位置上。布置表面变形测点 4 个，水平工作基点 2 个，垂直位移工作基点 1 个。

上游围堰设 2 个渗流监测断面。每个断面各设 2 支渗压计，渗压计沿防渗体（膜—墙—帷）下游侧设置，埋设高程分别位于混凝土防渗墙与复合土工膜结合部位以下 0.5m、防渗墙与帷幕接触高程，以监测防渗体的防渗效果，并可发现防渗体的局部破坏。

2. 围堰监测成果　4 个表面变形测点于 2018 年 6 月 1 日始测，到当年 7 月 20 日，实测最大垂直位移 26mm，顺河向最大位移 2mm，左右岸方向最大位移－3.1mm，当前测值较小。

高程 1957.5m 渗压计水位测值在 1967.22～1967.23m，主要受孔内积水影响；高程 1995.5m 渗压计水位测值 1995.5m，与安装高程几乎相等，表明该处基本无渗压。

3. 监测与计算成果比对　上游围堰表面位移竖向监测最大值为 26cm，实测沉降与围堰高度比值为 0.55%；三维非线性有限元竣工期最大量为 23.7cm，蓄水期最大沉降量为 26.4cm，计算沉降与围堰高度比值为 0.57%，观测点的位置与沉降计算的位置不一致。

高程 1957.5m 渗压计水位测值 1967.22～1967.23m，主要受基坑水位影响；高程 1995.50m 渗压计无渗压。上游围堰渗流处于基本稳定状态，渗透压力满足设计要求。

监测成果对围堰设计有重要意义，对类似工程有参考作用。

（中国电建集团华东勘测设计研究院有限公司 江金章）

黄登水电站围堰选型及结构设计

（一）工程概况

黄登水电站为堤坝式枢纽工程，枢纽包括碾压混凝土重力坝、坝身泄洪建筑物、左岸地下引水发电系统。工程采用围堰一次断流、右岸两条导流隧洞泄流的全年导流方式。

澜沧江径流以降雨补给为主，上游部分冰雪融水补给，下游由降雨补给。径流年内分配不均匀，集中在 6～10 月，枯汛期明显。洪水由暴雨形成，洪水主要出现在 6～10 月。

上游围堰枯水期江面宽 45～65m，天然江水面高程 1471.5m，水深 7～10m。河谷两岸主要为陡壁，基岩裸露，岩层为变质火山角砾岩、变质火山细砾岩夹变质凝灰岩，地表露头为弱风化岩体。河床冲积层厚 25～30m，渗透系数 0.1～0.19cm/s，属强透水层。冲积层粗细颗粒粒径比值较大，基岩渗透系数与冲积层的渗透系数比值一般大于 1～3。受梅冲河泥石流影响，上游围堰处河床抬高约 18m，淤积物物理指标和下覆冲积层相当。

（二）围堰堰型选择

黄登水电站采用全年围堰挡水，上游围堰按河床原始状态起算，最大高度达 61m。围堰挡水历时长约 3.5 年，对围堰的结构及防渗要求较高。河谷狭窄且岸坡较陡，围堰施工难度较大。从平面布置、岸坡处理、围堰填料、堰基处理、工期及工程量等，对几种围堰综合比较。

（1）黏土心墙土石围堰：筑坝材料可就地取材，较能适应地基变形，施工技术简单工序少，便于组织机械化快速施工。但岸坡需挖至基岩面，心墙下部以齿槽型式与岸坡连接，其结合处施工不便，质量保证性差。雨、冬季施工较难，黏土开采会带来占地和环保问题。

（2）土工膜心墙土石围堰：与黏土心墙比，土工膜施工简便，且可冬季施工，雨季干扰也少，可缩短工期，易保证质量。与岸坡连接时需开挖岸坡覆盖层，基岩接触面下挖深入岩，并浇筑混凝土刺墙，复合土工膜与刺墙顶连接，刺墙入岩开挖有一定难度。

（3）土工膜斜墙围堰：和土工膜心墙比，围堰高度、防渗墙工程量相当，水上部分斜墙方案上升高度和强度稍大，但防渗墙与填筑可同时施工。因斜墙距坝基较远，坝肩开挖干扰稍小，且部分堰体可超前施工，工期较心墙方案保证率高。与岸坡连接需开挖覆盖层，基岩接触面下槽挖入岩开挖难，岸坡绕渗控制难。受水压作用，刺墙与土工膜连接处易被拉坏形成渗漏。土工膜上、下层均需设反滤层，工序多，工艺要求高，围堰上游坡度较缓，土工膜接缝质量保证有一定困难。

黄登水电站工程总进度安排于 2013 年 11 月上旬截流，2 条导流隧洞已分流，上游围堰两岸堰肩开挖及防渗墙具备提前施工条件。经参建分析各方案优劣，最终确定上、下游围堰均采用土工膜心墙土石围堰方案，即基础用混凝土防渗墙防渗，堰体用土工膜心墙防渗。

（三）围堰结构设计

1. 设计标准　电站导流建筑物级别为 4 级，围堰设计标准为 $P=5\%$，相应 $Q=6840m^3/s$。

2. 平面布置　围堰主要作用是保护大坝基坑全年干地施工。上游围堰布置受地形地质条件，导流隧洞进口位置，大坝基坑开挖及排水设施等限制，围堰轴线距坝轴线上游 270m，迎水面坡脚距 1 号导流隧洞进口 35m，围堰下游堰脚距大坝基坑开挖线约 70m。为防止不稳定水流对迎水面的冲刷和淘刷，迎水面水下边坡采用钢筋石笼保护。

3. 结构形式　围堰挡水度汛设计标准采用全年 20 年一遇洪水，对应堰前水位 1526.12m，经水库调洪后下泄流量为 $6519m^3/s$，对应上游围堰堰前水位为 1521.82m。

考虑遇超标准洪水有临时加高的余地及作为主要施工通道，确定上下游围堰堰顶宽度均为 15m。

经计算分析确定水上碾压部分边坡：上游围堰上游边坡为 1∶1.8，下游边坡为 1∶1.6，下游侧边坡布置 Z 形道路。水下抛填部分：水下抛投料物按自然稳定边坡，采用 1∶1.5。

为防止截流时抛投大块体被冲落在堰基防渗墙轴线处，影响防渗施工，另截流戗堤在一定程度上可作为排水棱体，根据地形地质条件及枢纽布置情况，戗堤设在上游围堰轴线下游侧 72.2m 处。

4. 堰体防渗　上游围堰堰体用复合土工膜心墙防渗，材料规格 350g/0.8mmPE/350g（两布一膜复合结构）。土工膜 Z 形布置，Z 形折皱高度 75cm，折皱角度 32°，相应坡度 1∶1.6。

5. 堰基和岸坡防渗　堰基河床冲积层采用 C20 混凝土防渗墙防渗，墙厚 1m，墙底入弱风化岩 0.5m，最大墙深 57m。墙下帷幕灌浆孔底界按 10 吕荣线控制，单排孔，孔距 1.5m，最大孔深 61m。防渗墙施工平台高程 1487m。上游围堰左右岸坡表面覆盖层清除后，采用帷幕灌浆防渗。灌浆前先浇混凝土盖板，复合土工膜与盖板连接。防渗墙施工平台以下岸坡灌浆孔底界按 10 吕荣线控制，施工平台以上岸坡灌浆孔底界按 20 吕荣线控制。2 排灌浆孔，排距 1.5m，孔距 2m，最大孔深约 40m。

6. 围堰填筑料　上游围堰水上部分堰体由碾压石渣料、过渡料Ⅰ、过渡料Ⅱ和干砌块石护坡等组成。堰体水下部分填料由石渣料Ⅰ、石渣料Ⅱ和钢筋石笼等组成。

黄登水电站于 2013 年 11 月大江截流，围堰于 2014 年 5 月填筑完毕。经 2014 年 5 月～2017 年底，历时 3.5 年运行检验，围堰结构稳定，堰体堰基渗水量很小，运行安全可靠。

（中国电建昆明勘测设计研究院有限公司
刘玲玲　黄雪林）

宗格鲁水电站导流建筑物设计

宗格鲁水电站总装机容量 700MW，枢纽包括挡水建筑、坝式进水口、坝后厂房及尾水渠、坝身溢洪道。大坝为 RCC 重力坝和两岸沥青混凝土心墙堆石坝的组合坝，坝长 2360m。

（一）施工导流方式及导流标准

坝址区河谷宽缓，沿河边基岩裸露，两岸地形自然坡度 5°～15°，左岸为自然滩地，地形平缓。原设计施工导流分三期：一期原河床过流，左岸导流明渠施工；二期导流明渠过流，主体施工；三期泄洪底孔过流，明渠坝段施工。后因工期调整，截流时间推迟，改为两期导流：一期原河床过流，左岸导流底孔施工；二期导流底孔过流，主体工程施工。导流标准按合同文件规定，一期导流设计流量 $1000m^3/s$，二期为 $2860m^3/s$（泄洪量）。

（二）导流建筑物设计与关键技术

1. 导流底孔　左岸 26、27 号坝段设 4 个导流底孔。底孔进口矩形断面 7m×8.5m（宽×高），底板高程 149m，出口设 1∶5 压坡，压坡后矩形断面 7m×7.5m（宽×高），底板高程 149m，平坡，底孔长 63.45m。坝前设进水塔，塔顶高程 173m。上游侧接进口明渠，底宽 40m，下游侧接出口明渠，底宽 41.5m。底孔进口设进水塔，孔口尺寸 7m×8.5m。进水塔及底孔孔身中墩厚 4.5m，边墩分别厚 2.9、2.6m。底孔总宽与底孔坝段宽之比达 0.6。进水塔设平板封堵门，闸门尺寸 7m×8.5m，设计挡水水头 74m。

通过有限元三维模型模拟导流底孔坝段整体结构，对导流底孔进行应力应变分析。结果表明，进水塔及大坝上游面承受 74m 水头时，结构各向压应力均低于材料抗压强度设计值，拉应力值超过材料抗拉强度设计值的高应力区在进水塔中墩高程 151m 以下上游墩头、进水塔边墩 150m 以下上游墩头、导流底孔孔身顶板。对高应力区进行专项配筋。

2. 纵向围堰

(1) 明渠布置：导流底孔进出口明渠均为复合梯形断面，底板高程149m，进口明渠底板宽40m，出口底板宽41.50m，均平坡。进口明渠右边墙为C15混凝土纵向围堰，底板基础为弱风化千枚岩，进口明渠流速不大，底板及左侧边坡不做衬砌保护。出口明渠左侧为厂房基坑，故出口明渠左侧边墙兼作厂房施工期挡水围堰，采用50cm厚C25钢筋混凝土护面＋上部C15重力式混凝土挡墙，过流侧157m以上直墙，以下边坡坡比1∶0.5，右边墙为C15混凝土纵向围堰。出口明渠底板用50cm厚C25钢筋混凝土护底。

导流模型试验时，导流底孔出口明渠如直线布置，在设计工况下，出口下游靠近下游围堰侧流速达6m/s，冲坑在下游围堰与纵向围堰衔接处附近，冲坑深14.2m，危及下游围堰安全。为此，将出口明渠轴线改为弧形，使水流与下游河道平顺衔接。

底孔2016年12月开始过流，实际最大泄流量$3000m^3/s$，二期下游围堰运行安全。据现场观测，大流量时出口明渠水面偏流明显，水流从底孔出流后被右侧纵向围堰阻挡后往左侧折冲，在左边墙有一定的水位爬升，故底孔出口下游50～90m后期加高2m。

(2) 纵向围堰：纵向围堰为C15素混凝土围堰，分坝上游段及坝下游段。导流底孔设计流量$2860m^3/s$，底孔进口明渠水位168.6m，出口明渠水位156.92～158.32m。纵向围堰上游段顶高程170m，施工中加高了1m。下游段顶高程160m。

上游纵向围堰顶宽1.5m，最大高度21m，左岸161.5～170.0m为直立坡，161.5m以下边坡坡比1∶0.35，右侧边坡坡比1∶0.45。下游纵向围堰顶宽2.5m，最大高度11.5m，围堰左侧为直墙形式，右岸154.5m以上为直墙，以下边坡坡比1∶0.5。

上、下游围堰均在已施工围堰上加高，围堰体型综合坡比较小，尤其是上游纵向围堰，顶宽只有1.5m，左侧综合坡比约0.18，右侧坡比1∶0.45。导流期间，实际最大过流量约$3000m^3/s$，进口明渠最高水位169.75m，已接近上游纵向围堰顶高程，围堰运行安全。

3. 二期上游围堰　二期上游横向围堰为堆石围堰，堰顶高程170m，顶宽8m，最大堰高30m。上游围堰处，河床冲积层厚0～9m，右岸河漫滩及局部河床部位较厚，主要为粉细砂。结合施工进度及围堰地质条件确定，158.5m以下用高喷墙防渗，墙厚1.2m，孔间距0.8m。158.5m以上用黏土心墙防渗。设计采取以下措施对围堰进行防冲防渗保护。

(1) 围堰堰脚已超出上游纵向围堰，为此在靠近上游纵向围堰堰脚用大块石保护。

(2) 二期上游围堰用黏土心墙＋高喷墙防渗，与上游纵向围堰接头用C15混凝土刺墙，刺墙长5m宽1.5m，两侧坡比1∶0.1。刺墙与高喷墙基础面增加3个高喷孔加强防渗。

二期上游围堰已挡水3年，围堰渗水较少，运行安全。

4. 二期下游围堰　二期下游围堰布置成倒“L”形，设计挡水流量$2860m^3/s$，下游水位156.92～153.14m。与底孔出口明渠纵向围堰衔接，围堰顶高程160～155m，顶宽10m，最大高度15m。下游围堰为混合型。左岸直段131.214m为黏土心墙土石围堰，顶高程157.5～160m，最大高度15m。背水侧153.50m以上坡比1∶1.7，153.50m以下1∶1.5。迎水侧152m以上坡比1∶2.5，152m以下台阶式钢筋石笼。迎水侧152m以上用大块石护坡，152m以下用宽4m钢筋石笼串护脚，钢筋石笼下为1m厚C20混凝土，石笼间相互串联，形成整体，底层石笼设三排锚杆穿过基础垫层混凝土锚入基岩2m，锚杆间距2m。右岸横向段为土石混合料围堰，堰顶高程157.5～155.0m，最大高度7m。迎水侧边坡1∶2，背水侧坡比1∶1.7。迎水侧用块石护坡。

（中国电建集团昆明勘测设计研究院有限公司
肖群香　杨梅）

甲岩水电站导流洞结构设计

(一) 工程概况

甲岩水电站位于云南省禄劝县境内，装机容量240MW。水库正常蓄水位998m，相应库容$1.62\times10^8m^3$。枢纽由面板堆石坝、左岸溢洪道、左岸引水发电系统等组成，最大坝高146m。水库为二等大(2)型工程，电站三等中型工程。工程采用全年围堰挡水、隧洞导流方式。工程布置1条导流隧洞。导流洞在下闸后改建成旋流竖井式泄洪洞。导流洞布置特点如下。

(1) 导流洞设在河道右岸凸岸，一般说布置在凸岸，水流平顺且能缩短隧洞长度。

(2) 进出洞点选在基岩出露无顺坡结构的坝址右岸上游及坝址右岸下游处，较易成洞，且有利于进出口边坡的稳定，还可避免导流隧洞运行期间出洞水流淘刷岸坡。

(3) 隧洞轴线呈“7”字形布置，减少了进口明渠明挖且水流出流平顺。隧洞的参数为：进口底板高程884m，进口段底坡为平坡，导流洞底坡0.996%，洞身段长823.421m，平面转弯半径80m，转弯角度

19°，出口高程 876m，底坡为平坡。

(4) 导流洞过流断面尺寸 8.5m×12.5m（宽×高），方圆形，顶拱中心角 120°。

（二）导流隧洞地质条件

导流洞穿过地段地表岸坡平均坡度 50°～60°，局部悬崖峭壁，地表无大冲沟。隧洞埋深 50～200m，最深 348m。满足规范的岩层覆盖厚度要求。导流洞岩性为长石石英砂岩、粉砂岩夹砂砾岩及砂质泥岩，未发现Ⅲ级及以上断层。岩体为弱风化、微风化～新鲜，次块～镶嵌状结构，局部碎裂状结构。地下水位基本与洞底持平，岩体以弱透水～中等透水为主。

经分析甲岩水电站导流隧洞轴线走向与围岩结构面的交角基本大于 60°，满足隧洞设计规范的“在整体块状结构的岩体中，其夹角一般不宜小于 30°；在层状岩体中，特别是层间结合疏松陡倾角薄岩层，其夹角一般不宜小于 45°”的要求。

（三）导流隧洞结构设计

1. 一次支护　甲岩水电站隧洞围岩主要为Ⅲ、Ⅳ类，根据不同围岩采用不同的一次支护型式。导流洞进口渐变段稳定性差，采用喷 C20 混凝土，厚 25cm，挂网 6.5mm@20cm×20cm，系统锚杆 25mm，$L=4.5$m，外露 30cm，间排距 2m×2m，交错布置，Ⅰ20b 钢支撑，间距 0.5m；Ⅲ类围岩稳定性较差，支护内容与进口渐变段相同，只是喷混凝土厚度为 10cm；Ⅳ类围岩稳定性差，基本支护方式与进口渐变段相同，局部失稳段采用超前锚杆、管棚注浆，以及采取“短进尺，弱爆破，及时支护”方法开挖支护。

2. 二次衬砌

(1) 荷载及设计工况：导流洞衬砌混凝土设计荷载包括山岩压力、衬砌自重、内外水压力及灌浆压力。设计工况为运行期和封堵期。运行期荷载包括除灌浆压力外的其他四种荷载，封堵期（含设计和校核）荷载包括围岩压力、衬砌自重、外水压力。

计算中考虑：Ⅱ类围岩岩体完整，构造和节理较少，对隧洞稳定影响较小，故二次衬砌结构设计不计围岩压力；Ⅲ类围岩假定一次支护后已稳定，只计算垂直方向围岩压力，不计水平方向围岩压力；Ⅳ、Ⅴ类围岩（隧洞进出口段及断层影响带）计入围岩压力；作用在衬砌结构上的外水压力折减系数，Ⅱ类围岩为 0.1，Ⅲ类 0.175，Ⅳ类 0.2，导流洞进口渐变段 0.5；导流洞运行时上游最高库水位 936.75m，内水水头 52.75m，封堵期上游库水位 1004.14m，堵头前外水头 120.14m，帷幕后洞段按堵头施工期库水位 0.3 系数折减（外水头 36m），隧洞出口按天然地下水位溢出点计算，中间两点直线插值，并按相应围岩类别外水折减系数计算。计算时围岩其他参数参考相关手册确定。

(2) 衬砌厚度及配筋：根据导流洞实际围岩情况，利用理正岩土计算软件，对导流隧洞衬砌厚度及配筋进行计算分析。计算结果如下：进口渐变段，Ⅳ类围岩，衬砌厚 2.3m，结构主筋的迎水面为 32mm@150、岩体面为 32mm@150，分布筋 22mm@200，脚部外侧加强配筋；A 断面，Ⅲ类围岩，衬砌厚 0.8m，结构主筋的迎水面为 25mm@150、岩体面 22mm@150，分布筋 18mm@200，脚部外侧加强配筋；B 断面（堵头后），Ⅳ类围岩，衬砌厚 1m，结构主筋的迎水面为 28mm@150、岩体面 28mm@150，分布筋 20mm@200；C 断面（堵头前），Ⅳ类围岩，衬砌厚 1.2m，结构主筋的迎水面为 28mm@150、岩体面 28mm@150，分布筋 20mm@200，脚部内侧加强配筋。

(3) 隧洞洞身细部结构设计：排水孔在顶拱随机布设（进口渐变段及堵头段除外），排水孔堵头段前入岩 0.5m，堵头段后入岩 3m；洞身全断面钢筋衬砌的顶部进行回填灌浆，其范围为顶拱中心角 120°内设 3 孔，孔深入岩 10cm，灌浆压力 0.3MPa；隧洞进口段、堵头段、极不稳定Ⅴ类围岩段和进水塔基的固结灌浆，孔排距 2m×2m，梅花形布置，入岩 5m，灌浆压力 0.5MPa，地质缺陷部位入岩 8m，分两段灌浆，由衬砌侧向山岩侧实施，第一段孔深 3m，灌浆压力 0.5MPa，第二段孔深 5m，灌浆压力 0.8MPa；沿隧洞轴线每 10～15m 设 1 条伸缩缝，缝宽 1～2cm，洞内衬砌分缝处除堵头衬砌段外其余洞段均不设止水。

（中国电建昆明勘测设计研究院有限公司
黄雪林　刘玲玲）

大石峡水利枢纽工程导流洞进口围堰设计

（一）工程概况

大石峡水利枢纽工程位于新疆维吾尔自治区阿克苏地区温宿县与乌什县境内的库玛拉克河大石峡峡谷出口，面板坝最大坝高 247m，总库容 11.7 亿 m^3，电站总装机容量 750MW，为Ⅰ等大（1）型工程。大坝施工导流采用围堰一次拦断河床，隧洞全年导流的导流方式。为保证导流洞进口闸室和隧洞的正常施工，初步设计和发包设计阶段根据导流洞进口处天然河床狭窄的地形条件，2018 年采用导流洞进口枯水期围堰＋汛期天然岩坎挡水，2019 年采用导流洞进口枯水期围堰＋汛期导流洞进口闸门挡水的导流方式，挡水标准为全年 10 年一遇洪水 1970m^3/s。实施中，由于进水塔及进口闸门施工进度滞后，进口闸门在2019年汛前无法投入使用，后优化为在枯水期土石围堰上浇筑全年混凝土挡墙围堰的方案。

（二）导流洞进口围堰结构设计

1. 土石围堰及覆盖层固结灌浆 枯水期土石围堰采用回填碾压石渣，原设计只为满足导流洞进口枯水期挡水要求，汛期使用则必须满足全年混凝土挡墙围堰的基础承载力和防冲刷作用。在土石围堰堰体及覆盖层基础布设5排固结灌浆孔，灌浆孔排距1m、孔距1m，梅花形布置，入岩1m，固结灌浆采用纯水泥灌浆，灌浆压力0.5MPa。固结灌浆处理既可加固土石围堰堰体及覆盖层基础，使其满足全年混凝土挡墙围堰的基础承载力，又起到加强土石围堰堰体及覆盖层基础的防渗、防冲刷作用。

2. 进口全年围堰布置设计 2019年对导流洞进口附近河床复测，因淤积，河床高程抬高约1m，经复核按照汛期导流标准10年一遇洪峰流量$1970m^3/s$，对应水位1500.4m，远高于枯水期土石围堰堰顶高程。此时导流洞已经全面贯通，混凝土衬砌已经开始紧张施工。虽进口进水塔已经施工到汛限水位以上，但进口闸门在2019年汛前无法完成安装。为确保2019年安全度汛，经反复研究，结合工程现状，导流洞进口全年围堰采用在枯水期土石围堰基础上浇筑混凝土挡墙围堰的方案。由于枯水期土石围堰的顶宽和承载力不能满足重力式混凝土围堰的结构和稳定要求，为此，通过3个方面来弥补由于枯水期土石围堰的顶部宽度和承载力不足问题。一是将重力式混凝土挡墙围堰改为钢筋混凝土扶壁式挡墙围堰，扶壁式挡墙中部加肋板，并伸出趾板；二是利用导流洞进口2孔进水闸，有中墩、单孔宽只有5m的有利条件，将混凝土挡墙围堰侧向水平推力通过肋板传递到进水塔进口边墩和中墩上；三是在传力肋板之间加设小肋板，并以小肋板及伸出趾板上压钢筋石笼，以增加扶壁式挡墙围堰自重。

导流洞进口钢筋混凝土围堰顶高程1501.0m，堰顶宽度0.4m，迎水面铅垂、背水侧坡比1∶0.2，围堰混凝土强度等级C20。传力肋板结合进水塔进口边墩、中墩实际施工形象确定顶高程1499m，传递到进水塔进口边墩、中墩上大传力肋板厚度0.6m，间距5.0m；大传力肋板之间的小肋板顶高程1499m，厚度0.4m，间距3.15m。

3. 围堰稳定分析 枯水期土石围堰采用石渣及风化岩石，压实并进行固结灌浆处理后按照刚体对待。由于其体积宽大，可不进行稳定分析。钢筋混凝土扶壁式挡墙围堰采用刚体极限平衡法和简化为坐落在进水塔进口边墩、中墩上的简支梁分别分析计算。计算结果表明，按照重力式围堰采用刚体极限平衡法计算其抗滑稳定安全系数小于3，按坐落在进水塔进口边墩、中墩上简支梁其结构配筋及其他力学指标均满足要求。

（三）进口围堰运行情况

大石峡水利枢纽工程导流洞进口河床较窄，利用导流隧洞内开挖、混凝土浇筑时段，在混凝土围堰基础覆盖层采用5排控制性灌浆，既起到加固覆盖层基础，又起到防渗作用。两年运行监测分析看，基础加固效果显著，经过接近10年一遇洪水考验，基础未受冲刷破坏，混凝土围堰、混凝土挡墙及其支撑结构经受2019年汛期洪水考验，汛后检查基础和混凝土结构一切正常。

综上说明，覆盖层经过水泥灌浆加固处理，其防冲和承载力提高效果明显，在其上浇筑混凝土挡墙式围堰，并在下游侧设扶壁式支撑结构能够满足抗滑和抗倾稳定等力学要求。

（中国电建集团西北勘测设计研究院有限公司 王凤安）

南康3水电站施工导流设计与实践

南康3水电站位于老挝琅勃拉邦省的南康河干流上，电站装机容量60MW，总库容$0.224\times10^9m^3$，属二等大（2）型。枢纽由混凝土重力坝（67m高）、右岸引水发电系统等组成。导流建筑物有上、下游枯期土石围堰及导流隧洞。2016年6月工程完建。

（一）导流方式和标准

1. 首部导流 坝址呈基本对称的“V”形狭谷，两岸坡地形陡峻。左岸坡度35°～40°，高程330m以下地形陡峭，坡度55°；右岸地形相对饱满，坡度35°～45°，高程325m以下地形陡峭，坡度55°～60°。坝址所在河床宽40～60m，无明渠导流和分期导流条件，两岸山体雄厚，可布置隧洞。为此采用隧洞导流方式。

水文资料看，枯期（11月至次年5月）$P=10\%$频率流量$346m^3/s$，汛期$P=10\%$频率流量$2410m^3/s$,若全年导流，导流洞洞径太大。故首部枢纽采用河床一次断流，枯期围堰挡水导流隧洞泄流，汛期坝体缺口与隧洞联合过流的导流方式。

确定枯期围堰挡水标准为枯期（11月至次年5月）$P=10\%$频率洪水，对应流量$346m^3/s$。汛期坝体缺口过流洪水标准为全年$P=10\%$频率洪水，对应流量$2410m^3/s$。

中期坝体临时断面挡水。枯期挡水标准采用枯期$P=10\%$频率洪水，对应流量$346m^3/s$；汛期坝体挡水标准采用$P=1\%$频率洪水，相应流量$5710m^3/s$。

导流洞下闸后，导流洞堵头施工，坝体挡水，设计挡水标准采用 $P=1\%$ 频率洪水，相应流量 $5710m^3/s$。

2. 厂区导流　因施工进度推迟，厂区导流改为枯期导流，取消混凝土围堰方案。厂房基坑在大基坑内，2014 年枯期利用坝体上、下游围堰挡水施工，导流标准采用枯期 $P=10\%$ 频率洪水，相应流量 $346m^3/s$。2015 年汛前厂房尾水闸墩浇筑完成，尾水闸门安装完成并能下闸挡水，2015 年汛期利用尾水闸门及厂房上下游边墙挡水，挡水标准采用全年 $P=20\%$频率洪水，相应流量 $1610m^3/s$，继续厂房机组安装。

（二）导流洞

导流隧洞设在右岸，方圆形断面，平面上有一转弯段，转角 37°，洞径 5.5m×7m－120°。进口底板高程 306m，出口底板高程 302.80m，洞长 358m，底坡 0.875%。

1. 导流洞进水塔及封堵门设计　导流隧洞进口设进水塔，并设封堵闸门（平面滑动钢闸门），孔口尺寸 5.5m×7.5m，底槛高程 306m，进水塔顶高程 323m，塔长 8m。

封堵门设计挡水水头 42m，总水压力 16816kN。闸门下游止水。门叶分节制造运输，现场拼接。闸门总重 32.903t。导流过流期 2 年，为避免门槽被破坏，埋件采取临时保护措施。闸门拼装好后锁定在门槽顶部。闸门可在小于 4.98m 水头动水下下门封堵。

闸门重量不太大，进水塔顶不必设启闭机及排架，可采用汽车吊下闸。

2. 导流洞结构设计　导流洞最大垂直埋深约 120m，最大水平埋深约 170m。沿线地形坡度 35°～40°，地表分布厚度 1～3m 坡积层。隧洞岩性为灰岩或板岩，灰岩为中厚层状，完整性较好；板岩为薄层状，完整性较差。洞内地下水位线较高，不利于开挖。

隧洞的支护，在进口渐变段喷混凝土厚 20cm，系统锚杆 $\phi25$，$L=6m@2m\times2m$，钢支撑Ⅰ18，间距 0.75m。Ⅳ类围岩洞段支护同进口渐变段，但钢支撑间距 1m。Ⅲ类围堰洞段喷混凝土厚 10cm，系统锚杆 $\phi25$，$L=4m@3m\times3m$。开挖中遇地下水时设 $\phi50$，$L=2m$ 随机排水孔超前排水。

隧洞衬砌结构根据不同设计工况及地质条件，考虑山岩压力、外水压力、内水压力及衬砌自重等进行隧洞结构计算。结合计算成果及参考工程经验进行衬砌设计。

导流洞堵头前洞段在导流洞封堵期承受压力水头按上游正常蓄水位考虑，水头 43m，根据不同围岩类别进行折算后作用在衬砌结构上。堵头后为地下水作用。堵头前地质条件相对较差，堵头后地质条件相对较好，以Ⅲ类围岩为主，局部Ⅳ类。经水力学复核及结构复核后，导流洞堵头段及堵头后洞段取消顶拱衬砌，边墙及底板衬砌厚度 0.4m，且仅在内侧配单层钢筋 $\phi22@200$。堵头前洞段及出口浅埋段（20m 长）全断面衬砌，渐变段衬砌厚 1m，内外侧配筋 $\phi25@150$，浅埋段 0＋015～0＋047m 段衬砌厚 0.7m，内外侧配筋 $\phi25@200$，其余段衬砌厚 0.5m，仅内侧配单层钢筋 $\phi22@200$。

导流洞自 2013 年 11 月开始过流，2015 年 11 月下闸封堵，运行情况良好。

（三）上下游围堰

1. 上游围堰　上游围堰由于受 7 号冲沟及枢纽大坝布置的限制，场地有限，折线形布置于 7 号冲沟及坝体间。围堰堰脚距大坝开挖线 15m，为防止冲沟对围堰冲刷，在 7 号冲沟公路涵洞出口处接浆砌石排水渠，将冲沟水流引至上游围堰上游侧主河床内。上游围堰为土石围堰，黏土心墙＋黏土齿槽防渗。堰顶高程 322m，最大高度 25m，结合施工期交通及围堰稳定要求，堰顶宽 10m。上下游侧坡比 1∶1.7。围堰心墙为折线形。

2. 下游围堰　为降低导流洞出口回水对围堰堰脚淘刷，下围堰距出口有一定距离。围堰设在厂房下游侧，距坝轴线 250m，以利厂房施工。为减少基坑排水量，9 号冲沟出口设排水沟将水引至下围堰下游侧主河床内。下游围堰为土石围堰，防渗同上游围堰。堰顶高程 307m，最大高度 8m，顶宽 12m。上游坡比 1∶1.5，下游黏土斜墙坡比 1∶3。

（中国电建昆明勘测设计研究院有限公司
肖群香）

玛尔挡水电站工程导流洞风险分析

（一）工程概况

玛尔挡水电站施工采用河床断流围堰、隧洞导流、基坑全年施工导流方式。导流洞总长 1264m，采用洞内竖井式闸门，圆拱直墙式城门洞形，净断面尺寸 13m×16m。2017 年 12 月起工程处于停工状态，2020 年 12 月 10 日工程复工。2018 年 7 月工程经历近 20 年一遇洪水。复工前导流洞长期超期服役，安全风险极大，主要表现如下。

（1）导流洞进口左岸上游 HP01 滑坡体和 Qd01 倾倒体影响导流洞进口安全过流。

（2）导流洞运行 7 年，结构冲蚀磨损破坏难免，存在结构安全风险。

（3）初步判断导流洞出口消力墩和消力坎被冲毁，对出口底板及侧墙冲蚀破坏程度进一步加剧，危及导流洞出口结构安全、边坡稳定安全及过流安全。

（二）导流洞运行检测成果

1. 监测成果 导流洞洞身设6个监测断面，分别安设了锚杆应力计、岩石变位计、多点位移计、测缝计、渗压计；出口边坡设1个监测断面，安设锚索测力计和多点位移计。从监测成果看，洞身段各监测断面测值稳定、工作形态正常，出口边坡各测值不大、总体趋于平缓。监测水头断面2-2为0.67～12.16m，3-3为6.94～8.90m，4-4为0.73～7.47m。

2. 安全检查成果 影像检查结果显示，导流洞全洞段未见裂缝、塌方、露筋等质量问题；洞内水流平顺，水下水流气泡均匀、未见漩涡及其他异常情况，导流洞运行正常。

（三）导流洞复核计算成果

1. 进口上游滑坡体和倾倒体安全过流 导流洞进口边坡目测未变形，进口上游滑坡体在库水位高于3185m时可能失稳下滑。最大水位3133.05m时，滑坡前缘位于库水位以上，滑坡整体稳定。倾倒体3133.05m水位下，天然状态及暴雨条件下整体稳定。两者施工导流期整体稳定，对导流洞安全运行影响不大，但存在局部坍塌失稳的风险。

2. 洞身风险分析及评价 计算结果表明，洞身底板冲蚀破坏后，在正常运行工况下，导流洞结构配筋满足设计要求，运行安全；检修期工况下，底版冲蚀破坏后，无论边墙是否与底板脱开，结构配筋均不能满足规范要求，结构均存在破坏失稳风险。

3. 出口明渠左岸边坡风险分析及评价 对明渠左岸边坡稳定计算的结果表明，导流洞出口明渠左岸边坡被淘刷后，安全系数不满足规范要求，存在破坏失稳风险。

4. 出口明渠右侧导墙风险分析及评价 导流洞出口明渠上游侧增设纵向导墙，当导墙底宽被淘刷超过1/3时，导墙失稳，故导流洞出口明渠右侧纵向导墙存在破坏失稳风险。

（四）导流洞风险分析结果

（1）导流洞进口上游HP01滑坡体和Qd01倾倒体，在初期导流期间处于稳定状态，中期导流时段存在失稳的可能性，对HP01滑坡体和Qd01倾倒体采取监测措施。

（2）参考已有工程导流洞运行经验，洞身段衬砌结构计算按边墙与底板固端约束模型考虑。正常运行工况下，桩号0+890.80～0+916.00洞段外水折减系数取0.35时，结构配筋不满足设计要求，根据现场渗流监测成果，外水压力折减系数取下限值0.25，复核洞身段配筋满足要求。检修期工况下，导流洞底版冲蚀破坏后，结构配筋均不能满足规范要求，结构存在破坏失稳风险。

导流洞仪器监测和录像检查结果均为正常，导流洞运行正常。底板局部冲刷破坏未影响导流洞过流运行期间结构安全。下一步将研究导流洞下闸蓄水期的安全性。

（3）导流洞出口消能设施部分损坏，致使出口水流冲刷左岸挡墙和右侧导墙。目前左岸挡墙及边坡、右侧导墙仍处于稳定状态，未见异常变形。建议继续加强监测，关注导流洞出口水流对左岸挡墙及边坡、右侧导墙的影响，必要时加以处理。

（4）导流洞工程建成运行已7年，目前除出口消能设施有部分损坏外，主体结构及运行条件未发生明显变化，导流洞泄流能力能满足运行要求。

通过对导流洞的运行现状和存在的主要问题进行了全面的风险分析，为导流洞的正常运行提供了有力的支撑。

（中国电建集团西北勘测设计研究院有限公司
黄艳艳 郭浩洋 王永胜）

其 他

白鹤滩水电站高水位变幅区防护工程设计

白鹤滩水电站建成投产后，水库回水将淹没昆明市部分沿江土地。经多处选址，确定在原象鼻岭台地上填高建成居民安置点。安置点将长期处于水位大变幅状态。

（一）工程概况

项目地处金沙江右岸东川区拖布卡镇格勒村，格勒台地高程770～820m，地形平缓。台地西侧为金沙江，东侧为小江。西侧临江岸坡高程785m以下，地形较陡，坡度30°～40°；701～709m处为河漫滩。东侧临小江岸坡740～818m，坡度20°～25°；740m以下为河漫滩。

台地下部为混合碎石土，大于6cm粒径颗粒含量大于80%，较深厚，为该区域基础地层。金沙江侧 755～800m 表部分布块石，厚 6～10.5m。台地中部靠小江侧分布厚 3.5～7.8m 粉土质砾。小江侧 780m 以下及临金沙江岸 780～790m 台地表部分布粗砂层，厚 3.3～12.55m。

白鹤滩电站建成后，水库正常蓄水位高于现状台地高程，场地需垫高。象鼻岭垫高工程为三面环水半岛状，包括填高工程及护坡防护工程。护坡堤线从象鼻岭南端高程 827.5m 边坡处起始，向北沿金沙江侧计 700m，再转至小江侧，沿小江侧向南延伸 685m 后与现状 827.5m 地形衔接。填筑区外侧防护堤长 1.44km，场地平均填高至 827.5m，围地面积 151 亩。

金沙江侧坡面最低高程 759m，最高高程 827.5m，最大填筑高度 68.5m，堤型为斜坡式。小江侧坡面最低高程 765m，最高高程 827.5m，最大填筑高度 62.5m，堤型采用复合式。

（二）设计施工重点难点

1. 高水位大变幅　象鼻岭段金沙江河道，正常条件下水位变幅区间 765～825.17m，新垫高边坡坡脚最大水深约 70m，坡面水位变幅达 60 余米，将影响边坡内工程的稳定安全。

2. 小江侧砂层　小江侧边坡开挖中发现局部区域粗砂层较原勘测厚度大，覆盖深。砂土泡水湿化后强度大幅降低，可能导致局部小边坡滑移及坡底基础掏空。

3. 料源级配变化　小江侧 1 号料场局部开挖料不满足原设计级配要求。

（三）重点难点解决方案

1. 外坡结构设计　金沙江侧外坡结构为斜坡式，堤身为砂砾石填筑混合堤，迎水面 820m 以下坡度 1∶1.9，820m 以上 1∶3，堤顶宽 8m。内侧洼地用填筑料分层碾压填平至场平高程 827.3～828.7m。小江侧外坡结构为复合式堤，820m 高程以下是 C20 混凝土挡墙，挡墙顶以上向上放坡（1∶3）至 827.5m，堤顶宽 8m。挡墙基础为双排人工挖孔桩，桩径 1m，桩长 10m。内侧洼地用填筑料分层碾压填平至场平高程 827.3～828.7m。

渗流计算结果表明，稳定渗流和枯期水位消落工况下，金沙江侧和小江侧迎水坡渗透坡降均小于相应的允许坡降，满足规范要求。稳定计算设缓降期、完建期、稳定渗流期、降雨期、稳定渗流期水位遭遇地震等 5 个工况。计算结果表明，围填堤设计形式在各工况下均满足最小稳定安全系数，符合设计规范要求，边坡整体稳定性较好。

2. 砂层处理　局部区域表部粗砂层采取开挖换填处理。即坡面垂直开挖深度小于 3m，分段开挖至碎石混合土层，用砂砾料分层换填和分层碾压。坡面垂直开挖大于 3m 仍未挖至碎石混合土层，则分段开挖 3m 后不再开挖。在开挖面上部铺设反滤土工布后用砂砾料分层换填和分层碾压。在工程收尾阶段，对小江侧坡脚填入弃土反压处理，以增强坡底稳定性。

经过处理后，表层粗砂得到清理，深层粗砂因土工布反滤不易流失。处理完后地层经建模带入 GeoStudio 中验算，各工况下均满足最小稳定安全系数，保证了局部边坡的稳定。

3. 料源分区填筑　对填筑料不满足原设计级配要求的问题，从复核料源力学参数、分区填筑、提高碾压标准等三方面加以解决。

复核料源力学参数方面，选取 2 个料场共 14 组料进行室内试验。统计各组料密度、自然休止角、含泥量、渗透系数、颗粒级配等信息，计算平均值后，选择最接近平均值的 4 组料（1、2 号料场各 2 组）进行现场直剪试验。得到 C、ϕ 参数代入原模型中进行计算。

综合现场试验数据及模型模拟结果，将料场料源分为Ⅰ类与Ⅱ类料。Ⅰ类料指料源 $C\geqslant 5$kPa，$\phi\geqslant 36°$ 且级配良好的填筑料。Ⅱ类料指不满足Ⅰ类料参数要求，且 $\phi\geqslant 32°$，小于 5mm 粒径百分比小于 35%，小于 0.075mm 粒径百分比小于 5%的料源。将填筑区域以堤顶道路内侧边线为界，界外侧（护坡区）设为Ⅰ类料填筑区，内侧（居民建房区）为Ⅱ类料填筑区，分别用两类料对相应区域进行填筑。

碾压标准方面，将碾压设备由 20t 提高至 36t，碾压遍数由 6～8 遍提高至 8 遍，相对密度要求由 0.80 提高至 0.85，尽量降低因级配与原设计不符带来的不利影响。

（中国电建集团华东勘测设计研究院有限公司
杨接平　黄韬幸）

波堆水电站冰水堆积物水力学特性及防渗措施研究

冰水堆积物是由冰川融化后的冰水碎屑搬运堆积而成的产物。冰水堆积物以粗颗粒为主，渗透性大，坝基和坝肩的渗漏和渗透变形问题突出。

（一）冰水堆积物及其物质组成

波堆水电站位于西藏林芝市波得藏布中游河段上，波得藏布为迫隆藏布右岸的一级支流，雅鲁藏布江左岸的二级支流，发源地冰川面积 567km²，源头海拔高程 5000m 以上。

1. 冰水堆积物厚度特征　波堆水电站右岸台地冰水堆积物厚度 90～120m，平均厚 100m。右岸基岩顶板高程 2622～2720m，由左岸向右岸在现代河床部位略有变高趋势。

厚度特征：厚度大，最深钻孔 177m 未揭穿，推测深度大于 200m；不同部位厚度差异明显，左岸滩地最薄，现代河床次之，河心较薄，右岸台地最厚；基岩顶板在河床右岸滩地及右岸Ⅲ级阶地平缓，至右岸台地呈斜坡状展布，到古河床逐渐变缓，下伏基岩顶板埋深约 220m，再向山内逐渐抬升；从覆层厚度变化看，古河床中心在右岸台地中部附近。

2. 冰水堆积物岩组划分　按不同成因划分为：第 1 组冲积成因的含漂石砂卵砾石，位于现代河床表部；第 2 组崩坡积成因的块碎石土层，位于 DJ_1 堆积体表层，在山体缓坡处有不连续分布；第 3 组冰水沉积加积层，分布于左岸 DJ_1 堆积体下部和右岸台地部位。不同岩层厚度差异大，第 2 组厚度最小，平均厚度仅 7m；第 3 组厚度最大，钻孔未能揭穿。3 个组均属粗粒土岩组，均为无黏性土。

（二）冰水堆积物水力学参数的确定

1. 渗透系数　确定渗透系数时，公式计算值偏大，室内试验值偏小，为此类比西藏已建、在建类似工程的渗透系数，取三种结果大值平均值作为渗透系数建议值。即漂卵砾石层 2.5×10^{-2} cm/s，块碎石土层 4.9×10^{-4} cm/s，漂（块）石砂卵砾石层 3.5×10^{-3} cm/s。

2. 允许坡降　比较室内试验和用公式计算等方法所得的允许坡降值，并类比西藏已建、在建类似工程允许坡降，取其小值的平均值作为允许坡降建议值。即漂卵砾石层为 0.35，块碎石土层为 0.6，漂（块）石砂卵砾石层 0.28。

（三）渗漏及渗透变形评价

1. 冰水堆积物渗透变形类型　从颗分资料看，漂卵砾石层结构单一、松散，为天然无黏性土，其渗透变形形式为管涌型；块碎石土层结构单一、密实，为天然无黏性土，其渗透变形形式为过渡型；漂（块）石砂卵砾石层的渗透变形形式亦为过渡型。

2. 渗漏量估算　坝址区右岸为Ⅲ级阶地，右岸Ⅲ级阶地内侧为冰碛垄尾碛，尾碛中部发育有古河床。古河床为块碎石土层，渗透系数 4.9×10^{-4} cm/s，Ⅲ级阶地为漂（块）石砂卵砾石层，渗透系数 3.5×10^{-3} cm/s。漂（块）石砂卵砾石层上覆于块碎石土层之上，两者渗透性相差不大，故认为绕坝渗漏层以块碎石土层为主。计算结果右岸冰碛垄部位绕坝渗漏损失量约 4364m^3/d，占多年平均最枯日径流量的 0.47%。

坝基漂卵砾石层仅分布在现代河床部位，漂（块）石砂卵砾石层分布在右岸坝坡和漂卵砾石层之下，是坝基主要基础地层。两者组成相近，渗透系数取其加权平均为 7.85×10^{-3} cm/s（6.8m/d）。经计算，坝基冰水堆积物渗漏量为 3638m^3/d，占多年平均最枯日径流量（10.7m^3/s）的 0.394%。

（四）防渗处理及冰水堆积物可灌性

1. 防渗处理　电站坝前 200m 处为白玉沟，岸坡高陡，水平防渗铺盖难以实施。垂直防渗中，高喷灌浆在右岸 120～150m 的漂（块）石砂卵砾石层和块碎石土层中施工，难以形成连续帷幕体，防渗效果差。最终采取防渗墙与墙下帷幕灌浆的形式进行垂直防渗处理。

2. 防渗体水平长度　坝体上下游水头 H 为 38.2m，漂（块）石砂卵砾石层允许水力坡降 J_c 为 0.28，则由式 $H/2L=J_c$ 求得右岸帷幕灌浆最小水平长度为 68.2m。

3. 可灌性评价　当可灌性指标 $M<5$，地基土无可灌性；$5<M\leqslant10$ 时，适合砂砾石地基灌浆；当 $M>15$ 时是采用水泥灌浆效果比较好的地层。

依据岩芯试验资料，漂卵砾石层 d_{15} 均值为 1.2mm，漂（块）石砂卵砾石层 d_{15} 均值为 0.28mm，块碎石土层 d_{15} 均值为 0.18mm。经计算漂卵砾石层对水泥浆液 M 为 15，对水泥黏土浆 M 为 60；积漂（块）石砂卵砾石层对水泥浆液的 M 为 3.5，对水泥黏土浆 M 为 14；块碎石土层对水泥浆液 M 为 2.25，对水泥黏土浆 M 为 9。计算结果表明，坝址区河床及右岸冰水堆积物适合帷幕灌浆防渗处理，灌注材料宜选用水泥黏土浆液。

（西藏自治区水利电力规划勘测设计研究院　万志杰
中国电建集团西北勘测设计研究院
有限公司　王有林　陈楠）

白鹤滩水电站软弱地基填方高边坡稳定性分析

（一）高边坡稳定性研究

白鹤滩水电站移民安置莲塘地区造地工程填方高边坡设计有 2 个难点：一是地基中存在深厚有机质土层；二是填方高边坡稳定性受大变幅库水位影响。莲塘南段造地北坡中部的断面边坡高度达 40m。本文选取该断面作为典型断面进行分析研究。

1. 研究方法　填方高边坡稳定性数值模拟采用 Geostudio 软件，该软件能够耦合渗流计算和边坡稳定计算。本文基于饱和与非饱和渗流理论、非饱和土的抗剪强度理论，采用 Morgenstern-Price 极限平衡法对边坡稳定性进行模拟分析。

2. 模型构建　将典型研究断面进行概化，建立具有一定代表性的计算基本模型，根据不同参数分析需求整模型形式。

（二）计算结果与分析

1. 库水位对填方高边坡稳定性的影响　库区填方高边坡邻水面为水位变幅区，考虑水库水位大变幅的特性，以堤脚高程为界，分别模拟水位在堤脚地面以下和堤脚地面以上两种条件下，高边坡稳定渗流工况下的整体稳定性。边坡高度 H 为坡脚地面至边坡顶的高程差，水位相对高度 h_i 为水深 h_w 与边坡高度 H 的比值。

在一定边坡高度 H(30～50m) 范围内计算不同水位相对高度 h_i 相应的库区填方高边坡最小稳定安全系数 F_{Smin}。计算结果表明，边坡高度一定的情况下，水位在地面以下时，随水位升高边坡稳定性逐渐降低；水位与地面齐平时，边坡最小稳定安全系数达最小值；水位高出地面后，随水位逐渐升高边坡稳定性逐渐升高。

2. 抗剪参数对填方高边坡稳定性的影响　考虑软弱地基抗剪参数黏聚力 c 和内摩擦角 ϕ，对其中 1 项进行变化，另一参数不变。以初始状态 $c=30$kPa，$\phi=10°$为基础，抗剪参数分别按比例折减或增加，通过数值模拟求得对应边坡最小稳定安全系数 F_{Smin}。计算结果表明，软弱地基抗剪参数与 F_{Smin} 基本呈线性关系。对比黏聚力 c，内摩擦角 ϕ 变化斜率更大，即相同变化量的内摩擦角 ϕ 对边坡最小稳定安全系数 F_{Smin} 的影响更大。

3. 坡脚压重尺寸对填方高边坡稳定性的影响　在边坡坡度一定的情况下，增加坡脚压重是提高边坡稳定性最有效的方法。将坡脚压重简化为平行四边形，通过模拟计算分析压重的高度和长度对边坡稳定性的影响。

（1）压重高度：为反映不同边坡高度下压重高度对边坡稳定性的影响，定义压重相对高度 y_i 为压重高度 y 与边坡高度 H 的比值，即 $y_i=y/H$。选取一定边坡高度（H=30、40m）的高边坡（坡度为 1∶2），固定压重长度 x 不变，变化压重相对高度 y_i，计算边坡最小稳定安全系数。计算结果表明，压重高度为边坡高度的 30%～50%时，边坡稳定性随压脚高度增加而增大，超出范围后安全系数下降，故坡脚压重的合理高度为边坡高度的 30%～50%。

（2）压重长度：选取一定边坡高度（H=30、40m）的填方高边坡（坡度 1∶2），定义固定压重高度 y(y_i<40%)，变化压重长度 x，计算边坡最小稳定安全系数。计算结果表明，在压重高度 y 一定的情况下，随压重长度 x 增加，最小稳定安全系数 F_{Smin} 逐渐增长，增长趋势近似为线性，增长到一定数值后便不再增加。

将 F_{Smin} 变化转折点对应的压重长度设为有效压重长度 x_e。x_e 反映了坡脚压重的实际有效范围：在一定的压重高度下，边坡稳定性随坡脚压重长度 x 增加而提高，坡脚压重长度 x 超过有效压重长度 x_e 后，边坡稳定性不再提高。

同样方法分别计算边坡高度 40m，坡度 1∶3、1∶1.5、1∶1 时边坡的有效压重长度 x_e，统计不同边坡高度 H 下不同压重高度 y 对应的有效压重长度 x_e 可见，坡度大于 1∶3 时，边坡自身较为稳定，因此不再考虑压重问题。

为研究坡脚压重长度与压重高度的关系，定义压重有效长度 x_e 与压重高度 H 的比值为 n。从计算统计资料可见，在坡度 1∶2 或 1∶3 情况下，n 约为边坡坡度倒数的 10 倍；在坡度 1∶1.5～1∶1 情况下，n 值为边坡坡度倒数的 10～12 倍。

（中国电建集团华东勘测设计研究院有限公司
宋文峰　桑毅佳　张奕泽）

拉哇水电站砂石加工系统设计与实施

（一）工程概况

拉哇水电站位于金沙江上游，坝址左岸为四川省甘孜藏族自治州巴塘县拉哇乡，右岸为西藏昌都自治州芒康县朱巴笼乡，是金沙江上游 13 级开发方案中的第 8 级。

拉哇水电站为一等大（1）型工程，开发任务以发电为主，电站的建设将促进地方社会经济发展。枢纽工程主要由混凝土面板堆石坝、右岸溢洪与生态放水洞、右岸泄洪放空与生态放水洞、右岸输水发电系统等建筑物组成。

拉哇主体工程分设 2 个砂石加工系统，分别为必英沟砂石加工系统和格茸沟砂石加工系统。格茸沟砂石加工系统供应截流前主体工程所需的粗、细骨料及截流后主体工程所需细骨料，料源为筹建期、工程主体及导流工程等洞挖利用料，岩性主要为角闪片岩和大理岩。截流前主要使用角闪片岩，截流后主要使用灰色大理岩及条带状大理岩。角闪片岩饱和抗压强度在 70MPa 左右，破碎过程中易形成片状石。大理岩饱和抗压强度在 52MPa 左右，强度低，制砂破碎过程中易产生石粉。料源种类多，岩性变化大，截流前砂石加工系统需要同时供应混凝土二级配骨料及喷混凝土料，要料级配不均衡；截流后砂石加工系统只生产机制砂。如何在料源多样、级配调整频繁的情况下，保证系统工艺流程的适应性，是砂石加工系统设计的重中之重。

（二）砂石加工系统设计

针对料源种类多的情况，通过分析料源岩石强度及料源的破碎特性，在破碎工艺上，结合在建类似工程经验，采用三段破碎，选用颚破＋圆锥＋圆锥。经粗碎颚破破碎后骨料全部经中碎圆锥破碎整形，中碎破碎整形后骨料经一筛分出大于 40mm 骨料返回细碎循环处理，再次整形破碎。经过两道整形破碎后，有效保证了截流前采用角闪片岩加工时的骨料粒形。截流后采用大理岩制砂，大理岩强度较低，通过调整细碎排料口，可以一定程度增加系统前端的产砂率，降低系统后端制砂的压力。

针对系统集配调整频繁，且截流后系统只生产机制砂，系统设计时将 5～40mm 骨料在二筛进行筛分。二筛设置返回皮带，与超细碎（制砂设备）形成闭路循环。截流前当骨料需求级配不平衡时，可通过调整各级配骨料返回料的量来实现生产级配的平衡。截流后各级骨料可全部返回进行破碎制砂。在超细碎（制砂设备）的选择上，因系统主要采用大理岩制砂，其强度不高。经比较并结合在机制砂生产方面的经验，采用了立轴式冲击破碎机，其产砂率相对较高，同时也适用于中硬岩的破碎制砂。既能满足截流前角闪片岩制砂，也能满足截流后大理岩制砂。但立轴式冲击破碎机所产砂模数相对偏高，级配连续性上稍显不足，呈现两端多中间少的现象。此外，大理岩制砂易产生石粉，故在制砂工艺设计时，采用水洗并增加棒磨机配合制砂，有效解决了大理岩制砂石粉含量偏多和立轴式冲击破碎机制砂细度模数偏高及级配连续性差的问题，提高了机制砂质量。

（三）实施情况

砂石加工系统已于 2020 年 8 月建成投运，生产的砂石骨料质量满足规范要求。在级配需求不平衡时，系统能及时有效进行调整，满足供应需求。加工系统在工艺设计上，适应料原种类多、级配调整频繁的特点，为推进拉哇电站的建设提供了骨料保障，也为人工砂石骨料生产积累了经验。

（中国水利水电第八工程局有限公司　何德）

康家峡水库渗漏问题分析研究

（一）工程概况

康家峡水库建成于 1978 年 10 月，大坝为浆砌石拱坝，坝高 35.5m，坝顶高程 2431.50m，顶宽 2.0m，底宽 12.5m，坝顶弧长 54.8m，混凝土防渗心墙厚 1m。正常蓄水位 2428.5m，水库总库容约 102 万 m^3。目前淤积面高程 2416.3～2420.0m，淤积量约 12 万 m^3。水库的主要建筑物有大坝、取水塔及输水泄洪隧洞。

水库大坝泄水闸门渗水、漏水严重，水库蓄水功能极差，蓄水量不足，历年实际灌溉面积约 260 亩，灌溉效益比较差。受当时条件制约，输水泄洪洞 42.7m 未衬砌就使用，两岸透水岩石裂隙未防渗处理。经评估，大坝被鉴定为三类坝。

康家峡水库处在中等切割的黄土梁峁沟壑区，坝址区为基岩峡谷地形。坝址及以下峡谷段，岩性为深灰色厚层夹薄层硅质灰岩及浅灰色灰岩。库区及上游，两岸岸坡岩性为砂岩、细砂岩与砂砾岩互层。工程区内地下水为孔隙潜水、基岩裂隙水。坝址区河谷断面为“V”形，河床宽 6～30m。坝基基岩破碎，透水性较强，存在沿裂隙及风化层渗漏问题。

（二）渗漏问题分析研究

康家峡水库建成以来已运行 30 多年，因坝肩、坝基及坝体渗漏，及输水闸门关闭不严等问题，已空库 7 年，濒临废弃。左右坝肩断层及裂隙密集带的绕渗问题突出。

1. 根据观测资料分析　水库自建成蓄水以来，最大蓄水深 8.5m，在坝体、右坝肩坝后坡脚出现渗漏点，坝体渗流在坝脚处汇集渗流量约 3.4m^3/h。右坝肩坝后坡脚出现集中出（渗）水点两处，距输水泄洪洞下游 15m 及 32m，汇集渗漏量约 19m^3/h。右坝脚接触处渗水点及左坝脚下游 9m 处渗水点各一处。在右坝肩坝后脚沟床以上高 7～10m，从输水洞出口向下游 50m 范围岩体有面状渗水，随库水位升高有滴水。初步判定是通过左、右坝肩岩体裂隙及溶隙的渗漏，主要通道在 2409.5m 高程以上。坝体坝肩渗漏的次要因素是，坝前近距离断层影响带导致岩体上部透水性大于 5Lu 的强、弱风化带及相互断续连通的溶洞。另外，混凝土防渗心墙及浆砌块石施工质量差，坝体与基岩面接触不良，形成渗漏通道。

长期观测水库的年渗漏量为 20.2 万 m^3/a，约占总库容（102 万 m^3）的 20%。

2. 坝基渗漏量分析　水库坝前淤积面高程 2416.5m，淤积物厚 9～13m，为砂壤土，结构松散，中等透水。据钻孔资料：坝基岩体上部 1～3m 强风化层，裂隙发育，岩芯破碎，钻孔不返水，强透水；下部弱风化下限基岩面下 6～10m，透水率 10～37Lu，中等透水。将中等透水坝基岩体视作均质透水层，库水位 2428.5m 时，估算的坝基渗漏量约 100m^3/d。

3. 绕坝渗漏量分析　左、右坝肩基岩表层岩体层面裂隙受褶皱、断层、卸荷和风化等影响，多张开、无充填。左坝肩下游出水点 1 的渗漏通道推断为裂隙 Lc3。右坝肩在 F_1 断层下游侧存在裂隙密集带，为顺层裂隙，延伸向山体内，可能存在个别通向坝后张性裂隙及溶洞（隙），成为库水向坝后两个出水点渗漏的通道。两坝肩表层弱风化层厚 3～7m，透水率

10～37Lu，中等透水，左、右坝肩存在绕坝渗漏问题，但不影响坝肩稳定性。

视两坝肩弱风化岩体为均质体，对坝肩绕坝渗漏量估算。根据压水试验资料，渗透系数 K 取 0.35m/d，当库水位 2428.5m 时，左、右坝肩绕坝渗漏量分别为 82、98m^3/d。

坝基、左、右坝肩渗漏量之和为 280m^3/d，每年约 10.2 万 m^3，占总库容 10%。

4. 浆砌石拱坝坝体渗漏量分析　康家峡水库大坝为浆砌石夹混凝土防渗心墙拱坝，坝体内现浇混凝土防渗心墙厚 1m。

为避免对坝体造成损坏，且因用电困难无法钻取坝体防渗心墙样品，采用平面声波和回弹综合法，对浆砌石砌体、砂浆缝、混凝土防渗心墙的多个测点进行现场检测，对浆砌石砂浆强度、块石大小和强度、坝顶混凝土防渗心墙裂缝、坝体渗水等进行详细分析研究。

坝后坡可见密集的白色（水中析出碱）渗水痕迹，渗水点呈水平线状分布，沟底地面以上 7m 处渗漏最严重，13m 处带较严重，18m 附近坝体右侧严重、左侧较轻，再向上渗漏减弱。受渗漏水长期腐蚀，浆砌石砂浆张开脱落。3 处施工质量差，造成渗漏通道。

通过对混凝土防渗心墙详细查看，坝顶防渗心墙共发现 9 条较明显的裂缝，基本垂直坝线，贯穿防渗心墙厚度，裂缝张开度 0.5～3.0mm，裂缝深度根据声波测试推断为 0.15～0.28m，测试深度比实际深度要小。此裂缝是坝体渗漏主要通道。

长期观测的渗漏量约占总库容（102 万 m^3）的 20.0%，其中坝基、左右坝肩绕坝渗漏量约占总库容的 10.0%，其余的 10.0%为坝体的渗漏量，因此，坝体的渗漏问题也非常严重。

（甘肃省水利水电勘测设计研究院有限责任公司　郭凯）

石泉水电站混凝土重力坝渗流监测资料分析

（一）工程概况

枢纽主要包括混凝土重力坝及左岸坝后式厂房，最大坝高 65m，坝顶长 353m，分 29 个坝段。从左至右，1～3 号为左岸非溢流坝段，4～6 号厂房坝段，7～23 号溢流坝段（12～22 号空腹重力坝），24～29 号右岸非溢流坝段。1971 年工程兴建，1979 年竣工验收。

石泉水电站重力坝运行 40 多年渗流监测资料，采用定性与定量分析相结合的方法，试图量化坝基扬压力、坝体渗漏及绕坝渗流变化的影响因子，揭示多年来渗流变化规律，并通过选取强度系数与设计值对比、时效渗漏量大小等指标评估大坝长期运行稳定性。

（二）监测设计

石泉水电站 1998 年开始布设监测设施，2007 年建立了完善的大坝监测系统。

渗流监测包括坝基扬压力监测，坝基排水监测，两岸绕坝渗流监测。坝基扬压力监测孔共 13 个，其中 5、6、8 号实体坝段设 5 孔（帷幕前 3 孔，后 2 孔），15、16 号空腹重力坝段布置 3 孔（帷幕前 2 孔，后 1 孔）；24、25、26 号岸坡坝段设 5 孔（帷幕前 3 孔，后 2 孔）。渗漏量利用基础廊道排水孔监测。两岸绕坝渗流设监测孔 12 孔，其中左岸 8 孔，右岸 4 孔，已全部接入自动化监测。

（三）监测资料定性分析

石泉大坝空腹重力坝坝段，对温度因素较为敏感。监测资料分析表明，受气温影响，大坝坝顶位移呈规律的年周期性变化，重力坝变形已趋于稳定。此时，坝基渗流与大坝稳定与否有着密不可分的关系。

水库从 1973 年 12 月开始蓄水。2006 年后库水位一直为 393～410m，年平均 405m。下游水位 361～372m，年平均 362m。从测压管实测水位分析看，帷幕前各坝段扬压力测值较大为 7.1～33.5m。帷幕后水头普遍较小，测值小于 3.1m。帷幕的阻水效果明显。

（四）监测资料定量分析

1. 扬压力及坝体渗漏量定量分析　从定性分析可见，坝体渗流主要与水位、温度及时间有关系。从统计分析成果看，库水位是影响坝基扬压力的主要因素。幕前孔水压分量约占 92.3%，幕后孔水压分量约占 89.6%。其次为时效分量，帷幕前、后时效分量平均占比分别为 5.1%、7.9%；温度分量占比最小，在 2.6%以下。

从坝体渗漏量测值与时间的关系可见，总渗漏量呈逐渐减小趋势，2016 年后趋于平稳。最大总渗漏量在 2013 年 3 月 4 日，为 16.2m^3/d，2017 年 12 月 24 日为 8.5m^3/d。

分析结果表明总渗漏量主要以库水位影响为主。坝基总渗漏量年变化中，水压分量占到 94.0%，起决定性作用（主要是前 3 天平均库水位），其次是时效分量占 5.7%，温度分量占 0.3%。

2. 绕坝渗流分析　石泉水电站右岸地下水位与库水位相关性不明显，右岸坝头渗流场基本趋于稳定。左岸绕坝渗流孔受扩机开挖及 2 号引水隧洞结构缝渗水影响，情况较复杂。从库水位高程 408.9m 时绘制的左坝头地下水位高程等值线图可见，左坝头地下水位高于380m且受库水位变化影响明显的测点集中在3个区：引水隧洞中段左侧（H6、9、H7测点），引水隧洞进口（H1、H4测点），左坝头绕坝渗流区F15断层附近（1、2、6、8测点）。2005年11月15日引水隧洞放空检查时，中段H6、9、7测点水位下降了7～17m，其他点无数据或水位下降不明显，判断引水隧洞中段可能存在渗漏通道。2015年3月对引水隧洞结构缝渗水、裂缝等部位进行化灌处理。目前左坝头仍有一定绕渗。

（五）大坝稳定性评价

1. 坝基扬压力量级评价　重力坝扬压力强度系数的设计值在实体坝段、空腹重力坝段、岸坡坝段分别为0.25、0.2、0.4，实测值分别为0.10、0.04、0.06，均小于设计值。帷幕后测压管水头折减明显，折减系数在0.1以下，均在设计范围之内。

2. 时效特征评价　从坝体渗漏量时效占比随时间演化规律可见，随着时间推移，时间对大坝渗流规律的影响越来越小，大坝渗流场从时间尺度趋于稳定。

（中国电建集团西北勘测设计研究院有限公司
高焕焕　陈树联　刘千驹　高文静）

丹巴水电站拦河闸坝基深厚覆盖层处理方案

丹巴水电站位于四川省甘孜藏族自治州丹巴县境内的大渡河干流上，二等大（2）型工程，主要建筑物有拦河闸坝、引水系统、发电厂房及开关站。拦河闸坝由8孔泄洪闸、1孔生态流量泄放闸、左岸河床式生态机组、左右岸挡水坝段组成，闸坝最大高度42m。

（一）闸址覆盖层及其工程特性

闸址区河床近似不对称“V”形，河床覆盖层厚度大，一般50～130m，最大厚度达133m，由块（漂）石、碎（卵）石、砾石及砂土、少量黏土组成。覆盖层分6层，即第①层混合土（卵）碎石层；第②层粉土粉砂层；第③层由粗颗粒漂（块）石、卵（碎）石和砾石构成基本骨架，其间充填砂土；第④层粉土质砂层；第⑤层混合土卵石层；B层崩滑堆积层。河床覆盖层作为闸基时，存在如下工程问题。

1. 抗滑稳定问题　控制土层为以欠固结，分布连续，抗剪强度较低的第④层。

2. 渗漏问题　第③层和B层漏水、漏浆现象普遍，且渗漏量大，有良好的渗漏通道。

3. 渗透变形问题　各粗粒土层如第⑤、③、①及B层具备发生管涌条件，细粒土层如第④、②层具备发生流土条件，闸基河床覆盖层存在渗透变形稳定问题。

4. 闸基砂土液化问题　覆盖层中可能液化土层为上部的第④层，属轻微～中等易液化；第③层砂土透镜体局部可能液化；第②层粉土、粉砂为不液化土层。

（二）闸基加固处理方案

1. 第④层粉土质砂层利用研究　主河床软弱夹层（第④层）分布范围广、厚度大，利用该层建坝时，分析了固结灌浆、高压喷射注浆、振冲碎石桩三种基础处理方案。

（1）固结灌浆试验表明，对于粉砂（土）层，浆液难以灌入，以至起不到胶结散粒体作用，粉砂层基本保持原状，物理力学性能未得到大的改善，固结灌浆效果不明显。

（2）高压喷射注浆试验表明，受第③-2层架空及第④层影响，造孔中塌孔严重，基础面下陷；高速水汽流冲走黏粒、砂粒，局部架空加剧，浆液流失，灌浆未达到预期效果。

（3）直接利用第④层，计算表明闸坝抗滑稳定、闸底板应力分布不均匀系数满足规范要求。但由于第④层埋深浅（2～5m），经计算复核，三种基础处理方案下的软弱下卧层承载力均不能满足要求，第④层将会发生剪切破坏，影响上部建筑物的安全。

2. 基础置换料研究　根据上述研究成果第④层需置换处理。通过对C10混凝土、堆石混凝土、改性砂砾石料及砂砾石料的结构适应性、温控、施工工期、工程量及投资等方面的全面比较，得知砂砾石料和改性砂砾石料置换方案优于其他方案。砂砾石置换经济性更优，但改性砂砾石料整体性更好。这两个方案各有利弊，需对其深化研究。

3. 置换处理方案深化研究　考虑4种方案。即方案1：挖除第⑤层和第④层，回填砂砾石料，回填层不进行固结灌浆；方案2：挖除第⑤层和第④层，回填砂砾石料，回填层进行10m固结灌浆；方案3：挖除第⑤层和第④层，回填改性砂砾石料，回填层不进行固结灌浆；方案4：挖除第⑤层和第④层，回填改性砂砾石料，回填层进行10m固结灌浆。

对4个方案进行现场和室内试验、三维有限元数值分析，鉴于本工程基础覆盖层的复杂性及闸坝为国内已建工程的最大规模，从基础处理的可靠性、工程投资等方面考虑，推荐方案3作为闸基加固处理方案。

（三）闸基防渗处理

1. 防渗方案　初拟5个方案。即方案1：30m长水平铺盖+60m悬挂式防渗墙；方案2：30m长水平铺盖＋90m 悬挂式防渗墙；方案 3：30m 长水平铺盖＋90m 悬挂式防渗墙＋1 排帷幕灌浆；方案 4：30m 长水平铺盖＋90m 悬挂式防渗墙＋2 排帷幕灌浆；方案 5：30m 长水平铺盖＋全封闭防渗墙方案＋墙下基岩帷幕灌浆。

2. 防渗方案选择　从闸基渗流计算成果来看，全封闭防渗墙方案在坝基水头折减、坝体渗流量控制、覆盖层渗透坡降及逸出坡降方面最优，但全封闭方案防渗墙最深超 130m，防渗墙施工有一定难度。不过旁多水利枢纽工程防渗墙深度达 158m，故推荐方案 5。

（四）砂层液化处理

选定的基础加固处理方案河床覆盖层中第③层砂土透镜体局部可能液化，一般情况发生在浅埋、颗粒较细的部位。第②层粉土、粉砂为不液化土层。

针对闸基砂土层在地震作用下是否发生液化以及液化的范围和程度，开展了三维有限元动力计算分析，采用设计地震工况，即 50 年超越概率 10%场地谱人工合成基岩加速度时程进行计算。计算结果表明仅在闸右 0＋10 和闸右 0＋136 断面的上下游模型边界，远离建筑物的区域出现局部液化区，因此，不会对坝体稳定性产生影响。鉴于第③层中砂土透镜体分布的离散性、规模不等和不连续的特点，以及有限元计算成果，本阶段将不对其进行抗液化处理。

（中国电建集团华东勘测设计研究院有限公司
符晓　张洋）

无资料流域水位流量关系曲线的推导方法及应用

现阶段中国众多中小河流和山区河流无水文测站，或水文测站设立年限短，实测水位与实测流量拟合水位流量关系曲线缺乏数据资料。本文提出采用水力学方法和大断面测量资料推导无（缺）资料流域水位流量关系曲线，以解决水文测站缺乏实测资料拟合水位流量关系曲线这一难题。

（一）水位流量关系曲线的应用分析

水位流量关系曲线分为稳定水位流量关系曲线和非稳定水位流量关系曲线。人工修建的水工结构，如三角堰、人造拦河低堰、橡胶坝和量水堰等可视为有稳定的水位流量关系。它们基本满足在同一水位下，断面面积、断面形状、水力比降、糙率等水力因素保持不变，且不受回水、冲淤和泥沙运动的影响。天然河道中，很难存在稳定的水位流量关系，它们受泥沙淤积、河床冲刷、回水顶托、洪水涨落等影响，随时空变化，使同一水位下出现几组不同的流量值，水位流量关系非单一关系。

对水位流量关系曲线的影响因素如下。

1. 河道大断面变化的影响　河床冲刷和淤积使河道断面面积和形状发生变化，影响了河道过水面积和水流的速度分布。

2. 洪水涨落变化的影响　受洪水涨落变化影响，导致同一水位下，涨落不同阶段的流量值不一样，因而形成了绳套曲线。

3. 回水顶托的影响　回水顶托影响造成水面比降减少，从而造成对水位流量关系的影响。在上游出现大幅度退水时段容易出现这样的影响。

上述三个影响水位流量关系曲线的因素，是率定水位流量关系曲线的过程中必须要考虑，同时也是水位流量关系曲线须随时间变化不断进行修正的原因。许多中小河流，因无水位—流量资料，不能进行水位流量关系曲线的率定。中小河流往往是山区性河流，只要选址合理，其受冲刷、淤积和回水顶托影响较小。对洪水涨落影响，基于恒定流条件下推导的水位—流量关系，在涨水阶段偏小，在落水阶段偏大，计算值较符合综合水位流量关系曲线的均值过程，是可用的。

（二）水位流量关系曲线推导

法国工程师谢齐总结管道和明渠均匀流的实测资料，提出计算均匀流的经验公式：即求断面平均流速与明渠底面坡度、水力半径和谢齐系数关系的表达式，及水力半径与过水断面、湿周关系的表达式。进而导出理论公式 $p_w = p(H)$ 和恒定均匀流流量公式 $Q_{恒} = \frac{1}{n} \cdot a(H)^{\frac{5}{3}} \cdot p(H)^{-\frac{2}{3}} \cdot i^{\frac{1}{2}}$。

河道测站断面可以测量，在河道比降 i 和糙率 n 已知情况下，可得到流量和水位的关系曲线。

（三）实例分析

石灰窑水文站和江桥水文站是嫩江干流上下游的两个重要水文站。石灰窑水文站的糙率系数为 0.045，河道比降为 0.0013。江桥水文站的糙率系数 0.04，河道比降为 0.00125，据此可测得两个水文站的综合水位流量关系曲线。将其与计算水位流量关系曲线进行比较，可以看出，计算水位流量关系曲线与实际综合水位流量关系曲线拟合情况较好。

综合曲线不是单一的关系曲线，数据点较多，无法计算其确定性系数，但两曲线整体趋势非常相符。计算水位流量关系曲线与综合水位流量关系曲线确定性系数为 0.88，说明在无（缺）水文资料情况下，采用计算水位流量关系曲线对中小河流预警预报和山洪灾害预警工作具有现实意义。

结合多年大断面的测量资料，可以用来判别水文站水位流量关系由于河道冲淤导致的变化趋势和震荡情况。根据柳家屯和扶余水文站大断面年际变化情况，推算其水位流量关系曲线。关系曲线表明，柳家屯和扶余的水位流量关系曲线多年来变化较小，一直比较稳定。反过来说明河道冲淤变化对水位流量关系曲线的影响不是非常大。

（南瑞集团有限公司 袁帅
中国长江电力股份有限公司 孟庆社
雅砻江流域水电开发有限公司 朱成涛）

中美标准下的混凝土重力坝安全监测设计研究

1. 美国规范体系中混凝土重力坝安全监测标准 国际项目通常采用美国垦务局（WPRS）及美国工程兵团（USACE）规范，涉及混凝土重力坝安全监测相关标准有：垦务局的《Concrete Dam Instrumentation Manual》《Design of Gravity Dam》；工程兵团的《Instrumentation for Concrete Structures》（ME1110-2-4300）、《Structural Deformation Surveying》（EM1110-2-1009）。这些标准多制定于20世纪。美国联邦能源管理委员会（FERC）2000年后颁布了一套评估水电项目的工程导则(《Engineering Guidelines for the Evaluation of Hydropower Projects》)，其中也有水电工程安全监测内容。

2. 中美监测设计标准对比 相比国内电力行业规范，美国两机构标准均时间久远，监测设计欠通盘考虑。国内规范拥有更强可操作性和实用性。美国规范更强调监测设计应依附于工程特点，给工程师更大空间制定监测方案。监测方案的全面性、适应性和经济性能获得最大的权衡。采用美国标准设计时，对工程师水平和监测方案的评审要求相对较高。

3. 安全监测限值要求 中美标准均对安全监测警戒值（限值）提出了要求，安全监测警戒值（限值）来源于设计参数、计算成果、原型观测资料分析和经验总结。

工程兵团标准的建议是，限值应根据工程实际运行和监测资料分析的成果进行修正调整。超限情况出现时应根据标准给出的基本原则制定分级处理预案，根据判断的危险级别采取从加密观测、增加监测手段直至放空水库等一系列措施。

4. 工程建筑物等级和最低监测要求 与中国标准不同，两机构标准均无水电工程项目和结构物等级划分体系。虽垦务局标准体系中用100in和300in（1in＝0.3048m）将大坝划分为低坝、中坝和高坝，但并没有实用意义。

美国联邦能源管理委员会的工程导则中，根据工程运行状态和遇险后危害程度，将大坝划分为高中低三个危险等级。根据危险等级制定不同危险等级下不同类型结构物的最低监测要求。最少仪器要求是最低要求，设计中仍需根据工程实践经验对重点部位进行考量。

5. 环境量和施工数据处理 垦务局标准未涉及环境量的条款。工程兵团标准未将环境量监测作为独立项目列出，环境温度及上下游水位资料作为监测需要搜集的相关资料被提出。与中国标准不同，工程兵团标准对规划和实施阶段资料的搜集包括混凝土生产中水泥含量、拌和加气量等参数。

6. 巡视检查 中美标准对定期巡视均有要求。相比工程兵团标准中要求，中国规范对巡视检查工作内容和方法的要求更具体全面，更宜被采用。

7. 变形观测 表面变形观测中，视准线法和交会法在美国标准中被推荐为主要观测方式，引张线和真空激光未被推荐。需要注意的是，美国标准中均没有将倒垂作为工作基点复核方式，工作基点绝对坐标复核应通过建立一个6点或4点的控制网系统进行观测。

工程兵团标准中，表面变形测点的结构形式要求与中国标准略有不同。建筑物表面测点对中基座可与结构物表面基本平齐，标准中也明确要求观测应在清晨日出前进行；美国标准参考点的施工方式也和中国规范要求存在差异。

工程兵团规范推荐的变形观测间隔为半年到1年，选择在大坝受温度和其他周期性荷载影响下发生的周期性位移最大和最小值时。短时间周期内位移观测通常通过相对位移监测手段（如垂线、测缝计）观测。这与国内惯常设计稍有不同。

ME1110-2-1009针对长期变形（间隔半年观测成果）观测精度5～1mm。但分析成果时每次观测成果需根据误差分析绘出目标点95％置信的误差椭圆，实测位移矢量与误差范围对比超出椭圆范围认为发生了确定的位移。ME1110-2-1009中的精度要求仅作为必须满足的最低精度要求，实际观测精度设计按标准的原则根据精度需求由工程师确定。

8. 扬压力监测 ME1110-2-4300认为设在排水设施附近的扬压力监测孔无意义，因排水孔会带来局部区域扬压力降低，不能代表一个范围的整体扬压力水平。国内电站设计通常在排水廊道中设测压管，除监测扬压力也兼帷幕和排水效果监测。因此，在按国内习惯设计的同时，还应考虑在监测断面排水廊道以外的地方布置足够的渗压监测仪器。

9. 应力应变及温度监测　两机构标准中均提出应力应变监测。近年实践中发现应变观测很难取理想效果，除需要混凝土徐变实验外，对仪器埋设、观测及成果整编的要求较高也制约了监测效果。中国标准对一级建筑物应变监测有强制要求，其他等级建筑物应变监测根据需求选取。FERC近年修订导则中未将应变监测列入最低要求。

（中国电建集团西北勘测设计研究院有限公司
周鹤翔）

6

土 建 施 工

大 坝 施 工

拉西瓦拱坝施工期温控措施与裂缝成因分析

（一）大坝混凝土温控标准

根据设计规范，结合坝区条件和拱坝实际情况，要求强约束区基础允许温差≤14℃，弱约束≤17℃。混凝土最高温度控制标准：0～0.2L 区，1～11 月 23℃；0.2～0.4L 区，1～11 月 26℃；＞0.4L 区，11 月～次年 3 月 26℃，4、10 月 28℃，5、9 月 30℃，6～8 月 32℃。基础混凝土允许抗裂应力：7d 为 1.17MPa，28d 为 1.61MPa，90d 为 2.0MPa，180d 为 2.1MPa；抗裂安全系数：7、28、90、180d 均为 1.8。

（二）施工期大坝混凝土主要温控措施

（1）5～9 月加冰、加冷水、预冷骨料，机口温度≤7℃，浇筑温度≤12℃；4、10 月自然入仓；11～3 月加热水、预热骨料，机口温度 8～15℃，混凝土浇筑温度 5～8℃。

（2）浇筑层厚：约束区 4～10 月为 1.5m，11～3 月为 3.0m；非约束区 3.0m，控制间歇期 5～10 天。避免长间歇浇筑混凝土，最大间歇时间不宜超过 14 天。

（3）人工冷却措施如下。

1）大坝所有部位混凝土预埋冷却水管进行初期通水冷却，水管间排距在约束区 1.0m×1.5m，非约束区 1.5m×1.5m，5～9 月用 6℃人工制冷水，其他季节用天然河水，通水时间 15～20 天，通水流量 18～20L/min，每 24h 交换一次通水方向。

2）每年 9 月初开始对高温季节浇筑的混凝土进行中期冷却，中期冷却通水用天然河水，通水时间以混凝土块体温度达 16～18℃为准，通水流量不低于 20L/min。

3）后期通水应连续，水温 4～6℃，坝体降温速度不大于 1℃/d，通水流量 18～20L/min，通水时间以坝体达到设计灌浆温度为准，应避免较大的超温和超冷。

（4）冬季施工措施：坝区每年 10 月下旬～翌年 3 月底，日平均气温低于 5℃，大坝混凝土进入冬季施工。冬季施工蓄热法为主，当气温低于－10℃时，采用综合蓄热法施工。

主要表面保护措施如下。

上下游面等永久暴露面施工期全年保温，要求表面等效放热系数 $\beta \leqslant 3.05$kJ/(m^2·h·℃)，每年 9 月底对强约束区混凝土加大保温力度，要求 $\beta \leqslant 0.84$kJ/(m^2·h·℃)。

各坝块侧面及仓面采取临时保温措施，要求表面 $\beta \leqslant 3.05$kJ/(m^2·h·℃)，底孔、深孔等坝体重要部位的孔洞、廊道，保温后要求 $\beta \leqslant 2.1$kJ/(m^2·h·℃)。每年 9 月底完成所有部位混凝土表面保温。当年 10～4 月浇筑混凝土时模板需保温，浇筑完毕应立即覆盖保温材料。

冬季浇筑的混凝土应适当推迟拆模时间，并选在气温较高时段拆模，气温骤降期间禁止拆模。

（三）施工期典型裂缝成因分析

12 号坝段施工期共发现裂缝 3 组：即 2006 年 5 月搅机故障间歇 2 个月，12 号坝段 12-04 层高程 2216.5～2218m 混凝土层面出现 1 条贯穿仓面裂缝；2007 年 7 月中旬，右岸缆机因平台边坡塌方停机，混凝土浇筑停歇 3 个多月，至 2007 年 11 月 12 号恢复浇筑，12 号 12-39 层高程 2320m 层面出现 4 条裂缝；2008 年 8～12 月，因安装拱冠坝段孔口钢衬及发电前发电高程成拱需求，拱冠坝段高程 2365～2370m 有 4 个月长间歇，产生 3 条裂缝。

1. 高程 2216.5～2218m 层面裂缝成因分析　搅机故障导致 12 号坝段左侧距上游面 17m 处发现一条平行于坝轴线，长 11.8m、宽 0.1～0.5mm、左侧立面深 3m 裂缝。2006 年 6 月 14 日发现该裂缝已延伸至 12 号坝段右侧，贯穿整个坝段，右侧立面深 1m。原因如下。

（1）浇筑温度超标：12-03、12-04 层坝块最高浇筑温度达 18℃，超出设计标准 6℃。

（2）气温骤降：在 12-04 坝块 2218m 层面间歇 2 个多月时间里，坝区气温上升，又遭遇多次气温骤降，3 天最大降幅超过 12℃，而期间层面保护不到位。

（3）反演分析：反演成果表明，气温骤降对混凝土应力影响深度 1.5～3.0m。位于强约束区新浇混凝土遇长间歇和频繁寒潮袭击，使表面温度应力超标，是该层混凝土发生裂缝的客观原因；浇筑温度超标，表面保护措施未到位是发生裂缝的主观原因。

2. 高程2320m层面裂缝成因分析

（1）一冷水温偏高：12-39坝块于2007年7月15日浇筑完毕，浇筑温度10.5℃<12℃，但一期通水温度达11℃，超出设计要求5℃，坝内实测混凝土最高温度28.5℃。

（2）气温骤降：12坝段2320m层面间歇3个多月时间里，坝区气温下降，又遭遇4次气温骤降，最大降幅8.6℃，长间歇层面于10月上旬才开始层面保护。

（3）反演分析：反演成果表明，高温季节浇筑的混凝土遇长间歇，频繁寒潮袭击，且保温措施不及时，在气温变幅较大季节因内外温差较大，导致表面温度应力超标，是该层混凝土发生裂缝的主观原因。

（中国电建集团西北勘测设计研究院有限公司
雷丽萍　黄天润）

清远抽水蓄能电站堆石坝穿心墙基础补强处理

（一）概述

清远抽水蓄能电站工程包括上下水库、水道系统、地下厂房洞群。上水库主、副坝均为黏土心墙堆石坝，主坝最大坝高52.5m。大坝防渗系统包括黏土心墙、混凝土垫层、断层混凝土塞、基础固结灌浆结合帷幕灌浆等。

2013年4月16日上水库开始蓄水，蓄水前主坝渗流量最大14L/s。2014年8月26日最高库水位592.98m，期间渗流量20L/s。2015年10月10日电站1号机组抽水，抽水前库水位592.15m，期间最高库水位610.30m，最大渗流量85L/s。主坝渗漏量偏大。

上库主坝地层主要为石英砂岩。地层中断层、裂隙发育，坝基、坝肩断层发育。黏土心墙置于强风化基岩上。根据综合分析，坝基坝肩透水岩体主要为强风化带和弱风化上带。

（二）渗漏原因分析与补强处理

1. 原因分析　右岸坝肩地形单薄，并发育有断层，岩体风化深度及相对隔水层埋深较深，向下游渗径较短。坝基开挖后基坑渗水主要来自右岸，绕渗观测孔水位与库水位相关性明显，说明渗漏通道主要集中在右岸，河床及两岸深部断层部位无集中渗漏通道。

2. 补强处理　处理方案：对右岸0＋164.25～0＋283.25m强风化带及弱风化上带，以及左岸0－010.50～0＋93.50m岩体进行补强处理，提高帷幕整体的防渗效果。

前期补强灌浆试验时右岸0＋203.25～0＋219.25m间F_{48}断层附近吸浆量大，灌浆处理后，渗漏量降至35L/s；右岸0＋167.25～0＋179.25m浅层吸浆量大，补强灌浆后，渗漏量由25L/s降至10L/s，且随库水位变化不明显。上述两部位是上水库坝基渗漏主要区域。

3. 补强处理难点与风险　要求补强灌浆施工不影响水库正常运行，防渗要求为下游量水堰渗流量不超过12L/s。补强处理的难点与风险如下。

（1）心墙和墙下混凝土垫层的钻孔和补强灌浆在电站运行蓄水前提下实施，水位频繁升降，落差达10～20m。要求钻孔灌浆中水不能侵入心墙，尽量减少对心墙扰动或破坏。

（2）灌浆地层变质石英砂岩的细微裂隙发育，吃水不吃浆现象普遍存在，常规水泥浆液难以灌入。需探索适合细微裂隙，且可灌性好、成本低、环保的浆液，及有效的灌浆控制方法。

（三）生产性灌浆试验

现场生产性灌浆试验主要是为主坝右坝肩及穿心墙施工选择合理的灌浆参数、施工工艺及灌浆材料。通过多组试验进行对比分析，对灌浆参数和工艺加以优化调整，结果如下。

（1）灌浆压力0.5～2.0MPa时，出现压力降低流量陡升现象。说明该处岩石承载能力低，至岩石劈裂。灌浆压力调整后第1、2、3、4、5、6段分别为0.3、0.3、0.5、0.8、1.2、1.5MPa。孔距由原设计1.5m调整为1.0m。

（2）心墙造孔采用泥浆护壁钻进，投水泥球对套管底部密封，封孔采用易于控制的水泥黏土浆液。

（3）灌浆工艺由循环灌浆改为自上而下分段卡塞式灌浆，选水泥膨润土浆液作为灌浆材料。因地层裂隙较小，稀浆易灌入，一旦变浓注入率迅速变小，故尽量用稀浆灌注。

（4）对盖板下接触段灌浆，流量大时用浓浆低压慢灌，流量小时尽量用稀浆灌注。

（5）灌浆段在最大设计压力下，注入率不大于1L/min时，继续灌注30min；在注入量较大情况下，适当增加灌注时间至60min，灌浆即可结束。

（四）质量保障措施

（1）穿黏土心墙钻孔采用小压力、低转速、小冲洗量浓浆钻进。

（2）黏土心墙底部混凝土垫层采用泥浆护壁钻进，先下设外管再钻进部分混凝土，后镶筑孔口管。注水试验结果表明，钻孔返水不会从套管底部外进入心墙。

（3）投掷水泥球在混凝土内镶管，套管外壁涂抹黄油或脱模剂，确保套管顺利拔出。

（4）压水灌浆自上而下分段、段顶卡塞方式进行。混凝土与基岩接触段长为0.5m，接触段和第2段卡塞位置为垫层混凝土内，第3段及以下卡塞位置为灌浆段段顶以上。

（5）试验压水和灌浆过程中观测抬动变形，变形值接近变形允许值或变形值上升速度快时，及时降低压力；变形值达到或超过允许值时立即停止施工，并采取处理措施。

（6）基岩和混凝土垫层孔段用全孔卡塞式灌浆封孔，心墙段用水泥膨润土浆封孔。

（五）补强灌浆实施效果

（1）坝基最大渗漏量，在补强灌浆前、库水位610.30m时为85L/s，补强处理后、库水位611.32m时为19.42L/s，渗漏量显著下降。

（2）2015年10月库水位611.01m时，左3、右3号孔水位分别为592.88、579.10m，且与库水位相关明显。补强灌浆后2016年9月库水位611.32m时，左3、右3号孔水位分别降为590.51、573.30m，右3号孔水位降低明显，绕渗孔水位受库水位变化影响程度明显减弱。

（3）坝基及心墙内渗压计测值在补强灌浆实施前后变化不大。

（中国水利水电建设工程咨询中南有限公司
张养锋）

托口水电站大坝RCC层间缺陷灌浆处理技术

托口水电站大坝为RCC重力坝，大坝建成运行后发现坝后碾压层面多处渗水。坝体钻孔取样和压水试验结果表明，碾压混凝土层间整合较差，局部粗细骨料呈半胶结或无胶状。为此，开展了多种组合材料和复合灌浆技术研究，并进行生产性试验。

（一）组合浆液配比与性能

1. 水泥+水玻璃浆液　用于充填层间骨料孔隙，封堵较大的渗流通道。

通常层间缺陷渗水量不大，水泥+水玻璃浆液中水玻璃掺量按初凝时间1～3min考虑。水泥采用P.O42.5普通硅酸盐水泥，水玻璃模数为3.3，波美度40°Be'，按水泥重量3%～8%掺加。浆液配比（重量比）为水泥100，膨润土10，分散剂0.04～0.05，水玻璃0.03～0.08，水固比0.8。浆液性能：胶凝时间1～3min，结石体28d抗压强度≥10MPa。

2. 水泥+聚氨酯浆液　是在水泥浆液中掺加适量单组份水性聚氨酯防水涂料，形成类似于胶状混合型浆液。该浆液可灌性较好，防水效果明显，优于水泥+水玻璃浆液。

水泥采用P.O42.5普通硅酸盐水泥，聚氨酯为单组分水性聚氨酯防水涂料。浆液配比水泥浆液：单组分水性聚氨酯浆液（L）分别为1∶0.1、1∶0.2、1∶0.3，漏斗黏度分别为25、29、35s，浆液混合均匀，固结体都具有微弹性，7d后固结体估算抗压强度均大于5MPa。

3. 水泥+环氧混合浆液　水泥稳定浆液中按其含水量添加一定量环氧浆液，形成兼有环氧真溶液与颗粒水泥悬浊液混合型浆液。该混合浆液可对碾压混凝土密实层间面或细微孔隙蜂窝体进行有效渗透浸润固结灌注，实现碾压混凝土结构缺陷防渗与固结的作用。

室内试验提出水∶灰∶环氧（kg）配比分别为1∶1∶0.2、1∶1∶0.3、1∶1∶0.5。其有效环氧泌出率，在1MPa下分别为51.67%、53.85%、54.67%，在3MPa下分别为56.67%、58.46%、64.00%。泌出环氧固砂体28d抗压强度，在1MPa下分别大于2.0、2.5、3.5MPa，在3MPa下分别大于2.5、3.0、4.0MPa。

（二）组合浆液复合灌浆工艺

根据托口水电站RCC层间缺陷的特点，研究提出了复合灌浆工艺，即通过分序分层灌浆实现灌浆精准控制，通过组合浆液灌浆实现对层间缺陷的可灌性选择，通过中压小量、脉冲灌注实现坝体灌浆的安全可控性。

1. 分层封闭　为实现精准有效灌注，灌浆按分层封闭、单层灌注。分层采用全孔一次性成孔，后下塞自孔底向孔口按碾压混凝土实际分层部位依次逐层封闭灌注。

2. 组合浆液　采用①水泥+水玻璃快凝型浆液、②水泥+单组水性份聚氨酯防渗型浆液、③水泥+环氧渗固型浆液，每个层间处理均按①、②、③浆液顺序依次变换灌注。

3. 中压小量、脉冲灌注　该工艺使灌入层面的浆液按小量、间隙推移方式充填压渗灌注，避免被灌结构层面大面积串浆受压而胀裂破坏，在此基础上获得比常规工艺更高的灌浆压力与灌浆强度。灌浆按脉冲量<0.1L/单冲次、脉冲压力<3MPa参数进行脉冲式控制性灌注，故对坝体的抬动应力有限，脉冲瞬间压应力也远小于完整混凝土抗压强度。

（三）现场试验

1. 试验部位　现场生产性试验选在大坝4号坝段邻近4号结构缝右侧5～8m、高程220～233m间的渗水层面缝进行，那里渗水较严重。

2. 试验浆液配比　按上述3种组合浆液配比配制浆液，并遵循随拌随用、小量拌制的原则。其中

①、②混合浆液一次拌制量为 100L，③混合浆液一次拌制量为 50L。纯水泥浆液水灰比为 0.8∶1，水玻璃、聚氨酯、环氧的掺量根据分层测定的涌水量与压力确定。

浆液①配制：100L 水泥浆液中掺加 3～8kg 水玻璃，水玻璃掺量在 5%以下时采用单液灌注，大于 5%时用双液孔口混合灌注。浆液②配制：100L 水泥浆液中掺加 10～20kg 单组分水性聚氨酯浆液。浆液③配制：50L 水泥浆液中掺加 10～15kg 高渗透性环氧浆液。

3. 灌浆工艺　现场试验采用组合材料和复合灌浆工艺成套处理技术。其要点如下：采用小脉冲浆量 ≤0.1L/冲次（约单缸冲次浆量的 1/2，通过回浆控制实施）；分次小间隙灌注，每分次灌浆量≤100L，分次间隙时间 3～5min；所有灌浆层段首先灌注纯水泥浆液；当该灌浆层段纯水泥浆液灌浆脉冲压力达 2MPa，或灌入量达 200L，即可变换采用浆液②灌注；当该灌浆层段浆液②灌浆脉冲压力达 2.5MPa，或浆液②灌入量达 200L，即可变换采用浆液③灌注；当该灌浆层段浆液③灌入量达 100L，或脉冲灌浆压力达 3MPa，即可变换纯水泥浆液继续屏浆灌注 50L 后结束该层段灌浆。

4. 现场试验效果　为检查前序孔灌浆效果，部分后序灌浆孔灌前进行简易压水试验。试验成果见表 1。统计分析表明，灌后各孔段透水率均小于 0.1Lu，且孔内渗水明显减少，甚至不渗水。

表 1　　后序灌浆孔灌前压水及渗水成果统计表

孔号	段长（m）	灌前压水			灌后渗水	
		压力（MPa）	流量（L/min）	透水率（Lu）	涌水量（L/min）	涌水压力（MPa）
S4-Ⅱ	14.80	1.00	0.30	0.02	0.00	0.00
S5-Ⅰ	14.90	1.00	0.50	0.03	0.70	—

经灌浆前后照片比较，发现坡面渗水量大为变小，水渍面积逐步减小，特别是层面缝处理区坝后高程 227.5～236.0m 的水渍已干，表明效果良好。

（中国电建集团中南勘测设计研究院有限公司　舒王强　李永丰
湖南五凌电力科技有限公司　刘国平）

莲花台水电站大坝碾压混凝土质量控制及检测

莲花台水电站为丹江干流在陕西商南境内的第二个梯级水电站。2010 年 7 月 24 日丹江发生特大洪水，给电站造成巨大损失。为加快施工进度，主坝坝体采用了碾压混凝土。

（一）原材料和混凝土配合比

采用 P.O42.5 普通硅酸盐水泥，Ⅰ级粉煤灰，细骨料（天然砂 0～5mm）和粗骨料（卵石：小石 5～20mm，中石 20～40mm，大石 40～80mm）为现场骨料加工系统生产，减水剂为 HS-GJS 聚羧酸高性能减水剂，引气剂为 HS-YQ 引气剂。材料均符合规程规范要求。

碾压混凝土配合比：C_{180}15W4F50 二级配碾压混凝土（背水面），C_{180}20W6F100 三级配碾压混凝土（迎水面），C_{90}15W4F50 二级配变态混凝土（接触处），C_{90}20W6F100 三级配变态混凝土（接触处）。

（二）碾压工艺试验

通过现场振碾遍数试验，最终选择外部（迎水面）、内部（背水面）混凝土最优遍数为 8 遍。碾压时，有振碾前均无振碾压 2 遍，再静碾 2 遍收面。

振碾工艺试验后，在现场做碾压混凝土取样检测。碾压混凝土实验仓性能指标：C_{180}15W4F50 三级配 28d 龄期抗压强度 19.0MPa；C_{180}15W4F50 三级配 180d 龄期抗压强度 25.2MPa，抗渗等级≥W4，抗冻等级≥F50；C_{180}20W6F100 二级配 28d 龄期抗压强度 22.1MPa；C_{180}20W6F100 二级配 180d 龄期抗压强度 29.2MPa，抗渗等级≥W6，抗冻等级≥F100。

（三）拌和物性能质量控制

1. 检测项目和频率　碾压混凝土拌和物性能检测项目为 *VC* 值和含气量，*VC* 值每 2h 检测一次，含气量在使用引气剂时，每班检测 1～2 次。

2. 拌和物 *VC* 值控制　碾压混凝土拌和物工作度 *VC* 值控制如下。

（1）维勃工作度仪检测 *VC* 值：在拌和楼混凝土出机口及施工仓面取样，用维勃工作度仪分别测定 *VC* 值。莲花台水电站施工配合比设计 *VC* 值为 2～3S。根据现场实际情况动态地控制 *VC* 值，并调整材料用量。机口 *VC* 值检测结果均满足规范要求。

（2）现场判定 *VC* 值：主要用手捏观察判断、肉眼观察判断。手捏和肉眼观察不能把握时，可用维勃工作度仪检测。现场 *VC* 值检测结果均满足规范要求。

3. 拌和物含气量控制 根据设计抗冻等级，莲花台水电站工程碾压混凝土含气量控制，二级配为（3.5±0.5）%，三级配为（3.0±0.5）%。含气量控制如下。

（1）砂石原材料集中进料、来源稳定，使用前先目测是否合格，再取样试验。

（2）合理试配混凝土配合比，找出合理砂率、水、胶凝材料用量，引气剂适当掺量。

（3）加强对引气剂称的计量检验和监督。加强试验检测人员培训。

（4）对VC值及时和准确测量，在正常检测次数基础上，必要时可适当增加频次。

按规范要求进行了检测，经过检测均满足要求。

（四）压实度质量控制

选择无核密度仪法检测压实度。检测结果：背水面实测密实度最大值102.3%，最小值97%，平均值98.7%；迎水面最大值101.8%，最小值98%，平均值99.1%，合格率均为100%。

（五）碾压混凝土性能检测

检测碾压混凝土的抗压、抗冻、抗渗和极限拉伸等性能。检测结果表明，莲花台水电站工程碾压混凝土各项性能满足设计要求。

（六）碾压变态混凝土性能检测

检测碾压变态混凝土的各项力学性能、抗渗和抗冻性能。检测结果表明，莲花台水电站工程碾压变态混凝土各项性能满足设计要求。

（七）运输过程中和仓面浇筑的质量控制

应尽可能缩短混凝土运距，路面要平整。温度过高或雨天时，要覆盖车辆料斗。

碾压混凝土浇筑时，在卸料、平仓、碾压作业要减轻骨料分离，控制铺料厚度偏差在±3cm内。减少对碾压层面的扰动破坏和污染，严防机械漏油，发现油污应挖除。汽车入入仓前应冲洗车辆并脱水。推土机平仓时避免原地转动。刷毛和冲毛要掌握作业时间。层面用喷雾或洒水方法，保持清洁和湿润，直到覆盖上层混凝土为止。

运输、卸料、平仓、振压及上层碾压混凝土的覆盖并碾压，应尽可能迅速、连续进行。从拌和物加水拌和开始至上一层碾压完毕的时间间隔，不应超过允许的间隔时间。还要把握好拌和物从出机至碾压完毕的时间，从入仓至开始碾压的时间，施工缝面垫层料从摊铺到覆盖碾压混凝土的时间。

拌和物的干湿度可根据碾压中的状态判断。拌和物太干时，振动碾压3～4遍后表面无明显泛浆，时有粗骨料被碾碎，或表面有条状裂纹；太湿时，振动碾压1～2遍后表面明显泛浆，或较多灰浆粘在振动轮上；湿度适中，振动碾压3～4遍后表面明显泛浆，且平整有光泽，有一定弹性。可加水或减水来调整拌和物的干湿，或查清原因分别对待。

碾压混凝土只有达到很高的压实度，才能具有预期的强度、不透水性和拉伸应变能力。因此，对碾压混凝土的压实度应加以严格控制。

（中国电建集团西北勘测设计研究院有限公司
张波 王金辉
河南洛宁抽水蓄能有限公司 汪世民）

象鼻岭水电站双曲拱坝快速测量系统

象鼻岭水电站项目技术人员分析了碾压混凝土双曲拱坝施工要求和技术特点，根据双曲拱坝体型参数，开发了《双曲拱坝快速测量放样系统V1.0》。该软件适应编程语言为VB.NET，开发工具Microsoft Visual Studio 2005，掌上电脑及计算机上均可运行。

（一）技术特点

《双曲拱坝快速测量放样系统》（以下简称“放样系统”）适合于各种拱坝型放样测量，采用测量仪器+掌上电脑测量方式达到快速放样。其主要技术特点如下。

（1）放样系统采用施工控制网加密分层布设技术，不仅解决了高拱坝施工测量精度控制要求，还可在碾压混凝土施工仓面快速设站测量放样，灵活自由。

（2）将全站仪有线串行接口通信改为无线蓝牙通信，实现掌上电脑与全站仪指令及数据传输，减少了传统测量操作步骤，提高了效率，避免手工输入错误发生。

（3）利用放样系统软件对坝体体型进行测量控制，使复杂的数学计算变为简单的手工操作，直观、快捷、精准。

（4）整理测量内业资料，可实现任意坝面位置参数的快速、批量计算，进而形成CAD图形。

（二）工艺原理

（1）根据坝址地形，按高度合理地分层布置施工加密控制网，在观测墩上架设棱镜（局部用反射片补充），采用全站仪后方交会方法在碾压混凝土仓面自由设站。

（2）改造全站仪通信端口。对自带蓝牙功能的全站仪，只需开通串行端口即可。不带蓝牙功能的全站仪，用“数据线+蓝牙收发器”实现仪器的蓝牙通信功能。

（3）根据双曲拱坝体型设计参数，开发放样系统软件的PDA（掌上电脑）版及PC版，利用软件进行测量外业的施工放样和内业资料整理。

（三）工艺流程及操作要点

1. 工艺流程　软件参数设置→校核放样数据→放样准备→利用软件放样→现场交桩→内业复核数据→立模→利用软件检查模板→混凝土浇筑→浇筑偏差检查→下一道工序。

2. 操作要点

（1）软件参数设置：体型参数设置不可改动，需与设计图中参数一致，并定期检查复核。全站仪通信端口参数必须与放样系统软件的 PDA 版保持一致，以便快速无误连接蓝牙。软件使用过程中避免点选与实际需求不匹配功能（如锁高、缩边、棱镜高等），防止实际放样与放样需求造成偏差。随时检查全站仪测量数据与 PDA 测量数据保持一致，以免不确定因素造成测量数据读取错误。

（2）控制网的建立：根据水电站施工测量控制布网原则，采用两级控制方法，即施工首级及施工加密控制网。施工首级控制网由业主单位提供，施工单位按规范要求做好相应保护和复测。在首级施工控制网基础上，施工单位根据需要对控制网加密。

执行标准有《水电水利工程施工测量规范》《国家三、四等水准测量规范》《国家三角测量规范》《中、短程光电测距规范》。

施工加密控制网等级根据首级施工控制网精度及《水电水利工程施工测量规范》中施工放样的规定，并对比最末级控制网相对于同级起始点或邻近高一级控制点的点位中误差等因素来确定。大型水利水电工程施工控制网点选二等，其他三等即可满足需要。

平面加密控制网随大坝浇筑高度上升逐层加密，每上升 50m 设一层控制点，大坝左右岸、上下游均要分布到位。根据实际施工条件，距离大坝不超过 400m，可直接放样，起算点为大坝首级控制网点。

高程控制网布设采用三等水准联测 2 个平面控制点，其余网点用光电三角高程代替三等水准测量，为平面控制点提供三等水准精度的高程。放样可采用三角高程直接放样。

观测墩的选点、埋设、观测及计算等均按照相应测量规范要求执行。

（3）设备和人员配置：采用带免棱镜测量功能的全站仪，免棱镜测量距离不小于 400m，精度要满足施工要求。全站仪开通串行通信端口，以便与掌上电脑的数据传输。为便于操作，将掌上电脑与全站仪间改为蓝牙连接。不带蓝牙功能全站仪，需增设串口蓝牙造配器，将数据线连接改成蓝牙无线连接。掌上电脑选用 HP4700，CPU 624MHz，ROM128M，RAM64M，4 寸显示屏分辨率 640×480。

设测量队长 1 名，内业 1 名，外业施工测量每组配 2 名，工作组数按需要配置。工程施工测量时，每组外业 2 人，仅点击两次掌上电脑就完成坝体体型偏差计算（约 5s），加快了速度，减少了人员，满足了快速筑坝要求

（4）测量软件研发：根据双曲拱坝体型参数，开发了放样系统 V1.0。安装该软件的掌上电脑可自动接收全站仪观测数据，计算双曲拱坝任意高程面坝体参数并生成图形图片，批量计算任意高程面逐桩的大地坐标和施工坐标，对放样数据计算和放样日志自动记录，实测任意点位分析等功能，结合全站仪免棱镜测量功能，实时指导拱坝模板立模，可大幅度提高测量放样计算速度，满足双曲拱坝快速立模的需要。

（中国水利水电第三工程局有限公司
李华兵）

古瓦水电站高海拔面板堆石坝混凝土面板施工研究

（一）概述

古瓦水电站首部枢纽位于四川省甘孜藏族自治州乡城县境内，是硕曲河干流乡城、得荣段“一库六级”梯级开发方案中的“龙头水库”电站，下游为娘拥水电站。拦河大坝为混凝土面板堆石坝，最大坝高 139.0m，坝顶长 313.16m，宽 10.0m，坝顶上游侧设置 L 型防浪墙，墙高 3.7m，墙顶高程 3403.20m。大坝面板为钢筋混凝土结构，坡比 1∶1.4，底宽最大 69.4cm，顶宽 30cm，为单层双向钢筋，纵横向钢筋间距为 16.7cm，钢筋直接 12～25mm，面板两侧配筋封闭。面板与趾板、分期、面板与防浪墙设双层钢筋，面板 32 块，总面积约 4.2 万 m^2，方量约 2.2 万 m^3。

（二）高海拔、高寒地区的面板堆石坝

古瓦大坝地处 3300m 以上高海拔、高寒冷地区，为目前世界上在建海拔最高的 150m 级混凝土面板堆石坝。施工区域具有高寒高海拔、大风、大温差、大蒸降比、低空气湿度、高频率阵雨等自然环境特点，同时施工现场昼夜温差大、含氧量偏少、气候条件恶劣，施工环境复杂，技术难度大。故需进行高海拔、高寒地区面板堆石坝混凝土施工的研究。

（三）主要研究成果及创新点

古瓦大坝具有“高海拔、高寒、高蒸降比、高频

率阵雨”四高特点的面板堆石坝，此次主要研究面板堆石坝的面板混凝土配合比、入仓、表层止水施工等内容。大坝地处高海拔地区，无类似工程经验可借鉴。目前面板已顺利浇筑完成，取得的主要技术成果如下。

（1）拌制混凝土时，掺加聚丙烯纤维、采用中热低碱硅酸盐水泥、掺加高品质一级风选粉煤灰。聚丙烯纤维掺量为 0.9kg/m^3，胶凝材料控制在 350kg/m^3 以下，粉煤灰掺量控制在 25%，采用标准型高效减水剂，确保混凝土具有较低的水化热温升、干缩值、自身体积变形量，以及较高的极限拉伸值。

（2）根据现场条件入仓坍落度为 5～7cm、7～9cm、9～11cm 三种，适用于上、中、下三个高程及不同温度下的混凝土入仓坍落度。

（3）古瓦面板的最佳施工温度在 22℃左右，湿度在 70%以上，超过此数据易出现外观质量问题。

（4）表层 GB 柔性填料及盖板采用机械一体化施工工艺进行止水材料的安装，加快表层止水材料的安装进度，解决了在大坝坡面上人工很难按设计要求的断面，密实地将柔性填料嵌入面板间 V 形槽的问题，尤其可以解决施工现场温度偏低、柔性填料硬度增大时，人工嵌填困难的问题，从而提高接缝防渗体系的可靠性。

（四）成果应用

该项目针对高海拔、高寒区域面板堆石坝施工，采用了科学的施工方法，通过对面板混凝土优化配合比、提高施工工艺、加强工序衔接，取得了良好效果。大坝蓄水后，坝后量水堰监测数据显示渗流量为 20L/s，证明在高海拔地区面板施工取得了良好效果。

（中国水利水电第十工程局有限公司　段海林　郑华兵）

荒沟抽水蓄能电站面板混凝土配合比优化

荒沟抽水蓄能电站下水库为已建莲花水电站水库，上水库为牡丹江支流三道河子右岸的山间洼地，工程地处严寒地区。电站枢纽建筑物由主坝、副坝、输水系统和地下厂房等组成，装机容量 1200MW，上水库总库容 1193.7×104m^3。工程为一等大（1）型。

（一）优化原因

混凝土面板强度等级为 C35F_{90}400W10。水泥为 P·MH42.5，外加剂 PCA-Ⅰ高性能减水剂和 GYQ-Ⅲ型引气剂，F 类Ⅰ级粉煤灰，为补偿混凝土收缩加了氧化镁。采用天然砂及机制碎石，加了硅粉和聚丙烯纤维。材料用量见表 1（PB-02）。此配合比试验结果：28d 龄期抗压强度 48.9MPa，90d 龄期冻融质量损失 1.6%，相对动弹模 72.8%，抗拉强度 3.0MPa，抗渗≥W10，均满足设计指标，也表明各材料用量仍有富余，因此有优化的空间。

（二）优化方案

配合比优化以原配合比 PB-01 为基准，分四个方案调整材料用量。优化方案一（PB-02）去除硅粉，增加用水量，提高粉煤灰掺量至 20%，砂率、胶材总量、外加剂及掺合料用量不变。优化方案二（PB-03）降低水泥用量，砂率、外加剂及掺合料用量不变。优化方案三（PB-04）降低水泥用量，砂率调整为 37%，调整引气剂掺量至 1.1%。优化方案四（PB-05）调整引气剂掺量至 1.2%、水胶比至 0.38，各掺合料掺量不变。调整后配合比材料用量见表 1。

表 1　调整后的配合比各材料用量表

编号	胶材总量（kg/m^3）	材料用量（kg/m^3）										
		水	水泥	粉煤灰	氧化镁	硅粉	砂	石（mm）		纤维	减水剂	引气剂
								5～20	20～40			
PB-01	373	118	280	55	19	19	649	577	577	0.6	3.730	3.730
PB-02	373	123	280	74	19	0	649	577	577	0.6	3.730	3.730
PB-03	360	118	270	54	18	18	656	582	583	0.6	3.600	3.600
PB-04	324	118	243	49	16	16	695	585	585	0.6	3.240	3.564
PB-05	324	123	243	49	16	16	695	585	585	0.6	3.240	3.888

（三）试验检测结果

根据配合比设计规程有关规定，确定混凝土配合比的配制强度为 42.4MPa。经过试配，并标养至设计龄期后，进行抗压、抗渗及冻融性能检测。检测结果见表 2、表 3。

表 2 混凝土性能试验

序号	编号	和易性	坍落度（mm）	含气量（%）	抗压强度（MPa）	抗渗性能
基准 0	PB-01	棍度中，无泌水，黏聚性好	61	5.4	48.9	≥W10
调整 1	PB-02	棍度中，有轻微泌水，黏聚性好	68	2.2	48.2	≥W10
调整 2	PB-03	棍度中，无泌水，黏聚性好	69	5.9	46.5	≥W10
调整 3	PB-04	棍度中，无泌水，黏聚性好	74	6.1	42.7	≥W10
调整 4	PB-05	棍度中，无泌水，黏聚性好	111	>10	34.3	—

表 3 混凝土抗冻性能试验

编号	项目	N 次冻融循环后的检测值（%）									抗冻等级
		0	50	100	150	200	250	300	350	400	
PB-01	相对动弹	100	98.8	97.3	95.6	91.8	87.7	83.7	79.6	72.8	F400
	质量损失	0	0	0.1	0.2	0.3	0.6	0.8	1.1	1.6	
PB-02	相对动弹	100	96.3	89.6	81.6	74.2	67.2	55.2	—	—	F250
	质量损失	0	0.1	0.1	0.1	0.2	0.6	1.2	—	—	
PB-03	相对动弹	100	96.0	93.7	92.3	88.1	85.1	82.3	78.7	70.2	F400
	质量损失	0	0.1	0.2	0.2	0.4	0.7	0.9	1.2	1.8	
PB-04	相对动弹	100	98.0	95.3	93.1	89.5	85.2	81.1	75.5	66.9	F400
	质量损失	0	0.0	0.0	0.2	0.3	0.6	1.1	1.6	2.3	

试验结果分析如下。

(1) PB-02：在保持胶材总量不变情况下，将硅粉用粉煤灰替代，含气量 2.2%，不符合规范要求，和易性差，有泌水。冻融结果仅为 F250，达不到设计要求。可见硅粉对此配合比影响较大，故不能取消硅粉进行优化。

(2) PB-03：水灰比由 0.32 调整为 0.33，其他材料未调整，其拌和物和易性好，相比基准配合比，含气量有所增加，这对冻融有利。检测结果表明，此配比的抗压、抗冻、抗渗均满足设计要求。

(3) PB-04：水灰比由 0.32 调整为 0.36，其他材料未调整。检测结果表明，此配合比的抗压、抗冻、抗渗均满足设计要求，但由于 PB－04 中胶凝材料大量减少，抗压强度无富余度，坍落度超出设计指标要求。

(4) PB-05：调整了用水量及引气剂掺量，坍落度及含气量均超过了设计要求，其抗压强度达不到配制要求，故不再进行抗渗及冻融试验。

四个优化方案中编号 PB-03 优化方案每方节约 13kg 胶材用量，检测结果既满足设计各项指标要求，也满足施工要求。

（中国水利水电第三工程局有限公司
陈书军）

托帕水库大坝沥青心墙填筑施工

（一）工程概况

新疆托帕水库工程坝址位于恰克玛克河上，大坝为沥青混凝土心墙坝，坝顶高程 2397.50m，坝顶宽 8m，最大坝高 61.5m，坝长 431.42m。上游围堰与坝体结合，大坝上下游范围为 310m。沥青混凝土心墙防渗体河床部位建在 110m 深的砂砾石覆盖层上，下部采用混凝土防渗墙防渗，防渗墙最大深度 110.6m，两岸建在弱风化基岩建基面上。

（二）填筑方案

填筑施工时，沥青混凝土心墙与上下游过渡段及坝壳土石料平起填筑，跨缝碾压，均衡上升，沥青混凝土心墙先填筑过渡层后铺筑心墙，平起法施工。跨沥青混凝土心墙考虑临时架设钢栈桥，解决上下游交通。坝体填筑采用的设备为 25t 自卸汽车、小型振动平碾，26t 振动碾、ZL50 型装载机、反铲、振动夯板。

（三）沥青混凝土心墙控制指标

1. 原材料 经鉴定破碎后的粗骨料为碱性，质地坚硬，加热过程中未开裂、分解，与沥青黏附力强，坚固性好，满足规范要求；人工砂细骨料各项指标均满足规范要求；矿粉为碱性，满足技术要求；库车 90 号沥青满足各项要求，故均可作为心墙原材料。

2. 沥青混凝土　沥青混凝土心墙施工控制指标：骨料最大粒径 19mm，填筑层厚 30cm，设计最大理论密度 2.555 g/cm^3，孔隙率<2，渗透系数<10^{-8} cm/s，水温性>0.9。沥青混凝土配合比中最大粒径 19mm，级配指数 0.39，填料（矿粉）含量 13%，油石比 6.8%。

3. 过渡层料　采用天然河床砂砾料。过渡层料控制指标：小于 5mm 的颗粒含量 28%～41%，小于 0.075mm 的颗粒含量<5%，填筑层厚 30cm，最大粒径 80mm，相对密度 $D_r \geqslant 0.85$。

（四）碾压式沥青混凝土心墙施工

1. 沥青混凝土生产　沥青先熔化和加热。熔化和脱水用蒸汽加热，脱水稳定在 120℃，加热温度 150～170℃。沥青在加热管中存储时间在 6h 内。再加热骨料，加热温度不超过热沥青温度 20℃，控制在 170℃。最后，用强制式拌和机拌和沥青混合料，拌和时按粗骨料、细骨料及矿粉的顺序下料，在拌和 25s 后，再加入热沥青，并湿拌 60s。

2. 沥青混合料运输　沥青混合料的运输车应保持车内干净整洁。运输中避免出现离析和分层，并采取保温和防晒措施，避免中途延误时间。混合料运到现场时，检查其温度和外观质量，如温度不满足要求或有花白料问题时，将其作为废料处理。

3. 沥青混合料摊铺　铺摊前基座混凝土表面要凿毛、喷涂冷底子油、刷涂砂质沥青玛蹄脂，厚度 1～2cm。表面处理后开始摊铺，人工和摊铺机相结合，心墙与基座接触处及两岸接头处，采用立模、人工摊铺施工。心墙及与心墙相邻 1.5m 过渡料均由专用摊铺机摊铺，过渡料由 26t 自卸车运输，1.2m 挖掘机入仓。沥青混凝土由 LB-1000 拌制，自卸汽车运至现场，改装的 3m 装载机供料、人工配合入仓。沥青混凝土心墙与过渡层平起平压，摊铺速度 1～3m/min。调整摊铺机钢模板宽度以满足要求，摊铺时确保激光定位仪在摊铺中稳定不动，以利摊铺平整。人工摊铺模板为钢模，相邻钢模间搭接长 5cm 内，定位后钢模距心墙中心线偏差在 1cm 内。钢模定位后填筑两侧过渡料，确保两侧同时填筑，同时压实。过渡料压实后，即将沥青混合料填入钢模内铺平，混合料虚铺厚度控制在 30cm。摊铺中沥青混凝土表面温度控制在 70～90℃间，如果低于 70℃，应加热处理，但加热时间不得过长。下层沥青混凝土混合料由摊铺机自带红外线加热器加热，加热不到的地方，用红外线加热器加热至 70℃。沥青混凝土最大摊铺宽度 2m，随高度上升，坝顶随层高渐变为 0.5m，摊铺厚 30cm，压实厚 27cm。沥青混合料碾压前，将钢模拔出。

4. 沥青混合料碾压　混合料宜用 1.0～1.5t 振动碾，过渡层用 2.0～2.5t 振动碾。先静压两遍，再振动碾压，最后静压收光。初碾温度不低于 130℃，终碾不低于 110℃。碾压轮宽大于心墙宽度时，用振动碾在帆布上碾压；心墙宽度大于振动碾宽时，采用错位碾压。碾压时不欠碾、不过碾，机械碾压不到处，采用人工夯实。碾面微量连续洒水，以防混合料粘在碾面上。如发生陷碾，应将陷碾处混合料清除，回填新的混合料。心墙铺筑后，其两侧 3～4m 范围内，不应有 10t 以上机械作业，各种机械不直接跨越心墙。

（五）沥青心墙实体检测

对沥青心墙实体进行检测。结果表明，沥青心墙芯样密度平均值为 2.53g/cm^3，孔隙率平均值 1.02%。心墙小梁试验指标平均值：挠度 3.65mm，抗弯强度 1.94MPa，对应弯拉应变 2.18%，变形模量 88.5MPa，挠跨比 1.82%。沥青混凝土试件水稳定系数 1.13。心墙真空渗透试验结论是不渗漏。沥青混凝土非线性 E－B 模型参数：密度 2.53g/cm^3，孔隙率 1.03%，凝聚力 0.24MPa，内摩擦角 28.5°，模量数 210.8，模量指数 0.42，破坏比 0.64，泊松比 0.48。各项设计指标满足要求，施工质量得以保证。

（中国水利水电第三工程局有限公司
刘正　冯利利）

雅砻水库沥青混凝土心墙坝施工关键技术

（一）概述

雅砻水库大坝为沥青混凝土心墙坝，工程区域位于西藏高海拔寒冷地区，常年平均气温低、冬季持续时间长、风速大，自然环境条件恶劣，对坝体填筑和沥青心墙铺筑造成严重影响，对沥青混凝土心墙坝建设提出了巨大挑战。特别是在海拔 4000m 以上地区没有成熟技术可循，迫切需要从理论、装备、技术和材料等方面的系统创新和突破。

高海拔寒冷地区沥青混凝土心墙坝施工关键技术就是结合雅砻水库大坝建设提出的科研项目。该项目历经多年科技攻关，通过施工理论创新、技术攻关和工程应用，研发形成了高海拔寒冷地区沥青混凝土心墙坝施工关键技术体系，取得了系统的创新性成果。

（二）高海拔寒冷地区筑坝温控体系

提出了高海拔寒冷地区温度场和局部气候营造的方法，构建了沥青心墙混凝土拌和、运输、摊铺、碾压全过程温控体系，解决了沥青混凝土心墙施工受恶劣气候条件严重影响的难题。

首创“提高摊铺温度、适时碾压、营造适宜温度场”的冬季心墙沥青混凝土碾压技术。基于大坝现场温度数据分析，得出沥青混凝土垂向随深度增加，温降明显变慢、呈上冷下热状态的规律，提出了“提高沥青混凝土摊铺温度、适时碾压、营造适宜温度场”心墙沥青混凝土施工方法。创新了低风速聚温施工环境营造方法。基于现场气温、风速曲线对坝体沥青心墙混凝土温降影响规律，研究采用坝壳料先行填筑和心墙范围形成8～10m高差的凹槽措施，营造风速小于4级的低风速聚温施工环境，解决了沥青心墙混凝土在4级以上风速环境下施工降温快、效率低的难题。基于沥青混凝土温度场数据和坝体不同部位气温、风速条件对沥青混凝土温降影响规律，确定了以终碾温度决定初碾温度、以初碾温度决定摊铺温度、以摊铺温度决定沥青混合料拌合出机口温度的温度控制程序。研究形成了以预加热矿料、骨料、沥青，实时调节沥青混合料出机口温度的混凝土拌和温控技术，沥青混凝土保温运输技术和沥青混凝土摊铺温度、初碾和终碾温度控制技术，构建了沥青心墙混凝土施工全过程温控体系。

（三）高海拔寒冷地区施工成套设备

研发了适用于高海拔寒冷地区沥青混凝土心墙施工摊铺机、沥青混凝土拌和系统等成套设备，形成了相应条件下的施工工艺及标准，解决了传统设备无法满足高海拔环境下沥青心墙施工能力的技术难题。

改进研制了新型智能心墙沥青混凝土、过渡料一体化摊铺机，可红外加热、影像监控，具有摊铺宽度、厚度调节功能，并实现多料同步快速铺筑。改进了沥青混凝土拌和系统，实现可实时调节矿料和沥青温度、余热利用和粉尘分离收集，提升了生产效率，实现节能与环保。

（四）高海拔寒冷地区施工技术

提出了高海拔寒冷地区恶劣自然环境下沥青心墙和大坝填筑冬季施工技术体系，优化了沥青混凝土材料和配比，提高了沥青混合料性能，突破了传统施工技术无法满足沥青心墙优质高效施工要求的技术难题。

研发了沥青心墙混凝土与过渡料同步快速铺筑施工技术。对沥青混凝土和过渡料一次性同时铺筑，虚铺厚度 $37<h\leqslant 40$cm（压实厚度 $30<h\leqslant 34$cm），铺筑后采用了“品”字形多台高激振力振动碾同步碾压联合作业工艺，初碾温度130～160℃，终碾温度不低于110℃，降低摊铺沥青混凝土的热量散失速度，直接在上面摊铺沥青混凝土，减少施工工序，提高冬季施工效率。研发了高海拔地区坝壳料层冬季连续铺设施工工艺。通过现场试验研究，采用了坝壳料层“干填碾压法”填筑施工，坝壳料含水率控制在2.5%～3.0%，松铺厚度60cm，碾压8遍，最大冻层厚度为20cm左右。通过坝体内部温度、太阳光辐射等作用，冻融情况消失后，继续铺设下一层坝壳料。碾压利用高温时段日间快速连续填筑，有效降低了坝壳料的冻结影响。优化了沥青混凝土材料和配比，提高了沥青混合料性能。针对高海拔寒冷地区灰岩骨料缺乏的现状，提出了沥青心墙混凝土以当地砂砾石骨料替代灰岩骨料方案。基于砂砾石骨料及其他原材料质量分析及其对沥青心墙混凝土性能影响研究，通过对比试验，优化了以破碎天然砂砾石为粗骨料、人工砂和天然砂1∶1混合砂为细骨料的沥青心墙混凝土配比设计，提高了沥青混凝土性能，解决了缺少灰岩骨料和适应高海拔寒冷地区冬季施工的沥青心墙混凝土配比设计难题。

（五）科研成果应用

高海拔寒冷地区筑坝关键技术研究成果，应用于西藏雅砻水库大坝工程，成功建成了首座高海拔地区沥青混凝土心墙坝，并在西藏结巴水库、拉洛水库、卓于水库等工程推广应用，社会经济和环境效益显著。研究成果获得发明专利7项、实用新型专利6项，出版论文11篇，培养了一批专业技术人才，有力推动了行业技术进步，并将有力支撑我国西部地区高海拔寒冷地区水利水电工程建设。

（中国水电基础局有限公司 叶玉麟）

波堆水电站碾压沥青混凝土心墙坝施工技术研究

波堆水电站位于西藏波密县境内，水电站大坝为碾压沥青混凝土心墙土石坝。沥青混凝土心墙是土石坝的关键部位，在高寒地区沥青混凝土心墙防渗施工时，由于昼夜温差大，控制沥青混凝土心墙的施工质量显得格外重要。为此展开了科研与技术攻关，取得了成果。

（一）主要技术成果

波堆水电站大坝沥青混凝土心墙工程于2012年10月开始施工，至2015年4月完成。沥青混凝土心墙是大坝基础以上唯一的防渗体系，工程标准高、要求严。施工中加强施工组织管理，使施工各工序紧密衔接，并保证拌和楼与施工现场密切联系，做到及时拌和、运输、摊铺和碾压，尽量缩短每一碾压段的作业时间，减少沥青混合料在施工过程中的热量损失。施工中形成了一套在高寒地区碾压沥青混凝土心墙坝的施工方法。

（二）施工技术要点

1. 减少大规模运输　土石坝采用“黏土心墙、混凝土面板”设计时，一般在大坝附近很难找到适用于黏土心墙的黏土源。通常要在较远地方开采黏土，并运到大坝附近土料场堆放，就造成大规模土料运输，加大了公路交通的压力。采用沥青混凝土心墙时，减少了黏土的运输、堆放与破碎处理。

2. 环境得到保护　土石坝防渗采用黏土心墙时，为获得合格的黏土，一般会征用较好的耕地进行开采。黏土开采破坏了原有耕地，合格的黏土挖走了，对原有环境会造成破坏。黏土运输会产生大量粉尘，对沿途环境造成污染。采用沥青混凝土心墙防渗时，是把桶装原料运到施工现场，经拌和楼拌制好后运到大坝填筑和碾压，施工区内的耕地和生态环境得到保护。

3. 提高了施工的安全性　土石坝防渗心墙采用黏土心墙时，黏土开采距离远，运输车辆多，沿途村庄多车流量大，开采和运输期间的安全很难控制，出现安全事故的概率大。采用沥青混凝土作为心墙防渗体时，沥青混凝土作业在施工现场进行，拌和楼至大坝运距短，安全能得到项目部的控制，故提高了施工的安全性。

4. 寒冷季节碾压面的封闭与覆盖技术　施工现场风速较大或气温较低时，为降低沥青混合料热量对外散发速度，及时对摊铺后的沥青混合料进行碾压。先振动碾静压 2 遍进行封闭。同时，在现场配备足够的篷布，沥青混合料摊铺后立即进行覆盖，覆盖范围超出心墙两侧各 50cm。必要时在篷布上对沥青混合料进行碾压，确保沥青混合料的碾压温度，有效解决了表面温度降低过快的问题。

5. 冬季施工温度控制　波堆水电站碾压沥青混凝土心墙冬季施工时，选择环境温度在 0℃以上时段进行，一般下午 2 点左右开始，晚 8～9 点结束。冬季施工温度控制采用规范规定的上限值，包括沥青混合料的出机口温度、摊铺温度、碾压温度。加强施工组织管理，使施工各工序紧密衔接，并保证拌和楼与施工现场联系密切，做到及时拌和、运输、摊铺、碾压，尽量缩短每一碾压段的作业时间，减少沥青混合料在施工过程中的热量损失。

（三）经济效益

波堆水电站沥青混凝土心墙土石坝，是水电十局在高原高寒地区特殊环境下施工的首座碾压沥青混凝土心墙坝。修建中，由于措施合理、施工组织管理得当，使大坝施工比业主要求工期提前 2 个月完成，项目管理费节约 80 万元，沥青混凝土心墙施工时部分机械费节约 99.7 万元。

（中国水利水电第十工程局有限公司
王波　马超峰）

阿尔塔什大坝面板混凝土机械化施工成套技术

（一）概述

混凝土面板堆石坝在施工及运行过程中混凝土面板会普遍发生非结构性裂缝，不仅破坏结构整体性，且会降低混凝土抗渗耐久性，直接关系到大坝安全运行。传统的混凝土面板采用人工辅助常规设备的工艺进行施工，存在坡面作业效率低、安全风险高、质量波动大等缺陷，对面板裂缝防治不可控因素较多。

为解决上述问题，中国水利水电第五工程局有限公司依托阿尔塔什大坝工程，从坝面布置、钢筋制安、止水安装、混凝土入仓、滑模提升、抹面、养护等进行系统性研究，研制了机械化施工及智能养护成套装备，创建了混凝土面板全流程机械化施工工法体系，形成面板机械化施工新技术。

（二）关键技术创新点

（1）研究了面板混凝土钢筋制安机械化系统，形成了面板混凝土钢筋制作、运输、安装等机械化施工成套新技术。

传统钢筋安装需大量人员，效率低，安全风险高。通过设计和采用以自动落料系统，链板输送机，钢筋自动绑扎机为主的双层钢筋网片加工装置，实现钢筋自动加工成型。钢筋机械化加工主要包括：半成品钢筋摆放及箍筋焊接成型，箍筋输送及落料，下层钢筋分布及顶升，上层钢筋输送、绑扎和吊装，实现钢筋自动加工成型，提升了网片加工精度及施工效率。

研发了网片运输旋转小车和大跨度箍筋分布等相关装置，采用“平面自行、坡面牵引”的方式，公共多角度液压调整装置，实现对坡面拼接钢筋网片高度、位置及角度的多方位精确控制，形成坡面拼接安装的机械化施工工艺。

（2）研发了铜止水挤压、填充一体化成型，接头热熔焊接和表止水一体化机械成型技术，减少了铜止水接头，有效提升接头焊接质量和填缝材料密实性，确保大坝止水系统的整体稳定。

为确保止水施工质量，止水铜片采用连续滚压成型机一次成型，并增设铜鼻子自动填充机，实现铜止水填充与铜止水成型机保持同步，铜止水鼻子填充材料一次填充完成，解决坡面成型铜止水填料困难及人工成型止水接头多的问题。采用铜止水校正器装置及铜止水熔焊装置进行铜止水焊接，现场压制成型，保证施工质量。

面板堆石坝接缝表止水施工采用了 GB 柔料挤出

机装置和GB柔料运输斗车进行挤压，机械台车卷扬机牵引。采用“上部牵引”和“下部反向牵引”的方式辅助施工，实现了面板堆石坝接缝表止水施工期间，上部分期面板及坝体同期施工。解决了表止水嵌缝材料填充不饱满、成型质量差等问题，可快速高效进行表止水施工，减少人力。

(3) 研制了坡面电动旋转水平布料装置，实现了仓位内混凝土均匀布料。首创穿心式千斤顶面板滑模提升新方法，解决了卷扬机提升滑模时提升距离难以准确控制，滑模浮模，混凝土错台等问题，研究采用电动丝杆升降机实现滑模行走轮升降，有效解决了滑模支腿回收时安全风险大、施工效率低、耗时长的难题。

面板混凝土浇筑一般都采用溜槽入仓，现场浇筑时存在溜槽下料口距滑模距离过远，下料不匀现象，作业人员强度大，施工质量不易控制。为了解决这些问题，设计采用一种混凝土水平布料装置，采取电动溜槽替代传统铁皮溜槽，有效提高混凝土布料的均匀性。

(4) 研发了滚轴式抹平和圆盘式抹光的机械化抹面设备，开发了智能养护系统，自动调节养护水温、流量，实现混凝土外部温湿度全过程监控和智能调控，降低了高温、高蒸发环境对混凝土浇筑的影响。

传统工艺采用人工收面分三遍进行，第一、二遍用木模搓、拍，用力找平，第三遍用铁模压光，此项工作质量对减少表面裂缝影响较大。设计采用滚轴式抹面装置进行抹平，圆盘式抹面装置进行抹光，并将滑模、抹面装置结合成为一体化装置，实现了混凝土抹面时整体、统一上升，提高了混凝土面板坝面板施工质量，解决了传统施工技术中人工抹面无法解决的难题。

工程区早晚温差大，干燥风多，不利于面板混凝土防裂。面板混凝土智能养护技术实现实时监测温度，通过该系统数据分析与管理，提高养护效能。智能养护技术用于大坝面板混凝土施工，对原材料、混凝土内外部温湿度全过程监控，根据混凝土内外部情况，自动调节养护水温和流量，确保混凝土内外温差可控，避免产生温度缝等问题。

(三) 取得的主要成果

项目成果成功应用于浇筑高度164.8m、浇筑面积18万m^2的阿尔塔什大坝，提高了面板混凝土施工效率和工程质量，减少了安全隐患，社会经济效益显著。

项目研究获国家专利21项、软件著作权1项、省部级工法7个。研发成果“混凝土水平布料装置”“钢筋网片整体拼装”已纳入修订的行业规范。

(中国水利水电第五工程局有限公司
袁幸朝 李乾刚)

武都水库碾压混凝土重力坝变态混凝土质量控制

(一) 变态混凝土施工部位及范围

武都大坝变态混凝土主要浇筑部位及其宽（厚）度如下：大坝上下游垂直面，其宽度为设计钢筋外轮廓加500mm；大坝台阶及坡面，其宽度为升层高度及实际可行施工范围；横缝模板边，其宽度为500mm安全距离加碾压机钢轮半径，总宽1115mm，如横缝处混凝土已浇筑，则宽度为500mm；基岩面，结构线内按1000mm厚施工，结构线外按实际情况施工；坝顶折坡处，一般宽度为钢筋外侧加500mm，如存在交叉钢筋时，其宽度为钢筋周边外围500mm至模板，或钢筋末端外500mm范围；廊道周边（现浇、预制）：水平段底部，高度为廊道结构钢筋外轮廓加500mm、宽度为廊道宽度，两侧为钢筋外轮廓投影加500mm，其他侧面为600mm，顶部按实际收仓高度确定，一般为1000mm（现浇）和700mm（预制）；爬坡段底部，厚度按浇筑分层，宽度根据廊道坡比，一般为廊道投影，两侧按钢筋外轮廓加500mm、顶部为与坡面垂直距离1000mm厚；埋设的管、线、支撑体及止水部位，宽度为周边500mm范围，有方向要求的仪器埋设部位，宽度为仪器周边2000mm范围；其他构筑物周边：四周宽度为设计图钢筋外轮廓加500mm，顶部为钢筋外轮廓加1200mm。

(二) 质量控制重点

1. 浆液质量控制　浆液包括水泥浆液和灰浆。水泥浆液由水泥和外加剂拌制而成，灰浆由水泥、掺合料及外加剂拌制而成。浆液水胶比不大于同种碾压混凝土的水胶比，浆液容重控制标准1.7t/m^3。按要求定量加浆，出浆口安有流量计量器。供浆和洒浆过程中，存浆桶搅拌机要持续运转或人工不停搅拌。加浆量为变态混凝土体积的4%～8%。

2. 浇筑层厚　备仓时在模板上标记层厚线以控制铺料厚度，变态混凝土浇筑随碾压混凝土施工逐层进行，层厚与平仓层厚相同，压实厚度300mm，铺料厚度350mm左右。

3. 加浆方法　采用掏槽铺浆法和造孔加浆法。即根据变态混凝土宽度，人工在已摊铺平整的变态混凝土部位掏槽或造孔，按面积定量铺洒浆液。浆液铺洒应均匀、不漏铺，不得向模板直接铺洒，溅到模板上的浆液应立即处理干净。

4. 振捣　浆液掺入碾压混凝土10～15min后，采用大功率振捣器对铺洒浆液的碾压混凝土振捣。浇筑上层混凝土时，振捣器应插入下层变态混凝土内不小于 50mm。振捣时间经试验确定，以振捣后混凝土表面泛浆为准，避免漏振、欠振和过振。振捣间距由试验确定，并不超过振捣器有效半径 1.5 倍，一般 250～400mm。振捣棒头离模板距离不小于振捣棒有效作用半径的 1/2。振捣器缓慢拔出混凝土，拔出后表面不留孔洞。

5. 结合部位施工　与变态混凝土相邻的碾压条带，要在变态混凝土施工完成后再进行碾压，相邻区域混凝土碾压时与变态混凝土区域搭接宽度应大于 200mm。变态混凝土施工完成后，用小型振动碾碾压密实且使仓面平整。止水埋设处变态混凝土施工时，要保护止水不变位，谨慎振捣，要剔除该部位混凝土中大骨料。

（三）变态混凝土养护与保护

（1）正施工和刚振捣完毕仓面防止外水流入。振捣完毕到终凝前避免积水和曝晒，严禁设备和人员通行。终凝混凝土面经 2～3d 强度增长并检测合格后设备方可通行。

（2）混凝土终凝后即保湿养护，使面层保持湿润，必要时应覆盖养护。水平施工缝养护应持续至上一层碾压混凝土开始铺筑为止。永久外暴露面养护时间不少于 28d。

（3）低温季节或遇气温骤降时，合理选择拆模时间，并在浇混凝土表面覆盖和包裹保温被。保温被一般采用聚乙烯保温卷材。

（4）保温被揭除时需做好混凝土表面温度、内部温度和外部气温的动态监测，缓慢下降混凝土表面温度，使内外温差控制在设计允许范围内。

（中国水利水电第八工程局有限公司
王志芳）

机拌变态混凝土在大藤峡纵向围堰中的应用

（一）工程概况

大藤峡水利枢纽纵向碾压混凝土围堰长约 789m，由上游段、中间段、下游段组成。纵向碾压混凝土围堰设计全断面三级配混凝土 46.7 万 m^3，其中 C20F100W6 常态混凝土 3.9 万 m^3，C_{90}15F50W4 碾压混凝土 38.3 万 m^3，C_{90}20F100W6 变态混凝土 4.5 万 m^3。

碾压混凝土施工采用 3m×3.3m 翻转模板，由于斜面模板拉锚筋长度需要，模板周边 80cm 宽变态混凝土调整到 100cm，相应的碾压混凝土量调整为 37.2 万 m^3，变态混凝土量调整为 5.7 万 m^3，变态混凝土相对比平均 15%，上游段仓面相对最大比为 25%，下游段最大比为 33%。

（二）变态混凝土施工工艺

1. 浆液配合比　大藤峡前期砂石系统制砂车间未投产，碾压混凝土细骨料为外购天然砂，天然砂中石粉不足部分用粉煤灰替代，制砂车间投产后采用人工砂。混凝土配合比试验中，变态混凝土加浆量按 6%控制。碾压混凝土和浆液配合比见表 1、表 2。

表 1　C_{90}15W4F50 碾压混凝土施工配合比　kg/m^3

	级配	砂率	水	水泥	煤灰	砂	小石	中石	大石	减水剂	引气剂
人工砂	三	32	85	68	102	699	446	594	446	1.36	0.425
天然砂	三	34	85	77	94+47	719	433	433	578	1.74	0.436

表 2　变态混凝土浆液配合比　kg/m^3

仓面加浆	F（%）	W/(F+C)	水	水泥	煤灰	减水剂	注浆量
	50	0.47	557	593	593	3.56	6%

2. 仓内注浆工艺　变态混凝土仓内注浆工艺有垂直注浆法和水平铺浆法。

垂直注浆法是在碾压混凝土摊铺后，在混凝土面上垂直造孔或挖沟槽，将浆液注入的方法。大藤峡纵向围堰连接坝段 22 号挡水坝段仓面尺寸 30m×67m，四周 1m 宽变态混凝土占比较小，变态混凝土施工不会影响碾压混凝土施工进度，该坝段变态混凝土采用垂直注浆法。

水平铺浆法分底部、中部和顶部加浆。底部加浆在已振捣完的变态混凝土面上加浆，再在其上摊铺碾压混凝土振捣，浆液向上渗透，直到顶面泛浆。此法均匀性好，但振捣困难。中部加浆常与底部加浆联合使用，先在振捣完的变态混凝土面铺洒一层浆液，摊铺 1/2 层碾压混凝土，再铺洒一半浆液，最后摊铺 1/2 层碾压混凝土振捣，浆液均匀向上渗透。此法浆液分散性和均匀性更好，易于振实。顶部加浆是在摊铺好的碾压混凝土上铺洒浆液振捣，振捣容易，但浆液向下渗透困难，均匀性较差。此法混凝土振捣质量不易保证和防渗效果较差。

3. 机拌变态混凝土　纵向围堰上下游段受开挖地质缺陷和固结灌浆影响，碾压混凝土进度较投标阶段滞后，如采用仓内注浆工艺，变态混凝土施工时间将大大增加，严重制约围堰上升速度。为实现 2016 年度汛目标，采用机拌变态混凝土工艺。在拌制碾压混凝土时，按比例加入水泥粉煤灰浆液，拌制成低塑性混凝土。这种工艺，较仓内注浆省去了浆液拌制、掏槽和注浆工序，浆液扩散更均匀，易于振捣密实，质量更有保证。从而提高了施工机械化程度，降低了劳动强度，提高了工效。

4. 机拌变态混凝土施工　拌和楼按机拌变态混凝土配合比（见表 3）进行拌制，拌制的混凝土由自卸车运到仓面卸料，小型挖掘机配合卸料和平仓，并振捣密实。靠近模板和支撑杆附近辅以人工铺料、平仓和振捣。

表 3　C_{90}20W6F100 机拌变态混凝土施工配合比　kg/m³

级配	砂率	水	水泥	煤灰	砂	小石	中石	大石	减水剂	引气剂
三	33	133	116	116＋40	640	268	404	673	2.17	0.022

按中间条带碾压混凝土铺料平仓→右侧变态混凝土卸料、平仓和振捣→碾压混凝土碾压→左岸变态混凝土卸料、平仓和振捣的顺序施工。每 6m 升层完成后，水平层面洒水养护到下一升层开浇，左右岸两侧外露面养护 28 天。

大藤峡纵向围堰上下游段模板周边机拌三级配的变态混凝土，拆模后外露面光滑、无明显蜂窝麻面缺陷，取芯检查结果表明，混凝土内部密实、层间结合很好，抗压强度和防渗等级满足设计要求。

（三）机拌变态混凝土注意事项

（1）机拌变态混凝土配合比设计优先采用中热水泥和高效减水剂，砂石骨料品种与拌和楼固定，不得随意变更。本项目变态混凝土细骨料固定为天然砂，相邻标段拌和楼（该标段处于开挖期，无混凝土拌制）集中拌制。

（2）机拌变态混凝土水泥用量（116kg/m³）大于其相邻碾压混凝土水泥用量（77kg/m³），且加浆充分均匀，宜先施工变态混凝土，再施工相邻碾压混凝土，两种混凝土间自然形成一个过渡区。

（3）纵向围堰结构狭长，变态混凝土占比相对较大，采用小型挖掘机摊铺平仓，靠近模板、冷却水管和止水部位人工辅助，且需将大石适当挑出。

（4）变态混凝土区冷却水管水平间距由碾压混凝土 1.5m 调整为 1.0m，竖向间距 1.5m 不变，通水时段、流量和时长与碾压混凝土相同。高温时段采用保温被覆盖，最大限度减少太阳辐射热。施工分层缝面蓄水养护或保温被保湿养护，左右侧外露面流水养护。

（5）变态混凝土水和水泥用量较碾压混凝土有所增加，其温升和干缩相应增大，抗裂性能降低。而变态混凝土恰恰用于围堰左右两侧外露面，直接受气候变化影响较大，因而拆模后需要加强侧面保湿养护。

（中国水利水电第八工程局有限公司　田福文）

双掺料在观音岩水电站碾压混凝土中的应用研究

（一）概述

观音岩水电站大坝是由碾压混凝土重力坝和心墙堆石坝组成的混合坝，最大坝高 159m，坝体混凝土工程量 611.4×10⁴m³，其中碾压混凝土约 448.8×10⁴m³。坝体混凝土需掺合料 58×10⁴t，高峰年用量约 27×10⁴t。电站附近攀钢 504 发电厂和攀枝花发电厂为粉煤灰的主要供应商，麻地湾灰场磨细电厂灰渣与四川川投电冶有限公司磷渣粉混掺（以下简称双掺料，HP），需研究其用于大坝混凝土掺合料的可行性。

（二）试验原材料

试验采用 42.5 级中热硅酸盐水泥；电厂分选Ⅱ级粉煤灰，较优细度磨制的麻地湾灰渣与川投电冶磷矿粉按质量比 5∶5 混合双掺料；料场石灰岩人工骨料，骨料表观密度 2710kg/m³；JM-Ⅱ（R1）混凝土高效减水剂及 JM-YQJ 引气剂。

（三）双掺料对胶砂性能的影响

1. 胶砂强度比较分析　掺入粉煤灰和双掺料后，水泥胶砂抗压强度降低；双掺料掺量 30％时，水泥胶砂 90d 和 180d 龄期抗折强度高于净水泥胶砂。掺量越大，抗压强度比、抗折强度比越小；随龄期增长，掺入双掺料的水泥胶砂抗压、抗折强度发展较快；相同掺量情况下，掺双掺料的胶砂抗压强度、抗折强度高于掺粉煤灰。

2. 水化热比较分析　掺入粉煤灰和双掺料后，水泥水化热降低，掺量越大，水化热降低幅度越大。掺量相同时，掺双掺料的水泥水化热低于掺粉煤灰的水泥水化热。掺量为 60％时，掺双掺料和掺粉煤灰的水泥水化热比较接近。

（四）双掺料对碾压混凝土性能的影响

1. 碾压混凝土配合比　在满足碾压混凝土拌和物性能要求下，掺粉煤灰和掺双掺料的碾压混凝土用水量相同，配合比参数基本相同，拌和物和易性较好，性能较接近。

2. 力学性能　掺粉煤灰和双掺料的碾压混凝土抗压强度、抗拉强度及弹性模量相差不大，但掺双掺料比掺粉煤灰的强度龄期发展系数略大，水胶比为 0.5 碾压混凝土 90d 龄期抗压强度均可达 35.0MPa，发展系数达 1.4，静压弹模和轴拉弹模均达到 40GPa。

3. 变形性能

（1）极限拉伸值：试验结果显示，掺粉煤灰和双掺料的碾压混凝土极限拉伸值相差不大，90d 和 180d 龄期的极限拉伸值均大于 80×10^{-6}。

（2）干缩：试验结果表明，掺双掺料的碾压混凝土干缩率略大于掺粉煤灰的碾压混凝土干缩率，180 天龄期的干缩率分别为 160×10^{-6} 和 110×10^{-6}。由混凝土干缩曲线看，28d 前干缩变形速率较快，28 天后干缩变形速率减缓，测至 180 天时干缩变形仍有增长趋势。

（3）自生体积变形：试验结果表明，掺粉煤灰的碾压混凝土自生体积变形为微膨胀型，测至 180 天龄期时变形值为 $0\sim16\times10^{-6}$；掺双掺料的碾压混凝土自生体积变形 120 天龄期前呈微收缩变形，120 天龄期后呈微膨胀型，测至 180 天龄期时变形值 $3\times10^{-6}\sim6\times10^{-6}$。

4. 耐久性

（1）抗渗、抗冻性能：试验结果表明，掺粉煤灰和掺双掺料的碾压混凝土抗渗、抗冻性能相差不大，抗渗等级大于 W6，抗冻等级大于 F100，能满足工程的设计要求。

（2）碳化试验：混凝土碳化试验是测定在一定浓度的二氧化碳气体介质中混凝土试件的碳化深度，以评定混凝土抗碳化能力。碳化试验结果显示，掺双掺料比掺粉煤灰的碾压混凝土抗碳化能力强，28d 碳化深度分别为 19.5、28.0mm。

5. 热学性能　掺粉煤灰的碾压混凝土绝热温升回归方程为：$T_r=19.76t/(t+6.917)$，终值为 19.76℃，线膨胀系数为 5.318×10^{-6}/℃。掺双掺料的碾压混凝土绝热温升回归方程为：$T_r=21.41t/(t+4.101)$，终值为 21.41℃，线膨胀系数为 5.283×10^{-6}/℃。掺粉煤灰和掺双掺料的碾压混凝土热学性能相差不大。

（五）掺合料总体评价

总体来看，掺双掺料、粉煤灰的胶砂性能和碾压混凝土性能比较接近，均能满足工程技术规范和设计指标的要求，电厂堆灰场的磨细灰渣与磷矿渣混掺可用作观音岩水电站碾压混凝土的掺合料，并能带来一定的社会、经济和生态效益。

（中国电建集团昆明勘测设计研究院有限公司
董海英　张虹　叶新）

Autobank 在忠太水库面板堆石坝变形计算中的应用

Autobank 是河海大学开发研制的软件，能实现渗流、变形、应力、稳定一体化计算，它可与 AutoCAD 结合使用。

（一）计算模型及参数

忠太水库面板堆石坝为 4 级建筑物，根据相关规定按 30 年一遇洪水设计，300 年一遇洪水校核。面板堆石坝坝体变形计算针对象为坝体最大断面，模型对设计断面进行简化，得到的有限元网格模型以三角形单元为主，辅以少量四边形单元。计算中坝体材料及冲积层、沉积层用邓肯－张 E－B 模型，其余用线弹性模型，计算中坝体按 6m 一层逐层填筑。

变形计算分竣工期、运行期（正常蓄水位）两种工况。各种坝料的变形计算参数根据试验成果及工程类比确定。计算坝高采用坝轴线处坝顶至沉积层底部的距离，计 120m。

（二）结果分析

坝体、防渗墙和面板的变形计算成果分别见表 1 和表 2。

表 1　坝体变形计算结果

工况	水平位移（m）		竖向位移（m）	最大沉降占坝高比例（%）
	向上游	向下游		
竣工期	0.121	0.161	0.598	0.498
运行期	0.045	0.189	0.583	0.486

表 2 防渗墙与面板变形计算结果

工况	防渗墙水平位移		面板水平位移		面板竖向位移（m）
	位移值（m）	方向	位移值（m）	方向	
竣工期	0.092	向上游	0.060	向上游	0.094
运行期	0.077	向下游	0.093	向下游	0.122

1. 坝体变形分析　由表 1、表 2 可知，对于坝体最大断面水平向位移，竣工期坝体上游部分向上游方向变形，最大水平向位移为 0.121m；下游部分向向下游变形，最大水平位移为 0.161m。蓄水后坝体整体向下游移动，向上游的最大水平位移减小为 0.045m，向下游最大水平位移增大至 0.189m，防渗墙位置出现较大的向下游水平变形。综上，坝体变形特点符合一般规律。

对于竖向位移，竣工期和运行期最大沉降均位于坝体中下部（坝高含冲积层及沉积层），变形特点符合一般规律。竣工期坝体最大沉降 0.598m，约占最大坝高的 0.498%。蓄水后坝体最大沉降为 0.583m，占最大坝高的 0.486%。

总体来看，计算所得坝体变形分布符合一般规律，坝体最大沉降量均小于坝体高度的 1%，满足规范要求。

2. 防渗墙与面板变形分析　由表 2 可知，竣工期防渗墙在冲积层、沉积层中均出现较大的向上游位移，最大水平位移 0.092m，在冲积层中下部。蓄水后，防渗墙发生向下游位移，最大水平位移为 0.077m，在冲积层中上部。防渗墙变形特点符合一般规律。

竣工期面板出现下沉及向上游变形，最大水平位移 0.060m，在面板顶部；最大竖向位移 0.094m，在面板底部。蓄水后，面板向下游水平位移及竖向变形均有所增大，向下游最大水平位移 0.093m，在面板与趾板交界处；最大竖向位移 0.122m，在面板底部。面板变形特点符合一般规律。

（三）Autobank 软件的应用效果

利用 Autobank 软件对忠太水库面板堆石坝进行坝体变形数值计算，其应用效果很好。

（1）利用 Autobank 软件，采用邓肯－张本构模型模拟了面板堆石坝分层填筑过程，计算结果符合堆石坝变形的一般规律。Autobank 可实现高效、准确地对面板堆石坝进行有限元分析，大大提高了中小水库面板堆石坝设计效率。

（2）计算结果表明：堆石体上游部分向上游变形、下游部分向下游变形，最大值在河床冲积层中，各工况水平位移最大值不大；堆石体最大沉降发生在坝体中部（含冲积层和沉积层），各工况下最大沉降均不超过坝高 1%；坝体变形结果符合堆石坝一般变形规律。

趾板下部防渗体最大水平位移发生在趾板与防渗墙结合处，河床冲积层、沉积层中防渗墙位移值明显大于下方基岩。因此，施工过程中应采取一定措施预防趾板与防渗墙连接处及防渗墙在不同地层结合处出现开裂。

竣工期面板与上游坝坡局部存在变形协调性不好的问题，应重点研究垫层料和过渡料协调变形作用，并在施工过程中注意面板施工时机。

（中国电建集团昆明勘测设计研究院
行亚楠）

新型坝坡技术在溧阳抽水蓄能电站中的应用

溧阳抽水蓄能电站上水库大坝为混凝土面板堆石坝，按规范要求面板堆石坝下游坝坡采用干砌石护坡。大坝建成后下游坝坡坡高达 200m，若用干砌块石护坡，裸露面积约 20 万 m^2，与当地景观不协调。对于设计者来说，设计方案要始终考虑并做到节约资源，保护恢复生态环境，以促进电站绿色发展。

（一）新型坝坡技术方案

上水库主坝从上游至下游依次为混凝土防渗面板、垫层区、过渡区、主堆石区、下游堆石区、增模区、坝基排水区、下游预制混凝土网格梁护坡。大坝下游坝坡高程 160m 以上 800m 厚干（浆）砌石改为 400mm 厚 C20 预制混凝土网格梁支护，网格梁下铺设土工布，网格梁内覆 300mm 厚表土，并进行绿化。保持大坝下游轮廓不变，距下游坝坡 1m 范围内采用粒径 400 mm 以上含量超过 30%堆石料填筑，并碾压密实和整平。

1. 预制混凝土网格梁护坡设计　下游坝面从坝脚堆渣平台高程 160m 以上至坝体高程 288.50m 间，用 400mm 厚 C20 预制混凝土网格梁护坡。堆石体每填筑 2～3m 进行一次坡面修整和斜坡碾压，达设计坡面线后安装网格梁。网格梁为梁长 3m 的四方框，截面尺寸 400mm×250mm，梁内配置构造钢筋网，菱形布置，中心线间距 3m×3m。

预制网格梁构件长 2500mm，两端钢筋外露 350mm，节点现浇时焊接。预制梁两端各设一吊钩，吊点与端部距离 0.8m，为 ϕ8 圆钢，埋入梁内 240mm，并与预制梁钢筋焊接。

2. 表土回填　网格梁施工、土工布铺设完成后回填表土。表土回填厚度 30 cm 以上，回填表土时适当洒水。两层马道间网格梁及梁内覆土全部完成后，撒播草籽和灌木绿化。

3. 物种选择与配置　选择物种的要求如下。

（1）复合生态型灌草，根系发达、对边坡固土能力强，可快速建植立体生态植被。

（2）冬季型与暖季型草种相匹配，互惠互利，以草养草，基本能使边坡四季常绿。

（3）物种搭配，防止退化，植物与环境间和谐协调，延续和提高水土保持功能。

根据以上要求选择狗牙根、高羊茅、银合欢、多花木兰、刺槐、胡枝子等作为混播草种，每隔 1.5m 种植小叶女贞。

4. 立体排水系统　为防止暴雨淋滤造成倾斜坝坡上堆石体中细颗粒经过底部排水过渡区流失，防止暴雨大量雨水集中渗入坝内导致重力挡墙排水管来不及排水，而造成墙前堆石体内水位上升影响挡墙稳定，为此，分别在高程 266.6、237.6、208.6、179.6m 的马道及 160m 平台内侧设置浆砌石排水沟，排水沟两端与坝坡排水沟相接。

（二）施工工艺

1. 混凝土预制网格梁施工　网格梁在综合加工厂预制，自拌浇筑混凝土，入仓后用 ϕ30 振捣棒振捣。根据气候条件及混凝土凝结硬化情况确定拆模时间，拆模后养生到规定时间。养生完成且达到设计强度后方可吊装，吊装后分批分堆存放。分层堆放时上下层间用 10cm×10cm 枕木支撑。网格梁从上坝阶梯分别向两侧边坡吊装。

（1）坝后修坡：利用长臂反铲对需要安装网格梁的坡面进行修整，坡面要平整。特别是网格梁杆件处，杆件应与坡面充分接触，确保网格梁稳定。

（2）网格梁运输：用 20t 自卸汽车运至作业面，运输中要垫稳垫实，避免损坏。

（3）铺设土工布：在铺设网格梁部位铺设一层土工布（150g/cm^2）。

（4）网格梁吊装：网格梁用 25t 随车吊进行吊装。吊装时在四边 ϕ50 吊耳孔内分别设一根 60cm 吊耳钢筋（ϕ25 以上），吊装时将吊绳绑扎牢固，起吊后尽量保持网格梁与坡面坡度保持一致。网格梁安装应确保铺设平整，框格顺直，预留孔对齐。

（5）网格梁吊装完成后，预留孔内插入两根 ϕ28 钢筋，再用 M25 水泥砂浆封孔。

2. 坝坡绿化施工　覆土植草紧随网格梁安装施工后进行，在网格梁上部平台搭设溜槽，利用溜槽将表土运输至网格梁内。覆土完成后，人工撒播草种。覆土植草结束后，适时适度进行喷水、补种、清除杂草及病虫害防治。

（三）技术创新点

通过溧阳抽水蓄能电站上库大坝绿色设计与施工实践，实现了水库大坝与周边环境的高度协调融合，顺应了当前时代的发展潮流。该技术的主要创新点如下。

（1）突破《混凝土面板堆石坝设计规范》（DL/T 5016—2011）对下游坝坡的设计要求，提出下游坝坡采用混凝土网格梁护坡，解决了本工程缺少大块石问题。

（2）在网格梁内覆 300mm 厚表土，并进行绿化，解决景区景观协调问题。

面板堆石坝坝坡技术于 2012 年 6 月申请国家专利，并在 2015 年 6 月获国家发明专利。

（中国电建集团中南勘测设计研究院有限公司
朱友军　宁永升
湖南省水务规划设计院有限公司　石含鑫）

高海拔大水深坝体裂缝处理技术

（一）坝体裂缝情况

某一水电站大坝建设过程中，左岸 11～15 号坝段灌浆廊道等部位发现混凝土裂缝，16 号坝段 1005、1021、1063 廊道出现顺河向、陡倾状、贯通上游库水的裂缝，14 号坝段裂缝与 16 号类似，廊道大量渗漏。上游坝面混凝土经 ROV 水下检查，发现 11 号坝段高程 1053m 以下、14 号 1083m 以下、16 号 1076m 以下、24 号 1071m 以下有稍倾左岸的裂缝，16、24 号坝段有近水平向裂缝，9、16、27 号坝段有疑似水平裂缝，28、29 号坝段个别水平层间缝有泥沙吸附，19 号坝段 1048～1050m、诱导缝右侧坝面有大量白色条带状材料挂于坝面，未见张开裂缝或缝面，需人工水下清理后判断是否存在裂缝。

（二）坝体裂缝水下处理思路

大坝裂缝处理按缝面堵水、补强和迎水面封闭三步进行。首先从廊道内向坝前侧钻设交缝深孔，灌注大膨胀性和高包水率的 HW/LW 水溶性聚氨酯，快速堵漏。灌浆为开放式，坝前裂缝未封缝。二是从廊道内钻设交缝深孔，灌注环氧灌浆材料，对坝体补强加固。两步完成后廊道基本无漏水。但坝前裂缝进水点仍暴露在水中，且处于有压水侵蚀状态。因此，第三步采用裂缝嵌填柔性填料堵水、表面覆盖盖片防护处理，封闭上游坝面裂缝。

（三）项目特点

1. 海拔高　项目所在地海拔 1100m，空气相对稀薄。潜水员在一个潜水过程中，需经历低压（高原）—高压（水下）—再低压（返回高原）和缺氧（高原）—高氧（水下）—再缺氧（返回高原）的过程，对潜水员身体影响很大。

2. 大水深　施工潜水最大折算深度达 127m（实际潜深 110m），超出氦氧常规潜水极限，大多作业折算深度 59～120m（实际水深 50～104m）。潜水作业确保施工质量难度大。

3. 混合气应用　24 号坝段纵向裂缝底部最大折算水深 120m，采用氦氧混合气潜水技术进行水下作业，系该技术首次在国内水利水电行业大规模应用。项目水下作业累计超过千班次，是世界上最大规模的氦氧混合气常规潜水项目。

4. 水下处理复杂、工作量大　大坝坝前裂缝水下处理包括裂缝水下处理工程的设计和施工，需处理纵向裂缝 156.6m，水平裂缝 19.1m，疑似裂缝 26.9m 及水平层间缝 91.5m。

（四）施工重点、难点及其对策

1. 施工组织　聘请水下缺陷处理有丰富经验、对电站管理和结构熟悉的人员组建潜水作业项目部，制定详细施工组织设计，对参与人员培训。

2. 潜水安全作业　裂缝处理潜水作业中，若减压不当、用氧风险、用电安全等易造成安全风险。作业前编制安全专项潜水作业方案和潜水安全保障措施，以控制安全风险。

3. 高海拔大深度潜水　在确定电站所在地海拔高度修正系数前提下，制定不同深度适应 1100m 海拔的混合气潜水减压表，并采用水下吸氧减压和水面进舱减压模式。同时，采用两套独立的开式钟系统确保潜水员出入安全可靠，水面配置两套专用移动减压舱，完成水面减压方案。考虑潜水工作量大及工期紧，另配备第三套移动减压舱用于减压病治疗。

4. 水库大坝潜水作业特殊性　水库大坝潜水作业环境与水下打捞、海洋工程截然不同。为此改进研发了一批适合水库大坝特殊环境的专用设备解决作业中遇到的问题。

5. 水下坝面钻孔难效率低　采用开式潜水钟与水下移动吊篮作为潜水员作业平台，由性能好的 P32 型进口液压动力站为水下钻孔设备提供动力，大幅提高了设备的工作效率。

6. 耗材供应难度大　氦氧混合气耗量大、运距远，运输及供应保障难度大。承包商提前做好材料、气体的需求分析及供应计划，预留一定备用余量，安排专人负责采购和调配并实时统计现场材料、气体的实际使用量和库存情况，及时反馈采购信息。

（五）裂缝水下处理流程

1. 裂缝复核及清理　由潜水员用液压旋转动力刷洗刷处理范围内混凝土表面浮泥、水生物和残余浆液等，裂缝两边清理的宽度不小于 20cm。潜水员用水下高清彩色录像对裂缝检查复核，并用塞尺测量裂缝缝宽、用卷尺测量缝长，用示踪剂沿裂缝由下到上连续进行喷墨为裂缝处理提供依据。详查结束后描述裂缝分布图表，提供水下详查录像及说明。

2. 施工工艺流程　纵向裂缝处理流程：缝面检查和清理→骑缝切 U 形槽→钻灌浆孔→埋灌浆管→涂刷界面剂→嵌压塑性止水材料→封缝→灌浆→拆除灌浆管→喷墨检查→粘贴防渗材料→不锈钢压条固定→封边及喷墨检查。水平层间缝处理流程：缝面检查和清理→骑缝切 U 形槽→钻灌浆孔→埋灌浆管→封缝→灌浆→拆除灌浆管→喷墨检查→U 形槽清理→嵌压遇水膨胀止水条→粘贴碳纤维复合 GB 板→不锈钢压条固定→封边及喷墨检查。

3. 质量检查　通过视频系统对水下作业每一道工序全过程监控，管理人员、现场监理通过水下电话和潜水员对话，随时指导作业人员按要求规范作业，对施工完成情况及时检查验收。分部工程完成后，通过视频系统对本分部工程再次全面的视频检查验收。

（浙江华东工程咨询有限公司　王阳　陈通权）

鱼梁大坝水下结构技改工程贝雷桥荷载试验

（一）概述

广西右江鱼梁航运枢纽水电站消力池海漫经水流冲刷，尾部中间段 40m 左右被掏空，船闸临河侧挡墙中部有 50m 底部冲刷区域。为修复消力池及海漫，在枢纽下游航道两侧导墙间架设贝雷桥。贝雷钢桥为标准下承式，单车道，桥面净宽 3.75m，单跨 27m。除桥面板外其他构件均为交通部桥梁设计院设计的“321”型标准构件，结构为三排单层加强型，设计最大荷载 70t，施工使用荷载最大为 60t，纵坡和横坡均为 0%。

（二）试验目的

（1）检验贝雷桥整体结构的质量和结构的可靠性。

（2）判读桥跨结构在试验荷载作用下的实际受力状态和工作状态，评价结构的力学性能和工作性能，检验结构的承载能力是否能满足设计标准。

（3）通过荷载试验以及结构固有模态参数的实桥测试，了解桥跨结构的动力性能，以及各控制部位在使用荷载下的动力性能。

（4）进行梁的强度、刚度及承载能力评估。

（5）为桥梁运营的安全性提供技术依据，并为今后桥梁维护、管理提供原始资料。

（三）试验依据

主要依据为《公路桥梁承载能力检测评定规程》(JTG/TJ 21—2011)、《公路桥梁荷载试验》、《军用桥梁设计准则》(GJB 1162—91)。

（四）试验用车

试验拟采用1、2、3号自卸车，自重均为20t，车载状况分别为半载土石料、载土石料和满载土石料，载重量分别为20、30、40t。3辆车的轴距1为3.4m，轴距2为1.5m。

（五）试验准备

1. 桥梁检查　试验前检查试验跨的墩台、帽梁、测试截面附近梁片是否有裂缝、变形等，连接锚栓是否松动等现象。

2. 测点布置　挠度测点布置于桥跨两端（测量支点的沉降）和$L/2$截面上。挠度采用精密水准仪测量。

3. 观测内容　在试验载荷作用下贝雷桥结构的最大竖向挠度，贝雷桥梁及支墩支座的压缩或支点的沉降。

4. 试验准备　收集设计文件、施工记录、试验车辆情况等资料；按厂家设计图纸及有关规范要求，全面检查贝雷桥梁的安装情况，并进行试验前的验收与评定；对试验仪器仪表、加载设备进行检查和标定；根据试验方案，设置测量仪表支架、测点放样及表面处理、仪器仪表安装调试、加载位置放样定位、通信安排等。

（六）加载试验

1. 试验方法　1～3号自卸汽车由轻载到重载分别进行试验，试验车以5km/h匀速驶至贝雷桥跨中时测量跨中挠度。按规范规定贝雷桥的最大挠度允许值为90mm。

2. 加载方案　根据影响线及在结构最不利的受载位置进行加载布置，试验对称荷载下产生最大正弯矩时的承载能力，试验车具体位置见图1。

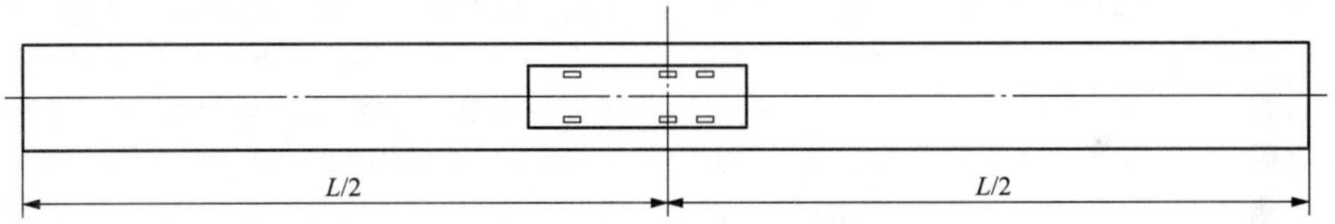

图1　试验车布置示意图

3. 加载程序　采用车辆加载于桥面的测试截面处，并采用完全加载方式，实现控制截面的设计内力，达到加载效果。卸载也采取完全卸载的方式。用于加载的车辆，在加载前进行称取前、后轴实际重量，以保证加载重量的准确性。

载荷试验持续时间不小于10min后进行观测、测量。卸载后观测残余变形、残余应变的时间间隔不小于5min。

加载步骤如下。

（1）将载重过磅后的车辆驶在控制截面处。

（2）持荷3min后读取控制截面挠度，将相关数据与理论计算值进行对比。

（3）是否满足停止加载条件，如果不满足，重复前两步工作，如果满足，该工况停止加载。

4. 试验终止条件　荷载试验内，结构在最后5min内的变位增量小于前一个5min内变位增量的15%，或小于所用量测仪器的最小示值，则保持静载试验直到结束。

为防止桥梁结构因加载不慎而发生意外损坏，荷载试验在总指挥指令下按试验方案进行。下列情况应终止试验。

（1）控制测点变位超过规范允许值时。

（2）加载时，若结构裂缝的长度、宽度急剧增加，新裂缝大量出现，缝宽超过允许值的裂缝大量增多，对结构使用寿命造成较大影响时。

（3）发生其他损坏，影响桥梁承载能力或正常使用时。

（中国安能集团第一工程局有限公司　李燕楠）

数字化监控在古瓦水电站面板堆石坝填筑中的应用

古瓦水电站位于四川省甘孜州乡城县境内，首部枢纽海拔3000m以上，面板堆石坝坝高139m，填筑量390万m^3，为目前在建海拔最高的面板堆石坝。

（一）传统筑坝监控方法的弊病

在传统土石坝和混凝土碾压坝施工中，对碾压质量的施工过程控制，主要凭借监理人或承包人的工程经验，大部分以目测和尺测手段为主，来判断碾压过程中行走速度、行走路线、碾压轨迹、碾压遍数、碾压激振力、摊铺厚度、压实厚度等参数是否满足设计要求。期间施工和监理人员的个人素质和经验起到了很大作用，一旦施工或监理人员经验欠缺，容易导致碾压质量不过关，造成大量返工，对施工进度、施工成本、施工质量产生不利影响。特别是在大型土石坝施工中，由于场面大，经常有十几个片区同时摊铺、碾压，若采用传统手段，施工和监理人员在坝面旁站，耗费大量人力，且质量控制效果并不理想，故需研究新的监控方法。

（二）新的筑坝监控方法

在建古瓦水电站面板堆石坝，施工区高寒缺氧，为减少人工操作，确保大坝填筑质量，采用先进的GPS数字化智能监控系统，即大坝碾压质量实时监控系统代替传统监控方法。

（三）主要成果及创新点

大坝碾压质量实时监控系统将采用先进的北斗卫星定位技术与GPS卫星定位技术相结合的方式来建设，设备采用由定制的北斗RTK双星设备，北斗技术作为主要定位手段，GPS为辅作为校验，差分定位计算通过电台传输，终端接收计算差分值，实现精准的定位方法。

通过在碾压机械上安装北斗定位监测装置、工业显示装置、振动频率采集装置等，对仓面碾压施工机械实时自动监控，监控对填筑碾压质量有影响的相关数据。主要内容如下。

(1) 实现坝面碾压机械的运行轨迹、速度、激振力状态等数据信息动态监测。

(2) 实现坝面碾压次数、压实厚度、压实后高程等信息自动计算和统计。

(3) 除实时观测碾压实际情况外，还可以对已碾压的全过程情况进行回放，作为施工效果的评价依据，因为所有数据都已储存在数据库中。

(4) 碾压机械工作时，实时同步显示图形化轨迹与碾压覆盖区域，引导操作手进行碾压施工操作，避免漏碾或错碾。

(5) 当运行速度、振动频率、碾压遍数等不达标时，系统会自动发送报警信息。

(6) 具有碾压质量报表输出打印功能。

（四）成果应用

古瓦水电站大坝填筑自2018年5月20日启动，2020年3月31日封顶，智能监控2549个单元，合格率100%。

通过应用GPS卫星定位系统进行大坝碾压机械实时跟踪，实现了大坝碾压质量控制数字化监控，体现了碾压质量监控的科学化、自动化。数字化智能监控效率高、消耗低，杜绝了人为监督中的随意性，同时将碾压质量现场控制记录变为图文兼备的碾压过程电子文档，为后续档案整编带来了极大的便利。

（中国水利水电第十工程局有限公司
段海林）

大石峡水利枢纽工程上游围堰填筑

（一）概述

大石峡水利枢纽工程位于新疆塔里木河流域阿克苏河源流之一的库玛拉克河上，是《全国大型水库建设安排总体意见（2013～2015）》和国务院批准近期实施的172项重大水利工程建设项目。工程建成运行后，在保证阿克苏河多年平均下泄塔里木河34.2亿m^3水量的前提下，承担灌溉、防洪、发电等综合利用。

大石峡水库正常蓄水位1700m，水库总库容11.7亿m^3，调节库容7.11亿m^3，防洪库容0.79亿m^3，拦河坝最大坝高247m，电站装机容量750MW，保证出力44.8MW，多年平均年发电量18.93亿kW·h，装机年利用小时数2524h。工程总工期102个月，至首批2台机组发电工期为101个月。工程静态总投资为825131万元，总投资为899721万元。

工程枢纽总布置为河床混凝土面板砂砾石坝、左岸依次布置永久生态放水孔、排沙放空洞、泄洪排沙洞、发电引水隧洞进水口和开敞式岸边溢洪道，发电引水洞后接岸边地面厂房。工程等别为一等大（1）型工程。挡水与泄水建筑物、发电引水建筑物进水口等永久主要建筑物为1级建筑物，发电引水隧洞及电站厂房（不承担挡水任务）永久主要建筑物为2级建筑物，生态放水孔、过鱼设施初期生态放水设施（除永久生态放水设施流道之外）、碎石沟泥石流沟治理及下游消能防护等永久性次要建筑物为3级建筑物。

（二）工程进展

西北勘测设计研究院有限公司于2006年4月开展新疆大石峡水利枢纽工程的勘测设计工作。2016年和2017年分别获环境保护部和水利部的批复。2017年12月5日，新疆大石峡水利枢纽工程可行性研究设计通过审查，并获国家发展和改革委员会的批复。2019年2月22日，新疆大石峡水利枢纽工程初步设计通过审查，并获水利部的许可。

2017年12月19日，大石峡水利枢纽工程施工准备及导流洞正式开工。2019年11月23日，库玛拉克河大河成功截流，导流洞过流。2020年6月20日上游围堰顺利填筑至顶高程。

新疆大石峡水利枢纽工程上游围堰2019年11月23日开始填筑，2020年6月20日顺利填筑至堰顶高程，具备20年一遇防洪度汛条件。

（三）上游围堰施工

大石峡上游围堰为全年土石围堰，围堰级别为4级。挡水标准为20年一遇洪水 $Q_5\%=2266m^3/s$，相应水位1533.46m，围堰堰顶高程1539m，围堰最大高度54m，顶宽10m，上游坡比为1∶1.65，下游综合坡比1∶1.9，顶部长190m，总填筑量约45万 m^3。上游围堰采用高压旋喷墙＋复合土工膜心墙的防渗形式。

受2020年初全国新冠疫情影响，施工人员、材料、机械等进场困难，上游围堰施工滞后，在对分期洪水各时段频率和流量、施工进度进行详细分析论证基础上，将围堰填筑至顶高程时间延至6月20日。全面复工后，在施工单位精心组织下，上游围堰填筑顺利按期完成，具备20年一遇防洪度汛条件，确保了2020年施工度汛安全。

（中国电建集团西北勘测设计研究院有限公司 邓成进）

大藤峡水利枢纽一期枯期围堰设计与施工

大藤峡水利枢纽大坝工程施工分二期导流，一期全年围堰包括上游土石围堰、纵向混凝土围堰及下游土石围堰。为使纵向混凝土围堰干地施工，需提前修建一期枯期围堰。

（一）枯期围堰设计

1. 平面布置与结构　一期枯期围堰为土石围堰结构，位于左岸岩石漫滩边缘，紧邻纵向混凝土围堰布置，堰顶轴线长约1030m。其挡水标准为10年重现期12～次年3月最大洪水，流量 $6720m^3/s$。堰顶高程31.46～30.68m，断面为梯形，顶宽10m，下游深槽段迎水面距堰顶2m高程处设3m宽马道，最大堰高约15m，迎水面及背水面边坡坡比均为1∶2。

2. 围堰防渗　堰体深槽段采用高喷灌浆防渗，高喷墙入岩1m。非深槽段黏土斜墙防渗。灰岩及白云岩段（岩溶区）基岩采用可控灌浆防渗。

（二）主要施工技术

1. 施工准备　围堰左侧修筑4条道路至围堰不同填筑位置。施工用水抽取黔江江水。取料场及填筑处设柴油发电机发电。远距离照明用移动式投光灯。使用移动空压机供风。

2. 填筑施工　分三段五个工作面施工：上游段轴线长415m，填筑工程量5.4万 m^3；中间段长343m，填筑工程量12.3万 m^3；下游段轴线长272m，填筑工程量9.05万 m^3。

先填筑水下部分（10月份5年一遇洪水流量 $4870m^3/s$ 对应水位高程28.87～28.17m），再加高培厚至设计顶高程，外侧大块石防护跟进抛填。下游段深槽部位超前抛填钢筋石笼。

3. 料源要求　堰体各种填筑料采用强风化下限新鲜石料。取料要求和规划如下：石渣料粒径30～300mm，不夹杂软弱岩石、草和树根；高喷墙范围内（2～3m）及围堰内侧土石混合料粒径不大于100mm；护坡块石粒径不小于300mm，从渣场或开挖区选取满足粒径要求的块石；砾质黏土粗料（粒径大于5mm）含量上限不超过50%～60%，细料（粒径<0.075mm）含量下限不小于15%，最大粒径不超过150mm，渗透系数小于 1×10^{-5} cm/s。

4. 填筑　堰体填筑包括水下抛填与水上干地填筑两部分。

（1）水下抛填：石渣混合料用反铲挖装，推土机配合。填筑料用自卸汽车运输，直接抛填水下。抛投超出水面1m后自卸汽车、推土机往返压实。深槽段抛填钢筋石笼护脚。

（2）水上填筑：用进占法和后退法铺料，自卸车运至现场，推土机摊铺。石渣混合料铺筑层厚110～115cm，碾压层厚100cm；黏土料铺筑层厚55～58cm，碾压层厚50cm。与岸坡连接两端头1～2m用细料铺筑，向外超填20～30cm。填筑中需洒水。大面用18t振动碾碾压6～8遍，行走速度1.4～2.0km/h；岸坡处及边角部位用2.1t夯板压实。用PC400反铲修坡，局部边角部位及机械无法运行部位人工修坡，超、欠挖部分需挖除或回填。

5. 高喷墙施工　二管法高压旋喷灌浆，墙体厚不小于0.7m，最小厚度不小于0.5m，渗透系数 $K\leqslant9\times10^{-5}$ cm/s。高喷孔为单排孔，孔深6～16m，孔距0.8m，入岩1m，分两序施工。履带式钻机配偏心钻头旋转冲击跟管钻进，空压机供风，钻孔直径150mm。

施工参数：喷浆压力35MPa，流量70L/min，喷嘴2个；喷气压力0.8MPa，流量1L/min，喷嘴2个；喷浆比重 $1.50g/cm^3$，回浆比重 $\geqslant1.3g/cm^3$；基岩中提升速度10cm/min，填筑层中提升速度13cm/min；旋转速度8r/min。

实施工程量：高喷孔1165个，在堆积层中钻进9285.5m、岩石层中钻进1165m，高喷灌浆10450.5m，单位注入量429.17kg/m，高喷灌浆防渗墙墙体面积 $8360.4m^2$。

6. 帷幕灌浆设计　墙下帷幕灌浆处理范围轴线长350m，单排孔布置，孔距1m，基岩钻灌深度

10m。高喷灌浆施工完成后，帷幕灌浆分三序施工。用XY-2PC地质钻机、金刚石钻头回转钻孔。高喷墙体内钻孔直径ϕ89mm，泥浆护壁，钻至基岩面后下入PVC管；基岩面以下钻孔直径ϕ76mm，清水钻进。帷幕灌浆全孔作为一段灌注，阻塞位置为基岩与高喷墙体接触面。灌浆压力Ⅰ序孔为0.3MPa，Ⅱ序孔0.5MPa，Ⅲ序孔0.5MPa。

（三）实施效果评价

1. 直观观察　高喷墙开挖后直观看到高喷柱体间都有搭接，无漏喷，未发现漏水。

2. 注水试验　防渗体注水试验检查孔的渗透系数均小于合格标准9×10^{-5}cm/s。

3. 结构安全稳定　堰体各填筑材料在填筑中严格按设计要求及施工规范执行。围堰压实度检测36组，要求孔隙率≤25%，实测最大22%，最小16%，平均19%，合格率100%。

2015年11月10至13日，围堰堰体已填筑完成，流域中上游区域出现超强降雨过程。11月13日凌晨，枯期围堰下游段开始进水，14日洪峰水位37.13m，相应流量达20400m^3/s，为设计挡水流量6720m^3/s的3倍，已填筑完成的枯期围堰彻底没入洪水中。11月26日江水退去，枯期围堰露出水面，堰体结构完好无损，堰体经受住了超标准洪水的考验。

受厄尔尼诺事件影响，在2015年11月～2016年3月枯期围堰设计挡水期间，共出现3次超标准洪水（流量分别为20400、9090、11500m^3/s），枯期围堰堰体结构均完好无损。

一期枯期围堰的顺利建成确保了纵向混凝土围堰在2016年5月30日全线达到设计度汛高程，为一期工程的顺利实施奠定了基础。

（中国水利水电第八工程局有限公司
周洪云）

犍为航电枢纽贯流式电站施工关键技术

（一）工程概况

岷江犍为航电枢纽工程位于四川省岷江干流下游河段，总库容2.27亿m^3，总装机容量500MW，河床式水电站，闸坝式挡水建筑物，Ⅲ级船闸（单级）通航1000t级船舶。二等大（2）型工程。枢纽主要建筑物一字形布置，厂房和船闸分岸而设，从左至右布置有左岸接头重力坝段（含鱼道）、厂房坝段、右储门槽坝段、泄洪冲砂闸坝段、船闸段、右岸接头重力坝段。坝顶总长1094.55m，坝顶高程342.8m，最大坝高37.80m。

（二）大体积混凝土入仓施工机械布置

（1）根据TB110G轮胎式布料机的结构特点，其自带料斗仅能使用混凝土罐车卸料。本标段厂房大体积混凝土为三级配，如使用现有罐车运输，卸料将非常困难，若大体积混凝土改为二级配，将大大增加成本，也增加了混凝土温控难度。经过改进，可使用自卸汽车运输三级配低坍落度混凝土，将其卸入中转料斗内，通过设在料斗与布料机间的扒渣机，将三级配混凝土运至TB110G轮胎式布料机的料斗内，再经布料机运送至各个浇筑面。

（2）根据SHC25杆式布料机出厂配置，每套设备除布料杆主体外，配置了一条长25m移动式上料皮带及一个固定式料斗。按此配置杆式布料机的适用部位将非常受限。

根据厂房布置特点及TB110G轮胎式布料机覆盖范围，厂房中部底板大体积混凝土需使用SHC25杆式布料机入仓。使用此装置，在厂房底板上游布置料斗，在料斗出口处设一条固定式皮带，固定式皮带将混凝土输送至中间部位，在中间部位设一个中转料斗，料斗下部设移动式皮带，移动式皮带将混凝土输送至杆式布料机的受料口。一条固定皮带可为两台杆式布料机输送混凝土，即可覆盖4台机组。

（三）发电厂房尾水流道异形模板施工技术

厂房尾水流道顺水流方向线型变化复杂，尾水流道所有横剖面为双轴倒圆对称结构。为此，制作整个流道中心线以下，即二分之一流道模板即可满足尾水流道混凝土施工。

以枢纽发电厂房3、4号机组模板设计为例进行详细说明。尾水流道钢模板仅设计制作圆弧段及异形圆弧部分，尾水管方形平整部分采用组合钢模板螺栓连接拼装，形成整体结构。建立尾水流道模型，设计并制作尾水流道定型钢模板。

为方便施工，根据流道建模将钢模板设计为拼装式小模板连接，从而构成流道整体模板。为满足拆装方便，模板设计重量单块不大于50kg，模板尺寸最大为0.75m×1.5m，连接孔为ϕ14mm×24孔（使用M12螺栓），模板主板为δ3mm，竖筋为$\delta3\times60$，法兰、连接筋$\delta8\times60$，连接筋板处两孔之间均加三角板，竖筋间距控制在150mm左右。

每块模板设有编号，安装时根据编号快速进行螺栓连接安装。拼装式小模板可以有效降低模板安装及模板拆除的难度，有效保证模板整体性。

在尾水管扩散段底板浇筑完成后，先制安钢筋，再一次性完成安装流道中心线以下部分异形模板。模板安装中测量定位，从钢衬段往尾水出口方向依次按编号安装，用M12螺栓连接模板。安装中对模板沿

顺水流方向采用 $\phi 48$ 钢管进行外撑加固并连成整体，圆弧段采用 1/4 圆弧固定背架进行加固。

（四）一期二段全年围堰施工技术

一期二段上下游围堰堰基采用高压旋喷防渗墙，堰体采用土工膜心墙防渗。高喷墙与土工膜间利用混凝土基座过渡。土工膜施工前先进行心墙基座混凝土施工，基座施工从右岸向左岸单向推进，$6m^3$ 罐车运输混凝土并直接入仓，人工平仓振捣密实，洒水养护到设计要求强度。

待基座混凝土施工完成后，开始上、下游围堰填筑施工。土工膜心墙与堰体填筑平起施工。因一期二段围堰填筑施工期厂房基坑混凝土浇筑同期施工，围堰填筑过程中必须保证施工道路能穿越围堰，以保证混凝土浇筑的连续性。因此，围堰填筑不能采取通常的平起施工方式，须考虑施工道路通过对堰体填筑的影响。故堰体填筑采取分左右两段错层平起施工，施工过程中两层间最大高差不大于 1.6m，即 2 层铺料厚度。

（中国水利水电第五工程局有限公司
李永山　蒙富康）

铁川桥水电站大坝裂缝处理

铁川桥水电站大坝为碾压混凝土双曲拱坝，最大坝高 94.50m。大坝浇筑过程中，大坝拱冠梁附近上下游面各发现 1 条竖向裂缝。上游面裂缝长约 52m，表面宽 2～5mm，下游面裂缝长约 44.5m，表面宽 2～3mm，裂缝所处桩号高程基本一致，确定该裂缝为贯穿性裂缝。

（一）裂缝处理施工技术

上游面裂缝采用“凿槽嵌缝＋超细水泥灌浆＋表面防渗补强”方案处理，下游面裂缝采用“凿槽嵌缝＋超细水泥灌浆”方案处理。

1. 施工程序　裂缝处理程序：施工准备→排架搭设→裂缝检查→钻探缝孔及压水→裂缝冲洗→裂缝表面凿槽→安装排气管和嵌缝→钻孔灌浆→上游面裂缝表面防渗补强。

2. 排架搭设　排架为三排钢管扣件式落地脚手架，高度超过裂缝高度 4m，宽度 6m（骑缝设置），排架设安全防护层，作业平台和安全防护层满铺脚手板。

3. 裂缝检查　用高压水对裂缝基面清理，查明裂缝走向、缝长、缝宽及裂缝渗水情况。

4. 钻探缝孔及压水　沿裂缝在上、下游坝面每 4m 高差设一组探缝孔。探缝孔为取芯孔，孔径 75mm，探缝深度 6.5m，孔深以过缝 0.5m 为原则。钻孔完成后进行单孔压水探缝，孔缝相通表明孔内有裂缝，孔缝不相通则加深钻孔或调整位置和角度重新钻孔。未过裂缝的孔需回填处理，与裂缝相通的探缝孔兼做灌浆孔。

5. 裂缝冲洗　探缝孔压水合格后用压力水对裂缝面冲洗，冲洗压力 0.2MPa。

6. 裂缝表面凿槽　用风镐将坝面裂缝出露部位沿裂缝迹线凿 U 形槽。凿槽范围超过裂缝两侧各 0.5m，槽口宽 120mm，底宽 50mm，槽深 80mm，再用压力水将槽面冲洗干净。

7. 安装排气管及嵌缝　沿裂缝按 2m 间距设 $\phi 25$ 镀锌排气（浆）管，并在槽底部与裂缝相通。待干燥后槽底部高 20mm 内嵌填 SR-2 止水材料，槽上部用 M40 环氧砂浆填平。

8. 灌前准备　灌浆前在裂缝两端各打设 1 个限裂孔，控制裂缝增开度不大于 100μm，灌后回填限裂孔。缝面充水浸泡 24 h，待放净或压缩空气排除缝内积水后开始灌浆。

9. 灌浆孔钻孔　灌浆孔与裂缝斜交，在裂缝两侧距裂缝 1m 处各设 1 排灌浆孔，孔径 59mm，坝面沿高程方向孔距 2m。孔向及孔深由探缝孔资料确定，孔深穿过缝面 0.5m。槽内环氧砂浆达 70％强度后，用地质钻机配金刚石钻头清水回转钻灌浆孔，一次钻进到位。

10. 灌浆　灌浆填压式栓塞堵在距孔口 50cm 处，射浆管距孔底 0.15m，全孔循环式灌注。灌浆压力 0.3～0.5MPa。若压力达不到设计值而裂缝开度达规定值，则以裂缝开度限制灌浆压力。灌浆自下而上、由内向外（先深孔后浅孔）逐孔进行。同一高程灌浆先下游面后上游面，下游面某高程钻孔灌浆结束 3 天后，方可开始上游面该高程钻孔的灌浆。

灌浆用超细水泥浆液，水灰比为 2∶1、1∶1、0.5∶1 三个比级。缝宽＜3mm 裂缝，开灌水灰比为 2∶1，待排气管出浆后，水灰比改用 1∶1。当排气管排出浆液水灰比接近 1∶1 时，改用 0.5∶1 浆液灌注，当排气管排出最浓级浆液后，再关闭排气管阀门，直至灌浆达到结束条件。对缝宽≥3mm 的裂缝，开灌水灰比为 0.5∶1。

在设计规定的压力下，缝面停止吸浆后，再继续灌注 30min 即可结束。灌浆完成后，在孔底放 1 根 $\phi 25$ 长 1m 钢筋（穿过缝面 0.5m），在最大的设计灌浆压力下进行机械封孔。

11. 上游面裂缝表面防渗补强　大坝裂缝超细水泥灌浆质量检查合格后，拆除排气管，将裂缝两侧各 1m 宽混凝土表面清洗干净，用 M25 砂浆抹平，再进行表面防渗补强。

（1）混凝土表面刷洗干净后，裂缝两侧各 50cm 范围内用氯丁胶粘贴氯丁橡胶片，厚度 5mm，粘贴范围为裂缝两端延伸 1m。

（2）氯丁橡胶片外侧再粘贴 6mm 厚 SR 防渗盖片，SR 防渗盖片周边采用 SR-2 塑性止水材料封边。

（3）SR 防渗盖片表面采用 6mm 厚成型 PVC 板进行保护。按裂缝处理范围剪裁 PVC 板，在裁剪好的 PVC 板两侧根据设计要求开孔，用螺栓将 PVC 板固定。PVC 板内侧采用丁基胶带与 SR 防渗盖片黏结，外侧用纵、横向不锈钢压条（宽 8cm）、不锈钢螺栓与坝体连接。不锈钢螺栓与 PVC 板之间的空隙用 SR-2 塑性止水材料填充。

（二）裂缝处理效果评价

（1）超细水泥灌浆施工结束 14d 后对灌浆质量进行检查。大坝上游面布置 6 个质量检查孔，3 个骑缝孔，下游面布置 4 个质量检查孔，2 个骑缝孔。质量检查孔都进行压水试验，试验压力 0.4MPa。从压水试验情况看，在规定压力下持续 5min 压力基本不下降，裂缝未出现渗水现象。骑缝孔取芯情况良好，裂缝内充满水泥结石，水泥结石充填裂缝最宽 5mm，与大坝混凝土黏结较好，结石密实，强度较高，说明大坝裂缝超细水泥灌浆效果显著。

（2）铁川桥水电站蓄水发电后，大坝已历经多年的运行考验，经过防渗处理的裂缝“滴水不漏”，说明设计方案合理，施工质量可靠，采取的施工工艺是适宜和成功的。

（中国电建集团中南勘测设计研究院有限公司
王少华）

引水发电建筑物施工

丰宁抽水蓄能电站压力钢管安装施工新工艺

（一）研究背景

抽水蓄能电站引水系统压力钢管安装，特别是斜井上平段钢管安装施工中，在施工支洞与主洞交叉口处，往往是合龙段凑合节的安装。凑合节的安装技术难度大，焊接要求高，工期长，且由于两端钢管已经安装并回填混凝土，此段环缝在焊接施工中，存在很大的约束，焊接过程中往往会产生很大的应力，对后续电站安全运行很不利，也对现场拼装和焊接提出很高的要求。另外，凑合节往往需要在现场进行瓦片运输安装，现场测量切割，再在现场拼装，质量不宜保证，工期不宜控制。合拢段凑合节的安装一直是压力钢管安装施工中难点和重点。本文依托丰宁抽水蓄能电站进行了研究。

（二）技术简介

本发明要解决的技术问题就是针对上述现有技术中的不足，提出一种斜井上平段压力钢管安装新的施工方法。施工新工艺思路新颖合理，充分利用上游面调压井段的施工空间，在此段进行预存钢管，通过反向安装方法，摒弃了传统钢管安装中的不足和缺陷，无需安装凑合节，直接从下游面依次顺序安装焊接钢管，免装凑合节施工，施工方便，连接质量好，工作效率高，便于推广使用。

斜井上平段钢管免装凑合节施工方法，即将凑合节视为正常钢管进行安装。主要施工步骤如下：

步骤一，运输安装施工支洞下游面钢管及混凝土回填。

步骤二，施工支洞上游面钢管运输及临时存放。

步骤三，施工支洞与主洞区域钢管运输安装。

（1）施工支洞区域靠近下游面第一节钢管运输安装（图 1 中Ⅰ-8 管节）。

（2）剩余安装钢管总长度的测量。

（3）施工支洞区域原凑合节钢管在加工厂内制造，制造长度根据现场测量的长度确定。

（4）原凑合节的运输安装。

步骤四，剩余钢管反向安装，安装前每节钢管测量并控制里程偏差在±3～±5mm，管口垂直度控制在 5mm 内，上游面最后一节钢管（定位节）里程偏差控制在±5mm 内，管口垂直度控制在 3mm 内。

步骤五，依次进行施工支洞上游面钢管回填以及施工支洞区域钢管回填。

步骤六，调压井段混凝土施工。

（中国水利水电第三工程局有限公司
杨联东 鲍锡琴 沈渊基）

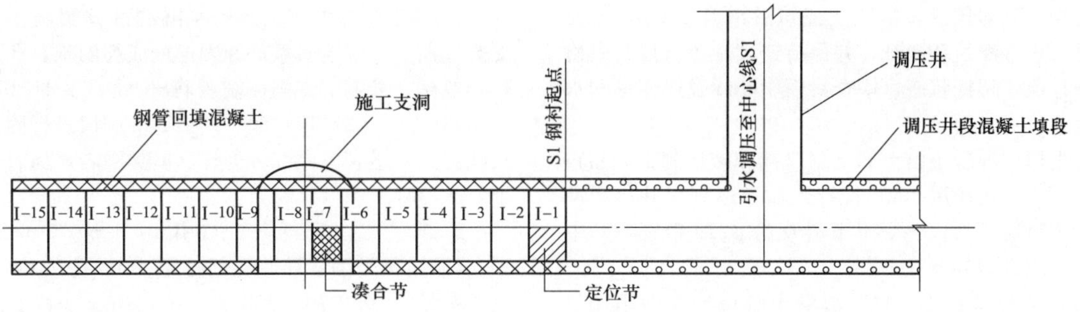

图1 施工立面图

苏洼龙水电站引水隧洞斜井混凝土滑模施工技术

(一) 概述

苏洼龙水电站引水隧洞为圆形断面，钢筋混凝土衬砌段，洞径12m，衬砌厚0.8m。4条隧洞4个斜井，斜井段斜度55°，支护后直径13.6m，衬砌厚0.8m，斜长45.28m。

4个斜井采用滑升模板施工，混凝土浇筑量4636.80m³。斜井滑模施工的条件是必须在斜井下弯段从下游至上游15m长为1个浇筑段，计划浇筑5仓，且完成接下弯段位置斜井直线段4.761m三角和基本完成斜井直线段钢筋制安后，再安装滑模，进行滑模浇筑施工。

(二) 滑升模板设计

1. 滑模结构设计　斜井衬砌采用自动调平内爬式轨道桁架支撑液压滑升模板，滑模体为钢结构。滑模构件如下：模板为厂家定制异形钢模板拼装成整体，单块模板高1.2m，斜长1.5m；桁架框是滑模体骨架，用以支撑、挂装模板，形成模体平台，上面铺设钢（木）板形成操作平台，主辅受力件均为∟80×80×7角钢，对角线支撑为∟75×75×6角钢，内侧设高1.2m防护栏杆；提升架用来安装千斤顶并提吊滑模体滑升，由20号槽钢作立柱，厚15、10mm钢板焊接制成；支撑桁架安装支撑桁架轮，连接桁架框形成整体防止滑模向下偏斜，由∟80×80×7等边角钢制作；辅助盘（抹面平台）为工作平台，由ϕ25钢筋焊接而成，用ϕ25钢筋悬挂在桁架梁上；支撑杆（爬杆）下端埋在混凝土井壁内，上段穿过液压千斤顶的通心孔，选择HY-100型液压滑模千斤顶，ϕ48×3.5无缝钢管作支撑杆。

2. 液压系统　选用QYD-100型千斤顶，设计承载能力10t，安全系数2计算承载能力为5t，工作行程28～33mm，液压控制台为HY-36S型自动调平液压控制台。高压油管主管ϕ16mm，支管ϕ8mm，用直管接头和多通接头与控制台和千斤顶分组相连，构成液压系统。

3. 辅助系统　含埋件处理、洒水养护、测量。辅助盘周边安装ϕ25mmPVC管，管上钻孔进行洒水养护。不定时观测模体偏差。充水透明胶管固定在模体上进行水平度观测。

(三) 滑模施工

滑模施工时，钢筋提前架立，混凝土浇筑、滑模滑升平行作业，各工序连续进行。

1. 施工准备　斜井上弯段安装两台5t卷扬机，输送混凝土和钢筋等材料。混凝土下料管用钢丝绳吊挂在卷扬机上。动力、照明、信号电缆及养生水管沿井壁布置。滑模体从场外分块运至上弯段，再吊放到斜井下弯段安装。混凝土基面冲洗干净后在其上放控制点。

2. 钢筋架立和爬杆延长　模体就位后，按设计规范焊接钢筋、套筒连接，钢筋架立间距符合要求，上下层间接头错开，相邻钢筋焊接接头错开，控制钢筋保护层。爬杆同一水平内接头不超过1/4，第一套爬杆要有4种以上长度规格（2.8、3.2、3.6、4.0m…），错开布置。正常滑升每根爬杆长6m，千斤顶滑升距爬杆顶端小于350mm时，接长爬杆，提升架底部下到混凝土浇筑面爬杆同外层钢筋焊接加固。

3. 混凝土浇筑和模板滑升　滑模滑升对称均匀下料。ϕ50软轴插入式振捣器振捣，避免直接振动爬杆及模板，插入深度不超过下层混凝土内5cm，模板滑升时停止振捣。根据混凝土初凝、供料、施工配合等确定合理的滑升速度，分层浇筑间隔时间不超过规范允许间隔时间。正常滑升每次间隔0.5～1h，控制滑升高度30cm，日滑升高度3m左右。

混凝土首次浇筑5cm砂浆，再按分层30cm浇两层，达 65cm 时（不超过 2h）滑升 3～6cm。检查脱模混凝土凝固情况，第四层浇筑后滑升 20cm，若无异常可正常浇筑和滑升，并保持连续施工。滑升中检查千斤顶、爬杆状态，检查滑模中心线及操作盘的水平度。

滑模用混凝土由上部支洞口拌和楼拌制半成品料提供，水平运输用 $10m^3$ 搅拌运输车运到斜井口缓冲溜管下料口下料。混凝土下料管为 $\phi219$ 钢管，其中部和下端设缓冲器。

4. 表面修整及养护　混凝土脱模后立即用抹子在混凝土表面原浆压平或修补，表面平整不做修整。利用辅助盘上的洒水管对混凝土进行养护。

5. 预埋件施工　根据要求测量放线，准确安装预埋件。预埋件周围混凝土需修补。预埋件包括：灌浆轨道埋件、灌浆管。

（四）施工中常见问题处理

1. 不均匀下料　可在溜管下部与串筒下部挂绳，人工拉绳使混凝土在需要处下料。

2. 纠偏　模体偏差不大时，千斤顶自身纠偏。利用液压系统对 1 个或几个千斤顶进行调整。1 边发生偏差，关闭其他边千斤顶，用液压系统控制该边千斤顶滑升 1～2 个行程，再打开全部千斤顶滑升 1～2 个行程，反复数次逐步调整到设计要求。模体偏差较大时，将整个模体滑空，利用固定在斜井壁锚杆上的手动葫芦进行纠偏，校正后重新滑升。局部变形较大处可重新加工。滑空后校正偏差会影响工期，混凝土质量也无保证，故要严控模体偏差，及时纠偏，尽量避免滑空纠偏。

3. 爬杆弯曲处理　爬杆弯曲时，可加焊钢筋或斜支撑。弯曲严重时可切断弯曲部分，接入爬杆重新与下部爬杆焊接，并加焊“人”字形支撑。

4. 停滑措施　停止浇筑混凝土 2h、停电超过 2h 及模体严重变形时必须停滑。停滑后人工平仓，混凝土初凝后人工凿毛，关键部位按要求刻槽，安装止水，及时养护。在故障处理完成、模体重新就位前，清除施工缝面的乳皮、浮渣。

（中国水利水电第三工程局有限公司
李坤）

硬梁包水电站引水隧洞固结灌浆试验

硬梁包水电站引水隧洞Ⅳ、Ⅴ类围岩洞段松弛圈深度随时间推移会进一步加深，为了限制松弛圈变形范围扩大，有必要对Ⅳ、Ⅴ类围岩洞段进行固结灌浆。

（一）固结灌浆生产性试验

1. 试验区基本情况　引水隧洞部分洞段在开挖支护过程中，因地质条件原因锚杆成孔困难，孔内塌孔。拟在 1 号施工支洞控制主洞段（引 1）1＋073～1＋093m、（引 2）1＋150～1＋130m 洞段进行固结灌浆试验。上述洞段大部分为Ⅳ、Ⅴ类围岩，均有蚀变带岩脉发育。

2. 灌浆方法及参数　（引 1）1＋073m～1＋093m 洞段Ⅳ类围岩灌浆孔间排距 3m，孔深 6m，梅花形布置。（引 2）1＋150m～1＋130mⅤ类围岩灌浆孔间排距 2.4m，孔深 6m。灌浆压力 0.5～1.5MPa，采用纯压式全孔一段（6m）灌浆。

3. 灌浆工序　固结灌浆钻孔和灌浆的施工次序：抬动孔、灌前物探孔→Ⅰ序孔→Ⅱ序孔→检查孔→灌后声波及压水检查→封孔。

4. 灌浆技术要求

（1）固结灌浆前进行钻孔冲洗、裂隙冲洗和压水试验。钻孔冲洗采用导管通入大流量水流，从孔底向孔外冲洗，直至回水澄清后 10min 结束。裂隙冲洗采用压水冲洗，结合压水试验进行，当邻近有正在灌浆的孔或邻近灌浆孔灌浆结束不足 24h 时，不得进行裂隙冲洗。灌浆孔（段）裂隙冲洗后，立即连续进行灌浆作业，因故中断时间间隔不超过 24h。采用“简易压水”进行压水试验，数量为总孔数的 5%，压力为灌浆压力的 80%，压水 20min，每 5min 测读一次压水流量，取最后的流量值作为计算流量，其成果以透水率表示。

（2）固结灌浆浆液水灰比为 2：1、1：1、0.8：1、0.5：1 四个比级，浆液由稀到浓逐级变换。试验区开灌水灰比暂定为 1：1，可根据具体情况确定，注入量大的孔段灌注水泥砂浆。当灌浆压力保持不变，注入率持续减少时，或当注入率保持不变而灌浆压力持续升高时，不改变水灰比。当某一比级浆液注入量达 300L 以上，或灌注时间已达 30min，而灌浆压力和注入率均无显著改变时，换浓一级水灰比浆液灌注；当注入率大于 30L/min 时，根据施工具体情况，进行越级变浓。

（3）单孔灌浆结束条件：压力达到规定值，灌浆段吸浆量小于或等于 1L/min，并延续 30min 结束。

（4）验收合格后的固结灌浆孔采用“全孔灌浆封孔法”，并将孔口采用砂浆封填密实并抹平。

5. 抬动观测　为了观测在压水、灌浆过程中可能引起的岩体变形，在灌浆试验区埋设抬动仪，测定被灌岩体的垂直变形量。

压水试验或灌浆过程中，人工记录抬动值。现场抬动控制值不大于 0.2mm。在控制抬动不大于 0.2mm 范围内，应尽量使用较高的灌浆压力。

灌浆结束后按固结灌浆要求对抬动观测孔使用不低于C25水泥砂浆封堵密实，孔口压抹齐平。

6. 质量检查　固结灌浆压水试验检查，在该部位灌浆结束3～7天后进行。检查孔的数量不应少于灌浆孔总数的5%，孔段合格率应在85%以上，不合格孔段的透水率值不超过设计规定值的150%，且不集中，灌浆质量为合格。

（二）生产性试验成果分析

1. 灌浆前透水率分析　1号引水隧洞试验区Ⅰ序孔共压水31段，2号引水隧洞试验区Ⅰ序孔共压水48段。随着灌浆次序的增加灌前透水率有逐渐降低的趋势。即透水率小的区间频率增加，透水率大的区间频率减小，基本符合灌浆的递减规律。

2. 灌浆水泥注入量分析　1号引水隧洞试验区Ⅰ序孔共灌浆31段，2号引水隧洞试验区Ⅰ序孔共灌浆48段，Ⅰ、Ⅱ序孔随着孔序的增加水泥注入量有逐渐降低的趋势。即单位注入量小的区间频率增加，单位注入量大的区间频率减小，符合灌浆的递减规律。单位耗灰量随着灌浆次序的递增而下降，基本符合耗灰量按次序递减规律。

总体来看，在灌浆逐步加密的过程中，基岩中的裂隙、漏水和渗水通道逐步被水泥浆液充填，裂隙中的充填物得到挤密，使基岩的防渗能力得到提高。

3. 灌浆检查孔成果分析　1号引水隧洞Ⅳ类围岩生产性灌浆试验共布置3个常规压水检查孔。从3个检查孔压水成果可知，最小透水率为2.97Lu，最大透水率为4.37Lu，未对基岩产生破坏，说明灌浆效果良好。

2号引水隧洞Ⅴ类围岩生产性灌浆试验共布置4个常规压水检查孔。从4个检查孔压水成果可知，最小透水率为3.45Lu，最大透水率为4.55Lu，未对基岩产生破坏，说明灌浆效果良好。

（中国安能集团第三工程局有限公司
胡超　罗勇　周正清）

超前大管棚跟管钻进在芝瑞电站1号隧道中的应用

（一）概述

芝瑞抽水蓄能电站位于内蒙古自治区赤峰市克什克腾旗芝瑞镇，大（1）型一等工程，电站初拟安装4台立轴单级混流可逆式水泵水轮机，总装机容量1200MW。电站由上水库、输水系统、地下厂房、地面开关站及下水库组成。1号隧道为单洞双向行车隧道，隧道长440m，建筑界限净宽9.5m，建筑限界净高4.5m，内轮廓净宽10m，内轮廓净高6.2m。

隧道出口采用27m长ϕ108×6mm超前大管棚辅助进洞，环向间距40cm，共31根，布置在拱部范围。洞口紧贴进洞掌子面设C25混凝土导向墙（长2m），套拱内设3榀Ⅰ18型钢钢架和ϕ140×5mm导向管。管棚位于残坡积层中，以碎石为主有少量黏土，常规工艺钻进过程中极易夹钻和塌孔。为此决定隧道进洞大管棚钻进采用跟管工艺。

（二）施工方法

超前大管棚采用志高90潜孔钻机钻进，利用动力钻头实现内钻杆、大管棚同时跟进，冲击利用高压气动潜孔锤配偏心/对心扩孔钻头，利用高压气流将杂物吹出孔外。

1. 钻孔　环向管距40cm。外插角2°～4°，根据岩层产状做调整。将管节安装到76mm钻杆上，钻杆前段钻头安装在管靴上。钻进过程中，导管随钻头跟进，管节直径108mm，段长1.5m，导管用螺旋套丝连接，在加长钻杆同时加长管节。钻进中禁止钻杆回转，防止钻头与钻杆脱节。钻渣从钻杆和管节中间反出。18根管节全部钻进达27m为止。

钻孔首先钻奇数孔，奇数孔注浆完成以后，再施工偶数孔。

2. 加劲钢筋笼　导管内插钢筋笼，主筋4根，直径22，固定环为A42热轧无缝钢管，段长4cm，间距150cm，与主筋连接。钢筋笼端部插入导管孔后尾端反铲吊起人工送入。

3. 注浆　搅拌桶拌制浆液，BW150型注浆泵注浆。管路终点接在管棚止浆阀上，用注浆泵压水检查管路，再做压水试验。开始时缓慢注浆，并通过排气阀将气体排出。注浆从低向高施工，浆液为1∶1纯水泥浆。注浆初压0.5～1MPa、终压2MPa，以压力表上压力为准。注浆量按浆液扩散半径的0.7d控制，d为相邻两根钢管的中心距离。

奇数孔注浆完成后施工偶数孔，编号顺序为面对出口方向从左到右编号为1～31，用红色油漆喷涂编号。奇数孔注浆顺序为孔1→孔17→孔3→孔19→孔5→孔21→孔7→孔23→孔9→孔25→孔11→孔27→孔13→孔29→孔15→孔31；偶数孔注浆顺序为孔2→孔18→孔4→孔20→孔6→孔22→孔8→孔24→孔10→孔26→孔12→孔28→孔14→孔30。

4. 封孔　用钻具清孔、冲洗，插入注浆管，用砂浆泵从里向外灌注M30水泥砂浆。

（三）技术要点

（1）导管与钻机钻头同时钻进，避免了塌孔卡钻、钻深不足设计深度的问题。

（2）钻进过程中，钻具受重力作用不断下偏，致使钻机上翘，钻孔越深，此现象越明显，因此，钻机就位的倾角应比设计倾角大。

(3) 施工前逐一检查冲击器、偏心锤头、导正器、套管靴和风动潜孔锤等偏心跟管钻具，使之工作正常。偏心锤头应能灵活转动，连接销及锁紧机构牢固，钻杆与潜孔锤、潜孔锤与偏心钻具的连接可靠，套管和套管靴无裂纹。

(4) 跟管钻进时，在确认钻头接触到碎石土层后，先回转，正常后再开风冲动钻进。

(5) 每钻进一定距离后强风吹孔排粉一次，以保持孔内清洁。

(6) 当偏心头回转部分被岩渣卡住而不能收拢偏心头时，开动空压机重新对钻孔进行清洗，并使潜孔锤作短时间工作，然后再进行试提，如此反复，直至提出中心钻具。

(四) 效果

采用跟管钻进工艺避免了塌孔、卡钻，管棚排列较整齐，施工精确度较高，满足设计预期要求。有效地保证了施工过程中岩体的稳定，避免钻孔报废，提高了钻进效率、节省钻孔成本，确保施工安全，使1号隧道如期进洞，工程进度得以保障。

(中国水利水电第六工程局有限公司
焦永强 冷春丽)

引额输水工程超长隧洞 TBM 法施工

(一) 工程概况

新疆引额供水二期输水工程喀双段隧洞全长273km，是世界上已建和在建工程中最长的输水隧洞。其中喀双段ⅦⅡ标段主洞全长38.253km（含TBM和钻爆法开挖洞段），有34.5km在卡拉麦里自然保护区内，施工支洞与主洞交叉位置距离自然保护区边界约7km。

主洞开挖中，TBM7掘进段长17.888km，TBM8掘进段长19.635km，开挖洞径7m，钻爆法开挖段洞长0.73km。T4支洞（原勘探试验洞）与喀双隧洞相交，长5124.247m，用TBM掘进机开挖，圆形断面，洞径8m。T4支洞与主洞相交后继续施工200m用于TBM设备拆卸。

(二) 工程特点、难点及解决措施

1. 一洞双机TBM施工　施工期间，T4支洞要满足两台TBM掘进所需通风、供电、供排水、出渣及物料运输。主要应对措施如下。

(1) 由长期从事TBM施工经验丰富的管理人员组建项目部，进行目标管理。

(2) 充分利用有限空间合理布置皮带运输、通风、轨道运输、混凝土拌和及供排水、供电等系统，并布置足够道岔和机车编组站，尽可能减小系统间的运行干扰。

(3) 制定周密计划，协调厂商，做好TBM运输、组装等工作，同时加快支洞皮带机和连续皮带机、通风、供电、供排水管路安装的平行作业，尽早实现TBM掘进作业。

(4) 优化各工序间的相互衔接关系，以掘进作业为核心，合理协调安排辅助作业，尽可能减少工序间干扰。缩短辅助作业时间，延长TBM纯掘进时间，提高TBM利用率。

2. 两台TBM同时长距离掘进　长距离掘进TBM无法系统性检修。应对措施如下。

(1) 选派经验丰富的人员驻厂监造，保证制造质量。抓好现场组装，确保装配质量。做好配套装备选型和制造，确保TBM及其后配套、皮带机、通风、轨道运输系统安全可靠。

(2) 通过预防保养、预防维修、改善维修和故障处理等，提高TBM设备完好率。建立现场设备故障快速解决机制。TBM备品、备件采用ABC分类法管控，以保障足够的储备。

(3) 加强对TBM操作及维修保养人员培训，经考试合格后持证上岗。

3. TBM独头长距离通风　TBM7和TBM8通风距离分别为23.4、25.2km。主要应对措施。

(1) 选用高效变频隧洞轴流风机和单节长300m、低摩阻系数和漏风率的风管。妥善吊挂风管，减少风阻和漏风，发现破损及时修补。

(2) 洞内运输设备采用低排放的内燃机车。

(3) 动态监测洞内空气质量，根据监测结果优化通风系统布置，必要时增加射流风机以加快污风外排。

4. 超长距离皮带出渣　出渣距离最短的TBM7也有23.377km。超长距离运输皮带易发生故障。一旦运行故障，将影响两台机开挖掘进。主要应对措施如下。

(1) 皮带机输送能力满足TBM掘进速度且要留有余量。

(2) 增设连续皮带机中间加力站，并在皮带机机尾安装测速装置，在机尾或机头安装计量装置，确保皮带处于恒定的预张力之下，使皮带机系统皮带张紧力平衡和同步。

(3) 在驱动电机上安装监测仪，监测电机工作状态的力矩、功率。连续皮带储带仓张紧采用变频控制的卷扬机+感应器式张紧系统。

(4) 皮带出渣系统有调速、调向、清理刮渣、防跑偏、防滑功能，胶带机控制系统设故障自动诊断、显示、报警功能。转弯段设防跑偏托辊、限位轮。支洞固定皮带机坡度较大，主驱动安装逆止器防止皮带反转。

(5) 维护人员加强皮带机的巡查，确保皮带机出渣系统的正常运行，提高设备完好率，确保掘进不受影响。冬季低温期间对洞外皮带机采取保温措施。

5. 大坡比、长距离支洞物料运输　主洞施工期间，所有 TBM 掘进所需物料都经过 T4 支洞运输至主洞。主要应对措施如下。

(1) 制订详细的运输计划。原材料通过罐车、自卸汽车运至拌和系统，其他材料利用载重汽车运输，洞内施工人员通勤使用客车运输至主洞，并完成有轨和无轨车的换乘。

(2) 主洞轨道运输选用高性能隧洞内燃牵引机车编组运输。根据材料种类、部位做好列车编组，洞内 5km 布置一组道岔错车线。TBM 尾部设加利福尼亚道岔。

(3) 设置专门的运输调度中心，配备调度和现场指挥人员，以及完善的通信设施。在 T4 支洞口、主支洞交叉口、洞内设置运输信号系统进行动态管理。

6. 超长隧洞高精度控制测量　全站仪控制测量精度会受到很大限制。应对措施如下。

(1) 洞内控制网布设成双导线交叉式（狭长导线网），控制网具有足够的检核条件。

(2) 对已知恒指系统误差，用修正值对测量结果修正。对变值系统误差，找出误差变化规律，用修正公式或修正曲线对测量结果修正。对未知系统误差，按随机误差处理。

(3) 选用高精度仪器。二等平面控制用徕卡 TS-60 型全站仪，测角精度 ±0.5"，测距精度 ±(0.7mm+1.2ppm)。高程控制用徕卡 LS15 电子水准仪，仪器偶然中误差 0.4mm/km。

(4) 采用陀螺定向测量确定地下导线起始方位角，超长地下导线每隔 2～3km 加测一条陀螺定向边，有效控制隧洞导线方位角误差，提高导线的点位精度，减小横向贯通误差。

（中国水利水电第六工程局有限公司
张雄伟）

硬梁包水电站引水隧洞开挖支护施工技术

（一）工程概况

硬梁包水电站位于四川省甘孜藏族自治州泸定县境内的大渡河干流上，上游、下游与泸定水电站和大岗山电站衔接，工程规模为二等大（2）型。电站安装 4 台机总装机容量 108 万 kW。枢纽包括混凝土闸、面板堆石坝、左岸引水系统和地下厂房。引水系统由引水隧洞、调压室、压力管道组成。两条引水隧洞平均长度 14.4km，内径 13.1m，平行布置，两洞中心距 60m，平面上设 5 个转弯点，转弯半径 200m 或 80m。进水口底高程 1215m，末端调压室处隧洞底高程 1198m。沿线地质情况如下。

第一段：0+050～0+118 进口段，隧洞埋深小于 80m，岩性主要为花岗岩，辉绿岩脉穿插其中。岩体受风化卸荷及结构面影响，完整性较差，呈碎裂、块裂结构，以Ⅳ类为主，有断层带、卸荷带时，为Ⅴ类围岩。

第二段：0+118～1+450 段，隧洞埋深 104～585m，岩性主要为花岗岩，辉绿岩脉穿插其中，小断层和辉绿岩脉较发育。岩体呈微风化～新鲜，完整性较好，次块状～镶嵌结构，局部碎裂～碎块状结构，以Ⅲ类围岩为主，岩脉破碎带及小断层段为Ⅳ、Ⅴ类。

第三段：1+450～1+850 段，穿越瓦斯沟，隧洞埋深 130～325m，岩性为花岗岩，辉绿岩脉穿插其中，小断层和辉绿岩脉较发育。岩体呈微风化～新鲜，完整性较差，块裂～碎裂结构，局部碎裂～碎块状结构，Ⅳ类围岩为主，岩脉破碎带及小断层段为Ⅳ、Ⅴ类。

第四段：1+850～3+995 段，隧洞埋深 280～590m，岩性为花岗岩，小断层和辉绿岩脉较发育。岩体呈微风化～新鲜，完整性较好，次块状～镶嵌结构，局部碎裂～碎块状结构，以Ⅲ类围岩为主，局部岩脉破碎带及小断层段为Ⅳ、Ⅴ类。

（二）引水隧洞主要施工方法

1. 开挖　两条引水隧洞主洞开挖均采用钻爆法，用手风钻造孔，周边设计结构面采用竹片光面爆破。隧洞分上、下层开挖，上层开挖高度 8m，下层 6.1～7.4m。

(1) 全断面开挖：Ⅲ、Ⅳ类围岩洞段上层开挖采用全断面开挖方式。Ⅲ类围岩单循环爆破进尺不超过 3.5m，最大单响装药量不超过 30kg，线装药密度为 132g/m。Ⅳ类围岩单循环爆破进尺不超过 2m，最大单响装药量不超过 30kg，光爆孔线装药密度为 182g/m。

(2) 上下台阶法开挖：Ⅳ类围岩破碎带及断层洞段上层开挖采用上下台阶法开挖，上、下台阶高度均为 4m，上下台阶间留斜坡作施工通道，上台阶单循环爆破进尺不超过 1.5m，最大单响装药量不超过 30kg，光爆孔线装药密度 187g/m，下台阶滞后上台阶 5～10m。

(3) 上下台阶预留核心土法：Ⅴ类洞段特别是高岭土化蚀变围岩段稳定性差，掌子面易掉块、坍塌，故此类洞段上层开挖采用上下台阶预留核心土法开挖。开挖时上、下台阶分别预留宽5、7.5m核心土，起支撑掌子面作用，台阶与核心土间留斜坡作施工通道。爆破开挖采用“短进尺，弱爆破”，单循环爆破进尺0.75m，爆破开挖后及时跟进支护。

2. 支护　Ⅲ类围岩采用挂网、喷混凝土、砂浆锚杆支护，Ⅳ、Ⅴ类围岩采用钢支撑＋挂网＋超前小导管＋喷混凝土＋砂浆锚杆支护，特别差洞段采用预应力锚杆、锚杆束和固结灌浆等加强支护。挂网为ϕ6钢筋网，间排距15cm。湿喷C25混凝土厚度在Ⅲ类围岩段为10cm，Ⅳ、Ⅴ类围岩段15cm。挂网前初喷4cm混凝土，立钢拱架挂网后复喷至覆盖钢拱架3cm厚度。钢拱架用I20工字钢制作，钢拱架榀间距Ⅳ类围岩洞段为1m，Ⅴ类围岩洞段0.75m。钢拱架用ϕ25，$L=4.5$m锁脚锚杆固定。系统锚杆用凿岩台车或手风钻造孔，锚杆台车配合人工注浆安装。Ⅳ、Ⅴ类围岩在掌子面掘进前安装超前小导管（ϕ42、$L=4.5$m、$\delta=3.5$mm无缝钢管），管壁按梅花形冲制孔眼直径6mm的溢浆孔，间距20cm，距离管口50cm范围内不钻孔。超前小导管用手风钻造孔、推送安装。Ⅳ类围岩洞段超前小导管环向间距30cm，搭接长2m，Ⅴ类围岩环向间距25cm，搭接长3.5m。

（三）断层破碎带及蚀变岩层施工措施

（1）断层破碎带及蚀变岩层洞段开挖循环进尺不大于1.5m。

（2）根据开挖后断层破碎带及蚀变岩层洞段围岩情况，在下一循环掘进前视需要采用超前小导管灌浆或超前锚杆加固。超前小导管为ϕ42、$L=4.5$m、$\delta=3.5$mm无缝钢管，环向间距30～40cm，外倾角10°～15°，小导管管壁开梅花孔，灌水泥净浆。超前锚杆ϕ25mm，长4.5m，环向间距30～40cm，与小导管相间布置，外插角5°～10°，末端与型钢焊接。

（3）根据开挖后断层破碎带及蚀变岩层洞段围岩情况，视需要采用素喷混凝土封闭边顶拱岩面，必要时封闭掌子面，并及时用I20a型钢加强支护、跟进系统支护。I20a型钢间距75～100cm，在开挖面初喷混凝土4cm后架设，I20a型钢外侧保护层厚度不小于3cm，锁脚锚杆采用ϕ25，$L=4.5$m，沿钢支撑两侧交替布置，入岩4.1m，顶部弯折0.2m与钢支撑翼缘双面焊接牢固。工字钢支撑纵向连接钢筋采用C22钢筋，沿工字钢支撑环向每1.5m设置1根，内外缘交错布置，其两端与钢支撑翼缘焊接在一起，焊缝高度不小于10mm。

（中国安能集团第三工程局有限公司
胡超　罗勇　周正清）

枕头坝一级水电站截流设计施工技术

（一）概述

枕头坝一级水电站施工导流分三期。二期包括上、下游围堰及纵向混凝土围堰。上、下游土石围堰堰体为土工膜心墙，堰基为混凝土防渗墙。二期截流单戗立堵双向进占，上游戗堤顶宽25m，轴线长95m，填筑总量4万m^3。预留龙口宽60m，截流设计流量625m^3/s，抛投强度1550m^3/h。戗堤于2011年11月20日开始预进占，11月26日形成龙口并开始合龙，11月27日成功实现大江截流。

（二）截流方案设计

1. 截流时段及设计流量　按总体安排，二期主河床截流时段为2011年11月下旬。根据二期截流规划和上下游水电站调控情况，预进占时期设计流量取1250m^3/s，龙口合龙时期截流设计流量取996m^3/s，截流期间最艰难的龙口Ⅱ区截流设计流量取625m^3/s（上游深溪沟水电站控泄8h）。

2. 戗堤设计　截流戗堤设在上游围堰防渗墙下游，戗堤上游坡脚距防渗墙6.93m。经导流明渠分流后，并综合考虑安全超高及施工因素后确定上游戗堤顶高程为597m。截流戗堤长95m，戗堤预进占顶宽25m，上下游坡比1∶1.5，龙口Ⅰ、Ⅱ、Ⅲ区顶宽20m，上下游坡比1∶1.5，进占堤头坡比1∶1.2，预进占戗堤顶宽25m，3～4辆车可平行同时卸料，龙口段戗堤顶宽20m、顶高程595m，以便快速合龙。

3. 龙口位置和宽度的选择　河床右侧有一深槽，最低高程578.3m，该处水深11.7m。为此选择以右岸进占为主，龙口位置偏主河床左侧。根据模型试验及水力学计算成果，上游戗堤龙口宽度在预进占后为60m（此时右岸预进占25m，左岸预进占10m左右）。

4. 截流戗堤设计工程量　截流戗堤所需各类材料，计算体型总量为39902m^3，设计抛投数量为56216m^3。

（三）截流施工

1. 截流备料　2011年9月以来，准备钢筋石笼、大块石串、混凝土四面体、块石料等，并有一定富余量，于当年11月20日完成了全部截流备料。

2. 截流施工　2011年11月26日对导流明渠进口预留岩埂进行爆破。10：30戗堤预进占，戗堤预进占和龙口合龙填筑连续进行。综合考虑抛投料运输，河床深槽位置，抛投料取料条件，截流填筑以右岸为主、左岸为辅。

戗堤进占填筑料以块径含量较大石渣料为主，戗堤顶宽25m，右岸进占15m、左岸10m，石渣填筑量1.9万m^3，填筑8h，抛投强度2375m^3/h。此时瀑布沟水电站下泄流量350～500m^3/s，流速1.98～2.28m/s。11月26日下午约6点导流明渠进口岩埂破口，导流明渠开始分流。

龙口合龙段戗堤顶宽由25m逐渐调整为20m，戗堤高程从597m开始降坡。至11月27日上午完成龙口Ⅰ区（60～40m）填筑，进占宽20m。Ⅰ区抛投石渣料和钢筋石笼约1.11万m^3，其中石笼900m^3。此时瀑布沟水电站下泄流量400m^3/s，流速2.28～3.20m/s。Ⅰ区抛投强度1233m^3/h，耗时9h。

龙口Ⅱ区（40～20m）戗堤填筑最难，上游电站下泄流量最大达652m^3/s，流速最大为5.56m/s。Ⅱ区过流面减小，流速急增，主要抛投钢筋石笼、块石串和混凝土预制四面体。Ⅱ区抛投量1.21万m^3。至27日上午11点完成龙口Ⅱ区填筑，耗时6h，抛投强度2023m^3/h。

龙口Ⅲ区（20～0m）为三角体。随导流进口上游水位抬高和导流明渠分流量加大，通过龙口Ⅲ区流量逐渐减小，截流相对容易些。Ⅲ区抛投料与Ⅱ区相同，抛投量3650m^3，11月27日下午填筑完成，耗时2.5h，抛投强度1460m^3/h。截流完成后，即将戗堤加高至597m。

二期围堰截流戗堤设计抛投量56216m^3，实际抛投量45890m^3。

（中国水利水电第三工程局有限公司
高文甫）

大赢江二级水电站导流洞堵头漏水封堵处理

（一）导流洞堵头漏水原因

大赢江二级水电站导流洞永久堵头采用C25混凝土封堵并实施了回填灌浆，混凝土堵头尺寸12m×10m×8m（长×宽×高）。电站投入运行后堵头位置开始漏水，且漏水量逐渐增大。为保证电站安全高效运行，需对漏水点进行防渗封堵处置。经现场踏勘，漏水点主要有2个，一个位于堵头与导流洞结合部位，漏水点呈射流状，渗水量约30L/s；另一个位于堵头下游8m的衬砌混凝土起拱位置，漏水点呈射流状，渗水量约20L/s。

结合堵头漏水现状和堵头设计及施工相关资料，初步分析堵头漏水原因为堵头部位回填灌浆不密实，水流冲刷将回填灌浆材料及部分松散围岩颗粒带走形成渗漏通道，通道空腔不断扩大，需要对堵头及周边围岩漏水进行堵漏处理。

（二）堵头漏水处理封堵方案

封堵采用帷幕灌浆，帷幕灌浆轴线垂直于导流洞轴线。

1. 钻孔　钻孔布置在堵头正上方的地面表部，布孔范围为26m×10m（长×宽），钻孔间排距2m，钻孔深30～50m，进入堵头混凝土或导流洞底板以下1m。钻孔开孔孔径130mm，下110mm孔口管，孔口管管长3～6m。覆盖层钻孔孔径91mm，基岩段钻孔孔径56～75mm。

2. 灌浆　灌浆自上而下进行，孔口封闭，孔内循环。除孔口管段外的所有孔段均要求下射浆管，射浆管距孔底20～50cm。

（1）灌浆段长：帷幕灌浆按Ⅲ序加密进行，施工顺序先上游排后下游排。灌浆孔第一段长1.5～2.0m，第二段1.5～4.0m，第三段5.0m，以下各段5.0～10.0m。灌浆段长根据钻孔情况及钻孔返水情况可适当调整，对不塌孔、返水正常孔段，可适当增加段长。

（2）灌浆压力：根据现场地质情况变化及灌浆实际情况做适当调整，初拟压力如下。

Ⅰ序孔灌浆压力：孔深0～5m段，采用0.2MPa；孔深5～10m段，采用0.4MPa；孔深大于10m，采用0.5～1.5MPa。

Ⅱ序孔灌浆压力：孔深0～5m段，采用0.2MPa；孔深5～10m段，采用0.4 MPa；孔深大于10m，采用1.0～1.5 MPa。

Ⅲ序孔灌浆压力：孔深0～5m段，采用0.2MPa；孔深5～10m段，采用0.4 MPa；孔深大于10m，采用1.5～2.0 MPa。

（3）灌浆浆液：采用P.O 42.5水泥配制的纯水泥浆液，水灰比采用2∶1、1∶1、0.7∶1、0.5∶1四个比级。钻孔过程中不返水的孔段可直接采用1∶1开始灌浆。

（4）帷幕灌浆结束标准：在规定压力下，当注入率不大于3L/min，继续灌注30min，灌浆可以结束。

（5）封孔：全孔灌浆结束后，采用全孔灌浆封孔法封孔，浆液水灰比为0.5∶1。

3. 浆液改变　灌浆过程中遇到耗浆量大或不返浆时，可改用灌注水泥砂浆、水玻璃混合浆液或待凝等方法处理，直到灌浆结束。

（三）封堵施工要点

1. 现场观察　封堵帷幕灌浆施工过程中安排专人观察漏水情况的变化，包括漏水位置、漏水颜色、漏水水量的变化，及时将变化情况反馈给现场负责人。

2. 漏浆处理措施　对耗浆量大或不返浆的孔段，

应在浆液中加入荧光粉，同时观察浆液是否从漏水位置漏出。若观察到浆液从漏水位置漏出，可采取如下措施。

（1）根据实际情况漏水处采用棉麻织物进行表面或浅层填塞封堵，以降低漏水水流的流量、流速，以利于浆液灌注和凝固。

（2）采用水泥砂浆浆液灌注，以填塞钻孔内较大的孔隙或空腔。

（3）采用水玻璃混合浆液灌注，以降低浆液的初凝时间，从而达到快速堵漏的效果。

（四）实施效果评价

施工过程中，在堵头顶拱位置多孔段均不同程度出现掉钻、不返水、不返浆的情况。说明漏水是因为堵头部位回填灌浆不密实，水流冲刷将回填灌浆材料及部分松散围岩颗粒带走而形成的渗漏通道。采用纯水泥浆、水泥砂浆、水玻璃混合浆液等灌浆材料进行帷幕灌浆后，渗漏水量大大减少，现场仅能观察到部分细微裂隙有水流渗出，总渗漏量仅为 0.5L/s，防渗堵漏效果良好。

（中国电建集团昆明勘测设计研究院有限公司
袁石祥）

巴塘水电站深覆盖层截流施工技术

巴塘水电站位于川藏交界的金沙江干流上，采用上、下游围堰挡水，导流洞及泄洪放空洞过流的导流方式，截流期间为导流洞导流。

（一）大江截流

1. 工程难点及特点　因开工日期推迟，准备时间压缩了 78 天；截流期间导流洞（洞径 12m×14m）导流，分流条件差；实测龙口落差 5.23m，最大流速 7.35m/s；截流实施最高日抛投强度 2.5 万 m^3，小时最高强度 1800m^3；戗堤河床覆盖层厚达 25～55m，易受冲刷。

2. 截流方案　采用“宽戗立堵，右岸单向进占，左岸备料固脚”的截流方案。

（1）流量和时间选择：拟在 2020 年 12 月下旬截流，设计流量取金沙江 12 月下旬 10 年一遇旬平均流量（Q=322m^3/s）。综合分析确定 2020 年 11 月预进占，12 月 26 日截流。

（2）戗堤：戗堤轴线布置于围堰轴线上，顶高程 2496m。设计流量时戗堤相应上游水位 2485.86m 高程，截流后上游水位为 2493.60m。戗堤顶宽 25m，4 台自卸车可同时卸料，并利于截流设备布置。上下游坡比均为 1∶1.5，堤头坡比为 1∶1.3。截流施工前在戗堤上下游侧一定宽度填筑块石、石渣料。截流合龙后，立即将戗堤加高至 2502.5m。

（3）龙口布置：上游围堰采用单戗立堵截流，戗堤位于上游围堰轴线处，龙口设在右岸，单向进占施工。戗堤处河谷宽 220m，截流前戗堤左岸预进占 100m（裹头防护 10m），右岸预进占 50m（裹头防护 15m），形成龙口宽度 70m。

（4）截流进占程序：戗堤进占与围堰填筑结合，11 月戗堤预进占（左右岸分别为 100、50m），防渗墙轴线填筑滞后戗堤 20～30m，提前形成防渗墙施工平台。戗堤按设计宽度和坡比填筑，做好堤头保护，12 月初形成宽 70m 龙口，12 月 26 日开始龙口合龙，实现截流。

3. 截流准备　编制截流施工方案，进行模型试验；整平施工场地，满足机械设备施工要求；清理施工道路，保障交通顺畅；检查排水、照明设施；备料 25 万 m^3，其中石渣料 22 万 m^3，大块石 2.3 万 m^3，钢筋石笼 416 个，四面体 50 个；进行截流预演；堤头配备人员 109 人，自卸汽车 45 辆，其他设备 17 套。

4. 截流实施　截流实施分为非龙口段预进占和龙口合龙两个阶段。

（1）非龙口段进占：左、右岸非龙口段填筑料用自卸汽车运输，端进法抛填，大部分抛投料直接抛入江中，推土机配合施工。深水区进占时，部分采用堤头集料，推土机赶料抛投。抛投材料采用石渣料全断面抛投施工，如堤头抛投料有流失，则在堤头前沿上游角先抛投一部分大石、块石，再在轴线下游侧抛填石渣。预进占及围堰填筑时，严控防渗墙区域填筑料粒径，即石渣料Ⅱ区最大粒径≤300mm。必要时抛投大石或块石裹头保护。进占中戗堤顶部用级配较好的石渣料铺筑并整平压实。预进占至设计位置后，用预制混凝土块或钢筋石笼（串）作裹头保护，以免预进占戗堤被水流冲刷淘空。

（2）龙口合龙：分两阶段完成，第一阶段为龙口束窄阶段，将龙口束窄至水流基本控制；第二阶段为合龙阶段。龙口段落差大、流速快，需采取措施一气呵成完成截断。

（3）戗堤堤头车辆行驶线路布置：戗堤堤头布置 4 个卸料点，按卸料点车辆分 4 纵队，纵队间设空车回路。上游侧自卸车抛填块石，下游侧抛填石渣料。不同材料车队配以不同颜色、数码标志，线路布置分为抛投区、编队区和回车区，以确保截流施工紧张有序。

（4）堤头抛投方式：采用全断面推进和凸出上挑角两种进占方式。

龙口段Ⅰ区 70～50m：采用块石及石渣全断面进

占，靠近束窄口门堤头处用大块石、大石抛投在迎水侧，石渣料与块石齐头并进。根据情况，部分采用自卸汽车直接抛填，部分采用堤头集料，推土机赶料抛投。在塌滑频繁部位，全部采用堤头集料方式填筑。

龙口段Ⅱ区：此区段合龙最困难，采用凸出上游挑角进占。上游角挑抛投大石料、混凝土四面体，使堤头下侧形成回流区，再在下游侧堤头抛投大石。

龙口段Ⅲ区：此区段水深逐渐变浅，有利于戗堤稳定。此部位继续采用凸出下挑角施工，用块石从戗堤轴线上游侧进占，再将块石渣及石渣抛填在戗堤轴线下游侧。在施工中，石渣、块石以堤头集料为主，石渣以汽车直接抛投为主。

（二）关键技术突破与应用

1. 混合抛投技术　本工程截流使用的抛投料包括石渣料、块石料、块石串、钢筋笼、四面体。施工中为加强抛投料稳定性，根据水流实际情况将抛投料串联成块石串、钢筋笼串和四面体串。截流水工模型试验同时抛投石渣料和大块料，堤头高出水面 8m，出现了大块抛投料挂坡现象，导致物料不能及时抛入水中。截流实施中采用推土机推料、降低堤头高度。合拢后迅速对戗堤进行加高培厚。

2. 宽戗截流技术　为了有效改善截流时龙口的水力学指标，采用宽戗堤承担截流总落差，分担截流难度的截流方案。在调研国内外宽戗截流经验基础上，从截流水力学理论论证了宽戗截流的可行性。通过计算和模型试验研究，揭示了宽戗截流的水力学特性，确定了戗堤宽度、龙口位置分布、落差分配方式和宽戗堤进占配合要求等参数，最终形成宽戗堤截流实施方案。戗堤设计宽度 25m，实际进占过程中，有效改善了龙口水流落差和水舌形态，为截流的成功提供了有力保证。

（中国安能集团第三工程局有限公司
宋洋　于广斌）

泄水建筑物施工

白鹤滩水电站 5 号导流洞封堵施工技术

白鹤滩水电站共布置有 5 条导流洞，其中左岸 3 条，右岸 2 条，从左岸至右岸依次为 1～5 号导流洞。导流洞下游段均与尾水隧洞相结合，5 条导流洞断面均为 17.5m×22.0m（宽×高）城门洞形，混凝土堵头长度 75m。其中 5 号导流洞封堵段堵头分为 2 段施工。

（一）施工重点难点

1. 淤泥清理难度大　导流洞内泥沙堆积量大、淤泥含水率高，堆积厚度最大为 7.4m。

2. 堵头瓶塞段开挖难度大　堵头区域未预留瓶塞齿槽，凿除难度大。其他区域需全断面人工深凿毛处理，凿毛难度大。

3. 管路布置难度大　冷水站及灌浆站均设在堵头下游，受现场条件限制，堵头下游无施工道路，冷却水主管和灌浆管路布置难度大。

4. 混凝土入仓难度大　堵头区域空间狭窄，混凝土入仓强度大，入仓方式困难。

（二）封堵技术要点

1. 淤泥清挖　导流洞进口位置设临时挡水混凝土围堰，在封堵体上游侧设临时泵站将积水跨过挡水围堰抽排至金沙江，降低淤泥含水率，再用装载机及自卸汽车转运淤泥，提高清淤施工效率。

2. 堵头段开挖　导流洞堵头瓶塞段底板开挖采用弱爆破开挖，平均装药量 2.62kg/m³。钻孔孔径 50mm，孔深 50cm，孔距 50cm，采用 32mm 药径炸药，单孔装药量为 0.4kg。堵头瓶塞段侧墙开挖采用冲击锤凿除。"弱爆破＋机械冲击锤"相结合开挖方式施工效率高，质量可靠，形成堵头段瓶塞键槽。堵头侧墙瓶塞段开挖以外区域配套采用成套的十字盘扣式排架，排架安拆速度快，缩短了备仓时间。

3. 混凝土浇筑　上游堵头Ⅰ段（$L=45$m）第 5、6 仓和下游堵头Ⅱ段（$L=30$m）4、5、6 仓采用泵机加搅拌车运输泵送二级配混凝土入仓，距顶部 120cm 区域采取自密实混凝土浇筑。其他仓号采取堆渣上升和钢筋石笼码堆挡渣，形成运输通道，混凝土采用自卸车直接卸料入仓，仓内挖机转料、振捣车振捣，确保了混凝土浇筑强度。

4. 温度控制　导流隧洞堵头长 75m，单个堵头混凝土约 2.7 万 m³，堵头分两段浇筑，第一段长 45m，第二段长 30m。为降低混凝土水化热温升，每段均采用分层浇筑，分层厚度 3～4.5m，并埋设冷却水管通水冷却。前期用河水冷却，后期通冷却水冷却。冷却水管间距均为 1.5m×1.5m，泵送混凝土及自密实混凝土区域冷却水管间距调整为1.0m×1.0m。

5. 灌浆 在堵头混凝土达到70%设计强度后，堵头顶拱进行回填灌浆，回填灌浆压力0.3MPa。堵头周边与原衬砌混凝土，及堵头段与段间的接缝灌浆，在堵头混凝土冷却至16℃稳定温度后进行，边墙和顶拱的灌浆压力为1.2～1.3MPa，分段缝面灌浆压力0.4～0.6MPa。原衬砌混凝土与围岩间的接触灌浆，在堵头接缝灌浆后进行，孔深入岩5m，灌浆压力0.4～0.6MPa。

（三）实施效果

5号导流洞自2019年12月开工，启动导流洞内清淤、瓶塞段开挖，底板固结灌浆、仓面备仓等作业。2020年2月16日开始首仓混凝土浇筑，2020年05月10日堵头混凝土全部浇筑完成，混凝土浇筑历时85天，其中上游面仓面平均约12天/每仓，下游仓面平均约7d/每仓。通过方案优化，编制工序卡，加强现场管理，进一步提升了施工效率，降低了疫情对施工的影响，顺利实现了5号导流洞成功封堵。

（中国水利水电第八工程局有限公司
向可 杨承志）

李家峡水电站泄水道缺陷修复处理

李家峡水电站自1997年投运以来，曾两次修复拱坝泄水道。2018年汛期发现泄水道底板、边墙多处冲蚀破坏，经七次处理未果。2018年12月全面启动泄水道缺陷修复工程。

（一）缺陷情况

（1）侧墙伸缩缝每条都有冲蚀，集中在缝两侧混凝土不平整处，过流时墙外有渗漏水。因泄水道运行多年，受温度变化影响，伸缩缝止水系统老化；伸缩缝两侧混凝土浇筑不平整，运行中受水流冲刷或产生空蚀破坏。

（2）侧墙混凝土在掺气槽、掺气坎下游侧冲蚀严重，局部面积超过30m^2，深度超过20cm，水平施工缝和蜂窝麻面处冲蚀集中。因水流过程中受补气和水态差影响，使掺气槽、掺气坎下游侧侧墙形成冲蚀和空蚀破坏；基础混凝土浇筑质量差。

（3）底板混凝土每条伸缩缝均有冲蚀，局部下游侧混凝土和聚脲冲蚀脱落，抗冲蚀层混凝土不规则裂缝、渗水。其成因为伸缩缝两侧混凝土浇筑不平整，运行中受水流冲刷或产生汽蚀破坏；泄水道弧形闸门水封不严，刺水越过掺气槽在底板漫流，冬季冻融破坏。

（二）修复处理施工工序

（1）侧墙伸缩缝修复：凿除缝面基础混凝土→插筋造孔→Φ12螺纹钢@100插筋制作安装→止水恢复→涂刷混凝土界面剂→Φ6.5mm@100钢筋网片制作安装→模板安装→C40W8F300微膨胀防裂硅粉混凝土浇筑→养护→伸缩缝填缝→新混凝土表面涂刷环氧胶泥→新旧混凝土施工缝面表层凿除（30cm宽、2cm深）→环氧砂浆抹面→养护。

（2）侧墙混凝土冲坑修复：墨线弹出切割线→按切割线切割混凝土→凿除线内缺陷混凝土→修复冲蚀钢筋并除锈→模板安装→C40微膨胀硅粉混凝土浇筑和养护→表层混凝土凿除（2cm深）→环氧砂浆抹面和养护。

（3）侧墙砂浆面和水平缝修复：凿除普通砂浆面及原聚脲层（深2～5cm）→清理基面松动颗粒→打磨、清扫干净→NE510型界面粘接剂拌制（重量比A组分：B组分＝2：1）和涂刷→环氧砂浆拌制（重量比A组分：B组分＝15：1）→环氧砂浆分层抹面和养护。

（4）侧墙拉杆头处理：处理高度同伸缩缝高度。以外露拉杆为中心，钻直径50mm、深30mm钻孔，将拉杆头钻孔内混凝土清除，高压风清孔，涂刷界面剂，环氧砂浆填充抹平。

（5）侧墙大面抗冲蚀层修复：铲除表面原聚脲层→打磨气泡、麻面、错台→基面清理干净→NEⅢ型环氧胶泥拌制（重量比A组分：B组分＝2：1）→表面气孔、麻面填实→第一遍胶泥涂刷（厚1～1.5mm）→表面处理→第二遍胶泥涂刷（厚0.5～1mm）→收面和养护。

（6）底板冲蚀处理：铲除混凝土表面原聚脲层→凿除裂缝、冲坑混凝土（深2cm）→基面清理干净→环氧砂浆分层抹面和养护→裂纹表面打磨清理干净→涂刷混凝土界面剂。

（三）施工工艺

1. 环氧砂浆施工

（1）基面处理：用角磨机将大面松动、尖角混凝土颗粒清理干净；用钢丝刷将基面残留浮渣、杂物清除；高压风清理基面清理时，相邻部位严禁进行界面剂、环氧砂浆拌制、涂刷，以免灰尘污染；高压风清理基面6h内未施工下道工序时应重新清理。

（2）NE510型界面粘接剂拌制及涂刷：称量后将A组分倒入容器中，再将B组分倒入搅拌直至均匀；毛刷薄而均匀涂在基面上，不流淌、不漏刷；粘接剂现拌现用，不可超量拌制，粘接剂如出现暴聚、凝胶，应废弃重新拌制；界面剂涂刷后因长时间停工出现固化现象（不粘手）时，需要再次涂刷基液后才能涂抹环氧砂浆；凡抹环氧砂浆的部位应全面涂刷界面粘接剂，水平和垂直施工缝面、边角等部位务必涂刷到位。

（3）环氧砂浆拌制及抹面：称量后将A组分放入拌和机，再将B组分倒入搅拌直至均匀；待粘接剂涂刷后静停至用手触有拉丝10mm左右时，方可涂抹；边墙20mm厚环氧砂浆第一遍将凿毛面洼坑用电动抹子找平压实，第二遍面层抹面控制厚8～10mm，两层总厚15～20mm，不超过20mm；边墙40mm环氧砂浆第一次抹面固化后表面涂刷界面剂，再抹第二次；底板环氧砂浆回填最厚5cm，直接在合格基面上涂刷界面粘接剂，手触拉丝10mm左右时回填环氧砂浆至设计标高，压实抹平；施工时水平施工缝用水平管控制，垂直施工缝用线垂吊线控制，施工缝严禁出现不规则曲线；环氧砂浆涂抹完毕后，覆盖土工膜养护7d，期间防止踩踏、碾压、硬物撞击，避免暴晒。

2. 环氧胶泥施工

（1）基面处理：用角磨机将基面错台打磨平整；钢丝刷将基面气孔、麻面内残留浮渣、杂物清干净；高压风清理基面清理时，相邻部位严禁环氧胶泥拌制、涂刷。

（2）NEⅢ型环氧胶泥拌制及涂刷：按配比称取一定量环氧胶泥A、B组分放入拌合桶，混合搅拌均匀后使用；第一次刮涂完成后等待固化（＞24h），角磨机轻微打磨刮涂痕迹、气孔及不平整处，用高压风清理基面，二次收面刮涂；胶泥拌合应现拌现用，拌好的胶泥在1h内未使用并出现发硬、凝胶、流挂时，应废弃重新拌制；胶泥未固化前，避免雨淋、大风扬尘、暴晒，并防止被污染；胶泥固化后用土工膜覆盖养护7d，期间防止人踏、车压、硬物撞击，环境温度为0～35℃，避免接触明火、高温；未用完产品做好密闭处理。

（青海黄河水电公司李家峡
发电分公司 江昌配）

巴塘水电站导流洞工程快速衬砌技术

（一）概述

巴塘水电站位于川藏交界金沙江上游河段，是金沙江上游河段13级梯级的第9级电站。工程以发电为主，电站装机容量750MW，水库正常蓄水位为2545m，死水位2540m，总库容1.41亿m^3，调节库容0.21亿m^3，为二等大（2）型工程。

导流洞为有压特大隧洞，进口渐变段长25m，标准段长783.98m，全长808.98m。导流洞渐变段衬砌断面由16m（宽）×14m（高）渐变至12m（宽）×14m（高），城门洞形，衬砌断面12m（宽）×14m（高），衬砌厚1.1～1.8m。

（二）工程重点难点

（1）受白格堰塞湖影响，巴塘水电站导流洞开工滞后2个月。

（2）受疫情影响，导流洞混凝土衬砌、回填和固结灌浆有效施工工期为6.5个月，要实现2020年底导流目标，工期紧，任务重。

（3）导流洞进出口工作面均不具备作为交通通道的条件，导流洞与泄洪放空洞共用施工支洞下支洞作为交通通道。

（三）施工方法

1. 施工程序　导流洞在开挖验收合格后进行清基和垫层混凝土浇筑，再施工底板基础锚筋。洞身先浇筑底板混凝土，再用穿行式台车整体浇筑边顶拱混凝土。

2. 施工台车设计　导流洞混凝土衬砌布置2套穿行式钢模台车，上游1套长12.2m模板，操作平台长12m钢筋安装台车；下游1套长9.2m模板（转弯段和下游直线段），操作平台长9m钢筋安装台车。

穿行式钢模台车顶拱中心线两侧下料作业窗口对称布置，层高1.5m，12.2m穿行式钢模台车每层设4个窗口，9.2m台车每层设3个窗口，净空45cm×45cm，梅花形分布。高频附着式振捣功率2.2kW，安装在衬砌台车模板背面，左右对称梅花形布置，与作业窗口呈矩形布置。钢模台车的强度、刚度和稳定性满足衬砌1.8m厚混凝土要求。钢筋安装台车作业平台对称布置，层高1.8m，每层操作平台设安全防护栏杆。

3. 施工工艺优化和再造技术应用　导流洞衬砌通道仅有施工支洞下支洞。为此，底板半幅混凝土浇筑，另半幅底板作交通通道，每6仓设1处2仓全幅底板暂不浇筑，用于车辆调头和错车。先衬砌半幅底板强度满足要求后，铺筑无砂混凝土形成交通通道，再衬砌另半幅底板混凝土。底板和边顶拱混凝土同向衬砌，顶拱钢筋吊运至先浇筑半幅底板混凝土上。边墙和顶拱钢筋制作前计算好下料长度，再吊运至钢筋安装台车，由人工进行安装。

钢筋安装台车和穿行式钢模台车共轨设计，轨道铺设误差左右不大于±2 cm。台车就位后，全站仪测设隧道顶拱中线，调节台车使台车顶拱中线与隧道中线重合，启动边墙模板液压油缸使模板下边缘与矮边墙紧密贴合，旋紧边墙模板千斤顶，使台车精确就位。

端头模板封堵是占直线工期的重要工序。边墙端头模板高11m×2，顶拱端模长15.9m。利用施工工艺再造技术，在边墙混凝土浇筑时间内完成顶拱端模安装，即端头模板封堵持续安装和两次验收工艺，并固化施工工艺，每循环节约工期4～6h。

边顶拱混凝土衬砌厚1.1m和1.3m时，1台HBT-80C型卧泵利用溜槽对称入仓，1台卧泵备用；衬砌厚度1.5m和1.8m时，2台HBT－80C型卧泵对称入仓。

4. 边顶拱脱模　导流洞衬砌后净跨12m，大于规范规定洞径10m。根据规范规定，经计算初定顶拱脱模混凝土抗压强度和最小抗拉强度（小于5MPa），且抗压强度不低于5MPa。

小湾导流洞断面16m×19m顶拱脱模时间24h。白鹤滩导流洞断面18m×20m顶拱脱模时间大于24h。叶巴滩水电站导流洞12m×14m顶拱脱模时间16h。参考已有经验进行脱模试验，导流洞首仓边顶墙拱脱模时间18h，第2仓17h，第3仓16h（混凝土抗压强度大于6MPa），顶拱无下沉和裂缝，故确定导流洞顶拱脱模时间为16h。

5. 工序管理　由专人协调工序衔接，上道工序完成后，即启动施工下道工序。

（四）施工效果

对导流洞底板和边顶拱衬砌施工工艺进行优化，解决了边顶拱钢筋运输占直线工期的难题，底板与边顶拱混凝土施工不再相互制约，实现了隧洞混凝土快速衬砌。底板混凝土表面采用铺设土工膜＋10cm无砂混凝土保护，洞内灌浆阶段积水少。2020年5月28日导流洞下游侧底板首仓混凝土浇筑，2020年12月25日导流洞过流。单套穿行式台车月衬砌边顶拱混凝土创下15仓的纪录，月平均完成12仓。

（中国水利水电第五工程局有限公司
丁善锋）

高水头泄水建筑物抗冲磨修补实例

（一）向家坝电站泄洪消能建筑物检修

向家坝电站泄水建筑物采用高低跌坎底流消能形式，由12个表孔和10个中孔组成，表中孔间隔布置。表孔堰顶控制断面尺寸8m×26m（宽×高），中孔出口尺寸6m×9.6m（宽×高）。设计有两个大型消力池，长228m，单池宽度108m。表孔底板、中表孔墩墙过流面1m、中表孔隔墙为$C_{90}55$硅粉抗冲磨混凝土，消力池底板为$C_{90}40$硅粉抗冲磨混凝土。

2012—2019年连续8年汛后检查，发现消力池前池60m范围底板混凝土有一定程度磨蚀，其范围仅在表面混凝土，定性为浅表层或表层磨损；导墙底部混凝土冲刷严重，冲蚀深度最大13cm；中表孔流道过流面表层，表孔中线位置有大小不等冲坑，4号表孔冲坑最大（6.1m×4.5m×0.13m）。修补材料采用与混凝土线膨胀系数相近的NE-Ⅱ环氧混凝土。

缺陷修复施工从2017年11月开始，2018年4月25日结束，投入运行。右消力池前池60m范围底部磨损严重部位及导墙根部采用环氧砂浆修补1020.3m²，底部局部冲坑环氧混凝土修补13.2m³，中表孔流道底板和侧墙大面积涂刮环氧胶泥8967.8m²。经过2018年汛期2516.18h泄水运行，汛后抽水检查结果表明，此次环氧砂浆修补的冲蚀坑均没有被破坏，底板修补的环氧砂浆表面磨损程度不严重，中表孔流道修补的环氧胶泥整体良好，局部环氧胶泥被点状冲磨，形成“麻面”。整体抗冲磨修补效果较好，达到预期目的。

（二）清江隔河岩水利枢纽工程消力池抗冲磨修补

隔河岩水利枢纽大坝为上重下拱的重力拱坝，最大坝高151m，坝下游设消力池。采用坝身表孔和深孔泄洪，坝下游采用新型射流水垫塘联合消能。泄洪建筑包括7个溢流表孔和4个全压下弯型泄洪深孔，表孔孔口尺寸12.0m×18.2m（宽×高）；深孔出口控制断面尺寸4.5m×6.5m（宽×高）。采用不对称宽尾墩将水舌纵向拉开变成薄片，水流平行地落在消力池内。护坦表层为厚50cm的$R_{28}400$抗冲耐磨混凝土。

2014年4月对消力池积水抽干检查，发现左侧边墙底板3-1至7-4间有一不规则的T形冲坑，面积862.01m²，最大深度50cm、平均深15cm。冲坑采用C50一级配环氧混凝土修补，底板其他部位的小冲坑和麻面采用环氧砂浆和环氧胶泥修补。

T形冲坑环氧混凝土浇筑按原结构块分仓，结构缝处夹10mm厚高密度沥青泡沫板作为分缝板。为提高环氧混凝土与原基面混凝土整体性，在冲蚀修补区梅花形布置锚筋，锚筋长1m，锚固段0.7m、外露0.3m，外露部分制成直角弯钩，锚筋间距50cm。环氧混凝土共178.8m³，浇筑完成7天后，现场进行拉拔试验检测，实测拉拔强度均大于2.5MPa，大部分检测点均为基层母体混凝土断裂，环氧混凝土粘接面良好。近年来汛后检查，消力池修补区域环氧混凝土完好，未发现任何明显冲蚀和破坏，修补效果良好，满足消力池运行要求。

（三）金沙江龙开口水电站溢流表孔溢流面修复

龙开口水电站大坝泄洪建筑物包括5个溢流表孔，4个泄洪中孔，溢流表孔设在主河床，中孔设在表孔两侧。表孔堰顶控制断面尺寸13m×20m（宽×高）。泄洪中孔为坝身有压泄水孔，控制断面5m×

8m（宽×高）。溢流表孔及泄洪中孔过水面均为C40抗冲耐磨混凝土，厚60cm。因上游无龙头水库，泄洪建筑物使用频繁，且流域泥沙含量大（0.808kg/m^3），高速挟沙水流流经泄水建筑物时，对溢流面及边墙造成空蚀、磨损。泄洪建筑物流道经2013～2014年两个汛期，1～5号表孔溢流面及边墙存在不同程度损坏，泄洪时间较长的3号表孔磨损最严重，溢流面浅表都已磨损，骨料外露，磨损深度3～5mm，挑舌部位磨损深度11cm，钢筋外露。表孔溢流面混凝土表面进行抗冲磨处理。

2014年12月至2015年4月，1～5号表孔溢流面进行抗冲磨处理，表面涂刮环氧胶泥。先打磨溢流面混凝土基面的错台、麻面、冲蚀砂线，要求混凝土表面平整流畅；溢流面混凝土小冲蚀凿成规则多边形用环氧砂浆修补；混凝土裂缝用贴嘴法灌注环氧浆材。

待溢流面混凝土基面处理完成，在其表面涂刷高渗透性环氧材料，使母体混凝土表面致密，再大面积涂刮环氧胶泥。环氧胶泥涂刮分两次或多次，先填补基面上气孔、小孔洞。环氧胶泥表面应光洁平整，无刮痕。1～5号表孔溢流涂刮面环氧胶泥5656.3m^2、处理溢流面裂缝1167.16m。抗冲磨层修补完成后，从2015年汛期至今，溢流表孔经历了5个汛期泄洪运行，环氧胶泥涂层整体完好，与表层混凝土粘接良好，无冲蚀破坏；涂层表面无冲刷痕迹。

（青海友邦特种工程有限责任公司　赵毅）

大石峡水利枢纽导流洞混凝土衬砌拆模时间研究

大石峡水利枢纽工程导流洞设在左岸，洞长1200m，净断面10.0m×14.5m（宽×高）。导流洞跨度大于8m，按规范规定，混凝土应达到100%设计强度才能拆模，拆模时间将达14～28d。由此，必须根据隧洞结构情况，通过计算分析确定衬砌混凝土合理的拆模时间。

（一）导流洞衬砌三维计算

1. 计算剖面　导流洞衬砌厚度1.0m和1.5m断面的边墙及顶拱衬砌混凝土为C25W8F100（二），衬砌厚2.0m和2.5m断面的边墙及顶拱混凝土为C30W8F100（二），底板混凝土均为C40W8F100（二）。

2. 计算模型　导流洞边墙及顶拱衬砌分块长度10m，采用FLAC3D建立10m长的三维衬砌模型。混凝土衬砌结构计算条件：衬砌时系统锚喷一期支护已完成，经一定时间的应力调整，围岩变形已趋稳定，计算不考虑围岩压力；衬砌时顶部尚未回填灌浆，计算不考虑回填灌浆压力；顶拱衬砌时围岩渗水已排除，计算不考虑外水压压力；顶拱拆模时，顶拱钢筋混凝土结构只承受其自重荷载，计算荷载仅考虑衬砌钢筋混凝土自重。

3. 计算参数　钢筋混凝土重度取25kN/m^3，泊松比取0.167。由于混凝土强度随混凝土龄期不同而变化，相应弹性模量E_c也随之变化，根据规范按下式计算弹性模量E_c：

$$E_c=\frac{10^5}{2.2+\dfrac{34.7}{f_{cu,k}}}$$

式中：E_c为混凝土弹性模量MPa；$f_{cu,k}$为混凝土设计强度等级值，MPa。分别计算混凝土抗压强度达到设计强度等级（C25和C30）25%、50%、75%、100%时的弹性模量。

（二）计算结果分析

各典型断面受力条件基本一致，计算的应力变形规律类似，故以厚1m衬砌断面C25混凝土抗压强度达设计强度25%（6.3MPa）时计算结果为代表进行分析。计算结果分析可知，受自重作用，混凝土衬砌结构整体向下变形，最大变形1.03mm，在顶拱中部内侧；最大拉应力0.46MPa，在顶拱中部内侧和边墙底部；最大压应力0.72MPa，在边墙上部。

分别计算不同混凝土强度下衬砌结构的位移及应力。顶拱部位混凝土最后浇筑，龄期最短，承载能力最弱，最大拉应力也位于顶拱中部内侧，故仅分析顶拱部位拉应力值和竖向变形。计算结果分析可知，随拆模时混凝土强度提高，混凝土弹性模量相应提高，顶拱中部内侧竖向变形随之减小。C25混凝土强度比例达25%（6.3MPa）时，竖向变形1.03mm；拆模强度达100%，竖向变形仅0.48mm。混凝土弹性模量量级无变化，随拆模混凝土强度增加，混凝土顶拱部位拉应力值变化不大，约0.46MPa，且拉应力区范围基本也无变化。

（三）拆模强度及时间的确定

1. 现场混凝土实测强度　根据规范C25和C30混凝土抗拉强度约为抗压强度的1/10，为保证1m厚衬砌断面顶拱混凝土结构不会受拉破坏，其拆模强度需大于4.6MPa。若再考虑1.35安全系数，确定混凝土拆模强度需达6.3MPa，即达到C25混凝土设计强度的25%。

在导流洞边墙和顶拱混凝土浇筑中，取每仓最后一罐料做3～4块试样，并与现场同等条件下养护，在实验室进行强度试验。试验结果表明，取样温度6℃，养护40h时混凝土强度达6.3MPa以上；取样时温度9℃和12℃时，养护24h时混凝土强度就达

6.3MPa以上。试验表明，厚1m衬砌断面C25混凝土衬砌的拆模时间随浇筑时温度情况可确定为24～40h。浇筑温度大于9℃时拆模时间为24h，浇筑温度小于9℃时拆模时间为40h。

2. 现场实测变形及拆模强度的确定 根据厚1m衬砌断面三维计算，确定当混凝土强度达设计强度25%（6.3MPa）时移动钢模台车拆模。拆模后在每仓顶部设3个沉降变形监测点并取原始值，在10h、24h、36h监测变形。观测成果表明，拆模后10h顶拱局部有累计1mm沉降变形，与三维计算值1.03mm相近，且10h后无变形，顶拱混凝土表面无裂缝。

由此可见，厚1m衬砌断面拆模强度为设计强度25%（6.3MPa）时拆模是合理的。随后期温度升高（4～9月），顶拱混凝土强度增速越快，厚1m衬砌断面混凝土拆模时间为24h。

计算各断面顶拱拉应力。2.5m衬砌断面顶拱拉应力为0.27MPa，2.0m断面顶拱拉应力0.29MPa，1.5m断面顶拱拉应力0.18MPa，1.0m断面顶拱拉应力0.46MPa。计算结果表明，混凝土拆模强度不仅与跨度有关，还与混凝土结构刚度有关。同等混凝土强度，衬砌结构越厚，拉应力值越小，各断面衬砌拆模时间可采用24h。混凝土强度随龄期增长与温度密切相关，后期施工中继续监测顶拱混凝土强度、温度，以便更好指导其他衬砌断面的施工。

综上所述，大石峡水利枢纽工程导流洞衬砌后净宽10m，跨度大，通过衬砌结构应力变形分析论证，研究提出混凝土衬砌合理拆模时间为24h（4～9月），既保证了混凝土衬砌结构的安全，也使混凝土拆模强度满足规范要求的不小于5MPa的规定，加快了导流洞混凝土衬砌施工进度，确保大石峡水利枢纽工程2019年11月初截流节点目标的实现。

（新疆大石峡水利枢纽工程建设管理局 何伟）

三板溪水电站溢洪道工程改造

（一）概述

三板溪水电站未专设防洪库容，防洪按保自身工程安全调度。运行时年初消落水位，汛前库水位降至430m，汛期利用自身调节库容为下游拦蓄洪水，提升下游防洪能力。汛末水位回蓄至正常高水位475m。

枢纽建筑物由主坝、副坝、溢洪道、泄洪洞、引水和尾水系统、地下厂房和上游码头等组成。溢洪道位于河道左岸，在主坝与副坝之间，为岸边开敞式，按3孔1槽方式布置。溢洪道未改造前最小安全泄洪流量不小于4000m^3/s，对下游锦屏县城的防洪安全影响较大。

（二）工程背景

三板溪水电站开展溢洪道小流量泄洪安全消能研究与改造，基于如下原因。

（1）受沅水干流梯级电站陆续建成，以及下游锦屏县城河床两岸新建防洪堤及景观风光带的影响，使行洪河道缩窄，水位壅高，防洪压力加大，迫切要求三板溪水电站小流量泄洪。

（2）按原设计最小安全泄量泄洪存在人造洪水问题，不利于下游防洪安全。

（3）竣工验收时专家组指出："三板溪溢洪道最小安全泄量加电站满发引用流量达4870m^3/s，泄洪时对下游防洪形势有一定影响，并影响本电站及下游白市电站的发电效益"。

（三）溢洪道工程改造方案

1. 方案拟定 初拟两个方案：方案1，现有溢洪道泄槽内增设中导墙，导墙从控制段闸墩末端直至出口挑流鼻坎坎顶，形成3孔2槽布置；方案2，溢洪道出口挑流鼻坎侧壁以外，增设引流及消能设施对出口下游加以改进，以安全宣泄小流量洪水。

2. 方案比选 从以下几方面对两个方案进行综合技术经济分析。

（1）技术难度：方案1需凿除一条带泄槽底板，中导墙与泄槽底板密封性差、安全保证率低，存在隐患；控制端地质条件差，凿除底板和底部基岩后，存在切脚，对控制段闸室抗滑稳定不利；中导墙起首端与控制段中闸墩的连接，及中导墙跨5倒掺气槽结构受力较复杂，有一定难度；现状溢洪道改动过大，需做更多深入科研试验研究。方案2技术难度正常，不存在制约因素。

（2）运行灵活性：方案1最小泄量可降低到800m^3/s，中导墙设置对泄槽内水流流态基本无影响，左右槽相对独立，运行较灵活。方案2最小泄量只能降低到1500m^3/s，且开启中避免2100～2400m^3/s区间流量，且需研究闸门开启高度与方式，运行灵活性相对较差。

（3）施工条件：方案1在泄槽底板人工带状开挖与凿除，工期长，难度大，需控制爆破作业，对溢洪道及周边建筑物安全有一定风险；陡坡段机械难以达到，需人工出渣，施工难度大、时间紧、道路布置难度大。方案2采取适当保护措施，对周边建筑物无有害影响；主体工程在一个枯水期完成，对工程度汛无影响；作业面范围较小，施工道路布置条件较好。

（4）工程量及投资：方案1混凝土槽挖、新浇混凝土、钢筋制安、锚筋等工程量远大于方案2。根据工程量投资概算比较，方案1预计约为方案2的

1.5倍。

2017年3月，五凌公司委托中南勘测设计研究院有限公司开展三板溪溢洪道小流量安全泄洪消能工专题研究。2018年4月，水电水利规划设计总院主持对《贵州清水江三板溪溢洪道小流量安全泄洪消能工研究专题报告》进行评审，推荐了适合三板溪溢洪道小流量安全泄洪的消能工改造方案，即按方案2进行改造。溢洪道经改造后，最小安全下泄流量由未改前的4000m³/s，调整为1500m³/s。

3. 改造方案　包括溢洪道出口泄槽挑坎段两侧边墙加高加厚，挑流鼻坎后高程318m平台上增设地下防淘连续墙，新浇挑流鼻坎护脚混凝土，施工期混凝土围堰等。

改造工程溢洪道现状边墙的体型及坡比基本不变，泄槽左边墙长144m范围内进行加高加厚，墙顶最大加高至高程354.3m；泄槽右边墙长约80m范围内进行加高加厚，墙顶最大加高至353.7m。溢洪道出口挑流鼻坎侧壁外缘紧接布置跌坎溢流堰式护脚。护脚顶高程338.558m，表面采用2段半径分别为10、8m，角度为42.27°、48.01°的圆弧曲线型，中间用1∶0.9斜坡相接，下部平台顶高程321m，下段水平段长3.16m，并在护脚体下部设一道厚1.5m、深7.5～20m的地下连续墙进行防淘护脚处理。

4. 改造工程施工进程　改造工程于2018年9月4日开工，11月4日混凝土围堰浇筑完成。2019年4月完成地下防淘墙开挖，5月完成左边墙加高、地下连续墙、右边墙加高混凝土浇筑，9月完成护脚体混凝土浇筑，主体工程完工。2020年3月19日，溢洪道改造工程通过竣工验收，2020年7月8日，三板溪水电站完成溢洪道改造后首次开闸泄洪，溢洪道改造工程圆满经受泄洪检验，工程质量优良、运行可靠。

（四）三板溪溢洪道改造效果

（1）三板溪水电站溢洪道改造后，最小安全下泄流量由4000m³/s减小至1500m³/s，泄洪调度更加灵活，为沅水流域进一步精细化调度创造了条件。

（2）三板溪溢洪道未改造前，最小安全下泄流量加上机组满发流量，总出库达4870m³/s，对下游影响很大。改造后总出库流量2200m³/s，基本上对下游沿岸居民没有影响。

（3）三板溪水电站为沅水干流龙头水库，一方发电用水，多方受益，水量效益十分显著。经计算，三板溪水电站每立方米过机水量，五凌公司梯级电站可发电0.9kW·h。三板溪溢洪道改造工程完工后，为拦蓄洪尾工作提供更精细的操作，水位控制更精准，在确保防洪安全前提下，发电效益进一步提高。

（五凌电力有限公司　肖杨）

清原抽水蓄能电站尾水检修闸门井施工

（一）概述

清原抽水蓄能电站尾水检修闸门井位于尾水隧洞的末端，共三座，开挖尺寸为10.5m×34.35m（直径×高），底板高程为280.5m。检修闸门由井身、井座、渐变段2、渐变段3组成。尾水检修闸门井平台高程为324.0m，宽度26.6m，采用C25混凝土铺面，上设尾水检修闸门启闭机。竖井开挖较平洞而言施工难度大、安全风险高，且又跨越严寒冬季施工。通过采取一系列技术措施，实现了竖井开挖安全顺利施工。

（二）主要技术特点及难点

（1）竖井地质条件较复杂，围岩类别主要为Ⅲ、Ⅳ类，部分围岩为Ⅲ类与Ⅳ类混合体，其中1号尾水检修闸门井围岩Ⅳ类居多，开挖过程中不稳定块体隐藏在岩壁内，安全问题较突出。

（2）竖井采用反井钻机法施工，扩挖为人工钻爆，人员、设备材料的垂直运输较困难，相较平洞施工而言，施工中的安全风险有所增加。

（3）竖井周边环境较复杂，爆破施工对周边环境影响大。

（4）竖井开挖期间气温在零下20～30℃，开挖及喷锚支护施工难度较大。

（三）尾水检修闸门井开挖关键技术

（1）通过反井钻机扩挖导井，提前了解竖井围岩状况，并结合掌子面地质情况，初步判断掌子面前方的地质情况，为开挖支护提供指导。

（2）及时进行地质素描和分析。竖井每一循环爆破后，及时做到一炮一素描一分析，由地质工程师对开挖揭露出的围岩进行精确分析判断，确定支护方法和手段，确保施工过程安全。

（3）竖井作业人员通行及材料设备运输，以“先下物后下人，先撤人后撤物”为原则。人员通过安全爬梯及活动爬梯进入竖井掌子面，每次爆破后均对爬梯检查，确保人员通行安全。材料设备均通过16t汽车式起重机吊至竖井掌子面。

（4）为减少爆破对周边的影响，竖井前4m扩挖采用破碎锤破岩，剩余竖井扩挖爆破以“多打孔、少装药、周边孔光面爆破”为原则，一炮一设计，扩挖过程中严格控制爆破参数及质量。

（5）严冬季节施工，在竖井井口设置保温盖板封闭（留有通气孔），喷射混凝土采用干喷法，洞内增加加热设备，供排水管进行保温包裹，施工作业面附近使用大功率工业暖风机，施工用水由底部尾水隧洞提供，保证冬季正常施工。同时，为保证安全要经常排风并做好竖井内空气检测。

（中国水利水电第八工程局有限公司　曹守帅）

叶巴滩水电站尾水洞施工支洞优化

（一）概述

叶巴滩水电站枢纽包括混凝土双曲拱坝、泄洪消能和引水发电建筑物。右岸地下引水发电系统采用首部式厂房、长尾水布置方案，尾水建筑物包括尾水洞和尾水调压室。尾水洞为两条平行的圆形隧洞，长度分别为3172.39、3099.22m。尾水洞分段开挖，设2条施工支洞，上段以尾水1号支洞为通道，下游段以尾水2号支洞为通道。支洞为圆拱直墙式，断面8m×7.5m（宽×高），均由上支洞、上支洞连接段、下支洞和下支洞连接段组成。

尾水1号支洞进口位于2号公路边坡处，2号公路路面高程2721m。尾水1号支洞上支洞长614.65m，上支洞连接段长52m，下支洞长160.85m，下支洞连接段长52m。上支洞末端路面高程2675.58m，最大纵坡为7.4%。1号尾水下支洞进口为尾水1号上支洞进口624.57m处，向下游侧垂直延伸，进洞51m后进入转弯段，转弯半径15m，起弧段长23.5m，后接85m直线段进入2号尾水主洞，1号尾水上、下支洞交叉口相距70m。

尾水2号支洞进口位于尾水检修公路下游靠山侧边坡处，原设计进洞口桩号为尾水检修公路桩号K1+400。尾水1号支洞上支洞长360m，上支洞连接段长52m，下支洞长185m，下支洞连接段长52m。上支洞起点路面高程2715m，末端路面高程2685.47m，最大纵坡8.2%。2号尾水下支洞进口位于尾水2号上支洞进口352.68m处，向上游侧垂直延伸，进洞35m后进入转弯段，转弯半径15m，起弧段长23.5m，后接65.5m直线段进入2号尾水主洞，2号尾水上下支洞交叉口相距50m。

（二）施工方案

1. 钻爆施工　施工测量采用全站仪进行，每个循环钻孔前测量放样开挖轮廓线，并检查上一循环超欠挖情况。每个月至少全面检查、复测一次洞轴线及坡度。

施工支洞采用全断面开挖，挖循环进尺2～3m。采用台车配合气腿钻机造孔，孔径42，孔深3m，不良地质段及出口段孔深1.6m。周边孔孔距35～50cm。

人工装药爆破，炸药选用2号岩石乳化炸药。爆破孔采取柱状连续装药，周边光面爆破孔采用空气间隔装药，将小药卷绑扎于竹片上，导爆索串接。爆破参数不断调整优化。

用挖掘机排危、侧翻装载机装车，20t自卸汽车出渣，渣料运输至约8km处的渣场。

2. 支护　进洞前沿隧道开挖轮廓线外50cm处布置两排ϕ32，$L=9$m砂浆锚杆锁口。锚杆间距1m，排距1m，洞脸部位不外露。施工支护安装ϕ22、25mm随机砂浆锚杆，素喷C20混凝土，挂Φ8钢筋网。即Ⅱ、Ⅲ类围岩初喷混凝土和随机锚杆跟进开挖掌子面，锚喷滞后掌子面30～50m，以20m为一个作业段，与开挖平行作业；Ⅳ、Ⅴ类围岩和缓倾角层间、层内错动带，先超前支护，再开挖，锚喷支护跟进开挖掌子面，根据现场情况可考虑增加格栅拱架或工字钢拱架加强支护。

3. 抽排水施工　尾水洞高程较低，施工支洞均为反坡隧洞。为最大限度降低开挖施工弃水、地下渗水等对施工的影响，按机械抽排设置排水系统。同时，考虑不可预见的地下水突然增大，结合布置一套应急排水系统。具体布置为：施工期间结合洞室开挖出渣通道布置排水管线；在施工支洞靠近主洞部位设置集水坑，作为集中泵站，进入的各洞室施工面集水，用潜水泵抽排至集中泵站统一抽排；出渣干道的施工支洞开挖时，排水钢管随开挖往洞内延伸，至集中泵站时，随开挖布置水泵集水坑。初期作为开挖期间的集排水泵站，后期作为混凝土施工期的集中排水泵站。

（三）施工支洞布置方案优化

1. 优化原因　1号施工支洞洞口实测高程2740m，若按原方案开挖，上支洞纵坡达11%以上，出渣车辆重车通行效率将大大降低；2号施工支洞原设计进洞口处边坡坡积覆盖层较厚，洞顶边坡清理工作量大，且边坡坡度陡峻，无法用机械清理覆盖层。

2. 优化方案　将尾水1号上支洞平面线型由直线改为S曲线，增加两处弯道，长度724.57m，进口高程2740m，末端高程2674.91m，平均纵坡减缓至8.98%。将2号支洞进口调整至尾水检修公路桩号K1+316m处，此处边坡岩石出露，可直接进行洞口削坡和开挖，确保工期。调整后2号支洞上支洞长432.68m，高程2715.5～2686.28m，平均纵坡6.75%。

（四）施工支洞方案优化实施效果

（1）尾水1、2号施工支洞上支洞目前均按优化后方案实施。1号施工支洞洞内局部纵坡进行调整形成短平台，供重车上坡时临时停靠，最大纵坡不大于9.1%，出渣效率提高。

（2）尾水1号施工支洞加长，使成本增加120万元。因风、电、排水管线加长和S形线，综合成本也相应增加。但出渣运输和施工综合效率提升节省的成本大于成本的增加。

（3）尾水2号施工支洞洞口位置调整后，仅加长72.68m，但节省人工处理洞顶堆积体工程量约3000m³，洞口处理工期提前约1个月，节约了工程成本。调整后进口位置经削坡，洞口场坪扩大约5000m²，为布置拌和站等临建设施提供了条件，缓解了场地不足问题。

（中国安能集团第三工程局有限公司
钟汶均　刘晓博　易丹）

桐子林水电站泄洪消能系统技术改造工程关键技术

（一）概述

桐子林水电站由重力式挡水坝段、河床式电站厂房坝段、泄洪闸坝段组成，泄洪闸由河床4孔（1～4号）泄洪闸和右岸导流明渠内改建的3孔泄洪闸（5～7号）组成。1～4号泄洪闸于2014年11月开始敞泄过流，5～7号泄洪闸于2015年8月开始过流。运行初期7孔泄洪闸消能区有局部淘刷、淘蚀，影响明渠导墙、底板及出口岸坡的泄洪安全。同时，因发电送出受阻，产生不发电情况下小流量泄洪工况，导致上下游水头差增大，加剧了下泄小流量情况下消能区的冲刷。为此在非汛期开始对下游消能建筑物进行技术改造。

（二）明渠改造工程

包括明渠泄洪闸内新增连续坎和加固板大体积混凝土、出口基础淘刷区新增抗冲桩。

1. 新增连续坎和加固板大体积混凝土　两者混凝土浇筑在3月和4月进行，正值高温、干燥季节，且昼夜温差大。针对大温差采取的主温控措施如下：原材料和配合比优化，降低水化热温升；降低混凝土入仓温度；合理安排浇筑分仓分层，已浇筑混凝土通水冷却；持续做好混凝土保温与养护。

2. 明渠出口基础淘刷区新增抗冲桩　2020年1～5月明渠出口新增174根抗冲桩，桩长平均31m。抗冲桩地层自上而下为8m回填石渣、8～10.5m底板已浇混凝土，10.5m以下为岩石淘刷区。被冲刷淘蚀空腔内充填淤沙。石渣回填施工平台位于明渠出口江水中，未进行闭气，抗冲桩钻孔时孔内水位与发电江水位同步变动（水位跌涨最大差值2.6m），导致钻孔孔壁坍塌难以成孔，存在地表沉降、塌陷等安全隐患。施工关键技术如下。

（1）护筒跟管钻进：8m厚石渣层全程采用钢护筒跟管钻进，护筒为合金结构钢，外径1.3m，壁厚30mm，分两节，底刀节5m（含12个切齿）和套管节3m，用NCB螺杆连接。开孔时直径1.2m旋挖钻钻至3.5m后，下设底刀节。校核孔位，连接套管节，利用切齿钻磨架空层大块石钻进至混凝土底板顶层。底刀节切齿深入混凝土内，覆盖层石渣料不能通过切齿与混凝土间缝隙流入护筒内，引起平台下沉或塌陷，要确保旋挖钻机正常钻进。

（2）冲击钻机与旋挖钻机联合成孔：出口淘刷区接近末端的15根抗冲桩，因混凝土底板基础存在冲刷空腔，空腔内以淤沙为主并与江水联通，单独用旋挖钻成孔存在塌孔、漏浆现象，成孔困难。冲击钻与旋挖钻机联合成孔，解决了钻孔成桩难题。即先用旋挖钻机全程钢护筒跟管钻进至混凝土底板，并钻穿2.5m厚钢筋混凝土后回填“块石＋黄土＋锯末”混合料。再用冲击钻钻进混凝土底板基础淤沙质空腔区，孔内造浆护壁，孔壁形成稳固的护壁层，阻断涨跌江水对空腔区钻孔孔壁的冲刷。冲击钻机继续钻进基岩50cm，改用旋挖钻机钻进到设计深度后形成抗冲桩孔。

（3）自密实混凝土：下游出口末端混凝土底板外新增的10根抗冲桩，采用冲击钻机间隔跳孔钻进直径1.5m的抗冲桩至基岩内1m，浇筑水下C30自密实混凝土，不设钢筋笼。待凝7d后，在原桩位采用旋挖钻机钻进施工设计直径1m钢筋混凝土抗冲桩。

（三）左导墙

明渠导墙在（左导）0＋134.00～（左导）0＋213.75m范围内新增54幅“上桩下墙”。“上桩下墙”是公司主导国内首创项目，经试验确定工艺流程为：施工准备→旋挖钻机钻孔→冲击钻成墙→检测验收→清孔、钢筋笼及接头管下设→混凝土浇筑→浇筑后扫孔。

施工工艺采用分区域跳打法，分组赶羊法，旋挖钻机干式钻进成孔，将导墙基础面至桩底高程以上5m范围桩间基岩凿除（用冲击钻机配合定位导向装置定向扩挖成槽，旋挖钻机多次对中捞渣），超声波检测成墙连通性，声呐成像检测成墙连通厚度，钢筋笼吊装孔口对接，水下混凝土压球法开浇，接头管套接成墙。施工难点及应对措施如下。

（1）成孔：为保障旋挖钻机钻孔完成后，冲击钻能顺利成墙，旋挖钻机成孔孔斜需控制在0.2%以内。应对措施：采用大扭矩旋挖钻机；加长钻具加强钻杆；定制专用钢筋切割钻具；旋挖钻机“低压慢钻”钻进。

（2）成墙：成墙作业过程中频繁卡钻。应对措施：冲击钻钻进软弱地层时采用“轻打勤放”，小冲程、高频次、勤放钢丝绳钻进；遇到坚硬地层，采用半轴、耐磨块提前加固加重钻头，高冲程、低频次点击重打钻进。

（3）接头管起拔：在混凝土内独孔下设接头管存在起拔风险。应对措施：接头管下设前，先检测孔斜、孔径，另外用直径1m钻头对需下设接头管的孔进行试探，根据检测情况进行接头管下设深度的确定，保障起拔安全。

（中国水电基础局有限公司
刘付 刘亮 张石生）

大石峡水利枢纽导流洞进口渐变段混凝土衬砌施工

（一）概述

大石峡工程导流洞由进水塔、洞身段、出口明渠段组成。进水塔进口与洞身城门洞之间用长24m的渐变段连接过渡。

进口断面开挖尺寸19m×21.8m，衬后净尺寸14m×14.5m，边墙与底板衬砌厚2.5m，顶拱厚4.8m。出口断面开挖尺寸15m×19.5m，衬后净尺寸10m×14.5m，边墙、底板及顶拱厚度均为2.5m。渐变段前端长17m设中隔墩，前端厚4m，向下游渐变到厚1.2m。衬砌混凝土为C30。

（二）渐变段混凝土施工难点

导流洞渐变段施工条件复杂，断面大，三维空间变化复杂，模板设计及加工难度大。顶拱混凝土衬砌厚度大，且厚度变化，分层浇筑饱满度和密实度质量保证难度大，满堂承重排架搭设要求高。

（三）渐变段混凝土衬砌施工技术

1. 混凝土浇筑次序　渐变段混凝土衬砌施工分三步：一是先浇筑厚2.5m底板，在底板混凝土上搭设满堂支架，满堂支架高度与边墙混凝土浇筑高度同步上升；二是分4层浇筑边墙和中墩混凝土，第1层浇1m矮边墙，以后每仓分层高度为4.5m；三是分4层浇筑顶拱混凝土，其厚度从4.8m渐变为2.5m，由满堂排架支撑顶拱模板，模板为18mm厚竹胶板，10cm×10cm方木做背肋，横肋间距0.3m，纵肋间距0.3m。

2. 顶拱混凝土浇筑时间　根据进度安排，拟在第一层混凝土强度达到设计强度50%即开始浇筑上层混凝土，通过有限元计算分析顶拱第一层混凝土结构的安全性。以此类推，把已浇混凝土作为支撑结构，后浇混凝土作为荷载，其应力均满足抗拉强度要求。

3. 混凝土施工方法

（1）满堂支撑架采用$\phi48\times3.5$mm钢管搭设，搭设高度19.5m，间排距均为0.4m，水平横杆步距0.75m，竖向和水平剪刀撑夹角45°～60°。在边墙和中墩混凝土浇筑时预埋1m长$\phi48\times3.5$mm钢管，用扣件与满堂支撑架连接牢固。也可利用已浇筑混凝土面上外露的拉锚钢筋与满堂支撑架焊接连接。渐变段混凝土全部浇筑完毕后拆除满堂支撑。

（2）底板混凝土用10m^3混凝土罐车辅以混凝土泵入仓，泵管布置在底板钢筋网上，之间加垫枕木。底板和边墙混凝土同步浇筑，仓内每层平铺料厚度不大于50cm，混凝土入仓前在基础面或施工缝处先铺设一层2～3cm厚的同标号砂浆。

（3）顶拱采用混凝土泵车入仓，泵管沿中墩混凝土铺设至仓面，端头部位利用弯头接上软管，下料口距混凝土面高度不超过1.5m。软管随浇筑面上升而逐节拆除。每层厚度控制在30cm左右。进水塔闸室段已浇筑混凝土，只能从下游端（顶拱厚度小）至上游段（顶拱厚度大）浇筑顶拱混凝土，存在库水沿混凝土衬砌与岩壁之间的缝隙进入洞身的渗流问题。故在渐变段上游段沿进水塔混凝土接触面设一竖井（长1.0m、宽0.8m、深3.0m），用作顶拱混凝土浇筑时设备和施工人员的通道，顶拱预留竖井周边模板采用免拆模板。

顶拱分四层浇筑。每层厚1.5m，第一层混凝土入模后，人工由竖井通道入仓，插入式振捣器振密。振捣器移动距离不大于振捣器作用半径的1.5倍，插入下层混凝土的深度为50～100mm，与侧模应保持50～100mm的距离，并避免碰撞模板、钢筋及预埋注浆管等。

浇筑到拱顶上层部位后用混凝土泵封拱，并增大坍落度，加快混凝土泵送速度。预留井内拱顶周边混凝土充满后，停止压送混凝土，封拱结束。预留井用泵送混凝土封堵。

（4）底板混凝土浇筑完成，强度达到2.5MPa（约12h），在保证其表面及棱角不因拆模而损坏时即可拆模，模板清理及涂刷脱模剂后备下次周转使用。现立组合钢木模板由人工按先立后拆、后立先拆的顺序拆除。边墙混凝土强度达到设计强度的25%后拆边墙模板，顶拱混凝土强度达到设计强度的100%后拆除模板。

（5）混凝土浇筑完毕后6～18h内开始养护。底板和人员能够洒到的边墙及时洒水或流水养护，边墙和顶拱采用雾炮养护，保持混凝土表面湿润。养护时间不少于28d。

（新疆大石峡水利枢纽工程建设管理局
葛方勇）

东江水电站二级放空洞涌水处理技术

（一）概述

东江水电站建成后多次检查发现二级放空洞内有涌水，并逐年增大。曾对漏水点进行堵漏灌浆，因涌水压力和流量大，常规灌浆工艺和材料无法有效封堵。涌水管道直接连通F2、F3断层强透水带，断层与库水有一定的水力联系。涌水出口具有“高水头、大流量、喷射状”的特点，2016年3月涌水量达6260L/min，最大涌水压力0.95MPa。需进行处理。

涌水处理时，检修门提起失去闭水平压作用后，会导致有压洞段现有涌水管道因高水头而加剧。下游小东江水库库水为一级饮用水资源保护区，涌水处理不能对其造成污染。

（二）堵水注浆材料

1. 材料性能要求　堵水材料需具备的性能：凝固速度快，且凝固时间可调整；不易被水流冲散、冲失；具有较好的强度；具备一定的柔韧性和微膨胀性。

2. 材料试验　根据涌水特征，经现场反复试验，最终选定堵水注浆材料为水下不分散复合化学膏浆。该膏浆由水下不分散速凝膏浆和水溶性聚氨酯按一定比例组成，其配合比（体积比）为10∶1。水下不分散复合化学膏浆主要性能：胶凝时间不大于2min；弹性延伸率不小于5%；抗压强度：1h不小于0.5MPa，28d不小于10MPa。

（三）涌水封堵灌浆技术要点

1. 施工准备　放空洞施工区的上下游设黏土围堰，低洼处设排水泵站，避免隧洞底板积水过深。施工区设抬动观测孔，监测抬动。施工区设渗压监测孔（兼应急泄压孔）。

2. 分流泄压孔　涌水点上下游1m处各设3个分流泄压孔。孔口管为带三通引流的无缝钢管（管口安压力表和阀门），埋入混凝土衬砌0.6m，露出0.4m。孔口管入孔扶正后用0.5∶1水泥浆将其镶好。待凝3天后地质钻机配金刚石钻头钻孔，钻孔深度超出涌水点1m。

3. 涌水控制　分流泄压孔分散了涌水量和涌水压力。用地质钻机配ϕ91mm钻头沿涌水点原孔向进行扩孔，在入岩0.5m后将止浆塞（机械式膨胀胶球）下入扩孔段，以控制涌水。止浆塞顶部安装压力表和阀门。

4. 涌水点封堵灌浆　封堵灌浆采用纯压式灌注。水下不分散速凝膏浆和水溶性聚氨酯两种浆液在孔口混合。灌浆中若分流泄压孔串浆，配合渗压与抬动变形监测，逐一关闭串浆的分流泄压孔，待涌水封堵灌浆结束后，再对被串孔进行扫孔、冲洗和补灌。

在确保衬砌结构安全下尽量采用大的灌浆压力。计算结果表明，灌浆压力为1.255MPa时，混凝土未开裂，钢筋应力远小于抗力限值。二级放空洞最大涌水压力0.95MPa，平衡涌水压差后灌浆压力为0.3MPa。

在最大设计压力下，注入率不大于0.02L/(min·m)后，达到浆液胶凝时间结束灌浆。

5. 分流泄压孔灌浆　分流泄压孔采用孔口封闭全孔一次灌浆法。

（1）灌浆压力：灌前测记涌水压力和涌水量，灌浆压力为涌水压力加0.3MPa。

（2）灌浆浆液：当涌水压力较小时，采用水下不分散速凝膏浆灌注；当涌水压力较大时，采用水下不分散复合化学膏浆灌注。

（3）结束标准：当采用水下不分散速凝膏浆灌注时，在最大设计压力下，注入率不大于1L/min后，继续灌注10min，即结束灌浆。当采用水下不分散复合化学膏浆灌注时，在最大设计压力下，注入率不大于0.02L/(min·m)后，达到浆液胶凝时间即结束灌浆。

6. 封孔　灌浆结束后，孔口闭浆24h。对涌水点和分流泄压孔分别扫孔检查，若孔内还有涌水，则重新进行灌浆，若孔内无涌水，则采用全孔灌浆封孔法进行封孔。

（四）断层破碎带补强固结灌浆

放空洞涌水压力及涌水流量较大，且位于断层透水带，在不利工况下运行时间较长，此时断层破碎带中细小颗粒已被带走，局部被淘空，故需进行补强固结灌浆。补强固结灌浆范围为断层交汇带及向上、下游适当延伸，灌浆孔间排距为1m×2m，入岩深6m。

（五）涌水处理效果评价

（1）检查孔压水试验（单点法）在断层破碎带补强固结灌浆结束7天后进行，压水压力采用Ⅱ序孔各段灌浆压力的80%，灌后检查孔透水率均小于1Lu，全部满足设计标准。

（2）检查孔钻孔孔内无涌水，说明在隧洞围岩周边形成了一定深度的灌浆加固圈，提高了衬砌围岩的整体性和抗变形能力。

（3）水下不分散复合化学膏浆适用高压、高速、大流量动水堵漏，并达到预期效果。

（4）涌水处理施工中衬砌未发生变形破坏，各涌水点经灌浆处理后“滴水不漏”，说处理明方案合理，质量可靠，工艺切实可行。

（中国电建集团中南勘测设计研究院有限公司
王少华　胡铁桥）

太平驿水电站灾后恢复及河道疏浚施工技术

太平驿水电站由首部枢纽（闸坝、溢流堰、取水口、隧洞进水口）、引水系统（引水隧洞、调压室）和厂区枢纽（地下厂房、开关站）。由于冲沟爆发泥石流，闸坝下游形成堰塞体，造成河道淤堵，使闸坝结构和机电设备不同程度受损，需利用枯水时段开展电站灾后恢复及河道疏浚工作。

结合挡水建筑物上下游侧堰塞体淤积深度及性质，利用优势装备，采取合理设置导流临时建筑物，分区分层清淤的施工方案。以2号泄洪闸上游1号束水导墙、下游1号导墙为纵向导流已有结构物，构筑上、下游临时横向土石围堰作为横向导流临时结构物，形成左、右岸基坑。以2号泄洪闸下游1号导墙顶高程1068m为基准，分上、下两层淤深，最深清淤深度分别为8、6m。通过分区分层，分四阶段施工。

1. 第一阶段　主要工程项目：1号冲砂闸、溢流堰、引渠闸闸后高程1068m以上清淤。

（1）下游纵向导流堤施工：结合河道淤积及过流现状，利用左岸浅滩，快速修筑3条临时便道，通往河道中央，翻挖河道，初步形成下游纵向导流堤堰基，而后自彻底关大桥向上，掏挖河道，利用清淤料分段填筑下游纵向导流堤，多余部分运至渣场。主要利用4.5、2.2m^3挖掘机的涉水挖掘能力，修筑2号临时便道，并在河道中央上下游形成普通挖掘机作业平台，具备履带装备涉水通行条件；然后普通挖掘机沿河道中央作业平台，深挖右岸河槽，加固导流堤堰基，高性能挖掘机继续沿河道上下游端头涉水挖掘普通挖掘机作业平台；最后，边加固下游纵向导流堤堰基，边形成左岸基坑第一层清淤工作面。

（2）泄水槽施工：下游纵向导流堤形成后，按自下而上顺序，沿彻底关大桥向上游1号冲砂闸深挖泄水槽。泄水槽开挖底宽6～8m，纵坡为2%，随左岸第一层清淤降层，泄水槽逐渐降层，基坑工作面内道路辅助埋设钢筋混凝土涵管。

2. 第二阶段　主要工程项目包括2～5号泄洪闸前后高程1068m以上清淤。

（1）为防止上游来水漫过1号束水墙，危及3～5号泄洪闸上游基坑作业人员及机具安全，在紧邻1号束水墙左侧填筑1号束水墙纵向围堰。

上游右岸横向围堰填筑采用自右向左单戗单向进占的方法，从左岸渣场筛选填筑料，在现场增派渣场、坝面及填筑面协调指挥人员，确保细骨料、块石料间隔连续填筑。

（2）上游右岸横向围堰及1号束水墙纵向围堰形成后，因库区高水位，1号束水墙、横向围堰及下游纵向导流堤渗漏水，除增加抽排水外，沿纵向导流堤右坡脚增设泄水槽。

泄水槽用日立重型挖掘机自下而上顺序开挖，自下游向上游进占，沿纵向导流堤右侧坡脚逐层深挖形成上下游贯通泄水槽。随泄水槽逐渐降层，基坑工作面内埋设涵管通行。

（3）2～5号泄洪闸闸室淤积深10m，闸室宽12m，闸室上下交叉作业，淤积体承载力差，为此，用3台挖掘机接力翻渣至下游护坦段，每层翻渣高3m，集渣后转运至渣场。

3. 第三阶段　主要工程项目包括1号冲砂闸、溢流堰、引渠闸、沉砾塘、喇叭口、引水隧洞无压、有压段清淤至建基面。

（1）施工前先架设进水口钢架桥并具备重车通行条件。完成上游右岸库区滩地接力翻渣，增大上游右岸过流断面，择时填筑左岸上游围堰堰梗和山体侧纵向围堰，束窄左岸过流断面，减小第三阶段上游左岸过水流量，左岸块石备料等，以加快左岸围堰快速填筑。

（2）上游右岸横向围堰自围堰中向左右岸同时拆除，左岸横向围堰自左右向中填筑。

（3）经分析沉砾塘清淤选取取水口拦漂网→沉砾塘作为通道。从换填取水口→沉砾塘→喇叭口→引水隧洞无压段淤沙路基，这是沉砾塘以下结构物清淤的主要施工通道，重型设备无法到达的区域采用2台挖掘机接力翻渣，挖运至渣场。

4. 第四阶段　包括2～5号泄洪闸前后第二层清淤，彻底关大桥下游900m河道疏浚。

（1）上游右岸横向围堰跨度4个月，采取台阶状黏土心墙防渗。另在3号泄洪闸上游铺盖段及2号泄洪闸护坦末端段设集中排水点、泄水槽，为金属结构施工创造干地施工条件。

（2）金属结构施工内容为闸室工作弧门切割、检修闸门启闭、4号泄洪闸工作门切割、弧型门工作安装。2～5号泄洪闸上下游各配2台挖掘机，按5、3、2、4号顺序配合施工，接力翻渣，逐层开挖至1065m高程，每层不超过3m，确保作业人员安全。细部门槽清理用小型挖掘机人工配合，潜水泵排水。弧型门工作安装基础清理，用挖掘机配人工抽水方式。

（3）引渠闸下游横向围堰拆除时，先在引渠闸排沙道砌筑3m×3m×14m沙袋挡墙，再协调1号冲砂闸开度，拆除该围堰。右岸下游横向围堰拆除，在金结单位移交工作面后，协调1号冲砂闸开度，开始拆除，堰体拆除采用分段开挖、自左至右一次退挖完成。2号泄洪闸上游横向围堰拆除高度13m，考虑人员设备安全，先协调1号冲砂闸开度，控制上游来水水位不高于1076m；再自上游右岸基坑内抽水至2号泄洪闸上游基坑冲水平压，平压水位1076.5m；然后接力翻渣，自下而上退挖至1076m，挖掘机在1076m涉水作业，接力翻挖至1073m；最后在全停水期间，3次循环启闭2号泄洪闸门，用水冲方式拆除剩余部分围堰体。上游右岸横向围堰拆除高度15m，考虑人员设备安全，采用分层拆除，层高3m。第一次拆除高程1080～1078m，在拆除围堰主体前将围堰高度降至1078m。全停水期间围堰拆除，其程序为关闭3～5号泄洪闸工作门→本层破口，闸室基坑充水平压→本层开挖→打开3号泄洪闸工作门，降低基坑水位。堰体拆除采用反铲接力自左至右翻渣退挖。

（中国安能集团第三工程局有限公司 刘晓鹏 于志强）

基 础 施 工

两河口水电站地下厂房开挖支护施工技术

两河口水电站采用库首厂房布置方式。厂区水平埋深440～650m，垂直埋深380～550m；地层岩性为变质砂岩、变质粉砂岩、粉砂质板，地质条件复杂、地应力高、片帮、岩爆问题突，厂房最大主应力为30.44MPa。

（一）地质条件

地下厂房地层岩性为T31h1（5）、T31h2（2）-①层变质砂岩、变质粉砂岩及T31h1（3）、T31h1（4）、T31h2（1）、T31h2（2）-②粉砂质板岩夹变质砂岩，岩石坚硬。其中T31h1（3）层上部以及T31h1（4）层中下部在安装间出露，T31h1（4）层顶部、T31h2（1）、T31h2（2）-②、T31h1（5）、T31h2（2）-①在主厂房出露，T31h2（2）-②层在副厂房出露。地下厂房岩体中发育有f3、f8系列、f9、f10、f12等多条Ⅲ级结构面及g12-12、g12-11、g12-10、g12-9、g12-8、g12-7、g12-6、g12-4、g12-3等Ⅳ级结构面，其中Ⅳ级结构面主要发育在安装间，优势裂隙主要有以下几组：① N60°～70°W/SW∠60°～70°；⑥-1 N0°～30°E/SE∠10°～30°；②-1 N0°～30°E/SE∠40°～60°，②-2 N0°～30°E/NW∠40°～60°；④ N0°～30°E/SE（NW）∠70°～90°。裂隙以①、⑥-1两组为主，同一部位一般发育2～3组，裂隙间距0.2～0.5m。主机间及副厂房围岩分类以Ⅲ1类为主，安装间以Ⅲ2类围岩为主，断层及其影响带围岩为Ⅳ～Ⅴ类。成洞条件较好，但顶拱、边墙和端墙受不同结构面及其组合控制，局部稳定性较差。

（二）主要施工方法

该工程地质条件复杂、地应力高，最大主应力范围为21.57～30.44MPa，洞室表部片帮、卸荷问题尤为突出，并且因属高寒冷、高海拔地区，人员及设备缺氧严重。承担地下厂房施工的1416联合体，经研究采用如下开挖支护技术：

（1）围绕地下洞室隧洞独头工作面通风散烟较为突出的问题，引进国外大风量通风机，实施正负压混合式机械通风；同时，提前贯通厂房、主变压器室进通排风竖井及1、2号出线洞等11条与地表相连的竖井，尽早形成“三大洞室”通、排风道，为“三大洞室”开挖支护创造良好环境条件。

（2）地下引水发电系统开挖以主副厂房及安装间施工为主线，按“先小后大，先洞后墙”“排水超前”原则，以及满足厂房岩壁吊车梁混凝土提前浇筑为前提，统筹安排进厂交通洞、二层排水廊道、主变压器室及母线洞、尾水连接管开挖。

（3）为解决主变压器室传统进行主变压器室底洞导洞开挖、提前进入厂房下游边墙所带来的施工安全风险，经研究，决定取消主变压器室底部导洞开挖，采取与厂房同步优先开挖，并提前进入母线洞，为厂房岩壁吊车梁混凝土浇筑创造条件，主厂房和尾水调压室略滞后、同步错距开挖，但主副厂房及安装间施工仍为主线。

（4）主副厂房自上而下分为8大层13小层开挖。顶层开挖采用中导洞优先、两侧先下游后上游错距扩挖、支护跟紧开挖，钻爆台车配合手风钻造孔，周边光爆，三臂台车锚杆造孔，人工机械配合反铲进行锚杆安装；第Ⅱ层与顶层同步合并开挖，在上、下游侧扩挖时同步进行。岩锚梁所在第Ⅲ层分两小层开挖，采用中间水平光爆拉槽、边墙预留保护层光爆、垂直薄层手风钻预裂、手风钻水平排炮开挖，岩台双向光爆开挖。

（5）主变压器室自上而下分为3层5小层开挖。顶层开挖采用半洞错距开挖，先上游侧（10.4m宽）

开挖、后下游侧（8.4m 宽）开挖；第Ⅱ层均采用 YQ—100E 改进型轻型潜孔钻一次预裂 8.0m，然后，4.0m 薄层手风钻水平开挖、第Ⅲ层垂直薄层手风钻预裂、手风钻水平排炮开挖。

（6）尾水调压室自上而下分为 8 大层 15 小层开挖。顶层开挖采用半洞错距开挖，先下游侧（13m）开挖、后上游侧（6.5m）开挖；第Ⅱ层采用 YQ—100E 改进型轻型潜孔钻一次预裂 8.3m，然后，薄层手风钻水平开挖，第Ⅲ层改为垂直薄层手风钻预裂、手风钻水平排炮开挖。第Ⅳ层以下改为 YQ-100E 改进型轻型潜孔钻一次预裂 8.0m，垂直梯段爆破开挖。

（7）“三大洞室”边墙支护均按“小分层浅层支护、大分层深层支护”有效支护。

（8）支护锚杆采用三臂凿岩台车钻孔，平台车配合人工安装；锚索采用锚索钻机造孔，喷混凝土采用 Meyco 喷车。

（三）施工评价

两河口水电站厂房开挖，克服了高应力、高海拔、高寒冷、地质条件复杂等不利因素，历时 29 个月提前近半年开挖完成，最大累计位移仅 39.28mm。与国内同期在建、同等规模、类似条件地下厂房开挖相比，变形小、造价低。

（中国水利水电第十四工程局有限公司 晏明）

硬梁包水电站基础处理施工

硬梁包水电站基础处理项目包括防淘墙、地连墙和防渗墙。

（一）防淘墙

导流明渠出口右边墙（渠）0＋496.10 以下至德威大桥 180m 范围，采用单道混凝土防淘墙，墙厚 1m，其中（护）0＋000.00～（护）0＋092.00 段墙底高程 1186m，墙深 30m，（护）0＋092.00～（护）0＋180.00 段墙底高程 1196m，墙深 20m。施工平台高程为 1221.5m。

（1）2020 年 2 月 27 日占压段防淘墙采用冲击钻机钻劈法施工，膨润土及黄土泥浆护壁。同年 3 月 17 日首个防淘墙造孔完成，下设钢筋笼后，在泥浆下直升导管法浇筑混凝土。槽段连接用接头管法。在 2020 年 4 月 12 日占压段 9 个防淘墙段施工完毕。

（2）汛期结束后，2020 年 10 月 21 日明渠出口围堰实测水位高程 1219.8m，按设计图施工平台高程 1218m，不能满足高于地下水位 1.5m 以上的要求。为此，将剩余段施工平台高程调整为 1221.5m。2020 年 11 月 5 日剩余段防淘墙开钻，2020 年 12 月底完成。

（3）79 天累计完成防淘墙 30 个单元工程，浇筑 C25 混凝土 4476m^3，钢筋 242.516t，$\delta=6mm$ 钢板 5.43t，$\delta=12mm$ 钢板 115.992t。

（二）地连墙

导流明渠出口地连墙设计墙厚 1m，墙底高程 1186m，墙顶高程 1213m，墙深 27m。施工平台高程 1218m，成槽深度 32m。地连墙分幅分别有“一”“L”“T”多种形式，其中 6m 标准幅宽槽 58 幅，“L”型槽 5 幅，“T”型槽 36 幅，其他类型 12 幅，共 111 幅。

（1）地连墙试验槽段为 1～8 号槽，104～111 号槽。分两期施工，冲击钻机钻劈法成槽，先施工Ⅰ期槽孔，后施工Ⅱ期槽孔。槽孔终孔检查合格后，检查验收孔位、孔深及孔形，合格后清孔换浆。Ⅰ、Ⅱ期槽孔间用接头钢板，在拔除钢板后，该处及时淘刷干净。

（2）2020 年 3 月 13 日地连墙试验段开钻施工，2020 年 4 月 23 日首个地连墙槽孔造孔完成，2020 年 6 月 16 日地连墙试验段共计完成 16 个槽段。

（3）汛期结束后，2020 年 8 月 1 日剩余段地连墙开钻，钻孔方法同试验段。2020 年 12 月 31 日共计完成 42 个单元施工。计划 2021 年 3 月底完成。

（4）207d 累计完成地连墙 58 个单元施工，浇筑 C25 混凝土 15587.9m^3，钢筋 1240.3t，$\delta=6mm$ 钢板 18.54t，$\delta=12mm$ 钢板 396.8t。

（5）地连墙的施工平台修建在堰塞沉积细粒土层（粉土、粉质黏土）上，该地层承载力低，遇水液化，地连墙成槽需穿过细粒土层进入透水性较强的含漂砾石粗土层，槽孔易产生涌水和坍塌。为此采用高喷灌浆处理。高喷孔深 17m，深 15m。高喷风压 0.6～0.8MPa，风量 0.8～1.2 m^3/min；喷浆压力 35MPa，进浆流量 70～100L/min，进浆水灰比 0.8∶1，进浆比重 1.61g/cm^3，返浆比重不小于 1.25g/cm^3。喷具提升速度在Ⅰ、Ⅱ序孔，粉土层、回填层为 12cm/min，旋转速度 0.8～1r/min。高喷灌浆共完成 4 个单元，使用水泥 288t。高喷灌浆后涌水塌槽逐渐被控制。

（三）防渗墙

防渗墙桩号 0＋374.70～0＋000.00m，轴线位于闸室上游的铺盖上和面板坝趾板的上游侧，墙两端与基岩内的防渗灌浆帷幕连接，形成整体防渗系统。防渗墙平面全长约 418m，墙顶高程 1210.5～1219.8m，墙底高程 1146m，最大墙深 73.8m，成墙面积 2.49 万 m^2。墙体为 1m 厚 C_{90}30W10F50 混凝土。导流明渠地基分五层，防渗墙由上至下穿过含漂砂卵砾石粗粒土、粉质黏土、粉土及中细砂细粒土、中细砂细粒土层透镜体、墙底深入含漂砂卵砾石粗粒土层上部。右岸防渗墙嵌入基岩，墙内预埋灌浆管用作墙下帷幕灌浆。

(1) 0～41 号槽段（桩号 0＋374.7－0＋141.6m）2020 年 9 月 16 日开工，2021 年 4 月 30 日施工完成。防渗墙最深处 77m，墙体为 1m 厚 C30 混凝土，顶部 5～15m 下设 10m 长钢筋笼，采用接头管法进行墙段连接。

(2) 槽孔采用冲击钻机“三主二副”钻劈法施工，主孔采用抽桶排渣，黏土浆护壁，不良地层段用膨润土泥浆（1.4～1.7g/cm^3）护壁。槽孔验收后使用定位架和桁架结构固定并下设预埋灌浆管。用汽车吊下设钢筋笼、预埋管。12m^3 混凝土搅拌车输送混凝土。泥浆下直升导管法浇筑混凝土。

(3) 2020 年 12 月底完成 18 个槽段。累计浇筑 C30 混凝土 5326m^3，钢筋 88.04t。

（中国水电基础局有限公司
黄爱民　周雨）

大古水电站冬季固结灌浆施工技术

西藏大古水电站地处高寒地区，海拔 3451m。施工区气压低、氧气稀薄，缺氧对人员和施工机械效率影响很大；风力大，昼夜温差大，对连续进行固结灌浆施工影响很大。

（一）固结灌浆设计

大坝基础固结灌浆对混凝土厚度≥3m 时，作有盖重固结灌浆，厚度小于 3m 时，作无盖重固结灌浆。固结灌浆划分为Ⅰ、Ⅱ、Ⅲ区，其入岩孔深分别为 12、8、12m。灌浆孔梅花形布置，间排距 3m×3m。段长划分：灌浆Ⅲ区孔深 5m 的孔，段长为 2、3m；孔深 8m 的孔，段长为 3、5m；孔深为 12m 的孔，段长为 3、4、5m。

（二）灌浆施工

1. 灌浆材料　水泥为普通硅酸盐 P.O42.5 水泥。高寒地区冬季施工时，江水在 0～7℃，室外环境温度－12～17℃，灌浆作业要采取措施，用锅炉加热使水温提至 20～40℃，浆液温度保持 5～40℃间。拌合用水的温度不得高于 30℃，若超过 30℃应采取降温措施。

2. 灌浆施工要点　灌浆分排分序进行。排与排之间、同一排孔与孔之间分二序施工。固结灌浆孔采用全自动液压凿岩机和潜孔钻进行。

采用“阻塞灌浆法”自上而下分段、孔内循环灌注。固结灌浆段长与灌浆压力见表 1。

表 1　固结灌浆段长与灌浆压力

灌浆段次	无盖重固结灌浆			盖重固结灌浆		
	1	2	3	1	2	3
孔深 5m 段长划分（m）	2.0	3.0	—	—	—	—
孔深 8m 段长划分（m）	3	5.0	—	3	5.0	—
孔深 12m 段长划分（m）	3.0	4.0	5.0	3.0	4.0	5.0
Ⅰ序孔灌浆压力（MPa）	0.2	0.5	0.7	0.4	0.6	0.8
Ⅱ序孔灌浆压力（MPa）	0.4	0.6	0.8	0.6	0.8	1.0

固结灌浆水灰比 2∶1、1∶1、0.8∶1、0.5∶1 四个比级，开灌为 2∶1。先灌注周边孔，再分排分序施工。吃浆量大的孔段，在浆液变换至 0.5∶1 后采用限流和间歇处理，限流标准 35～40L/min，因冬季气温过低，水泥凝固慢，间歇时间 15～20min。耗灰量达 30t/段后压力或流量无明显变化时作待凝处理，冬季待凝 24h/次、夏季灌浆待凝 12h/次。

使用三参数灌浆自动记录仪。灌浆与压水的压力、流量、浆液水灰比等参数，全部根据灌浆自动记录仪记录的原始资料进行统计和分析。

3. 冬季灌浆保温措施　提前将水泥送入水泥罐，其外侧用保温材料包裹。集中制浆系统及灌浆区域搭设彩钢瓦暖棚（左右岸共搭设 5 个暖棚），室内浴霸或电热器取暖，使棚内温度达 5℃以上。制浆站设容量为 20m^3 的锅炉加热制浆用水，确保浆液温度在 5～40℃间。供水供浆管路用橡塑海绵＋电热丝保暖。

大坝河床段固结灌浆在寒冷冬季施工，室外气温－12～17℃，实测地下水温 1～3.5℃，水泥浆液在地下凝固时间较长，裂隙压力可能使浆液流动造成水泥灌浆失败。故灌浆时应根据地下水温动态调整浆液温度，加速浆液在孔内凝固。

制浆站送浆完毕后及时用水冲洗管路，并用空压机送风将管路积水冲干净。钻机检修、停钻时，在钻机机油油箱部位摆放电暖器，保证机械正常运行。灌浆结束后灌浆泵拆除放水，防止结冰，保证正常使用。

灌浆孔封孔结束后，灌浆口用喷灯加温，再分层覆盖草袋、棉纱，加速水泥砂浆凝固。

（三）固结灌浆质量检查

检查孔数量为灌浆总孔数的5%。质量检查标准：透水率$q \leqslant 50$Lu。压水试验孔段合格率，在上游帷幕线上游和下游帷幕线下游范围内的合格率应在90%以上，其余范围为85%以上，不合格孔段的透水率不超过设计规定值150%，且不集中，则灌浆质量认为合格。

（四）灌浆效果分析

大坝8号坝段灌浆单元成果统计分析如下。

1. 灌浆前后压水试验　灌前透水率最大无回水不起压，最小8.53Lu，平均155.17Lu，3～10Lu孔段占总孔段数1%，10～50Lu孔段占总孔段数30%，50～100Lu孔段占总孔段数25%，>100Lu孔段占总孔段数44%。灌后检查孔压水试验其吕荣值大小分布为：<1Lu孔段占总孔段数13%，1～3Lu孔段占总孔段数74%，3～5Lu孔段占总孔段数13%，最大透水率为3.66Lu，最小透水率0.91Lu，平均透水率为1.92Lu。

2. 水泥耗量情况　该单元平均单耗378.33kg/m，其中Ⅰ序孔平均单耗468.19kg/m，Ⅱ序孔288.47kg/m。10～50kg/m孔段占总孔段数的5.2%，50～10kg/m孔段占总孔段数的7.1%，100～1000kg/m孔段占总孔段数的85.7%；>1000kg/m孔段占总孔段数的2%。

由此可见，随排序、孔序单耗量逐渐减小，Ⅱ序孔比Ⅰ序孔降低了38.4%，符合灌浆规律。灌浆前后平均透水率减小非常显著，检查孔透水率小于设计规定值。灌浆效果明显，灌浆工艺参数基本适用于西藏大古水电站工程黑云母花岗闪长岩的固结灌浆。

（中国水利水电第九工程局有限公司　赵建刚
中国电建集团贵阳勘测设计研究院
有限公司　杨震中）

溧阳抽水蓄能电站土工膜防渗体系渗漏修复

溧阳抽水蓄能电站上水库工程采用全库盆土工膜防渗，该防渗体系结构形式为自上至下依次为：点状压护混凝土预制块（0.2m×0.2m×0.1m，8.5kg/块）、土工布（500g/m²）、1.50mm厚HDPE土工膜、三维复合排水网（1300g/m²）、0.05m厚砂垫层、0.4m厚碎石下垫层、1.5m厚过渡料层。库底土工膜与面板库底周边缝采取机械连接，与库内结构物采用水平机械连接进行封闭。水库初期运行阶段库底局部渗漏，进行了修复处理。

（一）渗漏情况及放空检查

1. 渗漏情况　上水库首台机组甩50%负荷完成12h后，监控系统显示水库水位有异常消落现象。经巡视检查并结合分析监测数据，除主坝坝后量水堰流量变化较大，其他部位无异常情况。在关闸门后，监控数据反馈上库水位仍继续异常下降，且机组进水球阀前压力表读数维持关门前后不变。初步判定可能是上水库库盆发生渗漏。

2. 放空检查　将水库放空至具备进入库底检查的条件。放空检查情况如下。

（1）在1号进出水塔南侧边缘发现1处集中渗漏点，土工膜撕裂破口长约1.2m，护面混凝土预制块被冲走。库底积水继续沿此孔洞流入。其余片区未发现明显渗漏点。

（2）集中渗漏处下方已被水流淘刷成深坑，渗漏部位两侧沿进水塔基座范围均有不同程度的塌陷，渗漏点处最宽约120cm，最深约310cm，塌陷区宽30～75cm，深120cm。

（3）前池区域进出水塔周边库底沉降变形较明显，较大面积有不均匀沉降变形，局部最大变形30cm。由此引起库底进水塔周边满铺预制块区域下陷、块间缝明显加大。

（4）坝后量水堰水质刚开始渗漏量加大时，局部有历时较短变浑浊现象，后续稳定后水质清澈，无明显夹砂，堰池内亦无明显堆积物，说明细颗粒料未被水流带出坝体。

（二）渗漏原因分析

1. 总体情况　上水库初期蓄水和机组调试期间渗漏监测情况表明，上水库防渗体系总体运行正常，渗漏量在规范允许范围内。发生明显渗漏期间，仅主坝下游量水堰流量有较大增长，且其渗流量与已查明渗漏点渗漏情况基本相符。

2. 集中渗漏点破坏机理分析　从检查情况看，库底沉降和不均匀沉降变形主要发生在库底填筑区地形条件变化较大、开挖与填筑连接处，以及靠近建筑物/结构物部位、填筑分区、施工期道路及沉降周期较短等部位。渗漏点破坏形成过程：土工膜下部堆石体不均匀沉降→土工膜底部支撑层脱空→土工膜悬链胀拉受力→诱因撕裂破坏/拉伸屈服破坏→库底集中渗漏。沉降变形与土工膜局部穿孔反复作用下形成集中破坏点。

（三）防渗体系修复与效果

要修复防渗体系需控制回填堆石体沉降和不均匀沉降变形，增加防渗体适应变形的能力。防渗体系修复重点是修复集中渗漏区，其他部位进行补强处理。

1. 回填堆石体修复　上水库进出水塔基回填堆石，包括库底堆石体、过渡料回填区（掺水泥 50kg/m³）、垫层料回填区（掺水泥 100kg/m³）等，对塔基周边中层和深层堆石体采用可控充填灌浆，局部浅表层堆石体采用挖除置换方式处理。对架空严重和孔隙率较大的堆石体，进行水力灌砂充填提高堆石体密实度，减小堆石体变形。

灌浆成果表明，可控充填灌浆区堆石体的密实度提高了，渗透系数减少到$\leqslant(1\sim4)\times10^{-2}$cm/s 的量级水平。灌浆前后物探检测结果表明，不密实区大为减少，绝大多数已消除。

2. 土工膜防渗体修复　考虑施工难度和预期效果，根据塔基周边变形情况，从适应沉降变形方面考虑，主要采用预留沉降超高方案进行处理，可取得很好的效果。但预留沉降超高，在高水头作用下，土工膜适应变形的调整能力有限，拟在塔基周边一定范围（5～10m）内通过表面多填垫层料方式预留沉降超高，使最终沉降变形后砂垫层表面不低于塔基锚固基座台面，以消除土工膜下部脱空的可能性。

采取塔周外圈预留超高和增加延长渗径土工膜等一系列措施，避免因堆石体沉降变形导致在塔周土工膜下部出现大面积脱空的可能性。渗漏修复处理区域的土工膜全部用新膜更换，并在塔周 10m 范围内防渗膜表层增加一层防冲刷膜，有效地保护了下层防渗体系。

3. 修复效果　蓄水后监测数据显示，水库日渗漏量为 0.03‰～0.08‰，满足规范要求的日渗量不大于 0.2‰～0.5‰的总库容，证明水库运行安全稳定。

（中国水利水电建设工程咨询西北有限公司
卢力　贾林）

亚曼苏水电站深厚淤泥层快速开挖技术

亚曼苏水电站尾水渠全长 3.7km，最大挖深约 54m。地基土为流塑状淤泥，湿陷性强，保水性好，泌水缓慢，短期排水效果不佳。该深厚淤泥层不宜作渠基持力层，也无法用常规设备开挖。尾水渠长 3km，最大宽度 120m，最大深度 13m，淤泥总量约 80 万 m³。

（一）水陆两用湿地挖掘机

水陆两用湿地挖掘机是适用于陆地、沼地、淤泥及浅水工作的多用途工程机械，依靠底盘浮箱的强大浮力和较低的接地比压，可在湿陷性强、承载力低的场地作业。

湿地挖掘机由 1 台现代 225 长臂挖掘机改装，工作重量约 22t，加上浮箱重量 14.5t。在淤泥状态下行走及工作，单个浮箱尺寸选 7700mm×1500mm×1500mm，最大吃水深度 1m，则接地比压仅 15.8kPa，加上浮箱封闭最大可产生 35t 以上的浮力，完全满足承载力要求。

长臂挖掘机原有的行走装置改装为浮箱后，仍具有陆地行走能力，同时可在淤泥作业面上自由行走。通过系统规划排水、开挖等工序调配，利用湿地挖掘机可以实现大面积淤泥开挖的快速施工。

（二）网格状明沟排水

亚曼苏水电站尾水渠作业面现场实测数据表明，在淤泥层表面无积水情况下依靠自然泌水挥发，月总降雨量小于 10mm、水面蒸发量达 220mm 的气候条件下，淤泥含水率降至 30%以下，1m 深度范围内的淤泥从流塑状变为软塑状～可塑状的时间需要 25d 以上。这样的速度根本无法满足施工要求。基于此，采用网格状明沟排水加速淤泥土排水。

网格状明沟排水利用湿地挖掘机在大面积淤泥层上开挖出 1～2 条主排水沟，断面尺寸底宽 1.5m、顶宽 4m、深 3m。再在全作业面开挖网格状次排水沟，断面尺寸底宽 1.5m、顶宽 3m、深 1.5～3m，间距 15～20m，并与主排水沟相连。整个作业面的淤泥泌水通道打通连接，引排至邻近集水坑，通过抽排水设备抽排至基坑以外。

网格状排水沟整体布局要考虑后期施工通道的布设，交错布置互不影响，同时要根据集水坑的位置综合考虑排水走向，确保集水坑均衡排水。

在开挖排水沟过程中，由于淤泥体具有流动性，局部会出现壅塞、坍塌等情况，为避免多次开挖，可对该部位回填反滤料，以保持整体排水通道的通畅。

网格状明沟排水可缩短大面积淤泥泌水通道，尽快形成明沟排水，降低地下水位，使土体尽早失水，从而减小流动性、增加承载力，为后续开挖和边坡稳定创造条件。通过在亚曼苏水电站尾水渠现场实验，同等条件下达到上述排水效果仅需 8～12d。

（三）鱼刺形施工通道

通过明沟排水和短时间晾晒后，淤泥已经逐渐失水成淤泥质土，其流动性和承载力逐步具备开挖运输设备能在上面作业的条件。但在深厚淤泥条件下，完全靠明沟排水达不到直接施工的要求。开挖运输设备尤其是自卸汽车对地基承载力要求较高，湿陷性强的低液限土地基不经处理几乎无法施工，加之降雨的影响，必须对路基采取人工干预措施以快速形成施工通道，才能具备施工条件。

根据常用挖掘设备特性，按最大开挖深度 3m，最大挖掘半径 6～8m 计算，开挖道路采用鱼刺状布置。主路路宽不小于 9m，主路边每 10～15m 设一条支路，整体布置成鱼刺形，与主路连接遍及作业面各个角落。

道路就地取材采用砂卵砾石填筑，根据淤泥失水后承载力情况确定填筑厚度。亚曼苏水电站尾水渠开挖试验结果，淤泥失水后承载力达到 0.1MPa 以上，道路填筑厚度一般不小于 70cm，支路宽不小于 6m。若遇到淤泥层设备容易沉陷时，将在淤泥表面直接填筑厚度不小于 1.5m 的砂砾石。

整体工程开挖采用分段依次开挖排水沟→晾晒→铺筑施工道路→开挖运输的顺序进行施工，各段间轮换进行流水作业，实现资源和施工进度的最优效果。

（中国水利水电第十工程局有限公司 张永）

黄藏寺水利枢纽围堰高压旋喷防渗墙施工技术

黑河黄藏寺水利枢纽工程上游围堰顶高程 2561m，最大堰高 31m，堰顶宽 8m，堰顶轴线长 134.48m。围堰防渗在河床以下高程 2537m 为高喷灌浆墙，最小墙厚 0.4m，灌浆深度为 17～19m，深入岩石 1m，2537m 以上用复合土工膜心墙防渗，围堰迎水面 1m 厚堆石护坡。围堰施工区域岩性为厚 10m 左右的冲洪积砂砾石及冰水堆积物，下部基岩为石英片岩。

（一）高压旋喷防渗墙施工

1. 工艺性试验　高喷墙试验段设在河床靠左岸区域，位于大坝上游围堰轴线上游 4～5m 处。试验段高喷墙钻 5 个孔，Ⅰ序孔 3 孔、Ⅱ序孔 2 孔，孔距 0.8m，孔深 18～20m，直径 130mm。钻孔采用液压钻机，采用三介质喷射管自下而上喷射灌浆。

试验段高喷墙施工完成 14 天后，开挖检查墙体施工质量和防渗效果。开挖可见高喷墙砂砾石层砂浆胶结较密实，两个高喷桩之间耦合较紧密，搭接宽 35～42cm，上下游墙体间透水性很小。根据试验可得，高压旋喷桩的有效直径为 1.15～1.22cm。

2. 高喷墙施工　由右岸河床部分向左岸施工。先施工Ⅰ序孔，后Ⅱ序孔，Ⅰ序孔间距 1.6m，Ⅱ序间距孔 1.6m，Ⅰ、Ⅱ序孔之间间距为 0.8m，高喷墙有效喷射直径约 1.2m。钻孔中用黏土泥浆作循环冷却液和护壁材料，钻孔偏斜率控制在 1%以内。钻至设计深度后，强风清孔，验收合格后下入 PVC 管护壁，液压拔管机起拔套管，妥善保护孔口。

采用 42.5 普通硅酸盐水泥，高速搅拌机拌制水灰比 1∶1 纯水泥浆液，搅拌时间不少于 30s。制浆材料的称量误差不大于 5%。浆液过筛后使用，制备至用完的时间不超过 4h。

喷射时先送水，再送风，最后送浆。高喷台车试喷时，泵压为 20±2MPa，风压为 0.7 MPa，浆压为 1MPa，同轴喷射。试喷正常后，下入高喷管至设计深度，按规定参数送浆、送气静喷，待浆液返出孔口开始提升喷管，喷射连续进行，浆液用量 60～80L/min。中途拆卸喷射管后，将喷射管下至原位 0.2m 以下进行复喷。喷射过程中定时检测原浆、返浆比重及水泥浆用量，控制风压、水压。返浆密度小于 1.2g/cm^{3}时，立即停止提升，直至回浆密度大于 1.2g/cm^3，可恢复喷浆作业。相邻Ⅰ、Ⅱ序孔作业间隔时间不少于 48h。

3. 高喷墙质量检测　高喷墙施工完成 28d 后对墙体进行注水试验。围堰高喷孔共 112 个，设检查孔 3 个，注水试验孔深 8、8、11m，孔径 105mm。在孔口外侧外接 1m 长，管径 105mm 的 PVC 管作为试验水头。注水试验前每隔 5min 观测地下水位，当连续 2 次观测数据变化小于 10cm 时进行注水试验。检查孔内注水后，检查孔初始观测时，每间隔 5min 测量一次水位变化，连续测量 5 次，以后每隔 20min 再测量一次。

根据试验中测得的数据计算检查孔的渗透系数：3 个检查孔的渗透系数分别为 5.62×10^{-6}、7.42×10^{-5}、3.19×10^{-5}cm/s，达到了围堰防渗的效果。

（二）高喷施工要点及其效果

（1）砂砾石层中采用套管护壁钻进成孔，比泥浆护壁施工工艺简单、施工速度快，可靠度更高，能有效地节约工期，创造经济效益。

（2）根据工程需要和砂砾石地层的特性，采用适宜的高喷墙结构形式、施工方法以及施工工艺参数，确定合理的孔位间距和排距，可减少钻孔工程量，节约工期和成本。

（3）施工中，对漏浆、串浆严重的部位，及时调整浆液浓度，或掺加掺合料或外加剂，保证施工质量，节约材料费用。

（4）降水头注水试验测定高喷墙渗透系数，方法简单，测定的数据较为精确，可作为测定高喷墙渗透系数的方法之一。

（5）砂砾石层中高压喷射灌浆形成的凝结体范围满足设计要求，形成的高压喷射凝结体耦合情况良好，无集中的渗水点，形成的高喷墙抗渗性能满足防渗要求，凝结体的抗压强度≥3MPa。

(6) 上游围堰高喷墙施工完成后，通过高喷墙上下游2个渗水坑的水位观察发现，上游坑内水位高出下游水坑1.5m，在下游水坑抽水时，上游水坑水位保持不变。连续5天对高喷墙上下游水坑的水位观察，其水位没有关联性。由此分析判断，高喷墙施工后，地下水通过高喷墙体，水头明显衰减，说明高喷墙施工质量良好。

(中国水利水电第十一工程局有限公司　潘新波)

大丫口水电站坝基帷幕灌浆岩溶处理

(一) 概述

大丫口水电站是南捧河流域规划中的第三级电站，电站为引水式，拦河坝为碾压混凝土双曲拱坝，最大坝高98.2m，装机容量102MW (3台)，大(2)型二等工程。

电站工坝基部位属喀斯特地区，岩溶总体发育，灰岩岩溶发育强度比白云岩大。右岸岩溶发育突出，规模较大岩溶裂隙发育带，宽度不小于15m，高度大于50m，左岸发育规模比右岸小。坝基岩体主要是渗漏及渗透稳定，右岸坝基部位渗漏问题尤为突出。

(二) 坝基存在复杂岩溶问题

大丫口坝基岩溶问题表现为：钻孔中部分孔段无返水或返水小，或返泥水和泥沙，钻进掉钻、进尺加快、孔口涌水。灌浆前洗孔、简易压水时无回水或回水小、压力值偏小，透水率较大。灌浆中，无压无回水或难以升至设计压力、串浆、冒浆等现象明显。

(三) 复杂岩溶处理的研究及应用

针对岩溶发育特点，钻孔冲洗、灌浆材料、灌浆压力、灌浆方式、钻孔布置等方面作了调整，先充填后帷幕灌浆，选择易控制的灌浆方法。复杂岩溶的处理如下。

1. 地下暗河处理　地下暗河分布高程576～582m，宽2～10m，高1～6m，规模大，沿结构面发育。河底有厚约1～2m泥及粉细沙，并有少量流水。暗河处理时：在高程584灌浆洞底板开挖竖井与暗河贯通，清撬封堵段松动岩块，并清理底部的淤泥及粉细沙至坚硬基岩；在横跨584灌浆洞帷幕上下游立模浇筑长22m的$C_{90}20$混凝土 (28d强度为21.3MPa)，并埋设三组回填灌浆管；利用回填灌浆管进行回填灌浆，最后帷幕灌浆。

2. 溶蚀破碎带处理　溶蚀破碎带岩芯较破碎，钻孔取芯困难，岩芯呈细砂、粉砂状。溶蚀破碎带处理用高压水连续冲洗5～10min，再将孔口压力在极短时间内突降到零，形成反向脉冲流，回水变清后再升到原冲洗压力，持续5～10min后再突降到零，如此反复冲洗至回水洁净，再延续10～20min。冲洗压力为灌浆压力80%，超过1MPa用1MPa。如溶蚀区域较大，在拟冲洗区再钻3～4个孔，将压水栓塞下入其中1孔，从孔底向上分段压水，水从压水孔向周围孔排出，再其他孔压水，最后对所有孔单孔冲洗，将溶蚀破碎带清干净。为确保坝基可灌性，在混凝土盖板不抬动情况下，提高灌浆压力至3MPa，采用水灰比为2∶1的稀浆开灌，同时加密灌浆，溶蚀破碎带部位增加双排孔，孔距缩小到1m。

3. 非充填溶洞处理　钻进中掉钻、无岩芯。非充填型溶洞处理时，若溶洞较大，用ϕ110口径扩孔或在该灌浆孔旁重新开孔，对掉钻段回填直径不大于3cm的碎石至开始掉钻位置后，限量灌浆，灌注0.5∶1浓浆，干灰达5t且灌浆压力和注入量均无明显改变时，改灌砂浆 (1∶1∶1或0.8∶1∶1)；灌注砂浆干灰量达20t且灌浆压力和注入量均无明显改变时，待凝24h后扫孔复灌，直到灌浆压力和注入量有明显改变。若溶洞较小，对掉钻段先灌0.8∶1∶1砂浆，并同时加入河砂，灌注干灰量达5～20t，且灌浆压力和注入量均无明显改变时待凝12～24h后扫孔复灌，直到灌浆压力和注入量有明显改变。

4. 全充填和半充填溶洞处理　最明显的特点是钻进中返泥浆水、掉钻、进尺加快或只有部分岩芯，灌前简易压水透水率较小，但灌浆中灌入量增大。处理时：钻进中如进尺加快、返泥浆水，说明该部位属全充填溶洞、大裂隙或断层破碎带，采用缩短灌浆段长，1∶1～0.8∶1浆液灌浆，适当增加灌浆压力。如随压力增大而突然无压力或回浆时，说明浆液已挤压至充填物中或劈开充填物块进入空腔，再改灌1∶1∶1水泥砂浆，流量控制在50L/min以内，注灰量大于8t后待凝，复灌超过两次后，不下入尾管，孔口直接灌注砂浆，并定时加入一定浓度水玻璃，注灰量超过8t待凝24h后扫孔复灌；如随着压力增大而灌入量较少或回浆变大，说明可灌性不好，需对灌段进行单孔脉动裂隙冲洗或群孔脉动裂隙冲洗，增加可灌性。钻进中如掉钻并进尺加快、返泥浆水，说明下部有半充填型溶洞。可根据实际情况，综合采取非充填和全充填溶洞处理措施相结合进行处理。灌浆中如其他孔段窜出黄泥或黄泥水，在窜出浓浆后封闭被串孔灌至升压，若其他边墙、边沟、底板窜出黄泥或黄泥水，待该部位窜出浓浆后采用嵌缝封堵、低压浓浆、限流限量等措施。

5. 强岩溶裂隙、宽缝处理　钻孔时通常会轻微掉钻或不返水。处理时先灌0.8∶1或0.6∶1水泥浆，当水泥注入量达3～5t仍无压力渐大、流量渐减小情况或无回浆时，改灌1：1：1水泥砂浆。灌注水泥砂浆压力和流量有明显变化后，恢复灌入水泥浆直到结束。

（四）应用效果

坝基复杂岩溶处理后，岩溶洞穴、宽缝裂隙及破碎带均得到较好的封闭，大大提高了岩溶区域坝基岩体的防渗性能，并使岩体趋于均质。帷幕灌浆单元质量评定优良率为93.33%，帷幕灌浆取得了良好效果。电站已发电运行3年，坝基防渗效果得到了很好检验。

（中国电建集团昆明勘测设计研究院有限公司
张正雄　张燚　李泉）

旬阳水电站工程三管法高压旋喷灌浆施工技术

（一）概述

旬阳水电站是汉江上游陕西境段干流规划的第五个梯级水电站，主体工程为二等大（2）型工程，工程枢纽由河床式厂房、冲砂泄洪闸、非溢流坝、升船机等建筑物组成。二期上下游枯水期围堰堰基和堰体防渗均采用高喷防渗墙，防渗墙轴线总长400.86m。

根据前期勘察及现场了解，上游和下游围堰部分区域地质条件复杂，在喷浆过程中可能出现孔口不返浆情况。上游转弯段受水流冲刷较大，围堰合龙位置设在上游靠近右岸岸坡处，另外右导墙基础爆破施工中和右岸冲沟常年冲刷，大块石滚落至围堰轴线附近，块石之间架空较严重，易造成高喷墙漏浆。常规的单管法、双管法高喷施工无法达到设计要求。通过现场试验，拟采用孔口加砂和水玻璃材料处理，对水流冲刷较大及块石架空部位，采用三管法高压旋喷灌浆。

（二）高喷技术特点

（1）施工效果明显、工艺简单，在复杂地层条件下，形成有效的高喷防渗墙，能解决复杂地质条件的防渗难题。

（2）三重管注浆管由内、中、外三种不同直径无缝钢管组装而成，高压水走内管，高压空气走内管与中管间的环形空间，水泥浆走中管与外管间的环形空间。三种介质各走各的通道，互不串通。

（3）无需采用专用设备，使用普通高压灌浆设备即可灌注，大大增加了施工的适应性。

（4）社会、经济效益显著，高喷技术缩短了工期，节约施工成本，能提高防渗墙施工质量。

（三）工艺原理

三管法高压旋喷灌浆施工中，喷嘴后面连着高压水管、浆管、高压风管。喷射时喷嘴同轴喷射高压水、水泥浆液及空气。喷嘴呈现同心圆状，其中内层为高压水，中间为水泥浆，外层为压缩空气，三种介质各走自身的通道，互不串通。高压旋喷时高压水切割土体，水泥浆充填切割后的土体空隙，高压风则环绕包裹水泥浆液，减少其在土体中的摩擦阻力，增加浆液的扩散半径，增强桩身结石的密实度，从而提高桩身的承载力，并达到良好的防渗效果。

三管法高压旋喷灌浆施工，先跟管钻孔，再下入薄壁PVC管护壁，起拔钢套管，再将注浆管通过PVC管下到设计位置。用高压泵将水、气、浆三种介质通过喷嘴喷射出来。从内喷嘴中喷射出压力为30～50MPa的超高压水流，水流周围环绕着从外喷嘴喷出压力为0.6～0.8MPa圆状气流，同轴喷射的水流与气流冲击破坏土体。泥浆泵灌注压力为0.2～1.0MPa、浆量70～100L/min、密度1.5～1.7g/cm^{3}的水泥浆液进行充填置换。冲击、切割、破坏土体（地层），使地层组分在喷射流束的冲击力作用下，与浆液搅拌混合，并以水泥基质浆液充填、掺混其中，形成桩柱凝结体。旋喷孔相互套接成连续防渗墙用以提高地基防渗能力或承载能力。三管法的有效桩径一般为1.0～1.5m，较单管、双管法施工桩径要大1.2～1.5倍。

（四）取得的成果

研究成果在旬阳水电站工程成功应用，避免了高喷灌浆中水泥浆液大量流失，减少材料浪费，节约成本，经济效益可观。施工结束后，在围井中心钻孔进行注水试验，计算墙体渗透系数。试验结果表明，高喷墙灌浆质量符合设计要求，防渗效果良好。

（中国水利水电第三工程局有限公司
刘桃红）

湘河水利枢纽防渗墙清孔换浆新技术

西藏湘河水利枢纽是雅鲁藏布江左岸一级支流湘河干流上的控制性工程，由拦河坝、洞式溢洪道、导流泄洪洞、发电引水系统、电站厂房、鱼道等组成。拦河坝为沥青混凝土心墙砂砾石坝，坝基覆盖层采用混凝土防渗墙防渗。防渗墙中心线位于坝轴线上游1.5m，墙厚1m，入岩1m。防渗墙于2020年8月22日完成主体施工任务，成墙面积34048.35m^2，实际最大墙深为141.75m。施工中采用三次清孔换浆新技术，取得了好的清孔效果。

（一）防渗墙施工特点及难点

1. 超深防渗墙施工　湘河水利枢纽防渗墙最大槽深141.75m，超百米深墙共有29个槽段，施工难度大、工期长、对相关技术参数要求高，特别是对清孔浇筑环节要求极高。

2. 泥浆含沙量高　覆盖层上面小部分为崩坡积块石及碎石粉土层，下面大部分为含漂卵砾石层及砂砾卵石层。冲击凿进过程中，破碎漂卵砾石、扰动砂层，使膨润土泥浆中粉状颗粒物增加，导致清孔作业困难。

3. 清孔验收合格后浇筑延迟　清孔后需下设接头管、导管，部分槽段需下设双排帷幕灌浆预埋管及监测仪器，加之拌合楼供料制约因素多，导致不能在第一次清孔验收后按要求及时浇筑，故槽孔需反复清孔。

4. 混凝土供应不足　正常浇筑时，总包方拌合楼有时只能满足最低浇筑强度需求，使浇筑时间过长。期间混凝土上部稀浆与膨润土泥浆发生沉积反应，从而降低浇筑导管内混凝土与外部泥浆压力差，导致浇筑困难。同时也将泥浆中悬浮杂质沉积在浇筑导管及接头管周边，使得浇筑导管及接头管握裹力变大，增加浇筑风险。

5. 清孔设备受限　传统清孔设备的筛分能力有限，无法将中细颗粒物分离，且超深槽段的清孔时间较长，极易发生槽孔安全事故。

（二）三次清孔换浆新技术

1. 第一次清孔　第一次清孔采用常规抽筒法抽取槽孔内沉淀的泥块及粒径较大石块。先将槽底清干净，并量测槽孔深度，禁止清干净后长时间抽取。静止2～3h后再量测槽孔深度。如两次量测差别不大，则用钻头对底部轻微扰动后，用抽筒抽干净即可。如静止后槽段内沉积较快，则需钻头扰动后抽取干净再静止1～2h，反复几次直至合格。

2. 第二次清孔换浆技术　第一次清孔合格后及时在槽孔下设内径158mm、壁厚5mm的排渣铁管，采用15m³螺杆空气压缩机气举抽取，6BS砂石泵与ZX-200型泥浆净化机组合成泥浆反循环回路对槽孔第二次清孔。排渣管自离槽底30～40m开始清孔，根据现场实际情况逐步加深或减少。由钻机或吊车提升排渣管在槽孔主、副孔位依次进行，如槽底沉淀过多，则反复清孔。槽底抽出含砂量较高的泥浆经泥浆净化机处理后返回槽孔，直到净化机出渣口不再筛分出砂粒为止。槽底高差较大时，由高端向低端推进。清孔完成后量测槽深及槽底淤积厚度，静止1～1.5h再用排渣管将整个槽段进行气举法二次清孔。清孔结束前在回浆管口取样，测试泥浆全性能，其结果作为换浆指标的依据。在回浆处泥浆含砂量检测合格后将振动筛拆除，在排渣管顶端安装换浆软管，采用气举法对槽段底部浓浆进行换除，换浆约为槽段量的1/8～1/6。换浆结束后静止1h，对槽底泥浆进行测试，并量测淤积厚度，达标后报检。

3. 第三次清孔换浆技术　在所有预埋件、接头管、导管下设后，进行第三次清孔。在下设的导管内插入镀锌钢管（单根长6m，直径25mm，钢管底部折回5～10cm，夹角10°～30°）。镀锌管间用丝扣套接，一般下设6～8根。在导管顶部制作帽扣，顶端留口将风管与镀锌钢管连接，镀锌钢管上部焊接法兰盘与浇筑导管上部帽扣用螺栓扣紧。导管帽扣侧预留出浆口，用法兰盘与排浆软管连接。新鲜浆液从槽孔流入，槽底浆液由导管气举排出。换浆顺序一般由浅孔到深孔依次进行。本次换浆为槽段量的1/6～1/5。换浆结束后量测槽底淤积及检测槽底泥浆性能，合格后及时报验，浇筑混凝土。

（三）实施效果

西藏湘河防渗墙施工采用清孔新工艺后，因清孔导致浇筑困难事故率为零，且浇筑中基本未出现抖管及堵管，所有槽孔均顺利浇筑至设计高程。

三次清孔换浆工艺在西藏湘河水利枢纽防渗墙施工中得到成功应用，为超深防渗墙清孔换浆革新了施工工艺，很好地解决了超深防渗墙泥浆含砂量大、浇筑时间长、淤泥沉积多等一系列难题。三次清孔换浆工艺功效高、便于操作、设备简便、成本低廉，适合于超深防渗墙，地层细颗粒物较多，泥浆悬浮性能较差，浇筑时间较长的防渗墙工程。

（中国水电基础局有限公司
牟毓　祝鹏　唐旭　翟辉）

双江口水电站智能灌浆系统

（一）灌浆工程

双江口水电站灌浆工程包括左右坝肩基础及地下厂房（以下简称“厂区”）、河床基础帷幕灌浆，泄洪洞、生态供水洞、导流洞、放空洞、泄洪洞为封堵段的搭接帷幕灌浆，左右岸和厂区灌浆平洞、左坝肩岸坡廊道，河床廊道和右岸2390m高程以下岸坡廊道底板固结灌浆。左右坝肩和厂区帷幕灌浆均在相应的灌浆平洞内进行，河床帷幕灌浆在河床廊道内进行。固结灌浆钻孔17067m，灌浆12706m。搭接帷幕钻孔100324.5m，灌浆83801.5m。主帷幕灌浆钻孔348878m，灌浆266230m。

左右岸坝肩2450m以上设1排主帷幕孔，孔距1.5m；2450及以下平洞设2排帷幕孔，间距2m，排距1.5m，梅花形布置；2450m及以下三角区设2排帷幕孔，间排距1.5m，梅花形布置。三角区帷幕孔、左岸坝肩2510m高程“Z1-ZG1-Z3”间非直孔帷幕孔角度及开孔位置根据现场情况调整。其余部位帷幕灌浆，当下层有灌浆平洞时，钻孔向上游倾斜5°，无下层平洞时，为铅直孔。每层帷幕灌浆灌至下层灌浆平洞底板以下5m或灌浆底线。

（二）智能灌浆系统及其功能

智能灌浆系统包括两部分：一是现场设施有集中制浆站、中转站、智能灌浆站、现场灌浆协调中心主机、灌浆监视管理App应用。现场设备控制系统采用单片机集成的PLC进行智能控制，适合恶劣环境下长时间稳定工作；二是远程服务系统为中央服务器端软件。

智能制浆站将制好的浆液自动输送到现场灌浆站进行灌浆，灌浆过程中自动感知、采集各传感器数据，通过无线网络自动传输到中央服务器，在中央服务器集中存储。中央服务器根据实时灌浆情况和地层需要，向智能制浆站发送制浆指令，控制制浆站按需制浆，向现场灌浆站发送智能灌浆指令控制现场按规范施工。系统实施后，将实现从制浆、输浆、储浆、配浆到灌浆的全过程一体化智能控制。同时，中央服务器上的集中管控系统具有完善的数据接口，可接入智能大坝系统，实现大闭环智能控制。

现场灌浆站是部署于施工现场的执行单元，主要包括现场灌浆协调中心主机（灌浆工艺指示器）、传感器、智能调压和配浆模块。现场灌浆协调中心主机主要负责数据自动采集、自动无线传输、接收远程指令。传感器负责采集并传输数字加密信号，保证数据真实性。智能调压和配浆模块负责执行智能工艺控制指令，实现压力自动精准控制和无级配浆。

中央服务器部署于管理者营地，集灌浆参数管理、网络灌浆记录、智能灌浆指令下达、现场设备远程监控、灌浆数据分析和成果汇总等功能为一体。管理者可以通过电脑或手机App远程访问中央服务器端软件，查看灌浆设备的运行情况和灌浆数据。

（三）灌浆效果分析与预警反馈

灌浆效果智能分析与预警反馈是以三维地质模型为基础，以数值模拟、机群学习、智能算法等为手段，实现灌浆全过程分析、预测与反馈控制。

（1）基于智能大坝工程单元提供的双江口灌浆孔地质条件三维统一模型，综合考虑浆液属性、灌浆施工工艺，进行灌浆单元可灌性定量分析与预测评价。

（2）采用数值模拟方法，针对灌浆过程进行数值模拟分析，得到灌浆过程中灌浆扩散半径、裂隙宽变形量、注灰量等灌浆数据。

（3）以数值模拟成果为基础，采用机器学习技术，建立地质条件、灌前透水率与灌后单位注灰量间定量关系，建立帷幕灌浆单位注灰量智能预测模型，在此基础上，实现各灌浆孔单位注灰量智能预测。

（4）为实现灌浆过程反馈控制，采用机器学习技术与三维数值模拟手段，建立灌浆功率预测模型，灌前对各灌浆孔动态预测灌浆功率区间值，建立灌浆控制策略，反馈现场。

（5）根据灌浆设计及规范技术要求，实现灌浆过程压力自动调节（含自动升压、降压、超压保护等）、自动配浆变浆、特殊情况自动控制及现场工况反馈等功能。

（6）灌浆完成后，基于灌浆过程数据、灌浆孔地质信息、灌浆检查信息，建立灌浆质量智能预测模型，实现灌浆单元灌浆质量智能预测。基于智能预测成果，采用智能算法，智能生成灌浆检查孔坐标，指导现场质量检测；通过智能灌浆系统进行压水试验，可准确判断灌浆效果；基于检查孔数据，分析岩体透水率、岩石质量等级和裂隙填充率等，以灌后岩体的渗透性和密实性为指标，建立灌浆质量综合评价模型，实现灌浆质量的综合评价。

（四）智能灌浆系统平台建设与成果展示

（1）建立智能灌浆系统管控平台，包括统计、查询、展示、预警，实现人机互动，数据传输至手机等。针对灌浆成果信息进行汇总及远程同步打印，灌浆成果信息包括灌浆工程完成情况表、灌浆成果一览表、灌浆分序表、灌浆综合统计表、灌浆剖面图、灌浆频率曲线图及灌浆累计曲线图等。

（2）以灌浆施工规范及智慧工程管控要求为依据，建立灌浆控制KPI指标体系与分级预警阈值，并针对灌浆施工异常进行智能预警与反馈，实现分级预警与推送。

（3）智能灌浆云平台统一集成至当前双江口智能大坝工程单元中，并通过建设相关数据接口，满足大渡河智慧企业、智慧工程要求，实现灌浆过程数据、灌浆报警数据、灌浆KPI数据的互联互通。

（中国水电基础局有限公司
闫建国 李杨 何伟 毛春翔）

文得根水利枢纽帷幕灌浆施工技术

（一）工程概况

引绰济辽工程是从嫩江支流绰尔河引水到西辽河的大型引水工程，由文得根水利枢纽和输水工程组成。文得根水利枢纽主坝为沥青混凝土心墙砂砾石坝，枢纽主体工程主要包括：主坝坝基混凝土防渗墙施工，主坝、溢洪道基础帷幕灌浆及两岸帷幕灌浆。

防渗墙位于主坝坝基，长 1186.8m，面积 22766m^2，厚 0.8m，C25F100W8 二级配素混凝土。墙底嵌入强、弱风化岩。灌浆帷幕自桩号 0－119.00m 至 1＋579.50m，灌浆控制标准为透水率小于 5Lu，帷幕底线深入 5Lu 控制线下 5m。灌浆孔间距为 2m，防渗墙底嵌入强风化部位的灌浆孔间距为 1.5m。帷幕灌浆盖板混凝土采用 C25F200W6 二级配，厚 0.6m，宽 6m。

2020 年灌浆完成情况如下。墙下帷幕灌浆于 2020 年 3 月 28 日开始施工，2020 年 5 月 1 日完工，完成岩石钻孔 2770.2m，帷幕灌浆 2770.2m，墙下帷幕灌浆 9.3%。左岸帷幕灌浆于 2020 年 4 月 1 日开工，2020 年 9 月 8 日完工（100%）；完成锚杆 76 根，浇筑盖板 10 仓 645m^3，钢筋制安 12.1t；完成岩石钻孔 6084.74m，固结灌浆 230m，帷幕灌浆 4741.1m，帷幕检查孔 14 个 517.6m。右岸帷幕灌浆于 2020 年 8 月 22 日开工至今，完成锚杆 86 根，浇筑盖板 12 仓 583.5m^3，钢筋制安 17.2t；岩石钻孔 1692.7m，固结灌浆 240m，帷幕灌浆 1452.7m。未完工程量帷幕钻孔 3642m，帷幕灌浆 2792m。

（二）帷幕灌浆施工

（1）灌浆施工顺序：先导孔（Ⅰ序孔）→Ⅱ序孔→Ⅲ序孔→检查孔。

帷幕灌浆段长与灌浆压力见表 1。

表 1　帷幕灌浆段长与灌浆压力

参数	第一段	第二段	第三段	第四段及以后
段长（m）	3	5	5	5
灌浆压力（MPa）	0.5	0.8	1.2	1.5

灌浆施工工艺流程：预埋灌浆管、浇筑盖板→第一段钻孔→冲洗（压水试验）→第一段灌浆→下一段钻孔、压水、灌浆→重复至终孔段→封孔。

（2）灌浆试验采用 P.O42.5 普通硅酸盐水泥，细度要求符合规范要求，且要有较高的早期强度和较短的初凝、终凝时间。灌浆用水为绰儿河水，水温不超过 40℃。

（3）帷幕灌浆钻孔选用 XY-2 型钻机，配金刚石和硬质合金钻进。

（4）帷幕灌浆自上而下分段进行钻孔灌浆，孔距 2m，高压灌浆泵灌浆。灌浆分Ⅰ、Ⅱ、Ⅲ序施工。压水试验在钻孔冲洗后进行，灌浆孔均进行简易压水试验，试验压力 0.8MPa，压水 20min，每 5min 读一次流量，取最后流量值作为计算流量，其成果以透水率表示。

（5）浆液水灰比由灌浆试验确定，初拟水灰比为 3∶1、2∶1、1∶1、0.7∶1、0.5∶1 五个比级，灌注时由稀到浓逐级变换。浆液变换原则遵循灌浆规范。灌浆中使用灌浆自动记录系统。在最大设计灌浆压力下，注入率不大于 1.0L/min 时，继续灌注 30min，灌浆结束。灌浆中发现回浆变浓，可改稀一级新浆灌注，当效果不明显则继续灌注 90min 可结束。

（中国水电基础局有限公司
冯俊丰　李志红）

新疆 KS9 工程超深竖井涌水高压预注浆处理

（一）概述

新疆 KS9 勘探试验洞 S2 竖井设计深度 687.613m，竖井成型直径 7.2m。竖井采用矿山正掘法施工。地质资料显示，竖井地下水埋深 42.6m，渗水为基岩裂隙水，预计总渗水量 5.6m^3/h。竖井开挖至井深 160m 时，井筒总体渗水量达 5m^3/h，涌水随开挖面向下部延伸。开挖至 227m 时，总渗水量超过 8m^3/h，至 273m 时，总渗水量达 20.91m^3/h。此时工作面探水孔单孔探水量达 19.2m^3/h。若不控制涌水，工作面总涌水量将达 100m^3/h，存在淹井风险以至无法继续掘进。经专家咨询及论证，采用高压注浆处理井筒涌水。

（二）注浆技术

1. 灌浆工作面加固岩帽　用 YT-28 风钻钻进注浆孔，孔径 42mm，孔深 3m，造孔完成后预埋直径 25mm、长 1m 焊管作为注浆管。竖井成形直径 7.2m，根据开挖断面大小加固岩帽，注浆孔以竖井中心为原点环向布置 3 圈，注浆孔环向间距为 2m。按注浆先后顺序，第一圈注浆孔圈径 7.0m，共 11 孔，与工作面垂直；第二圈圈径 3.0m，共 5 孔，与工作面垂直；第三圈圈径 7.8m，共 12 孔，与工作面夹角 72°。注浆孔完成后，利用预埋注浆管进行注浆。注浆采用纯水泥，终压控制在 3MPa 内。注浆完成后，对工作面岩层渗水点再进行补孔加固，尽可能保证工作面围岩加固密实。

2. 高压预注浆造孔　孔口管预埋段孔径 130mm，孔深 3m，造孔完成后安装孔口管。孔径 108mm 孔口管一端焊接法兰盘，另一端缠裹棉纱插入孔内，周围注浆，并待凝 48h 和试压。当注浆压力达 7MPa，孔口管无松动漏水情况后，可进行注浆孔造孔施工。

管内注浆孔造孔采用 SKQ100 型潜孔钻机，采用直径 95mm 钻头在已预埋的孔口管内沿孔口管角度钻孔，直至孔深 25m 为止。成孔后加盖，测出孔内涌水量和水头压力。

3. 注浆设备及参数　注浆机为 2TGZ-60/210 型双液调速高压注浆泵，以水泥单液浆为主，水泥、水玻璃双液浆为辅。水泥浆配合比为水泥：水＝1：1，双液浆水泥浆与水玻璃体积比为 1：0.6～0.8，不超过 1：1，选用 38～42Be、2.8～3.2 模数的碱性水玻璃。

(1) 注浆范围：工作面高压预注浆自井深 274m 开始，至井底（井深 688m）高程结束，注浆总段高 414m。

(2) 段高：工作面高压预注浆钻孔深度 25m，每循环预留 5m 作为下循环岩帽，因此注浆布孔段高 20m，即每开挖 20m 进行一轮工作面高压预注浆施工。

(3) 孔距：注浆孔环向间距 2m，单圈布孔数量 11 孔。

(4) 注浆压力：工作面高压预注浆压力根据钻孔期间孔口压力确定注浆压力，注浆压力原则上以不超过孔内水压的 1.4 倍，注浆终压最大值不超过 7MPa。

(5) 注浆材料：注浆采用水泥单浆液及水泥一水玻璃双液浆灌注，注浆水泥中抗低碱水泥（P.MSR42.5）进行水泥浆拌制，浆液主要采用 1：1、1：0.75、1：0.6 三种配比。

(6) 结束标准：单孔涌水量小于 $0.5m^3/h$ 时进行封孔，结束注浆。

(7) 注浆顺序：根据注浆孔位置采用“分序间隔”注浆方式，将注浆孔平面间隔分为Ⅰ、Ⅱ序，然后先灌注Ⅰ序孔，后灌注Ⅱ序孔。

4. 预注浆施工

(1) 压水试验：将注浆管接到孔口管上的连接管，接上三通混合器与注浆泵连接。关闭进浆高压球阀，打开卸浆阀。注浆泵接好后把笼头放入清水桶内，开泵检查管路是否通畅，卸浆阀是否出水正常。确认正常后，打开进浆阀，关闭卸浆阀，打清水试压 10～15min。若孔内吸水正常，则可注浆。

(2) 预注浆：①将吸浆管移至储浆桶，开始注浆，观察注浆压力和注浆孔周围围岩；②岩帽出现异常或压力很快升高时，及时打开泄压阀，封孔，否则继续注浆，当笼头不吸浆或压力达终压后即封孔；③注浆结束后用清水冲洗管路，至混合器放浆阀门喷出清水即关闭压风，停止注浆机，施工下一个注浆孔；④如压力突然下降不回升，或吸浆量突然增大，检查注浆点附近是否跑浆，可采用水泥、水玻璃堵漏，并适当增大浆液浓度，或加大掺料调整凝胶时间，或采用低压注浆、间歇注浆；⑤如泄压孔出浆，说明已串浆，关闭泄压阀，待达到注浆压力时，及时将注浆孔及泄压孔用双液浆封堵。

(3) 注浆过程中，注浆压力上升至设计压力时，使用水泥水玻璃双液浆，以便快速堵水。每孔用双液浆封孔结束后，待 5～6min 后即可拆下注浆的孔口球阀。

(4) 预注浆施工完成后，在距预注浆孔内侧 30～40cm 布置检查孔，检查孔不少于 4 个。检查孔以竖井中心为圆心布置，孔深 25m，检查孔根据超前固结灌浆孔出水情况，有针对性选择出水量较大位置布设。当检查孔单孔涌水量小于 $0.5m^3/h$ 时，工作面预注浆结束；如渗水量大于 $0.5m^3/h$，应根据需要增设预注浆孔，以确保封水效果。

（三）实施效果

工作面采取高压预注浆方案后，竖井工作面渗水始终控制在 $5m^3/h$，达到了预期效果。井筒涌水的有效控制不仅大幅度改善了井下作业环境，同时也实现了竖井快速施工。

（中国水利水电第十工程局有限公司
张永）

无黏结预应力锚索在托巴电站边坡支护中的应用

（一）概述

托巴水电站崩塌体边坡支护工程锚索为 1500kN 级无黏结型预应力锚索，锚索长 45～70m（锚固段长 8m）。锚索俯倾角 15°。边坡支护为预应力锚索＋贴坡混凝土＋系统锚杆，沿道路中心线方向布置，每隔 4、5m 设一列，每列 1～2 排。锚索注浆为 M40 水泥净浆，垫座为 C40 混凝土，二期封锚混凝土为 C35。

崩塌堆积体由碎块石、粉质黏土及少量大块石组成，胶结较紧密，无架空。块石以板岩为主，伴有少量辉长岩。碎块石块径 5～30cm，少量块径达 1～2m。崩塌堆积体水平厚 30～85m，中部相对较厚，上、下部相对较薄。

（二）施工方法

预应力锚索施工前，人工清除坡面表层的碎石土及碎裂的覆盖层，按设计图纸锚索布置搭设施工排架。排架外设安全防护措施。预应力锚索施工时，按钻机钻孔、制索下索、锚索孔灌浆、锚索张拉、回填封锚的次序进行。锚索钻孔采用 MD-80 型钻机，灌浆采用 BW-250/50 型泥浆泵，张拉采用 YDC240Q-200、YCW150B 型千斤顶。

（三）施工要点

1. 钻孔 预应力锚索钻孔施工按施工设计图的要求进行。钻孔的孔深、孔径均不小于设计值，钻孔的倾斜度、方位角必须符合设计要求。在崩塌体边坡钻孔中，为预防不良地质等原因引起塌孔，采用套管跟进法。钻孔已达要求深度，但现场采样显示仍处于破碎带或断层等软弱岩层时，则暂缓作业，由设计决定是否继续钻进。钻孔完成后用高压风机清理，待钻孔清扫完毕、三检合格后用布条将钻孔孔口堵塞进行保护。

2. 锚索制作与安装 对无黏结预应力锚索，标记出锚固段的长度，除去锚固段范围内的PE塑料保护管并用干净棉纱清洗擦除表面油脂。在锚索下索前，用防水胶带将锚固段与自由张拉段接口部位缠封，避免灌浆浆液浸入影响锚索质量。锚索钢绞线下料时采用电动砂轮切割，并用20号铅丝绑扎切口两端。锚索制作完成检验合格后，对锚索编号和挂标识牌，标明信息。

3. 锚索灌浆 对无黏结预应力锚索，在外锚墩混凝土浇筑前及锚索下索后，采取全孔一次性注浆将孔口封闭，待锚索张拉检查符合要求后再进行封孔回填灌浆，灌浆过程中均采用灌浆记录仪。

灌浆浆液为M40纯水泥浆，水灰比由试验确定，浆液中掺入适量外加剂。灌浆时浆液温度保持5～40℃，气温低于5℃或高于40℃时，要及时采取防护措施。

4. 张拉台座浇筑 台座浇筑用钢模和木模结合立模，混凝土标号为C40，用插入式振捣棒振捣。立模前，对周围的混凝土凿毛并清理干净，预埋钢套管中心线与钻孔同轴对中，台座板与钻孔保持垂直，按设计要求进行台座钢筋的制作安装，并预埋二期进浆管和其他埋件。

5. 锚索张拉 先张拉监测锚索，后张拉其他锚索。锚索张拉采用超张拉持荷稳压和超载安装的方法进行。锚索张拉分单股预紧和整束群顶张拉。单股预紧进行两次（0→0.1PkN/股），整束张拉共进行五个量级（预紧→25％P→50％P→75％P→100％P→105％P），P为设计荷载。当锚索张拉实测伸长值与理论伸长值相差超过10％或小于5％时，停止张拉，待查明原因后重新进行张拉。

6. 补偿张拉 锚索张拉完毕后，会产生一定的应力损失，根据监测锚索的应力变化情况确定锚索是否需要进行补偿张拉。监测锚索荷载损失变化幅值满足小于设计张拉力的10％时，不进行补偿张拉，反之则需要进行补偿张拉。

7. 锚头保护 对于无补偿张拉锚索及非监测锚索，补封回填灌浆完成后，切除台座锚墩外多余的钢绞线及注浆管，并对留存部分按要求浇筑C35混凝土加以保护。

（中国安能集团第一工程局有限公司
胡瀚 董诏 张天伟）

丰满水电站复杂地质条件下抗浮锚杆施工质量控制

（一）概述

丰满水电站地下车库在大坝下游松花江右岸一级阶地上。车库长90m，采用抗浮锚杆抵抗地下水浮力。设计抗浮水位为室外整平标高以下1m。锚杆共784根，长8.2m锚杆680根，7.7m锚杆104根，锚杆锚入花岗岩层中不小于3m。锚杆孔径150mm，抗拔承载力特征值为200kN。

地下车库基础以下地层：碎石层、粉质黏土层、圆砾层和花岗岩层，分布不均、厚度不一。碎石层厚0～4.8m，碎石含量约占65％，粒径40～700mm。粉质黏土层厚1.0～5.3m。圆砾层厚1.3～3.9m，砾石含量55％～60％，粒径3～60mm，含少量块石，粒径大于200mm。花岗岩层呈砂土状，密实，全、强风化，地下水稳定水位埋深3.0～3.2m。

（二）生产性工艺试验

试验采用GM-5锚杆钻机和长螺旋钻孔机钻孔。锚杆钻机较小，移动方便，钻进速度快，但钻进功率小，钻进和拔管过程中需人工辅助，成孔后易塌孔。

1. 试验结果 随机选取8个孔位进行试验。其中4个采用“先插锚杆后注浆”施工工艺，GM-5锚杆钻机钻孔；另4个采用“先注浆后插锚杆”施工工艺，长螺旋钻机钻孔。试验结果表明：采用“先插锚杆后注浆”施工工艺，单根最快完成安装时间为23min，最长时间61mim，平均每根锚杆施工时间为48min。采用“先注浆后插锚杆”施工工艺，单根最快完成安装时间31min，最长时间为46mim，平均每根抗浮锚杆施工时间约为40min；地层中碎石分布不均，大小不一，在不受碎石影响的情况下，GM-5锚杆钻机施工进度最快，在受碎石影响下，长螺旋钻机的施工进度强于GM-5锚杆钻机施工进度。

2. 施工工艺 根据试验结果，长螺旋钻机功率大可穿越较大粒径的块石，成孔效率高；先注浆后插锚杆工艺，可有效保证成孔的完整率，不易塌孔，效率高。施工工艺流程：施工准备→测量定位→锚杆成孔→灌注砂浆→插入钢筋锚杆→锚杆养护→锚杆抗拔试验。

（1）施工准备：包括设备进场组装、验收，场地平整至设计高程等。

（2）测量定位：根据现场情况采取分区统一编号，根据施工桩位平面图用全站仪测放出各施工区抗浮锚杆孔位，并做出标记，技术人员复核。孔位偏差不大于100mm，特殊情况需移位要经设计与业主同意。

（3）锚杆成孔：长螺旋钻机钻孔前将设备调平、调直、稳固，锚孔孔径偏差不大于2cm，锚杆成孔深允许偏差±50mm，钻孔轴线的偏斜率不大于锚杆长度2%。

（4）砂浆灌注：用于锚杆灌注的M30水泥砂浆配合比（见表1）由试验室出具。

表1 M30水泥砂浆配比（质量比）

水灰比	单位体积材料用量					黏稠度（mm）
	水泥（kg）	砂（kg）	水（kg）	早强剂（kg）	膨胀剂（kg）	
0.50	887	438.5	443.5	17.74	70.96	200

长螺旋钻机钻至设计标高后，开始压灌砂浆前，先提升钻杆200～300mm。确认钻头阀门打开后，用BWS-200/10型水泥砂浆泵泵送灌注。再插锚杆养护、检测。

（5）注意事项：锚杆应调直、除锈、无损伤；做好锚杆拉拔力检测；锚杆安装严格执行"先注浆后插锚杆"工艺。

（三）工程效果

丰满水电站委托第三方检测机构检测锚杆40根，检测的锚杆由甲方、监理随机抽选。抗拔试验成果表明，所检测的40根锚杆，最大拉拔力为242kN，对应变形量1.205～5.125mm间，符合锚杆极限拉拔试验分级循环加荷、加荷等级和位移观测的要求。

（中国水利水电第六工程局有限公司 王须）

大藤峡盘龙防护工程东帷幕灌浆施工

广西大藤峡水利枢纽工程水库蓄水后，盘龙铅锌矿矿区东侧黔江河段回水位比现在河水位高20～30m，将影响矿区大岭矿段生产安全，拟采用地下灌浆帷幕加以解决。经十个月的施工，东帷幕于2019年5月25日完成施工，但检查效果达不到设计预期。后决定对东帷幕进行加密补强灌浆，并于2020年7月28日正式开钻。

（一）基岩加密补强灌浆

1. 基岩加密灌浆　施工顺序先局部加密，再系统性加密。

（1）灌浆部位：局部性加密是在不合格单元的检查孔两侧各新增布置一个检查性灌浆孔，按检查孔施工工艺流程及技术要求施工。若新增的4个检查性灌浆孔透水率达到规范要求，则在原不合格区域内随机布置1或2个检查孔进行最终检查；若新增4个灌浆孔透水率达不到规范要求，则按系统性加密补强措施进行系统性加密。

系统性加密是在原两排帷幕灌浆孔中心轴线上增加1排补强孔，孔距3m。新增孔分序施工，先施工Ⅰ序孔，待所有Ⅰ序孔施工完成后，在Ⅱ序孔位置选2个孔作为检查孔，若检查合格，补强结束。若检查仍不合格，继续施工其他Ⅱ序孔后再进行检查。

（2）灌浆压力：增加上部基岩灌浆段（孔深70m内）灌浆压力，调整至1～2MPa。其余孔段灌浆压力应高于原设计孔黔江侧Ⅱ序孔设计灌浆压力。

（3）灌浆段长：遇到溶蚀砂层、泥沙充填的溶洞等，灌浆段长缩短至2～5m，岩芯破碎、透水极强的孔段灌浆段长不超过10m，岩心完整的孔段灌浆段长可适当加大。

（4）施工工艺：上部基岩灌浆段（暂定孔深70m内）采用循环灌浆法，使上部基岩能多次反复灌注，有利于灌浆效果。岩土接触带及其以上2m覆盖层，采用套阀管灌浆法。

2. 岩土接触带套阀管灌浆

（1）施工程序：分序加密施灌，单排孔分两序进行，先施工Ⅰ序，后施工Ⅱ序。

（2）施工工艺：选用跟管钻进一次成孔工艺，管内下设套阀管，自下而上分段卡塞灌浆。套阀管为直径108mm钢管。因覆盖层钻孔较深，套阀管分节下设，节间丝扣连接。钢管轴向每隔30cm设一环出浆孔，每环孔4个，孔径16mm。出浆孔外面，用弹性良好的橡皮箍圈套紧，套阀管底部应封闭。套阀管与孔壁间的环状间隙灌注套壳料。套壳料以膨润土为主，水泥为辅。要求套壳料脆性高，收缩性小，力学强度适宜。

跟管钻进完成后，下设套阀管，卡塞至套阀管最底部一环，自下而上灌注套壳料，直到孔口溢出符合浓度要求的原浆液为止，再起拔跟管，起拔时还需不断注入套壳料。

套壳料配料如下：1号套壳料水358kg，水泥100kg，膨润土300kg，密度1.45kg/m³，扩散度

90～125mm；2号套壳料水350kg，水泥80kg，膨润土230kg，密度1.38kg/m³，扩散度130～180mm。

（3）钻孔：地层主要为黏土覆盖层，孔较深。钻孔选择跟管工艺，XY-2/XY-4地质钻机，开孔跟管为不小于127mm套管。孔径不小于130mm，套阀管不小于108mm。

（4）灌浆：水泥为42.5普通酸盐水泥。灌浆用水为中金岭南处理后的地下渗水。掺合料膨润土品质满足规范的技术要求，掺量通过试验确定。根据需要添加外加剂。

灌浆浆液由集中制浆站配制，水灰比为0.6（0.5）：1，浆液泵送至施工现场，各灌浆点根据需要选择浆液或配制所需浆液。在宽大溶蚀裂隙或溶蚀砂层、溶洞灌浆时采用膏状浆液。其配料为1号配比黏土100kg，水泥100kg，水160～180kg，HY-1为3%，流动度180～220mm，结石性能3～5MPa；2号配比黏土100kg，水泥100kg，水160～180kg，HY-1为5%，流动度120～160mm，结石性能3～5MPa；3号配比黏土100kg，水泥100kg，水160～180kg，HY-1为7%，流动度60～80mm，结石性能3～5MPa。

灌浆选用3SNS型灌浆泵。Ⅰ序孔根据开环情况选择水泥浆液或膏浆起灌。如遇无压无回浆情况，灌注膏状浆液，视灌浆情况定量灌注。Ⅱ序孔根据开环情况选择水泥浆液或膏浆起灌，根据吃浆量情况逐级变浓，灌注至结束标准。灌浆段长0.5～1m。灌浆压力2～0.5MPa，可根据吸浆量适当调整，灌浆压力应尽快达设计值，吸浆量大时，应分级升压。

膏浆灌浆时，在规定压力下，单位吸浆量小于2L/min时，继续灌注5min可结束灌浆。

水泥浆液灌浆时，一般灌浆压力均匀持续上升达设计终压，单位灌浆量不大于1L/min，继续灌注30min，即达到本次灌浆结束标准。岩溶发育地层在灌浆压力达设计压力，单位灌浆量小于2L/min时，继续灌注30min，亦可结束本次灌浆。

（二）东帷幕灌浆的效果

2020年大藤峡盘龙防护工程东帷幕灌浆完成钻孔15114.30m，其中基岩钻灌12528.65m。累计灌注量为11009.00t，其中套阀管灌浆6330.67t。

广西大藤峡水利枢纽水文观测数据显示，自蓄水后矿区侧与黔江侧水位差保持在4m左右，水位差明显，各项监测指标能满足预期的减渗效果。盘龙铅锌矿反应的矿底渗水情况说明，目前东帷幕减渗效果明显，东帷幕侧主要渗水通道已被帷幕灌浆封堵，这为盘龙铅锌矿防渗工作打下了坚实的基础。

（中国水电基础局有限公司　刘潇　王世东　李潇）

孤山航电枢纽工程一期基坑控制爆破开挖施工技术

（一）概述

孤山航电枢纽一期主体工程基坑开挖包括电站厂房，安装场及右岸非溢流坝段的基础开挖，开挖高程165.5～125.8m。基坑土石方开挖总量46.6万m³，含覆盖层26.2万m³，石方明挖20.4万m³。坝区基岩为浅变质岩，岩性为片岩和大理岩类。片岩类分布在坝址左岸及江心洲上下段，大理岩类出露于江心洲及右坝肩岸坡。厂房段河床砂砾卵石层厚5～11.7m，下伏基岩为厚层状云母大理岩。建基岩体为微新厚层状云母大理岩强度高，属ⅡB类。

（二）控制爆破施工方法及质量控制

1. 边坡预裂爆破　基坑边坡开挖采用设计边线预裂爆破及台阶松动爆破相结合的方法。

（1）测量放点：钻孔前根据爆破设计对预裂孔进行放样，同时在前方4～6m处测出相对应方向点。测量人员提交一份有点位参数的记录表，逐点检查无误后，即开始钻孔作业。

（2）钻孔：钻机架设对好开孔点，调整好钻杆方向及角度后开始钻孔。第一根钻杆钻进到0.5、1、2m处分别校核一次，以后每根钻杆分别校核一次倾角和方向角。至设计深度时停钻，边提升钻杆边吹风，确保孔底干净地提出钻杆。深度达到要求后，进行下个孔钻进。

（3）装药结构及装药：装药前检查已钻孔合格后方可装药。预裂孔采用ϕ32mm乳化炸药，按设计线装药密度连同导爆索一起用胶布或玻璃丝绳均匀绑扎在竹片上。竹片宽度至少3cm，且比较平顺。预裂孔底部1m范围内药量增加到设计线装药量的4倍。装好药串后，立即堵塞孔口。用干草或柔性材料做成球状塞，将其压入孔口下1.5m，再填入黄土或细炮灰。

（4）起爆网路连接及爆破：预裂爆破采用导爆索起爆网路。为控制单响药量不超过20kg，将导爆索干线切断，中间接MS2（或MS3）段非电雷管作毫秒延时。预裂爆破比相邻梯段爆破早75～100ms起爆。起爆网路连接后，在规定爆破时间内对总网路用电雷管配起爆器起爆。

2. 缓冲孔　为避免主爆孔松动爆破对预留岩石破坏，在预裂孔与邻近的一排梯段爆破孔间设缓冲孔。缓冲孔与预裂孔平行，在与预裂孔相邻梯段孔之后起爆，以爆开预裂孔和梯段孔间的岩石。初拟缓冲孔距邻近梯段孔距离$w=b$，缓冲孔距预裂面的距离

$s=\frac{2}{3}b$（b 为梯段爆破孔排距），孔距 $L=\frac{1}{2}a$（a 为梯段爆破孔间距）。

3. 沟槽开挖　沟槽用小直径炮孔分层爆破开挖，先中间后两边 V 形起爆，形成梯段爆破临空面，再向两侧扩挖。沟槽先沿槽壁预裂爆破，再用中、小药卷和毫秒延期雷管分层爆破。沟槽两侧预裂不得同时起爆。如同时起爆，则其中一侧至少滞后另一侧 60～100ms。宽度小于 4m 沟槽手风钻造孔，炮孔直径 42mm，深度不大于 1.5m。宽度 4m 以上沟槽，用 ϕ32～70mm 药卷爆破，并尽量采用浅孔梯段爆破。

4. 保护层开挖　临建基面开挖预留 1m 保护层，用手风钻钻水平孔底部光面爆破结合液压破碎锤修整开挖。钻孔孔径 42mm，药卷直径 32mm。较破碎处建基面最后留 30cm 撬挖层。

（三）主要钻爆设计

初拟爆破参数后进行生产性爆破试验，根据现场实际情况逐步优化爆破参数。

1. 基坑大面积石方开挖梯段爆破　自上而下分层开挖，从厂房坝下 0＋17.0～0＋41.0 挖先锋槽创造临空面，大孔距、小排距布孔。梯段爆破以排间微差为主，单响药量不大于 300kg，临近建基面主爆孔终孔位置距下部水平预裂孔孔径 90mm 时为 0.7m，孔径 20mm 时不小于 0.3m，满足质点振动速度要求。钻孔采用 CM351 钻机，爆破参数：孔径 90～110mm，孔距 2.5～3.5m，排距 2～3m，梯段 6～10m，单耗 0.55～0.65 kg/m^3，起爆方式为排间微差。

2. 边坡光面爆破或预裂爆破　永久边坡采用预裂（或光面）爆破和主爆孔一同爆破一次成型技术，同时主爆孔与光爆孔间设 1～2 排缓冲孔，其孔排距及装药量较前排梯段爆破孔减少 1/2～1/3，预裂（或光面）爆破分段药量控制在 20kg 内。预裂孔或光面孔钻孔采用 100B 或潜孔钻机，钻爆参数：孔径 76～90mm，孔距 0.75～0.8m，线装药量 350～380mm，药卷直径 32mm，间隔装药，分段起爆。缓冲孔采用液压钻机，钻爆参数：孔径 90～110mm，孔距 1.5～2.0m，线装药量 1000～1100mm，药卷直径 70mm，间隔装药，分段起爆。

3. 保护层爆破　保护层开挖用 TY-28 手风钻钻水平孔毫秒微差起爆一次爆除开挖。钻爆参数：主爆孔孔径 42mm，钻孔深度 3～4m，孔距 1.2m，排距 0.9m，药卷直径 32mm，炸药单耗 0.3～0.45kg/m^3；预裂孔孔径 42mm，钻孔深度 3～4m，孔距 0.5～0.6m，药卷直径 32mm，线装药量 150～250mm。

（中国水利水电第三工程局有限公司
王秀红　程选勤）

其　他

乌东德水电站基于 PLC 和物联网技术的砂石骨料生产线

（一）砂石产线 PLC 控制技术应用

1. 仪器开关逻辑控制　砂石骨料生产中首先实现对各主辅机设备开关的有效控制，利用编程的逻辑性，让开关按砂石骨料生产的意愿运作。这样的控制方式减少了生产周期，避免了不断换开关的麻烦，满足了砂石骨料生产的诸多要求。

2. 模拟量控制　PLC 控制技术可根据控制对象的实际特征，对多项功能模拟版块进行有效结合，构建一个完整的模拟系统。该控制方式更灵活，可模拟多种生产情况，降低试运行风险。操作方式利用 PLC 通信板块、I/O 口模块和位置控制等控制模拟量，调整各模块功能，确保各模块实用性，把各模块都分配到有效利用的位置中，保障模拟实验可靠性。

3. 数据控制　现有自动化技术中，PLC 数据采集、运算处理的运行速度是领先的，可在较短时间内，完成数字逻辑运算和数据处理，将得到的数据与之前采集的数据比较，以判断数据真实性，再进行控制操作。特别适宜于砂石骨料产线系统的自动反馈控制。

（二）砂石产线物联网技术应用

1. 设备信息的识别和采集　将砂石骨料产线中设备传感（电流、温度、压力）、工作状态（转速、振动）和产量等信息，实时并自动转化为可处理的数字化信息和数据。

2. 信息的分析处理和传输　将采集的相关信息通过网络技术进行分析和处理，将传感器数据直接利用网络安全可靠地传送到数据传输单元。

3. 骨料产线的控制与监测　利用物联网技术对生产过程实时监控，掌握砂石骨料产线运行工况，通过在线云服务平台和移动终端设备将生产全貌展现给管理者。

（三）基于PLC和物联网技术砂石骨料产线系统

利用PLC和物联网技术，将砂石骨料产线生产设备的电流、温度、压力、转速、振动和产量等信息通过传感器动态采集，采用网络技术实时分析处理数据，安全可靠地将其传输到云服务平台，使管理人员通过移动终端或计算机随时掌握产线生产和维护状态，及时采取有效措施，保障系统最优化生产，提高生产效率，改善质量，降低成本和资源消耗。

1. 系统架构　砂石骨料产线系统由现场层、控制层和云服务层组成。

（1）现场层：实施各种设备信息的采集和控制设备的执行，通过现场PLC采集设备耗电量、启停状态、电流、温度、压力、转速、振动和产量等数据信息，温度信息不仅包括电机和轴承的温度，还包括液压和润滑系统的温度。

（2）控制层：包括上位机&OPC、交换机、中控PLC和中控备妥信号。现场设备控制指令从上位机&OPC发出经交换机进入中控和现场PLC。上位机&OPC通过对各种控制指令和采集数据的综合处理实现对骨料生产系统设备的有序控制和数据的实时更新、显示，能从程序上分析判断中控发出的指令，屏蔽非法指令，通过OPC服务器和交换机输出合法指令。

（3）云服务层：将现场采集的各种信号和数据经无线数据网关以网络传输方式展现在云服务平台和移动终端。管理人员在移动终端实时掌握产线生产和维护状况。

2. 系统控制原理　系统采集的温度、压力及转速信息与现场PLC间通过RS485进行通信。现场PLC与控制层中的交换机间采用光纤通信。控制层的中控备妥信号正常时才能通过中控PLC控制现场设备。RS485通信、光纤通信、交换机和上位机&OPC间双向通信。

上位机对中控PLC发出指令进行程序逻辑判断，并屏蔽非法指令，合法指令经交换机输出执行。上位机依据$y=x_1x_2x_3\cdots x_n$［x_i（$i=1$，2，…，n）是指令y中任一逻辑条件，为接触器的电、油温正常等］，对中控PLC发出指令进行程序逻辑判断：x_1，x_2，…，x_n为“真”，y为合法指令由交换机输出执行；x_1，x_2，…，x_n有一个或多个“假”时，y为非法指令被屏蔽。

控制层中控备妥信号正常时才能通过中控PLC控制现场设备。中控备妥信号受现场层中温度、压力等的联锁控制，温度、压力正常时表明中控备妥信号正常，此时允许上位机通过中控PLC控制现场设备。妥信号正常表明完成设备启动前的准备工作；上位机控制指令通过交换机进入中控、现场PLC，通过PLC的CPU进行内部逻辑运算实现各种生产设备有序动作，完成对生产设备的控制。采集的电量、电流、温度、压力、转速、振动及产量等数据信息以RS485通信方式进入现场PLC，再经光纤通信将数据进入交换机内汇集，并将它们传输到上位机内分析处理，实现生产策略自动调整及控制。

3. 系统主要功能　实时监测生产线各成品产量，历史产量统计和数据查询分析，并随时调整生产策略，及时检测和维护设备。通过在线云服务平台和移动终端设备展现出砂石骨料产线的全貌，利用手机或计算机访问系统，实现产线精确管理。实现产线从易损件、产量、能耗三个维度进行成本控制。当电流、温度、压力、转速、振动等参与报警的信号不在正常范围时，报警信号通过交换机进入到上位机并在上位机中显示，警报响起。

（四）系统运行效果

乌东德下白滩砂石加工系统处理能力1250t/h，生产能力1000t/h。在应用PLC控制技术和物联网技术后，系统日平均运行时长由12h变为14h；生产强度由760t/h变为870t/h，提高了生产效率。因此，现场运行的人工费、水费、电费、机械费均有所下降。

（中国水利水电第七工程局有限公司
刘泽艳）

清原抽水蓄能电站地下厂房开挖爆破控制

（一）概述

辽宁清原抽水蓄能电站位于辽宁省抚顺市清原县北三家乡境内，工程为大（1）型一等工程，规划装机容量1800MW，装机6台，单机为容量300MW竖轴单级混流可逆式水泵水轮机组。地下厂房开挖尺寸222.5m×27.5m（26m）×55.3m，主机间长158.25m，安装间长44.8m，副厂房长19.45m。

严格控制洞室开挖爆破的药量、质点振动速度，确保地下洞室的开挖施工满足相关规范的要求，尽量减小对已浇筑结构物及洞室围岩产生破坏。

（二）主要控制措施

1. 爆破振动监测　收集厂房开挖过程中爆破质点振动速度监测数据，将有效数据带入回归公式，做出线性回归，获得爆破点至计算保护对象间的地形、地质条件有关的系数及衰减指数K、α值，利用K、α值及岩壁式起重机梁岩壁、锚杆、喷射混凝土允许振动速度初算最大单响药量。

同时，在底部岩壁部位布置爆破质点振动监测仪器，布置1～2个监测断面，每个断面不少于5个测点，测点与爆心在同一直线上呈指数分布。尤其要在跨越施工预裂处布置1～2个测点，监测实际质点振动速度是否符合设计及规范要求，校核施工预裂对爆破质点振动的衰减作用规律，通过试验检测数据对最大单响药量进行调整。

2. 爆破联网　根据最大单响药量进行爆破联网图设计（见图1、图2），选取适合的爆破联网方式，确保质点振动速度达到规范及设计要求。

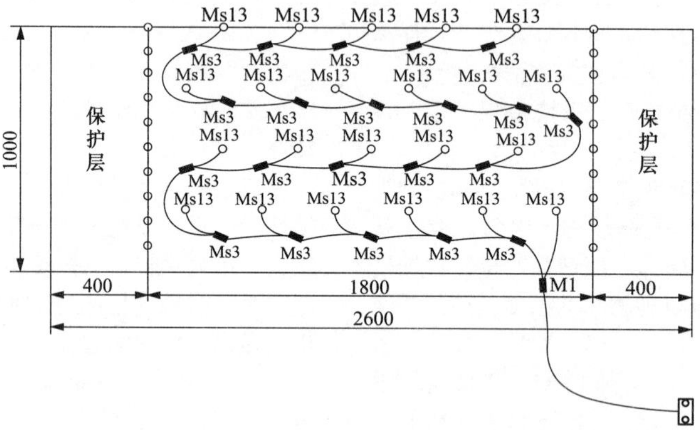

图1　爆破联网图（1）（单位：cm）

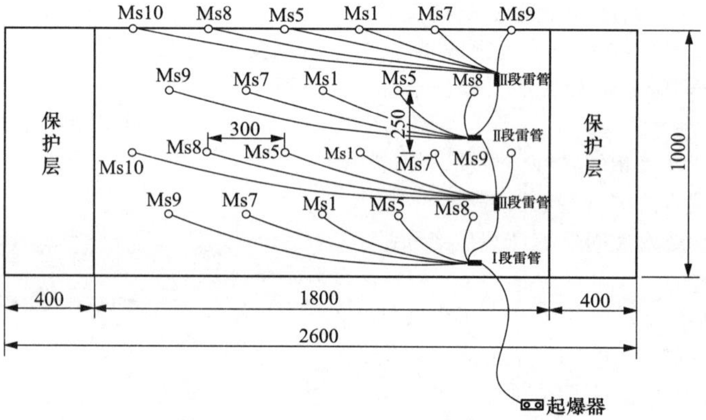

图2　爆破联网图（2）（单位：cm）

（三）成果

清原电站地下厂房共分7层开挖，目前已开挖完成4层。开挖过程中的质点振动速度符合相关规范及设计的要求，且施工进度满足合同要求，施工效果也得到了一致好评。

（中国水利水电第六工程局有限公司
王文博　杨冬冬）

丰宁抽水蓄能电站长斜井卷扬提升系统的设计与安装

（一）概述

河北丰宁抽水蓄能电站装机容量3600MW，为一等大（1）型工程。其引水上斜井为倾角53°、斜长198m，垂直高差190m高强钢管衬砌的长斜井。上部弯管管径5.8m，经10m渐缩段管径缩为5.3m，混凝土回填厚度0.6m。为改善围岩承载力，增加岩体变形模量，减少围岩渗漏，上斜井钢管安装和混凝土回填完成后，经钢管壁预留灌浆孔对混凝土与围岩接缝及围岩松动圈进行全断面浅层固结灌浆。灌浆孔孔深入岩4m，压力不大于1MPa。

为满足钻灌台车在斜井钢管内壁运行的安全、结构稳定，研究采用卷扬机牵引钻灌台车。国内圆形压力钢管长斜井内钻灌提升系统无可借鉴经验，通过对提升系统中卷扬机选型及安装，钢丝绳选型及布设，钻灌台车结构设计制作及安装，运行工艺，安全稳定性等的研究，解决了钻灌台车升降，施工中安全与稳定性及卷扬系统的合理配置等问题。

（二）提升系统布置方案及结构

灌浆提升系统由运输台车、钻灌台车、2台JM5卷扬机、1台JM10卷扬机、钢丝绳、托辊及相应的运行开关控制系统构成。卷扬机均设在引水隧洞末端混凝土洞室底部。钻灌平台以槽钢为主，整体焊接成双层钻灌台车。斜井段施工人员通行，使用槽钢焊接的单层运输台车。采用1台JM10电动卷扬机牵引钻灌平台，2台JM5电动卷扬机牵引运输台车，台车上随时配有钢芯安全绳，供施工人员使用。紧急情况下人员通行，使用钢管安装前期焊接在钢管内壁的人行爬梯，且必须佩带止坠器，止坠器与钢芯安全绳连接。沿钢丝绳下方每隔10m设托轮，以防钢丝绳与底板摩擦破损。卷扬机基座坐落于C20垫层基础上，ϕ25砂浆锚杆固定，锚杆长3m，入岩2.8m，共10根。

钻灌台车及运输台车与上斜井的倾角互余，使之形成水平作业平台。钻灌平台面板为3mm花纹钢板，护栏底部用20cm高花纹钢板做围挡。焊缝高度均不小于8mm，吊耳焊缝焊角不小于16mm。台车底部设橡胶轮，避免伤害钢管内壁。用拉筋将钻灌设备焊接在钻灌台车上，为增加安全性，台车运行至作业面时，及时用短钢丝绳将台车与钢管内壁吊耳连接。

计算台车的底架弯曲应力、底架挠度、橡胶轮承载力、台车钢丝绳选取及受力、卷扬机地锚强度、钢管内壁吊耳等装置及构件的强度，计算结果表明，各项指标均满足安全运行要求。相关计算严格按规范及计算标准进行。

（三）安全防护措施

在卷扬机、斜井上部弯段、井内共安装4个摄像头，斜井上部弯段处安装上限位控制器，卷扬司机在台车运行中，通过监控和对讲机与运输台车上人员或钻灌台车施工人员通信，按作业人员指令操作。钻灌台车、运输台车的卷扬操作台进行区分标识，便于操作，防止误操作。已形成的混凝土洞室及钢管造成空间受限，故在卷扬机安装处及斜井上部弯段设安全通道，确保人员进出及运输台车运行时的安全。两处安全通道有安全门。人员进入卷扬控制室安全门，需现场签字并得到卷扬机司机允许后方可进行。斜井上部弯段安全门，是为防止运输台车未到位前人员进入弯段，人员进入前必须按要求佩戴安全防护用品。

（四）人员下井流程

施工人员上下井前需在现场签字登记，未经同意不得进入。打开安全门进入安全通道后关闭安全门，通过安全通道进入钢衬平段。走过铺设的防滑垫到达弯段安全门，通行中观察钢丝绳和托辊有无异常。与卷扬机司机再次确认载人台车到位后才能进入，司机不同意不能进入。佩戴好安全防护用具，打开安全门进入弯段通道，关闭弯段安全门。通过弯段通道进入载人台车，通行过程安全带挂扣与安全绳上的止坠器相连。进入载人台车后关闭台车安全门，人员均匀站立，通过对讲机与卷扬司机联系。载人台车到达钻灌台车位置时，通过对讲机与卷扬司机联系停止运输台车。打开载人台车通往钻灌台车通道的安全门，通过梯子到达钻灌台车。

（五）运行结果

通过现场运行卷扬机牵引钻灌台车解决了爬绳式台车只能升不能降的缺陷。卷扬机控制系统双抱闸制动效果明显，安全性高。现场依托灌浆丝堵安装的拖轮托辊安装位置方式可行，钢丝绳运行正常。弯段依托钢管吊耳安装的拖轮运行正常，拖轮组装形式及安装数量可行，保证了钢丝绳的正常运行。

钻灌台车提升过程中车轮发生故障，经技术与安装人员分析原因：台车上设备布置不均匀，钢管焊缝不够光滑，台车行车轮与钢管预留孔丝堵碰撞，上下提升次数频繁。

通过对提升系统中卷扬系统的选型及安装、钻灌台车的结构设计制作及安装的研究，成功地解决了钻灌台车的升降及施工中安全性与稳定性，卷扬系统的合理配置等问题。

（中国水利水电第三工程局有限公司　张兵）

金寨抽水蓄能电站陡倾角长斜井扩挖施工技术

金寨抽水蓄能电站位于安徽省金寨县张冲乡境内，引水系统共2条引水主洞，均采用两级斜井布置。斜井分别包括压力管道上斜井、压力管道下斜井。压力管道上斜井全长200.86m，圆形断面，直径8.4m；下斜井全长308.15m，马蹄形断面，直径7.6m。

（一）概述

目前国内斜井扩挖施工钻爆及支护作业往往在开挖面上进行，安全风险较大，且施工效率低。在总结多年地下工程斜井施工经验基础上，金寨抽水蓄能电站斜井扩挖施工采用一种新型开挖方法。将溜渣井靠近底板部位布置，开挖面垂直于斜井轴线，利用研制的多层钻爆台车手风钻钻孔，合理确定炮孔孔深和间排距等爆破参数及网路设计，密布孔、加强装药，周边孔光面控制爆破，有效控制了爆破块度。爆破产生的石渣绝大部分自动落入溜渣井中，实现了石渣的自处理，减少了扒渣工作量，提高了工作效率，加快了施工进度。

（二）施工技术特点

本工程采用斜井台车运行轨道装置、同轨载人运输台车及多层钻爆台车，提出了新的斜井开挖方式。

斜井开挖装置安装方便、快捷，施工效率高，实现了钻爆台车及载人运输台车在轨道上安全平稳行走。采用钢丝绳支撑装置，施工期间安装、拆除方便，磨损少，可多次重复使用，实现了斜井钢丝绳平稳、快速传输。钻爆台车通过设置三层平台，并将每层平台与底部行走平台的夹角调整至与斜井相同角度，斜井爆破钻孔、装药及锚喷支护等作业均在台车上进行，加快了进度，提高了质量与安全的可靠度。钻爆台车上设安全绳悬挂装置，人员在台车上佩戴安全带的安全绳高挂低用，确保了施工安全。同时采用信息化技术，多点在线监控，远程动态实时管理，实现了长斜井智能化开挖作业。

溜渣井靠近底板部位布置，开挖面垂直于斜井轴线，在多层钻爆台车上手风钻钻孔，采取合理的爆破参数及网路设计，有效控制爆破块度，使开挖石渣绝大部分自动落入溜渣井中，提高了工作效率，加快了施工进度。

（三）工艺原理

大直径长斜井采用 TR-3000 型反井钻机施工导井，先钻设 ϕ311mm 导孔，再形成 ϕ2.4m 导井。导井施工完成后，由上至下一次扩挖成 ϕ7.6m 设计断面。扩挖施工采用上面介绍的新的斜井开挖方法，在多层钻爆台车上钻孔，采取控制爆破技术，爆破石渣自处理。

人员上下及爆破作业分别采用同轨载人运输台车及多层钻爆台车。载人台车通过单绳缠绕式矿井双滚筒绞车牵引，提高了载人运输的安全性。钻爆台车设三层平台，每层平台与底部行走平台的夹角与斜井角度相同，使斜井爆破钻孔、装药及锚喷支护作业在台车上进行。

（四）新的斜井开挖方法的应用

除前 30m 段外，开挖掌子面近似垂直于斜井轴线，并根据导井的实际位置调整掌子面与轴线角度，确保扩挖爆破石渣溜入井底。

施工人员在钻爆台车上进行钻孔、装药等作业。采用 YT-28 手风钻钻孔，在每一层台车上负责钻设一定数量的炮孔，钻孔深度 2.5m，循环进尺 2.0m。Ⅱ、Ⅲ1 类围岩每开挖五个循环支护一次，Ⅲ2、Ⅳ类围岩开挖一层支护一层。

为减小导井堵井的几率，扩挖循环进尺按 2.0～2.5m 进行控制。施工过程中周边光面爆破孔，采用红外激光定位技术精确放样，准确标出周边光爆孔的孔位及方向。所有的周边孔均在设计轮廓线上开孔，钻孔略向外倾斜 2°～3°。钻孔过程中采用测斜仪对钻孔方向进行控制，保证各钻孔之间保持平行，孔底落在同一高程上。在施工中不断优化爆破设计，提高爆破效率。

引水斜井钻孔等作业在台车上进行，有效保证了钻孔的角度，确保了开挖质量。引水上斜井和下斜井布设开挖质量检测点 3501 个，最大超挖为 37cm，无欠挖；布设不平整度检测点 1597 个，最大值为 24cm，半孔率 90.1%以上。

新的开挖技术用于金寨抽水蓄能电站超长引水压力斜井扩挖施工中，采用扩挖台车进行钻爆作业、矿用绞车提升载人运输台车系统、开挖面近似垂直于井轴线等技术，减少了工作量和人工投入，确保了施工安全和施工质量，有效地降低了施工成本，直接经济效益达 600 多万元。

金寨抽水蓄能电站斜井开挖已全部施工完成，施工工艺、施工效果及设备可靠性得到了好评。

（中国水利水电第六工程局有限公司
田树申　郑浩楠）

五岳抽水蓄能电站地下厂房爆破开挖技术

（一）工程概况

河南五岳抽水蓄能电站发电厂房系统地下厂房开挖长 168.6m，岩壁吊车梁以上开挖跨度 26.0m，以下跨度 26.5m，最大开挖深度 56.4m。围岩以Ⅱ～Ⅲ类为主，占 87.7%。地下厂房开挖采用“分层开挖、及时支护、实时监测、及时调整支护和爆破参数”的方法。

地下厂房第一层开挖高 9.5m，分 3 区开挖。1 区为中导洞开挖，尺寸 9.5m×9.0m（高×宽），采用全断面一次爆破成型法开挖，毫秒延期导爆管雷管微差起爆，顶拱设计轮廓线光面爆破技术控制。2、3 区为中导洞两侧扩挖，尺寸 9.5m×8.5m（高×宽），毫秒延期导爆管雷管微差起爆，周边设计轮廓线光面爆破技术控制。

按中导洞先行，两侧扩挖跟进顺序，前者超前两侧扩挖 30～50m，两侧扩挖错开 30m。

（二）爆破方案

1. 爆破方法　采用楔形掏槽，顶板与侧墙采用光面爆破，毫秒塑料导爆管雷管、激发针起爆。爆破前通过爆破试验确定最优爆破参数（见表 1）。

2. 爆破参数　厂房第一层爆破钻孔用 YT-28 手风钻，钻孔直径 42mm，每次循环进尺 2.7～3m。选用乳化炸药为主炸药，药卷直径 32mm，长度

300mm，每卷重 0.3kg。采用毫秒非电导爆管雷管起爆。

表 1　　地下厂房中导洞爆破试验参数

炮孔类别	雷管段别	钻孔参数					装药参数		
		孔数（个）	孔径（mm）	孔深（m）	孔距（cm）	排距（cm）	药径（mm）	单孔药量（kg）	总药量（kg）
掏槽孔	1、3	28	42	3.4	80	70	32	2.3	64
辅助孔	5、7、9、11、15	66	42	2.8	80	70	32	1.6	106
周边孔	13	41	42	2.8	50	50	25	0.6	22
合计		135							192
计划进尺（m）	断面面积（m^2）		方量（m^3）		药量（kg）	单耗（kg/m^3）		爆破效率（%）	
2.8	56		152		192	1.26		96	

3. 装药

（1）掏槽孔装药：采用连续耦合装药结构，导爆管雷管装在炮孔底部，反向起爆方式，堵塞长度≤1/3*L*。

（2）辅助孔装药：采用连续不耦合装药结构，导爆管雷管装在炮孔底部，反向起爆方式，堵塞长度≥1/3*L*。

（3）周边孔装药：采用导爆索串药卷间隔不耦合装药结构，线装药密度为 200g/m，孔底部增强药量至 200g。

4. 联网起爆　用 ms1 段雷管把孔内起导爆管雷管并联在一起，导爆管雷管与导爆管反向连接，以免雷管金属碎片破坏导爆管。导爆索连接方向与传爆方向一致，雷管与导爆索连接时聚能穴方向与传爆方向一致。激发针与导爆管连接时用胶带缠牢固。采用远程起爆器起爆。

孔内用 Ms1、Ms3、Ms5、Ms7、Ms9、Ms11、Ms15 段毫秒塑料导爆管雷管，孔外用 ms1 导爆管雷管并联。周边光爆孔用导爆索串联，用 ms13 段导爆管雷管与网路并联。

（三）爆破效果

（1）爆破后洞室开挖轮廓面上残留炮孔均匀分布，且达到平、顺、直的效果。通过爆破后残留炮孔实测数据，半孔率最高 96%，最低 91%，平均半孔率 95%以上。

（2）爆破后，实测三个断面最大岩面起伏分别为 5、7.5、4.5cm，小于要求的 15cm。

（3）爆破钻孔 2.8m，实际进尺 2.7m，钻孔有效利用率 96%，岩石单位耗药量 1.26kg/m^3，光爆孔线装药量 214g/m，岩石块度易于装渣。

（4）爆破完成后厂房最大超挖 14.7cm，最大欠挖 3.4cm，平均超挖 12.2cm，超欠挖在规范规定范围之内。

（中国水利水电第十一工程局有限公司
全书琴　李闯）

乌东德水电站高边坡溶蚀区预应力锚索施工

（一）概述

乌东德电站左岸高程 1030m 以上溶蚀区，老鹰嘴出口正面坡布置 1500kN 锚索，长 40m；老鹰嘴出口左侧陡坎边坡布置 1000kN 锚索，长 50m；K21、K22、K23 处布置 2000kN 锚索，长 60m。前期该部位锚索施工困难，成孔后预灌浆量较大，甚至浆液难以注满。故对 57 个锚索孔进行孔内摄像。

摄像资料显示：岩体溶蚀现象 47.8%发育在锚索孔的 0～20m 段内，90%发育在 0～40m 段内；6 个高程的锚索孔中探查到 9 个溶洞孔段，最大可见溶洞孔段长 4.5m，发育在高程 1123m、ZDC-JS-MS-05 锚索孔的 37.4～41.9m 段，10 个高程的锚索孔中探查到 33 个溶缝孔段，各高程共探查到 124 处明显的岩体或裂隙溶蚀孔段，溶蚀孔段集中发育在灰岩中；23 个孔内锚段孔内摄像资料中，有 17 个孔内锚段岩体完整性较好，孔内有积水，其余 6 个孔的内锚段发现轻微岩体或裂隙溶蚀现象。

（二）施工方法

1. 传统锚索施工方法　前期施工部分锚索造孔中遇溶蚀或软弱夹层而造成卡钻，有 90 束锚索已成孔但压水不合格，成孔后预灌浆量大。不良地质段采用孔内回填、纯压法固结灌浆处理。浆液水灰比 0.4∶1，灌浆结束 2 天后扫孔，再造孔或压水检查。如灌入量较大且不起压，间歇 12h 后再复灌，灌浆结束48h后扫孔。其施工顺序：测量定位→造孔→探孔→压水→固结灌浆→48h后扫孔→压水（如不合格重复后3个工序至合格）→编索→穿索→内锚段灌浆→一期封锚→锚索预紧→分级张拉→二期封锚。处理中需重复扫孔，多次灌浆后才能合格，导致工期较长，人、材、物投入大，成本高。

2. 改进后的施工方法 经试验，对不良地质段的锚索施工工艺做如下改进。

（1）造孔方案优化：加固好钻机，验收合格方可开钻。钻孔前校核角度，钻深0.5m时再校核，往后每钻进2m校核一次。分别在冲击器后、4.5m处、7.5m处加第1、2、3个扶正器，此后每5m加一个。编制锚索施工专项措施和排架专项方案，并严格执行。

（2）内锚段压水检测：锚索孔全孔压水不合格时，再检测内锚段压水。如内锚段压水合格，则内锚端注浆也会合格。如内锚段压水检测不合格，则只需在内锚段内固结灌浆，48h后扫孔再进行内锚段压水检测，避免了全孔灌浆导致的浆液超灌。

（3）布袋法施工：内锚段检测合格锚索孔，用布袋法、分段注浆工艺施工，内锚段须深入完整岩体内且注浆质量好，浆液注入布袋中难以渗出，减小张拉段浆液超灌过大问题。

布袋法施工工艺及技术要求：锚索自由段用土工布外包帆布保护，锚固段与自由段用止浆包隔开，锚固段与止浆包间设2m长过渡段，钢绞线不剥皮去油锚索安装完成后进行锚固段、止浆包循环式灌浆及自由段灌浆。锚索张拉后，封锚灌浆采用有压循环法。封锚灌浆时应对锚板孔及夹片缝采取临时封堵措施。布袋法施工可减少张拉段注浆量，保证内锚段注浆密实。

止浆包长60cm，采用密度为$400g/m^2$长丝土工布外套细帆布缝制而成，包裹的直径为锚索孔径的1.15倍（190mm）。止浆包设计如下：先将待设止浆包的两头每一根钢绞线和灌浆管上紧密包裹10cm土工布，用铅丝绑扎牢固，防止穿索过程中滑动；再在止浆包内灌浆管上开几个楔形切口，以止浆包填充浆液；钢绞线编制成索后将止浆包段外部包裹土工布和细帆布，用铅丝在止浆包两端绑扎牢固。

布袋法施工顺序：测量定位→造孔→探孔→压水（内锚段需合格）→编索与安装（含止浆包）→下索→锚固段灌浆（待凝4h）→锚索自由段灌浆→一期封锚→锚索预紧→锚索分级张拉→封锚灌浆→二期封锚。

（三）施工效果分析

左岸进水口高程1030～1105m，桩号0+75上游侧边坡k21溶蚀区域，设计预应力锚索（$T=2000kN$，$L=60m$）共200束，现场已施工88束。剩余112束采用改进后的方法施工，其中18束全孔压水检测合格。改进施工方法前后效果分析如下。

（1）造孔方案优化后，k21溶蚀区剩余112个孔，合格102个，合格率由78%提升到91%。

（2）全孔压水不合格的94个锚索孔中54个孔进行固壁灌浆，每孔平均固壁5.6次才合格。而内锚段压水检测合格的锚索孔，固壁3次后即可直接进行锚索灌浆，灌浆量超过30t后即使难以灌满，也能保证锚索内锚段与岩体的有效接触，保证锚索的施工质量。

（3）布袋法施工锚索40束（内锚段检测合格38束），虽需分段注浆，但自由段灌浆一次成型，减少了灌浆量，提高了锚索施工效率，有效节约成本，取得了良好的经济效益。

（中国电建集团西北勘测设计研究院有限公司
刘海勃 张子艳）

金桥水电站厂房边坡楔形体预应力锚索施工

（一）概述

金桥水电站位于西藏那曲市嘉黎县境内，是易贡藏布干流上规划的第5个梯级电站，西藏首个地下厂房。厂房区后坡X1楔形体由断层F27和F32形成，该段高边坡在厂区上方，高程3277.5～3400m。拟对楔形体锚索支护。施工垂直平均高122.5m，支护区下方为110kV高压开关站。施工处及上方有岩石下落风险，坡面岩体有潜在滑移面。

（二）主要施工方法

楔形体支护时，在距断层F27约2m处设2排1500kN全黏结预应力锚索，$L=45m$，其余锚索$L=30m$，间排距4m×4m，梅花形布置，方向与断层F32垂直或大角度相交。

1. 坡面防护及修整 考虑下方公路和进厂交通洞通行及金桥电站开关站运行，施工前清理高程3300～3340m边坡表面浮土和不稳定岩体，在原有被动防护网上覆盖密目网。从F32、F27断层外延4m，自开口线沿坡面布置SNS主动防护网至X1楔形体最低点。

2. 锚孔钻进

（1）孔位测放：按要求将锚孔准确测放到坡面，偏差不得超过±10cm。如坡面不平顺或场地特殊时，经设计、监理确认可调整孔位。

（2）钻机就位：采用YG-80导轨式凿岩机钻孔。钻进前搭设稳固的脚手架，安装固定好钻机。钻机就位纵横误差不得超过±10cm，高程误差不得超过±10cm，钻孔倾角允许误差±1°，方位允许误差±1°。锚孔钻进采用干钻，难以钻进时可采用水钻。

（3）锚孔钻进：钻进中加强钻机导向，及时检测孔斜，及时纠偏。钻进中记录地层变化，钻压和钻速，地下水等情况。如遇塌孔、缩孔即刻停钻，进行孔道固壁灌浆处理（压力0.3～0.5MPa），待水泥砂浆初凝后，重新扫孔钻进。

（4）孔径、孔深：钻孔孔径、孔深不得小于设计值。使用钻头直径不小于设计孔径。钻孔深度大于设计深度0.4m以上。

（5）锚孔检查：钻到设计深度后要稳钻1～2min，孔壁用高压风（0.2～0.4MPa）清干净，并检查孔位、孔径、孔深、倾角和方位，合格后进行下一道工序施工。

3. 锚索体制安　锚索体包括张拉段、止浆段和锚固段，采用全黏结预应力钢绞线。锚索用人工放入孔内，避免索体扭曲，检查隔离架、排气管和注浆管，确保其正常运行。

4. 锚固段注浆　锚索注浆以形成锚固段，并为锚索提供防腐蚀保护层，也可使注浆浆液渗入裂隙中固结地层。注浆采用纯水泥浆，浆液中掺入适量减水剂。锚固段和张拉段分别注水泥浆，注浆压力0.3～0.4MPa。注浆实际耗浆量一般大于计算值。

5. 锚索张拉、锁定及封锚　锚索张拉荷载分4次施加，分别为设计值的0.5、0.75、1.0倍和1.1倍。荷载施加后，前3次稳定观测5min，第4次超张拉稳定观测20min。张拉荷载严禁一次加至锁定荷载。锚索稳定后48小时内，若发生明显应力松弛，须进行补偿张拉。锚索锁定后，观察3d，如无异常情况，留长8cm用砂轮机切除剩余钢绞线。最后用水泥砂浆注满锚垫板及锚头的空隙，并用C30混凝土封锚。

锚索检测要求：锚索张拉应力应符合设计要求：张拉伸长率为+10%～-5%；检查断丝、滑丝数，每束1根，且每断面不超过钢线总数的1%。

（三）施工质量主要控制措施

（1）锚索孔钻孔前，对施工边坡进行危岩清理及地质缺陷处理。

（2）钻进中经常检查钻机定位，钻孔完成后检查钻孔孔深及孔斜等。

（3）孔内地质缺陷全孔一次固结灌浆处理，压力0.5～0.8MPa，灌后3～7天清孔。

（4）锚索的注浆管路耐压值大于设计灌浆压力的1.5倍。

（5）穿索安装时，锚索无明显弯曲、扭转，场地要满足锚索转弯半径≥5m。安装中不得损坏锚索结构，如有结构损坏要更换新的锚索。

（6）锚索灌浆的纯水泥浆液拌和时间不少于3min。灌浆结束24h后，浇筑锚墩。

（7）锚索张拉按“预紧、补偿张拉、分级张拉、超张拉、持荷稳压、二次补偿张拉”进行操作。张拉完成后，进行外张拉段灌浆。张拉锁定并封孔灌浆后，封固外锚头。

（8）预应力锚索验收试验随机抽样进行，抽样数量不小于3束，并在张拉后及时进行。完工抽样检查，合格标准以应力控制为准，实测值不大于设计值5%，并不小于规定值的3%。验收试验与完工抽样检查合并进行时，试验数量为锚索总数的5%。完工抽样检查锚索中有1束不合格时，需加倍扩检。

（浙江华东工程咨询有限公司
张刚　王少华）

以礼河四级水电站竖井掘进机施工技术

在水电行业，10.5m大断面出线竖井传统施工方法，首先采用反井钻机施工1.4m溜渣井，然后为降低扩挖过程中堵井风险，根据现场围岩情况，利用起吊系统自上而下人工爆破法将1.4m溜渣井扩挖至3～5m后再扩挖至设计结构开挖面。

以礼河四级电站复建工程所在地地震动峰值加速度为0.3g，地震基本烈度为Ⅷ度。区域内深大断裂较发育，其中区域活动性断裂主要有则木河断裂、大凉山断裂和小江断裂。受区域构造影响，出线竖井顶部为第四系人工堆积素填土，结构松散；崩坡积黏土、碎石混合土等，结构稍密～中密，厚度约2.5～5m，属Ⅴ类围岩；下部基岩为二叠系峨眉山组强风化玄武岩和二叠系栖霞—茅口组弱风化灰岩，分界线约在高程1065m，二叠系峨眉山组强风化玄武岩，厚度约59～62m，岩体破碎，呈散体～碎裂结构，围岩类别为Ⅴ类；局部为弱风化玄武岩，岩体破碎～较破碎，呈碎裂结构，围岩类别为Ⅳ类。竖井内断层少量发育，仅在顶部（高程1115～1124m段）揭露断层f56，宽度10～50cm，充填碎裂岩、方解石脉及次生泥。竖井岩体强风化下限约在高程1060m，弱风化下限约在高程910m，强卸荷下限约在高程1073m，弱卸荷下限约在高程1015m。竖井内地下水总体不发育，以基岩裂隙水为主，局部可见沿构造及节理面渗滴水。

针对上述围岩条件，中国水利水电第十四工程局有限公司经研究，采取竖井掘进机进行溜渣井的施工，形成一套竖井掘进机施工技术。

该技术主要创新点如下：

（1）施工效率高。采用ϕ5.8m竖井掘进机开挖，平均进尺达到7～8m/天，与采用传统爆破开挖进尺1～2m/天相比，施工效率显著提高。

(2) 安全受控。机械掘进施工工艺代替竖井内人工钻孔爆破作业，减少了井内作业危险因素，从施工方法上保证了竖井施工安全；机械破岩掘进方式对围岩扰动小，有利于围岩稳定；利用与竖井掘进系统相配套的新型稳绞系统，形成多层作业平台，提高了初期支护效率，降低了安全风险；井口可控制开合封闭措施，全面改进了传统水电竖井井口防护方式；改善了井内作业环境，减少了粉尘和噪声污染。

(3) 劳动强度低。采用传统爆破施工需每班配置8人左右；掘进机操作简单，每班仅需配置2～3人，人员投入减少。

(4) 竖井掘进机采用镶齿滚刀进行破岩。竖井掘进机包括支撑、推进、旋转和控制系统，主要作用是破碎岩石，滚刀按照一定规律布置在竖井掘进机钻头上，滚刀破岩以挤压、剪切和刮削等综合作用将岩石破碎，从岩体上分离出来。电机带动齿轮箱齿轮减速实现钻头旋转，推进油缸通过推进驱动装置沿掘进机支撑立柱上下滑动，向钻头传递推进力，主框架结构通过油缸支撑在井帮岩壁上，上、下支撑系统承受破岩反推力、反扭矩，推进油缸完成一个行程后，主框架结构沿竖井轴线向下移动一段距离，然后支撑油缸推动支撑板继续支撑在井帮上，经找正后，继续形成下一个破岩循环。在竖井掘进机在上方利用起吊系统对溜渣井进行临时支护，竖井掘进机在掘进过程中可实现支护同步。

传统竖井开挖支护通过钻眼爆破方式破碎岩石，需要大量的施工人员下井进行钻爆作业，工作条件艰苦、劳动强度大，爆破施工过程中会形成粉尘、高强噪声、有害气体等职业伤害，同时爆破扰动围岩表层岩体，围岩较差部位造成被动超挖，难以保证开挖体型。本工程采用机械破岩代替爆破开挖，极大减少井下施工人员数量。同时机械破岩对围岩几乎没有扰动，能够确保施工质量，降低超挖，在施工安全及质量的保证上得到大大提升。竖井掘进机施工工艺在以礼河四级电站复建工程出线竖井施工中成功应用，为后续该围岩条件下的竖井施工提供施工思路，具有广阔的应用前景及社会效益。

（中国水利水电第十四工程局有限公司 周武）

阜康抽水蓄能电站工程
下水库成功截流

（一）工程建设进展

阜康抽水蓄能电站于2020年11月14日，通过国家可再生能源发电工程质量监督总站的下水库截流验收专项质量监督，2020年11月18日，通过中国水利水电建设工程咨询有限公司的下水库截流阶段导流过水建筑物专项安全鉴定。2020年12月14日，通过新疆维吾尔自治区发改委组织的下水库截流验收，12月15日，阜康抽水蓄能电站下水库截流戗口顺利合拢，截流取得圆满成功。

阜康抽水蓄能电站的规划工作始于2008年12月。2010年12月，选点规划报告通过审查。2011年12月，预可行性研究报告通过审查。2015年6月，可行性研究报告通过审查。2016年5月，项目获得新疆维吾尔自治区发改委核准。2017年4月15日，项目开工建设。2018年11月14日，项目主体工程正式开工建设。

阜康抽水蓄能站电站位于新疆昌吉回族自治州阜康市境内，距阜康市约70km，距新疆负荷中心乌鲁木齐市约130km。S303线从下水库以北约21km通过，距离乌鲁木齐负荷中心较近，地理位置较优。电站建成后，可为新疆维吾尔自治区乌昌电网供电，在电网中承担调峰、填谷、调频、调相和紧急事故备用等任务。

（二）枢纽建筑物

枢纽建筑物主要由上水库混凝土面板堆石坝、库盆防渗结构、下水库混凝土面板堆石坝、库尾拦沙坝、下水库泄洪排沙洞及放空洞、补水系统、上下水库电站进/出水口、输水隧洞、地下厂房和地面开关站、上下水库沟谷泥石流拦挡设施等建筑物组成。

上水库位于白杨河西侧白杨沟上游的支沟西岔沟内，利用天然沟谷地形开挖，并在沟口筑坝形成。库区三面环山，利用两条冲沟，挖除中间山梁，库盆整体封闭条件较好。坝址区覆盖层较薄，岸坡岩石裸露，库区基岩主要为砂岩、砂岩夹砾岩，岩体较完整，岩质坚硬。虽断裂构造发育，但未发现大的构造破碎带，库岸稳定性好，总体工程地质条件较好。上库正常蓄水位2271m，死水位2237m，调节库容$662\times10^4m^3$，设一座混凝土面板堆石坝，坝顶高程2275m，坝顶宽10m，坝轴线长431m，最大坝高133m。采用全库盆混凝土面板防渗，不设永久泄洪建筑物，在西岔沟与西支沟内设泥石流拦挡设施，允许洪水入库利用坝（库）顶超高满足上水库防洪要求。

下水库位于白杨河上游，利用河道天然地形筑坝形成下水库。库区两岸为雄厚的砂岩夹砾岩山体，基岩裸露，断裂构造发育，地形封闭条件较好，无低于正常蓄水位的垭口。河床覆盖层深厚，库区岩体透水性弱，不存在永久渗漏问题。库岸稳定性较好，坝址两岸天然边坡较缓，地形对称但完整性较差，两岸冲沟发育但规模不大，总体工程地质条件较好。下水库正常蓄水位1775m，死水位1743m，调节库容665×10^4m^3，设挡水坝和拦沙坝各一座，在挡水坝与拦沙坝间形成独立下水库。挡水坝为坐落在覆盖层上的混凝土面板堆石坝，坝顶高程1779m，坝顶宽10m，坝轴线长274m，最大坝高69m。拦沙坝为坐落在覆盖层上的土工膜斜墙堆石坝，坝顶高程1815m，坝顶宽8m，坝轴线长268m，最大坝高26.2m。在拦沙坝前设泄洪排沙兼导流洞，在挡水坝前设深孔放空洞。

输水、发电系统位于白杨河左岸，上、下水库间的山体内，由上、下水库进/出水口、引水上平洞、调压井、压力管道（钢岔管）、引水支管、地下发电厂房、尾水洞等组成。沿线山体雄厚，岸坡完整性好，围岩主要为坚硬的硅质岩夹砂岩，无大的断层及构造发育。地下厂房上覆岩体厚度大，地应力中等，围岩稳定性好，地下水活动总体较弱，不存在危害性涌水问题。输水发电洞及地下厂房围岩类别以Ⅲ类为主，局部Ⅳ类，少量Ⅱ类。输水系统采用“一洞二机”布置型式，水平距离约1815m。电站最大水头524m，最小水头449m，额定水头484m，电站距高比3.75。

主厂房洞（包括主机间、安装间和主副厂房）的开挖尺寸为173.5m×24.3m（其中岩壁吊车梁以上跨度为26.1m）×55.30m（长×宽×高），洞室结构采用喷锚支护，主厂房吊车梁采用岩壁吊车梁结构。开关站及继保楼紧邻下水库进/出水口布置，平面总尺寸为81.5m×32.9m（长×宽），平台高程为1779.00m。

电站装机容量1200MW（4×300MW），设计年发电量24.1亿kW·h，设计年抽水用电量32.13亿kW·h，综合效率约为75%。供电范围为乌昌电网，通过2回220kV线路接入乌鲁木齐附近五家渠750kV变电站220kV侧。

（中国电建集团西北勘测设计研究院有限公司
白兴平）

水力冲挖法在丰宁抽水蓄能电站清淤工程中的应用

河北丰宁抽水蓄能电站拦沙库溢洪道的泄洪通道下游大片区域大量淤积，已严重影响蓄能库和溢洪道的正常使用，需对该区域进行清淤处理。清淤区分上下游清淤区，清淤总量136万m^3。本文介绍下游清淤区水力充填法清淤的实施过程及注意事项。

（一）水力充填施工设计

1. 施工分区规划　根据电站下水库清淤区场地特点，将下游清淤划分成Ⅰ区、Ⅱ区，中转渣浆泵和中转水箱设在两个施工区中心位置。先施工Ⅰ区，再施工Ⅱ区。冲挖顺序以中转池（水箱）为中心向外扩散，由近及远，一次冲挖到设计高程。在近处开始冲挖，便于整套设备运转调试，及时发现施工中的问题，由近及远，可适当利用地势高差，形成泥浆自流。下游侧地势较低，根据现场情况设置了临时土围堰，确保施工顺利进行。

常用挖塘机组冲挖运输范围150～300m，根据输送距离的远近、扬程的高低、冲挖量的大小选择对应配套的水力挖塘机组。

2. 挖塘机组设备选型　冲水压力、清水泵型号、泥浆泵型号是水力挖塘机组设备的重要技术参数。本工程地层以粉质砂土为主，冲水压力设为0.75MPa，选用挖塘机组设备组合为立式泥浆泵NL160-18，离心水泵100-65-200，配套总功率44kW。

3. 泥浆管道中转输送系统设计

（1）管径选择：清淤方量124万m^3，计划工期6个月，月施工强度约20万m^3。经计算综合考虑选择管壁摩擦小的尼龙管，管径377mm，内径350mm，测算泥浆流速1.3m/s。

（2）估算管路扬程：布置的管路长1.9km，内径350mm，管路系统输送渣浆时最大扬程23m，根据估算的泥浆流速，估算管路扬程为80m。

（3）中转大泵选型：渣浆泵选型要考虑确保泥浆有足够的流速和足够的扬程。本工程中转输泥管线需翻越拦沙坝，比中转水箱位置高程有23m水头差，且管线阻力大。经比选确定单泵方案，采用250ZJ-78渣浆泵，配套Y2-400-8三相异步电动机、AC380V变频机。

（4）中转水箱：中转水箱汇集分散型挖塘机组产生的泥浆，与挖塘机组输泥管出口连接，再经管道将泥浆输送至指定地点。其体积应满足5～10min的流量要求。中转水箱需根据泥浆汇集情况泵入一定量清水，确保泥浆量足够大泵的抽排。水箱尺寸3m×3m×3m。

（二）现场施工及控制要点

1. 施工准备　按施工组织准备好配电等辅助设施。清除开挖面上的杂草、石子等。用水使表层干硬结块的砂土崩解。输泥管线应平坦顺直，少拐弯、爬坡缓。输浆管接头应紧固严密。输泥管线初步选在清淤区北侧地势平缓地带。

2. 水力冲挖施工　操作要点如下。

（1）高压力水枪远距离作业，安全距离控制在5m。

（2）用水枪冲击底部土层，使其掏空，上部土层自行倒塌，再用水枪冲碎。

（3）使用两支水枪，一支水平扫射底部，另一支垂直切割顶部，使土层崩塌。

（4）为提高水枪冲击力，配备高扬程的高压泵配合小口径喷嘴水枪。

（5）不断晃动高压水枪以提高工效。

（6）开挖补水沟槽，及时补水，如喷枪产生的泥浆量过小，则及时向泥浆池中补水，确保渣浆泵能连续工作。

3. 泥浆中转运输　冲淤场地距充填场较远，且中间还跨越复杂多变的地形，故泥浆需中转运输。浓度相对稳定的泥浆量是泥浆中转运输的要点。

（1）泥浆泵工作位置比冲挖点深。为避免泥浆中的泥沙沉淀，并确保及时输泥，控制泥浆泵和高压水枪的最适宜的距离为1～10m。

（2）用纱网包裹泥浆泵的进水口以过滤石子、草根等杂物，使泥浆泵通畅抽取泥浆。

（3）泥浆浓度控制的上限值为30%，超过30%需加大浆池的清水泵入量，并通过调整变频机频率调整泥浆泵的转速，增加电机输出功率，增大泥浆输送量。

4. 施工机械及人员配置　设备配置：NL150-18渣浆泵按双倍配置，一台工作一台备用，250ZJ-78渣浆大泵配置3台，两台工作一台备用，其余设备和配件，均增加数量。

每台机组人员配备：水力冲挖机组（每班2人），大泵接力人员（每班1人），水力冲挖机组与大泵配置数量为4∶1，三班制24小时连续作业。设班组长2人，副组长2人，分管两套设备，配辅助人员4人，电工2人，配合现场水力冲挖施工。

（三）实施结果

丰宁抽水蓄能电站下水库清淤工程原计划工期为2018年4月15日至次年5月31日共412日历天，实际施工时段为2018年4月15日至当年11月4日共203日历天，节省工期209天。长距离水力冲挖管道运输替代传统自卸车挖装运土方，解决了道路通力不足问题，施工安全、高效。以电节油，降低了碳排放，采用湿法施工，减少了大量的扬尘。成本测算为26.96元/m^3，比原方案淤泥冲挖、沥干转运成本26.13元/m^3增加了0.83元/m^3。

（河北丰宁抽水蓄能有限公司　贾晋　贾涛　刘双华
北京韩建水利水电工程有限公司　刘进春　廖万成）

丰满水电站倒垂孔钻孔快速纠偏技术

倒垂线测量精度要求高，对钻孔过程控制极严，一般成孔后孔斜要求达到1/1000，故钻进缓慢，耗时较长。笔者对倒垂孔钻孔纠偏技术进行了研究，并多次实践，总结了倒垂孔钻孔快速纠偏技术，可在不停止钻机情况下实时进行钻孔纠偏。

（一）工艺原理

当倒垂孔钻进过程中发生偏斜时，通过弹性置中器测量出偏差值，计算出方位，根据偏差值和方位参数，使用实时定向纠偏装置调整钻孔轨迹，在不停止钻机运行的情况下及时进行纠偏。

（二）工艺流程及操作要点

1. 工艺流程　钻进技术参数确定→钻机安装与调整→导向管安装及调整→开孔钻进→测斜与纠偏→钻进冲洗→成孔验收→护管安装→有效孔径测量。

2. 操作要点

（1）钻进参数：孔底钻压控制2～2.5MPa，转速75～95r/min，钻进速度0.5cm/min。

（2）钻机安装：用全站仪按设计坐标测放标出中心点，并安装钻机，钻机底部与平台固定牢靠。校正钻机立轴，立轴上下端点与孔口中心偏差控制在±1mm。钻塔为稳固的钢制塔架，安装平稳。保证钻塔钢丝绳能够铅垂对准钻孔中心。

（3）导向管安装：下入导向管时，距孔底20cm左右，使导向管悬吊于孔内，对其垂直精度精准调整。垂直精度应高于倒垂孔精度，其中心偏差控制在2mm内。

（4）开孔钻进：开钻前对立轴中心重新调整，使其与导向管中心重合。根据设计要求的孔径选择合适的钻机及钻具，一般采用回转正循环钻进方式，一径到底。

（5）测斜与纠偏：倒垂孔钻进中采取实时定向纠偏技术，每钻进1～2m用弹性置中器测量偏差值，计算出方位，绘制有效圆投影图。若发现孔位有效圆小于设计值，根据偏差值和方位参数，用实时定向纠偏装置调整钻孔轨迹，在不停止钻机运行情况下实时纠偏。

（6）钻进冲洗：用清水钻进，以润滑钻具，减少阻力，延长钻头使用寿命，保证垂直精度。

（7）成孔验收：钻孔结束后，用自制弹性置中器配合浮体组进行测量。安装支架和浮筒，保持基本水平。向浮筒内注水，至浮体在液体中自由漂浮为止。将弹性置中器用钢丝与浮体连接放入孔内，浮体平稳后用钢尺测量钢丝与管口中心偏离值，算出钻孔偏斜度。自下而上逐段测量，根据测量结果绘制有效孔径投影图，有效孔径大于设计要求时即验收合格。

（8）护管安装：护管为壁厚6.5mm的无缝钢管，护管内壁要做防锈处理。护管安装中丝扣要拧紧且涂刷白厚漆，确保连接处不漏水。

(9) 有效孔径测量：护管安装完成后逐段测量有效孔径（测量方法同上），测量结果大于设计要求的有效孔径后，护管与孔壁之间的间隙灌注水泥砂浆固定。

（三）主要钻孔设备

倒垂孔钻进使用的主要设备为XY-2/3型钻机、三角钢管钻塔及纠偏装置。纠偏装置由分离式液压千斤顶钻杆调节器、定位导杆等组成。在孔位需要进行纠偏时，使用定位导杆将分离式液压千斤顶钻杆调节器放置在孔内，根据弹性置中器测量出的偏差值和计算出的方位参数，调整定位导杆，在不停止钻机运行的情况下调整钻孔轨迹。该装置经多次现场实践证明，纠偏速度快、精度高、操作简便、使用灵活、造价便宜，是非常实用的钻孔纠偏装置。

（四）质量控制和检验

1. 质量控制　选用稳定性好、钻进能力强的地质钻机，钻机安装应多次校正水平度和垂直度。严格检查钻具和钻杆同心度，钻进中钻杆不能晃动，保证钻杆在孔内平稳。钻进中及时监测孔斜情况，若发生孔向跑偏，应实时纠偏。

2. 质量检验　钻孔完成后对有效孔径、孔深及孔斜进行检验，确保各项参数符合设计要求。护管安装后再次对有效孔径进行检验，确保有效孔径符合设计要求。

（五）应用实例

(1) 应用实例一：在丰满水电站工程共设倒垂线12条，计777m，最大孔深52m，设计要求孔径≥168mm。采用纠偏技术后钻孔进度和精度大幅提高，成孔后有效孔径达140mm，优质高效地按既定工期完成了倒垂钻孔施工任务。

(2) 应用实例二：该技术于2019年在汉江白河水电站工程得到了应用。电站共设倒垂线3条，计87m，最大孔深47m，设计要求孔径≥168mm。倒垂孔钻孔效果良好，既保证了倒垂孔钻进速度和精度，又显著降低了施工成本，减少了工人的劳动强度。

（中国水利水电第三工程局有限公司
南大伟　孙林　孟凡胜　向兴文）

硬梁包水电站地下厂房顶拱开挖支护施工技术

（一）概述

硬梁包水电站为四川省大渡河干流最新规划28级方案的第14级电站，引水式开发，二等大（2）工程。枢纽包括混凝土闸和面板堆石坝+左岸引水系统+地下厂房。厂房安装4台27万kW发电机组，3.6万kW生态机组，总装机容量111.6万kW。

主机间、副厂房和安装间“一”字形布置，长度分别为122.15、54.9、19.85m，总长196.9m。断面为圆拱直墙型。水平埋深640～880m，垂直埋深395～450m。主厂房顶拱跨度27.2m，岩锚吊车梁以下跨度24.3mm，高65.7m。

（二）地质条件

岩性以灰黑色闪长岩为主，部分为灰白色花岗岩，岩石微新坚硬。揭示构造主要裂隙有5组，裂隙面多为硬接触，岩石普遍存在蚀变现象，以A类～B类蚀变为主。岩体总体以次块状为主，局部镶嵌～次块状，少量块状，围岩为Ⅲ1类。

洞室顶拱发育有缓、中缓、中陡倾角裂隙，开挖中局部块体塌落现象时有发生。特别是与纵轴线小角度夹角NW向裂隙，在开挖面多处形成延伸较长“大光面”，对顶弧和拱脚稳定十分不利。受缓倾角结构面和二次应力共同作用，顶拱开挖后缓倾裂隙局部张开，局部形成薄片状不稳定块体，出现掉块和小范围塌方现象。

桩号0+147～0+160.37新揭示的F5断层，主断带内填充灰绿色碎粉岩，带内岩体为镶嵌～碎裂结构，主错带上盘为30cm碎裂岩，下盘为20cm碎裂岩、碎粉岩，蚀变较强。带内物质C类蚀变为主，部分D类蚀变。影响带上盘宽2m，以碎裂岩为主，少量碎粉岩，下盘宽3m碎裂岩，结构松散，构造挤压较强。断层影响带内裂隙发育，岩体破碎，岩石呈灰黑色全风化状，锤击易碎，岩体无自稳能力。

厂区地应力场以中～高构造应力为主，并叠加自重应力的应力场。岩体弹脆性特征显著，开挖中局部出现掉块，侧壁轻微“片帮”，有厚1～12cm板状剥落。

（三）施工方案

(1) 施工通道和分层分区：主厂房排风洞为施工通道，进行厂房Ⅰ层中导洞保护层及两侧边墙开挖支护。Ⅰ层分层开挖高10.5m，中导洞断面8.0m×10.5m，两侧宽度均为9.6m。开挖呈品字形，中导洞保护层领先，上、下游侧边墙错距开挖，错距不小于33m。中导洞保护层及两侧边墙手风钻开挖。每排炮爆破后反铲挖掘机安全处理，开挖渣料用3m³装载机装20t自卸汽车，经排风洞运送至指定渣场。

(2) 开挖程序：单工作面施工程序：开挖掌子面→初喷混凝土5cm→系统短锚杆→系统长锚杆→挂网→复喷混凝土。

(3) 钻爆、锚杆、喷混凝土：钻爆平台+手风钻配合钻孔，锚杆造孔用三臂凿岩台车，喷混凝土用CIFA CSS-3喷车。设计轮廓光面爆破，光爆孔间距40～45cm，周边孔用竹片间隔装药，竹片紧靠基岩侧，药卷紧靠洞轴线。部分裂隙密集区域采用聚能管间隔装药，聚能槽对准开挖轮廓线，线装药密度80～130g/m。Ⅲ类围岩排炮循环进尺3m，支护滞后开挖5～10m；不良地质排炮循环进尺分别为1～2m，支护紧跟工作面。

周边孔由经验丰富的钻工施钻，造孔前测量逐孔放线定位，并在已开挖面设逐孔后视点。后视点用红油漆标注超欠挖情况，钻孔时按两点一直线，后视点考虑超欠挖修正确保成孔角度。根据测量放样后视点钻进正顶拱孔作为基准孔，基准孔方向和角度经检查符合要求后，在孔内插入钢管并外露1～2m，作为其他周边孔钻进的基准孔。其余周边孔造孔以基准孔两边对称分布，钻进过程中用自制卡尺控制钻孔平行，孔深用钻杆上标记长度加以控制。

锚杆造孔采用三臂凿岩台车，其系统锚杆的孔轴方向应垂直于开挖面，局部加固锚杆孔轴方向应与可能的滑面倾向相反，其与滑面的交角应大于45°。钻孔达到标准后，用高压风将孔吹干净。先注浆后插杆，用注浆泵灌注砂浆。锚杆体插入后，若孔口无砂浆溢出，应及时补注。锚杆安装后，不得随意敲击，不得悬挂重物。

（中国水利水电第五工程局有限公司
郝利军 李俊峰）

阿尔塔什水利枢纽高陡边坡危岩处理关键技术

阿尔塔什水利枢纽工程右岸边坡陡峻，高达660m，岩体构造复杂，节理裂隙发育，交错散布31处危岩体，总方量约75万m^3。中国水利水电第五工程局有限公司联合四川大学，开展危岩体处理系统研究，形成了高陡边坡处理整套施工技术。

（一）主要技术难点

（1）危岩体上下交错散布，需确定每一危岩体详细位置、形状、开挖方量、岩石状况及其施工时影响的其他施工部位，危岩体的开挖与支护分时段、分区规划难度大。

（2）防护网施工中面临钻孔塌孔、掉块，使成孔效率和成孔率降低，不仅延长施工周期，成本及安全风险急剧增加，也增加了人员伤害、趾板混凝土成品破坏的风险。

（3）右岸边坡坡度大，局部陡立，使排架搭设困难。边坡表面风化、破碎严重，使锚索施工造孔困难，制约了施工进度。

（二）主要创新点

（1）基于原位勘察和无人机航拍识别方法，分析研究危岩体失稳模式与机制，进行了势能、动能转化数值模拟，揭示了危岩体稳定性状和落石运动特征，确定了危岩体群危险区域范围，形成了危岩体辨识和风险评价技术，为治理工程提供了技术支撑。

研究采用刚体极限平衡法、应力应变法等综合对边坡稳定性进行分析，并基于原位勘察和无人机航拍识别方法，分析研究危岩体失稳模式与机制。根据不同危岩体可能失稳模式个性化提出处理措施，实现对危岩体准确排除，有效减少边坡开挖工程量。

提出了适用于水电工程高陡边坡落石模拟分析新方法，并给出软件模拟的具体步骤。通过Rockfall软件进行的落石数值模拟分析结果，针对落石危险区，研究适用的主被动防护网技术，有效防止落石发生和运动，避免落石砸坏面板及对人员构成人身伤害，有效解决大坝填筑和边坡治理中的交叉施工安全问题。确定优先施工主被动防护网，防止边坡落石；后高边坡、趾板错时段锚喷、锚索支护，消除交叉作业对进度、安全的不利影响。

（2）提出危岩体群“分区规划、分类施策、错时施工、高效治理”个性化治理原则和方案，确定了断层锚索加固，核部混凝土洞塞置换，影响带范围灌浆处理，危岩体清挖锚固等处理方案，保障了危岩体群安全高效治理。

综合考虑进度、安全等影响，确定分两期支护方案。一期支护实现边坡落石防治及满足下闸蓄水安全鉴定要求，二期完成各独立部位危岩体锚固。

在现场试验和工程应用基础上，形成了一套成熟的大孔距预裂爆破工艺工法，工法操作简便、过程可控、参数最优、效果最佳，具有推广价值。在预裂爆破技术基础上，应用聚能效应原理，研究采用带聚能凹槽的装药结构，使能量沿聚能凹槽方向（平行于预裂坡面方向）释放，从而实现预裂爆破机理和聚能爆破机理的有机结合，减少爆破对边坡的扰动，避免边坡面上张开或产生爆破裂隙，达到保持边坡平整、稳定的目的。该工艺减少了爆破对边坡扰动，避免边坡节理张开或产生爆破裂隙，保证了人工形成的边坡完好性。

对高陡边坡支护规划，科学分期（分区）、分梯段进行支护，通过现场检验和分析，总结出高陡边坡分散危岩体快速施工工艺的操作要点。依据支护分期规划，形成高陡边坡临建设施布置方案，利用危岩体开挖时上下游搭设的人行栈道及合理新增部分栈道或边坡临时道路，满足施工人员及小型材料转运通行。选定和优化了支护材料运输、材料临时堆存场地规划及平台结构形式的方案，合理布设了注浆管路及锚墩、锚梁混凝土运输线路。

（3）研发了“点对应、面覆盖”索栈结合的空间立体交通运输体系。研发了高陡坡、大跨度、大吨位缆索运输装置，布置多层级悬挑栈桥，满足了660m高陡边坡大范围危岩体群治理的施工需求。研究采用主、被动网固坡、限位、拦挡落石防护措施，形成危岩体群治理高效运输和安全防护成套技术，解决了地势险要大范围危岩体群治理的运输和大坝并行施工的难题。

(4) 针对水电工程气候恶劣、地形复杂、施工重载等特点，提出了百米级大型脚手架结构设计方法，形成了相关质量控制指标和安全防护标准，研发了落地+悬挑岩壁脚手架的联合结构，解决了无马道近直立边坡的支护施工平台搭设和安全施工难题。

（三）取得的主要成果

项目研究获得发明专利4项、实用新型专利12项、省部级工法3个，关键技术成果通过了中国电力建设集团有限公司组织的专家鉴定，一致认为大规模危岩体群治理方面取得突破。项目成果在阿尔塔什水利枢纽大坝工程、恰木萨水电站等工程中成功应用，经济社会效益明显。

（中国水利水电第五工程局有限公司
袁幸朝　李乾刚）

滑模技术在大岗山水电站斜井施工中的应用

（一）概述

大岗山水电站引水压力管道为单机单管供水，4条压力管道平行布置，管道长304.11～346.30m，管轴线间距34m，由上平段、上弯段、斜井段、下弯段及下平段组成。斜井段与水平面夹角均为60°，长约128m，采用C25钢筋混凝土衬砌，衬砌后净断面为直径10m圆形断面，衬砌厚1m或0.8m。电站斜井混凝土衬砌采用滑模施工。

（二）滑模施工辅助系统

主要包括滑模爬升、轨道支撑、材料转运和混凝土入仓等4个系统。

1. 滑模爬升系统　上弯段顶部设4束设计荷载50t预应力锚索作为滑模爬升依托。牵引锚索方向与斜井轴线平行，位置与滑模四角吊点相吻合。用4套液压提升系统牵引提升滑模模体。牵引锚索与钢绞线采用锚索连接器连接。

2. 轨道支撑系统　根据滑模运行期间结构计算选择轨道支撑。采用混凝土支墩作为轨道支撑，支墩顶宽50cm，底宽60cm，斜长2m/个，间距1m，左右错开布置，支墩顶面距衬砌结构线最短距离不小于25cm。上弯段下半段轨道支撑系统采用钢结构制作。轨道安装位置由测量进行精确放样，确保轨道平整度、直线度，且满足规范要求。

3. 材料转运系统　钢结构滑运小车用来转运材料，它用设在上平洞段内左右侧2台8t卷扬机作为动力。2台卷扬机共用1组钢丝绳，使用时1台工作，另1台备用。

4. 混凝土入仓系统　从上弯段下料平台的受料斗接溜管沿斜井底板延伸至滑模操作平台上部。溜管为ϕ159钢管分段制作，相互间法兰连接，间隔30m设一个缓降器，溜管用架管或钢筋与系统锚杆焊接固定。溜管下口用薄钢板制作主溜槽接引至浇筑平台中心的旋转分料系统内。旋转分料系统底部呈辐射状设6～8个分溜槽至作业面下料。溜槽均采用ϕ48钢管搭设固定架。

（三）滑模安装与拆除

滑模由主架（前架、中架、尾架）、行走机构（前行走机构、后行走机构）、牵引机构、模板平台、操作平台组成，总重44t。滑模安装程序为：主架及行走系统安装→拉升至斜井段固定→自上而下进行5层平台及模板安装。拆除程序与安装程序相反。

(1) 在下平段利用顶拱布置吊装锚杆进行滑模主架安装。

(2) 利用在斜井中部布置的吊装锚杆安装导向滑轮组，使用上平段卷扬系统牵引，将已经拼装完成滑模中梁拉升至斜井段，并用卡环固定。

(3) 按照自上而下的方式逐层进行平台及模板安装。

（四）滑模施工要点

1. 混凝土入仓　混凝土为C25二级配，坍落度14～16cm，初凝时间8h。浇筑时通过斜井底部的ϕ159钢管送料系统向工作面输送混凝土，先在顶拱下料，再通过旋转分料系统沿斜井四周对称地逐层、薄层均匀下料，铺层厚度20～30cm。浇筑时仓内泌水及时排除。

2. 混凝土浇筑　振捣在平仓后进行，振捣棒尽量垂直插入混凝土中，快插慢拔。振捣第一层混凝土时，头部不得触及老混凝土面，但相距不超过5cm。特别做好渗水部位、顶拱、下料点的振捣。振捣棒需插入下层混凝土5cm左右。振捣器插入间距40cm。严禁振捣棒直接触及模板、钢筋及预埋件。靠近模板部位辅以人工振捣。

3. 滑模爬升　滑模滑升前提：滑升中能听到“沙沙”声；出模的混凝土无流淌和拉裂；混凝土表面湿润不变形，手按有硬的感觉，能留有1mm左右深指印；能用抹子抹平。模板滑升遵循“多动少滑”原则，一般1～2h两次，每次10～15cm，脱模强度0.3～0.5MPa（混凝土入仓至滑出模体5h左右）。滑升速度初期不宜大于10cm/h，操作熟练后适当加速。精度控制：滑升中实行浇一层，滑一层，测一次，纠一次，严防平台偏移，采用充水塑料软管进行自检。滑模顶部设基准点，滑模爬升5m左右，自上弯段用全站仪对基准点测量，对比两次测量数据，检查有无偏移。若有偏差可调整混凝土入仓顺序或逐个手动液压千斤辅以充水塑料软管进行微调，再用全站仪复检，直至合格。采取措施仍未纠偏至允许偏差范围内时，须停止混凝土浇筑，直到找出原因并提出有效纠偏措施后方可继续滑升。

4. 滑模停滑处理　混凝土浇筑应保持连续性。如因故停止且超过4～6h，则按施工缝处理。停滑后，滑模继续滑升防止混凝土与模板粘接，模板可提升至与混凝土面保持30cm左右的搭接。对钢模检修，清除面板上附着水泥浆，涂刷脱模剂，再将模板复位。复位前，把顶层模板上口的砂浆清除，使接缝严密，并冲洗溜管、溜槽，清除模板上灰浆。待混凝土初凝后，混凝土施工缝表面用压力水冲毛或人工凿毛。混凝土强度未达到设计强度之前，不得进行下一层混凝土浇筑的准备工作。在浇筑下一层混凝土前，先铺一层2～3cm厚的高一标号水泥砂浆。

（中国水利水电第七工程局有限公司　雷宏）

三维激光扫描在金川水电站施工中的应用研究

金川导流洞洞室施工过程中，为确切了解洞室施工情况，确保隧洞施工满足设计要求，同时对超欠挖方量进行评估，采用徕卡MS60三维激光扫描仪快速获取掌子面后方开挖、初期支护的点云进行高效处理，满足了超欠挖分析、方量计算，净空侵限等隧道测量的需求。

（一）三维激光扫描技术要点

1. 设备配置　MS60扫描仪1台，专业便携脚架1个，后视棱镜2个，3DReshaper程序测量软件1套。

2. 外业扫描　现场勘察洞室内部环境，布设扫描仪设站位置与棱镜后视位置，与全站仪设站相同，保证直接获取坐标系下的点云数据。现场采用后方交会设站方式，每站扫描仅需不到10min。

3. 点云拼接处理　数据存储在徕卡MS60标配的SD卡中，插入电脑，软件直接一键导入原始数据，完成各测站标靶自动拼接，人工只需简单进行点云切片检查即可，拼接速度快精度高。

4. 隧道设计数据定义　在3DReshaper隧道施工测量软件中，利用设计里程路线等信息和设计断面文件来定义设计轴线和标准设计断面。

5. 提取隧道断面　导入点云、设计轴线、设计断面，确定起止里程，按照任意里程间隔，一键自动提取断面。

6. 超欠挖分析　选择任意里程的一个或多个断面和标准设计断面对比，得到超欠挖对比图与对比分析，可导出DXF数据、EXCEL报表、图片、文本等多种形式的成果。此外，一次扫描的数据可以提供多种成果，除了超欠挖分析、方量计算，还可以实现超欠挖实时放样指导施工，超欠挖随机检测，衬砌厚度分析，净空侵限分析，平整度分析等。

（二）三维激光扫描标准要求

利用三维激光扫描感知技术在施工过程中及时、全面、精确获取工程开挖质量、岩体形变和支护工程实施等信息，形成工程建造的三维参数化透析模型。一般要求如下。

（1）洞室扫描架站间距不应大于1.5倍洞径，边坡等间距3个固定测站。

（2）隧洞每次扫描范围距离掌子面不少于20m长的洞段，高度大于10m边坡每次全域扫描。

（3）如遇特殊地质条件或工期调整等，根据发包人/监理人需要加密或减少扫描工作。

（4）扫描精度，在隧洞测量采用100kHz至300kHz激光发射频率，40 MDeg分辨率，每站测500万个（数据）点；边坡测量采用100kHz激光发射频率，60 MDeg分辨率，每站测300万个（数据）点。

（5）根据工程情况和现场条件布置测站，支持360度全景真3D彩色激光实景测量，测量半径大于1000m，优于2mm的距离精度。

（6）提交的成果应包括三维激光扫描点云数据、实景模型和成果报告。单次成果报告在现场扫描作业完成后4个工作日内提供，总结报告在现场扫描工作全部结束后30个工作日内提交。

（三）主要工作内容和功能要求

（1）开挖岩体质量精准评价：获取成型表面起伏差、炮孔残孔率等信息，对开挖质量进行实时评价和爆破方案优化提供技术支撑。提交三维模型成果，为设计单位快速建立三维地质模型和三维地质演进提供基础数据。

（2）围岩类别和稳定安全性快速辨识：通过机器算法深度学习和识别围岩裂隙、断层和不利结构面等多种围岩条件，建立洞室围岩类别的评估方法，揭示出可能灾变区位与规模，为岩体稳定安全评价提供技术支撑。

（3）工程精确算量：获取开挖、支护工程施工过程增量，建立支护工程三维实景模型，为支护工程成效分析和精细化动态管理提供量化依据。

金川导流洞开挖洞径较大，在导流洞施工中，超欠挖难以避免，开挖方量计算一直是测量的难点。常规手段存在测量不准、测量慢的问题，徕卡三维激光扫描仪 MS60 及配套的 3DReshaper 程序的应用解决了这一难题。通过隧道点云和设计数据比对，可以精确呈现隧道超欠挖情况，准确计算方量。

（中国安能集团第一工程局有限公司　丁凯）

厦门抽水蓄能电站地下厂房岩锚梁施工关键技术

厦门抽水蓄能电站地下厂房岩锚梁全长 157m，混凝土顶高程 223.1m，岩台开挖水平宽度 75cm，倾角 27.5°。

（一）主要技术难点及特点

（1）岩锚梁中锚杆与钢筋较密，施工质量要求高，工序间相互干扰大。岩锚梁共布置有 A、B、C、D 四种砂浆锚杆，长度 8～10m。结构钢筋直径 16～28mm，间距 10～15cm。钢筋绑扎施工与锚杆间存在相互干扰，操作空间小。

（2）岩台成型质量要求高，工期紧张。设计要求岩台钻孔孔位偏差不超过 20mm，孔斜小于 3°，最大超挖不得大于 150mm，围岩松动圈范围小于 20cm。同时，因进厂交通洞交面滞后，而岩锚梁开挖完成节点工期不变，故岩锚梁混凝土浇筑施工时间仅 1 个月。

（3）岩锚梁混凝土为高约束区混凝土，且浇筑时间段在 10～11 月份，此时厦门尚处于高温季节，平均气温 30～35℃。设计要求规定混凝土最高允许温度 5～10 月份为 42℃，11 月～次年 4 月为 39℃，入仓温度不得大于 18℃，混凝土内外温差不大于 20℃，混凝土温控矛盾突出。

（4）岩锚梁浇筑完成后底部距下层开挖面垂直距离仅为 4.5m，下层开挖时，爆破飞石与爆破振动对岩锚梁外观质量、岩锚梁与岩台接触造成重大影响。

（二）岩锚梁施工关键技术

1. 岩锚梁开挖　岩锚梁层开挖顺序：中部梯段预裂爆破、保护层光面爆破与岩台光面爆破。中部拉槽采用 ROC D9 液压钻钻孔深孔台阶爆破，边墙保护层采用 100E 型潜孔钻钻孔，深孔光面爆破，一次成型。保护层未采用传统的手风钻钻孔、分层爆破的方法，新方法提高了工效。岩台开挖采用手风钻通过搭设样架钻孔，双向光面爆破。

为确定最适合的爆破参数，结合岩锚梁层地质情况、结构特点，在保护层内进行岩台 1∶1 模拟爆破试验，通过调整岩台光爆孔孔深、孔间距及线装药密度以验证爆破设计。为严格保证孔间距与钻孔角度，岩台钻孔时，使用钢管钻孔样架配导向管施工，孔位逐孔放样并标记。

经三次岩台爆破模拟实验，确定岩台垂直孔深 2.31m，倾斜孔深 1.62m，孔距 35cm，1/6 节 ϕ27 药卷间隔装药，线装药密度 77g/m 时，效果最佳。岩锚梁根据爆破试验成果施工，开挖后测量上下游 80 个断面，孔位偏差均小于 20mm，孔斜小于 2°，垂直孔与倾斜孔孔位对齐，未现八字孔和错孔；松动圈范围 12～17cm，平均超挖 5.6cm，远超设计要求。

2. 岩锚梁混凝土浇筑　岩锚梁混凝土为大体积混凝土，采用搭设满堂支撑架形式浇筑。支撑架搭设前，用 15cm 厚 C15 混凝土整平基础，以满足排架基础承载力要求。使用 ϕ48.3×3.6mm 钢管搭设满堂支撑架，支撑架立杆间距 75cm × 40cm，步距 100cm。底模的平均荷载 56.25kN/m^2。传统木模不能满足强度要求，钢模接缝问题较突出，易影响岩锚梁混凝土外观质量，故采用强度高重量轻的维萨模板。

为避免温度应力超限导致混凝土开裂，采取骨料预冷及加冰块措施，控制岩锚梁混凝土入仓温度在 18℃以下。此外，岩锚梁内埋设冷却水管降温，设专人每间隔 2h 对岩锚梁混凝土进行一次监测和记录。据统计，混凝土入仓后平均温度控制在 40℃左右，岩锚梁混凝土未出现温度裂缝。

因工期紧张，岩锚梁混凝土施工采取跳仓浇筑。为保证施工质量与工序衔接，相邻块混凝土设键槽，并采用免拆模板进行封堵。25t 汽车式起重机配 1m^3 吊罐入仓，平均浇筑速度 1.2d/仓，最终如期完成岩锚梁混凝土浇筑，拆模后外观达到镜面混凝土效果。

3. 岩锚梁混凝土保护　岩锚梁混凝土等强 28 天后，支撑架拆除并进行下层开挖。岩锚梁底部距第四层垂直距离仅 4.4m，爆破飞石与爆破振动对岩锚梁外观质量、岩锚梁与岩台接触易造成不可逆伤害。故下层开挖时，通过减小起爆药量、控制爆破飞石的方式对岩锚梁进行保护。岩锚梁浇筑前，对第四层中部拉槽槽边与边墙进行预裂，形成两条预裂缝以减小爆破振动。下方岩体采用小台阶分层浅孔爆破，电子雷管起爆，孔间延时控制在 5ms，实现单孔单响。在岩锚梁混凝土模板外侧增加棉被与竹夹板，降低爆破飞石带来的破坏。

对岩锚梁三个监测断面进行检测，监测仪器有单点式锚杆应力计、三点式锚杆应力计、单向测缝计、单向应变计、钢筋计。四类监测仪器准确地监测到了岩锚梁结构混凝土在浇筑过程中及厂房下方爆破施工过程中的宏观形变、结构应力、微观应变。目前，因施工爆破影响，监测锚杆应力有明显增加趋势，钢筋混凝土结构应力、混凝土微应变、混凝土与围岩间的裂缝无明显变化。爆破震动速度控制在4.3～6.7cm/s之间，未超过所规定安全范围，对岩锚梁结构稳定性影响不大。

（中国水利水电第八工程局有限公司
李才平　陈建平）

智能调速系统在杨房沟水电站带式输送机中的应用

（一）传统带式输送机存在的问题

杨房沟水电站金波石料场开采的石料就地粗破后，半成品经带式输送机运至砂石加工厂，分级为成品骨料后，再由带式输送机运至高低线混凝土拌和楼，带式输送机总长7.1km。

带式输送系统电机功率，按最大运量并考虑重负荷停机启动进行选择，电动机有20%～40%富余，加上生产不均衡使其处于轻载、空载状态，造成极大电能浪费。空载、轻载、重载状态下均为高速运行，空载和轻载对电动机、减速机、滚筒、托辊、胶带等设备产生了不必要的磨损和电能消耗，缩短了使用寿命。

（二）智能调速控制系统节能运行分析

根据DIN 22101设计标准和实际运行工况，带式输送机能耗的运行功率为空载运行功率、水平载物功率、提升功率、附加功率等四类功率之和。

对于确定的带式输送机，能耗主要与运量、带速、阻力系数有关，而阻力系数与带速相关，带速越高，阻力系数取值越大。带速 $v=Q/3.6q_m$。q_m 为单位长度物料运量（kg/m）。

当带式输送机运输量变小时，通过减小频率使带速与物料流量相匹配，从而节能。当物料量增加时，带速也相应增加。因此，可用自适应调节速度的方法来达到节能目的。

（三）调速控制方案的研究与比选

带式输送机运行中，受前方生产量需求变化、料仓卸料点不均衡等影响，很难保证运输量长时间稳定在某一值。初拟变频闭环调速，实际运行时，运输量变化导致变频器频率频繁调整，使变频器安全运行存在极大隐患，一旦变频器出现故障将产生较大影响和损失。

经现场多次试验，根据对能耗、电流、输送量、速度等运行数据分析，采用模糊控制确定输送量和相对应的调速区间，进行定值调速，提出在实现带式输送机速度随运输量变化而变化的同时，保证低速不洒料，变速平稳无故障，不连续变速等系统要求。调速在系统实施过程中，在不影响生产的前提下调试，保证所需数据的采集，反复验证理论数据，增加多个保证安全的措施。结果表明，调速效果很好，节能效果明显，能达到预期效果。

（四）调速控制系统组成及工作原理

智能调速控制系统包括变频传送、逻辑控制和采样反馈三部分。变频传送采用变频调速装置控制电机，输送机运行时按设定加速度、减速度自适应调节驱动电机速度。逻辑控制部分由PLC和上位机构成，对设备变频调速控制，对传感器采集信号分析和处理，使输送带按设定区间调节速度。采样反馈包括皮带秤动态称重传感器和输送带速度传感器。

获取带式输送机瞬时物料流量和运行速度数据，采集变频器运行功耗，并把采集的数据传输到控制系统分析。依据输送带上实时载荷和带速对输送带变频器输出功率进行调整，进而通过模糊控制算法构建输送带速度、负载和能耗模糊控制器模型，得到输送量和带速最佳匹配关系，将带式输送机的运行速率和功率匹配在一定区间进行定值调速，输送量在确定区间对应的调节变量器输出频率，从而使带式输送机节能运行和安全运行。

为准确掌握输送量，采用悬浮式皮带秤动态称量。利用输送机安装的重量传感器及速度传感器，通过与控制系统通讯和计算，将运输量反馈至控制系统上位机监控界面，按其显示的瞬时流量，再通过一定的方法计算出累计流量。带式输送机运输物料时，设备转矩、电流、功率均能反应负载大小的变化，且基本为线性变化。因此，通过读取设备运行的功率和速度，进行相应的比例计算得出带式输送运输量，并与皮带秤称量值比较，设定相应的偏差域模糊计算分析，对皮带秤检测值进行校核和预警，从而保证调速参考源的准确性。

控制的原理是，控制系统通过采集带式输送机运输速度，启停开关量状态，运输电流、功率、时间，瞬时和累计运输量数据，上级带式输送机变频器参数（含驱动转矩、功率及相关开关量状态）；通过规则库制定，将检测数据和逻辑指令数据化，将多条件变量变为可执行的数据输出表。规则库由若干条模糊语言控制规则组成，控制规则来自现场运行数据和运行经验，规则库中的控制规则可用语言规则形式给出。“如果—则—”是规则的基本形式，语句前半部分是条件，后半部分是结果。根据控制规则，可整理出对应数据输出表，从而通过软件实现自动调速的功能。

（五）智能调速系统应用效果

杨房沟水电站砂石加工系统的半成品输送线主要设备整机额定功率为3×355kW，长度3.7km。实测电量分析，采用常规自动化控制系统，半成品输送线单位耗电量 1.08kW·h/t；使用智能调速系统后，带速根据实际运量的变化而变化，单位耗电量降低至 0.94kW·h/t，整体节能 13%，效果明显。另一方面，应用智能调速系统后，带式输送机总体降低了运行速度，减小了电动机、减速机、滚筒、托辊、胶带等设备的磨损和消耗，延长了设备使用寿命，经济和社会效益显著。

（中国水利水电第七工程局有限公司　曾光辉）

三河口水利枢纽厂房大跨度现浇屋面施工技术

（一）概述

三河口水利枢纽工程等级为Ⅰ等，工程规模为大（一）型，枢纽水库总容量为 7.1 亿 m^3，调节库容 6.5 亿 m^3，主要由大坝、坝身泄洪放空系统、坝后引水系统、抽水发电厂房和连接洞等组成。三河口厂房屋面包括供水阀室、主厂房及安装间屋面，其中最大屋面跨度 22m，屋面顶距下层结构最大高度 26m，屋面为现浇混凝土结构，面板厚 12cm。现浇混凝土屋面上设有女儿墙及屋檐，后期采用改性 SBS 沥青防水卷材进行双层防水处理。现浇混凝土屋面高度高、跨度大，需解决搭设混凝土支撑体系等问题。通过采取一系列技术措施，实现屋面安全顺利施工。

（二）主要技术难点及特点

（1）原设计厂房屋面为网架结构，实际施工图为现浇混凝土结构。施工难度随之加大，工艺相比原设计更复杂，所需施工时间较长，工期紧张。若搭设满堂脚手架则会影响下方机组安装进度，而机组安装进度为关键线路，如有影响会导致整体施工工期延长。

（2）屋面跨度大，且高度较高，采用满堂支撑架耗费资源较多。施工安全要求高，若采用其他材料支撑则对材料刚度要求较高，故屋面混凝土的支撑系统型式选择及如何快速安全搭设完成是本工程的关键点。

（3）拟采用拼装完成的贝雷架作为主支撑，转运至工作面时需整体转运。因操作空间受限，且需起重设备配合转运，如何将其精准吊装至设计位置难度较大。

（三）施工关键技术

（1）本工程采用贝雷架作为主厂房现浇屋面的主支撑，其上铺设 14 号工字钢作为排架基础，然后采用 ϕ48.3×3.6 钢管搭设承重排架作为模板支撑。

（2）贝雷架组装完成后，先在预压场地进行荷载试验。上部用钢筋作为配重进行加载，模拟屋面现浇过程，验证贝雷架承载能力并得出其实际挠度值。荷载试验完成后，消除贝雷架的非弹性变形，同时得出其弹性变形值，确定模板预拱度。

（3）采用两台起重吊车互相配合，将贝雷架整体转运至安装部位，底部用螺杆固定牢固。贝雷架安装完成后，将 14 号工字钢吊运至工作面进行铺设，就位后采用特制锁扣固定，再在工字钢上搭设排架。

厂房发电机组安装工期紧张，采用贝雷架承载体系进行主厂房屋面施工，既可保证发电机组的正常安装，又能加快施工进度，且成本相对较低，工艺安全可靠。

（中国水利水电第八工程局有限公司
秦民生　段传广　高博）

超高脚手架在石门水利枢纽工程高边坡中的应用

陕西汉中石门水利枢纽坝肩基础处理施工位于大坝两岸山梁。河床高程 535～560m 形成 90°悬崖峭壁，局部成倒悬状，高程 560m 以上植被茂盛。左岸自然坡度 60°～70°，右岸自然坡 70°～80°。搭设加密型钢管脚手架，以满足施工作业的要求，降低人员安全风险。

（一）施工要求

排架随山体走势搭设。排架底部岩石整体性好且强度较高，无需处理，但对钢管坐落处需凿平。脚手架与岩石接触处用插筋、连墙件加以固定。超高加密型脚手架为双排，采用 ϕ48×3.5mm 钢管，高 60m，水平杆步距 1.2m，立杆纵（跨）距 1.1m，立杆横距 0.9m。

1. 立杆搭设要求

（1）每根立杆垂直稳固坐落在岩石基础上，并设置插筋。

（2）脚手架内立杆距离山体净距 20cm，大于 20cm 时，需铺设竹串片脚手板，并加固牢靠。

（3）纵向、横向扫地杆用直角扣件固定在距底座上不大于 20cm 处立杆上，横向水平杆设在纵向水平杆下方。立杆基础不在同一高度时，须将高处的纵向扫地杆向低处延伸长两跨与立杆固定，高低差不大于 1m，靠边坡上方立杆轴线到边坡的距离不小于 50cm。

（4）立杆须用对接扣件连接。相邻两根立杆接头相互错开布置，不设在同步内。同步内隔一根立杆的两个相隔接头在高度方向错开的距离不小于 50cm，各接头中心至主节点的距离不大于步距的 1/3。

2. 纵向水平杆搭设要求

(1) 纵向水平杆设在立杆内侧，长度不小于3跨。其杆接头交错布置，且用对接扣件连接。两根相邻纵向水平接头设置相互错开不小于50cm，各接头中心至最近主节点的距离不大于纵距的1/3。

(2) 纵向搭接长度不小于1m，并等间距设3个旋转扣件固定，端部扣件边缘至搭接纵向水平杆杆端的距离不小于10cm。

3. 横向水平杆搭设要求

(1) 主节点处必须设一根横向水平杆，严禁拆除。

(2) 横向水平杆的两头搁于纵向水平杆上，至少伸出15cm。

(3) 横向水平杆的各节点处采用直角扣件固定在纵向水平杆上。

4. 插筋、连墙件的布置要求

(1) 脚手架每根立杆布设地面插筋。地面插筋为Φ32螺纹钢筋，总长80cm，入岩50cm，并用水泥砂浆密封牢固，插筋外露30cm与排架钢管套接，保证排架根底的稳定。

(2) 连墙件间排距330cm×240cm，即两步三跨布置。连墙件采用Φ32螺纹钢筋，总长130cm，入岩100cm，并采用水泥砂浆密封牢固。安装时采用已加工的成品，外露30cm与钢管满焊，再将成品与排架钢管扣接。

5. 剪刀撑搭设要求

(1) 脚手架外侧设剪刀撑，由脚手架端头开始，每5～8m沿脚手架外水平距离从底部至顶部连续设置剪刀撑。剪刀撑与地面的倾角控制在45°～60°。

(2) 剪刀撑在排架外侧上下左右连续贯通设置。搭设时将一根斜杆用旋转扣件扣在立杆上，另一根斜杆扣在横向水平杆的外伸部分上，以免两根斜杆相交时把钢管别弯。

(3) 剪刀撑斜杆连接采用搭接。搭接长度大于1m，并用3个旋转扣件固定，端部扣件的边缘至杆端距离大于10cm。剪刀撑斜杆两端扣件与立杆节点的距离不宜大于15cm。

6. 竹串片脚手板、防护栏杆、安全网搭设要求

(1) 作业层竹串片脚手板必须铺满、铺稳、铺实。四角用镀锌铁丝双股并联绑扎，牢固绑扎在纵向水平杆上。

(2) 作业层竹串片脚手板外侧自第二步起必须设1.2m高同材质的防护栏。

(3) 脚手架外侧用合格的密目式安全网封闭，并将安全网固定在脚手架外立杆内侧。

7. 人行安全通道

(1) 在外脚手架上设“之”字形人行踏步通道。

(2) 人行通道宽不小于1m，坡度不大于45°。拐弯处设平台，宽度不小于人行道宽度。

(3) 人行通道宽度两侧及平台外围均应设置栏杆，栏杆高度为1.2m。

(4) 人行通道为确保安全文明标准化作业而设立的应急行走和疏散通道，要设有明显标志。

(二) 施工成果

经过灌浆施工和上游水库泄洪冲击检验，超高加密型脚手架在施工过程中牢固可靠，能很好地满足施工作业和安全要求。超高加密型钢管脚手架的成功应用，确保了坝肩固结灌浆、排水孔的工期目标，且未发生任何安全事故，有效解决了高边坡基础处理的需求。

（中国水利水电第三工程局有限公司
马琳艺 路丙辉 孙杰）

三河口水利枢纽厂房电缆廊道施工技术

(一) 概述

三河口水利枢纽工程厂房电缆廊道长约365m，廊道净空尺寸为1.8m×2.0m（宽×高），壁厚25cm。廊道原设计为现浇混凝土，后改为预制管廊拼装。主要施工内容包括管廊基础开挖，预制管廊拼装，基础回填及电缆支架安装等。

(二) 主要技术难点及特点

(1) 因电缆廊道位于厂房唯一进场道路下部，施工时将会使进场道路中断，为不影响后续厂房施工进度，电缆廊道需尽快完成施工。

(2) 电缆廊道基础开挖完成后需浇筑20cm厚C15混凝土垫层。预制电缆廊道标准管节长度为2.5m，下部垫层浇筑完成后，需保证管节之间连接紧密且具有平顺的坡度，满足排水要求。

(3) 项目位于秦岭腹地，雨季时间长，渗水较多。预制管廊接缝数目多，廊道内部为电缆等电气设施，管廊防水要求较高。

(三) 施工关键技术

(1) 电缆廊道施工时先进行基础开挖，开挖完成后铺筑20cm厚混凝土垫层，垫层按一定坡度找平，否则将影响接缝处的密封性。基础开挖及垫层浇筑时，测量人员对其进行监测。用打钢筋桩拉线的方式确定浇筑高程，保证垫层按设计高程浇筑平顺。

(2) 预制廊道采用钢绞线预应力张拉连接，连接时两端同时张拉，以张拉力和伸长量双控。预制廊道安装前，要求将承口内工作面和插口外工作面清洁干净；套在插口上的橡胶圈平直无扭曲，就位准确；安

装后放松外力，预制廊道回弹不得大于10mm，且橡胶圈应在承、插口工作面。

(3) 接缝处防水采用遇水膨胀胶条及止水橡胶圈双层防水。施工缝（1～2cm）内外用石棉绒、水泥、水以1∶3∶7的比例调和填充压实，内侧缝用聚硫密封膏在压实面二次密封抹平，外侧缝采用防水卷材（10cm宽基丁胶）二次密封。预制段与现浇段接口衔接采用沉降缝，承插口连接，并增加铜止水，确保预制廊道安装满足防水要求。

廊道采用上述方法施工大幅度减少了材料及人员投入，缩短施工工期约60d。

（中国水利水电第八工程局有限公司
秦民生　段传广　高博）

人工砂 *MB* 值对混凝土性能的影响研究

（一）研究技术路线

采用固定胶凝材料、水胶比，通过调整混凝土用水量和引气剂掺量保证混凝土出机口性能满足施工要求。通过对不同 *MB* 值的砂进行混凝土性能试验检测结果，分析不同 *MB* 值对混凝土单位用水量、引气剂掺量等参数的影响。混凝土为二级配常态混凝土、坍落度50～70mm，含气量3%～5%。方法1固定水胶比（0.52），方法2固定胶凝材料（水泥＋粉煤灰＝210＋90）。本研究依托苏阿皮蒂项目进行。

（二）试验用原材料

试验用原材料：CEMI42.5硅酸盐水泥，二级粉煤灰，苏阿皮蒂项目生产的辉绿岩人工砂石骨料，外加剂为减水剂及引气剂。不同 *MB* 值的人工砂。

采用砂1（*MB* 值2.0）、砂2（水洗后 *MB* 值0.25）按一定比例混合，配制出石粉含量、细度模数基本相同的砂。配置后的试验用砂 *MB* 值检测结果见表1。

表1　不同 *MB* 值细骨料配制表

配置 *MB* 值	0.25	0.4	0.7	0.8	1	1.2	1.4	1.6	1.8	2.0
砂1比例	0%	9%	26%	31%	43%	54%	66%	77%	89%	100%
砂2比例	100%	91%	74%	69%	57%	46%	34%	23%	11%	0%
实测 *MB* 值	0.25	0.42	0.68	0.83	0.98	1.21	1.41	1.63	1.82	2.0

（三）混凝土性能试验

1. 固定水胶比混凝土试验　试验结果如下。

(1) 在水胶比不变的条件下，随着 *MB* 值增大，混凝土单位用水量增加，*MB* 值对混凝土单位用水量有比较显著的影响。当 *MB* 值大于1.2时，混凝土单位用水量增加趋势变大。*MB* 值每增加0.4，混凝土单位用水量增加10kg以上。

(2) 在水胶比不变的条件下，随着 *MB* 值增大，在确保混凝土工作度基本不变，混凝土引气剂掺量逐步增加。当 *MB* 值大于1时，掺量增加较为明显；当 *MB* 值为1.4时，引气剂掺量较 *MB* 值为1时增加20%；当 *MB* 值为1.8时，引气剂掺量较 *MB* 值为1时增加60%，*MB* 值对混凝土含气量影响较大。

(3) 在水胶比不变的条件下，当 *MB* 值大于1时，确保混凝土工作度基本不变，混凝土引气剂掺量随着 *MB* 值的增大而增大。

(4) 在水胶比不变的条件下，*MB* 值在1.0左右时，混凝土抗压强度最高。当 *MB* 值大于1.0时，混凝土强度随着 *MB* 值增大而降低；当 *MB* 值大于1.2时，降低较大。

2. 固定胶凝材料混凝土试验　试验结果如下。

(1) 在胶凝材料用量不变的条件下，随着 *MB* 值逐步增大，混凝土单位用水量随着增加。当 *MB* 值大于1.4时，混凝土用水量增加量变大。

(2) 在胶凝材料用量不变，混凝土工作度基本一致的条件下，随着 *MB* 值增大，混凝土引气剂掺量逐步增加，增加量在0.5～2.0/万，随着 *MB* 值增大，引气剂掺量有增大趋势。当 *MB* 值大于1.4时，混凝土引气剂掺量增加量变大。

(3) 在胶凝材料用量不变，混凝土工作度基本一致的条件下，当 *MB* 值小于1.2时，混凝土抗压强度基本一致，变化范围在1.0～1.6MPa；当 *MB* 值大于1.2时，*MB* 值每增加0.4，混凝土强度降低5.0～5.9MPa。

(4) 在胶凝材料用量不变，混凝土工作度基本一致的条件下，*MB* 值小于1.2时，*MB* 值对混凝土强度的影响不大；当 *MB* 值大于1.2时，对混凝土强度影响较大。随着 *MB* 值增大，混凝土强度值减小幅度加大。

3. 试验结论 综合考虑 MB 值对混凝土性能指标的影响，建议控制 MB 值在1.2范围之内。在确保混凝土各项性能指标满足规范要求的前提下，为最大限度节约原材料成本，对于低强度混凝土 MB 值可适当放宽，对于高强度混凝土 MB 值应严格要求。

（中国水利水电第三工程局有限公司
王冀忠 张利平 罗小平）

7

机电及金属结构

水电机组及辅机

乌东德右岸电站 850MW 水轮发电机组安装关键技术研究

乌东德水电站共装设 12 台单机容量为 850MW 的混流式水轮发电机组。右岸电站水轮机转轮名义直径 9185.2mm，额定水头 137m，额定出力 862.1MW，额定转速 93.75r/min，额定流量 675.5m³/s；发电机为半伞式，全空冷，额定容量 944.5MVA，额定电压 22kV，额定电流 24787A，飞逸转速 190r/min。中国水利水电第八工程局有限公司承担该右岸电站机组的安装工作，对这 6 台 850MW 混流式水轮发电机组安装关键技术进行了充分研究，并在安装中采用。现将主要安装关键技术简介如下：

1. 座环加工　座环平面加工采用在立式车床支臂上安装便携式铣床的方式进行，螺孔及销钉孔加工采用移动式磁力钻。为确保了座环加工精度，主要采取了以下措施：

（1）对加工设备进行了有针对性的改造，使其有足够的刚度和稳定性。

（2）根据现场测量的底环厚度、导叶长度、顶盖相关尺寸及顶盖下挠值，确定座环上环板平面与底环安装平面距离尺寸，以保证导水机构的活动导叶端面间隙。

（3）选择合适加工参数。

2. 导水机构安装　采取如下几个关键措施：

（1）导水机构中心确定：以机坑测定时确定的中心进行定子组装，再以验收完成的定子中心为基准，用激光跟踪仪测量系统将中心转移至座环上环内镗口适宜位置，用于导水机构底环的预装。

（2）采用了免捆绑的导叶立面间隙调整方法。首先将各导叶转动至全关位置，检查、调整各导叶分布圆的半径偏差不大于 2mm，检查各导叶立面间隙，对立面间隙不符合要求的导叶进行处理。

3. 发电机定子安装　定子铁芯外径 18900mm、内径 17850mm、高度为 3120mm，由 0.5mm 厚的硅钢片叠装而成。所有定子组装均在本机坑安装工位进行，组装控制关键点如下：

（1）为保证定子组装有一个洁净、安全的组装环境，在机坑上方设置了可开启的电动防尘棚。

（2）定子定位筋为固定式结构，托板的焊接过程直接影响定位筋的半径、垂直度及扭斜度。托板焊接顺序必须按要求进行，焊接过程中注意跟踪测量，随时调整焊接顺序。

（3）铁芯叠装过程中需注意控制其半径、周向波浪度及径向高差。主要采取以下措施：①抽查每箱铁片厚度，根据测量结果分配铁片分布位置；②叠片过程中安排专人跟踪检查、整形，避免出现漏片、错片现象；③根据分段压紧后的高度结果，分配补偿片规格及位置。采用上述措施后，已完成的 6 台机组定子铁芯圆柱度不大于 0.59mm，周向波浪度、径向高差及铁损试验结果均满足要求。

4. 发电机定子下线　与国内传统定子下线工艺相比，该电站定子下线有以下显著特点：①对定子下线区域进行全封闭，在入口处安装风淋系统；②在防尘棚内布置 6 台的除湿机、4 台空调机和 10 台工业用热风机，保证了防尘棚内温度环境温度和湿度；③在下线过程中，随时监测下线棚内外湿度及温度，根据监测情况投退加温、除湿设备，使棚内外形成足够的温差和压差，在棚内形成微正压、微正温环境，有效防止定子线棒受潮。

5. 发电机转子安装　各关键工序控制措施如下：

（1）转子支架共有 32 条立焊缝、24 条腹板径向焊缝，焊接顺序首先立焊缝，其次径向焊缝，最后焊接支架附件。采用对称、多层多道焊及分段退步焊以控制变形。

（2）立筋加工完成后，用激光跟踪仪测量系统进行测量验收，提高了测量验收效率。

（3）磁轭外径为 ϕ17132mm，高度为 3324mm，重量约 1023t。为控制好磁轭组装尺寸偏差，主要采取如下有针对性的措施：①在 2 个转子组装工位上设置了可开启的封闭电动防尘棚，保证磁轭叠装环境；②增强磁轭叠装过程中磁轭叠片键的刚性，使磁轭叠片压紧的效率和圆度控制精度均有效提高；③磁轭铁片压紧过程中，监测圆度变化情况，根据变化情况随时调整压紧顺序，保证了磁轭圆度变化可控；④适度增加热打键紧量，保证了转子过速后的圆度。7、8 号机在试运行过速试验后进行圆度检查，圆度分别为 0.99、0.64mm，这充分验证了适度增加磁轭键紧量，可有效防止机组运行中的转子圆度恶化。

6. 机组轴线调整　乌东德右岸电站机组的水轮

机与发电机轴法兰、下端轴与转子中心体法兰均为销套定位，需在工地现场调整合格后加工定位销套孔，工艺复杂且现场加工量大。通过研究，优化机组轴线调整工艺如下：

（1）对机组轴线调整流程进行了优化。

（2）在镜板水平满足标准要求后，采用机组本身设置的推力轴承负荷监测系统对推力轴承受力进行检查、调整。

（3）将水轮机轴与发电机轴法兰连接销套孔同镗的工序提前至机坑外进行，避免了该工序占用直线工期。

（4）将上机架吊装、安装工序调整至水导轴承摆度合格后进行，将上机架安装工序由直线工序变为与轴线调整并行的工序，有效减少了直线工期。

（5）将发电机轴/转子中心体连接销套、上端轴/转子中心体定位销钉钻铰工序进行了调整，使其能并行作业。

运用优化的轴线调整工艺施工，乌东德右岸电站机组轴线调整后水导、上导摆度都不大于0.05mm左右。

乌东德右岸电站机组安装，通过对其机组结构的分析、研究，采用新工艺、新方法，保证了安装质量，缩短了安装工期。已投产4台机组各项运行指标良好，机组振动、摆度、噪声以及相关参数均满足设计要求。

（中国水利水电第八工程局有限公司
王启茂　何毅）

敦化抽水蓄能电站水泵水轮发电机组参数和结构特点

敦化抽水蓄能电站装设4台单机容量为350MW可逆式抽水蓄能机组。为支持抽水蓄能机组设备的国产化制造，机组设备采用整机招议标方式进行采购，最终：1、2号机组由东方电气集团东方电机有限公司中标；3、4号机组由哈尔滨电机厂有限公司中标。

（一）水泵水轮机主要性能参数与结构特点

1. 性能参数　敦化抽水蓄能电站水泵水轮机主要性能参数见表1。

表1　敦化抽水蓄能电站水泵水轮机主要性能参数表

机组	1、2号机组	3、4号机组
转轮型号	D789	A1278
转轮直径 D_1/D_2（m）	4.367/1.99	4.25/2.0
最大/额定/最小水头（m）	693.17/655/629.58	693.4/655/631.0
对应流量（m^3/s）	57.49、61.77、59.84	56.77、60.50、58.73
最大/最小扬程（m）	712.47/661.45	711.7/661.6
对应流量（m^3/s）	40.71、47.45	39.34、48.33
水轮机原型最优效率	92.84%	93.09%
水泵原型最优效率	92.22%	92.05%
水轮机原型加权平均效率	90.43%	90.60%
水泵原型加权平均效率	92.02%	91.48%
叶片数 z（个）	9	9
活动导叶数（个）	20	20
水轮机额定出力（MW）	357	357
水泵最大入力（MW）	365	373
安装高程（m）	596.0	596.0
蜗壳设计压力（m水柱）	1172	1160
吸出高度（m）	−94	
额定转速（r/min）	500	
最大瞬态飞逸转速（r/min）	≤740	≤740
稳态飞逸转速（r/min）	≤662	≤638.4

2. 主要结构特点

水泵水轮机的拆装方式均采用上拆方式。

(1) 转轮：转轮采用铸焊结构，上冠、下环及叶片的材料均为铸造不锈钢 ZG04Cr13Ni4Mo 超低碳精炼，4台机组叶片数均为9片。泄水锥采用与转轮相同的材料并直接与转轮焊接，转轮与主轴采用可靠的螺栓和销钉组合方式连接以传递扭矩。转轮进口高度1、2号机组为1290mm，3、4号机组为1250mm。

(2) 主轴及主轴密封：水轮机主轴为双法兰带轴领的传统结构，采用优质合金钢 ASTM A668 Cl. E 整体锻造而成。1、2号机组主轴大外缘直径1755mm，长6310mm；3、4号机组主轴大外缘直径1750mm，长6285mm。主轴工作密封采用轴向端面水压式，密封环采用高分子材料 Cestidur；检修密封采用封闭式空气围带密封。

(3) 水导轴承：为可调整的分块瓦结构，材料为锡基巴氏合金（1、2号机组为 ZSnSb11Cu6，3、4号机组为 ZChSnSb11-6），采用外循环冷却方式。

(4) 蜗壳及座环：为钢板焊接结构。1、2号机组座环选用抗层状撕裂的高强度厚钢板 S500Q-Z35，蜗壳选用高强度低焊接裂纹敏感性钢板 780CF1；蜗壳座环偏心距 4573mm，延伸段进口尺寸 2100mm。3、4号机组座环选用抗层状撕裂的高强度厚钢板 S500Q-Z35，蜗壳选用低焊接裂纹敏感性高强钢板 HD610F 材料；蜗壳座环偏心距 4560mm，延伸段进口尺寸 2100mm 。4台机组均分2瓣运输，布置有20个固定导叶。

(5) 顶盖：4台机组均采用钢板焊接结构，本体均采用低合金高强度结构钢 Q345C，均分2瓣运输。1、2号机组顶盖外缘直径 6620mm，顶盖高度限制尺寸（包含顶盖抗磨块）1910mm。3、4号机组顶盖高外缘直径 6395mm，顶盖高度限制尺寸（包含顶盖抗磨块）2125mm。

(6) 底环：采用整体结构，采用钢板焊接而成。4台机组底环本体均采用低合金高强度结构钢 Q345C。1、2号机组底环外缘直径 5910mm，高度限制尺寸 1660.9mm。3、4号机组底环外缘直径 5838mm，高度限制尺寸 987mm。

(7) 导水机构：由20个活动导叶、导叶轴承、导叶操作控制机构组成。导叶材料：1、2号机组为 ZG00Cr13Ni4Mo，3、4号机组为 ZG04Cr13Ni5Mo。每个导叶设有三个导轴承和两个止推轴承。应在工厂内进行预装配和导叶动作试验。

(8) 尾水管：为钢板里衬弯肘型尾水管，锥管段里衬材料为 04Cr13Ni5Mo，肘管段和扩散段衬材料为 Q345R。高约 9.5m，长 16m，出口直径约 4.6m。

(二) 发电电动机主要性能与结构特点

1. 性能参数　敦化抽水蓄能电站发电电动机主要性能参数见表2。

表2　　敦化抽水蓄能电站发电电动机主要性能参数表

机组	1、2号机组	3、4号机组
发电/电动工况额定容量	388.9 MVA/373MW	388.9MVA/373MW
发电/电动工况额定功率因数	0.9/0.975	0.9/0.975
发电/电动工况额定效率（%）	98.88/99.00	98.8/98.91
额定电压（kV）	18±5%	18±5%
直轴同步电抗 X_d（饱和值）	1.02	1.075
直轴暂态电抗 X'_d（不饱和值）	0.32	0.318
直轴次暂态电抗 X''_d（饱和值）	0.20	0.21
短路比	0.968	0.930
飞轮力矩 GD^2（t·m²）	4325	4000
定子和转子绕组绝缘	F级	F级

2. 部件振动与摆度　在正常情况下主轴摆度应不大于 0.14mm；带导轴承支架的水平振动应不大于 0.03mm，带推力轴承支架的垂直振动应不大于 0.03mm；定子铁芯处机座水平振动应不大于 0.02mm；定子铁芯 100Hz 允许双振幅值 0.03mm。

3. 发电电动的主要结构特点

(1) 推力轴承与导轴承：4台机组均为悬式结构，推力和上导轴承布置在上机架上，采用外加泵外循环冷却方式。下导轴承布置在下机架上。1、2号机组推力轴承采用喷淋式润滑冷却方式，推力瓦采用小弹簧束支撑；3、4号机组推力轴承采用浸泡式润滑冷却方式，推力瓦采用单波纹弹性油箱支撑。4台机组导轴承均采用非同心瓦块结构。

(2) 定子：机座采用钢板焊接，铁芯采用低损耗、高导磁率、无时效、叠片系数高、机械性能优质的冷轧硅钢片叠制，定子绕组采用单匝、双层、叠绕。定子机座、铁芯及绕组采用在现场组装方式。

(3) 转子：转子中心体采用不分瓣结构，磁轭采用高强度环形厚钢板整体叠压结构，磁极采用完全向心结构。

(4) 主轴：主轴采用一根轴方案，材料采用合金钢锻造而成。

(5) 冷却系统：采用双路径向带风扇端部回风的通风冷却系统。

(6) 制动停机系统：机组设有机械和电气两套制动停机系统。正常停机过程采用电气和机械联合制动停机方式。电气事故停机只允许机械制动停机。高压油顶起装置由两套高压油泵及电动机（一台交流、一台直流）和及控制设备等组成。正常情况下，油泵的起动和停止由机组的开、停机顺序控制。

（中国电建集团北京勘测设计研究院有限公司 侯亚康 王俊）

沙沱发电厂调速器抽动故障分析及处理

沙沱发电厂安装4台单机容量为280MW的水轮发电机组。机组采用WDT-150-6.3型数字式微机型电液调速器。2016年5月1日，2号机组调速器发生抽动，压力油罐压力降低，启动主用油泵后，又启动备用油泵运行；5分钟后，两台油泵相继故障停运；随后，压力油罐压力降至5.3MPa，上位机发“油压装置事故低油压动作”“水机事故停机动作”信号，该机组水机事故停机。

（一）检查分析

(1) 查询计算机监控系统历史曲线，两套导叶反馈实际值与调速器调节输出指令显示一致，导叶反馈跟随调速器调节输出指令正确。查询历史信息一览表，各台油泵均按照控制指令启停，无异常，轮换程序也正确。

(2) 现场检查，油压装置及各台油泵控制方式均正确，控制定值与定值书一致，压油泵按照轮换程序轮流启停；各设备及管路接头无渗漏，透平油颜色正常。分别将两套比例阀解体检查，比例阀各处无损伤、锈蚀痕迹，阀芯动作灵活，无卡涩现象。两套导叶反馈正确，未发现芯线压接不良情况；电源模块及回路未发现发热现象。两套PCC硬件运行指示正常，可排除PCC异常的可能。

(3) 调速器程序中设置有11个保护功能，但调速器抽动时，控制柜面板无任何故障报警，检查调速器程序未发现异常情况。

(4) 开机至空转状态进行试验，无论是A机阀1、A机阀2、B机阀1、B机阀1运行，调速器均有抽动现象，但切至机手动后，立即停止抽动。

综上检查分析可知，调速器油压装置压油泵启停正确、事故低油压压力开关动作正确，调速器机械部分、反馈元件均无异常，调速器程序无异常，故判断调速器抽动的原因是比例阀或比例阀驱动板故障。

（二）抽动试验

(1) 通过调整两套比例阀导叶随动参数，观察比例阀线圈电流变化情况与调速器抽动的关系。多次调整表明：调速器抽动现象时好时坏，不能彻底消除；且比例阀开、关方向线圈电流差值较大时，就出现抽动现象；当调速器不抽动后，导叶反馈就不能很好的跟随调节输出，调节品质不满足规程要求。将两套比例阀更换为备品再进行试验，虽然有静态试验、空载摆动及扰动试验数据均合格的情况，但调速器稳定时间不长，后又出现了抽动现象，且无论如何调整导叶随动参数，也不能恢复正常。

(2) 调整比例阀驱动板上扰动分量，检查扰动分量是否对驱动板的性能存在影响，但是经过数次调整，比例阀输出性能也并未发生明显变化。将两套比例阀驱动板更换为备品，经多次调整参数后，比例阀运行状况仍未发生明显变化。随后，参数已经达到调整极限，比例阀仍不能达到可运行状态。

综上，调速器抽动的原因是比例阀驱动板特性不稳定，其工作性能发生飘移产生变化所致，影响驱动板参数不能与比例阀相匹配。

（三）处理措施

考虑伺服比例阀动态品质及稳定性相比电磁比例阀要优良，因此将电磁比例阀改造为自带驱动器伺服比例阀，无需频繁修正运行参数，可有效解决因参数设置不合理造成接力器抽动的问题。

改为伺服比例阀后经试验验证，调速器静态转速死区、永态转差系数及非线性度均满足规程要求；在静态和负载工况下的故障模拟性能均合格；在机组开机、停机、增减负荷等操作过程中，调速器动作正常；调速器空载的扰动性能和频摆指标均满足规程要求。

该调速器将电磁比例阀改造为伺服比例阀后，动作正常，未再发生抽动现象。

（贵州乌江水电开发有限责任公司沙沱发电厂
胡明　李明忠）

察汗乌苏水电站事故配压阀压力内泄问题处理

察汗乌苏水电站装机 3 台，单机容量 110MW；调速系统事故配压阀为集成式。2019 年 3 号机组 A 修时，对调速器液压控制系统进行改造升级，将单伺服比例阀控制更改为双伺服比例阀控制，导叶手动控制方式由“机手动控制”升级改造为“电手动控制”；但在进行模拟过速试验的过程中，出现事故配压阀、导水机构失控等异常现象。因此，进行了分析研究，增加一组自主设计的调节装置，消除了设备缺陷，实现了精准调节。

（一）试验验证情况

问题发生后，初步判断是事故停机电磁阀卡阻，但更换同型号的备品电磁阀后试验，事故配压阀和导水机构动作仍然有异常情况。因此，又先后模拟进行了正常工况①、机械过速单独动作工况②、事故停机电磁阀动作工况③、切除主配压阀工况④、切除紧急停机工况⑤、手动事故停机电磁阀单独动作工况⑥等 6 次试验，结果：工况①试验，接力器经过 6.9s 关闭，动作迅速，时间短，与相应的调保计算值偏差较大；工况②、③、⑥试验，事故配压阀动作正常，导叶开度加速复归（关闭），复归后重新恢复开度至 50%；工况④试验，事故配压阀动作正常，导叶关闭时间为 13.9s，符合调保计算要求；工况⑤试验，接力器来回抽动，压油罐压力快速下降，事故配压阀大量过油，无法复归。

（二）原因分析

经多次试验论证，确认事故配压阀活塞内漏油量超标，存在窜油现象。当事故停机投入时，主配压阀对接力器仍能产生扰动。尝试调整事故配压阀活塞行程，发现窜油量明显减小，但过速关闭时间加快，不能满足机组调保计算要求。分析关闭过程曲线图，发现过速关闭试验曲线存在一定的加速的变化过程。分析设备图纸，过速动作时间由事故配压阀活塞行程控制，当调整过速动作时间满足调保计算要求时，活塞行程为 30mm，而此时活塞杆与压力油腔的搭接量仅为 1mm，无法保证密封效果，导致漏油量超标。

（三）处理措施

此问题是由于调速器液压控制系统进行改造升级后事故配压阀不匹配，在保证导叶关闭时间的同时无法保证阀芯内部漏油量导致的。在无法改变主要油路情况下，解决措施有以下两种：

（1）在事故配压阀回油总管处增设调节阀，增大事故配压阀主活塞遮程，减少内部漏油量，依靠回油管处的调节阀控制导叶关闭时间。

（2）在控制压力油进入事故配压阀的油阀上增设调节装置，增大事故配压阀主活塞遮程，减少内部漏油量，依靠调节螺杆控制油阀活塞行程，控制供油量，从而调节导叶关闭时间。

由于检修工期限制，最终选择第（2）种处理方法。如图 1 所示，在该油阀端盖上将控油路孔 1 从中部移到现处，控油路孔攻螺纹；增设调节螺杆 2（上在端盖中间螺栓孔）和支撑杆 3，以控制油阀活塞行程。处理后，经过 4 种不同工况下验证，事故配压阀动作正常，导叶关闭时间符合要求。

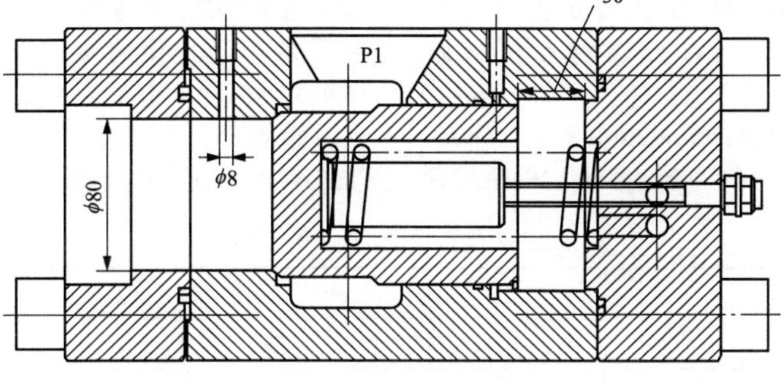

图 1　油阀改造图

（国家能源集团新疆开都河流域水电开发有限公司　胡文东　姚帮葛　王海）

三板溪水电厂3号机组轴线测量与调整

三板溪水电厂安装4台单机容量为250MW的混流式水轮发电机组，其发电机为半伞式，轴系为多段轴，推力轴承为弹簧油箱支承。多年来，在同等工况下，3号机组下导轴瓦平均温度较其他机组高5℃左右，其中号11号瓦最高温度达到62.1℃，接近报警值，给机组安全稳定运行带来一定隐患。经分析，是由机组旋转中心轴线倾斜引起，因此，对该机组轴线进行了测量与调整。现将主要情况简介如下：

1. 轴线调整前盘车检查　鉴于该机组推力轴承为弹性油箱结构，采用弹性盘车，抱紧下导、水导瓦（各用4块瓦，间隙0.03～0.05mm），用盘车装置转动转子。轴线调整前（加垫前）的盘车记录见表1。

表1　机组轴线检查记录（加垫前＋Y方向）

测量部位		测点							
		1	2	3	4	5	6	7	8
百分表读数（0.01mm）	上导	0	1	−6	−13	−20	−20	−11	−2
	下导	0	0	−1	−2	−3	−2	−2	0
	主轴法兰	0	1	1	3	3	6	2	3
	水导	0	0	−1	1	0	0	0	0
	推力头轴向	0	3	2	3	3	−3	−6	−6
		1—5		2—6		3—7		4—8	
全摆度（0.01mm）	上导	20		21		5		−11	
	下导	3		2		1		−2	
	主轴法兰	−3		−5		−1		0	
	水导	0		0		−1		1	
净全摆度（0.01mm）	上导	17		19		4		−9	
	主轴法兰	−6		−7		−2		2	
	水导	−3		−2		−2		3	

2. 轴线优化调整　经分析，上导处净全摆度偏大，机组轴线上端轴处曲折，处理方法是加紫铜垫来调整。

加垫厚度按公式$\Delta h=D\delta/L$计算，式中，δ为1/2上导轴承净摆度值；D为上端轴法兰直径（1660mm）；L为法兰面到百分表测点位置距离（2115mm）。

经计算得：$\Delta h_1=0.0667$mm，$\Delta h_2=0.0746$mm，$\Delta h_3=0.0160$mm，$\Delta h_4=-0.0392$mm。上端轴法兰有18个螺栓孔，盘车1号测点位于16、17号孔之间；综合考虑，14～18号孔位置加0.05mm紫铜垫，18～1、13～14号孔位置加0.03mm紫铜垫。

3. 加垫后盘车检查　上端轴经过加垫处理后，重新盘车检查各处摆度。同上，也采用抱紧下导、水导瓦盘车，上导的盘车记录见表2，相对摆度0.0132mm/m，小于标准要求的0.03mm/m，达到优良标准。

表2　机组轴线检查记录（加垫后）

测量部位			测点							
			1	2	3	4	5	6	7	8
百分表读数（0.01mm）	上导	X	0	−1	−1	−3	−6	−7	−3	1
		Y	0	4	3	3	3	−1	−4	−2
	推力头轴向		0	3	2	3	3	−2	−6	−6
			1-5		2-6		3-7		4-8	

续表

测量部位		测点							
		1	2	3	4	5	6	7	8
上导全摆度（0.01mm）	X	6		6		2		−4	
	Y	−3		5		7		5	
上导相对摆度	X	0.0132mm/m		标准值		0.03mm/m			
	Y	0.0076mm/m		标准值		0.03mm/m			

4. 导轴瓦间隙调整　机组轴线合格后，再次盘车提取数据分配轴瓦间隙。这次盘车，上导、下导为限位轴承，水导处为自由状态。轴瓦间隙分配原则：上导、下导处瓦间隙均布（上导单边 0.19mm、下导单边 0.22mm），水导按照盘车数据计算后分布，以总间隙 0.44mm 计算。

5. 轴线处理后运行情况　重新分配瓦间隙的轴承恢复后，机组经过带负荷瓦温试验表明：①下导瓦温在 53.8～55.8℃，偏高的顽疾得到解决，较处理前平均温度下降 4℃以上；②上导、下导、水导处的运行摆度分别为 94、184、139μm，均小于允许值，且较处理前也有所减小，达到优良标准。

（湖南五凌电力工程有限公司　雷战）

大藤峡水利枢纽工程左岸 200MW 轴流转桨式水轮发电机组安装关键技术研究

大藤峡水利枢纽坝址位于广西桂平市，是一座以防洪、航运、发电、补水压咸、灌溉等综合利用的流域关键性工程。其左岸 3 台单机容量为 200MW 的轴流转桨式水轮发电机组由中国水利水电第八工程局有限公司安装。经研究，关键技术如下：

1. 座环加工　为确保座环法兰面精磨的精度，主要采取了以下措施：

（1）在座环中心设置电子水准仪测量架，保证每个测点测距相同。

（2）对法兰面分区域、分时段精磨；首先进行初步研磨，对高点方位进行重点打磨，完成后再细分测点进行研磨。

（3）精磨完成后，采用刀口尺、框式水平仪进行检查，发现高点再进行研磨抛光。

2. 导水机构安装　主要采取了以下措施：

（1）中心及圆度测量，以转轮室中心为基准，采用电测法测量。中心测量所用钢丝线，按其直径选取合适的重锤，设置的油桶选用黏度适宜的油，以保证测量精度。

（2）顶盖预装调整完成后，测量导叶端面间隙。间隙值在满足设计要求的情况下，考虑顶盖扰度变化，要比最小值大 0.30mm 左右，保证正式安装后满足要求。

（3）导叶立面间隙调整，采用传统的钢丝绳和手拉葫芦捆绑法进行，结合拐臂与控制环连板开档距离进行同步调整，保证立面间隙调整效率及准确性。

3. 转轮组装及试验　现场制作了一套试验工装，转轮所有试验均可通过该工装进行切换。对封闭区域组装前，进行清单式联合检查，保证转轮组装质量。

4. 转轮吊装　将支持盖与导流锥坐落于转轮盖上，同时在转轮支撑工具配合下，固定支持盖、大轴及转轮为一个整体，将支持盖的重量落在转轮上，进行整体吊装。松钩前对大轴垂直度进行调整，保证大轴上法兰面水平度在 0.05mm/m 范围内。

5. 发电机定子组装　主要采取了以下措施：

（1）在定子组装工位制作可拆卸防尘棚，棚内设置空调和除湿机。

（2）过程中不断检查定位筋尺寸，确保焊接变形尽量小。

（3）在厂家工艺要求的基础上增加一次压紧工序。

6. 发电机定子下线　定子绕组为双层条形波绕组，采用空气冷却，下线主要采取了以下措施：

（1）对整个下线区域进行全封闭，入口处设置无尘通道，并有专人值守。

（2）在定子下线防尘棚内，布置 4 台空调，4 台大功率排风机，并在定子下部沿线圈布置有加温片，保证安装现场环境温度、湿度满足要求。

（3）将上齿压板间缝隙全部粘贴封死，防止胶液、金属粉尘、灰尘、杂物等进入，下线全部结束后再拆除；设专人负责定子下线施工区域的卫生清洁。

（4）加强对定子下线施工中新工艺、新技术、新方法的研究和学习，并对工作人员进行培训和现场技术交底。

7. 发电机转子组装　主要采取了以下措施：

（1）转子支架为圆盘式焊接斜筋结构，包含 1 个转子中心体和 6 个外环组件。组装前应先对中心体及测圆架进行调整，对支架组装间隙、转子直径等数据进行适当放大，控制好焊接后的尺寸。在焊缝处装焊工艺加固筋板，定位焊接做好焊前预热，先焊接立缝，再进行径向焊缝的焊接。

（2）磁轭按一定节距、方向颠倒，形成锯齿状的方式叠片。为控制好磁轭组装尺寸偏差，主要采取如下措施：①磁轭叠装前进行称重、分类，做好记录和标记，完成磁轭堆积表；②按图纸和叠装堆积表，将冲片分层、依序叠装，并在两端采用橡皮锤同时向下敲击，以促使冲片沿定位销或螺杆水平下落；③对凸出的冲片和倾斜的定位螺杆或定位销进行拍击调整，使磁轭外缘表面平整；④每叠3～5层进行整形；每叠完一段及预压前，对磁极的安装面进行检查，将凸出的冲片向内拍击。

8. 机组轴线调整　为保证轴线调整数据优良，主要采取了以下措施：

（1）优化轴线调整工艺，上部操作油管不进行单独盘车。

（2）盘车前对上机架进行初步调整，轴线调整完成后，通过与上导轴承轴领距离精确调整上机架中心。

（3）采用推力瓦受力监测系统，通过各个推力瓦的受力情况进行镜板水平的调整。

大藤峡左岸3台机组安装，通过工艺优化、质量管控、技术创新，确保了安装质量，保证了施工进度；自2020年4月底并网发电以来，机组振动、摆度等各项数据均优于设计要求，运行状态良好。

（中国水利水电第八工程局有限公司
史永轩　唐雨　陶钻）

水口电站转轮叶片操作机构结构改进

（一）操作架与活塞杆连接结构改进

水口电站曾使用过M540螺母、卡环、M580超级螺母等结构，但不理想，有问题。

采用M540螺栓连接，疲劳安全系数为1.1，小于许用安全系数1.3～1.5，曾发生过一次活塞杆断裂。设计施工方案是采用液压拉伸器进行预紧，但实际现场施工空间条件不满足，因此，采用专用的剪刀式液压扳手。螺栓把紧过程无法对称进行，单边受力，造成螺牙受力侧发生切削磨损，强度降低，加剧了活塞杆的疲劳磨损。

使用卡环结构，具有结构简单，施工方便的特点，但卡环圆角与活塞杆接触处存在应力集中的问题。水口电站转轮活塞杆上行时，应力达到了483.2MPa；而活塞杆采用25Cr2Ni4MoV，局部的许用应力为466.7MPa，卡环圆角处的应力集中已经大于活塞杆的许用应力。6号机活塞杆卡环结构发生过一次断裂，造成非计划停役的后果。

采用M580超级螺母连接，操作架底部安装硬质垫圈，圆螺母旋到位后，利用16根顶推螺丝进行预紧，具有预紧的力矩小，施工方便的特点。实际应用中，仍存在一定的问题。一是圆螺母把合深度约400mm，易发生咬死。因此，除做到螺纹表面干净、光滑、无毛刺外，要严格控制旋进速度，将圆螺母旋转到位就需要2h，费时费力。实际施工，螺纹咬死后往往不能旋出，要用气刨将螺母分半刨开，造成损失。二是受连接强度高的影响，顶推螺丝预紧力仍然偏大，仍需要液压扳手进行预紧，必须使用专用液压升降平台和千斤顶进行，施工风险仍然存在。

由于上述原因，水口电站结合机组增容改造，经研究，最终决定操作架与活塞杆连接结构采用电加热螺栓的形式，如图1所示。

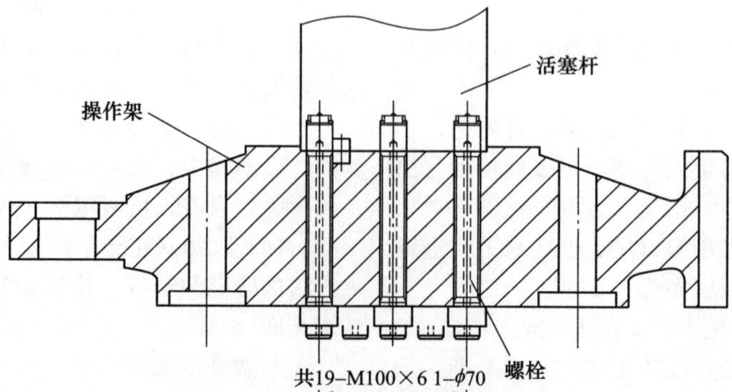

图1　电热拉伸螺栓结构图

在螺栓中心采用电加热棒的形式，先稍微预紧一下螺栓，架百分表，当螺栓加热到一定温度后，伸长值符合要求后，旋紧螺母。然后冷却即可。

由于螺栓孔的存在，将导致活塞杆部分区域的截面积变小，同时水轮机容量由 200 MW 上升至 235 MW，因此，将活塞杆尺寸变大，由原来的 ϕ670mm 更改为 ϕ750mm。

采用电加热杆拉伸，整体施工较简单，将 19 根螺栓依次旋到位后，分批次加热，拉伸到位后，旋紧螺母，冷却即可。采用的人力较少，施工现场相对安全。

（二）操作架与耳柄连接结构改进

操作架与耳柄连接采用 M210 的螺纹连接，需使用液压拉伸器进行拉伸。但转轮改造，由于泄水锥的整体尺寸变短了，转轮内部整体空间变小了，无法使用原螺母连接的结构。经研究，采用超级螺母的结构。该结构特点就是整体螺母厚度缩小了，能够满足实际空间的需求；且由于采用顶推螺丝的形式，预紧力分散到每个顶推螺丝后，仅用人工就能完成。改造前后结构如图 2 所示。

（三）操作架本体结构改进

由于操作架与活塞连接过程中，需要人员爬入操作架上部；但操作架与转轮体的距离过小，人员进出存在一定的安全隐患。因此，在操作架上设计对称的人员进出的通道，如图 3 所示。

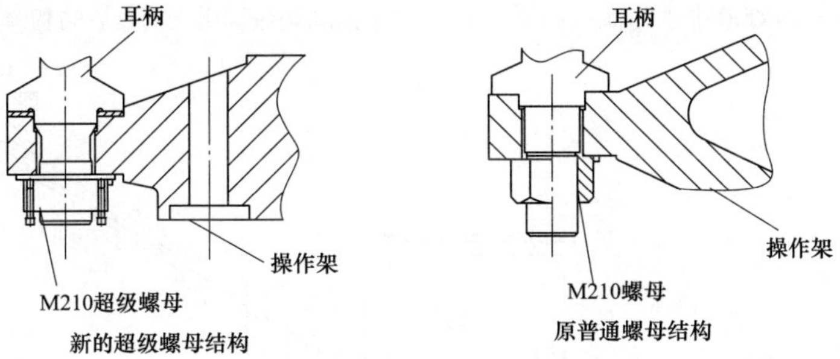

图 2　操作架连接耳柄结构改进

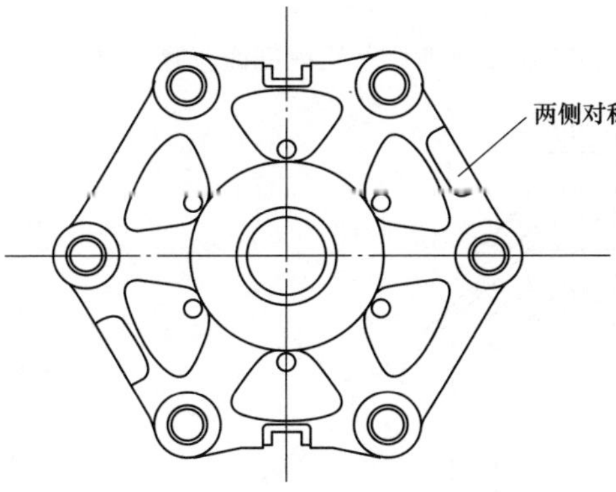

图 3　操作架改进图

（四）结语

改进后水口电站转轮操作机构在可靠性上有较大提升。更符合检修现场的实际条件，从而保证了转轮的安装质量，保障了机组的可靠运行。

（福建水口发电集团有限公司
林家洋　庄明　陈学仁
哈尔滨电机厂有限责任公司
陶红）

调流调压阀泄压装置在高水头水电站的应用

高水头水电站，有将富裕水流排向下游或生态放水的需求。这些排向下游的压力水具有很高的能量，存在较大的冲击力，对生态植被破坏非常大。为解决这些压力水的排泄问题，多数电站采用了在主管道上引岔管并在岔管末端安装锥形阀、减压阀，或使用冲击水轮机折向器，有的电站采用修梯形边坡以缓解压力水对山体的影响。但锥形阀自身无法消能；减压阀虽然可以减压，但大口径的产品规格不多，价格昂贵，无法满足水电站的需求；使用冲击水轮机折向器，无法起到消能作用，长期使用对折向器、尾水渠很不利；修梯形边坡会破坏山体植被，造价高。

针对高水头水电站在压力水排泄方面存在的问题，重庆精业水电设备有限公司充分利用多年来制作调压阀的经验，开发了专门用于高水头水电站并以调流调压阀为主设备的泄压装置。该泄压装置既兼顾了调压阀的节水式和耗水式两种运行方式，又能与系统分开单独用于压力水排泄。经粗略估算，该泄压装置可使水头损失大于85%，有效发挥了消能功能，成功解决了高水头水电站压力管道排水的泄压问题。仅在云南省内，就有云龙县表村电站（水头550m）、漾濞县六五河一级电站（水头450m）、漾濞县紫阳河一级电站（水头350m）、云龙县瓦窑三岔河电站（水头670m）以及兰坪县猴子岩电站（水头860m）等使用了该公司制作的调流调压阀泄压装置，取得了较好的效果，受到用户好评。

该调流调压阀泄压装置，由调流调压阀、闸阀装置、油压装置、控制系统、出水装置等组成。调流调压阀、闸阀装置安装在机组进水管的旁通管路上，如图1、图2所示。其中：闸阀装置用于检修调流调压阀时切断压力管道的来水；调流调压阀是泄压、消能的主设备，采用全油压控制，其控制方式有自动和手动2种；油压装置提供操作的压力油源；控制系统用于泄压装置的全部操控，可以现地操控，也可以远程控制；出水装置用于消除调流调压阀消能后的剩余能量。

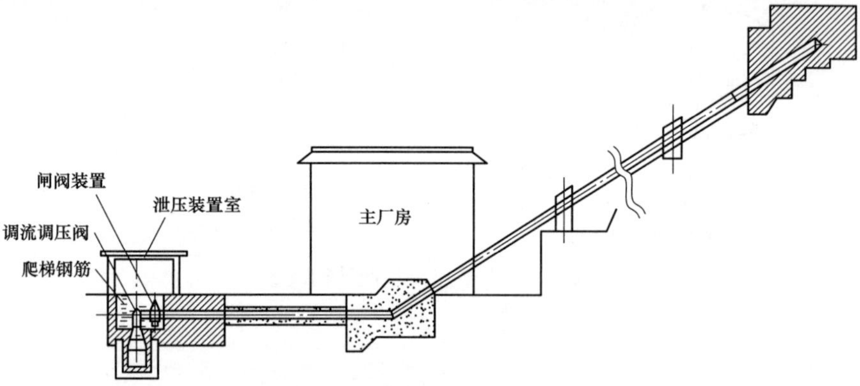

图1　调流调压阀泄压装置纵剖面布置示意

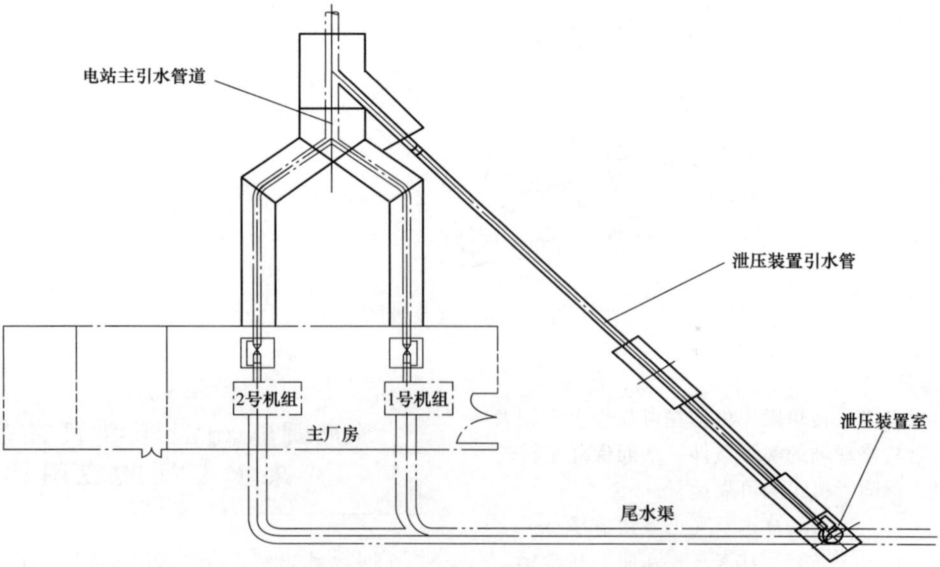

图2　调流调压阀泄压装置平面布置示意

（重庆精业水电设备有限公司　兰斌　席洋）

糯扎渡电厂降低机组推力轴承瓦温偏差的措施

糯扎渡电厂安装 9 台单机容量为 65 万 kW 的水轮发电机组，其推力轴承由多块瓦组成。投产运行以来，1～6 号机组的推力轴承，存在同一轴承各块瓦瓦温相差偏大问题，最高与最低瓦温偏差分别达到 5.8、7、10.3、6.6、5.8、6℃，均超过“精品机组”推力瓦最高与最低瓦温相差不大于 3℃的要求。因此开展了研究并采取措施。

同一推力轴承各块瓦的瓦温出现偏差，有多种因素，其中轴瓦受力不均和轴瓦上测温位置差异是主要因素。轴瓦受力调整在安装时有严格要求，而轴瓦上测温位置主要靠厂家制造加工保证，存在实际安装可能出现较大偏差问题。

导致测温位置差异的主要原因是测温孔加工精度不足、测温电阻固定螺纹孔与测温孔不同轴，且因测温电阻较长，固定部位（根部）较小的偏差，到测温有效点（顶部）偏差就变得比较大。推力瓦运行时温度场不均匀，测温电阻顶部与测温孔四周不同位置接触，测得的温度就不同，越靠近瓦面温度越高，由此引起测量偏差偏大。

为解决该问题，制作安装了测温电阻定位套，通过加装定位套保证各块推力瓦测温位置相同，从而消除位置偏差导致的测量偏差。如图 1 所示，定位套套设于测温电阻上，位置距离测温电阻顶部 20～30mm；定位套与测温电阻过盈配合，与测温孔内径留有 0.1～0.3mm 间隙，以保证各测温电阻安装时定位套相对位置不变。

定位套采用不易导热、不易腐蚀、不易变形的材料（如聚四氟乙烯）制作，如图 2 所示，其内径 D_1 应根据热电阻外径按公差等级 ZB11 设计，外径 D_2 应与测温孔内径留有 0.1～0.3mm 间隙，长度 L 应为测温电阻长度的 0.08～0.1 倍，或 20～30mm；两端宜设置倒角，便于安装；外表面设置圆槽、方槽或弧槽的导槽，利于测温孔内介质流通，且方便安装。

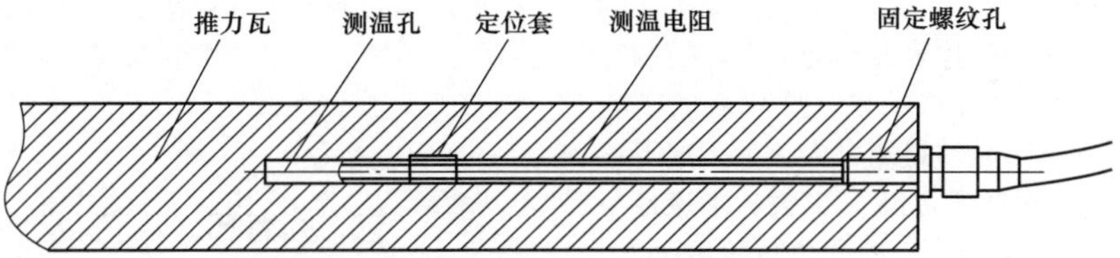

图 1　定位套安装示意图

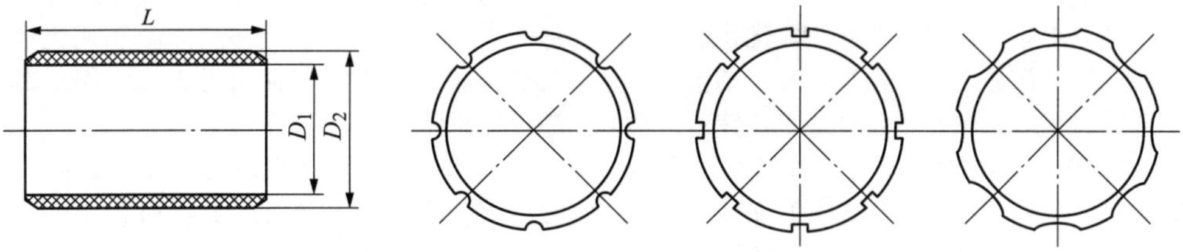

图 2　定位套结构示意图

采用加定位套安装测温电阻，可减少不必要的温差调控。糯扎渡电厂 1～6 号机组推力轴承，采用此措施，在不开展其他调整工作的情况下，瓦温温差分别降至 2.4、2.1、2.5、2.6、2.7、2.7℃，由原来的最大 10.3℃降至 2.7℃，避免了不必要的瓦温调整，节约资金约 300 万元。

（华能澜沧江水电股份有限公司糯扎渡电厂
张岗　张巍明）

灯泡贯流式机组四叶片改型为两叶片初步研究

有些四叶片灯泡贯流式机组的电站，在来水量较大时往往由于水头偏低而停机，造成水能资源巨大损失，对于部分汛期较长的电站尤其突出。针对这种情况，中国电建集团西北勘测设计研究院有限公司立项开展灯泡贯流式机组四叶片改型为两叶片的研究。现将初步研究情况简介如下：

（一）CFD分析

以某电站将原始的四叶片转轮其中两个对称叶片拆除，以剩下的两个叶片在超低水头下运行为例，委外对更换为两叶片转轮的水轮机水力性能进行了CFD分析。得出：

（1）将四叶片更换为两叶片，水轮机模型效率降低了9%，但两叶片转轮单位流量是四叶片的2.12倍。

（2）四叶片和两叶片水轮机的引水段、活动导叶以及转轮内的流动都比较顺畅，但是尾水管内的流动状态有所差异：在小流量工况，两叶片水轮机尾水管中心存在一个螺旋状水柱；大流量工况，四叶片水轮机尾水管中心形成一个没有旋度的水流带。

（3）两叶片转轮叶片表面流动分布与四叶片相似，流动分布均匀顺畅。

（4）在尾水管内形成与叶片数目相同的对称分布的低速区，两叶片时，低速区的影响范围已经从尾水管壁面处延伸至尾水管中间区域。

对两叶片转轮进行初步优化，尽可能地减少在叶片头部的冲击损失，平滑叶片表面压力分布，控制叶片出水边环量分布。CFD分析结果：优化后的转轮不同工况点的效率均有明显的提高：大流量工况下效率提高0.8%、最优工况效率提高1.64%、小流量工况效率提高3.58%。相对于优化前的单位参数分布，优化后各个工况点的单位参数均有所减小，但最大变化量仅为3.8%。

（二）模型试验

委外对上述某电站四叶片、两叶片、优化后的两叶片三个转轮在同一流道上进行模型试验，结果：

（1）四叶片直接减为两叶片，最优单位转速升高70r/min，最优单位流量增加750L/s，最优效率降低3.8%；两叶片优化后，较两叶片最优单位转速升高5r/min，最优单位流量增加50L/s，最优效率不变。

（2）在各运行水头下，两叶片最小临界空化系数都发生在10m水头，其对应的临界空化安全余量：优化前为1.38，优化后为1.45；当水头在6m及以下时，优化前后水轮机发95%最大出力时，临界空化安全余量都大于2。

（3）优化前后，最大出力范围内，最大压力脉动相对幅值都出现在3m水头，优化前为25%，优化后23%；优化前后，95%最大出力范围内，最大压力脉动相对幅值都不超过17%。

（三）两叶片转轮的结构与工艺实施方案

转桨式转轮所有叶片均由同一个接力器操作，接力器缸在油压作用下往复运动，带动4只连杆、拐臂操作相应叶片的开启、关闭。因此，转轮由四叶片改造为两叶片时只需拆去对称的两只叶片及其连杆、拐臂、枢轴等部件，封闭轮毂上的叶片孔，回装转轮各部件。转轮的操作油路不需要修改，反馈方式不需要修改，但改造后水轮机协联曲线需做调整。

（四）初步研究结论

（1）将四叶片灯泡贯流式水轮机通过拆除对称的一组叶片使其在两叶片转轮运行时，机组能够适应更小的工作水头以及更大的流量，但是转轮叶片空化性能较差，尾水管内的水流流态较差。

（2）采用优化后的两叶片转轮，其能量特性和压力脉动特性有了明显提升，可以很好地保证机组在汛期大流量工况下稳定、高效率运行，并能明显增加电站的发电量。

（3）四叶片机组将转轮叶片调整为两叶片，只需拆去叶片及其连杆、拐臂、枢轴等部件，封闭轮毂上的叶片孔，回装转轮新叶片等部件，转轮的操作油路及反馈方式不需要修改，结构改造简单易行，且造价相对低廉。

因此，采用专门设计的两叶片替代四叶片转轮，在汛期运行技术上和经济上是可行的。

（中国电建集团西北勘测设计研究院
有限公司　邓志勇）

老挝南欧江三级水电站水轮机参数设计

老挝南欧江三级水电站水库正常蓄水位360.00m，最大水头31.5m，最小水头12m，引用流量$900m^3/s$，装机容量210MW，保证出力47.38MW。其水轮机参数设计简介如下：

1. 型式选择　本电站的水头范围为12～31.5m，考虑贯流式水轮机多适用于25m以下水头，故不参与比较。结合本电站的开发特点，就轴流式（3×70MW）和混流式（3×70MW）两种机型作分析比较。轴流式转桨式水轮机空化系数较大，安装高程比混流式机组低，水下土建工程量较大；但单位流量比混流式水轮机高，额定转速高，采用混凝土蜗壳和尾水管，重量相对较轻，发电机尺寸也小，机组投资较少；调节性能好，更能适应本电站水头变幅大情况；叶片与轮毂分开运输，可满足陆路运输限制。而选用混流式，转轮直径将达到6.5m，需采用分瓣运输和现场组装。综上所述，推荐采用轴流转桨式水轮机。

2. 额定水头选择　拟定额定水头26.5m和27m两个方案进行比较。比较结果是：转轮直径D_1分别是6、5.95m，比转速分别为514.3、502.4，单台水轮机重量分别为480、475 t，单台发电机重量均为630。由此计算建筑工程（引水发电系统）投资分别为72284.17、72364.16万元，差值79.99万元；机电设备及安装工程分别为28999.78、28999.78万元，差值0万元；金属结构设备及安装工程投资分别为13163.14、13088.24万元，差值－74.90万元；可比静态投资分别为208972.23、208985.04万元，差值12.81万元；多年平均发电量分别为8.11、8.08亿kW·h，差值－0.03亿kW·h。两额定水头方案的H_{max}/H_r分别为1.19和1.17，从提高机组稳定性又不损失太多电能的角度来看，额定水头26.5m方案较优。从受阻情况分析，27m方案受阻时段多于26.5m方案，年发电量减少0.03亿kW·h。综上所述，本阶段推荐额定水头为26.5m。

3. 机组台数及单机容量选择　从机组制造和枢纽布置等方面考虑选择机组台数为2台（2×105MW）、3台（3×70MW）两个方案进行分析比较。比较表明：水轮机转轮直径分别为7.2、6.0m，制造技术上均是可行的；转轮轮毂直径分别约为3.6、3.0m，均可整体运输，其他部件可以分瓣运输，运输上不存在制约因素；多年平均发电量基本相同，系统吸收电量也基本相同；虽然2台方案可节省工程量和工程投资（1945.19万元），但从电站调峰运行角度考虑，3台方案更灵活，更能发挥电站的容量效益；从地质地形条件及水工枢纽布置看，两方案厂房布置均不会影响大坝下游坝脚和溢洪道的布置。综上分析，推荐机组台数为3台，单机容量为70MW。

4. 比转速和比速系数选择　根据深溪沟、凤凰谷、银盘、大峡、麒麟寺和越南开布等国内外相近水头段的轴流转桨式水轮机的参数统计，水轮机的比速系数K值介于2335～2910之间，平均比速系数为2636。本电站运行水头变幅大，H_{max}/H_r达到2.625，要求水轮机的高效区和稳定运行区尽可能宽，以保证运行效益和运行安全。经综合分析，比速系数在2350～2800之间选择，相应的比转速n_s为466.2～543.9（m-kW制）。

5. 同步转速选择　根据所选择的水轮机比转速范围，相对应的发电机同步转速可选取107.1、115.4r/min两个方案。经其主要参数比较，比速系数分别为2457、2647，考虑过机含沙量不大，可以选择相对较高的比速系数，比速系数2647既能达到国际国内先进水平，又不属于过高参数，较为合适；从经济角度分析，方案1与方案2比，机组重量重约360t、厂房长度长12m，机组和土建投资多。因此，机组额定转速推荐采用115.4r/min。

6. 单位转速和单位流量　根据制造厂资料，适合本电站的模型转轮最优工况单位转速在123.7～128.0r/min之间，单位流量介于0.973～1.25 m^3/s，推荐使用最大单位流量介于1.6～1.68m^3/s。根据有关资料，国内已有轴流转桨式机组的额定单位流量介于1.54～1.66m^3/s，额定单位转速介于128.7～146.0r/min，结合目前轴流转桨式水轮机技术现状与发展趋势，拟定南欧江三级水轮机最优单位转速为120～130r/min，额定点的单位流量为1.5～1.75m^3/s。

7. 效率　目前国内外性能较优的轴流转桨式水轮机模型转轮的最优效率已达93%，但片面追求过高的水轮机效率，将会对水轮机的综合性能产生不利影响。经综合分析，本电站轴流转桨式水轮机模型最优效率应不小于92.5%。

8. 空化系数　参考国内外相近水头段水轮机参数及模型转轮资料，本电站轴流转桨式水轮机模型转轮限制工况空化系数宜控制在0.55以内，相应的装置空化系数宜不大于0.63。

9. 机组安装高程　本设计阶段模型空化系数按0.55取值、系数K按1.15取值，经计算得吸出高度应不大于－7.1m。根据机组运行方式，设计尾水位按一台机流量确定，相应的尾水位为330.04m，初步确定机组安装高程为325.0m（导叶中心高程），相应的吸出高度值为－7.44m（计算至桨叶中心）。下阶段将按最新模型试验成果及机组厂家资料，进行进一步复核计算，最终确定安装高程和吸出高度。

10. 水轮机主要参数　型号ZZ514-LH-600，最大水头31.5m，最小水头12m，额定水头26.5m，额定功率71.8MW，额定流量300.0m^3/s，额定转速115.4r/min，额定工况点效率92.06%，最高效率93.5%，吸出高度－7.44m，比转速514.3（m-kW制），比速系数2647.4。

（中国电建集团昆明勘测设计研究院
有限公司　马伟栋）

水口电站水轮发电机主轴检修平台研制

水口电站水轮发电机为半伞式，其推力轴承支撑在顶盖上的推力支架上，无下机架及下导轴承，机组盘车需装临时导轴瓦。临时导轴瓦设置位置离推力油槽底部约0.5m，与推力支架进人口底部垂直距离有3m高，距水导轴承油槽盖近6m；装设调整时，需在推力支架内壁的槽口上搭设简单的木板作为作业平台，存在人员跌落及工器具坠落的危险。为了消除作业中的危险性，电站的检修分公司研制了一种翻转检修平台。

如图1所示，该检修平台采用12片翻转踏板，其中一片为起始片，作为上下平台的孔洞，可活动上翻；在上下平台孔洞位置设置上下用的爬梯，爬梯不用时可收起固定在推力支架内壁；每片踏板具有自锁、互锁功能，收起后紧贴推力支架内壁固定，不影响机组正常运转。

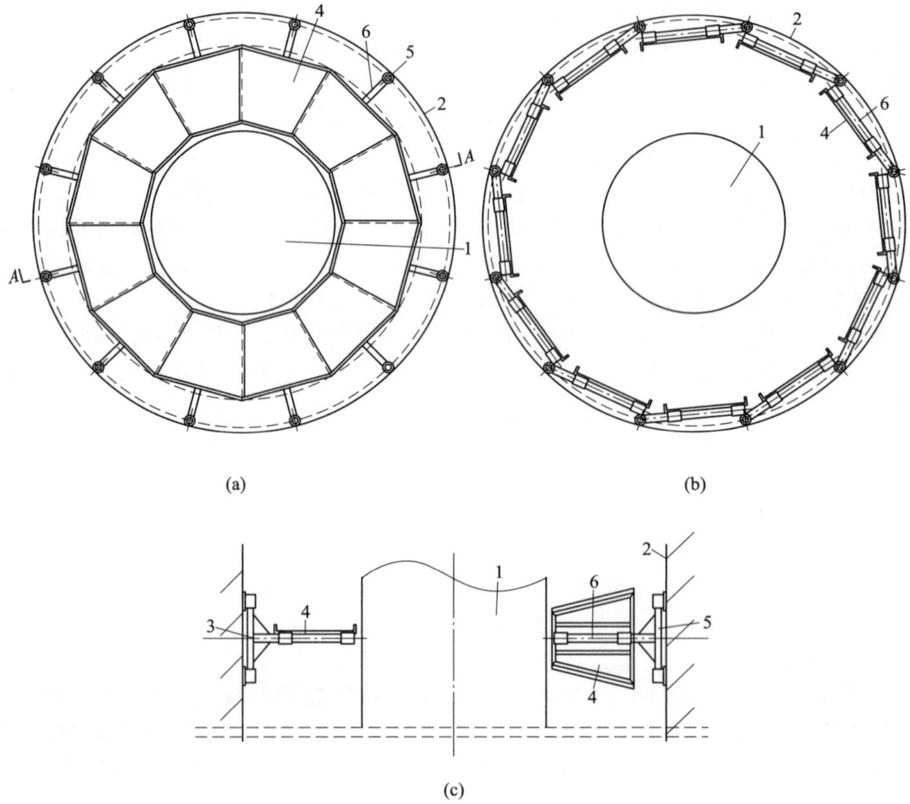

图1　翻转检修平台

(a) 使用时俯视图；(b) 未使用量俯视图；(c) $A—A$ 向的翻转示意图

1—主轴；2—推力支架；3—横竖转轴；4—踏板；5—竖轴；6—横轴

该主轴翻转检修平台未使用时，内、外圆弧边设有围边的踏板沿“T”字形横竖转轴的横轴翻转至竖直，并整体沿横竖转轴的竖轴翻转倚靠在推力支架内壁，呈切向状态收纳；使用时，踏板整体沿横竖转轴的竖轴翻转至呈径向状态展开，并沿横竖转轴的横轴翻转至水平，水平状态下的相邻翻转踏板之间相互衔接，上一踏板的连接延边搭靠在下一踏板上表面，用螺钉旋紧，形成一整体的、内外带有围边的环形检修平台，工作人员可站在上面检修作业。

研制的主轴翻转检修平台搭拆及使用便捷、安全，其应用显著提高了机组轴线调整安全性，大大减少作业人员的劳动强度。

（福建水口发电集团有限公司　王毅）

哈尔滨电机厂有限责任公司 2020年重点水电机组研制进展情况

2020年，哈电集团所属的哈尔滨电机厂有限责任公司（以下简称哈电电机）重点水电机组研制的进展情况如下：

（1）李家峡水电站改造工程首台机组实现全负荷稳定运行。哈电电机于2018年成功中标李家峡水轮机改造项目。2020年6月10日，该电站转轮改造首台机组（3号）顺利并网归调，机组振动、摆度等各项关键参数指标都呈现出理想的状态。开机试验阶段的结果表明，机组稳定性、效率、压力脉动等关键参数均大大优于改造前机组，实现了0～100%全负荷范围稳定运行的预期要求。这是哈电电机在混流式水电机组"全负荷稳定运行"上实现的又一个突破。

(2) 参与研制的国内最大轴流转桨式水轮发电机组投入商业运行。大藤峡水利枢纽工程电站安装的8台单机容量为200 MW的水轮发电机组，是目前国内最大的轴流转桨式水轮发电机组。2016年6月，哈电电机喜获该枢纽工程左岸厂房3台水轮发电机及其附属设备合同；2019年12月，业主再次将该电站右岸5台水轮发电机及其附属设备合同交与哈电电机，至此，哈电电机获得广西大藤峡电站全部8台水轮发电机的研制合同。为确保大藤峡机组工程质量及进度，哈电电机以"及时反馈、高效处理"为目标，畅通各方沟通渠道，建立了包括研发、设计、制造、安装、服务等多个环节在内的快速响应机制，在提升业主服务满意度的同时，全力做到了各阶段工作的有序无缝对接。在产品的设计、制造过程中，技术人员以用户需求为导向，持续开展设计优化与工艺改进，有效解决了机组上机架、下机架、转子支架和定子机座等重要部件刚度性能提升难题，成功攻克了转子支架加工、推力轴承瓦装配、推力挡油管加工易变形等一系列生产制造难点；实现首台转子焊缝一次检验合格率达99.93%，磁极挂装后整体圆度完全满足甚至超过优良标准；首台定子铁芯叠压系数被严格控制在0.97以上，比国标要求的系数0.96还要高。2020年4月，大藤峡水利枢纽工程左岸厂房首台水轮发电机组正式投入商业运行，标志着我国重点电站工程轴流转桨式水轮发电机组"智造"经受住了考验，再次实现了重大突破。

(3) 白鹤滩1000MW水轮发电机组研制．哈电电机承制其中8台机组，2020年10月，白鹤滩右岸水电站第二台转轮精准嵌入15号机组内的指定安装位置，顺利完成吊装。这是"世界首台实现零配重"的1000MW混流式机组长短叶片结构转轮。15号机转轮最大直径8.870m，总高度3.795m，总重338.2t，于2018年12月3日开工制造，2020年1月18日通过业主验收。该转轮不平衡力矩仅382.5N·m(39kgf·m)，远优于三峡集团提出的"不平衡力矩小于735.5N·m(75 kgf·m)"的验收标准。即，无需额外配重就达到了三峡集团精品转轮的标准。这在全球巨型机组转轮加工中尚属首次。

(4) 智能运维和三维智能应用项目：哈电电机持续进行远程诊断系统V2.0的开发工作，创新地在加强现有故障诊断中心系统功能的前提下，在电厂端前置了现场故障诊断系统，对现场大量数据的预先分析，可以有效提高系统的响应速度。先后获得丰满、敦化、董菁、丰宁等远程诊断开发合同。2020年8月，又成功中标雅砻江流域水电开发有限公司"水轮发电机组故障预测与智能诊断系统研究""水电站机电设备三维数据智能化应用系统研究"两个项目。这标志着哈电电机在国内水电市场智能运维和数字化应用领域取得新突破，推动我国电力装备制造向智能化、数字化转型升级迈出了坚实的一步。哈电电机着力于数字化、智能化领域，率先将水电机组设计机理与大数据、人工智能技术进行深度融合，开发出领先的水电机组智能运维和数字化平台，得到电站用户的青睐，下一步将进一步深化故障诊断方式，提高健康评估精度，通过智能运维和三维智能应用两个项目，推动雅砻江流域水电开发有限公司机电工程全生命周期的智能化和数字化水平迈上新台阶。

(5) 几内亚苏阿皮蒂首台机组投产发电。苏阿皮蒂水利枢纽是几内亚的重点工程，也是该国目前装机容量最大的水电站，被誉为"西非三峡"；其电站4台单机容量112.5MW的立轴混流式水轮发电机组，均由哈电电机制造供货。2020年11月，由哈电电机制造的苏阿皮蒂水利枢纽项目首台机组（1号）正式并网发电。试运行期间，机组运行状态稳定，温升、振摆等各项参数指标优良，完全符合设计及规范要求。首台机组实现了在0～100%额定负荷范围内的稳定运行，再次巩固了哈电电机"宽负荷稳定运行混流式水轮机研发技术"的国际领先地位；另外，机组水导轴承摆度最大值小于0.17mm，顶盖振动最大值仅为0.034mm，达到国际先进水平，受到了业主和专家的一致认可。

(6) 自主研制的阳江抽水蓄能机组核心部件——首台座环蜗壳成功发运。2020年6月，首台座环蜗壳成功发运，标志着国内单机容量最大的400MW、700m超高水头段的阳江抽水蓄能机组研制取得了阶段性胜利，为后续产品的顺利制造提供了宝贵的经验。该座环蜗壳是哈电电机为中国南方电网调峰调频发电有限公司提供的阳江电站机组埋件的核心部件，总高3.14m，最大加工回转半径6.79m；装配整体重量约276t，是哈电电机生产的最大重量的抽水蓄能机组座环蜗壳；座环蜗壳分两瓣制造，具有尺寸大、吨位重、精度要求高等特点。

(7) 哈电电机研制的丰满重建工程6台机组均实现全负荷稳定运行。2014年，哈电电机与丰满电站"再续前缘"，成功签订丰满重建工程全部6台单机容量为200MW的混流式水轮发电机组及附属设备制造合同。2020年9月25日，由哈电电机研制的第6台机组投入商运，至此，拥有"中国水电之母"称号的丰满水电站重获新生，实现全面投产发电。丰满重建工程6台机组，导轴承最大绝对摆度值均控制在0.10mm以内，且全部实现了"全负荷范围内稳定运行”，无可争议地实现了同类型机组国际领先。机组还被认定为黑龙江省重点领域首台（套）创新产品。与此同时，哈电电机自主研发的“丰满远程智能诊断系统”也成功上线，并通过了包括中国工程院院士顾国彪在内的中国电器工业协会委员会的鉴定。

（哈尔滨电机厂有限责任公司　刘保生）

黄河上游水电站机电现代化技术改造设计的一些做法

中国电建集团西北勘测设计研究院有限公司（以下简称西北院）在完成黄河上游水电站设计的同时，从1992年开始从事黄河上游水电站机电现代化技术改造设计，完成了刘家峡水电厂5号机组整体改造、开关站改造和青铜峡水电站技术改造等设计，正在承担刘家峡水电厂发电机组定子改造、李家峡水电站水轮机转轮改造、大峡水电站机组技术改造及增容、八盘峡水电站全厂技术改造和龙羊峡水电站全面技术改造等设计，取得取得了丰富的电站改造设计实践成果。电站技术改造设计不同于新建电站设计，现将西北院的一些做法简介如下：

（1）掌握机电设备现状，研究设备隐患成因。要做好电站技术改造设计，应全面详细了解电站机电设备现状及运行中所出现的问题，掌握电站机电技术改造拟解决的问题及拟实现的改造目标。如刘家峡5号机组为国内唯一的一台采用双水内冷的大型水轮发电机组，机组全面老化、长期达不到额定出力，要采用新技术，提高机组运行稳定性，容量由260MW提高至320MW；青铜峡水电厂主要设备为原苏联和我国20世纪60年代的技术水平，大部分设备技术水平低，质量差，已到更换年限，且已超期服役，自动化水平低下，需要从整体上提高技术水平，保证电厂安全、可靠、稳定的运行；李家峡水电站4台机组转轮长期存在叶片裂纹问题，虽经反复修补仍未得到根本解决，威胁电站安全运行，需有针对性的设计，开发出符合李家峡电站实际运行需要的水轮机转轮。了解后，就对造成设备隐患的成因进行研究，如对青铜峡电站水轮机转轮磨蚀过快成因进行了研究并给出了解决措施，对李家峡电站转轮叶片裂纹的主要成因进行分析提出解决措施。

（2）开展相关复核，系统全面设计。电站机电技术改造为一系统工程，不仅仅局限于机电系统本身，还涉及电站的水文复核、水能复核、将来运行方式预估等的方方面面。如李家峡电站，收集了2000～2014年水情日报表和2015～2016年水头出力，对其进行了统计分析并对电站将来的运行方式进行了预估，按照电站实际的水能参数及水轮机运行加权因子进行有针对性的计算，初估转轮改造后水轮机运行加权平均效率可提高约1.5%以上，利用现有水量年可增加发电量约1亿kW·h。

（3）应用最新水电技术，消除隐患技术领先。研究确定电站机电技术改造方案时，须应用最新水电技术，在消除隐患的基础上，提高电站运行安全稳定性和经济性、提高水能利用率，使改造后的电站焕发新机成为现代化的新型水电厂。同时，在进行电站机电技术改造设计时，应充分考虑我国风力发电、太阳能发电等新能源的快速发展，水电站的运行方式及作用已有所变化，已出现由过去的多发电向调节电网供电质量进行转变的趋势，要求在改造设计时应拓宽常规水电站水轮机的高效稳定运行范围。如李家峡电站水轮机转轮改造，研究发现在新能源大量建成后电站小负荷区运行增多，因此，提出“水轮机0～100%全负荷范围内稳定运行且加权平均效率高、综合用水效率提高”这一极具挑战的目标；并在黄河上游诸多电站中首次采用带模型转轮同台对比的招标方式，发包时又对叶片应力值和低负荷区压力脉动等指标提出了特殊技术要求。2020年6月，李家峡电站水轮机转轮改造首台机组（3号）成功并网发电，现场试验初步结果表明，运行稳定性、效率、压力脉动等关键参数均大大优于改造前机组，尤其在低负荷运行区域，收获到令人惊喜的良好效果，实现预期目标。

（4）适度超前设计，改旧貌换新颜。电站改造设计一方面应兼顾电站正常生产，尽可能少的影响正常生产发电，但另一方面，改造机会确实难得，对全厂的机电设备现代化改造应通盘考虑、统一实施，设计应适度超前。如八盘峡电站改造设计时，考虑其与盐锅峡电站相隔不远、且为同一业主，盐锅峡地处相对繁华的小镇，故将八盘峡中控室与盐锅峡合在一起进行设计，以实现将来八盘峡电站“关门电站”运行。龙羊峡水电站全面技术改造，按照智慧化电站进行设计，通过全面技术升级改造，使电站焕发新机成为现代化的新型水电厂，为国家黄河流域生态保护和高质量发展战略作出贡献。

（5）定期设计回访，制定改造规划，逐年进行实施。充分利用电站原设计单位的地利和人和，主动对已投运电站进行设计回访，了解电站设备现状及需求，制定电站机电技术改造规划及实施时间表，逐年进行实施。如对龙羊峡电站制定了全厂机电技术改造规划，现已进行该电站GIS技术改造施工设计，正在开展全厂技术改造设计。

（中国电建集团西北勘测设计研究院有限公司　张军智
青海黄河水电公司拉西瓦发电分公司　王新刚）

电　　气

绩溪抽水蓄能电站机电控制系统核心设备实现国产化

绩溪抽水蓄能电站共安装了6台单机容量为300MW的抽水蓄能机组，是我国目前采用国产机电设备的最大抽水蓄能电站，其全站计算机监控系统、水轮机调速器、发电机励磁装置、继电保护、静止变频启动装置（SFC）等机电控制系统核心设备全部由南瑞集团有限公司（以下简称南瑞）制造。该电站首台机组于2019年12月投产；2020年12月20日，在已有5台机组投产基础上，最后一台机组并网发电，电站全部国产核心设备都成功投运。这表明南瑞继2011年响水涧抽水蓄能电站机电控制系统全国产化后取得又一重大突破。

南瑞对绩溪电站机电控制系统核心设备的国产化，在响水涧设备国产化基础上，又取得了多项创新型成果。计算机监控系统采用了南瑞自主知识产权的MB80系列高端可编程控制器（PLC）。南瑞静止变频启动装置首次在新建电站中获得应用。尤其是水轮机调速器，电气柜采用了双冗余控制器及智能切换单元架构，增加了与监控系统的以太网通信、IRIG-B码对时，实现了调速系统实时录波、在线监测、故障诊断等；软件提出了加速度关联转速偏差的闭环控制策略，发明了转速双微分PID控制技术和智能启动策略，攻克了可逆式机组启动过程流量和转速强非线性变化影响机组快速并网的技术难题，与进口系统相比，机组启动并网速度提高20%以上；还配置了“黑启动”和“联网”工况下的优化参数以及切换策略，针对可逆式机组研制了专门的导叶分段关闭装置，满足水轮机和水泵两种工况下的过渡过程调节，极大提高了系统对电网频率响应的快速性、稳定性。

绩溪抽水蓄能电站水轮机工作水头达650m，容量300MW，已属于超高水头和大容量可逆式机组，配套控制系统的设计和制造均属世界级水平。早期我国在这一领域的设备一直依赖进口。绩溪抽水蓄能电站的成功投产，标志着我国已全面掌握了超高水头、大容量、高转速可逆式机组控制系统制造和设计技术。这对满足我国抽水蓄能大规模建设，提升我国高端电工装备的自主创新能力和竞争力具有重要意义。

（南瑞集团有限公司　蔡卫江
初云鹏　施海东）

天池抽水蓄能电站500kV高压引出线的设计特点

天池抽水蓄能电站位于河南省南阳市，装机4台，单机容量300MW；以500kV一级电压接入系统，出线2回。其500kV高压引出线设计情况简介如下：

（一）选型

该电站发电电动机与主变压器组合采用2台机联合单元接线，每回500kV高压引出线输送容量为2台主变压器容量720MVA，持续额定电流873A。主变压器布置在地下洞室内，500kV GIS布置在地面开关站。

主变压器与开关站之间的500kV高压引出线可采用XLPE绝缘电缆或气体绝缘金属封闭输电线路（GIL）。如采用GIL，其最小输送容量（3150A）与一个联合单元的容量720MVA不匹配，未充分发挥其输电能力；另外，GIL比XLPE绝缘电缆价格要贵，无经济优势。如采用XLPE绝缘电缆，可采用国内外有制造、安装及运行业绩的且截面面积为800mm^{2}的铜芯电缆。故该工程500kV高压引出线采用XLPE绝缘电缆。

（二）设计条件及现场交流耐压试验

1. 设计条件　2回500kV电缆从高程457.60m的地下GIS终端室，沿500kV高压电缆竖井和高压电缆平洞引到地面GIS电缆室，再与地面500kV GIS连接。500kV电缆在竖井和平洞内均靠墙采用蛇形敷设。电缆竖井高差约99m，电缆平洞长度约650m，1号电缆单相长度约950m，2号电缆单相长度约1000m。

本电站500kV电缆，应适合高差约99m的电缆竖井敷设条件，并在每根电缆的两个终端附近设置预留段，预留段的长度按制作2个电缆终端的长度设计；同时要求每根单相电缆应为整根，不允许带中间接头。

2. 现场交流耐压试验　根据IEC62067《额定电

压高于150kV（U_m=170kV）低于500kV（U_m=550kV）的挤包绝缘电力电缆及其配件 检测方法和要求》，安装后的500kV电缆交流耐压试验电压为320kV或1.7U_0，加压持续时间1h；也可取试验电压U_0，加压持续时间24h。根据GB 50150—2016《电气装置安装工程 电气设备交接试验标准》，试验电压为1.7U_0或1.1U_0，加压持续时间1h；不具备条件或有特殊规定时可采用施加正常系统对地电压24h方法代替交流耐压。由于目前500kV XLPE绝缘电缆试验还没有统一的正式的标准，因此招标文件规定安装后的交流耐压试验为1.7U_0即493kV，加压持续时间1h。

（三）主要技术参数

天池抽水蓄能电站500kV XLPE绝缘电缆型号为ZC-YJWL03-Z，主要技术参数见表1。

表1 500kV电缆主要技术参数表

额定电压U_0/U（kV）	290/500
最高工作电压（kV）	550
额定频率（Hz）	50
导体截面面积（mm^2）	800
导体材料	铜
持续最大容量（MVA）	720
持续额定电流（A）	873
系统三相短路电流/持续时间（kA/s）	63/1
系统单相短路电流/持续时间（kA/s）	50/1
电缆导体允许短路电流/持续时间（kA/s）	81.77/2
电缆金属套允许短路电流/持续时间（kA/s）	85.35/2
电缆的雷电冲击耐受电压（峰值）（kV）	1675
电缆的操作冲击耐受电压（峰值）（kV）	1240
绝缘厚度（mm）	34
电缆总损耗（W/m）（三角形敷设/平行敷设）	33.4/33.8
电缆最小弯曲半径（m）（敷设/运行）	3.03/2.27
电缆最大允许载流量（A）（三角形敷设/平行敷设）	1147/1252
电缆单位重量（kg/m）	24.5
电缆外径（mm）	515.5

（四）结构特点

导体采用铜导体，紧压圆形结构，截面面积为800mm^2。导体屏蔽层由半导电包带和挤包半导电层组成，紧靠绝缘层的那一层与绝缘层一起挤压形成，材料采用超光滑半导电屏蔽料。

绝缘材料采用超净化交联聚乙烯（XLPE），XLPE绝缘由全干式交联工艺生产，导体屏蔽层、绝缘层、绝缘屏蔽层三层一次同时挤压成型。绝缘厚度34mm，绝缘屏蔽层为挤包半导电层。

绝缘屏蔽和金属护套之间为缓冲层，具有纵向阻水功能。材料为半导电丁基胶缓冲带、半导电缓冲阻水带和半导电铜丝屏蔽带。金属护套采用焊接皱纹铝护套。外护套采用高压电缆黑色阻燃聚乙烯（PE）材料护套，挤压成型。

（五）电缆终端

本工程电缆终端现场制作，采用干式结构。其导体出线杆，材料为铜，截面面积800mm^2，与电缆导体连接采用压接方式；应力锥材料为三元乙丙橡胶（EPDM），预制式结构；环氧套管材料为环氧树脂，也采用预制式结构；整个终端重200kg。

（中国电建集团中南勘测设计研究院有限公司 陈冶修 叶笑莉）

绩溪抽水蓄能电站发电电动机内部故障主保护配置

绩溪抽水蓄能电站安装6台单机容量300MW的

混流可逆式抽水蓄能机组。为确保发电电动机的安全运行，必须正确决定其主保护配置方案。

（一）发电机内部故障类型和数量

绩溪发电电动机定子绕组时间可能存在的内部短路如下：①定子槽内上、下层线棒间短路共252种；②定子绕组端部交叉处短路共4068种。

由于采用的是叠绕组，每个分支集中分布于电机内圆的某一区域，同相的4个分支沿电机内圆连续分布，使得定子绕组实际可能发生的内部短路中同相不同分支匝间短路所占比率很小。

（二）发电机内部故障主保护方案的选择

由于各种主保护方案均存在各自的保护死区，需按照“优势互补、综合利用”的设计原则来制定绩溪发电电动机的主保护方案，以达到对发电机内部故障保护范围最大的目的。

为兼顾定子绕组短路和机端引线短路，主保护配置方案中必须包括横差保护和纵差保护，以形成“一横一纵”的初步格局；总结已有的偶数分支水轮发电机的设计经验，主要考虑“完全裂相横差＋不完全/完全纵差保护”两种初步格局。

1. 设计方案　为1套零序电流型横差保护＋1套完全裂相横差保护＋1套完全纵差保护，其动作情况见表1。

2. 实际配置方案　为1套完全裂相横差保护＋1套完全纵差保护，其动作情况见表2。

表1　主保护传统设计方案动作情况

故障类型	定子绕组分支引出组合形式	2种主保护均不动作	只有1种主保护动作	2种主保护都动作
同槽故障数	12-34	0	2	250
	13-24	0	0	252
	14-23	0	2	250
端部故障数	12-34	0	102	3966
	13-24	0	42	4026
	14-23	0	108	3960

表2　主保护实际配置方案动作情况

故障类型	定子绕组分支引出组合形式	2种主保护均不动作	只有1种主保护动作	2种主保护都动作
同槽故障数	12-34	0	144	108
	13-24	0	144	108
	14-23	0	144	108
端部故障数	12-34	0	764	3304
	13-24	0	766	3302
	14-23	0	770	3298

3. 主保护配置方案说明

结合绩溪机组定子绕组形式所决定的故障特点，通过上述两个主保护配置方案比较，已表明设零序电流型横差保护对保护死区的减少没有任何帮助。

零序电流型横差保护属单元件横差保护，由具有谐波抑制功能的瞬间动作交流过流继电器构成。用于监视匝间短路引起的中性点并联分支间的不平衡电流，采用P级电流互感器，对暂态传变无要求。而分支和相电流互感器均为TPY级电流互感器，通过增大铁芯截面面积来保证暂态传变误差小于10%，从而有效地避免了裂相横差和完全纵差保护在区外故障暂态过程中的误动作。并且TPY级电流互感器对屏蔽绕组的设计有严格的要求，可以有效避免相邻导体漏磁场的影响，从而保证了电流互感器自身的运行安全，

通过取消零序电流型横差保护，可以减低CPU的负荷率，对于微机保护装置的正常运行是极为有利的，还可为其他异常工况保护的计算赢得时间。因为微机保护装置要求在每两个采样间隔之间就要对所有的主保护计算一遍，如果主保护配置得过于冗余，一方面导致CPU负荷率上升，影响到保护装置的正常工作；另一方面使得定子接地等异常工况的计算间隔越拉越长，对于发电机的安全运行也是不利的。假如

能早一点发现定子接地故障并及时切除，就可以把破坏严重的匝间或相间短路消灭在萌芽状态。

（三）结语

综上所述，绩溪电站发电电动机内部故障主保护取消了抽蓄机组普遍配置的零序电流型横差保护，按1套完全裂相横差保护+1套完全纵差保护的方案配置，满足发电电动机内部故障主保护的要求。1号机组和2号机组分别于2020年1月和5月投入商业运行，自投运以来，运行正常。

（中国电建集团华东勘测设计研究院有限公司　潘涵斌）

乌江渡发电厂水轮发电机组逆功率保护的应用

发电机是向电力系统输送有功功率的电气设备，如果出现系统向发电机倒送有功功率，即发电机变成电动机运行，就是逆功率异常工况。逆功率运行会对发电机的原动机造成伤害，因此，宜装设逆功率保护。但GB 14285—2006《继电保护技术规程》中未对除抽水蓄能以外的水轮发电机是否应装设逆功率保护作明确说明，我国许多水轮发电机未装设逆功率保护。

乌江渡发电厂位于贵州省遵义市，装设5台单机容量为250MW的水轮发电机组，在贵州电网中肩负着调频、调整黔粤潮流负荷曲线的重任。该厂5台发电机配置国电南自生产的DGT801U-C数字式发电机保护。考虑调速器故障以及某些人为因素可能造成逆功率运行，为避免逆功率运行对水轮机导叶造成伤害、避免逆功率运行可能发生的机组振动摆度加大对安全运行的影响，有效保护水轮发电机组，2019年4月乌江渡发电厂增设了逆功率保护功能。

该逆功率保护，采集机端三相电压与机端三相电流计算有功功率，经逆功率元件动作后出口。当发电机吸收有功功率大于整定值时，经短延时 t_1 发信号，长延时 t_2 作用于机组解列。现以其4号机组为例，对逆功率保护定值计算简介如下：

1. 整定计算依据　本次计算按照贵州中调下发的系统短路容量通知单进行整定计算，其中在以下各点故障时系统短路阻抗分别如表1所示（100MVA容量下）。

表1　短路阻抗图

母线名称	阻抗类型	阻抗数值	连接变压器方式
乌江新厂220kV母线系统侧	最大方式正序	0.0158	乌新4号变压器；乌新5号变压器停运
	最大方式零序	0.0335	
	最小方式正序	0.0283	
	最小方式零序	0.0585	
机变零序分支	最大零序分支	3.3776	

系统最大运行方式选择为4、5号机全开，最小运行方式选择为4号机组开、5号机组停。

2. 计算原始参数　4号发电机型号为SF250-40/10800，额定容量 $S_N=285.7$MVA，额定功率 $P_N=250$MW，功率因数 $\cos\varphi=0.875$（滞后），额定电压 $U_N=15.75$kV，额定电流 $I_N=10473$A；纵轴同步电抗 $X_d=1.01217$，纵轴暂态电抗 $X'_d=0.241$，纵轴次暂态电抗 $X''_d=0.192$，横轴同步电抗 $X_q=0.59636$，横轴瞬变电抗 $X'_q=0.59636$，超瞬变电抗 $X''_q=0.23$，负序电抗 $X_2=0.2105$，发电机两端电流互感器：12000/1，发电机中性点（横差用）电流互感器：3000/1，发电机机端电压互感器：$\frac{15.75}{\sqrt{3}}/\frac{0.1}{\sqrt{3}}/\frac{0.1}{3}$kV。

3. 基准值、标幺值计算　取 $S_j=100$MVA、$U_j=U_{av}$，得：

I_j（15.75kV侧）$=S_j/(U_j\times\sqrt{3})=100\times10^3/(15.75\times\sqrt{3})=3665.7$A

I_j（220kV侧）$=S_j/(U_j\times\sqrt{3})=100\times10^3/(230\times\sqrt{3})=251.02$A

各设备阻抗参数折算到统一基准值下的标幺值计算为：

$$X^*_{发电机}=X_{d''}\cdot S_j/S_N=0.192\times100/285.7=0.0672$$

4. 整定值计算　逆功率保护定值（电流互感器变比12000/1A=12000A时）为：动作功率 $P_{op}=-5.662$W；发信动作时间 $t_1=2$s，跳闸动作时间 $t_2=5$s。

其中动作功率 P_{op}，按南方电网Q/CSG 1204025—2017《大型发电机变压器继电保护整定计算规程》，计算为−5.662W；按《DG/T 801U系列数字式发电机变压器组保护装置技术说明书》，取值范围为−7.938～0.661W；按DL/T 684—2012《大型发电机变压器继电保护整定计算导则》规定，取值范围为−2.64614～0.661W；综合考虑取 $P_{op}=-5.662W$。

（乌江渡发电厂　令狐娇龙）

南瑞集团新一代监控系统在大藤峡水利枢纽工程成功应用

大藤峡水利枢纽工程位于广西自治区桂平市，工程任务为防洪、航运、发电、补水压咸、灌溉等综合利用；其电站安装8台单机容量为200MW的轴流转桨式水轮发电机组，采用了南瑞集团有限公司自主研发的SSJ-3000计算机监控系统。该计算机监控系统为南瑞集团有限公司研发的新一代监控系统，上位机为NC2000（V3.0）监控软件，下位机为SJ－600现地控制单元，按无人值班（少人值守）设计，采用了冗余化的设计和开放式系统结构。2020年4月28日15点36分，大藤峡水利枢纽工程首台机组顺利通过72小时试运行，正式投产运行。这标志着南瑞集团新一代监控系统在大藤峡水利枢纽工程应用成功。

南瑞公司研制水电计算机监控系统具有丰富的经验。此次广西大藤峡水利枢纽工程首台机组顺利完成72小时试运行，是南瑞计算机监控产品和技术在红水河流域继平班、龙滩、岩滩、大化、百龙滩、桥巩等电站后，在红水河流域上的又一次成功应用。面向市场和产业发展，南瑞集团有限公司将坚持自主创新，不断攀登技术更高峰，继续深化研究智能水电站计算机监控系统技术并尽快应用于实践，为我国水利水电事业的发展做出新的贡献。

（南瑞集团有限公司　蔡宇辉　袁帅）

惠州蓄能发电有限公司应用Excel VBA编程提升机组运行数据分析能力

惠州蓄能发电有限公司（简称惠蓄公司）通过Excel的VBA编程导入机组运行事件日志，提升数据分析能力。

惠蓄公司机组运行时会生成大量事件日志（eventlog），一天产生的eventlog可达10万条。运行人员需要从中剔除错误、无用信息，转换成有价值的信息，进行分析机组状态和事故事件处理。为了便于从巨量日志数据中挑选有价值的eventlog信息，提升数据分析效率，惠蓄公司通过Excel的VBA编程开发一款机组运行数据分析小工具。

该工具通过Excel的VBA编程实现自动从服务器导入事件日志，进行数据初步处理，最后进行数据分析，生成结果并制表。具体流程如下：①用户打开Excel表格并启用宏，选择导入工况（通过机组流程确定相应的PID）与时间段，点击“导入”，缩减打开网页的时间和手动筛选相应的eventlog；②通过用户的选择生成相应的url，使用VBA的xmlhttp方法访问eventlog网址发送get请求，获取相应的eventlog数据并保存至Excel表中；③进行排序，删除错误数据，进行初步数据处理，剔除错误数据；④用户点击计算，即可生成新的表格（sheet），然后将数据进行计算并制折线表。

本工具是带编程的Excel表，大小不到1MB，打开即可以使用，无需安装，呈现结果也是Excel表，便于处理之后数据的再利用。现惠蓄电厂通过该工具进行其8台机组球阀数据分析与机组压水调相性能的数据分析，事故处理可快速分析，查看历史阀门、开关刀闸、流程时间的变化趋势，给事故处理人员提供相关数据。

（惠州蓄能发电有限公司　吕凯）

南瑞水电公司计算机监控系统在乌东德水电站首批机组成功应用

乌东德水电站左、右岸地下厂房各安装6台单机容量为85万kW的混流式水轮发电机组，总装机容量1020万kW，是当今世界第七大、中国第四大水电站，也是世界现役单机容量最大的水轮发电机组。该电站采用南京南瑞水利水电科技有限公司研发的NARI IMC计算机监控系统。2020年6月29日，乌东德水电站首批机组投产发电大会顺利召开，左岸电站6号机组、右岸电站7号机组顺利通过72小时试运行，正式投入商业运行。这标志着南瑞水电公司计算机监控系统在乌东德水电站首批机组应用成功。

NARI IMC计算机监控系统，突破性地在巨型水电站监控系统中首次全面采用国产服务器、国产操作系统、国产数据库以及国产二次安防设备；整个系统采用分布式架构，全面支持异构平台，采用全新的冗余机制与实时数据库设计，系统建立了关键应用的负载均衡机制，全面提升了监控系统的实时性、安全性和可靠性。它在乌东德水电站的成功应用，为首批机组投产发电并进入商业运行提供了关键的技术支撑，对巨型水电站计算机监控的自主可控设计实施提供了借鉴，树立了水电行业的新标杆。

（南瑞集团有限公司　刁东海　袁帅）

福建沙县智慧水利信息平台的设计

福建省沙县水利局为提升业务管理水平及效能，建立了智慧水利信息平台，并于2019年投入试运行。长江水利委员会长江科学院承担了该平台设计，现将有关设计情况简介如下。

（一）总体设计

该平台在充分整合现有的水利信息化硬件设施与软件系统的基础上，力求搭建一套完整化、标准化、结构化的水利信息平台架构体系，包括数据存储层、数据管理层、服务层、接口层、认证层、应用层和运营管理层等。其中：①数据存储层包括工程项目数据、空间数据、水文数据、水雨情数据、水土保持数据、水资源数据等；②数据管理层有元数据编辑、数据导出、数据转换、数据更新、数据修改、数据入库等；③服务层通过数据及信息服务引擎实现对外部数据的服务功能；④接口层包括工程数据服务接口、空间数据服务接口、水文数据服务接口、水雨情数据服务接口、水土保持数据服务接口、水资源数据服务接口等；⑤认证层通过项目设计的统一的用户管理及认证机制实现对用户的统一安全管理；⑥应用层包括智慧水利一张图、水资源管理子系统、水利工程管理子系统、采砂管理子系统、水利视频管理子系统等；⑦运营管理层主要包括安全管理、服务管理、日志管理、统计分析等。

（二）关键技术

为解决智慧水利信息平台的可视化、数字化、信息化、智能化，采用许多新技术。主要关键技术如下：

(1) 为解决分布式部署系统的服务器端与客户端之间的互联互通问题，基于网络地理信息系统(WebGIS) 技术实现Internet环境下的空间信息管理及发布，使得用户可以通过浏览器访问不同服务器上发布的空间数据，并进行各种空间检索及分析。

(2) 为免去开发网页专用渲染插件的麻烦，利用网络3D绘图协议（WebGL)，创建具有复杂3D结构的水利工程模型页面，实现基于Web浏览器的三维系统开发及跨平台应用。

(3) 为实现跨平台自适应、解决页面兼容性问题、简化后台开发，基于Bootstrap开发前端框架，使得一个页面可以在不同终端设备、不同分辨率下自动调整页面布局，以达到最优客户端显示效果，并基于SpringBoot开发后端框架，实现开发与维护的分离，避免整体升级带来的麻烦。

(4) 为解决水雨情等水利大数据可视化交互问题，基于ECharts提供直观、生动、可交互、可个性化定制的数据图表，大大增强用户体验。

（三）功能设计与实现

1. 水利一张图子系统　能够最大化提升各类水利业务数据成果的利用率及直观性，通过将不同格式数据所需的地理信息服务（图形浏览、定位查询、空间分析等）、属性查询、统计分析、专题图件发布等服务加以封装，建立标准的数据共享服务机制，实现专题业务模块的服务化、组件化、模型化管理，以信息化带动管理精细化，从而实现信息共享、数据共享和业务共享。

2. 水资源管理子系统　实现了取水许可、水功能区、水库水源地、水利风景区、水厂、渠道及水资源费征收等业务的精细化管理，建立了物联网络，完善了水资源实时监测及生态下泄流量监控，设备通过物联网将采集的数据传递到终端平台进行智能计算，实现对目标的监测预警，进而提高水资源监管能力。

3. 水利工程管理子系统　实现了项目管理、资料管理及资金管理等功能，从而提高用户的工作效率和管理水平。

4. 采砂管理子系统　是采用北斗卫星导航、传感器、无线传输数据（GPRS）、数码摄像（DC）、Web、数据库和地理信息系统（GIS）等技术，针对沙县管辖区域内河道采砂船动态监控的需求，从河道采砂管理部门的实际出发，设计的基于WebGIS的数字信息采集、处理、传输、存储、可视化及输入输出的软硬件技术平台。系统的运行将为河道管理提供便利，全方位改善河道采砂管理，提高河道采砂管理工作的效率。

5. 水利视频管理子系统　利用宽带网络将独立、分散的视频监测点位进行联网，实现同网段、跨区域的统一监控、统一存储、统一管理以及资源共享，为管理决策者提供一种扩大视觉和听觉范围的直观管理工具，实现可视化监控和调度，使生产、调控运行更为高效、更为安全。

（四）创新点

沙县智慧水利信息平台的建立，促进了水利信息化的发展、提升了水利行业监管能力，其设计的主要创新点如下：

(1) 将水利数据信息进行了数字化整合，实现对信息数据和业务的统一管理与三维应用展示，进一步奠定水资源精细化管理的基础，提高信息共享和综合应用水平。

(2) 采用人工智能、物联网技术对重点监控点、重点区域进行智能监控，对超过警戒值的区域进行告警提示，使管理者可以及时、快速、高效地处理应对和指挥调度。

（长江水利委员会长江科学院
徐坚　徐健　李国忠　肖潇）

高坝洲工区城池口变电站配电系统优化改造

高坝洲城池口变电站于 1995 年 10 月正式投运，当时为高坝洲水电站建设施工供电；2004 年经设备改造后作为高坝洲工区供电电源、高坝洲水电厂厂用电备用电源和高坝洲水电站自备电厂上网通道，由湖北清江水电开发有限责任公司水电公司（以下简称水电公司）管理运行。

该变电站 6kV 配电系统，最早的开关柜为湖北开关厂 1994 年生产的 KNY_1-10 型，在运行期间进行了小改造，分批次新增了天水长城低压电器厂和西安高压开关厂生产的同类型开关柜，故出现了同类型设备多种不同供货厂家。由于部分设备停产，无备件可用，导致检修维护工作十分困难。2019 年 12 月对变电站 6kV 设备预试，检查发现城高线 616 断路器耐压前后绝缘电阻明显降低，试验不合格；城 1 线 611 开关灵敏度不合格。

除此之外，2004 年改造将原来两台 5000kVA 变压器更换为 1 台 10000kVA 变压器。如图 1 所示，新变压器连接 4 号母线，高坝洲水电站自备电厂两台小机组可上网送电；但该自备电厂 1 号机组上网需要先经过 5 号母线再到 4 号母线才可完成上网。因此，当 4 号母线发生故障或者需要停运检修时，自备电厂 1 号机组就无法上网送电；电网电能也不能送至工区，实际运行方式为单母线运行，供电灵活性，可靠性差。

基于以上原因，水电公司经研究决定，对城池口变电站进行“三母线”供电改造和设备更新。

改造后“三母线”方案的母线接线见图 2，2 号主变压器由 62 断路器原来直接连接 4 号母线改为直接连接新增的 3 号母线，4 号母线、5 号母线分别由 60、61 断路器连接至 3 号母线。这样，4 号母线 5 号母线实现了分列运行，可单独上网；重要用户从不同分段母线引出两回馈线，由两个电源供电，任一条母线发生故障（或检修）时，非故障（检修）段母线仍可继续工作，供电灵活性与可靠性大大提高，扩建也更加方便，满足城池口变电站未来 30 年发展扩建需求。

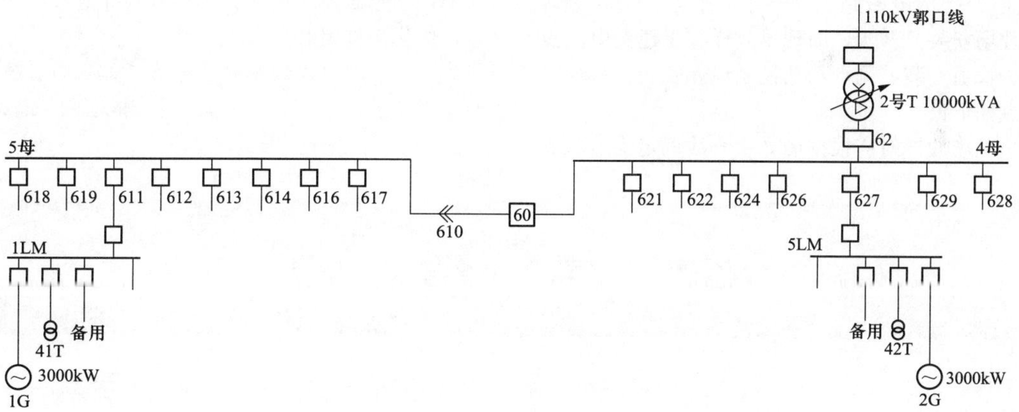

图 1　改造前母线接线

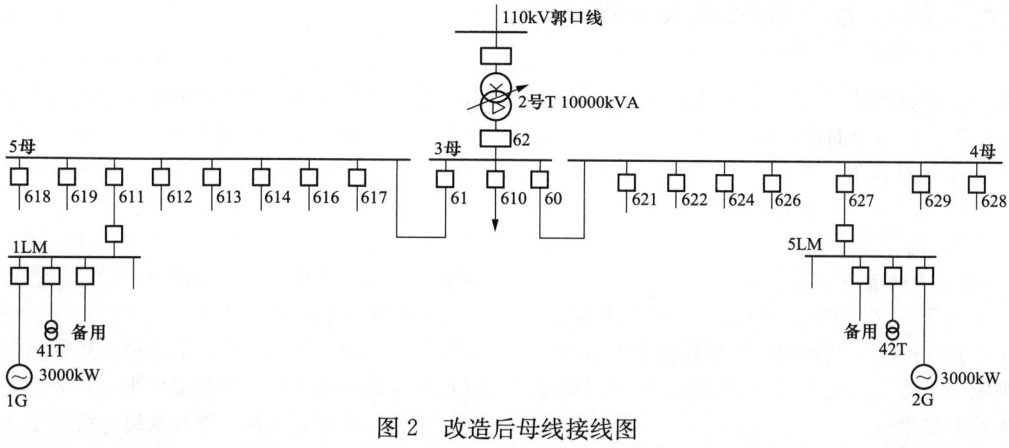

图 2　改造后母线接线图

这次改造对设备进行了更新，开关柜都更换为盛隆电气生产的KYN28A-12型，柜内断路器为西门子公司生产。

城池口变电站6kV配电系统改造于2020年12月完成，达到设计预期。

（湖北清江水电开发有限责任公司
雷旭欢 彭再成）

丰满水电站大坝真空激光准直系统的现场安装要点

丰满水电站全面治理（重建）工程新建碾压混凝土重力坝，坝高98m，坝顶高程296.50m；为监测其变形，共设3条真空激光准直系统，2条在基础廊道，1条在坝顶。廊道2条设在左右岸挡水坝段，每个坝段中间设1个测点，共12个测点；坝顶为1040m超长真空激光准直系统，分56个坝段，左岸1号坝段为接收端，右岸56号坝段为发射端，其余54个坝段各设1个测点。

真空激光准直系统主要由发射端、真空管道、测点箱（波带片）、电磁阀、真空泵、水箱、接收端等组成。现场安装分5步，即现场放样、土建支墩测点墩浇筑、管道安装、测点箱及控制单元安装、管道检漏，要点如下：

（1）现场放样时应根据激光中心线确定支点墩和测点墩在现场的可行性，如不可行，应调整激光中线，直到所有的土建墩贯通成一条直线。可采用全站仪确定激光中心线，采用水准仪校核土建墩浇筑高度。确定浇筑高度时，应考虑地平、管材半径、管材厚度、地球曲率（长距离激光考虑）等因素。

（2）土建施工时根据现场放样的点位，先在地板打上插筋，再安装模板。安装后对表面凿毛，浇筑完成后根据测点墩大小，在所有测点墩表面安装1块10mm厚钢板作为测点箱底板。

（3）管道安装前应清理管道里的铁锈，双面涂刷防锈漆，焊接时尽量减少焊头，焊接管口必须打45°坡口。

（4）测点箱安装采用拉杆膨胀螺丝将底板调平，高度根据激光中心线调整。整平后测点箱与波纹管对接时使用密封橡胶圈加密。

（5）所有管道跟测点箱连接完成后，封堵管道两头，使用空压机打压，打压压力0.2MPa。放置24h，用肥皂水涂抹焊缝和连接缝检漏，直到漏气率达10Pa/h。

真空激光准直系统管道采用无缝钢管，现场安装搬运都比较笨重；接收端、发射端、通信线组装比较烦琐；期望研发人员能够找到新型管道材料来代替钢管，优化部件组装。

（中国水利水电第三工程局有限公司
郭超峰 南大伟）

金　属　结　构

乌东德水电站右岸780MPa高强钢超大直径压力钢管制造及安装

乌东德水电站右岸地下厂房引水隧洞为一机一洞，平行布置。其压力钢管，布置在下平段，设计压力H（包括水锤升压值）为245.5m，属于超大型地下埋管；直径12.5m，经锥管段渐缩为11.5m，6条压力钢管总长331.20m。

（一）施工中的困难和重、难点

（1）全部采用了SX780CF低合金高强钢制作，钢管焊接质量标准高，尤其钢管纵缝焊接采用脉冲气体保护焊配合一体化自动焊接小车进行，焊接过程质量控制为重中之重。

（2）钢管总计125节，需赶在首台蜗壳组装前，将所有压力钢管全部运输进洞，避免影响主厂房工期。

（3）由于钢管可在安装间组焊，从下游侧运输至引水洞内临时加固，下平洞开挖就成为保证钢管从下游运输就位的条件。而引水下平4号施工支洞地质条件不佳，进场运输道路又受限制，如何快速、高效、安全地完成钢管运输进洞也是施工中的重点及难点。

（二）钢管制造、安装总布置

压力钢管将采用瓦片运输进洞、安装间及机组隔墩工位组圆、运输就位后临时加固再安装的施工方案。在厂房安装间布置6个工位平台，钢管全部瓦片在加工厂内完成加工（含大部分加劲环的组焊工作），以瓦片形式运输到厂房组圆工位平台，采用工装工具等进行钢管的组焊工作。钢管纵缝焊接采用一体化自动焊接小车配合富氩气体保护焊焊接。钢管吊装翻身后，吊装至主厂房与引水洞口交叉处搭设的引桥平台上部运输台车上，利用轨道将钢管运输至引水隧洞安装位置附近临时加固。

（三）主要施工措施

中国水利水电第六工程局有限公司承担该电站右岸6条压力钢管的制造及安装，为保证质量和工期，经研究采取了如下措施：

（1）做好780MPa高强钢相关焊接工艺参数确认工作。2015年，组织相关人员进行了第一次非对称X型坡口及T型焊缝焊接工艺评定，共焊接10组焊接试板；2016年1月，进行了第二次焊条电弧焊和富氩气体保护焊K型坡口焊接工艺评定，共焊接8组焊接试板。根据焊接工艺试验结果，选定了适合本工程的焊节材料、焊接工艺。

（2）保证瓦片制作精度。设计了一种用于压力钢管直管瓦片组焊的弧形胎具装置，在保证制造精度的前提下大大加快了施工进度。在无内支撑状态下、利用弧形胎具对瓦片进行固定并组焊大部分加劲环。加劲环焊接过程，通过采用合理焊接工艺焊接钢管瓦片与加劲环并控制焊接变形，保证瓦片制造精度。

（3）控制好钢管纵缝焊接质量。根据焊接工艺评定编制焊接工艺规程；再根据焊接工艺规程编制焊接考试办法，选择优秀、合格的焊工进行纵缝焊接。通过现场首节钢管脉冲富氩气体保护生产性焊接试验确认纵缝焊接工艺。严肃焊接纪律，从细节抓起，主要包括：预热温度、层间温度控制、后热、线能量、纵缝变形等。

现场纵缝加热采用履带式加热片进行。预热温度使用接触式温度计测量，以焊缝为中心对称测量，测量点点间距不能大于500mm，且不能少于3对，起始测量点或区域应距离母材边缘50～100mm。层间温度使用接触式温度计测量，测点要求同一条焊缝上相邻的两个测量点间距不能大于500mm，且不能少于3个，起始测量点或区域应距离母材边缘50～100mm。焊接完毕对焊缝立即进行后热处理，每30min记录一次，钢管纵缝的后热温度为150～200℃，时间为2h。

纵缝在焊接设定好焊接参数和焊接速度进行，过程中适当进行微调，保证焊接热输入基本保持稳定不变。为了更好地对气保焊焊接线能量进行监测，开焊前，现场质检人员将整条纵缝按照30cm划分成段，根据30cm长度和秒表获得的焊接时间，从而计算焊接速度。同时利用钳形电流表对焊接电流与电压进行测量，从而计算出焊接线能量。

（中国水利水电第六工程局有限公司
辛彪）

乌弄龙水电站升鱼机系统金属结构设计

乌弄龙水电站升鱼机由诱集鱼系统和运鱼过坝系统组成，其金属结构设计简介如下：

（一）诱集鱼系统金属结构

该电站诱集鱼系统布置于尾水出口下游约120m的河道边坡区域，由诱鱼槽、溜槽、观察池及转移室等建筑物组成；主要金属结构，诱鱼槽部分有的引渠流量控制闸门、拦鱼栅、集鱼斗、赶鱼栅、出口流速控制闸门及其操作设备，观察池有池内透水拦栅、赶鱼栅和放鱼闸门，转移室设放鱼阀。诱集鱼系统诱鱼槽的金属结构设备布置参见图1。

1. 引渠流量控制闸门　布置在进水口，其功能是调整集鱼槽流速以满足诱鱼要求；孔口尺寸（净宽×净高，下同）3.0m×7.0m；为露顶式平面定轮钢闸门，上游止水，可动水启闭、局部开启；单吊点，采用320kN固定卷扬机起吊，启闭机扬程为16.8m。

2. 诱鱼口流速控制闸门　其功能是当生态流量及半台机组发电，集鱼槽流速无法满足要求时，通过局部开启提高诱鱼口局部流速，便于鱼类发现并进入集鱼槽；当诱鱼流道需放空检修时，用于封挡下游尾水。该闸门孔口尺寸3.0m×7.0m，为露顶式平面滚轮钢闸门，上游止水，可动水开关，侧向局部开启；上挂于台车梁，台车梁由固定卷扬式启闭机通过导向轮横向推拉控制闸门的开闭。

3. 集鱼通道内拦鱼栅　其功能是防止集鱼斗内的鱼向上游逃脱；尺寸3.0m×7.5m，栅距上下为20mm、左右为200mm。升鱼机非工作状态时，锁定在洪水位以上。采用125kN固定卷扬机起吊，启闭机扬程为17m。

4. 集鱼斗　有效容积（长×宽×高）2.9m×2.7m×2m，为焊接钢结构容器，顶部栅栏结构，底部设有活动门及入水孔，以便顺利入水；其侧部设有0.3m×0.3m的放鱼口，以便与溜槽对接后，将其内的鱼卸于观察池内。集鱼斗为双吊点，吊点距2.17m；采用2×200kN固定卷扬机起吊，启闭机扬程为32m。

5. 集鱼通道内赶鱼栅　其功能是将进入集鱼通道内的鱼赶入集鱼斗内并防止集鱼斗内的鱼向下游逃脱。它的尺寸、栅距与上述拦鱼栅相同。诱鱼时，将其吊离集鱼通道；赶鱼时，将其下降支承在台车架上并与启闭机脱钩，由卷扬机牵引行走；完成赶鱼任务后，再返回至提升启闭机下待命。赶鱼栅采用

100kN 固定卷扬机牵引行走，行走距离 2×17m；采用 2×125kN 固定卷扬机起吊，启闭机扬程为 16m。

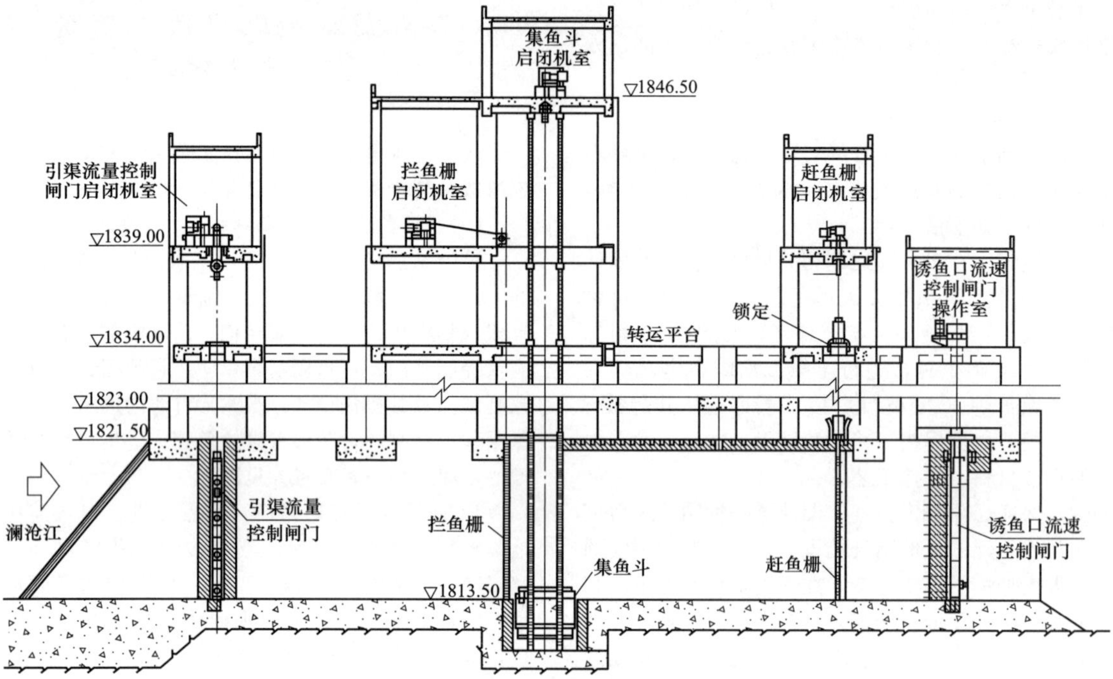

图 1　升鱼机诱集鱼系统诱鱼槽金属结构布置

6. 观察池及转移室的金属结构　透水拦栅在观察池内纵向设置，将鱼拦截在池内的右边水域，以便对鱼进行计数；其宽高尺寸为 1.0m×1.5m，栅距上下为 10mm、左右为 100mm。赶鱼栅设在池内右边水域，其功能是将鱼赶入转移室；为垂直露顶活动式，宽高尺寸为 1.2m×1.5m，栅距上下为 20mm、左右为 200mm；平时支承在台车架上停靠在靠近溜槽的端部待命，赶鱼时由台车架带动行走。放鱼闸门设有在观察池与转移室之间，其功能是控制观察池内的鱼进入转移室；孔口尺寸 0.4m×1.5m；为露顶式平面滑动钢闸门。放鱼阀为内径 300mm 的电动闸阀，设在转移室的底部，其功能是将转移室内的鱼卸于运鱼箱内。

（二）运鱼过坝系统金属结构

运鱼过坝系统主要包括运鱼箱、运鱼车及磁导引装置、坝前放流平台、上游台车等。设有 1 辆运鱼车，其功能是将运鱼箱从转移室下方经右岸电站尾水平台交通洞、上坝交通洞形成洞内磁导引运输通道，经过坝交通洞到达上游库区 1909.00m 高程上游台车平台，由上游台车起吊直接水平移动并下降运鱼箱，将运鱼箱内的鱼卸入放流系统转运鱼船内，以使鱼从运鱼过坝系统转运到放流系统。

1. 运鱼箱　2 个，其功能是容纳诱捕鱼系统转运过来的鱼并维持其生命；其有效容积（长×宽×高）2.5m×1.4m×1.15m，为焊接钢结构，其顶部两侧设置吊耳和与自动抓梁配合的对位装置，顶面设置自动启闭的进鱼口闸门及启闭机，侧面设置手动的出鱼口闸门及启闭机，底部与运鱼车配合设置运鱼箱定位固定装置。运鱼箱内腔底面做成向出鱼口倾斜坡比为 1∶5 的斜面，以使运鱼箱内部的鱼能完全从出鱼口卸掉。运鱼箱满载水量为 4t，单次可以运输鱼类 200kg。

2. 运鱼车　采用磁导引的舵轮式 AGV 小车，额定载重量 10t，将运鱼箱从转移室经右岸电站尾水平台交通洞、上坝交通洞和过坝交通洞到达上游台车平台，运输距离 2089m，最大坡比 $i=6.254\%$，路面横向坡比 $i=2\%$，最大转弯角度 90°。AGV 是无人驾驶的运输车，正常行驶速度 35m/min，充电一次行驶距离往返 2 次。

3. 上游台车　容量 2×63kN，总扬程 24m、轨上扬程 5m，轨距 4m，轨长 2×16m。

（三）结语

乌弄龙水电站升鱼机系统金属结构设计，吸收借鉴了现有国内外工程过鱼设施的设计经验，很好地解决本工程的难点。该升鱼机系统已投入运行，金属结构设备运行良好。

（中国电建集团西北勘测设计研究院有限公司
赵清静　赵珊　王海峰）

茅坝湾水电站贴边钢岔管结构研究

茅坝湾水电站位于陕西勉县，径流引水式，水头95m，装机容量3×630kW；其有压引水主管道，在厂前通过两个贴边钢岔管分为3条支管。岔管的主管、支管中心线布置在同一高程，外包钢筋混凝土；主管内径1.2m，支管岔管段内径1.0m，支管内径0.6m。钢岔管的补强可有仅主管补强、主管支管均补强两种方案，见图1（仅主管补强方案无图中的支管补强板）。

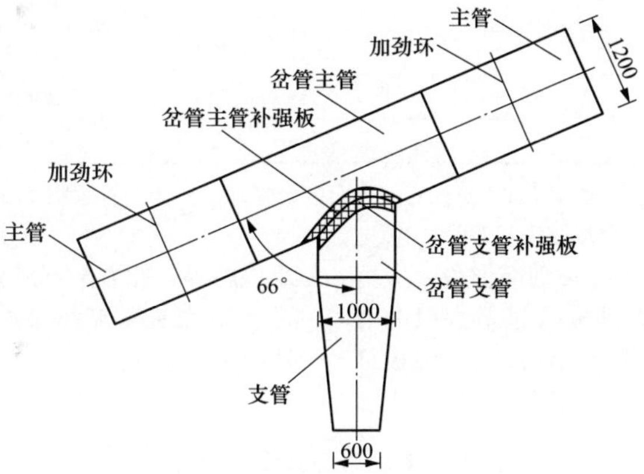

图1　贴边钢岔管结构布置图（单位：mm）

该贴边钢岔管及补强板均采用Q345C钢材，主管及支管管节壁厚取8mm，岔管管节壁厚取12mm，补强板高度20cm。为确定合理的补强板形式及壁厚，进行了三维有限元法分析，发现采用传统的仅主管补强方案，所需补强钢板厚度较大，难以施焊且钢材利用不充分。据此，提出主管支管均补强方案，应力计算表明，结构合理。现将计算分析有关情况简介如下：

（一）计算模型、参数及工况

1. 计算模型　三维几何模型，选取SHELL181单元划分网格，单元边长0.05m，在主管及支管端部设置固端约束。

2. 计算参数　钢材力学参数见表1，结构系数、抗力限值见表2。

表1　　Q345C钢材参数表

厚度 t(mm)	屈服强度 R_e(N/mm²)	抗拉强度 R_m(N/mm²)	抗拉、抗压、抗弯设计值 f_s(N/mm²)	弹性模量 E_s (N/mm²)	泊松比 ν_s
≤16	345	470	295	2.06×10^5	0.3
>16～40	335		295		

表2　　结构系数及钢材抗力限值

结构部位	应力种类	正常运行情况 $\psi=1.0$、$\gamma_0=0.9$		水压试验情况 $\psi=0.9$、$\gamma_0=0.9$	
		结构系数 γ_d	抗力限值（MPa）	结构系数 γ_d	抗力限值（MPa）
膜应力区的管壁	整体膜应力	1.58	207	1.43	256
距补强板 $3.5\sqrt{rt}$ 以内及转角点处管壁中面	局部膜应力	1.27	259	1.14	319
距补强板 $3.5\sqrt{rt}$ 以内及转角点处管壁表面、补强板	局部膜应力+弯曲应力	1.16	282	1.05	349

3. 工况　考虑正常运行及水压试验两个工况，正常运行工况最高内水压力设计值1.23MPa，水压试验工况内水压力设计值取正常运行情况最高压力1.25倍，经计算为1.53MPa。

（二）计算结果与分析

1. 仅主管补强方案　补强板高度20cm，以正常运行为计算工况，按壁厚为12、18、24、30mm取4个方案，计算结果见表3。

表3　主管补强4个方案计算

方案编号	补强板壁厚（mm）	S_1（MPa）	S_2（MPa）	S_3（MPa）
1	12	474	313	306
2	18	390	268	264
3	24	324	236	231
4	30	272	211	211

注：表中S_1为距补强板$3.5\sqrt{rt}$以内及转角点处管壁表面最大应力；S_2为距补强板$3.5\sqrt{rt}$以内及转角点处管壁中面最大应力；S_3为补强板表面最大应力。

4个方案，只有方案4岔管各关键部位最大应力均小于抗力限值（其中膜应力区的管壁最大应力为108MPa，小于抗力限值207MPa），但此时补强板最小壁厚为30mm，远厚于岔管管节壁厚12mm，实际难以施焊，此方案不成立。

2. 主管支管补强方案　补强板壁厚12mm，计算结果见表4。

表4　主管支管均补强方案计算

工况	补强板壁厚（mm）	S_1（MPa）	S_2（MPa）	S_3（MPa）
正常运行	12	196	89	252
水压试验	12	244	110	313

注：与表3相同。

正常运行、水压试验工况，钢岔管各关键部位最大应力均小于抗力限值（其中膜应力区的管壁最大应力为108MPa，小于抗力限值207MPa），结构壁厚满足要求。

3. 对比分析　正常运行工况下，主管支管均补强方案较仅主管补强方案，膜应力区的管壁、距补强板$3.5\sqrt{rt}$以内及转角点处管壁表面S_1应力，距补强板$3.5\sqrt{rt}$以内及转角点处管壁中面S_2应力大幅度降低，补强板表面S_3应力小幅度提高。主管支管补强方案可使岔管大面积管节范围内处于低应力水平，将高应力区域引导至补强板加强部位，充分利用各部位的材料强度，节约钢材，结构受力合理；同时，较薄的钢板也便于焊接施工。

（中国电建集团西北勘测设计研究院有限公司　李超）

抽水蓄能电站超大型压力钢管制作装置研制

我国抽水蓄能电站机组容量越来越大，要求压力钢管直径也越来越大，安装单元重量也日趋增加。原来较为常见的3～6m直径钢管制作采用滚焊拼装焊接的工艺，已难适用于现在6～10mm直径压力钢管的制作。因此，中国水利水电第三工程局有限公司开展了超大直径、超重钢管整体制作焊接技术研究，研制发明了超大型压力钢管制作装置。

所研制发明的压力钢管大节组装装置如图1所示，包括轨道、固定台车、移动台车、移动拼装台车、操作平台、拼装支撑机构、拼装水平机构、拼装立柱机构、操作平台、外部支撑机架、外部调整千斤顶等。固定台车两台为一组配套使用，具有钢管滚动及液压升降双重功能；移动台车两台为一组配套使用，具有行走和钢管滚动双重功能；拼装台车为移动式，具有行走功能。拼装装置布置在移动拼装台车上，随台车移动；拼装立柱上布置有液压千斤顶，外部支撑件上也布置有调整千斤顶。

该装置利用移动台车将钢管进行对缝、调整间隙，同时利用台车上布置的电动滚轮机构，可以使钢管边滚动边拼装，外部拼装液压千斤顶与台车液压升降机构配合使用，调整快速、安全可靠。该装置可以满足3～10m直径钢管的大节组装拼装，具有结构简单、使用方便、机动灵活的特点，已经在江苏溧阳、浙江仙居、河北丰宁、新疆阜康、陕西镇安等多个抽水蓄能电站得到运用，效果良好。

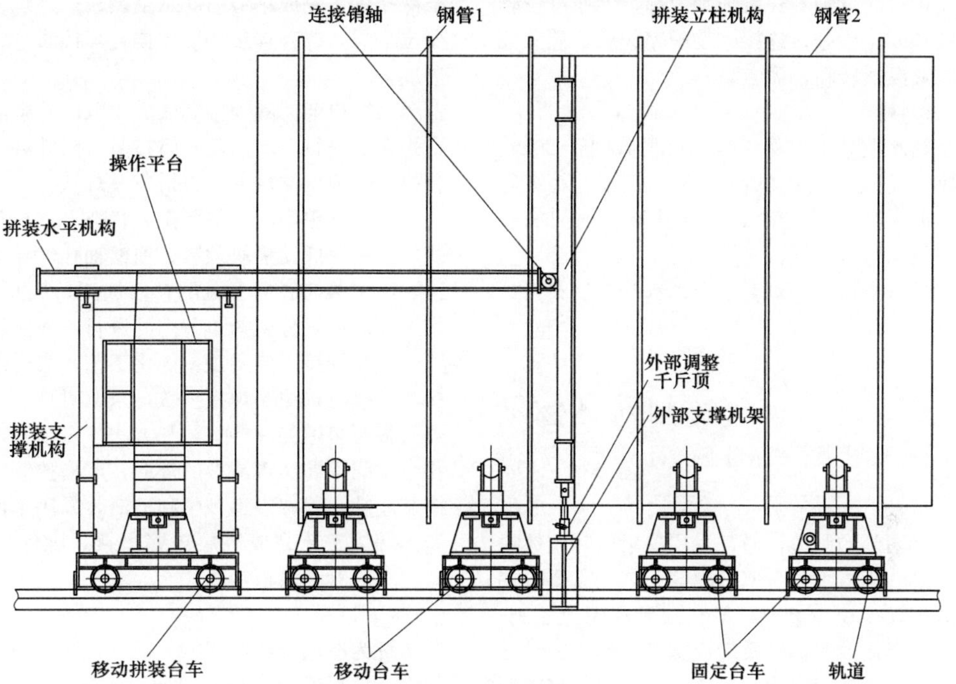

图1 压力钢管大节组装装置

（中国水利水电第三工程局有限公司 杨联东 鲍锡琴 沈渊基）

斜支臂弧形闸门焊接支铰制造施工工艺研究与应用

斜支臂弧形闸门焊接支铰与常规的铸钢支铰不同，是在两支臂相交处采用轴套将两支臂焊接成一体，并形成焊接支铰。由于斜支臂弧形闸门支臂的水平偏斜角、扭角控制和支铰拼装、焊接等技术难度大，焊接支铰制造需制定合理的工艺，采取有效的控制措施。中国水利水电第十工程局有限公司对斜支臂弧形闸门焊接支铰制造施工工艺进行了优化研究，成功克服了该类焊接支铰的制造难点，主要情况如下：

（一）关键工艺

（1）引入BIM技术。依据设计图纸，应用BIM技术，创建弧形闸门斜支臂三维模型。进行碰撞检测，进行方案优化、提高产品下料的精确度、辅助技术交底，进行制造方案模拟、工程量提取等工作，提高生产效率、产品质量。

（2）支臂模块化制造。为了便于运输及控制整个支臂的组装尺寸，保证弧形闸门的安装质量，将支臂单件、竖杆、斜杆、焊接支铰等划分为模块单元，分别完成相应模块的拼装、焊接及矫正，再将焊接支铰的部件和各模块联合拼装控制。

（3）焊接支铰联合拼装控制。为了能够更加精确控制支臂的水平偏斜角，同时控制焊接支铰的铰链中心位置，采取以支臂中心为基准控制支臂扭角及两支臂开口跨距，在相应的平台和胎膜上将支臂各模块和焊接支铰单件联合拼装。

（4）焊接支铰焊接。焊接支铰的钢板结构复杂、焊接填充量大、焊接空间狭小，须严格控制焊接时的工艺及参数。

（5）焊接支铰退火。对焊接支铰进行整体退火处理，以降低焊接残余应力，平衡应力分配。退火前应按照焊接支铰的材质、板厚、结构特点编制焊接支铰退火专项措施，退火时，严格按照专项措施执行。

（6）弧形闸门整体预拼装及放样划线。通过门叶整体预拼装来确定在安装状态下弧形闸门的实际铰链中心，以此来对焊接支铰进行二次机加工，消除焊接支铰由于组装、焊接引起的误差，从而精确地控制斜支臂的各项尺寸。

（7）焊接支铰机加工。焊接支铰进行机加工前，应先根据轴套宽度中心标记找正，保证轴套内孔及两端面分别与门叶中心线垂直和平行。然后利用落地镗床按轴套两侧端面圆周上的标记加工轴套内孔。内孔加工完成后，再利用铣床按轴套宽度方向上的标记将轴套加工到理论宽度。

（8）活动铰与固定铰装配。焊接支铰加工完成、合格后，先将自润滑轴套安装轴套内部，再通过铰轴将焊接支铰和固定铰进行连接。装配完成后，应保证焊接支铰能够灵活转动，无卡阻。

（二）应用情况

中国水利水电第十工程局有限公司分别于2014、2015、2018年完成老挝南欧江三级、五级、六级等三个水电站的采用焊接支铰的斜支臂弧形闸门的制造。这些闸门均运行良好。

（中国水利水电第十工程局有限公司
田文恒　曹阳）

船闸人字闸门模块化制造关键工艺研究与应用

船闸人字闸门的制造，通常采用单扇门叶整体拼装、整体焊接的制造工艺。但采用该工艺，需要占用很大的场地；焊接较为集中，不利变形及应力控制；大量为立焊，焊接效率低、质量控制难、焊工劳动强度大；不利于多工作面作业，工序衔接不好，整体制造进度慢。针对这些问题，中国水利水电第十工程局有限公司（以下简称水电十局）从提高产品质量、加快产品制造进度、改善施工条件、节约成本出发，通过单节门叶模块化制造、单节门叶焊接、单扇门叶整体拼装、整体加工的制造工艺，使各工序得到有效控制，确保产品质量和工期满足要求。

（一）关键工艺

（1）应用BIM技术完成人字闸门门叶结构三维模型图绘制，在三维模型的基础上对人字闸门进行模块划分，形成斜接柱模块、门轴柱模块、主梁模块、隔梁模块等，并进行碰撞检测，以及提取模块重心等参数信息，为吊装吊耳的设置、吊装翻面方案的制定等后续工作提供技术支撑。

（2）单节门叶模块化制造是将门叶主体分为斜接柱、门轴柱、主梁中段等部分单独制造后再进行单节门叶拼装。先在工装平台上将斜接柱、门轴柱、主梁中段这三部分进行组装、焊接，有效地解决了斜接柱、门轴柱施焊空间狭小、焊接填充量大、焊接要求高的难题。各模块合格后，进行单节门叶拼装。

（3）在平台上铺设面板并在面板上进行放样划线，划出拼装基准线，然后依次将各模块组拼在一起形成单节门叶结构，单节门叶拼装完成并检查合格后，进行单节门叶焊接。根据焊接位置需要，采用悬空翻技术，完成单节门叶悬空翻转，将焊缝焊接状态变位平焊，改善焊接环境，提高焊接质量，加快焊接进度。

（4）单节门叶焊接完成后，以门叶中心线为基准在平台上进行单扇门叶整体拼装，门叶各个尺寸检查合格后完成两端柱的端板拼装及焊接。

（5）在单扇门叶整体拼装状态下进行整体测量放线，然后完成支垫块预装、顶枢轴孔、导卡配合面加工、底主梁与底枢上盖配合面加工、底止水架组装。加工完成后，分解为单节门叶进行表面防腐。

（6）焊接工艺要点：优化工艺，实现平焊位置焊接，焊接时选用小焊接参数，采取对称、分段、间隔焊、多层多道的焊接工艺和方法。对斜接柱、门轴柱狭窄空间不易实现清根的焊缝，严格控制坡口角度及拼装间隙，确保焊道规整和清洁，采用单面焊双面成型的焊接工艺完成底层焊缝焊接，确保根部焊缝焊透，解决背缝清根难题。

（二）应用情况

犍为航电枢纽位于岷江下游，船闸等级为Ⅲ级，闸室有效尺度为220m×34m×4.5m（有效长度×有效宽度×门槛水深，下同）。其上、下闸首人字闸门规格分别为20.2m× 16.45m×3.016m（宽×高×厚，下同）、20.2m × 25m × 3.022m，质量分别为391.5、563t，各分6、9个单节制造。水电十局于2018年9月与业主签订制造合同，上闸首人字闸门于2018年10月开始制造，2019年4月完成；下闸首人字闸门于2019年初开始制造，同年5月完成。该船闸人字闸门于2019年11月全部安装完成，投产后运行良好。

万安枢纽位于赣江中游，二线船闸设计最大工作水头32.5m，船闸等级为Ⅲ级，闸室有效尺度为180m×23m×4.5m。其上、下闸首人字闸门规格分别为13.9m×20.75m×2.5 m和13.9m×38m×2.5m，质量分别为342、607t，各分7、13个单节制造。水电十局于2019年9月签订该船闸金属结构制造施工合同，下闸首人字闸门于2020年4月初开始制造，2020年11月通过验收。

船闸工程人字闸门模块化制造关键技术改善生产条件，有效地提高产品质量及生产效率，经济效益显著。

（中国水利水电第十工程局有限公司
曹阳　田文恒）

中國水力發電年鑒

8

科学研究与技术创新

科 学 研 究

丰满水电站老坝混凝土性能劣化模式与机理研究

混凝土是典型的具有时变特性的非均质多尺度多相复合材料。大坝混凝土服役过程中受周围环境因素影响，易导致微观结构和宏观性能损伤，威胁工程长效安全运行。大量的工程实践表明，我国不少混凝土坝运行不到30年便过早的出现了材料老化，产生裂缝、渗漏、溶蚀、碳化、冻融破坏和磨蚀磨损等病害，严重影响工程安全和工程效益的发挥。因此，大坝混凝土耐久性提升成为当前工程界普遍关注的重点，而揭示大坝混凝土真实服役状态下的性能演化模式与劣化机理则是耐久性提升的关键。

长江水利委员会长江科学院依托丰满水电站全面治理和重建工程，针对服役时间近80年的丰满水电站老坝混凝土开展系统研究，综合运用现场调研、文献搜集、报告整理、室内试验和数值分析等手段，从宏观、细观和微观角度全面考察了老坝混凝土的现存性能和质量状况，推演了老坝混凝土性能的发展和演化历程，明确了丰满老坝混凝土的劣化机理和耐久性影响因素。同时，通过对新坝混凝土基本特性、施工质量和服役环境等资料的整理，立足老坝服务新坝，构建了新坝混凝土性能的发展与演化模型，为大坝健康维护与安全管理提供指导。

丰满水电站坐落于吉林省吉林市松花江干流上，上距白山水电站210km，下距吉林市24km，工程兼有发电、防洪、灌溉、航运、城市及工业用水、养殖和旅游等综合效益，为中国最早建成的大型水电站，被誉为“中国水电之母”。老坝始建于1937年，整体完建于1954年，坝顶长度为1080m，宽度为9～13.5m，最大坝高为91.7m，混凝土浇筑量近210万m^3。老坝服役过程中经历多次的续建、改建、扩建和除险加固、灌浆补强等处理，但整体性差、冻胀、渗漏和溶蚀等问题难以彻底消除。2007年，老坝在定检中被评为“病坝”；2018年11月，老坝拆除工作正式启动；2019年5月，拆除工作全部完成。

丰满水电站老坝坝址处严寒低温、年气温变幅大、极端温度低、负温时间长，混凝土耐久性破坏因素作用强烈，并且工程持续服役时间超过半个世纪，大坝混凝土性能发展和结构演化极为充分，成为研究长龄期大坝混凝土服役性能演变规律的较佳对象。项目的具体研究内容如下：

（1）全面分析了严寒复杂环境下影响大坝混凝土长效健康服役的环境因素，并对主要因素及其作用水平进行提取。采用无损检测和局部破坏手段相结合，紧密跟踪老坝的拆除进程，全面分析老坝表面和内部不同高程、不同浇筑时间以及不同服役环境下，老坝混凝土的耐久性状况和缺陷类型，建立了“劣化信息资料库”，分析了老坝混凝土耐久性缺陷与服役环境特点的相关关系，从而为严寒环境条件下大坝混凝土的健康维护提供指导。

（2）系统研究了老坝混凝土的现存性能，反演了大坝混凝土微观结构和宏观性能劣化模式，建立了室内试验结果与真实服役性能的相关关系。结合老坝拆除进程，对不同坝段、不同高程和不同浇筑年代的大坝混凝土进行取样，采用现代分析方法全面考察大坝混凝土的现存性能，并参考设计指标评估大坝混凝土性能的劣化规律。同时，借助多因素耦合技术对大坝混凝土的服役环境进行模拟，使用室内加速试验方法研究大坝混凝土性能劣化进程，从而为严寒复杂环境下大坝混凝土的性能预测和耐久性评估提供参考。

（3）基于丰满水电站环境特点和典型的耐久性破坏因素，结合新坝混凝土的性能资料和施工质量状况，充分利用丰满水电站“一址双坝”的特点，推演了新坝混凝土服役过程中的性能发展模式和可能的耐久性破坏进程，形成了新坝混凝土的“原始信息资料库”，给出了不同运行阶段大坝混凝土安全维护建议，为新坝运行管理提供科学依据。

项目研究成果有助于提升严寒地区大坝混凝土的长效服役能力，改善大坝整体健康状况评估的可靠性，提高大坝混凝土材料性能劣化风险的预测水平，具有重要的科学价值和工程意义。

（长江水利委员会长江科学院　李杨）

大坝地震灾变机理与对策研究

为确保水库大坝抗震安全，防止严重地震灾变的发生，需深入分析地震造成大坝结构发生灾变的机理，改进和完善现有的抗震设计理念和方法。2008年5月12日汶川发生大地震，正在建设中的武都重力坝遭受严重震害。中国水利水电科学研究院依托行业部委项目，于2009年2月至2011年3月开展本项目研究，主要结合武都重力坝研究全级配混凝土动态特性和进行大坝抗震安全分析与评价，研究强震作用下高坝开裂损伤破坏机理以及大坝抗震措施。

（一）主要内容

（1）水工建筑物强震动监测技术。

（2）地震动输入机制与参数确定方法研究。

（3）大坝混凝土动态特性数值模拟与试验研究。

（4）混凝土重力坝地震灾变机理研究。

（5）大坝抗震措施与应对地震灾变的对策研究。

（二）创新点

（1）制定了水工建筑物强震动安全监测的范围和技术条款。

（2）建立了混凝土重力坝非线性损伤模型，揭示了混凝土大坝损伤和破坏机制，克服了弹塑性模型不能反映混凝土材料损伤破坏机理的缺点。

（三）推广应用情况

依据本项研究成果编制完成我国首部《水工建筑物强震动安全监测技术规范》（SL486—2011），于2011年6月8日颁布实施。成果已直接应用于武都碾压重力坝抗震设计以及震后恢复重建，并被此后修编的水工建筑物抗震设计规范所采纳，广泛应用于其他高混凝土重力坝的抗震设计。

（中国水利水电科学研究院
孙天祎　廖丽莎　殷殷）

强震作用下特高土石坝多耦合体系损伤演化机理及安全评价准则研究

“强震作用下特高土石坝多耦合体系损伤演化机理及安全评价准则研究”是“十三五”国家重点研发专项“300m级特高坝抗震安全评价与控制关键技术研究项目”的课题4，由大连理工大学负责，2020年12月底完成研究工作。

（一）项目背景

汶川地震后，我国对大坝的地震设防要求除设计工况下满足“可修复”外，还增加了校核工况下不溃坝的要求，对特别重要的挡水建筑物，还需要开展极限抗震能力研究。我国《水电工程水工建筑物抗震设计规范》中也建议，针对高土石坝，应该从坝体变形、坝坡稳定和防渗体安全三个方面综合评价其抗震安全性能。但由于问题的复杂性，国内外还没有规范或导则明确规定大坝极限抗震能力的评价方法和标准，相关研究尚处于起步阶段，需要深入研究其评价方法和配套的指标体系。

（二）研究内容

该研究围绕特高土石坝极限抗震能力评价方法、高性能分析软件及不溃坝（或极限抗震能力）量化指标体系等涉及的关键科学问题和技术难题，开展了系统深入地研究。取得了以下主要创新成果：

（1）提出了大坝—河谷/地基—库水全体系相互作用的精细化动力分析方法，突破了传统弱非线性、弱耦合分析方法难以评价特高土石坝极限抗震能力的瓶颈。

（2）自主研发了高性能有限元分析软件系统，解决了特高土石坝地震损伤演化、渐进破坏全过程的分析难题，大幅度提高了大规模三维弹塑性动力分析效率（计算时间降低了80%以上）。

（3）首次重现了强震作用下特高土石坝损伤演化和渐进破坏全过程，精准定位了堆石体和防渗体的抗震薄弱区域，揭示了特高土石坝堆石体和防渗体破坏模式及机理，量化并验证了多项抗震措施的有效性，为强震区特高土石坝抗震设计优化提供了依据。

（4）在系统总结和分析基础上，提出了震陷率、坝坡滑移量等特高土石坝不溃坝量化评价指标，为特高土石坝极限抗震能力评价提供了可操作依据。

以上成果在如美（世界最高黏土心墙坝）、大石峡（世界最高面板坝）、两河口、猴子岩、阿尔塔什（深厚覆盖层上世界最高面板坝）、拉哇、去学（世界最高沥青心墙坝）等重要水利水电工程上得到应用，社会经济效益显著，具有广泛推广应用的前景。

（大连理工大学　邹德高）

基于塑性力学上下限定理的高边坡稳定极限分析方法体系

边坡稳定分析方法是岩土力学的经典研究问题之一，也是工程界和学术界高度关注的热点。基于极限平衡的传统边坡稳定分析方法，由于未知量数目大于可用方程数量，在力学上属于静不定问题，无法直接获得解答。在二维分析领域，通常通过引入假定的方法使得问题静定可解，200多年来，国内外学者通过引入不同的假定，提出的边坡稳定分析方法有数十种之多，如瑞典圆滑法、毕肖普法、简布法、摩根斯坦—普瑞斯法和萨玛法等。这些假定的引入不仅破坏了边坡稳定分析方法的理论严密性，而且在实际工程中这些假定的适用性问题也受到了挑战。如果选用方法不合适，会导致错误的计算结果，给工程带来严重问题。当将二维方法拓展到三维领域时，这些问题就更为突出，已很难像二维问题一样通过引入合理的假定使问题静定可解，由于未知量和需引入的假定急剧增加，很多时候已经失去了实际应用的意义。因此，到目前为止尚无成熟的三维稳定分析方法。

中国水利水电科学研究院依托系列国家和省部级科研项目，结合水利水电建设中重大边坡工程实践，逐渐建立了基于塑性力学极限分析理论的边坡稳定极限分析方法体系。其核心思想是放弃通过等式方程和引入假定来直接求解边坡安全系数的传统思路，依据塑性力学上下限定理，在不引入任何假定的前提下，将求解边坡安全系数的问题转化为求解边坡稳定安全系数最大、最小值的优化数学问题，通过上下限值逐渐逼近安全系数的真实解，形成了完整的边坡稳定极限分析方法体系。在此基础上，开发了具有自主知识产权的边坡稳定极限分析软件体系，相关软件已被规范推荐使用，在边坡稳定性分析领域得到广泛应用。依托研究成果已出版专著1部，发表论文34篇（其中SCI/EI24篇），获得发明专利5件（其中国际发明专利1件）、软件著作权4项。

该项目主要研究内容为：①边坡极限状态机构一般性构建方法研究；②边坡稳定安全系数上限解优化数学模型研究；③边坡稳定安全系数下限解优化数学模型研究；④边坡稳定性分析优化模型的高效求解方法研究；⑤边坡稳定分析上下限方法体系及应用研究。研究工作于2020年11月完成，成果的主要创新点如下：

（1）构建了二三维边坡稳定安全系数上下限解的统一优化数学模型。提出了边坡极限状态破坏机构的一般性构造方法。基于塑性力学极限分析理论，在不引入任何假定的前提下，建立了二三维边坡稳定安全系数上下限解的统一优化数学模型。使边坡稳定分析方法具备了更为严密的理论基础，突破了从二维向三维边坡稳分析领域拓展的瓶颈。

（2）提出了复杂大自由度边坡稳定性分析优化模型的高效求解方法。首次提出了优化模型中高度非线性约束方程的降维数学表达方式，同时引入了复杂优化模型的逻辑判断迭代求解方法，解决了大自由度优化模型求解的收敛难题，大大提高了优化效率和精度，使得该方法应用于三维边坡稳定分析领域成为可能。

（3）建立了更为完善的边坡稳定极限分析方法体系和实用软件系统。首次建立了通过上下限逼近安全系数真实解、可准确确定计算误差的二三维边坡稳定极限分析方法体系，在边坡稳定分析领域实现了新的突破，并开发了具有自主知识产权的边坡稳定极限分析软件体系。

（中国水利水电科学研究院
刘盈斐　廖丽莎　殷殷）

西部水电工程高陡边坡倾倒变形演化机理及防控关键技术研究

“西部水电工程高陡边坡倾倒变形演化机理及防控关键技术研究”项目，基于锦屏一级、溪洛渡、两河口等水电工程建设中遭遇的倾倒变形岩体实例，运用现场调查法、物理模拟法、数值计算法及归纳总结等多种方法，从倾倒变形体发育特征及分布规律、倾倒变形岩体的判识与影响因素、倾倒变形体破坏演化机制、倾倒变形岩体的工程特性、倾倒变形体稳定性评价和倾倒变形体防控技术等方面开展研究。其主要研究内容如下：

（1）针对近几十年来西部多个流域、水电工程的典型倾倒变形体，进行系统的研究分析，总结出倾倒变形体的一般规律，诸如倾倒变形体发育的区域地质环境、地层岩性、地形地貌及岩层产状等规律，并在倾倒变形体统计分析的基础上，建立了倾倒变形岩体的判识技术。

（2）依托多个水电站倾倒变形体，研究了在库水、地震等因素作用下的倾倒变形体的发展演化特征，研究岩体倾倒变形程度划分和倾倒变形岩体质量分级等。

（3）结合多处水电工程的倾倒变形体物理力学参数的取值与应用经验，基于裂隙岩石拉力学特性和裂隙演化规律、倾倒变形体结构面面特征、结构面三维连通率与GSI值的计算结果和动载作用下倾倒变形岩体的应力应变关系，提出倾倒岩体地质参数的综合取值方法和本构模型。

（4）结合倾倒变形体的发育和变形特征，研究了倾倒变形体在动力和库水作用下的演化过程，及其稳定性评价方法；结合新的技术发展，提出了基于组合权重—云模型、突变级数法和模糊事故树的稳定性评价新方法；并基于悬臂梁理论，探讨了倾倒变形岩体的稳定性预测。

（5）以工程实例为基础，在倾倒变形岸坡勘察、演化机制及失稳模式等研究基础上，建立地质模型，采用多种技术手段分析倾倒变形边坡的稳定性。通过倾倒变形体的勘察，对倾倒变形体边坡的稳定性进行了宏观分析及变形控制分析；结合反倾边坡倾倒变形成因机制的综合分析，基于边坡几何特征、岩体物理力学参数、层理力学参数等一级指标及多个二级指标，研究了倾倒变形体稳定性影响因素及主控因素等；基于传统边坡稳定性分析方法，研究了针对倾倒变形体稳定性的改进G—B稳定性计算方法，并与传统计算方法进行了比较，研究了基于遗传算法的反倾层状边坡稳定性分析方法及最优折断面搜索；进行了动载及开挖等工程影响下倾倒变形体边坡的稳定性分析。

该项目研究，针对西部大型水电工程库区发育的倾倒变形体带来的重大工程地质问题，总结了倾倒变形体的空间分布规律和发育特征，探究了岩体倾倒变形破坏的演化机制，揭示了岸坡岩体随河谷下切产生倾倒变形的全过程演化机制、反倾岩质边坡在地震动作用下的响应规律和库水循环作用下的流—固—耦合作用机理，发现了重力作用下复杂裂隙组合岩体倾倒折断面的扩展规律，提出了倾倒变形体识别技术与倾倒变形稳定评价新方法，建立了岸坡倾倒变形阶段变形控制标准及预警模型，在此基础上研发了倾倒变形岩体的识别—评价—防控成套技术。该项目成果，经专家组评审认为总体达到国际领先水平。

（中国电建集团成都勘测设计研究院有限公司　胡万雨）

四川盆地红层劣化机理及工程防护关键技术研究

该项目以四川盆地红层为研究对象，系统研究了典型红层复杂岩组的水致劣化机理、软弱夹层成生机制，提出了软弱夹层现场测试方法和红层力学参数选取新方法，构建了红层岩体质量劣化防控关键技术。主要研究内容包括：

1. 红层的水致劣化机理研究

（1）依托GCTS多场耦合岩石试验系统，揭示了围压和渗透压力对红层砂岩强度和变形特性的影响规律，即：高围压下，红层砂岩强度增加，扩容减弱；红层砂岩变形模量受渗透压力影响显著，强度对渗透压力的反映不明显。基于分数阶微积分理论，通过引入Abel黏性原件，构建了红层砂岩非线性黏弹塑性蠕变本构模型。

（2）提出了红层砂岩全应力应变过程水力耦合试验数值仿真技术，揭示了水力耦合作用下红层砂岩微裂纹损伤演化特征及其对宏观渗透率的影响规律。依托离散元管网渗流模型，通过引入微裂纹渗流管道，建立了红层砂岩水力耦合细观数值模型，再现了红层砂岩水力耦合试验的全应力应变过程。揭示了红层砂岩微裂纹萌生、剪切裂纹扩展以及拉张裂纹合并贯通的损伤演化特征。揭示了红层砂岩中微裂纹演化特征对宏观渗透率影响规律是通过改变力链分布和渗流通道开度来影响微观渗流进而增大宏观渗透率。

2. 红层力学特性测试和参数取值方法研究

（1）研发了一套针对红层缓倾岩体及结构面剪切强度的原位测试装置，包括红层软弱夹层取样装置、红层软岩试样饱水装置和红层岩体软弱结构面剪切强度测试装置等涵盖取样到测试全过程的测试装置。

（2）基于三轴试验方法揭示了红层的流变特征，提出了红层软岩强度参数取值方法，解决了红层软岩力学参数测试的难题。

3. 红层岩体质量劣化控制与保护技术研究

（1）从红层的矿物、结构、构造等微观尺度，系统阐释了红层物理力学性质的差异性，提出了红层“快速风化—遇水软化—失水裂化”的独有工程特性。

（2）针对红层的水致劣化特性，提出了大型基坑和边坡施工期红层岩体“防渗排水—预留开挖—加固封闭”的高效率、低扰动岩体质量劣化控制与保护技术。

该项目解决了红层“开挖风化—遇水软化—失水裂化”的工程难题。专家评审认为：该项目研究成果整体达到国际先进水平，其中在红层水致劣化机理和红层岩体质量劣化控制与保护关键技术方面达到国际领先水平。

（中国电建集团成都勘测设计研究院有限公司　胡万雨）

三峡水库碳循环机制及其环境影响研究

水库拦截改变了河流天然径流和物质循环过程，水库碳通量及其生物地球化学循环过程复杂，是当前内陆水文和生态环境研究的前沿，也是关系到水电绿色能源属性和可持续发展的重大问题。在全球应对气候变化和生态文明建设的大背景下，三峡工程的水库碳通量问题变得格外引人注目，直接关系到我国能源安全和水电可持续发展的国家战略，是长江大保护和推动长江经济带发展的重要工作内容。因此，在国家科技计划及其他科技计划立项，由中国水利水电科学研究院与三峡大学合作，于2012年1月至2020年12月开展了该项目研究。

主要研究内容如下：

（1）三峡水库重要水域碳通量及其环境影响因素定位观测。研发了具有自主知识产权的水气界面碳通量动态连续观测技术及装备，获取了长序列的科学观测数据，填补了亚热带地区水库碳通量数据空白，识别了三峡水库水化学变化特征、水环境碳转化的热力学平衡关系以及三峡水库湖沼化过程中水环境热力学平衡关系。

（2）三峡水库碳生物地球化学循环关键过程的理论研究。综合交叉应用同位素示踪、分子生物学、环境微生物学的多学科现代技术，定量分析研究了三峡水库碳循环关键过程，主要包括沉积物甲烷产生的微生物机制、水库甲烷气泡通量及产生机制、过坝轮机水体碳释放通量及机制、界面碳通量的连续变化规律等，形成了新的科学认知。

（3）三峡水库碳排放量核算校核及综合影响评估。基于关键过程的定量解析，修订和纠正了三峡水库水—气碳交换通量的前期估算结果，客观认识三峡水库产生的排放量水平，为科学评价三峡工程绿色能源效益提供数据和理论基础。

成果的主要创新点如下：

（1）填补科学数据空白。自主研发的快速水—气交换装置突破了当前学术界的技术瓶颈，首次在三峡水库干流及支流开展连续性高精度分辨率的走航式温室气体在线观测，系统提高了三峡水库不同深度溶存温室气体的观测效率和精度，有效促进了我国超大型水库碳循环研究的科技水平。

（2）水库碳循环关键过程机制认知的深化。针对三峡水库关键界面与重要过程开展了机理研究，基于深大水库“点—线—面—体”立体角度认识水体温室气体的赋存状态及驱动过程，阐明了三峡水库碳源汇通量动态及关键界面与过程的生物地球化学机制。

（3）水库碳通量及水电绿色属性评估的方法更新。基于三峡水库水气界面碳扩散通量及碳循环关键过程的认知，提出了定量计算三峡水库不同调度模式下的碳排放通量的新方法，为客观评估水电绿色属性提供了重要科学基础。

（中国水利水电科学研究院
殷殷　廖丽莎　孙天祎）

地下水源热泵复合回灌堵塞物脱离机理及对地层环境的影响研究

“地下水源热泵复合回灌堵塞物脱离机理及对地层环境的影响研究”为国家自然科学基金青年项目，由三峡大学于2020年12月完成。

（一）项目目的

地下水污染防控与地下水资源安全供给是国家重大战略需求和学科发展前沿。在节约能源和保护环境的双重压力下，以地下水源热泵为代表的浅层地下水利用技术以其低碳环保、成本低廉和适应性广的优点近年来在我国取得了快速的发展。然而，我国当前正处于一个很特殊的节点，即在地下水源热泵的运行对地下水及地层环境会造成何种影响尚不清晰时就已经启动了大量工程建设。可以预见的是，随着地下水源热泵工程的快速发展，回灌堵塞、地下水环境变化及地层变形等工程灾害将更加严峻。因此，关于地下水源热泵系统回灌引发的水文学及地质学相关问题研究迫在眉睫。

针对这一难题，项目从基础理论、仪器开发、室内试验及现场试验等方面进行了较为详细的探索与研究，揭示了地下水源热泵井群系统周期抽回灌条件下复合堵塞物与砂层孔隙壁面相互作用机制及脱离机理，建立了描述回灌堵塞物脱离—再迁移动态过程的数学模型，分析了复合堵塞物重分布演化规律，提出了受多场耦合作用影响的清淤效果模拟分析及预测方法，为地下水源热泵洗井清淤效果预测和地层环境变化防控提供理论支撑，保障地下水源热泵工程的顺利运行。

（二）项目内容及创新

1. 复合堵塞物与砂层孔隙壁面相互作用过程及脱离机理

（1）进行地下水源热泵工程回灌及清淤过程现场监测及取样调查，开展反映堵塞物质脱离及迁移特性的三维砂箱试验，分析物理、化学及生物作用形成的回灌堵塞物在不同温度和渗流条件下的脱离特性及分布规律。

（2）分析复合堵塞物与砂层孔隙壁面相互作用机制，研究不同类型回灌堵塞物在脱离过程中的相互耦合过程，揭示复合堵塞物在井群抽灌条件下的脱离机理。

2. 复合堵塞物脱离—再迁移过程数学模型及沉积物重分布演化规律

（1）提出复合堵塞物脱离—再迁移动态过程分析方法，建立基于颗粒脱离理论的复合堵塞物脱离一再迁移动态过程数学模型。

（2）研究复合堵塞物脱离—再迁移后在地层中的重分布规律，揭示堵塞物脱离—再迁移过程对地下水文地质参数的影响规律。

3. 清淤效果模拟分析及地层环境变化评估方法

（1）根据建立的复合堵塞物脱离—再迁移动态过程数学模型和地下水源热泵抽回灌过程多场耦合研究成果，建立清淤效果数值计算方法。

（2）开展依托工程的堵塞物动态分布规律数值仿真和反演分析。提出井群系统清淤过程中地层参数定量计算方法，数值仿真依托工程清淤过程淤堵区演化规律，提出回灌淤堵区判定准则、预测方法及井群布置优化方法。

（三）项目效益

研究成果已成功解决了武汉、宜昌等地多处地下水源热泵工程回灌堵塞问题，为长江沿岸地区地下水及地层环境灾变预测及防控提供了理论及技术支持，为“长江大保护”战略提供了有力的支撑，具有广阔的应用前景。

（三峡大学）

河海大学2020年完成的水利水电及新能源类主要科研项目情况

（一）海上风电特许权项目跟踪研究与海上风电政策研究

该研究为国际合作项目，由河海大学与美国能源基金会合作，于2020年12月结题。

项目重点调研我国第一批海上风电特许权项目进展情况，总结海上风电特许权项目招投标工作，分析实施过程中遇到的问题。主要研究内容及创新点如下：

（1）提出了海上风电项目的管理办法和配套政策；系统地分析了4个海上风电特许权项目并网运行可能引起的电能质量问题，提出了电网应对这4个项目并网应采取的措施。

（2）调研海上风电机组的现状及发展趋势，分析了风电机组的技术水平，收集和消化IEC相关标准和国际通用的海上风电机组认证规范，提出了我国海上风电机组的评估体系。

（二）深埋长大引水隧洞和洞室群的安全与长期稳定研究

该研究为国家自然科学基金项目，由河海大学与中国科学院武汉岩土力学研究所合作，于2020年12月结题。

项目主要研究内容如下：

（1）以我国西南部四川锦屏二级水利水电工程中的大理岩、板岩和砂岩为研究对象，进行了一系列渗透水压与高围压共同作用下岩石的单轴、三轴全应力—应变过程试验，同时对其进行细微观裂纹分布进行整理分析。

（2）以我国西南部四川锦屏二级水利水电工程中的大理岩、板岩和砂岩为研究对象，重点研究深埋隧洞在开挖、支护过程中围岩的力学行为，以掌握和预测其变形和长期强度特性。

（3）研究解决高应力、高水压深埋长引水隧洞和洞室群的结构设计理论与方法以及岩爆机理与预报方法中的一系列前沿关键技术问题，进行综合和系统的应用基础性研究。

（三）大型高架渡槽抗震设计场地地震动响应谱及时程

该项目为企事业单位委托科技项目，由河海大学与云南滇能泗南江水电开发有限公司合作，于2020年12月完成。

结合我国现有工程中场地类别以及规范反应谱定义的现状，提出基于PGMD数据库选波时关键参数Vs30的换算方法、结合我国规范定义的目标谱参数设定方法、将以上研究应用于示范工程衍庆村渡槽选出实测地震时程。项目主要创新点如下：

（1）通过验证得出Boore2011为我国最适用的换算Vs30的场地相关公式；提出的线性外推公式LEE，且精度高于Boore2011，可在日本KiK-net站台钻孔中有较好应用，也可对我国的研究起到间接的方向性支撑作用。

（2）结合最新的地震动衰减关系CF15和BSSA 14分析了场地类型、震级、距离对于反应谱的影响，依据BSSA 14并结合我国相关规范规定计算出反应谱特征周期、动力放大系数最大值以及场地调整，并与我国规范的相关规定做对比。

（3）分析了衰减指数，研究得出位移谱的截取周期Tcut考虑“结构需要周期”，可得到相对偏安全但不过度保守、非常接近统计反应谱曲线的下降段部分，可更好地适应地震波选波时的目标规范谱需求。

（4）以场地相关设计反应谱为目标谱，拟合三组二分量的人工地震波，每组地震波各分量间的相关系数均不大于0.3，满足规范要求，可用于该工程场址的抗震动力分析。

（5）基于设定地震的震级和震中距，依据中国水利水电科学研究院建立的渐进谱统计模型和提出的拟合目标渐进谱合成地震动的方法，生成了幅值和频率均非平稳的地震动时程。

（四）水动力作用下磷在水沙两相间分配规律研究

该研究为国家重点实验室开放基金项目，由河海大学于2020年12月完成。

项目以水沙运动及磷污染物输运特性为研究对象，研究成果可为河流水生态环境的修复与改善提供理论依据和技术支撑，促进河流健康可持续发展，实现人与河流的和谐共处，主要创新点如下：

（1）研究水沙运动过程中污染物的输移扩散规律和泥沙对磷污染物的吸附/解吸规律，揭示了上覆水水流结构及紊动特征、上覆水—孔隙水交换特征、泥沙沉积、再悬浮及输运特征对磷污染物的输运及其在水沙两相间转化规律的影响机制。

（2）明晰水沙运动对磷污染物迁移转化的作用机理，并建立污染物迁移转化模型，探明水流—泥沙—

磷污染物三者之间相互作用机理。

（五）电能替代典型场景优化互动及电网调控支撑技术研究报告

该项目为企事业单位委托项目，由河海大学于2020年9月完成。

项目从负荷调控角度出发，充分挖掘电能替代场景中的负荷调控潜力，研究电能替代负荷参与电网调控的模式以及经济性。主要创新点如下：

(1) 对于电网侧，让电能替代负荷参与电网调控，可以提高电网侧新能源的消纳率，减少“弃风弃光”现象发生的概率；将电能替代增售电量与发电厂机组发电小时及机组效率结合，降低对燃煤发电厂的压制，优化发电厂的发电计划，使原本未达经济运行的机组提高至经济运行状态，从而提高发电厂的机组运行效率，降低发电成本。

(2) 对于用户侧，用户参与电网调控，用户响应电网侧的激励机制和电价机制调节电能替代负荷，可以降低自身的用电费用。从社会角度来看，可以实现能源高效利用、减少污染物排放。

（六）赣江尾闾综合整治工程数学模型开发研究

该研究为企事业单位委托科技项目，由河海大学与江西省水利科学研究院合作，于2020年1月结题。

项目研究赣江尾闾综合整治工程方案，对分流比、水位、流速、河床冲淤等综合影响及整治效果，对各方案进行比选，提出推荐整治方案，为赣江尾闾综合整治工程的规划和设计提供科学依据和技术支撑。主要创新点如下：

(1) 从防洪、生态、环境影响等角度进行了6个整治方案的比选论证，提出了优选方案建议。

(2) 所提出的整治方案，对赣江尾闾河段行洪、河势的影响较小；可增加闸上河段枯季水资源利用量，提升供水保证率；可有效增加闸上航道水深，提升闸上河段航运保证率；可抬高枯水期闸上河段水位，增加水面面积，显著提升城市水景观；可灵活调节各支下泄流量，有效改善南支、中支、北支枯季水生态环境。

（七）浙江近海风电场群的多尺度时空特征模型研究

该研究为企事业单位委托科技项目，由河海大学与国网浙江省电力有限公司电力科学研究院合作，于2020年5月完成。

项目面向近海风电场/群，针对其等效建模和无功协调控制策略等问题，通过分析不同时间尺度和气象情况下浙江近海风电场群输出功率的特点，研究含大规模风电并网的多时空尺度风电场特征模型及相应的参数辨识方法；通过分析海上风电场集群建模方法以及风电场集群无功协调控制策略，提出浙江近海风电场群功率/电压波动特性及场群级无功协调控制策略。通过本项目的研究工作，可提升近海风电场群规模化并网后浙江电网安全稳定运行能力，为加快推进浙江省创建国家清洁能源示范省提供技术支撑。

项目主要创新点：①提出了一种计及有功恢复速率的直驱风机受控电流源暂态等效模型；②提出了一种计及气象条件的风电机组分群等值方法；③提出了一种基于自适应离散二进制粒子群算法的风电场无功电压控制策略；④提出了一种基于遗传算法的海上风电场集群的协同无功控制策略。

（河海大学）

河海大学2020年科研工作有关情况

在科研经费方面，全年新增科技经费总量10.5亿元，其中科技合同经费7.23亿元，到款科技经费6.57亿元；科技产业和科研成果转化支持经费3.27亿元。获国家自然科学基金资助项目137项，资助经费7421万元，其中重点项目1项、重点国际（地区）合作研究项目1项、联合基金项目重点支持项目4项、优秀青年科学基金项目1项、重大研究计划1项。主持国家重点研发计划项目4项（含1项政府间国际科技创新合作项目）、课题6项，资助经费7083万元。获国家社科基金资助项目12项，资助经费285万，其中重点项目3项、一般项目6项、青年项目3项。获教育部社科基金资助项目5项，资助经费46万元，其中规划基金项目3项，青年项目2项。获江苏省社科基金资助项目11项，资助经费60万元，其中重点项目3项、一般项目3项、青年项目2项、一般委托1项、文脉专项1项、自筹经费项目1项。

在科技奖励方面，获国家科学技术奖1项，其中主持获得技术发明二等奖1项；获省部级奖励57项，其中河海大学主持14项，主要有：大禹水利科学技术奖一等奖2项、二等奖2项，江苏省科学技术奖三等奖2项，第八届高校科学研究优秀成果奖（人文社会科学）二等奖4项。

在科技成果及基地方面，发表SCI论文1744篇，获我国授权发明专利955件，获外国授权发明专利44件，取得软件著作权登记证书205件。2020年，“江苏省农业农村污染防控与治理工程技术研究中心”获省科技厅批准立项建设，“江苏省水资源环境遥感监测评估工程研究中心”获省发改委批准立项建设。“浅水湖泊综合治理与资源开发教育部重点实验室”和“海岸灾害及防护教育部重点实验室”接受教育部组织的五年评估工作，其中“浅水湖泊综合治理与资源开发教育部重点实验室”获评优秀。“江苏省海岸海洋资源开发与环境安全高校重点实验室”和“江苏省特种机器人技术高校重点实验室”接受省教育厅考核验收，分别获得良好和合格。

在成果转化方面，转让、许可专利120余项。发布企业技术需求500余项，组织60余人次教师参加苏北五市、苏州、扬州、杭州、上海、安徽等地政产学研活动；遴选60余项专利参加江苏省首届专利拍卖季活动，南京广播电视台、江苏省技术产权交易市场专门报道了河海大学拍卖的科技成果；遴选5项科技成果参加江苏省第二届创新挑战赛。参与服务企业800余人次，服务企业数600余家，直接解决企业需求500余项。设立河海大学昆山技术转移分中心，三年建设经费150万元。技术转移中心通过江宁区科技局绩效考核；加盟常州市跨国技术联盟；1人获江苏省技术转移联盟技术服务精英奖。为科技成果转化搭建专业服务桥梁，与勤业科创（江苏）有限公司、中部知光技术转移有限公司［国家知识产权运营公共服务平台高校运营（武汉）试点平台、国家技术转移中部中心技术转移综合服务市场、中国科协（武汉）海外人才离岸创新创业基地的运营主体］签订合作协议。

在期刊工作方面，主办6种期刊：《河海大学学报（自然科学版）》《河海大学学报（哲学社会科学版）》《水利水电科技进展》《水资源保护》《水利经济》和Water Science and Engineering（WSE）。全年共出版35期，其中正刊34期、增刊1期；共刊登论文491篇，其中正刊458篇、增刊33篇。WSE核心影响因子达到1.7，增长26.9％。河海大学学报（自科版）等核心影响因子平均增长48.29％。有3种期刊获中国高校“百佳期刊”和“优秀期刊”，6种期刊共有8个栏目、专题分获江苏省期刊“明珠奖”优秀栏目、优秀策划奖，5种期刊分获江苏省科技期刊“金马奖”十佳精品期刊、十佳特色期刊、十佳品牌活动、十佳品牌栏目、十佳期刊传播奖。参与完成《辞海》（第七版）水利分科的编纂工作。

在学术交流方面，组织各类学术活动400余场次。其中，主办或承办的大型国内外学术活动10余场，包括“第八届中国水生态大会”“第三届国际青年学者云论坛”“2020中国水资源高效利用与节水技术论坛”“第二届国际科技创新学术交流大会暨水利与土木建筑工程学术会议”“第三届水利水电信息化和智能化发展前沿青年学术论坛”“江苏力学青年论坛2020第十六届苏港力学及其应用论坛”等。

（河海大学）

三峡大学2020年完成的国家自然科学基金项目情况

（一）水—岩作用下卸荷损伤岩体劣化效应及劣化机理研究

水电工程库岸边坡涉及大量的卸荷损伤岩体，水库蓄水运行后，水—岩作用将导致卸荷损伤岩体的物理力学性质进一步劣化，直接影响涉水边坡的变形稳定。因此，开展了本国家自然科学基金面上项目，主要研究内容及创新点如下：

（1）基于单试件重复加载法，提出了一种确定岩石临界损伤值的方法，建立了卸荷损伤砂岩的损伤演化模型，完善了岩体卸荷损伤变量的表征方法。

（2）获得了水—岩作用下卸荷损伤砂岩的变形、强度和能量参数劣化规律，揭示了水—岩作用下卸荷损伤砂岩的损伤劣化机理，将初始卸荷损伤作为一个初始变量，建立了水—岩作用下卸荷损伤砂岩的损伤演化模型。

（3）建立了节理面三维形貌特征与节理岩体抗剪性能的相关关系，提出一种“单试件多周期重复剪切试验方法”，消除了多周期水—岩作用试验中岩样离散性的影响。

（4）获得了水—岩作用下节理面微观形貌特征及抗剪性能的损伤劣化规律，建立了水—岩作用下节理砂岩抗剪强度劣化方程，并结合节理面微细观结构变化特征分析揭示了节理岩体抗剪性能劣化机理。

（5）提出了考虑节理面形貌特征各向异性特征的分形维数计算方法，建立了节理砂岩渗透系数与节理面微观形貌之间的相关关系。

（6）获得了水—岩作用下节理面微观形貌参数和渗透系数的变化规律，建立了基于综合形维数的节理面渗流特性损伤演化方程。

（7）建立了卸荷损伤砂岩的重整化模型，提出了一种反映岩石临界损伤状态的临界损伤常数，得到了卸荷损伤砂岩在水—岩作用下的临界损伤判据。

（8）提出了一种基于临界损伤值常数修正的崩滑灾害临界位移准则，实例分析表明，得到特征点位移预测值与实际监测位移吻合较好。

研究成果可为库岸边坡的长期变形稳定分析评价提供科学依据，相关试验方法和分析思路也可为类似研究提供参考。

（二）植被混凝土生态防护工程岩面—基材—植被养分循环研究

边坡生态防护工程出现功能退化的实质是生态系统内养分循环不畅，需要开展岩面—基材—植被养分循环机理与调控方法研究。本项目为国家自然科学基金面上项目，主要研究内容及创新点如下：

(1) 生态防护常用典型植被的养分周转利用研究：设置植被混凝土生态防护样地边坡，分析不同环境模式、不同恢复阶段的各样坡植物根、茎、叶及凋落物的生物量分布特征和养分浓度变化动态，计算养分内循环通量，研究不同器官间养分流通特征；分析植物各器官与相应凋落物的养分含量差异，研究植物凋亡阶段新老器官间养分转移特征，阐明植物养分内循环特征及其对生态系统养分利用效率的贡献。

(2) 生态防护基材理化特性及养分变化动态特征：基材是边坡生态系统中物质能量交换的重要场所，其结构与肥力状况对于植物的生长及群落组成、演替起着关键性作用，是生态系统功能恢复与维持的关键指标之一。通过实地取样和室内测定，分析不同环境模式及恢复阶段下各样坡基材容重、含水率、酸碱度、有机质等理化特性和氮、磷、钾等养分元素的动态变化特征，探明环境模式对基材理化特性、养分含量变化及分布格局的影响，为研究“植被—基材—岩面”系统的养分分异特征及循环流通特征提供数据参考。

(3) 生态防护岩面分室的养分变化动态特征：岩石经过风化作用等一系列过程变成土壤，土壤又可通过侵蚀堆积转化为岩石；同时，大量植物根系与岩面直接接触，不可避免地发生养分留存与吸收，且基材与岩面水分交换过程间也伴随着养分迁移，故考虑岩面的养分循环过程也必不可少。研究不同环境模式下岩面有机质、氮、磷、钾等养分元素随恢复时间的变化及贮存动态，明确岩面对不同环境模式的响应规律，为研究“植被—基材—岩面”系统的养分循环过程提供基础数据。

(4) 边坡“植被—基材—岩面”系统的养分归还流通特征：研究边坡“植被—基材—岩面”系统的养分归还状况，分析系统中植物凋落物的养分储量及其分解动态，明确养分释放归还规律；研究植物根系分泌物的养分存储及释放特征，探究其生态功能作用；分析降水过程中水分、养分含量的分配输入与径流养分的产出动态，以及植物茎、叶淋溶养分的归还动态，探明水分对养分平衡的改变规律；明确不同环境限制因子下各边坡生态系统的养分归还流通状。

(5) 边坡“植被—基材—岩面”系统协同耦合效应及养分循环利用特征：综合考虑养分的生物循环、地质循环和生物地球化学循环，构建边坡生态防护工程养分循环的分室模型，研究各分室的养分积累分布和循环动态，建立分室模型养分流通动态微分方程组，定量描述系统养分循环过程，遴选、构造适合表征“植被－基材－岩面”养分循环的特征参数，并分析其对植被类型、坡度、降水量、季节等环境模式的响应特征，综合评价养分循环状况；探究各分室各个指标间的量变响应关系，揭示植被恢复过程中边坡生态系统的养分动态平衡过程与协同耦合调节效应，揭示植被混凝土边坡防护工程中植被—基材—岩面间养分循环机理。

(6) 边坡“植被—基材—岩面”系统微生物调控研究：AM 真菌影响植物、微生物的群落结构及生态系统的多样性和稳定性，在生态修复和土壤恢复中占有着显要的地位。通过盆栽试验控制实验和人工接种手段，开展外源接种 AM 真菌对植物生长和基材理化特性的影响研究，探究植被混凝土防护技术与菌根技术互补协同机制。

该项目形成研究结题报告，对提高边坡生态系统的养分利用效率和加速生态恢复进程具有重要的现实意义；培养学术骨干 2 名，培养博士研究生 2 人和硕士研究生 6 人，均已毕业；在本领域国内重要刊物发表论文 17 篇，在本领域国外重要刊物发表论文 6 篇；获授权国家专利 28 件（其中发明专利 16 件、实用新型专利 12 件）；编制国家能源行业 NB 标准《水电工程陡边坡植被混凝土生态修复技术规范》（英文版）1 部，出版专著 1 部；获科研奖励 3 项（中国产学研合作创新成果一等奖 1 项、水力发电科学技术一等奖 1 项、湖北省科技成果推广奖二等奖 1 项），入选水利先进实用技术 3 项。

（三）微囊藻毒素选择性吸附及其原位光催化降解机理的研究

该国家自然科学基金面上项目针对在水中其他化合物共存条件下难以将藻毒素选择性吸附或降解这一科学难题，构筑对藻毒素具有特异相互作用和识别效应的新型高选择性吸附—催化体系。主要研究内容及创新点如下：

(1) 采用水热法和沉淀法等制备钒酸盐等复合氧化物材料，分析其晶型和组成，优化材料合成条件和吸附条件，筛选出具有快速高容量吸附材料，成功构筑和优化了 VO43——四面体型金属复合氧化物、Bi 系复合氧化物材料金属有机复合物（MOF）、天然铁矿物（NIF）等多类材料的制备条件，建立了对微囊藻毒素（Microcystin-LR，MC-LR）具有特异相互作用和识别效应的高选择性吸附—催化体系。

(2) 重点采用原位红外技术和同位素示踪技术在分子水平上理解吸附—原位光催化的电子转移、自由基反应、产物分布等基本过程，揭示了 MC-LR 选择性降解机理，主要包括 MOF 等催化剂界面电荷静电吸附机理，V 介导的氧自由基协同催化和 NIF 界面 Lewis 酸催化与 Bronsted 碱催化等协同机理，建立的基于选择性原位降解机理，为高效高选择性清除水中藻毒素的新型光催化体系提供了一定的参考。

本项目开发了多种具有高活性的光催化氧化体系，获得4件国家发明专利。

（四）水环境中考虑孔隙尺度的混凝土动态力学性能及其机理研究

该国家自然科学基金面上项目在三峡大学自主研发的10 MN大型多功能电液伺服静动力三轴仪上开展了一系列的试验，并结合数值模拟方法研究了孔隙水对混凝土动态力学性能的影响。项目主要研究内容及创新点如下：

（1）获得了混凝土在饱水过程中的含水量特征值，分析了含水量特征值与混凝土动态特性之间的关联性，建立了单位体积含水量与混凝土峰值应力增加值之间的关系；结合混凝土的应力—应变曲线分析了孔隙结构与含水量特征值对混凝土力学特性的影响。

（2）开展了不同引气剂掺量的混凝土在不同水压力下动态压缩试验，测定了混凝土的孔隙结构特征，获得了混凝土在大气自然环境和有压水环境中的含水量，建立了不同孔隙结构特征混凝土的含水量与水压力之间的关系；分析了单位体积含水量对不同孔隙结构特征混凝土的动态抗压强度增量值的影响，建立了混凝土动态抗压强度与孔隙结构、水压力、含水量及应变速率之间的关系；总结了水压力环境中混凝土的破坏模式。

（3）在有压水环境中，对历经不同荷载循环次数后的掺粉煤灰混凝土进行了动态压缩试验，分析了应变速率、水压力、荷载循环次数对混凝土强度、峰值应变和弹性模量的影响，建立了应变速率、水压力大小以及循环荷载次数与混凝土动态强度和动态弹性模量的关系；综合考虑应变速率、水压力以及循环荷载次数等因素，构建了水压力作用下混凝土历经循环荷载历史后的常三轴动态损伤本构模型。分析了混凝土破坏模式，发现应变速率和粉煤灰掺量对混凝土的破坏模式有显著影响，同时还观察到经历不同循环荷载次数的混凝土，其破坏模式也略有差异。

（4）对不同孔隙形态的水饱和混凝土开展了单轴受拉数值模拟研究。基于广义特征多项式的解来判别椭圆的位置关系，构建了包含孔隙的二维随机骨料混凝土细观模型；在力学方法方面，实现了孔隙水动态黏滞效应对混凝土力学的影响，引入了双折线损伤本构，分析了孔隙率、孔隙的扁平度对饱和混凝土静动态强度与初始弹性模量的影响，探讨了孔隙特征和应变速率对饱和混凝土破坏模式的影响。

（五）电极烧蚀导致的FLTD气体开关绝缘子劣化机理及其绝缘防护研究

快脉冲直线变压器驱动源（fast linear transformer driver，FLTD）气体开关大电流放电时，伴随着电极烧蚀会产生粒子溅射现象，粒子溅射产物附着于开关绝缘内腔后将导致绝缘子性能劣化甚至是沿面闪络。因此，开展了本国家自然科学基金青年项目，主要完成以下三个方面的研究工作：

（1）气体开关放电过程仿真建模及电极烧蚀研究：利用有限元仿真软件对气体放电过程进行了仿真分析，对电极烧蚀机理进行了解释，分析了开关电极烧蚀的影响因素。

（2）完成了FLTD气体开关的优化设计。优化气体开关结构，优化绝缘结构防止电极烧蚀物直接溅射到绝缘内腔，提高了绝缘子寿命。

（3）完成了气体开关实验平台搭建。通过脉冲陡化实验，减小触发脉冲源的抖动，提高了触发脉冲输出性能。

本项目完成了FLTD气体开关的优化设计，确定了主电极和触发盘的结构，设计的预电离间隙可调；选取有机玻璃作为开关的绝缘支撑材料，增加了内绝缘筒能收集电极烧蚀后的溅射粒子，防止直接溅射到绝缘外筒的内腔，能够实现很好的防护作用；此外，内筒增加了沿面爬电距离，能防止沿面闪络的发生。

（六）基于流场—轨迹耦合的鱼道内鱼类运动路径模拟研究

该国家自然科学基金青年项目通过现场测量和数值模拟获取鱼道流场信息，将流场水力空间分布与鱼道内鱼的运动轨迹相耦合，量化了鱼类上溯运动过程中偏好的水力范围，鳙鱼更倾向于在平均紊动能为0.02～0.043m^2/s^2的区域上溯运动，鱼更喜欢在流速为0.15～0.45m/s、紊动耗散率为0.02～0.065m^2/s^3、应变率为2～7s^{-1}的范围内运动。考虑鱼道内鱼类上溯的随机性，提出了鱼类对水流刺激的感知范围函数，结合个体鱼的运动规则，构建基于个体鱼刺激—响应模型；基于鱼类偏好的水力范围及关键水力因子，构建基于欧拉—拉格朗日—刺激响应鱼类运动模型；通过模拟多条鱼的运动轨迹验证并优化了模型，证实了模型的实用性，揭示了鱼类运动对鱼道水力特征的响应机制。

研究成果对水力学和鱼类行为学的交叉学科发展具有重要的科学意义，为恢复鱼类的洄游通道以及鱼道设计、改进提供科学依据。

（七）高拱坝施工缆机安全运行路径实时规划与智能调控

该国家自然科学基金青年项目针对高拱坝施工缆机安全运行路径实时规划与智能调控，提出缆机运行路径的实时规划方法和智能调控机制。主要研究内容及创新如下：

（1）针对高拱坝缆机运行特征，开展了缆机运行状态监测系统的构造设计，采用GPS－UWB混合的实时定位数据采集方法，对缆机运行过程实现高精度定位及数据采集，基于采集的数据建立了多源融合数据的分析处理，实现了缆机运行位置的实时采集。

（2）基于缆机系统各部件的结构特征，建立了缆机运行动力特征分析，对运行过程中系统各部件的状态进行了模拟分析；考虑大风因素对吊罐运行安全稳定的影响，开展了缆机吊罐风致摆动模型试验，确定了风速—吊罐摆动关系；基于吊罐运行空间特征，构造了缆机吊罐运行轨迹实时规划及调整模型，实现了调运过程中的避障及轨迹动态调整。

（3）考虑缆机运行本身及外力作用的摆动影响，对缆机运行中的安全空间开展了分析，基于试验及数值模拟结果建立了缆机运行不同工况下摆动效应；分析了缆机吊运过程中缆绳缆索的弹性变化过程；基于缆机吊罐摆动过程，建立了缆机运行防碰撞检测及安全预警机制；结合坝体浇筑过程，建立了坝体浇筑与缆机动态调度仿真分析模型，通过状态反馈机制，实现了坝体浇筑过程与缆机配置的联合优化；基于上述理论及方法建立了映射真实场景的缆机运行冲突与调整虚拟场景，通过与真实数据的联动，实现缆机调运的智能调控。

本项目的理论研究成果也结合溪洛渡、白鹤滩、乌东德工程开展了实例验证。

（三峡大学）

三峡大学2020年度科研工作情况简介

在科研经费方面，2020年三峡大学全校申报纵向项目总量突破600项；其中国家自然科学基金463项，省自然科学基金项目58项（重点项目10项），省重点研发计划（第一批及第二批）10项，省科技重大专项1项，省教育厅科研项目29项，优秀中青年科技创新团队3项，其他各类项目30余项。截至2020年年底，获批各级各类自然科学纵向项目146项，立项金额近3500万元；获批国家自然科学基金项目40项，其中面上项目18项，青年基金19项，国家自然科学基金联合基金重点项目2项（首次获批），国际（地区）合作与交流项目1项；承担国家科技重大专项子课题1项；获批省部级项目近31项，其中省自然科学基金19项，省科技重大专项1项，创新研究团队4项（其中省创新研究群体1项），立项数量创历史新高。积极推动学校的学科交叉研究工作，为三峡大学交叉研究工作做了大量基础工作。

科研成果方面，2020年奖励三大检索收录论文778篇（其中SCI 603篇，EI 175篇）；同比综合增长55.6%（其中SCI增长59.9%；EI增长42.3%）。出版著作、教材等80部。一批优秀团队在国际顶级期刊发表学术论文，第一临床医学院桑野作为共同第一作者参与研究的成果——“基于CT影像的新型冠状病毒肺炎（COVID-19）精准诊断、定量及预后分析的临床AI系统”在期刊《Cell》在线发表，这是三峡大学在《Cell》期刊首次发表的科研成果。2020年度三峡大学共获得湖北省科技奖励6项（科技进步二等奖2项，自然科学三等奖1项，科技进步三等奖3项），各种行业及学会奖励9项（其中一等奖2项）。

科研平台建设方面，由三峡大学校牵头申报的“三峡水库生态系统湖北省野外科学观测研究站”获省科技厅批准立项建设，三峡大学是此次入围的8家依托单位中的唯一一所省属高校。三峡大学成功获批2020年国家知识产权试点高校、石墨增材制造技术与装备湖北省工程研究中心，获批校企共建研发中心23个。

（三峡大学）

长江科学院2020年科研工作情况

2020年，长江水利委员会长江科学院（以下简称长江科学院）精心谋划部署，付出艰苦努力，战疫情、保生产，攻坚克难、再创新绩。

（一）科技支撑作用

参与水利部“十四五”水利科技创新规划编制工作，牵头编制完成水利部长江水利委员会“十四五”科技创新规划。提交国家重点研发计划、长江水科学研究联合基金等重点项目指南和建议70余项。牵头承担的水利重大科技问题研究项目“新时期南水北调工程战略功能及发展研究”通过验收并获各方好评和部领导专门批示，牵头承担的水利部流域水治理重大科技问题研究项目“长江中下游河势变化及治理战略研究”稳步推进。鼎力支撑“防大汛”和“强监管”。在防御新中国成立以来仅次于1954年、1998年的流域性大洪水中，派出专家70余人次赴一线开展防汛抢险救灾工作，全面负责湖南、江西巡堤查险暗访督查工作，30余名专家在湖南、江西防汛一线接力坚守近40天，足迹涉及30余个县市，共计督查超警戒水位以上堤防近3200km，为流域防汛抗洪取得全面胜利提供了有力支撑。派出专家250余人次，累计工作1600余人天，参与河湖管理、取用水管理、岸线利用清理、小型水库（水闸）安全运行、农村饮水安全等24项监督检查工作，为“水利行业强监管”提供了有力支撑。全面支撑流域水事务管理。参与《长江保护法》立法工作，认真实施承担的三峡后续、水利前期、水资源管理等项目，开展三峡水库科学调度关键技术研究及主要跨省江河流域水量分配方案、重点河湖生态流量保障实施方案、长江中下游干流河道采砂管理规划编制、长江口综合整治开发规划修编等工作，为流域水事务管理提供全方位科技支撑。扎实推进两个秘书处工作。长江技术经济学会秘书处组织召开学会2020年学术年会，完成学会专委会换届和增改选，编制学会发展思路报告、学会奖项设立方案。长江治理与保护科技创新联盟秘书处组织成员单位编制完成《长江治理与保护报告（2020）》，圆满完成联盟年度工作。

（二）科技创新研究

获批各类科技计划项目60余项，其中国家重点研发计划课题和专题各3项、“科技助力经济2020”重点专项项目1项、国家自然科学基金项目22项，其中长江水科学研究联合基金重点项目3项，经费创近5年来新高；流域水治理重大科技问题、水利技术示范及标准化等水利部项目11项，其他部委和省市科技项目20余项。发表重要科技论文380余篇，以第一完成单位出版专著10余部；主编发布技术标准4项；获授权专利77件，其中发明专利21件；取得软件著作权登记证书30余项；19项技术入选水利先进实用技术重点推广指导目录，7项成果入选成熟适用水利科技成果推广清单；完成科研成果报告950余份。作为牵头单位获地理信息科学技术奖一等奖1项、大禹水利科学技术奖二等奖1项、水力发电科学技术奖二等奖1项、水土保持科学技术奖二等奖1项，获湖北省优秀工程咨询成果奖一等奖2项、高价值专利大赛金奖1项，2项发明专利成果分别获评湖北省专利奖金奖和银奖。获批1个委级科技创新基地。开展江源科考促进原始创新，积累了一批基础数据资料，相关成果受到中央领导高度重视并予以批示。

（三）科技人才培养

人才培养取得新成效，10余人次获批人才称号，其中获批国家“万人计划”青年拔尖人才称号1人；高层次青年人才培养连获突破，湖北省有突出贡献中青年专家1人、湖北省政府专项津贴专家1人、钱宁泥沙奖1人、水利部国际化人才培养项目3人、湖北省百名优秀女性科技创新人才3人、武汉市黄鹤英才3人。规范实施新职工招聘工作，扎实开展岗位聘用工作，250余人获得调整和晋升。

（四）成果转化和市场开拓

采取一系列应对疫情的超常规举措，强化“全院一盘棋”协同协作，强化科技成果转化激励，大力推动新材料、工程安全监测自动化等一批管用实用科技成果转化和推广应用，启动西宁、成都经营性分支机构组建工作，精耕细作重点区域、精准发力重大项目。院领导带队开展合作洽谈、质量回访、推进战略合作，积极参与滇中引水、引江补汉、引江济淮、鄂北地区水资源配置、江西“双安”工程、江西高速公路等重大工程建设，进一步巩固和拓宽科技服务领域和地域。在疫情不利影响下，经济实现平稳发展，事业部分横向市场合同额与2017～2019年均值基本持平，到款额创历史新高，结算收入同比增长15%，院属企业新增合同额同比增长11%。

（五）科技平台与基础条件

稳步推进江湖保护与水安全保障国际科技合作基地、国家引才引智示范基地等国际交流合作平台建设；深化国际项目合作，多渠道申报和争取国家重点研发计划“政府间国际科技创新合作”重点专项、亚洲合作资金项目等各类国际合作项目，重点推进对湄公河区域与非洲等“一带一路”沿线国家的国际交流与合作。积极推进科技平台和创新基地申报工作，牵头申报国家重大科技基础设施项目2项、参与1项，获批委级科技创新基地1个，筹划水利部野外科学观测研究站新站建设工作。规范已建平台管理工作，水利部重点实验室优化调整方案已报部待审批，推进国家大坝安全工程技术研究中心专业化管理，成功举办第一届大坝安全创新技术交流会，加快长江安庆至南京段模型建设等委属基建项目竣工验收工作。持续做好江源科考工作，组织开展了2020年江源综合科学考察，积累了大量第一手基础数据及资料，取得了一批重要成果。

（长江水利委员会长江科学院　郭辉）

中国水利水电科学研究院 2020年科研工作有关情况

2020年，中国水利水电科学研究院（以下简称水科院）扎实推进各项工作，为水利水电事业高质量发展提供坚实科技支撑。

（一）科研发展成效显著

一是科研合同额再创新高。全院新签合同总额较2019年增长5.1%。其中，国家重点研发计划、自然科学基金等国家科技计划项目59项，新签横向科技类项目1480项。

二是重大项目进展顺利。国家重点研发计划“水资源高效开发利用”“全球变化及应对”“高性能计算”以及“重大自然灾害监测预警与防范”等专项的19个项目有序推进；国家自然科学基金“混凝土硬化过程中细观应力和微裂纹的演化机理及影响”等25个项目顺利结题；水利前期、水利技术示范、水资源管理与保护等行业科研项目完成验收。

三是科技成果再获丰收。获得省部级奖励46项；发表论文686篇，著作66部；获授权专利421件，其中，我国发明专利297件、实用新型专利112件、外观设计专利1件，国际专利11件；登记软件著作权108件，新编（修编）标准28项。

（二）科技支撑坚实有力

一是深入落实习近平总书记系列重要讲话精神。持续学习“3·14”“9·18”“1·03”重要讲话精神，紧紧围绕“十六字”治水思路，做好科技支撑。深入开展系统治理研究，取得阶段成果。创新开展幸福河及其评价方法研究，首次提出河湖幸福指数评价及指标体系、中国河湖幸福指数初步评价成果。围绕黄河相关重大专题向部党组提交系列研究和咨询成果等。认真学习习近平总书记在科学家座谈会上的重要讲话精神，坚持目标导向和需求导向，围绕“四个面向”，瞄准国家重大战略，加强科研布局和自主创新。

二是坚定不移落实水利重点工作。聚焦脱贫攻坚，对口帮扶湖北郧阳、四川喜德和越西等地打赢水利脱贫攻坚战；聚焦防洪安全，完成黄河流域防洪安全形势和应对措施、开展小型水库除险加固攻坚行动等；聚焦农村水利，开展全国农村供水水质保障提升方案制定等；聚焦水生态修复，完成东北侵蚀沟分布发育特征和分类防治对策研究等；聚焦水利信息化，开展国家智能水网框架设计研究，为“国家水网”作为重大工程被写入国家“十四五”发展规划建议提供科技支撑。支撑水资源监管，开展跨区域调水、河湖生态水量（流量）等研究；支撑河湖监管，承担大运河河道水系治理管护规划、河湖健康指标体系等研究；支撑水土保持监管，开展新时代水土保持目标与对策重大科技问题研究等；支撑水旱灾害防御监管，参与制定《山洪灾害监测预警监督检查管理办法》等；支撑小型工程运行监管，开展水利工程供水价格定价机制研究等；支撑三峡和南水北调工程监管，承担南水北调工程运行安全检测技术研究等。

三是加强水利重大战略问题研究。牵头承担“水旱灾害防御战略研究”“保障水环境和水生态安全战略研究”两项宏观重大研究课题，及“水价关键问题”“新时期中小河流治理目标及对策研究”等4项重点领域战略研究课题，参与其他10项相关子课题研究工作，取得阶段成果。

四是积极落实部督办事项。完成水利部2020年督办水科院主办事项13项，其中重点考核事项3项。主动为业务司局和其他单位提供技术支撑，协助完成督办事项45项。

五是服务流域地方水利改革发展。与松辽委、华为公司、广东水利厅、江西新余签订合作协议，组织松辽流域和海河流域水治理战略研究，参与黑龙江、西藏等“十四五”水利科技规划编制。通过项目合作、技术培训、挂职交流等方式大力开展援疆援藏相关工作。

（三）人才队伍不断优化

一是加强高层次人才培养。新增全国最美科技工作者1名、全国创新争先奖状获得者1名、“万人计划”2名、百千万人才工程国家级人选1名、国家杰出青年科学基金资助的优秀青年学者1名、国家优秀青年科学基金资助的青年科学技术人员1名、大坝杰出工程师1名等。6人入选第二批水利国际化人才合作培养项目，2个水利部创新团队正式授牌。

二是加强干部队伍建设。新任职部管干部1名，提拔调整处级干部16名，选聘所长助理30名。加强干部监督，开展领导干部个人有关事项报告专项整治和人事档案专项审核“全覆盖”。完善专业技术干部发展通道，岗位比例调整再获批复，10人获聘专业技术二级岗。

三是加强人才引进力度。积极响应国家扩大就业政策，克服疫情影响，多轮次、多渠道、多形式公开招聘留学回国人员、应届毕业生、出站博士后、军转干部等53人，聘用科研助理66人。

四是加强研究生教育培养。新招收研究生126人，其中，硕士生74人、博士生52人，较2019年增长17%。积极开展国际招生宣传与培养，顺利招收第二批国际留学生。建设智慧教室，保障疫情期间教学工作。

（四）国际交流持续深化

一是国际水事活动取得新收获。组织召开“水利环境工程与气候变化应对”“双重危机——疫情下的洪水管理”等线上研讨会20场次，线上关注量达10万人次。协助水利部获得国际大坝委员会第28届大会承办权，筹备第四届世界灌溉论坛，承办国际水利与环境工程学会（IAHR）成立85周年学术活动，推进第2届亚洲国际水周和第9届世界水论坛议题工作等。

二是国际项目合作取得新进展。承担科技部、中欧水资源平台、亚专资、亚行以及国际市场项目40余项，合同额5300万元。承担澜湄国家农村供水安全保障技术示范、澜湄流域干旱特征与水库调度影响评估研究等，积极将中国水利水电技术推向海外。

三是引才引智工作取得新突破。成功入选科技部战略科技发展类“2020年度国家引才引智示范基地”，围绕世界水利水电科技前沿、国家和行业需求，加大引进国外智力和科技创新合作交流力度。

（五）创新条件稳步提升

一是推进规划编制。根据水科院“123456”总体发展思路，坚持需求导向和问题导向，“十四五”期间设置学科、人才、科研平台、科学普及与技术推广、国际合作、信息化、科技企业、后勤保障八大专题规划，已完成初步编制，为全院“十四五”发展谋篇布局。

二是推进平台建设。成立条件平台处，进一步加强全院条件平台资源统筹和规范管理。优化调整水利部重点实验室，提出院级重点实验室改革方案。内蒙古阴山北麓荒漠草原生态—水文野外科学观测研究站入选国家择优建设名单。积极推进土动力学、大型土工离心机试验厅建设等，为水科院科技创新提供基础支撑。

三是推进资质建设。水利工程建设市场主体信用评价（质量检测类、咨询类、供货类）获信用评价最高等级（AAA 等级），成功延续水利工程质量检测（岩土工程类）甲级资质、生产建设项目水土保持方案编制单位水平评价五星。作为国家发展改革委认可的水利项目三家咨询评估机构之一，承接国家发展改革委、北京发展改革委、海南发展改革委委托咨询评估项目 8 项，为重大工程建设提供有力保障。

四是推进信息化建设。持续优化综合办公平台，完善日常管理和运维。加快网站群集约发展，构建网络安全保障体系。学术期刊影响扩大，《水利学报》保持行业期刊排名第一，连续荣获“中国百种杰出学术期刊”称号。《国际水土保持研究》期刊首个影响因子为 3.770，在水资源和土壤科学领域均为一区期刊，《国际泥沙研究》在水资源和环境领域均步入二区。

（六）科研改革深入推进

一是推进试点改革。继续实施扩大自主权试点工作，修订《水科院科学技术奖管理实施细则》《水科院科技创新激励管理实施细则》《水科院基本建设项目管理工作规定》、编制《水科院野外科学观测研究站管理实施细则》等，促进新政策落地。代表水利行业事业单位开展绩效评价试点工作，顺利通过水利部、科技部等评估。

二是改进学风建设。在新人招聘、科技干部选拔、项目负责人推荐、优秀成果评选等环节，坚持破“四唯”，将科研作风纳入重要评判指标。深度宣传学科建设、科技成果、创新人才，大力弘扬科学家精神、新时代水利精神和水科院精神，培育优良学风，营造良好环境。

三是完成企业改制。积极贯彻落实《国企改革三年行动方案（2020～2022 年）》精神，按照水利部要求，成立院属企业改制工作领导小组，积极推进院属企业改革。顺利完成北京中水科工程集团有限公司、天津水科机电有限公司、北京爱德商务服务有限公司、北京水电苑科技会议服务有限公司、内蒙古天河技术开发有限公司五家公司改制工作，进一步激发企业创新活力。

（中国水利水电科学研究院
刘盈斐　廖丽莎　殷殷）

南京水利科学研究院“十三五”主要科技工作简介

“十三五”时期，南京水利科学研究院紧密围绕水利、交通、能源中心工作，全面实施“三个六”创新工程，以创新引领行业科技进步，以改革推动高质量发展，科技创新体系不断完善，科技创新能力、服务国家重大战略和行业中心工作的能力持续增强，为国家京津冀协同发展、长江经济带发展、粤港澳大湾区建设、长三角一体化发展、黄河流域生态保护和高质量发展等重大战略实施、行业改革发展以及地方经济社会建设提供了有力的科技支撑。

（一）学科建设取得新进展

依托重大科研项目和组建科研创新团队，支撑规划建设的“六大”优势专业方向，学术产出丰硕，行业内外的优势和影响力不断提升。坚持需求引领，不断巩固优势学科，积极拓展新学科，成立了地下水保护、湖泊治理、水（港）工结构抗震、工程防腐与防护、河湖底泥处治与资源化利用、节水研究、通航建筑物（枢纽）安全检测与评估、河口海岸保护与修复、海堤安全与风暴潮防灾减灾等研究中心，加快培育实验水文学、河湖保护与治理、智慧水利、绿色水运等新学科（专业）方向，进一步提升服务行业改革发展的科技支撑能力。

（二）重大问题研究能力显著增强

科研和科技开发保持高速发展，科研和科技开发总量快速增长。五年内承担一大批国家和部省级各类科技计划项目，包括牵头承担国家重点专项项目、课题，国家水专项课题、青藏高原综合科考项目、国家自然科学基金。依托国家级重大科研项目开展协同攻关，基础研究和应用基础研究能力显著增强，创新发展能力大幅提升。

（三）重大科技创新成果丰硕

认真组织重大科研问题研究，取得一批创新研究成果。“十三五”期间，获国家和省部级科技奖励 129 项，其中，“长江三峡枢纽工程”获得国家科技进步特等奖；“景洪水力式升船机关键技术”“复杂水工混凝土结构服役性态诊断技术与实践”等 2 项成果获国家技术发明二等奖；"气候变化对区域水资源与旱涝的影响及风险应对关键技术""城市河网水环境提升理论技术创新与应用""深水板桩码头新结构关键技术与应用"等3项成果获国家科技进步二等奖；获部省级特等奖17项、一等奖48项。编制国家和行业标准67部，出版专著132部。

（四）高端人才队伍培养取得新成绩

累计130余人次入选或荣获国家、部省级人才工程及荣誉称号。其中，全国创新争先奖3人，光华工程科技奖2人，万人计划领军人才3人，万人计划青年拔尖人才3人，国家百千万人才工程国家级人选2人，全国优秀科技工作者1人，国家有突出贡献中青年专家1人，科学探索奖1人，中国青年科技奖获得者1人，国家优秀青年自然科学基金获得者1人，全国杰出工程师奖1人，中国大坝杰出工程师2人，水利青年科技英才1人，交通青年科技英才2人，交通运输行业推进计划3人，中国航海学会首届科技贡献突出人物5人。

（五）支撑水电能源行业改革发展

完成水电工程安全与环境技术研发测试分析中心建设。承担一大批水电工程安全、能源工程环境保护、水能资源开发利用、小水电、新能源开发利用等研发任务，取得一批重要创新成果，为推动水电、火电、风电、核电以及新能源领域技术进步与发展提供有力支撑。编制能源行业《水工混凝土试验规程》等技术标准20余项，配合开展能源行业水电建设工程质量监督、质量监督培训、技术标准复审及审查等工作，为支撑能源行业发展提供有力保障。

（南京水利科学研究院　成荣亮）

南方电网调峰调频发电有限公司 2020年科技创新工作情况

（一）核心技术攻关专项情况

南方电网调峰调频发电有限公司（以下简称调峰调频公司）落实网公司加快关键核心技术攻关专项行动方案，按要求完成所负责的5个科技项目的实施，主要情况如下：

（1）海水抽水蓄能电站前瞻技术研究：为国家项目，2020年年度高质量成果已提交，完成年度任务，主要完成了10MW可变速机组交流励磁发电电动机样机、变流器组装及联调、10MW可变速机组发电电动机功能测试等任务。

（2）大容量高压级联电池储能系统关键技术研究与应用：项目完成年度任务，主要包括年度高质量成果2项，年度形象攻关进度3项。

（3）基于调峰调频的电池储能智能管理技术研究与应用：项目完成年度任务，主要完成了电池储能管理平台、控制终端、光储充电站示范工程，并完成了项目验收。

（4）抽水蓄能机组成套开关设备研究应用：项目完成年度任务，主要完成了抽水蓄能机组成套开关设备产品设计方案和图纸，完成了母线分段隔离开关动热样机的装配和调试工作，并通过会议审议决定，同意项目工程应用范围。

（5）融合5G的抽水蓄能电厂深度覆盖与智能化运维技术研究及业务验证：项目已完成年度任务，主要包括计划任务书下达和合同签订，同时完成5G应用技术标准初稿1篇。

（二）储能团队情况

调峰调频公司牵头承担网公司储能与可再生能源重大科研团队。2020年组织储能团队40余人参加北京第九届储能国际峰会，团队作5个主题报告，主办动力电池梯次利用进展与商业化应用分论坛，取得了"储能技术创新典范TOP10"1项，"储能应用创新典范TOP10"2项，"储能应用特殊贡献奖"1项的成绩。2020年10月，调峰调频公司组织召开了储能与可再生能源重大科研团队第一次工作会议，进一步调整优化储能与可再生能源重大科研团队；下一步将以重大科技项目促团队建设，按期完成国重专项梯次利用、海水抽蓄、氢能等重大项目，积极申报国家、省部级科技项目，扎实做好南方电网储能重点科技项目和示范工程建设等。

（三）储能联合实验室情况

调峰调频公司牵头建设网公司先进储能技术联合实验室，按照产学研用原则共组织23家单位参与联合实验室，并印发了实验室建设方案和2021年重点任务计划、签署了实验室授权承诺书。先进储能技术联合实验室坚持业务引领、需求驱动，以先进储能技术助力智能电网建设为核心目标，联合产学研用，开展关键技术攻关、实验研究和成果转化，深入挖掘储能技术在电网中应用场景和商业模式，突破储能技术在电网中安全、经济、高效和规模化应用瓶颈，建立产学研用协同创新机制，培育高层次储能技术团队和领军人才，打造"国家级"先进储能技术领域工程研究中心和产学研用综合平台，促进构建"清洁低碳、安全高效"的现代能源体系，加速储能产业链升级，助力公司高质量发展。

（四）创新成果总结及奖励申报情况

（1）开展已建抽水蓄能电站建设科技成果提炼。调峰调频公司依托清远、深圳抽水蓄能电站，从2010年至2018年，历时8年，从理论和实践上对水泵水轮机、发电电动机、监控系统和一洞四机布置等方面开展了深入研究，取得了一系列关键技术和成果，如一洞四机同时甩满负荷、水泵水轮机长短叶片转轮、无预压弹簧簇推力轴承等。成果解决了抽水蓄能机组在稳定运行方面的多项技术难题，在机组稳定性关键技术方面取得了重大突破，运行区振动摆度、压力脉动全面优于同类机组，同时将机组稳定高效运行区从传统的50%～100%扩展到35%～100%，技术水平处于国际领先水平。

（2）开展调峰调频公司生产、基建领域“专业化、集约化”管理创新总结提炼。对调峰调频公司文昌电厂建设管理进行了总结提炼，形成了“基于价值链整合的项目管理模式创新—文昌气电建设实践”成果，为公司后续开展燃气电厂建设提供参考。对调峰调频公司近6年来专业化、集约化改革进行总结提炼，形成了“电网调峰调频电源发电资产检修管理专业化、集约化研究及实践”成果，有效支撑调峰调频公司创建世界一流调峰调频企业。

（3）2020年组织了调峰调频公司优秀创新成果申报各级创新奖励，主要包括中国电力科学技术奖、电力建设科学技术进步奖、水力发电科学技术奖、中国大坝工程学会科技奖、南方电网科学技术进步奖等奖励20余项。

（南方电网调峰调频发电有限公司　曹娅）

中国电力建设集团有限公司 2020年科技创新工作情况

（一）研发平台建设

中国电力建设集团有限公司首次组织开展集团级研发平台认定工作，完善集团研发平台体系建设。完成水环境、太阳能热发电和城市轨道等3个业务领域集团级研究（实验）中心申报和评审工作；依托老挝南欧江流域电力开发研究院、巴西电网工程技术（美洲）研究院和中—德创新中心等公司型海外创新平台建设，开展公司海外创新总体部署、典型区域创新模式和重点任务研究工作。截至2020年底，集团拥有国家级研发平台9家、省级研发平台100家、集团级研发平台6家，为集团创新能力提升提供了有力支撑。

（二）重大技术攻关

2020年度新增国家级科技项目及课题共12项、省部级科技项目及课题共21项，主动承揽并高质量开展4项“1025专项”核心技术攻关任务。

启动“中东地区特大型EPC港务工程成套关键技术研究及基于BIM技术的数字化管理平台建设”重大专项。组织“川藏铁路建设关键技术研究”等一批在研重大专项阶段成果总结、评估和技术交流；组织水环境、国际工程标准等一批重大专项成果的验收鉴定。

2020年度集团公司新立重点项目63项，其中，水环境、新能源、新业务和信息技术应用项目占比达51%；年内完成通过验收的集团级科技项目49项，经鉴定8项达到国际领先水平。

（三）重点科技项目简介

1. 电力工程中外技术标准体系研究与国际化应用　项目通过系统研究，创建了中外工程技术标准国际工程应用基础体系，破解了制约国际水电与风电、太阳能光伏发电工程中外技术标准国际化应用的技术难题，有效提升了中国电力建设企业国际业务核心竞争力。项目研究推动了中国标准在29个国家34项海外工程的直接应用。

2. 梯级水库群风险等级确定与风险设计　是国家重点基础研究发展计划（973计划）项目的子课题，结合当前我国流域安全管理和风险防控的实践需求，研究了梯级水库群的风险标准、梯级水库群风险等级确定机制，研究了流域梯级水库群风险防控的策略和关键技术，建立了梯级水库群连溃风险分析模型，提出了特等工程特级建筑物分类分级标准体系，建立了“单一安全系数—目标可靠指标—年计失效概率”为一体的梯级水库群风险设计理论，构建了包括裕富超高、洪水标准、抗震设防标准的风险设计指标体系。

3. 双护盾TBM安全高效动态管控施工关键技术　课题紧跟相关学术研究前沿，以兰州市水源地建设工程双护盾TBM施工为背景，对双护盾TBM安全高效动态管控施工关键技术进行了系统的研究；同时展开综合超前地质预报，并提出TBM卡机后的超低净空快速脱困处理工法。通过本课题的研究，最大程度地发挥了TBM施工的优势，达到了双护盾TBM快速掘进的目的，对类似工程具有推广应用价值。

4. 近海深厚软基处理创新技术及产业化应用　项目在软土地区海域取样和原位测试方面取得了重大突破，创新性地形成了一系列能够在深厚软土地层使用的地基处理方法以及深基础静动荷载设计方法，研究成果已在我国海上风电工程、港口工程中得到了广泛应用。提出了全新的大沙袋围堰施工稳定控制标准，并形成了潮汐工程区吹填土水下真空预压技术；研发了浅层高含水率淤泥取样和中空圆柱取样装置；研发了海上风机基础抗倾覆环结构，并提出了深基础的新型施工及检测方法。本项目成套技术已在三峡响水、鲁能东台、华能如东、江苏竹根沙等30余个近海风电场中成功应用，经济社会效益显著。

5. 1000MW 水轮发电机组蜗壳智能制造关键技术研究　项目形成了 1000MW 水轮发电机组蜗壳智能化制造关键技术，应用于白鹤滩水电站 8 台套蜗壳制造工程，取得良好的效果。项目研发了蜗壳板材数字化下料加工技术，实现了蜗壳复杂曲面自动展开、自动排版套料，生成了数控切割机所需的加工数据；研发了瓦块压头余量精确计算模型和软件，研制了厚板瓦块压制的通用装置，制定了蜗壳厚钢板制造成型制作工艺和控制标准，解决了厚钢板压制成型难题；研究形成了 800MPa 级蜗壳厚钢板纵缝自动焊接及智能控制技术。项目研究已获得实用新型专利 2 件，发表论文 2 篇，形成工法 1 项。

6. 反循环双向冲击潜孔锤多功能钻进系统　项目研制了反循环双向冲击潜孔锤多功能钻进系统，并形成了系列产品和配套技术，突破了复杂地层深孔钻进技术瓶颈，取得了良好的工程效果。研制了中空式双向潜孔冲击器和复合材料铝合金双通道钻杆，发明了加压旋冲钻进和提钻反击动力头装置，开发了系列化挤密钻头，设计并研制出了潜孔锤尾部过渡接头，研制了钻杆尾部三通道旋转装置。项目成果已在成都泛悦国际基坑支护工程等多个项目成功应用，取得发明专利 2 项、实用新型专利 2 项，形成了成套施工工法。

7. 自愈型防渗外加剂研制及工程应用　项目依托最大坝高 141.5m 的象鼻岭水电站拱坝，研制了一种新型自愈型防渗外加剂，研发了混凝土自愈性测试装置，开展了掺加自愈型防渗外加剂混凝土拌和物性能、物理力学及耐久性能试验研究，开展了碾压混凝土大坝变态混凝土和层间砂浆掺加自愈型防渗外加剂的现场试验研究。通过比选研究，提出了变态混凝土拌制过程直接掺加该外加剂的方案，形成了成套施工工艺。项目研究成果已在依托工程中成功应用，并在城市地铁、房建地下结构和交通隧道等基础设施工程推广，取得专利 3 项，参编标准和定额 2 部。

（四）技术标准管理

2020 年集团共参与制定国际标准 4 项，国家标准 12 项，并持续开展“国际工程技术标准应用研究”。

逐步完善工法体系，积极开展水电工法制修订工作，及时更新水利水电工法体系表，发布了集团火电工法体系，不断推动地铁和相关领域施工工法体系研究。阶段性完成“基于 BIM 的水电工程工法管理平台应用研究”和工法视频制作工作，促进了集团先进施工技术推广应用和标准化水平。圆满完成年度集团工法评审工作，评审出工法 572 项，其中 16 项推荐为年度集团优秀工法，推荐参评国家级工法。

（五）科学技术奖励

共推选 2020 年度中国电建科学技术奖拟授奖项目 133 项。推荐科技成果参加上级主管机构及相关学协会科学技术奖评审，获得省部级 470 项，其中特等奖和一等奖 82 项。认真组织参与国资委第三届熠星创意创业大赛，在全集团内进行广泛征集，共向大赛推荐 21 个优秀成果，充分体现集团的创新能力和综合实力。

有序开展 2020 年专利奖申报和推荐工作。“用于海上升压站的正压通风系统”等 9 项优秀成果获得相关协会及省部级优秀专利奖，其中“汽轮机轴系中心找正方法”获得第二十二届中国专利奖优秀奖。

（六）知识产权成效

2020 年，集团新增授权专利 3552 件，其中发明专利 236 件，取得 PCT 授权专利 2 件。截至 2020 年底，集团公司累计授权专利数量增长到 18393 件，发明专利增长到 2425 件。

（七）科技成果转化

组织优秀成果参加各行业主管机构及学协会组织的先进技术交流会及成果推广会。特别是强化推动新业务领域技术成果转化为市场竞争能力和业务，利用新材料、数字水电、水环境治理等新技术成果，获得非传统业务领域市场新签合同，依托科技创新支撑企业转型升级成效显著。第二届熠星大赛两项成果成功孵化落地，已成功融资并成立公司或上线经营。“深厚覆盖层特高心墙堆石坝智能化施工技术”等两项优秀成果成功入选 2020 年度电力行业市场 5 项优秀科技成果应用项目。

（八）人才队伍建设

2020 年，集团公司总工程师宗敦峰荣获全国创新争先奖，中国电建集团昆明勘测设计研究院有限公司总工张宗亮获何梁何利基金科学与技术创新奖。张宗亮大师带领的“大型堰塞湖应急处置与高土石坝工程技术创新团队”亦成为国资委中央企业 30 个优秀科技创新团队之一。组织参评第六届潘家铮奖，中国水利水电第十四工程局有限公司总工和孙文和水电水利规划设计总院杨泽艳获得该奖项；中国电建集团西北勘测设计研究院有限公司狄圣杰和中国电建集团昆明勘测设计研究院有限公司宁宇荣，获水力发电科学技术奖的第二届水电英才奖。

（中国电力建设集团有限公司）

中国电建集团贵阳勘测设计研究院有限公司2020 年科技与质量工作情况

（一）体系平台稳步完善，科研立项再创佳绩

2020 年，中国电建集团贵阳勘测设计研究院有限公司（以下简称贵阳院）以国家认定企业技术中心

为总领的各级各类科技创新平台体系已初步成形。这一年，贵阳院与贵州大学联合申报的“贵州省岩土力学与工程安全重点实验室”省级重点实验室正式获得贵州省科技厅批准；经国家科技部审批，贵阳院贵州省可再生能源研究院士工作站成为贵州省允许继续保留的仅有7个院士工作站之一；完成贵州省科技厅对贵阳院创新型领军企业培育工程（500万元）的验收工作，获得验收考核专家高度评价。

年内获得贵州科技厅、水利厅等省厅级科研课题6项，获集团公司重点项目7项（承担2项、参与5项），共获得800余万元经费资助。为解决转型和高质量可持续发展中的技术瓶颈，贵阳院内立项“岩溶洼地建库开发利用关键技术研究”等2项重大专项、“垃圾焚烧及生物质发电关键技术研究”等2项重点项目和14项技术标准配套项目，直接投入研发费用1537万元，加上院二级单位自立科研项目，研发投入首次超2亿元。组织完成了上一年度加计扣除鉴定与申报工作，实现企业所得税减免534万元。

（二）科技奖励档次提升，创新成果不断涌现

全年组织申报各级各类奖项86项，获奖67项，其中《岷江龙溪口航电枢纽工程可行性研究报告》获全国优秀工程咨询成果一等奖、“一种混凝土面板堆石坝面板分缝结构及其施工方法”获第二十一届中国专利优秀奖、“北盘江—红水河流域控制性工程水温原型观测技术”获贵州省技术发明奖二等奖（一等奖空缺，二等奖唯一1项）等。开展了“高碾压混凝土拱坝分缝防裂关键技术研究及应用”2项成果鉴定，成果达到国际领先或先进水平。2020年度贵阳院获得首批集团“科技创新先进单位”荣誉称号。

全年新获得《贵州省第二类工业固废贮存、处置场病害鉴定及治理标准》1项贵州省地方标准主编任务，获得《水电工程水温原型观测技术规范》等5项能源行业标准英文翻译任务，获得《隧道岩溶高压涌水注浆封堵技术规程》1项团体标准主编任务；发布能源行业《水电工程生态流量实时监测系统技术规范》等中英文标准2项，发布《贵州城市轨道交通岩土工程勘察规范》等贵州省地方标准2项和《贵州省水利建设项目机构岗位配置导则》团体标准1项。全年完成专利申报408件（其中发明158件），获得授权实用新型专利314件、发明专利12件。“岩溶地区隧道工程高压大流量涌水引排泄压反堵施工工法”等3件工法获中国电建工法，“高海拔高寒峡谷巨孤漂石地层混凝土防渗墙施工工法”获首届西藏自治区工法，“复杂地质条件下隧道超前地质预报工法”等7件工法获贵州省工法。

（三）质量管控模式创新，产品服务保障有力

为不断适应业务转型升级过程中的技术质量管控，确保三大业务板块技术质量管理做到横向到边、纵向到底，《贵阳院技术产品校审总体规定》和17项校审专项规定全部发布，院技术产品设校审“总体规定＋专业规定”的分级分类管控运行模式以及新版校审卡体系基本成型；发布《贵阳院工程总承包项目管理手册》推动了总承包施工过程中的精细化管控，“双审定”制度严控了技术质量；发布《贵阳院国际技术服务项目技术质量管理规定》《贵阳院国际水电项目勘测设计工作指南》为国际业务的技术质量管理提供了制度支持和工作程序；为进一步完善质量信息沟通机制，执行了院技术质量委员会季度工作例会制度，全年共召开4次院技术质量委员会工作例会，总体成效显著。

组织院副总工程师开展2019～2020年度质量考核工作，扩大了对转型业务的考核范围和考核力度，重点关注工程项目现场质量控制、项目管理和合规性策划，抽查产品、算稿和图纸1000余份。组织开展了10个年度重点项目的专业评审、院级评审意见落实情况检查工作，确保质量管理PDCA的有效闭环。开展了雷山县鸡鸠水库工程质量回访工作，形成并发布质量回访报告。开展了以“建设质量强国 决胜全面小康”为主题的“质量月”活动，进一步提高了全员的质量意识。贵阳院选送的QC小组成果获省级特等奖3项，其他等级奖项4项，贵阳院参与的3项工程首次获得贵州省水利工程协会优质工程奖。苏洼龙引水发电厂清水混凝土施工监理分部获得“2020年贵州省质量信得过班组”称号，贵阳院被授予全国用户满意工程表彰。

（四）技术交流推广活跃，外部影响逐步增强

针对前沿技术进步和业务发展需求，全年院统一外派参加国内外学术交流15次，参加人数30余人次，二级部门外派300余人次。主办或承办了第五届新能源电站设计工程与设备选型研讨会、贵州省水利工程协会第五届会员代表大会、第十二届边坡工程技术大会、中国水力发电工程学会工程检测与物理探测专委会成立暨2020年学术交流大会、2020年岩溶勘察与基础工程高端论坛等一系列重大学术会议及研讨会，院领导和技术人员在大会上做了主题学术报告或技术交流报告，通过学会/协会为纽带，大力推动并促进了院对外科技宣传和交流，对提升我院知名度以及设计人员技术水平具有重要意义。

本着“走出去”的思想，院领导多次带队开展对外科技与质量交流学习，全年走访了贵州省科技厅、贵州省能源局、贵阳国家高新区等政府单位，赴南京水利科学研究院、贵州大学、中国电建集团华东勘测设计研究院有限公司、中国电建集团昆明勘测设计研究院有限公司、中国水电基础局有限公司等高校科研院所和兄弟单位交流学习，通过交流学习借鉴了大量经验做法。挂靠于贵阳院的中国岩石力学学会与工程学会的岩溶专委会和贵州省学会荣获上级单位的多项表彰。院刊《水力发电》如期完成4期组稿及刊印，在院内外起到了良好的交流宣传作用。

（中国电建集团贵阳勘测设计研究院有限公司 杨桃萍）

雅砻江流域水电开发有限公司2020年度科技工作情况

（一）科技创新体系建设情况

1. 博士后工作站　根据全国博士后管委会要求，雅砻江流域水电开发有限公司（以下简称雅砻江公司）博士后工作站开展了2020年博士后工作站自评估工作。4月，组织完成博士后工作站评估材料报送工作，包括评估期内博士后成果录入、合作导师调查问卷、博士后工作站自评价等评估材料。第五批博士后在站开展研究工作。

2. 企业技术中心　根据四川省经信委对省级企业技术中心要求，2020年每月定期向省经信委统计报送公司科技创新月报，5月完成省级企业技术中心年度考核报告的报送，中心运行维护情况良好。

3. 中国锦屏地下实验室（CJPL）　2020年，该实验室召开2020年度管理委员会会议，审议了实验室科学委员会章程与名单、工程技术委员会章程与名单、用户委员会章程等；规范了实验室内危化品的运输、存储、使用，与各实验组签订了安全管理协议。7月，申报“四川省重点研发项目——液氙暗物质探测器超高纯本底的实现与测量”重大科研项目；9月，中国原子能科学研究院JUNA实验组临时入驻锦屏实验室二期；12月，国家重大科技基础设施“极深地下极低辐射本底前沿物理实验设施”正式开工。

研究成果方面，2019～2020年，CDEX实验组连续在《物理评论快报》《物理评论D》等国际学术期刊上发表亚吉电子伏特暗物质直接探测、暗光子测量、年度调制效应分析和轴子探测等方面的重要研究成果。CDEX合作组正在推进百公斤量级的高纯锗实验，开展轻暗物质直接探测和无中微子双贝塔衰变实验。PandaX实验组正全力推进下一代四吨级PandaX-4T液氙暗物质探测实验，探测器已安装成功，正在进行试运行。这些基于中国锦屏地下实验室的前沿研究成果，在国际国内产生巨大影响。

4. 科技创新管理平台　2020年进行了科技创新平台功能优化及新增功能研发，9月完成平台项目验收。该平台包括科研项目管理、科技奖励申报、科技成果统计、研发人员研究时间日常记录、科研项目变更、研究时间记录和统计等功能。

5. 战略合作协议　为构建以企业为主体的技术创新和人才培养体系，雅砻江公司2020年与国内知名高校签订战略合作协议，进一步整合社会科技资源，提升公司科技创新实力。9月，与清华大学签署第三轮战略合作协议；11月和12月，分别启动与电子科技大学、北京师范大学战略合作协议会签。

（二）合作创新有关情况

1. 雅砻江联合基金（第二期）　2020年，完成相关课题的知识产权协议书、合作研究协议书签订。开展相关课题调研和交流，开展中期检查，推进课题研究工作；完成首批资助培育项目结题申请工作。2020年获得国家纵向经费477.8万元。

2. 国家重点研发计划课题和专题研究　2020年，雅砻江公司共承担了4项国家“十三五”重点研发计划课题和6项专题，以及四川省工业发展资金和重点研发项目，按计划开展了相关研究工作。其中，“深部围岩长期稳定性分析与控制”课题于9月顺利通过科技部组织的项目综合绩效评价，顺利结题；“特高拱坝及近坝库岸长期安全稳定运行”已完成全部课题研究工作，正在开展课题成果总结及结题审计相关工作。

（三）科技成果情况

1. 科技奖项　2020年，雅砻江公司获得4项省部级特等奖。锦屏水电站工程项目荣获中国水力发电工程学会重大工程项目奖特等奖。锦屏一级水电站“复杂地质条件超300m高拱坝安全高效建设关键技术”项目和两河口水电站“300m级高心墙堆石坝智能填筑关键技术及工程应用”项目荣获中国大坝工程学会科技进步特等奖。杨房沟水电站“EPC工程数字化技术综合应用”荣获中国电力规划设计协会中国电力数字工程（EIM）大赛特等奖。

桐子林水电站获得中国电力优质工程。此外，2020年还获得中国大坝工程学会技术发明奖一等奖1项，四川省科学技术进步二等奖1项、三等奖1项，中央企业QC成果二等奖1项，中国技术市场协会金桥奖二等奖1项，电力科技创新奖一等奖1项、二等奖1项，中国质量协会质量技术奖综合奖二等奖1项，电力行业优秀工程咨询成果奖二等奖1项，电力工程科学技术进步奖二等奖1项，电力职工创新奖三等奖1项。

同时，雅砻江公司还开展了未来五年科技奖项和专利申报计划的编制工作，进一步加强科技奖项和专利申报策划。

2. 专利　2020年，雅砻江公司进一步强化员工知识产权意识，加强专利申请组织策划，向各部门及二级单位宣贯相关制度规定及办理流程，引导公司及时总结创新成果，共申请专利19件，其中发明专利6件、实用新型专利12件、外观设计专利1件；年内获得实用新型专利授权8件。

3. 科技论文　2020年，雅砻江公司员工在国内外期刊发表科技论文共计221篇，含核心期刊61篇。

（雅砻江流域水电开发有限公司
张一　杜成波）

中国葛洲坝集团股份有限公司2020年科技工作情况

2020年，中国葛洲坝集团股份有限公司科技工作主要是围绕促进公司高质量发展开展，从顶层设计着手，组织编制了公司“十四五”科技发展规划；夯实科技系统基础，提升技术管理与服务水平；稳步推进科研平台建设，加强科研投入，务实开展科研工作；促进设计、技术、科研、质量管理的融合，有力推进公司高质量的发展。主要情况简介如下：

（1）有序推进编制三级科技专项规划。公司牵头中国能建“十四五”科技发展规划工程建设组规划编制，编制成果占中国能建规划比例超60%，并顺利通过中国能建的审查；组织了水利水电、交通、水泥、地下空间、施工装备等专题研讨会，初步形成公司“十四五”规划科技创新管理专题研究报告；组织开展10余次规划审查会，完成各单位“十四五”科技发展规划初稿审查。

（2）不断夯实系统基础。从科技管理体系重构，技术专家体系、各单位技术保障体系建设，考核与激励机制等方面全面、系统阐述了科技管理改革思路，初步形成了公司科技体制深化改革方案；明确了环保管理组织体系建设、环保管理人员配置标准等，三级及以上项目专职环保管理人员均配置到位；将科技管理信息平台打造成为日常办公、交互、检查、跟踪、查阅的智能化系统平台，实现了科技体系、科研项目、在建工程、科技成果等信息化、扁平化管理。

（3）持续加强科技投入强度。制定公司2020年科技投入计划并下发各单位，督促各单位将研发投入强度纳入预算管理并按季度进行跟踪检查。2020年各单位科技经费投入超过营业收入的3%。

（4）稳步加强科研平台建设。股份公司再次获得国家高新技术企业资格认定，各单位通过高新技术企业减税和科研经费加计扣除等获得补贴超4亿元；结合公司在建项目技术难点，联合西安理工大学共同培养博士后并确定研究课题；指导国际公司获得北京市企业技术中心认定，指导水泥公司申报国家认定企业技术中心分中心。

（5）科研活动更加务实。稳步推进公司2019～2020年科技创新行动方案12项主要任务实施；成功申报省部级及以上科研项目2项，指导公司投资项目大石峡、QBT、玉龙喀什等重大项目开展科研项目规划；累计获得行业级及以上科技进步奖47项，其中省部级科技进步奖6项；主编的行业标准发布8项；获得授权专利407件，其中发明专利40件。建立成果转化案例库，各单位共转化项目115项，累计实现效益6.17亿元；共清理与企业业务关联度不高的专利590件，提高专利整体质量。

（6）设计能力逐步提升。组织编制完成设计业务协同实施方案等6项方案，指导公司投资项目南沙金融岛项目、肇明高速等20多项重点项目设计管理工作；推进设计业务协同和设计专业院共建，延安东绕城高速、新疆玉龙喀什设计管理业务与设计公司协同，路桥公司与设计公司签署了共建协议；建立重点项目设计管理问题清单，重点督办解决了南沙金融岛项目特殊消防性能化、肇明高速及南京地下空间设计供图等问题。

（7）技术管理与服务水平持续提高。检查了二公司、三公司等9家单位，南沙金融岛、延黄高速等10余项目技术管理情况，下发了整改问题清单并督促落实；开展技术干部点对点指导活动，累计提供技术服务178次，解决重大技术难题近300项；组织策划了巴勒水电站填筑料技术论证，SK水电站、大石峡水电站、南沙金融岛项目等重大项目施工组织设计评审，把控其重要技术文件质量；开展机场装配式道面技术综合解决方案研究，成立川藏铁路项目推进技术攻关组，编写川藏铁路项目相关技术专题研究报告；对接中科院西藏研究所，研究成立共建研究院，为雅鲁藏布江下游水电开发提供技术支持。

（8）持续强化过程质量控制。公司未发生质量事故，未发生质量投诉事件；公司质量、环境与职业健康体系顺利通过华夏认证中心外部专家审核；完成59项次（除国际）的质量监督抽检和16个项目的巡查工作，下发61份隐患督办通知书，强化过程质量管控；2项参建工程获得国家优质工程奖，3项参建工程获2020年度中国电力优质工程，1项QC成果获得第三届中央企业QC小组成果一等奖。

（中国葛洲坝集团股份有限公司　程志华）

水利部水库大坝安全重点实验室 2020年科技进展情况

水利部水库大坝安全重点实验室（原名：水利部土石坝破坏机理与防控技术重点实验室），依托单位为南京水利科学研究院。实验室的总体定位是“服务国家重大需求，满足行业重大关切”，围绕水库大坝安全防控与管理，通过基础理论、应用技术、管理制度等创新，提出一批具有前瞻性的理论研究成果和管用实用技术；形成系统的水库大坝安全管理标准和法规体系。

2020年，实验室科研项目结构继续优化：在研国家级科研项目135项，重大工程项目300余项。实验室研究成果丰硕：获部省级科技进步奖6项，其中省部级特等奖1项、一等奖2项；获得国家授权发明专利9件，取得软件著作权登记证书2项；主编或参编国家和行业技术标准1项；出版专（译）著2部；发表学术论文64篇，其中SCI检索论文27篇、EI检索论文29篇。实验室人才培养稳步推进，2020年新增“万人计划”青年拔尖人才1人，固定人员在国内外各类学术组织（期刊）任职23人次。2020年度，资助开放基金项目13项。

实验室发展成效显著，破解复杂条件下水库大坝建设与运营关键技术难题、保障水库大坝长期安全运行的能力进一步提升。实验室相关研究方向上开展的系统性研究工作使我国在该领域的科学研究水平和高层次人才培养质量均跃上了一个新台阶。

（南京水利科学研究院　成荣亮）

技　术　创　新

高混凝土坝裂缝产生机理与防裂关键技术研究与应用

防裂是混凝土坝建设的重要任务，也是施工控制的重点和难点之一。裂缝的产生将影响工程质量和耐久性，严重的会危及大坝安全。为解决高混凝土坝裂缝防控这个世界级难题，中国水利水电科学研究院依托国家科技计划项目、行业部委项目及其他项目，于2005年1月至2019年12月开展了本项目研究。针对高混凝土坝温控防裂中的需求和现有研究的不足，研究团队通过理论方法、模型试验、机理分析、软件研发、现场试验、系统集成和应用完善推广等手段，紧密结合高混凝土坝的建设与实践、深度揭示了高混凝土坝开裂与致裂机理，发展完善了高混凝土坝温控防裂理论与方法；开发了高效、大规模、实时仿真的温度场、应力场有限元仿真分析软件；提出了防止混凝土高坝各种裂缝的“九三一”整体解决方案，实现了高坝全坝、全过程、时空温度梯度全面智能管控，破解了“无坝不裂”的历史难疾。以本研究成果为基础，新编了《混凝土坝温度控制设计规范》（NB/T 35092—2017）和《水工混凝土温度控制施工规范》（DL/T 5787—2019），为我国高混凝土优质、安全、高效建设提供了技术支撑，促进了高混凝土坝施工和建设管理的技术进步。

（一）项目主要研究内容

（1）高混凝土坝裂缝产生机理与防裂理论。

（2）混凝土坝全过程数值仿真算法研究与软件开发。

（3）混凝土坝温控防裂整体解决方案。

（4）典型工程应用。

（二）主要创新点

（1）系统揭示了高混凝土坝温度应力发展的规律和裂缝产生的机理，完善了温控防裂理论，为高混凝土坝温控防裂提供了理论支撑。

（2）提出并集成了描述大坝形态、材料特性、施工过程变化的各种算法和数学模型，开发了混凝土坝温度应力高性能仿真分析软件，实现了大坝施工到运行的全坝全过程温度场、应力场的仿真模拟，为大坝性态仿真与安全评估奠定坚实基础。

（3）提出了防止混凝土高坝各种裂缝的“九三一”整体解决方案，即“早保护、小温差、慢冷却”九字方针，“早期、中期、后期”三期冷却以及“智能温控”。

（4）提出了全环节全过程智能温控方法，研发了成套设备和软件，实现了从机口温度、入仓温度、浇筑温度、最高温度到后期控温指标的全环节、全过程温控信息的自动获取、互联互通、实时评价、实时决策和智能调控，为工程现场有效保障温控质量提供了重要技术支撑。

（三）推广应用情况

项目提出的高混凝土坝成套温控防裂理论与方法、技术与标准在近年来建成或在建的拉西瓦、锦屏一级、溪洛渡、乌东德、白鹤滩、鲁地拉、藏木、丰满重建、黄登、大藤峡、杨房沟等53座（100m以上）高坝和特高拱坝中得到广泛采用，获得科研合同额3.5亿元，有力支撑了这些工程高质量建设，产生了巨大的经济效益，预期经济效益在30亿元以上。相关的规范、标准和方法将用于指导和保障未来待建工程，尤其是西部高寒地区工程的优质、安全、高效建设，对于未来"一带一路"沿线国家大坝建设和世界坝工技术发展具有重大参考价值。

（中国水利水电科学研究院
廖丽莎 殷殷 孙天祎）

大纵坡长斜井混凝土同步衬砌综合施工技术研究与应用

大纵坡长斜井在水电工程引水系统和公路工程中应用越来越广泛。为有效控制复杂地质条件下大纵坡长斜井地下水排放或维护洞室稳定，钻爆施工和二次衬砌同步施工势在必行，且二次衬砌同步施工将成为所有工序中的重点和难点。因此，中国水利水电第十四工程局有限公司依托滇中引水工程开展了大纵坡长斜井混凝土同步衬砌综合施工技术研究。经研究，将钢筋台车和钢模台车联为整体，采用驱动自锁行走系统在底板混凝土面上固定的专用箱形齿块型钢轨上自动行走；每次行走一个仓位，实现前端仓位的备仓、钢筋绑扎、混凝土衬砌、混凝土待强、轨道拆除及延伸等多工序的平行交叉施工；同时，借助台车下部布设的"四轨双线"或"六轨三线"运输线路作为运输和通行通道，进行前方掌子面除爆破以外的钻孔、出渣、支护等其他工序施工。

大纵坡长斜井混凝土同步衬砌技术成果先进，适用性强，施工安全性高，土建施工成本低，加快施工进度，带来了良好效益。

（一）主要成果及创新点

（1）液压自行钢模台车在洞外分段吊装，再利用绞车提升系统洞内牵引整体拼装，有效解决了斜井内安装空间小、安装时间长、安全控制和管理难度大等难题，实现了洞外吊装、洞内开挖支护持续施工，缩短了工期。

（2）将钢筋绑扎台车和混凝土浇筑台车组合连接成一套自行式边顶拱钢模台车，提高台车运行安全的同时，实现斜井边顶拱混凝土连续、循环施工，达到备仓、钢筋绑扎、混凝土浇筑、养护待凝、台车移动就位、轨道延伸等多工序交叉作业，提高了单循环施工效率。

（3）液压自行钢模台车采取了液压驱动自锁行走系统和专用箱形齿块型轨道，通过与底板预埋的地锚锚固连接，提供了台车下行反力，保障了14.35°、24.71°、26.02°、27.1°斜井液压自行钢模台车下行安全。

（4）液压自行钢模台车结构设计合理，在空间受限的斜井内，钢模台车下部布设"四轨双线"或"六轨三线"，满足矿斗车与混凝土运输罐并行运输，提高轨道运行效率，保障了衬砌混凝土和开挖支护同步跟进。

（二）应用情况及推广前景

该研究成果实现了整体液压自行式钢模台车向下衬砌施工与钻爆工序同步施工，构建了大纵坡长斜井复杂地质条件下下行同步衬砌施工技术体系，为同等地质条件下单月进尺82m国内领先水平提供了技术支撑。在滇中引水工程大理Ⅰ段施工2标和香炉山5标的3号、3-1号、4号和5号大纵坡长斜井施工中成功应用，创造了单月91m（10仓）的良好成绩。项目研究发表科技论文1篇，形成水利水电工法1项，获得实用新型专利8件。该技术为滇中引水工程大纵坡长斜井边顶拱同步衬砌施工提供了较好的实践经验，具有较为广阔的推广应用前景。

（中国水利水电第十四工程局有限公司 李世民）

深厚覆盖层特高土石坝关键技术与应用

项目依托深厚覆盖层上世界最高的长河坝土心墙堆石坝等工程，开展了近30年科研攻关，针对深厚覆盖层勘察试验与评价、防渗材料与结构、坝体坝基渗流与变形控制等技术难题，取得系列创新成果如下。

（1）研发了深厚覆盖层巨漂石爆破跟管、高强度复合堵漏剂GDJ钻孔护壁、聚合物护壁液GXS-1护心取心、高精度钻孔孔斜控制和纠偏等新技术和配套机具，形成了复杂结构深厚覆盖层工程勘探成套新技术。

（2）提出松散架空、多层粗细粒土分层结构地质概化模型，强震区深埋砂土液化综合评价方法，建基面确定标准与坝基安全评价方法等，建立了深厚覆盖层建坝地基的工程地质评价体系。

（3）揭示了坝基主、副两道防渗墙联合防渗的渗流规律和结构受力机制，提出了主副墙合理分担水头的方法。研发了复杂宽级配土料特高心墙和覆盖层坝基两道防渗墙联合防渗以及基于弹性垫层和半固端方式的坝基廊道与岸坡连接的新结构。

(4) 提出了反映覆盖层初始各向异性与剪胀性的弹塑性本构模型和基于 RITSS 法的混凝土防渗墙与周围土体相互作用计算方法；采用数值分析和离心机振动台模型试验相结合的方法，首次综合评估了深厚覆盖层特高土石坝的极限抗震能力。

(5) 提出了特高土石坝宽级配砾石土反滤保护与联合抗渗试验验证的设计方法，建立了宽级配砾石土控制细料和全料压实度的双控压实标准，提出了接触黏土质量特性参数新标准，形成了宽级配砾石土用于特高土石坝防渗土料的技术体系。

项目成果已在长河坝、瀑布沟等砾石土心墙堆石坝工程中成功应用，工程经受了多年运行考验，取得了显著的经济和社会效益，具有广阔的推广应用前景，研究成果达到国际领先水平。

(中国电建集团成都勘测设计研究院有限公司 胡万雨)

600m 级特深厚覆盖层工程勘探试验技术及应用

该项目针对 600m 级特深厚覆盖层工程勘探与试验所面临的技术难题，开展了钻进成孔取心、孔斜控制、护壁堵漏、孔内抽水试验和旁压试验等技术与应用研究，取得了一系列成果：

(1) 引进了涡轮增压技术，确保了 600m 级特深厚覆盖层成孔钻进大扭矩动力，解决了高海拔勘探动力不足的问题；研发了爆破多级跟管技术，解决了特深厚覆盖层巨漂石、大摩擦阻力跟管技术的问题；研发了 GXS-1 高分子结构聚合物、GRL-1 表面活性防卡润滑剂、GDJ 高强度复合堵漏等系列护壁堵漏材料，解决了深埋裸孔段护心、护壁、堵漏的问题；提出了双单动半合管取心钻具配合 GXS-1 高分子结构聚合物护心材料，解决了特深厚覆盖层原状取心问题。

(2) 提出了大刚度、长钻具的钻孔机具及防斜工艺，研制了双滑块连续纠斜器和小顶角定向仪，首创了钻孔顶角小于 5°条件下的覆盖层定向纠斜，形成了特深厚复杂覆盖层钻孔孔斜控制技术。

(3) 创新开展了特深厚覆盖层孔内抽水试验和旁压试验。改进了自由振荡试验仪器，获取了特深厚覆盖层渗透性指标；采用预钻式三腔新型旁压仪开展了旁压试验，获取了深埋土体变形模量和承载能力指标。

该项目成果已在高海拔地区×××水电工程成功应用，创造了单孔河床覆盖层最深达 567m、岩心采取率达 95%的工程勘探与试验世界新纪录；为工程设计提供了高精度的勘探成果，社会经济效益显著，应用前景广阔，研究成果达到国际领先水平。

(中国电建集团成都勘测设计研究院有限公司 胡万雨)

变态混凝土成孔注浆一体机研制及施工工艺研究与应用

“变态混凝土成孔注浆一体机研制及施工工艺研究与应用”由三峡大学与华能澜沧江水电有限公司乌弄龙里底水电工程建设管理局、中国水利水电第七工程局有限公司乌弄龙项目部合作，于 2020 年 1 月完成。

(一) 项目目的

针对变态混凝土注浆施工中出现的人工加浆，加浆量和加浆范围不可控，施工随意性较大，加浆工艺粗糙以及注浆作业采用大量人工等问题，研究开发了变态混凝土成孔注浆一体机及施工工艺。

(二) 项目内容及创新

(1) 研究变态混凝土快速施工技术路线，提出了针对变态混凝土浆液扩散的理论半径公式，揭示了注浆压力、水胶比、渗透系数、加浆量、出浆孔深度和排数与浆液扩散半径的关系，阐明了变态混凝土渗透灌浆的模型及理论。

(2) 研制变态混凝土成孔注浆一体机，研发了变态混凝土施工专用钻孔注浆装置，其中包括风炮主体、浆液称重仪以及浆液质量监测系统等部件；建立了钻孔注浆回浆循环一体化作业的注浆技术。

(3) 创建变态混凝土成孔注浆扩散施工方法，提出全新变态混凝土注浆施工工艺，解决传统变态混凝土注入浆液分布不均匀，变态混凝土钻孔、灌浆分离施工效率低下等问题，实现了变态混凝土高效、低成本施工。

(三) 项目效益

(1) 变态混凝土注浆理论：在华能澜沧江黄登和里底电站进行了注浆理论的现场测试和应用，可以将浆液很好地以钻孔为圆心，通过不到 1MPa 压力快速注入和扩散浆液，最远可以扩散到 30cm 左右，较好验证了浆液扩散公式的有效性，可以用来指导注浆布控设计。

(2) 变态混凝土成孔注浆一体机设备及工艺：通过在澜沧江黄登碾压混凝土坝以及里底碾压混凝土坝进行的推广应用，项目组研制的集成孔注浆为一体的轻便设备和工艺，突破了传统先钻孔后灌注浆液工艺复杂、效率低下以及成本高的限制，解决了变态混凝土加浆不均匀、加浆过程中注浆参数调节难等问题，单个工作面节省了10个工人的人力成本，且较好保证了施工效率和质量，取得了较好的经济和社会效益。

（3）变态混凝土成孔注浆扩散施工方法：在华能澜沧江乌弄龙电站进行了现场试验，测试了成孔注浆扩散施工工法，并与人工注浆进行了现场试验对比。利用该工法以及相应灌浆设备，可以实现成孔注浆一体化，单孔成孔注浆时间约20s，单个工作面只需要2人。而原先人工先成孔后注浆，用时约2min，且单个工作面为保证进度需12人，难以解决人工注浆的随意性，且无法保证工作面注浆质量的一致性以及效率。

（三峡大学）

跨越不停电线路施工技术研究

"跨越不停电线路施工技术研究"项目，由三峡大学与广东电网能源发展有限公司合作，于2020年11月完成。

项目针对传统带电跨越施工技术繁杂且工艺粗糙，难以满足超、特高压输电线路带电跨越防护需求的问题，开展了跨越不停电线路施工技术研究。

主要研究内容及创新点如下：

（1）基于悬链线力学理论，建立了封网结构状态下的承载索力学分析模型，推导了考虑冲击荷载、偏心系数等因素的封网承载索计算的计算公式，实现了承载索的力学计算及承载索准确选型。

（2）建立了具有高度柔性和几何非线性的封网跨越结构有限元模型，并结合动力学仿真分析，获得了牵引绳断线事故时导线和导线与封网跨越结构碰撞瞬间的动力学特性，为绳索封网结的结构设计和超高分子聚乙烯绳索的应用提供了依据。

（3）研制了基于超高分子聚乙烯绳索的超、特高压输电线路封网跨越架，并制定了标准化施工方案和工艺导则，实现了封网跨越通道的快速搭建。

（4）确立了包含安全性在内的6项决策评价指标，引入基于熵权值的模糊综合评价法，得到了各指标的决策权重向量，构建出了封网跨越施工方案的决策模型，实现了对超、特高压输电线路带电跨越施工方案的科学、高效决策。

项目研究成果在500kV博贺电厂送出工程N205～N206档跨越110kV旗河、旗岗线，N311～N312档跨越220kV蝶旗甲乙线2处具体带电跨越施工中进行了实际应用。应用结果表明，超高分子聚乙烯绳索、配套力学计算公式的、新型封网跨越架及封网跨越施工方案决策系统的使用，可确保封网施工100%可靠，助力带电跨越施工效率提升50%以上，使得带电跨越施工成本降低40%以上，并间接增加企业营业额数百万元。未来，可将该技术推广至各类电压等级输电线路、电气化铁路、高速公路、通航河道等重要的跨越施工工程当中，成果应用前景十分广阔。

（三峡大学）

特高压、500kV钢管塔摇臂抱杆立塔方法研究

"特高压、500kV钢管塔摇臂抱杆立塔方法研究"由三峡大学与广东电网能源发展有限公司合作，于2020年12月完成。

项目针对抱杆在输电线路组塔施工中应用需求广泛，但理论研究还处于初步阶段的问题，进行了特高压、500kV钢管塔摇臂抱杆立塔方法的研究。

主要研究内容及创新点如下：

（1）对各传统抱杆施工时的结构构件受力进行理论分析和有限元数值模拟，得到不同工况下的抱杆受力性能、整体位移变化规律及其杆件的应力分布规律，确定了最优的新型摇臂抱杆结构。

（2）通过有限元软件建立新型摇臂抱杆三维数值模型，得到抱杆施工的最不利工况及抱杆结构的危险点（包括最危险构件、节点及荷载），验证了新型摇臂抱杆在典型工况下的稳定性。

（3）基于等效静力分析、模态分析和缩比模型试验结果的分析，得到了各种工况下新型摇臂抱杆施工的关键参数，并研发出新型摇臂抱杆运行状态监测和安全预警系统。

（4）制定了抱杆运输、装拆、起吊、变幅、提升、附着、调整的流程和技术措施，给出了新型摇臂抱杆组塔施工工艺导则，并将新型摇臂抱杆应用于实际输电铁塔组立工程中。

项目研究成果在乌东德线路施工建设中进行了实际应用。结果表明，研制的新型摇臂抱杆能满足特高压、500kV钢管塔组塔施工，组立钢管塔效率可达20t/天，较普通抱杆组塔效率提高30%以上；抱杆拆装时间约需3天，可缩短组塔工期5～7天。设计开发的控制系统和预警系统，实现了对组塔施工全过程抱杆关键结构部件的状态监测，有利确保了组塔施工的效率和安全。

（三峡大学）

配电网运行状态评估及低压故障助查系统的关键技术研究

“配电网运行状态评估及低压故障助查系统的关键技术研究”为广西电网有限责任公司钦州供电局委托三峡大学的科技项目，于2020年6月完成。

该项目针对低压配电网的运行要求，研究了运行状态评估及故障助查的相关关键技术。

主要研究内容及创新点如下：

(1) 研究了低压配电网中主要设备的生命周期计算，建立综合技术寿命评价体系。

(2) 研究了利用模糊聚类的方法划分低压终端用户的合理用电分区，以异常用电量初步筛查漏电用户和窃电用户。

(3) 研究了低压配电网的运行状态评估方法，以电压水平，网损等指标评估其状态。

项目研究对县级（农村）配电网进行故障助查，确定故障用户，方便维护人员快速上门检修；对县级（农村）配电网进行运行状态评估，为后期制定实施改造或建设规划方案奠定基础。投入县级（农村）配电网运行状态评估及故障助查系统后，可以实现对重要设备的运行状态、生命周期进行评估，及时发现故障隐患，安排检修避免故障发生，预计减少因故障造成经济损失50万元/年；在故障发生后，能实现故障信息的辅助定位，极大地减少故障巡视时间，提高故障检修效率，增加线路运行的可靠性，降低线路运营成本，预计节省运维人员人工成本10万元/年。同时，对于现有配电网的运行状态评估，为后期建设和规划提供参考，减少建设成本，提高供电可靠率、减少客户停电时间，不仅关系到电网企业发展问题，还关系到各行各业的发展，关系到社会的和谐稳定。县级（农村）配电网运行状态评估及故障助查系统的应用，预计减少用户停电时间1h/(户·年)，提高供电可靠性及客户的用电满意度，减少因漏电等故障带来的电能损失100kW·h/(台区·年)，实现了供电服务过程监控，提升了电力企业优质服务品牌。

（三峡大学）

抽水蓄能电站地下洞室群精细爆破施工技术研究与应用

在岩土爆破领域，对精细爆破的需求更是日益增多，复杂地质条件下修建大型水电枢纽工程、长距离调水或交通隧道、高陡路堑边坡、大型矿山等国内外施工工程都涉及精细爆破问题。精细爆破的提出不仅是技术发展的必然结果，更是源于工程爆破市场的巨大需求。抽水蓄能电站地下洞室爆破施工，由于洞室群布置相贯部位较多，临空面岩石爆破后次生节理较多、易崩落，成型不好控制。中国水利水电第十四工程局有限公司依托广东清远、深圳抽水蓄能电站和海南琼中抽水蓄能电站等工程，开展了地下洞室群精细爆破施工技术研究。通过采用科学智能的爆破监测手段，借助萨道夫斯基的爆破振动经验公式和多镒爆破试验监测反馈信息，反算基岩完整性的排炮爆破系列技术指标，针对不同施工部位制订适用的开挖程序和施工方法，以有效减少施工干扰，实现精细爆破，控制好开挖成型，大大减少了超挖量与回填量，减少了工程成本。

（一）主要成果及创新点

(1) 通过地下洞室群精确数值化的爆破实验，利用岩石形变反演，确定不同条件下的爆破振动衰减规律经验公式，采取定量化爆破设计和精细化爆破施工，形成一套成熟的大型地下洞室群开挖施工方法。

(2) 提出了“薄层开挖、随层支护”的施工方法，综合运用预裂与光面爆破技术，有效地控制了围岩的松弛，开挖成型良好，Ⅰ、Ⅱ、Ⅲ类围岩半孔率分别达到100%、98.6%和93.5%，不平整度控制在6cm以内。

(3) 建立了一套依据不同部位的相应安全振速指标、周边成型情况和爆破影响深度的信息化反馈体系，注重爆破效果的统计分析，不断修正设计参数和优化爆破网路数据指导施工。

（二）应用情况及推广前景

该科技成果，已在广东清远抽水蓄能电站、深圳抽水蓄能电站和海南琼中抽水蓄能电站等工程大规模应用，取得良好工程效果。该成果是通过对施工现场进行精细爆破设计，强调借助最新的理论成果和计算机技术，从理论与原理对精细爆破进行了分析说明，对各项爆破参数以定量的方式给出，制定出不同围岩类别情况下炸药单耗、炮孔间排距、密集系数、炮孔孔径、炸药药径、炮孔堵塞长度重要技术特性参数，为工程施工提出了原理、经验与数据参考。

项目研究发表核心期刊科技论文1篇、省部级科技论文1篇，形成水利水电工法1项，获得发明专利1件、实用新型专利1件。

该研究成果可以在大型水电站地下洞室群、大型地下油气库、大型地下仓库和其他大型地下洞室群施工中应用，综合效益显著，推广前景广阔。

（中国水利水电第十四工程局有限公司　王凯）

《水工建筑物抗震设计标准》研究及应用

地震会给水工建筑物带来严重破坏，甚至面临溃坝风险，给下游人民生命财产和社会经济发展带来严重威胁。20 世纪 70 年代初，国家提出水工建筑物抗震设防要求。根据当时国内外震害实例和实践经验，中国水利水电科学研究院编制完成国内第一部《水工建筑物抗震设计规范》（SDJ 10—78），填补了空白，有效地预防了水工建筑物震害及其可能的次生灾害。汶川地震后，为贯彻国家对最大可信地震下大坝不溃坝要求，确保公共安全，项目组在凝练汶川地震抗震经验及高坝抗震科研成果基础上，编制完成国家标准《水工建筑物抗震设计标准》（GB 51247—2018）。

（一）主要研究内容

（1）采用以分项系数表达的极限状态设计方法，对各类水工建筑物给出了相应的抗震结构系数 γ_d 值。

（2）规定了抗震甲类设防的混凝土重力坝和拱坝工程的动力分析考虑因素、对土石坝应同时用有限元法对坝体和坝基进行动力分析和安全评价的要求。

（3）增加了对工程抗震设防类别为甲类的水工建筑物，应按确定性方法或基准期 100 年内超越概率 P100 为 0.01 的概率法确定场址“最大可信地震”，对在遭受场址最大可信地震时不发生库水失控下泄的灾变进行专门研究的要求；增加了渡槽、升船机和边坡的抗震设计规定。

（4）修订了对一般工程地震动输入中依据的基岩标准设计反应谱的参数取值、大坝混凝土动态强度及弹性模量的标准值取值。

（二）主要创新点

（1）制定了在设计地震作用下，大坝出现可以修复的损伤、在最大可信地震作用下，不发生溃坝的大坝抗震二级设防框架。

（2）提出了对工程抗震设防类别为甲类的水工建筑物采用设定地震方法确定场地相关设计反应谱的方法，以及对于“近断裂大震”情况下采用考虑面源破裂过程确定最大可信地震的方法。

（3）提出了一种依据混凝土试验资料构建的大坝混凝土动态损伤本构模型，自主研发了基于区域分解算法和高性能计算平台的混凝土坝体—地基体系地震损伤破坏分析并行计算程序。

（4）揭示了最大可信地震下大坝的破坏机理及其相应的抗震安全极限状态，构建了大坝最大可信地震下“不溃坝”的定量评价指标体系。

（三）推广应用情况

该标准已推广应用到三峡、溪洛渡、乌东德、白鹤滩、旭龙、奔子栏、叶巴滩、两河口、双江口、锦屏一级、大岗山、孟底沟、鲁地拉、龙羊峡站等国内已建 150m 以上高坝抗震安全复核以及在建全部高坝的抗震设计。

（中国水利水电科学研究院
廖丽莎　殷殷　孙天祎）

水电机组调速系统系列标准制订及工程应用

“水电机组调速系统系列标准制订及工程应用”为行业部委项目，由中国水利水电科学研究院、北京中水科水电科技开发有限公司于 2019 年 12 月完成。

随着我国水能资源开发的进一步深入，大量水电站开始建设并逐步投入使用，水电机组装机数量越来越多、单机容量越来越大，新能源的快速发展也使得水轮发电机组参与电网调峰、调频越来越频繁，这对水轮机调速系统在功能、调节性能指标以及性能试验方面提出了新的要求。为加强网源协调、提高电能质量，进一步规范水轮机调速系统各项功能、性能指标以及试验项目，立该项目。项目组自 2010 年起开展了水轮机调速器相关技术要求、涉网试验等方面技术标准的申报和编制工作。

（一）主要工作内容

（1）新编制标准 4 项，包括《水轮机调节系统并网运行技术导则》（DL/T 1245—2013）、《水轮机调节系统设计与应用导则》（DL/T 1548—2016）、《水轮机调节系统建模与参数实测技术导则》（DL/T 1800—2018）以及《中小型水轮机调节系统技术规程》（SL 755—2017）。

（2）修订标准 6 项，包括《水轮机调节系统及装置运行与检修规程》（DL/T 792—2013）、《水轮机电液调节系统及装置技术规程》（DL/T 563—2016）、《水轮机电液调节系统及装置调整试验导则》（DL/T 496—2016）、《水轮机调速系统自动测试与实时仿真装置技术规程》（DL/T 1120—2018）、《水轮机调速系统技术条件》（GB/T 9652.1—2019）以及《水轮机调速系统试验》（GB/T 9652.2—2019）。

（3）翻译上述英文标准 3 项。

（二）创新点

（1）公开了一种水轮机引水系统水流惯性时间常数 T_w 实测方法，解决了本行业长期以来无法实测水流惯性时间常数 T_w 的难题。提出了一种新的水轮机调速器主接力器反应时间常数 T_y 测试方法，改进后的测试方法使用范围广，测试简便易行。开创性提出了新的调速器静特性转速死区 i_x 指标，彻底解决了困扰本专业几十年来原指标规定不够合理的难点。

（2）确定了一种精度更高的水轮机调速系统主接力器仿真模型，改进了水轮机仿真模型，提高了水轮机及调速系统建模与仿真的精度。提出了水轮发电机组一次调频的试验方法，该种方法普遍应用于工程试验中。

（3）首次提出水电机组孤网性能的验证指标和测试方法，降低了水电机组孤网试验的风险，提高了机组孤网运行能力。

（三）推广应用情况

上述10项水轮机调速系统系列标准已经在电力调度机构、水电厂、调速器生产厂家以及试验单位得到了广泛的应用。主要应用领域包括：水电厂依据标准对调速系统的性能指标进行评价；电力调度机构依据标准对并网水电站进行涉网管理和考核；设备生产厂家按照标准要求的技术指标生产满足要求的合格产品；试验单位依据标准规定的试验方法进行调速系统的性能测试、一次调频性能优化以及调速系统建模试验。

（中国水利水电科学研究院
殷殷　廖丽莎　孙天祎）

南瑞水电公司瑞智云工程安全监测系统研制与应用

水工安全监测系统是保障发电侧水电站、抽水蓄能电站基础设施运行安全的重要业务系统，是水电工程安全运行管理的重要技术手段。随着信息与通信技术、测控技术的不断发展与进步，南京南瑞水利水电科技有限公司研制了新一代的瑞智云工程安全监测系统，通过物联网、云计算技术的应用，进一步提升了水工安全监测的信息化和智能化程度，为水利水电工程安全监测提供了新的技术手段。

瑞智云工程安全监测系统是一套适用于工程监测行业的整体解决方案，包括监测云服务平台、边缘物联网关、无线数据采集终端及无线一体化传感器等系列产品，可实现远程遥测、在线监测、分析评估、实时预警、全景展示及设备状态监控等功能，具有设备接入便捷、信息安全可控、使用简单高效等特点，为用户提供高效、可靠、便捷的安全监测数据服务。该系统主要面向水电站、水库大坝、边坡及地质灾害等工程监测领域，也可广泛适用于电力杆塔、风电塔筒等监测场景。

瑞智云工程安全监测系统具有以下技术特点：

（1）支持采集终端的多种接入方式。提供物联网采集终端的任意地点直接接入云端，同时可选配低功耗特性设备为工民建、地质灾害等提供临时或紧急监测；支持采集终端通过边缘计算网关的间接接入云端，使得计算资源更接近于监测现场，实现了多场景下的多传感器、多维度的联动监测和密集监测。

（2）实现一站式的业务支撑服务。采用统一部署的云资源，计算、存储、网络资源等都具备可扩充的优势；支持多项目多工程的接入与管理，支持多租户的建立与管理，不仅可为建设方节约工程部署成本和运维成本，也提高了工程接入效率，优化了IT服务效能。

（3）提供海量监测设备与监测数据的接入能力。采用了业界主流的微服务软件架构，具备负载均衡功能，可实现业务服务能力的动态水平扩容，达到了软件服务能力的高可用，可为接入海量监测设备以及大规模监测数据的计算、分析与评价提供支持。

（4）具备统一的设备管理与项目管理能力。系统具有设备生产注册、设备出厂验收、设备工程接入、设备远程配置、设备云端指令采集、设备远程运维等一体化管理能力。可同时支持对多个项目的统一监管，提供项目业务开户、设备运行情况的监管服务。

（5）支持全面的业务服务能力和便捷的业务访问方式。系统提供采集设备配置、监测数据接收、数据分析评判、实时数据预警、数据人工审核、数据计算与整编、图形图表展示、GIS地图展示、报表展示、设备状态监控等业务能力。支持B/S和App两种访问方式，用户可随时随地便捷访问工程监测业务服务。

（6）使用页面组态技术为用户自定义业务界面提供支持。系统中内置丰富的图元控件集合（包括基本形状、常用图形、通用图元、监测应用图元等），用户可任意组态各式各样的应用画面。同时图元具有强大的可扩展性，用户可自行扩展各类图元用于实际业务应用。

瑞智云工程安全监测系统已在江苏无锡定波水利枢纽工程施工期水工安全监测中成功应用，该枢纽主要包括节制闸、双向泵站及附属引河等工程，工程等别为Ⅱ等。

该枢纽工程现地部署了15台便携式智能通用型采集终端，终端内置锂电池自供电，无需牵引电源，具有IP65防护能力，直接放置在各个监测断面，接入该断面的各类传感器，并可随断面的施工灵活移动，减少了施工干扰。终端实现了对枢纽水工结构物的应力应变、变形及渗压等传感信号的现地采样、转换及处理，并通过NB-IoT无线网络接入云端，采用MQTT协议将数据发送到物联平台，再通过规则引擎流传入消息队列，经过数据清洗后存入数据仓库。用户通过分配的瑞智云账户，采用浏览器即可全方位浏览监测数据，生成报表、图形曲线、报告等，并可以对终端设备进行操控管理，实现对监测设备的监控。

瑞智云工程安全监测系统通过物联网、云计算技术的应用对安全监测系统的感知采集、通信传输、监测应用等方面进行了优化提升，进一步提升了水工安全监测管理的信息化水平，能够帮助工程建设管理单位及时掌握水工安全性态，发现险情实时预警，从而有效降低水工安全风险，避免工程安全事故，为促进水利水电工程的安全可靠运行及智能运维管理提供了更加高效的技术支撑。

（南瑞集团有限公司
凌骐　马文锋　刘兆峰）

向家坝水电站廊道智能巡视诊断系统研发

为解决电站坝基廊道电缆火灾、积水渗水、墙体裂缝、气体浓度的监测问题，向家坝水力发电厂开展了廊道智能巡视诊断系统研发。该系统通过挂轨机器人搭载红外可见光摄像头、多合一气体传感器、烟雾传感器、超声波水位计，采用气体监测、图像智能分析、超声波测量等手段实现对复杂廊道环境的全面监测，以代替人工巡检。

（一）主要技术创新点

（1）一字型变轨机构。它的研制成功，解决了传统轨道机器人只能单向行走、不能适应交叉路口巡检的问题。该新型变轨机构可以360°旋转，适应各种角度的交叉廊道，其完善的双重保护机制可避免机器人在运行中脱轨，其高效的变轨方式可最大程度提高巡检效率。

（2）链轮同轴行走机构。它通过橡胶轮和齿轮同轴机构，可以实现平轨行走和45°陡坡爬行，解决了巡检机器人在廊道复杂环境的行走特别是爬坡的技术难题，可以保证挂轨机器人平路行走流畅，爬坡行走不打滑，并可以在任意位置高精度悬停。

（3）专用检修导轨和举升装置。它解决了挂轨巡检机器人检修的难题，将轨道上方的巡检机器人通过牵引轨道运行至较低轨道，同时通过辅助升降装置将巡检机器人顶起，便于设备的日常检修维护。

（4）新型云台升降装置。它解决了巡检廊道纵向空间狭小但巡检监视范围广的难题，也解决了爬坡段传统巡检机器人支臂剪切力过大的难题；采用单边摆臂的方式展开，解决了爬坡段升降臂刚性连接问题，适合现场廊道狭长低矮的特点。

（5）利用图像识别技术，探索对廊道积水水位和坝体裂缝的识别。巡检通过预置点时，采用图像实时分析技术，可以智能判断所处廊道积水深度和坝体裂缝变化趋势。

（二）应用情况

研究成果已在向家坝水电站左消力池下方排水廊道应用，实现机器人代替人工巡检；采集数据已接入电站大数据中心，以便通过长期的数据积累和分析掌握坝基廊道电缆温度、环境温湿度、有害气体聚集、渗水积水等规律。成果可以推广应用到其他廊道，为电站廊道智能化巡检奠定基础。

（向家坝水力发电厂　赵远）

向家坝水力发电厂科技研究与创新情况

（一）科技工作总体概况

2020年向家坝水力发电厂（以下简称向家坝电厂）共开展25项科研任务，其中自主科研项目19项、合作科研项目6项；新立项自主科研项目14项，合作科研项目4项；完成自主科研项目验收12项，合作科研项目验收2项；结题QC课题10个；获得授权实用新型专利45件、发明专利10件，取得软件著作权登记证书6项。

（二）科技创新平台建设情况

2020年，向家坝电厂高度重视科技创新工作，建设完成以下创新工作室：

（1）电气部劳模创新工作室（电气“青年创新孵化器”平台）。其定位为：发挥劳模及技术专家的带领作用，解决生产实践方面的工作重点、难点，为企业培养技术与科技创新方面的青年人才。2020年开展活动：①利用试验平台开展了向家坝电站调速器紧停阀状态反馈方式研究、监控系统事件信息分析系统研发、电气二次端子隔离警示牌研制3项自主科研活动；②编写技术论文并投稿10篇；③进行了电气一次专业工装研制，针对向家坝电厂GCB、500kV出线场、GIS等电气一次设备检查、更换工作，设计各类专用工业装备，并联系外部单位制作，大大提高了生产效率。

（2）“精益运行”青年创新工作室。其定位为技术攻关、技艺传承、技能提升、技术推广。2020年开展了自主科研活动和QC小组活动。

（3）机械水工“鸿森”青年创新工作室。其定位为：机械水工部技术攻关平台；经验推广和成果转化平台；培训交流平台。2020年开展了向家坝电站新型顶盖平压管膨胀节研制等活动。

通过创新工作室建设，为员工技术攻关、技能培训、学习交流、科技创新提供平台。借助创新平台，大力开展水电厂运行方式管理系统等多项科研活动，掀起了一股科技创新的热潮。

（三）获奖情况

向家坝电厂“水电厂运行方式管理系统”“升船机自解锁逃生门门禁装置”分别获得中国长江电力股份有限公司（以下简称长江电力）2020年上半年科技创新成果三等奖、四等奖；“EPS应急照明系统最优设计研究”“二次端子绝缘隔离警示牌研制”两个项目获得长江电力2020年上半年科技创新成果优秀奖。

“800MW水轮发电机组涉网调频关键技术”“调速器并网运行工况下主配和比例阀电气中位自诊断及自适应技术”“调速器驱动参数自动智能整定技术”“向家坝电站SF_6断路器运行状态智能监测与诊断系统研究与应用”“向家坝电站主变压器低压侧封闭母线优化改造”等5个项目获得2020年电力行业电气自动化技术星级创新成果。

“水电站廊道有毒有害气体智能监控系统的设计研发与应用”“调速器并网运行工况下主配和比例阀电气中位自诊断及自适应技术”“廊道智能巡视诊断系统研发”获得2020年电力企业设备管理智能化技术星级创新成果。

“调速器驱动参数自动智能整定技术”获中国长江三峡集团有限公司（以下简称三峡集团）第七届（2019年度）职工技术创新成果三等奖；“西门子励磁系统同步断线保护研究”“吊车吊臂高度监测预警系统研制”获三峡集团公司第七届（2019年度）职工技术创新成果优秀奖。

“800MW巨型水轮机调速器驱动参数整定及纠偏关键技术研究与应用”项目获2020年度水力发电科学技术奖三等奖。

“巨型水轮机调速器驱动参数自智能整定关键技术研究及应用”获2019年度全国能源化学地质系统优秀职工技术创新成果二等奖。

“调速器驱动参数自动智能整定方法研究及应用”“吊车防误触高压线监测预警系统研制与应用”分别获得中国电力企业联合会电力职工技术创新奖一等奖、三等奖。

（向家坝水力发电厂　孔丽君）

长江科学院2020年科研创新平台情况

2020年，长江水利委员会长江科学院（以下简称长江科学院）科技创新平台情况如下：

（1）积极申报新的科技创新基地。长江科学院以提升创新能力为重点，继续推进科技平台和科研条件建设。疫情期间克服重重困难，组织申报并成功获批长江委级科技创新基地；群策群力申报国家重大科技基础设施——长江流域水系统治理与保护研究平台项目，同时参与中国水利水电科学研究院和国家大坝安全工程技术研究中心牵头的国家重大科技基础设施项目申报工作；积极开展国家野外科学观测研究站、湖北省长江实验室等科技平台申报工作。作为主要共建单位协助申报重庆市长江生态环境技术创新中心。

（2）加强已有科技平台的运行管理。长江科学院根据上级主管部门和专家意见，先后组织相关专业单位修改调整已建水利部重点实验室优化调整方案近10次，并最终上报；积极推动实验室重大仪器使用台账和共享，推进各基地的仪器设备、数据资源、科研项目等方面的共用、共享、共研，促进科技资源利用效率提升；组织编写了《加强试验厅和实验室管理的办法》，逐步理顺试验厅和实验室管理相关事项，保障本院科研工作顺利开展；派遣2名专职人员承担国家大坝安全工程技术研究中心专业化管理工作，成功协办了第一届大坝安全创新技术交流会，引导本院专业支撑单位依托中心国家级平台开展技术研发与交流、成果推广，提升相关专业影响力。

（3）主动做好长江治理与保护科技创新联盟秘书处工作。长江科学院负责联盟秘书处的日常工作。经过充分调研和征求意见，制定并印发《长江治理与保护科技创新联盟2020年工作计划》；向联盟单位征集科技资源信息，并在联盟网站上共享；多次征求联盟学术委员会副主任委员、委员和行业知名专家的意见，通过大量协调沟通并在成员单位共同努力下，于2020年10月编制完成《长江治理与保护报告》（2020），集中展示了长江治理与保护成效。11月成功组织举办长江流域2020年度节水与水生态保护修复学术研讨会暨新时代水利改革发展座谈会，探讨了当前和今后一个时期长江流域水利科技创新工作的方向、任务及协作机制。12月成功举办长江技术经济学会2020年学术年会暨长江治理保护科技创新高端论坛。

（长江水利委员会长江科学院　喻志强）

东方电气集团东方电机有限公司2020年技术创新有关情况

2020年，东方电气集团东方电机有限公司（以下称“东方电机”）坚持实施创新驱动发展战略，坚持把创新作为引领企业发展的第一动力，持续实施关键核心技术攻关、产品创新优化、智能制造转型三大创新工程，以研制精品机组，打造大国重器，服务国家战略为己任，在关键核心技术攻关、重大产品研制、智能制造转型等方面取得了显著成效，充分发挥了科技创新在企业技术发展和产品开发中的支撑和引领作用。

东方电机通过单机容量世界最大的白鹤滩1000MW水电机组的自主研制，引领了世界水电技术发展；通过国内第一高水头的长龙山抽水蓄能机组的设计制造，迈入了世界抽水蓄能机组研制的先进行列；单机容量亚太最大、全球第二大的10MW直驱永磁海上风力发电机自主研制成功，实现了中国风电开发的新跨越。通过柬埔寨桑河二级为代表的海外项目的高效执行，在服务“一带一路”国家战略的同时打造了中国水电装备“走出去”的崭新名片。东方电机2020年各领域主要技术创新情况如下：

1. 混流式水电机组领域　东方电机自主研制的溪洛渡770MW巨型水轮发电机组荣获2020年度四川省科技进步二等奖。在溪洛渡水电站右岸9台770MW全空冷水轮发电机组的研制中，东方电机首创了发电机推力轴承顺流式镜板泵外循环冷却技术，研制出世界上容量最大、自动化水平最高的筒形阀。

东方电机承担的白鹤滩电站左岸8台单机容量1000MW水电机组的设计开发工作已全部完成，全面进入制造和安装阶段。所有产出的部件均一次性通过验收，实现了精品交付。水轮发电机高压绝缘核心技术取得新突破，800MPa高强钢焊接技术在白鹤滩机组蜗壳上实现了成功应用。定、转子高效散热技术、低损耗轴承技术及电磁、通风、绝缘等一系列新技术、新结构、新工艺的创新应用，确保了精品机组目标的实现。

东方电机积极拓展海外市场，中标坦桑尼亚朱利诺9台235MW水电机组项目。

2. 贯流式水电机组领域　“柬埔寨桑河二级高水头灯泡贯流式水轮发电机组开发及应用”荣获2020年度水力发电科学技术奖二等奖。桑河二级水电站总装机容量400MW，是柬埔寨最大的水电工程，采用8台东方电机研发制造的50MW灯泡贯流式水电机组，其额定水头、单机容量在同类型水电机组中均处于世界前列，是继巴西杰瑞项目之后东方电机在“一带一路”战略落地国家打造的又一座精品工程，每年为柬埔寨提供近20亿kW·h的清洁能源，成为中柬能源合作的典范。

3. 抽水蓄能机组领域　东方电机高水头、大容量抽水蓄能水泵水轮机水力开发接连成功，综合性能指标达到了国际先进水平，尤其是世界第二、亚洲第一高水头的长龙山水泵水轮机的综合水力性能优异，球阀一次性通过验收，创造了抽蓄机组球阀“四零泄漏”的行业纪录。绩溪、敦化、丰宁等一批高水头抽水蓄能机组在原有高效率的基础上，运行稳定性又取得长足进步，绩溪抽水蓄能机组实现了“一年五投六并网”的目标。

东方电机首台“6+6”长短叶片转轮成功应用于国内首个抽水蓄能电站国产化改造项目——黑麋峰电站项目，调试试验结果表明改造后的机组运行平稳、达到了预期的改造目标，开辟出水泵水轮机改造的全新技术路线。

4. 轴流式水电机组领域　凭借技术优势，拓展轴流式水电机组改造市场，成功中标世界转轮直径最大的2台170MW葛洲坝轴流式水轮机改造项目，巩固了东方电机在行业中该机型的领先地位。“葛洲坝巨型轴流式水轮发电机组增容改造关键技术研究”荣获2020年度中国机械工业科学科技进步奖三等奖。

5. 冲击式水电机组领域　采用最新计算机测控技术和智能化数据采集技术的DF－300冲击式水力试验台自主建设成功，并通过了行业验收，实现了智能化、无人化试验模式，整体试验能力和试验精度达到了国际先进水平。与此同时关键核心技术取得了突破，推进了高水头、大容量冲击式水电机组自主开发进程，为雅鲁藏布江水电开发奠定了技术基础。

6. 风力发电机领域　单机容量亚太最大、全球第二大的10MW直驱永磁海上风力发电机自主研制成功，加之7MW直驱永磁海上风力发电机的成功研制，使东方电机拥有了完整适应东部沿海、东南沿海和南部沿海的海上风电产品。3～5MW系列、2.5MW不同风场系列的开发，构建了基本完整的陆上永磁直驱风力发电机产品系列。

7. 数字化制造和产品智慧化领域　东方电机选定大型清洁高效发电设备的共性核心零件——定子冲片、转子线圈、定子线圈作为数字化制造新模式的突破点，在国内行业首家大量采用国产核心关键装备，形成具有自主知识产权可复制可推广的数字化解决方案，承担的工业和信息化部“大型清洁高效发电装备智能制造数字化车间建设项目”成功通过行业验收。

东方电机以水电机组状态健康评估和智能诊断为核心，建立了设备运行状态评估方法体系，成功开发出了首批全息监测产品，为后续数据孪生机组、数字化电站等产品开发奠定了坚实基础。

（东方电气集团东方电机
有限公司　余小波）

哈尔滨电机厂有限责任公司 2020 年主要科研项目进展情况

2020 年，哈电集团所属的哈尔滨电机厂有限责任公司（以下简称哈电电机）主要科研项目进展情况如下：

1. 珠三角鲤鱼洲水力开发　珠三角鲤鱼洲泵站是珠三角水资源配置工程三级泵站中技术难度最大的泵站，安装 8 台单机容量为 8MW 的立式单级、单吸蜗壳式离心泵；其水泵机组全部采用变速调节，额定转速为 250r/min，设计扬程 42.2m（运行扬程范围 16.3～48m），单泵设计流量为 $13.5m^3/s$。哈电电机中标承制该泵站水泵设备，该泵水力开发成为哈电电机重点水泵开发项目。为此，成功在保证水泵机组具有良好的效率、空化、稳定性等指标综合最优的基础上，首次实现了水泵机组的无驼峰设计，有效拓宽了水泵机组的变速稳定运行范围，为机组大变幅变频调节运行需求提供了安全可靠的技术保障。这是哈电电机在大型水泵领域取得的又一个重大胜利，对后续大型水泵的市场开发具有积极的促进作用。

2. 大型冲击式水轮发电机组研制　哈电电机依托扎拉水电站项目成功申报获得国家能源局“超高水头冲击式水轮发电机组科技攻关”示范工程。组织策划实施八大方向 12 项课题攻关，2020 年度已完成 1 号模型转轮水力开发及试验，性能优异。项目的实施将实现大型冲击式水轮发电机组的完全自主化，突破大型冲击式水轮发电机组“卡脖子”关键技术，提升了冲击式机组设计制造水平，为更大容量机组开发奠定坚实基础。

3. 机器人自动化焊接的初步应用研究　通过对 CMT 焊接机器人制备轴瓦巴氏合金生产应用研究，实现了白鹤滩项目轴瓦类部件巴氏合金的按期出产、精品交付预期攻关目标，在国内同行中，成为该领域的集成技术领跑者。现已完成技术产业化推广应用，完成了白鹤滩、丰宁、周宁、荒沟、SK 等多个项目轴瓦巴氏合金制造，产品质量满足精品要求，社会效益及经济效益显著。

通过对 IGM 机器人进行有色金属堆焊生产应用研究，解决了球阀部套上、下游法兰铜合金焊接焊工中毒问题及铜合金和不锈钢手工堆焊质量差、返修量大占用大设备工期问题，实现制造水平和职业防护双升级。现已成功应用于丰宁、荒沟抽水蓄能项目上游法兰铝青铜堆焊制造，黄金峡水泵项目顶盖不锈钢堆焊制造，产品质量满足设计要求。

通过窄间隙 MAG 焊接机器人设备引进和相关工艺技术研发，掌握了激光跟踪、熔池监控、机械跟踪等智能焊接关键技术难点。通过对机器人窄间隙 MAG 焊工艺研究、焊接接头组织性能研究、座环局部结构件制造工艺性实际验证，表明机器人窄间隙 MAG 焊应用于大型焊接结构件是完全可行的。按生产计划，该技术将陆续应用于黄金峡水泵座环、五强溪水轮机座环产品焊接。机器人窄间隙 MAG 焊应用将大幅提高焊接生产率，降低生产成本，提高哈电电机水电市场核心竞争力，为哈电电机实现焊接技术快速赶超、回归一流提供持续动力。

4. 水轮发电机定子铁芯松动及轴承漏油问题研究

（1）轴承漏油问题研究：哈电电机首次通过真机模拟油雾密封试验，为设计参数的制定和匹配提供依据；开发完成了油挡新型密封结构设计、新型滤油器的设计及制造试验；首次完成了气密封、油槽内部油流的仿真计算；首次完成自循环系统，油泵孔与油面关系的定量计算；首次完成油挡磨损试验和不同型号吸油雾装置的对比试验，指导订货；首次完成推力轴承油槽油流—真机模型试验；根据试验研究成果，修订了设计规范。

（2）铁芯松动问题研究：完成了定子铁芯松动问题策划书，完成了几内亚苏阿皮蒂定子铁芯压紧试验方案编制，对定子铁芯出现问题的电站和问题类型进行统计和整理，对以往项目的定子铁芯拉紧螺杆、齿压板和压指等结构设计数据进行了统计分析，结合米纳斯项目定子铁芯松动问题，对定子铁芯结构进行计算分析。目前已完成了铁芯装配工艺守则初稿、定子铁芯压紧问题设计规范的初稿、定子铁芯压力计算初稿、定子线棒高低阻起始段至齿压板的距离规范的初稿。

5. 抽水蓄能可变速机组关键技术研究　完成发电电动机的电磁方案设计，电机—变流器系统数字仿真建模及性能分析，转子结构刚强度及端部绕组固定结构设计，通风系统及温升计算，水泵水轮机参数选择及水力性能分析，产品样机的制造及试验工作。达到了预期目标，为后续市场开发奠定基础。

6. 增材制造技术研发　增材制造技术被誉为引领“第三次工业革命”的关键技术之一，已成为加快制造业转型升级的重要手段。通过攻关研究，国内首台增材制造冲击式水轮机真机转轮在哈电电机研制成功并交付。增材制造冲击式转轮的成功研制和未来电站运行验证，可为水力开发超高水头、超大容量冲击式转轮的制造提供有效可行的新方案。哈电电机对于推动国内增材制造技术应用进入新领域，促进新发展作出了重要贡献。项目团队根据冲击式转轮的结构特点和运行工况，独创了安全性高的增材制造结构，研发了基于机器人技术的转轮增材制造工艺，形成了完整的、具有自主知识产权的转轮增材制造技术。

（哈尔滨电机厂有限责任公司 刘保生）

中国水利水电第一工程局有限公司 2020年度科技工作有关情况

（一）技术创新体系建设情况

2020年，中国水利水电第一工程局有限公司（以下简称水电一局）持续围绕高新技术企业建设，以省级技术中心为核心研发平台，建立以“科技委”为领导机构的公司总部、二级单位、项目部三级科技创新管理体系。充分发挥技术策划在创新实施中的前置作用、专业总师团队的创新带头作用、创新创优奖励激励作用，开展产学研合作管理体系创建工作，技术创新体系日趋完善。

（二）科技创新管理制度建设情况

2020年，根据水电一局科技创新发展要求，重新对科技创新管理制度体系进行梳理修订，建立以策划为引领，以《中国水利水电第一工程局有限公司科技管理办法》为基础，以《中国水利水电第一工程局有限公司科技项目管理办法》为准则，以《中国水利水电第一工程局有限公司知识产权管理办法》为知识产权合规性红线，发挥《中国水利水电第一工程局有限公司科学技术进步奖管理办法》《中国水利水电第一工程局有限公司创新创优成果奖励标准及实施办法》《中国水利水电第一工程局有限公司专业总工程师管理办法》的激励带头作用。

2020年，着手科技规划和产学研合作办法制定，大力开展技术创新立项研发与成果总结工作。先行开展“十三五”科技创新工作成效总结和“十四五”创新需求调查工作，形成《水电一局“十四五”创新需求调研报告》和《水电一局“十四五”科技规划战略调研报告》，完成《水电一局“十四五”科技创新发展规划》（起草稿）的编制。印发《中国水利水电第一工程局有限公司产学研合作管理办法》，创建产学研合作管理体制机制。

（三）科技人才队伍建设及奖励情况

2020年，围绕专业总工程师管理制度，不断壮大科技人才队伍。着力开展产学研合作管理体制创建工作，与科研单位、高等院校、设计院以及其他具备共同合作条件的企业间就共同的产学研目标协商签订“产学研合作协议”，建立“1＋N”的合作关系，加快提升水电一局人才队伍建设，技术创新的驱动力得到有效发挥。

水电一局科技进步奖励工作按计划开展，由工程技术部组织，各二级单位的总工程师组成评审委员会，并对评审工作全程监督。评审委员会对水电一局所属各单位申报的科技进步奖项目依据《中国水利水电第一工程局有限公司科学技术进步奖管理办法》予以评选，其中“300MW机组水轮机改造安装技术研究与应用”与“超硬地层成槽技术工艺及施工效率分析研究”获水电一局科技进步奖一等奖，“复杂地形条件下长距离预应力钢筒混凝土管（PCCP）施工技术研究与应用”“堆石坝面板混凝土长距离一次滑模成型施工技术研究与应用”“预制混凝土箱梁钢台座的推广研究与应用”获水电一局科技进步奖二等奖，“复杂地质条件下帷幕灌浆施工技术研究与应用”“峡谷重力坝高落差混凝土入仓控制技术研究与应用”“河道出流提升工程施工技术研究与应用”“地铁明挖车站非沥青预铺式高分子自粘胶膜防水卷材的研究与应用”获水电一局科技进步三等奖，评选工作规范。依据创新创优奖励办法，对全年多项创新创优成果进行奖励，加强了技术人员创新的积极性与主动性。

（中国水利水电第一工程局有限公司）

中国水利水电第四工程局有限公司 2020年科技工作有关情况

中国水利水电第四工程局有限公司（以下简称水电四局）通过不断完善公司科技管理系统，指导公司所属各单位完善其科技管理体系，构建了公司科技工作“三级管理模式”。

（一）研发平台建设情况和运行情况

1. 企业技术中心　水电四局共有省级企业技术中心2个，市级企业技术中心1个。其中，水电四局技术中心同时也是国家级技术中心中国电力建设集团有限公司技术中心的分中心。中国水电四局（阳江）海工装备有限公司于2020年被认定阳江市工程技术研究中心。

2020年，水电四局技术中心开展科研课题研究103项，以在建工程项目为依托，针对工程建设重点、难点组织技术人员开展攻关，尤其是针对白鹤滩水电站开展单机容量100万kW水轮发电机组的安装调试技术研究，智能型大吨位缆机群在大型工程中的综合技术研究，白鹤滩水电站大坝综合施工技术研究等。

2020年青海省级企业技术中心的评价考核中，水电四局技术中心以99.8分的成绩位居榜首。

2. 坝道医院　与王复明院士科研团队共同和青海大学于2018年联合成立了坝道工程医院青海分院。2020年，参与完成了青海省内的几个大坝、库区的病害除险加固项目。

3. 创新工作室 截至2020年，水电四局已建成各类创新工作室26个，其中3个为青海省总工会命名的创新工作室。水电四局朱锴年创新工作室被命名为青海省劳模（职工）创新工作室。公司成立的职工（劳模）创新工作室和青年网络技术联盟，在各个工程项目的科技创新工作中发挥着重要作用，为公司创新工作增添了活力。

（二）重大科技成果情况

2020年度水电四局共荣获各类科技奖16项，其中国家特等奖1项；第二十一届中国专利奖优秀奖1项；省部级特等奖1项、二等奖5项、三等奖8项。共获省部级工法32项，其中青海省工法20项、云南省工法3项、广东省工法1项、四川省工法1项、水利行业工法7项。

2020年水电四局获得授权专利181件，其中发明专利12件。中国水电四局（祥云）工程建设有限公司获"云南省知识产权优势企业"荣誉称号。

公司六度蝉联"中国地理信息产业"百强排行榜。2020年中国地理信息产业大会上，水电四局凭借稳步增长的业绩和国内行业影响力再次入选百强企业（位列61名），同时也是青海省唯一一家上榜单位。

2020年，水电四局张文山获评首届"青海省科技成果奖——杰出工程师"荣誉称号；徐银林、石小平获评"青海省优秀专家"荣誉称号；17名专家入选青海省建筑业协会、青海省公路学会专家库专家。

2020年，水电四局主编行业标准2项、参编国家标准2项、参编行业标准3项。其中主编的《混凝土坝维修技术规程》已完成报批稿上报，主编的《水利水电工程缆机施工技术规程》和参编的《缆索起重机安装及验收规范》即将开始征求意见；参编的行业标准《混凝土面板堆石坝施工规范》《水工碾压混凝土施工规范》和参编的国家标准《粉煤灰中氨含量的检测方法》《石膏中 SO_4^{2-} 溶出速率、溶出量的测定方法》已于2020年发布实施。

（中国水利水电第四工程局有限公司 雷永红）

中电建水电开发集团有限公司2020年科技创新情况

2020年，中电建水电开发集团有限公司科技创新工作，主要情况如下：

（1）主持省部级科研项目1项，参与国家级科研项目1项，参与省部级科研项目3项；组织公司级科研立项8项，各子公司科研立项11项；完成科研成果验收5项。

（2）取得授权专利15余件，其中发明专利1件、实用新型专利14件；发表论文20余篇，其中被EI检索的论文2篇。

（3）获得科技进步奖5项，其中获得中国电力建设集团有限公司2020年度科技进步三等奖1项，获得四川省电力行业协会科技进步一等奖1项；获得四川省科技技术进步三等奖1项；获得四川水力发电工程学会科技进步奖二等奖1项、三等奖1项。沙湾水电站枢纽工程荣获2020年度四川土木工程李冰奖。

（4）公司布局的首个高新技术企业申报单位——西昌飓源公司顺利通过国家高新技术企业审核，获得国家高新技术企业认定。

（5）公司建设并参与运营的"中电建安谷生态试验场"落成，2020年11月28日正式揭牌并投入运营。科普展厅及生态试验场申报为国家级科普教育基地，扩大了公司"绿色水电"行业影响力。该实验场同时引进"国家生态环境保护部环境影响评价数值模拟重点实验室""水力学与山区河流开发保护国家重点实验室（四川大学）"联合运营。

（6）协同创新，校企联合科研也取得突破，已与电子科技大学正式签订产学研战略合作框架协议，相关子公司已与其正式开展相关课题研究。

（7）完成科技投入3694.51万元，研发投入3398.09万元。

（中电建水电开发集团有限公司 葛静）

中电建水电开发集团克州新隆能源开发公司科技工作情况

2020年，中电建水电开发集团克州新隆能源开发有限公司科技工作以总结夏特水电站项目建设中采取的先进技术为重点，积极与设计、施工单位合作，形成一批符合相似条件下工程建设应用的科技成果。主要完成了"高烈度地震区域水工有压隧洞动力分析及抗减震技术研究""新疆夏特高水头多泥沙水电站水轮机抗磨蚀处理方案研究""夏特水电站送出方案优化"等项目的研究工作，相关成果已应用到夏特水电站的建设中；同时，联合西华大学申请了"混流式水轮机转轮流道的石膏模型制法及其分型剂"专利。

夏特水电站装机4台，采用一管多机引水方式，由3个岔管分为4根支管将水引入机组进行发电。由于引水压力钢管管径大、下平洞管线较长且河水泥砂含量大，若采用常规中心对称钢岔管，则存在钢岔管前管底积水量大、排水不便及泥沙淤积的问题。公司联合湖南省水利水电勘测设计研究总院有限公司、中国水利水电第五工程局有限公司等单位开展“高水头水电站大直径平底岔管设计及低温制造安装技术研究”，成功采用了具自流排尽水的平底钢岔管结构，解决了夏特水电站钢管检修维护的排水和泥沙淤积问题，为电站投产后稳定运行奠定了坚实的基础。

夏特水电站项目涉及应用的“四新”技术还有中国水利水电第五工程局有限公司研制的压力钢管加劲环埋弧自动焊焊接装置、旋转焊接平台及拼装自动化工法，高强钢压力钢管环缝组对快速压缝系统，以及压力钢管运输专用车。

克州新隆公司申报的三项 QC 成果获得四川省电力行业 QC 成果奖，其中“提高钢管纵缝焊接一次验收合格率”获得二等奖，“降低不良地质段调压井层间开挖径向超平均值”和“提高双丝自动埋弧焊机焊接一次验收合格率”分别获得三等奖。

（中电建水电开发集团克州新隆能源开发有限公司　张刚勇）

水电行业首个“全国示范性劳模及工匠人才创新工作室”落户中国水利水电第三工程局有限公司

2020 年 12 月，中华全国总工会命名第三批全国示范性劳模和工匠人才创新工作室，中国水利水电第三工程局有限公司（以下简称水电三局）“杨联东劳模创新工作室”获此殊荣。此前，工作室已获“陕西省职工（劳模）创新示范岗”和“陕西省劳模及工匠人才创新工作室”称号。

党的十九大报告提出“建设知识型、技能型、创新型劳动者大军，弘扬劳模精神和工匠精神，营造劳动光荣的社会风尚和精益求精的敬业风气。”为继续巩固水电三局在抽水蓄能电站建设方面的品牌领先优势，进一步探索创新国内水电站高强钢压力钢管制作安装核心技术，为企业培养一批德才兼备、具有创新意识和管理水平的后备人才，2017 年，水电三局成立了“杨联东劳模创新工作室”，依托在建的河北丰宁、新疆阜康、陕西镇安等多个重大抽水蓄能电站，开展技术研究。“杨联东劳模创新工作室”也是陕西省建筑行业唯一一家全国示范性劳模和工匠人才创新工作室，以先进制造安装工艺、焊接技术等施工难点为主要突破，先后获得 6 件国家发明专利、61 件实用新型专利，多项工法获得省部级以上表彰。

水电三局工会在省总工会的指导支持下，立足施工生产第一线，建立了包括以杨联东为带头人的 11 个创新工作室、10 余个创新工作站，工作延伸项目 30 余个，带动发掘千余名专业技术人员的创造潜能和创新热情，有效发挥了在攻克技术难关、破解发展难题、培养青年人才中的促进作用，并将创新成效转化为现实生产力，为公司抽水蓄能电站和 TBM 施工品牌建设做出了突出贡献，持续提升了公司的核心竞争力。

水电三局将以此次挂牌活动为契机，以扎实做好“产业工人队伍建设改革提升年”各项工作为目标，积极引导广大职工深入践行“人人参与创新、时时都在创新、处处体现创新”的理念，以脚踏实地的干劲、勇往直前的闯劲、攻坚克难的钻劲，开启“十四五”新征程，为陕西省加快新时代追赶超越贡献智慧和力量，以优异成绩庆祝建党 100 周年。

（中国水利水电第三工程局有限公司　杨联东　鲍锡琴　沈渊基）

获　奖　项　目

单机 400MW 级抽水蓄能电站工程关键技术获得浙江省科技进步奖

2020 年 7 月，由中国电建集团华东勘测设计研究院有限公司、国网新源控股有限公司、浙江仙居抽水蓄能有限公司、中国水利水电科学研究院等单位联合完成的“单机 400MW 级抽水蓄能电站工程关键技术”获得浙江省科技进步奖三等奖。

项目依托工程浙江仙居抽水蓄能电站，水泵工况最大设计功率为 413MW，针对单机 400MW 级抽水蓄能电站建设过程中遇到的各项关键技术难题，集中设计、建设、科研等单位，采取“强强联合”的方式，进行协同研究，取得一系列创新成果，主要创新点如下：

（1）针对抽水蓄能电站输水发电系统抽水发电水流频繁可逆，水头损失动态变化等不利的动能条件，导致抽蓄机组双向运行的稳定性与效率极难兼顾，单机容量 400MW 级机组更甚，在深入分析水头变幅、最大水头、额定水头等多项动能参数以及与机组性能之间相互影响的机理后，建立基于电站高效稳定运行的水头变幅、额定水头选择模型，提出了水头变幅、额定水头分水头段精细化取值准则，能够直接快速、准确地通过图表曲线内插获得相关数据，精准确定电站技术参数，实现了复杂站址条件下机组高效率稳定运行。仙居抽水蓄能电站综合效率从 79% 提高到 81.84%，达到国际领先水平。

（2）针对高水头、大容量抽水蓄能电站机组稳定性设计标准缺失、易造成运行不稳定的现状，从输水系统发电与抽水双向瞬变非恒定流机理入手，通过水—机—电过渡过程联合仿真研究，探明流量、压力波与机组正反向流固耦合、GD^2、转速、机组特性等之间相互影响的规律，提出抽水蓄能机组发电和抽水两个方向的稳定性裕度控制技术，从而直观、准确地得出发电工况和抽水工况的稳定性裕度值，为抽水蓄能电站预先防范机组运行不稳定风险提供了技术支撑，为机组设计降低压力脉动幅值创造了条件，大幅度降低了厂房结构激振源强度。

（3）针对大容量、高水头抽蓄电站建设所面临的机组运行强振而危害结构和人体的难题，以及机组非稳态振动荷载的复杂性及目前厂房振动分析仅局限正常运行和飞逸两种“点工况”的现状，创新提出正常运行到飞逸工况的过渡过程中机组转速和荷载的全过程计算方法，实现了非稳态结构动力响应全过程分析。系统研究了厂房结构围岩边界条件与结构减振特性的关系，研发了多种与围岩连接减振的结构型式。创新提出分不同工作场所、不同人体承受振动暴露时间条件下多参数（位移、速度、加速度）的厂房振动评价体系，将厂房振动控制由传统的只注重结构安全扩展到结构安全与人体职业健康和舒适度并重，促进了抽水蓄能电站厂房振动控制技术的系统性构建。

本研究成果，使得我国抽水蓄能电站的单机容量从 300MW 级跨越到 400MW 级，取得了显著的社会、环境和经济效益，推动了行业科技进步。

（中国电建集团华东勘测设计研究院有限公司　李成军
浙江省抽水蓄能工程技术研究中心　陈顺义）

锦屏水电站工程

“锦屏水电站工程”获 2020 年度水力发电科学技术奖特等奖。

在我国雅鲁藏布江、金沙江、怒江和雅砻江等闻名全世界的河流大河湾中，锦屏大河湾率先开发，无同等规模和复杂程度的工程经验可资借鉴。全世界已建超过 250m 高混凝土的拱坝有 7 座，复杂地质条件超 300m 高拱坝建设国内外无可借鉴经验。锦屏一级拱坝两岸地形极不对称和最大达 10 倍的变模差异，左坝肩深达 300m 的深部裂缝等极端复杂地质条件，给拱坝设计带来巨大挑战。枢纽区陡峻峡谷地形，在高达 1500m 的遭受强烈构造地质和物理地质作用的自然边坡上开挖高达 530m 工程边坡，是目前地质条件最复杂、开挖规模最大、稳定性最差的水电边坡工程；在 1.5～3 的极低强度应力比等复杂地质条件下，大型地下洞室群围岩稳定问题突出；上下游水位差 240m、出口以上最大水头 200m 泄洪洞，最大流速超过 50m/s，空化空蚀和消能设计难度大；混凝土骨料可选料源为潜在碱活性骨料变质砂岩和中等强度大理岩，碱活性砂岩骨料从未被应用于高拱坝混凝土。锦屏二级隧洞群是我国第一深埋水工隧洞工程，在世界水电开发史上是绝无仅有的，超深埋深、高地应力等地质条件复杂，岩爆和涌水突出。高水头大容量超长输水发电系统工程规模巨大、水力能量波动幅度大、波动周期长，机组设计和超长输水系统的安全和稳定难度大。

项目依托国家自然科学基金和自主研究课题，针对超高拱坝变形控制、超深埋长隧洞群建设、运行安全监控调度等技术难题开展研究，获发明专利 34 项，纳入行业规范 7 部，取得软件著作权登记证书 14 项，出版专著 7 部，获国家优质投资项目特别奖、土木工程詹天佑奖、国家优质工程金质奖、世界工程组织联合会杰出工程建设奖、国际咨询工程师联合会（FIDIC）工程项目杰出成就奖等。

（一）主要成果和创新点

（1）首创大河湾“高坝大库＋截弯引水”两站一组电源整体开发模式。提出了资源高效集合利用的建设方案，双曲拱坝高 305m，形成了年调节水库，截弯取直长引水隧洞获得了 310m 水头，创新了两站一组的枢纽总体布置，研发了基于双协同的电站电力调度模型，实现了水能资源极为富集的大河湾高效开发。

（2）创建了高山峡谷区超高拱坝枢纽工程安全建设技术。提出了超高拱坝变形稳定的分析方法及控制技术，创建了坝肩复杂地质高陡边坡稳定综合加固技术，研究了边坡长期变形规律及其对拱坝结构安全的影响，揭示了极低强度应力比条件下地下洞室群围岩破裂扩展机理，提出了大型洞室群围岩大变形控制技术，研发了超 50m/s 的高流速泄洪洞水流控制与减蚀技术，解决了 240m 世界最高水头泄洪洞的水流安全控制难题。

（3）建立了极端复杂条件下超深埋长大水工隧洞群建设成套技术。提出了钻爆法和TBM组合掘进施工方案，实现了多工作面协同、空间立体交叉、巷道式射流通风的超深埋长大隧洞群的连续高效高强度施工，创造了多工作面协同掘进最高月进尺3612m的世界纪录；创建了高山峡谷区复杂地形往返式新型带式立体运输系统，解决了高山峡谷地区高强度物料运输难题；研发了高压大流量地下水堵、控、排成套技术，确保了施工和运行安全。

（4）创建了超长输水系统下高水头大容量高参数混流式机组设备成套技术。优选长短叶片转轮、导叶分布圆直径、斜元件等关键技术参数和结构，发展了水轮机转轮动应力分析方法及判别准则，构建了300m高水头段、单机600MW大容量混流式机组设计制造技术，创建了以筒形阀为核心的超长输水系统机组防飞逸保护技术，确保了机组长期安全稳定运行。

（5）开创了“一库两站”建设管理与“一厂两站”运行管理模式。创立了雅砻江联合基金等全方位多层次的流域开发科技创新体系，建立了以“梯级水库分层取水生态调度技术”“鱼类栖息地保护和人工增殖放流技术”为核心的流域生态环境保护技术体系，建立了“高精度水情预报—大河湾泄洪预警—精细化发电调度”的运行调度体系，开发了雅砻江“锦屏水电站工程”全生命周期在线安全监控平台，全面提升了大型水电站建设、运行和生态环境保护的技术水平。

（二）应用情况及推广前景

锦屏水电站工程已安全运行6年，工程性态良好，累计发电超过2800亿kW·h，发电收益803亿元，贡献税收157亿元，减少二氧化碳排放2.38亿t，环境效益显著，助推了凉山深度贫困地区的经济社会发展。核心技术已在乌东德、白鹤滩、引汉济渭等工程中推广应用。利用该项技术建设了世界埋深最深、规模最大的中国锦屏地下实验室。项目促进了水电工程科技的发展，经济社会环境效益显著，推广应用前景广阔。

（三）获奖单位

雅砻江流域水电开发有限公司、中国电建集团华东勘测设计研究院有限公司、中国电建集团成都勘测设计研究院有限公司、中国水利水电第七工程局有限公司、中国葛洲坝集团股份有限公司、中铁十八局集团有限公司、中国水利水电第十四工程局有限公司、中国铁建大桥工程局集团有限公司、上海福伊特水电设备有限公司、中国水利水电建设工程咨询有限公司、中铁二局集团有限公司、中国水利水电科学研究院、长江水利委员会长江科学院、长江水利委员会工程建设监理中心（湖北）、四川二滩国际工程咨询有限责任公司、清华大学、成都理工大学、中国科学院武汉岩土力学研究所、中国水利水电第五工程局有限公司、中国安能集团第一工程局有限公司、北京振冲工程股份有限公司、河海大学、四川大学、武汉大学、四川二滩建设咨询有限公司、水利部交通运输部国家能源局南京水利科学研究院、天津大学、中国水利水电建设工程咨询西北有限公司、中国电建集团贵阳勘测设计研究院有限公司、中国水利水电建设工程咨询中南有限公司。

（四）获奖人

陈云华、王继敏、王仁坤、张春生、张鹏、周钟、陈祥荣、段绍辉、郗举科、雷升祥、郭光文、朱毓平、曾新华、余挺、单治钢、郑江、揭秉辉、和孙文、余奎、冯夏庭、周济芳、商长松、王国平、李卫国、侯靖、唐忠敏、胡书红、李名川、张国新、邬爱清、周创兵、杨强、许唯临、练继建、严明、顾冲时、蔡跃波、杨安林、吴高见、冯艺、何金荣、张晨、孙国伟、沙宗天、谭恺炎、张文山、季峰、陈玉奇、谢扬军、武选正。

（水力发电科学技术奖励工作办公室 孙卓）

南水北调中线穿黄隧洞工程设计关键技术研究与实践

“南水北调中线穿黄隧洞工程设计关键技术研究与实践”获2020年度水力发电科学技术奖特等奖。

穿黄工程是南水北调中线总干渠与黄河的交叉建筑物，是总干渠上建设规模最大，技术最复杂的工程，其设计流量为$265m^3/s$，加大流量为$320\ m^3/s$。穿黄工程采用2条盾构隧洞穿越黄河，单洞长4250m，隧洞内径为7.0m。隧洞穿越游荡性河段，所处围土为饱和砂土地层，地质条件复杂，内水压达0.51MPa，为国内首例采用盾构法施工的高水头软土地层水下输水隧洞，技术难度大幅度超出我国同期已有工程经验和规范适用范围。尤以水下软土地层高压输水结构、复杂复合衬砌结构抗震及饱和软土地层超深竖井等三大问题最为突出。

该项目依托多项国家科技支撑计划项目、专项科研课题和现场1：1物理模型试验，由设计、科研、建管等多家单位组成“产、学、研、用”团队，通过20年余的研究，在设计理论方法、成套技术等取得了重大技术突破，确保了南水北调穿黄隧洞工程顺利实施。

（一）主要成果和创新点

（1）研发了“盾构隧洞预应力复合衬砌”新型高

压输水隧洞。提出了管片外衬与预应力内衬“结构联合、功能独立”的复合结构设计理论与分析方法，建立了相应的设计控制标准体系。攻克了多相复杂软土地层高压输水隧洞结构受力、高压内水外渗导致围土失稳破坏，以及适应河床游荡作用引起的纵向动态大变形难题。

（2）构建了复杂软土地基本体真非线性本构模型，提出了模拟地震过程地基本体空隙水压扩散和消散的三维非线性有效应力方法，及考虑动态接触的波动分析方法求解隧洞结构地震响应，破解了软土层长距离输水盾构隧洞复合衬砌结构抗震安全评价难题。

（3）研发了超深井井壁设置弧形始发反力座的新型双层复合衬护竖井，提出了双层结构联合受力动态结构设计理论与分析方法，提出了饱和砂土层超深竖井防渗防水成套技术，解决了超深竖井结构稳定、受力、防渗及超深盾构始发布置与到达防水技术难题。

（二）应用情况及推广前景

项目成果成功应用于南水北调穿黄隧洞工程，并相继在珠江三角洲水资源配置工程、在滇中引水工程、吉林省中部城市引松供水工程、武汉市大东湖核心区污水传输系统工程等国内大型重点水利水电工程、市政工程建设中得到了推广应用，解决了工程难题。

随着社会和经济的发展，水资源问题日益突出，国内外跨流域超大型输水工程建设将会越来越多，项目研究成果在这些工程中有广阔的应用前景；另外，本项目的研究还涉及盾构隧道、预应力结构、超深竖井结构的设计和施工，这些成果在城市深隧工程和地铁轨道交通工程建设中均具有广阔的应用前景。

（三）获奖单位

长江勘测规划设计研究有限责任公司、南水北调中线干线工程建设管理局、中国水利水电科学研究院、长江水利委员会长江科学院。

（四）获奖人

钮新强、台德伟、符志远、王海波、谢向荣、张传健、刘百兴、李明新、苏海东、李安斌、赵剑明、吕国梁、倪锦初、欧阳金惠、上官江、廖仁强、杨旭辉、敖昕、石裕、潘江、陈琴、郭胜山、游万敏、职承杰、邓家林、王曙东、杨正权、陈浩、胡靖宇、谢小玲。

（水力发电科学技术奖励工作办公室 孙卓）

碾压混凝土坝安全服役关键技术及应用

“碾压混凝土坝安全服役关键技术及应用”获2020年度水力发电科学技术奖一等奖。

碾压混凝土坝结合了常态混凝土坝结构强度高与碾压式土石坝施工简单的优点，具有水泥用量少、施工速度快及工程造价低等优势，备受坝工界广泛关注和青睐。我国在20世纪70年代末开始研究碾压混凝土坝筑坝技术，1986年我国建成了第一座碾压混凝土坝坑口坝，起步较晚，但发展迅速，已建碾压混凝土坝300余座，这些工程在保障地区水安全、粮食安全、能源安全以及推动社会经济发展等方面起到了十分重要的作用。

以往研究大都注重于碾压混凝土坝筑坝技术和温控防裂措施，对坝体内存在众多施工层面的碾压混凝土结构和渗流性态演变规律研究甚少，常以经验判断为主，缺乏理论指导。同时，对碾压混凝土服役性态主要凭现有监测资料进行初步分析，缺乏准确可靠的科学依据，导致无法及时发现工程险情。针对上述问题，迫切需要提出综合反映层面影响的碾压混凝土坝服役性态评估理论和方法，建立碾压混凝土坝服役性态安全监控及预警技术体系。因此，通过本项目的科技攻关，突破上述技术瓶颈，不仅对碾压混凝土坝服役性态的客观评估及运行安全控制十分重要，而且也对我国碾压混凝土坝工程高效运行有着重大的现实需求，同时对促进当地社会经济发展具有十分重要的意义。

（一）主要成果和创新点

（1）提出了碾压混凝土坝结构性能演变分析方法。探明了碾压层及层面的结构性能演变规律，提出了本体和层面结构主要力学参数和温变作用效应的分析方法，构建了坝体和坝基性态变化分析模型，提出了大坝整体结构性态演变分析模型和方法，为系统揭示碾压混凝土坝结构性态演变机理奠定了理论基础。

（2）创建了碾压混凝土坝渗流性态演变分析模型和方法。剖析了碾压层面渗流性态空间变异和时变特性，提出了层面渗透系数渐变分析模型及层面厚度确定方法，创建了考虑内时损伤影响下渗流场与应力场耦合作用的渗流性态演变分析模型，为破解碾压混凝土坝渗流性态演变规律提供了全新手段。

（3）研发了碾压混凝土坝服役性态综合评估技术。诠释了碾压混凝土层面特性及影响因素不确定性对大坝服役性态的影响机制，首次提出了大坝抗滑稳定性灰熵突变分析模型及失稳判据，创建了充分反映层面影响的大坝服役性态综合评估技术，提升了碾压混凝土坝服役性态诊断的能力和水平。

（4）提出了碾压混凝土坝服役性态安全监控和预警技术。提出了充分反映层面性状变异和时变性的结构和渗流性态变化主要影响因素作用效应的表达方法，构建了服役状态变量风险预警技术，有效解决了碾压混凝土坝服役性态变化预测和安全管控的技术难题。

(5) 研发了碾压混凝土坝服役性态仿真和安全控制平台。有机集成融合碾压混凝土坝结构和渗流性态演变分析方法、服役性态综合评估与安全监控和风险预警技术，研发了碾压混凝土坝服役性态仿真和安全控制平台，为保障工程长期安全运行提供了重要技术支撑。

(二) 应用情况及推广前景

项目成果先后应用于龙滩、金安桥、岩滩、棉花滩、KLSK水利枢纽、石门子水库等20多个碾压混凝土坝工程以及70余个常规混凝土坝工程，为工程安全提供了源头的理论依据和技术支撑，获授权发明专利10项，纳入行业规范2部，取得软件著作权登记证书1项，出版著作4部，发表论文92篇。本项目自主研发技术集成度高，且已获得多项发明专利和软件著作权，出版和发表了一批具有自主知识产权的专著和论文，核心研究成果已纳入行业规范，相关技术处于国内外独创，同时已被行业著名设备仪器开发企业应用，已形成了规模化效应，可转化成高端特色专门技术产业。同时，在实际工程应用中已产生了重大的经济效益和社会效益，以马洪琪院士为首的评价专家组认为研究成果“达到了国际领先水平”，有力地推动了水利行业科技进步和水利工程学科发展，推广应用前景广阔。

(三) 获奖单位

河海大学、新疆额尔齐斯河流域开发工程建设管理局、新疆水利水电勘测设计研究院、新疆水利水电科学研究院。

(四) 获奖人

顾冲时、赵二峰、陈波、顾昊、石泉、郑东健、苏怀智、包腾飞、罗纬邦、吴艳、周富强、魏博文、李波、陈旭东、黄潇霏。

(水力发电科学技术奖励工作办公室　孙卓)

梯级水库群风险等级确定与风险设计

“梯级水库群风险等级确定与风险设计”获2020年度水力发电科学技术奖一等奖。

我国水电建设正经历大发展阶段，梯级水库群成为流域开发的主要形式。如大渡河流域干支流共规划80余座大中型水库，最大坝高（双江口水库）达到314m。梯级水库群正成为我国防洪保安工程体系的重要组成部分，也是保障国民经济可持续发展的重要基础设施。在评价梯级水库群防洪、发电、灌溉、供水以及促进生态环境保护等方面发挥着重要作用同时，极端气候频发，超强降雨、超强地震、流域不良地质灾害等自然风险，干支流设计洪水和设计安全标准不匹配引起的工程风险，设计、施工缺陷和运行管理疏忽等技术风险，梯级水库的失事所引起的灾害损失，绝不是单一梯级本身。流域梯级水库群的安全风险问题是一个复杂的系统工程，牵涉诸多方面，包括流域梯级开发体制机制、工程安全的法律法规、流域开发规划、项目的设计与施工、运行维护管理以及工程建设运行条件等。流域梯级开发的规划及工程设计、施工和管理是系统安全的一个重要方面。然而，当前我国水利水电工程的设计标准和技术规范均是针对单一水库、单个水工建筑物互不影响的单独个体所做的规定，尚未将梯级水库群作为一个整体进行风险分析，即使对于单个工程，也是以安全设计或者初步可靠度设计为主，风险设计研究尚处于起步阶段。

(一) 主要成果和创新点

(1) 首次提出梯级水库群风险标准和风险等级。从公共安全和工程安全的角度，提出梯级水库群大坝可接受风险标准为10^{-6}/a，可容忍风险标准为10^{-5}/a。基于风险概率大小和风险损失严重性，采用风险矩阵建立了我国梯级水库群风险等级，即极高（Ⅳ）、高（Ⅲ）、中（Ⅱ）、低（Ⅰ）四级。提出不同风险等级梯级水库的应急管理措施。该创新点推动了风险理论与其他学科的交叉融合，对流域公共安全管理具有指导作用。

(2) 构建了基于风险防控理论的梯级水库设计安全标准。基于“相对安全率”理论，构建了“安全系数—可靠指标—失效概率”风险设计理论体系。提出特等工程特级建筑物的分类标准：定义坝高200m及以上、库容大于10亿m^3、自身溃坝将导致连溃的枢纽工程为特等工程，主要建筑物为特级建筑物。提出特级大坝年计失效概率不低于（1～5）$\times 10^{-8}$，可靠指标不低于4.45～4.7；特级泄水建筑物风险设计标准取年计失效概率5×10^{-8}～1×10^{-7}，可靠指标不低于4.25～4.45。该创新点完善了现有工程等别建筑物分类体系，填补了现行设计规范关于200m及以上高坝设计安全标准的空白，在双江口特高土石坝设计复核中得到很好实践。

(3) 建立了梯级水库连溃风险分析方法和模型。改进单一土石坝溃决模型，提出双曲线溃口冲刷侵蚀率模型，对溃口扩展运用简化的Bishop法。结合溃坝洪水演进和水库调洪模型，建立梯级水库群连溃风险分析模型，并通过工程案例验证其可靠性。创新成果应用于2014年云南鲁甸“8·03”红石岩堰塞湖梯级水库应急抢险分析；2018年10月和11月两次应用于金沙江白格堰塞湖的应急抢险处置。

（4）发展了梯级水库水工结构可靠性设计理论体系。在现行大坝设计规范规定基础上，考虑风险因素及其各个作用同时出现的组合概率，研究提出了“极端组合”下的“极端设计状况”，以及“大坝临界稳定极限状态”的性能目标要求。提出开展“极端组合”作用下，“罕见设计工况”“大坝临界稳定极限状态”的可靠性分析。该创新点进一步发展和完善了现有的设计理论和方法，风险理念贯穿于工程全生命周期始终。

（二）应用情况及推广前景

梯级水库群风险防控设计理论和方法的提出，补充完善了现有设计理论和方法，填补了现行设计规范关于200m及以上高坝标准的空白。对于超过200m的特高坝设计理论与方法及设计安全指标体系已在双江口特高坝设计复核中得到很好验证。梯级水库群连溃风险分析研究成果在2014年牛栏江“红石岩—天花板—黄角树”连溃风险分析及应急处置实践中发挥了很好的指导作用；在2018年10月和11月两次金沙江白格堰塞湖的应急抢险处置再次为应急方案的制定和金沙江沿岸居民的撤离提供了有力的技术支撑。部分成果被正在征求意见的《梯级水库群风险防控技术导则》所采纳，被已修订《水利水电工程等级划分及洪水标准》（SL 252—2017）所参考，被正在修订的《碾压土石坝设计规范》所采纳。

（三）获奖单位

水电水利规划设计总院、中国水利水电科学研究院、中国电建集团成都勘测设计研究院有限公司、西安理工大学。

（四）获奖人

周建平、杜效鹄、周兴波、陈祖煜、李永红、王玉杰、孙平、李斌、高洁、王富强、李炎隆、张雄、王琳、王双敬、王观琪

（水力发电科学技术奖励工作办公室　孙卓）

高堆石坝全生命周期变形预测关键技术及应用

“高堆石坝全生命周期变形预测关键技术及应用”获2020年度水力发电科学技术奖一等奖。

随着水电开发及水资源优化配置的持续推进，我国水电开发建设的主战场转移到综合条件更加复杂的西部地区。堆石坝具有对地形和地质条件适应性好、抗震能力优良、可就地取材等优点，是高坝建设的主力坝型之一。随着坝高由200m级向300m级跨越，坝体将承受更高的水压、更大的自重荷载，应力路径也更加复杂，导致堆石体力学特性的非线性增强，坝体变形呈非线性增长。坝体变形不协调或者变形过大，会导致防渗体破损，严重的将危及大坝安全。因此，堆石坝变形控制事关防渗结构安全乃至工程运行安全，是高堆石坝工程面临的重大挑战之一，是工程设计、施工、管理和科研各方共同关注的问题。常规监测技术也难以适应高堆石坝高水压、高土压、大变形和监测面广、线长等特点。现有的计算分析理论、设计规范、安全监测技术和工程经验已不能完全满足高堆石坝全生命周期变形控制和预测的需求，因此，高堆石坝变形控制与预测关键技术亟待突破。

（一）主要成果和创新点

（1）建立了基于多尺度特性的应力—组构—接触宏细观力学模型。搭建了虚拟现实结合的筑坝颗粒材料宏细观力学试验平台，系统研究并揭示了堆石体的宏细观多尺度力学特性，建立了应力—接触—组构表征的宏细观力学模型并验证了其普遍适用性。

（2）提出了基于颗粒力学的堆石体数值模拟新技术和力学参数确定新方法。研发了考虑颗粒形状和颗粒破碎的连续离散耦合分析方法，提供了一种从颗粒尺度模拟堆石坝材料应力变形的新途径。提出了基于细观数值试验和现场碾压试验综合确定全级配堆石体力学参数的方法，提高了堆石体力学参数的取值精度。

（3）研发了基于柔性管道机器人和星载雷达的高堆石坝内外观一体化变形监测新技术。通过与传统监测技术优势互补，获得了融合多角度、多时空分辨率的变形监测信息，显著推动了堆石坝变形监测技术的发展。

（4）构建了高堆石坝全生命周期变形智能预测的方法体系。融合堆石坝数值模拟、堆石体力学参数确定和海量多源的变形监测数据，提出了基于深度学习的堆石坝全生命周期变形智能预测方法。

（二）应用情况及推广前景

项目团队通过理论研究与工程实践相结合，形成了高堆石坝变形控制和预测的系列研究成果。研究成果已经成功应用于如美、古水、茨哈峡、拉哇、江坪河、猴子岩、瀑布沟、水布垭、夹岩等12座堆石坝工程，社会经济效益显著，直接经济效益达2.33亿元。项目成果在一批在建和拟建的堆石坝中具有较好的应用前景，也将为“一带一路”沿线上的堆石坝建设提供技术支撑。

（三）获奖单位

武汉大学，华能澜沧江水电股份有限公司、深圳大学、国电大渡河流域水电开发有限公司、中国电建集团贵阳勘测设计研究院有限公司、中国电建集团成都勘测设计研究院有限公司、贵州省水利水电勘测设计研究院有限公司。

（四）获奖人

周伟、马刚、常晓林、杨家修、肖海斌、陈智鹏、李鹏、程瑞林、李永红、邱焕峰、程翔、刘嘉英、刘东、徐建华、罗滔。

（水力发电科学技术奖励工作办公室　孙卓）

胶结坝新坝型筑坝关键技术与实践

“胶结坝新坝型筑坝关键技术与实践”获2020年度水力发电科学技术奖一等奖。

我国工程性缺水依然严重，将建设大量水资源配置工程。土石坝、混凝土坝是大坝建设主要坝型，土石坝具有充分利用当地材料，经济、施工快捷的优点，在已建工程中占比95%以上，但发生漫顶时可能导致速溃，如河南板桥水库大坝溃决，导致了2.6万人死亡，美国提堂土石坝等的溃坝也造成了生命财产的巨大损失。随着全球气候变化，极端气象事件增加了中小型工程漫顶的风险；混凝土坝具有很高的安全性，但对基础要求高、对骨料制备要求高、造价高，因此建设数量相对较少，占比小于5%。水利水电工程建设亟需突破传统思维，进行理论创新，在充分利用当地材料、做到经济环保的同时，实现漫顶不溃，提升大坝安全。

（一）主要成果和创新点

(1) 提出了胶结坝新坝型。利用少量水泥、粉煤灰、外加剂和当地不筛分、不水洗的河床砂砾石、基础开挖料、风化料等广源材料胶结筑坝，形成了土石坝和混凝土坝之外的新坝型。工程实践、溃坝模拟、围堰过水验证等论证了新坝型的安全性，实现了用当地材料筑坝漫顶不溃、节省投资的突破。

(2) 提出了广源材料优化配置和数字化、智能化拌和的方法。提出了最大粒径200mm宽级配骨料配合比设计和拌和的数字化、智能化方法；揭示了性能演化机理，发明了胶囊型外加剂和抗泥型外加剂，实现了抗渗等级W8、抗冻等级F350的富浆胶结料的制备；实践了胶结砂砾石、胶结人工砂石筑坝，用胶结土置换沙壤土提升地基抗地震液化能力，论证了软质砂岩、风化料制备筑坝料的可行性，解决了用离散性大、宽级配、含泥量、含水量不均一的广源料安全筑坝难题。

(3) 提出了优化坝体结构适应当地材料、优选材料适应大坝不同分区要求，通过结构、材料双优化改善坝体点安全度分布同时降低造价的新设计方法。开展了坝体受力性态全过程仿真模拟和损伤破坏研究，开展了溃坝试验，揭示了不同胶结抗冲蚀破坏的机理，提出了非岩基上筑坝的结构设计，构建了新坝型设计方法、准则和控制标准，编制了行业技术标准。

(4) 发明并研制了可拌和最大粒径200mm、宽级配料的连续式专用拌和设备、可对加浆量数字化定量控制的加浆振捣设备等施工专用设备，开发了基于超宽带定位技术的施工质量数字监控系统，实现了新坝型建设全过程数字监控、动态调控和实时预警，解决了大粒径、高离散、用水量波动大的连续高效拌和、碾压和防渗保护层高质量施工的难题。

（二）应用情况及推广前景

项目成果应用于我国四川、山西、贵州等省和老挝、突尼斯等国的40多座工程。顺江堰溢流坝2016年4月蓄水运行以来一直处于高水位自溢流工况运行，监测数据表明工作性态良好；洪口围堰经历了最大洪峰流量5500m³/s、过洪水头8m超标洪水的考验，澜沧江干流上的大华桥、功果桥等围堰多次过洪，安全可靠。充分利用当地材料、简化原材料制备，开挖料、软岩骨料、风化料均成功用于筑坝，减少了料场开采和弃渣，降低了对环境的影响，显著缩短了工期，节省了投资。20项应用工程取得的经济效益，包括与原方案对比减少的直接投资、减少开挖和弃渣征地费用节约、缩短工期提前发挥功能的效益，共3.37亿元。成套技术具有安全、经济、环保等优势，在水利水电工程中具有广阔的推广应用前景，获授权发明专利4件、软件著作权登记证书4项，主编行业标准1项，成果已在国内外40多座工程推广应用，被国际大坝委员会评价为“大坝发展史上的重要新进展，具有里程碑意义”。

（三）获奖单位

中国水利水电科学研究院、水利部水利水电规划设计总院、四川省港航投资集团有限责任公司、贵州省水利水电勘测设计研究院有限公司、四川省水利科学研究院、北京中水科海利工程技术有限公司、北京新慧水利建筑有限公司。

（四）获奖人

贾金生、郑璀莹、贺晓春、梁军、雷兴顺、冯炜、李曙光、陈昊、李文波、汪洋、刘双美、陈琼华、杨晋营、苏安双、刘中伟。

（水力发电科学技术奖励工作办公室　孙卓）

岩体工程力学特性参数取值方法研究和工程应用

“岩体工程力学特性参数取值方法研究和工程应用”获2020年度水力发电科学技术奖一等奖。

岩体是水利水电、土木和矿山等领域经常遇到的工程介质，合理确定其强度、变形等工程力学特性参数是工程建设中开展其他一切工作的前提和基础，直接关系到工程的经济和安全。作为长期地质构造运动的产物包含大量不连续结构面，这些结构面相互切割形成了特定的岩体结构，这种复杂的结构特征决定了岩体的破坏机理和工程力学特性，也使得岩体工程力学特性参数确定变得十分困难，如何建立切实可行的取值方法体系已成为岩土工程界广泛关注的热点和难点问题。

20多年来，项目组针对岩石工程中岩体工程力学参数取值难题，依托多项国家、省部级和水利水电工程等重大科研项目，从岩体原位试验设备与方法、工程类比定量化参数确定方法和节理岩体数值仿真试验平台等方面开展了深入系统研究，取得了系列成果。项目出版专著3部，在国内外重要学术期刊中发表学术论文42篇（SCI/EI检索26篇）；在国内外重要学术会议上做会议主题（特邀）报告多次；获得国家专利9件；参编行业标准4项；重大水利水电工程推广应用30多项。

（一）主要成果和创新点

（1）研制了岩体力学特性参数随钻获取新手段。通过对地质随钻实时钻探信息（推进压力、钻杆转速、钻进扭矩和钻进速度等）与岩层特性相关性的分析，提出了钻进指数、切深斜率和钻进能量三个新指标，建立了随钻确定岩体完整性、单轴抗压强度和耐磨性参数的新手段。

（2）研发了孔内岩体原位力学试验新设备。该试验设备能够在软—中硬岩层的钻孔内任意位置同步完成原位制样、岩体变形和抗剪试验，提出了可快速获得岩体的强度和变形参数的分析方法，为实现岩体工程力学特性参数的快速测试提供了一种新设备。

（3）提出了基于概率统计理论确定岩体力学参数的定量化类比新方法。构建了包含103个工程1174组不同类型岩体现场抗剪试验资料的数据库，建立了多因素岩体试验分类方法，确立了各类岩体抗剪强度参数的统计特征值和建议取值范围，提出了定量确定岩体力学参数统计值、标准值和设计值的新方法。

（4）建立了节理岩体力学特性数值仿真试验新途径。提出了复杂岩体结构定量化表征、裂隙体数值试样快速生成和节理岩体变形破坏全过程模拟方法，构建了节理岩体数值仿真试验平台，可通过细观精细仿真获得岩体各向异性力学参数，为节理岩体工程力学特性的研究提供了新途径。

（二）应用情况及推广前景

成果直接应用于三峡、漫湾、向家坝、锦屏一级和大藤峡等重大水利水电工程，并在国内外其他30余项水利水电工程建设中得到应用，推广前景广阔。

（三）获奖单位

中国水利水电科学研究院。

（四）获奖人

汪小刚、王玉杰、赵宇飞、林兴超、曹瑞琅、凌永玉、刘立鹏、皮进、孙平、姜龙、段庆伟、孙兴松、张强、聂勇、王双敬。

（水力发电科学技术奖励工作办公室 孙卓）

乌江思林、沙沱升船机关键技术与应用

“乌江思林、沙沱升船机关键技术与应用”获2020年度水力发电科学技术奖一等奖。

乌江是国家“两横一纵两网十八线”高等级航道网的重要组成部分，是贵州省通江达海的两大通道之一。根据贵州省省政府《贵州水运发展规划（2012—2030）》，构皮滩、思林、沙沱三座电站规划了5座升船机通航设施，均按Ⅳ级航道、500t级船型标准建设，并列为贵州省省长督办项目。乌江思林水电站、沙沱升船机均为全平衡钢丝绳卷扬垂直升船机，船厢有效尺度为58m×12m×2.5m，提升重量3300t，提升高度分别为76.7m和75.38m。鉴于国内已建成的数座大型钢丝绳卷扬垂直升船机（如水口、彭水、岩滩升船机），存在承船厢严重失水事故工况的安全保护、船厢精准对接及对接行船安全、超大型设备的高质量制造、安装、调试等难题，自2005年以来，项目完成单位依托思林、沙沱升船机建设项目开展了全平衡钢丝绳卷扬垂直升船机关键技术研究。通过模型试验、数值模拟仿真、理论分析与实船试验等手段，攻克了多项技术难题，成功研发了能够安全、高效、平稳运行的全平衡钢丝绳卷扬垂直升船机。项目研究获授权发明专利14件、实用新型专利14件，主参编国家标准2项、行业标准3项，取得软件著作权登记证书10项，出版专著2部，主要成果被国际航运协会内河委员会（PIANC－INCOM）即将出版的国际行业性技术文件《Innovations in Ship lift》收纳。

（一）主要成果和创新点

（1）创新提出可控安全平衡重，构建了“安全平衡重—重力平衡重—转矩平衡重”的全新升船机提升系统，提出了安全平衡重的布置原则、控制方法和使用标准，解决了船厢漏水等极端工况下，平衡体系破坏造成船厢倾覆和“飞车”的重大安全问题，是该类型升船机安全保障技术的重大突破。

（2）首次提出船厢“临界失稳水深”判别准则，揭示了“水—船厢—平衡重”系统多元耦合作用机理，研发了满足水动力学、机械装置、运行控制、船舶航行等相似性要求的大比尺高仿真升船机整体模型试验平台，为该类升船机安全运行提供技术支持。

（3）提出了系列控制标准，研发了事故状态下新的紧急制动方式，发明了下游水位快速变化条件下船厢精准对接技术，实现了升船机安全高效运行。

（二）应用情况及推广前景

研究成果已在乌江思林、沙沱升船机应用，部分已经应用到在建的乌江构皮滩水电站三级升船机上，解决了钢丝绳卷扬垂直升船机在运行安全、对接安全和航行安全等方面的技术难题。我国内河航运的开发越来越重视受到重视，升船机领域迎来了工程建设领域的新高潮，本项目的研究成果可以为升船机设计及建设提供借鉴参考。

（三）获奖单位

贵州乌江水电开发有限责任公司、杭州国电机械设计研究院有限公司、中国电建集团贵阳勘测规划设计研究院有限公司、水利部交通运输部国家能源局南京水利科学研究院、华电电力科学研究院有限公司、西安航天自动化股份有限公司、武汉长海高新技术有限公司。

（四）获奖人

沈寿林、段伟、谭守林、胡亚安、陈晓彬、田鑫、杨宝银、湛伟杰、徐祎、李航宇、李中华、卢明军、王得宇、罗松、耿克普。

（水力发电科学技术奖励工作办公室　孙卓）

长引水隧洞水下多功能智能巡检机器人国产化研究与应用

“长引水隧洞水下多功能智能巡检机器人国产化研究与应用”获2020年度水力发电科学技术奖一等奖。

大坝、输水管道等水工建筑物和水工设备，必须采取有效手段和方法定期进行检测，确保及早发现问题，解决问题。水下机器人（ROV）在水下工程、打捞作业、海底调查、海洋资源开发等领域得到了迅速发展，但是主要是用于开阔水域作业的水下机器人，缺乏用于水电厂长距离输水隧洞检测的专用水下机器人。水下机器人技术一向被视为涉军涉密技术，被国外厂家垄断，必须依靠自主研发。基于此情况，本项目开展了长引水隧洞水下多功能智能巡检机器人国产化研究，不仅能用于开阔水域检测作业，还能用于大深度、长距离封闭引水隧洞的有水检测。

（一）主要成果和创新点

（1）首次提出并实现了水下机器人封闭隧洞遇险自主脱困返航技术，避免了水下机器人脐带缆缠绕无法行动而导致全厂机组退备排水打捞的巨大经济损失。该技术基于超短基线声呐、矢量声呐及水面声源组合的复杂输水隧洞中定位及导航融合算法，打破国外技术垄断和封锁，首次完成了2km封闭隧洞脱缆自主航行，解决了水电厂封闭隧洞中遇险自主脱困的难题。

（2）国内首次提出具有ROV（带缆控制）、ARV（脱缆光纤控制）、AUV（脱缆自主航行控制）三种工作模式及多巡航模式切换的水电厂水库及封闭长引水隧洞水下巡检机器人的总体技术架构并完成系统开发。实现了水电厂长距离、大深度复杂隧洞及水库环境下安全、稳定、可靠的水下机器人检测作业，解决了国内水电厂长引水隧洞水下检测困难的难题。

（3）研究完成了多源水下感知数据融合及分析技术，提出了典型水电站水下设施状态数据分析评估方法，并首次在实际工程应用中推广使用，通过积累水下标准数据样本结合大数据分析技术实现水电厂水工设施状态多维度评价，指导水电厂运维决策，并对电站延寿提供数据支持。

（二）应用情况及推广前景

该项目核心技术均为自主研发，已申请国家发明专利9件，获授权实用新型专利8件、外观专利5件，取得软件著作权登记证书3项，发表学术论文6篇，其中EI检索收录2篇。编制行业和企业标准各1项。经鉴定该成果核心技术处于国际领先水平，填补了水电行业的技术空白，为水电行业水下检测技术发展提供了重要支撑，引领行业技术进步。

该成果已成功在天生桥、鲁布革水电厂和广州、琼中蓄能电站的中平洞、垂洞及斜洞等不同工况下的引水隧道中检测6次；2018年11月在锦屏水力发电厂1、2号引水隧洞检测，开始首次对外服务。截至2020年12月已服务9次，累计产生直接经济效益约5.1亿元。通过实际运用证明，机器人系统控制平稳，光学及声学观察清晰，实现了自主返航，能定期收集水道状态数据，取得了良好的效果及巨大的经济效益，可用于检测静水条件下水电站大坝坝面（水下部分）、输水管道、进出水口闸门等水工建筑物和水工设备运行状况，推广前景广阔。

（三）获奖单位

南方电网调峰调频发电有限公司、中国船舶重工集团公司七五〇试验场。

（四）获奖人

陈涛、李定林、曾广移、巩宇、杨帆、王文辉、黄小凤、梁彦、杨峰、卢鹏、王元勇、韦献宝、周红坤、覃丹、陈静。

（水力发电科学技术奖励工作办公室　孙卓）

敞开式 TBM 安全高效施工关键技术研究及应用

“敞开式 TBM 安全高效施工关键技术研究及应用”获 2020 年度水力发电科学技术奖一等奖。

我国未来 30 年有大量水利水电、铁路、公路等隧洞工程需要建设，而采用 TBM 施工法正成为长隧洞的首选方案，需大力开展科技创新。本项目依托辽西北供水工程桓集隧道，全长 99.80km，是当时世界最长隧洞工程，存在长距离极硬岩、断层破碎带、突涌水等不良地质；从 TBM 设计施工全过程考虑，探索如何在 TBM 掘进安全的前提下实现快速高效掘进。项目研究获授权专利 30 件，其中发明专利 11 件；获省部级工法 7 项，编制国家和行业标准 25 项，编写专著 1 部，发表论文 40 余篇。

（一）主要成果和创新点

（1）发现了刀盘转速与贯入度、掘进速度之间的非线性关系，提出了可掘性指数多元回归方程；建立了基于可掘性指数的围岩分类方法、掘进性能预测方法、基于最佳能耗指数和最佳掘进速度的 TBM 掘进参数匹配方法。

（2）在我国首次成功运用 TBM 大直径 20 英寸盘形滚刀，在国际上首次公开发表 20 英寸刀具磨耗数据，并给出了刀具磨耗与岩石抗压强度、围岩类别的相关性规律，为 TBM 刀具选型、刀具消耗成本预测提供了理论参考依据。

（3）在我国首次设计采用了含储存夹层的 TBM 新型顶护盾，并开发应用了利用该顶护盾、实施钢筋排连续封闭支护的新技术，提高了 TBM 安全穿越断层破碎带的施工速度，提高工效约 5 倍，可推广成为敞开式 TBM 的标准设计。

（4）研发了平面滑行式 TBM 步进装置及步进方法，TBM 步进高达 220m/天，提高了 TBM 长距离步进速度。

（5）发明了无需拆卸刀盘和开挖旁洞“分段挡圈后装式”TBM 主轴承外密封挡圈维修技术，解决了 TBM 主轴承外密封挡圈脱落扭断故障，与国际上传统的“整圆挡圈前装式”维修更换方案相比，节省 3 个月工期以上，节省费用 1500 万元以上。该挡圈设计技术可推广为 TBM 的标准设计。

（6）研制了敞开式 TBM 仰拱混凝土同步衬砌双通道台车，满足轨行式列车双通道行驶，实现了 TBM 掘进条件下隧洞仰拱混凝土的快速连续浇筑。

（7）根据 TBM 设备不能撤离工作面、设备价值高、作业区域人员多、洞内作业用电电压等级高、淹没后损失大，且无现成规范依据的特点，提出了排水系统设计应遵从的风险评估、系统启动时限、排水系统能力、水泵选型、泵站布置等准则，满足了施工排水需要，形成了 TBM 施工排水系统设计理论。

（8）研究开发了 TBM 掘进隧洞变径混凝土衬砌台车新技术，解决了 TBM 掘进洞段衬砌洞径规格要求不一、衬砌台车需频繁跨越前行的技术问题，实现了较少数量同规格台车的快速衬砌。

（二）应用情况及推广前景

项目研究成果在辽西北供水工程桓集隧道得到了完全应用，并先后在吉林引松工程、甘肃兰州水源地建设工程、新疆 ABH 工程、新疆 EH 工程等工程 20 多台 TBM 设计和施工技术方案中得到推广应用，为我国首次成功研制大直径敞开式 TBM 做出了贡献，为工程施工起到了保驾护航的重要作用，促进了我国 TBM 领域的科技进步，经济社会效益显著，推广应用前景广阔。

（三）获奖单位

中国水利水电第三工程局有限公司、石家庄铁道大学、中国水利水电第十四工程局有限公司、中国水利水电第六工程局有限公司。

（四）获奖人

许金林、王鹏禹、黄继敏、杜立杰、左立富、韩小亮、李东锋、王永、杨元红、李光前、吴根生、郭坤、陈忠伟、郑继光、焦吉坤。

（水力发电科学技术奖励工作办公室　孙卓）

基于三峡水库水环境改善的水库群联合调度关键技术研究与应用

“基于三峡水库水环境改善的水库群联合调度关键技术研究与应用”获 2020 年度水力发电科学技术奖一等奖。

三峡工程是世界最大的水利枢纽工程，也是治理和开发长江的关键性骨干工程，其中支流水华和突发污染是三峡库区水环境治理面临的突出挑战，给三峡水库的安全保障、高效运行和科学管理带来了困难。寻找低耗高效的大尺度治理技术，降低三峡库区水环境风险，一直是三峡水库管理中亟待解决的突出难题。

面向长江大保护和长江经济带国家战略，依托国家水体污染控制与治理科技重大专项和三峡水库科学调度关键技术专项，本项目开展了基于三峡水库水环境改善的水库群联合调度关键技术研究与应用，形成了依托重大水利工程的水环境长效治理技术。提出了“联合水库、动态过程、调和效益、协作调度”的生态环境调度研究新思路，研发了改善三峡库区水环境的水库群多目标联合调度技术，实现了贯通三峡上游超大型水库、全长 770km 的水量、水质和水华多目标多尺度的水体调控。

（一）主要成果和创新点

（1）探明了三峡水库支流的分层异重流层化结构，发现了抑制三峡水库支流水华发生的混光比阈值，研发了水库群“潮汐式”调度水华防控技术。

（2）构建了既保障防洪、发电、通航和水资源综合利用等传统效益、又兼顾三峡库区水环境效益的溪洛渡—向家坝—三峡水库群多目标优化调度模型，协调了三峡水库群传统效益与水环境效益。

（3）研发了面向水环境调度的多源数据融合、多元模型耦合和多智能体集成技术，率先建成了基于水环境改善的三峡水库群联合调度决策支持系统，实现了业务化运行。

（二）应用情况及推广前景

“三峡及其上游梯级水库群联合调度决策支持系统及可视化业务应用平台”和“三峡水库群多目标联合调度方案及下运行准则”两大成果自 2016 年用于三峡梯级水库业务化运行，累计编制短期调度方案上千条，中长期调度方案上百条，为梯级水库精益化调度提供有力支持，使三峡梯级水库不但全面发挥了防洪、发电、航运三大效益，还进一步拓展了水资源综合利用和水生态保护等效益。从 2017 年起，项目成果已在三峡梯级调度通信中心业务化运行。随着长江上游白鹤滩、乌东德等大型电站的滚动开发，项目成果将得到持续应用，同时也将为我国七大流域的水库群开展联合调度起着重大科技支撑作用，在当前强调水电工程与生态环境协调发展的背景下具有重要的推广应用价值。

（三）获奖单位

武汉大学、中国长江三峡集团有限公司、三峡大学、华北电力大学、湖北工业大学、武汉澄川朗境环境科技有限公司。

（四）获奖人

张艳军、鲍正风、杨正健、张利平、丁晓雯、佘敦先、马骏、吴碧琼、杨国录、陆晶、纪道斌、艾学山、王玉华、宋林旭、李鹏。

（水力发电科学技术奖励工作办公室　孙卓）

大体积混凝土温控防裂关键问题研究及其应用

“大体积混凝土温控防裂关键问题研究及其应用”获 2020 年度水力发电科学技术奖一等奖。

世界前十在建、已建特高拱坝中我国占据 6 个，其工程规模之大、问题之繁、难度之巨，均列世界前茅。大坝大体积混凝土结构是水利工程领域广泛使用的重要结构型式，由于其承受复杂的结构应力、约束应力以及徐变松弛的耦合作用，在温度荷载作用下容易发生开裂，对结构长期运行安全造成巨大隐患，特别是特高拱坝基础复杂、水推力巨大、应力水平高，对其安全稳定要求极高，因此其防裂控裂技术一直是大体积混凝土研究领域的热点和重点，更是一项世界难题。

80 多年来，国内外学者针对大体积混凝土防裂问题开展了大量的研究工作，虽然有效减少了裂缝，但尚未解决“无坝不裂”的世界难题。大坝大体积混凝土致裂因素复杂、服役时间长，历时复杂荷载作用下，应力应变呈非线性发展。然而混凝土在历时荷载作用下的强度与材料试验测得的设计强度存在较大偏差。因此，开展大体积混凝土温度荷载破坏机理研究，探寻大体积混凝土产生开裂的关键因素，建立混凝土在历时荷载作用下开裂破坏判别准则，是无裂缝大坝建设亟待解决的重点问题，对大体积混凝土结构发展以及人民生命财产安全的保障具有重要的现实意义。

（一）主要成果和创新点

（1）发明了混凝土温度应力试验系统，揭示了徐变是改变混凝土强度的机理，建立了混凝土温度破坏准则。研发了混凝土温度应力试验系统，填补了以往在研究混凝土温度破坏机理时缺乏试验设备的空白，揭示了徐变是改变混凝土强度的机理，建立了大体积混凝土温度破坏准则。

（2）揭示了徐变是改变混凝土强度的机理，建立了大体积混凝土温度破坏准则。基于温度梯度控制原理，发展了混凝土温度应力仿真分析方法，实现了温湿非线性耦合等分析。发现了温度梯度是大体积混凝土内、外部开裂的关键因素，建立了温度应力控制的梯度模型。

（3）揭示了拱坝横缝变形规律，提出了利用横缝张开温度控制横缝适时张开的方法。利用现场制备试件获取大坝混凝土性能，建立了考虑温度、湿度和龄期的混凝土性能演变公式。确定了特高拱坝混凝土温度应力破坏准则与温度梯度控制值和横缝张开温度值。并全面成功应用于溪洛渡特高拱坝中。

（二）应用情况及推广前景

研究成果丰富完善了大体积混凝土温控防裂基础理论及关键技术，成为工程的重要设计依据，成功应用到了溪洛渡、乌东德、白鹤滩等特高拱坝工程，且通过了原观检验，直接经济效益达到5亿元以上。同时，该项目在保证电站安全运行上也具有非常大的间接经济效益，且具有很好的示范性，项目成果已经在国内外产生了重要影响。

（三）获奖单位

清华大学、中国三峡建设管理有限公司、中国水利水电第八工程局有限公司、黄河勘测规划设计研究院有限公司、郑州大学。

（四）获奖人

胡昱、李庆斌、廖建新、于永军、马睿、朱贺、王攀科、尹韬、王娟、李希、韩进舟、曹德志、黄海龙。

（水力发电科学技术奖励工作办公室　孙卓）

岩基海床大型风机单桩基础设计与施工关键技术

“岩基海床大型风机单桩基础设计与施工关键技术”获2020年度水力发电科学技术奖二等奖。

福建海域受台湾海峡“狭管效应”的影响，其年平均风速大，风向稳定，具备海上风电开发的独特优势；但多受海底岛礁影响，地质条件复杂，海底岩层埋藏深度浅，覆盖层土体性质差，风电基础需进行海上嵌岩施工，极大增加了开发的技术难度。该地区海上风场建设面临一系列设计及工程技术难题，亟待在岩基海床力学特性测试技术、大直径嵌岩单桩设计方法及施工工艺、装备研发等方面开展细致深入研究。从2006年起，依托国家科技支撑计划、我国首个大型岩基海床海上风电项目和我国首批采用大容量机组的海上风电场项目，对福建岩基海床工程特性以及特有的大型嵌岩风机基础设计与施工进行了专项研究，形成了系统性创新成果和核心技术。

（一）主要成果和创新点

（1）创新建立了风化花岗岩海床力学特性甄别分类体系和设计指标定参准则。提出了融合剪切波波速测试、现场直剪、载荷板等系列原位测试以及复杂应力途径室内试验的岩基海床力学性质综合试验方法，建立了风化花岗岩的力学特性甄别分类体系，提出了不同风化程度岩石力学参数指标的确定准则；建立了风化花岗岩刚度随埋深、应变的衰减模型，揭示了风化岩石应变弱化特性和破坏模式；开发了多参数多屈服面本构模型及刚度—强度衰减模型，克服了传统本构模型无法模拟风化岩石塑性损伤和脆性破坏特性的缺陷。实现了对岩基海床力学性质的全面揭示及科学模拟，建立了东南沿海各级风化程度花岗岩力学特性数据库。

（2）首创了覆盖所有岩基类型和海床特性的大直径嵌岩单桩基础体系和配套施工工艺、装备体系。创新提出了适用于深厚风化岩层（Ⅰ型）、中等埋深基岩（Ⅱ型）及基岩浅埋条件（Ⅲ型）的三类嵌岩单桩基础体系，实现了不同岩基海床基础形式的全覆盖；创新提出了嵌岩大直径单桩基础“吊—打—钻—打”（Ⅰ型）、“吊—打—钻—扩—打”（Ⅱ型）及“植入式”（Ⅲ型）三类施工工艺体系和施工控制准则，解决了海上嵌岩单桩施工工艺混乱、卷边风险高、钻进塌孔率高等嵌岩施工难题；发明了无过渡段大直径嵌岩单桩集成式附属结构和施工辅助系统，实现嵌岩单桩附属结构的一体化安装。自主研发了钻孔直径可达7.5m，钻岩强度可达200MPa的国内最先进的可扩孔钻机以及新型嵌岩钻机滚刀系统，全面提升了国产钻机的破岩直径、破岩效率和破岩强度，克服了目前国产装备无法适应我国坚硬岩基的技术难题，打破国外厂商在该领域的垄断。创新成果实现了我国海上风电大直径嵌岩单桩的首次应用和规模化推广，保障了嵌岩单桩海上施工全过程的高效性和可控性。

（3）首次提出了岩基海床超大直径嵌岩单桩的渐进破坏收敛准则和最优设计方法，集成创新研发了全寿命安全监测预警体系。构建了“大直径单桩—海相软土—风化岩基”相互作用分析模型，揭示了耦合作用机理和渐进破坏模式；提出了海上风电嵌岩单桩渐进破坏收敛准则，建立了岩　土体破坏区、桩基海床面转角、整机基频、极限疲劳损伤等多指标互馈控制体系，提出了最优嵌岩深度判定指标；提出了量化风机基础安全状态的“安全度”的概念及计算方法，建立了大直径单桩基础安全诊断指标及诊断方法，构建了安全监测预警体系及平台。实现了岩基海床超大直径嵌岩单桩设计与安全监控理论、技术、方法的创新和全面提升。

（二）应用情况及推广前景

该项目创新成果涵盖岩基海床中海上风电场的勘测、大直径嵌岩单桩基础设计和施工的全过程关键性技术，成果应用于福建莆田南日岛海上400MW风电场项目（我国首个岩基海床风电项目），莆田平海湾二期（我国首个岩基海床中规模化应用大容量机组的海上风电项目）、三期海上风电项目，平潭长江澳海上风电工程，平潭大练海上风电项目，福建兴化湾海上风电项目等福建海上风电工程，建成世界首台Ⅲ型大直径嵌岩单桩基础、我国首台Ⅰ型及Ⅱ型大直径嵌岩单桩，建成世界直径最大嵌岩单桩基础及世界首台大直径嵌岩单桩—吸力桶复合基础。

（三）获奖单位

中国电建集团华东勘测设计研究院有限公司、山东大学、福建莆田闽投海上风电有限公司、福建龙源海上风力发电有限公司、中交第三航务工程局有限公司。

（四）获奖人

罗金平、韩勃、何奔、官春光、赵生校、王淡善、吕娜、刘旦、李涛、潘生贵。

（水力发电科学技术奖励工作办公室 孙卓）

巴基斯坦 Neelum-Jhelum 水电站机电工程关键技术与实践

“巴基斯坦 Neelum-Jhelum 水电站机电工程关键技术与实践”获 2020 年度水力发电科学技术奖二等奖。

巴基斯坦 Neelum-Jhelum 水电工程（下称 NJ 水电站）是巴基斯坦最大的水电工程项目，最高水头 420m，装设 4 台单机额定容量为 246MW 的混流式水轮发电机组，水轮机最大出力 270MW，是目前国内外在该水头段已投运单机容量最大的混流式机组。

巴基斯坦 Neelum 河是世界上含沙量最大的河流之一，水轮机过机最大含沙量为 5.0kg/m^3，且莫氏硬度不小于 5 的颗粒含量高达 55%～70%，过流部件的泥沙磨损问题十分突出。本电站为地下电站，引水系统长约 28.6km，采用四机一洞带下游调压隧洞布置方式。针对工程水头高、泥沙含量大、单机容量大、引水系统超长且枢纽布置复杂等特点和难点，项目团队通过“产、学、研、用”紧密合作，历经十余年系统研究，攻克了机电总体设计、关键设备制造与检修、过渡过程计算、超长隧洞输水安全与检修排水、长距离高压电缆敷设安装、大跨度高压管型母线拼装和起吊等多方面技术难题并在该项目中成功应用，经济效益和社会效益显著。研究成果获得国家发明专利 6 件、实用新型专利 16 件，发表科技论文 23 篇，出版专著 5 部，获长江水利委员会青年科技奖一等奖、中国水利质量协会优秀 QC 成果一等奖。

（一）主要成果和创新点

（1）研究提出了在高水头、大容量、高泥沙含量、一洞四机带上下游非常规斜坡式调压（隧洞）多重复杂条件下，保障超长输水系统和机组安全运行及设备检修的总体设计方案，极大地提升了机组抗泥沙磨损性能、节省了检修时间，提高了机组安全运行和技术冷却供水系统的可靠性。

（2）创新提出了超长引水隧洞、长尾水隧洞、高水头及高泥沙含量输水系统排水排沙消能及安全保障技术，提高了超长隧洞输水系统的运行安全性，解决了长尾水隧洞检修难题。

（3）首创了长距离无中间接头、故障电缆与备用电缆快速切换、电缆沟埋沙敷设且在沙坑内设置“S”型预留段的 525kV 高压电缆敷设安装新方式，提高了电缆运行可靠性，大幅缩短了电缆故障时的停电检修时间，破解了户外敞开式开关站高压电力电缆预留段设置的技术难题。

（4）创建了多种保障电气设备安全及运行可靠性的方法，简化了厂用电系统电压等级且节省地下厂房布置空间，解决了大跨度高压管型母线安全可靠拼装制作和平衡起吊的难题。

（二）应用情况及推广前景

项目成果已在金沙江乌东德、巴基斯坦 NJ、巴基斯坦卡洛特、巴基斯坦帕春、老挝谢潘、厄瓜多尔美纳斯等大中型水电站中广泛应用，取得了显著的经济效益和社会效益。

该项目研究成果将对后续项目的开发提供有益范本，为解决类似技术问题提供有效指导，降低项目开发和执行风险，提高经济效益。另外，本项目的研究涉及的开闭式结合技术供水技术、减压消能技术、移动排水系统、共振消除装置、高压电缆敷设技术等解决方案，在抽水蓄能电站、泵站、输变电工程、市政工程等领域也有着积极的借鉴意义和推广应用前景。

（三）获奖单位

长江勘测规划设计研究有限责任公司、中国机械设备工程股份有限公司、哈尔滨电机厂有限责任公司、中国葛洲坝集团机电建设有限公司。

（四）获奖人

田子勤、刘恒斌、邹海青、陶星明、王树清、吴建洪、何为、郑涛平、崔磊、卜良峰。

（水力发电科学技术奖励工作办公室 孙卓）

柬埔寨桑河二级高水头灯泡贯流式水轮发电机组开发及应用

“柬埔寨桑河二级高水头灯泡贯流式水轮发电机组开发及应用”获 2020 年度水力发电科学技术奖二等奖。

柬埔寨桑河二级水电站水头范围 14.0～27.9m。基于机组性能、土建投资、施工周期、发电效益等综合分析研究，最终择优采用了 8 台单机容量 50MW 灯泡贯流式机组方案，取代了原 5 台单机容量 80MW

轴流式机组方案。该电站机组运行水头、单机容量在同类型水电机组中均处于世界前列，而柬埔寨国内工业基础薄弱，对机组的运行维护及检修的便捷性提出了较高要求；机组所处电网容量小，对机组的可靠性及可用率要求极高。

依托柬埔寨桑河二级项目，东方电气集团东方电机有限公司深入开展20m以上高水头、大容量灯泡贯流式机组关键技术研发，推动东方电机在该领域系统研发技术实现从4叶片中水头段到5叶片高水头段的跨越。

（一）主要成果和创新点

(1) 超高水头灯泡贯流式水轮机水力开发创新：桑河二级是目前投入商业运行的水头最高的灯泡贯流式水电站。研发成果成功地克服了基于高水头叶片刚强度保证对水轮机能量和空化性能带来负面影响的困难。项目开发的转轮达到相同水头段世界先进水平，模型最高效率达到了94.06%，比93.8%的合同保证值高0.26%，高于同类型机组0.3%。转轮的模型加权平均效率和原型加权平均效率分别高出合同保证值0.43%和0.49%；其额定工况空化裕量为1.52，满足合同大于1.2的保证要求；压力脉动最大值为6%，满足合同不大于6.8%的保证值。

(2) 高水头、大容量灯泡贯流式水轮发电机组总体结构设计、布置及稳定性保证：突破常规灯泡贯流式机组最大25m水头的水力技术应用瓶颈，创新研发高水头大型灯泡式机组高性能水力模型；深入研究提升大型灯泡贯流式机组整机稳定性、可靠性及适用性的关键技术，发明了新型泡体前后两翼水平支撑结构和大型悬空通流部件补偿结构，形成了大型灯泡机组轴系稳定性设计技术及大型主轴安装工艺，全面提升了机组的可靠性及运行稳定性，提升了机组安装效率及安装流程安全性。

(3) 贯流式水轮机自适应调节水压端面密封研究：该新型主轴密封基于浮动环轴向水压力差异化设计，实现滑动密封副轴向位置、水压力及流量的动态自适应调整，具有良好的随动性；密封副采用压缩弹簧预压紧设计，确保空载及开停机工况密封滑动副工作良好。

(4) 采用高效定子铁芯散热技术：桑河二级电站常年气温约39.9℃，9月份河道表面水温高达31.2℃。由于水流量大，河水在雨季浑浊、泥沙含量高，加之水头高、容量大、泡体直径偏小，合同要求电机采用冷却套二次水密闭循环冷却系统。当河水温度偏高时，采用传统通风结构，发电机定子运行温度很难满足相关国标要求。采用高效定子铁芯散热技术，同比传统结构增加散热面积达30%～40%，可以有效降低铁芯及线棒温度。目前桑河二级发电机在夏季河水温度最高时，运行时定子线棒温度不超过90℃，完全优于合同要求，同时打破了二次水冷却仅适用于30～40MW以下的容量限制。

（二）应用情况及推广前景

桑河二级首台机于2017年12月底实现一次并网成功，投入商业运行。从首台机组发电到8台机全部投产，用时不到10个半月，堪称新的“中国速度”。机组各系统运行稳定，轴承温度、轴系振动与摆度、转轮室振动及噪音等参数在同类机组中均处于优秀水平。

项目研究取得的一系列关键技术成果已成功应用于犍为、龙溪口等大型灯泡贯流式水轮发电机组。随着国内大型灯泡贯流式电站陆续立项和国家“一带一路”战略的不断推进，项目技术成果还将助力银江、老鹰岩梯级、牙根一级、老挝北本、萨拉康、芭莱、柬埔寨上丁等高水头、大容量水电站技术开发，助力水电清洁能源全方位发展。

（三）获奖单位

东方电气集团东方电机有限公司。

（四）获奖人

税彪、张小军、杜芳勉、文树洁、赵永智、李小兵、王建康、张少辉、凡家异、刘钟。

（水力发电科学技术奖励工作办公室　孙卓）

河流水电开发鱼类生境保护修复关键技术及应用

“河流水电开发鱼类生境保护修复关键技术及应用”获2020年度水力发电科学技术奖二等奖。

鱼类生境影响及保护修复是河流水电开发面临的主要生态保护问题。河流水电开发造成鱼类生境改变及生境联通性阻隔影响，通过水电开发可持续评价、环境影响评价进行鱼类生境影响识别与评价、保护修复系统规划，开展鱼类栖息地划定及修复、鱼类生境连通性修复，是河流水电开发鱼类生境保护修复的主要方向。本项目在典型水电基地河流水电开发环境保护研究专题、国家能源领域行业标准、中国电建集团科研课题等研究过程中，针对河流水电开发鱼类生境改变及生境联通性阻隔影响问题，开展了鱼类生境保护修复相关的理论依据、技术方法、技术实践研究。

（一）主要成果和创新点

(1) 揭示了河道鱼类空间分布对水电工程建设造成流速、水深、水温、底质等非生物因素变化响应规律，提出了基于流速、水深条件和保护鱼类行为学的修复工程方式及参数，为鱼类生境保护修复提供理论依据。

(2) 建立了基于地形地貌条件、水动力条件的鱼类栖息地划分标准，针对性开展了水电开发深度不同河流的水库上下游及干支流鱼类栖息地系统保护修复工作，形成了相应的技术体系，进行了已建闸坝阻隔鱼类洄游通道的修复实践，发明了补建鱼道及改建生态闸门补充鱼道内诱鱼水流的技术，完成了解决已建低水头闸坝过鱼的工程性示范。

(3) 建立了基于河流水电可持续评价、环境影响后评价和鱼类生境保护修复融合的河流水电开发鱼类生境保护修复与效果评价技术体系，形成了协调河流水电开发与鱼类生境保护的可持续发展模式。

(二) 应用情况及推广前景

该项目系统、有效推进了我国水电基地河流水电开发中鱼类生境保护修复措施从“有”到“有效”技术瓶颈问题的解决，协同推进了乌江、北盘江（贵州段）、大渡河（枕头坝段）、松花江（丰满段）、澜沧江（西藏段）等河流水电开发与鱼类生境保护的可持续发展，从技术层面积极回应了社会关注度较高的河流水电开发与鱼类生境保护之间存在制约的问题，为国家培养了优秀的水力发电生态环境保护科技人才和团队，体现了我国水力发电行业在落实国家能源战略、践行生态文明发展理念中的典范作用。

(三) 获奖单位

中国电建集团贵阳勘测设计研究院有限公司、四川大学、中国水利水电科学研究院、国电大渡河流域水电开发有限公司、国网新源控股有限公司。

(四) 获奖人

陈国柱、严登华、唐忠波、常理、安瑞冬、魏浪、陶江平、马卫忠、孟继慧、夏豪。

（水力发电科学技术奖励工作办公室　孙卓）

变化环境下三峡水库库尾泥沙运动规律及整治关键技术研究

“变化环境下三峡水库库尾泥沙运动规律及整治关键技术研究”获 2020 年度水力发电科学技术奖二等奖。

三峡水库库尾泥沙问题是三峡工程主要科技问题之一，曾得到党和国家领导人及水利工程界的重要关注，亦有长期的相关研究成果。但近年主、客观环境发生了巨大变化：一是入库泥沙条件变化，来沙不断锐减，甚至减少到初步设计论证阶段的 10%以下，给库尾泥沙冲淤的基本规律带来趋势性改变，其时空分布均与此前预测有明显差异；二是三峡工程开工建设（尤其是重庆市直辖）以来，库区移民迁建和岸线利用显著改变了河道边界条件；三是三峡水库实际调度方式与初设阶段有所调整，改变了洪水传播及泥沙冲淤过程。另外，黄金水道、长江经济带，尤其是重庆市社会经济的迅速发展对沿江防洪、景观、航道、港口都提出了新的要求，如：航运方面的航道深度由 2.5m 提高到 4.5m，标准船舶由 500t 提高到 5000t，因此对航道通畅提出了更高要求；防洪方面，其库岸整治由单一的防洪护岸增加了交通、环境、亲水性甚至城市停车等新目标。

上述环境变化使库尾泥沙冲淤呈现新的特点，淤积发展及水位变化预测困难，近年出现同流量下水位偏高、部分航段卵石淤积且维护成本高等问题，给防洪保安、水库综合效益发挥、航道维护都带来重要影响，同时河道综合整治方面的多目标要求也迫切需要及时开展监测、预测及整治技术研究工作。本项目采用实测资料分析、理论推导、模型试验、数学模型计算、现场调查与试验等多种手段相结合的方法，对变化环境下三峡水库库尾泥沙运动规律及整治关键技术进行了系统研究，研究成果发表相关的论文共计 150 篇，其中 SCI 检索 31 篇，EI 检索 24 篇（不含 SCI、EI 共同检索 8 篇）。取得专利 32 件，其中外国专利 1 件、中国发明专利 27 件、实用新型专利 4 件；登记软件著作权 5 项，出版著作 7 部；牵头主编完成行业标准 2 部。

(一) 主要成果和创新点

(1) 进一步揭示了三峡水库库尾泥沙运动基本规律与机理，阐明了库尾推移质泥沙在壅水、涨落水及航槽沙卵双峰型条件下的输移机理及动态淤积碍航机理，提出了入库悬移质中的粗沙与推移质在时空尺度上的转化模式，给出了库尾河段泥沙冲淤判别条件，为水库调度、库尾河道和航道整治及模型优化提供了理论支撑。

(2) 建立了泥沙模拟技术与方法。首次建立了全库段全沙二维水沙数学模型；研发了表层床沙级配实时测量等泥沙测控新技术，提升了量测精度；系统预测了变化环境下库尾泥沙冲淤发展趋势，阐明了复杂条件下重庆市主城区防洪特征水位变化规律，为库尾河道及航道治理规划编制提供了技术支撑。

(3) 研发了保障三峡水库库尾防洪及航运功能发挥的关键技术。提出了三峡库尾消落期减淤调度技术，系统提出了重庆河段岸线功能区划及分区管理要求；构建了库岸整治工程洪水影响评价指标体系，研发了库尾消落带台阶式护岸型式和山区河流航道整治的透水式丁坝导流技术，为库尾防洪及航运功能发挥提供了技术保障。

（二）应用情况及推广前景

（1）成果中有2项技术入选水利部《水利先进实用技术重点推广目录》，部分成果入编《河工模型试验规程》《水电厂水库运行管理规范》等行业标准，在水电行业领域已大规模推广使用。

（2）库尾淤积及特征水位变化预测成果被《长江岸线保护与利用总体规划》《长江上游（宜宾以下）干流河道采砂规划》等采用，为规划编制提供了科学依据。

（3）三峡库尾消落期减淤调度方案被纳入《三峡—葛洲坝水利枢纽梯级调度规程》，成功应用于调度实践，并被向家坝、溪洛渡、铜街子等水库调度方案编制所借鉴。

（4）两江四岸防洪治导线被《重庆主城区城市防洪规划》采用，台阶式护岸型式、透水式导流坝技术和库岸整治洪水影响评价指标体系应用于库尾河（航）道综合整治工程，累计总长超过130km。

该项目取得了显著的环境、社会和经济效益，具有广阔的推广应用前景。

（三）获奖单位

长江水利委员会长江科学院、中国长江三峡集团有限公司、重庆交通大学、长江水利委员会水文局。

（四）获奖人

卢金友、胡兴娥、金中武、李文杰、周银军、董炳江、王海、黄仁勇、徐海涛、王军。

（水力发电科学技术奖励工作办公室 孙卓）

堆石混凝土拱坝研究与实践

“堆石混凝土拱坝研究与实践”获2020年度水力发电科学技术奖二等奖。

堆石混凝土是具有中国自主知识产权的新型大体积混凝土技术，无需振捣、碾压，取消通水冷却等温控措施，大幅降低能耗与水泥用量，环境友好、质量保障，经济高效。截至2020年4月，已建成堆石混凝土大坝70余座，在建堆石混凝土大坝30余座。堆石混凝土坝修建在石料丰富的山区，充分利用当地石料，有较多坝址具有适合修建拱坝的地形、地质条件。拱坝具有坝体体积小、抗震超载能力强等诸多优势，发展堆石混凝土拱坝具有重要的工程价值。

在石料丰富、地形地质条件较好的山区坝址，堆石混凝土拱坝具有节省建筑材料、减少料场开挖、降低建设成本、无需温控、节能环保、质量保障等诸多优势。堆石混凝土拱坝新坝型简化施工工艺与构造，建设质量优良，经济优势显著。依靠设计创新，工艺优化和减少水泥用量，走出了一条实现“不开裂大坝”新的技术路线。该项目成果已获授权发明专利5件，登记软件著作权2项，发表论文39篇（其中SCI收录论文22篇），编制了贵州地方标准《堆石混凝土拱坝技术规范》以及电力行业标准《水电水利工程堆石混凝土施工规范》、能源行业标准《堆石混凝土筑坝技术导则》、国际大坝委员会技术公报《ICOLD Bulletin on Rock-Filled Concrete Dam》等国内外技术标准文件。

（一）主要成果和创新点

（1）创新堆石混凝土整体浇筑拱坝技术体系：在堆石混凝土取消振捣/碾压工艺和冷却水管温控措施的基础上，优化设计，提出完全取消横缝、实现整体浇筑的堆石混凝土拱坝技术路线，极大简化混凝土拱坝筑坝工艺，为建设不开裂的混凝土拱坝创造了新的技术途径。

（2）深化堆石混凝土真实性能全面认识：提出了堆石混凝土块石—混凝土界面试验方法、超大全尺寸试件综合性能试验方法，揭示块石—混凝土界面作用机理；基于细观力学模型，研究堆石混凝土细观水化过程；首次提出堆石混凝土密实性估算公式、Eshelby等效模量公式和水化绝热温升公式，为堆石混凝土拱坝系列技术标准提供关键技术支撑。

（3）提出堆石混凝土整体拱坝设计方法：首次开展堆石、高自密实性能混凝土与堆石混凝土入仓温度现场试验，获得浇筑过程及早龄期温度变化的完整现场数据；综合现场监测、施工记录、气象数据等多源数据，提出堆石混凝土入仓温度与堆石混凝土整体拱坝拱圈封拱温度计算公式，提出了采用拱梁分载法计算整体浇筑拱坝应力的温度荷载计算方法；通过多座堆石混凝土整体浇筑拱坝计算分析，提出应力复核方法及配套允许应力标准。

（4）完善堆石混凝土拱坝构造、工艺与质量控制体系：结合堆石混凝土整体浇筑拱坝的设计与施工实践经验，改进了堆石混凝土拱坝堆石垂直入仓工艺；发明一体化浇筑预制块防渗层新结构，建立堆石混凝土施工信息管理系统，形成完整质量控制体系。

（二）应用情况及推广前景

堆石混凝土拱坝在设计方法、结构构造、施工工艺等方面取得突破，可以减少坝体方量，缩减料场开挖，节约水泥，避免温控耗能。根据设计院进行的方案对比测算，绿塘、龙洞湾、风光、沙千、佰佳等堆石混凝土整体浇筑拱坝可比堆石混凝土重力坝方案普遍提前工期3～6个月；按照Liu CN（2013）的方法初步测算，相较于常态混凝土拱坝，该坝型减少单位二氧化碳排放65%，减少单位能耗55%，是节能减排，环境友好的新坝型，具有显著的社会效益，工程应用前景广阔。

（三）获奖单位

清华大学、水电水利规划设计总院、遵义水利水电勘测设计研究院、中国水利水电科学研究院、水利部水利水电规划设计总院。

（四）获奖人

金峰、李昇、张全意、周虎、周秋景、曾旭、汤洪洁、李友彬、张文胜、周元德。

（水力发电科学技术奖励工作办公室　孙卓）

复杂条件高土石坝泄水安全关键技术与应用

“复杂条件高土石坝泄水安全关键技术与应用”获2020年度水力发电科学技术奖二等奖。

水利水电工程泄水建筑物是保证工程泄洪安全、实现水力综合利用的核心建筑物，大型土石坝枢纽往往面临着复杂地形地质条件下泄水建筑物空间布置、功能融合、结构设计、水力控制、泄洪消能等综合性难题，成为控制工程安全与风险、实现工程任务与需求、确保工程投资与效益的关键技术。

该项目依托澜沧江苗尾水电站工程，针对强约束地形地质条件下高土石坝枢纽布置、岸边溢洪道和冲沙兼放空洞结构设计与水力控制关键技术难题，设计、建设、科研单位联合攻关，通过理论分析、试验研究、数值模拟、原型观测等综合技术手段，充分发挥当地有利条件，突破现有技术瓶颈，取得一系列创新性成果，并成功应用于工程实践，破解了苗尾水电站工程枢纽布置和泄水安全关键技术难题，取得了良好的水力控制效果，保障了工程安全，并实现了水力综合高效开发利用。电站蓄水运行以来已经历3个汛期长历时、大流量、高水头的泄洪检验，安全监测与原型观测表明泄水建筑物运行良好。

（一）主要成果和创新点

(1) 提出了狭窄河谷高土石坝的引水泄水建筑物最优布置方式。针对S形河道特点，巧妙利用左岸山梁地形，集中布置泄水、冲沙、放空、引水等建筑物，提出了引水与泄水建筑物平面紧凑相邻、空间高低错位、功能兼顾融合的布置格局，解决了倾倒变形高陡边坡与大断面密集引水发电洞室群稳定难题，实现了复杂条件下高水头、大流量的引水泄水建筑物合理布置和水力安全控制。

(2) 创新提出了高水头大流量新型岸边5孔共槽溢洪道设计新思路。发明了消水翅尾墩和变坡掺气坎衔接新型结构，提出了岸边五孔共槽溢洪道“消水翅尾墩—变坡掺气坎—差动消能工—预挖冲刷坑”的新型组合结构型式与水力控制技术，有效改善了泄槽流态和掺气减蚀效果，提高了泄洪消能率，降低了两岸泄洪雾化影响，保证了下游建筑物及两岸边坡的安全。

(3) 研究提出了排冲沙和泄洪、放空等多功能融合的新型冲沙洞布置型式。基于水力阻力均衡原理，创新提出了下沉式顶部进水冲沙廊道进口等流速设计方法和结构型式，研发了适应大流量、大水位变幅的新型消涡格栅，有效抑制了冲沙廊道进口漩涡，首次实现了单条冲沙洞保证全部4个发电进水口“门前清”的高效排沙效果。

（二）应用情况及推广前景

研究成果已成功应用于澜沧江苗尾水电站工程，并推广应用于金沙江龙开口水电站，澜沧江古水、如美水电站，四川两岔河水库，卢旺达那巴龙格水电站等多个国内外工程，发挥了显著的经济和社会效益。本研究成果为泄水建筑物泄洪消能和冲沙建筑物泄水排沙设计提供了成熟的设计理念和借鉴创新思路，进一步提升了复杂条件高土石坝泄水建筑物水力安全控制与综合利用技术水平。

（三）获奖单位

中国电建集团华东勘测设计研究院有限公司、华能澜沧江水电股份有限公司、水利部交通运输部国家能源局南京水利科学研究院。

（四）获奖人

吴时强、黄泰仁、郑惠峰、吴修锋、黄东军、刘瞳昌、周辉、鄢镜、王芳芳、俞丹。

（水力发电科学技术奖励工作办公室　孙卓）

水电流域综合监管体系与平台建设研究

“水电流域综合监管体系与平台建设研究”获2020年度水力发电科学技术奖二等奖。

随着我国大型水电基地建设不断推进，主要河流梯级开发格局已初步形成，但流域水电运行监测和管理薄弱的问题日益显现，对流域水电管理和综合效益的发挥造成了不利影响。部分行业管理部门或者业主开展了零散的监测工作，但这些数据掌握在不同的部门或散落在各个开发业主手中，缺乏系统性、完整性和标准性，难以进行数据的统计分析和信息深挖掘，难以得出全面科学的研究成果，也就无法指导电站运行等实际问题。

该项目面向流域梯级水电基本形成而运行管理技术不足的问题，重点研发水电流域综合监测技术标准和规范，填补了水电流域综合监测技术标准和规范的空白，创建了首个全国水电流域综合监测信息管理平台，突破了不同时期水电站多源异构数据的实时采集共享交换技术难点，打通了研发到应用的瓶颈，建立模型实现中长期水能利用预测；支持了国家流域水电综合监测和综合管理业务，为政府、企业创新管理和决策提供数据支撑和技术服务。

（一）主要成果和创新点

（1）针对弃水计算不统一的问题，在对弃水成因调查分析的基础上，科学区分合理弃水和不合理弃水，结合电站运行监测现状，提出了弃水电量计算公式及其监测指标，首次规范了弃水电量计算方法，形成的《水能利用率计算导则》等相关成果获国家能源局正式颁布实施。在深入研究水电站运行对生态环境影响的基础上，采用清单法、层次分析法等手段，首次从流域尺度筛选提出了生态环境等方面具有代表性、指针性的监测指标，成为国家能源局水能利用计算的技术导则。

（2）以解决流域梯级水电站运行水能利用和环境保护问题需求为导向，综合集成模型技术、3S技术和物联网技术，研发了我国第一个全国水电流域运行管理的业务平台支持系统，提供了流域水电站运行监测数据采集传输、存储处理、预警分析和业务管理等一整套解决方案，实现了对全国大中型水电站运行状况的实时监测和快速分析与评价。基于电站运行大数据分析、气象水文耦合分布式模型技术，建立了水能中长期预测模型，为优化调度、减少弃水提供了重要的技术支持。

（3）针对流域综合监测数据多源异构的特点，研制了《水电流域综合监测站点代码编制导则》《水电流域综合监测数据库表结构及标识符》等规范性文件，填补了全国水电综合管理数据标准的空白。应用人工智能技术实现了对数据的自动归集、清洗、存储，突破了流域水电全过程、多层次、多源异构数据的共享交换技术难点；实现了平台与水电、水利、气象、环保、国土等多部门、多渠道、大规模流域综合监测数据的互联互通和安全稳定传输。

（4）推动了流域水电管理模式由粗放式向精细化管理转变，强化了水电行业全生命周期监管，促进了跨流域、跨区域、多业主的流域水电运行协调机制的建立。基于流域综合监测对弃水时间、空间和影响因素的分析提出了对策措施，对加快输电通道建设、合理配置源网结构起到了重要作用，为国家能源局发布《解决弃水弃风弃光问题实施方案》等政策性文件提供了实时数据和技术支撑。

（5）突破了技术研发到产品应用的瓶颈。水电流域综合监测信息管理平台建设实现了对国家30万kW以上大型电站90%监测能力，基本实现了国家水电能源基地的全覆盖；平台技术研发成果转化为服务国家水能利用和弃水管理的技术产品，利用专业模型结合数据挖掘技术实现中长期水能利用预测。

（二）应用情况及推广前景

项目突破了技术研发到产品应用的瓶颈。技术研发成果转化为服务国家水能利用和弃水管理的技术产品，利用专业模型结合数据挖掘技术实现中长期水能利用预测预警，成果转化率100%。课题研究提出的流域综合监测指标体系，已应用于国家能源局发布相关导则。水电流域综合监测信息管理平台建设实现了对国家30万kW大型电站90%监测能力，基本实现了国家水电能源基地的全覆盖。支持了国家弃水消纳，减少大渡河、雅砻江、澜沧江等流域弃水，2018年较2017年减少弃水电量65.01亿kW·h；2019年较2018年减少186.91亿kW·h。创造了巨大的经济、社会和减排效益。

项目成果促进了国家水电综合管理信息化。未来预期推广实现对全国大中型电站的全覆盖，可推广应用流域水电站环境的全过程管理，对流域生态环境保护和修复提供大数据支持，对水电流域综合智慧管理提供技术支持，具有广阔的应用前景。

（三）获奖单位

水电水利规划设计总院、中国电建集团中南勘测设计研究院有限公司、乐山中电建生态环保科技有限公司。

（四）获奖人

顾洪宾、薛联芳、赵坤、刘洋、尹华政、王东胜、彭才德、王伶俐、王超、姜昊。

（水力发电科学技术奖励工作办公室　孙卓）

大容量海上风电项目研发与实践关键技术

“大容量海上风电项目研发与实践关键技术”获2020年度水力发电科学技术奖二等奖。

近十年来，中国海上风电行业得到了长足发展，技术、设备、施工安装、检测认证等全产业链逐步成熟，但在大容量机组研发制造及商业化运行方面与欧洲及行业需求仍存在一定差距。面对技术标准体系和设计理论尚未建立、建设成本高等问题，迫切需要突破国外技术封锁，攻克重大关键技术，推进规模化发展。

长江三峡集团福建能源投资有限公司积极推进与福建省政府战略合作协议的落实，按照奥林匹克精神和宗旨，在福建省福清兴化湾建设了大容量海上风电机组奥林匹克赛场（兴化湾样机试验风电场），以期推进福建海上风电集中连片规模开发，打造海上风电全产业链，加快提升我国大容量海上风电机组的技术进步和商业化进程。

该项目解决了浅覆盖层海上风电机组基础设计施工、大容量海上风电机组安装、大容量海上风电机组测试评价、福建海域台风特性及海洋生态环境研究、大容量海上风电机组海上环境适应性、海上风电场交通安全管理等关键技术问题，14 台大容量机组均经受住了 2018 年 7 月“玛莉亚”超强台风（瞬时风速达 37.5m/s）考验，风机可利用率达到 98%。项目获得授权发明专利 10 件、国际专利 2 件，登记软件著作权 2 项，参编国家和行业标准 7 部，编制企业标准 4 部，编撰专著 3 部、专题报告 10 部、论文 16 篇。

（一）主要成果和创新点

（1）首创海上风电机组“奥林匹克”竞技试验场。通过在福建省兴化湾建设样机试验风电场，形成了大容量海上风电机组测试评价方法，为国内外各风电机组制造厂家提供公平竞争的赛场。

（2）研发了大容量海上风电机组新结构。开发了 HQ 高性能专用翼型系列，相较于传统系列翼型具有更高的升阻比；提出了大容量直驱发电机组电传动系统的多绕组多线冗余设计及控制方法，提高了复杂环境的运行性能；采取柔性功率控制方法，保证在不同运行模式下机组发电功率最优；通过 6.7MW 机型的系列研究与实践，研发了 10MW 超大容量机型，填补了我国大容量抗台风机型空白，推动了我国大容量海上风电机组的技术进步。

（3）创新形成了大容量海上风电项目新领域设计方法。形成了中尺度—微观尺度嵌套模型，准确计算不同海域台风流场参数，为抗台风结构设计提供了依据；深入研究海域污损生物情况、海生物附着规律、以及减小附着物的方法，弥补了海上风电场风机基础设计中附着物设计研究的空缺；首创了浅覆盖层海域大直径嵌岩直桩承台设计，保障了台风频发区域大容量机组的安全。

（4）研究形成了大容量海上风电机组施工成套新技术。建立了海上区域环境因素的数据库模型，提出了不利环境条件下施工组织方案的工效分析方法；首创了友好性辅助施工平台，提高了抗风浪能力和施工效率；开发了风机叶片自动化吊装设备，有效增加了作业窗口期；研发了桩芯混凝土优化分层浇筑技术，提升了施工工效。

（5）形成了先进的海上风电机组运行管理模式。首创风电海域设置“观察区、警戒区、危险区”三级安全监管区域，实施分控管理的安全监管模式；开发建设了海上风电海域交通安全管理平台，提升了交通安全管理能力；开发了不同海域台风流场参数计算模型，为风电场安全运行提供了保障。

（二）应用情况及推广前景

创新成果在兴化湾一期全面应用，建成 77.4MW 兴化湾样机试验风场，并大规模应用于兴化湾二期海上风电工程，目前在建 280MW，涉及基础 45 座，技术成果的科学性、可靠性得到了全面验证。项目实现海上风电产业化和规模化发展，技术成果后续还将推广应用于福建其他海上风电项目，应用前景广阔。

（三）获奖单位

长江三峡集团福建能源投资有限公司、上海勘测设计研究院有限公司、新疆金风科技股份有限公司、东方电气风电有限公司、福建省新能海上风电研发中心有限公司。

（四）获奖人

孙强、雷增卷、曾建平、彭亚、李智、项建强、张鑫凯、于晨光、文利、李孟超。

（水力发电科学技术奖励工作办公室　孙卓）

紧凑型超小转弯半径硬岩 TBM 设备研发及工程应用

“紧凑型超小转弯半径硬岩 TBM 设备研发及工程应用”获 2020 年度水力发电科学技术奖二等奖。

抽水蓄能电站地下洞室规模大、隧洞繁多，其排水廊道断面尺寸小、转弯大、作业空间狭小、施工组织困难，主要采用钻爆法施工，工序烦琐、炸药用量大、工期长、作业环境差，对施工人员职业健康影响较大，急需研究应用新技术、新设备解决当前施工存在的问题。通过对国内外建筑市场的调研分析，TBM 施工技术是目前最为先进的隧洞施工技术，具有安全环保、自动化程度高、节约劳动力、施工速度快等优点。目前国内厂商通过多年经验积累已经具备自主研发能力，但是要针对抽水蓄能电站工程特点，需要研发新型的 TBM 设备。项目依托山东文登抽水蓄能电站进行设备研发及试验应用，取得成功，填补国内抽水蓄能电站 TBM 应用空白，为今后同类工程的应用起到示范作用。

（一）主要成果和创新点

（1）研制出了全球首台紧凑型超小转弯半径硬岩 TBM，实现了整机长度 37m，取得了与常规 3.5m 直径 TBM 相比整机长度缩减约 80%的重大突破。

（2）开创性的提出了 V 形油缸布设形式。TBM 的推进系统设计，通过布设在前盾和支撑盾之间的 8 根 V 形布设油缸采用程序自由分组，实现了 1mm 的高精度调向控制。推进油缸与前盾和支持盾间采用球铰连接，通过合理分割整机各部分长度、优化布置各系统安装方式，在配套的全自动导向系统的指引下，达到了整机30m超小转弯的目标。

(3) 首次设计并成功应用了TBM掘进机长距离远程控制技术。该设备控制通讯利用光纤和工业以太网，采用高频信号冗余传输、电磁干扰抑制和滤波等技术，解决了隧道内大功率电机和变频器等的强电磁干扰，实现了TBM整机所有动作的实时远程控制、图像和数据采集等高效通信。

(4) 首创TBM小曲线长距离掘进方法。攻克了TBM连续螺旋下坡掘进渣土运输困难、小洞径长距离通风、超小曲线TBM自动导向测量等技术难题；发明了偏刃刀技术，提高了破岩效率，洞壁开挖效果趋于完美，解决了硬岩超小转弯刀具偏载磨损的问题；完善和实现了转弯整机皮带机出渣系统的稳定性，为后续工程的实施提供了极高的参考价值。

(5) 突破了常规抽水蓄能工程设计，通过对隧道线型，交通洞室、落水井位置、隧洞坡度等反复研究和论证，优化了排水廊道工程布置，统一了断面结构尺寸，实现了TBM急转弯功能“短洞连接长打”，减少TBM转场拆装频次，提高了TBM设备利用率。

（二）应用情况及推广前景

本项目实现了整机37m长、30m超小转弯半径等关键技术，并首次在国内抽水蓄能电站中成功应用，项目成果达到国际领先水平。

项目成果为抽水蓄能工程建设的机械化施工提供了理论支持及技术储备，对连续性超小曲线、大坡度、小断面硬岩隧洞施工提供了全新的解决方案。国内厂商通已有多台使用该技术的TBM设备正在制造，即将用于煤炭、矿业等系统，提高了制造厂商的经济效益和社会应用效益，市场应用前景广阔。

（三）获奖单位

山东文登抽水蓄能有限公司、中国中铁工程装备集团有限公司、中铁十四局集团有限公司、中国电建集团北京勘测设计研究院有限公司。

（四）获奖人

李富春、徐艳群、施云龙、刘永奎、尚海龙、陈宝宗、衣传宝、刘传军、潘福营、何少云。

（水力发电科学技术奖励工作办公室　孙卓）

高土石坝长效服役安全监测技术及设备研发

“高土石坝长效服役安全监测技术及设备研发”获2020年度水力发电科学技术奖二等奖。

近年来我国土石坝设计理论及施工技术达到国际先进水平，但高土石坝监测技术及仪器设备与管理平台发展明显滞后于筑坝技术的发展，不少监测仪器适应性、耐久性、抗冲击等性能仍停留在100m级坝高的水平，已建土石坝的安全监测与评价技术很难满足300m级高坝的要求。对于高土石坝来说，其安全监测技术已超出国内现有规范和技术水平；且由于测点多、分析工作量大，对数据快速处理分析评价的需求高，建立大坝安全监控评价系统对采集的数据进行快速的处理、分析及预警已成为大坝安全管理不可缺少的方面，其中拟定安全监控指标又是一项关键工作。本项目系统的关键技术很好地解决了高土石坝在建设及运维管理过程中遇到的安全监测技术已超出国内现有规范和技术水平、适用的监测仪器设备研发技术难度大、安全评价及预警指标与系统尚无应用经验可循等相关技术难题，获发明专利14件，实用新型专利16件，主编或参编技术标准3项，登记软件著作权28项，出版专著4部，发表论文84篇。

（一）主要成果和创新点

(1) 提出了高土石坝全过程、全方位、动态化立体监测体系，创新发展了上游堆石体沉降监测、心墙分层沉降监测、界面变形监测、心墙空间应力监测及表面变形监测技术，建立了基于以太网的多系统于一体的高土石坝大型安全监测自动化系统，为高土石坝监测的系统化及多样化提供了技术支撑。

(2) 研发了土体与混凝土结构结合部位和心墙与反滤料界面变形监测仪、四管式水管沉降仪、管道机器人、柔性测斜仪、1000m级水管式沉降仪、通用性高及兼容性好的数据智能采集模块等系列仪器设备，解决了现有监测仪器不能满足高土石坝安全监测的难题（如结合部位及界面变形难以监测、最大沉降难以捕捉、长距离测量无适应性仪器、数据自动化采集无法统一等）。

(3) 提出了高土石坝安全预警的分项分层结构及协调统一的安全监控指标体系，建立了多元异构监测数据标准和基于BIM+GIS的分析模型，研发了高土石坝安全监测智能反馈与预警平台，实现了高土石坝长效服役的智能监控与决策。

（二）应用情况及推广前景

为在建和拟建的高土石坝（如双江口和两河口水电站、其宗水电站等）提供了较高的参考和借鉴价值，在工程质量掌控、安全评价、反馈设计和指导施工、安全预警及应急预案等方面发挥了重要作用，技术上具有前沿性、先进性、实用性和对行业的引领性，具有广阔的推广和应用前景。

（三）获奖单位

中国电建集团昆明勘测设计研究院有限公司、清华大学、水利部交通运输部国家能源局南京水利科学研究院、基康仪器股份有限公司、武汉英思工程科技股份有限公司。

（四）获奖人

张宗亮、张礼兵、冯燕明、于玉贞、杨姗姗、何宁、陈亚军、李俊平、赵初林、何斌。

（水力发电科学技术奖励工作办公室　孙卓）

水库运行条件下滑坡灾变机理研究与监测预警技术

“水库运行条件下滑坡灾变机理研究与监测预警技术”获2020年度水力发电科学技术奖二等奖。

水库滑坡多具有规模巨大、调查危险、机理复杂、识别困难、破坏严重、监测环境高危、预警防控低效等特点，有关水库滑坡的研究相对薄弱，且以水库岸坡为主，国内外无统一评价与防治标准。我国在运行水库约10万座，开展水库滑坡灾变机理分析、隐患早期识别、稳定性分析、监测预警与安全防控措施等相关研究尤为重要。

该项目是在数十年研究成果的基础上，以黄河龙羊峡、公伯峡和李家峡水电站，长江三峡水电站、西安市黑河水库，汉江安康水电站和蜀河水电站等大型工程水库滑坡为依托，结合十余个工程实际需要，通过开展一系列前瞻性、基础性技术攻关，获得了多项创新成果和领先技术，成功解决了水库滑坡模式分类、破坏机理、消落带涨落滑坡体浸润线的变化规律、水库滑坡灾变早期识别与过程分析、滑坡失稳三维涌浪分析、多源信息监测预警与安全防控措施等技术性难题和工程实际问题。该项目核心技术内容被纳入6部行业相关标准和规范，重要研究内容已纳入3部行业手册，出版科技专著4部，发表高质量科技论文21篇。项目研究获得国家发明专利10件、实用新型专利6件，登记计算机软件著作权8项，形成省部级工法3项。

（一）主要成果和创新点

（1）提出了水库滑坡变形破坏模式和动力学模型。阐明了库水浮托型、动水压力型、库水软化型的动水压力分类和推移式、牵引式和混合式滑坡等三种力学分类、裂缝体系演化及其基本特征，进而揭示了水库滑坡变形破坏空间演化规律，并对其分期配套特性进行了归类，提出了一种依据变形及运动特征的滑坡动力学分类。解决了传统分析方法无法满足模型化和定量化评价水库滑坡稳定性的难题。

（2）揭示了水库滑坡的两种转变机制，破解了水库滑坡变形演化规律技术难题。其一是因滑面强度突降和主滑荷载突增引起水库滑坡从蠕滑转变到剧滑。其二是因库水入渗引起坡体软化和蚀变导致水库滑坡从前期坍塌型转变到后期滑椅型破坏。水库滑坡灾变破坏突发性强，从出现明显变形到最终的失稳破坏所经历的时间很短，目前还很少有文献公布突发型滑坡的变形—时间监测曲线。这一发现为水库滑坡灾变预测的曲线角法提供了依据。解决了传统水库滑坡稳定分析中滑动面强度参数难以选取的技术问题。

（3）确立了水库滑坡早期识别技术体系。通过融合多源多时像立体数据，获取高精度变形体不利组合信息；采用获取的专利技术和软件著作权技术，开发了植被集成剔除、信息自动提取、点云数据采集、地质图半生成为一体的分析平台，解决了水库滑坡传统调查方法的危、难、险问题；跨越了不同设备、多源数据的融合对水库滑坡早期识别与过程分析的技术瓶颈，为水库滑坡监测预警与安全防控奠定了基础。

（4）构建了高精度多平台监测数据获取及融合技术。构建了基于GNSS、激光Lidar、InSAR、无人机等设备的多平台监测数据采集体系；提出了多尺度点面综合处理技术和多源数据融合技术，实现了多尺度全天候的高精度监测信息提取和数据融合；构建了多平台下统一的时空基准，保证了水库滑坡监测数据时间域和空间域的全覆盖，为水库滑坡预警预报与安全防控提供了科学可靠的依据。

（二）应用情况及推广前景

本项目整体技术在西藏多布、金沙江巴塘、大渡河金川等十多个不同工程得到了成功应用，保证了水电站的安全运行、对水库的灌溉、供水、环境生态等做出了巨大的贡献，取得了良好的经济效益、环保效益。

（三）获奖单位

中国电建集团西北勘测设计研究院有限公司、陕西省水利电力勘测设计研究院、成都理工大学。

（四）获奖人

石立、李友成、赵志祥、邢丁家、狄圣杰、王有林、李祖锋、董秀军、刘潇敏、赵悦。

（水力发电科学技术奖励工作办公室　孙卓）

深圳抽水蓄能电站300MW水泵水轮机研制及整组调试技术研究

“深圳抽水蓄能电站300MW水泵水轮机研制及整组调试技术研究”获2020年度水力发电科学技术奖二等奖。

抽水蓄能电站具有高效、灵活的大容量储能能力，及调峰填谷、调频调相和事故备用的功能，是当今多能源结构、高度智能化电网不可或缺的蓄能器和调节器。项目依托深圳抽水蓄能电站工程，自主研制完成了该450m水头段300MW级、额定转速428.6r/min的水泵水轮机，并通过水力设计成功解决水轮机工况低水头并网难题。

（一）主要成果和创新点

（1）国内自主研制成功450m水头段、300MW级、无水轮机工况低水头并网难的水泵水轮机。

（2）双列叶栅的固定导叶和活动导叶同时采用了双圆头大半径的创新水力设计技术，优化了水力模型的水泵能量性能、机组压力脉动性能，以及水轮机工况的S特性，使设计完成的水力模型各项性能突出，达到国际先进水平。

（3）轴承外循环冷却系统，由通常的管筒式换热方式更换为板式换热方式，换热结构紧凑、容易改变换热面积。轴承外循环系统可以满足电站快速更换要求，节约维护检修时间，后续安装简单，改造方便，提高了机组安全稳定性和电站的经济效益。

（4）顶盖采用4点液压同步提升技术对整个顶盖进行提升。4只提升油缸配合多级螺杆使用，油缸有效承载能力100t，行程850mm，起吊总重量约160t；顶升系统采用70MPa，设备体积小；全数字控制技术实现液压同步顶升、下放，同步精度可达到±0.5mm。

（5）球阀采用“M”形组合密封盘根，盘根结构和材质的选择上均进行了创新性优化。在一个有效的寿命周期内，该型式密封结构密封性能可靠、稳定，无泄漏，可降低甚至避免水力激震的发生。

（6）基于18m重型卧式车床开发及实施的抽水蓄能机组主轴联轴找摆技术。创新使用UG有限元分析辅助决策找摆装夹技术方案，主轴“一卡双托”装夹联轴找摆技术及专为18m重型卧式车床设计配备的主轴联轴孔同镗加工技术。

（7）座环的机器人智能化焊接。采用了基于UG三维模型的机器人焊道规划、基于VC++的离线编程技术及空间曲面结构的路径标定及离线编程焊道补偿。

（8）创新了启动调试关键试验参数的计算机模拟及仿真技术，创新了“一管一机”“一管多机”“单机单甩”“多机同甩”“双机一甩一拒”“多机相继甩负荷”等各种甩负荷模式下水泵水轮机复杂过渡过程理论计算方法和工程校核方法。创新了准确可靠、试验数据可复核的高精度测量技术。

（二）应用情况及推广前景

深圳抽水蓄能电站4×300MW水泵水轮机研制及整组调试技术的成功，为自主研制450m及以上水头的更大容量的水泵水轮机奠定了良好基础，为以后类似项目的开发提供了重要参考和依据。目前，该项目的部分技术已成功应用于丰宁二期、沂蒙、永泰、阜康、蟠龙、梅州等抽水蓄能电站项目。

（三）获奖单位

东方电气集团东方电机有限公司、深圳蓄能发电有限公司。

（四）获奖人

郑津生、金宗铭、石清华、罗佑坤、肖庆华、文树洁、吴建杰、胡江艺、李青、黄玺。

（水力发电科学技术奖励工作办公室 孙卓）

抽水蓄能电站多机过渡过程技术控制研究与应用

“抽水蓄能电站多机过渡过程技术控制研究与应用”获2020年度水力发电科学技术奖二等奖。

清远抽水蓄能电站装机4×320MW，一回500kV出线，输水系统为一洞四机供水方式，同一水力单元机组的过渡过程工况如水轮机甩负荷、水泵断电、水力干扰等多达85余种。同一输水管路的四台机组同时甩满负荷会引发输水管路产生巨大的水锤压力，同时甩负荷过程中的机组转速升高所伴随产生的振动引发的结构安全等问题，使得一洞四机同时甩满负荷工况成为了输水压力管道、地下厂房等水工建筑物设计时必须要考虑的极端设计工况。要确保在这种最不利设计工况下，电站工程水工建筑物和机组的安全可靠。为解决以上问题，开展了本项目，围绕导叶关闭规律的控制方法、多机甩负荷的监控程序、溢流式闸门井结构设计、高压钢筋混凝土岔管设计等关键技术的进行攻关研究；首次成功实施了该电站一洞四机同时甩满负荷试验，验证了机组过渡过程中的稳定性和可靠性，填补了国内外的空白。

（一）主要成果和创新点

（1）提出了在发电和抽水工况下两种不同的导叶关闭规律，研制了实现导叶关闭规律的工况控制装置及其控制方法，消除水道中的水锤效应，防止水柱分离现象的发生。此装置和方法可以实现水泵工况和水轮机工况等的自动选择，并根据预设的不同关闭曲线、关闭规律进行分段关闭，避免了现有技术中任何工况下均以导叶关闭时间最长的关闭规律进行关闭的情况，实现了不同工况下均可以以最快的速度关闭导叶，从而可以有效控制导叶的关闭时间，减小机组最大上升转速，消除水道中的水锤效应，防止水柱分离现象的发生，保证机组安全、稳定地运行。

（2）开发出多机甩负荷同步触发系统，消除了机组不同步甩负荷产生水力干扰的安全风险。采用“各台机组自主判断、机组之间联动跳闸”的方式设计了多机甩负荷同步触发系统，确保多机同时甩负荷的速动性、同步性和可靠性，消除了机组不同步甩负荷产生水力干扰的安全风险，避免了在安稳联切装置故障时误跳多台机组的情况发生。

（3）提出了溢流式闸门井结合调压井的结构，在其胸墙上开设溢流孔，将水力过渡过程时的涌水排至上水库，解决多台机组同时甩负荷时闸门井涌浪过高的问题。在传统水力过渡过程数学模型基础上，分别建立了闸门槽溢流孔和通气孔溢流孔的溢流数学模型，确定闸门井的体型布置及溢流孔的开孔尺寸，将水力过渡过程时的涌水排至上水库，使得在各种水力过渡工况下，闸门井最高最低涌浪均满足要求，解决多台机组同时甩负荷时闸门井涌浪过高的问题。

（4）提出了高压钢筋混凝土岔管体型优化模型及精细化配筋设计理念，使高压岔管在机组过渡过程中获得了更优的水流流态和受力状态。应用 ANSYS 的 APDL 语言对高压岔管体型进行参数化建模，列出一系列的岔管体型参数组，建立相应的岔管体型模型进行有限元结构计算，优化了高压岔管的水流流态；通过 Matlab 对高压钢筋混凝土岔管配筋设计进行参数化建模，可自动计算每根钢筋的几何尺寸和位置、绘制钢筋三维图，实现了精细化的配筋设计，整体结构更加稳定。

（二）应用情况及推广前景

项目研究确保了清远抽水蓄能电站的顺利投产，保证了电站一洞四机同时甩满负荷试验成功开展，为电站良好运行奠定了基础。项目成果已在后续溧阳、梅州等抽水蓄能电站推广运用，验证我国在抽水蓄能电站建设中取得巨大进步，验证了一洞四机布置的安全性和可靠性，为我国抽水蓄能行业长期面临的“一洞两机、一洞四机”布置难题提供了参考，取得了显著的经济社会效益，具有重要的推广价值和示范意义。

（三）获奖单位

清远蓄能发电有限公司；广东省水利电力勘测设计研究院；东芝水电设备（杭州）有限公司。

（四）获奖人

刘学山、汪志强、陈云长、季怀杰、韩文杰、黄宇飞、吴新平、周海燕、吕志鹏、黄萌智。

（水力发电科学技术奖励工作办公室　孙卓）

水轮发电机组过流部件裂纹预警与防护

“水轮发电机组过流部件裂纹预警与防护”获 2020 年度水力发电科学技术奖二等奖。

水轮机过流部件结构形状复杂，长期处于复杂载荷工况下，运行一段时间易出现裂纹破坏，过流部件裂纹问题已成为影响电站安全稳定运行的常见故障。大渡河流域投产和在建机组已达到 47 台，装机 13918MW，龚嘴、铜街子、瀑布沟等电站相继出现过流部件裂纹问题。因此，国电大渡河流域水电开发有限公司开展了水轮发电机组过流部件裂纹故障研究，创造了过流部件裂纹预警方法，解决了信号扰动激励大、特征难以提取的难题；创建了过流部件故障信号特征库；研发了过流部件防护新材料，提高了抵御恶劣工况的能力和过流部件的使用寿命；研究了过流部件疲劳损伤机理，解决了过流部件裂纹难以定位，寿命难以预测的难题。

（一）主要成果和创新点

（1）创造了过流部件裂纹预警方法。提出局部均值自适应算法，对历史故障数据进行深度处理，生成水电机组的过流部件裂纹故障状态数据模型，随后通过所述故障状态数据模型对机组的过流部件进行状态监测，当过流部件状态与故障状态数据模型接近时，发布裂纹故障早期预警。

（2）研发了过流部件防护新材料。研发了过流部件裂缝防护新材料。开发了复合树脂砂浆和聚氨酯弹性体系列裂缝防护新材料，并提出了配套施工工艺和装备，对过流部件空蚀和裂纹进行防护和修复，有效抑制过流部件关键部位裂纹的产生，显著提高了抵御恶劣工况的能力和过流部件的使用寿命，大大提高了机组发电效率和经济效益。

（3）研发了活动导叶裂缝预控产品。针对水轮发电机组多年运行后，活动导叶密封磨损漏水进而加剧密封处空蚀的恶性循环问题，研发了一种用于水轮机导水密封结构的钢塑复合抗磨板及活动导叶立面密封板。两者配合使用能够确保导叶在停机全关状态下具有良好的密封性，同时在开停机时具有良好的抗空蚀能力，保障机组安全运行，增加发电效益。

（4）揭示了过流部件裂纹发生发展机理。开创性开展了转轮动应力分析和疲劳寿命分析，形成全频域转轮动应力计算分析方法和流程，得到转轮整个表面的疲劳损伤．可对转轮裂纹的部位进行准确预测。揭示了过流部件疲劳损伤机理，解决了过流部件裂纹难以定位，寿命难以预测的难题。

（二）应用情况及推广前景

项目成果已成功应用于铜街子、龚嘴、瀑布沟、大岗山等多座大中型水电站，产生直接经济效益 4.7 亿元，显著地减少了处理故障所需的巨大人力、物力支出，为电厂的安全生产，提升效益起到了巨大作用。

（三）获奖单位

国电大渡河流域水电开发有限公司、华中科技大学、国电大渡河检修安装有限公司、黄河水利委员会黄河水利科学研究院。

（四）获奖人

李林、侯远航、周建中、钱冰、刘德民、孟宪宽、马越、郑建民、赵永智、邓林森。

（水力发电科学技术奖励工作办公室 孙卓）

西南地区河床深厚覆盖层勘察与试验关键技术

“西南地区河床深厚覆盖层勘察与试验关键技术”获2020年度水力发电科学技术奖三等奖。

随着我国西南地区水电资源持续开发，发现金沙江、岷江、大渡河、嘉陵江、雅砻江等河流普遍存在40～70m的河床覆盖层，有的甚至厚达百米以上，且其成因类型复杂、组成结构多样、工程特性不均。在水利水电工程中作为土石坝坝基、围堰堰基及基坑边坡时，能否准确查明河床深厚覆盖层的组成结构与工程特性，直接关系到工程建设能否安全、高效实施与正常运行。目前，采用常规勘察与试验手段对河床深厚覆盖层进行研究时，存在钻进成孔难、效率低，原状及原级配样采取困难，钻孔彩电及电磁波CT等物探测试手段受限，原位测试手段少且应用受限（如圆锥动力触探超规范、旁压试验成功率低等），水下及深部天然密度测定难等一系列问题。因此，结合工程实际、依托科研专项，组成“产、学、研、用”团队，进行了近13年的研究，在河床深厚覆盖层钻探、物探与原位测试、室内试验等方面取得了系列研究成果，并成功应用于工程实践。项目获国家发明专利7件、实用新型专利11件，登记软件著作权4项，形成水利实用先进技术推广3项，发表高水平论文21篇，并为5部技术标准制、修订提供了支撑。

（一）主要成果和创新点

（1）提出了河床深厚覆盖层“高效成孔、原状取样”钻探取样技术。提出了一套河床深厚覆盖层高效钻进的工艺，解决了深厚覆盖层成孔难、钻进慢的技术难题；研制了强度高、适宜于砂卵石（碎石土）地层取样的双管内筒式锤击取样器，解决了河床覆盖层原状及原级配样品采取困难的问题。

（2）研发了河床深厚覆盖层“孔壁高清可视、孔间高精可测”物探技术。研发了透明护壁套管，解决了河床深厚覆盖层可视化测试钻孔护壁的问题；提出了有效的洗孔方法，为可视化测试创造了条件；改进了钻孔电视图像拼接处理技术，研制了提高钻孔电视光照性能的照明装置、探头防雾保护装置、浑水钻孔电视成像辅助装置，解决了可视化高清成像的问题；最终，提出了一套深厚覆盖层高清可视化的测试方法，弥补了钻探取芯的局限性；提出了深厚覆盖层电磁波CT测试钻孔护壁材料、最优测试频率及合理钻孔间距，首创在深厚覆盖层中进行孔间电磁波CT测试，为准确确定河床深厚覆盖层中物质界面分布形态提供了依据。

（3）研发了河床深厚覆盖层“超常规动力触探修正、高压大旁胀旁压试验”原位测试技术。提出了重型、超重型圆锥动力触探试验杆长适用范围，以及超深重型、超重型圆锥动力触探锤击数杆长修正系数及其计算方法，将重型、超重型动力触探的应用范围从20m分别大幅度扩展到了72m和114m，解决了动力触探试验锤击数杆长超20m的修正难题；研发了一种端部滑移式高压大旁胀量的旁压仪新型探头，解决了粗粒土为主的河床覆盖层旁压试验难题。

（4）提出了河床深厚覆盖层工程特性室内模拟试验新技术。提出了将原位测试技术与室内物理模型技术结合，以室内模型旁压、动力触探试验成果拟合现场旁压、动力触探试验成果推求河床深厚覆盖层天然密度的方法，解决了深厚覆盖层天然密度测定的难题。

（二）应用情况及推广前景

项目研究成果已在金沙江流域的乌东德、旭龙、金沙、银江、苏洼龙等大型水电站的河床深厚覆盖层勘察中得到应用，高效准确查明了各坝址河段河床深厚覆盖层的工程地质特性，为设计提供了可靠的地质参数。研究成果还在滇中引水工程沿线局部深厚覆盖层勘察中得到应用，准确查明了芹河古泥石流堆积体、西邑古泥石流堆积体、栽秧箐崩塌堆积体等深厚覆盖层的工程特性，为输水隧洞线路比选提供了可靠依据。此外，在大渡河丹巴水电站及雅鲁藏布江仲达水电站的覆盖层勘察中也得到了应用。

项目研究成果解决了河床深厚覆盖层勘察与试验相关技术难题，在水利水电工程中加大推广应用的同时，可将其进一步推广至铁（道）路交通、地质灾害防治等工程勘察与试验研究领域。

（三）获奖单位

长江三峡勘测研究院有限公司（武汉）、长江水利委员会长江科学院、长江地球物理探测（武汉）有限公司。

（四）获奖人

李会中、黄孝泉、郝文忠、饶锡保、王吉亮、张建清、向家波。

（水力发电科学技术奖励工作办公室 孙卓）

海上风电场升压站关键技术的集成创新和规模化应用

“海上风电场升压站关键技术的集成创新和规模化应用”获2020年度水力发电科学技术奖三等奖。

海上风电展绿色能源，我国可开发容量约7.5亿kW。海上升压站作为海上风电场电能汇集、升压、配电和控制中心，其关键技术的集成创新和规模化应用，是今后海上风电向更大规模、更远海域发展的先决条件与重要支撑。

该项目实施之前，国内没有任何海上变电站建设的先例可循，相关技术处于国外海上风电行业巨头的垄断与封锁之中。本项目依托企业自主立项课题，经过近十年的研发与实践，克服我国沿海不同区域环境复杂多变的特殊挑战，攻克了海上升压站在极限灾害作用下的结构分析与设计技术，成功研发了多种因地制宜的海上升压站结构型式，解决了长期应对高湿度、高盐度等不利环境下升压站关键核心功能的可靠性与耐久性保障问题，全面实现了海上升压站结构技术的国产化和规模化应用。项目成果获浙江省优秀专利奖1项，获得授权专利33件（其中发明专利6件），登记软件著作权3项，发表学术论文13篇（其中SCI/EI 4篇，中文核心6篇），研编国标1部、行业标准4部（及其中1部英文版），主编国家“十三五”重点图书1部。

（一）主要成果和创新点

（1）率先建立国内海上升压站结构分析理论与设计体系并形成自主知识产权。提出了针对我国高地震烈度区和强台风作用区内海上升压站的结构极限分析方法，揭示了结构在灾害性荷载作用下的失效机制与关键薄弱部位，形成了适用于我国环境作用与升压站结构型式特点的韧性储备与防浪设计标准，主编我国第一部海上变电站行业规范，自主研发了海上升压站结构仿真分析与并行优化软件，设计校核效率相比传统方法大幅提升了2/3。

（2）首创多种海上升压站新型结构型式及其建设技术。先后解决了小容量、紧凑布置，浅水海域、施工简便，极浅海域、不依赖大型施工装备等不同使用与建设需求下海上升压站结构选型的制约性因素，研发了国内首座电压等级110kV的单桩式海上升压站、全球首座高桩承台式海上升压站、全球首座模块式海上升压站，攻克了不同形式海洋环境作用下连接结构可靠性不足、易损性高的难题，发明了制作简单、机理明确、效果显著的桩柱直接连接结构与跨缝连接结构，全国范围内已建成19座海上升压站，市场占用率达80%以上。

（3）创建国内海上升压站核心功能的运行维护与安全保障技术。发明适用于海上升压站的正压通风系统和事故油收集装置，克服了高湿度、高盐度环境下电气设备功能区域紧凑性与封闭性障碍，实现了结构简单、功能可靠的油水分离功能，显著提升了升压站核心设备系统的运行寿命与抗连锁失效风险能力，打破了国外的技术壁垒，保障国内海上升压站的年平均正常营运时间使用率达到99.6%以上。

（二）应用情况及推广前景

该项目全面支撑了19座海上升压站（总容量近50GW）的建设，并通过行业标准NB/T 31115《风电场工程110kV～220kV海上升压变电站设计规范》与全行业分享发展成果，有力推动国内海上升压站技术跨越式发展，为海洋开发和生态环境保护做出贡献。随着电气技术的发展，本项目中设计优化、连接、性能保障等技术将拥有更大的推广空间。根据行业预测数据，未来20年我国预计还有100座以上的海上升压站需要建设，年潜在效益可达百亿元级人民币，前景巨大。

（三）获奖单位

中国电建集团华东勘测设计研究院有限公司、三峡新能源盐城大丰有限公司、上海电力大丰海上风电有限公司。

（四）获奖人

赵生校、俞华锋、黄春林、贾献林、汤群益、刘兵、陈伟。

（水力发电科学技术奖励工作办公室　孙卓）

水电站大泄量高水头底流消能关键技术研究与运用

“水电站大泄量高水头底流消能关键技术研究与运用”获2020年度水力发电科学技术奖三等奖。

底流（水跃）消能是水电站泄水建筑物常用的消能方式，与面流及挑流消能相比，具有形态稳定、消能效果好、雾化小等特点，但由于其底部主流流速较高，常需对下游一定长度范围内的河床进行衬护，或形成消力池对泄流水体加以控制，防止发生破坏性冲刷，故而工程量也较大。目前人们对高坝泄洪引起的环境问题日益重视，与挑流消能工相比，底流消能因引起的泄洪雾化小，对周边生态环境影响小而受到重视。向家坝水电站因受环境制约，放弃挑流消能转而采用底流消能，就是一个非常典型的工程实例。若能解决底流消能传统方法的缺陷，同时发挥其泄洪的环保优势，底流消能将有更广阔的应用前景。

该项目通过研究，全面总结国内外大泄量高水头底流消能技术研究成果，深入分析底流消能事故的原因，采用最新研究计算手段探寻适合于大泄量高水头底流消能的新技术、新体型和新方法，通过技术集成和创新，形成具有自主知识产权的创新技术成果体系，提升我国在大泄量、高水头泄洪消能领域的工程技术水平。

（一）主要成果和创新点

（1）揭示了跌坎底流的消能机理，提出了跌坎消力池的临底流速、脉动压强、跌坎高度等特征参数的计算方法和消力池底板稳定评估方法，发展了底流消能的应用技术，明确了宽尾墩联合消力池和跌坎消力池的适用条件。建立了 1∶50 底流消能泄水建筑物水力学模型。通过模型试验和数值模拟以及理论分析相结合的方法，建立了临界水深经验计算公式，提出了消力池最大临底流速对于跌坎高度、水流条件变化时的估算拟合公式、提出了脉动压强的估算拟合公式及跌坎高度计算公式。通过水工模型试验研究得到消力池底板上举力计算公式，首次提出基于上举力的消力池底板稳定评估方法。首次系统总结了宽尾墩联合消力池和跌坎消力池在大泄量、高水头泄水建筑物中的水力特性，提出了宽尾墩联合消力池和跌坎消力池的适用条件。两种消能工降低了消力池水跃区的临底流速、脉动压强等水力学指标，提高了泄洪运行的安全性，降低了工程投资。

（2）提出了底流消能工破损特征、破损分类、破损主要致因以及不同破损类型的修复措施，提出了通用性的大泄量、高水头底流消能的设计原则和技术要求，为工程设计提供了依据。通过原型观测、水工模型试验和数值模拟，首次系统对底流消能工的破坏特征型式进行分类，确定了结构整体失稳、基础冲刷，表层抗冲磨混凝土抬动失稳，混凝土磨蚀、冲蚀和空蚀破坏三种破坏特征型式；研究造成不同破坏类型的水力学、体型、结构、运行四大因素，提出不同破坏型式的修复措施，为工程设计提供参考依据。提出通用性的大泄量、高水头底流消能的设计原则和技术要求，主编《水电工程泄水建筑物消能防冲设计导则》。

（3）研发了跌坎突扩式消力池、工字型宽尾闸墩底流消力池、尾坎缺口式消力池等新型消能设施，发展了底流消能新型式。

（4）建立了消力池运行实时监控指标体系和安全评价方法，研发了高坝底流消力池运行安全在线监测系统，实现了高坝底流泄洪消能设施安全预警预报。

（二）应用情况及推广前景

该项目的研究成果目前已经在金沙江梨园、观音岩、阿海电站等大泄量、高水头底流消能工程中成功应用，经多年运行检验，其消能工运行状况良好，保证了工程安全，创造了良好的社会效益。编写的《水电工程泄水建筑物消能防冲设计导则》填补了无系统消能防冲研究的空白。本项目研究成果可为今后高坝底流消能工程的设计、建设和运行提供经验借鉴和技术指导，同时对已建底流消能工程的运行、维护和修复等提供技术支撑。

（三）获奖单位

中国电建集团昆明勘测设计研究院有限公司、天津大学。

（四）获奖人

杨再宏、刘绍川、练继建、杨家卫、张绍春、张礼兵、李立年。

（水力发电科学技术奖励工作办公室　孙卓）

大型渠道机械化衬砌新型设备研制与应用

“大型渠道机械化衬砌新型设备研制与应用”获2020年水力发电发电科学技术奖三等奖。

南水北调东线、中线工程需要衬砌的输水干渠总长近 2000km，我国大型灌区节水改造与续建配套工程需衬砌的干渠渠道 10000 多千米，全国待建上百座平原水库，需衬砌的围坝总长 400 余千米，均需要大量的大型渠道衬砌设备。大型渠道混凝土机械化衬砌设备在国外应用较普遍，但进口设备购置费用高。为满足国内外农田水利、调水、水电站引水渠以及河道混凝土护坡等工程建设需要，开展了本项目，研制了具有自主知识产权的新型衬砌设备，建立了渠道斜坡混凝土振动碾压和振捣滑模密实成型理论体系，完善了施工工艺。

（一）主要成果和创新点

（1）开展了斜坡混凝土振动密实成型理论及试验研究，优化确定了机械设备系统参数，解决了斜坡混凝土机械化衬砌成型质量难以控制的问题。基于混凝土振动黏度理论和斜坡混凝土振动密实试验，确定了斜坡混凝土机械化衬砌最优混凝土振动黏度系数，为选取合理的施工参数提供了理论依据；研制了渠道混凝土机械化衬砌成型模拟装置，并对混凝土振捣密实过程进行了有限元数值模拟分析，获取了振捣棒最优布置方式、衬砌最优成型速度等设备参数，提出了最优振动源频率、振幅、安放角度、间距等关键参数。

（2）研制了多个大型渠道工程机械化衬砌机新产品，完善了设备系列。开发了适应多工况的超长斜坡振捣滑模衬砌成型机；开发了能对渠道的渠底、渠坡、渠肩一次性修整、混凝土衬砌成型、全断面横分缝和纵分缝成型的全断面多功能渠道混凝土衬砌机及作业程序；开发了一次性完成渠底坡脚、渠坡（圆弧坡脚）和渠肩的混凝土布料、输料、振捣、提浆和成型衬砌，并能与衬砌同步完成对衬砌面混凝土分块，纵向缝弹性材料填充及其分缝成型的衬砌表面多功能成型机；开发了渠底振动滑模衬砌机、半断面多功能渠道修坡机、满足超长斜坡的模块化螺旋送料衬砌机、长斜坡修坡机、收光机等。

(3) 开发了满足不同施工工艺要求的施工装置。将沙垫层密实成型装置集成在衬砌机上，能够完成水利工程斜坡施工中沙垫层密实成型操作，设备成本低、效率高；开发了全断面多功能渠道混凝土衬砌机同步分缝装置，实现了全断面多功能渠道混凝土衬砌机衬砌作业过程中同步实现衬砌层的纵横缝切割；将超声波测距、CAN 总线通信、脉宽调制（PMW）、液控及 PLC 控制技术应用于自动行走、找正、平衡控制、检测系统，可使衬砌设备按预定程序工作；实时自动监测成型断面尺寸、厚度并记录和输出检测数据；在抹光机主框架的对称位置安装了两套独立驱动的渠道混凝土抹盘装置，提供了质量和效率。

(4) 完善了大型渠道机械化衬砌的施工技术。提出了大型渠道机械化衬砌施工质量保证技术体系，完善了大型渠道机械化衬砌的施工工艺，形成了渠道混凝土衬砌机械化施工质量控制与检验评定技术标准。

（二）应用情况及推广前景

2008～ 2017 年在南水北调山东干线工程建设中机械化衬砌渠道 200km，新增利润约 8511 万元，新增税收约 3320 万元，节约设备购置费约 3.2 亿元。在南水北调中线及胶东调水工程建设中也有大量应用，产品已远销沙特、委内瑞拉、巴基斯坦等国。

（三）获奖单位

南水北调东线山东干线有限责任公司、山东大禹水务建设集团有限公司、山东兴水水利科技产业有限公司。

（四）获奖人

瞿潇、杨海波、周韶峰、韩其华、李典基、祝令德、张海涛。

（水力发电科学技术奖励工作办公室　孙卓）

水电站设备一体化智能管控平台研究与应用

“水电站设备一体化智能管控平台研究与应用”获 2020 年度水力发电科学技术三等奖。

随着“互联网＋”、大数据和人工智能等产业的不断兴起，传统水电站二次设备及系统逐渐显露出一体化程度低、标准差异大、信息孤岛严重等问题，如何实现对电站侧设备生产与台账数据的集中管理、标准传输、深度挖掘和全面应用，促进电站生产更加安全可靠、经营管理更加智慧高效，并最终实现“风险识别自动化、管理决策智慧化”的“云端电厂”模式，就成为当前国内各大水电站研究探索的新方向。本项目通过一体化智能管控平台的建设，优化了大岗山水电站综合生产管理及设备管理，提升了电站安全管理能力和应急响应能力，提高了设备安全运行管理智能化水平，达到了大岗山水电站生产运行管理及设备安全管理的现代化管理目标，在满足“智慧电厂”建设要求的电站端技术实施和运行管理方面，建立了水电行业标杆，达到国内领先水平，为后续应用的设计及相关规范的修编提供了重要的技术支撑。

（一）主要成果和创新点

(1) 开发了一套水电站设备的联动策略组态工具。充分挖掘所有生产管理数据，采用 PLC 功能块的设计思路，通过智能联动服务器实现联动功能，开发基于流程控制的组态环境，实现可视化的组态方式。由后台流程服务框架管理联动策略，统一联动策略定义，将子系统通过联动服务接口接入联动应用节点，以自定义策略组织各节点联动，解决原始系统单一动作的缺陷。

(2) 提出了水电厂运行数据快速清洗方法。通过限值法对运行设备的原始数据进行有效性与正确性的甄别，剔除了部分异常数据，减少异常数据造成的干扰，然后按同一设备且同一类型的数据进行归类，并按时间节点进行规整，计算出平均值，将最大值、最小值为特征值存储进历史库中，方便操作人员进行数据的快速查找，提高数据质量，更好地适应数据特定性的挖掘。

(3) 研发了可组态设备一体化管控平台。在搭建电站数据中心的基础上，结合生产管理的实际和业务需求，开发了包括智能联动、监视、诊断、推送、搜索等高级应用功能的设备一体化管控平台，实现了生产数据统一的采集、汇聚和利用，提升电站安全管理能力、应急响应能力和设备安全运行管理水平，为实现“智慧电厂”奠定坚实的基础。

（二）应用情况及推广前景

该项目建了统一数据采集平台、统一数据中心，结合实际需求开发了多项高级应用功能，提升了电站的智能化管理水平；投运以来，运行可靠，有效提高了大岗山水电站设备运行可靠性，提升电站安全管理能力和应急响应能力。项目产生的经济、社会效益显著，为水电站智能电站的探索提供了新思路和新方向。

（三）获奖单位

国电大渡河大岗山水电开发有限公司、南京南瑞水利水电科技有限公司。

（四）获奖人

杨忠伟、葛嘉、彭放、刘文峰、孙尔军、朱传古、何亚东。

（水力发电科学技术奖励工作办公室 孙卓）

大型地下工程施工安全与质量智能监控与预警关键技术

“大型地下工程施工安全与质量智能监控与预警关键技术”获 2020 年度水力发电科学技术奖三等奖。

水电站大型地下工程往往具有地质条件复杂、工期长、规模大、失事后果严重等特点，双江口工程更是最高地应力高达 48MPa、隧洞群总长 80km、工期超过 6 年，面临极高的施工期安全、质量及进度风险。本项目以双江口工程为依托，针对大型地下工程施工过程安全、高效、优质智能化管控领域急需解决的关键性、共性难题，紧密结合工程实际开展深入研究。项目研究获国家发明专利 10 件、实用新型专利 4 件，发表科技论文 15 项，登记软件著作权 2 项。

（一）主要成果和创新点

（1）建立了大型地下工程施工过程精细化管控的预警指标体系以及风险自动识别与预警分级标准，构建了施工过程大数据趋势分析预警模型，提出了基于监测大数据的围岩时空力学响应与安全稳定动态调控方法。

（2）发明了智能安全帽、自感知智能锚杆、基于振捣能量密度模型的大体积混凝土振捣质量监控设备，建立了地下工程施工安全与质量状态的智能感知方法体系及成套技术，构建了融合多种智能监测技术的安全风险监测预警体系。

（3）研发了地下工程安全与质量风险预警响应与动态馈控技术，构建了三层四方协同、产学研联动的大型地下工程施工过程信息集成与预警决策平台。

（二）应用情况及推广前景

研究成果在双江口水电工程经过近 2 年的应用，产生了良好效果，为工程实现精细化的施工安全、质量、进度、投资管控提供了智能化技术支撑，施工安全与质量管控效益大幅提升；节约工程投资约 3 亿元，取得了显著的经济效益；具有较强的推广价值，可广泛推广应用至其他大型水电站、大型交通隧洞工程和城市地下空间等类似工程。

（三）获奖单位

国电大渡河流域水电开发有限公司、中国电建集团成都勘测设计研究院有限公司、四川大学。

（四）获奖人

唐茂颖、李鹏、张志伟、刘金飞、文豪、董平、杨春鸣。

（水力发电科学技术奖励工作办公室 孙卓）

全负荷运行高稳定性水轮机研究与工程应用

“全负荷运行高稳定性水轮机研究与工程应用”获 2020 年度水力发电科学技术奖三等奖。

白山水电站安装的 5 台混流式机组，为首批 300MW 国产化的水轮发电机组；随着运行年限增加，各种问题越来越凸显出来，其中水轮机转轮空蚀严重，频繁出现裂纹，经过反复维修叶片已经变形，在 30%P_r 和 50%P_r 负荷区间出现振动区域。为处理这些缺陷，需要对整个机组进行拆装，工作存在着极大的安全风险，耗费巨大的人力、财力、物力；同时，机组检修周期缩短，检修维护费用增加，机组等效可利用小时数减少，严重影响机组的安全经济稳定运行。为了从根本上改善上述问题，从 2011 年至 2014 年，项目组经过了三个轮次多个转轮的水力开发和模型试验，采用了近年最新的设计理念，并且经历了三次水轮机模型的专家见证试验，研制出了符合白山水电站运行特点的新型转轮 A1243，为白山水电站改造全负荷稳定运行奠定了坚实的基础。

（一）主要成果和创新点

（1）通过对改造前白山水电站现场运行数据的收集、整理、分析，准确掌握白山水电站的真实运行情况及特点，有针对性的研发适合白山水电站的水轮机。

（2）本项目首次采用了自主开发双反 C 型叶片，通过优化叶片翼型参数拓宽了高效区运行范围，特别是提高高水头低负荷工况效率和改善稳定性。

（3）首次在混流式水轮机设计中引入针对低负荷工况数值模拟的涡流强度与叶道涡观测试验相结合方法，对数值计算过程中如何改善叶道涡及叶片头部背面空化，提出了新的设计思想，进一步改善了白山水电站混流式水轮机低负荷运行的稳定性。

（4）首次开展了浮球式补气阀的浮子和支撑筒置于发电机主轴顶部中心孔内部的低矮型水轮机补气装置结构开发设计，突破了高度受限的水轮发电机组中心孔补气难题。

（二）应用情况及推广前景

该研究成果具有自主知识产权，成功应用于白山水电站，已运行的 3 台机组全范围运行良好，达到了改造的目标，取得了显著的经济效益和社会效益。项目成果达到国际先进水平，不仅可以用于白山水电站，而且可以用于水头和比转速接近的其他电站水轮机改造，应用前景广阔。

（三）获奖单位

哈尔滨电机厂有限责任公司。

（四）获奖人

吴喜东、王茜芸、李宏俊、王向志、覃大清、乔宏来、李伟刚。

（水力发电科学技术奖励工作办公室　孙卓）

水电中长期发展规划研究

"水电中长期发展规划研究"获2020年度水力发电科学技术奖三等奖。

该项目是2019年国家能源局委托开展的研究课题，是新形势下首次开展的我国水电中长期发展规划研究。课题以我国水电发展潜力、开发条件、市场消纳和支持政策为基本出发点，考虑不同边界条件和控制因素，进行战略前瞻性的中长期发展目标和布局分析。

（一）主要成果和创新点

（1）该研究是新发展形势下，首次开展的我国水电及抽水蓄能电站中长期发展规划研究。首次提出了我国中长期水电发展原则和思路，首次全面测算出我国中长期2025、2030、2035年和2050年的水电和抽水蓄能电站（其中抽水蓄能电站发展预测至2035年）开发规模和分电网区域、分省（区、市）布局以及重点项目。

（2）首次全面分析提出正确认识水电在国家能源发展中的战略定位。随着能源结构向清洁低碳转型，新能源利用迅速发展，水电的功能定位由电量供应逐渐变为容量支撑，形成全流域全过程综合管理开发体系和整体流域安全应急能力。充分发挥水电站群的调节能力，以多能互补的发展模式，促进区域风、光等新能源消纳，提升各能源品种效益发挥，实现资源优化配置，促进流域综合能源基地形成是实现高比例可再生能源发展的目标的重要环节。

（3）首次摸清了全国抽水蓄能资源普查站点基本情况，理清建设条件和资源布局，提出了现阶段我国抽水蓄能电站资源站点数量和总装机容量（包含已在建）。整体看来全国抽水蓄能站点资源丰富，但分布不均。从电力系统需求分析，目前已进行资源普查的站点数量和质量，能够支持中长期我国抽水蓄能行业合理发展，但需要保证已落实项目的有序推进。未来随着选点规划和规划调整工作中站点资源普查工作的深入，资源量将会进一步增加。

（4）首次测算出我国中长期电力系统抽水蓄能电站技术、经济需求规模空间，并分电网区域和分省（区、市）提出抽水蓄能电站的布局重点和项目。总体来说，中长期各水平年我国电力系统中抽水蓄能电站的需求规模空间较大，需要加速推进抽水蓄能电站发展，按需求合理布局，支撑后续站点开发，保证我国能源中长期战略发展目标实现。

（5）首次测算出我国中长期主要流域水电基地的发展目标、开发时序。从技术和经济方面，分析了水电输电通道和市场消纳方向，结合需求预测，提出中长期"西电东送"基地接续方案和模式。首次全面分析了我国主要流域建设综合能源基地的开发条件，对流域各品种可再生能源资源、开发现状、电网规划、外送条件、外送经济性进行了系统的梳理，通过利用流域梯级水电开发及其外送通道，进行风光水互补研究，为我国中长期推动流域清洁能源基地研究和建设，提供重点研究方向、开发决策、投资价值的参考。

（6）首次针对重点影响"十四五"乃至未来中长期我国水电发展的核心热点问题，从宏观发展思路、水电高质量发展以及促进区域平衡中的重要作用三个方面进行深入分析，全面分析了水电开发与生态环境保护的关系，合理分析了影响和作用。提出体现节能减排价值、容量效益和区域经济协调发展的水电电价测算方法和交易机制。提出通过开发利益共享、资源入股等方法完善水电移民安置和地方经济发展模式。提出符合现行电力市场模式的抽水蓄能电站两部制电价落地方式。

（二）应用情况及推广前景

研究成果得到了国家能源局发展规划司、新能源和可再生能源司和评审专家的高度认可，认为成果对我国水电中长期健康可持续发展有重要的指导意义。成果目前已广泛应用于我国水电行业相关重要规划研究工作中，取得了显著的经济社会效益，为进一步促进我国水能资源科学有效利用和水电行业可持续发展提供了重要的中长期规划研究基础。

（三）获奖单位

水电水利规划设计总院、中国电建集团成都勘测设计研究院有限公司、中国电建集团西北勘测设计研究院有限公司。

（四）获奖人

彭程、钱钢粮、于倩倩、赵增海、魏小婉、彭才德、王化中。

（水力发电科学技术奖励工作办公室　孙卓）

水力机械抗泥沙磨损技术及应用

"水力机械抗泥沙磨损技术及应用"获2020年度水力发电科学技术奖三等奖。

我国是一个多泥沙河流的国家，泵站和电站运行的水力机械常遭受到磨损、空蚀及两者的联合作用，其破坏十分严重。水力机械磨蚀破坏将导致水力机械效率下降、性能降低，大修周期缩短，还常诱发各种事故，不仅造成巨大的经济损失，而且还严重地影响水电站与泵站的安全运行。因此开展水力机械磨蚀问题研究，减轻磨损与空蚀危害是水利水电工程的当务之急，具有重要的工程意义。

（一）主要成果和创新点

(1) 编制了国内外第一个以水轮机泥沙磨损技术问题为核心对象的国家技术标准《反击式水轮机泥沙磨损技术导则》(GB/T 29403)。首次提出了水电站规划设计中预测水轮机泥沙磨损强度的方法和技术规范，首次明确了水轮机泥沙磨损的保证值，为水轮机泥沙磨损性能检测、验证提供了依据。

(2) 设计并研制了具有自主知识产权的、我国首个综合性水力机械磨损测试系统。系统测试功能和应用研究广泛，可进行不同工况条件下空化、泥沙磨损的综合测试研究；可应用于水力机械空蚀与磨损机理试验、磨损特性规律试验与磨损预估、材料性能对比与评价试验、磨损试验新方法、国家重大工程技术论证、防护材料开发等研究；为国家标准《反击式水轮机泥沙磨损技术导则》的实施和推广提供了测试和评价平台。

(3) 目前，受颗粒筛分技术的限制，对于低浓度细泥沙电站，无法获取与实际过机泥沙粒径一致的泥沙。若实际过机泥沙浓度较低，泥沙磨损试验模拟相同的泥沙浓度，无法在短时间内获取可测量的磨损量，给研究周期带来不可预测性。在低浓度细泥沙电站泥沙磨损评估的研究中，选取电站坝址的泥沙作为试验用沙，依据磨损与泥沙粒径的关系式可对低浓度细泥沙电站水轮机的泥沙磨损进行相对准确的评估。

(4) 明确了水轮机泥沙磨损检测内容、检测平台、检测程序及评价方法，实现水轮机泥沙磨损保证值检测。对普适性的预估方法进行了研究，创新性地提出了磨损率预估公式。

（二）应用情况及推广前景

项目研制的水力机械磨损测试系统已先后完成乌东德、白鹤滩、西藏扎拉电站、巴基斯坦卡洛特电站、科哈拉电站和马尔电站，以及滇中石鼓高杨程泵站、黄金峡泵站的泥沙磨损评估工作，为工程提供了全面的泥沙特性分析、泥沙磨损能力及备选材料抗磨特性测试数据，并根据工程泥沙及机组运行特点对机组大修周期内的磨损程度进行了预估，对水轮机和水泵的防护及检修策略的制定提供技术支持，为水轮机和水泵的设计、制造，机组运行方式的选择、大修周期及防护方案的制定提供理论依据和可靠的技术支持。

（三）获奖单位

三峡机电工程技术有限公司、北京中水科水电科技开发有限公司。

（四）获奖人

胡伟明、陆力、李文学、李志国、刘娟、戴江、刘洁。

（水力发电科学技术奖励工作办公室　孙卓）

中国水电移民经验研究

"中国水电移民经验研究"获2020年度水力发电科学技术奖三等奖。

建设征地移民安置是水电工程建设的重要组成部分之一。随着水电开发和经济社会发展，中国水电工程建设征地移民安置的相关政策及实施管理手段也在实践中得到了快速发展、不断完善和健全。研究课题选取了长江三峡、向家坝、金安桥、董箐、公伯峡、五强溪、洪家渡、龙滩、滩坑、水口、江边、泸定、苏洼龙、桐柏抽蓄等14座水电项目，对标国际移民标准和经验教训，全面回顾了中国水电移民行业演变历程，梳理了中国水电移民法规政策，分析了中国水电移民管理体制机制，提炼了中国水电移民安置技术管理方法，借助典型案例剖析系统性地归纳展示了中国水电移民行业的成功做法，多层次、多角度地分析总结了中国水电移民成功经验。

（一）主要成果和创新点

(1) 首次全面梳理总结70年中国水电移民经验。研究成果首次全面总结中国水电移民70年工作实践和经验，研究国际标准与经验对中国水电移民的影响和作用，梳理移民政策框架，总结提出"以人为本"的中国水电移民安置理念、完善的政策法规体系、成熟的技术管控措施、健全的管理体制机制等四大特点。课题研究全面到位、系统科学、内容翔实、成果具有极高的推广和借鉴意义。

(2) 首次全面总结提炼出15条中国水电移民成功经验。首次全面总结提炼出科学合理界定处理范围、全面准确调查实物指标、依法依规合理补偿补助、超前谋划精心组织移民搬迁、因地制宜与时俱进恢复生计、高度融合促进可持续发展、保护各方权益强化公众参与、保护文物古迹传承历史文化、关注少数民族重视弱势群体、全面细致规划适时调整方案、健全管理机构保障移民工作、完善标准体系全面技术控制、加强过程管控全面监督管理等 15 条中国水电移民成功经验。

(3) 立足国际视野，提出可推广、可复制的 6 条中国经验。立足国际视野，提出了中国水电移民可持续发展的移民安置理念、完善的政策法规体系、全生命周期的征地移民技术标准体系、职责分明的移民安置管理体制机制、全过程技术管控与全面监督管理、完善的公众参与和畅通的申诉渠道等可推广、可复制的 6 条中国经验。

(二) 应用情况及推广前景

中国水电移民工作经验是在结合本国国情和长期的实践中不断总结、提升的，可为其他发展中国家或者其他行业具有学习借鉴、参考意义。课题研究用国际化的视野加以规范，展示真实、立体、全面的中国水电移民经验，不仅可以加大国际交流，相互学习和借鉴，也为实现全球可持续发展、消除非自愿移民贫困提供中国思路，讲好中国故事，贡献中国智慧。此外，课题研究成果得到了世界银行等国际机构的推广，预期在国际项目中得以应用。

(三) 获奖单位

水电水利规划设计总院、中国电建集团华东勘测设计研究院有限公司。

(四) 获奖人

龚和平、郭万侦、彭幼平、周建新、卞炳乾、文良友、李红远。

(水力发电科学技术奖励工作办公室　孙卓)

多能互补集成应用技术研究及其在东盟的推广应用

“多能互补集成应用技术研究及其在东盟的推广应用”获 2020 年度水力发电科学技术奖三等奖。

该课题主要研究以可再生能源为主的多能互补技术，旨在推动可再生能源的高质量发展，促进能源的循环高效利用、提高能源开发利用的经济性、安全性。这有利于大力促进可再生能源消纳，从而高质量推进循环经济发展，助力我国参与全球能源治理，建设生态文明社会。研究内容涵盖多能互补涉及的政策、技术、实践等各方面，全面总结多能互补发展历程，深入研究不同类型多能互补的应用原则和场景，并开创性提出东盟国家多能互补需求和发展前景；探索提出多能互补的技术方案与经济效益，全面总结国内外最具代表性的多能互补工程实践。

(一) 主要成果和创新点

(1) 开创性提出了破解东盟可再生能源发展瓶颈的途径方法，经济社会效益显著。研究紧扣东盟能源发展的短板，针对东盟可再生能源发展面临的电力消纳、电网安全、能源组合等问题，采用多能互补、集成优化的技术和解决思路，提出了水风光互补、储能＋新能源、分布式等解决途径和技术方案，满足东盟可再生能源发展的诉求。

(2) 首次全面深入地研究可再生能源多能互补的原理、技术方案和应用场景。首次全面研究梳理总结水电、风电、光伏发电、地热发电、生物质发电、储能等多种能源的出力特性，各种能源组合的优势特点以及运行效益。在此基础上，开创性地运用自主开发的计算模型，模拟真实场景下的多能互补情境，计算分析其发电效益、环保效益等。归纳总结提炼不同场景的应用条件，研究其应用技术方案，分析效益情况。其创新点主要在于对各种能源组合发电出力特征的仿真模拟计算，准确地计算分析各种能源组合的产出效益，研究提出各种情境下可操作的技术方案。

(3) 首次研究提出东盟多能互补发展方向、市场空间、经济效益。首创性地紧密结合东盟各国资源条件、自然地理、经济社会发展等因素，根据不同能源组合互补的运行特点，提出了东盟多能互补的发展方向，包括：独立海岛微电网（离网系统）、农村偏远地区分布式＋储能、可再生能源基地（多种能源组合外送）、工业农业园区微网系统等各种应用场景，并利用自主开发软件模拟不同场景的系统运行情况，计算其经济效益，推荐最经济的解决方案、分析各方案的市场空间。其创新点主要在于对东盟各国能源发展现状和主要问题的精准把握，对市场方向的敏锐分析，对经济性的准确计算。提出的技术方案可操作性强，应用方法科学可靠。

(4) 首次全面深入地回顾性研究了国内外最具代表性多能互补工程实践。研究集成了国内外最新的多能互补研究技术经验及实践案例。选取了国内外最具代表性的多能互补工程实践进行回顾性研究，包括：全球最大的水光互补项目、海拔最高的可再生能源智能微网工程、最大的离网型风光柴互补项目、中国第一个特高压直流风光火电互补工程、中国最大全地下天然气热电冷三联供互补项目、中国最大的微能源网项目等九个典型的成功工程实践。并依照其应用类型，技术方案进行总结性梳理，提出各类型多能互补工程的投资效益情况、技术方案等。

(二) 应用情况及推广前景

研究成果应用于泰国、菲律宾等国可再生能源项目。其中，应用于泰国 2.7GW 水面光伏与水电互补运行项目，预计减少该国光伏年弃电量约 8.1 亿 kW·h，每年增加经济效益约 2.4 亿元，每年减少碳排放 80 万 t，经济社会效益显著。

（三）获奖单位

水电水利规划设计总院。

（四）获奖人

顾洪宾、杨洋、严秉忠、张木梓、邓振辰、魏颖婕、刘雪琪。

（水力发电科学技术奖励工作办公室　孙卓）

基于水位最优控制域的水库群联合优化调度方案研究

“基于水位最优控制域的水库群联合优化调度方案研究”获 2020 年度水力发电科学技术奖三等奖。

五凌电力有限公司已先后在沅水流域建成五强溪、凌津滩、洪江、碗米坡、三板溪、挂治、白市、托口、落水洞等 9 座梯级水电厂，总装机容量 441.5 万 kW，是湘西水电基地中坚力量。沅水流域梯级水电站群之间存在着密切的水力、电力联系及梯级水库间的补偿性，开展梯级水电站联合优化调度，可提高梯级水库控制运用水平和水能资源的利用率、增加电站的发电效益和提高电网运行的可靠性，提升公司在湖南电力市场中竞争力。本项目基于沅水流域长系列历史水文资料，充分考虑水量平衡约束、库水位约束、生态约束、防洪约束、电站出力约束、电网断面送出限制约束、机组检修约束、水库工程约束等复杂性，结合湖南电力市场条件，制定沅水梯级水库群中长期优化调度方案，并开发沅水梯级水库群长、中、短期联合优化调度的软件平台，对梯级水库经济运行具有重要的指导意义。

（一）主要成果和创新点

（1）建立了以沅水流域梯级八库总发电收益最大为目标、基于来水分级（丰、平、枯）、时程分段（消落期、汛期、回蓄期）的多情景梯级水库群联合优化调度优化模型。

（2）研究了沅水流域梯级水库群不同“时间窗”、来水情景、水位边界下的最优调度规律，创新性提出了水位最优控制域，实现了沅水流域梯级水库群联合优化调度策略的量化评价。

（3）基于水位最优控制域，开发了一套具有自主知识产权的长中短期梯级水库群联合优化调度系统软件，实现不同时间尺度的梯级联合优化调度。

（4）运用可视化技术，动态展示从降雨、产汇流、洪水预报、防洪调度以及调度效果等全过程，体现数字流域的先进技术。

（二）应用情况及推广前景

该项目建立的来水分级、时程分段的水电站群联合调度多情景优化模型具有普适性，可推广至国内外类似梯级水电站群系统。构建的联合优化调度系统，其软件架构及数据处理机制可推广至各流域梯，对梯级水电站群科学、智能调度具有使用价值。

（三）获奖单位

五凌电力有限公司、湖南五凌电力科技有限公司。

（四）获奖人

谭文胜、莫育军、王立、伍昕、钟平、邝录章、王也。

（水力发电科学技术奖励工作办公室　孙卓）

高地应力大埋深长隧洞双护盾 TBM 施工超前地质预报关键技术

“高地应力大埋深长隧洞双护盾 TBM 施工超前地质预报关键技术”获 2020 年度水力发电科学技术奖三等奖。

双护盾 TBM 掘进机在深埋长大隧洞建设中得到广泛应用。本项目针对双护盾 TBM 环境封闭、内部空间有限、电磁环境复杂情况下地质资料收集和预报工作难以有效开展的重大技术难题进行攻关，在深埋长大高地应力隧洞双护盾 TBM 施工超前地质预报领域取得一系列新突破。项目研究取得发明专利 10 件、实用新型专利 16 件，登记软件著作权 2 项；发表代表性论文 37 篇，其中 SCI 7 篇，EI 9 篇；获“国家出版资金”资助出版国家“十三五”重点专著 2 部。

（一）主要成果和创新点

（1）提出了双护盾 TBM 全封闭施工下地质信息采集成套技术。研发了一套涵盖岩壁扫描成像、双护盾 TBM 施工岩屑形态分析、掌子面岩体强度测试和围岩变形监测等的地质信息原位观测及试验测试装置；创建了从盾首到盾尾掘进全过程数据采集技术体系，破解了双护盾 TBM 全封闭施工环境下无法获取有效、实时地质信息的重大难题。

（2）提出了复杂干扰环境下的地质超前预报与快速发布技术。利用钻机和 TBM 刀盘同轴转动原理，发明了连续掘进条件下超前地质钻探技术；采用新型震源激发方式的 GTRT 物探测试方法，形成了基于数据库和数值模拟的不良地质体判译技术；利用隧洞围岩震源定位和岩爆解译技术形成了基于 EMS 微震参数的岩爆预警方法；建立了模糊神经网络下的多尺度、多手段、动态超前综合预报技术和预报成果快速发布平台，并构建起双护盾 TBM 施工环境下的超前地质预报技术体系。

(3) 提出了双护盾 TBM 施工的新型围岩分类方法。基于岩渣形态、掘进参数和 GTRT 波速的三因素，构建了双护盾 TBM 施工“DT 围岩综合分类”评价方法，实现了基于 NET 技术的围岩分类及发布的智能化，突破了双护盾 TBM 施工下传统围岩分类方法难以实施的技术瓶颈。

(4) 提出了 TBM 临灾预警方法和掘进机防卡、脱困技术。基于岩渣判识和掘进参数提出了基于岩渣形态变化和掘进参数明显差异性波动特征的临灾预报方法；阐明了高地应力下双护盾 TBM 施工卡机机理，实现了隧洞围岩岩爆、大变形条件下掘进机防卡与脱困的技术进步。

(二) 应用情况及推广前景

研究成果经中国岩石力学与工程学会评价认为“在高地应力条件下双护盾 TBM 超前地质预报、围岩分类和卡机预警与脱困技术等方面达到国际领先水平”。在西藏喜马拉雅东缘的多雄拉隧洞、穿越秦岭的引汉济渭引水隧洞和天山地区的引额供水等水利水电工程中得到充分应用，成功指导了 TBM 掘进施工，节约各类投资约 3.5 亿元。该成果对长距离、大埋深越岭水工隧洞的安全施工以及我国即将开工的川藏铁路、滇藏铁路等工程积极进行技术储备，应用前景非常广阔。

(三) 获奖单位

中国电建集团成都勘测设计研究院有限公司。

(四) 获奖人

郝元麟、张世殊、姚林林、冉从彦、钟果、彭仕雄、赵小平。

(水力发电科学技术奖励工作办公室 孙卓)

内蒙古呼和浩特抽水蓄能电站工程

“内蒙古呼和浩特抽水蓄能电站工程”获 2020 年度水力发电科学技术奖三等奖。

内蒙古西部地区煤炭、风能资源丰富，是我国重要的电源基地。蒙西电网是一个以火电为主的电网，电源结构单一，缺乏调峰手段，电力资源与电力需求的矛盾突出，不仅影响到电网安全、稳定、经济运行，同时也影响了地区的经济发展和人民生活的正常秩序。因此，建设内蒙古呼和浩特抽水蓄能电站。该电站为一等大 (1) 型工程，额定水头 521m，装机容量 1200MW，设计年发电量 20.075 亿 kW·h，年抽水用电量 26.767 亿 kW·h。工程极端最低气温达 −41.8℃，钢岔管 *HD* 值高达 4140m·m，是我国已建水库极端温度最低、钢岔管 *HD* 值最大的项目，开创严寒环境改性沥青混凝土面板的研究与应用，开创采用 790MPa 级国产高强钢、自主设计和制造钢岔管，开创水轮机全水头同步导叶稳定并网。本工程复杂、技术难度大，各参建单位团结协作、联合攻关，解决了一系列关键技术问题，获专利授权 19 件（其中发明专利 4 件，实用新型专利 15 件)。

(一) 主要成果和创新点

(1) 严寒环境下沥青混凝土面板创新：提出了严寒环境下碾压式沥青混凝土面板的防渗结构型式、改性沥青等原材料技术要求、防渗层和封闭层的技术指标及设计配合比、沥青混凝土冻断温度的设计原则、沥青混凝土柔性试验方法等，并结合工程施工、监测及运行资料进行验证分析。

(2) 沥青混凝土面板智能喷淋冷却系统创新：利用水的流动及蒸发带走热量，降低面板表面温度，智能化地解决了水库沥青混凝土面板夏季高温斜坡流淌的问题，提高面板的热稳定性，保障面板安全。

(3) 高水头大 *HD* 值 790MPa 级高压钢岔管国产化：通过钢岔管的体型设计、结构设计、选材、钢岔管制造设计和水压试验监测等研究，开创了国内首例采用 790MPa 级国产高强钢、国内制造的钢岔管。

(4) 严寒环境下碾压混凝土重力坝技术创新：提出严寒环境下碾压混凝土重力坝坝体结构型式、筑坝材料性能、温控仿真分析方法和温控措施等关键技术，选择合适的过水建筑物布置和坝体越冬面保护方式。

(5) 水库智能自流补水系统研究创新：实现水库补水的智能化控制，以弥补人工操作、元件监测失误的缺陷，确保大坝和水库安全。

(6) 水泵水轮机水力模型优化创新：通过水力优化设计，开创性地消除运行区内的“S”特性，在同步导叶开启方式下完成低水头并网，从根本上消除“S”特性可能带来的不稳定性，提升了水泵水轮机并网标准。

(二) 应用情况及推广前景

电站建设的技术创新经验已纳入《抽水蓄能电站设计规范》NB/T 10072—2018 和《水电站地下埋藏式月牙肋钢岔管设计规范》NB/T 35110—2018，并为完善《土石坝沥青混凝土面板和心墙设计规范》DL/T 5411—2009、《水工沥青混凝土试验规程》DL/T 5362—2006、《水工碾压式沥青混凝土施工规范》DL/T 5363—2006 等提供了工程成功应用的依据。各项创新成果在后续工程中得到了推广应用。

(三) 获奖单位

中国电建集团北京勘测设计研究院有限公司、内蒙古呼和浩特抽水蓄能发电有限责任公司。

（四）获奖人

吕明治、林立敖、李振中、杨威、刘岩、赵轶、武小兵。

（水力发电科学技术奖励工作办公室 孙卓）

柬埔寨桑河二级特大型灯泡式机组厂房施工及机组安装关键技术

“柬埔寨桑河二级特大型灯泡式机组厂房施工及机组安装关键技术”获2020年度水力发电科学技术奖三等奖。

柬埔寨桑河二级水电站总装机容量400MW，约占柬埔寨全国总装机容量的五分之一，为柬埔寨最大水电站。电站采用8台50MW灯泡式机组，多年平均发电量19.70亿kW·h；大坝全长6539m，为亚洲水电站第一长坝；水库总库容27.15亿m^3；厂房尺寸191.0m×76.8m×66.5m（长×宽×高）；最大水头27.9m，额定水头21.7m，其单机容量、最大及额定运行水头均居世界前列。项目全部采用中国标准进行设计、制造、施工。

（一）主要成果和创新点

（1）研究采用60t级大跨度分置式浮桥，快速连通宽广河床，有效解决了左右岸交通，为工程施工创造了条件。

（2）发电厂房及泄洪坝段的二期基坑围堰长达2000m，研究提出了主围堰结构高喷墙上接黏土心墙防渗形式，实现了截流后一个枯水期内基坑抽水开挖；创新采用设置厂房子围堰的“堰中堰”方式，提前2.5个月进入厂房基坑开挖，加快了关键控制项目施工进度。

（3）创新了特大型灯泡贯流式机组厂房快速施工成套技术。研制了布料机移动平台，扩大布料机控制范围，结合采用塔机、混凝土泵相配合的分层灵活入仓方式；优化厂房结构分缝，实现进口段、机组段、尾水段相对独立施工；针对厂房结构特点，采用整体对撑式大模板、钢木曲面定型模板、组合模板相结合的模板配置方案；保障了施工质量，加快了施工进度。

（4）研发了特大型灯泡贯流式机组优质高效安装成套技术。开发了灯泡贯流机组管形座安装全站仪6点测量法，控制了测量精度，大幅度缩短了作业时间；研制了组合轴承部件专用吊装装置，明显加快了组合轴承安装时间。

（二）应用情况及推广前景

开展灯泡式机组发电厂房关键施工技术研究，不仅对于柬埔寨桑河二级水电站工程有重要的现实意义，同时所获得研究成果可为后续类似工程的设计和施工提供参考。

（三）获奖单位

中国水利水电第八工程局有限公司。

（四）获奖人

余红松、周功贵、刘豫、毕福强、李琦、李重用、曹哲云。

（水力发电科学技术奖励工作办公室 孙卓）

新型液压自行式岩壁吊车梁混凝土浇筑台车研究与应用

“新型液压自行式岩壁吊车梁混凝土浇筑台车研究与应用”获2020年度水力发电科学技术奖三等奖。

岩壁吊车梁作为地下厂房桥机新型承载结构，在我国水电工程中应用广泛。本课题研究前，国内外岩壁梁混凝土施工均采用搭设承重排架配合定型模板的工艺进行施工，其施工工效低、耗用资源多，高排架搭设及模板吊装作业安全风险大，采用拼装模板带来错台、漏浆等质量顽疾，不适应当前施工技术发展趋势以及国家对安全环保、质量的新的要求。针对以上问题，研制了一种适应于不同跨度洞室岩壁吊车梁混凝土浇筑的新型台车，有效提升了浇筑进度、工程施工安全质量控制及文明施工水平。

（一）主要成果和创新点

（1）研制了一种适应于不同跨度洞室岩壁吊车梁混凝土浇筑的新型台车，可进行大跨度洞室单侧岩壁梁混凝土浇筑，也可在小跨度洞室进行双侧对称岩壁梁混凝土同步协同浇筑，有效提升了工程施工安全质量控制及文明施工水平。

（2）研制了一种万向可调式悬挂模板系统，调节装置紧凑，便于模板快速定位及成型，提高了安装精度。

（3）设计了一种万向可调式拉杆，利用拉杆与边墙系统锚杆和台车可靠连接，对单侧式钢模台车进行侧向约束，确保了单侧式钢模台车浇筑施工稳定性。同时拉杆可拆卸重复利用，节约施工成本。

（4）提出岩壁吊车梁钢筋超前安装的新工艺，使钢筋安装不占用直线工期，并研制了一种钢筋自稳结构，解决了钢筋超前安装后自身稳定问题，实现了岩壁梁钢筋及混凝土高效施工流水作业。

（二）应用情况及推广前景

该成果已在白鹤滩水电站和杨房沟水电站成功应用，形成经济效益约3624万元，其经济和社会效益显著。通过实践应用，总结形成了一整套岩壁吊车梁混凝土浇筑新技术、新方法，对类似工程具有极大的指导意义。同时，岩壁吊车梁结构大同小异，台车生产后可通过局部改装实现通用，具有良好的推广应用前景。

（三）获奖单位

中国水利水电第七工程局有限公司。

（四）获奖人

韩进奇、杨勇、杨帆、雷文、李洪伟、段刚强、张丹萍。

（水力发电科学技术奖励工作办公室　孙卓）

水电项目静态投资控制与动态投资管理研究

“水电项目静态投资控制与动态投资管理研究”获2020年度水力发电科学技术奖三等奖。

项目针对水电工程建设投资大、周期长、受外部环境影响大、投资控制难度大等特点，为有效地进行投资控制及管理，在金沙江中游的梨园、阿海、鲁地拉三个大型水电站（装机容量合计6560MW、核准概算总投资合计596.71亿元）实行了符合实际、科学合理、更加规范的“静态投资控制与动态投资管理”模式；通过在工程建设过程中不断探索，逐步完善了“静态投资控制与动态投资管理”体系，成功地控制了工程建设实施阶段的投资，并取得了良好的管理效益。

（一）主要成果和创新点

（1）将“静态投资控制与动态投资管理”模式系统地运用在梨园、阿海、鲁地拉三个水电站上，并进行了技术创新，建立以设计概算为基础、管理概算为目标、执行概算为依据、合同管理为中心的四套投资控制管理主线，概算价和合同价两层次价格体系。

（2）适应项目投资人、项目法人、项目建设单位三层次投资管理机制，建立了适应市场、责权清晰、风险分担、符合市场经济内在运行规律的项目投资管理体系，实现项目法人承担静态投资控制责任、动态投资管理责任，投资人承担投资收益和风险的管理目的。

（二）应用情况及推广前景

梨园、阿海、鲁地拉三个大型水电站投资管理经济效益显著，三个水电站实际投资较核准概算总投资减少70余亿元，“静态投资控制与动态投资管理”模式的成功应用发挥了积极和重要的作用，具有良好的推广应用价值。

（三）获奖单位

北京峡光经济技术咨询有限责任公司。

（四）获奖人

吴新、穆秀英、黎朋雄、龚国粗、王勤学、谢文贵、王艳君。

（水力发电科学技术奖励工作办公室　孙卓）

660m高陡边坡危岩体群处理关键技术研究与应用

“660m高陡边坡危岩体群处理关键技术研究与应用”获2020年度水力发电科学技术奖三等奖。

阿尔塔什水利枢纽右岸边坡高达660m，危岩体群处理面临高陡边坡、危岩体分散、开挖方量大、地质条件复杂、地震烈度高等问题，其治理复杂程度，均超过国内已建工程。针对上述超高陡边坡危岩体群治理施工中的难题，本项目从施工技术创新和施工安全方面入手，结合工程特点，在边坡整体稳定分析的基础上，对危岩体群的失稳特点和施工对策进行研究，利用rocfall数值分析软件并结合现场数据分析落石运动特征；同时对右岸高边坡支护脚手架设计进行研究，有效解决施工中的材料运输、交叉施工和落石危险区评价等难题，为危岩体稳定性评价及灾害防治提供理论依据和技术支持。项目研究获得发明专利4件、实用新型专利7件，形成省部级工法3项。

（一）主要成果和创新点

（1）基于原位勘察和无人机航拍识别方法，分析研究危岩体失稳模式与机制，进行了势、动能转化数值模拟，揭示了危岩体稳定性状和落石运动特征，确定了危岩体群危险区域范围，形成了危岩体辨识和风险评价技术，为治理工程提供了技术支撑。

（2）提出了危岩体群“分区规划、分类施策、错时施工、高效治理”的个性化治理原则和方案，确定了断层锚索加固、核部混凝土洞塞置换、影响带范围灌浆处理、危岩体清挖锚固等处理方案，保障了危岩体群安全高效治理；

（3）研发了“点对应、面覆盖”索栈结合的空间立体交通运输体系，研发了高陡坡、大跨度、大吨位缆索运输装置，布置多层级悬挑栈桥，满足了660m高陡边坡大范围危岩体群治理的施工需求；研究采用主被动网固坡、限位、拦挡落石防护措施，形成了危岩体群治理高效运输和安全防护成套技术，解决了地势险要边坡大范围危岩体群治理运输和大坝并行施工难题。

（4）针对水电工程气候恶劣、地形复杂、施工重载等特点，提出了百米级大型脚手架结构设计方法，形成了相关质量控制指标和安全防护标准，研发了落地＋悬挑岩壁脚手架的联合结构，解决了无马道近直立边坡的支护施工平台搭设和安全施工难题。

（二）应用情况及推广前景

该项目研究成果成功应用于阿尔塔什工程边坡处理施工，确保施工安全，避免可预见风险干扰，经济、社会和环境效益显著，具有推广应用价值。

（三）获奖单位

中国水利水电第五工程局有限公司、四川大学。

（四）获奖人

巫世奇、李阿蒙、吴建波、刚永才、罗帅、刘丽、姚强。

（水力发电科学技术奖励工作办公室　孙卓）

大型水电站复杂钢筋混凝土结构水下施工技术

“大型水电站复杂钢筋混凝土结构水下施工技术”获2020年度发电科学技术奖三等奖。

该项目依托的荒沟抽水蓄能电站地处北方严寒地区，下水库进（出）水口剩余尚未施工结构混凝土需全部在水下建造完成。施工区域水深约20m，水下沉淀物较多，且设计结构型式多样复杂，对钢筋、模板安装精度要求高，水下混凝土单体浇筑方量大，施工难度极大。经项目研究，有效解决了水下钢筋混凝土施工技术难题，成功实现水下建造结构混凝土3500m^3，取得了良好的工程效果。

（一）主要成果和创新点

(1) 研制了水箱式清水水下摄像检测装置、正垂传递式水下高程及形体测量装置、倒垂线模板测量校正系统，解决了浑水水下混凝土检测与测量难题。

(2) 研究形成了钢筋混凝土缺损高压水切割冲洗界面处理、高压水钢筋除锈、钻孔化学植筋、新老钢筋湿法焊接及机械套筒连接等水下施工工艺，保证了施工质量。

(3) 研制了系列浮箱式水上作业平台，满足了交通、运输、测量、吊装和布料等辅助作业要求。形成了水下整体式模板、拼装式模板及装配式联系梁安装技术，提高了工作效率，满足了模板安装精度控制要求。

(4) 开展了严寒地区水下自密实混凝土配合比研究，研制了新型水上全方位布料机，研发了通球式软袖尾管导管法水下混凝土浇筑工艺，实现了水下混凝土连续浇筑，保证了工程质量。

（二）应用情况及推广前景

项目成果有多项专利和成套施工工法技术，已在荒沟抽水蓄能电站成功应用，经济和社会效益明显，具有推广应用价值。

（三）获奖单位

中国水利水电第六工程局有限公司。

（四）获奖人

蒋洪亮、王贺、马琪琪、吴人杰、杨晓辉、刘旭刚、孟庆强。

（水力发电科学技术奖励工作办公室　孙卓）

水利水电工程建设征地移民信息采集和管理系统开发研究

“水利水电工程建设征地移民信息采集和管理系统开发研究”获2020年度水力发电科学技术奖三等奖。

为移民安置工作有关各方提供一个移民安置工作协同办公平台，实现移民信息采集、传输、存储、利用、归档的完整流程，不仅可以提高移民安置相关工作的便捷性和时效性，而且可以实现移民信息资源的共建共享与高度整合，形成移民安置“一张网”，促进移民安置各方的合作，对于推动水利水电工程移民精细化、信息化、智能化，都具有十分重要的意义。本项目创造性地从底层数据采集开始，设计研发系统，结合水利水电工程建设征地移民安置工作流程及内容，实现根据项目要求定制字段、字典表、表单，生成任务包并分配给用户，用户通过移动终端设备或者Web端采集数据并上传至服务器，数据由审核员审核通过后才进入最终的数据库，再基于此开展数据挖掘分析、数据利用展示等工作，进而实现移民安置的实际数据展示、工作进度监控与资金使用监管，达到移民安置“纵向全贯通、横向全覆盖、业务全流程、部门全协调、效能全监督”的现代化管理理念。

（一）主要成果和创新点

(1) 首先调研收集现有工程移民安置相关的资料，梳理并分析资料，设计出水利水电工程建设征地信息化移民安置的一套标准化的工作流程，形成信息化移民安置的规范化工作方法，将复杂的移民安置工作逻辑以各类可视化图表呈现，为移民信息采集及管理系统的研发奠定理论基础。

(2) 形成基于移动终端的水利水电工程移民信息采集方法，借助该方法可根据移民安置的业务需求灵活定制表单、生成并分发任务至各用户，实现通过移动终端实地采集和制式打印移民相关信息，并上传至数据库。通过该方法可快速获取移民人口房屋土地、企事业单位、专业项目等的属性数据、空间位置信息及证件类照片、房屋视频等多媒体数据。

(3) 基于数据库技术、移动互联网、GIS、GPS等技术手段研发覆盖水利水电工程移民安置前期调查、安置实施、后期扶持全过程的水利水电工程建设征地移民信息采集与管理系统，实现信息处理及流转的无纸化、电子化、实时化。

（4）在Web端系统中设计并实现根据业务需求灵活配置资金审批流程、灵活配置数据可视化大屏和统计报表的功能，该功能可促进移民信息的利用与公开。

（二）应用情况及推广前景

该项目研发的系统在浙江省开化水库、方溪水库、高坪桥水库、葛岙水库、清溪水库、双溪口水库、义乌双江水利枢纽工程、海宁麻泾港整治工程等工程中得到实际应用，提升了移民安置相关工作人员的工作效率，提高了移民信息的质量，丰富了移民数据的呈现模式，提高了移民档案的数字化比例和利用率，为移民安置决策提供快速、科学的支撑。

（三）获奖单位

浙江省水利水电勘测设计院。

（四）获奖人

周毅、刘芳、凌晨、李啸、赵亦叶、韩淼、金琛哲。

（水力发电科学技术奖励工作办公室　孙卓）

800MW巨型水轮机调速器驱动参数整定及纠偏关键技术研究与应用

“800MW巨型水轮机调速器驱动参数整定及纠偏关键技术研究与应用”获2020年度水力发电科学技术奖三等奖。

向家坝电站多台机组运行过程中，出现调速器主配频繁调节现象。主配频繁调节会导致调速系统产生一系列问题，对机组设备产生不良影响，严重威胁机组的安全稳定运行。负载状态下处理主配频繁调节问题风险很高，停机或空载态下处理又会造成弃水或减少有效发电时间，影响发电效益。因此，向家坝水力发电厂开展本项目研究。通过对调速器液压随动系统进行数学建模分析，确定主配频繁调节问题主要原因是主配或比例阀电气中位整定不准确，或温漂作用影响导致主配反馈信号测量不准确、比例阀控制信号输出不准确；提出调速器液压随动系统静态和动态平衡理论，探索出一系列技术方法；进行功能软件开发，解决了问题。

（一）主要成果和创新点

（1）调速器主配压阀电气中位及比例阀中位人工调整方法，适用于机组停机检修时，比例阀和主配电气中位的人工精确整定。

（2）基于液压随动系统静态平衡的调速器比例阀中位的自动调整方法，适用于比例阀电气中位的自动诊断和智能整定或纠偏。

（3）调速器液压随动系统中位自诊断自定位自适应方法，适用于主配电气中位的自动诊断和智能整定，通常应用于机组停机检修时。

（4）调速器主配电气中位实时自动诊断及智能纠偏方法，适用于机组并网运行时，主配电气中位的自动诊断和智能纠偏。

（二）应用情况及推广前景

该技术在向家坝水电厂成功应用，有效解决了机组运行中调速器主配频繁调节问题，实现调速器容错纠错机制，提高了设备运行稳定性和可靠性，避免了缺陷处理导致电站弃水和机组等效可用系数下降，提高了发电效益。

（三）获奖单位

中国长江电力股份有限公司向家坝水力发电厂。

（四）获奖人

涂勇、陆劲松、陈自然、池成虎、刘欢、杨刚、皮萃。

（水力发电科学技术奖励工作办公室　孙卓）

抽水蓄能电站过渡过程控制优化与主进水阀监测评估关键技术及应用

“抽水蓄能电站过渡过程控制优化与主进水阀监测评估关键技术及应用”获2020年度水力发电科学技术奖三等奖。

抽水蓄能电站流道布置、运行条件及过渡过程复杂，机组运行交替、转换及变迁频繁，主进水阀磨损及振动剧烈。这些特点不仅给电站安全稳定高效运行带来了极大困难，而且引发了一系列亟待解决的工程技术难题和国际学术前沿问题，其中过渡过程控制优化与主进水阀监测评估是电站设计运行的关键，亟需研究与之适应的理论、方法和应用系统。在多项国家研究计划和重大工程应用项目支持下，系统地开展了研究、开发与工程应用工作，取得了重要的科学技术突破和创新成果。项目研究出版专著1部，发表高水平学术论文130篇，获得授权发明专利12件，登记软件著作权12项。

（一）主要成果和创新点

（1）创建了抽水蓄能电站机组—调压室耦合暂态响应及水力优化理论与方法体系。提出了基于调节保证的上游调压室设置条件和基于稳定性的调压室设置条件，推导了包含压力管道和调速器特性的调压室临界稳定断面公式，建立了调压室断面—流道水力参数—调速器参数联合整定方法体系，提出了组合工况调压室涌浪最不利叠加与最有利运行控制方法。

（2）系统提出了复杂抽水蓄能电站调速系统运行稳定性与调节品质控制技术。提出了基于主导极点及压力管道的调速系统降阶方法，揭示了调节模式与调速器参数对稳定性与调节品质的作用机理，提出了一次调频稳定域及一次调频域的概念，揭示了调压室—电站—电网耦合机理，提出了基于多目标的一洞两机最优开机策略。

（3）建立了抽水蓄能电站主进水阀在线监测典型配置、故障诊断及状态评估技术与方法体系。提出了主进水阀在线监测典型配置方案、过渡过程流场仿真技术、基于流固耦合的故障分析方法，建立了主进水阀多场耦合故障诊断、趋势预测和状态评估模型，实现了全工况全参数故障诊断、趋势预测和状态评估，编制了主进水阀在线监测典型配置导则与状态评价细则规范。

（4）首次研发了具有核心技术和自主知识产权的抽水蓄能电站主进水阀在线监测与状态评估一体化装置及高级应用系统。解决了主进水阀在线监测与状态评估理论应用难题，攻克了主进水阀运行实时轨迹跟踪与工况辨识技术瓶颈，实现了主进水阀全工况全参数实时在线监测与状态评估，填补了国内主进水阀在线监测与状态评估装置及系统的空白。

（二）应用情况及推广前景

研究成果得到国内外同行广泛关注与高度评价，并被国内外研究团队借鉴和跟踪研究，产生了重要学术影响，极大促进了抽水蓄能行业科技进步，具有重要科学意义和工程应用及推广价值。研究成果在洪屏、洛宁、天池、五岳、梅州、平江、蟠龙、南宁等抽水蓄能电站获得成功应用，经济社会效益显著，为我国抽水蓄能电站安全稳定高效运行和管理提供了强有力的技术支撑和决策支持。

（三）获奖单位

华中科技大学、江西洪屏抽水蓄能有限公司、中国电建集团中南勘测设计研究院有限公司。

（四）获奖人

周建中、郭文成、于辉、王炳豹、郑凯、赵路、许颜贺。

（水力发电科学技术奖励工作办公室　孙卓）

复杂地质条件下高重力坝坝基渗流特性与抬升机制及防控技术研究

“复杂地质条件下高重力坝坝基渗流特性与抬升机制及防控技术研究”获2020年度水力发电科学技术奖三等奖。

向家坝水电站在坝基排水孔、防渗帷幕灌浆及质量检查施工过程中，低高程（210、225、226m）廊道出现孔口涌水现象，且部分排水孔排水量较大，并有携出物产生。在大坝运行过程中，如果排水孔长期出现涌水携出物现象，有可能导致坝基出现严重的渗透稳定性问题，进而影响大坝结构的安全性。坝基排水孔排水量大小关系坝基扬压力、岩体渗压以及水力梯度等渗流物理量的空间分布与动态变化过程，影响坝基及大坝结构运行安全的评价。因此，合理分析向家坝坝基渗流场的性态，找出排水孔排水量、坝基扬压力、岩体渗压及水力梯度的相关关系，具有十分重要的意义。

向家坝水电工程蓄水后左岸近坝边坡出现较大的抬升变形现象。以向家坝水电站左岸近坝边坡工程为依托，通过边坡岩体变形资料的整理分析，结合反演分析方法，研究边坡岩体力学参数。采用流固耦合分析理论，充分考虑蓄水导致的渗透力对边坡应力和变形的影响，借助三维数值分析手段，全面分析左岸坝后近坝边坡岩体的变形机制，并评价左岸近坝边坡在蓄水条件下的变形特性。

（一）主要成果和创新点

（1）针对坝基工程地质和水文地质条件复杂、岩体特性及空间展布变化大的特点，建立了复杂坝基地质体渗流分析的精细化模型，揭示了坝基渗透特性的空间分布特征和演化规律。

（2）构建了坝基扬压力、水力梯度、孔口排水量等参数的相互关系，提出了坝基渗透稳定及扬压力控制的分区渗控技术、调节坝基排水孔出水量的抽排减压技术和相应的控制标准，综合解决了坝基抗滑稳定、渗透稳定和坝基应力控制问题。

（3）首次提出了坝基产生抬升变形的特殊水文地质结构模型；并采用数值实验方法，提出了分层排水降压的抬升变形控制技术，成功解决了向家坝左岸坝基及附近岸坡的抬升变形控制技术难题，保障了工程安全性。

（二）应用情况及推广前景

该项目研究成果已应用于向家坝水电站坝基处理设计和运行管理，工程已安全运行多年，为向家坝复杂地质条件的混凝土重要坝渗控设计与运行管理、水库蓄水引起的岸坡抬升变形分析与安全评价提供了重要的理论依据，可为今后类似地质条件的工程设计和运行控制提供经验参考，具有很好的推广应用价值。

（三）获奖单位

中国电建集团中南勘测设计研究院有限公司、长沙理工大学。

（四）获奖人

钟辉亚、曾祥喜、蒋中明、潘江洋、肖鹏、杨军、李学政。

（水力发电科学技术奖励工作办公室　孙卓）

澜沧江断裂带对澜沧江上游西藏段水电开发工程影响研究

“澜沧江断裂带对澜沧江上游西藏段水电开发工程影响研究”获2020年度水力发电科学技术奖三等奖。

该项目主要研究澜沧江上游地区断裂活动性、地震活动性，以及澜沧江上游各梯级电站近场区断裂活动特征，并评价澜沧江断裂带对澜沧江上游西藏段水电开发工程影响。通过本课题的研究，查明了澜沧江断裂带上游段的分布位置与活动性特征，与沿断裂带上游段的地震活动性，以及澜沧江上游各梯级近场区断裂活动性，评价了澜沧江断裂对澜沧江上游西藏段水电工程开发的影响。

（一）主要成果和创新点

（1）首次厘定了澜沧江断裂带的几何分布。主松洼以南段由东支、中支、西支断裂组成，东支澜沧江断裂即竹卡断裂，中支加卡断裂为澜沧江结合带东边界，西支察浪卡断裂为澜沧江结合带西边界；主松洼以北段东、中、西支断裂复合为澜沧江断裂。

（2）首次明确澜沧江结合带东、西边界断裂均为早—中更新世断裂，不属于活动断裂。研究表明澜沧江断裂具有分段活动性，主松洼以北为晚更新世活动断裂，吉塘等局部段存在全新世活动迹象；主松洼以南未发现整体活动的证据，总体为早—中更新世断裂，发现曲孜卡局部地段存在晚更新世以来的活动迹象。

（3）首次明确了澜沧江上游西藏河段梯级电站近场区、场址区断裂展布及活动特征，研究了其对坝址选择、建筑物布置的影响，提出了对策措施。深入研究了澜沧江上游西藏河段梯级电站库区及枢纽工程区地质灾害分布特征，预测了河段地震地质灾害类型，提出了地震地质灾害的防范措施。

（二）应用情况及推广前景

该项目研究成果对开发澜沧江上游西藏段的水能资源，指导澜沧江西藏段水电工程的开发与建设，以及澜沧江上游西藏段梯级电站的风险应对等具有重要的技术支撑作用，对于该地区构造地质研究和基础设施建设具有重要参考价值，具有巨大的经济和社会效益。

（三）获奖单位

水电水利规划设计总院、成都理工大学、中国电建集团贵阳勘测设计研究院有限公司。

（四）获奖人

杨建、吴德超、肖万春、王道永、范俊喜、张东升、叶永年。

（水力发电科学技术奖励工作办公室　孙卓）

流域水库大洪水超长期预报关键技术

“流域水库大洪水超长期预报关键技术”获2020年度水力发电科学技术奖三等奖。

项目依托国网新源控股有限公司多个课题，经过十余年的联合攻关，融合流域、全球、天文多尺度预报因子，集合运用数理统计、数据挖掘、信息预测多种技术手段，构建了集“因子融合、结构融合、结果融合”多元信息融合的流域水库大洪水超长期预报技术体系，全方位、多维度逐步聚焦锁定大洪水年，在流域水库大洪水年超长期预报技术方面取得突破，并实现了工程化应用。

（一）主要成果和创新点

（1）首次建立了集“因子融合、结构融合、结果融合”多元信息融合的流域水库大洪水超长期预报技术体系，可实现对大洪水年、特丰水年等可致灾极端径流年的超长期预报。

（2）建立了涵盖30个天文指标的基于天文成因分析的预报技术，系统分析了流域形成大洪水年的天文条件，全方位、多维度运用天文因子指标预报流域大洪水；首次提出了月球赤纬角运行轨迹—相位—角度综合分析预测法。

（3）发展了可公度理论和预报技术，拓展了在水文超长期预报中应用，构建了“一般径流结构—极值点径流结构—极端径流结构”多结构嵌套的预报技术，多层次结构逐步递进，可锁定大洪水年。

（二）应用情况及推广前景

该项目研究成果涵盖了松花江、长江、汉江、新安江、大渡河、淮河等流域水库，为流域水库调度运行管理提供了科学支撑。研究成果可广泛应用于全国其他流域、区域、水库。

（三）获奖单位

松花江水力发电有限公司丰满大坝重建工程建设局、松花江水力发电有限公司吉林丰满发电厂、中国水利水电科学研究院。

（四）获奖人

李文龙、王永峰、张丽丽、郭希海、殷峻暹、李秀斌、韩臣。

（水力发电科学技术奖励工作办公室　孙卓）

发电电动机状态评价研究与应用

“发电电动机状态评价研究与应用”获2020年度水力发电科学技术奖三等奖。

多年来，抽水蓄能电站一直沿用定期试验检修和事后检修相结合的检修模式，较好的保障了发电电动机良好运行和电网的安全稳定。随着电网对抽水蓄能电站的重视，发电电动机在电网中的启动频数与发电量迅速增长，此模式暴露出如下几个问题：无法有效预警发电电动机潜在故障，导致发电电动机故障率直线上升，影响电网安全稳定；发电电动机检修工作量剧增，增加了抽水蓄能电站运维成本。

早期沿用的定期检修和试验周期已不能满足目前发电电动机的运行要求。因此，开展发电电动机状态评价的研究与应用，以创新发电电动机检修管理模式，切实提高的抽水蓄能电站的综合效率。

（一）主要成果和创新点

（1）提出并研究确定发电电动机各状态评价的关键状态量。通过收集不同结构型式、设计理念的发电电动机历史资料与运行数据，研究发电电动机各组成部件的结构与功能，使用数学分析法计算不同部件对发电电动机影响程度，最终确定了发电电动机状态评价的关键状态量。

（2）提出部件权重设置与部件缺陷率评分系统，使用数值计算方法确定发电电动机健康状态。通过层次分析法对发电电动机部件权重研究分析，引入“部件缺陷率”概念，从发电电动机部件权重和部件缺陷率等方面对发电电动机健康状态进行评价，并将其中各参量进行数字化，进而可以使用数值计算的方法确定发电电动机健康状态。

（3）提出发电电动机状态评价方法并编写成为《发电电动机状态评价导则》，该导则可以精准定位发电电动机故障部件，为国家电网公司开展发电电动机状态评价提供理论依据和实践指导，属国内外首例，填补了国内外发电电动机状态评价的空白。

（二）应用情况及推广前景

发电电动机状态评价工作已在国网新源公司所管辖的20多家单位进行了推广与应用。共检查发电电动机部件30000余项·次，提出检修、改造建议400余项·次。

通过实施效果可以发现，项目成果将发电电动机传统的定期检修模式改善为状态检修模式，有效地发现设备缺陷和隐患，增加发电电动机安全运行系数，降低抽水蓄能电站运营成本，具有显著的经济效益；同时，项目成果有利于发电电动机开展专业化、标准化、规模化的建设和运营管理，完成传统决策向智能决策的转化，为发电电动机运维检修管理智能决策提供坚强支撑，为抽水蓄能电站整体、有序、适量、集约、有效地发展发挥了重要作用。

（三）获奖单位

国网新源控股有限公司、华东桐柏抽水蓄能发电有限责任公司。

（四）获奖人

胡忠启、郝国文、王梓琪、黄建德、霍献东、蒋池剑、赵锋。

（水力发电科学技术奖励工作办公室　孙卓）

偏心受压泄洪隧洞施工关键技术

“偏心受压泄洪隧洞施工关键技术”获2020年度水力发电科学技术奖三等奖。

项目依托湖南省涔天河水库扩建工程。其1号泄洪洞“龙落尾”段位于山体坡脚，岩体呈强风化状，节理裂隙发育，岩体破碎、完整性差；同时带有一定的浅埋偏压特性，右侧边坡为顺向坡，受节理裂隙、断层切割后，存在较为突出顺层滑动问题；施工难度大、安全风险高。因此，开展了偏心受压泄洪隧洞施工关键技术研究，取得了良好的工程效果。

（一）主要成果和创新点

（1）开展了边坡稳定与隧洞施工全过程数值仿真分析，揭示了边坡和隧洞围岩的变形发展特征，实时监测反馈分析，超前预测，为隧洞开挖和加固提供了重要指导。

（2）研究确定了预留核心土、分层分区开挖和小间距衬砌跟进的施工原则，采用洞身围岩超前固结灌浆、钢复拱支撑、侧墙二次锚杆与锚筋桩加固，坡脚抗滑桩、边坡截水防水处理及安全监测等综合处理措施，有效控制了围岩变形，保证了边坡稳定。

（3）提出了基于三维数字模型的施工放样方法，提高了测量精度，保证了施工质量。

（二）应用情况及推广前景

项目研究成果在涔天河水库扩建工程应用，有效解决偏心受压隧洞处理的技术难题，达到经济、快速、安全施工目标，具有推广应用价值。

（三）获奖单位

中国水利水电第十一工程局有限公司。

（四）获奖人

王秀明、张涛锋、周沛、唐仪兵、张奇。

（水力发电科学技术奖励工作办公室　孙卓）

水下环氧砂浆的开发与应用技术研究

“水下环氧砂浆的开发与应用技术研究”获 2020 年度水力发电科学技术奖三等奖。

水下混凝土结构的缺陷修复，因施工环境中存在着大量的水，环境复杂，且受困于修补材料、设备及工艺的限制，长期以来得不到有效的解决。水下不分散混凝土技术应用于水下混凝土结构缺陷的修补时，新、旧混凝土界面的黏接问题难以解决，且所配制的混凝土早期强度低、塌落度损失大不适合远距离运输和泵送。采用的常规处理手段是将缺陷较集中部位的水排走，人为创造出干燥的施工环境后再进行缺陷修补加固施工，既浪费人力物力，又延误工期。因此，开展本项目研究，以开发出性能可靠、并可直接适用于水下环境的环氧混凝土（砂浆），并进行材料的水下应用。这促进了我国水下混凝土结构缺陷修复技术的发展。

（一）主要成果和创新点

（1）对环氧砂浆体系中环氧树脂进行改性，降低树脂基体与水膜的界面张力，同时降低水膜的表面张力，以利于树脂基体在水膜中的扩散，改善环氧砂浆与吸附水界面的黏接效果。

（2）固化剂对环氧树脂组成物的工艺性以及固化产物的最终性能起到决定性的作用，确定合适的水下环氧固化剂是水下环氧修复材料开发的重要内容。

（3）功能性助剂添加将对以拌和后砂浆的力学性能、黏接强度以及水下施工性能产生影响，特别是偶联剂、功能性填料的添加能够改善水下环氧砂浆与修补界面的黏接强度。

（4）根据水下环氧砂浆的性能及现场施工要求，设计、引进适当的施工器具，充分考虑施工环境的多样性、易变性以及施工条件的成熟性，对水下环氧砂浆的水下应用技术进行完善。

（二）应用情况及推广前景

水下环氧混凝土（砂浆）自开发完成以后在向家坝 2017 年 7～8 月的永久隔离项目、万家寨水电站排砂洞检修项目等进行了应用，应用效果良好。

（三）获奖单位

中国水利水电第十一工程局有限公司。

（四）获奖人

丁清杰、张永辉、宋亚涛、李雷、赵付凯、王亚飞、周涛。

（水力发电科学技术奖励工作办公室　孙卓）

高寒大温差地区超 200m 长混凝土面板一次成型及防裂施工关键技术

“高寒大温差地区超 200m 长混凝土面板一次成型及防裂施工关键技术”获 2020 年度水力发电科学技术奖三等奖。

面板堆石坝施工技术已经非常成熟，但在高坝中面板混凝土施工一般采用分期施工方案，很少采用一次张拉成型方案。一次张拉长度达 200m 以上的面板混凝土，在国内外较为罕见。本项目依托的河北丰宁抽水蓄能电站钢筋混凝土面板堆石坝，面板最大斜长 201.5m，采用一次拉面成型施工技术，中间不设横缝。工程地处高寒地区，有效施工工期为每年 5 月中旬至 10 月上旬，其中 6～9 月又为雨季，有效施工期极短；冬季极端气温低于－35.8℃，对面板保温防护提出了较高的技术要求。该面板施工存在多料源坝体沉降控制难、高寒大温差气候条件下高性能面板混凝土防裂要求高、工期紧、强度大、安全风险高等施工技术难题，国内可供借鉴类似经验非常少。通过本项目的研究和成果实施，在高寒大温差地区成功实施了超长面板一次成型施工工艺，有效预防控制裂缝产生。项目研究获得发明专利 1 件、实用新型专利 4 件，发表论文 5 篇，获中国电力建设企业协会 QC 成果二等奖 1 项。

（一）主要成果和创新点

（1）研究并采用了超 200m 长面板混凝土一次成型施工技术。优化面板混凝土滑模系统，解决了不同面板分缝宽度及面板厚度情况下的快速备仓；通过自行设计滚压式止水成型机工作平台及橡胶棒导轮，实现了超长铜止水快速一次成型和橡胶棒同步填充。

（2）研究提出了堆石坝坝体沉降变形控制技术，为后期面板混凝土防裂创造有利条件。

（3）研究提出了减小垫层料固坡砂浆对面板约束的技术。通过采用翻模固坡砂浆施工新技术、固坡砂浆表面乳化沥青喷涂，解决了面板混凝土因垫层约束产生裂缝的难题。

（4）优化了高抗裂面板混凝土配比，改善了面板混凝土的各项指标，增强了面板混凝土后期强度、防裂等性能。设计采用了防离析、保水溜槽，施工期拖池式自动覆盖养护系统，结合高寒地区混凝土保水、保温防护措施，解决了长距离运输骨料离析、克服了大温差地区混凝土冬季流水养护与保温养护的矛盾。

（二）应用情况及推广前景

该成果在丰宁抽水蓄能电站上水库大坝拦河坝面板混凝土施工中成功运用，成功实施超200m长混凝土面板一次成型施工，为实现安全环保目标、确保工程质量、电站按期蓄水发电提供了保障，为同类工程提供借鉴。

（三）获奖单位

中国葛洲坝集团第二工程有限公司。

（四）获奖人

耿军、陈永华、冯明伟、黄明光、徐文革、崔春、王明亮。

（水力发电科学技术奖励工作办公室 孙卓）

水轮发电机组上机架监测报警装置的设计与应用

“水轮发电机组上机架监测报警装置的设计与应用”获2020年度水力发电科学技术奖三等奖。

立式水轮发电机组上机架千斤顶设计有剪断销结构，当机组运行工况突变，上机架承受的径向力大于设计值时，剪断销会从薄弱处断裂，保证上机架不发生永久性结构变形，同时将上机架与混凝土基础隔离，以保证混凝土基础的安全。由于该剪断销未设计报警装置，断裂后不能及时发现，往往造成机组振动和摆度不可逆转的增大，直到机组A级检修时，重新调整轴线和瓦间隙才能恢复振动和摆度值符合国标要求。石泉水电厂近5年曾发生过3次该情况。为解决这一难题，石泉水电厂在1～3号机组增容改造期间，从设计和设备制造方面着手，为上机架千斤顶剪断销加装了一套报警装置，使剪断销断裂后能迅速发出报警信号，解决了剪断销断裂后不能及时发现的难题，该报警装置被授予国家实用新型专利。

（一）主要成果和创新点

将剪断销设计为中空盲孔结构，上端车削内螺纹，用压力软管与0.7MPa压缩空气系统连接，在管路上安装电磁阀和压力监测装置。剪断销正常工作时，电磁阀关闭，阀后管路和剪断销内充满0.7MPa压缩空气。剪断销断裂时，电磁阀后管路和剪断销内部失压，压力监测装置检测到压力低后，控制电磁阀打开向阀后管路和剪断销内充气。如果电磁阀动作时间较长仍不能充满气，则向中央控制室运行人员发报警信号，工作人员现地检查剪断销工作状态。

（二）应用情况及推广前景

所研制的立式水轮发电机组上机架千斤顶剪断销报警装置投入应用后，解决了剪断销断裂后不能及时发现的问题，避免了因不能及时发现设备缺陷而造成缺陷扩大和设备损坏事故。该报警装置便于实施，有较强的实用性和推广性。

（三）获奖单位

大唐陕西发电有限公司石泉水力发电厂。

（四）获奖人

叶彦军、申吴刚、熊立功。

（水力发电科学技术奖励工作办公室 孙卓）

获得2020年度中国电力科学技术奖的水电科技项目

根据中国电机工程学会和中国电力科学技术奖励工作办公室2020年11月10日公布的《中国电力科学技术奖奖励通报（2020年度）》，获得2020年度中国电力技术发明奖的水电科技项目有1项，有关情况见表1；获得2020年度中国电力科学技术进步奖的水电、风电科技项目有17项，有关情况见表2。

表1 获得2020年度中国电力技术发明奖的水电科技项目

序号	等级	获奖项目	受奖人	备注
1	二等奖	双向水平轴潮流能发电机组	褚景春（国电联合动力技术有限公司）、袁凌（国电联合动力技术有限公司）、王海峰（国家海洋技术中心）、王正伟（清华大学）、孙科（哈尔滨工程大学）、董健（国电联合动力技术有限公司）	原序号为3，推荐单位为国家能源投资集团有限责任公司

表2 获得2020年度中国电力科学技术进步奖的水电、风电科技项目

序号	等级	获奖项目	受奖单位	受奖人	备注
1	一等奖	海上风电风能高效利用与低冗余高可靠性桩基关键技术及应用	华能国际电力股份有限公司江苏清洁能源分公司、中国华能集团清洁能源技术研究院有限公司、中国电建集团华东勘测设计研究院有限公司、中交第三航务工程局有限公司、远景能源有限公司、中国船舶重工集团海装风电股份有限公司、西安热工研究院有限公司、中国电力科学研究院有限公司、华能海上风电科学技术研究有限公司	许世森、陈晓路、郭小江、王茂华、沙浩、管春雨、朱亚波、马强、闫姝、姜贞强、张波、赵勇、杨微、邹天城、陈为国、陈新明、赵朝志	原序号为5，推荐单位为中国华能集团有限公司
2	一等奖	电力工程中外技术标准体系研究与国际化应用	中国电力建设股份有限公司、水电水利规划设计总院、中国电力规划设计协会、清华大学、中国电建集团国际工程有限公司、中国能源建设集团规划设计有限公司、中国电建集团河南工程有限公司	宗敦峰、周建平、张勇平、齐斌、唐文哲、陈观福、吴鹤鹤、李爱民、庞可、易跃春、黄晓辉、张伟超、赵春晓、程正逢、张勇	原序号为8，推荐单位为中国电力建设集团有限公司
3	一等奖	全水头高效反击式水轮发电机组设计制造及工程应用关键技术	浙江大学、浙江富春江水电设备有限公司、中国葛洲坝集团机电建设有限公司、中国水利水电科学研究院、杭州力源发电设备有限公司、浙江金轮机电实业有限公司、杭州杭发发电设备有限公司	童哲铭、童水光、陈强、马建峰、周叶、黄清、张联升、张昊、唐宁、沈钊根、王寅华、寿光辉、赵华、刘思靓、曹登峰	原序号为9，推荐单位为浙江大学
4	二等奖	电站排泄水工程环境友好型的调控理论、关键技术及应用	武汉大学、中国水利水电科学研究院、长江水利委员会长江科学院、中国能源建设集团广东省电力设计研究院有限公司、国核电力规划设计研究院有限公司、长江生态环保集团有限公司、湖北省水利水电规划勘测设计院	杨中华、槐文信、郭新蕾、宫平、曾利、胡晗、夏庆福、乔弘、惠二青、李海涛	原序号为34，推荐单位为武汉大学
5	二等奖	基于现代信息技术的电子雷管精确控制爆破关键技术及工程应用	中国葛洲坝集团易普力股份有限公司	周桂松、冷振东、郝亚飞、付军、刘庆、李宏兵、杜华善、陈文基、王堃、陈红刚	原序号为35，推荐单位为中国能源建设集团有限公司

续表

序号	等级	获奖项目	受奖单位	受奖人	备注
6	二等奖	大容量抽水蓄能机组高稳定性运行关键技术研究与应用	南方电网调峰调频发电有限公司、清远蓄能发电有限公司、深圳蓄能发电有限公司、广东省水利电力勘测设计研究院、东芝水电设备（杭州）有限公司	汪志强、刘学山、关雷、吕志鹏、刘亚军、伍智钦、彭潜、彭煜民、陈谦、罗绍基	原序号为36，推荐单位为中国南方电网有限责任公司
7	二等奖	白鹤滩水电站巨型地下洞室群安全高效建设关键技术	中国三峡建设管理有限公司、中国电建集团华东勘测设计研究院有限公司、中国科学院武汉岩土力学研究所、浙江中科依泰斯卡岩石工程研发有限公司、长江水利委员会长江科学院	何炜、陈建林、江权、段兴平、褚卫江、胡英国、李毅、王红彬、杨勇、龚世槃	原序号为37，推荐单位为中国长江三峡集团有限公司
8	二等奖	近海深厚软基处理创新技术及产业化应用	中国电建集团华东勘测设计研究院有限公司、浙江华东建设工程有限公司、中国电建集团港航建设有限公司、中国水利水电第十二工程局有限公司、华南理工大学、西南交通大学、天津城建大学、浙江海洋大学	汪明元、单治钢、王宽君、孙淼军、沈益源、刘永祥、王亚军、鹿群、狄圣杰、徐学勇、周小文、张建经、沈仲涛、李洪林、周力沛、徐高峰	原序号为52，推荐单位为中国电力建设集团有限公司
9	三等奖	大型混流式水轮机高稳定性宽范围调节关键技术	松花江水力发电有限公司吉林白山发电厂、哈尔滨电机厂有限责任公司、中国水利水电科学研究院	乔木、张永会、覃大清、李铁成、高连伟、胡海平、鲍峰	原序号为90，推荐单位为国家电网有限公司
10	三等奖	复杂输水发电系统水力瞬变仿真理论方法与水力安全	中国电建集团华东勘测设计研究院有限公司	张春生、陈祥荣、李高会、陈丽芬、孙洪亮、章梦捷、周天驰	原序号为91，推荐单位为中国电力建设集团有限公司
11	三等奖	水电站设备群健康状态评估及故障智能预测关键技术	国电大渡河流域水电开发有限公司、华中科技大学、国电大渡河检修安装有限公司、成都大汇物联科技有限公司、国电大渡河瀑布沟发电有限公司、国电大渡河大岗山发电有限公司、国电大渡河猴子岩水电建设有限公司、国电大渡河枕头坝发电有限公司	涂扬举、李林、侯远航、周建中、钱冰、孟宪宽、马越、郑建民、许颜贺、冯治国、卞高山、蔡银辉、王彤、邓尧曦、王浩宇	原序号为92，推荐单位为国家能源投资集团有限责任公司

续表

序号	等级	获奖项目	受奖单位	受奖人	备注
12	三等奖	水电工程变形监测精度控制关键技术研究	中国电建集团西北勘测设计研究院有限公司、武汉大学、西安科技大学	周恒、李祖锋、姚宜斌、尚海兴、狄圣杰、缪志选、焦健	原序号为93，推荐单位为中国电力建设集团有限公司
13	三等奖	基于数字孪生技术的水电厂主设备全寿命周期管理研究 及应用	国电南京自动化股份有限公司、中国华电集团有限公司、贵州乌江水电开发有限责任公司、乌江渡发电厂、河海大学、南京河海南自水电自动化有限公司	李书明、彭鹏、吴元东、钱国明、余泳、潘剑、李朝新、郑源、陈日伟、韩兵、曹林宁、庞敏、张征正、王盛、孙永红、孙朝霞、陈诚、令狐争争	原序号为94，推荐单位为中国华电集团有限公司
14	三等奖	特大断面泄洪洞龙落尾段开挖衬砌关键技术	中国葛洲坝集团三峡建设工程有限公司	李友华、王伟玲、郑强、曹中升、商永红、汪文亮、王小勇	原序号为95，推荐单位为中国能源建设集团有限公司
15	三等奖	大型风电场智能化运行维护关键技术及应用	国网冀北电力有限公司电力科学研究院、国网新源张家口风光储示范电站有限公司、国电联合动力技术有限公司、华北电力大学、南京南瑞信息通信科技有限公司、国网冀北电力有限公司、许昌许继风电科技有限公司	邓春、白恺、郑宇清、袁凌、宋鹏、于天笑、赵洪山、柳玉、杨伟新、臧鹏、崔阳、张雁忠、费怀胜、王正宇、方占正、吴宇辉、卞晓东	原序号为119，推荐单位为中国电机工程学会
16	三等奖	海上风电机组导管架基础设计施工关键技术创新及应用	中国能源建设集团广东省电力设计研究院有限公司、南方海上风电联合开发有限公司	刘晋超、裴爱国、马兆荣、王中权、汤东升、元国凯、毕明君	原序号为125，推荐单位为中国能源建设集团有限公司
17	三等奖	数字化海上风电场设计关键技术及应用	中国能源建设集团广东省电力设计研究院有限公司、国电南瑞南京控制系统有限公司、南方海上风电联合开发有限公司、华北电力大学	徐龙博、谭任深、汤海宁、王中权、汤东升、黄伟、汪少勇	原序号为127，推荐单位为中国能源建设集团有限公司

（本年鉴编辑部）

中国长江三峡集团有限公司 2020 年获奖科技项目简介

2020 年，中国长江三峡集团有限公司的“巨型水库群分区控制跨网调峰全景调度关键技术及应用”“变化环境下梯级水库调度运行风险及适应性调控关键技术”分别获 2020 年度湖北省技术发明奖一等奖、科技进步奖一等奖，“特高拱坝基础适应性开挖与整体加固关键技术”“白鹤滩复杂地质环境特大穹顶式圆筒调压室建设关键技术”分别获 2020 年度中国岩石力学与工程学会科学技术奖特等奖、一等奖，“乌东德特高拱坝坝肩槽和高边坡精细爆破关键技术和工程实践”获中国能源研究会能源创新奖一等奖，“基于三峡水库水环境改善的水库群联合调度关键技术研究与应用”和“大体积混凝土温控防裂关键问题研究及其应用”获 2020 年度水力发电科学技术奖一等奖，“金沙江下游梯级水电站推移质输沙规律与应用”和“乌东德高拱坝低热水泥混凝土温控防裂和高效施工关键技术”获 2020 年度中国大坝工程学会科技进步奖一等奖，“海上风电新型筒型基础与高效安装成套技术”获 2020 年度天津市技术发明奖特等奖，“大型漂浮式光伏电站关键技术及采煤沉陷区示范应用研究”获 2020 年度中国电力创新奖（技术类）一等奖。现将其中的发明奖和特等奖项目简介如下。

（1）“巨型水库群分区控制跨网调峰全景调度关键技术及应用”获 2020 年度湖北省技术发明奖一等奖。中国三峡集团下属企业中国长江电力股份有限公司联合华中科技大学等单位，在 70 多项国家研究计划和重大工程应用项目支持下，以分区控制多尺度精细调度、跨网调峰源网荷协同优化、多维互馈多层级全景调控为研究主线，发明了巨型水库群分期分区控制多尺度精细嵌套调度核心技术，提出了水库群发电调度逻辑区划及其分区分层优化控制理论与方法体系，研发了水库群长中短期多维时空嵌套智适应优化调度模型，首创了耦合实测来水系统动力学智适应实时调控技术；发明了巨型水库群跨区跨网协同调峰消纳调度核心技术，创建了水库群跨区多站多电网短期联合调峰消纳和多级协同发电调度理论与方法体系，揭示了不同空间分布水库群调峰消纳减弃响应规律；研发了“长中短嵌套、分层分级控制、整体优化计算”调度方法，解析了水库群动态博弈演化与合作调度决策响应过程，建立了水库群全景综合效益最大的动态均衡和有效竞争对策决策模型，阐明了源—网—荷协同调度不同风险指标对不确定性因素的响应机理；提出了业务模型逻辑抽象及结构化表示方法和适用于跨区域多尺度多专业模型的封装耦合技术，自主研发了系统集成微服务架构和 3dWebGIS 引擎及其优化加载求解器，突破了综合调度模型方法库规范化构建与智能决策寻优互操作技术瓶颈。成果在三峡水利枢纽梯级调度通信中心、金沙江梯级调控中心、清江梯级集控中心、国家电网华中电力调控分中心、华电集团四川分公司等 30 多个重大水利枢纽工程生产运行中发挥了关键作用。

（2）“特高拱坝基础适应性开挖与整体加固关键技术”获 2020 年度中国岩石力学与工程学会科学技术奖特等奖。中国三峡集团下属企业中国三峡建设管理有限公司联合清华大学等单位，系统研究了特高拱坝基础成型适应性开挖、整体加固与稳定评价等关键技术：揭示了特高拱坝不同岩性基础开挖开裂破坏、松弛变形机理，建立了基于节理分类的岩体开裂损伤和等效连续介质，及坝－基整体应力均衡、变形协调、刚度匹配闭环控制模型，解决了特高拱坝基础跨尺度节理岩体取值和坝－基整体稳定评价的定量描述难题；创建了以适应性开挖、整体加固与稳定评价为三大支柱的特高拱坝基础成型控制方法，提出了坝－基应力、变形、刚度及整体安全度控制指标体系，以及适应基础应力、地质、大坝结构的分区分层分段开挖、整体加固方法，实现了特高拱坝复杂坝基成型控制定量评价与优化设计；研发了分区分层精细开挖与主动保护，复杂坝基固灌、锚固时机与开裂风险控制，高防渗标准快速深孔帷幕灌浆施工和基于 BIM 技术的信息化施工精细管控等成套技术，提出了特高拱坝基础适应性开挖与整体加固成套工法方案。研究成果在小湾、溪洛渡、乌东德、白鹤滩等巨型水电站应用，已推广到旭龙、叶巴滩、Bakhtiary 等高坝优化设计中，形成了中国特高拱坝基础成型控制方法和成套技术。

（3）“海上风电新型筒型基础与高效安装成套技术”获 2020 年度天津市技术发明奖特等奖。中国三峡集团联合天津大学等单位，经十余年技术攻关，在海上风电筒型基础结构、施工技术与装备等方面取得突破性成果，形成自主创新的成套技术：发明了巨型预应力混凝土与钢结构组合的多分舱筒型基础新型结构体系，提出了筒体结构体系与土体协同承载模式，建立了筒—土协同的地基极限承载力分析方法；发明了风电结构体系运行减振的偏权重控制方法，有效避免了结构共振，解决了风浪流－结构－地基耦合动力安全的难题；发明了船下气浮顶托风机整体浮运技术，建立了筒型基础浮稳性与分舱优化分析方法，提出了船－筒姿态和水封安全控制指标，解决了整体浮运过程中多体耦合动力安全性态控制难题；揭示了筒型基础入土沉放过程筒—土—渗流耦合作用与减阻机理，提出了沉放阻力计算方法和减阻措施，发明了筒型基础整体沉放和调平精细控制技术及其控制装备，实现了高效安全施工安装。项目成果已成功应用于响水、大丰、如东、桂山、阳江和海坛等海上风电场，在70%以上的海域应用有优势，节约施工装备投资约60%。

（中国长江三峡集团有限公司　张丽）

中国电建集团北京勘测设计研究院有限公司2020年科技成果获奖情况

中国电建集团北京勘测设计研究院有限公司2020年科技成果获奖情况见表1。

表1　中国电建集团北京勘测设计研究院有限公司2020年科技成果获奖情况表

序号	项目名称	获奖情况
1	紧凑型超小转弯半径硬岩TBM设备研发及工程应用	水力发电科学技术奖二等奖
2	内蒙古呼和浩特抽水蓄能电站工程	水力发电科学技术奖三等奖
3	风机桩基础倒圆台型承台技术及施工方法研究	电力建设科学技术进步奖一等奖
4	抽水蓄能电站设计规范	电力建设科学技术进步奖二等奖
5	新能源项目环境管理体系研究与应用	电力建设科学技术进步奖二等奖
6	水电站地下埋藏式月牙肋钢岔管设计规范	电力建设科学技术进步奖三等奖
7	文物保护工程岩石裂隙水害综合治理技术研究与应用	电力工程科学技术进步奖三等奖
8	严寒地区超宽排冰泄洪闸关键技术研究与应用	电力工程科学技术进步奖三等奖
9	大华桥水电站工程设计	水电行业优秀工程设计一等奖
10	苏洼龙水电站施工导流设计	水电行业优秀工程设计二等奖
11	乡城水电站工程勘测	水电行业优秀工程勘测三等奖
12	中国水电天津南港海上风电场一期工程设计	电力行业优秀工程设计二等奖
13	杭锦旗150MW风电清洁供暖项目供热工程	电力行业优秀工程设计三等奖

（中国电建集团北京勘测设计研究院有限公司　海显丽）

中国电建集团成都勘测设计研究院有限公司2020年科技成果获奖情况

中国电建集团成都勘测设计研究院有限公司2020年科技成果获奖情况见表1。

表1　中国电建集团成都勘测设计研究院有限公司2020年科技成果获奖情况表

序号	成果名称	获奖情况
1	复杂地质条件超300m高拱坝安全高效建设关键技术	中国大坝工程学会科技进步特等奖
2	300m级高心墙堆石坝智能填筑关键技术及工程应用	中国大坝工程学会科技进步特等奖
3	特高拱坝基础适应性开挖与整体加固关键技术	中国岩石力学与工程学会科学技术奖特等奖
4	锦屏水电站工程	水力发电科学技术奖特等奖
5	裂隙岩体高边坡灾害防控关键理论、方法及技术与应用	河北省科技进步奖一等奖
6	重大水工程边坡安全评价与防控关键技术研究及应用	大禹水利科学技术奖科技进步一等奖
7	狭窄河谷强震区猴子岩特高面板坝关键技术与应用	中国大坝工程学会科技进步奖一等奖

续表

序号	成果名称	获奖情况
8	梯级水库群风险等级确定与风险设计	水力发电科学技术奖一等奖
9	高堆石坝全生命周期变形预测关键技术及应用	水力发电科学技术奖一等奖
10	双江口地下工程施工过程智能管控关键技术	中国大坝工程学会科技进步奖二等奖
11	复杂条件下高拱坝混凝土浇筑全过程智能管控关键技术研究与应用	水力发电科学技术奖二等奖
12	高地应力大埋深长隧道双护盾 TBM 施工超前地质预报关键技术	电力工程科学技术进步奖二等奖
13	600m 级特深厚覆盖层工程勘探试验技术及应用	中国岩石力学与工程学会科学技术奖二等奖
14	大型地下工程施工安全与质量智能监控与预警关键技术	水力发电科学技术奖三等奖
15	水电中长期发展规划研究	水力发电科学技术奖三等奖
16	高地应力大埋深长隧洞双护盾 TBM 施工超前地质预报关键技术	水力发电科学技术奖三等奖
17	水电工程水土保持设计规范	电力建设科技进步奖三等奖
18	阿坝州白水江玉瓦水电站工程	四川省建设工程天府杯金奖
19	西部复杂地质环境区水电工程重大滑坡失稳－堰塞－溃决灾变过程及控制关键技术	电力工程科学技术进步奖一等奖（2019 年度）

（中国电建集团成都勘测设计研究院有限公司　吉华伟）

中国电建集团贵阳勘测设计研究院有限公司 2020 年度科技成果获奖情况

中国电建集团贵阳勘测设计研究院有限公司 2020 年度科技成果获奖情况见表 1。

表 1　　中国电建集团贵阳勘测设计研究院有限公司 2020 年度科技成果获奖情况表

序号	成果名称	获奖情况
1	大型升船机水动力学与安全保障关键技术研究及实践	中国航海学会科学技术奖特等奖
2	锦屏水电站工程	水力发电科学技术奖特等奖
3	乌江思林、沙沱升船机关键技术与应用	水力发电科学技术奖一等奖
4	河流水电开发鱼类生境保护修复关键技术及应用	水力发电科学技术奖二等奖
5	澜沧江断裂带对澜沧江上游西藏段水电开发工程影响研究	水力发电科学技术奖三等奖
6	重大水工程边坡安全评价与防控关键技术研究及应用	大禹水利科技进步奖科技进步一等奖
7	全断面三级配超高掺粉煤灰碾压混凝土筑坝关键技术研究及其应用	中国大坝工程学会科技进步奖二等奖
8	水电工程水温原型观测技术规范	电力建设科技进步奖三等奖
9	贵州洪渡河高生水电站工程地质勘察	水电行业优秀工程勘测一等奖
10	贵州省开阳县农村房地一体宅基地和集体建设用地权籍调查与确权登记	水电行业优秀工程勘测二等奖
11	贵州省兴义市马岭水利枢纽工程地质勘察	水电行业优秀工程勘测二等奖

续表

序号	成果名称	获奖情况
12	贵阳市轨道交通 1 号线工程	水电行业优秀工程勘测三等奖
13	四川省木里河立洲水电站	水电行业优秀工程设计一等奖
14	牛栏江象鼻岭水电站工程地质勘察	水电行业优秀工程勘测二等奖（2019 年度）
15	牛栏江象鼻岭水电站设计	水电行业优秀工程设计一等奖（2019 年度）
16	四川雅安周公河沙坪水电站	水电行业优秀工程设计二等奖（2019 年度）
17	织金县 2017 年易地扶贫搬迁工程城区安置点项目	第五届电力勘测设计行业优秀工程总承包三等奖
18	北盘江一红水河流域控制性工程水温原型观测技术	贵州省技术发明奖二等奖
19	水工三维设计系统（HydroSpace®）	电力行业优秀计算机软件奖三等奖
20	混凝土大坝正垂线预埋管安装工法	贵州省土木建筑工程科技创新奖三等奖
21	一种混凝土面板堆石坝面板分缝结构及其施工方法	中国专利优秀奖
22	高坝工程深层放空关键技术研究	贵州省职工优秀技术创新成果一等奖
23	龙里县龙滩水库大坝枢纽工程	贵州省“黄果树杯”优质工程

（中国电建集团贵阳勘测设计研究院有限公司　陈光耀）

中国水利水电第四工程局有限公司 2020 年科技成果获奖情况

中国水利水电第四工程局有限公司 2020 年科技成果获奖情况见表 1。

表 1　　中国水利水电第四工程局有限公司 2020 年科技成果获奖情况表

序号	成果名称	获奖情况
1	长江三峡枢纽工程	国家科技进步奖特等奖（2019 年度）
2	特高拱坝基础适应性开挖与整体加固关键技术	中国岩石力学与工程学会科学技术奖特等奖
3	双护盾 TBM 安全高效动态管控施工关键技术	电力建设科学技术进步奖二等奖（2019 年度）
4	30t 缆机国产化及在大型水电工程中的应用创新	电力建设科学技术进步奖二等奖
5	拱坝横缝特大灌区接缝灌浆施工技术	电力建设科学技术进步奖三等奖
6	超大型国际配网工程集成化施工管理研究	电力建设科学技术进步奖三等奖
7	特大型溢洪道巨型弧门及预应力闸墩关键技术研究与应用	工程建设科学技术进步奖二等奖
8	轻型大功率风电塔架变截面加强板制作安装技术与应用	电力职工技术创新奖三等奖
9	新型减重风力发电塔架关键工艺技术的创新研发与应用	电力职工技术创新奖三等奖
10	风力发电机基础预埋件钢筋埋弧压力焊施工技术与应用	电力职工技术创新奖三等奖
11	建筑物下受限空间盾构解体技术研究	全国市政行业市政工程科学技术奖二等奖
12	高寒地区富水砂层盾构近接密集建筑群成套关键施工技术	全国市政行业市政工程科学技术奖三等奖
13	地铁暗挖车站风道内盾构分节转体平移关键技术研究	全国市政行业市政工程科学技术奖三等奖
14	一种用于隧道施工的盾构机姿态复核方法	中国专利优秀奖
15	热带草原气候下沥青混凝土应用技术研究	第十届中国技术市场协会金桥奖二等奖
16	第十届中国技术市场协会金桥奖集体优秀奖	第十届中国技术市场协会金桥奖优秀奖

（中国水利水电第四工程局有限公司　雷永红）

中国水利水电第八工程局有限公司 2020年科技成果获奖情况

中国水利水电第八工程局有限公司2020年科技成果获奖情况见表1。

表1 中国水利水电第八工程局有限公司2020年科技成果获奖情况表

序号	成果名称	获奖情况
1	特高拱坝基础适应性开挖与整体加固关键技术	中国岩石力学与工程学会科技进步奖特等奖
2	康诺桥大型单轴燃机联合循环电站技术研究	电力建设科学技术进步奖三等奖
3	超大规模绿色建筑骨料生产运输关键技术	工程建设科学技术进步奖一等奖
4	大跨度连续梁拱桥综合施工技术研究	工程建设科学技术进步奖二等奖
5	特硬岩地层TBM施工高效掘进关键技术研究与应用	工程建设科学技术进步奖二等奖
6	水电工程岩溶防渗堵漏处理关键技术	中国大坝工程学会技术发明奖三等奖
7	大体积混凝土温控防裂关键问题研究及其应用	水力发电科学技术奖一等奖
8	柬埔寨桑河二级特大型灯泡式机组厂房施工及机组安装关键技术	水力发电科学技术奖三等奖
9	溪洛渡特高拱坝建设项目管理创新与实践	电力科技创新奖二等奖
10	特大型灯泡式机组厂房施工及机组安装关键技术	电力职工技术创新奖二等奖
11	机组埋件制造高处作业工装创新	电力职工技术创新奖二等奖
12	断裂构造破碎带上覆深厚淤泥地层特大基坑施工关键技术研究	中国交通运输协会科学技术奖三等奖

（中国水利水电第八工程局有限公司 杨承志）

中国葛洲坝集团股份有限公司 2020年科技成果获奖情况

中国葛洲坝集团股份有限公司2020年科技成果获奖情况见表1。

表1 中国葛洲坝集团股份有限公司2020年科技成果获奖情况表

序号	成果名称	获奖情况
1	近接地下工程稳定性施工控制关键技术	湖北省科学技术奖一等奖
2	大型水库库岸滑坡群变形演化机制及稳定性评价预警关键技术	湖北省科学技术奖二等奖
3	邻近坝区深厚卵石层缆索体系桥梁建造关键技术	湖北省科学技术奖三等奖
4	高地温高地应力高海拔寒冷区水电站建设关键技术研究与应用	新疆维吾尔自治区科学技术奖一等奖
5	岩土智能化爆破关键技术与应用	贵州省科学技术奖二等奖
6	强震区跨活断层高水头长大压力钢管设计与施工关键技术	湖南省科学技术奖三等奖
7	全水头高效反击式水轮发电机组设计制造及工程应用关键技术	中国电力科技进步奖一等奖

续表

序号	成果名称	获奖情况
8	基于现代信息技术的电子雷管精确控制爆破关键技术及工程应用	中国电力科技进步奖二等奖
9	复杂地质条件超300m高拱坝安全高效建设关键技术	中国大坝工程学会科技进步奖特等奖
10	狭窄河谷强震区猴子岩特高面板坝关键技术与应用	中国大坝工程学会科技进步奖一等奖
11	乌东德拱坝低热水泥混凝土温控防裂和高效施工关键技术	中国大坝工程学会科技进步奖一等奖
12	双江口地下工程施工过程智能管控关键技术	中国大坝工程学会科技进步奖二等奖
13	大型地下水电站混凝土施工关键技术及成套装备	中国大坝工程学会技术发明奖二等奖
14	穿区域性活断层高压水道系统设计与施工关键技术	中国大坝工程学会技术发明奖二等奖
15	锦屏水电站工程	水力发电科学技术奖特等奖
16	巴基斯坦NEELUM～JHELUM水电站机电工程关键技术与实践	水力发电科学技术奖二等奖
17	复杂条件下高拱坝混凝土浇筑全过程智能管控关键技术研究与应用	水力发电科学技术奖二等奖
18	江汉平原区高速公路高效施工技术研究及应用	工程建设科学技术奖二等奖
19	BIM技术在复杂市政桥梁工程中的深化应用	工程建设科学技术奖二等奖
20	复杂地质条件下特大型桥梁深水基础施工技术研究与应用	工程建设科学技术奖二等奖
21	深窄河谷淤泥质超深基坑开挖施工关键技术研究与应用	工程建设科学技术奖二等奖
22	高海拔地区超大型铜矿尾矿库工程施工关键技术研究与应用	工程建设科学技术奖二等奖
23	高拱坝大型泄洪孔钢衬混凝土施工关键技术	工程建设科学技术奖二等奖
24	全低热水泥碾压混凝土重力坝施工关键技术	工程建设科学技术奖二等奖
25	复杂地形条件下钢桁架桥结构设计及架设关键技术	工程建设科学技术奖二等奖
26	400m级超深竖井复杂多格空间结构混凝土滑模施工关键技术	工程建设科学技术奖二等奖
27	混凝土预冷系统新型智能控制关键技术及应用	工程建设科学技术奖二等奖
28	高压输电线路铁塔接地技术研究与应用	工程建设科学技术奖二等奖
29	高寒大温差地区超长混凝土面板一次成型及防裂施工关键技术	工程建设科学技术奖二等奖
30	大型抽蓄机组机电安装关键技术及标准化施工	电力建设科学技术奖一等奖
31	引水洞弯平段通用全断面钢模台车研制与应用	电力建设科学技术奖二等奖
32	全低热水泥碾压混凝土重力坝施工关键技术	电力建设科学技术奖三等奖
33	特大断面泄洪洞龙落尾段开挖衬砌关键技术	电力建设科学技术奖三等奖
34	巨型人字门快速检修技术研究与应用	电力建设科学技术奖三等奖
35	混凝土预冷系统新型智能控制关键技术及应用	电力建设科学技术奖三等奖
36	输电线路重要跨越区段防舞动技术研究与应用	电力建设科学技术奖三等奖
37	高压输电线路铁塔接地技术研究与应用	电力建设科学技术奖三等奖
38	平原风电安装工程软弱地基处理关键技术研究	电力建设科学技术奖三等奖
39	绿色矿山全流程建设及建设质量综合评价研究	中国非金属矿行业协会科学技术奖三等奖
40	大型石灰石矿爆破开采精细化控制技术及应用	中国非金属矿行业协会科学技术奖二等奖
41	库区深V形裸岩河床桥梁基础施工关键技术研究与应用	中国公路建设行业协会科学技术奖二等奖

续表

序号	成果名称	获奖情况
42	岩质路堑开挖爆破效果定量评估与精细化控制技术	中国公路建设行业协会科学技术奖三等奖
43	特高压直流瓷质绝缘子铁帽防电腐蚀锌环的优化设计及研制	中国安全生产协会安全科技进步奖三等奖
44	大型地下水电站混凝土高效施工技术成果推广应用	中国技术市场协会金桥奖二等奖
45	大型地下洞室锚索安全高效施工成套装备	中国电力技术市场协会创新应用金牌成果
46	乌东德特高拱坝拱肩槽和高边坡精细爆破关键技术和工程实践	中国能源研究会科学技术奖一等奖
47	生态文明视觉下库岸滑坡减灾关键技术	大禹水利科学技术奖科技进步二等奖

（中国葛洲坝集团股份有限公司　程志华）

长江水利委员会长江科学院 2020 年科技成果获奖情况

长江水利委员会长江科学院 2020 年科技成果获奖情况见表 1。

表 1　长江水利委员会长江科学院 2020 年度科技成果获奖情况

序号	成果名称	获奖情况
1	深水大截面沉井施工关键技术	湖北省技术发明奖二等奖
2	高危堰塞湖应急处置关键技术与实践	大禹水利科学技术奖科技进步奖特等奖
3	大型河工模型智能测控系统开发	大禹水利科学技术奖技术发明奖一等奖
4	农村水电绿色发展若干关键技术研究及应用	大禹水利科学技术奖科技进步奖二等奖
5	南水北调中线一期工程全过程调度与输水安全保障关键技术	大禹水利科学技术奖科技进步奖二等奖
6	南水北调中线穿黄隧洞工程设计关键技术研究与实践	水力发电科学技术奖特等奖
7	锦屏水电站工程	水力发电科学技术奖特等奖
8	变化环境下三峡水库库尾泥沙运动规律及整治关键技术研究	水力发电科学技术奖二等奖
9	西南地区河床深厚覆盖层勘察与试验关键技术	水力发电科学技术奖三等奖
10	流域水资源管理与应急监测新一代信息技术研究及应用	中国地理信息科技进步奖一等奖
11	福建省地下水自动化监测项目	中国地理信息产业优秀工程奖铜奖
12	复杂地质条件超 300m 高拱坝安全高效建设关键技术	中国大坝工程学会科技进步奖特等奖
13	金沙江下游梯级水电站推移质输沙规律与应用	中国大坝工程学会科技进步奖一等奖
14	乌东德高拱坝低热水泥混凝土温控防裂和高效施工关键技术	中国大坝工程学会科技进步奖一等奖
15	土石坝长效安全运行重大关键技术研究	中国大坝工程学会科技进步奖二等奖
16	基于原位识别的大型弃渣场生态修复与综合监控关键技术	中国水土保持学会科学技术奖二等奖
17	《水工混凝土结构耐久性评定规范》（SL 775—2018）	中国工程建设标准化协会标准科技创新奖一等奖
18	乌东德特高拱坝拱肩槽和高边坡精细爆破关键技术和工程实践	中国能源研究会能源创新奖一等奖
19	湖北省鄂北地区水资源配置工程夹河套段（PCCP）倒虹吸防护工程专题研究	全国优秀工程咨询成果奖一等奖
20	金沙江白鹤滩水电站大坝建基面开挖爆破控制专题研究	湖北省优秀工程咨询成果奖一等奖

（长江水利委员会长江科学院　李鹏）

河海大学获奖的几个水利水电及新能源类科研成果简介

（一）大型水电工程高危边坡多尺度自动化监测关键技术与应用

该成果由河海大学完成，获 2020 年度教育部科技进步二等奖。

针对时序 InSAR 分析方法在水电工程形变监测应用中存在的问题，结合应用环境的复杂性和特殊性，进行系统性的理论与应用研究，包括长时序低相干 SAR 影像传递配准方法、自适应阈值分割约束的 PS 选取方法和时空维相位解缠方法，并在四川省瀑布沟水电站移民场地、山东省广南水库、双王城水库等研究区开展综合应用实验研究。主要创新点如下：

（1）研发空基和地基一体化的高精度全球导航卫星（GNSS）形变监测方法体系，突破常规 GNSS 技术在水电工程高山峡谷区域定位精度下降甚至无法定位解算的技术难题。

（2）创建大型水电工程复杂地质和气候环境下多源信息协同感知的形变提取技术，发展 GNSS 及数值气象模型 InSAR 大气延迟改正，研发地面信息辅助 InSAR 相位解缠方法。

（3）研发多源遥感综合的多尺度监测技术，揭示水电工程滑坡时空演变规律与影响机制。

（4）自主研发北斗卫星导航系统地基增强系统。

（二）抽水蓄能电站水力系统优化布置与过渡过程控制理论及技术

该成果由河海大学完成，2020 年 3 月获 2019 年度江苏省科学技术奖一等奖。

针对国家重大需求的抽水蓄能电站安全高效运行关键理论技术问题进行研究，主要创新点如下：

（1）搭建了抽水蓄能电站全流道水力优化实验平台，建立了电站进/出水口扩散角、分流墩和防涡梁优化设计准则；探明了进/出水口最小临界淹没深度和水库库盆冲刷防护范围；构建了调压室稳态、瞬态水力损失计算公式；提出了多工况运行、水力性能整体较优岔管体型。成果为抽水蓄能电站水道优化设计与经济运行奠定了基础。

（2）研发了抽水蓄能电站过渡过程高精度仿真平台，解决了抽水蓄能电站输水发电系统水机电多场耦合难题；发明了基于转速反馈信号及球阀导叶联动的事故关机方法；提出了电站相继甩负荷事故工况的控制技术；确立了“一洞多机”流道布置原则与尾水调压室设置条件，较大幅度的降低了系统水锤压力，实现了抽水蓄能电站过渡过程安全控制。

（3）建立了抽水蓄能电站自激振动解析模型和随机分析模型，揭示了自激振动的振源与幅频特性，提出了可逆式机组自激振动判别条件，明确了稳定运行区域；建立了模块化的小波动稳定性分析方法，实现了抽水蓄能电站稳定性分析由孤网假设向局域网并联的突破，保障了抽水蓄能电站安全稳定运行。

（4）揭示了抽水蓄能电站蜗壳压力、机组转速、调压室涌浪等关键安全指标与运行工况的内联机制，建立了水力干扰下的机组超出力计算公式与组合工况下的调压室涌浪极值公式，丰富了抽水蓄能电站安全稳定运行理论与控制策略。

（三）新能源并网运行的建模与调控理论

该成果由河海大学完成，2020 年 3 月获 2019 年度江苏省科学技术奖二等奖。

新能源并网运行（renewable generation integrating into power grid，RGIPG），RGIPG 具有多时空尺度、随机性以及弱可控性等特点，RGIPG 建模与调控理论的突破，成为本学科国际前沿的科学难题。成果的主要创新点如下：

（1）创新了计及多时空尺度的 RGIPG 模型体系，为新能源并网运行分析与控制提供了支撑。建立了包含变流器与控制器的风力发电系统的通用模型，构建了风电场“风—电转换”的频域模型，揭示了 RGIPG 同调的新判据；推导出与同步发电机相类似的系数恒定模型；创建了计及电动汽车时空随机特性的配电网负荷需求模型，发现了电动汽车无序充电对配电网高峰负荷的严重不利影响，阐明了同时考虑电网运行特性和电动汽车用户便利性、经济性的有序充电机制。

（2）创建了计及随机特性的 RGIPG 概率优化调度方法，为新能源并网经济高效运行提供了支撑。建立了 RGIPG 概率优化模型，发明了基于混合半不变量和 Gram-Charlier 级数展开的概率潮流算法，提出了含储能风电场的优化运行策略、储能优化调度准则以及储能对风电波动的补偿机制，发展了基于双电池组的风-储混合电站拓扑结构；揭示了非隔离光伏并网逆变器电路的生成机理，提出了一族六开关非隔离并网逆变器电路，降低了并网系统的体积、重量和成本，提高了并网系统的运行效率。

（3）创立了计及连续与离散控制的 RGIPG 非线性混合控制理论，为新能源并网安全优质运行提供了支撑。发现了 RGIPG 控制器参数可区分性案例，揭示了 RGIPG 控制器参数之间的耦合关系，创立了 RGIPG 既有连续控制又有离散控制的混合控制理论；将微分几何理论引入风力发电的非线性最优控制，在精确线性化模型的基础上，获得了多机风力发电系统的非线性弱耦一协调控制器，提高了风力发电系统平衡点大幅漂移时的动态响应特性；揭示了直线发电机定子电流的幅值和相位对波浪发电有功功率和系统阻尼的可控性。

（河海大学）

南方电网调峰调频发电有限公司 2020 年创新成果获奖情况

南方电网调峰调频发电有限公司 2020 年创新成果获奖情况见表 1。

表 1 南方电网调峰调频发电有限公司 2020 年创新成果获奖情况表

序号	成果名称	获奖情况
1	大容量抽水蓄能机组高稳定性运行关键技术研究与应用	中国电力科学技术进步奖二等奖
2	基于多区域架构的电力调度智能云及云原生应用研究及工程实施	中国电力科学技术进步奖三等奖
3	广东清远抽水蓄能电站工程关键技术创新及应用	中国大坝工程学会科技进步奖一等奖
4	基于本质安全要求的大型抽水蓄能电站监控系统成套关键技术研发及应用	中国能源研究会能源创新奖二等奖
5	长引水隧洞水下多功能智能巡检机器人国产化研究与应用	电力创新奖（科技）一等奖
6	化零为整一独创虚拟仓库运作模式优化公司库存管理	电力创新奖（管理）二等奖
7	吸附触摸式模拟断路器	电力职工技术创新奖一等奖
8	便携式简易录波仪研制	电力职工技术创新奖二等奖
9	新型应急照明灯系列产品研制与社会化应用	电力职工技术创新奖二等奖
10	VPI 定子线棒绝缘老化测试及评估平台研制	电力职工技术创新奖二等奖
11	便携式 CT 极性自动检验装置	电力职工技术创新奖三等奖
12	多功能温控测量一体化校验仪	电力职工技术创新奖三等奖
13	长引水隧洞水下多功能智能巡检机器人国产化研究与应用	水力发电科学技术奖一等奖
14	抽水蓄能电站多机过渡过程技术控制研究与应用	水力发电科学技术奖二等奖
15	大型抽蓄机组机电安装关键技术及标准化施工	电力建设科学技术进步奖一等奖
16	抽水蓄能电站设计规范	电力建设科学技术进步奖二等奖
17	抽水蓄能发电电动机变压器组继电保护关键技术研究及应用	中国机械工业科学技术奖三等奖
18	抽水蓄能发电电动机变压器组继电保护关键技术研究及应用	广东省机械工业科学技术奖一等奖

（南方电网调峰调频发电有限公司 曹娅）

南京水利科学研究院 2020 年科技成果获奖情况

南京水利科学研究院 2020 年科技成果获奖情况见表 1。

表 1 南京水利科学研究院 2020 年科技成果获奖情况表

序号	项目名称	获奖情况
1	高寒区长距离供水渠道高效运行与安全保障技术	中国大坝工程学会科学技术奖特等奖
2	大型水电站泄洪与通航安全协同保障关键技术	中国水运建设行业科学技术奖特等奖

续表

序号	项目名称	获奖情况
3	水运工程物理模型模拟关键技术及应用	中国水运建设行业科学技术奖一等奖
4	基于波流边界层特性的海湾水沙运动模拟关键技术研究与应用	中国航海科学技术奖特等奖
5	大型河工模型智能测控系统开发	大禹水利科学技术奖技术发明一等奖
6	河流生态变化辨识与生态河流完整性重构一体化技术及应用	大禹水利科学技术奖科技进步一等奖
7	重大水工程边坡安全评价与防控关键技术研究及应用	大禹水利科学技术奖科技进步一等奖
8	乌江思林、沙沱升船机关键技术与应用	水力发电科学技术奖一等奖
9	大石峡特高混凝土面板砂砾石坝设计方案研究咨询	全国优秀工程咨询成果一等奖
10	招商局重庆交通科研设计院有限公司水下隧道实验室建设全过程咨询项目	中国科技咨询协会咨询创新奖咨询项目创新奖
11	引江济淮工程（安徽段）全过程质量咨询项目	中国科技咨询协会咨询创新奖咨询项目创新奖
12	水工混凝土结构耐久性评定规范	中国标准化创新科技奖科技创新奖一等奖
13	常州市运北主城区"畅流活水"与洪水风险图编制研究与应用	江苏省咨询科学技术奖技术创新一等奖
14	变化环境下水文循环演变及响应机理	高等学校科学研究优秀成果奖（科学技术）自然科学一等奖
15	石笼网装生态袋和废旧轮胎的生态航道驳岸挡墙及其方法	第二十二届中国专利奖
16	Q/SY18618—2018 滩海工程水文技术规范	中国石油天然气集团有限公司优秀标准奖一等奖
17	南京水利科学研究院变化环境下水文生态效应创新团队	大禹水利科技奖创新团队奖
18	南京水利科学研究院高坝通航建筑物建设技术团队	中国航海学会 2019 年科技突出贡献团队
19	南京水利科学研究院长江航道治理与保护技术研究创新团队	中国水运建设行业科学技术奖创新团队奖
20	南京水利科学研究院陈求稳	2020 年科学探索奖

（南京水利科学研究院　成荣亮）

中国安能集团第一工程局有限公司 2020 年度科技成果获奖情况

中国安能集团第一工程局有限公司 2020 年度科技成果获奖情况见表 1。

表 1　中国安能集团第一工程局有限公司 2020 年度科技成果获奖情况

序号	成果名称	获奖情况
1	锦屏水电工程	水力发电科学技术奖特等奖
2	观音岩水电工程设计施工关键技术研究与应用	云南省科学技术进步一等奖

（中国安能集团第一工程局有限公司　黄志驹）

专 利 项 目

长江水利委员会长江科学院 2020 年获得授权专利和软件著作权登记证书情况

长江水利委员会长江科学院 2020 年获授权中国专利 81 件（含发明专利 22 件），有关情况见表 1。

表 1 长江水利委员会长江科学院 2020 年获授权专利情况

序号	专利名称	专利类别	专利号	授权日期
1	一种用于监测水厂投矾管道中的断矾故障的方法及其系统	发明	ZL201610801988.0	2020 年 1 月 14 日
2	一种基于三维 GIS 的水库巡检实时监测方法	发明	ZL201710730797.4	2020 年 1 月 21 日
3	水土保持装置	发明	ZL201810137094.5	2020 年 3 月 6 日
4	一种县域尺度山洪灾害风险评估方法	发明	ZL201710352100.4	2020 年 4 月 10 日
5	一种微机电气液伺服联控野外岩土力学试验装置及方法	发明	ZL201711387916.7	2020 年 4 月 14 日
6	联合无人机和探地雷达的工程堆弃体量测量方法	发明	ZL201811194872.0	2020 年 5 月 1 日
7	一种用于岩体快速加固的伞型锚及应用方法	发明	ZL201910292672.7	2020 年 5 月 19 日
8	一种基于机载 LiDAR 数据的堤防破坏检测方法	发明	ZL201810131020.0	2020 年 5 月 19 日
9	一种自稳性防汛构筑物及其快速搭建方法	发明	ZL201910227378.8	2020 年 7 月 10 日
10	一种模拟水温分层运动及分层取水措施效果的实验装置	发明	ZL201910101715.9	2020 年 7 月 17 日
11	隧洞结构面产状双激光照准测量方法	发明	ZL201810549425.6	2020 年 7 月 17 日
12	拼装式原位淋洗与 EKG 电动协同去除土壤重金属的装置及方法	发明	ZL201710096949.X	2020 年 8 月 7 日
13	具有良好变形适应能力的丙乳增韧塑性混凝土及制备方法	发明	ZL201710958553.1	2020 年 9 月 25 日
14	一种利用选铜尾砂制备的功能材料及其制备工艺	发明	ZL201810130987.7	2020 年 10 月 27 日
15	一种大体积混凝土降温保湿灌浆一体化装置和方法	发明	ZL201910203224.5	2020 年 11 月 13 日
16	基于钢渣和矿渣协同处理飞灰中二噁英和重金属的方法	发明	ZL201910340655.6	2020 年 11 月 24 日
17	一种适应于软弱围岩大变形的让压锚杆设计方法	发明	ZL201911080878.X	2020 年 12 月 8 日
18	一种推求江河产漂流性卵鱼类的产卵场位置的方法	发明	ZL201910226825.8	2020 年 12 月 11 日
19	一种堤防快速堵口抢险专用桩网抗冲设备及应用方法	发明	ZL201910720095.7	2020 年 12 月 18 日
20	一种浅埋硬岩大型地下洞室成洞条件量化评价方法	发明	ZL201910873276.3	2020 年 12 月 22 日
21	峡谷高应力区硬岩大型地下洞室轴线布置量化设计方法	发明	ZL201910858918.2	2020 年 12 月 22 日
22	一种用于土体原位测试的上拔式剪切探头及方法	发明	ZL201810705834.0	2020 年 12 月 25 日
23	一种真空反力加载系统	实用新型	ZL201920291047.6	2020 年 1 月 14 日
24	一种水葫芦爆发性增殖控制型浮岛	实用新型	ZL201920711957.5	2020 年 1 月 24 日
25	水轮调速器仿真测试仪前置机及水轮调速器仿真结构	实用新型	ZL201920862328.2	2020 年 1 月 31 日
26	一种水轮机调速器运行数据记录系统	实用新型	ZL201920853505.0	2020 年 1 月 31 日

续表

序号	专利名称	专利类别	专利号	授权日期
27	一种新型植入式减压井降压排水系统	实用新型	ZL201920689922.6	2020年2月4日
28	一种方体油缸及用于该方形油缸中的密封圈和密封结构	实用新型	ZL201920786801.3	2020年2月7日
29	一种库区消落带台阶状生态护坡结构	实用新型	ZL201921024508.X	2020年3月24日
30	流速仪	实用新型	ZL201921260616.7	2020年3月24日
31	一种测量含沙量的传感器装置	实用新型	ZL201921207345.9	2020年5月1日
32	一种太阳能光伏供水系统	实用新型	ZL201921269294.2	2020年5月8日
33	一种高水压分体式岩体变形测量装置	实用新型	ZL201921019772.4	2020年5月12日
34	一种超大量程量水堰式雾化自动测量装置	实用新型	ZL201921497199.8	2020年5月15日
35	基于CCD和蓝牙通信的引张线仪	实用新型	ZL201921805855.6	2020年5月15日
36	一种鱼类环境DNA动水归趋特性测试装置	实用新型	ZL201921138548.7	2020年5月19日
37	一种用于采砂坑底栖生境恢复的人工礁石	实用新型	ZL201921148044.3	2020年5月19日
38	一种新型复合防砂排水减压井挤土成孔装置	实用新型	ZL201921519770.1	2020年5月19日
39	快速测定软岩地层地应力的测量装置	实用新型	ZL201921550533.1	2020年5月19日
40	一种便携式小流量恒压试验供水装置	实用新型	ZL201921242303.9	2020年5月19日
41	一种塑性混凝土吸水率测定装置	实用新型	ZL201921149528.X	2020年5月19日
42	阀芯位置检测装置及系统	实用新型	ZL201920868150.2	2020年5月19日
43	一种用于堤防抢险抵抗大吨位水平力的装配式固定器	实用新型	ZL201921283255.8	2020年6月2日
44	一种振弦式压力传感器	实用新型	ZL201921540166.7	2020年6月2日
45	一种越江地铁隧道动力特性离心模型试验装置	实用新型	ZL201921482013.1	2020年6月2日
46	一种使用堆肥土壤进行模拟的岸坡结构	实用新型	ZL201921304190.0	2020年6月5日
47	一种用于管涌抢险的折叠便携式充水围井	实用新型	ZL201921649155.2	2020年6月30日
48	一种适用于让压锚杆的让压吸能装置	实用新型	ZL201921910113.X	2020年7月3日
49	一种适用于土壤有机质去除的装置	实用新型	ZL201921618979.3	2020年7月3日
50	一种硬质可长期储存的土壤剖面样标本盒	实用新型	ZL201922032069.3	2020年7月7日
51	一种悬索桥钟罩式锚碇结构	实用新型	ZL201921681146.1	2020年7月10日
52	一种基于动态监测的移动式水体污染物靶向净化系统	实用新型	ZL201921988343.8	2020年7月10日
53	现场取样的喷射混凝土与围岩黏结强度测试的芯样结构	实用新型	ZL201921821523.7	2020年7月10日
54	用于河工模型的升降高度精准可控式潮水位闸	实用新型	ZL201920924832.0	2020年7月21日
55	一种便携式浅水湖库淤积物垂向分层同步采样设备	实用新型	ZL201922123394.0	2020年7月31日
56	一种自动灌浆搅拌系统	实用新型	ZL201921330037.5	2020年8月7日
57	一种钻孔取样定位装置	实用新型	ZL201922157390.4	2020年8月25日
58	一种具有管路保湿系统的大型混凝土定型框架	实用新型	ZL201921122210.2	2020年8月28日
59	一种基于无线通信的轻便型双轴倾角计	实用新型	ZL202020102212.1	2020年8月28日
60	一种半八字型混凝土试件夹具	实用新型	ZL201922076696.7	2020年8月28日
61	一种水轮机调速器及进水阀联动保护装置	实用新型	ZL201920859299.4	2020年8月28日
62	一种堤防漏水口探测装置	实用新型	ZL201921909060.X	2020年9月8日
63	一种引水隧洞衬砌内监测电缆预埋装置	实用新型	ZL202020261455.X	2020年9月11日

续表

序号	专利名称	专利类别	专利号	授权日期
64	一种用于水下地形测量的水陆两栖无人机	实用新型	ZL202020021293.2	2020年9月11日
65	一种适用于堤防减压井解堵的轻型活塞洗井装置	实用新型	ZL201922228642.8	2020年9月18日
66	一种深部岩体微小变形现场测量系统	实用新型	ZL202020261389.6	2020年9月18日
67	一种流量监测装置	实用新型	ZL202020477866.2	2020年9月22日
68	一种基于库容实时调节的堤坝溃决试验复合模拟装置	实用新型	ZL201922403797.0	2020年9月25日
69	一种水体流速检测装置	实用新型	ZL202020477006.9	2020年10月9日
70	一种伞型锚的机械式回收装置	实用新型	ZL201922345000.6	2020年10月9日
71	一种极软岩隧洞围岩变形测量装置	实用新型	ZL202020607935.7	2020年11月17日
72	一种紫色土坡地水土保持生态农业治理装置	实用新型	ZL202020518578.7	2020年11月17日
73	一种岩体试验柔性油缸及带有该柔性油缸的加载系统	实用新型	ZL202020541748.3	2020年11月24日
74	一种荷载内置式透明密封舱岩体试验系统	实用新型	ZL202020378038.3	2020年12月4日
75	一种农村饮用水水质净化装置	实用新型	ZL202020525304.0	2020年12月4日
76	一种岩质地基爆破开挖分层回弹变形测量系统	实用新型	ZL202020271378.6	2020年12月4日
77	一种超声波洗井装置	实用新型	ZL202020686562.7	2020年12月15日
78	一种用于混凝土冻融试验的双层试件盒	实用新型	ZL202020813375.0	2020年12月18日
79	深基坑无线采集自动化监测系统	实用新型	ZL202021254149.X	2020年12月18日
80	一种农村非常规水智能化处理装置	实用新型	ZL202020858917.6	2020年12月29日
81	一种可调节临时苫盖和拦挡措施的室内土壤侵蚀试验槽装置	实用新型	ZL202021169950.4	2020年12月29日

长江水利委员会长江科学院完成43项软件成果，2020年获国家计算机软件著作权登记证书情况见表2。

表2　长江水利委员会长江科学院2020年获得国家计算机软件著作权登记证书情况

序号	软件名称	证书号	登记号	登记时间
1	基于北斗精准定位与电子围栏的采砂监管系统	软著登字第4905601号	2020SR0026905	2020年1月7日
2	基于物联网+智慧大脑的三维水旱灾害防御云平台	软著登字第4909277号	2020SR0030581	2020年1月7日
3	基于时空大数据智能识别的河湖监管系统	软著登字第4902588号	2020SR0023892	2020年1月7日
4	堰塞坝溃决过程水沙耦合动力学数学模型计算软件	软著登字第4953527号	2020SR0074831	2020年1月15日
5	雅鲁藏布江中下游水土流失动态监测系统	软著登字第5044989号	2020SR0166293	2020年2月24日
6	复杂河道一维非恒定水流—泥沙—水质数学模型软件	软著登字第5211184号	2020SR0332488	2020年4月14日
7	复杂河道平面二维水流泥沙运动数学模型软件	软著登字第5215417号	2020SR0336721	2020年4月15日
8	基于非连续变形分析的伺服控制加载系统	软著登字第5246660号	2020SR0367964	2020年4月23日
9	基于接触势的非连续变形模拟系统	软著登字第5246665号	2020SR0367969	2020年4月23日
10	长江水沙多目标联合调控数学模型软件	软著登字第5252965号	2020SR0374269	2020年4月24日
11	城市小流域防洪排涝决策支持系统	软著登字第5606684号	2020SR0727988	2020年7月6日
12	基于显式时间积分的非连续变形模拟平台	软著登字第5609894号	2020SR0731198	2020年7月7日
13	河道地形冲淤分布图生成软件	软著登字第5675382号	2020SR0796686	2020年7月20日
14	基于JAVA二次开发的河道清淤疏浚方量计算软件	软著登字第5675375号	2020SR0796679	2020年7月20日

续表

序号	软件名称	证书号	登记号	登记时间
15	基于离散元方法的越江浅埋隧道开挖面稳定性分析软件	软著登字第 5718489 号	2020SR0839793	2020 年 7 月 28 日
16	黏性泥沙絮团生长数学模型软件	软著登字第 5747526 号	2020SR0868830	2020 年 8 月 3 日
17	水轮机调速器 PCC 调节控制软件	软著登字第 5746553 号	2020SR0867857	2020 年 8 月 3 日
18	水轮机调速器 VB 监控软件	软著登字第 5746712 号	2020SR0868016	2020 年 8 月 3 日
19	远程监控软件	软著登字第 5748392 号	2020SR0869696	2020 年 8 月 3 日
20	波形转换浏览软件	软著登字第 5746706 号	2020SR0868010	2020 年 8 月 3 日
21	湖泊水质自动化监测系统	软著登字第 6020216 号	2020SR1141520	2020 年 9 月 22 日
22	环境监测大数据智能分析管理软件	软著登字第 6069453 号	2020SR1190757	2020 年 9 月 30 日
23	大坝安全监测大数据可视化展示系统	软著登字第 6467605 号	2020SR1666633	2020 年 11 月 27 日
24	水利水电工程安全移动巡检 App	软著登字第 6467604 号	2020SR1666632	2020 年 11 月 27 日
25	水库水温监控系统	软著登字第 6464158 号	2020SR1663186	2020 年 11 月 27 日
26	大坝变形监测数据管理及分析系统	软著登字第 6467894 号	2020SR1666922	2020 年 11 月 27 日
27	堤防工程安全监测信息管理系统	软著登字第 6467893 号	2020SR1666921	2020 年 11 月 27 日
28	混凝土应变计组计算分析系统	软著登字第 6464234 号	2020SR1663262	2020 年 11 月 27 日
29	水利工程标准化管理平台	软著登字第 6467522 号	2020SR1666550	2020 年 11 月 27 日
30	大坝安全监测物联网平台	软著登字第 6467508 号	2020SR1666536	2020 年 11 月 27 日
31	大坝安全监测云服务系统	软著登字第 6467523 号	2020SR1666551	2020 年 11 月 27 日
32	大坝安全监测移动 App	软著登字第 6467877 号	2020SR1666905	2020 年 11 月 27 日
33	农村智能节水综合管理及调配系统	软著登字第 6493103 号	2020SR1692131	2020 年 11 月 30 日
34	河湖岸线群智感知系统	软著登字第 6493153 号	2020SR1692181	2020 年 11 月 30 日
35	水资源监测预警综合调度及决策支持系统	软著登字第 6493104 号	2020SR1692132	2020 年 11 月 30 日
36	化学浆液电子计量系统	软著登字第 6500488 号	2020SR1699516	2020 年 12 月 1 日
37	河湖水生态管理系统	软著登字第 6522732 号	2020SR1721760	2020 年 12 月 3 日
38	河流纳污能力动态管理系统	软著登字第 6522729 号	2020SR1721757	2020 年 12 月 3 日
39	灌区信息化管理软件系统	软著登字第 6522730 号	2020SR1721758	2020 年 12 月 3 日
40	湖泊动态纳污能力分析系统	软著登字第 6522731 号	2020SR1721759	2020 年 12 月 3 日
41	入河排污监测信息管理系统	软著登字第 6522733 号	2020SR1721761	2020 年 12 月 3 日
42	区域降水挖潜与高效利用效果的社会经济效益评价软件	软著登字第 6594704 号	2020SR1791702	2020 年 12 月 11 日
43	区域降水挖潜水资源增量模型评价软件	软著登字第 6594703 号	2020SR1791701	2020 年 12 月 11 日

（长江水利委员会长江科学院　李鹏）

中国电建集团北京勘测设计研究院有限公司 2020 年获得专利授权情况

中国电建集团北京勘测设计研究院有限公司 2020 年获得专利授权情况见表 1。

表1　　中国电建集团北京勘测设计研究院有限公司2020年获得国家专利授权情况

序号	专利名称	专利类别	专利号	授权公告日
1	胶凝砂砾石坝应变计实测应变的分离计算方法	发明	ZL201710221053.X	2020年4月24日
2	一种寒冷地区抽水蓄能电站水库最大冰厚计算的方法	发明	ZL201610849569.4	2020年4月24日
3	考虑渗水影响的胶凝砂砾石坝温度场计算方法	发明	ZL201710220545.7	2020年5月1日
4	一种寒冷及严寒地区抽水蓄能电站水库冰冻库容的计算方法	发明	ZL201710018643.2	2020年7月7日
5	一种用于底轴旋转闸门的重锤式自动锁锭装置	实用新型	ZL201920218734.5	2020年2月14日
6	用于即有建筑物基础托换加固的树根桩	实用新型	ZL201920065955.3	2020年2月18日
7	水电站竖井式尾水渠	实用新型	ZL201920065138.8	2020年2月18日
8	一种长深竖井中的浇注母线安装结构	实用新型	ZL201921296341.2	2020年4月24日
9	一种用于高流速无压隧洞的泄洪消能结构	实用新型	ZL201921098040.9	2020年4月24日
10	一种工程地质勘察用的压水试验装置	实用新型	ZL201921098037.7	2020年4月24日
11	一种预制的自带分级过滤功能的滤水管	实用新型	ZL201921098036.2	2020年4月24日
12	一种非对称开敞式溢洪道	实用新型	ZL201920921487.5	2020年4月24日
13	一种水电站压力管道排水廊道结构	实用新型	ZL201920876460.9	2020年4月24日
14	一种干孔封隔栓塞控制阀	实用新型	ZL201921268528.1	2020年5月12日
15	一种用于集运鱼系统的鱼类过渡暂存池	实用新型	ZL201921396566.5	2020年5月12日
16	一种鱼类多功能实验测量操作台	实用新型	Zl201921396567.X	2020年5月12日
17	一种用于防止河流漂浮物进入鱼道的阻挡装置	实用新型	Zl201921396630.X	2020年5月12日
18	一种自升降式组合闸门布置结构	实用新型	ZL201920622556.2	2020年5月15日
19	一种折线型混凝土面板坝连接板结构	实用新型	ZL201921097993.3	2020年6月12日
20	一种滑雪场地下阶梯式蓄水池群	实用新型	ZL201921296343.1	2020年6月12日
21	一种多通道取水兼集排沙系统	实用新型	ZL201921312103.6	2020年6月12日
22	一种增加过流能力的定期冲洗式沉沙池	实用新型	ZL201921311924.8	2020年6月12日
23	一种用于严寒地区泄洪闸的破冰抗撞闸墩头	实用新型	ZL201921694308.5	2020年7月3日
24	一种用于严寒地区复合型沉沙池	实用新型	ZL201921312081.3	2020年7月3日
25	一种配有独立冷源的新风加热机组	实用新型	Zl201921582922.2	2020年7月3日
26	一种适用于TMB施工的地下厂房排水廊道	实用新型	Zl201921694343.7	2020年7月3日
27	一种用于隧洞衬砌混凝土质量检测的探底雷达辅助装置	实用新型	ZL201922105820.8	2020年7月28日
28	一种地质勘探用浅层手动取样装置	实用新型	ZL201922105312.X	2020年8月11日
29	一种岸边溢洪道的曲线溢流堰结构	实用新型	ZL201921476736.0	2020年8月14日
30	一种岸边溢洪道/泄洪洞出口的折线式挑流鼻砍	实用新型	ZL201921476515.3	2020年8月14日
31	一种提高桩抗拔承载力的风机承台组件	实用新型	ZL201921694310.2	2020年8月14日
32	一种水电站地下厂房自流排水系统	实用新型	ZL201922373675.1	2020年10月16日
33	一种用于城市水环境治理的下开式闸门的门库结构	实用新型	ZL201922426273.3	2020年11月12日

（中国电建集团北京勘测设计研究院有限公司　王艺霖）

中国电建集团西北勘测设计研究院有限公司2020年获得国家授权专利情况

2020年，中国电建集团西北勘测设计研究院有限公司全年申报专利186件，获得国家授权专利121件，其中发明专利11件、实用新型专利97件、外观设计专利13件，有关情况见表1。

表1 中国电建集团西北勘测设计研究院有限公司2020年获得国家授权专利情况

序号	专利名称	专利类型	专利号	授权日期
1	一种光热电站熔盐储罐的多罐式储热装置及方法	发明	ZL201810735834.5	2020年3月17日
2	顾及卫星遮挡条件的卫星可见性分析方法及星历预报方法	发明	ZL201710187043.9	2020年5月19日
3	一种新型的仿生型太阳能光热镜场的排布方法	发明	ZL201710174296.2	2020年5月22日
4	一种土石坝坝基液化条件下的二维拟静力法简化判断方法	发明	ZL201710283948.6	2020年6月26日
5	一种风电或光电发电出力特性评价方法	发明	ZL201810059555.1	2020年7月21日
6	一种抗分解性侵蚀水工混凝土配合比设计方法	发明	ZL201711163788.8	2020年8月25日
7	基于小型TBM掘进机的拱形地勘平洞掘进方法	发明	ZL201910427725.1	2020年9月29日
8	基于微型TBM掘进机的对称轮形地勘平洞掘进方法	发明	ZL201910427724.7	2020年9月29日
9	一种水电站工程中沉降差的控制方法	发明	ZL201710283819.7	2020年10月27日
10	一种平坦地形风电出力特性评估方法	发明	ZL201810159705.6	2020年11月6日
11	基于最大密度布置与仿生型布置组合定日镜场排布方法	发明	ZL201910022611.9	2020年11月6日
12	一种水利水电施工紧固处理装置	实用新型	ZL201920286066X	2020年1月17日
13	手持式测缝计预拉器	实用新型	ZL201920981994.8	2020年1月31日
14	一种可伸缩式基准梁	实用新型	ZL201920400840.5	2020年2月7日
15	减缓悬浮物上升的阻抗管结构型式	实用新型	ZL201920020469.X	2020年2月7日
16	一种塔式光热电站定日镜桩基础接地装置	实用新型	ZL201920906337.7	2020年2月7日
17	一种地下暗涵激光扫描靶球一体化架设装置	实用新型	ZL201920731794.7	2020年2月7日
18	一种分层式综合管廊防爆层	实用新型	ZL201920038693.1	2020年2月7日
19	一种地下暗涵激光扫描用坐标传递标靶装置	实用新型	ZL201920751000.3	2020年2月7日
20	一种倒崖立面精细倾斜航摄装置	实用新型	ZL201920508285.8	2020年2月7日
21	一种改良三格化粪池	实用新型	ZL201920753306.2	2020年3月17日
22	一种减少变形缝设置的软土地基综合管廊	实用新型	ZL201920651106.6	2020年3月17日
23	一种拆卸方便的深层土壤取土钻	实用新型	ZL201921090300.8	2020年3月31日
24	海上风电浮式基础结构	实用新型	ZL201920983975.9	2020年3月31日
25	高地应力条件下引水隧洞的支护结构	实用新型	ZL201920991215.2	2020年3月31日
26	一种接插式工型柱与斗拱结合支撑结构	实用新型	ZL201920318038.1	2020年3月31日
27	一种固定翼无人机免像控点三维建模与测图的装置	实用新型	ZL201921996594.0	2020年4月15日
28	一种用于混凝土仓内冷却水管的弯管装置	实用新型	ZL2019206808250	2020年4月21日
29	一种底框挡墙堤防结构	实用新型	ZL201920532233.4	2020年4月24日
30	一种适于TBM施工的抽水蓄能硐室	实用新型	ZL2019208944955	2020年4月24日

续表

序号	专利名称	专利类型	专利号	授权日期
31	一种基于水系连通的新型城市海绵体	实用新型	ZL2019208946363	2020 年 4 月 24 日
32	一种风冷式胶凝材料罐	实用新型	ZL2019206808462	2020 年 5 月 1 日
33	一种组合式疏浚管道浮体	实用新型	ZL201921699835.5	2020 年 5 月 12 日
34	一种园林景观栈道	实用新型	ZL201920981993.3	2020 年 5 月 19 日
35	一种多旋翼无人机免像控点三维建模与测图的装置	实用新型	ZL201921122574.0	2020 年 5 月 22 日
36	一种具有异形断面的调压井结构	实用新型	ZL201920942749.6	2020 年 5 月 22 日
37	一种空气调节雾霾治理装置	实用新型	ZL201920823322.4	2020 年 5 月 22 日
38	一种用于喷灌系统的管道压力转换器装置及喷灌系统	实用新型	ZL201920947916.6	2020 年 5 月 22 日
39	一种螺旋辊式热解反应器	实用新型	ZL201921203336.2	2020 年 5 月 26 日
40	一种河道垃圾回收装置	实用新型	ZL201921214299.5	2020 年 6 月 2 日
41	一种啮合辊式垃圾热解系统	实用新型	ZL201921204042.1	2020 年 6 月 23 日
42	一种啮合辊式热解反应器	实用新型	ZL201921204041.7	2020 年 6 月 23 日
43	一种螺旋辊式垃圾热解系统	实用新型	ZL201921204008.4	2020 年 6 月 23 日
44	一种适用于景观河道防洪墙料石贴面的结构	实用新型	ZL201921102433.2	2020 年 6 月 26 日
45	一种多级消力池	实用新型	ZL201921341597.0	2020 年 6 月 26 日
46	一种混凝土防冲导墙结构	实用新型	ZL2019208802757	2020 年 7 月 24 日
47	一种砂石骨料取样工具	实用新型	ZL2019213126557	2020 年 7 月 24 日
48	心墙堆石坝两岸盖板新型自动集排污装置	实用新型	ZL201920625175X	2020 年 7 月 24 日
49	一种心墙两岸盖板泥浆涂刷装置	实用新型	ZL2019222097657	2020 年 7 月 27 日
50	一种山区河道排洪箱涵进口结构	实用新型	ZL201921102008.3	2020 年 7 月 28 日
51	一种暗涵出口的拦污装置	实用新型	ZL201921454306.9	2020 年 7 月 28 日
52	一种滴灌装置	实用新型	ZL201921571394.0	2020 年 7 月 28 日
53	一种预制混凝土风机塔筒	实用新型	ZL201921994786.8	2020 年 7 月 28 日
54	一种预制混凝土风机塔筒及塔筒构件	实用新型	ZL201921994972.1	2020 年 7 月 28 日
55	一种具有螺旋线连接缝的预制混凝土风机塔筒	实用新型	ZL201921998151.5	2020 年 7 月 28 日
56	一种无动力河道垃圾拦截沉砂装置	实用新型	ZL201921455250.9	2020 年 7 月 28 日
57	一种海绵城市建设项目的监测系统	实用新型	ZL201922144942.8	2020 年 8 月 11 日
58	一种电缆夹扣防拽结构	实用新型	ZL202020104889.9	2020 年 8 月 21 日
59	一种闸门槽底部防淤弹性底坎	实用新型	ZL201922003607.6	2020 年 8 月 25 日
60	一种闸门槽底部自主清理设备	实用新型	ZL201922002088.1	2020 年 8 月 25 日
61	一种用于城镇软基河道清洪分治的复式堤防断面结构	实用新型	ZL201921994837.7	2020 年 8 月 25 日
62	一种智能化自动分流截污系统	实用新型	ZL201922046362.5	2020 年 8 月 25 日
63	一种用于分层取水活页式叠梁装置	实用新型	ZL201922046293.8	2020 年 8 月 25 日
64	一种高光谱遥感成像光谱仪安装装置	实用新型	ZL201921455258.5	2020 年 8 月 25 日
65	一种城市地下暗涵用智能化自动截污系统	实用新型	ZL201922046467.0	2020 年 8 月 25 日
66	一种可改成放空洞的导流洞结构	实用新型	ZL201921994569.9	2020 年 8 月 25 日
67	一种景观坝基础结构	实用新型	ZL201922046349.X	2020 年 8 月 25 日

续表

序号	专利名称	专利类型	专利号	授权日期
68	一种适用于高位蓄水池的自动补水系统	实用新型	ZL201922046301.9	2020年8月25日
69	一种适用于城镇河道的长距离穿路涵洞的结构	实用新型	ZL201922046372.9	2020年8月25日
70	伸缩式单轨行车及运输设备	实用新型	ZL201922045084.1	2020年9月8日
71	一种高危变形体GNSS监测终端非接触投放装置	实用新型	ZL202020180059.4	2020年9月22日
72	一种适应厚面板挤压变形的水平接缝连接结构	实用新型	ZL201922322364.2	2020年9月29日
73	一种适应薄面板挤压变形的水平接缝连接结构	实用新型	ZL201922321917.2	2020年9月29日
74	一种动力总成	实用新型	ZL202010052819.8	2020年10月2日
75	水下液压油箱	实用新型	ZL202020106201.0	2020年10月13日
76	一种侧向除草装置	实用新型	ZL201921214326.9	2020年10月20日
77	耙吸单元总成	实用新型	ZL202020156380.9	2020年10月27日
78	一种用于清淤机器人的耙吸单元及大臂联动机构	实用新型	ZL202020104735.X	2020年10月27日
79	一种清淤机器人车架结构	实用新型	ZL202020103780.3	2020年10月27日
80	一种水下清淤机器人的耙吸单元	实用新型	ZL202020104725.6	2020年10月27日
81	一种用于水下清淤机器人的组合支架	实用新型	ZL202020104724.1	2020年10月27日
82	一种可降解胶囊颗粒的水量监测装置	实用新型	ZL202020074202.1	2020年11月3日
83	一种固态水源灌溉系统	实用新型	ZL202020072918.8	2020年11月3日
84	一种定时定量定向浇灌作物的可降解胶囊颗粒	实用新型	ZL202020072909.9	2020年11月3日
85	一种用于灌溉系统的水肥一体机	实用新型	ZL202020074246.4	2020年11月3日
86	一种可降解胶囊颗粒的运输保存装置	实用新型	ZL202020074205.5	2020年11月3日
87	一种砂层条件下超大桩间距深基坑支护体系	实用新型	ZL202020072907.X	2020年11月3日
88	一种泄洪建筑结构	实用新型	ZL202020103204.9	2020年11月3日
89	一种浮动式防浪墙结构	实用新型	ZL202020169637.4	2020年11月3日
90	一种湿陷性黄土场地风电塔架扩展基础	实用新型	ZL202020175295.7	2020年11月3日
91	一种三向应力边界可控的直剪试验装置	实用新型	ZL202020215415.1	2020年11月3日
92	一种正交应力状态可控的直剪试验装置	实用新型	ZL202020215692.2	2020年11月3日
93	一种基于卸载作用的直剪试验装置	实用新型	ZL202020211361.1	2020年11月3日
94	一种混凝土模板连接结构	实用新型	ZL202020187111.9	2020年11月3日
95	非饱和土湿载直剪试验装置	实用新型	ZL202020175386.0	2020年11月3日
96	一种测量岩土材料流蚀试验的装置	实用新型	ZL202020173632.9	2020年11月3日
97	一种岩基心墙土石坝下放空埋管装置	实用新型	ZL2019221850108	2020年11月24日
98	一种自卸汽车车厢自动覆盖装置	实用新型	ZL2019214320588	2020年11月24日
99	一种砂仓底板排水装置	实用新型	ZL2019210232446	2020年11月24日
100	吸热塔塔筒外悬挂式熔盐管道系统	实用新型	ZL202020008516.1	2020年11月27日
101	一种自重湿陷性黄土场地风电塔架桩基础	实用新型	ZL202020175285.3	2020年11月27日
102	一种管道过滤装置及系统	实用新型	ZL202020263664.8	2020年11月27日
103	一种用于多点位强制对中测量的固定装置	实用新型	ZL202020468053.7	2020年11月27日
104	一种太阳能弧面反射镜组件	实用新型	ZL202020469257.2	2020年11月27日

续表

序号	专利名称	专利类型	专利号	授权日期
105	一种绝缘伴热电缆固定装置	实用新型	ZL202020671451.9	2020年11月27日
106	全方位双刀轮采盐船	实用新型	ZL202020506162.3	2020年12月1日
107	一种高危变形体GNSS监测终端一体机	实用新型	ZL202020180078.7	2020年12月15日
108	一种无人机远程投放可拆卸载荷固定基座	实用新型	ZL202020180076.8	2020年12月15日
109	激光扫描靶球一体架	外观设计	ZL201930250886.9	2020年3月17日
110	声呐检测机器人（自航型箱涵CCTV）	外观设计	ZL201930367665.X	2020年4月7日
111	水陆两栖清淤机（反铲挖斗）	外观设计	ZL201930659525.X	2020年5月5日
112	水陆两栖清淤机（清理耙）	外观设计	ZL201930659537.2	2020年5月5日
113	水陆两栖清淤机（L型除草刀头）	外观设计	ZL201930659539.1	2020年5月5日
114	地下暗涵激光扫描专用坐标传递标靶	外观设计	ZL201930257719.7	2020年5月22日
115	水陆两栖割捆机	外观设计	ZL201930710302.1	2020年5月29日
116	水陆两栖清淤机（打捞耙）	外观设计	ZL201930659206.9	2020年6月2日
117	潜水清淤机器人（电动泥浆泵）	外观设计	ZL202030033478.0	2020年6月2日
118	压差补偿器	外观设计	ZL202030033871.X	2020年7月3日
119	箱涵CCTV检测机器人（矢量风力推进行走）	外观设计	ZL201930367594.3	2020年8月4日
120	采盐船（定位桩轮流定位式双刀轮）	外观设计	ZL202030154549.2	2020年9月8日
121	智能锁具	外观设计	ZL202030336233.5	2020年11月27日

（中国电建集团西北勘测设计研究院有限公司 王丹迪）

中国电建集团成都勘测设计研究院有限公司2020年获得国家授权专利情况

2020年，中国电建集团成都勘测设计研究院有限公司获得国家授权专利226件，其中发明专利40件见表1。

表1 中国电建集团成都勘测设计研究院有限公司2020年获得国家授权发明专利情况

序号	专利名称	专利类型	专利号	授权日期
1	一种确定大型地下洞室围岩支护强度的方法	发明	ZL201610663333.1	2020年2月24日
2	大体积混凝土结构抗剪设计配筋计算方法	发明	ZL201610948958.2	2020年2月24日
3	一种用于蜗壳结构的三维布筋的方法	发明	ZL201611015577.5	2020年3月17日
4	卵砾石河床透水层渗流量测量计算方法	发明	ZL201611028213.0	2020年3月17日
5	基于Arcgis的光伏阵列阴影计算方法	发明	ZL201611116780.1	2020年6月9日
6	一种适用于复杂曲面和简单曲面的定距布筋方法	发明	ZL201710026143.3	2020年6月9日
7	基于GOCAD软件的坝基岩体优势渗透通道识别方法	发明	ZL201710072917.6	2020年9月15日
8	基于多点产状数据的地质曲面快速拟合插值方法	发明	ZL201710073770.2	2020年5月12日
9	基于三维实景和赤平投影的岩石块体稳定性快速评价方法	发明	ZL201710073550.X	2020年7月7日
10	面向水电工程地质施工编录的现场三维坐标体系建立方法	发明	ZL201710073767.0	2020年9月1日

续表

序号	专利名称	专利类型	专利号	授权日期
11	一种基于三维地形的地质堆积体快速拟合建模方法	发明	ZL201710073627.3	2020年3月20日
12	一种编录野外地质影像的地质标记解译建模方法	发明	ZL201710073701.1	2020年3月31日
13	一种基于云平台的统一安全防御系统	发明	ZL201710141797.0	2020年4月7日
14	基于GIS的光伏阵列区冲洗水系统减压阀的设置方法	发明	ZL201710141082.5	2020年3月17日
15	一种快速确定TBM预制混凝土管片厂占地规模的方法	发明	ZL201710170802.0	2020年6月30日
16	用于超深厚覆盖层条件下的基覆界面控制的方法	发明	ZL201710174762.7	2020年6月30日
17	导梁辅助架设预制拱圈的装置	发明	ZL201710240193.1	2020年3月17日
18	高地应力区层状岩体地下洞室围岩破坏类型预测方法	发明	ZL201710242149.4	2020年5月5日
19	一种混流式水轮机基本参数估算的方法	发明	ZL201710493690.2	2020年10月9日
20	立轴混流式水轮机电站空化系数计算方法	发明	ZL201710590735.8	2020年12月29日
21	基于GOCAD的岩土体量化分析方法	发明	ZL201710772460.X	2020年11月10日
22	根据隧道衬砌变形确定滑坡推力的方法	发明	ZL201711036986.8	2020年6月16日
23	风电机组预应力基础结构	发明	ZL201711084812.9	2020年5月26日
24	一种生态混凝土胶凝材料及中性生态混凝土	发明	ZL201711098858.6	2020年7月14日
25	一种新型混凝土保水材料	发明	ZL201711147656.6	2020年6月2日
26	一种底流消力池的积渣汇水结构	发明	ZL201711239342.9	2020年5月19日
27	一种混凝土用活性石粉及其制备方法	发明	ZL201711261673.2	2020年12月29日
28	预支护与永久支护结合的边坡支护方法	发明	ZL201810958684.4	2020年4月14日
29	用于水电工程大水位差的漂浮光伏电站系统	发明	ZL201811132250.5	2020年12月29日
30	Ⅳ～Ⅵ级围岩超挖隧道初期支护方法	发明	ZL201811393683.6	2020年6月2日
31	变形边坡的锚固结构	发明	ZL201811393685.5	2020年11月24日
32	隧道围岩长期变形灾害控制系统及控制方法	发明	ZL201811397412.8	2020年5月19日
33	隧道不收敛型塌方的处理方法	发明	ZL201811454548.8	2020年6月30日
34	混凝土灌注桩纠偏方法与筏板基础灌注桩建造方法	发明	ZL201910516107.4	2020年11月24日
35	一种桥梁钢管格构墩钢管安装方法	发明	ZL201911016532.3	2020年11月10日
36	混凝土面板堆石坝脱空处理方法	发明	ZL201910458498.9	2020年6月12日
37	混凝土施工中缆机运输监测预警方法	发明	ZL201910234583.7	2020年6月23日
38	水位变幅区面板养护智能系统及控制和养护方法	发明	ZL201910489875.5	2020年7月31日
39	用于超高面板坝的面板防水铺盖结构	发明	ZL201910465254.3	2020年9月15日
40	狭窄河谷地形高面板堆石坝	发明	ZL201910464144.5	2020年9月15日

（中国电建集团成都勘测设计研究院有限公司　吉华伟）

中国电建集团贵阳勘测设计研究院有限公司2020年获得的专利授权情况

2020年，中国电建集团贵阳勘测设计研究院有限公司获得国家授权专利情况见表1。

表1 2020年中国电建集团贵阳勘测设计研究院有限公司获得国家授权专利情况

序号	专利名称	专利类型	专利号	授权日期
1	一种风电场或光伏电站用于固定避雷器的装置	实用新型	ZL202021165806.3	2020年12月8日
2	一种桥墩位移和应力状态无线采集装置	实用新型	ZL202020981390.6	2020年12月18日
3	一种无人值守风电场或光伏电站升压站视频监控系统	实用新型	ZL202020932321.6	2020年12月4日
4	一种钻孔全景成像仪野外校验装置	实用新型	ZL202020906845.8	2020年11月10日
5	一种光伏施工用快速组装式水泥墩	实用新型	ZL202020906891.8	2020年12月29日
6	一种用于地质灾害的监控装置	实用新型	ZL202020893596.3	2020年12月1日
7	一种地质灾害用报警装置	实用新型	ZL202020892314.8	2020年12月1日
8	一种水库区地形测量机器人	实用新型	ZL202020801757.1	2020年12月29日
9	一种边坡变形补修用压实装置	实用新型	ZL202020788679.6	2020年12月18日
10	一种弧形闸门装置结构	实用新型	ZL202020788697.4	2020年12月22日
11	一种用于面板堆石坝的内趾板结构	实用新型	ZL202020781015.7	2020年12月22日
12	一种污水处理管道的防锈结构	实用新型	ZL202020776734.X	2020年12月22日
13	一种用于现场直剪试验的封闭式滚轴排	实用新型	ZL202020765680.7	2020年11月20日
14	一种用于水利水电工程的引水结构	实用新型	ZL202020743645.5	2020年12月29日
15	一种防溢出蓄水池	实用新型	ZL202020722133.0	2020年12月22日
16	一种用于变电站继电保护室电缆槽盒	实用新型	ZL202020634393.2	2020年11月10日
17	一种自动定向光伏风电互补发电装置	实用新型	ZL202020623918.2	2020年11月24日
18	一种风电场限电统计装置	实用新型	ZL202020611188.4	2020年11月24日
19	一种承插连接的预制电缆沟	实用新型	ZL202020583999.8	2020年12月1日
20	一种深厚覆盖层上闸坝基础处理结构	实用新型	ZL202020569973.8	2020年12月22日
21	一种光伏发电调节支架	实用新型	ZL202020557339.2	2020年11月24日
22	一种扣塔多向变形监测装置	实用新型	ZL202020513172.X	2020年9月25日
23	一种施工支洞有效的排水结构	实用新型	ZL202020513051.5	2020年12月4日
24	一种薄壁连拱景观坝	实用新型	ZL202020467800.5	2020年11月24日
25	一种进水口渐变段与钢管连接结构	实用新型	ZL202020468931.5	2020年11月24日
26	一种组装式混合钢板桩围堰结构	实用新型	ZL202020467306.9	2020年12月4日
27	一种新型跌水景观溢流混凝土坝结构	实用新型	ZL202020406762.2	2020年11月24日
28	一种土工膜水平防渗的封堵结构	实用新型	ZL202020396063.4	2020年11月24日
29	一种光伏板抗风保护装置	实用新型	ZL202020377548.9	2020年9月22日
30	一种路桥工程施工用水泥砂浆填缝装置	实用新型	ZL202020351906.9	2020年11月10日
31	一种用于高陡边坡的格宾网生态防护系统	实用新型	ZL202020347557.3	2020年11月20日
32	一种桥梁混凝土护栏养护装置	实用新型	ZL202020343208.4	2020年11月10日
33	一种固定卷扬机机架的改进结构	实用新型	ZL202020336424.6	2020年11月24日
34	一种平面事故闸门结构	实用新型	ZL202020320934.4	2020年11月24日
35	一种平面潜孔叠梁检修闸门的结构	实用新型	ZL202020317305.6	2020年11月24日
36	一种便于固定卷扬机检修的结构	实用新型	ZL202020320932.5	2020年11月24日
37	一种灯泡式贯流机组电站的布置结构	实用新型	ZL202020320931.0	2020年11月24日

续表

序号	专利名称	专利类型	专利号	授权日期
38	一种用于海绵城市市政道路的生物净化滞留带	实用新型	ZL202020312920.8	2020年11月10日
39	一种具有排水绿化功能的混凝土护坡砌块	实用新型	ZL202020312078.8	2020年11月10日
40	一种用于导流洞的封堵结构	实用新型	ZL202020295464.0	2020年10月30日
41	一种具有防止土石滚落效果的边坡防护装置	实用新型	ZL202020294329.4	2020年11月10日
42	一种水库淤泥清理装置	实用新型	ZL202020295172.7	2020年11月24日
43	一种模块式海绵城市透水步道	实用新型	ZL202020265877.4	2020年11月10日
44	一种提高墩柱钢筋保护层合格率的模板装置	实用新型	ZL202020268650.5	2020年11月10日
45	一种新型刚性填埋场防渗结构	实用新型	ZL202020252999.X	2020年10月30日
46	一种应用于T梁预应力张拉的千斤顶操作设备	实用新型	ZL202020253660.1	2020年11月10日
47	隧道边墙止水带施工定位装置	实用新型	ZL202020253042.7	2020年11月10日
48	一种高性能湿度检测器件用恒温结构	实用新型	ZL202020253029.1	2020年11月10日
49	一种高性能气体检测器件用恒温结构	实用新型	ZL202020253657.X	2020年11月10日
50	一种防撞护栏断缝隔离装置	实用新型	ZL202020253658.4	2020年11月24日
51	一种可自由调节高度的T梁临时支座装置	实用新型	ZL202020239373.5	2020年11月10日
52	一种软弱围岩隧道施工临时护拱支护结构	实用新型	ZL202020239374.X	2020年11月10日
53	一种可拆卸的半柔性透水式拦挡结构	实用新型	ZL202020211802.8	2020年10月27日
54	一种海绵城市截污防逆流溢流井	实用新型	ZL202020212563.8	2020年10月27日
55	一种鱼道观测房玻璃防冻胀保护装置	实用新型	ZL202020193976.6	2020年12月4日
56	一种光伏建设用光伏板夹具	实用新型	ZL202020189242.0	2020年8月11日
57	一种光伏发电场建设施工用支撑装置	实用新型	ZL202020189170.X	2020年8月11日
58	一种坝顶上坝交通洞内垂线测站结构	实用新型	ZL202020187584.9	2020年8月25日
59	一种混凝土坝坝体内垂线测站结构	实用新型	ZL202020187592.3	2020年8月25日
60	一种稳定性好的光伏板安装支架	实用新型	ZL202020189243.5	2020年9月1日
61	一种岩溶地区隧洞加强支护结构	实用新型	ZL202020190357.1	2020年10月23日
62	一种用于红黏土基坑基于微型钢管桩的垂直开挖支护体系	实用新型	ZL202020189241.6	2020年11月10日
63	一种防止箱变基础内部积水的结构	实用新型	ZL202020189221.9	2020年11月10日
64	一种用于地下水的净化装置	实用新型	ZL202020190372.6	2020年11月24日
65	一种岩溶防护用防护装置	实用新型	ZL202020187583.4	2020年11月24日
66	一种松软土岩溶地基加固结构	实用新型	ZL202020187587.2	2020年11月24日
67	一种孔口简易钢筋网格盖板结构	实用新型	ZL202020190445.1	2020年12月1日
68	一种岩溶地区地基处理结构	实用新型	ZL202020187545.9	2020年12月1日
69	一种混凝土检测用骨料快速烘干箱	实用新型	ZL202020179436.2	2020年9月25日
70	一种岩溶调查用洞内岩石取样装置	实用新型	ZL202020169666.0	2020年10月23日
71	一种用于平面闸门的节间连接结构	实用新型	ZL202020172966.4	2020年11月24日
72	一种平面闸门吊耳的结构	实用新型	ZL202020172982.3	2020年11月24日
73	一种岩溶地下水水位测量装置	实用新型	ZL202020169661.8	2020年12月1日
74	一种海绵城市地面快速排水系统	实用新型	ZL202020137892.0	2020年10月23日

续表

序号	专利名称	专利类型	专利号	授权日期
75	一种大体积牛腿配筋结构	实用新型	ZL202020120773.4	2020年11月24日
76	一种外挂式堤防下河结构	实用新型	ZL202020105701.2	2020年11月24日
77	一种增强塔井式进口泄水洞潜孔弧门通气结构	实用新型	ZL202020110978.4	2020年11月24日
78	一种深厚覆盖层上混凝土面板坝渗流量监测装置	实用新型	ZL202020105678.7	2020年11月24日
79	一种水电站蜗壳外包混凝土结构	实用新型	ZL202020089150.5	2020年10月13日
80	一种围堰土料防渗体密封结构	实用新型	ZL202020095827.6	2020年10月13日
81	一种高水位变幅进水口启闭设备的布置结构	实用新型	ZL202020065414.3	2020年11月24日
82	一种进水口快速闸门通气孔结构	实用新型	ZL202020065534.3	2020年11月24日
83	岩体钻孔声波试验块模型	实用新型	ZL202020062266.X	2020年12月1日
84	一种水电工程挡墙结构	实用新型	ZL202020027091.9	2020年10月16日
85	一种厚覆盖层边坡抗冲刷结构	实用新型	ZL202020028150.4	2020年10月16日
86	一种用于闸坝小开度泄流的底流消能结构	实用新型	ZL202020020602.4	2020年10月16日
87	一种用于混凝土闸坝变形监测的真空管支撑结构	实用新型	ZL202020003807.1	2020年9月11日
88	一种拼接式防漏型滑模机接料口结构	实用新型	ZL202020001389.2	2020年9月25日
89	一种水利水电工程边坡的防护结构	实用新型	ZL201922334012.9	2020年10月23日
90	一种多级放空洞控制系统	实用新型	ZL201922283938.X	2020年11月10日
91	一种生态景观电瓶车驿站	实用新型	ZL201922212648.6	2020年12月04日
92	生态景观电瓶车驿站	实用新型	ZL201930692823.9	2020年6月16日
93	一种混凝土喷浆机组	实用新型	ZL201922200973.0	2020年8月11日
94	一种数显式路面材料强度仪	实用新型	ZL201922199119.7	2020年9月11日
95	一种沥青拌合站成品料卸载防离析装置	实用新型	ZL201922199120.X	2020年9月25日
96	一种孔间与模型异面的物探试验装置	实用新型	ZL201922072011.1	2020年5月26日
97	一种斜孔孔间模型物探试验装置	实用新型	ZL201922072026.8	2020年6月23日
98	一种高寒地区孔中水耦合探头的防冻装置	实用新型	ZL201922072476.7	2020年7月14日
99	一种用于深厚覆盖层的工作基点观测墩	实用新型	ZL201922082093.8	2020年7月21日
100	一种混凝土人工振捣波动智能控制装置	实用新型	ZL201922079161.5	2020年8月7日
101	一种兼顾泄洪及分层取水、分流功能的小型水闸结构	实用新型	ZL201922072457.4	2020年8月18日
102	一种埋藏式压力钢管的联合阻水结构	实用新型	ZL201922072549.2	2020年8月18日
103	一种双管变单管的输水结构	实用新型	ZL201922078987.X	2020年8月18日
104	一种破碎岩体干孔声波耦合测试装置	实用新型	ZL201922072031.9	2020年9月22日
105	用于高陡库岸边坡护坡整治的格宾网与锚杆联合支护结构	实用新型	ZL201922054156.9	2020年8月11日
106	一种尾水洞检修门槽至出口隧洞段的检修结构	实用新型	ZL201922055394.1	2020年9月15日
107	一种适应渣体沉降变形的渗滤液导排系统	实用新型	ZL201922056350.0	2020年9月25日
108	一种高边坡尾水洞出口检修闸门的布置结构	实用新型	ZL201922056348.3	2020年12月1日
109	一种可调节高度的T梁端部台座装置	实用新型	ZL201922041923.2	2020年7月28日
110	一种支墩景观坝	实用新型	ZL201922036512.4	2020年7月28日
111	一种新型景观挡墙结构	实用新型	ZL201922035392.6	2020年7月28日

续表

序号	专利名称	专利类型	专利号	授权日期
112	一种用于边坡支护且能控制桩顶位移的抗滑桩结构	实用新型	ZL201922038038.9	2020年8月11日
113	一种便于搬运的绿化防撞隔离墩	实用新型	ZL201922042222.0	2020年8月18日
114	一种适用于磷石膏堆场的防渗膜上导渗系统	实用新型	ZL201922035395.X	2020年8月25日
115	一种改进的道路排水系统	实用新型	ZL201921993399.2	2020年9月1日
116	一种水利水电施工用管道预埋结构	实用新型	ZL201921967230.X	2020年8月11日
117	一种土钉支护结构	实用新型	ZL201921967427.3	2020年8月11日
118	一种可过水的土质斜墙堆石坝	实用新型	ZL201921967440.9	2020年9月1日
119	一种水利水电工程地基土壤实验取样装置	实用新型	ZL201921961130.6	2020年11月24日
120	一种排水管道与集水井的连接结构	实用新型	ZL201921921312.0	2020年8月11日
121	一种用于混凝土面板堆石坝表层止水的止水带	实用新型	ZL201921925639.5	2020年8月7日
122	一种免模板、免抹灰的结构、保温、装饰复合一体板	实用新型	ZL201921913692.3	2020年10月23日
123	一种防止堵塞的压力传感器	实用新型	ZL201921905070.6	2020年6月23日
124	一种低气压环境下气泡静水中上升运动试验装置	实用新型	ZL201921900696.8	2020年8月4日
125	一种低气压水舌挑距观测装置	实用新型	ZL201921907535.1	2020年8月4日
126	一种潜孔弧门预压式顶水封装置	实用新型	ZL201921889940.5	2020年7月28日
127	一种锚喷结构边坡的双层防护结构	实用新型	ZL201921889938.8	2020年8月11日
128	一种土石围堰防渗土工膜与混凝土围堰的连接结构	实用新型	ZL201921891555.4	2020年9月4日
129	一种生态支挡结构	实用新型	ZL201921897272.0	2020年8月11日
130	一种拱坝坝肩溶洞处理结构	实用新型	ZL201921875460.3	2020年8月11日
131	一种景观式溢洪道结构	实用新型	ZL201921869660.8	2020年8月11日
132	一种生态景观河道中公路桥墩的防护	实用新型	ZL201921873588.6	2020年8月28日
133	一种HDPE膜的连接件	实用新型	ZL201921834484.4	2020年8月11日
134	一种修复地下水中重金属铅的装置	实用新型	ZL201921808704.6	2020年7月17日
135	一种河道污水综合治理装置	实用新型	ZL201921767812.3	2020年8月11日
136	一种用于面板堆石坝无应力计安装的结构	实用新型	ZL201921753838.2	2020年7月21日
137	一种混凝土振捣设备	实用新型	ZL201921753881.9	2020年7月21日
138	一种喷淋降尘施工围栏系统	实用新型	ZL201921770045.1	2020年8月11日
139	一种导流洞封堵闸门槽的保护结构	实用新型	ZL201921746590.7	2020年7月14日
140	一种弧形闸门支铰的改进装置	实用新型	ZL201921742547.3	2020年7月14日
141	一种波浪形城市景观湖溢流堰结构	实用新型	ZL201921742119.0	2020年7月14日
142	一种圆形城市景观湖溢流堰结构	实用新型	ZL201921761305.9	2020年7月14日
143	一种导流洞封堵与泄放相结合的闸门	实用新型	ZL201921742070.9	2020年9月15日
144	一种设置于溢流堰的潜孔弧门底水封装置	实用新型	ZL201921749387.5	2020年9月15日
145	一种解决弧门超长支臂运输的支臂结构	实用新型	ZL201921742014.5	2020年9月22日
146	一种风电机组机舱罩散热装置	实用新型	ZL201921725364.0	2020年7月21日
147	一种变压器防水装置	实用新型	ZL201921707129.0	2020年4月21日
148	一种用于碾压混凝土坝体横缝止水液压提升防偏装置	实用新型	ZL201921707123.3	2020年7月14日

续表

序号	专利名称	专利类型	专利号	授权日期
149	一种城市河道景观水治理框架结构	实用新型	ZL201921689805.6	2020年8月7日
150	一种浅埋溶洞处理结构	实用新型	ZL201921688808.8	2020年8月11日
151	一种混凝土抗震板式楼梯	实用新型	ZL201921687748.8	2020年8月11日
152	一种提升诱集鱼效果的升鱼机结构	实用新型	ZL201921646001.8	2020年7月21日
153	一种围堰防渗墙加高防渗结构	实用新型	ZL201921596231.8	2020年6月23日
154	一种水环境治理辅助采样装置	实用新型	ZL201921595989.X	2020年7月3日
155	一种无机结合料稳定材料温缩、干缩一体化智能试验设备	实用新型	ZL201921584402.5	2020年6月23日
156	一种混凝土面板堆石坝面板裂缝连接件	实用新型	ZL201921560464.2	2020年7月14日
157	一种危险废物刚性填埋池	实用新型	ZL201921554974.9	2020年6月23日
158	一种防涌潮的表孔弧形闸门门顶结构	实用新型	ZL201921544097.7	2020年9月15日
159	一种用于垂直式液压机的圆筒型拉杆结构	实用新型	ZL201921497110.8	2020年5月12日
160	一种用于平面闸门的主反侧三向支承限位定轮机构	实用新型	ZL201921497515.1	2020年5月26日
161	一种可防涌水的大孔口潜孔弧门结构	实用新型	ZL201921497125.4	2020年5月26日
162	一种提高平面闸门定轮承受荷载的装置	实用新型	ZL201921497546.7	2020年8月25日
163	一种用于面板堆石坝水库水温监测的温度计连接结构	实用新型	ZL201921479748.9	2020年5月5日
164	一种自适应降水强度排水的人行道结构	实用新型	ZL201921484242.7	2020年7月21日
165	一种快速排水电缆沟	实用新型	ZL201921485396.8	2020年9月15日
166	一种双缸后拉式液压机油缸端部连接机构	实用新型	ZL201921444473.5	2020年5月26日
167	一种利用水流作用自行排导池内砂石的新型消力池结构	实用新型	ZL201921445089.7	2020年5月26日
168	一种新型照明装置的钳型电流表	实用新型	ZL201921444410.X	2020年5月26日
169	一种加固挡土墙结构	实用新型	ZL201921445892.0	2020年6月23日
170	一种双缸后拉式液压机油缸支承机构	实用新型	ZL201921444472.0	2020年8月25日
171	一种多级放空洞水力学监测系统	实用新型	ZL201921434192.1	2020年7月21日
172	一种高坝放空系统建筑物结构监测系统	实用新型	ZL201921433534.8	2020年9月25日
173	一种用于泄流消能洞的补气坎结构	实用新型	ZL201921433577.6	2020年9月25日
174	一种消能溢洪道	实用新型	ZL201921434201.7	2020年11月10日
175	一种高坝放空系统隧洞的开挖稳定性监测系统	实用新型	ZL201921433509.X	2020年12月22日
176	一种农田灌溉用组合导水暗柱	实用新型	ZL201921423575.9	2020年5月26日
177	一种水环境用污物处理装置	实用新型	ZL201921422620.9	2020年5月26日
178	一种水环境生态修复装置	实用新型	ZL201921424533.7	2020年6月23日
179	一种深埋工程用基坑支护结构	实用新型	ZL201921391211.7	2020年5月12日
180	一种农田沉水植物生态沟渠	实用新型	ZL201921392305.6	2020年5月22日
181	一种防涌潮露顶式平面闸门	实用新型	ZL201921391186.2	2020年5月26日
182	一种挡潮组合闸门	实用新型	ZL201921391592.9	2020年5月26日
183	一种防涌潮平面闸门	实用新型	ZL201921391596.7	2020年5月26日
184	一种可用于拦沙防淤的折页闸门装置	实用新型	ZL201921392345.0	2020年6月23日
185	一种重载通行条件下的基坑坡道加强支护结构	实用新型	ZL201921392338.0	2020年6月23日

续表

序号	专利名称	专利类型	专利号	授权日期
186	一种简易基坑抽水浮排	实用新型	ZL201921392328.7	2020年6月23日
187	一种混凝土结构铜片止水的保护装置	实用新型	ZL201921393274.6	2020年7月17日
188	一种蛋壳形灌浆隧洞避车洞结构	实用新型	ZL201921353136.5	2020年5月1日
189	一种隧洞施工用支撑结构	实用新型	ZL201921354120.6	2020年5月1日
190	一种连锁式生态预制护坡砖	实用新型	ZL201921354129.7	2020年6月23日
191	一种堆石混凝土坝施工缝防渗结构	实用新型	ZL201921316240.7	2020年6月23日
192	一种边坡变形的监测预警装置	实用新型	ZL201921308045.X	2020年4月24日
193	一种桥梁的抗震结构	实用新型	ZL201921307756.5	2020年6月19日
194	一种具有高强度结构的多功能防护坡	实用新型	ZL201921307723.0	2020年6月23日
195	一种料场岩质边坡的绿化结构	实用新型	ZL201921318536.2	2020年6月23日
196	一种孔间弹性波采集装置	实用新型	ZL201921308934.6	2020年7月17日
197	一种硬质岩石路堑边坡与植物相结合的防护结构	实用新型	ZL201921298292.6	2020年6月19日
198	一种防护坡网结构	实用新型	ZL201921272325.X	2020年6月23日
199	一种防沉降裂纹的混凝土面板堆石坝面板结构	实用新型	ZL201921273700.2	2020年6月23日
200	一种利于河岸水体修复的景观驳岸	实用新型	ZL201921264640.8	2020年7月3日
201	一种水电站泥沙自动监测装置	实用新型	ZL201921257178.9	2020年6月23日
202	一种拦污栅段底板下沉的进水口	实用新型	ZL201921248903.6	2020年6月19日
203	一种可升降的室内用开关柜	实用新型	ZL201921192894.3	2020年4月7日
204	一种新型的变压器瓦斯继电器单人校验工具	实用新型	ZL201921179443.6	2020年5月26日
205	一种双缸后拉式液压机与弧门的连接装置	实用新型	ZL201921160514.8	2020年4月21日
206	一种用于低水头电站的拦污栅结构	实用新型	ZL201921160085.4	2020年5月12日
207	一种混凝土面板堆石坝	实用新型	ZL201921157706.3	2020年5月26日
208	一种堆石坝面板挠度监测装置	实用新型	ZL201921153055.0	2020年2月18日
209	一种变压器储油柜油位计	实用新型	ZL201921121589.5	2020年1月31日
210	一种稳固的起吊设备	实用新型	ZL201921122678.1	2020年4月7日
211	一种节水型的光伏板除尘清洗装置	实用新型	ZL201921113231.8	2020年4月24日
212	一种兼具排水和绿化功能的框格梁生态护坡结构	实用新型	ZL201921114532.2	2020年5月26日
213	一种便携式水流速测量装置	实用新型	ZL201921102840.3	2020年2月18日
214	一种球面拦污装置	实用新型	ZL201921104875.0	2020年4月21日
215	一种拦污板和拦污栅结合拦污的进水口	实用新型	ZL201921101028.9	2020年5月5日
216	一种上游止水平面闸门的减振结构	实用新型	ZL201921107012.9	2020年5月12日
217	一种特高水头潜孔弧门顶水封结构	实用新型	ZL201921104872.7	2020年5月12日
218	一种用于特高水头闸门充水平压阀的拦污装置	实用新型	ZL201921101029.3	2020年5月12日
219	一种进出水口圆筒型固定式拦污栅	实用新型	ZL201921104871.2	2020年5月12日
220	一种方便调节的光伏板安装支架	实用新型	ZL201921093196.8	2020年2月18日
221	一种复合地基加筋锚固堆石体挡墙结构	实用新型	ZL201921092028.7	2020年5月19日
222	一种可减少气泡的水泥灌浆装置	实用新型	ZL201921065526.2	2020年5月5日

续表

序号	专利名称	专利类型	专利号	授权日期
223	一种具备过鱼功能的底格栏栅式小型水坝	实用新型	ZL201921055258.6	2020年5月1日
224	一种道路隔离系统	实用新型	ZL201921048561.3	2020年5月26日
225	一种利用导流堤及船闸实现过鱼功能的组合结构	实用新型	ZL201921035523.4	2020年5月5日
226	一种鱼道与增殖站组合的鱼类保护系统	实用新型	ZL201921035543.1	2020年5月5日
227	一种具备过鱼功能的引水式小水电	实用新型	ZL201921034788.2	2020年5月5日
228	一种油浸式变压器	实用新型	ZL201921023848.0	2020年2月18日
229	一种夹取钻孔中沥青混凝土芯样的装置	实用新型	ZL201921026471.4	2020年4月24日
230	一种进出口分层型鱼道	实用新型	ZL201921025715.7	2020年5月22日
231	一种变压器油枕呼吸器硅胶自动加热装置	实用新型	ZL201921019491.9	2020年1月31日
232	一种建筑工地环保用降尘设备	实用新型	ZL201921017527.X	2020年4月7日
233	一种海绵城市用雨水收集装置	实用新型	ZL201921018500.2	2020年4月21日
234	一种钻孔压水试验中栓塞及工作管漏水监测装置	实用新型	ZL201921000117.4	2020年1月31日
235	一种河道清理装置	实用新型	ZL201920963730.X	2020年4月24日
236	一种水深测量装置	实用新型	ZL201920963750.7	2020年4月24日
237	一种用于临时便桥排水的双层管涵	实用新型	ZL201920966187.9	2020年4月24日
238	一种伸缩楼梯	实用新型	ZL201920935224.X	2020年6月23日
239	一种水利工程用防冲刷渠道结构	实用新型	ZL201920926340.5	2020年4月7日
240	一种海绵城市生态屋顶	实用新型	ZL201920917361.0	2020年4月24日
241	一种海绵城市截污防逆流溢流井	实用新型	ZL201920908839.3	2020年4月7日
242	一种砂料含泥量检测装置	实用新型	ZL201920879772.5	2020年4月24日
243	一种可测量长度的钢筋切断机	实用新型	ZL201920878875.X	2020年5月5日
244	一种双向特高水头平面挡水装置	实用新型	ZL201920823130.3	2020年3月17日
245	一种嵌入式混凝土防滑凸榫浆砌石挡土墙	实用新型	ZL201920784392.3	2020年3月17日
246	一种高位水池结构	实用新型	ZL201920783112.7	2020年3月17日
247	一种海绵城市施工用雨水储存装置	实用新型	ZL201920782482.9	2020年4月7日
248	一种衡重式挡土墙的结构	实用新型	ZL201920764777.3	2020年3月17日
249	一种底部贯通式锚碇基础	实用新型	ZL201920722482.X	2020年3月13日
250	一种降低平面定轮闸门支承荷载的装置	实用新型	ZL201920703202.0	2020年2月7日
251	一种 HDPE 管穿越磷石膏坝的结构	实用新型	ZL201920705251.8	2020年2月14日
252	一种土石坝下游坝坡绿化环保护坡	实用新型	ZL201920652419.3	2020年3月13日
253	一种小流量管道取水布置结构	实用新型	ZL201920651564.X	2020年3月13日
254	一种铰链一体式便携水位计检修井	实用新型	ZL201920643074.5	2020年4月7日
255	一种用于碾压混凝土运输车辆的电磁阀自动冲洗装置	实用新型	ZL201920598741.2	2020年2月14日
256	一种堤坝防撞保护结构	实用新型	ZL201920597542.X	2020年2月18日
257	一种大坝中层廊道翻渣结构	实用新型	ZL201920596571.4	2020年4月21日
258	一种穿公路的输水管道结构	实用新型	ZL201920599648.3	2020年4月24日
259	一种用于门机的悬臂式挡头结构	实用新型	ZL201920560814.9	2020年1月31日

续表

序号	专利名称	专利类型	专利号	授权日期
260	一种渗水路基边坡排水系统的结构	实用新型	ZL201920560813.4	2020年1月31日
261	一种水库分层取水系统	实用新型	ZL201920560061.1	2020年5月26日
262	一种水利工程用的快速定位切割机	实用新型	ZL201920551258.9	2020年1月31日
263	一种自动化油水分离集水井	实用新型	ZL201920552075.9	2020年2月18日
264	一种油桶观测窗结构	实用新型	ZL201920550399.9	2020年2月18日
265	一种路堑墙反滤排水结构	实用新型	ZL201920552136.1	2020年2月18日
266	一种岩土工程边坡的防渗水结构	实用新型	ZL201920543710.7	2020年1月31日
267	一种一般工业固体废物贮存、处置场结构	实用新型	ZL201920520597.0	2020年2月18日
268	一种渗滤液检漏收集结构	实用新型	ZL201920532996.9	2020年2月18日
269	一种水厂内水池兼做副厂房的结构	实用新型	ZL201920520598.5	2020年4月24日
270	一种太阳能光伏板清洗装置	实用新型	ZL201920521732.3	2020年1月31日
271	一种风电塔筒喷涂装置	实用新型	ZL201920521651.3	2020年5月26日
272	一种渗滤液收集导排结构	实用新型	ZL201920514968.4	2020年3月13日
273	一种砾石土料堆料机下料斗加水装置	实用新型	ZL201920505846.9	2020年1月31日
274	一种磷石膏堆场调节水池库顶排水结构	实用新型	ZL201920503815.X	2020年1月31日
275	一种岩体锚固抗滑装置	实用新型	ZL201920505844.X	2020年1月31日
276	一种破碎岩土体路堑边坡柔性支挡加固结构	实用新型	ZL201920505845.4	2020年1月31日
277	一种岩土工程边坡加固装置	实用新型	ZL201920505870.2	2020年1月31日
278	一种磷石膏堆场调节水池回水系统进水口管穿膜结构	实用新型	ZL201920503813.0	2020年1月31日
279	一种多功能电阻率碾压混凝土压重块	实用新型	ZL201920505872.1	2020年1月31日
280	一种水利水电工程用的边坡防护结构	实用新型	ZL201920506743.4	2020年3月17日
281	一种砾石土料堆料、备料装置	实用新型	ZL201920507352.4	2020年7月14日
282	一种解决垂线钻孔有效孔径偏小的方法	发明	ZL201910289825.2	2019年7月26日
283	一种钻孔地下水取水器	实用新型	ZL201920487425.8	2020年1月31日
284	一种跨冲沟路段道路排水结构	实用新型	ZL201920488582.0	2020年2月18日
285	一种水利工程用防塌支护装置	实用新型	ZL201920486479.2	2020年2月18日
286	一种拦截净化面源污染的湖滨带	实用新型	ZL201920486521.0	2020年3月13日
287	一种用于水利工程的混凝土倒料辅助装置	实用新型	ZL201920486483.9	2020年4月24日
288	一种用于水利工程的防护网结构	实用新型	ZL201920487423.9	2020年6月23日
289	一种基于混凝土桩支撑的堆石坝溢洪道	实用新型	ZL201920446425.3	2020年2月18日
290	一种带种植池景观跌水堰	实用新型	ZL201920429861.X	2020年2月18日
291	一种用于装配施工工程中的起吊机构	实用新型	ZL201920399540.X	2020年2月18日
292	一种用于地质勘探的便携式工具箱	实用新型	ZL201920340970.4	2020年1月31日
293	一种具有防护功能的风机叶片运输支架	实用新型	ZL201920341850.6	2020年1月31日
294	一种用于建筑工地中的便携式材料切割装置	实用新型	ZL201920340983.1	2020年2月18日
295	一种用于小型取水塔的简易爬梯	实用新型	ZL201920341870.3	2020年3月13日

续表

序号	专利名称	专利类型	专利号	授权日期
296	一种胶带机清扫逆止结构	实用新型	ZL201920330525.X	2020年2月14日
297	一种组合钢模板连接件	实用新型	ZL201920330526.4	2020年4月7日
298	一种透水式拦渣坝结构	实用新型	ZL201920282210.2	2020年2月18日
299	一种用于水利工程护坡的生态护坡结构	实用新型	ZL201920216641.9	2020年3月13日
300	一种尾水冷却器潜孔检修闸门的水封装置	实用新型	ZL201920183702.6	2020年2月14日
301	一种水文地质钻探同径多次抽水装置	实用新型	ZL201920144445.5	2020年1月31日
302	一种地下水分层采样装置	实用新型	ZL201920143748.5	2020年1月31日
303	一种大直径嵌岩桩快速施工结构	实用新型	ZL201920146450.X	2020年3月20日
304	一种工程地质裂缝测量装置	实用新型	ZL201920132126.2	2020年3月17日
305	一种用于水利水电工程的引水装置	实用新型	ZL201920132088.0	2020年7月14日
306	一种组合式的溢流坝结构	实用新型	ZL201920034459.1	2020年1月31日
307	一种新型挡水坝放空排泥结构	实用新型	ZL201920034462.3	2020年1月31日
308	一种采用PVC管材的工棚屋面防水板	实用新型	ZL201920007456.9	2020年1月31日
309	一种混凝土面板坝凸型面板结构	实用新型	ZL201822217358.6	2020年3月17日
310	一种深层取水系统	实用新型	ZL201822155907.1	2020年1月31日
311	一种高坝水库放空系统	实用新型	ZL201822155491.3	2020年1月31日
312	一种高坝逐级挡水放空系统	实用新型	ZL201822155539.0	2020年1月31日
313	一种具有补水功能的高坝放空系统	实用新型	ZL201822155972.4	2020年1月31日
314	一种景观坝的排泥放空结构	实用新型	ZL201822137221.X	2020年2月7日
315	一种新型坝顶景观防浪墙结构	实用新型	ZL201822026078.7	2020年1月31日
316	与引水隧洞交叉的导流洞封堵结构及施工方法	发明	ZL201810686466.X	2018年11月9日
317	弹性波数据采集起跳点的自动识别方法及其所用的设备	发明	ZL201810653306.5	2018年12月21日
318	一种新的岩石统计损伤本构模型的构建方法	发明	ZL201810187836.5	2018年9月14日
319	一种主动源微震监测装置及方法	发明	ZL201810005291.1	2018年6月29日
320	一种检测直流输电换相失败的方法	发明	ZL201711477615.3	2018年6月12日
321	一种披碱草种子快速萌发的方法	发明	ZL201710539169.8	2017年10月20日
322	坝闸底板下游连接段体形及其拟定方法	发明	ZL201710538500.4	2017年12月8日
323	利用CATIA三维软件建立面板坝趾板参数化模型的方法	发明	ZL201710373749.4	2017年9月22日
324	一种微型圆钢管混凝土桩极限抗弯承载力计算方法	发明	ZL201710358951.X	2017年9月26日
325	一种抛物线双曲拱坝拱圈编绘方法	发明	ZL201710217343.7	2017年9月5日
326	一种基于CATIA的拱坝坝肩稳定分析模型编绘方法	发明	ZL201710209704.3	2017年7月21日

（中国电建集团贵阳勘测设计研究院有限公司　汪飞）

中国葛洲坝集团股份有限公司
2020年获得国家授权发明专利情况

中国葛洲坝集团股份有限公司2020年获得国家授权发明专利情况见表1。

表1 中国葛洲坝集团股份有限公司2020年获得国家授权发明专利情况

序号	专利名称	专利类型	专利号	授权日期
1	精准管式微孔曝气器安装、检测系统及安装和检测方法	发明	ZL201710271072.3	2020年10月30日
2	一种现场移动式爆破技术服务车	发明	ZL201710974647.8	2020年1月31日
3	一种高效去除河湖淤泥中颗粒性杂质的成套设备	发明	ZL201711024190.0	2020年1月21日
4	一种环保型有机污染土壤热脱附修复系统	发明	ZL201711140822.X	2020年12月25日
5	混装铵油炸药车的装药深度控制系统及控制方法	发明	ZL201810170485.7	2020年8月4日
6	一种用于热带季风性气候地区的填坝土料含水率控制方法	发明	ZL201810175960.X	2020年4月28日
7	一种大面积临海滩涂海泥快速固化施工方法	发明	ZL201810245940.5	2020年11月10日
8	水电站压力钢管波纹管伸缩节安装方法	发明	ZL201810326999.7	2020年7月21日
9	钢结构拱桥采用矮扣塔或无扣塔的分段整体吊装方法	发明	ZL201810439300.8	2020年6月2日
10	水下爆破施工方法	发明	ZL201810652385.8	2020年10月9日
11	一种相邻填墩之间压力钢管合拢节的安装系统及方法	发明	ZL201810693350.9	2020年6月9日
12	一种隧道电缆沟成型装置及成型方法	发明	ZL201810725695.8	2020年11月24日
13	用液压自爬悬臂模板进行拱坝上、下游止水立模施工方法	发明	ZL201810754641.4	2020年5月19日
14	锚索造孔双级套管施工方法	发明	ZL201810764998.0	2020年7月14日
15	灌浆浆料及在水泥稳定碎石层分缝施工过程中的应用	发明	ZL201810930235.9	2020年6月2日
16	水泥稳定碎石层分缝施工方法	发明	ZL201810929115.7	2020年6月23日
17	混凝土面板堆石坝隔离层施工方法	发明	ZL201811016754.0	2020年8月4日
18	一种船舶上层建筑建造的方法	发明	ZL201811033073.5	2020年9月8日
19	适用于水位落差船舶岸电系统供电电缆敷设的方法	发明	ZL201811110002.0	2020年11月10日
20	硬岩掘进机洞内拆除装置及方法	发明	ZL201811143268.5	2020年4月24日
21	TBM盾体主驱隧洞内长距离托运装置及方法	发明	ZL201811142014.1	2020年4月28日
22	TBM盾体滚动滑移式组合行走装置及方法	发明	ZL201811142017.5	2020年6月19日
23	一种采空区精确且安全的钻孔探测方法	发明	ZL201811182446.5	2020年5月8日
24	一种用于高温采空区的露天矿开采方法	发明	ZL201811193713.9	2020年7月14日
25	一种预裂爆破组合装药方法、装药结构及辅助装置	发明	ZL201811176004.X	2020年10月2日
26	一种用于采空区处理的爆破方法	发明	ZL201811170887.3	2020年10月23日
27	附着式自爬升抱杆提升系统	发明	ZL201811259268.1	2020年9月8日
28	台车行进液压牵引系统	发明	ZL201811422355.4	2020年5月19日
29	航电枢纽厂房施工一体化布置方法及钢筋加工厂	发明	ZL201910139570.1	2020年10月27日
30	基于双陀螺仪的摆动电弧跟踪焊接系统	发明	ZL201910181062.X	2020年12月15日
31	大型浮式检修门的建造方法	发明	ZL201910189757.2	2020年5月5日
32	适用于特大断面地下硐室开挖和钢拱架固定的施工方法	发明	ZL201910383844.1	2020年4月14日
33	高耐久性土石围堰或防洪堤施工方法	发明	ZL201910403627.4	2020年4月14日
34	一种耐高水压的光纤光栅温度传感器及装配方法	发明	ZL201910403602.4	2020年6月23日
35	一种地源打井水平连管施工方法	发明	ZL201910495408.3	2020年11月24日
36	泵站肘型流道模板及使用方法	发明	ZL201910630580.5	2020年11月10日
37	盾构负环管片拆运方法	发明	ZL201910641355.1	2020年11月10日

续表

序号	专利名称	专利类型	专利号	授权日期
38	船舶舵系安装方法	发明	ZL201910774211.3	2020年6月9日
39	压力管道在隧洞中悬垂起吊精确定位防碰撞臂及使用方法	发明	ZL201910852473.7	2020年9月8日
40	S形隧道竖直段连续起吊作业装置及起吊方法	发明	ZL201910849425.2	2020年12月1日

（中国葛洲坝集团股份有限公司　程志华）

中国水利水电第一工程局有限公司 2020年获得国家授权专利情况

中国水利水电第一工程局有限公司2020年获得国家授权专利51件，其中发明专利1件，有关情况见表1。

表1　　中国水利水电第一工程局有限公司2020年获得国家授权专利情况

序号	专利名称	专利类别	专利号	授权日期
1	一种新型塔吊喷淋装置	实用新型	ZL201920650129.5	2020年1月3日
2	一种坝体的WES曲线形体放样装置	实用新型	ZL201921802707.9	2020年7月28日
3	一种带手动锁定装置的密封拍门	实用新型	ZL201922060263.2	2020年7月28日
4	一种螺旋对接聚乙烯缠绕结构壁B型管	实用新型	ZL201922059935.8	2020年7月28日
5	一种钢筋间距检查尺	实用新型	ZL202020052820.6	2020年7月28日
6	一种发电机转子磁极现场挂装圆度快速校正工具	实用新型	ZL202020305656.5	2020年8月18日
7	一种提高管道环切精度的装置	实用新型	ZL201922068441.6	2020年8月18日
8	一种组合式条形石料搬运装置	实用新型	ZL201922068442.0	2020年9月4日
9	一种水文水利测杆装置	实用新型	ZL202020025407.0	2020年9月4日
10	一种河道出流提升工程施工自流钢管导流装置	实用新型	ZL202020025426.3	2020年9月22日
11	一种梁板翼缘板处外露钢筋缺失补强处理结构	实用新型	ZL201922059972.9	2020年9月4日
12	一种移动折叠便捷式施工围蔽板	实用新型	ZL201922060230.8	2020年9月4日
13	一种用于有限空间模板固定装置	实用新型	ZL201922060261.3	2020年9月4日
14	一种多功能管道支撑与恢复器	实用新型	ZL201922059973.3	2020年9月22日
15	一种块石二次冲洗装置	实用新型	ZL201922068430.8	2020年9月22日
16	一种斜坡面切缝防坠牵引装置	实用新型	ZL201922068474.0	2020年9月22日
17	一种大断面矩形竖井液压滑模施工装置	实用新型	ZL202020025414.0	2020年9月22日
18	一种抗磨板更换安装用的定位模具	实用新型	ZL202020051770.X	2020年9月22日
19	一种水电站施工用的安全防护支架	实用新型	ZL202020037357.8	2020年9月22日
20	一种侧墙养护喷淋管	实用新型	ZL202020051810.0	2020年10月2日
21	一种导叶接力器分解检修平台	实用新型	ZL202020052821.0	2020年10月2日
22	一种粗粒土垂直渗透变形仪设备	实用新型	ZL202020246186.X	2020年10月2日
23	一种混凝土泵送性能测试装置	实用新型	ZL202020305651.2	2020年10月2日
24	滚刀磨损量测量装置	实用新型	ZL201810709671.3	2020年10月16日
25	一种强夯置换墩专用下料装置	实用新型	ZL202020265578.0	2020年10月30日

续表

序号	专利名称	专利类型	专利号	授权日期
26	一种箱梁钢台座端头加固结构	实用新型	ZL202020266008.3	2020年10月30日
27	一种定子鸽尾筋安装校直工具	实用新型	ZL202020245415.6	2020年10月30日
28	一种镀锌扁钢冷煨弯平台	实用新型	ZL202020245442.3	2020年10月30日
29	一种用于壤土、流塑淤泥质地层的震动桩机上料料斗	实用新型	ZL202020025950.0	2020年10月30日
30	一种新型井盖开启器	实用新型	ZL202020275989.8	2020年10月30日
31	一种卡扣式河道密封压力井盖	实用新型	ZL202020305654.6	2020年11月3日
32	一种水泥灌浆堵漏专用枪	实用新型	ZL202020265565.3	2020年11月3日
33	一种混凝土圆柱体芯样极限拉伸试验装置	实用新型	ZL202020305642.3	2020年11月13日
34	一种用于盾构始发及接收的拼装式钢套筒结构	实用新型	ZL202020275988.3	2020年11月13日
35	一种机组轴线中心找正工具	实用新型	ZL202020051809.8	2020年11月13日
36	一种岔管整体移动台车	实用新型	ZL202020051816.8	2020年11月13日
37	一种新型架桥机前支腿布设结构	实用新型	ZL202020052840.3	2020年11月13日
38	一种面板堆石坝混凝土面板无轨滑模施工的可调节侧模结构	实用新型	ZL202020025418.9	2020年11月13日
39	一种防渗墙预埋注浆管垂直定位装置	实用新型	ZL202020025427.8	2020年11月13日
40	一种边坡预裂钻孔定向、定位控制装置	实用新型	ZL202020025956.8	2020年11月13日
41	一种小管径克拉管材对接安装夹具	实用新型	ZL201922059976.7	2020年11月13日
42	一种直径可变的液压全圆针梁式钢模板衬砌台车	实用新型	ZL202020275635.3	2020年11月17日
43	一种带支撑杆的可调式组合钢模板	实用新型	ZL201922068472.1	2020年11月27日
44	一种桩基础施工桩心定位装置	实用新型	ZL201922060262.8	2020年10月30日
45	一种马蹄形输水隧洞的底拱混凝土保护装置	实用新型	ZL201922068440.1	2020年10月30日
46	一种用于土工试验收集土料装置	实用新型	ZL202020275987.9	2020年12月18日
47	一种可调变径式沉井安全作业平台	实用新型	ZL202020265583.1	2020年12月18日
48	一种成槽机扩抓器	实用新型	ZL202020245414.1	2020年12月18日
49	一种新型U型锚索灌浆负压容器装置	实用新型	ZL202020025958.7	2020年12月29日
50	一种盾构隧道洞口加固结构	实用新型	ZL202021385882.5	2020年12月25日
51	滚刀磨损量测量装置	发明	ZL201810709671.3	2020年10月30日

（中国水利水电第一工程局有限公司）

中国水利水电第四工程局有限公司 2020年获得国家授权专利情况

中国水利水电第四工程局有限公司2020年获得国家授权专利181件，其中发明专利12件，实用新型专利168件，外观专利1件，有关情况见表1。

表1　中国水利水电第四工程局有限公司2020年获得国家授权专利情况

序号	专利名称	专利类型	专利号	授权公告日
1	一种新型注浆锚杆	发明	ZL201710012526.5	2020年2月4日
2	公路预制箱梁新型集约化施工工艺	发明	ZL201810846502.4	2020年3月17日
3	一种高压富水软弱围岩山岭隧道的超前预注浆方法	发明	ZL201811091573.4	2020年4月7日
4	一种地铁超大断面隧道暗挖换撑及主体结构的施工方法	发明	ZL201811613136.4	2020年7月17日
5	一种风机基础防水密封结构	发明	ZL201811280658.7	2020年8月7日
6	一种地铁暗挖车站拱结构燕尾处的漏水治理方法	发明	ZL201910778880.8	2020年10月23日
7	一种沥青混凝土专用摊铺机	发明	ZL201811279188.2	2020年11月10日
8	一种TBM施工管片背部封闭环的方法	发明	ZL201811628001.5	2020年11月20日
9	一种混凝土强度检测设备	发明	ZL201811279186.3	2020年11月24日
10	一种敞开式TBM富水隧洞超前预注浆方法	发明	ZL201910875913.0	2020年11月24日
11	风机叶片的起吊方法	发明	ZL201910361430.9	2020年12月22日
12	一种灌注桩扩孔设备及扩孔施工方法	发明	ZL201910565554.9	2020年12月22日
13	一种可行走的脚手架	实用新型	ZL201920255915.5	2020年1月3日
14	一种新型隧道电缆槽隔离装置	实用新型	ZL201920969870.8	2020年1月3日
15	一种坡屋面自动洒水养护装置	实用新型	ZL201920620861.8	2020年1月14日
16	一种狭窄隧洞内大直径压力管道运输安装专用台车	实用新型	ZL201920698220.4	2020年1月24日
17	一种混凝土浇筑用养护装置	实用新型	ZL201920965774.6	2020年2月14日
18	一种大型水利枢纽工程混凝土运输用满管溜槽设备	实用新型	ZL201920703415.3	2020年2月14日
19	一种廊道边墙裂缝增开度观测装置	实用新型	ZL201921326143.6	2020年2月14日
20	一种石料开采用料场土壤采样装置	实用新型	ZL201920970216.9	2020年3月13日
21	一种可移动式高强钢压力钢管环缝焊接加热装置	实用新型	ZL201921007186.8	2020年3月20日
22	一种可调式压力钢管组圆无码压缝装置	实用新型	ZL201921006901.6	2020年3月20日
23	一种可调式压力钢管调圆、锁紧装置	实用新型	ZL201921006910.5	2020年3月20日
24	一种棒磨机快捷装棒装置	实用新型	ZL201920620936.2	2020年3月31日
25	一种大坝面板防渗用PVC膜固定结构	实用新型	ZL201920930898.0	2020年3月31日
26	一种大坝防渗盖片定位装置	实用新型	ZL201920940203.7	2020年3月31日
27	一种大坝表面防渗注浆装置	实用新型	ZL201920940285.5	2020年3月31日
28	用于预应力筋的张拉装置	实用新型	ZL201921073799.1	2020年4月7日
29	一种高山丘陵区风电场砂质土壤绿化恢复施工结构	实用新型	ZL201921033231.7	2020年4月10日
30	一种轨道测量杆底座准确找中测量装置	实用新型	ZL201920890737.3	2020年4月14日
31	一种坝顶铺装层混凝土的养护装置	实用新型	ZL201920985009.0	2020年4月14日
32	一种用于转子磁轭叠装的平台	实用新型	ZL201921805398.0	2020年4月14日
33	一种桥梁用落水管安装支架	实用新型	ZL201920804173.7	2020年4月17日
34	一种手动扁钢弯曲机	实用新型	ZL201921318963.0	2020年4月21日
35	一种用于大体积混凝土养护的喷淋装置	实用新型	ZL201921326144.0	2020年4月24日
36	一种用于橡胶止水的保护工装	实用新型	ZL201920984825.X	2020年5月1日
37	一种大跨度平移式缆机运行安全保障系统	实用新型	ZL201920983852.5	2020年5月1日

续表

序号	专利名称	专利类型	专利号	授权公告日
38	一种廊道保温保湿系统	实用新型	ZL201920984956.8	2020年5月1日
39	一种用于大坝施工的集成化工具房	实用新型	ZL201920984916.3	2020年5月1日
40	一种可分离式防渗支护组合钢板桩	实用新型	ZL201920474812.8	2020年5月1日
41	一种区间地面加固用注浆袖阀管装置	实用新型	ZL201920971097.9	2020年5月5日
42	一种应用于电缆支撑装置的报警装置	实用新型	ZL201921550922.4	2020年5月5日
43	一种具有固定装置的充电结构	实用新型	ZL201921550923.9	2020年5月5日
44	一种石料开采用供风抑尘装置	实用新型	ZL201920965750.0	2020年5月19日
45	一种风机锚栓基础二次灌浆中轻便式灌浆槽结构	实用新型	ZL201921334297.X	2020年5月19日
46	一种用于混凝土摊铺和薄膜覆盖的工具	实用新型	ZL201921322437.1	2020年5月19日
47	一种便携式等距离爆破孔钻孔装置	实用新型	ZL201920956376.8	2020年5月19日
48	一种隧洞开挖施工新型台车	实用新型	ZL201921075497.8	2020年5月26日
49	一种井形蜂窝式退水口	实用新型	ZL201920656862.8	2020年6月2日
50	一种用于混凝土浇筑仓面材料堆放的支架	实用新型	ZL201920983737.8	2020年6月2日
51	一种大风天气下仓面保温装置	实用新型	ZL201920984804.8	2020年6月2日
52	一种用于大坝竖向交通的自爬升转梯	实用新型	ZL201921068884.9	2020年6月2日
53	一种具有滑轨结构的电缆支撑装置	实用新型	ZL201921549922.2	2020年6月5日
54	一种输送混凝土的满管溜槽	实用新型	ZL201921236313.1	2020年6月5日
55	一种碾压混凝土制冷系统的蒸发器	实用新型	ZL201921236879.4	2020年6月5日
56	一种混凝土拱坝闸门门槽埋件位置测量装置	实用新型	ZL201921882932.8	2020年6月5日
57	一种水利水电用浮力提水装置	实用新型	ZL201921841382.5	2020年6月9日
58	一种施工现场用可旋转式照明灯架	实用新型	ZL201922160193.8	2020年6月9日
59	一种提高缆机效率的集成化吊运工装	实用新型	ZL201920983771.5	2020年6月16日
60	一种可移动式钢筋加工棚结构	实用新型	ZL201921540518.9	2020年6月16日
61	一种锚杆插打设备	实用新型	ZL201920975191.1	2020年6月16日
62	一种十字板剪力仪辅助支架	实用新型	ZL201921627017.4	2020年6月19日
63	一种便捷的机组上端轴起吊吊具	实用新型	ZL201921800645.8	2020年6月26日
64	一种竖井开挖出渣运输装置	实用新型	ZL201921707950.2	2020年7月3日
65	一种桥梁施工用安全支撑托架	实用新型	ZL201921391815.1	2020年7月3日
66	一种桥梁施工高处作业安全防护平台	实用新型	ZL201921391812.8	2020年7月3日
67	一种用于地铁隧道施工的移动充电系统	实用新型	ZL201921549936.4	2020年7月7日
68	一种大坝压实监测系统	实用新型	ZL201921542488.5	2020年7月10日
69	一种滑模配重检测装置	实用新型	ZL201921541694.4	2020年7月10日
70	一种隧洞施工液压提升防护装置	实用新型	ZL201921266382.7	2020年7月10日
71	一种地下管廊预埋支架	实用新型	ZL201921266328.2	2020年7月10日
72	一种水沟施工简易移动悬挂模架结构	实用新型	ZL201921804796.0	2020年7月10日
73	一种坝面钢筋运输车	实用新型	ZL201921266383.1	2020年7月10日
74	一种汽车自动遮阳防雨装置	实用新型	ZL201921882931.3	2020年7月17日

续表

序号	专利名称	专利类型	专利号	授权公告日
75	自流式混凝土运送推车	实用新型	ZL201922025837.2	2020年7月17日
76	一种无砟轨道弹性支承块组装平台结构	实用新型	ZL201921804778.2	2020年7月17日
77	一种旋转式锚索回收装置	实用新型	ZL201921600222.1	2020年7月17日
78	一种聚氨酯化学灌浆用简易孔口止浆装置	实用新型	ZL201921820451.4	2020年7月17日
79	一种应用于钻孔灌注桩的混凝土取样装置	实用新型	ZL201921151752.2	2020年7月17日
80	一种便携式隧道监测多功能塔尺	实用新型	ZL201922399834.5	2020年7月28日
81	一种桩基中心投点仪	实用新型	ZL201922403919.6	2020年7月28日
82	一种桩基钢筋笼吊装装置	实用新型	ZL201921152640.9	2020年8月4日
83	一种暗渠混凝土施工防雨棚装置	实用新型	ZL201921266289.6	2020年8月4日
84	一种混凝土骨料输送皮带系统防尘降噪装置	实用新型	ZL201920983809.9	2020年8月7日
85	一种用于混凝土凿毛的半自动工装	实用新型	ZL201920984851.2	2020年8月7日
86	一种悬臂挡墙钢模台车结构	实用新型	ZL201922128044.3	2020年8月14日
87	一种振动碾振动筒防护刮板装置	实用新型	ZL201921883781.8	2020年8月18日
88	一种用于检测大坝聚氨酯喷涂厚度的辅助装置	实用新型	ZL202020422171.4	2020年8月28日
89	柔性沥青混凝土和刚性水泥混凝土结合的调头道路结构	实用新型	ZL201922014376.9	2020年9月11日
90	一种用于大粒径沥青混凝土路面施工的插捣器	实用新型	ZL201922013024.1	2020年9月11日
91	一种土方填筑压实度取土器	实用新型	ZL201920659192.5	2020年9月11日
92	一种适用于隧道铺轨与联络通道同步施工的管片加固装置	实用新型	ZL201922369614.8	2020年9月15日
93	一种适用于GB/SAR滑坡监测的可移动观测台	实用新型	ZL202020522435.3	2020年9月18日
94	一种土工密度试验土样退土器	实用新型	ZL201922399842.X	2020年9月18日
95	一种混凝土内模支撑装置	实用新型	ZL201921266285.8	2020年9月22日
96	一种高强度水利大坝挡土墙	实用新型	ZL201922015326.2	2020年9月22日
97	一种边墙挤压机的压力调节装置	实用新型	ZL201921856993.7	2020年9月22日
98	一种带有配重水箱的滑模	实用新型	ZL201921541659.2	2020年9月22日
99	一种混凝土填充模袋	实用新型	ZL201922014285.5	2020年9月22日
100	一种城市管网监测系统	实用新型	ZL202020046061.2	2020年9月22日
101	一种加热模板	实用新型	ZL202020046062.7	2020年9月22日
102	一种便于清理的絮凝沉淀池	实用新型	ZL202020190847.1	2020年9月25日
103	一种移动式废水处理装置	实用新型	ZL202020221665.6	2020年9月25日
104	一种水库交通桥用T型桥梁运输固定装置	实用新型	ZL202020521196.X	2020年9月25日
105	一种PCCP管道运输固定装置	实用新型	ZL202020190825.5	2020年9月25日
106	简易搬运装置	实用新型	ZL202020001689.0	2020年9月25日
107	用于铁架床的简易晾衣装置	实用新型	ZL202020023963.4	2020年9月25日
108	一种砌体覆盖养护草袋	实用新型	ZL202020190794.3	2020年9月25日
109	一种填土用碾压装置	实用新型	ZL202020945739.0	2020年9月25日
110	一种均质土坝坡面夯实装置	实用新型	ZL202020564144.0	2020年9月25日
111	混凝土溜管便携式缓冲装置	实用新型	ZL202020039470.X	2020年9月25日

续表

序号	专利名称	专利类型	专利号	授权公告日
112	深基坑支护结构	实用新型	ZL202020059211.3	2020年9月25日
113	一种用于边坡防护的生态土工格栅	实用新型	ZL202020945752.6	2020年9月25日
114	一种多用途沉井	实用新型	ZL202020059495.6	2020年9月25日
115	一种综合管廊	实用新型	ZL202020059179.9	2020年9月25日
116	一种地下管廊施工支架	实用新型	ZL202020059556.9	2020年9月25日
117	一种斜坡表层平整装置	实用新型	ZL202020191837.X	2020年9月25日
118	一种管道供水工程调压池	实用新型	ZL202020190780.1	2020年9月25日
119	一种可拆卸护栏	实用新型	ZL202020822594.5	2020年9月25日
120	一种PCCP管道安装装置	实用新型	ZL202020190848.6	2020年9月25日
121	具有安全结构的爬模装置	实用新型	ZL201920700106.0	2020年1月10日
122	一种管道工程用水压试验装置	实用新型	ZL202020190829.3	2020年9月25日
123	一种山体堆填测量装置	实用新型	ZL202020946757.0	2020年9月25日
124	无极旋转式高压电缆支架	实用新型	ZL202020236288.3	2020年9月25日
125	一种PCCP管道吊运工装	实用新型	ZL202020190921.X	2020年9月29日
126	建设地下管廊用的基坑	实用新型	ZL202020059215.1	2020年9月29日
127	一种房建施工用的钢筋角度调节装置	实用新型	ZL202020110933.7	2020年10月2日
128	一种新型房屋建筑用手推车	实用新型	ZL202020122384.5	2020年10月2日
129	一种排水箱涵浇筑支护结构	实用新型	ZL202020015356.3	2020年10月2日
130	施工操作平台	外观设计	ZL202030084055.1	2020年10月2日
131	一种混凝土钻芯机竖架	实用新型	ZL202020332275.6	2020年10月13日
132	一种建筑工程管理用进度展示板	实用新型	ZL202020544141.0	2020年10月13日
133	一种管材切割及焊接用辅助装置	实用新型	ZL202020364133.8	2020年10月20日
134	一种履带式移动台车	实用新型	ZL202020449592.6	2020年10月23日
135	一种缆机导向轮修圆装置	实用新型	ZL202020363249.X	2020年10月27日
136	一种施工用管道切割装置	实用新型	ZL202020111485.2	2020年10月27日
137	一种河堤施工临时防护装置	实用新型	ZL202020190783.5	2020年10月27日
138	一种用于泄洪深孔钢衬底板自密实混凝土收集盒装置	实用新型	ZL202020422172.9	2020年10月27日
139	一种预应力钢筋张拉固定装置	实用新型	ZL201921044229.X	2020年4月17日
140	一种用于螺旋筋加工的工装	实用新型	ZL202020363377.4	2020年10月30日
141	一种钢筋切割卡量装置	实用新型	ZL202020046158.3	2020年10月30日
142	一种简易上扬植筋钻孔工具	实用新型	ZL202020332661.5	2020年10月30日
143	一种钢材存放架	实用新型	ZL202020046159.8	2020年10月30日
144	一种水利大坝施工用混凝土搅拌设备	实用新型	ZL201922014278.5	2020年10月30日
145	一种铰链式预制块的吊具	实用新型	ZL202020046048.7	2020年10月30日
146	一种简易路沿石安装搬动工具	实用新型	ZL202020326948.7	2020年10月30日
147	一种坝肩边坡吊喷装置	实用新型	ZL201921856987.1	2020年10月30日
148	一种坝面混凝土溜槽	实用新型	ZL201921542486.6	2020年10月30日

续表

序号	专利名称	专利类型	专利号	授权公告日
149	一种流槽快支模具	实用新型	ZL202020398020.X	2020年10月30日
150	一种水利大坝修建用挖渠设备	实用新型	ZL201922015308.4	2020年10月30日
151	桩基混凝土灌注导管拆装操作平台	实用新型	ZL202020191478.8	2020年10月30日
152	一种用于房建的混凝土摊平装置	实用新型	ZL202020122289.5	2020年10月30日
153	一种蒸压加气混凝土砌块施工水平灰缝摊铺辅助设备	实用新型	ZL202020102649.5	2020年10月30日
154	一种应用在超前支护中的洗孔设备	实用新型	ZL202020046063.1	2020年10月30日
155	一种钢筋混凝土管件破口修复辅助装置	实用新型	ZL202020327485.6	2020年10月30日
156	一种自切换差分定位系统	实用新型	ZL202020046160.0	2020年10月30日
157	一种深孔出口闸墩吊车平台支撑装置	实用新型	ZL202020445616.0	2020年11月6日
158	一种可调节的跨仓钢栈桥	实用新型	ZL202020420730.8	2020年11月6日
159	一种用于边坡土方削坡的坡度及平整度控制装置	实用新型	ZL202020498378.X	2020年11月6日
160	一种导流洞水上抽排水装置	实用新型	ZL202020492451.2	2020年11月6日
161	一种跨大坝钢衬施工用斜梯	实用新型	ZL202020493191.0	2020年11月6日
162	一种灌浆检查芯样展示柜	实用新型	ZL202020436383.8	2020年11月10日
163	一种房屋建筑砌体施工搬运装置	实用新型	ZL202020095051.8	2020年11月10日
164	一种建筑施工用墙体校准装置	实用新型	ZL202020424327.2	2020年11月10日
165	一种市政工程园林喷洒装置	实用新型	ZL202020531418.6	2020年11月13日
166	一种用于拱坝泄洪深孔钢衬焊接的辅助装置	实用新型	ZL202020417292.X	2020年11月13日
167	一种用于高流态混凝土卸料装置	实用新型	ZL202020421519.8	2020年11月13日
168	一种市政工程道路警示装置	实用新型	ZL202020553497.0	2020年11月13日
169	一种市政施工用防撞装置	实用新型	ZL202020554557.0	2020年11月13日
170	一种上引管管口保护装置	实用新型	ZL202020363327.6	2020年11月13日
171	一种基础施工基坑防塌支护装置	实用新型	ZL202020554594.1	2020年11月17日
172	一种输电线路钻跨同塔杆塔	实用新型	ZL202020505396.6	2020年11月17日
173	一种环境工程用污泥活化处理装置	实用新型	ZL202020528682.4	2020年11月20日
174	一种市政工程用减速带	实用新型	ZL202020545518.4	2020年11月20日
175	一种河道水草清理装置	实用新型	ZL202020559480.6	2020年11月20日
176	一种建筑外墙装修粉刷装置	实用新型	ZL202020559425.7	2020年11月20日
177	一种车载式灌浆台车	实用新型	ZL202020507117.X	2020年11月20日
178	一种钢网壳拼装定位工装架	实用新型	ZL202021913112.3	2020年11月24日
179	一种简易伸缩式防风焊接车间	实用新型	ZL202020590735.5	2020年11月24日
180	一种大型压力钢管加劲环焊接装置	实用新型	ZL202020532848.X	2020年11月27日
181	一种大坝深孔工作弧门支铰大梁底部钢衬模板	实用新型	ZL202020515936.9	2020年11月27日

（中国水利水电第四工程局有限公司　雷永红）

中国水利水电第五工程局有限公司 2020 年获得国家授权专利和软件著作权登记证书情况

中国水利水电第五工程局有限公司 2020 年获得国家授权专利 135 件，其中发明专利 9 件，实用新型专利 115 件，外观设计专利 11 件，有关情况见表 1。

表 1　中国水利水电第五工程局有限公司 2020 年获得的专利授权情况

序列	专利名称	专利类型	专利号	授权公告日
1	一种砂质土含水率的检测方法	发明	ZL201711249487.7	2020 年 1 月 7 日
2	一种水电站斜井开挖和超欠挖检查方法	发明	ZL201810203188.8	2020 年 2 月 18 日
3	一种发电厂房尾水流道异形模板制作及使用方法	发明	ZL201810852794.2	2020 年 3 月 3 日
4	基于土体共振频率的堆石坝压实质量控制方法	发明	ZL201910391225.7	2020 年 4 月 14 日
5	一种低瓦斯隧道大直径盾构分体下井施工方法	发明	ZL201910339508.7	2020 年 4 月 28 日
6	一种转轮渗漏检修施工方法	发明	ZL201810876648.3	2020 年 6 月 12 日
7	一种推土机自动控制系统及控制方法	发明	ZL201910745060.9	2020 年 7 月 31 日
8	砾石土工艺参数条件下碾压与击实效果匹配度的评价方法	发明	ZL201810852802.3	2020 年 8 月 18 日
9	一种竖井下弯段弯弧开挖方法	发明	ZL201911306312.4	2020 年 12 月 25 日
10	一种现场混凝土拌合物工作性测试及成型装置	实用新型	ZL201920652778.9	2020 年 1 月 7 日
11	一种水利水电施工用测量仪器支撑装置	实用新型	ZL201920732913.0	2020 年 2 月 7 日
12	一种建筑工程施工用吊料装置	实用新型	ZL201920732912.6	2020 年 2 月 7 日
13	一种不良地质便携式反滤装置	实用新型	ZL201920708849.2	2020 年 2 月 7 日
14	一种用于水轮发电机组钻孔拔键的扩孔工具	实用新型	ZL201920958979.1	2020 年 2 月 7 日
15	一种可移动的模块化箱涵快速施工装置	实用新型	ZL201920669975.1	2020 年 2 月 7 日
16	一种软质纤维自动分散和添加装置	外观设计	ZL201930463001.3	2020 年 2 月 7 日
17	抽水蓄能电站转子磁极加热保温框架	外观设计	ZL201930400308.9	2020 年 2 月 7 日
18	超深高压竖井压力钢管安装平台	外观设计	ZL201930400298.9	2020 年 2 月 7 日
19	一种实现 mini 棱镜水平万向旋转自立的辅助装置	实用新型	ZL201921151497.1	2020 年 2 月 18 日
20	一种安全易操作的沟槽支护装置	实用新型	ZL201920636400.X	2020 年 2 月 18 日
21	一种骑马井土方快速削挖装置	实用新型	ZL201920540733.2	2020 年 2 月 18 日
22	一种大断面异形竖井钢绞线悬挂智能液压提升滑模组	实用新型	ZL201920952566.2	2020 年 2 月 18 日
23	一种不锈钢滑块轨道端面加工装置	实用新型	ZL201920959185.7	2020 年 2 月 18 日
24	一种绿化灌溉井半自动钻孔装置	实用新型	ZL201920774384.0	2020 年 2 月 18 日
25	一种用于 H 型梁可调式埋弧焊工装	实用新型	ZL201920669970.9	2020 年 2 月 18 日
26	一种快速安拆混凝土入仓装置	实用新型	ZL201920652746.9	2020 年 2 月 18 日
27	一种非黏性土自动筛分设备	实用新型	ZL201920952565.8	2020 年 3 月 3 日
28	铜止水十字接头冲压成型装置（W 型）	外观设计	ZL201930435809.0	2020 年 3 月 3 日
29	一种钢闸门止水面快速加工装置	实用新型	ZL201920953028.5	2020 年 3 月 6 日
30	一种监测仪器标定架	实用新型	ZL201921046301.2	2020 年 3 月 27 日

续表

序列	专利名称	专利类型	专利号	授权公告日
31	一种组合式定子铁芯叠片辅助平台	实用新型	ZL201921443472.9	2020年3月27日
32	一种沥青混凝土芯样快速提取装置	实用新型	ZL201921046268.3	2020年4月14日
33	一种可移动镗孔设备	实用新型	ZL201921080568.3	2020年4月14日
34	一种伸缩式水泥比表面积检测室	实用新型	ZL201921080734.X	2020年4月14日
35	一种挤压边墙斜坡面砂浆垫层机械化施工装置	实用新型	ZL201921080406.X	2020年4月14日
36	二衬混凝土顶拱入仓及封堵装置	外观设计	ZL201930571148.4	2020年4月14日
37	一种可快速作业的预制盖板成型模具	实用新型	ZL201920009309.5	2020年4月17日
38	一种用于压力钢管加劲环角焊缝内侧加热的支架	实用新型	ZL201921182946.9	2020年4月21日
39	一种均质土坝和堆石坝的叠合结构	实用新型	ZL201921046588.9	2020年4月21日
40	一种堆石坝迎水坡面快速修整装置	实用新型	ZL201920966182.6	2020年4月22日
41	一种预制梁智控蒸汽养生系统	实用新型	ZL201920673443.5	2020年4月22日
42	一种水工闸门铰式反向弹性滑块的固定装置	实用新型	ZL201921046298.4	2020年4月22日
43	一种防渗墙顶部橡胶止水结构	实用新型	ZL201921151144.1	2020年5月1日
44	一种用于圆形隧洞衬砌的气水收集装置	实用新型	ZL201921270748.8	2020年5月1日
45	一种可精确调节造孔角度的手风钻固定支架	实用新型	ZL201921350703.1	2020年5月1日
46	一种简易水轮发电机磁极键键槽拉伤处理工装	实用新型	ZL201921435634.4	2020年5月1日
47	二衬回填注浆管	外观设计	ZL201930571140.8	2020年5月1日
48	一种W型铜止水十字接头冲压成型装置	实用新型	ZL201921298157.1	2020年5月8日
49	一种用于二衬顶拱混凝土入仓及封堵的潜望镜式装置	实用新型	ZL201921600329.6	2020年5月8日
50	用于溢流面曲面混凝土施工的可调连续四杆自适应拉模	实用新型	ZL201921151847.4	2020年5月19日
51	一种手持式气动凿岩机辅助作业装置	实用新型	ZL201921427238.7	2020年6月2日
52	一种检测PHC600型预应力管桩单桩承载力的装置	实用新型	ZL201921538230.8	2020年6月2日
53	一种地质雷达检测面板混凝土辅助装置	实用新型	ZL201921254131.7	2020年6月2日
54	一种无机结合材料强度试验试模	实用新型	ZL201921467964.1	2020年6月2日
55	一种隧洞污水自动化处理装置	实用新型	ZL201921590460.9	2020年6月2日
56	一种混凝土抗裂试验装置	实用新型	ZL201921428226.6	2020年6月2日
57	一种钢筋石笼与三维复合排水网结合的挡土墙结构	实用新型	ZL201921307289.6	2020年6月2日
58	一种洞室廊道运输空间快速检测装置	实用新型	ZL201921752482.0	2020年6月2日
59	一种沥青混凝土现场渗气检测装置	实用新型	ZL201921428888.3	2020年6月12日
60	一种喷射混凝土与围岩黏结强度测定装置	实用新型	ZL201921495159.X	2020年6月12日
61	一种隧道开挖石料运输装置	实用新型	ZL201921970937.6	2020年6月12日
62	一种软质纤维自动分散和添加装置	实用新型	ZL201921383725.8	2020年6月23日
63	一种混凝土输送泵管的减震装置	实用新型	ZL201921495250.1	2020年6月23日
64	一种简易钢管调直装置	实用新型	ZL201921851381.9	2020年6月23日
65	一种高陡边坡架管转运固定装置	实用新型	ZL201921703144.8	2020年6月23日
66	水轮发电机转子吊装平台	外观设计	ZL202030050393.3	2020年6月23日
67	一种探针式砂浆厚度测量装置	实用新型	ZL201922184215.4	2020年7月3日

续表

序列	专利名称	专利类型	专利号	授权公告日
68	一种钢筋拉送及绑扎装置	实用新型	ZL201921703108.1	2020年7月3日
69	一种静压法用马歇尔试模	实用新型	ZL201921816226.3	2020年7月14日
70	一种防止输送带跑偏的托辊调心支架	实用新型	ZL201921752419.7	2020年7月14日
71	一种土工膨胀量测定装置	实用新型	ZL201921467919.6	2020年7月24日
72	一种钢筋网片快速加工装置	实用新型	ZL201921820939.7	2020年7月28日
73	一种泥浆循环系统	实用新型	ZL201922034621.2	2020年7月28日
74	一种砂石骨料快速清洗装置	实用新型	ZL201922402541.8	2020年8月18日
75	一种混凝土试件电动抹光机	实用新型	ZL201921816537.X	2020年8月18日
76	一种含限位锁定装置的自爬升趾板灌浆平台	实用新型	ZL201921782168.7	2020年8月18日
77	一种灌砂法密度试验仪	实用新型	ZL201921971364.9	2020年8月18日
78	一种墙面铲平抛光装置	实用新型	ZL201922282929.9	2020年8月18日
79	一种拉线式蓄水水位自动测量装置	实用新型	ZL202020154507.3	2020年8月18日
80	一种电瓶机车组轨道轮拆卸及安装装置	实用新型	ZL202020007589.9	2020年9月8日
81	一种组合式桥架安装平台	实用新型	ZL201922193744.0	2020年9月8日
82	一种市政工程管道沟槽快速支护装置	实用新型	ZL201922402544.1	2020年9月8日
83	一种粗粒土水平渗透试验仪	实用新型	ZL202020117618.7	2020年9月8日
84	一种低瓦斯盾构隧道瓦斯超限自锁系统	实用新型	ZL202020003204.1	2020年9月8日
85	一种闸门井灌浆提升系统	实用新型	ZL201922402494.7	2020年9月8日
86	一种用于钢带增强管热收缩套连接的托辊装置	实用新型	ZL201922422955.7	2020年9月8日
87	一种后置于滑模的混凝土抹面装置	实用新型	ZL201922184291.5	2020年9月8日
88	混凝土试件自动取放装置	外观设计	ZL202030173076.0	2020年9月8日
89	一种锚杆拉拔仪锚具装置	实用新型	ZL202020170584.8	2020年9月25日
90	一种混凝土抗冲磨试验仪	实用新型	ZL202020198759.6	2020年9月25日
91	一种便携式公路施工警示装置	实用新型	ZL201922275880.4	2020年9月29日
92	一种用于水电站尾水肘管、扩散段的压弧机	实用新型	ZL202020007303.7	2020年9月29日
93	一种便捷式斜面滑动模板系统	实用新型	ZL201922275854.1	2020年9月29日
94	一种垫层料固坡砂浆收面装置	实用新型	ZL202020007648.2	2020年9月29日
95	一种混凝土收面装置	实用新型	ZL201922042578.4	2020年9月29日
96	一种小型桩基人工开挖出渣支架	实用新型	ZL201922276063.0	2020年9月29日
97	一种组合式高压旋喷机	实用新型	ZL202020170583.3	2020年9月29日
98	一种简易钢绞线收线装置	实用新型	ZL202020117773.9	2020年9月29日
99	一种混凝土凿毛车	实用新型	ZL201922275877.2	2020年10月9日
100	一种用于桥梁防撞护栏养护装置	实用新型	ZL202020170579.7	2020年10月27日
101	一种可快速拆卸调节的混凝土抹光装置	实用新型	ZL202020188598.2	2020年10月27日
102	一种细粒土无机结合料稳定材料强度试验试模	实用新型	ZL202020191723.5	2020年10月27日
103	一种含倒悬闸室的异形断面调压井	实用新型	ZL202020200623.4	2020年10月27日
104	一种便携式喷射混凝土取样大板试模	实用新型	ZL202020165076.0	2020年10月27日

续表

序列	专利名称	专利类型	专利号	授权公告日
105	一种市政小管径管道清淤装置	实用新型	ZL202020003237.6	2020年10月27日
106	一种土工击实试验击实筒	实用新型	ZL202020154511.X	2020年10月27日
107	一种压力钢管防护快速包装装置	实用新型	ZL202020269863.X	2020年10月27日
108	一种隧洞施工挡水装置	实用新型	ZL202020188957.4	2020年10月27日
109	一种现浇拱桥组合支架结构	实用新型	ZL202020188277.2	2020年10月27日
110	一种挖掘机自动感应喷水降尘装置	实用新型	ZL202020161697.1	2020年10月27日
111	一种适用于狭小区间的便携式模板内部支撑装置	实用新型	ZL202020161683.X	2020年10月27日
112	一种混凝土抗压试件尺寸测定装置	实用新型	ZL202020774983.5	2020年10月27日
113	一种简易便携式钢筋笼运输装置	实用新型	ZL202020170591.8	2020年10月27日
114	一种水利围堰施工使用的折叠式防汛挡水装置	实用新型	ZL202020188697.0	2020年10月27日
115	一种用于大型异形调压井混凝土浇筑的滑框翻模	实用新型	ZL202020310866.3	2020年11月10日
116	一种混凝土拌合物扩展度测定装置	实用新型	ZL202020449284.3	2020年11月10日
117	一种伸缩式基坑照明支架	实用新型	ZL202021015216.2	2020年11月10日
118	一种混凝土拌和物砂浆的快速分离装置	实用新型	ZL202020260646.4	2020年11月10日
119	一种现浇桥梁翼板底部起吊防撞预警吊具	实用新型	ZL202020261164.0	2020年11月10日
120	压力钢管专用半自动快速包装防护工装	外观设计	ZL202030271948.7	2020年11月10日
121	井盖	外观设计	ZL202030379019.8	2020年11月10日
122	一种膨胀土自由膨胀率量土装置	实用新型	ZL202020888962.6	2020年11月13日
123	一种带计数功能轻型动力触探仪	实用新型	ZL202020454945.1	2020年11月17日
124	一种用于检查井内的井管降水装置	实用新型	ZL202020202073.X	2020年11月17日
125	一种环刀取出装置	实用新型	ZL202020871117.8	2020年11月27日
126	一种压浆料流动度测定装置	实用新型	ZL202020945632.6	2020年11月27日
127	一种简易钢筋除锈装置	实用新型	ZL202020675036.0	2020年11月27日
128	一种黏性土单轴抗拉强度试验用制样模	实用新型	ZL202020889442.7	2020年11月27日
129	一种防涝防积水的自动排水装置	实用新型	ZL202020633110.2	2020年11月27日
130	一种多功能组合式可折叠施工通道梯	实用新型	ZL202020455628.1	2020年11月27日
131	一种地表水回收利用系统	实用新型	ZL202020432054.6	2020年11月27日
132	一种边墙挤压机行走导向装置	实用新型	ZL202020623422.5	2020年11月27日
133	一种公路土工击实试验用击实筒	实用新型	ZL202020890552.5	2020年12月15日
134	一种水利工程基础灌浆抬动观测智能报警系统	实用新型	ZL202021074214.0	2020年12月15日
135	土料原位渗透试验仪	外观设计	ZL202030459672.5	2020年12月15日

中国水利水电第五工程局有限公司完成13项软件成果，2020年获得计算机软件著作权登记证书情况见表2。

表2 中国水利水电第五工程局有限公司2020年获得的计算机软件著作权证书情况

序号	软件著作权名称	登记号	登记日期	登记证书号
1	工程横断面应用软件	2020SR0037909	2020年3月11日	软著登字第4916605号
2	工程项目集权式财务管理费用报销系统	2020SR0680654	2020年6月28日	软著登字第5559350号
3	工程项目集权式财务管理数据统计系统	2020SR0703109	2020年6月28日	软著登字第5581805号
4	工程项目资料数字化管理系统	2020SR0680550	2020年6月28日	软著登字第5750087号
5	工程项目集权式财务管理费用申请系统	2020SR0707958	2020年7月1日	软著登字第5586654号
6	施工日志管理系统	2020SR0831336	2020年7月27日	软著登字第5710032号
7	基于BIM水电工程施工安全管理系统	2020SR0869017	2020年8月3日	软著登字第5747713号
8	圆形盾构隧道管片测量数据管理系统	2020SR0871384	2020年8月4日	软著登字第5750080号
9	单定向附合导线平差计算程序软件	2020SR0871378	2020年8月4日	软著登字第5750074号
10	直线偏距计算及导线水准平差文件处理软件	2020SR0871391	2020年8月4日	软著登字第5581806号
11	工程项目技术安全交底考试系统	2020SR1151978	2020年9月24日	软著登字第6138230号
12	基于微信小程序的离岗备案公示公开查询系统	2020SR1188341	2020年9月29日	软著登字第6067037号
13	地铁轨道施工信息管理软件	2020SR1259534	2020年11月23日	软著登字第5559246号

（中国水利水电第五工程局有限公司 袁幸朝）

中国水利水电第八工程局有限公司 2020年获得国家授权专利和软件著作权登记证书情况

中国水利水电第八工程局有限公司2020年获国家授权专利157件，其中发明专利11件，实用新型专利146件，有关情况见表1。

表1 中国水利水电第八工程局有限公司2020年获得国家授权专利情况

序号	专利名称	专利类别	专利号	授权时间
1	膺架现浇梁支架整体式自动拆除装置	发明	ZL 201710773064.9	2020年1月17日
2	一种施工现场临时楼梯	实用新型	ZL 201920042345.1	2020年1月17日
3	PHC管桩截桩用防护装置	实用新型	ZL 201920504847.1	2020年1月17日
4	一种BIM信息资讯展示装置	实用新型	ZL 201920576207.1	2020年1月17日
5	一种二衬混凝土浇筑开关装置	实用新型	ZL 201920591713.8	2020年1月17日
6	一种斜拉桥主塔切割装置	实用新型	ZL 201920674947.9	2020年1月17日
7	混凝土支撑梁割除用托举装置	实用新型	ZL 201920709623.4	2020年1月17日
8	混凝土泵送施工用截止阀	实用新型	ZL 201920709639.5	2020年1月17日
9	一种适用于基坑施工的移动照明装置	实用新型	ZL 201920938756.9	2020年1月17日
10	一种用于BIM运维管理平台的物联网智能门禁装置	实用新型	ZL 201921181959.4	2020年1月17日
11	安全防护栏杆	实用新型	ZL 201920617509.9	2020年2月7日
12	一种桥梁桩基水下整体切割装置	实用新型	ZL 201920675161.9	2020年2月7日
13	一种工程运输车辆的液压油箱的安装结构	实用新型	ZL 201920849081.0	2020年2月7日
14	一种叠合板厚度控制装置及预制叠合板、楼板	实用新型	ZL 201920315529.0	2020年2月7日

续表

序号	专利名称	专利类别	专利号	授权时间
15	一种堆场	实用新型	ZL 201920412480.0	2020年2月7日
16	一种悬索桥的支墩及锚锭结构	实用新型	ZL 201920562656.0	2020年2月7日
17	景观墙施工模板及景观墙施工装置	实用新型	ZL 201920452685.1	2020年2月18日
18	一种大口径管道安装装置	实用新型	ZL 201920384239.1	2020年2月28日
19	一种桥梁施工高架作业平台	实用新型	ZL 201920895690.X	2020年3月17日
20	一种具有流向切换功能的冻结法施工用隔漏式冷冻装置	实用新型	ZL 201920917667.6	2020年3月17日
21	冻结法施工用隔漏式冷冻装置	实用新型	ZL 201920917745.2	2020年3月17日
22	一种扩孔装置	实用新型	ZL 201920940170.6	2020年3月17日
23	一种用于管道安装的施工平台	实用新型	ZL 201920983014.8	2020年3月17日
24	TBM设备主皮带机改向装置	实用新型	ZL 201920759323.7	2020年3月27日
25	一种巡检无人机专用起落架	实用新型	ZL 201920717054.8	2020年4月3日
26	叠合板拼缝防漏浆模板装置及拼缝现浇施工结构	实用新型	ZL 201921005169.0	2020年4月3日
27	叠合板拼缝弹性防漏浆模板装置及拼缝现浇施工结构	实用新型	ZL 201921004426.9	2020年4月3日
28	简易装配式胶带机雨棚	实用新型	ZL 201920640957.0	2020年4月10日
29	一种管桩填芯孔洞的防护装置	实用新型	ZL 201920950932.0	2020年4月10日
30	一种梁钢筋安装辅助装置	实用新型	ZL 201920951260.5	2020年4月10日
31	一种降水井降水深度测量装置	实用新型	ZL 201920991211.4	2020年4月10日
32	一种破碎机润滑油降温装置	实用新型	ZL 201921053452.0	2020年4月10日
33	钻孔灌注桩钢筋笼定位装置	实用新型	ZL 201921076636.9	2020年4月10日
34	一种拱座施工结构	实用新型	ZL 201920977576.1	2020年4月10日
35	水上吊装用浮吊及其装配方法	发明	ZL 201811601581.9	2020年4月17日
36	一种水泥中钢珠的筛除装置	实用新型	ZL 201920809211.8	2020年4月24日
37	一种用于骨料输送的给料机	实用新型	ZL 201920846320.7	2020年4月24日
38	一种永临结合新型桥梁支撑架	实用新型	ZL 201921130133.5	2020年4月24日
39	一种塔机基础安装定位装置	实用新型	ZL 201921164324.3	2020年4月24日
40	一种混凝土坝横缝美缝施工模板	实用新型	ZL 201921203377.1	2020年4月24日
41	预制胎模装置	实用新型	ZL 201921125074.2	2020年4月24日
42	一种预制结构墙及集成预制保温外墙板	实用新型	ZL 201920859902.9	2020年4月24日
43	二次衬砌钢筋安装台车	实用新型	ZL 201921309568.6	2020年4月28日
44	一种小截面竖井免拆模的施工方法	发明	ZL 201810929219.8	2020年5月5日
45	地铁车站管线密集区防坠落装置	实用新型	ZL 201921418847.6	2020年5月5日
46	一种预制构件及连接结构、安装方法	发明	ZL 201710312813.8	2020年5月8日
47	一种自动刷墙装置	实用新型	ZL 201920534529.X	2020年5月15日
48	一种长距离胶带机托辊自动巡检装置	实用新型	ZL 201921043960.0	2020年5月15日
49	角钢法兰风管螺栓连接拧紧装置	实用新型	ZL 201921418846.1	2020年5月15日
50	集料斗	实用新型	ZL 201921505575.3	2020年5月15日
51	一种钻孔掏渣装置	实用新型	ZL 201921513879.4	2020年5月15日

续表

序号	专利名称	专利类别	专利号	授权时间
52	带式输送机皮带粘附料清洁回收系统	实用新型	ZL 201921546805.0	2020年5月15日
53	一种上梁、外挂墙板及其连接节点	实用新型	ZL 201921284517.2	2020年5月15日
54	一种外装饰结构墙及装配式外挂板	实用新型	ZL 201921284518.7	2020年5月15日
55	一种外挂墙板及其下部连接节点	实用新型	ZL 201921284285.0	2020年5月15日
56	一种装配式框架外挂板技术体系	实用新型	ZL 201921284284.6	2020年5月15日
57	一种冻结法施工用冷冻装置	实用新型	ZL 201920916642.4	2020年5月19日
58	一种施工管理监控装置	实用新型	ZL 201921015244.1	2020年5月19日
59	一种仓面混凝土收面样架	实用新型	ZL 201921484544.4	2020年5月22日
60	一种可检测套筒灌浆饱满度的墙板系统	实用新型	ZL 201921542001.3	2020年5月22日
61	隧道混凝土施工装置	实用新型	ZL 201921649568.0	2020年5月22日
62	一种预制混凝土飘窗	实用新型	ZL 201921232530.3	2020年6月2日
63	一种适用于边坡的截排水装置	实用新型	ZL 201921425604.5	2020年6月2日
64	墙体钢筋间距控制装置	实用新型	ZL 201921457317.2	2020年6月2日
65	一种适用于大坝启闭机平台浇筑的预制底模结构	实用新型	ZL 201921493109.8	2020年6月2日
66	坡面混凝土施工模板及坡面混凝土施工装置	实用新型	ZL 201921530210.6	2020年6月2日
67	用于蜗壳瓦块的压制成型模具装置	实用新型	ZL 201921641250.8	2020年6月2日
68	一种履带式混凝土布料机及其无线控制装置	实用新型	ZL 201922237438.2	2020年6月2日
69	一种用于胶带机的悬索桥结构	实用新型	ZL 201921493490.8	2020年6月2日
70	具有流向切换功能的冻结法施工用冷冻装置	实用新型	ZL 201920916592.X	2020年6月12日
71	钢工件用焊接装置	实用新型	ZL 201921641301.7	2020年6月19日
72	一种全断面注浆加固地层的施工方法	发明	ZL 201910156203.2	2020年6月26日
73	对夹升降式限位止回阀	实用新型	ZL 201921610383.9	2020年6月26日
74	钢筋快速加工装置	实用新型	ZL 201921863624.0	2020年6月26日
75	适用于高陡边坡出洞口爆破的防护装置	实用新型	ZL 201921873474.1	2020年6月26日
76	斜井施工运输装置	实用新型	ZL 201921915212.7	2020年6月26日
77	一种水泥膏浆制浆装置	实用新型	ZL 201921656707.2	2020年7月3日
78	水冷油冷却制冷系统的制冷剂充注方法	发明	ZL 201811094897.3	2020年7月10日
79	热虹吸油冷却制冷系统的制冷剂充注方法	发明	ZL 201811094820.6	2020年7月10日
80	一种用于升船机主机大件吊装的辅助工装	实用新型	ZL 201921415852.1	2020年7月10日
81	一种预应力箱梁张拉设备工具夹片外露量测量装置	实用新型	ZL 201922374959.2	2020年7月10日
82	一种叠合板后浇拼缝防漏浆加固拉片及拼缝防漏结构	实用新型	ZL 201921723058.3	2020年7月10日
83	一种钻孔灌注桩孔口安全防护装置	实用新型	ZL 201921514281.7	2020年7月17日
84	一种钻孔冲洗液孔口导流结构	实用新型	ZL 201921751671.6	2020年7月17日
85	一种用于既有T梁拼宽连接的临时支撑结构	实用新型	ZL 201921833868.4	2020年7月17日
86	塔筒管口圆周长测量用尺带导向装置	实用新型	ZL 201922445660.1	2020年7月17日
87	一种用于风力发电机锚栓笼安装的调整装置	实用新型	ZL 201921868582.X	2020年7月24日
88	一种可重复利用的截流组件	实用新型	ZL 201921939288.3	2020年7月24日

续表

序号	专利名称	专利类别	专利号	授权时间
89	隧道光面爆破装药装置	实用新型	ZL 201922020364.7	2020年7月24日
90	隧道监测装置	实用新型	ZL 201922490383.6	2020年7月24日
91	具有补水装置的碾压机	实用新型	ZL 201921909765.1	2020年7月24日
92	人行栈桥	实用新型	ZL 201921868270.9	2020年7月31日
93	一种悬索桥主缆架设系统	实用新型	ZL 201921948193.8	2020年7月31日
94	一种适用于低高度地下连续墙钢筋笼吊装的龙门吊	实用新型	ZL 201922006761.9	2020年7月31日
95	地质钻机用高压旋喷钻头	实用新型	ZL 201922028094.4	2020年7月31日
96	预应力锚索用快速吊装装置	实用新型	ZL 201922133913.1	2020年7月31日
97	一种柔性管道下沉保护装置	实用新型	ZL 201922258596.6	2020年7月31日
98	塔机安装用伸缩拉杆	实用新型	ZL 201922245684.2	2020年7月31日
99	导流洞钢筋台车	实用新型	ZL 201922277741.5	2020年7月31日
100	一种 HDPE 管道下沉配重块组装装置	实用新型	ZL 201922274928.X	2020年7月31日
101	防堵塞灌浆机械塞	实用新型	ZL 201921884456.3	2020年8月7日
102	用于建筑物板梁及交通桥面的支撑装置	实用新型	ZL 201921914704.4	2020年8月7日
103	钢筋提升用作业装置	实用新型	ZL 201922274865.8	2020年8月7日
104	钢筋输送定位小车	实用新型	ZL 201922277745.3	2020年8月7日
105	施工现场用电缆撑高架	实用新型	ZL 201922495569.0	2020年8月7日
106	一种装配式建筑墙板及其与楼板的连接结构	实用新型	ZL 201921989787.3	2020年8月7日
107	一种装配式建筑墙板及其安装结构	实用新型	ZL 201921989077.0	2020年8月7日
108	含水炮孔混装不防水炸药的装药装置以及装药方法	发明	ZL 201811366776.X	2020年8月7日
109	闸墩狭窄部位大模板拆装用提升装置	实用新型	ZL 201922133914.6	2020年8月14日
110	反井钻机钻杆内部导向机构及测斜装置	实用新型	ZL 201922245826.5	2020年8月14日
111	钢管竖向对焊连接用夹持固定装置	实用新型	ZL 201922341590.5	2020年8月14日
112	电梯井施工防护平台	实用新型	ZL 201922027392.1	2020年8月21日
113	一种超大管径超长 HDPE 管道海上拖运的牵引装置	实用新型	ZL 201922230980.5	2020年8月21日
114	高坝浇筑碾压混凝土用满管受料斗	实用新型	ZL 201922009709.9	2020年8月28日
115	适用于水利施工的塔机喷淋系统	实用新型	ZL 201922058292.5	2020年8月28日
116	城市地下管廊导墙施工装置	实用新型	ZL 201922122264.5	2020年8月28日
117	一种利用管桩余料的临海护坡结构	实用新型	ZL 201922135203.2	2020年8月28日
118	一种临海深基坑结构	实用新型	ZL 201922136209.1	2020年8月28日
119	用于大面积回填高程控制桩的拔桩装置	实用新型	ZL 201922138905.6	2020年8月28日
120	混凝土大坝排水孔成孔装置	实用新型	ZL 201922151104.3	2020年8月28日
121	一种闸墩牛腿悬挑模板支撑系统	实用新型	ZL 201922230976.9	2020年8月28日
122	一种矿山法隧道洞门破除用支撑装置	实用新型	ZL 202020004250.3	2020年8月28日
123	一种预制墙板及封仓堵浆系统	实用新型	ZL 201922096845.6	2020年8月28日
124	回风竖井底部材料转运装置	实用新型	ZL 201922495657.0	2020年9月4日
125	一种装配式框架外挂墙板体系及其施工方法	发明	ZL 201910732717.8	2020年9月11日

续表

序号	专利名称	专利类别	专利号	授权时间
126	电气设备专用接线盒	实用新型	ZL 202020359532.5	2020年9月11日
127	反井钻机刀盘洞内运输工装	实用新型	ZL 201922494382.9	2020年9月11日
128	TBM步进导向槽混凝土浇筑加高模板装置	实用新型	ZL 201922494642.2	2020年9月11日
129	竖井施工用吊桶装置	实用新型	ZL 202020077246.X	2020年9月22日
130	一种预制外墙套筒灌浆封仓堵浆系统	实用新型	ZL 201922096842.2	2020年9月25日
131	泥浆悬浮能力分层测试装置	实用新型	ZL 202020158301.8	2020年9月25日
132	一种连续梁双薄壁墩零号块托架	实用新型	ZL 201922362798.5	2020年9月25日
133	一种直线位移传感器	实用新型	ZL 202020301551.2	2020年9月25日
134	一种翻升模板	实用新型	ZL 201922320679.3	2020年9月25日
135	悬索线型测量控制系统	实用新型	ZL 202020110901.7	2020年9月25日
136	吊杆螺帽旋拧装置	实用新型	ZL 202020077249.3	2020年9月25日
137	市政地下通道二衬施工模板系统及二衬施工方法	发明	ZL 201910344443.5	2020年10月2日
138	大口径PCCP管安装用对拉台车	实用新型	ZL 201922495630.1	2020年10月2日
139	桥梁底模整体拆除装置	实用新型	ZL 202020141873.5	2020年10月13日
140	沟渠混凝土浇筑用模板装置	实用新型	ZL 201922451531.3	2020年10月23日
141	一种骨料冷却系统	实用新型	ZL 202020373022.3	2020年10月30日
142	一种钢筋连接套筒	实用新型	ZL 202020204120.4	2020年10月30日
143	一种叠合板边模及叠合板模具	实用新型	ZL 202020185474.9	2020年10月30日
144	一种装配式架空回填结构及其卫生间	实用新型	ZL 202020152882.4	2020年10月30日
145	一种混凝土组合式永久模板	实用新型	ZL 202020162800.4	2020年10月30日
146	一种制冰和输冰系统	实用新型	ZL 202020355688.6	2020年11月6日
147	一种扁管柱一U型钢梁连接节点	实用新型	ZL 202020423807.7	2020年11月6日
148	一种预制围墙及其安装结构	实用新型	ZL 202020180321.5	2020年11月6日
149	一种活动装配式隔震楼梯结构	实用新型	ZL 202020368668.2	2020年11月6日
150	一种固定装配式隔震楼梯结构	实用新型	ZL 202020368667.8	2020年11月6日
151	一种装配式围墙基础及其安装结构	实用新型	ZL 202020180306.0	2020年11月13日
152	一种预制板运输靠架单元及预制板运输靠架	实用新型	ZL 202020409023.9	2020年11月13日
153	一种装配式楼梯结构	实用新型	ZL 202020368600.4	2020年11月13日
154	适用于粉砂或流沙地层掘进的泥水平衡顶管机机头	实用新型	ZL 202020337182.2	2020年12月18日
155	叠合板堆放用运输装置	实用新型	ZL 202020321628.2	2020年12月18日
156	桥梁悬出侧的人行道	实用新型	ZL 201922494094.3	2020年12月18日
157	一种地表水取水井	发明	ZL 201910446192.1	2020年12月18日

中国水利水电第八工程局有限公司完成2项软件成果，2020年获得计算机软件著作权登记证书情况见表2。

表 2　中国水利水电第八工程局有限公司 2020 年获得国家计算机软件著作权登记证书情况

序号	软件名称	登记号	登记日期	登记证书号
1	中国水电八局大坝安全监测数据统计分析软件 V1.0	2020SR1269956	2020 年 12 月 24 日	软著登字第 6148652 号
2	中国水电八局大坝安全监测信息管理软件 V1.0	2020SR1269955	2020 年 12 月 24 日	软著登字第 6148651 号

（中国水利水电第八工程局有限公司　杨承志）

中国水利水电第十四工程局有限公司 2020 年度获得国家授权专利情况

中国水利水电第十四工程局有限公司 2020 年度获得国家授权专利情况见表 1。

表 1　中国水利水电第十四工程局有限公司 2020 年度获得国家授权专利情况

序号	专利名称	专利类型	专利号	授权日期
1	一种大跨度地下洞室平斜交四岔口开挖支护方法	发明	ZL201810999077.2	2020 年 11 月 12 日
2	一种大跨度地下洞室平斜交四岔口开挖支护方法	发明	ZL201810999077.2	2020 年 11 月 12 日
3	一种具有初期雨污分流功能的雨水篦子	实用新型	ZL201821988224.8	2019 年 7 月 19 日
4	一种用于隧道衬砌钢边止水带施工的定位装置	实用新型	ZL201920008401.X	2019 年 7 月 19 日
5	一种隧道钢拱架工字钢抓取装置	实用新型	ZL201920008011.2	2019 年 7 月 19 日
6	一种用于隧道衬砌纵向施工缝接缝钢筋安装的装置	实用新型	ZL201920008403.9	2019 年 7 月 22 日
7	一种可调节尺寸的简易提拉夹具	实用新型	ZL201821995675.4	2019 年 7 月 31 日
8	一种可移动多功能杠杆车	实用新型	ZL201821995653.8	2019 年 8 月 6 日
9	一种水平施工缝中埋式止水带保护装置	实用新型	ZL201822135761.4	2019 年 8 月 6 日
10	一种预制箱梁钢制堵头模快速移动装置	实用新型	ZL201822052801.9	2019 年 8 月 6 日
11	一种组合式树脂电缆挂钩装置	实用新型	ZL201920431503.2	2019 年 8 月 6 日
12	一种狭窄区域球磨铸铁管道运输定位装置	实用新型	ZL201920008413.2	2019 年 8 月 9 日
13	一种制作钢筋网的辅助装置	实用新型	ZL201920008402.4	2019 年 8 月 12 日
14	一种精确定位支承垫石预留螺栓孔的辅助装置	实用新型	ZL201821748644.9	2019 年 9 月 4 日
15	一种雾化养护箱梁预制台座	实用新型	ZL201821803190.0	2019 年 9 月 10 日
16	一种地铁盾构隧道联络通道安全门	实用新型	ZL201920288899.X	2019 年 9 月 27 日
17	一种改进型旋挖机取岩钻具	实用新型	ZL201920276181.9	2019 年 9 月 27 日
18	一种混凝土栏杆立柱快速预制模具	实用新型	ZL201920013170.1	2019 年 9 月 29 日
19	一种可重复利用的变压器支撑装置	实用新型	ZL201920523611.2	2019 年 9 月 29 日
20	一种混凝土施工用预埋件	实用新型	ZL201821697259.6	2019 年 10 月 8 日
21	一种预制梁板封闭式养生棚	实用新型	ZL201822085417.9	2019 年 10 月 8 日
22	一种大型桥机轨道便携式倒运装置	实用新型	ZL201920276845.1	2019 年 10 月 9 日
23	一种自动量测棱镜高度的全站仪大棱镜组件	实用新型	ZL201920433732.8	2019 年 10 月 10 日
24	一种隧道钢模台车行走钢轨固定装置	实用新型	ZL201821988228.6	2019 年 10 月 12 日
25	一种检查井快速吊装装置	实用新型	ZL201920276847.0	2019 年 10 月 12 日
26	一种型钢拱架加工中的简易固定装置	实用新型	ZL201920270056.7	2019 年 10 月 12 日

续表

序号	专利名称	专利类型	专利号	授权日期
27	一种用于改善黑臭河水的处理系统	实用新型	ZL201920288907.0	2019年10月18日
28	一种精确定位支座预埋钢板的辅助装置	实用新型	ZL201920288911.7	2019年10月18日
29	一种适用于窄巷道小口径球墨铸铁管运输装置	实用新型	ZL201920343270.0	2019年10月21日
30	一种简易钢结构门机	实用新型	ZL201920419245.6	2019年10月22日
31	一种隧洞内出渣皮带接力驱动吊装装置	实用新型	ZL201920312666.9	2019年10月22日
32	一种具有脱水功能的砂石骨料分料槽	实用新型	ZL201920346310.7	2019年10月23日
33	一种隧洞内运渣车调头装置	实用新型	ZL201920017473.0	2019年10月25日
34	一种液压式电缆沟内沟帮模板台车	实用新型	ZL201920383173.4	2019年10月25日
35	一种隧道衬砌防脱空液位监控报警装置	实用新型	ZL201920419248.X	2019年10月28日
36	一种隧道锚杆过防水板止水装置	实用新型	ZL201920295085.9	2019年11月1日
37	一种用于液压破碎机降尘装置	实用新型	ZL201920325459.7	2019年11月4日
38	一种机械设备改造专用操作平台	实用新型	ZL201920501219.8	2019年11月4日
39	一种小断面竖井衬砌支撑装置	实用新型	ZL201920391633.8	2019年11月5日
40	一种轻型轨道装置	实用新型	ZL201920289767.9	2019年11月5日
41	一种施工围挡立柱	实用新型	ZL201920341095.1	2019年11月6日
42	一种轻便简易的斜井用人行铝合金踏步	实用新型	ZL201920305586.0	2019年11月7日
43	一种可调节的支撑装置	实用新型	ZL201920303605.6	2019年11月7日
44	一种闸门水下冲沙防淤的装置	实用新型	ZL201920303639.5	2019年11月8日
45	一种盾构滚刀运输小车	实用新型	ZL201920471152.8	2019年11月12日
46	一种预制空心梁板绞缝钢筋的隔离装置	实用新型	ZL201920133377.2	2019年11月25日
47	一种梯形河道污水截流设施	实用新型	ZL201920325717.1	2019年11月25日
48	一种水电工程半地下井筒式厂房	实用新型	ZL201920288893.2	2019年11月26日
49	一种隧洞混凝土洒水养护装置	实用新型	ZL201920551572.7	2019年11月26日
50	一种小断面隧洞移动式钻爆台车	实用新型	ZL201920619817.5	2019年11月26日
51	一种用于抽水蓄能电站废水循环利用的处理装置	实用新型	ZL201920561926.6	2019年11月27日
52	一种钢管对接辅助装置	实用新型	ZL201920276848.5	2019年11月28日
53	一种用于支撑预制梁体张拉千斤顶的行走式简易支架	实用新型	ZL201920288894.7	2019年12月3日
54	一种建筑工地施工用混凝土板钻孔装置	实用新型	ZL201920814681.3	2020年1月9日
55	一种水电站岩锚梁轨道浇筑运输小车	实用新型	ZL201920644361.8	2020年1月13日
56	一种竖井压力钢管安装用起吊系统	实用新型	ZL201920644362.2	2020年1月14日
57	一种标准斜型H钢梁的群孔定位装置	实用新型	ZL201920637882.0	2020年1月14日
58	一种安装在料斗上的弧形对开式放料阀门	实用新型	ZL201920761695.3	2020年1月14日
59	一种移动式门机（塔机）行走供电电缆易弯折处的导向、防护装置	实用新型	ZL201920801291.2	2020年1月16日
60	一种可快速拆卸的半自动切割机保护装置	实用新型	ZL201920996249.0	2020年1月16日
61	一种预制梁的喷淋养护装置	实用新型	ZL201920419251.1	2020年2月18日
62	一种用于重大销钉水平安装的工具	实用新型	ZL201921000897.2	2020年2月18日

续表

序号	专利名称	专利类型	专利号	授权日期
63	一种基于单片机的智能电风扇	实用新型	ZL201920499577.X	2020年2月20日
64	一种自动量测仪高的全站仪	实用新型	ZL201920418114.6	2020年2月20日
65	一种缩小水井钻机工作石渣飞溅范围装置	实用新型	ZL201920933813.4	2020年2月26日
66	一种便捷式支撑设备	实用新型	ZL201920798955.4	2020年2月27日
67	一种复合地基桩桩位定位装置	实用新型	ZL201920686537.6	2020年2月28日
68	一种用于挖掘机械破碎作业时防破碎物飞溅的防护装置	实用新型	ZL201920878195.8	2020年2月28日
69	一种铁路隧道中心沟盖板提手弯曲用的组合工具	实用新型	ZL201920710764.8	2020年3月2日
70	一种用于地铁车站临时施工用电的电缆支架	实用新型	ZL201921285691.9	2020年3月2日
71	一种新型快速注浆阀装置	实用新型	ZL201921126134.2	2020年3月5日
72	一种用于地铁车站室外电缆敷设工程的防水桥架	实用新型	ZL201921285365.8	2020年3月5日
73	一种快速中心找正工具	实用新型	ZL201921463883.4	2020年3月13日
74	一种一体式灌浆移动平台	实用新型	ZL201920678095.0	2020年3月16日
75	一种现浇箱梁多次浇筑接缝处除水的装置	实用新型	ZL201920986979.2	2020年3月16日
76	一种预制小箱梁中隔板支撑托架	实用新型	ZL201920934702.5	2020年3月16日
77	一种插编钢丝绳索具的装置	实用新型	201920918127.X	2020年3月16日
78	一种用于控制钢筋间距的工具	实用新型	ZL201920814121.8	2020年3月17日
79	一种带启闭式顶帽的测钉	实用新型	ZL201921688735.2	2020年3月18日
80	一种隧道竖井轻钢防尘降噪隔离棚	实用新型	ZL201920799396.9	2020年3月19日
81	一种平衡起吊整捆工字钢简易装置	实用新型	ZL201921162909.1	2020年3月19日
82	一种隧道多功能便捷钢架台车	实用新型	ZL201921226944.5	2020年3月19日
83	一种混凝土管运输安装小车	实用新型	ZL201921225528.3	2020年3月19日
84	一种用于GIS管母安装的辅助工具	实用新型	ZL201921515768.7	2020年3月19日
85	一种吊装带孔连接板的便携式吊具	实用新型	ZL201921226321.8	2020年3月20日
86	一种野外施工吊架	实用新型	ZL201921226958.7	2020年3月20日
87	一种仰拱模板快速安装装置	实用新型	ZL201921224358.7	2020年3月20日
88	一种超深竖井管道固定装置	实用新型	ZL201921193192.7	2020年3月20日
89	一种轻便式转运模板的手推车	实用新型	ZL201920733260.8	2020年3月26日
90	一种圆筒式尾水调压室阻抗板混凝土浇筑组合支撑体系	实用新型	ZL201921139906.6	2020年3月26日
91	一种公路隧道格栅钢架加工装置	实用新型	ZL201921197758.3	2020年3月26日
92	一种控制墩柱钢筋保护层的平台支架	实用新型	ZL201921126059.X	2020年3月31日
93	一种用路堤边坡预制卯榫急流槽装置	实用新型	ZL201921055383.7	2020年3月31日
94	一种高速公路隧道排水盲沟预留沟槽模板装置	实用新型	ZL201921410311.X	2020年4月1日
95	一种用于桥梁墩身可移动操作平台	实用新型	ZL201921020136.3	2020年4月2日
96	一种用于深基坑土石方垂直运输的自动翻转渣土斗	实用新型	ZL201921372897.5	2020年4月2日
97	一种悬臂现浇梁竖向预应力筋波纹管压浆装置	实用新型	ZL201921020050.0	2020年4月2日
98	一种风机叶片运输车增加配重装置	实用新型	ZL201921373082.9	2020年4月3日
99	一种钢筋混凝土管吊装装置	实用新型	ZL201921334130.3	2020年4月7日

续表

序号	专利名称	专利类型	专利号	授权日期
100	一种轨行式皮带储存平台装置	实用新型	ZL201921243997.8	2020年4月8日
101	一种简易钢结构集渣斗	实用新型	ZL201921228862.4	2020年4月8日
102	一种集水井排水泵简易控制装置	实用新型	ZL201921108283.6	2020年4月9日
103	一种可调节的用于路缘石施工的移运装置	实用新型	ZL201921092505.X	2020年4月9日
104	一种用于刀盘翻身的可拆卸工具	实用新型	ZL201921108282.1	2020年4月9日
105	一种用于浅挖无水管槽快速支护的装置	实用新型	ZL201921108348.7	2020年4月9日
106	一种调节T梁边梁翼缘板宽度的装置	实用新型	ZL201921062959.2	2020年4月9日
107	一种钻机齿轮室间隙调整专用工具	实用新型	ZL201921210775.6	2020年4月10日
108	一种适用于狭窄河道漂浮物拦截装置	实用新型	ZL201921225448.8	2020年4月10日
109	一种用于施工现场的钢丝绳挂放装置	实用新型	ZL201921364161.3	2020年4月15日
110	一种碾压混凝土快速运输负压溜槽装置	实用新型	ZL201921155652.7	2020年4月16日
111	一种移动便捷装配式护栏	实用新型	ZL201921187889.3	2020年4月20日
112	一种混凝土泵送润管的洗管装置	实用新型	ZL201921585513.8	2020年4月20日
113	一种风机塔筒运输助推装置	实用新型	ZL201921683064.0	2020年4月21日
114	一种深沟槽市政管道安装吊装装置	实用新型	ZL201921643878.1	2020年4月21日
115	一种涨壳式预应力中空锚杆居中装置	实用新型	ZL201921312973.3	2020年4月22日
116	一种用作管道堆放的排架	实用新型	ZL201921357481.6	2020年4月24日
117	一种施工现场用的管状材料转运装置	实用新型	ZL201921617658.1	2020年4月24日
118	一种简易隧洞锚杆拉拔支撑装置	实用新型	ZL201921515769.1	2020年4月26日
119	一种可移动式围挡大门	实用新型	ZL201921139380.1	2020年4月27日
120	一种挂篮棱形片吊装装置	实用新型	ZL201921688744.1	2020年4月27日
121	一种简易垂直提升装置	实用新型	ZL201921593997.0	2020年4月27日
122	一种开孔暗涵吊装淤泥装置	实用新型	ZL201921573653.3	2020年5月6日
123	一种用于蓄能机组尾水扩散段的运输装置	实用新型	ZL201921606764.X	2020年5月6日
124	一种减小注浆管道压力的装置	实用新型	ZL201921326375.1	2020年5月7日
125	一种防止路面破除时碎块飞溅的装置	实用新型	ZL201921334146.4	2020年5月7日
126	一种大型钢岔管预组装支撑架	实用新型	ZL201921473061.4	2020年5月8日
127	一种改进型轻型触探仪	实用新型	ZL201921361156.7	2020年5月8日
128	一种城市小型隧洞爆破施工的防护装置	实用新型	ZL201921601796.0	2020年5月8日
129	一种精确测量钢绞线张拉伸长值的工具	实用新型	ZL201921869676.9	2020年5月8日
130	一种风电机组超声波风速风向仪固定装置	实用新型	ZL201921332160.0	2020年5月8日
131	一种可移动的一体化灌浆站	实用新型	ZL201921203874.1	2020年5月9日
132	一种轴承调节式钢支撑顶升装置	实用新型	ZL201921605294.5	2020年5月11日
133	一种轨行式平板运输小车	实用新型	ZL201921338428.1	2020年5月11日
134	一种安全便携式氧气或乙炔瓶手推车	实用新型	ZL201921413755.9	2020年5月12日
135	一种新型安全爬梯固定装置	实用新型	ZL201921187826.8	2020年5月13日
136	一种小断面圆形隧洞混凝土衬砌模板装置	实用新型	ZL201921616766.7	2020年5月13日

续表

序号	专利名称	专利类型	专利号	授权日期
137	一种混凝土止水防护装置	实用新型	ZL201921332094.7	2020年5月14日
138	一种施工场地扬尘控制雾喷装置	实用新型	ZL201921645554.1	2020年5月14日
139	一种用于人行横道面砖施工砂浆层摊平装置	实用新型	ZL201921126231.1	2020年5月18日
140	一种高压钻孔密封装置	实用新型	201921226381.X	2020年5月21日
141	一种带有路灯基础的挡土墙	实用新型	ZL201921588766.0	2020年5月26日
142	一种塑料管与混凝土预制检查井的连接构件	实用新型	ZL201921522574.X	2020年5月28日
143	一种线性工程施工移动式施工围挡	实用新型	ZL201921609502.9	2020年5月28日
144	一种大树栽植支撑装置	实用新型	ZL201921727501.4	2020年5月29日
145	一种新型准确快速检测压实度的装置	实用新型	ZL201921365779.1	2020年6月4日
146	一种盾构测量观测装置	实用新型	ZL201921773484.8	2020年6月4日
147	一种辅助精确切割圆形钢材的工具	实用新型	ZL201922067102.6	2020年6月4日
148	一种用于地铁车站二次结构冷媒管道穿墙套管的预制构件	实用新型	ZL201921619164.7	2020年6月5日
149	一种盾构带压进仓动火作业的排烟装置	实用新型	ZL201921835317.1	2020年6月5日
150	一种隧道渗水雨棚	实用新型	ZL201921740816.2	2020年6月5日
151	一种灌浆孔口铁打塞装置	实用新型	ZL201921413761.4	2020年6月8日
152	一种大桶装液体的吊装工具	实用新型	ZL201921730004.X	2020年6月8日
153	一种斜井内有轨式运输拖泵装置	实用新型	ZL201921818766.5	2020年6月8日
154	一种深竖井溜灰管固定装置	实用新型	ZL201921806633.6	2020年6月8日
155	一种钢制电梯井主体结构施工操作平台	实用新型	ZL201921605290.7	2020年6月9日
156	一种单吊点桥机大件吊装天锚	实用新型	ZL201921980947.8	2020年6月9日
157	一种大件吊装的保护装置	实用新型	ZL201921878380.3	2020年6月9日
158	一种便捷式螺栓拧紧工具	实用新型	ZL201921716305.7	2020年6月9日
159	一种用于地铁车站设备房间下排风管保温层的防护装置	实用新型	ZL201921707951.7	2020年6月10日
160	一种精确调整压力钢管安装环缝的辅助装置	实用新型	ZL201921804906.3	2020年6月10日
161	一种轨行式人车简易活动安全门帘	实用新型	ZL201921777438.5	2020年6月11日
162	一种隧洞用简易电缆支架	实用新型	ZL201921918155.8	2020年6月11日
163	一种便于拆装的隧道爆破防护装置	实用新型	ZL201921689491.X	2020年6月12日
164	一种移动装配式溜槽	实用新型	ZL201921945971.8	2020年6月12日
165	一种隧道纵向排水管固定装置	实用新型	ZL201921945960.X	2020年6月16日
166	一种高速公路隧道使用的水沟电缆槽移动台车	实用新型	ZL201921689490.5	2020年6月17日
167	一种加固隧道初支的结构	实用新型	ZL201921730985.8	2020年6月17日
168	一种岩芯箱	实用新型	ZL201921730111.2	2020年6月24日
169	一种用于钢丝绳挂绳和脱绳的吊装装置	实用新型	ZL201922066723.2	2020年6月24日
170	一种新型复合结构形式的渐变段异型模板	实用新型	ZL201921187890.6	2020年6月29日
171	一种伸缩折叠式钢瓦尺平衡装置	实用新型	ZL201921915927.2	2020年6月29日
172	一种路缘石搬运工具	实用新型	ZL201921225481.0	2020年6月30日
173	一种用于道路标线轮廓线绘制的工具	实用新型	ZL201921509787.9	2020年6月30日

续表

序号	专利名称	专利类型	专利号	授权日期
174	一种装配式T梁钢筋绑扎支架	实用新型	ZL201921688734.8	2020年7月2日
175	一种施工现场石材切割粉尘收集装置	实用新型	ZL201921744733.0	2020年7月7日
176	一种用于定子机坑外组装的多功能防尘棚	实用新型	ZL201921453594.6	2020年7月8日
177	一种隧洞测量临时转点用简易支座	实用新型	ZL202020036063.3	2020年7月9日
178	一种用于垂直倾斜面预埋件的调平装置	实用新型	ZL201921804922.2	2020年7月10日
179	一种用于孔洞施工的安全防护围栏	实用新型	ZL201921464629.6	2020年7月10日
180	一种现浇钢筋混凝土剪力墙施工模板端头加固装置	实用新型	ZL201921796498.1	2020年7月10日
181	一种斜井装配式支高轨道	实用新型	ZL201921821456.9	2020年7月10日
182	一种预应力管道定位工具	实用新型	ZL201921716304.2	2020年7月10日
183	一种自行式硬隔离刀闸	实用新型	ZL201921895112.2	2020年7月10日
184	一种用于T梁湿接缝施工全封闭式吊篮	实用新型	ZL201921805218.9	2020年7月14日
185	一种简易普通砂浆锚杆衬架装置	实用新型	ZL201921992729.6	2020年7月14日
186	一种三节组合式移动仓库	实用新型	ZL201921354000.6	2020年7月15日
187	一种周向位置可变的风电塔筒安全爬梯	实用新型	ZL201921701018.9	2020年7月17日
188	一种库区运行水位下取水口预留岩埂挡水围堰加固装系统	实用新型	ZL201921215508.8	2020年7月17日
189	一种可调节角度的组合式斜井施工安全爬梯	实用新型	ZL201921896463.5	2020年7月17日
190	一种拱形护坡定型模架	实用新型	ZL201922067979.5	2020年7月21日
191	一种便于高墩钢筋绑扎安装操作平台	实用新型	ZL201921768147.X	2020年7月22日
192	一种移动式集中灌浆系统	实用新型	ZL201921583062.4	2020年7月22日
193	一种可移动式T梁预制场登高爬梯	实用新型	ZL201921688745.6	2020年7月22日
194	一种金属波纹管施工便桥	实用新型	ZL201921730113.1	2020年7月23日
195	一种混凝土坍落度检测装置	实用新型	ZL201921617985.7	2020年7月23日
196	一种蜗壳安装焊接工装	实用新型	ZL201921768223.7	2020年7月31日
197	一种钢筋混凝土负弯矩钢筋保护层可调支架	实用新型	ZL201921386131.2	2020年8月4日
198	一种混凝土泵管Ⅱ形三通换向阀装置	实用新型	ZL201922184487.4	2020年8月4日
199	一种量测钢管内径的装置	实用新型	ZL202020450239.X	2020年8月5日
200	一种简易的圆形倒挂井混凝土施工定型模板支撑装置	实用新型	ZL201922067960.0	2020年8月6日
201	一种小断面长竖井混凝土垂直输送缓降装置	实用新型	ZL201922473292.1	2020年8月12日
202	一种保证沥青施工厚度的测量器	实用新型	ZL201922037550.1	2020年8月14日
203	一种可移动式爆破防护盖板	实用新型	ZL201922357876.2	2020年8月14日
204	一种混凝土试模的刷模工具	实用新型	ZL202020027614.X	2020年8月18日
205	一种用于隧洞爆破的通风防尘装置	实用新型	ZL202020003393.2	2020年8月20日
206	一种可移动式侧墙钢模台车	实用新型	ZL202020025422.5	2020年8月20日
207	一种盾构超前钻孔注浆平台	实用新型	ZL201922443459.X	2020年8月21日
208	一种便于搬运小型预制块的装置	实用新型	ZL201922238096.6	2020年8月21日
209	一种蓄能器安装工具	实用新型	ZL202020010590.7	2020年8月28日
210	一种T梁横隔板钢筋架立装置	实用新型	ZL201922476815.8	2020年8月28日

续表

序号	专利名称	专利类型	专利号	授权日期
211	一种用于桥梁简支T梁湿接缝浇筑混凝土模板固定简易装置	实用新型	ZL201922473278.1	2020年8月28日
212	一种T梁湿接缝模板固定架	实用新型	ZL201922355113.4	2020年8月31日
213	一种用于桥梁工程墩柱盖梁施工的可循钢棒支座	实用新型	ZL201922296304.8	2020年8月31日
214	一种用于桥梁垫石预留螺栓孔孔内积水抽排简易装置	实用新型	ZL201922463377.1	2020年8月31日
215	一种量测钢管外径的装置	实用新型	ZL202020450238.5	2020年8月31日
216	一种用于台车上的风管对接装置	实用新型	ZL201922473950.7	2020年9月2日
217	一种隧道混凝土养护台车	实用新型	ZL202020074447.4	2020年9月2日
218	一种高效、便捷的基坑降水装置	实用新型	ZL201922191851.X	2020年9月7日
219	一种交通导改临时护栏	实用新型	ZL201922330753.X	2020年9月7日
220	一种小断面长隧洞简易收敛观测辅助装置	实用新型	ZL201922313986.9	2020年9月7日
221	一种快速定位钢筋间距的辅助装置	实用新型	ZL201922313987.3	2020年9月7日
222	一种高空造孔装置	实用新型	ZL202020258216.9	2020年9月7日
223	一种用于盾构管片堆放的支架	实用新型	ZL201921745444.2	2020年9月9日
224	一种在浅水中抽水的水泵降温的装置	实用新型	ZL202020158816.8	2020年9月11日
225	一种综合跨桥管线结构	实用新型	ZL202020027613.5	2020年9月14日
226	一种快速拧调螺母的辅助工具	实用新型	ZL202020236243.6	2020年9月14日
227	一种用于桥梁支座垫石预留孔定位的装置	实用新型	ZL201922050304.X	2020年9月15日
228	一种水轮发电机组安装测量辅助装备	实用新型	ZL201922338169.9	2020年9月17日
229	一种浮动式气提抽沙装置	实用新型	ZL202020075735.1	2020年9月22日
230	一种简易工字钢吊具	实用新型	ZL202020300521.X	2020年9月23日
231	一种预制梁负弯矩波纹管用防变形装置	实用新型	ZL202020204282.8	2020年9月24日
232	一种检查井混凝土溜槽施工装置	实用新型	ZL201922312680.1	2020年9月25日
233	一种螺杆式桥梁钢筋笼主筋加工定位工具	实用新型	ZL202020204287.0	2020年9月29日
234	一种手动启闭型不锈钢闸门阀装置	实用新型	ZL202020364177.0	2020年10月10日
235	一种可有效保护液压千斤顶的预应力张拉支架	实用新型	ZL201920389886.1	2020年10月12日
236	一种浆砌片石结构物顶面砂浆抹面装置	实用新型	ZL202020025967.6	2020年10月12日
237	一种高速公路排水沟、电缆沟整体快速施工模板装置	实用新型	ZL202020468474.X	2020年10月12日
238	一种地下工程调节测量及监测仪器的装置	实用新型	ZL202020402687.2	2020年10月12日
239	一种用于城市河道清淤的便捷式多用途移运装置	实用新型	ZL202020489416.5	2020年10月12日
240	一种用于施工现场的简易洒水降尘装置	实用新型	ZL202020489422.0	2020年10月12日
241	一种用于铁路路基预制水沟电缆槽运输施工简易装置	实用新型	ZL202020025968.0	2020年10月13日
242	一种自动进水的太阳能热水器保温控制装置	实用新型	ZL201922238192.0	2020年10月15日
243	一种采用千斤顶张拉涨壳式预应力中空锚杆辅助装置	实用新型	ZL202020357966.1	2020年10月16日
244	一种钢筋笼加强圈加工装置	实用新型	ZL202020372972.4	2020年10月19日
245	一种桩位偏差控制装置	实用新型	ZL202020074457.8	2020年10月20日
246	一种弧形闸门支绞轴套装配工装	实用新型	ZL202020357451.1	2020年10月21日

续表

序号	专利名称	专利类型	专利号	授权日期
247	一种大直径钢筋笼吊装及定位卡具	实用新型	ZL202020211289.2	2020年10月30日
248	一种T梁架设临时支撑装置	实用新型	ZL202020074456.3	2020年10月30日
249	一种基于自动化决策的风电场主动安全防御装置	实用新型	ZL202021056646.9	2020年11月6日
250	基于风电场监控的网络安全态势感知系统	实用新型	ZL202021058191.4	2020年11月19日
251	一种泵送混凝土防回流辅助装置	实用新型	ZL202020003392.8	2020年11月27日
252	一种钢丝牵引不锈钢门式叠梁阀装置	实用新型	ZL202020588871.0	2020年12月2日
253	一种仰拱模板快速定位调平装置	实用新型	ZL202020522033.3	2020年12月3日
254	一种用于两工作面供风的调节装置	实用新型	ZL202021465727.4	2020年12月10日
255	一种深基坑侧墙钢模台车牵引装置	实用新型	ZL202021446478.4	2020年12月15日
256	一种玄武岩地层水下混凝土灌注系统	实用新型	ZL202020878634.8	2020年12月16日
257	一种水电站尾水渠水下清淤的系统	实用新型	ZL202021282856.X	2020年12月16日
258	一种中型人工砂石加工系统废水处理系统	实用新型	ZL202021287449.8	2020年12月18日

（中国水利水电第十四工程局有限公司）

中国水电基础局有限公司2020年获得国家授权专利情况

中国水电基础局有限公司2020年获得国家授权专利42件，其中发明专利10件，有关情况见表1。

表1 中国水电基础局有限公司2020年获得国家授权专利情况

序号	专利名称	专利类别	专利号	授权日期
1	卧式水泥仓	发明	CN201710184588.4	2020年6月2日
2	堰塞体防渗墙施工方法	发明	CN201910970213.X	2020年7月31日
3	快速形成堰塞体防渗墙的方法	发明	CN201910969684.9	2020年7月31日
4	堰塞体防渗墙成槽方法	发明	CN201910970212.5	2020年8月7日
5	堰塞体防渗墙施工中灌浆用预埋管下设的方法	发明	CN201910970211.0	2020年8月7日
6	防止混凝土粘连管壁的堰塞体防渗墙快速施工方法	发明	CN201910969672.6	2020年8月7日
7	形成超深防渗墙的方法	发明	CN201911391746.9	2020年8月21日
8	一种防止混凝土离析的混凝土浇注管装置及方法	发明	CN201911388491.0	2020年8月25日
9	超深防渗墙成墙的方法	发明	CN201911390731.0	2020年9月1日
10	超深防渗墙施工方法	发明	CN201911390725.5	2020年9月25日
11	全自动苗木喷灌施肥一体机	实用新型	CN201920720377.2	2020年1月21日
12	一种逆作法施工深基坑土方开挖提土装置	实用新型	CN201920866826.4	2020年2月7日
13	一种护坡结构	实用新型	CN201920683464.5	2020年2月14日
14	一种钻削振冲器及钻削振冲碎石桩机	实用新型	CN201920576180.6	2020年2月18日
15	自凝灰浆连续墙复合HDPE膜片的接头连接装置	实用新型	CN201920256898.7	2020年2月21日
16	一种地铁站基坑用排水装置	实用新型	CN201920665579.1	2020年3月17日

续表

序号	专利名称	专利类型	专利号	授权日期
17	一种施工现场用除尘系统	实用新型	CN201920935276.7	2020年4月24日
18	一种土石坝防渗墙质量检测结构	实用新型	CN201921592652.3	2020年5月5日
19	一种收缩式钢筋绑扎胎具	实用新型	CN201920899382.4	2020年5月12日
20	一种挖掘机铲斗	实用新型	CN201921140320.1	2020年5月26日
21	一种公路用养护洒水装置	实用新型	CN201921591902.1	2020年6月9日
22	公路路面碎石化处理再利用铺设施工结构	实用新型	CN201921592371.8	2020年6月12日
23	一种拦河坝基础防渗墙与闸坝建筑物的连接结构	实用新型	CN201921591901.7	2020年6月30日
24	一种大体积钢筋笼起吊装置	实用新型	CN201921167396.3	2020年7月17日
25	一种潜孔钻机起重吊装辅助装置	实用新型	CN201921418098.7	2020年7月17日
26	一种水闸底部防渗止水结构	实用新型	CN201921591601.9	2020年8月4日
27	一种水闸闸底渗漏点处渗压水位测定装置	实用新型	CN202020019320.2	2020年8月7日
28	一种水工结构体渗漏监测装置	实用新型	CN202020020057.9	2020年8月7日
29	一种灌浆孔的孔口封闭装置	实用新型	CN201922228340.0	2020年8月11日
30	一种可多向移动的地质钻机平台车	实用新型	CN201922228764.7	2020年8月11日
31	一种帷幕灌浆施工压水试验装置	实用新型	CN201922228352.3	2020年8月11日
32	一种新型混凝土搅拌装置	实用新型	CN201922228462.X	2020年8月28日
33	一种水工隧洞仰拱弧面滑模施工装置	实用新型	CN202020019331.0	2020年9月18日
34	一种造墙成型器	实用新型	CN201922135032.3	2020年10月23日
35	一种建筑模板拉杆	实用新型	CN202020100309.9	2020年10月27日
36	一种水利施工用管道固定装置	实用新型	CN202020292173.6	2020年11月27日
37	一种水利施工用管道安装对接装置	实用新型	CN202020284813.9	2020年11月27日
38	一种混凝土防渗墙接头管铸死后的处理装置	实用新型	CN201922245517.8	2020年12月22日
39	预应力预制输水箱涵	实用新型	CN202020045914.0	2020年12月29日
40	一种纯压式灌浆施工用灌浆塞	实用新型	CN202020700196.6	2020年12月29日
41	一种适用于池壁混凝土浇筑的一体化模架系统	实用新型	CN202020786556.9	2020年12月29日
42	送浆机	外观设计	CN202030476232.0	2020年12月29日

（中国水电基础局有限公司　王辉　叶玉麟）

中国安能集团第一工程局有限公司 2020年获得国家专利授权情况

中国安能集团第一工程局有限公司2020年获得国家专利授权17件，有关情况见表1。

表1　　中国安能集团第一工程局有限公司2020年获得国家专利授权情况

序号	专利名称	专利类型	专利号	授权公告日
1	一种可旋转式的上坝料加水装置	实用新型	ZL201921957114.X	2020年9月11日
2	一种地质勘探钻孔定位装置	实用新型	ZL201921691520.6	2020年7月31日
3	一种堆石坝面板垫层	实用新型	ZL201921691531.4	2020年8月28日

续表

序号	专利名称	专利类型	专利号	授权公告日
4	一种大坝填筑施工反向排水装置	实用新型	ZL201921587485.3	2020年9月11日
5	一种大坝挤压边墙表面乳化沥青喷涂装置	实用新型	ZL201921544568.4	2020年8月7日
6	一种大坝趾板帷幕灌浆用制浆站	实用新型	ZL201921587480.0	2020年9月8日
7	一种大坝钢筋混凝土防渗面板表面止水结构	实用新型	ZL201921544585.8	2020年8月7日
8	一种大坝面板浇筑用无轨滑模结构	实用新型	ZL201921587425.1	2020年9月11日
9	一种大坝面板混凝土施工用输送设备	实用新型	ZL201921543577.1	2020年8月28日
10	一种导流洞临时封堵结构	实用新型	ZL201921691547.5	2020年8月28日
11	一种混凝土面板堆石坝	实用新型	ZL201921958006.4	2020年9月8日
12	一种密闭式的灌浆加沙装置	实用新型	ZL201921957115.4	2020年9月11日
13	一种消力池	实用新型	ZL201922029916.0	2020年10月2日
14	一种溢洪道砼浇筑装置	实用新型	ZL201922029917.5	2020年9月18日
15	一种溢洪道泄槽段环氧树脂混凝土混合搅拌装置	实用新型	ZL201922030286.9	2020年9月18日
16	一种溢洪道闸室段溢流面拉模结构	实用新型	ZL201922105451.2	2020年9月18日
17	一种用于防洪度汛工程的防护结构	实用新型	ZL201922105439.1	2020年9月18日

（中国安能集团第一工程局有限公司　祝超）

国能大渡河流域水电开发有限公司 2020年获得国家授权专利和软件著作权登记证书情况

国能大渡河流域水电开发有限公司2020年获得国家授权专利68件，其中发明专利4件，有关情况见表1。

表1　　国能大渡河流域水电开发有限公司2020年度获得国家授权专利情况

序号	专利名称	专利类型	专利号	授权时间
1	一种变量润滑智能推力轴承系统	发明	ZL201811303025.3	2020年5月29日
2	适用于特大断面地下硐室开挖和钢拱架固定的施工方法	发明	ZL201910383844.1	2020年4月14日
3	高耐久性土石围堰或防洪堤施工方法	发明	ZL201910403627.4	2020年4月14日
4	轴流转桨式水轮机安装方法	发明	ZL201811384638.4	2020年1月10日
5	一种便于快速拆装且连接可靠的接地头	实用新型	ZL201921760726.X	2020年10月21日
6	高耐久性土石围堰或防洪堤结构	实用新型	ZL201920693581.X	2020年4月14日
7	超高混凝土面板坝面板防水结构	实用新型	ZL201920803481.8	2020年4月14日
8	用于狭窄河谷地形高面板堆石坝结构	实用新型	ZL201920803479.0	2020年4月14日
9	水位变幅区面板养护智能系统	实用新型	ZL201920848359.2	2020年4月14日
10	混凝土围堰施工模板	实用新型	ZL201920586688.4	2020年4月14日
11	一种水电站高压接头的架空防护装置	实用新型	ZL201921831337.1	2020年9月1日
12	一种穿层管路防护装置	实用新型	ZL201921828360.5	2020年8月25日
13	一种带电设备防攀爬装置	实用新型	ZL201921828376.6	2020年9月18日
14	一种含细骨料含水率自动监测的搅拌装置	实用新型	ZL201920738160.4	2020年1月13日

续表

序号	专利名称	专利类型	专利号	授权时间
15	锚索钻孔降尘装置	实用新型	zl201920674830.0	2020 年 1 月 14 日
16	一种用于室内土工试验的碾分土样装置	实用新型	ZL201920806165.6	2020 年 1 月 31 日
17	一种混凝土四面体浇筑模板	实用新型	ZL201920728039.3	2020 年 1 月 31 日
18	一种具有定位定时和加热功能的混凝土振捣棒	实用新型	ZL201920769435.0	2020 年 2 月 7 日
19	一种桩林坝结构	实用新型	ZL201920738194.3	2020 年 2 月 14 日
20	一种风钻限位装置	实用新型	ZL201920689552.6	2020 年 2 月 14 日
21	一种大流量高流速泄水槽结构	实用新型	ZL201920744275.4	2020 年 3 月 24 日
22	一种导流洞用封堵结构	实用新型	ZL201920739374.3	2020 年 3 月 24 日
23	一种用于地下隧洞定位设备的安装装置	实用新型	ZL201921984225.X	2020 年 6 月 30 日
24	气动式清淤系统	实用新型	ZL201920570048.4	2020 年 3 月 17 日
25	斗式清淤系统	实用新型	ZL201920969547.0	2020 年 4 月 28 日
26	一种数字化两点接地保护校验电路	实用新型	ZL201921970533.7	2020 年 8 月 25 日
27	一种泄洪预警广播系统	实用新型	ZL201921316713.3	2020 年 3 月 17 日
28	一种变压器接地电流监测电路及系统	实用新型	ZL201921213652.8	2020 年 4 月 24 日
29	一种继电器校验装置及系统	实用新型	ZL201921213640.5	2020 年 5 月 8 日
30	一种粉尘吸收装置及发电机粉尘处理系统	实用新型	ZL201921243961.X	2020 年 7 月 14 日
31	超级螺母	实用新型	ZL201921102968.X	2020 年 4 月 14 日
32	一种变压器强迫油循环水冷冷却器检漏装置	实用新型	ZL201921425404.X	2020 年 4 月 7 日
33	轻小起重工具组合柜	实用新型	ZL201921426159.4	2020 年 5 月 19 日
34	一种新型自调试受油器密封结构	实用新型	ZL201921488469.9	2020 年 5 月 19 日
35	一种拦污栅附着物清除装置及清污系统	实用新型	ZL201921424343.5	2020 年 5 月 22 日
36	用于进出贯流式水轮发电机组发电机舱竖井升降梯的平台	实用新型	ZL201921136029.7	2020 年 6 月 16 日
37	一种能够快速拆装的检修平台	实用新型	ZL201921820788.5	2020 年 7 月 14 日
38	一种水电站泄洪设施用油缸检修平台	实用新型	ZL201922212815.7	2020 年 7 月 14 日
39	一种隔离刀闸用检修平台	实用新型	ZL202020040422.2	2020 年 7 月 28 日
40	一种发电机定子槽电位测量探针	实用新型	ZL201921985083.9	2020 年 8 月 4 日
41	一种立式水轮发电机组找中心模拟装置	实用新型	ZL202020189959.5	2020 年 8 月 25 日
42	一种吊装装置	实用新型	ZL202020140830.5	2020 年 10 月 9 日
43	一种用于导叶键的拔键工具	实用新型	ZL201921987710.2	2020 年 10 月 9 日
44	一种水轮机浮动环密封条及密封结构	实用新型	ZL202020550631.1	2020 年 11 月 17 日
45	一种悬式绝缘瓷瓶清洁装置	实用新型	ZL202020563544.X	2020 年 11 月 24 日
46	灯泡贯流式水轮发电机组轮毂邮箱供油系统	实用新型	ZL202020562706.8	2020 年 11 月 24 日
47	一种灯泡贯流式机组导水机构中导叶套筒的拆装装置	实用新型	ZL202020002566.9	2020 年 10 月 23 日
48	一种贯流式水轮发电机组导水机构用多层检修平台	实用新型	ZL201922380067.3	2020 年 9 月 22 日
49	基于 PLC 的水电站监测系统	实用新型	ZL202020560263.9	2020 年 11 月 10 日
50	针对非电量保护装置的校验装置	实用新型	ZL201921268247.6	2020 年 5 月 12 日
51	一种用于自动监测滤水器连接销工作状态的装置	实用新型	ZL201921340527.3	2020 年 5 月 26 日

续表

序号	专利名称	专利类型	专利号	授权时间
52	一种用于大型轴流转桨式机组的水位测控系统	实用新型	ZL201922115794.7	2020年6月23日
53	一种水电站机组风闸状态监视回路	实用新型	ZL202020304507.7	2020年10月9日
54	一种搭铁器	实用新型	ZL201922179679.6	2020年7月15日
55	一种喷针头吊装工具	实用新型	ZL202020624411.9	2020年12月1日
56	一种流域气象水情耦合数值预报系统	实用新型	ZL201920864396.2	2020年1月7日
57	一种人力资源数据采集系统	实用新型	ZL201921867296.1	2020年4月28日
58	一种家用双控开关座	实用新型	ZL202020416637.X	2020年10月9日
59	一种温湿度采集器	实用新型	ZL202020417601.3	2020年9月15日
60	用于电脑的舆情监控图形用户界面	外观设计	ZL201930743741.2	2020年6月12日
61	用于电脑的风险管控图形用户界面	外观设计	ZL201930743728.2	2020年6月12日
62	灯控面板	外观设计	ZL201930089498.X	2020年7月17日
63	带有会议系统图形用户界面的电脑	外观设计	ZL201930745424.4	2020年9月10日
64	带车辆管系统图形用户界面的显示屏幕面板	外观设计	ZL202030351341.X	2020年11月24日
65	带决策指挥中心图形用户界面的电脑	外观设计	ZL201930745421.0	2020年11月24日
66	带有会议系统图形用户界面的平板电脑	外观设计	ZL202030089485.2	2020年11月3日
67	带流域生态环境监控图形用户界面的显示屏幕	外观设计	ZL201930743709.4	2020年9月29日
68	带大数据分析平台图形用户界面的电脑	外观设计	ZL202030068583.8	2020年12月15日

国能大渡河流域水电开发有限公司开发60项软件，2020年取得计算机软件著作权登记证书情况见表2。

表2 国能大渡河流域水电开发有限公司2020年度获得国家计算机软件著作权登记证书情况

序号	软件名称	登记号	登记日期	证书号
1	访客门禁系统V1.0	2020SR0071854	2020年1月14日	软著登字第4950550号
2	会议音视频设备控制系统V1.0	2020SR0077873	2020年1月15日	软著登字第4956569号
3	舆情监控处理系统V1.0	2020SR0075956	2020年1月15日	软著登字第4954652号
4	应急管理决策信息系统V1.0	2020SR0075949	2020年1月15日	软著登字第4954645号
5	会议全过程远程监控系统V1.0	2020SR0078831	2020年1月15日	软著登字第4957527号
6	风险搜索引擎管理系统V1.0	2020SR0079686	2020年1月15日	软著登字第4958382号
7	会议自动签到管理系统V1.0	2020SR0078336	2020年1月15日	软著登字第4957032号
8	会议自动排位信息系统V1.0	2020SR0078622	2020年1月15日	软著登字第4957318号
9	舆情分类统计管理系统V1.0	2020SR0079597	2020年1月15日	软著登字第4958293号
10	舆情大数据采集检索系统V1.0	2020SR0082445	2020年1月16日	软著登字第4961141号
11	审计七项费用数据集成系统［简称：数据集成系统］V1.0	2020SR0135062	2020年2月13日	软著登字第5013758号
12	七项费用审计规则模型系统［简称：规则模型］V1.0	2020SR0135065	2020年2月13日	软著登字第5013761号
13	OCR高精度识别校正系统［简称：校正系统］V1.0	2020SR0135113	2020年2月13日	软著登字第5013809号

续表

序号	软件名称	登记号	登记日期	证书号
14	水电站能见度自动化监测系统［简称：能见度自动监测系统 1.0］	2020SR0183649	2020 年 2 月 27 日	软著登字第 05370296 号
15	大渡河流域地震集中管控系统［简称：大渡河流域地震管控系统 V1.0］	2020SR0190224	2020 年 2 月 28 日	软著登字第 5068920 号
16	智慧企业大数据分析平台 V1.0	2020SR0284678	2020 年 3 月 23 日	软著登字第 5163374 号
17	国电大渡河公司智能会议系统［简称：DDHICS］V1.0	2020SR0288660	2020 年 3 月 25 日	软著登字第 5167356 号
18	梯级水电站现货交易结果校核仿真系统 V1.0	2020SR0348123	2020 年 4 月 20 日	软著登字第 5226819 号
19	会议室预定管理系统 V1.0	2020SR0357787	2020 年 4 月 22 日	软著登字第 5236483 号
20	会议室资源管理系统 V1.0	2020SR0358991	2020 年 4 月 22 日	软著登字第 5861286 号
21	智能会议室会场照度智能控制系统 V1.0	2020SR0357779	2020 年 4 月 22 日	软著登字第 5236475 号
22	会议室远程协同系统 V1.0	2020SR0358483	2020 年 4 月 22 日	软著登字第 5237179 号
23	会议室一键式会议协同系统 V1.0	2020SR0357791	2020 年 4 月 22 日	软著登字第 5236487 号
24	会议室设备基于红外人体检测及声音传感器智能起闭系统 V1.0	2020SR0357783	2020 年 4 月 22 日	软著登字第 5236479 号
25	会议室场景模式智能切换系统 V1.0	2020SR0357626	2020 年 4 月 22 日	软著登字第 5236322 号
26	在线培训服务平台［简称：培训平台］1.0	2020SR0464531	2020 年 5 月 18 日	软著登字第 5343227 号
27	北斗高精度变形监测系统软件 V1.0	2020SR0519798	2020 年 5 月 27 日	软著登字第 5398494 号
28	云平台信息网络存储安全加密系统 V1.0	2020SR0889959	2020 年 8 月 6 日	软著登字第 5768655 号
29	档案数据分析处理系统 V1.0	2020SR0982535	2020 年 8 月 25 日	软著登字第 5861231 号
30	档案智能分类管理系统 V1.0	2020SR0357628	2020 年 8 月 25 日	软著登字第 5861328 号
31	车辆动态监控管理系统 V1.0	2020SR0982590	2020 年 8 月 25 日	软著登字第 5861286 号
32	智慧企业工程管控平台 V1.0	2020SR1001798	2020 年 8 月 28 日	软著登字第 5880494 号
33	智慧企业生产分析平台 V1.0	2020SR1001812	2020 年 8 月 28 日	软著登字第 5880508 号
34	梯级水电站中长期-现货市场衔接应用软件 V1.0	2020SR1041931	2020 年 9 月 4 日	软著登字第 5920627 号
35	办公用品在线管理系统 V1.0	2020SR128505	2020 年 11 月 20 日	软著登字第 6137201 号
36	大渡河数字楼宇应用平台	2020SR0723241	2020 年 7 月 3 日	软著登字第 5601937 号
37	大渡河企业服务总线（ESB）系统	2020SR0272675	2020 年 3 月 19 日	软著登字第 5151371 号
38	电力市场交易决策管理系统 V1.0	2020SR0964744	2020 年 5 月 29 日	软著登字第 5843440 号
39	车辆智能风险防控系统	2020SR0549654	2020 年 6 月 2 日	软著登字第 5428350 号
40	双江口水电站预警决策系统	2020SR0779662	2020 年 7 月 16 日	软著登字第 5658358 号
41	双江口水电站安全质量环水保管控 App 软件 V1.7	2020SR0779655	2020 年 7 月 16 日	软著登字第 5658351 号
42	双江口水电站安全标准化管理系统	2020SR0813714	2020 年 7 月 24 日	软著登字第 5692410 号
43	智慧考勤管理系统［简称：考勤系统］1.0	2020SR0994908	2020 年 8 月 27 日	软著登字第 5873604 号
44	水轮发电机组水淹水车室预警决策系统 V1.0	2020SR1152740	2020 年 9 月 24 日	软著登字第 6031436 号
45	大渡河智慧人资数据平台［简称：智慧人资平台］1.0	2020SR1203970	2020 年 10 月 12 日	软著登字第 6082666 号
46	设备一体化智能管控平台运维端平台［简称：一体化平台运维平台］V1.0	2020SR1244121	2020 年 10 月 26 日	软著登字第 6122817 号

续表

序号	软件名称	登记号	登记日期	证书号
47	大渡河流域实时洪水概率预报系统	2020SR1530932	2020 年 10 月 29 日	软著登字第 6331904 号
48	大渡河流域电站事故决策支持平台	2020SR1560888	2020 年 11 月 10 日	软著登字第 6361860 号
49	边坡变形特性分析与预测平台 V1.0	2020SR1627799	2020 年 11 月 23 日	软著登字第 6428771 号
50	GJN-Time Syc 全厂对时软件	2020SR1652252	2020 年 11 月 26 日	软著登字第 6453224 号
51	基于计算机视觉的设备缺陷智能识别 AI 算法引擎系统 V1.0	2020SR1663694	2020 年 11 月 27 日	软著登字第 6464666 号
52	设备缺陷视觉智能识别系统 V1.0	2020SR1663746	2020 年 11 月 27 日	软著登字第 6464718 号
53	基于物联网技术的高压避雷器实时监测系统	2020SR1730724	2020 年 12 月 3 日	软著登字第 6531696 号
54	基于 VR 技术的水电站大坝、典型边坡及内部监测仪器培训系统 V1.0	2020SR1736294	2020 年 12 月 4 日	软著登字第 6537266 号
55	基于 VR 技术的外部变形一体化智能监测技术培训系统 V1.0	2020SR1736293	2020 年 12 月 4 日	软著登字第 6537265 号
56	大渡河水雨情移动 App 软件	2020SR1263968	2020 年 12 月 7 日	软著登字第 6142664 号
57	基于大数据平台的水电机组振动区运行数据分析系统	2020SR1271268	2020 年 12 月 30 日	软著登字第 6150464 号
58	瀑布沟水电站基于安风系统数据的人身风险预控系统 V1.0	2020SR1894919	2020 年 12 月 25 日	软著登字第 6700048 号
59	金川水电站智能安全环保管控单元	2020SR0290950	2020 年 3 月 26 日	软著登字第 5169646 号
60	金川水电站综合管控平台	2020SR1158875	2020 年 9 月 25 日	软著登字第 6037571 号

（国能大渡河流域水电开发有限公司　柳玉兰）

南京水利科学研究院 2020 年获得国家授权专利和软件著作权登记证书情况

南京水利科学研究院 2020 年获得国家授权专利 160 件，其中发明专利 73 件，有关情况见表 1。

表 1　南京水利科学研究院 2020 年获得国家授权专利情况

序号	专利名称	专利类别	专利号	授权时间
1	一种水力驱动式升船机船厢快速放空与补水的方法	发明	ZL201710420637.X	2020 年 1 月 7 日
2	一种水库利用雨洪资源虹吸换水的设施及方法	发明	ZL201910298980.0	2020 年 1 月 7 日
3	一种基于多测点特征信息的大坝变形性态诊断方法	发明	ZL201610908130.4	2020 年 1 月 7 日
4	一种基于个体模式的鱼类运动与空间分布模拟方法及系统	发明	ZL201610975295.3	2020 年 1 月 10 日
5	用多普勒超声波流速仪得到水流速信号的处理方法	发明	ZL201510472640.7	2020 年 1 月 10 日
6	一种鱼类感应流速测试方法	发明	ZL201410642497.7	2020 年 2 月 7 日
7	多约束条件下水电站坝前河床冲淤变形的计算方法	发明	ZL201910392663.5	2020 年 2 月 11 日
8	研究亲鱼产卵与流速刺激定量关系的实验装置及实验方法	发明	ZL201710710122.3	2020 年 2 月 14 日
9	一种高寒区挖方渠道防冻胀的施工方法及结构	发明	ZL201711395308.0	2020 年 3 月 3 日
10	一种水工混凝土结构修补用高延性水泥基复合材料	发明	ZL201710660820.7	2020 年 3 月 17 日

续表

序号	专利名称	专利类别	专利号	授权时间
11	遥控检查混凝土微裂缝的方法与装置	发明	ZL201910189253.0	2020年3月20日
12	水槽中波浪特征参数获取装置及其获取方法	发明	ZL201810984196.0	2020年3月31日
13	颗粒垫层上土工膜顶破模拟试验装置及试验方法	发明	ZL201710906612.0	2020年4月3日
14	可测算来水丰枯贡献的农田灌溉用水量驱动因子识别方法	发明	ZL201710395471.0	2020年4月21日
15	一种透明材料内置裂纹起裂预警及扩展实时监测的方法	发明	ZL201710636241.9	2020年5月1日
16	一种基于环境风险规避的水源地优化选址方法	发明	ZL201811264996.1	2020年5月5日
17	高坝深库分层水样及沉积物柱样一体化人工智能采样装置	发明	ZL201810372368.9	2020年5月8日
18	一种适用于含泥骨料的改性萘系减水剂的制备方法	发明	ZL201610570130.8	2020年5月12日
19	一种对稻田土壤水地下水转化过程自动监测的蒸渗仪	发明	ZL201710269691.9	2020年5月15日
20	一种测算射流速度与挟气量关系的方法	发明	ZL201810029373.X	2020年6月2日
21	一种超声激励控制脆性材料表面及贯穿裂纹尺寸的方法	发明	ZL201710636243.8	2020年6月5日
22	一种由工程建设引发的河道强紊动区的河床变形预测方法	发明	ZL201911105919.6	2020年6月23日
23	基于码头的动态变位远程监测系统和方法	发明	ZL201811484477.6	2020年6月30日
24	测量粗颗粒大型三轴试验嵌入量的装置及其测量方法	发明	ZL201911333917.2	2020年6月30日
25	一种混凝土构件超声激振的负反馈控制加载装置及方法	发明	ZL201910720973.5	2020年7月3日
26	一种模拟岩石内部三维封闭紧贴裂纹的方法	发明	ZL201710636197.1	2020年7月3日
27	一种鱼类突进游泳速度测试方法	发明	ZL201410640601.9	2020年7月10日
28	一种自动光纤对射式液体界面测定装置及其方法	发明	ZL201810390523.X	2020年7月17日
29	一种膨胀历程可控的改性氧化钙类膨胀剂及其制备方法	发明	ZL201810350024.8	2020年7月24日
30	一种基于元胞自动机的城市地表径流流向计算方法及装置	发明	ZL201910737873.3	2020年7月28日
31	一种低粘抗裂高强湿喷混凝土及其制备方法	发明	ZL201810487262.3	2020年7月31日
32	一种基于鼓式离心机的海啸模拟方法	发明	ZL201810201583.2	2020年7月31日
33	一种原位模拟滨岸带不同淹没－落干频率的试验系统及方法	发明	ZL201910948606.0	2020年8月4日
34	用于亲鱼产卵实验的大型水槽温控系统及方法	发明	ZL201811080541.4	2020年8月11日
35	寒区膨胀土渠道劣化破坏成因分析方法及应用	发明	ZL201811174255.4	2020年8月11日
36	寒区输水渠道湿干冻融循环离心模拟系统及其模拟方法	发明	ZL201910402246.4	2020年8月14日
37	一种利用探地雷达检测堆石体密实度的检测方法	发明	ZL201710126780.8	2020年8月14日
38	一种混凝土面板堆石坝面板脱空区水下修复系统	发明	ZL201910071410.8	2020年8月25日
39	一种水力驱动式升船机系统摩擦力测量方法	发明	ZL201811053758.6	2020年9月4日
40	一种多功能阀门水力特性及空化性能试验装置	发明	ZL201811053396.0	2020年9月4日
41	三极精确测量垃圾填埋场土工膜渗透孔洞的方法	发明	ZL201910139446.5	2020年9月4日
42	一种混合自适应的水电站群智能优化调度方法及系统	发明	ZL201910624458.7	2020年9月11日
43	滑坡内外部位移和含水量模拟试验测量装置及方法	发明	ZL201910524189.7	2020年9月15日
44	河流超声波时差法流量计算方法	发明	ZL201810251428.1	2020年9月18日
45	一种城市防洪预警辅助排水系统	发明	ZL201910490108.6	2020年9月22日
46	一种城市下水管道水位警报设备	发明	ZL201910509514.2	2020年9月25日

续表

序号	专利名称	专利类别	专利号	授权时间
47	用于抢险演练的土体裂缝诱发装置及其方法	发明	ZL201810675777.6	2020年9月29日
48	渗压计埋设装置及埋设方法	发明	ZL201811085329.7	2020年9月29日
49	一种用于改善水库生态环境的水库脱氮方法	发明	ZL201811431405.5	2020年10月9日
50	一种污染土壤原位修复装置	发明	ZL201810240352.2	2020年10月9日
51	一种水力式升船机意外上闸事故的风险预测方法	发明	ZL201710003519.9	2020年10月13日
52	一种超声激励控制脆性材料内部三维深埋裂纹尺寸的方法	发明	ZL201710636198.6	2020年10月13日
53	一种结构内埋的分布式光纤加固装置及其使用方法	发明	ZL201811497713.8	2020年10月16日
54	一种用于泄洪雾化模型试验中雨强比尺Sr设计的方法	发明	ZL201910046396.6	2020年10月16日
55	新型装配式景观溢流堰	发明	ZL201811122428.8	2020年10月23日
56	一种描述FRP-混凝土黏结面断裂韧度的测定装置及方法	发明	ZL201811305380.4	2020年10月30日
57	高坝深库分层水样多维保真采集与水质监测人工智能装置	发明	ZL201810895987.6	2020年11月3日
58	一种城市新区初期雨水分流装置及其布置	发明	ZL201911091328.8	2020年11月3日
59	一种指向性城市防洪排涝警示排水系统	发明	ZL201910433498.3	2020年11月10日
60	一种分布式光纤传感BFRP智能筋生产装置	发明	ZL201910369255.8	2020年11月10日
61	一种用于改善运行水库温室效应的温室气体减排方法	发明	ZL201811431402.1	2020年11月20日
62	一种尾矿料离心模型固结渗流控制系统及试验方法	发明	ZL201810214236.3	2020年11月24日
63	直接测量三轴试验橡皮膜嵌入量的装置及其测量方法	发明	ZL201810634718.4	2020年11月24日
64	定向噪声检测分析装置及其操作方法	发明	ZL201811359198.7	2020年11月24日
65	测定粗颗粒土橡皮膜嵌入量的三轴试验装置及方法	发明	ZL201810455084.6	2020年12月4日
66	一种槽式过饱和溶解气体流动水体生成装置	发明	ZL201810111766.5	2020年12月8日
67	一种高精度响应雨量过程的虹吸装置	发明	ZL201910249328.X	2020年12月15日
68	一种可实现稳定高水压的连续供水装置及其使用方法	发明	ZL202010073309.9	2020年12月15日
69	一种鱼类临界游泳速度测试方法	发明	ZL201410642953.8	2020年12月25日
70	一种平原城市河网畅流活水方法	发明	ZL201710128848.6	2020年12月25日
71	适用于通航枢纽口门区流速分布原型观测的强跟踪性浮子	发明	ZL201811517725.2	2020年12月25日
72	一种暴雨导致城区河道水位超高报警系统	发明	ZL201910173890.9	2020年12月29日
73	一种城市河流水位超高河道道路警告限行系统	发明	ZL201910433500.7	2020年12月29日
74	一种河流中藻类定点分层采集装置	实用新型	ZL201920366559.4	2020年1月7日
75	一种装配式快速搭建河道物理模型的装置	实用新型	ZL201920672588.3	2020年1月7日
76	基于分布式光纤的混凝土面板堆石坝面板挠度测量装置	实用新型	ZL201920966849.2	2020年1月7日
77	用于水闸边墙和翼墙的具有止水功能的模板拉杆装置	实用新型	ZL201920510264.X	2020年1月10日
78	一种河道漂浮物拦截自动收集以及水位测量装置	实用新型	ZL201920665234.6	2020年1月14日
79	用于高含水率淤泥的注气一真空固结试验装置	实用新型	ZL201920443504.9	2020年1月14日
80	一种抽水蓄能电站地质灾害预警系统	实用新型	ZL201920808399.4	2020年1月14日
81	带有气密性检查块的混凝土透气性测试的自动计时装置	实用新型	ZL201920684929.9	2020年1月21日
82	一种均衡稳定的土壤水真空抽提装置	实用新型	ZL201920759472.3	2020年1月21日
83	一种自行式船模牵引测控装置	实用新型	ZL201920785753.6	2020年2月4日

续表

序号	专利名称	专利类别	专利号	授权时间
84	一种适用任意河道边坡的自动水位尺	实用新型	ZL201921170215.2	2020年2月7日
85	一种水质在线分析仪光电比色测量装置	实用新型	ZL201920383425.3	2020年2月7日
86	一种水质总磷在线分析仪	实用新型	ZL201920523582.X	2020年2月7日
87	整水柱采水器	实用新型	ZL201920373741.2	2020年2月7日
88	一种可调频空气激励动力性能测试装置	实用新型	ZL201921120758.3	2020年2月7日
89	一种翻斗式雨量计的快速率定装置	实用新型	ZL201921206321.1	2020年2月11日
90	一种全自动蒸发溢流测量装置	实用新型	ZL201921315751.7	2020年2月11日
91	一种便携式声呐测深仪的二维精确定位辅助装置	实用新型	ZL201920866466.8	2020年2月21日
92	一种快速提高水体透明度的造波机	实用新型	ZL201920913463.5	2020年3月3日
93	太阳能电催化一体化污水净化装置	实用新型	ZL201920567404.7	2020年3月10日
94	一种钢筋混凝土梁体外加固装置	实用新型	ZL201920971708.X	2020年3月20日
95	一种适合研究降雨-分层径流关系的人工流域	实用新型	ZL201920730713.1	2020年3月27日
96	一种高水位下堤坝管涌模拟试验装置	实用新型	ZL201921191176.4	2020年4月03日
97	一种引航道中的消波阻能装置	实用新型	ZL201920785752.1	2020年4月07日
98	一种可伸缩式折叠无人机	实用新型	ZL201920845719.3	2020年4月07日
99	一种高精度磁致伸缩式雨量计	实用新型	ZL201920938505.0	2020年4月10日
100	一种适用于EB601型蒸发桶的稳定溢流装置	实用新型	ZL201921058569.8	2020年4月10日
101	模袋充淤泥固化生态护坡	实用新型	ZL201920605752.9	2020年4月14日
102	硬质护坡原位生态绿化混凝土改造结构	实用新型	ZL201920613077.4	2020年4月14日
103	一种混凝土现浇生态护坡	实用新型	ZL201920609550.1	2020年4月14日
104	一种含亚铁离子酸性废水资源回收系统	实用新型	ZL201921072645.0	2020年4月14日
105	用于相同桩径钢混组合桩的接桩装置	实用新型	ZL201920818770.5	2020年4月17日
106	一种钢壳混凝土界面等效脱空中子法检测装置	实用新型	ZL201921170349.4	2020年4月24日
107	一种钢壳混凝土脱空检测网格划分装置	实用新型	ZL201921170242.X	2020年4月24日
108	一种盐水取样装置	实用新型	ZL201921033033.0	2020年4月28日
109	承压式带锁拍门及自动控制系统	实用新型	ZL201920962302.5	2020年5月5日
110	全装配可更换式钢混组合楼板	实用新型	ZL201921120759.8	2020年5月5日
111	一种处理城市生活污水的谐振净水装置	实用新型	ZL201921342193.3	2020年5月15日
112	一种应用于复杂环境下的新型四足机器人	实用新型	ZL201921563358.X	2020年5月15日
113	气垫式大口径圆形管涵双向流控制闸门	实用新型	ZL201921390478.4	2020年5月26日
114	一种填充墙用空心砌体	实用新型	ZL201921258806.5	2020年6月2日
115	一种具有底部消力池的鱼道进口补水消能工	实用新型	ZL201921528111.4	2020年6月2日
116	一种专门存储干垃圾的垃圾箱	实用新型	ZL201921772947.9	2020年6月9日
117	一种超长防汛管袋收放成卷车	实用新型	ZL201921772399.X	2020年6月9日
118	用于结构试验的开口槽道反力架固定装置	实用新型	ZL201922095051.8	2020年6月16日
119	一种环绕式农村人工湿地系统	实用新型	ZL201921801977.8	2020年6月19日
120	一种基于风浪扰动模拟装置	实用新型	ZL201921801944.3	2020年6月19日

续表

序号	专利名称	专利类别	专利号	授权时间
121	一种防止堵塞的压力传感器	实用新型	ZL201921905070.6	2020年6月23日
122	一种鱼道进口集鱼系统旁侧分散补水系统布置装置	实用新型	ZL201921766959.0	2020年6月26日
123	一种基于分布式光纤传感的管道泄漏试验装置	实用新型	ZL201922262665.0	2020年6月30日
124	用于在窝塘内减速促淤的布帘石	实用新型	ZL201921722053.9	2020年7月7日
125	一种提高微生物燃料电池处理废水效率的设备	实用新型	ZL201921960792.1	2020年7月14日
126	一种湖泊水体悬浮物分离装置	实用新型	ZL201921761168.9	2020年7月14日
127	一种水囊室式隔温降噪装置	实用新型	ZL201921855080.3	2020年7月28日
128	用于建筑物倾斜度测量的装置	实用新型	ZL201921567870.1	2020年7月31日
129	一种低气压水舌挑距观测装置	实用新型	ZL201921907535.1	2020年8月4日
130	一种低气压环境下气泡静水中上升运动试验装置	实用新型	ZL201921900696.8	2020年8月4日
131	盖土防尘网制造设备及盖土防尘网	实用新型	ZL201921427586.4	2020年8月7日
132	排水板专用的测深型滤布及其排水板	实用新型	ZL201921424553.4	2020年8月7日
133	一种防冻的抽水蓄能电站上水库GNSS变形观测墩	实用新型	ZL201922013386.0	2020年8月11日
134	一种城市新区初期雨水控制装置	实用新型	ZL201921929099.8	2020年8月11日
135	一种超长防汛管袋	实用新型	ZL201920273543.9	2020年8月14日
136	用于混凝土双向受压试验的榫卯式加载压板装置	实用新型	ZL201921974854.4	2020年8月18日
137	一种单芯铠装光缆接头的便捷式接头盒	实用新型	ZL201922263143.2	2020年8月25日
138	一种便携式喷射混凝土初凝时间测试装置	实用新型	ZL201921900558.X	2020年8月28日
139	一种液囊式大口径方形管涵闸门	实用新型	ZL201921594603.3	2020年9月1日
140	一种基于传感器的管道应变监测系统	实用新型	ZL201922399768.1	2020年9月25日
141	一种实时测量地温装置	实用新型	ZL202020671424.1	2020年10月2日
142	分布式光纤钻孔灌注桩板桩码头桩体侧向变形测量装置	实用新型	ZL201922290127.2	2020年10月16日
143	一种非铠装应变监测光缆	实用新型	ZL201922344207.1	2020年10月20日
144	一种混凝土泵管π形三通换向阀装置	实用新型	ZL201922184487.4	2020年10月27日
145	一种用于十字板剪切试验的装置	实用新型	ZL202020612384.3	2020年10月30日
146	超深覆盖层工作井安全监测仪器安装结构	实用新型	ZL202020205156.4	2020年10月30日
147	基于闸室分层消能的输水装置	实用新型	ZL202020177653.8	2020年11月3日
148	一种蛮石型仿生态鱼道	实用新型	ZL202020462985.0	2020年11月3日
149	一种弧形螺栓应力的测量装置	实用新型	ZL202020474064.6	2020年11月3日
150	一种多级放空洞控制系统	实用新型	ZL201922283938.X	2020年11月10日
151	用于提高钢筋混凝土灌注桩水平承载力的加翼装置	实用新型	ZL202020181663.9	2020年11月10日
152	直接剪切试验的剪切盒装置	实用新型	ZL202020837248.4	2020年11月17日
153	一种高压弹性管内充填固化材料环向预应力加固的装置	实用新型	ZL201921521861.9	2020年11月27日
154	一种滑砂式砂土与结构物相对粗糙度测量装置	实用新型	ZL202021312944.X	2020年12月1日
155	观测坝体渗流的多参数传感器	实用新型	ZL202020716977.4	2020年12月1日
156	用于不同直径上钢下混变截面组合桩的接桩联接装置	实用新型	ZL202020181645.0	2020年12月4日
157	一种用于水力式升船机的均衡稳压消能室	实用新型	ZL202020175044.9	2020年12月8日

续表

序号	专利名称	专利类别	专利号	授权时间
158	一种岩石薄片制样装置	实用新型	ZL202020806316.0	2020年12月8日
159	寒冷环境下混凝土大坝上游面的保温抗冰结构	实用新型	ZL202020673204.2	2020年12月22日
160	一种用于污水处理的铁基质材料放置装置	实用新型	ZL201920711280.5	2020年12月29日

南京水利科学研究院完成71项软件成果，2020年获得计算机软件著作权登记证书情况见表2。

表2　南京水利科学研究院2020年获得国家计算机软件著作权登记证书情况

序号	软件名称	登记号	登记证书号
1	地下水封储油洞库2维3维非均质各向异性渗流场数值模拟软件V1.0	2020SR0881316	软著登字第5760012号
2	振荡试验测试主井及含水层水头响应标准曲线生成软件V1.0	2020SR0881254	软著登字第5759950号
3	自然电位一水位双参数采集系统V1.0	2020SR0455722	软著登字第5334418号
4	滁州基地雨滴谱仪显示分析软件V1.0	2020SR1173356	软著登字第6052052号
5	地下水水化学数据批量分析软件V1.0	2020SR1051662	软著登字第5930358号
6	基于SOA多尺度水循环模型服务集成系统［简称：SHSS］V1.0	2020SR0008485	软著登字第4887181号
7	基于水量与营养盐平衡的城市分布式水文水质耦合模拟软件［简称：WNB—UHM］V1.0	2020SR0752838	软著登字第5631534号
8	基于断面流场结构在线融合的断面流量计算软件V1.0	2020SR0897038	软著登字第5775734号
9	基于三维水动力学模型实时同化的断面流量计算软件V1.0	2020SR0897293	软著登字第5775989号
10	大型称重式蒸渗仪数据处理系统软件［简称：蒸渗仪数据处理系统］V1.0	2020SR1234505	软著登字第6113201号
11	基于优化算法的GR4J模型水文模拟系统软件V1.0	2020SR0965127	软著登字第5843823号
12	基于Web环境的河流水量水质模拟预警与调控模型结果展示平台	2020SR1124755	软著登字第6003451号
13	基于Web环境的河流水量水质模拟预警与调控模型数据管理平台	2020SR1124750	软著登字第6003446号
14	基于物联网的综合节水智能管理平台软件V1.0	2020SR0360351	软著登字第5130050号
15	SHETRAN水文模型的MSCE算法自动率定软件V1.0	2020SR0433159	软著登字第5311855号
16	SHETRAN水文模型的NSGA-Ⅱ算法多目标自动率定软件V1.0	2020SR0434702	软著登字第5313398号
17	基于概率分布模型PDM的季节性降雨径流模拟软件V1.0	2020SR0431467	软著登字第5310163号
18	气候变化对流域水资源量和极端事件影响的综合模拟与评估软件V1.0	2020SR0434824	软著登字第5313520号
19	基于PSO参数辨识的中小河流洪水预报模型软件	2020SR0350257	软著登字第5228953号
20	南水北调东线苏鲁省际水量调度方案编制系统	2020SR0350259	软著登字第5228955号
21	南水北调东线苏鲁省际水量调度系统V1.0	2020SR0506454	软著登字第5385150号
22	南水北调东线苏鲁省际水量统计与运行成本核算系统	2020ST0518087	软著登字第5396783号
23	基于地理时空加权回归的多源降水信息融合软件	2020SR0124354	软著登字第5003050号
24	跨流域水库群联合调度多核并行计算软件	2019SR0296868	软著登字第3717625号
25	滨湖城市河网水环境综合调控系统V1.0	2020SR0439268	软著登字第5317964号
26	城市水环境综合调度智能优选与决策系统V1.0	2020SR0435906	软著登字第5314602号
27	泄水水舌密度计算软件V1.0	06091440	软著登字第5691679号
28	海底沉管隧道工程基槽回淤精细模拟数学模型系统	2020SR1255429	软著登字第6134125号

续表

序号	软件名称	登记号	登记证书号
29	海洋采砂活动下泥沙输移扩散回淤模拟数学模型系统	2020SR1268870	软著登字第6147566号
30	基于域内造波的非静压波流计算软件	2020SR0330859	软著登字第5209555号
31	跨海大桥工程潮流运动精细模拟数学模型系统	2020SR1255428	软著登字第6134124号
32	珠江三角洲网河及河口整体二维水流运动数学模型系统	2020SR1171075	软著登字第6049771号
33	妈湾跨海通道工程沿程海床泥沙冲淤模拟数学模型系统	2020SR1268887	软著登字第6147583号
34	深中通道跨江工程沉管浮运航道泥沙回淤模拟数学模型系统	2020SR1268869	软著登字第6147565号
35	湖库水体垂向锰循环模拟软件V1.0	2020SR1247094	软著登字第6125790号
36	深厚淤泥地基上筑堤固结变形计算程序软件V1.0	2020SR0668997	软著登字第5547693号
37	饱和软土中成桩及固结后应力孔压计算程序软件V1.0	2020SR0669187	软著登字第5547883号
38	路堤拓宽应力和变形计算程序软件V1.0	2020SR0668989	软著登字第5547685号
39	基于位移多点约束法的面板堆石坝模拟软件V1.0	2020SR0617087	软著登字第5860799号
40	基于遗传优化算法的土体参数确定软件V1.0	2020SR0617079	软著登字第5860798号
41	道路工程硬壳层地基竖向和水平向应力计算验证程序软件V1.0	2020SR0417165	软著登字第5295861号
42	三点法、双曲线法和浅岗法固结度计算程序软件V1.0	2020SR0484331	软著登字第5363027号
43	分布式光纤板桩码头桩体侧向变形拟合程序V1.0	2020SR0264585	软著登字第5143281号
44	桩承式软基加固沉降拟合程序V1.0	2020SR0420309	软著登字第5299005号
45	水利水电工程金属结构质量及运行实时在线检测系统软件	2020SR1607355	软著登字第6408327号
46	西藏水利工程质量检测信息化管理系统	2020SR0597821	软著登字第5476517号
47	真实环境下混凝土损伤线性定位处理软件V1.0	2020SR0861840	软著登字第5740536号
48	真实环境下混凝土损伤3D定位处理软件V1.0	2020SR0864672	软著登字第5743368号
49	真实环境下混凝土损伤断裂全过程声发射能量采集和处理软件V1.0	2020SR0867807	软著登字第5746503号
50	真实环境下基于声发射软件的多参数一体化数据处理平台V1.0	2020SR0860244	软著登字第5738940号
51	基于DIC技术的水工混凝土楔入劈拉断裂测试软件[简称：DIC-TF]V1.0	2020SR0989954	软著登字第5868650号
52	基于DIC技术的水工混凝土三点弯曲梁断裂测试软件[简称：DIC-TPB]V1.0	2020SR0989416	软著登字第5868112号
53	水库智能巡检App	2020SR0277833	软著登字第5156529号
54	多坝型大坝安全智能预警系统	2020SR0277842	软著登字第5156538号
55	水库巡检管理系统	2020SR0277840	软著登字第5156536号
56	水库大坝安全监测三维仿真系统	2020SR0277839	软著登字第5156535号
57	水库大坝运行管理App	2020SR0202506	软著登字第5081202号
58	水库工情安全监测信息管理及分析通用系统	2020SR0277835	软著登字第5156531号
59	大坝安全年度报告自动生成系统	2020SR0277837	软著登字第5156533号
60	水情遥测数据接收系统	2020SR0304045	软著登字第5182741号
61	大坝安全监测数据采集系统	2020SR0304048	软著登字第5182744号
62	基于支持向量机的山洪预警预报系统V1.0	2020SR1823758	软著登字第6626760号
63	倒虹吸工程安全隐患挖掘与风险等级判别系统V1.0	2020SR1823731	软著登字第6626733号
64	小型水库大坝安全智能巡查系统	2020SR0991085	软著登字第5869781号

续表

序号	软件名称	登记号	登记证书号
65	平原河网湖泊湖荡群生态环境信息综合管理平台 V1.0	2020SR1186985	软著登字第 6065681 号
66	地理坐标与投影转换系统 V1.0	2020SR1186876	软著登字第 6065572 号
67	城市动态洪涝应急疏散路线规划系统 V1.0	2020SR1210956	软著登字第 6089652 号
68	暗管排水量预测系统	2020SR0530678	软著登字第 5409464 号
69	灌溉用水量决策系统	2020SR0528850	软著登字第 5407546 号
70	水土保持案例库系统	2020SR0520149	软著登字第 5407845 号
71	水土保持方案专家决策系统	2020SR0528443	软著登字第 5407139 号

（南京水利科学研究院　成荣亮）

哈尔滨电机厂有限责任公司 2020 年获得国家专利授权情况

2020 年，哈尔滨电机厂有限责任公司在水电方面共获得授权专利 105 件，其中发明专利 27 件，详见表 1。

表 1　　哈尔滨电机厂有限责任公司 2020 年获得水电类授权专利情况

序号	专利名称	专利类别	专利号	授权时间
1	一种刚度可变复合结构笼形定子端部增强结构	发明	ZL201811080221.9	2020 年 1 月 7 日
2	分数极路比叠绕组连接方法	发明	ZL201811001348.7	2020 年 2 月 7 日
3	一种复合结构笼形定子端部刚度增强结构	发明	ZL201811080790.3	2020 年 2 月 11 日
4	一种发电机定子端部整体刚度加强结构施工方法	发明	ZL201810228612.4	2020 年 2 月 25 日
5	屏蔽用铁心卧式整体拆出再装配工艺	发明	ZL201810782351.0	2020 年 3 月 17 日
6	一种不对称四支路分数槽叠绕组连接方法	发明	ZL201811001750.5	2020 年 4 月 10 日
7	一种四瓣座环单瓣加工找正的工艺方法	发明	ZL201910203251.2	2020 年 4 月 14 日
8	顶升旋转精确分度装置	发明	ZL201810412572.9	2020 年 4 月 14 日
9	一种水轮机大型球阀金属密封表面压力形变调整工艺方法	发明	ZL201811023838.7	2020 年 4 月 14 日
10	一种发电电动机环形锻件磁轭结构	发明	ZL201910311759.4	2020 年 4 月 18 日
11	一种用于周向装配的对称起吊装置的使用方法	发明	ZL201910203673.X	2020 年 5 月 12 日
12	预判空冷模压整浸汽轮发电机用浸渍漆贮存工艺寿命的方法	发明	ZL201711257838.9	2020 年 5 月 19 日
13	基于控制器局域网接口卡的高压变频器数据采集系统的数据存储方法	发明	ZL201710639367.1	2020 年 6 月 23 日
14	一种用于找正检测鸽尾型定位筋弦距的方法	发明	ZL201810929775.5	2020 年 7 月 21 日
15	发电设备运行状态计算机智能量化评价系统	发明	ZL201710280056.0	2020 年 8 月 7 日
16	不对称三支路集中波绕组连接方法	发明	ZL201811001746.9	2020 年 8 月 7 日
17	一种跨接降压双支路定子绕组结构	发明	ZL201811470942.0	2020 年 8 月 7 日
18	一种不对称四支路整数槽叠绕组连接方法	发明	ZL201811001747.3	2020 年 8 月 25 日
19	一种大型混流式水轮发电机水推力在线监测试验方法	发明	ZL201910737853.6	2020 年 9 月 1 日
20	对称四支路叠绕组连接方法	发明	ZL201811001087.9	2020 年 9 月 4 日

续表

序号	专利名称	专利类别	专利号	授权时间
21	空冷水轮发电机真空压力浸渍定子线棒制造方法	发明	ZL201810817693.1	2020年9月8日
22	测量座环丝孔的工艺方法	发明	ZL201811319010.6	2020年9月25日
23	一种水泵水轮机管路伸缩节结构	发明	ZL201910601972.9	2020年11月3日
24	一种高导热多胶环氧玻璃丝粉云母带的制造方法	发明	ZL201811323368.6	2020年11月3日
25	一种跨接降压三支路定子绕组结构	发明	ZL201811470819.9	2020年11月3日
26	一种提高分瓣座环开口精度方法	发明	ZL201910303253.9	2020年12月15日
27	一种均压式恒压碳刷支撑装置	发明	ZL201911041000.5	2020年12月29日
28	一种匝间绝缘纸冲孔工具	实用新型	ZL201920593358.8	2020年1月7日
29	一种新型转轮室排气装置	实用新型	ZL201920692311.7	2020年1月10日
30	一种低水头混流式水轮机活动导叶	实用新型	ZL201921039370.0	2020年2月11日
31	一种定位筋装卸滚动支架	实用新型	ZL201921050229.0	2020年2月25日
32	一种立式水轮发电机导轴承挡油管密封结构	实用新型	ZL201921039479.4	2020年2月25日
33	一种钢管对焊夹紧工具	实用新型	ZL201921274579.5	2020年4月10日
34	一种碳刷热成像测温装置	实用新型	ZL201921683923.6	2020年4月10日
35	一种弹性油箱下沉量检测装置	实用新型	ZL201921683909.6	2020年4月10日
36	一种可调的千斤顶斜支撑工具	实用新型	ZL201921274614.3	2020年4月14日
37	一种坦克链线路分隔固定结构	实用新型	ZL201921282133.7	2020年4月14日
38	一种大型混流式水轮发电机水推力在线监测装置	实用新型	ZL201921293726.3	2020年4月14日
39	一种新型螺旋推进的整流模块	实用新型	ZL201921686077.3	2020年4月14日
40	一种三极水平后接线式Emax断路器出线防护罩	实用新型	ZL201921683878.4	2020年4月14日
41	一种三层水轮机导叶位置开关	实用新型	ZL201921683888.8	2020年4月14日
42	一种抽水蓄能发电电动机磁极线圈引出线结构	实用新型	ZL201921683908.1	2020年4月14日
43	一种大中型泵站测量电机正反转的装置	实用新型	ZL201921683907.7	2020年4月14日
44	一种大型轴类工件立式测量工具	实用新型	ZL201921683921.7	2020年4月14日
45	一种巨型水轮发电机组油温监测装置	实用新型	ZL201921683911.3	2020年4月14日
46	一种立式水轮发电机轴承瓦测温电缆固定装置	实用新型	ZL201921690192.8	2020年4月14日
47	一种水电定子线圈引线头部微整形工具	实用新型	ZL201921683887.3	2020年4月14日
48	一种适用于水电站发电机转子红外测温结构	实用新型	ZL201921683913.2	2020年4月14日
49	一种适用于发电机机坑温度调节装置	实用新型	ZL201921683915.1	2020年4月14日
50	一种电枢线圈直线压弯工具	实用新型	ZL201921838105.9	2020年4月14日
51	一种应力腐蚀试验专用U型弯曲压头	实用新型	ZL201921285218.0	2020年4月21日
52	一种水轮机用同轴销孔过盈定位装置	实用新型	ZL201921293496.0	2020年4月21日
53	一种机械焊焊枪空间位置的测量工具	实用新型	ZL201921889306.1	2020年4月21日
54	一种水轮发电机顶轴绝缘检测结构	实用新型	ZL201921895214.4	2020年4月21日
55	一种水轮发电机转子全遮挡贴合型通风结构	实用新型	ZL201921889308.0	2020年4月28日
56	一种水轮机导水机构剪断销试验工具	实用新型	ZL201921950291.5	2020年4月28日
57	一种磁极铜排加工辅助工具	实用新型	ZL201921683904.3	2020年5月12日

续表

序号	专利名称	专利类别	专利号	授权时间
58	一种水轮机球阀不锈钢轴衬高温状态下密封条黏结工具	实用新型	ZL201921686079.2	2020年5月12日
59	一种可升降支撑滚轮工具	实用新型	ZL201921683906.2	2020年5月12日
60	一种可调节弹性油箱定位通用胎具	实用新型	ZL201921683924.0	2020年5月12日
61	一种油液品质智能在线检测装置	实用新型	ZL201921683903.9	2020年5月26日
62	一种控制环抗磨装置	实用新型	ZL201921773009.0	2020年5月26日
63	一种适用于抽水蓄能机组的新型转子引线穿轴结构	实用新型	ZL201922168628.3	2020年5月26日
64	一种镗床主轴加长工具	实用新型	ZL201921039511.9	2020年6月9日
65	一种适用于碳刷电流测量装置	实用新型	ZL201921683889.2	2020年6月9日
66	一种大型发电机内端盖起吊工具	实用新型	ZL201921772958.7	2020年6月9日
67	一种水轮发电机隔音盖板新型固定结构	实用新型	ZL201921772926.7	2020年6月9日
68	一种调相机定子出槽口固定结构	实用新型	ZL201921772940.7	2020年6月9日
69	一种水轮发电机导油槽结构托瓦	实用新型	ZL201921838135.X	2020年6月9日
70	一种水轮发电机弹性油箱卡套连接结构	实用新型	ZL201921888914.0	2020年6月9日
71	一种随动和间隙结合密封油挡新型结构	实用新型	ZL201921889287.2	2020年6月9日
72	一种新型抗磨板底环结构	实用新型	ZL201921888906.6	2020年6月9日
73	一种新型抗磨板顶盖结构	实用新型	ZL201921888923.X	2020年6月9日
74	一种毛刷和零间隙密封组合油挡新型结构	实用新型	ZL201921889104.7	2020年6月9日
75	一种适用于大型水轮发电机的新型顶罩	实用新型	ZL201921888936.7	2020年6月9日
76	一种水轮发电机推力轴承挡油密封环结构	实用新型	ZL201921895218.2	2020年6月9日
77	一种抽水蓄能机组推力轴承防内甩油结构	实用新型	ZL201921895251.5	2020年6月9日
78	一种可锁定且快速更换滤网的空气过滤器	实用新型	ZL201921686078.8	2020年6月23日
79	一种调相机可倾瓦高压油管路结构	实用新型	ZL201921772939.4	2020年6月23日
80	一种可导流消泡轴承油挡	实用新型	ZL201921950263.3	2020年6月23日
81	一种水轮发电机导轴承与球面支柱新型结构	实用新型	ZL201921895215.9	2020年7月21日
82	一种水轮发电机随动和极限组合密封油挡新型结构	实用新型	ZL201922202401.6	2020年8月21日
83	一种用于狭小空间的管路伸缩节锁定结构	实用新型	ZL202020039702.1	2020年8月25日
84	一种全智能自动对隙放电保护球隙设备	实用新型	ZL201922132993.9	2020年8月25日
85	一种转子槽楔楔下垫条定位千斤顶工具	实用新型	ZL202020623674.8	2020年9月18日
86	一种抽水蓄能机组运行指示灯	实用新型	ZL202020686572.0	2020年9月29日
87	一种发电机定子冷却水系统样品温度控制装置	实用新型	ZL202020728884.3	2020年9月29日
88	一种新型上机架与定子机座组合结构	实用新型	ZL202020718790.8	2020年10月9日
89	一种新型热水流实验测试装置	实用新型	ZL202020728888.1	2020年10月27日
90	一种固化材料浸渍结构	实用新型	ZL201922229900.4	2020年11月20日
91	一种大型分体金属部套预装解体后快速回装辅助装置	实用新型	ZL202020682172.2	2020年11月24日
92	一种水轮机蜗壳打压试验用封水筒	实用新型	ZL202020719378.8	2020年11月24日
93	一种水轮发电机油雾吸附净化装置	实用新型	ZL202020631358.5	2020年11月27日
94	一种水轮机导叶端面间隙调整装置	实用新型	ZL202020631303.4	2020年11月27日

续表

序号	专利名称	专利类别	专利号	授权时间
95	一种大型压力罐内开式进人门	实用新型	ZL202020696574.X	2020年11月27日
96	一种可调直径定位销	实用新型	ZL202020693690.4	2020年11月27日
97	一种恒定冷却水量油温智能控制装置	实用新型	ZL202020730189.0	2020年11月27日
98	一种海上悬浮式潮流能发电机端盖密封结构	实用新型	ZL202020785198.X	2020年12月15日
99	一种水轮机蜗壳单向止推环	实用新型	ZL202020803462.8	2020年12月15日
100	一种水轮机蜗壳逆向止推环	实用新型	ZL202020803418.7	2020年12月15日
101	一种小桨叶悬浮式潮流能发电机桨叶保护装置	实用新型	ZL202020718755.6	2020年12月29日
102	一种海上悬浮式潮流能发电机风扇式冷却装置	实用新型	ZL202020718797.X	2020年12月29日
103	一种抽水蓄能机组磁极之间轴向可调式连接结构	实用新型	ZL202020785236.1	2020年12月29日
104	一种水轮机压力脉动现地测量装置	实用新型	ZL202021483381.0	2020年12月29日
105	一种水轮机转轮叶片全尺寸修型检查样板	实用新型	ZL202021483385.9	2020年12月29日

（哈尔滨电机厂有限责任公司 刘保生 李屹）

黄河勘测规划设计研究院有限公司2020年获得国家授权专利和软件著作权登记证书情况

黄河勘测规划设计研究院有限公司2020年获得国家授权专利89件，有关情况见表1。

表1 黄河勘测规划设计研究院有限公司2020年度获得国家授权专利情况

序号	专利名称	专利类别	专利号	授权日期
1	隧洞Ⅳ类、Ⅴ类围岩超前杆系拱减震加固法	发明	ZL201811171455.4	2020年4月28日
2	适于浅表层的旋转静压式原状土取土器及取样方法	发明	ZL201810143501.3	2020年5月12日
3	多雨地区窄河谷上的面板坝施工期反向渗压处理方法	发明	ZL201910009595.X	2020年7月7日
4	一种混凝土内外部水分迁移抑制剂	发明	ZL201810415559.9	2020年7月7日
5	一种江河水量分配方案适应性的评价方法及系统	发明	ZL201810442344.6	2020年8月18日
6	一种洪水风险图的优化方法及系统	发明	ZL201811363376.3	2020年8月18日
7	多级孔管堰分流放淤方法	发明	ZL201910183560.8	2020年8月18日
8	调压井及其压力管道系统的结构与开挖施工方法	发明	ZL201810683261.6	2020年8月25日
9	一种区域经济部门配水均衡方法及系统	发明	ZL201910115783.0	2020年8月25日
10	太阳能洞室空气冷凝法制水系统	发明	ZL201810584451.2	2020年9月8日
11	用于隧洞快速衬砌的装配式钢筋笼施工方法	发明	ZL201910969025.5	2020年9月29日
12	一种高含沙河流坝身排沙孔的设置方法	发明	ZL201811542510.6	2020年10月9日
13	基于电子厘米纸的地质编录方法	发明	ZL201611183347.X	2020年10月16日
14	处理坝基深部风化囊的方法	发明	ZL201810969855.3	2020年12月8日
15	适用于圆形隧洞快速衬砌的装配式钢管片模板施工方法	发明	ZL201911091170.4	2020年12月25日
16	一种超深坝基灌浆帷幕结构	实用新型	ZL201920519003.4	2020年1月7日
17	单转轴倾角可调式光伏支架	实用新型	ZL201921202475.3	2020年1月14日

续表

序号	专利名称	专利类别	专利号	授权日期
18	适于护盾式 TBM 的夹层式钢组合管片	实用新型	ZL201920655320.9	2020 年 1 月 14 日
19	适于护盾式 TBM 的全包钢板式钢组合管片	实用新型	ZL201920655319.6	2020 年 1 月 14 日
20	适于护盾式 TBM 的边钢内嵌式钢组合管片	实用新型	ZL201920655065.8	2020 年 1 月 14 日
21	边钢混凝土盾构管片	实用新型	ZL201921014613.5	2020 年 2 月 18 日
22	水利工程拔桩机用稳定装置	实用新型	ZL201920415933.5	2020 年 2 月 18 日
23	减小港内波高的进港航道局部拓宽结构	实用新型	ZL201920469496.5	2020 年 2 月 18 日
24	风沙地区泵房通风装置	实用新型	ZL201921205291.2	2020 年 3 月 31 日
25	不等壁厚盾构管片之间的环向连接结构	实用新型	ZL201921014156.X	2020 年 4 月 14 日
26	全钢混凝土盾构管片	实用新型	ZL201921014151.7	2020 年 4 月 14 日
27	具备辅助支撑定位的 TBM 隧洞衬砌管片	实用新型	ZL201921014611.6	2020 年 4 月 14 日
28	适于水电站闭式循环技术供水系统的管式换热器	实用新型	ZL201921160973.6	2020 年 4 月 14 日
29	套筒型通风管	实用新型	ZL201921444841.6	2020 年 4 月 14 日
30	适于全库盆喷涂聚脲涂层的反向水压渗漏点防渗结构	实用新型	ZL201921166875.3	2020 年 5 月 8 日
31	适于平原水库库盆的防渗排水排气结构	实用新型	ZL201921176566.4	2020 年 5 月 8 日
32	适于单侧重载交通运输的路基结构	实用新型	ZL201921166868.3	2020 年 5 月 12 日
33	用于大型渠道的不停水检修设备	实用新型	ZL201921445618.3	2020 年 5 月 15 日
34	适用于隧洞衬砌施工的装配式自稳模板	实用新型	ZL201921706508.8	2020 年 5 月 15 日
35	用于隧洞快速衬砌的装配式钢筋笼	实用新型	ZL201921707617.1	2020 年 5 月 15 日
36	用于土压平衡盾构机的高压水力辅助掘进刀盘	实用新型	ZL201921744209.3	2020 年 5 月 26 日
37	适用于防啃轨的水电站移动式启闭机运行机构	实用新型	ZL201921868563.7	2020 年 6 月 9 日
38	推流式太阳能有机肥发酵装置	实用新型	ZL201921831447.8	2020 年 6 月 9 日
39	水电站卷扬式单吊点闸门启闭机	实用新型	ZL201921644472.5	2020 年 6 月 16 日
40	一种高压水射流双缝耦合破岩掘进机	实用新型	ZL201922030770.1	2020 年 6 月 26 日
41	边钢玄武岩纤维混凝土盾构管片	实用新型	ZL201921014157.4	2020 年 6 月 30 日
42	岩土膨胀压力自动化试验仪	实用新型	ZL201922018209.1	2020 年 7 月 14 日
43	岩石膨胀率自动试验仪	实用新型	ZL201922018204.9	2020 年 7 月 14 日
44	一种适用于马蹄形隧洞快速衬砌的装配式钢筋混凝土管片	实用新型	ZL201921924672.6	2020 年 7 月 14 日
45	圆形隧洞快速衬砌的装配式钢管片模板	实用新型	ZL201921924676.4	2020 年 7 月 14 日
46	实验室试件磁悬浮输送装置	实用新型	ZL201921965437.3	2020 年 7 月 21 日
47	用于土质隧洞围岩施工加固的超前排水支护板	实用新型	ZL201922281095.X	2020 年 7 月 24 日
48	隧洞硬岩掘进机及其掘进机刀盘	实用新型	ZL201922042518.2	2020 年 8 月 4 日
49	马蹄形隧洞快速衬砌的装配式预制钢筋混凝土底板	实用新型	ZL201921924677.9	2020 年 8 月 11 日
50	适用于马蹄形隧洞快速衬砌的装配式钢管片模板	实用新型	ZL201921924671.1	2020 年 8 月 11 日
51	适于城镇的双供双排供排水系统	实用新型	ZL201922005533.X	2020 年 8 月 11 日
52	电动粗骨料软弱颗粒含量测试装置	实用新型	ZL201922461630.X	2020 年 8 月 11 日
53	地下水水位监测仪专用保护装置	实用新型	ZL202020332557.6	2020 年 8 月 11 日
54	取水高度可调的取水泵站	实用新型	ZL201921971388.4	2020 年 8 月 11 日

续表

序号	专利名称	专利类别	专利号	授权日期
55	一种适用于马蹄形隧洞快速衬砌的装配式钢管片模板	实用新型	ZL201921924660.3	2020 年 8 月 11 日
56	用于马蹄形隧洞快速衬砌的装配式钢筋管片	实用新型	ZL201921924670.7	2020 年 8 月 11 日
57	隧道洞口段防冻堵排水系统	实用新型	ZL202020070851.4	2020 年 8 月 25 日
58	一种搭载 PDC 钻头辅破破岩的 TBM 刀盘	实用新型	ZL202020127451.2	2020 年 9 月 4 日
59	用于矩形渠道流量监测的明渠流量计	实用新型	ZL202020522071.9	2020 年 9 月 15 日
60	与渠道平板闸门相结合的闸门流量计	实用新型	ZL202020523048.1	2020 年 9 月 15 日
61	用于梯形或 U 形渠道流量监测的明渠流量计	实用新型	ZL202020523050.9	2020 年 9 月 15 日
62	用于链锁式生态挡墙的砌块	实用新型	ZL201922352607.7	2020 年 9 月 15 日
63	一种蛋形隧洞的装配式模板	实用新型	ZL202020142647.9	2020 年 9 月 18 日
64	一种洞形隧洞的装配式模板	实用新型	ZL202020142648.3	2020 年 9 月 18 日
65	一种用于有钢筋砼底板的城门洞形隧洞快速衬砌的模板	实用新型	ZL202020138200.4	2020 年 9 月 18 日
66	一种适用于已有钢筋砼底板的蛋形隧洞快速衬砌的模板	实用新型	ZL202020138562.3	2020 年 9 月 18 日
67	用于缓解道路积水深度的路缘石及路面排水结构	实用新型	ZL202020071262.8	2020 年 9 月 29 日
68	适用于高承压地下水地基的暗排水系统	实用新型	ZL201921830693.1	2020 年 9 月 29 日
69	一种利用现有隧洞新建隧洞进口的改建结构	实用新型	ZL202020015992.6	2020 年 10 月 9 日
70	可抵抗基础变形的防渗截水沟结构	实用新型	ZL202020071263.2	2020 年 10 月 9 日
71	抽水试验数据采集与管理综合集成系统	实用新型	ZL202020250289.3	2020 年 10 月 27 日
72	全自动骨料软弱颗粒试验仪	实用新型	ZL202020566182.X	2020 年 11 月 3 日
73	粉细砂地质条件下超前支护管棚结构	实用新型	ZL202020456934.7	2020 年 11 月 3 日
74	拱坝与基岩连接的半径向开挖拱端结构	实用新型	ZL202020028154.2	2020 年 11 月 10 日
75	适于长距离输水系统的水锤防护装置	实用新型	ZL202020395464.8	2020 年 11 月 17 日
76	平硐图像采集装置	实用新型	ZL202021240633.7	2020 年 11 月 24 日
77	一种用于马蹄形隧洞的装配式钢筋网片衬砌结构	实用新型	ZL202020761471.5	2020 年 11 月 27 日
78	城门洞形隧洞衬砌	实用新型	ZL202020760954.3	2020 年 11 月 27 日
79	一种用于蛋形隧洞快速衬砌的模板	实用新型	ZL202020753921.6	2020 年 11 月 27 日
80	预制钢筋砼底板组件	实用新型	ZL202020761549.3	2020 年 11 月 27 日
81	城门洞形隧洞装配式衬砌	实用新型	ZL202020761046.6	2020 年 11 月 27 日
82	预制钢筋砼底板组件	实用新型	ZL202020760952.4	2020 年 11 月 27 日
83	蛋形隧洞衬砌	实用新型	ZL202020760863.X	2020 年 11 月 27 日
84	一种用于城门洞形隧洞快速衬砌的模板	实用新型	ZL202020754938.3	2020 年 12 月 1 日
85	蛋形隧洞装配式衬砌	实用新型	ZL202020754940.0	2020 年 12 月 1 日
86	辐射平板肋式闷头	实用新型	ZL202020648237.1	2020 年 12 月 1 日
87	一种高压水射流单缝耦合破岩掘进机	实用新型	ZL201922061298.8	2020 年 12 月 1 日
88	一种自然灾害灾情野外核查装备	实用新型	ZL202021162990.6	2020 年 12 月 22 日
89	一种导流洞与灌浆洞的平面交叉结构	实用新型	ZL202020979118.4	2020 年 12 月 29 日

黄河勘测规划设计研究院有限公司完成 40 项软件成果，2020 年获得计算机软件著作权登记证书情况见表 2。

表 2　黄河勘测规划设计研究院有限公司 2020 年获得国家计算机软件著作权登记证书情况

序号	软件名称	登记日期	登记号	登记证书号
1	地质信息控制中心云平台	2020 年 1 月 6 日	2020SR0015841	软著登字第 4894537 号
2	便携式分布协同地质信息系统	2020 年 1 月 6 日	2020SR0015902	软著登字第 4894598 号
3	地质信息分布协同中心管理平台	2020 年 1 月 6 日	2020SR0015859	软著登字第 4894555 号
4	黄藏寺工程建设期 BIM 应用综合管理平台	2020 年 1 月 15 日	2020SR0078290	软著登字第 4957000 号
5	那凌格勒河水利枢纽工程建设期数字管理系统	2020 年 1 月 15 日	2020SR0078304	软著登字第 4956986 号
6	基于三维实景的安全监测管理系统	2020 年 5 月 22 日	2020SR0493131	软著登字第 5371827 号
7	多功能电阻率测井采集系统	2020 年 6 月 4 日	2020SR0565535	软著登字第 5444231 号
8	水利工程地下岩体信息管理系统	2020 年 6 月 4 日	2020SR0565543	软著登字第 5444239 号
9	根石姿态监测数据采集软件	2020 年 6 月 24 日	2020SR0676782	软著登字第 5555478 号
10	根石监测系统	2020 年 6 月 28 日	2020SR0677538	软著登字第 5556234 号
11	流域水资源均衡配置模型软件	2020 年 7 月 7 日	2020SR0736551	软著登字第 5615247 号
12	黄河河口海岸滩涂基础资料管理系统	2020 年 7 月 7 日	2020SR0736628	软著登字第 5615324 号
13	黄河口流路运用方案的综合效益评价系统模型软件	2020 年 7 月 7 日	2020SR0736621	软著登字第 5615317 号
14	Automatic Dam Design-Gravity Dam 大坝智能设计-重力坝（软件）	2020 年 7 月 17 日	2020SR0790210	软著登字第 5668906 号
15	岩土工程分析设计一体化三维平台	2020 年 7 月 21 日	2020SR0806606	软著登字第 5685302 号
16	岩土工程边坡分析设计平台	2020 年 7 月 21 日	2020SR0806610	软著登字第 5685306 号
17	岩土工程洞室分析设计平台	2020 年 7 月 21 日	2020SR0806602	软著登字第 5685298 号
18	钻孔岩性统计分析软件	2020 年 7 月 21 日	2020SR0800513	软著登字第 5679209 号
19	高寒区长距离供水渠道健康运行定量评价系统	2020 年 8 月 14 日	2020SR0932681	软著登字第 5811377 号
20	基于批量钻孔数据的岩层产状计算软件	2020 年 8 月 17 日	2020SR0938515	软著登字第 5817211 号
21	边坡防护辅助设计软件	2020 年 8 月 19 日	2020SR0950023	软著登字第 5828719 号
22	拱坝有限元法通用计算软件	2020 年 9 月 10 日	2020SR1076269	软著登字第 5954965 号
23	湖泊型水库库容分析系统	2020 年 10 月 10 日	2020SR1202490	软著登字第 6081186 号
24	无资料地区设计径流及年内分配计算系统	2020 年 10 月 12 日	2020SR1207082	软著登字第 6085778 号
25	电缆敷设智能化设计系统（软件）	2020 年 11 月 11 日	2020SR1566994	软著登字第 6367966 号
26	智能防雷分析设计软件	2020 年 11 月 11 日	2020SR1567048	软著登字第 6368020 号
27	椭圆线双曲拱坝体形设计软件	2020 年 11 月 24 日	2020SR1632398	软著登字第 6433370 号
28	对数螺旋线双曲拱坝体形设计软件	2020 年 11 月 24 日	2020SR1630954	软著登字第 6431926 号
29	大体积混凝土温控仿真设计软件	2020 年 12 月 14 日	2020SR1808700	软著登字第 6611702 号
30	水能源粮食纽带关系模拟分析系统	2020 年 12 月 21 日	2020SR1867590	软著登字第 6670592 号
31	水电站厂内优化运行与管理模型软件	2020 年 12 月 21 日	2020SR1867591	软著登字第 6670593 号
32	水电站群发电并行计算模型系统	2020 年 12 月 21 日	2020SR1867592	软著登字第 6670594 号
33	黄河上游水库群多目标调度模型系统	2020 年 12 月 21 日	2020SR1867593	软著登字第 6670595 号
34	云河智能流量监测系统移动端监控系统	2020 年 12 月 21 日	2020SR1867594	软著登字第 6670596 号
35	小禹智慧防汛系统	2020 年 12 月 21 日	2020SR1867595	软著登字第 6670597 号
36	云河智能流量监测系统云端服务系统	2020 年 12 月 21 日	2020SR1867596	软著登字第 6670598 号

续表

序号	软件名称	登记日期	登记号	登记证书号
37	流域水雨情数据实时处理系统	2020 年 12 月 21 日	2020SR1867597	软著登字第 6670599 号
38	黄河口海岸滩涂高效利用评价系统模型软件	2020 年 12 月 21 日	2020SR1867599	软著登字第 6670601 号
39	YREC 黄河根石险情图像识别分析及预警信息系统平台	2020 年 12 月 22 日	2020SR1870212	软著登字第 6673214 号
40	YREC 工程滑坡险情智能识别软件	2020 年 12 月 22 日	2020SR1870213	软著登字第 6673215 号

（黄河勘测规划设计研究院有限公司　吴大海）

华能龙开口水电有限公司自主研发成果相继获得国家软件著作权登记证书和实用新型专利

2020 年 3 月 25 日，华能龙开口水电有限公司研发的“大中型水电站电能量数据对比系统软件 V1.0”获国家版权局颁发的计算机软件著作权登记证书。此成果系根据生产运维需求自主设计的软件系统，主要功能是将电能量子站系统与集控电能量系统数据进行比对，及时发现系统故障或数据采集及计算错误情况，对异常数据及时发出告警和提醒，通过数据对比后将正确的数据进行推送，完成了电能数据的自动校核，保证了电能数据的准确性。

2020 年 5 月 8 日，华能龙开口水电有限公司研发的“一种微流水养殖鱼池的漂浮式防跳网装置”获得国家知识产权局颁发的国家实用新型专利证书。此成果主要针对金沙江土著鱼类人工增殖而设计，装置包括防跳盘，滑轨，浮球，浮球固定装置等，实现防跳盘随水位变化而自动升级降，可以通过改变浮球的充气量实现防跳盘与水面之间的距离调整，从而适应不同种类鱼的习性；在防跳盘迎水面粘贴防碰撞材料，有效地防止鱼类因抢水碰撞防跳盘的伤害，滑轨上头采用开口设计，方便防跳盘取出清理。此成果的应用，有效提高鱼类的成活率，降低鱼类的受伤率，节约了人力成本。

（华能龙开口水电有限公司　尤祥锐　邓育林）

中國水力發電年鉴

9

国际合作与技术交流

国际技术交流

2020 年农村水电国际交流与合作情况

2020 年，小水电领域国际交流合作不断深化，国际组织平台优势得到充分发挥，疫情防控和生产工作稳步推进，对外援助培训基础性工作、国际科技合作、4 个海外中心建设、产能国际合作取得丰硕成果。

（一）小水电国际标准

国际小水电中心与联合国工业发展组织共同推出《小水电技术导则》中文版本，进一步促进了《小水电技术导则》在全球小水电开发中的应用。《小水电技术导则》为装机容量 3 万 kW 及以下的小型水电站规划、设计、建设和管理提供技术性指导，是全球首部系统、完整的小水电行业国际标准。同时，由国际小水电中心组织申报的“主导制定小水电技术导则系列国际标准”项目，荣获 2020 年浙江省标准创新优秀贡献奖，受到大会表彰，该奖项是浙江省在标准化领域的最高奖项。

（二）小水电技术转移及项目合作

农村电气化研究所在已完成的中巴小水电联合研究中心基础上，进一步升级建设中巴小型水电技术“一带一路”联合实验室。选派专家奔赴巴基斯坦开展了技术交流与合作研讨，编制实验室发展规划，继续开展基于小水电的多种清洁能源互补发电技术合作，开展“小水电站优化运行集中控制”新技术研究与示范。同时，农村电气化研究所在已建成的“中印（尼）基于水电的农村电气化技术联合研究中心”的基础上，进一步扩大合作范围与内容，推进东盟海岛国家可再生能源合作推进东盟海岛国家可再生能源合作，与东盟能源中心保持紧密联系，挂牌成立“中国—东盟可再生能源与农村电气化技术转移中心”。与奥地利维也纳自然资源和生命科学大学合作译著《河流生态系统管理：迈向可持续未来的治理科学》，为国内生态水利工程建设提供欧盟经验借鉴。总结凝练中—非清洁能源及农村电气化合作成果，加大宣传和推广，被列入“南南合作与三方合作促进可持续发展实践最佳案例”。

（三）援外培训

受疫情影响，积极探索线上培训新模式，组织举办“澜湄国家水电绿色发展技术培训班”，来自印度尼西亚、菲律宾、老挝、柬埔寨、越南等国家的老学员参加援外培训线上回访及国际合作专题研讨。加强基础数据收集整理和信息储备，完成学员信息“一张图”显示，为国际科技合作提供支撑。

（水利部农村水利水电司　张翔　王亮）

雅砻江流域水电开发有限公司国际合作与交流情况

2020 年，受全球新冠肺炎疫情影响，雅砻江流域水电开发有限公司（简称雅砻江公司）国际合作交流均在线上开展，原定各项线下交流调研活动基本取消。

2020 年 6 月，雅砻江公司以视频方式参加了国际水电协会国际能源署署长与首席执行官闭门对话会，会议共同讨论了可持续水电如何在疫情后带动经济持续发展，以及如何扩大水电行业影响力，公司总经理吴世勇发言介绍雅砻江水电疫情影响情况并提出建议。10 月，雅砻江公司总经理吴世勇作为国际水电协会董事以视频方式参加了协会第 83 届董事会，并为协会成立 25 周年题写寄语。

2020 年 10 月，雅砻江公司以视频形式参加 Hydro2020 国际研讨会。Hydro2020 国际研讨会是国际大坝委员会主办、国际水媒体集团承办的国际会议，致力于跟踪水电发展领域的政策、技术、环境和投融资等议题，采用线上形式召开会议。雅砻江公司战略发展部、工程管理部相关人员参加会议。

2020 年 11 月 25 日，2020 年“水库大坝与水电可持续发展”圆桌论坛采用线上会议形式召开，主题为“可持续发展和大坝安全的新要求及技术进展”。国际大坝委员会主席迈克尔·罗杰斯，国际大坝委员会荣誉主席、西班牙皇家工程院院士路易斯·贝尔加，国际大坝委员会荣誉主席安东·施莱斯，国际水媒体集团艾莉森·巴托，世界银行水资源专家马库斯·威沙特等国际知名专家以及雅砻江公司总经理吴世勇在论坛作报告。

（雅砻江流域水电开发有限公司　张一）

哈尔滨电机厂有限责任公司2020年重点技术引进、技术合作项目情况

（一）技术引进

2020年，哈尔滨电机厂有限责任公司（简称哈电）与日立三菱水电公司就1000m水头段冲击式水轮机水力开发进行技术合作，哈电在冲击式水轮机研制中已具备大发、吉牛、米纳斯、辛克雷等设计开发基础。建成符合IEC标准进行试验的冲击式水轮机试验台，冲击式水轮机水力优化设计及测试技术在国内处于领先水平。在喷水环管及喷嘴、流态分析、转轮效率、空化CFD计算手段上逐步提高，在模型水力效率上虽已突破92%，但指标与国际先进水平还有一定差距。根据国家“十四五”规划，后续雅江开发中急需600m、800m及1000m水头段的50万kW等级以上冲击式水轮机，为进一步提升研发能力，解决“卡脖子”问题，深入开展模型转轮开发及试验工作，在模型转轮效率性能等指标上赶超国际先进水平，哈电利用与日立三菱水电公司战略合作关系优势，共同就1000m水头段冲击式水轮机水力开发进行技术合作，截至目前已完成1号模型转轮设计加工；完成1套模型设计加工，正在进行美化抛光、预装配工作。

（二）技术合作

哈电依托自有的技术力量，利用水力发电设备国家重点实验室和自行研发、设计、制造和施工的同时，与大学和其他科研机构建立了长期稳定的科技合作关系，促进产学研的结合，使科研开发、工程设计和生产应用有机结合，强化和全面提升自主创新能力。近年来，主要在百万千瓦水电、大型抽水蓄能机组、潮流能机组、新型绕组3D模型转轮打印、超音速火焰喷涂、材料研究、智能化制造等多个研究方向与清华大学、哈尔滨工业大学、浙江大学、华北电力大学、北京交通大学、吉林大学、哈尔滨工程大学、哈尔滨理工大学等多家高校、科研院所开展科研合作，取得了大量科研成果。通过与这些高校、科研院所的合作，从基础性科研、新产品开发到突破加工技术瓶颈、解决工程实际问题等多方面极大促进了公司各科研方向的技术储备，提升了公司技术水平，为哈电产品开发提供了有力的技术支撑，创造了明显的经济效益和社会效益。

（哈尔滨电机厂有限责任公司　刘保生）

长江科学院2020年国际合作情况

（一）成功申办2024年国际水利与环境工程学会亚太地区大会

2020年10月7日，国际水利与环境工程学会亚太分会（IAHR-APD）召开2020年执行委员会会议，受新冠疫情影响，此次会议以视频会议形式召开。国际水利与环境工程学会亚太分会主席Gregory De Costa博士致开幕词，来自日本、印度、印度尼西亚、韩国、澳大利亚、新西兰、泰国、越南、新加坡、中国香港、中国台湾等14个国家和地区的水管理行政部门、科研院所、高校及国际组织代表共30余人出席会议。长江科学院作为2024年IAHR亚太地区大会（IAHR-APD Congress 2024）申办方之一，详细介绍了在国际合作平台、国际科技合作网络及国际合作项目的成果和优势，从大会主题、议程、征文安排、技术考察、财务预算等方面系统汇报了长江科学院关于2024年亚太地区大会的会议方案，表达了成功承办2024年亚太地区大会的信心和意愿。2020年11月确定，国际水利与环境工程学会亚太地区2024年大会（24th IAHR-APD Congress）将在武汉召开，会议由IAH R-APD组委会主办，长江科学院联合四川大学、中国水利学会共同承办，这也是长江科学院首次成功申办该国际学术性会议。

（二）应邀参加国际大坝委员会堤坝专业委员会会议

2020年9月28～30日，国际大坝委员会堤坝专业委员会（International Commission on Large Dams，ICOLD）召开2020年堤防技术委员办公会议，受新冠疫情影响，原定于印度新德里召开的此次会议改为以视频形式召开。国际大坝委员会主席Michael Rogers，堤坝专业委员会主席Rémy Tourment、副主席Elena Sossenkina以及来自挪威、瑞典、丹麦、英国、美国、加拿大、日本、中国等20个国家的委员代表参加此次会议。长江科学院副总工程师、岩土力学与工程重点实验室主任、教授级高级工程师邬爱清作为中国唯一的ICOLD国际堤坝专业委员会委员，应邀参加此次会议。

邬爱清主任作为中方代表详细介绍了我国堤防运行管理现状、2020年长江中下游防汛抢险情况、我国大坝基本情况等内容，表达了我国相关研究人员将全力配合完成世界堤防基本情况白皮书和大坝堤防对比分析报告的意愿。来自世界各国的委员代表对堤防大坝现状、报告编写建议等进行了热烈讨论与深入交流，并达成一致协议。

（三）应邀参加联合国教科文组织线上研讨会

2020年7月23日，联合国教科文组织举办"新冠疫情（COVID-19）危机对超大城市水资源管理的启示"研讨会，受新冠疫情影响，此次会议以视频形式召开，并通过YouTube平台进行全球直播。会议由政府间水文计划（IHP）理事会主席科迈尔（Fadi Georges Comair）主持，联合国教科文组织自然科学助理总干事莎米拉·奈尔-贝杜埃勒（Shamila Nair-Bedouelle）出席会议并作主旨发言。来自雅加达、拉各斯、卡拉奇、德黑兰、孟买、北京、上海、广州、深圳和武汉的专家代表、联合国教科文组织工作人员及国际社会公众人员共200余人参与在线讨论。经武汉市政府领导批示，武汉市水务局选派长江科学院水环境所总工程师、教授级高级工程师汤显强，国合处副处长、教授级高级工程师陈端作为专家代表参会交流。

会议共设置影响（Impact），措施（Reaction）和经验（Lesson）3个议题。来自各超大城市的专家学者就疫情影响下的水资源管理新常态、水消费影响、脆弱人群影响、废水管理、新技术运用、危机管理、跨部门合作等议题进行了热烈讨论和建言献策。汤显强向大会介绍了疫情期间武汉市在保障供水水质、排水安全的相关技术方法以及措施。陈端向大会介绍了疫情期间武汉市在市内供水、污水处理的运行情况和协同合作机制，并就疫情对超大城市水管理带来的挑战，提出了加强相关科学研究和国际合作的建议。

（四）参加六国澜湄水资源合作联合工作组会议

2020年5月21日，长江科学院水资源所作为澜湄2020专项基金"澜湄国家小流域综合治理示范（一期）"项目的牵头承担单位，参加了澜湄水资源合作联合工作组视频会议。此次会议由中方倡议，澜湄水资源合作联合工作组中方组长、水利部国际合作与科技司一级巡视员于兴军主持会议，联合工作组柬埔寨、老挝、缅甸、泰国、越南组长、澜湄水资源合作中心仲勇主任及湄公河委员会秘书处首席执行官周云亮作为会议观察员应邀出席。外交部亚洲司、边界与海洋事务司、水利部国科司、水规总院、水科院、南科院、长科院、中水北方公司以及湄公河五国有关部门共50余名代表克服疫情阻碍参加了本次视频会议。

长江科学院教授级高级工程师许继军代表该专项基金项目组，就项目目标、示范区域选点、主要工作内容、执行计划及需与老方协作等方面进行了阐述，为项目克服疫情困难，按计划推进并获得老方支持提供了有效的沟通。与此同时，六国工作组就加强项目协作、信息共享、重大活动设计，以及举办联合工作组第四次会议等议题深入交换意见，达成了广泛共识。六方一致表示将加强在澜湄合作专项基金水资源项目实施和申报过程中的沟通协作，同意建设澜湄水资源合作信息共享平台，并就第二届澜湄水资源合作部长级会议和第二届澜湄水资源合作论坛筹备工作交换了意见。

（长江水利委员会长江科学院　骆雪）

河海大学国际合作与交流情况

（一）承办第十二届亚太电力与能源工程会议

2020年9月21～23日，由电气和电子工程师协会（IEEE）电力与能源协会（PES）主办，河海大学能源与电气学院承办的第十二届IEEE PES亚太电力与能源工程会议（APPEEC 2020）在南京举行。澳门大学校长宋永华教授，大会主席、河海大学鞠平教授，IEEE亚太地区高级运营总监华宁先生，江苏省电机工程学会高小涛副秘书长，以及国内电力与能源领域的200余名专家学者、研究人员参加了开幕式。

大会主席、河海大学鞠平教授致欢迎辞，他对各位到场嘉宾、专家学者对会议的支持表示感谢，他也希望通过此届会议促进未来智慧综合能源系统和智能技术的发展。IEEE亚太地区高级运营总监华宁先生代表IEEE对会议的顺利召开表示祝贺。他表示，此次会议是受到疫情影响以来，IEEE亚太地区2020年第一个线下学术会议，此次会议严格遵照防疫规定，以线上、线下融合方式，为国内外专家学者搭建了一个交流和展示电力与能源领域最新研究成果的平台，也为疫情期间IEEE即将举办的学术会议做出了模板。IEEE电力与能源学会现任主席Frank C. Lambert通过视频连线致欢迎词，介绍了IEEE电力与能源学会上年的主要工作和技术发展方向，并衷心感谢大家对IEEE电力与能源学会以及本届会议的支持。

开幕式结束后，澳门大学校长宋永华教授，IEEE电力与能源学会前任主席、弗吉尼亚理工大学教授Saifur Rahman，河海大学能源与电气学院院长吴峰教授，英国帝国理工大学教授Bikash Pal，澳洲能源市场运营机构集团主席Dean Sharafi分别作大会主题报告。会议还进行了Women in Power Enhance the Future等一系列专题论坛及分会报告。

（二）举办非洲水资源保护和粮食安全高端论坛暨法语区域与国别研究学术研讨会

2020年10月25日，非洲水资源保护和粮食安全高端论坛暨法语区域与国别研究学术研讨会在河海大学举行。会议由河海大学、中国非洲问题研究会主办，河海大学社科处、外国语学院、长江保护与绿色发展研究院和江苏长江保护与高质量发展研究基地承办，来自中国社会科学院、新华社、北京大学等智库与兄弟院校的代表以及河海大学社科处、国际合作处负责人、河海大学外国语学院的师生代表通过线上、线下同步参加了会议。

河海大学副校长徐卫亚，中国法语教学研究会副会长、中国非洲问题研究会常务副会长、南京大学刘成富教授，武汉大学及非洲研究中心相关负责同志等出席开幕会。会上，徐卫亚副校长和刘成富教授共同为“河海大学法国与非洲法语区国家研究中心”揭牌。

开幕式上，徐卫亚副校长指出，河海大学自20世纪60年代起与非洲地区国家在人才培养、科学研究和社会服务方面开展了广泛合作。近年来，在“中非命运共同体”理念指引下，学校积极与海外高等院校、科研院所共建国际合作研究中心，深入开展学术交流与科技合作。2020年教育部批准成立的河海里尔学院更是河海大学面向法语区域国家人才培养体系创新的重要实践。未来，学校将一如既往利用学科优势主动对接国家战略需求，服务不断发展的中非合作关系。刘成富教授在发言中指出，非洲经济增长进程中日益增长的用水需求与水资源缺乏之间的矛盾将成为非洲目前和未来数十年面临的巨大挑战，非洲多国自2019年以来、特别是新冠疫情之后，粮食安全形势出现恶化趋势。中国也正和非洲多国开展更紧密合作，帮助非洲国家开展水资源利用与保护，提高应对粮食危机的能力。他希望借助区域与国别研究中心的成立，河海大学将教学、科研、人才培养与国家发展战略结合起来，为中非合作、中非命运共同体贡献才智。研讨会上，前中国驻卢旺达、摩洛哥大使孙树忠教授，中国非洲史学会会长、北京大学非洲研究中心李安山教授分别作主旨发言，与会专家学者分别以“非洲水资源利用、保护，非洲水域合作与竞争”“非洲粮食安全与对非国际发展合作”和“法语区域与国别研究”为主题依次进行大会发言。

河海大学法国与非洲法语区国家研究中心将发挥智库功能，开展有语言文化特色的非洲研究，形成卓有成效、具有一定社会影响力的研究成果，为学校国际化发展和“双一流”建设贡献力量。

（三）举办第三届国际青年学者云论坛

2020年10月28～30日，第三届国际青年学者云论坛在河海大学举办。来自美国加州大学洛杉矶分校、瑞士苏黎世联邦理工学院、加拿大不列颠哥伦比亚大学、新加坡南洋理工大学、日本东京大学、澳大利亚墨尔本大学、英国伯明翰大学、荷兰代尔夫特大学、韩国高丽大学、新西兰奥克兰大学、法国里尔大学等共18个国家和地区75所高校、研究所的110余位青年学者齐聚云端，与学校优秀青年教师代表一同共叙情谊、共谋未来。校党委书记唐洪武、常务副校长李俊杰出席开幕式并讲话，河海大学副校长许峰，江苏省人力资源和社会保障厅人才开发和对外合作处、江苏省教育厅师资处相关负责同志出席论坛。

此届论坛是河海大学105周年校庆系列活动之一，设有1个主论坛和14个分论坛。主论坛上，校人事处全面介绍了学校的学科建设优势、人才工作举措及各项人才奖励政策。段青云、鲁春辉二位学者分享了加盟河海大学的心得体会，并且围绕各自的研究领域作主题报告。参与第二届国际青年学者论坛的优秀教师代表巩佳琨也分享了自己加入河海大学的心路历程，号召各位青年才俊齐聚河海，发挥自己的才智。澳大利亚皇家墨尔本理工大学的博士后谢天宇、美国劳伦斯伯克利国家实验室博士后李禾作为青年才俊代表分别作主题报告，并表达出加盟河海的意向。

（四）承办第三届SEG岩石物理与地下流体检测国际研讨会

2020年12月18～20日，第三届SEG岩石物理与地下流体检测国际研讨会，采用线上、线下相结合的形式在河海大学召开，来自国内外200余位专家学者参加了此次研讨论。河海大学地球科学与工程学院院长王锦国教授、SEG中国执行总裁黄旭日教授在开幕式上分别致辞，副院长窦智教授主持开幕式。

此次会议紧密围绕“环境资源地球物理勘查及地下流体检测理论、方法与技术应用”，就岩石物理理论及实验、地层参数精细反演、地下流体检测方法、工程应用实例及示范等议题开展了广泛的讨论与深入的学术交流。来自普渡大学的Doug Schmitt教授、斯坦福大学的Jack Dvorkin教授、滑铁卢大学的Walter Illman教授、意大利国际知名专家José Carcione教授、澳洲科廷大学的Boris Gurevich教授、瑞士洛桑大学的Beatriz Quintal教授等都在大会上作了十分精彩的报告。

此次会议的成功举办，加强了河海大学与国内外优秀学者之间的交流与合作，促进了相关学科方向的交叉融合，提升了学校的国际化合作水平。

（河海大学）

对外经营与国外工程

中国长江三峡集团有限公司国际重大水电项目建设管理情况

（一）几内亚苏阿皮蒂水利枢纽项目

苏阿皮蒂水利枢纽项目是几内亚最为重要的能源基础设施，也是西非装机规模最大的水电站，被誉为“西非三峡”，是几内亚人民的“百年梦想”。建成后不仅能够彻底解决几内亚电力供应不足的现状，为几内亚后续经济发展提供强大动能，同时能助力几内亚成为电力出口国。

该项目采用“中国标准”设计，主坝为碾压混凝土重力坝，最大坝高120m，坝轴线长1164m，水库库容63亿m^3，调节库容39.4亿m^3，具备多年调节能力。坝后式厂房配置4台立轴混流式机组，总装机容量45万kW，多年平均发电量18.99亿kW·h。

该项目由几内亚政府与中国水利电力对外公司（简称中水电公司）以公私合营（PPP）模式开发。几内亚政府控股51%，中水电公司参股49%，电站特许经营期限为25年。中水电公司既是参股股东，又是EPC承包商，同时在项目移交后承担运行维护工作，是典型的“投建营”实施模式。项目总投资15.67亿美元，其中，EPC合同金额13.83亿美元。工期65个月，正式开工日期2016年4月1日。

2020年7月1日，库区正式开始发电蓄水；10月24日，蓄水达到2020年最高水位205.79m高程；11月8日，1号机组投产发电；11月30日，2号机组投产发电。

（二）智利鲁凯威水电站项目

鲁凯威水电站位于智利中南部第八区比奥比奥区（Bio-Bio）的比奥比奥河上，首都圣地亚哥以南约500km，目前上游共有三级电站已建成发电，该项目为第四级。坝址控制流域面积7164km^2，多年平均流量434m^3/s，水库正常蓄水位264.5m，相应库容839万m^3，为径流式水电站。电站装机容量9万kW，设计年均发电量4.31亿kW·h（轴流式机组方案），枢纽主要建筑物包括左岸混凝土挡水坝段、泄洪闸、河床厂房和两岸坝肩防渗处理段等。厂房内安装3台机组，单机容量3万kW。

该项目为中水电公司绿地投资项目，总投资2.946亿美元，建设总工期预计37个月。项目建成后，拟以智利当地人员为基础运维力量，同时结合中水电公司在其他地区的自主运维团队，借助三峡集团运行管理的专业力量进行运维管理。

2020年，鲁凯威项目积极推进征地移民、环境保护、社区培训、许可申办、临建建设等重点工作，完成全部建设区土地及28%淹没区土地的征用、主体工程EPC承包商及监理招采等工作，并按照项目环境资质文件及社区协议规定，先后启动了开工前水质及水生物环境监测、陆生生物捕捉及保护、社区劳动力培训等工作。2020年11月23日，项目按期启动进场道路施工，标志着项目正式开工建设。

（中国长江三峡集团有限公司　李蕴华）

中国电力建设集团有限公司2020年国际重大工程承包和投融资项目情况

截至2020年底，中国电力建设集团有限公司（简称中国电建）驻外机构及所属成员企业在120个国家和地区设有462个驻外机构，其中在“一带一路”沿线65个国家中的47个国别设有237个驻外机构。①按性质划分：98个代表处、156个分公司、139个全资子公司、59个控股公司、10个参股公司。②按地域划分：非洲43个国家120个驻外机构，亚洲41个国家241个驻外机构，美洲21国家67个驻外机构，欧洲12个国家28个驻外机构，大洋洲3个国家6个驻外机构。

（一）重大工程承包情况

1. 印尼佳蒂格德大坝　该项目是中印尼两国政府合作的首个水利项目，是一座由中国技术、中国资金、中国设备建设的大坝。2020年4月13日，大坝水库首次成功蓄水至正常蓄水位260m高程，且下游量水堰的水量基本不变，体现了大坝优良的施工质量和防渗效果，得到了业主印尼公共工程部的高度赞扬。

2. 老挝南欧江梯级水电站项目　该项目是中国电建创造性地提出南欧江流域“一库七级”、分两期开发的“中国方案”，获得了整条流域的开发权，以BOT模式投资建设的水电站项目。二期项目为一、

三、四、七级水电站（总装机容量 73.2 万 kW），2020 年 12 月 28 日，在成功实现“一年九投”发电目标的基础上，一、三、四级水电站正式移交运营，标志着整个流域开发重心由建设期向运营期的转移，是项目开发的重要里程碑。

3. 巴基斯坦巴沙大坝及唐吉尔水电项目　该项目是巴基斯坦目前在建的最大水利枢纽工程，也是中国电建牵头承建的单个合同金额最大的水电站项目，合同金额 27.52 亿美元。大坝为碾压混凝土重力坝，最大坝高 272m，设计浇筑总方量 1860 万 m^3，建成后将成为世界上最高、最大的碾压混凝土重力坝。2020 年 7 月 15 日，项目现场举行主体工程启动仪式。

4. 赞比亚下凯富峡水电站项目　该项目总装机容量为 75 万 kW，是赞比亚 40 年来投资开发的第一个大型水电站项目，由中国电建以 EPC 总承包＋融资模式承建，合同金额约为 15.65 亿美元。2020 年 11 月 15 日，调压井正式通过验收，实现顺利移交；11 月 18 日，水电站蓄水成功，为首台机组顺利发电奠定坚实基础。

5. 阿根廷胡胡伊省高查瑞光伏电站项目　该项目一、二、三期总装机容量 30 万 kW，预计每年发电量 7.89 亿 kW・h，是南美洲装机容量最大、海拔最高的光伏发电项目，由中国电建以 EPC 模式承建，合同总金额 3.9 亿美元。2020 年 9 月 26 日，项目获得阿根廷电力市场管理机构许可，投入商业运营。

（二）重大投融资情况

截至 2020 年 12 月底，中国电建在 13 个国家实施投资项目共计 27 个，计划口径总投资 741.06 亿元。其中，投产运营项目 14 个，总投资 331.07 亿元，正式进入建设项目 13 个，总投资 409.98 亿元。

2020 年，中国电建集团境外运营及正式在建投资项目年度完成投资总额 49.89 亿元，累计完成投资 559.46 亿元。投产运营项目完成投资 4.08 亿元，累计完成投资 324.07 亿元。正式在建项目年度完成投资 45.81 亿元，累计完成投资 235.39 亿元。

（中国电力建设集团有限公司）

中国电力建设集团有限公司 2020 年海外业务发展情况

2020 年，中国电力建设集团有限公司（简称中国电建）直面严峻复杂的国际形势以及新冠疫情带来的冲击与挑战，坚持抗疫、生产两手抓、两不误。坚决落实“两稳两争两保”要求，确保员工身体健康和生命安全。在多国断航的情况下，全力协调包机和商业航班实现人员有序轮换，多措并举保市场保订单保生产。国际市场布局持续优化，营销组织不断强化，属地化试点稳步推进。

对外承包工程业务完成营业收入同比下降 14.67%，占集团年度完成营业额的 17.63%；新签合同金额同比增长 0.59%，占集团年度境内外新签合同金额的 29.57%，利润同比下降 74.07%，占集团年度境内外利润总额的 8.56%。

中国电建在 132 个国家执行工程总承包或施工承包类项目合同 3307 项，在建项目合同总金额同比增长 4.42%。中国电建公司国际业务从业人数合计 130559 人，其中：中方人员 37957 人，雇用项目所在国员工 75134 人，雇用项目第三国人员 17468 人。

2020 年，中国电建在《财富》世界 500 强企业中排名第 157 位，较上年上升 21 位。在 ENR 全球设计企业 150 强和 ENR 全球承包商 250 强排名中，分别位列第 1 位和第 5 位，在电力建设领域均位列中资企业第一；在国际工程设计公司 225 强、国际工程承包商 250 强中分列第 12 位和第 7 位，在上榜中资企业中分别排名第 1 位和第 2 位，两项排名在电力行业领域均位列全球第一。

2020 年，中国电建海外业务服务、管控、引领效果显著提升，集团化机制不断巩固，国际业务运行机制日趋完善。

1. 市场布局持续优化　对外，中国电建母子品牌全部列入承包商会 59 个重点国别布局。对内，积极主动适应形势变化，调整了 45 家子企业在 130 个国家的市场布局，同时，响应能源革命下新能源发展趋势，首次进行新能源专项市场布局；研究制定了中国电建《国际工程承包项目资源分配管理办法》，引导子企业以相对固定的资源深耕细作国别市场；修订《品牌管理办法》，对 5 个专业子品牌实施动态管理，通过引入优胜劣汰的竞争机制，更好地激发品牌优势和市场活力。

2. 营销组织不断强化　多途径克服疫情影响，建立国际市场营销季度专题会工作机制，全力推进项目中标、签约、生效。修订《国际重大项目前期规划专项资金管理办法》，积极支持子企业项目开发。

3. 属地化试点稳步推进　印发《关于扎实推进国际经营属地化的指导意见》，按照“做实国别、一国一策”的原则先行先试；完善资产保全系列文件格式模板，规范境外股权代持行为，切实提高了属地化经营能力。根据市场营销、项目履约以及投资需要，合理设置境外机构。2020 年新增驻外机构 40 个，属地化管理水平显著提升。

4. “三驾马车”齐头并进　在国际经营方面，现汇、融资、特许经营“三驾马车”齐头并进。紧抓现汇项目，签约并开工中国电建单体合同额最大水电站、世界最高最大碾压混凝土重力大坝工程——巴基斯坦巴沙大坝项目。创新融资模式，签署尼日利亚杰西燃气电站项目；乌克兰 Eurocape 风电一期完成延付垫资审批。稳健推进境外特许经营，中非十大合作计划重要项目——津巴布韦旺吉电站加快投资建设进程；肯尼亚年金公路 LOT32 项目融资关闭工作取得实质性进展；孟加拉达卡机场快速路项目融资关闭。

5. 大力开发新能源业务　新能源业务新签合同金额 447.34 亿元，新能源成为集团国际业务第三大行业。INES 平台企业达到 20 家，累计推动落地项目 36 个、总装机容量 621.5 万 kW，已成为中国电建海外新能源业务的重要助手。

6. 多元业务格局加速形成　基础设施业务，深耕沙特市场，中标沙特保障房四期项目；签署坦桑尼亚依琳嘎机场升级项目；成功开启欧洲轨道交通市场，签约中资企业首条欧盟资金铁路项目——波兰 E75 铁路修复项目。海水淡化业务，签订沙特朱拜勒 3A 独立海水淡化项目，成为中东地区最大电站和海水淡化承包商。采矿业务，在圭亚那、哥伦比亚、厄瓜多尔、印尼签约或中标多个矿产项目。贸服业务，首家海外营销平台在新加坡成立；线上全球供应链交易平台进入试运行。

7. 国际合作广泛开展　借力服贸会、进博会、澳门论坛等平台拓宽国际合作渠道，深化与 GE、ACWA、Bolloré、丸红、道达尔等传统合作伙伴的关系。强化与印度 L&T、埃及 ORASCOM 等合作伙伴关系，在非洲、中东、拉美等多个市场广泛合作拓展项目。加强与国内投资人的合作，全年与中信保、中技进出口等 8 家企业签署了战略合作协议，累计战略合作达到 146 个，国际市场开拓能力显著增强。

8. 履约监管再上台阶　在国际履约方面，规范卖方信贷项目的委托实施行为，修订了《境外工程承包项目内部委托实施管理办法》；前期监管上，对新开工重点项目加强策划评审等前期阶段管理；事中监管上，对多个出现风险苗头的重大项目发出风险提示函，督导履约企业加强资源投入、主动化解风险；建立风险管控专题会机制，提高全员风险管控意识。经过不懈努力和周密应对，一系列重大风险项目实现切实改观。开展子企业国际工程履约评价，山东电建三公司、水电八局、水电十一局、华东院、水电十五局、水电四局、水电七局、水电十六局、水电五局等 9 家子企业被评为 A 级企业，为子企业市场布局和项目分配提供了科学依据。QHSE 能力不断提升，尼日利亚宗格鲁水电站荣获公安部等部委“第五届连云港论坛海外安全发展优秀项目”称号；信息化建设全面提速，市场营销与履约一体化平台的应用全面深化，支撑国际业务战略落地的各项信息化装备不断丰富。

9. 海外工程普遍认可　中国电建承建的海外工程受到普遍认可，援安提瓜和巴布达两个社区中心项目被商务部评为“优良”援建项目。摩洛哥努奥三期项目荣获国家优质工程金奖，阿尔及利亚粮仓项目、巴基斯坦卡西姆港电站等两个项目荣获国家优质工程奖。中国电建海外项目累计荣获中国建设工程鲁班奖共 22 个，荣获国家优质工程金奖共 7 个，荣获国家优质工程奖共 9 个。沙特国王港项目荣获杰出营地奖，伊拉克鲁迈拉联合循环电站等 3 个项目荣获优秀营地奖；赞比亚下凯富峡水电站等 3 个项目荣获“国际工程绿色供应链管理领先项目奖”；马来西亚凯德隆项目连续三年荣获砂捞越能源公司年度承包商环境影响评估（EIA）合规金奖；斐济瑞瓦河供水工程作为唯一中资企业喜获该国环保部金卡会员企业荣誉。中国电建品牌美誉度和影响力进一步提升。

10. 疫情防控严格把关　2020 年疫情影响对中国电建外事管理工作提出巨大挑战。中国电建快速反应、迅速传达、落实疫情防控精神，严把外事审批关、毫不松懈地抓好因公出入境疫情防控工作。多举措强化外事审批，首次将外事审批人员范围由“集团员工”扩展至“劳务人员、外协队伍、合作厂家等全口径人员”。尽管疫情严重影响人员外派工作，但因为全口径审批加之疫情防控要求，团组审批工作强度不降反升。2020 年，中国电建共完成审批和办理出国（境）团组 5585 批次，25580 人次，新办护照 4062 本，涉及国家或地区 124 个，涉及子企业 61 家，办理邀请外国人来华团组共 72 批次，235 人次。全年中国电建共出境 18252 人次，无一例输出病例。出境团组数和出境人数在中央企业中均名列前茅。

11. 加强外事信息化建设　中国电建持续加强外事信息化建设，打造中国电建外事管理品牌。2020 年，积极主动与国家有关部委、其他央企沟通协调，推动了中国电建赴沙特包机迅速顺利成行。共安排涉及 33 家子企业的 2134 人次搭乘出境包机 56 架次；协调安排 36 家子企业的 1073 名职工及家属搭乘入境包机航班 68 架次（含自主包机、搭乘其他央企包机、商业包机等方式）。

（中国电力建设集团有限公司）

中国电建集团北京勘测设计研究院有限公司 2020 年国际业务开展情况

2020 年，各种不利因素对中国电建集团北京勘测设计研究院有限公司（简称北京院）国际业务开展带来前所未有的影响，北京院在多措并举开展市场营销的基础上，应对不良影响极调整市场跟踪方向，加大对现汇项目的投标力度，全年跟踪海外项目约20项，组织进行境外项目投标工作12项，成功签订合同10项。

（一）成功签订23亿元合同

北京院全年成功签订国际业务合同金额约23亿元，完成年度目标约288%，主要签订的合同包括：印度尼西亚本多巴度水电站项目预可行性研究及可行性研究勘察设计服务合同、澳大利亚Kidston抽水蓄能技术咨询服务项目合同、喀麦隆恩格伊瓦（Ngoila）水电站项目设计土建分包合同、缅甸光伏项目勘察设计合同、肯尼亚年金公路Lot20标段项目咨询合同等。同时，重点推动柬埔寨斯登麦度水电站、几内亚系列水电站和新能源、马达加斯加水电与新能源、蒙古光伏、东南亚多国新能源等项目。

（二）执行项目顺利推进

北京院各项执行中国际项目顺利推进：几内亚阿玛利亚水电站技术设计工作进展顺利，尾水渠料场围堰施工已经于2020年6月完成，计划于2021进入主体施工；印尼巴丹图鲁水电站项目，设计工作总体按计划进行，基本设计基本完成，路桥、水工建筑等部分专业已经进入施工详图阶段。EPC总承包部分，设计单位配合新的投资人进行过渡期工作，联营体执行总体顺利。2020年8月，加纳路桥项目按中国电建新的执行方式正式接手LOT8、9工作，项目现场进展顺利。尼泊尔上催树理水电站项目机组全部投运，进入项目收尾阶段。

（三）前期可研项目有序推进

北京院各项国际前期可研项目有序推进：2020年，成功中标印尼本多巴度水电站项目，可研工作正式开始，已经完成现场补充测量和部分外业工作；埃及ATAQA抽水蓄能电站，现场外业工作、设计谈判工作已经完成，EPC合同的技术文件已经全部提交，准备配合集团公司进行合同谈判；喀麦隆恩格依瓦水电站项目，配合总承包商进行融资推动，2020年完成该项目设计和施工管理的合同。孟加拉新能源岛项目，完成不同区块、不同投资人需要的可研设计、EPC报价和融资配合工作。

2021年，北京院国际业务将在疫情机遇期以补短板、强弱项为重点，密切跟踪世界和行业发展；着力主业、调整国际市场的目标定位与开发布局，稳步推进水利水电市场，加快新能源、EPC板块项目的跟踪与开发，重点推动基础设施建设项目；推进培养建设国际业务高质量发展的核心能力，提高市场开发的能力和高质量履约的能力；做好海外市场的发展规划，调整市场开发重点、跟踪国别重点，研究海外业务开展组织机构、资源配置、目标考核等要素，加强项目执行管理。

（中国电建集团北京勘测设计研究院有限公司 王珊珊）

洪都拉斯 Patuca（帕图卡）Ⅲ水电站勘测设计情况

PatucaⅢ水电站位于洪都拉斯共和国奥兰乔省Patuca河流上，距首都Tegucigalpa约180km，工程开发任务是发电。坝址以上流域集水面积12330km²，坝址处多年平均流量133.6m³/s，多年平均年径流量42.1亿m³。水库正常蓄水位290m，相应库容4.97亿m³，总装机容量为10.4万kW，保证出力2.26万kW，多年平均发电量3.36亿kW·h。

该水电站业主为洪都拉斯国家电力公司（ENEE），中国水电建设集团国际工程有限公司为工程总承包商，中国电建集团贵阳勘测设计研究院有限公司承担该项目的勘测设计工作。

该工程枢纽建筑物主要由碾压混凝土重力坝、坝身泄洪表孔、冲沙底孔、岸边引水发电系统组成。最大坝高54.0m，坝顶长202.36m；坝身设5个泄洪表孔，孔口尺寸为14m×21m（宽×高），设计泄洪能力13700m³/s；冲沙底孔的孔口尺寸为5.5m×6m（宽×高）。发电引水系统布置于右岸，采用“一洞一机”单元供水方式，共两条引水隧洞，线路分别长约185.8m及212.7m，隧洞洞径均为7m。地面厂房位于大坝下游右岸，主厂房尺寸为75.1m×22.0m×62.65m（长×宽×高），厂房内安装2台5.2万kW轴流转桨水轮发电机组，额定水头36.5m，设计单机流量159m³/s。

该工程于2015年9月21日开工，2020年12月实现并网发电，2020年12月31日竣工移交，进入为期2年的质保期。

（中国电建集团贵阳勘测设计研究院有限公司 田业军）

坦桑尼亚 Julius Nyerere（朱利叶斯尼雷尔）水电站勘测设计情况

坦桑尼亚Julius Nyerere水电站位于坦桑尼亚联合共和国东南部Rufiji河上，工程距坦桑尼亚达累斯萨拉姆交通公路里程约350km，工程开发任务是发电。坝址以上流域集水面积158000km²，多年平均流量894m³/s，多年平均年径流量282亿m³。水库正常蓄水位184m，相应库容307亿m^3，总装机容量为211.5万kW，保证出力52.1万kW，多年平均发电量63.07亿kW·h。

该水电站业主为坦桑尼亚电力供应有限公司（TANESCO），业主咨询单位为坦桑尼亚公路工程咨询公司（TECU），工程总承包商为JV《AC-EE》联营体（Joint Venture of Arab Contractors and Elsewedy Electric S. A. E），EPC分包单位（主坝和引水系统施工）为中国水电建设集团国际工程有限公司，分包设计单位为中国电建集团贵阳勘测设计研究院有限公司（简称贵阳院）和GEODATA成立的设计联营体，贵阳院为设计联营体责任方，承担工程的主要勘测设计工作。

该工程枢纽建筑物主要由碾压混凝土重力坝（主坝）、坝身泄水建筑物、右岸4座副坝（含垭口辅助溢洪道）、右岸引水系统及地面厂房等建筑物组成。最大坝高131.0m，坝顶长1049.16m。泄洪系统包含主坝溢流表孔和1号副坝紧急溢洪道2个部分：主坝设7个溢流表孔，堰顶高程163m，孔口尺寸为15m×21m（宽×高），设计最大泄洪能力29495m^3/s；1号副坝为自溢流堰，堰顶高程186.3m，设计最大泄洪能力17956m^3/s。中孔共布置2孔，孔口尺寸为5m×6m（宽×高）。底孔共布置5孔，孔身直径2.2m。发电引水系统布置于右岸，总引用流量为706.8m^3/s，采用“一洞三机”供水方式；共3条引水隧洞，线路平均长度为445m，隧洞采用马蹄形结构，顶拱半径为5.5m，侧墙半径为7.75m，底宽6.42m；3个调压井，调压井直径为22.4m；9条压力钢管，钢管直径为6.35m。地面厂房位于大坝下游右岸，厂房尺寸为308.8m×33.6m×84.3m（长×宽×高），厂房内安装9台23.5万kW立轴混流式水轮发电机组。

该工程于2018年12月15日开工，合同工期为42个月。2020年9月，基本设计报告获得了业主批复；2020年11月15日，上游戗堤合龙，导流洞过流；截至2020年12月31日，大坝上下游土石围堰施工完成，坝基开挖完成，大坝碾压混凝土浇筑及引水隧洞开挖正常推进。

（中国电建集团贵阳勘测设计研究院有限公司　田业军）

刚果（金）宗果Ⅱ水电站2020年工程建设进展情况

（一）工程概况

宗果二期（ZONGOⅡ）水电站位于刚果民主共和国下刚果省境内，工程为一座低坝引水式水电站，利用5km河道天然落差水头引水发电，工程主要由首部拦河坝、引水发电系统、岸边式地面厂房三部分组成。电站最大净水头114.6m，最小净水头104.8m，设计引水流量160.5m^3/s。安装3×5万kW混流式水轮发电机组，多年平均年发电量约8.619亿kW·h。该水电站是自20世纪50年代以来刚果（金）建设的第一座水电站，是一座采用中国先进技术、自动化程度较高的现代化水电站。该工程由刚果（金）政府采用中国政府优惠贷款建设，主要技术规程与规范采用中国现行技术规程与规范，对于与地方关系密切、地方特色突出的方面，如工程建设环境保护、工程管理运行等，充分考虑刚果（金）国家法律法规和现状，并参考国际惯例执行。该工程由中国水利水电第一工程局有限公司负责项目实施。

（二）项目2020年建设关键节点

（1）2020年3月10日，刚果（金）国家电力公司签署最终验收会议纪要，该水电站项目顺利通过最终验收。

（2）2020年3月11日，中国进出口银行完成输电线路工程全部放款。

（3）2020年6月24日，该工程最后一批备品备件、专用工具和盘柜钥匙顺利移交给刚果（金）国家电力公司ZONGOⅡ电厂，至此，最终验收须提交的物理材料全部移交完成。这标志着该水电站EPC总承包项目从开工到完工移交的全部环节形成闭环，实现完美履约。

（4）受全球新冠肺炎疫情影响，2020年9月19日，该水电站220kV输电线路工程首批施工人员到达现场，正式施工，工程计划2021年8月31日完建。2020年输电线路主要工程进度完成情况见表1。

表1　2020年输电线路主要工程进度完成情况

序号	项目	单位	设计工程数量	完成工程数量	完成比例
1	线路复测	基	159	159	100%
2	基础分坑及开挖	基	159	80	49.7%
3	基础混凝土浇筑	基	159	73	45.9%
4	基础回填	基	159	73	45.9%
5	接地敷设及回填	基	159	70	44.03%
6	铁塔组立	基	159	57	35.8%

（中国水利水电第一工程局有限公司）

刚果（金）布桑加水电站2020年工程建设进展情况

（一）工程概况

布桑加水电站位于刚果（金）南部地区卢阿拉巴省卢阿拉巴河上，工程以发电为主，主要建筑物由抛物线双曲拱坝，坝身溢流表孔、坝身泄流底孔及下游消能防冲设施等组成。电站总装机容量24万kW（单机容量6万kW）。大坝及水垫塘工程混凝土总量61.14万m^3，其中，碾压混凝土总量41.76万m^3，变态混凝土6.64万m^3，常态混凝土为12.74万m^3。中国水利水电第一工程局有限公司承担该水电站大坝及水垫塘工程施工。

（二）工程进展情况

2020年是该水电站大坝及水垫塘工程项目施工建设高峰期，涉及项目多个重要节点及转序工作，以下为完成主要工作情况。

1. 大坝工程 ①大坝混凝土工程：8月27日满管溜槽安装完成并投入使用；8月30日底孔过流面混凝土浇筑完成；9月20日20t缆机安装完成并投入使用；12月2日大坝中层廊道混凝土浇筑完成。该年度大坝自773.00m高程浇筑至835.00m高程，浇筑高度62m，浇筑混凝土总量24.55万m^3，占大坝混凝土总量的44%。其中，碾压混凝土22.81万m^3，常态混凝土1.74万m^3，钢筋制作安装0.18万t。②钻孔与灌浆工程：帷幕灌浆完成2.18万m；固结灌浆完成0.56万m；接触灌浆完成0.18万m^2；接缝灌浆完成0.14万m^2。

2. 帷幕灌浆隧洞工程 ①隧洞衬砌：6月16日左岸中层灌浆隧洞衬砌完成；7月24日右岸中层灌浆隧洞衬砌完成；11月16日右岸底层灌浆隧洞衬砌完成。该年度完成洞衬混凝土0.22万m^3，钢筋制作安装145t。②隧洞钻孔与灌浆：回填灌浆完成0.14万m^2，固结灌浆完成0.28万m。

3. 水垫塘及二道坝工程 ①土石方开挖：8月30日水垫塘及二道坝土石方开挖全部完成。该年度完成土石方开挖4.99万m^3，完成总量的100%。②结构混凝土：4月13日水垫塘及二道坝第一仓混凝土浇筑。该年度完成混凝土浇筑2.59万m^3，占混凝土总量的64%，钢筋制作安装689t。其中，水垫塘底板混凝土1.71万m^3，贴坡混凝土0.51万m^3，二道坝坝体混凝土0.23万m^3；护坦混凝土0.14万m^3。③基础钻孔与灌浆工程：固结灌浆完成0.43万m。

（中国水利水电第一工程局有限公司）

乌干达伊辛巴水电站2020年工程建设进展情况

（一）工程概况

伊辛巴水电站工程位于乌干达南部，工程集发电、城市水环境改善、城市防洪于一体，电站属河床式开发，总库容17068万m^3，日调节库容2739万m^3。电站安装4×4.58万kW轴流式机组，发电流量为1375m^3/s，平均年发电量103900万kW·h。中国水利水电第一工程局有限公司承担该电站左岸土石坝、安装间及端部副厂房、重力坝GD1/GD2、发电厂房、溢洪道SP1/SP2、下游翼墙、开关站、右岸土石坝及下游双向永久交通桥工程等土建施工项目。

（二）工程进展及重大施工节点

（1）2020年3月15日，下游公用交通桥km1+740桥桩基施工全部完成。

（2）2020年4月25日，km1+740桥箱梁预制施工全部完成。

（3）2020年5月18日，km1+740桥箱梁架设施工全部完成。

（4）2020年7月4日，km0+992.5桥箱梁预制施工全部完成。

（5）2020年7月11日，km0+992.5桥桩基施工全部完成。

（6）2020年8月4日，下游交通桥km0+992.5桥首片箱梁开始架设。

（7）2020年8月19日，下游公共交通桥km0+992.5桥下部结构施工完成。

（8）2020年9月3日，km0+992.5桥箱梁架设施工全部完成。

（9）2020年11月19日，下游公共交通桥沥青混凝土开始铺设。

（10）2020年12月31日，下游公共交通桥正式对外移交，进入缺陷责任期。

（三）技术创新

工程建设以来，共采用了防渗土料与硬壳层混合料作为土石坝防渗心墙技术、黏土心墙土石坝反滤料摊铺技术、赤道地区大体积混凝土温控技术、大型钢筋混凝土蜗壳模板制作技术等4项施工新技术，取得了较好的创新效益。

（四）社会效益

工程建设紧跟国家“一带一路”步伐，7年来，项目为当地提供就业岗位约6000个，每年坚持对当地员工开展各类阶段性岗位技能培训与实际操作教学演练，有约6000名员工参加培训，极大提高了当地员工的知识技能水平。工程建设对加快乌干达电力建设，推动当地经济发展起到积极作用。乌干达总统穆塞韦尼对此由衷称赞：伊辛巴水电站是践行“一带一路”倡议、深化中乌两国合作的精品之作。

（中国水利水电第一工程局有限公司）

老挝南屯1水电站工程2020年建设情况

南屯1水电站为老挝和泰国联合开发合作的重点项目，位于老挝波利坎赛省的坎丁河上，距老挝首都万象220km，为一等大（1）型工程。拦河坝为碾压混凝土大坝，坝顶高程297.00m，坝顶宽度8m，最大坝高177m，坝顶全长771.5m；水库最大库容为20.2亿m^3。电站设计安装2台单机容量为26万kW、1台13万kW的水轮发电机组，合计65万kW；其中，52万kW送入泰国电网（EGAT），13万kW送入老挝电网（EDL）。

2019年，因原施工承包商履约不利，工程进度严重滞后，中国水利水电第三工程局有限公司（简称水电三局）于2019年11月签订合同，正式接手南屯1电站施工，主要承担大坝碾压混凝土、发电厂房常态混凝土的施工任务。2019年12月24日，大坝首仓碾压混凝土顺利开仓浇筑。

2020年1月13日，大坝碾压混凝土日浇筑量首次突破9000m^3。随着老挝雨季的提前到来，项目工期尤为紧张，经研究，优化和改进了施工生产方案，采取了一系列措施。主要有：①提前做好拌和楼预冷，将搅拌时间调整为45s，保证冷罐的骨料储量在一半以上，料仓出口增加喷淋系统，将温度控制在35℃以下；②开始浇筑的时候缓凝剂掺量为0.5%，形成斜层之后调整为0.3%；③在浇筑至上游最后50m时，剩余平层和斜面同步上升；④在最大皮带机桁架延长线的基础上，将皮带机导入仓内核心区域。诸多手段保证了现场高效连续生产。2020年4月26日，电站碾压混凝土日浇筑量达13792m^3，创下东南亚区域单日产量纪录；5月21日，单日产量达15356m^3，创下日浇筑量世界排名第四的成绩；10月，大坝碾压混凝土浇筑量达251934m^3，打破单线皮带机碾压混凝土浇筑世界纪录。

2020年8月，项目现场降雨量达到1542mm，远超历史同期降雨纪录，出现了3次基坑过流洪水。水电三局及时组织将大坝低高程位置施工设备吊装至安全高程，施工设备完成了“三进三出”的安全吊运，吊运次数达到百余台次，实现了安全度汛目标。

截至2020年底，水电三局承建的工程进展情况如下：

（1）拦河坝工程：碾压混凝土总量324.5万m^3，2020年浇筑碾压混凝土总量为169.8万m^3，开工以来累计浇筑总量为170.8万m^3，完成率为52.6%。

（2）临时工程：电站导流洞，开挖总量为4.7万m^3，衬砌混凝土总量为9065m^3，至2020年底已全部完成。新增砂石系统，于2020年8月21日顺利投产。

（3）消力池工程：土石开挖总量为70万m^3，混凝土总量为53888m^3。至2020年底已完成土石开挖30.2万m^3，完成率为43.1%；混凝土浇筑，2020年11月30日开浇首仓，至2020年底完成12824m^3，完成率为23.8%。

（中国水利水电第三工程局有限公司
周若愚　唐亚军）

印度尼西亚巴丹托鲁水电站项目2020年度进展情况

巴丹托鲁水电站位于印度尼西亚北苏门答腊省南部的巴丹托鲁（Batang Toru）河上，工程区距省会棉兰（Medan）市约400km，距离西苏门答腊省省会巴东市约410km。电站具有6h日调节能力，额定水头275.86m，设计流量207.55m^3/s；设4台机组，单机容量127.5MW，总装机容量510MW，多年平均发电量2228.14GW·h，年利用小时数4368.9h。

中国水电建设集团国际工程有限公司与PT North Sumatera Hydro Energy签订了巴丹托鲁水电站项目的承包合同，并将整个项目委托给中国水利水电第十工程局有限公司、中国电建集团北京勘测设计研究院有限公司组成的联营体组织实施。

截至2020年12月31日，项目进展情况如下：

（一）设计部分

附属建筑物路桥、渣场、料场、支洞以及大坝设计包的基本设计和详细设计阶段合并，只进行详细设计的报批。以下主要从大坝设计包、附属建筑物、主体工程（基本设计阶段）、275kV输变电线路4部分进行项目设计进度说明。

（1）大坝设计包：初步完成，已经递交印度尼西亚大坝委员会（IDSC），2020年3月份已经与IDSC召开设计联络会。

（2）附属建筑物：大部分承包商工程师（Tractebel）已批准，少部分因为征地、地震设计标准变更等因素未获承包商工程师和业主工程师（台湾中兴工程顾问股份有限公司）批准。

（3）主体工程：主体工程（引水系统、厂房、机电以及金属结构）设计工作已完成，所有设计文件都得到了承包商工程师的批准，但是引水系统、厂房开关站、机电以及金属结构的部分基本设计文件目前尚未获得业主（或业主工程师）批准，其原因是受制于变更、价值工程、洞线等合同问题。

（4）275kV 线路委外设计进度：分包商尚未完全通过印尼国家电力公司（PLN）审批，总包方正在推动委外设计分包方完成审批流程。

（二）采购部分

主机采购合同已经于 2019 年 10 月签订，但还未正式生效；桥式起重机、主变压器、进水球阀设备供应商名单已上报业主；其他永久机电、金属结构设备的采购程序尚未正式启动。

（三）施工部分

（1）道路施工：共规划 16 条主要道路，总长度约 45.85km。毛路开挖完成约 40.38km，占比 88%，有 73%的道路可通行重车。现场的道路能够通达大坝、厂房、引水隧洞各个支洞、调压井、开关站等主体结构工程施工部位。

（2）桥梁施工：共规划桥梁 6 座，已完成 2 座，能满足大坝区和厂房区的跨河施工需求。

（3）渣场施工：共规划渣场 13 个，已完成 9 个渣场的清表，其余的渣场正在解决相关征地问题。

（4）支洞施工：共规划 6 条施工支洞，1、6 号支洞在进行准备工作，2 号支洞在进行洞脸施工，3、4 号支洞已具备洞挖施工条件；5 号支洞已基本完成，距离主洞还有 25m。

（5）临建设施：根据现场施工需求及规划逐步进行，能满足现阶段施工需求。

（6）大坝：施工现场正在围绕着导流洞进出口边坡开挖和大坝坝肩 436m 高程以上部位的开挖进行准备工作。

（7）厂房：基本设计已批准，正在进行开挖详细设计审批；计划于 2021 年 6 月开始厂房边坡开挖和支护，施工现场正在进行开挖的准备工作。

（中国电建集团北京勘测设计研究院有限公司 董腾）

几内亚阿玛利亚水电站 2020 年建设进展情况

阿玛利亚（Amaria）水电站位于几内亚共和国孔库雷河（Konkoure）干流上，是孔库雷河干流分四级水电开发方案的最后一级，距几内亚首都科纳克里（Conakry）公路里程 129km；坝址控制流域面积 16200km²，多年平均流量 520m³/s，多年平均年径流量 164 亿 m³；水库正常蓄水位为 56m，总库容 16.47 亿 m³；电站额定水头 42m，装机容量为 300MW，为一等大（1）型工程。

阿玛利亚水电站采用坝式开发，枢纽布置格局为：左岸混凝土重力坝＋右岸土工膜心墙堆石坝挡水、重力坝坝身（表孔＋底孔）泄洪、左岸河床式厂房。主要建筑物有混凝土重力坝、泄洪表孔和底孔、土工膜心墙堆石坝、河床式厂房及敞开式开关站等。坝轴线总长 812.0m，最大坝高 78.0m（厂房坝段）。

工程总工期 51 个月，其中，筹建准备工期 16 个月，主体工程施工期 31 个月，工程完建工期 4 个月，第一台机组发电工期 47 个月。

2018 年 9 月，特变电工沈阳变压器集团有限公司和中国电建集团北京勘测设计研究院有限公司签订《几内亚阿玛利亚（Amaria）水电站项目勘察、设计及技术服务合同》。2019 年 4 月，特变电工沈阳变压器集团有限公司与几内亚政府签署《阿玛利亚水电站特许经营权协议》，与几内亚国家电力公司签署《阿玛利亚水电站购电协议》。受特变电工沈阳变压器集团有限公司委托，2019 年 8 月，水电水利规划设计总院在北京组织召开了几内亚阿玛利亚（Amaria）水电站可行性研究报告评审会议，评审认为："可研报告内容系统、全面，方案论证较为充分，技术结论基本合适"。2019 年 12 月，尾水料场围堰顺利合龙；2020 年 6 月，尾水料场开挖完成并顺利通过验收。

（中国电建集团北京勘测设计研究院有限公司 王志珑）

赞比亚下凯富峡水电站工程建设及科技创新情况

下凯富峡水电站项目位于南部非洲国家赞比亚境内赞比西河一级支流凯富埃河上，拦河坝为碾压混凝土重力坝，坝顶长 374.5m、坝高 139m、坝顶宽 8m，共分为 19 坝段；中部设置三孔弧门溢洪道，总库容 0.83 亿 m³；水电站厂房为地面式厂房，装机 5×15 万 kW，年发电量约为 30 亿 kW·h。

（一）工程建设情况

该水电站于 2016 年 1 月 15 日正式开工，2017 年 8 月 9 日成功截流，2018 年 1 月 15 日坝基开挖完成，2018 年 6 月 6 日大坝碾压混凝土首仓开始浇筑，2020 年 11 月 17 日大坝顺利完成库区蓄水。

（二）工程特点及科技创新

1. 该工程项目主要施工特点　①碾压混凝土大坝采用了全断面准三级配碾压混凝土（骨料最大粒径 63mm），取消了上游二级配碾压混凝土防渗区，从而简化了混凝土生产运输和摊铺程序，提高了入仓速度，实现了碾压混凝土大坝施工连续快速施工的目标。②碾压混凝土大坝坝基固结灌浆只是根据揭露的基岩情况随机布设，而非系统布设，从而大大减少了坝基固结灌浆工程量。③发电引水系统采用了“一洞五机”的布置型式：这种布置型式在国外较为常见，但在国内一般为“一洞两机”，最多“一洞三机”。采用这种布置型式，减少了1条引水发电隧洞，简化了施工布置和施工组织。④表孔溢洪道下游消能区两岸边坡采用锚喷支护。

2. 该工程项目主要创新情况　①碾压混凝土首创65%高掺粉煤灰、365d超长龄期的配合比设计。②对坝体结构分区、廊道断面及布置等进行优化，开创了百米级碾压混凝土坝设计新理念，解决了制约碾压混凝土快速施工组织的难题，实现了大坝的绿色高效建造。③研发了全皮带机快速输送、布料、连续升仓的施工设备和工艺，在百米级大坝创新采用全断面准三级配单一配合比，实现了快速、连续、安全、高效施工，最高连续浇筑24m，施工效率提高30%。④优选了间歇层层间水泥净浆处理技术，形成了变态混凝土底部精细化加浆工艺，修订的碾压混凝土施工规范将底部加浆确定为变态混凝土首选工艺，首次在百米级大坝建立了基于成熟度法判定碾压层缝面标准及方法。

3. 获得专利及奖项情况　在工程施工过程中，项目针对大坝、导截流、引水发电系统等施工关键技术进行了研究，共获得知识产权25项，其中《浇筑碾压混凝土坝的自升式输料布料系统及施工方法》获得发明专利1项，实用新型专利11项；《桩基动测仪数据分析软件》获得软件著作权；《碾压混凝土层间加浆施工工法》《大坝小孔径、正倒垂孔精度控制施工工法》《132kV输电线路张力放线施工工法》《压力钢管施工工法》《超大异形断面调压井开挖施工工法》获得河南省工程建设省级工法；获得中国电力建设集团有限公司科技进步奖3项。

（中国水利水电第十一工程局有限公司　靳俊杰）

以色列KH抽水蓄能电站项目工程建设有关情况

以色列KH（克卡夫．哈亚邓）抽水蓄能电站位于以色列东北部，靠近约旦河谷下游，距以色列第二大城市特拉维夫120km。水库有效库容310万m^3，安装2台17.2万kW单级可逆式水轮发电机组，为以色列在建规模最大抽水蓄能电站。该项目由中国水利水电第五工程局有限公司EPC总承包，合同金额21.9亿元，合同工期52个月。该项目于2017年7月19日主体工程正式开工建设，截至2020年底主要项目完成情况如下：

（一）引水系统情况

引水上平洞开挖支护已完成100%；正在进行钢衬垫层浇筑，已浇筑405m，约占47.3%；正在进行钢衬运输安装，已安装14节，约占9.2%。引水闸门井底部23根灌注桩施工完成100%；正在进行闸门井地面结构混凝土施工，完成高度12m，约占23.8%。高压竖井及下弯段开挖支护已完成100%；下弯段正在进行钢衬安装，已安装3节，约占2.6%。引水下平洞及引水支管开挖支护已完成100%；下平洞正在进行钢衬安装，已完成5节，约占11.1%，已完成3节钢衬混凝土浇筑，约占6.7%。

（二）厂房系统情况

厂房已完成Ⅵ层开挖，尚余集水井开挖；已完成厂房桥机吊装；正在进行安装间廊道区域钢筋混凝土施工；主变压器洞和1、2号母线洞主体部分已完成开挖支护。

（三）尾水系统情况

尾水调压井已完成开挖96m，约占78%。尾水隧洞岩洞段已完成开挖100%；岩洞上游段正在进行钢筋混凝土衬砌施工，已完成混凝土浇筑45m，约占4.4%；岩洞下游段混凝土针梁台车通过验收，正进行钢筋绑扎。尾水土洞段开挖已完成100%；正在进行钢衬施工，钢管安装8节，约占8%；钢衬混凝土回填9.1m，约占1.6%。

（四）上、下水库情况

上水库开挖完成174万m^3，约占100%；填筑145万m^3，约占98%；完成防浪墙施工1475m，约占82.5%；完成上库边坡土工膜铺设95993m^2，约占44.2%。下水库开挖完成172万m^3，约占82.7%；完成大坝填筑66.8万m^3，约占95.4%；完成下库防浪墙228m，约占12.5%。

（五）开关站和中控楼情况

完成开关站所有承台基础浇筑及场地回填；完成挡墙加高及新增挡墙施工。完成控制楼浇筑及控制楼电缆层装修，完成控制楼发电机房基础灌注桩施工29根。

（中国水利水电第五工程局有限公司　黄红占）

南屯1水电站基础处理

（一）工程概述

老挝南屯1水电站是老挝和泰国两国政府联合开

发合作的重点项目之一，是南屯—南卡丁流域4个梯级电站最后一级，属一等大（1）型工程。枢纽由RCC重力拱坝，岸塔式取水口，引水隧洞，半埋式厂房组成。最大坝高177m，坝顶高程297m。电站装机2×260MW＋1×130MW，合计650MW。其中，2×260MW送入泰国电网，130MW送入老挝电网。

灌浆工程包括大坝坝基固结灌浆、廊道帷幕灌浆、尾水隧洞固结灌浆、各部位接触灌浆、回填灌浆、排水孔等。坝基固结灌浆在坝基混凝土浇筑完成后开始施工，随大坝主体结构升高，RCC碾压混凝土每升高3m在大坝左、右岸进行固结灌浆。从大坝底部开始随大坝主体升高共设5层灌浆廊道（含右岸灌浆平洞）。高程130m为大坝底部第一层G1灌浆廊道，175m为大坝第二层G2灌浆廊道，210m为大坝第三层G3灌浆廊道，250m为大坝第四层G4灌浆廊道，297m为大坝顶部G5灌浆平洞。

（二）灌浆施工工艺

大坝固结灌浆和廊道帷幕灌浆均采用自下而上分段分序GIN法施工。

GIN灌浆法使用稳定性浆液，固定水灰比。浆液使用前需达到以下标准：马氏漏斗黏度35～40s，密度1.72～1.75g/cm^3，2h析水率＜3%，温度＜32℃。

GIN灌浆法钻孔一次钻到设计孔深，然后自下而上逐段安装灌浆塞进行灌浆。根据设计要求和实际情况，由孔口至孔底分为几个段次，各段次根据深度对应不同GIN参数。

（三）主要施工难点及措施

（1）廊道灌浆施工中，洞顶低矮，钻大角度斜孔不能使用长钻具和钻杆，钻杆接头增多，加大了钻具挠度，百米深孔难以保证孔斜率满足设计要求。向上钻孔孔斜控制尤为困难。采取对钻机改造调整钻机底座，使用高强度钻杆及金刚石钻头，全站仪精确测量定位，钻机四角锚固等措施控制孔斜，同时采用合理的钻进方法和工艺参数，控制机械钻速、不使用弯曲、磨损的钻杆，特别在破碎地层钻机适当降低钻压，最终达到设计要求。

（2）GIN灌浆法结束标准相对简单，但由于缺乏该工法施工经验，对自动记录仪操作不熟练欠规范，加之潮湿环境对记录仪和传感器的影响、机械设备工作状态等多方面原因，造成自动生成曲线变化不正常。对策是加强自动记录仪操作人员培训，掌握GIN灌浆原理，了解曲线间相互关系，细致规范操作，常检查校准传感器和压力计，有问题及时更换。

（3）GIN灌浆法对使用浆液规定严格，浆液配比0.6∶1∶1%（水∶水泥∶添加剂），比重1.74。由于施工场地大、灌浆孔深，灌浆管路普遍较长，浆液在管路内摩擦发热，加上亚热带和热带季风气候，全年温度在35℃以上，管路容易被堵塞，影响灌浆质量。对策是合理规划灌浆管路，采用冰水搅拌制浆控制浆液温度，确保高温下管路正常运行，并不断改进搅拌方式、搅拌时间、搅拌速度及人员配合，使浆液性能达到设计要求。

（四）工程进展和主要节点

截至2020年底，已完成RCC大坝固结灌浆完成71010m，占设计总量的78.9%；帷幕灌浆完成23095m，占设计总量的77%；尾水渠环形和引水洞固结灌浆、无压隧洞接触灌浆等均已完成。

2020年1月8日，完成大坝右岸15、16号坝段第一层固结灌浆；2020年3月15日，主帷幕G1廊道帷幕灌浆开始施工；2020年4月26日，完成尾水渠环形固结灌浆；2020年8月1日，G2廊道左岸灌浆全部完成；2020年9月4日，G3廊道帷幕开始施工；2020年11月20日，G1排水孔开始施工。

（五）科研项目开展情况

2020年，针对水泥浆液及GIN灌浆法开展2个课题的研究。

1. 提高水泥浆液合格率　南屯1水电站基础处理工程采用欧美技术标准，浆液质量要求非常高。要求在施工现场对每一桶浆液的温度、比重、黏度、析水率等先检测再灌注，任一项指标达不到要求的水泥浆必须弃掉，对正常施工要求很高。项目部集思广益，利用现有施工工艺，结合工程实际，通过多组水泥浆析水率情况跟踪检查，分析原因加以改进，出现“析水率不合格”的频率明显降低，顺利通过了咨询验收。

2. GIN灌浆法施工技术研究　GIN灌浆法是国外常用的灌浆方法。结合工程实际，对GIN灌浆法施工技术进行研究，采取一系列措施，提高施工效率，有效降低了施工成本。通过研究，为国外类似灌浆工程施工提供合适可供借鉴的灌浆参数、灌浆工艺及特殊情况处理措施。

（中国水电基础局有限公司
王小虎　费登辉　刘明）

巴丹托鲁水电站混凝土热学性能试验

巴丹托鲁水电站地处印度尼西亚，属热带雨林气候区。通过现场试验室结合工程经验和现代化数字建模技术，模拟大坝关键部位混凝土配合比设计，进行混凝土绝热温升和半绝热温升检测，为大坝混凝土原材料选择、配合比设计、温控设计及温控措施等提供参数。

（一）混凝土原材料与配合比

混凝土原材料对混凝土的质量和性能起着决定性作用，因此，在满足合同技术条款和标准规范要求的基础上，优先考虑品质优良的混凝土原材料。

经现场试验室配制，确定 4 种主坝常用混凝土配合比，即 RC-1 和 RC-2 碾压混凝土配合比，CT-1 和 CT-2 常态混凝土配合比。

（二）混凝土热学性能检测

1. 混凝土绝热温升试验　混凝土绝热温升是在绝热条件下，检测混凝土在水化过程中的温度变化及最高温升值，这将影响混凝土水化热温升，从而影响混凝土结构最高温度、基础温度和内外温差。混凝土绝热温升发展曲线是衡量混凝土配合比是否有利于大体积混凝土结构物降低开裂风险的重要标志。

本次混凝土绝热温升—历时实测过程检测采用 DR-2A 型混凝土热物理参数测定仪直接测定，该设备温度跟踪精度为 ± 0.1℃，试件尺寸为 ϕ200 × 400mm。试验结果可以得到 4 种配比的 1、2、3、4、5、6、7、14、21、28d 混凝土绝热温升值，以及混凝土绝热温升—历时实测过程曲线。

2. 混凝土半绝热温升试验　试验准备包括混凝土半绝热温升模型制作及测温设备布置。混凝土半绝热温升模型及测温传感器布置示意见图 1。

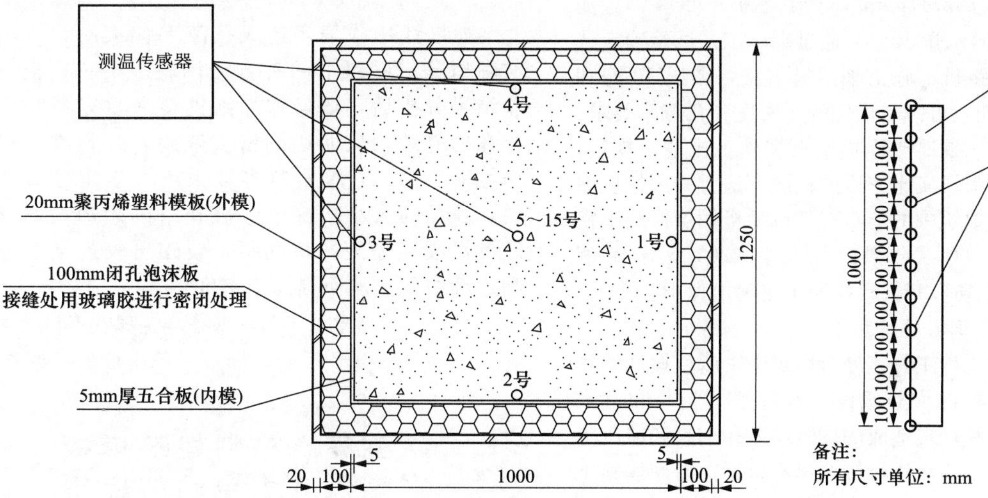

图 1　混凝土半绝热温升模型及测温传感器布置示意图

试验主要内容如下：

(1) 按 CT-1 常态混凝土配合比配置混凝土，模拟施工现场罐车运输混凝土浇筑，ϕ50 振捣棒振捣密实，记录混凝土入仓温度为 31.7℃。混凝土从拌和、振捣成型到记录入仓温度在 2h 内完成。

(2) 试验前测试验区环境温度及地表温度 1d，间隔 4h。

(3) 记录完入仓温度后，每 1h 记录混凝土试件中各测温传感器温度，历经 24h 后每 8h 记录一次，达到最高温升后每天记录一次，试验龄期以混凝土试件温度降到环境温度为准。试验期间测试验区环境温度和地表温度，检测频率与混凝土试件测温同步。

根据试验记录，可以绘制混凝土半绝热温升—历时实测曲线图。

混凝土半绝热温升—历时实测曲线试验，是在模拟现场施工条件下进行，基本不考虑外界因素的干扰，更真实地反映了混凝土温升、降温的全过程，进一步从试验成果上验证了混凝土绝热温升试验数据的准确性，为工程混凝土温控设计和温控措施提供了更真实、有效的试验参数。

（三）混凝土温升试验评价

检测混凝土绝热温升—历时实测曲线，一是试验周期长，二是需要用试验设备模拟出一种绝热状态，使混凝土试件完全不失去、不吸收热量的条件下，获得只凭自身水化反应产生的热量引起的温升直至平缓的发展过程，因此需要一个恒定的试验环境温度。但通常试验室的室内温度常用空调来控制，且试验设备在长周期下运转，容易受空调精度、室外温度、断电、设备故障等因素的影响，很难做到真正意义上的“绝热状态”。

混凝土半绝热温升—历时实测曲线试验，则是在模拟现场施工条件下进行，基本不考虑外界因素的干扰，更真实地反映了混凝土温升、降温的全过程，可进一步从试验成果上验证混凝土绝热温升试验数据的准确性，为工程混凝土温控设计和温控措施提供了更真实、有效的试验参数。

（中国水利水电第十工程局有限公司
雷维岳　施东松）

南公1水电站堆石料针片状含量对孔隙率影响

堆石料由各种不同形状粒径大小颗粒组成，其中粗颗粒粒径含量占比较多。粗颗粒形状的分布是直接影响压实效果的主要因素，评价针片状变化对堆石料特性影响十分必要。

（一）堆石料填筑

南公1水电站面板堆石坝填筑中，设计要求取自溢洪道流纹岩的主堆石料，最大粒径不大于800mm，压实干密度大于2.12g/m³，孔隙率小于22%，含泥量小于5%，洒水量15%。通过碾压工艺试验确定选用32t震动压路机，施工采用进占法，碾压10遍和虚铺厚度90cm，可满足最佳的干密度和孔隙率要求。试验中，根据《混凝土面板堆石坝施工规范》规定，粒径较大堆石料压实干密度的检测方法宜采用挖坑灌水法。在大坝填筑中的堆石料部位随机抽点检测干密度和孔隙率。实测结果：含水率2.0%，干密度2.14g/m³，孔隙率17%，检测干密度值偏小。

（二）影响压实度因素分析

运用数理统计工具，分析影响干密度值偏低的主要因素有：土料的颗粒级配（针片状含量）和含水量；人为因素和环境造成的试验误差；铺料和碾压等施工工艺不规范、碾压机械选择不合适。对现场施工工艺了解和对试验过程各个环节整理，排除了因试验过程误差和现场施工工艺的影响。对填筑土粒做颗粒试验，颗粒级配筛分试验符合设计级配要求。

（三）连续级配分析

筛分曲线图中可见检测值粒径在100mm以下的颗粒偏低，未接近于中线值。说明内部存在未填充空隙，内部孔隙率偏大，颗粒间不规则形状多，骨料间嵌挤差，碾压时不易压实。这种粒径称为针片状颗粒，常以长度和厚度之比大于3倍粒径，为针片状含量。设计只对空隙率有相应要求，而影响空隙率的因素是针片状含量存在。针对上述情况，对堆石料针片状颗粒进行逐个测量，测得结果针片状含量占总质量的15%。

（四）孔隙率和针片状关系分析

通过孔隙率和针片状含量关系分析，当针片状含量增多时，造成堆石料堆积孔隙率变大，干密度降低。在压实功相同的情况下，造成内摩阻力大，不易被压实，影响堆石料整体密实性及压实效果，这是导致干密度偏低的主要原因。反之针状片状含量较少，易于压实，则干密度提高。针片状含量超过限度时，堆石料孔隙率影响呈现平稳趋势。针片状含量最小也就是孔隙率最小时，干密度值最大。当针片状含量在20%左右时，孔隙率最大（见表1），针片状含量超过30%时，反而有所消弱。因为针片状占比越多，碾压过程中受荷载影响越大，震动碾将一部分针片状颗粒振碾碎，原有针片状形状发生变化，颗粒分布出现位移，填补了部分孔隙。因此，填筑检测针片状在30%时，实际孔隙率也有所降低。

表1 孔隙率与针片状统计表 %

序号	1	2	3	4	5	6
孔隙率	16	18	22	25	27	25
针片状	1	5	10	15	20	25

如果针片状偏多造成孔隙率偏大时，可结合实际情况借助以下两种方法调整。第一，根据试验结果分析后，适量增加细集料来填充粒径内部存在的缝隙，从而达到密实效果，改善堆石料工作性能。第二，堆石料多数采用人工爆破方式取料，粒径的大小取决于爆破孔口间距等，调整爆破参数改变爆破孔口间距，破碎出较规则的粒径和连续级配，从而提高干密度。

（中国水利水电第三工程局有限公司
吴小松 刘永年）

新型复合材料建筑模板在南俄3水电站的应用

南俄3水电站溢洪道布置在大坝左岸，由引渠段、溢流堰闸段、泄槽段、挑流鼻坎和水垫塘组成。建筑物水平距离全长599.95m，泄槽两侧边墙高10～13m，混凝土浇筑方量为38763m³，模板面积为229013m²。泄槽左岸为高边坡，右岸为坝体填筑区，交通条件差，工程量大，边墙高度大，起吊设备布置困难。选用一种安拆轻便、搬运灵活的新型模板替代传统钢模板是解决泄槽施工难题的重点。

（一）新型复合材料建筑模板研究

通过市场调查及工程试用，主要研究以下内容：

（1）新型复合材料建筑模板的吸水率、邵氏硬度、简支梁无缺口冲击强度、弯曲强度、完全弹性模量、维卡软化点、加热后尺寸变化率等性能指标的测算，以便满足施工性能基本要求。

（2）通过与传统模板的比较试验，评估其在提高生产效率、节约成本、方便施工、节能环保等方面应用的优越性。

（3）根据工程施工实例，全面掌握新型模板工装技术要点、施工流程、施工方法、注意事项等技术核心。掌握新技术，提高施工水平和竞争力，为企业创造更多效益。

（二）研究途径及创新点

（1）“三新”技术的应用研究经历了认识→掌握→应用→评价→推广的过程。通过市场调研了解产品，通过其技术要点和使用方法的研究掌握技术，通过试验和生产测算深层次掌握应用和分析其优越性，通过综合分析评价新材料工装的应用价值。

（2）复合材料建筑模板是一种以聚丙烯（PP）树脂为原料，加入长玻璃纤维等辅料，采用模压生产工艺一次模压成型的新型复合材料建筑模板，它具有强度高、重量轻、抗摔、防水耐腐蚀，板面不亲混凝土浆，混凝土成型面达到清水墙效果，周转次数多等特点。

（三）新型复合材料建筑模板的优点

通过试验研究，总结新型复合材料建筑模板具有如下优点：

（1）省工节材：改变传统结构，节省加固辅材，省去大量的方木、钢管等次楞加固材料，首次购买模板周转使用15次以上，无变形、损坏情况。

（2）轻便灵活：模板质量轻（$15kg/m^2$），人工轻松搬运，采用手柄旋转90°即可完成拼装，操作非常简单。

（3）适应性高：模板采用普通钢模板尺寸，可组合、配合使用，可以逐步替代普通钢模，避免钢模浪费。

（4）工作性能优越：模板刚度满足要求，拼装后止浆效果优越。

（5）混凝土外观质量好：拆模后结构外观整洁、美观，有镜面效果，能达到清水混凝土外观水平。

（6）创造安全施工环境：相比普通钢模垂直运输难度降低，可以人工解决，施工安全隐患大大降低。

（7）价格低廉：目前采购价格452元/m^2，普通钢模采购价格560元/m^2，运输成本低。

（8）周转次数超过80次，面板性能正常，简单维护后仍能继续试用。

（四）应用情况

新型复合材料建筑模板已用于南俄3水电站的溢洪道泄槽边墙、堰面顶模、闸顶预制梁，取水塔结构内模、厂房框架结构等，陆续替代了传统钢模板。混凝土外观质量得到了业主咨询、监理以及集团创优工作组的高度评价，现场工人也乐于积极使用新型复合材料建筑模板。

（中国水利水电第十工程局有限公司
魏兴存　刘慧芳）

南俄3水电站堆石坝填筑施工数字化信息化控制

老挝南俄3水电站面板堆石坝最大坝高210m，坝顶轴线长518.5m，坝体填筑总量为1154.57万m^3。大坝填筑施工过程中，填筑料的施工碾压控制直接关系到坝体后期沉降值的变化，是决定工程建设与运行安全的关键。研究堆石坝填筑施工过程数字化信息化控制，可有效保障填筑质量。该研究项目已于2020年1月完成。

（一）堆石坝填筑数字化控制

堆石坝填筑施工过程数字化信息化控制研究内容主要包括：振动碾顶部高精度定位接收机及机身传感器的安装、大坝碾压信息实时传输的无线网络的建立、工程基本信息整理与展示、文件上传与数据管理、施工过程实时监控分析、质量检测分析、施工报表生成、施工机械碾压统计分析等。通过建立大坝施工过程实时智能化监控系统，可实现以下几个方面筑坝过程动态实时监控：

（1）动态监测仓面碾压机械运行轨迹、运行速度、振动状态，并在大坝仓面施工数字地图上可视化显示。

（2）实时自动计算和统计仓面任意位置处的铺料厚度、碾压错距、碾压遍数、压实厚度、压实后高程，并在大坝仓面施工数字地图上可视化显示。

（3）在每仓施工结束后，输出碾压质量图形报表，包括碾压轨迹图、碾压遍数图、压实厚度图和压实后高程图等，作为仓面质量验收的辅助材料。

（4）可在业主总控中心和施工现场监理分控站，对大坝混凝土碾压情况进行在线监控，实现远程和现场双监控。

（二）研究创新点

大坝填筑碾压施工过程实时智能化监控系统的建立，包括项目划分、不同类别实时数据分析、工程建设管理等功能模块，与目前大坝施工管理规定等紧密结合，切实有效地保证了大坝碾压填筑施工进度、质量与安全。

（三）研究成果

建立远距离大功率的碾压信息无线传输网络系统，包括项目划分、不同类别实时数据分析、工程建设管理等功能模块，对大坝碾压施工过程实时智能化监控，实现实时远程质量跟踪控制。随着大坝填筑的不断进行，大坝碾压施工过程信息数据量迅猛增长，数据总量会达到数亿条的数量级。通过科研小组不断努力，数据分析效率显著提高，问题反馈速度大幅提升，大坝填筑质量、进度得到了有效保障，高峰期填筑量突破 100 万 m^3。

发表国家级期刊科技论文 1 篇。

（四）应用情况

在南俄 3 水电站筑坝过程中，通过数字化碾压信息监控系统，对碾压设备实施了动态实时跟踪，有效控制碾压遍数，避免了漏振、过振及返工现象，筑坝质量得到了有效保障，充分掌握了整个筑坝过程情况，提高了设备工作效率。

（中国水利水电第十工程局有限公司
魏兴存　刘慧芳）

布桑加水电站锚索张拉读数问题研究

锚索张拉中测力计测值与千斤顶读数可能出现较大差异，以刚果（金）布桑加水电站工程边坡岩锚施工数据为分析对象，对千斤顶读数和测力计测值匹配问题进行研究。

（一）原因判断

对布桑加水电站工程边坡锚索张拉千斤顶读数与锚索测力计测值进行分析，认为造成两者不匹配的主要原因是岩石破碎、空隙率大，以及锚固段强度不够，被张拉松动。

（二）测力计与千斤顶匹配可靠性试验

施工现场无试验室，锚索测力计和千斤顶一同送往第三方试验室检测，检测结果为合格。为进一步确认测力计与千斤顶匹配程度，在现场截取 1.5m 长钢绞线若干，用两台锚索测力计和同一个千斤顶进行匹配试验。试验分 4 级张拉，全程记录两台锚索测力计测值和千斤顶读数。各级加载吨位的锚索测力计测值与千斤顶读数对比见表 1。

表 1　各级加载吨位的锚索测力计测值与千斤顶读数

1 号测力计与千斤顶匹配试验测值				2 号测力计与千斤顶匹配试验测值			
加载吨位（kN）	千斤顶读数（kN）	测力计测值（kN）	差值（kN）	加载吨位（kN）	千斤顶读数（kN）	测力计测值（kN）	差值（kN）
500	501	505.5	−4.5	500	502	493.6	8.4
1000	998	992.4	5.6	1000	999	1001.5	−2.5
1500	1503	1497.6	5.4	1500	1501	1491.5	9.5
2000	2001	2005.1	−4.1	2000	1999	1993.7	5.3

由表 1 可见，最大差值为 9.5kN，最小差值为−2.5kN，说明锚索测力计测值与千斤顶读数匹配比较可靠。

（三）分级张拉过程数据分析

测力计安装后，检查张拉机具、锚具、测力计位置，钢垫板与锚板平整光滑，与测力计上下紧密接触，受力均匀，没有受压不均或偏载。检查合格后开始张拉，逐级张拉观测。对以下 4 组具有代表性的张拉数据进行分析。

第一组：1 号锚索在预紧后开始分级张拉，第一级荷载与第二级荷载的测力计测值比千斤顶读数小很多。对此进行了检查，锚索测力计、张拉机具、锚具、垫板等均无问题，锚束伸长值略长于理论值，钻孔时孔内有裂隙，岩石有破碎情况。分析后决定继续张拉，第三级荷载测力计测值与千斤顶读数较接近。第四级锁定荷载测力计测值基本与千斤顶测值一致，锁定后 1 号锚索测力计测值出现缓慢损失。在一段时间后测值稳定，但稳定后吨位达不到要求，决定进行补偿张拉。1 号锚索测力计补偿张拉后测值稳定，初步判断张拉中第一、二级荷载测力计测值与千斤顶读数不匹配和锁定后吨位损失的原因是岩石破碎和空隙导致。

第二组：由 2 号锚索张拉过程千斤顶读数与锚索测力计测值过程线，及 2 号锚索测力计监测成果过程线可见，2 号锚索在张拉中测力计测值与千斤顶测值匹配较好，且锁定后监测测值稳定。

第三组：3 号锚索在张拉中，第一级荷载测力计与千斤顶读数匹配。第二级荷载到 650kN 左右时锚束伸长值异常，测读锚索测力计，发现测力计测值反而比第一级荷载的读数小。经查询得知 3 号锚索锚固段灌浆时间不长，锚固强度很可能达不到张拉强度。经验判断这种情况可能是锚固段浆液握裹力不够，导致钢绞线被拉动。继续小量级加载，伸长值远大于理论值，测力计测值基本不变，判定钢绞线被拉动，此锚索作废处理。

第四组：4 号锚索张拉前询问施工方，锚固强度满足张拉要求，但锚固段灌浆时吃浆量较大，疑是锚固段岩体有破碎或裂隙发育。经确认，下锚索前锚固段注浆不足。既然锚固强度达到要求，决定开始张拉。第一级荷载加载到 480kN 左右时，钢绞线伸长值略长于理论值，小量级加载至 550kN 后，锚索测力计测值小于千斤顶读数，继续张拉有较大概率出现和 3 号锚索类似情况。经过多方讨论研究，第一次灌浆时候吃浆量大，未能及时发现锚固段存在地质缺陷，如岩体破碎、裂隙发育，很可能导致锚固浆液流失，锚固段过短的可能，决定对锚固段重新进行灌浆。处理完成后，第二次对 4 号锚索进行张拉，千斤顶读数与测力计测值较为匹配。

（四）试验结果综述

经过 4 组数据对比，排除了张拉工艺，张拉工器具、锚具、垫板等影响张拉的问题。布桑加水电站工程边坡锚索张拉中，千斤顶读数与测力计测值不匹配的主要原因是岩石破碎、裂隙密集导致岩石抗压强度低，受力后产生较大压缩变形量和锚固段岩体存在地质缺陷未及时发现和处理，锚固力受到一定影响。

（中国水利水电第三工程局有限公司
孟凡胜　南大伟　向兴文　孙林）

南俄 4 水电站常态混凝土中石粉掺量的确定

老挝南俄 4 水电站位于老挝川圹省西南的南俄河流域上游。坝址距离老挝首都万象公路里程约 371km，工程区附近有 7 号公路通过。电站所在地区缺乏粉煤灰，若从中国、泰国或越南采购，其公路运距均在 700km 以上，采购及运输成本极大，增加了混凝土造价。故常态混凝土原材料中，拟用石粉替代粉煤灰。

（一）确定石粉掺量

石灰石粉取代水泥在降低成本、减少水化热、提高资源利用及保护生态环境等方面有突出作用。通过以下方法综合确定石粉在混凝土中的掺量。

（1）通过石粉不同掺量的水泥胶砂强度，确定其水泥强度等级（应满足 42.5 或不低于 32.5 水泥强度等级与设计混凝土强度等级的配比要求）对应的石粉掺量。

（2）对应水泥胶砂强度等级的石粉掺量及临界下限掺量，拟作 2～3 个不同石粉掺量组合对混凝土进行试配，研究其性能。

掺石粉时水泥强度越高相对可以提高石粉掺量，石粉掺量的空间更大。试配混凝土时，需考虑人工砂的细度模数及石粉含量的影响。如人工砂的细度模数偏大及石粉含量较低时，可以考虑水泥胶砂强度等级的临界掺量，反之选择下限掺量。

鉴于南俄 4 细骨料石粉含量较多（16%～18%），不适宜将石粉掺在细骨料中，只能内掺代替粉煤灰，且掺量不宜过大。石粉配合比石粉掺量采用 10%、20%、30%，即 C30、C35、C40 强度石粉掺量为 10%；C20、C25 强度石粉掺量为 20%；C10、C15 强度石粉掺量为 30%；抗冻抗渗混凝土采用 20%掺量，无耐久性要求最大掺量为 30%。

（二）室内混凝土拌制

通过室内混凝土试拌，进行混凝土基础参数选择，确定混凝土的最优砂率为 43%，最优用水量为 145kg。

骨料最优级配试验：常态二级配为 50∶50，泵送二级配为 55∶45，常态三级配为 30∶40∶30。

混凝土强度试验配合比应基于初选确定的水胶比不少于 3 个掺合料掺量和 3～5 个水胶比的组合，进行混凝土立方体抗压试验。

根据混凝土配合比设计指标表，计算混凝土配制强度表，常态混凝土确定 0.65、0.55、0.45、0.35 及泵送混凝土确定 0.55、0.45、0.35 水胶比，3 个石灰石粉掺量 10%、20%、30%计算混凝土配合比进行试拌。不同水胶比、不同石灰石粉掺量下混凝土抗压强度，建立混凝土抗压强度与胶水比的关系曲线，混凝土抗压强度与胶水比的回归关系式。

（三）试验结论

根据试验结果，建立不同掺合料掺量时混凝土抗压强度与水胶比的关系曲线或相关方程式，计算出不同掺合料掺量时混凝土配制强度所对应的水胶比，按照工作性能、强度及经济合理的原则选择合适的掺合料掺量及对应的水胶比。

对有耐久性设计指标的混凝土，通过混凝土耐久性验证试验结果，最终满足混凝土耐久性设计等级要求所对应的水胶比。

（四）施工应用

老挝南俄 4 水电站 C3&C4 标工程混凝土浇筑总量为 20 万 m^3，采用石粉替代粉煤灰作为掺合料应用在常态混凝土中，能有效地节约工程成本。石粉替代粉煤灰的混凝土已在南俄 4 厂房结构混凝土中投入使用，在现场取样，试验结果表明，7、28d 抗压强度、劈拉强度、抗渗性及抗冻性各项指标均满足设计及规范要求。

（中国水利水电第十工程局有限公司
黄炜　刘慧芳）

克卡夫·哈亚邓抽水蓄能电站滑框翻模设计及制造

（一）概述

以色列克卡夫·哈亚邓（Kokhav Hayarden）抽

水蓄能电站，位于以色列东北部 Gilboa 山脉，距以色列首都特拉维夫 120km。电站安装 2 台单机容量为 170MW 的单级可逆式机组，总装机容量 340MW，最大水头 441m，额定水头 410m，是以色列第二个开工建设的抽水蓄能电站。

电站尾水调压井含 4 个门槽井和 1 个异形墩头，采用滑框翻模浇筑衬砌混凝土。尾水调压井高度 124.66m，开挖支护后直径 16.6m，各方向混凝土浇筑的厚度不同，形状不规则，导致模板和框架结构受力不均衡，框架结构受力复杂。

（二）滑框翻模技术特点

滑框翻模包括框架及模板。框架包括竖直设立的中心筒，根据调压井形状和衬砌混凝土侧压力情况，沿中心筒外侧设 27 件不均布的辐射架。辐射架末端与竖直的提升架连接。提升架的外围设围檩，围檩上连接滑杆，滑杆外部为模板。提升架顶部设竖直的穿心液压缸，穿心液压缸通过插入调压井混凝土内的竖直爬杆带动框架整体上移，框架移动 300mm，模板人工向上周转。采用滑框翻模施工工艺进行混凝土衬砌，对有门槽井、外露插筋埋件多的尾水调压井优势较明显。浇筑中闸门井与调压井同步滑升，既满足滑框翻模的强度和刚度，保证施工质量，也能达到混凝土快速施工的目的，社会效益和经济效益显著。

（三）滑框翻模技术应用

在以色列克卡夫·哈亚邓抽水蓄能电站尾水调压井混凝土衬砌施工中，采用中国水利水电第五工程局有限公司设计制造的滑框翻模。滑框翻模实物和结构计算均顺利通过以色列结构工程师验收，制造的模板高度误差在±1mm 内，宽度在－0.7～0mm 内，表面平面度在±1mm 内，提升架的高度和宽度在±3mm 内，满足《滑动模板工程技术规范》（GB 50113—2005）规范中的相关质量要求，得到业主和监理的好评。

（中国水利水电第五工程局有限公司
孙学良　吴霞）

南公 1 水电站面板堆石坝填筑施工技术

（一）工程概况

老挝南公 1 水电站主坝为钢筋混凝土面板堆石坝，坝顶高程 325m，坝顶总长 409.946m，坝顶宽 8.8m，最大坝高 88m。上游边坡为 1∶1.4，下游边坡 1∶1.35。下游在高程 300m 和 270m 各设一级马道，宽度分别为 3m、4m。钢筋混凝土面板顶部高程 322m，顶部厚 0.3m，底部最大厚 0.6m。面板堆石坝坝体填筑总量 184.71 万 m^3。

（二）坝体填筑分区

1. 填筑分区和填筑料要求　坝体填筑区由上游向下游依次为上游盖重区、上游黏土铺盖区、特殊垫层区、垫层区、过渡区、主堆石区和次堆石区。各分区填筑料主要为垫层料、过渡料和堆石料。过渡料来源于溢洪道开挖的弱风化及微风化流纹岩。垫层料来源于左右岸砂石系统加工，要求级配连续，无断径，剔除超径料，碾压前做颗粒级配筛分试验。

2. 填筑道路布置　坝体共分 6 期填筑，填筑分上、中、下三部分布置道路。Ⅰ、Ⅱ、Ⅲ、Ⅳ、Ⅵ期从大坝左岸坝后上坝填筑，Ⅴ期坝前盖重及铺盖从大坝左岸坝前上坝填筑。填筑道路利用场内主干道并结合临时修筑的坝外及坝内施工道路。

（三）大坝分区填筑施工技术

坝体填筑前，对各分区坝料进行现场生产性碾压试验，根据试验成果确定填筑的施工参数。在填筑中，根据检测成果对填筑施工参数进行调整和优化。

1. 特殊垫层料填筑　特殊垫层料由砂石系统加工生产，料源为导流洞洞挖料。铺料厚度 45cm，边角部位厚 22cm，进占法结合后退法卸料，加水量 10%，18t 振动碾碾压，行车速度 2.5km/h，静压 2 遍，振碾 8 遍，边角部位液压夯板碾压，进退错距，重叠宽不小于 20cm。

在水平段趾板混凝土拆模并强度达 70%后，开始水平段特殊垫层料填筑，两岸坡特殊垫层料随坝体垫层料填筑。

2. 垫层料填筑　垫层料施工参数与特殊垫层料相同。垫层料位于坝体最上游侧，是面板基础，水平宽 3m，压实厚 40cm。垫层料由砂石加工系统加工，3m^3 装载机或 1.6m^3 反铲装料，20t 自卸车运输。垫层料、过渡料和一定宽度堆石料的填筑平起施工，均衡上升。

3. 过渡料填筑　施工参数：铺料厚度 45cm，进占法结合后退法卸料，加水 10%，32t 振动碾，行车速度 2.5km/h，进退错距，重叠宽不小于 20cm，静压 2 遍，振碾 8 遍。过渡料位于主堆石料与垫层料间，水平宽 4m，对垫层料起反滤作用。铺料前，采用反铲将堆石区上游边缘大于 30cm 的块石清除。过渡料主要采用溢洪道开采开挖料。1.6m^3 反铲装料，20t 自卸车运输。垫层料、过渡料和一定宽度堆石料的填筑平起施工。

4. 堆石料的填筑　施工参数：铺料厚度为 90cm，进占法卸料，加水 10%，32t 振动碾，行车速度 2.5km/h，进退错距，重叠宽度不小于 20cm，静压 2 遍，振碾 8 遍。堆石料是大坝主体，堆石料均在溢洪道开采直接上坝或 1 号存渣场回采。

（四）数字大坝监控

南公1水电站堆石坝填筑施工利用数字大坝监控系统技术，监控各分区坝料每个作业面的上料、碾压及碾压激振力等情况，以及堆石坝料上坝加水情况，对大坝填筑的施工过程进行实时监测和反馈控制。

1. 车载GPS监控　在运输坝料上坝的车辆上安装车载北斗，通过车载GPS发送车辆状态的信息，可实现施工车辆从料场到坝面的全程监控。该系统可以实现以下功能：

（1）料场料源匹配动态监测及报警。

（2）各分区不同来源的各种料源的上坝强度统计。

（3）道路行车密度统计。

（4）车辆空满载监视。

（5）堆石坝料运输车辆满载加水量监测。

通过数字大坝监控系统，可随时监测到每一单元填筑上料质量情况，一旦出现坝料运输车辆出现卸料区域错误，通过报警信息，立即将错卸料区域的坝料挖除，确保填筑坝料的质量。

2. 碾压质量GPS监控　所有碾压设备都安装高精度GPS移动终端，通过信息传送，可实现现场分控站对碾压设备施工过程实时监控。该系统可以实现以下功能：

（1）实时监控碾压轨迹、行走速度。当行走速度超标时，通过监控终端及手机PDA短信自动报警。

（2）可监测碾压遍数，在每一单元碾压结束后计算碾压遍数。当碾压遍数不达标时，通过监控终端及手机PDA短信自动报警，及时补碾。

（3）监测压实厚度，推算沉降率。

（4）提供大坝施工质量过程控制的手段，实现大坝填筑质量“双控制”。

通过数字大坝监控系统，可随时监测到每一填筑单元振动碾运行的状态和碾压区域情况，一旦出现振动碾运行错误或碾压区域漏碾等现象，通过报警信息，现场质检员立即督促操作手纠正错误，确保每一单元的碾压质量。

（中国水利水电第三工程局有限公司　安芳科）

南屯1水电站砂石加工系统扩容技术

（一）砂石加工系统扩容

老挝南屯1水电站碾压混凝土总量409万m^3，分布在大坝坝体及上游混凝土围堰堰体。电站在左岸500m高程建一座砂石加工系统，料源为砂岩。砂岩破碎后粗骨料针片状含量高、对设备磨损大、砂产量低、石粉含量较高。系统包括粗碎车间、筛土车间、半成品料堆、中细碎车间、立破车间、第一筛分车间、第二筛分车间、成品骨料堆，生产大石（25～50mm）、中石（12～25mm）、小石（5～12mm）、砂（0～5mm）4种产品。

根据工程施工规划，砂石系统需满足剩余碾压混凝土总量380万m^3、高峰月浇筑强度27万m^3所需骨料的生产供应任务。按每月25d、每天14h生产，每方混凝土需骨料2t，计算砂石系统的成品骨料产能为1928t/h（加工损耗0.8），成品生产能力不低于1543t/h。根据前期实测数据判断，现有系统成品骨料产能937t/h，产能缺口600t/h，需新增一套系统予以补充。扩容系统需满足生产大石（25～50mm）415t/h、中石（12～25mm）348t/h、小石（5～12mm）277t/h、砂（0～5mm）497t/h 44种产品。产生级配与工程所需生产比例相差较小，最大差值不超过4%，此值可在运行期调整。根据现阶段工况及系统扩容后理论计算，在提高产能的工况下，仍然存在产品余量问题，工程弃料量中要考虑增加4%。

由于砂岩岩性的特殊性，系统产砂率很高，仅流程砂率（不考虑立轴破制砂）就达35%，已超出需求，产生成品弃料。质量方面，砂细度模数较适中，满足要求。大石占比30%～35%偏高，大石占比由35%降至30%，砂率由35%上升至40%，则产生更多成品砂弃料。

扩容系统规模和设计原则为：毛料处理能力750t/h，成品骨料生产能力600t/h，生产大石、中石、小石、砂4种产品（颗粒尺寸均同上）。扩容砂石系统由粗碎车间、筛土车间、半成品料堆、半成品汽车受料仓、中细碎车间、第一筛分车间、超细碎车间、第二筛分车间及胶带机输送系统组成。成品料储存利用原有成品料堆，半成品汽车受料仓布置于原系统500m高程平台，中细碎车间、第一筛分车间、超细碎车间、第二筛分车间设在原系统东北侧506m高程平台。来自半成品料堆的物料，通过自卸汽车运输至半成品汽车受料仓，再通过胶带机送至后续中细碎等车间，并最终生产成品骨料。

（二）扩容系统设计

1. 系统工艺流程　扩容砂石加工系统主要处理半成品料，工艺采用“两段破碎、筛土、两级筛分、超细碎制砂整形”。扩容系统工艺流程：粗碎后半成品料通过自卸汽车运至系统回车平台，卸入汽车受料仓后经振动给料机送入胶带机，再经胶带机进入中碎车间，中碎后物料通过胶带机进入第一筛分车间。第一筛分车间为三层圆振动筛，筛孔尺寸5、25、50mm，将来料分为大于50、25～50、5～25、0～5mm 4种料，其中50mm以上、与部分25～50mm混合后进入细碎车间；5～25mm进入超细碎车间；部分25～50mm进入成品大石料堆；0～5mm进入成品砂料堆。细碎车间设圆锥破碎机，对一筛后25mm以上混合料进行处理，破碎后物料再返回一筛车间分级，两车间组成闭路循环生产。超细碎车间设立轴式冲击破碎机，对一筛后5～25mm进行处理，破碎后物料再返回第二筛分。第二筛分车间为三层圆振动筛，筛孔尺寸3、5、12mm，将超细碎车间来料分为中石（12～25mm）、小石（5～12mm）、粗砂（3～5mm）、细砂（0～3mm）4种料。部分中石及部分小石分别经胶带机进入成品料堆；富余中石及小石进入超细碎车间进行破碎制砂，破碎后物料返回二筛车间，形成闭路生产；粗砂分成两路，一路与细砂混合进入成品砂堆，另一路进入超细碎车间，通过改变两路料流比例可灵活调整砂细度模数、粒形，并在一定程度上调整控制砂石粉含量。

系统为干法生产，对破碎、筛分、胶带机转运点等扬尘点喷雾降尘。

2. 设备选型及配置　选用的关键设备为技术领先、质量可靠、单机生产能力大、使用成熟的国际知名设备，其生产能力、产品粒度满足工艺和质量要求，并能适应混凝土级配的变化，尽量选用相同规格型号设备，选用便于操作、降低能耗和运行管理费用的设备。

中碎车间设计处理能力为750t/h，车间内配置国内知名品牌CC400圆锥破碎机2台。给料粒径小于330mm，设计排料口开度51mm，单台生产能力720t/h，设备负荷率52%。

细碎车间设计处理能力为520t/h，车间内配置CC400圆锥破碎机2台。给料粒径小于130mm，设计排料口开度19mm，单台生产能力460t/h，设备负荷率为56%。

超细碎车间设计处理能力为300t/h，车间内设置ICM的T-MAV 21立轴冲击式破碎机1台。给料粒径小于25mm，T-MAV 21单机破碎能力为350t/h，设备负荷率为85%。

第一筛分车间设计处理能力为1280t/h，配置3YKR3675圆振筛2台，振动筛为3层筛网，上、中、下层筛孔尺寸分别为50、25、5mm，设备负荷率为76%。第二筛分车间设计处理能力为600t/h，配置3YKR3060圆振筛2台，振动筛为3层筛网，上、中、下层筛孔尺寸分别为12、5、3mm，设备负荷率为85%。

3. 扩容系统布置　按工艺流程先后顺序顺应地形、地势布置，尽量少挖少填。

成品料储存利用原有成品料堆。汽车受料仓设于500m高程平台，其余车间设在原系统东北侧506m高程平台上。第一筛分车间生产的大石、第二筛分车间生产的中石、小石、成品砂通过胶带机，汇入原系统的各级成品骨料皮带上，最终送入成品料堆。

（中国水利水电第三工程局有限公司　周若愚）

南俄4水电站引水隧洞开挖技术

老挝南俄4水电站采用“一洞三机”供水方式，引水系统由引水隧洞、调压井、地下压力钢管、钢岔管及支管组成。引水隧洞长16.5km，比降为0.2%/0.6%。

（一）岩石特性

开挖围岩属Ⅳ、Ⅴ类碳质板岩（千枚岩），为软岩～极软岩，岩层厚度小于1cm，薄层状～极薄层状结构，结构面为板理面，其余随机节理不发育，节理面起伏粗糙。室内试验结果显示，碳质板岩湿化性耐崩解性指数为68.4%，湿化性耐崩解性指数为51.69%，湿化性耐崩解性指数为35.78%，湿化性耐崩解性指数为20.85%，其物理力学性质表现为遇水易软化，软岩流变（蠕变导致的大变形）。老挝地处东南亚，地下水资源丰富，洞室开挖过程中导致渗流场发生改变，洞室周围岩体内地下水明显下降至边墙下部，造成边墙下部侧压力增大，使钢支撑受到挤压，产生扭曲变形。

（二）开挖工艺

开挖利用“新奥法”，在原设计参数基础上加强支护措施。其工艺原理为：顶部采用超前小管棚，抵御上部围岩变形带来的压力；“三台阶”开挖及支护将施工断面分为3个不同作业面，单一作业面工程量缩减，有利于快速支护；底板仰拱形成后，与钢支撑形成一个闭合支护圈，以抵御软岩蠕变带来的塑性变形，调整围岩应力的重新分布而达到新的平衡。

（三）施工质量控制要点

碳质板岩开挖及支护，按超前小管棚施工→“三台阶”开挖→“三台阶”支护→底板仰拱施工的顺序循环作业。

1. 超前小管棚角度　碳质板岩岩层厚度小，为薄层状结构。如按常规超前小管棚施工角度（水平上扬15°），爆破施工后，爆破冲击波对超前小管棚下部岩体扰动较大，该处岩体将全部松动掉落，造成超挖、超喷量增大，不利于施工成本的控制。经多次现场爆破试验统计，碳质板岩超前小管棚施工角度在8°～10°范围内效果最佳。

2. “三台阶”开挖　碳质板岩岩体破碎，呈薄层状结构，岩体板理发育，延伸长度超过开挖洞径，板理面起伏光滑，其余结构面随机发育，岩石自稳性较差，开挖完成后极易出现掌子面及顶拱范围内滑动塌方。若采用常规的上、下台阶分层开挖，临空面较大，施工中仍有塌方。故将开挖断面分为上、中、下3个台阶，依次高度为2m、3m、3m，每个台阶错落长度不超过6m，既能保证施工安全，又能增加工作面，有利于人员设备投入。

3. 底板仰拱施工　引水隧洞开挖成形断面为马蹄形。前期现场情况及监测数据表明，钢支撑主要变形集中在腰线下1m处。表现形式为两侧边墙向内侧挤压，侵占衬砌结构线。为防止软岩塑性变形扩大，将底部仰拱及时浇筑混凝土，形成一道封闭圈是有效的支护手段。底板仰拱采用I20a工字钢横撑与边墙工字钢连接，并覆盖C20混凝土。

4. 扩大开挖断面　软岩变形集中在钢支撑下部两侧边墙范围，在掌子面开挖支护成型后15天内，变形速率为4.55～10.44mm/天，最大变形量为10～16cm，钢支撑变形已侵占混凝土衬砌结构线10～16cm。底板仰拱施工后，变形速率显著降为0.04～0.20mm/天，处于收敛状态。为避免软岩变形侵占结构混凝土，增加后期处理难度及费用，考虑底板仰拱施工需距离掌子面一定安全距离，在开挖阶段扩大20cm开挖半径，预留变形量。

5. 同步监测　软岩洞室开挖，通过对收敛监测数据的分析，能有效预防变形并可及时采取相应的支护手段，抑制变形加剧。软岩段收敛监测主要以反射模板为主，多点位移计、锚杆应力计为辅。反射膜片每间隔30m布设一个断面，特殊地段局部加密。多点位移计及锚杆应力计每1500m布设一个监测断面。

（四）实施效果

老挝南俄4水电站采用“三台阶”开挖工艺后，不仅可加速隧洞开挖进度，为后期混凝土衬砌提供时间，而且可以通过上部超前支护，下部仰拱浇筑等方式，有效地抑制住软岩隧洞常见的顶拱下沉、边墙挤压变形。南俄4水电站引水隧洞软岩洞段开挖自2019年8月开始采用上述工法进行施工后，月开挖强度由原来的20～30m/月，提高至50～60m/月，极大提高了施工效率，且开挖施工过程中安全、质量可控。

（中国水利水电第十工程局有限公司
黄炜　刘慧芳）

南屯1水电站长距离带式输送系统的智能控制系统

长距离带式输送系统设备分布范围广、线路长，不利于及时发现运行中的问题和排除故障。老挝南屯1水电站砂石骨料带式输送系统采用智能控制系统，使这些问题得以解决。

（一）带式输送系统概述

南屯1水电站砂石骨料带式输送系统共1条输送线，输送能力为1500t/h。其任务是将砂石加工厂的成品砂石骨料输送至拌和站的成品骨料罐，成品骨料分大石、中石、小石。砂石厂骨料仓呈“一”字形布置，拌和站骨料罐为九宫格布置，分别储存不同类型的骨料。输送线按工艺流程分为输送①段、输送②段，根据胶带机带速在输送①段、②段适当位置分别设置一组物料探头，用于检测物料输送情况。

（二）控制系统组成

控制系统配备有上位机（工控机）、下位机（PLC柜）、皮带秤和分布在各部位的物料探头、皮带机保护装置，对控制系统实现集中控制和监控。系统设电铃信号，上位机启动或停止系统前，能自动实现全系统振铃。

南屯1水电站砂石骨料带式输送系统全部设备均可由控制室集中控制。物料探头、皮带秤与PLC程控系统设置连锁控制，实时监控物料输送情况，系统可根据物料输送情况实现不停机切换物料种类。皮带机保护装置可与PLC程控系统之间报警连锁，可用于程控运行人员在集中控制室监视现场设备工况，从而实现在最短时间内准确定位现场故障情况，及时掌握信息，为系统的操作、维护提供了极大方便。

（三）控制系统功能

输送系统的运行方式包括自动程序、远方手动和现场手动。自动控制方式按PLC设置的程序，通过工控机操作实现。远方手动方式通过PLC和工控机对全部设备实现一一对应的操作。现场手动方式不经过PLC，仅能在现场控制柜上操作。程控系统可完成前两种运行方式，自动程序方式是主要的运行方式。

考虑集中控制的同时，也考虑现场控制，以免现场发生故障时不能停车，需设置现场故障停车开关。利用现场设置的带速监控装置、物料堵塞保护装置、电动分料斗位置开关、电机温度探头、皮带跑偏开关等保护装置，设有故障检测及报警系统，对皮带输送机及其他设备运行状况进行监控。若系统某一部分发生故障，则发出报警信号，传入控制室，并对故障点上游设备发出停机指令，防止事故扩大。

（四）设备控制程序

由于输送线路长、物料种类多且频繁切换输送不同类型物料，系统启动顺序控制的原则是：输送设备沿顺料流方向①段、②段分段启动，①段、②段内部输送设备采用逆料流方向逐台启动。

正常输送物料时，控制室先选择输送骨料类型，并下达开机指令，处于①段内胶带机逆料流方向启动胶带机。①段内胶带机启动完成后，自动开启相应给料机，开始输送物料。待设置在①段的物料探头检测到物料时，系统自动下发指令逆料流方向逐条启动②段内对应胶带机。②段胶带机启动完成5s后，物料到达输送②段，将物料送至对应的骨料罐内。

切换物料时，控制室先选择切换骨料类型，并下达切换指令，给料机瞬时停止给料。待设在②段的物料探头检测到物料输送完成时，开启所切换骨料给料机，并顺料流方向逐台停止②段给料机。待设在①段的物料探头再次检测到物料时，系统自动下发指令逆料流方向逐条启动②段内对应胶带机。②段胶带机启动完成5s后，物料到达输送②段，将物料送至对应的骨料罐内。

当系统运行过程中某台设备因故障停机时，故障点及其上游设备瞬时停机，故障点下游设备保持原工作状态不变。待故障解除后，可从故障点向上游重新启动设备，也可以在故障未接触未解除时，从故障点向下游开始延时停止设备。连锁能阻止任何设备超出顺序的启动。

当系统停机时，顺料流方向逐台停机（逆料流启动是指在工艺流程上有直接衔接关系的设备在启动时按逆料流方向依次延时启动；顺料流停机是指在工艺流程上有直接衔接关系的设备在停止时按顺料流方向依次延时停机）。

设备延时启动的延时时间为5～10s，按顺序连续启动设备的启动时间确定。延时停机的延时时间根据设备卸空物料所需时间确定。

（中国水利水电第三工程局有限公司
王少培　周若愚）

10

技术标准与图书

标准化工作管理

2020 年电力标准化管理工作情况

2020 年是提升标准化治理效能之年，电力行业积极实施标准化战略，以标准助力创新发展、协调发展、绿色发展、开放发展、共享发展，取得了显著成效。经有关政府部门下达中国电力企业联合会（简称中电联）归口的电力标准计划 292 项，批准发布中电联归口的电力标准共 233 项；中电联下达团体标准计划 304 项，发布团体标准 192 项。截至 2020 年底，电力标准共有 3600 余项。

（一）电力标准法规政策

2020 年，在电力标准化领域，国家主要制定出台了储能标准化、行业标准化管理及新型标准化体系建设相关政策文件。主要有：①《关于加强储能标准化工作的实施方案》（国能综通科技〔2020〕3 号），要求强化顶层设计和工作统筹，科学建设储能标准体系，有力支撑储能技术与产业发展。到 2021 年，形成政府引导、多方参与的储能标准化工作机制，推进建立较为系统的储能标准体系，加强储能关键技术标准制修订和储能标准国际化。②《关于进一步加强行业标准管理的指导意见》（国标委发〔2020〕18 号），要求明晰行业标准的范围；优化行业标准供给结构；加强行业标准制修订管理；注重行业标准的协调性；规范行业标准备案管理；推动行业标准公开；强化行业标准实施与监督；加强行业标准复审修订；规范使用行业标准代号。③《2020 年能源工作指导意见》，强调健全完善能源行业标准体系。围绕能源转型变革需求，聚焦关键技术标准，强化标准制修订及实施。加强标准化管理工作，研究组建页岩油、电力气象应用、综合能源服务等领域标准化技术组织，稳步推进标准国际化。研究推动标准化信息管理平台建设，着力提升标准化工作质量和效率。④《关于加快能源领域新型标准体系建设的指导意见》（国能发科技〔2020〕54 号），要求明确目标导向，深化能源标准化工作改革；厘清标准定位，科学谋划能源标准体系层级结构；强化标准管理，夯实标准体系基础；坚持积极稳妥，树立能源标准体系权威；明确主体责任，鼓励社会广泛参与；强化动态维护，做好信息公开及服务。

（二）电力标准组织机构建设

2020 年，电力标准化组织机构不断完善，全国电力系统厂站低压用电标准化工作组和全国电力系统电网资产管理标准化技术委员会经国家标准化管理委员会批准筹建，中国电力企业联合会人工智能标准化技术委员会、中国电力企业联合会输变电设备仿真技术标准化技术委员会和中国电力企业联合会知识管理标准化技术委员会经中电联批准筹建（见表 1）；中国电力企业联合会电力工程信息模型应用标准化技术委员会、中国电力企业联合会电力实验室管理标准化技术委员会、中国电力企业联合会电力先进计算标准化技术委员会经中电联批准组建。截至 2020 年底，中电联归口管理的标准化技术组织共有 110 个，其中，由国家标准委批复成立的国家标准化技术组织有 24 个，由国家能源局批复成立的行业标准化技术组织有 53 个，中电联批复成立的团体标准化技术组织有 33 个。

表 1　2020 年批准筹建的国家、中电联标准化组织

编号	标准化组织	工作范围	批准机构	秘书处挂靠单位
筹建中	全国电力系统厂站低压用电标准化工作组	发电厂、变电站和换流站的交流 1000V 和直流 1500V 及以下用电系统的设计、安装验收、调试、运行维护和专用设备等	国家标准化管理委员会	国网四川省电力公司电力科学研究院
筹建中	全国电力系统电网资产管理标准化技术委员会	电力系统电网资产管理基础（电力资产分类、电力资产基础数据）、电力系统电网资产管理业务（寿命周期成本核算、资产管理策略）、电力系统电网资产管理绩效（电力资产运行绩效、电力资产投资绩效）等	国家标准化管理委员会	国网经济技术研究院有限公司

续表

编号	标准化组织	工作范围	批准机构	秘书处挂靠单位
CEC/TC 31	中国电力企业联合会人工智能标准化技术委员会	拟归口管理电力人工智能领域技术标准化工作，其范围包括：电力人工智能通用、共性技术、标准数据库、标准算法和评价方法等相关技术标准	中电联	中国电力科学研究院有限公司
CEC/TC 32	中国电力企业联合会输变电设备仿真技术标准化技术委员会	拟归口管理输变电设备仿真领域技术标准化工作，其范围包括：输变电设备仿真领域标准化分析流程、仿真需求、仿真输入条件、仿真技术方法、仿真体系、仿真产品开发、封装与集成、高性能计算、专业化定制、应用推广等标准制修订	中电联	南方电网科学研究院有限责任公司
CEC/TC 33	中国电力企业联合会知识管理标准化技术委员会	拟负责电力知识管理标准化工作，其范围包括：电力知识管理通用基础、知识资产、知识运营、知识工具、知识服务、知识应用、知识产权等领域的标准制修订	中电联	南方电网科学研究院有限责任公司

（三）电力标准颁布情况

1. 发电标准

（1）水电标准。我国水电施工技术及水电单机容量走在世界前列。2020 年，水轮发电机及电气设备领域继续加强关键标准制修订工作，完善了水轮发电机组及电气设备的产品、安装、运行维护、试验等技术标准体系。其中颁发的新标准有：《水电水利工程堆石混凝土施工规范》（DL/T 5806—2020）、《反击式水轮机磨蚀评估导则》（DL/T 444—2020）、《混凝土坝安全监测技术标准》（GB/T 51416—2020）、《水电站大坝安全现场检查技术规程》（DL/T 2204—2020）等。

（2）火电标准。为配合技术更新，2020 年火电领域标准的制修订更加关注“新技术、新工艺、新材料、新设备、新产品”等五新技术的发展，不断完善配套标准体系，重点研究制定有前瞻性、科学性、实用性的高质量标准，指导火电领域高质量、高水平的安全可靠发展。其中颁发的新标准有：《超临界循环流化床锅炉运行导则》（DL/T 2198—2020）、《大型同步调相机调试技术规范》（DL/T 2122—2020）、《发电厂监控系统信息安全防护技术规范》（DL/T 2202—2020）、《火力发电厂热电联产供热技术导则》（DL/T 2087—2020）、《火力发电厂烟气余热梯级利用系统节能量计算方法》（DL/T 2169—2020）、《燃气发电机组能耗指标耗差分析》（DL/T 2100—2020）等。

（3）可再生能源发电标准。2020 年，在分布式光伏电站集中运维、光伏电站功率控制、光伏电站项目管理、户用光伏发电勘察设计、户用光伏发电并网控制与检测方面制定发布了相关标准，提出了具体的技术要求，解决了相关环节急需标准指导的问题，进一步完善了光伏发电标准体系。其中颁发的可再生能源发电领域新标准有：《分布式光伏发电系统集中运维技术规范》（GB/T 38946—2020）、《光伏电站有功及无功控制系统的控制策略导则》（GB/T 38993—2020）、《光伏发电建设项目声像文件收集与归档规范》（NB/T 10433—2020）、《生物质结渣性的测定方法》（DL/T 2147—2020）等。

（4）核电常规岛标准。2020 年，在核电常规岛运行维护、施工验收、设备设施、调试、测试与试验等领域加快标准制修订，提高标准的前瞻性，以标准全面提升推动产业升级，切实发挥标准在推动我国核电进入安全高效发展中的支撑和引领作用。其中颁发的核电领域新标准有：《核电厂二回路系统冲洗导则》（NB/T 25107—2020）、《核电厂厂区实验室建设规范》（NB/T 25114—2020）、《核电厂热机修车间建设规范》（NB/T 25115—2020）、《核电厂汽轮机保护系统调试导则》（NB/T 25105—2020）、《核电厂逆变器和调压变压器调试技术导则》（NB/T 25106—2020）等。

2. 电网标准

（1）高压直流输电标准。依托特高压直流技术研究和工程建设，建立了±800kV 特高压直流标准体系。2020 年，组织制定了特高压直流系统设计、建设监理、关键设备及元器件等领域技术标准，对于保证系统安全稳定运行具有重要意义。其中颁发的高压直流输电领域新标准有：《±800kV 高压直流输电系统成套设计规程》（DL/T 5426—2020）、《高压直流输电系统主回路参数计算导则》（DL/T 2108—2020）、《直流输电工程主要设备监理导则》（DL/T

399—2020)、《±1100kV 支柱复合绝缘子使用技术条件》(DL/T 2173—2020)等。

(2)架空线路运行维护标准。根据生产实际及发展需求，近年来电力企业积极推广应用无人机、直升机、机器人等典型智能装备和技术，构建新型的架空线路协同立体化智能运检模式。2020 年，组织指定的一系列智能运检标准，从技术管理精益化、装备智能化、作业自主化、作业数据处理智能化等方面，促进了智能装备和技术推广应用。其中颁发的架空线路运行维护领域新标准有：《架空电力线路多旋翼无人机飞行控制系统通用技术规范》(DL/T 2119—2020)、《架空电力线路固定翼无人机巡检系统》(DL/T 2101—2020)、《架空电力线路多旋翼无人机巡检系统分类和配置导则》(T/CEC 308—2020)等。

(3)变电站自动化标准。当前变电站自动化水平不断提高，无人值守变电站模式在全国范围逐步推广应用。2020 年，在设备、运维管控、厂站监控系统等领域，组织制定了一系列标准，对于增强系统运行稳定性，实现友好人机交互，支撑电力系统稳定运行具有重要意义。其中颁发的变电站自动化领域新标准有：《交流采样远动终端技术条件》(DL/T 630—2020)、《变电站自动化系统及设备检测规范　第 1 部分：总则》(DL/T 2144.1—2020)、《变电站自动化设备远程运行维护技术规范》(DL/T 2176—2020)、《厂站监控系统图形界面规范》(DL/T 2177—2020)等。

(4)配电标准。为支撑新型配电网快速高效发展，进一步满足全社会对供电质量及可靠性需求，2020 年，组织制定了配电网领域相关标准，对科学指导配电网规划、设计、建设及运行维护，精准匹配不同地区的经济发展水平发挥了重要作用。其中颁发的配电领域新标准有：《配电网发展水平综合评价导则》(T/CEC 300—2020)、《配电网规划图纸绘制规范》(T/CEC 5028—2020)、《智能园区配电网规划设计技术导则》(T/CEC 5027—2020)等。

(5)供用电标准。供用电基础设施的智能化升级在电网转型发展中扮演着重要角色，将在能源互联网建设中发挥重要的基础作用。2020 年，供用电领域深入开展了能源互联网与信息通信融合技术研究工作，组织制定了一系列相关标准。其中颁发的供用电领域新标准有：《配电自动化终端试验装置技术条件》(DL/T 2178—2020)、《电力源网荷友好互动终端技术规范》(DL/T 2179—2020)、《2MHz～12MHz 低压电力线高速载波通信系统　第 1 部分：总则》(T/CEC 337.1—2020)等。

(6)电磁兼容、电磁环境标准。针对电网等基础设施在高空核爆电磁脉冲、高功率电磁环境下的效应和防护加固问题，2020 年组织编制了强电磁环境构成、强电磁脉冲模拟源、电磁脉冲效应试验和电磁防护等一系列标准，提升了基础设施适应高空核爆电磁环境的能力。其中颁发的电磁兼容、电磁环境领域新标准有：《电磁兼容　限值　接入中压、高压、超高压电力系统的不平衡设施发射限值的评估》(GB/Z 17625.13—2020)、《±800kV 特高压直流线路电磁环境参数限值》(DL/T 1088—2020)、《直流换流站阀厅电磁兼容导则》(DL/T 2084—2020)、《变电站降噪材料和降噪装置技术要求》(DL/T 2085—2020)、《高压输电线路和变电站噪声的传声器阵列测量方法》(DL/T 2086—2020)等。

3. 其他标准

(1)电动汽车充电设施标准。2020 年，电动汽车充电设施领域发布的 GB/T 38775《电动汽车无线充电系统》系列标准填补了我国在电动汽车无线充电技术领域国家标准规范的空白，完善了电动汽车无线充电标准体系，对系统性能、安全及功能提出了明确的要求和测试方法，可支撑私人应用领域的无线充电系统产品开发、测试和应用。该系列标准是推动我国电动汽车无线充电产业化发展进程的里程碑，丰富了我国电动汽车充电技术体系和应用场景，真正发挥标准的技术引领作用。其中颁发的电动汽车充电设施领域新标准有：《电动汽车无线充电系统　第 1 部分：通用要求》(GB/T 38775.1—2020)、《电动汽车无线充电系统　第 2 部分：车载充电机和无线充电设备之间的通信协议》(GB/T 38775.2—2020)、《电动汽车无线充电系统　第 3 部分：特殊要求》(GB/T 38775.3—2020)、《电动汽车无线充电系统　第 4 部分：电磁环境限值与测试方法》(GB/T 38775.4—2020)、《电动汽车快速更换电池箱锁止机构通用技术要求》(NB/T 10435—2020)等。

(2)电力储能标准。我国电化学储能发展迅速，已在发输配用各环节广泛应用。2020 年，电力储能领域制定和发布了电化学储能电站和分布式电化学储能接入电网设计规范、储能用超级电容器及检测方法、电化学储能系统溯源编码等技术标准，进一步完善了电力储能标准体系。其中颁发的电力储能领域新标准有：《电化学储能电站接入电网设计规范》(DL/T 5810—2020)、《分布式电化学储能系统接入配电网设计规范》(DL/T 5816—2020)、《电力储能用超级电容器》(DL/T 2080—2020)、《电力储能用超级电容器试验规程》(DL/T 2081—2020)、《电化学储能系统溯源编码规范》(DL/T 2082—2020)等。

(3)电力可靠性管理标准。电力可靠性管理在日常电力生产中发挥着重要的作用。2020 年，针对发电厂辅助设备、输变电设施制定了相关标准，为电力生产正常运行、实现良好的经济效益提供保障。其中颁发的电力可靠性领域新标准有：《火力发电厂辅助设备可靠性评价规程》（DL/T 2139—2020）、《输变电设施可靠性评价规程》（DL/T 837—2020）、《电力可靠性基本名词术语》（DL/T 861—2020）等。

（中国电力企业联合会　周丽波　马小琨）

2020 年农村水电技术标准制、修订情况

2020 年，水利部农村水利水电司主持编写农村水电技术标准共 10 项，其中当年新发布标准 2 项，为《小型水电站下游河道减脱水防治技术导则》（SL/T 790—2020）、《绿色小水电评价标准》（SL 752—2020）。根据《水利部关于废止〈水电新农村电气化规划编制规程〉等 87 项水利行业标准的公告》，当年废止标准 14 项。截至 2020 年底，农村水电现行有效技术标准共 44 项，其中国家标准 16 项、行业标准 28 项。农村水电在编技术标准情况见表 1。

根据《水利标准化工作管理办法》要求和 2020 年水利技术标准制修订计划安排，2020 年《小型水电站技术改造规范》《小型水轮机基本技术条件》《小型水电站建设工程验收规程》《小型水电站施工技术规范》通过报批稿审定会审查；《小型水电站生态流量核定技术导则》立项，并组织完成大纲编制；《绿色小水电评价标准》立项，并完成全部修订工作，发布实施。

按照新《标准化法》要求，配合相关司局开展水利技术标准体系表修订工作，研究完善农村水电技术标准体系，组织召开农村水电技术标准用户座谈会，广泛征求意见，为体系表修订奠定基础。

表 1　农村水电在编技术标准情况

序号	标准名称	制/修订	性质	已完成
1	小型水电站技术改造规范	修订	国家标准	报批稿审定会
2	小型水电站安全检测与评价规范	修订	国家标准	送审稿审查会
3	小水电环境影响评价规程（合并修订《农村水电站工程环境影响评价》《小水电规划环境影响评价》）	修订	行业标准	送审稿审查会
4	小型水电站施工技术规范	修订	国家标准	送审稿审查会
5	小型水电站建设工程验收规程	修订	行业标准	送审稿审查会
6	小型水轮机基本技术条件	修订	行业标准	报批稿审定会
7	农村水电工程项目规范	制定	国家标准	征求意见稿
8	小型水电站生态流量核定技术导则	制定	国家标准	大纲编制

（水利部农村水电及电气化发展局　赵虹）

中国长江三峡集团有限公司 2020 年标准化工作情况

2020 年，中国长江三峡集团有限公司主编、参编并正式发布的国家技术标准 18 项、行业技术标准 21 项，见表 1、表 2。参编并发布的国际技术标准 5 项，见表 3。制定并发布三峡企业技术标准 53 项。

表 1　中国长江三峡集团有限公司 2020 年参编国家技术标准情况

序号	标准编号	标准名称	主编/参编	实施时间
1	GB/T 11022—2020	高压交流开关设备和控制设备标准的共用技术要求	参编	2021 年 7 月 1 日
2	GB/T 12602—2020	起重机械超载保护装置	参编	2021 年 10 月 1 日
3	GB/T 15468—2020	水轮机基本技术条件	参编	2021 年 12 月 1 日
4	GB/T 31489.3—2020	额定电压 500kV 及以下直流输电用挤包绝缘电力电缆系统　第 3 部分：直流海底电缆	参编	2021 年 7 月 1 日
5	GB/T 31489.4—2020	额定电压 500kV 及以下直流输电用挤包绝缘电力电缆系统　第 4 部分：直流电缆附件	参编	2021 年 7 月 1 日

续表

序号	标准编号	标准名称	主编/参编	实施时间
6	GB/T 38957—2020	海上风电场热带气旋影响评估技术规范	参编	2021年7月21日
7	GB/T 39264—2020	智能水电厂一体化管控平台技术规范	参编	2021年6月1日
8	GB/T 39324—2020	智能水电厂主设备状态检修决策支持系统技术导则	参编	2021年6月1日
9	GB/T 39565—2020	智能水电厂防汛应急指挥系统技术规范	参编	2021年7月1日
10	GB/T 39569—2020	潮流能资源评估及特征描述	参编	2021年7月1日
11	GB/T 39571—2020	波浪能资源评估及特征描述	参编	2021年7月1日
12	GB/T 39627—2020	智能水电厂智能测控装置技术规范	参编	2021年7月1日
13	GB/T 39629—2020	智能水电厂安全防护系统联动技术要求	参编	2021年7月1日
14	GB/T 39698—2020	通用硅酸盐水泥出厂确认方法	参编	2021年11月1日
15	GB/T 39701—2020	粉煤灰中铵离子含量的限量及检验方法	参编	2021年11月1日
16	GB/T 39711—2020	海洋工程用硫铝酸盐水泥修补胶结料	参编	2021年11月1日
17	GB/T 50549—2020	电厂标识系统编码标准	参编	2021年3月1日
18	GB/T 51416—2020	混凝土坝安全监测技术标准	参编	2020年10月1日

表2　　中国长江三峡集团有限公司2020年主编及参编行业技术标准情况

序号	标准编号	标准名称	主编/参编	实施时间
1	DL/T 444—2020	反击式水轮机磨蚀评估导则	参编	2021年2月1日
2	DL/T 1067—2020	蒸发冷却水轮发电机基本技术条件	主编	2021年2月1日
3	DL/T 2083—2020	水电站库容超声波法测量规程	参编	2021年2月1日
4	DL/T 2097—2020	大坝安全信息分类与系统接口技术规范	参编	2021年2月1日
5	DL/T 2154—2020	大中型水电工程运行风险管理规范	主编	2021年2月1日
6	DL/T 2155—2020	大坝安全监测系统评价规程	参编	2021年2月1日
7	DL/T 2204—2020	水电站大坝安全现场检查技术规程	参编	2021年2月1日
8	DL/T 5209—2020	混凝土坝安全监测资料整编规程	参编	2021年2月1日
9	DL/T 5385—2020	大坝安全监测系统施工监理规范	参编	2021年2月1日
10	DL/T 5808—2020	水电工程水库地震监测技术规范	参编	2021年2月1日
11	DL/T 5809—2020	水电工程库区安全监测技术规范	参编	2021年2月1日
12	NB/T 10385—2020	水电工程生态流量实时监测系统技术规范	参编	2021年2月1日
13	NB/T 10386—2020	水电工程水温实时监测系统技术规范	参编	2021年2月1日
14	NB/T 10387—2020	海上风电场风能资源小尺度数值模拟技术规程	参编	2021年2月1日
15	NB/T 10389—2020	水电工程下闸蓄水规划报告编制规程	参编	2021年2月1日
16	NB/T 10393—2020	海上风电场工程施工安全技术规范	主编	2021年2月1日
17	NB/T 10394—2020	光伏发电系统效能规范	参编	2021年2月1日
18	NB/T 10395—2020	水电工程劳动安全与工业卫生后评价规程	参编	2021年2月1日
19	NB/T 10431—2020	风电场工程招标文件编制导则	参编	2021年2月1日
20	NB/T 10477—2020	小型水电站增效扩容改造技术规程	参编	2021年2月1日
21	SL/T 352—2020	水工混凝土试验规程	参编	2021年2月28日

表 3 中国长江三峡集团有限公司 2020 年参编国际技术标准情况

序号	标准编号	标准英文名称	标准中文名称	主编/参编	实施时间
1	IEC TS 62882:2020	Hydraulic machines-Francis turbine pressure fluctuation transposition	水力机械　混流式水轮机压力脉动换算技术规程	参编	2020 年 9 月 18 日
2	IEC 63132-1:2020	Guidance for installation procedures and tolerances of hydroelectric machines-Part 1: General aspects	水电机组安装程序和公差　第 1 部分:总则	参编	2020 年 4 月 20 日
3	IEC 63132-2:2020	Guidance for installation procedures and tolerances of hydroelectric machines-Part 2: Vertical generators	水电机组安装程序和公差　第 2 部分:立式发电机	参编	2020 年 4 月 20 日
4	IEC 63132-3:2020	Guidance for installation procedures and tolerances of hydroelectric machines-Part 3: Vertical francis turbines or pump-turbines	水电机组安装程序和公差　第 3 部分:立式混流式水轮机或水泵水轮机	参编	2020 年 4 月 20 日
5	IEC 63132-4:2020	Guidance for installation procedures and tolerances of hydroelectric machines-Part 4: Vertical kaplan or propeller turbines	水电机组安装程序和公差　第 4 部分:立式轴流转桨或轴流定桨式水轮机	参编	2020 年 4 月 20 日

（中国长江三峡集团有限公司　张学礼）

南方电网调峰调频发电有限公司 2020 年标准化工作情况

2020 年，南方电网调峰调频发电有限公司（简称调峰调频公司）积极开展各类技术标准编制活动，编制发布了《调峰调频公司技术标准体系明细表（2020 版）》；主编的《抽水蓄能电站输水系统充排水技术规程》《抽水蓄能电站无人值班技术规范》《抽水蓄能电站生产准备导则》等 3 项电力行业标准英文翻译版通过审查；立项国家标准 1 项，行业标准 1 项（参编），企业标准 14 项；组织申请行业标准 8 项，团体标准 8 项，企业标准 34 项，其中 2 项行业标准、1 项团体标准通过初审，1 项企业标准通过审查；颁布参编国家标准 1 项，主编团体标准 3 项、企业标准 1 项。2020 年 10 月，调峰调频公司承办了电力行业水电站自动化标准化技术委员会 2020 年年会；12 月，承办了中电联抽水蓄能标准化技术委员会 2020 年年会。

2020 年，调峰调频公司下属广蓄公司、天二公司、惠蓄公司、修试公司等 4 家单位获批为中国电力企业联合会电力企业“标准化良好行为企业”试点单位。2020 年 5 月，南方电网公司批准调峰调频公司为国家技术标准创新基地调峰调频及储能技术创新基地分基地筹建单位。2020 年，调峰调频公司获得南方电网公司技术标准创新贡献 3 等奖一项。天二公司通过电力企业“标准化良好行为企业”5A 级评价。

2020 年，调峰调频公司主持或参与 1 项国际标准、3 项国家标准、6 项行业标准、8 项团体标准和 17 项企业标准的编制情况见表 1。

表 1 南方电网调峰调频发电有限公司 2020 年主、参编技术标准情况

序号	标准项目名称	参与类型	标准类别	制/修订	进度情况	备注
1	Technical guide for smart hydroelectric power plant（智能水电厂技术导则）	参与	国际标准	制定	征求意见中	第 5 版讨论稿
2	《电化学储能电站设计规范》（GB51048—2014）修编	主持	国家标准	修订	征求意见稿	2020 年立项
3	智能水电厂大坝安全分析评估系统规范	参与	国家标准	制定	送审稿审查	

续表

序号	标准项目名称	参与类型	标准类别	制/修订	进度情况	备注
4	涂漆和未涂漆金属试样的电化学阻抗谱（EIS） 第3部分：从模拟电解池获得数据的处理和分析	参与	国家标准	制定	已发布	
5	抽水蓄能机组非电气量保护系统技术导则	主持	行业标准	制定	报批	
6	抽水蓄能电站生产准备导则（英文版）	主持	行业标准	制定	报批	
7	抽水蓄能电站无人值班技术规范（英文版）	主持	行业标准	制定	报批	
8	DL/T 1770—2017《抽水蓄能电站输水系统充排水技术规程》英文版	主持	行业标准	制定	报批	
9	抽水蓄能电站水库运行管理规范	参与	行业标准	制定	初稿编制	
10	电化学储能用锂离子电池状态评价导则	参与	行业标准	修订	立项	2020年立项
11	电化学储能电站安全技术要求	主持	团体标准	制定	征求意见稿	
12	电化学储能电站锂离子电池维护导则	主持	团体标准	制定	报批	
13	海水抽水蓄能电站项目环境影响评价技术规范	主持	团体标准	制定	报批	
14	电工产品海洋环境盐雾过滤技术要求	主持	团体标准	制定	已发布	
15	电工产品海洋服役微环境　盐雾含量评价方法	主持	团体标准	制定	已发布	
16	发电电动机空气冷却器技术规范	主持	团体标准	制定	已发布	
17	海水抽蓄电站金属构件表面材料防腐性能的电化学阻抗谱评价	参与	团体标准	制定	报批稿	
18	海水抽水蓄能电站资源评估、选址规划及设备选型设计关键技术规范	参与	团体标准	制定	初稿编制	
19	抽水蓄能电站调速器系统技术规范	主持	企业标准	制定	报批	
20	抽水蓄能电站机变保护技术规范	主持	企业标准	制定	报批	
21	抽水蓄能电站机组启动调试技术导则	主持	企业标准	制定	已发布	
22	数字电网领域信息模型　第1部分：建模方法与框架	主持	企业标准	制定	报批	2020年立项
23	数字电网领域信息模型　第2部分：术语	主持	企业标准	制定	报批	2020年立项
24	数字电网领域信息模型　第3部分：生产域第1篇：元模型	主持	企业标准	制定	报批	2020年立项
25	数字电网领域信息模型　第3部分：生产域第2篇：电厂资产信息模型	主持	企业标准	制定	报批	2020年立项
26	数字电网领域信息模型　第3部分：生产域第3篇：电厂设备缺陷信息模型	主持	企业标准	制定	大纲审查	2020年立项
27	数字电网领域信息模型　第3部分：生产域第4篇：电厂安全风险信息模型	主持	企业标准	制定	大纲审查	2020年立项
28	数字电网领域信息模型　第3部分：生产域第5篇：电厂任务工单信息模型	主持	企业标准	制定	大纲审查	2020年立项

续表

序号	标准项目名称	参与类型	标准类别	制/修订	进度情况	备注
29	数字电网领域信息模型　第 3 部分：生产域　第 6 篇：电厂生产作业信息模型	主持	企业标准	制定	大纲审查	2020 年立项
30	数字电网领域信息模型　第 3 部分：生产域　第 7 篇：电厂检查分析信息模型	主持	企业标准	制定	大纲审查	2020 年立项
31	数字电网领域信息模型　第 3 部分：生产域　第 8 篇：电厂运行信息模型	主持	企业标准	制定	大纲审查	2020 年立项
32	数字电网领域信息模型　第 3 部分：生产域　第 9 篇：应用指南	主持	企业标准	制定	报批	2020 年立项
33	数字电网领域信息模型　第 4 部分：维护与交换　第 1 篇：建模环境基本技术要求	主持	企业标准	制定	报批	2020 年立项
34	数字电网领域信息模型　第 4 部分：维护与交换　第 2 篇：命名和标识原则	主持	企业标准	制定	报批	2020 年立项
35	数字电网领域信息模型　第 4 部分：维护与交换　第 3 篇：交换格式	主持	企业标准	制定	报批	2020 年立项

（南方电网调峰调频发电有限公司　曹娅）

中国电建集团西北勘测设计研究院有限公司 2020 年标准化工作情况

2020 年，中国电建集团西北勘测设计研究院有限公司（简称西北院）参与国家、行业、团体等技术标准共 178 项，其中主编技术标准 42 项。经批准发布主编行业技术标准 2 项、行业标准英文版翻译项目 3 项（见表 1）。2020 年度新立项主编行业技术标准 2 项，行业技术标准英文版翻译项目 14 项。2020 年，西北院首次参与自然资源部《流域国土空间规划编制技术规程》技术标准编制，该技术标准将规范流域国土空间规划编制工作，提高规划的科学性和可操作性，统筹流域内各部门的各类空间性规划，为国土空间用途管制提供基本依据。

表 1　　西北院 2020 年主编行业技术标准发布情况

序号	标准属性	标准编号	标准名称	制定/修订	主编/参编
1	行业标准	NB/T 10387—2020	海上风电场风能资源小尺度数值模拟技术规程	制定	主编
2	行业标准	NB/T 10394—2020	光伏发电系统效能规范	制定	主编
3	行业标准	NB/T 35014—2013（英文版）	Code for preparation of safety assessment report upon completion of hydropower projects（水电工程安全验收评价报告编制规程）	制定	主编
4	行业标准	NB/T 5040—2014（英文版）	Design code for heating ventilation and air conditioning of hydropower plants（水力发电厂供暖通风与空气调节设计规范）	制定	主编
5	行业标准	NB/T 35042—2014（英文版）	Design code of communication for hydroelectric power plants（水力发电厂通信设计规范）	制定	主编

（中国电建集团西北勘测设计研究院有限公司　王丹迪）

中国电建集团成都勘测设计研究院有限公司2020年标准化工作情况

中国电建集团成都勘测设计研究院有限公司（简称成都院）2020年共承担国家、行业、团体技术标准制定、修订项目138项（其中主编技术标准42项），在编企业技术标准项目46项，技术标准英文版翻译项目30项。发布主编行业标准4项、参编行业标准5项，主编团体标准2项，参编团体标准2项，企业标准5项（见表1）。2020年新立项国家、行业技术标准15项（其中主编行业标准4项）；新立项企业技术标准21项，英文版翻译项目18项。完成2020年度企业技术标准复审及执行情况自查工作，废止已发布企业技术标准4项，终止在编企业技术标准7项。

表1　　成都院2020年发布国家、行业、企业技术标准情况

序号	标准属性	标准编号	标准名称	制定/修订	主编/参编
1	行业标准	NB/T 10390—2020	水电工程沉沙池设计规范	修订	主编
2	行业标准	NB/T 10391—2020	水工隧洞设计规范	修订	主编
3	行业标准	DL/T 5385—2020	大坝安全监测系统施工监理规范	修订	主编
4	行业标准	DL/T 5809—2020	水电工程库区安全监测技术规范	制定	主编
5	行业标准	NB/T 10385—2020	水电工程生态流量实时监测系统技术规范	制定	参编
6	行业标准	NB/T 10386—2020	水电工程水温实时监测系统技术规范	制定	参编
7	行业标准	NB/T 10389—2020	水电工程下闸蓄水规划报告编制规程	制定	参编
8	行业标准	NB/T 10392—2020	水电工程泄水建筑物消能防冲设计导则	制定	参编
9	行业标准	SL/T 352—2020	水工混凝土试验规程	修订	参编
10	团体标准	T/CWHIDA 0007—2020	水利水电工程信息模型分类和编码标准	制定	主编
11	团体标准	T/CWHIDA 0009—2020	水利水电工程信息模型存储标准	制定	主编
12	团体标准	T/CSRME 004—2020	岩体真三轴现场试验规程	制定	参编
13	团体标准	T/CEC 419—2020	带调压阀水轮机调节系统技术导则	制定	参编
14	企业标准	Q/CDY 044—2020	水电工程溃坝洪水计算及影响分析专题报告编制规程	制定	主编
15	企业标准	Q/CDY 045—2020	水利水电工程高压设备继电保护设计导则	制定	主编
16	企业标准	Q/CDY 046—2020	水利工程移民安置监督评估报告编制导则	制定	主编
17	企业标准	Q/CDY 047—2020	水电工程移民安置集镇迁建选址报告编制导则	制定	主编
18	企业标准	Q/CDY 048—2020	国际水电工程项目移民安置行动计划编制导则	制定	主编

（中国电建集团成都勘测设计研究院有限公司　鞠琳）

国家能源局综合司印发2021年能源行业标准计划立项指南

国家能源局综合司2020年12月10日发布《关于印发2021年能源行业标准计划立项指南的通知》，该《指南》全文如下。

2021年能源行业标准计划立项指南

为指导能源标准化技术组织及有关单位做好2021年能源行业标准计划（含制定和修订）立项工作，建设支撑引领能源高质量发展的标准体系，按照持续深化能源领域标准化工作改革的要求，根据《标准化法》《能源标准化管理办法》（国能发科技〔2019〕38号）和《关于加快能源领域新型标准体系建设的指导意见》（国能发科技〔2020〕54号）等，结合能源行业实际，制定本指南。

一、总体要求

坚持需求导向。紧密围绕落实“四个革命、一个合作”能源安全新战略，构建清洁低碳、安全高效能源体系，以及推动能源治理体系及能力现代化和能源高质量发展的需求，根据国家能源局及相关部门工作需要，突出重点领域和关键技术要求，研究提出能源行业标准计划。

强化体系引领。能源行业标准计划的提出要以本

领域的标准体系为指导，坚持急用先行、先进适用、协调统一的原则，优先健全能源新兴领域的标准，着力提升能源传统领域的标准。

突出公益属性。深入贯彻国家标准化工作改革精神，突出能源行业标准的公益性，对没有国家标准而又需要在能源行业范围内统一的，涉及重要产品、工程技术、服务和行业管理需求的技术要求提出能源行业标准计划。属于竞争性的、一般的技术要求，原则上不能作为能源行业标准制定计划。尤其是智慧能源、新能源等领域，要贯彻率先建设新型标准体系的要求，积极培育发展团体标准，慎重提出能源行业标准制修订计划。

提升标准质量。能源行业标准计划要坚持协商一致原则，具有较好的技术基础和工作基础，计划草案较为成熟，通过能源行业标准化技术委员会或专家组经能源行业标准化管理机构汇总审核后申报。同一领域的能源行业标准计划数量与2020年相比，原则上只减不增。

二、立项重点

（一）行业标准计划

1. 优先领域

与相关国家标准的实施相配套的行业标准计划；涉及能源领域保障人身健康和生命财产安全、国家安全、节能、节水、资源综合利用、环境和生态保护、绿色发展的行业标准计划；显著提升能源行业整体技术水平和产品、服务质量的行业标准计划；对标国外、国际先进标准，有利于提升中国标准国际公信力、影响力的行业标准计划。

2. 各专业领域重点方向

电力和电工装备。电力安全生产标准化规范，电力安全监管，电力应急管理，电力可靠性管理，高压电力设施运行维护，地方电网、增量配电网和微电网与大电网互联，柔性直流输电。

煤炭。煤炭矿区（井）田划分技术导则，智能化煤矿验收，非金属完井、磁导向钻井和化学剂、堵漏工具防漏治漏、低浓度瓦斯（乏风）利用。

油气。天然气能量计量等油气基础设施公平开放配套标准，油气勘探开发及绿色发展。

新能源和可再生能源。水电工程信息化，水电工程后评价和管理，高海拔水电工程建设和运维，水电工程设备更新改造，冲击式水电发电机组，抽水蓄能机组；多种能源互补和综合能源利用，海上风电，风电场智能化和工程质量控制；光伏发电系统设计和性能提升，户用系统设计与应用技术；光热发电工程建设规范和运行优化标准；地热能勘探、开发与利用工程建设规范；生物天然气工程设计、检测认证，生物质能工程建设规范和节能减排，生物质电厂安全作业规范；充电基础设施；发电侧、电网侧储能设施。

（二）行业标准外文版翻译计划

在加强能源领域对外贸易、服务、承包工程所需的成套标准外文版体系研究的基础上，鼓励申报行业标准外文版计划。倡导标准外文版翻译计划与标准计划同步立项、同步制定、同步发布。

三、申报要求

（1）应按照现有标准管理分工机制和专业领域，经过充分调研、技术论证和初步筛选后确定申报计划。

（2）申报计划应保证与现有标准体系协调一致。

（3）在存在技术交叉的领域，申报单位在计划上报前应与技术相关方充分沟通协商，杜绝交叉重复立项。

（4）主要起草单位应已做好标准编制前期准备工作，确保两年内完成报批。

（5）行业标准外文版计划应与相关国际标准进行比对研究，技术要求不低于国际标准水平。

四、申报材料

（一）行业标准计划

正式来函报送相关材料，包括行业标准项目计划汇总表（纸质版、Excel文档）、行业标准项目任务书（Word文档、盖章PDF）、标准草案稿（Word文档）、审查会会议纪要及专家签字表（纸质版、盖章PDF）。

（1）项目计划汇总表应填写完整、准确。“适用范围和主要技术内容”将作为后续征求意见的主要依据。

（2）项目建议书应填写完整、翔实。“目的和理由”中请注明标准计划项目对行业工作的支撑作用。

（3）标准草案应明确提出主要章节及各章节所规定主要技术内容，内容基本覆盖“适用范围和主要技术内容”涉及的各要点。修订项目应重点说明拟修订的主要内容和理由。

（二）外文版标准计划

正式来函报送相关材料，包括行业标准英文版计划汇总表（纸质版、Excel文档）及行业标准项目任务书（Word文档、盖章PDF）。

五、项目管理

（1）在研项目数量过多的技术委员会应主动减少新项目申报，尽快完成已下达计划。

（2）项目下达后，各有关单位要强化标准项目全生命周期管理，做好标准制修订进度、资金使用、公开征求意见等关键环节的监督检查，切实提升标准质量。

（3）标准项目下达后，项目名称（范围）、完成时间、归口单位原则上不得随意变更。确需变更的，技术委员会或归口单位应报请相应的能源行业标准化管理机构同意后，报能源局审核再行调整。

技术标准制、修订情况

2020年国家标准化管理委员会下达的电力国家标准制定或修订计划项目

2020年，国家标准化管理委员会下达的电力国家标准制定或修订计划项目23项，见表1。

表1 2020年国家标准化管理委员会下达的电力国家标准制定或修订计划项目

序号	计划编号	项目名称	制定/修订	代替标准
1	20203862-T-524	发电机设备状态评价导则	制定	
2	20204678-T-524	三相交流系统短路电流计算 第1部分：电流计算	修订	GB/T 15544.1—2013
3	20201399-T-524	太阳能光热发电站调度命名规则	制定	
4	20204671-T-524	电化学储能电站并网性能评价方法	制定	
5	20203859-T-524	电化学储能电站检修规程	制定	
6	20202618-T-524	电化学储能电站安全技术导则	制定	
7	20204670-T-524	电化学储能电站建模导则	制定	
8	20204056-T-524	移动式储能电站通用规范	制定	
9	20201398-T-524	电力系统的时间同步系统检测规范	修订	GB/T 26866—2011
10	20200503-T-524	锅炉蒸汽的采样方法	修订	GB/T 14416—2010
11	20203861-T-624	用电检查规范	制定	
12	20200756-T-624	供电服务规范	修订	GB/T 28583—2012
13	20203854-T-524	微电网技术规定	制定	
14	20202615-T-524	独立型微电网能量管理系统技术要求	制定	
15	20202611-T-524	独立型微电网调试与验收规范	制定	
16	20202616-T-524	微电网群运行控制要求	制定	
17	20204669-T-524	水轮发电机组安装技术规范	修订	GB/T 8564—2003
18	20204672-T-524	电力储能系统术语	制定	
19	20204676-T-524	火力发电机组一次调频试验及性能验收导则	修订	GB/T 30370—2013
20	20204673-T-524	电力储能用电池管理系统	修订	GB/T 34131—2017
21	20204674-T-524	电力系统实时动态监测系统 第2部分：数据传输协议	修订	GB/T 26865.2—2011
22	20204677-T-524	火电站监控系统术语	修订	GB/T 26863—2011
23	20204675-T-524	电力金具试验方法 第4部分：验收规则	修订	GB/T 2317.4—2008

（中国电力企业联合会 周丽波 马小琨）

2020年住房和城乡建设部下达的电力工程建设国家标准制定或修订计划项目

2020年，住房和城乡建设部下达的电力工程建设国家标准制定或修订计划项目16项，见表1。

表1 2020年住房和城乡建设部下达的电力工程建设国家标准制定或修订计划项目

序号	计划编号	项目名称	制定/修订	代替标准
1	2020-1-021	电动汽车充换电设施项目规范	制定	
2	2020-2-067	小型火力发电厂设计规范	修订	GB 50049—2011
3	2020-2-068	地热电站岩土工程勘察规范	修订	GB 50478—2008
4	2020-2-069	电力系统继电保护及自动化设备柜（屏）工程技术规范	修订	GB/T 50479—2011
5	2020-2-070	核电厂工程地震调查与评价规范	修订	GB/T 50572—2010
6	2020-2-071	双曲线冷却塔施工与质量验收规范	修订	GB 50573—2010
7	2020-2-072	核电厂工程测量技术规范	修订	GB 50633—2010
8	2020-2-073	核电厂工程水文技术规范	修订	GB/T 50663—2011
9	2020-2-074	秸秆发电厂设计规范	修订	GB 50762—2012
10	2020-2-075	±800kV直流换流站设计规范	修订	GB/T 50789—2012
11	2020-2-076	光伏发电站施工规范	修订	GB 50794—2012
12		1000kV系统电气装置安装工程电气设备交接试验标准	修订	GB/T 50832—2013
13		1000kV构支架施工及验收规范	修订	GB 50834—2013
14	2020-2-077	电化学储能电站设计规范	修订	GB 51048—2014
15	2020-2-078	3～110kV高压配电装置设计规范	修订	GB 50060—2008
16	2020-2-083	核电厂常规岛设计防火规范	修订	GB 50745—2012

（中国电力企业联合会 周丽波 马小琨）

2020年国家能源局下达的电力行业标准制定或修订计划项目

2020年，国家能源局下达电力行业标准制定或修订计划项目228项，其中，水电、新能源及电气等部分（即未含火电、核电）计划项目175项，见表1。

表1 2020年国家能源局下达的电力行业标准制定或修订计划项目

序号	计划编号	标准项目名称	代替标准
1	能源20200484	真空激光准直位移测量装置	DL/T 238—2010
2	能源20200485	水电工程施工导截流模型试验规程	DL/T 5361—2006
3	能源20200486	水电工程粗粒土试验规程	DL/T 5356—2006
4	能源20200487	水工建筑物地下工程开挖施工技术规范	DL/T 5099—2011
5	能源20200488	水轮发电机组状态在线监测系统技术条件	DL/T 1197—2012
6	能源20200489	水轮机调节系统并网运行技术导则	DL/T 1245—2013

续表

序号	计划编号	标准项目名称	代替标准
7	能源 20200490	用户侧电化学储能系统接入配电网技术规定	NB/T 33015—2014
8	能源 20200491	电化学储能用锂离子电池状态评价导则	NB/T 42091—2016
9	能源 20200497	电力钢结构焊接通用技术条件	DL/T 678—2013
10	能源 20200500	电力设备金属发射光谱分析技术导则	DL/T 991—2006
11	能源 20200506	直流输电系统可靠性评价规程	DL/T 989—2013
12	能源 20200507	发电厂齿轮用油运行及维护管理导则	DL/T 1461—2015
13	能源 20200508	发电厂在线氢气系统仪表检测规程	DL/T 1462—2015
14	能源 20200511	电力工程电缆防火封堵施工工艺导则	DL/T 5707—2014
15	能源 20200513	电力建设土建工程施工技术检验规范	DL/T 5710—2014
16	能源 20200527	电力大件运输规范	DL/T 1071—2014
17	能源 20200528	直流电能表技术规范	DL/T 1484—2015
18	能源 20200529	电力用电磁式电压互感器使用技术规范	DL/T 726—2013
19	能源 20200530	电力用电流互感器使用技术规范	DL/T 725—2013
20	能源 20200531	三相组合电力互感器使用技术规范	DL/T 1268—2013
21	能源 20200532	电力设备母线用热缩管	DL/T 1059—2007
22	能源 20200533	电能质量监测装置运行规程	DL/T 1228—2013
23	能源 20200534	电力设备用六氟化硫气体	DL/T1366—2014
24	能源 20200535	智能防止电气误操作系统	DL/T 687—2010
25	能源 20200536	电流互感器励磁特性现场低频试验方法测量导则	DL/T 1332—2014
26	能源 20200537	交流变电设备不拆高压引线试验导则	DL/T 1331—2014
27	能源 20200538	电力系统安全稳定控制系统通用技术条件	DL/T 1092—2008
28	能源 20200539	高压交直流架空线路用复合绝缘子施工、验收技术规范	DL/T 257—2012
29	能源 20200540	电力登高作业及防护器具技术要求 第1部分：抱杆梯、梯具、梯台及过桥	DL/T 1209.1—2013
30	能源 20200541	电力登高作业及防护器具技术要求 第2部分：拆卸型检修平台	DL/T 1209.2—2014
31	能源 20200542	电力登高作业及防护器具技术要求 第3部分：升降型检修平台	DL/T 1209.3—2014
32	能源 20200543	电力登高作业及防护器具技术要求 第4部分：复合材料快装脚手架	DL/T 1209.4—2014
33	能源 20200544	架空输电线路旋转连接器	DL/T 1310—2013
34	能源 20200545	输变电工程用绞磨	DL/T 733—2014
35	能源 20200546	输电线路杆塔不锈钢复合材料耐腐蚀接地装置	DL/T 248—2012
36	能源 20200547	变压器测试仪校准规范 第3部分：油浸式变压器测温装置	DL/T 1400—2015
37	能源 20200548	高电压测试设备通用技术条件 第13部分：绝缘油介质损耗因数及体积电阻率测试仪	DL/T 1305—2013
38	能源 20200549	T型线夹	DL/T 347—2010
39	能源 20200550	连接金具	DL/T 759—2009
40	能源 20200551	设备线夹	DL/T 346—2010
41	能源 20200552	悬垂线夹	DL/T 756—2009
42	能源 20200553	绝缘穿刺线夹	DL/T 1190—2012

续表

序号	计划编号	标准项目名称	代替标准
43	能源 20200554	架空输电线路无人机巡检作业技术导则	DL/T 1482—2015
44	能源 20200555	架空输电线路直升机巡视技术导则	DL/T 288—2012
45	能源 20200556	1000kV 电气设备监造导则	DL/T 1180—2012
46	能源 20200557	1000kV 交流输变电工程系统调试规程	DL/T 5292—2013
47	能源 20200558	1000kV 交流输变电设备技术监督导则	DL/T 1177—2012
48	能源 20200559	电力建设工程工程量清单计价规范	DL/T 5745—2016
49	能源 20200560	电力建设工程工程量清单计算规范　变电工程	DL/T 5341—2016
50	能源 20200562	电力建设工程工程量清单计算规范　输电线路工程	DL/T 5205—2016
51	能源 20200563	电力企业能源管理体系　实施指南	DL/T 1320—2014
52	能源 20200594	风力发电场远程监控系统技术规程	NBT 31071—2015
53	能源 20200595	风力发电场集电系统过电压保护技术规范	NB/T 31057—2014
54	能源 20200596	风电场理论发电量与弃风电量评估导则	NB/T 31055—2014
55	能源 20200081	水电水利基本建设工程单元工程质量等级评定标准　第 15 部分：安全监测工程	
56	能源 20200082	水工温拌沥青混凝土施工技术规范	
57	能源 20200083	水工沥青混凝土配合比设计规程	
58	能源 20200084	抽水蓄能电站库盆黏土铺盖填筑施工规范	
59	能源 20200085	水电水利工程直腹式钢板桩围堰施工规范	
60	能源 20200086	水工混凝土用粉煤灰中残留铵检验规程	
61	能源 20200087	水电厂电测技术监督规程	
62	能源 20200088	水电站无人值班运行管理规范	
63	能源 20200089	立式水轮发电机寿命评估技术导则	
64	能源 20200090	立式水轮发电机状态检修评估技术导则	
65	能源 20200091	灯泡贯流式水轮发电机状态检修评估技术导则	
66	能源 20200092	灯泡贯流式水轮机状态检修评估技术导则	
67	能源 20200093	水电站厂用电系统运行维护规程	
68	能源 20200094	水电站公用辅助设备检修规程　第 1 部分：油系统	
69	能源 20200095	水电站公用辅助设备检修规程　第 2 部分：气系统	
70	能源 20200096	水电站公用辅助设备检修规程　第 4 部分：供暖通风与空气调节系统	
71	能源 20200097	水电站公用辅助设备检修规程　第 6 部分：厂房桥机	
72	能源 20200098	电力储能基本术语	
73	能源 20200099	电化学储能电站建模导则	
74	能源 20200100	电化学储能电站模型参数测试规程	
75	能源 20200101	槽式太阳能光热发电站储热系统运行维护规程	
76	能源 20200102	槽式太阳能光热发电站集热系统运行维护规程	
77	能源 20200103	太阳能热发电站运行指标评价导则	
78	能源 20200106	电站阀门检修导则　第 4 部分：球阀	

续表

序号	计划编号	标准项目名称	代替标准
79	能源 20200107	电站阀门检修导则　第 7 部分：调节阀	
80	能源 20200109	电站减温减压装置选型导则	
81	能源 20200110	电站汽轮机旁路阀技术条件	
82	能源 20200118	发电厂电量不确定度评价导则	
83	能源 20200121	发电设备可靠性评价规程　第 7 部分：光伏发电设备	
84	能源 20200122	变压器油中环氧树脂的测定　红外光谱法	
85	能源 20200123	变压器有载分接开关油中溶解气体分析导则	
86	能源 20200124	电力电缆终端用绝缘油选用导则	
87	能源 20200125	电力用齿轮油水分含量测试法	
88	能源 20200137	交流标准功率源　第 2 部分：模拟量电压-电流输出型功率源的特殊要求	
89	能源 20200138	交流标准功率源　第 3 部分：模拟量电压-电压输出型功率源的特殊要求	
90	能源 20200139	交流标准功率源　第 4 部分：数字量电压-电流输出型功率源的特殊要求	
91	能源 20200140	智能电能表现场运行可靠性试验规程	
92	能源 20200141	电力电缆防火防爆接头盒检测规则	
93	能源 20200142	额定电压 330kV（U_m＝363kV）交联聚乙烯绝缘电力电缆及其附件使用技术条件	
94	能源 20200143	电容器放电线圈运维规程	
95	能源 20200144	宽频电压测量装置选用导则	
96	能源 20200145	1000kV 可控并联电抗器现场试验规程	
97	能源 20200146	中性点故障电流混合补偿装置	
98	能源 20200147	电力用直流电源系统验收规范	
99	能源 20200148	换流变压器阀侧交流外施耐压及局部放电现场试验导则	
100	能源 20200149	高压柔性直流设备交接试验	
101	能源 20200150	主动干预型消弧装置验收运维规范	
102	能源 20200151	电力系统安全稳定控制系统测试技术规范	
103	能源 20200152	发电厂继电保护和安全自动装置现场工作安全措施规范	
104	能源 20200153	高压直流保护装置现场试验导则	
105	能源 20200154	继电保护远程智能运行管控技术导则	
106	能源 20200155	智能变电站配置文件运行管控系统技术规范	
107	能源 20200156	数模一体继电保护试验装置技术规范	
108	能源 20200157	配电网分布式保护技术规范	
109	能源 20200158	标称电压高于 1000V 站用支柱绝缘子使用导则　第 2 部分：支柱复合绝缘子	
110	能源 20200159	电力系统复合外绝缘表面藻类生长等级划分及防治技术导则	
111	能源 20200160	交流系统用套管全工况考核试验方法	

续表

序号	计划编号	标准项目名称	代替标准
112	能源 20200161	污秽条件下使用的高压绝缘子选用导则　第 1 部分：交流系统	
113	能源 20200162	电力物联网密码应用规范	
114	能源 20200163	电力通信光缆寿命评估技术导则	
115	能源 20200164	66kV 及以下架空电力线路施工及验收规范	
116	能源 20200165	电气装置安装工程盘、柜及二次回路接线施工及验收规范	
117	能源 20200166	架空输电线路大跨越工程铁塔基础施工工艺导则	
118	能源 20200167	变电站装配式钢结构施工技术规程	
119	能源 20200168	港口岸电直流充电设施技术规范	
120	能源 20200169	港口岸电系统接入电网技术规范	
121	能源 20200170	港口岸电系统运行维护技术规范　分散式岸电桩接入单元	
122	能源 20200171	港口岸电系统运行维护技术规范　站级系统	
123	能源 20200172	电力作业用电缆输送机	
124	能源 20200173	架空输电线路巡检机器人验收规范	
125	能源 20200174	电缆隧道巡检机器人系统技术规范	
126	能源 20200175	极寒地区电力巡检机器人技术规范	
127	能源 20200176	接地装置电气参数数值计算技术导则	
128	能源 20200177	直流工程深井接地极技术导则	
129	能源 20200178	12kV 一二次融合成套环网箱	
130	能源 20200179	12kV 一二次融合成套柱上开关	
131	能源 20200180	带电作业用便携式升降装置	
132	能源 20200181	非接触式验电器使用导则	
133	能源 20200182	交流输电线路绝缘子串分布电场带电检测装置	
134	能源 20200183	配电带电作业人员高空救援技术导则	
135	能源 20200184	电力行业电磁兼容检测辅助设备　第 1 部分：通用要求	
136	能源 20200185	电力行业电磁兼容检测辅助设备　第 2 部分：电磁兼容检测用电能表检验装置	
137	能源 20200186	高压直流断路器状态评价导则	
138	能源 20200187	电力自动化通信网络和系统　第 7-500 部分：基本信息和通信结构—使用逻辑节点对变电站的应用功能及相关概念进行建模指导	
139	能源 20200188	电力自动化通信网络和系统　第 90-17 部分：应用 IEC61850 进行电能质量信息的传输	
140	能源 20200189	输变电设备物联网传感器数据通信规范	
141	能源 20200190	输变电设备物联网节点设备无线组网协议	
142	能源 20200191	输变电设备物联网微功率无线网通信协议	
143	能源 20200192	电力自动化通信网络和系统　第 80-3 部分：映射到 Web 协议-要求和技术选择	
144	能源 20200193	电力自动化通信网络和系统　第 90-2 部分：应用 IEC61850 进行变电站与控制中心之间数据通信	

续表

序号	计划编号	标准项目名称	代替标准
145	能源 20200194	电力调度云平台技术规范	
146	能源 20200195	电力调度大数据分析平台技术规范	
147	能源 20200196	电力物联网传感器网络　第 2 部分：配用电物联网信息模型规范	
148	能源 20200197	泛在电力物联网边缘物联代理检测规范	
149	能源 20200198	配电网集中型馈线自动化技术规范	
150	能源 20200199	配电网智能分布式终端互操作技术规范	
151	能源 20200200	可调节负荷并网运行与控制技术规范　第 4 部分：数据模型与存储	
152	能源 20200201	可调节负荷并网运行与控制技术规范　第 5 部分：负荷能力评估	
153	能源 20200202	可调节负荷并网运行与控制技术规范　第 6 部分：并网运行调试	
154	能源 20200203	可调节负荷并网运行与控制技术规范　第 11 部分：调控运行规程	
155	能源 20200204	可调节负荷并网运行与控制技术规范　第 12 部分：调度命名	
156	能源 20200205	电力电缆测试设备通用技术条件　第 1 部分：电缆故障定位电桥	
157	能源 20200206	电阻测量装置通用技术条件　第 6 部分：接地引下线导通电阻测试仪	
158	能源 20200207	数字化电能计量系统　第 1-1 部分：导则	
159	能源 20200208	电动汽车快速更换电池箱数据接入与安全监控技术规范	
160	能源 20200209	基于直流母线的一体化充电站通用要求	
161	能源 20200211	电力物联网信息模型规范	
162	能源 20200212	电力物联网信息模型管理与认证规范	
163	能源 20200324	海上风电场输变电维护规程	
164	能源 20200325	风电行业信息系统网络安全等级保护评测技术规范	
165	能源 20200326	海上风电场水下钢结构无损检测技术规范	
166	能源 20200327	风力发电企业档案分类导则	
167	能源 20200328	风力发电机组安全保护系统运行技术规范	
168	能源 20200329	风电场安防联动系统技术规范	
169	能源 20200330	海上风电场海底电缆运行在线监测系统技术导则	
170	能源 20200331	海上风电场溢油监测技术规范	
171	能源 20200332	风电场监控系统　测试技术规范	
172	能源 20200333	风电场风力发电机组叶片缺陷评价方法	
173	能源 20200334	智能风电场数据采集技术规范	
174	能源 20200335	风力发电场维护规程	
175	能源 20200336	风力发电机组塔筒姿态监测技术规范	

（中国电力企业联合会　周丽波　马小琨）

2020 年国家能源局下达的电力行业标准英文版翻译计划项目

2020 年，国家能源局下达的电力行业标准英文版翻译计划项目 24 项，见表 1。

表1 2020年国家能源局下达的电力行业标准英文版翻译计划项目

序号	标准项目名称（外文）	标准项目名称（中文）	标准编号
1	The technical guide for power-actuated pressure relief valves of power station boilers	电站锅炉动力驱动泄放阀技术导则	DL/T 1820—2018
2	Guide of the maintenance for power plant valve Part 1：General provisions	电站阀门检修导则 第1部分：总则	DL/T 2025.1—2019
3	The patrol inspection guide for the converter station	换流站设备巡检导则	DL/T 348—2019
4	Guide for HVDC measuring equipment maintenance	高压直流测量装置检修导则	DL/T 353—2019
5	Guide for maintenance of DC breaker	直流断路器检修导则	DL/T 352—2019
6	The technical supervision codes for metal in fossil-fuel power plant	火力发电厂金属技术监督规程	DL/T 438—2016
7	General technical specification of test instruments used for power equipments Part 1：Fault flashover test instrument for power cable	电力设备专用测试仪器通用技术条件 第1部分：电缆故障闪测仪	DL/T 849.1—2019
8	General technical specification of test instruments used for power equipments Part 3：Route test instrument for power cable	电力设备专用测试仪器通用技术条件 第3部分：电缆路径仪	DL/T 849.3—2019
9	Technical requirement of electronic current and voltage transformer error test sets	电子式互感器校验仪通用技术条件	DL/T 1394—2014
10	General specifications for measuring resistance equipment Part 3：DC resistance meters	电阻测量装置通用技术条件 第3部分：直流电阻测试仪	DL/T 845.3—2019
11	General technical specification of high voltage test devices Part 5：Impulse voltage generator	高压试验装置通用技术条件 第5部分：冲击电压发生器	DL/T 848.5
12	General specification for distribution line fault indicators	配电线路故障指示器通用技术条件	DL/T 1157—2019
13	Requirements for hydrogen humidity of hydrogen-cooled generators	氢冷发电机氢气湿度技术要求	DL/T 651—2017
14	The unit commissioning technical code for fossil power construction project	火力发电建设工程机组调试技术规范	DL/T 5294—2013
15	Code for fossil power construction project from the unit commissioning to completed acceptance	火力发电建设工程机组启动试运及验收规程	DL/T 5437—2009
16	Load rejection test guide for turbine in fossil fired power construction plant	火力发电建设工程机组甩负荷试验导则	DL/T 1270—2013
17	Guide for measurement of grounding connection parameters	接地装置特性参数测量导则	DL/T 475—2017
18	Guidelines for economic evaluation of flue gas desulfurization（FGD）devices in thermal power plants	火电厂烟气脱硫装置经济性评价导则	DL/T 1159—2012

续表

序号	标准项目名称（外文）	标准项目名称（中文）	标准编号
19	Calculation method of radio interference from high voltage overhead power transmission lines	高压架空输电线路无线电干扰计算方法	DL/T 691—2019
20	Guide of calculating settings of relay protections for auxiliary system of power	厂用电继电保护整定计算导则	DL/T 1502—2016
21	Testing regulations on relay protection and power grid stability control equipment	继电保护和电网安全自动装置检验规程	DL/T 995—2016
22	Acceptance specification for optical fiber telecommunication engineering of electric power	电力光纤通信工程验收规范	DL/T 5344—2018
23	Cold shrinkable accessories installing code of power cables for rated voltages up to 35kV (U_m=40.5kV)	额定电压 35kV(U_m=40.5kV)及以下冷缩式电缆附件安装规程	DL/T 5756—2017
24	Premoulded accessories installing code for cross-linked polyethylene power cables for rated voltages up to 35kV(U_m=40.5kV)	额定电压 35kV(U_m=40.5kV)及以下预制式电缆附件安装规程	DL/T 5758—2017

（中国电力企业联合会　周丽波　马小琨）

2020 年由水电水利规划设计总院归口管理的技术标准制、修订计划项目

2020 年由水电水利规划设计总院归口管理的技术标准制、修订计划项目 30 项，见表 1。

表 1　　2020 年由水电水利规划设计总院归口管理的技术标准制修订计划项目

序号	标准项目名称	制/修订	主要起草单位	代替标准
1	太阳能热发电站运行指标评价导则	制定	中国大唐集团新能源科学技术研究院有限公司、水电水利规划设计总院、中国电建集团西北勘测设计研究院有限公司	
2	水电工程鱼类保护设备基本技术条件	制定	水电水利规划设计总院、中国电建集团中南勘测设计研究院有限公司、水利部中国科学院水工程生态研究所、中国华能集团有限公司等	
3	水电工程勘察数据库表结构及标识符　第 1 部分：勘察	制定	中国电建集团华东勘测设计研究院有限公司、水电水利规划设计总院等	
4	水工建筑物伸缩缝聚脲（氨酯）防水材料技术条件	制定	中国水利水电科学研究院、北京化工大学等	
5	水电工程完工总结算报告编制导则	制定	水电水利规划设计总院（可再生能源定额站）、中国电建集团成都勘测设计研究院有限公司等	
6	水电工程执行概算编制导则	制定	水电水利规划设计总院（可再生能源定额站）、中国电建集团成都勘测设计研究院有限公司、国家能源集团大渡河流域水电开发有限公司等	

续表

序号	标准项目名称	制/修订	主要起草单位	代替标准
7	胶凝砂砾石围堰设计规范	制定	中国电建集团北京勘测设计研究院有限公司、华能澜沧江水电股份有限公司	
8	风电场工程海上换流站设计规范	制定	中国电建集团华东勘测设计研究院有限公司、中国电力工程顾问集团、中南电力设计院有限公司	
9	海上风电场工程吸力桩式导管架基础设计导则	制定	福建永福电力设计股份有限公司、上海勘测设计研究院有限公司	
10	海上风电场工程光电复合海底电缆在线监测系统设计规范	制定	中国电建集团华东勘测设计研究院有限公司、上海海事大学等	
11	海上风电场工程漂浮式测风与评估技术规范	制定	中国电建集团华东勘测设计研究院有限公司、中国长江三峡集团有限公司	
12	漂浮式海上风电机组基础及系泊系统设计导则	制定	中国长江三峡集团有限公司、上海勘测设计研究院有限公司、中国三峡新能源股份有限公司等	
13	漂浮式海上风电机组动态电缆设计导则	制定	中国长江三峡集团有限公司、上海勘测设计研究院有限公司、中国三峡新能源股份有限公司、中天电缆科技有限公司等	
14	海上风电机组重力式基础设计导则	制定	上海勘测设计研究院有限公司、中国三峡新能源股份有限公司等	
15	风电场工程地基处理技术规范	制定	中国电建集团华东勘测设计研究院有限公司、中交第三航务工程局有限公司、中国电建集团西北勘测设计研究院有限公司	
16	海上风电工程柔性直流海底电缆选型敷设技术导则	制定	中国电建集团华东勘测设计研究院有限公司、南方电网科学研究院有限责任公司、宁波东方电缆股份有限公司、浙江舟山启明电力集团公司海缆工程公司	
17	海上风电场工程水域安全管理技术导则	制定	中国电建集团华东勘测设计研究院有限公司、武汉理工大学	
18	海上风电场工程基桩检测技术规程	制定	中国电建集团华东勘测设计研究院有限公司、中交第三航务工程局有限公司	
19	海上风电场工程基础结构灌浆连接技术规程	制定	福建永福电力设计股份有限公司、中交第三航务工程局有限公司	
20	陆上风电场工程安全监测实施技术规范	制定	重庆大学、中国电力建设集团重庆工程有限公司	
21	风力发电企业档案分类导则	制定	国家电投黄河上游水电开发有限责任公司、中国水利水电建设工程咨询有限公司等	
22	河流水电规划编制规范	修订	水电水利规划设计总院、中国电建集团成都勘测设计研究院有限公司等	DL/T 5042—2010
23	水轮发电机组推力轴承、导轴承安装调试运行维护导则	修订	中国水利水电科学研究院等	SD 288—1988

续表

序号	标准项目名称	制/修订	主要起草单位	代替标准
24	梯级水电站水调自动化系统设计规范	修订	中国电建集团西北勘测设计研究院有限公司等	NB/T 35001—2011
25	水力发电厂工业电视系统设计规范	修订	中国电建集团西北勘测设计研究院有限公司、水电水利规划设计总院等	NB/T 35002—2011
26	水力发电厂接地设计技术规范	修订	中国电建集团成都勘测设计研究院有限公司等	NB/T 35050—2015
27	水力发电厂厂用电设计规范	修订	中国电建集团华东勘测设计研究院有限公司等	NB/T 35044—2014
28	水工钢闸门和启闭机安全检测技术规程	修订	河海大学、中国葛洲坝集团有限公司等	DL/T 835—2003
29	水电工程地质观测规程	修订	中国电建集团华东勘测设计研究院有限公司等	NB/T 35039—2014
30	水电工程测量规范	修订	中国电建集团北京勘测设计研究院有限公司等	NB/T 35029—2014

（水电水利规划设计总院　杜刚）

2020 年由水电水利规划设计总院归口管理的技术标准送审稿审查项目情况

2020 年，水电水利规划设计总院组织标委会委员和有关专家对《碾压式土石坝设计规范》等 69 项在编的能源领域行业标准开展了审查工作，同时，根据审查会意见和建议，组织责任单位对标准做进一步修改完善，形成报批稿，并报国家能源局批准发布实施。水电水利规划设计总院 2020 年标准送审稿审查项目情况，见表 1。

表 1　　水电水利规划设计总院 2020 年标准送审稿审查项目

序号	项目编号	项目名称	备注
1	能源 20140445	水力发电厂门禁系统设计导则	
2	能源 20130849	水力发电厂直流电源系统设计规范	
3	能源 20160553	水电工程拦漂排设计规范	
4	能源 20170891	水力发电厂含油污水处理系统设计导则	
5	能源 20180404	生物质气化多联产系统技术导则	
6	能源 20150664	风电场工程质量管理规程	
7	能源 20150668	风电场工程混凝土试验检测技术规范	
8	能源 20150669	风电场工程材料试验检测技术规范	
9	能源 20150663	海上风电场防腐蚀技术规范	
10	能源 20160628	风电机组混凝土—钢混合塔筒设计规范	
11	能源 20160662	风电机组混凝土—钢混合塔筒施工规范	
12	能源 20170919	生物天然气工程设计导则	
13	能源 20140853	水电工程集运鱼系统过鱼技术规范	
14	能源 20140852	水电工程升鱼机设计规范	
15	能源 20150596	水电工程环境影响经济损益分析技术规范	
16	能源 20150586	水电建设项目水土保持方案技术规范	

续表

序号	项目编号	项目名称	备注
17	能源 20140858	水电工程水土保持监测技术规程	
18	能源 20160568	水电工程鱼类增殖放流站运行规程	
19	能源 20160566	水电工程建设征地移民安置技术通则	
20	能源 20150590	水电工程水土保持生态修复技术规范	
21	能源 20170904	水电工程过鱼对象游泳能力试验规范	
22	能源 20160567	水电工程移民后期扶持规划编制规程	
23	能源 20150581	水电工程移民专业项目规划设计规范	
24	能源 20160569	水电工程建设征地移民安置实施技术导则	
25	能源 20160549	水电工程施工期防洪度汛报告编制规程	
26	能源 20160572	水电工程建设征地移民安置补偿费用概（估）算编制规范	
27	能源 20190372	水电工程植生水泥土生境构筑技术规范	
28	能源 20170912	水电工程溃坝洪水与非恒定流计算规范	
29	能源 20150588	水电工程珍稀濒危植物及古树名木保护设计规范	
30	能源 20140448	水电工程环境保护设计规范	
31	能源 20150545	碾压式土石坝设计规范	
32	能源 20140809	水电工程预应力锚固设计规范	
33	国能综科技〔2018〕100 号	水电工程电磁法勘探技术规程（NB/T 35105—2017）	英文版
34	国能综通科技〔2017〕52 号	水闸设计规范（NB/T 35023—2014）	英文版
35	国能综通科技〔2017〕52 号	混凝土重力坝设计规范（NB/T 35026—2014）	英文版
36	国能综通科技〔2019〕58 号	水电工程地质测绘规程（NB/T 10074—2018）	英文版
37	国能综通科技〔2017〕52 号	水电工程覆盖层预应力锚索技术规范（NB/T 35100—2017）	英文版
38	能源 20150543	水电站进水口设计规范	
39	能源 20150559	水电工程信息模型数据描述规程	
40	能源 20150561	水电工程设计信息模型数据交付规程	
41	国能综科技〔2016〕876 号	水电工程水工建筑物抗震设计规范（NB/T 35047—2015）	英文版
42	国能综通科技〔2017〕52 号	混凝土坝温度控制设计规范（NB/T 35092—2017）	英文版
43	国能综科技〔2016〕876 号	水电站压力钢管设计规范（NB/T 35056—2015）	英文版
44	国能综科技〔2016〕876 号	地下厂房岩壁吊车梁设计规范（NB/T 35079—2016）	英文版
45	国能综科技〔2016〕876 号	水电工程施工导流设计规范（NB/T 35041—2014）	英文版
46	国能综通科技〔2019〕58 号	水电工程岩溶工程地质勘察规程（NB/T 10075—2018）	英文版
47	国能综科技〔2016〕876 号	水电工程地质观测规程（NB/T 35039—2014）	英文版
48	能源 20150558	水电水利工程岩体观测规程（拟改名：水电工程岩土体监测规程）	
49	国能综科技〔2016〕876 号	水电工程施工地质规程（NB/T 35007—2013）	英文版
50	能源 20170909	混凝土面板堆石坝设计规范	
51	能源 20191115	水电工程安全验收评价报告编制规程	
52	能源 20191116	水电工程安全预评价报告编制规程	
53	国能综通科技〔2017〕52 号	水电站调压室设计规范（NB/T 35021—2014）	英文版

续表

序号	项目编号	项目名称	备注
54	国能综通科技〔2019〕58号	水电工程钻探规程（NB/T 35115—2018）	英文版
55	能源20150541	水电工程节能施工技术规范	
56	能源20150544	水电工程施工组织设计规范	
57	国能综通科技〔2019〕58号	水电工程分标概算编制规定（NB/T 35106—2017）	英文版
58	能源20150599	流域水电应急计划及要求	
59	能源20150546 能源20170884	水电工程混凝土预冷和预热系统设计规范	
60	国能综通科技〔2017〕52号	混凝土重力坝设计规范（NB/T 35026—2014）	英文版
61	国能综科技〔2016〕876号	水电工程施工地质规程（NB/T 35007—2013）	英文版
62	国能综科技〔2016〕876号	地下厂房岩壁吊车梁设计规范（NB/T 35079—2016）	英文版
63	国能综科技〔2016〕876号	水电工程动能设计规范（NB/T 35061—2016）	英文版
64	国能综通科技〔2017〕52号	水电工程勘探验收规程（NB/T 35028—2014）	英文版
65	国能综通科技〔2018〕100号	水电工程钻孔土工原位测试规程（NB/T 35102—2017）	英文版
66	国能综通科技〔2018〕100号	风电场工程建筑设计规范（NB/T 31128—2017）	英文版
67	国能综通科技〔2018〕100号	风电场工程建筑使用面积设计规程（NB/T 31127—2017）	英文版
68	国能综科技〔2016〕876号	风电场项目环境影响评价技术规范（NB/T 31087—2016）	英文版
69	国能综科技〔2016〕876号	风电场项目经济评价规范（NB/T 31085—2016）	英文版

（水电水利规划设计总院　杜刚）

哈尔滨电机厂有限责任公司2020年技术标准制、修订情况

2020年，在国家标准化管理委员会、中国机械工业联合会、中国电器工业协会等上级部门的指导下，在秘书处挂靠单位哈尔滨大电机研究所的大力支持下，在全体委员及委员单位的共同努力下，全国大型发电机标准化技术委员会、全国水轮机标准化技术委员会和全国海洋能转换设备标准化技术委员会秘书处组织行业单位制修订国家标准及行业标准18项，其中新颁布技术标准6项，在编技术标准12项（见表1）。

2020年，哈尔滨电机厂有限责任公司副总工程师覃大清喜获国际电工委员会“IEC 1906奖”殊荣，“IEC 1906奖”是IEC最重要的奖项之一，设立于2004年，用以表彰对IEC国际电工标准化做出突出贡献的各国技术专家，每年评选一次。此次获奖表明我国水电装备行业实质性参与国际标准制修订工作取得了新突破，工作成果受到国际行业认可。

2020年，哈尔滨电机厂有限责任公司积极推进公司标准化建设，全面布局公司标准化工作，开展公司标准制修订工作10项。

表1　大电机、水轮机、海洋能转换设备2020年在编标准情况

序号	标准编号及名称	工作要求	当前状态
1	水轮机、蓄能泵和水泵水轮机瞬态计算和设计	国际标准召集人，制定IEC 63111	征求意见阶段
2	智能水电厂技术导则	国际标准召集人，制定IEC/IEEE 63198-2775	审查阶段
3	水电厂和蓄能泵站机组机械振动的测量与评定	国际标准召集人，制定IEC 63293	起草阶段

续表

序号	标准编号及名称	工作要求	当前状态
4	海洋能系统的设计要求	制定	报批阶段
5	波浪能装置预样机测试规程	制定	起草阶段
6	海洋能转换装置电能质量要求	制定	起草阶段
7	核电主泵电机技术条件　第1部分：轴封泵异步电机	制定	报批阶段
8	核电主泵电机技术条件　第2部分：屏蔽泵异步电机	制定	报批阶段
9	大型三相异步电动机基本系列技术条件	修订 GB/T 13957	起草阶段
10	氢冷电机气密封性检验方法及评定	修订 JB/T 6227	报批阶段
11	隐极同步发电机用交流励磁机　技术条件	修订 JB/T 7784	报批阶段
12	水轮机、蓄能泵和水泵水轮机更新改造和性能改善	修订 GB/T 28545	起草阶段

（哈尔滨电机厂有限责任公司　刘保生　丁军峰　刘诗琪）

黄河勘测规划设计研究院有限公司主编的《碾压式土石坝设计规范》由水利部批准发布实施

2020年11月30日，水利部发布2020年第22号公告，批准黄河勘测规划设计研究院有限公司主编的《碾压式土石坝设计规范》（SL 274—2020）为水利行业技术标准，于2021年2月28日起实施。

近年来，我国水利水电建设和高土石坝筑坝技术发展较快，尤其在建设理念、试验研究、计算分析技术等方面更是突飞猛进。土石坝在我国的坝工中占有重要的地位，为反映建设经验和发展状况，为土石坝设计提供更加先进性和规范性的指导，对原技术标准SL 274—2001《碾压式土石坝设计规范》进行了修订。

该技术标准适用于1级、2级、3级和3级以下坝高大于30m的碾压式土石坝的设计。该标准的实施将在水利水电行业全面推广应用，对进一步提高1～3级及坝高大于30m土石坝设计的技术安全性、经济合理性起到推动作用。

该技术标准共10章，6个附录，主要技术内容有：总则、术语、枢纽布置和坝型选择、筑坝材料选择和填筑要求、坝体结构、坝基处理、坝体与坝基及其他建筑物的连接、坝的计算和分析、分期施工和扩建加高、安全监测设计。

（黄河勘测规划设计研究院有限公司
王新奇　张平）

新颁标准

2020年国家标准化管理委员会发布的电力国家标准

2020年，国家标准化管理委员会发布的电力国家标准18项，见表1。

表1　2020年国家标准化管理委员会发布的电力国家标准

序号	标准编号	标准名称	代替标准号	实施日期
1	GB/T 38969—2020	电力系统技术导则		2020年7月1日
2	GB/T 38993—2020	光伏电站有功及无功控制系统的控制策略导则		2021年2月1日

续表

序号	标准编号	标准名称	代替标准号	实施日期
3	GB/T 25095—2020	架空输电线路运行状态监测系统	GB/T 25095—2010	2021年7月1日
4	GB/T 39324—2020	智能水电厂主设备状态检修决策支持系统技术导则		2021年6月1日
5	GB/T 39264—2020	智能水电厂一体化管控平台技术规范		2021年6月1日
6	GB/T 39627—2020	智能水电厂智能测控装置技术规范		2021年7月1日
7	GB/T 39565—2020	智能水电厂防汛应急指挥系统技术规范		2021年7月1日
8	GB/T 39629—2020	智能水电厂安全防护系统联动技术要求		2021年7月1日
9	GB/T 38946—2020	分布式光伏发电系统集中运维技术规范		2020年12月1日
10	GB/T 38775.4—2020	电动汽车无线充电系统　第4部分：电磁环境限值与测试方法		2020年11月1日
11	GB/T 38775.2—2020	电动汽车无线充电系统　第2部分：车载充电机和无线充电设备之间的通信协议		2020年11月1日
12	GB/T 38775.3—2020	电动汽车无线充电系统　第3部分：特殊要求		2020年11月1日
13	GB/T 36290.1—2020	电站流程图　第1部分：制图规范		2020年12月1日
14	GB/T 39674—2020	电力软交换系统测试规范		2021年7月1日
15	GB/T 38983.1—2020	虚拟同步机　第1部分：总则		2021年2月1日
16	GB/T 38953—2020	微电网继电保护技术规定		2020年12月1日
17	GB/T 39675—2020	电网气象信息交换技术要求		2021年7月1日
18	GB/T 38921—2020	火力发电厂汽轮机安全保护系统技术条件		2020年12月1日

（中国电力企业联合会　周丽波　马小琨）

2020年住房和城乡建设部发布的电力工程建设国家标准

2020年，住房和城乡建设部发布的电力工程建设国家标准3项，见表1。

表1　2020年住房和城乡建设部发布的电力工程建设国家标准

序号	标准编号	标准名称	代替标准号	实施日期
1	GB/T 51394—2020	水工建筑物荷载标准		2021年10月1日
2	GB/T 51420—2020	智能变电站工程调试及验收标准		2021年10月1日
3	GB/T 51416—2020	混凝土坝安全监测技术标准		2021年10月1日

（中国电力企业联合会　周丽波　马小琨）

2020年国家能源局发布的电力行业标准

2020年，国家能源局发布电力行业标准197项，其中，水电、新能源及电气等部分138项，见表1。

表1 2020年国家能源局发布的电力行业标准

序号	标准编号	标准名称	代替标准	实施日期
1	NB/T 10433—2020	光伏发电建设项目声像文件收集与归档规范		2021年2月1日
2	DL/T 604—2020	高压并联电容器装置使用技术条件	DL/T 604—2009	2021年2月1日
3	DL/T 820.1—2020	管道焊接接头超声波检测技术规程　第1部分：通用技术要求		2021年2月1日
4	DL/T 820.3—2020	管道焊接接头超声波检测技术规程　第3部分：衍射时差法		2021年2月1日
5	DL/T 820.4—2020	管道焊接接头超声波检测技术规程　第4部分：在役检测		2021年2月1日
6	DL/T 837—2020	输变电设施可靠性评价规程	DL/T 837—2012	2021年2月1日
7	DL/T 861—2020	电力可靠性基本名词术语	DL/T 861—2014	2021年2月1日
8	DL/T 913—2020	发电厂水质分析仪器质量验收导则	DL/T 913—2005	2021年2月1日
9	DL/T 1088—2020	±800kV特高压直流线路电磁环境参数限值	DL/T 1088—2008	2021年2月1日
10	DL/T 1192—2020	架空输电线路接续管保护装置	DL/T 1192—2012	2021年2月1日
11	DL/T 1215.1—2020	链式静止同步补偿器　第1部分：功能规范	DL/T 1215.1—2013	2021年2月1日
12	DL/T 1981.2—2020	统一潮流控制器　第2部分：系统设计导则		2021年2月1日
13	DL/T 1981.3—2020	统一潮流控制器　第3部分：控制保护系统技术规范		2021年2月1日
14	DL/T 1981.10—2020	统一潮流控制器　第10部分：系统试验规程		2021年2月1日
15	DL/T 2025.3—2020	电站阀门检修导则　第3部分：止回阀		2021年2月1日
16	DL/T 2078.1—2020	调相机检修导则　第1部分：本体		2021年2月1日
17	DL/T 2079—2020	水电站大坝安全管理实绩评价规程		2021年2月1日
18	DL/T 2080—2020	电力储能用超级电容器		2021年2月1日
19	DL/T 2081—2020	电力储能用超级电容器试验规程		2021年2月1日
20	DL/T 2082—2020	电化学储能系统溯源编码规范		2021年2月1日
21	DL/T 2083—2020	水电站库容超声波法测量规程		2021年2月1日
22	DL/T 2085—2020	变电站降噪材料和降噪装置技术要求		2021年2月1日
23	DL/T 2086—2020	高压输电线路和变电站噪声的传声器阵列测量方法		2021年2月1日
24	DL/T 2088—2020	直流接地极线路绝缘配合技术导则		2021年2月1日
25	DL/T 2094—2020	交流电力工程接地防腐蚀技术规范		2021年2月1日
26	DL/T 2095—2020	输电线路杆塔石墨基柔性接地体技术条件		2021年2月1日
27	DL/T 2096—2020	水电站大坝运行安全在线监控系统技术规范		2021年2月1日

续表

序号	标准编号	标准名称	代替标准	实施日期
28	DL/T 2097—2020	大坝安全信息分类与系统接口技术规范		2021年2月1日
29	DL/T 2098—2020	调相机运行规程		2021年2月1日
30	DL/T 2101—2020	架空输电线路固定翼无人机巡检系统		2021年2月1日
31	DL/T 2102—2020	电子式电流互感器状态评价导则		2021年2月1日
32	DL/T 2103—2020	电子式电流互感器状态检修导则		2021年2月1日
33	DL/T 2104—2020	并联电容器装置状态评价导则		2021年2月1日
34	DL/T 2105—2020	并联电容器装置状态检修导则		2021年2月1日
35	DL/T 2106—2020	配网设备状态评价导则		2021年2月1日
36	DL/T 2107—2020	配网设备状态检修导则		2021年2月1日
37	DL/T 2110—2020	交流架空线路防雷用自灭弧并联间隙选用导则		2021年2月1日
38	DL/T 2111—2020	架空输电线路感应电防护技术导则		2021年2月1日
39	DL/T 2112—2020	敏感负荷电压暂降控制技术导则		2021年2月1日
40	DL/T 2114—2020	电力网无功补偿配置技术导则		2021年2月1日
41	DL/T 2115—2020	电压监测仪检验技术规范		2021年2月1日
42	DL/T 2116—2020	电力需求响应系统信息交换测试规范		2021年2月1日
43	DL/T 2117—2020	电力需求响应系统检验规范		2021年2月1日
44	DL/T 2118—2020	电网检修安全防护综合管控系统技术导则		2021年2月1日
45	DL/T 2119—2020	架空电力线路多旋翼无人机飞行控制系统通用技术规范		2021年2月1日
46	DL/T 2120—2020	GIS变电站开关操作瞬态电磁骚扰抗扰度试验		2021年2月1日
47	DL/T 2122—2020	大型同步调相机调试技术规范		2021年2月1日
48	DL/T 2126—2020	发电企业碳排放权交易技术指南		2021年2月1日
49	DL/T 2127—2020	多能互补分布式能源系统能效评估技术导则		2021年2月1日
50	DL/T 2128—2020	配电网电线电缆节能评价技术规范		2021年2月1日
51	DL/T 2129—2020	电力设施高空警示球		2021年2月1日
52	DL/T 2130—2020	海底电力电缆退扭装置通用技术条件		2021年2月1日
53	DL/T 2131—2020	架空输电线路施工卡线器		2021年2月1日
54	DL/T 2132—2020	低温下电容型验电器的使用导则		2021年2月1日
55	DL/T 2133—2020	低温下电容型验电器预防性试验规程		2021年2月1日
56	DL/T 2134—2020	电力用安全帽动态性能测试装置		2021年2月1日
57	DL/T 2135—2020	电力用可塑性绝缘遮蔽带通用技术条件		2021年2月1日
58	DL/T 2136—2020	电缆牵引报警装置技术条件		2021年2月1日
59	DL/T 2137—2020	电力技术转移服务规范		2021年2月1日
60	DL/T 2138—2020	电力专利价值评估规范		2021年2月1日

续表

序号	标准编号	标准名称	代替标准	实施日期
61	DL/T 2140—2020	无人值班变电站消防远程集中监控系统技术规范		2021年2月1日
62	DL/T 5209—2020	混凝土坝安全监测资料整编规程	DL/T 5209—2005	2021年2月1日
63	DL/T 5385—2020	大坝安全监测系统施工监理规范	DL/T 5385—2007	2021年2月1日
64	DL/T 5805—2020	轴流式水轮机埋件安装工艺导则		2021年2月1日
65	DL/T 5806—2020	水电水利工程堆石混凝土施工规范		2021年2月1日
66	DL/T 5807—2020	水电工程岩体稳定性微震监测技术规范		2021年2月1日
67	DL/T 5808—2020	水电工程水库地震监测技术规范		2021年2月1日
68	DL/T 5809—2020	水电工程库区安全监测技术规范		2021年2月1日
69	DL/T 5810—2020	电化学储能电站接入电网设计规范		2021年2月1日
70	DL/T 444—2020	反击式水轮机磨蚀评估导则	DL/T 444—1991	2021年2月1日
71	DL/T 458—2020	板框式旋转滤网	DL/T 458—1999	2021年2月1日
72	DL/T 463—2020	带电作业用绝缘子卡具	DL/T 463—2006	2021年2月1日
73	DL/T 547—2020	电力系统光纤通信运行管理规程	DL/T 547—2010	2021年2月1日
74	DL/T 630—2020	交流采样远动终端技术条件	DL/T 630—1997	2021年2月1日
75	DL/T 845.2—2020	电阻测量装置通用技术条件　第2部分：工频接地电阻测试仪	DL/T 845.2—2004	2021年2月1日
76	DL/T 935—2020	钢塑复合管和管件	DL/T 935—2005	2021年2月1日
77	DL/T 961—2020	电网调度规范用语	DL/T 961—2005	2021年2月1日
78	DL/T 1061—2020	光电式（CCD）垂线坐标仪	DL/T 1061—2007	2021年2月1日
79	DL/T 1062—2020	光电式（CCD）引张线仪	DL/T 1062—2007	2021年2月1日
80	DL/T 5036—2020	转桨式转轮组装与试验工艺导则	DL/T 5036—1994	2021年2月1日
81	DL/T 5270—2020	核子法密度及含水量测试规程	DL 5270—2012	2021年2月1日
82	DL/T 1399.4—2020	电力试验/检测车　第4部分：开关电器交流耐压试验车		2021年2月1日
83	DL/T 1694.6—2020	高压测试仪器及设备校准规范　第6部分：电力电缆超低频介质损耗测试仪		2021年2月1日
84	DL/T 1694.7—2020	高压测试仪器及设备校准规范　第7部分：综合保护测控装置　电测量		2021年2月1日
85	DL/T 846.13—2020	高电压测试设备通用技术条件　第13部分：避雷器监测器测试仪		2021年2月1日
86	DL/T 2142—2020	间接空冷系统性能试验规程		2021年2月1日
87	DL/T 2143.2—2020	港口岸电系统建设规范　第2部分：电能计量		2021年2月1日
88	DL/T 2144.1—2020	变电站自动化系统及设备检测规范　第1部分：总则		2021年2月1日
89	DL/T 2145.1—2020	变电设备在线监测装置现场测试导则　第1部分：变压器油中溶解气体在线监测装置		2021年2月1日

续表

序号	标准编号	标准名称	代替标准	实施日期
90	DL/T 2145.2—2020	变电设备在线监测装置现场测试导则 第2部分：电容型设备与金属氧化物避雷器绝缘在线监测装置		2021年2月1日
91	DL/T 2146—2020	固定式耙斗清污机		2021年2月1日
92	DL/T 2147—2020	生物质结渣性的测定方法		2021年2月1日
93	DL/T 2148—2020	生物质着火温度的测定方法		2021年2月1日
94	DL/T 2149—2020	生物质灰熔融性的测定方法		2021年2月1日
95	DL/T 2150—2020	变电设备运行温度监测装置技术规范		2021年2月1日
96	DL/T 2151.1—2020	岸基供电系统　第1部分：通用要求		2021年2月1日
97	DL/T 2151.3—2020	岸基供电系统　第3部分：变频电源		2021年2月1日
98	DL/T 2152—2020	生物质发电厂固体燃料中氯、氟含量测定方法		2021年2月1日
99	DL/T 2153—2020	输电线路用带电作业机器人		2021年2月1日
100	DL/T 2154—2020	大中型水电工程运行风险管理规范		2021年2月1日
101	DL/T 2155—2020	大坝安全监测系统评价规程		2021年2月1日
102	DL/T 2157—2020	带电作业工器具试验系统		2021年2月1日
103	DL/T 2158—2020	接地极线路带电作业技术导则		2021年2月1日
104	DL/T 2159—2020	变电站绝缘管型母线带电检测技术导则		2021年2月1日
105	DL/T 2160—2020	电力设施安全防范系统技术规范		2021年2月1日
106	DL/T 2161—2020	电力需求侧资源分类与特性分析技术导则		2021年2月1日
107	DL/T 2162—2020	用户参与需求响应基线负荷评价方法		2021年2月1日
108	DL/T 2163—2020	微机械电子式测斜仪		2021年2月1日
109	DL/T 2164—2020	差动电阻式土压力计		2021年2月1日
110	DL/T 2173—2020	±1100kV支柱复合绝缘子使用技术条件		2021年2月1日
111	DL/T 2174—2020	电力安全工器具移动检测平台		2021年2月1日
112	DL/T 2176—2020	变电站自动化设备远程运行维护技术规范		2021年2月1日
113	DL/T 2177—2020	厂站监控系统图形界面规范		2021年2月1日
114	DL/T 2178—2020	配电自动化终端试验装置技术条件		2021年2月1日
115	DL/T 2179—2020	电力源网荷互动终端技术规范		2021年2月1日
116	DL/T 2180—2020	配电网同期线损测量装置通用技术条件		2021年2月1日
117	DL/T 2181—2020	高压费控装置通用技术条件		2021年2月1日
118	DL/T 2182—2020	直流互感器用合并单元通用技术条件		2021年2月1日
119	DL/T 2185—2020	工频电压互感器现场校验成套装置技术条件		2021年2月1日
120	DL/T 2186—2020	工频电流互感器现场校验成套装置技术条件		2021年2月1日

续表

序号	标准编号	标准名称	代替标准	实施日期
121	DL/T 2187—2020	直流互感器校验仪通用技术条件		2021年2月1日
122	DL/T 2190—2020	中长期电力交易安全校核技术规范		2021年2月1日
123	DL/T 2191—2020	水轮机调速器涉网性能仿真检测技术规范		2021年2月1日
124	DL/T 2192—2020	并网发电厂变电站电力监控系统安全防护验收规范		2021年2月1日
125	DL/T 2193—2020	电力系统安全稳定控制系统设计及应用技术规范		2021年2月1日
126	DL/T 2194—2020	水力发电机组一次调频技术要求及试验导则		2021年2月1日
127	DL/T 2195—2020	新能源和小水电供电系统频率稳定计算导则		2021年2月1日
128	DL/T 2196—2020	电力需求侧辅助服务导则		2021年2月1日
129	DL/T 2197—2020	电力工程信息模型应用统一标准		2021年2月1日
130	DL/T 2202—2020	发电厂监控系统信息安全防护技术规范		2021年2月1日
131	DL/T 2203—2020	发电厂监控系统信息安全管理导则		2021年2月1日
132	DL/T 2204—2020	水电站大坝安全现场检查技术规程		2021年2月1日
133	DL/T 5811—2020	水轮发电机内冷安装技术导则		2021年2月1日
134	DL/T 5812—2020	水电水利工程导流隧洞及导流底孔封堵施工规范		2021年2月1日
135	DL/T 5813—2020	水电水利工程施工机械安全操作规程 隧洞衬砌钢模台车		2021年2月1日
136	DL/T 5814—2020	变电站、换流站土建工程施工质量验收规程		2021年2月1日
137	DL/T 5815—2020	水电水利工程固壁泥浆试验规程		2021年2月1日
138	DL/T 5816—2020	分布式电化学储能系统接入配电网设计规范		2021年2月1日

（中国电力企业联合会 周丽波 马小琨）

2020年国家能源局发布的电力行业标准英文版目录

2020年，国家能源局发布的电力行业标准英文版共22项，见表1。

表1 2020年国家能源局发布的电力行业标准英文版目录

序号	标准编号	行业标准名称	行业标准英文名称
1	DL/T 368—2010	输电线路用绝缘子污秽外绝缘的高海拔修正	The correction of high altitude on pollution external insulation for insulators used in transmission lines

续表

序号	标准编号	行业标准名称	行业标准英文名称
2	DL/T 487—2000	330kV及500kV交流架空送电线路绝缘子串的分布电压	Distribution voltage along insulator string on a. c. overhead transmission line with rated voltage of 330kV and 500kV
3	DL/T 496—2016	水轮机电液调节系统及装置调整试验导则	Guide of regulating and testing for electro-hydraulic regulating system and devices of hydraulic turbines
4	DL/T 626—2015	劣化悬式绝缘子检测规程	Aging suspension insulators inspection regulation
5	DL/T 771—2014	发电厂水处理用离子交换树脂选用导则	Directive for selection of ion exchange resin used in power plant water treatment system
6	DL/T 792—2013	水轮机调节系统及装置运行与检修规程	Specification for operation and maintenance of hydraulic turbine governing system and devices
7	DL/T 801—2010	大型发电机内冷却水质及系统技术要求	Requirements for internal cooling water quality and its systems in large generators
8	DL/T 859—2015	高压交流系统用复合绝缘子人工污秽试验	Artificial pollution tests on composite insulators used on high-voltage a. c. systems
9	DL/T 958—2014	名词术语　电力燃料	Terminology of fuel for power plant
10	DL/T 1217—2013	磁控型可控并联电抗器技术规范	Technical specification for magnetically controlled shunt reactor
11	DL/T 1220—2013	串联电容器补偿装置　交接试验及验收规范	Code for hand-over acceptance tests of series capacitor installation
12	DL/T 1269—2013	火力发电建设工程机组蒸汽吹管导则	Guide of the unit steam blowing for fossil power construction project
13	DL/T 1376—2014	超高压分级式可控并联电抗器技术规范	Technical specification for multistage controlled shunt reactor of extra high voltage
14	DL/T 1470—2015	交流系统用盘形悬式复合瓷或玻璃绝缘子串元件	Cap and pin suspension ceramic or glass insulator strings unit with composite shed for a. c. systems
15	DL/T 1525—2016	隐极同步发电机转子匝间短路故障诊断导则	Guide for the detection of interturn short-circuit faults in cylindrical rotors of synchronous machines
16	DL/T 1526—2016	柔性直流输电工程系统试验规程	Specification of system tests for VSC-HVDC project
17	DL/T 1766.1—2017	水氢氢冷汽轮发电机检修导则　第1部分：总则	Guide for maintenance of water-hydrogen-hydrogen cooled turbo generator Part1：general guideline
18	DL/T 5115—2016	混凝土面板堆石坝接缝止水技术规范	Technical code for joint seal of concrete face rockfill dam
19	DL/T 5144—2015	水工混凝土施工规范	Specifications for hydraulic concrete construction
20	DL/T 5304—2013	水工混凝土掺用石灰石粉技术规范	Technical specification of limestone powder for use in hydraulic concrete
21	DL/T 5361—2006	水电水利工程施工导截流模型试验规程	Code for model test of river diversion and closure during construction for hydropower & hydraulic engineering
22	DL/T 5363—2016	水工碾压式沥青混凝土施工规范	Specification for construction of hydraulic roller compacted bituminous concrete

（中国电力企业联合会　周丽波　马小琨）

2020年发布的水利技术标准

2020年水利部共发布水利技术标准45项，其中国家标准3项，水利行业标准42项，见表1。

表1 2020年发布的水利技术标准

序号	标准名称	标准编号	实施日期
（一）国家标准			
1	微灌工程技术规范	GB/T 50485—2020	2021年3月1日
2	灌区改造技术规范	GB/T 50599—2020	2021年3月1日
3	渠道防渗衬砌工程技术规范	GB/T 50600—2020	2021年3月1日
（二）行业标准			
1	水利水电工程岩石试验规程	SL/T 264—2020	2020年7月15日
2	水工钢闸门和启闭机安全运行规程	SL/T 722—2020	2020年7月15日
3	水利水电工程过电压保护及绝缘配合设计规范	SL/T 781—2020	2020年7月15日
4	堤防工程安全监测技术规程	SL/T 794—2020	2020年7月15日
5	水利水电建设工程安全生产条件和设施综合分析报告编制导则	SL/T 795—2020	2020年8月15日
6	水工建筑物地基处理设计规范	SL/T 792—2020	2020年8月15日
7	农田灌溉建设项目水资源论证导则	SL/T 769—2020	2020年8月15日
8	水工预应力锚固技术规范	SL/T 212—2020	2020年9月5日
9	水利系统通信业务技术导则	SL/T 292—2020	2020年9月5日
10	水利行业反恐怖防范要求	SL/T 772—2020	2020年9月5日
11	河湖健康评估技术导则	SL/T 793—2020	2020年9月5日
12	小型水电站下游河道减脱水防治技术导则	SL/T 796—2020	2020年9月5日
13	农田排水工程技术规范	SL/T 4—2020	2020年9月30日
14	水利水电工程金属结构制作与安装安全技术规程	SL/T 780—2020	2020年9月30日
15	水工隧洞安全鉴定规程	SL/T 790—2020	2020年9月30日
16	水利水电工程水文计算规范	SL/T 278—2020	2020年10月24日
17	水利空间数据交换协议	SL/T 797—2020	2020年10月24日
18	水利信息产品服务总则	SL/T 798—2020	2020年10月24日
19	水利对象分类与编码总则	SL/T 213—2020	2020年10月27日
20	水利数据目录服务规范	SL/T 799—2020	2020年10月27日
21	水利一张图空间信息服务规范	SL/T 801—2020	2020年10月27日
22	河湖生态系统保护与修复工程技术导则	SL/T 800—2020	2020年12月25日
23	水工建筑物水泥化学复合灌浆施工规范	SL/T 802—2020	2020年12月25日
24	水工建筑物岩石地基开挖施工技术规范	SL 47—2020	2021年2月2日
25	堤防工程管理设计规范	SL/T 171—2020	2021年2月2日
26	水文资料整编规范	SL/T 247—2020	2021年2月2日
27	水文年鉴汇编刊印规范	SL/T 460—2020	2021年2月2日
28	冰封期冰体采样与前处理规程	SL/T 466—2020	2021年2月2日

续表

序号	标准名称	标准编号	实施日期
29	碾压式土石坝设计规范	SL 274—2020	2021年2月28日
30	水利水电工程进水口设计规范	SL 285—2020	2021年2月28日
31	绿色小水电评价标准	SL/T 752—2020	2021年2月28日
32	水利网络安全保护技术规范	SL/T 803—2020	2021年2月28日
33	淤地坝技术规范	SL/T 804—2020	2021年2月28日
34	水工建筑物水泥灌浆施工技术规范	SL/T 62—2020	2021年2月28日
35	水利水电工程压力钢管设计规范	SL/T 281—2020	2021年2月28日
36	水利水电工程钻探规程	SL/T 291—2020	2021年2月28日
37	水利水电工程地质测绘规程	SL/T 299—2020	2021年2月28日
38	水工混凝土试验规程	SL/T 352—2020	2021年2月28日
39	水工纤维混凝土应用技术规范	SL/T 805—2020	2021年2月28日
40	水利水电工程水泵基本技术条件	SL/T 806—2020	2021年2月28日
41	水工建筑物水流脉动压力和流激振动模型试验规程	SL/T 158—2020	2021年3月15日
42	水利血防技术规范	SL/T 318—2020	2021年3月15日

（水利部国际合作与科技司　王伟　周静雯
中国水利学会　李建国）

2020年发布的由水电水利规划设计总院归口管理的技术标准

2020年，由水电水利规划设计总院归口管理的水电勘察设计技术标准和风电规划、设计、施工、安装技术标准，共发布36项，见表1。

表1　2020年发布的由水电水利规划设计总院归口管理的技术标准

序号	标准名称	标准编号	代替标准	实施日期
1	水工建筑物荷载标准	GB/T 51394—2020		2020年10月1日
2	碾压混凝土重力坝设计规范	NB/T 10332—2019		2020年7月1日
3	水电工程场内交通道路设计规范	NB/T 10333—2019	DL/T 5134—2001	2020年7月1日
4	水力资源调查评价规范	NB/T 10334—2019		2020年7月1日
5	碾压混凝土拱坝设计规范	NB/T 10335—2019		2020年7月1日
6	中小型水力发电工程地质勘察规范	NB/T 10336—2019	DL/T 5410—2009	2020年7月1日
7	水电工程预可行性研究报告编制规程	NB/T 10337—2019	DL/T 5206—2005	2020年7月1日
8	水电工程建设征地处理范围界定规范	NB/T 10338—2019	DL/T 5376—2007	2020年7月1日
9	水电工程坝址工程地质勘察规程	NB/T 10339—2019	DL/T 5414—2009	2020年7月1日
10	水电工程坑探规程	NB/T 10340—2019	DL/T 5050—2010	2020年7月1日
11	水电工程启闭机设计规范　第1部分：固定卷扬式启闭机设计规范	NB/T 10341.1—2019	DL/T 5167—2002	2020年7月1日
12	水电工程启闭机设计规范　第2部分：移动式启闭机设计规范	NB/T 10341.2—2019	DL/T 5167—2002	2020年7月1日

续表

序号	标准名称	标准编号	代替标准	实施日期
13	水电工程启闭机设计规范　第3部分：螺杆式启闭机设计规范	NB/T 10341.3—2019	DL/T 5167—2002、SD 297—1988、SD 298—1988	2020年7月1日
14	水电站调节保证设计导则	NB/T 10342—2019		2020年7月1日
15	水电工程软弱土地基处理技术规范	NB/T 10343—2019		2020年7月1日
16	水电工程水土保持设计规范	NB/T 10344—2019		2020年7月1日
17	水力发电厂高压电气设备选择及布置设计规范	NB/T 10345—2019	DL/T 5396—2007	2020年7月1日
18	水电工程景观规划设计规范	NB/T 10346—2019		2020年7月1日
19	水电工程环境影响评价规范	NB/T 10347—2019	SDJ 302—1988	2020年7月1日
20	水电工程水库蓄水应急预案编制规程	NB/T 10348—2019		2020年7月1日
21	压力钢管安全检测技术规程	NB/T 10349—2019	DL/T 709—1999	2020年7月1日
22	可持续水电评价导则	NB/T 10350—2019		2020年7月1日
23	水电工程水库地震监测总体规划设计报告编制规程	NB/T 10351—2019		2020年7月1日
24	水电工程节能设计规范	NB/T 10352—2019		2020年7月1日
25	太阳能发电工程太阳能资源评估技术规范	NB/T 10353—2019		2020年7月1日
26	水电工程生态流量实时监测系统技术规范	NB/T 10385—2020		2021年2月1日
27	水电工程水温实时监测系统技术规范	NB/T 10386—2020		2021年2月1日
28	海上风电场风能资源小尺度数值模拟技术规程	NB/T 10387—2020		2021年2月1日
29	潮汐发电工程地质勘察规范	NB/T 10388—2020		2021年2月1日
30	水电工程下闸蓄水规划报告编制规程	NB/T 10389—2020		2021年2月1日
31	水电工程沉沙池设计规范	NB/T 10390—2020	DL/T 5107—1999	2021年2月1日
32	水工隧洞设计规范	NB/T 10391—2020	DL/T 5195—2004	2021年2月1日
33	水电工程泄水建筑物消能防冲设计导则	NB/T 10392—2020		2021年2月1日
34	海上风电场工程施工安全技术规范	NB/T 10393—2020		2021年2月1日
35	光伏发电系统效能规范	NB/T 10394—2020		2021年2月1日
36	水电工程劳动安全与工业卫生后评价规程	NB/T 10395—2020		2021年2月1日

（水电水利规划设计总院　杜刚）

2020年大电机、水轮机新颁标准

2020年，由哈尔滨大电机研究所归口管理的大电机、水轮机技术标准，新发布技术标准6项，见表1。

表1　2020年大电机、水轮机新颁技术标准情况

序号	标准编号	标准名称	实施日期
1	IEC 62882：2020	水力机械—混流式水轮机压力脉动换算技术导则	2020年9月1日
2	GB/T 7409.2—2020	同步电机励磁系统　第2部分：电力系统研究用模型	2021年1月1日
3	GB/T 15468—2020	水轮机基本技术条件	2020年12月1日

续表

序号	标准编号	标准名称	实施日期
4	GB/T 39569—2020	潮流能资源评估及特征描述	2021年7月1日
5	GB/T 39571—2020	波浪能资源评估及特征描述	2021年7月1日
6	NB/T 10442—2020	波浪能和潮流能转换装置研发基本程序	2021年2月1日

（哈尔滨电机厂有限责任公司　刘诗琪）

水电新书

2020年中国电力出版社水电、新能源新书

2020年中国电力出版社出版的部分水电、新能源新书目录，见表1。

表1　中国电力出版社2020年部分水电、新能源新书

序列	书号	图书名称	作者	定价（元）
1	978-7-5198-4079-2	中国水力发电年鉴　第二十三卷	中国水力发电工程学会	380.00
2	978-7-5198-3743-3	新能源并网电磁暂态仿真技术与工程应用	曹斌、张叔禹、胡宏彬等	68.00
3	978-7-5198-3524-8	大型风力发电机组风能捕获广义跟踪控制技术	殷明慧、陈载宇、夏亚平、李群、邹云	60.00
4	978-7-5198-4164-5	风电工程质量通病预防与治理手册	北京天润新能投资有限公司	135.00
5	978-7-5198-3802-7	继电保护二次回路检测技术与应用	许守东、陈勇、张丽等	78.00
6	155198.1866	Q/CHD 20—2019《电力安全工作规程　电气部分》	中国华电集团有限公司	20.00
7	155198.1867	Q/CHD 21—2019《电力安全工作规程　水力机械部分》	中国华电集团有限公司	30.00
8	978-7-5198-4241-3	电力生产人员公用类培训教材　电力安全知识	顾飚	35.00
9	978-7-5198-3276-6	水力发电厂安全性评价查评依据	国家电网有限公司安全监察部	260.00
10	978-7-5198-4240-6	混流式水轮发电机组运行与检修	五凌电力有限公司	118.00
11	978-7-5198-3046-5	继电保护原理与运行分析	李玮	148.00
12	978-7-5198-4170-6	图解水电站机电设备安装　灯泡贯流式机组	中国华能桑河二级水电有限公司	68.00
13	978-7-5198-4244-4	图解水电站机电设备安装 230kV GIS及主变压器	中国华能桑河二级水电有限公司	48.00

续表

序列	书号	图书名称	作者	定价（元）
14	978-7-5198-4484-4	发电生产“1000个为什么”系列书　风电场运行知识1000问	单志栩	45.00
15	978-7-5198-4677-0	风力发电技术基础	中国大唐集团公司赤峰风电培训基地	68.00
16	978-7-5198-4474-5	国家电网有限公司技能人员专业培训教材　水轮机检修	国家电网有限公司	68.00
17	978-7-5198-4441-7	国家电网有限公司技能人员专业培训教材　水轮机调速器机械检修	国家电网有限公司	58.00
18	978-7-5198-4504-9	国家电网有限公司技能人员专业培训教材　水工监测	国家电网有限公司	58.00
19	978-7-5198-4421-9	国家电网有限公司技能人员专业培训教材　水电厂继电保护	国家电网有限公司	28.00
20	978-7-5198-4461-5	国家电网有限公司技能人员专业培训教材　水库调度	国家电网有限公司	48.00
21	978-7-5198-4437-0	国家电网有限公司技能人员专业培训教材　水轮发电机组运行	国家电网有限公司	128.00
22	978-7-5198-4090-7	抽水蓄能电站通用设备　金属结构分册	国网新源控股有限公司	22.00
23	978-7-5198-4184-3	抽水蓄能电站通用设备　水力机械分册	国网新源控股有限公司	28.00
24	978-7-5198-4161-4	抽水蓄能电站通用设备　供暖通风分册	国网新源控股有限公司	20.00
25	978-7-5198-4126-3	抽水蓄能电站通用设备　电气分册	国网新源控股有限公司	48.00
26	978-7-5198-4166-9	抽水蓄能电站通用设备　控制保护与通信分册	国网新源控股有限公司	78.00
27	978-7-5198-4089-1	抽水蓄能电站通用设备　电缆选型分册	国网新源控股有限公司	28.00
28	978-7-5198-4192-8	抽水蓄能电站通用设备　消防分册	国网新源控股有限公司	30.00
29	978-7-5198-4183-6	抽水蓄能电站通用设计　上下水库区域地表工程分册	国网新源控股有限公司	96.00
30	978-7-5198-4106-5	抽水蓄能电站通用设计　装饰材料分册	国网新源控股有限公司	34.00
31	978-7-5198-4107-2	抽水蓄能电站通用设计　装饰设计分册	国网新源控股有限公司	70.00
32	978-7-5198-4105-8	抽水蓄能电站通用设计　物防和技防设施配置分册	国网新源控股有限公司	38.00
33	978-7-5198-4190-4	抽水蓄能电站通用设计　地下洞室群通风系统分册	国网新源控股有限公司	78.00

续表

序列	书号	图书名称	作者	定价（元）
34	978-7-5198-4261-1	抽水蓄能电站通用造价　筹建期工程分册	国网新源控股有限公司	108.00
35	978-7-5198-4263-5	抽水蓄能电站通用造价　输水系统分册	国网新源控股有限公司	90.00
36	978-7-5198-4265-9	抽水蓄能电站通用造价　地下厂房分册	国网新源控股有限公司	78.00
37	978-7-5198-4264-2	抽水蓄能电站通用造价　上下水库分册	国网新源控股有限公司	92.00
38	978-7-5198-4262-8	抽水蓄能电站通用造价　机电设备安装分册	国网新源控股有限公司	104.00
39	978-7-5198-4834-7	水电站计算机监控	曾云、吴正义、郝秀峰、戎刚、贺洁、钱晶等	88.00
40	978-7-5198-4435-6	继电保护及自动装置运行与调试	李玮	98.00
41	978-7-5198-4724-1	清洁能源发电企业安全性评价与生产管理评价细则　光伏发电篇	北京京能清洁能源电力股份有限公司	60.00
42	978-7-5198-4730-2	清洁能源发电企业安全性评价与生产管理评价细则　风力发电篇	北京京能清洁能源电力股份有限公司	60.00
43	978-7-5198-4467-7	国家电网有限公司技能人员专业培训教材　水电起重工	国家电网有限公司	48.00
44	978-7-5198-4477-6	国家电网有限公司技能人员专业培训教材　水电自动装置检修	国家电网有限公司	158.00
45	978-7-5198-4553-7	多源多域电网协调控制技术	国网辽宁省电力有限公司电力科学研究院	49.00
46	978-7-5198-4815-6	风电场建设与运维	中国大唐集团公司赤峰风电培训基地	89.00
47	978-7-5198-4271-0	水电厂运行设备开关量分析管理技术	张豪、陈满、巩宇、彭煜民	46.00
48	978-7-5198-4865-1	水电机组建模理论	曾云、钱晶	68.00
49	978-7-5198-4708-1	抽水蓄能电站设备设施典型故障案例分析　水工建筑物分册	国网新源控股有限公司	130.00
50	978-7-5198-4707-4	抽水蓄能电站设备设施典型故障案例分析　电气分册	国网新源控股有限公司	160.00
51	978-7-5198-4719-7	抽水蓄能电站设备设施典型故障案例分析　水力机械分册	国网新源控股有限公司	120.00
52	978-7-5198-4851-4	光伏电站运维及故障典型案例分析	莫继才	108.00
53	978-7-5198-4852-1	风力发电机组设备：以可靠性为中心的维修	中国水电工程顾问集团有限公司	55.00
54	978-7-5198-4907-8	风电工程建设安全质量作业标准	国电投河南新能源有限公司	78.00
55	978-7-5198-5157-6	中国能源电力发展展望 2020	国网能源研究院有限公司	108.00

续表

序列	书号	图书名称	作者	定价（元）
56	978-7-5198-5170-5	全球能源分析与展望 2020	国网能源研究院有限公司	188.00
57	978-7-5198-5182-8	抽水蓄能电站项目前期管理培训教材 可研概算管理	国网新源控股有限公司	40.00
58	978-7-5198-5181-1	抽水蓄能电站项目前期管理培训教材 征地移民管理	国网新源控股有限公司	30.00
59	978-7-5198-5179-8	抽水蓄能电站项目前期管理培训教材 技术专题管理	国网新源控股有限公司	30.00
60	978-7-5198-5178-1	抽水蓄能电站项目前期管理培训教材 地质勘察管理	国网新源控股有限公司	30.00
61	978-7-5198-5180-4	抽水蓄能电站项目前期管理培训教材 前期工作管理	国网新源控股有限公司	30.00
62	978-7-5198-5097-5	中国水力发电技术发展报告（2018 年版）	水电水利规划设计总院、中国电力建设股份有限公司、中国水力发电工程学会	350.00
63	978-7-5198-5339-6	土石坝技术 2019 年论文集	水电水利规划设计总院、中国水力发电工程学会混凝土面板堆石坝专业委员会、中国电建集团昆明勘测设计研究院有限公司、水利水电土石坝工程信息网、国家能源水电工程技术研发中心高土石坝分中心	160.00
64	978-7-5198-3709-9	美国内政部垦务局设计标准 填筑坝	中国水电工程顾问集团有限公司、水电水利规划设计总院	495.00
65	978-7-5198-5116-3	2020 中国水电青年科技论坛论文集	中国水力发电工程学会	190.00

（中国电力出版社）

《混流式水轮发电机组运行与检修》出版发行

2020 年 4 月 1 日，由五凌电力有限公司组织编写的《混流式水轮发电机组运行与检修》由中国电力出版社出版、发行。目前，我国水电装机容量已稳居世界首位，且世界单机容量最大的白鹤滩水电站 100 万 kW 水电机组全部为“中国创造”，标志着中国水电具备了投资、规划、设计、施工、制造、运营管理的全产业链能力。了解并掌握混流式水轮发电机组的基本理论、基本结构、检修工艺流程、运行与维护技术及故障处理，是电站生产管理人员必备的技能，对提高运营管理能力具有重大意义。

五凌电力有限公司坚持走清洁发展之路，积极推进“深度开发水电、大力发展新能源、积极发展综合能源服务业”的产业发展战略。为总结混流式水轮发电机组运行与检修技术，介绍实际积累的经验总结，特组织人员编写该书。该书编委会成员长期从事混流式水轮发电机组运行与检修工作，具有扎实的理论基础和丰富的实践经验。该书主要讲述了混流式机组水轮机结构、混流式机组发电机结构、混流式机组水轮机检修与试验、混流式机组发电机检修与试验、混流式机组检修调试、混流式机组运行维护，以及混流式机组典型故障分析与处理等内容，力求通过通俗易懂的语言，使读者掌握混流式水轮发电机组运行及维护技能。

（中国电力出版社）

《水电站计算机监控》出版发行

2020 年 7 月 1 日，由曾云、吴正义、谭学奇主编的《水电站计算机监控》由中国电力出版社出版、发行。计算机监控系统在水电站的应用在我国始于

20世纪80年代中后期，至今已广泛应用于水电站。为适应水电站技术的发展和对人才培养的需求，国内高校能源与动力工程（原水利水电动力工程）专业陆续开设《水电站计算机监控》课程。现有的教材基本上都是以监控系统基础设备原理为核心，如数据采集和处理，内部通信、抗干扰等，内容上与本科课程体系中的其他课程存在较多的重叠，与水电站计算机监控的技术特性结合不紧密、针对性不强。随着我国经济和电力工业的快速发展，各类新兴技术快速发展并广泛应用与水电建设领域，水电站的自动化和信息化技术水平明显提升。特别是随着三峡、龙滩、向家坝等一批特大型水电站的投产，水电站计算机监控系统的控制技术日益成熟，监控系统的数据采集、信息处理、控制策略、安全容错等技术手段愈发完善，水电站的安全稳定运行水平越来越高。近年来，随着智能、智慧水电厂理念的提出，相关的新技术快速发展，教材内容已严重滞后属于生产技术的发展。

同时，随着本科教学和课程体系改革的不断深入，尤其是近年来加强本科教学的新形势下，提出了“新工科”“金课”等一系列理念，在教材上核心是实现产业新技术与学科理论的融合。昆明理工大学能源与动力工程专业《水电站计算机监控》课程从1998年开课至今，积累了丰富的教学经验，近年来得到了昆明理工大学一系列教改项目的资助。为了充分体现产业技术与学科理论的融合，昆明理工大学联合南京南瑞水利水电科技有限公司共同编写《水电站计算机监控》教材。水电站计算机监控概述、监控基础、监控结构及设备章节，理清水电站监控系统发展历程、主要内容、结构模式、技术发展趋势等内容，便于学习把握该技术领域发展脉络；机组段LCU、公用和辅助系统LCU、开关站LCU章节作为课程的核心内容，从单元控制要求、测点、硬件配置、软件流程控制进行详细分析，基本上呈现了LCU的设计实现过程；监控系统信息安全、AGC/AGV/经济调度/智能预警/状态分析评价等监控系统高级功能章节，充分反映新技术要求和技术发展；课程实践性环节安排渗漏排水、油压装置、厂用电3个子系统的控制组态设计，尝试将“金课”所要求的高阶性、创新性和挑战度融入教材中。

（中国电力出版社）

《中国水力发电技术发展报告（2018年版）》出版发行

2020年12月1日，由水电水利规划设计总院、中国电力建设股份有限公司、中国水力发电工程学会组织编著的《中国水力发电技术发展报告（2018年版）》由中国电力出版社出版、发行。

水电是世界范围内应用历史最长、运行最为灵活、便于大规模开发的清洁可再生能源。我国水能资源得天独厚，资源量居世界首位。根据最新普查成果，中国大陆技术可开发装机容量约6.6亿kW，年发电量约3万亿kW·h。1978年改革开放以来，中国水电经过多年的发展，成就举世瞩目。水电工程在保障我国供水安全、能源安全、应对气候变化和节能减排等方面，发挥了不可替代的作用。

行业持续高质量发展的同时，水电科学技术也不断进步。我国高坝筑坝技术、大流量高水头泄洪消能、大型地下洞室群建设、复杂基础处理、高边坡治理、施工导截流、金属结构与机电工程制造及安装调试等技术全面跻身世界前列。

中国水电事业取得了巨大成就，也面临严峻的挑战。因此，全面、系统总结已取得的建设成就与技术进步，分享经验吸取教训；分析研究面临的问题与挑战，集行业力量提出应对措施，立足国内高质量发展，面向国际质量与风控并重发展，提升行业的整体发展水平是十分必要的。

在中国电力建设股份有限公司的资助下，由水电水利规划设计总院与中国水力发电工程学会牵头，组织全国水电行业有关设计院、科研院所、流域公司、建设企业、制造企业和知名高校等单位在专业技术领域卓有建树的专家学者组成编写组，历经近2年的努力共同编撰本报告。

该报告第一篇中国水电开发现状与展望，突出最新的数据、最近的发展现状和最可能的发展趋势。第二篇中国水力发电科学技术进展，突出近6年来行业技术的突破和发展、总结经验和教训；在2012年版基础上新增筑坝材料与试验技术、抽水蓄能电站技术、过坝通航建筑物关键技术、环境影响评价与生态修复技术、中国水电国际工程实践等内容。第三篇水力发电技术发展重点方向，提出了16种类型的重点发展方向，包含传统建设领域重点发展方向包括水文气象泥沙重大关键技术、复杂地形地质条件勘测与评价技术、筑坝关键技术、大型地下洞室群关键技术、高性能水电机组关键技术、抽水蓄能电站关键技术等6大类；10类新型重点发展方向为水电发展新理念新思路、流域水电综合监测、流域梯级电站联合调度、风光水多能互补、水电工程信息化、工程健康诊断和除险加固、移民安置、水电绿色可持续发展趋势、流域风险防控与公共安全管理、中国水电国际化发展路径。

该报告立足国内、面向国际，吸收了近6年新的技术成果，持续更新国内、国际代表性工程。总结我国水力发电所取得的国内、国际成就，一方面让社会公众客观了解水力发电在推动国民经济建设，保障能源安全、供水安全、防洪安全、生态安全等方面所发挥的作用；另一方面也起到科普宣传的作用，同时，提出未来水电事业的发展方向和需要解决的关键技术问题，对我国水电的科技发展提出具有前瞻性的意见和建议，为我国水电科技工作者、设计者、建设者、管理者以及关心中国水电发展的人们，奉献一本有价值的实用资料。

（中国电力出版社）

中国电建集团西北勘测设计研究院有限公司 2020 年度技术专著出版情况

2020 年，中国电建集团西北勘测设计研究院有限公司加大技术总结和知识积累力度，组织编撰技术专著 12 部，已出版《深厚覆盖层基础闸坝工程关键技术研究与实践》《坝基冰水沉积物特性与工程应用》《高寒地区高拱坝混凝土温度控制技术研究与应用》《内陆寒旱区盐渍土工程地质特性研究》《水工建筑物水力设计及水力学计算程序 HYCOM》《水利水电工程中西英常用词汇》《老城区海绵城市建设策略与关键技术研究》等 7 部专著。

（一）《深厚覆盖层基础闸坝工程关键技术研究与实践》

该书结合深厚覆盖层上闸坝技术发展现状，就深厚覆盖层地质关键问题、闸坝布置及结构设计特点、深厚覆盖层闸坝防渗处理新技术、地基处理及沉降控制、监测设计及成果分析等方面，结合丰富的工程实例，从理论分析到工程设计、施工实践，进行了深入浅出的论述，总结了深厚覆盖层闸坝工程技术所取得的成就、经验和教训。对该类深厚覆盖层上闸坝工程关键技术问题，特别是新技术、新方法、新理论进行了系统梳理和总结提升。

（二）《坝基冰水沉积物特性与工程应用》

该书围绕目前深（巨）厚冰水沉积物上筑坝所面临的勘察技术共性和相似的工程地质问题，通过对青藏高原河床地区数个冰水沉积物的沉积特征、颗粒组成、结构特征进行勘察和分析，对冰水沉积物的形成演化过程及其与古气候环境的关系等进行了有益探索；对冰水沉积物的成因分类、分布韵律、岩土特性、岩组划分、物理力学特性、渗透性质、岩土体质量工程地质分级、力学参数的选取等诸多方面进行了分析研究；在坝基冰水沉积物中砂土地震液化判定及防治处理、冰水沉积物渗流场特征及防渗处理、坝基抗滑稳定性评价及加固等方面，结合工程实例对其进行了深入分析和研究。

（三）《高寒地区高拱坝混凝土温度控制技术研究与应用》

该书主要以黄河拉西瓦、李家峡、龙羊峡等水电站工程为依托，结合高寒地区气候特点、高拱坝混凝土温控设计标准和防裂要求，对大坝混凝土原材料选择、配合比优化设计、热力学性能试验研究、运行期水库水温预测分析、拱坝准稳定温度场计算、典型坝段施工期温度应力与温控措施仿真计算、施工温度应力反演分析研究、高寒地区高拱坝 MgO 微膨胀混凝土技术等一系列关键技术进行了全面系统的研究，形成了一整套完整的高寒地区高拱坝温度控制技术。尤其提出了适合高寒地区工程实际的冬季混凝土施工方法、保温标准及保温材料选择及其综合防裂措施。为黄河上游、西藏怒江、雅鲁藏布江、新疆等高寒地区高坝混凝土温控防裂提供了有力的技术支撑，具有借鉴和指导意义。

（四）《内陆寒旱区盐渍土工程地质特性研究》

西北内陆地区规划和已建成的风力发电场基本分布在空旷的戈壁地貌单元上，场地大面积分布内陆盐渍土，土中含有大量盐分形成盐渍土层，该书针对盐渍土溶陷、盐胀等工程地质建设中遇到的盐渍土工程问题，进行了西北内陆寒旱区粗粒盐渍土工程地质特性分析、盐渍土物理力学特性测试分析研究，系统阐述了西北内陆寒旱区盐渍土的基本特征、形成的自然环境和区域地质条件、由其特性产生的工程地质病害及非饱和条件下的水盐迁移特性，提出了西北内陆地区盐渍土地基处理建议。该书对提高盐渍土地区工程建设质量和综合效益提供有益指导。

（五）《水工建筑物水力设计及水力学计算程序 HYCOM》

水工建筑物水力学计算程序 HYCOM 是根据水工建筑物水力设计和水力学计算公式开发的，该书从水利水电工程枢纽布置、洪水标准、收集整理了 96 个不同坝型工程泄水和引（输）水设施水力设计实例、整编了国家标准和水利及电力行业规范有关的水力学计算公式、介绍了开发水力学计算程序 HYCOM 框图和使用说明，在水工建筑物水力设计领域第一次较为全面系统地总结了设计全过程，是一部内容丰富、实用性强的专著。

（六）《水利水电工程中西英常用词汇》

该书基于西北院多年海外项目工程经验总结，参考现行国家水电工程相关技术标准，立足传统优势水利水电业务进行的系统性水利水电工程词语汇编整理。该书系统收录了水利水电工程相关词汇的中文、英文、西班牙语及释义。同时，该书涵盖了水利水电工程建设中大量的三维工程图片，立体全面地呈现了汇编词语。该书既可以作为水利水电工程专业技术从业者便携型工具书进行查阅，也可作为水利水电工程初学者和从事海外生产经营工作者的入门词典。

（七）《老城区海绵城市建设策略与关键技术研究》

该书以西安市小寨区域为研究对象，通过对比老城区与新城区建设差异，搭建不同雨洪模型，同时，结合数值仿真分析、大数据智能化技术，构建智慧监控、预警预报、考核评估、应急指挥、运维管理、交互应用的海绵城市管控平台。该书重点提出了内涝和调蓄设施建设治理方案、不同类型海绵设施改造方案。该书可对现阶段中国老城区海绵城市建设及技术研究提供理论支撑和科学指导。

（中国电建集团西北勘测设计研究院有限公司 王丹迪）

11

水电建设管理

工 程 管 理

EPC模式下大型水电工程保发电费用计算方法

随着市场经济不断发展，水电工程项目设计—采购—施工总承包（EPC）模式走上历史舞台，基于EPC总承包合同框架，就大型水电工程保发电相关费用的组成、计算原则、计算方法、处理方式进行简单阐述，总结EPC模式下相关费用处理方式、方法及优缺点。

（一）保发电有关合同规定

1. 发包人要求的工期提前　若发包人要求承包人提前完工，应由发包人、监理人与承包人共同协商，在确保工程安全、质量的前提下，采取加快工程进度的措施。发包人要求承包人提前完工，双方依据合同约定另行协商，承包人有权要求发包人增加费用。

2. 承包人实现的工期提前　承包人若实现工期提前，按专用条款规定，对承包人进行奖励。

（二）保发电具备基础条件

1. 现场条件具备　大坝挡水系统混凝土转序顺利完成，混凝土浇筑节奏平稳上升，质量可控；引水发电系统开挖提前完成，混凝土浇筑稳中有进，为机电安装创造条件；拌和系统、缆机系统等辅助工程正常运行有保障，关键物资提前采购、有序储备，其他对外交通运输风险可控。

2. 技术上可行　总承包人已完成建设项目工期调整可行性分析，保发电关键技术研究分析与论证报告、保发电施工组织设计报告已通过有关方审查。

3. 安全上有保障　总承包人已完成保发电安全影响论证与评估报告并通过有关方审查，保发电各项工作质量有措施，安全有保障。

4. 经济上合理　总承包人已完成保发电工期技术可行性及经济合理性分析，保发电方案有利于工程项目提前发挥经济效益。

（三）保发电费用组成

1. 专项措施费　根据保发电可行性研究设计分析报告及施工组织设计报告，保发电的措施项目分为：①设计技术保障措施费用，主要是设计技术保障措施。②专项措施费，包括工程措施费用、施工措施费用、技术措施费用。③施工辅助措施费，包括新增的临建措施、包括新增的根据投标原则可以单独列项的费用、施工资源进出场措施费等。

2. 资源投入及窝工降效费用　①施工资源投入、管理资源投入。因保发电目标增加的资源投入，以及总承包人采取的组织措施、经济措施。②窝工闲置、降效费用。保发电施工组织设计增加了有限工作面的作业人工和机械数量，造成人员和机械降效；关键线路上施工强度大幅增加，资源的组织、调度、协调难度加大，难免存在人员、设备提前进场等待，机械空转情况，势必导致现场资源窝工、闲置。

3. 奖励费用　结合行业内的通常做法，为充分调动基层作业人员的积极性，设置关键节点目标奖励费用。

4. 其他费用　主要包括安全生产费用、价差调整费、间接费、利润、税金等。

（四）保发电费用计算原则

（1）单价项目。原合同有类似单价参照原合同单价执行；无类似单价参照投标原则重新组价；新增项目依据定额重新组价。

（2）合价项目。按照原合同取费基础和标准计算增加费用。

（3）专利技术、咨询、服务类项目。按照签订的专利使用、技术咨询、服务合同载明的金额并按照合同约定取费。

（4）根据多方案比较，保发电专项措施费相对独立，且按照计算原则费用变化不大。

奖励费用根据建设单位习惯、工程规模、发电效益的差异而不尽相同，不具有共性参考价值，以下重点介绍增加资源投入及窝工闲置降效费用的处理。

（五）保发电费用计算方法

1. 原合同提前发电奖励方法　根据合同约定，“经总承包人努力，首台机组实现并网发电，发包人将按提前天数每天 B 万元给予总承包人奖励，末台机组提前实现并网发电，每天奖励 B 万元。提前发电奖励总额上限为 X 万元。”①投标阶段：施工组织设计承诺总承包人首台机组提前发电 A 天，发包人按照 B 元/天标准进行奖励，奖励金额为 $P=A\times B$。②保发电方案：目标发电工期较原招标文件约定的工期略有提前，即首台机组较原合同提前发电 A_1 天（$A_1>A$），保发电方案可实现的提前发电奖励金

额为 $P_1 = A_1 \times B$。

2. 增加资源降效系数计算法　因保发电方案较原合同方案增加投入施工资源，在提高施工强度加快进度的同时，因资源过度集中、提前进场、相互干扰等造成施工效率降低，主要分析施工人员降效系数和机械设备降效系数。

$$P = \sum M_1 \times f_1 + \sum M_2 \times f_2 \qquad (1)$$

①P：增加资源降效补偿费用=施工人员降效补偿费+机械设备降效补偿费；②$\sum M_1$：保发电期间剩余合同产值人工费分解之和（含机上人工）；③$\sum M_2$：保发电期间剩余合同产值机械设备一类费用之和；④f_1：人工费降效系数$=1/(1-\Delta W_1/\sum W_1\times$合同对应工日单价)；⑤$f_2$：机械费降效系数$=1/(1-\Delta W_2/\sum W_2\times$合同对应机械一类费台时单价)；⑥$\Delta W_1=\sum$保发电人工工日数之和(含机上人工)×合同对应工日单价$-\sum$原方案人工工日数之和(含机上人工)×合同对应工日单价；⑦$\Delta W_2=\sum$保发电机械台时数×合同对应机械一类费台时单价$-\sum$原方案机械台时数×合同对应机械一类费台时单价；⑧$\sum W_1$：原方案人工工日数之和（含机上人工）；⑨$\sum W_2$：原方案机械台时数之和。施工人员资源增加投入。以经审批的保发电施工组织设计为研究对象，分析保发电工期调整期间拟投入的人工工日与投标阶段承诺数的变化幅度。其中投标阶段承诺数以投标方案中《拟投入本标的人力资源计划表》为基础，扣减管理人员配置。机械设备资源增加投入。以经审批的保发电施工组织设计为研究对象，分析保发电工期调整前后主要机械设备配置变化幅度，以机械一类费用为基础。

3. 关键线路高峰强度计算法　保发电工期调整方案主要通过：①加大施工资源投入，提高备仓和浇筑效率，缩短关键线路和部分非关键线路有关工作的持续时间，以实现加快施工进度的目的；②优化调整关键线路和部分非关键线路上有关工作之间的逻辑关系，将部分依次作业的工作调整为平行作业，达到缩短工期的目的。

通过保发电施工组织设计报告及网络计划图可知：①增加的施工资源主要位于关键线路挡水系统上；②保发电施工资源增加、减少变化曲线与混凝土峰值曲线均呈正态分布，峰值接近；③保发电资源投入与混凝土高峰强度的变化存在某种关系。关键线路高峰强度分析法是以混凝土高峰强度的变化计算保发电增加资源补偿费用。

$$S_0 = K \times S_1 + K \times S_2 \qquad (2)$$

$$K = \frac{Q_1}{Q_0} - 1$$

式中　S_0——保发电增加资源投入费用；

K——关键线路混凝土高峰强度系数；

Q_0——原合同关键线路混凝土高峰强度；

Q_1——保发电关键线路混凝土高峰强度；

S_1——$\sum$合同剩余分部分项清单分解人工费$+\sum$机上人工费；

S_2——$\sum$合同剩余分部分项清单分解机械设备一类费$+\sum$二类费。

4. 加班工资补偿法　保发电期间延长作业工人有效作业时间实现加快施工进度的目的，按照国家劳动法应支付作业工人加班工资。

①保发电增加资源费用=人工加班补偿费用+机械补偿费用；②人工加班补偿费用=人工加班直接费+增加人工间接费；③人工加班直接费=加班总工时数×合同工时综合单价×β；④增加人工间接费=人工加班直接费×合同约定间接费费率；⑤加班总工时数$=\sum$各部位完成工程量所需工时数×保发电方案提前天数/原合同工期数；⑥合同工时综合单价=保发电合同剩余产值人工费分解之和/保发电剩余合同产值分解总工时数；⑦β：人工加班工资补偿系数=［节假日加班工时数×节假日工资补偿系数（300%）+双休日加班工时数×双休日工资补偿系数（200%）+正常工作日加班工时数×正常工作日工资补偿系数（150%）］/加班总工时数。保发电时段内节假日、双休日、正常工作日加班工资系数按照《劳动合同法》规定的标准分别按原工资的300%、200%、150%计算。机械设备补偿方法参照上述“增加资源降效系数计算法”计算。

5. 类似项目对比法　横向参照国内或流域类似项目激励费用设置比例计算保发电激励考核费用。该费用为全口径激励考核，不再单独设置资源增加投入费用。

（六）保发电费用处理方式

1. DBB模式下（设计与施工相分离）　国内在建、完建水电工程项目中，提前发电商务费用多以事后友好商议的原则处理。其优点是：通过实物量法统计分析，发包人可以较准确地掌握承包人实际投入情况。其缺点是：①承包人的施工利润不可期，积极主动性不强；②监理人、承包人消耗大量人力开展计量、签证工作，成本太高；③发包人投资不受控，投资收益难以评估。

2. EPC模式下　提倡发、承包双方事前协商处理，提倡按照附属EPC模式总价包干处理。其优点是：可有效激发总承包人的积极性，推动设计、施工高度融合，合同责权利清晰明了，减少总承包合同后期商务问题；同时发包人投资回报可以提前锁定，有利于企业财务核算和可持续战略发展。

（中国水利水电第七工程局有限公司　黄从钢）

PDF417 码在大渡河金川水电站中的应用

针对金川水电站建设过程中的相关电子文档，采用二维条码作为一种信息数据的载体，实时准确的传递人员处理信息及处理结果，实现信息与工程建设管理过程的精确匹配与过程监控。PDF417 二维条码的应用贯穿于整个智慧工程的始末，工程的方案设计、施工、管理等阶段，都需要二维条码的支持。在不同的阶段二维条码发挥了不同的作用，为各项工作的进行提供了科学而准确的依据，是智慧工程建设能够顺畅运行的重要保障。

（一）施工程序

系统开发采用 B/S 结构，及 Browser/Server（浏览器/服务器）结构，用户界面通过浏览器实现，一部分事物逻辑在前端实现，主要事物逻辑在服务器端实现。结合 H5 及 API 接口，用通用浏览器实现原有复杂专用软件才能实现的功能。系统极有分布性特点，可以随时随地进行业务处理。业务扩展简单方便，通过增加页面即可增加服务功能。实现跨平台的系统集成服务，提供异种机、异种网、异种应用服务器的联机、联网、统一服务的开放性基础。

（二）主要施工方法

1. 二维条码数据生成模块　该模块是整个系统的核心，基于金川水电站建设管理编码体系，制定 PDF417 条码编码结构，形成划分至工序的原始数据，采用 AES 加密算法对原始数据进行加密运算，将原始数据转变为加密数据，将密钥直接封装起来，解密时自动识别加密的密钥及算法，保证二维条码的安全性，并支持输出常用的 PNG、JPEG 等图片格式。①二维条码样式。采用 PDF417 行排式二维条码，它是在一维条码编码原理基础上建立起来的，按照需要堆积成二行或多行。②二维条码编码。二维条码的编码程序是整个系统的重点也是主体，利用算法完成二维条码的编码工作。③条码信息加密。二维条码本身不具备防伪功能，可以将二维条码技术与加密技术相结合，对生成二维条码的数据信息进行加密处理，起到对数据信息的保密和防伪目的。④生成条码图像。设计条码图像的结构，根据码字的数目将条码分成 3～90 行，2～30 列，每一个码字对应一个条码符号。

2. 二维条码自动识别模块　二维条码自动识别模块提供二维码译码功能，从二维条码图像中识别、解译编码，输出结果。通过图像的采集设备，得到含有条码的图像，此后主要经过图像预处理、条码定位、读取数据、纠错和解码等步骤实现条码的识别。①图像预处理。二维码图像预处理可分为 3 个部分：彩色图像灰度化、利用中值滤波进行图像平滑以及利用灰度图像二值化技术分割图像，对采集到的彩色图像进行灰度化处理。②识别深浅模块。通过位置探测图形定位图像和根据深浅模块获取符号信息。深色模块为“0”与浅色模块为“1”。③确定版本。识别格式信息，识别版本信息，确定符号版本。④消除掩模。消除掩模信息，主要是异或操作。⑤恢复数据和纠错码字。通过模块布置规则，读取符号字符，恢复数据与纠错码字。通过纠错码字进行错误检测，如果发现错误，立即纠错。⑥数据码字译码。由模式和字符计数指示符划分数据码字。最后译码，输出结果。

3. 公文制作管理模块　公文制作管理模块提供自下至上的公文呈报模板制作功能，依据各施工单位或监理单位提供的公文模板，开发满足金川水电站工程建设的公文制作管理模块，通过本模块，系统自动生成带二维码标签的规范公文。

4. 手持终端 SDK 模块　根据手持终端提供的 SDK 资料和代码，进行二次开发，形成适配本项目的二维码扫码、解码 SDK 工具包，方便其他智能系统调用，满足不同智能系统的扫码需求。

（中国安能集团第一工程局有限公司
张高举　张云天）

大型水电建设项目档案管理实践与思考

水电工程建设项目档案是工程建设的宝贵财产，记载、见证着广大工程建设者的智慧，是历史真实凭据、法律凭证，在服务工程建设、总结建设经验、提升建设管理水平、维护建设各方权益等方面发挥着重要作用，也为企业管理和发展提供重要支撑。

（一）大型水电项目建设特点

①建设工程规模大。工程等级高、库大、坝高、装机多，通常包括土建施工、机电安装、设备制造等，投资规模一般均超过 50 亿元。②建设周期长。包括筹建期、准备期、主体施工期、完建期及缺陷责任期等，一般 5～10 年。③涉及行业多。一般包括水电、交通、建筑、电力、水利、环境保护等行业。④参建单位多。包括建设单位、设计单位、监理单位、施工单位（土建、安装单位）、制造单位、监测单位、检测试验、测量等单位，施工过程分标多。大型水电项目建设监理单位、施工单位和制造单位一般有多家，因此一份文件档案可能涉及建设、设计、施工监理等多家单位。⑤参建人员多。参建人员一般为

3000～8000人，参与人员因升迁、调动、辞职等原因离场，人员流动频繁。⑥档案门类繁多。档案载体包括文字、图纸、照片、证书、实物等，数量巨大、种类繁多。以上这些特点决定着水电建设项目档案管理面广、管理跨度大、难度大。

（二）档案管理主要工作

1. 组建建设项目档案管理网络　在项目建设伊始，依照《中华人民共和国档案法》《建设项目档案管理规范》，依法开展档案管理，及时建立档案管理专门机构和档案室，配备合适充足的档案管理资源，形成建设单位为核心、设计、监理、施工、制造等单位的参加工程建设档案管理网络，实行统一管理。

2. 档案管理制度与标准　①依据《建设项目档案管理规范》等标准，结合项目特点和建设管理要求，发布建设项目档案管理制度和方案，明确建设项目各参建单位职责、档案管理流程、范围目录、分类表、标准和要求，落实档案考核机制，将档案管理纳入合同管理范畴，实行统一制度、统一标准。②制定包括文档资料收集、分类、保管、保密、查阅、复制、整编、移交、验收和归档等的制度，包括文件资料签收、送阅程序，制定文件起草、打印、校核、签发等管理程序。

3. 档案管理培训　及时组织开展建设项目档案管理培训。对参建单位的工程管理、档案及文书等管理人员组织系统的培训和考核，增加其档案管理意识，提高其档案管理知识，以形成以工程管理人员为基础、档案及文书管理为核心的建设项目档案管理队伍。必要是邀请政府有关档案管理部门进行指导。

4. 档案过程管理与考核　按照检查和考核机制，将档案管理纳入日常工作，及时开展档案过程管控。考核结果作为参建单位履约考核、合同结算支护依据之一。过程管理重点是项目建设文件和竣工图的管理，档案管理应满足符合性、完整性、真实性和有序性等要求。

5. 文件归档和移交　按照有关标准和项目档案管理方案，督促施工单位及时完成文件质量检查和组卷，安排监理档案管理工程师检查其组卷文件，督促施工及有关单位按时归档和移交。

（三）存在的主要问题

1. 文件档案存在的主要问题　工程管理人员不重视文件档案资料质量，忽视原始记录形成和收集，强调项目质量、工期和进度，导致归档文件审查把关不严，收集整理档案资料质量不高，以致出现文件质量完整性、准确性、系统性、有效性、规范性方面存在问题，影响工程验收、结算和归档文件收集整理不及时，移交归档滞后的情况屡见不鲜。①缺原件、原件损污，原件涂改、涂鸦；档案文件填写不符合要求，采用圆珠笔、铅笔等；文件档案纸张不符合要求，被污损；无附件、无支撑性材料。②检查记录表空白，无数据信息，无必要的检查记录、数据计算；数据涂改，计算错误；签署意见不规范或无实质意见或评价；无签名或不签名不规范、潦草，签署人员无资格，存在多人代签，签名字迹不符；无签署日期或书写不规范；未加盖个人执业印章、单位公章，公章与文件上名称不一致，印章为复印件。③照片质量不符合要求，无标识；录像质量不符合要求，无说明。④文件签发不符合流程、文件处理不及时或没有实际结果；文件组卷不符合，“三无”文件。

2. 原因分析　①重建设、轻档案或重收集、轻把关。实际工作中，档案工作并没有得到足够的重视，个别单位负责人不重视，未及时配备专职档案专业人员、经费不足，无专门档案室，未将其纳入单位和员工的考核。工程建设管理与项目档案管理未同步开展，存在脱节现象，甚至影响工程验收、结算和移交。个别项目参建单位的档案管理在制度化、程序化、规范化等方面还不完善，致使工作界面与职责分工不明晰，管理措施不得力，文件资料存在散失、收集不全、归档滞后、审查把关不严 、将不符合要求的资料收集等情况，难以有效地指导档案管理人员的工作。②培训不到位。培训重点关注了各单位档案专业人员，没有及时动态开展全体工程建设者档案培训，尤其工程建设一线质量、施工、技术、安全、合同管理等专业培训不到位，加上人员流动比较大，以致工程建设一线档案素质不高。③重视不足。大量的文件是由工程管理工作派生的，实际工作中存在工程管理人员重视工程管理，忽视档案管理的现象，甚至认为文件档案质量是档案人员的事情，忽视档案质量检查，或者没有及时收集。④档案人员素质不高。目前存在档案管理人员为兼职或临时招聘现象，专业素质不高，加上人员流动频繁，建设过程检查指导不到位，不能及时发现出现的问题，或找不到有效的解决措施，更没有起到指导作业。⑤过程管理不到位。未及时组织档案管理检查和考核或流于形式，考核结果没有纳入参建单位履约和合同结算支护考核中，问题未及时整改或整改不及时。

（四）对策与建议

1. 健全档案管理制度　按照坚持“统一领导、分级管理、全员参与”的原则，本着“对历史负责，为现实服务，替未来着想”的宗旨和“建设精品工程、创建精品档案”的工作目标，健全档案工作网络、责任分工、科学合理且具有可行性档案管理制度规范，落实归档计划，加强监督检查、专业指导和考核。抓好工程建设项目档案过程管控，保证建设项目档案的完整、准确、系统、安全和有效利用。对工程项目文件材料的形成、收集、整理、分类、归档范围、竣工文件编制、交接验收以及立卷归档，明确具体要求以及文件归档具体标准。

2. 强化项目负责人责任　在合同明确各参建单位档案管理责任及项目负责人责任，夯实各方职责，将档案管理纳入项目负责人履职的考核。

3. 加强工程建设人员培训　工程建设档案主要是工程建设一线人员履职形成的，因此，应重点要加强现场人员的培训，全面提高档案专业知识、能力和责任心，在文件档案形成过程中同步做好质量管控，减少返工和归档难度，避免问题积压。系统开展档案管理人员培训，全面提高其档案管理专业知识。

4. 加强过程考核　将档案管理纳入合同范畴，作为参建单位履约考核、合同结算的内容之一，及时开展季度、年度档案管理考核。加强监督检查与专业指导，采取有效措施，抓好工程建设项目档案过程管控，保证建设项目档案的完整、准确、系统、安全和有效利用。按照月、季度组织参建单位档案管理检查、审核和考核，建立档案管理工作季度会议，督促参建单位及时进行整改，及时提交对工程档案内容与整编质量情况专题报告。

（中国水利水电建设工程咨询中南有限公司
黎山　刘杨　郑慧明）

水利水电工程中设备物资增效减耗降本措施

水利水电工程项目设备物资成本管理是项目管理成败的重要因素之一，设备物资成本占据工程总成本的60%左右，设备物资成本管理的成效很大程度上决定项目的盈亏。设备物资成本目标管理是以工程项目可控设备物资费用为对象，以设备物资成本目标为控制标准，对项目设备物资成本目标进行分解、划分责任单元，以设备物资成本目标过程控制、核算分析、管理评价、督察等综合管理措施为手段，严格控制设备物资成本，最终实现降本增效的目的。

（一）设备增效降本

大型水利水电工程，拌和系统是混凝土生产的重要设备，缆机系统是混凝土垂直运输的主要设备，也是成本管控难点和重点。

1. 拌和系统优化　①白鹤滩水电站高、低线系统共配置4座HL360-4F4500L型拌和楼以及与其相配套的砂石骨料输送储存系统、胶凝材料输送储存系统、制冷系统，组成目前国内最大的混凝土生产供应系统，主要承担主坝所需810万m^3混凝土的生产任务。在拌和楼小石及砂含水运行过程中，极易产生回转斗卡死并且传出假信号，造成废料。进行技术改造后，极大地提高了混凝土生产效率，减少了废料产生。②白鹤滩水电站上述拌和楼生产过程中，搅拌机内易产生正压使泄水不畅通，导致混凝土坍落度偏差较大，通过技术改造，有效控制了混凝土坍落度，混凝土质量得到了保障。③拌和楼收尘器是为了收集秤量过程中的灰尘，减少灰尘外泄，通过将白鹤滩水电站拌和楼收尘管路从搅拌层移至集料层，保障作业人员安全，减少积灰清理时长，有效防止拌和楼生产过程中粉尘污染，改善了环境、减少人工投入。因此，收尘器的正常运行至关重要。④对环境温度较高的工地，原设备自带降温系统不能满足现场降温条件，白鹤滩工地夏季外界环境温度高，拌和楼自带降温系统不能满足降温要求。通过对制冷冰楼冰库压缩机进行改造，对冰库压缩机进行降温，有效控制了高温季节混凝土出机口温度。⑤在拌和楼生产过程中，为了控制冷水的温度，避免冷水和系统水混合，白鹤滩水电站技术人员在拌和楼水箱加装电控浮球液位控制器与送水泵接触器联动，节省人力投入，实现无人值守、稳定运行，达到降本增效的效果。⑥在白鹤水电站拌和楼，冰楼送入拌和楼冷水箱内的冷水温度回升较快，不能满足混凝土温控要求。技术人员在拌和楼冷水箱底部至冰楼冷水箱加装回水管，拌和楼冷水箱冷水温度下降3～5℃，冷水温度得到了有效控制。⑦白鹤滩水电站拌和楼运行一段时间后，容易出现外加剂箱浮球阀失灵情况，经技术人员进行技术改造，有效防止外加剂送冒，减少废料及成本损失。⑧外加剂液因从高处往低处送，停泵后管内余液自流到拌和楼外加剂箱里发生溢流现象，造成外加剂浪费。经对白鹤滩水电站拌和楼外加剂输送管路改造，有效控制停泵后管路内液体自流，极大地节约了成本。

2. 缆机系统优化　①平移式无塔架缆机经常出现电源电压波动超限值造成停机的情况。在小湾水电站施工过程中，技术人员增加了一趟跨江电缆回路，增大供电容量，由初期的一条母线向3台缆机供电调整为由一条母线向2台缆机供电，从源头上防止缆机电源电压波动超限值造成停机，预防电机溜钩环火现象出现。同时，将提升电机由950kW更换成为1050kW，提高了设备运行保障率。②为了避免出现多台缆机同时运行发生碰撞事故，小湾水电站6台无塔架平移式缆机在缆机牵引系统增加本质安全预限位及语音报警系统，开发了缆机架空系统固定张开式承码无线防撞系统，优化了抗摇摆动能和PLC程序，解决了多台缆机运行安全问题。③为了避免吊罐弧门自动打开，造成撒料、人员伤亡情况发生，小湾水电站施工过程中技术人员在立罐弧门安装了自锁装置和关闭监控装置；白鹤滩水电站技术人员在罐体上安装锁止装置。④缆机起升、牵引钢丝绳、导向滑轮、承码等进口配件价格昂贵、购买手续复杂、供货周期长，通过对小湾水电站工程1～6号缆机部件进行国产化替代性改造，降低了缆机备品备件成本。⑤通过对小湾水电站缆机系统优化，大大降低了缆机故障及安全运行风险。2007～2008年，小湾水电站6台无塔架平移式缆机群实现了连续18个月混凝土运输保持在20万m^3以上，并创造了最高月运输混凝土222356m^3，最高日运输混凝土11130m^3，最高班运输混凝土4149m^3，年运输混凝土248.65万m^3的国内水电高拱坝日、月、年运输混凝土新纪录，该纪录荣获"中国企业新纪录奖"。

（二）设备物资管理增效

加强对设备物资的使用管理，就是加强设备物资基础管理，既是对设备物资的成本目标管理，也是对设备物资动态过程管理。

1. 工程项目设备物资成本目标　工程项目设备物资成本目标是实现项目实施过程中设备物资全寿命周期成本管控，其中：设备从计划、采购、验收、使用、调剂、维护保养、折旧、报废处置等方面；材料从计划、采购、供应、验收、使用、核销、废料处理等方面实现全过程系统性的可控管理，按照公司或各单位核定的成本目标，由项目部负责归集、控制，项目部应在设备物资成本目标范围内，按期、优质、安全地完成项目实施，确保上缴费用及目标利润，并努力实现超额利润。

2. 采购计划　采购计划是集中采购管理工作的关键环节，关系着资源配置的效率和采购成本。重视采购计划的及时性和科学性及准确性，按时编制并上报采购计划，并对计划执行情况及时进行跟踪分析研究。

3. 材料核销　材料核销是生产经营管控的重要环节，是项目成本管理中不可缺失的举措。通过对地材、钢材、油料、胶材、火工材料等主要材料的核销，做到发料前有限额，发料中有控制，过程及完工后有核销。严格执行主要材料定期核销及完工核销制度，同时根据核算分析制订后续材料节约使用措施，落实到责任人。通过加强材料核销管理，保障工程建设施工质量和进度，控制工程建设成本，提质增效。

4. 限额领料　对铜止水、焊条、镀锌扁铁等价值较高的小材料实行限额领料制度，由技术人员按施工图纸计算单仓用量并按单仓数量加一定损耗材料核定领用量。

5. 基本工作流程　工程项目实施性策划：在项目进场后，以前期策划确定的项目管理目标为依据，按照先调剂后采购的原则进行设备物资配置。①实施过程控制。对设备物资成本目标进行分解，对各责任单位管理人员、技术人员和操作人员量化具体责任目标、落实控制措施、明确奖惩方案；加强设备物资成本目标管理监督和业绩考核，及时掌握项目设备物资成本目标现状及其管理工作动态，发现和解决存在问题，通过强化过程管理和控制，有效控制项目设备物资成本目标。②成本核算、分析与纠偏。项目部建立各类设备物资成本目标管理台账和报表，及时确认收入和支出，正确归集设备物资成本，按期编制设备物资成本报告，真实反映项目设备物资成本信息；定期开展项目设备物资成本分析，查找设备物资节超原因，制定并落实整改措施，及时纠偏。③管理考核、评价。持续加强工程项目设备物资成本管理，实现项目设备物资管理规范化、标准化及精细化，对项目开展工程项目设备物资成本目标管理考核、评价，并将考核、评价结果计入综合业绩考核。

6. 对比分析　项目设备物资目标成本分析应采取目标值与实际值对比分析的方法，即实际完成工程量与设备物资成本目标预算工程量，实际消耗量与设备物资成本目标预算消耗量，实际价格与设备物资成本目标预算价格，各种费用实际发生额与设备物资成本目标预算发生额逐一进行对比分析；对合同预计总收入及预计总设备物资重新进行测算；对项目风险点及盈亏点重新进行梳理，进一步优化减亏扭亏措施。通过设备物资成本目标分析，达到总结经验、发现问题、查找原因、整改落实、提高项目效益的目的。

7. 发挥监督、考核机制作用　重点防范采购合同签订、资金支付、设备物资租赁、废旧设备物资处理等重要环节中的违规、违纪风险、法律风险，使设备物资管理工作依法、合规、受控，降低成本。

（中国水利水电第四工程局有限公司
胡艳军　许珍）

莫坎水电总承包管理存在问题及对策

随着全球经济一体化发展不断加强，水电工程建设的技术、资本、人才等各生产要素结合程度更加紧密，受不同国家政策制度及政治因素的影响，水电工程总承包项目面临的风险及实施难易程度也不尽相同，对标国际业务成熟型公司，国际水电总承包工程效益主要受到企业经营管理理念、管理水平、人才资源及资金情况等制约，在部分国家政治因素的影响也较大。尤其在工业生产相对落后的非洲地区，人员材料机械严重缺乏情况下，国内总承包商面临生产组织等各方面严峻挑战，因此，开展总承包项目实施过程总结研究，提炼相关问题及解决对策，对于类似项目具有一定借鉴和指导。

（一）莫坎水电站工程概况

莫坎水电站项目是中国政府以优惠贷款形式提供建设资金的援建项目，电站以发电为主，兼有内陆养鱼、旅游及灌溉等综合利用的水利枢纽工程，水库为大（2）型水利枢纽工程，水库库容 9.40 亿 m^3，设计装机 3×0.40 万 kW，电站总装机容量 1.2 万 kW，年发电量 7006.70 万 kW·h，建设期 36 个月，初选坝型为土坝方案，厂房类型为坝后地面式，以明渠方式及导流，并设有溢洪道两条，第一溢洪道宽 40.00m，第二溢洪道宽 100.00m。该水电站工程总承包合同范围包括完成水电站所需要的所有设计、采购和施工，包括所有组件之间的接口点设计、供应、安装、调试和试验，以及其他专门列出的特殊需要或要求，以便提供一个完整、安全、可操作并且可靠的发电站。

（二）总承包组织及管理

1. 项目管理组织体系　为更好地实现项目履约，总承包方将实施过程项目管理委托给专业咨询公司，以其为主组建现场项目管理团队，总承包方部分人员参与现场管理并受咨询公司领导，执行咨询公司指令。项目经理由总承包方担任，常务副经理由咨询公司担任并主要指导现场经理部工作。项目组织构架包括商务综合组、施工计划综合组、工程现场经理部、属地联络办等构成。属地联络办主要负责对接所在国家相关政府部门，办理相关手续；商务综合组主要负责总承包合同及项目执行过程分包合同总体控制，制定和跟踪总控目标；施工计划综合组主要负责工程总体进度计划、控制性工程计划及实施性工程计划的制定和跟踪；现场经理部主要管控工程进度、合同、质量、SHE 等方面工作，并及时协调解决现场相关问题。

2. 项目管理主要内容　①设计管理。该项目总承包方委托专业设计院开展项目初步设计及施工图设计，主要设计工作包含设计计划落实完善、初步设计和施工图设计审核提交确认、处理和答辩业主和咨询工程师提出的图纸确认意见，及时组织对分包单位设计交底、按照程序处理设计变更等事项。②采购管理。水电工程设备材料采购造价占到工程总成本的 40%左右，该项目采购设备基本由国内厂家提供，项目经理负责采购计划的审定，技术设备组负责项目采购计划的制定与验证，商务综合组负责佣金、储运等采购实施。现场专业工程师负责采购设备出入库管理。③实施阶段其他管理。包括计划控制、合同控制、商务和财务管理、SHE 控制、试运行。

（三）实施过程问题及对策

1. 现场问题总结　①由于该项目委托国内设计院进行设计，设计院采用派驻现场设计代表的形式开展工作，设计人员接收设计院指令和工作任务，现场经理部无权向设计人员发布指令。此种模式下设计工作单从质量安全角度考虑，与总承包商设计优化的预期仍有差距，限制了 EPC 模式优势发挥。②受到非洲地区自然环境和社会环境影响，工程项目实施过程社会政策、法律法规、自然环境及施工基本条件等不可预见性因素变化较多，分包商就此变化向总包项目部提出数量较大的索赔，并由于索赔事项中产生对立情绪，对工程推进造成影响。③受到项目所在国家工业产品限制，该项目所有设备供应商均为国内供应商，设备采运周期长环节多。由于转运或者装箱过程不注意，到达现场开箱后发生备品备件、盘柜零件等物件缺失，给工程项目进度造成严重影响。④该项目实施过程使用了大量当地劳务工人，其安全意识淡漠，常规性工作违章经常性发生。同时，非洲中部雨林地区流行性疾病较多，加之当地医疗水平有限，给现场人员健康带来一定风险，SHE 管控难度较大。⑤该项目土建分包单位通过国内公开招标方式确定，分包方经验不足，未充分考虑调研非洲地区建筑工人劳动习惯、建筑材料及机械租赁等方面市场情况，导致材料供应及施工机械需求不能满足施工需要，造成进度滞后。⑥由于缺乏对当地劳务用工法律的理解，当地的劳动管理部经常收到来自现场劳务工人举报。尤其是项目实施之初，频繁发生罢工阻工事件发生，项目部及时向当地警察局和政府反馈，但是地方保护思想使得问题不能很好沟通解决，导致总包商和分包商利益受损。

2. 解决对策　①改变设计分包合同条款及管理模式，将现场设计人员权限和责任从设计院转移到现场总承包项目部，受总承包项目部领导，在总包部的指导下开展设计优化和设计变更，全面服务总承包项目管理，最大限度降低成本。②分包商不愿意过多承担不可预见性风险在国际工程中较为常见，由此引发各种矛盾和问题，项目执行到中期，此问题较为突出，因此总包方现场项目部制定了相应的激励机制，现场情况发生变化时，引导分包方积极整编向业主方索赔材料，并参与索赔工作全过程，索赔成果双方共享，一定程度上缓解了矛盾，提高了分包方积极性。③为避免国内厂家发货失误或者转运过程出现短零部件等问题，货物装验、到港口接收、现场开箱检查等关键环节由商务综合组派人全程跟踪，国内厂家装箱前对照清单共同验收，运抵项目所在国港口后参与入关及转运工作，运抵项目现场后联合进行开箱验收，加强了货物采运每一环节控制。④非洲工程建设和管理技术普遍落后，劳工素质普遍较低，在项目执行过程中采用“师带徒”的方式，分成工作小组开展工作。同时，总承包项目部组织劳工开展机械使用专题培训，逐渐扭转和降低施工现场安全风险。⑤受非洲地区特殊施工环境因素限制，分包商招标要充分考虑承担同类地区施工任务的经验，总包方也要加强对当地建筑市场情况做充分调研，建立工程材料、机械、劳务用工等方面的关系渠道，防止分包商资源供给不及时造成工期延误。⑥非洲部分国家继承殖民时期的制度和法律，劳务保护体系制度相对严格，由于该项目前期受到此方面问题困扰，因此，在充分了解当地法律和习惯的前提下，定期与劳务管理部门沟通，落实他们的要求。同时，总包项目部定期及时发放劳保用品，半个月发放一次工人工资，对于离职工人给予路费补贴，一定程度上扭转了劳动投诉。

（中国电建集团西北勘测设计研究院有限公司　张琛）

由设计院牵头 EPC 项目的造价控制与管理

EPC 总承包模式作为建设项目的新型模式，因其能实现设计、采购、施工一体化，减少了中间环节，节约了工期，节约了建设投资，受到市场认可。我国目前的总承包主体主要有 3 种：投资公司牵头总承包、施工单位牵头总承包、设计院牵头总承包。对比 3 种模式可以发现，由设计院作为牵头方的 EPC 项目，可以充分发挥设计在建设过程中的主导作用，实现设计、采购、施工高度融合，加快工程进度，缩短建设周期，同时相比传统发承包模式而言，EPC 项目的合同关系更简单、责任划分更清晰，能更好地实现建设单位的预想目标。

EPC 项目的造价控制绝对不是由一个人或者一个专业、一个阶段可以做好的，它是一个系统工程，需要各角色和各阶段的高度融合和配合，在对 EPC 项目造价的管理控制过程中要结合项目实际情况综合考虑多方因素对造价的影响，EPC 项目总承包必须要以设计为重点进行主动控制，从方案阶段着手，把控制工程造价的观念渗透到设计和施工的各个环节中，才能达到工程造价的有效管理和合理控制，才能最大限度地提高项目经济效益，在实现项目利润最大化的同时又能保证建设方的投资得到良好控制。

（一）EPC 背景下工程建设特征分析

1. 建设模式　EPC 总承包模式是指建设单位作为业主将建设项目发包给总承包单位，由总承包单位承担整个建设项目的设计、采购及施工，并对所承包的建设项目的质量、安全及工期等全面负责，最终向建设单位提交一个符合双方合同约定并经竣工验收合格的建设工程承包模式。在传统发承包模式下业主对项目的管理存在诸多风险，采用 EPC 总承包模式业主将风险转移给总承包单位，因此对于总承包单位加强项目管理至关重要。

2. EPC 各参建方关系　以设计牵头的 EPC 项目，参建方合同关系较为简单。建设单位只与设计院发生合同关系，设计院作为龙头对整个项目的安全、质量、造价、进度负责，设计院与分包商、材料设备供应商、施工用机械租赁商等签订分包合同。对于建设单位而言，用一个 EPC 合同解决了项目的设计、施工、采购工作，极大地节省了工期和程序，同时也节约了建设成本。

（二）EPC 项目造价特点

众所周知，设计费约占建设项目总投资的 2%～3%，但是设计对建设项目投资的影响却高达 70%～80%，所以可以说控制好设计就等于控制好造价。设计院牵头的 EPC 项目在控制造价方面有着得天独厚的优势，设计院可以充分发挥设计的主导作用，设计师和现场施工人员进行充分的沟通后，在设计方案中能考虑设备、材料采购以及现场施工安装的要求，让设计方案达到技术合理且经济最优的状态。

（三）EPC 项目造价的控制与管理

1. 方案设计阶段工程造价控制与管理　EPC 项目一般是在可行性研究批复后进行发包的，批复的可行性研究投资估算是控制项目总投资的限额，概算不得超过批复可行性研究投资估算的±10%。所以，设计人员必须熟悉 EPC 合同范围，在方案设计的时候一定要与合同约定的范围保持一致，确保不在工程范围和标准上进行扩大，另外，造价人员必须熟悉合同相关计价计费条款，深刻理解合同中关于项目投资的要求，在进行方案讨论和比选的时候，合理进行方案的经济性测算，确保总投资不超合同限额。

2. 初步设计阶段工程造价控制与管理　国有资金投资的项目，初步设计概算一经批复，概算将作为控制建设项目投资的最高限额，因此初步设计概算非常重要，它是决定 EPC 项目结算总上限的限额，也是指导项目进行下一阶段设计的基础。初步设计阶段图纸未能达到施工的深度，这个因素对造价的影响特别大，那么想要把概算编制得经济合理、不重不漏，就要与设计人员进行充分的沟通交流，必要时要将初步设计图纸进一步细化，以满足计价要求。另外，造价人员要对工程项目或者施工工艺要有周密的考虑和安排，要熟悉项目具体实施情况，避免造成计价计量上的错漏，对于图纸上不能反映的项目，要注重积累经验，加强概算成果的校核审查，确保概算多方位全专业的合理性和全面性。

3. 施工图设计节点工程造价控制与管理　①加

强前期对项目的踏勘调研，尽量贴合项目最核心的需求去设计，做到不过度设计但也不低标设计。②结合当地材料设备的供应来设计，这样可以降低施工成本。③在确保项目功能和不降低标准、不缩减规模的前提下，对设计进行科学筹划，进行多方案的技术比较、经济分析和效果评价，从建设项目的“根源”降低工程造价，从而达到较好的投资效果。④加强设计流程和质量管理，提升成果质量，减少后期设计变更。⑤加强与施工人员的沟通，将施工方案融入设计方案中，提高施工效率和施工措施项目的重复利用率。

4. 项目实施阶段工程造价控制与管理 ①开工前做好图纸会审和设计交底工作，提前做好设计方案优化工作，最大限度地减少施工中的设计变更。②加强对材料物资的管理，做好施工下料预算，杜绝浪费。③按规范严格做好施工验收，特别是隐蔽工程，避免返工。④合理安排施工顺序，做好施工进度管理加强施工现场的管理和协调，充分发挥机械设备的作用，降低直接人力、物力的消耗降低施工成本。

5. 项目竣工结算阶段工作造价控制与管理 ①造价人员应深入施工现场，收集工程的有关的技术资料，及时掌握现场施工情况，及时了解人材机的消耗情况，及时将设计变更、工程签证、隐蔽工程验收等情况录入台账，为最终的工程总结算提供依据。②审查分包商所报的工程量或综合单价，是否符合合同约定的计量计价方式。③审查签证、变更、索赔单据的有效性和真实性。④合同外新增单价，从清单或定额、取费等方面审查综合单价是否合理，定额套用是否正确。

（中国电建集团西北勘测设计研究院有限公司 李星）

互联网＋背景下智慧工地的施工管理应用

（一）应用背景

传统建筑行业属劳动密集型产业，施工管理较粗放。粗放式施工管理不仅使工地的劳动力、材料、机械设备的利用率较低、配置不合理，还会造成严重的环境污染和资源浪费。随着我国经济发展进入新常态，施工企业现场粗放式、高能耗、高污染发展模式，与建筑领域节约型、低排放、绿色化、智能化的发展要求间的差距日渐凸显，与企业自身降本增效、创新创优的目标背道而驰。

1. 现场安全隐患多 工程建设具有明显的生产规模大宗性与生产场所固定性的特点。现场施工强度大，人员流动性大，也偶有非施工人员逗留现场，易干扰施工。施工人员管理松散，人员基本信息采集不全，劳动力组织安排欠妥。此外，人员上岗要求较形式化、安全教育程序化，未真正落实对施工人员的安全预防性教育，易形成意识不到位而造成行为不注意，使现场存在违规行为、违章操作，造成诸多隐患。

2. 特种设备安全管理影响大 塔吊机、升降机等大型特种设备，对施工安全管理尤为重要。应防止由于操作不当、周期检验未落实等管理缺失而导致严重的人员伤亡和财产损失。此外，对“一机一档”，即一台特种设备匹配的特种作业人员持证上岗管理未落到实处，人员与设备不一致。操作人员作业时，视线观察范围有盲区，对现场施工人员安全存在较大隐患。

3. 施工过程环境污染监测难 现场扬尘、噪声、污水排放的监测工作周期长、数据量大，仅依靠人工测量，耗费人力，效率低，数据缺乏客观性及说服力。人工测量的数据只能用于后期追责，不能前期预防。在行业对环境、能耗要求下，施工期环境影响与周边居民的矛盾也愈发凸显，预防效果不明显

（二）技术背景

物联网即“万物相连的互联网”，在此背景下，通过运用 BIM、物联网等技术手段，将现实物体数据与 BIM 模型相关联，形成互联协同、智慧建造、科学管控的数字化工程平台，平台将协同各方，实现工程勘测、规划、设计、建造、运维全生命周期的互联互通、集约优化的项目管控，智慧工地建设因此应运而生。

（三）“互联网＋”智慧工地应用

智慧工地是“互联网＋”理念与传统建设工程领域的深度融合。智慧工地为政府、企业现场工程管理提供先进技术手段，通过安装在建筑施工作业现场的各类传感器构建智能监控和防范体系，有效弥补传统方法和技术在监管中的缺陷，实现对人、机、料、法、环的全方位实时监控，变被动监督为主动监控。通过引入物联网技术，可有效提高建筑施工质量，进而构建智慧工程、智能建筑，并最终达到创造智能城市的目标。

1. 人员与安全管理 施工现场采用封闭式管理，使用设备自动采集人员基本信息，人员通过刷卡或闸机等进出现场，对人员信息、班次不匹配者禁止入内，增强现场施工人员管理。现场人员采用日常学习与考核双管齐下的安全培训方式，鼓励员工利用移动 App 学习。施工人员的安全帽配置智能芯片，人员步入存在危险源影响范围内进行安全预警；掌握现场劳务人员数量和作业情况，动态调配人员，为可能发生

事故的人员提供定位。

2. 远程视频监控管理　对工地的建筑材料和设备的安全进行监管，防范外部人员翻墙侵入、非法入侵危险区及仓库等场所。施工现场接入互联网，在监控中心显示屏上可见施工点情况，也可通过监控中心向前端摄像机发出指令，对现场远程实时抽检监控。监督施工现场，为处罚违规提供依据，还可实时掌握工地现场形象进度。

3. 塔机安全监控管理　利用施工现场起重机械在线监控系统平台，安装角度传感器、高度传感器、起重量传感器，与无线通信及 GPRS 等技术相结合，能实现塔机在线备案、运行记录、违章记录、数据报表分析等多项功能。通过记录塔机在运行过程中的实时数据信息，并发送至远程监控平台，可避免塔吊运行中出现碰撞和超载，也使记录的数据具有可追溯性。利用人脸识别模块，可实现特种作业人员与设备操作的匹配及管理规范化，最大限度减少不安全行为发生。通过塔机安全监控管理系统，还能实时监测塔机高度和变幅，追踪吊钩位置，利用摄像头 360°无死角拍摄，及时发现问题和隐患，提高吊装安全性。

4. 环境监测预警管理　环境监测管理对工地固定监测点的扬尘、噪声、气象等监测数据进行采集、存储、加工和统计分析。扬尘噪声监测设备，集监测、传输、显示于一体，能实时监测区域环境的 PM2.5、PM10、噪声、气象等参数，监测数据和视频图像通过有线或无线（4G/5G）传输到后端平台，实现对扬尘、噪声、气象数据的分析。该系统能帮助监督部门及时准确掌握工地的环境质量状况和施工过程对环境的影响程度。

（中国电建集团中南勘测设计研究院有限公司 蒋艺）

采用 9S 可视化管理提高白鹤滩基础处理施工效益

9S 是在 20 世纪 5S 基础上，增加了安全（SAFETY）、节约（SAVING）、满意（SATISFACTION）和服务（SERVICE）发展而来。5S 理论体系源自企业对生产人员、机械、材料、方法和环境（人、机、料、法、环）等要素管理，包括整理（SEIRI）、整顿（SEITON）、清扫（SEISO）、清洁（SETKETSU）、素养（SHITSUKE）等内容，简称 5S。目前可视化管理由 5S 逐渐演变为 9S。

（一）基础处理施工机组

白鹤滩基础处理项目按施工团队进行基础处理专项施工，机组为成本核算最小单元。一个机组 13～15 人，两班作业，配 4～5 台钻机，2 台灌浆泵，1 套记录仪。人员中 1 个机长，2 个班长，2 个记录员，2 个配浆员，8 个钻工。

（二）机组收入、成本的组成及影响因素

在水电基础处理项目中，机组核算周期按月（上月 26 日至本月 25 日）统计。机组收入包括根据合同结算月完成工程量对应金额、零星人工费、考核奖（施工进度等）。施工成本包括人员工资奖金、材料费、风水电费、生活费等。机组的效益，要在保证质量安全前提下完成尽可能多的工程量，严格按定额消耗水平使用材料及风水电，并争取在质量、安全、进度及文明施工方面获得奖励。

（三）9S 可视化管理与机组施工效益的关系

9S 可视化管理集标准化管理及安全文明为一体，做好 9S 可视化管理能加快施工进度，能有效降低安全风险，还能充分利用现场有效空间，能提高功效，降低施工及管理成本。

以一个机组一个月的施工任务进行综合分析。假设一个月接受 4 次检查，每次机组停半天进行文明施工整改，检查一天；找材料和配件等影响率按 15%计算，工作面凌乱影响效率系数 0.2；进度、质量、安全文明施工考核按结算产值的 2%，到达 85%就得相应的奖励，低于 75%按相应进行罚款。

综合分析结果表明，只考虑施工时间、安全文明施工、水电消耗几个方面，其中影响最大的是为了迎接检查所做文明施工。项目部计划目标是人均收入 8060 元，实施 9S 可视化管理前由于受进度及安全文明施工考核等影响，人均收入仅 4242.65 元，仅为目标人均收入的 52.62%；实施后由于施工进度、安全文明施工及用水用电做得较好，人均收入提高到 9229.02 元，是实施前的 2.17 倍。由此可见，9S 可视化管理对机组效益的影响至关重要。

对于一个机组要提高人均收入，首先是在保证不发生质量、安全事故的前提下，尽可能地多完成工程量，直接带来计件收入和进度考核收入，就要提高效率。对同样的机组及人员配置，施工水平差不多，在施工设备及施工技术方面不可能拉开距离，只能从影响因素方面加强管理，减少不必要的浪费，将有限时间都用在施工上，而不是用在辅助事项上。要减少浪费的时间，必须按 5S 对工作面进行整理、整顿、清扫、清洁、节约，将工作面空间布置合理化。

以在小廊道灌浆施工为例，有 3 个方面按 9S 理念进行施工和管理。

（1）施工用电采用在洞室顶部挂钢丝牵引绳，用软铁丝做成钩子均匀地将电缆线挂在洞顶上，到钻机位置垂直接入钻机。这样避免了供电线浸泡在水里发生安全风险，也方便人员通行。钻机周边的钻杆、工具及临时材料均放于钻杆架上，钻杆架靠边摆放，不在工作范围内，但要便于取用和放置。

（2）工作面灌浆管路在经常搬动的部位采用高压钢编管连接，固定不动位置用标准的灌浆钢管，并按进回浆管不同颜色涂刷以示区别。平时不用的高压钢编管及普通水管全部盘起来平放在地面上并靠边放置，不得影响交通。

（3）灌浆站是机械设备最集中的部位，管路线路最多、最集中，包括水管、浆管、污水管、高压动力线、低压数据采集线等，人员活动频繁，安全风险大。采用5S理论将整个灌浆站布置为框格式（利用废旧脚手架管搭设），高压动力线和低压数据采集线分开从上部沿架管垂下至设备；清水管从上部垂下，在操作最方便处安装阀门；浆管是高压输浆管，存在爆管风险，沿地面边缘挡坎布置；清水管沿1.5m高布置。这样，整个灌浆站见不到一根散乱的管线路，维护设备和清洗工作面将很方便和高效，间接地提高了配浆效率。

做到上述3个方面，钻孔灌浆工作面爽心悦目，不再是脏乱差，不再需穿雨鞋进工作面，真正做到文明施工，工人们心情愉快，安全风险降低，施工进度加快了，效益就有了。

（中国水利水电第七工程局有限公司
廖军　王礼）

新冠肺炎疫情影响下工程变更索赔处理

此文对新冠疫情事件引起的工期与费用索赔适用的法律问题提出了明确见解，同时就新冠疫情事件的工期和费用影响主要情形，各种费用合理分担的机理进行了分析，提出了新冠疫情事件工期和费用索赔的程序、证据、主要内容与详细的计算方法，具有较强的操作性和实用性，是新冠疫情下工期与费用索赔的一种新思路，该方法已在澜沧江TB水电站工程建设中得到应用。

（一）新冠肺炎疫情性质

新冠肺炎疫情属于不可抗力事件，可以索赔工期及费用，不可因索赔谋取利润。

（二）索赔的主要情形、处理方式及理由

1. 工期索赔　新冠疫情事件对已签订项目合同，为完成工程施工和未开工的建设工程而言，构成了不可抗力事件，切实停工以及未开工项目因此推迟开工的，适用不可抗力的工期顺延。发包人或其监理人未要求或批准赶工的，可仅作为延期处理。（要看是否在关键线路上）。

针对新冠疫情事件会造成停工的工期延误，发包人或其监理人要求或批准赶工的，承包人应制定赶工措施方案，确保施工安全，并应经监理人审核，发包人确认，发包人支付由此而增加的赶工措施费。

此次新冠疫情事件发生时间正好赶上春节，且属于冬季施工时间，已经批准的事实停工、计划停工，以及投标文件的施工进度计划显示春节期间停工的，该停工时间小于新冠疫情事件影响的停工时间的应予以扣除，相反不宜顺延。

2. 费用索赔　停工期间增加的费用，由发承包双方按照有关规定协商分担。各省市建设行政主管部门纷纷发文表示，因疫情防控增加的防疫费用，可计入工程造价；因疫情造成的人工、建材价格上涨等成本，发承包双方要加强协商沟通，按照合同约定的调价方法调整合同价款。因复工导致工程费用变化，承发包双方应根据合同约定及有关规定，本着实事求是的原则协商解决。针对疫情防护措施、人工工资及材料价格变化等导致工程价款发生变化的，可按以下规定另行签订补充协议。

（1）疫情防护费。疫情防控未解除期间，复工需增加的口罩、酒精、消毒水、手套、体温检测器、电动喷雾器等疫情防护物质费用和防护人员费用，由承发包双方按实签证，进入结算，疫情防护费应及时足额支付。

（2）人工工资。因疫情影响，建筑工人短缺，工资变化幅度较大，承发包双方应本着实事求是的原则，及时做好建筑工人市场工资调查，疫情防控期间完成的工程量，其人工费可由承发包双方签证确认并按实调整。

（3）材料价格。因疫情影响，导致材料价格异常波动，承发包双方应根据实际情况及时签证并按实调整。材料价格的波动应遵从原来合同约定，即使出现大幅上涨，也应单独依据合同和其他法律规定，以及情势变更的原则另案主张变更合同条款，不宜简单地以不可抗力和情势变更主张。

（4）疫情防护措施费。疫情防护措施费包括增设疫情防控的人员的工资及专项补贴；交通增加费；临时设施费用，如门岗改造、增设车辆清洗设施；防疫管理和其他费用，如宣传教育、配合地方管理、统计上报等。这些费用承包人应编制疫情防控措施方案，由发包人或其监理人审核，据实计算，由发包人及时支付疫情防控措施增加的费用。

（三）索赔证据

工期与费用索赔的证据的收集、整理对承包人至关重要，它不仅是一般情况下获得发包人及其监理人、咨询人尽快认可、审批，以获得工程进度款的需要，也是在发生工期和工程造价纠纷时进行仲裁和诉讼的需要。承包人应主动收集各类与工期延长和费用损失有关的证据，收集完成的证据及时呈报监理及业主确认。

（中国安能集团第一工程局有限公司
雷雪　赵琅　项捷）

组合融资模式在槟榔江水电站建设中的应用

随着电力融资逐步呈现出渠道多元化、方式多样化的特点，内源融资可以使用留存收益；外源融资可用电力建设基金、BOT、商业贷款、融资租赁、政策贷款、社会投资等诸多渠道筹措资金。但各种融资方式各有优缺点，合理选择融资模式既能降低成本，又能保证项目建设所需资金。因此，把握恰当的融资结构是未来合理安排中小型水电开发项目资金的关键。

国家开发银行的政策性贷款及其他商业银行的商业贷款，是水电行业最主要的融资渠道，具有贷款金额较大、期限较长、风险较小等特点。融资租赁是出租人根据承租人对出卖人、租赁物的选择，向出卖人购买租赁物件，提供给承租人使用，向承租人收取租金的交易，它是金融信贷与物品信贷相结合的信贷形式，以契约方式确定租赁双方的经济关系，其中出租物的所有权与使用权相分离，承租人以较少的资金完成了预定的投资行为。

以下总结凝练了当年在国家宏观紧缩信贷政策条件下，槟榔江水电站建设项目组合融资模式的研究过程和成果，提炼出融资方案设计、比选的关键成果，通过设计“商业贷款＋融资租赁”组合融资模式中的3套融资方案，对应建立3个现金流量模型并进行对比分析，利用税收优惠政策进行合理筹划，用定量分析的方法找出最佳融资方案。

（一）项目情况

该水电站项目基本情况为：①水电站需要购买价值10亿元、使用期为10年的电站设备；②项目从第二年开始获得销售收入，短期贷款从第二年开始每年10000万元；③不考虑贷款或融资租赁所发生的交易成本以及为购买设备而发生的一些其他费用，贷款偿还采用等额本金还款法且每年需偿还本金10000元，融资租赁期为7年，租赁费5788万元；④采用直线法计提折旧，期末残值率20%；⑤净现值是指折算到第一年年初的现值，并假定各期金额的支付时点为期末；⑥地处西部，可享受到15%的优惠所得税税率，投资人要求的必要报酬率为12%。

（二）3种融资组合方案比较

1. 3种方案基本条件　①方案一，采用100%银行贷款购买电站设备，贷款年利率为7.83%，税率为15%，贴现率为12%，贷款期10年；②方案二，采用20%自有资金＋80%银行贷款购买电站设备，贷款年利率为7.83%，税率为15%，贴现率为12%，贷款期8年；③方案三，采用20%自有资金＋50%银行贷款＋30%融资租赁购买电站设备，长期贷款利率为7.83%，短期贷款利率为7.44%，税率为15%，贴现率为12%，贷款期为5年。

2. 3种方案计算方法　①方案一，假定按照该公司当时在银行的信用等级，银行可就此项业务提供10年期10亿元的长期贷款，利率为7.83%。按照10年期对固定资产以直线法计提折旧，每年计提折旧约10000万元。该设备可于第二年投产，按照15%的税率计算，从第二年到第十年该公司可享受国家规定的税收优惠政策，现金流出量为贷款支付额与抵税额之差。利用现金流量净现值模型，在12%的贴现率下，该方案的现金流出量净现值为74540万元。②方案二，假定按照银行的规定，该公司就此项业务必须首先筹集20%的自有资金，其余80%由银行贷予，即提供8年期8亿元的长期贷款，利率为7.83%。按照10年期对固定资产以直线法计提折旧，每年计提折旧约10000万元。该设备可于第二年投产，按照15%的税率计算，从第二年到第十年该公司可享受国家规定的税收优惠政策，现金流出量为贷款支付额与抵税额之差。利用现金流量净现值模型，在12%的贴现率下，该方案的现金流出量净现值为60197万元。③方案三，在当时国家实施货币紧缩政策的特殊经济环境下，假定公司依然能够将自有资金的比例维持在20%，但银行却只能提供50%的贷款，即5年期5亿元的长期贷款，利率不变；其余部分公司决定与租赁公司协商解决。按照10年期对固定资产以直线法计提折旧，每年计提折旧约10000万元。该设备可于第二年投产，投产后公司可以利用长短期贷款相结合的方法，每年申请10000万元、利率为7.44%的短期贷款，通过借新还旧、蓄短为长，优化负债结构，降低总体融资成本，增加资金调度的灵活性。按照15%的税率计算，从第二年到第十年该公司可享受国家规定的税收优惠政策，现金流出量为贷款支付额＋年租金－抵税额。利用现金流量净现值模型，在12%的贴现率下，该方案的现金流出量净现值为60313万元。

通过以上计算，方案一的现金流出量净现值最大，不可取；方案二的现金流出量净现值略小于方案三，尽管如此，考虑到对资本结构的优化，还是推荐方案三为融资方案，即通过商业贷款与融资租赁组合方式增添所需设备。原因是：从在融资的角度看，方案三可以有效降低水电项目建设期的资产负债比例，保持优良的资产负债结构，保持较好的资信，为再融资提供更好的财务基础，保障其他融资渠道的融资能力。

综上所述，合理选择融资方式，可以使资金来源和资本配比保持合理的比例。无论从降低融资成本、发挥财务杠杆作用、优化资本结构方面，还是提升企业核心竞争力、提高经营绩效方案，融资方式的选择都起着至关重要的作用。

（三）几点体会

如果组合融资模式在该水电开发项目中得到成功的运用，首先，将对有效应对宏观经济调控的影响发挥重要的作用；其次，融资租赁特有的表外融资优势，优化了企业的财务结构，减少了引发经营和财务危机的风险，为项目将来进行再融资打好了基础；最后，企业在做好一个项目的融资管理时，既要根据项目本身的特点做好需求分析，又要深入研究国内外融资环境，并且要根据市场和环境的变化，动态调整融资策略。综上所述，可以得出了如下结论：①水电开发项目形成的有形资产具有较强的抵押融资优势，企业可以通过对水电开发项目相关权力的抵押向金融机构融入长期贷款，解决项目长期资金需求。②融资租赁可以在水电站建设中发挥巨大作用：以较小资金投入取得重大设备使用权，降低资金支付压力；减少对银行的依赖；改善水电建设项目资产负债结构，保持良好的财务状况。③在中小型水电开发项目中，融资租赁模式为银行贷款模式提供了有益的补充。

（中国电建集团市政规划设计研究院有限公司
苏丽芸）

赢得值法在海外光伏 EPC 项目进度管理中的应用

摩洛哥 NT12 万 kW 光伏 EPC 项目总装机容量 12 万 kW，分别位于摩洛哥 Zagora、Erfoud 和 Missour 市周边，3 个场址装机容量均为 4 万 kW。该 NT12 万 kW 光伏 EPC 项目采用赢得值法进行 EPC 全过程进度管理，形象直观，获得业主的认可，也为后续项目的进度管理积累经验。

（一）赢得值法定义和原理

赢得值法（Earned value Management，EVM）于 1967 年由美国国防部提出，至今已广泛用于进行工程项目的费用、进度综合分析控制。赢得值法是一种能全面衡量工程进度、成本状况的整体方法，其基本要素是用货币量代替工程量来测量工程的进度，它是以资金已经转化为工程成果的量来衡量工程的进度，是一种完整和有效的工程项目监控指标和方法。赢得值法基本参数见图 1。

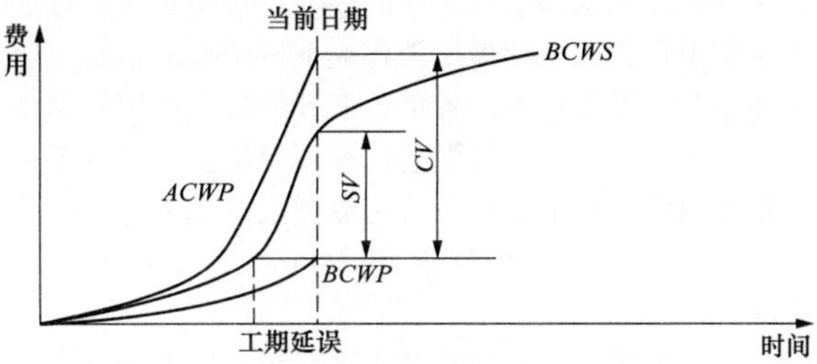

图 1　赢得值法原理图

图中的横坐标是项目实施的日历时间，纵坐标是项目实施所消耗的费用。其计量单位与合同金额货币币种保持一致。①中间曲线为 *BCWS*（Budgeted Cost of the Work Scheduled），称为计划工作量的预算值曲线。该曲线是根据进度计划和预算费用得出的，需将全部费用要素在计划周期内按月进行分配，逐月累加即可生成项目 BCWS 曲线，这条曲线是项目进度费用管理的基准。②下部曲线为 *BCWP*（Budgeted Cost of the Work Performed），称为已完工量的预算值曲线，也就是赢得值曲线。按月统计已完工程量并乘以预算单价，逐月累加即可生成赢得值曲线。③上部曲线为 *ACWP*（Actual Cost of the Work Performed），称为已完工程量的实际费用曲线。按月统计已完工程量并乘以实际单价，逐月累加即可生成 *ACWP* 曲线。图中 *CV*（Cost Variance）表示费用偏差；费用偏差＝已完工作预算费用－已完工作实际费用，即 $CV=BCWP-ACWP$。当费用偏差为负值时，即表示项目运行超出预算费用；反之，则表示实际费用没有超出预算费用。图中 SV（Schedule Variance）表示进度偏差；进度偏差＝已完工作预算费用－计划工作预算费用，即 $SV=BCWP-BCWS$。当进度偏差为负值时，表示进度延误，即实际进度落后于计划进度；当进度偏差为正值时，表示进度提前，即实际进度快于计划进度。④另常用费用绩效指数 *CPI* 进行费用绩效评价；费用绩效指数＝已完工作预算费/已完工作实际费用，即 $CPI=BCWP/ACWP$。当费用绩效指数＜1 时，表示超支，即实际费用高于预算费用；当费用绩效指数＞1 时，表示节支，即实际费用低于预算费用。⑤常用进度绩效指数 *SPI* 来进行进度评价；进度绩效指数＝已完工作预算费用/计划工作预算费用，即 $SPI=BCWP/BCWS$。当进度绩效指数＜1 时，表示进度延误，即实际进度比计划进度落后；当进度绩效指数＞1 时，表示进度提前，即实际进度比计划进度快。

（二）赢得值法应用

传统的进度管理方法，如横道图法，香蕉曲线法、网络图法等，按照各单位工程完成工作量占总工作量的百分比来衡量各工序的进度，费用管理则按照各单位工程完成工程量所消耗成本占预算成本的百分比衡量费用消耗情况，各单位工程的进度费用数据由于单位无法统一、无法汇总，而赢得值法采用货币形式将各单位工程的进度及费用数据汇总起来，用一张图来表示，更直观地体现了项目进度及费用管理情况。

一般来讲，赢得值法其实更适用于施工项目，施工单位分配人、机、材等各项资源完成各项工作，所有资源的预算单价及实际单价、各工序各分项分部工程，单位工程工程量完成情况施工单位都有相应的数据，而该项目为 EPC 项目，且设计院作为总承包商，没有人、机、材等资源的单价数据，完全套用赢得值法来管理难度较大，因此，该项目没有采用赢得值法进行费用统计，仅建立了符合该项目实际情况的进度管理模型。

该进度管理模型根据该项目组织架构分为设计、采购、物流、施工 4 个部分，分别由设计部、采购部、物流部、工程部 4 个部门按月提交数据，由工程部汇总形成设计、采购、物流、施工进度曲线及项目总进度曲线。该模型仅牵涉进度管理，不牵涉工程量单价变化，进度完成情况为实际完成工作量与计划完成工作量的百分比，故其单位用%表示，因此该曲线与一般赢得值图的差别为纵坐标单位为%。

（三）建立模型步骤

建立模型必须做工作分解（WBS）和与之对应的、量化的进度计划，主要分为以下几个步骤：①明确工作范围，进行项目工作分解（WBS）；②确定项目组织分解机构（OBS）；③落实工作任务分工（WBS－OBS）矩阵；④编制设计、采购、物流、施工及项目总进度计划；⑤编制设计、采购、物流、项目总进度计划数据表，确定各项工作权重；⑥按月统计每月完成计划完成进度，形成计划进度曲线；⑦逐月统计工作量编制设计、采购、物流、项目总进度实际数据表；⑧形成实际进度曲线；⑨分析进度偏差形成的原因，确定整改措施并形成月报。

（四）设计进度管理模型建立

施工设计工作一般分为两个阶段，施工设计阶段及竣工设计阶段，该项目施工设计阶段主要工作包括设备招标技术文件编制、签订合同技术文件及施工图设计，施工图设计则包含各专业图纸设计；竣工设计阶段主要包括电站并网调试配合、竣工图设计，竣工图设计同样包含各专业图纸设计。各项工作所占的权重由工程部与合同部根据合同确定，然后结合设计进度计划按月统计，可以形成设计计划进度曲线。

此处假定设计工作分为 m 个板块，某个时间段每个板块的进度为 S_i，每个板块的权重为 η_i，此权重的确定原则是根据该板块金额占总设计金额百分比来确定。

总的设计进度的计算公式为

$$S = \sum_{i=1}^{m} S_i \eta_i \tag{1}$$

单个板块设计进度的计算公式为

$$S_i = BCWP_i / BCWS_i \tag{2}$$

式中：$BCWP_i$ 为该板块赢得值，为实际完成工程量乘以预算单价；$BCWS_i$ 为该板块预算值，为计划完成工程量乘以预算单价；由于上述参数中均有预算单价，实际上的计算可简化为

$$S_i = \text{实际完成工程量} / \text{计划完成工程量} \tag{3}$$

根据上述公式，预算值中 S_i 为完成 100%，故式（3）简化为

$$S = \sum_{i=1}^{m} \eta_i \tag{4}$$

（五）采购进度管理模型建立

采购工作一般分为两个阶段，采购阶段及生产制造阶段，采购阶段主要工作包括分包方案确定，设备采购商务文件编制、招标及评标、签订合同等，生产制造阶段则包含备料、生产、测试、出厂验收及国内港验收。各项工作所占的权重由采购部与合同部根据合同确定，然后结合采购进度计划按月统计，可以形成采购计划进度曲线。曲线计算公式参考式（1）～式（4）。采购部逐月统计每月完成情况，汇总形成采购实际进度曲线。

（六）物流进度管理模型建立

物流工作分为两个部分，物流工作及资料报批工作。物流工作主要包括设备运输，项目所在港口清关及验收；发货前分包商及设备资料报业主审批、竣工阶段设备资料整理及运行维护手册编制等，各项工作所占的权重由物流部与合同部根据合同确定，然后结合物流进度计划按月统计，可以形成物流计划进度曲线。曲线计算公式参考式（1）～式（4）。物流部逐月统计每月完成情况，汇总形成物流实际进度曲线。

（七）施工进度管理模型建立

施工工作的模型建立相对复杂，需对照合同建立工作分解表，工作细分到工序，分项工作的工序组成由施工单位根据施工组织设计定，各工序及各分部分项工作所占的权重由工程部与合同部根据合同确定，然后结合施工进度计划按月统计，可以形成施工计划进度曲线。曲线计算公式参考式（1）～式（4）。工程部逐月统计每日完成情况，每月汇总形成施工实际进度曲线。

（八）项目总进度模型建立

项目所有工作分为设计、采购、物流及施工 4

项，这4项工作所占的权重由工程部与合同部根据合同确定，按月统计这4项工作完成百分比，可以形成项目计划进度曲线。曲线计算公式参考式（1）～式（4）。工程部逐月汇总完成情况，每月汇总形成项目实际进度曲线。

（九）分析原因确定整改

项目部根据每月进度曲线，分析偏差原因，在每月例会上确定整改措施，确保项目总体进度可控。

（中国电建集团中南勘测设计研究院有限公司 李杰）

企 业 管 理

国能大渡河流域水电开发有限公司2020年经营管理情况

国家能源集团大渡河流域水电开发有限公司原隶属中国国电集团公司，2017年8月28日，经报国务院批准，中国国电集团公司与神华集团有限责任公司合并重组为国家能源集团。公司是国家能源集团所属最大的集水电开发建设和运营管理于一体的大型流域水电开发公司，拥有在册职工2160人，资产总额872.25亿元（含湖北）。截至2020年底，公司已投产电站龚嘴、铜街子、瀑布沟、深溪沟、大岗山、枕头坝一级、猴子岩、吉牛、沙坪二级等9个大渡河流域电站及二台子、上河坝等12个其他区域小电站，总装机容量1173.5万kW；在建电站金川、双江口（公司代管）、枕头坝二级、沙坪一级电站，总装机容量352万kW；前期筹建项目总装机容量约295万kW，帕隆藏布流域，已完成流域规划报告（咨询稿），初步规划了“一库九级”方案，规划装机容量1142万kW，公司已形成投产、在建、筹建稳步推进的可持续发展格局。

2020年，公司以习近平新时代中国特色社会主义思想为指导，认真贯彻落实集团公司“一个目标、三型五化、七个一流”发展战略，直面困难挑战，主动担当作为，战疫情、抗洪峰、抓发展、解难题，有效驾驭了复杂局面，各项工作取得优异成绩，主要指标均创历史最好水平，再次被集团公司考核为A级企业，获集团公司奖励基金特等奖。

（一）安全管理

公司始终将安全摆在首位，层层压实安全责任，扎实落实安全措施，确保了公司系统安全“零事故”、环保“零事件”、防疫“零感染”。精准抓好疫情防控，认真落实党中央防疫和集团公司“一防三保”要求，高效推进复工复产，保障了疫情期间稳定供电，基建工程实现了国内首批复工，常态化疫情防控有效落实，确保了风险精准可控。全力抓好防洪度汛，开展实战演习115次，组织有序应对四川省历史上首次防汛Ⅰ级响应以及流域罕见洪水、暴雨，防汛工作受到水利部、集团公司通报表扬。成功应对瀑布沟武警营房边坡垮塌等突发地质灾害，避免了人员伤亡和重大财产损失。紧盯重大隐患治理，推进安全生产专项整治三年行动，深入开展“安全环保风险管控年”和“安全生产月”活动，预控危险源1596项，查治隐患4000余项，治理边坡等地质灾害隐患277项。狠抓设备重大缺陷处理，完成流域41台机组、44套大坝溢流设备检修，设备缺陷率同比降低20%。着力加强环保水保，提高环保意识，积极配合国务院国资委环保督查等安全环保检查，工作成效获得肯定。全年增殖放流鱼苗109万尾。公司获集团安全环保先进企业、中央在川企业安全生产先进单位等荣誉，连续3年荣获“四川电力企业安全监管同业对标”第一名。

（二）生产经营

公司抢抓疫情时期社会经济快速恢复、川内用电负荷增长机遇，全力以赴争政策、拓市场、抢电量。积极争取政策落地，打好政策组合拳，争取到外送、调度、金融、税收减免等有利政策，实现了政策效应最大化。持续提升经济运行，不断优化调度策略，实现多发多供，公司年度弃水电量同比减少40亿kW·h，日、周、月发电量屡创新高。各项发电、水位指标区域可比最优。强化流域营销统筹，坚持流域“一盘棋”，发挥市场营销龙头作用，平水期节能调度补偿政策得到落地。大力实施降本增效，开展增收节支工作，压降成本费用，较年初预算压降完全成本2.01亿元，可控成本（不含发电权交易费）同比降低10%，7项费用同比降低22%。狠抓重点专项工作，“两压”“双控”指标可控在控，超额完成集团公司下达治亏目标，公司所属企业全部实现盈利。

（三）智慧企业建设

公司坚持智慧引领、创新驱动，智慧建设持续升级。落实“创新型”企业战略要求，坚持以智慧企业建设引领科技创新工作，不断增强核心竞争力。落实集团公司信息化要求，积极推进 ERP 和基石项目建设，成为 ERP 系统全模块第一批上线单位并获集团公司表彰，深化大数据治理，入选工信部工业数据分类分级应用试点优秀案例。加强数据中心建设，升级完善 21 个数据中心和四大业务单元，促进建设成果与业务工作深度融合。推进智慧工程落地，金川水电站构建了“一平台、五单元”智慧工程体系，双江口水电站建成国内首座工程建设期 5G 基站，5G＋智能大坝碾压、智能灌浆系统等应用场景全面落地，智能安全帽在基建工程中全面推广应用，枕头坝二级、沙坪一级完成了智慧工程建设方案并有序实施。深化智慧电厂建设，落实“智能自主、人机协同”要求，推进应急指挥管理模式变革，精准预警并妥善处理了发电机定子线棒局部放电重大缺陷，《大型水电站智能巡检系统开发及应用》入选全国智慧企业建设最佳实践案例。加快智慧检修落地，推进智慧检修运行中心建设，完善发电机主设备在线监测平台建设，实现了设备状态智能预警。做精、做细、做优智慧调度，牵头编写了《梯级水电厂智慧调度技术导则》，建成投运流域气象预警发布、梯级电站事故决策支持等多个系统，智慧调度体系更加高效可靠。

（四）科技创新

公司持续深化智慧企业建设，推进数据中心与业务工作深度融合，以“一中枢、多中心、四单元”为主要构架的智慧管理模式逐步成型，电厂自主运行、智能巡检模式进一步优化，始终保持领先优势。支持科技产业发展，指导科技平台发展战略，完善发展定位，理清决策管理程序，科技平台发展稳步向好。加快智慧企业建设成果转化，科技产业逐步发展壮大，得到市场认可，全年签订合同金额超 2 亿元。持续加强科技创新，知识产权等科技成果呈快速增长，全年获得知识产权授权 128 项（其中，发明专利 4 项），获省部级及以上科技奖 16 项。公司被授予“梯级水电站群智能运行创新实践基地”，与华为、中国航发、中核集团、中国移动等达成重要战略合作，在国内多个科创大赛中取得了好成绩，业界影响力不断提升。

（国能大渡河流域水电开发有限公司
柳玉兰）

国网新源控股（水电）有限公司 2020 年企业管理情况

国网新源控股有限公司（简称国网新源公司）成立于 2005 年 3 月，现注册资本金 145.66 亿元，由国家电网有限公司控股 51.54%、中国长江三峡集团有限公司持股 30%、新源（北京）债转股专项股权投资中心（有限合伙）持股 18.46%，与国家电网有限公司 2011 年 9 月成立的全资子公司国网新源水电有限公司实施一体化管理，主要负责开发建设和经营管理抽水蓄能电站和常规水电站，承担着保障大电网安全和促进新能源消纳的重要使命，在国家电网安全稳定运行中发挥着重要作用。截至 2020 年 12 月底，国网新源公司管理资产总额 1325.67 亿元，管理单位 60 家，分布在 20 个省、直辖市、自治区，员工总数 7000 余人，管理装机容量 6715.4 万 kW（含已核准待开工项目），其中抽水蓄能电站 50 座，装机容量 6220 万 kW；常规水电厂 6 座，装机容量 495.4 万 kW。

（一）安全生产

国网新源公司始终把安全生产放在各项工作首位，坚持铁腕治安、科技保安、管理强安、改革促安，保持了安全稳定良好局面。面对新冠疫情，迅速响应，坚持上下联动、人物同防、分类施策，在防疫大考中保持了“双零”目标。牢固树立“四个最”意识，全面落实安全责任清单，扎实开展安全生产专项整治三年行动，狠抓作业现场管理、标准化建设和安全风险防控，本质安全能力持续增强。加强设备科学运维，机组启动成功率 99.95%以上，圆满完成迎峰度夏等各项保电任务，在保障新能源消纳和电网安全稳定运行中发挥了重要作用。积极应对极端恶劣天气，新安江水库首次 9 孔闸门全开泄洪，富春江电厂连续开闸 576h、创建坝以来最长泄洪纪录，电厂科学联调成功战胜钱塘江流域特大洪水，有力缓解了下游防洪压力，公司防汛工作得到国家防总、地方政府充分肯定。

（二）发展规划

坚持战略引领，立足抽水蓄能功能作用和公司职责定位，确立了“两个走在前作表率”奋斗目标、“四个显著提升”实施路径，形成战略落地“1242 提升·精彩”工程。密切关注内外部形势变化，持续优化项目开发建设和运营管理策略，科学编制“十四五”发展规划。积极跟踪国家能源局新一轮抽水蓄能选点规划，成功签订安徽石台、河南嵩县、河南安阳、四川龙泉山等 10 个项目投资合作意向书。推行项目前期“两机制”管控，实施林业和环保制约因素“双排查”，依法合规推进项目开发。取得浑源项目核准批复，奉新、庄河项目具备核准条件，完成泰顺和宁国项目可行性研究。桐城、垣曲、浑源、磐安、泰安二期 5 座电站开工建设。“十三五”期间，国网新源公司快速发展，累计核准抽水蓄能项目 23 个 3073 万 kW，核准规模是“十二五”时期的 2.1 倍。

（三）工程建设

积极响应“六稳”“六保，率先推动复工复产。

2020年2月18日山西垣曲电站开工建设，公司系统在建项目分3个批次于3月9日前全部复工，工程安全、质量、进度总体良好。绩溪抽水蓄能电站年内实现“五投一并”。丰满重建工程高质量建成投产，实现了数字化设计、高质量安装、高精度调试、智慧化管控，运行指标达到国际领先水平，受到国家电网有限公司表彰。深入实施基建机械化施工、智能化管控、标准化建设，全球首台超小转弯半径硬岩掘进机（TBM）在文登抽水蓄能电站顺利出洞，竖井掘进机（SBM）在宁海抽水蓄能电站运转成功，新型技术在电站群不断推广应用，有效提升了工程建设效率效益。大力推广“三通一标”成果，完成《地下洞室绿色施工技术规范》等行业和企业技术标准11项，着力打造绿色优质工程。仙居抽水蓄能电站获评“国家水土保持生态文明工程”。

（四）经营管理

深入实施提质增效专项行动，利润同比增长20%，获得国家电网有限公司提质增效特别贡献奖。加强低效资产处置，积极解决历史遗留问题，完成国际水电公司无偿划转。创新运用“境外低成本＋产业基金”方式完成公司增资扩股，引入外部资本85.71亿元。拓宽融资渠道，在银行间市场发行债券20亿元，票面利率2.63%，为同期AAA级企业最低利率。积极配合输配电价第二监管周期成本调查，加强电价问题沟通汇报，国家发展改革委明确同意抽水蓄能电费随同输配电价回收。落实改革攻坚部署，研究制定公司国企改革三年行动方案，持续深化生产、建设管控模式优化研究，大力推进“放管服”、省管产业单位改革等任务，公司经营管理水平不断提升。

健全完善组织人事制度体系，公司系统30家独立法人单位实现党委书记、董事长/执行董事“一肩挑”。积极助力脱贫攻坚等重大任务，加强精神文明建设，开展“文化铸魂、文化赋能、文化融入”专项行动，抓好意识形态和职工关爱工作，增强了职工归属感和干事创业热情。公司总部和所属14家单位获评（保持）“全国文明单位”。国网新源公司连续4次获得“全国‘安康杯’竞赛活动优胜单位”称号，1名职工荣获“全国劳动模范”称号，1名青年荣获“全国青年岗位能手”称号。

（五）科技和信息化

顺应新一轮技术革命，强化数字化顶层设计，形成“十四五”数字化规划。深化科技强企战略，大力实施科技创新“新跨越行动计划”，加快推进数字化智能电站建设。组建抽水蓄能技术经济研究院，推进抽水蓄能技术实验室建设，着力打造自主创新主体。聚焦“卡脖子”难题，加速关键核心技术攻关，组织实施大型和中小容量变速抽水蓄能机组关键技术研究、百兆瓦级静止变频器研制等一批重点科技项目，力争多出快出科技成果。加快推进信息化建设，优化电站网络建设技术导则，强化数据资产全寿命周期管理，广泛部署“大云物移智链”新技术，不断提升公司信息化、数字化、智能化水平。2020年，国网新源公司获得省部级或行业科技奖励17项，首次获得水电英才奖，取得管理创新成果63项、QC成果103项、专利授权387项。

（国网新源控股有限公司　马锦燕）

湖北清江水电开发有限责任公司2020年经营管理情况

（一）经济社会效益

清江梯级电站运行方式灵活，在发电的同时，承担了华中电网大部分调峰调频任务，在防洪、航运和旅游方面发挥了巨大的经济社会效益。

1. 发电效益明显　2020年，清江流域梯级电厂完成发电量100.07亿kW·h，上缴各项税费近6.26亿余元。2019年，梯级电厂通过优化水库调度和运行方式，累计节水增发电量5.40 kW·h，增发率5.6%。

2. 防洪效益突出　2020年，清江流域梅雨期来水量历史同期排位第一，10月后流域又发生两场较强降雨过程；全年累计降雨量为历史同期最高纪录，较多年平均值偏多38.84%。汛前清江流域梯级电厂通过发电消纳春季集中来水；汛期精准预报洪水14轮次，科学安排水布垭与隔河岩水库泄洪流量，共为长江中下游防洪预留10亿m^3防洪库容，清江干流梯级防洪能力大为提高，也为长江中下游防汛提供有力支持。特别是长江第2、3次洪峰期间，通过控制清江梯级水库入长江总出库流量，对长江进行补偿调度，为减轻长江中下游防洪压力做出贡献。

3. 生态效益显著　2020年，梯级水库在长期调度策略和实时调度中统筹兼顾生态基流需求，同时应地方政府要求，在日常调度中动态控制高坝洲库水位，切实履行社会责任，做好生态环境保护工作。

4. 促进旅游经济　在隔河岩水库建成后，形成了高坝大库，风景优美，长阳文旅产业对县域经济的拉动持续增强，长阳县旅游经济继续保持较好发展态势。2020年1～8月，全县实现旅游人次230.7万人次，5个A级景区接待游客同比增长1.59倍。

（二）安全管理

2020年度，清江公司认真贯彻习近平总书记关于安全生产的重要论述以及党中央、国务院关于加强安全生产工作的决策，落实上级安全生产相关工作部署，持续抓好疫情常态化防控，结合公司实际和年度工作计划，认真开展安全生产专项整治等活动，牢固树立安全发展、高质量发展理念，强化红线意识、底线思维，强化措施，压紧压实责任，保持了发电和安全生产的良好态势，实现了安全零事件、质量零缺陷、机组零非停、疫情零感染的“四零”目标。

1. 严格落实公司安全管理主体责任　严格落实“党政同责、一岗双责、失职追责”和“三个必须”。进一步优化安全生产责任体系，在现有安全生产责任体系的基础上，细化分解责任内容，建立并落实全员安全风险责任金考核制度，完成了对公司全员的考核和兑现工作。加大对安全事件的考核力度，严格按照“四不放过”要求对相关事件进行查处。大大提高了全员的安全生产履责、担当的意识和能力。

2. 加强风险管控及隐患排查治理　①全面完善并落实危险源辨识、风险评估和分级管控机制。风险分析全面覆盖作业过程、设备设施和场所，在各单位风险评估的基础上进一步完善公司管控的重大风险评估，做好风险管控措施的落实和相关应急准备工作。②加强隐患排查和质量管控。坚持“勤排查，快治理”的闭环管理原则。以持续提高公司本质安全为目标，密切关注并做好老旧设备隐患排查工作，重点抓每年外包高危项目和隐患治理安全管控措施的制定和落实，并做好全过程的督查工作，通过技术改造逐步改善设备运行可靠性，消除设备存在的各类安全隐患和设备缺陷。进一步利用好风险辨识和评估取得的成果，动态评估、调整风险等级和管控措施，利用风险管控清单并结合新发布的相关法律法规，形成质量安全检查表和隐患排查的具体内容。重点做好机组扩修改造、起重吊装、危化品使用等监管工作。高度重视安全检查在保证安全生产的重要促进作用，隐患到期整改率100%。

3. 应急处置及时有效，预案管理体系进一步健全　①面对突如其来的新冠疫情，公司迅速反应、科学决策，统筹谋划疫情防控和生产经营工作，迅速形成全面部署、上下联动、有力保障的工作格局，成功应对新冠疫情的考验。②做好风险评估报告和应急资源调查报告的编制工作，为应急预案的修编提供科学依据。完成公司应急预案的修订、评审和备案工作。组织开展了安全生产事故、自然灾害、公共设备设施事故等应急预案的学习宣贯，结合年度应急演练计划，根据自身安全工作重点和潜在的各类风险隐患，开展应急演练，不断完善优化应急预案。

4. 完善质量管理和监督体系　强化“质量强国”的全员意识，加强全过程、全方位质量控制，实现全面质量监督。加强重点项目质量安全管理。以水布垭机组扩修改造、峡口塘工程等项目现场质量监督工作为契机，争创“精品机组、优质工程”，深入开展质量管理活动，促进工程质量大幅度提升。加强检修质量考核力度，提升机组检修质量。全面获取国家和行业质量制度，系统推进公司质量制度的修编，进一步健全质量监督体系。

5. 各项专项活动扎实开展　①公司利用三标管理体系转版再认证的良好契机，收集、汇总来自不同层面有关职业健康安全方面的信息，确保职业健康安全工作深入到基层班组，夯实最基础的班组安全。通过安委会决策把关、公司各级职能部门的安全检查、全员的安全活动等方式把职业健康安全标准的要求落实到各项工作的全过程。②全面开展安全生产专项整治3年行动，加大隐患排查治理力度，确保生命财产和设备安全，严格落实防机组非停措施，力争长周期实现流域机组“双零”目标。及时收集安全生产3年专项整治工作的进展情况，做好相关信息报送工作。在安全检查中对专项整治的具体开展情况进行督查，确保了安全生产专项整治的实效。

（湖北清江水电开发有限责任公司
罗斌　温岩　聂志立　曹凯）

黄河上游水电开发有限责任公司2020年经营管理情况

2020年，黄河上游水电开发有限责任公司（简称黄河公司）全力确保电力稳定供应和安全生产形势平稳，实现“零事故”“零伤亡”目标。全年完成发电量691.3亿kW·h，同比增长8.5%；营业收入同比增长16.08%，利润总额同比增长12.72%，超额完成国家电投集团公司（简称集团公司）下达的年度经营目标。建成投产光伏和风力发电项目486.41万kW，电力装机规模增加997.88万kW，达到2463.84万kW；资产总额增加665亿元，达到1438.68亿元。

（一）发展建设

①强化与地方政府战略合作，推动集团公司与青海省人民政府、香港中华煤气公司签订《战略合作框架协议》，与青海省人民政府签订《战略合作协议》。发挥清洁能源产业规模优势和创新优势，深化项目合作开发模式，与青海省海西州人民政府、三一重能集团签订《项目投资合作协议》，与大庆市人民政府签订《共建国家光伏、储能实证实验平台（基地）战略合作框架协议》。②编制《集团公司青海省“十四五”规划》《黄河公司“十四五”及中长期发展规划》；参与编制《青海省建设清洁能源示范省五年行动方案》等清洁能源发展相关规划，牵头编制并完成海南州、

海西州清洁能源发展规划及外送基地电源配置规划，将企业重大项目规划融入地方发展规划。③加快推进重点项目开发，黄河羊曲水电站项目环评报告取得生态环境部批复，国家发展改革委正式受理项目核准申请，已做好复工和截流准备；拉西瓦水电站4号机组扩机项目开工建设；李家峡水电站5号机组扩机项目获得青海省发展改革委批复。④开拓海外项目市场。编制完成15个国别市场研究报告、中东区域3个专题报告，参与埃塞俄比亚中长期可再生能源供需发展规划及电价机制研究。拓展合作渠道，与水电水利规划设计总院等多家单位签订国际化发展合作框架协议。加快推进海外重点项目前期工作，沙特阿拉伯第三轮120万kW光伏竞标项目通过集团公司董事会执行委员会决策，参与中阿清洁能源培训中心建设取得国家能源局国际合作司支持。⑤稳步推进“三新”产业发展，黄河梯级电站大型储能项目列入《中共中央国务院关于新时代推进西部大开发形成新格局的指导意见》和《青海省“十四五”清洁能源发展规划》，完成“龙羊峡—拉西瓦”梯级储能工厂项目预可行性研究报告审查。国家光储电站实验实证实训平台纳入青海省省级重大项目库。

（二）安全生产

①提早谋划部署防汛措施，汛前完成全部泄水建筑物修复，开展防汛应急预案演练。汛期持续加强水文气象预报，及时发布洪水预警，有效应对黄河干流2次洪水过程。发挥集团公司大坝管理中心专业服务职能，及时向集团各涉坝单位发送异常提醒。完成青海省政府交办的玛尔挡水电站防汛任务。②落实安全生产责任，将“零一类轻伤”作为各基层单位年度安全目标，纳入“JYKJ”（计划、预算、考核、激励）管理体系，实现“零伤亡”目标。推进安全生产三年专项行动，完善领导干部安全生产联系机制，对6家单位开展安全生产尽职督查，强化安全生产主体责任落实。推行新能源建设项目驻点式、标准化安全监督模式，对风电项目并网调试等关键节点进行旁站监督，确保新能源建设项目安全投产。完善全员安全生产责任制，提升“三大责任”体系运转效能。建立全员岗位隐患清单，落实隐患排查治理责任，全年累计发现隐患1824项，整改完成97.5%，有效遏制安全事件的发生。③深化安健环体系建设，5家单位达到第二方评估“三钻”水平，风险分级管控和隐患排查治理双重预防机制效果不断显现。加强班组安全建设，打造“学习型、自主型、创新型”班组，“安全建设示范班组”达标率达到35%。完善承包商安全管理标准，固化示范创建成效，承包商安全管理逐步规范。加大设备技改力度，落实“三防”措施，全年投入安全生产费用2.8亿元。完成安全管理信息化系统试点建设，实现“全过程、穿透式”管理。建成电力运行和水电建设安全实训基地，形成“教学＋体验＋实操”的立体式安全培训模式。积极配合国家能源局大坝安全监察中心，完成5座水电站大坝定期检查。

（三）生态环保

落实黄河流域生态保护和高质量发展国家战略，编制印发《黄河干流水电站环境保护提升工作方案》，落实生态环保主体责任。加强生态环保设施建设和环境整治，完成班多水电站鱼道及生态放水孔工程建设和积石峡鱼类增殖站改造，开展鱼类增殖放流活动，拆除黄河干流6座水电站临河临时建筑物，拉西瓦、积石峡水电站完成国家生态环境部环保验收备案。开展羊曲水电站然果村甘蒙柽柳移植扩大试验，移植后发芽率达99.4%。各单位污染物达标排放，固废和危废合规处置。

（四）经营管理

①加强与黄委会和网调沟通协调，落实807m^3/s大流量封河计划，凌汛期出库水量较上年度增加6.76亿m^3，提高冬季梯级水电站发电量约13亿kW·h。完成龙羊峡水库设计汛限水位2594m运用专题论证，汛期动态控制汛限水位，在入库水量同比偏多8.53亿m^3的情况下，同比减少泄水11.29亿m^3，水库削峰拦洪作用进一步加强。龙羊峡水库连续3年蓄至正常高水位2600m，2020年达到2600.91m，实现历史峰值水位。持续优化梯级水库联合调度运用，泄洪期间龙（羊峡）积（石峡）河段各水电站平均负荷率达到84%，较上年同期增发电量15.82亿kW·h，企业全年水电发电量达到553.6亿kW·h。②为提升设备运行可靠性，全年完成71台次水电机组检修，各水电站机组成功经受长历时、大负荷运行考验。结合机组检修，完成龙羊峡水电站3号机组大轴补气装置、李家峡水电站3号机组转轮换型改造，运行工况得到改善。③完成16台水电机组调速器改造，优化AGC和一次调频调节策略，水电站考核分值同比降低52%；持续优化调整机组运行策略，水电板块和西宁火电全年获得辅助服务补偿170030分。④落实集团公司“SDSJ”（双对标、双激励）管理要求，深挖存量资产效益潜能，印发并实施《提质增效工作方案》《新能源提升发电量、提升发电能力专项行动方案》，电力板块发电能力有效提升。⑤电力营销成绩突出。深挖西北省间丰枯、峰谷互济潜力，提早启动外送工作，为汛期富余电量消纳腾出空间。紧抓青海省内水电双边电力交易放开的有利契机，与省内80%以上电力市场用户签订年度双边协议，稳定售电量价。大力拓展外送电量市场，加强与北京电力交易中心等单位的沟通，企业全年外送电量209亿kW·h，

再创历史新高，连续三年实现高速增长。持续加强与外送落点省份的沟通协商，2021 年“青电入鲁”协议电量较 2020 年增加 10 亿 kW·h。积极参与青海电力交易中心股份制改革，企业股权占比提高至 20%。青海省“绿电三江源”百日实践活动期间，企业交易电量占全省总交易份额的 81%。电费全额按期回收，实现“颗粒归仓”。⑥财务税费工作有效提升。提升资产质量、改善财务状况，持续压控“两金”，开展 7.19 亿元新能源电价补贴资产证券化工作，合计压降新能源电价补贴 21.93 亿元。优化调整陇电、宁电分公司内部资产重组方案，减少税负成本 1.49 亿元。积极争取疫情期间各项优惠政策，复工复产优惠贷款节约全年财务费用 800 万元；获得社保、医保费用减免 7789.81 万元，稳岗补贴 457 万元。新引入保险资金，融资成本降低 0.6 个百分点。稳步推进债务优化，争取存量贷款利率优惠政策，节约当年财务费用 5000 万元，后续每年可节约财务费用 9000 万元。加强财务信息质量和管理能力建设，荣获 2019 年集团公司财务报告“表扬单位”称号、2020 年集团公司第二期财务管理能力评价“二等奖”。

（五）科研创新

①申报先进储能技术国家重点实验室，申报方案已上报青海省和集团公司。国家光伏、储能实证实验平台（大庆基地）项目获得国家能源局批复，国家光伏发电实证基地配套 2 万 kW 储能电站入选国家能源局首批科技创新（储能）试点示范项目。承办“一带一路”清洁能源发展论坛，展示企业清洁能源发展成果，行业知名度和影响力再度提升。②持续提升知识产权管理和运用能力，企业入选工信部“2020 年度工业企业知识产权运用试点单位”。加快推进新能源生产运营中心建设，完成青海和陕西境内所有新能源电站接入，实现电站远程监视和控制功能。风电场智能运维诊断系统和智能运维生产管理系统上线运行，实现运行管理、两票管理、缺陷管理、风机状态实时监视、发电能力分析统计等基础功能。集团公司大坝安全管理监控信息系统通过初步验收，实现坝群集约化、专业化、信息化管理。积极开展软科学课题项目研究和管理创新成果总结，“财务共享在综合能源企业的拓展应用研究”获得集团公司软科学课题项目三等奖，《坚持企业自信　加强制度建设　为企业管理保驾护航》获得 2020 年度电力企业管理创新论文大赛一等奖，“中小水电站市场化薪酬试点改革研究”获得集团公司管理创新成果三等奖。③技术创新成果丰硕。全年完成科研项目 22 项、成果评价 11 项，其中 2 项成果达到国际领先水平、5 项成果达到国内领先水平。“龙羊峡水库年与多年调节库容研究”“光伏电站系统综合性能评估研究”成果运用于水库调度和电力生产，实现科研成果向经济效益的转化。全年获得省部级及以上各类奖项 27 项；申请专利 137 件，获得正式授权 103 件；制定并发布国际标准 1 项、国家及行业标准 31 项。

（六）体制机制改革

落实国企改革三年行动，持续推进“一流本部”建设，梳理调整本部各部室岗位及职责，制定实施《黄河公司一流本部建设（一期）方案》。优化调整干部选拔任用条件，完善退出机制，推动领导干部能上能下。持续加强薪酬激励体系建设，强化精准激励导向作用，全年累计发放专项奖励工资 3290 万元。按照国务院关于中央企业分离办社会职能要求，2010 名退休人员全部移交社会化管理。

（七）基础管理

全面承接《国家电投总部权责清单（C+版）》，制修订并发布制度 82 部。青海黄河水电公司增资引战后第一次股东会顺利召开，完成减资及 18 家企业工商变更。加快合规手续办理，土地证、房产证办理完成率分别提高 22 个百分点和 14 个百分点。持续推进竣工决算编制，年内除乌兰 10 万 kW 风电项目外，其余 3 个增量项目均按期完成竣工决算编制任务。着力强化采购合规管理，招标采购全部规范运作。继续开展“法律进企业、服务进基层”活动，8725 人次参加法律及制度宣贯培训。开展审计“1+N”模式应用及大数据辅助审计研究，提升审计效率。年内完成审计内控项目 13 项，揭露管理问题并提出改善意见或建议 209 项，实现审计三年全覆盖。强化审计发现问题的督促整改，加大审计整改考核力度。加强风险识别与管控，全年发送《风险管理工作提示单》17 份。企业率先进入集团公司审计管理评价优秀单位名录。

（黄河上游水电开发有限责任公司　许为宁）

华能四川能源开发有限公司 2020 年经营管理情况

华能四川能源开发有限公司（简称华能四川公司）是中国华能集团有限公司在四川设立的区域子公司，其前身为“华能四川水电有限公司”，成立于 1990 年 5 月，2021 年 5 月更名为“华能四川能源开发有限公司”，主要负责华能集团在四川地区的能源电力开发建设和生产经营管理，注册资本 14.698 亿元。投产总装机容量 266.6 万 kW（清洁能源占比 100%），在建总装机容量 111.6 万 kW，储备资源容量 700 万 kW 以上。公司坚持绿色发展，致力于清洁能源开发，助力实现“30·60”碳达峰碳中和目标，不断优化产业结构，加快转型升级，大力发展新能源，积极发展水电，全面布局天然气发电，探索发展绿氢产业，择优发展储能、地热、垃圾发电和综合能源服务。

（一）主要任务完成情况

2020年，受疫情和自然灾害影响，经营形势异常复杂严峻，公司迎难而上，主动作为，统筹做好各项经营工作。①全力以赴抢发争发电量。充分发挥流域优化调度和龙头水库优势，抢发枯期高价电量，枯水期龙头水库电站硗碛和水牛家发电量分别同比增长39%和24%；全力抓好灾后恢复增发电量，受灾次月发电量实现正增长；各单位全力争取多发电、发好电，嘉陵江公司、涪江公司发电量创历史新高。②着力争取优化电量指标。成功获得成都铁路局80%电量代理权，京东方50%电量代理权；积极参与年度、月度市场交易，签约用户数和电量实现“双增长”；做好电量指标平衡优化，有效避免偏差考核损失。③做好电费回收工作。努力减收承兑汇票，加大留存电量和大数据电费回收力度，电费实现全额回收。④积极应对电力体制改革。成为四川电力交易中心股东单位，现货市场结算试运行期间增发电量1，500万kW·h。经过不懈努力，公司经营成果好于预期。在没有新增装机和遭受自然灾害的情况下，完成发电量117.60亿kW·h，同比增长3.68%，创历史新高，实现营业收入同比增加6.76%。巴塘公司提前66天完成发电计划，在2019年实现首次盈利的基础上继续保持盈利。飞仙关电站通过尾水清淤、拦污栅清污和优化运行方式，机组出力大幅提高，最大达100%。营业收入增幅优于成本增幅5.38个百分点，成本费用利润率同比提高11.1个百分点。强化资金统　管理，通过提前还款、置换存量贷款等方式，财务费用同比大幅减少，新增贷款利率保持同行业、同地区、同品种最优水平。进一步规范集中采购管理，全年采购金额节资率15.28%。

（二）安全生产工作情况

①公司始终把安全生产摆在最突出的位置，把安全生产是红线、是底线、是生命线的要求贯穿到各项工作中。认真组织召开安委会、防洪度汛部署会，传达学习上级安全生产工作部署要求，分析安全形势，破解安全难题，安排安全生产工作。深入推动安全生产责任落实，认真开展安全生产专项治理三年行动，编制安全生产责任制清单，完成飞仙关和民治电站安全性评价专家查评。加强设备治理，全年完成38台机组小修、5台机组大修，太平驿电站机组增容技改全部完工，古城电站2号机组重大缺陷得到消除，硗碛库区塌岸治理工程基本完成。深化外包工程安全管理，成立硬梁包水电站安全工作组，蹲点督导电站安全施工。加快2019年暴雨泥石流灾后恢复重建，高质量完成太平驿电站大坝“一枯”施工等灾后恢复项目。圆满完成网络安全攻防演练，被评为华能集团“HZ2020”专项工作先进单位。坚决守住生态环保底线，完成生产电站生态流量下泄“一站一策”整改，硬梁包电站环保“三同时”有序开展。②有效应对特大暴雨、洪水、泥石流自然灾害。2020年8月，四川出现历史罕见暴雨过程，首次启动Ⅰ级防汛应急响应。公司涪江、宝兴河等流域电站纷纷遭遇暴雨、洪水侵袭，铜头电站发生接近百年一遇洪水，明台电站发生接近50年一遇洪水，火溪河流域电站先后遭遇6轮强降雨，多处发生山体滑坡和泥石流灾害。公司闻“汛”而动，立即启动应急响应，各级领导班子分别带队赶赴现场靠前指挥，广大干部职工迎难而上，全力奋战在抗洪抢险第一线，确保了人员、大坝、厂房和防护堤安全。汛后，公司召开专题分析会，深入总结防灾减灾经验教训，编制印发《防洪防地灾专题分析报告》，有序开展各项灾后恢复工作。③公司全年未发生人身、设备等安全生产事故，未发生各类经营、政治、形象安全和环保水保事件，安全生产和环保形势保持平稳。

（三）科技创新工作情况

华能四川公司始终将科技创新作为推动企业高质量发展的重要手段，认真贯彻科技创新国家战略，不断提升自主创新能力，深化科技创新体制改革，成立科技创新与信息化中心。持续加大科技投入，2020年科技投入同比增加22.5%。重点科技项目进展顺利，牵头承担的四川省科技项目“水电安全生产大数据系统”通过验收，华能集团科技项目“水电站溃坝灾难事件情景构建研究与应急能力评估”获批立项。成果凝练力度不断加大，“高水头多泥沙电站过流部件磨蚀损伤治理对策研究及应用”获四川省科技进步三等奖，“利用新技术手段对水电站巡视检查标准的研究与应用”获全国电力行业设备管理创新成果一等奖。工业互联网水电示范板块建设基本完成，接入公司全部57台机组。专利工作大幅提升，2020年申请专利122件，同比增加281.2%，申请PCT国际专利1项，实现零的突破；获得专利授权28件，同比增加366.7%，其中发明专利授权3件，实现零的突破。

（四）人才培养情况

①四川公司以提高人才素质为核心，完善人才培养机制，做好经营管理党建、技术、技能3支队伍建设，不断提高职工队伍的综合素质。依托公司太平驿实训基地做好技术技能培训、内训师培训、年轻干部培训、党务及纪检等人才培训。2020年10月，经集团公司批复同意，在四川公司设立了集团级水电集控运行专业实训室和水电应急培训专业实训室，有效搭建集团公司水电运行技术、水电应急管理培训和交流

平台，承担了集团公司培养中小水电技术技能人才的重要任务。同时“以赛促学”，通过实操培训和技能竞赛为人才成长打下坚实基础。2020年，四川公司成功承办四川省电力行业技能竞赛。公司在各类竞赛中取得优异成绩，宝兴河公司程世俊荣获全国电力行业技术能手，能源销售公司勾玄荣获川渝电力交易职业技能大赛第一名，康定公司周大鹏荣获“四川省劳动模范”称号，人才队伍专业化水平全面提升。②公司认真研究专业技术技能职务序列有关制度和要求，结合实际，明确专业技术技能职务的级别、待遇、职数等原则，指导、督促并审核所辖基层企业建立健全专业技术技能职务序列制度。基层企业结合自身实际制订了专业技术技能职务选拔工作方案，切实选拔出素质过硬、业绩突出、群众公认的员工担任技术技能职务，充分发挥“双通道”晋升机制的激励引导作用。2020年，公司累计选聘技术技能带头人21人次、技术技能专家6人、专业技术技能职务17人，范围包含公司所属各生产建设企业，涵盖了电气一次、电气二次、机械、基建、信息通信等电站生产建设主要专业。

（华能四川能源开发有限公司）

华能澜沧江水电股份有限公司 2020年经营管理情况

2020年，华能澜沧江水电股份有限公司（简称澜沧江公司）深入贯彻落实中国华能集团有限公司（简称集团公司）各项决策部署，紧密围绕“六个深化提升”“两个更大突破”，全力抗疫情、抓安全、保经营、谋发展、促改革、强党建，绩效考核连续三年位居集团公司第一。截至2020年12月31日，澜沧江公司投产装机容量达2318.38万kW，占云南省统调装机容量的27.00%，占统调水电装机容量的37.80%；完成发电量975.69亿kW·h，占云南省调发电量的31.53%，占省调水电总发电量的39.29%。

（一）疫情防控

深入贯彻党中央、国务院国资委、云南省委省政府和集团公司决策部署，制定“坚持一个引领，抓好两个统筹，实现三个确保”方针，建立健全各级应急机构，防控责任压紧压实，形成全员战疫氛围，保持“三零”良好态势。统筹推进常态化疫情防控和复工复产，国内在建项目4月初全面复工，驻缅甸、柬埔寨的境外项目克服困难挑战，构筑起群防群治严密防线，切实做到“两手抓、两不误”。深入开展“抗疫情、促生产、做先锋”主题实践活动，党员职工抗疫捐款45万余元，成立573个党员责任区、党员示范岗，圆满完成抗疫保电任务。

（二）安全管理

严格按照“党政同责、一岗双责、齐抓共管、失职追责”的总要求，推进安全生产治理体系和治理能力现代化建设，巩固和完善长效工作机制。严格落实全员安全生产责任制，扎实推进安全生产专项整治三年行动，安全生产保持“零事故”，安全指标创历年最好水平。全年排查治理安全隐患10654项，整改率91%。防洪度汛平稳有序，龙开口水电站有效减轻长江防洪压力，获水利部表扬。设备管理更加精益，深入推进检修标准化管理，稳步实施“自主＋架子队”检修模式，自主检修率达到62%、同比增长11%。14个电站实现“零非停”，非停同比下降66.7%。“HZ2020”网络安全实战演习胜利完成，景洪电厂作为靶点单位圆满完成防守任务，糯扎渡和景洪电厂实现“无人值班”。

（三）市场营销

积极应对复杂的政策及市场形势，有序推动各项营销工作抓实落地。在2020年初蓄能同比大幅减少、汛前来水偏枯的不利局面下，公司动态优化梯级运行方式，协调两库汛前顺利消落至目标水位，统筹优化水火发电互补，抢发枯期电量，入汛后抓住来水向好时机协调加大西电东送规模，为公司多发满发创造条件，认真制定营销工作“21项保障措施”，深入开展“保增长、促增收”电力营销劳动竞赛，多措并举提升公司发电量。加强市场拓展，推进综合能源服务，公司双边电量拓展、购售电业务取得实效，服务水平持续提升。创新开展发电侧带曲线邀请报价模式，得到国家发展改革委的肯定，并作为典型案例在“交易慕课”上向全国推广。始终坚持以效益为中心，滚动开展市场形势研判，统筹计划与市场、省内与省外、事前与事后，动态优化年度、月度、日前交易策略，强化交易全过程管控，确保公司市场化交易量价水平保持区域对标领先，实现公司效益最大化。

（四）经营管理

坚持“降本节支，提质增效”的经营手段，展现财务管理新作为。着力提升财务管控和价值管理水平，推动实现从核算型财务向战略型、管理型财务转变，为公司经营管理和战略决策提供高质量的财务支撑。2020年3项费用同比下降5.87亿元，降幅4.19%。完成存量贷款LPR利率转换，年末融资成本4.04%，同比下降0.29个百分点，节约财务费用5.56亿元。深化降杠杆减负债，年末资产负债率61.42%，同比下降4.69个百分点。积极争取税收优惠，获得2019年企业所得税汇算税收优惠11.19亿元，联合电力公司获所得税抵免2053万元，桑河水电公司获股利分配所得税减免6900万元。深化提质增效，紧紧围绕高质量发展“两利四率”要求，精准制定落实提质增效“1＋N”方案，细化工作措施，加强过程督导，紧盯短板指标，抓住关键环节，着力做好成本管控、资本运作、管理提升、风险防范、扭亏控亏等重点工作，确保过程不偏离、结果无偏差。加大优秀年轻干部培养选拔，完成退休人员社会化移交。新增聘任专业技术技能职务11人，技术技能带头人8人，入选云南万人计划2人。

（五）绿色发展

深化战略统领和顶层设计，以集团公司规划纲领为指引，积极融入云南省绿色能源发展，深入开展清洁能源基地规划研究，积极协调纳入国家和省级“十四五”规划。高质量推进工程项目建设，完成绿色智能建造系统平台开发。提前完成黄登、大华桥枢纽工程验收，苗尾、桑河获电力行业优质工程奖。西藏澜沧江清洁能源基地建设快速推进，与昌都市签订清洁能源战略合作协议，送电粤港澳大湾区“四方协议”基本达成共识。推动集团公司与云南省签署新一轮能源领域经济合作协议，在云南“8＋3”新能源配置中争取竞配指标。贵州海庄、花月、窑上3个农业光伏项目并网投运，获得国家竞价补贴。缅甸、柬埔寨代表处开始运行，积极开拓老挝、印尼、越南等新兴区域市场，做优做强国际化开发平台。推行环保措施“一厂一策”清单，全年未发生超排事件，顺利完成雨汪电厂2号机组超低排放改造，苗尾等电站环保水保专项验收、流域集运鱼系统设计运行等工作有序开展，景洪电站获全国第九届“母亲河奖”绿色贡献奖。

（六）改革创新

精准发力体制机制改革，发挥改革突破和先导作用，管理效率效能持续提升，文件、会议和检查数量分别同比下降31％、33％和37％；决策会议“非三重一大”事项由23类压减至17类；加大授权放权，下放权限16项，简化审批10项。依法治企不断深化，合规管理体系基本建立。深化审计监督运用，审计整改完成率97.37％，完成糯扎渡竣工决算审计。开创远程分散及异地集中评标方式，采购对标排名大幅提升。安全保密和档案管理成为集团公司标杆。获国家及行业管理创新成果奖4项。智慧企业建设步伐加快，完成公司智慧企业顶层设计和信息化规划方案编制。完成云平台数字基座、工业互联网子平台建设。深入推进工业互联网建设应用，实现11个水电厂、3个风电场35.7万条数据汇聚，机组状态检修节约费用852万元，管理和经济效益显著。科技创新取得丰硕成果，4项“十三五”国家重点研发项目通过中期检查；获省部级及行业科技奖励11项，获授权发明专利17项、实用新型专利69项，水力式升船机获首项国际发明专利授权；稳步推进库坝智能管控平台开发，建立流域地震台网监测中心。

（七）脱贫帮扶

精准帮扶的云南省澜沧、沧源、耿马、双江四县佤族、拉祜族两个“直过民族”实现脱贫摘帽，四县“直过区”的229个贫困村全部脱贫，2779户6871人剩余贫困人口“两不愁三保障”全部达标，20余万建档立卡贫困人口脱贫，历史性告别绝对贫困。2020年“百千万工程”资金投入2044.60万元，着力解决澜沧江周边群众“看病难、吃水难、行路难、发展难”等问题，实施“素质提高、民生保障、民族文化和生态保护”4项主题工程共42个。“挂包帮”结对帮扶的云县栗树乡大田山村，脱贫成效巩固提升。澜沧江公司获云南省“2020年度扶贫先进集体”以及“国务院企业精准扶贫专项案例50佳”“民政部第十一届中华慈善奖”等荣誉。

（华能澜沧江水电股份有限公司）

国家电投集团云南国际电力投资有限公司2020年经营管理情况

2020年，国家电投集团云南国际电力投资有限公司（简称云南国际公司）面对疫情防控和深化改革大考，全面贯彻落实国家电投集团“双跑赢”“双对标、双激励”和“保二争一”工作要求，深化管理模式改革创新，应用JYKJ管理体系，量身打造SDSJ工作体系，贯彻“超前一公里、协作一公里、落地一公里”理念，积极探索并将先进管理体系转化为企业提质增效的工具，推进了企业治理能力持续提升。

（一）专业化、集约化管理模式创新，企业焕发新活力

1.JYKJ统领作用突出　云南国际通过“计划、预算、考核、激励”（简称JYKJ）体系，形成年度重点工作和专项任务清单，完善生产运营为主的对标指标库，实现激励机制的创新，激发企业生命力。

2.管理模式优化优势体现　“双对标、双激励”（简称SDSJ）体系与JYKJ体系同步推进，专业化、集约化的管控平台初显成效，依托生产运营精细化管理，强化生产运营对标成果应用，提升改善了盈利能力。

3.激励机制营造干事创业氛围　云南国际公司对专项工作采取点激励机制，项目实时下达，事后精准兑现，有力推动重难点工作和疑难问题的解决。

（二）区域营销协同高效，探索交易共赢之道

自2014年起，云南省率先开启电力市场化交易之路，无论是交易量、交易电价下降幅度，还是市场放开程度，都处在全国的前列，市场竞争异常激烈。

为提升国家电投集团在滇整体营销效益和竞争力，云南国际公司坚持“超前领先一公里、协作支持一公里、最后落地一公里”的理念，开展国家电投集团在滇企业区域电力营销“特色服务”，探索区域协作单位共赢之道，加强形势研判、策略制定、客户接洽、合同签订等工作，通过区域资源的集中、整合和互补，有效提升了竞争力，实现了内部协同效益最大化，实现了“1+1>2”的目标。

（三）融入“十四五”新格局，实现企业跨越式发展

2020年初，云南省政府决定在适宜地区适度开发约800万kW风电和300万kW光伏（简称“8+3”）的能源建设任务，云南国际公司深入贯彻落实习近平总书记考察云南时提出的“一条路子、三个定位、五个着力”的要求，认真学习领会习近平总书记“四革命、一合作”能源革命思想，准确把握云南省委省政府“三张牌”精神内涵，认真贯彻落实国家电投集团党组各项决策部署，在2020年“十三五”收官之年，取得省内161万kW新能源项目开发权。秉持绿色发展理念，乘势而上、砥砺奋进，深前期、严开工、精建设，全力建成一批精品工程、样板工程、效益工程，在国家“碳达峰、碳中和”战略中不断转型升级。

（国家电投集团云南国际电力投资有限公司 刘艳）

惠州蓄能发电有限公司 2020年生产经营管理情况

惠州蓄能发电有限公司（简称惠蓄公司）隶属南方电网调峰调频发电有限公司，所负责运营的惠州抽水蓄能电站安装8台30万kW抽水蓄能发电机组，总装机容量240万kW。截至2020年底，惠蓄公司在岗职工69人（劳动合同制），具有大学本科及以上学历68人，平均年龄34.1岁，2020年人均劳动生产率为871万元/人。

（一）安全生产情况

1. 牢固树立安全发展理念　以安全生产风险管理体系（简称安风体系）建设为抓手，持续推进本质型安全企业建设，保持了安全稳定的良好局面。自建厂以来，惠蓄公司安全生产持续保持稳定，已连续安全生产4775天。截至2020年底，机组共启动66700余次，总运行时间19.78万h，启动成功率达99.65%，曾连续两年保持“零跳机”纪录，等效可用系数达92.77%，总发电量达209亿kW·h，综合效率达79.3%。机组运行小时、启动次数等大幅高于行业平均值，各项生产运行指标达到国际领先水平。

2. 持续提升风险管控水平　建立完善安全生产风险“四分”管控机制，强化作业、设备、环境等风险管理。统筹抓好疫情防控、迎峰度夏及防风防汛、重大保供电等专项工作，确保安全生产平稳有序。持续推进安风体系建设，稳步提升安全生产管理水平，2019年内审得分95.2分，力争2021年安风体系建设达到“五钻”级别。

3. 科学做好机组设备运维　投产初期，大力开展设备缺陷隐患整治，有效提高了设备健康水平。以提高机组设备可靠性为目标，精心抓好设备运维管理。2020年，惠蓄公司机组启动9431次、运行总时长28540h，均创历史新高；启动成功率99.92%，发电量25.42亿kW·h，抽水电量32.86亿kW·h。在机组启动次数和运行时间大幅增加的情况下，保持了机组安全稳定运行，各项生产指标持续向好，未发生四级及以上事故事件。

4. 扎实推进机组大修周期优化　近年来，惠蓄公司积极探索设备状态检修，开展机组大修周期优化，形成大修周期优化成果，预计经营期（30年）可节约一轮大修，节约检修成本约2.35亿元。目前，正根据大修周期优化策略，科学安排机组运行时间，结合小修开展设备状态分析，为下一步大修周期优化做好准备。

（二）经营管理情况

1. 加强精益化管理　惠蓄公司自成立以来，一直坚持勤俭办企业的理念，注重依法合规经营，积极防范和化解重大经营风险，加强企业精益化管理，不断实现提质增效。2020年，惠蓄公司实现利润总额3.16亿元，净利润2.42亿元，完成年度预算的101.46%；资产总额39.51亿元，资产负债率30.08%，资产质量优良。自投产以来，累计实现净利润21.05亿元，上缴税收11.90亿元，为地方经济社会发展发挥了积极作用。

2. 注重加强经营管理　惠蓄公司认真开展“瘦身健体、提质增效”等专项行动，落实“过紧日子”“成本管理年”等要求，从严控制成本费用，2020年可控成本同比下降15.87%（剔除关联交易），财务费用同比下降29.49%。持续降低存量贷款利率，整个贷款期共计可减少约1400万元。

（惠州蓄能发电有限公司　廖书长）

黄河万家寨水利枢纽有限公司 2020年经营管理情况

2020年，黄河万家寨水利枢纽有限公司（简称万家寨公司）深入贯彻落实“十六字”治水思路，积

极践行水利改革发展总基调，广大干部职工保持目标同向、思想同步、工作同力，公司整体呈现出党的建设深入推进、安全生产态势平稳、经营绩效保持良好、内部管控逐步规范、社会责任扎实履行、企业氛围和谐融洽的良好局面。面对突如其来的新冠疫情，公司认真落实疫情防控主体责任，制定疫情防控工作方案，严格落实各项防控措施。

（一）安全生产

一年来，万家寨公司牢固树立安全发展理念，开展教育培训；坚持精准发力，突出重点区域，开展隐患排查，落实责任追究，不断健全安全生产保障体系和监督体系，安全生产保持总体平稳态势。认真落实安全生产责任制，及时调整公司安全监督网和安委会成员，完善安委会成员责任清单，修订了137个岗位安全职责，逐级签订安全目标责任书，按时开展目标、职责考核工作，层层压紧压实安全责任。修订发布《安全生产工作规定（试行）》等10余项制度。完善应急体系建设，万家寨、龙口水库安全管理应急预案和防汛抢险应急预案顺利获得批复。提升应急处置能力，全年开展各类应急演练26次。积极推动子公司安全生产标准化达标创建工作。认真开展安全教育培训，创新开展安全生产月活动，全年组织各级各类培训11批400余人次，全员安全意识进一步提高。按期组织召开安全生产例会，分析安全生产形势，总结和布置安全生产工作，决策重要项目安全实施方案。扎实开展安全生产专项整治三年行动和安全生产风险隐患排查治理专项行动，整治违规行为和缺陷505项。主动适应“强监管”要求，加大安全风险分级管控，紧盯复工复产、两会国庆、春秋季和汛前等关键环节和重要时段，组织开展专项检查督查，认真督促整改落实，圆满完成安全保障任务。组织召开安全警示教育大会，全员底线思维和红线意识进一步强化。

（二）防凌防汛

2020年，万家寨水库入库水量为376.85亿 m^3，比上年增加6%。主汛期间，黄河上游地区平均降水量359.7mm，整体偏多26.9%，防汛形势十分严峻。坚决贯彻上级决策部署，及时召开度汛工作会议，制定度汛工作方案，建立防汛会商机制，组织了有史以来模拟场景最多的防洪抢险应急演练。抢抓凌汛后主汛前窗口期，组织完成龙口底孔一级消力池底板应急加固维修、万家寨下游左右岸河道岸坡整治等度汛项目，确保了行洪安全。相关部门单位加强“战备”工作，开展突击检查，强化责任落实，实化防汛措施，确保组织、管理、预案、制度、队伍、物资“六到位”。同时，加强巡视值守，严格执行调度指令，实施闸门分级管控，严禁超汛限水位运行，聚焦三大突出风险，推动水库防汛“三个责任人”和“三个重点环节”。黄河第1、2、4号洪水平稳通过万家寨、龙口水利枢纽，确保了万龙河段黄河安澜。

（三）排沙减淤

万家寨公司站位黄河治理开发全局，统筹调水调沙、拦洪削峰、河道冲淤和供水发电需要，统一思想，提前酝酿，科学决策，精心组织，于2020年8月21日～9月5日开展了万家寨、龙口水库联合冲沙调度。据统计，2020年度万家寨水库总入库沙量为1.35亿t，总出库沙量1.48亿t，年度排沙比109.6%；龙口水库总出库沙量1.59亿t，年度排沙比107.4%。其中，冲沙调度期间，万家寨水库净出库沙量0.92亿t；龙口水库净出库沙量0.19亿t。利用万家寨库区滩地出露的时机，及时开展滩地库容恢复的试验探索工作。与2019年汛后相比，万家寨、龙口水库总库容分别略有增加，调洪库容基本持平，圆满完成了“基本实现水库年内冲淤平衡”的既定目标，有效保证了两枢纽水库的健康运行，并为今后水库科学调度积累了宝贵经验。

（四）供水发电

万家寨公司从保障国家水安全的政治站位出发，在确保安全向晋、蒙两省区稳定供水的基础上，积极为首都北京生态保护修复提供坚强水支撑，连续第四年配合完成向永定河生态补水2亿 m^3，全年完成供水6.9亿 m^3，创历史新高。年内万、龙两站完成发电设备检修11台次，主变压器大修2台次，220kV线路检修5回线，设备检修完好率100%，努力确保机组健康状态。同时，加强精细化调度，密切关注两网负荷预测和实际负荷情况，不断优化和调整机组运行方式，万家寨水电站全年发电42.27亿kW·h，龙口水电站发电19.31亿kW·h，分别超设计多年平均发电量53.7%和48.3%，两站合计完成发电61.58亿kW·h，连续两年发电突破60亿kW·h大关。

（五）库区管理

万家寨公司密切配合水政监察支队常态化工作，制定水政监察制度30项，组织培训46人次，开展各类巡查215次，联合执法及会商20多次。深入落实“水利行业强监管”要求，全面摸排梳理出3类23个典型“四乱”问题清单，制定了专项整治行动实施方案。按照“消除存量、杜绝增量”的原则，推动“清四乱”取得实质性进展。共清理违规建筑8处，监督整改乱占乱建问题6项，对于内蒙古侧3个难以推动、解决困难的陈年积案，分别与上级和地方有关部门进行了汇报沟通。编制库区管理与保护规划，开展数字库岸线建设，为智慧库区建设奠定了基础。积极推动垃圾围坝整治，加强枢纽区绿化管护，库区生态环境得到改善。坚持开展普法宣传，库周群众环保意识不断加强。

（六）经营管理

1. 智慧建设　严格落实水利网信工作总要求，启动智慧万家寨建设工作。在做好智慧建设调研和信息系统内部摸底的基础上，按照实用、安全的原则，完成了包括智慧万家寨蓝图、智慧业务能力、应用系统、技术基础环境、信息安全体系、信息化保障体系等在内的智慧万家寨建设规划编制，智慧万家寨建设迈出坚实的第一步。

2. 市场开发　主动对接国家黄河流域生态保护和高质量发展规划纲要，立足公司实际，寻找新的经济增长点。密切关注古贤水利枢纽立项进展，积极推进准旗供水、龙口电站扩机、光伏发电等前期可行性工作。与中国大唐集团太阳能产业有限公司就合作开发万家寨、龙口水利枢纽水光互补能源基地项目签署合作备忘录，市场开发工作稳妥推进。

3. 苦练内功　多次召开警示教育大会，引导干部职工知敬畏、存戒惧、守底线。完善公务接待、财务报销等相关制度，规范管理，堵塞漏洞。万家寨公司电站管理局发电部和工程咨询公司持续保持“省级青年文明号”和“全国水利文明单位”荣誉称号。

（七）技术创新

成立技术专家委员会，制订科技创新鼓励办法，以技术创新为引领，探索建立重大技术问题分析、研究、解决机制。深入开展技能竞赛、质量管理等活动，大力营造创新创造氛围，鼓励职工发挥首创精神，解决生产经营管理中遇到的实际问题。组织报送“五小”成果24项并全部获奖，5项QC活动成果分别荣获水利行业一、二、三等奖。新增“王海斌”“王福文”“武钦萍”3个创新工作室。创新应用无人船和多波束测深系统圆满完成了万、龙库区水下地形测量，填补了万家寨公司在水下扫测、三维建模技术等方面的空白，职工创新动力和能力持续提升。

（八）社会责任

2020年，在疫情面前，万家寨公司主动向水利系统长江医院、黄河医院捐赠300万元，组织公司党员自愿捐款3万余元。深入贯彻中央第三次新疆工作座谈会精神，选派公司副总经理参加第十批中央和国家机关中央企业援疆工作。认真落实中央第七次西藏工作座谈会精神，加大援藏资金支持力度，组织3名同志分别参加水利部“组团式”援助工作，参与拉洛水利枢纽工程援建工作，受到了西藏自治区水利厅及拉洛水利工程管理局的好评。聚焦全面脱贫不松劲，巩固脱贫成果不懈怠，一鼓作气、乘势而上，扎实开展重庆市巫溪县定点帮扶和山西省偏关县对口扶贫工作，有力确保了脱贫攻坚收官之年各项目标任务如期全面完成。

（黄河万家寨水利枢纽有限公司　王立伟）

华能糯扎渡电厂 2020年生产经营情况

华能糯扎渡水电厂作为中国华能集团公司、云南省境内及澜沧江流域最大电站，多年来，一直把“出经验、立标杆、树旗帜”作为使命追求，致力于打造“六型电厂”企业。2020年，糯扎渡电厂以集团公司“糯电人”的担当和奉献，迎难而上，攻坚克难，扎实开展“抗疫情、促生产、作先锋”主题实践系列活动，多项绩效指标创历史最好水平，糯扎渡水电站荣获“全国企业文化最佳实践企业”称号。

（一）突出安全定位，安全生产保持稳定

1. 疫情防控始终可控在控　从组织保障、机制保障、物资保障、应急保障等方面采取了一系列科学精准、严格细致的防控举措，电站疫情防控始终保持零确诊、零疑似、零无症状感染态势，复工复产率达100%。

2. 安全文化建设独具特色　总结提炼了以“专业管安全、标准强安全、全员抓安全”为核心价值观的安全文化理念体系，建成安全文化长廊，营造安全文化氛围。

3. 安全管理标准化建设全面实施　全面推行覆盖所有生产班组的安全管理标准化建设，形成“一班组一主题”安全品牌文化创建、安全学习“五步走”和“5+1”班前会标准化流程、手指口述安全确认法、“15222”外包工程标准化手册等一系列班组安全管理标准化、规范化流程，得到中国安全生产协会班组委和公司一致好评。

4. 安全管理措施扎实有效　实施“安全生产专项整治三年行动”，加强有限空间等高风险作业排查及管控，完善落实“两个清单”措施，查出问题55项，完成整改37项。2020年内“两票”办理2832份，合格率100%。流域内率先建成“智慧门禁系统”，全力落实防汛措施，实现电站安全度汛。

5. 圆满完成“HZ2020”攻防演习任务　按照“整体部署、专项防御、全员参与”原则，采取多项措施防范社会学伪装渗透，全面掌握网络及系统服务器整体部署，发现并整改12项低危或中危终端风险，切实筑牢“人防”+“技防”+“物防”堡垒。

（二）深化精益管理，运营水平稳步提升

1. 正式实施无人值班　完成技术改造39项，2020年5月8日实现投产以来首次无光字无报警运行，9月6日正式实施无人值班。

2. 检修质量实现跃升　在公司流域首次成功实践“自主+架子队”检修模式，全面践行维护检修

“五个一”精益化理念和“三统一三一致”规范化、标准化理念，圆满完成年度机组检修任务，规范统一励磁、辅机等22个控制系统的接线、标识、程序和定值，成功解决了9号机组定子机座振动超标等困扰电站多年的难题，9台机组指标精品率由修前69.6%提高至修后92.4%，其中4台机组修后指标均达到精品机组标准，投产以来公司流域内首次实现通过机组检修达到精品机组目标。同时，在集团公司设备评级中获得了机组全A、单机和全部机组均排名第一的优异成绩。年内保持“零非停”，开停机成功率99.97%。

3. 工业互联网建设扎实推进　建成导轴承冷却器换热系数、进水口事故门开度等12个模型，通过工业互联网发现异常信号90项，解决在线监测数据经常性中断等63项问题，二季度连续三个月在公司工业互联网月度排名中名列第一。

4. 技术监督管理明显提升　继2019年集团和公司技术监督现场评价提出问题整改率均为100%后，2020年集团和公司技术监督现场评价得分率达历史最高。

5. 高坝大库管理井然有序　开展1号尾水隧洞、左右岸泄洪洞出口挑流段等专项检查，完成水工建筑物维护工作280项，发现并消除隐患缺陷153个。完成大坝定检4个专题报告修改完善并报公司和能源局大坝中心，完成大坝注册申请及备查资料收集整理。

（三）扛起政治责任，脱贫攻坚扎实推进

1. 全力助推澜沧县脱贫摘帽　主动研究制定助推澜沧县脱贫摘帽“六强化六确保”举措，配合公司及以上领导到澜沧县调研8次，派驻12批人员协助挂职干部做好扶贫项目进度跟踪和质量监督，全面深度参与澜沧县拉祜族佤族“直过民族”脱贫攻坚，贫困人口全部实现“清零”目标，澜沧县高质量通过第三方评估，拉祜族佤族两个“直过民族”实现整族脱贫，水库部获评“澜沧县脱贫攻坚工作先进集体”。

2. 消费扶贫率先开展　制定年度消费扶贫方案，两次率先在公司本部举办消费扶贫农产品展销会，鼓励电站工会和职工食堂优先采购扶贫地区农产品，形成线上线下、以购代捐、人人参与消费扶贫的良好氛围，年内完成消费扶贫金额138万余元。

3. 深入推进“百千万”工程　年内实施“百千万工程”项目8个，投入资金291万元，切实解决当地老百姓生产、生活中的困难。

（四）严抓管理提升，全面深化一流创建

1. 一流创建全面深入　结合自身规模地位、高质量发展需要，电站制定了2020年正式实现无人值班、2021年实现创建国际一流水电厂、2025年基本实现创建智慧电厂“五年三步走”目标。专题召开全面深化创建国际一流水电厂专题研讨会和推进会，编制印发“一方案两规则”，搭建“1＋7”管理机制，成立深化“创一流”领导小组及其办公室，设立7个“创一流”管理组，以“对标创建国际一流水电厂”一个核心和“7S管理、员工行为规范、创一流部室及一流班组”3个具体抓手为着力点，全面深入对标列出78个具体问题，制定提升措施237项和编制专项提升方案14个，一流创建取得实效。

2. 提质增效务实得力　开展废旧、闲置和报废物资认定379项，估算金额271.58万元。制定材料费、计划检修费较年初预算压降20%、其他费用较年初预算压降6.23%的目标，严格控制使用电厂三大成本费用，年末预计三项费用压降530万元，累计营业总成本27.57亿元，同比下降9.61%。

3. 创新创效再创佳绩　年内获发明专利1项、实用新型专利授权5项，3项QC小组活动成果、1项安全隐患排查整治活动成果和2项质量信得过班组建设成果获得中国水利电力质量管理协会一等奖5项、二等奖1项，科技创新成果获中国安全生产协会第一届中国安全科技进步三等奖2项和云南省电力行业二等奖2项、三等奖1项，技术创新成果获得云南省电力行业一等奖1项、二等奖5项、三等奖10项。

4. 推进企业文化落实落地　提炼以“水电胜境、华能荣光”为愿景等为主要内涵的文化理念体系。高质量承办中企联企业文化现场会，荣获“企业文化最佳实践企业”称号。

5. 围绕中心开展群团工作　开展区域技能竞赛1次及厂级技能竞赛10次，构建集劳模工作室、云岭工匠创新工作室等五大工作室为主体的实训中心。协调解决职工关心的热点问题38项，开展文体活动34项。

（五）注重人才培养，打造优秀人才队伍

1. 教培内涵实用丰富　创新人才培养模式，弘扬潜心钻研技术技能的风气，华能网络学院实现全员覆盖培训，年内外派培训112人次、内部培训7669人次，培训转正6名2019级见习员工，全面承接公司23名2020级见习员工入职教育、军训、认知学习等培训任务，向集团、公司以及兄弟单位培养输送管理干部2人。

2. 人才引领作用彰显　充分发挥大师工匠和技术技能带头人的示范带动作用，“比学赶帮超”氛围更加浓厚。3名职工在全国大型水电厂水轮机检修工职业技能竞赛中分别荣获一、二、三等奖，1人被授予“全国电力行业领军人才”称号，3人在集团二次设备检修工技能竞赛中分别荣获一、三、三等奖，运维部获云南省“工人先锋号”，运维技术创新工作室获评集团基层企业技术创新工作室，张应祥当选“官渡突出贡献人才”，丁文华获“云岭工匠”“云南五四青年奖章”称号，并获批云岭工匠创新工作室，沈立锋获公司“建功澜沧江建设功臣”。

3. 干部队伍结构不断优化　深入开展2020年“实干奋进·示范引领”员工队伍主题教育，加大优秀年轻干部的培养选拔力度，2020年以来提任中层干部7人，均为“80后”干部，中层干部年龄结构得到进一步优化。

（六）狠抓环保水保，生态效益保持领先

深入践行“两山”理念，围绕珍稀植物园、鱼类增殖站、工区及营地绿化养护等制定专项整改措施33项，整改完成率91%，珍稀植物园、工区及营地绿化景观明显改善。完成垃圾填埋场渗滤液喷淋系统装设，实现垃圾填埋场渗滤液零排放处理。首次实现中国结鱼人工受精卵孵化出苗，获得鱼苗约500尾，开展鱼类增殖放流1次、网捕过坝1次，放流叉尾鲶1万尾、经济鱼类3万余尾。全力协调地方政府，成功把电站枢纽区征地范围区域、水库淹没区涉及6县区和糯扎渡水文站等区域调出生态保护红线。跟踪并协调地方政府综合整治库区违规网箱养鱼等问题，普洱市范围内糯扎渡库区网箱养鱼实现“清零”目标。

（华能糯扎渡电厂　魏进惯）

12

水电站生产运行

电力生产及管理

三峡水力发电厂2020年电力生产管理情况

（一）电力生产概况

2020年一季度，三峡水力发电厂（简称三峡电厂）在统筹推进疫情防控和电力安全生产中取得了“2020年第一季度发电量创历史新高”优异成绩。仅在1月25日～3月31日这段抗疫保电的关键时期，三峡电厂持续加大“马力”保供电，单日调峰量最高达1560万kW，日均调峰开停机超过20台次，累计调峰开停机达1499台次，累计发电118.3亿kW·h，比2019年同期多发8.5亿kW·h。

2020年汛期，三峡电厂执行大负荷长周期运行措施97天，占汛期的80%。

2020年，三峡电厂机组全部并网运行累计2106.77h，2000万kW以上出力运行累计2228.05h，2250万kW满负荷运行累计1455.43h。三峡电厂年累计发电量1118.02亿kW·h，刷新全球单座水电站年发电量世界纪录。

（二）设备检修情况

2019～2020年度岁修，三峡电厂克服新冠肺炎疫情带来的重重困难，共计完成2台机组A级检修、1台机组B级检修、20台机组C级检修、11台机组D级检修，21项500kV设备检修，以及配电设备、泄洪设施检修。

2020～2021年度岁修，共安排4台机组A级检修、24台机组C级检修、6台机组D级检修，4条500kV母线检修、16回GIS进出线检修，以及配电设备、泄洪设施检修。

（三）安全环保管理

2020年，三峡电厂安全生产保持良好态势，有效管控重大安全风险，未发生生产安全责任事故、人身伤亡事故、设备事故、火灾事故、环保事故，未发生安全事故瞒报、谎报、迟报、漏报事件，实现年度“双零”安全目标，机组等效可用系数93.19%，机组一类非计划停运小时数0.059h/(台·年)。

（1）高效落实安全生产责任制。不断完善安全管理体系，完成10部安全管理制度修编工作，签订部门责任书6份。加强承包商安全管理，有序推进安全生产专项整治三年行动，开展8个方面重点专项整治，共计111项任务。

（2）深入开展隐患排查治理与安全风险分级管控。印发《三峡水力发电厂2020年安全生产隐患排查治理工作方案》《三峡电厂安全风险四色图绘制工作方案》，梳理形成12项重要火灾风险点，逐项制定防控措施，完成地电蓄电池室消防整改工作。

（3）持续开展本质安全型电站建设与自评价。依据《长江电力本质安全型水电站评价标准》，围绕人员、设备、环境、管理等4个维度要求，53个评价细项，600余项具体条款，深入开展对标查评整改，年度总评得分达到中国长江电力股份有限公司“本质安全优秀型企业”标准。

（四）防洪度汛

2020年，三峡电厂成功应对12场35000m^3/s以上量级洪水，其中，5场为50000m^3/s以上编号洪水。8月中下旬，连续成功应对长江2020年第4号和第5号洪水，其中，5号洪水洪峰流量达75000m^3/s，为三峡水库建库以来遭遇的最大洪峰。

2020年，三峡水库累计拦蓄洪量294.83亿m^3；泄洪设施及时按调度指令响应，正确率100%。泄洪深孔累计启闭82扇次，累计运行6714.15h；排漂孔累计启闭20扇次，累计运行351h；排沙孔累计启闭2扇次，累计运行4.85h。其中，泄洪深孔过流时间为机组全部投产发电以来最高。

（五）科技创新

（1）持续推动自主科研。“水电站在役螺栓预紧力测量装置研制”等4项重点科研项目及“水电站机组大轴补气管密封结构优化改进”等Ⅰ类自研项目均已完成研究及项目验收。全年完成Ⅰ类自主科研17项，申请发明和新型专利50件。“大型电力企业生产信息管理系统两票三制智能化”获评“湖北省优秀质量管理实践标杆”、宜昌市质量协会竞赛特等奖，“三峡电站机组新型大轴蠕动检测装置研究”“激光熔覆技术在推力瓦修复上的应用”获中国长江三峡集团有限公司职工技术创新奖一等奖。

（2）智能电站建设实现新突破。三峡左岸电站监控系统改造项目阶段性任务已完成，首创基于国产软、硬件环境以及部署可信密码模块的监控系统已投入运行。除已建成油气在线监测、蓄电池在线监测、低频扰动识别、故障录波、保护故障信息、机组稳定性监测等7个系统外，完成28台机组推导轴承在线监测系统安装、20台变压器铁芯夹件电流检测系统安装、25台机组发电机局部放电系统增设项目安装。智慧运行平台、机组工况智能分析平台、智能诊断平台等3个高级应用投入试运行。

(3) 信息化建设水平进一步提升。以“智能电站”建设为中心，推进管理信息系统数据标准化、结构化，实现ePMS系统与中国电力企业联合会可靠性分析软件的数据导入，实现ePMS系统中标准操作票、参考工单数据的重新优化与导入。完成三峡电站主要区域无线网络覆盖项目，安装无线AP1700余个，所有设备已安装调试完成，并上线运行，实现了数据传输高效、安全、稳定且集中管控，为智能应用健全网络传输层。

（三峡水力发电厂　王永乐　王玲）

向家坝水力发电厂2020年电力生产管理情况

（一）电力生产情况

2020年，向家坝水力发电厂（简称向家坝电厂）实现发电量达331.48亿kW·h，再创历史新高；机组年平均利用小时数5532.89h，等效可用系数94%。

一年来，持续深化以设备管理为主线的生产管理组织体系，贯彻设备缺陷闭环管理机制，及时消除设备缺陷1352项；机组经受住长周期、大负荷、不间断运行考验；汛期机组全开累计运行2840.97h，满出力运行高达2372.55h；未因设备障碍损失电量，未发生责任性弃水事件，连续第八年完成380m水位蓄水。

2020年，首次实施机组A级检修，建立了标准检修流程，形成了可推广、可复制的800MW水轮发电机组A级检修模式。

（二）安全环保管理

截至2020年12月31日，向家坝电厂已连续安全生产3231天，实现“零人身伤亡事故、零设备质量事故、零环保事件”目标，全部机组连续4年、累计6年实现“零非停”运行管理目标。

2020年，共辨识环境因素80项，危险源606项，开展安全专项检查200余次，完成120个施工类项目评估，重大风险始终在控、可控。

举行盲演、突击演练等42次多元化演练，正确迅速处置左岸专用公路突发中断事故等突发事件，有序应对自然灾害预警37次、周边4.0级以上地震8次。

（三）升船机运维及调度管理

2020年是向家坝电厂全面接管向家坝升船机设备的第二年，完成升船机首次计划性停航检修，完成24项检修项目、216项定值整定，设备健康运行水平得到大幅提升；圆满完成升船机夜航试运行试验，并于2020年11月30日正式启动夜间试运行；升船机全年累计通航287天，首次超过年度设计货运量指标112万t，达130万t。截至2020年底，升船机历年累计过船6266余艘，载货总量2370万t。

（四）科技创新情况

2020年，向家坝电厂共取得55件专利；1项创新成果获得省部级以上奖励；世界首项巨型水轮发电机组“一键A类黑启动”成果在4号机组成功应用。

（五）内部管理情况

(1)“零非停”运行基础进一步夯实。高质量完成跨年度岁修工作，高效完成左岸机组中轴套密封更换等重点项目，成功解决了左岸机组风闸密封老化闸板裂纹等重大隐患排查治理，确保了设备“应修必修、修必修好”。全年累计消除缺陷1352条，设备健康水平进一步提升，“零非停”运行天数刷新了同级别机组水电站最长纪录。

(2) 防洪、发电效益显著。科学安排运行方式，汛期机组全开累计运行2841h，满出力运行高达2372.5h，创历史同期新高。首次牵头负责全电站区域防汛工作，成功应对峰值达16900m^3/s的历史级别洪水，以及最高库水位日变幅、汛期最高运行水位等特殊工况；泄洪设施动作1475次，累计泄洪1952.16h；全力配合四川、重庆启动的Ⅰ级防汛响应，期间维持下泄流量4000m^3/s运行42h，有力缓解了川渝河段的防洪压力。

(3) 管理能力不断升级。扎实推进管理创新，“零非停”管理经验在《中国企业报》进行长篇综述报道；《巨型水电站生产调度标准化管理思路及实践》等多项管理创新成果受邀在行业内进行经验分享。推动运行管理模式优化升级，右岸电站实现无人值守。健全绩效量化考核指标体系，形成量化指标2105条。

(4) 坝区管理工作取得新进展。坝区总体规划有序推进；坝区安保技术防范措施持续完善，智慧安防系统稳定性、适用性显著增强；左岸观景平台、坝区健康步道投入使用。左、右岸红线外土地全部完成移交，左岸专用公路移交取得阶段性重要成果。

（向家坝水力发电厂　刘仁杰）

溪洛渡水力发电厂2020年电力生产管理情况

（一）电力生产概况

2020年，溪洛渡水力发电厂（简称溪洛渡电厂）

全年发电634.13亿kW·h，创投产以来历年发电量新高；成功应对建库以来最大洪峰（18200m^3/s），8个深孔全部参与泄洪，深孔启闭操作110台次，启闭成功率99.09%，泄洪总时长4674.84h，为下游拦蓄洪水42亿m^3；全年未发生轻伤及以上人身伤害事故、火灾事故、设备事故以及责任性交通安全事故，未发生环境污染事件、网络安全事件，实现工程安全度汛和电力生产"零人身伤害事故、零设备事故、零非停"目标。

（二）设备检修与技改

2019～2020年度岁修，克服新冠肺炎疫情带来的困难，共完成1台机组专项改造、1台机组B级检修，8台发变组C级检修、8台发变组D级检修、500kV系统及泄洪设备设施检修。主要完成7台机组和主变压器技术供水软启动器改造、11F机组和主变压器技术供水国产化PLC试验性换型、5台机组顶盖形变测量、11F机组推导防油雾改造、11F筒阀提升杆更换、右岸电站一键黑启动功能建设和试验。8号机组专项处理时同步完成该机组定子线棒和铁芯更换、大轴补气阀改造、转子磁轭卡件和大头筋处理。

（三）科技创新

2020年溪洛渡电厂申报自主科研项目31项，验收25项；申请专利58件，获授权专利31件，其中发明专利6件；编撰科技创新论文50余篇。"生产技术管理体系创新与实践"获全国电力行业设备管理创新成果（管理类）特等奖，"直流磁场断路器可靠性研究"获全国设备管理与技术创新成果一等奖，"一种直流负荷带电核线仪研制""降低筒形阀液压系统油量计算表误报警率"QC小组项目分获电力行业优秀质量管理小组交流活动二、三等成果，张辉创新工作室被命名为三峡集团"示范创新工作室"。

（四）主要管理举措

(1) 提升精益管理水平。2020年溪洛渡电厂本质安全自评价年度综合得分率99.61%，达到长江电力本质安全型电站优秀标准。全面开展合规自查、权责清单辨识，全年修订53项、废止（或合并）34项、新增3项制度。开展5轮次电厂风险管控检查，成功执行各类自然灾害预警响应行动25次，开展应急演练70次。

(2) 推进智能电站建设。厂站数据中心投入试运行并持续改进，接入计算机监控、机组振动摆度监测、ePMS等11个系统，共计26万个测点。完成电站KKS信号编码工作、发电机组定子铁芯端部监测可行性研究，推进工业互联网平台厂站侧设备部署，实现生产管理主要区域无线网络覆盖，优化完善右岸电站AGC功能，投用右岸出线场巡检机器人。

(3) 强化坝区管理。完成坝区红线围墙建设、左岸红线区域违规种植和违规搭建清理。规范消防站管理，购置3辆消防车、29类山岳救援器材，完善消防设备设施，配合完成工程消防专项验收，溪洛渡电厂获评昭通市第五届"119消防奖"先进集体。

(4) 实现"一键黑启动"功能。2020年4月20日14时46分，16号发变组带500kV溪换丙线零起升压顺利完成，标志着溪洛渡右岸电站一键黑启动试验圆满成功。整个试验过程完全通过自动流程实现，用时仅9min14s。

(5) 培养优秀人才队伍。组织开展7期以"熟悉工程特性，增强工作本领"为主题的干部素质提升活动，14人上台授课，683余人次参与活动。培育优秀年轻干部，3人选拔为部门主任助理，选派1名在集团公司内部交流锻炼。深入开展岗位技能达标工作，100人参加岗位技能资质评定考试，合格率96%；118人参加晋岗位综合考评，116人岗位得到晋升。5人当选长江电力专家，其中，首席专家1人、一级专家1人、二级专家2人、三级专家1人。1人被授予"全国劳动模范"称号。

（溪洛渡水力发电厂　赵本成）

乌东德水力发电厂2020年电力生产管理情况

（一）电力生产情况

2020年6月底投运以来，乌东德水电站工程进入边建设边运行阶段。截至2020年12月31日，乌东德水力发电厂（简称乌东德电厂）正式投产发电机组共8台，总装机容量达680万kW，累计发电量达134.29亿kW·h（年发电量计划127亿kW·h），平均耗水率2.95m^3/（kW·h），故障弃水0次。迎峰度冬期间，加大出力，每日保证5～6台机组发电运行，最大日发电量超过1亿kW·h。

2020年，机组自动开停机134台次，成功率98.5%，单台机组连续并网运行最高达172天。500kV输电设备保持安全运行，未发生非自然因素导致的计划外停运，500kV母线电压合格率100%；自动装置投入率100%。

（二）防洪度汛情况

2020年汛期，乌东德电厂严格服从长江水利委员会统一调度，全力拦蓄洪水，驰援长江流域防汛抗洪。8月19日，电站迎来自筹建以来最大洪峰，流量达18000m^3/s，首次启动坝身中、表孔与岸边泄洪洞联合泄洪。汛期泄洪设施累计启闭130余次，泄洪设备累计运行1728h，泄洪设备设施操作正确率100%，闸门最大泄洪流量达15000m^3/s。

（三）年度检修情况

2020～2021年度岁修共安排机组C级检修8台次、输变电设备检修26项，泄洪设备检修3项。截至2020年12月31日，完成机组C级检修1台次、输变电设备检修6项，完成相关技术改造9项，处理了246项缺陷隐患；针对机组主变压器冷却器油泵接触器故障导致主变压器温度异常升高、开机过程中水导油位开关量误动引起水导双泵全停致开机失败、高压油系统缺少启泵失败故障判断逻辑等重大隐患问题，制定并实施了有效的技改方案，确保了机组安全稳定运行。

（四）安全环保管理

截至2020年12月31日，乌东德电厂连续安全生产186天，实现年度安全生产“零人身伤亡事故、零设备质量事故、零环保事件”的“三零”目标。

落实三峡集团和长江电力精神，逐步完善管理体制建设。全年共修编发布了34项管理制度、4项管理规定，发布运行检修规程80项，作业指导书654项，编制典型工作票、操作票512张。

深化智能化平台运用，建立特色化精益管理体系。2020年接机发电期间，乌东德电厂利用精益管理平台，共处理5112个生产管理任务。推出工器具集中智能管理系统，高效服务现场工作。

坚持“建管结合，无缝交接”的管理模式，全年电厂深度参建达182人次。

加强合同管理，提高资金使用效率。2020年，共签订各类合同49份，合同金额3137.46万元，合同履约率达100%。

加强人才培养选拔，深化员工队伍能力建设。2020年共调整岗位223人次，开展内外部培训600余次，向集团输送人才11人。

强化危险源动态辨识，全年共辨识危险源390项。通过各类专项安全检查行动，及时发现安全隐患并积极整改，整改率达100%。严格执行“两票三制”，共办理工作票2210项，执行操作票1549项，“两票”合格率100%，重大风险始终可控、在控。

持续提升应急管理能力，打造电厂特色安全文化。全年共编制应急预案42部，开展应急演练28次，应急能力建设综合评分1116.4分，应急处置能力得到大幅提升。

（五）科技创新

2020年，乌东德电厂申报获得2020年电力企业信息技术应用创新二等奖2项，三峡集团职工技术创新成果奖14项，长江电力科技创新成果奖8项；共开展19项自主科研项目，其中Ⅰ类自主科研项目7项；申请实用新型专利14件，软件著作权登记4项；撰写科研技术论文26篇。

（乌东德水力发电厂　姜婷婷）

白鹤滩水力发电厂2020年电力生产管理情况

（一）夯实接机发电安全基础

2020年，白鹤滩水力发电厂编制安全管理制度32部；组织完成41部应急预案的编制、评审和发布，并在国家能源局云南监管办公室、四川省宁南县和云南省巧家县应急管理局完成备案。全年累计开展各类安全培训12次，组织注册消防工程师、注册安全工程师考试培训20余次，组织安全管理人员取证12人、消防安全管理人员取证3人、特种作业取证162人、特种设备作业取证15人。全年共开展火灾、地震、毒蛇咬伤等各类演练23次，提升应急处置能力。全年累计开展各类安全检查70余次，排查治理隐患190余条。

（二）坚持深度参建，源头创建本质安全型电站

2020年，白鹤滩水力发电厂共增派69人参与机电安装和工程监理、驻厂监造，11人参与监控系统联合开发，13人参与油化验及监测工作，650余人次参与合同谈判、设计联络会和设备验收等工作。截至2020年底，已累计选派169人参与工程建设，仍有123名技术管理骨干在直接参与工程建设，为实现工程建设与电站运行管理的无缝衔接奠定了坚实基础。全年累计跟踪落实各类技术优化建议420余条，累计完成331个油样检验，完成检测试验项目1710项。精心编制电缆线路施工质量预控方案，成立施工质量示范作业面专项工作组，协助施工单位开展工艺培训和示范作业面建设，并全程参与现场施工质量控制，为“美丽机电”和本质安全型电站建设贡献智慧和力量。

（三）扎实推进技术与管理准备

编制了首批机组投产发电倒计时一周年工作计划，每月跟踪督办进展情况，科学有序推进电力生产准备工作。编制印发管理标准130部、岗位标准149部。多种形式开展标准化知识和体系文件宣贯，对体系文件进行了优化完善，于2020年9月通过外部审核认证。高标准高质量开展技术体系文件编制，全年组织完成1053部技术标准文件编审。全年新增收集工程项目前期资料462卷，收集机电设备厂家资料1246套，收集上传图片、视频资料15000余份。研究开发智能管控平台，项目已进入测试阶段。

（四）加强员工队伍建设

员工队伍不断充实，2020年底人员达到367人；

开展“白鹤谈”“新村充电桩”等一批具有自身特色的培训品牌活动530余次，参与人数达13200余人次。累计2人获评三峡集团“杰出员工”，2人获评三峡集团“技术能手”，4人获评长江电力专家，12人获评长江电力“技术能手”，2人获评长江电力“青年科技创新能手”。科技创新氛围浓厚、成果丰硕，全年共申报Ⅰ类自主科研项目49项，申报专利174件，撰写专业技术论文109篇。

（白鹤滩水力发电厂 谭大文）

葛洲坝水力发电厂2020年电力生产管理情况

（一）电力生产概况

2020年，葛洲坝水力发电厂（简称葛洲坝电厂）克服新冠肺炎疫情的严重冲击，全面完成了各项生产经营目标任务。全年发电185.67亿kW·h，居历史第三高；机组年平均运行7278h，创历史新高，位居同类大型水电站首位，单机最高运行小时数8666h（4号机组）。

截至2020年12月31日，连续安全生产6489天，创造连续安全生产新纪录，全年实现“零人身伤亡、零设备事故、零非停”目标。

（二）设备检修与技改

（1）发电设备。完成2台机组A级检修及发电机改造增容、1台机组B级检修、19台次机组C/D级检修、13台主变压器检修，完成了3台机组发电机定子线棒检查处理、2台机组发电机出口开关操作机构及灭弧室大修。开展了电站计算机监控系统防止调试误出口关键技术研究与实施、6台压力容器缺陷修复、3台机组励磁装置智能化改造等工作。

（2）进出线设备。完成二江01-07进线单元检修，45出线单元检修；完成大江1串、2串、4串进线检修，1串、4串、5串出线检修；完成大江1串出线构架更换。

（3）水工设施设备。完成二江泄水闸右区第19、21、22、27孔闸室抽干检修及第20孔闸室水下检查、19～22孔护2～护4段整体检修、049缝水下检查检修，三江冲沙闸上游防冲板底板区域和下游护坦区域水下检查，大江冲沙闸第4孔闸室整体检修及对应050缝检查检修，二江电站回转式清污机检修，大江1台机组的尾水检修门和拦污栅的检修等工作。

（三）安全环保管理

（1）专项行动扎实开展。按照电厂安全生产专项整治三年行动计划实施方案，扎实开展8大类，115项工作。全厂学习宣贯习近平总书记关于安全生产重要论述194次。修订制度14项。引入各级主要负责人违章连带记分，全员安全意识加强，人均扣分降幅达14%。创新开展“网上学、码上办”安规知识网络竞赛，累计5000多人次参与线上学习。

（2）风险管控全面加强。扎实开展危化品使用、特种设备管理等专项治理行动，开展检查256次，提出整改措施154条，整改率100%。修编典型参考工作票327份、典型参考操作票951份，完善作业指导书151部、规程6部，进一步规范工作流程。

（3）应急管理高效有序。制作预警响应“一卡通”26份，修编应急处置卡50张，全年响应各类预警24次，开展应急演练38次。迎战“6·27”宜昌50年一遇特大暴雨、“8·21”三峡建坝以来最大洪峰过境，合计清运漂浮物686车、6100多立方米。持续做好坝前水域海事救助，救助遇险船舶15起，救助时长2018min，同比增长91.3%。

（4）绿色电站建设卓有成效。全年无害化处置漂浮物10075m^3。加装机组顶盖集水槽浮油收集系统，开展主轴密封供排水系统一体化设计，用技术手段破解环境保护难题。

（四）科技创新

（1）智慧枢纽建设敢为善为。7、13号机组全息监测高级应用投入试运行，该系统集成了15万测点数据，实现了机组运行状态可视化和机组的经济运行、工况分析、试验分析、故障预测、设备评估等功能。完成KKS编码校核及导入，为后期的大数据中心和设备建模提供了标准的测点索引。完成葛洲坝电站Ⅲ区网络建设，实现生产网络与办公网络的独立运用。

（2）科技创新成绩可圈可点。完成20号机组支持盖振动研究及处理，高水头下振动幅值削减30%～40%。“基于大中型发电机组冲击电流的计算在同期装置并网参数整定中的研究与应用”等18项成果获得行业、三峡集团和长江电力奖励。技术论文《智能水电站运行管理模式研究》被2020年可持续电力与能源国际会议（ISPEC2020）收录。主编的《同步发电机自然冷却散热整流器励磁装置技术条件》等两部行业标准已完成编制。“一种发电机集电环极间绝缘套管的更换方法”等6项专利获得授权。开发0号机组发电计划自动生成程序，此项工作时间由20min缩短至5s，效率提高240倍。研发的GIS室智能巡检机器人，为国内首创，作为三峡集团唯一实物在武汉首个国家级“5G+工业互联网”大会参展。

（五）主要管理举措

（1）成本控制成效明显。对39个重点项目制定了横道图，有力推动了项目实施。积极办理历史库存物资报废，库存积压同比减少24.21%。

（2）综合管理持续优化。完成24项制度修、制定，形成一级制度17项，二级制度86项；清理、核对有效图纸7200余份，修订图纸1500余张。

（3）人才队伍建设持续发力。组织开展各类培训，9420人次获得自我提升。注重在实践中培养电力生产一线的大国工匠和技术能手，4人获评公司级专家，1人荣获宜昌市优秀专家，6人获评公司“技术能手”。

（4）安全保卫体系不断完善。建立安全保卫协同联动机制，制定安全保卫巡逻检查考核制度和作业指导书，完成枢纽3个检查站管理职能移交，完成枢纽周界隔离墙建设及500kV GIS站智慧安防示范区建设。

（葛洲坝水力发电厂　胡顺波　荣晨）

小湾电厂2020年生产经营情况

2020年，小湾电厂完成发电量186亿kW·h，较好地完成了年度目标；全年安全形势平稳，设备运行情况总体可靠，实现安全生产366天；年终绩效考核居公司第一。

制定安全生产风险分级管控实施方案，日常和专项检查问题整改完成率为95%。修订发布1个综合预案和19个专项预案，实现应急预案的卡片化、简约化和流程化，应急能力建设评估得分率为92.13%。年内共完成92个培训项目、48个考核项目，考试合格率为99.75%，逐步实现安全教育全覆盖、全考核、全达标。班组安全管理标准化建设广泛推进。外包工程安全风险管控有力，实现生产“零事故”。完成HZ2020网络攻防演练，获得云南省“网络安全等级保护工作考核优秀单位”称号。

不断验证完善无人值班管理模式，运行班人员由13人调减至10人；大幅度优化了巡检路线项目及周期，精简移动短信报警点89%、人机交互系统报警点80%；完成多项重大隐患和顽固性缺陷整治，年内消缺率100%；实现泄洪闸门远程操作功能，有效提升现场自动化控制水平。根据疫情防控要求及时调整检修任务，节约直接成本约60万元，年度检修较上年度提前23天完成。库坝管理日益精进，完成8000余个测点安全监测资料整编和大坝516个裂缝高温低水位、低温高水位孔内数字成像观测。

不断完善标准化体系，实现85个制度“立改废”。加强档案管理，年度档案工作评价获得集团公司A级。完成采购工作60项，节资率为21.73%。实现集中采购率、公开采购率、电子商务平台线上采购率、电子招标率、采购质量管控覆盖率、供应商动态量化考核率“六个百分百”。持续推进“降库存”工作，消耗闲置物资366项。

2020年内，获得授权发明专利1件、实用新型专利4件，取得软件著作登记证书2项，获得2020年电力企业设备管理智能化技术创新成果一等奖1项、集团公司科学技术进步奖二等奖1项、中国技术市场协会金桥奖二等奖1项、云南省科学进步奖三等奖1项、集团公司管理创新二等奖1项、中国电力科学技术奖三等奖1项、中国大坝工程学会科技进步奖二等奖1项、云南省电力行业创新成果三等奖1项。

完成干部调整7人次，公开竞聘19个岗位、完成职等调整50余人次。组织员工参加各类培训270项，高质量开展22名2020级新员工培训工作。4名员工获得集团公司、云南省表彰奖励，10名员工获得公司表彰奖励，5名员工在全国及公司技能竞赛中获得表彰奖励，电厂荣获公司厂际竞赛一等奖，被授予“厂际竞赛先进单位”称号。

（华能澜沧江水电股份有限公司小湾电厂）

漫湾电厂2020年生产管理情况

2020年，漫湾电厂完成发电量75.53亿kW·h，主设备完好率、自动开停机成功率等多项指标保持100%，连续安全生产记录达6155天，实现营业收入10.43亿元。

狠抓基础管理，安全生产可控在控。严格执行“党政同责、一岗双责、齐抓共管、失职追责”。完成疫情防控、交通安全、危险化学品、防汛安全、国庆保供电、两会保供电等专项检查，强化考核问责，落实安全整改，完成率94.55%。加强“两票”全过程监督，“两票”合格率持续保持优良。利用技术培训、设备检修、事故演练等载体，持续开展安全教育培训，员工参与率、合格率100%。修编完善电厂外包工程安全管理标准，开展外包单位及人员资质专项审查，对于风险较大作业推行专人旁站监理。认真修订防汛管理标准和应急预案，完成机组黑启动综合演练、防汛专项应急演练等多次应急演练。编制电厂网络保障方案及应急预案，开展全厂网络系统排查和升级加固，圆满完成集团公司“HZ2020”护网实战演练，电厂网络安全防御能力有效提升。

深化精益管理，生产管理持续加强。完成机组自主B级检修1台次、C级检修4台次、D级检修1台次。设备精细管理持续强化，主设备完好率、继电保护装置投入率、自动装置投入率保持100%；自动开停机率首次实现100%，开停机次数2910次。

完成“漫湾大坝安全评价关键技术及可视化综合

管理平台研究”，中间成果“漫湾电厂水工安全运维数据资源整合系统关键技术研发与应用”荣获集团公司科学技术进步三等奖。积极推进“符合网络安全下的微信报警系统研制”“小流量渗流监测设备研发”项目实施。2020年获国家知识产权局实用新型专利7件，“GIS万向法兰”“500kV带分罐式并联合闸GIS断路器改造关键技术研究及应用”“静力水准气压平衡系统”分别荣获云南电力行业职工技术创新成果推广一等奖、二等奖（2项）。

狠抓内部管理，提质增效成效显著。开展内控手册修编，内控管理效率效果不断提升。《档案见证漫湾电厂扶贫印记》代表集团公司参加国家档案局管理创新成果申报。继续做好“两金”压控和落实“五个百分之百”要求，全力压降生产成本，2020年计划检修费、其他费用较2019年压降幅度超过10%，物资管理平台电子商务平台全流程线上采购率100%，采购计划准确率、物资集中采购率为100%，降本增效效果明显。

（华能澜沧江水电股份有限公司漫湾电厂）

刘家峡水电厂2020年生产管理情况

2020年，刘家峡水电厂全年完成发电量91.49亿kW·h，上网电量90.76亿kW·h，节水增发6.87亿kW·h，均创历史新高；平均发电耗水率4.01m^3/(kW·h)，综合厂用电量7292万kW·h，机组等效可用系数98.29%，实现安全生产7100天。

1. 安全生产局面持续稳定　2020年全年累计查纠各类违章462次，记分285分。排查处理各类设备缺陷隐患115项。积极推动安全生产专项整治三年行动，上报问题隐患19条，省公司采纳17条。不断完善管理制度，滚动修订104个机构、633个岗位、25个通用部分的安全责任清单。建成安全管控中心和安全实训室，作业施工现场监控实现科技化，安全培训模式上升到一个新台阶。常态化开展安全巡查、“四不两直”安全督查，实现“七不发生、一满足、两控制”安全目标。

2. 生产改造任务高质量完成　合理安排机组检修改造工作任务，完成35项大修技改任务。严格落实各级疫情防控要求，统筹推进疫情防控和复工复产工作，1号机组定子改造作为2020年国网公司系统最早复工的项目，提前15天并网归调。安全高效完成2号机组B级检修，3、7、8号机组C级检修，完成330kV开关站监控系统改造和全厂泄水建筑物、辅助设备春检预试等工作。历时90天高质量完成祁连换流站两台调相机检修任务。全力驰援九龙峡水电站抢修，助力受损机组提前并网发电。

3. 防汛工作成绩突出　2020年上游来水较丰，入库水量424.4亿m^3，为建站以来之最。及时成立防汛领导小组，组建8支抗洪抢险队，开展4次防汛综合应急演练、19次专项应急演练。加大机组运维和特巡特护力度，确保汛期设备稳定运行。认真执行调度命令，严控出库流量，及时启动防汛Ⅳ级应急响应，沉着应对黄河上游2次较大洪峰，泄洪历时69天，泄洪总量40.44亿m^3，操作泄水闸门共计255次。防汛工作得到全国人大、国家防总、水利部、黄委会、省防办、能监办、国网公司、省公司充分肯定。

4. 改革创新持续深化　成功承办全国大型水电厂水轮机检修工职业技能竞赛，并取得团体一等奖和突出贡献奖。1人获得“中央企业劳动模范”称号，2人获得“甘肃省劳动模范”称号，2人被授予“全国电力行业领军人才”、1人被授予“全国电力行业技术能手”，2项成果获得甘肃省总工会2020年职工技术创新成果一等奖，1个班组获甘肃省“三八红旗集体”。

（国网甘肃刘家峡水电厂）

乌弄龙·里底电厂2020年生产运营情况

2020年，乌弄龙·里底电厂累计发电67.95亿kW·h，提前22天完成全年发电任务；7台机组稳定运行“零非停”，单月发电量创出历史新高；电站荣获第六届“全国文明单位”“云南省五一劳动奖状”“建功澜沧江标兵单位”“模范职工之家”等一批荣誉。

1. 安全形势稳中有进　率先在公司系统编制发布了涵盖岗位技术、技能要求的安全生产“一岗一标”工作要求矩阵表。安全生产专项整治活动扎实开展，针对识别的974个风险点，分别建立了安全风险分级管控台账；查出并整改安全标准化不符合问题460项，各类隐患835项。全年开展安全管理小指标劳动竞赛4期、安全应急演练10次、应急技能培训12项，举办“安全生产大讲堂”6期，风险防控能力不断提升，乌弄龙水电站、里底水电站、托巴开关站实现全年“零非停”，获评华能澜沧江水电股份有限公司（简称澜沧江公司）“2020年度安全生产先进单位”。

2. 首轮机组检修圆满完成　2020年全面开展乌弄龙电站3、4号机组完全自主检修。历时169天，圆满完成两站7台机组投产后首轮检修任务，实现检修过程中零返工、修后移交零缺陷、检修后180天内零非停的“三零”目标。

3. 库坝安全水平不断提高　全年开展水工建筑物日常、特殊情况巡视检查共87次，编制水库及库岸边坡巡视检查工作报告13份、水体异常巡视日报41份、巡视周报24份，全方位、多角度确保了大坝安全稳定运行。开展库区边坡表面变形、内部变形、地下水位人工监测350测次，向国家能源局人工报送监测数据7200余条，向澜沧江公司反馈、申报处理测点数据传输问题20余点次，安全监测效率、效能和信息报送质量持续提升。汛期科学制定防洪度汛措施，深入组织开展防汛检查整改、防汛值班、防汛应急管理等工作，汛期闸门操作百次“零故障、零失误”，圆满完成年度防汛任务。

4. 科技创新成果丰硕　2020年完成7个QC小组注册及课题报送，获云南省电力行业协会一等奖1项、三等奖1项，获中国水利水电质量协会二等奖1项。积极组织员工在华创空间发帖671篇，接招143个，在集团企业排名中名列前茅；鼓励员工开展技术创新，撰写各类技术论文25篇，技术创新成果5个，登记软件著作权2项，申报实用新型专利12件，其中3件已获得授权。

5. 体制机制改革精准发力　3名员工聘为专业技术技能带头人，18名员工进行了岗位职等调整，53名生产人员完成岗位晋升。全年修订新增规章制度32个，共开展体系执行情况检查9次，发现并整改问题50项。

队伍建设成效显著。全年人均培训学时达到300h。承办公司区域电气试验工技能竞赛，3人分别获得集团公司水电电气二次检修技能竞赛三等奖、优秀奖。

（华能澜沧江水电股份有限公司乌弄龙·里底电厂）

尼尔基水利枢纽2020年生产运行情况

2020年汛期，水库控制流域天气形势和汛情复杂多变、历史罕见，汛期累计降水548.60mm，比同期历史均值多近4成；累计入库水量136.21亿m^3，较历史同期均值偏多近9成。主汛期降雨呈现“前少后多”特点，暴雨洪水频发，旱涝急转，尤其受台风“巴威”和“美莎克”连续影响，水库控制流域内出现多次大范围强降雨过程，致使水库持续保持高水位运行，造成汛情紧张、汛期延后，给水库调度和安全度汛带来严峻考验。嫩江尼尔基水利水电有限责任公司认真贯彻落实上级防汛工作部署，密集组织防汛会商，分析研判防汛形势，安排部署隐患排查、监测预报、水库调度、值班值守等重点任务，扎实做好洪水防范应对工作，全力保障水库安全度汛。汛期累计执行松辽委调度命令12份，先后11次调整出库流量；水库自9月1日开启闸门，10月11日关闭，连续泄洪41天，泄洪量41.35亿m^3；水库累计拦蓄洪水33.60亿m^3，最大削峰率达60%，降低嫩江干流齐齐哈尔江段水位0.44m，极大减轻了下游防洪压力，保护了河道堤防安全，避免1.16万人转移，减淹30万亩耕地，为保障人民群众生命财产安全发挥了重要作用。

在疫情防控特殊时期，尼尔基水利枢纽充分发挥水库调节作用，有力保障了下游各业用水需求。在春耕灌溉用水高峰期，加大出库流量，4～5月累计向下游放流水量26.59亿m^3，5～6月向直供灌区供水700万m^3，为复工复耕提供了有力水资源支撑；7月份，嫩江流域出现严重干旱，水库紧急向下游黑龙江、吉林两省应急补水3.09亿m^3，有效解决了下游沿江灌区取水困难，缓解了下游两省旱情。

尼尔基水利枢纽发电厂2020年累计发电量9.44亿kW·h，位居历年发电量第二位，同时连续三年实现发电量超过8亿kW·h，创造了投产发电以来的新纪录。截至2020年底，尼尔基发电厂连续安全生产天数达4869天，实现了枢纽防洪度汛安全、供水安全、发电生产安全和大坝运行安全。

（嫩江尼尔基水利水电有限责任公司　孟凡龙）

糯扎渡电厂实现“无人值班”运行

糯扎渡水电站装机容量5850MW（650MW×9台），年发电量239.12亿kW·h，2014年6月26日全部机组投产发电。该电站按照“无人值班”（少人值守）设计，机组投产时已实现“远程集控、运维合一”模式，2015年全面启动了无人值班实施计划，从设备技术改造、工业互联网建设、提升应急能力、精益运维管理等方面推进“无人值班”，于2020年9月6日实现“无人值班”运行。

1. 实现“无人值班”主要历程　2015年提出全面启动无人值班技术设备层面改造工作。2018年8月，电厂组织无人值班自我评价，得分951分，得分率95.1%；9月7日成立糯扎渡电厂无人值班建设及评价组织机构，无人值班从技术改造进入全面建设阶段。2019年3月，电厂再次组织无人值班自我评价，得分978分，得分率97.8%，未发现否决项，总体已满足无人值班的相关要求；5月3日8时，电厂中控室正式由双人值班进入单人值班模式；11月13～15日，华能澜沧江水电股份有限公司（简称澜沧江公司）无人值班评价工作组对糯扎渡电厂进行无人值班评价复查工作，经评价，电厂满足“无人值班”技术和管理的必备条件，具备无人值班条件。2020年3月，开始模拟“无人值班”；7月澜沧江公司运管部开展无人值班现场检查，电厂具备无人值班条件；8月，向南方电网总调视频汇报了无人值班准备情况，总调同意电厂实施“无人值班”；9月6日上午9时6分，电厂实现“无人值班”运行。

2. 技术设备改造　2015年以来，糯扎渡电厂根据澜沧江公司无人值班技术规范等相关制度，制定整改措施，共完成39项技术改造，覆盖辅助设备与监控通信改造、溢洪道闸门远方启闭能功能增设、火灾报警与工业电视联动功能增设、非电量保护启动事故停机功能增设、ON-CALL短信报警等多方面。电厂结合维护、检修工作大力开展设备技术改造和隐患治理，逐步提高设备可靠性，完成7～9号机组定子振动超标处理、发电机空冷器更换、8～9号机组推力外循环冷却器更换、直流蓄电池更换、GIS 1段母线电压互感器更换、励磁电缆发热处理等多项重大问题，解决了长期以来困扰电厂的设备难题。非停次数、设备消缺率、开停机成功率等指标逐年提升，2020年实现全年机组“零非停”，连续开停机成功次数突破3000次，开停机成功率100%，创投产以来机组开停机成功率最好成绩。

3. 提升应急能力　糯扎渡电厂建立健全无人值班应急管理制度及相关应急预案，制订应急交通管理标准、应急通信管理标准及应急待命管理标准3个应急管理制度，同时编写了应急补水预案、功率波动现场处置方案和恢复有人值班应急预案等，通过应急管理制度的建设和应急预案的完善，从管理上保障无人值班工作有序开展。坚持每月开展一次应急演练，每月开展不少于4次事故预想，开展了机组黑启动现场处置演练（全厂停电事故下黑启动应急演练）、糯扎渡电厂500kV糯普乙线跳闸事故演练、溢洪道闸门开启泄洪演练等应急演练，运行人员的应急处置能力得到不断提升。

4. 精益运维管理　糯扎渡电厂在检修维护中全面推行“五个一”（拧好每一颗螺丝、装好每一根密封、接好每一个端子、对好每一个信号、做好每一项试验）和“三统一三一致”（同类系统定值、标识、信号要统一，图纸、接线、程序要一致）规范化、标准化理念。仅在2019～2020年检修中，更换标签标识17393个、更改接线2877个、修编图纸1322张，修改定义定值273个、统一程序19个。4台机组修后指标达到“精品机组”标准，指标精品率由修前69.6%提高至修后90.4%。投产以来，澜沧江公司流域内首次实现通过机组检修达到精品机组目标，修后机组一直保持稳定运行，实现了“零缺陷启动、长周期零隐患平稳运行”的目标。9台机组在华能集团2020年设备评级中全部获得A级，全部机组总体排名第一。

（华能澜沧江水电股份有限公司糯扎渡电厂　尹攀）

中国长江电力股份有限公司 2020年生产管理情况

2020年，中国长江电力股份有限公司（简称长江电力）全面超额完成年度生产经营目标任务，实现“十三五”圆满收官，主要情况如下：

（一）电力生产再创新高

2020年，长江电力三峡、葛洲坝、溪洛渡、向家坝梯级电站全年累计发电量达2269.30亿kW·h，创历史新高。其中，三峡电站年发电量达1118.02亿kW·h，刷新了此前伊泰普水电站于2016年创造的单座水电站年发电量世界纪录；溪洛渡水电站年发电量达634.13亿kW·h，创历史新高。梯级电站未因电站设备故障原因造成弃水损失电量，机组平均等效可用系数94.26%；溪洛渡、向家坝、三峡电站满发时长均创历史新高。

（二）安全环保态势良好

2020年，长江电力始终把安全生产摆在首位，以“五大安全风险”管控为抓手，深入推进安全生产专项整治行动和双重预防机制建设，全年开展4轮风险管控巡查，累计开展检查工作40天，组织50余人次参与。坚持“科技兴安”，安全管理信息平台上线运行，作业现场安全智能管控措施进一步完善，连续第11年实现“零人身伤亡、零设备事故”目标，连续第三年实现“零轻伤事件”，安全生产形势再创历史最佳。

秉承“为长江提供防洪保障、为社会奉献清洁能源”的神圣使命，长江电力系统开展污染防治、环境保护和生态文明建设工作，成立公司环境保护领导小组，编制生态环保责任清单，层层压实生态环保责任。2020年5月，长江电力首次开展三峡库区产黏沉性卵鱼类自然繁殖生态调度试验，成功实施溪洛渡、向家坝、三峡水库联合生态调度试验，积极推进绿色岸电、船舶电动化，以实际行动践行长江大保护，助力一江清水绵延后世。

（三）枢纽综合效益充分发挥

2020年，长江电力持续提升梯级水库联合调度能力，通过科学实施“五库联调”，成功应对中华人民共和国成立以来第三大流域性洪水。三峡水库和溪洛渡水库分别经受住了 75000m³/s 和 18200m³/s 的建库以来最大洪峰考验。流域梯级枢纽汛期累计拦蓄洪水 369 亿 m³，占长江中上游水库群拦洪总量的 60%，发挥了巨大的防洪抗涝作用。三峡—葛洲坝梯级调度新规程顺利获批，首次运用成效显著，流域梯级电站全年节水增发 98 亿 kW·h。三峡水库连续第 11 年实现 175m 试验性蓄水目标，为三峡工程顺利通过整体竣工验收赢得最后一场大考。枢纽工程枯水期累计为下游补水 229 亿 m³，全力保障了长江中下游地区生产生活用水。向家坝升船机累计通航 287 天，完成货运量 130 万 t，同比增加 46%，单日载货量再创新高。

（四）电站筹建稳步推进

2020 年，长江电力超计划、高强度接管乌东德电站 8 台投产机组，顺利实现首批投产 4 台机组“首稳百日”和已接管机组“零非停”目标，电站全年发电 134 亿 kW·h。白鹤滩水力发电厂按期成立，深入践行“建管结合、无缝交接”理念，全面深度参与工程建设，稳步推进生产组织体系、技术管理体系、标准化管理体系建设工作，为蓄水发电打下坚实基础。

（五）国际化业务取得突破性进展

2020 年 4 月，长江电力顺利完成秘鲁路德斯项目股权交割及联合投资人引入工作，成立安第斯项目办公室，组织精干力量赴秘鲁推进路德斯公司实质性管控。同年 9 月，克服国际形势发生重大变化的不利影响，长江电力成功发行“沪伦通”全球存托凭证（GDR），并获得绿色认证，首次实现公司“A+G”两地上市，成为公司深度融入国际资本市场，推动国际化战略发展的重要里程碑。高质量开展海外电站运维及技术咨询服务，首个海外实体项目巴基斯坦风电项目运营有序；积极配合卡洛特水电站电力生产筹建工作；协助实施巴西电站电力生产管理体系优化，完成 188 项技术改造，机组非停率较 2019 年降低 50%。

（六）科技创新成果丰硕

2020 年，长江电力推进智能水电顶层设计，高起点编制并发布智能水电蓝图，启动工业互联网平台建设，完成流域检修决策支持系统、机组全息监测等高级应用试点开发以及压力钢管检测维护机器人、液压启闭机活塞杆检测机器人等水电站智能装备研发。持续完善金沙江下游—三峡梯级电站水资源管理决策支持系统，完成乌东德电站调度功能开发，在流域梯级联合调度发电中发挥积极作用。大力推进设备自主可控探索与实践，按期完成三峡左岸电站计算机监控系统厂站层自主可控改造、梯调电调自动化系统自主可控改造及溪洛渡电站 GIL 备品备件自主可控设计；探索开展工控系统 PLC 自主可控试点，为关键核心部件和技术实现自主可控奠定坚实基础。2020 年 6 月，长江电力首个省部级重点实验室——智慧长江与水电科学湖北省重点实验室正式挂牌运行；长江电力试验所获得 CNAS（中国合格评定国家认可委员会）认证，标志着长江电力相关检测和校准能力得到国家认可和国际互认。3 项科技成果获得湖北省科技奖励，多项成果获得集团公司和行业创新成果奖。全年获得专利授权 156 件，其中发明专利授权 18 件，创历年新高，累计取得专利突破 1200 件。

（中国长江电力股份有限公司　武永恒　王军）

湖北清江水电开发有限责任公司 2020 年清江梯级生产管理情况

（一）2020 年清江梯级总体运行情况

1. 水情　2020 年水布垭以上流域降雨量为 1916.0mm，较多年同期偏多 38.8%。汛期降水量 1344.2mm，占全年降水量的 70.2%，较多年平均偏多 45.6%。2020 年水布垭来水量为 141.20 亿 m³，较多年平均偏多 56.9%，汛期来水量 99.53 亿 m³，占全年总来水量的 70.5%，较多年平均偏多 64.7%；年平均入库流量 446m³/s，最大入库流量 12200m³/s（6 月 28 日 10 时）。

2. 发电　2020 年，清江梯级三电厂发电 99.45 亿 kW·h，较上年同期增加 109.19%。其中：水布垭电厂发电 49.77 亿 kW·h，较上年同期增加 119.25%；隔河岩电厂发电 38.23 亿 kW·h，较上年同期增加 108.34%；高坝洲电厂发电 11.45 亿 kW·h，较上年同期增加 76.43%。

（二）经济调度

2020 年，清江梯级三电厂累计节水增发电量 5.40 亿 kW·h，累计增发率 5.6%，其中：水布垭、隔河岩、高坝洲累计增发率分别为 3.5%、5.8%、15.3%。节水增发率取得这样的成绩，与清江公司一贯践行的长中短期优化调度措施是密不可分的。措施主要包括：①对月末、汛前等关键水位进行确定，做到水头和水量的合理利用；②制定中短期发电计划及机组运行方式安排，做到中短期调度统筹化、精细化、合理化；③优化机组开机方式，追踪梯级电厂不合理出力并及时申请调整，提高流域机组运行的经济性、安全性。

（三）防洪调度

2020 年，清江流域梅雨期呈现出四大特点：一是入梅早，出梅晚，持续时间长，梅雨日数达 43 天，较常年平均日数偏多 17 天，是 1998 年以来最长梅雨；二是雨量大，覆盖范围广，水布垭以上流域平均面雨量 817 mm，为历年第一位；三是强降水过程频繁，出现了 9 轮强降水过程；四是极端性强，致灾严重，6 月 27 日单日流域面雨量达 113.0mm，7 月 16～18 日连续 3 天出现大到暴雨、局部大暴雨天气。

高坝洲水电站从 2020 年 6 月 15 日起开始满发，在流域发生第 3 轮强降水后，于 6 月 18 日开闸泄洪。6 月 27～28 日，流域遭遇第 5 轮强降雨，水布垭入库洪峰流量达 12200m^3/s，为其库以来第二大洪峰，约为 40 年一遇；水布垭—隔河岩区间洪峰流量达 3290m^3/s。隔河岩、水布垭分别于 28 日 12 时、13 时开闸泄洪。本次泄洪水布垭、隔河岩最高洪水位 396.22、196.28m，水布垭最大出库流量 5170m^3/s。

2020 年 7 月 16～19 日，流域迎来第 9 轮降雨，水布垭、隔河岩分别开闸泄洪；水布垭最大出库 6240m^3/s，是其建库以来的最大泄洪流量；水布垭、隔河岩水位最高分别涨至 397.73、198.86m。

2020 年 10 月上旬，清江流域累计面雨量 107.6mm，鉴于梯级水库均在高水位运行，高坝洲机组自 4 日起保持满发；隔河岩在高坝洲水位允许的前提下尽量增加发电量，以降低库水位；水布垭通过调节发电量，与隔河岩配合动态分配库容。此次降雨过程清江梯级水库均未发生弃水，水布垭拦蓄水量 4.8 亿 m^3。

（四）提高服务公益意识，积极做好水库综合利用

（1）拦洪削峰，保下游城镇安全。2020 年 6～7 月，清江流域共发生 10 轮降水过程，其中有 6 轮降水过程清江梯级均发挥了拦洪削峰作用。第 2、3 轮降水，水布垭削峰率分别达 75.5%、79.9%；第 5、7、9、10 轮降水，水布垭削峰率分别达 57.6%、45.3%、32.0%、51.8%，最大出库流量出现时间分别推迟 10、5 、7、7h。第 10 轮降水，隔河岩削峰率 26.0%，最大出库流量出现时间推迟 9h。

（2）平稳错峰下泄，与三峡联调发挥最大功效。长江第 2 次洪峰到达三峡水库前，水布垭出现 9180m^3/s 洪峰流量，清江梯级水布垭、隔河岩水库先后调蓄至本年度最高水位 397.73、198.86m，但进行逐次削峰，两库合计削峰超 5500m^3/s，隔河岩保持相对稳定出库，控制进入长江的水量，并在三峡水库将出库由 38000m^3/s 加大到 42000m^3/s 之前，减小隔河岩水库的出库流量，同时逐步降低库水位应战下次洪峰。长江出现第 3 次洪峰时，水布垭洪峰流量达 6350m^3/s，因长江中下游防洪形势依然严重，清江梯级控泄，隔河岩最大出库 3040m^3/s，最大限度地减少清江梯级水库入长江的总出库流量。

（3）高水位、高精度的水隔两库相互补偿，有效减轻长江中下游防洪压力。2020 年防洪调度过程中，通过科学预测降水、来水的区间、时间分布，精准进行水布垭、隔河岩梯级之间的防洪库容相互补偿，从而保证清江梯级总出库流量平稳，减轻长江中下游防洪压力。

（4）配合地方政府做好高坝洲水体置换工作。应当地政府要求，2020 年内于 9 月下旬对高坝洲库区水体进行了一次置换，以改善高坝洲库区水质。

（五）积极开展科研工作，开拓创新，提升优化调度水平

2020 年继续与武汉大学合作，开展水资源高效利用研究。在长江三峡及上游巨型水库群相继建成以及清江流域水库群已形成的背景下，充分论证清江梯级防洪能力与效益，借助科研院校先进理论知识和优化算法，产学研结合，达到高效利用雨洪资源目的。

（湖北清江水电开发有限责任公司　温岩）

黄河上游水电开发有限责任公司所属大中型水电站 2020 年生产管理情况

（一）班多水电站

2020 年，完成发电量 17.32 亿 kW·h，完成年预控发电量的 115.41%；综合厂用电量 1246.14 万 kW·h，完成年计划的 99.93%，同比减少 84.48 万 kW·h；运行负荷率 69.71%，同比减少 11.21%；发电耗水率 10.69m^3/(kW·h)，同比增加 0.01m^3/(kW·h)。实现安全生产“九不发生”，累计长周期安全运行 3366 天。

全年共完成安全生产“零一类轻伤”工作措施 59 项，完成率为 93.6%；完成安全生产专项整治三年行动项 30 项，完成率为 81%。

推进安健环质管理体系建设。制定并完成提升项 243 项，对 88 部管理标准及技术标准进行修订完善；开展“三标一体”建设及认证工作。推进安全管理信息化系统建设，完成 19 个模块 73 个要素基础数据录入及线上运行与应用。2020 年 9 月，企业安健环管理体系通过黄河上游水电开发有限责任公司（简称黄河公司）“三钻”评估；11 月，“三标一体”通过第三方审核、认证。

加强现场安全管理与质量监督，全年共发现不符合项 190 项，完成整改 172 项，完成率 90.5%；查处违章 9 起，累计奖励发现隐患、违章的人员 55 人次，共计 2750 元。

对涉及动火、起重、密闭空间等5类15项高风险作业进行梳理，制定高风险控制模型及监督检查表，确保安全环保风险可控、在控。

全年开展三级安全环保培训180余项，组织外部培训9次，参训400余人次；对内部安全事件按照“四不放过”原则开展调查，处罚相关责任人8500元；及时组织特种作业人员、特种设备作业人员取证、复证，持证率100%；开展安全示范班组建设；开展承包商安全管理专项整治，发现并完成整改问题16项。

完成进场公路及枢纽区边坡修复、3孔排沙洞首次排水检查修复、泄洪闸闸室修复、泄洪闸事故门增设、工作门水封更换等项目，完成6扇拦污栅主栅改造，保障水工建筑物度汛安全。成功应对2020年8月11日入库流量2450m^3/sⅣ级预警响应、8月15日入库流量2710m^3/sⅢ级预警响应，成功处置44mm降雨量局部暴雨Ⅱ级突发事件。持续泄洪142天，即时打捞漂浮物7912m^3，完成防汛度汛工作。

按计划组织专项应急预案、现场处置方案演练33场次，完成4起当地火险消防应急救援工作。

完成1号机组A级检修，对不带锁定侧接力器进行更换，对尾水管人孔门进行更换；完成主变压器油色谱装置故障修复、前后方消防母管更换。全年累计投入4735万元，强化了设备本质安全。

规范处置废透平油1.1t、废油桶3.48t；修订污水处置系统运行规程，敷设渣场绿化灌溉管道，解决冬季污水“零排”问题；渗漏集水井加装油污收集装置并投入运行；制定关闭长流水、长明灯、更换节能路灯等针对性节水节电措施，日用水量较年初减少193t。

提前8天完成生态放水孔建设，增发电量1.24亿kW·h。优化励磁系统参数，加强与省调沟通，“两个细则”零考核，补偿2920.05分。

开展标准化建设，制定管理标准5部，修订管理标准28部、技术标准3部、工作标准57部。加强人才队伍建设，完成3名中层干部选聘、23名员工竞聘晋岗工作。持续开展“法律进企业、服务进基层”活动，在黄河公司2020年依法治企考核得分95分，排名第一，获得依法治企优秀单位荣誉称号。

（二）龙羊峡水电站

2020年，发电量再创历史新高，达91.82亿kW·h，完成年计划的118.57%；综合厂用电量6473.66万kW·h，控制在年度预控指标内；运行负荷率为91.85%，同比增加6.75%；发电耗水率2.85$m^3/(kW \cdot h)$，同比减少0.04$m^3/(kW \cdot h)$。实现“零事故”“零伤亡”目标。通过第六届“全国文明单位”复审。

围绕“零一类轻伤”年度安全目标，制定年度安全生产重点工作措施、安全生产三年行动专项实施方案及2020年行动项清单，制定安全生产责任制管理规定，定期组织召开安委会，全力保障安全生产工作持续稳中向好。加强与电网调度部门沟通协调，优化机组运行方式，提升运行负荷率，确保机组在最优工况下稳定运行，超计划完成年度发电量登高目标值。全力推进电站重点工程项目实施，电气主接线及363kV GIS设备改造工程、新开关站建筑工程已完工。

2020年排查隐患48条，整改完成42条，整改完成率87.5%。持续深化安健环质管理体系建设与运用，持续开展危害辨识与风险评估，完善和更新风险数据库，共识别作业风险2044条，不断规范作业程序，降低作业风险。年内共计完成机组C级检修4台次、B级检修1台次；精心组织完成1、3号机组大轴中心孔补气装置及配套泄水锥改造等重点技改项目，3号机组稳定区提升15%，显著改善机组运行工况。完成大坝电梯改造、底（深）孔事故链轮门改造、泄水闸门控制系统技术改造等项目，整体提升设备可靠性。

汛期严格执行“龙刘联合调度”方案和上级防洪调度命令。组织完成泄水闸门检查及试验、防汛自查等各项准备工作，全力保障泄水建筑物运用正常。持续加强高水位下大坝、近坝库岸、尾水高边坡等重点部位的监测与研判，组织完成东山嘴、银线崖的地质勘查工作；泄水期间，适时优化闸门泄水组合，最大限度地降低泄水雨雾对尾水边坡的影响。电站自2020年6月18日开闸泄水，年内累计泄水86天，泄水量70.76亿m^3；10月27日，水库水位达到2600.91m，实现历史峰值水位。

严格落实生态保护和污染防治措施，完成厂房污水处理装置环保验收报备工作及网上排污登记，完成右岸弃渣区黄土覆盖28000m^2环境整治。

建立完善分公司“计划—预算—考核—激励一体化（JYKJ）”管理体系，按照黄河公司下达的“两金压控”要求，年内共计压控金额54.91万元，超额完成压控指标；年内共计清查资产2664项，完成办公生活区142930.24m^2、大坝493772.87m^2的土地权证办理和房产面积46505.56m^2的权证办理。落实黄河公司经济责任审计整改要求，审计整改完成率达97.62%。

2020年，结合安健环体系建设要求，制修订制度81部；共计开展岗位动态调整工作4次，调整岗位、薪级38人次；组织内部培训38期，共计参加494人次，培训1480课时。建立健全风险管理体系，持续提升内控合规体系适用性及运行效率。开展班组安全管理提升自查、互查及班组建设调研活动，学习借鉴良好经验做法，班组建设质量和水平进一步提升。

（三）拉西瓦水电站

2020年，发电量创历史新高，达152.7亿kW·h，完成年计划值的112.43%；综合厂用电量5595.32万kW·h,完成指标值的93.61%；耗水率1.86m^3/(kW·h)，较计划值降低0.02m^3/(kW·h)。实现全年安全生产366天，长周期安全生产纪录4252天。

制定落实2020年安全生产重点工作措施和“零一类轻伤”专项工作方案，扎实开展安全生产三年行动。持续加强作业风险管控，加强隐患排查力度，加强质量管理和环境管理，确保风险可控在控。修编22部安健环质体系管理标准，修编职业健康管理标准和三标一体管理体系综合管理手册，完成职业健康体系换版。年度体系内部评估得分70.33，达到目标值。汲取“3·10”6号机组定子单相接地、“4·15”人身二类轻伤事件教训，开展经验反馈行动和安全整治。制定落实“两措”计划，加强应急管理工作，全年共组织开展4次应急预案桌面演练、6次实战演练。年内共组织开展各类检查14次，查处较严重违章3起、一般违章3起，发出各类处罚单16份，考核48人次，考核金额31892元；发出嘉奖单6份，奖励23人次，奖励金额12100元。

开展库岸地质灾害、水工建筑物、两岸高边坡地质灾害隐患排查，提前完成防汛、泄洪、排水设备设施检查和试验等工作，保证防汛期间设备设施安全可靠运行。修订4部防汛管理标准、5部应急预案。全年累计泄水80天，泄水量52.92亿m^3，闸门操作累计252次，3个表孔泄水累计时长3246h。

全年共完成机组A级检修1台次、C级检修3台次、D级检修1台次、拉官线检修1次。完成了推力轴承油槽甩油处理、接力器控制环双连板优化等技改项目。强化技术监督和可靠性管理，确保设备健康稳定运行。水电“两个细则”全年考核3655.32分，补偿53272.08分。

完成电站生产、生活污水处理系统改造，实现了生活污水“零”排放。

2020年，共完成142项生产工程项目和物资招标采购工作，采购金额8159.35万元，签订各类合同182份。定期进行库房物资稽核、报废物资清理，完成19项报废物资处置。

全年共修订发布管理标准49部，完成了企业JYKJ管理规定等7部管理规定、标准制修订工作；开展内部教育培训29次，参加外部各类培训69人次，特种作业人员取证25人次。4对师徒签订了“导师带徒”合同，42名员工被聘任为企业内部培训师。通过公开竞聘、集中考评、岗位晋升等方式，共计调整岗位35人次，占全体员工总数的24%。完成2019年科技档案968卷、文书档案481件的归档工作，在2020年黄河公司档案核查工作中，取得了97.7分的良好成绩。

（四）李家峡水电站

2020年，全年发电量84.05亿kW·h，完成年计划的117.77%，完成登高计划的105.94%，发电量再创历史新高；综合厂用电率0.43%，较计划值降低0.01%，同比降低0.01%；耗水率3.24m^3/(kW·h)，较计划值降低0.04m^3/(kW·h)，同比降低0.03m^3/(kW·h)；负荷率78.8%，同比升高7.7%。实现安全生产“九个不发生”和“零一类轻伤”目标。

修订安全生产责任制管理标准，内容涵盖全部57个岗位；将“零二类轻伤”“零轻微伤”纳入各部门、各班组年度安全责任书；推进安全责任到位测量，对发生的各类事件和违章行为坚决追究责任，推动各级人员安全生产履职尽责。

扎实做好防汛各项准备，开展地质灾害隐患排查，共排查出李坎公路滑坡群、尖坎洞下游50m处边坡、导流洞进口高边坡、进厂公路边坡等9处地质灾害隐患。完成左、右中孔泄洪道修复，左、右岸边坡整治，进厂公路防护，沿河护栏修复，修建排水沟等，为平稳度汛提供保障。修订9部应急预案，组织开展防汛应急演练。2020年，泄水总历时1634.41h，总泄水量56.36亿m^3，弧门操作113次。

持续提升安健环管理体系运行水平，2020年10月份组织安健环内部评估，得分70.17分。持续推进质量管理体系建设；11月，中国安全科学研究院对企业进行了“三标一体”再认证，持续保持认证注册。提炼运维全过程质量风险管理，“实施运维全过程质量风险管理的经验”荣获2020年度“青海省质量标杆”和“青海省现场管理星级评价三星级现场”称号。组织开展QC活动，年内发布7个QC课题，生产部电气班“降低三孔弧门拒动率”获得了青海省第42次质量管理小组二等奖。

顺利完成首台（3号）水轮机转轮改造。加强设备运维管理，全年共发现缺陷152条，消除151条；执行操作票1089张，办理工作票2769张；执行开机514次、停机512次，开停机成功率均为100%；消除了1号主变压器低压侧漏油、4号机组励磁装置A/B通道故障、3台机组液控阀老化等设备隐患。实施AVC性能优化、调速器改功率模式等措施，提高辅助服务管理水平，全年综合补偿16970.066分。

落实黄河流域生态保护和高质量发展要求，对沿河临时建筑物进行拆除，完成左岸船务楼污水系统整治、环保站污水系统接入市政管网，消除了武警营房、办公区域排污不畅等缺陷；做到废油等危险废物储存、转移和处置过程符合规定要求；积极配合黄河公司开展环境保护监测平台建设，完成了5号机组扩机项目环评批复。

（五）公伯峡水电站及苏只水电站

2020年，公伯峡水电站发电量74.17亿kW·h，完成年计划的117.21%；综合厂用电率0.21%，较计划值高0.11个百分点；发电平均耗水率3.87m^3/(kW·h)，与计划值持平。苏只水电站发电量12.11亿kW·h，完成年计划的114.42%；综合厂用电率0.51%，较计划值低0.04个百分点；发电平均耗水率23.18m^3/(kW·h)，较计划值低0.72m^3/(kW·h)。实现“九不发生”，安全督察问题可整改项整改率100%，年内安全生产记录365天，长周期安全纪录2478天。

编制下发“零一类轻伤”工作方案，安全监督人员及群安员定期检查各部门、班组控制措施落实情况，组织作业风险辨识，全年“零一类轻伤”目标顺利完成。

定期开展安全监督工作，实行旁站监督；结合现场举一反三，开展自查。全年安全生产考核6起，奖励8起，涉及人数104人次，惩罚金额8.16万元，奖励金额2.18万元；通过各类安全检查共发现问题248项，完成整改245项，可整改项整改率100%。

编制印发安全生产三年专项行动实施细则和清单，开展安全生产“大体检”；以班组建设为抓手，努力建设安全示范班组。强化承包商安全管理，提高承包商准入“门槛”，强化作业现场过程安全监督管理，年内未发生承包商作业不安全事件。

组织制定发布2020年安健环体系提升计划和体系运行手册，进一步规范安健环运行工作，确保安全管理实际工作与体系的深度融合。2020年11月，通过黄河公司安健环体系“三钻”评审，得分率为67.04%，安健环体系建设达“三钻”水平。

汛前对水工建筑物、大坝监测设施、泄洪设施及备用电源、防汛物资进行详查，对两站所有泄洪闸门、柴油发电机、排水系统设备、坝顶门机及尾水门机进行试验；完成公伯峡水电站左岸溢洪道、左岸泄洪洞、右岸泄洪洞及苏只水电站消力池等部位的水毁修复工作；组织年度防汛应急演练，开展了局地暴雨、超标准洪水和公伯峡水电站全厂停电黑启动演练，完善了两站“黑启动”专项应急处置卡。两站实现了安全度汛。

按照机组年度检修计划，认真组织年度公伯峡、苏只两站检修工作任务，全面控制检修进度和质量，确保检修按期保质量完工。

开展低效无效资产处置，完成压降金额16.82万元，“两金”压降目标任务完成率100.42%。实施“双对标、双激励”及两个细则优化措施，公伯峡水电站综合厂用电量同比降低434.32万kW·h，苏只水电站平均发电耗水率同比降低0.01m^3/(kW·h)。两站两个细则考核分同比分别降低3767、1316分。

全年共完成105部管理标准的修订、审批、发布工作，并按分类号印发成册。

（六）积石峡水电站

2020年，发电量50.3亿kW·h，完成计划发电量的122.4%，同比增加了7.21亿kW·h，发电量创历史新高；综合厂用电量3311.07万kW·h；机组年均耗水率5.9m^3/(kW·h)，同比减少0.33m^3/(kW·h)。实现年度安全运行365天，累计安全运行3339天。企业荣获2018～2019年度“全国‘安康杯’竞赛优胜单位”称号，获评2020年度青海省市场质量信用A级企业。

结合工作实际修订HSE管理工具应用指导手册，强化HSE管理工具应用和提升，HSE管理工具应用率和固化率达100%。

制定2020年安全生产“零一类轻伤”目标工作方案，从6个方面细化38项具体行动项，保证水电站“零一类轻伤”目标的顺利实现。克服疫情影响，推进黄河公司安全实训基地建设项目复工；加强施工过程管控，严把施工质量验收，“全国职工教育培训示范点——黄河公司安全实训基地”于2020年12月29日揭牌。

积极协调推进安全信息化系统二期建设，提前3个月上线运行，各功能模块发挥了预期功能。

认真开展汛前详查，按期完成水毁项目修复工作和防汛项目，对防汛物资进行盘点、补充，保证水电站平稳度汛。科学优化泄水及机组运行方式，合理利用防汛库容，汛期少泄洪水10.42亿m^3，相应抢发电量1.7亿kW·h，是黄河公司汛期泄水量最少的电站。

以强化设备责任制落实、提高设备巡检质量、加强设备缺陷管理、优化设备维护保养为抓手，深化设备预控式管理，电站设备缺陷率逐年下降。深化隐患排查治理工作，全年累计发现缺陷167条，消除165条，缺陷消除率98.8%；完成机组计划检修5台次；技术监督完成率100%。

推进积石峡鱼类增殖站升级改造工程，完成2020年度黄河土著鱼类增殖放流活动，共放流花斑裸鲤和黄河裸裂尻鱼苗30万尾。定期开展站区环境因素检测工作，站区空气质量、地表水、地下水、饮用水、生活污水等检测指标均符合标准。

（七）盐锅峡水电站及八盘峡水电站

2020年，共完成发电量40.91亿kW·h，其中，盐锅峡水电站（简称盐站）29.24亿kW·h，八盘峡水电站（简称八站）11.67亿kW·h。盐站综合厂用电量3168.88万kW·h，低于年计划值24.12万kW·h；八站综合厂用电量1199.36万kW·h，低于年计划值364.64万kW·h。盐站实现长周期安全生产7198天，八站实现长周期安全生产3510天。

不断深化“三级控制”管理，从公司、部门、班组三个层面分别制定实施了2020年安全生产重点工作和“零一类轻伤”“零二类轻伤”及“零轻微伤”专项工作方案及工作措施，修订完善了42部安全管理制度。从安全理念、安全文化、安全管理体系、安全责任体系、承包商安全整治、公司安全整治等6个方面深入开展专项提升整治工作，整体推进企业安全生产监督管理工作。深化质安健环管理体系提升工作，修编完善安健环管理标准，开发HSE管理工具系统，企业质安健环管理体系建设取得了积极进展。

制定落实“两措”计划，加强承包商的安全管理，对承包商人员进行入场安全教育培训。在盐站1号机组A级检修和八站5号机组A级检修大件吊装、两站溢流门启闭设备改造安装等高风险作业过程中，进行全程旁站监护，确保了人员和设备安全。

实施安全隐患排查治理，全年共完成各类安全整改134项，查处设备安全隐患27项，查处设备缺陷702项，夯实了安全生产基础。

加强“两票三制”管理，深化“反三违”活动；以提高全员“四不伤害”意识和能力、确保35%以上班组达到安全示范班组水平为目标，不断强化“三基”建设、安全示范班组建设和安全文化建设。

完善抗洪抢险应急管理体系和应急抢险队伍，加强防汛物资储备，在盐、八两站开展了2次防汛实战演练，确保安全度汛。召开了大坝安全第五次定期检查第一次会议，为2021年完成两站第五次大坝安全定检工作奠定了基础。

完成盐、八两站2台机组跨年度A级检修、5台机组C级检修，完成盐站3台机组调速器更换、两站拦污栅改造、两站溢流门自动操作改造、两站清污机设计安装等设备技术改造工作。

健全应急管理体系，针对可能发生的突发事件制订、修订了31部应急预案。完成了两站第三方应急能力评估，并在甘肃省能源监管办进行了备案。

制定落实环境保护提升工作方案和危险废物管理及生态环保指导手册，完成两站环境保护标准建设评价和环境因子检测工作。对临河影响行洪和环境的建筑物进行全面拆除清理和整治，对两站9t危险废物进行了处置。组织开展黄河鱼类增殖放流活动。

全年共完成管理标准、管理制度转版及制修订334部，完成了企业JYKJ管理规定等9部管理规定和管理标准制订、修订工作。对运行、维护两个生产部门的班组设置进行机构改革，年底顺利实现了集控运行。

（八）青铜峡水电站

2020年，发电量创历史新高，达164835万kW·h，完成年登高计划的103.80%，同比增加3.75%；综合厂用电量2042万kW·h，完成年计划的106.02%，同比增加1.39%；发电耗水率21.67m^3/(kW·h)，高于计划值0.12m^3/(kW·h)，同比降低0.03m^3/(kW·h)。实现“九个不发生”安全环保目标，安全督察问题整改率（可整改项）100%。

进一步完善安全生产责任制，分级制定并严格落实“零一类轻伤”“零二类轻伤”“零轻微伤”保障措施，逐级开展安全责任、到位标准测量工作。

完成了安健环体系及“三标”管理体系内、外审发现问题整改，组织开展了体系内评估，得分率达到66%，继续保持在“三钻”水平。HSE管理工具应用固化率100%。全员HSE参与度及HSE预警指标安全比均符合要求。完成了“三标”管理体系复审工作。积极推进安全生产标准化对标对表工作，达到宁夏回族自治区应急管理机构认证二级标准。

加大设备消缺和隐患排查力度，加强对重点隐患、重点部位的巡视、巡查、巡检和作业现场旁站监督，设备隐患整改率100%。

开展了为期两个月的承包商安全管理专项整治，查出问题6项，全部完成整改。开展各项安全检查活动，下发安全监督整改35项，完成整改35项，整改完成率100%；组织开展专题培训活动5项。

汛期共启动Ⅳ级防汛预警3次、Ⅲ级防汛预警2次，启动Ⅱ级防汛应急响应5次。全年共调节闸门390孔次，清理拦污栅426孔次，清理污物超16200m^3，清理滤水器350台次，水系统切换1483次，有力保证了设备安全度汛。

强化大坝安全管理职责，开展了泄洪及消能建筑物水下检查；按期完成2020年水毁工程项目，大坝运行安全，经专家评定为正常坝。

委托监测机构对电站上下游水质、生活污水、噪声、工频电场、危废（固废）储存、危废处置等进行监测。加强对生产现场生活污水收集处理设施的运行管理，做好污水排放监测工作。完成电站危废储存库选址、改造工作。

加强设备运维管理，科学水库调度，优化设备运行方式，提高运行机组负荷率，降低耗水率，充分利用来水多发电，期间增发电量0.6935亿kW·h。年度售电费全部收回。积极落实地方政府疫情期间社保费用减免政策，共申请减免社保费用587万元、企业稳岗补贴返还资金35万元，有效节约了成本。

完善体制机制，有效应用法律事务管理体系，完成了257部管理标准和201部技术标准的转换修编。

（黄河上游水电开发有限责任公司　许为宁）

中国水电工程顾问集团有限公司所属的三个水电厂2020年生产管理情况

（一）桃源水电厂

2020年，完成发电量9.51亿kW·h，较设计多发1.58亿kW·h，超设计发电量20%；机组利用小时数5288.019h，超设计值884.019h；耗水率63.76m^3/(kW·h)；机组平均运行小时数6203h，开停机2448次，实现“零非停”，累计安全运行2618天。

自主完成7号机组轮转检查测量及返厂维修，及时实施了7号机组A级检修复工，避免了因检修滞后而带来的弃水风险。

组织32次隐患排查活动，发现问题或隐患139项，按时完成整改率100%；完成2次实战演练和35次桌面演练；持续做好安全生产标准化建设工作，完成2020年度自查评报告，经水电顾问公司评审获评优秀。

2020年汛情较为复杂，坝址最大洪峰流量21500m^3/s，发生入库流量超8800m^3/s的洪水11次，全厂停机敞泄运行时间为601h，泄洪总时长1760h，调度操作泄洪闸门898次，总泄洪水量357.89亿m^3，泄洪和全停机时间较长，为投运以来最大值。

加强设备巡视，发现消除缺陷396项；做好经济运行，坝前水位较2019年提高0.1m，执行开停机次数2448次。

船闸通航299天，较2019年增加23%；过闸3420闸次，较2019年增加60%；过闸船舶6056艘，较2019年增加41%；过闸船舶总吨位662万t，较2019年增加92%。

完成了25孔泄洪闸门级检修、7号机组A级检修和6台机组C级检修，其中自主完成1台机组C级检修节约成本约20万元。

（二）沙阡水电厂

总装机容量5万kW，2020年，完成发电量17250.24万kW·h，上网电量17057.172万kW·h，为投产以来最高。2020年6月，创下单日最高发电量122.22kW·h，7月创下月度最高发电量3160.29万kW·h。上网电量同比增加4651.372万kW·h，超出年度计划4782.172万kW·h。继续保持“零事故”“零非停”，至2020年12月31日，累计安全运行2364天。

全年累计排查整改问题104项，完成整改101项，整改完成率97.11%。推行“微检修”App的应用，做到缺陷的发现、确认、消除、验收和评价在平台上完成，缩短了缺陷管理流程，提升了缺陷管理水平。汛前完成了2台机组的C级检修。

（三）大湾水电厂

2020年，完成发电量8430.08万kW·h，耗水率5.96m^3/(kW·h)；年内发生一起导叶连杆断裂不安全事件和冷却器漏水故障，未造成电厂电量损失；累计安全运行2167天。

执行操作票160张，工作票130张，其中第一种工作票10张，第二种工作票80张，水力机械工作票40张，两票合格率100%。

委托大理华源机电安装有限公司开展了1号机组导叶连杆断裂事故和上导冷却器漏水故障处理，解决了1号机组导叶连杆头部卡死，控制环不平，导叶端面、立面间隙不合格等重大设备缺陷和冷却器漏水问题。

（中国水电工程顾问集团有限公司）

黄河水利水电开发集团有限公司2020年电力生产运行情况

黄河水利水电开发集团有限公司是水利部小浪底水利枢纽管理中心所属企业，负责小浪底和西霞院水利枢纽的运行，2020年生产运行主要情况如下：

（一）水库及来水运用

2020年度，黄河上游来水持续偏丰，小浪底水库入库水量454.37亿m^3（设计均值为277.2亿m^3）。7～10月，黄河流域干支流洪水并发，整体汛情较为罕见。小浪底工程汛期有效应对黄河中游3次编号洪水，防洪削峰作用明显；库水位降至205m附近并维持16天。在大流量下泄期间，小浪底工程最大出库含沙量562.5kg/m^3，水库排沙出库超过3.57亿t，排沙比达到111%，有效减缓了水库和河床淤积。小浪底最大下泄流量达5680m^3/s，西霞院最大下泄流量达5500m^3/s，泄洪系统累计过流98天，为水库蓄水以来同期最低防洪运用水位、最大下泄流量和最长过流时间。

2020年，扎实推进小浪底和西霞院泄洪系统检查维修，按期完成汛前水工检查维修、机组检修维护任务，环氧砂浆修补面积、渗水裂缝处理长度分别为上年同期的9倍、5.3倍，维修强度为枢纽运行以来同期最高。

把握枢纽运行规律，积极应对"一高一低"调度方式，优化水工闸门启闭时机和启闭方式，避免闸门淤堵，减轻流道冲磨破坏。加强防汛会商和应急值守，落实防汛物资设备、应急抢险队伍等保障措施，科学组织防汛会商，加密巡视检查和安全监测频次。健全快速响应机制，两次启动四级应急响应，及时处置突发险情，稳妥处置泄水渠浆砌石块淘刷破坏、孔洞淤积、闸门起落困难等问题，确保枢纽平稳度汛。

（二）电力生产

2020年，小浪底和西霞院电站实现上网电量90.10亿kW·h，连续三年突破90亿kW·h。小浪底机组等效可用系数为94.05%，西霞院机组等效可用系数为89.93%。

主设备完好率保持100%，辅助设备完好率超过99.62%。全年完成工作票2881张，操作票1686张，全部合格。实现安全年，枢纽连续安全运行突破5429天。

（三）检修情况

1. 机组检修　两站共完成1台机组A级检修和7台机组C级检修工作。9号机组A级检修中，除常规项目外，重点进行了活动导叶裂纹处理和桨叶碳化钨喷涂工作。2号机组C级检修完成了转子动平衡试验，3号机组C级检修完成了蜗壳防腐工作，6号机组C级检修完成了技术供水管路改造。西霞院重点完成了8、9号机组新主轴密封更换。

2. 技术改造　2020年，完成了如下电气设备和控制系统等16项技术改造：

（1）完成了小浪底机组故障录波器和西霞院故障录波器的更新改造。

（2）完成了小浪底和西霞院工程气体灭火系统改造。

（3）对技术供水系统测流、测压、测温等自动化元件以及滤水器控制系统进行完善、换型、改造，对技术供水控制柜进行改造并对控制方式进行优化。

（4）完成了中控室大屏幕改造。

（5）完成了状态监测系统最核心部分软件系统的开发工作，系统正式投入使用。

（6）完成了3台机组效率柜和主轴密封水变频控制改造工作，6号机组水机保护改造，西霞院备用水源及渗漏排水系统PLC升级改造，小浪底6台机组励磁系统参数及PSS优化。

（7）完成西霞院机组压力油罐及事故油罐的自动补气改造。

（8）在9号机组A级检修中，先后完成定子测温元件换型修复。

（9）完成了小浪底1、5、6号水轮发电机组技术供水系统机械设备更新改造。

（10）完成了小浪底地下厂房主轴密封供水系统改造。

（11）完成了西霞院技术供水、消防及渗漏排水系统机械设备更新改造。

（12）完成了小浪底与西霞院工程发供电区域照明改造项目，将小浪底与西霞院工程发供电区域所有灯具更换成LED光源的灯具，在部分区域安装智能控制系统。

（13）完成了小浪底工程220kV主变压器铁芯及开关站避雷器增设在线监测系统项目。

（14）完成了小浪底工程220kV开关站电缆沟盖板及地面整治项目。

（15）完成了小浪底水利枢纽应急供电项目，在小浪底工程220kV开关站厂用电13段增设了柴油发电机，将厂用电13段开关柜全部进行更新改造。

（四）科技创新

立足生产实践创新创效，"白蚁档案"成功入选全国经济科技档案工作创新案例；"小浪底偏心铰弧门转铰止水型式研究与应用"和"多泥沙河流闸门抗磨防腐蚀涂层及配套模拟检测设备研究"两项成果荣获河南省水利科技创新一等奖，"西霞院反调节水库土工膜耐久性及其防渗安全研究"荣获河南省水利科技创新二等奖；12项QC成果获中国水利工程协会优秀质量管理小组奖，其中一等奖1项，二等奖7项，三等奖4项。10项创新成果、5项技术专利、1项团体标准荣获小浪底管理中心表彰。

（黄河水利水电开发集团有限公司　陈萌）

三门峡黄河明珠（集团）有限公司所属两个水电厂2020年生产管理情况

（一）三门峡水力发电厂

三门峡水力发电厂共有7台水轮发电机组，5台单机容量为6万kW的轴流转桨式机组，2台单机容量为7.5万kW的混流式机组，总装机容量45万kW。

2020年黄河来水充沛，三门峡水库入库水量469.7亿m^3，较2019年多53.54亿m^3。年初，黄河上游来水较往年偏大，加之疫情期间社会工业生产用电负荷严重下降，发电上网形势十分严峻。电厂积极与河南省调沟通协调，在满足电网调节要求下保障机组经济运行。4月份以后疫情减缓，密切关注上游水情变化，抓住黄河来水减少的时机，及时安排机组水下部分检查和设备维保。2020年，全年发变电设备运行情况良好，利用小时数5208h，较2019年增加448h；厂用电率为0.25%，损耗率为0.74%；年累计发电23.44亿kW·h，比2019年增加9.41%。电力生产取得历史性突破，发电量连破5项纪录，即：单日发电纪录1108.8万kW·h（11月21日）、单月发电纪录3.14亿kW·h（11月）、上半年发电纪录12.16亿kW·h、汛期发电纪录4.40亿kW·h、全年发电纪录23.44亿kW·h。受来水大幅变化影响，非汛期发电耗水率为10.57m^3/(kW·h)，较2019年的10.96m^3/(kW·h)有所减少。

2020年汛期发电期间，三门峡水库入库水量251亿m^3，较2019年同期增加24.75%；发电用水量84.27亿m^3，较2019年同期增加24.73%；汛期发电量4.40亿kW·h，较2019年增加8890万kW·h，同比增加25.32%。机组平均负荷率71.7%，较2019年增加8.56%。汛期发电耗水率19.15m^3/(kW·h)，较2019年同期减少0.52%。整个汛期机组全停5次。

2019年汛后至2020年汛前在安排机组水下检查时充分利用了12月、次年1月、2月黄河凌汛期来水小的时间窗口，克服年底安全压力大、春节假期、疫情防控等困难，完成了4、1、3号3台机组检修；4、5月利用黄河中游灌溉时期完成了2、5号机组检修，同时完成了2～5号机组空冷器排水管更新、269廊道放空阀操作管路更新、4号机组压油罐及控制系统更新、2号变压器保护更新、3号机组安装流量测量装置等项目。

科技创新方面，6项成果获明珠集团公司科技进步奖，“变压器状态检修管理系统开发与应用”“厂房排水系统改造”两项成果分别荣获黄河水利委员会2020年度科学技术进步二等奖和三等奖。

2020年，首次开展了三门峡枢纽电力系统“黑启动”试验并取得圆满成功；制定管理制度19项；增设了消防器材箱90个、消防器材200余具。通过努力，进一步巩固了安全生产的良好局面。

（二）故县水力发电厂

故县水力发电厂共有3台单机容量为2万kW的水轮发电机组。2020年，电厂所在的故县水库来水量总计7.881亿m^3，全年洛河来水情况较往年有所好转。一年来，电厂坚持把节水发电贯穿于整个发电过程中，在不同阶段，根据来水量的变化情况，严格按上级防办下达的指令，适时对发电计划进行调整。同时，在充分利用水资源上狠下功夫，积极开展挖潜增效，节约利用好每一滴水，最大限度增加发电量。8月5日夜间，洛河上游洛南县持续暴雨，最高洪峰流量达到2420m^3/s，故县水力发电厂抓住时机，迅速组织大发电，3台机组经过26天满发稳发，完成发电量4000万kW·h，至9月7日全年累计完成发电量1亿kW·h，提前完成预定的年度发电任务。2020年，故县水力发电厂累计发电量11670万kW·h，年均耗水率5.31m^3/(kW·h)。

2020年，故县水力发电厂先后完成了全厂及变电站电气设备预防性试验、3台机组保护装置校验、变压器油检验、压力容器安全阀检验、压力表及压力变送器校验，更换了3号机组压油装置监控电源以及CPU模块；并对变电站寻35kV南隔离开关三相触头过热，2、3号发电机温度巡检仪显示不正常，3号机组压油装置组合阀渗油，2号机组上导油盆渗油问题、1号主变压器10kV侧C相软连接过热等问题进行了处理；同时完成了渠首项目自动化控制系统改造工作。一年来，故县水力发电厂加大安全巡检次数，处理各类缺陷91项。通过一系列扎实、细致、有效的工作，确保了全厂设备安全稳定运行。

2020年，故县水力发电厂实现了全年无事故的安全目标。截至2020年12月31日，故县水力发电厂实现连续安全生产9107天。

［三门峡黄河明珠（集团）有限公司　孙淑兰］

雅砻江流域水电开发有限公司2020年电力生产情况

（一）机组投产情况

2020年，雅砻江流域水电开发有限公司（简称雅砻江公司）无新投产机组。截至2020年12月31日，雅砻江公司水电总装机容量达到1470万kW，分别为二滩水电站330万kW，官地水电站240万kW，锦屏一级水电站360万kW，锦屏二级水电站480万kW，桐子林水电站60万kW；新能源装机容量达到3万kW，分别为冕宁光伏电站1万kW，会理光伏电站2万kW。

（二）安全生产情况

2020年，雅砻江公司努力践行“流域化、集团化、科学化”的发展与管理理念，通过深入开展流域电站设备管理、建立隐患排查常态化机制、开展行业对标、与设备厂家开展深度技术合作等一系列举措，巩固“技术提升”成果，有效保障流域梯级电站稳定发电能力。同时，通过合理控制水库水位消落、深挖梯级电站群经济运行潜力，全面完成年度电量目标。

截至2020年12月31日，雅砻江公司全年电力安全生产情况总体良好，未发生直接责任性一般及以上人身伤亡事故、直接责任性较大及以上事故，安全生产态势持续稳定，各电力生产单位电力生产长周期安全运行天数分别为：二滩水力发电厂4844天、官地水力发电厂2243天、锦屏水力发电厂2926天、集控中心 3296 天。

（三）水库运行情况

2020 年，雅砻江流域来水属丰水系列，其中两大控制性水库：二滩水库为季调节水库，天然来水频率为 24.6%，全年平均天然入库流量为 $1862m^3/s$，比多年同期平均来水偏多 13.5%，比 2019 年同期来水偏多 24.5%，全年最大入库洪峰流量为 $8000m^3/s$，入库总水量为 586.73 亿 m^3；锦屏一级水库为年调节水库，来水频率为 10.1%，全年平均天然入库流量为 $1512m^3/s$，比多年同期平均来水偏多 22.4%，比 2019 年同期来水偏多 22.4%，全年最大入库洪峰流量为 $6050m^3/s$，入库总水量为 474.57 亿 m^3。

2020 年，二滩水库年初水位为 1197.31m，1～5 月水位逐步消落，5 月初消落至最低水位 1157.84m；此后水位逐步回蓄，10 月末蓄至 1199.70m，年末降至 1196.62m。锦屏一级水库年初水位为 1879.68m，1～6 月水位逐步消落，6 月初消落至最低水位 1811.59m；此后水位逐步回蓄，10 月末蓄至 1879.20m，年末降至 1877.83m。流域防洪调度方面：2020 年 7～8 月，在面临本流域复杂严峻汛情形势下，雅砻江公司科学调度梯级水库拦洪削峰，坚决精准执行水利部长江水利委员会调度指令，拦蓄洪量约 40 亿 m^3，有效减轻了川渝河段及长江中下游防洪压力，防洪减灾效益显著。

（四）发电情况

2020 年，雅砻江公司完成发电量 775.11 亿 kW·h，水电完成发电量 774.68 亿 kW·h，新能源完成发电量 4288.03 万 kW·h。其中，二滩水电站完成发电量 162.38 亿 kW·h，比 2019 年增加 2.98 亿 kW·h；官地水电站完成发电量 126.89 亿 kW·h，比 2019 年增加 3.12 亿 kW·h；锦屏一级水电站完成发电量 197.03 亿 kW·h，比 2019 年增加 8.88 亿 kW·h；锦屏二级水电站完成发电量 263.68 亿 kW·h，比 2019 年增加 11.86 亿 kW·h；桐子林水电站完成发电量 24.70 亿 kW·h，比 2019 年增加 0.53 亿 kW·h；冕宁光伏电站完成发电量 1377.67 万 kW·h；会理光伏电站完成发电量 2910.36 万 kW·h。

（五）技术指标

1. 主设备完好率　2020 年，二滩、官地、锦屏二级、锦屏一级、桐子林水电站主设备完好率、水工建筑物完好率均为 100%。

2. 机组等效可用系数　2020 年，二滩、官地、锦屏二级、锦屏一级、桐子林水电站机组等效可用系数分别为 93.98%、92.78%、87.09%、96.21%、88.68%，比 2019 年分别提高 3.73%、0.79%、−2.37%、0.06%、−2.41%。

3. 发电设备平均利用小时数　2020 年，二滩、官地、锦屏二级、锦屏一级、桐子林水电站发电设备平均利用小时数分别为 4920.54、5287.18、5493.28、5473.08、4117.34h，比 2019 年分别增加 90.18、、130.15、247.10、246.56、88.04h。

4. 发电耗水率　2020 年，二滩、官地、锦屏二级、锦屏一级、桐子林水电站发电耗水率分别为 2.39、3.37、1.33、1.85、18.57m^3/(kW·h)，比 2019 年分别增加 0.84%、1.20%、0.76%、−2.63%、2.09%。

5. 生产用厂用电　2020 年，二滩、官地、锦屏二级、锦屏一级、桐子林水电站生产厂用率分别为 0.162 %、0.112 %、0.111%、0.148 %、0.302 %，比 2019 年分别降低 0.002%、−0.003%、0.008%、0.009%、0.007%。

（六）检修情况

1. 机组检修　2020 年，完成二滩、官地、锦屏一级、锦屏二级、桐子林 5 座电站共计 24 台次机组 C 级检修工作，3 台次机组 D 级检修工作，1 台次机组 A 级检修工作。

2. 技术改造　2020 年，完成二滩水电站 500kV 开关控制系统改造、500kV 出线设备改造、调速器油压装置电气及控制系统改造、400V 配电盘改造（包含机旁 400V 配电盘及厂内照明系统 400V 配电盘改造）、工业电视系统改造；完成官地水电站 GIS 进线改造、通信电源系统改造、GIS SF_6 泄漏环境在线监测系统改造、大盐池业主营地水厂生活水消毒设备改造；完成锦屏水电工程安全标准化改造、锦屏电厂接待中心消防报警系统改造、锦屏二级水电站调速器接力器改造、锦屏二级水电站筒阀控制系统改造等技改项目。

（雅砻江流域水电开发有限公司　陈鹏）

国家电投集团云南国际 2020 年电力生产管理情况

截至 2020 年 12 月底，国家电投集团云南国际电力投资有限公司（简称云南国际公司）装机容量 296.23 万 kW，其中，水电 154.33 万 kW，风电 100.9 万 kW，光伏 36 万 kW，火电 5 万 kW。

2020 年，云南国际公司发电 78.46 亿 kW·h，其中，水电 46.39 亿 kW·h，火电 0.25 亿 kW·h，风力发电 26.74 亿 kW·h，光伏发电 5.08 亿 kW·h。

安全生产整治扎实推进，小其培电站和桥街电站有效应对 5 年一遇洪水。

开展生产运行精细化管理，度电必争；推进自主检修，提升设备可靠性。省内风电场全部接入集控正式归调运行，“集控运行、区域维检”模式成效显现；大数据智能预警分析系统运用成效明显，风机故障损失电量同比减少48.9%。

高位推动和创新开拓新能源项目，在云南省“8＋3”新能源激烈竞争中，成功中标161万kW项目，成为获取资源最多的企业；东川“光伏＋生态修复”示范工程投产。

高效抓好疫情防控和复工复产，完成47项生产工程“三措两案”、疫情防控等措施审批，成立党员、青年突击队37个，复工复产率达100%。在缅单位全部接入央企远程医疗平台，坚决不让新冠病毒出入国门，实行“两个14天”双重隔离做法受到国务院国资委、驻缅使馆的充分肯定。境内外单位实现了“零输入、零输出、零感染”，员工队伍和安全生产保持稳定。

深化管控改革持续提升管控能力，全年科技费用投入3640万元，开展了科技成果和优秀科技论文评选，云南国际公司自主开发的学习考试系统取得国家软著作权，基于大数据、北斗等技术应用的地质灾害及其他次生灾害预警分析系统科技项目获得集团公司“绿动未来优秀奖”。

（国家电投集团云南国际电力投资有限公司　刘艳）

中电建水电开发集团有限公司“十三五”电力生产运行情况

（一）概况

中电建水电开发集团有限公司是中国电力建设集团有限公司旗下清洁能源开发的骨干企业，现拥有4家全资子公司，控股13家子公司、参股4家公司；投产总装机容量327.78万kW，其中，乐山片区装机规模125.2万kW，阿坝片区装机规模85.98万kW，凉山片区装机规模75万kW，雅甘片区装机规模34.6万kW，新疆片区装机规模7万kW；投产电站20个，其中，水电站17座装机容量292.78万kW、57台机组，风电场1个、装机容量30万kW，光伏场2个、装机容量5万kW，年发电能力超145亿kW·h，位列四川省直调水力发电企业第四位；在建水电站2个，装机容量99.4万kW；负责老挝南欧江流域7座、共127.2万kW的水电站运维工作。

（二）电力生产运行

“十三五”期间，公司在川成功实现11.4万kW水电装机投运，其中包括春厂坝水和赞拉电站；成功完成多个集控中心的建设及投运，其中包括西昌集控中心（实现甲米河一级、二级两级水电站、浑水塘光伏电站、大德风电场集中控制生产运行），小金川流域集控中心，以及安谷水电站对沙湾水电站远控，两站实现联合调度。

五年以来，公司生产管理模式不断优化，逐步形成“片区管理、流域控制、自主运维”的管理模式。截至2020年底，已经建成乐山流域远控中心、黑水河流域远控中心、美姑河流域集控中心、小金川流域集控中心、西昌远控中心等远控群，运行人员远控值班，基本实现了流域集中控制与电站少人值守管理模式。按照“统筹规划、分步实施”的原则建成了成都远程集控中心，目前主要承担远程实时监视、优化经济运行、应急指挥调度及电力集中交易等功能。

产业结构完善，2018年公司成立了南欧江运维项目部，2019年成立了检修公司，拓展了检修产业链和国外运维业务链，搭建了运维检大服务体系平台雏形。2020年11月28日，中电建安谷生态试验场暨乐山中电建生态环保科技有限公司挂牌成立，乐山安谷水电站生态试验场的正式运营，标志着生态环境部国家环境保护环境影响评价数值模拟重点实验室和水力学与山区河流开发保护国家重点实验室正式进驻安谷生态试验场。

在标准化建设方面，“十三五”期间，公司下属5家子公司先后通过标准化良好行为AAAA级企业认证，3家子公司先后达成电力安全生产标准化一级企业。

（三）生产管理水平不断提升，创新成果日益丰富

（1）强化设备缺陷管理，构建设备责任制体系。“十三五”期间，公司建立健全设备缺陷管理体制机制，强化设备缺陷动态管理，推行设备责任制，每一台（套）设备都有明确的设备管理责任人员。

（2）创新践行电力生产标准化2.0。“十三五”期间，公司全面推行标准化2.0建设工作，重点在于打通两级公司管理流程，建立“一套标准、两级共用”的标准体系，实现标准化PDCA循环。

（3）创新开展班组对标管理，打造标杆班组。“十三五”期间，在个别子公司试点并取得较好反响的基础上，公司全面开展了电力生产板块对标管理；公司水电机组考核电量占发电量比例低于0.20%，新能源考核电量占发电量比例低于2%，均低于在川省调机组平均水平。

（4）毛尔盖水电站探索流域经济优化运行，促进安全与效益双提升。2019年，升级了毛尔盖水电站水情测报系统，使洪水预报预见期由9h提升至24h，宏观趋势判断接近72h，洪水预报合格率达96%，为水库调度提供科学决策依据；另一方面，建立了汛期水库调度会商机制，科学决策下一阶段水库调度策略。2020年汛期6月11～23日，毛尔盖水库拦蓄洪量29641万m^3，平均消减洪峰流量247m^3/s，最大

消减洪峰流量 560m³/s，为保障黑水河下游及岷江下游人民群众生命财产安全发挥了重要作用。

(5) 沙湾水电站建设发电企业应急指挥和处置系统，2019 年，四川圣达公司开发了应急指挥和处置系统，成功将应急指挥、应急响应、应急处置、应急物资调用、应急事件报告通过信息化的方式实现了高度集成。通过该系统，在应急处置过程中适时反馈各小组的处置进度和视频、音频等资料，利于应急指挥组长及时准确判断处置情况和事态控制程度，有利于应急指挥组做出及时、准确的决策。

(6) 安谷水电站开展设备诊断分析，推进设备状态检修。2018 年，中水圣达公司以安谷水电站为试点开展了状态检修。通过开展状态检修，确保了检修的针对性和有效性，从而提高设备可靠性，降低设备维修成本。

(7) 安谷水电站标杆电站试点推广效能初显。"十三五"期间，公司以安谷水电站为试点打造集团水电标杆。经大量调研，吸取了行业内好的经验及做法，结合电站实际，编制了标杆电站实施方案，成立了标杆电站建设实施工作组，统筹标杆电站打造工作。通过近一年的时间，完成了安谷标杆水电站打造并评估达标，编撰印发了《中电建水电开发集团有限公司水电站视觉指导手册》，将成果推广复制到公司其他水电站。

(8) 松林河、五一桥水电站提升设备智能化水平，夯实智慧运营根基。"十三五"期间，松林河、五一桥公司大力开展了设备智能化建设探索，使用无线电测温传感器和无线信号发射设备，将现场设备大电流回路引线接头温度实时测量、传输，达到大电流回路温度变化状态监测分析的先进水平，提高了安全经济运行管理水平和自动化程度，为公司打造智慧运营奠定坚实的基础。

(四) 获行业或省部级以上奖情况

中电建水电开发集团有限公司获得四川省电力行业职业技能大赛 10kV 开关设备检修专业团体三等奖、2020 年度继电保护专业团体三等奖；四川圣达水电开发有限公司获评 2016 年度四川电力安全生产先进集体、2017 年度全国安全文化建设示范企业、2018 年度全国电力行业设备运维优秀班组；中国水电建设集团圣达水电有限公司获评 2016～2017 年度全国"安康杯"竞赛优胜班组；阿坝水电开发有限公司获评 2016 年度四川电力安全生产先进集体、2019 年度四川省职工民主管理示范班组；毛尔盖水电有限公司获评 2018 年度四川电力安全生产先进集体、2019 年度四川省职工民主管理示范班组；四川盐源甲米河水电开发有限公司获评 2018 年度四川电力安全生产先进集体，其"凉山清洁能源集中调度控制建模验收"获得 2019 年度四川省电力行业协会重大研究成果一等奖；四川美姑河水电开发有限公司获得 2018 年度全国电力行业发电机组大修质量奖。

(中电建水电开发集团有限公司)

技 术 改 造

水布垭电厂发电机结构优化改造

水布垭水力发电厂安装 4 台单机容量为 460MW 的水轮发电机组，其发电机型号为 SF460-40/11900，额定转速 150r/min。

(一) 发电机结构改造优化背景

1. 转子存在的问题　水布垭转子磁轭，用弹性键、切向键、扭矩键与转子支架固定。经多年运行，转子支架出现明显变形，弹性键受力减小，导致发电机定、转子的空气间隙不均匀和中心磁力线不匹配，以及导轴承处运行摆度增大等问题。同时，转子还存在以下问题：①磁极铁芯与绕组间隙大、绝缘托板与绕组间黏接层脱落；②引线采用双头铜螺栓穿轴结构，碳粉、油污易聚集，可能导致转子引线烧蚀；③磁极撑块及上下挡风板不易拆卸，检修维护难。

2. 定子存在的问题　陆续发现铁芯上下端部多处松动、断齿，压指偏移，并伤及线棒绝缘，线棒和挡风圈环氧树脂防护板间隙处有多处电晕。1～4 号机组，分别有 0、1、8、2 根线棒绝缘损伤，253、168、70、151 处铁芯松动，15、40、14、61 处电晕。此外，定子铁芯穿芯螺杆使用绝缘套管，套间平齐对接，机组运行时接缝位置可能发生错位，出现缝隙，使灰尘、水汽、油雾等进入，存在穿芯螺杆接地及铁芯烧损隐患。

3. 发电机轴承存在的问题　水布垭发电机推力油槽采用镜板泵密封自循环的方式进行油冷却。现由于镜板泵密封间隙变大，且已无调整余量，导致其循环效率低，冷却能力不足。同时，还存在推力轴承内甩油和油雾化严重、下导轴承油槽内甩油等问题。

（二）发电机结构优化改造

针对机组存在的问题，电厂经研究决定对4台发电机进行改造并优化结构。

1. 转子改造 主要是保留磁轭更换转子支架，并进行磁极、引线和下挡风板改造。转子支架改造主要工艺步骤为：拆除磁极→热拔转子支架与磁轭弹性键→转子支架整体吊出→工地组焊转子支架→转子支架热套磁轭→挂装磁极。这一转子改造技术为国内首创，不需拆卸和重叠磁轭，节省近3个月的工期以及大量人力成本。此次改造更换转子中心体，将10个直支臂的外环组件更换为20个斜支臂的外环组件。转子磁极解体，重新配剪“L”形附加绝缘及极身绝缘，线圈套入后按要求塞实、密封和装配铁托板，解决黏接层脱落问题。转子引线改为铜排穿轴结构，下挡风板改为不锈钢加环氧材质的两段结构。

2. 定子改造 主要是保留定子机座，更换其余部件。原铁芯齿宽45mm，齿部中芯线上开有3mm宽的槽，采用单根压指易造成3mm槽两侧受力不均，此次将压指改成双压指结构。主绝缘材料用新型的HEC5440-1S桐马多胶粉云母带，电气性能水平有了大幅的提高。防晕材料用柔软性好的薄型防晕材料。优化定子绕组接线方式，降低异相电压差，引出线异相电压差由93.8%降至81.9%，相对原接线方案减少电晕了隐患。同时，还进行了如下改进：①铁芯端部阶梯冲片工厂整体黏接，加强端部阶梯片的整体性；②铁芯首末段冲片鸽尾槽由开口槽改为闭口槽，抗滑动的能力较开口槽增加了2倍；③首末段冲片的轭部设置销孔，叠装时销孔内装入绝缘销；④由原力矩扳手把紧改用液压拉伸器拉伸螺杆，压紧效果更好；⑤在压指上喷涂二硫化钼润滑剂，降低摩擦力，有效降低了端部阶梯冲片窜出损伤线棒绝缘的风险；⑥优化绝缘套管的结构，套管两端分别导角，安装时接头分别插入，无间隙，发生进灰尘、油雾、水汽等情况概率大大减小。

3. 推力轴承冷却方式改造 将原设计的镜板泵自循环系统改为外接油泵强迫油循环，更换全套外循环冷却器。在外部增加7台油泵电机组，正常运行时6台主用1台备用，油循环总量达到3600L/min，大大提高油槽内散热效率；将油位由850mm降低至745mm，减少油雾产生；在油槽内增加稳油板，减轻油雾外逸；将送风风机改为排风风机，使油槽内气压低于大气压，防止透平油沿着挡油管甩出油槽。其中，“分布式外加泵强迫外循环”为国内机组在改造中首次采用。

（三）效果评估

水布垭电厂首台机组（3号）改造，于2020年5月22日开始试运行调试，31日完成72小时试运行。改造后，定子、转子主要技术质量指标均有所改善，开机、运行状况良好，改造达到了预期目标。

（湖北清江水电开发有限责任公司
魏兴波 徐兴友）

张河湾抽水蓄能电站监控系统国产化改造竣工

张河湾抽水蓄能电站安装4台单机容量为25万kW的混流可逆式抽水蓄能机组。电站原计算机监控系统采用阿尔斯通ALSPA P320产品，经十余年运行，在软硬件平台的可靠性、售后服务的及时性，监控系统功能的扩充性，电站生产数据的分析挖掘等方面存在问题，已经不能满足电站日益提高的运行管理的要求；且主要设备已经属于早期淘汰产品，系统的软硬件均已不能进行进一步的维护和更新，监控系统的不稳定运行已经严重威胁了电站的安全稳定运行。鉴于我国具有自主知识产权的大型抽水蓄能电站监控系统国产化技术日臻成熟稳定，因此从运行维护、经济成本及售后服务等多方面综合考虑，张河湾监控系统改造选用国产化监控系统。

2018年9月5日，监控系统改造项目开工，10月15日完成上位机系统改造；2018年12月26日至2019年1月10日完成35kV LCU10改造；2019年，3月20日至6月27日完成1号机组LCU1改造，8月28日至9月20日完成3号机组LCU3改造，11月5日至12月18日完成公共设备LCU6改造；2020年，4月12～28日完成下库LCU8改造，5月1～13日完成上库LCU7改造，5月27日至6月24日完成2号机组LCU2改造，8月26日至9月15日完成500kV&SFC LCU51/LCU52改造，9月24日至11月30日完成4号机组LCU4改造，项目竣工。

张河湾抽水蓄能电站监控系统改造过程中解决了各套LCU之间互相兼容并存等技术难题。抽水蓄能电站与常规水电站不同，SFC抽水启动和机组之间背靠背启动需要通过不同现地控制单元PLC之间进行数据交互，因此解决新老PLC之间数据交互的问题是改造成功的关键，新老系统过渡运行的重要技术保障是国产化监控系统与阿尔斯通核心控制器C80-75 PLC数据交互。新监控系统设置OPC服务器作为数据网关，通过OPC网络协议实现对C80-75 PLC各类型寄存器的读取和置位，从而完成新监控系统与阿尔斯通LCU的数据交互。

该电站监控系统改造后上位机选用LINUX操作系统，系统核心交换机及盘柜光交换机采用了国产东土品牌工业网络设备，网络拓扑采用上星下环型式（即上位机采用两台千兆以太网核心交换机组成双星型网络，下位机通过光交换机组成千兆以太双环网）实现网络多重冗余功能；下位机机组LCU主PLC采用南瑞水电MB80E PLC，水机后备PLC选用南瑞水电MB40 PLC，采用四天线、双主机北斗＋GPS卫星时钟系统（以北斗为主），支持B码、网络和脉冲对时方式，预留充足接口便于全厂统一时钟源。

张河湾抽水蓄能电站监控系统国产化改造解决了以下难题：

（1）解决了原上位机SUN主机设备停产、无备件可更换、技术支持困难的问题。新系统上位机为主流惠普品牌，硬件配置冗余，备件充足。

（2）解决了原监控系统光纤环网断网无法自动切换问题，重新敷设了新监控光纤环网，并将网络带宽由百兆以太网升级为千兆以太网。

（3）解决了原系统不满足二次安防新要求的问题。新系统全面满足二次安防要求，配置安全监测平台。

（4）解决了原数据服务器不稳定，曲线及报表查询功能不完整的问题。新系统支持丰富的曲线及报表查询功能，历史数据存储稳健，存储容量大。

（5）解决了原系统调度通信链路无法扩充的问题。新系统调度通信链路自由配置，能适应多平面、多通道的新要求。

（6）解决了监控系统上位机主机采用不安全操作系统的问题，新监控系统上位机全部采用LINUX系统。

（7）解决了原上位机报警系统无法满足报警精简分类的要求。新监控系统报警功能丰富，运维方便。

（8）解决了原监控系统人机界面不友好的问题。新监控系统全面支持中文，可根据要求自由定制人机界面。

（9）解决了原监控系统采用存在安全漏洞的赫斯曼交换机问题，新监控系统采用国产东土光交换机。

张河湾抽水蓄能电站用两年多时间逐步完成了国内大型抽水蓄能电站监控系统首次全面国产化升级改造。改造过程中创新性利用OPC网络协议实现了国产监控系统上位机软件和PLC与原阿尔斯通PLC之间的通信，实现了新老系统之间无扰切换，改造过渡期间未影响机组正常稳定运行，这对其他抽水蓄能电站监控系统国产化改造提供了借鉴意义。

（河北张河湾蓄能发电有限责任公司　李世昌）

大黑汀水库河床电站 5号机组水轮机改造

大黑汀水库工程有渠首电站和河床电站，分别安装4台和1台机组，总装机容量为2.16万kW。其河床电站机组排为5号，轴流转桨式，水轮机型号为ZZ105-LH-300，为1978年杭州发电设备厂产品，1985年投入运行；2014年进行增容改造，容量由原来的8800kW增加到10000kW。近年运行，先后发现支持盖出现裂纹、转轮桨叶渗漏油、导叶密封条脱落漏水严重等问题。为确保机组安全稳定运行，2020年，管理局研究决定对河床电站5号机组水轮机进行改造。

（一）水轮机故障及运行现状

1. 支持盖裂纹　5号机组原支持盖为上下两部分分体式结构，材料为HT21-40灰铸铁。在2014年机组检修过程中发现20多条纵向和横向贯通性裂纹，每条裂纹的深度、贯通长度均有不同，对机组安全运行构成隐患。

2. 转轮渗漏油　原转轮桨叶密封为“入”形可拆卸式密封，随着运行时间的增长，其渗漏油现象逐渐明显。近年检查，发现叶片根部出现渗漏油，经多次更换处理，渗漏油问题未完全解决，增加了发电成本，严重影响下游供水的质量。

3. 导叶密封条脱落　原导叶为带橡胶密封条式，经过多年运行，导叶密封槽被锈蚀、空蚀，密封条容易在运行过程中被水流冲掉、脱落；增加密封条后，导叶水流阻力增加、头部容易产生空蚀。由于导叶密封条脱落，漏水严重，致使蜗壳不能正常充水平压，每次开机前需进行密封条更换，给运行管理带来不便。虽每次检修都进行不同程度处理，但结构尚未改变，漏水问题没有彻底解决。

（二）改造措施

1. 支持盖更新处理　如果对原支持盖在工地进行焊接处理，需进行一系列的复杂热处理工艺：严格的局部和整体探伤，搭设较大的保温棚，焊接前进行预热，焊接后需采取缓冷、恒温、保温等焊接技术措施，处理工期较长，所需费用高，质量无法得到保障。经咨询原生产厂家，处理方案定为放弃原支持盖分体结构形式，设计加工一套整体支持盖。更新的支持盖，主体材料由灰铸铁（HT21-40）变为结构钢（Q235），抗拉强度由200MPa提到235MPa；护板由A3钢变为优质不锈钢（1Cr18Ni9Ti），增加了抗锈蚀及空蚀能力；整体结构后便于在电站现场安装精准定位，只需在电站现场进行与机组有关部件定位销钉的绞制，就可确保支持盖在机组中各部尺寸位置不变。

2. 转轮渗漏油处理　将原“入”形密封更换成“VX”形组合密封。新组合密封结构见图1。

这种密封在原来一道密封的基础上又增加一道密封，材料由丁腈橡胶变为PU30聚氨酯，该密封的结构特点如下：

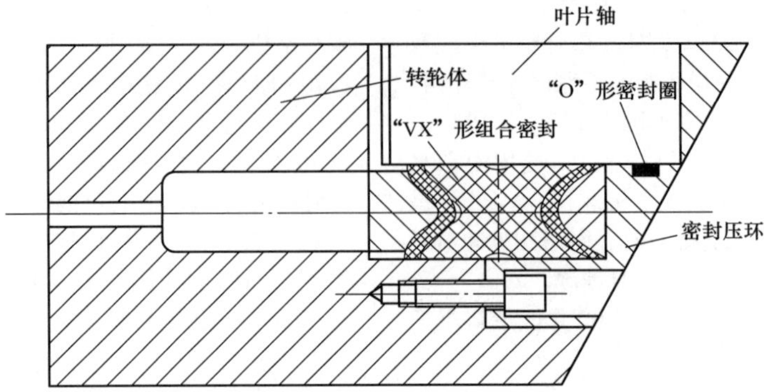

图1　"VX"形组合密封结构图

（1）密封元件装入密封槽后，具有"自封性"。由于支撑环的作用，只在密封唇的尖端产生压力，即使不施加压紧力，唇口也可封住一定内压，有自封性。

（2）具有足够的弹性补偿量，允许有一定的偏心载荷和偏心运动，为消除转轮制造安装过程中存在的误差，以及机组运行过程中桨叶可能出现的极其不稳定运行工况下各种偏心运动提供条件。

（3）具有耐冲击力和振动力，为机组长期在各种不同工况下稳定安全运行提供保障。

（4）桨叶叶片内侧及外侧沿着枢轴微量窜动允许值达1.5mm。

（5）在不拆卸转轮叶片的情况下，密封圈不能由轴向装入时，可切开使用，安装时只需将切口互相错开即可。这对密封效果影响较小，便于临时抢修。

（6）摩擦小、寿命长、有自动补偿性，使用过程中始终可确保桨叶灵活转动。

3. 导叶渗漏水处理　随着机械加工水平的不断提升，导叶的直接接触式密封（刚性密封）因其持久耐用、使用方便、不易产生空蚀等优势，在水轮机制造中得到了广泛应用。因此，本次改造，导叶采用刚性密封，施工简单方便、节省资金。具体主要做法如下：

（1）在保持原基础性金属结构的前提下，对老导叶密封槽及空蚀部位进行补焊不锈钢，导叶轴径部位去掉锈蚀部分重新镶嵌不锈钢套并塞焊，保持原型线不变、母材不变，达到设计要求。

（2）对原导叶绘制线型，制作样板，以便按原样板打磨。导叶头部的密封槽和导叶尾部加工后补焊不锈钢磨条，再打磨精加工，以保持原导叶线型不变。

（3）对原来导叶立面、端面空蚀磨损部位打磨补焊不锈钢，打磨加工，保证立面、端面间隙合格。

（4）导叶轴与导叶臂的分半键，重新进行配对定位，保证整个导水机构的同步协调性。

（三）结语

经过努力，改造后的5号机组顺利通过72小时带负荷试运行，成功并网发电。该次5号机组水轮机改造，解决了支持盖裂纹隐患、导叶关闭不严漏水、转轮渗漏油等问题，确保了机组安全稳定运行，为机组在春季进行正常供水提供了保障，取得了明显的发电效益，避免了水质污染，确保了供水质量。

（水利部海委引滦工程管理局
齐津安　周涛　周世虎）

水情预报与调度

中国长江电力股份有限公司 2020年梯级电站调度运行情况

（一）来水情况

2020年，溪洛渡水库来水总量为1459.19亿m^3，与多年均值（1460亿m^3）基本持平，最大洪峰流量18200m^3/s，出现在9月17日，为溪洛渡水库建库以来最大洪峰。三峡水库来水总量为5246.86亿m^3，与多年均值相比偏多16.3%，最大洪峰流量75000m^3/s，出现在8月20日，为三峡水库建库以来最大洪峰。

（二）发电情况

2020年，溪洛渡、向家坝、三峡、葛洲坝梯级电站累计发电量2269.3022亿kW·h，完成中国长江电力股份有限公司（简称长江电力）全年发电计划的108.1%，创金沙江下游—三峡梯级电站建成投产以来历史新高，较历史第二（2018年）多发114.1777亿kW·h。其中，溪洛渡电站发电量634.1262亿kW·h，创历史新高，较历史第二（2018年）多发9.4356亿kW·h；向家坝电站发电量331.4841亿kW·h，位列历史第三，较历史第一（2018年）少发5.7312亿kW·h；三峡电站发电量1118.02亿kW·h，创历史第一，较历史第二（2018年）多发101.8706亿kW·h，同时打破了此前南美洲伊泰普水电站于2016年创造并保持的1030.98亿kW·h的单座水电站年发电量世界纪录，比原纪录多87.04亿kW·h；葛洲坝电站发电量185.6719亿kW·h，创历史第三，较历史第一（2019年）少发5.1790亿kW·h。2020年乌东德电站首次投产发电，累计发电量134.2928亿kW·h，金沙江下游—三峡梯级电站（含乌东德）累计发电量达2403.5950亿kW·h。

（三）节水增发情况

2020年，梯级电站节水增发98.5584亿kW·h，水能利用提高率4.54%；其中，溪洛渡—向家坝、三峡—葛洲坝梯级电站增发电量分别为25.4987亿、73.0597亿kW·h，水能利用提高率分别为2.73%、5.91%。通过开展中小洪水调度，三峡葛洲坝梯级电站增发电量50.7482亿kW·h。梯级电站累计弃水损失电量1.58亿kW·h，为历年新低，较2019年同期少9.21亿kW·h。

（四）防洪调度情况

2020年汛期，长江流域发生了中华人民共和国成立以来仅次于1954年、1998年的流域性大洪水，金沙江下游—三峡梯级水库的防洪调度过程创造多项历年之最。三峡、溪洛渡水库分别迎来建库以来最大洪水过程，最大洪峰分别达到75000、18200m^3/s；梯级水库累计开展防洪调度次数9次，为历年最多；期间共接收水利部长江水利委员会调度令81次，为历年最多；梯级水库累计防洪量达362.40亿m^3，为历年最高；乌东德水库建成以来首次参与防洪调度。

2020年8月10～13日、15～20日，长江上游出现两次集中性强降水过程，三峡水库上游形成复式洪水。8月14日5时，寸滩站流量涨至50900m^3/s，长江4号洪水正式形成；三峡入库流量从8月12日开始起涨，15日8时出现最大洪峰62000m^3/s，16日8时缓慢退水至48000m^3/s。8月17日14时，寸滩站流量50400m^3/s，长江5号洪水形成；承接4号洪水，三峡入库流量从17日开始起涨，20日8时出现最大洪峰75000m^3/s，为三峡水库建成以来最大洪水；20日20时缓慢转退，23日8时退至35000m^3/s以下。8月11～13日，三峡水库控制出库流量由34000m^3/s逐步增加至41500m^3/s；15、20日长江第4号、第5号洪峰先后出现，三峡水库逐步加大出库流量至48000m^3/s。在此期间，溪洛渡向家坝梯级配合三峡水库拦蓄上游来水，17日向家坝下泄流量减少至6300m^3/s，19～21日溪洛渡、向家坝逐步加大出库流量，至21日分别加大至15500、16500m^3/s，快速腾库。乌东德水库建成以来首次参与防洪调度，自18日起配合拦蓄洪水，抬升水位至965m后按基本出入库平衡控制。

4号洪水调度期间，三峡水库最高蓄洪至157.7m，累计拦洪量30.93亿m^3，削峰率33.1%。5号洪水调度期间，三峡水库最高蓄洪至167.65m，为历史同期最高调洪水位，累计拦洪量76.61亿m^3，削峰率34.4%。本次防洪调度为梯级水库建成以来最大洪水过程。通过金沙江下游梯级水库拦蓄，金沙江洪水峰值由13000～16000m^3/s削减至4000～6000m^3/s，有效避免了金沙江洪水与川江洪水遭遇，降低了寸滩洪峰水位约3m。通过以三峡水库为核心的金沙江下游—三峡梯级水库的联合防洪调度，将宜昌站约40年一遇的大洪水削减为常遇洪水，避免了荆江分洪区的启用，使荆江分洪区内60万人口避免转移，49.3万亩耕地以及10余万亩水产养殖面积避免被淹没。

（五）生态调度情况

2020年开展了溪洛渡、向家坝、三峡水库联合生态调度试验、三峡水库产黏沉性卵鱼类自然繁殖生态调度试验及三次配合珍稀鱼类放流活动生态调度。其中，三峡水库产黏沉性卵鱼类自然繁殖生态调度试验为首次开展。

5月1日，三峡水库首次启动为期5天的产黏沉性卵鱼类自然繁殖生态调度试验。根据三峡库区鲤、鲫等产黏沉性卵鱼类的适宜产卵水温和孵出时间，试验的持续时间不少于4天，且每天水位下降的幅度按0.2m左右控制。实际调度过程中，三峡水库出库从前期超10000m^3/s减至8300m^3/s，调峰量从前期300万kW减至180万kW，1～4日水位每天下降约0.22m、5日水位下降0.32m。监测结果表明，此生态调度有较好的促进效果的。

（六）寒潮保电情况

2020年1月，受寒潮影响，华中地区用电负荷居高不下，电力供电紧张。三峡电站从1月6日起增开机组2台，日调峰量从前期的360万kW增加到420万kW，日均出力从747万kW增加至824万kW。与此同时，葛洲坝电站也临时增开2台机组，日均出力增加约13万kW，6日和9日高峰临时增加

30万kW出力顶负荷。此次寒潮保电持续至19日，三峡—葛洲坝梯级电站增发电量约2.6亿kW·h。1月24日，受寒潮影响，三峡左岸计划日内出力增加70万kW，葛洲坝全厂日内增加出力40万kW。1月26～28日，葛洲坝多次晚高峰为电网顶负荷，分时段增加出力12万～30万kW不等。

2020年12月12～17日寒潮，三峡电站紧急调整运行方式，高峰期增开机组6台、出力最大达1267万kW，调峰量最大达480万kW，日均出力较寒潮前最大增加318万kW；葛洲坝电站部分检修机组加快消缺及时恢复备用，最大出力从199万kW增加到229万kW；溪洛渡电站临时调整发电计划5次，出力最大增加50万kW；乌东德电站高峰出力由240万kW最大增加至305万kW。12月底，国网调度的三峡、溪洛渡左、向家坝在30、31日加大出力应对寒潮，其中三峡日均出力为1003万、1028万kW，高峰出力1406万kW，调峰量700万kW；葛洲坝高峰出力257万kW；溪左高峰出力402万kW、调峰262万kW；向家坝高峰出力402万kW、调峰177万kW（航运对应调峰量上限）；溪洛渡右和乌东德部分时段也加大高峰出力支援南网。此次寒潮过程中，31日晚高峰梯级最大出力为2750万kW，调峰量1390万kW。

（中国长江电力股份有限公司
三峡梯调通信中心）

2020年新安江水电厂水库调度运行情况

2020年汛期，新安江防洪泄洪力度之大前所未有。新安江水库于7月7日上午10时开闸泄洪，7月14日15时关闸停止泄洪，泄洪历时173h；泄洪开闸水位107.30m，关闸水位106.34m，最高库水位到达108.39m；最大实测洪峰流量22100m^3/s，最大下泄（含发电）流量7690m^3/s，溢洪道累计泄洪水量23.35亿m^3，加上发电累计下泄水量30.72亿m^3。

（一）梅雨分析

2020年，浙江省梅雨期总计50天，比常年偏多20天；新安江流域共遭遇了8轮降雨，梅雨期总降水量达1120.3mm，是多年均值的2.7倍；6、7月降雨量之和1199.6mm创新高，7月份雨量646.2mm创新高，7月7日降雨量158.1mm也创单日降雨量新高；入库水量99.43亿m^{3}创年梅雨总量新高，6、7月来水量之和106.35亿m^{3}创新高，7月份来水量58.74亿m^{3}创新高，7月上旬来水量45.34亿m^{3}创7月上旬来水量新高；洪峰仅次于1969年7月5日的23400m^3/s，为明清有考证资料以来排第六，建库以来排第二。梅雨期流域共发生4场洪水，其中，6月发生3场，7月发生1场，洪水总水量达到84.99亿m^3，占梅汛期总来水量的85.9%。从7月4日8时到14日15时，新安江水库总入库水量39.1亿m^3，最大拦蓄水量23.82亿m^3，相当于170个西湖的水量。

（二）洪水调度

2020年7月，面对新安江水库防洪严峻形势，水利厅启动水旱灾害防御Ⅰ级应急响应，全系统动员，启动了综合协调、水文测报、工程技术等7个应急工作组，共有660余人参与其中。针对新安江水库调度需求，驻水利厅专家组和驻现场专家组动态分析了171种开闸及关闸方案，研究提出57种调度方案，提出优选建议，有效保障了新安江水库泄洪安全、有序、平稳。

库区水位从7月2日20时开始起涨，起涨水位104.49m。3日14时出现第一个洪峰流量7400m^3/s。4日20时出现第二个洪峰流量7300m^3/s。7月6日11时，新安江水库水位超过106.5m的汛限水位，19时30分，浙江省水利厅发布新安江水库1号调度令，决定从7月7日10时起，开启3孔泄洪。7月7日9时55分，开启5、3号和7号溢洪门，以1800m^3/s的流量下泄。7日11时出现第三个洪峰流量22100m^3/s（20年一遇设计洪峰流量20400m^3/s），逼近历史最大值。新安江电厂按照浙江省水利厅2号调度令，同时开启1、9号溢洪门，总泄洪孔数达5孔，但水库水位仍然上涨。16时，新安江电厂按照浙江省水利厅3号调度令同时开启4、6号溢洪门泄洪，总泄洪孔数达7孔，水库水位依然持续上涨。7月8日9时，坝前水位达到108.39m，超历史最大值的0.02m。新安江电厂按照浙江省水利厅4号调度令同时开启2、8号溢洪门泄洪，至此，全部9道溢洪门已全部打开，出库流量达到7680m^3/s。7月9日19时，经过57h泄洪，坝前水位消落至108.02m。按照浙江省水利厅5号调度令同时关闭2、8号溢洪门，回到7孔泄洪状态。7月12日9时，泄洪时长达119h，坝前水位消落至106.89m。按照浙江省水利厅6号调度令同时关闭4、6号溢洪门，回到5孔泄洪状态。7月12日15时，泄洪时长达125h，坝前水位消落至106.79m。按照浙江省水利厅7号调度令同时关闭1、9号溢洪门，回到3孔泄洪状态。7月13日13时，泄洪时长达147h，坝前水位消落至106.51m。按照浙江省水利厅8号调度令同时关闭3、7号溢洪门，泄洪孔数只剩1孔。7月14日15时，泄洪时长达173h，坝前水位消落至汛限水位以下的106.34m。按照浙江省水利厅9号调度令关闭5号溢洪门，至此全部9个泄洪孔已关闭。

本次洪水最大7日洪量41.17亿m^3（50年一遇7日设计洪量41亿m^3），2020年7月发电用水26.04亿m^3及发电量4.992亿kW·h创新高，泄洪开孔数最多，泄洪量最大。

（三）在钱塘江流域防洪中的重要贡献

本次防洪，通过新安江水库的拦蓄作用，新安江河段削峰率67%；富春江电站削峰率40%。否则，新安江建德河段除梅城堤防外全部漫顶受淹。由于新安江水库有序拦蓄，下游建德市减少淹没面积12.8km^2，减少淹没人口5万人；减小富春江桐庐至杭州段淹没面积111km^2（桐庐、富阳、西湖区各25、82、4km^2），减少淹没人口40余万人。同时，本次洪水调度错峰效果非常明显，若发生新安江和兰江洪峰的叠加，预计将超过30000m^3/s，后果不堪设想。

（国网新源水电有限公司新安江水力发电厂　赵新华）

绩溪抽水蓄能电站下水库洪水调节分析

绩溪抽水蓄能电站装机6×300MW，6台机组满发流量达347m^3/s，超过下水库坝址2000年一遇洪峰流量，机组发电对下水库洪水调节有较大影响。因此，有必要对电站下水库的洪水调节进行分析。

（一）下游防洪现状及防洪安全要求

电站下水库位于登源河支流赤石坑上游，坝址以上集雨面积7.8km^2（含上水库），成库后库周无其他防护对象，主要防洪对象有安川村和鱼龙川村的民居和农田。下游乡镇未开展防洪规划编制工作，防洪标准按GB 50201—1994《防洪标准》确定为10年一遇。经实测与资料研究，河道天然情况的安全泄量约40m^3/s，相当于天然情况的3～5年一遇。

（二）下水库泄洪设施型式和规模选择

电站下水库主坝坝型为混凝土面板堆石坝，200年一遇设计洪峰流量232m^3/s，2000年一遇校核洪峰流量326m^3/s。下水库泄洪设施，可行性研究阶段选择竖井式开敞式溢洪道和导流泄放洞组合方案。其中，导流泄放洞的泄流规模按下游河道安全泄量规模40m^3/s为上限进行设计，开敞式溢洪道泄流能力也按遭遇20年一遇洪水时下泄流量在40m^3/s左右设计。使用电站下库正常蓄水位340m至校核洪水位之间约36万m^3库容（约0.6m水位变幅），即可将下游防洪能力由现状的3～5年一遇提高至20年一遇。招标施工图阶段经优化设计，导流洞能力调整为20m^3/s。

（三）洪水调度原则

经分析，拟定绩溪抽水蓄能电站下水库的洪水调度规则如下：

（1）当下库水位在死水位至正常蓄水位之间，且上、下水库死水位以上水量超过6h发电调节库容＋90万m^3的水损备用库容时，开启导流泄放洞泄洪；当水位继续上涨至正常蓄水位时，关闭导流泄放洞闸门，开敞式溢洪道参与泄洪。

（2）当入库流量小于泄洪设施的泄流能力时，按入库流量泄洪，水库水位不变；当入库洪水超出泄洪设施的泄流能力时，按泄洪设施的泄流能力下泄，水位壅高。

（3）在洪峰流量出现前，控制导流泄放洞的流量，实现下泄流量不超过坝址已出现的最大洪峰流量；当洪峰流量出现后，控制下泄流量不超过坝址洪峰流量。

（4）洪水结束后，如果上、下水库水位仍未恢复正常情况，即上、下水库死水位以上总蓄水量仍超出超过6h发电调节库容＋90万m^3的水损备用库容，继续利用开敞式溢洪道或导流泄放洞泄放洪水，直至上、下水库水位恢复正常情况。

（5）电站上水库因不设泄洪设施，上水库抽水量受上水库正常蓄水位控制，上水库水位达到正常蓄水位后，电站停止抽水，洪水经机组发电后通过下水库泄放。

（6）对下库水位在341.61m（$P=3.33\%$洪水位）以下时，均按天然洪水和电站满发6 h流量进行叠加，考虑不同时间组合，寻求天然洪水与电站发电的最不利组合；当水库水位高于341.61m时，电站2台机组停机；当水库水位升至342.20m（$P=0.5\%$洪水位）时，电站2台机组停机。取各频率洪水坝前最高洪水位的外包线，即求得该频率洪水坝前最高洪水位及相应最大下泄流量。

此外，从偏安全考虑，工程设计时还考虑导流泄放洞故障，汛期发生洪水的偏不利工况，考虑电站停止运行，溢洪道自由泄流的情况，对水库各频率洪水位进行校核。

（四）洪水调节成果及分析

根据拟定的洪水调度原则，进行洪水调节计算，下水库两种工况的最高洪水位和最大下泄流量见表1。

表1 绩溪电站下水库洪水调节计算成果

频率（%）	入库流量（m^3/s）	最高洪水位（m）	最大泄量（m^3/s）	溢洪道最大泄量（m^3/s）	导流泄放洞最大泄量（m^3/s）
0.05	326	342.86	129	129	20
0.5	232	342.20	90	90	20
3.33	148	341.61	58	58	20
5	175	341.35	44	44	20
20	66.6	340.86	22	22	20

由表1可见：

(1) 电站下水库设计、校核洪水位仅超出正常蓄水位2.16、2.86m，大坝规模增加较少，费用增加不多，可见通过缩小泄洪设施规模、适当壅高洪水位、增加少量坝高，来提高下游的防洪标准是合适的。

(2) 考虑泄放洞故障、机组停机的校核工况，大坝200年一遇设计标准和2000年一遇校核标准洪水位分别为342.86、342.20m，仅比设计工况超出0.04m，最终大坝的设计、校核洪水位按校核工况采用。

(3) 进入下水库的洪水，经水库调节，最大下泄流量仅占入库洪峰流量的40%～60%，削峰作用明显。尤其当遭遇20年一遇及以下洪水时，下泄流量小于或等于约40m^3/s，可见绩溪电站可将下游河道防洪标准由现状的3～5年一遇提高至20年一遇。

(4) 鉴于洪水调度原则中选择下水库水位在341.61m以上即停机，对$P=0.5\%$厂房设计标准下电站发电受影响程度进行分析，见表2。

表2 洪水期绩溪抽水蓄能电站发电运行受影响程度分析

频率（%）	停机台数（台）	停机时长（h）	减少日电量（万kW·h）	占日蓄能量比例（%）
0.5	2	0.48	28.44	2.6
1	2	0.30	18.00	1.7
2	2	0.12	7.32	0.7
3.33	0	0	0	0.0

由表2可见，按洪水与发电最不利的工况分析，下水库遭遇$P=2\%\sim P=0.5\%$（厂房设计标准）洪水时，电站2台机组至多停机0.12～0.48h，减少日电量7万～28万kW·h，占日蓄能量的0.7%～2.6%。而其他的洪水与发电组合工况，各频率影响时间还要更小一些，因此，总体来看，采取分级控制水位、逐级关机的方案对电站的日发电能力影响不大。

（中国电建集团华东勘测设计研究院有限公司
钟娜 任在民 刘健）

新疆开都河水情自动测报系统建设与运用有关情况

开都河发源于天山南麓，最后注入博斯腾湖，全长525km；其中游河段规划“两库七级”电站，其中，第5级（察汗乌苏）、第6级（柳树沟）和第7级（大山口）电站已经建成。开都河流域水情自动测报系统能自动监测、传送、采集和处理流域气象和水文信息，能做出1～7天的短中期水文预报，其建设与运用有关情况简介如下。

（一）站网布设

该系统中心控制站设在察汗乌苏电站，遥测站网现有21个气象遥测站点和3个水文站点，测区覆盖开都河出山口以上集水区域，察汗乌苏以上区域站点布设密度约为800km^2/个。

（二）水文模型建设

本系统选用SWAT（Soil and Water Assessment Tool）模型和SRM（snowmelt-runoff model）融雪径流模型两种分布式水文模型，分别主要用于主汛和春汛期径流量预报。此外，对春汛来水总量，还运用同期流域积雪水当量进行类比预测。为延长水文预见期，模型引入了欧洲中期天气预报中心（简称欧洲中心）和中国T639等数值预报产品。

1. SWAT模型建设　主要采用了美国国家航空航天局公布的高程数据（ASTER-GDEM V2）、中国寒区旱区科学数据中心发布的《西部1∶10万土地利用数据库》和世界土壤数据库（HWSD）1∶100万土壤数据信息等，运用ArcGIS和SPAW土壤计算软件等，对数据进行必要的处理后，形成模型所需的数字高程模型（DEM）、土地利用数据库和土壤数据库等。本模型将开都河流域划分为166个子流域、1383个水文响应单元，模型中降雨等变量信息主要采用欧洲中心数值预报数据和流域各测站实测信息。经率定，率定期察汗乌苏入库流量（径流）日尺度确定性系数 R_2 最好纪录为83%，达到了《水文情报预报规范》（GB/T 22482—2008）规定的预报项目乙级精度要求（0.90≥*DC*≥0.70）。模型于2016年主汛期投入试用。

2. SRM模型建设　开都河SRM模型中DEM数据来自ASTER-GDEM V2，积雪覆盖率、积雪水当量两个遥感数据分别来自美国环境中心MODIS源和欧洲中心数值预报，气象水文数据（包括预报数据）来自区域内气象水文站和欧洲中心。根据流域地形和气象特点，将其在平面上划分为巴音布鲁克以上、巴音布鲁克至萨很托亥、萨很托亥至霍尔古吐、霍尔古吐至察汗乌苏4个区域，再在垂直方向按400m间隔划分出若干高程带，作为分布式融雪径流模型的计算单元。经率定，率定期察汗乌苏入库流量（径流）日尺度确定性系数 R_2 最好纪录为86%，达到了GB/T 22482—2008规定的预报项目乙级精度要求。模型于2017年春汛期间投入试用。

（三）总体预报精度

1. 主汛期流量（径流）预报　2017～2018年主汛期间（6～8月），基于SWAT模型和数值预报的察汗乌苏入库流量（径流）预报精度评定情况见表1、表2。

2. 春汛期流量（径流）预报　2017～2019年春汛（4～5月）期间，基于SRM模型和数值预报的察汗乌苏入库流量（径流）预报精度评定情况见表3、表4。

（四）洪水预报实例

以2017年7月14日对“7·17”洪水预报为例，预报与实际流量对比情况表5、表6。

表1　主汛期察汗乌苏入库流量（径流）预报精度评定表

时间	发布次数	7天预报准确率（%）			3天预报准确率（%）			7天预报确定性系数 *DC*		3天预报确定性系数 *DC*	
		最大值	最小值	平均值	最大值	最小值	平均值	最优值	≥0.50占比（%）	最优值	≥0.50占比（%）
2017年	92	99.04	60.28	88.54	99.6	64.56	92.42	0.94	67.39	0.93	70.65
2018年	92	99.68	57.6	88.72	99.98	61.36	91.78	0.75	65.22	0.85	72.83
2017～2018年	184	99.68	57.6	88.65	99.98	61.36	92.09	0.94	66.30	0.93	71.74

表2　主汛期察汗乌苏7天入库流量逐日预报准确率统计表

时间	第一天	第二天	第三天	第四天	第五天	第六天	第七天
2017年	93.51%	90.59%	88.98%	87.03%	84.49%	83.74%	82.59%
2018年	93.27%	89.99%	88.24%	86.50%	84.63%	82.91%	82.19%
两年均值	93.39%	90.29%	88.61%	86.77%	84.56%	83.32%	82.39%

表3　春汛期察汗乌苏入库流量（径流）预报精度评定表

时间	发布次数	7天预报准确率（%）			3天预报准确率（%）			7天预报确定性系数 *DC*		3天预报确定性系数 *DC*	
		最大值	最小值	平均值	最大值	最小值	平均值	最优值	≥0.50占比（%）	最优值	≥0.50占比（%）
2017年	38	99.84	70.66	92.47	99.79	85.50	94.58	0.85	63.16	0.98	73.68
2018年	18	99.87	81.67	93.90	98.77	82.34	93.31	0.92	50.00	0.98	66.67
2019年	23	99.63	57.83	87.51	99.42	71.38	91.00	0.99	69.56	0.91	73.91
2017～2019年	79	99.87	57.83	91.12	99.79	71.38	93.17	0.99	62.03	0.98	72.15

表 4　春汛期察汗乌苏 7 天入库流量逐日预报准确率统计表

时间	第一天	第二天	第三天	第四天	第五天	第六天	第七天
2017 年	95.11%	92.97%	92.01%	90.58%	89.12%	87.06%	86.28%
2018 年	92.75%	90.58%	88.18%	87.13%	88.28%	85.29%	79.10%
2019 年	94.77%	88.92%	84.02%	83.89%	80.40%	78.19%	78.00%
3 年平均	94.37%	91.48%	89.29%	88.22%	87.06%	84.69%	82.64%

表 5　“7·17”洪水 7 月 14 日预报流量与过程实测流量对比表

月/日	7/15	7/16	7/17	7/18	7/19	7/20	7/21
预报日均流量(m^3/s)	290	348	435	391	352	334	321
实测日均流量(m^3/s)	264	389	444	367	351	302	304
相对误差	9.85%	−10.54%	−2.03%	6.54%	0.28%	10.60%	5.59%
准确率	90.15%	89.46%	97.97%	93.46%	99.72%	89.4%	94.41

表 6　7 月 14 日降雨预报与实际过程对比表

日期	流域平均	巴音断面以上	巴音-萨很托亥区间	萨很托亥-霍尔古吐区间	霍尔古吐-察汗乌苏区间
15～21 日预报降雨（mm）	46.52	49.28	44.45	59.93	16.10
15～21 日实际降雨（mm）	37.75	35.22	19.91	78.74	39.40
差值（mm）	8.77	14.06	24.54	−18.81	−23.30
相对误差	23%	40%	123%	−24%	−59%

本次预报 15～21 日间流域平均降雨量较实际降雨量多 23%，而预报 7 天径流总量则较实际多约 20%。表面看，两者呈现出高度的协调匹配性，但实际上，由于降雨中心较预报大幅下移，使产汇流条件发生了重大变化，前述两者之间的协调匹配性更像是一种巧合或假象。另据计算，本次预报的 *DC* 值为 80.63%，达到了乙级精度要求。但基于前述降雨中心大幅偏移的情况，预报的 *DC* 值实际上反证出水文模型参数存在明显问题。

（五）结语

（1）结合开都河流域水文特点，采用 SWAT 和 SRM 两种水文模型，分别用于主汛和春汛期径流以及不同类型洪水预报，总的来看，方向、方法是正确的。

（2）基于欧洲中心和中国 T639 数值预报开展预见期为 7 天的开都河水文预报，基本达到了实用精度要求。

（3）有必要对流域数值预报开展置信度分析，并还需要深入、持续开展开都河水文模型参数率定工作。

（4）基于目前的气象水文预报水平，将其用于防洪调度时要考虑数值天气预报的不稳定性和水文预报模型的误差等，对降雨和洪水预报适当加成以防范调度风险。

（国电新疆开都河流域水电开发有限公司　王援生　徐康明　丁占涛　樊小刚　李胜存　宗锦楠）

大坝安全管理

2020 年度水电站大坝注册与备案进展情况

2020 年，国家能源局大坝安全监察中心（简称大坝中心）严格按照年度计划开展注册工作，并及时安排新申请大坝的注册工作；明确了各注册、备案水电站大坝责任人，与各派出机构加强联系、沟通与反馈。在开展注册工作时，对于发现的大坝安全信息化、监控和监测管理等问题及时反馈给内部相关部门。

大坝中心一季度积极配合安全司梳理、核实已注册和备案水电站大坝运行和主管单位的大坝安全责任人，并于2020年4月初报安全司，其后又根据安全司的反馈意见进行了修改完善，国家能源局于2020年4月底正式公布。

2020年受理注册申请141座，其中，首次注册登记的20座，注册登记换证的121座；完成现场检查146座；对146座大坝进行了注册登记等级评审和上报，共发证161座大坝（其中，莲花等49座大坝为2019年评审，2020年批复；铜钟等6座为注册信息变更换发注册证）。

已经能源局批复同意在大坝中心注册的大坝有564座，比上年末（526座）增加了38座（新注册39座，注销1座，总数增加38座），其中，注册等级为甲级的有522座，乙级41座，丙级1座。办理了贡川1座大坝的注册登记注销工作。

办理了12座大坝首次登记备案，目前备案大坝总数为47座。

详细情况见表1。

表1 2020年大坝安全注册情况统计表

类型	大坝名称
受理申请（共141座）	首次20座：苗尾、黛溪、上培、去学、黄登、大华桥、葛达、等壳、大丫口、沙坪二级、新马、龙背湾、深蓄上库坝、小龙门、齐热哈塔尔、立洲、卡基娃、堵堵洛河二级、长河坝、卧罗桥 换证121座：大盈江一级、大盈江二级、冲江河（二期）、撒鱼沱、张窝、灰洞、双河口、新政、古顶、广州蓄能上库坝、广州蓄能下库坝、马鹿塘二期、小岩头、天花板、功果桥、沙河上库坝、响洪甸下库坝、天桥、喜儿沟、薛城、杂谷脑古城、高凤山、百花滩、响水涧上库坝、响水涧下库坝、柳树沟、汗牛河、彭水、木里河沙湾、大盈江四级、马堵山、尼那、洪门、巴山、金家坝、冷竹关、库什塔依、下六甲、浮石、雷打滩、苍溪、沙溪、岗曲河一级、陇或、坡甲、凤仪、龙开口、金安桥、以礼河一级、以礼河二级、以礼河三级、以礼河四级、近尾洲、龟都府、引子渡、石堤、铜头、雨城、小关子、跷碛、宝兴、飞仙关、民治、华山沟、北津、锁儿头、巴江口、合面狮、老虎嘴、洪江、塔日勒嘎、水牛家、自一里、木座、阴坪、涪江古城、渡口坝、青龙、洞坪、仁宗海、直孔、狮泉河、绿水河、云鹏、仙游上库坝、仙游下库坝、碗米坡、金溪、丰源、大孤山、小孤山、龙首一级、龙首二级、藤子沟、牛栏口、宝珠寺、柴家峡、糯扎渡、小石峡、小峡、大峡、乌金峡、鄂坪、木星土、螺丝湾、吉沙、南沙、界竹口、三板溪、白市、玉田、脚基坪、西洱河一级、西洱河二级、西洱河三级、西洱河四级、查龙、庙林、九龙河沙坪、踏卡、湾二
注册检查（共146座）	首次24座：中梁一级、偏桥、久隆洪坝、干溪坡、溪古、苗尾、黛溪、上培、去学、黄登、大华桥、葛达、等壳、大丫口、沙坪二级、新马、龙背湾、深蓄上库坝、小龙门、齐热哈塔尔、立洲、卡基娃、堵堵洛河二级、长河坝 换证122座：寺坪、布仑口、康扬、白沙、棉花滩、大盈江一级、大盈江二级、冲江河（二期）、撒鱼沱、张窝、灰洞、双河口、新政、古顶、广州蓄能上库坝、广州蓄能下库坝、马鹿塘二期、小岩头、天花板、功果桥、沙河上库坝、响洪甸下库坝、天桥、喜儿沟、薛城、杂谷脑古城、高凤山、百花滩、响水涧上库坝、响水涧下库坝、柳树沟、汗牛河、彭水、木里河沙湾、大盈江四级、马堵山、尼那、洪门、巴山、金家坝、冷竹关、库什塔依、下六甲、浮石、雷打滩、苍溪、沙溪、岗曲河一级、陇或、坡甲、凤仪、龙开口、金安桥、以礼河一级、以礼河二级、以礼河三级、以礼河四级、近尾洲、龟都府、引子渡、石堤、铜头、雨城、小关子、跷碛、宝兴、飞仙关、民治、华山沟、北津、锁儿头、巴江口、合面狮、老虎嘴、洪江、塔日勒嘎、水牛家、自一里、木座、阴坪、涪江古城、渡口坝、青龙、洞坪、仁宗海、直孔、狮泉河、绿水河、云鹏、仙游上库坝、仙游下库坝、碗米坡、金溪、丰源、大孤山、小孤山、龙首一级、龙首二级、藤子沟、牛栏口、宝珠寺、柴家峡、糯扎渡、小石峡、小峡、大峡、乌金峡、鄂坪、木星土、螺丝湾、吉沙、南沙、界竹口、三板溪、白市、玉田、脚基坪、西洱河一级、西洱河二级、西洱河三级、西洱河四级、庙林
注册评审（共146座）	首次22座：中梁一级、溪古、偏桥、洪坝、干溪坡、观音岩、上培、黛溪、汗牛河、去学、沙坪二级、新马、苗尾、黄登、大华桥、龙背湾、深蓄上库坝、大丫口、等壳、小龙门、齐热哈塔尔、葛达 换证124座：潘家口下水库、太平湾、金沙峡、康扬、宝瓶河、九甸峡、莲麓、海甸峡、布仑口、响洪甸下库坝、百丈漈一级、沙河上库坝、棉花滩、白沙、寺坪、居龙滩、五强溪、黑河塘、双河、新政、羊湖枢纽、广州抽水蓄能电站上、下水库、古顶、牛路岭、大勐统、大盈江一级、大盈江二级、冲江河二期、乌江渡、天桥、尼那、喜儿沟、柳树沟、响水涧上库坝、响水涧下库坝、彭水、百花滩、高凤山、木里河沙湾、杂谷脑古城、薛城、撒鱼沱、张窝、功果桥、马堵山、马鹿塘二期、天花板、小岩头、双河口、灰洞、库什塔依、巴山、金家坝、洪门、冷竹关、浮石、下六甲、大盈江四级、雷打滩、锁儿头、北津、石堤、近尾洲、凤仪、华山沟、沙溪、苍溪、龟都府、硗碛、民治、宝兴、小关子、铜头、飞仙关、雨城、陇或、坡甲、以礼河一级、以礼河二级、以礼河三级、以礼河四级、岗曲河一级、金安桥、龙开口、引子渡、柴家峡、大孤山、小孤山、龙首一级、龙首二级、小峡、大峡、乌金峡、塔日勒嘎、小石峡、丰源、界竹口、仙游上库坝、仙游下库坝、洞坪、鄂坪、洪江、碗米坡、渡口坝、藤子沟、牛栏口、宝珠寺、金溪、青龙、仁宗海、水牛家、自一里、木座、阴坪、涪江古城、老虎嘴、狮泉河、直孔、巴江口、合面狮、绿水河、糯扎渡、云鹏

续表

类型	大坝名称
注册证发放情况	能源局批复：564 座 已发证：564 座
大坝备案 （共 12 座）	恰木萨、石头峡、尕曲、新藏、瓦村、乌东德、白河（夹河）、JC、燕子坡、江坪河、安江、金沙
注册注销 （共 1 座）	贡川

（国家能源局大坝安全监察中心　郭玉嵘）

2020 年水电站大坝安全定期检查工作情况

2020 年，国家能源局大坝安全监察中心继续动态排查和发布大坝重点关注问题报告，加强治理情况督查和跟踪。

严格按照年度计划开展定检工作。截至 2020 年 12 月 31 日，共有 14 座重点关注大坝［分别为四川仁宗海、华山沟、泸定、毛滩、多诺、狮子坪，青海拉西瓦，新疆斯木塔斯，湖北白沙河，重庆藤子沟，云南马鹿塘（二期）、广西洞巴、拉浪，河北潘家口］，其中四川仁宗海、华山沟为病坝。

按计划启动了 76 座大坝定检工作。截至 2020 年 12 月 31 日，共召开了 76 座大坝定检专家组首次会议、3 座大坝定检专家组第二次会议、74 座大坝定检专家组末次会议，完成了 67 座大坝定检审查意见评审，完成了 76 座大坝定检审查意见备案及下发。详细情况见表 1。

第五轮定检自 2017 年开始以来，截至 2020 年 12 月 31 日，已启动 305 座大坝定检工作，其中，117 座大坝已完成定检审查意见的备案和下发工作，31 座大坝定检审查意见已评审、但尚未下发，47 座大坝已完成专家组工作，110 座大坝尚未完成专家组工作。详细情况见表 2。

表 1　2020 年定期检查情况统计表（截至 12 月 31 日）

类型	大坝名称
2020 年 12 月 31 日前 启动（召开首次会）大坝 （共 76 座）	五轮定检规划内 61 座：过渡湾、鄂坪、老渡口、大广坝、洪江、碗米坡、酉酬、拉浪、麻石、天生桥一级、大花水、龙马、碧口、云鹏、崖羊山、岩滩、涪江古城、湖南镇、黄坛口、水牛家、白水峪、珠窝、落坡岭、合面狮、街面、冶勒、大朝山、八盘峡、盐锅峡、铜头、查龙、康扬、南沙、彭水、东江、小东江、古田溪一级、安砂、小天都、乌金峡、天生桥、近尾洲、蜀河、紧水滩、石塘、桐柏上库坝、桐柏下库坝、沙县城关、双河口、六郎洞、广州蓄能上库坝、广州蓄能下库坝、柴家峡、紫兰坝、绿水河、新政、南桠河三级、以礼河三级、以礼河四级、泉水、吉牛 五轮定检规划外 15 座：银盘、桐子林、向家坝、大河口、毛家河、凉风壳、代古寺、南果河天生桥、纳子峡、喜儿沟、安谷、湘祁、灰洞、橙子沟、红叶二级
2020 年 12 月 31 日前 召开二次会的大坝（共 3 座）	规划内 3 座：糯扎渡、官地、二滩
2020 年 12 月 31 日前 完成专家组工作（召开末次会） （共 74 座）	五轮定检规划内 68 座：安康、巴江口、白沙、白市、宝瓶河、北津、柴家峡、陈村、洞坪、渡口坝、浮石、富春江、盖下坝、岗曲河一级、高坝洲、公伯峡、龚嘴、广州蓄能上库坝、广州蓄能下库坝、吉牛、界竹口、金牛坪、流溪河、六郎洞、龙开口、龙桥、龙羊峡、坡甲、陇或、铅厂、鲁基厂、绿水河、马堵山、木里河沙湾、南桠河三级、尼那、千佛岩、芹山、周宁、泉水、仁宗海、双河口、双口渡、水津关、寺坪、苏只、太平哨、泰安上库坝、桐子壕、托海、瓦屋山、西津、仙游上库坝、仙游下库坝、响水涧上库坝、响水涧下库坝、小石峡、小湾、新丰江、枫树坝、新政、徐村、以礼河三级、以礼河四级、雍口、张河湾上库坝、张河湾下库坝、紫兰坝 五轮定检规划外 6 座：橙子沟、红叶二级、灰洞、思林、桃源、湘祁

续表

类型	大坝名称
2020年12月31日前审查意见评审（共67座）	五轮定检规划内66座：白市、百花滩、百丈漈一级、宝瓶河、别迭里、大埔、大兴、丹珠河、枫树坝、凤仪、高坝洲、高滩、挂治、洪家渡、玉田、脚基坪、界竹口、金鸡滩、金家坝、金牛坪、金沙峡、老虎嘴、老江底、莲麓、刘家峡、龙凤、龙开口、龙桥、龙首二级、陇或、马迹塘、木里河沙湾、坪头、瀑布沟、芹山、周宁、青龙、铜湾、清水塘、仁宗海、桑坪、姜射坝、沙河上库坝、沙溪口、上犹江、深溪沟、石龙、石门坎、石垭子、松树岭、锁儿头、藤子沟、土卡河、托海、仙游上库坝、仙游下库坝、响水涧上库坝、响水涧下库坝、杨柳滩、雍口、鱼潭、鱼塘、杂谷脑古城、张河湾上库坝、张河湾下库坝、照口 五轮定检规划外1座：红岩子
2020年12月31日前审查意见下发（共76座）	五轮定检规划内74座：白莲河上库坝、白市、百花滩、宝瓶河、别迭里、察汗乌苏、大埔、大兴、大盈江四级、丹珠河、地洛、凤仪、高坝洲、高滩、功果桥、构皮滩、挂治、桑坪、姜射坝、玉田、脚基坪、界竹口、金汉拉扎、金鸡滩、金家坝、金沙峡、拉气、老虎嘴、老江底、莲麓、联补、洛古、刘家峡、龙凤、龙开口、龙桥、龙首二级、马迹塘、庙林、木里河沙湾、坪头、瀑布沟、芹山、周宁、青龙、铜湾、清水塘、仁宗海、沙河上库坝、沙溪口、上犹江、深溪沟、石龙、石门坎、石垭子、双沟、松树岭、锁儿头、腾龙桥二级、藤子沟、土卡河、仙游上库坝、仙游下库坝、响水涧上库坝、响水涧下库坝、小山、小岩头、杨柳滩、鱼潭、鱼塘、杂谷脑古城、张河湾上库坝、张河湾下库坝、照口 五轮定检规划外2座：班多、红岩子

表2　第五轮定期检查开展情况（305座）（截至2020年12月31日）

类型	大坝名称	数量
审查意见已转发	规划外（6座）：响水、班多、大勐统、偏桥、久隆洪坝、红岩子 规划内（111座）：水泊峡、河口、腊寨、华光潭一级、华光潭二级、宝兴、蒲石河上库坝、蒲石河下库坝、孔头、铁门关、山秀、张窝、撒鱼沱、五一桥、江边、大盈江二级、倮马、赛珠、巴山、库什塔依、克田、滩坑、石板水、下桥、潘家口下库坝、蔺河口、石泉、下六甲、平班、雷打滩、大盈江三级、黄花寨、团坡、苏家河口、格里桥、天花板、董箐、景洪、黑麋峰上库坝、黑麋峰下库坝、西龙池上库坝、西龙池下库坝、古顶、沙溪、苍溪、汉坪嘴、蓬辣滩、毛尖山、乐滩、溪口上库坝、溪口下库坝、高砂、大山口、凌津滩、叶茂、葛洲坝、索风营、陡岭子、普定、联补、洛古、地洛、青居、拉气、大盈江四级、功果桥、耿达、察汗乌苏、双沟、小山、小岩头、腾龙桥二级、庙林、构皮滩、金汉拉扎、石门坎、土卡河、藤子沟、丹珠河、周宁、芹山、照口、沙溪口、沙河上库坝、高滩、铜湾、清水塘、鱼潭、桑坪、姜射坝、坪头、金家坝、龙首二级、杨柳滩、莲麓、松树岭、金沙峡、上犹江、青龙、杂谷脑古城、刘家峡、锁儿头、石龙、马迹塘、石垭子、老江底、挂治、鱼塘、金鸡滩、大兴、高坝洲	117
审查意见已评审	规划内（31座）：龙开口、界竹口、龙桥、金牛坪、响水涧上库坝、响水涧下库坝、深溪沟、仁宗海、张河湾上库坝、张河湾下库坝、别迭里、宝瓶河、木里河沙湾、白莲河上库坝、枫树坝、百丈漈一级、仙游上库坝、仙游下库坝、瀑布沟、龙凤、百花滩、凤仪、玉田、脚基坪、白市、托海、老虎嘴、雍口、洪家渡、陇或、大埔	31
审查意见已出安监处	规划内（1座）：温泉	1
定检报告已完成	规划内（5座）：泉水、洞坪、安康、金安桥、苏只	5
末次会已开	规划外（4座）：湘祁、橙子沟、桃源、思林 规划内（37座）：柴家峡、绿水河、南桠河三级、白沙、泰安上库坝、桐子壕、二滩、铅厂、鲁基厂、双口渡、北津、尼那、陈村、西津、岗曲河一级、千佛岩、盖下坝、渡口坝、太平哨、龚嘴、巴江口、流溪河、浮石、徐村、马堵山、富春江、新丰江、寺坪、水津关、瓦屋山、龙羊峡、苏只、公伯峡、小石峡、马鹿塘（二期）、小湾、坡甲	41

续表

类型	大坝名称	数量
二次会已开	规划内（2座）：官地、糯扎渡	2
首次会已开	规划外（19座）：灰洞、银盘、桐子林、向家坝、红叶二级、大河口、毛家河、凉风壳、代古寺、南果河天生桥、纳子峡、喜儿沟、安谷、锦屏一级、锦屏二级、潘口、松山河口、毛尔盖、阿海 规划内（79座）：双河口、过渡湾、鄂坪、老渡口、六郎洞、大广坝、洪江、碗米坡、酉酬、广州蓄能上库坝、广州蓄能下库坝、拉浪、麻石、天生桥一级、大花水、紫兰坝、龙马、碧口、云鹏、崖羊山、岩滩、涪江古城、湖南镇、黄坛口、水牛家、白水峪、新政、珠窝、落坡岭、合面狮、街面、冶勒、大朝山、八盘峡、盐锅峡、铜头、以礼河三级、以礼河四级、查龙、康扬、南沙、彭水、东江、小东江、古田溪一级、安砂、小天都、乌金峡、天生桥、近尾洲、蜀河、吉牛、紧水滩、石塘、桐柏上库坝、桐柏下库坝、沙县城关、大田河落生、李家峡、阿墨江三江口、乌江渡、天荒坪上库坝、天荒坪下库坝、雪山湖、左江、柳树沟、天桥、那兰、洞巴、海甸峡、九甸峡、桓仁、回龙山、大化、百龙滩、抱子石、大峡、小峡、白沙河、青铜峡	98
启动通知已发	规划外（7座）：蟒塘溪、安江、中梁一级、塔日勒嘎、拉拉山、布仑口、大岗山 规划内（3座）：三峡、花木桥、大寨	10

（国家能源局大坝安全监察中心　杜雪珍）

2020年水电站大坝安全应急管理工作情况

2020年，国家能源局大坝安全监察中心（简称大坝中心）认真贯彻习近平总书记有关防灾减灾和应急管理的一系列重要讲话指示精神，克服疫情影响，充分运用“互联网＋监管”优势，通过水电站大坝运行安全监察平台，在线掌握大坝的运行安全信息，及时进行风险评估，为监管机构和电力企业的应急管理提供技术支持，协同应对灾害险情，为保障全年未发生溃坝漫坝事件发挥了应有的作用。

一是针对我国自然灾害和极端天气频发，建立地震、台风监视和影响评估机制，督促、指导电力企业开展灾害影响速查速报，及时分析灾害险情对大坝安全的影响，指导电力企业开展重大灾害事件的应急处置。全年发生超5级且影响范围内有大坝的地震共有9次，针对“1·19”新疆伽师县6.4级地震、“1·19”新疆阿图什市5.2级地震、“5·6”新疆乌恰县5.0级地震、“5·9”新疆柯坪县5.2级地震、“5·18”云南巧家县5.0级地震、“6·26”新疆于田县6.4级地震、“7·12”河北唐山市5.1级地震、“7·13”新疆霍城县5.0级地震、“7·23”西藏尼玛县6.6级地震，大坝中心及时跟踪、了解地震对大坝的影响，通过分析大坝安全监控结果、评估地震对大坝的安全影响，第一时间报送应急简报。2020年登陆我国的台风主要有7起，大坝中心对其中“6·11”台风“鹦鹉”“8·1”台风“黑格比”“8·19”台风“海高斯”“8·27”台风“巴威”启动了Ⅳ级应急响应，跟踪收集事件信息，研判事态发展，提醒有关单位做好应急措施。指导电力企业妥善应对“6·17”四川丹巴县梅龙沟泥石流阻断小金川形成堰塞湖事件、“7·21”湖北恩施沙子坝滑坡阻塞清江形成堰塞湖事件、“7·25”四川茂县泥石流阻断岷江堰塞湖事件、“8·17”甘肃文县水磨沟村泥石阻断白水江形成堰塞湖事件、“8·18”甘肃白龙江支流多儿河堰塞湖事件等突发事件，及时为企业现场险情处置提供技术支持。

二是通过汛情信息管理平台，收集、监视、分析评判注册备案大坝的汛情信息，编制大坝汛期运行安全日报、周报，发现问题及时向监管机构和电力企业提示反馈，统筹开展水电站大坝度汛安全监察。汛期共有74座水电站大坝遭遇较大及以上洪水，超过5座大坝遭遇洪水的省份主要有四川（40座）、甘肃（7座）、云南（6座）。7月上旬，浙江新安江流域发生超20年一遇大洪水，新安江大坝经受了历史最高水位108.39m和9孔闸门全开的运行安全考验。8月11日，四川宝兴河铜头水电站遭遇近百年一遇特大洪水，洪峰流量2053m^3/s。8月17日，甘肃白水江流域发生特大洪水，汉坪嘴水电站入库洪峰流量为1870m^3/s，超50年一遇标准洪水；碧口水电站入库洪峰流量为5500m^3/s，近百年一遇标准洪水。

三是强化应急预防与准备，指导电力企业开展水电站大坝风险评估、溃坝计算分析和应急预案编制，切实提高应急预案的科学性、针对性和可操作性，推动行业提升应急管理水平。

（国家能源局大坝安全监察中心　王小清）

雅砻江流域水库大坝2020年安全管理情况

（一）雅砻江流域下游5座大型水电站大坝安全定期检查按计划顺利推进

2020年，面对疫情挑战，大坝定检工作受到严重影响，公司经过精心统筹谋划，在认真总结分析流域五座投运电站大坝定检第一阶段工作情况后，做出了“计划不变、目标不变”的决策，通过科学谋划定检专题工作部署，积极采取措施，克服新冠肺炎疫情影响，按计划推进落实5座大坝各项定检专题工作。

流域5座大坝定检，同步开展的专题数量多、任务重、质量要求高，共计25项专题项目同步实施，需按计划推进落实电站现场已开展的支撑项目及支撑报告亦达13项。在国家能源局大坝安全监察中心和定检专家组以及雅砻江公司的共同努力下，顺利完成了官地大坝首次定检第二次会议和二滩大坝第三次定检末次会；同时按计划提交了锦屏一级和锦屏二级大坝首次定检专题报告成果，桐子林大坝首次定期检查也按期启动，流域5座投运大型水电站大坝安全定期检查工作按计划顺利推进。

1. 二滩大坝第三次定检进展情况　2020年8月，组织完成了二滩水电站大坝安全第三次定期检查第二次专家组会议活动。专家组听取了二滩水电站大坝运行总结、现场检查专题补充汇报，监测系统评价、监测资料综合分析及金龙山谷坡稳定性分析等专题汇报，对各专题报告进行了详细地质询，提出了报告评审意见。会议评审认为专题工作深度和报告质量满足定检要求。11月，完成了第三次专家组会议活动。专家组对二滩大坝的防洪能力、拱坝结构运行性态、泄洪消能设施及水工金属结构可靠性、枢纽区工程边坡及近坝库岸稳定性、大坝安全监测系统及监测成果等方面进行了深入分析研究，经全面审议与综合评价，专家组评定二滩大坝安全等级符合正常坝（A级）要求。

2. 锦屏二级大坝首次定检进展情况　2020年9月，按照第一次会议纪要要求，组织完成了大坝运行总结、现场检查专题补充完善，完成了监测系统评价、监测资料综合分析专题研究，并向定检专家组提交了定检专题报告和支撑报告，配合开展专题函审，及时落实专家评审意见。为专家组分析大坝运行和结构安全性态，评价大坝安全等级，编制大坝安全定期检查报告，提供了翔实可靠的成果资料和依据。

3. 官地大坝首次定检进展情况　2020年10月，组织完成了官地水电站大坝安全首次定期检查第二次专家组会议活动。专家组听取了官地水电站大坝运行总结、现场检查专题补充汇报，坝前左岸覆盖层B区边坡稳定分析、泄洪消能建筑物缺陷处理技术总结、监测系统评价和监测资料综合分析等专题汇报，对各专题报告进行了质询和评审，提出了补充完善意见。会议认为，相关专题承担单位克服新冠肺炎疫情影响，按计划完成了各专题的研究与补充完善工作，全面落实了第一次会议要求，研究深度和报告质量总体满足大坝定检要求，为召开末次会议评价大坝安全等级创造了条件。

4. 桐子林大坝首次定检进展情况　2020年11月，顺利按期启动了桐子林水电站大坝安全首次定期检查。专家组听取了桐子林水电站工程竣工安全鉴定以来大坝运行总结和现场检查专题项目汇报，详细查看了大坝及基础廊道、明渠导墙、发电进水口闸门及启闭机、近坝库岸和工程边坡以及安全监测设施，查阅了工程设计、施工、运行等技术资料，重点了解了泄洪消能系统技术改造、水库运行、库区泥沙淤积等情况，并对大坝安全性态进行了初步分析讨论。会议制定了本次定期检查工作大纲，确定了需开展的专题项目及技术要求，对有关专题报告进行了评审并提出了补充完善意见。

5. 锦屏一级大坝首次定检进展情况　2020年12月，按照第一次会议纪要要求，保质保量组织完成了锦屏一级水电站大坝运行总结、水垫塘检查处理技术总结、现场检查等专题补充检查和修订完善，协调完成了监测系统评价、监测资料综合分析、左岸坝肩边坡长期变形稳定及对拱坝结构安全的影响分析等专题研究，并按时向定检专家组提交了定检专题报告和支撑报告。

（二）2020年度大坝监测设施运行维护管理情况

2020年，桐子林、二滩、官地、锦屏二级、锦屏一级水电站监测仪器设备运行良好，现场自动化系统运行总体稳定，各工程监测仪器完好率均在95%以上，数据缺失率均不大于3%。

2020年，各电站均按要求频次对监测系统进行了定期检查，针对检查中发现的异常问题，及时进行了处理；对监测系统功能、性能指标不满足要求的，及时进行了更新改造。年内，各电站大坝运行安全信息均按照《水电站大坝运行安全信息报送办法》进行正常报送。

1. 官地大坝及消力池量水堰专项改造　按照《关于印发〈官地水电站大坝安全首次定期检查第一次会议纪要〉的函》（坝监安监函507号）有关要求，现场全面梳理了坝体、坝基量水堰布设及测读精度，开展了量水堰专项改造，并于2020年5月完成。主要解决了坝体排水孔与坝基流量混合、部分量水堰近满量程、消力池无渗流量监测设施等问题。改造后，各量水堰工作正常，并实现坝体、坝基渗流量分区监测，提高了量水堰测量准确性。

2. 官地电站库区金厂坝滑坡体GNSS数据实时监控系统建设　为解决官地电站库区金厂坝滑坡体GNSS监测数据不能自动传输到大坝监测管理站的问题，2020年5月至2020年7月开展了金厂坝滑坡体GNSS数据实时监控系统建设，主要采用LoRaWan技术进行数据传输。系统建成后，实现了监测数据自动传输、解算和上传，满足实时监控需要。

（三）2020年度流域运行大坝安全监测成果分析

1. 桐子林大坝　顺河向最大实测位移为14.44mm，变化量较小。坝基渗压监测正常。导流明渠左导墙各监测成果变化量较小，该部位基本处于稳定状态。

2. 二滩拱坝　最大水平径向累计绝对位移为138.30mm，较2019年最大值增大0.10mm，变化量较小；大坝总渗流量在1.70～3.43L/s间，坝基渗压监测正常。

3. 官地大坝　顺河向最大位移为34.70mm，较2019年最大值减小0.30mm，变化量较小；坝体渗流总量约为1.5L/s，坝基渗流总量约为10L/s，渗流量与2019年相当，坝基渗压变化基本正常。

4. 锦屏二级闸坝　坝顶顺河向最大位移为3.92mm，较2019年最大值增大0.12mm；闸坝基础最大累计沉降量为14.14mm；基础渗压计变化正常。

5. 锦屏一级拱坝　最大水平径向累计绝对位移为43.97mm，较2019年最大值减小1.48mm，变化量较小；大坝及基础渗流总量在21.76～34.51L/s间，其中，左岸1595m高程排水廊道最大渗流量为19.37L/s，较2019年最大值减小1.13L/s；坝基渗压监测正常。

（雅砻江流域水电开发有限公司　李小伟　李啸啸）

大坝安全监测与分析

2020年水电站大坝安全监测管理工作情况

2020年，国家能源局大坝安全监察中心（简称大坝中心）担负的水电站大坝安全监测管理工作主要情况如下：

（一）日常监测监管工作

为全面掌握注册和备案大坝的安全监测系统组成、运行和维护情况，指导电力企业更好地开展监测工作，按照《水电站大坝安全监测工作管理办法》（国能发安全〔2017〕61号）第二十八条的相关要求，大坝中心统计分析2019年电力企业年报、信息报送等情况，对电力企业监测系统的基本情况（监测项目、测点数量、测点完好率、监测自动化系统和信息管理系统）、监测工作组织和开展（大坝安全监测管理制度和技术规程、巡视检查及监测资料整编、监测仪器检验、监测系统更新改造情况）、监测系统运行（大坝安全信息报送、监测信息可靠性、监测项目和测点的调整、频次变更、监测问题反馈及整改情况），于2020年3月向电力行业发布了《2019年度水电站大坝安全监测工作情况报告》。

通过在线监测管理，及时了解和掌握各水电站大坝安全监测的详细情况，监控监测系统状态和监测数据等信息；根据电力企业监测工作开展情况的检查和考核结果，汇总统计监测管理中所发现的问题，并记录处理情况，实行闭环管理，加强了对重点关注大坝监测管理存在问题的跟踪和整改。

与此同时，及时对新注册（备案）大坝监测系统运行和监测工作开展情况进行检查、接入和确认工作，累计完成12座大坝接入电力企业自查报告审查，完成13座大坝信息接入确认工作。

为提升监测工作质量和大坝安全管理水平，大坝中心通过水电站大坝运行安全监察平台，对监测管理中发现的监测系统或监测工作存在问题及时反馈电力企业，提出处理要求和建议，并记录处理情况，实行闭环管理。2020年度向电力企业共计反馈了78条监测问题，指导和督促电力企业规范、高效地开展监测系统更新维护和工作改进。

（二）监测管理信息化工作

为进一步加强电力企业巡视检查信息报送和监督管理，2020年大坝中心开发并启用了网络方式报送巡视检查信息，通过构建巡视检查在线管理的模式，建立巡视检查信息在线填报、查询、检查反馈、安全评判和技术会商和在线监控等管理模式，使电力企业巡视检查工作和检查结果信息化，并应用到大坝结构安全评判中，有效评判大坝安全状态，实现了对巡视检查工作开展情况、合规性监管、结构运行监控等闭环管理。

为满足大坝安全监测数据在预处理过程数据量大、种类多、实时性的需求，利用新一代人工智能技术，2020年大坝中心将监测数据智能清洗技术引入到大坝安全数据分析中，该技术从监测数据自身特征出发，以基于卷积神经网络的监督式深度学习模型为核心，结合非监督式分类算法，实现了各类监测数据的智能、快速、准确清洗，智能清洗技术充分凝聚了“专家”经验，具有无需事先设定数据评判规则或模型，相较逻辑判别和监控模型法等传统方法，工作效率得到显著提高。基于大量监测数据的不断训练提升，目前智能清洗技术的效果已基本达到一名经验丰富的大坝安全监测工程师的水准，已能够满足监测数据预处理的需求。

（国家能源局大坝安全监察中心　吴伟）

2020年水电站大坝安全监控管理情况

（一）日常监测信息监控

截至2020年底，电力行业在国家能源局注册、备案的大坝共有611座，安全监测信息已经接入全国水电站大坝安全监管系统的大坝有595座。国家能源局大坝安全监察中心（简称大坝中心）按照“全面覆盖、风险预控、重点突出”的原则，分专项监控、重点监控和非重点监控3种监控模式对这些接入大坝实施结构安全监控。对重大隐患和重点关注一般隐患大坝实行专项监控，对施工期存在安全风险和坝高大于200m、库容大于100亿m^3的大坝实行重点监控，其余大坝为非重点监控。

全国水电站大坝安全监管系统根据报送的大坝监测信息实时评判运行安全状态，发现异常情况自动发出报警。大坝中心监控人员每日对报警信息、异常等级升级等情况进行检查、处理。同时，根据日常巡视检查过程中发现的大坝等水工建筑物异常情况，综合确定大坝安全性态，必要时进行多方技术会商。

2020年共计处理了45169条报警信息。日常监控将大坝的安全性态分为4类，分别为正常、轻微异常、一般异常和严重异常。根据2020年监控情况，有2座大坝出现了严重异常的情况；3座大坝出现了一般异常的情况；15座大坝出现了轻微异常的情况。异常情况主要表现为：①面板堆石坝渗漏量偏大，或坝基渗压、坝后地下水位偏高，存在渗透破坏风险；②近坝区边坡变形较大，尚未收敛；③面板堆石坝周边缝变形较大，或坝体存在较大趋势性沉降变形，尚未收敛。以上异常情况都及时反馈运行单位，督促其整改处理。

（二）汛情监测监控

为了加强风险预控，有效实施分类监控、重点监察，大坝中心每年根据年度气象、水情预测及大坝安全性态，明确了当年汛期重点监控的大坝名单。2020年有37座列入汛期重点监控的大坝。

通过汛情监测系统和大坝安全监察平台，及时获取各电力企业报送的大坝运行汛情信息和大坝运行性态；根据中国气象局推送的全国降水量预报和实况图，详细了解降水区域内的水电站大坝分布情况，研判对大坝度汛安全影响；通过台风路径实时发布系统，严密跟踪台风动向，根据台风经过区域内的水电站大坝分布情况，分析、研判对大坝运行影响；通过汛情信息处理统计分析、查询，及时了解和统计汛情缺报、超汛限水位、洪水及弃水、降水区域内的水电站大坝等情况，及时指出监控发现的问题。对遭遇洪水的水电站，督促加强大坝安全监测和巡视检查、密切关注下游河道等泄洪通道的安全状况。

建立了汛情日会商机制，编制汛情监控日报和周报，分析汇总重点流域和区域的当日和前一周降水形势、水电站大坝汛情和运行安全状况，提出下周降水、洪水、地质灾害预报信息和重要事项提醒。

2020年汛期台风登陆个数较往年少，但全国大范围强降雨频发、短时雨强大，造成局部洪涝和泥石流等地质灾害，给水电站大坝度汛运行安全带来较大影响。2020年汛期共有74座大坝遭遇较大及以上洪水，502座大坝开闸泄洪，62座大坝超汛限水位1m以上运行，超汛限水位运行的水电站均得到了当地防汛部门许可，不存在擅自超汛限水位运行的情况，并均已按照当地防汛部门调度要求开闸泄洪或蓄洪错峰。汛期无注册（备案）大坝发生因洪水导致结构性态异常的情况。

（三）突发事件监测监控

2020年突发事件多发频发，大坝中心对发生突发事件的大坝或突发事件影响范围内的大坝进行安全监控，及时分析、研判有关灾害影响，对影响大坝运行安全的地震、台风、泥石流、突发洪水等自然灾害启动应急响应，如“1·19”新疆伽师县6.4级地震、“6·26”新疆于田县6.4级地震、“7·23”西藏尼玛县6.6级地震、“6·17”四川丹巴县梅龙沟泥石流灾害事件、“7·21”湖北恩施沙子坝滑坡灾害事件、“7·25”四川茂县泥石流灾害事件、“8·11”四川宝兴河流域洪水事件、“8·17”甘肃文县水磨沟村泥石流事件、“8·18”甘肃白龙江支流多儿河堰塞湖事件等，共编制应急简报17期。

（四）在线监控技术服务

大坝安全在线监控是实现水电站智慧化运维管理的重要内容。按照《水电站大坝运行安全监督管理规定》（国家发展改革委令第 23 号）第八条，“对于坝高 100m 以上的大坝、库容 1 亿 m^3 以上的大坝和病险坝，电力企业应当建立大坝安全在线监控系统……”。大坝中心负责组织编制的《水电站大坝运行安全在线监控系统技术规范》（DL/T 2096—2020）已于 2020 年颁布实施。

为推进电力行业大坝安全在线监控，大坝中心在宣贯法规要求和研发在线监控新技术之外，积极为企业在线监控系统建设提供技术服务，承担了太平湾、新丰江、滩坑、溧阳抽蓄电站等水电站大坝的在线监控系统建设任务，推动企业构建智能化大坝安全监控系统，提升行业大坝安全管理技术水平。

（国家能源局大坝安全监察中心　沈静　杜德进）

水电站大坝安全监测信息诊断分析系统研发

随着自动化监测技术的发展，2020 年底在国家能源局大坝安全监察中心（简称大坝中心）注册、备案的 611 座大坝中已有 63%实现部分或全部自动化监测。实施自动化监测后，监测数据量显著增加，及时对监测数据进行高质量的分析，编制相应的分析报告，难度和挑战都非常大。在此背景下，大坝中心组织开展了大坝安全监测信息诊断分析关键技术研究，并根据研究成果开发出一套能够自动生成各类监测资料分析报告的系统。

（一）系统主要功能

大坝安全信息诊断分析系统采取 B/S 架构进行开发，与监测数据库对接，具备监测数据预处理、特征值统计及量值分析、过程线绘制及时域分析、分布图绘制及分布规律分析、统计模型分析等功能。通过“变量”概念和报告自动生成技术能够实现报告中监测数据实时更新和一键生成报告的功能，有效提高大坝安全监测信息分析水平和效率。

（二）主要创新点

（1）时域分析技术。通过统计模型成果，对时域分析技术进行了创新，将时效方程离散化，快速判别趋势性特征。

（2）监测数据更新技术。在模板中引入了变量概念，通过变量来表征具体的算法，在生成报告时，及时分析数据和获取相应的结果，反馈到报告相应的位置，实现报告中的监测数据和结论能根据实际情况实时更新。在系统中通过设立模板时间和报告分析时间的对应关系，实现了报告的文字、图表能按照时间延长后的监测数据进行自动更新，实现在已有成果上一键生成报告的功能。

（3）图形绘制技术。系统内置了连线图、柱状图、矢量图等各类图形绘制功能，对于拱坝拱圈变形分布图，采用多坐标技术，在每个测点上建立独立的局部坐标系，解决了拱圈上每个测点变形方向不一致的问题。

（4）报告生成技术。采用报告、大纲、模板、母版等 4 层组织架构，将报告分解成一个个单独的模板，将一次性整体生成报告简化为模板生成再组装的方式。模板生成采用模板填充式和生成式技术，兼顾简单、灵活的特点，通过大纲将模板进行快速的组织，可根据需要任意组合生成相应的报告类型，并且通过母版预置的内容，极大简化模板编辑的工作量。

（5）监测数据智能分析技术。引入人工智能算法，实现监测数据智能清洗、过程线趋势性和周期性分析功能；融入各种坝型主要监测项目的工程经验限值，自动判定工程异常情况。

（三）应用情况

大坝安全监测信息诊断分析系统凝聚了大坝中心多年来大坝安全监测管理经验和信息化开发技术，初步实现了大坝安全监测信息诊断分析报告的信息化与智能化，能够为电力企业提供更加高效、便捷的服务。目前该系统已在盖下坝、阿海、青铜峡、铜湾、向家坝等水电站大坝安全监测资料分析报告编制中成功应用，中国长江电力股份有限公司已将该系统应用于溪洛渡、向家坝、葛洲坝等水电站日常监测资料整编与分析。

2020 年，以大坝安全监测信息诊断分析系统为核心内容的大坝安全监测平台及诊断分析关键技术参加了由中国电力发展促进会举办的电力行业大数据优秀应用创新成果评选活动，该活动主要面向电力行业征集大数据技术相关优秀创新成果和优秀解决方案，在 86 项参选的创新成果中，本项目荣获“一等奖”。

（国家能源局大坝安全监察中心　许雷）

水电站大坝安全在线监控系统简介及 2020 年建设情况

（一）行业现状与法规要求

1. 行业现状　随着国家与行业对大坝安全管理的重视程度越来越高，传统的大坝安全管理手段与工作方式已无法满足当前形势的需要，逐步显露出存在的薄弱环节和业务痛点，如安全评判及时性差和可信度低，巡视检查工作管理难度大，缺陷隐患消缺闭环管理透明度低、流程传递慢，大坝安全生产和管理短板不宜识别，水情和巡检等信息报送工作效率低、大坝安全信息查询不便等。需要通过信息化的手段实现对大坝安全各项业务进行信息化整合，实时精准评判大坝运行安全，切实提高大坝日常业务工作效率，从而提升大坝安全管理水平。

2. 法规要求 《水电站大坝运行安全监督管理规定》（国家发展改革委令第23号）第八条明确：对于坝高100m以上的大坝、库容1亿m^3的大坝和病险坝，电力企业应当建立大坝安全在线监控系统。

（二）系统的基本功能要求

为落实法规要求，有效推进大坝安全在线监控系统（简称在线监控系统）建设工作，规范在线监控系统建设的设计、实施和运行管理要求，国家能源局大坝安全监察中心（简称大坝中心）组织编制了《水电站大坝运行安全在线监控系统技术规范》（DL/T 2096—2020）（简称规范）。

规范明确系统宜具备在线信息检查、在线安全状况综合评判、问题管控、信息推送、信息管理、系统监视、移动办公等功能，具体应根据大坝安全运行状况，结合大坝安全管理需求确定。

在线信息检查功能要求对入库信息的及时性、有效性进行检查。安全状况评判功能包括监测数据异常识别、现场检查信息异常识别、大坝安全状况综合评判、评判方法适用性检查及方案调整等功能。对异常问题管控，系统应具备推送信息、生成处理流程及报告等功能。系统应具备对基本信息、异常信息、处理流程、统计报表的查询功能。系统还应具备与监测自动化、其他相关信息管理系统及移动终端之间的数据通信功能。

（三）2020年系统建设与新技术研发情况

2020年，大坝中心组织开展了广东新丰江水电站大坝、浙江滩坑水电站大坝、江苏溧阳抽水蓄能电站上下库大坝等工程的在线监控系统建设工作。其中，新丰江、滩坑两座大坝的在线监控系统完成建设，投入试运行；溧阳上、下库大坝的在线监控系统已初步具备运行条件。

为向电力企业更好地提供技术服务，丰富在线监控系统的功能，大坝中心建设的在线监控系统除满足规范规定的基本功能外，针对水电站大坝日常运行管理中的巡视检查、资料整编等高频、常态工作，新增了巡检管理和报告整编功能模块，为电力企业提供便利，提升日常工作效率。

2020年，大坝中心在不断优化系统原有功能的基础上，积极开展大坝安全在线监控和数据处理新技术的研发与应用。利用人工智能技术，研发了监测数据粗差识别、数据预测和评判、监测序列模式识别等3项新技术。上述3项新技术已应用于大坝中心的水电站大坝安全监察平台和企业级大坝安全在线监控系统。从使用情况看，这几项技术应用效果良好，大幅度提升了大坝安全在线监控的工作质量和评判准确性。

（1）巡检管理模块：实现巡检任务和成果的数字化。可根据现场实际情况自定义巡检任务、巡检路线、对象和内容。系统会根据设置自动发起巡检任务，根据巡检频次和巡检内容等要求，自动提醒、规划巡检工作，用户可安装配套的手机版巡视检查App，按固定路线采用手机打卡巡检。支持视频、照片、数据等多类型检查成果，实时将检查结果上传至系统；无网络条件上传时，巡检成果会先保存在手机上，待联网后再自动同步至系统中。

（2）报告整编模块：可通过预设模板，自动进行常规性监测资料的整编、统计，实现监测月度、年度整编报告、各类统计表格的自动生成。数据可根据所选择的分析时段自动更新。

（3）监测数据粗差识别：采用无监督学习算法和监督学习算法结合的方法提供了一种能够准确、快速处理大批量多类型监测数据的粗差智能识别方法。该方法无需人为制定粗差判定规则及阈值，对于各类监测数据具有较好的通用性，可直接用于大坝安全监测数据的粗差识别，为提高大坝安全管理效率提供了有效的手段。

（4）数据预测和评判：基于BP－LSTM神经网络对大坝监测物理量进行预测，根据监测物理量历史数据的特征智能构建能充分考虑各因素时序特征影响的时序模型，无需人为拟定自变量因子的数学形式，实现仅仅通过一个通用模型即能够实现快速、方便地对各类监测物理量进行快速建模并预测的功能，为大坝结构性态的评判和预测提供了更为方便有效的技术方法，尤其适合需要对多测点进行快速预测的情况。

（5）监测序列模式识别：基于卷积神经网络对大坝监测数据序列的发展模式进行识别，实现仅仅通过一个模型即能够做到快速、准确、批量化地对各类监测序列的变化规律进行智能识别，尤其适合于大量监测数据的快速批量化管理，为大坝安全管理人员提供了高效的技术手段。

（四）结语

水电站大坝安全在线监控系统针对工程的具体特点，以现有大坝安全信息化建设为基础，立足于工程运行管理过程中获得的大量监测、巡检数据，运用科学、实用、直观、便捷的监测信息和巡视检查信息等多源信息的监视、控制技术，形成可视化、图形化、实时化的分析、预警系统，完成大坝安全评判从“单一信息”向“多源信息融合”，“静态”向“动态”

"人工"到"智能""碎片化"到"共享化"的重要升级；提供大坝安全各项业务的信息化流程和管理协同，实现对大坝安全的标准化、科学化、精细化管理，全面提升大坝安全运行管理水平和工作质量的同时降低人力投入；摆脱传统利用计算机在固定场所固定设备上进行办公的限制，确保更及时、高效地发现和消除缺陷隐患，实时精准评判大坝运行状况，确保大坝运行安全。

（国家能源局大坝安全监察中心　陈铿）

丰满水电站层面缝监测成果分析

丰满水电站全面治理（重建）工程厂房坝段混凝土浇筑时期，在20～25号坝段高程218.00m处产生了层面缝。为了调查层面缝延展情况，在20～25号坝段进行钻孔取芯检查，检查孔共计34个，其中，9个孔芯样完整，25个孔芯样断裂，通过断裂部位的判断，层面缝的宽度在0.3～5.0mm，延展面积80%。根据蓄水安全鉴定专家意见要求，在此层面缝处布设一定数量的监测仪器，监测仪器的类型有三点式位移计、渗压计、裂缝计，以便工程蓄水后及时掌握高程218.00m处层面缝的发展情况。

各类监测仪器自2019年6月初全部完成安装并开始运行，现对2019年6月至2020年9月的监测数据作一分析。

（一）监测布置

厂房坝段（20～25）高程218.00m层面缝监测仪器布置情况如下：

（1）三点位移计，每个坝段在212.50m高程廊道以上布置2套；24号坝段，在212.50m高程廊道以下布置2套，共布设14套。

（2）渗压计，每个坝段均布置2个渗压监测断面，每个监测断面按照顺河向梯次布置4支，共布设48支渗压计。

（3）裂缝计，每个坝段均在高程218.00m层面布置2支测缝计，共布置12支。

（二）监测成果分析

1. 高程218.00m层面渗压分析　自渗压计安装完成后起测，每天观测两次；对测点数据进行检查，大多数渗压计测点测值未见明显粗差。

2019年6月至2020年9月，渗压水位测值在215.95～262.67m之间，最大测值发生在位于212.5m高程廊道顶拱的测点25FP2-1。除22FP2-1、25FP2-1外，其他渗压计渗压水位变幅在0.03～4.79m之间，测值基本稳定。渗压计22FP2-1在2020年大致呈上升趋势，6～9月变幅11.38m。渗压计25FP2-1与上游水位具有明显线性相关性，2020年6～9月变幅12.01m。从218层面渗压分布图可知，218层面没有形成沿坝段的渗漏通道。

根据相关要求，厂房坝段高程218m层面渗压系数设计警戒值为0.35。以厂房坝段高程218m层面各测点2020年9月13日最高水位实测渗压水位为计算对象，计算得到相应的渗压系数，超过警戒值的共有2个测点，分别为22FP2-1（0.57）、25FP2-1（0.97）。

2. 高程218.00m层面三点位移计　自2019年5月28日起测，每天观测2次；对测点数据进行检查，24FM1-2-1在2019年7月后数据跳动很大，作为粗差已做删除处理；多点位移计初始测值不为0，但变形基本稳定。

2019年6月至2020年9月，218m层面缝变形基本稳定，变幅介于0.01～1.10mm之间。

3. 高程218m层面裂缝计　自2019年5月28日起测，每天观测2次；对测点数据进行检查，除测点20LF1测值不稳定外，其余裂缝计开合度测值正常。

2019年6月至2020年9月，各测点的裂缝计测值较小，介于−0.03～0.17mm之间。变幅较小，测值基本稳定。

（三）结论

高程218.00m层面缝稳定，各监测项目测点测值基本连续、完整，监测数据整编计算、分析及时。通过数据分析结果来看，多点位移计、裂缝计、渗压计测点基本能满足层面缝监测要求。监测数据有效、可靠，能准确地反映层面缝的真实情况。此专项监测充分体现了安全监测的重要性，并且能够对后续此层面缝的变化情况提供依据，及时掌握层面缝的发展情况。

（中国水利水电第三工程局有限公司
孟凡胜　南大伟　向兴文　孙林）

自动化监测系统在乌江渡水电站大坝安全监测中的应用情况

乌江渡水电站于1983年底通过工程竣工验收，2000～2003年进行了扩建。其大坝安全监测自动化系统包括垂线监测系统、坝身引张线及量水堰监测系统、扩建工程监测系统、左右岸长观孔监测系统、厂坝基扬压力监测系统及前方工作站和DSIMS大坝监控管理软件。

（一）自动化改造情况

由于原有的大坝观测设施不够完善、技术落后，因此，分项、分步进行了更新改造。

1. 大坝垂线及引张线监测自动化改造　1994 年安装的垂线自动化监测系统是的南瑞大坝所第一代产品，1998 年底对该系统进行升级改造；2000 年 4 月安装了坝身引张线及量水堰监测自动化系统。

2. 扩建工程监测自动化系统改造　原扩建工程监测系统工程于 2001 年 5 月随扩建主体工程的施工进度而同步开展，于 2003 年 10 月完成。2006 年 3～6 月，对系统进行优化及自动化改造，共接入 330 支（点）各类内观埋设仪器，并将原监测系统纳入。对新老系统进行整合，用光缆连接，先进行光缆布设，完成后开始熔接尾纤和安装终端盒等设备，并拆除原来采集计算机的 NDA3100 通信模块、电话机、MODEM 等，安装新的 NDA3420 光端机 1 个、NDA3200 中继器 1 个、NDA3100 通信模块 1 个。通过检查和系统调试表明，整个数据采集系统运行正常，各项性能和功能满足技术规范要求。

3. 左、右岸长观孔疏通及自动化改造（Ⅰ期）　为监测水库库水绕坝渗流和两岸灌浆帷幕运行工况，在两岸防渗帷幕线下游侧共布置了 50 个地下水位长期监测孔（简称长观孔），其中左岸 14 个、右岸 36 个，通过导线测绳法监测孔内地下水位变化情况来监测这些帷幕运行情况。1986 年对被停测的 12 个孔进行了疏通，1995～1997 年又利用地质钻机疏通 21 个孔，但因地势险峻或孔内有钢筋有 8 个孔无法疏通。后来陆续又有一些监测孔被堵塞、破坏而无法观测，因此，2004 年 11 月至 2005 年 5 月和 2006 年 7～11 月，又钻 24 孔，安装 24 支基康渗压计和一个集线箱。

4. 厂、坝基安全监测自动化改造及右岸长观孔疏通及自动化改造（Ⅱ期）　于 2009 年 11 月至 2010 年 1 月，经过近 2 个月的施工完成；将 26 支内观渗压计、6 个廊道水位监测孔和 13 个右岸长观孔、扩机工程剩余的 2 个地下水位监测孔集中实现自动化观测，共安装 4 台 DAU2000 采集单元箱，3 块 NDA1104 数据采集模块、2 块 NDA1403 模块和 21 支基康渗压计；在原系统软件基础上创建新增自动化测点，增加数据采集、处理和图形报表功能，进行系统软硬件联合调试。

5. 大坝新增扬压力监测自动化改造　坝基扬压力观测布置了 3 个观测横断面，分别位于 4、5 号坝段分缝线左右和 8、13 号坝段中心线，共计 13 个测压管；1991 年又在 8 号坝段基础横向排水廊道增设了 6 根测压管。上述测压管全部是在排水孔口安装压力表结构形式，利用排水孔兼作测压管。在 8 号坝段布置 7 支渗压计（帷幕前 2 支、帷幕后 5 支），在 13 号坝段帷幕前的基岩接触面上布置 1 支渗压计，在厂房 1、2 号机组分别布置了 4 支渗压计，在厂房 3 号机组布置 5 支渗压计。经近 30 年运行，测压管逐渐淤堵和锈蚀，其测量已不准确和可靠，需进行改造。2009 年 1～4 月，经过近 3 个月的施工，新增大坝扬压力监测点 29 个、修建 2 座量水堰，共安装 1 台 DAU2000 数据采集装置安装，2 块 NDA1403 数据采集模块、29 支渗压计、2 台弦式量水堰及配套仪器附件。

（二）监测系统的结构特点

采用 DAMS—Ⅳ型智能模块化结构分布式监测，主要配置包括传感器、数据采集单元（DAU）、计算机工作组、信息管理软件及通信网络五大部分，其数据采集自动化系统的 DAU2000 型数据采集单元具有以下性能特点：

（1）采用了智能模块化结构，整个单元由智能数据采集模块（NDA 系列）、通信模块，电源模块和防雷模块等组成。NDA 系列智能模块均独立运行，互不干扰。

（2）是具有“免维护”特点的全封闭形式的智能化模块，使 DAU 所面对用户的仅仅是接线端子，如果模块失效，仅需拧开螺丝换上新模块即可，使系统不至于停止运行。

（3）具有方便快捷的自诊断功能，运行管理人员通过监控管理主机很快能查清各 DAU 的工作状态。

（4）系统的可扩充性能很好。本系统为分布式系统，开放型结构，且各 DAU 为完全智能化、模块化，各模块和 DAU 的任意增减非常方便，且对系统的可靠性和稳定性不构成任何不利的影响。

（三）结语

乌江渡水电站大坝安全监测系统通过自动化技术改造，使水工部观测班从最初的内观班、外观班、地下水班、维护班 4 个班组调整为监测中心 1 个班组，节省了人力资源；而自动化监测受天气、环境、观测时间的影响小，数据的及时性、有效性、连续性有保证。

该监测自动化系统，由不同的专业技术公司生产安装，系统不能很好地整合，导致数据不能集中统一管理。监测数据传输环节多，存在部分时段数据未能传达到终点问题。

（乌江渡发电厂　华朝锋）

无线传输技术在丰满水电站临时自动化监测系统中的应用

丰满水电站全面治理（重建）工程，为及时准确掌握老坝拆除、新坝蓄水等时间节点大坝安全稳定情况，在施工期间应用无线传输技术，形成大坝安全监测临时自动化系统。

（一）主要特点

无线数据传输单元（DTU）是基于GPRS、CDMA、3G/4G等通信网络将串口数据转换为IP数据或将IP数据转换为串口数据实现远程数据采集、传输的智能终端设备，可实现使用普通SIM卡即可对点传输数据，具有组网迅速灵活、网络覆盖广、建设周期短、成本低等特点，适用于管线敷设难度大、通信距离较远的情况。

（二）应用情况

丰满水电站重建工程具有监测的项目多、难度大、分布广等特点，施工期间，受光缆敷设、永久电源条件限制，永久自动化监测系统无法提前形成。但为在施工期及时掌握大坝安全信息，在施工期有必要形成临时自动化安全监测系统，以满足全面实时采集大坝监测数据的需要。

丰满新大坝内部布置3层廊道，共设22个观测横廊，即22个测站，44个自动化数据采集单元。将这些数据采集单元、测站之间用RS485通信线连接组网进行采集通信，选择适当的位置安装DTU，就形成了图1所示的施工期临时自动化监测系统。

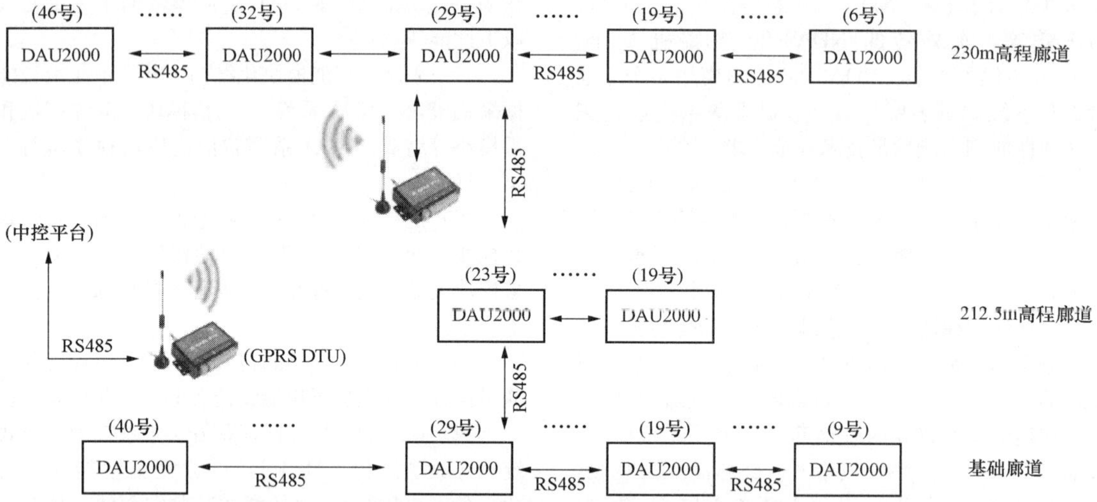

图1　丰满水电站施工期临时自动化监测系统布置图

该施工期临时自动化监测系统，相较于传统人工测读采集监测数据，极大程度地提高了效率，也节省了人力；在特殊时间节点，能够及时、高效地收集监测数据。例如在老坝爆破拆除、新坝蓄水期间，监测频次可达半小时一次，监测人员在中控平台即可对各个测站、测点进行监控。

（三）效果评价

丰满水电站重建工程施工期临时自动化监测无线传输系统，经历老坝拆除、新坝蓄水、机组投产，运行一直稳定，各项数据稳定可靠。综合前期系统方案设计、系统施工形成、形成后数据采集，到与永久自动化衔接，得出以下评价：

(1) DTU安装简单、成本低、网络覆盖广，现场工作测站与中控平台的安装、配置、调试用时1天即可投运。

(2) 运行稳定，数据传输可靠。

(3) 能满足高频次监测要求。

（四）结语

相对于光纤信号传输，无线传输速率较低，有一定缺憾，但对于处于施工期内的工程，条件不足以形成永久性的自动化时，无线传输是不二之选，其既能保证监测数据的及时有效性，也能节省人工成本。

无线传输技术在安全监测领域的应用灵活多变，可实现因地制宜，可根据现场工程情况进行分区设置，或适当增加中继，以保证信号强度。

（中国水利水电第三工程局有限公司
向兴文　南大伟　孙林　孟凡胜）

小波理论在大坝安全监测数据粗差探测中的应用

大坝安全监测，对实测数据进行粗差探测和剔除有着重要的意义。大坝观测序列可以看作由不同频率成分组成的数字信号序列，异常值可以看作信号的奇异点，因此可采用小波分析的信号奇异性理论进行异常值的检测。中国电建集团西北勘测设计研究院有限公司与国电陕西水电开发有限公司合作，研究了小波理论在大坝安全监测数据粗差探测中的应用问题。

采用小波分析探测数据粗差已有现成软件。现以云南里底水电站为例，对小波理论在大坝安全监测数据粗差探测的应用方法作一介绍。

云南里底水电站最大坝高 75.0m，坝顶高程 1820.50m，坝顶长度 346.4m。从左至右为：左副坝＋两孔溢洪道＋三台河床式电站厂房＋三孔泄洪底孔＋右副坝。2017 年 6 月 27 日，挡水坝段混凝土浇筑至坝顶高程；2018 年 9 月 15 日开始下闸蓄水，9 月 30 日尾水管、肘管及蜗壳充水。最大坝高处在厂房坝段，监测选取厂房 1 号机组所在的 9 号坝段作为重点监测部位，布置 1 条倒垂线（1753.00m 高程、孔深 47.00m）和 1 条正垂线（1753.00～1820.50m 高程）。

利用 MATLAB 小波工具箱，实现大坝安全监测数据粗差探测和剔除，主要步骤如下：首先对原始信号进行小波的多分辨分析，找出小波变换后的高频系数中的模极大值点。然后对这些模极大值点进行极值判断，利用莱因达法则检验这些模极大值点是粗差，还是属于环境变化引起的正常值。实例如下：

取 9 号坝段正垂 PL2 的 2019 年 1 月 19 日至 2020 年 1 月 20 日，每周监测 1 次，共 56 期监测数据，绘制过程线见图 1。

综合紧支性、对称性和平滑性 3 个方面来考虑，选用 db12 小波对原始序列进行 4 层小波分解。原始测值图像和分解后的低频信号对比见图 2。

第一层、第二层、第三层、第四层的高频部分，分解结果见图 3。

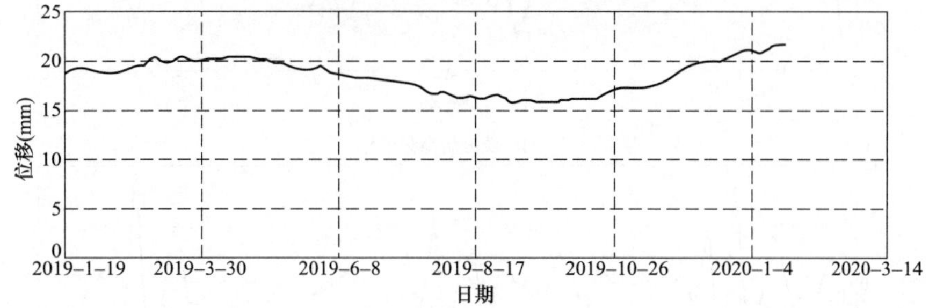

图 1　9 号坝段垂线（PL2）2019 年 1 月 19 日至 2020 年 1 月 20 日上下游累计位移过程线

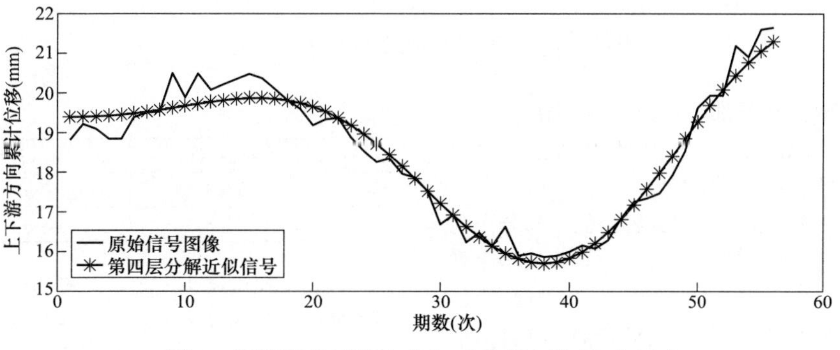

图 2　原始测值图像和分解后的低频信号对比图

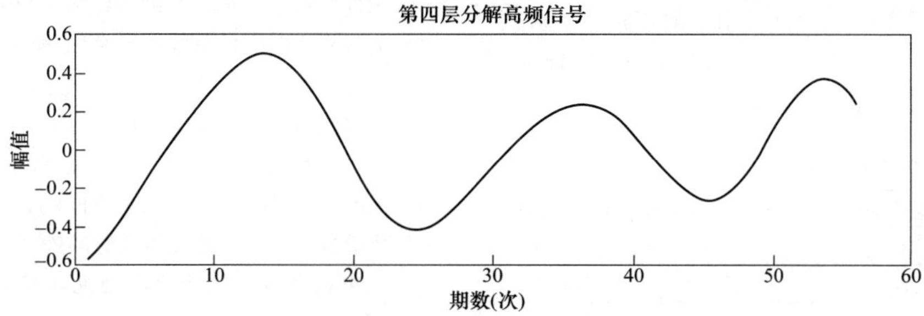

图 3　信号的 4 层 dB12 小波分解

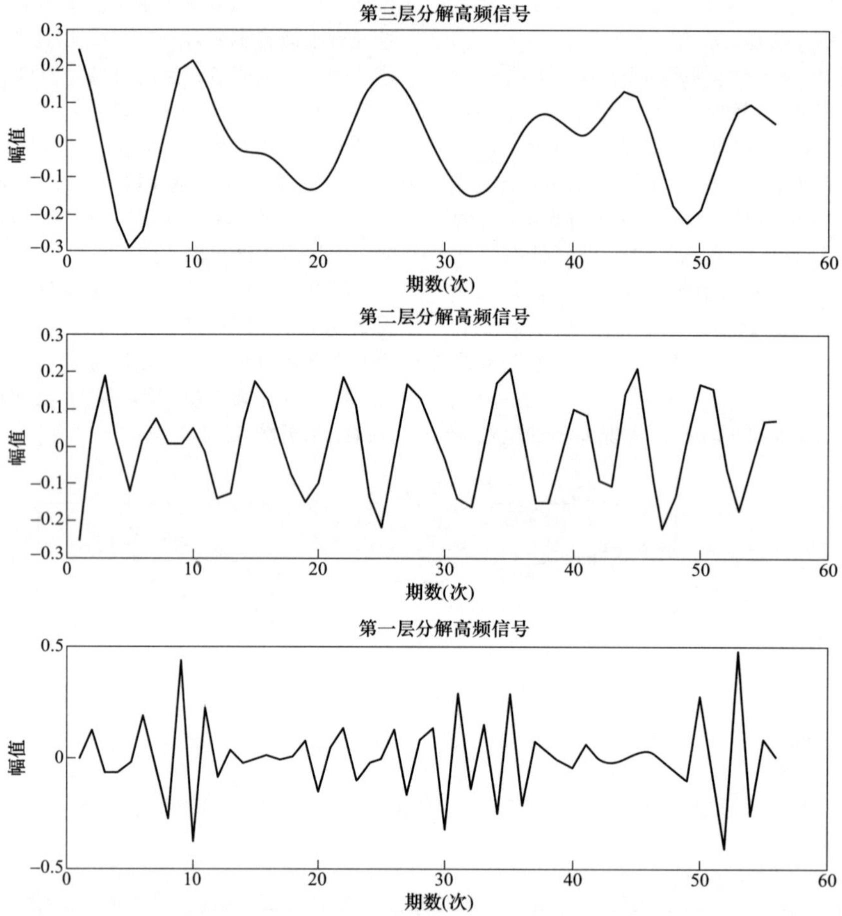

图 3　信号的 4 层 dB12 小波分解（续）

从第一层分解的细节部分可以看出，在 9、11、30、31、35 和 53 期数（次）处为模值极大点，说明这些点为信号奇异点。

采用莱茵达法则，将第四层分解的低频部分作为近似信号与获得的原始垂线上下游方向累计位移序列进行趋势项去除：$S_{dt}=S-S'$。其中，S 为原始信号即实测值，S'为第四层分解后的低频部分（近似信号），S_{dt}为去除趋势项后的时间序列。

若实测值与拟合值之间的残差未超过 3σ，则说明这些观测值属于环境显著变换引起的正常值，否则属于粗差。经过计算 S_{dt} 3 倍中误差为 1.1121mm，各点的拟合值与实测值误差见表 1。

表 1　　粗差结果探测统计表

点号	误差绝对值（mm）	3σ=1.1121mm	探测结果
9	0.8762	$<3\sigma$	正常点
11	0.7627	$<3\sigma$	正常点
30	0.5238	$<3\sigma$	正常点
31	0.0178	$<3\sigma$	正常点
35	0.6723	$<3\sigma$	正常点
53	0.7508	$<3\sigma$	正常点

从表 1 探测结果发现，采集的 9 号坝段正垂线监测数据探测到的异常值点误差绝对值均小于 3 倍中误差，属于环境变化引起的正常值，不需要对其进行剔除和缺省。

由此例可见：利用小波理论的多分辨分析能够对大坝安全监测数据进行有效的异常值诊断和去噪，尤其是对大量的自动化监测数据，可以快速高效探测和剔除粗差，从而提高监测数据的质量，为监测资料的进一步分析提供较好的前期处理工作。应注意的是：应用不同的小波函数对信号处理的结果是不同的，必须选择合适的小波基函数，这样才能取得较好的处理结果。

（中国电建集团西北勘测设计研究院有限公司
刘千驹　李元玖
国电陕西水电开发有限公司　陈代明　陈少勇）

点式电平器在老挝南公1水电站堆石坝面板挠度监测中的应用

南公1水电站位于老挝南部阿速坡省内的南公河上，装机容量160MW，采用混凝土面板堆石坝，坝顶长410m，最大坝高为90m，面板顶部厚度0.3m。大坝单块面板采用滑模施工，一次浇筑成型。为监测面板挠度变形特性，在桩号坝0+227.66m断面上游19号面板的不同高程均匀布置了11支电平器。所用电平器为NJX11-10（P）型，量程为±10°，编号MB-EL-01～11，监测资料稳定性较好。现将应用情况简介如下：

（一）电平器工作原理简介

NJX11-10P型点式电平器用于监测大坝、岩土工程建筑物及地基的倾斜变形，适用于混凝土坝、土石坝等水工建筑物。该类型电平器安装于被测结构物上，被测结构物产生的倾斜变形，通过安装架传递给测斜传感器；由仪器内的测斜敏感元件感应倾斜变化，输出与倾斜变化相对应的电压信号，通过实测电压值换算得出倾角变化，再由电平器与挠曲固定端的距离，对各测点转角变化量曲线进行拟合，由方程计算出面板的挠曲变化量。

（二）安装埋设及初始值测定

（1）面板混凝土达到设计强度后，经测量放线，在测点处用砂浆浇筑安装平台，在安装平台上用电锤钻孔后安装基座，并用膨胀螺丝固定，然后在基座上安装电平器，通过电位器式读数仪，调整基座水平状态，使电平器基本处于0电位状态，旋紧固定螺丝固定电平器。

（2）用厚度约3mm的金属外罩盖住，以免浇筑0.5m×0.5m混凝土保护墩损坏电平器。

（3）仪器电缆沿顺坡敷设的电缆槽汇集并牵引至分期浇筑面板顶部，最终进入坝顶或下游坝坡观测房。

（4）测读到的某测线数据输入电子计算机进行处理，可得两条曲线的参数和图形。

（三）挠度计算

位移量计算式：$x_i = L_i \times (\sin\theta_i - \sin\theta_0)$（$i=1,2,3,\cdots,11$），式中：$x_i$为第$i$只仪器测得位移量，mm；$L_i$为第$i$只仪器与固定端（面板趾板交汇处，挠度为零）间距，mm；$\sin\theta_i$、$\sin\theta_0$为在第i只仪器的测值和首次测值。

由于本工程电平器输出一个与倾斜角度的正弦值相对应的电信值U_i，两者可进行多项式拟合：$\sin(\theta) = y(U) = a_0 + a_1 U_i + a_2 U_i^2 + a_3 U_i^3$（$i=1,2,3,\cdots,11$），式中：$U_i$为电平器输出电压，单位为V；$a_0$、$a_1$、$a_2$、$a_3$为测点电平器拟合系数，由厂家资料提供。

（四）测值情况

南公1水电站大坝堆石体于2018年12月下旬开始填筑，2019年11月填筑至顶部高程322.00m；大坝面板于2020年7月底全部浇筑完成。2020年9月11日水库正式下闸蓄水，11月4日达到1期蓄水位305.0m。

电平器安装初期，测点上游盖重施工影响较大，测值变化不平，故以下闸蓄水前2020年9月11日测值为基准值。根据2020年9月11日至2020年11月12日电平器实测值，对面板挠度变形进行计算，得到面板挠度（以外法向位移为正）变形位移量，表1为面板挠度变形位移量特征值统计表，表2为面板挠度变形时段特征值统计表。

表1　面板挠度变形位移量特征值统计表

序号	设计编号	桩号	安装高程（m）	实测最大位移量（mm）
1	MB-EL-01	坝0+227.66	240.00	−16.10
2	MB-EL-02	坝0+227.66	248.00	−4.60
3	MB-EL-03	坝0+227.66	256.00	6.41
4	MB-EL-04	坝0+227.66	264.00	24.52
5	MB-EL-05	坝0+227.66	272.00	10.24
6	MB-EL-06	坝0+227.66	280.00	6.71
7	MB-EL-07	坝0+227.66	288.00	0.34
8	MB-EL-08	坝0+227.66	296.00	−13.04
9	MB-EL-09	坝0+227.66	304.00	0.35
10	MB-EL-10	坝0+227.66	312.00	−4.24
11	MB-EL-11	坝0+227.66	320.00	−5.64

表2 面板挠度变形时段特征值统计表

序号	日期	270m高程挠度（mm）	300高程挠度（mm）
1	2020年9月11日	0.00	0.00
2	2020年10月1日	10.30	1.41
3	2020年11月1日	22.74	0.71
4	2020年11月12日	24.52	0.35

经分析，采用NJX11-10P型点式电平器获得的测值，变化较平稳，未见明显的突变和粗差，并随时间逐渐增大，变形速率逐渐减小，所测面板挠度变形符合规律。

（中国水利水电第三工程局有限公司 王吉朝）

老挝南公1水电站面板堆石坝内部变形监测分析

老挝南公1水电站装机容量为160MW，正常蓄水位对应库容6.33×10^8 m^3；采用混凝土面板堆石坝，坝顶长410m，最大坝高为90m。在堆石坝坝体内部共计布置3个垂直、水平位移监测断面，在监测断面内分层（270.85、300.85m高程）布置水管式沉降仪、引张线式水平位移计，其中内部垂直位移监测点14个，引张线式水平位移计测点12个。在下游坝坡修建坝后观测房，将仪器测读装置引入观测房内，并在观测房顶板设置外部变形观测点以计算测点的相对位移变化。其内部变形监测资料分析如下：

（一）垂直位移

最大沉降量特征值统计表见表1。

表1 B-B监测断面坝体累计沉降量特征值统计表

序号	设计编号	桩号		高程（m）	最大沉降量（mm）	累计沉降率（%）
1	DB-B-V-01	坝0+227.66	坝上0-070.30	270.00	67.00	0.23
2	DB-B-V-02	坝0+227.66	坝上0-030.00	270.00	65.00	0.23
3	DB-B-V-03	坝0+227.66	坝0+000.00	270.00	96.00	0.34
4	DB-B-V-04	坝0+227.66	坝下0+030.00	270.00	74.00	0.33
5	DB-B-V-05	坝0+227.66	坝下0+055.00	270.00	56.00	0.26
6	DB-B-V-06	坝0+227.66	坝上0-028.30	300.00	20.30	0.14
7	DB-B-V-07	坝0+227.66	坝0+000.00	300.00	45.70	0.15
8	DB-B-V-08	坝0+227.66	坝下0+025.00	300.00	30.70	0.10

通过表1，结合在坝0+227.66主监测断面270.00、300.00m高程处沉降变化过程线分析可知，水管式沉降仪测点施工期沉降量与坝体填筑速率呈正相关，填筑速率越高，沉降速率越快，坝体填筑期速率高峰期为2019年9～11月，270m高程月沉降速率最大为19.30mm/月，300m高程月沉降速率最大为14.30mm/月；随着大坝填筑的不断升高，坝体自重增加，累计沉降变形逐渐增大，表明坝体变形过程明显，堆石体处于变形压缩状态。

2019年12月至2020年9月11日，处于大坝填筑完成自发沉降时段，不再增加外界负荷，自重保持恒定，坝体开始处于平稳沉降阶段，沉降速度和变形趋势减缓且变化减小，大坝沉降变形逐渐趋于稳定。

同一监测断面在不同高程、坝纵的情况下，测点最大沉降量表现为：坝轴线处最大，其他测点坝体离坝轴线越近，沉降量越大，离轴线越远，沉降量越小，测点沉降量呈现为对称于坝轴线分布。其他监测断面在不同坝纵的情况下坝体沉降均表现上述同一规律，且在同一监测断面不同高程累计最大沉降量均位于坝体中部，因大坝底部堆石体承受的荷载最大，承压层厚度较小；相反，上部承受的荷载较下部小，但承压层厚度大，这两种组合关系使得大坝在中部的荷载与可压层厚度相对适中，最大沉降在坝体轴线附近表现明显。

（二）水平位移

坝体内部水平位移特征值统计表见表2。

表 2　坝体内部水平位移特征值统计表

序号	设计编号	桩号		高程（m）	最大水平位移（mm）	
					蓄水前	蓄水后
1	DB-B-H-01	坝 0＋227.66	坝上 0-070.30	270.00	－8.10	41.28
2	DB-B-H-02	坝 0＋227.66	坝 0±000.00	270.00	－2.10	42.56
3	DB-B-H-03	坝 0＋227.66	坝下 0＋055.00	270.00	5.90	41.02
4	DB-B-H-04	坝 0＋227.66	坝上 0-028.30	300.00	7.70	15.20
5	DB-B-H-05	坝 0＋227.66	坝 0±000.00	300.00	12.70	23.20
6	DB-B-H-06	坝 0＋227.66	坝下 0＋025.00	300.00	5.70	15.40

由表 2 及在坝 0＋227.66 主监测断面 270.85、300.85m 高程处水平位移监测成果图分析得出，在下闸蓄水前，270.0m 高程实测最大水平位移量为 5.90mm，300.0m 高程为 12.70mm。在坝体填筑施工过程中，因不均匀沉降，特别是坝轴线部位沉降量相对上、下游侧测点沉降量较大，容易造成测点向中间部位移动，产生负值，随着坝体逐步填筑，坝体沉降平稳且减缓，测点逐步趋于向下游移动。

在 2020 年 9 月 11 日下闸蓄水后，270.0m 高程实测最大水平位移量为 42.56mm，300.0m 高程为 23.20mm。由于库水压力影响，坝体受到向下游的推力作用，使得向下游变形的位移量远大于向上游的位移量；沿高程方向，坝体中部的水平位移要大于上、下部的水平位移。

（三）结语

南公 1 水电站混凝土面板堆石坝坝体填筑料为流纹岩（属硬质岩）。其湿抗压强度为 52.5～126.2MPa，平均值为 106.2MPa；干抗压强度为 122.80～212.60MPa，平均值为 157.50MPa；具有抗压强度高、不易破碎、压碎指标低、岩石孔隙率高等特点。分析表明：

（1）坝体沉降量沿垂直于坝轴线方向坝体沉降基本对称坝轴线分布，沿高程方向坝体沉降呈中部大、向两侧减小的分布规律。

（2）水平位移以坝轴线测点为界，表现为中心向上下游两边变形，上游测点向上游移动，下游测点向下游移动，符合混凝土面板堆石坝内部水平位移变形的一般规律。

这一变形规律，对同等规模、同一变形监测方式的水利工程具有参考借鉴意义。

（中国水利水电第三工程局有限公司　王吉朝）

其　他

静力水准自动化监测系统在丰满水电站全面治理（重建）工程中的应用

丰满水电站全面治理（重建）工程在原大坝下游 120m 处新建一座大坝。该大坝为混凝土重力坝，坝顶高程 269.50m，最大坝高 98.00m，从左岸至右岸共 56 个坝段。为监测新建大坝的垂直位移变化情况，应用了静力水准自动化监测系统。

（一）监测系统简介

RJ-S 型静力水准仪（智能型）依据连通管原理，用电容传感器测量每个监测点容器内液面的相对变化，再通过计算求得各监测点相对于基准点的相对沉陷量。仪器由主体容器、电容传感器、变送器、连通管等部分组成，各个监测点主体容器用连通管连通，其液面始终为同一水平面。安装在现场的电容式静力水准仪的数据通过自动化数据采集单元（DAU）采集后传输至光端机，再传输至以太网交换机，最终传回至监测管理中心站。

（二）测点布置

选择在坝体内三层主廊道布设，每个坝段设 1 个监测点（有的廊道每间隔 100m 增加 1 个监测点），系统端点利用双金属标作为基准点。高程 230.00m 廊道为 2 条（段），设 2 条静力水准系统，一条位于 6～19 号坝段，长度为 252m，共布设 16 个监测点；另一条位于 26～46 号坝段，长度为 378m，共布设 24 个监测点。高程 212.50m 廊道设 1 条静力水准系统，位于 19～27 号坝段，长度为 222m，共布设 10 个监测点。184.00m 高程基础廊道设 1 条静力水准系统，位于 20～26 号坝段，长度为 186m，共布设 7 个监测点。

（三）系统安装

(1) 在观监测点设置仪器支架，支架应与被测基础紧密结合，同一条系统各支架顶面高程差应小于5mm。

(2) 预先用水和蒸馏水冲洗仪器的主体容器及塑料连通管。将主体容器安装在监测点支架钢板上，用水平器垂直交替放置测主体容器顶盖表面，调节螺杆使该表面水平。

(3) 将主体容器用连通管连接好，从末端注入溶液，操作时应小心排除管内空气的气泡，同时检查系统的密封性，各接头部位应无液体渗出。

(4) 将浮子放入主体容器，将传感器电极部分装在主体容器的顶盖板上，检查仪器的读数，并记录初始值。

(5) 安装静力水准仪保护箱。

(6) 将仪器电缆接入相应观测横廊的分布式数据采集单元中，数据通过通讯模块传递到计算机监测系统。

（四）数据分析

静力水准仪于2019年7月31日接入自动化监测系统，开始监测，每天采集数据2次，时间间隔12h。除大坝184.00m高程基础廊道2020年3月21日至4月25日因大坝内部电力系统原因造成测值丢失，其他3条静力水准系统测值连续且完整。对57个监测点数据进行检查，各监测点数据变化稳定未见明显的突变和粗差。

选择大坝184.00m高程基础廊道静力水准系统2019年7月31日至2020年10月31日的监测数据，可以看出：①2019年8～10月，上游库区水位从250.00m高程逐渐上升至263.50m高程过程中，系统各监测点相对垂直位移变化表现为逐渐下陷，至该年12月5日各监测点下陷趋势停止，最大沉降发生在26号坝段，沉降量为1.40mm，远小于警戒值；②2019年11月至2020年8月该条静力水准系统相对垂直位移表现为逐渐上抬，同时期上游库区水位逐渐下降至252.00m高程；③2020年8～9月上游水位快速上升至264.00m，该条静力水准系统表现为持续上抬，且有趋势性变化，最大上抬发生在20号坝段，上抬量为1.27mm，远小于警戒值；④该条静力水准系统高程低、廊道环境较为封闭，从过程线分析与气温相关性不明显。

对上游库区水位和气温数据与其他3条（212.50m高程廊道1条和230.00m高程廊道2条）静力水准系统监测点成果数据关系曲线进行分析，可以看出：①各条静力水准系统各监测点在同一时期内相对垂直位移变化过程线基本一致，说明各条静力水准系统各监测点的沉陷变化规律基本一致；②各条静力水准系统各监测点不存在测值突变，测值稳定性较好，说明各条静力水准系统的整体连通性、稳定性好；③相对垂直位移变化与上游库水位成明显的正相关关系，即随着上游库区水位的上升，各监测点上抬，上游库区水位下降，各监测点下陷；④所处廊道与外界环境相通，受影响较大，静力水准与温度成一定的负相关关系，即随着气温升高，各监测点有一定的下陷，气温降低，各监测点有一定的上抬。

（五）应用效果

静力水准自动化监测系统测量精度高，测量频次可根据需要任意设置，自动化性能好。投入运行后，可以实现远程遥测，替代人工测量，提高监测数据的实时性，降低运行成本及维护费用。在丰满水电站原大坝爆破拆除后过水期间，该静力水准自动化监测系统连续完整记录了新大坝在蓄水水位快速上升过程中的相对垂直位移变化，获得有借鉴意义的宝贵资料。

（中国水利水电第三工程局有限公司
孙林　南大伟）

乌江梯级水电站远控模式下运行安全风险分级管控应用

贵州乌江水电开发有限责任公司（简称乌江公司）负责乌江干流贵州境内河段梯级水电站群的建设和运营，已建成洪家渡、东风、索风营、乌江渡、构皮滩、思林、沙沱和支流上的大花水、格里桥共9座水电站，共计32台机组，总装机容量869.5万kW。2005年乌江公司成立水电站远程集控中心（简称集控中心），9座水电站于2013年全部纳入集控管理，2015年实现所有机组的远程控制。为提升对各水电厂远程控制管理水平，增强安全风险应对能力，集控中心经努力，对流域水电全面实施安全风险分级管控。现将一些做法简介如下。

（一）风险管控存在的问题

(1) 风险管控涉及多主体。集控中心远程控制的9座水电站共计32台机组，线路出线共计33条，涵盖500、220、110kV三个电压等级，涉及总调、中调、地调三级调度机构，在风险管控工作中涉及多主体，存在公司、集控中心、电站职责不明确、流程不清晰、重点不突出等问题。

(2) 风险管控措施不够全面细化。传统模式下，电网下达的安全风险控制单，因涉及单位较多，单独针对所涉厂站的风险防控措施及实施作出要求不够精细，只要求厂站执行结果，没有过程监督，而且只围绕单一电站、单一因素、单一事件考虑，没有充分考虑梯级电站上下联动、优化运营的等问题，风险管控措施不够细化、全面。

（二）分级管控的实施措施

集控中心积极探索，总结提炼出“电网调度总领，公司、集控、电站三级管控”的水电站调度运行风险分级管控的新模式，得到公司认可并实施。主要实施措施如下：

（1）开展风险辨识、发布风险管理规定。集控中心从厂用电全部丢失、主要设备损坏、送出线路跳闸不能及时复电、水淹厂房4个主要影响运行安全的因素考虑，结合“深化运行”管理需要，找出薄弱环节，对风险进行分级分类：按风险影响范围分为电网级、厂站级两级风险，按时间上分为计划与实时两类；并按照风险识别、会商评估、风险控制、风险处理、风险发布及风险反馈5个环节，总结并发布电力调度风险预警管理规定。

（2）强化企业主体责任、明确各级单位职责。明确了公司各单位在风险分级管控中承担的角色，强化了各单位的主体责任，形成一套流域水电站安全风险管控执行流程。

调度：上级电网调度根据设备检修计划、设备健康情况，结合电网运行方式，通过危害辨识与风险评估，制定风险计划，提出风险防控要求，按需向风险所涉单位发布运行安全风险通知书，并对风险防控措施落实情况进行管控。

公司：根据电网发布的风险通知，组织集控中心、电站进行三方会商，进行风险评估。对集控中心编制的风险预警通知书进行审核、签发。对风险防控实行全过程监管。

集控中心：一是接收电网风险通知书，并根据该通知书要求，结合梯级电厂的运行方式进行危害辨识与风险评估；二是风险防控措施编制，根据风险种类、层级编制详细可行的防控措施，并与公司进行会商；三是风险预警发布，达到公司风险发布条件时，向电厂下达风险预警通知书；四是防控措施落实，督促电厂落实风险防控措施，并将落实情况反馈至公司和上级调度机构；五是风险解除，明确风险解除条件，达到条件时风险自动解除，特殊情况由集控中心通知电厂解除。

电站：负责接收公司下达的风险预警通知书，按照通知书要求组织人员编制反措并落实到位，并将落实情况反馈至集控中心。

（3）发挥联合调度优势、细化风险防控措施。集控中心在危害辨识和电站风险评估的基础上，统筹计划，科学计算，落实最优的控制方案和措施，在编制公司风险预警通知书时明确集控中心与风险涉及电站各自的防控措施。集控中心进行梯级电站运行方式把控，措施包含水位控制范围、电站运行方式、极端天气时防控措施，事故情况下远程应急措施。风险涉及电站进行现场设备检查、维护，具体防控措施包含现场一、二次设备检查，厂用电安排，人员安排、事故预想及演练、极端天气时防控措施。细化化后的风险防控措施可行性更强、分工更明确。

（4）运行风险全程把控、建立风险控制会商机制。采用安全风险管理“事先控制”、事故过程中“事中分析”的方法，改变运行安全生产“事后分析”的被动管理模式，进一步完善、规范在事故情况和运行风险的管理体系，建立安全风险会商机制。

一是坚持闭环管控。经各层级多方会商后将电网、乌江梯级水电厂运行风险分析结果由上级调度、集控中心层面向各电站的执行层面传递，通过会商确定的运行风险防控措施的执行和落实情况，各电厂应形成回执单，上报安全风险发布单位，落实对安全风险的闭环管理。

二是坚持科学分析。在运行风险识别和事故发生过程中，充分利用计算机监控系统、保护故障信息系统、水调系统等手段，全面梳理电厂的安全隐患和故障分析；同时建立事故信息汇报流程，出现电力事故后，组织相关专业人员，系统的辨识风险和分析事故原因，为事故分析和处理作出有效判断和控制。

三是坚持过程把关。做好梯级各电厂远控状态下的运行专业事故预想、风险控制措施的审核以及措施执行层面的把关，并根据事故及风险预控过程做好跟踪、信息发布、汇报和分析等方面工作。

（三）分级管控的实施效果

乌江梯级流域水电远控模式下运行风险分级管控，改变了传统的工作模式，明确了公司各单位在风险分级管控中承担的角色，强化了各单位的主体责任。

乌江公司水电2019年全年共完成242项检修任务，其中线路、母线检修及预防性试验75次，配合电网工作26次，制定并发布公司级运行安全风险预警通知书11份，未发生一起不安全事件，实现全年“零事故、零伤亡”。实践证明安全风险分级管顺利实施，能够有效控制风险，防范事故发生。

乌江梯级水电站远控模式下运行安全风险分级管控成功应用，不仅强化了制度落实，而且方法简单可行。

（贵州乌江水电开发有限责任公司集控中心　陈宇）

几内亚苏阿皮蒂水电站大坝安全监测应变计安装

几内亚苏阿皮蒂电站大坝采用碾压混凝土重力坝，最大坝高116.5m，坝轴线长1148m。工程科学选择、合理布置、仔细安装了大坝安全监测系统各监测仪器。现将应变计安装工艺及遇到的问题简介如下：

本工程应力与应变监测采用了五向应变计组，其方向参见图 1。

该五向应变计组安装工艺要点如下：

（1）采用在浇筑过程中预留坑方式埋设，制作长200cm、宽 200cm、高 80cm 的无底钢框架，在碾压混凝土摊铺碾压至埋设高程时，将其放置在埋设位置，外围及附近混凝土用大振捣器振捣密实，仪器位置人工摊铺振捣找平至埋设高程以下 10cm，预埋应变计组支座支杆并用全站仪测定方向和位置与设计要求无误后，在底座上焊接锚筋固定。

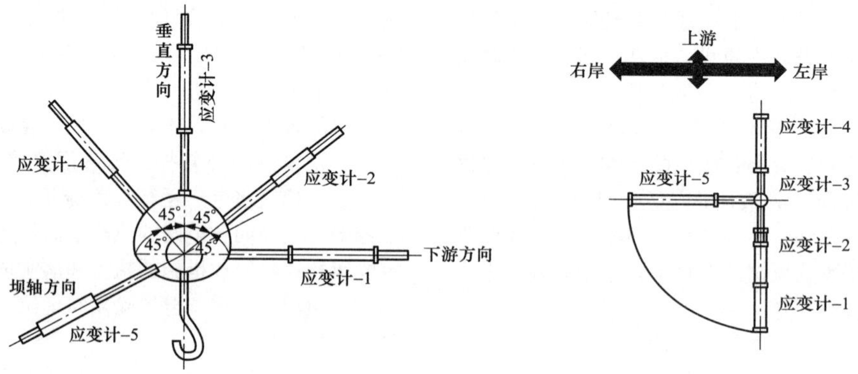

图 1　五向应变计组方向图例

（2）碾压混凝土摊铺高度高于埋设高程 60cm 时开始安装应变计组，操作步骤如下：①应变计组埋设位置和方向按图纸规定进行；②测读各应变计自由状态读数并记录作为安装前读数；③安装各向应变计后检查各方向符合设计要求后，测读并记录为安装后读数及埋设前读数；④在应变计周围人工回填混凝土，回填混凝土应剔除大于 8cm 粒径的大骨料，每层回填厚度为 30cm，在离仪器 30cm 外用小型电动振捣器振捣至表面泛浆。

（3）为保证回填和振捣时对仪器方向扰动和仪器安全，按图 2 数字顺序所示先回填至水平向应变计- 1、应变计- 5 底部，检查水平向应变计角度无误后先覆盖仪器，检查覆盖后读数与埋设前读数应无较大波动；继续回填混凝土至应变计- 2、应变计- 3、应变计- 4 中部，检查角度无误后先回填仪器周围再向外回填，同时检查覆盖后读数与埋设前读数应无较大波动；至此回填厚度约 30cm，按图 2、图 3 数字顺序所示振捣混凝土至密实；第一层混凝土振捣完成后重新按图 2、图 3 数字顺序回填和振捣，此时垂直向应变计- 3 顶部刚埋入混凝土，在该位置插上标志以防误踩，并随机检查读数应无较大波动。第三层混凝土时仍按图 2、图 3 顺序回填和振捣，控制小振捣器插入深度应小于 30cm 以防损坏应变计- 2、应变计- 3、应变计- 4；至第五层之上方可用大振捣器振捣。

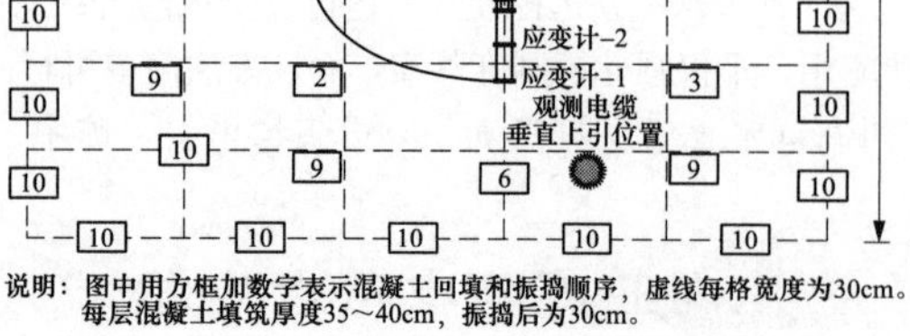

说明：图中用方框加数字表示混凝土回填和振捣顺序，虚线每格宽度为30cm。
每层混凝土填筑厚度35～40cm，振捣后为30cm。

图 2　五向应变计埋设混凝土回填及振捣点位平面布置图

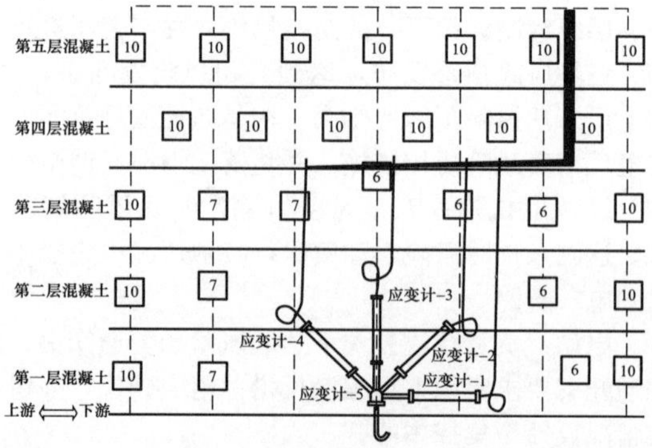

图 3　五向应变计埋设混凝土回填及振捣剖面图

（4）各方向的应变计观测电缆均垂直上引至应变计埋设高程以上 1m 后再汇集一处引入观测站。

本工程原采用南瑞 150E 型振弦式应变计，其弹模量较小，不适用于大面积碾压混凝土浇筑埋设，致使部分应变计随混凝土浇筑盖重增加无法测出读数。后经国内专家、设计、厂家及参建各方就关于应变计的选型问题开会讨论，决定将剩余未安装的应变计更换为差阻式 25 型。

另外，本大坝安全监测系统的引张线线体，原设计为碳纤维，从厂家的产品介绍上没有看到使用的先例，在基础廊道两次安装均从碳纤维和铟钢丝转换接头位置脱落，后经研究决定，将线体更换为铟钢丝。

（中国水利水电第三工程局有限公司　田凯）

中國水力發電年鉴

13

环境保护与水库移民

环 境 保 护

中国长江三峡集团有限公司 2020年生态环境保护工作情况

（一）三峡工程生态环境保护概况

2020年11月，三峡工程建设任务全面完成，顺利通过竣工验收，工程质量满足规程规范和设计要求、总体优良，运行持续保持良好状态，防洪、发电、航运、水资源利用等综合效益全面发挥。

自2011年以来，三峡水库已连续10年开展了14次针对长江中游“四大家鱼”自然繁殖的生态调度。通过科学调度，长江中游产生持续上涨的人造洪峰，创造出适合鱼类自然繁殖所需的水文条件，包括“四大家鱼”在内的鱼类繁殖情况出现明显好转。2020年，三峡水库于5月23～28日联合溪洛渡—向家坝实施了一次针对“四大家鱼”自然繁殖的生态调度，溪洛渡—向家坝—三峡水库联合生态调度监测结果表明，江津、宜都江段鱼类产卵量分别约为0.33亿、5亿颗，总规模约为5.33亿颗，对鱼类产卵有一定的促进作用。2020年5月，三峡水库首次开展了针对产黏沉性卵鱼类繁殖的生态调度，结果表明，库尾回水区江段、磨刀溪、小江和香溪河，调度期间出现鲤、鲫鱼产卵现象与孵化高峰，单日鱼巢卵粒现存量变化范围为2～120粒/dm^2，近岸边位置鱼巢仅有零星产卵现象，卵粒现存量变化范围为0～20粒/dm^2，岸边鱼巢及自然基质上未见鱼卵集中死亡现象。这表明三峡水库以水位维持为中心的生态调度对鲤、鲫鱼的产卵孵化有较好的促进效果。

在陆生生物保护方面，三峡集团长江珍稀植物研究所专门开展研究和保护工作。目前已建立了植物种质资源数据库及资源分布图，已收集、分级、保存长江流域特有珍稀资源性植物活体种质资源1256种，种子保存100余种，运用科学保存并制作珍稀植物腊叶和浸制标本800余种。同时，长江珍稀植物研究所注重珍稀植物繁育与迁地保护工作。珍稀植物所采用传统繁育、组培等先进技术对疏花水柏枝、荷叶铁线蕨、珙桐、红豆杉等100余种植物的培育取得重大突破，共繁殖珍稀植物苗木18万余株，有效地扩大了珍稀植物种群。截至2020年底，珍稀植物研究所共迁地保护珙桐、红豆杉、荷叶铁线蕨、疏花水柏枝、伯乐树、篦子三尖杉、红花玉兰、连香树、水青树等特有珍稀植物1256种2.6万余株，成活率达90%以上。

基于三峡工程生态环境影响长期监测数据与研究成果，以及中国工程院编制的第三方独立评估报告结论，目前三峡库区及相关区域生态环境状况总体良好，生态环境变化总体上在论证和可行性研究阶段预测的范围之内。三峡工程生态环境保护将伴随工程运行长期存在。作为共抓长江大保护的重要组成部分，管理好三峡工程，持续、系统地开展生态与环境保护工作，是集团公司的长期使命。

（二）环境保护科研情况

2020年，积极组织开展了长江大保护与水电生态环保相关的科研项目。立项并开展了“基于水热预处理的污泥减量减害与资源化集成技术研究”“长江大保护智慧水务管控体系及标准研究”“长江经济带典型水网地区中小城市的多源污泥特性及处理处置技术路线研究”“长江中游地区村镇污水处理模式研究”“马鞍山慈湖河水环境治理提质增效关键技术研究”“长江流域典型城市保护修复科技支撑体系及典型范例研究”“厂网河湖岸一体化治理反问题研究”“污水厂污泥中病原体聚集传播机制及其臭氧卫生化调理技术研究”“长江流域水生生物完整性指数评价指标体系研究”等9项支持长江大保护水污染治理与水生态修复相关的科研项目。

组织持续性项目“长江大保护环保产业可持续环境经济评估模型研究”“长江大保护环保产业项目后评价指标体系研究”“长江口生态系统结构、功能状况及其长期演变研究”“长江泥沙变化的生态环境效应研究”“长江生态格局与关键过程长期演变及效应研究”“长江重点江段特征污染物识别及其生态风险”等6项重点专项的年度进展与中期检查，对长江流域生态环境共性问题、关键问题研究的阶段性成果进行凝练，其中长江大保护环保产业的经济评估模型与后评价指标体系的阶段性成果已投入到相关单位实际运用中。

组织验收三峡温室气体源汇监测与分析项目、葛洲坝枢纽工程环境影响后评价项目以及长江上游和金沙江下游干流梯级水电开发主要生态环境影响回顾性分析与对策项目等3个科研项目，整理并凝练项目成果。

按三峡集团要求，积极参与国家重大科技研发计划生态环境类项目的申报和实施，命中一项长江水科学联合研究基金项目“长江深大水库层化水体的多界面微生物地球化学过程及其环境影响调控研究”。

（三）长江上游珍稀、特有鱼类国家自然保护区保护工作

“长江上游珍稀特有鱼类国家级自然保护区”（简称保护区）范围长江干流由向家坝开始，下游延伸至重庆地维大桥，同时包含赤水河干流和部分支流、岷江下游和越溪河支流，以及南广河、长宁河、沱江和永宁河河口区河段。保护区主要保护对象包括3种珍稀鱼类（白鲟、达氏鲟、胭脂鱼）以及其他67种特有鱼类。《长江上游珍稀、特有鱼类国家级自然保护区总体规划报告》及《长江上游珍稀特有鱼类国家级自然保护区生态补偿项目总体协议》要求，以“共抓大保护，不搞大开发”为主线，紧紧围绕长江流域水生生物资源养护工作全局，扎实推进保护区生态补偿项目各项工作，组织开展了保护区管理、人工增殖放流、鱼类保护研究项目等工作。

1. 保护区管理　保护区项目管理办公室在农业农村部的组织下，进行了金沙江二期工程水生生物及栖息地保护生态补偿项目实施规划的专家咨询，对金沙江二期工程生态补偿项目规划的实施内容、布局安排及经费进行了论证，规划将在充分吸取专家意见的基础上进一步完善。

2020年，集团公司会同长江流域渔政监督管理办公室，按照《修复向家坝库区渔业资源及保护长江珍稀特有物种合作框架协议》，在验收了《修复向家坝库区渔业资源及保护长江珍稀特有物种合作第一批项目执行协议》的基础上，续签了第二批项目协议，已启动项目。

在《框架协议》规定任务方向基础上，第二批项目更加紧扣长江大保护新形势下的长江水生生物保护重点任务，贯彻落实《国务院办公厅关于加强长江水生生物保护工作的意见》的文件精神，结合农业农村部设定的重要水生生物保护行动目标，重点开展保护区关键珍稀物种保护、关键栖息地的修复和宣贯培训等相关项目。

2. 人工增殖放流　持续开展中华鲟、长江鲟等长江珍稀特有鱼类物种保护技术研究和增殖放流，通过长江鱼类资源保护流域化布局，实施流域性水生生态保护与修复等综合性策略，着力保护长江水生生物多样性，促进长江流域生态环境修复。三峡集团中华鲟研究所已掌握全人工繁殖等中华鲟物种保护核心技术，建立了覆盖亲鱼培育、催产繁殖、苗种培育、梯队建设、增殖放流及效果评估、洄游监测、自然繁殖监测等全周期的中华鲟保护体系，已累计向长江放流各类规格的中华鲟超过500余万尾。

2020年，集团公司首次组织了4万尾长江鲟鱼苗的规模化放流。首次在圆口铜鱼人工繁育及苗种集约化养殖技术研究取得了重大突破，实现了在重庆江津、四川宜宾开展鱼苗增殖放流，累计放流13万，相关信息报送国务院国资委、生态环境部与农业农村部。

2020年，三峡集团所属放流站放流珍稀特有鱼类数量超过72.7万尾。三峡集团也在各地开展增殖放流活动，推动水生生物保护。

3. 鱼类保护研究项目　三峡集团组织开展的鱼类保护研究项目取得了诸多成果，为保护区鱼类的保护以及整个水生态系统的健康维持提供了理论支撑。到2020年底，已组织开展了31个保护区相关的研究项目，其中，已结题项目28项，在研项目2项。

2020年开展的鱼类保护研究项目主要包括：长江上游珍稀特有鱼类增殖放流效果评价，圆口铜鱼规模化繁育与苗种集约化养殖技术研究。

（中国长江三峡集团有限公司　吴兴华）

雅砻江流域水电开发有限公司2020年生态环境保护工作情况

2020年，雅砻江流域水电开发有限公司（简称雅砻江公司）全力推进全流域生态环境保护工作，守住了环保水保事故零发生、行政零处罚的工作底线，实现了“环保工程、绿色电站”的年度环保目标，各项生态环境保护工作有序开展。

（一）顺应管理形势，紧跟国家政策，促进环保观念再转变

2020年1月，雅砻江公司组织召开了2020年环保水保工作会，重点解读了环保督察、水保监管的新常态，传达了主要领导指示精神，对全年环保水保工作进行了具体规划安排，要求各部门和二级单位要提高政治站位，始终绷紧环保水保工作这根弦，与时俱进适应新常态，时刻保持高度的责任感，提前谋划，把环保水保工作落到实处，严守环保水保红线底线。全年通过发文、会议等形式及时解读、宣贯国家出台的环保新政策，促进各部门和二级单位环保观念的转变。

（二）持续完善生态环境保护管理体系，不断提高环保水保工作规范化水平

雅砻江公司坚持“流域化、集团化、科学化”管理模式，在雅砻江公司环境保护管理委员会后，流域各电厂和管理局也先后成立了环境保护管理委员会，统筹、协调、实施现场环境保护工作。至此，雅砻江

公司形成了以环境保护管理委员会统筹协调、环境保护管理中心监督执行、各电厂和管理局具体落实的管理架构。在这套层级分明、分工明确、层层相扣的管理体系下，各层级多管齐下，齐抓共管，开创了雅砻江流域环保工作的新局面。

（三）超前谋划，细化深化环保水保专项设计，确保开好头、起好步

环保水保设计是落实环保水保措施的重要抓手。2020年，雅砻江公司在环保水保设计管理上，总结问题，创新思路，超前谋划，在行业内率先提出设计深化要求，要求专题开展卡拉、孟底沟等水电站的环境保护总体设计和水土保持初步设计，完善工程招标文件中环保水保要求，细化和深化环保水保专项措施设计，确保在卡拉主体工程EPC招标前达到招标设计深度，有图纸有工程量，开好头、起好步，为工程后续阶段环保水保措施的有效落实提供技术保障，为环保水保“三同时”管理提供了技术依据。

（四）完成蓄水阶段环保水保验收与水保变更手续，为下闸蓄水目标按计划实现提供保障

2020年，雅砻江公司在自查自纠的基础上，采取制订滚动清单、定期对照梳理的方式，跟踪、督促现场环保水保工作，协调管理局、设计、监理、施工及验收报告编制单位等各方，密切配合，消除分歧，统一思想，及时在水利部履行了两河口水电站水土保持措施变更行政许可手续，于2020年8月18日及9月4日分别完成两河口水电站蓄水阶段水土保持设施及环境保护验收，9月21日及22日分别完成杨房沟水电站蓄水阶段水土保持设施及环境保护验收，为保障两个电站按期实现下闸蓄水的里程碑目标奠定了基础。

（五）严格落实“三同时”制度，强化现场监管，守住环保红线

2020年，雅砻江公司继续抓好全流域环保水保工作的监督、指导和检查，组织开展了多次流域环保水保专项检查，着力消除现场环保水保隐患，重点推动渣场料场现场整治、基迹地恢复、弃渣清理归位、危废管理等工作，保障现场环保水保“三同时”要求切实落实，未发生环境污染与生态破坏事件、水土流失危害事件。在生态环境保护督察常态化和水土保持严监管的形势下，2020年经历了中央第六生态环境保护督察组、四川省生态环境厅、水利厅及州（市）、县各级行政主管部门的执法检查活动和国投集团、国投电力的现场检查中，未发生受到通报、处罚的情况，并得到了充分的认可与好评。

（六）流域鱼类保护成绩突出，取得行业内外的高度评价

2020年，面对突如其来的疫情，鱼类增殖站春节值班人员克服疫情影响，坚守生产一线，咬住年度目标不放松。在雅砻江公司领导的统筹部署下，充分发挥自主运行优势，克服重重困难，实现了年度放流任务。雅砻江公司流域鱼类保护科研项目成果突出，“水电开发流域裂腹鱼类保护关键技术”获得2019年度四川省科技进步奖三等奖后又被国投集团选为绿色技术；西昌白鱼人工增殖技术趋于成熟，圆口铜鱼首次人工催产孵化出苗并已成活5个月，石爬鮡人工繁殖鱼苗培育成活达14个月，突破了开口苗不能成活的业界难题，为流域中远期放流鱼类的人工增殖放流保护夯实了基础；雅砻江公司作为主要单位参编的《水电工程鱼类增殖放流站运行规程》已经定稿，即将发布。

2020年6月6日，雅砻江中游鱼类增殖放流站在雅砻江公司督导下放流鱼苗39万尾；7月20～22日，二滩·桐子林水电站鱼类增殖放流鱼苗16.5余万尾；9月22日，两河口水电站鱼类增殖放流站放流12万尾；6月29～30日，锦屏·官地鱼类增殖放流站放流鱼苗100余万尾。雅砻江公司顺利完成了年度放流任务。

（雅砻江流域水电开发有限公司　徐丹）

大型梯级水库蓄水运行后对下游河道水温的影响

龙羊峡、李家峡、公伯峡水电站分别是黄河上游龙羊峡——青铜峡河段规划的第一、三、四个梯级电站，最大坝高分别为178、155、132m，水库库容分别为247亿、16.48亿、6.2亿m^3，机组全部投产时间分别为1989年6月、1999年12月、2006年7月。

（一）龙羊峡水库运行水位对库表水温及下泄水温的影响

龙羊峡水库为多年调节水库，1986年10月开始下闸蓄水，初期水位年调节变幅大于40m；至2013年4月，仅2006、2009、2012年水库水位接近正常蓄水位2600m。监测资料表明，水库运行水位对下泄水温有较大的影响。图1、图2为1990～1996年龙羊峡水库运行水位与库表水温、下泄水温关系图。

(1) 由图1可知，对于冬季低温时段（12月～次年3月），水库下泄水温随着水库水位的升高而升高，随着水库水位的下降而降低，库表水温也表现出相同的规律，库表水温在2.5～5.5℃之间，可知龙羊峡水库基本不结冰。

(2) 由图2可知，夏季高温时段（5～10月），则表现出相反的规律，即水库下泄水温随着水库水位的升高而降低，随着水库水位的下降而升高，库表水温则基本不受水位的影响，基本维持在14～16℃之间。

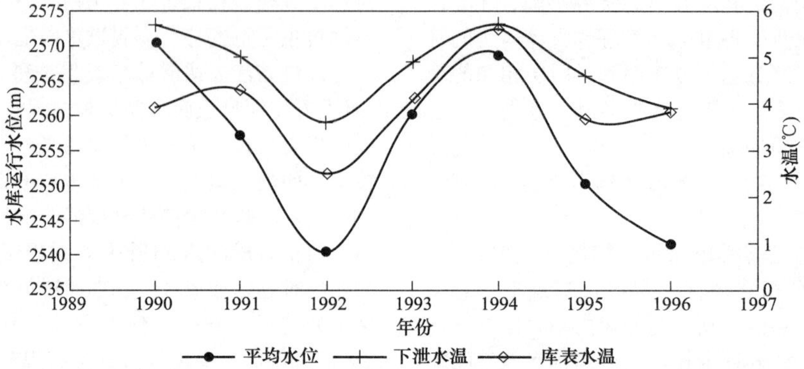

图 1　龙羊峡水库运行水位与库表水温、下泄水温关系图（12 月～次年 3 月）

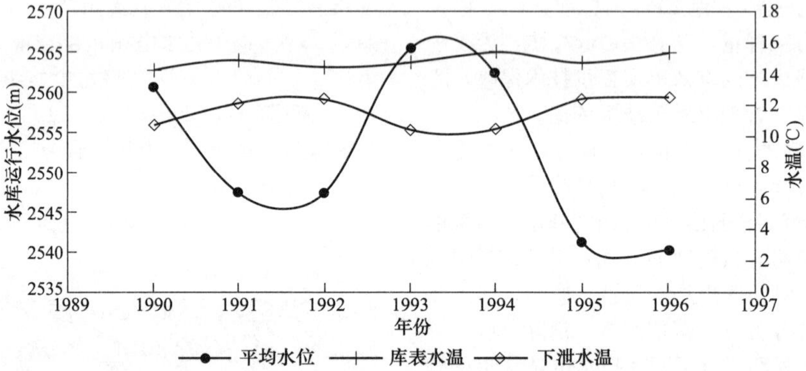

图 2　龙羊峡水库运行水位与库表水温、下泄水温关系图（5～10 月）

（二）大型水库蓄水运行后对下游河道水温的影响

选取龙羊峡水库 1986 年蓄水前与 1993 年（龙羊峡水库单库调节）、2001 年（龙羊峡水库＋李家峡水库联调）和 2004 年（龙羊峡水库＋李家峡水库＋公伯峡水库联调）3 个时期的贵德、循化水文站的水温资料进行对比。

（1）贵德水文站位于龙羊峡水库下游 50km，1993、2001、2004 年 3 个时期的水温变化过程线无明显变化，但是冬季水温明显升高，最低水温由 1986 年的 0℃升高至 4～5℃，夏季水温明显降低，最高水温由 1986 年的 17.5℃降至 12℃，且均滞后 1～2 个月。

（2）循化水文站距龙羊峡水库 200km，3 个时期观测资料基本相近，但仍有差别。1993 年龙羊峡水库单独调节时，最高水温发生在 8 月，仅滞后 1 个月，由 1986 年的 18.5℃降低至 14℃，降幅为 4.5℃；冬季最低水温由 1986 年的 0℃升高至 3.5℃。分析其与贵德水文站的差异，是由于沿程的增加，受外界气温的影响，水库的调节作用有所削弱。李家峡、公伯峡水库参与联合调节后，由于距循化站较近，尽管李家峡水库为周调节、公伯峡水库为日调节，但对下游河道水温仍有一定的微调节作用，故 2001 年和 2004 年联合调节后，循化站冬季 12 月～次年 1 月水温均略有抬高（1.5℃和 0.3℃），但夏季最高水温变化不大。

（三）结语

（1）龙羊峡水库为多年调节性水库，坝高库大，对下游河道水温的调节作用是显著的，起到了“调峰填谷”的作用，也就是抬升冬季水温，降低夏季水温。

（2）李家峡和公伯峡水库虽为周或日调节水库，但水库水深大于 100m，对下游河道水温仍有一定的微调节作用。

（3）多年调节水库运行水位对下泄水温有较大影响。冬季低温时段，下泄水温随着水库水位的升高而升高，随着水库水位的下降而降低；库表水温也表现出相同的规律，在 2.5～5.5℃之间变化。夏季高温时段，则表现出相反的规律，即下泄水温随着水库水位的升高而降低，随着水库水位的下降而升高；库表水温则基本不受水位的影响，维持在 14～16℃之间。水库运行水位越高，取水口以上水深越大，取水口水温受外界气温影响越小；反之，水库运行水位越低，取水口以上水深越小，取水口水温受外界气温影响越大。

（中国电建集团西北勘测设计研究院有限公司 雷丽萍）

北盘江流域梯级水电开发水温观测及调控联动技术研究

中国电建集团贵阳勘测设计研究有限公司根据北盘江流域光照、马马崖一级、董箐等3个梯级电站历时近10年（2009年9月至2019年5月）水温观测成果，研究了不同类型水温影响减缓措施的运行及工程水温调控效果，分阶段探索了梯级水电开发水温观测—调控联动技术。

（一）研究流域简况

北盘江共规划布置了9个梯级水电站，总装机容量3396.5MW。研究对象中，光照水电站装机容量1040MW，为北盘江干流的龙头水库，具有不完全多年调节性能，采用叠梁门分层取水设施减缓下泄低温水影响；马马崖一级水电站位于光照下游64km，为日调节完全混合型水库，装机容量558MW；董箐水电站位于光照水电站下游87km，日调节水库，装机容量880MW，水库水位与马马崖一级坝址重叠，设置有前置挡墙减缓水库下泄低温水影响。

（二）初步间接联动技术研究

本阶段涉及的研究时段为2009年9月至2010年10月，主要通过对比工况来分析研究水温调控效果。

1. 光照叠梁门及下泄水温原型观测—调控联动 根据运行工况及调控的数据，叠梁门顶处于水下18m高程对应水温要高于原进水口中心线高程对应水温（差值在2.2～4.5℃），实际下泄水温基本大于或等于实际叠梁门顶高程处水温，表明下泄水主要为叠梁门顶上层表层水。其次，根据机组冷却水供水水温差别和两个叠梁门单独泄水水温差别分别进行了进一步的对比分析，2009年9月实测1号引水洞（叠梁门高程709m）单独泄水时下泄水温22.1℃，2号引水洞（叠梁门高程682m）单独泄水时下泄水温21.3℃，温差0.8℃；2010年10月实测1号叠梁门顶679m高程供水水温21.3℃，2号叠梁门顶697m高程供水水温22.4～22.5℃，温差1.1℃，说明抬高叠梁门可以取上层水，起到了减缓低温水下泄的作用。另外，观测了光照下游20km盘江桥断面水温恢复情况，在经马马崖一级库区混合调节，以及受气温等外界条件综合作用影响后，光照坝下水温均有不同程度恢复，最大温升达到了2.5℃。

2. 董箐前置挡墙及下泄水温原型观测—调控联动 根据该电站下泄水温的数据，2010年7～10月坝前垂向水温分布有一定差别，底层水温要明显低于上层水温，挡墙顶高程对应水温要高于原进水口中心线高程对应水温（差值0.3～0.5℃），表明前置挡墙提高下泄水温0.3～0.5℃。其次，7月和10月的实测下泄水温均大于挡墙顶高程处水温，表明下泄水主要为挡墙顶上层表层水，用挡墙顶高程处水温作为下泄水温值偏小。另外，本阶段还观测了董箐坝下17km白层断面水温恢复情况，因董箐水库与下游龙滩水库首尾相接，董箐下泄水温恢复距离问题已不凸显。

（三）进一步间接联动技术研究

本阶段涉及的研究时段为2011年11月至2017年9月，在对叠梁门频繁调度时同步开展了针对性的水温观测，较为系统地掌握了调控效果。

1. 光照叠梁门及下泄水温原型观测—调控联动 根据观测资料，在开启叠梁门时，下泄水温对应的坝前垂向水温高程平均在叠梁门顶以上10m，说明下泄水体多来自叠梁门顶上方区域。其次，根据2014年观测数据，由于叠梁门频繁调度，下泄水温变幅较大，而取水口中心高程处由于水流流动性较弱，水温稳定在14.8℃左右，说明叠梁门调度期间下泄水温提高0.3～2.1℃。2015年观测数据也进一步说明了在叠梁门调度期间可提高下泄水温，但由于不同时段调度方式等差别，其改善效果也存在一定差异。

研究还表明，当坝前水温差别较小、分层较弱时，坝前垂向接近同温，改变取水高度对下泄水温影响小，下泄水温提高幅度较小，如3月25日及3月29日，715m以下水体基本同温，叠梁门的使用对下泄水温提升仅0.3℃。当坝前垂向水温分层较强时提高取水高度作用明显，高温水体更加靠近叠梁门顶，分层取水效果显著。总体来看，叠梁门起到了提高下泄水温作用，与进水口中心线高程处对应的坝前水温相比较，提高了0.2～2.1℃，且坝前水温分层越明显，对下泄低温水的改善效果越好。

2. 董箐前置挡墙及下泄水温原型观测—调控联动 根据观测资料，受挡墙影响，2017年4～8月坝前垂向水温分布差异较明显，其中7～8月呈明显双温跃层结构，而无挡墙情况下表层为温跃层，往下为斜温层，底部为同温层。其次，根据观测数据，有挡墙时下泄水温比无挡墙平均提高0.4℃，而与坝址天然水温相比，有挡墙时下泄水温存在冬季高温水、春夏季低温水效应，其中高温水较低温水突出，其下泄水温在挡墙调控作用下，3～6月下泄水温升高0.4～1.0℃，升温幅度最大为4、5月，平均约1.0℃，一定程度减缓了董箐水库的春夏季低温水影响。

（四）深层次直接联动技术研究

重点开展了鱼类产卵繁殖期（2018 年 4～6 月）深层次、直接性的联动技术研究。

1. 坝前垂向水温演变情况及下泄水温改善效果 研究表明，在叠梁门调度运行期间，垂向水温结构发生显著变化，由初期单温跃层结构（表层温跃层）逐渐演变为表层、库中温跃层同时存在的双温跃层结构，叠梁门调度运行一定程度上会对坝前水温分层结构产生影响。其次，根据不同取水方式下泄水温对比，结合其对应的高程和水温特征值，在 5、4、3 层叠梁门运行期间，有叠梁门的 1、2 号机组下泄水温较无叠梁门的 3、4 号机组下泄水温平均温升分别为 1.0、0.4、0.4℃。

研究还发现，不同机组运行方式对下泄水温有一定影响，也间接影响到分层取水效果。有叠梁门 1 台机组较无叠梁门 1 台机组下泄水温平均温升效果为 0.7℃，有叠梁门 2 台机组较无叠梁门 1 台机组下泄水温平均温升效果为 1.1℃，而有叠梁门 1 台机组较无叠梁门 2 台机组下泄水温平均温升效果为 0.1℃，有叠梁门 2 台机组较无叠梁门 2 台机组下泄水温平均温升效果为 0.3℃。同一取水方式机组台数的增加，相应增加了坝前的取水流量，由此可能产生局部的抽吸作用，进而抬高取水高程。总体来看，本阶段研究期间，光照叠梁门分层取水具有较好的水温改善效果，电站下泄水温平均提升 0.6℃。

2. 下泄水温与河段鱼类繁殖水温对比情况 在观测—调控联动期与河段鱼类繁殖季节重叠时段，虽下泄最低日均水温均未达到河段鱼卵孵化最低水温要求，但下泄最高日均水温基本达到了河段鱼卵孵化最低水温要求，仅刺鲃鱼卵孵化最低水温未达到，下泄最低、最高日均水温均处于河段主要鱼类水温适应限值范围以内。考虑河段大部分鱼类将在 7、8 月进入主要繁殖季节，且光照水电站 4 台机组全部采用叠梁门分层取水后的下泄水温应能满足河段鱼类繁殖水温要求。

（中国电建集团贵阳勘测设计研究有限公司
常理　王火云　王翔宇　杨桃萍）

乌江干流保障生态流量方式研究及应用

乌江，又称黔江，是长江上游右岸最大支流，发源于贵州省境威宁县香炉山花鱼洞，在重庆市涪陵区注入长江，干流全长 1037km。乌江干流梯级规划 11 座水电站，其中，贵州境内 7 座（洪家渡、东风、索风营、乌江渡、构皮滩、思林、沙沱），由贵州乌江水电开发有限责任公司开发建设和经营管理。鉴于有关部门提出的流域生态流量要求，贵州乌江水电开发有限责任公司集控中心对乌江干流水电站水库及机组运行方式进行调研，制定出了保障生态流量的调度方案。

（一）生态流量要求

2017 年，长江水利委员会根据《水利水电建设项目水资源论证导则》（SL 525—2011）中“对于河道生态需水量的确定，原则上按照多年平均流量的 10%～20%确定”的规定，明确了乌江上游 4 座电站满足生态流量的最小下泄流量，见表 1。

表 1　乌江干流梯级电站最小下泄流量表

电站	最小下泄流量(m^3/s)	特殊要求
洪家渡	14.4	当水位降至死水位 1076m 且入库流量小于 14.4m^3/s 时，按来水量下泄
东风	77	当索风营水库水位位于 834.7m 以上时，日均流量满足即可；当东风水库降至死水位 936m 且入库流量小于 77m^3/s 时，按来水量下泄
索风营	77	当乌江渡水库水位高 754.16m 时，日均流量满足即可；当索风营水库降至死水位 822m 且入库流量小于 77m^3/s 时，按来水量下泄
乌江渡	112	当构皮滩水库水位高于 620m 时，日均流量满足即可；当乌江渡水库降至死水位 720m 且入库流量小于 112m^3/s 时，按来水量下泄

（二）调度方案研究

1. 明确生态流量保障方案 水电站要满足生态流量要求，只能是开闸下泄、增设生态发电机组、通过现有机组下泄 3 种解决方案。开闸下泄，虽可满足最小下泄流量，但牺牲了水能，经计算每年将损失水量 88.42 亿 m^3，经济性差；增设生态发电机组，经研究论证，乌江这 4 座水电站不具备条件；用现有机组下泄，又分为空转和并网发电两种方式，空转虽能满足流量要求，但也会造成水量损失，而并网发电既能利用水能，又能满足生态流量要求。最终明确采用现有机组并网发电方式保障生态流量的调度方案。

2. 制定保障生态流量实施方式 结合电站机组

运行经济性、安全性进行以下分析：

（1）机组带固定负荷满足生态流量。经统计：洪家渡空转流量为 25m³/s，空转即可满足；东风、索风营、乌江渡满足生态流量机组最低负荷分别为 74、38、100MW。按照机组避开振动区运行原则，洪家渡、东风、索风营、乌江渡对应最低负荷应为 30、80、130、100MW。目前水电在电网中主要承担调峰调频任务，结合贵州电网夜间低谷尽量将负荷空间留给火电和新能源的特点，综合机组耗水率考虑，确定洪家渡、东风、索风营、乌江渡对应最低负荷应为 60、90、130、110MW 最为合理。

（2）水位控制满足生态流量。乌江这 4 座电站水库中，除洪家渡与东风未完全衔接之外，其余水库之间均可通过控制下游水库水位实现首尾衔接。洪家渡坝址下游与东风水库在正常蓄水位与死水位之间有 6～12km 减水河段，存在河流断流情况，在正常情况下洪家渡没有全停条件，必须保证 1 台机运行保证生态流量。经计算，当索风营坝上水位高于 834.7m 时，东风日电量 192 万 kW·h 即满足日均下泄 77m³/s 要求，东风夜间可以全停；乌江渡坝上水位高于 754.16m 时，索风营日电量 122 万 kW·h 即能满足日均下泄 77m³/s 要求，索风营夜间可以全停；构皮滩坝上水位高于 620m 时，乌江渡日电量 275 万 kW·h 即能满足日均下泄 112m³/s 要求，乌江渡夜间可以全停。

通过对乌江这 4 座水库的巡查发现，沿岸取水对电站水库均无水位要求，在保障生态流量方面无影响，水库水位可根据运行要求调整。

（3）天然来水满足生态流量。当流域降雨发生产流时，通过监测流域区间测站流量值与上游电站出库流量进行对比，当区间流量测值减去上游出库流量值达到生态流量要求后，即上游电站满足全停条件，可根据电站水库水位情况实时改变机组运行方式，以达到优化运行的目的。

（三）应用效果

2019 年，乌江干流水电站通过实施机组带固定负荷、控制水库水位及监测流域区间天然来水的调度措施，生态流量实施情况满足水利部、贵州省生态管理要求，最小下泄流量日均保证率均大于 99%，生态调度安全得以保证，较好地履行了企业社会责任；全年共节约水量 50.81 亿 m³，增发电量 13.47 亿 kW·h,创造了较大经济效益，见表 2。

表 2 经济效益统计表

电站	生态流量（m³/s）	年耗水率［m³/(kW·h)］	日生态水量（亿 m³）	年生态水量（亿 m³）	年生态电量（万 kW·h）
洪家渡	14.4	3.03	0.012	1.14	3762
东风	77	3.32	0.067	14.41	43389
索风营	77	5.23	0.067	14.41	27543
乌江渡	112	3.47	0.097	20.86	60101
合计	—	—	0.243	50.81	134795

（四）应用中存在的问题

实际应用中，受电网夜间低谷负荷影响较大，当天气变化时，新能源负荷较高，且电网火电机组已深调最大时，梯级电站机组不能按最低负荷运行，为满足生态流量要求，部分电站机组会短时空转运行，以保障最小流量要求。在此情况下，值班人员应及时关注梯级各电站负荷及水位情况，当满足全停或减负荷条件时，应及时协调减负荷或停机将负荷转移至空转运行机组，以提高水能利用率。

（贵州乌江水电开发有限责任公司
周金江 高英）

水库生态清淤及淤积物资源化利用技术研究

水库群修建后由于其拦沙作用，流域泥沙分布会发生显著改变。库区沙多带来库容损失和泥沙富集，一方面严重制约了水库防洪、航运、发电等功能的发挥，另一方面，也造成了经济社会不断发展所需的砂石资源的闲置浪费。水库清淤是恢复水库功能的迫切需要，是维系良好生态环境的迫切需要，是践行生态文明建设的需要。基于长江水利委员会有关部门的提前谋划，长江科学院在前期调研、典型水库淤积调查分析、座谈研讨、资料收集、政策研判等工作基础上，推进了水库清淤和淤沙资源化利用工作，在铜街子水库、沙湾水库和陆水水库进行了水库清淤和淤积物资源化利用技术试点。

铜街子水库和沙湾水库位于四川省乐山市沙湾区、大渡河下游河段上。根据近期实测资料分析，随着水库的蓄水运用，两个水库均发生了不同程度的淤积。铜街子水库坝前 8.5km 范围内主槽累积性淤积，最大厚度约为 40m；沙湾水库坝前 3.5km 范围内主槽和边滩均呈现出不同程度的淤积，且边滩淤积的程度大于主槽，边滩局部淤积厚度最大约为12.0m，主槽局部淤积厚度最大约为5.0m。陆水水库位于湖北省赤壁市、长江中游南岸一级支流陆水干流山谷出口处，是以防洪、发电、灌溉、供水为主，兼有养殖、旅游等功能的大（2）型水库；其泥沙的淤积，特别是有效库容的淤损，会降低水库调蓄能力，制约水库防洪、供水、灌溉、发电和航运等功能的正常发挥，并且颗粒态污染物会随着泥沙淤积在水库底泥中富集，影响水库水质和水体生态环境。陆水水库局部库区段淤积问题极为突出，制约了水库防洪、发电、灌溉取水、航运等各项功能的发挥。

围绕铜街子水库和沙湾水库生态清淤及淤积物资源化利用工作，长江科学院开展了库区地质钻孔及取样分析工作，库区底泥淤积物组成、化学成分、重金属含量、有机质及富营养元素含量等物化特性检测分析，清淤工程环境影响分析，清淤工程水生态影响分析以及清淤工程对湿地公园影响等方面的工作，编写完成《乐山市沙湾区铜街子水电站库区（大坝上游约8.5km）和沙湾水电站库区生态清淤工程设计报告》《库区淤积特性、规律与发展趋势研究报告》《生态清淤工程方案比选报告》《清淤泥沙全级配资源化利用研究报告》《生态清淤工程环境影响报告书》《生态清淤工程对湿地公园影响评价专题报告》《生态清淤工程水生态专题研究报告》《水电站库区清淤生态优化策略研究报告》《生态清淤工程实施方案报告》和《生态清淤工程涉河方案报告》。根据铜街子水库库区淤积情况，对铜街子水库坝前1.5km至坝前4.5km以及坝前6.0km至坝前8.5km范围实施清淤，清淤面积为150.05万m^2，设计清淤总量为395.12万m^3。根据沙湾水库库区淤积情况，对沙湾水库坝前1.5km至坝前3.2km范围实施清淤，清淤面积为51.22万m^2，设计清淤总量为103.26万m^3。清淤开挖工期共10个月，即第一年10月初～第二年2月底、第二年10月初～第三年2月底，共计二个阶段完成，清淤开挖最大施工强度为50万m^3/月。

围绕陆水水库清淤及资源化利用开展了库区地质钻孔及取样分析、地球物理探测工作，以及库区底泥淤积物组成，以及化学成分、重金属含量、有机质及富营养元素含量等物化特性检测分析等方面的工作；确定了清淤工程任务及规模、淤积物清理方案；并开展淤积物处置方案方面的研究工作，提出了陆水水库淤积物资源化方案等。试点清淤工程分两年实施。

2020年底，铜街子水库和沙湾水库生态清淤及淤积物资源化利用工作正在进行中，长江科学院在跟踪项目实施效果及项目实施过程中出现的问题；陆水水库清淤试点工程正在准备阶段，尚未正式实施。

（长江水利委员会长江科学院 朱帅）

金安桥水电站通过了竣工环境保护验收

（一）有关批复情况

金安桥水电站环境影响报告书由中国电建集团昆明勘测设计研究院有限公司编制。原云南省环境保护局和金安桥水电站有限公司于2005年1月分别向原国家环境保护总局上报了《云南省环保局关于云南省金沙江金安桥水电站环境影响报告书的审查意见》（云环发〔2005〕27号）和《关于报批〈云南省金沙江金安桥水电站环境影响报告书〉（报批稿）的请示》（金电发〔2005〕2号），原国家环保总局于2005年3月下发了《关于云南省金沙江金安桥水电站环境影响报告书审查意见的复函》（环审〔2005〕285号）。根据审查意见，对于本工程施工期的环境监测方案，丽江市环境监测站于2005年11月向丽江市环境保护局上报了《关于云南省金沙江金安桥水电站枢纽工程施工期环境监测方案的报告》，丽江市环境保护局于2005年11月下发了《关于对〈云南省金沙江金安桥水电站枢纽工程施工期环境监测方案〉的批复》（丽环〔2005〕118号）文件，同意上报的施工期环境监测方案。

与此同时，金安桥水电站有限公司于2004年12月向水利部上报了《关于报批〈云南省金沙江金安桥水电站工程水土保持方案报告书（报批稿）〉的请示》，水利部于2005年3月下发了《关于云南省金沙江金安桥水电站工程水土保持方案的复函》（水保函〔2005〕123号）。根据《复函》要求，金安桥水电站有限公司委托甘肃省水土保持科学研究所承担本工程的水土保持监测工作，2005年12月，云南省水土保持生态环境监测总站下发了《关于金安桥水电站工程水土保持监测实施方案的审查意见》（云水保监字〔2005〕63号）。

（二）环境保护和环境风险防范措施落实情况

金安桥水电站工程建设和运行过程中管理机构健全、制度完善，设置了环境保护专职部门，制定了相关规章制度，实施环境保护管理工作，全面落实了环境影响报告书及批复要求的生态环境、水文情势和水环境、环境空气和声环境、固体废物、景观文物等各项环境保护措施及环境风险防范措施。开展了环境监理及监测工作，长江三峡技术经济发展有限公司对金安桥水电站施工期环境保护工作承担环境监理工作。专业机构开展了施工期和运行期的废（污）水、地表水、环境空气、声环境、水生生态、陆生生态、局地气候和水土保持监测以及水温观测等工作，工程建设期和运行期未发生环境污染及风险事故。

（三）投资情况

《云南省金沙江金安桥水电站环境影响报告书》（报批稿）设计的工程环境保护投资为1.81亿元，工程实际环保投资4.38亿元，增加了2.57亿元。环境保护投资远远高于原环评阶段概算投资，主要原因是由于水土保持设计变更在工程措施设计上采用了高标准的防护措施，在植物措施上设计了大量的景观绿化措施，使水土保持措施投资增加较大；同时，由于业主对环境保护的高度重视，污（废）水处理措施、水生生物保护工程等环境保护措施的要求随着工程建设不断提高，投资费用相应增加。

（四）验收情况

根据《建设项目竣工环境保护验收暂行办法》（国环规环评〔2017〕4号）的规定，金安桥水电站有限公司按照《云南省金沙江金安桥水电站环境影响报告书》及其批复要求，对环境保护设施及措施进行了自查，并于2020年6月29～30日组织召开了金安桥水电站竣工环境保护验收会议，会议成立了验收组。

验收组对部分环保设施和措施落实情况进行了现场踏勘，对工程环境保护设施相关资料进行了认真查验，听取了建设单位关于工程进展情况、调查单位关于验收调查情况的汇报，以及环评、设计、监理等单位的有关情况介绍，经过认真评议，一致认为：根据金安桥水电站竣工环境保护验收调查结果，工程建设和运行过程中金安桥水电站执行了环境影响评价制度和环境保护“三同时”制度，采取了各项环保措施减缓工程建设对环境的影响，工程环保投资落实到位，满足环境影响报告书及其批复的要求，环境保护设施验收合格，同意金安桥水电站环境保护设施通过竣工验收。

根据《建设项目竣工环境保护验收暂行办法》规定，金安桥水电站有限公司于2020年7月27日在《工程建设验收网》上对金安桥水电站竣工环境保护验收进行了公示，公示期为2020年7月27日～2020年8月21日（20个工作日），并于2020年7月24日向云南省丽江市生态环境局进行了备案，备案号为2020010。公示期满后，于2020年8月31日登录《全国建设项目环境影响评价管理信息平台》填报了金安桥水电站竣工环境保护设施验收情况等相关信息。

（金安桥水电站有限公司　雷俊杰）

黑水河松新电站鱼道设计

黑水河是金沙江左岸一级支流，是白鹤滩水电站库区内鱼类栖息地优先保护河流，位于四川省凉山彝族自治州境内。该河干流自上而下已建成苏家湾、公德房、松新和老木河4座电站，均为引水式；调查发现鱼类44种，隶属3目9科32属，共计22563尾，主要集中在最下游的老木河电站至葫芦口之间的天然河道。随着白鹤滩建成蓄水，黑水河下游天然河道空间还将被进一步压缩，可供鱼类生存繁衍的栖息地面临大幅度减少。因此，迫切需要通过建设鱼道、拆除闸坝等措施最大可能减缓各电站闸坝的阻隔影响。在黑水河鱼类栖息地生态修复工程中，新建松新电站鱼道为第一阶段计划。

（一）鱼道流速设计

鱼类游泳能力测试是鱼道设计的重要依据。根据黑水河鱼类代表性、可获得性，选取短须裂腹鱼和红尾副鳅作为游泳能力测试对象。游泳能力测试装置包括封闭水槽及开放水槽。前者测试获得感应流速、临界游泳速度、爆发游泳速度、最大持续游泳速度，后者测试结果表明，鱼类处于高流速下可获得更高的爆发游泳速度。

感应流速是过鱼设施内部的最低控制流速，低于该流速鱼类可能会在鱼道内迷失方向；临界游泳速度通常运用于鱼道进口以及竖缝等；爆发游泳速度是鱼道内最高控制流速，鱼道内各区域流速均应低于该值；持续游泳速度是鱼道常规池室、休息池内缓流区流速参考值。根据游泳能力测试结果，该鱼道池室内流速宜介于0.1～1.0m/s；鱼道竖缝处流速宜介于0.8～1.1m/s，极端运行情况下可适当增加；鱼道进口流速宜介于0.7～1.0m/s。

（二）鱼道运行水位

根据《水利水电工程鱼道设计导则》，鱼道上游水位变化较大时，上游最高设计水位取正常蓄水位或主要过鱼季节的工程限制运行水位，最低设计水位不宜低于工程死水位。由于松新电站泥沙淤积严重，无调节能力，发电主要依据来水流量，并无明确设计水位及工程限制运行水位，因此，松新鱼道上游设计运行水位是根据现场水文监测资料进行确定，为1067.16m；下游设计运行水位是取下泄$5m^3/s$生态流量时的河道水位，为1063.87m。

（三）进、出口高程设计

根据设计导则，池室最小水深应大于0.3m，当过鱼体长超过0.2m时，最小池室水深应大于最大过鱼体长的2.5倍。本工程前期主要过鱼体长约0.2m，后期兼顾体长较大的鱼类通过，考虑到上、下游河床地形因素，鱼道进、出口池室水深取0.75m。对应的，鱼道进口设计高程为1063.12m，鱼道出口设计高程为1066.41m。

（四）鱼道结构选型

目前，鱼道结构型式主要有隔板式、仿生态式、槽式，其中隔板式鱼道又分为淹没孔口式、竖缝式、溢流堰式和组合式4种。松新电站库区水位受上游电站发电以及流域内降水影响显著，水位日变幅大，河道内水流泥沙含量常年较高，而鱼道部分建筑物布置于河道内且过鱼对象多种。因此，松新鱼道要求对水位变化适应能力强、结构抗冲刷能力强，且能够满足不同水层鱼类的上溯需求，不易淤积。综合分析，最终采用隔板式鱼道。

（五）鱼道平面布置

松新鱼道工程由鱼道建筑物以及补水通道建筑物组成。经研究，鱼道建筑物总体沿左岸岸边布置，补水通道建筑物紧挨鱼道西侧布置。补水通道下游设计两个出水口，用于扩大鱼道进口处水流影响范围，增强诱鱼效果，其中补水通道出水口1与鱼道出口平行布置，补水通道出水口2与鱼道出口垂直布置，在运行过程中可采用旁通道底流诱鱼、旁通道跌水诱鱼以及两种方式组合进行诱鱼，以达到最佳诱鱼效果。松新鱼道全长187.17m，设置常规池室77个，休息池2个，设计坡度均为1.8%，其中常规池室尺寸为2m×1.6m（长×宽），休息池尺寸为4m×1.6m（长×宽）。补水通道设计坡度6%，全长101.45m，其中斜坡段47.67m，平坡段53.78m（见图1）。

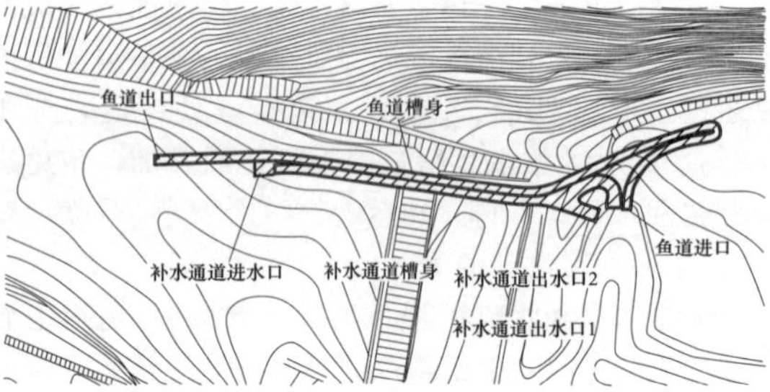

图1　鱼道总平面布置

（六）隔板式鱼道结构设计

松新鱼道可有隔板溢流堰式与竖缝式两种隔板结构方案。利用FLOW-3D软件进行池室流态分析，结果表明：

（1）隔板溢流堰式结构，在水深较低时，池室内水流主要通过竖缝进入下一级池室，竖缝处流速较大且池室内主流明显，但由于没有短挡板导向，从竖缝射出的主流贴壁明显，池室内大部分区域流速很小，低于过鱼对象感应流速，不利于鱼类上溯；而在水深较深时，池室内水流通过竖缝以及溢流孔进入下一级池室，竖缝处以及溢流孔处两股主流明显，但竖缝处主流依旧贴壁明显，此外，在鱼类上溯路径上，两股主流相互碰撞会产生较大的紊动，可能阻碍鱼类继续洄游，也不利于鱼类上溯。

（2）竖缝式结构鱼道池室间水流通过竖缝相连，竖缝处主流明显，且主流集中于池室对角线上，池室靠墙两侧各形成一个低流速回旋区。松新鱼道过鱼对象喜好贴底、贴壁上溯，竖缝处的主流能够提供很好的高流速刺激，引导鱼类向下一级池室继续上溯，靠墙两侧的低流速回旋区一方面能够为鱼类提供充足的休息区域，另一方面也可为贴壁上溯的鱼类节省体力，流态分布适合鱼类上溯。

通过上述分析，松新鱼道隔板式鱼道结构确定为带有45°导向角的异侧竖缝结构；但考虑到隔板端侧V形混凝土施工工艺较为困难以及高流速长期冲刷易损等因素，最终确定隔板端侧为直角梯形结构，见图2。

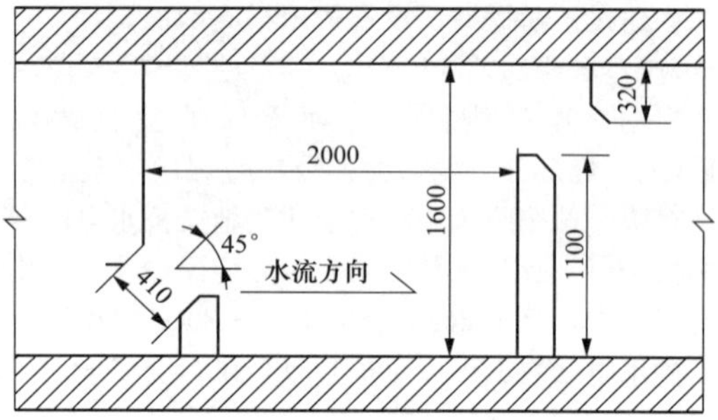

图2　竖缝式鱼道池室平面示意
（优化后）（单位：mm）

（上海勘测设计研究院有限公司　李志敏　朱冬舟
中国三峡建设管理有限公司　杨少荣）

贵州省清水江旁海航电枢纽工程鱼类过坝工程设计施工总承包（EPC）项目进展情况

“贵州省清水江旁海航电枢纽工程鱼类过坝工程设计施工总承包（EPC）项目”为贵州东南航电开发投资有限公司委托三峡大学的项目。

贵州省清水江旁海航电枢纽工程鱼类过坝工程项目的主要目的在于促进坝址上下游鱼类种群的基因交流。本项目基于前期“贵州马马崖一级水电站鱼类过坝工程设计采购施工总承包（EPC）项目”成果，突破传统合同模式，采用“EPC+”模式，不仅完成传统EPC模式的设计、采购、施工等合同内容，而且还包括前期调查研究与后期试运行工作。本项目合同模式有效降低了委托单位外协工作量，显著增加了受托单位的工作自由度，为项目的创新性提供了契约许可。具体研究过程如下：

2018年5月，贵州省东南航电开发投资有限公司委托三峡大学开展鱼类过坝技术方案研究。2018年8月，三峡大学编制完成《贵州省清水江旁海航电枢纽工程鱼类过坝技术方案研究报告》，并于8月18日在贵阳通过会议评审，同时在贵州省生态环境厅完成备案工作。贵州省东南航电开发投资有限公司于2019年启动实施《贵州省清水江旁海航电枢纽工程鱼类过坝工程设计采购施工总承包（EPC）项目》，3月完成招投标工作。三峡大学于2019年5月完成详细方案设计，并送交贵州省交通厅进行船舶图纸审查；2020年8月，集运鱼一体船平台设计图纸通过贵州省交通厅审查；10月，完成集运鱼系统实体建造并交付使用。

本集运鱼系统为18m集鱼试验平台，主要由集鱼平台、运鱼设施和辅助监控设施三部分组成。集鱼平台为一艘搭载各型诱集鱼设备的双体船，两片体间过水通道作为鱼类上溯和聚集的有效通道。通道末端设置集鱼箱，作为渔获物收集运输载体。平台以“拦阻—诱导—吸引—上溯”为工作主线，配合以结构和非结构诱导措施为主体的诱鱼设备，实现全断面，非汛期时段的无伤高效集鱼。具体运行流程为：拦鱼网配合气泡幕系统在不阻碍江段通航的条件下全河段导鱼，诱鱼灯及诱鱼水流针对抵近平台的目标鱼类分时段、分工况实行定向诱集，平台内防逃网与驱鱼栅完成最后的鱼类收集和分类工作。运鱼设施依照水陆结合的思路，首先将所集鱼类通过水上船只运送至岸边码头，再由陆上专业运鱼车辆转移至上游指定放流点实施放流，从而真正意义上助鱼过坝。辅助监控设备则主要负责整套系统运行过程中的实时监控和跟踪，实现集运鱼系统的智能化管理。

本项目在技术研发方面，主要在“诱趋鱼技术”“无伤导鱼”及“鱼类自动监测”等方面在国内外均有突破性成果。其中，光环境、气泡幕与水流相结合的综合诱导鱼技术得到充分研究并取得一定成果。工程运行管理方面，积累了大量此类工程的设计、施工和实施经验，特别是相关系统运行管理方面，为类似系统的运行管理文件或标准制订提供基础资料积累，同时，对工程所处水文水动力、水环境及气候等外部条件具有更深层次认识，为我国高坝过鱼技术和工程提供了不可多得的宝贵材料。

通过近一年的运行效果证明，诱鱼、集鱼技术可靠，目标鱼群计数系统准确率较高；相较鱼道或升鱼机等过坝方案，集鱼地点灵活、集鱼效果良好，且不占用发电的水源资源，建造成本显著降低，运行成本低，全寿命周期成本低，可推广应用于各类过鱼项目。

（三峡大学）

水　库　移　民

2020年水利部水库移民工作主要进展情况

2018年国家机构改革后，水利部成立水库移民司，履行大中型水利工程移民安置和大中型水库移民后期扶持管理有关工作职责。2019年地方机构改革启动，至2020年底完成，有21个省级移民管理机构设在省水利部门，11个设在其他职能部门或单独设立。在水利部党组、地方各级党委政府的坚强领导下，在有关部门的大力支持下，各级移民管理机构抓机构建设，明确职责，落实责任，积极担当作为，开拓创新，水库移民各项工作取得新进展新成效。

（一）理清水库移民工作管理职责

水利部党组对水库移民工作高度重视，2020年上半年，先后3次召开部长办公会专题研究水库移民工作。按照国务院机构改革后水利部、财政部、国家发展改革委“三定”规定明确的水库移民工作职责，结合现行的水库移民政策法规，对水库移民管理工作职责、管理事项和管理主体逐项进行了梳理，共梳理出水库移民管理16项设定管理事项，其中，水利工程移民安置9项，大中型水库移民后期扶持7项，为进一步明晰水库移民管理职责，理顺管理体制机制打下了基础。

（二）推进水库移民搬迁安置

紧紧围绕保障水利工程建设顺利进行做好水库移民搬迁安置监管，指导各地依法依规做好移民安置规划、实施和验收工作，按时完成征地补偿、移民搬迁、安置实施和验收任务，保障172项节水供水重大水利工程建设顺利进行。一是加强移民安置前期工作指导。为落实好国务院抓紧启动和开工一批成熟重大水利工程的要求，把好移民安置政策关，为重大水利工程开工建设创造了条件。二是深入推进“放管服”改革。协调解决移民安置规划调整问题，提出移民安置规划大纲调整或者修改界限，下放移民安置规划变更审核权限。三是建立重大水利工程移民搬迁进度季度协调机制。对38座在建水库工程移民搬迁计划进展进行跟踪，对发现的问题及时督促处理，移民搬迁安置工作基本满足主体工程建设进度要求。四是认真落实移民安置验收制度。及时组织广西大藤峡、西藏旁多等工程移民安置验收，推进四川紫坪铺、嫩江尼尔基等完建时间较长水库移民竣工验收工作。五是加强人员队伍建设。各地通过业务培训，进一步提高移民干部业务水平和执行能力。通过工作座谈会、交流会，总结经验、分析问题和研究对策，有效提高了工作的科学性和针对性。六是各地移民部门认真负责，扎实工作，维护了移民群众利益。移民安置后居住条件、生活环境和基础设施等较搬迁前有了较大改善，生产生活水平逐步恢复提高，基本达到或超过搬迁前水平。

（三）提升水库移民信息化水平

2020年，为满足新时代水库移民工作管理需要，对已运行多年的全国水库移民后期扶持管理信息系统进行了全面评估，并对各省级移民管理机构信息系统运行管理和信息化建设情况进行了全面调研，按照“安全、实用、管用”原则，将系统改造成为“全国水库移民管理信息系统”。改造后的信息系统涵盖了基础资料、移民安置、后期扶持等9个方面业务功能，新的系统数据录入、运用操作、统计分析更加简便快捷，功能集成和数据交换更加科学合理。

（四）强化水库移民监管工作

水库移民工作强监管是水库移民工作根本性、方向性、全局性创新。按照水利部党组部署要求，通过法制体制机制上的强监管措施，充分发挥了水利法制法规的强约束作用。一是强化制度保障。水利部出台了《水库移民工作监督检查办法（试行）》和《水利部关于加强水库移民监督管理工作的指导意见》，健全了强监管工作的制度法规体系。二是强化监管手段。突出“严、实、细、硬”的工作作风，统一问题评判标准和工作程序，按照问题清单依法依规组织开展水库移民监督检查工作。三是优化工作机制。构建了水利部组织领导、流域机构参与、省级移民管理机构配合和县为基础的管理体制，把省级移民管理机构履职尽责情况纳入监督检查，全面压实省级主体责任。四是改进监管方法。采用双随机、暗访、明察暗访相结合等手段开展监管工作，试行稽察审计联动机制，减轻地方负担。五是充实监管力量。构建以水利部水利水电规划设计总院、移民咨询中心为技术支撑单位的新型监督管理工作体系，监管力量由聘请退休人员为专家转为基本由在职专业人员组成，增强监管工作力量。六是跟踪监管问效。建立问题整改台账，创新问题整改复核方式，对省级移民管理机构对问题整改是否“举一反三”进行跟踪落实。七是强化责任追究。对监督检查发现的问题动真碰硬、敢于问责、严肃处理。2020年，对部分省挪用移民后期扶持资金、未及时发放直补资金和移民安置进度滞后等问题严重的，责成省级移民管理机构对相关单位和个人实施了责任追究；对移民安置进度严重滞后已影响工程建设的个别省，约谈了省级移民管理机构；对挪用移民后期扶持资金的个别省，2019年度绩效评价等级降低一档，相应扣减了2020年度后期扶持资金分配指标。大部分省级移民管理机构组织开展了本省强监管工作，全国水库移民强监管氛围初步形成。

（五）维护移民安置区社会稳定

机构改革后，各地进一步理顺了水库移民管理体制，各级移民管理机构有序运转，广大移民干部从思想上、方式上、作风上和工作成效上都得到明显改观，制度建设和管理能力不断加强，积极落实信访稳定责任，及时处理移民信访稳定隐患风险，信访呈逐年下降趋势。172项重大水利工程移民安置、后期扶持政策实施中未发生重大群体性事件。目前，水库移民来信来访、信息公开、行政复议等反映的诉求主要集中在移民补偿政策标准、移民规划设计成果公开、生产生活困难和提高直补资金标准等四个方面，各地认真听取群众意见，落实好各类政策，做好政策宣传解释工作，赢得了移民群众的理解支持。

总的来说，当前我国水库移民各项工作进展顺利，有效保障了水利事业的高质量发展，移民安置区社会总体稳定。但也必须清醒地看到，无论是水库移民安置还是移民后期扶持都还存在不少问题，面临不少新的挑战。一是个别工程移民安置进度滞后。二是移民安置规划调整较大。三是移民安置投资超概，重大专项超标准、超规模建设，与征地有关的税费大幅增加，缺口资金难以落实。四是在水库移民工作规范化管理仍有单薄环节，必须高度重视，加以解决。

（水利部水库移民司　宋向阳）

南方电网调峰调频发电有限公司2020年征地移民工作情况

（一）梅州抽水蓄能电站

1. 用地报批及采伐证办理　2020年1月15日，梅州抽水蓄能电站二期进出水口取得广东省林业局《使用林地审核同意书》（粤林地许准〔2020〕100号），面积5.0473hm²（75.71亩）；5月9日，取得林木采伐许可证。

2. 征地移民工作　2020年5月20日，梅州抽水蓄能电站征地范围内移民全部完成搬迁安置，库区房屋及附属设施全部完成拆除。8月，完成《广东梅州抽水蓄能电站工程蓄水移民安置实施方案专题报告》

编制并委托水电水利规划设计总院进行审查。9月3日，完成电站上下水库库底清理专项检查和验收。10月29日～11月6日，五华县、梅州市档案局组织完成工程蓄水阶段移民档案检查和验收。12月3～4日，梅州市政府组织完成工程蓄水建设征地移民安置自验、初验验收，并向广东省政府申请开展终验。

（二）阳江抽水蓄能电站

1. 用地报批及采伐证办理　2020年1月15日，广东省自然资源厅转发《自然资源部关于广东阳江抽水蓄能电站工程建设用地的批复》[粤自然资（建）函〔2020〕1号]，批复阳蓄电站永久用地5995.44亩。6月，完成下库区急需使用的194.91亩林地采伐证办理。

2. 征地移民工作　2020年3月3日，阳春市政府发布征地通告（春府通〔2020〕5号），征地涉及327户。截至2020年底，除水库淹没区一户外，其余171户房屋及其附属设施已全部完成拆除。镇南堡移民安置区建造移民安置房249栋，累计办理安置房领取手续的移民共131户179栋，搬迁入住110户，已完成4902亩土地补偿手续。

（南方电网调峰调频发电有限公司　曹娅）

黄河上游水电移民安置规划设计实践与创新

黄河干流上游水电工程建设征地移民安置涉及青海省、甘肃省、宁夏回族自治区3省（自治区）的8个市（自治州）20多个县（市），其中，已投产发电的21座水电站涉及人口10.74万人，耕园地27.98万亩，房屋205.69万m^2。黄河上游水电移民安置大致可划分为刘、盐、八时期（1977年以前）、龙羊峡时期（1978～1986年）、李家峡时期（1987～1998年）、公伯峡时期（1999～2006年）和积石峡时期（2007～2017年）5个阶段。中国电建集团西北勘测设计研究院有限公司（简称西北院）承担了黄河上游水电移民安置规划设计工作，现将规划设计有关情况简介如下。

（一）移民安置环境

黄河上游水电移民安置环境相对较差，主要表现在：

（1）资源安置容量严重不足。耕地资源基本上都位于河谷地带，电站蓄水对河谷地带的淹没必将导致原本紧张的耕地资源更加匮乏；就草场资源而言，电站蓄水淹没的大多是冬季草场，也造成移民安置困难。

（2）经济社会发展水平相对落后。移民安置涉及地区主要是农牧业区，经济发展水平较低，产业结构初级化严重，工业结构较为单一，第三产业发展较为落后，市场消化能力不足，社会管理水平往往滞后于发展要求。

（3）移民宗教文化差异性较大。移民安置涉及地区是一个多民族聚集区，搬迁安置移民有汉、藏、回、撒拉族等。

（4）移民安置区发展潜力有限。随着海拔高度的提升，可开发用于安置移民的自然资源越来越匮乏，移民安置区发展潜力十分有限。

（二）典型规划设计

1. 李家峡水电站　建设征地移民安置涉及青海省尖扎县、化隆回族自治县和贵德县，共3县5个乡镇的13个行政村；涉及人口4481人，耕地6912.1亩，征收果园地196.3亩。依据当时国家移民安置政策及技术标准，移民安置调整规划设计遵循了“以土安置、开发性安置移民”的原则，为每个移民都配备了一定的土地资源。尖扎县两个较大的移民安置区开发耕地1693亩、调剂草山1327亩，安置移民736人；化隆县两个较大的县内安置区开发耕地1049亩、调剂草山13966亩，安置移民528人；化隆县两个较大的跨县安置区开发耕地2692亩、调剂草山4859亩，安置移民1197人；贵德县两个较大的安置区开发耕地1353亩，安置移民747人。

与刘、盐、八时期和龙羊峡时期实行的重补偿轻安置政策相比，李家峡移民安置有很大的改变。实施主要效果如下：

（1）土地资源的充足配给，确保了移民收入水平的快速恢复。通过后靠调剂土地、开发土地，跨县开发土地，增大土地数量以弥补质量差异带来的损失，以耕地换草地，配套水利设施等措施，为每个移民都配备了不低于搬迁前水平的土地资源。安置后，农牧业生产势头良好，移民人均收入水平增长率优于安置地邻近村社，收入很快恢复到原有水平。

（2）移民安置的全面规划，促进了当地基础设施的发展。移民安置村庄的通车率达到100%、通电率100%，80%的移民乡村接通电话，100%的移民户用上自来水，移民住房质量和数量明显优于邻近村社居民水平；安置区普及了九年义务教育，60%以上的农民青壮年劳力掌握了1门以上实用技术；根据不同的宗教信仰规划修建了清真寺、嘛尼院等项目；由移民安置规划设计产生的移民遗留问题较少，没有发生大规模的移民上访问题。

（3）库岸再造对部分移民的生产生活造成了一定影响。水库蓄水后，塌岸现象时有发生。位于水库库周的个别移民安置区受到库岸滑塌或泥石流的影响，造成安置区土地减少或房屋受到威胁，部分移民进行了分流二次搬迁安置。

2. 公伯峡水电站　建设征地移民安置涉及青海省尖扎县、化隆回族自治县和循化撒拉族自治县，共3县10个乡镇、27个行政村的62个村民小组；涉及农村人口5679人，耕地7478.5亩，园地686.2亩，用材林地1230.4亩。执行的国家移民安置政策相较于李家峡水电站虽未发生变化，但移民安置从规划伊始，就全面贯彻了开发性移民安置的方针政策。规划设计首先对库尾有防护条件的4片区域进行了防护工程处理，共防护耕地1973亩、果园152.6亩、大棚菜地481.6亩，减少外迁移民903人及5个企业单位搬迁。尖扎县较大的夏藏滩安置区开发耕地3211.7亩，安置移民1917人；化隆县收购甘都农场耕地4157.1亩，安置移民3302人；循化县后靠安置区，调剂耕地224.2亩、草山2683.2亩，安置移民134人。

实施主要效果如下：

(1) 人均耕地标准的落实，保证了移民生产生活的正常运行。化隆县库区综合人均耕地0.99亩/人，安置区人均耕地面积为1.13亩/人。尖扎县库区综合人均耕地1.28亩/人，安置区人均耕地面积为1.31亩/人。循化县靠移民安置调剂耕地数量尚不满足原有生产规模，调剂了部分草山以补耕地，每亩耕地相当草山地面积为16.8亩。

(2) 尊重少数民族文化传承，促进了各民族移民的和谐共处。尖扎县夏藏滩和化隆县甘都农场两个大型安置区都是多民族安置，规划设计合理分配土地资源、适宜布置移民居民点、特色建设民族居住房屋、恰当设置民族宗教活动场所，各民族群众和谐共处。

(3) 引导移民发展第三产业，移民群众生活水平明显提高。外出务工已成为卓有成效的安置新路，大多数移民群众的生产生活有了明显提高，实现了“搬得出、稳得住、能致富”的总体目标。

(4) 移民安置遗留问题相对较少。电站蓄水后，也出现了诸如库岸滑塌、支流河道淤积淹没等问题，但由于移民安置规划中排除了可能受水库蓄水影响的库周安置区，移民没有发生二次搬迁。

（三）积石峡水电站

建设征地移民安置涉及青海省循化撒拉族自治县和民和县，共2县4个乡（镇）25个行政村。受多种因素影响，积石峡水电站移民安置实施时间较长。经初步复核实物指标变化为：涉及人口4224人，耕地2209.73亩，园地8003.41亩，林地430.07亩，草地1003.60亩。积石峡移民安置执行的国家政策主要是2006年7月国务院颁布的新修订的《大中型水利水电工程建设征地补偿和移民安置条例》(国务院令第471号)，采用的规划设计技术标准也是新修订的。电站移民安置规划探索了社会主义市场经济条件下移民安置的新思路、新办法。其安置方案为：对接近库尾的3片耕地进行防护，共保护各类土地面积1269.6亩，减少外迁人口1815人，减少拆迁房屋0.93万m^2；确定的生产安置方式中，自谋发展二三产业、逐年货币补偿、土地+逐年货币补偿组合3种方式安置人口占总生产安置人口的比例分别为35%、30%、27%左右，单一以土安置的移民数量不到总生产安置人口的10%。

实施主要效果如下：

(1) 逐年货币补偿安置方式发挥出超强功效。采用的逐年货币补偿、土地+逐年货币补偿组合安置方式，大大降低了以土安置人口的比例，缓解了因土地资源缺乏带来的移民安置压力，减少了土地开发期间移民生活水平可能短时降低的风险；同时把移民从繁重的种植业劳作中解放出来，劳务性收入增大，“拉面”经济发展强势。

(2) 住房安全保暖，居住环境优美。规划设计中增加了抗震、保暖、节能等措施，住房条件大大超越了居住区非移民的住房；居民点住房排列有序、整体美观，活动休闲广场、移民阅览室、健身器材室等公共设施的配置，拓展了移民的精神生活空间，提高了移民村庄的社会管理水平。

(3) 县内搬迁安置促进了社会管理职能的统一。循化撒拉族自治县是撒拉族唯一的自治县，撒拉族人口占到全国萨拉族人口的70%以上。该县耕地资源十分紧张，县内安置移民困难较大。积石峡水电站移民安置规划设计创新安置方式，顺利实现移民全部在县内安置，避免了县外安置可能带来的移民社会关系网络的破裂和民族归宿感的失落，促进了撕拉族社会管理职能的统一。

(4) 移民安置方案的客观变化，影响了移民安置平稳实施。积石峡水电站建设征地移民安置工作历经新旧《移民条例》的过渡，进入实施阶段后，移民意愿对安置方案的决定作用以及新规范对移民工程设计深度的要求，使得实施阶段的移民安置方案相对于可行性研究阶段发生了较大的变化。重复设计工作大量发生，导致移民安置实施计划一再推后。

（四）规划设计的创新

在近70年的黄河上游水电工程建设征地移民安置规划设计实践中，西北院开展了卓有成效的探索和创新。主要创新点如下：

(1) 因地制宜，依时顺势扩大移民安置环境容量。黄河上游水电移民安置规划设计，从早期的大力开发荒滩资源、撤销国营农牧场，到后来的调剂耕地或草山、通过培训提高移民从业技能以及发展二三产业，再到积石峡时期的逐年货币补偿等，不断增加的移民安置环境容量扩大方式，土地资源已不再是影响黄河上游移民安置环境容量的决定性因素。

(2) 与时俱进，调整移民安置理念拓宽移民安置渠道。黄河上游水电移民安置规划设计从早期的后靠开发土地、以农安置为主的理念，到积石峡时期逐年货币补偿安置、土地＋逐年货币补偿组合安置、自谋发展二三产业安置等多种安置方式理念，顺应了我国经济社会发展的要求，促进了移民搬迁安置后“稳得住、能致富”目标的实现。

(3) “二生”并重，满足移民对美好生活的全面向往。黄河上游水电移民安置规划设计中，从早期生活安置满足基本的吃住行和上学就医需求，到积石峡时期的美丽乡村建设、注重生产安置，缩小了与城市生活差距。

(4) 规划相合，促进地方经济社会发展。践行了移民安置规划与安置区发展规划相衔接的理念，在移民安置规划前，西北院根据国家政策要求，帮助地方政府编制或调整地方发展规划，促进了地方规划的实施，也促进了移民安置区与当地非移民的共同发展。

(5) 科研创新，提高规划设计效率及移民安置管理水平。西北院运用“3S”技术，提高了实物指标调查和社会经济调查的精度；同时开发移民信息管理及应用系统，实现移民安置信息资源的共享，促进水电工程建设征地移民安置规划设计工作的顺利开展。

(中国电建集团西北勘测设计研究院有限公司
赵社义 杨丽洁)

白鹤滩水电站移民房建设计工作顺利完成

白鹤滩水电站移民规模超10万人。新建移民居民房及公共建筑是移民安置中必不可少的一项工作，是一项重点民生工程。中国电建集团华东勘测设计研究院有限公司（简称华东院）承担了白鹤滩水电站移民房建设计工作。

(一) 项目概况

白鹤滩水电站库区移民的四川宁南、会东县和云南巧家县，共建设34个移民集中安置点（区）。三县房建和公建项目设计任务共计587万 m^2，其中巧家县340万 m^2，宁南县160万 m^2、会东县97万 m^2。

巧家县房建项目移民居民房屋主要以高层建筑（11、17层）为主，多层建筑（3层）为辅；宁南县、会东县房建项目移民居民房屋主要以多层建筑（3～4层）为主，高层建筑（11层）为辅。

设计工作自2018年10月开始，至2020年12月全部完成。

(二) 工作难点

白鹤滩水电站移民房建设计工作的难点如下：

(1) 移民安置量是目前国内在建电站中移民人口规模最大的项目，近10万人，涉及两省4市州，移民建房规模大、任务重、政策处理和协调难度大。

(2) 场地地质条件复杂。移民安置区域内有小江断裂带、则木河断裂带等多条地震断裂带穿过，对建筑抗震设防要求高、场地条件复杂、勘察设计条件和难度较大。

(3) 项目建设安置涉及的四川、云南两省目前对移民安置建房政策有较大差异。云南省以统规统建，四川省以统规自建、统规联建形式为主。建设形式的不同，对设计的流程及周期控制产生影响。

(4) 农村移民与城镇移民由于生活需求不同，在住房的功能、户型、结构等选择上有所不同，需要结合城镇化、新农村建设和特色小镇建设等方向思考开展移民居民房设计工作。

(三) 主要工作情况

华东院为确保白鹤滩水电站移民居民房工程建设的顺利推进，分别成立了3个县移民房建设计项目管理部，集聚建筑、结构、设备、景观等多个专业人员，奔赴现场，驻扎三县。各专业参与人员长期保持在70人左右，始终以华东院“负责、高效、最好”的企业精神，秉承“让项目跑起来”的态度，通过“领导带队、保障资源、集中办公、现场出图”的方式，通力合作、团结拼搏，高效率解决过程技术问题，有效保障项目实施。

在设计过程中遇见了各种困难，解决方案经过反复斟酌调整。例如，各安置点户型的确定，曾多次征求移民业主代表、乡镇等各方的意见，最终才锁定；又如，已确认方案未要求设置人防工程，但经过几轮讨论后，不惜之前所完成工作全部重来开始，确定所有建筑必须增加地下人防工程。设计过程中还有风格风貌、当地生活习惯等需引入设计的调整。对于一个又一个的变化调整，设计人员几乎天天坚守岗位至凌晨，经常放弃周末、节假日休息。

2020年初，面对突如其来的新冠疫情，华东院制定了防控实施方案及应急预案，采取了居家办公开展设计、远程视频会议协调问题等措施；2月下旬，接到白鹤滩库区项目复工的消息，华东院设计团队便赶往现场，坚持一手抓疫情防控、一手抓设计进度，使疫情造成的影响最大限度地减少。

截至2020年12月底，库区3个重点县移民安置区所有房屋的基础都已完工，各类建筑样板均已完建，房建设计工作顺利完成。

(中国电建集团华东勘测设计研究院有限公司
胡徐安 刘锐 张抑非)

云南会泽县大中型水库移民后期扶持政策实施效果

云南省曲靖市会泽县大中型水库移民，主要涉及大中型水库及电站为毛家村水库、跃进水库、金乐水库、牛栏江—滇池补水工程、小岩头电站、苏斗河电站；农村移民大部分为老水库移民，以毛家村水库、跃进水库移民为主，两个水库移民数占总移民人数的94%，多于20世纪50年代搬迁安置。至2016年末，会泽县核定大中型水库移民后期扶持人口33420人，占全省的4.85%，占曲靖市的31.84%。

（一）后扶直补资金发放

发放范围按国家和省相关政策执行，标准为每人每年600元，期限为20年。

对直接发放对象实行村、乡（镇）公示，经曲靖市移民开发局审核后委托银行直接发放到移民个人账户上。

（二）规划项目实施情况

2006～2016年，会泽县收到上级移民主管部门批准下拨到位的移民项目扶持建设资金10404.19万元；其中，库区基金9061.19万元，结余资金1343万元。

会泽县共组织实施完成大中型水库库区及移民安置区项目建设107个，完成投资5259.98万元（其中，使用后期扶持专项资金4686.09万元），实现受益移民群众约26905人次。其中：①实施完成基本口粮田及配套水利设施项目15个，完成投资664.23万元（其中，后期扶持专项资金648万元），实现受益移民群众2661人次；②实施完成基础设施建设项目63个，完成投资2743.13万元（其中，后期扶持专项资金2496.09万元），实现受益移民群众14451人次；③实施完成生态建设及环境保护项目1个，完成投资40万元（均为后期扶持专项资金），实现受益移民群众177人次；④实施完成生产开发项目24个，完成投资1360.22万元（其中，后期扶持专项资金1357万元），实现受益移民群众9340人次；⑤实施完成移民新村项目4个，完成投资452.4万元（其中，后期扶持专项资金145万元），实现受益移民群众276人。

通过实施“两区”规划项目，切实解决了库区和安置区移民群众的生产生活困难，极大地改善了移民群众的生产生活条件，项目扶持实施效果显著，不仅有效改善和提升了移民群众生产生活环境条件，还增加了移民群众收入，发展了特色产业，带动了地方经济，促进了移民群众与当地群众的和谐稳定。

（三）避险解困试点项目规划实施情况

2014年6月，会泽县启动实施第一批大中型水库移民避险解困试点项目。2017年3月，云南省移民开发局对《会泽县第三批大中型水库移民避险解困试点项目搬迁安置方案》进行了批复。

截至2016年12月30日，会泽县实施完成第一批大中型水库移民避险解困帮扶对象936户4587人（超出指标1户7人），完成建（购）房屋936套，其中，进县城购房安置547户2985人，集镇购房安置22户133人，集镇建房安置160户760人，中心村建房安置207户709人，实施完成了11个中心村及集镇建房安置点基础设施配套项目；累计完成专项资金总投资18701.33万元，其中，中央资金9160万元，省级资金7143万元，整合移民突出问题资金2200万元，整合维稳工作经费75万元，整合2016年库区基金补报项目123.33万元。

截至2017年11月末，会泽县落实第三批大中型水库移民避险解困帮扶对象指标3974人；累计到位第三批避险解困资金9537.6万元，其中，中央资金7948万元，市级配套资金1589.6万元，完成资金拨付至乡镇9537.6万元；已到位资金全部拨付至乡镇组织开展第三批避险解困试点工作。

避险解困项目产生了良好的经济、社会、环境效益，主要如下：

（1）从根本上改善了帮扶对象的居住条件，同时改善其基础设施条件，提高移民生活质量，为加快移民的致富步伐奠定良好的基础。

（2）为无生产资料的移民提供土地或传授就业技能，移民温饱可以得到保证，解决其生产后顾之忧，有利于保持地区稳定。

（3）调动了移民投资投劳的积极性，促进库区和移民安置区经济社会全面发展。

（4）进一步拓展移民和当地群众就业空间，解决移民实际困难、缩小贫富差距，保持社会稳定，促进社会和谐。

（5）提高农村卫生条件，改善村容村貌，改善农民生活质量，提高健康水平，增强库区及安置区社会经济可持续发展能力。

（四）后期扶持政策实施情况效果评价

（1）根据监测评估调查分析，至2016年末会泽县后期扶持移民样本户人均纯收入达到8649元，年增长率达到29.92%，与本县农民人均纯收入8603元比较，略高出46元。通过后期扶持政策的实施，后期扶持移民的收入增幅明显，移民群众的生产生活水平不断提高。

（2）根据监测评估调查分析，2015～2016年会泽县共实施完成后扶持项目107个，完成后期扶持专项投资约 5259.98 万元；随着后期扶持项目的实施，受益移民群众约 26905 人，与移民生产生活密切相关的灌溉难、行路难等突出问题逐步得到解决，在提高生活便利度的同时也极大地影响了当地经济发展。

(3) 后期扶持政策的实施直接或间接地改善了库区和移民安置区的生态环境和人居环境质量，具有一定的环境效益，同时也提升了库区和安置区居民精神文化修养，促进了自然和谐发展，为实现社会主义新农村创造了良好的条件。

（中国电建集团昆明勘测设计研究院有限公司
彭理彬　王煜　冯明磊　张礼强）

引汉济渭二期工程建设征地移民安置规划设计情况

（一）工程概况

引汉济渭二期工程初设阶段确定的干线工程包括：黄池沟配水枢纽、南干线黄池沟至灞河水厂分水口段工程、北干线黄池沟至泾河新城北关水厂分水口段工程，以及相应的退水工程和配套设施等，为一等大（1）型工程，主要建设内容如下：

（1）黄池沟配水枢纽：由分水池、池周进出水闸、池底泄洪设施、黑河连接洞和黄池沟黑河供水连通洞 5 部分组成。

（2）南干线黄池沟配水枢纽至灞河分水口段线路：西起周至县马召镇黄池沟配水枢纽，东至灞桥区席王街办寇家村北侧灞河分水口末端节制闸，依次经过周至、鄠邑、长安及灞桥四个区县，全长 100.41km，全线采用封闭方式输水，干线工程由隧洞、倒虹、渡槽、箱涵及分退水设施组成。

（3）北干线黄池沟配水枢纽至泾河新城分水口段线路：南起周至县马召镇黄池沟配水枢纽，北至泾阳县城北泾干镇龚家寨村，全长 89.54km，沿线途径周至、武功、兴平、礼泉及咸阳秦都、渭城和泾阳（泾河新城），干线工程由隧洞、压力管道、箱涵、倒虹、管桥、进出水池及分退水设施组成。

引汉济渭二期工程建设征（占）地涉及陕西省西安市、咸阳市和西咸新区的周至县、鄠邑区、长安区、灞桥区、高新区、武功县、礼泉县、泾阳县、秦都区、兴平市、空港新城、秦汉新城共计 10 个县（市、区）和 2 个新城。

工程建设征地区总面积 17864.76 亩。其中：永久占地 1351.20 亩，临时用地 16513.56 亩。涉及搬迁人口 119 户 505 人，拆迁房屋面积 40624.52m^2。

（二）建设情况

引汉济渭二期工程 2019 年完成了工程可行性研究阶段设计工作。2019 年 4 月，水利部会同陕西省人民政府以水规计〔2019〕113 号文件共同对《陕西省引汉济渭二期工程建设征地移民安置规划大纲》进行了批复。2019 年 5 月，中国电建集团西北勘测设计研究院有限公司（简称西北院）编制完成了《陕西省引汉济渭二期工程建设征地移民安置规划报告》，2019 年 5 月 14 日，陕西省库区移民工作办公室以对移民安置规划报告进行了审核，并正式印发了引汉济渭二期工程建设征地移民安置规划报告审核意见。

工程于 2019 年 4 月开始了初步设计阶段设计工作。西北院在成功中标工程初步设计、招标设计和施工图设计Ⅱ标设计项目后，积极跟踪项目进展，于 2019 年 11 月参加了引汉济渭二期工程初步设计阶段移民安置规划设计投标工作，并于 2019 年 12 月成功中标该项目初步设计阶段移民安置规划设计工作。

（三）技术特色

在引汉济渭二期工程建设征地移民安置规划设计过程中，西北院打破常规水利水电工程移民安置规划设计思路，在实物调查阶段事先采用无人机航拍协助研判调查任务、拟定调查方案，实现了调查计划的精准策划。调查过程中，采用奥维地图辅助定位提高调查效率；移民意愿调查阶段采取“划重点，有效突击”的策略，节省了移民意愿收集时间；专业项目改建规划设计过程中联合主体设计单位现场确定方案，减少了主体设计方案的反复调整，加快了工程主体设计进度。规划大纲一次性通过了水利部水利水电规划设计总院的审查，获得了总院专家和地方政府的一致好评，得到了项目业主的充分肯定。

（中国电建集团西北勘测设计研究院有限公司
张进）

陕西省引汉济渭工程建设征地移民信息管理系统

（一）工程概况

引汉济渭调水工程移民安置工作涉及西安、汉中、安康 3 市的周至、洋县、佛坪、宁陕 4 县，涉及 15 个乡镇、60 个行政村、119 个村民小组。工程规划水平年搬迁安置移民 10375 人，其中：水库淹没影响移民 9779 人，工程占地移民 596 人。规划建设 20 个移民集中安置点，其中，农村集中安置移民点 16 个，集镇迁建移民安置点 4 个。规划水平年生产安置人口 9401 人，大农业安置 7805 人，自谋职业安置 1896 人。

工程建设征地移民安置总投资 431189.12 万元，其中：农村移民安置补偿费 147726.04 万元，集镇迁建补偿费 36617.84 万元，工业企业迁建补偿费 1213.04 万元，防护工程费 43814.24 万元，专业项目恢复改建补偿费 96375.88 万元，库底清理费 1813.34 万元，其他费用 34679.41 万元，预备费 30567.86 万元，有关税费 33881.48 万元，城市征地费 4500.00 万元。

（二）建设情况

系统利用大数据存储、分析技术，GIS 技术和数据可视化技术，对建设征地影响实物、安置规划、安置实施数据进行存储、汇总、统计与分析。构建了一个"4＋4＋3"智慧移民管理体系，即通过建设移民信息管理业务系统、GIS 数据可视化系统、门户系统以及手机 App 系统 4 个系统，覆盖实物指标、安置规划、安置实施、档案管理 4 大业务领域，服务手机端、PC 端、大屏端 3 类应用场景。其中，GIS 数据可视化系统借助地图天然直观的展示能力并与图表相结合对实物成果、安置规划、安置实施相关汇总数据进行可视化表达。移民信息管理业务系统主要包含实物成果管理子系统、安置规划管理子系统、安置实施管理子系统、档案管理子系统，业务系统主要功能如下：

（1）实物成果管理子系统，对人口、土地、房屋等淹没影响实物按工程、行政区划分级查询、统计、汇总。移民私有财产、村组集体财产以及集镇实物指标可按照权属人或权属单位查看明细并导出明白卡，可根据业务需求导出相关报表，并对可行性研究阶段、初设阶段、实施阶段实物指标做了差异对比分析。

（2）安置规划管理子系统，对审定的建设征地移民安置规划设计成果进行数字化管理。可按村组查看移民生产安置意愿及去向，生产安置规划以及搬迁安置规划。可查看城集镇迁建规划、每个小型企业处理方案、专业项目复（改）建规划、移民安置投资概算等数据。

（3）安置实施管理子系统，对项目实现了从规划、计划、实施、控制到验收全生命周期的进度、费用、变更、质量、风险等管理。可按年度、月度查看移民搬迁安置进度，可按户查看搬迁安置去向，可查看具体项目的建设进度、变更、验收等情况。系统对资金使用、项目合同、监督检查进行了电子化管理。

（4）档案管理子系统，按照《水利水电工程移民档案管理办法》对引汉济渭公司、各级移民主管机构、监督评估单位、设计单位移民相关档案资料进行管理。

（三）技术特色

相对其他移民信息系统，本系统具有四大特色：一是从移民工作管理角度出发，实现了从实物指标、安置规划到安置实施全过程管理；二是数据管理具体到户、到企业、到项目，能查看每户实物指标数据、搬迁安置去向、在安置点中的位置信息，能查看每个企业淹没影响、处理方式、在地图中位置信息，能看到具体每个专业项目淹没影响、处理方式、建设进度等信息；三是项目实现了从规划、计划、实施、控制到验收全流程管理；四是可视化展示平台使得移民工作各阶段庞杂的数据更直观、清晰呈现。系统能帮助引汉济渭公司、设计单位、监督评估单位以及地方移民主管部门及时掌握、分析移民安置过程，及时调整建设计划并采取各种调控措施，使得复杂的建设征地移民安置过程更加清晰和易于控制，为移民安置管理工作提供了强大的管理工具和科学决策支持。系统的应用可帮助引汉济渭公司实现"实物成果可核查、资金使用可追溯、安置实施进度可追踪"的管理目标。系统在 2019 年水利部组织的水利工程信息化创新示范会中示范展示，得到参会人员及业主一致认可和肯定。

（中国电建集团西北勘测设计研究院有限公司
王西平）

14

农村水电及电气化

农村水电建设

2020年全国农村水电总体情况

（一）农村水电电源建设

1. 装机容量　2020年，农村水电新增电站70座，投产发电设备容量80.7万kW，其中，新投产装机容量57.6万kW，技改净增发电设备容量23.1万kW。新增装机主要集中在我国西南地区。2020年农村水电新增装机按规模划分1万（含）～5万kW（含），占新增装机总量的66.5%；0.1万（含）～1万kW，占新增装机总量的29.1%；0.1万kW以下，占新增装机总量的4.4%。

截至2020年底，全国共有农村水电站43957座，农村水电总装机容量达到8133.8万kW，占全国水电总装机容量的22.0%，占全国电力总装机容量的3.7%。

2. 发电量　2020年，全国农村水电发电量达2423.7亿kW·h，较2019年减少109.5亿kW·h，同比减少4.3%。农村水电年平均利用小时数为2980h，较2019年减少130h，同比减少4.2%。按照最新供电标准煤耗305.5克/（kW·h）计算，农村水电2020年全年发电量相当于节约了7400万t标准煤，减少二氧化碳排放1.85亿t，减少二氧化硫排放97.3万多吨。

2020年，全国农村水电发电量占全口径水电发电量的17.9%，占全国总发电量的3.2%，比上年减少0.3个百分点。中电联电力工业统计快报显示，2020年全国水电年发电量同比增长4.1%，占全国总发电量的17.8%。全国发电量中火电发电量同比增长2.5%，占总发电量的67.9%。水电设备年平均利用小时数3827h，同比增长130h。

（二）供用电

截至2020年底，全国有农村水电的县共1529个，比2019年减少13个。农村水电县主要集中在我国西南大部、中部和南部地区。四川省最多，有159个，云南省116个，广西壮族自治区97个。

2020年，农村水电上网电量为2321.5亿kW·h，就近供电电量44.4亿kW·h。全国农村水电上网平均电价为0.291元/(kW·h)，较2019年减少0.013元/(kW·h)；就近直接供电电价为0.330元/(kW·h)，与上年持平。

（三）完成投资

2020年，全国农村水电建设完成投资58.6亿元，按区域分布：东部11.8亿元，占20.2%；中部12.6亿元，占21.5%；西部34.1亿元，占58.3%。从各省农村水电建设完成投资看，云南完成投资15.3亿元，贵州完成投资9.1亿元，湖北完成投资5.7亿元，位列全国前三名。

在2020年度完成的总投资中，财政资金为8.5亿元，占14.5%。从完成投资的财政资金构成看，中央资金7.1亿元，占83.7%；地方财政资金1.4亿元，占16.3%。

（四）经营

2020年，全国农村水电全年发售电总收入684.7亿元，上缴税金49.0亿元。截至2020年底，农村水电站固定资产达5333.5亿元。

截至2020年底，全国农村水电独立核算单位共有30659个，其中，国有企业占9.9%；集体企业占10.2%；事业单位占8.0%；私营、国有参股和外资等其他企业占71.9%。农村水电2020年末从业人数达51.4万人，其中，技术人员17.1万人。

（水利部农村水利水电司
曲鹏　金华频　杨佳）

2020年绿色小水电示范电站创建情况

绿色小水电是在生态环境友好、社会和谐、管理规范和经济合理方面具有示范性的小型水电站。绿色小水电示范电站关注生态环境、社会、管理和经济4个方面，强调这4个方面实现的程度要具有示范性。绿色小水电示范电站评价的主要内容及相关评价指标基于2017年5月水利部首次发布实施的《绿色小水电评价标准》（SL/T 752）。

2020年，结合生态文明建设要求和小水电实际，水利部组织修订了《绿色小水电评价标准》，明确安全生产标准化建设和水生生态保护等基本条件，严格生态流量实时监测、技术进步和管理规范化等要求，免除原申报规定的可以相互印证的各类证明10余项，实行电站申报材料承诺书制度，压实电站业主责任。

结合标准修订，优化完善了绿色水电管理信息系统，做到申报项与标准指标严格对应，指标与支撑材料严格对应，所有程序在系统中留痕。与往年相比，系统的运行速度和稳定性有着大幅提升。

在布置各地按照新标准开展创建的同时，进一步严格标准程序，增加了评定委员会办公室线上核查环节。2020年，共有23个省（自治区、直辖市）的566座电站申报，449座通过省级初验提交水利部审核，304座通过技术复核和现场抽查，最后278座水电站通过线上核查，推荐给评定委员会评审。经过申报、初验、审核和公示等一系列评审程序，2020年12月15日，水利部以水电〔2020〕276号文《关于公布2020年度绿色小水电示范电站名单的通知》，确定山西省长治市桥上二级水电站等278座小水电站为2020年度绿色小水电示范电站。

2020年，辽宁、山西、江西等省专门出台绿色小水电资金奖励政策，浙江省丽水市成功创建国际绿色水电示范基地，全国累计创建绿色小水电示范电站616座，成为各地生态友好、社会和谐、管理规范的标杆水电站，引起良好的社会反响。绿色小水电示范电站创建，日益成为引领和带动小水电转型升级和绿色发展的重要抓手。

自2017年启动绿色小水电创建工作以来，水利部在全国选择和培育绿色小水电典型，开展了绿色小水电评价工作，鼓励有基础、有条件的水电站积极参与，推动了一批小型水电站开展了绿色小水电示范电站创建和申报工作。国家通过逐年开展绿色小水电示范电站申报和授牌的方式，对达到《绿色小水电评价标准》的典型电站授予“绿色小水示范电站”称号。水利部《关于推进绿色小水电发展的指导意见》（水电〔2016〕441号）等文件要求各地对已命名的绿色小水电站，各级水行政主管部门积极争取中央投资、上网电价、信贷扶持和生态补偿等激励政策，调动电站业主的积极性、主动性和创造性，切实保护生态环境，为建设美丽中国做出了贡献。根据水利部《关于开展绿色小水电站创建工作的通知》（水电〔2017〕220号）精神，各地积极开展了创建工作。2017～2020年，绿色小水电的创建数量逐年快速增加，截至2020年底已累计创建616座，其中，2017年44座、2018年121座、2019年173座、2020年278座。

（水利部农村水利水电司　苗起森
国际小水电中心　陈星）

农村水电扶贫工程建设情况

为贯彻落实中央精准扶贫精准脱贫基本方略和国务院《“十三五”脱贫攻坚规划》关于开展农村小水电扶贫工程建设的要求，2016年起，水利部联合国家发展改革委在江西等7省份水能资源丰富的贫困地区，以保护生态环境为前提，以增加建档立卡贫困户收入、增强贫困地区电力保障、促进贫困地区发展为重点，开展农村水电扶贫工程建设。

（一）工程建设成效

2016～2020年，国家发展改革委和水利部累计下达中央预算内资金23亿元，支持江西、湖北、湖南、广西、重庆、贵州、陕西7省（自治区、直辖市）农村水电扶贫工程建设，各省份分解落实建设项目涉及70个贫困县。截至2020年底，工程建设累计新增或改善农村水电装机容量71.9万kW，上缴扶贫收益2.53亿元，直接帮扶建档立卡贫困户9.8万多户，通过基础设施建设帮扶贫困村1000多个。农村水电扶贫工程建设直接增加了建档立卡贫困的现金收入，改善了贫困地区的基础设施条件，有效拉动了贫困地区产业发展和群众自我发展能力，形成了较为成熟的脱贫解困新机制，真正实现了产业扶贫和贫困户直接受益，解决了脱贫攻坚最后一公里的问题，得到地方党委政府、项目业主、贫困村组和建档立卡贫困户的欢迎。

（二）工程建设管理

2016年以来，水利部和国家发展改革委先后出台《农村小水电扶贫工程实施方案（修订）》《农村小水电扶贫工程建设方案（2018～2020年）》等，明确工程建设目标、资金及收益、项目选择及建设管理、扶贫对象及体制机制等管理要求，委托第三方机构每年开展项目跟踪评价，通过月调度、督导调研、会议培训等多种形式，持续开展监督检查和项目稽查。各地按照“国家补助、市场运作、贫困户持续受益”的要求，探索形成明确国有投资出资人代表，确保国有资本安全；明确国有投资回报率，确保扶贫收益稳定可靠；明确帮扶范围和对象，确保精准到人；明确各方责任，确保建立扶贫长效机制；明确项目准入，确保生态友好和工程安全的长效扶贫机制。

（三）2020年主要工作措施

2020年，受新冠肺炎疫情和南方特大山洪灾害影响，错失枯水期施工黄金期，部分项目因灾受损。为如期完成建设目标，水利部组织开展挂牌督战，对重点项目实行台账管理，明确责任人，通过视频调度会、现场督导、技术指导，研究解决制约问题，优化施工方案。地方政府和水利部门现场办公，组织灾后恢复重建，协调解决资金、设备、上网等问题。项目业主增加人员设备不间断施工。经各方不懈努力，如期完成了“十三五”农村水电扶贫工程预期目标。农村水电扶贫工程长期稳定帮扶建档立卡贫困户和贫困村，将为促进贫困地区发展、助力乡村振兴持续做出贡献。

（水利部农村水利水电司　赵虹）

水利部公布2020年度绿色小水电示范电站名单

2020年12月15日，水利部办公厅以水电〔2020〕276号文发布通知，公布“2020年度绿色小水电示范电站名单”，该通知全文如下。

根据《水利部关于开展绿色小水电站创建工作的通知》（水电〔2017〕220号）精神，各地积极开展创建工作。经申报、初验、审核和公示，确定山西省长治市桥上二级等278座水电站为2020年度绿色小水电示范电站。

附件　2020年度绿色小水电示范电站名单（以行政区划为序）

山西省（1座）：桥上二级水电站

内蒙古自治区（1座）：三盛公二期水电站

辽宁省（1座）：关门山水库水电站

黑龙江省（5座）：龙宝水电站、保流水电站、金山水电站、库尔滨水电站、乌一水电站

浙江省（97座）：枫树岭水电站、白溪水库水电站、亭下水库水电站、燎原水电站、黄山溪一级水电站、北溪水电站、白水际水电站、戈场桥水电站、交溪水电站、凉头水电站、亩水田水电站、顺溪水电站、百丈漈一级水电站、百丈漈二级水电站、高岭头二级水电站、靛青山水电站、三插溪水电站、洪溪一级水电站、鸿源水电站、黄石水电站、南山水电站、杨寮水电站、赵山渡水电站、钟前二级水电站、巧英水库一级水电站、门溪水电站、白沙驿水电站、西畈水电站、金兰一级水电站、石硖水电站、章五里二级水电站、直源水电站、下种坑水电站、下坑水电站、双江水电站、东方红水电站、江滨水电站、南江一级水电站、南江二级水电站、清水潭水电站、峡口水电站、刘坑二级水电站、严溪水电站、雅溪二级水电站、焕恩水电站、建萍水电站、金龙一级水电站、金龙二级水电站、雄溪源一级水电站、雄溪源二级水电站、石笕水电站、柿坑水电站、盘溪二级水电站、盘溪三级水电站、盘溪四级水电站、狮子岩水电站、濂竹水电站、成屏一级水电站、成屏二级水电站、沙帽潭水电站、梭溪桥水电站、西坑水电站、蛤湖青石坝水电站、石马圃水电站、麻洋一级水电站、麻垟二级水电站、冯家山水电站、贵南洋水电站、龙江水电站、陈家岭水电站、龙井水电站、西洋水电站、云雾亭水电站、大白坑水电站、景标水电站、上标三级水电站、茶园水电站、桃源库下电站、五洋二级水电站、景润水电站、岭头桥水电站、龙石潭水电站、上标六级水电站、上标四级水电站、上标五级水电站、五洋一级水电站、芎岱楼水电站、银库水电站、英川水电站、上标二级水电站、雁溪水电站、潘床口水电站、三溪水电站、双良水电站、梨树坪水电站、龙星水电站、瑞垟一级水电站

安徽省（3座）：磨子潭水电站、佛子岭水电站、纪村水电站

福建省（11座）：富泉溪三级水电站、青印溪六级水电站、角溪三级水电站、滩头水电站、山美水电站、霖和良坝水电站、高坊二级水电站、范屯洋水电站、章口水电站、马鞍水电站、下党水电站

江西省（19座）：店前水电站、九官一级水电站、茶子岗水电站、车联堰水电站、南崖水电站、庄前水电站、禾坑口水电站、福田水电站、上长洲水电站、白云山一级水电站、老营盘一级水电站、草林冲水电站、兴水岭水电站、兴水岭（二期）水电站、黄家潭水电站、条铺水电站、军潭水电站、七星水电站、清华水电站

河南省（18座）：拨云岭水电站、大清沟水电站、龙王庄水电站、程翔水电站、兴宜水电站、辉煌水电站、金海湾水电站、龙祥水电站、锦山水电站、龙泉水电站、龙腾水电站、长水水电站、崛山水电站、黄河水电站、张村水电站、火炎水电站、曲里水电站、石墙根水电站

湖北省（36座）：周家梁水电站、椿树沟水电站、龙驹沟水电站、熊渡水电站、香客岩水电站、黄家湾水电站、麻岩屋水电站、尚家河水电站、易家坝水电站、将军寨一级水电站、朝天吼水电站、猴子包水电站、杨道河水电站、将军柱水电站、九冲河水电站、龙门河水电站、石家坝水电站、学堂坪水电站、阳泉水电站、三渡河二级水电站、三渡河三级水电站、东流溪二级水电站、蒋家湾水电站、晒谷坪水电站、水淏司水电站、纸坊头水电站、竹桥水电站、锁金山水电站、黄龙三级水电站、青山二级水电站、青山三级水电站、青山四级水电站、新桥水电站、蔡家河水电站、泗淌水电站、桃花山一级水电站

湖南省（11座）：株树桥水电站、青年水电站、甘溪水轮泵水电站、渣滩水电站、堡口水电站、青山水电站、石壁山水电站、鲤鱼江水电站、太洲水电站、牌楼水电站、长潭岗水电站

广东省（15座）：初溪水电站、良口坝水电站、麻村水库水电站、人工湖水电站、胜利水电站、卫东水电站、官溪水电站、温汤水电站、鹰咀石水电站、

云丽水电站、红旗水电站、梅州水库水电站、新朗水电站、黄茅峡水电站、北峰山水库水电站

广西壮族自治区（9座）：爱布一级电厂水电站、爱布二级电厂水电站、爱布三级电厂水电站、波州二级水电站、峒牌电厂水电站、三叠岭电厂水电站、三岔水电站、农本水电站、上利水电站

海南省（7座）：德胜水电站、合口水电站、毛丹水电站、什文帖水电站、向阳水电站、加兴岭水电站、南中河（四级）水电站

四川省（13座）：大飞水电站、凤鸣桥一级水电站、凤鸣桥二级水电站、碧山水电站、大沫水电站、沫水水电站、石麟水电站、天仙桥水电站、大堡水电站、方家山水电站、新林水电站、沙坪水电站、石佛滩水电站

贵州省（5座）：水帘洞水电站、关脚水电站、翁元水电站、漾头水电站、滑石水电站

云南省（2座）：天生桥水电站、岔河水电站

陕西省（15座）：李家河水库水电站、白云峡水电站、峡口水电站、周家坎水电站、宋家堰水电站、酉水街水电站、箭竹河水电站、蛇嘴梁水电站、下关田水电站、双柳水电站、光辉水电站、岚河湾水电站、浪河口水电站、双台水电站、白土岭水电站

甘肃省（3座）：头坝二号水电站、头坝三号水电站、皇城水电站

新疆维吾尔自治区（6座）：哈尔莫墩水电站、小山口二级水电站、小山口三级水电站、小山口水电站、塔尕克水电站、克孜尔水电站

水利部农村水利水电司关于做好2020年绿色小水电示范电站创建工作的通知

2020年3月11日，水利部农村水利水电司以农水水电函〔2020〕3号文印发《关于做好2020年绿色小水电示范电站创建工作的通知》，通知指出，绿色小水电示范电站创建工作自开展以来，在推动小水电转型升级、促进绿色发展方面取得了积极成效。2020年，水利部将完善绿色小水电标准，严格审核把关，加强动态管理，更好地发挥示范电站的引领作用，该通知全文如下。

一、按新修订的标准开展创建工作

目前《绿色小水电评价标准》已完成文稿修订，在基本条件、具体评价等方面做了调整，请各级水行政主管部门按标准的新要求布置开展今年的创建工作。

1. 申报的基本条件方面

创建单位须完成安全生产标准化建设并自评达标；通过竣工验收或完工验收；对河流水生生物、生境、栖息地有重大影响的水电站，须采取修建过鱼设施等工程措施或生态调度等运管措施。未能达到基本条件的，不予申报。

2. 具体评价方面

一是原标准允许通过发电量推求电站生态需水保障情况的，现在一律依据生态流量的实际监测（监控）数据进行考核。二是可以人为控制生态流量泄放的电站，如只有监视图像而没有实际监测（监控）数据，生态需水保障情况按不达标处理（生态流量泄放设施无节制的电站、无调节性能的河床式电站除外）。三是评价期数据采集由3年调整为1年。四是实行创建单位承诺制，由其书面承诺所提供的资料真实、合法、有效。

二、适当延长绿色小水电示范电站有效期

根据创建实际，将绿色小水电示范电站有效期由3年延至5年。有效期延长并非要求降低，示范电站应当重点加强日常管理，严格保持绿色小水电示范电站状态。

1. 电站自查

绿色小水电示范电站应当每年开展绿色发展情况自查，对照《绿色小水电评价标准》完成自查报告、自检赋分表并存档作为期满复核依据。有效期满复核管理办法另行规定。

2. 省级复核

各级水行政主管部门要加强对绿色小水电示范电站的监督管理，省级水行政主管部门应当按不少于半数的比例不定期抽查，对于抽查不合格的达标单位，督促其纠正；拒不纠正或纠正不到位以至于造成严重生态环境影响、社会影响的，给予警告，严肃处理，直至摘牌。

各级水行政主管部门要按照中央关于统筹推进新冠疫情防控和经济社会发展工作部署，继续贯彻水利部开展绿色小水电示范电站创建的各项要求，组织具备条件的电站积极申报，做好服务，严格把关，确保创建工作不断取得新成效。请各省级水行政主管部门于8月15日前将2020年创建材料上传到绿色水电管理信息系统（http：//lssdgl. cn），我部将加强对申报材料的审核并开展现场抽查。

（本年鉴编辑部）

农 村 水 电 管 理

2020年农村水电安全监管工作情况

2020年，农村小水电安全监管工作持续推进，加强薄弱环节安全检查和隐患整改，重点开展了以下工作：

1. 指导做好安全度汛　印发做好防疫条件下小水电安全度汛有关工作的通知，布置地方全面开展隐患排查和治理，全力保障安全度汛，要求对蓄水不足10万m^3但水库或前池等位置较高、存在头顶“一盆水”情况的小水电站进行重点排查，并建立台账，同时对已建台账中的重点电站加强监督指导。

2. 开展警示教育　江西宁都“6·5”长罗水电站溃坝事故发生后，立即开展相关调查，并将有关情况通报各地，警示提醒并要求做好防范。要求采取各种方式，逐级转发至各级农村水电管理部门相关人员以及每个电站业主、各类监管责任人。对于坝体、前池、边坡等发现隐患但尚未整改的，大坝等关键位置无监测监控设施的，要特别加强强降雨过程中的专人值守，并抓紧完善监测监控设施。

3. 组织开展小水电安全暗访检查　对全国小水电站水库大坝基本情况、安全管理情况进行了再梳理。委托相关单位组成9个工作组，29人次，于7～8月对河北等7个省44座小水电站水库大坝安全度汛情况进行了暗访检查，相关问题反馈地方，督促落实整改。

4. 推动安全生产标准化建设工作　指导各地积极引导小水电站开展安全生产标准化达标评级工作，全国当年新增农村水电安全生产标准化电站474座，其中，一级8座、二级108座、三级154座。累计建成农村水电安全生产标准化电站近3300座，其中，一级90座、二级近1300座、三级及以下近1900座。

（水利部农村水利水电司　张翔）

水利部办公厅印发长江经济带小水电清理整改验收销号工作指导意见

2020年5月18日，水利部办公厅以办水电〔2020〕109号文下发通知，印发《长江经济带小水电清理整改验收销号工作指导意见》，该通知全文如下。

根据水利部、国家发展改革委、生态环境部、国家能源局《关于开展长江经济带小水电清理整改工作的意见》（水电〔2018〕312号）精神和有关工作安排，有关省（直辖市）应在2020年底前完成清理整改工作，并组织验收销号。经商长江经济带小水电清理整改协调小组各成员单位同意，我部制定了《长江经济带小水电清理整改验收销号工作指导意见》，现印发给你们，请结合本地实际贯彻落实。

小水电清理整改验收销号工作完成后，请于2021年2月底前将本省（直辖市）有关工作情况报送水利部、国家发展改革委、自然资源部、生态环境部、农业农村部、国家能源局、国家林草局。因新冠肺炎疫情影响严重，湖北省相关工作完成时限可适当后延，但应于2021年3月底前报送材料。

长江经济带小水电清理整改验收销号工作指导意见

一、总则

（一）为规范和指导小水电清理整改验收销号工作，确保清理整改质量和效果，根据水利部、国家发展改革委、生态环境部、国家能源局《关于开展长江经济带小水电清理整改工作的意见》（水电〔2018〕312号）精神，制定本指导意见。

（二）小水电清理整改验收销号以省级政府同意的综合评估报告和经批准的“一站一策”方案、技术文件为依据，对照分类整改措施逐项查验完成情况。

（三）已按中央环保督察等要求完成整改并验收销号的整改内容，可引用验收成果，不重复验收。

二、验收销号条件

（一）整改类电站应按规定时间完成整改，具备以下条件：

1. 生态流量保障工作符合水利部、生态环境部《关于加强长江经济带小水电站生态流量监管的通知》有关规定。

2. 按整改方案改造或增设的生态流量泄放设施能够稳定、足额下泄生态流量，并能按要求持续泄放。

3. 按整改方案改造或增设的生态流量监测设施能够正常、稳定工作，并接入当地监管平台。通信等条件不具备的，应就地储存，按规定定期上传数据。

4. 按整改方案完成了水生态修复等工作。

5. 按整改方案完善了相关审批手续。

6. 整改方案提出的其他整改措施已落实到位。

（二）退出类电站验收销号应具备的条件：

1. 已按退出方案规定时间停产。

2. 退出方案确定拆除的设施设备已按期拆除，要求封堵的取水口已封堵。

3. 退出方案确定保留的设施设备，已落实管护责任主体。

4. 退出方案确定的生态修复措施，已按要求落实到位。

5. 退出方案提出的防范与化解风险措施已落实到位。

三、验收销号流程

（一）清理整改任务完成后（限期于2022年底前退出的，应完成退出方案明确的2020年底前的整改内容），按照县组织验收、市复核抽查、省销号报备的流程开展验收销号工作。

（二）县（市、区）小水电清理整改工作机构负责组织小水电站的清理整改验收工作，在验收表上填写验收情况和验收意见。验收工作组签字表应作为验收表的附件。

（三）通过验收的小水电站名单应在县级及以上的官方网站、河湖管理平台或媒体公示5个工作日，接受社会监督。公示期满无异议，将验收表、公示图片等材料上传到小水电清理整改工作管理平台。

（四）验收表和有关材料由县（市、区）报送市级小水电清理整改工作机构复核。市级小水电清理整改工作机构应抽取部分电站进行现场复核，抽查率不低于20%。抽查发现问题的，整改后方可通过复核。

（五）通过复核的小水电站，以市（州）为单位汇总后报省级统一销号。省（直辖市）对验收销号工作负总责，开展必要的指导和核查，同时做好工作总结，形成小水电清理整改和验收销号工作报告。

四、有关要求

（一）各地要加强组织领导，严格验收标准，强化事中事后监管，发现整改、验收工作敷衍塞责，做表面文章，搞虚假整改的，要及时采取约谈、通报等方式予以纠正。

（二）要加强整改进展调度和动态管理，及时将整改情况录入管理平台。水利部将每月初汇总各省（直辖市）进度并在一定范围公布。进度严重滞后的将约谈、公开通报。

（三）省、市、县汇总和报告验收销号情况时，应同时报告生态流量监管平台建设、使用情况以及生态流量监督管理制度、配套政策等长效机制建立的情况。

（四）要加强限期退出后续工作的监督管理，明确监管单位和相关各方的责任。监管单位要跟踪进展情况，直到全面完成退出任务。

（五）可结合本地实际，制定验收销号工作办法或细则。

________水电站清理整改验收表

口整改类/口退出类（退出时限________年）

<table>
<tr><td>电站名称</td><td colspan="2"></td><td>统计代码</td><td></td></tr>
<tr><td>联系人姓名</td><td colspan="2"></td><td>联系人电话</td><td></td></tr>
<tr><td colspan="5">自查情况</td></tr>
<tr><td colspan="2">“一站一策”整改内容</td><td colspan="2">自查情况</td><td>备注</td></tr>
<tr><td colspan="2">1.</td><td colspan="2"></td><td></td></tr>
<tr><td colspan="2">2.</td><td colspan="2"></td><td></td></tr>
<tr><td colspan="2">3.</td><td colspan="2"></td><td></td></tr>
<tr><td colspan="2">……</td><td colspan="2"></td><td></td></tr>
<tr><td colspan="5">经自查，本电站已按“一站一策”方案要求完成清理整改任务。

负责人签字（电站盖章）：
联系电话：</td></tr>
</table>

续表

验收意见	（验收签字表另附） 验收时间：　年　月　日
复核意见	复核工作组负责人签字： 年　月　日

注：1.“一站一策”整改内容为整改方案、退出方案明确的整改项目及各项措施。
2. 自查中有需要说明的情况，在备注栏填写。

（本年鉴编辑部）

水利部办公厅、生态环境部办公厅调整水电241号文件适用范围

2020年9月25日，水利部、生态环境部办公厅以办水电〔2020〕204号文下发通知，调整水电〔2019〕241号文件适用范围，该通知全文如下。

2019年8月，水利部、生态环境部《关于加强长江经济带小水电站生态流量监管的通知》（水电〔2019〕241号）印发以来，对促进长江经济带地区小水电站落实生态流量发挥了较好指导作用。为做好长江经济带以外地区小水电站生态流量监管工作，经研究，决定将该文件的适用范围调整至全国范围执行。文件中关于2020年底全面落实生态流量以及2022年底前提出取水许可审批监管、生态调度运行要求等时限规定，请长江经济带以外地区根据实际工作部署相应调整确定。

水利部、生态环境部关于加强长江经济带小水电站生态流量监管的通知

水电〔2019〕241号

江苏、浙江、安徽、江西、湖北、湖南、重庆、四川、贵州、云南省（直辖市）水利厅（局）、生态环境厅（局）：

为全面贯彻习近平生态文明思想，落实近期党中央、国务院领导同志关于长江经济带小水电生态环境突出问题清理整改的指示精神，保障河湖生态用水，推进小水电绿色发展，维护长江健康生命，现就加强长江经济带小水电站生态流量监督管理有关工作通知如下：

一、总体目标

（一）坚持生态优先、绿色发展的原则，组织开展小水电站生态流量确定、泄放设施改造、生态调度运行、监测监控等工作，切实加强长江经济带小水电站（单站装机5万kW及以下）生态流量监督管理，尽快健全保障生态流量长效机制，力争在2020年底前全面落实小水电站生态流量。

二、科学确定小水电站生态流量

（二）应当根据《水利水电建设项目水资源论证导则（SL 525）》《水电水利建设项目河道生态用水、低温水和过鱼设施环境影响评价技术指南（试行）》《河湖生态环境需水技术规范（SL/Z 712）》《水电工程生态流量计算规范（NB/T 35091）》等技术规范，在满足生活用水的前提下，统筹考虑生产、生态用水需求，结合河流特性、水文气象条件和水资源开发利用现状，确定生态流量。确定生态流量时应当体现流量过程，反映河道天然来水丰枯变化。

（三）小水电站的生态流量，按照流域综合规划、水能资源开发规划等规划及规划环评，项目取水许可、项目环评等文件规定执行；上述文件均未作明确规定或者规定不一致的，由有管辖权的水行政主管部门商同级生态环境主管部门组织确定；其中以综合利用功能为主或位于自然保护区的小水电站生态流量，应组织专题论证，征求有关部门意见后确定。

三、完善小水电站生态流量泄放设施

（四）生态流量泄放设施，必须符合国家有关设

计、施工、运行管理相关标准，建设、运营等不得对主体工程造成不利影响。应当按照“因地制宜、安全可靠、技术合理、经济适用”的原则，采取改造电站引水系统、泄洪闸门、溢洪道闸门、大坝放空设施、冲沙设施，增设专用生态泄水设施或生态机组等措施，确保小水电站稳定足额下泄生态流量。

（五）完善生态流量泄放设施，还可在下游受影响河段，因地制宜地采取河床清淤整治，或修建亲水性堤坝、生态跌坎、生态堰坝、过鱼设施等生态修复措施，改善拦河闸坝下游河湖水资源条件，恢复河流连通性，为水生生物营造栖息环境。

（六）生态流量泄放设施建设或改造完工后，小水电站业主可自行组织验收，验收合格且在确保工程安全的前提下，方可投入运行。

四、做好小水电站生态流量监测监控

（七）小水电站业主是生态流量监测的实施主体，具备条件的小水电站都应开展生态流量监测监控（监视），相关部门应当加强监督指导。生态流量监测监控设施，包括流量监测设施和数据传输设备，应当安装简单、易于维护，符合水文测报、生态环境监测相关技术标准和监控数据传输规范，具备数据（图像）采集、保存、上传、导出等功能，确保生态流量数据（图像）的真实性、完整性和连续性，并能满足水电站生态流量调度管理和主管部门监督管理需要。

（八）能够实时监测或视频监视的电站，可通过光纤、宽带或无线网络等方式，将数据（图像）传输到政府监管平台备查；不能实时监测或视频监视的，应当保存生态流量连续泄放的图片、视频或监测数据备查，并定期报送至县级水行政主管部门和生态环境主管部门。

（九）各地要建立完善小水电站生态流量监管平台，确保监测数据（图像）及时准确接收，满足生态流量监管需要。地方监管平台应当按照统一的小水电数据库表结构和标识符要求，存储和传输数据。条件具备后，按相关程序和要求，接入水利部、生态环境部等信息管理系统，实现实时监管和数据共享。

五、推动小水电站开展生态调度运行

（十）要按照“兴利服从防洪、区域服从流域、电调服从水调”的原则，建立健全干支流梯级水电站联合调度或协作机制，统筹协调上下游水量蓄泄方式，协同解决好全流域生态用水问题。以综合利用功能为主的小水电站，要统筹供水、灌溉用水要求开展生态调度运行。

（十一）对枯水期河流水文情势影响大的小水电站，应当改变发电运行方式，推动季节性限制运行。当小水电站取水处的天然来水小于或等于生态流量时，天然来水流量应当全部泄放；当来水小于生态流量与最小引水发电流量之和时，优先保障生态流量，必要时还应当停止发电。

（十二）县级水行政主管部门应当会同生态环境部门，以河流或县级区域为单元，于 2022 年以前对小水电站生态流量泄放情况进行评估，根据河流来水条件和来水过程，结合鱼类、湿地等敏感保护对象的不同时段用水需求，在维护河流生态系统健康的基础上，提出取水许可审批监管和生态调度运行要求。小水电站按此要求优化调度运行方式，合理安排拦河设施的下泄水量和流量过程，重点保障枯水期及鱼类繁殖期等特殊时期下游基本生态用水需要。

六、建立小水电站生态用水保障机制

（十三）小水电站业主应当加强对生态流量泄放设施和监测监控设施的管理和维护，保障其持续正常运行。设施出现异常时，应当立即向具有管辖权的水行政主管部门和生态环境主管部门报告，并限期修复。

（十四）各地要加强监管，凡综合评估列为退出类的小水电站，在拆除前应当采取有效措施，切实保障生态流量。

（十五）各省级主管部门要推动建立反映生态保护和修复治理成本的小水电上网电价机制，更好地运用经济杠杆，推动水电站修复、治理和保护水生态；安排专项资金用于小水电站生态流量确定、泄放设施或生态修复方案设计、生态流量监管平台建设维护、生态调度相关技术方案研究等。鼓励更多小水电站提高绿色发展能力、惠及民生能力和标准化管理水平，创建为绿色小水电站。要积极总结生态流量监管经验，树立典型，以喜闻乐见、通俗易懂的方式，形象展示水电站生态用水保障成效，营造良好舆论氛围。

七、强化小水电站生态流量监督管理

（十六）各级水行政主管部门和生态环境部门，应当依据各自职责，加强对小水电站落实生态流量的监管。要将小水电站生态流量监督管理纳入河湖长制工作范围和考核内容，建立水电站保障下游生态用水安全情况定期检查制度，制定重点监管名录，提出重点监管要求。要严格取水许可监督管理和建设项目环评审批，将小水电站按要求泄放生态流量作为取水许可审批和监管、项目环评审批和流域水环境保护监管的重要条件，确保小水电站持续将生态流量落实到位。对未按要求足额稳定泄放生态流量或按时报送生态流量监测监控数据的小水电站，依法依规督促限期改正，逾期不改正的报送河湖长，必要时建议电网限制或禁止其发电上网。主管部门应当定期公开小水电站生态流量泄放情况，加大对违规项目的曝光力度，鼓励和支持社会公众监督小水电站生态流量泄放情况。

（本年鉴编辑部）

黄河流域过度小水电开发清理整治情况

为贯彻黄河流域生态保护和高质量发展座谈会和中央财经委员会第六次会议精神，做好黄河流域过度的小水电开发清理整治工作，2020 年 6 月，水利部组织开展了黄河流域省、自治区小水电站调查摸底，调查黄河流域 8 省区小水电基本信息、涉及国家公园和自然保护区情况、生态流量泄放和监测情况、大坝安全鉴定等情况。通过调查，明确了省级重要河流名录，建立了黄河流域小水电信息管理平台，培训了 500 多位沿黄省区水利部门和流域机构技术管理人员。对陕、甘、晋、豫 4 省小水电突出问题及整改情况进行了调研，了解了地方对过度的小水电开发清理整治的意见建议。2020 年 9 月，水利部、生态环境部办公厅《关于调整水电〔2019〕241 号文件适用范围的通知》(办水电〔2020〕204 号)，明确原适用于长江经济带省市的小水电站生态流量确定、泄放设施改造、监测设施安装、监管平台建立、生态调度运行、监督检查等要求，同样适用于长江经济带以外地区，为加强包括黄河流域在内的全国小水电生态流量监督管理提供了遵循。

（水利部农村水利水电司　苗起森）

长江经济带小水电清理整改情况

长江经济带 2.5 万多座水电站中位于自然保护区核心区或缓冲区、严重影响生态环境的 3900 多座水电站被列为退出类，另有 21000 多座水电站列为整改类，700 多座座水电站列为保留类。退出类水电站中，应于 2020 年底完成的立即退出类 3000 多座，于 2022 年底前完成的限期退出类 900 多座。经过 10 省市和 7 个部门共同努力，截至 2020 年底，清理整改阶段性任务已经完成。小水电违规建设、过度开发的态势得到遏制，生态环境突出问题得到初步解决。具体情况如下：

1. 退出情况　3000 多座立即退出类电站全部退出，440 座限期退出类电站提前完成退出，超额完成任务。位于国家级、省级自然保护区核心区或缓冲区的电站已按要求完成退出，释放了自然空间，更好地满足了保持生态系统完整、原真的需要。

2. 整改情况　21000 多座电站完成整改。其中，1.4 万多座电站完成泄放设施改造，安装各种监测设备 1.7 万多台（套)。有生态流量泄放要求的共计 1.9 万多座电站全部按规定下泄生态流量并接入各级监管平台。厂坝间河道减脱水严重甚至干涸、河床裸露问题得到全面解决，9 万多公里减脱水河段有了水，河流生态得到初步修复。

3. 控制开发　降低小水电开发强度，通过退出一批设施陈旧、妨碍行洪、重新整治又不经济的小水电站，严格控制新上小水电项目，仍在运行的小水电站按规定泄放生态流量，小水电装机明显减少，发电引水强度明显下降。经测算，清理整改后，长江经济带小水电总体开发强度从整改前的 78%降至目前的 63%，低于西方发达国家 80%左右的开发水平。

4. 流量监管　小水电生态流量监管体系初步建立。按照水利部、生态环境部关于加强长江经济带生态流量监管工作的要求，各省市统一或由市县建设了小水电生态流量监管平台，具备通信条件的电站都实现了实时在线监测。安徽、江西、湖北、四川等省出台了生态流量监管文件，其中，江西还制定了重点监管电站名录。

（水利部农村水利水电司　王亮）

农 村 水 电 改 造

2020 年农村水电增效扩容改造情况

2020 年，“十三五”农村水电增效扩容改造全面完工，河北、山西、内蒙古、辽宁、吉林、黑龙江、浙江、安徽、福建、江西、河南、湖北、湖南、广东、广西、重庆、四川、贵州、云南、陕西、甘肃等 21 个省份及新疆生产建设兵团顺利完成增效扩容改造绩效评价有关工作。

（一）绩效评价工作开展情况

2020年4月，水利部办公厅、财政部办公厅印发了《关于农村水电增效扩容改造绩效评价有关工作的通知》，就绩效评价工作进度以及绩效评价复核方式、内容等提出明确要求。河北等21个省份及新疆生产建设兵团（以下简称各省）组织项目单位，对照文件要求收集工程建设资料、资金管理和长效机制等佐证材料，开展自评价。各省委托了无利害关系、具备能力的第三方机构开展绩效评价，形成河流绩效评价报告，并在省级水利网站上对河流绩效评价成果进行公示，对个别有异议的情况进行了重点复核和修改。在此基础上，各省编制完成了省级绩效评价报告，上报水利部、财政部。

（二）绩效评价复核工作开展情况

水利部、财政部委托水利部综合事业局，组织专家组对各省农村水电增效扩容改造绩效评价工作进行复核。专家组采取听取省级和抽查项目情况介绍、查阅材料、实地核查等方式开展工作。根据各省份项目数量，随机抽取1～5条河流进行重点复核，对所抽取河流上的所有项目进行资料审核，并选取其中不低于50%的项目进行现场复核。复核的内容包括：省级绩效管理工作开展情况；河流绩效目标完成情况，以及河流上所有项目的申报条件、申报程序、项目验收、资金管理、安全生产标准化等情况；项目绩效目标完成情况，包括新增生态机组、生态流量泄放设施和监测设施等建设情况，电站改造后装机容量、年发电量等重要指标。2020年4～11月，共组织22个专家组，抽查41条河流、316个项目的详细资料，现场复核94个电站、187个项目的实际情况，复核河流改造绩效得分和省级得分，完成各省农村水电增效扩容改造绩效评价复核情况报告。

（三）绩效评价成果情况

根据各省绩效评价报告和绩效评价复核情况报告，截至2020年6月，共有1915个生态改造项目、2048个增效扩容改造项目完工并通过验收（完工率分别是99.7%、98.3%），1265条河流完成改造并通过以河流为单元的绩效评价（合格率为98.8%）。完成投资106.2亿元，其中，中央财政奖励资金44亿元。已完工增效扩容项目共计更换水轮机3686台，改造水轮机841台，更换发电机3663台，改造发电机814台，新增自动控制设备5243台、套，高低压开关柜8134台、套，升压变压器2768台，送出线路1872km，闸门及启闭设备3857台、套，改造引水渠、隧洞12198km，压力钢管245km，改造厂房面积61.5万m^2。改造后巩固新增装机容量441.9万kW，比改造前355万kW增加24.4%，巩固新增发电量达到167.8亿kW·h，比改造前118亿kW·h增加42.1%。新建改建了生态流量泄放闸孔设施1762处，新建生态堰坝621条，增设监测、调度设备1451台、套，新增生态机组66台装机容量4.5万kW，新增生态机组年发电量1.86亿kW·h，报废电站22座。通过生态改造，3000多公里的河流减脱水问题得到初步治理，河流生态环境得到初步恢复。

经复核，各省绩效得分均在80分以上，近2/3省份绩效得分在90分以上。

（水利部农村水利水电司　孙亚芹）

中国小水电增效扩容改造增值项目情况

全球环境基金“中国小水电增效扩容改造增值”项目（简称GEF项目）在2020年实施期间，按照项目指导委员会的意见和年度工作计划开展相关活动，项目顺利推进。

（一）项目开展情况

受新冠肺炎疫情影响，2020年GEF项目指导委员会会议采用“通讯会议”的形式召开，项目指导委员会讨论通过了GEF项目2019年工作报告和2020年工作计划，同意项目实施问题对应的解决方案，形成会议纪要。

中央项目办根据工作计划，启动相关项目活动，监督并推进执行中各项活动的实施进度，及时向联合国工发组织提交付款申请，加快项目活动进展。中央项目办通过“视频会议”、邮件、书面报告等方式，定期向各指导委员会成员单位和联合国工发组织汇报项目进展。

中央项目办对项目中期评估、试点电站申请退出、试点电站GEF项目活动变更等工作进行了一一落实。经与工发组织沟通商量，同意以中期绩效评价的方式完成GEF项目中期评估，中央项目办已按照工发组织要求，提交了GEF项目中期绩效评价报告中英文两个版本；完成九宫河电站退出申请手续，目前共有22座试点电站参与GEF增值改造；2020年共有5座试点电站申请变更GEF项目活动，已有2座电站完成了变更手续。

（二）项目进展举措

1. 小水电管理制度建设　推动建立可持续绿色小水电政策和制度框架，推动小水电安全生产标准化建设。经联合国工发组织同意，“绿色小水电标准/安全生产标准化推广”的具体工作于2020年正式开始实施。相继发布了《小型水电站下游河道减脱水防治相关技术导则》《绿色小水电评价标准》（修订），编制完成了《绿色小水电建设技术指南》《绿色小水电发展战略研究及建议方案》《农村水电站安全生产标准化最佳案例手册》等文件。此外，完成了“绿色小水电管理办法”相关调研工作，对绿色小水电管理信息系统进行完善；结合水利部安全生产标准化实施办法修订情况，提出了有关省份安全生产标准化实施细则修订建议和计划。初步编制了地方绿色小水电优惠政策。

2. 绿色小水电创建　改造现有小水电站，提升绿色小水电建设和安全标准化管理水平。2020 年，3 个课题正式启动并实施，并对相关省（直辖市）的试点电站开展了现场调研和资料收集。“试点电站改造性能监测分析”课题组完成了第一期监测评估报告。“试点电站改造社会经济和环境影响调查评估”课题组编制了《改造前社会经济和环境现状调查报告》。“环境社会管理计划（ESMP）编制”课题专家编制完成了 22 座试点电站的《环境社会管理计划（ESMP）》，并对各试点电站的环境社会风险缓解措施和监测计划等进行了评价。截至 2020 年底，22 座试点电站中 15 座完成了“绿色小水电创建”活动，7 座电站全面完成了 GEF 增值改造。

3. 小水电能力建设　搭建绿色小水电和安全生产管理知识平台，加强能力建设。2020 年初编制完成能力建设培训教材，8 月正式启动能力建设培训工作。截至 2020 年底，分别在杭州、海口开展了 4 期关于绿色小水电和安全生产标准化的培训班，共培训 240 余人。试点电站以外又创建了 8 座绿色小水电示范电站。

（水利部农村水利水电司　孙亚芹）

秘家会水电站增效扩容改造效益分析

石家庄市共有 50 座小型水电站，多数建于 20 世纪 70～80 年代，尤其是 500kW 以下小水电站多存在设计不合理、设备老化失修等问题，对于增效扩容改造需求较为迫切。通过实施秘家会水电站增效扩容改造和滹沱河生态修复工程，在提高水电站技术进步、设备更新、标准化建设及促进生态环境友好、周边社会和谐发展等方面做出了宝贵探索，取得了显著的经济效益和社会效益。

（一）项目基本情况

秘家会水电站位于平山县小觉镇，该增效扩容改造和生态修复工程属于石家庄市“十三五”农村水电增效扩容改造规划内容。2016 年 6 月，河北省水利厅、财政厅联合以冀水电〔2016〕9 号文批准秘家会水电站实施增效扩容改造和滹沱河生态修复工程，批复概算总投资 465.8 万元（其中，增效扩容改造工程 445.71 万元，生态修复工程 20.09 万元）。

该改造工程于 2017 年 2 月 25 日开工，2018 年 4 月 23 日完工，建设总工期 14 个月。在工程实施期间，电站严格落实项目法人责任制、招投标制、建设监理制与合同管理制，建设资金专款专用，对工程质量严格控制与检测，保障了改造工程的顺利实施。2019 年 12 月，由石家庄市水利局对该电站进行了竣工验收。

（二）项目改造内容

该水电站工程主要改造内容为：改造 3 台水轮机转轮、发电机定子、转子绕组，更新 3 台调速器、励磁装置、主变压器及其他电气设备，新增微机监控系统及修建生态泄流涵管等。改造后，3 台水轮机型号为 HL240-WJ-84，配套发电机型号 SFW900-14/1430，绝缘等级升级为 F 级，装机容量 2700kW；设计水头 24.9m，引用流量 12.87m^3/s，水轮机额定效率 90.5%；主变压器改造后型号为 S11-1250/10.5，绝缘等级升级为 F 级；电站多年平均发电量为 1519.02 万 kW·h，年利用小时数 5626h，改造单位千瓦投资 1725 元。

（三）项目改造效益

1. 改造效益　该水电站于 1980 年建成投产，为引水式水电站，设计水头 24.9m、设计流量 13.2m^3/s，装机容量 2400（3×800）kW，近 5 年平均发电量 1158.87 万 kW·h，机组综合效率为 66%。实施增效扩容改造后，装机容量增容至 2700（3×900）kW，设计水头 24.9m 不变、设计流量 12.87m^3/s，相比原设计引用流量减少 0.33m^3/s 的情况下，单机出力可达到 1000kW，水轮发电机组扩容增效效果明显。

2019 年，该水电站总计发电 1405 万 kW·h，比改造前 5 年平均发电量 1158.87 万 kW·h 增发 310.876 万 kW·h，增效率达到 21.2%，超过了“按发电量计算的增效扩容潜力需达到 20%以上”的验收指标；3 台机组同时满负荷发电工况下测定的机组综合效率分别为 86.35%、89.89%、88.88%，达到了“单机功率小于 3000kW，机组综合效率达到 75%以上”的验收指标，改造效果明显。

2. 生态效益　该水电站于拦河坝左坝肩处修建了 1 处生态泄流涵管，通过涵管向河道泄放不低于 1.64m^3/s 的生态流量，维持坝站间减水段河道的生态需水、维护河道生态平衡；除此之外，电站还通过沿线引水渠道设置的灌溉孔在满足农田灌溉需求后补给河道生态流量，使电站坝前坝后河道形成绿色水面，坝厂间河道减水段不断流，既提升了地下水位，增强了河水自净能力，又促进了河道生态恢复，有力缓解了河道周边生态恶化，进一步提升了水生态环境。

2019年，该水电站总计发电1405万kW·h，按照发电标准煤煤耗350g/kW·h计算，可节约标准煤4917t，减少二氧化碳排放15112t，减少二氧化硫排放77t，节能减排效益比较显著。

3. 惠民效益　该水电站为集体所有制企业，经过此次增效扩容改造，在大大改善水电站固定资产的可持续健康发展基础上，又在造福社会，惠及民生，促进农民增收方面做了力所能及的工作。据电站统计，自1991～2003年期间，电站为小觉镇2万农民代交农业税；在国家免征农业税后，又继续担负起全镇农民的部分农村合作医疗保险费用；电站每年还投入10余万元资助秘家会村、郄家庄村、三亮沟村等村庄硬化街道、装设路灯、修建医务室、图书馆、解决饮水问题等，改善了当地村庄的生活环境，提高了农民的生活质量。截至2019年，该水电站共计投入1400多万元，既有力缓解了小觉镇政府的负担，又让当地老百姓得到了实惠，电站因此还被老百姓赞誉为“滹沱河畔的金太阳”。

4. 管理水平得到提高　该水电站完成增效扩容改造工程后，严格按照水利部《农村水电站安全生产标准化评审标准》和《农村水电站技术管理规程》的要求开展安全生产标准化创建工作，从规范人的不安全行为、纠正物的不安全状态、解决管理制度的缺陷三方面严格开展安全生产全过程管理，有效提升了电站的安全管理水平，2019年1月被省厅复评为农村水电站安全生产标准化二级单位。2020年1月，该水电站经申报、初验、审核和公示，被水利部评定为2019年度绿色小水电示范电站。

（石家庄市水电及农村电气化发展处　王晓艳
石家庄市水资源综合服务中心　王静）

晒谷坪水电站水轮发电机组更新改造

针对晒谷坪水电站的现状，对其水轮发电机组进行了改造。经过近3年的运行检验，机组的稳定性、轴瓦稳定、启停的顺畅性都得到有效验证，该电站水轮发电机组发电机前轴承摆渡小于185μm，后轴承摆渡小于110μm，发电机垂直振动和水平振动小于50μm。轴瓦温度稳定在45℃，甩负荷、过速均能得到有效控制。改造后机组综合效率达到88.9%，相比改造前机组综合效率增加约15.04%。从实际运行效果看，机组效率显著提升，机组主要参数满足设计和规范要求，性能指标达到预期目的，各部位的振动、摆度值远优于行业标准振动指标要求，取得了良好效果。

（一）电站概况

晒谷坪水电站系清江隔河岩水利枢纽保安自备电厂，布置在隔河岩水利枢纽左岸，利用清江隔河岩电站施工导流洞改建成引水式地下厂房。电站原安装2台0.5万kW卧式水轮发电机组，总装机容量1万kW，最大引用流量13.4m^3/s，原设计年发电量3000万kW·h，利用小时数3000h。电站于1994年12月投产发电，经过20多年的运行，电站主辅设备老化严重，设备故障率高、可靠性差，无法满足电站安全稳定运行要求。随着清江水布垭电站的建成发电，隔河岩水库的运行方式发生了较大变化，水库基本运行在较高水位，造成水轮机实际运行区域严重偏离最优工况区，运行效率低，气蚀严重，振动比较大，叶片出现裂纹和断裂现象；导水机构磨损严重，经过多次检修后，失去转轮室基准面，极大地影响机组安全经济运行。针对上述问题，决定对晒谷坪水电站进行增效扩容改造，要求该电站装机容量不变、接入方式不变、埋入部件不动的原则进行增效改造。

（二）转轮型号选择及结构设计

晒谷坪水电站在水工建筑部分不改变的前提下，针对水头的变化，优化了机组转轮等设备设计，提高水轮发电机组效率。

1. 精选转轮型号，提高工况效率　为提高该电站水轮机利用效率，同时减少转轮空蚀现象发生，且水轮机需适应新的额定水头。在转轮选型过程中，从理论分析到模型试验，对备选转轮型号进行严格对比和筛选。发电机的同步转速为750r/min，额定水头为H_r=101m时，通过计算比选了A855a型号转轮，用于该电站水力稳定性好，同时该转轮的稳定性范围大，且水力利用效率能够达到95.63%。转轮型号为HLA855a-WJ-90，最大水头121.5m，最小水头72m，额定水头101m，额定出力P_g/P_t为5000/5263kW，最小水头出力3029kW，设计流量5.63m^3/s，额定转速750r/min，飞逸转速1580.8r/min，水机最高效率95.1%，设计工况点效率93.6%，比转速169.82，模型空化系数0.0596，真机空化系数0.0716，装机高程76.5m，吸出高度2.69m，导叶数量为20，导叶高度b_0/D_1为0.234，转轮叶片数为15，轴向水推力为15.5～20.1。该转轮能够有效克服传统混流式水轮机的各种不稳定现象，例如叶道涡、卡门涡、小开度压力脉动、尾水管涡带、高部分负荷压力脉动、导叶与叶片之间的动静干涉、叶片进水边背面脱流（高水头工况）、叶片进水边正面脱流（特低水头大负荷工况），共振、水力自激振动以及过渡过程中各种特殊的不稳定现象等。

A855a转轮适应水头范围大，在45%～105%负荷范围内有良好的水力稳定性、较大的出力裕度、足够的强度和刚度，出力、空蚀、振动等各项性能指标均较优良。但存在不足，叶片出水边厚度较薄，在长期偏离最优工况运行时转轮受力不均衡，容易出现转轮裂纹，极低负荷运行等恶劣工况持续长甚至出现贯穿性裂纹，该电站属于保安电源在低谷时段（0～8时）一般空载运行，符合不利工况运行状态，必须采取有效措施避免产生转轮裂纹方能采选该型号转轮。

对于晒谷坪小型电站，转轮直径偏小，叶片出水边厚度也较薄，电站长期在非最优工况下运行时，叶片很容易产生裂纹，给电站运行和维护带来不必要的损失。在不影响转轮水力性能的前提下，适当对转轮叶片出水边进行加厚处理，但同时倒角修圆，增加叶片强度、韧度，提高机组在恶劣工况下抗疲劳强度能力，倒角修圆避免产生卡门涡，改善水流环境（见图1）。

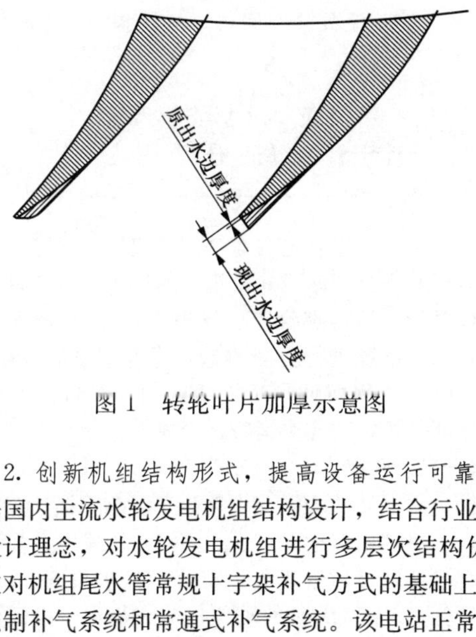

图1 转轮叶片加厚示意图

2. 创新机组结构形式，提高设备运行可靠性

根据国内主流水轮发电机组结构设计，结合行业内先进设计理念，对水轮发电机组进行多层次结构优化。①在对机组尾水管常规十字架补气方式的基础上，增设强制补气系统和常通式补气系统。该电站正常运行时，转轮补气方式是由尾水弯管内部的十字架带真空破坏阀进行补气。当出现补气量不足时，可投入备用的常通式补气管和强制补气系统度加强补气效果，达到充分消弭尾水管及转轮叶片旋转范围内形成的真空，高效减少转轮空蚀发生率。②导水机构调整方式由偏心销调整导叶断面间隙改造双头锁定螺杆调整方式。原先的偏心销调整方式，会随着日后机组老化、各部件配合精度降低等因素，造成偏心销锁锭牢固程度下降，致使导叶端面间隙在长期运行中跑偏。此次使用的双头锁锭螺杆能够有效地保证端面间隙在长期运行中不发生变化。③多种轴承冷却方式结合使用。在该电站设计之初，就针对可能出现的轴承温度偏高的问题进行仔细研究。在传统的油冷外循环冷却方式的基础上新增1套轴承水冷系统。将轴承体本体内部打出流道孔，将水冷却直接引入至轴承体进行冷却。该电站运行时，为油冷外循环冷却方式对轴承进行热交换。当出现冷却不足时，可投入备用的水冷系统进行冷却。在使用过程中，出水冷瓦冷却方式效果显著，能够非常有效地降低轴承温度，且稳定无异常。④将调速器传统的油压装置更改成新型的储能气囊，减少了维护和检修工作量，同时稳定的压力源在极端情况下也能正常保证机组的开停机，达到电站作为黑启动的要求。

（浙江金轮机电实业有限公司 朱春龙 蒋顺）

自动化一体屏技术在桃林口水电厂的应用

河北省桃林口水电厂增效扩容改造采用WSDY-3000低压机组一体化控制屏，完全实现一键开机并网、一键停机等功能，同时很好地实现了“无人值班（少人值守）”远程计算机监控的全自动化封闭式运行管理，机组运行安全可靠。

（一）工程概况

桃林口水电厂位于河北省青龙县境内，是桃林口水库的附属工程，属坝后式电站，根据国家“十三五”计划在全国范围内进行水电厂增效扩容改造的要求，该水电厂从2016年开始进行增效扩容改造，生态小机组建设和安装、水轮发电低压机组一体化控制技术于2019年5月安装调试完成并投入运行。改造工程到2019年9月全部完成，自动化一体屏技术在水电厂生态低压机组的应用既满足了水电厂生态机组安装空间小的要求，同时节约了成本。将励磁单元、同期单元和保护单元都整合在自控屏内，省去了3个柜的成本和空间的同时，技术也满足机组开、停机和机组运行等其他要求。

（二）主要功能

①一键式自动开机并网发电；②远程开停机智能控制；③运行/停机智能在线监测，实现自动化无人值守（电气部分）；④最优化智能运行方式，可确保发电机处于最优化运行状态；⑤微机励磁控制，可实现恒压、恒励磁电流、恒无功、恒功率因数智能运行方式；⑥微机自动准同期并网配置；⑦高精度发电机电量和非电量检测，包括发电机三相定子电压、电流、有功、无功、功率因数、频率、转速、网压、网频等；⑧完备的综合保护功能；⑨温度巡检（0～16路可选），该方案配置8路巡检功能；⑩参数密码及

智能越线保护，防止随意或失误修改造成设备不正常运行或误动作。

（三）功能单元简述

1. 温巡单元　独立温度巡检单元，与核心控制CPU（DSP28335）通过通信方式传输数据。定子A相十、定子B相十、定子C相十、转子、轴承1、轴承2、1号导瓦、2号导瓦8路温度，独立两路报警功能。传感器可Cu50、Pt100通用、混合使用。量程范围为－50.0～150.0℃，精度等级为±0.5℃ 。

2. 保护单元　发电机综合保护单元针对低压发电机组保护存在问题而专门设计，要求精度较高，稳定性、可靠性好，整定灵活，功能多样。保护单元内容包括电流Ⅰ、Ⅱ段定时限保护、过负荷保护、过电压保护、失磁保护、电流断线保护、机组过速和低速保护。

3. 转速检测单元　通过对机端电压的频率检测，计算出发电机的实际转速，实现开机、停机过程中的不同转速阶段的相关控制，如制动、励磁投入等。信号源灵敏度为1.0～600V正弦波，测量范围为0～100Hz，测量精度为0.5%额定转速或0.25Hz，测量分辨率为0.1% 额定转速或0.05Hz。

4. 同期单元　发电机准同期并列是发电厂一项很频繁的日常操作，同期单元的性能将直接影响到发电机的并网速度和发电机并网质量。该单元以高精度的时标计算频差、相位差，以毫秒级的精度实现合闸提前时间，通过全智能快速自动调频、调压，在待并两侧频差、压差合格，整定的提前时间与断路器机械动作时间相吻合的情况下，实现快速无冲击合闸。

5. 智能开、停机单元　根据对发电机的状态的实时检测，以及相关外部控制装置（调速、励磁）的特点，在收到开机命令后根据不同时段（时间和转速）发出相关机构的开启和投入命令，并实时检测该机构或单元的动作和运行情况，完成智能开机的全流程控制。电机并网运行后，根据水资源的情况，智能调节，使发电机处于最优发电状态。

6. 制动控制和复归单元　根据人工给控制器写入制动参数，控制器在机组自动停机时自动发出制动指令和复归指令。

（四）运用调试

自动化一体屏调试工作是和调速器调试工作同时进行的。两者互相配合、共同完成机组调试工作，以满足机组手、自动开机并网、正常停机、事故停机等要求为止。

1. 自动化一体屏机组手动、自动开机并网及停机试验　①开机条件满足条件下，调速器开机到空载、一体屏上转换开关在手动位置，励磁单元界面手动起励建压至额定值，同期单元界面，手动准同期并网成功。手动停机，调速器手动减有功到0，一体化屏手动减无功到0，一体化屏上手动跳开发电机出口断路器，调速器关机，机组频率降到制动频率21Hz，机组手动加刹车停机。②开机条件满足情况下，调速器切到自动运行位置，自动化一体屏转换开关在自动位置，自动化一体屏上发开机令，调速器自动开到空载，励磁单元自动起励建压至额定值，同期单元自动投入自动准同期并网成功。一键停机，调速器自动关机到空载，机组自动跳闸灭磁，机组频率降到制动频率21Hz时，机组刹车自动投入停机。

2. 机组保护试验　根据要求，分别做了失磁保护、过流保护、过负荷保护和过电压保护等试验，试验结果合格，保护动作灵敏可靠。

3. 机组甩负荷试验　根据要求，机组分别做了甩20%、50%、70%和100%额定负荷，机组转速上升率分别为5%、10%、16%和18%，远小于140%飞逸转速，证明机组自动化一体屏技术可靠，调速器调节性能完好。

（河北省桃林口水库管理局
董笑波　闫姗姗　彭志云　闫永东）

杜童水电站励磁调节系统更新改造

励磁系统对提高电力系统的稳定性，保障水电站发电运行的安全，起着非常重要的作用。河北省石津灌区杜童水电站励磁改造项目中，通过对4、5号机组励磁调节系统进行更新改造，降低了事故发生率，新系统维护费用减低，微机励磁调节装置高度集成化，保证了机组的安全运行。

（一）工程概况

杜童水电站位于河北省石津灌区总干渠杜童控制闸处，主要利用春秋季节农业灌溉水源发电，隶属河北省石津灌区杜童管理处。工程设计水头6.6m，安装容量为3×1250kW的轴伸贯流式机组，设计年利用小时数1300h，设计年发电量600万kW·h，2002年6月建成，2003年3月开始试运行发电。电站运行15年来，励磁系统因设备年久老化，故障频发，经过分析研究，决定实施励磁系统更新改造。

（二）励磁系统故障情况分析

1. 故障情况　2018年，石津灌区对滹沱河进行生态补水，杜童水电站利用渠道放水发电过程中，故障前渠道内流量为$15m^3/s$，只有4号机组并网运行，负荷在400kW左右，励磁运行方式为“恒因数”，给定值为9.0。2018年12月，机组经常运行不稳、出现震动现象后，机组进入自动停机程序，经检查发现

4 次停机，励磁控制屏出现报警信号“Z”（“Z”代表出现“失磁”故障），2s 后自动跳灭磁断路器。故障短时间内无法排除，经分析决定启动 5 号机组运行。5 号机组正常开机后平稳运行不到 24h，出现灭磁断路器未闭合的情况下，励磁电流上升至 400A，不能正常开机。

2. 励磁改造的必要性　①励磁调节器功能。励磁调节器的主要功能是为同步发电机提供励磁电流，对发电机的机端电压进行调节满足供电的需要，主要运行方式有手动调节励磁电流和自动运行两种。②原励磁设备情况。该水电站采用的励磁系统为成都 KLC-2B 型可控硅励磁装置，主要组成有功率单元和励磁调节器两大部分。③存在的主要问题。一是原厂家距离太远，设备陈旧维修配件不易采购，给维护保养造成极大不便。二是厂房内空气湿度大，设备在潮湿的工作环境中容易造成元器件受潮氧化现象。同时，励磁设备服役已经超出正常使用寿命。经过检查和测量，2 台机组励磁系统很多设备电子元件已经严重老化，运行中造成励磁调节器失灵导致事故停机。另外，发电机失磁故障会引起发电机失步，产生差频电流、温度升高出现过热现象，引起转子局部高温，危及转子安全，还有同步发电机异步运行，定子绕组中将出现脉动电流，产生交变的机械力矩，使机组发生振动，影响机组发电机的安全。

（三）励磁调节系统改造

综合考虑改造方便和经费因素，通过研究比较，考虑采用河北 RS-35 系列微机励磁调节器取代原调节系统。

1. RS-35 系列微机励磁调节系统特点　①计算机控制，响应速度快，动静态性能优越。②功能多，有转子过电压保护，可对元器件运行有效监测，包括温度监测和报警。③检测触发脉冲，显示移相角，可对可控硅进行在线实时监测，能及时发现和处理故障。④采用计算机数字化检测、控制、调节设置，稳定性好。⑤设备具有计算机串行通信接口，可提高电站自动化水平。⑥结构易于检修，更换设备比较方便。

2. 励磁改造过程　①改造流程：断开励磁柜所有直流电源和交流电源，确保施工安全，对柜体整体元器件进行系统检查→对原柜体线号做标记→拆除原柜体中调节器及其他不用器件→新励磁调节器及元器件进行固定安装→对调节器及相关器件线路改造→连线连接好后校验是否正确→柜体上电监测→柜体静态试验→系统联调→冲转发电机进行空载升压实验→发电机并网，加负荷，检验励磁柜工作是否正常。②2018 年 12 月 22～24 日，进行 5 号机组励磁系统改造，进行柜体上电检测和柜体静态试验，并进行系统联调，做空载升压实验，提升快速闸门引水冲转发电机，实验完成后开始发电机并网，24h 带负荷试运行，励磁柜工作正常。12 月 25 日，开始进行 4 号机组励磁改造，上电调试过程中发现一台交流风机损坏，更换后调试正常，试运行过程一切正常。2 台机组励磁调节器进行更新改造后，经过 24h 连续运行观察，2 台机组运行平稳，励磁调节操作方便到位，未再出现运行不稳、震动后停机等现象。③2019 年春灌机组发电时，满负荷试验及运行，在运行过程中出现“低励限制”信号，经检查是当时发电机运行在设置的低励限制线及以下，设备为保证不在低励限制区运行，会进行自动增磁 3%以上并关闭减磁功能，调节器控制屏显示“低励限制”信号以提醒值班人员。值班人员可手动进行增磁操作，观察无功脱离负值的区域，按“信号复归”按钮消除报警。经过春灌发电运行检验，该励磁系统安全可靠，操作方便。

3. 励磁装置日常维护　励磁装置投入运行后，需要进行定期检修维护，逐个拔出相应插件，检查触点及焊接点是否牢固可靠，清理灰尘后复位。长时间停机不使用励磁装置时，对装置应进行防潮处理。停机一段时间或大修后，需要对励磁装置进行开环试验，确保发电运行的安全。

（河北省石津灌区管理局　马哲）

15

机构与学术团体

机　　构

水电建设单位情况一览表

单位名称	地址	邮编
国家电网有限公司	北京市西城区西长安街 86 号	100031
国网新源控股有限公司	北京市西城区白广路二条 1 号	100761
中国南方电网有限责任公司	广东省广州市黄埔区科学城科翔路 11 号	510663
南方电网调峰调频发电有限公司	广东省广州市龙口东路 32 号	510630
中国华能集团有限公司	北京市西城区复兴门内大街 6 号	100031
中国大唐集团有限公司	北京市西城区广宁伯街 1 号	100033
中国华电集团有限公司	北京市西城区宣武门内大街 2 号	100031
国家能源投资集团有限责任公司	北京市西城区阜成门北大街 6-8 号	100034
国家电力投资集团有限公司	北京市西城区金融大街 28 号院 3 号楼	100033
中国长江三峡集团有限公司	北京市海淀区玉渊潭南路 1 号	100038
中国长江电力股份有限公司	湖北宜昌市西坝建设路 1 号	443002
国投电力控股股份有限公司	北京市西城区西直门南小街 147 号	100034
中国南水北调集团有限公司	北京市丰台区东管头 1 号院 3 号楼	100038
汉能控股集团有限公司	北京市朝阳区水岸南街 1 号	100107
新华水力发电有限公司	北京市丰台区海鹰路 1 号院 7 号楼万润大厦	100070
中国三峡建设管理有限公司	四川省成都市高新区府城大道东段 288 号	610041
雅砻江流域水电开发有限公司	四川省成都市双林路 288 号	610051
华能四川水电有限公司	四川省成都市人民南路四段 47 号华能大厦	610041
大唐四川发电有限公司	四川省成都市蜀金路 1 号	610091
国能大渡河流域水电开发有限公司	四川省成都市高新区天韵路 7 号	610041
华电四川发电有限公司	四川省成都市高新区蜀绣西路 100 号	610041
华电金沙江上游水电开发有限公司	四川省成都市高新区蜀绣西路 100 号	610041
国能四川发电有限公司	四川省成都市天晖北路 9 号	610041
四川华电杂谷脑水电开发有限公司	四川省成都青羊工业园区（东区）同城路 8 号	610009
国能四川发电有限公司南桠河水电分公司	四川省成都市高新区天晖北街 9 号	610041
中电建水电开发集团有限公司	四川省成都市高新区天府二街 139 号	610041
四川美姑河水电开发有限公司	四川省成都市温江区人和路 368 号	611130
国投云南大朝山水电开发公司	云南昆明市官渡区新昆洛路新亚洲城星都国际 63 栋	650213
华能澜沧江水电股份有限公司	云南省昆明市官渡区世纪城中路 1 号	650214
华能澜沧江上游水电有限公司	云南省昆明市官渡区世纪城中路 1 号	650214

续表

单位名称	地址	邮编
华电云南发电有限公司	云南省昆明市西山区红塔东路6号	650228
国家电投云南国际电力投资有限公司	云南省昆明市西山区滇池路1302号	650228
国能金沙江旭龙（奔子栏）水电开发有限公司	云南省迪庆藏族自治州德钦县升平镇南坪街70号	674500
贵州乌江水电开发有限责任公司	贵州省贵阳市南明区新华路9号	550002
贵州黔源电力股份有限公司	贵州省贵阳市南明区都司高架路46号	550002
龙滩水电开发有限公司	广西南宁市民族大道126号	530022
广西桂冠电力股份有限公司	广西南宁市民族大道126号	530022
五凌电力有限公司	湖南省长沙市天心区五凌路188号	410004
湖南澧水流域水利水电开发有限责任公司	湖南省长沙市香樟路393号	410014
湖北清江水电开发有限责任公司	湖北省宜昌市东山大道95号清江大厦	443000
福建水口发电集团有限公司	福建省福州市台江区白马南路333号	350004
汉江水利水电集团有限责任公司	湖北省丹江口市环形路3号	442700
陕西汉江投资开发有限公司	陕西省西安市高新区沣惠南路32号	710065
国投甘肃小三峡发电有限责任公司	甘肃省兰州市七里河区敦煌路353号	730050
黄河上游水电开发有限责任公司	青海省西宁市五四西路43号	810008
青海省水利水电集团有限责任公司	青海省西宁市西关大街57号	810001
国能新疆吉林台水电开发有限公司	新疆伊犁州尼勒克县	835716
国能新疆开都河流域水电开发有限公司	新疆库尔勒市人民东路华誉商务大厦14楼	841000
国能阿克苏河流域水电开发有限公司	新疆阿克苏市塔中路7号金地美居大厦4楼	843000
中国水电顾问集团投资有限公司	北京朝阳区北湖渠路15号京环大厦主楼10楼	100101
华能西藏雅鲁藏布江水电开发投资有限公司	四川省成都市武侯区科园二路10号航利研发中心1栋二单元	610093
广东省能源集团有限公司	广东省广州市天河东路8号、10号	510630
广东省粤电集团有限公司	广东省广州市天河东路2号粤电广场	510630

（本年鉴编辑部）

水电设计单位情况一览表

序号	单位名称	主要领导及总工程师	职工人数	地址	邮编	电话	传真	网址
1	水电水利规划设计总院	院长：郑声安 总工程师：彭才德	290	北京市西城区六铺炕北小街2号	100120	010-51973283	010-62356230	http：//www.creei.cn/
2	中国电建集团北京勘测设计研究院有限公司	党委书记、董事长：郝荣国 总工程师：吕明治	1144	北京市定福庄西街一号	100024	010-51972599	010-65728792	http：//www.bhidi.com/

续表

序号	单位名称	主要领导及总工程师	职工人数	地址	邮编	电话	传真	网址
3	中国电建集团华东勘测设计研究院有限公司	党委书记、董事长：张春生 总工程师：徐建军	4483	浙江省杭州市高教路201号	311122	0571- 56628888	0571-88076606	http：//www.ecidi.com/
4	中国电建集团西北勘测设计研究院有限公司	董事长、党委书记：廖元庆 总工程师：周　恒	2338	陕西省西安市雁塔区丈八东路18号	710065	029-88290001	029-88290000	http：//www.nwh.cn/
5	中国电建集团中南勘测设计研究院有限公司	董事长：冯树荣 总工程师：潘江洋	2351	湖南省长沙市雨花区圭塘香樟东路16号	410014	0731-85072055	0731-85047741	http：//www.msdi.cn/
6	中国电建集团成都勘测设计研究院有限公司	党委书记、董事长：黄　河 总工程师：余　挺	2131	四川省成都市温江区政和街8号	611130	028-60158195	028-87329997	http：//www.chidi.com.cn/
7	中国电建集团贵阳勘测设计研究院有限公司	党委书记、董事长：许朝政 总工程师：湛正刚	1594	贵州省贵阳市观山湖区兴黔路16号	550081	0851-85388101	0851-85388999	http：//www.ghidri.com.cn/
8	中国电建集团昆明勘测设计研究院有限公司	党委书记、董事长：冯峻林 总工程师：张宗亮	1859	云南省昆明市人民东路115号	650051	0871-63062266	0871-63138701	http：//www.khidi.com/

（中国水力发电工程学会　殷利利）

水利设计单位情况一览表

序号	单位名称	主要领导及总工程师	在职职工人数	地址	邮编	电话	传真	网址
1	水利部水利水电规划设计总院	院长：沈凤生 总工程师：温续余	193	北京市西城区六铺炕北小街2-1号	100120	010-63206688	010-62070508	http：//www.giwp.org.cn
2	长江设计集团有限公司	董事长：钮新强 总工程师：王小毛	2997	湖北省武汉市解放大道1863号	430010	027-82927792	027-82829202	http：//www.cjwsjy.com.cn
3	黄河勘测规划设计研究院有限公司	董事长：张金良 总工程师：景来红(兼)	1946	河南省郑州市金水路109号	450003	0371-66026449 0371-66023501	0371-65959236	http：//www.yrec.cn

续表

序号	单位名称	主要领导及总工程师	在职职工人数	地址	邮编	电话	传真	网址
4	中水淮河规划设计研究有限公司	董事长：周　虹 总工程师:孙　勇(兼)	230	安徽省合肥市滨湖新区云谷路2588号	230601	0551-65707505 0551-65707515	0551-65707500	http：//www.cwhh.com.cn
5	中水珠江规划勘测设计有限公司	董事长：凌耀忠 总工程师：刘元勋	1000	广东省广州市天河区天寿路沾益直街19号	510610	020-38810724	020-8810724	http：//www.prpsdc.com
6	中水东北勘测设计研究有限公司	董事长：马　军 总工程师：(暂空缺)	1060	吉林省长春市朝阳区工农大路888号	130021	0431-85092001	0431-85092000	http：//www.neidri.com
7	中水北方勘测设计研究有限公司	董事长：李孝振 总工程师：吴正桥	1500	天津市河西区洞庭路60号	300222	022-28702840 022-28702222	022-28343991	http：//www.tidi.ac.cn

（中国水利水电勘测设计协会）

2020年水利水电施工单位情况一览表

序号	单位名称	主要领导及总工程师	地址	邮编	电话	传真	网址
一	中国电力建设股份有限公司	董事长、党委书记：晏志勇 总工程师：宗敦峰　周建平	北京市海淀区车公庄西路22号	100048	010-58368693	010-58382888	http：//www.powerchina.cn
1	中国水利水电第一工程局有限公司	董事长、党委书记：闫英才	吉林省长春市经济技术开发区东南湖大路3799号	130033	0431-87987316	0431-87991536	http：//www.zsyj.com
2	中电建建筑集团有限公司	董事长、党委书记：常满祥 副总经理、总工程师：梁宏生	北京市西城区六铺炕南小街1号	100120	010-86411266	010-86411071	http：//www.sdej.com
3	中国水利水电第三工程局有限公司	董事长、党委书记：张育林 总工程师：李东锋	陕西省西安市浐灞区世博大道4069号	710024	029-86178686	029-86267407	http：//3j.sinohydro.com
4	中国水利水电第四工程局有限公司	董事长、党委书记：徐银林 副总经理、总工程师：张文山	青海省西宁市昆仑东路77号	810007	0971-8088057	0971-8088058	http：//www.csdsj.com

续表

序号	单位名称	主要领导及总工程师	地址	邮编	电话	传真	网址
5	中国水利水电第五工程局有限公司	董事长、党委书记：贺鹏程 副总经理、总工程师：吴高见	四川省成都市一环路东四段8号	610066	028-84461307	028-84422633	http：//5j.powerchina.cn
6	中国水利水电第六工程局有限公司	董事长、党委书记：翟万全 总工程师：叶　明	辽宁省沈阳市浑南新区新隆街2号	110179	024-83899766	024-83899888	http：//6j.powerchina.cn
7	中国水利水电第七工程局有限公司	董事长、党委书记：李东林 总工程师：向　建	四川省成都市天府新区兴隆湖湖畔路南段356号	610213	028-81737888	028-81737888	http：//7j.powerchina.cn
8	中国水利水电第八工程局有限公司	董事长、党委书记：朱素华 总工程师：涂怀健	湖南省长沙市天心区常青路8号	410004	0731-82822169	0731-85563353	http：//www.baju.com.
9	中国水利水电第九工程局有限公司	董事长、党委书记：徐鹏程 总工程师：王　军	贵州省贵阳市观山湖区诚信南路501号（国际企业大厦）	550081	0851-87980581	0851-87980582	http：//www.zgsdjj.com/
10	中国水利水电第十工程局有限公司	董事长、党委书记：何其刚 副总经理、总工程师：陈　茂	四川省成都市十二桥路七号	610072	028-87766736	028-87716129	http：//10j.powerchina.cn
11	中国水利水电第十一工程局有限公司	董事长、党委书记：张玉峰 总工程师：张卫东	河南省郑州市高新技术开发区莲花街59号	450001	0371-86019001	0371-86019003	http：//www.cwb11.com
12	中国水利水电第十二工程局有限公司	董事长、党委书记：刘光华 副总经理、总工程师：沈仲涛	浙江省杭州市环城北路141号	310004	0571-86829018	0571-86829008	http：//www.water12.com
13	中国电建市政建设集团有限公司	董事长、党委书记：高宗文 副总经理、总工程师：杨　涛	天津市华苑产业区榕苑路2号	300384	022-58569000	022-58569002	http：//tianjin.powerchina.cn
14	中国水利水电第十四工程局有限公司	董事长、党委书记：王曙平 总工程师：和孙文	中国（云南）自由贸易试验区昆明片区官渡区环城东路192号	650041	0871-63335216	0871-63333460	http：//14j.powerchina.cn/

续表

序号	单位名称	主要领导及总工程师	地址	邮编	电话	传真	网址
15	中国水电建设集团十五工程局有限公司	董事长：梁向峰 副总经理、总工程师：何小雄	陕西省西安市高新区科技路16号	710065	029-88758206	029-88758100	hLLp：//15j.sinohydro. com
16	中国水利水电第十六工程局有限公司	董事长、党委书记：林文进 副总经理、总工程师：吴秀荣	福建省福州市湖东路82号	350003	0591-87821294	0591-87853663	http：//16j.powerchina. cn
17	中国水电基础局有限公司	董事长、党委书记：刘建发 总工程师：肖恩尚	天津市武清区雍阳西道86号	301700	022-29349688	022-29345523	http：//www.chinafec. com
二	中国葛洲坝集团有限公司	总经理：陈晓华 总工程师：郭光文	湖北省武汉市硚口区解放大道558号	430033	027-59270253	027-59270256	http：//www.cggc. ceec.net. cn
1	中国葛洲坝集团第一工程有限公司	总经理：胡智军 总工程师：孙向楠	湖北省宜昌市东山大道54号	443002	0717-6719353	0717-6851598	http：//www.cggc1.ceec. net. cn/
2	中国葛洲坝集团第二工程有限公司	董事长：胡德明 副总经理分管科技：高一军	四川成都青羊工业发展区广富路8号C7	610091	028-68253777	028-68338401	http：//www.cggc2.ceec. net. cn/
3	中国葛洲坝集团第三工程有限公司	董事长：胡义重 副总经理分管科技：王焕明	陕西省西安市雁塔区锦业路36号	710061	029-89678611		http：//www.cggc3. ceec.net. cn/
4	中国葛洲坝集团三峡建设工程有限公司	董事长：赵献勇 副总经理分管技术：李友华	湖北省宜昌市东山大道11号三峡大厦	443002	0717-6791338		http：//www.gzbsx.ceec. net. cn/
三	中国安能建设集团有限公司	董事长：周国平 总工程师：张利荣	北京市丰台区西三环中路88号南门	100055	010-3999999	01083999108	
1	中国安能集团第一工程局	执行董事：郭建和 总工程师：李春贵	广西南宁市良庆区春华路8号	530000	13768885278 0771-2390266	0771-2390889	http：//www.andygcj. com/
2	中国安能集团第二工程局	执行董事、党委书记：卢路生 副总经理兼总工程师：吴志刚	江西省南昌市高新区艾溪湖三路1号	330096	0791-87662888	0791-87662098	http：//www.andegcj. cn/
3	中国安能集团第三工程局	执行董事、党委书记：卢明安 总工程师：覃壮恩	四川省成都市温江区永宁镇永文路616号	611135	028-65130239	028-65130951	http：//www.china-an3. cn/

（中国电力建设股份有限公司
中国葛洲坝集团有限公司
中国安能建设集团有限公司）

学 术 团 体

中国水力发电工程学会 2020 年工作总结

2020年，中国水力发电工程学会围绕学会成立40周年、“世界一流学会建设”目标任务和中心工作，竭诚履行“四服务”职责，坚持守正创新，推动学术繁荣，促进科普宣传，积极建言献策，推进学会工作不断迈上新台阶。

（一）疫情防控与复工复产两手抓同促进

一是坚持“以人为本、生命至上”理念，迅速制订疫情防控工作方案，科学建立健全疫情防控组织、实施和保障体系，灵活安排人员值守或居家办公，同时建立完善对内对外工作联络群，实现有序复工复产。二是先后以学会名义、联合各全国学会向广大会员和科技工作者发出倡议书2次，汇编一批抗疫简讯报送中国科学技术协会（简称中国科协）并受采纳多条，利用官网和公众号大力宣传会员单位有关抗击疫情和复工复产的报道300多条，报送中国科协“科界”平台的稿件数量居全国学会前十并受到通报表扬。三是主动向国际水电协会（IHA）等行业国际组织发送国内疫情通报和抗疫慰问信，联合IHA等16家国际组织共同签署发出《水电和电力行业协会关于新冠肺炎疫情的联合声明》，向会员单位转发致公党制作的系列中英双语防疫科普小视频，助力全球坚决打赢疫情防控阻击战、助推会员单位海外项目做好疫情防控和科学有序复工复产。四是通过信息化网络化创新服务手段，如继电保护专委会开办“云讲堂”并打造成为新品牌活动，已累计组织线上技术培训和专家讲座60余期、受众4万多人次；工程造价专委会联合培训机构免费开放工程类职业资格考前培训在线课程，各省学会积极组织在线交流活动等，受到广大水电科技工作者支持参与。

（二）坚持党建引领强化政治担当

一是根据中国科协和民政部关于督促指导全国性社会组织在章程中增加党的建设内容的通知要求，通过内部工作程序在章程中增加党建内容并施行。二是务实推进党委对“三重一大”事项前置审议职责，全年召开党委会5次，审议议题50余项，有力促进了学会规范运作和健康发展。同时，用好、用活科协智慧党建工作平台，学会党委荣获“智慧党建建设优秀学会党组织”表彰。三是继续获得中国科协支持开展“党建强会计划”项目，赴凉山州进行科技扶贫活动，期间到“中国工农红军强渡大渡河纪念馆”开展革命教育，不断推进以党建促会建、以会建带党建。四是充分发挥秘书处党支部的战斗堡垒作用和党员先锋模范作用，强化“三会一课”，开展支部书记带头讲党课、赴怀柔“第一党支部”和铁军纪念馆进行主题党日活动等。五是继续扩大分支机构成立党的工作小组试点，截至2020年底已有33家分支机构成立党的工作小组（另外2家专委会待2021年上半年换届时成立），实现党的建设“全覆盖”。

（三）积极开展建言献策和科研咨询服务

一是理事长带队赴雅砻江流域考察调研水电开发情况及对生态修复、移民致富的积极作用，形成建议报告供有关部门决策参考。二是继续承接举办人社部专业技术人才知识更新工程——风光水电力扶贫与生态修复高级研修班第二期。三是组织专家对《长江保护法（草案二次审议稿）》《能源法（征求意见稿）》等国家法规进行研读和提出修改建议，受到重视和采纳。四是向国家能源局呈递《关于将雅砻江清洁可再生能源示范基地建设列入“十四五”规划的建议》并受采纳，已列入日前发布的《国家“十四五”规划和2035远景目标纲要》。五是配合会员单位出席全国两会的代表收集统计提案所需资料数据，为科技工作者建言献策做好服务。六是在组织专家认真评估的基础上，联合中国大坝工程学会为国能大渡河流域水电开发有限公司授予“梯级水电站群智能运行创新实践基地”，积极支持行业和会员企业创新发展。七是根据会员单位产学研发展需求，学会秘书处及风险管理、环境保护、水电监理等专委会继续组织开展好有关课题研究和技术咨询服务。

（四）大力推动学术繁荣引领创新发展

一是成功举办2020中国水电发展论坛、第二届中国水电青年科技论坛等品牌活动，联合有关单位举办水库大坝和水电站智能建造与运行学术交流会议、复杂地质条件下TBM施工与装备关键技术交流会等重要学术活动，积极搭建学术繁荣和技术创新平台。二是各分支机构充分发挥专业特色和学科带头作用，着眼前沿，聚集热点，灵活组织召开大型学术年会或小型高端学术研讨，广泛交流探讨本专业的技术难题和发展方向，对创新技术理念、交流科技成果、促进学术繁荣等起到了积极推动作用。三是省级水电学会坚持发挥学术交流基础作用，持续拓展学术进步和科技创新服务领域，成为推动行业学术进步和技术创新的坚实力量；同时在学术交流科技咨询、政策研究标准编制、技术讲座专业培训、科技服务精准扶贫等方面积极探索发展，不断取得新成绩开创新局面。四是进一步密切与行业有关国际组织的联络和交流。在疫情全球蔓延的背景下，学会的国际交流工作受到很大制约，通过积极与 IHA 保持线上沟通交流，双方初步磋商了 2021 年世界水电大会事项，同时学会组织翻译 IHA《2020 年水电现状报告》供广大会员参阅使用。五是积极筹备成立海外分会，更好地服务于“一带一路”建设和中国水电企业“走出去”。六是继续申报科协民间科技组织事务专项和青年科学家参与国际组织专项，积极促进中国工程师参与国际水电事务和国际组织任职。

（五）全力推动学会治理结构和治理方式不断完善

一是由中国科协资助开展的“世界一流学会建设”示范项目（2018～2020 年）顺利完成并通过验收，有序完成民政部年检、中国科协年度综合数据统计、全国学会综合能力评估考核等工作。二是通过民政部抽查审计、监事会开展日常监督检查，及时发现财务和内控管理方面的问题，学会认真落实整改和强化制度执行力，不断提升规范化管理水平。三是召开学会成立 40 周年纪念大会暨八届五次理事会，总结发展成就，共谋发展新蓝图。四是召开一年一度的分支机构和省级水电学会秘书长工作会议，探讨进一步扩展和增强“四服务”能力，共促学会工作再上新台阶。五是进一步加强对分支机构的管理，强化分支机构财务统一纳入学会财务管理，防范财务风险；新成立水电与新能源投资专委会，有序筹建海外分会，指导抽水蓄能等届满专委会做好换届工作。六是成立团体标准管理委员会，制定学会《团体标准管理办法》，积极推团体标准建设。七是成立战略委员会和薪酬委员会，进一步完善治理结构。八是开展学会“十三五”发展总结和“十四五”规划编制工作，更好地指导学会未来五年发展。九是主动到中国科协汇报和请示支持工作，加强到会员单位、地方学会和专委会进行走访调研和对外联络工作，倾听各方需求，更好地提供精准服务。

（六）继续开展好科技评奖成果鉴定人才举荐工作

一是 2020 年水力发电科学技术奖共有 152 项成果参评，内容涵盖了水电设计、制造、施工、运行、管理和科研等各方面，评出授奖项目 57 项，其中，一等奖 12 项、二等奖 15 项、三等奖 30 项。二是第六届潘家铮奖申报 19 人、奖励 3 人，第二届水电英才奖申报 33 人、奖励 10 人，代评张光斗优秀青年科技奖 3 人。三是进一步完善水电科技奖励评审系统，增加人物奖评审系统，推进奖励工作全面实现信息化，提高评审效率和管理水平。四是受中国科协委托开展第二届全国创新争先奖候选人评审推荐工作，推选论文并连续第五年入选中国科协优秀科技论文遴选计划，征集推荐“引领世界科学的前沿科学问题、建设世界科技强国的工程技术难题”8 项。五是顺利完成了国家奖励办年检工作，参与社会科技奖励第三方评价（函评方式），不断推进奖励规范化管理水平。六是与中国科协和有关全国学会共同发起成立“中国工程师联合体”，积极推进工程师国际互认、工程教育专业认证、评选全国杰出工程师奖等工作。七是全年组织院士、专家完成来自各单位不同专业领域的技术成果鉴定 45 项，很多成果创新点突出，应用效果良好，经济和社会效益显著，达到国内领先或国际先进水平。八是科学管理运作好潘家铮水电科技基金，完成基金理事会换届至第四届。因受疫情影响，2020 年大学生暑期水电社会实践教育活动暂停举办。开展 2020 年潘家铮水电奖学金评定，颁奖仪式延期至 2021 年举行。

（七）大力弘扬水电文化发展水电科普

一是学会牵头组织、中国长江三峡集团有限公司全面支持建设的“中国水电科技博物馆”进入展陈设计和布展阶段，正全力以赴推进建设工作，确保 2021 年“七一”基本满足开馆条件并正式开放，献礼建党百年；同时，更新维护好“网上会史馆”，继续获评中国科协最佳网上会史馆组织（第三名）。二是围绕学会成立 40 周年，通过召开纪念大会、全面回顾学会发展成就经验、制作宣传片和纪念章、征集出版纪念文集等，增加文化积淀，增强广大会员对学会的认同感和归属感，共谋学会新发展。三是在 5 月全国防灾减灾日结合疫情防控实际，撰写“关注水电开发的地质减灾作用”科普文章，通过学会网站和公众号并邀请多个主流媒体进行宣传，反响热烈。2020 年 5 月 29 日“全国科技工作者日”期间，召开“中国水电进入了新时代”座谈会。四是 2020 年 9 月全国科普日期间，在武汉大学面向 300 多名师生举办“水电与未来”科普讲座，同时组织专家开展水电科普专题座谈，共同探讨通过加强科创和科普助力我国长江大保护和长江经济带可持续发展。五是面对长江流域遭遇了多年罕见的严峻汛情，国内外各种质疑三峡防洪能力的声音又起，学会先后 2 次组织在《中国日报》刊发英文科普文章，联合中国长江三峡集团有限公司邀请有关院士专家进行了一场专门回答社会各界对三峡工程的误解的专题“大家谈三峡圆桌论坛”，收效良好。六是继续管理好官网“中国水电网”和微信公众号，加强日常更新和维护。七是在各单位的大力支持下推进编纂出版《中国水力发电年鉴(2019)》，2020年9月召开年鉴编纂工作座谈会，各会员单位代表积极为提高年鉴稿源和质量建言献策。八是组织行业单位和专家编撰《中国电力工业史　水电卷》。九是继续加强会刊《水力发电学报》管理，努力提升学报影响力，评定好学报年度优秀论文奖。十是联合主办、协办好《水电能源科学》等6种期刊。

（中国水力发电工程学会秘书处）

中国水力发电工程学会
分支机构情况表

专委会名称	主任委员	秘书长	专业内容	挂靠单位
水能规划及动能经济专业委员会	彭才德	王海政	水能规划及动能经济	水电水利规划设计总院
水库专业委员会	彭　程	郭万侦	组织移民政策、管理、技术交流活动，开展水库经济政策研究，水库移民的调研、咨询、评估，为国家制定水库移民政策献计献策	水电水利规划设计总院
环境保护专业委员会	顾洪宾	崔　磊	环境影响评价、咨询，环境保护设计，水土保持方案设计	水电水利规划设计总院
水文泥沙专业委员会	万文功	杨百银	水文、泥沙专业的学术交流和技术总结	水电水利规划设计总院
地质及勘探专业委员会	张东升	郭德存	水电水利工程地质、测绘、物探、钻探、岩土试验专业的学术交流	水电水利规划设计总院
水工及水电站建筑物专业委员会	李　昇	孙保平	水工	水电水利规划设计总院
水工水力学专业委员会	刘之平	章晋雄	水工水力学	中国水利水电科学研究院
高坝通航工程专业委员会	李　云	宣国祥	通航技术交流、通航科技发展战略及政策咨询、委托项目论证	南京水利科学研究院
碾压混凝土筑坝专业委员会	宗敦峰	郑桂斌	碾压混凝土筑坝技术（坝工、材料、运行、建设管理等）	中国电力建设股份有限公司
混凝土面板堆石坝专业委员会	杨泽艳	王富强	混凝土面板堆石坝设计、施工、材料、变形观测、运行管理等技术交流、咨询	水电水利规划设计总院
水工金属结构专业委员会	龚建新	林朝晖	水利水电工程闸门及其启闭设备、通航设备的设计、制造、安装及验收	水电水利规划设计总院
水力机械专业委员会	曾镇铃	韩伶俐	水力机械设计、试验、安装、运行、改造	水电水利规划设计总院
电气专业委员会	于庆贵	郑　琳	电气一次专业	水电水利规划设计总院
自动化专业委员会	吴维宁	徐　青	水电新能源自动化及信息化相关内容	南瑞集团有限公司（国网电力科学研究院有限公司）
继电保护专业委员会	尹项根	陈小明	发电机、变压器和高压线路的继电保护及自动化装置	中国长江电力股份有限公司溪洛渡水力发电厂

续表

专委会名称	主任委员	秘书长	专业内容	挂靠单位
施工专业委员会	宗敦峰	席　浩	水利水电施工	中国电力建设股份有限公司
工程造价专业委员会	王忠耀	郭建欣	工程造价、工程经济技术管理	水电水利规划设计总院
信息化专业委员会	胡春宏	韩长霖	计算机及自动化技术在水电工程规划、设计、施工及电站运行中的应用	中国水利水电科学研究院
水电与新能源运行管理专业委员会	裴哲义	李晓斌	水电与新能源运行管理、水库经济调度、水风光互补运行	国家电网有限公司国家电力调度控制中心
电网调峰与抽水蓄能专业委员会	侯清国	郝荣国	开展抽水蓄能电站建设必要性、经济合理性及优化布局的研讨，介绍先进技术，组织学术交流，承接站点规划和技术咨询服务	中国电建集团北京勘测设计研究院有限公司
大坝安全专业委员会	张秀丽	许传桂	涉及运行维护、安全监测、安全评价、补强加固、缺陷处理、应急管理等相关业务领域	国家能源局大坝安全监察中心
水电控制设备专业委员会	王德宽	刘同安	水轮机调节系统、发电机励磁系统、水轮发电机组自动化元件（装置）及其系统、智能仪表等	中国水利水电科学研究院
抗震防灾专业委员会	李德玉	欧阳金惠	大型水利水电工程、电网工程、电器工程、核电工程的抗震防灾科学技术、预案及对策研究，大型水利水电工程振动安全与减振技术研究	中国水利水电科学研究院
电力系统自动化专业委员会	程永权	谢秋华	水电厂自动化系统，自动调压、调频装置，水电长距离输电稳定装置	中国长江三峡集团公司
梯级调度控制专业委员会	赵云发	王玉华	流域梯级调度控制、流域水资源运用	中国长江电力股份有限公司
机械疏浚专业委员会	詹敏利	范志强	机械疏浚与吹填工程、水环境综合治理工程技术交流，在业内推广新技术、新工艺及新材料，向学会推荐行业内先进科学技术成果和人才等	长江水利委员会湖北长江清淤疏浚工程有限公司
小水电专业委员会	董大富	舒　静	小水电方面学术交流、技术咨询、继续教育	水利部农村电气化研究所
水电监理专业委员会	王　岩	孙玉生	水电监理经验与技术交流，监理技术与理论研究	中国电建集团北京勘测设计研究院有限公司
风险管理专业委员会	彭土标	杜效鹄	风险管理研究与实践，水电企业专项服务与培训及行业规范、标准的制定与推动	水电水利规划设计总院
国际河流水电开发生态环境研究工作委员会	顾洪宾	周世春	组织开展澜沧江—湄公河等国际河流水电开发生态环境影响的研究工作，特别是对国际河流下游国家重点关注的问题进行长期跟踪和研究，同时组织开展或参与相关国际交流活动；为政府部门提供国际河流水电开发与环境保护的技术支持和技术服务，为水电开发业主提供技术咨询和建议	水电水利规划设计总院

续表

专委会名称	主任委员	秘书长	专业内容	挂靠单位
贯流式水电站专业委员会	林汉伟	夏红梅	贯流式水电站运行管理、设计、制造、安装及科研	广东省水力发电工程学会
清洁能源装备冷却技术专业委员会	罗　安	阮　琳	组织开展清洁能源装备冷却技术领域的学科发展研究；围绕清洁能源装备冷却技术及配套设备，组织学术交流、产品发布、科普活动、技术咨询和技术培训等活动；架设技术与产品、技术与产业应用的桥梁；传播科学方法、推广先进技术、促进技术交流与企业合作	中国科学院电工研究所
工业控制系统安全专业委员会	黄澄清	王劲夫	发电站生产控制系统、网络的安全技术研究、技术交流、技术培训、应用实践	中国电建集团成都勘测设计研究院有限公司
工程检测与物理探测专业委员会	王　波	魏岩峻	水利水电、风电等清洁可再生能源工程的勘察设计、施工、运行阶段的基础岩体、混凝土、金属结构等的无损检测、监测和物理探测	中国电建集团贵阳勘测设计研究院有限公司
水电与新能源投资专业委员会	张维荣	王国良	加强国内水电与新能源投资商之间的经验交流和沟通，以及相关业务的学术研究与探讨，为参会企业提供行业的对标和技术服务	中国电力建设集团有限公司
智能与智慧化专业委员会	刘国刚	王　勇	组织行业智能与智慧化技术的国内外学术交流活动，跟踪智能与智慧化领域特别是水电智能与智慧化前沿技术，推动能源智能与智慧化事业的健康、快速发展；团结水电各企事业单位之间从事智能与智慧化的管理、技术人员，促进产、学、研、用间的交流与合作；组织业务培训、专家咨询、科普宣传	清远蓄能发电有限公司
海外分会	季晓勇	吴文豪	承担水电学会涉及的海外工作，搭建水电和新能源海外业务平台，研究海外业务发展方向；开展国内外学术交流和培训，交流推广水电和新能源开发建设的理念和经验，发展同建交国家民间学术团体和科技工作者的友好联系；对海外水电和新能源开发建设中投融资、移民、环保、设计、施工、运行等问题进行研究；推动中国水电标准国际化；向学会举荐、培养优秀科技和管理人才，同时协助学会开展海外项目奖项评审等工作	中国电建集团国际工程有限公司

（中国水力发电工程学会秘书处　殷利利）

各省、直辖市、自治区水力发电工程学会组织情况表

名称	会员总数	理事长	秘书长	办事机构地点	邮编	学术专业设置	会刊学报
北京水力发电工程学会	1563	郝荣国	徐力波	北京市朝阳区定福庄西街1号	100024	无	无
天津市水力发电工程学会	1353	杜雷功	邵月顺	天津市河西区洞庭路60号	300222	施工及基础处理专委会 水电成套设备专委会 水工专委会 机电专委会 大坝安全监测与管理专委会 动能经济及抽水蓄能专委会 勘测专委会	《水利水电工程设计》
河北省水力发电工程学会	221	杨立波	徐学章	河北省石家庄市富强大街3号	050011	无	无
山西省水力发电工程学会	743	孙万功	程天立	山西省太原市新建北路45号	030002	水电电气自动化专委会 水工建筑及水力机械专委会 水电站运行管理专委会 农村水电电气化专委会 抽水蓄能电站专委会	《电力学报》（双月刊）
江苏省水力发电工程学会	991	朱跃龙	顾圣平	江苏省南京市西康路1号河海大学水电馆314室	210098	水工结构专委会 水工水力学专委会 仪器仪表专委会 水电站运行调度专委会 自动化专委会 水力机械与系统专委会 青年工作委员会 科普工作委员会	无
上海市水力发电工程学会	302	蔡玮良	程海锋	上海市临新路65弄	200335	无	无
浙江省水力发电工程学会	1800	施俊跃	郑雄伟	浙江省杭州市上城区抚宁巷66号	310002	绿色水电专委会 大坝安全监测专委会 水电站运行管理专委会 机电设备专委会	《浙江水利水电》（内刊，学会通讯）
安徽省水力发电工程学会	764	杜贵和	谢　辉	安徽省合肥市黄山路9号	230022	水工专委会 小水电专委会 水电站运行专委会	无

续表

名称	会员总数	理事长	秘书长	办事机构地点	邮编	学术专业设置	会刊学报
福建省水力和清洁能源发电工程学会	1045	杜将武	陈瑞兴	福建省福州市湖东路231号前田大厦8楼	350013	水能及新能源规划专业委员会 工程勘查专委会 水工及水电站建筑物专委会 水力机械及金属结构专委会 水电站电气及自动化专委会 水电建设管理专委会 水电站运行管理专委会 施工机械及施工管理专委会 水库经济专委会 水电厂防汛及水库调度专委会 光伏专委会 海上风电专委会 陆上风电专委会 《福建水力发电》编委会 《福建水力发电》编辑部 学术工委会 科普工委会 组织工委会	《福建水力发电》
河南省水力发电工程学会	1360	张金良	景来红	河南省郑州市金水路109号	450003	水能规划及动能经济专委会 水工及水电站建筑物专委会 水电站电气及自动化专委会 施工机械及施工管理专委会 水电站运行管理专委会 水工金属结构专委会 中小型水电专委会 地质专委会 青年工作委员会 泥沙专业委员会	无
湖北省水力发电工程学会	5019	常晓林	何金平	湖北省武汉市东湖南路8号武汉大学工学部第八教学楼	430072	水能规划及动能经济专委会 水工及水电站建筑物专委会 水工水力学专委会 水利水电工程施工专委会 水电站电气及自动化专委会 水电站运行管理专委会 水力机械专委会 中小水电专委会	《水电与新能源》
湖南省水力发电工程学会	2471	傅　胜	罗守政	湖南省长沙市雨花区香樟东路16号	410014	水电站运行管理专委会 施工专委会 小水电及农村电气化专委会 水能规划与动能经济专委会 库区经济专委会 水工及水电站建筑专业委员会 勘测专业委员会 水电水利信息技术专业委员会 环境保护专委会 新能源专业委员会	《中南水力发电》

续表

名称	会员总数	理事长	秘书长	办事机构地点	邮编	学术专业设置	会刊学报
广东省水力发电工程学会	1760	胡文斌	夏红梅	广东省广州市天河区天河东路2号1101房	510630	水能利用专委会 水工及水电站建筑专委会 水电建设管理及施工专委会 水电站运行与自动化专委会 风电及新能源专委会 光伏及再生能源专委会	无
广西水力发电工程学会	2766	陶先文	黄庭文	广西南宁市民主路6号	530023	水能规划及动能经济专委会 地质勘测专委会 水工及水电站建筑物专委会 水力机械专委会 金属结构专委会 水电站电气及自动化专委会 施工专委会 水电站运行管理专委会 小水电及农村电气化专委会 风险管理专委会 水电厂防汛及水库调度专委会 信息化专委会 工程造价专委会 电气及自动化专委会	《红水河》
四川省水力发电工程学会	3016	严　军	朱永国	四川省成都市天韵路7号	610041	地质勘测与灾害治理专委会 环境保护与移民专委会 电力市场专委会 施工与建设专委会 水电站运行与检修专委会 水工及水电站建筑物专委会	《四川水力发电》
贵州省水力发电工程学会	2368	吴　玮	黄定奎	贵州省贵阳市新华路9号	550002	水库专委会 水电站管理专委会 学术工作委员会 可再生能源规划及动能经济专委会 水工与水电站建筑专委会 环境与资源专业委员会 地质及勘察专业委员会 小水电技术专业委员会 科普工作委员会 梯级调度控制专业委员会 水电站自动化专业委员会 施工管理专委会	《贵州水力发电》
云南省水力发电工程学会	2185	张　虹	李静涛	云南省昆明市拓东路73号	650011	水工及水电站建筑物专委会 水能规划及动能经济专委会 水电站电气及自动化专委会 水力机械及金属结构专委会 施工机械及施工管理专委会 水电站运行管理专委会 工程经济定额预算专委会 地质及勘测专委会	《云南水力发电》《云南省水力发电工程学会简报》

续表

名称	会员总数	理事长	秘书长	办事机构地点	邮编	学术专业设置	会刊学报
陕西省水力发电工程学会	2074	马海晨	沈兴正	陕西省西安市丈八东路18号	710065	水工专委会 规划动能经济专委会 工程地质勘测专委会 机电运行专委会 水电站施工专委会 工程造价专委会 水电站自动化专委会 水库及环保专委会 新能源专委会 青年科技工作委员会 咨询工作委员会 科普工作委员会	内部期刊《学会简讯》、学会为《西北水电》支持办刊单位
甘肃省水力发电工程学会	1729	李永清	秦　睿	甘肃省兰州市安宁区万新北路249号	730000	水电站建筑与施工管理专委会 地质及勘探专委会 动能经济及水库调度专委会 水力机械及金属结构专委会水电站运行管理专委会 风力发电专委会 电动汽车及充电设施专委会	内部期刊《西部可再生能源与微电网》
宁夏水力发电工程学会	350	田军仓	王红雨	宁夏银川市贺兰山西路539号宁夏大学土木与水利工程学院	750021	水电站运行专委会 水力机械气蚀磨损专委会 电气自动化专委会 工程地质与水工专委会 风力发电及新能源专委会	无
青海省水力发电工程学会	1120	王思德	曹光明	青海省西宁市五四西路43号1003室	810008	小水电专委会 水工专委会 工程造价专委会 水能专委会	《青海水力发电》
西藏自治区水力发电工程学会	393	杜灿勋	崔同欢 张建东（常务副秘书长）	西藏自治区拉萨市北京西路12号	850033	智能流域专委会 新材料新技术专委会 高边坡专委会 环保专委会 工程安全管理专委会 多能互补专委会 金结机电专委会 施工专委会	

（中国水力发电工程学会秘书处　殷利利）

中国水力发电工程学会 2020年分支机构学术活动

2020年，中国水力发电工程学会所属34个专业委员会和1个工作委员会充分发挥专业特色和学科带头作用，着眼前沿，聚集热点，主动适应疫情防控常态化，积极探索学术活动新模式，灵活组织召开大型学术年会或小型高端学术研讨，广泛交流探讨本专业的技术难题和发展方向，对创新技术理念、交流科技成果、促进学术繁荣等起到了积极推动作用。全年学会及分支机构共开展学术会议活动近30场次、线上专家技术讲座70多场次，线上线下参会近30万人次，出版论文集8部、论文700多篇，会议交流论文400余篇。

1月9～11日，学会水库专业委员会等联合主办的2020年水库移民政策技术管理论坛暨水利水电工程征地移民规划设计技术交流会在长春召开。

6月30日，学会高坝通航工程专业委员会主持召开国际航运协会升船机工作组第四次工作会议（视频）。

8月21～23日，学会工程检测与物理探测专业委员会成立暨2020年学术交流会在贵阳召开。

9月10～11日，学会电力系统自动化专业委员会2020年年会暨学术交流会在西宁召开。

9月16～18日，学会水电与新能源运行管理专业委员会、梯级调度控制专业委员会在南京联合主办2020年年会暨学术交流会。

9月27～29日，学会第六届地质及勘探专业委员会第四次学术交流会在长沙召开。

10月13～14日，学会水工及水电站建筑物专业委员会2020年年会暨全国水电工程大型地下洞室围岩稳定分析与工程实践学术研讨会在西安召开。

10月19～20日，学会抗震防灾专业委员会在成都召开向家坝升船机区域安全振动研究成果交流会。

10月21～23日，学会施工专业委员会、碾压混凝土筑坝专业委员会在成都联合召开水利水电四届四次施工专委会、碾压混凝土专委会年会暨地下工程建设施工新技术学术交流会。

10月22日，学会自动化专业委员会2020年年会暨全国水电厂智能化应用学术交流会在成都召开。

10月24～25日，学会环境保护专业委员会2020年学术年会暨学术交流会议在郑州召开。

11月2日，学会国际河流水电开发生态环境研究工作委员会撰写发布文章《挑拨澜湄合作的谎言一戳就破——驳中国操纵湄公河水资源谬论》。

11月25～26日，学会电网调峰与抽水蓄能专业委员会2020年学术交流年会暨换届大会在广州召开。

11月27日，学会风险管理专业委员会组织编写的《大中型水电站地质灾害预警及应急管理技术规范》审查会在杭州召开。

11月27日，学会工业控制系统安全专业委员会2020年全国电力行业工业控制系统安全技术交流会在昆明召开。

11月28～30日，学会混凝土面板堆石坝专业委员会等在昆明联合主办2020年西南地区第四次岩石力学与工程学术大会暨高堆石坝关键技术及堰塞坝处置技术交流会。

12月2～4日，学会清洁能源装备冷却技术专业委员会等在北京共同主办第一届清洁能源技术创新应用与学术研讨会。

12月3日，学会继电保护专业委员会2020年年会召开（线下＋线上）。全年举办“云讲堂”线上技术培训和专家讲座56期。

12月16日，学会贯流式水电站专业委员会第十五次年会暨技术交流会以视频形式召开。

12月21日，学会水电与新能源投资专业委员会成立大会暨第一届委员会第一次会议在北京召开。

12月22日，学会机械疏浚专业委员会2020年年会暨学术讨论会在安吉召开。

学会水电监理专业委员会编制《抽水蓄能电站工程建设安全管理工作规程》《抽水蓄能电站工程施工监理规范》。

学会小水电专业委员会启动水利行业强制性标准《农村水电工程项目规范》编制工作。

学会工程造价专业委员会参与编制《水电工程勘察设计费计算标准》等一批水电与新能源标准规范。

学会大坝安全专委会组织委员专家参编《水电站大坝安全管理实绩评价规程》《水电站大坝安全现场检查技术规程》等一批标准规范。

学会水能规划及动能经济专业委员会参与国家可再生能源发展“十四五”规划系列研究、《中国可再生能源发展报告2018》编制等。

学会水文泥沙专业委员会参与开展水文气象及水电开发大数据平台、梯级水库多目标风险联合调度等九大课题。

（中国水力发电工程学会秘书处）

2020年省级水力发电工程学会特色活动

各省（自治区、直辖市）水力发电工程学会作为我国水电行业科技社团的重要组成部分，坚持发挥学术交流基础作用，持续拓展和创新服务领域及方式，在学术交流科技咨询、政策研究标准编制、技术讲座专业培训、科技服务精准扶贫等方面积极探索发展，不断取得新成绩开创新局面，成为推动行业学术进步和科技创新的坚实力量。

6月19日，陕西省水力发电工程学会、中国电建集团西北勘测设计研究院有限公司联合举办“庆祝西北院建院七十周年系列学术讲座（一）暨省水电学会2020年‘科技之春’宣传月活动主题学术报告会”。

8月，湖南省水力发电工程学会承担完成《拱坝仓面标准化备仓工法》等12个水电施工工法关键技术评价工作。

8 月 5～7 日，广西水力发电工程学会、广西电力交易中心在南宁联合举办 2020 年电力市场交易及展望交流研讨会。

8 月 21 日，山西省水力发电工程学会组织党员专家赴中国科协扶贫点——革命老区吕梁市开展“党建强会 科技志愿 服务基层”活动。

9 月，贵州省水力发电工程学会、贵州乌江水电开发有限责任公司联合组织开展 2020 年“五送五促进”科普下乡助力脱贫攻坚暨全国科普日活动。

9 月 9 日，青海省水力发电工程学会组织赴坎布拉镇一贯制学校举办“安全用电科普”“金秋助学”“映山红爱心助学”和参观李家峡水电站活动。

9 月 19 日，由北京水力发电工程学会主办的“礼赞伟大祖国，抒写科技担当——2020 年青年学术演讲比赛”在北京举办。

9 月 24 日，甘肃省水力发电工程学会申请设立的“电力行业信用体系建设办公室甘肃评价中心”举行揭牌仪式。

10 月 21 日，河南省水力发电工程学会等联合承办中国水利学会 2020 学术年会·黄河流域生态保护和高质量发展分会场会议。

10 月 29 日，上海市水力发电工程学会召开五届五次理事会、六届一次会员代表大会、六届一次理事会顺利换届。

11 月，广东省水力发电工程学会、广东水利电力职业技术学院联合举办 2020 高职学生（电力类）职业技能竞赛。

11 月 5～6 日，浙江省水力发电工程学会组织在杭州举办水利工程“失误问责办法、强制性条文”宣贯培训班。

11 月 13 日，四川省水力发电工程学会、四川省水利学会、四川水利职业技术学院共同举办第七届李冰杯水利水电知识竞赛。

11 月 27～29 日，宁夏水力发电工程学会等在宁夏大学共同承办黄河流域现代化生态灌区高质量发展国际高端论坛。

11 月 29 日，福建省水力和清洁能源发电工程学会第八次会员代表大会在福州召开。

11 月 29 日，云南省水力发电工程学会等共同承办的高堆石坝关键技术及堰塞坝处置技术交流会在昆明召开。

12 月 5 日，江苏省水力发电工程学会、江苏省发明协会等在河海大学联合举办“江苏省大学生水创意设计大赛”。

12 月 25 日，湖北省水力发电工程学会 2020 水利水电科技创新高端论坛暨施工专委会学术年会在宜昌召开。

河北省水力发电工程学会为会员单位提供农村水电增效扩容改造工程竣工验收技术服务，为管理部门开展小水电清理核查提供技术支持。

天津市水力发电工程学会持续参与澜湄基金项目，编制完成《澜湄水利标准体系指南（导则）》。

（中国水力发电工程学会秘书处）

中国大坝工程学会 2020 年工作情况

2020 年，中国大坝工程学会切实履行“四服务”的职责定位，坚持“四会”原则，推动学术交流，培育科技人才，科学引导舆论，积极建言献策，各项工作有序推进，实现了学会全面发展。

（一）2020 年亮点工作

（1）成功申办国际大坝委员会年会和大会。学会申办 2024 年国际大坝委员会第 28 届大会和第 92 届年会的请示得到国务院和水利部领导的批示。2020 年，经多方努力，在以视频会议形式在线召开的国际大坝委员会第 88 届执行会议上，国际大坝委员会秘书长米歇尔·德·维沃宣布了在线秘密无记名投票表决结果，中国成都获得国际大坝委员会第 28 届大会暨 92 届年会承办权，会议申办成功，由中国大坝工程学会承办此次会议。会议的成功申办响应了“一带一路”倡议，有利于进一步讲好中国治水故事，提升中国水利水电国际影响力。

（2）向世界讲好中国水库大坝故事。作为中国坝工技术领域的国际活动窗口和国内交流合作平台，学会理事长矫勇应邀接受了中国水利报的“向世界讲好中国水利故事”专题的高端访谈，讲述了学会积极利用国际大坝委员会国际组织平台，引进先进政策理念、成熟实用技术，服务国内水库大坝建设，服务水利改革发展总基调；在坝工国际交流中发出中国声音、讲好中国故事，推进科技奖励的品牌化和国际化，推动水利“一带一路”建设中取得的良好成效。

（3）创新采用视频现场会议方式进行换届。因受疫情影响，2020 年 7 月，学会以视频形式召开了第三次全国会员代表大会。会议选举产生了学会第三届理事会理事和第二届监事会监事。来自全国各地的会员代表 302 人出席会议。中国科协和兄弟学会中国水利学会、中国水力发电工程学会等 85 家全国学会向学会发来贺信。为保证会议选举工作的公开、公正、公平，特别聘请了北京精诚公证处公证员对每一轮投票过程进行了全程监督。作为民政部登记的社会组织中首家采用视频现场会议方式进行换届的社会组织，会议的成功举办受到广泛称赞，具有里程碑的意义，并得到中国科协多家全国学会的借鉴和效仿。

（二）学会2020年疫情防控和应急科普工作情况

（1）开启应急工作机制。疫情期间，为加大疫情防控宣教力度，学会开启应急工作机制，建立应急科普工作微信群，加大科普内容的制作和宣传力度，为疫情防控站好岗、守好位。

（2）开展疫情防控科普宣传和知识传播活动。通过学会官方网站、微信公众号、微信群等多种手段，发布致广大会员和全国水库大坝科技工作者倡议书及防疫有关资讯，传播疫情防控相关科普知识，积极主动做好疫情防控科普支援。

（3）加强疫情防控国际交流合作。与国际大坝委员会和西班牙、意大利、法国、瑞士等10国大坝委员会以及国际水媒体集团等组织和机构密切互动，捐赠防疫物资和发送慰问邮件，向世界传递了凝聚合作共识、联手抗疫的积极信号。

（4）助力行业复工复产。众多单位会员、会员积极捐款捐物，用实际行动表达对抗击疫情的支持，各专业分会、工作委员会各团体会员单位都在行动，为疫情防控贡献自己的一份力量。利用信息化手段推进各项增值服务，推动经济复苏和复工，免费开放学会水库大坝云平台资料库、召开水库大坝和水电站智能建造与运行学术在线交流会议、组织相关议题国际高端研讨和线上交流会、组织技术成果推介等，为经济持续稳定发展做出贡献。

（三）学会2020年改革工作进展

（1）促进学会治理结构和治理方式改革。完善治理体系，形成会员代表大会、理事会、监事会、办事机构、分支机构职责明晰、位阶有序、运行规范的治理结构。依章治会，修订了学会章程、功能型党委工作制度、会计人员交接制度、预算管理制度、财务信息公开制度等管理办法与财务内控制度，新增了监事会工作规则。由中国科学技术协会资助开展的“世界一流学会建设”项目2019年度工作任务顺利通过评估验收，获得2020年资助资格。有序完成民政部年检，积极主动参与民政部对学会进行评估。增设促进水库大坝发展的“灰坝工程”“大坝混凝土与岩石断裂力学”特色分支机构，为相关领域的科研人员搭建良好的交流平台。启动学会“十三五”发展总结和“十四五”发展规划编制工作，更好地指导学会未来五年发展。

（2）推进学会办事机构建设。以“信息化建设”为抓手，利用“水库大坝云平台”（中英文）在线文函系统与短信、邮件平台衔接，实时提示文函收阅情况动态跟踪，有效助力远程办公，优化学会工作流程；利用智能移动办公平台，对学会办事机构工作人员进行考勤和工作效能管理，及时有效掌握员工动态，简化内部日常管理流程以提高工作效率全面打造开放型、枢纽型、平台型的现代化学会。

（四）会员发展和联系服务情况

（1）强化会员发展和管理。通过建立会员体系与会员档案、创新会议和学术活动，更加有序、有效地发展会员。截至2020年11月底，会员单位新增47家，个人会员新增近0.3万人，国际会员增加400余人。建立了水库大坝云平台（中、英文），整合本学科领域内的各类学术资源，实现了科技奖励、学术会议、会员服务的在线管理，运营能力不断增强。

（2）服务坝工科技工作者。学术立会，继续搭建好国内学术交流平台。2020年12月，在北京主办第九届水库大坝新技术研讨会，线上、线下300余名代表参加会议，3位院士、40位专家作学术报告；会议征集论文112篇。成立了工程医院水库大坝国际分院，充分发挥对坝工科技工作者的服务作用。组建水库大坝科技服务团和新型产学协同创新组织，创建31项标准研制专门机构，探索工程师能力标准国际互认试点。面向市场的科技成果鉴定、人才培训、科技咨询等服务比重上升，提高了会员服务能力和学会的行业影响力。

（3）引领科技创新与人才发展。优化奖项评选标准和程序，把科技引领、学术规范建设融入人才培养举荐等环节，通过推荐中国水利水电科学研究院水资源所名誉所长、中国工程院院士王浩和中国电力建设集团有限公司总工程师宗敦峰荣获“第二届全国创新争先奖状”；推荐中国电建集团华东勘测设计研究院有限公司董事长张春生荣获第四届“杰出工程师奖”；推荐大岗山水电站工程荣获第十七届中国土木工程詹天佑奖，组织评选学会科技进步奖、技术发明奖、大坝杰出工程师奖、汪闻韶院士青年优秀论文奖和向中国科协推荐青年托举人才、最美科技工作者等多种形式，增强科技工作者的事业成就感、精神获得感、组织归属感、行业认同感。

（五）服务创新驱动发展情况

（1）服务水库大坝改革发展总基调。2020年度，学会强化专业化智库建设，深度服务科学决策。组织专家对《长江保护法（草案二次审议稿）》等国家法规进行研读和提出修改建议，积极为水利部、国家能源局制定“十四五”发展规划建言；多次组织专家参加水利部督办事项“水利企业信用评价体系建设执行情况监督检查”，完成对贵州等11个省（直辖市、自治区）信用体系建设情况的专项检查，形成《省级单位信用评价体系落实情况检查评估报告》；承担完成水利部建设司《水利建设市场信用评价机构考核技术服务》项目，形成《信用评价结果抽样复核工作报告》，当好党和政府的参谋和助手。

(2) 推动水库大坝高质量发展。加强推动胶结坝新坝型在贵州、四川及重庆等地方的西江、黑宝山、清水河、沙坪一级等工程的推广应用。以胶结坝关键技术的研讨和培训为抓手，依托水库大坝管理新技术产学研分会在成都召开坝工新技术研讨会，邀请院士、业内知名专家及管理技术人员共 140 余名，围绕新技术如何与水利深度融合展开研讨，有力推动西南地区科技创新驱动水库大坝的高质量发展。在组织专家认真评估的基础上，联合为国能大渡河流域水电开发有限公司授予“梯级水电站群智能运行创新实践基地”，积极支持行业和会员企业创新发展。征集了 3 个水库大坝领域 2020 年重大科学问题与工程技术难题向中国科协报送。根据会员单位产学研发展需求，继续组织好有关课题研究和技术咨询服务。

(3) 提升水库大坝科学认知。在全国防灾减灾日科普活动方面，利用水库大坝云平台分享防灾减灾文献资料，利用“大坝新闻”微信公众号新媒体平台传播系列防灾减灾知识，利用在官方网站专门开设专栏传播水库大坝、防灾减灾科普知识；启动应急处置机制，响应突发事件，联络专家接受央视社教频道、新京报、环球时报等主流媒体采访，完成《超级洪水》节目、防洪专访，联合撰文发布时事解读文章回应社会舆论，提升防灾减灾科普传播能力。在全国科普周科普活动方面，开展了“典赞”科普中国作品推荐活动以及面向高校学子的专题活动、节水知识系列科普宣传活动；参与全国科普讲解大赛荣获优秀奖，参与全国水利科普讲解大赛荣获一等奖等，取得了良好的宣传引导效果。在水库大坝专题科普活动方面，参与由共青团中央、中央文明办、民政部等 7 部委共同主办的“第五届中国青年志愿服务项目大赛”，申报的公益宣传志愿项目“走近国之重器”获得专项奖二等奖；开展了中华鲟等珍稀鱼苗公益放流活动，组织了编写典型大坝工程集主题科普活动，撰写了《中国大坝 70 年》《水利工程知识读本》，联络录制了央视科普专题节目等，满足公众对水库大坝科普工作的需求，从而真正起到传播水库大坝安全、绿色、创新性高质量发展的理念，营造出浓郁的水利水电科普传播氛围。

(六) 国际化相关工作

(1) 组织召开国际大坝委员会胶结坝专委会会议。学会不间断交流与合作，通过视频会议召开了 2 次国际大坝委员会胶结坝专委会会议，得到各国委员的响应和参加，对于胶结坝筑坝技术在全球的推广发挥了重大作用。

(2) 组织参加水电 2020 国际研讨会。作为支持单位之一，学会于 2020 年 10 月组织国内 80 多人在线参加了由英国国际水媒体集团组织的“水电 2020 国际研讨会”，中国专家就胶结坝技术作大会报告，得到了与会专家的肯定。成为《Hydropower & Dams》国际期刊的支持单位。开放兴会，相关活动助力了我国优势技术和标准的推广，对于实现中国从跟从者到引领者将发挥重要推动作用。

(3) 举办第 13 届水库大坝与可持续发展圆桌会议。通过在云平台上开发在线“慕课”教学，召开了在线水库大坝与可持续发展圆桌会议，服务“一带一路”水利水电建设，进一步促进了水库大坝工程领域的技术交流合作，收到了来自世界各国坝工专家的关注和支持。已成为国际大坝委员会能力建设的重要组成部分。

(4) 打造水库大坝云平台（英文版）。在云平台每周更新发布国内水利水电领域重大工程技术进展，并定期给国际会员推送学会简报，发布了 65 篇国内技术进展英文新闻，推送了 7 期国际简报，获得了国际大坝委员会主席、秘书长的高度赞扬；整理发布了世界坝高前 100 名及世界库容前 100 名，获得了国际大坝委员会荣誉主席、马来西亚大坝委员会主席等专家的高度赞扬。

(5) 推荐科学家在国际组织任职和履职。推荐 5 位中国坝工专家为国际大坝委员会专委会委员，提升中国坝工科技的国际话语权。在 24 个专委会中任职的中国专家，积极参与 ICOLD 技术公报编写，推进我国相关标准条款写入公报。

(七) 党建和思想政治引领

(1) 聚焦党建强会工作。学会功能型党委认真学习贯彻党的十九大、十九届二中、三中、四中、五中全会精神。打造学会理事会、办事机构二级党组织体系，“党的建设”“坚持党的全面领导”“社会主义核心价值观”写入学会章程，实现党的组织和党的工作“两个全覆盖”。按照“警示教育”主题教育活动要求，先后开展了 10 次专题教育学习，并召开了组织生活会、民主生活会和主题党日活动。申报并组织完成全国党建研究会科研院所专委会课题“全国性学术社会组织创新开展党建工作研究”荣获二等奖。学会党支部副书记周虹、党员陈丹妮在中国科协创新战略研究院主办的 2020 年第四届科协发展理论研讨会征文活动中撰写论文《以党建为抓手　强化一流学会建设——全国性学术组织创新开展党建工作浅探》，被评为优秀论文。

(2) 召开第三届常务理事会党员大会。受疫情影响，2020 年 9 月，以在线形式召开了中国大坝工程学会第三届常务理事会党员大会。会议全面回顾了第二届学会理事会功能型党委过去 3 年的工作，选举产生了新一届学会理事会功能型党委。

(3) 发挥社团扶贫攻坚作用。作为水利部定点扶贫重庆市丰都县的帮扶单位，2020年学会资金支持10万元，有针对性地开展科技助力精准扶贫；开设了水果种植技能、榨菜种植、农村饮水安全等继续教育培训课程，任务完成率为100%，实现应培尽培。学会牵头组织消费扶贫超过5万元，帮助定点帮扶贫困群众解决农产品滞销难题；同时，向学会会员和社会各界发出了“消费扶贫　爱心助农”的倡议。

（4）引领科技工作者思想。通过自媒体平台，开设“致敬楷模”专栏，组织朱伯芳院士、马洪琪院士、陈厚群院士、郑守仁院士等坝工专家典型事迹宣讲活动，高扬爱国奋斗主旋律，砥砺中国科学家精神。学会对外联络部主任周虹以“抗震老兵的追梦人生——知名水工抗震专家陈厚群院士的人生故事”为题，讲好坝工科技工作者科学报国故事，被入选中国科协《弘扬科学家精神优秀作品》。组织推荐3部微视频参与中央网信办在线启动以“网聚正能量　奋进新时代”为主题的第五届“五个一百”网络正能量精品评选活动；推荐会员单位参与一线防控工作者人员名单及事迹上报中国科协；开展“最美科技工作者”学习宣传。激励和引导广大科技工作者自觉践行新时代科学家精神。

（中国大坝工程学会秘书处）

中国水利学会2020年工作情况

2020年，中国水利学会开拓创新，埋头苦干，推动各项工作取得新进展。

（一）学术交流创新模式

紧密围绕习近平总书记十六字治水思路和水利改革发展总基调，有序开展分专题、分区域的学术交流活动。一是成功以创新模式举办学术年会。紧扣中央部署和水利大局，于10月18日至11月20日在北京等地举办主题为“强化科技支撑，建设幸福河湖”的学术年会。创新会议模式，采取“线下＋线上”“国内＋国际”“汉语＋外语”“会议＋比赛”相结合的方式进行。突出多学科、多领域的交叉融合，共设流域发展战略、黄河流域生态保护和高质量发展、国际分会场等16个分会场，内容丰富，方式灵活，吸引了五大洲46个国家的院士、专家、学者和科技工作者共同参与和观看，到场和“触网”者多达数万人次，影响力不降反升。二是积极服务国家战略，举办“淮河规划治理与展望座谈会”“黄河流域生态保护和高质量发展青托学术沙龙”和“黄河流域生态保护和高质量发展高层科技论坛”。三是注重学术引领，积极开展水利领域前沿科学问题和工程技术难题征集工作。向中国科协推荐9项问题难题，最终张建云院士团队撰写的“如何优化变化环境下我国水资源承载力，实现健康的区域水平衡状态?”入选中国科协“2020年十大重大科学问题”。组织专家撰写了问题相关科普文章，并召开了专家研讨视频会，形成科技工作者建议上报中国科协。同时，指导专委会举办多个专题研讨会，进一步营造浓郁水利学术氛围。四是进一步加强期刊管理。完成《水利学报》《岩土工程学报》《泥沙研究》《中国防汛抗旱》4种学术期刊的2019年度社会效益评价考核，向中国科协提交期刊社会效益评价考核评价情况报告。

（二）科学普及喜获丰收

一是积极服务水利中心工作，按照水利部要求，组织编制“十四五”水利科普规划。二是为提升公众水科学素养，提升节水、爱水、护水意识，组织开展“节水在身边”全国短视频大赛活动，共征集多达5.2万件作品，累计播放量超过2.2亿人次，受到社会广泛关注和欢迎，盛况空前。三是成功申报并开展了“党建＋科技志愿”活动。四是抗疫的同时，在中国水周、世界水日、地球日、科技工作者日、科技活动周、科普日等重要日期有效开展云讲堂线上科普讲座，小学生网上节水水文化讲故事和朗诵主题班会等不同往年的科普活动。为推进水问题解决，赴西宁、开封、东营三城开展“中国水之行”活动，将“智库建设、学术交流、科学普及”融为一体。五是多方调动力量，组建90余人的水利科普传播团队。志愿注册中国水利学会科技志愿服务总队和分队9只，发挥专家、志愿者的力量，广泛开展科技志愿科普活动。

（三）智库咨询谱写新篇

一是通过中国科协向中央提交的《科技工作者建议——关于2020年水旱灾害防御的建议》咨询报告，首次被中央采纳并受到肯定，为水利重大战略决策积极建言献策。二是为充分发挥智库调研、咨询服务、生态文明思想宣传、科技转化落地“四轮驱动”全方位作用，受中国科协委托，牵头组织开展了“黄河生态保护行”黄河源头科学考察活动和黄河下游及河口地区调研活动，最终形成咨询报告和参阅信息，并上报。三是组织“引汉济渭”工程调研，对隧洞施工等疑难问题开展技术咨询，提出意见和建议，形成《参阅信息》报送水利部和陕西省委省政府。四是为助力南水北调工程咨询建议，与黄河勘测规划设计研究院有限公司共同组织8位院士和多位专家开展南水北调西线调研活动，为南水北调工程建设建言献策。

（四）人才举荐探索新路

围绕补短板、强监管，举荐和培养人才。出色完成“青年人才托举工程”，新增8名指标。完成全国创新争先奖、光华工程科技奖、中国青年科技奖推荐，“刘光文水文科技教育基金”奖励评审。2020年

11月，组织2020年度水利部技术职务职称考试。创新模式，组织召开2020年水利类工程教育专业认证自评报告在线辅导答疑培训，促进提高整个认证工作的质量和水平。组织起草的《水利类专业补充标准》由中国认证协会正式发布。继续推进工程能力国际互认工作，编制完成《水利水电类工程能力评价规范》。召开2020年度水利水电工程能力国际互认视频工作会，建立了工程能力国际互认工作保障机制。

（五）产学融合多点开花

一是开展科技评价工作。完成31项科技成果评价；修订完成《中国水利学会科技成果评价办法》；疫情期间，创新评价方式方法，采取“视频＋现场”会议模式确保评价质量水准。二是按照水利部领导的指示和要求，完成大禹奖奖励办法及评审细则等有关规章制度的修订工作，形成了层级分明、分工明确、权责清晰的组织机构体系，提升评价成果质量，为有效运行提供坚实保障。2020年度最终评选出49项成果（其中，46项拟授科技进步奖和技术发明奖，3项拟授科普奖）和1个团队作为拟授奖对象。三是开展2020年度国家科技奖初评项目行业咨询。四是继续举办中国水博览会和水务高峰论坛。2020年10月28～30日，中国水博会在南京国际展览中心举办，水利部总经济师程殿龙、学会副理事长张建云院士、中国水利工程协会孙继昌会长等致辞，100余家企事业单位参展。同期举办第十五届中国国际水务高峰论坛设主论坛和水利工程建设、污染水体治理与生态修复、智慧水利、河湖生态流量与跨界治理暨第一期生态水工学主题沙龙、节水产品和技术等五个分论坛。五是与建华建材集团合作开展第二届全国大学生水利水运装配式技术设计大赛。六是为推动和提高节约用水工作的管理水平和管理效率，发挥学会平台桥梁优势，牵头成功申请水资源节约项目，遴选推广成熟适用节水技术。七是先后创建中国水利学会福建正扬科技创新驱动服务站、余姚创新服务工作站和山西省科协创新驱动助力工程学会服务站产学融合服务平台。与河南省科协、中国气象学会等签订战略合作协议，共同建设运行郑州大学黄河生态保护与区域协调发展研究院。

（六）标准事业再上台阶

一是按照水利部党组强监管要求，配合国科司强化政府标准管理，制定《关于加强水利团体标准管理工作的意见》，修订《水利技术标准复审细则》，全年共完成了154项在编标准管理，组织召开标准报批稿审定会，审定25项标准报批稿，报批国家标准1项。二是承担“十四五”水利科技创新规划编制中的水利技术监督规划编制工作，开展水利标准体系修订工作，参与水利标准化支撑保障作用战略研究。三是会同中国标准化协会共同编制《团体标准涉及专利处置指南　第1部分：总则》。完成中国科协“团体标准示范学会”项目《团体标准编制工作手册》的撰写。修订印发《中国水利学会团体标准管理办法》，进一步加强了团体标准的规范化管理，共批准21项团体标准立项，发布11项中文版团体标准和2项英文版团体标准。《农村饮水安全评价准则》荣获2020年度中国标准创新贡献奖。《节水型高校评价标准》被水利部采信。初步开展团体标准国际化探索。

（七）国际合作随机应变

受新冠肺炎疫情影响，主要通过视频会议、邮件往来等线上方式推进国际合作交流。一是在线上与国际水利与环境工程学会中国分会联合举办学术年会国际分会场，全球46个国家或地区的近3000人次同步参会。二是以视频连线方式举办第三届“水利青年科技论文（英文）竞赛”，7位国内外知名专家担任线上评委。三是邀请世界水理事会主席福勋先生、加拿大土木工程学会主席穆利根女士、美国马里兰大学（经济发展）校长萨多夫斯基先生分别为第二届世界科技与发展论坛、本会学术年会、水博会发表视频报告或致辞。四是与加拿大土木工程学会续签战略合作备忘录。五是承担亚洲水理事会中国水利工程建设成就案例及水利企业技术能力优势分析项目。六是与丹麦驻华大使馆共同举办“丹麦水处理方案线上研讨会”。七是持续助力专家及青年学者参加国际大坝委员会年会、世界水科学与工程大会等活动。

（八）党的建设持续加强

一是高度重视党建强会。党建引领各项业务活动有序开展，党建与业务进一步融合，相互促进。深入开展灯下黑问题专项整治，接受水利部党组党建督察，并得到督察组的充分肯定。按照计划，与水利部国际合作与科技司党支部联合以网上形式开展学习北京大学第三医院医务人员所作的支援武汉抗疫报告，与北京水利学会联合开展党建科普活动，以及党建强会项目“党建＋科技志愿服务基层”等。党支部书记面向全体职工讲授题为《静观潮流，紧跟党走》的党课。二是扎实开展党建扶贫。筹措2万元专款并拨付给重庆市巫溪县水务局，用于贫困户劳动力转移就业技能培训，以促进脱贫增收。资助2名巫溪县的大学生利用暑假时间勤工助学。2020年9月14～16日，作为对口巫溪县扶贫第二小组成员单位，深入巫溪县开展支部共建和科技咨询扶贫活动。三是严肃开展警示教育。召开以警示教育为主题的专题组织生活会，制定实施我会召开专题组织生活会的工作方案，按照“学、看、讲、查、纠”5个环节并序时开展活动。召开“厉行勤俭节约、反对餐饮浪费”专题组织生活会，全体党员对标对表提高思想认识，自查自纠存在问题，节约意识极大提高。四是强化会员发展服务。修订会员服务管理办法，拟订会员服务清单。初步建立会员分级管理机制，探索吸收国际会员和学生会员，探索建立会士制度。五是积极推进能力建设。继续推进信息化建设，探索数据资产建设。严格按照制度和程序，招聘调入工作人员。认真执行相关规定和纪律，做好人事、工会、财务等方面工作。

（九）完成学会换届

根据本学会章程的规定，学会应于2020年6月30日前召开第十一次会员代表大会，完成换届工作。受新冠肺炎疫情影响，经请示中国科协，换届可延迟至2020年12月31日前完成。

学会按规定程序认真开展换届的筹备工作，分阶段取得预期成果。2020年12月21日在北京召开第十一次会员代表大会，产生了中国水利学会第十一届理事会，魏山忠当选理事长，汤鑫华为秘书长，由此完成了换届工作。

（十）五年规划积极酝酿

为做好“十四五”规划的编制工作，成立“中国水利学会‘十四五’规划编制实施工作小组”。为集思广益，群策群力，理清规划的方向、思路、布局，做好规划的顶层设计和组织工作，编制前期调研方案并组织实施。

（中国水利学会　李志平）

中国电机工程学会 2020年工作情况

（一）服务创新型国家和社会建设

科技奖励方面，组织2020年度中国电力科学技术奖推荐与评审工作，评选出授奖项目134项，其中，一等奖项目17项，二等奖项目41项，三等奖项目76项。完成2020年度国家科学技术奖励提名工作。

决策咨询方面，承担中国科协、国家能源局、中国科学院等委托的咨询项目12项，组织编制《新能源电力系统发展及其技术装备创新支撑研究》《我国新一代能源系统战略研究》《电力安全监管技术支撑体系研究》等多个决策建议报告。疫情期间，向中国科协提交《关于加强应急状态下电力供应能力研究的建议》报告，为应急状态下可靠供电提供科学决策建议。

团体标准和国际标准方面，全年发布学会标准38项，探索拓展团体标准服务、培训教育服务产品，开展华电章丘发电公司“激光诱导击穿光谱分析型煤质在线检测技术规范”标准服务项目。牵头成立应对公共安全事件国际标准体系研究工作组，推进相关国际标准研制并取得阶段性成果。

科技服务方面，2020年完成科技成果评价263项，累计组织专家2367人次（其中，院士166人次）；积极服务行业科技成果转化，完成科技成果登记508项；认真履行电力行业科技查新管理服务职能，确认电力科技查新资质机构42家。

服务科技经济融合方面，先后在江苏南京、浙江温州、江苏镇江、宁夏宁东组建科技服务团，开展能源互联网技术咨询和科技成果转化对接服务工作。在宁夏组织召开“2020年清洁能源国际论坛”和“服务清洁能源高质量发展论坛”，为宁夏清洁能源产业转型升级和区域经济高质量发展提供支持。与浙江省科协共同主办“2020世界青年科学家峰会未来能源论坛”并成立“温州能源互联网和工业互联网（产业）融合发展科技服务团”；与镇江市科协共同主办“智能制造暨第二届柔性机械电子产业化国际论坛”并成立“中国电机工程学会扬中市高新区智能电气科技服务团”，为区域能源互联网发展提供技术咨询服务。

（二）学会建设

积极开展新型冠状病毒肺炎疫情防控，推动复工复产，被中国科协评为“优秀抗疫学会”。定期召开理事会、常务理事会、监事会、理事会党委会议等，审议和决策学会重大事项。完善工作委员会、专业委员会、省级学会管理体制和运行机制，根据能源电力发展需要对专业委员会布局进行调整，完成5个专业委员会换届改选，完成18个专业委员会的委员调整工作。成立女科技工作者委员会及执行委员会。

学会发起成立北京创拓国际标准与技术研究院有限责任公司，开展国际技术标准政策、趋势和战略研究，推动国际标准制定和检验认证工作。经中国工程教育专业认证协会第二届理事会第一次会议批准，筹备成立能源动力类专业认证委员会，学会作为秘书处挂靠单位。

加强学会员工队伍建设，优化人员结构，充实员工队伍，完善薪酬和绩效考核制度。强化学会财务管理，完善和优化财务管理流程。持续完善信息化平台建设，改版升级门户网站、新建科技鉴定在线会议、视频会议系统、会士遴选模块和电子发票管理模块，优化升级会员系统、期刊分级、征文系统等。编印《中国电机工程学会2020年年报》。

（三）青年人才托举工程

通过科协项目资助、学会资金支持、依托单位配套支撑、导师培养指导相结合的方式，开展2020～2022年度“青年人才托举工程”项目，共支持青年人才30人，其中，中国科协资助2人、自筹资金资助3人、与依托单位联合培养资助25人。持续关注历届托举人科研进展，助力青年科技工作者成长、成才。

（四）主办期刊

学会及各专业委员会主办、联合主办期刊共16种。《中国电机工程学报》（简称《学报》）荣获“2020年中国最具国际影响力学术期刊”。《中国电机工程学会电力与能源系统学报（英文）》（简称《CSEE JPES》）2020年影响因子达到3.115，较上一年度增长16.23%，成功被Scopus数据库收录。《中国电力》《热力发电》《农村电气化》《农电管理》《动力与电气工程师》和《电信息》等办刊质量持续提高，为会员搭建了丰富的交流平台。《学报》《CSEE JPES》《高电压技术》3种刊完成中国科协卓越行动计划项目。

（五）学科发展工程

完善学术报告编撰体系和学术研究成果发布制度，2020年出版《“十四五”电力科技重大技术方向研究报告》《动力与电气工程学科发展报告（2020）》《CSEE专业发展报告（2019～2020年）》和《CSEE专题技术报告（2020）》等4套共22篇报告，并在2020年学术报告发布会上发布。

（六）国际学术会议

采用线上、线下相结合的方式举办CSEE&IET联合线上学术活动月（CSEE & IET Joint Workshops）、第四届国际高压直流会议（HVDC 2020）、第二届可持续电力与能源国际会议（iSPEC 2020）、2020年国际绿色能源高峰论坛网络会议、首届中英大学工程教育与研究联盟学术论坛、第四届IEEE能源互联网与能源系统集成会议（EI^2 2020）、中英电力青年论坛新能源消纳与并网运行学术研讨会等国际会议，为国内外电力科技工作者提供良好的交流平台。

（七）国内主要学术会议

举办以“能源电力转型与数字化”为主题的2020年学术年会，同期举办院士专家论坛、学术报告发布会等32项学术交流活动，吸引院士、专家、科技工作者及高校师生等超过5万人通过线下或线上方式参会。举办2020年电气工程学院院（校）长论坛、2020年清洁高效发电技术协作网年会，联合主办世界青年科学家峰会未来能源论坛、第一届全国基础设施智慧建造与运维学术论坛、第六届中国太阳能热发电大会等专题学术交流活动。创建“CSEE网络学术报告厅”学术交流平台，组织开展“能源创新青年论坛”等一系列线上学术活动。各专业委员会围绕各自专业领域开展学术活动80余场。

（八）两岸交流

以“绿色低碳　智慧用能　互联互通”为主题，与台湾旅沙电力协会、台湾智慧型电网产业协会、福建省电机工程学会等在福建省厦门市联合主办2020年海峡能源电力融合发展论坛。通过搭建海峡两岸能源领域民间技术交流的平台，促进两岸能源电力可持续发展。

（九）国际组织任职

学会理事长舒印彪任国际电工委员会（IEC）主席。学会副秘书长范建斌任国际大电网委员会（CIGRE）理事会成员和指导委员会委员。学会副局级调研员陈小良任国际供电会议组织（CIRED）指导委员会委员。推荐16位专家担任CIGRE专业委员会委员，推荐15名专家为CIGRE增选专业委员会委员，推荐64名专家加入CIGRE工作组，推荐5名专家加入CIRED工作组。

（十）国际交往

充分利用国际平台积极发声，学会理事长舒印彪在世界标准合作组织会议上就我国抗击新冠肺炎疫情发表特别演讲，向国际电工委员会（IEC）各成员国家发出特别公开信，介绍中国抗击疫情的经验成果，积极推动疫情相关领域的国际合作。密切与国际组织的联系，通报情况、讲好故事、传达信心。

组织国内专家和论文作者参加CIGRE 2020网络大会、IEEE PES年会网络会议、第十二届电力系统技术国际会议（PowerCon 2020）网络会议、国际供电会议组织2020年柏林技术会议网络会议、国际大电网委员会亚太区域理事会（AORC-CIGRE）技术研讨会等。

与IET开展工程师资质国际认证，2020年组织两批次共134人参加认证，103人通过认证。继续推进与缅甸、巴基斯坦等国家的双边互认工作，33位学会工程会员完成中国工程师与缅甸工程师的等效互认。

（十一）科普活动

学会获评成为2020年中国科协科普中国共建基地；联合12家理事长/副理事长单位共同开展2020年第三届“电力之光”中国电力科普日活动，打造“1＋N＋云”的全国联动电力科普盛事，被中国科协评为“2020年全国科普日优秀活动”；命名授牌2020年电力科普教育基地28家；开展科普团队建设，共聘任“电力之光”科学传播专家460名；创新“科普扶智＋教育扶贫＋产业扶贫＋党建活动”模式，在福建龙岩举办“电力之光”福建科普下乡暨服务苏区脱贫与乡村振兴活动；组织“电力之光大讲堂”线上系列科普讲座共8期；开展电力之光项目申报，汇总电力领域优秀科普项目119项；获评“2020年度全国学会科普工作优秀单位”、优秀扶贫学会、第九届中国科普摄影大赛优秀组织单位等荣誉称号。

（十二）表彰举荐优秀科技工作者

完成2020年度中国电力科学技术人物奖推荐与评审工作，评选出授奖人110名，其中中国电力科学技术杰出贡献奖10名，中国电力优秀科技工作者奖

50名，中国电力优秀青年科技人才奖50名。完成2020年“顾毓琇电机工程奖”评审工作，上海交通大学陈陈教授获得2020年“顾毓琇电机工程奖”。积极开展第二届全国创新争先奖、2020年度科技人才、2020年“最美科技工作者”、中国青年科技奖、中国青年女科学家和未来女科学家计划候选人提名推荐工作。学会推荐的清华大学郭庆来成为电气工程领域首位中国青年科技奖特别奖获得者。

（十三）党建强会

加强党的政治引领，将党的建设等相关内容写入学会章程，并经民政部核准。完成理事会党委换届，将党建工作向分支机构延伸，在45个专业委员会成立党建工作小组。完成中国科协理事会党委职责任务分类试点工作，推进理事会党委工作规范化、制度化。严格落实民主集中制和“三重一大”决策机制，做到民主决策、科学决策。认真落实学会党委理论学习中心组学习计划，深入学习党的十九届四中、五中全会精神，以及习近平总书记给科技工作者代表的回信、在科学家座谈会上的重要讲话精神等。疫情期间向电力科技工作者和广大党员发出倡议书，学会党委组织党员自愿捐款，用党费购买8万元的防护用品捐赠给抗疫一线的湖北省电力员工。开展“党建强会”活动，推动党建与业务双融双促。在福建古田开展以“服务乡村振兴”为主题的“党建＋科普”活动，组织开展科普讲座、乡村振兴论坛、党支部共建、重温入党誓词、参观古田会址等系列活动。开展“党建＋科技服务”活动，先后在南京、温州、银川等地组织成立科技服务团，助力地方经济创新发展。

（十四）会员服务

加强会员发展与管理，利用会员系统推进会员规范登记，个人会员累计数为110497人，2020年晋升高级会员196人，增选会士7人、外籍会士5人，注册成为工程会员111人。

密切与会员的联系，定期发送学会电子会刊、电信息，以及各项活动等信息，开展全国科技工作者日系列主题活动，举办青年举办女工程师论坛、老科技工作者座谈会等，不断提升学会服务会员能力。优化完善数字化图书馆建设并推广应用，为会员提供包括期刊、论文、专著、技术报告、科技成果等23万余条数字信息资源。

（中国电机工程学会　李洛安　刘雁斌）

哈尔滨电机厂有限责任公司 2020年学术交流与公众开放情况

2020年，哈尔滨电机厂有限责任公司（简称哈电）参与或组织召开行业标准会议和学术交流会议10余次，主持或参与制订国际标准7部、国家标准7部、团体标准6部。主要情况如下：

（1）7月14日，通过视频会议方式召开了全国海洋能转换设备标准化技术委员会2020年第一次标准起草工作会议，哈电专家王晓航作为秘书长主持会议，来自全国5个单位9位专家参加了此次会议。会议进行了国家标准《海洋能系统设计要求》的起草工作。各工作组成员对标准初稿进行了认真讨论，提出了修改意见，工作组组长于会后将标准文件进行修改完善。

（2）7月22日，通过视频会议方式召开了全国大型发电机标准化技术委员会2020年第一次标准起草工作会议。哈电专家孙玉田作为秘书长主持会议，来自全国6个单位的9位专家参加了此次会议。会议进行了国家标准《核电主泵电机技术条件　第2部分：屏蔽泵异步电机》的起草工作。各工作组成员对标准初稿进行了认真讨论，提出了修改意见，工作组组长于会后将标准文件进行修改完善。

（3）7月7～8日，哈电专家孙玉田通过线上方式组织召开了IEC/TC2/WG33水轮发电机国际标准第八次标准起草工作会议。会议的重点议题包括：定子绕组和铁芯测温元件的布置和监测标准、发电机的并网条件、瞬态和超瞬态参数、系统接地方法等，经过两天的激烈讨论，这些重要条款最终达成了一致。会后，工作组召集人孙玉田对标准稿进行了完善，形成第二版CD稿提交至IEC/TC2秘书处。IEC/TC2秘书处于2020年7月24日启动向各成员国征求意见，至10月16日结束时，共收集到来自9个国家的140余条意见。

（4）10月15日，全国海洋能转换设备标准化技术委员会2020年第二次标准起草工作会议在北京召开，哈电专家王晓航作为工作组成员参加会议，来自全国6个单位11为专家代表参加了此次会议。会议进行了国家标准《海洋能系统设计要求》的起草工作。各工作组成员对标准初稿进行了认真讨论，提出了修改意见，工作组组长于会后将标准文件进行修改完善。

（5）11月4～5日，全国旋转电机学术研讨会在成都召开。会议由中国电机工程学会电机专委会和中国电工技术学会大电机专委会共同主办。哈电专家孙玉田作为中国电机工程学会电机专业委员会秘书长主持会议，实验室多名技术专家参加会议并在会上作学术报告。

（6）11月23日及11月27日，通过视频会议方式召开了全国海洋能转换设备标准化技术委员会2020年第三、四次标准起草工作会议，哈电专家王晓航作为工作组成员参加会议，来自全国6个单位11位专家代表参加了此次会议。会议进行了国家标准《海洋能系统设计要求》的起草工作。各工作组成员对标准初稿进行了认真讨论，提出了修改意见，工作组组长于会后将标准文件进行修改完善。

（7）11月23～25日在广西南宁市召开全国大型发电机标准化技术委员会2020年年会、中电协（中国电器工业协会）团体标准工作组会议、中电协团体标准审查会议。哈电专家孙玉田作为秘书长主持会议。会议审查通过了《核电主泵电机技术条件 第1部分：轴封泵异步电机》与《核电主泵电机技术条件 第2部分：屏蔽泵异步电机》2项国家标准、《六相脉冲同步发电机试验导则》1项中电协团体标准，进行了《变速抽水蓄能发电电动机转子绕组耐电压试验导则》1项中电协团体标准的起草讨论工作。

（8）12月7～8日，哈电专家孙玉田通过线上方式组织召开了IEC/TC2/WG33水轮发电机国际标准第九次标准起草工作会议。会上，工作组成员对各国反馈的意见进行了详细的讨论，最终达成一致。会后，召集人孙玉田将对标准稿进行完善，形成CDV稿提交至IEC/TC2秘书处。

（9）12月16～18日在湖北省宜昌市召开全国水轮机标准化技术委员会2020年换届会议及工作组会。实验室专家覃大清作为秘书长主持会议。会议期间召开了《水力机械振动》《更新改造和性能改善导则》《水电站机电安装》《模型验收试验》4个标准工作组会议和IEC/TC4/WG36国内对口工作组会议，与会专家对相关国家及国际标准进行了仔细地讨论。会议期间，顺利完成第六届全国水轮机标委会换届工作。

（10）12月16～18日在湖北省宜昌市召开全国海洋能转换设备标准化技术委员会2020年换届会议及工作组会。会议期间召开了《海洋能系统设计要求》《波浪能装置预样机测试规程》《电能质量要求》工作组会议。会议期间，与会专家对相关国家进行了仔细地讨论，对《海洋能系统设计要求》进行了审查，并顺利完成第二届全国海洋能转换设备标准化技术委员会换届工作。

2020年，挂靠在哈电的水力发电设备国家重点实验室（简称实验室）开展了如下交流活动：

（1）8月24～27日，实验室一行7人，到新能源与储能运行控制国家重点实验室（依托单位为中国电力科学研究院有限公司）、机械系统与振动国家重点实验室（依托单位为上海交通大学）、压缩机技术国家重点实验室（依托单位为合肥通用机械研究院有限公司）进行了调研和学习交流。实验室调研人员听取了各实验室关于建设目的和意义、研究方向、科研基础和人才队伍建设、科研成果、对外开放合作交流、组织架构与运营管理、经费投入与保障措施、建设规划与目标等方面情况的详细介绍，后就国家重点实验室建设中的机构设置、科研经费来源、经费管理、开放基金投入和运行模式及人才激励机制等重点关注的问题与被调研单位分别进行了全方位的深度交流和讨论，同时针对储能、机组振动降噪和泵等交叉技术领域的合作方向，进行了深入探讨。通过本次交流，调研人员认识到实验室与优秀国家重点实验室之间的差距，学习到优秀国家重点实验室先进的运行机制和管理经验，对实验室今后的发展方向和运行机制的改进具有重要的借鉴意义和参考价值，并为以后在交叉领域的技术合作打下了基础。

（2）12月20日，实验室以线上开放的形式开展了2020年度开放日活动。来自清华大学、上海交通大学、华中科技大学、哈尔滨工业大学、浙江大学、武汉大学、中国船舶及海洋工程设计研究院等15所高校、科研院所的24名青年科技人员参加了此次开放日活动。

（哈尔滨电机厂有限责任公司 刘保生 丁军峰）

河海大学2020年学术活动情况

（一）共同主办第八届中国水生态大会

2020年10月30日，由河海大学联合生态环境部黄河流域生态环境监督管理局、华北水利水电大学、中国自然资源学会水资源专业委员会共同主办的2020（第八届）中国水生态大会在郑州召开，来自南京大学、北京师范大学、中山大学、华南理工大学、河海大学等单位的260多名专家学者参加了大会。生态环境部黄河流域生态环境监督管理局副局长连煜，华北水利水电大学校长刘文锴、副校长刘雪梅，黄河勘测规划设计研究院有限公司董事长张金良，广东省水利水电科学研究院理事长黄本胜等出席开幕式；河海大学副校长董增川出席开幕式并致辞。

来自黄河勘测规划设计研究院有限公司、广东省水利水电科学研究院、南京大学、北京师范大学、华北水利水电大学和河海大学的专家分别以《黄河下游生态廊道格局构建及试点实践》《广东万里碧道的概念、内涵及总体规划研究》《河道水环境治理与生态修复新技术及应用》《新时代河湖生态修复策略》《黄河流域生态保护和高质量发展若干问题思考》《河长制背景下城市河道水质提升瓶颈问题及应对策略》为题作主题报告。大会还对优秀论文进行了表彰。

（二）第五届全国计算力学青年学术研讨会在南京举办

2020年11月13～15日，第五届全国计算力学青年学术研讨会在南京举行。国家自然科学基金委员会数理科学部副主任孟庆国研究员，河海大学党委书记、江苏省力学学会理事长唐洪武教授，中国力学学会副理事长兼计算力学专委会主任、大连理工大学郭旭教授以及全国30余所高校和科研院所的60余名计算力学青年专家、学者参加了活动。

研讨会上，国家自然科学基金委员会孟庆国研究员、南京航空航天大学卢天健教授、清华大学庄茁教授、河海大学黄丹教授分别做了题为《国家自然科学基金项目与深化改革》《超轻多孔结构设计兼谈力学创新》《以学科前沿和国家需求引导计算力学发展》《水利水电工程中的部分计算力学问题研究进展》的特邀报告，来自各单位的16位优秀的计算力学青年专家学者做了精彩报告。

（三）主办2020中国水资源高效利用与节水技术论坛

2020年11月27～30日，2020中国水资源高效利用与节水技术论坛在南昌成功举行。论坛由河海大学主办，由水资源高效利用与工程安全国家工程研究中心、江西省水利科学研究院、江西省水利学会、南昌工程学院、《水资源保护》编委会等单位联合承办，以“践行治水新思路、实现节水新突破”为主题，对水资源高效利用、节水型社会建设和水生态文明建设等方面展开学术交流。

河海大学副校长陆国宾，江西省水利厅副厅长罗传彬，江西省水利科学研究院党委书记、省水资源管理中心主任胡建民，南昌工程学院校长金志农，安徽水利水电勘测设计院副院长、巢湖研究院院长朱青等出席论坛开幕式并致辞。水资源高效利用与工程安全国家工程研究中心常务副主任李铁主持开幕式。

（四）首届长江国际青年创新论坛在河海大学召开

由长江保护与绿色发展研究院（简称长江院）主办的首届长江国际青年创新论坛于2020年12月在处于南京的河海大学召开。来自清华大学、浙江大学、武汉大学、天津大学、山东大学、中山大学等高校和研究机构的近百名专家学者和师生代表齐聚一堂，共同就流域绿色发展问题进行探讨与交流。中国工程院院士、长江院院长张建云，河海大学党委书记、长江院执行院长唐洪武出席开幕式并分别致辞。

本次论坛还举行了总论坛的主旨报告会、分论坛的邀请报告会、研究生优秀报告评选等一系列活动。南方科技大学刘俊国教授、中国科学院地理科学与资源研究所汤秋鸿教授、南京水利科学研究院陈求稳教授、华东师范大学侯立军教授、武汉大学夏军强教授等5位国家杰出青年科学基金获得者以及河海大学张珂教授作了大会主旨报告，10余位不同领域的青年领军人才在分论坛中作了邀请报告，围绕各自的专业学术领域，关注流域保护与绿色发展水科学前沿，聚焦水科学研究热点，介绍学术科研成果，阐释学术观点，分享研究结论。

长江国际青年创新论坛旨在搭建一个国内各高校及研究所青年学者深入沟通、交流、互动的平台，增进了大家对长江院发展战略、人才政策、学科发展等方面的了解，促进各单位合作交流，助力青年的成长发展，共同为推动流域保护与绿色发展做出贡献。

（河海大学）

长江科学院2020年国内学术交流情况

（一）承办长江技术经济学会2020年学术年会暨长江治理保护科技创新高端论坛

2020年12月6～8日，长江技术经济学会2020年学术年会暨长江治理保护科技创新高端论坛在武汉召开。此次大会由长江技术经济学会和长江治理与保护科技创新联盟联合主办，长江科学院主要承办。本次大会主题为“聚焦‘两新一重’、建设‘幸福长江’”，200余人参加。水利部长江水利委员会主任、长江技术经济学会理事长、长江治理与保护科技创新联盟理事长马建华出席并讲话。

大会特邀中国科学院院士、中国地质大学校长王焰新，湖北省社会科学院党组书记、副院长张忠家，长江水利委员会水旱灾害防御局副局长宁磊，长江科学院党委书记、副院长吴志广分别作《论地球健康：以长江中游为例》《构建“长江学”的若干思考》《2020年长江洪水与水库联合调度》《长江水资源开发与保护中的关键科学和技术问题》学术报告。特邀嘉宾进行了现场交流与座谈。

同时，大会开设流域环境保护专委会、流域综合治理开发专委会、流域能源专委会、流域经济发展专委会和长江治理与保护科技创新联盟共五个分会场。会上，来自学会和联盟成员单位的30多位知名学者与专家作了研讨交流，分别从水利、环保、能源、经济、科技等不同行业、不同角度，围绕全面推动长江经济带发展、长江治理与保护存在的热点、难点问题作了精彩的报告，提出了建设性的意见和建议。

（二）主办长江流域2020年度节水与水生态保护修复学术研讨会暨新时代水利改革发展座谈会

2020年11月10～11日，长江流域2020年度节水与水生态保护修复学术研讨会暨新时代水利改革发展座谈会在广西桂林市召开，来自长江流域各水利科研院所共60余人参加了会议。

会上，长江科学院党委书记吴志广等8位专家围绕水资源节约与保护、河湖水生态保护与修复、灌区节水与信息化建设等内容作专题报告，参会领导和专家针对“节水与水生态保护修复”议题开展深入、广泛的研讨和交流。在水利改革发展座谈环节，参会单位分别介绍了近年来本单位科研创新和改革发展情况。长江科学院介绍了长江流域（片）水利科研协作网创建10年来的工作成效和经验

（三）联合承办第一届大坝安全创新技术交流会

2020年11月7～9日，第一届大坝安全创新技术交流会在武汉召开。本次交流会以“创新驱动大坝安全”为主题，以“创新、转化、合作、共赢”为目标，旨在促进大坝安全领域技术创新融合、成果转化应用，会议设置了主旨报告、技术交流、技术对接、合作共建洽谈、专委会学术年会、主题馆参访以及线上线下成果展示等内容丰富、形式多样的活动。

水利部运行管理司副司长徐元明，长江水利委员会总工程师仲志余，国家大坝中心主任、中国工程院院士钮新强，水利部科技推广中心副主任许平，水利部大坝安全管理中心主任孙金华出席会议并致辞。中国工程院院士缪昌文、南京水利科学研究院院长陈生水、中国大坝工程学会秘书长贾金生、世界银行首席水资源专家 Marcus Wishart、河海大学水利水电学院原院长顾冲时教授分别作主旨报告。水利部、各省水行政主管部门、流域管理机构、高校及科研院所、建设与运行管理单位、工程勘察设计与施工单位、设备供应与服务商等单位的领导、专家、技术管理人员300余人参会。

（四）承办“2020·长江保护与发展论坛”

2020年11月2～3日，“2020·长江保护与发展论坛”在安徽合肥召开，会议主题为“聚焦绿色转型和发展”。全国人大常委会副委员长、民进中央主席蔡达峰，全国政协人口资源环境委员会副主任黄跃金，安徽省人民政府副省长何树山，水利部总规划师汪安南以及来自国家林业和草原局、生态环境部的相关领导出席并讲话。长江水利委员会总工程师仲志余以及来自世界自然基金会、生态环境部长江流域生态环境监督管理局、中国科学院科技战略咨询研究院的专家作主题报告。

长江科学院党务书记、副院长吴志广作题为《长江经济带水生态文明建设方略初探》的专题报告，从长江经济带水生态文明建设的背景、内在需求、面临的重大水问题和相关科学思考4个方面汇报了国家重点研发专项“长江水资源开发保护战略与关键技术研究”的初步成果，并呼吁社会各方关注长江大保护和长江经济带高质量发展，得到了与会代表的积极响应。

（长江水利委员会长江科学院　方择）

16

统计资料

2020年全国水电增长情况表

全国及各省、自治区、直辖市	年底装机容量（万kW）			发电量（亿kW·h）		
	2020年	2019年	同比增长	2020年	2019年	同比增长
全国	37028	35804	3.42	13553	13021	4.09
北京	99	99	0	11	10	12.45
天津	1	1	0	0.10	0.12	−16.95
河北	182	182	0.04	15	16	−7.73
山西	223	223	0.00	47	49	−4.72
内蒙古	242	239	1.38	57	58	−1.24
辽宁	305	302	0.90	57	44	29.78
吉林	510	445	14.82	94	67	40.56
黑龙江	109	108	1.13	32	28	15.46
上海	—	—	—	—	—	—
江苏	265	265		32	31	4.59
浙江	1171	1170	0.06	209	257	−18.51
安徽	474	345	37.19	66	51	29.60
福建	1331	1321	0.78	292	442	−34.04
江西	660	661	−0.23	145	168	−13.62
山东	108	108	0.15	9	5	65.78
河南	408	408	0.00	140	145	−3.35
湖北	3757	3679	2.13	1647	1357	21.39
湖南	1581	1612	−1.94	574	544	5.46
广东	1666	1576	5.73	286	397	−27.97
广西	1759	1681	4.63	615	593	3.62
海南	151	154	−2.48	17	17	−3.18
重庆	779	772	0.90	281	243	15.69
四川	7892	7846	0.58	3541	3316	6.80
贵州	2281	2223	2.60	831	769	8.03
云南	7480	6873	8.83	2960	2854	3.70
西藏	210	170	23.92	70	68	2.56
陕西	392	391	0.43	128	129	−0.86
甘肃	957	943	1.51	507	496	2.15
青海	1193	1192	0.05	599	554	8.12
宁夏	43	43	0.09	22	22	2.88
新疆	800	773	3.48	268	290	−7.37

（中国电力企业联合会）

2020年农村水电装机容量及发电量基本情况表

地区	农村水电年末装机容量（kW）	农村水电全年发电量（万kW·h）	农村水电新增装机容量（kW）
合计	81338072	24236893	806662
北京	22219	790	
天津	5800	1185	
河北	404703	56629	1300
山西	208801	31216	1600
内蒙古	94770	20658	
辽宁	471090	97359	
吉林	620475	191139	6000
黑龙江	402780	139720	
江苏	38355	4716	
浙江	4114718	819774	60685
安徽	1149168	288225	27600
福建	7298777	1642428	18655
江西	3510103	891421	8495
山东	86322	6857	480
河南	512037	84692	3140
湖北	3919450	1197363	11603
湖南	6315352	1947753	84604
广东	7732510	1576566	65265
广西	4647481	1439877	28045
海南	498870	110594	6215
重庆	3019753	870557	111875
四川	11474986	4405264	－22560
贵州	3695163	1326471	161355
云南	12673410	3840865	106725
西藏	421714	107191	
陕西	1728666	529259	102980
甘肃	2879028	1202732	1300
青海	1084235	563671	3000
宁夏	6240	710	
新疆	1748421	658153	18300
新疆兵团	430975	146069	
部直属	121700	36989	

（水利部农村水利水电司　曲鹏）

2020 年全国电源建设投资完成情况表

单位：万元

地区	本年完成投资	其中	
		水电	火电
全国	52924357	10670182	5676658
北京	32790		14763
天津	258206		179820
河北	2846585	260487	347552
山西	2063158	53934	218824
内蒙古	2753148	37636	695633
辽宁	1632208	115000	126962
吉林	606321	201500	35724
黑龙江	426745	97004	52757
上海	177677		137187
江苏	5217266	88000	203796
浙江	2245492	372384	284191
安徽	809648	230996	208521
福建	2034920	168969	30832
江西	846056		101792
山东	2623554	264984	270502
河南	2443317	130002	237989
湖北	713491	55254	248437
湖南	1138994	84109	361986
广东	4447524	248950	642548
广西	2068916		100074
海南	257662	14000	243314
重庆	258377	60000	
四川	5085072	4361142	120187
贵州	1618602	4821	8141
云南	2914095	2776455	9149
西藏	242416	239661	
陕西	2071443	178779	290961
甘肃	271635	4920	140148
青海	2060902	26786	546
宁夏	832602		81737
新疆	1551472	340062	280491

注：风电、太阳能发电、核电数据未提供。

（中国电力企业联合会）

2020年大中型水电厂生产运行情况表

一、抽水蓄能电厂

	电厂名称	总装机容量（万kW）	机组台数（台）	年发电量（亿kW·h）	年抽水电量（亿kW·h）	等效可用系数（%）	各类工况运行总时间（h）	各工况启动次数（次）	启动成功率（%）
1	十三陵蓄能电厂	80.00	4	10.55	13.97	91.07	13482.33	3322	99.88
2	潘家口蓄能电厂	27.00	3	2.97	3.92	91.20	9831.17	2296	99.91
3	张河湾蓄能电厂	100.00	4	4.88	6.09	86.06	4671.00	1877	100.00
4	西龙池蓄能电厂	120.00	4	5.20	7.18	88.03	4568.08	1678	99.88
5	蒲石河抽水蓄能电厂	120.00	4	16.95	20.78	90.63	13677.61	3421	99.95
6	白山抽水蓄能电站	30.00	2	0.31	2.45	89.63	1749.77	487	100.00
7	宜兴抽水蓄能电厂	100.00	4	11.95	14.76	86.62	10664.04	2916	100.00
8	天荒坪抽水蓄能电厂	180.00	6	25.44	31.66	92.02	19514.65	4264	99.98
9	桐柏抽水蓄能电厂	120.00	4	16.83	20.43	88.22	12858.77	3362	100.00
10	仙居抽水蓄能电厂	150.00	4	19.48	23.95	75.57	12081.18	3091	99.94
11	仙游抽水蓄能电厂	120.00	4	15.42	19.26	92.89	13747.79	2844	100.00
12	洪屏抽水蓄能电厂	120.00	4	12.84	15.29	92.66	9656.38	2089	100.00
13	琅琊山抽水蓄能电厂	60.00	4	7.57	9.35	88.55	10760.57	2423	100.00
14	响水涧抽水蓄能电厂	100.00	4	14.32	17.71	92.36	12760.56	3051	100.00
15	响洪甸蓄能电厂	8.00	2	0.89	1.19	94.12	4895.70	1021	100.00
16	绩溪抽水蓄能电厂	150.00	5	9.01	11.40	95.02	6652.03	1444	100.00
17	泰山抽水蓄能电厂	100.00	4	7.88	9.79	87.19	7915.12	3710	100.00
18	宝泉蓄能电厂	120.00	4	13.61	16.83	86.12	10119.48	2361	100.00
19	回龙抽水蓄能电厂	12.00	2	1.75	2.38	84.72	7233.31	2167	99.95
20	白莲河蓄能电厂	120.00	4	8.42	10.38	94.35	6370.11	1370	100.00
21	黑麋峰抽水蓄能电厂	120.00	4	14.31	17.35	83.86	11281.21	2401	100.00
22	广州蓄能水电厂	240.00	8	21.60	28.40	88.48	3314.68	6739	99.78
23	惠州蓄能水电厂	240.00	8	25.42	32.95	94.09	3823.86	9353	99.97
24	清远抽水蓄能电站	128.00	4	15.83	20.24	96.03	3735.68	4698	99.97
25	深圳蓄能水电厂	120.00	4	16.55	21.02	92.93	3418.33	3984	99.85
26	海南蓄能水电厂	60.00	3	1.33	1.61	94.62	1712.289	675	100

续表

二、常规水电厂

水电厂名称			发电运行情况				水库运行情况			
			总装机容量（万 kW）	年发电量（亿 kW·h）	平均耗水率[m^3/(kW·h)]	等效可用系数（%）	年入库总水量（亿 m^3）	发电用水量（亿 m^3）	年末水位（m）	年末库容（亿 m^3）
27	北京华电水电		5.20	0.3777	0.29	98.98	—	—	—	—
28	河北华电混合蓄能		6.34	0.6379	7.91	98.18	5.06	5.05	—	—
29	万家寨电站		108.00	42.27	7.12	93.43	376.8	301.11	967.33	3.02
30	龙口电站		42.00	19.31	13.74	88.94	369.8	265.41	893.87	1.09
31	海勃湾水利枢纽电厂		9.00.	5.86	43	94.27	425.31	252.12	1074.51	2.1977
32	白山发电厂	白山站	150.00	25.44	3.73	93.47	86.86	78.14	412.35	49.8639
		红石站	20.00		17.31		84.58	77.39	289.68	1.5823
33	丰满发电厂		148.90	23.89	6.70	95.16	163.7	160.10	259.64	68.63
34	松江河水力发电公司	小山站	16.00	2.68	14.13	94.52	11.5186	11.27	679.01	0.8286
		双沟站	28.00	3.52	4.47		14.5614	14.23	581.76	3.2294
		石龙站	7.00	1.19	13.71		14.7358	14.74	478.42	0.2956
35	桓仁水电厂		22.25	5.42	8.03	99.18	52.65	43.51	297.17	34.60
36	回龙山水电站		7.20	2.59	16.63	98.28	58.08	43.16	220.45	1.23
37	太平哨发电厂		16.10	4.33	11.54	97.99	61.83	50.02	191.06	1.82
38	尼尔基发电厂		25.00	9.44	15.61	91.97	195.79	147.28	214.64	57.99
39	新安江水力发电厂		85.00	24.83	5.40	91.76	169.4	134.20	100.77	138.03
40	富春江水力发电厂		36.00	10.44	28.00	92.59	384.2	292.20	23.28	4.584
41	乌溪江水力发电厂		37.20	7.4555	3.45	91.99	26.10	25.72	216.53	10.88
42	陈村水电厂		18.40	4.819	7.50	80.63	45.202	36.146	115.20	15.783
43	沙溪口水力发电厂		30.00	8.50	20.19	88.84	191.96	171.69	83.33	0.88
44	牛头山一级水电站		10.00	1.59	2.20	89.51	3.82	3.52	321.40	0.45
45	古田溪水力发电厂		32.00	7.1801	1.25	97.69	8.70	8.97	368.15	1.75
46	闽东（宁德）水电厂		32.00	4.0478	0.65	73.60	2.80	2.64	726.33	0.83
47	华安水力发电厂		14.00	4.0140	8.07	95.22	41.00	32.40	92.38	0.03
48	安砂水力发电厂		12.83	4.0773	6.78	96.96	32.88	27.65	255.97	3.94
49	池潭水力发电厂		20.30	5.0208	8.63	94.83	44.31	43.34	270.35	5.37
50	棉花滩水电厂		60.00	9.061	4.79	96.76	39.09	43.39	149.67	6.78
51	界竹口水电站		6.00	0.96	12.61	84.57	12.16	12.06	77.30	0.70
52	水口水电厂		149.00	47.12	7.62	93.06	397.12	359.07	59.11	17.97
53	街面水电厂		30.00	1.83	4.65	94.95	7.52	8.53	269.15	10.50
54	水东水电站		8.00	1.66	11.19	93.49	18.72	18.54	141.76	0.92
55	雍口水电站		5.00	1.23	20.03	96.67	24.80	24.60	86.20	0.23
56	白沙水电厂		7.00	0.954	8.05	93.01	7.56	7.68	260.65	1.44

续表

水电厂名称			发电运行情况				水库运行情况			
			总装机容量（万 kW）	年发电量（亿 kW·h）	平均耗水率［m^3/(kW·h)］	等效可用系数（%）	年入库总水量（亿 m^3）	发电用水量（亿 m^3）	年末水位（m）	年末库容（亿 m^3）
57	高砂水电公司		5.00	1.5262	39.20	89.75	63.03	59.82	102.42	0.22
58	照口水电厂		6.00	2.2375	45.41	96.43	127.97	101.59	97.56	0.26
59	万安水力发电厂		53.30	8.93	18.05	92.71	169.72	161.26	95.39	22.14
60	上犹江水电厂		7.20	2.08	8.38	96.50	20.30	17.40	188.85	3.90
61	峡江水利枢纽		36.00	7.73	40.66	96.09	363.66	314.39	45.00	5.88
62	居龙潭水电厂		6.0	1.3556	24.94	53.23	36.5521	32.5473	121.58	0.6522
63	小浪底水电厂	小浪底站	180.00	86.11	3.64	94.05	454.37	313.36	262.70	64.30
		西霞院站	14.00	4.71	35.09	89.93	471.99	165.21	133.70	1.10
64	三门峡水电厂		45.00	23.44	12.18	—	469.7	285.59	317.07	4.99
65	故县水电厂		6.00	1.167	5.31	—	7.881	6.2	528.04	5.0
66	三峡水力发电厂		2250.00	1118.02	4.25	93.19	5246.86	4755.38	173.01	373.07
67	葛洲坝水力发电厂		273.50	185.6719	22.52	95.93	5498.28	4180.5	65.2	6.87
68	水布垭电厂		184.00	49.77	2.18	77.60	141.20	108.64	392.20	38.40
69	隔河岩电厂		121.20	38.23	3.65	95.07	178.39	139.44	196.44	27.86
70	高坝洲电厂		27.00	11.45	11.60	93.83	194.24	132.82	79.09	3.78
71	松树岭水电站		5.00	1.60	9.90	96.58	16.82	15.82	388.31	0.57
72	老渡口水电站		9.00	3.08	5.05	95.58	23.66	15.55	473.65	2.29
73	吉牛水电站		24.00	12.10	0.95	96.46	23.65	11.54	2377.00	0.02
74	猴子岩水电站		170.00	66.91	3.09	95.84	345.89	206.67	1825.30	7.06
75	鄂坪水电站		11.40	3.45	4.22	96.80	14.81	14.53	541.28	3.03
76	白沙河水电站		5.00	1.35	5.08	98.28	6.35	6.88	431.32	2.48
77	陡岭子水电站		7.05	1.26	6.39	96.05	7.50	8.05	258.49	4.84
78	野三河水电站		5.00	1.77	1.63	100.00	5.40	2.88	656.50	0.19
79	龙桥电站		6.00	2.55	3.63	97.49	14.90	9.23	579.96	0.26
80	五强溪水电厂		120.00	75.12	8.13	97.34	904.82	610.48	106.40	27.97
81	凌津滩水电厂		27.00	13.62	44.09	90.92	952.65	600.62	50.75	1.42
82	三江口水电站		9.90	2.80	7.46	93.80	22.96	20.90	612.18	0.85
83	桃源水电站		18.00	9.51	63.76	93.3	987.7	606.9	39.51	1.2828
84	碗米坡水电厂		24.00	9.070	11.09	95.26	152.441	100.582	244.53	2.062
85	近尾洲水电站		6.32	2.76	63.31	91.89	238.19	174.70	65.99	1.54
86	洪江水力发电厂		27.00	12.96	18.15	95.91	303.13	235.17	189.28	1.83
87	三板溪水电厂		100.00	35.32	2.84	95.47	109.94	100.31	467.08	31.68
88	托口水电站		83.00	26.51	7.72	93.90	236.49	204.71	247.26	11.07
89	挂治水电厂		15.00	5.12	19.52	86.87	114.91	99.92	320.64	0.37

续表

水电厂名称		发电运行情况				水库运行情况			
		总装机容量（万kW）	年发电量（亿kW·h）	平均耗水率[m³/(kW·h)]	等效可用系数（%）	年入库总水量（亿m³）	发电用水量（亿m³）	年末水位（m）	年末库容（亿m³）
90	白市水电站	42.00	17.09	8.39	95.44	161.82	143.17	299.22	6.00
91	马迹塘水电厂	5.55	2.55	69.80	95.33	224.72	178.20	55.70	0.13
92	东坪水电站	7.20	3.18	61.05	97.14	201.48	194.01	95.88	0.14
93	株溪口水力发电厂	7.40	3.33	60.30	96.87	213.18	200.85	87.24	0.32
94	江垭水电站	30.00	6.454	4.73		50.9771	30.5266	223.09	11.602
95	皂市水电站	12.00	3.169	8.05		45.2359	25.5036	134.89	9.687
96	鱼潭水电站	7.00	8.83	45.84	88.14	519.47	404.52	128.48	0.81
97	新丰江电厂	35.50	9.845	5.75	84.27	39.094	56.596	101.53	62.888
98	枫树坝电厂	17.60	4.263	6.97	93.7	24.936	29.730	141.20	5.784
99	南水电厂	8.70	2.507	3.52	98.44	8.474	8.832	205.68	5.700
100	长湖电厂	8.20	2.111	12.16	82.67	47.833	25.676	58.98	1.070
101	长潭电厂	6.40	0.8727	10.86	92.26	10.009	9.3867	139	0.697
102	青溪电厂	14.40	2.444	19.44	93.31	48.016	47.508	70.20	0.476
103	长源电厂	5.00	0.9197	11.92	88.18	33.552	13.235	58.66	1.048
104	大丫口电厂	10.2	3.859	3.49	94.18	16.495	13.474	649.61	1.614
105	白石窑水电厂	9.20	2.966	36.7	90	136.16	115.75	36.5	1.08
106	飞来峡水利枢纽	14.00	5.945	35.16	67.48	332.5321	212.6832	23.54	3.90
107	濛里水电厂	5.00	1.84	55.08	97	124.53	103.49	44.99	0.673
108	平班水电厂	40.50	9.9	11.8	87.64	116.60	116.55	438	0.019
109	龙滩水电厂	490.00	141.22	3.22	97.97	458.89	451.702	356.67	105.161
110	岩滩水电厂	181.00	73.33	6.83	94.12	502.72	500.60	220.94	19.67
111	大化水电厂	56.60	27.11	18.83	94.95	522.87	522.61	154.10	3.76
112	百龙滩水电厂	19.20	8.83	45.84	88.14	519.47	404.52	128.48	0.81
113	乐滩水电厂	60.00	30.42	18.31	88.89	571.14	569.99	110.36	3.64
114	西津水电站	24.40	10.74	25.76	94.72	281.77	276.57	59.28	6.91
115	山秀水电站	7.80	2.74	39.36	90.87	127.33	107.83	86.16	2.77
116	金鸡滩水电站	7.20	3.00	35.21	95.61	109.96	105.66	88.47	0.98
117	金牛坪水电站	6.00	2.61	42.31	88.98	197.88	110.56	41.84	0.7
118	广西长洲水电厂	63.00	34.21	35.74	92.43	1767.06	1222.46	20.15	17.87
119	大广坝水电厂	24.20	2.49	6.55	92.60	21.60	16.31	136.69	17.10
120	彭水水电厂	175.00	69.3499	5.68	96.96	474.765	394.214	291.62	11.513
121	银盘水电厂	64.50	30.575	13.09	93.2	534.01	400.2	214.42	1.7687
122	马岩洞水电厂	6.60	2.3683	6.246	97.42	27.2727	14.7914	349.13	0.2132
123	藤子沟水电厂	7.00	1.6191	2.483	97.17	6.6588	4.0206	766.43	1.5105

续表

	水电厂名称	发电运行情况				水库运行情况			
		总装机容量（万 kW）	年发电量（亿 kW·h）	平均耗水率［m^3/(kW·h)］	等效可用系数（%）	年入库总水量（亿 m^3）	发电用水量（亿 m^3）	年末水位（m）	年末库容（亿 m^3）
124	道真水电站	7.00	2.750	14.05	96.76	69.819	38.637	382.07	0.2153
125	鱼剑口水电厂	6.00	2.2153	4.807	96.63	17.891	10.6481	250.59	0.0488
126	重庆江口水电厂	40.00	13.09	3.73	94.94	77.32	48.91	295.08	4.93
127	狮子滩电站	5.42	1.82	7.30	100.00	16.94	13.29	341.09	5.42
128	重庆渡口坝水电站	12.90	3.60	1.19	96.63	6.65	4.27	536.05	0.22
129	旺村水电站	6.00	2.81	38.35	95.70	204.50	107.85	18.00	4.63
130	龟都府水电站	6.30	3.06	204.00	99.90	159.00	623.22	534.00	0.56
131	晴朗水电站	18.00	7.72	1.10	99.90	14.11	8.49	2656.50	0.002
132	可河水电站	7.20	2.31	1.10	99.90	4.90	2.55	1412.00	0.003
133	二滩水电站	330.00	162.38	2.39	93.98	586.73	387.45	1196.62	54.52
134	官地水电站	240.00	126.89	3.37	92.78	535.00	427.67	1326.95	6.857
135	锦屏一级水电站	360.00	197.03	1.85	96.21	474.57	364.30	1877.83	75.87
136	锦屏二级水电站	480.00	263.68	1.33	87.09	495.72	350.94	1644.70	0.129
137	桐子林水电站	60.00	24.70	18.57	88.68	668.89	458.71	1012.17	0.582
138	溪洛渡水力发电厂	1386.00	634.126	2.0	95.96	1459.19	1270.43	589.36	102.02
139	向家坝水力发电厂	640.00	331.484	3.67	94.0	1475.69	1216.91	373.1	43.42
140	大岗山水电站	260.00	118.89	2.37	90.73	453.36	282.25	1123.33	7.42
141	瀑布沟水电站	360.00	153.79	2.57	94.33	516.83	394.55	834.45	53.37
142	深溪沟水电站	66.00	29.29	12.60	94.10	530.12	369.11	658.04	0.32
143	枕头坝一级电站	72.00	32.11	13.38	94.23	552.58	429.61	622.57	0.47
144	沙坪二级电站（沙南）	34.80	16.81	26.54	96.34	577.80	446.14	553.23	0.00
145	龚嘴水电站	77.00	42.83	9.05	93.54	612.67	387.64	524.49	1.34
146	铜街子水电站	70.00	36.55	11.97	91.76	623.22	437.50	472.40	1.00
147	冶勒水电站	24.00	8.04	0.69	94.74	4.95	5.51	2639.25	2.98
148	姚河坝电站	13.20	6.62	1.45	93.66	11.20	9.62	1675.82	0.01
149	南桠河发电厂	12.90	14.66	1.03	94.36	16.15	15.13	1367.40	0.00
150	栗子坪水电站	13.20	4.10	1.35	100.00	6.43	5.53	1999.40	0.00
151	太平驿电站	26.00	14.85	3.06	100.00	114.48	45.45	1081.00	0.0045
152	龙安电站（古城）	10.00	3.19	9.79	85.82	34.96	31.24	844.67	0.0100
153	东西关电站	21.00	10.46	19.97	92.67	401.61	208.87	248.05	1.2700
154	青居电站	13.60	5.75	35.72	92.59	366.78	205.43	262.44	0.2992
155	雨城电站	6.00	2.57	27.00	96.49	126.34	69.48	597.42	0.0919
156	铜头电站	8.00	3.46	5.50	98.09	45.52	19.01	759.63	0.1735
157	小关子电站	16.00	6.77	1.30	96.93	39.36	8.80	988.82	0.0020

续表

水电厂名称		发电运行情况				水库运行情况			
		总装机容量（万 kW）	年发电量（亿 kW·h）	平均耗水率［m³/(kW·h)］	等效可用系数（%）	年入库总水量（亿 m³）	发电用水量（亿 m³）	年末水位（m）	年末库容（亿 m³）
158	硗碛电站	24.00	10.59	0.83	97.12	9.65	8.79	2131.70	1.6114
159	宝兴电站	19.50	6.70	1.30	97.12	15.33	8.71	1349.85	0.0024
160	飞仙关电站	10.00	3.77	18.00	97.22	115.70	67.89	623.18	0.1910
161	民治电站	10.50	4.50	1.85	96.19	13.36	8.33	1585.54	0.0069
162	冷竹关电站	18.00	8.82	1.08	96.85	18.00	9.51	1761.81	0.0031
163	小天都电站	24.00	9.83	1.08	99.66	16.73	10.61	2155.36	0.0045
164	拉拉山电站	9.60	4.30	1.99	100.00	11.01	8.56	3001.95	0.0078
165	自一里电站	13.00	7.10	0.67	95.83	4.85	4.78	2032.81	0.0000
166	水牛家电站	7.00	2.92	1.23	94.61	6.49	3.61	2260.19	1.0500
167	木座电站	10.00	4.63	1.17	95.97	6.36	5.40	1543.41	0.0000
168	阴坪电站	10.00	4.50	1.66	97.55	8.86	7.46	1243.04	0.0000
169	亭子口水电站	110.00	39.16	5.66	97.09	333.47	226.68	453.49	30.04
170	宝珠寺水力发电厂	70.00	28.254	4.57	95.12	157.55	129.13	570.46	12.03
171	紫兰坝水电开发公司	10.20	5.4068	22.47	97.70	119.81	121.50	487.90	0.30
172	红叶二级水电站	9.00	3.7117	2.91	99.10	21.08	10.81	2085.86	0.00
173	薛城水电站	13.80	7.3799	2.87	98.21	31.31	21.16	1708.19	0.01
174	狮子坪水电站	19.50	7.8218	1.02	95.94	14.54	8.02	2519.97	0.82
175	古城水电站	16.80	8.8662	3.05	98.45	45.19	27.07	1552.69	0.01
176	瓦屋山水电站	26.00	8.2690	1.44	96.48	13.19	11.89	1071.78	4.44
177	水津关水电站	6.30	2.3109	29.38	98.09	140.09	67.9	548.80	0.06
178	洛古水电站	11.00	5.1440	1.18	100.00	11.63	6.08	2039.40	0.12
179	联补水电站	13.00	6.1217	0.97	87.57	11.84	5.95	1672.45	0.00
180	地洛水电站	10.00	5.1034	1.36	87.57	13.72	6.95	1215.36	0.00
181	泸定水电站	92.00	43.3957	5.87	94.75	314.07	254.78	1377.44	2.13
182	楼方水电站（沙坪）	5.60	1.5479	7.36	96.55	15.52	11.39	701.80	0.08
183	宁郎水电站	11.40	5.2066	4.58	100.00	45.50	23.85	1855.40	0.02
184	撒多水电站	21.00	8.4303	2.56	100.00	46.66	21.57	1754.96	0.03
185	固滴水电站	13.8	5.0205	3.38	93.98	36.25	16.97	2310.80	0.01
186	俄公堡电站	13.20	6.3557	4.62	100.00	40.24	29.34	2314.73	0.01
187	卡基娃电站	45.24	18.0286	1.72	100.00	35.11	31.05	2848.20	3.44
188	立洲电站	35.50	15.6778	2.29	97.76	41.90	35.88	2084.64	1.58
189	上通坝电厂	24.00	12.3886	1.59	96.20	31.04	19.72	3141.16	0.01
190	圣达水电站	48.00	21.7127	16.38	94.50	518.12	355.67	432	0.4867
191	安谷水电站	77.20	32.3107	11.69	93.61	573.13	377.77	398	0.6330

续表

	水电厂名称	发电运行情况				水库运行情况			
		总装机容量（万 kW）	年发电量（亿 kW·h）	平均耗水率[m^3/(kW·h)]	等效可用系数（%）	年入库总水量（亿 m^3）	发电用水量（亿 m^3）	年末水位（m）	年末库容（亿 m^3）
192	大金坪水电站	12.90	5.2193	2.20	97.45	16.84	11.47	1212	0.0108
193	洪一水电站	8.00	3.2936	1.34	96.56	6.69	4.42	1529.16	0.0016
194	五一桥水电站	13.70	5.4869	2.07	95.43	16.06	11.33	2425	0.0079
195	柳坪水电站	12.00	6.3914	5.44	95.74	49.46	34.74	1780	0.0109
196	雅都水电站	15.00	7.9707	4.40	97.53	44.17	35.10	1873	0.0442
197	柳洪水电站	18.00	6.0755	0.99	86.34	16.24	6.02	1305	0.0065
198	坪头水电站	18.00	7.1200	1.38	93.75	17.10	9.81	913	0.0062
199	春厂坝水电站	5.40	1.9126	2.90	88.11	16.87	5.54	2449.8	0.0085
200	赞拉水电站	6.00	2.4109	3.24	91.13	19.02	7.81	2574	0.0096
201	黄金坪水电站	85.00	38.14	6.14	95.62	411.86	234.30	1675.51	10.22
202	长河坝水电站	260.00	105.62	1.97	97.65	378.00	208.12	1672.22	8.11
203	城东水电厂	8.40	4.08	26.88	97.17	176.69	109.54	451.00	0.17
204	大兴水电站	7.50	2.99	24.14	93.58	149.51	72.11	570.00	0.21
205	汇溪水电站	7.50	3.00	5.72	97.17	25.73	17.16	888.00	0.0023
206	虎头寺水电站	6.00	2.62	43.13	95.89	130.00	113.00	465.60	0.03
207	古学水电站	9.00	3.78	2.69	87.40	14.21	10.15	2270.26	0.0007
208	去学水电站	24.60	9.59	2.11	99.76	31.9264	20.2672	2319.17	0.1046
209	娘拥水电站	9.30	3.74	2.66	98.63	16.33	9.93	3083.54	0.0024
210	硕中水电站	12.00	4.91	2.27	98.08	19.98	11.15	2931.35	0.0047
211	硕渠水电站	18.00	8.22	1.75	96.71	26.15	14.35	2753.55	0.0024
212	金康水电站	15.00	7.91	0.87	97.65	10.61	6.79	1973.06	0.0057
213	金元水电站（唐元）	10.80	5.15	0.95	94.04	6.52	4.98	2606.13	0.0008
214	金平水电站（铜陵）	8.10	3.26	0.97	97.69	3.85	3.06	3071.73	0.1265
215	天龙湖电厂	18.00	9.52	1.85	96.01	29.1	17.6	2147.15	0.038
216	金龙潭电厂	18.00	9.14	1.84	95.31	17.4	16.8	2147.15	0.038
217	沙阡水电站	5.00	1.725	14.8	95.7	40.487	25.63	497.54	0.2829
218	仙女堡水电站	7.60	3.49	3.97	97.54	26.8	13.86	1116.7	0.0015
219	毛滩水电站	10.50	4.25	21.05	90.22	171.58	89.48	405.87	0.30
220	贵州乌江渡发电厂	128	48.15	3.21	94.60	157.12	154.32	755.52	19.34
221	东风发电厂	69.50	31.04	3.24	95.68	101.11	100.66	963.93	7.58
222	万家口子水电站	18.00	4.77	3.15	95.96	14.88	14.37	1431.06	1.61
223	天生桥一级水电厂	120.00	30.423	3.59	91.21	115.722	108.489	769.01	66.435
224	洪家渡电站	60.00	10.80	3.11	94.12	44.41	33.59	1129.86	37.32
225	索风营电站	60.00	23.26	5.26	92.69	123.17	122.29	834.11	152.73

续表

水电厂名称		发电运行情况				水库运行情况			
		总装机容量（万kW）	年发电量（亿kW·h）	平均耗水率[m³/(kW·h)]	等效可用系数（%）	年入库总水量（亿m³）	发电用水量（亿m³）	年末水位（m）	年末库容（亿m³）
226	构皮滩水电站	300.00	111.97	2.14	92.23	246.48	239.69	625.01	50.32
227	思林水电站	105.00	49.20	5.66	92.99	285.59	278.35	438.14	11.34
228	沙沱水电站	112.00	54.29	5.86	94.13	331.43	318.18	363.66	7.33
229	窄巷口水电站	5.40	1.36	7.61	97.32	13.66	10.37	1088.16	0.09
230	红林水电站	13.50	3.59	3.01	96.28	13.53	10.81	1029.38	0.02
231	大花水电站	20.00	9.34	2.91	92.42	31.30	27.20	863.47	2.18
232	格里桥水电站	15.00	7.15	4.28	97.48	35.96	30.63	716.95	0.65
233	光照发电厂	104.00	26.06	2.72	95.03	68.74	70.81	740.01	28.85
234	普定发电公司	8.70	4.29	7.97	98.58	46.07	34.12	1137.96	2.31
235	引子渡水电站	36.00	11.88	3.96	94.73	49.11	47.03	1075.50	3.26
236	贵州鱼塘电站	7.50	3.38	7.80	94.76	49.16	26.39	458.48	0.69
237	董箐发电厂	88.00	33.67	3.35	96.95	108.85	112.76	487.83	8.36
238	天生桥水力发电总厂（二级）	132.00	50.04	2.15	93.25	108.70	108.72	641.28	0.0994
239	石垭子水电站	14.00	5.60	3.62	80.28	25.08	20.30	534.96	2.53
240	双河口水电站	12.00	5.36	5.21	94.17	43.28	27.95	579.99	1.83
241	冗各水电站	9.00	3.30	9.19	94.26	42.97	30.30	494.95	0.33
242	高生水电站	10.60	4.54	5.12	96.27	29.83	23.22	418.80	0.96
243	团坡水电站	8.00	3.06	3.30	98.66	18.93	10.11	804.82	0.01
244	黄花寨水电站	6.00	2.455	4.58	95	14.77	11.235	793.92	1.569
245	大田河水电站	10.00	4.22	1.32	94.3	5.9	5.57	779	0.0018
246	马马崖电站	55.80	15.88	5.48	98.73	88.01	87.07	583.51	1.25
247	善泥坡发电厂	18.55	7.06	4.13	95.82	35.02	29.13	883.19	0.72
248	毛家河水电站	18.00	5.05	2.97	96.40	16.29	14.97	1296.86	0.10
249	灰洞水电站	6.00	2.05	6.48	97.53	17.24	13.28	646.00	0.01
250	象鼻岭水电厂	24.00	3.54	4.16	91.50	14.88	14.72	1391.47	1.66
251	上尖坡水电站	6.00	2.54	4.65	99.48	23.77	11.83	669.90	0.14
252	金安桥水力发电厂	240.00	126.62	3.52	94.10	621.68	443.00	1415.52	7.96
253	大湾水电站	4.98	0.843	5.96	88.93	5.7273	5.0245	747.72	0.2418
254	观音岩水电站	300.00	142.64	3.73	93.56	648.95	531.86	1128.61	18.33
255	阿海水电站	200.00	97.6481	4.90	96.72	621.18	477.95	1498.97	1.32
256	鲁地拉水电站	216.00	103.063	4.91	93.44	644.13	506.35	1212.67	15.63
257	梨园水电站	240.00	114.631	3.68	95.88	540.47	422.13	1611.94	6.43
258	漫湾水电厂	167.00	75.51	4.66	93.90	351.93	351.72	992.27	3.34
259	景洪水电厂	175.00	62.05	6.60	90.59	410.20	409.78	601.28	8.48
260	小湾水电厂	420.00	186.08	1.84	96.50	381.50	342.01	1232.48	131.89

续表

水电厂名称		发电运行情况				水库运行情况			
		总装机容量（万 kW）	年发电量（亿 kW·h）	平均耗水率[m^3/(kW·h)]	等效可用系数（%）	年入库总水量（亿 m^3）	发电用水量（亿 m^3）	年末水位（m）	年末库容（亿 m^3）
261	糯扎渡水电厂	585.00	182.55	2.19	95.40	457.36	399.56	806.74	201.76
262	功果桥水电厂	90.00	41.86	7.06	94.66	345.19	295.35	1304.54	2.85
263	苗尾水电厂	140.00	68.71	4.04	95.55	339.05	277.37	1402.95	6.0
264	龙开口水电厂	180.00	87.94	5.86	95.83	640.78	515.45	1293.04	4.35
265	乌弄龙水电站	99.00	47.85	4.84	95.41	292.23	231.69	1904.98	2.57
266	里底水电站	42.00	20.10	12.41	93.35	301.18	249.54	1816.71	0.66
267	黄登水电站	190.0	92.74	2.83	96.04	327.04	262.15	1605.40	11.54
268	大华桥水电站	92.00	45.44	6.06	96.43	334.14	275.15	1475.98	2.53
269	徐村水电厂	8.58	2.74	8.20	96.65	26.56	22.48	1304.78	0.66
270	普西桥水电站	19.00	5.32	3.51	94.10	20.89	18.68	708.52	5.31
271	大盈江水电站	11.60	5.64	2.72	91.86	27.03	15.31	787.70	0.01
272	大寨水力发电厂	6.00	2.04	2.37	93.58	6.01	4.84	1481.19	0.00
273	螺丝湾水电站	6.00	2.76	2.38	98.30	7.67	6.56	2257.08	0.01
274	鲁布革水力发电厂	60.00	20.59	1.28	92.02	32.21	26.81	1125.00	0.6803
275	以礼河发电厂	32.15	8.0234	0.34	97.44	3.12	2.74	2207.52	1.57
276	崖羊山水电站	12.00	3.09	6.36	95.57	24.76	19.68	818.95	1.08
277	渝浩水电站	13.5	5.123	8.53	97.92	83.542	43.699	351.41	0.7719
278	石门坎水电站	13.00	3.75	5.32	96.05	25.92	19.94	748.81	1.57
279	龙马水电站	28.50	8.73	3.58	96.09	41.80	31.23	628.14	4.20
280	居甫渡水电站	28.50	9.53	6.93	92.45	79.32	66.08	518.77	1.49
281	戈兰滩水电站	45.00	15.22	4.94	96.41	92.80	75.24	451.68	3.48
282	土卡河水电站	16.50	5.03	16.65	95.34	99.96	83.81	365.55	0.58
283	吉沙水电站	12.00	5.16	0.77	98.25	4.07	3.99	3130.65	0.03
284	冲江河水电站	7.03	3.00	2.04	96.65	7.22	6.12	2467.72	0.00
285	那兰水电站	15.00	5.87	4.41	96.30	35.32	25.88	414	1.22
286	马鹿塘水电站	30.00	6.01	1.26	96.55	16.47	7.56	623.4	4.48
287	勐野江水电站	6.80	2.21	3.29	93.42	12.52	7.28	754.84	0.22
288	岗曲河一级水电站	6.00	1.994	3.32	92.34	9.2074	6.6294	2576.8	0.049
289	泗南江水电站	20.10	7.16	1.29	95.50	11.77	9.02	870.03	0.76
290	庙林水电站	7.15	2.98	4.39	88.86	16.33	13.28	813.70	0.09
291	天花板水电站	18.00	4.23	4.21	95.40	23.84	18.10	1068.30	0.60
292	小岩头水电站	12.99	2.63	5.80	92.24	17.18	15.24	1280.50	0.004
293	柴石滩水电站	6.00	0.67	7.33	93.1	5.04	4.9048	1637.46	3.11
294	赛珠水电站	10.20	2.48	0.59	95.77	2.30	1.47	1814.68	0.012
295	普渡河六级水电站	9.60	3.65	4.93	94.83	23.14	17.98	1089.35	0.09
296	铅厂水电站	11.40	4.65	3.09	92.63	17.69	14.35	1226.68	0.19
297	甲岩水电站	24.00	7.09	2.69	75.92	23.99	19.11	972.48	0.89
298	石泉水力发电厂	24.00	8.28	9.9	97.38	99.76	81.81	408.76	2.47
299	喜河水力发电厂	18.00	6.15	14.01	97.34	100.72	86.18	362.17	1.69

续表

	水电厂名称	发电运行情况				水库运行情况			
		总装机容量（万 kW）	年发电量（亿 kW·h）	平均耗水率［m^3/(kW·h)］	等效可用系数（%）	年入库总水量（亿 m^3）	发电用水量（亿 m^3）	年末水位（m）	年末库容（亿 m^3）
300	蜀河水力发电厂	27.00	10.49	18.48	98.47	204.4	193.8	217.17	1.75
301	碧口水力发电厂	33.00	16.409	5.051	90.17	127.370	82.872	698.99	0.919
302	苗家坝水电站	27.00	12.868	4.279	98.38	70.078	55.068	799.44	2.643
303	麒麟寺水电站	11.10	4.766	18.634	97.72	133.936	92.404	610.53	0.187
304	青铜峡水电厂	32.70	16.48	21.67	94.87	423.51	357.15	1156.02	0.39
305	班多水电厂	36.00	17.3236	10.73	86.56	308.601	185.89	2759.42	0.08
306	龙羊峡水电厂	128.00	91.82	2.85	92.26	332.89	261.54	2599.97	236.40
307	拉西瓦水电厂	350.00	143.06	1.86	83.20	336.47	283.45	2450.21	9.88
308	李家峡水电厂	160.00	75.59	3.24	83.65	328.29	271.96	2179.14	16.38
309	公伯峡水电厂	150.00	66.65	3.87	94.67	340.65	286.87	2004.09	5.32
310	苏只水电厂	22.50	12.11	23.18	87.73	331.92	280.59	1896.98	0.37
311	积石峡水电站	102.00	50.31	5.90	94.12	342.03	296.77	1854.97	2.20
312	刘家峡水电厂	166.00	91.49	4.01	98.29	424.4	383.96	1727.44	30.282
313	盐锅峡水电厂	50.96	29.24	10.85	93.89	418.10	317.19	1618.75	0.46
314	八盘峡水电厂	22.00	11.68	28.94	91.62	458.54	337.95	1577.99	0.29
315	直岗拉卡水电公司	19.00	9.689	30.17	94.82	326.80	292.34	2049.9	0.154
316	纳子峡水电站	8.70	3.96	3.66	95.45	15.38	14.50	3198.79	6.37
317	金沙峡水电站	7.00	3.14	5.92	83.19	25.09	18.60	2165.77	0.02
318	达拉河水电站	5.25	3.05	2.06	96.45	14.71	6.29	2264.68	0.17
319	代古寺水电站	8.70	4.29	5.16	100.00	26.43	22.16	1708.00	0.11
320	凉风壳水电站	5.25	2.72	8.32	96.35	28.02	22.68	1468.80	0.01
321	沙尔布拉克水电站	5.00	1.3167	9.18	100.00	12.97	12.10	799.50	0.75
322	和田水电厂	7.50	2.1722	5.44	100.00	21.47	11.81	1773.80	0.09
323	库什塔依水电站	10.00	3.20	5.99	100.00	22.12	19.60	1293.23	1.01
234	塔日勒嘎水电站	5.00	1.6987	8.45	98.85	15.30	14.36	2250	0.4180
325	萨里克特水电站	8.00	2.42	5.43	97.17	13.12	13.12	1908.39	0.00
326	温泉水电站	18.00	6.45	5.05	97.22	32.65	32.62	954.30	2.07
327	塔勒德萨依水电站	8.00	1.88	7.08	96.99	13.30	13.30	1774.52	0.00
328	察汗乌苏水电站	33.00	10.97	2.93	91.35	30.47	32.15	1640.18	1.25
329	吉林台一级水电站	50.00	8.59	3.59	94.47	28.61	30.85	1387.59	25.30
330	尼勒克水电站	24.00	11.68	2.29	96.04	26.75	26.75	1223.73	0.00
331	柳树沟水电站	18.00	7.21	4.83	96.45	34.81	34.79	1494.09	0.77
332	小石峡水电站	13.75	4.04	9.12	95.83	43.66	36.83	1479.98	0.69
333	亚曼苏水电厂	24.4	1.6034	2.0043	34.49	16.6640	3.2136	—	0.0005
334	多布水电站	12.00	4.51	21.68	91.90	170.38	97.70	3075.84	0.85
335	藏木水电厂	51.00	22.208	7.58	97.64	350.06	168.2312	3308.03	0.866
336	加查水电厂	36.00	4.6381	10.69	99.7	350.06	49.5813	3243.7	0.266

（各发电公司、各水电厂提供资料）

2020年全国电力统计基本数据一览表

项目	单位	2020年	2019年	比上年增长（±、%）
一、发电量	亿kW·h	76264	73269	4.09
水电	亿kW·h	13553	13021	4.09
其中：抽水蓄能	亿kW·h	335	319	4.99
火电	亿kW·h	51770	50465	2.59
其中：燃煤	亿kW·h	46296	45538	1.66
燃气	亿kW·h	2525	2325	8.61
燃油	亿kW·h	12	13	−5.08
其中：生物质发电	亿kW·h	1355	1126	20.35
核电	亿kW·h	3662	3487	5.03
风电	亿kW·h	4665	4053	15.08
太阳能发电	亿kW·h	2611	2240	16.56
其他	亿kW·h	3	2	12.40
非化石能源发电量	亿kW·h	25850	23930	8.02
二、全社会用电量	亿kW·h	75214	72852	3.24
A. 全行业用电合计	亿kW·h	64268	62607	2.65
第一产业	亿kW·h	859	779	10.15
第二产业	亿kW·h	51318	49963	2.71
其中：工业	亿kW·h	50398	49073	2.70
第三产业	亿kW·h	12091	11865	1.91
B. 城乡居民生活用电合计	亿kW·h	10946	10245	6.84
城镇居民	亿kW·h	6157	5835	5.52
乡村居民	亿kW·h	4789	4410	8.60
三、发电装机容量	万kW	220204	201006	9.55
水电	万kW	37028	35804	3.42
其中：抽水蓄能	万kW	3149	3029	3.96
火电	万kW	124624	118957	4.76
其中：燃煤	万kW	107912	104063	3.70
燃气	万kW	9972	9024	10.51
燃油	万kW	147	175	−15.99
其中：生物质发电	万kW	2987	2361	26.51
核电	万kW	4989	4874	2.36
风电	万kW	28165	20915	34.66
太阳能发电	万kW	25356	20429	24.12
其他	万kW	41	26	58.02
非化石能源发电装机容量	万kW	98567	84410	16.77
四、35kV及以上输电线路回路长度	km	2156170	1975312	9.16
1. 交流	km	2109846	1932947	9.15
其中：1000kV	km	13361	10872	22.89

续表

项目	单位	2020年	2019年	比上年增长（±、%）
750kV	km	25046	23256	7.70
500kV	km	203058	195636	3.79
330kV	km	36597	32314	13.25
220kV	km	488543	454585	7.47
110kV	km	752563	684406	9.96
35kV	km	590678	531880	11.05
2. 直流	km	46324	42364	9.35
其中：±1100kV	km	3295	3295	
±800kV	km	24980	21907	14.03
±660kV	km	1334	1334	
±500kV	km	14783	13733	7.64
±400kV	km	1639	1639	
五、35kV及以上变电设备容量	万kV·A	812893	747833	8.70
1. 交流	万kV·A	766565	708718	8.16
其中：1000kV	万kV·A	18000	15300	17.65
750kV	万kV·A	19785	18515	6.86
500kV	万kV·A	155163	145905	6.35
330kV	万kV·A	15771	14062	12.16
220kV	万kV·A	243736	226101	7.80
110kV	万kV·A	250286	235077	6.47
35kV	万kV·A	63823	53757	18.72
2. 直流	万kV·A	46328	37706	22.87
其中：±1100kV	万kV·A	2867	2867	
±800kV	万kV·A	27690	22317	24.07
±660kV	万kV·A	947	947	
±500kV	万kV·A	12738	10945	16.38
±400kV	万kV·A	1245	1245	
六、新增发电装机容量	万kW	19144	10500	82.31
水电	万kW	1313	445	195.22
其中：抽水蓄能	万kW	120	30	300.00
火电	万kW	5660	4423	27.9
其中：燃煤	万kW	4030	3236	24.52
燃气	万kW	824	630	30.72
其中：常规燃气	万kW	811	629	28.89
煤层气发电	万kW	12		
燃油	万kW			
其他	万kW	805	557	44.73
其中：余温、余气、余压	万kW	283	166	70.89
垃圾焚烧发电	万kW	300	273	9.91
秸秆、蔗渣、林木质发电	万kW	222	118	88.76
核电	万kW	112	409	−72.64

续表

项目	单位	2020 年	2019 年	比上年增长（±、%）
风电	万 kW	7211	2572	180.40
太阳能发电	万 kW	4820	2652	81.76
其他	万 kW	28		
七、火电机组退役和关停容量	万 kW	1469	1024	43.44
八、年底主要发电企业电源项目在建规模	万 kW	16137	18192	－11.29
水电	万 kW	8186	8462	－3.27
火电	万 kW	3883	5409	－28.22
核电	万 kW	1547	1420	9.00
风电	万 kW	1996	2736	－27.04
九、新增直流输电线路长度及换流容量				
1. 线路长度	km	4444		
其中：±1100kV	km			
±800kV	km	3389		
±660kV	km			
±500kV	km	1055		
±400kV	km			
2. 换流容量	万 kW	5200	2200	136.36
其中：±1100kV	万 kW		1200	
±800kV	万 kW	4000		
±660kV	万 kW			
±500kV	万 kW	1200		
±400kV	万 kW		1000	
十、新增交流 110kV 及以上输电线路长度及变电设备容量				
1. 线路长度	km	57237	57935	－1.20
其中：1000kV	km	1736	2100	－17.35
750kV	km	1090	4406	－75.26
500kV	km	7424	5595	32.70
330kV	km	1566	3989	－60.73
220kV	km	18768	19822	－5.32
110kV（含 66kV）	km	26653	22023	21.02
2. 变电设备容量	万 kV·A	31292	31915	－1.95
其中：1000kV	万 kV·A	1800	1500	20.00
750kV	万 kV·A	1860	3245	－42.68
500kV	万 kV·A	8255	8645	－4.51
330kV	万 kV·A	1098	1263	－13.06
220kV	万 kV·A	9275	9161	1.24
110kV（含 66kV）	万 kV·A	9004	8100	11.15
十一、本年完成电力投资	亿元	10189	9097	12.00
1. 电源投资	亿元	5292	4085	29.5
水电	亿元	1067	905	17.90
火电	亿元	568	780	－27.26
核电	亿元	379	463	－18.0
风电	亿元	2653	1552	70.96

续表

项目	单位	2020 年	2019 年	比上年增长（±、%）
太阳能发电	亿元	625	385	62.18
其他	亿元			
2. 电网投资	亿元	4896	5012	−2.30
送变电	亿元	4721	4779	−1.23
其中：直流	亿元	532	249	113.36
交流	亿元	4188	4530	−7.54
其他	亿元	176	232	−24.29
十二、单机 6000kW 及以上机组平均单机容量				
水电：单机容量	万 kW /台	6.23	6.04	0.19
机组台数	台	5158	5099	1.16
机组容量	万 kW	32137	30788	4.38
火电：单机容量	万 kW /台	13.55	13.37	0.18
机组台数	台	8776	8430	4.10
机组容量	万 kW	118890	112722	5.47
十三、6000kW 及以上电厂供热量	万 GJ	519422	492492	5.47
十四、6000kW 及以上电厂发电标准煤耗	g/(kW·h)	287.2	288.8	−1.55
十五、6000kW 及以上电厂供电标准煤耗	g/(kW·h)	304.9	306.4	−1.50
十六、6000kW 及以上电厂厂用电率	%	4.65	4.67	−0.02
水电	%	0.25	0.24	0.00
火电	%	5.98	6.01	−0.03
十七、6000kW 及以上电厂发电设备利用小时	h	3756	3828	−72h
水电	h	3825	3697	128h
其中：抽水蓄能	h	1094	1053	40h
火电	h	4211	4307	−97h
核电	h	7450	7394	56h
风电	h	2078	2083	−5h
太阳能发电	h	1281	1291	−10h
十八、6000kW 及以上电厂燃料消耗				
发电消耗标煤量	万 t	139561	132007	5.72
发电消耗原煤量	万 t	208088	199443	4.33
供热消耗标煤量	万 t	22678	19463	16.52
供热消耗原煤量	万 t	29710	29227	1.65
十九、供、售电量及线损				
供电量	亿 kW·h	65232	62835	3.81
售电量	亿 kW·h	61581	59111	4.18
线损电量	亿 kW·h	3651	3724	−1.97
线路损失率	%	5.60	5.93	−0.33
二十、发用电设备比				
发电装机容量：用电设备容量		1∶4.32	1∶4.08	
二十一、电力弹性系数				
电力生产弹性系数		1.78	0.78	
电力消费弹性系数		1.41	0.73	

注：电源投资完成额口径为全国主要发电企业。

（中国电力企业联合会）

2020 年全国水电 40MW 及以上容量机组运行可靠性综合指标

机组分类	机组容量（MW）	台数	台年数	平均容量（MW/台）	利用小时 UTH	可用小时		不可用小时及次数						降低出力等效停运小时（h）	等效可用系数 EAF（%）	等效强迫停运率 EFOR（%）
						运行 SH	备用 RH	计划停运		非计划停运		强迫停运				
								次数	小时数(h)	次数	小时数(h)	次数	小时数(h)			
抽水蓄能机组	全部	113	113	257.65	2464.35	2918.76	5000.96	6.91	850.34	0.96	13.93	0.81	4.50	0	90.16	0.15
	40～99	11	11	63.55	3006.94	4945.44	3153.51	6.18	669.50	0.64	15.55	0.55	10.45	0	92.20	0.21
	100～199	6	6	150	2185.33	2085.05	5724.51	8.33	971.24	0.17	3.20	0.17	3.20	0	88.91	0.15
	200～299	29	29	237.93	2240.73	2511.65	5332.54	6.10	937.37	0.38	2.44	0.38	2.44	0	89.30	0.10
	300 及以上	67	67	307.70	2532.98	3022.70	4921.04	7.25	822.07	1.33	18.19	1.09	5.04	0	90.43	0.17
水电轴流机组	全部	154	152.21	104.69	4594.11	5910.64	2251.25	1.34	620.74	0.15	1.37	0.06	0.61	0	92.92	0.01
	40～99	72	72	59.39	4045.74	5043.39	3047.54	1.49	690.36	0.25	2.71	0.07	0.67	0	92.11	0.01
	100～199	75	73.69	137.99	4982.94	6421.96	1763.2	1.13	598.14	0.05	0.70	0.04	0.38	0	93.18	0.01
	200～299	7	6.52	214	3421.17	4821.89	3388.17	2.15	571.79	0.15	2.15	0.15	2.15	0	93.47	0.04
水电混流机组	全部	786	780.54	234.59	4378.73	5453.13	2799.60	1.17	529.29	0.08	1.98	0.05	1.58	4.31	93.90	0.03
	40～99	326	324.01	60.51	3770.23	4980.33	3319.92	1.16	476.82	0.06	6.92	0.03	4.81	40.13	94.04	0.10
	100～199	133	132.78	136.20	3624.88	4669.91	3656.34	1.05	455.99	0.13	1.76	0.05	0.99	0	94.79	0.02
	200～299	101	100.08	232.87	4109.15	5085.79	3240.97	1.28	454.92	0.07	2.32	0.06	2.28	0	94.79	0.04
	300 及以上	226	223.67	544.37	4640.41	5716.03	2503.94	1.22	562.88	0.08	1.15	0.05	1.01	0	93.58	0.02
全部机组		1053	1045.75	218.07	4148.94	5160.91	3042.92	1.82	576.7	0.18	3.47	0.13	1.88	3.46	93.36	0.04

（中国电力企业联合会）

中國水力發電年鑒

17

大 事 记

2020年大事记

一月

1月7日　由中国华能集团公司与中国水力发电工程学会联合主办的2020年中国水电发展论坛暨水力发电科学技术奖颁奖典礼在北京召开。来自全国水利水电行业100多家单位300余名新老水利水电工作者代表出席会议。2019年“水力发电科学技术奖”共评出获奖成果39项（一等奖10项、二等奖12项、三等奖17项），评选出首届“水电英才奖”获奖者10名、2019年度“《水力发电学报》优秀论文奖”获奖文章10篇。

1月7～11日　可再生能源发电工程质量监督站专家组对沙坪二级水电站工程进行了竣工阶段枢纽工程专项验收质量监督检查。专家组重点检查了工程现场，进行了座谈交流，抽查了部分工程档案和资料。专家组认为，沙坪二级水电站枢纽工程已按批准的设计规模、设计标准全部完成，初期运行中发现的质量缺陷已基本处理完成，工程质量满足枢纽工程专项验收要求。

1月8日　由中国长江三峡集团有限公司和河海大学共同组建的中国三峡—河海大学水资源高效利用联合实验室在北京揭牌。该联合实验室成立后，合作各方将在水资源高效利用、水资源保护、水资源管理、水利水电工程调度等方面联合开展技术研发与深化研究，为三峡集团的大型水电工程运行、科学调度、运营效益、生态保护等业务，提供国际一流的水资源高效利用关键技术服务，解决长江大保护领域的重大水资源有关问题，大力促进科技成果转化，服务长江经济带发展。

1月9日　全国水利工作会议在北京召开，会议总结2019年水利工作，分析当前水利改革发展形势，部署2020年重点任务。水利部部长鄂竟平作题为《坚定不移践行水利改革发展总基调 加快推进水利治理体系和治理能力现代化》的工作报告。报告指出：2019年完成中小河流治理7000多公里，对77座大中型病险水库、3511座小型水库实施除险加固。实施农村水电增效扩容改造，累计完成1067条河流、1900多个生态改造项目，修复减水脱水河段2500公里，创建173座绿色小水电示范电站。

1月9～10日　国家能源投资集团有限责任公司一届三次职工代表大会暨2020年工作会议在北京召开。会议总结2019年工作，分析面临的形势，明确2020年目标任务。公司总经理刘国跃作题为《坚持新发展理念，推动高质量发展，加快建设世界一流示范企业》的工作报告，2019年国家能源集团资产总额17503亿元，全年营业收入5561亿元，同比增长2.5%，利润总额781亿元，利润总额同比增长6.3%，发电量9690亿kW·h。

1月10日　国家电网有限公司第三届职工代表大会第五次会议暨2020年工作会议在北京召开。会议总结2019年工作，分析形势，明确2020年任务，公司董事长、党组书记寇伟作了题为《锐意改革　创新奋力　攻坚克难　全面推进世界一流能源互联网企业建设》的工作报告。2019年国家电网有限公司资产总额4.1万亿元，售电量4.45万亿kW·h，实现利润770亿元，经济增加值47亿元，境外资产650亿美元。

1月10日　国家科学技术奖励大会召开。习近平、李克强等党和国家领导人出席大会并为获奖代表颁奖。长江三峡枢纽工程荣获国家科技进步特等奖，“重大工程滑坡动态评价、监测预警与治理关键技术”荣获国家科技进步二等奖。

1月11日　±800kV宜宾—金华直流输电工程累计外送清洁电量突破2000亿kW·h，达到2000.0619亿kW·h，相当于华东地区减少煤炭运输8000万t，减排烟量5440万t、二氧化碳19940万t、二氧化硫600万t、氮氧化物300万t。该工程西起四川宜宾换流站，经贵州、湖南、江西，东至浙江金华换流站，全长1653km，是我国第一条实现双极四换流器800万kW额定功率运行、840万kW过负荷运行试验的特高压直流输电工程。

1月11～12日　中国华能集团有限公司二届一次职工代表大会暨2020年工作会议在北京召开。会议总结2019年工作，分析形势，明确思路，部署2020年重点任务。公司董事长舒印彪代表公司党组作题为《坚决扛起新时代赋予的责任与使命　加快建设“三色三强三优”世界一流能源企业》的工作报告。2019年中国华能集团有限公司完成发电量（国内）7136亿kW·h，同比增长1.56%，营业收入同比增长8.7%。

1月14日　中国南方电网有限责任公司第三届职工代表大会第三次会议暨2020年工作会议召开。会议总结工作，分析形势，明确任务。2019年，中国南方电网有限责任公司资产总额9337亿元，营业收入5663亿元，售电量10518亿kW·h，同比增长8.4%，利税总额409亿元。

1月14日　中国电力建设集团有限公司2020年工作会议在北京召开。会议总结2019年工作，部署2020年重点任务，公司总经理孙洪水作题为《创新驱动促转型　精益管理提质效　确保高质量完成公司全年各项目标任务》的工作报告。2019 年中国电力建设集团有限公司全年完成营业收入 4654.30 亿元，同比增长 14.93%，实现利润总额 157.94 亿元，同比增长 14.54%。

1 月 15～16 日 中国大唐集团有限公司 2020 年工作会议在北京召开。会议总结 2019 年工作，分析面临的形势和任务，研究部署 2020 年重点工作。公司董事长陈飞虎作工作报告，2019 年中国大唐集团有限公司资产总额 7585 亿元，完成发电量 5454 亿 kW·h，实现营业收入 1897.33 亿元；实现利润总额 120.63 亿元，同比增利 24.65 亿元；实现净利润 73.71 亿元，同比增利 13.64 亿元 。

1 月 16～17 日 中国华电集团有限公司 2020 年工作会议在北京召开。会议总结工作，分析形势，部署任务。公司董事长温枢刚作题为《贯彻新发展理念 加快创一流步伐 为决胜全面建成小康社会贡献华电力量》的讲话。2019 年中国华电集团有限公司全年实现销售收入 2347 亿元，同比增长 9.4%；利润总额同比增长 37.1%；净利润同比增长 12.4%，完成实发电量 5786 亿 kW·h，同比增长 4.09%。

1 月 17 日 中国长江三峡集团有限公司 2020 年工作会议暨三届二次职代会在三峡坝区召开。会议回顾 2019 年工作，分析研判形势，交流总结经验，部署 2020 年工作。公司总经理王琳作题为《充分发挥“六大作用” 奋力实施“两翼齐飞” 为全面建成小康社会贡献三峡力量》的工作报告。2019 年中国长江三峡集团有限公司资产总额 8378 亿元，可控装机规模达 7496 万 kW，其中，清洁能源装机占 93.8%，可控投产水电装机占全国投产水电装机的 13.9%，可控、权益和在建总装机规模达 1.31 亿 kW。

1 月 19 日 国家电力投资集团有限公司一届二次职代会暨 2020 年工作会议在北京召开。会议总结 2019 年工作，分析形势，部署 2020 年工作任务。公司总经理江毅作题为《坚持新发展理念 推动高质量发展 为建设世界一流清洁能源企业而努力奋斗》的工作报告。2019 年国家电力投资集团有限公司资产总额 1.18 万亿元，营业收入 2725 亿元，同比增长 20.4%，利润总额 162 亿元，同比增长 49.2%。

1 月 19 日 中国能建葛洲坝集团（股份）有限公司四届三次职代会暨 2020 年工作会在宜昌举行。会议全面总结 2019 年工作，准确研判形势，科学部署 2020 年工作。公司董事长陈晓华作题为《担当作为 强化落实 为实现公司高质量可持续发展而努力奋斗》的工作报告。2019 年中国能建葛洲坝集团（股份）有限公司总资产总额 2344 亿元，全年营业收入 1099 亿元，利润总额 87 亿元。

二月

2 月 4 日 由中国能建葛洲坝集团（股份）有限公司承建的埃塞俄比亚 GD－3 水电站首台机组并网发电。该水电站位于埃塞俄比亚首都亚的斯南部稍偏东约 400km，电站正常蓄水位高程 1120m，装机容量 25.4 万 kW，由 3 台 8.47 万 kW 的立轴混流式水轮发电机组组成。

2 月 18 日 山西垣曲抽水蓄能电站项目开工动员视频会召开。该抽水蓄能电站工程是国家可再生能源和水电发展“十三五”规划重点工程。工程总投资 79.6 亿元，装机容量 120 万 kW，计划 2028 年全部投产。项目建成后可显著提高山西电网、华北电网运行经济性、安全性和稳定性，促进新能源消纳，具备良好的经济效益、社会效益和环境效益。

2 月 25 日 由中国能建葛洲坝集团机电公司承担机电设备成套和安装任务的老挝会兰庞雅下游水电站 2 号机组转子成功吊装。该水电站位于老挝色空河支流会兰庞雅河上，安装 2 台混流式水轮机组，总装机容量为 1.5 万 kW。电站首台（1 号）机组已于 2019 年 12 月底完成转子吊装，目前正处于总装阶段。

2 月 28 日 西藏湘河水利枢纽及配套灌区工程实现大江截流。湘河工程是国务院确定的 172 项节水供水重大水利工程之一，工程位于西藏自治区日喀则市，雅鲁藏布江一级支流湘河南木林县城上游。工程以灌溉、供水、改善自然保护区生态环境为主，兼顾发电。总库容 11560 万 m^3，设计灌溉面积 12.49 万亩，电站装机容量 4 万 kW。工程计划 2022 年底完工。

三月

3 月 5～6 日 水电水利规划设计总院在北京通过视频方式组织召开了巴基斯坦乌子高水电站可行性研究报告评审会议。乌子高（TURTANAS-UZGHOR）水电站位于巴基斯坦开伯尔—普赫图赫瓦（KPK）省吉德拉尔（Chitral）地区的 Golen Gol 河上。采用引水式开发，安装 2 台冲击式水轮发电机组，装机容量 8.225 万 kW，多年平均发电量 38233 万 kW·h。电站工程主要由首部枢纽（壅水堰、冲沙闸、鱼道）、右岸引水系统（进水口、引水渠、沉沙池、引水隧洞）及地面厂房等建筑物组成，引水隧洞长约 4.8km。

3 月 11 日 水电水利规划设计总院主持召开了金沙江白鹤滩水电站下闸蓄水规划专题报告预评审会议。会议认为，白鹤滩水电站工程建设总体进展顺利，受疫情影响有限，枢纽工程建设形象面貌可满足报告提出的工程下闸蓄水各规划方案要求，但移民安置进度受疫情影响具有不确定性。会议对下阶段各方面需开展工作及报告修改完善提出意见和建议。

3月16日 中国长江三峡集团乌东德增殖放流站2020年首批鲈鲤人工繁殖取得成功。鲈鲤俗称花鱼，主要分布于金沙江、西江、南盘江等水系，是乌东德增殖放流站保护鱼类之一。此次繁殖的鲈鲤全部是站内自主养殖成熟的亲鱼，这是放流站连续第二年实现鲈鲤人工繁殖成功，为长江上游、金沙江流域珍稀特有鱼类增殖放流和资源保护奠定基础。

3月26日 2020年农村水利水电工作视频会召开。会议总结2019年工作，分析当前形势和任务，部署2020年农村水利水电工作。水利部副部长田学斌出席会议并讲话。田学斌指出，过去一年，农村水利水电领域积极落实"水利工程补短板、水利行业强监管"总基调，农村水电绿色发展和农村水电管理等方面圆满完成年度目标任务。

3月27日 三峡集团讯，截至3月26日8时，三峡水库去冬今春已累计向下游补水达100亿m^3，较上年同期多补水约5成，3月上、中旬三峡水库平均出库流量分别为8730m^3/s和9450m^3/s，分别较上年同期多增加出库1310m^3/s和1650m^3/s，有效缓解了沿江各地春耕以及工业生产生活用水紧张局面，有效提高了长江中下游各取水灌溉站引水量。

3月31日 大藤峡工程试通航取得成功，船闸开始运行。大藤峡水利枢纽工程是国家172项节水供水重大水利工程的标志性工程和珠江流域关键控制性工程，可将航道等级全部提升至Ⅱ级以上，通航吨级提升至内河航运最高等级3000t级，年货运量提升至5200万t，是沟通我国西南和华南的黄金水道。工程开发任务为防洪、航运、发电、水资源配置、灌溉等综合利用，工程总投资357.36亿元。

四月

4月1日 黄河大峡水电站机组增容改造项目2号水轮发电机转轮顺利吊入转轮室并安装调整就位，标志着机组已全面进入到设备回装阶段。该水电站始建于1991年，1998年4台机组全部投运正式并网发电，电站总装机容量为30万kW，增容改造后，2号机组转轮重约148t，水轮发电机组的额定出力将原来7.5万kW增容改造至9万kW。

4月3日 水利部以水保〔2020〕54号文发布《水利部关于公布2019年度生产建设项目国家水土保持生态文明工程名单的通知》，共有9个工程项目获此殊荣。其中，水利水电工程占据4项，分别为杭州市闲林水库、金沙江溪洛渡水电站、金沙江向家坝水电站和浙江仙居抽水蓄能电站。国家水土保持生态文明工程奖是我国水土保持领域的最高奖项。

4月14日 全球首台紧凑型、超小转弯半径硬岩全断面隧道掘进机（TBM）"文登号"顺利完成山东文登抽水蓄能电站工程高压引水上层排水廊道试验段的掘进。"文登号"长约37m，大小只有常规TBM的80%左右，开挖直径可达3.53m，转弯半径为30m，是常规TBM的1/10，最大程度提高了灵活性、机动性。整台设备在掘进中可以进行60°左右的转弯操作，掘进速度是人工钻爆的4～5倍。

4月16日 宁海抽水蓄能电站地下厂房开挖成功首爆，标志着电站主体工程正式开工。浙江宁海抽水蓄能电站为一等大（1）型工程，装机容量140万kW，安装4台35万kW可逆式水泵水轮发电机组；枢纽建筑物由上水库、输水系统、地下厂房系统、地面开关站及下水库等建筑物组成。上、下水库大坝采用混凝土面板堆石坝，最大坝高分别为63.6m和96.1m。工程建成后，主要承担浙江电网的调峰、填谷、调频、调相及事故备用等任务，以500kV电压接入浙江电网。

4月18～19日 中国水利水电建设工程咨询有限公司在湖南长沙主持召开了安化抽水蓄能电站可行性研究阶段枢纽布置格局专题报告咨询会议。咨询认为，报告推荐在芙蓉山顶芙蓉村花屋里盆地出口筑坝形成上水库，在距上水库西北侧约3.5km的龙丰村天然谷地出口筑坝形成下水库，在上、下水库之间九龙溪沟右岸山体内布置地下输水发电系统、厂房采用中部开发方式的枢纽总体布置格局是合适的。该抽水蓄能电站位于湖南省安化县仙溪镇境内，电站初选装机容量120万kW，枢纽工程主要包括上水库、下水库、输水系统、地下厂房等建筑物。

4月22日 新安江水电站迎来投产发电60周年。该水电站主体工程于1957年4月1日开工，首台机组于1960年4月22日投产发电。电站安装9台机组，总装机容量原为66.25万kW。2005年，电站完成增容改造，总装机容量增至85万kW。电站集发电、防洪、供水、生态、抗咸顶潮等多项重大功能，60年来，累计发电985亿kW·h，拦蓄10000m^3/s以上的洪峰30余次，为钱塘江流域的安全度汛发挥着重要作用。

4月26日 山东文登抽水蓄能电站下水库大坝坝基开始填筑，标志着下水库大坝全面进入坝体填筑施工阶段。该抽水蓄能电站位于山东省胶东地区文登区界石镇境内，是山东省装机规模最大的抽水蓄能电站。电站总装机容量180万kW，项目建成后，将对山东省电网调峰调频、安全稳定运行以及风电、核电等新能源发展具有重要意义。该抽水蓄能电站大坝为面板堆石坝，最大坝高51m，坝顶高程141m，坝顶轴线长度425m，大坝填筑量120.43万m^3。

4月28～29日 中国水利水电建设工程咨询有限公司在大连市主持召开了庄河抽水蓄能电站可行性研究阶段枢纽布置格局专题报告咨询会议。咨询认为，报告推荐在蒲东沟沟首部位筑坝、扩挖形成上水库，在宫屯村附近左岸支流崔店河汇口上游的蛤蜊河上筑坝形成下水库，在蒲东沟与蛤蜊河之间的三羊沟东北侧山体内布置地下输水发电系统、厂房采用尾部开发方式的枢纽总体布置格局是基本合适的。该抽水蓄能电站位于辽宁省庄河市境内，电站初选装机容量100万kW，枢纽工程主要包括上水库、下水库、输水系统、地下厂房和地面开关站等建筑物。

4月30日 新疆和田玉龙喀什水利枢纽工程正式开工。该工程位于新疆和田县喀什塔什乡辖区内，工程以生态输水、灌溉补水为主，结合防洪，兼顾发电等综合利用，是国务院确定的172项节水供水重大水利工程项目之一。工程最大坝高为230.5m，水库总库容5.36亿m^3，电站装机容量20万kW。项目总投资78.79亿元，项目建设期8年，运营期40年。该工程由中国能建葛洲坝集团（股份）有限公司投资建设。

五月

5月8日 由中国电力建设集团有限公司总承包的布隆迪胡济巴济水电站提前20天实现二期截流。胡济巴济水电站是目前中国援助布隆迪最大的工程项目，位于首都布琼布拉以南43km，采用径流引水式开发，装机容量1.5万kW，工程包括重力坝、引水渠、厂房、尾水渠、升压变电站和输变电线，建设总工期42个月。

5月12日 水利部水利水电规划设计总院组织召开《三峡（正常运行期）—葛洲坝水利枢纽梯级调度规程》（2019年修订版）复审会。会议以视频会议形式召开。参会专家和代表认为，规程修订版是从安全、科学、高效运行三峡工程的角度出发，考虑运行条件的变化，并基于大量研究和实践提出的，修编工作十分迫切，也十分必要。此次提出的20条主要修订条款总体合理、可行。此次复审会后，水利水电规划设计总院将形成正式审查意见，由水利部审批。

5月15日 国家能源局发布《2019年度全国可再生能源电力发展监测评价报告》。该报告指出，截至2019年底，全国可再生能源发电装机容量7.94亿kW，占全部电力装机容量的39.5%，其中，水电装机容量（含抽水蓄能）3.56亿kW，风电装机容量2.1亿kW，光伏发电装机容量2.04亿kW，生物质发电装机容量2254万kW。2019年全国可再生能源发电量2.04万亿kW·h，占全部发电量的27.9%，其中，水电发电量1.3万亿kW·h，占全部发电量的17.8%，风电发电量4057亿kW·h，占全部发电量的5.5%，光伏发电量2243亿kW·h，占全部发电量的3.1%，生物质发电量1111亿kW·h，占全部发电量的1.5%。

5月15日 《2019年度全国可再生能源电力发展监测评价报告》指出，2019年，包含水电在内的全部可再生能源电力实际消纳量为19938亿kW·h，占全社会用电量的比重为27.5%，同比提高1个百分点。从可再生能源电力消纳量占全社会用电量的比重来看，全国8省（区）占比超过40%，其中，西藏、云南、青海和四川占比超过80%。从占比增长来看，21省（区、市）同比增长，其中，甘肃和福建同比增长5个百分点以上；10省（区、市）同比下降，其中，湖北、新疆和广西分别同比下降5.5、4.9和2.9个百分点。

5月26日 岷江犍为航电枢纽工程首台机组并网发电。该工程位于四川省岷江干流下游河段，工程以航运为主，结合发电，兼顾供水、灌溉等多项功能。该工程安装9台贯流式水轮发电机组，单机容量5.56万kW，总装机容量50.04万kW，目前为国内在建最大的灯泡贯流式机组群，位列世界第二，梯级全部建成后，岷江乐山至宜宾段航道等级将由4级提升为3级，可常年通行1000t级船舶，丰水期通行3000t级船舶。

5月28日 大渡河枕头坝公司在枕头坝一级水电站库区开展了第七次珍稀鱼类增殖放流活动，连续7年累计放流37.5万尾。此次放流鱼苗规格为5～8cm的齐口裂腹鱼、重口裂腹鱼、长薄鳅、华鲮、白甲幼鱼。为便于日后开展放流效果及珍稀鱼类繁殖技术研究的跟踪、调查及监测工作，其中包含15cm以上的10000尾荧光标记鱼。

5月29日 文登抽水蓄能电站上水库大坝填筑达到535m高程，顺利完成大坝填筑节点目标。该工程位于山东省威海市文登区界石镇，上水库大坝为钢筋混凝土面板堆石坝，坝顶高程628.6m，坝轴线长472m，坝体最大高度101m，正常蓄水位为625m，发电库容924万m^3。目前该坝体填筑已完成61万m^3，占总坝体总方量的13.2%。电站装机容量180万kW，年发电量26.28亿kW·h，年抽水用电量35.04亿kW·h。项目建成后可改善山东电网电源结构单一的不合理情况，满足电网调峰要求，提高电网经济运行效益。

5月31日 专为清洁能源外送而建设的输电大通道，随着陕西段的贯通，标志着±800kV青海—河南特高压直流工程全线贯通。该工程起于青海省海南藏族自治州，止于河南省驻马店市，途经青海、甘肃、陕西、河南4省，线路全长1587km，新建青南、驻马店2座换流站，总投资约226亿元。工程投运后，每年可向河南省输送清洁电能400亿kW·h，约占河南全省全社会用电量的1/10，将有力促进西北可再生能源开发与外送，满足华中地区经济发展电力需求，对于助力西部地区脱贫攻坚、中部地区大气污染治理以及黄河流域生态保护具有重要意义。

六月

6月4日　国家档案局在北京以“现场＋视频”的形式，组织对中国长江三峡集团有限公司企业数字档案馆建设试点工作进行验收。通过听取汇报、观看演示、质询检查，验收专家组认为：三峡集团数字档案馆在基础设施建设、电子档案管理系统软件功能及测试、电子文件归档和电子档案管理、数字档案资源建设、安全保密体系建设、制度规范建设、试点验收材料准备等方面均符合验收要求，同意试点工作通过验收。

6月5日　江苏溧阳抽水蓄能发电工程竣工决算专项验收会议在江苏溧阳召开。验收会议听取了有关单位的情况汇报。验收认为，溧阳抽水蓄能电站工程建设符合国家基建项目管理要求；工程项目招投标程序基本满足《中华人民共和国招标投标法》的要求；电站已完成全部建设内容；项目合同（协议）执行及结算情况总体良好；实际工程投资控制在概算范围内并有节余；电站运行情况良好，经济效益和社会效益显著。工程竣工决算及相关工作满足验收要求，同意通过工程竣工决算专项验收。

6月11日　广西壮族自治区发展改革委以桂发改价格函〔2020〕985号文发布《关于融水县牛路水电站上网电价的函》。文件指出，依照有关文件精神，从2016年1月1日起，新投入使用小水电上网电价统一按0.32元/(kW·h）执行。经审核，融水县牛路水电站属于新建小水电站，上网电价核定为0.32元/(kW·h)（含税），自电站正式投入商业运行之日起执行。

6月11日　乌东德水电站大坝工程全线贯通，标志着世界首座300m级低热水泥混凝土特高拱坝主体工程完工。该水电站大坝为混凝土双曲拱坝，共分15个坝段，混凝土浇筑总量270余万m^3。大坝坝顶高程988m，最大坝高270m，坝顶上游面弧长326.95m，厚高比仅0.19。工程自2017年3月16日开工浇筑，大坝混凝土浇筑历时3年零3个月。

6月12日　中国电力企业联合会发布的《中国电力行业年度发展报告2020》指出，受全球新冠肺炎疫情冲击，综合考虑国内外经济形势对电力的影响，预计全年全社会用电量7.38亿～7.45万亿kW·h，增长2%～3%；预计全年全国发电新增装机容量1.2亿kW，非化石能源发电装机投产约8900万kW，约占全部发电新增装机的3/4；预计截至2020年底，非化石能源发电装机容量将达到9.3亿kW左右，占总装机容量比重上升至43.6%。电力投资企稳回升，特高压投资占比继续提高，新能源汽车充电桩成为投资新增长点。

6月12日　《中国电力行业年度发展报告2020》显示，2019年全国各电力交易中心组织完成市场交易电量28344亿kW·h，同比增长37.2%。其中，电力市场电力直接交易电量合计21771.4亿kW·h，占全社会用电量的30.0%，占电网企业销售电量的36.8%。

6月12日　江苏溧阳抽水蓄能电站工程竣工验收会议在江苏溧阳召开。会议听取了溧电公司关于工程建设运行、各专项验收主要结论及遗留问题处理情况，中国电建集团中南勘测设计研究院有限公司关于工程设计情况，以及专家组关于工程竣工验收专家组意见的汇报。验收委员会委员和与会代表就工程竣工验收条件和存在的问题进行了研究和讨论，验收委员会同意江苏溧阳抽水蓄能电站通过工程竣工验收。

6月17日　四川丹巴县梅龙堰塞湖溃坝漫流，阿娘沟一村附近河道改道。该塞湖形成的水容量为1234万m^3，溃坝后受灾区域房屋、交通、电力、通信等设施不同程度受损。洪水冲毁G350国道线2处共计约1.7km，装机容量为2000 kW的梅龙水电站被冲毁。

6月18日　黄河龙羊峡水库上游水位2590.10m，按照调令龙羊峡水电站中孔提门泄水，机组发电流量1060 m^3/s，总出库流量1350 m^3/s。6月初以来，受降雨影响，龙羊峡水库水位逐步上涨，6月18日14时，唐乃亥断面流量达到2080 m^3/s。龙羊峡水电站正常蓄水位2600m，水库库容247亿m^3，是黄河上库容最大、调节性能优良的多年调节水库。

6月19～24日　可再生能源发电工程质量监督站专家组对JC水电站工程进行了蓄水阶段质量监督检查。专家组听取了工程建设情况的介绍，检查了施工现场，进行了座谈交流，抽查了工程施工记录。专家组认为，该工程已完工程施工质量满足设计和规范要求，工程施工形象面貌满足蓄水要求，各项准备工作基本就绪。待本次检查质量监督意见落实后，工程具备工程蓄水验收条件。该水电站总装机容量为36万kW，年发电量为17.045亿kW·h。

6月21日　南水北调中线一期工程420m^3/s加大流量输水工作圆满结束。工程运行良好，调度平稳有序，陶岔入渠流量由420m^3/s逐步调减，历时50

余天，输水19亿m^3，向沿线35条河流生态补水9.5亿m^3，有效缓解了华北一些地区“有河皆干、有水皆污”的困局，恢复了河道基流，河道水质明显改善，沿线地下水位逐步抬升，助力华北地区地下水超采综合治理取得显著成效。

6月21日 三峡水库入库流量达30000m^3/s以上，三峡电站34台机组全部并网发电，实现2020年首次全开运行，总出力达到2047万kW，日发电量接近4亿kW·h。此前，及时完成了全电站34台机组2019～2020年度检修及多项重要设备改造，为电站设备安全防洪度汛和“长周期、满负荷、不间断”运行做好充足准备。

6月21日 白鹤滩水电站左岸1号水轮发电机组转轮顺利吊装就位。该1号机组转轮最大直径8.62m、总高3.92m、总重约352t，是全球首台百万千瓦水轮发电机组转轮，全部采用国产技术、国产材料设计制造。该水电站总装机容量1600万kW，左、右岸分别安装8台单机容量百万千瓦机组。计划首批机组将于2021年7月实现并网发电目标。

6月22日 世界首座堰塞坝综合水利枢纽工程——云南鲁甸红石岩水电站首台机组正式投产发电。2014年8月3日，因强震造成牛栏江红石岩堰塞湖，针对该堰塞湖特点，将昔日危害的堰塞湖整治成集“防洪、供水、发电、旅游”等效益为一体的综合性水利枢纽工程成为现实。该工程坝高103m，水库总库容1.85亿m^3，装机容量20.1万kW，年发电量8亿kW·h，可灌溉面积达6.62万亩。

6月23日 中国长江三峡集团有限公司长江干流上的三峡、葛洲坝、溪洛渡、向家坝4座梯级水电站共82台机组实现2020年首次全开运行，总出力达3953万kW。面对2020年夏季严峻的防洪形势，三峡集团长江电力严格执行国家防总、长江防总的调度指令，积极开展以三峡水库为核心的梯级水库联合调度，充分利用防洪库容拦洪蓄洪、削峰错峰，以保障长江流域防洪安全和人民群众生命财产安全。

6月25日 张北柔性直流电网试验示范工程四端带电组网，实现张家口地区大量清洁能源便捷进入北京，将满足2022年北京冬奥会场馆100%绿色能源供应。所谓“柔性直流”，就是灵活可控直流的意思。通过这个技术，把原本不可控、不能组网的直流线路连接起来，组成了一张直流电网。

6月29日 乌东德水电站首批机组投产发电仪式在北京举办。国务院国资委、国家能源局、四川省、云南省、南方电网、各参建单位以及中国长江三峡集团有限公司有关部门、单位负责同志在北京、成都、昆明、广州和乌东德水电站等会场以视频连线方式参加投产发电仪式。首批6号、7号机组正式投产发电。该电站位于云南省昆明市禄劝县和四川省凉山州会东县交界，2015年12月全面开工建设，总装机容量1020万kW，年均发电量389.1亿kW·h。

6月30日 青海省前6个月累计向北京地区供应1亿kW·h“绿电”。预计全年将为北京地区供应2.5亿kW·h清洁电能。输送北京的“绿电”全部来自青海省光伏、风电、水电等清洁能源所发电能。2020年外送北京的2.5亿kW·h清洁能源也是继2019年累计向北京输送0.25亿kW·h清洁能源之后，青海更大规模地输送绿电入京。

6月30日 由自然资源部支持的“南海兆瓦级波浪能示范工程建设”项目首台500kW鹰式波浪能发电装置“舟山号”正式交付中国科学院广州能源研究所。该装置包括波浪能发电机构、补偿机构、锚定机构。波浪能发电机构包括齿轮、直齿条、转动轴、棘轮、发电机、无线通信模块，补偿机构包括滚筒马达、滚筒、深海缆绳，锚定机构包括螺纹钻杆、马达、支撑杆。该装置能够在波浪往复过程中同时收集垂直和水平方向上的深海波浪能，其输出轴能够持续同向的转动带动发电机发电，提高了波浪能的收集和利用效率。

七月

7月1日 西藏自治区昌都市当堆水电站经过72h试运行，正式投产发电。该水电站位于西藏自治区昌都市丁青县尺牍镇境内，是《西藏自治区无电地区电力建设规划》的重点水利项目之一，工程采用低水头坝后式开发，额定水头18.5m，设计引用流量20.4m^3/s，总装机容量0.32万kW，年平均发电量2378万kW·h，该水电站2017年4月1日全面开工以来，历时38个月，工程总投资2亿元。工程建成后，可有效解决改善当地近17000户、8万多居民的生活用电。

7月7日 2020年上半年，中国南方电网有限责任公司通过开展清洁能源调度，充分消纳水电、风电、光伏等清洁能源，全网水电发电量达1511.9亿kW·h，水电发电利用率达到99.8%。全网可再生能源发电利用率达99.87%。其中，云南主网水电全额消纳，其余省区水电全额消纳。

7月7日 安徽金寨抽水蓄能电站上水库大坝面板混凝土，如期完成浇筑任务。该抽水蓄能电站总装机规模120万kW，安装4台单机容量30万kW的可逆式水泵水轮发电机组，设计年抽水用电量26.8亿kW·h，年发电量20.1亿kW·h，建成后，将承担安徽电网调峰、填谷、调频、调相、紧急事故备用等任务。

7月10日 广东清远抽水蓄能电站工程竣工验

收会议在广东清远召开。会议听取了清蓄公司关于工程建设运行、各专项验收主要结论及遗留问题处理情况，广东省水利电力勘测设计研究院关于工程设计情况，以及专家组关于工程竣工验收专家组意见的汇报。验收委员会委员和与会代表就工程竣工验收条件和存在的问题进行了研究和讨论，验收委员会一致同意广东清远抽水蓄能电站通过工程竣工验收。

7月15日 吉林敦化抽水电站首台机组转轮顺利吊装成功。该抽水蓄能电站首台机组转轮由东方电气集团东方电机有限公司独立研发制作，是国产首个700m级水头转轮，转轮由不锈钢材料铸焊而成，外径4456mm，总重38.16t。

7月15～18日 可再生能源发电工程质量监督站/四川分站专家组对甘孜州磨子沟磨子水电站工程进行了蓄水阶段质量监督检查。专家组认为，该水电站已完工程施工质量满足设计和规范要求，工程施工形象面貌基本满足蓄水要求，各项蓄水准备工作大部分就绪。安全监测成果反映各相关建筑物整体处于相对稳定状态。待本次检查质量监督意见落实后，工程具备工程蓄水验收条件。磨子水电站闸址位于丹巴县边耳乡磨子村插草坪，安装2台3.5万kW冲击式水力发电机组。

7月22日 水电水利规划设计总院在北京组织召开《中国可再生能源发展报告2019》线上发布会。来自外交部、国家能源局，以及国外驻华使馆、主要开发制造企业、行业协会、研究机构等约30家单位共70余位代表参加现场发布，同时有超过7000名代表参加线上发布会议。2019年，我国可再生能源继续快速发展。可再生能源在非化石能源中占比超过85%，可再生能源利用水平和质量、装备及工程技术水平不断提升。

7月22日 《中国可再生能源发展报告2019》指出，2019年度，我国常规水电新增投产384万kW，大中型常规水电站核准开工规模约239万kW；抽水蓄能核准开工688万kW，新增投产30万kW；风电新增并网装机容量2574万kW，其中，海上风电新增并网装机容量198万kW；太阳能发电新增装机容量3031万kW，其中，光热发电新增装机容量20万kW；生物质发电新增并网装机容量325万kW。截至2019年底，我国常规水电装机容量达到3.26亿kW，年发电量1.3万亿kW·h，在建规模约5400万kW；抽水蓄能装机容量3029万kW，在建规模5063万kW；风电装机容量2.1亿kW，年发电量4057亿kW·h；太阳能发电装机容量2.05亿kW，年发电量2243亿kW·h；生物质装机容量2369万kW，年发电量1111亿kW·h。水电、风电、太阳能发电、生物质发电可再生能源装机容量连续多年位居世界第一。

7月24日 新疆恰木萨水电站首台机组顺利通过72小时试运行，正式并网发电。该水电站工程位于莎车县境内叶尔羌河干流山区下段。电站主站装机4台5万kW水轮发电机组，生态机组2台0.15万kW，总装机容量20.3万kW，年利用小时数3054h，多年平均年发电量6.2亿kW·h。发电引水渠道全长11.48km，引水流量358m³/s。2017年3月主体工程开工，2台生态机组已于2019年9月并网发电。

7月24日 郑守仁院士在武汉逝世，享年81岁。郑守仁同志1940年1月出生，安徽颍上人，1965年9月加入中国共产党。1958年9月至1963年7月，在原华东水利学院（现河海大学）河川枢纽及水电站水工建筑专业学习。1963年8月毕业后，先后任乌江勘测设计大队导流专业组组长，施工设计处导流组副组长，施工设计处副处长、处长；1986年6月任长江流域规划办公室副总工程师兼隔河岩工程设计代表处处长；1991年5月任长江水利委员会副总工程师，1994年1月兼任长江水利委员会三峡工程设计代表局局长；1994年2月任长江水利委员会总工程师、党组成员兼三峡工程设计代表局局长，2003年8月任长江水利委员会科学技术委员会主任委员。1997年当选为中国工程院院士。

7月26～31日 可再生能源发电工程质量监督站专家组对古瓦水电站工程进行了一期蓄水阶段质量监督（总第七次）。专家组听取了工程建设情况介绍，检查了施工现场，进行了座谈交流，抽查了工程施工记录及验收资料。专家组认为，该水电站已完工程施工质量满足设计和规范要求，待一期蓄水前未完项目施工完成并验收合格后，古瓦水电站工程具备一期蓄水验收条件。

7月29～30日 浙江省松阳县黄南水库工程通过下闸蓄水阶段验收。该工程位于瓯江流域松阴溪支流小港黄南村上游约400m处。工程以供水、灌溉、防洪为主，兼顾发电、改善水生态环境等多项功能，工程枢纽主要由大坝、溢洪道、输水建筑物、发电厂房和升压站等建筑物组成。验收委员会一致认为该工程挡水建筑物形象面貌基本具备蓄水条件，同意该水库工程通过下闸蓄水阶段验收，并可择机下闸蓄水。该工程坝高97m，输水隧洞总长10.5km，配套坝后及输水隧洞出口电站2处，总装机容量1.64万kW。工程初总投资约18.1亿元。工程建成后，将改善松古平原17万亩农田的灌溉问题，结合河道整治工作，将使水库下游大东坝镇和象溪镇防洪能力从不足10年一遇提高到20年一遇，保护人口3.3万人，耕地6500亩。

7月30日 贵州省西泌河水库首台机组完成72

小时试运行，成功并网发电。该项目由中国电建集团贵阳勘测设计研究院牵头葛洲坝二公司联营体总承包建设，该水库位于贵州省晴隆县西泌河下游河段，属Ⅲ等工程，中型规模，坝高88m，坝长148m，总库容$1715m^3$，坝后水电站装机2台，总装机容量8000kW，年发电量为2680万kW·h。可实现年供水量2543.4万m^3，年灌溉水量50.4万m^3。工程于2013年12月18日开工，2017年12月24日大坝封顶，2018年11月1日下闸蓄水后向晴隆县城供水。工程总投资5.17亿元。

7月31日 大藤峡水利枢纽工程左岸电站最后一台（6号）机组经过72小时试运行，正式投产发电。至此，该工程枢纽左岸3台机组全部投产发电。该工程是国家172项重大水利工程的标志性工程，也是红水河10个水电梯级开发的最后一级。工程枢纽位于珠江流域黔江河段大藤峡峡谷出口处，工程集防洪、航运、发电、水资源配置、灌溉等综合效益于一体，电站总装机容量160万kW，安装8台水轮发电机组，左岸厂房3台，右岸厂房5台，单机容量20万kW，设计年发电量为60.55亿kW·h。首台（8号）机组、7号机组相继于4月30日、6月22日经过72小时试运行，投产发电。

7月31日 乌东德水电站送电广东广西特高压多端的昆柳龙直流示范工程提前实现阶段性投产。该工程由中国南方电网有限责任公司投资建设，此乃世界上第一条±800kV特高压多端柔性直流输电“高速路”，横跨云南、贵州、广西、广东四省区，全长1452km。工程于2018年12月全面开工建设，总投资242.6亿元，此次阶段性投产的是云南至广东柔性直流双极低端，较计划提前30天。

八月

8月3日 乌兹别克斯坦水电站修复项目2号站机组并网发电，正式移交业主方，开始商业运营。乌兹别克斯坦水电站修复Ⅲ标段由中国电力建设集团有限公司承建，该项目为EPC（设计＋采购＋施工总承包）工程，包括下博兹苏伊14号站、塔什干9号站和沙赫里汉2号站三部分。由于3个水电站年代久远，设施破坏，有些已停产。此次并网运营的2号站位于乌兹别克斯坦安集延州，此次现代化改造后，装机容量达0.705万kW。

8月3日 江坪河水电站最后一台机组顺利完成72小时试运行，投入商业运行。至此，该水电站2台机组全部投产发电。该工程位于湖北省恩施州鹤峰县走马镇溇水上游河段，是溇是溇水干流规划建设5个梯级电站中的龙头电站。工程枢纽由右岸溢洪道、泄洪放空洞、混凝土面板堆石坝、左岸引水发电系统和等建筑物组成。电站水库大坝高219m，总库容13.66亿m^3，安装2台22.5万kW水轮发电机组，年发电量9.6亿kW·h，1号机组已于7月28日投产发电。

8月7日 老挝色拉龙一级水电站2号机组顺利完成72小时试运行。该项目由中国水利水电第十工程局有限公司负责土建、设备采购及安装。该水电站位于老挝中部的沙湾拿吉省，电站枢纽工程由碾压混凝土重力坝、溢流坝、坝式取水口、坝后式发电厂房等组成，最大坝高67.5m，正常蓄水位以下库容8.81亿m^3，电站安装2台混流式机组，总装机容量7万kW。1号机组已于7月30日顺利完成72小时试运行。

8月8日 由中国电力建设集团有限公司投资开发的老挝南欧江梯级水电站项目一期自发电起累计发电量突破50亿kW·h，累计安全运行天数近1700天。一期二级、五级、六级电站自2016年全部投产以来，年均发电量达12亿kW·h，占老挝国内电力需求的13%，

8月10日 生态环境部以环审〔2020〕98号文发布关于金沙江上游旭龙水电站环境影响报告书的批复，批复认为，金沙江上游旭龙水电站项目建设总体符合金沙江上游水电规划及规划环评要求。在严格落实环境影响报告书和本批复提出的各项生态环境保护措施后，不利生态环境影响可以得到一定缓解或控制。原则同意环境影响报告书的环境影响评价总体结论和各项生态环境保护措施。

8月12～16日 可再生能源发电工程质量监督站组织专家组开展了吉林敦化抽水蓄能电站上水库蓄水阶段现场质量监督检查。专家组认为，上水库8月底基本满足设计提出的蓄水形象面貌要求；下闸蓄水规划方案已明确，施工组织设计已审批，蓄水后度汛方案及应急预案已报备。待与蓄水相关的剩余尾工项目及消缺处理施工完成并经验收合格后，上水库具备下闸蓄水验收条件。

8月18日 白鹤滩水电站左岸首台单机容量百万千瓦水轮发电机组（1号）转子成功吊装，较原计划提前73天。该1号机组转子由中心体、扇形体支架、大立筋、磁轭及磁极等部分组成，直径约16.2m，最大高度约4.1m，起吊重量达2100t，是机组安装过程中重量最大的核心部件。计划2021年7月实现首批机组投产发电，2022年7月实现全部机组投产发电。

8月19～21日 水电水利规划设计总院在江西南昌主持召开奉新抽水蓄能电站可行性研究报告审查会议。会议听取了华东勘测设计研究院有限公司关于《江西奉新抽水蓄能电站可行性研究报告》的汇报，

并分专业组进行了讨论和审议。审查认为，报告达到了可行性研究阶段勘测设计工作内容和深度的要求，同意该报告。该抽水蓄能电站位于江西省宜春市奉新县境内，电站装机容量 120 万 kW。枢纽工程主要由上水库、下水库、输水系统、地下厂房和地面开关站等组成。上水库大坝采用沥青混凝土心墙堆石坝，最大坝高 110m；下水库大坝采用混凝土面板堆石坝，最大坝高 77.5m。

8 月 23 日 三峡枢纽工程入库流量降至 35000m^3/s，2020 年长江第 5 号洪水平稳通过三峡枢纽工程。此轮洪水期间，三峡枢纽工程共拦蓄洪水 76.6 亿 m^3，成功抵御了 75000m^3/s 的建库以来最大洪峰，减轻了长江中下游防洪压力，保障了人民生命财产安全。至此，2020 年入汛以来，截至 8 月 23 日 8 时，三峡枢纽工程已成功应对 9 场次洪水，包括 5 场编号洪水。通过多轮次重复蓄泄，共拦洪近 290 亿 m^3，相当于 241 个武汉东湖。

8 月 24 日 我国第一座自己设计、自制设备、自行施工的新安江水电站累计发电量达到 1000.004 亿 kW·h，相当于减少标准煤消耗 9970 万 t，减排二氧化碳 4001 万 t、二氧化硫 300 万 t。该水电站位于浙江省建德市，工程以发电为主，兼有防洪、灌溉、旅游、抗咸顶潮等功能，是钱塘江上游干流控制性水利枢纽，总库容为 216 亿 m^3，共安装 9 台机组，总装机容量 85 万 kW，年平均发电量 18.6 亿 kW·h，相当于 1511 个西湖的总和。

8 月 29 日 张北—雄安 1000kV 特高压交流输变电工程通过 72 小时试运行，正式投运。该工程连接河北张家口新能源基地和雄安新区，是保证雄安新区清洁用电的主要供电通道。工程起于张家口变电站，止于雄安变电站，全线双回路架设、长度 315km，总投资 59.8 亿元。工程于 2019 年 4 月开工建设。

8 月 31 日 长龙山抽水蓄能电站 1 号机组转轮顺利完成吊装。该电站位于安吉天荒坪镇和山川乡境内。共布置有 6 台单级混流可逆式机组，总装机容量为 210 万 kW，主要由上水库、下水库、输水系统、地下厂房及地面开关站等组成。1～4 号机组由东方电气集团东方电机有限公司负责设计、制造，其转轮由上冠、下环、5 件长叶片和 5 件短叶片组成，组焊成整体后运至工地，外径约 4.35m，高约 1.31m，重约 36.7t。

8 月 31 日 中共中央政治局召开会议，审议《黄河流域生态保护和高质量发展规划纲要》，中共中央总书记习近平主持会议。黄河是中华民族的母亲河，要把黄河流域生态保护和高质量发展作为事关中华民族伟大复兴的千秋大计，贯彻新发展理念，遵循自然规律和客观规律，统筹推进山水林田湖草沙综合治理、系统治理、源头治理，改善黄河流域生态环境，优化水资源配置，促进全流域高质量发展，改善人民群众生活，保护传承弘扬黄河文化，让黄河成为造福人民的幸福河。

九月

9 月 1 日 生态环境部以环审〔2020〕104 号文发布关于黄河羊曲水电站工程环境影响报告书的批复，批复认为，黄河羊曲水电站项目建设总体符合《黄河流域综合规划（2012～2030 年）》及黄河上游茨哈至羊曲河段水电开发环境影响回顾性评价的要求。在严格按照生态限制水位运行、做好大径阶甘蒙柽柳保护等环境影响报告书和本批复提出的各项生态环境保护措施后，不利生态环境影响可以得到一定缓解或控制。原则同意环境影响报告书的环境影响评价总体结论和各项生态环境保护措施。

9 月 1 日 由中国能源化学地质工会、中国水利电力质量管理协会主办、国家电网有限公司承办、国网甘肃省电力公司及国网甘肃刘家峡水电厂协办的“全国大型水电厂水轮机检修工职业技能竞赛”在刘家峡水电厂开赛。竞赛项目以国家水电常用立式混流悬吊式水轮发电机组为设备原型，模拟机组中心测定和巴氏合金瓦修刮（弧面导轴承瓦）两个检修作业，具有普遍性和代表性。笔试占 40%、技能实际操作占 60%，其中团体实操机组中心测定占总成绩的 30%，个人实操巴氏合金瓦修刮占总成绩的 30%，检测选手独立操作及团队协作能力。全国装机容量 50 万 kW 以上的大型水电厂共 37 支代表队 196 名参赛选手参加竞赛，历时 4 天。

9 月 2 日 花桥水利枢纽成功截流。该工程位于江西省信江流域罗塘河支流中上游，地处贵溪市文坊镇南端虹桥村，是一座以供水和灌溉为主、结合防洪、兼顾发电等综合效益的大（2）型水利枢纽工程，坝址以上控制流域面积约 163km^2，最大坝高 39m，总库容 1.09 亿 m^3，装机容量 2000kW，输水管道 37.8km。项目总投资约 24.8 亿元。工程建成后，年平均供水量 8220 万 m^3，可满足下游 6.57 万亩良田灌溉用水，实现年发电量 907 万 kW·h，可将文坊镇河段防洪能力由 8 年一遇提高到 20 年一遇。

9 月 3～6 日 可再生能源发电工程质量监督站专家组对四川锅浪跷水电站工程进行了随机抽查质量督导。专家组认为，要求认真编制施工方案和技术措施，要有针对性和可操作性并严格按最终审批的施工方案进行，杜绝“三张皮”现象，确保混凝土施工质量。锅浪跷水电站工程位于四川省天全县紫石乡，装机容量 3×7 万 kW ＋1 万 kW，年发电量 7.7855 亿 kW·h，年利用小时数 3707h。

9月4日　在2020年全国电力行业大型水电厂水轮机检修工职业技能竞赛中，经过激烈角逐，中国华能集团有限公司选派5支代表队15名选手参赛，共有13人获奖。其中，2人获个人一等奖，并被授予“全国电力行业领军人才”称号；澜沧江公司检修分公司代表队获团体三等奖。

9月4日　在2020年全国大型水电厂水轮机检修工职业技能竞赛中，国家能源集团代表队以精湛技艺和稳定发挥，摘取团体二等奖，大渡河公司、湖北长源公司7名参赛员工分获个人一、二、三等奖，2名员工被授予“全国电力行业领军人才”称号，2名员工被授予“全国电力行业技术能手”称号。

9月4日　华电云南发电有限公司石龙坝电厂开工建设110周年的纪念日。该水电站1908年末（光绪三十四年）向市民提出倡议，1909年（宣统元年）筹备，1910年（宣统二年）8月21日（农历七月十七日）开工建设，1912年（民国元年）5月28日（农历四月十二日）建成发电，是我国第一座水力发电站。该水电站历经了多个历史时代，开创了我国民间集资，引进国外先进技术设备，自筹、自建、自管、自用的成功范例，如今已成为集“文物、教学、旅游、发电”为一体的综合型电站。

9月8日　在2020年全国大型水电厂水轮机检修工职业技能竞赛中，经过激烈角逐，中国华电集团有限公司系统共8支代表队参加竞赛决赛。贵州乌江渡发电厂代表队获得团体3等奖；贵州乌江渡发电厂1人，贵州东风发电厂1人荣获个人一等奖，并被授予“全国电力行业领军人才”荣誉称号；贵州思林发电厂2人，贵州东风发电厂、贵州乌江渡发电厂各1人荣获个人二等奖，并被授予“全国电力行业技术能手”荣誉称号；贵州乌江渡发电厂1人，贵州东风发电厂1人，贵州思林发电厂1人，贵州沙沱发电厂2人，福建金湖公司1人荣获个人3等奖，并被授予“全国电力行业优胜选手”荣誉称号。

9月9日　白鹤滩水电站右岸首台（14号）机组转子成功吊装就位。该水电站右岸机组转子由中心体、转子支架、主立筋、副立筋、磁轭及磁极等部分组成，外圆直径约16.5m，最大高度约3.86m，转子重量2295t，起吊重量达2440t，是白鹤滩水电站机组安装过程中重量最大的部件。

9月11日　深圳抽水蓄能电站工程竣工验收会议在深圳召开。验收委员会认为，深圳抽水蓄能电站枢纽工程已按批准的设计规模、设计方案全部建成，电站功能已实现，一致同意深圳抽水蓄能电站通过工程竣工验收。

9月12日　南方电网调峰调频发电有限公司预制模块化数据中心投入试运行。该数据中心是目前南方电网公司规模最大的预制模块化数据中心，也是当前国内电力行业规模化部署应用最大规模的案例之一。该数据中心在清远蓄能水电厂数据中心基地上，共由3个预制模块化集装箱构成，占地共计100m²，含标准IT机柜20个，可满足近200台IT设备的正常运行。

9月12～15日　可再生能源发电工程质量监督站专家组对平江抽水蓄能电站工程进行了随机抽查质量监督。专家组检查了通风兼安全洞、进厂交通洞等施工现场以及第三方土建试验室，进行了座谈，查阅了部分工程质量记录。专家组认为，目前平江抽水蓄能电站筹建期参建各方质量管理体系已建立并有效运行，施工组织有序，已完成边坡及洞室开挖、支护工程质量总体较好。平江抽水蓄能电站装机容量140万kW（4×35万kW）。

9月15～21日　可再生能源发电工程质量监督站专家组对两河口水电站工程进行了第一阶段蓄水质量监督。专家组认为，目前与第一阶段蓄水有关的土建工程、金属结构及机电设备安装工程、安全监测工程按设计要求基本完成，剩余工作已制定计划，第一阶段蓄水准备工作基本就绪，已完工程施工质量总体满足设计和规范要求。

9月16日　南方电网“十三五”期间“西电东送”累计送电量已突破1万亿kW·h，达到10005亿kW·h，为“十二五”期间“西电东送”电量的1.4倍，其中输送的清洁能源电量占比达到85%，相当于为东部省区减少标准煤燃烧2.45亿t，减少二氧化碳排放6.5亿t，减少二氧化硫排放470万t。

9月17日　金沙江乌东德水电站库尾攀枝花河段水环境保护项目顺利通过了四川省攀枝花市政府库尾环保项目实施工作组办公室组织的专项验收，验收意见认为，乌东德水电站库尾环保项目全部建成投运后，实现了库尾河段废污水应收尽收，各相关污水处理设施建设规模、处理标准均满足乌东德水电站环评文件相关要求。

9月21～28日　可再生能源发电工程质量监督站专家组对新疆阿尔塔什水利枢纽工程发电工程主电站3、4号机组以及生态电站1、2号机组进行了启动阶段质量监督检查。专家组认为，目前工程蓄水验收已完成，水库水位和电站水头尚不能满足机组启动调试的需要；待影响3号和4号机组启动的部分尾工完成且合格后，具备启动试运行条件。关于生态电站，专家组认为，待水库水位达到1770.0m、2号引水隧洞施工与缺陷处理以及充（排）水试验以及未完工作完成且合格后，生态电站1号和2号机组将具备启动试运行条件。

9月22日　15万尾齐口裂腹鱼、鲈鲤、白甲鱼等珍稀特有鱼苗在乌东德施工区放流金沙江，这是2015年以来三峡集团乌东德工程建设部组织开展的第七次放流活动，也是今年开展的第二次。截至目前，已累计放流齐口裂腹鱼、白甲鱼、长薄鳅、鲈鲤等珍稀特有鱼苗超过78万尾。

9月23日 古瓦水电站工程一期蓄水验收会在成都召开。会议听取了业主、设计、监理、施工等单位关于工程一期蓄水验收自检情况及下闸蓄水规划方案及施工组织设计、蓄水期事故应急救援预案、防洪度汛方案、防洪抢险应急预案、电站及水库调度运行规程等方面的汇报；听取了建设征地移民安置专项验收、工程质量监督、工程一期蓄水安全鉴定主要结论及一期蓄水验收专家组意见。与会委员和代表就工程建设情况、工程一期蓄水验收条件进行了讨论审议，形成了《甘孜州硕曲河古瓦水电站工程一期蓄水验收鉴定书》，验收委员会一致认为古瓦水电站工程具备一期蓄水条件，同意下闸蓄水。该水电站并于同日正式下闸蓄水。

9月23～26日 可再生能源发电工程质量监督站专家组对四川眉山市岷江干流汤坝航电枢纽工程进行了随机抽查质量监督。专家组认为，岷江干流汤坝航电枢纽工程厂坝混凝土外观质量较好，工程施工质量总体处于受控状态。但各部位施工质量控制资料整理、已完工程验收评定及现场安全文明施工亟待改进。该水电站装机容量3×2.3万kW，年发电量为28254万kW·h，年利用小时数4095h，工程以航运、发电为主，兼顾城市水环境建设、防洪、灌溉、供水。

9月24日 丰满水电站新坝永庆鱼道和增殖放流站第一次放流，向松花江中放流了细鳞鲑、怀头鲇、黑龙江茴鱼、江鳕、乌苏拟鲿、长春鳊等种类的110万尾鱼苗，今后，每年将向松花江中放流150万尾鱼苗。自1937年丰满水电站开始兴建，彻底切断了松花湖内鱼类洄游通道，阻绝了鱼类的基因交流，对松花湖内水生生态环境造成了严重的破坏。国家电网有限公司高度重视流域生态保护措施，在丰满水电站（重建）工程设计之初便提出修建丰满新坝过鱼设施、永庆鱼道及鱼类增殖站方案。

9月24～28日 可再生能源发电工程质量监督站专家组对河南五岳抽水蓄能电站工程进行了随机质量监督检查。专家组重点排查工程质量中存在的问题，对相关单位进行了警示教育，引起了建设单位的高度重视，在第一时间布置纠正措施，避免了可能出现的混凝土低强事故。该抽水蓄能电站位于河南省光山县殷棚乡和罗山县定远乡境内，安装4台25万kW的立轴可逆混流式机组。

9月25日 丰满水电站（重建）工程最后一台（6号）发电机组经过72小时试运行，正式并网发电。至此，丰满水电站（重建）工程6台机组全部投入商业运行，比原定计划提前了36天。该水电站是我国第一座大型水电站，位于吉林省吉林市松花江上，始建于1937年，中华人民共和国成立后进行了二期、三期扩建，总装机容量达到100.25万kW。该水电站是东北地区最重要的水利枢纽，承担着发电、防洪、生态环境保护等重大任务。2012年10月，丰满水电站全面治理（重建）工程获得国家发展改革委核准。2018年10月，老坝开始拆除。新建大坝长1068m，高94.5m，新增6台20万kW机组，保留原有2台14万kW机组，总装机容量148万kW，动态投资约91亿元。总发电量超过5.6亿kW·h，创造经济效益约1.4亿元。首台（1号）机组、2号机组、3号机组、4号机组、5号机组相继于2019年9月20日、11月15日、12月15日、2020年4月28日、7月24日经过72小时试运行，投产发电。

9月26日 由中国电力建设集团有限公司投资开发的南欧江梯级水电项目一级水电站4号机组成功并网发电，至此，该水电站4台机组全部并网发电，并成功收获“一月三投”好业绩。一级水电站位于老挝琅勃拉邦省巴乌县境内，布设4台额定功率为4.5万kW的灯泡贯流式发电机组，总装机容量18万kW，多年平均发电量6.79亿kW·h。该项目首台（1号）机组、2号机组、3号机组相继于2019年12月13日、2020年6月9日、7月17日相继并网发电。南欧江项目按“一库七级”分两期开发，总装机容量达127.2万kW。目前，一期项目开发的二、五、六级电站已于2016年4月全部投产发电；二期项目一、三、四、七级电站正在建设中。

9月29日 蒙西—晋中1000kV特高压交流工程启动送电。该工程于2018年3月获国家发展改革委核准，同年11月开工建设。工程起于蒙西1000kV变电站，止于晋中1000kV变电站，扩建蒙西、晋中变电站，新建1000kV输电线路2×308km，途经内蒙古自治区鄂尔多斯市和山西省忻州、太原、吕梁、晋中市，动态总投资54亿元。

9月29日 世界首条100%输送清洁能源的特高压线路——青豫直流通电仪式正式启动。青海海南—河南驻马店±800kV高压外送通道，全长1587km，输送容量800万kW，年输送电量412亿kW·h。一期建设容量646万kW，其中，光伏发电300万kW，风电200万kW，水电146万kW，年输送电量206亿kW·h。

9月30日 山西省发展改革委以晋发改审批发〔2020〕481号文发布关于山西浑源抽水蓄能电站项

目核准的批复，同意建设该项目。该抽水蓄能电站位于大同市浑源县，规划装机容量 150 万 kW，采用 4 台 37.5 万 kW 立轴可逆式水泵水轮发电机组，电站额定水头 649m，设计年发电量 19.22 亿 kW·h，总投资 892341 万元。该项目股东国网新源控股有限公司占 55%，黄河小浪底水资源投资有限公司占比 35%，国网山西省电力公司占 10%。

十月

10 月 8 日 新疆大石门水利枢纽发电厂房首台机组定子顺利安装完成，该机组定子直径 5.40m，重量 38t。该工程位于新疆且末县境内的车尔臣河上，为国家 172 项重大水利工程项目之一，工程总投资 19.0081 亿元。发电厂房为坝后式，电站安装 4 台机组，总装机容量 6 万 kW。

10 月 11 日 由中国水利水电第四工程局有限公司承建的玻利维亚伊比利苏水电站项目成功导截流。该水电站项目位于玻利维亚科恰班巴省卡拉斯科市，坝址在卡拉斯科国家生态公园内，工程主要包括大坝、导流渠、溢洪道、泄洪底孔、生态流量管、拦污栅及消力池等。大坝为碾压混凝土重力坝，其坝顶高程为 2180.60m，最大坝高 125m，坝顶长度 324.5m，最大蓄水位为 2175.00m，最大库容为 2948 万 m^3。

10 月 13 日 新疆亚曼苏水电站 1 号机组通过 72 小时试运行，顺利投产发电，至此，亚曼苏水电站 4 台机组全部投产发电。该水电站是由托什干河水能规划“2 库 11 级”中的第 9 级和第 10 级水电站优化合并而成的一级水电站，安装设 3 台 7 万 kW 混流式水轮发电机组（大机）和 1 台 3.4 万 kW 混流式水轮发电机组（小机）。项目主体工程于 2016 年正式开工建设，4 台机组总容量 24.4 万 kW，年平均发电量为 8.03 亿 kW·h，年收入预计达 1.97 亿元。该水电站的首台（4 号）、3 号、2 号机组分别于 7 月 20 日、9 月 21 日、10 月 2 日通过 72 小时试运行，投产发电。

10 月 13 日 新疆电网累计电力援疆外送电量达 534.59 亿 kW·h，为新疆创造直接经济收益 110.23 亿元，增加税收 16 亿元左右。2020 年，新疆维吾尔自治区政府与 14 个省份签订政府间电力外送协议，协议外送电量已达到 229 亿 kW·h，规模约占疆电外送总量的 16%。

10 月 13 日 广西落久水利枢纽工程正式下闸蓄水。该工程为国家 172 项重大水利工程之一，以防洪为主，兼顾灌溉、供水、发电和航运等任务的综合性水利枢纽工程。工程等别为二等，工程规模为大（2）型，水库相应总库容 3.46 亿 m^3，防洪库容 2.50 亿 m^3，装机容量 2×2.1 万 kW。

10 月 14 日 阿勒泰—淮北 750kV 输变电工程经过 72 小时试运行，正式投运。750kV 电网延伸至新疆最北端，实现了 750kV 电网全疆全覆盖。工程于 2018 年 9 月开工建设，线路工程由塔城 750kV 变电站与喀纳斯 750kV 变电站相连接，途经塔城地区和布赛尔县以及阿勒泰地区布尔津县、吉木乃县，全长双回 341km，共有铁塔 725 基。工程总投资 16.7 亿元，工程投运后可以将阿勒泰电网外送能力提升至 200 万 kW，彻底解决当地电能送出受阻和弃风问题。

10 月 14 日 金沙水电站蓄水移民安置验收委员会会议在成都召开。会前，专家组对金沙水电站移民安置实施情况进行了现场检查，会议听取了综合设代对移民安置规划和实施情况的详细汇报，解答了委员会提出的询问，会议一致通过了金沙水电站工程蓄水移民安置验收。

10 月 15 日 由中国长江三峡集团有限公司和中国信息通信研究院联合主办的智能水电蓝图成果发布暨水电行业数字化转型研讨会在北京召开。三峡集团高度重视“数字三峡”“智能电站”建设，近年来，联合中国信通院，在前期探索实践的基础上，融合行业特点和信息技术，总结运行经验，汇聚专家智慧，形成了智能水电蓝图成果。评审专家对智能水电蓝图成果给予充分肯定和高度评价。

10 月 15～20 日 可再生能源发电工程质量监督站专家组对长河坝水电站工程进行了竣工阶段枢纽工程专项验收质量监督检查。专家组听取了建设单位关于工程建设和运行情况的汇报，检查了工程现场，进行了座谈交流，抽查了部分工程档案和资料。专家组认为，长河坝水电站工程质量满足枢纽工程专项验收要求。

10 月 16 日 500kV 换如甲乙线、换柳甲乙线线路顺利合环带上负荷，昆柳龙直流工程柳州换流站交流 500kV π 接线路工程顺利完成，标志着昆柳龙直流工程与广西电网成功联网，工程广西受端柳州换流站 500kV 交流场正式启动，转入 24 小时试运行状态。

10 月 18 日 杨房沟水电站首台（1 号）机组转子成功吊装。该水电站位于凉山州木里县麦地龙乡，是雅砻江中游河段梯级开发的骨干电站之一，共装设 4 台单机容量 37.5 万 kW 的水轮发电机组，总装机容量 150 万 kW。转子是水轮发电机组重量最大的核心部件，其直径 13230mm，共 56 个磁极，组装高度 2760mm，重量约 960t，整体吊装重量约 1045t。

10 月 19 日 雅砻江两河口水电站工程蓄水验收委员会会议在成都市召开。会议认为，该工程建设符合国家有关法律、法规和审批文件的规定，工程设计满足国家及行业规程规范要求；工程蓄水验收委员会同意该水电站工程 2020 年 11 月择机进行 1、2 号初期导流洞下闸封堵、第一阶段水库蓄水。在第一阶段蓄水后，应分阶段完成后续水位抬升的工程相关安全监测分析、质量监督、安全鉴定等工作，并经验收专家组检查确认后，方可进行第二、第三阶段工程蓄水。该水电站安装 6 台 50 万 kW 的水轮发电机组，多年平均发电量 110 亿 kW・h，2014 年 10 月 6 日正式开工，2015 年 11 月 29 日实现大江截流。

10 月 20 日　由中国电力建设集团有限公司投资开发的南欧江流域梯级水电项目四级水电站 3 号机组并网发电，至此，该电站 3 台机组全部并网发电。该四级水电站位于老挝北部丰沙里省孟夸县境内，布设 3 台额定功率为 4.4 万 kW 的高水头灯泡贯流式机组。该水电站首台（1 号）、2 号机组相继于 9 月 7 日、10 月 15 日并网发电。

10 月 21～25 日　可再生能源发电工程质量监督站专家组对浙江长龙山抽水蓄能电站工程进行了上水库蓄水阶段质量监督。专家组赴施工现场，阅研了参建各方提供的自查报告，抽查了部分工程档案和资料。专家组认为，工程各参建单位质量管理体系健全，各项规章制度能得到贯彻落实。待与蓄水相关的剩余工程项目施工完成并经验收合格后，长龙山抽水蓄能电站上水库具备蓄水条件。

10 月 22～27 日　可再生能源发电工程质量监督站专家组对四川雅砻江杨房沟水电站工程进行了第一阶段蓄水质量监督。专家组检查了大坝及泄洪系统、引水发电系统、导流洞进出口等部位土建及金属结构工程施工情况，进行了座谈交流，抽查了施工质量记录资料，核查了历次质量监督意见整改落实情况。专家组认为，待第一阶段蓄水相关剩余工作完成，并经验收合格后，杨房沟水电站工程具备第一阶段下闸蓄水条件。

10 月 23 日　白鹤滩水电站右岸 15 号水轮发电机组转轮顺利完成转运吊装，正式拉开右岸第二台机组水轮机安装的序幕。该水电站总装机容量 1600 万 kW，左、右岸分别布置 8 台单机容量为 100 万 kW 的水轮发电机组。右岸 8 台机组的转轮均采用长短叶片设计，每台转轮由上冠、下环、15 件长叶片和 15 件短叶片组成，转轮最大外径 8870mm，高 3795mm，重达 338.2t。

10 月 24 日　新疆大石门水利枢纽发电厂房首台机组转子吊装完成，首台机组定子直径 5.4m，重量为 38t。该工程被列入国家 172 项重大水利工程项目之中，工程总投资 19.0081 亿元。发电厂房为坝后式，4 台机组，总装机容量 6 万 kW。

10 月 24 日　由中国长江三峡集团有限公司和农业农村部长江流域渔政监督管理办公室共同主办，生态环境部长江流域生态环境监督管理局、国家林业和草原局自然保护地管理司、四川省宜宾市政府参与的长江上游珍稀特有鱼类放流在金沙江向家坝水电站附近的码头旁举行，25.7 万尾长江鲟、圆口铜鱼、胭脂鱼、长薄鳅、厚颌鲂、岩原鲤等 6 种鱼类被放归金沙江，进一步补充了鱼类野生资源，促进了鱼类自然种群的恢复和壮大。

10 月 26 日　金沙水电站工程蓄水验收会议在成都召开。验收委员会在听取了工程蓄水验收建设管理和设计情况汇报、蓄水阶段质量监督情况、蓄水安鉴结论、建设征地移民安置情况后一致认为，金沙水电站工程已具备水库蓄水条件，同意工程蓄水验收。金沙水电站是金沙江中游 10 级水电枢纽规划的第九级，位于金沙江中游攀枝花西区河段，上距观音岩水电站坝址 28.9km，距攀枝花市区 11km。最大坝高 66m，总库容为 1.08 亿 m^3，多年平均发电量 21.77 亿 kW・h。

10 月 26 日　绰斯甲水电站主体工程开工仪式在壤塘县蒲西乡斯跃武村举行。该工程位于四川省阿坝州壤塘县和金川县境内，是绰斯甲河梯级开发规划的第三级，上接蒲西水电站，下游与观音桥水电站库尾衔接，为闸坝引水式电站。该水电站总装机容量为 39.2 万 kW，计划首台机组发电时间为 2024 年 12 月，全部发电时间为 2025 年 6 月。计划总投资 46.07 亿元。

10 月 28 日　三峡水库水位蓄至 175.0m，实现了 2020 年 175m 试验性蓄水目标。自 2010 年至 2020 年 10 月，三峡水库连续 11 年完成 175m 蓄水任务，为今冬明春有效发挥供水、生态、发电、航运等综合效益奠定了良好基础，为三峡工程竣工验收转入正常运行创造了有利条件。此次蓄水自 9 月 10 日开始，起蓄水位为高程 154.83m，累计蓄水 166.12 亿 m^3。

10 月 30 日　白河（夹河）水电站二期项目 4 号机组经过 72 小时试运行，正式投产发电。至此该水电站 4 台机组全部投产发电，实现“一年四投”目标。白河（夹河）水电站工程是汉江上游干流开发规划的第七级，工程集发电、航运、生态环境保护、促进移民脱贫致富、助力地方社会经济发展等于一体，安装 4 台灯泡贯流式水轮发电机组，总装机容量为 18 万 kW，多年平均发电量 5.56 亿 kW・h。该项目的 1、2、3 号机组相继于 4 月 30 日、6 月 30 日、8 月 30 日经过 72 小时试运行，顺利投产发电。

十一月

11 月 1 日　水利部、国家发展改革委公布，三峡工程日前完成整体竣工验收全部程序。验收结论，三峡工程质量满足规程规范和设计要求、总体优良，运行持续保持良好状态，防洪、发电、航运、水资源利用等综合效益全面发挥。三峡电站自 2003 开始送电以来，输变电工程设备性能稳定、运行指标良好，实现了三峡电力“送得出、落得下、用得上”的目标，监测表明，拦河大坝及泄洪消能、引水发电、通航及茅坪溪防护工程等主要建筑物工作性态正常，机电系统及设备、金属结构设备运行安全稳定。截至2020年10月底，已累计输送电量超1.36万亿kW·h，相当于减少燃烧标准煤4.3亿t，减少二氧化碳排放11.69亿t，有力支持了华东、华中、广东等地区电力供应。

11月3日 国家发展改革委印发《关于白鹤滩—江苏±800kV特高压直流输电工程换流站及部分输电线路项目核准的批复》（发改能源〔2020〕1672号），标志着落点江苏的第五条区外直流工程获得核准。白鹤滩—江苏±800kV直流输电工程额定输电能力800万kW，线路长度2088km，途经川、渝、鄂、徽、苏五省（直辖市），投资307亿元。工程投运后，每年可输送电量300亿kW·h，减少煤炭运输1375万t，减排二氧化碳2700万t、二氧化硫6.8万t、氮氧化物7.1万t。

11月6～10日 可再生能源发电工程质量监督站专家组对海南万泉河红岭水利枢纽工程进行1号机组启动阶段暨4、5号机组随机抽查质量监督。专家组听取工程建设情况汇报，检查了现场，进行了交流，抽查了记录。专家组认为，各参建单位质量管理体系总体健全，各项规章制度基本能得到贯彻落实。根据各参建单位提供的资料，机电安装工程质量处于可控状态，1号机组工程形象面貌和机电设备安装质量具备启动试运行条件。该工程位于海南省琼中县中平镇，正常蓄水位168m，总库容6.62亿m^3。电站总装机容量3.3万kW，工程以灌溉、供水为主，兼顾防洪和发电等综合利用的二等大（2）型水利枢纽工程。

11月8日 几内亚苏阿皮蒂水利枢纽工程首台（1号）机组顺利完成72小时试运行，成功并网发电。该工程位于西非几内亚共和国西部孔库雷河中游，工程集防洪、发电、水资源配置等综合效益于一体，电站总库容74.89亿m^3，装机容量45万kW，年发电量20.16亿kW·h，大坝坝轴线总长1164m，最大坝高120m。

11月10日 由中国国家电网有限公司与世界经济论坛共同举办，中国科学技术协会联合主办，国务院国资委支持的“2020能源转型国际论坛”在北京成功举行。论坛以“能源转型与后疫情时代可持续发展”为主题，共同探讨新形势下以科技创新推动世界能源清洁低碳转型，激发后疫情时代经济增长活力，推动构建人类命运共同体，携手共创绿色发展美好未来。24位驻华大使及外交使节，9个知名国际组织主要负责人，42家国内外能源电力企业及行业协会负责人，全球知名研究机构、金融机构、法律机构高层管理人员，知名专家学者出席论坛。

11月10日 在“2020能源转型国际论坛”上，中国国家电网有限公司董事长毛伟明以《深化能源清洁低碳转型　点燃后疫情时代发展引擎》为题作主旨演讲。他指出，截至10月底，新能源并网装机容量超过4亿kW，比2010年底增长18倍，其中，风电装机容量1.86亿kW、太阳能发电装机1.97亿kW，新能源综合利用率达到97.3%。

11月12日 莲花台水电站经过72小时试运行，正式并网发电。该水电站位于陕西商南县湘河镇莲花台村，工程坝高70.2m，总库容9985万m^3，总装机容量4万kW，年均发电量约1.1亿kW·h。该工程2006年开工建设，10年里经历了3次停工。工程区属于国内少有的岩溶断层地质，通过历时两年的三层廊道深度灌浆取得了圆满成功。

11月12日 河北丰宁抽水蓄能电站下水库正式开始蓄水。该抽水蓄能电站位于河北省承德市丰宁满族自治县境内，供电范围为京津及冀北电网，总装机容量360万kW，是目前世界上总装机容量最大的抽水蓄能电站。

11月18日 四川水利厅消息，为筑牢上游意识、保护长江生态环境，四川4774座小水电站将整改和退出。据统计，四川现有5025座小水电站。在整改和清退的4774座水电站中，1091座将被清退，3683座属整改序列。整改清退共涉及完善审批、环保、取水许可、用地预审、林地征（占）用、水生生物影响评价等手续6699项，目前已完成5883项。

11月19～20日 水电水利规划设计总院在成都分别主持召开了金沙江向家坝、溪洛渡水电站工程劳动安全与工业卫生专项竣工验收会议。会议听取了参建单位对工程情况的介绍和评价机构对安全验收评价报告内容的汇报，检查审阅了相关工程验收文件和资料，并对专家验收意见进行了审议。在上述工作基础上，劳动安全与工业卫生专项竣工验收委员会经认真讨论，分别通过了《金沙江向家坝水电站工程劳动安全与工业卫生专项竣工验收鉴定书》和《金沙江溪洛渡水电站工程劳动安全与工业卫生专项竣工验收鉴定书》。

11月23日 中国电力新闻网讯，据青海省能源局消息，青海海南州、海西州可再生能源装机规模分别达到1543.6万、1012万kW，标志着中国清洁能源示范省青海两个千万千瓦级可再生能源基地建成。

11月23～26日 中国华能集团有限公司2020年水电电气二次检修技能竞赛在澜沧江公司检修分公司举行。该次竞赛共有来自集团公司系统9家区域公司、38名选手参加，分为理论知识、故障分析和实操技能三部分。经过4天的激烈角逐，四川公司宝兴河电厂程世俊、澜沧江公司糯扎渡电厂邹志平荣获技能竞赛一等奖。获得竞赛一等奖、二等奖的选手被授予“中国华能集团有限公司技术能手”荣誉称号，获得竞赛三等奖的选手被授予“中国华能集团有限公司优秀技能选手”荣誉称号。竞赛期间，组委会还组织开展了技术交流活动，评选出优秀论文3篇。

11月24日 中国电力新闻网讯报道，随着乌东德右岸电厂9号机顺利投运，云南省电源装机容量突破1亿kW，达10073万kW，相当于4.5个三峡电站装机容量之和。其中，水电7298万kW、火电1510万kW、新能源1265万kW，清洁能源装机占比达85%。云南是全国第二大水电资源大省，其中，金沙江、澜沧江、怒江三大流域可开发装机容量超过8200万kW。2006年首次突破1000万kW、2014年突破5000万kW，截至目前达1亿kW。

11月26日 中国水力发电工程学会成立40周年纪念暨八届五次理事会、八届十二次常务理事会召开。1980年6月，中国水力发电工程学会在新安江水电站发起成立，水电学会发展至今，先后经历了八届理事会，目前为民政部“AAAA级”全国性学术类社团，拥有单位会员166家，个人会员近4万名，下属分支机构34个，联系指导地方水电学会21个。

11月26日 白鹤滩水电站大坝首批坝段当日浇筑到顶，为2021年7月首批机组投产发电奠定了坚实基础。白鹤滩水电站大坝为300m级混凝土双曲特高拱坝，最大坝高289m，坝顶弧长709m；大坝主体混凝土浇筑总方量达800万m^3，共分为31个坝段，于2017年4月启动主体浇筑，截至目前已有5号和27号两个坝段浇筑到顶。

11月30日 金沙水电站首台（1号）机组经过72小时试运行，正式并网发电，提前1个月实现首台机组发电目标。该工程以发电为主，兼有供水、改善城市水域景观和取水条件等综合效益，采用“左厂右泄”布置格局，最大坝高66.0m，总库容1.08亿m^3。电站安装4台14万kW水轮发电机组，总装机容量56万kW，年发电量21.77亿kW·h。10月30日工程实现正式下闸蓄水，计划2021年工程竣工。

十二月

12月1日 深圳抽水蓄能电站获评2020～2021年度“国家优质工程”奖。国家优质工程评审专家组认为，深圳抽水蓄能电站工程建筑物的土建工程、安全监测工程及金属结构设备的施工、制造与安装质量总体满足设计要求以及国家和行业有关现行标准的规定；机电设备的制造与安装质量满足合同文件和设计要求。整体施工质量优良，不存在质量隐患和功能性缺陷，达到高质量等级优良工程水平。

12月3日 西藏扎拉水电站获西藏自治区发展改革委核准。该水电站位于西藏自治区昌都市左贡县和林芝市察隅县玉曲河下游河段，为玉曲河流域“两库七级”开发中的第六级，总装机容量101.5万kW，设计年发电量39.46亿kW·h，工程动态总投资119亿元。该水电站建成后每年可节约标煤130万t，减少二氧化碳排放量342万t，减少二氧化硫排放量1.1万t。该工程具有“高水头、深竖井、多断裂带”等技术特点和难点，是我国首台“大容量、冲击式”水轮发电机组的依托工程。

12月4日 安徽绩溪抽水蓄能电站5号机组通过15天试运行后，顺利投入商业运行。至此，该抽水蓄能电站已有5台机组投入商业运行。该工程位于安徽省宣城市绩溪县，电站枢纽主要由上水库、下水库、输水系统、地下厂房及地面开关站等组成。电站安装6台容量为30万kW的可逆混流式抽水蓄能机组，总装机容量180万kW，设计年均发电量40.20亿kW·h，首台机组（1号）、2号机组、3号机组、4号机组相继于1月1日、5月19日、8月16日、10月18日通过15天试运行后，投入商业运行，实现“一年五投”目标。

12月4日 国家电网有限公司阿里联网工程正式投运。该工程总投资74亿元，跨越西藏自治区2个地市10个区县，是迄今为止世界上海拔最高、运距最远的500kV输变电工程。

12月4日 古瓦水电站最后一台（1号）机组定子顺利吊装完成。至此，3台发电机组定子全部吊装完成。该工程是一座引水式电站，位于四川省甘孜藏族自治州乡城县境内，是硕曲河干流乡城、得荣段“一库六级”梯级开发方案中的“龙头水库”电站。电站装机3台，总装机容量20.54万kW，年均发电量约8.078亿kW·h，主要建筑物由面板堆石坝、溢洪洞、放空洞、坝后生态机组、引水隧洞及地下厂房系统等组成，大坝坝高139m，坝长313.16m，水库总库容2.458亿m^3，首台（3号）机组、2号机组相继于5月3日、8月24日完成定子吊装。

12月10日 白鹤滩—江苏±800kV特高压直流输电工程开工。该工程起于四川省凉山州布拖县，止于江苏省苏州常熟市，途经四川、重庆、湖北、安徽、江苏5省（市），线路全长2087km。工程额定电压±800kV、额定输送容量800万kW，总投资307亿元，于2020年11月获国家发展改革委核准，计划于2022年建成投运。据测算，该工程投运后，每年输送电力超过312亿kW·h，可使华东地区每年减少发电用煤1400万t，减排二氧化碳2542万t、二氧化硫25万t、氮氧化物22万t。

12月10日 河南五岳抽水蓄能电站主体工程开工仪式在信阳市光山县工程建设现场举行。该抽水蓄能电站位于鄂豫皖电网联络线的东通道上，地理位置优越。该项目于2019年5月正式开工建设，安装4台单机容量25万kW立轴可逆混流式机组，设计年发电量8.57亿kW·h。电站主要由上水库、下水库、输水系统、地下厂房和地面开关站组成，工程总投资65.62亿元，总工期72个月，计划于2025年5月首台机组投产发电，2026年5月实现全部机组投产运行。

12月11日 长龙山抽水蓄能电站2号机组发电电动机定子顺利完成吊装。这是继9月26日完成首台机组定子吊装后，长龙山抽水蓄能电站成功吊装的第二台机组定子。定子是发电电动机的核心部件之一，由定子机座、铁芯和绕组等三大部分组成，主要作用是通过铁芯中的旋转磁场，与转子合作完成机械能与电能的可逆式转换。该工程计划2021年6月首台机组投产发电。

12月12日 由中国电力建设集团有限公司投资建设的老挝南欧江流域梯级水电项目三级水电站最后一台（3号）机组成功并网发电。至此，该电站三台机组全部并网发电。该三级电站位于老挝北部琅勃拉邦省孟威县境内，布设3台额定功率为7万kW的轴流转桨式发电机组，总装机容量21万kW。首台（1号）机组、2号机组相继于8月31日、10月15日并网发电。至此，南欧江二期项目一、三、四级电站已全面进入发电阶段，实现“一年九投”目标，全流域规划的7个梯级已完成6个梯级投产发电。

12月18日 乌东德水电站右岸电站10号机组顺利完成72小时试运行，正式投入商业运行，实现“半年四投”。该水电站厂房布置于左右两岸山体中，各安装6台单机容量为85万kW的水轮发电机组，工程以发电为主，兼顾防洪、航运和促进地方经济社会发展。7号机组、8号机组、9号机组相继于6月23日、7月11日、11月24日完成72小时试运行，正式投入商业运行；11、12号机组计划于2021年5月、6月分别投产发电。

12月19日 白鹤滩水电站泄洪洞工程建设完成。该水电站3条无压泄洪洞布置在左岸山体内，洞长2.1～2.3km，断面为15m×18m（宽×高）城门洞型，是目前世界规模最大的无压泄洪洞群。工程裁弯取直，消能避开峡谷河段，减小泄洪对边坡稳定的影响。单洞最大泄量4083m^3/s、单侧泄量12250m^3/s，龙落尾段流速高达47m/s。首次采用总水推力达11500t的三支臂弧形闸门。

12月19日 乌东德水电站左岸电站3号机组完成72小时试运行，正式并入南方电网。至此，乌东德水电站项目实现“一年四投”目标。首台机组（6号）、5号机组、4号机组相继于6月29日、7月13日、11月30日完成72小时试运行，正式投入商业运行。预计左、右岸电站12台机组全部投产发电后，年均发电量将达389亿kW·h。

12月20日 安徽绩溪抽水蓄能电站6号机组一次并网成功。至此，该抽水蓄能电站设计的6台机组，提前实现“5台机组投产发电、1台机组成功并网”目标。该抽水蓄能电站主体工程于2014年12月开工建设，均为国内完全自主研发、设计、制造。工程建成后，主要承担华东电网系统调峰、填谷、调频、调相及紧急事故备用等任务。

12月20日 洪都拉斯帕图卡Ⅲ水电站顺利实现并网发电。该项目于2015年9月21日正式开工，当年截流。主要施工内容包括一座碾压混凝土重力坝、厂房及两台5.2万kW发电机组、变电站、43km双回路230kV输电线路架设等。未来，水电站年均发电量预计将达到326GW·h，为该国电力系统提供4%的电力。

12月21～28日 中国水利水电建设工程咨询有限公司专家组对乌东德水电站枢纽工程开展了输水发电系统工程专项安全鉴定，对涉及机组启动验收相关全部建筑物进行了评价，并提出安全鉴定意见及建议，形成了《金沙江乌东德水电站输水发电系统工程专项安全鉴定报告》。鉴定意见认为，乌东德水电站左、右岸输水发电系统工程具备后续机组2021年5月充水试运行条件。

12月23日 巴西伊利亚及朱比亚水电站升级改造项目——巴西伊利亚水电站首台机组（20号）完成有水调试，正式投产发电。该水电站位于圣保罗州与南马托格罗索州交界的巴拉那河流域，距离圣保罗州750km，电站装有20台17.4万kW Francis混流式机组，机组高1.42m，最大直径13.214m，重量为450t。

12月23日 山西浑源、浙江磐安、山东泰安二期抽水蓄能电站项目集中开工动员大会在北京召开。包括本次开工建设的3项抽水蓄能电站工程，国家电网已累计开工建设21项抽水蓄能电站工程，装机容量2853万kW。山西浑源抽水蓄能电站位于山西省大同市浑源县，装机容量150万kW，安装4台37.5万kW可逆式水泵水轮发电机组，以500kV线路接入山西电网，工程总投资89.23亿元；浙江磐安抽水蓄能电站位于浙江省金华市磐安县，装机容量120万kW，安装4台30万kW可逆式水泵水轮发电机组，以500kV电压接入浙江电网，工程总投资76.08亿元；山东泰安二期抽水蓄能电站位于山东省泰安市徂徕镇，装机容量180万kW，安装6台30万kW可逆